2021—2035年國家古籍工作規劃重點出版項目
國家出版基金資助項目
安徽省“十四五”重點圖書出版規劃項目

全國高校古委會古籍整理研究項目
廈門大學中文系古籍整理研究項目
安徽師範大學中國詩學研究中心學術叢書

08

第一輯

唐大詔令集繫年校箋

◉主　編　吴在慶
◉本册校箋　亢巧霞

黄山書社

本册目録

卷第三十七

諸王

册親王官

卷第三十八

諸王

加實封

遜位

封郡王

册郡王

除郡王官

卷第三十九

諸王

卷第四十一

公主

卷第四十二

公主

出降

譴黜

追封

謚議

卷第四十三

郡縣主

卷第三十七

諸王

冊親王官

册秦王天策上將文（一）

維武德四年，歲次辛巳，十一月甲申朔，二日乙酉，皇帝若曰：於戲！咨爾太尉、尚書令、左右武候大將軍、陝東道行臺尚書令、凉州總管秦王世民（二），夙標器望（三），早樹風猷（四），業創經綸，功高運始（五）。重以廓清秦隴，翦伐鯨鯢（六），掃蕩河汾，芟夷凶逆（七）。周韓大盜，趙魏逋誅，二寇弗賓，用阻朝化（八）。巖兵鞏洛，總率戎麾（九），内運奇謀，外申威略。凶渠慴竄（十），假命危城，河朔蟻徒，來相赴援，一鼓誓衆，以擒建德，迴戈旋指，遂獲世充，二方克定，師不再舉。武節既宣，朝氣遐暢（十一），宏規懿績，獨冠卿尹。宜錫寵章，式加殊號（十二），光備禮物，特超恒典（十三）。是用命爾爲天策上將，位王公上，領司徒、陝東道大行臺尚書令。增邑二萬户，通前三萬户，餘如故。加賜金輅一乘（十四），衮冕之服，玉璧一雙，黄金六千斤；前後二部鼓吹及九部之樂，班劍四十人（十五）。欽哉！恭承寵命，可不慎歟！

校箋

〔一〕此文又見於全唐文卷三，署名高祖皇帝。舊唐書卷一高祖紀：『（武德四年）冬十月己丑，加秦王天策上將，位在王公上，領司徒、陝東道大行臺尚書令；齊王元吉爲司空。』新唐書卷一高祖紀：『（武德四年）十月己丑，秦王世民爲天策上將，領司徒，齊王元吉爲司空。』資治通鑑卷一百八十九記武德四年『冬，十月，以世民爲天策上將，領司徒、陝東道大行臺尚書令，增邑二萬户，仍開天策府，置官屬，以齊王元吉爲司空』。據上述諸典籍所載，秦王加封天策上將一事應在武德四年（六二一）冬十月。

〔二〕凉州總管秦王世民：此句原文作『凉州總管秦王某』，適園叢書作『凉州總管秦王某』，今据全唐文增补爲『凉州總管秦王世民』。

〔三〕夙標器望：『器望』，才具與名望。晋書賈疋傳：『少有志略，器望甚偉，見之者莫不悦附。』北史卷一百李瑾傳：『産之（李産之）兄弟，并有器望。』

〔四〕早樹風猷：『風猷』，指人的風采品格。南朝齊謝朓奉和隨王殿下之七：『風猷冠淄鄰，衽舄愧唐牧。』宋趙彦衛雲麓漫鈔卷八：『異時獲賜，今日先知；瞻望風猷，常在魂夢。』

（五）業創經綸，功高運始：『經綸』，整理絲縷，理出絲緒和編絲成繩，統稱經綸。引申爲籌劃治理國家大事。禮記 中庸：『唯天下至誠，爲能經綸天下之大經，立天下之大本，知天地之化育。』唐劉知幾史通 暗惑：『魏武經綸霸業，南面受朝。』

（六）重以廓清秦隴，翦伐鯨鯢：『翦伐』，討伐。唐柳宗元爲裴中丞上裴相乞討黄賊狀：『雖狐鼠之陋，無足示威，而蜂蠆之微，猶能害物，必資翦伐，方致和平。』宋蘇舜欽己卯冬大寒有感詩：『然由在遇專，醜類易翦伐。』『鯨鯢』，大魚名，喻不義之人。左傳 宣公十二年：『古者明王伐不敬，取其鯨鯢而封之，以爲大戮。』杜預注：『鯨鯢，大魚名，以喻不義之人吞食小國。』晉書 愍帝紀：『掃除鯨鯢，奉迎梓宫。』

（七）掃蕩河汾，芟夷凶逆：『芟夷』，指鏟除；削平。三國志 蜀書 諸葛亮傳：『今操芟夷大難，略已平矣，遂破荆州，威震四海。』宋司馬光進古文孝經指解表：『并州者，太宗皇帝所以芟夷僭亂，混一九圍。』

（八）周韓大盗，趙魏逋誅，二寇弗賓，用阻朝化：『逋誅』，逃避誅罰。陳書 衡陽獻王昌傳：『王琳逆命，逋誅歲久。』宋岳飛奏乞本軍進討劉豫札子：『賊豫逋誅，尚穴中土。』『朝化』，朝廷的政教和風化。三國志 蜀書 馬超傳：『其明宣朝化，懷保遠邇，肅慎賞罰，以篤漢祜，以對於天下。』晉書 四夷傳序：『既而惠皇失德，中宗遷播，凶徒分據，天邑傾淪，朝化所覃，江外而已。』

〔九〕嚴兵鞏洛，總率戎麾：『嚴兵』，猶陳兵；部署軍隊。魏書 封敕文傳：『敕文先嚴兵於塹外拒門，從夜至旦。』新唐書 杜伏威傳：『伏威引親將十人操牛酒謁，勒公祏嚴兵待變。』『鞏洛』，鞏、洛二古地名的并稱，地在今河南洛陽一帶。戰國策 韓策一：『蘇秦爲楚合從，説韓王曰：「韓北有鞏、洛、成皋之固，西有宜陽、常阪之塞。」』晉潘岳西征賦：『眷鞏洛而掩涕，思纏綿於墳塋。』『戎麾』，軍旗，亦借指軍隊。晉書 明帝紀論：『不得不推誠將相，以總戎麾。』唐杜甫哭王彭州掄詩：『頃壯戎麾出，叨陪幕府要。』

〔十〕凶渠慴竄：『凶渠』，凶徒的首領、元凶。舊唐書 段秀實傳：『誓碎凶渠之首，以敵君父之讎，視死如歸，履虎致咥。』資治通鑑宋順帝昇明元年：『凶渠逆黨，盡已梟夷。』胡三省注：『凶渠，謂渠魁也。』

〔十一〕武節既宣，朝氣遐暢：『武節』，武德。使用武力應遵循的道義準則。漢張衡東京賦：『文德既昭，武節是宣。』唐李德裕異域歸忠傳序：『英才天縱，武節霆馳。』

〔十二〕宜錫寵章，式加殊號：『寵章』，封建時代表示高官顯爵的章服。漢潘勖册魏公九錫文：『朕聞先王并建明德，胙之以土，分之以民，崇其寵章，備其禮物，所以蕃衛王室，左右厥世也。』舊唐書鄭餘慶傳：『由是，在朝衣緑者甚少，郎官諫官有被紫垂金者。又丞郎中謝洎郎官出使，多賜章服，以示加恩，於是寵章尤濫，當時不以服章爲貴。遂詔餘慶詳格令立制，條奏以聞。』『殊號』，特別的稱號。後漢書皇后紀論：『漢世皇后無謚，皆因帝謚以爲稱。雖吕后專政，上官臨制，亦無殊號。』唐王勃拜南郊頌序：『黄旗大輅，詔殊號於圜丘；雹轉雲迴，奏玄符於孝理。』

〔十三〕光備禮物，特超恒典：『恒典』，常典；常制。晋書汝南王亮等傳論：『有晋鬱興，載崇藩翰，分茅錫瑞，道光恒典。』宋書武帝紀中：『夫量入爲出，邦有恒典。』

〔十四〕加賜金輅一乘：『金輅』，亦作『金路』。五路之一。古代帝王家乘用的飾金之車。周禮春官巾車：『金路，鉤樊纓九就，建大旂，以賓，同姓以封。』新唐書車服志：『凡天子之車：曰玉路者，祭祀、納后所乘也，青質，玉飾末；金路者，饗、射、祀還，飲至所乘也，赤質，金飾末。』

〔十五〕班劍四十人：『班劍』，指持班劍的武士。南朝齊王儉太宰褚彦回碑文：『以靖難之功，進爵爲侯，兼授尚書令、中軍將軍，給班劍二十人。』舊唐書魏徵傳：『徵薨，時年六十四，太宗親臨慟哭……給羽葆鼓吹、班劍四十人。』

册許王孝秦州都督文〔一〕

維顯慶元年，歲次景辰，十二月辛卯朔，二十九日己未，皇帝若曰：烏戲！先王創業垂統，分玉展親〔二〕，所以作固鴻業，克隆景祚〔三〕。惟爾并州都督兼同州刺史、上柱國許王孝，性履明裕，神志清遠〔四〕，資孝敬以立身，體温恭以成性〔五〕。舊許是宅，藩屏之寄以深〔六〕；全晋剖符，維城之任愈切〔七〕。秦隴形要，跨躡羌戎〔八〕，撫寧夷夏，親賢攸屬〔九〕。是用命爾爲使持節都督秦成武渭四州諸軍事〔十〕，秦州都督，勛官封如故。爾其祇承典訓〔十一〕，審慎刑獄，懷遠以德〔十二〕，招携以禮，無邇宵人〔十三〕，無怠庶政，對揚休命〔十四〕，可不慎歟！

校箋

〔一〕此文亦見於全唐文卷十四，題目同，署名高宗皇帝。適園叢書亦録此文，題目同。

據文首『維顯慶元年，歲次景辰，十二月辛卯朔，二十九日己未』，可知本詔作於顯慶元年（六五六）十二月二十九日稍前。

〔二〕先王創業垂統，分玉展親：『垂統』，把基業留傳下去。多指皇位的承襲。孟子梁惠王下：『君子創業垂統，爲可繼也。』史記三王世家：『而家皇子爲列侯，則尊卑相逾，列位失序，不可以垂統於萬世。』『展親』，謂重視親族的情分。國語魯語上：『古者分同姓以珍玉，展親也。』韋昭注：『展，重也。』唐元稹贈于頔謚：『朕以禮存錫命，恩在展親。』

〔三〕所以作固鴻業，克隆景祚：『克隆』，謂興隆，昌盛。南齊書褚淵王儉傳贊：『民譽不爽，家稱克隆。』北史周紀下論：『嗚呼！以文皇之經啓鴻基，武皇之克隆景業，未逾二紀，不祀忽諸。』『景祚』，景福，洪福，比喻帝業。舊唐書高駢傳：『我國家景祚方遠，天命未窮。』舊唐書肅宗紀贊：『兄徒竟斃，景祚重延。』

〔四〕性履明裕，神志清遠：『性履』，猶性行。晉葛洪抱朴子審舉：『今使牧守皆能審良才於未用，保性履之始終，誠未易也。』晉書温嶠傳論：『太真性履純深，譽流邦族。』『裕』，寬大；寬容。漢賈誼新書道術：『包衆容易謂之裕，反裕爲褊。』新唐書張嘉貞傳：『居位三年，善傳奏，敏於裁遣。然強躁，論者恨其不裕。』『神志』，精神志氣。晉書劉曜載記：『曜立太學於長樂宮東，小學於未央宮西，簡百姓二十五已下十三已上，神志可教者千五百人，選朝賢宿儒明經篤學以教之。』唐柳宗元與楊京兆憑書：『凡爲文，以神志爲主。』

〔五〕資孝敬以立身，體温恭以成性：『立身』，處世、爲人。孝經 開宗明義：『立身行道，揚名於後世，以顯父母，孝之終也。』史記 太史公自序：『且夫孝始於事親，中於事君，終於立身。』『温恭』，温和恭敬。書 舜典：『濬哲文明，温恭允塞。』孔穎達疏：『温和之色，恭遜之容。』詩 商頌 那：『自古在昔，先民有作。温恭朝夕，執事有恪。』『成性』，形成一定的性格、習慣。宋書 明帝紀：『子業凶嚚自天，忍悖成性。』古今小説 金玉奴棒打薄情郎：『雖承司户不棄，但下官夫婦，鍾愛此女，嬌養成性，所以不舍得出嫁。』

〔六〕舊許是宅，藩屏之寄以深：『藩屏』，屏障，比喻衛國的重臣。資治通鑒晉安帝義熙十年：『（尉賢政）曰：「受凉王厚恩，爲國藩屏。」』唐元稹論教本書：『選用賢良，樹爲藩屏。』

〔七〕全晉剖符，維城之任愈切：『剖符』，猶剖竹。古代帝王分封諸侯、功臣時，以竹符爲信證，剖分爲二，君臣各執其一，後因以『剖符』『剖竹』爲分封、授官之稱。『維城』，連城以衛國。借指皇子或皇室宗族。詩 大雅 板：『懷德維寧，宗子維城。』舊唐書 昭宗紀上：『丙辰，韓建上表，請封拜皇太子、親王，以爲維城之計。』

〔八〕秦隴形要，跨躡羌戎：『秦隴』，指今陜西、甘肅之地。宋陸游老學庵筆記卷五：『姚福進者，兕麟之祖也，德順軍人，以挽强名於秦隴間。』『形要』，形勢險要。魏書范紹傳：『紹以譙城形要之所，置州爲便，遂立南兖。』『跨躡』，跨越，兼有其地。晉左思吴都賦：『故其經略，上當星紀，拓土畫疆，卓犖兼并，包括干越，跨躡蠻荆。』唐王勃廣州寶莊嚴寺舍利塔碑：『爾其封疆跨躡之壯，海陸會同之衝。』『羌戎』，泛指我國古代西北部的少數民族。漢揚雄長楊賦：『其後熏鬻作虐，東夷横畔，羌戎睚眦，閩越相亂。』唐王昌齡箜篌引：『盧溪郡南夜泊舟，夜聞南岸羌戎謳。』

〔九〕撫寧夷夏，親賢攸屬：『親賢』，親近賢人，愛慕賢才。晉書孝懷帝紀：『二相經營王室，志寧社稷，儲貳之重，宜歸時望，親賢之舉，非大王而誰？』唐韓愈順宗實録卷三：『爾其尊師重傅，親賢遠佞。』

〔十〕都督秦成武渭四州諸軍事：『都督』，全唐文作『都護』。

〔十一〕爾其祗承典訓：『祗承』，敬奉。書大禹謨：『文命敷于四海，祗承于帝。』唐沈亞之秦夢記：『侍女祗承，分立左右者數百人。』

〔十二〕審慎刑獄，懷遠以德：『刑獄』，猶刑罰。左傳文公六年：『正法罪，辟刑獄。』

晉書元帝紀：『其有政績可述，刑獄得中……各以名聞。』『懷遠』，安撫邊遠地區的人。左傳僖公七年：『臣聞之，招携以禮，懷遠以德。』周書武帝紀下：『若其懷遠以德，則爾難以德綏；處鄰以義，則爾難以義服。』

〔十三〕招携以禮，無邇宵人：『招携』，招引尚未歸心的人。左傳僖公七年：『招携以禮，懷遠以德。』晉葛洪抱朴子君道：『悦近以懷遠，修文以招携。』『宵人』，小人；壞人。莊子列禦寇：『宵人之離外刑者，金木訊之；離内刑者，陰陽食之。』郭象注：『不由明坦之塗者，謂之宵人。』史記三王世家：『於戲！悉爾心，戰戰兢兢，乃惠乃順，毋侗好軼，毋邇宵人，維法維則。』

〔十四〕無怠庶政，對揚休命：『對揚』，古代常語，凡臣受君賜時多用之，兼有答謝、頌揚之意。書説命下：『敢對揚天子之休命。』孔傳：『對，答也。答受美命而稱揚之。』詩大雅江漢：『虎拜稽首，對揚王休。作召公考，天子萬壽。』

册趙王福青州刺史文〔一〕

維顯慶二年，歲次丁巳，正月庚申朔，二十一日庚辰，皇帝若曰：於戲！夫姬周創制，任隆方伯〔二〕；炎漢垂範，寄重維城〔三〕。所以任固邦基，以藩王室〔四〕。惟爾右衛大將軍使持節鄜州諸軍事、鄜州刺史趙王福，識度夷雅，器業沉秀〔五〕，建鳥旟以作牧，錫虹珪以命祚〔六〕。蘭錡上將，既屬宗英〔七〕，海岱剖符，允鐘懿戚〔八〕。是用命爾爲使持節青州刺史，其大將軍及封并如故。爾其愛人理物，慎獄恤刑〔九〕，率由王道，以康庶績〔十〕。祗服寵命，可不慎歟！

校　箋

〔一〕此文亦見於全唐文卷十四，署名高宗皇帝。適園叢書亦録此文。『維顯慶二年，歲次丁巳，正月庚申朔，二十一日庚辰』，可知本詔作於顯慶二年（六五七）正月二十一日稍前。

〔二〕夫姬周創制，任隆方伯：『姬周』，周朝。三國志 魏書 陳思王植傳：『未若姬周之樹國，五等之品制也。』章炳麟文學説例：『皇世語言簡樸，或徒有義訓，未造正文。逮及姬周，則有一訓而數文者。』『方伯』，殷周時代一方諸侯之長。後泛稱地方長官。禮記 王制：『天子百里之内以共官，千里之内以爲御，千里之外設方伯。』漢書 何武傳：『刺史，古之方伯，上所委任，一州表率也。職在進善退惡。」

〔三〕炎漢垂範，寄重維城：『炎漢』，漢自稱以火德王，故稱炎漢。三國魏曹植徙封雍邱王朝京師上疏：『篤生我皇，奕世載聰……受禪炎漢，臨君萬邦。』南朝梁蕭統文選序：『自炎漢中葉，厥塗漸異。』『維城』，借指皇子或皇室宗族。後漢書孝明八王傳贊：『孝明傳胤，維城八國。』唐無可送李長吉之任東井詩：『家世維城後，官資宰邑初。』

〔四〕所以任固邦基，以藩王室：『邦基』，國家的基礎。宋范仲淹得地千里不如一賢賦：『捨地得賢兮，邦基以立；失賢有地兮，國難隨興。』

〔五〕識度夷雅，器業沉秀：『識度』，識見與器度。晉袁宏後漢紀明帝紀上：『蒼體貌長大，進止有禮，好古多聞，儒雅有識度。』宋蘇軾答喬舍人啓：『某聞人才以智術爲後，而以識度爲先。』『夷雅』，平和閑雅。南朝梁任昉王文憲集序：『夷雅之體，無待韋弦。』李善注：『夷，平也……言王公平雅之性，無待此韋弦以成也。』南齊書王玄載傳：『玄載夷雅好玄言，修士操。』『器業』，才能學識。晉葛洪抱朴子知止：『夫器業不異而有抑有揚者，無知己也。』宋范仲淹答手詔條陳十事：『又國家開文館，延天下英才，使之直秘庭覽群書，以待顧問，以養器業，爲大用之備。』『沉秀』，深沉秀發。南朝齊王琰冥祥記：『晉沙門于法蘭，高陽人也。十五而出家，器識沉秀，業操貞整。』明沈德符野獲編 婦女 女郎吟咏：『今范長白水部徐夫人，在蕪關諸五言古詩，沉秀深厚，可追古人。』

〔六〕建鳥旟以作牧，錫虹珪以命祚：『鳥旟』，繪有鳥形的旗幟。周禮 考工記 輿人：『鳥旟七斿，以象鶉火也。』鄭玄注：『鳥隼爲旟，州里之所建。』後漢書 輿服志上：『鳥旟七斿，五仞齊較。』『作牧』，泛指擔任州郡地方長官。南朝梁沈約齊故安陸昭王碑文：『建麾作牧，明德攸在。』唐李頻送侯郎中任新定詩之一：『爲郎非白頭，作牧授滄州。』『珪』，古代封爵授土時，賜珪以爲信，後因以代指官位。左傳 哀公十四年：『司馬牛致其邑與珪焉，而適齊。』史記 晉世家：『成王與叔虞戲，削桐葉爲珪以與叔虞，曰：「以此封若。」史佚因請擇日立叔虞。』

〔七〕蘭錡上將，既屬宗英：『蘭錡』兵器架。唐李德裕唐故左神策軍護軍中尉劉公神道碑銘：『禁旅總蘭錡之兵，古上卿之寄也。』引申指顯赫的門第。清錢謙益江田陳氏家集序：『陳氏一門歷三百年，簪纓不絕，蘭錡相望。』『宗英』，皇室中才能杰出的人。漢書 敘傳下：『長沙寂漠，廣川亡聲；膠東不亮，常山驕盈。四國絶祀，河間賢明，禮樂是修，爲漢宗英。』周書 蕭撝傳：『撝以母老，表請歸養私門……高祖未許。詔曰：「開府梁之宗英，今則任等三事。所謂楚雖有材，周實用之。」』

〔八〕海岱剖符，允鐘懿戚：『剖符』，猶剖竹。古代帝王分封諸侯、功臣時，以竹符爲信證，剖分爲二，君臣各執其一，後因以『剖符』『剖竹』爲分封、授官之稱。戰國策 秦策三：『穰侯使者操王之重，决裂諸侯，剖符於天下，征敵伐國，莫敢不聽。』史記 韓信盧綰列傳：『遂與剖符爲韓王，王潁川。』『懿戚』，指皇親國戚。晋書 苻登載記論：『王猛以宏材緯軍國，苻融以懿戚贊經綸。』隋書 鄭譯傳：『譯對曰：「若定江東，自非懿戚重臣，無以鎮撫，可令隋公行。」』

〔九〕爾其愛人理物，慎獄恤刑：『理物』，猶治民。漢班固白虎通 誅伐：『王者承天理物，故率天下静，不復行役，扶助微氣，成萬物也。』唐李德裕上尊號玉册文：『爰初定命，正心理物，如辰居極，而天下無邪矣！』『慎獄』，謹慎處理獄訟之事。語本書 立政：『庶獄庶慎。』晋孫楚梁令孫侯頌：『古人慎獄，惟侯平之。』南朝齊王融永明十一年策秀才文：『故恤貧綏富，省徭慎獄。』『恤刑』，慎用刑法。語本書 舜典：『欽哉欽哉，惟刑之恤哉。』唐陳子昂諫用刑書：『臣不敢以微命蔽塞聰明，亦非敢欲陛下頓息刑罰，望在恤刑爾。』

〔十〕率由王道，以康庶績：『率由』，遵循，沿用。書 微子之命：『率由典常，以蕃王室。』三國魏曹植責躬詩：『萬邦既化，率由舊則。』『庶績』，各種事業。書堯典：『允釐百工，庶績咸熙。』孔傳：『績，功也；言衆功皆廣。』舊唐書薛登傳：『故堯資八元而庶績其理，周任十亂而天下和平。』

册鄧王元裕襄州刺史文（一）

維顯慶三年，歲次戊午，正月甲申朔，二十八日辛亥，皇帝若曰：於戲！自九州命職，百部分官，明懿德以宣風，固親支而總務（二）。歷觀前載，罔逾斯道（三）。壽州刺史、上柱國鄧王元裕，志業純深，基宇崇隩（四），標情文雅之地，植操忠賢之軌（五）。壽春作牧，風教有成（六），襄陽按部，仁明允屬（七）。是用命爾爲使持節襄州諸軍事襄州刺史，王及勛官如故（八）。往欽哉。其勉思政本，式康萌俗（九），沔漢舊邦，控帶爲重（十），變其輕剽之黨，旌其冠冕之望（十一）。孤惸者咸恤，正直者必親（十二），威惠并宣，刑禮兼闡（十三）。光膺典册，可不慎歟！

校箋

〔一〕此文又見於全唐文卷十四，署名高宗皇帝。適園叢書亦録此文，題目同。鄧王李元裕，高祖第十七子。舊唐書卷六十四載：「鄧王元裕，高祖第十七子也。貞觀五年，封鄶王。十一年，改封鄧王，賜實封八百户，歷鄧、梁、黄三州刺史。元裕好學，善談名理，與典籤盧照鄰爲布衣之交。二十三年，加實封通前一千五百户。高宗時，又歷壽、襄二州刺史、兗州都督。麟德二年薨，贈司徒、益州大都督，陪葬獻陵，謚曰康。」詔云「維顯慶三年，歲次戊午，正月甲申朔，二十八日辛亥，皇帝若曰」，知詔書作於顯慶三年（六五八）二十八日稍前。

〔二〕明懿德以宣風，固親支而總務：「懿德」，美德。詩大雅烝民：「天生烝民，有物有則。民之秉彝，好是懿德。」唐吴兢貞觀政要論崇儒學：「禮云：『玉不琢不成器，人不學不知道。』所以古人勤於學問，謂之懿德。」「宣風」，宣揚風教德化。後漢書隗囂傳：「今山東之兵二百餘萬，已平齊楚，下蜀漢，定宛洛，據敖倉，守函谷，威名四布，宣風中岳。」周書齊煬王憲傳：「吾以不武，任總元戎，受命安邊，路指幽冀。列邑名藩，莫不屈膝，宣風導禮，皆荷來蘇。」『親支』，亦作『親枝』。親族中的支裔。元無名氏隔江門智第一摺：『這壁是吳國嬌姿，那壁是漢室親支，情願倒賠家私，送上門兒。』明史廣西土司傳三泗城：『今接者，人皆傳稱爲梁接，非應親枝。』

〔三〕歷觀前載，罔逾斯道：『前載』，前代的記載。晉劉琨勸進表：『臣每覽史籍，觀之前載，厄運之極，古今未有。』隋書音樂志上：『梁武帝本自諸生，博通前載。』

〔四〕志業純深，基宇崇隩：『基宇』，指氣宇，度量。晉袁宏三國名臣贊：『堂堂孔明，基宇宏邈，器同生民，獨禀先覺。』

〔五〕標情文雅之地，植操忠賢之軌：『植操』，樹立志向操守。晉桓温薦譙元彦表：『竊聞巴西譙秀植操貞固，抱德肥遁，揚清渭波。』吕延濟注：『植，立；操，志也。』唐駱賓王上司列太常伯啓：『某蓬廬布衣，桑樞韋帶，自弱齡植操，本謝聲名；中年誓心，不期聞達。』

〔六〕壽春作牧，風教有成：『作牧』，泛指擔任州郡地方長官。南朝梁沈約齊故安陸昭王碑文：『建麾作牧，明德攸在。』唐李頻送侯郎中任新定詩之一：『爲郎非白頭，作牧授滄州。』『風教』，詩大序：『風，風也，教也。風以動之，教以化之。』後以『風教』指風俗教化。史記五帝本紀：『余嘗西至空桐，北過涿鹿，東漸於海，南浮江淮矣，至長老皆各往往稱黄帝、堯、舜之處，風教固殊焉。』唐玄奘大唐西域記梵衍那國：『文字、風教、貨幣之用，同睹貨邏國。』

〔七〕襄陽按部，仁明允屬：『仁明』，仁愛明察。漢劉向列女傳周室三母：『君子謂太姒，仁明而有德。』後漢書郭賀傳：『百姓便之，歌曰：厥德仁明郭喬卿，忠正朝廷上下平。』

〔八〕王及勛官如故：『勛官』，授給有功官員的一種榮譽稱號，没有實職。北周時本以獎勵有功的戰士，後漸及朝官。隋置上柱國至都督，凡十一等。初名散官，至唐始别稱爲勛官。定用上柱國、柱國、上大將軍、大將軍、上輕車都尉、輕車都尉、上騎都尉、騎都尉、驍騎尉、飛騎尉、雲騎尉、武騎尉、凡十二等，起正二品，至從七品。

〔九〕其勉思政本，式康萌俗：『政本』，爲政的根本。漢書蕭望之傳：『望之以爲中書政本，宜以賢明之選。』宋曾鞏中大夫尚書左丞蒲宗孟追封三代益進封妻制：『朕稽於古以正百官，惟尚書政本。』『萌俗』，全唐文作『氓俗』。氓俗，即民俗。民衆的生活、生産、風尚習俗等情况。南朝齊王融永明九年策秀才文之三：『自氓俗澆弛，法令滋彰。』氓，一本作『萌』。北史薛慎傳：『牧守令長，是化人者也，豈有其子娶妻，便與父母離析？非惟萌俗之失，亦是牧守之罪。』

〔十〕沔漢舊邦，控帶爲重：『控帶』，形容城池垣環水抱，形勢險要。南朝梁任昉爲范尚書讓吏部封侯第一表：『閉門荒郊，再離寒暑。兼以東皋數畝，控帶朝夕。』北齊書 李稚廉傳：『詔以濟州控帶川陸，接對梁使，尤須得人。』

〔十一〕變其輕剽之黨，旌其冠冕之望：『輕剽』，輕浮，躁急。三國志 魏書 崔琰傳『魯國孔融』裴松之注引晉司馬彪九州春秋：『然其所任用，好奇取異，皆輕剽之才。』明史 李侃傳：『侃言敵輕剽，無持久心，乞勿焚，免復斂爲民累。』『冠冕』，古代帝王、官員所帶的帽子。比喻仕宦之家。世説新語 德行『王綏在都』南朝梁劉孝標注引中興書：『自王渾至坦之，六世盛德，綏又知名於時，冠冕莫與爲比。』北齊顔之推顔氏家訓 勉學：『雖千載冠冕，不曉書記者，莫不耕田養馬。』

〔十二〕孤惸者咸恤，正直者必親：『孤惸』，孤獨。亦指孤獨的人。唐陳子昂上軍國利害事 出使：『仁愛足以存恤孤惸，賢明足以進拔幽滯。』宋蘇軾次韻僧潛見贈：『空階夜雨自清絶，誰使掩抑啼孤惸。』

〔十三〕威惠并宣，刑禮兼闡：『威惠』，猶威恩。聲威和恩澤。三國志 魏書 王基傳：『爲政清嚴有威惠。』資治通鑒唐高祖武德元年：『今隋室無主，海内鼎沸，以公威惠，號令嶺表。』

册虢王鳳宋州刺史文〔一〕

維顯慶三年，歲次戊午，正月甲申朔，二十九日壬子，皇帝若曰：於戲！永固鴻基，義屬於藩衛〔二〕，載孚王化，職隆於制舉〔三〕。歷選前修，兹道無替〔四〕。豫州刺史、上柱國虢王鳳，襟神秀發，理識淹遠，夙標懿範，早茂清徽〔五〕。寬恕以表其情，恭慈以成其美〔六〕。荆河之地，已洽於仁聲〔七〕；梁宋之郊，佇聞於善政。是用命王爲使持節宋州諸軍事、宋州刺史，王及勛官并如故。往欽哉！其光膺禮命〔八〕，式遵彝典〔九〕，崇孝義以訓下，踐忠貞而奉上。布廉平之化〔十〕，垂愛惠之風〔十一〕。居敬而行簡〔十二〕，恤隱而求瘼〔十三〕。惟良丕寄，可不慎歟！

校　箋

〔一〕此文又見於全唐文卷十四，署名高宗皇帝。適園叢書亦録此文，題目同。虢王鳳，高祖第十五子。舊唐書卷六十四記：『虢王鳳，高祖第十五子也。武德六年，封豳王。貞觀七年，授鄧州刺史，賜實封六百户。十年，徙封虢王，歷虢、豫二州刺史。二十三年，加實封滿千户。

麟德初，累授青州刺史。上元元年薨，年五十二，贈司徒、揚州大都督，陪葬獻陵，謚曰莊。」

詔云『維顯慶三年，歲次戊午，正月甲申朔，二十九日壬子，皇帝若曰』，該詔作於顯慶三年（六五八）正月二十九日稍前。

〔二〕永固鴻基，義屬於藩衛：『鴻基』，偉大的基業。多指王業。三國蜀劉禪策丞相諸葛亮詔：『朕以幼冲，繼承鴻基。』宋范仲淹聖人大寶曰位賦：『固此鴻基，方君臨於萬國。』『藩衛』，指諸侯。後漢書章帝紀『東后蕃衛，伯父伯兄』唐李賢注：『諸侯爲天子藩屏，故曰藩衛。』明史肅王瑛傳：『非所以崇本支，厚藩衛也。』

〔三〕載孚王化，職隆於制舉：『王化』，天子的教化。詩大序：『周南、召南，正始之道，王化之基。』後漢書張酺傳：『吾爲三公，既不能宣揚王化，令吏人從制，豈可不務節約乎？』『制舉』，制訂選拔賢才的方法。管子宙合：『鈎入枉而出直，此言聖君賢佐之制舉也。』

〔四〕歷選前修，兹道無替：『前修』，猶前賢。楚辭離騷：『謇吾法夫前修兮，非世俗之所服。』後漢書劉愷傳：『今愷景仰前修，有伯夷之節，宜蒙矜宥，全其先功，以增聖朝尚德之美。』

〔五〕夙標懿範，早茂清徽：『懿範』，美好的道德風範。晉陸雲贈顧驃騎有皇詩：『思我懿範，萬民來服。』唐王勃秋日登洪府滕王閣餞别序：『都督閻公之雅望，棨戟遥臨；宇文新州之懿範，襜帷暫駐。』『早茂』，謂年幼時便才華出衆。後漢書　桓帝紀：『孝質皇帝聰敏早茂，冀心懷忌畏，私行殺毒。』『清徽』，高尚的節操。晉書　宗室傳論：『（安平）清徽至範，爲晉宗英。』唐錢起酬陶六辭秩歸舊居見柬詩：『靖節昔高尚，令孫嗣清徽。』

〔六〕寬恕以表其情，恭慈以成其美：『恭慈』，全唐文作『恭遜』。

〔七〕荆河之地，已洽於仁聲：『仁聲』，指施行仁德而贏得的聲譽。漢揚雄羽獵賦：『仁聲惠於北狄，武誼動於南鄰。』三國志　蜀書　楊戲傳：『初自燕、代則仁聲洽著，行自齊、魯則英風播流。』

〔八〕其光膺禮命：『禮命』，全唐文作『顯命』。『禮命』指國家的禮籍和君王的策命。周禮　天官　小宰：『五曰聽禄位以禮命。』王安石新義：『聽禄位以禮命者，禮有數，命有等，禄位視此制之故也。』孫詒讓正義：『禮命，謂國之禮籍，王之策命。』

〔九〕式遵彝典：『彝典』，常典。南朝梁江淹蕭相國拜齊王表：『業不題於宗器，聲靡記於彝典。』北周庾信爲閻大將軍乞致仕表：『尸禄素餐，久紊彝典；負乘致寇，徒煩有司。』

〔十〕布廉平之化：『廉平』，清廉公平。史記孝文本紀：『妾父爲吏，齊中皆稱其廉平。』宋蘇轍三論分別邪正札子：『諸葛亮治蜀，行法廉平，則廖立、李嚴雖流徙邊郡，終身無怨。』

〔十一〕垂愛惠之風：『愛惠』，全唐文作『惠愛』。『愛惠』慈愛仁惠。韓非子奸劫弑臣：『嚴刑重罰以禁之，使民以罪誅，而不以愛惠免。』南朝陳徐陵陳武帝下州郡璽書：『愛惠以撫孤貧，威刑以禦强猾。』

〔十二〕居敬而行簡：『行簡』，行事簡易。論語雍也：『居敬而行簡，以臨其民，不亦可乎？』朱熹集注：『言自處以敬，則中主而自治嚴，如是而行簡以臨民，則事不煩而民不擾。』清王夫之讀四書大全説論語雍也篇四：『居敬既不易，行簡亦自難。』

〔十三〕恤隱而求瘼：『恤隱』，憂念百姓疾苦。語本國語周語上：『勤恤民隱而除其害也。』晋干寶晋紀總論：『節理人情，恤隱民事。』『求瘼』，訪求民間疾苦。南史循吏傳序：『日昃聽政，求瘼恤隱。』唐陸贄請依京兆所請折納事狀：『求瘼救灾，國之令典。』

册紀王慎澤州刺史文（二）

維顯慶三年，歲次戊午，正月甲申朔，三十日癸丑，皇帝若曰：於戲！析壤分珪〔二〕，寄隆於宗子；罷侯置守，任切於惟良〔三〕。自昔明王，率由茲典〔四〕。左衛大將軍、徐州刺史、上柱國紀王慎，稟慶璇源〔五〕，分華紫極〔六〕。崇詩書而軌物〔七〕，敦教義而明道。入典鈎陳〔八〕，恭肅表於清禁〔九〕；出膺刺舉，寬簡洽於名藩〔十〕。高平形勝，太行重阻〔十一〕，地邇王畿，親賢是屬〔十二〕。是用命王爲使持節澤州諸軍事、澤州刺史，王及大將軍勛官如故。朕聞之：諸侯之孝，在上不驕；善人爲邦，期日而可〔十三〕。往欽哉！其祗膺顯命，率循典禮〔十四〕，慎刑罰而教學校，尊五美而屏四惡〔十五〕，造次於仁，夙夜無怠，勉追風於往哲，以垂裕於後昆。可不慎歟！

校箋

〔一〕此文又見於全唐文卷十四，署名高宗皇帝。適園叢書亦録此文，題目同。詔云『維顯慶三年，歲次戊午，正月甲申朔，三十日癸丑』，知該詔作於顯慶三年（六五八）正月三十日稍前。

〔二〕析壤分珪：『分珪』，帝王以圭分授於受封者，後泛指帝王封賜官爵。南朝梁江淹爲蕭太尉三讓揚州表：『古之馭教，當有道焉，量能而受賞，撰智而錫位，深乃裂組，遠故分珪。』

〔三〕任切於惟良：『惟良』，賢良；賢能的官吏。語出書 君陳：『嗚呼，臣人咸若時，惟良顯哉。』唐杜甫送楊六判官使西蕃詩：『宣命前程急，惟良待士寬。』

〔四〕自昔明王，率由兹典：『明王』，賢明的君主。左傳 宣公十二年：『古者明王伐不敬。』隋王通中説 天地：『願執明王之法，使天下無冤人。』

〔五〕禀慶璇源：『璇源』，指皇族。舊唐書 恭懿太子佋傳：『第十二子故興王佋，毓慶璇源，分華若木，天資純孝，神假聰明。』金史 樂志下：『天啓璇源，貽慶定基。』

〔六〕分華紫極：『紫極』，星名，借指帝王的宫殿。晋潘岳西征賦：『厭紫極之閑敞，甘微行以游盤。』李善注：『紫極，星名，王者爲宫以象之。曹植上表曰：「情注於皇居，心在乎紫極。」』唐吴兢貞觀政要 論納諫：『陛下高居紫極，寧濟蒼生。』

〔七〕崇詩書而軌物：『軌物』，指規範事物。南朝梁陸倕新刻漏銘：『寧可以軌物字民，作範垂訓者乎？』新唐書 李景伯傳：『使授非其人，則權重釁生，非强幹弱枝、經邦軌物之誼。』

〔八〕入典鈎陳：『鈎陳』，一種用於防衛的儀仗。北史 藝術傳下 何稠：『帝復令稠造戎車萬乘，鈎陳八百連。』隋書禮儀志七：『八年征遼，又造鈎陳，以木板連如帳子。』

〔九〕恭肅表於清禁：『清禁』，指皇宮。皇宮中清静嚴肅，故稱。漢應劭風俗通十反司徒九江朱伥：『臣願陛下思周旦之言，詳左右清禁之内，謹供養之官，嚴宿衛之身。』唐杜牧洛陽秋夕詩：『清禁漏閑烟樹寂，月輪移在上陽宫。』

〔十〕出膺刺舉，簡洽於名藩：『出膺』，猶出任。清夏燮中西紀事粤民義師：『徐、葉二臣，皆以詞科清望出膺節鉞。』『刺舉』，檢舉。史記田叔列傳：『天下郡太守多爲奸利，三河尤甚，臣請先刺舉三河。』嚴復原强：『祖宗之成憲俱在，吾寧率由之而加實力焉。於是，而督責之令行，刺舉之政興。』周振甫注：『刺舉，派人刺探陰私加以舉發。』『名藩』，指地方重鎮。晉書王國寶傳：『時王恭與殷仲堪并以才器，各居名藩。』舊唐書李德裕傳：『受寄名藩，常憂曠職，孜孜夙夜，上報國恩。』

〔十一〕高平形勝，太行重阻：『形勝』，謂地理位置優越，地勢險要。荀子强國：『其固塞險，形埶便，山林川谷美，天材之利多，是形勝也。』史記高祖本紀：『秦，形勝之國，帶河山之險，縣隔千里。』『重阻』，重重險阻。漢禰衡鸚鵡賦：『流飄萬里，崎嶇重阻。』晉左思蜀都賦：『帶二江之雙流，抗峨眉之重阻。』

〔十二〕地邇王畿，親賢是屬：「邇」，近。詩鄭風東門之墠：「其室則邇，其人甚遠。」新唐書張九齡傳：「乖政之氣，發爲水旱。天道雖遠，其應甚邇。」「親賢」，親戚與賢臣。南朝梁任昉齊竟陵文宣王行狀：「地尊禮絶，親賢莫貳。」南史宋宗室及諸王傳上論：「自古帝王之興，雖係之於歷數，至於經啓多難，莫不兼藉親賢。」

〔十三〕期日而可：「期日」，全唐文作「期月」。「期日」，約定或預測的日數或時間。

〔十四〕其祗膺顯命，率循典禮：「祗膺」，敬受。唐劉禹錫賀皇太子受册箋之二：「祗膺詔册，光啓儲闈。」舊唐書睿宗紀：「在臣虚薄，不敢祗膺。」「顯命」，對上天旨意或天子詔命的美稱。語本左傳僖公二十八年：「晉侯三辭，從命，曰：『重耳敢再拜稽首，奉揚天子之丕顯休命。』」孔子家語弟子行：「若逢有德之君，世受顯命，不失厥名。」三國魏曹植慶文帝受禪表：「陛下以明聖之德，受天顯命，良辰即祚，以臨天下。」

〔十五〕尊五美而屏四惡：「五美」，五種美德。左傳襄公二十八年：「大適小有五美，宥其罪戾，赦其過失，救其菑患，賞其德刑，教其不及。」論語堯曰：「子張曰：『何謂五美？』子曰：『君子惠而不費，勞而不怨，欲而不貪，泰而不驕，威而不猛。』」「四惡」，指虐、暴、賊、有司四種惡事。論語堯曰：「子張曰：『何謂四惡？』子曰：『不教而殺謂之虐；不戒視成謂之暴；慢令致期謂之賊；猶之與人也，出納之吝謂之有司。」』

册杞王上金鄜州刺史文〔一〕

維顯慶四年，歲次己未，七月景子朔，四日己卯，皇帝若曰：於戲！昔堯分四岳，漢總六條〔二〕，所以光闡帝猷〔三〕，式調萌俗者也。爰自近古，尤爲重任。襟帶之地，非親不居〔四〕；形勝之藩，惟賢是處。咨爾益州都督、上柱國杞王上金，岐嶷幼彰，英徽早茂〔五〕，仁慈表性，愛敬因心。磐石之固攸歸，分符之寄斯在。是用命爾爲使持節鄜州諸軍事、鄜州刺史，餘如故。夫道德齊禮，爲政之良規；踐義基忠，立身之要道。必恭謙而下士，無驕矜以傲法。勉務農之教，勤恤隱之方〔六〕。往欽哉！其祇服朕命〔四〕，緝諧令績，可不慎歟！

校　箋

〔一〕此文又見於全唐文卷十四，署名高宗皇帝。適園叢書亦録此文，題目同。文曰『維顯慶四年，歲次己未，七月景子朔，四日己卯，皇帝若曰』，知該詔當作於顯慶四年（六五九）七月四日稍前。

〔二〕昔堯分四岳，漢總六條：『四岳』，堯臣羲、和四子，分掌四方之諸侯。書堯典：『帝曰：「咨，四岳。」』孔傳：『四岳，即上羲、和之四子，分掌四岳之諸侯，故稱焉。』唐杜甫寄裴施州詩：『堯有四岳明至理，漢二千石真分憂。』『六條』，漢制，刺史班行六條詔書，以考察官吏。漢書百官公卿表上『武帝元封五年初置部刺史』顔師古注引漢官典職儀云：『刺史班宣，周行郡國，省察治狀，黜陟能否，斷治冤獄，以六條問事，非條所問，即不省。一條，强宗豪右田宅逾制，以强凌弱，以衆暴寡。二條，二千石不奉詔書，遵承典制，倍公向私，旁詔守利，侵漁百姓，聚斂爲奸。三條，二千石不恤疑獄，風厲殺人，怒則任刑，喜則淫賞，煩擾刻暴，剥截黎元，爲百姓所疾，山崩石裂，祅祥訛言。四條，二千石選署不平，苟阿所愛，蔽賢寵頑。五條，二千石子弟恃怙榮勢，請托所監。六條，二千〔石〕違公下比，阿附豪强，通行貨賂，割損正令也。』西晋北周也有六條詔書。後因以指考察官吏的職務和職權。南史宋江夏文獻王義恭傳：『義恭既至，勸孝武即位。授太尉、録尚書六條事，假黄鉞。』舊唐書哀帝紀：『左僕射裴樞、右僕射崔遠……須離八座之榮，尚付六條之政，勉思咎己，無至尤人。』

〔三〕所以光闡帝猷：『光闡』，發揚光大。晋書赫連勃勃載記：『哲王繼軌，光闡徽風。」『帝猷』，帝王治國之道。後漢書蔡邕傳：『皇道惟融，帝猷顯丕；泜泜庶類，含甘吮滋。』晋庾闡樂賢堂頌：『洋洋帝猷，恢恢天造；思樂雲基，克配祖考。』

〔四〕襟帶之地，非親不居：『襟帶』，謂山川屏障環繞，如襟似帶。比喻險要的地理形勢。漢張衡東京賦：『苟民志之不諒，何云岩險與襟帶。』唐楊炯後周青州刺史齊貞公宇文公神道碑：『三秦六輔之奥區，五岳四瀆之襟帶。』

〔五〕岐嶷幼彰，英徽早茂：『岐嶷』，詩大雅生民：『誕實匍匐，克岐克嶷。』朱熹集傳：『岐嶷，峻茂之狀。』後多以『岐嶷』形容幼年聰慧。東觀漢記馬客卿傳：『馬客卿幼而岐嶷，年六歲，能接應諸公，專對賓客。』『英徽』，指才德美好。亦指才德優異的人。南朝宋謝惠連祭禹廟文：『咨聖繼天，載誕英徽，克明克哲，知章知微。』

〔六〕勉務農之教，勤恤隱之方：『勉務農之教』，全唐文闕一『教』字。『恤隱』，憂念百姓疾苦。語本國語周語上：『勤恤民隱而除其害也。』晋干寶晋紀總論：『節理人情，恤隱民事。』南朝陳徐陵陳武帝下州郡璽書：『卿等擁旄方岳，相任股肱，剖符名宇，方寄恤隱。』

〔七〕其祗服朕命：此句全唐文作『其祗朕命』。『祗服』，敬謹奉行。書康誥：『子弗祗服厥父事，大傷厥考心。』三國志蜀書後主傳：『公其祗服朕命，克廣德心，以終乃顯烈。』

册曹王明梁州都督文〔一〕

維顯慶四年，歲次己未，九月乙亥朔，二十九日癸卯，皇帝若曰：於戲！漢川紀勝〔二〕，梁山表鎮，南通庸蜀〔三〕，北達褒斜〔四〕，地實要衝，人資剛鋭，式遏之寄，親賢攸屬〔五〕。惟爾上柱國曹王明，志業沖遠，襟神爽濟，仁惠之風彌著，慈和之美日聞。析壤分珪，既隆於藩屏〔六〕；褰帷按部，允期於政績〔七〕。是用命爾爲使持節都督梁洋璧集等四州諸軍事、梁州刺史，王及勛官并如故。往欽哉！恤隱之任〔八〕，昔人尤重；班條之執，往哲稱難。宜盡公平之心，用崇寬恕之道，聿遵前典〔九〕，勉修厥德，惟良是屬，可不慎歟！

校箋

〔一〕此文又見於全唐文卷十四，署名高宗皇帝。適園叢書亦録此文，題目同。文曰『維顯慶四年，歲次己未，九月乙亥朔，二十九日癸卯，皇帝若曰』，知該詔當作於顯慶四年（六五九）九月二十九日稍前。

（二）漢川紀勝：此句全唐文闕一『勝』字。

（三）梁山表鎮，南通庸蜀：『梁山』，山名。在今四川省劍閣縣境，又名劍門山。『庸蜀』，泛指四川，庸、蜀皆古國名。庸在川東夔州一帶，蜀在成都一帶。三國志 蜀書 後主傳：『乘間阻遠，保據庸蜀。』唐杜甫揚旗詩：『此堂不易升，庸蜀日已寧。』

（四）北達褒斜：『褒斜』，古道路名。因取道褒水、斜水二河谷得名。二水同出秦嶺太白山：褒水南注漢水，谷口在今陝西省勉縣褒城鎮北，斜水北注渭水，谷口在今陝西省眉縣西南。通道山勢險峻，歷代鑿山架木，於絶壁修成棧道，舊時爲川陝交通要道。史記 貨殖列傳：『然四塞，棧道千里，無所不通，唯褒斜綰轂其口。』唐韓愈李公墓志銘：『販者負入褒斜，船循渭而下，首尾相繼不絶。』

（五）式遏之寄，親賢攸屬：『式遏』，詩 大雅 民勞：『式遏寇虐，無俾民憂。』鄭玄箋：『式，用；遏，止也。』後以『式遏』爲防衛、抵禦。晋葛洪抱朴子 釋滯：『尹生委衿帶之職，違式遏之任，而有周不罪之以不忠。』隋書 達奚長儒傳：『長儒受任北鄙，式遏賊寇，所部之内，少將百倍。』

（六）析壤分珪，既隆於藩屏：『分珪』，帝王以圭分授於受封者。後泛指帝王封賜官爵。

南朝梁江淹爲蕭太尉三讓揚州表：『古之馭教，當有道焉，量能而受賞，撰智而錫位，深乃裂組，遠故分珪。』北史房彥謙傳：『伏惟皇帝望雲就日，仁孝夙彰，錫社分珪。』

〔七〕褰帷按部，允期於政績：『褰帷』，後漢書賈琮傳：『琮爲冀州刺史。舊典，傳車驂駕，垂赤帷裳，迎於州界。及琮之部，升車言曰：「刺史當遠視廣聽，糾察美惡，何有反垂帷裳以自掩塞乎？」乃命御者褰之。』後因以『褰帷』爲官吏接近百姓、實施廉政之典。梁書劉孝綽傳：『方且褰帷自厲，求瘼不休。』宋王禹偁擬除開封縣令可鄭州刺史：『以爾具官某，宰予赤縣，綽有政聲，宜旌墨綬之賢，用布褰帷之化。』

〔八〕恤隱之任：『恤隱』，憂念百姓疾苦。語本國語周語上：『勤恤民隱而除其害也。』韋昭注：『恤，憂也；隱，痛也。』晋干寶晋紀總論：『節理人情，恤隱民事。』南朝陳徐陵陳武帝下州郡璽書：『卿等擁旄方岳，相任股肱，剖符名宇，方寄恤隱。』

〔九〕聿遵前典：『聿遵』，遵循。後漢書皇后紀上：『明帝聿遵先旨，宮教頗修，登建嬪后，必先令德，内無出閫之言，權無私溺之授，可謂矯其敝矣。』又梁統傳：『竊謂高帝以後，至乎孝宣，其所施行，多合經傳，宜比方今事，驗之往古，聿遵前典，事無難改，不勝至願。』『前典』，前代的典則。後漢書郎顗傳：『今陛下聖德中興，宜遵前典，惟節惟約，天下幸甚。』宋書禮志四：『魏明帝有愛女曰淑涉，三月而夭，帝痛之甚，追封謚爲平原懿公主。葬於南陵，立廟京師。無前典，非禮也。』

册郇王素節申州刺史文〔一〕

維顯慶四年，歲次己未，九月乙亥朔，二十九日癸卯，皇帝若曰：於戲！經邦之術，寄宗子而維城〔二〕；御下之方，資懿親而調俗〔三〕。緬尋遐載〔四〕，率修斯道。咨爾上柱國郇王素節，端嶷幼彰，清徽早茂〔五〕，夙聞詩禮之訓，式光車服之寵。邑連鐘武，壤接平春，分九塞之遥塗〔六〕，控三門之險路，形勝之地，馬牧所在〔七〕。是用命爾爲使持節申州諸軍事、申州刺史，王及勛官并如故。往欽哉！夫政化之要，禮義爲先；臣子之規，忠孝爲本。爾其慎修剌舉，祗服炯戒〔八〕，仰鳴謙以自牧，無侈縱而違道〔九〕。荷兹隆委，可不慎歟！

校箋

〔一〕此文又見於全唐文卷十四，署名高宗皇帝，題目相同。適園叢書亦録此文，題目同。

文曰『維顯慶四年，歲次己未，九月乙亥朔，二十九日癸卯，皇帝若曰』，該詔當作於顯慶四年（六五九）九月二十九日稍前。舊唐書卷八十六列傳第三十六『許王素節，高宗第四子也。年六歲，永徽二年，封雍王，尋授雍州牧。素節能日誦古詩賦五百餘言，受業於學士徐齊聃，精勤不倦，高宗甚愛之。又轉岐州刺史。年十二，改封郇王。初，則天未爲皇后也，與素節母蕭淑妃争寵，遞相譖毁。六年，則天立爲皇后後，淑妃竟爲則天所譖毁，幽辱而殺之。素節尤被讒嫉，出爲申州刺史。』

（二）寄宗子而維城：『維城』，連城以衛國。詩大雅板：『懷德維寧，宗子維城。』舊唐書昭宗紀上：『丙辰，韓建上表，請封拜皇太子、親王，以爲維城之計。』

（三）資懿親而調俗：『懿親』，至親。特指皇室宗親、外戚。三國魏曹植求通親親表：『昔周公吊管、蔡之不咸，廣封懿親，以藩屏王室。』舊唐書牛仙客傳：『時有監察御史周子諒竊言於御史大夫李適之曰：「牛仙客不才，濫登相位，大夫國之懿親，豈得坐觀其事？」』

（四）緬尋遐載：『遐載』，歷代以來的記載。指歷史記載。唐上官儀勸封禪表：『永言遐載，緬鏡前徽。』

（五）端凝幼彰，清徽早茂：『端凝』，端莊聰慧。南史梁哀太子大器傳：『太子性寬和，兼神用端凝，在賊中每不屈意。」

〔六〕分九塞之遥塗：此句全唐文作「合九州之遥塗」。

〔七〕形勝之地，馬牧所在：「形勝」，謂地理位置優越，地勢險要。荀子强國：「其固塞險，形勢便，山林川谷美，天材之利多，是形勝也。」史記高祖本紀：「秦，形勝之國，帶河山之險，縣隔千里。」「馬牧」，牧苑、牧場。晋書懷帝紀：「（永嘉元年）夏五月，馬牧帥汲桑聚衆反，敗魏郡太守馮嵩，遂陷鄴城。」晋書姚萇載記：「萇懼，奔於渭北，遂如馬牧。」

〔八〕爾其慎修刺舉，祗服炯戒：「刺舉」，檢舉。史記田叔列傳：「天下郡太守多爲奸利，三河尤甚，臣請先刺舉三河。」資治通鑑晋明帝太寧元年：「汜公糟粕書生，刺舉小才，不思國家大計。」「祗服」，謂敬謹奉行。三國志蜀書後主傳：「公其祗服朕命，克廣德心，以終乃顯烈。」宋王安石尚書左丞余靖制：「衍食序勛，往其祗服。」「炯戒」，亦作「炯誡」，明顯的鑒戒或警戒。漢班固幽通賦：「既訊爾以吉象兮，又申之以炯戒。」三國志吴書賀邵傳：「此當世之明鑒，目前之炯戒也。」

〔九〕仰鳴謙以自牧，無侈縱而違道：「鳴謙」，謂態度謙恭。南朝梁沈約齊故安陸昭王碑文：「至公以奉上，鳴謙以接下。」梁書劉覽傳：「既以鳴謙表性，又以難進自居，未嘗造請公卿，締交榮利。』『自牧』，自我修養。易謙：『謙謙君子，卑以自牧。』孔穎達疏：『恒以謙卑自養其德也。』後漢書劉虞公孫瓚傳論：『劉虞守道慕名，以忠厚自牧。』『侈縱』，奢侈放縱。後漢書虞延傳：『宗性奢靡，車服器物，多不中節……居有頃，宗果以侈從被誅。』宋書徐湛之傳：『（湛之）室宇園池，貴游莫及。伎樂之妙，冠絶一時。門生千餘人，皆三吴富人之子，姿質端妍，衣服鮮麗。每出入行游，塗巷盈滿，泥雨日，悉以後車載之。』『違道』，違背正義。書大禹謨：『罔違道以干百姓之譽。』孔傳：『失道求名，古人賤之。』

册紀王慎荆州都督文（一）

維顯慶五年，歲次□□□月庚申朔□日□□（二）。皇帝若曰：於戲！南紀之津，上躔翼軫（三）；西浮之路，旁帶巴巫。信形勝之大澤，實英靈之奥府（四）。恤隱之寄，懿親攸屬（五），班條之美，良翰爰歸。左衛大將軍、澤州刺史、上柱國紀王慎，漸天潢於含潤（六），資日觀以摛華（七），藝重三雍，道優二陝。梁池挺彦，燕館趍賢（八），位表銜珠，入光蘭錡（九），職華分竹，出美棠陰（十），簡惠以孚，聲績斯邵（十一）。是用命爾爲使持節都督荆峽岳朗等四州諸軍事、荆州刺史、大將軍上柱國，王并如故。往欽哉！夫道德齊禮〔十二〕，布政之化，踐孝依仁，立身之本，必宜周旋勿墜，雅譽彌高，勉修乃職。對揚休命〔十三〕，可不慎歟！

校　箋

〔一〕此文又見於文苑英華卷四百四十四、全唐文卷一百五十四，題曰册紀王慎爲荆州都督文，署名上官儀。適園叢書亦録此文，題目同，署名上官儀。詔曰『維顯慶五年』，知詔作於顯慶五年（六六〇）。紀王慎乃唐太宗第十子。舊唐書卷七十六列傳第二十六：『紀王慎，太宗第十子也。貞觀五年，封申王。七年，授秦州都督。十年，改封紀王，賜實封八百户。十七年，遷襄州刺史，以善政聞，璽書勞勉，百姓爲之立碑。二十三年，加實封滿千户。永徽元年，拜左衛大將軍。二年，授荆州都督，累除荆州刺史。』

〔二〕歲次□□□月庚申朔□日□□：此句文苑英華、全唐文作『岁次庚申某月某朔某日甲子』。四库全書本作『歲次庚申九月癸亥朔二十五日丁卯』。

〔三〕南紀之津，上躔翼軫：『南紀』，詩 小雅 四月：『滔滔江漢，南國之紀。』鄭玄箋：『江也，漢也，南國之大水，紀理衆川，使不壅滯；喻吴楚之君能長理旁側小國，使得其所。』後因以指南方。南朝梁江淹王侍中爲南蠻校尉詔：『贊政南紀，播惠西夏。』『翼軫』，二十八宿中的翼宿和軫宿。古爲楚之分野。史記 天官書：『翼軫，荆州。』唐王勃滕王閣序：『星分翼軫，地接衡廬。』

〔四〕信形勝之大澤，實英靈之奥府：『奥府』，指物产聚藏之所。亦引申指要地、重鎮。魏書 元燮傳：『竊見馮翊古城，羌魏兩民之交，許洛水陸之際，先漢之左輔，皇魏之右翼，形勝名都，實惟西蕃奥府。』

〔五〕恤隱之寄，懿親攸屬：『懿親』，至親。特指皇室宗親、外戚。三國魏曹植求通親親表：『昔周公吊管蔡之不咸，廣封懿親，以藩屏王室。』舊唐書 牛仙客傳：『時有監察御史周子諒竊言於御史大夫李適之曰：「牛仙客不才，濫登相位，大夫國之懿親，豈得坐觀其事？」』

〔六〕漸天潢於含潤：『天潢』，皇族，帝王後裔。北周庾信爲杞公讓宗師驃騎表：『憑天潢之派水，附若木之分枝。』

〔七〕資日觀以摛華：『摛華』，文苑英華作『摛文』，指鋪陳辭藻。意謂施展文才。晋

葛洪抱朴子 明本：『擒華騁艷，質直所不尚；攻蒙救惑，疇昔之所饜。』清鈕琇觚賸 兩大文章：『皇朝擒華之彥，疊迹蘭臺；捍圉之才，蜚英麟甸。』

〔八〕梁池挺彥，燕館趍賢：『燕館』，指戰國時燕昭王爲招納賢士所築的碣石宮。亦以泛指招賢納士的館舍。唐李商隱病中聞河東公樂營置酒口占寄上：『興欲傾燕館，歡於到習家。』唐吳融赴闕次留獻荆南成相公三十韻：『只慚燕館盛，寧覺阮途窮。』

〔九〕位表銜珠，入光蘭錡：『銜珠』，初學記卷二十七引晉王嘉拾遺記：『黃帝之子名青陽，是曰少昊，一名摯，有白雲之瑞，號爲白帝。有鳳銜明珠致於庭，少昊乃拾珠懷之，使照服於天下。』後用恩賞之典。唐李嶠沙吒忠義等官爵制：『宜膺剖珪之錫，兼峻銜珠之寵。』『蘭錡』，兵器架。引申指顯赫的門第。唐李德裕唐故左神策軍護軍中尉劉公神道碑銘：『禁旅總蘭錡之兵，古上卿之寄也。』清錢謙益江田陳氏家集序：『陳氏一門歷三百年，簪纓不絶，蘭錡相望。』

〔十〕職華分竹，出美棠陰：『分竹』，給予作爲權力象徵的竹使符，謂封官授權。南朝宋顔延之家傳銘：『建節中平，分竹黃初。』梁書 蕭子顯傳：『仁威將軍、吳興太守子顯，神韻峻舉，宗中佳器。分竹未久，奄到喪殞，惻愴於懷。』『棠陰』，喻惠政或良吏的惠行。南朝梁簡文帝罷丹陽郡往與吏民別詩：『柳栽今尚在，棠陰君詎憐。』唐劉長卿餘干夜宴奉餞前蘇州韋使君新除婺州作詩：『幸容栖托分，猶戀舊棠陰。』

〔十一〕簡惠以孚，聲績斯卲：『簡惠』，謂施政寬大仁惠。南朝宋武帝江陵平加領南蠻校尉下書：『每永懷民瘼，宵分忘寢，誠宜蠲除苛政，弘兹簡惠。』南史羊欣傳：『在郡四年，簡惠著稱。』『聲績』，聲譽功績。晋書胡奮傳：『奮家世將門，晚乃好學，有刀筆之用，所在有聲績，居邊特有威惠。』唐劉禹錫代請朝覲表：『臣伏受國恩，忝承門蔭，脱巾筮仕，敢期榮名；陳力效官，靡樹聲績。』

〔十二〕：夫道德齊禮：『道德』，原作『導德』，今据文苑英華、全唐文、四库全書改。

〔十三〕對揚休命：古代常語，屢見於金文。凡臣受君賜時多用之，兼有答謝、頌揚之意。書説命下：『敢對揚天子之休命。』漢蔡邕司空文烈侯楊公碑：『虔恭夙夜，不敢荒寧，用對揚天子丕顯休命。』

册周王顯并州都督文〔一〕

維龍朔元年，歲次辛酉，十月癸亥朔，十七日己卯，皇帝若曰：夫騰華星苑，崇名器於藩維〔二〕；憑暉日御，峻寵章於侯服〔三〕。故本枝增蔚，鴻緒滋繁〔四〕。而汾陽奥區，鎮龍山而控遠〔五〕；冀北腴壤，接鴈塞而疏疆〔六〕，連率之寄〔七〕，親賢攸屬。咨爾洛州牧、上柱國周王顯，風則開秀，器彩虚明〔八〕，識表魏舟之象，詞掩漢臺之駕。西園孤月，委心鏡而齊明；小山叢桂，偃情田而并烈。温恭夙劭，業尚日新，棣萼交芬，珪璋具美〔九〕。是用命爾爲使持節都督并汾箕嵐等四州諸軍事、并州刺史，牧及勛封并如故。爾其克修天爵〔十〕，聿包地義。方資化敷大夏，惠漸京陵；必宜欽衽鳴撝〔十一〕，褰帷廣聽。懋宣聲績，長綏福履〔十二〕，光膺顯命，可不慎歟！

校　箋

〔一〕此文又見於全唐文卷一百五十四，題目爲册周王顯爲并州都督文，署名上官儀。適園叢書亦録此文，題目同，作者上官儀。

〔二〕崇名器於藩維：『藩維』，詩大雅板：『价人維藩。』後以『藩維』指藩國。南朝梁沈約封授臨川等五王詔：『藩維廣樹，經朔攸屬。』

〔三〕峻寵章於侯服：『寵章』，表示高官顯爵的章服。漢潘勖册魏公九錫文：『朕聞先王并建明德，胙之以土，分之以民，崇其寵章，備其禮物，所以蕃衛王室，左右厥世也。』李善注：『禮記曰：「以爲旗章，以别貴賤。」鄭玄曰：「章，識也。」』

〔四〕故本枝增蔚，鴻緒滋繁：『本枝』，同一家族的嫡系和庶出子孫。漢書韋玄成傳：『子孫本支，陳錫無疆。』南朝宋顔延之赭白馬賦：『效足中黄，殉驅馳兮；願終惠養，蔭本枝兮。』『鴻緒』，大統、王業。後漢書順帝紀：『陛下踐祚，奉遵鴻緒。』唐肅宗授彭王僅等節度大使制：『朕以薄德，纘承鴻緒。』

〔五〕而汾陽奥區，鎮龍山而控遠：『奥區』，腹地。後漢書班固傳上：『防禦之阻，則天下之奥區焉。』李善注：『奥，深也。言秦地險固，爲天下深奥之區域。』宋劉炎邇言：『或曰：淮堧千里，濱接魯鄧，昔爲奥區，今爲極邊。』

〔六〕冀北腴壤，接鴈塞而疏疆：『腴壤』，肥沃的土地。宋書孔靈符傳：『謂宜適任民情，從其所樂，開宥逋亡，且令就業；若審成腴壤，然後議遷。』『鴈塞』，山名。初學記卷三十引南朝齊劉澄之梁州記：『梁州縣界有鴈塞山，傳云此山有大池水，鴈栖集之，故因名曰鴈塞。』其地當在今陝西漢中一帶。泛指北方邊塞。唐楊炯原州百泉縣令李君神道碑：『山連鴈塞，野接龍坰。』宋裴湘浪淘沙并門詞：『雁塞説并門，郡枕西汾，山形高下遠相吞。』

〔七〕連率之寄：『連率』，地方長官。後漢書馬援傳：『及莽敗，援兄員時爲增山連率。』北周庾信周上柱國宿國公河州都督普屯威神道碑：『公之桑梓，本於此地，再爲連率，頻仍衣錦。』

〔八〕風則開秀，器彩虚明：『器彩』，謂才學。南朝宋謝莊爲尚書八座奏封皇子郡王：『第某皇弟等，器彩明敏，令識穎悟。』『虚明』，全唐文作『靈明』。

〔九〕棣萼交芬，珪璋具美：『棣萼』，比喻兄弟。晉書孝友傳序：『夫天倫之重，共氣分形，心睽則葉頳荆枝，性合則華承棣萼。』唐杜甫至後詩：『梅花欲開不自覺，棣萼一別永相望。』仇兆鰲注：『棣萼，以比兄弟也。』『珪璋』，比喻高尚的人品。後漢書黨錮傳劉儒：『郭林宗常謂儒口訥心辯，有珪璋之質。』晉書陸機陸雲傳論：『觀夫陸機、陸雲，實荆衡之杞梓，挺珪璋於秀實，馳英華於早年，風鑒澄爽，神情俊邁。』

〔十〕爾其克修天爵：『天爵』，天子所封的爵位、朝廷官爵。後漢書宦者傳呂强：『高祖重約非功臣不侯，所以重天爵明勸戒也。』晉潘岳西征賦：『剌哀主於義域，僭天爵於高安。』

〔十一〕必宜歙衽嗚撝：此句全唐文作『必宜缺社嗚捊』。

〔十二〕懋宣聲績，長綏福履：此句全唐文作「懋宣聲績，克壯其猷，長綏福履」四字。「福履」，猶福禄。詩周南樛木：「樂只君子，福履綏之。」南朝陳徐陵與李那書：「青萲戒節，白露爲霜，君子惟宜，福履多豫。」

册虢王鳳青州刺史文〔一〕

維麟德元年，歲次甲子，正月己酉朔，二十一日己巳，皇帝若曰：於戲！翦商胙邑〔二〕，寵秩盛於隆周；徽秦啓社，徽名崇於有漢〔三〕，况乎爵窮五等，榮總六條〔四〕，乃茂德之攸升，固非賢而靡擇。泌州刺史、上柱國虢王鳳，履局端嚴，襟神秀整，道光懿戚，望重宗維。恭慎之心，符小言而緝譽；虚凝之度，包大雅而揚聲。體備剛柔，藝殫文武。騰芳桂巘，動貞韻而鏘金；寫照荷池，響清文而振玉。若乃淄源迴跨，岱趾斜臨；人被采風，俗兼齊舊，布中和之化，申簡惠之方，觀政所先，建親斯在。是用命王爲使持節青州諸軍事、青州刺史，勛封如故。往欽哉！王其克邁十倫，稽往賢之峻躅〔五〕；勤宣九德〔六〕，蹈前哲之英規。絶浮競之津，廣貞淳之路，光昭淑問，可不慎歟！

校箋

〔一〕此文又見於全唐文卷一百五十四，題爲册虢王鳳爲青州刺史文，署名上官儀。文苑英華卷四百四十四亦録，題爲詔册虢王鳳爲青州刺史文。虢王鳳，高祖第十五子。適園叢書亦録此文，題目同。舊唐書卷六十四載：『虢王鳳，高祖第十五子也。武德六年，豳王。貞觀七年，授鄧州刺史，賜實封六百户。十年，徙封虢王，歷虢、豫二州刺史。二十三年，加實封滿千户。麟德初，累授青州刺史。上元元年薨，年五十二，贈司徒、揚州大都督，陪葬獻陵，謚曰莊。』

〔二〕翦商胙邑：『翦商』，謂剪滅商紂。借指剿滅無道，建立王業。詩魯頌閟宫：『后稷之孫，實維大王，居岐之陽，實始翦商。』唐長孫無忌進律疏議表：『朱旗乃舉，東城高滅楚之功；黄鉞裁麾，西土建翦商之業。』『胙』，賜與；分封。隸續漢武都太守耿勛碑：『上納其謨，拜郎上黨府丞掌令，考績有成，符策乃胙。』王念孫讀書雜志漢隸拾遺：『胙者，賜也。言考績有成，乃賜之以符策，命爲太守也。』

〔三〕徽名崇於有漢：『徽名』，美名。南齊書皇后傳論：『寶命方昌，椒庭虚位，有婦人焉，空慕周典，禎符顯瑞，徒萃徽名。」

〔四〕况乎爵窮五等，榮總六條：「五等」，五個等級。禮記 王制：「王者之制禄爵，公、侯、伯、子、男五等。」孟子 萬章下：「天子一位、公一位、侯一位、伯一位、子男同一位，凡五等也。」「六條」，漢制，刺史班行六條詔書，以考察官吏。漢書 百官公卿表上「武帝元封五年初置部刺史」顔師古注引漢官典職儀云：「刺史班宣，周行郡國，省察治狀，黜陟能否，斷治冤獄，以六條問事，非條所問，即不省。一條，强宗豪右田宅逾制，以强淩弱，以衆暴寡。二條，二千石不奉詔書遵承典制，倍公向私，旁詔守利，侵漁百姓，聚歛爲奸。三條，二千石不恤疑獄，風厲殺人，怒則任刑，喜則淫賞，煩擾刻暴，剥截黎元，爲百姓所疾，山崩石裂，祅祥訛言。四條，二千石選署不平，苟阿所愛，蔽賢寵頑。五條，二千石子弟恃怙榮勢，請托所監。六條，二千〔×〕違公下比，阿附豪强，通行貨賂，割損正令也。」西晋北周也有六條詔書。後因以指考察官吏的職務和職權。南史 宋江夏文獻王義恭傳：「義恭既至，勸孝武即位。授太尉、録尚書六條事，假黄鉞。」舊唐書 哀帝紀：「左僕射裴樞、右僕射崔遠……須離八座之榮，尚付六條之政，勉思咎己，無至尤人。」

〔五〕王其克邁十倫，稽往賢之峻躅：「十倫」，指儒家提倡的十種倫理道德。「躅」，足迹；踪迹。喻人的行爲、業績。漢書 叙傳上：『伏周孔之軌躅。』顔師古注引鄭氏曰：『躅，迹也。』宋蘇軾送頓起詩：『岱宗已在眼，一往繼前躅。』

〔六〕勤宣九德：『九德』，古謂賢人所具備的九種優良品格。九德内容，説法不一。書 皋陶謨：『皋陶曰：「都，亦行有九德，亦言其人有德，乃言曰：載采采。」禹曰：「何？」皋陶曰：「寬而栗、柔而立、愿而恭、亂而敬、擾而毅、直而温、簡而廉、剛而塞、强而義，彰厥有常，吉哉！」』孔傳：『言人性行有九德以考察，真僞則可知。』左傳 昭公二十八年：『心能制義曰度，德正應和曰莫，照臨四方曰明，勤施無私曰類，教誨不倦曰長，賞慶刑威曰君，慈和徧服曰順，擇善而從之曰比，經緯天地曰文。九德不愆，作事無悔。』

册曹王明虢州刺史文〔一〕

維麟德元年，歲次甲子，正月己酉朔，二十二日庚午，皇帝若曰：於戲！金楨璿萼，分器先於茂親〔二〕；丹帷皂蓋〔三〕，按部盛於良牧。藩條之寄載宣〔四〕，河潤之資斯遠〔五〕，固以聲芳偃桂，德秀坐棠〔六〕。惟爾凉州都督、上柱國曹王明，幼範趍庭，□□□□，風識韶悟，姿儀挺立，賦春靈而馳賞〔七〕，弦秋竹而舒襟。詞彩星稠，對梁珠而混色；情源冰徹，帶趙璧而交輝。韜兩獻而遐驤，籠二武而孤峙。是用命爾爲使持節虢州諸軍事、虢州刺史，勛封并如故。往欽哉！爾其履謙居節〔八〕，念損辭豐，置醴以挹儒津〔九〕，賜田以登文囿。敬光橋梓，貞邁修�〔十〕，明率舊章，永保疆宇。可不慎歟！

校箋

〔一〕此文又見於全唐文卷十四，署名高宗皇帝。曹王明，太宗第十四子。舊唐書卷七十六載：『曹王明，太宗第十四子。貞觀二十一年受封。二十三年，賜實封八百户，尋加滿千户。顯慶中，授梁州都督，後歷虢、蔡、蘇三州刺史。詔令繼巢刺王元吉後。永崇中，坐與庶人賢通謀，降封零陵王，徙於黔州……景雲元年，明喪柩歸於京師，陪葬昭陵。』

〔二〕分器先於茂親：『分器』，古代天子把宗廟所藏的寶器分與諸侯和宗室爲世守之物，謂之『分器』，亦指分得的寶器等。左傳定公九年『得寶玉大弓』晋杜預注：『弓玉，國之分器，得之足以爲榮，失之足以爲辱。』『茂親』，古時多指皇室宗親。茂，言其美盛。魏書樂志：『自非懿望茂親，雅量淵遠，博識洽聞者，其孰能識其得失。』南朝梁丘遲與陳伯之書：『中軍臨川殿下，明德茂親，總兹戎重。』新唐書鬱林王恪傳：『汝惟茂親，勉思所以藩王室。』

〔三〕丹帷皂蓋：『丹帷』，赤色的帳幕。三國魏曹植娱賓賦：『遂衎賓而高會兮，丹帷曄以四張。』南朝齊謝超宗齊北郊樂歌昭夏樂：『靈正丹帷，月肅紫墀。』『皂蓋』，古代官員所用的黑色蓬傘。後漢書輿服志上：『中二千石、二千石皆皂蓋，朱兩轓。』

〔四〕藩條之寄載宣：『藩條』，漢代州刺史以六條考察州郡官吏，後因以指刺史之職。晉書應詹傳論：『入居列位，則嘉謀屢陳；出撫藩條，則惠政斯洽。』唐元稹彈奏劍南東川節度使狀：『刺史柳蒙等任竊藩條，無心守職。』

〔五〕河潤之資斯遠：『河潤』，謂恩澤及人，如河水之滋潤土地。莊子列禦寇：『河潤九里，澤及三族。』後漢書郭伋傳：『賢能太守，去帝城不遠，河潤九里，冀京師并蒙福也。』

〔六〕德秀坐棠：『坐棠』，傳説周武王時，召伯巡行南國，曾憩甘棠樹下，聽訟決獄，百姓各得其所，賦詩以懷其德。見詩召南甘棠、漢應劭風俗通皇霸六國。後以『坐棠』爲稱頌官吏德政之典。唐李白天長節使鄂州刺史韋公德政碑序：『老父不畏死，願留公以上聞。悦坐棠而餐風，庶刻石以賓美。』

〔七〕賦春靈而馳賞：此句全唐文作『豪春靈而馳賞』。

〔八〕爾其履謙居節：『履謙』，謂行謙讓之德。後漢書鄧騭傳：『功成身退，讓國遜位，歷世外戚，無與爲比，當享積善履謙之祐，而横爲宫人單辭所陷。』南朝宋傅亮爲宋公求加贈劉前軍表：『履謙居寡，守之彌固。』

〔九〕置醴以挹儒津：『置醴』，西漢楚元王劉交敬禮申公、白生、穆生等。穆生不嗜酒，每有宴集，楚元王皆特爲穆生置醴。醴，甜酒。見漢書楚元王劉交傳。後以『置醴』爲崇道尊賢的典實。唐杜甫八哀詩贈太子太師汝陽郡王璡：『晚年務置醴，門引申白賓。』

〔十〕敬光橋梓，貞邁修筠：『橋梓』，南朝梁任昉王文憲集序李善注引尚書大傳：『伯禽與康叔朝於成王，見乎周公，三見而三笞之。二子有駭色，乃問於商子曰：「吾二子見於周公，三見而三笞之，何也？」商子曰：「南山之陽有木名橋，南山之陰有木名梓，二子盍往觀焉！」於是二子如其言而往觀之，見橋木高而仰，梓木晋而俯。反以告商子。商子曰：「橋者，父道也；梓者，子道也。」』後因稱父子爲『橋梓』。南朝梁任昉王文憲集序：『孝友之性，豈伊橋梓；夷雅之體，無待韋弦。』唐張説右羽林大將軍王氏神道碑：『禮義形於橋梓，哀戚過於縗麻。』

册江王元祥鄜州刺史文〔一〕

維麟德元年，歲次甲子，正月己酉朔，二十二日庚午，皇帝若曰：於戲！列爵開基，資連屬而敷化；班條馭宇〔二〕，藉藩衛而裁風。是知光闡帝猷〔三〕，發揮人極〔四〕，固宗庶而兼列〔五〕，必親賢而并建。鄧州刺史、上柱國江王元祥，識尚閑偉，體局貞凝〔六〕，履順而自居〔七〕，冲撝而待物〔八〕。梁臺既啓，背淮之裾爰萃；燕宫載闢〔九〕，發洧之駕相趍。甄綜掩於河書，精通符於沛易，神遺糾察〔十〕，政叶寬平。包吐茹之奇，遞弦韋之用〔十一〕。乃地鄰京翊，俗格於五方〔十二〕；壤密寰封，潤沾於九里〔十三〕。是用命王爲使持節鄜州諸軍事、鄜州刺史，勛封并如故。往欽哉！懋德惟忠，持盈在約〔十四〕，思勤躬而景問，無弛度以虧名。崇簡正之規，邁安恒之節，祇膺寵命，可不慎歟！

校箋

〔一〕此文又見於全唐文卷一百五十四，題爲册江王元祥爲鄜州刺史文，作者上官儀。適園叢書亦録此文，題目同，署名上官儀。舊唐書卷六十四列傳第十四載：『江王元祥，高祖第二十子也。貞觀五年，封許王。十一年，徙封江王，授蘇州刺史，賜實封八百户。二十三年，加實封滿千户。高宗時，又歷金、鄜、鄭三州刺史。性貪鄙，多聚金寶，營求無厭，爲人吏所患。時滕王元嬰、蔣王惲、虢王鳳亦稱貪暴，有授得其府官者，以比嶺南惡處，爲之語曰「寧向儋、崖、振、白，不事江、滕、蔣、虢。」……永隆元年薨，贈司徒、并州大都督，陪葬獻陵，謚曰安。』

〔二〕班條馭宇：『宇』原作『寓』，今據全唐文、適園叢書諸本改。『馭宇』，統治宇内。魏書源子恭傳：『竊維皇魏居震統極，總宙馭宇，革制土中，垂式無外。』隋牛弘請開獻書之路表：『及秦皇馭宇，吞滅諸侯，任用威力，事不師古。』

〔三〕是知光闡帝猷：『是知』，全唐文作『是以』。『光闡』，發揚光大。晉書赫連勃勃載記：『哲王繼軌，光闡徽風。』『帝猷』，帝王治國之道。後漢書蔡邕傳：『皇道惟融，帝猷顯丕；泜泜庶類，含甘吮滋。』晉庾闡樂賢堂頌：『洋洋帝猷，恢恢天造；思樂雲基，克配祖考。』

〔四〕發揮人極：『人極』，綱紀，綱常。社會的準則。唐白居易立制度策：『夫制度者，先王所以下均地財、中立人極、上法天道者也。』

〔五〕固宗庶而兼列：『宗庶』，宗子和庶子。晉陸機五等論：『使萬國相維，以成盤石之固；宗庶雜居，而定維城之業。』

〔六〕體局貞凝：『體局』，性格器量；人品。宋書柳元景傳：『南豫州刺史元景，風度弘簡，體局深沈，正義亮時，恭素範物。』舊唐書張行成傳：『張子體局方正，廊廟才也。』『貞凝』，端莊凝重。唐上官儀册江王元祥爲鄜州刺史文：『識尚閑偉，體局貞凝。』

〔七〕履順而自居：『自居』，自任；自待。後漢書桓榮丁鴻傳論：『而佚（張佚）廷議戚援，自居全德，意者以廉不足乎？』北史謹傳：『三老升席，南面馮几而坐，師道自居。』

〔八〕冲撝而待物：『冲』，淡泊；謙和。晉陶潛五月旦作和戴主簿：『居常待其盡，曲肱豈傷冲。』晉陸機辯亡論：『寬冲以誘俊乂之謀，慈和以結士民之愛。』『撝』，謙遜；退讓。魏書拓拔直傳：『謙光守約，屢撝增邑之賞；辭多受少，終保初錫之封。』宋王安石上田正言書之二：『某聞公卿大夫，才名與寵兼盛于世，必有大功以宜之，否則君子撝之。』『待物』，泛指待人接物。晉書元帝紀：『帝性簡儉冲素，容納直言，虚己待物。』宋書武帝紀中：『司馬平西體國忠貞，款愛待物，當於古人中求耳。』

〔九〕燕宫載闢：『燕宫』，全唐文作『燕館』。『燕館』，指戰國時燕昭王爲招納賢士所築的碣石宮。亦以泛指招賢納士的館舍。唐李商隱病中聞河東公樂營置酒口占寄上：『興欲傾燕館，歡於到習家。』

（十）神遺糾察：『神遺』，全唐文作『道無』。

（十一）包吐茹之奇，遞弦韋之用：『吐茹』，比喻爲政的寬嚴。唐白居易崔咸可洛陽縣令制：『然宰大邑，如烹小鮮。人擾則疲，魚擾則餒；寬猛吐茹，其鑒於兹。』『弦韋』，韓非子觀行：『西門豹之性急，故佩韋以自緩；董安于之心緩，故佩弦以自急。』後因以『弦韋』喻緩急。唐李白任城縣廳壁記：『寬猛相濟，弦韋適中。』

（十二）乃地鄰京翊，俗格於五方：『乃地鄰京翊』，全唐文作『至乃地鄰宗翊』。『俗格』，全唐文作『俗備』。

（十三）壤密寰封，潤沾於九里：『寰封』，全唐文作『洄封』。

（十四）懋德惟忠，持盈在約：『持盈』，保守成業。語本老子：『持而盈之，不如其已。』國語越語下：『夫國家之事，有持盈，有定傾，有節事。』韋昭注：『持，守也。盈，滿也。』後漢書蔡邕傳：『心恬澹於守高，意無爲於持盈。』

册殷王旭輪單于大都護文〔一〕

上官仪

維麟德元年，歲次甲子，二月己卯朔，九日丁亥，皇帝若曰：於戲！帝子之星，憑紫潯而啓耀；天孫之岳〔二〕，峙青路而摛光〔三〕。故慶表裁梧，德成觀梓。皇跗睿屏，聲孚地軸之西；儲秀英藩，飈偃宸街之北。冀州大都督、上柱國殷王旭輪，金楨挺秀，玉潁曾敷，姿表淹凝，器彩閑潤〔四〕。淮南之鏡，混冲照於髫辰；睢陽之藻，齊洪輝於綺日。緑車就駕〔五〕，朱邸洞開〔六〕，榜道招英〔七〕，賜田期彦。帷獵清風，宣芳於大雅；蓋承流月，澄華於高義。固以聯崇躅於河楚，茂疊軌於酆郇。是用命爾爲單于大都護、大都督，兼勛封并如故。往欽哉！其緘訓趍庭〔八〕，兢懷履薄。方資威横鴈塞，惠漸龍沙，光膺朝獎，可不祇慎！

校箋

〔一〕此文全唐文卷一百五十四亦録，題爲册殷王旭輪爲單于大都護文，作者上官儀。適園叢書卷三十七亦録，署名上官儀。文苑英華卷四百四十四亦録，題爲詔册殷王爲單于大都督文。

〔二〕天孫之岳：『天孫』，泰山的别名。晋張華博物志卷一：『泰山一曰天孫，言爲天帝孫也，主召人魂魄。』

〔三〕峙青路而摛光：『青路』，指御道；天街。藝文類聚卷六十四引南朝梁劉潛爲武陵王謝賜第啓：『南望朱雀，北距蒼龍，右帶御溝，左迴青路。』『摛光』，放射光芒。後漢書馬融傳：『旃旝摻其如林，錯五色以摛光。』晋葛洪抱朴子備闕：『日月不能摛光於曲穴，衝風不能揚波於井底。』

〔四〕姿表淹凝，器彩閑潤：『淹凝』，淵博貞肅。漢魏南北朝墓志汇编魏冀州刺史广平王墓銘：『器寓淹凝，風韻閑遠，麗藻雲浮，高談響應。』唐代墓志汇编大唐何君墓志銘：『神情宏亮，器宇淹凝，克己復禮，依仁游藝。』『器彩』，謂才學。南朝宋謝莊爲尚書八座奏封皇子郡王：『第某皇弟等，器彩明敏，令識穎悟。』

〔五〕緑車就駕：『緑車』，漢皇孫所乘車，又名皇孫車。漢書金安上傳：『上拜涉爲侍中，使待幸緑車載送衛尉舍。』顔師古注：『如淳曰：「幸緑車常置左右以待召載皇孫，今遣涉歸，以皇孫車載之，寵之也。」晋灼曰：「漢注緑車名皇孫車，太子有子乘以從。」如、晋二説是也。』太平御覽卷七百七十三引漢蔡邕獨斷：『緑車名曰皇孫車，天子孫乘以從。』

〔六〕朱邸洞開：『朱邸』，漢諸侯王第宅，以朱紅漆門，故稱朱邸。後泛指貴官府第。南朝齊謝朓拜中軍記室辭隋王箋：『唯待青江可望，候歸艎於春渚；朱邸方開，效蓬心於秋實。』李善注引史記：『諸侯朝天子，於天子之所立舍曰邸，諸侯朱户，故曰朱邸。』世説新語言語『君自見其朱門』劉孝標注引高逸沙門傳：『司徒會稽王……與法師結殷勤之歡，師雖升履丹墀，出入朱邸，泯然曠達，不異蓬宇也。』

〔七〕榜道招英：『榜道』，張榜於道路。謂公開招賢。南朝梁蕭綸隱居貞白先生陶君碑：『榜道求賢，焚林招士，朝難其選，是曰得人。』唐李白代壽山答孟少府移文書：『又怪於諸山藏國寶、隱國賢，使吾君榜道燒山，披訪不獲，非通談也。』

〔八〕其緘訓趍庭：此句全唐文作『爾其緘訓趨庭』。『趍庭』，亦作『趨庭』。論語季氏：『〔孔子〕嘗獨立，鯉趨而過庭。曰：「學詩乎？」對曰：「未也。」「不學詩，無以言。」鯉退而學詩。他日，又獨立，鯉趨而過庭。曰：「學禮乎？」對曰：「未也。」「不學禮，無以立。」鯉退而學禮。』鯉，孔子之子伯魚。後因以『趨庭』謂子承父教。唐王勃滕王閣序：『他日趨庭，叨陪鯉對；今晨捧袂，喜托龍門。』宋王禹偁恩賜宰臣一子可尚書水部員外郎制：『惟爾嚴父，爲予大臣。嘉其調鼎之功，命及趨庭之子，俾升華省，仍列清曹。』

册紀王慎邢州刺史文〔一〕

維總章二年，歲次己巳，□月庚寅朔，十二日辛丑，皇帝若曰：於戲！昔封唐御極，分岳以鎮寰區；宅鎬乘時，建侯以隆藩衛。用能發輝鼎祚〔二〕，翊贊昌圖〔三〕，制犬牙以廓地基，茂麟趾而光天緒〔四〕。懿親啓翰，其理則然。惟爾使持節澤州諸軍事、澤州刺史、上柱國紀王慎，稟慶星躔，分華帝圃，器表冲邈，軌鑒端凝，業蘊珪璋，藝包文武。振英詞以五際〔五〕，陵桂巘而含芬〔六〕；抗逸議於三雍〔七〕，警蘋風而鼓響。仁孝爲立身之本，貞恕存應物之方。及疏社上東，建旟南服，化流江漢，道被歌謡。中壘訓兵，自穆銜珠之序；長淮平俗，式崇露冕之規〔八〕。冠雅政於群邦，標粹範於賢牧，夷儀勝壤，地乃邢遷。跨全趙之郊畿，總常山之襟要，維城之寄，僉曰爾諧。是用命爾爲使持節邢州諸軍事、邢州刺史，上柱國、王如故。往欽哉！爾其光闡六條，敷崇四誡，考間平之令則，酌魯衛之嘉猷。無以慠從康，無以縱敗禮，迪于正典，聿遵王度。祛膺茂寵〔九〕，可不勖歟！

校箋

〔一〕此文全唐文卷十四亦録。舊唐書卷七十六載：『紀王慎，太宗第十子也。貞觀五年，封申王。七年，授秦王都督。十年，改封紀王，賜實封八百户。十七年，遷襄州刺史，以善政聞，璽書勞勉，百姓爲之立碑。二十三年，加實封滿千户。永徽元年，拜左衛大將軍。二年，授荆州都督，累除邢州刺史。文明元年，加授太子太師，轉貝州刺史。慎少好學，長於文史，皇族中與越王貞齊名，時人號爲紀、越。初，貞將起事，慎不肯同謀，及貞敗，慎亦下獄。臨刑放免，改姓虺氏，仍載以檻車，配流嶺表，道至蒲州而卒。』適園叢書亦録此文，題目同。

〔二〕用能發輝鼎祚：『鼎祚』，猶國祚，國運。晉書汝南王亮等傳序：『光武雄略緯天，慷慨下國……休祉盛於兩京，鼎祚隆於四百。』周書晉蕩公護傳：『臣所以勤勤懇懇，幹觸天威者，但不負太祖之顧托，保安國家之鼎祚耳。』

〔三〕翊贊昌圖：『翊贊』，輔助，輔佐。三國志蜀書吕凱傳：『今諸葛丞相英才挺出，深覩未萌，受遺托孤，翊贊季興，與衆無忌，録功忘瑕。』唐楊炯唐右將軍魏哲神道碑：『君升朝翊贊，道先王之法言；公府弼諧，對上天之休命。』『昌圖』，預示永昌帝業的圖讖。古天子登祚，假托受命於天，故有膺籙受圖之説。南齊書樂志：『國猷遠藹，昌圖聿宣。』舊唐書音樂志三：『汜水初呈秘象，温洛薦表昌圖。』

〔四〕茂麟趾而光天緒：『麟趾』，詩周南麟之趾：『麟之趾，振振公子。』鄭玄箋：『喻今公子亦信厚，與禮相應，有似於麟。比喻子孫昌盛。』南朝齊王融三月三日曲水詩序：『族茂麟趾，宗固盤石。』『天緒』，天子的世系，皇統。後漢書質帝紀贊：『孝順初立，時髦允集……冲天未識，質弑以聰。陵折在運，天緒三終。』晋桓温薦譙元彦表：『聖德嗣興，方恢天緒。』

〔五〕振英詞以五際：此句全唐文作『振英詞於五際』。『五際』，漢書翼奉傳：『易有陰陽，詩有五際。』顔師古注引孟康曰：『詩内傳曰：「五際，卯、酉、午、戌、亥也。陰陽終始際會之歲，於此則有變改之政也。」』

〔六〕陵桂巘而含芬：『含芬』，全唐文作『含芳』。

〔七〕抗逸議於三雍：『逸議』，全唐文作『逴議』。『三雍』，漢時對辟雍、明堂、靈臺的總稱。漢書河間獻王傳：『武帝時，獻王來朝，獻雅樂，對三雍宫及詔策所問三十餘事。』

顏師古注引應劭曰：『辟雍、明堂、靈臺也。雍，和也，言天地、君臣、人民皆和也。』後漢書儒林傳上：『中元元年，初建三雍。明帝即位，親行其禮。』

〔八〕式崇露冕之規：『露冕』，晋陳壽益都耆舊傳：『郭賀拜荆州刺史。明帝（漢明帝）巡狩到南陽，特見嗟嘆，賜以三公之服，黼黻旒冕，敕去幨露冕，使百姓見此衣服，以彰其德。』後遂成爲官員治政有方、皇帝恩寵有加的典故。唐韓翃贈兗州孟都督詩：『露冕寧誇漢車服，下帷常討魯春秋。』

〔九〕袨膺茂寵：此句全唐文作『袨歷茂闕』。

册曹王明豫州刺史〔一〕

維總章二年，歲次己巳，三月己卯朔，十三日辛卯，皇帝若曰：於戲！夫酆京統歷，疏青社以建侯〔二〕；炎漢握圖〔三〕，鏤丹書而分國。固以剪桐作屏〔四〕，實寄於周親〔五〕；剖竹開藩，允屬於良牧。眷言遐載〔六〕，諒乃通規〔七〕。惟爾使持節虢州諸軍事、虢州刺史、上柱國曹王明，濯秀銀潢，摛華璇極。端潔成性，自叶於游蘭；孝敬爲心，有逾於訓梓。馳精秘象，驗封蟻之登辭；披翰小山，見騰麐之入頌。業隆燕館〔八〕，道藹梁闈，累播循風，薦敷簡政。飛蝗感化，不犯漢中之田；猛獸懷仁，還避弘農之境。若乃荆河奧壤〔九〕，井賦萬家〔十〕，周楚舊郊，屬城千里。形勝之地，非親勿居。是用命爾爲使持節豫州諸軍事、豫州刺史，上柱國、王如故。往欽哉！爾其班條述職，務盡於勤誠；求瘼庇人〔十一〕，事歸於平恕。祇服炯誡〔十二〕，勉修厥德，維城之重，可不慎歟！

校箋

〔一〕此文全唐文卷十四亦録。適園叢書亦録此文，題目同。舊唐書卷七十六載：『曹王明，太宗第十四子。貞觀二十一年受封。二十三年，賜實封八百户，尋加滿千户。顯慶中，授梁州都督，後歷虢、蔡、蘇三州刺史。詔令繼巢剌王元吉後。永崇中，坐與庶人賢通謀，降封零陵王，徙於黔州。都督謝祐希旨逼脅令自殺，帝深悼之，黔府官僚咸坐免職。景雲元年，明喪柩歸於京師，陪葬昭陵。』

〔二〕疏青社以建侯：『青社』：祀東方土神處。借指東方之地。史記三王世家：『維六年四月乙巳，皇帝使御史大夫湯廟立子閎爲齊王。曰：於戲，小子閎，受茲青社！』司馬貞索隱：『蔡邕獨斷云：「皇子封爲王，受天子太社之土，若封東方諸侯，則割青土，藉以白茅，授之以立社，謂之茅土。」齊在東方，故云青社。』晋潘岳揚荆州誄：『君以兼資，參戎作弼，用錫土宇，膺茲顯秩。青社白茅，亦朱其紱。』李善注引尚書緯：『天子社，東方青。』

〔三〕炎漢握圖：『炎漢』，傳説上古炎帝爲漢族祖先，因稱中國或漢族爲炎漢。唐玄宗封東光公主制：『炎漢盛禮，蕃國是和。』『握圖』，猶握符。謂膺天命而有天下。南朝陳徐陵勸進梁元帝表：『伏惟陛下，出震等於勛華，嗚謙同於旦奭。握圖秉鉞，將在御天；玉縢珠衡，先彰元後。』舊唐書玄宗紀贊：『開元握圖，永鑒前車。』

〔四〕固以剪桐作屏：『剪桐』，吕氏春秋重言：『成王與唐叔虞燕居，援梧葉以爲珪，而授唐叔虞曰：「余以此封女。」叔虞喜，以告周公。周公以請曰：「天子其封虞邪？」成王曰：「余一人與虞戲也。」周公對曰：「臣聞之，天子無戲言。天子言則史書之，工誦之，士稱之。」於是遂封叔虞於晋。』後因以『剪桐』爲分封的典實。唐王勃常州刺史平原郡開國公行狀：『剪桐疏爵，分茅建社。』

〔五〕實寄於周親：『周親』，至親。書泰誓中：『雖有周親，不如仁人。』孔傳：『周，至也。言紂至親雖多，不如周家之少仁人。』二刻拍案驚奇卷二：『周親忍去騙孤孀，到此良心已盡亡。』

〔六〕眷言遐載：『遐載』，歷代以來的記載，指歷史記載。唐上官儀勸封禪表：『永言遐載，緬鏡前徽。』

〔七〕諒乃通規：『通規』，猶通則。陳書高帝紀：『以日易月，既有通規，公除之制，悉依舊準。』隋書誠節傳皇甫誕：『褒顯名節，有國通規；加等飾終，抑惟令典。』

〔八〕業隆燕館：『燕館』，宴飲的館子。宋孟元老東京夢華录民俗：『燕館歌樓，舉之萬數。』指戰國時燕昭王爲招納賢士所築的碣石宮，亦以泛指招賢納士的館舍。唐吴融赴闕次留獻荆南成相公三十韻：『只慚燕館盛，寧覺阮途窮。』

〔九〕若乃荆河奥壤：『奥壤』，猶沃壤。唐陳子昂上西蕃邊州安危事：『甘州諸屯，皆因水利，濁河溉灌，良沃不待天時，四十餘屯，并爲奥壤。故每收獲，常不減二十萬。』

〔十〕井賦萬家：『井賦』，古代行井田而納貢賦，因用以稱田賦。南朝宋鮑照擬古詩之六：『歲暮井賦訖，程課相追尋。』唐陸贄馬燧渾瑊副元帥招討河中制：『授以師保之任，疇其井賦之養。』

〔十一〕求瘼庇人：『求瘼』，謂訪求民間疾苦。唐陸贄請依京兆所請折納事狀：『求瘼救灾，國之令典。』清唐孫華進呈御覽詩一百韻：『蠲賦頻求瘼，祥刑念好生。』

〔十二〕祇服炯誡：『祇服』，敬謹奉行。書康誥：『子弗祇服厥父事，大傷厥考心。』三國志蜀書後主傳：『公其祇服朕命，克廣德心，以終乃顯烈。』『炯誡』，亦作『炯戒』，明顯的鑒戒或警戒。漢班固幽通賦：『既訊爾以吉象兮，又申之以炯戒。』三國志吴書賀邵傳：『此當世之明鑒，目前之炯戒也。』北史高允傳：『夫史籍，帝王之實録，將來之炯誡。』唐李白酬王補闕等贈别詩：『酬贈非炯誡，永言銘佩紳。』

册趙王福梁州都督文〔一〕

維總章三年，歲次庚午，二月甲辰朔，九日壬子，皇帝若曰：於戲！夫姬祚斯永，分瑞玉以建侯；漢歷載融，剖銅符而作鎮。然則道光宗懿〔二〕，方膺錫社之榮；迹著循良，實允班條之寄〔三〕。惟爾隰州刺史、上柱國趙王福，摛祥丹極，毓慶玄樞，邁德爲資，體仁成性。趍庭演訓，先承喻梓之恩；樹屏凝規，夙奉裁桐之命。樂善忘倦，率禮無愆。聳蓋臨藩，振英風於桂嶼；褰帷按部，流惠化於棠陰〔四〕。固以埒美鄄郇〔五〕，均聲河楚。若乃華陽舊壤，山抗西傾；道漾名區，地分南鄭。眷言形勝，諒在親賢。是用命爾爲使持節都督梁壁洋集四州諸軍事、梁州刺史，上柱國、王如故。往欽哉！爾其靖恭乃位，聿遵前典，勖貞恪之心，務廉平之政，茂對休寵，可不慎歟！

校箋

〔一〕此文全唐文卷十四亦録。舊唐書卷七十六載：『趙王福，太宗第十三子也。貞觀十三年受封，出後隱太子建成。十八年，授秦州都督，賜實封八百户。二十三年，加右衛大將軍，累授梁州都督。咸亨元年薨，贈司空、并州都督，陪葬昭陵。』適園叢書亦録此文，題目同。

〔二〕然則道光宗懿：『道光』，高尚的道德、正確的主張得到發揚和傳頌。晉書汝南王亮等傳論：『分茅錫瑞，道光恒典。』元孟祺賀平宋表：『欽惟皇帝陛下，道光五葉。』

〔三〕迹著循良，實允班條之寄：『循良』，謂官吏奉公守法。北史孫搴等傳論：『房謨忠勤之操，始終若一。恭懿循良之風，可謂世有人矣。』唐李邕唐贈太子少保劉知柔神道碑：『出膺賢守，則郡國循良。』

〔四〕流惠化於棠陰：『惠化』，舊謂地方官爲人所稱道的政績和教化。三國志魏書盧毓傳：『遷安平、廣平太守，所在有惠化。』唐李白贈徐安宜詩：『清風動百里，惠化聞京師。』『棠陰』，喻惠政或良吏的惠行。南朝梁簡文帝罷丹陽郡往與吏民别詩：『柳栽今尚在，棠陰君詎憐。』唐劉長卿餘干夜宴奉餞前蘇州韋使君新除婺州作詩：『幸容栖托分，猶戀舊棠陰。』

〔五〕固以埒美鄄郇：『埒美』，比美；媲美。北魏楊衒之洛陽伽藍記瑶光寺：『有五層浮屠一所，去地五十丈。仙掌凌虚，鐸垂雲表，作工之妙，埒美永寧講殿。』

册周王顯左衛大將軍文〔一〕

維儀鳳二年，歲次丁丑，二月甲午朔，十二日乙巳，天皇若曰：於戲！上圖圓極，星躔分帝子之象〔二〕；下奠方輿〔三〕，列野宅天孫之鎮。緬徽千古，尚想百王，法靈臺以啓封，俾親賢而作輔。是以軒丘御歷〔四〕，爰錫蒼林之祚；豳室建侯，載疏曲阜之邑。用能崇寶統，贊昌期，盛業茂於本枝，鴻基峻於磐石。惟爾洛州牧、益州大都督，兼太子左衛率，使持節洮河道行軍元帥、蔡州鎮撫，上柱國周王顯，高禖薦祉，甫應瑶筐，仙域啓楨（五），載分金牓，迪中和之粹質，藴上德之良規。風識俊邁，機神爽澈（六），純襟洽地義之方，悌性睦天倫之重。發揮沛易，隱括河書，多材之美載光，樂善之風逾振。洎乎遥臨西蜀，控玉宇之全邦；近牧東周，闢銅衢之奥壤。少城故地，不變歌廉之俗（七）；太室餘萌，載陶分陜之化。總戎未舉，威已讋於三羌；作鎮方崇，聲遽馳於萬里。若乃左軍望重，前馳任隆（八），司鶡弁於宸階，統熊渠於禁衛（九）。實惟心膂之要（十），斯謂爪牙之職。乃眷鷹揚，寄乎麟趾（十一）。追踪漢屏，□升驃騎之班；繼美晉藩，初極領軍之選。是用命爾爲左衛大將軍，餘官勛封如故。惟天遵物，厥命弗常；惟人立躬，在心則應。性之所□（十二），邪正由乎積習；事之所通，感召同乎影響。祗畏之道，賢哲同歸。欽哉！往敷乃訓，率由前則，竭愛敬之情，砥温恭之行，在泰期損，居寵思危，無躭樂是從，非禮義勿踐，永保朕命，以蕃王室，誕綏福祉，可不慎歟！

校箋

〔一〕此文亦見於全唐文卷十四，署名高宗皇帝。

〔二〕星躔分帝子之象：『星躔』，日月星辰運行的度次。南朝梁武帝閶闔篇：『長旗掃月窟，鳳迹輾星躔。』舊唐書文宗紀下：『德有所未至，信有所未孚，災氣上騰，天文謫見，再周期月，重擾星躔。』

〔三〕下奠方輿：『方輿』，指大地。晉束皙補亡詩之五：『漫漫方輿，迴迴洪覆。』李周翰注：『方輿，地也。』宋歐陽修省試司空掌輿地圖賦：『窮人迹於遐域，包坤載於方輿。』

〔四〕是以軒丘御歷：『御歷』，指皇帝登位，君臨天下。亦作『御曆』。隋書牛弘傳：『武王問黄帝、顓頊之道，太公曰：「在丹書。」是知握符御曆，有國有家者，曷嘗不以詩、書而爲教，因禮、樂而成功也。』唐杜審言大酺詩：『聖后乘乾日，皇明御曆辰。』

〔五〕仙域啓楨：『啓楨』，全唐文作『啓禎』。

〔六〕風識俊邁，機神爽澈：『俊邁』，優異卓越；雄健豪邁。南朝梁劉義慶世説新語任誕：『陳郡袁耽俊邁多能。』唐崔璐覽皮先輩盛製因作十韻以寄用伸款仰：『襄陽得奇士，俊邁真龍駒。』『爽澈』，全唐文作『爽徹』。

〔七〕不變歌廉之俗：『歌廉』，謂歌頌施行惠政的地方官。廉，指廉範。金段克己南鄉子壽縣大夫薛君寶臣詞：『五褲復歌廉，竹馬兒童更可憐。』明杨慎鳳栖梧送薛曲泉之鎮雄詞：『借寇歌廉春有脚，皂蓋朱幡，輝映江陽郭。』

〔八〕若乃左軍望重，前馳任隆：『左軍』，古代三軍中的左翼軍。左傳桓公五年：『秋，王以諸侯伐鄭，鄭伯禦之。王爲中軍；虢公林父將右軍，蔡人、衛人屬焉；周公黑肩將左軍，陳人屬焉。』

〔九〕司鶡弁於宸階，統熊渠於禁衛：『弁』，古代貴族的一種帽子，通常穿禮服時用之（吉禮之服用冕）。赤黑色的布做的叫爵弁，是文冠；白鹿皮做的叫皮弁，是武冠。禮記雜記上：『大夫冕而祭於公，弁而祭於己。』『熊渠』，古代宫廷衛隊名。晉書職官志：『初啓晉臺，始置二衛，有前驅、養由之弩；及設三部，有熊渠、佽飛之衆。』晉書職官志：『左衛，熊渠武賁；右衛，佽飛武賁。』

〔十〕實惟心膂之要：『心膂』，心與脊骨。喻主要的輔佐人員。亦以喻親信得力之人。書君牙：『今命爾予翼，作股肱心膂。』三國志吳書周瑜傳：『入作心膂，出爲爪牙。』

〔十一〕乃眷鷹揚，寄乎麟趾：『鷹揚』，威武貌。詩大雅大明：『維師尚父，時維鷹揚。』毛傳：『鷹揚，如鷹之飛揚也。』後漢書陳龜傳：『臣無文武之才，而忝鷹揚之任。』『麟趾』，詩周南麟之趾：『麟之趾，振振公子。』鄭玄箋：『喻今公子亦信厚，與禮相應，有似於麟。』後以『麟趾』比喻有仁德、有才智的賢人。晉陸雲答孫顯世詩之七：『志擬龍潛，德配麟趾。』唐陸贄册杞王妃文：『克茂鵲巢之規，葉宣麟趾之美。』

〔十二〕性之所□：此句全唐文作『性之所近』。

大曆五年册親王出將文〔一〕

常衮

維大曆五年，歲次庚戌，三月丁巳朔，十六日庚午，皇帝使某官乙持節册命曰：於戲！昔武德、貞觀之際，親賢兼叙，中外大寧，多以藩王，委之方面〔二〕。玄宗震耀威武，外攘夷狄，亦選建明德，時惟鷹揚，予之珪瑞，并賜旄鉞〔三〕，祗奉前訓〔四〕，敢忘夙夜，爰命小子，統茲元戎〔五〕。某，英茂有才，寬簡彰信，豈孝恭之外至，亦禮讓而中發。能辨雅樂，尤精善書，言表其微，獨有所得，事近於悔，未嘗復行。時因講藝之餘〔六〕，兼達理戎之要〔七〕，固可總以文武，屏於家邦。屬河外名都，方缺上將，難於大任，歷選中朝，雖慚知子之明，不忝安邊之寄，錫以戎輅，分以兵符〔八〕，撫其四封，式是群帥〔九〕，仍求素望〔十〕，俾副新軍。爾其保靖疆土，惠安氓俗，服我明訓，永孚於休。

校箋

〔一〕此文亦見於全唐文卷四十九，署名唐代宗皇帝。

〔二〕委之方面：『方面』，古指一個地方的軍政要職或其長官。後漢書馮異傳：『（異）受任方面，以立微功。』李賢注：『謂西方一面專以委之。』唐王勃梓州通泉縣惠普寺碑：『丹軒紫紱，家傳方面之勛；驥子魚文，地列膏腴之右。』

〔三〕予之珪瑞，并賜旄鉞：『旄鉞』，白旄和黃鉞，借指軍權。語本書牧誓：『王左杖黃鉞，右秉白旄以麾。』三國志蜀書諸葛亮傳：『臣以弱才，叨竊非據，親秉旄、鉞以厲三軍。』舊唐書王珂傳：『天子以珂爲河中節度，授以旄鉞。』

（四）祇奉前訓：『祇奉』，指敬奉。北齊書祖珽傳：『遂深自結納，曲相祇奉。』唐李公佐南柯太守傳：『生降階祇奉。』『前訓』，指先君的教誨。國語晉語四：『臣聞之，親有天，用前訓，禮兄弟，資窮困，天所福也。』韋昭注：『前訓，先君之教。』後漢書胡廣傳：『國有大政，必議之於前訓，諮之於故老，是以慮無失策，舉無過事。』

（五）爰命小子，統兹元戎：『元戎』，大軍。史記三王世家：『虛御府之藏以賞元戎，開禁倉以振貧窮。』漢書董賢傳：『統辟元戎，折衝綏遠。』

（六）時因講藝之餘：『講藝』，指講論六藝。後漢書樊準傳：『及光武皇帝受命中興，群雄崩擾，旌旗亂野，東西誅戰，不遑啓處，然猶投戈講藝，息馬論道。』南朝宋顏延之皇太子釋奠會作：『國尚師位，家崇儒門，稟道毓德，講藝立言。』李善注：『西都賦曰：「講論乎六藝。」』

（七）兼達理戎之要：『理戎』，指治軍。唐白居易牛元翼可檢校左散騎常侍制：『元翼有理戎之才，捍城之略。』唐元稹李歸仙鎮州右司馬制：『惟爾職在轅門，位兼符竹……司武故事，兼可理戎。』

（八）錫以戎輅，分以兵符：『戎輅』，兵車。左傳僖公二十八年：『王命尹氏及王子虎、内史叔興父策命晉侯爲侯伯，賜之大輅之服、戎輅之服。』杜預注：『大輅，金輅；戎輅，戎車。』舊唐書 李勣傳：『論功行賞，太宗爲上將，勣爲下將，與太宗俱服金甲，乘戎輅，告捷於太廟。』

〔九〕撫其四封，式是群帥：『四封』，四境之内；四方。晏子春秋 諫下二二：『今四封之民，皆君之臣也……四封之貨，皆君之有也。』唐李白虞城縣令李公吉思頌碑：『由是百里掩骼，四封歸仁。』

〔十〕仍求素望：『素望』，平素的聲望。宋書 武帝紀中：『毅既有雄才大志，厚自矜許，朝士素望者多歸之。』新唐書 靖恭太子琬傳：『琬風格秀整，有素望，中外倚之。』

大曆六年册親王出將文〔一〕

常衮

維大曆六年，歲次辛亥，五月壬辰朔，十六日乙亥，皇帝使某官某乙持節册命曰：於戲！周之藩翰，選用宗盟，則懷德惟寧，大邦惟屏也。漢之郡國，分建子弟，則燕代邊遼，齊趙漸海，已莫不賦兼千乘，土過數圻。賜鈇鉞以專征〔二〕，參卿士而夾輔〔三〕，拜之於廟，命之於庭。俾其外合群后，同獎王室，是用師古，率由至公。

某王〔四〕，幼奉君親之訓，兼承保傅之戒〔五〕，罔敢失墜，勤而行之。忠肅孝恭，資其令德，温良聰達，輔以多才。辨正五經之儒，采述三雍之樂，不自矜尚，過於謙冲。周旋體仁〔六〕，恒久其道，懿此休問，流于四方。朕往統藩麾，嘗親戎略〔七〕，諸子侍從，或有所聞，時與之言，頗詳其旨，必能當我朝寄〔八〕，叶于師貞，仍選副車〔九〕，委之留府〔十〕，錫以彤弓之寵，稱其緑車之尊〔十一〕。爾其大訓六戎〔十二〕，以率諸夏，敬兹厥服，無廢成命。

校箋

〔一〕此文亦見於全唐文卷四十九，題曰册鄭王邈爲天下兵馬元帥文，署名代宗皇帝。

〔二〕賜鈇鉞以專征：『鈇鉞』，指帝王賜予的專征專殺之權。禮記王制：『諸侯賜弓矢，然後征；賜鈇鉞，然後殺。』孔穎達疏：『賜鈇鉞者，謂上公九命得賜鈇鉞，然後鄰國臣弑君、子殺父者，得專討之。』唐韓愈送汴州監軍俱文珍序：『有弓矢鈇鉞之權，皆國之元臣。』『專征』，指受命自主征伐。漢班固白虎通考黜：『好惡無私，執義不傾，賜以弓矢，使得專征。」晉陶潛命子詩：『桓桓長沙，伊勛伊德。天子疇我，專征南國。』

〔三〕參卿士而夾輔：『夾輔』，指輔佐。左傳僖公四年：『五侯九伯，女實征之，以夾輔周室！』三國志魏書齊王芳傳：『大將軍、太尉奉受末命，夾輔朕躬。』

〔四〕某王：此句全唐文作『郑王邈』。

〔五〕兼承保傅之戒：『保傅』，指古代保育、教導太子等貴族子弟及未成年帝王、諸侯的男女官員，統稱爲保傅。戰國策秦策三：『居深宮之中，不離保傅之手。』漢賈誼治安策：『及太子既冠成人，免於保傅之嚴，則有記過之史，徹膳之宰。』

〔六〕周旋體仁：『體仁』，躬行仁道。易乾：『君子體仁，足以長人。』孔穎達疏：『言君子之人，體包仁道，汎愛施生，足以尊長於人也。』宋曾鞏到任謝職司諸官員狀：『伏遇某官體仁爲任，充美在躬。』

〔七〕朕往統藩麾，嘗親戎略：『戎略』，指作戰方略、軍事謀略。周書于謹傳：『及晉公護東伐，謹時老病，護以其宿將舊臣，猶請與同行，詢訪戎略。』唐劉禹錫酬鄆州令狐相公官舍言懷見寄呈樂天詩：『已通戎略逢黃石，仍占文星耀碧虛。』

〔八〕必能當我朝寄：『朝寄』，指朝廷的委托。晉書謝安傳：『安雖受朝寄，然東山之志始末不渝，每形於言色。』南朝陳徐陵在吏部尚書答諸求官人書：『但既忝衡流，應須粉墨，庶其允當，無負朝寄耳。』

〔九〕叶于師貞，仍選副車：『師貞』，謂用兵之道，利於得正。易師：『師貞，丈人，吉，無咎。』孔穎達疏：『師，衆也。貞，正也。丈人，謂嚴莊尊重之人。言爲師之正，唯得嚴莊丈人監臨主領，乃得吉無咎。若不得丈人監臨之，衆不畏懼，不能齊衆，必有咎害。』

〔十〕委之留府：此句全唐文作『委闕留府』。『留府』，指職官和官署名。猶留臺、留任。三國志魏書杜襲傳：『太祖東還，當選留府長史鎮守長安。主者所選多不當，太祖令曰：「釋騎驥而不乘，焉皇皇而更索？」遂以襲爲留府長史，駐關中。』南史劉穆之傳：『帝西討劉毅，以諸葛長人監留府。』

〔十一〕稱其緑車之尊：『緑車』，指漢皇孫所乘車，又名皇孫車。漢書金安上傳：『上拜涉爲侍中，使待幸緑車載送衛尉舍。』顔師古注：『如淳曰：「幸緑車常置左右以待召載皇孫，今遣涉歸，以皇孫車載之，寵之也。」晋灼曰：「漢注緑車名皇孫車，太子有子乘以從。」如、晋二説是也。』太平御覽卷七百七十三引漢蔡邕獨斷：『緑車名曰皇孫車，天子孫乘以從。』後漢書輿服志上：『皇孫則緑車以從。皆左右騑，駕三。』唐李敬玄奉和別魯王：『緑車旋楚服，丹蹕佇秦川。』

〔十二〕爾其大訓六戎：『六戎』，我國古代西方戎族之六部。周禮夏官職方氏『五戎六狄』鄭玄注引爾雅曰：『九夷、八蠻、六戎、五狄，謂之四海。』按，今本爾雅釋地作『七戎』。漢故谷城長蕩陰令張君表頌：『南苞八蠻，西羈六戎，北震五狄，東勤九夷。』

卷第三十八

諸王

加實封

潞王周王上柱國別食實封制
加相王封制
加邠王守禮實封制
慶王等食實封制

遜位

温王遜位制

封郡王

降親王爲郡王制
封某王男某郡王制
封懷寧郡王制
嗣江王禕封郡王制
加樂安郡王實封制
封廣平郡王等制

封皇太子男寧平原郡王等制

封諸王男爲郡王制

册郡王

册趙郡王孝恭改封河間郡王文

册隴西郡王博乂特進司宗卿文

册漢中王瑀文

除郡王官

淮安王神通等開府儀同三司制

壽春郡王成器左贊善大夫制

信安郡王褘滑州刺史制

褒信郡王璆宗正卿制

濮陽郡王澈宗正卿制

廣武郡王承宏光禄卿制

信安王褘太子太師制

封嗣王

加嗣陳王實封制

封嗣濮王制

封嗣蔣王制

封嗣荆王制

嗣江王食實封制

封嗣密王制

封嗣信王制

册嗣王

册嗣澤王文

除嗣王官

諸王男

加實封

潞王周王上柱國別食實封制〔一〕

門下：維城道峻，理恢於邑壤；分社寄隆，義先於榮秩〔二〕。雍州牧潞王賢、潞州牧周王顯，瑶波挺禎〔三〕，璇源發彩〔四〕，令問彰於詩禮〔五〕，英徽表於岐嶷〔六〕。戎章之寵〔七〕，宜允於具瞻〔八〕；膏腴之恩〔九〕，式遵於故事。并可上柱國，各加別食〔十〕，實封一千户。餘如故。

校箋

〔一〕本文亦見於全唐文卷十一，署名高宗皇帝，題目爲加潞王周王上柱國別食實封制。潞王李賢（六五五—六八四），唐高宗李治第六子，武則天次子，永徽六年（六五六）册封爲潞王，龍朔元年（六六一）改封沛王；周王李顯（六五六—七一〇）唐高宗李治第七子，武則天第三子，顯慶二年（六五七）至儀鳳二年（六七七）爲周王。該詔當作於顯慶二年（六五七）至龍朔元年（六六一）年間，具體作年難考。

〔二〕義先於榮秩：「榮秩」，榮耀與官階。後漢書陳龜傳：「（臣）過受國恩，榮秩兼優。」

〔三〕瑶波挺禎：「瑶波」，全唐文作「瑶坡」，應爲「瑶波」，意爲瑩潔的水波。南朝鮑照登廬山望石門詩：「瑶波逐穴開，霞石觸峯起。」明文肇祉内苑詩：「萬頃瑶波圖畫色，一群嬌鳥管弦聲。」「禎」，吉祥。詩周頌維清：「迄用有成，維周之禎。」毛傳：「迄，至；禎，祥也。」鄭玄箋：「征伐之法，乃周家得天下之吉祥。」

〔四〕璇源發彩：「璇源」，指皇族。舊唐書恭懿太子佋傳：「第十二子故興王佋，毓慶璇源，分華若木，天資純孝，神假聰明。」金史樂志下：「天啓璇源，貽慶定基。」

〔五〕令問彰於詩禮：此句全唐文作「令聞彰於詩禮」。「問」通「聞」，「令問」，指美好的聲名。漢王符潛夫論贊學：「夫此四子者，耳目聰明，忠信廉勇，未必無儔也，而及其成名立績，德音令問不已，而有所以然，夫何故哉？」晋書隱逸傳魯褒：「是故忿争非錢不勝，幽滯非錢不拔，怨讎悲錢不解，令問非錢不發。」「詩禮」指詩經和三禮，泛指儒家經典。

〔六〕英徽表於岐嶷：『英徽』原爲『英徽』，今据全唐文改作『英徽』。『英徽』，指才德美好，亦指才德優異的人。南朝宋謝惠連祭禹廟文：『咨聖繼天，載誕英徽。克明克哲，知章知微。』『岐嶷』，形容幼年聰慧。詩大雅生民：『誕實匍匐，克岐克嶷。』朱熹集傳：『岐嶷，峻茂之狀。』東觀漢記馬客卿傳：『馬客卿幼而岐嶷，年六歲，能接應諸公，專對賓客。』

〔七〕戎章之寵：『戎章』，指兵書、兵法。唐楊炯後周明威將軍梁公神道碑：『公洞曉戎章，妙詳兵律，軍國是賴，戎幕允歸。』

〔八〕宜允於具瞻：『具瞻』，指宰輔重臣。南朝齊王儉褚淵碑文序：『具瞻之範既著，台衡之望斯集。』呂向注：『具瞻、台衡并宰相之位也。』宋王讜唐語林政事上：『在具瞻之地，自有國容。』

〔九〕膏腴之恩：『膏腴』，指富貴或富貴人家。晋書王國寶傳：『國寶以中興膏腴之族，惟作吏部，不爲餘曹郎，甚怨望。』周書達奚震傳：『震雖生自膏腴，少習武藝，然導民訓俗，頗有治方。』

〔十〕各加別食：『別食』，另享封禄。北史于翼傳：『及尉遲迥據相州舉兵，以書招翼。翼執其使，并書送之。時隋文帝執政，賜翼雜繒一千五百段，并珍寶服翫等。進位上柱國，封任國公，增邑通前五千户，别食任城縣一千户，收其租賦。』

加相王封制〔一〕

崔　融

鸞臺：尊王子弟，分裂山河，式優征賦，永固藩屏。并州牧左衛大將軍、太子左千牛衛率〔二〕，兼安北大都護相王，地惟茂親〔三〕，躬此明德，性安卑薄，誠切冲讓〔四〕。頃以所食相州，願入天府，章表懇到，至於再三。朕難違固請，曲成美志。然以王國所費，触類弘多，漢晋已來，寵錫彌盛。或食邑五萬户，或連城數十，豈可遂其攬分之情，忘其推恩之典〔五〕？宜於相州加實封滿一萬户，主者施行。

校箋

〔一〕此文亦見於全唐文卷十六，署名中宗皇帝，題目爲加相王實封制。文末『宜於相州加實封滿一萬户』，全唐文爲『宜於相州加實封滿一萬户，進號安國相王』。相王，唐睿宗李旦。唐高宗李治第八子，武則天第四子。李旦出生不久便被封爲殷王，遥領冀州大都督、單于大都護、右金吾衛大將軍。上元二年（六七五），徙封相王，拜右衛大將軍。天授元年（六九〇）

武周建立，李旦被降爲皇嗣，聖曆二年（六九九），復封爲相王。神龍元年（七〇五），李旦被拜爲太尉、同鳳閣鸞臺三品，以宰相身份參預國政，并加號安國相王。該詔或作於神龍元年（七〇五）。

〔二〕太子左千牛衛率：「千牛」，禁衛官千牛備身、千牛衛的省稱。掌執御刀，爲君王護衛。北史楊義臣傳：「時義臣尚幼，養於宫中，未弱冠，奉詔宿衛如千牛者數年，賞賜甚厚。」

〔三〕地惟茂親：「茂親」，古時多指皇室宗親。茂，言其美盛。魏書樂志：「自非懿望茂親、雅量淵遠、博識洽聞者，其孰能識其得失？」南朝梁丘遲與陳伯之書：「中軍臨川殿下，明德茂親，總兹戎重。」

〔四〕誠切冲讓：「冲讓」，指謙讓。三國志吴書陸凱傳「願陛下留意」裴松之注引晋虞溥江表傳：「當此之時，寇鈔懾威，不犯我境，師徒奔北，且西阻岷漢，南州無事，尚猶冲讓未肯築宫。」南史袁湛傳：「武帝北伐，湛兼太尉，與兼司空尚書范泰奉九命禮物拜授武帝，帝冲讓。」

〔五〕忘其推恩之典：「推恩」，指帝王對臣屬推廣封贈，以示恩典。唐白居易與王承宗詔：「在法雖有推恩，相時亦恐非便。」宋曾慥高齋漫録：「外家有合推恩，乞疏示姓名，即降處分。』明史職官志一：『凡封贈……七品以上皆得推恩其先。』

加邠王守禮實封制〔一〕

門下：疇庸懋賞〔二〕，允屬親賢，利建疏封〔三〕，式固藩屏。光禄卿兼左金吾衛大將軍、邠王守禮，器兼文武，節藴忠貞，容範霞軒〔四〕，孝友天至，豈如服儒歸美，諒以樂善稱仁。載叶推恩，增其井賦；俾夫作翰〔五〕，誓以山河。可加［下闕］。

校箋

〔一〕本文亦見於全唐文卷十八，署名睿宗皇帝，題目同，文末無『可加下闕』四字。又，邠王李守禮，唐高宗李治之孫，章懷太子李賢次子。新唐書卷八十一載：『守禮嗣王，始名光仁，授太子洗馬。武后革命，畏疾宗室，而守禮以父得罪，與睿宗諸子閉處宫中十餘年。睿宗封相王，許出外邸，於是守禮等始居外，改司議郎。中宗即位，復故封，拜光禄卿，實封户五百。唐隆元年，進封邠王。睿宗立，兼檢校左金吾衛大將軍，出爲幽州刺史，遥兼單于大都護，遷司空。』舊唐書卷八十六載：『守禮本名光仁，垂拱初改名守禮，授太子洗馬，封嗣雍王。時中宗遷於房陵，睿宗雖居帝位，絶人朝謁，諸武贊成革命之計，深嫉宗枝。守禮以父得罪，與睿宗諸子同處於宮中，凡十餘年不出庭院。至聖曆元年，睿宗自皇嗣封爲相王，許出外邸；睿宗諸子五人皆封郡王，與守禮始居於外。神龍元年，中宗纂位，授守禮光禄卿同正員。神龍中，遺詔進封邠王，賜實封五百户。景雲二年，帶光禄卿，兼幽州刺史，轉左金吾衛大將軍，遥領單于大都護。先天二年，遷司空。」該詔當作於唐睿宗景雲元年（七一〇）。

〔二〕疇庸懋賞：『疇庸』，謂選賢任用。語出書堯典：『疇咨若時登庸。』孔傳：『疇，誰；庸，用也。誰能咸熙庶績，順是事者，將登用之。』唐張九齡謝中書侍郎狀：『此職擇才，十年虚位，以卿達識，所以疇庸。』『懋賞』，謂褒美獎賞，獎賞以示勉勵。書仲虺之誥：『德懋懋官，功懋懋賞。』孔傳：『勉於功者，則勉之以賞。』陳書宣帝紀：『懋賞之言，明於訓誥；挾纊之美，著在撫巡。』

〔三〕利建疏封：『疏封』，指分封。帝王把土地或爵位分賜給臣子。唐元稹追封王蟠母李氏等：『朕宅帝位，思弘大孝，乃詔執事，追用疏封。』唐白居易崔元備張惟素鄭覃陸纏韋弘景賜爵制：『賞不敢忘，爵不敢愛，爾宜疏封，服命而揚之。』

〔四〕容範霞軒：『容範』，指容貌風範。晋書魏舒傳：『毓初不知其善射。舒容範閑雅，發無不中，舉座愕然，莫有敵者。』唐錢起哭辛霽詩：『昨夜故人泉下宿，今朝白髮鏡中垂。音徽寂寂空成夢，容範朝朝無見時。』

〔五〕俾夫作翰：此句全唐文作『作夫屏翰』。『作翰』，謂爲柱石重臣。唐劉禹錫代慰王太尉薨表：『方膺作翰之寄，遽迫歸泉之期。』

慶王等食實封制〔一〕

张九龄

門下：先王之制，建封有等，諸侯所食，征賦以歸。河西軍經略節度等大使、凉州都督慶王潭，河東道諸軍州節度大使、太原牧棣王洽，河北道諸軍州經略節度大使、幽州大都督鄂王涓等，性皆中和，行無外餙〔二〕，教以詩禮，能漸義方〔三〕。雖已裂夫封圻〔四〕，竟未略於井賦〔五〕。頃以孝友之習，且在深宫，服用之間，亦從御府〔六〕。既申開國之典，宜崇書社之數〔七〕，可各食邑實封二千户，主者施行。

校　箋

〔一〕該詔全唐文未録。慶王李潭、棣王李洽，鄂王李涓皆唐玄宗之子。慶王原名李嗣直，開元十三年改名李潭。棣王原名李嗣真，開元十三年改名李洽。鄂王原名李嗣初，開元十三年改名李涓。唐會要卷九十『食實封數』條記『寧王憲、薛王業、慶王潭、忠王亨、棣王洽、鄂王清各二千户，開元二十一年四月一日敕。』該詔當作於開元二十一年四月。

〔二〕行無外餙：此句餙同『飾』，明焦竑俗書刊誤：『飾，俗作餙。』『外餙』，指的是粉飾外表。宋曾鞏太子右司御沉君墓志銘：『君爲人質樸無外飾，其居鄉閭，寬然長者也。』

〔三〕能漸義方：『義方』，行事應該遵守的規範和道理。逸周書 官人：『省其居處，觀其義方。』左傳 隱公三年：『石碏諫曰：「臣聞愛子教之以義方，弗納於邪。」』後因多指教子的正道，或曰家教。

〔四〕雖已裂夫封圻：『封圻』，指封畿。漢書 文帝紀：『封圻之内，勤勞不處。』顔師古注：『圻亦畿字。王畿千里。』

〔五〕竟未略於井賦：『井賦』，指的是古代行井田而納貢賦，井賦因用以稱田賦。語本周禮 地官 小司徒『九夫爲井……以任地事，而令其貢賦』。南朝宋鮑照擬古詩之六：『歲暮井賦訖，程課相追尋。』唐陸贄馬燧渾瑊副元帥招討河中制：『授以師保之任，疇其井賦之養。』

〔六〕亦從御府：『御府』，指帝王的府庫。史記 平準書：『胡降者皆衣食縣官，縣官不給，天子乃損膳，解乘輿駟，出御府禁藏以贍之。』唐李頎送李回詩：『歲發金錢供御府，晝看仙液注離宮。』

〔七〕既申開國之典，宜崇書社之數：『開國』，謂建立邦國。易師：『大君有命，開國承家。』孔穎達疏：『若其功大，使之開國爲諸侯；若其功小，使之承家爲卿大夫。』後漢書劉瑜傳：『今中官邪孽，比肩裂土，皆競立胤嗣，繼體傳爵，或乞子疏屬，或買兒市道，殆乖開國承家之義。』『書社』，古制二十五家立社，把社内人名登録簿册，謂之『書社』。亦以指按社登記入册的人口及其土地。商君書賞刑：『士卒坐陳者，里有書社。』左傳哀公十五年：『因與衛地，自濟以西，禚、媚、杏以南，書社五百。』

遜位

温王遜位制〔一〕

自昔帝王，必有符命〔二〕，兄弟相及，存諸典禮〔三〕。朕以孤藐〔四〕，遭家多難，顧茲蒙識，未曉政術，途茫四海，將何所屬？累聖丕業（五），若墜于地，土室多故，宜擇長君。思與群公，推崇明聖。叔父相王，高宗之子，昔以天下讓於先帝，孝友寬裕，彰信兆人。神龍之初，已有明旨，將立太弟，以爲副君。爲王懇辭，未行册命，所以東宫曠位（六），于今歷年（七）。綴衣在辰（八），禍變倉卒，後掖稱制，計立沖人（九）。欽奉前懷，式遵理命，上申先帝之意，下遂黔黎之心（十）。俯稽圖緯之文（十一），仰跂祖宗之烈。起今日，請叔父相王即皇帝位。朕退守舊藩，歸于外邸。凡百卿士，敬承朕言，克贊我天人之休期，以光我有唐之鴻業。布告遐邇，咸使聞知。

唐隆元年。

校箋

（一）全唐文未録該文。温王李重茂，唐中宗李顯第四子。神龍元年（七〇五）進封温王。景龍四年（七一〇），中宗去世後李重茂即位皇帝，嫡母韋皇后臨朝稱制，年號唐隆。同年，堂兄臨淄王李隆基發動政變，誅殺韋后，李重茂讓位給安國相王李旦，復封温王。册府元龜卷十帝王部記：『光我有唐之洪業，帝固讓，有制不許。是日，即皇帝位，大赦天下，於是降少帝爲温王。』舊唐書卷八十六載：『殤皇帝重茂，中宗第四子也。聖曆三年，封北海王。神龍初，進封温王，授右衛大將軍，兼遥領并州大都督，未出閤。景龍四年，中宗崩，韋庶人立重茂爲帝，而自臨朝稱制。及韋氏敗，重茂遂遜位，讓叔父相王，退居别所。景雲二年，改封襄王，遷於集州，令中郎將率兵五百人守衛。開元二年，轉房州刺史。尋薨，時年十七，謚曰殤皇帝，葬於武功西原。』本詔當作於唐隆元年（七一〇）李重茂即位期間。

〔二〕必有符命：『符命』，指上天預示帝王受命的符兆。漢書揚雄傳贊：『莽既以符命自立，即位之後欲絶其原以神前事。』南朝宋鮑照河清頌：『素狐玄玉，聿彰符命。』

〔三〕存諸典禮：『典禮』，指制度禮儀。易繫辭上：『聖人有以見天下之動，而觀其會通，以行其典禮。』後漢書延篤傳：『朝則誦羲文之易，虞夏之書，歷公旦之典禮，覽仲尼之春秋。』

〔四〕朕以孤藐：『孤藐』，謂幼年喪父，失去依靠。晋書列女傳杜有道妻嚴氏：『年十三，適於杜氏，十八而嫠居。子植、女韡并孤藐。』唐陳子昂爲宗舍人謝贈物表：『孤臣不天，早失父蔭，兄弟孤藐，并未成人。』按，唐中宗李顯七一〇年去世時，其子李重茂十五歲。

〔五〕累聖丕業：『累聖』，謂歷代君主。宋王安石本朝百年無事札子：『蓋累聖相繼，仰畏天，俯畏人，寬人恭儉，忠恕誠慤，此其所以獲天助也。』宋王讜唐語林補遺二：『累聖知之而不能遠，惡之而不能去，睿旨如此，天下幸甚！』『丕業』，謂大業。史記司馬相如列傳：『皇皇哉斯事，天下之壯觀，王者之丕業，不可貶也！』宋周煇清波雜志卷三：『朕荷天右，序承列聖之丕業，思所以垂裕於後。』

〔六〕所以東宫曠位：『曠位』，謂空着名位。南史后妃傳序：『梁武撥亂反正，深鑒奢逸，配德早終，長秋曠位。』

〔七〕于今歷年：『歷年』，謂過去多年。楚辭遠游：『聊仿佯而逍遥兮，永歷年而無成。』漢書劉向傳：『今二府佞讇不當在位，歷年而不去。』

〔八〕綴衣在辰：借指帝王臨終之際。梁書任昉傳：『實不忍自固於綴衣之辰，拒違於玉几之側。』

〔九〕計立冲人：『冲人』，年幼的人。多爲古代帝王自稱的謙辭。書盤庚下：『肆予冲人，非廢厥謀。』孔傳：『冲，童。』孔穎達疏：『冲、童，聲相近，皆是幼小之名。自稱童人，言己幼小無知，故爲謙也。』漢焦贛易林需之無妄：『戴璧秉珪，請命於河。周公作誓，沖人瘳愈。』

〔十〕下遂黔黎之心：『黔黎』，黔首黎民，指百姓。漢應劭風俗通怪神城陽景王祠：『死生有命，吉凶由人，哀我黔黎，漸染迷謬，豈樂也哉？』宋蘇軾款塞來享詩：『輸忠修貢職，棄過爲黔黎。』

〔十一〕俯稽圖緯之文：『圖緯』，圖讖和緯書。後漢書張衡傳：『自中興之後，儒者争學圖緯，兼復附以訞言。』漢蔡邕郭有道碑：『遂考覽六經，探綜圖緯。』李善注：『圖，河圖也；緯，六經及考經皆有緯也。』

封郡王

降親王爲郡王制〔一〕

鸞臺：樹之藩屏，所以固本枝也；裁其親疏，所以明秩次也。緬惟上古，欽若至公，君不徒授，臣不虚受，乘分星而揑爵禄，候景風而行慶賞，則固以義形廉讓，道叶變通者焉。某，周公之胤，地侔曲阜。楚王之孫，業盛平陸。負戴忠孝〔二〕，踐履温恭。每以車服數隆，井賦秩廣，清問之際〔三〕，陳乞備賞，顧存優禮，且期後命。今者頻詣闕庭〔四〕，累申章表，志不可奪，誠難固違。宜旌謙損，以鎮浮競〔五〕。可封某郡王，食邑五千户，實封六百户。

校箋

〔一〕此文全唐文未録。『親王』，皇帝或國王近支親屬中封王者。其名始於南朝末期。隋代以皇帝的伯叔兄弟和皇子爲親王，唐代以皇帝的兄弟和皇子爲親王。新唐書百官志一：『皇兄弟、皇子，皆封國爲親王。』『郡王』，爵位名。其名始於西晉。唐、宋以後，郡王皆爲次於親王一等的爵號。該文之作年難考。

〔二〕負戴忠孝：『負戴』，夫妻一起安貧樂道，不慕富貴榮華。漢劉向列女傳楚接輿妻：『接輿躬耕以爲食，楚王使使者持金百鎰、車二駟往聘迎之。其妻曰：「義士非禮不動，不爲貧而易操，不爲賤而改行。妾事先生躬耕以爲食，親織以爲衣，食飽衣暖，據義而動，其樂亦自足矣。若受人重禄，乘人堅良，食人肥鮮，而將何以待之？不如去之。」』於是夫負釜甑，妻戴紝器，變名易姓而遠徙，莫知所之。後因以『負戴』指夫妻一起安貧樂道，不慕富貴榮華。

〔三〕清問之際：『清問』，指的是清審詳問。書　呂刑：『皇帝清問下民，鰥寡有辭於苗。』孔傳：『帝堯詳問民患，皆有辭怨於苗民。』孔穎達疏：『帝堯清審詳問下民所患。』唐王勃九成宮頌：『虔恭上帝，東朝懸待諫之旌；清問下人，南面聽登聞之鼓。』

〔四〕今者頻詣闕庭：『闕庭』，朝廷，亦借指京城。史記　秦始皇本紀：『將閭曰：「闕廷之禮，吾未嘗敢不從賓贊也。」』後漢書　伏隆傳：『臣隆得生到闕廷，受誅有司，此其大願。』

〔五〕宜旌謙損，以鎮浮競：『浮競』，謂争名夺利。晉書　賈謐傳：『貴游豪戚及浮競之徒，莫不盡禮事之。』唐孟郊旅次洛城東水亭詩：『自然逍遥風，蕩滌浮競情。』

封某王男某郡王制〔一〕

李　嶠

鸞臺：睦親之規，既隆於敦叙〔二〕；建侯之典〔三〕，或緣於恩澤。某王弟若干男某，璿萼疏翹，珠泉演派〔四〕。金相玉質〔五〕，形於載誕之初。芝秀蘭芳，表於克岐之日。淳深發其天性，韶令觀其月將〔六〕。可以内茂本枝，外光維翰〔七〕。緑車承睨〔八〕，□延宗戚之輝；朱紱斯皇〔九〕，宜啓山河之賦，可封某郡王。

校箋

〔一〕此文全唐文未録，作年難考。

〔二〕既隆於敦叙：『敦叙』，謂親睦和順。三國志蜀書先主傳：『今臣群寮以爲在昔虞書敦叙九族，庶明勵翼，五帝損益，此道不廢。』唐孫逖授濮陽郡王徹宗正卿制：『敦叙之任，疇咨所難，宜受寄於本枝，更遷榮於列棘。』

〔三〕建侯之典：『建侯』，謂封立諸侯。漢韋孟諷諫詩：『乃命厥弟，建侯於楚。』宋劉克莊沁園春詞：『嘆防身一劍，壯圖濩落；建侯萬里，老境相將。』

〔四〕珠泉演派：『演派』，謂分支、分流。清劉獻廷廣陽雜記卷三：『今世全真道人所謂「龍門法派」者，皆本之邱長春……邱長春曾主其席，演派至今，遍天下也。』

〔五〕金相玉質：形容人或物外表和内質俱美。漢王逸離騷序：『所謂金相玉質，百世無匹，名垂罔極，永不刊滅者矣。』周書蘇綽傳：『若刀筆之中而得志行，是則金相玉質，内外俱美，實爲人寶也。』

〔六〕淳深發其天性，韶令觀其月將：『淳深』，敦厚。晉潘岳西征賦：『秺侯之忠孝淳深，陸賈之優游宴喜。』南史劉遵傳：『其孝友淳深，立身貞固，内含玉潤，外表瀾清，言行相符，終始如一。』『韶令』，聰慧；美好。宋書謝莊傳：『年七歲，能屬文，通論語。及長，韶令美容儀。』清今世説夙慧：『徐電發蚤歲韶令，天姿英敏。』『月將』，每月有長進。詩周頌敬之：『維予小子，不聰敬止，日就月將，學有緝熙于光明。』唐陸贄鴻漸賦：『琢玉者日就其功，爲學者月將其益。』

〔七〕外光維翰：『維翰』，喻捍衛，亦指保衛國家的重臣。晉書宗室八王傳序：『始則韓彭葅醢，次乃吴楚稱亂。然雖克滅權偪，猶足維翰王畿。』南朝梁江淹蕭冠軍進號征虜詔：『門下維翰之重，實資名品。』

〔八〕緑車承貺：『貺』，謂贈，賜。

〔九〕朱紱斯皇：『朱紱』，謂古代禮服上紅色的圍於衣服前面的大巾，用以蔽護膝蓋，後多借指官服。易困：『困於酒食，朱紱方來。利用享祀，征凶無咎。』程頤傳：『朱紱，王者之服，蔽膝也。』漢書韋賢傳：『黼衣朱紱，四牡龍旂。』

封懷寧郡王制〔一〕

建侯樹藩，命賢列土〔二〕，以敦戚屬，乃率典常。司徒兼絳州刺史、上柱國申王撝〔三〕，玉林分彩，銀河疏液，靡保慶靈，未繁胤緒〔四〕。宋王憲男嗣英〔五〕，魯庭學禮，楚館聞詩〔六〕，德輝日盛，忠槩特立〔七〕。宜其釋猶子之序，居承嫡之位，廬江大都，形勝攸屬。用圖爾居，莫如兹地，是錫分珪之寶〔八〕，俾承磐石之宗。可封懷寧郡王，食邑三千户。開元七年正月。

校箋

〔一〕本文亦見於全唐文卷二十二，署名玄宗皇帝，題目爲封懷寧郡王嗣英制。册府元龜卷二百八十四宗室部開元七年正月制曰，即爲本詔。

〔二〕命賢列土：『列土』，分封土地。漢書谷永傳：『方制海内非爲天子，列土封疆非爲諸侯，皆以爲民也。』唐白居易長恨歌：『姊妹弟兄皆列土，可憐光彩生門户。』

〔三〕司徒兼絳州刺史、上柱國申王撝：『申王撝』，唐睿宗李旦次子，原名李成義。開元二年，加司徒兼幽州刺史，避諱昭成皇后謚號，改名李撝，歷任鄧、虢、絳州刺史。開元十二年病逝，追贈惠莊太子，陪葬橋陵。

〔四〕未繁胤緒：『胤緒』，謂後代。唐吴兢貞觀政要忠義：『每覽前賢佐時，忠臣徇國，何嘗不想見其人，廢書欽嘆！至於近代以來，年歲非遠，然其胤緒，或當見存。』

〔五〕宋王憲男嗣英：『宋王憲』，唐睿宗李旦嫡長子，生母爲肅明皇后劉氏，原名李成器。初以皇孫，封永平郡王。景雲元年，進封宋王，授左衛大將軍。唐玄宗即位後，歷任太子太師、司空，雍揚岐澤涇州刺史，進封寧王。開元二十九年去世，追封爲讓皇帝，葬於惠陵。『嗣英』，宋王李憲之子李珣，字嗣英，出嗣申王李撝，開元七年正月册封懷寧郡王，授廬江太守，後改封同安郡王。

〔六〕楚館聞詩：『楚館』，楚地館舍，亦泛指旅舍。宋歐陽修送京西提刑趙學士詩：『楚館尚看淮月色，嵩雲應過虎關迎。』元薩都剌再過界首驛詩：『官船到岸人多識，楚館題詩客又來。』

〔七〕忠槩特立：『忠槩』，謂忠貞有節概。南史劉善明傳：『與崔祖思友善，祖思出爲青冀二州，善明遺書叙舊，因相勖以忠概。』

〔八〕是錫分珪之寶：『分珪』，帝王以圭分授於受封者。後泛指帝王封賜官爵。南朝梁江淹爲蕭太尉三讓揚州表：『古之馭教，當有道焉，量能而受賞，撰智而錫位，深乃裂組，遠故分珪。』北史房彥謙傳：『伏惟皇帝望雲就日，仁孝夙彰，錫社分珪。』

嗣江王禕封郡王制〔一〕

國之宗盟〔二〕，樹以藩屏〔三〕；用親九族，以制萬邦。朕襲默思道，懋勤庶政，將欲克復古訓，貽範方來〔四〕。頃以王國絶祀，旁宗入繼，事非允正，奚妨命停？而立愛自親，推恩由近，禮雖云異，情所未忘。况其嗣侯，已積年歲，永言主祭，因心怵惕〔五〕。宜降殊常之澤，俾申敦睦之道。再從兄將作大匠〔六〕，嗣江王禕爲信安郡王〔七〕，褕爲廣漢郡王，再從叔太子員外率更令嗣密王徹爲濮陽郡王，再從兄太子員外家令嗣越王思順爲中山郡王。開元十二年四月。

校箋

〔一〕本文亦見於全唐文卷二十二，署名玄宗皇帝，題目爲改封嗣江王禕等爲郡王制；適園叢書亦録此文，題目同。

〔二〕國之宗盟：「宗盟」，謂天子與諸侯的盟會。左傳隱公十一年：「周之宗盟，異姓爲後。」楊伯峻注：「宗盟者，猶言會盟也。」三國魏曹冏六代論：「内無深根不拔之固，外無盤石宗盟之助，非所以安社稷，爲萬代之業也。」

〔三〕樹以藩屏：「藩屏」，比喻衛國的重臣。唐元稹論教本書：「選用賢良，樹爲藩屏。」

〔四〕將欲克復古訓，貽範方來：「克復」，能够恢復。國語晉語九：「基於其身，以克復其所。」韋昭注：「始更修之於身，以能復其先。」「貽範」，留下典範；使成典範。晉陸雲西園第既成有司啓：「首建大國，固將憲章令典，貽範萬世，始基之制，不可不慎。」隋煬帝寬連坐詔：「用能樹聲往代，貽範將來。」

〔五〕因心怵惕：『怵惕』，驚懼。唐杜甫北征詩：『拜辭詣闕下，怵惕久未出。』

〔六〕再從兄將作大匠：『將作大匠』，官名。秦始置，稱將作少府。西漢景帝時，改稱將作大匠，職掌宫室、宗廟、陵寢及其他土木營建。宋洪邁容齋四筆官稱别名：『唐人好以它名標榜官稱……將作監爲大匠，少監爲少將。』

〔七〕嗣江王禕爲信安郡王：『嗣江王禕』，唐太宗李世民曾孫李禕，吴王李恪之孫，張掖郡王李琨之子，神武軍的創建者。開元十二年（七二四），唐玄宗改封其爲信安郡王。

加樂安郡王實封制〔一〕

門下：兄弟之子，於近屬而特深；恩禮之情，在諸孤而更切。故惠宣太子男、守鴻臚卿、樂安郡王瑗等，咸自砥礪，克修名檢〔二〕，纘承先緒〔三〕，休有令聞。能榮曲阜之封，不忝高陽之族〔四〕。念往之恨，已無追於百身；撫存之恩，宜受賜於千室。可共食實封一千户。主者施行。開元二十五年七月。

校箋

〔一〕本文亦見於全唐文卷二十三，署名玄宗皇帝，題目爲加樂安郡王瑗等實封制；册府元龜卷三十九帝王部開元二十五年七月記『帝追念故惠宣太子，深憫其子瑗，乃下制曰』即爲本詔書。適園叢書亦録此文，題目同。樂安郡王李瑗，唐睿宗之孫。其父惠宣太子，本名李隆業，唐睿宗李旦第五子，開元二十二年七月初十薨逝，追封太子，謚號惠宣，陪葬橋陵。

〔二〕克修名檢：『名檢』，亦作『名儉』。名譽與禮法。晋干寶晋紀總論：『談者以虚薄爲辯而賤名儉，行身者以放濁爲通而狹節信。』儉，五臣本作『檢』。張銑注：『名檢，法度也。』唐白居易寄元九詩：『身爲近密拘，心爲名檢縛。』

〔三〕纘承先緒：『先緒』，祖先的功業。晋夏侯諶昆弟誥：『維我後府君侯，祇服哲命，欽明文思，以熙柔我家道，丕隆我先緒。』宋曾鞏授中書舍人謝啓：『如鞏者識慮少通，襟靈多蔽，徒恐隳於先緒，頗能味於經言。』

〔四〕能榮曲阜之封，不忝高陽之族：『曲阜之封』，周武王封弟周公旦於曲阜，爲魯國都。以城中有阜，委曲長七八里，故名曲阜。『高陽之族』，即『高陽里』。後漢書卷六十二荀韓鍾陳列傳荀淑：『荀淑字季和，潁川潁陰人，荀卿十一世孫也。少有高行，博學而不好章句，多爲俗儒所非，而州里稱其知人。安帝時，徵拜郎中，後再遷當塗長。去職還鄉里。當世名賢李固、李膺等皆師宗之。及梁太后臨朝，有日食地震之變，詔公卿舉賢良方正，光禄勛杜喬、少府房植舉淑對策，譏刺貴幸，爲大將軍梁冀所忌，出補朗陵侯相。莅事明理，稱爲神君。頃之，棄官歸，閑居養志。産業每增，輒以贍宗族知友。年六十七，建和三年卒。李膺時爲尚書，自表師喪。二縣皆爲立祠。有子八人：儉、緄、靖、燾、汪、爽、肅、專，并有名稱，時人謂之「八龍」。初，荀氏舊里名西豪，潁陰令勃海苑康以爲昔高陽氏有才子八人，今荀氏亦有八子，故改其里曰高陽里。』

封廣平郡王等制〔一〕

分命本枝〔二〕，列于庶位〔三〕，博考方册〔四〕，斯爲大猷〔五〕。皇太子之子俶等〔六〕，觀其器識，日以通敏〔七〕，仁和之性自然，忠孝之誠克備。率由禮度，能稟義方〔八〕。業既著於崇儒，材可使於從政。爰兹拜職，宜從紫綬之榮〔九〕；勉爾修身，式副緑車之寵〔十〕。可封俶爲廣平郡王，侃爲南陽郡王，倓爲建寧郡王，佖爲西平郡王，僅爲新城郡王，倜爲潁川郡王，又封慶王之子儼爲新平郡王，伸爲平原郡王，棣王之子僎爲汝南郡王，僑爲宜都郡王，榮王之子俌爲濟陰郡王，偕爲北平郡王，儀王之子侁爲豫章郡王，健爲廣陵郡王，潁王之子仲爲滎陽郡王，永王之子偒爲襄城郡王，壽王之子伓爲河間郡王，延王之子倬爲彭城郡王，濟王之子傃爲永嘉郡王。開元二十八年九月。

校　箋

〔一〕本文亦見於全唐文卷二十四，署名玄宗皇帝，題目爲封皇孫俶等爲郡王制；適園叢書亦録此文，題目同。

〔二〕分命本枝：『分命』，命令；任命。書堯典：『分命羲仲，宅嵎夷，曰暘谷。』晉陸機辯亡論：『分命鋭師五千。』『本枝』，同一家族的嫡系和庶出子孫。漢書韋玄成傳：『子孫本支，陳錫無疆。』南朝宋顔延之赭白馬賦：『效足中黄，殉驅馳兮；願終惠養，蔭本枝兮。』

〔三〕列于庶位：『列庶位』，衆官。書說命下：『惟說式克欽承，旁招俊乂，列於庶位。』孔傳：『廣招俊乂，使列衆官。』唐劉禹錫賀赦表：『求碩畫於庶位，慮遺材於放臣。』

〔四〕博考方册：『博考』，普遍廣泛地查考。書序：『博考經籍，采摭群言，以立訓傳。』明楊慎升庵詩話卷三：『增此三字，文義始明，書所以貴乎博考也。』『方册』，典籍。漢蔡邕東鼎銘：『保乂帝家，勛在方册。』唐張九齡賀赦表：『臣聞古之王政，雖在方册，將崇舊典，必俟聖君。』

〔五〕斯爲大猷：『大猷』，謂治國大道。詩小雅巧言：『奕奕寢廟，君子作之；秩秩大猷，聖人莫之。』鄭玄箋：『猷，道也；大道，治國之禮法。』晉潘岳楊荆州誄：『弈世丕顯，允迪大猷。』

〔六〕皇太子之子俶等：『皇太子之子俶』，李俶。李俶即李豫，唐肅宗李亨長子，母爲章敬皇后吴氏。

〔七〕觀其器識，日以通敏：『器識』，器局與見識。晉陸機薦賀循郭訥表：『前蒸陽令郭訥風度簡曠，器識朗拔，通濟敏悟，才足幹事。』新唐書裴行儉傳：『行儉曰：「士之致遠，先器識，後文藝。」』『通敏』，通達聰慧。漢書 趙廣漢傳：『趙廣漢字子都……以廉潔通敏下士爲名。』南史 劉孝孫傳：『博學通敏，而仕多不遂。』

〔八〕能禀義方：『義方』，行事應該遵守的規範和道理。逸周書 官人：『省其居處，觀其義方。』左傳 隱公三年：『石碏諫曰：「臣聞愛子教之以義方，弗納於邪。」』後多指教子的正道，或曰家教。

〔九〕爰兹拜職，宜從紫綬之榮：『拜職』，除授官職。北史 邢邵傳：『每洛中貴人拜職，多憑邵爲謝章表。』宋王安石送江寧彭給事赴闕詩：『分臺拜職榮先入，抗疏辭恩耻橫覃。』『紫綬』，謂紫色絲帶，古代高級官員用作印組，或作服飾。漢書 百官公卿表上：『相國、丞相，皆秦官，金印紫綬。』唐李白門有車馬客行：『空談霸王略，紫綬不挂身。』

〔十〕勉爾修身，式副緑車之寵：『緑車』，漢皇孫所乘車，又名皇孫車。漢書 金安上傳：『上拜涉爲侍中，使待幸緑車載送衛尉舍。』顔師古注：『如淳曰：「幸緑車常置左右以待召載皇孫，今遣涉歸，以皇孫車載之，寵之也。」晋灼曰：「漢注緑車名皇孫車，太子有子乘以從。」』如、晋二説是也。』

封皇太子男寧平原郡王等制〔一〕

王者嗣統〔二〕，必上尊祖廟，中立人紀，下及孫謀〔三〕，所以光贊鴻猷〔四〕，發揮大典者也。皇太子大男寧等〔五〕，温敏茂淑，依仁游藝〔六〕。齠齔之歲〔七〕，自降其心；詩禮之言，夙聞於耳。朕初建儲兩〔八〕，永固宗祧〔九〕，既當知子之明，彌稱抱孫之慰。是用依方辨色，籍土疏疆，俾奉邦家，式崇藩屏。本支百代，曾協於周詩〔十〕；子弟畢封，更隆於漢室。於戲！承紫極之慶，禀青宫之訓〔十一〕，惟師友是敬，惟忠孝是憑，樂善爲心，好賢爲德，古有成範，爾其欽哉！貞元二十一年四月。

校箋

〔一〕本文亦見於全唐文卷五十五，署名順宗皇帝，題目爲封皇太子大男寧平原郡王等制；適園叢書亦録此文，題目同。文苑英華卷四百四十四亦録此文，題目封諸郡王敕（一作封皇太子大男寧平原郡王等制）。

〔二〕王者嗣統：『嗣統』，謂繼承皇位。宋葉適張令人墓志銘：『新天子嗣統，急召使至。』

〔三〕中立人紀，下及孫謀：『人紀』，指立身處世的道德規範。書伊訓：『先王肇修人紀。』孔傳：『言湯始修爲人綱紀。』舊唐書楊綰傳：『行爲人紀，文合典謨。』『孫謀』，順應天下人心的謀略。孫，通『遜』。語出詩大雅文王有聲：『詒厥孫謀，以燕翼子。』鄭玄箋：『孫，順也……傳其所以順天下之謀，以安其敬事之子孫。』一説，『孫謀』是爲子孫籌劃的意思。

〔四〕所以光贊鴻猷：『光贊』，亦作『光讚』猶光輔。漢楊修答臨淄侯箋：『宣昭懿德，光贊大業。』後漢書逸民傳法真：『太守虛薄，欲以功曹相屈，光贊本朝，何如？』『鴻猷』，鴻業：大業。南朝宋謝莊求賢表：『臣生屬亨路，身漸鴻猷。』唐肅宗命有司舉行郊廟大禮詔：『朕獲嗣鴻猷，敢忘虔敬。』

〔五〕皇太子大男寧等：『皇太子大男寧』，唐憲宗李純長子李寧，貞元二十一年，册封平原王。唐憲宗即位，進封鄧王。元和四年（八〇九），册封爲皇太子。元和六年（八一一）去世，年僅十九歲，謚號惠昭太子，葬於驪山之北原。

〔六〕依仁游藝：『游藝』，謂游憩於六藝之中，後泛指學藝的修養。論語述而：『志於道，據於德，依於仁，游於藝。』何晏集解：『藝，六藝也，不足據依故曰游。』邢昺疏：『六藝謂禮、樂、射、馭、書、數也。』晉書孔安國傳：『領軍將軍孔安國貞慎清正，出内播譽，可以本官領東海王師，必能導達津梁，依仁游藝。』

（七）髫齔之歲：『髫齔』，垂髫換齒之時。指童年。髫，通『髫』。東觀漢記伏湛傳：『髫齔勵志，白首不衰。』唐白居易歡兒戲詩：『髫齔七八歲，綺紈三四兒。』

（八）朕初建儲兩：『儲兩』，即儲貳，太子。魏書肅宗紀：『自潘充華有孕椒宫，冀誕儲兩，而熊羆無兆，維虺遂彰。』舊唐書張玄素傳：『殿下地居儲兩，當須廣樹嘉猷。』

（九）永固宗祧：『宗祧』，即嗣續。唐韓愈順宗實録卷三：『惟先王光有天下，必正我邦本，以立人極，建儲貳以承宗祧，所以啓迪大猷，安固洪業，斯前代之令典也。』

（十）本支百代，曾協於周詩：『本支百代』，即本支百世。謂子孫昌盛，百代不衰。詩大雅文王：『文王孫子，本支百世。』毛傳：『本，本宗也；支，支子也。』鄭玄箋：『其子孫適爲天子，庶爲諸侯，皆百世。』

（十一）承紫極之慶，禀青宫之訓：『紫極』，星名。借指帝王的宫殿。晉潘岳西征賦：『厭紫極之閑敞，甘微行以游盤。』李善注：『紫極，星名，王者爲宫以象之。』『青宫』，太子居東宫。東方屬木，於色爲青，故稱太子所居爲青宫，借指太子。唐白居易初授贊善大夫早朝寄李二十助教詩：『病身初謁青宫日，衰貌新垂白髮年。』宋葉紹翁四朝聞見録寧皇登位：『玉册之命未布，而青宫之席尚虚。』

封諸王男爲郡王制〔一〕

王者子弟畢封，藩戚并建〔二〕，所以式固磐石，克茂本枝。故澧王大男漢〔三〕，可封東陽郡王；第二男源，可封安陸郡王；第三男演，可封臨川郡王。故深王大男潭〔四〕，可封河内郡王；第二男淑，可封吴興郡王。故絳王大男洙〔五〕，可封新安郡王；第二男滂，可封高平郡王。故洋王大男沛〔六〕，可封潁川郡王。淄王大男澣〔七〕，可封許昌郡王；沔王大男瀛〔八〕，可封晋陵郡王。祁王大男溥〔九〕，可封平陽郡王。仍并賜光禄大夫，宜令所司擇日册命。太和八年八月。

校　箋

〔一〕此文亦見於全唐文卷六十九，署名文宗皇帝，題目同，文末未標注時間。

〔二〕藩戚并建：『藩戚』，稱天子親戚中封爲侯王或出任一方重臣的人。南史虞寄傳：『今將軍以藩戚之重，擁東南之衆，盡忠奉上，勠力勤王，豈不勛高竇融，寵過吴芮？』唐蘇味道和武三思於天中寺尋復禮上人之作：『藩戚三雍暇，禪居二室隈。』

〔三〕故澧王大男漢：『澧王』，李惲，本名李寬，唐憲宗李純第二子，被封爲澧王。長子李漢，婺州刺史、東陽郡王。次子李源，安州刺史、安陸郡王。三子李演，杭州刺史、臨安郡王。

〔四〕故深王大男潭：『深王』，李悰，原名李察，唐憲宗李純第四子。貞元二十一年，册封彭城郡王。元和初年，進封深王。其長子李潭，河内郡王；次子李淑，吴興郡王。

〔五〕故絳王大男洙：『絳王』，李悟，本名李寮，唐憲宗之子。唐德宗貞元二十一年（八〇五），封爲文安郡王，唐憲宗元和元年（八〇六）進封絳王。長子李洙，太和八年，封新安郡王；第二子李滂，封高平郡王。

〔六〕故洋王大男沛：『洋王』，李忻，唐憲宗之子。長子李沛，太和八年（八三四）封潁川郡王。

〔七〕淄王大男澣：『淄王』，李協，唐憲宗之子。其子李浣（澣同浣），許昌郡王。

〔八〕沔王大男瀛：『沔王』，李恂，唐憲宗李純之子。其子李瀛，晉陵郡王。

〔九〕祁王大男溥：『祁王』，實爲『鄜王』之誤。鄜王李憬，唐憲宗李純之子。其子溥，平陽郡王。

册郡王

册趙郡王孝恭改封河間郡王文〔一〕

岑文本

維貞觀某年月日甲子，皇帝若曰：於戲！肇有君長，司牧黎元〔二〕，雖步驟殊時，損益異術，至於建親勛而作屏，陳龜鼎於無窮〔三〕，其揆一也。惟爾光禄大夫、行晉州刺史、趙郡王孝恭〔四〕，器識弘通，風略宏贍，親猶凡蔣，位比燕荆。皇運權輿，寰區未乂〔五〕。擁節西蕎〔六〕，靖巴漢之妖氛；受鉞南伐〔七〕，戮荆吴之虵豕〔八〕。誠著經綸，功宣方面。及入升禮閣〔九〕，出總藩麾，令望光於縉紳，惠化洽於謡俗〔十〕。析珪之重，允屬勛庸〔十一〕；按部之榮，義存帶礪。是用命爾爲使持節觀州諸軍事、觀州刺史，改封河間郡王，傳之子孫，永爲唐輔。往欽哉！爾其勉茲忠孝，鑒於典禮，勤恤民隱〔十二〕，無棄朕命，可不慎歟！

校箋

〔一〕本文亦見於全唐文卷一百五十，署名岑文本，題曰册趙王孝恭改封河間郡王文；適園叢書亦録此文，題目同。李孝恭，唐太宗李世民堂兄。貞觀初年遷任禮部尚書，改封爲河間郡王。該詔當作於貞觀初年，具體作年難考。

〔二〕司牧黎元：『司牧』，管理，統治。左傳襄公十四年：『天生民而立之君，使司牧之，勿使失性。』三國志魏書夏侯玄傳：『古之建官，所以濟育群生，統理民物也，故爲之君長以司牧之。』

〔三〕陳龜鼎於無窮：『龜鼎』，元龜與九鼎。古時爲國之重器。因以比喻帝位。後漢書宦者傳序：『自曹騰説梁冀，竟立昏弱。魏武因之，遂遷龜鼎。』李賢注：『龜鼎，國之守器，以諭帝位也。』舊唐書劉幽求傳：『外戚專政，奸臣擅國，將傾社稷，幾遷龜鼎。』

（四）惟爾光禄大夫、行晋州刺史、趙郡王孝恭：指李孝恭。李孝恭（五九一—六四〇），唐高祖李淵堂侄，唐太宗李世民的堂兄。貞觀十四年（六四〇），暴病身亡，時年五十歲。詔贈司空、揚州都督，陪葬獻陵，謚元，配享高祖廟庭。列爲凌烟閣二十四功臣之一。

（五）皇運權輿，寰區未乂：『權輿』，指起始。詩秦風權輿：『今也每食無餘，於嗟乎！不承權輿。』朱熹集傳：『權輿，始也。』三國魏曹丕登城賦：『孟春之月，惟歲權輿，和風初暢。』『寰區』，指天下。後漢書逸民傳序：『彼雖硜硜有類沽名者，然而蟬蜕囂埃之中，自致寰區之外，異夫飾智巧以逐浮利者乎！』唐杜甫解悶詩之八：『最傳秀句寰區滿，未絶風流相國能。』『乂』，治理。書堯典：『浩浩滔天，下民其咨，有能俾乂。』

（六）擁節西騖：『擁節』，指執持符節。亦指出任一方。南朝陳徐陵關山月詩之二：『將軍擁節起，戰士夜鳴弓。』隋書高祖紀下：『燕南趙北，實爲天府，擁節杖旄，任當連率。』

（七）受鉞南伐：『受鉞』，指古代大將出征，接受天子所授的符節與斧鉞，稱爲『受鉞』。唐岑參西河太守杜公挽歌之三：『剖符移北地，受鉞領西門。』清陳康祺燕下鄉脞録卷二：『夫受鉞登壇，膺丈人長子之任，喪師失律，何所逃罪？』

（八）戮荆吴之虵豕：『虵豕』，指長蛇封豕，比喻貪殘害人者。語出左傳定公四年『吴爲封豕長蛇，以薦食上國」晉杜預注：『言吳貪害如蛇豕。』晉書樂志上：『蛇豕放命，皇斯平之。』

〔九〕及入升禮閣：『禮閣』，指尚書省。南齊書蕭惠基傳：『尚書令王儉朝宗貴望，惠基同在禮閣，非公事不私覿焉。』南朝梁劉勰文心雕龍詔策：『和安政弛，禮閣鮮才，每爲詔敕，假手外請。』

〔十〕惠化洽於謠俗：『謠俗』，猶言風俗習慣。史記貨殖列傳：『其謠俗猶有趙之風也。』宋王安石還自河北應客詩：『愧客問謠俗，舊傳今自如。』

〔十一〕析珪之重，允屬勛庸：『析珪』，泛指封王、封官。唐李乂夏日送司馬員外孫員外北征詩：『析珪行仗節，持印且分麾。』明高啓咏隱逸武攸緒：『孽后移寶鼎，同姓咸析珪。獨去謝親寵，龍門事宜栖。』『勛庸』，亦作『勛庸』。功勛。後漢書荀彧傳：『曹公本興義兵，以匡振漢朝，雖勛庸崇著，猶秉忠貞之節。』舊唐書李嗣業傳：『總驍果之衆，親當矢石，頻立勛庸。』

〔十二〕勤恤民隱：『民隱』，指民衆的痛苦。國語周語上：『先王非務武也，勤恤民隱而除其害也。』韋昭注：『隱，痛也。』南朝宋顔延之赭白馬賦：『振民隱，修國章。』

册隴西郡王博乂特進司宗卿文〔一〕

維龍朔三年，歲次癸亥，十二月庚辰朔，二十四日癸卯，皇帝若曰：於戲！睦親之訓〔二〕，理鏡於遥圖；尊戚之規，道光於絶簡〔三〕。若乃年耆德懋〔四〕，屬重望隆，釋厘綜之勞，遂優閑之禮。惟爾光禄大夫、行司禮太常伯、隴西郡王博乂，發慶秩宗，疏翹靈派〔五〕，資忠峻業〔六〕，襲義揚風，懷匪磷之貞心，凌後凋之勁節〔七〕，榮兼中外，效宣文武，至乃彯組文昌〔八〕，外簪清覽，頻致由衷之請，累申降階之謁。雖鎮兹雅俗，載佇於芳猷〔九〕；而爰静澆馳，重違於撝尚〔十〕。是用命爾爲特進、行司宗正卿，封如故。往欽哉！秩亞青槐，朝請之恩斯切；禮華丹棘，序録之任攸歸。恩邁前徽〔十一〕，齊踪往哲〔十二〕，光膺寵命，可不慎歟。

校　箋

〔一〕此文亦見於全唐文卷十四，署名高宗皇帝，題目同；適園叢書亦録此文，題目同。隴西郡王李博乂，爲唐高祖李淵之侄，武德元年受封隴西王。高宗時，歷宗正卿、禮部尚書，加特進。咸亨二年薨，贈開府儀同三司、荆州都督，謚曰恭。

〔二〕睦親之訓：『睦親』，指對宗族和睦，對外親友好。漢王粲酒賦：『糾骨肉之睦親，成朋友之歡好。』南朝宋顔延之陶徵士誄：『睦親之行，至自非敦。』

〔三〕道光於絶簡：『道光』，指高尚的道德、正確的主張得到發揚和傳頌。晋書汝南王亮等傳論：『分茅錫瑞，道光恒典。』元孟祺賀平宋表：『欽惟皇帝陛下，道光五葉。』

〔四〕若乃年耆德懋：『年耆』，指年老，古代年六十曰耆。莊子寓言：『無經緯本末以期年耆者，是非先也。』三國魏曹植求自試表：『伏見先武皇帝武臣宿將，年耆即世者有聞矣。』『德懋』，謂在德行上勉力。書仲虺之誥：『德懋懋官，功懋懋賞。』孔傳：『勉於德者则勉之以官，勉於功者则勉之以賞。』唐元稹授杜元穎户部侍郎依前翰林學士制：『慎獨以修身，推誠以事朕。職勞可舉，德懋宜升。』

〔五〕疏翹靈派：『靈派』，指皇族、宗室。舊唐書后妃傳下憲宗懿安皇后郭氏：『導靈派於昭回，揖殊仁於氣母。』

〔六〕資忠峻業：『資忠』，指實行忠義之道。晋潘岳閑居賦：『是以資忠履信以進德，修辭立誠以居業。』晋劉琨答盧諶詩：『資忠履信，武烈文昭。』

（七）凌後凋之勁節：『後凋』，亦作『後彫』。論語 子罕：『歲寒然後知松柏之後彫也。』何晏集解：『喻凡人處治世，亦能自修整，與君子同在濁世，然後知君子之正不苟容也。』後因以『後彫』比喻守正不苟而有晚節。漢書 王商等傳贊：『傅喜守節不傾，亦蒙後凋之賞。』

（八）至乃彫組文昌：『彫組』，謂佩印的綬帶飄動，指在朝爲官。南朝梁劉孝標廣絶交論：『至於顧眄增其倍價，剪拂使其長鳴，彫組雲臺者摩肩，趍走丹墀者疊迹，莫不締恩狎，結綢繆，想惠莊之清塵，庶羊左之徽烈。』

（九）載伫於芳猷：『芳猷』，猶美德。南朝宋顔延之应詔宴曲水詩：『柔中淵映，芳猷兰秘。』唐白居易祭咸安公主文：『承渥澤於三朝，播芳猷於九姓。』

（十）而爰静澆馳，重違於撝尚：『澆馳』，謂社會風氣衰頹。南朝齊王融永明九年策秀才文：『萌俗澆弛，法令滋彰。』

（十一）恩邁前徽：『前徽』，指前人美好的德行。南朝宋顔延之宋文皇帝元皇后哀策文：『欽若皇姑，允迪前徽。』南朝梁沈約奏彈王源：『巒郤之家，前徽未遠。』

（十二）齊踪往哲：『齊踪』，謂繼踵前賢，與之并列。後漢書 皇后紀上 和熹鄧皇后：『齊踪虞妃，比迹任似。』北史韓麒麟傳：『帝曰：「假使朕無愧於虞舜，卿復何如堯臣？」顯宗曰：「陛下齊踪堯舜，公卿寧非二八之儔？」』

册漢中王瑀文〔一〕

賈至

維天寶十五載，歲次景申，七月戊子朔日，皇帝若曰：咨爾漢中王瑀，暨御史中丞魏仲犀，王室多難，凶逆未誅。是用建爾子侄，以爲藩屏；命爾忠良，以攝傅相〔二〕。安危繫是舉，可不慎歟！夫王侯之體，則以任能從諫爲本；親賢仗信，則以好問樂善爲心，安仁容衆爲節，然後能建其功業，夾輔王室。是以漢之宗王，多委政守相〔三〕。故能享祚長久，令問不已〔四〕。朕聞汝瑀，能寬大儉約，樂善好賢，敦説詩書，動必由正，而久於高簡〔五〕，未習政途。又聞仲犀，才幹振舉，憂勤庶績，必能固爾磐石，匡補闕漏。軍旅之事，必委其專；獄訟之煩，必與其決；簡賢任能，必使其舉；懲惡勸善，必任其斷。惟協惟睦，其政乃成；同德合義，何往不濟。於戲！瑀其鎮撫黎人，莊肅守位。仲犀其悉心勠力〔六〕，贊我維城。則瑀有任賢之名，犀有忠勤之績，匡復社稷，戡定寇難〔七〕，在此行也。勖哉！其無替朕命。

校箋

〔一〕本文亦見於全唐文卷三百六十七，署名賈至，題曰册漢中王瑀等文；文苑英華卷四百四十五亦録此文，題爲册漢中王瑀等文。漢中王李瑀，唐睿宗李旦孫，讓皇帝李憲子。始封隴西郡公，從帝幸蜀，至河池，封漢中王，山南西道防禦使。

〔二〕以攝傅相：『傅相』，古稱輔導國君、諸侯王之官。漢諸侯國有太傅，景帝中五年令諸侯王不得治國，改丞相曰相，通稱傅相。史記 梁孝王世家：『故諸侯王當爲置良師傅相忠言之士。』後漢書 班彪傳：『今皇太子諸王，雖結髮學問，修習禮樂，而傅相未值賢才，官屬多闕舊典。』

〔三〕多委政守相：『委政』，謂付以政柄。左傳 襄公三十一年：『子皮以爲忠，故委政焉，子産是以能爲鄭國。』『守相』，郡守和諸侯王之相。漢書 王嘉傳：『前山陽亡徒蘇令等縱横，吏士臨難，莫肯伏節死義，以守相威權素奪也。』顔師古注：『守，郡守也；相，諸侯相也。』晋書 武帝紀：『郡國守相，三載一巡行屬縣，必以春，比古者述職宣風展義也。』

〔四〕令問不已：『令問』，美好的聲名。漢王符潛夫論贊學：『夫此四子者，耳目聰明，忠信廉勇，未必無儔也，而及其成名立績，德音令問不已，而有所以然，夫何故哉？』

〔五〕而久於高簡：『高簡』，清高簡約。後漢書符融傳：『膺風性高簡，每見融，輒絶它賓客，聽其言論。』晉葛洪抱朴子行品：『士有行己高簡，風格峻峭……而立朝正色，知無不爲。』

〔六〕仲犀其悉心勠力：『勠力』，思想一致，共同努力。新唐書韋陟傳：『若不齋盟質信，以示四方，知吾等協心勠力，則無以成功。』

〔七〕匡復社稷，戡定寇難：『戡定』，平定。唐韓愈賀册尊號表：『經緯天地之謂文，戡定禍亂之謂武。』『寇難』，謂由内亂外患所造成的災難。亦指蒙受敵人侵犯之難。荀子天論：『禮義不修，内外無别，男女淫亂，父子相疑，上下乖離，寇難并至，夫是之謂人袄。』此處當指安史之亂。

除郡王官

淮安王神通等開府儀同三司制〔一〕

襃崇賢戚〔二〕，有國彝典〔三〕，厚秩清階〔四〕，式隆朝望〔五〕。左武衛大將軍、上柱國、淮安王神通，宗室之長，德器優弘，締構之初，早樹勛績。右武衛大將軍、上柱國、燕郡王藝，夙著嘉庸〔六〕，志懷强寇，久司戎禁〔七〕，見稱貞確〔八〕。宜加榮寵，式允具瞻〔九〕。并可開府儀同三司。武德九年八月。

校箋

〔一〕本文亦見於全唐文卷四，署名太宗皇帝，題曰加淮安王燕郡王藝開府儀同三司詔；册府元龜卷二百七十七宗室部『太宗即位，是月甲戌詔曰』，即爲本詔；適園叢書亦録此文，題目同。淮安王李神通（五七六—六三〇），名壽，唐高祖李淵從父弟，鄭孝王李亮子，被封淮安王。舊唐書卷六十、新唐書卷七十八有傳。燕郡王李藝，本姓羅，唐朝大將。武德二年，朝廷賜羅藝國姓李，封爲燕郡王。

〔二〕褒崇賢戚：『褒崇』，讚揚推崇。後漢書陳忠傳：『忠意常在褒崇大臣，待下以禮。其九卿有疾，使者臨問，加賜錢布，皆忠所建奏。』唐劉知幾史通載文：『凡百具寮，王公卿士，始有褒崇，則謂其珪璋特達，善無可加；旋有貶黜，則比諸斗筲不才，罪不容責。』

〔三〕有國彝典：『彝典』，常典。南朝梁江淹蕭相國拜齊王表：『業不題於宗器，聲靡記於彝典。』北周庾信爲閻大將軍乞致仕表：『尸禄素餐，久紊彝典；負乘致寇，徒煩有司。』

〔四〕厚秩清階：『厚秩』，豐厚的俸禄。北史隋河間王弘傳論：『河間屬乃葭莩，地非寵逼，故高位厚秩，與時終始。』

〔五〕式隆朝望：『朝望』，指朝廷中有威望的大臣。晋書謝鯤傳：『是時朝望被害，皆爲其憂。而鯤推理安常，時進正言。』

〔六〕夙著嘉庸：『嘉庸』，猶嘉績。南朝梁任昉宣德皇后令：『功隆賞薄，嘉庸莫疇。』劉良注：『嘉，善；庸，功；莫，無；疇，報也。』南朝梁沈約授蕭惠休右僕射詔：『内著嘉庸，外敷美政。』

〔七〕久司戎禁：『戎禁』，禁衛。南朝齊謝朓酬德賦：『爾腰戟於戎禁，我拂劍於郎闈。』宋書沈攸之傳：『内端戎禁，外臨方牧。』

〔八〕見稱貞確：『貞確』，堅定。陳書宣帝紀：『我心貞確，堅誓蒼昊。』舊唐書薛登傳：『希仕者必修貞確不拔之操，行難進易退之規。』亦指堅貞不渝的節操。

〔九〕式允具瞻：『具瞻』，謂爲衆人所瞻望。語出詩小雅節南山：『赫赫師尹，民具爾瞻。』毛傳：『具，俱；瞻，視。』鄭玄箋：『此言尹氏汝居三公之位，天下之民俱視汝之所爲。』三國志魏書高柔傳：『今公輔之臣，皆國之棟梁，民所具瞻。』

壽春郡王成器左贊善大夫制〔一〕

鸞臺：相王旦男、壽春郡王成器，毓彩桂山，承規椒掖，韶容霞舉，美志月將〔二〕。望苑翹才，摇山佇俊，宜參多士之選，俾從政人之列。可依前件。

校　箋

〔一〕本文亦見於全唐文卷二百四十二，署名李嶠，題曰授壽春郡王成器太子左贊善大夫制；文苑英華卷四百四亦录該文，署名李嶠，題曰授相王男成器太子左贊善大夫制；適園叢書亦録此文，題目同。壽春郡王李成器，睿宗李旦長子。長壽二年（六九三），改封壽春郡王，長安年中，調任左贊善大夫，加銀青光禄大夫。該詔當作於長安年間（七〇一—七〇四）。

〔二〕美志月將：『月將』，每月有長進。詩周頌敬之：『維予小子，不聰敬止，日就月將，學有緝熙於光明。』唐陸贄鴻漸賦：『琢玉者日就其功，爲學者月將其益。』

信安郡王禕滑州刺史制〔一〕

門下：訓俗安人〔二〕，是資良牧〔三〕；棄瑕録用〔四〕，兹爲令典〔五〕。使持節衢州刺史、信安郡王禕，器能之美〔六〕，宗室所推。才堪應務，久當於委任；防缺周身〔七〕，因從於降黜。情推念舊，義在睦親。宜迴傳於遠方，俾分符於近服〔八〕，可滑州刺史。

校箋

〔一〕本文亦見於全唐文卷二十三，署名玄宗皇帝，題曰授信安郡王禕滑州刺史制；適園叢書亦録此文，題目同。李禕，唐朝宗室名將，神武軍的創建者。唐太宗李世民曾孫，吴王李恪之孫，張掖郡王李琨之子。舊唐書列傳第二十六記『（開元）二十二年，（李禕）遷兵部尚書，入爲朔方節度大使。久之，坐事出爲衢州刺史。俄歷滑、懷二州刺史。天寶初，拜太子少師，以年老仍聽致仕。二年，遷太子太師，制出，病薨，年八十餘。』由此可知，李禕出滑州刺史在開元二十三年至開元二十九年間。該詔當作於其間，具體作年難考。

〔二〕訓俗安人：『訓俗』，教化民衆。唐王泠然登城判對：『先王訓俗，禁以窺臨；君子執身，慎乎登降。』『安人』，使人民安寧。後漢書趙岐傳：『岐深陳天子恩德，宜罷兵安人之道，又移書公孫瓚，爲言利害。』北史元暉傳：『安人寧邊，觀時而動。』

〔三〕是資良牧：『良牧』，賢能的州郡長官。三國志吴書潘濬陸凱傳評：『胤身絜事濟，著稱南土，可謂良牧矣。』舊唐書良吏傳上蔣儼：『蒲州户口殷劇，前後刺史，多不稱職，儼下車未幾，令行禁止，稱爲良牧。』

〔四〕棄瑕録用：謂不計較缺點、過失而録用人才。三國吴陸瑁與暨艶書：『夫聖人嘉善矜愚，忘過記功，以成美化。加今王業始建，將一大統，此乃漢高棄瑕録用之時也。』南朝梁丘遲與陳伯之書：『聖朝赦罪責功，棄瑕録用，推赤心於天下，安反側於萬物。』

（五）茲爲令典：『令典』，好的典章法度。左傳 宣公十二年：『蒍敖爲宰，擇楚國之令典。』楊伯峻注：『令典謂禮法政令之善者。』南朝齊王儉褚淵碑文：『擇皇齊之令典，致聲化於雍熙。』

（六）器能之美：『器能』，猶才能。後漢書 龐參傳：『尚書僕射虞詡薦參有宰相器能，以爲太尉，録尚書事。』三國志 蜀書 諸葛亮傳：『亮之器能政理，抑亦管、蕭之亞匹也。』

（七）防缺周身：『周身』，保全自身。魏書 高允傳：『智足周身，言足爲治。』宋王禹偁求致仕第二表：『（臣）塵重位者三十年，處浮生者七十載，雖無功名報國，常以畏慎周身。』

（八）俾分符於近服：『分符』，猶剖符。謂帝王封官授爵，分符節的一半作爲信物。唐孟浩然送韓使君除洪州都曹詩：『述職撫荆衡，分符襲寵榮』。『近服』，謂靠近王畿之地。古代王畿外圍，以五百里爲一區劃，由近及遠分爲五服。宋書 自序傳 沈璞：『狡虜狂凶，自送近服，僞將即斃，酋長傷殘，實天威所喪，卿諸人忠勇之效也。』

褒信郡王璆宗正卿制（一）

孫逖

門下：公族之任，得之則難，舉親而官，選舊惟允。銀青光禄大夫、殿中監、上柱國褒信郡王璆，雅性恭友，虛懷敏達，近屬藩翰〔二〕，中朝羽儀〔三〕，無競維人。不矜於貴富，克勤於位，每效於忠公，惇叙是司〔四〕，疇咨所屬〔五〕，宜迴六尚之職，以副九宗之委，可宗正卿。

校箋

〔一〕本文亦見於全唐文卷三百九，署名孫逖，題曰授褒信郡王璆宗正卿制；文苑英華卷三百九十六亦録此文，署名孫逖，題曰授褒信郡王璆宗正卿制。李璆，許王李素節子，初封嗣澤王，降爲郢國公，宮宗正、光禄卿，進封褒信郡王。天寶初，復拜宗正卿。

〔二〕近屬藩翰：『藩翰』，喻捍衛王室的重臣。三國志 蜀書 先主傳：『宗子藩翰，心存國家，念在弭亂。』

〔三〕中朝羽儀：『中朝』，朝廷、朝中。三國志 魏書 杜畿傳：『中朝苟乏人，兼才者勢不獨多。』唐劉長卿集梁耿開元寺所居院詩：『豈得長高枕，中朝正用才』。『羽儀』，比喻居高位而有才德，被人尊重或堪爲楷模。南朝梁沈約齊故安陸昭王碑文：『公以宗室羽儀，允膺嘉選。」唐韓愈燕喜亭記：『智以謀之，仁以居之，吾知其去是而羽儀於天朝也不遠矣。』

〔四〕惇叙是司：『惇叙』，亦作『惇序』。謂按次序，使之敦睦。書皋陶謨：『惇叙九族，庶明勵翼。』

〔五〕疇咨所屬：『疇咨』，爲訪問、訪求之意。漢書武帝紀贊：『孝武初立……遂疇咨海内，舉其俊茂，與之立功。』晋書司馬彪傳：『若朝之大事，廢興損益，每輒疇諮。』

濮陽郡王澈宗正卿制〔一〕

孫逖

門下：宗卿設位〔二〕，邦族是司，必擇親賢，以光名器〔三〕。金紫光禄大夫、行太僕卿、員外置同正員、上柱國濮陽郡王澈，清貞履道〔四〕，淑慎持身，行無越思〔五〕，勤不逾矩。以才從政，於歷官而則深；以地推恩，在同姓而爲近。惇叙之任，疇咨所難，宜受寄於本枝〔六〕，更近榮於列棘〔七〕，可行宗正卿，散官勛如故。

校箋

〔一〕本文亦見於全唐文卷三百九，署名孫逖，題曰授濮陽郡王澈宗正卿制；文苑英華卷三百九十六亦録此文，題曰授濮陽郡王澈宗正卿制。該文具體作年難考。

〔二〕宗卿設位：「宗卿」，泛稱朝廷中掌禮儀、祭祀、宗廟之長官。南朝梁陸倕爲王光禄轉太常讓表：「故拜命無辭，受爵不讓；況宗卿清重，歷選所難」；「設位」，確立位次。南朝梁劉勰文心雕龍 熔裁：「情理設位，文采行乎其中矣。」宋沈括夢溪筆談 故事一：「禮部貢院試進士日，設香案於堦前，主司與舉人對拜，此唐故事也。所坐設位，供張甚盛。」

〔三〕以光名器：「名器」，猶大器，喻國家的棟梁。魏書 崔寬傳：「衡舉李沖、李元愷、程駿等，終爲名器，世以是稱之。」唐劉禹錫奚公神道碑：「公少以名器自任。」

〔四〕清貞履道：「清貞」，清白堅貞。列子 楊朱：「伯夷非亡欲，矜清之郵，以放餓死；展季非亡情，矜貞之郵，以放寡宗。清貞之誤善之若此！」三國志 魏書 崔琰傳：「琰嘗薦鉅鹿楊訓，雖才好不足，而清貞守道。」「履道」，躬行正道。易 履：「履道坦坦，幽人貞吉。」漢班昭東征賦：「正身履道，以俟時兮。」

〔五〕行無越思：「越思」，指越軌的思想行爲。左傳 襄公二十五年：「行無越思，如農之有畔，其過鮮矣。」

〔六〕宜受寄於本枝：「本枝」，同一家族的嫡系和庶出子孫。漢書 韋玄成傳：「子孫本文，陳錫無疆。」南朝宋顏延之赭白馬賦：「效足中黄，殉驅馳兮；願終惠養，蔭本枝兮。」

〔七〕更近榮於列棘：「列棘」，相傳周代朝廷内樹棘，以定卿大夫公侯等之位置，後因稱位列公卿者爲「登列棘」或「列棘」。南朝陳徐陵與顧記室書：「紀文卿、公向璡皆爲列棘，豈冗雜曹郎乎？」南史恩倖傳陸驗：「驗竟以侵削爲能，數年遂登列棘。」

廣武郡王承宏光禄卿制〔一〕

孫　逖

門下：銀青光禄大夫、行房州别駕、員外置同正員、廣武郡王承宏，地在維城〔二〕，慶延分土〔三〕，頃乖周慎，因從降黜。捨其小犯，用申猶子之恩；復其舊資，俾踐列卿之秩。可光禄大夫、光禄卿，員外置同正員。

校箋

〔一〕本文亦見於全唐文卷三百九，署名孫逖，題曰授廣武郡王承宏光禄卿制；文苑英華卷三百九十六亦録此文，題曰授廣武郡王承宏光禄卿制。李承宏，唐朝宗室大臣，章懷太子李賢之孫，邠王李守禮之子。舊唐書列傳三十六記「（李守禮）子承宏，開元初封廣武郡王，歷秘書員外監，又爲宗正卿同正員。廣德元年，吐蕃凌犯上都，乘輿幸陝。蕃、渾之衆入城，吐蕃宰相馬重英立承宏爲帝，以于可封、霍環等爲宰相，補署百餘人。旬餘日，賊退，郭子儀率衆入城，送承宏於行在，上不之責，止於虢州。尋死。』李承宏，開元初封廣武郡王，又爲宗正卿同正員。該詔或作於開元年間，其具體作年難考。

〔二〕地在維城：『維城』，借指皇子或皇室宗族。後漢書孝明八王傳贊：『孝明傳胤，維城八國。』

〔三〕慶延分土：『慶延』，謂福澤綿延。後漢書郭躬傳：『法家之能慶延於世，蓋由此也。』唐岑參感舊賦：『慶延自遠，祐洽無疆。』

信安王褘太子太師制〔一〕

孫逖

門下：傅導元子〔二〕，師長庶寮〔三〕，必在正人，無非舊德。太子少師、上柱國信安王褘，宗室良翰〔四〕，朝廷碩老〔五〕，踐忠公而立節，體明肅而成用。頃膺大任，頻總中權。掌夏司春〔六〕，推爲六官之長；戢兵禁暴〔七〕，何止萬人之敵。睦親尚齒〔八〕，念舊録功。宜優天秩之榮〔九〕，俾極宮臣之位〔十〕。可光禄大夫，守太子太師，勛封如故。

校箋

（一）本文亦見於全唐文卷三百九，署名孫逖，題曰授信安王禕太子太師制；文苑英華卷四百三亦録此文，署名孫逖，題曰授信安王禕太子太師制。李禕，唐太宗李世民曾孫，吴王李恪之孫，張掖郡王李琨之子。舊唐書卷七十六記『（開元）二十二年，（李禕）遷兵部尚書，入爲朔方節度大使。久之，坐事出爲衢州刺史。俄歷滑、懷二州刺史。天寶初，拜太子少師，以年老仍聽致仕。二年，遷太子太師，制出，病薨，年八十餘。』據此可知，李禕天寶二年遷太子太師，本詔當作於天寶二年（七四三）。

（二）傅導元子：『傅導』，謂輔導。遼史道宗紀四：『命知制誥王師儒、牌印郎君耶律固傅導燕國王延禧。』清昭槤嘯亭續録賜奠：『嘉慶丙子，今上念朱文正公傅導功，親往其墓賜奠。』『元子』，天子和諸侯的嫡長子。詩魯頌閟宫：『王曰叔父，建爾元子，俾侯於魯。』朱熹集傳：『叔父，周公也。元子，魯公伯禽也。』

〔三〕師長庶寮：『庶寮』，亦作『庶僚』，謂百官。漢張衡思玄賦：『戒庶寮以夙會兮，僉恭職而并迓。』南朝梁沈約齊太尉文憲王公墓志銘：『微言永謝，庶寮誰仰。』

〔四〕宗室良翰：『良翰』，賢良的辅佐。詩大雅崧高：『周邦咸喜，戎有良翰。』鄭玄箋：『翰，榦也。』周書史宁權景宜等傳論：『總戎薄伐，著剋敵之功；布政莅民，垂稱職之譽。若此者，豈非有國之良翰欤？』

〔五〕朝廷碩老：『碩老』，年高望重的博學之士。漢揚雄劇秦美新：『耆儒碩老，抱其書而遠遜；禮官博士，卷其舌而不談。』晋書劉寔傳：『可謂國之碩老，邦之宗模。』

〔六〕掌夏司春：『夏』，即夏官，官名。周禮載周時設置六官，以司馬爲夏官，掌軍政和軍賦。唐武則天時，曾改兵部尚書爲夏官。『春』，即春官。唐光宅年間曾改禮部爲春官，後『春官』遂爲禮部的别稱。唐杜甫奉留贈集賢院崔于二學士：『天老書題目，春官驗討論。』

〔七〕戢兵禁暴：『戢兵』，息兵；停止軍事行動。左傳宣公十二年：『夫武，禁暴、戢兵、保大、定功、安民、和衆、豐財者也。』唐薛稷奉和送金城公主適西蕃應制：『天道寧殊俗，慈仁乃戢兵。』

〔八〕睦親尚齒：『尚齒』，謂尊崇年長者。禮記祭義：『是故朝廷同爵則尚齒。』鄭玄

注：『同爵尚齒，老者在上也。』莊子天道：『宗廟尚親，朝廷尚尊，鄉黨尚齒，行事尚賢，大道之序也。』

〔九〕宜優天秩之榮：『天秩』，謂禮法制度。書皋陶謨：『天秩有禮。』孔穎達疏：『天又次叙爵命，使有禮法。』

〔十〕俾極宫臣之位：『宫臣』，謂君王左右的親近之臣。唐杜甫秋日荆南述懷三十韻：『遲暮宫臣忝，艱危衮職陪。』仇兆鰲注引趙次公曰：『公拜拾遺時，掌供奉諫諍，故云宫臣衮職。』

封嗣王

加嗣陳王賓封制〔一〕

鸞臺：睦親之仁，推恩之義，家國所同，古今無異。雲麾將軍、行太子左鶴禁率、嗣陳王延暉〔二〕，地承枝葉，戚在葭莩〔三〕，幼聞詩禮，躬踐名教〔四〕。賞勸未酬〔五〕，井邑猶虚〔六〕。宜申優典，用光近族。延暉兄弟，可别令實封一百五十户。

校箋

〔一〕本文亦見於全唐文卷九十五，署名高宗武皇后，題曰加嗣陳王延暉實封制。該文具体作年難考。

〔二〕雲麾將軍、行太子左鶴禁率、嗣陳王延暉：『雲麾將軍』，古代官名，將軍的名號，始置於南朝梁，陳、隋沿設，唐、宋定爲武散階。新唐書百官志一：『（兵部）武散階四十有五：從一品曰驃騎大將軍……從三品上曰雲麾將軍、歸德大將軍。』『嗣陳王延暉』，武承業之子武延暉，武則天侄孫，唐中宗李顯長女新都公主下嫁武延暉。

〔三〕地承枝葉，戚在葭莩：『枝葉』，枝條和樹葉，喻同宗的旁支。左傳文公七年：『公族，公室之枝葉也；若去之，則本根無所庇蔭矣。』周書元偉傳：『雖天厭魏德，鼎命已遷，枝葉榮茂，足以逾於前代矣。』『葭莩』，蘆葦裏的薄膜，比喻親戚關系疏遠淡薄。漢書中山靖王劉勝傳：『今群臣非有葭莩之親，鴻毛之重，群居黨議，朋友相爲，使夫宗室擯却，骨肉冰釋。』顔師古注：『葭，蘆也。莩者，其筒中白皮至薄者也。葭莩喻薄。』唐楊炯李舍人山亭詩序：『葭莩爲漢帝之親，枝葉爲周公之裔。』

〔四〕躬踐名教：『名教』，指以正名定分爲主的封建禮教。晉袁宏後漢紀 獻帝紀：『夫君臣父子，名教之本也。』三國魏嵇康釋私論：『矜尚不存乎心，故能越名教而任自然。』

〔五〕賞勸未酬：『賞勸』，謂賞賜獎勉。晉書 王沈傳：『昔魏絳由和戎之功，蒙女樂之賜；管仲有興齊之勛，而加上卿之禮：功勛明著，然後賞勸隨之。』

〔六〕井邑猶虛：『井邑』，謂市井。唐王維初出濟州別城中故人詩：『閭閻河潤上，井邑海雲深。』陳貽焮注：『井邑，即市井。』新五代史 南平世家：『荆南節度十州，當唐之末，爲諸道所侵，季興（高季興）始至，江陵一城而已，兵火之後，井邑凋零。』

封嗣濮王制〔一〕

門下：姬運睦親，曲阜祚周公之嗣〔二〕；漢廷繼絶，平陸紹元王之封〔三〕。所以宗子維城，本枝百代也〔四〕。故嗣濮王餘慶〔五〕，構阯極天，分源帶地，通五演之餘潤，承九秀之曾暉。稟訓梁園，冠池筠而振彩；承規淮岫，掩岩桂而揚芬。往屬艱虞，苴茅中絶〔六〕；今逢開泰，枝庶畢侯〔七〕。宜承井賦之榮，以永山河之誓〔八〕。可封嗣濮王，仍食實封四百户。

校箋

〔一〕全唐文未録該文。嗣濮王李餘慶，李泰（唐太宗李世民之子）之孫。李餘慶中興初封嗣濮王，該詔當作於神龍元年（七〇五）。

〔二〕姬運睦親，曲阜祚周公之嗣：『睦親』，對宗族和睦，對外親友好。漢王粲酒賦：『糾骨肉之睦親，成朋友之歡好。』南朝宋顔延之陶徵士誄：『睦親之行，至自非敦。』

〔三〕漢廷繼絶，平陸紹元王之封：『繼絶』，即『继绝世』，謂恢復已滅絶的宗祀，承續已斷絶的後代。論語堯曰：『興滅國，繼絶世。』邢昺疏：『賢者當世祀，爲人非理絶之者，則求其子孫使復繼之。』漢書燕王劉澤傳：『哀帝時繼絶世，乃封敬王澤玄孫之孫無終公士歸生爲營陵侯。』『紹』，承繼。漢書叙傳下：『漢紹堯運，以建帝業。』唐韓愈燕河南府秀才詩：『吾皇紹祖烈，天下再太平。』

〔四〕所以宗子維城，本枝百代也：『維城』，連城以衛國，借指皇子或皇室宗族，此處當指皇室宗族。唐無可送李長吉之任東井詩：『家世維城後，官資宰邑初。』『本枝百代』，即『本枝百世』，謂子孫昌盛，百代不衰。詩大雅文王：『文王孫子，本支百世。』毛傳：『本，本宗也；支，支子也。』後漢書王符傳：『夫五代之臣，以道事君，澤及草木，仁被率土，是以福祚流行，本支百世。』

〔五〕故嗣濮王餘慶：『餘慶』，李餘慶，李泰（唐太宗李世民之子）之孫。舊唐書列傳二十六記『（李泰）二子欣、徽。欣封嗣濮王，徽封新安郡王。欣，則天初陷酷吏獄，貶昭州別駕，卒。子嶠，本名餘慶，中興初封嗣濮王。景雲元年，加銀青光禄大夫。開元十二年，爲國子祭酒，同正員。以王守一妹婿貶邵州別駕，移鄧州別駕，後復其爵。』據舊唐書可知，李餘慶中興初封嗣濮王，中興初爲神龍元年（七〇五）。

〔六〕往屬艱虞，苴茅中絶：『苴茅』，古代帝王分封諸侯時，用該方顏色的泥土，覆以黄土，包以白茅，授予受封者，作爲分封土地的象徵。書禹貢『厥貢惟土五色』孔傳：『王者封五色土爲社。建諸侯則各割其方色土與之，使立社。燾以黄土，苴以白茅。茅取其潔，黄取王者覆四方。』

〔七〕今逢開泰，枝庶畢侯：『開泰』，亨通安泰。晉書顧榮傳：『弘九合之勤，雪天下之恥，則群生有賴，開泰有期矣。』魏書高閭傳：『今天下開泰，四方無虞，豈宜盛世，干戈妄動。』『枝庶』，嫡長子以外的支系。史記惠景間侯者年表序：『至孝惠時，唯獨長沙全，禪五世，以無嗣絶……故其澤流枝庶，毋功而侯者數人。』漢王充論衡明雩：『董仲舒求雨，申春秋之義，設虚立祀，父不食於枝庶，天不食於下地。』

〔八〕宜承井賦之榮，以永山河之誓：『山河之誓』，封爵之誓詞，極言國基堅固，國祚長久。語出史記高祖功臣侯者年表序：『封爵之誓曰：「使河如帶，泰山若厲。國以永寧，爰及苗裔。」始未嘗不欲固其根本，而枝葉稍陵夷衰微也。』

封嗣蔣王制〔一〕

門下：魯胤曹□，并爲建國，文昭武穆〔二〕，克紹明禋〔三〕。所以諸侯夾輔〔四〕，宗子維城〔五〕，帶礪山河〔六〕，藩屏社稷〔七〕。自大運中圮，天步多艱〔八〕，磐石之基，翦焉落構。今皇圖再紐，鼎祚維新〔九〕，興廢繼絶，尚遺凡蔣。格於藝祖，震悼良深〔十〕。故蔣王惲〔十一〕，宗室羽儀，國朝賢懿，享祭無主，覿守丘荒。非所以惇叙九族〔十二〕，盛□百代之義也。嗣王煒第三子銑男、左千牛衛長史宗兒〔十三〕，雖以淪□之間，未光天秩〔十四〕，而懷姿杰氣，惟曰象賢〔十五〕。可封嗣蔣王，以食舊德〔十六〕，賜食實封四百户。

校　箋

〔一〕全唐文未録該文。舊唐書列傳第二十六記『蔣王惲，太宗第七子也。貞觀五年，封郯王。八年，授洺州刺史。十年，改封蔣王、安州都督，賜實封八百户。（李惲）子煒嗣，歷沂州刺史，垂拱中爲則天所害。子銑，早卒。神龍初，封銑子紹宗爲嗣蔣王。』據此可知，李紹宗神龍初封嗣蔣王，本文作於神龍初年。神龍年限爲七〇五年正月到七〇七年九月，爲周朝武則天和唐中宗李顯的年號。神龍元年正月二十五日，唐中宗即位。二月，復國號爲唐，一應典制，悉復唐永淳前舊制，唐朝規復。該文當作於神龍元年（七〇五）二月。

〔二〕文昭武穆：古代宗法制度，宗廟位次，始祖廟居中，以下父子遞爲昭穆，左爲昭，右爲穆。祭祀時，子孫也按昭穆，左右排列行禮。周文王於周爲穆，文王之子武王則爲昭，而武王之子成王又爲穆。『文昭武穆』，原指文王的子孫衆多，後則泛稱子孫繁衍。唐楊炯唐右將軍魏哲神道碑：『文昭武穆，方駕齊驅；公子王孫，朱輪華轂。』

〔三〕克紹明禋：『克紹』，能夠繼承。書 冏命：『俾克紹先烈。』孔傳：『使能繼先王之功業。』宋孫光憲北夢瑣言卷二十：『有温顗者，乃飛卿之孫，憲之子。仕蜀，官至常侍。無它能，唯以隱僻繪事爲克紹也。』『明禋』，指明潔誠敬的獻享。書 洛誥：『伻來毖殷，乃命寧予以秬鬯二卣，曰明禋，拜手稽首休享。』蔡沈集傳：『明，潔；禋，敬也，以事神之禮事公也。』

〔四〕所以諸侯夾輔：『夾輔』，謂輔佐。左傳 僖公四年：『五侯九伯，女實征之，以夾輔周室！』三國志 魏書 齊王芳傳：『大將軍、太尉奉受末命，夾輔朕躬。』

〔五〕宗子維城：『宗子』，古代宗法制度稱大宗的嫡長子。詩 大雅 板：『懷德維寧，宗子維城。無俾城壞，無獨斯畏。』鄭玄箋：『宗子，謂王之適子。』唐劉知幾史通 世家：『至於漢代則不然，其宗子稱王者，皆受制京邑，自同州郡。』『維城』，謂連城以衛國。詩 大雅 板：『懷德維寧，宗子維城。』後漢書 劉虞公孫瓚陶謙傳贊：『襄賁勵德，維城燕北。仁能洽下，忠以衛國。』

〔六〕帶礪山河：封爵之誓詞，極言國基堅固，國祚長久。語出史記 高祖功臣侯者年表序：『封爵之誓曰：「使河如帶，泰山若厲。國以永寧，爰及苗裔。」始未嘗不欲固其根本，而枝葉稍陵夷衰微也。』裴駰集解引應劭曰：『封爵之誓，國家欲使功臣傳祚無窮。帶，衣帶也。厲，砥石也。河當何時如衣帶，山當何時如厲石，言如帶厲，國乃絶耳。』按，厲同『礪』。唐陸贄賜李納王武俊等鐵券文：『功載鼎彝，名藏王府，子孫代代，爲國勛臣，河山帶礪，傳祚無絶。』

〔七〕藩屏社稷：『藩屏』，謂捍衛。左傳 定公四年：『選建明德，以藩屏周。』漢書 燕刺王劉旦傳：『昔高皇帝王天下，建立子弟以藩屏社稷。』新唐書 蘇安恒傳：『縱今尚幼，且擇立師傅，養成德器，藩屏皇家。』

〔八〕自大運中圮，天步多艱：『中圮』，謂中途衰敗。漢張衡東京賦：『漢初弗之宅，故宗緒中圮，巨猾閑舋，竊弄神器，歷載三六，偷安天位。』晋書 趙王倫傳論：『乾耀以之暫傾，皇綱於焉中圮。』『天步』，天之行步。指時運、國運等。詩 小雅 白華：『天步艱難，之子不猶。』朱熹集傳：『步，行也。天步，猶言時運也。』南朝宋劉義慶世説新語 言語：『陽消陰息，故天步屯蹇；否剥成象，豈足多譏？』

〔九〕鼎祚維新：『鼎祚』，猶國祚，國運。晋書 汝南王亮等傳序：『光武雄略緯天，慷慨下國……休祉盛於兩京，鼎祚隆於四百。』周書晉蕩公護傳：『臣所以勤勤懇懇，幹觸天威者，但不負太祖之顧托，保安國家之鼎祚耳。』唐末五代杜光庭賀嗣位表：『是以克紹宗祧，光昇寶位。鼎祚彰惟新之命，洪基顯隆永之期。』『維新』，謂乃始更新。詩大雅文王：『周雖舊邦，其命維新。』毛傳：『乃新在文王也。』陳奐傳疏：『維，猶乃也；維新，乃新也……言周至文王而始新之。』後因稱改變舊法推行新政爲維新。此處當指神龍政變後，唐中宗即位，復國號爲唐之事。

〔十〕格於藝祖，震悼良深：『藝祖』，謂有文德之祖。書舜典：『歸，格於藝祖，用特。』孔傳：『巡守四岳，然後歸告至文祖之廟。藝，文也。』孔穎達疏：『才藝文德，其義相通，故蓺爲文也。』後用以爲開國帝王的通稱。

〔十一〕故蔣王惲：指的是李惲，唐太宗李世民第七子，貞觀十年改封蔣王。李惲之子李煒。

〔十二〕非所以惇叙九族：『惇叙』，亦作『惇序』。謂按次序，使之敦睦。書皋陶謨：『惇叙九族，庶明勵翼。』漢書王莽傳中：『書不云乎，「惇序九族。」』

〔十三〕嗣王煒第三子銑男、左千牛衛長史宗兒：『嗣王煒』，指蔣王李惲之子李煒。李煒第三子李銑，李銑之子李紹宗。『宗兒』，指李紹宗。『千牛衛』，禁衛官，掌執千牛刀，爲君王護衛。北史 楊義臣傳：『時義臣尚幼，養於宮中，未弱冠，奉詔宿衛如千牛者數年，賞賜甚厚。』新唐書 蘇詵傳：『詵子震，以蔭補千牛。』李紹宗神龍初封嗣蔣王，終官太子家令同正員。

〔十四〕未光天秩：『天秩』，爵位，俸禄。晉潘岳夏侯常侍誄：『宜享遐紀，長保天秩。』舊唐書 韋雲起傳：『臣恐物議以陛下官不擇賢，濫以天秩加以私愛。』

〔十五〕而懷姿杰氣，惟曰象賢：『象賢』，謂能效法先人的賢德。書 微子之命：『殷王元子，惟稽古崇德象賢。』儀禮 士冠禮：『繼世以立諸侯，象賢也。』鄭玄注：『象，法也，爲子孫能法先祖之賢，故使之繼世也。』

〔十六〕以食舊德：『舊德』，謂先人的德澤。易 訟：『食舊德，貞厲，終吉。』左傳 成公十三年：『穆公不忘舊德，俾我惠公用能奉祀於晉。』

封嗣荆王制〔一〕

門下：敦族睦親〔二〕，疇咨前代〔三〕；修廢繼絶，率由舊典。故荆王元景嫡孫、沈黎縣開國侯長沙男遜〔四〕；皇再從叔祖、故梁郡開國公孝逸第五男璪等〔五〕，慶協家邦，緒聯戚屬。預聞禮訓〔六〕，夙踐義方，□藉桐珪之業〔七〕，合循茅土之制〔八〕。頃以維城中圮，宗室多艱，錫命弛廢〔九〕，宅居播越〔十〕。今皇基重建，國步永康，思樹本枝，載昌綿瓞〔十一〕。是用分封子弟，大誓山河，俾夫作捍京師，爲我藩屏。宜以遜嗣封荆王，仍錫實封四百户；璪可襲封梁郡開國公，食邑二千户。

校箋

〔一〕全唐文未録該文。舊唐書列傳第十四記『荆王元景，高祖第六子也。武德三年，封爲趙王。八年，授安州都督。貞觀初，歷遷雍州牧、右驍衛大將軍。十年，徙封荆王，授荆州都督……神龍初，追復爵土，并封其孫遜爲嗣荆王。』由此可知，李遜封嗣荆王在神龍初，該詔文或作於神龍元年（七〇五）唐中宗即位後。

〔二〕敦族睦親：『睦親』謂對宗族和睦，對外親友好。漢王粲酒賦：『糾骨肉之睦親，成朋友之歡好。』南朝宋顔延之陶徵士誄：『睦親之行，至自非敦。』

〔三〕疇咨前代：『疇咨』，亦作『疇諮』。書 堯典：『帝曰：「疇咨若時登庸。」』孔傳：『疇，誰；庸，用也。誰能咸熙庶績，順是事者，將登用之。』後以『疇咨』爲訪問、訪求之意。

〔四〕故荆王元景嫡孫、沈黎縣開國侯長沙男遜：『故荆王元景』，李元景，唐高祖李淵第六子。武德三年封趙王，貞觀初年，任命爲雍州牧、右驍衛大將軍，貞觀十年，徙封荆王、荆州都督，後追封沈黎王。李元景之孫李遜，神龍初年被封爲嗣荆王。

〔五〕皇再從叔祖、故梁郡開國公孝逸第五男璪等：『皇再從叔祖、故梁郡開國公孝逸』，李孝逸，淮安王李神通之子，唐高祖李淵堂侄。李孝逸初封梁郡公，曾兩度率军抵禦吐蕃軍隊的侵犯。

〔六〕預聞禮訓：『預聞禮訓』，謂參與其事并得知内情。漢王充論衡 逢遇：『倉猝之業，須臾之名，日力不足不預聞。』宋李上交近事會元 平章事：『上謂參知政事崔知温曰：「郭正一、魏待舉等歷任尚淺，預聞政事，未可與卿等同名稱。」』

〔七〕藉桐珪之業：『桐珪』，亦作『桐圭』。史記 晋世家：『成王與叔虞戲，削桐葉爲珪以與叔虞曰：「以此封若。」……於是遂封叔虞於唐。』後以『桐珪』指帝王封拜的符信。唐王勑乾元殿頌序：『桐圭作瑞，鳳毛曜丹穴之英；茅壤分維，麟距冠元丘之俊。』

〔八〕合循茅土之制：『茅土』，作爲受封者得以有國建社的表徵。漢李陵答蘇武書：『陵謂足下當享茅土之薦，受千乘之賞。』李善注：『尚書緯曰：「天子社，東方青，南方赤，西方白，北方黑，上冒以黄土，將封諸侯，各取方土，苴以白茅，以爲社。」』漢蔡邕獨斷卷下：『天下大社以五色土爲壇，皇子封爲王者受天子之社土，以所封之方色，東方受青，南方受赤，他如其方色，歸國以立社，故謂之受茅土。』

〔九〕錫命弛廢：『錫命』，謂天子有所賜予的詔命。易師：『王三錫命。』孔穎達疏：『三錫命者，以其有功，故王三加錫命。』

〔十〕宅居播越：『宅居』，謂住宅。漢揚雄將作大匠箴：『王有宫殿，民有宅居。』漢書淮南厲王劉長傳：『夫大王以千里爲宅居，以萬民爲臣妾，此高皇帝之厚德也。』『播越』，謂流離失所。左傳昭公二十六年：『兹不穀震蕩播越，竄在荆蠻。』後漢書袁術傳：『天子播越，宫廟焚毁。』李賢注：『播，遷也；越，逸也；言失所居。』

〔十一〕載昌綿瓞：『綿瓞』，亦作『綿綿瓜瓞』。詩大雅綿：『綿綿瓜瓞，民之初生。』毛傳：『綿綿，不絶貌。瓜，紹也。瓞，瓝也。』後因以『綿綿瓜瓞』喻子孫綿延不絶。三國魏阮籍詠懷之四五：『葛藟延幽谷，綿綿瓜瓞生。』唐劉知幾詩大雅綿：『夫古者諸侯，皆即位建元，專制一國，綿綿瓜瓞，卜世長久。』亦省作『綿瓞』。

嗣江王食實封制〔一〕

門下：列爵王侯，是歸於藩屏；推恩子弟，用隆於井賦。尚乘奉御有闕〔二〕，先授嗣鄧康王伯潛、太子僕兼徐州別駕嗣江王禕等〔三〕。文昭武穆，夙延殊獎〔四〕。沛易河詩，嘗聞雅訓，忠讜恭懿，明敏博通。逸思泉奔，冲情霞舉〔五〕，中山謝其文藻，北海慚其經術〔六〕。永言興繼，載擇親賢，析珪受璽〔七〕，既允分封之命。保國乂人，宜光實食之典。可食實封。

校　箋

〔一〕全唐文未録該文。舊唐書列傳二十六記『琨子禕。禕少有志尚，事母甚謹，撫弟祗等以友愛稱。景龍四年，爲太子僕，兼徐州別駕，加銀青光禄大夫。少繼江王囂後，封爲嗣江王。』據此可知，李禕封嗣江王在景龍四年稍後，本文或作於景龍四年（七一〇）稍後，具體作年難考。

〔二〕尚乘奉御有闕：『奉御』，官名。隋殿内省設尚食、尚藥、尚衣、尚舍、尚乘、尚輦等六局，每局各置奉御二人總領之。見隋書百官志下。

〔三〕先授嗣鄧康王伯潛、太子僕兼徐州别駕嗣江王禕等：『嗣江王禕』，唐太宗李世民曾孫李禕，吴王李恪之孫，張掖郡王李琨之子。

〔四〕文昭武穆，夙延殊奬：『文昭武穆』，古代宗法制度，宗廟位次，始祖廟居中，以下父子遞爲昭穆，左爲昭，右爲穆。祭祀時，子孫也按昭穆，左右排列行禮。周文王於周爲穆，文王之子武王則爲昭，而武王之子成王又爲穆。『文昭武穆』原指文王的子孫衆多，後則泛稱子孫繁衍。南朝陳徐陵勸進梁元帝表：『其文昭武穆，跗蕚也如彼；天平地成，功業也如此。』唐楊炯唐右將軍魏哲神道碑：『文昭武穆，方駕齊驅；公子王孫，朱輪華轂。』『夙』，早；早年。詩齊風東方未明：『折柳樊圃，狂夫瞿瞿。不能辰夜，不夙則莫。』毛傳：『夙，早；莫，晚。』晋李密陳情事表：『臣以險釁，夙遭閔凶：生孩六月，慈父見背；行年四歲，舅奪母志。』

〔五〕冲情霞舉：『冲情』，謂淡泊的情懷。唐盧照鄰詠史之二：『冲情甄負甑，重價折角巾。』唐王勃九成宮東臺山池賦：『驟冲情於月道，飛峻賞於烟墟。』『霞舉』，喻高遠。唐道宣續高僧傳譯經四梵僧那提：『詞出珠聯，理暢霞舉。』

〔六〕中山謝其文藻，北海慚其經術：『北海』，漢末孔融任北海相，人稱孔北海，亦稱北海。孔融是東漢末年一代名儒，繼蔡邕爲文章宗師，亦擅詩歌。

〔七〕析珪受璽：『析珪』，古代帝王按爵位高低分頒玉圭，泛指封王、封官。唐李乂夏日送司馬員外孫員外北征詩：『析珪行仗節，持印且分麾。』明高啓咏隱逸武攸緒：『孽后移寶鼎，同姓咸析珪。獨去謝親寵，龍門事宜栖。』

封嗣密王制〔一〕

興滅國，繼絶代，天下歸心焉。況乃仁不遺親，德必在祀，光復土宇，率由教義者哉？徐州刺史密王元曉〔二〕，望重天人，地居藩屏，家邦依賴，休戚是均。乃者王室多難，睿圖中缺〔三〕，凡我宗子，咸從殛竄。神龍初歲，寶運紹興〔四〕，爰命近屬〔五〕，以後爲嗣。而胤緒凋翳〔六〕，是非紛雜，曇子乘隙〔七〕，妄尸茅土〔八〕。神且不歆非類，人亦奚祀非族，奠享無主，永懷惻然〔九〕。其封元曉侄孫、銀青光禄大夫、行太僕少卿、員外置同正員、東莞郡開國公徹，爲嗣密王，以奉其祀。開元五年五月。

校　箋

〔一〕本文亦見於全唐文卷二十一，署名玄宗皇帝，題目爲命故密王元曉再從孫徹嗣爵制。適園叢書亦録此文，題目与本文同。全唐文、適園叢書文末皆未標注時間。新唐書列傳第四記『（李元曉）子穎嗣，爲南安王。薨，子勔嗣，早薨。神龍初，以穎弟亮養子曇嗣。開元五年，更詔元曉再從孫東莞郡公徹嗣，徙封濮陽郡王，歷宗正卿、金紫光禄大夫。』

〔二〕徐州刺史密王元曉：『密王元曉』，即李元曉。唐高祖李淵第二十一子，唐太宗李世民異母弟，貞觀五年受封爲密王。六七八年逝世，追贈司徒、揚州都督，陪葬獻陵，謚曰貞。

〔三〕睿圖中缺：『睿圖』，謂皇帝的謀劃。隋書音樂志下：『皇矣上帝，受命自天。睿圖作極，文教遐宣。』舊唐書王彦威傳：『臣謬司邦計，虔奉睿圖，輒纂事功，庶裨聖覽。』

〔四〕寶運紹興：『紹興』，謂承繼前業，振興昌盛。漢桓寬鹽鐵論誅秦：『賴先帝大惠，紹興其後。』南齊書王融傳：『融以父官不通，弱年便欲紹興家業。』

〔五〕爰命近屬：『近屬』，謂血統關系較近的親屬。後漢書皇后紀上和帝陰皇后：『永元四年，選入掖庭，以先後近屬，故得爲貴人。』新唐書歐陽詹傳：『（歐陽秬）開成中，擢進士第，而里人蕭本妄言與貞獻太后近屬，恩寵赫然，秬恥之。』

〔六〕而胤緒凋翳：『胤緒』，謂後代。唐吴兢貞觀政要忠義：『每覽前賢佐時，忠臣徇國，何嘗不想見其人，廢書欽嘆！至於近代以來，年歲非遠，然其胤緒，或當見存。』

〔七〕曇子乘隙：『曇子』，李曇之子，即李徹。

〔八〕妄尸茅土：『茅土』，指王、侯的封爵。古天子分封王、侯時，用代表方位的五色土築壇，按封地所在方向取一色土，包以白茅而授之，作爲受封者得以有國建社的表徵。

〔九〕奠享無主，永懷惻然：『奠享』，置酒食以祭祀。唐段成式劍俠傳花月新聞：『同舍謂其獲罪於神，使備牲酒往謝，於是力疾以行奠享。』宋蘇轍上高縣學記：『不逾年而學以具：奠享有堂，講勸有位，退習有齋，膳浴有舍。』『惻然』，悲傷貌。南朝宋周朗報羊希書：『今天子……惻然動仁，欲使餘氓被惠。』明張居正乞宥言官疏：『臣觀臺疏中，尚有垂白父母在家，臣實惻然憐之。』

封嗣信王制〔一〕

朕因暇日，嘗幸戚藩〔二〕，引見諸王，爰加錫宴。而故信王孫林〔三〕，行列之間，皤然白首。問其年齒，則七十而有七。詢其昭穆，則玄宗之雲孫。朕仰思開元之時，盛明之理，繼體承訓。迨於朕躬，惕然動懷，當食興嘆。況尊祖之義，立愛自親；尚齒之文〔四〕，由家刑國。覩其威儀甚整，視聽不衰，載懷愍矜，所宜敬異。永惟烈祖之德，用錫孝孫之慶，旌其祚胤〔五〕，特舉徽章。遽升開府之秩，寵以分茅之貴〔六〕，俾從異等，式爾殊恩。可嗣信王，仍賜開府儀同三司。開成元年八月。

校　箋

〔一〕本文亦見於全唐文卷七十二，署名文宗皇帝，題曰命故信王孫林嗣爵詔；册府元龜卷三十九帝王部记『開成元年八月詔』，即爲該詔。適園叢書亦録此文，題目同。

〔二〕嘗幸戚藩：『戚藩』，亦作『戚蕃』，近親藩王。晋劉琨勸進表：『社稷時難，則戚藩定其傾；郊廟或替，則宗哲纂其祀。』南朝齊王儉褚淵碑文：『屬值三季在辰，戚蕃内侮。』

李周翰注：『戚蕃，謂諸王也。』

〔三〕而故信王孫林：『故信王』，李瑝，本名李沔，字嗣冲，其父唐玄宗李隆基。開元十三年，册封信王，授開府儀同三司、上柱國、信州刺史。大曆九年（七七四）去世，享年五十歲，追贈太傅。

〔四〕尚齒之文：『尚齒』，尊崇年長者。禮記 祭義：『是故朝廷同爵則尚齒。』鄭玄注：『同爵尚齒，老者在上也。』莊子 天道：『宗廟尚親，朝廷尚尊，鄉黨尚齒，行事尚賢，大道之序也。』

〔五〕旌其祚胤：『祚胤』，福運及於後代子孫。詩 大雅 既醉：『君子萬年，永錫祚胤。』鄭玄箋：『長予女福祚，至於子孫。』晋杜預春秋經傳集解序：『言乎其位則列國，本乎其始，則周公之祚胤也。』

〔六〕寵以分茅之貴：『分茅』，分封王侯。古代分封諸侯，用白茅裹泥土授予被封者，象徵授予土地和權力，謂之『分茅』。晋書 八王傳贊：『有晋鬱興，載崇藩翰，分茅錫瑞，道光恒典。』唐楊巨源重送胡大夫赴振武詩：『向年擢桂儒生業，今日分茅聖主恩。』

册嗣王

册嗣澤王文〔一〕

蘇　頲

維景龍四年，歲次庚戌，五月辛亥朔，二十八日戊寅，應天神龍皇帝若曰：夫親先之義，始自家國；嫡後之封，終傳土宇。咨爾故澤王男義瑾，授桐貽緒，訓□垂芳。性與宜於禮樂，行盡成其忠孝。是知周之曲阜，元子建侯；漢之平臺，共王襲父。誰其繼矣，俾爾宜乎。是用命爾爲嗣澤王。於戲！率由軌訓〔二〕，祗服彝典〔三〕。故可以不驕不矜，乃惠乃順，北暨於上黨，南臨於太行，偉其井邑，光我藩屏。往欽哉！

校　箋

〔一〕本文亦見於全唐文卷二百五十四，署名蘇頲，題目同；適園叢書亦録此文，題目同。

據文可知該文作於景龍四年（七一〇）五月二十八日。澤王李上金（六一八—六九〇），唐高宗李治三子。唐高宗即位，李上金册封杞王。武后臨朝時期，改封澤王。舊唐書列傳第三十六記『載初元年，武承嗣使酷吏周興誣告上金、素節謀反，召至都，系於御史臺。舒州刺史、許王素節見殺於都城南驛，因害其支黨。上金恐懼，自縊死。子義珍、義玫、義璋、義環、義瑾、義璲七人并配流顯州而死。神龍初，追復上金官爵，封庶子義珣爲嗣澤王。』據舊唐書記，李上金自縊後，其子義瑾隨後配流顯州而死，神龍初庶子李義珣嗣澤王。

〔二〕軌訓：訓誡。晋桓温薦譙元彦表：『若秀蒙蒲帛之徵，足以鎮静頽風，軌訓囂俗。』

〔三〕彝典：謂之常典。南朝梁江淹蕭相國拜齊王表：『業不題於宗器，聲靡記於彝典。』唐元稹王炅兼侍御史制：『特示加恩，匪用彝典，可依前件。』

除嗣王官

嗣澤王珣國子司業制〔一〕

門下：嗣澤王珣，承派咸池，分輝扶景。錫珪前寵〔二〕，纂周典之親賢；磐石今隆，高漢朝之子弟。機彩明悟，神情峻拔，雅量夙成〔三〕，宏才早著。儒庠教胄〔四〕，適資於下帷〔五〕；藩郡理人〔六〕，允求於别乘〔七〕。衣冠就秩，宜班列位之榮〔八〕；井賦開疆〔九〕，仍茂承家之業。可國子司業〔十〕。

校箋

〔一〕本文亦見於全唐文卷二十五，署名玄宗皇帝，題爲授嗣澤王琄國子司業制。適園叢書本亦録此文，題目同。舊唐書列傳第三十六記：『神龍初，追復上金官爵，封庶子義琄爲嗣澤王。先是，義琄竄在嶺外，匿於傭保之間。及紹封無幾，有人告義琄非上金子，假冒襲爵。義琄不能自明，復流於嶺外。開元初，封素節子璆爲嗣澤王，繼上金後。（開元）十二年，玉真公主表稱義琄實上金遺胤，被嗣許王瓘兄弟利其封爵，謀構廢之。今上由是削璆王爵，復召義琄爲嗣澤王，拜率更令。』此文當作於開元十二年稍後。

〔二〕錫珪前寵：『錫珪』，亦作『錫圭』。珪，古代諸侯朝聘時所執的玉制禮器。帝王封爵授土時，賜珪以爲信物。後泛指授以高官重爵。南朝梁沈約劉領軍封侯詔：『宜錫圭裂壤，允副僉屬，可封開國縣侯，食邑二千户。』梁書元帝紀：『以錫珪之功，既歸有道；當璧之禮，允屬聖明。』

〔三〕雅量夙成：『雅量』，指氣度宏大。漢楊修答臨淄侯箋：『若乃不忘經國之大美，流千載之英聲，銘功景鐘，書名竹帛，斯自雅量，素所畜也。』唐杜甫移居公安贈衛大郎鈞詩：『雅量涵高遠，清襟照等夷。』『夙成』，早成，早熟。後漢書袁術傳：『又聞幼主明智聰敏，有夙成之德，天下雖未被其恩，咸歸心焉。』北史周東平公神舉傳：『神舉早孤，有夙成之量。』

〔四〕儒庠教胄：『儒庠』，指古代的官立學校。唐韓愈、孟郊納涼聯句：『儒庠恣游息，聖籍飽商搉。』『教胄』，謂向後學講解經義。南朝梁蕭統謝敕參解講啓：『將應讓齒，反降教胄之恩。』

〔五〕適資於下帷：『下帷』，放下室内懸挂的帷幕，指教書。史記儒林列傳：『下帷講誦，弟子傳以久次相授業，或莫見其面，蓋三年董仲舒不觀於舍園，其精如此。』三國魏應璩與侍郎曹長思書：『才劣仲舒，無下帷之思；家貧孟公，無置酒之樂。』

〔六〕藩郡理人：『理人』，治理百姓。漢蔡邕陳政要七事疏：『既加之恩，難復收改；但守奉禄，於義已弘。不可復使理人及仕州郡。』唐張九齡郡内閑齋詩：『理人無異績，爲郡但經時。』

〔七〕允求於别乘：『别乘』，别駕的别稱，中國古代官名。漢置别駕，爲州刺史的佐吏，唐初改郡丞爲别駕，高宗又改别駕爲長史，另以皇族爲别駕。此處當指皇族。

〔八〕衣冠就秩，宜班列位之榮：『列位』，爵位。商君書錯法：『明王之所貴，惟爵其實，爵其實而榮顯之。不榮，則民不急列位；不顯，則民不事爵。』漢劉向列女傳齊鍾離春：『昔者，先王爲寡人娶妃匹，皆已備有列位矣。』

〔九〕井賦開疆：『井賦』，古代行井田而納貢賦，因用以稱田賦。語本周禮地官小司徒『九夫爲井……以任地事，而令其貢賦』。南朝宋鮑照擬古詩之六：『歲暮井賦訖，程課相追尋。』唐陸贄馬燧渾瑊副元帥招討河中制：『授以師保之任，疇其井賦之養。』

〔十〕可國子司業：『司業』，學官名。隋以後國子監置司業，爲監内的副長官，協助祭酒，掌儒學訓導之政，至清末始廢。

嗣虢王邕同知内外閑廄敕〔一〕

蘇　頲

敕：騆駿伏皁〔二〕，軍國爲容。苟非懿親〔三〕，莫允斯寄。秘書監、檢校殿中監嗣虢王邕，地隆藩屏，才藴忠賢，以河間之碩儒，膺舞陽之茂寵。學窮四徹，已綜圖書；任司六尚，式光軒冕。必能駟馬舉策，兩驂執轡，用聞玉臺之歌，入侍瑶池之賞，宜與張涉同知内外閑廄〔四〕。餘如故。景龍三年十二月十二日。

校　箋

〔一〕本文亦見於全唐文卷二百五十四，署名蘇頲，題目同，文末未標注時間。虢王李鳳，高祖李淵第十五子。神龍初，封鳳嫡孫邕爲嗣虢王。舊唐書列傳第十四記『邕娶韋庶人妹爲妻，由是中宗時特承寵異，轉秘書監，俄又改封汴王，開府置僚屬。月餘而韋氏敗，邕揮刃截其妻首，以至於朝，深爲物議所鄙。貶沁州刺史，不知州事，削封邑。景雲二年，復嗣虢王，還封二百户。累遷衛尉卿。開元十五年卒。』

〔二〕騆駿伏皁：『騆駿』，壯馬；駿馬。南朝宋顔延之赭白馬賦：『於時騆駿，充階街兮。』宋梅堯臣蔡河阻淺詩：『丈夫少壯時，必在馳駔駿。』『伏皁』，亦作『服皂』，伏於马槽，亦喻受人恩养。服，通『伏』。南朝宋顔延之赭白马賦：『昔帝轩陟位，飞黄服皁。』李善注引淮南子：『黄帝治天下，於是飞黄服皁。』南朝梁江淹被黜爲吴興令辭箋詣建平王：『服皂九載，齒録八年。』

〔三〕苟非懿親：『懿親』，特指皇室宗親、外戚。三國魏曹植求通親親表：『昔周公吊管蔡之不咸，广封懿親，以藩屏王室。』舊唐書牛仙客傳：『時有监察御史周子諒竊言於御史大夫李適之曰：「牛仙客不才，濫登相位，大夫國之懿親，豈得坐觀其事？」』

〔四〕宜與張涉同知内外閑厩：『閑厩』，官名。唐置，專掌宫廷輿輦牛馬。新唐書百官志二：聖曆中，置閑厩使，以殿中監承恩遇者爲之，分領殿中、太僕之事，而專掌輿輦牛馬。

嗣鄭王希言右衛大將軍制〔一〕

蘇頲

門下：銀青光禄大夫、太僕卿、員外置同正員、上柱國嗣鄭王希言，才推近屬〔二〕，行亶中和〔三〕，用沉厚以爲謀〔四〕，體直方而成器。頻升列棘之位〔五〕，嘗踐執金之秩，歷官斯久，更事逾深。必在親賢，用膺心膂，宜領右軍之寄，仍直大將之任。可雲麾將軍〔六〕、守右衛大將軍。勛如故。

校箋

〔一〕本文亦見於全唐文卷二百五十二，署名蘇頲，題曰授嗣鄭王希言右衛大將軍制；文苑英華卷四百一亦録此文，題曰授嗣鄭王希言右衛大將軍制；適園叢書亦録此文，題目同。舊唐書卷六十八列傳第十四：『鄭王元懿，高祖第十三子也。頗好學。武德四年，封滕王。貞觀七年，授兖州刺史，賜實封六百户。十年，改封鄭王，歷鄭、潞二州刺史。二十三年，加實封滿千户。總章中，累授絳州刺史。數斷大獄，甚有平允之譽。高宗嘉之，降璽書褒美，賜物三百段。咸亨四年薨，贈司徒、荆州大都督，謚曰惠，陪葬獻陵。子璥，上元初，封爲嗣鄭王，官至鄂州刺史。神龍初，又封璥嫡子希言爲嗣鄭王。景龍四年，嗣鄭王希言等共一十四人，并加銀青光禄大夫。開元中，右金吾大將軍。天寶初，再爲太子詹事同正員，卒。』可知李希年，爲李元懿之孫，其父李璥。開元中授右金吾大將軍。開元共廿九年，蘇頲卒於開元十五年，知此文當作於開元十五年（七二七）之前，具体作年難考。

〔二〕才推近屬：『近屬』，血統關系較近的親屬。後漢書皇后紀上和帝陰皇后：『永元四年，選入掖庭，以先后近屬，故得爲貴人。』新唐書歐陽詹傳：『（歐陽秬）開成中，擢進士第，而里人蕭本妄言與貞獻太后近屬，恩寵赫然，秬恥之。』

〔三〕行稟中和：『中和』，中庸之道的主要内涵。儒家認爲能『致中和』，則天地萬物均能各得其所，達於和諧境界。禮記中庸：『喜怒哀樂之未發謂之中，發而皆中節謂之和；中也者，天下之大本也；和也者，天下之達道也。致中和，天地位焉，萬物育焉。』東觀漢記張純傳：『謙儉節約，閨門中和。』唐權德輿奉和聖制中春麟德殿會百僚觀新樂：『大樂本天地，中和序人倫。』

〔四〕用沉厚以爲謀：『沉厚』，朴实稳重。晋書陈騫傳：『騫沉厚有智谋。』新唐書李靖傳：『靖每参議，恂恂似不能言，以沉厚稱。』

〔五〕頻升列棘之位：『列棘』，相傳周代朝廷内樹棘，以定卿大夫公侯等之位置，後因稱位列公卿者爲『登列棘』或『列棘』。棘，棘樹。南朝陳徐陵與顧記室書：『紀文卿、公向璡皆爲列棘，豈冗雜曹郎乎？』南史恩倖傳陸驗：『驗竟以侵削爲能，數年遂登列棘。』

〔六〕雲麾將軍：古代將軍的名號，始置於南朝梁，陳、隋沿設。唐、宋定爲武散階。新唐書百官志一：『（兵部）武散階四十有五：從一品曰驃騎大將軍……從三品上曰雲麾將軍、歸德大將軍。』宋史職官志九：『武散官三十一……雲麾將軍從三品上。』

嗣吴王祇右衛將軍等制〔一〕

孫逖

門下：左衛將軍吴王祇等，國之近屬，朝之多士〔二〕，或分班警衛，有避於天倫；或列位周行〔三〕，已淹於歲序。各移官命，用廣朝恩。可依前件。

校箋

〔一〕本文亦見於全唐文卷三百九，署名孫逖，題曰授吴王祇等右衛將軍制；文苑英華卷四百二亦录該文，題曰授吴王祇衛將軍等制；適園叢書亦録此文，題目同。李祇，唐太宗李世民曾孫，吴王李恪之孫，嗣吴王李琨之子。舊唐書列傳第二十六記『祇，神龍中封爲嗣吴王。景雲元年，加銀青光禄大夫。天寶十四載，爲東平太守。安禄山反，率衆渡河，凶威甚盛，河南陳留、滎陽、靈昌等郡皆陷於賊。祇起兵勤王，玄宗壯之。十五載二月，授祇靈昌太守，又左金吾大將軍、河南都知兵馬使。其月，又加兼御史中丞、陳留太守，持節充河南道節度采訪使，本官如故。』據此可知，李衹開元十五年二月，授作金吾大將軍。該詔或作於開元十五年（七二七）二月稍後。

〔二〕國之近屬，朝之多士：『近屬』，血統關係較近的親屬。後漢書皇后紀上和帝陰皇后：『永元四年，選入掖庭，以先后近屬，故得爲貴人。』『多士』，古指衆多的賢士。書多方：『猷告爾有方多士，暨殷多士。』詩大雅文王：『濟濟多士，文王以寧。』晉盧諶答魏子悌詩：『多士成大業，群賢濟弘績。』北齊書慕容紹宗傳：『公既身控神兵，心執忠義，忽欲殲夷多士，謂非長策，深願三思。』

〔三〕或列位周行：『周行』，周官的行列，後用以泛指朝官。詩周南卷耳：『嗟我懷人，寘彼周行。』毛傳：『行，列也。思君子，官賢人，置周之列位。』唐王維請施莊爲寺表：『元聖中興，群生受福，臣至庸朽，得備周行。』

嗣許王瓘太子詹事制〔一〕

孫逖

門下：宫僚之首，必擇正人；邦圻之内〔二〕，實資良牧。銀青光禄大夫、秘書監、上柱國許王瓘〔三〕，文儒致位，所謂宗英。銀青光禄大夫、守太子詹事、上柱國、太原郡開國公□王暐，言行立誠，是稱親懿。常以善而爲樂，每執謙而忘倦〔四〕，從政已多，議能惟允。惟違是屬，宜肅事於東宫；理劇尤難〔五〕，俾安人於左輔。璀可太子詹事；暐可使持節同州諸軍事、守同州刺史。散官勛如故。

校箋

〔一〕本文亦見於全唐文卷三百九，署名孫逖，題曰授許王璀太子詹事王暐守同州刺史制；文苑英華卷四百三亦録該文，署名孫逖，題曰授許王璀太子詹事制；適園叢書亦録此文，題爲嗣許王璀太子詹事等制。舊唐書列傳第三十六記『神龍初，封璀爲嗣許王……璀累遷邠州刺史、秘書監、守太子詹事。』許王璀太子詹事時間難考，本詔之具體作年難考。

〔二〕邦圻之内：『邦圻』，古代指直屬於天子的疆域。漢董仲舒春秋繁露爵國：『天子邦圻千里，公侯百里，伯七十里。』凌曙注：『尚書大傳：「圻者，天子之境也。」詩箋：「祈、圻、畿同。」』

〔三〕銀青光禄大夫、秘書監、上柱國許王璀：『許王璀』，李璀，唐高宗孫，許王李素節子，素節死，尚幼，長囚雷州。中宗復位，詔瓘嗣王，實封户四百。瓘累遷太子詹事。

〔四〕每執謙而忘倦：『執謙』，保持謙遜。隋書禮儀志七：『且周氏執謙，不敢負於日月。』宋葉適除吏部侍郎謝表：『乃欲安分，匪云執謙。』明宋濂題北山先生尺牘後：『北山平日執謙特甚，人有來學者，雖誨之無不傾盡，而未嘗受其北面之禮。』

〔五〕理劇尤難：『理劇』，治理繁難事务。後漢書趙憙傳：『荆州牧奏憙才任理劇，詔以爲平林侯相。』北史裴俠傳：『（俠）子祥，性忠謹，有理劇才。』

嗣道王鍊雲安等五郡節度等使制〔一〕

賈至

敕：衛尉少卿嗣道王鍊，簡約忠諒，既直而温，鎮守南服〔二〕，黎人用乂〔三〕。且三峽艱阻，四方多虞，按撫緝熙〔四〕，宜分擁總。俾爾攬轡〔五〕，固兹磐石。可充雲安、夷陵、南浦、南平、巴東等五郡節度，采訪處置防禦等使。至德二年正月五日。

校箋

〔一〕本文亦見於全唐文卷三百六十七，署名賈至，題目爲授嗣道王鍊雲安等五郡節度使制；適園叢書亦録此文，題目同。舊唐書列傳第十四記『道王元慶，高祖第十六子也。武德六年，封漢王。八年，改封陳王。貞觀九年，拜趙州刺史，賜實封八百户。十年，改封道王，授豫州刺史。二十三年，加實封滿千户。永徽四年，歷滑州刺史，以政績聞，賜物二百段。後歷徐、沁、衛三州刺史。元慶事母甚謹，及母薨，又請躬修墳墓，優詔不許。麟德元年薨，贈司徒、益州都督，陪葬獻陵，謚曰孝。子臨淮王誘嗣，官至澧州刺史，永淳中，坐贓削爵。次子詢，壽州刺史。詢子微，神龍初，封爲嗣道王。景龍四年，加銀青光禄大夫。景雲元年，宗正卿，卒。子鏈，開元二十五年，襲封嗣道王。』該詔文首『衛尉少卿嗣道王鍊』，『鍊』或爲『鏈』之誤。

〔二〕鎮守南服：『南服』，古代王畿以外地區分爲五服，故稱南方爲『南服』。南朝宋謝瞻王撫軍庾西陽集别時爲豫章太守庾被徵還東詩：『祇召旋北京，守官反南服。』李善注：『南服，南方五服也。』晋書劉弘傳：『弘專督江漢，威行南服。』

〔三〕黎人用乂：『黎人』，黎民。魏書天象志三：『自八年至十一年，黎人阻饑，且仍歲灾旱。』唐柳宗元貞符：『於穆敬德，黎人皇之。』『乂』，治理。書堯典：『浩浩滔天，下民其咨，有能俾乂。』孔傳：『乂，治也。』舊唐書杜佑傳：『將施有政，用乂邦家。』

〔四〕按撫緝熙：『按撫』，安撫。三國志魏書郭淮傳：『淮遂進軍，追至强中，維退，遂討羌迷當等，按撫柔氏三千餘落，拔徙以實關中。』宋王安石送蘇屯田廣西轉運詩：『驅除久費兵符出，按撫紛煩使節移。』『緝熙』，指光明，又引申爲光輝。詩大雅文王：『穆穆文王，於緝熙敬止。』毛傳：『緝熙，光明也。』漢書揚雄傳上：『陗於穆之緝熙兮，過清廟之雍雍。』

〔五〕俾爾攬轡：『攬轡』，挽住馬繮。史記袁盎鼂錯列傳：『文帝從霸陵上，欲西馳下峻阪，袁盎騎，并車攬轡，上曰：「將軍怯邪？」盎曰：「臣聞千金之子坐不垂堂，百金之子不騎衡，聖主不乘危而徼幸。今陛下騁六騑，馳下峻山，如有馬驚車敗，陛下縱自輕，奈高廟、太后何？」上乃止。』漢荀悦漢紀文帝紀上作『攬轡』。後用爲諫止君王履險的典故。此處當爲此意。

嗣虢王巨西京留守制〔一〕

賈至

敕：京師初復，宫室始清，可擇宗臣，俾之居守。銀青光禄大夫、守太子少保嗣虢王巨，惠和忠諒，貞幹含弘〔二〕，嘗處節制之權，更居師傅之任，嘉猷允塞〔三〕，茂績居多〔四〕，可以固我維城，殿兹邦國。可權充西京留守。餘如故。至德二年九月二十九日。

校箋

〔一〕本文亦見於全唐文卷三百六十七，署名賈至，題目爲授嗣虢王巨西京留守制。適園叢書亦録此文，題目同。虢王李鳳，高祖李淵第十五子。神龍初，封鳳嫡孫邕爲嗣虢王。邕開元十五年卒，子巨嗣虢王。舊唐書列傳第六十二記「李巨，曾祖父虢王鳳，高祖之第十四子也。鳳孫邕，嗣虢王，巨即邕之第二子也。剛鋭果決，頗涉獵書史，好屬文。開元中爲嗣虢王。天寶五載，出爲西河太守……至德二年，爲太子少傅。十月，收西京，爲留守、兼御史大夫。」

〔二〕惠和忠諒，貞幹含弘：「忠諒」，猶忠信。周書尉遲運傳：「時宣帝在東宫，親狎諂佞，數有罪失。高祖於朝臣内選忠諒鯁正者以匡弼之。」宋葛立方韻語陽秋卷十八：「公以瑰奇忠諒之才，而當路者祇以常輩遇之，信乎知人之難也！」「貞幹」，指能負重任、成大事的賢才。易乾：「貞者，事之幹也。」孔穎達疏：「言天能以中正之氣，成就萬物，使物皆得幹濟。」莊子列禦寇：「魯哀公問乎顔闔曰：『吾以仲尼爲貞幹，國其有瘳乎！』」王先謙集解引宣穎曰：「貞，同楨。」「含弘」，謂包容博厚。易坤：「（彖曰）至哉坤元，萬物資生……含弘光大，品物咸亨。』孔穎達疏：『包含宏厚，光著盛大，故品類之物皆得亨通。』後因指恩德廣被，寬厚仁慈。後漢書劉愷傳：『有司不原樂善之心，而繩以循常之法，懼非長克讓之風，成含弘之化。』三國魏嵇康幽憤詩：『大人含弘，藏垢懷恥。』

〔三〕嘉猷允塞：『嘉猷』，治國的好規劃。南朝齊王融永明九年策秀才文一：『寤寐嘉猷，延佇忠實。』李周翰注：『嘉，善；猷，道也。』宋曾鞏使相制：『配於前哲，屬在老成。其代天工，矧久闻於大政；迺心王室，尚思告於嘉猷。』『允塞』，充滿；充實。書禹貢：『濬哲文明，温恭允塞。』孔穎達疏：『舜既有深遠之智，又有文明温恭之德，信能充實上下也。』詩大雅常武：『王猶允塞，徐方既來。』

〔四〕茂績居多：『茂績』，豐功偉績。後漢書朱祐景丹等傳論：『英姿茂績，委而無用。』晉潘岳楊荆州誄：『忠節克明，茂績惟嘉。』

嗣吴王祇太子賓客制〔一〕

常衮

敕：古者，選孝悌、閎博、有道術者，輔翼太子。今以宗室之老，處師賓之位，亦親而教敬也。光禄大夫、檢校工部尚書、兼宗正卿、上柱國嗣吴王祇，文昭之慶，蔚於公族，楚元之後，繼有忠賢。達道虛懷，寬厚廉謹，藩翰舊德，人倫憲行。更於內外，執事頗修，年在華皓〔二〕，未嘗衰墮。參會府而百工時叙〔三〕，掌宗卿而九族益親，每託肺附，深加優禮。宜以冬官之重〔四〕，仍在春儲之列。可兼太子賓客，其檢校工部尚書及散官勛封如故。

校箋

〔一〕本文亦見於全唐文卷四一二，署名常衮，題爲授嗣吴王祇太子賓客制；文苑英華卷四〇三亦録該文，署名常衮，題爲授嗣吴王祇太子賓客制；適園叢書亦録此文，題目同。新唐書列傳第五記『祇封嗣吴王，出爲東平太守。安禄山反，河南、陳留、滎陽、靈昌相繼陷，祇募兵拒賊，玄宗壯之。累遷陳留太守，持節河南道節度采訪使。歷太僕、宗正卿。代宗大曆時，祇既宗室老，以太子賓客爲集賢院待制。』該詔當作於代宗大曆年間，大曆共十四年（七六六—七七九），該詔具體作年難考。

〔二〕年在華皓：『華皓』，須髮花白，指年老。隋書李穆傳：『至若吕尚以期頤佐周，張蒼以華皓相漢，高才命世，不拘恒禮。』舊唐書良吏傳下張知謇：『鬢髮華皓，同貴於朝，時望甚美之。』

〔三〕參會府而百工時叙：『時叙』，承順；順當。時，通『承』。書舜典：『納於百揆，百揆時叙。』王引之經義述聞尚書上：『時叙者，承叙也；承叙者，承順也……「百揆時叙」，謂百揆莫不承順也。』漢揚雄河東賦：『靈祇既鄉，五位時叙。』

〔四〕宜以冬官之重：『冬官』，上古設置官職，以四季命名。據周禮，周代設六官，司空稱爲冬官，掌管工程制作。後世亦以冬官爲工部的通稱。

嗣虢王溥太僕少卿制〔一〕

元稹

敕：正議大夫、行宗正丞嗣虢王溥，守隨州司馬、員外置同正員李逢等，昔我憲宗章武皇帝，法堯睦族，深惟本枝〔二〕。乃詔執事曰：伯父叔季，幼子童孫，在官各率乃誠，無替厥職。溥可權知太僕少卿，逢可守袁王府長史。餘如故。

校箋

〔一〕本文亦見於全唐文卷六百四十八，署名元稹，題爲授嗣虢王溥太僕少卿等制；文苑英華卷三百九十八亦録該文，題爲授嗣虢王溥等太僕少卿制；適園叢書亦録此文，題目同。考全唐文、文苑英華可知本詔文『幼子童孫』後有缺文『在屬籍者，必命卿長以才行聞。而溥等國族之良，雅副兹選，糾訓群僕，允釐王官。』又詔文曰『昔我憲宗章武皇帝』，該文當作於唐憲宗去世後，即元和十五年（八二〇）之後。

〔二〕法堯睦族，深惟本枝：『睦族』，和睦親族。語出書堯典：『克明俊德，以親九族，九族既睦，平章百姓。』唐元稹代李中丞謝官表：『雖牽絲入仕，或因瑣碎之文；而執簡當朝，實由睦族而致。』舊唐書文宗紀下：『宜開列土之封，用申睦族之典。』『深惟』，深入考慮。戰國策韓策一：『此安危之要，國家之大事也。臣請深惟而苦思之。』史記太史公自序：『太史公遭李陵之禍，幽於縲紲……退而深惟曰：「夫詩、書隱約者，欲遂其志之思也。」』『本枝』，同一家族的嫡系和庶出子孫。漢書韋玄成傳：『子孫本支，陳錫無疆。』

南朝宋顔延之赭白馬賦：『效足中黄，殉驅馳兮；願終惠養，蔭本枝兮。』

嗣鄭王遜大理卿等制 (一)

錢　珝

敕：九卿間重而顯者(二)，大宗正與廷尉，實次奉常焉。易官而處，惟典之章。具官遜等，皆吾屬之楨幹也(三)，而又荷出相容戟之門。遜，繼分郡符(四)，必聞其政，久歷庶位，咸稱有材。克助承忠孝之家，踐修罔墜，多所該練(五)，揚於縉紳。今載葺京師，敬先宗廟，資乎集事(六)，速以成功。而方備法官，是宜改秩，往趍獄務，更在厲精，伏念旬時，獄可知也，我有其律，遜其盡心，可依前件。

校　箋

〔一〕本文亦見於全唐文卷八百三十一，署名錢珝，題爲授宗正卿嗣鄭王遜大理卿李克助宗正卿等制；文苑英華卷三百九十六亦録該文，署名钱珝，題爲授宗正卿嗣鄭王遜大理卿李克助宗正卿等制；適園叢書亦録此文，題目同。李遜、李克助之生平不詳。考作者錢珝，吏部尚書錢徽之孫，據新唐書錢徽傳記載，錢珝唐昭宗乾寧二年（八九五）知制誥，以尚書郎得掌誥命，進中書舍人。該詔或作於唐昭宗乾寧年間（八九四年正月至八九八年八月）。

（二）九卿間重而顯者：『九卿』，古代中央政府的九個高級官職。周禮 考工記 匠人：『外有九室，九卿居焉。』鄭玄注：『六卿三孤爲九卿，三孤佐三公論道，六卿治六官之屬。』歷代多設九卿。周以少師、少傅、少保、冢宰、司徒、宗伯、司馬、司寇、司空爲九卿。秦以奉常、郎中令、衛尉、太僕、廷尉、典客、宗正、治粟内史、少府爲九卿。以後各朝的名稱、司職略有不同。

（三）具官遜等，皆吾屬之楨幹也：『具官』，猶具位。唐、宋以後，官吏在奏疏、函牘或其他應酬文字上，常把應寫明的官職爵位寫作『具位』，表示謙敬。唐韓愈除崔群户部侍郎制：『具官崔群，體道履仁，外和内敏，清而容物，善不近名。』宋司馬光乞去新法之病民傷國者疏：『月日，具官臣司馬光，謹昧死再拜上疏太皇太后陛下、皇帝陛下。』『楨幹』，指重要的起決定作用的人或事物。漢匡衡上政治得失疏：『朝廷者，天下之楨幹也。』三國志 吴書 陸凱傳：『姚信、樓玄、賀邵、張悌、郭逴、薛瑩……皆社稷之楨幹，國家之良輔。』

（四）繼分郡符：『郡符』，郡太守的符璽，亦借指郡太守。唐韓愈祭馬僕射文：『於泉於虔，始執郡符，遂殿交州，抗節番禺。』唐白居易東南行一百韻：『翻身落霄漢，失脚到泥塗。

博望移門籍，潯陽佐郡符。』

〔五〕多所該練：『該練』，指博通熟習。舊唐書儒學傳下韋叔夏：『博涉禮經，多所該練。』宋文同謝梓州知府大監啓：『踐揚仕籍，該練政經。』

〔六〕資乎集事：『集事』，謂之成事。左傳成公二年：『此車一人殿之，可以集事。』杜預注：『集，成也。』唐韓愈論淮西事宜狀：『然可集事，不可愛惜所費，憚於行刑。』

諸王男

諸王男等加封邑制〔一〕

李　嶠

鸞臺：昔子弟咸建，姬祚以隆。支體畢侯，漢圖斯永。某王男某等，普谷分彩，天池演派，金相比暎〔二〕，玉樹聯芳。垂髫欽愛敬之風，總角聞詩禮之訓，三雍肇建〔三〕，萬品惟新。褒德敘勞，式遵行慶之典；疏藩樹屏，允叶推恩之令。可封襄陽縣開國男。下闕

校箋

〔一〕本文亦見於全唐文卷九十五，署名李嶠，題目同；適園叢書亦録此文，題目同，作者李嶠。此文作年難考。

〔二〕金相比暎：『金相』，比喻完美的形式。南朝齊謝朓秋夜講解詩：『惠唱摛泉湧，妙演發金相。』南朝梁劉勰文心雕龍書記：『文藻條流，托在筆札。既馳金相，亦運木訥。』『暎』，同『映』。『金相比暎』，同『金相玉質』。形容人或物外表和内質俱美。漢王逸離騷序：『所謂金相玉質，百世無匹，名垂罔極，永不刊滅者矣。』周書蘇綽傳：『若刀筆之中而得志行，是則金相玉質，内外俱美，實爲人寶也。』

〔三〕三雍肇建：『三雍』，漢時對辟雍、明堂、靈臺的總稱。漢書河間獻王傳：『武帝時，獻王來朝，獻雅樂，對三雍宫及詔策所問三十餘事。』顔師古注引應劭曰：『辟雍、明堂、靈臺也。雍，和也，言天地君臣人民皆和也。』

唐大詔令集繫年校箋卷第三十九

諸王

降黜

追復

收葬

追贈

謚沛哀王璥制

贈恒山愍王承乾荆州大都督等制

贈河東郡王瑾太子少師制

榮王故男贈文安郡王制

太子第二男追封縉雲郡王賜名諲制

册贈

册贈渤海王文

降黜

降魏王泰東萊郡王詔（一）

詔曰：朕聞生育品物，莫大乎天地；愛敬罔極，莫重乎君親。是故爲臣貴乎盡忠，虧之者有罰；爲子在於行孝，違之者必誅。大則肆諸市朝，小則終始戮辱。雍州牧相州都督左武候大將軍、魏王泰，朕之愛子，實所鍾心，幼而聰令，頗好文學，恩遇極於隆重，爵位窮於寵章。不思聖哲之戒，自構驕僭之咎（二），惑讒諛之言，信離間之説，以承乾雖居長嫡，久纏痾恙（三），潛有代立之望，靡遵義方之則。承乾懼其陵奪，泰亦日增猜阻，争結朝士，競引凶人。遂使文武之官，各有託附；親戚之内，分立朋黨。朕志存公道，義在無偏，彰厥巨釁，兩從廢黜。非唯作則四海，亦乃貽範百代。可解雍州牧、相州都督、左武候大將軍，并削爵土，降爲東萊郡王。尋改封順陽王，於均州爲封邑，制宅以處分。

校箋

〔一〕本文亦見於全唐文卷七，署名太宗皇帝，題爲黜魏王泰詔；適園叢書亦録此文，題目同。魏王泰，太宗第四子。十年，徙封魏王，遥領相州都督。十五年，泰撰括地志功畢，表上之，詔令付秘閣，賜泰物萬段，蕭德言等咸加給賜物。舊唐書列傳第二十六記（貞觀）十七年，『承乾敗，太宗面加譴讓。承乾曰：「臣貴爲太子，更何所求？但爲泰所圖，特與朝臣謀自安之道。不逞之人遂教臣爲不軌之事。今若以泰爲太子，所謂落其度内。」太宗因謂侍臣曰：「承乾言亦是。我若立泰，便是儲君之位可經求而得耳。泰立，承乾、晋王皆不存；晋王立，泰共承乾可無恙也。」乃幽泰於將作監，下詔曰……』即爲本詔。由此可知，該詔的寫作時間爲貞觀十七年。

〔二〕自構驕僭之咎：『驕僭』，驕横僭越。漢王符潛夫論忠貴：『常苦崇財貨而行驕僭，虐百姓而失民心爾。』宋范仲淹再奏辯滕宗諒張亢：『又有上言張亢驕僭不公，臣亦乞根勘辯明，或無深過。』

〔二二〕久纏疴恙：『疴恙』，疾病。北周庾信謝滕王集序啓：『比年疴恙彌留，光陰視昔，桑榆已迫，蒲柳方衰。』此處指太子承乾先天患足疾，行甚艱難之病。

黜梁王忠庶人詔〔一〕

上官儀

東臺：朕儲祉上玄〔二〕，嗣膺景祚〔三〕，獵先聖之□，踐至公之道。底罰行賞，御物同歸。房州刺史梁王忠，居庶孽之地〔四〕，在髫丱之辰〔五〕，柳奭遂良，上結無忌，頻煩進説，勸立東朝〔六〕。朕以副宫之位，宜遵周道。苟非其人，不可虚立。正以宗臣之寄，仰在諸公，旦夕勤懇，難違其意。及正嫡升儲〔七〕，退居列屏，樂善之事，早紊於賓僚；窺怨之詞，日盈於床笫。婦女阿劉，遠有陳告，迹其罪狀。蓋非一塗。乃僞作過所入關，云欲出家逃隱。又令急使數詣京都，覘候兩宫〔八〕，潛問消息。自説妖夢，戴通天冠，喜形於色，以邀非望。每召巫師，祀龍祈福，畫千菩薩，願升本位。每於晨夕，着婦人衣，妄有猜疑，云防细作。又嗟嘆柳奭，稱其爲我；悼傷韓瑗，情發於詞。朕初見此言，疑生怨謗。故遣御史大夫理及中書官屬，相監推鞫，證見非虚〔九〕。然其地則人臣，親則人子，懷奸匿怨〔十〕，一至於斯。擢髪論罪，良非所喻，考之大義，應從極罰。皇后情在哀矜〔十一〕，興言垂涕，再三陳請，特希全宥。朕戚屬之中，頻虧國典，雖緬惟前載，匪獨茲子，屬懷於此，尤深媿嘆。特宜屈法〔十二〕，降爲庶人，主者施行。

校箋

〔一〕本文亦見於全唐文卷一百五十四，署名上官儀，題爲黜梁王忠爲庶人詔；適園叢書亦録此文，題目同。梁王李忠（六四三—六六四），字正本，唐高宗李治之子，母爲宫人劉氏。初封陳王，拜雍州牧，過繼給王皇后。永徽三年（六五二），册立爲皇太子。顯慶元年（六五六），降封梁王，授梁州都督，遷房州刺史。舊唐書列傳三十六記『顯慶元年，廢忠爲梁王，授梁州都督，賜實封二千户，物二萬段，甲第一區。其年，轉房州刺史。忠年漸長大，常恐不自安，或私衣婦人之服，以備刺客。又數有妖梦，常自占卜。事發，五年，庡爲庶人，徙居黔州，因於承乾之故宅。』據此可知，該詔書當作於顯慶五年（六六〇）。

〔二〕朕儲祉上玄：『儲祉』，猶言積福。唐韓愈順宗實録卷五：『八月庚子，詔曰：「惟皇天祐命烈祖，誕受方國，九聖儲祉，萬方咸休，肆予一人，獲纘丕業。」』唐白居易淮南節度使李公家廟碑銘并序：『郫縣洎晋陵府君，咸善積於躬，道屈於位，儲祉流慶，而僕射生矣。」『上玄』，上天。漢揚雄甘泉賦：『惟漢十世，將郊上玄。』李善注：『上玄，天也。』

〔三〕嗣膺景祚：『嗣膺』，謂繼前人而當受。南齊書鬱林王紀：『朕以寡薄，嗣膺寶政。』陳書世祖紀：『宜奉大宗，嗣膺寶録，使七廟有奉，兆民寧晏。』『景祚』，帝業。舊唐書肅宗紀贊：『凶徒竟斃，景祚重延。』

〔四〕居庶孽之地：『庶孽』，妃妾所生之子。公羊傳襄公二十七年：『執鈇鑕，從君東西南北，則是臣僕庶孽之事也。』何休注：『庶孽，衆賤子，猶樹之有孽生。』史記商君列傳：『商君者，衛之諸庶孽公子也。』

〔五〕在髫丱之辰：『髫丱』，幼年。梁書武帝紀上：『挻虐於髫翦之年，植險於髫丱之日。』唐劉餗隋唐嘉話序：『余自髫丱之年，便多聞往説。不足備之大典，故繫之小説之末。』

〔六〕勸立東朝：『東朝』，即東宫。太子所居，借指太子。晋陸機答賈長淵詩：『東朝既建，淑問峨峨。』李善注：『謂愍懷太子也。』北周庾信周太子太保步陸逞神道碑：『天子以大臣之喪，躬輟聽訟；東朝以師傅之尊，親臨攢祭。」倪璠注：『東朝，謂太子也。』

〔七〕及正嫡升儲：『正嫡』，正室之子，嫡子。南史梁紀下簡文帝：『矯爲帝詔，以爲次當支庶，宜歸正嫡，禪位於豫章王棟。』

〔八〕覘候兩宮：『覘候』，窺視。後漢書獨行傳陸續：『續母遠至京師，覘候消息。』周書達奚武傳：『太祖進圖弘農，遣武從兩騎覘候動靜。』隋書庶人秀傳：『我有不和，汝便覘候，望我不起，便有異心。』

〔九〕相監推鞫，證見非虚：『推鞫』，審問。隋書裴蘊傳：『蘊知上意，遣張行本奏威罪惡，帝付蘊推鞫之，乃處其死。』唐陸贄商量處置竇參事體狀：『若不付外推鞫，則恐難定罪名。』

〔十〕懷奸匿怨：『懷奸』，心懷奸詐。唐劉知幾史通雜説中：『熙先構逆懷奸，矯言欺衆。』

〔十一〕皇后情在哀矜：『哀矜』，哀憐；憐憫。書呂刑：『皇帝哀矜庶戮之不辜。』晉傅玄傅子法刑：『司寇行刑，君爲之不舉樂，哀矜之心至也。』

〔十二〕特宜屈法：『屈法』，謂放寬刑法。南朝梁丘遲與陳伯之書：『主上屈法申恩，吞舟是漏。』明沈德符野獲編宗藩郡王謀叛貸命：『謀危宗社，法不當恕，姑屈法貸死，斥爲庶人。』

降永王璘庶人詔（一）

詔曰：臣子之節，君親是奉。或志懷干紀（二），當義在滅私。蓋前王所以持法割恩，垂涕行戮。言念及此，嘆息彌深。頃以凶孽亂常，關畿暫阻。朕乘輿南幸，遵古公避狄之仁。皇帝受命北征，興少康復夏之績，猶以藩翰所寄（三），非親莫可。永王璘，謂能堪事，令鎮江陵，庶其克保維城，有裨王室。而乃棄分符之任，專用鉞之威（四），擅越淮海，公行暴亂。違君父之命，既自貽殃；走蠻貊之邦（五），欲何逃罪？據其凶悖（六），理合誅夷。尚以骨肉之間，有所未忍，皇帝誠深孝友，表請哀矜。雖解綬全體，禮可行於曩制；而削土勿王，義亦著於前史。昔廣州有罪，廢爲庶人；常山免誅，爰將徙地。是用矜其萬死，屈此九刑，宜寬伏鑕之命（七），俾黜析珪之典。可悉除爵土，降爲庶人，仍於房陵郡安置。所由郡縣，勿許東西。朕夙存訓誘，勖之忠孝，不虞孱懦，遂至昏迷。申此典章，彌增媿嘆。

校箋

〔一〕本文亦見於全唐文卷三十八，署名玄宗皇帝，題爲降永王璘爲庶人詔；適園叢書亦録此文，題目同。永王李璘，初名李澤，唐玄宗李隆基第十六子。開元十三年（七二五）三月，李璘受封永王。開元十五年（七二七），遥領荆州大都督。開元二十年（七三二）七月，加任開府儀同三司。開元二十四年（七三六）二月二十日，改名李璘。舊唐書列傳五十七記『（天寶）十五載六月，玄宗幸蜀，至漢中郡，下詔以璘爲山南東路及嶺南、黔中、江南西路四道節度采訪等使，江陵郡大都督，餘如故。璘七月至襄陽，九月至江陵，召募士將數萬人，恣情補署，江淮租賦，山積於江陵，破用鉅億。以薛鏐、李臺卿、蔡坰爲謀主，因有異志。肅宗聞之，詔令歸覲於蜀，璘不從命。』新唐書列傳第七記『璘未敗時，上皇下誥：「降爲庶人，徙置房陵。」』上皇指太上皇李隆基。天寶十五載（七五六）七月，李隆基之子李亨在靈武城的南門城樓即位登基，改年號爲至德，玄宗被推尊爲太上皇。該詔當作於至德元年（七五六）。

〔二〕或志懷干紀：『干紀』，違犯法紀。語出左傳襄公十三年：『干國之紀，犯門斬闕。』漢潘勖册魏公九錫文：『犯闕干紀，莫不誅殛。』

〔三〕猶以藩翰所寄：『藩翰』，詩大雅板：『价人維藩，大師維垣，大邦維屏，大宗維翰。』毛傳：『藩，屏也；翰，幹也。』後因以『藩翰』喻捍衛王室的重臣。三國志蜀書先主傳：『宗子藩翰，心存國家，念在弭亂。』

〔四〕而乃棄分符之任，專用鉞之威：『用鉞』，使用斧鉞。指執行軍法。左傳襄公三年：『君師不武，執事不敬，罪莫大焉。臣懼其死，以及揚幹，無所逃罪。不能致訓，至於用鉞。』杜預注：『用鉞斬揚幹之僕。』

〔五〕既自貽殃，走蠻貊之邦：『貽殃』，留下禍患。晉書慕容暐載記：『尸禄貽殃，負乘招悔。』明郎瑛七修類稿國事八石亨奸黨：『忠良解體，義士痛心，流毒生靈，貽殃兆庶。』『蠻貊』，亦作『蠻貉』。古代稱南方和北方落後部族，亦泛指四方落後部族。書武成：『華夏蠻貊，罔不率俾。』漢桓寬鹽鐵論通有：『求蠻貉之物以眩中國，徙邛筰之貨致之東海。』唐岑參陪狄員外早秋登府西樓因呈院中諸公詩：『威聲振蠻貊，惠化鐘華陽。』

〔六〕據其凶悖：『凶悖』，凶暴悖逆。漢袁康越絶書外傳計倪：『此乃禍晉之驪姬，亡周之褒姒，盡妖妍於圖畫，極凶悖於人理。』晉書温嶠傳：『必其凶悖，自可罪人斯得。』宋蘇舜欽論西事狀：『近聞朝廷將議深討，覆其巢穴，此蓋憤其凶悖，勇而不知思也。』

〔七〕宜寬伏鑕之命：『伏鑕』，亦作『伏質』。古代有腰斬的死刑，施刑時罪犯裸身俯伏砧上，故稱『伏鑕』。質，通『鑕』，砧。亦泛指被處死。史記張丞相列傳：『蒼坐法當斬，解衣伏質。』漢班彪王命論：『勇如信、布，强如梁、籍，成如王莽，然卒潤鑊伏鑕，烹醢分裂。』唐陳子昂謝衣表：『以其伏鑕之魂，更辱賜衣之寵。』

嗣岐王珍免爲庶人制〔一〕

經國之制，貳則有辟；爲君之道，將而必誅。况親則宗枝，義兼家國，敢懷逆節，自桎嚴刑〔二〕。銀青光禄大夫、宗正卿、員外置同正員嗣岐王珍，志本傾邪，行惟險薄〔三〕。頃以寇逆未殄，軍國多虞，因集不逞之徒，潛爲亂常之計。乃欲遠通叛虜，構此凶謀，以有上封，備聞其狀〔四〕。猶以戚屬，初亦致疑，遂令推按，具自承伏〔五〕。且王者立法，百代所遵，稽彼常科，罪當殊死。以其可諱，不忍加刑，俾從放黜，以申寬典。宜免爲庶人，仍於溱州安置。至彼捉搦，勿許東西〔六〕。其同謀左武衛將軍竇如玢、試都水使者崔昌、右羽林軍使劉從諫、蔚州長塞鎮將朱融、右衛將軍胡洌、直司天臺通玄院高抱素、右衛率魏兆、内侍省内謁者監王道成等九人，特宜斬決。試太子洗馬、兼知司天臺、冬官正趙非熊、陳王府長史陳閑、楚州司馬張昂、左武衛兵曹參軍焦自榮，前鳳翔府郡縣主簿李岊、國子監館進士張奐等六人，特宜決殺。駙馬都尉薛履謙，同逆謀，宜錫自盡。上元二年四月。

校箋

〔一〕本文亦見於全唐文卷十一，署名高宗皇帝，題爲免岐王珍爲庶人制；適園叢書亦録此文，題目同。嗣岐王李珍，唐睿宗第五子惠宣太子李業的兒子。天寶三載（七四四），唐玄宗以李珍爲嗣岐王、銀青光禄大夫、宗正員外卿。上元二年（七六一），李珍謀逆。資治通鑒卷二百二十二記（上元）二年，『術士長塞鎮將朱融，與左武衛將軍竇如玢等謀奉嗣岐王珍作亂，金吾將軍邢濟告之。夏，四月，乙卯朔，廢珍爲庶人，溱州安置，其黨皆伏誅。珍，業之子也。』本詔作於上元二年（七六一）四月，全唐文誤將本詔收於高宗皇帝名下，實爲唐肅宗當朝事。

〔二〕敢懷逆節，自桎嚴刑：『逆節』，叛逆的念頭或行爲。管子勢：『逆節萌生，天地未形，先爲之政，其事乃不成。』尹知章注：『言將爲篡殺凶逆之節。』隋書地理志下：『其人性并輕悍，易興逆節。』

〔三〕志本傾邪，行惟險薄：『傾邪』，指爲人邪僻不正。漢書蕭望之傳：『後朋行傾邪，望之絕不與通。』宋蘇轍龍川别志卷下：『吾知端願傾邪，故以遠當之。』『險薄』，輕薄無行。北齊書任延敬傳：『房子遠、鄭仲禮等并險薄無賴。』唐劉肅大唐新語剛正：『張易之、昌宗，方貴寵用事，潛相者言其當王，險薄者多附會之。』

〔四〕以有上封，備聞其狀：『上封』，上封事。古代臣下上書言事時，將奏章用皂囊緘封呈進，以防泄漏，謂之『上封事』。唐劉禹錫蘇州謝恩賜加章服表：『務進者争先，上封者潛毁。功言易信，孤憤難申。』宋司馬光答彭朝議寂書：『雖然朝廷近發詔書，溥覃四海；雖市廛畎畝之民，皆得直上封言事。』

〔五〕遂令推按，具自承伏：『推按』，推究審問。三國志吳書陸凱傳：『先帝每察竟解之奏，常留心推按，是以獄無冤囚。』舊唐書方伎傳崔善爲：『自是有四方疑獄，多使善爲推按，無不妙盡其理。』『承伏』，認罪。唐劉肅大唐新語公直：『近者朝臣多被周興、來俊臣推勘，遞相牽引，咸自承伏。』宋洪邁夷堅三志壬化州妖凶巫：『宰固健吏，不爲沮止，帕首坐獄户自鞫訊，（巫）不勝痛，始承伏。』

〔六〕至彼捉搦，勿許東西：『捉搦』，捉拿，捕捉。唐蘇頲禁斷女樂敕：『眷兹女樂，事切驕淫，傷風害政，莫斯爲甚……仍令御史金吾，嚴加捉搦。』

漳王湊降封巢縣公制〔一〕

王者教先立愛，義不遺親，豈於同氣之中，可致異詞之間〔二〕？如或慎修不至，詿誤有聞〔三〕，構爲厲階〔四〕，犯我邦紀，未加殛竄，尚屈彝章〔五〕。漳王湊，手足之親，磐石是固，居崇寵秩，列在戚藩〔六〕。頃多克順之心，亦有尚賢之志，而滿盈生患，敗覆是圖，奸凶會同，謀議滋及。污我皇化，彰於外朝。初駭予衷，載驚群聽。尚以未具獄詞，猶資審慎，建侯之命，姑務從寬。於戲！朕嗣守宗祧，敷弘至教〔七〕，自家之訓未立，掩義之私敢忘？是用降封，有醜朝典，凡百多士，宜諒朕懷，可降封巢縣開國公。太和五年三月。

校箋

〔一〕本文亦見於全唐文卷六十九，署名文宗皇帝。題爲降漳王湊爲巢縣公制；適園叢書亦録此文，題目同。漳王李湊，唐穆宗第六子，長慶元年三月，李湊被封爲漳王。新唐書列傳第七記『長慶元年始，王漳與安王同封。文宗即位，疾王守澄顓很，引支黨橈國，謀盡誅之，密引宰相宋申錫使爲計。守澄客鄭注伺知之，以告，乃謀先事殺申錫。又以王賢，有中外望，因欲株聯大臣族夷之。乃令神策虞候豆盧著上飛變，且言：「宫史晏敬則、朱訓與申錫昵吏王師文圖不軌，訓嘗言上多疾，太子幼，若兄終弟及，必漳王立。申錫陰以金幣進王，而王亦以珍服厚答。」即捕訓等系神策獄，榜掠定其辭。諫官群伏閣極言，出獄牒付外雜治。注等懼事泄，乃請下詔貶王。帝未之悟，因黜湊爲巢縣公，時大和五年也。』由此可见，大和五年（八三一）漳王李湊降封巢公。

〔二〕豈於同氣之中，可致異詞之間：『同氣』，有血統關係的親屬，指兄弟姊妹。後漢書東平憲王蒼傳：『凡匹夫一介，尚不忘簞食之惠，况臣居宰相之位，同氣之親哉！』三國魏曹植求自試表：『而臣敢陳聞於陛下者，誠與國分形同氣，憂患共之者也。』『異詞』，不同的言論和意見。宋陳亮信州永豐縣社壇記：『辛幼安以爲文叔愛其民如古循吏……余過永豐道上，行數十里而民無異詞。』宋周密齊東野語 洪端明入冥：『殺生乃屠者黄四……亟問黄四，無異詞。』

〔三〕如或慎修不至，詿誤有聞：『詿誤』，貽誤；連累。戰國策 韓策一：『夫不顧社稷之長利，而聽須臾之説，詿誤人主者，無過於此者矣。』漢書 息夫躬傳：『昔秦繆公不從百里奚、蹇叔之言，以敗其師，悔過自責，疾詿誤之臣，思黄髮之言，名垂於後世。』

〔四〕構爲厲階：『厲階』，禍端。詩 大雅 桑柔：『誰生厲階，至今爲梗。』毛傳：『厲，惡。』詩 大雅 瞻卬：『婦有長舌，維厲之階。』鄭玄箋：『階，所由上下也。』宋蘇軾代張方平諫用兵書：『從微至著，遂成厲階。』

〔五〕未加殛竄，尚屈彝章：『殛』『竄』，流放；放逐。書 舜典：『流共工于幽州，放驩兜于崇山，竄三苗于三危，殛鯀于羽山。』漢蔡琰胡笳十八拍之八：『我不負神兮，神何殛我越荒州？』『彝章』，常典；舊典。南朝梁任昉爲范尚書讓吏部封侯第一表：『矜臣所乞，特迴寵命，則彝章載穆，微物知免。』唐司空圖上考功狀：『共仰推公之志，敢忘效報之心？克振彝章，必光僉議。』

〔六〕居崇寵秩，列在戚藩：『寵秩』，寵愛而授以官秩。左傳昭公八年：『了旗曰：「子胡然，彼孺子也。吾誨之，猶懼其不濟，吾又寵秩之，其若先人何？」』資治通鑒晉簡文帝咸安元年：『彼慕容評者，蔽君專政，忌賢疾功，愚闇貪虐以喪其國，國亡不死，逃遁見禽。『戚藩』，近親藩王。晉劉琨勸進表：『社稷時難，則戚藩定其傾；郊廟或替，則宗哲纂其祀。』南朝齊王儉褚淵碑文：『屬值三季在辰，戚蕃内侮。』

〔七〕朕嗣守宗祧，敷弘至教：『敷弘』，傳布弘揚。三國志魏書高柔傳：『陛下臨政，允迪睿哲，敷弘大猷，光濟先軌。』晉書魏舒傳：『出贊衮職，敷弘五教。』

追復

成王千里還舊官制〔一〕

地有二南〔二〕，載懷敦睦〔三〕；罪非七國，奄隔休明〔四〕。故左金衛大將軍，兼益州都督、上柱國成王千里，懿親賢德，高才重器，强力幹事，獨冠等倫〔五〕。保國乂人，克成忠義，願除凶醜，翻陷誅夷，永言淪没，良深痛悼，俾復舊班，用加新寵，可還舊官。

校箋

〔一〕本文亦見於全唐文卷十八，署名睿宗皇帝，題目同；適園叢書亦録此文，題目同。成王李千里，原名李仁，李恪嫡長子。中宗李顯復位以後，封李千里爲成王。因與節愍太子李重俊誅殺武三思，與其子太僕少卿、天水王李禧被殺。睿宗即位後被平反。舊唐書列傳第二十六記：『又封仁爲鬱林縣侯。永昌元年，授襄州刺史。不知州事，後改名千里。天授後，歷唐、廬、許、衛、蒲五州刺史。時皇室諸王有德望者，必見誅戮，惟千里褊躁無才，復數進獻符瑞事，故則天朝竟免禍。長安三年，充嶺南安撫討擊使，歷遷右金吾將軍。中興初，進封成王，拜左金吾大將軍，兼領益州大都督，又追贈其父爲司空。三年，又領廣州大都督、五府經略安撫大使。節愍太子誅武三思，千里與其子天水王禧率左右數十人斫右延明門，將殺三思黨與宗楚客、紀處訥等。及太子兵敗，千里與禧等坐誅，仍籍没其家，改姓蝮氏。睿宗即位，詔曰：「故左金吾衛大將軍成王千里，保國安人，克成忠義，頗除凶醜，翻陷誅夷。永言淪没，良深痛悼。宜復舊班，用加新寵，可還舊官。」又令復姓。』據此可知，成王李千里還舊官在唐睿宗即位後。該詔或作於景雲元年（七一〇）睿宗即位後。

〔二〕地有二南：『二南』，指周公、召公及其管轄的地區。晋潘岳西征賦：『茲土之舊也，固乃周、邵之所分，二南之所交。』

〔三〕載懷敦睦：『敦睦』，親厚和睦。後漢書 獨行傳 繆肜：『弟及諸婦聞之，悉叩頭謝罪，遂更爲敦睦之行。』明方孝孺友于堂銘序：『以友于名堂，蓋有志乎敦睦者。』

〔四〕奄隔休明：『奄隔』，謂去世。宋蘇軾與程正輔提刑書之二十：『老嫂奄隔，更此徂歲，想加凄斷，然終無益。』『休明』，謂美好清明。左傳 宣公三年：『楚子問鼎之大小輕重焉。對曰：「在德不在鼎……德之休明，雖小，重也；其奸回昏亂，雖大，輕也。」』唐李白豫章行：『本爲休明人，斬虜素不閑。』

〔五〕强力幹事，獨冠等倫：『幹事』，謂辦事幹練。後漢書 景丹傳：『丹以言語爲固德侯相，有幹事稱，遷朔調連率副貳。』唐李肇唐國史補卷下：『江南有驛吏，以幹事自任。』『等倫』，同輩；同類。亦謂與之同等或同類。漢書 甘延壽傳：『少以良家子善騎射爲羽林，投石拔距絶於等倫。』唐黄滔祭南海南平王：『畢雲龍之契會，與龜鶴而等倫。』

收葬

譙王重福三品禮葬詔〔一〕

集州刺史、譙王重福，幼則凶頑，長而險詖〔二〕，幸託體於先聖，嘗通交於巨逆。子而不子，自絶於天，有國有家，莫容於代。往者頗不含忍，長令幽縶〔三〕。自大行晏駕〔四〕，韋氏臨朝，將肆屠滅，尤加防衛。洎天有成命，集於朕躬，永懷猶子之情，庶叶先親之義，所以開置寮屬，任隆刺舉，冀其悛改〔五〕，永怙恩榮。而詿誤有徒，狂狡未息〔六〕，便即私出均州，詐乘驛騎。至於都下，遂逞其謀。先犯屯兵，次燒左掖〔七〕，計窮力屈，投河而斃。雖人所共棄，而邦有常刑。我非不慈，爾自招咎，具聞其故，有惻於懷。昔劉長既殁，楚英遂殞，以禮收葬，抑惟舊章，屈法申恩，宜仍舊寵，可以三品禮葬。

校箋

〔一〕本文亦見於全唐文卷十八，署名睿宗皇帝，題爲葬譙王重福詔；册府元龜卷三十九帝王部睿宗詔曰，即本詔。適園叢書亦録此文，題目同。李重福（六八〇—七一〇），唐中宗李顯之子。初封唐昌郡王，後改封平恩郡王，進封譙王，歷任國子祭酒、左散騎常侍。神龍元年（七〇五），李重福遭韋皇后誣陷，貶任濮州員外刺史，不久改任均州刺史。唐睿宗繼位後，改任李重福爲集州刺史。舊唐書列傳第三十六記『景龍三年，鄭愔自吏部侍郎出爲江州司馬，便道詣重福，陰相結托。至是又與靈均通傳動静，亦密遣使勸重福構逆，預推尊重福爲天子，温王重茂爲皇太弟，自署爲左丞相。重福乃遣家臣王道先赴東都，潛募勇敢之士，重福遽自均州詐乘驛與靈均繼進。王道始至東都，俄有泄其謀者，洛州司馬崔日知捕獲其黨數十人。頃聞重福至，王道等率衆隨重福徑取左右屯營兵作亂，將至天津橋，願從者已數百人，皆執持器仗，助其威勢。侍御史李邕先詣左掖門，令閉關拒守。又至右屯營號令云：「重福雖先帝之子，已得罪於先帝，今者無故入城，必是作亂。君等皆委質聖朝，宜盡誠節，立功立事，以取富貴。」有頃，重福果來奪右屯營，堅壁不動，營中矢射如雨。便趣左掖門，擬取留守，遇門閉，遂縱火以燒城門。左屯營兵又來逼之，重福度數窮，出自上東門而遁，匿於山谷間。明日，東都留守裴談等大出兵搜索，重福窘迫，自投漕河而死，磔尸三日，時年三十一。』資治通鑑卷二百一十景雲元年八月記，『留臺侍御史李邕遇重福於天津橋，從者已數百人，馳至屯營，告之曰：「譙王得罪先帝，今無故入都，此必爲亂，君等宜立功取富貴。」又告皇城使閉諸門。重福先趣左、右屯營，營中射之，矢如雨下。乃還趣左掖門，欲取留守兵，見門閉，大怒，命焚之。火未及然，左屯營兵出逼之，重福窘迫，策馬出上東，逃匿山谷。明日，留守大出兵搜捕，重福赴漕渠溺死。』李重福景雲元年八月自投漕河而死，本詔作当於景雲元年（七一〇）八月。

（二）長而險詖：『險詖』，陰險邪僻。詩周南卷耳序：『内有進賢之志，而無險詖私謁之心。』孔穎達疏：『險詖者，情實不正、譽惡爲善之辭也。』

（三）長令幽縶：『幽縶』，囚禁。漢孔融論盛孝章書：『身不免於幽縶，命不期於旦夕。』晋張華鷦鷯賦：『塊幽縶於九重，變音聲以順旨。』

（四）自大行晏駕：『大行』，古代稱剛死而尚未定謚號的皇帝、皇后。史記李斯列傳：『胡亥喟然嘆曰：「今大行未發，喪禮未終，豈宜以此事干丞相哉！」』後漢書安帝紀：『孝和皇帝懿德巍巍，光於四海；大行皇帝不永天年。』李賢注引韋昭曰：『大行者，不反之辭也。天子崩，未有謚，故稱大行也。』『晏駕』，古代稱帝王死亡的諱辭。戰國策秦策五：『秦王老矣，一日晏駕，雖有子異人，不足以結秦。』史記范睢蔡澤列傳：『宮車一日晏駕，是事之不可知者一也。』裴駰集解引韋昭曰：『凡初崩爲「晏駕」者，臣子之心猶謂宮車當駕而晚出。』

〔五〕任隆刺舉，冀其悛改：『悛改』，悔改。後漢書儒林傳上孔僖：『假使所非實是，則固應悛改。』魏書太宗紀：『刺史守宰，率多逋慢，前後怠惰，數加督罰，猶不悛改。』

〔六〕而詿誤有徒，狂狡未息：『詿誤』，貽誤；連累。戰國策韓策一：『夫不顧社稷之長利，而聽須臾之説，詿誤人主者，無過於此者矣。』漢書息夫躬傳：『昔秦繆公不從百里奚、蹇叔之言，以敗其師，悔過自責，疾詿誤之臣，思黄髮之言，名垂於後世。』

〔七〕先犯屯兵，次燒左掖：『左掖』，唐時指門下省。唐杜甫宣政殿退朝晚出左掖詩仇兆鰲注：『唐六典：在宣政門内，殿東有東上閤門，殿西有西上閤門。東上閤門，門下省在焉。西上閤門，中書省在焉。公時爲左拾遺，屬門下，故出左掖。』

收葬絳王詔（一）

叔父絳王，爲逆賊等援立（二），竊窺天位，無討賊之意，遂使忠義銜冤，及王師擒妖，義旅問罪，前驅勇氣，以致殲殄。朕伏以太皇太后慈仁，思以慰解，宜令有司，量事收葬，申恩討賊，刑禮之中，示於四方，以明朕意。寶曆二年十二月。

校箋

〔一〕本文亦見於全唐文卷七十，署名文宗皇帝，題目同；册府元龜卷三十九帝王部，文宗以寶曆二年十月乙卯即位，丁巳以絳王薨，帝不視朝三日，詔曰，即此文。適園叢書亦録此文，題目同。絳王李悟，唐憲宗之子。舊唐書列傳第一百二十五記『絳王悟，本名寮，憲宗第六子也。貞元二十一年，封文安郡王。元和元年，進封絳王。七年，改今名。寶曆二年冬遇害。』又舊唐書本紀第十七上記『寶曆二年十二月八日，敬宗遇害，賊蘇佐明等矯制立絳王勾當軍國事。樞密使王守澄、中尉梁守謙率禁軍討賊，誅絳王，迎上於江邸。』

〔二〕爲逆賊等援立：『援立』，猶扶立。指扶立帝后及太子。後漢書謝弼傳：『皇太后定策宮闈，援立聖明。』周書蕭圓肅傳：『左史記言，右史記事，莫不援立太子，爲皇之貳。』

聽越王歸葬詔〔一〕

越王事迹，國史著明，枉陷非辜，尋已洗雪。其子珍，他事配流，數代漂零，不還京國。玄真弱女，孝節卓然。啓護四喪，綿歷萬里。況是近族，必可加恩，行路猶或嗟稱，朝廷固須恤助〔二〕，委宗正寺京兆府與訪越王坟墓報知。如不是陪陵，任祔塋卜葬〔三〕，其葬事仍令京兆府接措。必使備禮，葬畢，玄真如願住京城，便配咸宜觀安置。開成四年六月。

校箋

〔一〕本文亦見於全唐文卷七十三，署名文宗皇帝，題爲許越王貞元孫女元真請祔葬臨淮公珍以下四喪於舊塋詔；適園叢書亦録此文，題目同。越王李貞（六二七—六八八），唐太宗第八子。垂拱二年，李貞起兵反對武則天當政，兵敗自盡，賜姓虺氏。李貞最幼子李珍的後代流落嶺南。開成年間，後代孫女女道士李元真帶四世靈柩北還，求祔越王的墳墓。新唐書列傳第五記『開成中，女孫持四世柩北還，求祔王塋。詔嘉憫，敕宗正寺、京兆府爲訪其兆，非陪陵者聽葬。』

〔二〕朝廷固須恤助：『恤』，謂撫恤。新唐書張九齡傳：『帝后在蜀，思其忠，爲泣下，且遣使祭於韶州，厚幣恤其家。』清會典兵部五職方清吏司：『凡戰陣受傷者，辨其輕重而恤之。』

〔三〕任祔塋卜葬：『卜葬』，古代埋葬死者，先占卜以擇吉祥之葬日與葬地，稱爲『卜葬』。禮記雜記下：『卜葬其兄，弟曰「伯子某」。』孔穎達疏：『謂卜葬擇日而卜人祝龜之辭也。』後即爲擇時地安葬之代稱。宋岳珂桯史望江二翁：『陳氏卜葬，環數百里莫不聞。』

追贈

皇第三子玄霸追封衛王等制〔一〕

飾終定謚〔二〕，往代通規，追遠增榮〔三〕，前王令典。皇第三子玄霸，幼挺岐嶷〔四〕，早茂珪璋〔五〕；第五子智雲，結髮仁明〔六〕，勝衣敏惠〔七〕，冀其成立，訓以義方。未被趍庭〔八〕，遽同過隙，興言夭枉〔九〕，震悼於懷〔十〕。今王業初隆，慶賞伊始，既式遵於利建〔十一〕，宜稽古於哀榮。玄霸可追封衛王，謚曰懷；智雲可追封楚王，謚曰哀。武德元年。

校箋

〔一〕本文亦見於全唐文卷一，署名高祖皇帝，題爲皇子元霸智雲追封王制；適園叢書亦録此文，題目同。李玄霸（五九九—六一四），字大德，唐高祖李淵第三子，母爲太穆皇后竇氏，早薨無子。新唐書列傳第四記『衛懷王玄霸字大德。幼辯惠。隋大業十年薨，年十六，無子。武德元年，追王及謚，又贈秦州總管、司空。以太宗子泰爲宜都王，奉其祀，葬芷陽。泰徙封越，更以宗室西平王瓊子保定嗣。薨，無子，國除。』李智雲，唐高祖李淵第五子，李淵起兵後，被送到長安，被刑部尚書所殺，年十四。新唐書列傳第四記『楚哀王智雲初名稚詮。善射，工書、弈。隋大業末，從建成寓河東。高祖初，建成走太原，吏捕智雲送長安，爲陰世師所害，年十四。武德元年，追王及謚。』舊唐書列傳第十四記『衛王玄霸，高祖第三子也。早薨無子。武德元年，追贈衛王，謚曰懷……武德元年，（李智雲）追封楚王，謚曰哀。」唐大詔令集該詔文末標注時間原爲『武德七年七月』，今據上述典籍，改時間爲『武德元年』。

〔二〕飾終定謚：『飾終』，謂人死時給予尊榮。荀子禮論：『送死，飾終也。』宋陸游王成之給事挽歌辭：『贈極文昌貴，君恩厚飾終。』

〔三〕追遠增榮：『追遠』，祭祀盡虔誠，以追念先人。論語學而：『慎終追遠。』邢昺疏：『追遠者，遠謂親終既葬，日月已遠也，孝子感時念親，追而祭之，盡其敬也。』

〔四〕幼挺岐嶷：『岐嶷』，幼年聰慧。詩大雅生民：『誕實匍匐，克岐克嶷。』朱熹集傳：『岐嶷，峻茂之狀。』東觀漢記馬客卿傳：『馬客卿幼而岐嶷，年六歲，能接應諸公，專對賓客。』唐李頎送劉四詩：『愛君少岐嶷，高視白雲鄉。』

〔五〕早茂珪璋：『早茂』，謂年幼時便才華出衆。後漢書桓帝紀：『孝質皇帝聰敏早茂，冀心懷忌畏，私行殺毒。』『珪璋』，比喻杰出的人材。晉葛洪抱朴子安貧：『贄幣濃者，瓦石成珪璋；請托薄者，龍駿棄林坰。』舊唐書齊物傳：『故金紫光禄大夫、太子太傅、兼正卿齊物，宗室珪璋，士林楨幹。』

〔六〕結髮仁明：『結髮』，束髮。古代男子自成童開始束髮，因以指初成年。史記李將軍列傳：『且臣結髮而与匈奴戰，今乃一得当單于，臣願居前，先死单于。』唐陳子昂感遇詩之三四：『自言幽燕客，結髮事遠游。』

（七）勝衣敏惠：『勝衣』，謂兒童稍長，能穿起成人的衣服。史記 三王世家：『皇子賴天，能勝衣趨拜，至今無號位師傅官。』南朝梁鐘嶸詩品 序：『纔能勝衣，甫就小學，必甘心而馳騖焉。』

（八）未被趍庭：『趍庭』，謂子承父教。唐王勃滕王閣序：『他日趨庭，叨陪鯉對；今晨捧袂，喜托龍門。』宋王禹偁恩賜宰臣一子可尚書水部員外郎制：『惟爾嚴父，爲予大臣。嘉其調鼎之功，命及趨庭之子，俾升華省，仍列清曹。』

（九）興言夭枉：『夭枉』，短命早死。南朝宋謝靈運廬陵王墓下作詩：『脆促良可哀，夭枉特兼常。』新唐書 西域傳上 党項：『老而死，子孫不哭；少死，則曰夭枉，乃悲。』

（十）震悼於懷：『震悼』，驚愕悲悼。楚辭 九章 抽思：『願承間而自察兮，心震悼而不敢。』陳書 徐陵傳：『奄然殞逝，震悼於懷。』

（十一）既式遵於利建：『利建』，謂封土建侯。隋書 于宣敏傳：『若使利建合宜，封樹得所，巨猾息其非望，巨奸杜其邪謀。』魏書 咸陽王禧傳：『利建雖古，未必今宜；經野由君，理非下請。邑采之封，自有别式。』

故海陵刺王元吉追封巢王制〔一〕

詔曰：有虞受終，弘肆赦之典〔二〕；隆周革命，篤親親之恩〔三〕。海陵刺王元吉，地惟藩翰〔四〕，夙承朝寵，陷於不軌，得罪君親。朕嗣膺靈命〔五〕，無忘敦睦。同生之重，既切於本枝；在原之悼〔六〕，實纏於歲月。興言泉壤，思備寵章。可追封巢王，謚仍依舊。貞觀十六年六月。

校箋

〔一〕本文亦見於全唐文卷六，署名太宗皇帝，題爲追封巢王元吉詔；適園叢書亦録此文，題目同。册府元龜卷二百九十五宗室部『唐巢王元吉，高祖第四子，武德元年封爲齊王，九年與太子建成謀逆伏誅。貞觀元年追封海陵郡王，謚曰刺，十六年七月又詔曰』，詔書内容即此文。舊唐書列傳第十四記『元吉死時年二十四。有五子：梁郡王承業、漁陽王承鸞、普安王承獎、江夏王承裕、義陽王承度，并坐誅。尋詔絶建成、元吉屬籍。太宗踐祚，追封元吉爲海陵郡王，謚曰剌，以禮改葬。貞觀十六年，又追封巢王，謚如故，復以曹王明爲元吉後。」

〔二〕弘肆赦之典：『肆赦』，猶緩刑，赦免。南朝陳徐陵陳高祖敕州郡璽書：『若有萑蒲之盜或犯戎商，山谷之酋擅强幽險，皆從肆赦，咸使知聞。』舊唐書憲宗紀上：『癸巳，以册儲，肆赦繫囚，死罪降從流，流以下遞降一等。』

〔三〕隆周革命，篤親親之恩：『親親』，愛自己的親屬。詩小雅伐木序：『親親以睦友，友賢不棄，不遺故舊，則民德歸厚矣。』孔穎達疏：『既能内親其親以使和睦，又能外友其賢而不棄，不遺忘久故之恩舊而燕樂之。』漢書翼奉傳：『古者朝廷必有同姓以明親親，必有異姓以明賢賢，此聖王之所以大通天下也。』

〔四〕地惟藩翰：『藩翰』，詩大雅板：『价人維藩，大師維垣，大邦維屏，大宗維翰。』毛傳：『藩，屏也；翰，幹也。』後因以『藩翰』喻捍衛王室的重臣。三國志蜀書先主傳：『宗子藩翰，心存國家，念在弭亂。』宋蘇舜欽祭滕子京文：『改麾於吴，忽此凶變。人亡師保，國失藩翰。』

〔五〕朕嗣膺靈命：『嗣膺』，謂繼前人而當受。南齊書鬱林王紀：『朕以寡薄，嗣膺寶政。』陳書世祖紀：『宜奉大宗，嗣膺寶録，使七廟有奉，兆民寧晏。』『靈命』，猶天命，借指帝位。舊唐書孝友傳宋興貴：『朕恭膺靈命，撫臨四海。』

〔六〕在原之悼：『在原』，詩小雅常棣：『脊令在原，兄弟急難。』後因以『在原』指兄弟。北齐書元坦傳：『汝何肆其猜忌，忘在原之义？』資治通鑑宋明帝泰始七年：『太宗保字螟蛉，剿拉同氣，既迷在原之天屬，未識父子之自然。』

謚汴哀王璬制〔一〕

門下：缘情制禮，賢聖所不忘；以謚易名，古今之同貴。故右千牛衛大將軍、上柱國、汴王璬，雖在齠齔〔二〕，頗標岐嶷〔三〕，率以訓典，期於老成，裂地而封，是崇藩屏。享年不永，俄從夭折，秀而不實，有以傷嗟。宜遵考行之義，以備飾终之典。可謚曰哀。

校箋

〔一〕本文亦見於全唐文卷二十五，署名玄宗皇帝，題爲賜汴王璬謚制；適園叢書亦録此文，題目同。唐大詔令集誤記汴王爲沛王，今改之。汴哀王李璬，唐玄宗第三十子。舊唐書列傳第五十七記『汴哀王璥，玄宗第三十子也，初名滔。開元二十五年七月，封爲汴王。二十四年二月，改名璥，以其月薨。』該詔当作於開元二十五年（七三七）七月。

〔二〕雖在齠齔：『齠齔』，垂髫换齒之時，指童年。齠，通『髫』。東觀漢記 伏湛傳：『齠齔勵志，白首不衰。』唐白居易歡兒戲詩：『齠齓七八歲，綺紈三四兒。』

〔三〕頗標岐嶷：『岐嶷』，詩 大雅 生民：『誕實匍匐，克岐克嶷。』朱熹集傳：『岐嶷，峻茂之狀。』後多以『岐嶷』形容幼年聰慧。東觀漢記 馬客卿傳：『馬客卿幼而岐嶷，年六歲，能接應諸公，專對賓客。』

贈恒山愍王承乾荆州大都督等制〔一〕

門下：聖人立言，因親以主愛；王者垂範，追遠以崇德。故伯祖恒山愍王承乾、堂伯贈越州都督象、再從兄玭等，藉慶大宗，連華近屬〔二〕。既稱叔父之國，亦云兄弟之政。短長曰命，久從於淪没；哀榮有典，未洽於褒崇。宜贈徽章，以弘寵數〔三〕。承乾可贈荆州大都督，象可贈鄅國公，玭可贈懷州刺史。

校箋

〔一〕全唐文未録該文；適園叢書録此文，題目同。恒山濬王李承乾，太宗長子；越州都督李象，李承乾之子；李玭，李象之子。新唐書列傳第五記『常山濬王承乾字高明，生承乾殿，即以命之。武德三年，始王常山郡，與長沙、宜都二王同封。俄徙中山。太宗即位，立爲皇太子……廢爲庶人，徙黔州。十九年死，帝爲廢朝，葬以國公禮。子象，爲懷州别駕，厥鄂州别駕。開元中，象子適之爲宰相，贈還承乾始王，象越州都督、郇國公。』該詔文當作於唐玄宗開元年間，開元共廿九年（七一三—七四一），具體作年難考。

〔二〕藉慶大宗，連華近屬：『大宗』，世家大族。魏書爾朱彦伯傳：『仲遠天性貪暴，大宗富族，誣之以反，殁其家口。』『連華』，累世，累代。晋書陸機陸雲傳論：『然其祖考重光，羽楫吴運，文武奕葉，將相連華。』『近屬』，血統關係較近的親屬。後漢書皇后紀上和帝陰皇后：『永元四年，選入掖庭，以先后近屬，故得爲貴人。』新唐書歐陽詹傳：『（歐陽秬）開成中，擢進士第，而里人蕭本妄言與貞獻太后近屬，恩寵赫然，秬恥之。』

〔三〕以弘寵數：『寵數』，帝王給予的禮數。周書皇后傳宣帝元皇后：『是用加兹寵數，式光踐禮。』唐錢珝爲集賢崔相公讓大學士第三表：『宸衷益注，寵數不移。』

贈河東郡王瑾太子少師制〔一〕

門下：親親以相及，先王之道也；追遠以歸厚，聖人之教也。故金紫光禄大夫、太僕卿、員外置同正員、河東郡王瑾，克嗣先訓，是爲懿德，方茂枝葉，式崇垣翰〔二〕，推恩有寄，禀命不融。興言逝促，良深軫悼〔三〕。宜贈師保之位，以備哀榮之典，可贈太子少師，賻物三百段，米麥三百石。

校箋

〔一〕全唐文未録該文；適園叢書録此文，題目同。河東郡王李瑾，唐睿宗之孫，父親李隆範。舊唐書列傳第四十五記：『惠文太子範，睿宗第四子也。本名隆範，後避玄宗連名，改單稱範……一子瑾，封河東郡王，官至太僕卿。冒於酒色，竟暴卒，贈太子少師。』李瑾生平不詳，該詔具體作年難考。

〔二〕方茂枝葉，式崇垣翰：『垣翰』，詩大雅板：『价人維藩，大師維垣。大邦維屏，大宗維翰。』毛傳：『垣，墻也。翰，幹也。』後以『垣翰』比喻屏障或國家的重臣。唐白居易除某官王某魏博節度使制：『爲我垣翰，永孚於休。』

〔三〕良深軫悼：『軫悼』，痛切哀悼。宋史楊礪傳：『（咸平）二年，卒，年六十九。真宗軫悼，謂宰相曰：「礪介直清苦，方當任用，遽此淪謝。」即冒雨臨其喪。』清惲敬太子少師體仁閣大學士戴公神道碑銘：『嘉慶十有六年四月戊申朔，太子少師體仁閣大學士戴公薨，事聞，皇上軫悼。』

滎王故男贈文安郡王制〔一〕

禮以飾情，恩以悼往，詢於前訓，則有舊章。滎王故男像，粵在幼衝〔二〕，是稱岐嶷〔三〕。習詩書而日就，資友悌於自然，方冀成立，克開土宇，而龜蒙未錫，麟族先彫，奄爾淪逝，良增傷憫。宜加贈於苴茅〔四〕，且兼榮於符竹〔五〕，可贈文安郡王、使持節督武威郡諸軍事，應緣喪葬一事已上〔六〕，宜并官供，令京兆少尹程若冰充使檢校。

校箋

〔一〕全唐文未録該文；適園叢書録此文，題目同。榮王李憒，唐憲宗李純二十子。舊唐書列傳第一百二十五記『榮王憒，咸通三年封，廣明元年八月十九日，授開府儀同三司，守司空，其年十月九日薨。其子令平嗣王。』『榮王故男像』應爲榮王李憒之子，早卒。生平事迹不詳，該文具體作年難考。

〔二〕粤在幼衝：『幼衝』，謂年齡幼小。書大誥：『洪惟我幼沖人，嗣無疆大歷服。』漢書循吏傳序：『孝昭幼沖，霍光秉政。』宋司馬光涑水記聞卷一：『周恭帝幼沖，軍政多決於韓通。』

〔三〕是稱岐嶷：『岐嶷』，詩大雅生民：『誕實匍匐，克岐克嶷。』朱熹集傳：『岐嶷，峻茂之狀。』後多以『岐嶷』形容幼年聰慧。東觀漢記馬客卿傳：『馬客卿幼而岐嶷，年六歲，能接應諸公，專對賓客。』唐李頎送劉四詩：『愛君少岐嶷，高視白雲鄉。』

〔四〕宜加贈於苴茅：『苴茅』，古代帝王分封諸侯時，用該方顏色的泥土，覆以黄土，包以白茅，授予受封者，作爲分封土地的象徵。後漢書宦者傳序：『苴茅分虎，南面臣人者，蓋以十數。』李賢注：『封諸侯各以其方色土，苴以白茅，而分銅虎符也。』宋陸游新黏竹隔作暖閣詩：『已勝展鉢三椽下，莫羨苴茅萬户封。』

（五）且兼榮於符竹：『符竹』，漢書文帝紀：『（二年）九月，初與郡守爲銅虎符、竹使符。』顔師古注引應劭曰：『銅虎符第一至第五，國家當發兵遣使者，至郡合符，符合乃聽受之。竹使符皆以竹箭五枚，長五寸，鎸刻篆書，第一至第五。』後因以『符竹』指郡守職權。唐劉禹錫蘇州謝上表：『優詔忽臨，又委之符竹。』

（六）應緣喪葬一事已上：『應緣』，猶言大概是。宋徐鉉柳枝詞：『應緣鶯舌多情賴，長向雙成説翠條。』

太子第二男追封縉雲郡王賜名諲制（一）

親親之義，於禮斯重；傷悼之戚，緣情則深。太子故第二男，性與聰達，體資韶令，早服龍樓之訓（二），有光麟趾之風（三）。年始勝衣（四），已彰孝愛，方洽弄孫之慶，遽悲殤子之魂。追以九命，封之二等（五）。仍加美稱，賁爾徽□，可贈揚州大都督，封縉雲郡王，食邑三千户，賜名諲。大曆三年七月。

校箋

〔一〕全唐文未録該文；適園叢書録此文，題目同。李諲，唐德宗李適子，早亡。舊唐書列傳第一百記『代王諲，德宗第八子。本封縉雲郡王，早薨。建中二年，追封代王。』舊唐書記德宗第八子，本詔記德宗第二子。

〔二〕體資詔令，早服龍樓之訓：『詔令』，聰慧；美好。宋書謝莊傳：『年七歲，能屬文，通論語。及長，詔令美容儀。』清今世説夙慧：『徐霅發丱歲詔令，天姿英敏。』『龍樓』，借指太子。唐劉長卿至德三年春聞王師收二京因書事寄上浙西節度李侍郎五十韻：『鳳駕瞻西幸，龍樓議北征。』清陳康祺郎潛紀聞卷三：『杜相國侍學龍樓一十七載，咸豐壬子薨於位。』

〔三〕有光麟趾之風：『麟趾』，詩周南麟之趾：『麟之趾，振振公子。』鄭玄箋：『喻今公子亦信厚，與禮相應，有似於麟。』後以『麟趾』比喻子孫昌盛。南朝齊王融三月三日曲水詩序：『族茂麟趾，宗固盤石。』宋蘇軾賜彰化軍節度使開府儀同三司判大宗正事宗晟上表乞還職事不允詔：『朕方慶瓜瓞之茂，而欲觀麟趾之應。』

（四）年始勝衣：『勝衣』，謂兒童稍長，能穿起成人的衣服。史記三王世家：『皇子賴天，能勝衣趨拜，至今無號位師傅官。』南朝梁鍾嶸詩品序：『纔能勝衣，甫就小學，必甘心而馳騖焉。』

（五）追以九命，封之二等：『九命』，周代的官爵分爲九個等級，稱九命。上公九命爲伯；王之三公八命；侯伯七命；王之卿六命；子男五命；王之大夫、公之孤四命；公、侯伯之卿三命；公、侯伯之大夫，子男之卿再命（即二命）；公、侯伯之士，子男之大夫一命。子男之士不命。他們的宮室、車旗、衣服、禮儀等，各按等級作具體規定。見周禮春官典命、禮記王制。九等官爵中的最高一級亦稱九命。

册贈渤海王文（一）

上官儀

維龍朔二年，歲次壬戌，五月十三日，皇帝使大司成、彭陽郡開國侯令狐德棻、副使正議大夫、行司宰少卿薛敏恭，持節册命曰：咨夫存著嘉猷（二），殁膺褒顯（三），所以甄明景行（四），昭紀勛烈（五）。况地居懿戚（六），業茂惟貞，用式暢情之禮，實光追寵之義。惟爾故金紫光禄大夫、原州都督、渤海郡王奉慈，器範閑裕，風裁淹遠（七），德優時彦（八），望重宗英。析瑞名區，早荷推恩之澤；分符奥壤（九），累藉宣條之任。清白聞於朝聽，威惠暴於甿謳（十），固以功著旂常（十一），譽光圖史者矣。而壽仁空爽，貞徽奄謝（十二），永言親懿（十三），震悼良深。是用贈王爲都督，荆硤岳朗四州諸軍事、荆州刺史、右衛大將軍、餘如故。魂而不昧，嘉兹榮寵。嗚呼哀哉！

校箋

〔一〕全唐文卷十四録該文，題目同；適園叢書録此文，題目同。由文可知，当作於龙朔二年。渤海郡王李奉慈，唐高祖李淵侄子。唐高宗授李奉慈原州都督，富貴善終，卒於任上。據詔文可知，李奉慈卒於龍朔二年（六六二）。

〔二〕咨夫存著嘉猷：『嘉猷』，治國的好規劃。書君陳：『爾有嘉謀嘉猷，則入告爾后於内，爾乃順之於外。』孔傳：『汝有善謀善道則入告汝君於内。』蔡沈集傳：『言切於事謂之謀，言合於道謂之猷。』南朝齊王融永明九年策秀才文一：『寤寐嘉猷，延佇忠實。』李周翰注：『嘉，善；猷，道也。』

〔三〕殁膺褒顯：『褒顯』，褒崇宣揚。漢書丙吉傳：『願將軍詳大議，參以蓍龜，豈宜褒顯，先使入侍，令天下昭然知之，然後決定大策，天下幸甚！』明胡應麟詩藪續編國朝上：『自方正學死事，海内諱言其文，近始大行褒顯，而祠廟尚缺。』

〔四〕所以甄明景行：『甄明』，辨明；明察。後漢書魯丕傳：『論難於前，無所甄明。』

李賢注：『甄，別也。』晉書崔洪傳：『選吏部尚書，舉用甄明，門無私謁。』唐王勃上吏部裴侍郎啓：『甄明大義，矯正末流。』『景行』，高尚的德行。詩小雅車舝：『高山仰止，景行行止。』鄭玄箋：『古人有高德者則慕仰之，有明行者則而行之。』

（五）昭紀勛烈：『勛烈』，功業，功勛。後漢書宦者傳呂强：『歷事二主，勛烈獨昭。』唐元稹崔蒧檢校都官員外郎兼侍御史：『崔蒧等自元和以來，有大勛烈於天下。』

（六）况地居懿戚：『懿戚』，指皇親國戚。晉書苻登載記論：『王猛以宏材緯軍國，苻融以懿戚贊經綸。』隋書鄭譯傳：『譯對曰：「若定江東，自非懿戚重臣，無以鎮撫，可令隋公行。」』

（七）風裁淹遠：『風裁』，風紀。後漢書党錮傳李膺：『是時朝廷日乱，綱紀穨阤，膺獨持風裁，以聲名自高。』明唐順之答舒雲川巡按書：『執事之使於江南也，輶車所至，風裁凛然。』

（八）時彦：當代的賢俊，名流。晉陶潛晉故征西大將軍長史孟府君傳：『（褚裒）時爲豫章太守，出朝宗亮，正旦大會州府人士，率多時彦，君坐次甚遠。』唐武少儀和權載之離合詩：『少年慕時彦，小悟文多變。』

（九）分符奥壤：『分符』猶剖符。謂帝王封官授爵，分與符節的一半作爲信物。唐孟浩然送韓使君除洪州都曹詩：『述職撫荆衡，分符襲寵榮。』明張鳳翼紅拂記 傳奇大意：『到海上坐展雄圖，功成日同歸完聚，列土分符。』清吴偉業贈家園次湖州守五十韻：『乞外名都重，分符寵命仍。』又『奥壤』謂腹地。晋書 孝武帝紀：『三吴奥壤，股肱望郡，而水旱并臻，百姓失業。』南朝梁沈約齊故安陸昭王碑文：『姑蘇奥壤，任切關河。』李善注：『奥壤，猶奥區也。』

（十）威惠暴於甿謳：『甿謳』，百姓謳歌。唐儲光羲送丘健至州敕放作時任下邽縣詩：『邦牧新下車，德禮彼甿謳。』

（十一）固以功著旂常：『旂常』，王侯的旗幟。唐陳子昂奉和皇帝上禮撫事述懷：『雲陛旗常滿，天廷玉帛陳。』清陳康祺燕下鄉脞録卷十：『乾隆朝名將，以超海公海蘭察爲冠，邊功戰略，炳矞旗常。』又借指王侯。唐楊炯群官尋楊隱居詩序：『以不貪爲寶，均珠玉以咳唾；以無事爲貴，比旂常於糞土。』

（十二）而壽仁空爽，貞徽奄謝：『貞徽』，貞潔美善。唐韓滉昭德皇后哀册文：『坤厚載物，乾道由儀；成象大矣，貞徽纂之。』唐韓休惠宣太子哀册文：『夫行以謚尊，恩由禮盛，申備物以增飾，緬貞徽而獨映。』又『奄謝』謂去世。唐劉禹錫代慰義陽公主薨表：『豈意遘茲短歷，奄謝昌辰。』宋秦觀寧浦書事詩之四：『洛邑太師奄謝，龍川僕射云亡。』

〔十三〕永言親懿：『親懿』，猶至親。南朝宋謝莊月賦：『親懿莫從，羇孤遞進。』李善注：『親懿，懿親也。』呂向注：『親近懿戚。』唐李白淮陰書懷寄王宋城詩：『復此親懿會，而增交道榮。』

卷第四十

諸王

册妃

冊杞王竇妃文

王妃入道

度壽王妃爲女道士敕

收葬王妃

收葬遇害王妃詔

睦親族

宗姓官在同列之上詔

魏王泰上括地志賜物詔

令宗屬姑叔不得拜子侄制

勉勵宗親誥

選宗子授臺省官及法官京縣官詔

天下三等已上親赴上都制

甄叙皇屬敕

誡礪

責齊王祐詔

誡諸王任刺史別駕敕

册妃

册虢王劉妃文〔一〕

維貞觀年月日，皇帝遣使持節册命曰：於戲！惟爾刑部尚書、彭城縣開國公劉威德第二女〔二〕，地胄清華〔三〕，志懷婉順。訓彰圖史，譽聞邦國，式遵典禮，作儷大藩〔四〕。是用命爾爲虢王妃。往欽哉！其光膺徽命，可不慎歟！

校箋

〔一〕本文亦見於全唐文卷九，署名太宗皇帝，題爲册劉威德次女爲虢王妃文；適園叢書録此文，題目同。虢王李鳳，高祖李淵第十五子。武德六年（六二三）封豳王，貞觀十年（六三六）改封虢王。虢王妃劉妃，劉德威之女。該詔或作於貞觀十年（六三六）李鳳改封虢王稍後。劉妃生虢王長子皇子李翼，嗣虢王。

〔二〕惟爾刑部尚書、彭城縣開國公劉威德第二女：『劉威德』，即劉德威（五八一—六五二），唐代將領。舊唐書列傳第二十七記『劉德威，徐州彭城人也。父子將，隋毗陵郡通守……高祖皆嘉納之。改封彭城縣公。未幾，檢校大理少卿。從擒建德，平世充，皆有功，轉刑部侍郎，加散騎常侍，妻以平壽縣主。貞觀初，歷大理、太僕二卿，加金紫光禄大夫。俄出爲綿州刺史，以廉平著稱，百姓爲之立碑……（貞觀）十八年，起爲遂州刺史，三遷同州刺史。永徽三年卒，年七十一。』

〔三〕地胄清華：『地胄』，南北朝時，稱皇族帝室爲天潢，世家豪門爲地胄。後亦泛指門第。北齊顔之推顔氏家訓雜藝：『王褒地胄清華，才學優敏。』舊唐書李宗閔楊嗣復等傳論：『宗閔、嗣復，承宗室世家之地胄，有文學政事之美名，徊翔清華，出入隆顯。』『清華』，謂門第或職位清高顯貴。唐蔣防霍小玉傳：『生門族清華，少有才思，麗詞佳句，時謂無雙。』

〔四〕作儷大藩：『作儷』，作配偶，成婚。晋書后妃傳下孝武定王皇后：『是以塗山作儷，而夏族以熙；妊姒配周，而姬祚以昌。』遼蕭觀音絶命詞：『嗟薄祜兮多幸，羌作儷兮皇家。』『大藩』，古代指比較重要的州郡一級的行政區。梁書明山賓傳：『明祭酒雖出撫大藩，擁旄推轂，珥金拖紫，而恒事屢空。』舊唐書盧祖尚傳：『交州大藩，去京甚遠，須賢牧撫之。』

册齊王韋妃文〔一〕

維貞觀年月日。於戲！惟爾兼太常卿、扶風郡開國男韋挺長女〔二〕，地胄高華，質性柔順。訓彰禮教，譽表幽閑〔三〕，作儷藩闈，實惟朝典。是用命爾爲齊王妃。往欽哉！

校箋

〔一〕本文亦見於全唐文卷九，署名太宗皇帝，題目爲册韋挺長女爲齊王妃文；適園叢書録此文，題目同。齊王李祐，太宗第五子。武德八年，封宜陽王，其年改封楚王。貞觀二年，徙封燕王，累轉豳州都督。十年，改封齊王，授齊州都督。該詔或作於貞觀十年（六三六）李祐改封齐王稍後。

〔二〕惟爾兼太常卿、扶風郡開國男韋挺長女：『韋挺』，韋挺（五八九—六四六），唐朝大臣，宰相韋待價之父，齊王李祐妃韋氏之父。高祖平京師，署隴西公府祭酒。貞觀朝任吏部黄門侍郎，拜御史大夫，封扶陽縣男，貶象州刺史，貞觀二十年（六四六），卒於任，時年五十八。

〔三〕訓彰禮教，譽表幽閑：『幽閑』，柔順閑静。多用以形容女子。詩周南關雎『窈窕淑女』毛傳：『窈窕，幽閑也。』後漢書列女傳贊：『端操有踪，幽閑有容。』宋曾鞏祭亡妻晁氏文：『幽閑深謐，度量誰窺。』

册桂陽郡王楊妃文〔一〕

沈佺期

景雲二年，歲次辛亥，十月景寅〔二〕，皇帝若曰：於戲，咨爾故桂陽郡王妻楊氏，誕承華緒〔三〕，光襲懿風，性識柔明，言容婉嫕〔四〕。觀詩著範，蹈禮成規，往應高禖〔五〕，作嬪英邸。謹環珮之節，珊其有章〔六〕；勵蘩藻之誠，恭而式序〔七〕，遣使某持節册命爾爲桂陽郡王妃。爾其克保彝訓，率由茂則，以正於家，無替厥命。往欽哉！

校箋

〔一〕此文又見於全唐文卷十九，署名睿宗皇帝。沈佺期宋之問集校注（陶敏、易淑瓊校注）一書收此文，題目爲故桂陽郡王妃楊氏册文，該文末校記『全唐文卷十九據唐大詔令卷四十誤收睿宗文。』據此，補該文作者沈佺期。桂陽郡王：李守義，高宗孫，章懷太子李賢子，初封桂陽郡王，病卒。先天中，追封畢王。生平事迹見舊唐書卷八十六、新唐書卷八十一李賢傳。

〔二〕十月景寅：『景寅』，全唐文作『庚寅』。

〔三〕誕承華緒：『華緒』，顯貴者的後代。唐王勃廣州寶莊嚴寺舍利塔碑：『朝散大夫守長史某，地乘華緒，價擅名流，豫章擢而成幹，騏驥生而躡影。』

〔四〕言容婉嫕：『婉嫕』，亦作『婉嫕』。温順嫻静。漢書外戚傳下孝平王皇后：『太后時年十八矣，爲人婉瘱有節操。』顔師古注：『婉，順也；瘱，静也。』晋張華女史箴：『婉嫕淑慎，正位居室。』

〔五〕往應高禖：『高禖』，指媒神，帝王祀之以求子。高，通『郊』。王引之經義述聞禮記上：『高者，郊之借字，古聲高與郊同，故借高爲郊……蓋古本月令本作郊禖也。』唐陳子昂爲豐國夫人慶皇太子誕表：『塗山之慶，既裕於夏臺；高禖之祠，未陪於殷薦。』

〔六〕謹環珮之節，珊其有章：『環珮』，古人所繫的佩玉。後多指女子所佩的玉飾。禮記經解：『行步則有環佩之聲，升車則有鸞和之音。』鄭玄注：『環佩，佩環、佩玉也。』史記孔子世家：『夫人自帷中再拜，環珮玉聲璆然。』珊，玉佩撞擊聲，舉止有禮合度則環佩聲有節奏。

〔七〕勵蘩藻之誠，恭而式序：『式序』，按次第，有秩序。詩周頌時邁：『明昭有周，式序在位。』後漢書朱穆傳：『議郎、大夫之位，本以式序儒術高行之士，今多非其人。』

册壽王楊妃文〔一〕

維開元二十三年，歲次乙亥，十二月壬子朔，二十四日乙亥，皇帝若曰：於戲！樹屏崇化〔二〕，必正壺闈〔三〕；配德協規〔四〕，允茲懿哲〔五〕。爾河南府士曹參軍楊玄璬長女，公輔之門〔六〕，清白流慶，誕鐘粹美，含章秀出。固能徽範夙成〔七〕，柔明自遠〔八〕，修明內湛，淑問外昭〔九〕。是以選極名家，儷茲藩國，式光典册，俾叶龜謀〔十〕。今遣使户部尚書、同中書門下李林甫，副使黄門侍郎陳希烈，持節册爾爲壽王妃。爾其弘宣婦道，無忘姆訓，率由孝敬，永固家邦。可不慎歟！

校　箋

〔一〕本文亦見於全唐文卷三十八，署名玄宗皇帝，題目同；適園叢書録此文，題目同。壽王李瑁，初名李清，唐玄宗李隆基第十八子，母爲武惠妃。開元十三年（七二五），封壽王，領益州大都督、劍南節度使。二十三年（七三五），拜開府儀同三司，改名李瑁，迎娶楊玉環爲妃。

〔二〕樹屏崇化：『樹屏』，建立藩屏。書康王之誥：『乃命建侯樹屏，在我後之人。』孔穎達疏：『封立賢臣爲諸侯者，樹之以爲藩屏。』舊唐書德宗順宗諸子傳論：『洎乎周漢，始以子弟建侯樹屏，以作維城。』『崇化』，崇尚教化。管子小匡：『初，桓公郊迎管子而問焉，管仲辭讓，然後對以參國伍鄙，立五鄉以崇化，建五屬以厲武。』後漢書和帝紀：『故太尉鄧彪，元功之族，三讓彌高，海内歸仁，爲群賢首，先帝褒美，欲以崇化。』

〔三〕必正壼闈：『壼闈』，内宫。帝王后妃居住的地方。

〔四〕配德協規：『配德』，謂德行堪與匹配，尊稱别人之妻。南史后妃傳序：『梁武撥亂反正，深鑒奢逸，配德早終，長秋曠位。』『協規』，共同謀劃。三國志蜀書諸葛亮傳：『今將軍誠能命猛將統兵數萬，與豫州協規同力，破操軍必矣。』

〔五〕允兹懿哲：『懿哲』，賢明的人。唐吴筠覽古詩之十四：『天道殃頑凶，神明佑懿哲。』

〔六〕公輔之門：『公輔』：古代三公、四輔，均爲天子之佐。借指宰相一類的大臣。漢書孔光傳：『光凡爲御史大夫、丞相各再，一爲大司徒、太傅、太師，歷三世，居公輔位前後十七年。』新五代史雜傳李鏻：『因爲鏻置酒，問其副使馬承翰：「今朝廷之臣，孰有公輔之望？」』

〔七〕固能徽範夙成：『徽範』，美好的風範。宋王明清揮麈後録卷一：『王正仲云：「……徽範貽來者，成功念昔歟。」』『夙成』，早成，早熟。後漢書袁術傳：『又聞幼主明智聰敏，有夙成之德，天下雖未被其恩，咸歸心焉。』北史周東平公神舉傳：『神舉早孤，有夙成之量。』唐韓愈祭竇司業文：『惟君文行夙成，有聲江東；魁然厚重，長者之風。』

（八）柔明自遠：『柔明』，柔順而聰明。古代稱頌婦德。南朝宋顔延之宋文皇帝元皇后哀策文：『昌暉在陰，柔明將進。』唐沈佺期册金城公主文：『咨爾金城公主，幼而敏惠，性質柔明。』

（九）淑問外昭：『淑問』，美名。漢書匡衡傳：『道德弘於京師，淑問揚乎疆外。』顔師古注：『淑，善也；問，名也。』晉陸機答賈長淵詩：『東朝既建，淑問峨峨。』劉良注：『淑，美；問，聞也。』南朝宋王韶之贈潘綜吴逵舉孝廉詩之三：『投死如歸，淑問若蘭。』

（十）俾叶龜謀：『龜謀』，謂龜卜。南朝梁任昉齊竟陵文宣王行狀：『今先遠戒期，龜謀襲吉。』李善注：『尚書曰：「謀及卜筮。」孔安國曰：「龜曰卜。」』南朝梁何遜哭吴興柳惲詩：『曲悟同神解，龜謀信有知。』

册榮王鄭妃文（一）

維開元二十三年，歲次乙亥，十二月壬子朔，二十七日戊寅，皇帝若曰：於戲！作配藩維，以正風訓，莫不明慎聘納（二），聿求儀範。咨爾前相州鄴縣令鄭博古第二女，素聞淑哲〔三〕，自禀幽閑，習翫不華，圖史成則。宜其發祥茂族，高選當代，俾因邦媛之求，式叙壼闈之化。今遣使侍中裴耀卿、副使吏部侍郎席豫，持節册爾爲榮王妃。爾其勉兹孝敬，誡彼滿盈，祇率大猷，永膺寵數。可不慎歟！

校箋

〔一〕本文亦見於全唐文卷三十八，署名玄宗皇帝，題目同；適園叢書録此文，題目同。榮王李琬，玄宗第六子也，初名嗣玄。開元二年三月，封爲甄王。十二年三月，改名滉，封爲榮王。開元二十三年（七三五）迎娶鄭博古第二女爲榮王妃。

〔二〕莫不明慎聘納：『聘納』，謂以禮娶親。古代婚有六禮：納采、問名、納吉、納徵、請期、親迎。聘指問名，納指納徵，亦稱納幣。淮南子泰族訓：『待媒而結言，聘納而取婦，紱絻而親迎，非不煩也，然而不可易者，所以防淫也。』范曄後漢書皇后紀論：『所以明慎聘納，詳求淑哲。』李周翰注：『聘，問；納，取也。』

〔三〕素聞淑哲：『淑哲』，貞静賢慧，亦指貞静賢慧之女。後漢書皇后紀序：『所以明慎聘納，詳求淑哲。』元史后妃傳一莊懿慈聖皇后：『恭惟聖母，温慈惠和，淑哲端懿。』

册潁王獨孤妃文〔一〕

孫　逖

維開元二十五年，歲次丁丑，七月辛巳朔，十一日辛卯，皇帝若曰：於戲！樹之外屏〔二〕，義在於展親〔三〕；修其内則〔四〕，禮先於擇配。咨爾故右驍衛郎將獨孤禮第十二女，軒冕之族，通姻自久；賢明之行，淑問攸歸。早習組紃之功〔五〕，備詳圖史之學，實資女士，以儷藩維。今遣使工部尚書、同中書門下三品牛仙客；副使行黄門侍郎陳希烈，持節册爾爲潁王妃。爾其克慎威儀，無忘孝敬，欽承國命，永茂嬪風。可不慎歟！

校　箋

〔一〕本文亦見於全唐文卷三百十一，署名孫逖，題目同；適園叢書卷四十録此文，題目同。潁王李璬，玄宗第十三子，初名澐。開元十三年，封潁王。十五年，遥領安東都護、平盧軍節度大使。二十三年，加開府儀同三司，改名璬。開元二十五年（七三五）迎娶獨孤禮第十二女爲潁王妃。

〔二〕樹之外屏：『外屏』，天子的門屏。屏，對着門的小墻，後稱照壁。與内屏相對。荀子大略：『天子外屏，諸侯内屏，禮也。』淮南子主術訓：『天子外屏，所以自障。』高誘注：『屏，樹垣也，門内之垣謂之樹。論語曰：「國君樹塞門」，諸侯在内，天子在外，故曰所以自障也。』

〔三〕義在於展親：『展親』，謂重視親族的情分。書旅獒：『分寶王於伯叔之國，時庸展親。』孔潁達疏：『言用寶以表誠心，使彼知王親愛之也。』國語魯語上：『古者分同姓以珍玉，展親也。』韋昭注：『展，重也。』

〔四〕修其内則：『内則』，借指婦職、婦道。後漢書皇后紀序：『所以能述宣陰化，修成内則，閨房肅雍，險謁不行也。』唐皮日休九夏歌王夏之四：『出有嘉謀，入有内則。』

〔五〕早習組紃之功：『組紃』，古指婦女從事的女紅。唐白居易封太和長公主制：『第四妹端明成性，和順禀教。静無違禮，故組紃有常訓；動必中節，故環珮有常聲。』宋王禹偁平陽公主贊并序：『余觀文母之下，修蘋藻之禮、組紃之事者，世則有之；及其立命世之勛，與武臣之列者，未之見也。』

册永王侯莫陳妃文〔一〕

維開元二十六年，歲次戊寅，正月庚午朔，十八日丁亥，皇帝若曰：於戲！燕翼之訓〔二〕，實屬於維城〔三〕；婚姻之禮，必求於宜室〔四〕。咨爾右羽林軍長侯莫陳超第五女，天資清懿〔五〕，性與賢明。衣冠之緒，克禀於門德；環珮之容〔六〕，備詳於閨訓〔七〕。是賴尚柔之質，以弘樂善之心，宜配藩維，用膺典册。今遣使金紫光禄大夫、兵部尚書兼中書令集賢院學士修國史、上柱國晉國公李林甫；副使中大夫、中書侍郎集賢院學士、上柱國徐安貞，持節册爾爲永王妃。爾其虔恭所職，淑慎其儀，惟德是修，以承休命。可不慎歟！

校　箋

〔一〕本文亦見於全唐文卷三十八，署名玄宗皇帝，題目同；適園叢書卷四十録此文，題目同。永王李璘，玄宗第十六子。開元十三年三月，封爲永王。十五年五月，遥領荆州大都督。二十年七月，加開府儀同三司，改名璘。開元二十六年（七三六）迎娶侯莫陳超第五女爲永王妃。侯莫陳，三字複姓，起源於北魏少數民族。

〔二〕燕翼之訓：『燕翼』，詩大雅文王有聲：『武王豈不仕，詒厥孫謀，以燕翼子。』毛傳：『燕，安；翼，敬也。』孔穎達疏：『思得澤及後人，故遺傳其所以順天下之謀，以安敬事之子孫。』陳奂傳疏：『詒，遺也……言武王以安敬之謀遺其孫子也。』後以『燕翼』謂善爲子孫後代謀劃。漢蔡邕郡掾吏張玄祠堂碑銘：『篤垂餘慶，貽此燕翼。邈矣遺孫，用懷多福。』周書宣帝紀：『朕以眇身，祗承寶祚，庶幾聿修之志，敢忘燕翼之心。』

〔三〕實屬於維城：『維城』，借指皇子或皇室宗族。後漢書孝明八王傳贊：『孝明傳胤，維城八國。』唐無可送李長吉之任東井詩：『家世維城後，官資宰邑初。』

〔四〕必求於宜室：『宜室』，詩周南桃夭：『桃之夭夭，灼灼其華。之子于歸，宜其室家。』朱熹集傳：『宜者，和順之意。室，謂夫婦所居。』後因以『宜室』稱夫婦和睦。明湯顯祖牡丹亭閨塾：『有風有化，宜室宜家。』清孫枝蔚歲暮寓中遺懷詩：『之子知宜室，吾家不諱窮。』

〔五〕天資清懿：『清懿』，純潔美好的德行。宋范仲淹文鑒大師：『遠書加勤，願保清懿，以副所懷。』

〔六〕環佩之容：『環佩』，借指美女。三國魏阮籍詠懷之四：『二妃游江濱，逍遥順風翔。交甫懷環珮，婉孌有芬芳。』唐杜甫詠懷古迹之三：『畫圖省識春風面，環珮空歸月夜魂。』

〔七〕詳備於閨訓：『閨訓』，舊時指婦女應遵守的行爲準則。唐王維爲王常侍祭沙陀鄯國夫人文：『行閨訓於穹廬，成母儀於蕃國。』

册榮王薛妃文〔一〕

維開元二十九年，歲次辛巳，三月壬午朔，十八日己亥，皇帝若曰：於戲！古人大猷〔二〕，諒在婚禮，必資令淑〔三〕，以儷藩維〔四〕。咨爾京兆府新豐縣令薛巘長女，地承華族，門傳雅範〔五〕，本幽閑之性，爲禮教所成。循圖覽史，蹈和履順〔六〕，固可歸於邸第〔七〕，穆彼嬪風。是用命爾爲榮王妃。今遣兵部尚書兼侍中牛仙客、副使黄門侍郎陳希烈，持節禮册。爾其敬佩前規，克勤内則，式瞻清懿，垂美無窮。可不慎歟！

校箋

〔一〕本文亦見於全唐文卷三十八，署名玄宗皇帝，題目同；適園叢書卷四十録此文，題目同。榮王李琬，玄宗第六子也，初名嗣玄。開元二年三月，封爲甄王。十二年三月，改名滉，封爲榮王。開元二十九年（七四一）迎娶薛巘長女爲榮王妃。

〔二〕古人大猷：『大猷』，謂治國大道。詩小雅巧言：『奕奕寢廟，君子作之；秩秩大猷，聖人莫之。』鄭玄箋：『猷，道也；大道，治國之禮法。』晉潘岳楊荆州誄：『弈世丕顯，允迪大猷。』

〔三〕必資令淑：『令淑』，謂德行善美。宋王禹偁右衛將軍秦公墓志銘序：『夫人陳氏封潁川縣君，以令淑聞於宗族，先公而亡。』

〔四〕以儷藩維：『藩維』，詩大雅板：『价人維藩。』後以『藩維』指藩國。南朝梁沈約封授臨川等五王詔：『藩維廣樹，經朔攸屬。』

〔五〕門傳雅範：『雅範』，指脱俗的風度，高尚的品格。南朝齊謝朓酬德賦：『援雅範以自綏，懿前修之所勖。」唐趙璘因話録商下：「而皆以清標雅範，爲後來所重。」

〔六〕蹈和履順：「蹈和」，謂遵循謙和之道。

〔七〕固可歸於邸第：「邸第」，達官貴族的府第。史記荆燕世家：「臣觀諸侯王邸弟百餘，皆高祖一切功臣。」宋劉辰翁寶鼎現詞：「滉漾明光連邸第，簾影凍，散紅光成綺。」

册濟王崔妃文〔一〕

維開元二十九年，歲次辛巳，五月庚戌朔，十四日癸亥，皇帝若曰：於戲！乃眷藩王，既開邸弟，必求士女，以昭壼則。咨爾故絳州司士參軍崔承寵長女，家承茂族，代襲清和，自幼及長，素有柔和之性；監循圖史，永懋幽閑之德〔二〕，徽猷益著〔三〕，淑問可嘉。是以膺兹寵章，主彼中饋〔四〕，是用命爾爲濟王妃。今遣使兵部尚書兼侍中牛仙客、副使黄門侍郎陳希烈，持節禮册。爾其敬佩箴訓，克慎威儀，輔我維城，永崇磐石。可不慎歟！

校箋

〔一〕本文亦見於全唐文卷三十八，署名玄宗皇帝，題目同；適園叢書録此文，題目同。濟王李環，玄宗第二十二子，初名溢。開元十三年三月，封濟王。二十三年七月，授開府儀同三司，其月改名環。開元二十九年（七四一）迎娶崔承寵長女爲濟王妃。

〔二〕永懋幽閑之德：『幽閑』，柔順閑静。多用以形容女子。詩周南關雎『窈窕淑女』毛傳：『窈窕，幽閑也。』後漢書列女傳贊：『端操有踪，幽閑有容。』

〔三〕徽猷益著：『徽猷』，美善之道。猷，道。指修養、本事等。詩小雅角弓：『君子有徽猷，小人與屬。』毛傳：『徽，美也。』鄭玄箋：『猷，道也。君子有美道以得聲譽，則小人亦樂與之而自連屬焉。』梁書文學傳下謝幾卿：『故得仰慕徽猷，永言前哲。』

〔四〕主彼中饋：『中饋』，指妻室。宋張齊賢洛陽搢紳舊聞記張相夫人始否終泰：『及爲中饋也，善治家，尤嚴整。』清鈕琇觚剩湯素畹：『湯氏素畹，字雅卿，人都吴嘯雯中饋也。』

册信王盧妃文〔一〕

維天寶二年，歲次癸未，九月戊戌朔〔二〕，二十一日戊午，皇帝若曰：於戲！建邦爲屏，必先於壼教；嘉偶曰妃，是賴於嬪則〔三〕。咨爾前殿中省尚書輦局直長盧季融第三女，淑德賢明，令儀柔順。含和自整〔四〕，備詳環珮之容；稟訓有方，更出衣冠之族。實資女範，作配藩維。是用命爾爲信王妃。今遣使尚書左僕射兼右相晉國公李林甫、副使銀青光禄大夫行中書侍郎徐安貞，持節禮册。爾其肅穆閨闈，虔恭禮度，克終婦道，以正國風，可不慎歟！

校箋

〔一〕本文亦見於全唐文卷三十八，署名玄宗皇帝，題目同；適園叢書卷四十録此文，題目同。信王李瑝，玄宗第二十三子，初名沔。開元十三年三月，封爲信王。二十三年七月，授開府儀同三司，仍改名瑝。天寶二年（七四三）迎娶盧季融第三女爲信王妃。

〔二〕九月戊戌朔：『九月』全唐文作『七月』。

〔三〕是賴於嬪則：『嬪則』，爲婦的準則。南朝齊謝朓齊敬皇后哀册文：『思媚諸姑，貽我嬪則。』張銑注：『嬪則，爲婦之法則也。』

〔四〕含和自整：『含和』，藴藏祥和之氣，常喻仁德。文子精誠：『故大人與天地合德……懷天心，抱地氣，執冲含和，不下堂而行四海。』淮南子俶真訓：『天含和而未降，地懷氣而未揚。』

册陳王韋妃文〔一〕

維天寶四載，歲次乙酉，三月己未朔，十九日丁丑，皇帝若曰：於戲！咨爾京兆府新豐縣尉韋峑第八女，慶承華族，禮冠女師〔二〕，欽若保訓，踐修德範，遵圖鑒史，操尚幽閑，内則嬪儀〔三〕，道彰柔順，陰教之美〔四〕，國風攸屬，允資邦媛，作配藩闈。是用命爾爲陳王妃。今遣使尚書左僕射兼右相吏部尚書、集英院學士修國史晉國公李林甫，副使中書舍人兼判刑部侍郎孫逖，持節禮册。爾其率循懿行，懋昭令德，祗膺典册，可不慎歟！

校箋

（一）本文亦見於全唐文卷三十八，署名玄宗皇帝，題目同；適園叢書卷四十録此文，題目同。陳王李珪，玄宗第二十五子，初名漼。開元二十三年七月，封爲陳王。二十四年三月改名珪。天寶四載（七四五）迎娶韋崟第八女爲陳王妃.

（二）禮冠女師：『女師』，女子的楷模。梁書皇后傳太宗王皇后：『后幼而柔明淑德，叔父暕見之曰：「吾家女師也。」』

（三）内則嬪儀：『内則』，借指婦職、婦道。後漢書皇后紀序：『所以能述宣陰化，修成内則，閨房肅雍，險謁不行也。』唐皮日休九夏歌王夏之四：『出有嘉謀，入有内則。』

（四）陰教之美：『陰教』，女子的教化。語本周禮天官内宰：『以陰禮教六宫，以陰禮教九嬪。』范曄後漢書皇后紀論『所以能述宣陰化，修成内則』，李善注引三國魏曹丕典論：『欲納二女，充備六宫，佐宣陰教，聿修古義。』唐李華含元殿賦：『王風闡而成化，陰教備而不虧。』

册壽王韋妃文〔一〕

維天寶四載，歲次乙酉，七月丁巳朔，二十六日壬辰，皇帝若曰：於戲！古之建封，式崇垣翰〔二〕，永言配德，必擇幽閑。咨爾左衛勳二府右郎將韋昭訓第三女〔三〕，毓慶高門，禀柔中壼，動修法度，居翫琴瑟，夙聞師氏之學，素習公宮之禮〔四〕，聿求貞懿，作儷藩維。爰資輔佐之德，以成樂善之美。是用命爾爲壽王妃。今遣使光禄大夫行左相兼兵部尚書弘文館學士李適之，副使金紫光禄大夫行門下侍郎集賢院學士兼崇玄館大學士陳希烈，持節禮册。爾其欽承寵數，率由令則，敬恭婦道，可不慎歟！

校箋

〔一〕本文亦見於全唐文卷三十八，署名玄宗皇帝，題目同；適園叢書卷四十録此文，題目同。壽王李瑁，初名李清，唐玄宗李隆基第十八子，母爲武惠妃。開元十三年（七二五），封壽王，領益州大都督、劍南節度使。二十三年（七三五），拜開府儀同三司，改名李瑁。天寶四載（七四五）迎娶韋昭訓第三女爲壽王妃。

〔二〕式崇垣翰：『垣翰』，詩大雅板：『价人維藩，大師維垣。大邦維屏，大宗維翰。』毛傳：『垣，墻也。翰，幹也。』後以『垣翰』比喻屏障或國家的重臣。唐白居易除某官王某魏博節度使制：『爲我垣翰，永孚於休。』唐陸贄冬至大禮大赦制：『方鎮乃國之垣翰，禁衛實予之爪牙。』

〔三〕咨爾左……第三女：唐大詔令集原作第二女，今據全唐文改第三女。

〔四〕素習公宮之禮：『公宮』，君王的宮殿。漢班固白虎通辟雍：『王制曰：小學在公宮南之左，大學在郊。』唐白居易祭咸安公主文：『組紃之訓，既習於公宮；湯沐之封，遂開於國邑。』

册廣平王崔妃文〔一〕

維天寶五載，歲次景戌，四月癸未朔，十六日戊戌，皇帝若曰：於戲！朱邸傳封，爰求嘉偶；瓊笄作合〔二〕，必擇華宗〔三〕。咨爾太子宮門郎崔珣長女，胄自軒冕〔四〕，訓承圖記，柔閑内正，淑問外宣，既連榮於姻戚，且襲吉於龜筮，是用命爾爲廣平郡王妃。今遣使光禄大夫行門下侍郎陳希烈，持節禮册。爾其虔奉儀則，祗膺典禮，克昌祚胤，永固宗祧，可不慎歟！

校箋

〔一〕本文亦見於全唐文卷三十八，署名玄宗皇帝，題目同；適園叢書卷四十録此文，題目同。廣平王，即唐代宗李豫，初名李俶。唐肅宗李亨長子，母爲章敬皇后吴氏。最初以皇孫身份受封廣平王。李豫爲廣平王時，天寶五載（七四六）迎娶崔珣長女爲廣平郡王妃。崔妃是楊貴妃的外甥女，性頗悍妒。安史之亂後因母家失勢，恩顧漸薄，崔妃不久便逝世。

〔二〕瓊笄作合：『作合』，詩大雅大明：『文王初載，天作之合。』後因以『作合』指男女結成夫婦。晉潘岳南陽長公主誄：『肇自弱笄，有馥其芬，言告言歸，作合於荀。』宋曾鞏宗室承操新婦王氏進封國夫人制：『具官某新婦某氏，作合宗藩，躬有馴德。』

〔三〕必擇華宗：『華宗』，猶貴族。三國魏曹植上疏陳審舉之義：『三監之釁，臣自當之，二南之輔，求不必遠，華宗貴族藩王之中，必有應斯舉者。』南朝梁任昉王文憲集序：『公生自華宗，世務簡隔。』張銑注：『言生於富貴之宗。』

（四）胄自軒冕：『軒冕』，古時大夫以上官員的車乘和冕服，借指官位爵禄。莊子繕性：『古之所謂得志者，非軒冕之謂也，謂其無以益其樂而已矣。』宋吴曾能改齋漫録記文：『軒冕失之，有時而復來；節行失之，終身不可得矣。』

册涼王張妃文（一）

維天寶九載，歲次庚寅，四月己未朔，十七日乙亥，皇帝若曰：於戲！内則之禮，用穆人倫，中饋之義（二），以正家道。咨爾左衛率府親府左郎將羅國公張安仁第二女，門承軒冕，族著清華，蕙性柔明，蘭儀婉茂。早習組紃之藝（三），克聞圖史之規。儀範聿修（四），四德斯備（五），虔恭蘋藻之訓（六），式昭珩璜之容（七），作儷英藩，允資令淑。今遣開府儀同三司行尚書左僕射兼右相吏部尚書崇文館大學士監修國史上柱國晋國公李林甫，副使中大夫行中書舍人權知禮部侍郎事上柱國成紀縣開國男李暐，持節册爾爲涼王妃。爾其祗膺典禮，永綏寵命。可不慎歟！

校箋

〔一〕本文亦見於全唐文卷三十八，署名玄宗皇帝，題目同；適園叢書卷四十録該文，題目同。涼王璿，玄宗第二十九子，初名滋。開元二十三年七月，封爲涼王。二十四年二月，改名璿。天寶九載（七五〇）迎娶張安仁第二女爲涼王妃。

〔二〕中饋之義：『中饋』，指妻室。宋張齊賢洛陽搢紳舊聞記張相夫人始否終泰：『及爲中饋也，善治家，尤嚴整。』清鈕琇觚賸湯素畹：『湯氏素畹，字雅卿，大都吴嘯雯中饋也。』

〔三〕早習組紃之藝：『組紃』，古指婦女從事的女紅。唐白居易封太和長公主制：『第四妹端明成性，和順禀教。静無違禮，故組紃有常訓；動必中節，故環珮有常聲。』宋王禹偁平陽公主贊并序：『余觀文母之下，修蘋藻之禮、組紃之事者，世則有之；及其立命世之勛，與武臣之列者，未之見也。』

〔四〕儀範聿修：『聿修』，亦作『聿修』。詩大雅文王：『無念爾祖，聿修厥德。永言配命，自求多福。』毛傳：『聿，述。』聿本助詞，後多訓爲『述』，因以『聿修』謂繼承發揚先人的德業。

〔五〕四德斯備：『四德』，封建禮教指婦女應有的四種德行。周禮　天官　九嬪：『掌婦學之法，以教九御，婦德、婦言、婦容、婦功。』鄭玄注：『婦德謂貞順，婦言謂辭令，婦容謂婉娩，婦功謂絲枲。』後漢書　皇后紀序：『九嬪掌教四德。』李賢注：『四德謂婦德、婦言、婦容、婦功也。』

〔六〕虔恭蘋藻之訓：『蘋藻』，語本詩　召南　采蘋序：『采蘋，大夫妻能循法度也，能循法度，則可以承先祖共祭祀矣。』後因以『蘋藻』借指婦女的美德。明陳汝元金蓮記　晝錦：『〔王氏〕嗣育蘭蓀，孝全蘋藻。』

〔七〕式昭珩璜之容：『式昭』，用以光大。後漢書　張衡傳：『朝有所聞，則夕行之。立功立事，式昭德音。』李賢注：『逸詩曰：「祈招之愔愔，式昭德音。」式，用也；昭，明也。』『珩璜』，指雜佩，各種不同的佩玉。詩　鄭風　女曰雞鳴『雜佩以贈之』毛傳：『雜佩者，珩、璜、琚、瑀、衝牙之類。』陸德明釋文：『珩音衡，佩上玉也；璜音黄，半璧曰璜。』

册蜀王田妃文〔一〕

陸贄

維建中二年，十一月某日，皇帝若曰：夫茂建親戚，以惇族固本；明慎聘納〔二〕，以厚別蕃嗣：實人倫之始，王教之端也〔三〕。朕奉若謨訓〔四〕，詳求淑哲〔五〕。賢必有象，鐘慶於令門〔六〕；姻不失親，載光於戚里〔七〕。故某官駙馬都尉田擇交第若干女，生禀柔惠，習知禮則，容德純備，孝睦洽聞，可以叶美好逑，輔成樂善。是用遣使某持節册命爲蜀王妃。嗚呼！敬之哉，備禮以崇其好合，起家而居其爵位，非義信不固，非温順不親，克恭匪懈，則罔攸悔。朕言必復，可不慎歟！

校箋

〔一〕本文亦見於全唐文卷四百六十四，署名陸贄，題目爲册蜀王妃文；適園叢書卷四十録該文，題目同。翰苑集卷六録該文，題目爲册蜀王妃文。蜀王李溯，代宗第十二子，大曆十四年封。本名遂，建中二年改溯。建中二年（七八一）十一月，迎娶田擇交之女爲蜀王妃。

〔二〕明慎聘納：『聘納』，謂以禮娶親。古代婚有六禮：納采、問名、納吉、納徵、請期、親迎。聘指問名，納指納徵，亦稱納幣。淮南子泰族訓：『待媒而結言，聘納而取婦，紱絻而親迎，非不煩也，然而不可易者，所以防淫也。』范曄後漢書皇后紀論：『所以明慎聘納，詳求淑哲。』

（三）實人倫之始，王教之端也：『王教』，王者的教化。漢劉向列女傳楚平伯嬴：『夫婦之道，固人倫之始，王教之端。』晉皇甫謐三都賦序：『昔之爲文者，非苟尚辭而已，將以紐之王教，本乎勸戒也。』

（四）朕奉若謨訓：『謨訓』，謀略和訓誨。書胤征：『聖有謨訓，明徵定保。』孔傳：『聖人所謀之教訓，爲世明證，所以定國安家。』唐權德輿唐故尚書兵部郎中楊君文集序：『協書命於謩訓，薦聲詩於郊廟。』

（五）詳求淑哲：『淑哲』，貞靜賢慧。亦指貞靜賢慧之女。後漢書皇后紀序：『所以明慎聘納，詳求淑哲。』元史后妃傳一莊懿慈聖皇后：『恭惟聖母，温慈惠和，淑哲端懿。』

（六）鐘慶於令門：『鐘慶』，積福。舊唐書后妃傳下憲宗懿安皇后郭氏：『識者以爲汾陽社稷之功未泯，復鐘慶於懿安焉。』

（七）載光於戚里：『戚里』，借指外戚。後漢書張霸傳贊：『霸貴知止，辭交戚里。』宋孟元老東京夢華録立秋：『中貴戚里，取索供賣。』

册杞王竇妃文〔一〕

陸贄

維建中二年，十一月某日甲子，皇帝使某官某持節册命故某官竇銑第若干女爲杞王妃。曰：於戲！禮以大婚崇繼嗣，本人倫之教；詩嘉淑女配君子，繫王化之綱。蓋率人成風，由内及外，得不採嘉耦以固磐石〔二〕，本宗室而御家邦，詳求唯難，歷選滋久，時乃之擇，得於舊姻，柔懿禀乎天和，禮樂成於家法，明章婦順，虔奉母儀，克成鵲巢之功〔三〕，叶宣麟趾之美〔四〕，祇膺嘉禮，欽率内教〔五〕，淑慎厥止，無替有終，嗚呼，可不慎歟！

校箋

〔一〕本文亦見於全唐文卷四百六十四，署名陸贄，題目爲册杞王妃文；適園叢書卷四十録該文，題目同。翰苑集卷六録該文，題爲册杞王妃文。杞王倕，肅宗第十子。至德二載（七五七）封杞王，建中二年（七八一）十一月，迎娶竇銑之女爲杞王妃。杞王倕貞元十四年（七九八）薨。

（二）得不采嘉耦以固磐石：『嘉耦』，好配偶，美姻緣。左傳桓公二年：『嘉耦曰妃，怨耦曰仇，古之命也。』楊伯峻注：『美好姻緣謂之妃。』

（三）克成鵲巢之功：『鵲巢』，詩召南篇名。詩召南鵲巢序：『鵲巢，夫人之德也。國君積行累功，以致爵位，夫人起家而居有之，德如鳲鳩，乃可以配焉。』後遂以『鵲巢』指婦人之德。唐陸贄册杞王妃文：『明章婦順，虔奉姆儀，克茂鵲巢之規，叶宣麟趾之美。』宋蘇軾荆王新婦王氏潭國夫人制：『易稱中饋，爲家人之正吉；詩美羔羊，蓋鵲巢之功致。』

（四）叶宣麟趾之美：『麟趾』，詩周南麟之趾：『麟之趾，振振公子。』鄭玄箋：『喻今公子亦信厚，與禮相應，有似於麟。』後以『麟趾』作喻子孫昌盛。南朝齊王融三月三日曲水詩序：『族茂麟趾，宗固盤石。』宋蘇軾賜彰化軍節度使開府儀同三司判大宗正事宗晟上表乞還職事不允詔：『朕方慶瓜瓞之茂，而欲觀麟趾之應。』

（五）欽率内教：『内教』，封建時代對婦女的教育。晉陸雲贈顧驃騎詩後序：『祈陽能明其德……無思不服，亦賴賢妃貞女以成其内教。』晉書楊駿傳：『后妃，所以供粢盛、弘内教也。』

王妃入道

度壽王妃爲女道士敕〔一〕

孫逖

敕：至人用心〔二〕，方悟真宰；淑女勤道〔三〕，自昔罕聞。壽王瑁妃楊氏，素以端懿〔四〕，作嬪藩國，雖居榮貴，每在精修。屬太后忌辰，永懷追福，以兹求度，雅志難違。用敦弘道之風，特遂由衷之請，宜度爲女道士。

校箋

〔一〕本文亦見於全唐文卷三十五，署名玄宗皇帝，題目同；適園叢書卷四十録此文，題目同。續古文苑卷五録該文，題目同。開元二十八年（七四〇），楊貴妃奉命出家爲女道士。該文當作於開元二十八年（七四〇）。唐大詔令集本詔作者署名孫逖。

〔二〕至人用心：『至人』，全唐文作『聖人』。

〔三〕淑女勤道：『淑女』，全唐文作『婦女』。

〔四〕素以端懿：『端懿』，端莊純正。漢蔡邕文範先生陳仲弓銘：『遷太丘長，民之治情斂欲反於端懿者，猶草木之偃於翔風，百卉之挺於春陽也。』

收葬王妃

收葬遇害王妃詔〔一〕

禍福之源，天不可問；報應之道，理或難憑。遂使積善深仁，併罹荼毒〔二〕；元惡大憝〔三〕，得恣凶殘。自古以來，未免斯咎。日者禄山作逆，竊據兩都〔四〕，塗炭我生靈，傷夷我骨肉。於禮院門遇害王妃及男子等，或閨闈令德〔五〕，婦道柔閑；或藩邸象賢〔五〕，幼年聰敏。蒼黄之際〔七〕，陷没賊中。嗟其無辜，并遭非命。興言及此，痛悼良深。宜令所司即擇日收葬，一事已上，并令官供。其失骸骨者，亦令招魂。神而有感，庶從改卜之安；魂兮來歸，將就新塋之告。上元元年建丑月。

校箋

〔一〕本文亦見於全唐文卷四十三，署名肅宗皇帝，題目同，文末未録『上元元年建丑月』；適園叢書卷四十録該文，題目同。安史之亂是唐由盛而衰的轉捩點。天寶十四載（七五五）十二月，安禄山攻入洛陽，天寶十五年（七五六）六月，安禄山占領長安。上元二年（七六一）三月，叛軍内訌，史思明爲其子史朝義所殺，内部離心，屢爲唐軍所敗。

〔二〕遂使積善深仁，併罹荼毒：『積善』，纍積善行。易坤：『積善之家，必有餘慶；積不善之家，必有餘殃。』漢書董仲舒傳：『積善在身，猶長日加益，而人不知也。』『深仁』，深厚的仁愛。宋陳亮書歐陽文粹後：『初，天聖、明道之間，太祖、太宗、真宗以深仁厚澤涵養天下蓋七十年。』『罹』，被；遭受。書湯誥：『爾萬方百姓，罹其凶害。』漢書文帝紀：『今崩，又使重服久臨，以罹寒暑之數。』『荼毒』，毒害；殘害。書湯誥：『爾萬方百姓，罹其凶害，弗忍荼毒。』三國魏嵇康太師箴：『秦皇荼毒，禍流四海。』

〔三〕元惡大憝：『元惡』，大惡之人；首惡。書康誥：『元惡大憝，矧惟不孝不友！』孔傳：『大惡之人猶爲人所大惡，况不善父母、不友兄弟者乎！』唐沈佺期赦到不得歸題江上石詩：『天鑒誅元惡，宸慈恤遠黎。』『大憝』，謂極爲人所怨惡。書 康誥：『元惡大憝，矧惟不孝不友。』孔傳：『大惡之人猶爲人所大惡。』後用以稱極奸惡的人，首惡之人。晋潘岳西征賦：『愠韓馬之大憝，阻關谷以稱亂。』唐劉禹錫天平軍節度使廳壁記：『天寶末，大憝起於幽都。』

〔四〕日者禄山作逆，竊據兩都：『日者』，近日。後漢書 光武帝紀下：『九月戊辰，地震裂。制詔曰：「日者地震，南陽尤甚。」』金史 僕散揆傳：『以汝宣獻皇后之親，故令尚主，謂當以忠孝自勵。日者乃與外人竊議，汝腹中事朕不能測，其能歸田里。』『作逆』，作亂，造反。三國魏曹操請增封荀彧表：『昔袁紹作逆，連兵官渡。』晋干寶搜神記卷七：『儻有此，東西數百里，必有作逆者。』『竊據』，用不正當手段占據。唐劉長卿吴中聞潼關失守因奉寄淮南蕭判官詩：『關中因竊據，天下共憂慄。』新唐書 哥舒翰傳：『禄山雖竊據河朔，不得人心。』

〔五〕或閨闈令德：『閨闈』，内室。亦特指婦女居住的地方。三國志 魏書 中山恭王衮傳：『閨闈之内，奉令於太妃；閫閾之外，受教於沛王。』唐牛僧孺玄怪録 郭代公：『多幸爲人，托質血屬，闇閹未出，固無可殺之罪。」『令德』，指有高尚道德的人。漢蔡邕上封事陳政要七事：『太子官屬，宜搜選令德，豈有但取丘墓凶醜之人？』

〔六〕或藩邸象賢：『藩邸』，藩王之第宅。北齊書昭帝紀：『月餘，（高演）乃居藩邸，自是詔敕多不關帝。』唐鄭棨開天傳信記：『上於藩邸時，每戲游城南韋杜之間。』『象賢』，謂能效法先人的賢德。書微子之命：『殷王元子，惟稽古崇德象賢。』儀禮士冠禮：『繼世以立諸侯，象賢也。』鄭玄注：『象，法也，爲子孫能法先祖之賢，故使之繼世也。』唐劉禹錫蜀先主廟詩：『得相能開國，生兒不象賢。』

〔七〕蒼黄之際：『蒼黄』，匆促；慌張。唐温庭筠湖陰曲：『蒼黄追騎塵外歸，森索妖星陣前死。』金史完顏奴申傳：『俄聞軍敗衛州，蒼黄走歸德。』

睦親族

宗姓官在同列之上詔〔一〕

朕受終揖讓〔二〕，君臨四海，普天之下，同加惠澤。宗緒之情〔三〕，義越常品〔四〕，宜有旌異〔五〕，以明等級。諸宗姓官，宜在同列之上；未有職任者，不在徭役之限。每州置宗師一人，以相管攝，别爲團伍，所司明立條式。武德二年正月。

校箋

〔一〕本文亦見於全唐文卷一，署名高祖皇帝，題目爲每州制宗師詔，文末未録『武德二年正月』；適園叢書卷四十録該文，題目同。册府元龜卷六百二十一卿監部録該文，文首録『（武德）二年二月詔曰』。通典卷六食貨六賦税下記：『大唐武德元年，詔曰：「宗緒之情，義越常品，宜加惠澤，以明等級。諸宗姓有官者，宜在同列之上；未有職任者，不在徭役之限。」』資治通鑑卷一百八十七記武德二年正月『丙戌，詔：「諸宗姓居官者在同列之上，未仕者免其徭役；每州置宗師一人以攝總，别爲團伍。」』本詔之作年有武德元年、武德二年之異。

〔二〕朕受終揖讓：『受終』，謂承受帝位。書舜典：『正月上日，受終於文祖。』孔穎達疏：『受終者，堯爲天子，於此事終而授與舜。故知終謂堯終帝位之事，終言堯終舜始也。』隋書地理志上：『高祖受終，惟新朝政，開皇三年，遂廢諸郡。』『揖讓』，指禮樂文德。漢書禮樂志：『揖讓而天下治者，禮樂之謂也。』

〔三〕宗緒之情：『宗緒』，祖先的緒業。楚辭天問：『初湯臣摯，後茲承輔。何卒官湯，尊食宗緒？』朱熹集注：『緒業流於子孫也。』漢揚雄百官箴宗正箴：『晋獻悖統，宋宣亂序，齊桓不胤，而忘其宗緒。』

〔四〕義越常品：『常品』，平常的品類。宋沈作喆寓簡卷十：『花始變而趣時，態十有七八，異於常品。』宋王禹偁賀勝捷表：『今則身居郎署，目睹神功，感涕忻懽，倍萬常品。』

〔五〕宜有旌異：『旌異』，褒獎。陳書文學傳阮卓：『阮卓素不同逆，宜加旌異。』唐元結九疑圖記：『故圖九峰，略載山谷，傳於好事，以旌異之。』

魏王泰上括地志賜物詔〔一〕

地輿之記〔二〕，由來尚矣。區外具於山海經〔三〕，宇内陳於夏本紀〔四〕。職方王制〔五〕，纔舉華夷；漢志晋圖，略紀郡國。自茲以後，著述實繁。或學非博通，尚多遺闕；或地分南北，互有短長。求其折中，無聞盡善。左武候大將軍雍州牧相州都督魏王泰，體業貞固，風鑒凝邈〔六〕，學綜策府〔七〕，文冠詞林。樂善表於夙夜，好士彰於吐握〔八〕。討论輿地，詳延儒雅〔九〕。博采方志，得之於舊聞；傍求故老，考之於傳信〔十〕。内殫九服，外極八荒〔十一〕，憲章是程，規條有序。兼苞戎夏，無遺今古，簡而能周，博而尤要，足以度越前載，垂之不朽，宜加褒錫，以申獎勸。可錫物一萬段，其書宜付秘閣。貞觀十六年正月。

校箋

〔一〕續古文苑（清嘉慶刻本）卷五録該文，題目同，作者唐太宗；適園叢書卷四十録該文，題目同。文末皆録『貞觀十六年正月』。括地志是唐朝的一部大型地理著作，由魏王李泰主編。全書正文五五〇卷、序略五卷，吸收漢書 地理志和顧野王輿地志兩書編纂上的特點，創立了一種新的地理書體裁，爲後來的元和郡縣志、太平寰宇記開了先河。全書按貞觀十道排比三五八州，再以州爲單位，分述轄境各縣的沿革、地望、得名、山川、城池、古迹、神話傳説、重大歷史事件等。舊唐書 列傳第二十六記『十五年，泰撰括地志功畢，表上之，詔令付秘閣，賜泰物萬段，蕭德言等咸加給賜物。』資治通鑑卷一百九十六記貞觀十六年『春，正月，乙丑，魏王泰上括地志。泰好學，司馬蘇勖説泰，以古之賢王皆招士著書，故泰奏請修之。於是大開館舍，廣延時俊，人物輻湊，門庭如市。』

〔二〕地輿之記：『地輿』，地理學的舊名。清李東沅論考試：『敦請精通泰西之天毬、地輿、格致、農政、船政、化學、理學、醫學及各國言語、政事、文字、律例者數人……爲之教習。』清張之洞上海强學會章程：『古今萬國語言文字、天文、地輿、化、重、光、聲……皆聽人自認，與衆講習。』

〔三〕區外具於山海經：『山海經』，中國志怪古籍，大體是戰國中後期到漢代初中期的楚國或巴蜀人所作，作者不詳。大約成書於戰國時期，西漢初又有所增删。内容主要爲民間傳説中的地理知識，包括山川、道里、部族、物産、草木、鳥獸、祭祀、醫巫、風俗等，内容多怪異，保存了不少古代神話傳説和史地材料，爲世界上最早的有關文獻。

〔四〕宇内陳於夏本紀：『夏本紀』，是西漢史學家司馬遷創作的一篇文言文，出自史記卷二夏本紀第二。本篇主要記述了夏朝的歷史。夏代年代久遠，夏本紀中記載的内容是現代人研究夏代歷史的重要參考資料。

〔五〕職方王制：『職方』，指職掌方面之官。禮記曲禮下：『五官之長曰伯，是職方。其擯於天子也，曰天子之吏。」鄭玄注：「職，主也，是伯分主東西者。」孔穎達疏：「是職方者，言二伯於是職主當方之事也。」明史奸臣傳馬士英：「職方賤如狗，都督滿街走。」「王制」，謂王朝的制度。荀子正論：「天下之大隆，是非之封界，分職名象之所起，王制是也。」楊倞注：「王制，謂王者舊制。」漢王符潛夫論浮侈：「今京師貴戚，衣服、飲食、車輿、文飾、廬舍，皆過王制，僭上甚矣。」

〔六〕風鑒凝邈：「風鑒」，風度和鑒識。晉書陸機陸雲傳論：「風鑒澄爽，神情俊邁，文藻宏麗，獨步當時。」「凝邈」，謂深遠。梁書元帝紀：「日者，百司岳牧，祈仰宸鑒。錫珪之功，既歸有道，當璧之禮，允屬聖明；而優詔謙沖，窅然凝邈。飛龍可躋，而乾爻在四；帝閽云叫，而閶闔未開。」隋薛道衡隋高祖頌序：「公卿庶尹，遐邇牧岳，僉以天平地成，千載之嘉會；登封降禪，百王之盛典。宜其金泥玉檢，展禮介丘；飛聲騰實，常爲稱首。天子爲而不恃，成而不居，沖旨凝邈，固辭弗許。」

〔七〕學綜策府：「策府」，帝王藏書之所。穆天子傳卷二：「阿平無險，四徹中繩，先王之所謂策府。」郭璞注：「言往古帝王以爲藏書册之府，所謂藏之名山者也。」唐陳子昂送吉州杜司户審言序：「杜司户炳靈翰林，研幾策府，有重名於天下，而獨秀於朝端。」

〔八〕好士彰於吐握：『吐握』，形容禮賢下士，求才心切。漢王褒聖主得賢臣頌：『昔周公躬吐握之勞，故有圄空之降。』唐范攄雲溪友議卷五：『故行流極之刑，成吐握之美，乃帝子之股肱，萬方之軌度也。』

〔九〕詳延儒雅：『詳延』，謂盡數延攬。漢書武帝紀：『故詳延天下方聞之士，咸薦諸朝。』顏師古注：『詳，悉也。延，引也。』唐陸贄優恤畿内百姓并除十縣令詔：『昨者，詳延群彦，親訪嘉猷。』

〔十〕傍求故老，考之於傳信：『故老』，年高而見識多的人。晉陶潛咏二疏：『促席延故老，揮觴道平素。』金王若虛贈昭毅大將軍高公墓碣：『事實始末，雖不能詳；而故老所傳，猶得見其爲人之大略。』『傳信』，謂把確信的事實傳告於人。穀梁傳桓公五年：『春秋之義，信以傳信，疑以傳疑。』唐元稹唐故越州刺史……河東薛公神道碑文銘：『公歿矣，非我傳信，孰當傳焉？』

〔十一〕内殫九服，外極八荒：『九服』，王畿以外的九等地區。指全國各地區。南朝梁沈約法王寺碑：『濟横流而臣九服，握乾綱而子萬姓。』周書文帝紀下：『俾九服寧謐，誠賴翊贊之功。』『八荒』，八方荒遠的地方。關尹子四符：『知夫此物如夢中物，隨情所見者，可以凝精作物，而駕八荒。』漢書項籍傳贊：『并吞八荒之心。』

令宗屬姑叔不得拜子侄制〔一〕

君臣朝序，貴賤之禮斯殊；兄弟天倫，先後之儀亦異。聖哲之制，率由斯道。朕臨兹寶極，位在崇高。負扆向陽〔二〕，雖受宗枝之敬；退朝私謁，仍用家人之禮。近代已來，罕遵軌度〔三〕，王及公主，曲致私情，姑叔之尊，拜於子侄，違法背禮，情用惻然。自今已後，宜從革弊。安國相王及太平公主，更不得輒拜衛王重俊兄弟及長寧公主姊妹等，先告宗屬，知朕意焉。神龍元年三月。

校　箋

〔一〕本文亦見於全唐文卷十六，署名中宗皇帝，題目爲相王及太平公主不得拜諸王公主制，文末未録『神龍元年三月』；適園叢書卷四十録該文，題目同。册府元龜卷三十九帝王部録該文，文首録『（神龍元年）三月詔曰』。

〔二〕負扆向陽：『負扆』，背靠屏風，指皇帝臨朝聽政。荀子正論：『居則設張容負依而坐。』楊倞注：『户牖之間謂之依，亦作扆，扆、依音同。』淮南子氾論訓：『周公繼文王之業，履天子之籍，聽天下之政，平夷狄之亂，誅管、蔡之罪，負扆而朝諸侯。』

〔三〕罕遵軌度：『軌度』，規範法度。呂氏春秋古樂：『不用軌度，天下患之。』晉袁宏三國名臣序贊：『恂恂德心，汪汪軌度。』明唐順之請皇太子受朝疏：『太子既立，則有臨莅之位，有朝會之儀，所以萃人心，昭軌度也。』章炳麟説物：『君子言不過辭，動不過則，謂有軌度，不可逾也。』

勉勵宗親誥〔一〕

誥：朕奉天明命，虔受睿圖〔二〕。而皇室子弟，未能稱職。堂侄餘慶，永煦紹宗，行淹祚洽，再從弟璲至謙等，不能謹身奉法，而乃輕侮國章〔三〕，擯斥邊隅，未爲塞責〔四〕。朕憫其愚昧，屈法申恩，并追赴京。令於國子監安置讀書，如悔過自新，克復先訓，所司條奏〔五〕，當議其官。皇宗親，更有左貶嶺南，及邊遠州。非惡逆缘坐等色〔六〕，亦宜準此。其有見任别駕，年齒尚幼，未堪理百姓者，宜委中書門下及新興郡王晉李思訓等，簡擇追赴京，其禄俸一事已上，并要本州勾當〔七〕，每季附送入京給付，其餘慶等本州禄俸亦準此。宗親中有才行灼然〔八〕，爲衆推挹者，按察使具以名聞，朕當擢以不次。自今後，有如犯贓私違悖禮經者，準法科處，刑茲無捨，庶敦睦之情，必聞於九族；自家刑國，允洽於群心。宜各勉勵，以識朕意。先天二年二月。

校箋

〔一〕本文亦見於全唐文卷二十五，署名玄宗皇帝，題目爲诫勵宗室詔，文末未録『先天二年二月』；適園叢書卷四十録該文，題目同。

〔二〕虔受睿圖：『睿圖』，皇帝的謀劃。隋書音樂志下：『皇矣上帝，受命自天。睿圖作極，文教遐宣。』舊唐書王彦威傳：『臣謬司邦計，虔奉睿圖，輒纂事功，庶裨聖覽。』

〔三〕而乃輕侮國章：『國章』，國法。南齊書謝超宗傳：『〔超宗〕恣嚚毒於京輔之門，揚凶悖於卿守之席。此而不翦，國章何寄？』唐沈佺期被彈詩：『爾何按國章，無罪見呵叱。』

〔四〕擯斥邊隅，未爲塞責：『邊隅』，猶邊境。三國志吴書周魴傳：『魴遠在邊隅，江汜分絶，恩澤教化，未蒙撫及。』唐駱賓王兵部奏姚州破賊設蒙儉等露布：『一戎而荒景肅清，再鼓而邊隅底定。』」『塞責』，盡責。韓詩外傳卷十：『及母死三年，魯興師，卞莊子請從。至見於將軍曰：「前猶與母處，是以戰而北也，辱吾身。今母没矣，請塞責。」』史記 平津侯主父列傳：『弘（公孫弘）病甚，自以爲無功而封，位至宰相，宜佐明主填撫國家，使人由臣子之道。今諸侯有畔逆之計，此皆宰相奉職不稱，恐竊病死，無以塞責。』

〔五〕所司條奏：『條奏』，逐條上奏。漢書 元帝紀：『有可蠲除減省以便萬姓者，條奏，毋有所諱。』後漢書 侯霸傳：『霸明習故事，收録遺文，條奏前世善政法度有益於時者，皆施行之。』

〔六〕非惡逆緣坐等色：『緣坐』，猶連坐，因牽連而獲罪。北史 齊紀下 後主：『諸家緣坐配流者，所在令還。』宋范仲淹唐狄梁公碑：『會越王亂後，緣坐七百人，籍没者五千口。』

〔七〕并要本州勾當：『勾當』，主管；料理。北史 叙傳：『事無大小，士彦一委仲舉，推尋勾當，絲髮無遺，於軍用甚有助焉。』唐元稹趙真長户部郎中兼侍御史等制：『應可某官，充户部巡官，勾當河南、淮南等道兩税，餘如故。』

〔八〕宗親中有才行灼然：『灼然』，明顯貌。漢徐幹中論 審大臣：『文王之識也，灼然若披雲而見日，霍然若開霧而觀天。』宋蘇軾録進單鍔吴中水利書：『今若泄江湖之水，則二堰尤宜先復，不復則運河將見涸而糧運不可行，此灼然之利害也。』

選宗子授臺省官及法官京縣官詔〔一〕

至公之用〔二〕，本無偏黨；唯善所在，豈隔親疏。四從叔知政等，咸有才名，見推公族〔三〕，秉惟清之操，兼致遠之資。朕每慮同盟，不勤於德，嘗懸右職〔四〕，以勸其徒。先委宗卿〔五〕，精爲内舉，量能考行。歷載逾時，名數則多。升聞盖寡，光膺是選，諒在得人。固可擢以清要，遷於臺閣，將觀志於七子，冀齊名於八人，宜各悉行，佇聞成績。書不云乎：九族既睦，平章百姓，冀由内而理外，必自近而及遠。凡今懿戚，可不慎歟！違道慢常，義無私於王法；修身效節，豈薄於他人？期於率先，勵我風俗，深宜自勉，以副明言。開元二年五月三日

校箋

〔一〕本文亦見於全唐文卷三十一，署名玄宗皇帝，題目爲選宗子授臺省京縣等官詔，文末未録『開元二年五月三日』；適園叢書卷四十録該文，題目同。册府元龜卷三十九帝王部

記『（開元）二十五年五月辛丑，命有司選宗子有才者，宗正薦四從叔前奉天令知正，四從叔前祁縣令志遠，五從弟洛陽尉遇，六從弟酸棗丞良，五從弟武進尉，五從侄鄭縣尉瞻，五從侄前宋州參軍承嗣，皆授臺省官及法官京縣官。詔曰。』即爲本詔。唐大詔令集記該詔作年『開元二年五月三日』。

〔二〕至公之用：『至公』，極公正。管子形勢解：『風雨至公而無私，所行無常鄉。』呂氏春秋慎大：『湯立爲天子，夏民大説，如得慈親，朝不易位，農不去疇，商不變肆，親郼如夏，此之謂至公。』

〔三〕見推公族：『公族』，諸侯或君王的同族。詩魏風汾沮洳：『殊異乎公族。』毛傳：『公族，公屬。』鄭玄箋：『公族，主君同姓昭穆也。』漢書劉歆傳：『排擯宗室，孤弱公族，其有智能者，尤非毀而不進。』

〔四〕嘗懸右職：『右職』，重要的職位。漢書循吏傳文翁：『數歲，蜀生皆成就還歸，文翁以爲右職，用次察舉，官有至郡守刺史者。』後漢書蔡邕傳：『宜擢文右職，以勸忠謇。』

〔五〕先委宗卿：『宗卿』，與國君同宗之大臣。左傳成公十四年：『是先君宗卿之嗣也，大國又以爲請，不許，將亡。雖惡之，不猶愈於亡乎？君其忍之！安民而宥宗卿，不亦可乎？』

杜預注：『同姓之卿。』左傳襄公二十九年：『吾子爲魯宗卿，而任其大政，不愼舉，何以堪之？』

天下三等已上親赴上都制〔一〕

常　衮

敕：堯之敦叙〔二〕，以協萬邦；周之宗盟〔三〕，必先同姓。莫遠具邇，懷德惟寧，俾强幹於京師，思同獎於王室〔四〕。所以洽雍和之道〔五〕，明補察之義也。惟我近屬，聯華本枝，以文昭武穆之宗，有錫土建侯之嗣。往以艱難之際，流寓頗多。或僻在江山，載經時序；或雜居州里，亦既淹留。等威不分，無以自給；儉將逼下，卑或逾尊。將恐合族展禮之義缺〔六〕，燕毛叙齒之儀廢〔七〕。言念及此，良深耿然。其三等已上親，除州縣官及帶職掌應在外者，委本道節度觀察量事給遞，發遣赴上都，仍先録名聞奏。

校　箋

〔一〕本文亦見於全唐文卷四百十録該文，題目同，署名常衮；適園叢書卷四十録該文，題目同。該詔文作年難考。

〔二〕堯之敦叙：『敦叙』，亦作『敦序』。謂使九族親厚而有序。後謂親睦和順。三國志蜀書先主傳：『今臣群寮以爲在昔虞書敦叙九族，庶明勵翼；五帝損益，此道不廢。』唐孫逖授濮陽郡王徹宗正卿制：『敦叙之任，疇咨所難，宜受寄於本枝，更遷榮於列棘。』

〔三〕周之宗盟：『宗盟』，天子與諸侯的盟會。左傳隱公十一年：『周之宗盟，異姓爲後。』三國魏曹冏六代論：『内無深根不拔之固，外無盤石宗盟之助，非所以安社稷、爲萬代之業也。』

〔四〕思同獎於王室：『同獎』，共同輔助。三國志蜀書楊洪傳：『及其來還，委付大任，同獎王室。』南朝陳徐陵王太尉僧辯答貞陽侯書：『明公儻能入朝，同獎王室，伊、吕之任，僉曰仰歸。』

〔五〕所以洽雍和之道：『雍和』，融洽；和睦。漢王充論衡藝增：『欲言堯之德大，所化者衆，諸夏夷狄莫不雍和，故曰萬國。』後漢書魏霸傳：『霸少喪親，兄弟同居，州里慕其雍和。』

〔六〕將恐合族展禮之義缺：『展禮』，猶行禮，施禮。北周庾信將命至鄴詩：『交歡值公子，展禮覲王孫。』唐劉禹锡代裴相公賀册魯王：『不获展禮明庭，拜舞稱賀。』

〔七〕燕毛叙齒之儀廢：『燕毛』，古代祭祀後宴飲時，以須髮的顏色别長幼的座次，須髮白年長者居上位。毛，須髮。禮記中庸：『燕毛，所以序齒也。』鄭玄注：『燕，謂既祭而燕也。燕以髮色爲坐。』朱熹集注：『燕毛，祭畢而燕，則以毛髮之色别長幼，爲坐次也。齒，年數也。』『叙齒』，按年龄的長幼而定席次。清翟灝通俗編儀節：『聽雨紀談：鄉人叙坐固以齒，而禮云一命齒於鄉，再命齒於族，三命則不齒於族。是同輩而叙齒可也。苟非其人，亦以齒尊之，不幾失禮乎！』

甄叙皇屬敕〔一〕

敕：五代則遷，以尊祖禰〔二〕；三族之别，以辨親疏。故禮曰：祖遷於上，宗易於下，六代而親屬竭矣。先王所以叙昭穆〔三〕，明等夷〔四〕，不可得而變革也。應追赴山陵，及先在城，於西宮陪位，同五等親宗子等。繫自本枝，分於天派，繫之以姓而無别，約之以禮而有差。朕天禍所鐘，哀纏罔極。嗟我公族，儼然來斯。遠倍七月之期，俯就三年之制。降殺以等，存乎典彝。名位不同，禮亦異數。有司定儀，將從籍屬之條。天下爲家，用廣孝慈之道。慎睦九族，其在兹乎？應追到及在城同五等親宗子等，五品以上，各加一階；六品已下，前資常選并散官，至簡選日，稍優與處分；未出身者，量才授文武散官。其中有才行學藝爲衆所推者，及嗣郡王，嘗經任使，灼然著聲績者，宜委宗正卿琬、漢中郡王瑀、光禄卿涵，録其名實，具狀聞薦。自天寶已來，闕造宗籍，宜令宗正寺重申舊制，昭辨等序，即宜勘造圖籍，宣示中外，知朕意焉。

校箋

〔一〕本文亦見於全唐文卷四十四，署名肅宗皇帝，題目同；適園叢書卷四十録該文，題目同。本詔作年難考。

〔二〕以尊祖禰：『祖禰』，泛指祖先。漢蔡邕鼎銘：『乃及忠文，克慎明德，以服享祖禰之遺風，悉心臣事，用媚天子。』舊唐書段文昌傳：『以先人墳墓在荆州，别營居第以置祖禰影堂，歲時伏臘，良辰美景享薦之。』

〔三〕先王所以叙昭穆：『昭穆』，古代宗法制度，宗廟或宗廟中神主的排列次序，始祖居中，以下父子（祖、父）遞爲昭穆，左爲昭，右爲穆。周禮 春官 小宗伯：『辨廟祧之昭穆。』鄭玄注：『父曰昭，子曰穆。』漢桓寬鹽鐵論 憂邊：『魯定公序昭穆，順祖禰。』

〔四〕明等夷：『等夷』，輩分或等級的差別。清劉大櫆吏部侍郎博野尹公行狀：『其學以誠爲本，遇人無等夷，一待以肫懇之懷。』

誡礪

責齊王祐詔〔一〕

吾嘗誡汝勿近小人，正爲此也。内乖成德，外惑非言，自延伊禍，以取覆滅。痛哉！何愚之甚也。爲梟爲獍，忘孝忘忠，擾亂齊郊，誅夷無罪。去維城之固〔二〕，就積薪之危〔三〕，壞磐石之基，爲尋戈之釁〔四〕。背禮違義，天地所不容；棄父無君，人神所共怒。往是吾子，今爲國讎。萬紀存爲忠烈，死不妨義；汝則生爲賊臣，死爲逆鬼。彼則往聲不隕，而爾惡迹無窮。吾聞鄭叔漢庚，并爲猖獗。豈期生子，乃自爲之。吾所以上慚皇天，下愧后土，惋嘆之甚，知復何云。貞觀十七年三月。

校箋

〔一〕本文亦見於全唐文卷七，署名太宗皇帝，題目同，文末未録『貞觀十七年三月』；適園叢書卷四十録該文，題目同。李祐，太宗第五子。武德八年，封宜陽王，其年改封楚王。貞觀二年，徙封燕王，累轉豳州都督。十年，改封齊王，授齊州都督。舊唐書列傳第二十六記『十七年，詔刑部尚書劉德威往按之，并追祐及萬紀入京。祐大懼，俄而萬紀奉詔先行，祐遣燕弘信兄弘亮追於路射殺之。既殺萬紀，君謨等勸祐起兵，乃召城中男子年十五以上，僞署上柱國、開府儀同三司，開官庫物以行賞。驅百姓入城，繕甲兵。署官司，其官有拓東王、拓西王之號。詔遣兵部尚書李勣與劉威便道發兵討之。祐每夜引弘亮等五人對妃宴樂，以爲得志。戲笑之隙，語及官軍，弘亮曰：『不須憂也！右手持酒啖，左手刀拂之。』祐愛信弘亮，聞之甚樂。太宗手詔祐曰』，即爲本詔。

〔二〕去維城之固：『維城』，借指皇子或皇室宗族。後漢書孝明八王傳贊：『孝明傳胤，維城八國。』唐無可送李長吉之任東井詩：『家世維城後，官資宰邑初。』

（三）就積薪之危：『積薪』，漢書賈誼傳：『夫抱火厝之積薪之下而寢其上，火未及燃，因謂之安，方今之勢，何以異此！』後以『積薪』喻隱伏危機。唐劉知幾史通忤時：『儻使士有澹雅若嚴君平，清廉如段干木，與僕易地而處，亦將彈鋏告勞，積薪爲恨。』宋蘇軾辭免翰林學士第二狀：『如前所陳，實以勞舊尚多，必有積薪之誚；兄弟并進，豈無連茹之嫌。』

（四）爲尋戈之釁：『尋戈』，動用刀兵。語出左傳昭公元年：『昔高辛氏有二子，伯曰閼伯，季曰實沈，居於曠林，不相能也，日尋干戈，以相征討。』北魏楊衒之洛陽伽藍記永寧寺：『棄親助賊，兄弟尋戈。』舊唐書僖宗紀：『自是全忠、克用有尋戈之怨。』

誡諸王任刺史別駕敕（一）

朕聞司牧兆人（二），有國彝訓（三）；敦叙九族（四），前王令典。念此宗枝，久遭沉翳，近從班命（五），庶展才能。或授外藩，或居内職，留念訪察，屬想風謡（六），罕立嘉聲，或聞蠹政（七），當官不存於職務，處事多陷於偏私，禽荒酒德者蓋多（八），樂善敬賢者全少。將性之昏昧，違此義方；豈朕之不明，成爾薄德？當從戒慎，勉遂悛改〔九〕。如迷而不復，自速愆尤〔十〕，已實爲之，悔之無及。即宜遞相告示，以副朕懷。景雲元年十二月。

校箋

〔一〕本文亦見於全唐文卷十九，署名睿宗皇帝，題目爲誡諸王皇親敕，文末未録『景雲元年十二月』；適園叢書卷四十録該文，題目同。册府元龜卷一百五十七帝王部録該文，文首録『睿宗景雲元年十二月，帝以諸王及皇親任刺史别駕多有愆過，手敕戒之曰』，即爲該文。

〔二〕朕聞司牧兆人：『司牧』，管理，統治。左傳襄公十四年：『天生民而立之君，使司牧之，勿使失性。』三國志魏書夏侯玄傳：『古之建官，所以濟育群生，統理民物也，故爲之君長以司牧之。』『兆人』，兆民。古稱天子之民，後泛指衆民，百姓。後漢書光武帝紀上：『漢遭王莽，宗廟廢絶，兆人塗炭。』唐柳宗元禮部賀皇太子册禮畢德音表：『建天下之本，宗廟以安；致萬國之貞，兆人攸賴。』

〔三〕有國彝訓：『彝訓』，日常的訓誡。書酒誥：『聰聽祖考之彝訓。』南朝梁劉勰文心雕龍宗經：『三極彝訓，其書言經。』

〔四〕敦叙九族：『敦叙』，謂使九族親厚而有序。後謂親睦和順。史記夏本紀：『敦序九族，衆明高翼』。三國志蜀書先主傳：『今臣群寮以爲在昔虞書敦叙九族，庶明勵翼，五帝損益，此道不廢。』

〔五〕近從班命：『班命』：頒布命令。晉摯虞思游賦：『班命受號，轙軥整旅。』晉書姚興載記上：『班命郡國，百姓因荒自賣爲奴婢者，悉免爲良人。』

〔六〕屬想風謡：『風謡』，泛指反映風土民情的歌謡。後漢書方術傳上李郃：『和帝即位，分遣使者，皆微服單行，各至州縣，觀采風謡。』唐皮日休霍山賦序：『臣日休以文爲命士，所至州縣山川，未嘗不求其風謡。』

〔七〕或聞蠹政：『蠹政』，害民的政令。唐韓愈順宗實録卷一：『朕嗣守洪業，敷弘理道，寧容蠹政，以害齊人！』明史楊廷和傳：『已而詔下，正德中蠹政厘抉且盡。』

〔八〕禽荒酒德者蓋多：『禽荒』，沈迷於田獵。書五子之歌：『内作色荒，外作禽荒。』蔡沈集傳：『禽荒，耽游畋也；荒者，迷亂之謂。』國語越語下：『吾年既少，未有恒常，出則禽荒，入則酒荒。』『酒德』，謂酒後的行爲表現。書無逸：『無若殷王受之迷亂，酗于酒德哉！』孔傳：『言紂心迷政亂，以酗酒爲德。』蔡沈集傳：『酗酒謂之德者，德有凶有吉，韓子所謂道與德爲虛位也。』晋書劉隗周顗等傳論：『顗招時論，尤其酒德。禮經曰「瑕不掩瑜」，未足韜其美也。』

〔九〕勉遂悛改：『悛改』，悔改。後漢書儒林傳上孔僖：『假使所非實是，則固應悛改。』魏書太宗紀：『刺史守宰，率多逋慢，前後怠惰，數加督罰，猶不悛改。』

〔十〕自速愆尤：『愆尤』，過失，罪咎。漢張衡東京賦：『卒無補於風規，祇以昭其愆尤。』唐李白古風詩之十八：『功成身不退，自古多愆尤。』

卷第四十一

公主

封號

封長寧公主等制
封常芬公主等制
封唐昌公主等制
封高都公主等制
封臨晋公主制
封永寧公主制
封平昌公主制
封高陽公主制
封太華公主制
封壽光公主等制
封廣寧公主制
封大長公主制
封永陽長公主等制
封真寧公主等制
封永昌公主制

冊文

封號

封長寧公主等制〔一〕

門下：璇宿揚輝，爰稱婺女〔二〕；絳河分彩，是曰天孫〔三〕。柔德所資，乃生淑媛。長寧公主等，孕靈圓魄〔四〕，稟粹方儀〔五〕。載極幽閑，用光婉順，皇基再造，景命惟新，凡在懿親〔六〕，咸申禮命，肅雍之地〔七〕，未展徽章〔八〕。宜正此銀宮，署茲金牓，并開湯沐，廣宣朝慶。可依前件。

校箋

〔一〕本文亦見於全唐文卷十六，署名中宗皇帝，題目同。長寧公主，唐中宗李顯之女。長寧公主初封長寧郡主，下嫁楊慎交。神龍元年，與新寧、義安、安樂、新平四郡主進封公主。該詔當作於神龍元年（七〇五）。

〔二〕璇宿揚輝，爰稱婺女：『婺女』，星宿名，即女宿。又名須女、務女。二十八宿之一，玄武七宿之第三宿，有星四顆。

〔三〕是曰天孫：『天孫』，星名。即織女星。史記天官書『婺女，其北織女。織女，天女孫也。』唐司馬貞索隱：『織女，天孫也。』

〔四〕孕靈圓魄：『圓魄』，指月亮。南朝梁武帝擬明月照高樓詩：『圓魄當虛闥，清光流思延。』唐張喬對月詩之一：『圓魄上寒空，皆言四海同。』

〔五〕稟粹方儀：『稟粹』，天資醇粹。唐陸贄李叔明右僕射制：『稟粹挺生，鬱爲邦杰。』

〔六〕凡在懿親：『懿親』特指皇室宗親、外戚。三國魏曹植求通親親表：『昔周公吊管、蔡之不咸，廣封懿親，以藩屏王室。』舊唐書牛仙客傳：『時有監察御史周子諒竊言於御史大夫李適之曰：「牛仙客不才，濫登相位，大夫國之懿親，豈得坐觀其事？」』

〔七〕肅雍之地：『肅雍』，爲稱頌婦德之辭。後漢書皇后紀序：『所以能述宣陰化，修成內則，閨房肅雍，險謁不行也。』南朝梁劉潛爲王儀同謝國姻啓：『荆布陋飾，已膺凡獎；負薪微胤，復降肅邕。』

〔八〕未展徽章：『徽章』，指褒崇封贈的策命。北周王褒周太保尉遲綱墓碑：『司勛載其弘烈，典册備其徽章。』唐陸贄册淑妃王氏爲皇后文：『稱是徽章，聿歸全德。』

封常芬公主等制〔一〕

蘇頲

黄門：諸女皆封，先王之制。第二女等，慶聯霄漢，體自穠華〔二〕，常閲禮於後庭，必聞詩於師氏〔三〕。朕撫臨億兆〔四〕，憲章古昔，俾裂山河之賦〔五〕，用疇湯沐之恩。可依前件，主者施行。開元三年十二月。

校箋

〔一〕本文亦見於全唐文卷二百五十三，題目爲封皇第二女爲常芬公主等制，文末無『開元三年十二月』；適園叢書卷四十一録該文，題目同；文苑英華卷四百四十六録該文，題目爲封皇第二女爲常芬公主等制，文末録『開元三年十二月十日』。常芬公主，玄宗皇帝之女。開元三年（七一五），晋封公主。

〔二〕體自穠華：『穠華』，指女子青春美貌。語本詩召南何彼穠矣：『何彼穠矣，唐棣之華。』鄭玄箋：『何乎彼戎戎者，乃栘之華。興者，喻王姬顏色之美盛。』唐元稹七女封公主：『雖穠華可尚，出閤未期；而湯沐先施，分封有據。』

〔三〕常閲禮於後庭，必聞詩於師氏：『後庭』，猶後宮。晋潘岳西征賦：『較面朝之煥炳，次後庭之猗靡。』唐韓愈順宗實録卷五：『良媛董氏，備位後庭，素稱淑慎，進升號位，禮亦宜之。』『師氏』，女師。指撫育古代貴族女子并教授其女德者。詩周南葛覃：『言告師氏，言告言歸。』孔穎達疏：『女師者，教女之師，以婦人爲之……婦人五十無子出而不復嫁，能以婦道教人者，若今時乳母矣。』

〔四〕朕撫臨億兆：『撫臨』，據有，統治。史記文帝本紀：『以不敏不明而久撫臨天下，朕甚自愧。』三國志魏書陳留王奂傳：『陛下稽德期運，撫臨萬國。』『億兆』，極言其數之多。指庶民百姓。猶言衆庶萬民。漢蔡邕太尉汝南李公碑：『憲天心以教育，沐垢濁以揚清，爲國有賞，蓋有億兆之心。』唐元稹訓别致用詩：『達則濟億兆，窮亦濟毫氂。』

〔五〕俾裂山河之賦：原文作『俾裂山河之賊』，今據全唐文、文苑英華，改『賊』爲『賦』。

封唐昌公主等制（一）

邦女下嫁，義著周經（二）。帝子建封，制存漢傳。朕訓導諸子，舊有女師，因其婉娩之性（三），進成肅雍之德（四），能鑒圖史，頗知法度。今選婚華族，待禮笄年（五），宜加璽綬之典，俾開湯沐之賦。第四女可封唐昌公主，第六女可封常山公主，第八女可封寧親公主，各食實封五百户。唐昌公主出降張垍（六），俱用八月十九日，所司詳備禮物，式遵故事。開元十六年。

校箋

（一）本文亦見於全唐文卷二十三，署名玄宗皇帝，題目同，文末無『開元十六年』；適園叢書卷四十一録該文，題目同。唐昌公主，唐玄宗李隆基之女。開元十六年（七二八）晋封公主，實封五百户，下嫁薛鏽。

（二）義著周經：『周經』，指儒家的經籍。魏書高祖孝文帝紀下：『六職備於周經，九列炳於漢晋，務必有恒，人守其職。』南朝梁簡文帝唱道文：『燮和内化，事炳周經；讚德含章，訓高惇史。」

〔三〕因其婉娩之性：『婉娩』，柔美；美好。太平廣記卷四百六十八引晉祖台之志怪 謝宗：『有一女子，姿性婉娩，來詣船，因相爲戲。』宋王安石後殿牡丹未開詩：『紅襆未開知婉娩，紫囊猶結想芳菲。』

〔四〕進成肅雍之德：『肅雍』，爲稱頌婦德之辭。後漢書 皇后紀序：『所以能述宣陰化，修成内則，閨房肅雍，險謁不行也。』南朝梁劉潛爲王儀同謝國姻啓：『荆布陋飾，已膺凡奬；負薪微胤，復降肅邕。』

〔五〕今選婚華族，待禮笄年：『華族』，高門貴族。晉書 外戚傳 王遐：『少以華族，仕至光禄勛。』唐柳宗元祭崔君敏文：『公以令望，顯於華族。』『笄年』，謂女子成年。唐王韞秀寄姨妹詩：『笄年解笑鳴機婦，恥見蘇秦富貴時。』舊五代史 晉書 高祖紀五：『癸丑，長安公主薨，帝之長女也，笄年降於駙馬楊承祚，帝悼惜之甚，輟視朝二日，追贈秦國公主。』

〔六〕唐昌公主出降張垍：『出降』，帝王之女出嫁。因帝王位處至尊，故稱降。唐李肇唐國史補卷中：『太和公主出降回鶻，上御通化門送之，百僚立班於章敬寺門外。』舊唐書 方伎傳一行：『開元十年，永穆公主出降，敕有司優厚發遣，依太平公主故事。』

封高都公主等制〔一〕

門下：肅雍之範，以成女德〔二〕；湯沐之賜，爰著國章〔三〕。第十一女等，生於公宮，訓以師氏〔四〕，温惠之性，頗有天姿，圖史之學，仍聞日就〔五〕。笄年甫及，外館將歸〔六〕，宜因待禮之期，式備疏封之典〔七〕。可依前件，仍各實封一千户，主者施行。

校箋

〔一〕本文亦見於全唐文卷三百十，署名孫逖，題目同；文苑英華卷四百四十六録該文，題爲封高都公主等制，作者孫逖。高都公主，即晋國公主，唐玄宗李隆基之女。開元二十五年（七三七）封高都公主，下嫁崔惠童。故該詔或作於開元二十五年（七三七）册封稍後。

〔二〕肅雍之範，以成女德：『肅雍』，亦作『肅邕』。詩召南何彼襛矣：『曷不肅雍，王姬之車。』原指行車之貌。詩序則謂：『何彼襛矣，美王姬也。雖則王姬，亦下嫁於諸侯，車服不繫其夫，下王后一等，猶執婦道以成肅雍之德也。』後因以『肅雍』爲稱頌婦德之辭。『女德』，猶婦德。舊指婦女應具備的品德。左傳僖公二十四年：『女德無極，婦怨無終。』南朝齊王融永嘉長公主墓志銘：『肅穆婦容，静恭女德。』

〔三〕湯沐之錫，爰著國章：『湯沐』，指國君、皇后、公主等收取賦税的私邑。戰國策楚策二：『秦王有愛女而美，又簡擇宫中佳翫麗好翫習音者，以懽從之；資之金玉寶器，奉以上庸六縣爲湯沐邑，欲因張儀内之楚王。』

〔四〕生於公宫，訓以師氏：『公宫』，君王的宫殿。左傳僖公二十四年：『吕、郤畏偪，將焚公宫而弑晋侯。』唐白居易祭咸安公主文：『組紃之訓，既習於公宫；湯沐之封，遂開於國邑。』『師氏』，指學官或教師。唐陳子昂爲人陳情表：『老母憫臣孤蒙，恐不負荷教誨，師氏訓以義方。』宋蘇軾又謝兼侍讀表：『而師氏之官，職在論説。』

〔五〕圖史之學，仍聞日就：『日就』，每天有成就。形容積少成多，不斷進步。詩周頌敬之：『日就月將，學有緝熙于光明。』孔穎達疏：『日就，謂學之使每日有成就；月將，謂至於一月則有可行。言當習之以積漸也。』朱熹集傳：『將，進也……日有所就，月有所進，續而明之，以至於光明。』唐楊炯唐右將軍魏哲神道碑：『天經地義，欽承避席之談；日就月將，虔奉趨庭之教。』

〔六〕笄年甫及，外館將歸：『笄』，指女子十五歲成年。亦特指成年之禮。儀禮士昏禮：『女子許嫁，笄而醴之稱字。』鄭玄注：『笄，女之禮，猶冠男也。』禮記內則：『女子十有五年而笄。』鄭玄注：『謂應年許嫁者。女子許嫁，笄而字之。其未許嫁，二十則笄。』『外館』，天子嫁女，從宮中遷出後所居之館。唐宋之問宴安樂公主宅得空字詩：『英藩築外館，愛主出王宮。』

〔三〕式備疏封之典：『疏封』，分封。帝王把土地或爵位分賜給臣子。唐元稹追封王蟠母李氏等：『朕宅帝位，思弘大孝，乃詔執事，追用疏封。』唐白居易崔元備張惟素鄭覃陸灃韋弘景賜爵制：『賞不敢忘，爵不敢愛，爾宜疏封，服命而揚之。』

封臨晉公主制〔一〕

門下：湯沐建封，古今通典，豈獨貴於寵數，亦兼崇於美名〔二〕。第二女，性與柔和，生知法度，率以師氏之訓，成其天然之質。有行之禮，將及於笄年〔三〕。備物之恩，俾開於井賦〔四〕。可封臨晉公主，食實封一千户。開元二十五年十二月。

校箋

〔一〕本文亦見於全唐文卷二十四，署名玄宗皇帝，題目同，文末未録『開元二十五年十二月』。臨晉公主，唐玄宗李隆基之女。開元二十五年（七三七）十二月，獲封臨晉公主，實封一千户。開元二十六年（七三八）閏八月十六日，正式受册爲臨晉公主。

〔二〕豈獨貴於寵數，亦兼崇於美名：『寵數』，帝王給予的禮數。周書 皇后傳 宣帝元皇后：『是用加兹寵數，式光踐禮。』唐錢珝爲集賢崔相公讓大學士第三表：『宸衷益注，寵數不移。』

〔三〕有行之禮，將及於笄年：『有行』，出嫁。詩 邶風 泉水：『女子有行，遠父母兄弟。』晉潘岳寡婦賦：『伊女子之有行兮，爰奉嬪於高族。』

〔四〕備物之恩，俾開於井賦：『井賦』，古代行井田而納貢賦，因用以稱田賦。語本周禮 地官 小司徒『九夫爲井……以任地事，而令其貢賦』。南朝宋鮑照擬古詩之六：『歲暮井賦訖，程課相追尋。』唐陸贄馬燧渾瑊副元帥招討河中制：『授以師保之任，疇其井賦之養。』

封永寧公主制〔一〕

門下：自昔帝女，必建封邑，典章不易，等數攸存。第十七女，幼而閑和，長實徽懿〔二〕，引圖史以自鑒，用肅邕而成德〔三〕。將擇近日，言遵下嫁。宜承湯沐之錫，以備車服之容。可封永寧公主，食實封一千户，主者施行。開元二十六年。

校箋

〔一〕本文亦見於全唐文卷三百十，署名孫逖，題目同，文末未録『開元二十六年』；文苑英華卷四百四十六録該文，題目同，文末録『開元二十六年』。永寧公主，唐玄宗李隆基之女，開元二十六年（七三八）封永寧公主。實封一千户，同年八月二十二日正式受册，下嫁裴齊丘。

〔二〕長實徽懿：『徽懿』，美好。宋王禹偁爲宰臣上尊號表：『臣等大勝不願，敢固請上尊號曰「法天崇道文武皇帝」。庶得將順謙冲之旨，惟新徽懿之名，免使聖朝有兹闕典。』

〔三〕用肅邕而成德：『肅邕』，爲稱頌婦德之辭。後漢書皇后紀序：『所以能述宣陰化，修成内則，閨房肅雍，險謁不行也。』南朝梁劉潛爲王儀同謝國姻啓：『荆布陋飾，已膺凡奬；

負薪微胤，復降肅邕。』宋沈遘中書祭秦國夫人：『惟靈孝友肅邕，慈祥温惠。』

封平昌公主制〔一〕

門下：詩美肅雍，遠著於風、雅；禮有封建，久存於簡策〔二〕。第十九女，尚柔成德，克順由衷。稟於天烈，自有閑和之性；訓以師氏，備詳圖史之學。宜開湯沐，俾叶典章。可封平昌公主，食邑一千户。主者施行。

校箋

〔一〕本文亦見於全唐文卷三百十，署名孫逖，題目同；文苑英華卷四百四十六録該文，題目同。平昌公主，唐玄宗李隆基之女。始封平昌公主，下嫁温西華，又嫁楊徽。公主生平事迹不詳，該詔具體作年難考。

〔二〕久存於簡策：『簡策』，即簡册，由竹簡編連而成，後指史籍、典籍。南朝梁劉勰文心雕龍書記：『古史世本，編以簡策，領其名數，故曰録也。』宋司馬光進交趾獻奇獸賦表：『臣等謂宜命協律播之聲歌，詔太史編之簡策。』

封高陽公主制〔一〕

用嘉成德，將及推恩，疏封錫號，禮典攸在。第二十女，資身淑慎，稟訓柔明，克備肅雍之儀，允彰圖史之德。而方營魯館〔二〕，宜啓沁園〔三〕，俾承寵於中闈，復增榮於列賦，仍食實封一千户。開元二十九年。

校箋

〔一〕本文亦見於全唐文卷二十四，署名玄宗皇帝，題目同，文末未録『開元二十九年』。高陽公主，唐玄宗李隆基之女。開元二十九年（七四一），受封高陽公主，食實封一千户。同年閏四月，徙封興信公主，徙封寧親。下嫁張垍，又嫁裴潁，末嫁楊敷。

〔二〕而方營魯館：『魯館』，春秋時，魯莊公主持周王姬的婚事，派大夫把王姬迎到魯國，在城外築館住下，然後送至齊國與齊侯成婚。事見春秋莊公元年。後因以『魯館』稱貴族女子出嫁時外住之所。唐皇甫枚三水小牘王知古：『聆好音於魯館，逼佳氣於秦臺。』宋王禹偁慰公主薨表：『雲愁魯館，風咽秦簫。』

〔三〕宜啓沁園：『沁園』，園林名。爲東漢明帝女沁水公主所有，建初二年被竇憲所奪。後泛稱公主的園林爲『沁園』。唐崔湜侍宴長寧公主東莊應制詩：『沁園東郭外，鸞駕一游盤。』唐儲光羲玉真公主山居詩：『不言沁園好，獨隱武陵花。』

封太華公主制〔一〕

肅邕稟德〔二〕，邦化所崇；湯沐疏封，古訓斯在。第二十一女，踐修閫則〔三〕，素承阿保之嚴〔四〕；砥礪嬪儀〔五〕，率由圖史之範。璁珩既佩〔六〕，柔愿無違，蕙問克昭〔七〕，棠華自著。肇施彩紱，將具禮於輜輧〔八〕；載錫粉田，俾申榮於井賦〔九〕。可封太華公主，食實封一千户。天寶四年。

校箋

〔一〕本文亦見於全唐文卷二十四，題目同，署名玄宗皇帝，文末未録『天寶四年』。太華公主，玄宗皇帝之女，天寶四載（七四五）册封爲太華公主，下嫁楊锜，天寶時薨。

〔二〕肅邕稟德：『肅邕』，爲稱頌婦德之辭。後漢書皇后紀序：『所以能述宣陰化，修成内則，閨房肅雍，險謁不行也。』南朝梁劉潛爲王儀同謝國姻啓：『荆布陋飾，已膺凡奬；負薪微胤，復降肅邕。』宋沈遘中書祭秦國夫人：『惟靈孝友肅邕，慈祥温惠。』

（三）踐修闈則：『闈則』，婦女應遵守的道德準則。唐代墓志彙編續集大周故曹府君墓志銘并序：『夫人陳氏，族胤六奇，家承聚德；母儀攸著，闈則聿修。』又故豐州司马張公墓志銘并序：『門範閫則，盛於天下，動必過禮，道映公宫，同悲福壽，先後淪謝。』

（四）素承阿保之嚴：『阿保』，古代教育撫養貴族子女的婦女。後漢書崔寔傳：『其富者則先入錢，貧者到官而後倍輸，或因常侍、阿保別自通達。』李賢注：『阿保謂傅母也。』晋潘岳寡婦賦：『命阿保而就列兮，覽巾箑以舒悲。』

（五）砥礪嬪儀：『砥礪』，激勵；勉勵。荀子王制：『案平政教，審節奏，砥礪百姓。』漢劉向列女傳齊女傅母：『（傅母）砥厲女之心以高節。』

（六）璁珩既佩：『璁珩』，玉佩。隋許善心奉和冬至乾陽殿受朝應詔：『森森羅陛衛，巇巇鏘璁珩。』

（七）蕙問克昭：『蕙問』，指婦女美好的名聲。問，通『聞』。宋書后妃傳文元袁皇后：『蕙問川流，芳猷淵塞。』唐蘇頲封姚崇妻鄭國夫人制：『蘭儀蕙問，式備言容。』

〔八〕將具禮於輜軿：『輜軿』，輜車和軿車的并稱。後泛指有屏蔽的車子。漢書張敞傳：『禮，君母出門則乘輜軿。』顏師古注：『輜軿，衣車也。』資治通鑒晉孝武帝太元十一年：『秦主登立世祖神主於軍中，載以輜軿，建黄旗青蓋，以虎賁三百人衛之，凡所欲爲，必啓主而後行。』胡三省注：『車四面有屏蔽者曰輜軿。』

〔九〕載錫粉田，俾申榮於井賦：『粉田』，即脂澤田，收益用作妝飾費用的田産。晉書安帝紀：『夏四月壬戌，罷臨沂、湖熟皇后脂澤田四十頃，以賜貧人，弛湖池之禁。』

封壽光公主等制〔一〕

□□之德，教始宫闈；湯沐之恩，□□□□，皇弟二十二女、二十三女，誕膺□□，昭發令姿〔二〕，頗漸公宫之訓〔三〕，遵師氏之則〔四〕，顧史瞻圖，日將月就〔五〕。華宗叶慶，方從下嫁之儀〔六〕；盛典申榮，式備開封之制。二十二女可封壽光公主，二十三女可封樂成公主，仍各食實封一千户。天寶五載。

校箋

〔一〕本文亦見於全唐文卷二十四，題目爲封壽光公主樂成公主制，署名玄宗皇帝，文末未録『天寶五載』。壽光公主、樂成公主，皆玄宗之女。天寶五載（七四六），封爲壽光公主、樂城公主，實封一千户。壽光公主，下嫁郭液，天寶九載（七五〇）去世，時年二十五歲。樂成公主，即樂城公主，下嫁薛履謙，坐嗣岐王珍事誅。

〔二〕昭發令姿：『昭發』，猶發揚。唐劉禹錫賀除虔王等表：『特紆神筭，昭發德音。』

〔三〕頗漸公宫之訓：『公宫』，君王的宫殿。左傳 僖公二十四年：『吕、郤畏偪，將焚公宫而弑晉侯。』唐白居易祭咸安公主文：『組紃之訓，既習於公宫；湯沐之封，遂開於國邑。』

〔四〕遵師氏之則：『師氏』，女師。指撫育古代貴族女子并教授其女德者。詩 周南 葛覃：『言告師氏，言告言歸。』孔穎達疏：『女師者，教女之師，以婦人爲之……婦人五十無子出而不復嫁，能以婦道教人者，若今時乳母矣。』

〔五〕顧史瞻圖，日將月就：『日將月就』，同『日就月將』。指日积月累，积少成多，不断進步。詩周頌敬之：『日就月將，學有緝熙于光明。』唐楊炯唐右將軍魏哲神道碑：『天經地義，欽承避席之談；日就月將，虔奉趨庭之教。』

〔六〕華宗叶慶，方從下嫁之儀：『華宗』，猶貴族。三國魏曹植上疏陳審舉之義：『三監之釁，臣自當之，二南之輔，求不必遠，華宗貴族藩王之中，必有應斯舉者。』南朝梁任昉王文憲集序：『公生自華宗，世務簡隔。』

封廣寧公主制〔一〕

睦親之序〔二〕，必備恩榮；加命之貴，是存優寵。順成公主誕姿中掖〔三〕，習訓公宮，惠心有孚，淑問斯著。夙藴柔閑之操，克彰婉娩之規。式開湯沐，雖已申於築館；爰擇井田，俾有光於改邑。可封廣寧公主，依前實封一千户。天寶八載。

校箋

〔一〕全唐文卷二十五録該文，題目同，署名玄宗皇帝，文末未録『天寶八載』。廣寧公主，玄宗皇帝李隆基之女，下嫁程昌胤，又嫁蘇克貞。

〔二〕睦親之序：『睦親』，對宗族和睦，對外親友好。漢王粲酒賦：『糾骨肉之睦親，成朋友之歡好。』南朝宋顔延之陶徵士誄：『睦親之行，至自非敦。』

〔三〕順成公主誕姿中掖：『誕姿』，猶雄才。三國志蜀書先主傳：『伏惟陛下誕姿聖德，統理萬邦，而遭厄運不造之艱。』『中掖』，泛指宫廷。唐宋璟奉和御制賜詩一首應制：『太常陳禮樂，中掖降簪裾。』唐白居易病中辱張常侍題集賢院詩：『騎省通中掖，龍樓隔上臺。』

封大長公主制〔一〕

門下：周室展親〔二〕，繫車服之等；漢氏右戚〔三〕，崇湯沐之封。永惟加恩，必遵舊典。第九妹，碧渚開祥，絳河疏彩，成齋莊之惠問，有明婉之柔姿，訓自九重，備兹四戒〔四〕，雖肅雍之咏，彤管既彰；而穠華之賜，粉田猶闕。宜承金屋之慶，式昭銀牓之寵，可封大長公主。

校箋

〔一〕全唐文未录該文。

〔二〕周室展親：『展親』，謂重視親族的情分。國語魯語上：『古者分同姓以珍玉，展親也。』韋昭注：『展，重也。』唐元稹贈于頔謚：『朕以禮存錫命，恩在展親。』

〔三〕漢氏右戚：『右戚』，皇家貴戚。南史蔡撙傳：『臣預爲右戚，且職在納言，陛下不應以名垂喚。』舊唐書長孫無忌傳：『或情緣右戚，遂陟臺階；或顧想披荊，便蒙夜拜。』

〔四〕訓自九重，備兹四戒：『九重』，指帝王。唐李邕賀章仇兼瓊克捷表：『遵奉九重，決勝千里。』明無名氏金雀記作賦：『明朝入禁中，奏聞九重。』

封永陽長公主等制〔一〕

皇弟十妹可永陽長公主

第十一妹可普寧長公主

第十三妹可文安長公主

皇女德陽郡主可漢陽公主

咸寧郡主可普安公主

信安郡主可東陽公主

清源郡主可陽安公主
武陵郡主可西河公主
晋康郡主可襄陽公主
第十八女可潯陽公主
第二十一女可臨汝公主
第二十二女可恩平公主
第二十三女可邵陽公主

門下：慶賜之澤，允洽於家邦；肅雍之德，宜正其封邑。第十六女等，皆夙禀柔明，幼聞懿範。傳圖史之訓，行表中闈；奉蘋蘩之則〔二〕，義昭外館〔三〕。朕嗣膺丕業，爰□□章。宜申湯沐之封〔四〕，以承□號，允副恩榮，可依前件。貞元二年。

校箋

〔一〕全唐文未录該文；適園叢書卷四十一録該文，題目同。

〔二〕奉蘋蘩之則：蘋蘩：詩召南有采蘋及采蘩篇。詩召南采蘩序：『采蘩，夫人不失職也。夫人可以奉祭祀，則不失職矣。』後以『蘋蘩』借指能遵祭祀之儀或婦職等。南朝齊謝朓齊敬皇后哀策文：『始協德於蘋蘩兮，終配祇而表命。』明高明琵琶記高堂稱壽：『（趙氏五娘）德性幽閑，儘可寄蘋蘩之托。』

〔三〕義昭外館：『外館』，天子嫁女，從宮中遷出後所居之館。唐宋之問宴安樂公主宅得空字詩：『英藩築外館，愛主出王宮。』

〔四〕宜申湯沐之封：『湯沐』，指湯沐邑，指國君、皇后、公主等收取賦税的私邑。後漢書班彪傳：『又舊制，太子食湯沐十縣。』唐張説鄎國長公主神道碑：『邸弟立官，湯沐建封。』

封真寧公主等制〔一〕

門下：第二女等，皆以柔懿，備聞風訓，知中闈内則之義，禀傅姆女史之規〔二〕。禮有待年〔三〕，恩從廣愛，徵於舊典，俾洽疏封，式分湯賦之榮，庶成肅雍之德，弘我慶澤，被於家邦，可依前件。元和元年八月五日。

校箋

〔一〕本文亦見於全唐文卷五十六，署名憲宗皇帝，題目同，文末未録『元和元年八月五日』。真寧公主，唐憲宗李純之女，下嫁薛翃。

〔二〕稟傅姆女史之規：『傅姆』，古時輔導、保育貴族子女的老年婦人。唐杜枚杜秋娘詩：『晝堂授傅姆，天人親捧持。』宋司馬光論公主宅内臣狀：『臣聞父之愛子，教以義方，弗納於邪。公主生於深宫，年齒幼穉，不更傅姆之嚴，未知失得之理。』『女史』，古代女官名，以知書婦女充任，掌管有關王后禮儀等事。或爲世婦下屬，掌管書寫文件等事。周禮天官女史：『女史掌王后之禮職，掌内治之貳，以詔后治内政。』漢書外戚傳下班倢伃：『陳女圖以鏡監兮，顧女史而問詩。』

〔三〕禮有待年：『待年』，謂女子待年長而聘。後漢書皇后紀下獻穆曹皇后：『操進三女憲、節、華爲夫人，聘以束帛玄纁五萬匹，小者待年於國。』李賢注：『留住於國，以待年長。』後因以稱女子待嫁。南朝宋顔延之宋文皇帝元皇后哀策文：『爰自待年，金聲夙振。』

封永昌公主制〔一〕

門下：普寧公主，天泉滋德。崇蘭發彩。纂組之華，每工於經目〔二〕；保阿之訓〔三〕，深得於稚年。容禮必叶，言行無間，從容珩璜之韻，婉娩柔嘉之儀，而疏封舊邦，禮宜改避。是擇美邑，再用申恩，可改封永昌公主，主者施行。

校箋

〔一〕本文亦見於全唐文卷五十九，署名憲宗皇帝，題目爲改封永昌公主制；文苑英華卷四百四十六録該文，題目同。永昌公主，唐憲宗李純長女。始封普宁公主，帝特爱之，元和二年（八〇七）十二月，下嫁於季友。元和間，徙封永昌公主。元和七年（八一二）薨，憲宗追封梁國公主，謚曰惠康。本詔當作於元和三年（八〇八）至元和七年（八一二）間。

〔二〕纂組之華，每工於經目：『纂組』，赤色綬帶。亦泛指精美的織錦。管子輕重甲：『伊尹以薄之游女工文綉纂組，一純得粟百鍾於桀之國。』唐吴兢貞觀政要求諫：『雕琢害農事，纂組傷女工。』『經目』，過目。南朝梁劉勰文心雕龍論説：『昔仲尼微言，門人追記，故仰其經目，稱爲論語。』

〔三〕保阿之訓：『保阿』，古代撫養教育貴族子女的婦女。漢書李尋傳：『唯陛下執乾剛之德，强志守度，毋聽女謁邪臣之態。諸保阿乳母甘言悲辭之托，斷而勿聽。』後漢書皇后紀序：『居有保阿之訓，動有環佩之響。』

封七女公主制〔一〕

元　稹

門下：長女等抱子弄孫之榮，貴賤之大情也〔二〕。朕以四海奉皇太后於南宮，問安之時，諸女侍側。螽斯之慶〔三〕，上慰慈顔。鳲鳩之仁〔四〕，内懷均養。雖穠華可尚〔五〕，出閤未期，而湯沐先施，分封有據，宜加美號，以表令儀，可依前件，主者施行。

校　箋

〔一〕本文亦見於全唐文卷六百四十七，署名元稹，題目爲第七女封公主制；文苑英華卷四百四十六録該文，題目爲第七女封公主制，署名元稹。唐大詔令集目録中有該詔題目，題目下注明『缺』字，今據全唐文、文苑英華補録該文，作年難考。

〔二〕貴賤之大情也：『大情』，常情。莊子大宗師：『若夫藏天下於天下而不得所遁，是恒物之大情也。』南朝梁劉孝標廣絶交論：『陽舒陰慘，生民大情。』

〔三〕螽斯之慶：『螽斯』，詩經篇名。詩周南螽斯序：『螽斯，后妃子孫衆多也，言若螽斯不妒忌，則子孫衆多也。』後用爲多子之典實。後漢書皇后紀下順烈梁皇后：『夫陽以博施爲德，陰以不專爲義，螽斯則百，福之所由興也。』

〔四〕鳲鳩之仁：『鳲鳩』，即布穀。詩曹風鳲鳩：『鳲鳩在桑，其子七兮。』毛傳：『鳲鳩，秸鞠也。鳲鳩之養七子，朝從上下，莫從下上，平均如一。』鄭玄注：『興者，喻人君之德當均一於下也。』後用爲君以仁德待下的典實。三國魏曹植上責躬詩表：『七子均養者，鳲鳩之仁也。』唐元稹授牛元翼成德軍節度使制：『而又忠孝謹廉，慈仁和惠，愛養士伍，均如鳲鳩，鎮之三軍，争在麾下。』

〔五〕雖穠華可尚：『穠華』，指女子青春美貌。語本詩召南何彼穠矣：『何彼穠矣，唐棣之華。』鄭玄箋：『何乎彼戎戎者，乃栘之華。興者，喻王姬顔色之美盛。』宋王禹偁右衛上將軍贈侍中宋公神道碑奉敕撰：『惟夫人素稟肅雍，早從釐降，雖穠華已謝，而蕙問長存。』

封十二妹等四人長公主制〔一〕

白居易

敕：古者帝子下嫁，必使王公主焉。近代或有未笄年而錫湯沐者，亦加公主之號，以寵重之。第十二妹等，先帝之子也，比朕之子，宜加等焉。故當幼年，各封善地〔二〕，咸命爲長公主。未及釐降〔三〕，先開邑封。所以慰太后慈念之心，表先帝肅雍之訓，亦欲使吾孝理之道，敦睦之風，自骨肉间以及天下。可依前件。

校箋

〔一〕本文亦見於全唐文卷六百六十三，署名白居易，題目爲第十二妹等四人各封長公主制；文苑英華卷四百四十六録該文，題目爲第十二妹等四人各封長公主制；適園叢書卷四十一録該文，題目同。

〔二〕各封善地：『善地』，好地方。史記高祖本紀：『項羽皆王諸將善地，而徙逐故主。』宋王禹偁建谿處士柳府君墓碣銘：『於時宦游之士，率以東南爲善地，每刺一郡，殿一邦，必留其宗屬子孫占籍於治所，蓋以江山泉石之秀異也。』

〔三〕未及釐降：『釐降』，本謂堯女嫁舜事。書堯典：『釐降二女於嬀汭，嬪於虞。』孔傳：『降，下嬪婦也，舜爲匹夫，能以義理下帝女之心。』後多用以指王女下嫁。晋王沈魏書：『后上表謝曰：「妾無皇英釐降之節，又非姜任思齊之倫。」』魏書崔玄伯傳：『是以諸公主皆釐降於賓附之國，朝臣子弟，雖名族美彦，不得尚焉。』

封太和長公主制〔一〕

白居易

敕：公主之封號也，或以善地，或以嘉名。立慶展親〔二〕，兹惟舊典。第四妹，端明成性，和順禀教，静無違禮，故組紃有常訓〔三〕；動必中節，故環珮有常聲。歲茂穠華，日新淑問，乃眷肅雍之德，俾開湯沐之封，可依前件。長慶元年三月。

校箋

〔一〕全唐文卷六百五十九録該文，題目同；文苑英華卷四百四十六録該文，題目爲封大和長公主制；適園叢書卷四十一録該文，題目同。白氏長慶集卷三十六録該文，題目同。據此補作者白居易。

〔一〕立慶展親：『展親』，謂重視親族的情分。書旅獒：『分寶王於伯叔之國，時庸展親。』孔穎達疏：『言用寶以表誠心，使彼知王親愛之也。』國語魯語上：『古者分同姓以珍玉，展親也。』

〔三〕故組紃有常訓：『組紃』，古指婦女从事的女紅。宋王禹偁平陽公主贊并序：『余觀文母之下，修蘋藻之禮、組紃之事者，世則有之；及其立命世之勛、与武臣之列者，未之見也。』

封定安大長公主制〔一〕

門下：我國家制馭戎夷，推崇恩義，示之以大信，重之以和親，所以燀聲教於殊鄰〔二〕，割骨肉之深愛，累聖弘略，載於國章〔三〕。太和公主擢秀天潢〔四〕，聯華宸極，智惟周物，識可洞微。乃者回鶻輸誠〔五〕，願求相好。穆宗皇帝義難違拒，且務懷柔〔六〕，以鳳樓和淑之姿，降龍庭桀驁之俗。一辭朝闕，二紀於兹，常興去國之悲，已絶還鄉之望。今可汗自竊名號，來依塞垣〔七〕。朕以渥澤久濡〔八〕，飄零可憫，賫以粟帛，喻之旋歸。曾無感激之心，益肆貪婪之性，遂得忠義同力，將帥協謀，未揚金鼓之音，已潰犬羊之衆。遽收貴主，出彼穹廬。上以慰太后之深慈，下以攄兆人之積憤。將修慶覲，坐雪幽冤，名節自彰，嘆賞何極。笳簫淒怨，休傳朔漠之聲；環珮鏗鏘，再齒平陽之列。是用易其舊邑，錫以嘉名，增沁園湯沐之封，釋邊地風沙之思。舉兹典禮，用表忠勤，祇服寵榮，永光簡册。可封定安大長公主。會昌三年二月二十五日。

校箋

〔一〕本文亦見於全唐文卷七十六，署名武宗皇帝，題目同，文末未録『會昌三年二月二十五日』；適園叢書卷四十一録該文，題目同。定安大長公主，唐憲宗之女，始封『太和公主』，會昌三年（八四三），太和公主被唐軍護送回太原，歸國後晋爲『定安大長公主』。新唐書列傳第八記『定安公主，始封太和。下嫁回鶻崇德可汗。會昌三年來歸，詔宗正卿李仍叔、祕書監李踐方等告景陵。主次太原，詔使勞問係塗，以黠戛斯所獻白貂皮、玉指環往賜。至京師，詔百官迎謁再拜。』

〔二〕所以燀聲教於殊鄰：『聲教』，聲威教化。書禹貢：『東漸于海西，被于流沙，朔南暨聲教，訖于四海。』漢班固東都賦：『窮覽萬國之有無，考聲教之所被，散皇明以燭幽。』『殊鄰』，遠方異域。漢書揚雄傳下：『是以遐方疏俗殊鄰絶黨之域，自上仁所不化，茂德所不綏，莫不蹻足抗手，請獻厥珍。』唐李白贈崔司户文昆季詩：『英聲振名都，高價動殊鄰。』

〔三〕累聖弘略載於國章：『累聖』，稱歷代君主。宋王安石本朝百年無事札子：『蓋累聖相繼，仰畏天，俯畏人，寬人恭儉，忠恕誠慤，此其所以獲天助也。』宋王讜唐語林補遺二：『累聖知之而不能遠，惡之而不能去，睿旨如此，天下幸甚！』『國章』，國之禮儀典章。南朝宋顏延之赭白馬賦：『振民隱，修國章。』唐高適信安王幕府詩：『國章榮印綬，公服貴貂蟬。』

〔四〕太和公主擢秀天潢：『天潢』，帝王後裔。庾信爲杞公讓宗師驃騎表：『憑天潢之派水，附若木之分枝。』

〔五〕乃者回鶻輸誠：『輸誠』，歸順；降服。魏書袁翻傳：『故能使淮海輸誠，華陽即序，連城請面，比屋歸仁。』清林則徐會奏穿鼻尖沙嘴迭次轟擊夷船情形摺：『如果該夷等畏罪輸誠，不妨先威後德。」

〔六〕且務懷柔：『懷柔』，語本禮記 中庸：『送往迎來，嘉善而矜不能，所以柔遠人也。繼絶世，舉廢國，治亂持危，朝聘以時，厚往以薄來，所以懷諸侯也。』後因以稱籠絡安撫外國或國内少數民族等爲『懷柔』。漢賈誼新書 無蓄：『懷柔附遠，何招而不至？』三國志 吴書 吴主傳：『宣導休風，懷柔百越。』

〔七〕來依塞垣：『塞垣』，本指漢代爲抵禦鮮卑所設的邊塞。後亦指長城、邊關城墻。漢蔡邕難夏育上言鮮卑仍犯諸郡：『秦築長城，漢起塞垣，所以别外内、異殊俗也。』南朝宋鮑照東武吟：『始隨張校尉，占募到河源；後逐李輕車，追虜窮塞垣。』張銑注：『塞垣，長城也。』

〔八〕朕以渥澤久濡：『渥澤』，指恩惠。後漢書 鄧騭傳：『托日月之末光，被雲雨之渥澤，并統列位，光昭當世。』唐李白鄂州刺史韋公德政碑：『雲滂洋，雨汪濊，澡渥澤，除瑕纇。』

封延慶公主等制〔一〕

門下：車服之制，載美周詩；湯沐之□，□遵漢典，備光内□□□□□等，并稟慶絳河，流芳彤管，穠華懿淑，雅志静專。柔順之心，叶於禮度；肅雍之道〔二〕，發於言容。宜錫粉田之榮〔三〕，用昭銀牓之貴〔四〕，可依前件。會昌二年十月十日。

校　箋

〔一〕本文亦見於全唐文卷七十六，署名武宗皇帝，題目同，文末未録『會昌二年十月十日』；適園叢書卷四十一録該文，題目同。

〔二〕肅雍之道：『肅雍』，爲稱頌婦德之辭。後漢書 皇后紀序：『所以能述宣陰化，修成内則，閨房肅雍，險謁不行也。』南朝梁劉潛爲王儀同謝國姻啓：『荆布陋飾，已膺凡獎；負薪微胤，復降肅邕。』宋沈遘中書祭秦國夫人：『惟靈孝友肅雍，慈祥温惠。』

〔三〕宜錫粉田之榮：『粉田』，脂粉田，即公主的湯沐邑。『湯沐邑』指國君、皇后、公主等收取賦税的私邑。戰國策 楚策二：『秦王有愛女而美，又簡擇宫中佳翫麗好翫習音者，以懽從之；資之金玉寶器，奉以上庸六縣爲湯沐邑，欲因張儀内之楚王。』史記 平準書：『自天子以至於封君湯沐邑，皆各爲私奉養焉。』

〔四〕用昭銀牓之貴：『銀牓』，宫殿或廟宇門端所懸的輝煌華麗的匾額。《神異經·中荒經》：『東方有宫，青石爲墻，高三仞，左右闕高百尺，畫以五色，門有銀牓。』唐杜甫《樂游園歌》：『閶闔晴開詄蕩蕩，曲江翠幕排銀牓。』

封萬壽公主等制〔一〕

長女可封萬壽公主

第二女可封永福公主

第三女可封西華公主

第四女可封廣德公主

第五女可封和義公主

第六女可封饒安公主

門下：諸女之封，始資漢制；疏邑之典，今爲國章。長女等，坤道禀柔〔二〕，條風育德。莊敬柔順，受粹氣於靈源；言容法度，穆昭徽於内則。祥降北渚，教襲南薰，克茂天和，更承姆訓。雖年方齠齓〔三〕，而體備肅雍，用洽寵私〔四〕，俾開井賦。可依前件。會昌六年五月二十三日。

校箋

〔一〕本文亦見於全唐文卷七十九，署名宣宗皇帝，題目爲封長女等爲公主制，文末未録『會昌六年五月二十三日』；適園叢書卷四十一録該文，題目同。宣宗長女萬壽公主，下嫁鄭顥。第四女廣德公主，下嫁於琮。

〔二〕坤道稟柔：『坤道』，猶婦德。唐柳宗元禮部賀册太上皇后表：『母儀有光，坤道克順。』

〔三〕雖年方齠齔：『齠齔』，垂髫換齒之時，指童年。齠，通『髫』。東觀漢記伏湛傳：『齠齔勵志，白首不衰。』唐白居易歡兒戲詩：『齠齔七八歲，綺紈三四兒。』

〔四〕用洽寵私：『寵私』，恩寵與私惠。晋書庾亮傳論：『外戚之家，連輝椒掖，舅氏之族，同氣蘭闈，靡不憑藉寵私，階緣險謁。』南朝梁任昉爲范尚書讓吏部封侯表：『草創惟始，義存改作，恭己南面，責成斯在，豈宜妄加寵私，以乏王事？』

封盛唐公主制〔一〕

門下：展親外館〔二〕，則必待年〔三〕。廣愛中闈，宜光啓邑。第七女，祥開銀漢，秀發天枝，孝敬生知〔四〕，柔閑夙禀〔五〕，克奉姆師之訓，每遵詩禮之文，法度自持，穠華益茂，爰申彝典，載錫嘉名，俾承湯沐之封，式示邦家之慶。可封盛唐公主，備禮册命。

校箋

〔一〕本文亦見於全唐文卷七百八十八，署名蔣伸，題目同；文苑英華卷四百四十六録該文，題目同；適園叢書卷四十一録該文，題目同。盛唐公主，唐宣宗之女，生平事迹不詳，作年難考。

〔二〕展親外館：『展親』，謂重視親族的情分。書旅獒：『分寶玉於伯叔之國，時庸展親。』孔穎達疏：『言用寶以表誠心，使彼知王親愛之也。』國語魯語上：『古者分同姓以珍玉，展親也。』韋昭注：『展，重也。』唐元稹贈于頔謚：『朕以禮存錫命，恩在展親。』『外館』，天子嫁女，從宮中遷出後所居之館。唐宋之問宴安樂公主宅得空字詩：『英藩築外館，愛主出王宮。』

〔三〕則必待年：『待年』，謂女子待年長而聘。後漢書 皇后紀下 獻穆曹皇后：『操進三女憲、節、華爲夫人，聘以束帛玄纁五萬匹，小者待年於國。』李賢注：『留住於國，以待年長。』後因以稱女子待嫁。南朝宋顏延之宋文皇帝元皇后哀策文：『爰自待年，金聲夙振。』

〔四〕孝敬生知：『生知』，謂不待學而知之。語本論語 季氏：『生而知之者上也。』晋葛洪抱朴子 勖學：『人理之曠，道德之遠，陰陽之變，鬼神之情，緬邈玄奥，誠難生知。』宋王禹偁神童劉少逸與時賢聯句詩序：『生性如生知，辭如老成，一聯一咏，令人振驚。』

〔五〕柔閑夙禀：『夙禀』，亦作『夙秉』，指早歲秉承；天然具有。唐皮日休九諷 見逐：『嗟予夙秉於大訓兮，涵漬骨之忠貞。既貿者之莫余容兮，向重蒼而自盟。』宋陳岩肖庚溪詩話卷上：『當今皇太子，夙禀岐嶷之資，篤日就月將之道。』

册文

册信成公主文〔一〕

孫　逖

維開元二十五年，歲次丁丑，八月癸卯朔，十五日丁巳。皇帝若曰：於戲！易著乙歸，詩稱下嫁，所以正風化、厚人倫也。咨爾信成公主，淑慎由衷，柔明形外。訓以師氏，頗詳環珮之儀；修其婦功，更習紘綖之藝〔二〕。日徵先近，年及有行〔三〕。宜錫徽章，俾膺茂典。今遣使金紫光禄大夫、兵部尚書兼中書令、集賢院學士修國史、上柱國晉國公李林甫，副使中大夫守中書侍郎、集賢院學士徐安貞，持節禮册。爾其光昭閫德，弘長國風，無怠厥心，永綏介福，可不慎歟！

校　箋

〔一〕全唐文卷三百十一録該文，署名孫逖，題目同；文苑英華卷四百四十六録該文，題日同，作者孫逖；適園叢書卷四十一録該文，題目同。信成公主，玄宗之女，下嫁獨孤明。今據全唐文、文苑英華补作者孫逖。

〔二〕更習紘綖之藝：『紘綖』，國語魯語下載公父文伯勸其母勿績，其母教訓文伯應勤職不怠，并謂『王后親織玄紞，公侯之夫人加之以紘、綖……男女效績，愆則有辟，古之制也。』後因以『紘綖』爲貴顯人家婦女具有勤儉美德的典故。北周庾信周大都督陽林伯長孫瑕夫人羅氏墓志銘：『蘋藻維敬，紘綖是勤。』明張居正祭封一品嚴太夫人文：『肅肅母訓，煌煌令儀，紘綖蘋藻，筐篚枲絲。』

〔三〕年及有行：『有行』，出嫁。詩邶風泉水：『女子有行，遠父母兄弟。』晉潘岳寡婦賦：『伊女子之有行兮，爰奉嬪於高族。』

册昌樂公主文〔一〕

孫　逖

維開元二十五年，歲次丁丑，八月癸卯朔，二十九日辛未。皇帝若曰：於戲！好合之禮，以正人倫；肅雍之德，用成婦道。咨爾昌樂公主，生知法度，性與和柔。□□□□□言頗識采蘋之事〔二〕，素以爲絢。既内則悔□□□式遵於下嫁宜□□□車服之容。今遣使銀青光禄大夫、工部尚書牛仙客，副使黃門侍郎陳希烈，持節禮册。爾其欽崇四教〔三〕，承順六姻〔四〕，式是大邦，受兹明命，可不慎歟！

校箋

〔一〕全唐文卷三百十一録該文，署名孫逖，題目同；文苑英華卷四百四十六録該文；適園叢書卷四十一録該文，題目同。昌樂公主，玄宗女，高才人所生。下嫁竇鍔。薨大曆時。今據全唐文補作者孫逖。

〔二〕言頗識采蘋之事：『采蘋』，詩召南篇名。左傳隱公三年：『風有采蘩、采蘋，雅有行葦、泂酌，昭忠信也。』後因以『采蘋』贊美德行。宋王安石王中甫學士挽辭：『種橘園林無舊業，采蘋洲渚有新篇。』

〔三〕其欽崇四教：『四教』，指婦德、婦言、婦容、婦功。周禮天官九嬪：『九嬪掌婦學之法，以教九御，婦德、婦言、婦容、婦功。』晉干寶晉紀總論：『而其后妃，躬行四教，尊敬師傅，服澣濯之衣，修煩辱之事，化天下以婦道。』

〔四〕承順六姻：『六姻』，猶六親。北史楊椿傳：『故六姻朋友無憾焉。』唐劉長卿別李氏女子詩：『臨歧方教誨，所貴和六姻。』唐末五代杜光庭都監將軍周天醮詞：『九玄七祖，同霑洪澤；六姻九族，咸沐玄慈。』

册高都公主文〔一〕

孫逖

維開元二十五年，歲次丁丑，九月十一日，皇帝若曰：於戲！古之聖人，垂訓作則，必正内外之位，以明婚姻之禮。咨爾高都公主，生於公宫，自禀幽閑之性〔二〕；教以師氏，更有徽柔之則〔三〕。能循法度，克慎言容，魯館于歸〔四〕，沁園將啓〔五〕，宜膺册命，俾叶典章。今遣使工部尚書牛仙客、副使黄門侍郎陳希烈，持節禮册。爾其自下於心，增修厥德，式瞻清懿，永固恩榮，可不慎歟！

校箋

〔一〕全唐文卷三百十一録該文，署名孫逖，題目同；文苑英華卷四百四十六録該文；適園叢書卷四十一録該文，題目同。

〔二〕自稟幽閑之性：『幽閑』，柔順閑靜，多用以形容女子。詩周南關雎『窈窕淑女』毛傳：『窈窕，幽閑也。』後漢書列女傳贊：『端操有蹤，幽閑有容。』宋曾鞏祭亡妻晁氏文：『幽閑深謐，度量誰窺。』

〔三〕更有徽柔之則：『徽柔』，善良仁慈。書無逸：『徽柔懿恭，懷保小民。』孫星衍疏：『徽者，釋詁云：「善也。」柔者，韋昭注晉語云：「仁也。」』宋蘇轍西掖告詞范純仁三代祖母：『具官某祖母某氏，徽柔靖恭，信順慈孝。』

〔四〕魯館于歸：『魯館』，稱貴族女子出嫁時外住之所。唐皇甫枚三水小牘王知古：『聆好音於魯館，逼佳氣於秦臺。』宋王禹偁慰公主薨表：『雲愁魯館，風咽秦簫。』

〔五〕沁園將啓：『沁園』，園林名。爲東漢明帝女沁水公主所有。建初二年被竇憲所奪，後泛稱公主的園林爲『沁園』。唐崔湜侍宴長寧公主東莊應制詩：『沁園東郭外，鸞駕一游盤。』唐儲光羲玉真公主山居詩：『不言沁園好，獨隱武陵花。』

册建平公主文〔一〕

維開元二十五年，九月十一日，皇帝若曰：於戲！修五禮者必本於天秩，合二姓者將厚於人倫。咨爾建平公主，禀質尚柔，因心克順，默識壼帷之教，明徵圖史之言，黼藻四德〔二〕，筌簀六行〔三〕。河洲在咏，將叶於好仇；湯沐疏封，式昭於備禮。今遣使兵部尚書李林甫、副使中書侍郎徐安貞，持節禮册。爾其受兹光寵，慎乃威儀，永保無疆之休，且爲將來之範，可不慎歟！

校箋

〔一〕全唐文卷三十八録該文，署名玄宗皇帝，題目同；適園叢書卷四十一録該文，題目同。

〔二〕黼藻四德：『黼藻』，謂修飾使臻完美。『四德』，封建禮教指婦女應有的四種德行。周禮天官九嬪：『掌婦學之法，以教九御婦德、婦言、婦容、婦功。』鄭玄注：『婦德謂貞順，婦言謂辭令，婦容謂婉娩，婦功謂絲枲。』後漢書皇后紀序：『九嬪掌教四德。』李賢注：『四德謂婦德、婦言、婦容、婦功也。』唐高仲武中興間氣集李季蘭：『士有百行，女唯四德。』

〔三〕笙簧六行：『六行』，六種善行。周禮地官大司徒：『六行：孝、友、睦、姻、任、恤。』晋陸雲晋故散騎常侍陸府君誄：『六言六行，匪君不肅。』唐陳子昂申州司馬王府君墓志：『君三德允章，六行既穆。』

册永寧公主文〔一〕

孫逖

維開元二十六年，歲次戊寅，八月丁酉朔，二十二日戊午，皇帝若曰：於戲！人倫式叙〔二〕，以正國風，女子有行，將成婦道。咨爾永寧公主，自幼及長，終温且惠，引圖史爲鏡鑒，用柔和爲粉澤。許嫁而笄，既遵於禮典；備物之册〔三〕，宜承於寵命。今遣使金紫光禄大夫、兵部尚書兼中書令、集賢院學士修國史、上柱國晋國公李林甫，副使中大夫守中書侍郎、集賢院學士、上柱國徐安貞，持節禮册。爾其謙恭自下，淑慎爲先，無忝公宫之教，永貽邦媛之則。可不慎歟！

校箋

〔一〕全唐文卷三百十一録該文，署名孫逖，題目同；文苑英華卷四百四十六録該文，題目同；適園叢書卷四十一録該文，題目同。今據全唐文，補作者孫逖。

〔二〕人倫式叙：『式叙』，亦作『式序』，謂按次第。詩周頌時邁：『明昭有周，式序在位。』鄭玄箋：『用次第處位。』後漢書朱穆傳：『議郎、大夫之位，本以式序儒術高行之士，今多非其人。』晋袁宏後漢紀桓帝紀：『横見式叙，各授封爵，天下惆悵，人神共憤。』

〔三〕備物之册：『備物』，備辦各種器物。易繫辭上：『備物致用，立成器以爲天下利，莫大乎聖人。』孔穎達疏：『謂備天下之物，招致天下所用，建立成就天下之器以爲天下之利。』國語楚語下：『夫神以精明臨民者也，故求備物，不求豐大。』

册臨晋公主文〔一〕

維開元二十六年，歲次戊寅，閏八月丁卯朔，十六日壬午。皇帝若曰：於戲！古之帝女，下嫁諸侯，所以正婚姻之懿綱，昭肅雍之令德。咨爾臨晋公主，蹈和成性〔二〕，體順爲心，頗協生知之敏〔三〕，更承師氏之訓，柔明益著，淑慎攸彰，兼四教而不違〔四〕，勤六行而無斁〔五〕。近日云吉，嘉禮有期，宜穆彝章〔六〕，載光策命。今遣侍中豳國公牛仙客、副使黄門侍郎陳希烈，持節禮册。爾其克遵法度，用廣徽猷〔七〕，發明閫德〔八〕，垂範於後。可不慎歟！

校箋

〔一〕本文亦見於全唐文卷三十八，署名玄宗皇帝，題目同；文苑英華卷四百四十六録該文，題目同，署名『内制』；適園叢書卷四十一録該文，題目同。臨晋公主，玄宗女，皇甫淑妃所生。下嫁郭潛曜，薨於大曆時。

〔二〕蹈和成性：『蹈和』，遵循謙和之道。

〔三〕頗協生知之敏：『生知』，謂不待學而知之。語本論語季氏：『生而知之者上也。』晋葛洪抱朴子勖學：『人理之曠，道德之遠，陰陽之變，鬼神之情，緬邈玄奥，誠難生知。』宋王禹偁神童劉少逸與時賢聯句詩序：『生性如生知，辭如老成，一聯一咏，令人振驚。』

〔四〕兼四教而不違：『四教』，指婦德、婦言、婦容、婦功。周禮天官九嬪：『九嬪掌婦學之法，以教九御，婦德、婦言、婦容、婦功。』晋干寶晋紀總論：『而其后妃，躬行四教，尊敬師傅，服澣濯之衣，修煩辱之事，化天下以婦道。』

〔五〕勤六行而無斁：「六行」：六種善行。周禮地官大司徒：「六行：孝、友、睦、姻、任、恤。」晋陸雲晋故散騎常侍陸府君誄：「六言六行，匪君不肅。」唐陳子昂申州司馬王府君墓志：「君三德允章，六行既穆。」

〔六〕宜穆彝章：「彝章」，常典；舊典。南朝梁任昉爲范尚書讓吏部封侯第一表：「矜臣所乞，特迴寵命，則彝章載穆，微物知免。」唐司空圖上考功狀：「共仰推公之志，敢忘效報之心？克振彝章，必光僉議。」

〔七〕用廣徽猷：「徽猷」，美善之道。猷，道。指修養、本事等。詩小雅角弓：「君子有徽猷，小人與屬。」毛傳：「徽，美也。」鄭玄箋：「猷，道也。君子有美道以得聲譽，則小人亦樂與之而自連屬焉。」梁書文學傳下謝幾卿：「故得仰慕徽猷，永言前哲。」

〔八〕發明閫德：「閫德」：婦女的德行。南朝梁任昉劉先生夫人墓志：「肇允才淑，閫德斯諒。」明屠隆曇花記法眷聚會：「夫人道心玉瑩，將來必證真空；閫德冰清，且亦有功名教。」

册真陽公主文〔一〕

維開元二十八年，歲次庚辰，二月戊子朔，八日乙未，皇帝若曰：於戲！□□□

德，崇婦道也；河洲之訓〔二〕，厚人倫也。咨爾真陽公主，柔順因心，幽閑表質，雅著閨闈之則，能瞻圖史之誡，徽章載茂，淑範無違。禮將及於有行，寵宜循於賦邑。今遣使兵部尚書兼侍中牛仙客、副使黄門侍郎陳希烈，持節禮册。爾其敬慎威儀，無致失墮，用膺寵命，克保宜家，可不慎歟！

校箋

〔一〕本文亦見於全唐文卷三十八，署名玄宗皇帝，題目同；適園叢書卷四十一録該文，題目同。真陽公主，玄宗女，下嫁源清，又嫁蘇震。

〔二〕河洲之訓：『河洲』，詩周南關雎：『關關雎鳩，在河之洲。窈窕淑女，君子好逑。』毛傳：『后妃説樂君子之德，無不和諧，又不淫其色，慎固幽深若關雎之有别焉，然後可以風化天下。』後因以『河洲』爲稱美后妃之德的典實。

册華陽公主文〔一〕

維大曆四年，歲次乙酉，三月壬申朔，五日景子，皇帝若曰：漢家舊制，諸女皆封，儀服比於藩王，膏腴封其井賦〔二〕。咨爾第某女，承徽自遠，誕秀增華。仁孝才明，夙有天資之慶；言容法度，成於壼教之慈。敏達知微，周旋中節〔三〕，肅雍是憲，婉静流芳。雖僅在齠年〔四〕，禮未主於同姓；而載揚淑問德，已冠於成人。宜錫典章，用疏國邑，是用册曰某公主，欽承徽命，可不慎歟！

校箋

〔一〕本文亦見於全唐文卷四十九，署名代宗皇帝，題目同；適園叢書卷四十一録該文，題目同。華陽公主，代宗女，貞懿皇后所生。韶悟過人，帝愛之。視帝所喜，必善遇；所惡，曲全之。大曆七年，以病丐爲道士，號瓊華真人。

〔二〕膏腴封其井賦：『井賦』，古代行井田而納貢賦，因用以稱田賦。語本周禮地官小司徒『九夫爲井……以任地事，而令其貢賦』。南朝宋鮑照擬古詩之六：『歲暮井賦訖，程課相追尋。』唐陸贄馬燧渾瑊副元帥招討河中制：『授以師保之任，疇其井賦之養。』

〔三〕周旋中節：『中節』，合乎禮義法度。禮記中庸：『喜怒哀樂之未發謂之中，發而皆中節謂之和。』後漢書虞延傳：『（富宗）性奢靡，車服器物，多不中節。』

〔四〕雖僅在齠年：『齠年』，童年。漢蔡邕議郎胡公夫人哀贊：『嚴考殞没，我在齠年，母氏鞠育，載矜載憐。』唐元稹答姨兄胡靈之見寄五十韻：『憶昔鳳翔城，齠年是事榮。』

册益昌公主文〔一〕

薛廷珪

維乾寧元年，歲次甲寅，十月庚寅朔，十四日癸卯，皇帝若曰：昔漢頒魯國，魏錫常山，繇鐘愛以分封，亦旌賢而别壤。前王茂典〔二〕，歷代成規。朕今嗣守〔三〕，不敢失墜。咨爾第七女，蘭茝芳猷〔四〕，肅雍懿範〔五〕。坤順之性〔六〕，體於自然；天倪之資，禀於陰教〔七〕，不明爾德，敦慰我心，爰考舊章，俾率彝制，乃疏湯邑，仍錫粉田。所以示鳴鳩均養之仁，樂螽斯宜爾之慶。夙興夜寐，無忘女史之箴；下氣怡聲，勉習家人之禮。女儀婦道。可不慎歟！

校箋

〔一〕全唐文卷八百三十八録該文，題目同；文苑英華卷四百四十六録該文，題目同，作者署薛廷珪；適園叢書卷四十一録該文，題目同。該文作於乾寧元年（八〇九）。益昌公主，唐昭宗女，生平事迹不詳。

（二）前王茂典：『茂典』，盛美的典章、法則。南朝宋顔延之三月三日曲水詩序：『選賢建戚，則擇之於茂典；施命發號，必酌之於故實。』張銑注：『茂，美；典，則也。』舊唐書肅宗紀：『至於漢武，飾以浮華，非前王之茂典，豈永代而作則。』

（三）朕今嗣守：『嗣守』，繼承并遵守和保持。書顧命：『在後之侗，敬迓天威，嗣守文武大訓，無敢昏逾。』晋書慕容超載記：『今陛下嗣守社稷，不宜以私親之故而降統天之尊。』

（四）蘭茝芳猷：『芳猷』，猶美德。南朝宋顔延之應詔宴曲水詩：『柔中淵映，芳猷蘭秘。』唐白居易祭咸安公主文：『承渥澤於三朝，播芳猷於九姓。』明宋濂淵穎先生碑：『信一代之偉人，足以播芳猷於弗朽者也。』

（五）肅雍懿範：『肅雍』，詩召南何彼襛矣：『曷不肅雍，王姬之車。』原指行車之貌。詩序則謂：『何彼襛矣，美王姬也。雖則王姬，亦下嫁於諸侯，車服不繫其夫，下王后一等，猶執婦道以成肅雍之德也。』後因以『肅雍』爲稱頌婦德之辭。後漢書皇后紀序：『所以能述宣陰化，修成内則，閨房肅雍，險謁不行也。』南朝梁劉潛爲王儀同謝國姻啓：『荆布陋飾，已膺凡奬；負薪微胤，復降肅邕。』

〔六〕坤順之性：『坤順』，易坤：『坤道其順乎，承天而時行。』孔穎達疏：『言坤道柔順，承奉於天，以量時而行。』後以『坤順』稱婦女温柔順從。明湯顯祖南柯記宫訓：『宫樹槐根隱隱，從地府學成坤順。』

〔七〕禀於陰教：『陰教』，女子的教化。語本周禮天官内宰：『以陰禮教六宫，以陰禮教九嬪。』范曄後漢書皇后紀論『所以能述宣陰化，修成内則』李善注引三國魏曹丕典論：『欲納二女，充備六宫，佐宣陰教，聿修古義。』唐李華含元殿賦：『王風闡而成化，陰教備而不虧。』

卷第四十二

公主

出降

公主王妃不許舅姑父母答拜詔

詳定公主郡縣主出降儀敕

出降册文

册興信公主出降文

册樂成公主出降文

册壽光公主出降文

册平昌公主出降文

册廣寧公主出降文

册普寧公主出降文

册嘉成公主出降文

加實封

太平公主加實封制

長寧安樂公主加實封制

出降

公主王妃不許舅姑父母答拜詔〔一〕

天地之尊，人倫已極。舅姑之敬，禮經攸重。苟違斯義，有斁彝則〔二〕。如聞公主出降，王妃作嬪，舅姑父母降禮答拜〔三〕，此乃子道云替〔四〕，婦德不循，何以式序家邦〔五〕，儀刑閨閫〔六〕？自今以後，可明加禁斷，使一依禮法〔七〕。若更有以貴加於所尊者，令所司隨事糾聞〔八〕。顯慶二年三月。

校箋

〔一〕本文亦見於全唐文卷十二，署名高宗皇帝，題爲公主王妃見舅姑父母勿答拜詔。唐會要卷二十六皇太子不許與諸王及公主抗禮條録顯慶三年正月二十一日詔，即爲本詔。

〔二〕有斁彝則：『斁』，敗壞。書洪範：『帝乃震怒，不畀洪範九疇，彝倫攸斁。』

後漢書 班固傳下：『俾其承三季之荒末，值亢龍之灾孽，懸象暗而恒文乖，彝倫斁而舊章缺。』『彝則』，經常的制度，準則。宋書 禮志四：『今昭皇太后正位母儀，尊號允著，祔廟之禮，宜備彝則。』南史 梁紀下 元帝：『仰望鑾輿，匪朝伊夕。瞻言法駕，載渴且飢。豈可久稽衆議，有曠彝則？』

〔三〕舅姑父母降禮答拜：『降禮』，跪拜之禮。晉書 孝友傳 顔含：『於時論者以王導帝之師傅，名位隆重，百僚宜爲降禮。』資治通鑒晉成帝咸康四年引此文，胡三省注曰：『降禮，謂拜之。』『答拜』，回拜。逸周書 克殷：『武王答拜，先入適王所，乃剋射之三發而後下車，而擊之以輕吕，斬之以黄鉞。』東觀漢記 東平憲王蒼傳：『蒼到洛陽，使鴻臚持節郊迎，引入不在贊拜之位，升殿乃拜，上親答拜。』

〔四〕此乃子道云替：『子道』，子女對父母應遵循的道德規範。史記 五帝本紀：『舜父瞽叟頑，母嚚，弟象傲，皆欲殺舜。舜順適不失子道，兄弟孝慈。』漢書 五行志上：『董仲舒以爲成（魯成公）居喪亡哀戚心，數興兵戰伐，故天灾其父廟，示失子道，不能奉宗廟也。』

〔五〕何以式序家邦：『式序』，按次第；順序。詩 周頌 時邁：『明昭有周，式序在位。』後漢書 朱穆傳：『議郎、大夫之位，本以式序儒術高行之士，今多非其人。』『家邦』，本指家與國，亦泛指國家。詩大雅思齊：『刑于寡妻，至于兄弟，以御于家邦。』南朝梁任昉爲蕭揚州薦士表：『臣位任隆重，義兼家邦，實欲使名實不違，徼幸路絶。』

〔六〕儀刑閨闈：『儀刑』，爲法，做楷模。晋袁宏後漢紀桓帝紀一：『德苟成，故能儀刑家室，化流天下，禮苟順，故能影響無遺，翼宣風化。』南朝梁沈約答樂藹書：『况文獻王冠冕彝倫，儀刑宇内，自非一世辭宗，難或與此。』『閨闈』，家庭；家族。晋葛洪抱朴子清鑒：『考操業於閨闈，校始終於信效。』唐白居易判之四二：『閨闈垂訓，長幼雖合有倫；朝廷正名，等列豈宜無别？』

〔七〕使一依禮法：『一依』，完全按照。晋書后妃傳下康獻褚皇后：『今歸事反政，一依舊典。』宋書武帝紀下：『零陵王薨，車駕三朝率百僚舉哀於朝堂，一依魏明帝服山陽公故事。』

〔八〕令所司隨事糾聞：『所司』，有司。指主管的官吏。唐陳子昂上蜀川軍事：『陛下若以此奏非虚，或可采者，請勒臣付所司對議得失。』清錢謙益南京吏部驗封清吏司主事譚性教授承德郎制：『爾在相城，蝗不爲害，所司曾上其狀。』

詳定公主郡縣主出降儀敕〔一〕

冠婚之義〔二〕，人倫大經。昔唐堯降嬪，帝乙歸妹〔三〕，逮於漢氏，同姓主之，爰自近古，禮教陵替〔四〕。公主郡主，法度僭差，姻族闕齒序之儀〔五〕，舅姑有拜下之禮，自家刑國，有愧古人。今縣主有行〔六〕，將俟嘉命，俾親執棗栗〔七〕，以見舅姑，敬遵宗婦之儀，降就家人之禮。事資變革，以抑浮華。宜令禮儀使與禮官博士，約古今儀禮及開元禮，詳定公主郡縣主出降覿見之儀以聞〔八〕。

校箋

〔一〕本文亦見於全唐文卷五十，題目爲定公主郡縣主出降覿見儀文詔，署名德宗皇帝。册府元龜卷五百八十九掌禮部録該文。舊唐書列傳第一百卷一百五十記『德宗仁孝，動循法度，雖子弟姑妹之親，無所假借。建中初，詔親王子弟帶開府朝秩者，出就本班。又以公主、郡縣主出降，與舅姑抗禮。詔曰……』即爲本詔文。『建中』爲唐德宗年號，建中元年是七八〇年，共計四年。此詔或作於建中二年（七八一）或建中三年（七八二）。

〔二〕冠婚之義：「冠婚」，亦作「冠昏」，指冠禮與婚禮。唐司空圖唐宣州王公行狀：「禮法冠昏，著於雅族。」

〔三〕昔唐堯降嬪，帝乙歸妹：「唐堯」，古帝名。帝嚳之子，姓伊祁（亦作伊耆），名放勛。初封於陶，又封於唐，號陶唐氏。以子丹朱不肖，傳位於舜。「降嬪」，皇室之女下嫁。唐劉禹錫慰義陰公主薨表：「稟教皇宮，已挺柔嘉之德；降嬪卿族，益彰貞粹之儀。」「帝乙」，傳説中商代君主，太丁子，紂王的父親。左傳文公二年：「宋祖帝乙，鄭祖厲王。」杜預注：「帝乙，微子父。」

〔四〕禮教陵替：「陵替」，衰落；衰敗。南齊書武帝紀：「三季澆浮，舊章陵替，吉凶奢靡，動違矩則。」唐杜甫八哀詩贈秘書監江夏李公邕：「長嘯宇宙間，高才日陵替。」

〔五〕婣族闕齒序之儀：「齒序」，按照年齡長幼所定的禮節。清吴熾昌客窗閑話初集馮皮匠：「吾儕行規，不以齒序，惟財爲雄。」

〔六〕今縣主有行：「縣主」，皇族女子的封號。東漢帝女皆封縣公主。隋唐以來，諸王之女，亦封縣主。宋王闢之澠水燕談録官制：「趙普以元勛諸女封郡主，高懷德二女特封縣主。」明胡侍真珠船公主翁主：「今制：親王女曰郡主，郡王女曰縣主。」「有行」，出嫁。

詩邶風泉水：『女子有行，遠父母兄弟。』晉潘岳寡婦賦：『伊女子之有行兮，爰奉嬪於高族。』

〔七〕俾親執棗栗：『棗栗』，棗樹與栗樹。亦指棗子與栗子。古時婦女早間拜見長輩時常獻的果品。儀禮士昏禮：『質明，贊見婦於舅姑……婦執笲棗栗，自門入，升自西階進拜，奠於席。』國語魯語上：『夫婦贄不過棗栗，以告虔也。』

〔八〕詳定公主郡縣主出降覿見之儀以聞：『覿見』，拜見；會見。梁書徐摛傳：『近代婦於舅姑，本有戚屬，不相瞻看。夫人乃妃侄女，有異他姻，覿見之儀，謂應可略。』唐柳宗元周至縣新食堂記：『兵去邑荒，棟宇傾圮……由是縣之聯事，離散而不屬，凡其官僚，罕或覿見。』

出降册文

册興信公主出降文〔一〕

維開元二十九年，歲次辛巳，閏四月辛巳朔，十八日戊戌。皇帝若曰：於戲！先王作則，女子有行，必開湯沐之封〔二〕，以成肅雍之美〔三〕。咨爾興信公主，自幼及長，含和尚柔〔四〕，鑒圖史而思齊〔五〕，勤組紃而無斁〔六〕，能遵法度，克茂幽閑，教於公宮〔七〕。既昭雅訓，歸於外館〔八〕，宜穆彝章〔九〕。今遣使吏部尚書兼中書侍郎徐安貞，持節禮册。爾其益自修飾，不忘誡慎，俾昭淑問，貽永無窮，可不慎歟！

校箋

〔一〕本文亦見於全唐文卷三十八，題目爲册興信公主文，署名玄宗皇帝。興信公主是唐玄宗李隆基第八女，即齊國公主。始封興信公主，徙封寧親公主。下嫁張垍，又嫁裴潁，末嫁楊敷，貞元年間去世。

〔二〕必開湯沐之封：『湯沐』，指國君、皇后、公主等收取賦税的私邑。戰國策楚策二：『秦王有愛女而美，又簡擇宮中佳翫麗好翫習音者，以懽從之；資之金玉寶器，奉以上庸六縣爲湯沐邑，欲因張儀内之楚王。』史記平準書：『自天子以至於封君湯沐邑，皆各爲私奉養焉。』

〔三〕以成肅雍之美：『肅雍』，詩召南何彼襛矣：『曷不肅雍，王姬之車。』原指行車之貌。詩序則謂：『何彼襛矣，美王姬也。雖則王姬，亦下嫁於諸侯，車服不繫其夫，下王后一等，猶執婦道以成肅雍之德也。』後因以『肅雍』爲稱頌婦德之辭。後漢書皇后紀序：『所以能述宣陰化，修成内則，閨房肅雍，險謁不行也。』南朝梁劉潛爲王儀同謝國姻啓：『荆布陋飾，已膺凡獎；負薪微胤，復降肅邕。』

〔四〕含和尚柔：『含和』，藴藏祥和之氣，常喻仁德。淮南子俶真訓：『天含和而未降，地懷氣而未揚。』南朝梁沈約梁明堂登歌歌青帝：『開元布澤，含和尚仁。』

〔五〕鑒圖史而思齊：『圖史』，圖書和史籍。南朝宋顔延之宋文皇帝元皇后哀策文：『進思才淑，傍綜圖史。』舊唐書宋璟傳：『且蒼梧之野，驪山之徒，善惡分區，圖史所載。』

〔六〕勤組紃而無斁：『組紃』，古指婦女從事的女紅。唐白居易封太和長公主制：『第四妹端明成性，和順禀教。静無違禮，故組紃有常訓；動必中節，故環珮有常聲。』宋王禹偁平陽公主贊并序：『余觀文母之下，修蘋藻之禮、組紃之事者，世則有之、及其立命世之勛、與武臣之列者，未之見也。』『斁』，厭棄；厭倦。詩周南葛覃：『爲絺爲綌，服之無斁。』南朝齊王融咏梧桐：『豈斁龍門幽，直慕瑶池曲。』

〔七〕教於公宫：『公宫』，君王的宫殿。左傳僖公二十四年：『吕、郤畏偪，將焚公宫而弑晉侯。』漢班固白虎通辟雍：『王制曰：小學在公宫南之左，大學在郊。』

〔八〕既昭雅訓，歸於外館：『外館』，天子嫁女，從宫中遷出後所居之館。唐宋之問宴安樂公主宅得空字詩：『英藩築外館，愛主出王宫。』

〔九〕宜穆彝章：『彝章』，常典；舊典。南朝梁任昉爲范尚書讓吏部封侯第一表：『矜臣所乞，特迴寵命，則彝章載穆，微物知免。』唐司空圖上考功狀：『共仰推公之志，敢忘效報之心？克振彝章，必光僉議。』

册樂成公主出降文〔一〕

維天寶五年，歲次景戌，七月辛亥朔，二十二日壬申，皇帝若曰：於戲！三綱以正，王化是先；二姓之合，人倫式叙〔二〕，下嫁之禮，厥惟舊章。咨爾樂成公主，毓質柔明，稟性閑婉，幼彰惠問，長有令儀。教於公宫，頗閲於圖史；導以女則，克勤於纂組〔三〕，瓊笄既襲，紺綬斯榮。方諧卜鳳之期〔四〕，式叶從人之典〔五〕。今遣特進行尚書左僕射兼右相、吏部尚書、晉國公李林甫，持節册命。往欽哉！爾其祗率外禮，虔恭中饋，順而不違，謙而不滿，日新其德，以正家人。可不慎歟！

校箋

〔一〕本文亦見於全唐文卷三十八，題目爲册樂成公主文，署名玄宗皇帝。樂成公主，即樂城公主，唐玄宗女。天寶五年（七四六），封爲樂城公主，實封一千户，嫁薛履謙。上元二年（七六一），薛履謙參與嗣岐王李珍謀反事敗，被唐肅宗賜自盡而死。

〔二〕人倫式叙：『式叙』，按次第；順序。詩周頌時邁：『明昭有周，式序在位。』鄭玄箋：『用次第處位。』後漢書朱穆傳：『議郎、大夫之位，本以式序儒術高行之士，今多非其人。』

〔三〕克勤於纂組：『纂組』，泛指精美的織錦。楚辭招魂：『纂組綺縞，結琦璜些。』王逸注：『纂組，綬類也。』唐張説鄎國長公主神道碑：『絲竹五音之微靡，纂組九華之縟麗，經目所涉，莫不精記。』

〔四〕方諧卜鳳之期：『卜鳳』，春秋齊懿仲想把女兒嫁給陳敬仲，占卜時得到『鳳皇于飛，和鳴鏘鏘』等吉語。見左傳莊公二十二年、史記田敬仲完世家。後因以『卜鳳』爲擇婿的典故。唐白居易得乙女將嫁於丁既納幣而乙悔判：『況卜鳳以求士，且靡咎言；何奠雁而從人，有乖宿諾。』

〔五〕式叶從人之典：『從人』，指嫁人。唐吴兢樂府古題要解定情篇：『右漢繁欽所作也，言婦人不能以禮從人，而自相悦媚。』

册壽光公主出降文〔一〕

維天寶五載歲次景戌，八月辛巳朔，十三日癸巳，皇帝若曰：於戲！家人以正，易著乎詞；女子有行，詩載其義。王化之本，婦道攸先。咨爾壽光公主，敏質柔閑，資性純懿，芳徽内穆，淑問外宣〔二〕，能遵阿保之訓〔三〕，頗聞詩書之旨。煒兹彤史〔四〕，既稟教於中闈〔五〕；襲以瓊笄，斯待年於外館〔六〕。龜謀允叶〔七〕，鸞節方舒，率是舊章，式兹典禮。今遣使光禄大夫行門下侍郎同中書門下平章事陳希烈、副使中大夫給事中王壽，持節禮册。往欽哉！爾其祗勤敬德〔八〕，斧藻令儀，履順居中，以永终譽。可不慎歟！

校箋

〔一〕本文亦見於全唐文卷三十八，題目爲册壽光公主文，署名玄宗皇帝。壽光公主，唐玄宗女。天寶九年（七四六）册封壽光公主，嫁秘書監太原郭液。天寶九載（七五〇），壽光公主去世，葬於高陽原。

〔二〕淑問外宣：『淑問』，美名。漢書匡衡傳：『道德弘於京師，淑問揚乎疆外。』顔師古注：『淑，善也；問，名也。』晉陸機答賈長淵詩：『東朝既建，淑問峨峨。』劉良注：『淑，美；問，聞也。』

〔三〕能遵阿保之訓：『阿保』，古代教育撫養貴族子女的婦女。後漢書崔寔傳：『其富者則先入錢，貧者到官而後倍輸，或因常侍、阿保別自通達。』

〔四〕煒兹彤史：『彤史』，指記載宫闈生活的宫史。晉書后妃傳序：『永言彤史，大練之範逾微；緬視青蒲，脱珥之猷替矣。』唐沈佺期章懷太子靖妃挽詞詩：『彤史佳聲載，青宫懿範留。』

〔五〕既稟教於中闈：『中闈』，泛指宮廷。宋蘇舜欽杜公謝官表：『屢於中闈，親被盛指；退自省閱，但增震驚。』

〔六〕斯待年於外館：『待年』，謂女子待年長而聘。後漢書皇后紀下獻穆曹皇后：『操進三女憲、節、華爲夫人，聘以束帛玄纁五萬匹，小者待年於國。』李賢注：『留住於國，以待年長。』後因以稱女子待嫁。南朝宋顏延之宋文皇帝元皇后哀策文：『爰自待年，金聲夙振。』『外館』，天子嫁女，從宮中遷出後所居之館。唐宋之問宴安樂公主宅得空字詩：『英藩築外館，愛主出王宮。』

〔七〕龜謀允葉：『龜謀』，謂龜卜。南朝梁任昉齊竟陵文宣王行狀：『今先遠戒期，龜謀襲吉。』李善注：『尚書曰：「謀及卜筮。」孔安國曰：「龜曰卜。」』南朝梁何遜哭吴興柳惲詩：『曲悟同神解，龜謀信有知。』『允叶』，謂之和洽。北史薛孝通傳：『奉以爲主，天人允叶。』

〔八〕爾其祇勤敬德：『祇勤』，敬慎勤勞。後漢書文苑傳上黄香：『香亦祇勤物務，憂公如家。』舊唐書德宗紀下：『小大之務，莫不祇勤。』

册平昌公主出降文〔一〕

維天寶五載，歲次景戌，十二月戊申朔，九日景辰，皇帝若曰：於戲！婚姻之序，人倫爲大，家道以正，王化乃貞。咨爾平昌公主，性質閑婉，襟靈敏悟〔二〕，柔順外徹，和惠内融。公宫道訓〔三〕，備聞勤儉之則。女史箴規，克慎言容之範。頗窺圖象，既習紘綖〔四〕，方修中饋之儀〔五〕，式從下嫁之禮。罽車遵路，叠庋在庭〔六〕，歸爾好仇〔七〕，申兹寵典。今遣使特進、行尚書左僕射、右相、吏部尚書、晋國公李林甫，副使、朝散大夫、守中書舍人李暐，持節禮册。往欽哉！爾其虔修令德，祗服厥訓，循於法度，宜爾室家。可不慎歟！

校　箋

〔一〕本文亦見於全唐文卷三十八，題目爲册平昌公主文，署名玄宗皇帝。平昌公主，唐玄宗女，下嫁温西華，又嫁楊徽。

〔二〕襟靈敏悟：『襟靈』，襟懷，心靈。唐沈珣授韋博淄青節度使制：『文苑騰芳，儒林擢秀，襟靈曠遠，風度詳閑。』

〔三〕公宫道訓：『道訓』，謂道之準則。後漢書儒林傳下謝該：『博通群蓺，周覽古今，物來有應，事至不惑，清白異行，敦悦道訓。』晉葛洪抱朴子勖學：『漸漬道訓，成化名儒。』

〔四〕既習紘綖：『紘綖』，國語魯語下載公父文伯勸其母勿績，其母教訓文伯應勤職不怠，并謂『王后親織玄紞，公侯之夫人加之以紘、綖……男女效績，愆則有辟，古之制也。』後因以『紘綖』爲貴顯人家婦女具有勤儉美德的典故。北周庾信周大都督陽林伯長孫瑕夫人羅氏墓志銘：『蘋藻維敬，紘綖是勤。』明張居正祭封一品嚴太夫人文：『肅肅母訓，煌煌令儀，紘綖蘋藻，筐篚枲絲。』

〔五〕方修中饋之儀：『中饋』，指妻室。宋張齊賢洛陽搢紳舊聞記張相夫人始否終泰：『及爲中饋也，善治家，尤嚴整。』清鈕琇觚賸湯素畹：『湯氏素畹，字雅卿，大都吴嘯雯中饋也。』

〔六〕罽車遵路，巹庋在庭：『罽車』，有毛氈帷幕的坐車。新唐書石雄傳：『旦登振武城望之，見罽車十餘乘，從者朱碧衣，諜者曰：「公主帳也。」』『遵路』，謂遵循道路前進。

南朝宋顔延之拜陵廟作詩：『松風遵路急，山烟冒壟生。』北齊劉晝新論賞罰：『苟能賞信而罰明，則萬人從之，若舟之循川，車之遵路，亦奚向而不濟，何行而弗臻矣！』『巹』，古代婚禮用的禮器。其製破瓠爲瓢，名『巹』，夫婦各執一瓢飲，稱『合巹』。禮記昏義：『共牢而食，合巹而酳。』孔穎達疏：『巹爲半瓢，以一瓠分爲兩瓢，謂之巹，婿之與婦各執一片以酳。』『庋』，置放；收藏。禮記內則『大夫七十而有閣』漢鄭玄注：『閣，以板爲之，庋食物也。』新唐書牛仙客傳：『前後錫與，緘庋不敢用。』

〔七〕歸爾好仇：『好仇』，好逑，好配偶。後漢書邊讓傳：『爾乃携窈窕，從好仇……激玄醴於清池兮，靡微風而行舟。』唐歐陽詹出門賦：『予紛然而遠游，别天性之至慈，去人情之好仇。』

册廣寧公主出降文〔一〕

維天寶九載，歲次庚寅，四月己未朔，二十六日甲申。皇帝若曰：於戲！本於王化，正乃人倫，始於國風，成於婦道。咨爾廣寧公主，柔儀明婉，淑性和惠，端閑外肅，敏晤内昭。稟訓公宫，法度彰於懿範；受教師氏，言容順於壼德〔二〕。頗聞圖史，能習組紃，方遵下嫁之儀，式備親迎之禮。三星迨吉，百兩于歸〔三〕，申以徽章〔四〕，弘兹寵命。今遣使特進、行左相、兼兵部尚書、崇玄館大學士、集賢院弘文館大學士、上柱國、潁川郡開國公陳希烈，副使、正議大夫、給事中、權知刑部侍郎、上柱國、渭源縣開國男李麟，持節禮册。往欽哉！爾其祗膺典禮，勤修内則，宜爾家室，叶于肅雍〔五〕。可不慎歟！

校箋

〔一〕本文亦見於全唐文卷三十八，題目爲册廣寧公主文，署名玄宗皇帝。廣寧公主，唐玄宗女，下嫁程昌胤，又嫁蘇克貞。

〔二〕壼德：指婦德。明袁宗道壽徐母沈夫人五帙序：『其壼德婦行亦多可述者，何獨男子！』明袁宗道祭原任中堂高老先生夫人文：『生具壼德，没垂芳名。』

〔三〕三星迨吉，百兩于歸：『三星』，即三星在天。詩唐風綢繆：『綢繆束薪，三星在天。今夕何夕，見此良人。』孔傳：『三星，參也。在天，謂始見東方也。男女待禮而成，若薪芻待人事而後束也。三星在天可以嫁娶矣。」鄭玄箋：「三星，謂心星也。心有尊卑、夫婦、父子之象，又爲二月之合宿，故嫁娶者以爲候焉。」後以「三星在天」爲男女婚期之典。全唐詩卷八百六十二載嵩岳諸仙嫁女詩：「三星在天銀河迴，人間曙色東方來。」「百兩」，古時車凡兩輪，故以兩計數。百兩，即百輛車。特指結婚時所用的車輛，亦泛言車輛多。詩經 召南 鵲巢「維鵲有巢，維鳩居之，之子于歸，百兩御之。」漢毛氏傳：「百兩，百乘也。諸侯之子嫁於諸侯，送御皆百乘。」東漢鄭玄箋：「御，迎也。」

〔四〕申以徽章：「徽章」，指褒崇封贈的策命。北周王褒周太保尉遲綱墓碑：「司勛載其弘烈，典册備其徽章。」唐陸贄册淑妃王氏爲皇后文：「稱是徽章，聿歸全德。」

〔五〕宜爾家室，叶于肅雍：「宜爾家室」，即宜室。詩 周南 桃夭：「桃之夭夭，灼灼其華。之子於歸，宜其室家。」朱熹集傳：「宜者，和順之意。室，謂夫婦所居。」後因以「宜室」稱夫婦和睦。「肅雍」，詩 召南 何彼襛矣：「曷不肅雍，王姬之車。」原指行車之貌。詩序則謂：「何彼襛矣，美王姬也。雖則王姬，亦下嫁於諸侯，車服不繫其夫，下王后一等，猶執婦道以成肅雍之德也。」後因以「肅雍」爲稱頌婦德之辭。後漢書 皇后紀序：「所以能述宣陰化，修成内則，閨房肅雍，險謁不行也。」南朝梁劉潛爲王儀同謝國姻啓：「荆布陋飾，已膺凡獎；負薪微胤，復降肅邕。』

册普寧公主出降文〔一〕

常　袞

維大曆七年，歲次壬子，七月庚辰朔，十六日乙未，皇帝若曰：於戲！春秋之義，下嫁之禮，主於同姓，送以上卿，克明大倫，叶用彝典〔二〕。咨爾普寧公主，孝敬閑婉，朗然夙成，法度言容，資於内訓〔三〕，詩禮是則，令淑增華。封魯之榮，已開湯沐〔四〕；適齊之美，更洽肅雍〔五〕。寵爾有行，舉茲成命。今遣使金紫光禄大夫、門下侍郎、同中書門下平章事、兼弘文館大學士、知館事、充太清宫使、上柱國、齊國公王縉，持節禮册。爾其奉公宫之教，知邦族之姻，載揚夙徽，永作來範。敬承明誡，可不慎歟！

校　箋

〔一〕本文亦見於全唐文卷四十九，題目爲册普寧公主出降文，署名代宗皇帝。普寧公主，唐代宗李豫女，下嫁吴士廣。

〔二〕克明大倫，叶用彝典：『彝典』，謂之常典。南朝梁江淹蕭相國拜齊王表：『業不題於宗器，聲靡記於彝典。』北周庾信爲閣大將軍乞致仕表：『尸禄素餐，久紊彝典；負乘致寇，徒煩有司。』

〔三〕資於内訓：『内訓』，對婦女的訓誡教育。後漢書列女傳曹世叔妻：『作女誡七篇，有助内訓。』

〔四〕封魯之榮，已開湯沐：春秋時，魯莊公主持周王姬的婚事，派大夫把王姬迎到魯國，在城外築館住下，然後送至齊國與齊侯成婚。事見春秋莊公元年。後因以『魯館』稱貴族女子出嫁時外住之所。『封魯之榮』所指即『魯館』之事。『湯沐』，即『湯沐邑』，指國君、皇后、公主等收取賦税的私邑。戰國策楚策二：『秦王有愛女而美，又簡擇宮中佳翫麗好翫習音者，以懽從之；資之金玉寶器，奉以上庸六縣爲湯沐邑，欲因張儀内之楚王。』唐楊炯瀘州都督王湛神道碑：『母常山公主，河東有湯沐邑，因家焉。』

〔五〕適齊之美，更洽肅雍：『肅雍』，詩召南何彼襛矣：『曷不肅雍，王姬之車。』原指行車之貌。詩序則謂：『何彼襛矣，美王姬也。雖則王姬，亦下嫁於諸侯，車服不繫其夫，下王后一等，猶執婦道以成肅雍之德也。』後因以『肅雍』爲稱頌婦德之辭。

册嘉成公主出降文〔一〕

陸贄

維貞元元年，歲次景寅，六月朔十二日，皇帝若曰：王者以義睦宗親〔二〕，以禮敦風化。義之深，實先於友愛；禮之重，莫大於婚姻。故春秋書築館之義〔三〕，易象著歸妹之吉〔四〕，祇考明義，率由舊章。咨爾嘉成公主，特禀生知〔五〕，重承先訓，行必中則，意不違仁。柔謙恭和，孝友純懿，嘉乃全德，時惟成人。疏邑啓封，命爲公主，徽章備物，禮實宜之。今遣使金紫光禄大夫、檢校司徒、同中書門下平章事、汧國公勉，持節册命。嗚呼戒哉！下嫁諸侯，諒惟古制，肅雍之德，見美詩人。和可以克家，敬可以行己，奉若兹道，永孚于休。懋昭令問〔六〕，無替朕命〔七〕，光膺盛禮。可不慎歟！

校　箋

〔一〕本文亦見於全唐文卷四百六十四，題目爲册嘉誠公主文，署名陸贄。文首記『維貞元元年歲次乙丑六月甲子朔十二日乙亥』；本文亦見於文苑英華卷四百四十六，題目爲册嘉誠公主文，作者陸贄，文首記『維貞元元年歲次乙丑六月甲子朔十三日丙子』；唐陸宣公集卷六亦録該文，題目爲册嘉誠公主文，文首記『維貞元元年歲次乙丑六月甲子朔十二日乙亥』。按，今補作者陸贄。唐大詔令集原作『貞元二年』，今改爲『貞元元年』。嘉誠公主，唐代宗李豫之女。初封武清公主，貞元元年（七八五），改封嘉誠公主。下嫁魏博節度使田緒，德宗幸望春亭臨餞。厭翟敝不可乘，以金根代之。公主出降，乘金根車，自主始。薨元和時，贈封及謚。

〔二〕王者以義睦宗親：『宗親』，同宗的親屬。吕氏春秋 大樂：『故能以一聽政者，樂君臣，和遠近，説黔首，合宗親。』晉書 何攀傳：『攀固讓所封户及絹之半，餘所受者，分給中外宗親，略不入己。』

〔三〕故春秋書築館之義：『築館』，春秋時周平王之孫女嫁於齊，魯侯主婚，周天子之卿送女來魯，以備出嫁。魯建館舍以居之。事見春秋 莊公元年。後因以『築館』爲公主下嫁之典。唐顔真卿和政公主神道碑：『詩美下嫁，書傳築館，貴其中禮，載籍稱焉。』

〔四〕易象著歸妹之吉：『歸妹』，易卦名。六十四卦之一。兑爲少女，故謂妹，以嫁震男，故稱『歸妹』。易 歸妹：『歸妹，征凶，無攸利。』王弼注：『妹者，少女之稱也。兑爲少陰，震爲長陽；少陰而乘長陽，説（悦）以動，嫁妹之象也。』孔穎達疏：『婦人謂嫁曰歸，歸妹猶言嫁妹也。』

〔五〕特禀生知：『生知』，謂不待學而知之。語本論語季氏：『生而知之者上也。』晉葛洪抱朴子勖學：『人理之曠，道德之遠，陰陽之變，鬼神之情，緬邈玄奥，誠難生知。』宋王禹偁神童劉少逸與時賢聯句詩序：『生性如生知，辭如老成，一聯一咏，令人振驚。』

〔六〕懋昭令問：『懋昭』，褒美顯揚。舊唐書李晟傳：『乃圖厥容，列於斯閣，懋昭績效，式表儀形。』

〔七〕無替朕命：『無替』，不廢。書旅獒：『王乃昭德之致於異姓之邦，無替厥服。』北史羊祉傳：『詔册褒美，無替倫望。』

加實封

太平公主加實封制〔一〕

鸞臺：睦親之序，誠有節而難逾；褒善之方，諒無和而不洽。太平公主，延祥紫極，禀慶彤闈〔二〕，月至漸宫，下金娥而毓照〔三〕；星分漢渚，迴寶婺以凝姿〔四〕。踐素依仁〔五〕，更緝柔閑之範〔六〕；聞詩蹈禮，還表婉順之容。敏悟發於天機，聰明叶於神授。所以特鍾先愛，偏荷聖慈〔七〕，動輙承恩〔八〕，言必中旨〔九〕。故秦臺下鳳，禮越於常儀；魯館乘龍，榮該於美選〔十〕。自屬軒即路，蛩岩閟寢〔十一〕，途遥千里，時亢九炎。攀從莫由，荒號孰寄。公主親承委屬〔十二〕，代申悲苦。涉履山川，念徒行而彌切；奠奉朝夕，哀獨薦而逾勤。宫務畢修，壼容胥備，中外咸允，情禮兼極。朕以其雖有殊效，蓋是恒途。而凡典樞機〔十三〕，固事奏請，豈可以私親之嫌〔十四〕，累失公道之平？分宜增湯沐之榮，以表肅雍之譽。可加實封五千户，進號鎮國公主。

校箋

〔一〕本文亦見於全唐文卷十六，題目爲加太平公主實封制，署名唐中宗皇帝。太平公主，爲唐高宗李治與武則天之女，唐中宗之妹。神龍元年（七〇五）宰相張柬之發動兵變，誅殺二張，逼武則天遜位給太子李顯。太平公主由於參與誅殺二張兄弟有功，受封『鎮國太平公主』，實封五千户。本文當作於神龍元年（七〇五）。

〔二〕稟慶彤闈：『彤闈』，朱漆宮門。借指宮廷。南朝齊謝朓酬王晉安詩：『拂霧朝清閣，日旰坐彤闈。』明唐順之八月五日順義道中望闕詩：『幾時承遣出彤闈，寒暑俄驚節候非。』

〔三〕下金娥而毓照：『金娥』，指神話傳説月中嫦娥，亦借指月亮。唐許敬宗奉和喜雪應制：『騰華承玉宇，凝照混金娥。』唐李白明堂賦：『玉女攀星於網户，金娥納月於璇題。』

〔四〕迴寶婺以凝姿：『寶婺』，即婺女星，唐王勃梓州郪縣兜率寺浮圖碑：『仙娥去月，旅方鏡而忘歸；寶婺辭星，攀圓璫而未返。』唐李商隱七夕偶題詩：『寶婺摇珠佩，常娥照玉輪。』多用爲婦女的美喻。

〔五〕踐素依仁：『依仁』，謂把『仁』作爲言行依循的標準。語出論語述而：『子曰：「志於道，據於德，依於仁，游於藝。」』晉書隱逸傳龔玄之：『譙國戴逵、武陵龔玄之并高尚其操，依仁游藝，潔己貞鮮。』前蜀韋莊和薛先輩初秋寓懷詩：『托迹同吴燕，依仁似越禽。』

〔六〕更緝柔閑之範：『柔閑』，温柔、嫻淑。周書皇后傳宣帝陳皇后：『咨爾儀範柔閑，操履凝潔。』宋曾鞏中大夫尚書左丞蒲宗孟追封三代并進封妻制妻陳氏封河東郡夫人：『具官某妻某氏言容功德，柔閑懿恭。』

〔七〕偏荷聖慈：『聖慈』，聖明慈祥，舊時對皇帝或皇太后的諛稱。後漢書孔融傳：『臣愚以爲諸在冲亂，聖慈哀悼，禮同成人，加以號謚者，宜稱上恩，祭祀禮畢，而後絕之。』唐楊巨源春日奉獻聖壽無疆詞之六：『造化膺神契，陽和沃聖慈。』

〔八〕動輒承恩：『承恩』，蒙受恩澤。唐岑參送張獻心充副使歸河西雜句：『前日承恩白虎殿，歸來見者誰不羨。』

〔九〕言必中旨：『中旨』，皇帝的詔諭。南朝宋顔延之赭白馬賦：『乃詔陪侍，奉述中旨。』唐羅隱使者詩：『使者銜中旨，崎嶇萬里行。』

〔十〕魯館乘龍，榮該於美選：『美選』，恰當的人選。梁書孔休源傳：『梁臺建，與南陽劉之遴同爲太學博士，當時以爲美選。』南史張緒傳：『緒少有清望，誠美選也。』

〔十一〕自屦軒即路，蛩岩閟寢：『即路』，啓程；上路。魏書桓玄傳：『三軍文武，憤踴即路。』『閟寢』，即閟宫，指神廟。詩魯頌閟宫：『閟宫有侐，實實枚枚。』毛傳：『閟，閉也。先妣姜嫄之廟在周，常閉而無事，孟仲子曰：是禖宫也。』鄭玄箋：『閟，神也。姜嫄神所依，故廟曰神宮。』

〔十二〕公主親承委屬：『委屬』，托付，囑托。漢趙曄吳越春秋勾踐歸國外傳：『越王曰：「寡人之計未有决定，欲築城立郭，分設里閭，欲委屬於相國。」』南唐成彦雄楊柳枝詞：『委屬露華并細雨，莫教遲日苦風塵。』

〔十三〕而凡典樞機：『凡典』，常典；一般準則。左傳僖公二十八年『仲尼曰：「以臣召君，不可以訓。」故書曰「天王狩於河陽」，言非其地也，且明德也。』唐孔穎達疏：『此三事皆違凡典，變舊例以起大義，危疑之理，恐人不信，須聖言以爲證，故特稱仲尼以明之。』『樞機』，樞與機。比喻事物的關鍵部分。易繫辭上：『言行，君子之樞機，樞機之發，榮辱之主也。』王弼注：『樞機，制動之主。』孔穎達疏：『樞謂户樞，機謂弩牙。』南朝梁劉勰文心雕龍章表：『章表奏議，經國之樞機。』

〔十四〕豈可以私親之嫌：『私親』，自己的親屬；與自己關系親密的人。禮記内則：『婦若有私親兄弟，將與之，必復請其故，賜而後與之。』孔穎達疏：『明婦有私親賜之美物，當獻於舅姑也。』漢書公孫弘傳：『因此觀之，天德無私親。順之和起，逆之害生。』

長寧安樂公主加實封制（一）

門下：長寧公主、安樂公主等，金波毓彩（二），寶婺凝輝，藴詩禮於心臺，暢柔明於性府。肅雍成德，婉淑居懷，非弄玉之能方（三），豈修瑶之足美。特荷掌中之愛，尤鍾膝下之慈，宜錫寵榮，再崇湯沐。可更加食寔封一千户，通前滿二千户。

校　箋

（一）本文亦見於全唐文卷十六，題目爲加長寧安樂公主實封制，署名中宗皇帝。長寧公主、安樂公主，唐中宗李顯之女，兩位公主皆韋氏所生同胞姐妹。長寧公主初封長寧郡主，下嫁楊慎交。神龍元年，與新寧、義安、安樂、新平四郡主進封公主。神龍二年，長寧與太平、安樂、宜城、新都、定安、金城等七位公主，皆開府置官屬，其中長寧公主食實封二千五百户，府不置長史，其餘皆同親王。該詔當作於神龍元年（七〇五）進封公主至神龍二年（七〇六）實封二千五百户之間。

（二）金波毓彩：『金波』，反射耀眼光芒的水波。南朝梁武帝七喻如炎詩：『金波揚素沫，銀浪翻緑萍。』宋孫光憲漁歌子詞：『風浩浩，笛寥寥，萬頃金波澄澈。』

〔三〕非弄玉之能方：『弄玉』，人名，相傳爲春秋秦穆公女，嫁善吹簫之蕭史，日就蕭史學簫作鳳鳴，穆公爲作鳳臺以居之。後夫妻乘鳳飛天仙去。事見漢劉向列仙傳。北周庾信蕩子賦：『羅敷總髮，弄玉初笄。』唐李白鳳臺曲：『曲在身不返，空餘弄玉名。』

宣城公主加實封制〔一〕

門下：敦族睦親，事光彝典；分形共氣〔二〕，理冠恒倫。宣城公主，慶聯霄極〔三〕，榮開邸館，柔□應圖，婉順爲範，義歸從子，榮匪求郎，國難初平，朝獎思及。宜加井賦，式崇優寵。可加實封五百户。

校箋

〔一〕本文亦見於全唐文卷十八，題目爲加宣城公主實封制，署名睿宗皇帝。宣城公主爲唐高宗李治第二女，母爲蕭淑妃，下嫁潁州刺史王勖。公主初封宣城公主。唐中宗神龍初，進封宣城長公主，唐睿宗時改封爲高安公主，又稱高安大長公主。

〔二〕分形共氣：亦作『分形連氣』『分形同氣』。語出呂氏春秋精通：『父母之於子也，子之於父母也，一體而兩分，同氣而異息。』謂形體各別，氣息相通。形容父母與子女的關系十分密切。後亦用於兄弟間。三國魏曹植求自試表：『而臣敢陳聞於陛下者，誠與國分形同氣，憂患共之者也。』宋書傅隆傳：『父子至親，分形同氣。』梁書武陵王紀傳：『友于兄弟，分形共氣。』

〔三〕慶聯霄極：『霄極』，喻朝廷。南朝梁江淹蕭拜太尉揚州牧表：『臣豈不勉智罄忠也？未知所以報奉淵聖，輸感霄極。取諸微躬，長爲慚荷。』唐許敬宗爲工部尚書段綸請致仕表：『仰輕檻而增戀，望霄極以長懷。』

鎮國太平公主加實封制〔一〕

門下：功定宗社者〔二〕，可以高邁等夷〔三〕；事超縑簡者〔四〕，故能永昭徽烈〔五〕。鎮國太平公主，若華分景〔六〕，穠李疏芳〔七〕，以同氣之親，鐘先朝之愛。忠孝行己，仁明絶倫，才無不周，識無不綜。頃夷國難，爰戴朕躬，精義動天，懇誠貫日。氛祲已廓〔八〕，每聽嗚謙之詞；井田未優，復聞辭貴之請。朕方至公被物〔九〕，豈以小節從人？宜增土宇，更傳帶礪〔十〕，可加實封一千户。

校箋

〔一〕本文亦見於全唐文卷十八，署名睿宗皇帝，題目爲加鎮國太平公主實封制。太平公主，爲唐高宗李治與武則天之女，唐中宗之妹。神龍元年（七〇五）受封『鎮國太平公主』，本文當作於神龍元年（七〇五）公主受封之後。

〔二〕功定宗社者：『宗社』，借指國家。漢孔融論盛孝章書：『惟公匡復漢室，宗社將絶，又能正之。正之之術，實須得賢。』新唐書諸夷蕃將傳李多祚：『將軍知感恩，則知所以報。今在東宫乃大帝子，而嬖豎擅朝，危逼宗社。國家廢興在將軍，將軍誠有意乎？』

〔三〕可以高邁等夷：『等夷』，同等；同輩；同等的人。韓詩外傳卷六：『遇長老則修弟子之義，遇等夷則修朋友之義。』

〔四〕事超縑簡者：『縑簡』，古代用來書寫的絹帛和竹簡，亦作書册的代稱。唐蘇頲涼國長公主神道碑：『昭乎遺風，誰著縑簡；垂厥後代，諒憑刊刻。』唐張懷瓘書斷序：『若乃思賢哲於千載，覽陳迹於縑簡，謀猷在覿，作事粲然，言察深衷，使百代無隱，斯可尚也。」

〔五〕故能永昭徽烈：『徽烈』，宏業，偉業。三國魏應璩與王將軍書：『雀鼠雖愚，猶知徽烈。』南朝梁劉勰文心雕龍原道：『重以公旦多材，振其徽烈，剬詩緝頌，斧藻群言。』

〔六〕若華分景：『若華』，古代神話中若木的花。楚辭天問：『羲和之未揚，若華何光？』王逸注：『言日未出之時，若木何能有明赤之光華乎？』三國魏曹植感節賦：『折若華之翳日，庶朱光之常照。』

〔七〕穠李疏芳：『穠李』，華美的李花。唐王宏從軍行：『兒生三日掌上珠，燕頷猿肱穠李膚。』宋張先玉樹後庭花詞：『落花穠李還依舊，寶釵沽酒。』

〔八〕氛祲已廓：『氛祲』，比喻戰亂，叛亂。南朝梁沈約王亮王瑩加授詔：『内外允諧，逆徒從慝，躬衛時難，氛祲既澄，并宜光贊緝熙，穆兹景化。』唐駱賓王兵部奏姚州道破逆賊諾没弄楊虔柳露布：『飛塵埃而匝地，白日爲之晝昏；掃氛祲以稽天，滄溟爲之晦色。』

〔九〕朕方至公被物：『至公』，最公正；極公正。管子形勢解：『風雨至公而無私，所行無常鄉。』吕氏春秋慎大：『湯立爲天子，夏民大説，如得慈親，朝不易位，農不去疇，商不變肆，親鄣如夏，此之謂至公。』

〔十〕更傳帶礪：『帶礪』，亦作『帶厲』，指衣帶和砥石。史記高祖功臣侯者年表：『封爵之誓曰：「使黄河如帶，泰山若厲。國以永寧，爰及苗裔。」』裴駰集解引漢應劭曰：『封爵之誓，國家欲使功臣傳祚無窮。帶，衣帶也；厲，砥石也。河當何時如衣帶，山當何時如厲石，言如帶、厲，國乃絶耳。』後因以『帶厲』爲受皇家恩寵，與國同休之典。晋書汝南王亮等傳序：『漢祖勃興，爰革斯弊，於是分王子弟，列建功臣，錫之山川，誓以帶礪。』

常芬公主食實封制〔一〕

常芬公主，公宫成訓，歸妹有儀〔二〕。錫號疏封，雖已洽於前典；推恩食邑，猶未崇於後命。宜書沐賦之榮，式昭築館之義〔三〕。可食實封五百户，用今年九月丁巳出降張去盈，所司詳備禮物，式遵故事。開元十九年。

校箋

〔一〕本文亦見於全唐文卷二十三，署名玄宗皇帝，題目爲加常芬公主實封制。常芬公主，玄宗皇帝之女。開元三年（七一五），晋封公主。開元十九年（七三一），下嫁張去盈，賜予實封五百户。

〔一一〕歸妹有儀：『歸妹』，易卦名。六十四卦之一。兑爲少女，故謂妹，以嫁震男，故稱『歸妹』。易歸妹：『歸妹，征凶，無攸利。』王弼注：『妹者，少女之稱也。兑爲少陰，震爲長陽；少陰而乘長陽，説（悦）以動，嫁妹之象也。』孔穎達疏：『婦人謂嫁曰歸，歸妹猶言嫁妹也。』清錢謙益遠山夫人四十初度頌序：『教本公宫，占應歸妹。』

〔一二〕式昭築館之義：『築館』，春秋時周平王之孫女嫁於齊，魯侯主婚，周天子之卿送女來魯，以備出嫁。魯建館舍以居之。事見春秋莊公元年。後因以『築館』爲公主下嫁之典。唐顔真卿和政公主神道碑：『詩美下嫁，書傳築館，貴其中禮，載籍稱焉。』

和蕃

止和蕃公主入朝制〔一〕

公主出降蕃王〔二〕，本擬安養〔三〕；部落請入朝謁，深慮勞煩。朕之割恩〔四〕，抑而求許，思加殊惠，以慰遠心〔五〕。奚有五部落，宜賜物三萬段；其中取二萬段，先給征行游奕及百姓〔六〕。餘一萬段與燕郡公主、松漠王〔七〕衙官刺史、縣令，其物雜以絹布，务令均平。給訖奏聞。開元十二年四月。

校箋

〔一〕本文亦見於全唐文卷二十九，署名玄宗皇帝，題目爲賜奚契丹等絹綿詔，文末未録『開元十二年四月』。册府元龜卷九百七十九外臣部亦録該文，文字有部分出入。

〔二〕公主出降蕃王：『出降』，帝王之女出嫁。因帝王位處至尊，故稱降。唐李肇唐國史補卷中：『太和公主出降回鶻，上御通化門送之，百僚立班於章敬寺門外。』舊唐書方伎傳一行：『開元十年，永穆公主出降，敕有司優厚發遣，依太平公主故事。』『蕃王』，古代對外族或異國首領的泛稱。蕃，通『番』。唐岑參與獨孤漸道別詩：『花門將軍善胡歌，葉河蕃王能漢語。』唐岑參胡歌：『黑姓蕃王貂鼠裘，葡萄宫錦醉纏頭。』

〔三〕本擬安養：『安養』，安息休養。宋陳師道賀本州劉大夫書：『倉庫既傾，饑寒并解；鯨鯢就戮，金鼓不鳴。方兹安養之秋，樂得循良之吏。』清趙翼廿二史札記卷三十三：『天下府州縣官來朝，帝諭之曰：「天下初定，百姓財力俱困，如初飛之鳥，不可拔其羽；新植之木，不可摇其根，在安養生息之而已。」』

〔四〕朕之割恩：該句全唐文作『朕知割恩』。『割恩』，棄絶私恩。東觀漢記　中屠剛傳：『昔周公豫防禍，首先遣伯禽守封於魯，離斷至親，以義割恩。』資治通鑒唐肅宗至德元載：『國忠謀反，貴妃不宜供奉，願陛下割恩正法。』

〔五〕以慰遠心：『遠心』，離散之心。國語　楚語上：『若斂民利以成其私欲，使民蒿焉忘其安樂，而有遠心，其爲惡也甚矣。』韋昭注：『遠心，叛離。』

〔六〕先給征行游奕及百姓：『游奕及百姓』，全唐文作『游奕兵及百姓』。『游奕』，游弋，巡邏。南史　樊猛傳：『時猛與左衛將軍蔣元遜領青龍八十艘爲水軍，於白下游奕，以禦隋六合兵。』前蜀韋莊秦婦吟：『路旁時見游奕軍，坡下寂無迎送客。』

〔七〕餘一萬段與燕郡公主、松漠王：全唐文作『餘一萬段與東光公主、饒樂王衙官刺史縣令。契丹有八部落，宜賜物五萬段與燕郡公主、松漠王』。可知，唐大詔令集此处缺文如下：『東光公主、饒樂王衙官刺史縣令，契丹有八部落，宜賜物五萬段與。』

金城公主降吐蕃制〔一〕

聖人布化，用百姓爲心〔二〕；王者乘仁，以八荒無外。故能光宅遐邇，財成品物〔三〕。由是隆周理曆，啓柔遠之圖；强漢乘時，建和親之義。斯蓋御寓長策，經邦茂範〔四〕。朕受命上靈，克纂洪業，總三才而統極，混六合以爲家〔五〕。聲教所覃〔六〕，大張建木棘林之外；提封爰亘〔七〕，弱水流沙之表。悠然至道，高咏薰風，載戢干戈，大張禮樂。庶幾前烈，克致和平。眷彼吐蕃，僻在西服〔八〕，皇運之始，早申朝貢，太宗文武聖皇帝，德侔覆載，情深億兆，思偃兵甲〔九〕，遂通姻好，數十年間，一方清静。自文成公主往嫁其國，因多變革，我之邊隅，亟興師旅，彼之蕃落，頗聞彫弊。頃者贊普及祖母可敦、酋長等，屢披誠款〔十〕，積有歲時，思托舊親，請崇姻好。金城公主，朕之小女，長自宫闈，言適遠方，豈不鍾念？但朕爲人父母，志恤黎元，始允誠祈，更敦和好，則邊土寧晏，兵役休息。遂割深慈，爲國大計，宜築外館，聿膺嘉禮，降彼吐蕃贊普。即以今月二十七日，朕親自送於郊外。景龍四年正月。

校箋

〔一〕本文亦見於全唐文卷十六，題目爲金城公主出降吐蕃制；册府元龜卷九百七十九外臣部録該文，文前有『（景龍）四年正月庚午』。太平御覽卷七百九十八四夷部十九録該文，文前有『（景龍）四年正月』。資治通鑑卷二百零九記景龍三年冬，十一月『乙亥，吐蕃贊普遣其大臣尚贊咄等千餘人逆金城公主』。又記景龍四年，即景雲元年正月，『上命紀處訥送金城公主適吐蕃，處訥辭；又命趙彦昭，彦昭亦辭。丁丑，命左驍衛大將軍楊矩送之。己卯，上自送公主至始平；二月，癸未，還宫。公主至吐蕃，贊普爲之别築城以居之。』故該詔當作於景龍四年（七一〇）正月。

〔二〕聖人布化，用百姓爲心：『布化』，施行教化。三國志 魏書 陳群傳：『唯有以崇德布化，惠恤黎庶，則兆民幸甚。』南朝梁陸倕石闕銘：『或以聽窮省寃，或以布化懸法。』

〔三〕故能光宅遐邇，財成品物：『光宅』，廣有。書 堯典序：『昔在帝堯，聰明文思，光宅天下。』南齊書 高帝紀下：『猥以寡德，光宅四海。』

〔四〕經邦茂範：『茂範』，典範。魏書鄭道昭傳：『樹舊經於帝京，播茂範於不朽。』唐長孫無忌進律疏議表：『昔周后登極，吕侯闡其茂範；虞帝納麓，皋陶創其彝章。』

〔五〕總三才而統極，混六合以爲家：『六合』，天下；人世間。漢賈誼過秦論：『吞二周而亡諸侯，履至尊而制六合，執棰拊以鞭笞天下，威振四海。』唐李白古風之三：『秦王掃六合，虎視何雄哉！』清潘耒贈杜于皇詩：『男兒無家復無國，六合飄然一孤客。』

〔六〕聲教所覃：『聲教』，聲威教化。書禹貢：『東漸於海西，被於流沙，朔南暨聲教，訖於四海。』漢班固東都賦：『窮覽萬國之有無，考聲教之所被，散皇明以燭幽。』

〔七〕提封爰亘：『提封』，猶版圖，疆域。隋薛道衡老氏碑：『牂牱夜郎之所，靡漢乾之地，咸被聲教，并入提封。』舊唐書東夷傳高麗：『遼東之地，周爲箕子之國，漢家玄菟郡耳，魏晋已前，近在提封之内，不可許以不臣。』

〔八〕僻在西服：『西服』，古稱西方臣服之國或屬地。南齊書羌傳：『行宕昌王梁彌頡，忠款内附，著績西服，宜加爵命，式隆蕃屏。』南朝梁江淹爲蕭驃騎上頓表：『况乃逆徒阻兵，器掩西服。』

〔九〕情深億兆，思偃兵甲：『億兆』，極言其數之多。指庶民百姓，猶言衆庶萬民。漢蔡邕太尉汝南李公碑：『憲天心以教育，沐垢濁以揚清，爲國有賞，蓋有億兆之心。』唐元稹訓別致用詩：『達則濟億兆，窮亦濟毫氂。』『兵甲』，兵器和鎧甲，泛指戰事；戰爭。戰國策秦策一：『明言章理，兵甲愈起。』史記越王勾踐世家：『蠡（范蠡）對曰：「兵甲之事，種不如蠡。」』

〔十〕屢披誠款：『誠款』，忠誠；真誠。三國志蜀書鄧芝傳：『權大笑曰：「君之誠款，乃當爾邪！」』宋蘇轍龍川別志卷上：『老將大校，多歸心者，雖宰相王溥，亦陰效誠款。』

封燕郡公主制〔一〕

漢圖既采，蕃國是親。公主嫁烏孫之王，良家聘氈裘之長〔二〕。欽若前志，抑有舊章。餘姚縣主長女慕容氏，柔懿爲德，幽閑在性，蘭儀載美，蕙問增芬，公宫之教夙成〔三〕，師氏之謀可則。今林胡請屬析津〔四〕，雖無外之仁，已私於上略〔五〕，而由内之德，亦質於元女〔六〕。宜光兹寵命，睦此蕃服，俾遵下嫁之禮，以叶大邦之好，可封爲燕郡公主，出降與松漠郡王李鬱于。開元十年。

校箋

〔一〕本文亦見於全唐文卷二十二，署名玄宗皇帝。題目同，文末無『開元十年』。燕郡公主慕容氏，母爲唐玄宗的堂姑母餘姚縣主，父爲慕容嘉賓。開元十年（七二二），唐玄宗將燕郡公主許配給契丹首領李鬱于。

〔二〕良家聘氈裘之長：『氈裘』，借指我國古代北方游牧民族或其君長。漢司馬遷報任少卿書：『（李陵）與單于連戰十有餘日，所殺過當……氈裘之君長咸震怖。』後漢書 鄭衆傳：『臣誠不忍持大漢節對氈裘獨拜。』

〔三〕公宫之教夙成：『公宫』，君王的宫殿。漢班固白虎通 辟雍：『王制曰：小學在公宫南之左，大學在郊。』唐白居易祭咸安公主文：『組紃之訓，既習於公宫；湯沐之封，遂開於國邑。』『夙成』，早成，早熟。後漢書 袁術傳：『又聞幼主明智聰敏，有夙成之德，天下雖未被其恩，咸歸心焉。』北史周東平公神舉傳：『神舉早孤，有夙成之量。』

〔四〕今林胡請屬析津：『林胡』，唐代借指奚、契丹等族。唐張謂同孫構免官後登薊樓詩：『猶希虜塵動，更取林胡帳。』唐高適信安王幕府詩序：『開元二十年，國家有事林胡，詔禮部尚書信安王總戎大舉。』『請屬』，猶請托。後漢書王堂傳：『安帝西巡，阿母王聖、中常侍江京等并請屬於堂，堂不爲用。』宋蘇軾謝應中制科啓：『然而請囑之風，或因而滋長。』

〔五〕已私於上略：『上略』，猶上策。後漢書烏桓鮮卑傳論：『四夷之暴，其埶互彊矣……然制禦上略，歷世無聞。』唐劉禹錫觀八陣圖詩：『軒皇傳上略，蜀相運神機。』

〔六〕亦質於元女：『元女』，長女。左傳襄公二十五年：『庸以元女大姬配胡公。』晉潘岳楊仲武誄：『其母鄭氏，光禄勛密陵成侯之元女。』

封東光公主制〔一〕

炎漢盛禮，蕃國是和，烏孫降公主之親，單于聘良家之子，永惟前史，率由舊章。故成安公主女韋氏，六行克昭〔二〕，四德聿備〔三〕，漸公宫之訓，承内家之則。屬林胡歸命，柳塞無虞〔四〕。柔遠之恩，已歸於上略〔五〕；采楚之慶，載睦於和親。宜正湯沐之封，式崇下嫁之禮。可封爲東光公主，出降饒樂郡王魯蘇。

校箋

〔一〕本文亦見於全唐文卷二十二，署名玄宗皇帝，題目同。東光公主母親是唐中宗李顯的第六女成安公主，父親韋捷是中宗韋皇后的從子。開元十四年，朝廷選中韋氏與奚部落首領李魯蘇和親。資治通鑑卷二百一十三記開元十四年『春，正月，癸未，更立契丹松漠王李邵固爲廣化王，奚饒樂王李魯蘇爲奉誠王。以上從甥陳氏爲東華公主，妻邵固；以成安公主之女韋氏爲東光公主，妻魯蘇。』

〔二〕六行克昭：『六行』，六種善行。周禮 地官 大司徒：『六行：孝、友、睦、婣、任、恤。』晋陸雲晋故散騎常侍陸府君誄：『六言六行，匪君不肅。』

〔三〕四德聿備：『四德』，封建禮教指婦女應有的四種德行。周禮 天官 九嬪：『掌婦學之法，以教九禦婦德、婦言、婦容、婦功。』鄭玄注：『婦德謂貞順，婦言謂辭令，婦容謂婉娩，婦功謂絲枲。』後漢書 皇后紀序：『九嬪掌教四德。』李賢注：『四德謂婦德、婦言、婦容、婦功也。』

〔四〕屬林胡歸命，柳塞無虞：『林胡』，唐代借指奚、契丹等族。唐張謂同孫構免官後登薊樓詩：『猶希虜塵動，更取林胡帳。』唐高適信安王幕府詩序：『開元二十年，國家有事林胡，詔禮部尚書信安王總戎大舉。』『柳塞』，泛指邊塞的軍營，同柳營。漢周亞夫爲將軍，治軍謹嚴，駐軍細柳，號細柳營，後因稱嚴整的軍營爲『柳營』。

〔五〕柔遠之恩，已歸於上略：『柔遠』，安撫遠人或遠方邦國。書舜典：『柔遠能邇。』孔傳：『柔，安；邇，近……言當安遠，乃能安近。』漢書段會宗傳：『足下以柔遠之令德，復典都護之重職。』顏師古注：『柔遠，言能安遠人。』

封和義公主制〔一〕

呼韓來享〔二〕，位列侯王。烏孫入和，義通姻好。懷柔之道，古今攸同。寧遠國奉化王、驃騎大將軍阿悉爛達于，志慕朝化〔三〕，誓爲邊捍〔四〕，漸聲教而有孚，勤職貢而無闕。誠深内附，禮異殊隣，爰錫嘉偶，特申殊渥〔五〕。四從弟前河南府陽城縣令參第四女，質稟幽閑，性惟純懿，承姆師之訓導，實宗黨之光儀〔六〕。固可以保合戎庭，克諧邦選，宜膺遠好，以寵名蕃。可封和義公主，降寧遠國奉化王。

校箋

〔一〕本文亦見於全唐文卷二十四，署名玄宗皇帝，題目爲封和義公主出降寧遠國王制。册府元龜卷九百七十九外臣部録『天寶三載十二月封宗女爲和義公主降寧遠國制曰』，即爲此文。和義公主，唐朝宗室女。開元二十七年（七三九），王阿悉爛達于册拜奉化王。天寶三載（七四四），改其國號寧遠，玄宗以外家姓賜其王曰竇，又封唐宗室女爲和義公主降之。

〔二〕呼韓來享：『來享』，謂遠方諸侯前來進獻貢物。詩商頌殷武：『莫不敢來享，莫不敢來王。』鄭玄箋：『享，獻也。』晋書文帝紀：『九服之外，絶域之氓，曠世所希至者，咸浮海來享。』

〔三〕志慕朝化：『朝化』，朝廷的政教和風化。三國志蜀書馬超傳：『其明宣朝化，懷保遠邇，肅慎賞罰，以篤漢祜，以對於天下。』晋書四夷傳序：『既而惠皇失德，中宗遷播，凶徒分據，天邑傾淪，朝化所覃，江外而已。』

〔四〕誓爲邊捍：『邊捍』，亦作『邊扞』，指邊防，邊境防務。宋書氐胡傳略陽清水氐楊氏：『頃破家爲國，母妻子弟并墜没虜中，不顧孝道，陳力邊捍，竭忠盡誠，未爲朝廷所識。』魏書釋老志：『請聽苟子等還鄉課輸，儉乏之年，周給貧寡，若有不虞，以擬邊捍。』

〔五〕特申殊渥：『殊渥』，特別的恩惠。唐杜甫寄李十二白二十韻：『文彩承殊渥，流傳必絶倫。』明何景明寄徐博士詩：『殊渥優文學，清階謝糾纏。』

〔六〕承姆師之訓導，實宗黨之光儀：『姆師』，古時以婦道教女子的女師。唐韓愈順宗實録卷五：『良娣王氏，家承茂族，德冠中宮，雅修彤管之規，克佩姆師之訓。』清梁章鉅稱謂録姆師：『呂温文姆師教之，如琢美玉之易成。』『宗黨』，宗族，鄉黨。南朝宋鮑照擬古詩之二：『日晏罷朝歸，鞍馬塞衢路。宗黨生光華，賓僕遠傾慕。』宋書孝義傳許昭先：『昭先父母皆老病，家無僮役，竭力致養，甘旨必從，宗黨嘉其孝行。』『光儀』，光彩的儀容。稱人容貌的敬詞，猶言尊顔。漢禰衡鸚鵡賦：『背蠻夷之下國，侍君子之光儀。』宋朝宗炳明佛論：『若諸佛見存，一切洞徹，而威神之力，諸法自在，何爲不曜光儀於當今？』

封寧國公主制〔一〕

朕聞古之聖王，臨御天下，功懋受賞，道無隔於華夷；義存有孚，信必全於終始。故能德被寰宇，化延殊俗。是以周稱柔遠，克著康濟之圖；漢結和親，式弘長久之策。由來尚矣。朕祗若元命〔二〕，永惟稽古，内申九命〔三〕，勉膺嗣夏之期；外接百蠻，庶廣懷荒之澤。頃自凶渠作亂〔四〕，宗社阽危〔五〕，回紇特表忠誠，載懷奉國，所以兵逾絶漠，力徇中原，亟除青犢之妖〔六〕，實賴烏孫之助。而先有情款，固求姻好。今兩京底定〔七〕，百度惟貞〔八〕，奉皇輿而載寧〔九〕，纘鴻業而攸重。斯言可復，厥德難忘，爰申降主之禮，用答勤王之志〔十〕。且骨肉之愛，人情所鐘；離遠之懷，天屬尤切〔十一〕。况將適異域，寧忘軫念〔十二〕？但上緣社稷，下爲黎元，遂抑深慈，爲國大計。是用築兹外館，割自中闈，將成萬里之婚，冀定四方之業。以其誠信所立，家國攸寧，義以制名，式崇寵號〔十三〕。宜以幼女封爲寧國公主，應緣禮會，所司準式。其降蕃日，仍令堂弟、銀青光禄大夫、殿中監、漢中郡王瑀，充册命英武威遠毗伽可汗使，以堂侄、正議大夫、行右司郎中、上柱國、上邽縣公、賜紫金鱼袋巽爲副，特差重臣、開府儀同三司、行尚書左僕射、冀國公裴冕，送至界首。凡百臣庶，宜知朕懷。乾元元年六月。

校箋

〔一〕本文亦見於全唐文卷四十二，署名唐肅宗皇帝，題目爲寧國公主下降文，文末未録『乾元元年六月』；册府元龜卷九百七十九外臣部録『乾元元年六月，回紇遣使亥阿波刺史入朝迎公主，詔授開府儀同三司，七月丁亥詔』即爲該文。寧國公主，即蕭國公主，唐肅宗之女。始封寧國公主，下嫁鄭巽，又嫁薛康衡。乾元元年（七五八），降回紇英武威遠可汗。

〔二〕朕祇若元命：『元命』，天之大命。書多士：『惟時天罔念聞，厥惟廢元命，降致罰。』孔傳：『其惟廢其天命，下致天罰。』孔穎達疏：『言天不復助桀，其惟廢其大命，欲絶夏祚也。』三國志吴書吴主傳：『朕以不德，肇受元命，夙夜兢兢，不遑假寝。』

〔三〕永惟稽古，内申九命：『稽古』，考察古事。漢書武帝紀贊：『高祖撥亂反正，文景務在養民，至於稽古禮文之事，猶多闕焉。』晋書裴頠傳：『博學稽古，自少知名。』『九命』，周代的官爵分爲九個等級，稱九命。上公九命爲伯；王之三公八命；侯伯七命；王之卿六命；子男五命；王之大夫、公之孤四命；公、侯伯之卿三命；公、侯伯之大夫，子男之卿再命（即二命）；公、侯伯之士，子男之大夫一命。子男之士不命。他們的宫室、車旗、衣服、禮儀等，各按等級作具體規定。見周禮春官典命、禮記王制。九等官爵中的最高一級亦稱九命。

〔四〕頃自凶渠作亂：『凶渠』，凶徒的首領；元凶。南朝梁陸倕石闕銘：『帝赫斯怒，秣馬訓兵。嚴鼓未通，凶渠泥首。』舊唐書段秀實傳：『誓碎凶渠之首，以敵君父之讎，視死如歸，履虎致咥。』

〔五〕宗社阽危：『阽危』，臨近危險。漢書食貨志上：『既聞耳矣，安有爲天下阽危者若是而上不驚者！』顔師古注：『阽危，欲墜之意也。』

〔六〕亟除青犢之妖：『青犢』，新莽末年河北地區較爲强大的一支農民起義軍。建武三年（二七）爲劉秀所鎮壓。東觀漢記鄧禹傳：『今山東未安，赤眉、青犢之屬，動以萬數。』後泛稱農民起義軍。唐崔塗己亥歲感事詩：『正聞青犢起葭萌，又報黄巾犯漢營。』清吴偉業田家鐵獅歌：『省中忽唱田蚡死，青犢明年食龍子。』

〔七〕今兩京底定：『底定』，引申指平定；安定。周書尉遲運傳：『東夏底定，頗有力焉。』宋王禹偁平陽公主贊并序：『卒見削平多壘，底定京師。』

〔八〕百度惟貞：『百度』，百事；各種制度。晉陸機辨亡論：『天人之分既定，百度之缺粗修。』新唐書陳子昂傳：『今百度已備，但刑急罔密，非爲政之要。』

〔九〕奉皇輿而載寧：『皇輿』，國君所乘的高大車子，多借指王朝或國君。楚辭離騷：『豈余身之憚殃兮，恐皇輿之敗績。』北魏楊衒之洛陽伽藍記序：『暨永熙多難，皇輿遷鄴。』

〔十〕爰申降主之禮，用答勤王之志：『勤王』，多指君主的統治受到威脅而動搖時，臣子起兵救援王朝。後漢書袁紹傳：『乃下詔書於紹，責以地廣兵多而專自樹黨，不聞勤王之師。』

〔十一〕離遠之懷，天屬尤切：『天屬』，天性相連。莊子山木：『或曰：「棄千金之璧，負赤子而趨，何也？」林回曰：「彼以利合，此以天屬也。」』後因稱父子、兄弟、姊妹等有血緣關系之親屬爲『天屬』。漢蔡琰悲憤詩：『天屬綴人心，念別無會期。』

〔十二〕寧忘軫念：『軫念』，悲痛地思念。梁書沈約傳：『思幽人而軫念，望東皋而長想。』舊唐書忠義傳上王同皎：『陛下雖納隍軫念，亦罔能救此生靈。』

〔十三〕式崇寵號：『寵號』，帝王給予的封號。三國志魏書武帝紀『天子命公承制封拜諸侯守相』裴松之注引晉孔衍漢魏春秋：『自今已後，臨事所甄，當加寵號者，其便刻印章假授，咸使忠義得相獎勵，勿有疑焉。』南朝梁任昉封臨川安興建安三王詔：『隆兹寵號，寔允舊章，并非親勿居，惟賢斯授。』

和蕃冊文

冊金城公主文〔一〕

沈佺期

維景雲二年，岁次辛亥，□月二十日癸亥，皇帝若曰：咨爾金城公主，幼而敏惠，性實柔明，徽藝日新，令容天假。先帝承皇祖之寶訓〔二〕，繼文成之舊姻，割天性之慈，徇安人之業。何蒼生不幸，紫宸猒代〔三〕，朕勉及丕基，兢守大烈，永懷同氣，注心道體〔四〕。靖言河湟，無忘鑒寐，湯沐之數，信命之勤，追平昔而載深，於骨肉而加等。於戲！禮之降殺〔五〕，大繫乎情；情之厚薄，抑亦在我。今猶子屬愛〔六〕，何異所生？然叔父繼恩，更思敦睦。是命用朝散大夫、試司賓少卿、護軍、曹國公甘昭充使〔七〕，試詹事丞、攝太子贊善大夫沈皓仙爲副，持節往冊爾爲朕長女，依舊封金城公主。率由嬪則〔八〕，無替爾儀，載光本朝，俾乂蕃服，豈可不慎歟！

校箋

〔一〕本文亦見於全唐文卷二百三十五，署名沈佺期，題目同。金城公主，邠王李守禮女。景雲元年（七一〇）受詔和番，金城公主在吐蕃生活近三十年，對唐蕃交往有所貢獻，鞏固了文成公主進藏後的唐蕃『舅甥之盟』。

〔二〕先帝承皇祖之寶訓：『先帝』，指中宗。『皇祖』，指太宗。『寶訓』，皇帝的言論詔諭。宋蘇轍亡兄子瞻端明墓志銘：『嘗侍上讀祖宗寶訓，因及時事。公歷言今賞罰不明，善惡無所勸沮。』

〔三〕紫宸歆代：『紫宸』，長安大明宮中殿名，此借指帝王，即唐中宗。晉書后妃傳序：『若乃作配皇極，齊體紫宸，象玉床之連後星，喻金波之合羲璧。』梁書元帝紀：『紫宸曠位，赤縣無主，百靈聳動，萬國回皇。』『歆代』，特指帝王逝世。唐人因避太宗李世民諱，改『世』爲『代』，後遂沿用下來。唐舒元輿橋山懷古詩：『軒轅厭代千萬秋，淥波浩蕩東南流。』宋范仲淹遺表：『昨自明肅厭代之後，陛下奮權之初，首承德音，占預謨列。』

〔四〕注心道體：『注心』，集中心意，專心。三國魏曹植求通親親表：『至於注心皇極，結情紫闥，神明知之矣。』『道體』，猶玉體、貴體。北史隱逸傳徐則：『霜風已冷，海氣將寒，偃息茂林，道體休悆。』唐歐陽詢題諸家書帖：『五月中得足下書，知道體平安。』

〔五〕禮之降殺：『降殺』，遞減。左傳襄公二十六年：『自上以下，降殺以兩，禮也。』宋史禮志九：『天子七廟，諸侯五，大夫三，士一，降殺以兩。』亦泛指削減。

〔六〕今猶子屬愛：『猶子』，指侄子。禮記檀弓上：『喪服，兄弟之子，猶子也，蓋引而進之也。』本指喪服而言，謂爲己之子期，兄弟之子亦爲期。後因稱兄弟之子爲猶子。南朝梁任昉爲齊明帝讓宣城郡公第一表：『太祖高皇帝篤猶子之愛，降家人之慈；世祖武帝情等布衣，寄深同氣。』按：金城公主父李守禮乃睿宗親侄。

〔七〕命用朝散大夫、試司賓少卿、護軍、曹國公甘昭充使：『朝散大夫』，文散官名，從五品下。『司賓少卿』，即鴻臚少卿，鴻臚寺副長官。鴻臚寺光宅元年改爲司賓寺，設卿一人，少卿二人，掌賓客及凶儀之事。『護軍』，勛官名。『國公』，封爵第三等，從一品。『甘昭』，未詳。

〔八〕率由嬪則：『嬪則』，爲婦的準則。南朝齊謝脁齊敬皇后哀册文：『思媚諸姑，貽我嬪則。』張銑注：『嬪則，爲婦之法則也。』

册交河公主文〔一〕

維開元二十八年，歲次庚辰，四月丁巳朔，十五日辛未，皇帝若曰：於戲！大邦爲好，蕃服惟寧〔二〕，豈獨元夫〔三〕，亦資良偶。咨爾十姓可汗開府儀同三司、濛池都護阿史那昕妻涼國夫人李氏，柔懿成性，幽閑表儀，能修關雎之德，克奉蘋蘩之禮〔四〕。自祇率輔佐，肅恭言容，載茂彤箴，允諧内則。足以崇寵蕃捍〔五〕，懷柔遠人，將適遐荒，更榮封邑。是用册爾爲交河公主，爾其叶化蕃陬，竭誠婦道。膺兹寵命，可不慎歟！

校箋

〔一〕本文亦見於全唐文卷三十八，署名玄宗皇帝，題目同。交河公主，姓阿史那氏，生卒不詳。她是西突厥十姓可汗阿史那昕的女兒。

〔二〕蕃服惟寧：『蕃服』，古九服之一。古代分王畿以外之地爲九服。其封國區域離王畿最遠的稱『藩服』。周禮夏官職方氏：『乃辨九服之邦國……又其（鎮服）外方五百里曰藩服。』賈公彦疏：『言藩者，以其最在外爲藩籬，故以藩爲稱。』

〔三〕豈獨元夫：『元夫』，猶善士。易睽：『睽孤遇元夫，交孚，厲，無咎。』程頤傳：『夫，陽之稱；元，善也。初九當睽之初，遂能與同德，而無睽之悔，處睽之至善者也，故目之爲元夫，猶云善士也。』

〔四〕克奉蘋蘩之禮：『蘋蘩』，詩召南有采蘋及采蘩篇。詩召南采蘩序：『采蘩，夫人不失職也。夫人可以奉祭祀，則不失職矣。』後以『蘋蘩』借指能遵祭祀之儀或婦職等。南朝齊謝朓齊敬皇后哀策文：『始協德於蘋蘩兮，終配祇而表命。』

〔五〕足以崇寵蕃捍：『崇寵』，尊崇寵信。三國志魏書齊王芳傳：『昔周成建保傅之官，近漢顯宗崇寵鄧禹，所以優隆儁乂，必有尊也。』『蕃捍』，藩屏；護衛。漢書賈誼傳：『陛下所以爲蕃捍及皇太子之所恃者，唯淮陽、代二國耳。』

册和回紇公主文〔一〕

維大曆二年，歲次丁未，五月己酉朔，十三日辛酉，皇帝若曰：帝乙歸妹，表於易象〔二〕；魯侯築館，列在春秋〔三〕。咨爾第某妹，雲漢之姿，聯華宸極。河洲之德，著美公宫〔四〕。整玉笄於錦車，題銀牓於毳幕〔五〕。善修嬪則〔六〕，載叶蕃情。實資輔佐之功，廣我懷柔之道。烏孫下嫁，已申飾配之儀〔七〕；红綬增榮〔八〕，爰寵疏封之命〔九〕。是用册曰某公主。敬承徽禮，可不慎歟！

校箋

〔一〕本文亦見於全唐文卷四十九，署名代宗皇帝，題目同。

〔二〕帝乙歸妹，表於易象：『歸妹』，易卦名。六十四卦之一。兑爲少女，故謂妹，以嫁震男，故稱『歸妹』。易歸妹：『歸妹，征凶，無攸利。』王弼注：『妹者，少女之稱也。兑爲少陰，震爲長陽；少陰而乘長陽，説（悦）以動，嫁妹之象也。』孔穎達疏：『婦人謂嫁曰歸，歸妹猶言嫁妹也。』

出嫁時外住之所。

〔三〕魯侯築館，列在春秋：春秋時，魯莊公主持周王姬的婚事，派大夫把王姬迎到魯國，在城外築館住下，然後送至齊國與齊侯成婚。事見春秋莊公元年。後因以『魯館』稱貴族女子出嫁時外住之所。

〔四〕河洲之德，著美公宫：『河洲』，詩周南關雎：『關關雎鳩，在河之洲。窈窕淑女，君子好逑。』毛傳：『后妃説樂君子之德，無不和諧，又不淫其色，慎固幽深若關雎之有別焉，然後可以風化天下。』後因以『河洲』爲稱美后妃之德的典實。『公宫』，君王的宫殿。唐白居易祭咸安公主文：『組紃之訓，既習於公宫；湯沐之封，遂開於國邑。』

〔五〕整玉笄於錦車，題銀牓於毳幕：『毳幕』，游牧民族居住的氈帳。漢李陵答蘇武書：『韋鞲毳幕，以禦風雨。』唐王維兵部起請露布文：『氈裘之長，思向風以無階；毳幕之人，惟塗地而可獲。』

〔六〕善修嬪則：『嬪則』，爲婦的準則。南朝齊謝朓齊敬皇后哀册文：『思媚諸姑，貽我嬪則。』張銑注：『嬪則，爲婦之法則也。』

〔七〕烏孫下嫁，已申飾配之儀：『烏孫』，古代西域國名。地在今伊犁河谷。見漢書西域傳下烏孫國。漢桓寬鹽鐵論西域：『烏孫之屬駭膽，請爲臣妾。匈奴失魄，奔走遁逃。』晋石崇琵琶引序：『昔公主嫁烏孫，令琵琶馬上作樂，以慰其道路之思。』『飾配』，指結婚。唐白居易册回鶻可汗加號文：『既降和親之命，遂申飾配之禮。』

〔八〕紅綬增榮：『綬』，絲帶。古代用以繫佩玉、官印、帷幕等。綬帶的顔色常用以標志不同的身份與等級。禮記玉藻：『天子佩白玉而玄組綬，公侯佩山玄玉而朱組綬。』南朝齊孔稚珪北山移文：『至其紐金章，綰墨綬，跨屬城之雄，冠百里之首。』

〔九〕爰寵疏封之命：『疏封』，分封。帝王把土地或爵位分賜給臣子。唐元稹追封王蟠母李氏等：『朕宅帝位，思弘大孝，乃詔執事，追用疏封。』唐白居易崔元備張惟素鄭覃陸灋韋弘景賜爵制：『賞不敢忘，爵不敢愛，爾宜疏封，服命而揚之。』

册崇徽公主文〔一〕

常衮

維大曆四年，歲次己酉，五月戊辰朔，二十四日辛卯，皇帝若曰：於戲！魯邦外館，有小君之儀；漢室和親，從閼支之號。命公而主，疏邑以封，焕乎徽章，抑有前範。咨爾第十女，禀秀雲漢，增華女宗〔二〕，卓爾洵淑，迥然韶異。肅雍之道，能中其和；缛麗之功，自臻於妙。不資姆訓，動會禮經。甫及初笄之年，眷求和鳳之對。用開湯賦，方戒油軿〔三〕。我有親鄰，夙稱雄貴，分救災患，助平寇虞。固可申以婚姻，厚其寵渥〔四〕，况有誠請，爰從飾配〔五〕。是用封曰崇徽公主，出降回紇可汗，册曰可敦。割愛公宫，嬪于絶域。爾其式是壼則〔六〕，以成婦順，服兹嘉命。可不慎歟！

校箋

〔一〕本文亦見於全唐文卷四百一十五，署名常衮，題目同。崇徽公主，姓僕固氏，唐朝著名將領僕固懷恩的女兒。唐代宗封僕固懷恩的幼女爲『崇徽公主』，於大曆四年（七六九）嫁給回紇可汗。

〔二〕增華女宗：『女宗』，女子的楷模。漢劉向列女傳宋鮑女宗：『女宗者，宋鮑蘇之妻也。養姑甚謹……宋公聞之，表其閭，號曰「女宗」。』清錢謙益母蔣氏贈孺人制：『庶幾釋孝子之悲，亦以章女宗之德。』

〔三〕用開湯賦，方戒油軿：『湯賦』，即湯沐邑，指國君、皇后、公主等收取賦税的私邑。史記平準書：『自天子以至於封君湯沐邑，皆各爲私奉養焉。』『油軿』，古代經過油飾供貴族婦女乘坐的四周有障蔽的車。晉書輿服志：『公主、王太妃、王妃，皆油軿車，駕兩馬，右騑。』亦省作『油軿』。唐張説鄎國長公主神道碑：『玉笄輝首，油軿在馭。』

〔四〕厚其寵渥：『寵渥』，皇帝的寵愛與恩澤。周書儒林傳沈重：『祇承寵渥，不忘戀本，深足嘉尚。』唐劉禹錫謝男師損等官表：『寵渥非常，授任不次。』

〔五〕爰從飾配：『飾配』，指結婚。唐白居易册回鶻可汗加號文：『既降和親之命，遂申飾配之禮。』

〔六〕爾其式是壼則：『壼則』，婦女行爲的準則、榜樣。唐陳子昂唐故袁州參軍妻清河張氏墓志銘：『承禮訓於公庭，習威儀於壼則。』舊唐書后妃傳下肅宗章敬皇后：『顧史求箴，道先於壼則；撝謙率禮，教備於中闈。』

譴黜

郜國大長公主别館安置敕〔一〕

妖妄莫甚於巫蠱，罪惡莫逾於奸亂，迹涉於此，刑其捨諸？郜國大長公主，澡質天潢〔二〕，不慎其德，行違禮法，志匿回邪，信妖孽之虚言，求厭勝之非福〔三〕。憫其將老之年，從我議親之典〔四〕，置於别館，勿爲無恩。其子蕭位，不思諫正〔五〕，手疏祝詞。其弟蕭佩、儒、偲及異父兄駙馬都尉裴掖，相與知情，陷於不義。蜀州别駕蕭鼎，商州豐陽令韋惲，前彭州司馬李萬等，謬居清貫〔六〕，輕紊常倫，在其門庭，多行穢德，忝列衣冠之緒，豈宜履舄之交〔七〕。蕭位等宜令京兆府決重杖四十，配流賀州。裴掖錦州安置，蕭佩、儒、偲等并配房州安置。其蕭位等并馳驛發遣〔八〕。貞元四年。

校箋

〔一〕本文亦見於全唐文卷五十四，署名德宗皇帝，題目同，文末無『貞元元年』。郜國長公主，唐肅宗李亨之女。公主初封延光公主，嫁楊貴妃姐姐之子殿中丞裴徽。天寶十五年（七五六），馬嵬坡之變，裴徽被殺。延光公主改嫁太僕卿蕭升。貞元元年（七八五），被册封郜國大長公主。蕭升去世後，郜國公主與彭州司馬李萬、蜀州别駕蕭鼎、澧陽縣令韋惲、太子詹事李昪等人有染。唐德宗將郜國公主軟禁在宫中，將李萬杖殺，流放蕭鼎、韋惲、李昪到嶺南。貞元四年（七八八），郜國公主使用厭勝蠱道邪術，被廢。貞元六年（七九〇），郜國公主去世。本詔云『信妖孽之虛言，求厭勝之非福』當指貞元四年，公主使用厭勝蠱道邪術之事。本詔之作年唐大詔令集原記『貞元元年』，今改爲『貞元四年』。

〔二〕藻質天潢：『天潢』，皇族，帝王後裔。北周庾信爲杞公讓宗師驃騎表：『憑天潢之派水，附若木之分枝。』

〔三〕求厭勝之非福：『厭勝』，古代一種巫術，謂能以詛咒制勝，壓服人或物。漢書 匈奴傳下：『元壽二年，單于來朝，上以太歲厭勝所在，舍之上林苑蒲陶宮。』唐杜甫石犀行：『自古雖有厭勝法，天生江水向東流。』

〔四〕從我議親之典：『議親』，古刑法八議之一。謂對於皇親國戚進行特別審議，以減免其刑罰。周禮 秋官 小司寇：『以八辟麗邦灋，附刑罰：一曰議親之辟。』鄭玄注引鄭司農曰：『若今時宗室有罪先請是也。』賈公彥疏：『親謂五屬之内及外親有服者，皆是議限。』

〔五〕不思諫正：『諫正』，諫諍；規勸。漢書 鮑宣傳：『唐林數上疏諫正，有忠直節。』後漢書 張酺傳：『張酺前入侍講，屢有諫正。』

〔六〕謬居清貫：『清貫』：清貴的官職。指侍從文翰之官。南齊書 張欣泰傳：『（世祖）

謂之曰：「卿不樂爲武職驅使，當處卿以清貫。」除正員郎。』唐陳鴻長恨歌傳：『叔父昆弟皆列在清貫，爵爲通侯。』

〔七〕忝列衣冠之緒，豈宜履舄之交：『衣冠』，代稱縉紳、士大夫。漢書杜欽傳：『茂陵杜鄴與欽同姓字，俱以材能稱京師，故衣冠謂欽爲「盲杜子夏」以相别。』顔師古注：『衣冠謂士大夫也。』唐李白登金陵鳳凰臺詩：『吴宫花草埋幽徑，晋代衣冠成古丘。』『履舄』，即履舄交錯。形容男女雜坐不拘禮節之態。史記滑稽列傳：『男女同席，履舄交錯。杯盤狼藉，堂上燭滅。』

〔八〕其蕭位等并馳驛發遣：『馳驛』，駕乘驛馬疾行。魏書邢巒傳：『司徒崔浩對曰：「穎卧疾在家。」世祖遣太醫馳驛就療。』唐高適餞宋八充彭中丞判官之嶺南詩：『北雁送馳驛，南人思飲冰。』

追封華陽公主制（一）

周漢之儀，湯沐之制，車服次於王后，容衛榮於戚藩（二）。其有淑德竟夭於茂年，成禮未主於同姓，則加其懋榮，舉於前典。是以東漢追平原之封，西晉崇哀獻之命。故第五公主，天縱柔和，性成聰敏，爰自辨識，秀於人倫；仁孝切於衷誠，怡順過於師訓；先意承旨（三），不待名言；省醴適饌，每加豐潔；送迎匪憚於寒暑，温凊無待於旁人；甘去繁奢，樂聞禮教；將有詞請，必候温顏；或遇憂勞，輒形焦色；周旋六行（四），諷咏七篇（五）；霽威怒以拯危，迎歡愉而進善；常求惠下，聚請求賢。而髫齔之辰（六），清羸多疾（七），沉綿衽席，彌歷紀年，針艾嬰身，藥餌在口，異其殊常之命，實有兼愛之慈。與之名都，假以榮號，未及築館之盛（八），乃從受邑之期。優典未彰，幼齡已謝。追懷既往，痛悼滋深。方展禮於舊章，稍申哀於備物，叶予素志，厚爾飾終。可追封華陽公主。大曆九年四月。

校箋

〔一〕本文亦見於全唐文卷四十六，署名代宗皇帝，題目同，文末無『大曆九年四月』。華陽公主，唐代宗李豫之女。大曆七年（七七二），因病出家，自號瓊華真人。大曆九年（七七四）去世，代宗皇帝追封華陽公主，祔於莊陵之園。

〔二〕容衛榮於戚藩：『容衛』，古代的儀仗、侍衛。隋煬帝獻歲宴宫臣詩：『三元建上京，六佾宴吴城。朱庭容衛肅，青天春氣明。』唐李嶠汾陰行：『河東太守親掃除，奉迎至尊導鑾輿。五營將校列容衛，三河縱觀空里閭。』『戚藩』，近親藩王。晉劉琨勸進表：『社稷時難，則戚藩定其傾；郊廟或替，則宗哲纂其祀。』宋蘇軾賜濟陽郡王曹佾罷散興龍節道場香酒果口宣：『卿寵冠戚藩，望隆舊德。』

〔三〕先意承旨：亦作『先意承志』，謂孝子先父母之意而承順其志。禮記祭義：『君子之所爲孝者，先意承志，諭父母於道。』

〔四〕周旋六行：『六行』，六種善行。周禮地官大司徒：『六行：孝、友、睦、姻、任、恤。』晉陸雲晉故散騎常侍陸府君誄：『六言六行，匪君不肅。』唐陳子昂申州司馬王府君墓志：『君三德允章，六行既穆。』

〔五〕諷咏七篇：『七篇』，七篇文章，特指孟子，該書七篇，故稱。清閻若璩孟子生卒年月考：『按孔子生卒出處年月，具見史記孔子世家，而孟子獨略。於是説者紛紜。余嘗以七篇爲主，參以史記等書，然後歷歷可考。』

〔六〕而髫齔之辰：『髫齔』，謂幼年。後漢書文苑傳下邊讓：『髫齔夙孤，不盡家訓。』晉書司馬遹傳：『既表髫齔，高明逸秀。』唐元稹祭禮部庾侍郎太夫人文：『教白髫齔，成於冠婚。』

〔七〕清羸多疾：『清羸』，清瘦羸弱。南齊書桂陽王鑠傳：『鑠清羸有冷疾，常枕卧。』唐杜甫秋日夔府咏懷一百韻：『勇猛爲心極，清羸任體孱。』

〔八〕未及築館之盛：『築館』，春秋時周平王之孫女嫁於齊，魯侯主婚，周天子之卿送女來魯，以備出嫁。魯建館舍以居之。事見春秋莊公元年。後因以『築館』爲公主下嫁之典。唐顔真卿和政公主神道碑：『詩美下嫁，書傳築館，貴其中禮，載籍稱焉。』

追封玉虛公主制〔一〕

敕：因親之愛，存則均慈；緣情之禮，歿而逾厚。故第七公主，敏識冲和〔二〕，韶姿婉秀。純孝之性，自合於天經；柔順之心，夙成於壼則〔三〕。動唯中禮，言必知微，承夙烈之玄風，悟道家之真籙。方開魯館，甫往有行；未啓漢封，遽幽長往。念其早夭，倍軫哀情，用追湯沐之榮，載賜靈仙之號，可追封玉虛公主。

校　箋

〔一〕本文亦見於全唐文卷四十六，署名代宗皇帝，題目同。玉虛公主，唐代宗李豫之女。公主早夭，之後代宗追封女兒爲玉虛公主。

〔二〕敏識冲和：『冲和』，淡泊平和。晋袁宏後漢紀靈帝紀：『此子神氣冲和，言合規矩，高才妙識，罕見其倫。』南朝梁沈約雍雅之二：『屬厭無爽，冲和在禦。』

〔三〕夙成於壼則：『壼則』，婦女行爲的準則、榜樣。唐陳子昂唐故袁州參軍妻清河張氏墓志銘：『承禮訓於公庭，習威儀於壼則。』舊唐書后妃傳下肅宗章敬皇后：『顧史求箴，道先於壼則；撝謙率禮，教備於中闈。』

追封齊國大長公主制〔一〕

元稹

敕：荆南節度觀察處置等使、銀青光禄大夫、檢校兵部尚書兼江陵尹、御史大夫、上柱國、沂水縣開國子、食邑五百户王潛母，贈晋國大長公主。於朕，祖宗之姑妹也，始以肅雍之德〔二〕，下嫁於公侯，淑問怡聲，禮無違者。□其愛子，有過嚴君〔三〕。□不因恩澤以求郎，每教忠貞而事主，使勤富貴，戒歡廉能。鬱爲勛臣，實資聖善。徽猷盡在，典禮宜加〔四〕。微狹平陽之封，式廣營丘之地，克宣朕命，用慰朕心，可贈齊國大長公主。

校箋

〔一〕本文亦見於全唐文卷六百四十七，署名元稹，題目爲追封王潛母齊國大長公主制；元氏長慶集卷五十録該文，題目爲封王潛母齊國大長公主。據此补該文作者元稹。王潛母，即唐玄宗之女永穆公主，開元十年（七二三），下嫁琅琊郡公王繇。王繇死後，天寶七載（七四九），公主出家。公主逝世後，贈晉國大長公主，後又以王潛母親的身份追贈爲齊國大長公主。該詔文具體作年難考。

〔二〕始以肅雍之德：『肅雍』，詩召南何彼襛矣：『曷不肅雍，王姬之車。』原指行車之貌。詩序則謂：『何彼襛矣，美王姬也。雖則王姬，亦下嫁於諸侯，車服不繫其夫，下王后一等，猶執婦道以成肅雍之德也。』後因以『肅雍』爲稱頌婦德之辭。後漢書皇后紀序：『所以能述宣陰化，修成内則，閨房肅雍，險謁不行也。』

〔三〕有過嚴君：『嚴君』，指父親。晉潘尼乘輿箴：『國事明王，家奉嚴君。』宋梅堯臣任廷平歸京詩序：『君之嚴君以太子少保致仕西都。』

〔四〕徽猷盡在，典禮宜加：『徽猷』，美善之道。猷，道。指修養、本事等。詩小雅角弓：『君子有徽猷，小人與屬。』毛傳：『徽，美也。』梁書文學傳下謝幾卿：『故得仰慕徽猷，永言前哲。』

贈故同昌公主衛國公主制〔一〕

沈　畋

門下：死生有命，雖著於格言；夭横難明，豈由於定數？每念肅雍之德，載纏悲愴之懷。疏土易名，用中彝典。故同昌公主，生和孝敬，天錫聰明，桃李凝華，芝蘭蕴秀，克奉公宫之訓，寧煩女史之箴。洎結慶秦樓，傳芳魯館，蘋蘩潔浄，環珮鏗鏘，不矜帝子之尊，盡執家人之禮。謂乎積善，享彼修齡〔二〕，驚電逝以霜摧，致珠沉而玉折，粉田蕪没〔三〕，金牓淒凉，荒沁水之林園，寢平陽之簫鼓。哀情靡極，縟禮宜加，啓衛國之山河，擇周公之謚號。式崇徽數〔四〕，用慰營魂。可贈衛國公主，兼賜謚曰文懿，仍令所司擇日册命，主者施行。

校箋

〔一〕本文亦見於全唐文卷八百六，署名沈畋，題目爲贈同昌公主衛國公主制。同昌公主，唐懿宗之愛女，咸通九年（八六八）下嫁韋保衡，恩禮最異，悉宫中珍玩資予之。咸通十年（八六九）公主薨，追贈衛國公主，謚曰文懿。本詔作於咸通十年（八六九）。

〔二〕享彼修齡：『修齡』，長壽。三國魏阮籍咏懷詩之六九：『修齡適余願，光寵非己威。』明張居正答劉白川：『咒師能乘算於宜絶，而不能使修齡轉促。』

〔三〕粉田蕪没：『粉田』，即脂粉田，是公主的湯沐邑，公主用以收取賦税的私邑。

〔四〕式崇徽數：『徽數』，謂褒賜封賞之禮數。宋王安石除韓琦制：『恩典徽數，所以旌帝臣；明德茂功，所以奬王室。』

謚議

安興公主謚議文〔一〕

沈佺期

議曰：臣聞表終受名，案存考行，王姬内範〔二〕，貽教潛流，徽問積中，知之在下。公主降靈宸極，昇慶高禖，貞惠日嚴，柔明天縱，英姿灼乎髫齔，夙智形乎襁褓。孝爲德本，資色以養親；禮即敬輿，履謙而軌物〔三〕。生成天族，長自華宫。珠玉滿堂，不忘於澣濯；歌鐘成列，載玩於史圖。恭聞懿風，庶覩嬪則，未延百兩〔四〕，奄遘重泉。皇帝正位瑶圖，追榮金牓。穠華大秀，軫餘悼於生前；彤管凝芬，追令名於歿後。謹案周書謚法，容儀恭美曰昭，慈仁短折曰懷。請謚曰昭懷公主。謹議。

校箋

〔一〕本文亦見於全唐文卷二百三十五，署名沈佺期，題目同。安興公主，唐睿宗之女，初封安興縣主，武則天時下嫁梁王府參軍薛琳，早薨，謚昭懷。安興公主生平事迹不詳，該詔或作於唐睿宗景龍四年（七一〇）六月登基至先天元年（七一二）八月李隆基登基之間，具體作年難考。

〔二〕王姬内範：『王姬』，指周朝天子的女兒。周，姬姓，故稱王姬。詩召南何彼襛矣序：『何彼襛矣，美王姬也。』陸德明釋文：『王姬，武王女；姬，周姓也。』後世亦以稱帝王或諸侯之女。北周庾信周儀同松滋公拓跋競夫人尉遲氏墓志銘：『春則帝女采桑，秋則王姬築館。』

〔三〕履謙而軌物：『履謙』，謂行謙讓之德。後漢書鄧騭傳：『功成身退，讓國遜位，歷世外戚，無與爲比，當享積善履謙之祐，而横爲宫人單辭所陷。』南朝宋傅亮爲宋公求加贈劉前軍表：『履謙居寡，守之彌固。』『軌物』，指規範事物。南朝梁陸倕新刻漏銘：『寧可以軌物字民，作範垂訓者乎？』新唐書李景伯傳：『使授非其人，則權重釁生，非强幹弱枝，經邦軌物之誼。』

〔四〕未延百兩：『百兩』，古時車凡兩輪，故以兩計數。百兩，即百輛車。特指結婚時所用的車輛，亦泛言車輛多。借指出嫁。唐周遇霍夫人墓志：『遂適彭城公，百兩之後，一與之齊，嚴奉舅姑，敬恭戚族。』

卷第四十三

郡縣主

郡縣主

縣主出嫁稱適詔〔一〕

古稱厘降〔二〕，唯屬王姬〔三〕。比聞縣主適人〔四〕，皆云出降〔五〕；娶王女者，亦云尚主〔六〕。濫假名器，甚乖禮經〔七〕。其縣主出嫁宜稱適，娶王女者稱娶，仍改令文。顯慶三年九月。

校箋

〔一〕本文又見於全唐文卷十二，署名高宗皇帝，題目爲禁縣主稱出降詔，文末無時間。唐會要卷六『顯慶三年九月十九日詔』即爲該文；通典卷五十九禮十九公主出降條『三年又詔曰』即爲該文；五禮通考卷一百五十四嘉禮二十七『蕙田稟此詔不可易』條『顯慶三年又詔曰』即爲該文。據此知該文作於顯慶三年（六五八）九月。唐大詔令集該文作年原爲『顯慶二年九月』，今改爲『顯慶三年九月』。

〔二〕古稱厘降：『厘降』，本謂堯女嫁舜事。書堯典：『厘降二女於嬀汭，嬪於虞。』孔傳：『降，下嬪婦也，舜爲匹夫，能以義理下帝女之心。』段玉裁撰異：『厘，整治之意；降，下也，整治下二女於嬀汭。』後多用以指王女下嫁。三國志魏書文德郭皇后傳『遂立爲皇后』裴松之注引晉王沈魏書：『后上表謝曰：「妾無皇英厘降之節，又非姜任思齊之倫。」』魏書崔玄伯傳：『是以諸公主皆厘降於賓附之國，朝臣子弟，雖名族美彦，不得尚焉。』

〔三〕唯屬王姬：『王姬』，指周朝天子的女兒。周，姬姓，故稱王姬。詩召南何彼襛矣序：『何彼襛矣，美王姬也。』陸德明釋文：『王姬，武王女；姬，周姓也。』後世亦以稱帝王或諸侯之女。

〔四〕比聞縣主適人：『縣主』，皇族女子的封號。東漢帝女皆封縣公主。宋王闢之澠水燕談録官制：『趙普以元勛諸女封郡主，高懷德二女特封縣主。』明胡侍真珠船公主翁主：『今制：親王女曰郡主，郡王女曰縣主。』『適人』，謂女子出嫁。儀禮喪服：『（小功）大夫之妾爲庶子適人者。』鄭玄注：『君之庶子，女子子也。庶女子子在室大功，其嫁於大夫亦大功。』晉潘岳寡婦賦：『少喪父母，適人而所天又殞。』

〔五〕皆云出降：「出降」，帝王之女出嫁。因帝王位處至尊，故稱降。唐李肇唐國史補卷中：「太和公主出降回鶻，上御通化門送之，百僚立班於章敬寺門外。」舊唐書方伎傳一行：「開元十年，永穆公主出降，敕有司優厚發遣，依太平公主故事。」

〔六〕娶王女者，亦云尚主：「尚主」，娶公主爲妻。因尊帝王之女，不敢言娶，故云。尚，承奉、奉事或仰攀之意。史記外戚世家：「是時平陽主寡居，當用列侯尚主。」唐權德輿古樂府：「身年二八婿侍中，幼妹承恩兄尚主。」

〔七〕濫假名器，甚乖禮經：「禮經」，古代講禮節的經典，常指儀禮而言。漢書儒林傳孟喜：「父號孟卿，善爲禮、春秋……孟卿以禮經多，春秋煩雜，乃使喜從田王孫受易。」

新都郡主適楊洮制〔一〕

鸞臺：皇太子長女新都郡主〔二〕，資靈玉裕，比價瑶臺，發艷天庭，仰儷星辰之象；承徽儲禁，内禀河州之德〔三〕，惠心明婉，柔範端莊，始逾待年之期〔四〕，甫及有行之歲〔五〕。通事舍人楊洮，門擅槐鼎〔六〕，地連姻戚，箕裘克隆〔七〕，才質兼茂，可以膺合姓之典〔八〕，奉御輪之躅。標梅興咏〔九〕，方邀六禮之歡〔十〕；在楚言歸，宜追三星之夕〔十二〕；郡主可出適楊浟。

校箋

〔一〕本文亦見於全唐文卷九十五，署名高宗武皇后，題目爲新都郡主出降制。新都郡主，唐中宗李顯長女，生卒年不詳。她在武則天時代是新都郡主。初許通事舍人楊浟，二許左衛翊盧咸，皆未嫁，後嫁武元爽的孫子武延暉。新都郡主之父李顯曾兩度爲皇太子。其一爲六八〇年李賢被廢後，李顯被立爲皇太子，弘道元年（六八三）即皇帝位。其二爲聖曆元年（六九八）李顯復立爲皇太子，神龍元年（七〇五）在通天宫復位。據此，則本詔之作年或爲六八〇—六八三年間，或爲六九八—七〇五年間。又李顯重新爲太子後，想通過裙帶關係穩固確立自己的地位，積極與武家結親。新都郡主最終嫁給武延暉或在六九八—七〇五年間。新都郡主、楊浟、武延暉生卒年及生平事迹皆不詳，本詔之作年難考。

〔二〕皇太子長女新都郡主：『皇太子』，指李顯。『郡主』，郡公主。晋始置。唐制太子之女爲郡主。宋沿唐制，而宗室女亦得封郡主。明清則親王女爲郡主。世説新語賢媛『桓公武平蜀，以李勢妹爲妾』，南朝梁劉孝標注引妒記：『桓平蜀，以李勢女爲妾，郡主凶妒。』宋歐陽修歸田録卷二：『宗室女封郡主者，謂其夫爲郡馬。』

〔三〕内稟河州之德：『河州』，四庫本作『河洲』。詩周南關雎：『關關雎鳩，在河之洲。窈窕淑女，君子好逑。』毛傳：『后妃説樂君子之德，無不和諧，又不淫其色，慎固幽深若關雎之有别焉，然後可以風化天下。』後因以『河洲』爲稱美后妃之德的典實。

〔四〕始逾待年之期：『待年』，謂女子待年長而聘。後漢書皇后紀下獻穆曹皇后：『操進三女憲、節、華爲夫人，聘以束帛玄纁五萬匹，小者待年於國。』李賢注：『留住於國，以待年長。』後因以稱女子待嫁。南朝宋顔延之宋文皇帝元皇后哀策文：『爰自待年，金聲夙振。』

〔五〕甫及有行之歲：『有行』，出嫁。詩邶風泉水：『女子有行，遠父母兄弟。』晋潘岳寡婦賦：『伊女子之有行兮，爰奉嬪於高族。』唐王維工部楊尚書夫人贈太原郡夫人京兆王氏墓志銘：『及乎有行，嬪於君子。事姑至孝，旁穆六姻；爲母深慈，均養七子。』

〔六〕門擅槐鼎：『槐鼎』，比喻三公或三公之位。亦泛指執政大臣。槐，指三槐；鼎，國之重器，又有三足。後漢書方術傳序：『故王梁、孫咸名應圖籙，越登槐鼎之任。』南齊書褚淵傳：『裂邑萬户，登爵槐鼎。』唐劉知幾史通書事：『若乃百職遷除，千官黜免，其可以書名本紀者，蓋惟槐鼎而已。』

〔七〕箕裘克隆：『箕裘』，禮記學記：『良治之子，必學爲裘；良弓之子，必學爲箕。』孔穎達疏：『積世善治之家，其子弟見其父兄世業鉤鑄金鐵，使之柔合以補治破器，皆令全好，故此子弟仍能學爲袍裘，補續獸皮，片片相合，以至完全也……善爲弓之家，使幹角撓屈調和成其弓，故其子弟亦覩其父兄世業，仍學取柳和軟撓之成箕也。』意謂子弟由於耳濡目染，往往繼承父兄之業。後因以『箕裘』比喻祖上的事業。晋書陳壽司馬彪等傳論：『咸能綜緝遺文，垂諸不朽，豈必克傳門業，方擅箕裘者哉！』『克隆』，興隆，昌盛。南齊書褚淵王儉傳贊：『民譽不爽，家稱克隆。』北史周紀下論：『嗚呼！以文皇之經啓鴻基，武皇之克隆景業，未逾二紀，不祀忽諸。』

〔八〕可以膺合姓之典：『合姓』，合二姓爲婚姻。指婚娶。國語晋語四：『故異德合姓，同德合義。』韋昭注：『合姓，合二姓爲婚姻。』唐權德輿唐故贈尚書右僕射李公墓志銘序：『凡三合姓，初曰范陽盧夫人……次京兆韋氏二夫人。』宋梅堯臣悲書詩：『雖死情難遷，合姓義已重。』

〔九〕標梅興咏：『標梅』，指女子已到結婚年齡。詩召南摽有梅：『摽有梅，其實七兮；

求我庶士，迨其吉兮。』摽梅，謂梅子成熟而落下。醒世恒言李玉英獄中訟冤：『臣年十六，未獲結褵，姊妹伶仃，孑無依荷。摽梅已過，紅葉無憑。』清紀昀閱微草堂筆記姑妄聽之三：『過摽梅之年，而不爲之擇配偶，鬱而横決，罪豈獨在此婢乎？』

〔十〕方邀六禮之歡：『六禮』，古代在確立婚姻過程中的六種禮儀，即納采、問名、納吉、納徵、請期、親迎。儀禮士昏禮『納采用鴈』唐賈公彦疏：『昏禮有六，五禮用鴈：納采、問名、納吉、請期、親迎是也。唯納徵不用鴈，以其自有幣帛可執故也。』

〔十一〕宜迨三星之夕：『三星』，詩唐風綢繆：『綢繆束薪，三星在天。今夕何夕，見此良人。』孔傳：『三星，參也。在天，謂始見東方也。男女待禮而成，若薪芻待人事而後束也。三星在天可以嫁娶矣。』鄭玄箋：『三星，謂心星也。心有尊卑、夫婦、父子之象，又爲二月之合宿，故嫁娶者以爲候焉。』後以『三星在天』爲男女婚期之典。此處『三星之夕』與『三星在天』意思相同，指男女婚期之典。

安樂郡主適楊守文制〔一〕

鸞臺：皇太子第八女安樂郡主，承規銀牓，毓彩銅樓〔二〕，寶婺連暉〔三〕，瓊娥比艷。貞明發於閫訓〔四〕，窈窕齊於國風，固已儀範不愆，柔閑有裕。蘋蘩入薦，既成四教之德〔五〕；桃李方春，宜用三周之禮〔六〕。可出適符節郎弘農楊承烈男守文〔七〕。

校箋

〔一〕本文亦見於全唐文卷九十五，署名高宗武皇后，題目爲安樂郡主出降制。安樂公主，唐中宗李顯之女，小名裹兒。初許楊守文，後嫁武崇训。資治通鑒卷二百零八記神龙元年（七〇五）『上女安樂公主適三思子崇訓。』李顯曾兩度爲皇太子。其一爲六八〇年李賢被廢後，李顯被立爲皇太子，弘道元年（六八三）即皇帝位。其二爲聖曆元年（六九八）李顯復立爲皇太子，神龍元年（七〇五）在通天宫復位。本詔之作年難考，或作於六九八—七〇四年間。

〔二〕承規銀牓，毓彩銅樓：『銀牓』，宫殿或廟宇門端所懸的輝煌華麗的匾額。神異經中荒經：『東方有宫，青石爲墻，高三仞，左右闕高百尺，畫以五色，門有銀牓。』清李果范文正公祠詩：『先皇銀榜龍章在，紅樹階前交映明。』『銅樓』，即銅龍樓。飾有銅龍的門樓，借指太子宫室。唐李白酬坊州王司馬與閻正字對雪見贈：『價重銅龍樓，聲高重門側。』亦省稱『銅樓』。唐王勃九成宫頌：『鳳闈宵静，陰靈宣王閫之華；鶴禁朝趨，離象峻銅樓之景。』『承規銀牓，毓彩銅樓』，皆表明安樂郡主皇太子之女的尊貴出身。

〔三〕寶婺連暉：『寶婺』，即婺女星。常借指女神。用爲婦女的美喻。唐李商隱七夕偶題詩：『寶婺摇珠佩，常娥照玉輪。』唐薛稷奉和送金城公主適西蕃應制：『月下瓊娥去，星分寶婺行。』

〔四〕貞明發於閫訓：『閫訓』，指后妃或妻妾的訓戒。唐代墓志汇編闞氏墓志銘并序：『閨風遠浹，里閈鎮及目之虞；閫訓旁流，遐邇仰齊眉之敬。』又胡夫人墓志銘并序：『幼閑閫訓，夙禀閨儀。』

〔五〕蘋蘩入薦，既成四教之德：『蘋蘩』，詩召南有采蘋及采蘩篇。詩召南采蘩序：『采蘩，夫人不失職也。夫人可以奉祭祀，則不失職矣。』後以『蘋蘩』借指能遵祭祀之儀或婦職等。南朝齊謝朓齊敬皇后哀策文：『始協德於蘋蘩兮，終配祇而表命。』明高明琵琶記高堂稱壽：『（趙氏五娘）德性幽閑，儘可寄蘋蘩之托。』『四教』，指婦德、婦言、婦容、婦功。周禮天官九嬪：『九嬪掌婦學之法，以教九御，婦德、婦言、婦容、婦功。』晉干寶晉紀總論：『而其后妃，躬行四教，尊敬師傅，服澣濯之衣，修煩辱之事，化天下以婦道。』

〔六〕桃李方春，宜用三周之禮：『三周』，古代親迎之禮。新郎親御婦車，車輪行三周匝，再交由御人駕御。儀禮士昏禮『御者代』漢鄭玄注：『行車輪三周，御者乃代婿。』禮記昏義：『降出，御婦車，而婿授綏，御輪三周。』孔穎達疏：『御輪三周者，謂婿御婦車之輪三匝。』

〔七〕可出適符節郎弘農楊承烈男守文：『符節』，指朝廷委派的地方長官或專使。宋周煇清波雜志卷十：『凡今廟堂進擬符節次，得不鑒公孺之論而益精其選！』清劉大櫆送張福清序：『舟車之險，懸崖斷塹，石芒林立，側足僅可投步，水濆漩傾側，船行亂石間，以故符節不通，人迹罕至。』

新都郡主適盧咸等制〔一〕

鸞臺：皇太子第三女新都郡主，相王長女壽昌縣主、第二女安興縣主等，并毓靈天漢，禀訓皇闈〔二〕，惠性早成，淑德克茂，粉澤四教，針縷七篇〔三〕，笄年在時，今月有典，宜穆三從之禮，式光百兩之迎〔四〕。新都郡主可出適左衛翊盧咸，壽昌縣主可出適太子右奉御楊尚一，安興縣主可出適梁王府參軍薛琳。所司準式。

校箋

〔一〕本文亦見於全唐文卷九十五，署名高宗武皇后。題目爲新都郡主等出降制。『皇太子第三女新都郡主』，全唐文作『皇太子第二女新都郡主』。『皇太子』，指李顯。『新都郡主』，實爲李顯長女，生卒年不詳。『相王長女壽昌縣主』，『相王』，指李旦，其女壽昌縣主的生平事迹不詳。此詔之作年難考。

〔二〕稟訓皇闈：『皇闈』，皇宫的門。亦指皇宫。晋傅咸贈何劭王濟詩：『赫赫大晋朝，明明闢皇闈。』宋書樂志二：『鼓鐘震天區，禮容塞皇闈。』

〔三〕粉澤四教，針縷七篇：『粉澤』，粉黛脂澤，均爲化妝用品。引申爲裝飾。唐上官儀勸封禪表：『發神化之丹青，敷禮義之粉澤。』初學記卷二十一引太公六韜：『禮者，天理之粉澤。』『四教』，指婦德、婦言、婦容、婦功。『七篇』，七篇文章，特指孟子。該書七篇，故稱。

〔四〕宜穆三從之禮，式光百兩之迎：『三從』，舊禮教認爲婦女應該做到在家從父、出嫁從夫、夫死從子，謂之『三從』。儀禮喪服：『婦人有三從之義，無專用之道，故未嫁從父，既嫁從夫，夫死從子。』漢班固白虎通爵：『婦人無爵何？陰卑無外事，是以有三從之義。』『百兩』，古時車凡兩輪，故以兩計數。百兩，即百輛車。借指出嫁。唐周遇霍夫人墓志：『遂適彭城公，百兩之後，一與之齊，嚴奉舅姑，敬恭戚族。』

義安郡主適裴巽制〔一〕

鸞臺：皇太子第二女義安郡主，重月降輝〔二〕，發春揚彩，四德淳茂，六行恭修〔三〕，歲在結纓，時方納幣〔四〕。均州司仓裴巽〔五〕，門胄清顯，風範昭明，既諧委雁之祥〔六〕，宜縟盤螭之禮。郡主可出適巽。仍以今月十四日成禮，所司準式。

校箋

〔一〕本文亦見於全唐文卷九十五，署名高宗武皇后，題目爲義安郡主出降制。義安郡主，李顯第二女，李顯登基後晋升爲宜城公主。新唐書列傳第八記『宜城公主，始封義安郡主。下嫁裴巽。巽有嬖姝，主恚，刵耳劓鼻，且斷巽髮。帝怒，斥爲縣主，巽左遷。久之，復故封。神龍元年，與長寧、新寧、義安、安樂、新平五郡主皆進封。』此詔之作年難考。

〔二〕重月降輝：『重月』，指農曆的閏月。清厲鶚閏三月三日同人集湖上續修禊效蘭亭詩體：『重三復重月，一唱還一酬。』

〔三〕四德淳茂，六行恭修：『四德』，封建禮教指婦女應有的四種德行。周禮 天官 九嬪：『掌婦學之法，以教九御婦德、婦言、婦容、婦功。』鄭玄注：『婦德謂貞順，婦言謂辭令，婦容謂婉娩，婦功謂絲枲。』後漢書 皇后紀序：『九嬪掌教四德。』李賢注：『四德謂婦德、婦言、婦容、婦功也。』『六行』，六種善行。周禮 地官 大司徒：『六行：孝、友、睦、姻、任、恤。』晉陸雲晉故散騎常侍陸府君誄：『六言六行，匪君不肅。』唐陳子昂申州司馬王府君墓志：『君三德允章，六行既穆。』

〔四〕歲在結纓，時方納幣：『納幣』，古代婚禮六禮之一。納吉之後，擇日具書，送聘禮至女家，女家受物復書，婚姻乃定。亦稱文定，俗稱過定。春秋 莊公二十二年：『冬，公如齊納幣。』宋蘇軾書劉庭式事：『未及第時，議娶其鄉人之女，既約而未納幣也。』

〔五〕均州司仓裴巽：『司仓』，官名。漢有倉曹史，主管倉庫，爲州郡的屬官。北齊稱倉曹參軍。唐制，在府的稱倉曹參軍，在州的稱司倉參軍，在縣的稱司倉。

〔六〕既諧委雁之祥：『委雁』，亦作『委禽』，指下聘禮。古代婚禮，納采用雁，故稱。左傳昭公元年：『鄭徐吾犯之妹美，公孫楚聘之矣，公孫黑又使强委禽焉。』杜預注：『禽，鴈也，納采用鴈。』宋孫光憲北夢瑣言卷六：『時有零落衣冠顔氏女，寄寓廣陵，有容色，相國欲納之，吴湘强委禽焉。』

封安定郡主制〔一〕

門下：故惠宣太子第三十女，肅邕成性〔二〕，柔婉爲容，稟訓女師，克明嬪則〔三〕。爰占近日，用叶初笄〔四〕，申錫美名，受封良邑。可封安定郡主，主者施行。

校箋

〔一〕本文亦見於全唐文卷二十五，署名玄宗皇帝。舊唐書卷九十五列傳第四十五『惠宣太子業，睿宗第五子也。本名隆業，後單名業……（開元）二十二年正月，薨，册贈惠宣太子，陪葬橋陵。有子十一人。』惠宣太子開元二十二年（七三四）薨，此詔當作於開元二十二年（七三四）後。惠宣太子李業之女的生平事迹皆不詳，此詔之作年難考。

〔二〕肅邕成性：『肅邕』，亦作『肅雍』。詩召南何彼襛矣：『曷不肅雍，王姬之車。』原指行車之貌。詩序則謂：『何彼襛矣，美王姬也。雖則王姬，亦下嫁於諸侯，車服不繫其夫，下王后一等，猶執婦道以成肅雍之德也。』後因以『肅雍』爲稱頌婦德之辭。南朝梁劉潛爲王儀同謝國姻啓：『荆布陋飾，已膺凡獎；負薪微胤，復降肅邕。』

〔三〕克明嬪則：『嬪則』，爲婦的準則。南朝齊謝朓齊敬皇后哀册文：『思媚諸姑，貽我嬪則。』張銑注：『嬪則，爲婦之法則也。』

〔四〕爰占近日，用叶初笄：『初笄』，古代女子十五歲，始加笄。見禮記內則。後因以『初笄』指女子成年。南朝梁簡文帝從軍行：『小婦趙人能鼓瑟，侍婢初笄解鄭聲。』唐鄭世翼看新婚詩：『初笄夢桃李，新妝應摽梅。』

封新平郡主制〔一〕

門下：惠宣太子第三十二女〔二〕，柔姿婉訓，淑德閑和，早習組紃，備詳圖史〔三〕。移天有禮〔四〕，撰日于歸〔五〕，宜增列郡之封，允叶睦親之計〔六〕。可封新平郡主。主者施行。

校箋

〔一〕本文亦见於全唐文卷二十五，署名玄宗皇帝。題目同。惠宣太子李業之女的生平事迹皆不詳，此詔之作年難考。

〔二〕惠宣太子第三十二女：『第三十二女』，全唐文作『第三十一女』。

〔三〕早習組紃，備詳圖史：『組紃』，古指婦女從事的女紅。唐白居易封太和長公主制：『第四妹端明成性，和順禀教。静無違禮，故組紃有常訓；動必中節，故環珮有常聲。』宋王禹偁平陽公主贊并序：『余觀文母之下，修蘋藻之禮、組紃之事者，世則有之；及其立命世之勛、與武臣之列者，未之見也。』『圖史』，圖書和史籍。南朝宋顔延之宋文皇帝元皇后哀策文：『進思才淑，傍綜圖史。』舊唐書宋璟傳：『且蒼梧之野，驪山之徒，善惡分區，圖史所載。』

〔四〕移天有禮：『移天』，猶出嫁。古代封建禮法以爲女子在家尊父爲天，出嫁則尊夫爲天。隋書王誼傳：『（御史大夫楊素劾誼曰）竊以雖曰王姬，終成下嫁之禮，公則主之，猶在移天之義。』唐皇甫枚三水小牘王知古爲狐招婿：『兒自移天崔門，實秉懿範。』

〔五〕撰日于歸：『撰日』，擇日。唐馮伉迎俎酌獻詩：『撰日瞻景，誠陳樂張。』唐劉禹錫代京兆李尹賀遷獻懿二祖表：『撰日展儀，考祥視履。』

〔六〕允叶睦親之計：『允叶』，和洽。北史薛孝通傳：『奉以爲主，天人允叶。』

東光縣主事迹編入國史詔〔一〕

故紀王女東光縣主，天性純孝，雅操貞烈，感興運之方啓〔二〕，痛亡靈之不追，休戚是同，悲喜交集，發言鯁塞，因致殂謝〔三〕。聞之傷惋，震於予懷，忠孝之情，深可嘉尚。宜命史官編入國史。神龍元年三月。

校　箋

〔一〕本文亦見於全唐文卷十六，署名中宗皇帝。東光縣主，唐太宗第十子紀王李慎的女兒，年幼時就以孝順恭謹著名，於神龙元年（七〇五）二月二十二日卒。新唐書卷九十三列傳第五太宗子記『慎女東光縣主，始八歲，聞慎有疾，不食，父哀之，紿云已愈，主察顏色未平，終不肯御，内外稱之。長適太子司議郎裴仲將。時妃、主多恃貴，以奢豫相矜，主獨儉素，姊弟誚曰：「人生富貴在得志，獨勤苦，欲何求？」答曰：「我幼好禮，今行之不違，非得志謂何？且自古賢妃淑女以恭遜著名，驕縱敗德，况榮寵貴盛，儻來物也，可恃以凌人乎？」及王死，號慟，嘔血數升。免喪，絶膏沐者二十年。始，諸王、妃、主自垂拱後被害者皆槁掩之。神龍初，詔州縣普加求訪，祭以牲牢，復官爵，諸王皆陪葬昭、獻二陵。主聞，感慟，卒，敕其子曰：「爲我謝親戚，酷憤已雪，下見先王無恨矣！」中宗爲舉哀章善門，下詔褒揚。』此詔作於神龍元年（七〇五）三月。

〔二〕感興運之方啓：『興運』，時運昌隆。北史楊愔傳：『既潛竄累載，屬齊神武至信都，遂投刺轅門，便蒙引見，贊揚興運，陳訴家禍。言辭哀壯，涕泗横集。』宋曾鞏福州謝到任表：『遇繼承於興運，未進望於清光。』

〔三〕發言鯁塞，因致殂謝：『殂謝』，去世。梁書文學傳下陸雲公：『奄然殂謝，良以惻然。』唐孟郊哭李觀詩：『顔子既殂謝，孔門無輝光。』宋陳亮中興論：『又况南渡已久，中原父老日以殂謝。』

封壽昌縣主制〔一〕

鸞臺：相王旦長女、第三女、第四女等，并毓靈河漢，禀訓天人，蕙問清淑，蘭儀婉順，徽章所被〔二〕，□□□□，抑有□□之封，式開湯沐之邑〔三〕。長女可封壽昌縣主，第三女可封淮陽縣主，第四女可封壽光縣主。

校　箋

〔一〕全唐文卷十六録該文，署名中宗皇帝，題目同。舊唐書本紀第七記唐睿宗李旦『上元二年，徙封相王，拜右衛大將軍……聖曆元年，中宗自房陵還。帝數稱疾不朝，請讓位於中宗。則天遂立中宗爲皇太子，封帝爲相王，又改名旦，授太子右衛率。長安中，拜司徒、右羽林衛大將軍。自則天初臨朝及革命之際，王室屢有變故，帝每恭儉退讓，竟免於禍。神龍元年，以誅張易之昆弟功，進號安國相王，遷太尉，加實封。』李旦上元二年（六七五）徙封相王，歷封殷王、冀王、相王、豫王，領洛州牧。聖曆二年（六九九），復封爲相王。壽昌縣主乃唐睿宗李旦長女，後下嫁崔珍。淮陽縣主、壽光縣主生平事迹皆不詳。該詔文署名中宗皇帝，或作於神龍元年（七〇五）至景龍四年（七一〇）間，具体作年難考。

〔二〕徽章所被：『徽章』，指褒崇封贈的策命。北周王褒周太保尉遲綱墓碑：『司勛載其弘烈，典册備其徽章。』唐陸贄册淑妃王氏爲皇后文：『稱是徽章，聿歸全德。』

〔三〕式開湯沐之邑：『湯沐之邑』，即『湯沐邑』。指國君、皇后、公主等收取賦税的私邑。戰國策楚策二：『秦王有愛女而美，又簡擇宫中佳翫麗好翫習音者，以懽從之；資之金玉寶器，奉以上庸六縣爲湯沐邑，欲因張儀内之楚王。』清龔自珍答人問關内侯書：『其人揖讓乎漢天子之朝，其湯沐邑之入，稍稍厚乎漢相公卿。』亦省作『湯邑』。

壽昌縣主適崔珍制〔一〕

鸞臺：相王長女壽昌縣主、第五女仙源縣主，并禀靈天漢，漸訓王門，質耀桃李，性芬蘭蕙。帝孫將降，甫及笄年〔二〕；國人所承，久歸時望。清廟齋郎崔珍〔三〕、太子左奉御薛伯陽〔四〕，并地襲衣冠，躬履名教，風猷美茂，才藝紛綸。飛鳳之占，既合其吉；乘龍之背，直膺雙舉。壽昌縣主可出適珍，仙源縣主可出適伯陽，仍令所司準式〔五〕。

校　箋

〔一〕本文亦見於全唐文卷九十五，署名高宗武皇后，題目爲壽昌仙源縣主出降制。壽昌縣主乃唐睿宗李旦長女，後下嫁崔珍。相王第五女始封仙源縣主，後更爲涼國公主。涼國公主始嫁薛伯陽，後改嫁温曦。開元十二年八月辛巳，公主因疾病逝世於京城永嘉里府第，享年三十八，陪葬於唐睿宗的橋陵。該詔文署名高宗武皇后，或作於光宅元年（六八四）至長安四年（七〇四）間，具體作年難考。

〔二〕帝孫將降，甫及笄年：『笄年』，謂女子成年。唐王韞秀寄姨妹詩：『笄年解笑鳴機婦，恥見蘇秦富貴時。』舊五代史晋書高祖紀五：『癸丑，長安公主薨，帝之長女也，笄年降於駙馬楊承祚，帝悼惜之甚，輟視朝二日，追贈秦國公主。』

〔三〕清廟齋郎崔珍：『清廟』，即太廟。古代帝王的宗廟。漢司馬相如上林賦：『登明堂，坐清廟。』郭璞注：『清廟，太廟也。』『齋郎』，掌宗廟社稷祭祀的小吏。魏始置，屬太常。唐、宋亦皆置之。唐韓愈省試學生代齋郎議：『齋郎職奉宗廟社稷之小事，蓋士之賤者也。』按，崔珍生平事迹不詳。

〔四〕太子左奉御薛伯陽：『奉御』，官名。隋殿内省設尚食、尚藥、尚衣、尚舍、尚乘、尚輦等六局，每局各置奉御二人總領之。見隋書百官志下。按，薛伯陽生平事迹不詳。

〔五〕仍令所司準式：『準式』，依照準則或樣式。唐孫逖立忠王爲皇太子制：『宜膺擇嗣之舉，俾受昇儲之命，可立爲皇太子，仍取來月内擇日册命，所司準式，主者施行。』清潘榮陛帝京歲時紀勝九月登高：『考真覺寺建於明成祖，因番僧版的達入貢金佛五軀、金剛寶座規式，封以國師，賜居此寺。

封仙源縣主制〔一〕

鸞臺：相王第五女，資靈桂魄，禀訓蘭宫。六行昭宣，四德淳備〔二〕。夭桃穠李〔三〕，既挺淑令之姿；红綬青緺，宜開湯沐之邑。可封仙源縣主。

校箋

〔一〕此文又見於全唐文卷十六，署名中宗皇帝，題目同。

〔二〕六行昭宣，四德淳備：『六行』，六種善行。周禮 地官 大司徒：『六行：孝、友、睦、姻、任、恤。』晉陸雲晉故散騎常侍陸府君誄：『六言六行，匪君不肅。』唐陳子昂申州司馬王府君墓志：『君三德允章，六行既穆。』『四德』，封建禮教指婦女應有的四種德行。周禮 天官 九嬪：『掌婦學之法，以教九御婦德、婦言、婦容、婦功。』唐高仲武中興間氣集 李季蘭：『士有百行，女唯四德。』『淳備』，謂純美無缺。莊子 天地：『托生與民并行，而不知其所之，汒乎淳備哉！』成玄英疏：『故其操行淳和，道德圓備。』後漢書 鄧禹傳：『禹内文明，篤行淳備，事母至孝。』

〔三〕夭桃穠李：『夭桃穠李』，詩 周南 桃夭：『桃之夭夭，灼灼其華。』又召南 何彼穠矣：『何彼穠矣，華如桃李。』兩詩以桃李之花興新人之美。後多以『夭桃穠李』爲贊頌新人年少俊美之辭。唐張説安樂郡主花燭行：『星昴殷冬獻吉日，夭桃穠李遥相匹。』

封永年縣主制〔一〕

鸞臺：某主某第幾女，疏芳桂苑，發艷椒庭〔二〕。綉衽初笄，已觀於婉淑〔三〕；瑶筐載弄，更表於柔閑〔四〕。韶容將寶婺分暉，惠質與瓊娥比秀。承規蹈禮，既漸訓於河洲〔五〕；延賞推恩，宜加榮於湯沐。可封永年縣主。

校箋

〔一〕全唐文卷十六録該文，署名中宗皇帝，題目同。該詔文署名中宗皇帝，或作於神龍元年（七〇五）至景龍四年（七一〇）間，永年縣主生平事迹不详，該詔文具體作年難考。

〔二〕發艷椒庭：『椒庭』，指宫内。宋書后妃傳論：『自元嘉以降，内職稍繁，椒庭綺觀，千門萬户，而淫粧怪飾，變炫無窮。』周書皇后傳序：『恩之所加，莫限厮皁；榮之所及，無隔險詖。於是，升蘭殿而正位，踐椒庭而齊體者，非一人焉。』

〔三〕綉衽初笄，已覿於婉淑：『初笄』，古代女子十五歲，始加笄。見禮記内則。後因以『初笄』指女子成年。南朝梁簡文帝從軍行：『小婦趙人能鼓瑟，侍婢初笄解鄭聲。』唐鄭世翼看新婚詩：『初笄夢桃李，新妝應摽梅。』『婉淑』，温順善良。明宋濂故陳夫人趙氏石表辭：『濂聞之，女教不行於天下，婉淑之道消而暴慢之風盛，孰有如趙夫人之賢者乎！』清顧炎武先妣王碩人行狀：『其他婉淑之行，世莫得聞。』

〔四〕瑶筐載弄，更表於柔閑：「瑶筐」，筐匣的美稱。多指首飾盒子。唐王勃七夕賦：「引鶩蟬於寶瑟，宿蘭燕於瑶筐。」唐崔日用人日宴大明宫詩：「金屋瑶筐開寶勝，花箋彩筆頌春椒。」「載弄」，詩小雅斯干：「乃生男子……載弄之璋」；「乃生女子……載弄之瓦。」後因以「載弄」謂誕生。唐員半千尹尊師碑：「及載弄之始，目光炯然，眸子轉眄，若有所見。」「柔閑」，温柔、嫻淑。周書皇后傳宣帝陳皇后：「咨爾儀範柔閑，操履凝潔。」宋曾鞏中大夫尚書左丞蒲宗孟追封三代并進封妻制妻陳氏封河東郡夫人：「具官某妻某氏言容功德，柔閑懿恭。」

〔五〕既漸訓於河洲：「河洲」，詩周南關雎：「關關雎鳩，在河之洲。窈窕淑女，君子好逑。」毛傳：「后妃説樂君子之德，無不和諧，又不淫其色，慎固幽深若關雎之有别焉，然後可以風化天下。」後因以「河洲」爲稱美后妃之德的典實。唐盧照鄰中和樂歌中宫：「河洲在咏，風化攸歸。」亦用爲男女愛戀之典。

封華亭縣主制〔一〕

黄門：司空兼虢州刺史、邠王守禮第二女〔二〕，王門誕秀〔三〕，師氏尚柔〔四〕，婉嫿凝芳，閑和順則，仁儀膏族，俾錫脂田〔五〕，可封華亭縣主。開元二年九月七日。

校箋

〔一〕本文亦見於全唐文卷二十一，署名玄宗皇帝。題目爲封邠王守禮第二女華亭縣主制，文末無『開元二年九月七日』。

〔二〕司空兼虢州刺史、邠王守禮第二女：『邠王守禮』，唐邠王李守禮（六七二—七四一），本名李光仁，唐高宗李治之孫，章懷太子李賢次子。李守禮第二女華亭縣主生平事迹不詳。

〔三〕王門誕秀：『誕秀』，誕生才能優異的人。南朝陳徐陵梁禪陳璽書：『惟王應期誕秀，開籙握圖。』唐楊炯遂州長江縣先聖孔子廟堂碑：『出忠入孝，誕秀興賢。』

〔四〕師氏尚柔：『師氏』，女師。指撫育古代貴族女子并教授其女德者。詩周南葛覃：『言告師氏，言告言歸。』毛傳：『師，女師也。』孔穎達疏：『女師者，教女之師，以婦人爲之……婦人五十無子出而不復嫁，能以婦道教人者，若今時乳母矣。』

〔五〕伫儀膏族，俾錫脂田：『膏』，指物之精華。漢張衡南都賦：『芝房菌蠢生其限，玉膏滵溢流其隅。』晋孫綽游天台山賦：『挹以玄玉之膏，漱以華池之泉。』『脂田』，即脂澤田，指的是收益用作妝飾費用的田産。晋書安帝紀：『夏四月壬戌，罷臨沂、湖熟皇后脂澤田四十頃，以賜貧人，弛湖池之禁。』

封安吉縣主制〔一〕

蘇頲

黄門：宋王長女，流芳桂邸，禀訓梧宫〔二〕，體自閑和，成其婉娩〔三〕，玉笄始茂，金燧方嚴〔四〕。爰寵錫於脂粉，俾開榮於湯沐。可封安吉縣主，主者施行。開元二年十二月二十八日。

校箋

〔一〕本文亦見於全唐文卷二十一，署名玄宗皇帝。題目爲封宋王成器長女安吉縣主制，文末無『開元二年十二月二十八日』。宋王李憲（六七九—七四二），原名成器，睿宗李旦長子。舊唐書列傳四十五睿宗諸子記『讓皇帝憲，本名成器，睿宗長子也。初封永平郡王……唐隆元年，進封宋王。』宋王長女安吉縣主生平事迹不詳。

〔二〕流芳桂邸，禀訓梧宫：『梧宫』，戰國齊宫殿名。借指皇宫或寢宫。樂府詩集郊廟歌辭十二唐韋氏褒德廟樂章：『道赫梧宫，悲盈蒿里。』清陳維崧寶鼎現題定武蘭亭初搨和蘧庵先生原韻詞：『一自賺入梧宫閉，伴寶衣，長殉幽翳。』

〔三〕體自閑和，成其婉娩：『婉娩』，柔美；美好。太平廣記卷四百六十八引晋祖臺之志怪謝宗：『有一女子，姿性婉娩，來詣船，因相爲戲。』宋王安石後殿牡丹未開詩：『紅襆未開知婉娩，紫囊猶結想芳菲。』

〔四〕玉笄始茂，金燧方嚴：『玉笄』，借指仙女、美女。唐楊衡仙女詞：『玉笄初侍紫皇君，金縷鴛鴦滿絳裙。』唐馬戴寄襄陽王公子詩：『君馬勒金羈，君家貯玉笄。』

加襄樂縣主等實封敕〔一〕

孫　逖

敕：故惠宣太子女、襄樂縣主等，德禀賢王，名高淑女，資其婉順，遘此偏孤〔二〕，念遠之德，惟恩是屬。宜受賜於湯沐，俾承榮於敦叙〔三〕，可各賜實封一百户〔四〕。

校箋

〔一〕本文又見於全唐文卷三十六，署名玄宗皇帝。惠宣太子李業之女的生平事迹皆不詳，此詔之作年難考。

〔二〕遘此偏孤：『偏孤』，指早年喪父或喪母。晋潘岳寡婦賦：『少伶俜而偏孤兮，痛怛以摧心。』陳書王沖傳：『沖母，梁武帝妹新安穆公主，卒於齊世，武帝以沖偏孤，深所鍾愛。』

〔三〕俾承榮於敦叙：『敦叙』，亦作『敦序』。史記夏本紀：『敦序九族，衆明高翼。』裴駰集解引鄭玄曰：『次序九族而親之』。今本書皋陶謨作『惇叙』，謂使九族親厚而有序，後謂親睦和順。三國志蜀書先主傳：『今臣群寮以爲在昔虞書敦叙九族，庶明勵翼，五帝損益，此道不廢。』

〔四〕可各賜實封一百户：『實封』，古代封建國家名義上封賜給功臣貴戚食邑的户數與實際封賞數往往不符，實際上賜的封户叫實封。資治通鑒唐玄宗開元十年：『十一月乙未，初令宰相共食實封三百户。』

封恩王等女爲縣主制〔一〕

王者教化，本於婚姻，由親以理疏，自内而形外。故詩稱好合，所以成子姓也〔二〕；禮有待年，明其必及時也〔三〕。恭惟累聖之後〔四〕，子孫衆多，教於公宫，已知婦順〔五〕，而從人之義重，擇配之才難，以兹兢慎，久曠嘉禮〔六〕。言念及此，惕然興懷〔七〕，思弘厚恩，用叶敦叙。恩王等女六人，并封縣主，仍委中書門下與宗正卿及吏部尚書侍郎計會，於諸親之内，及常選之中，精求人門〔八〕，副我誠意。元和七年十二月。

校箋

〔一〕本文亦見於全唐文卷五十六，署名宪宗皇帝。文末無『元和六年十二月』。唐會要卷六公主雜録『元和七年十二月』録該詔。恩王李連，唐代宗李豫第六子，元和十二年（八一七）薨。恩王之女的生平事迹不詳，唐大詔令集記本詔原作於元和六年十二月，今據唐會要記該詔作年爲『元和七年（八一二）十二月』。

〔二〕所以成子姓也：『子姓』，泛指子孫、後輩。新唐書 吕才傳：『法曰：「官爵富貴，葬可致也；年壽修促，子姓蕃衍，葬可招也。」』宋趙彦衛雲麓漫鈔卷十四：『有易安室者，父祖皆出韓公門下；今家世淪替，子姓寒微，不敢望公之車塵。』

〔三〕禮有待年，明其必及時也：『待年』，謂女子待年長而聘。後漢書 皇后紀下 獻穆曹皇后：『操進三女憲、節、華爲夫人，聘以束帛玄纁五萬匹，小者待年於國。』李賢注：『留住於國，以待年長。』後因以稱女子待嫁。南朝宋顔延之宋文皇帝元皇后哀策文：『爰自待年，金聲夙振。』

〔四〕恭惟累聖之後：『累聖』，稱歷代君主。宋王安石本朝百年無事札子：『蓋累聖相繼，仰畏天，俯畏人，寬人恭儉，忠恕誠慤，此其所以獲天助也。』宋王讜唐語林 補遺二：『累聖知之而不能遠，惡之而不能去，睿旨如此，天下幸甚！』

〔五〕已知婦順：『婦順』，謂婦女順從孝敬之美德。禮記 昏義：『舅姑入室，婦以特豚饋，明婦順也……婦順者，順於舅姑，和於室人，而後當於夫，以成絲麻布帛之事，以審守委積蓋藏。』孔穎達疏：『明婦順也者，言所以特豚饋者，顯明其爲婦之孝順也。』

〔六〕以兹兢慎，久曠嘉禮：『兢慎』，小心謹慎。唐杜荀鶴涇溪詩：『涇溪石險人兢慎，終歲不聞傾覆人。』唐末五代杜光庭李絳常侍九曜醮詞：『事主立身，得罄忠誠之節；循懷省己，常持兢慎之心。』『久曠』，長久荒廢；長期空缺。漢書 禮樂志：『久曠大儀，未有立禮成樂。』後漢書 光武帝紀上：『臣聞帝王不可以久曠，天命不可以謙拒，惟大王以社稷爲計，萬姓爲心。』『嘉禮』，古代五禮（吉、凶、軍、賓、嘉）之一。指飲食、婚冠、賓射、饗燕、脤膰、賀慶等禮。後世亦專指婚禮。唐薛用弱集異記 裴越客：『先是鎬之在京，以次女德容，與僕射裴冕第三子前藍田尉越客結婚焉。已剋迎日，而鎬左遷，遂改期來歲之春季。其年越客則速裝南邁，以畢嘉禮。』

〔七〕惕然興懷：『惕然』，憂慮貌。唐元稹兩省供奉官諫駕幸温湯狀：『六軍守衛於空宮，百吏宴安於私室，忝爲臣子，誰不惕然。』宋陸游歲暮感懷詩：『長老日零落，念之心惕然。』

〔八〕精求人門：『人門』，人品與門第。陳書 文學傳 蔡凝：『黃散之職，固須人門兼美。』宋王讜唐語林 補遺一：『（柳潭）以人門第一，選尚公主，拜太子洗馬。』

2021—2035年國家古籍工作規劃重點出版項目
國家出版基金資助項目
安徽省“十四五”重點圖書出版規劃項目

全國高校古委會古籍整理研究項目
厦門大學中文系古籍整理研究項目
安徽師範大學中國詩學研究中心學術叢書

01

第一輯

唐大詔令集繫年校箋

◉主　編　吴在慶
◉本册校箋　吴在慶

黄山書社

圖書在版編目（CIP）數據

唐大詔令集繫年校箋．第一輯 / 吴在慶主編．
—合肥：黄山書社，2022.12
ISBN 978-7-5737-0637-9

Ⅰ．①唐… Ⅱ．①吴… Ⅲ．①詔令—彙編—中國—唐代
Ⅳ．①K242.065

中國國家版本館CIP數據核字（2023）第006742號

唐大詔令集繫年校箋 第一輯
TANG DA ZHAOLING JI XINIAN JIAOJIAN DIYI JI

吴在慶 主編

出品人 葛永波
策　劃 葛永波 湯吟菲
項目統籌 劉 春
責任編輯 湯吟菲 劉 春 江 匯 侯 雷 常舒雅
周振華 胡曉静 鄭 程 朱莉莉
責任印製 李 磊
裝幀設計 朱 錦 朱嫣然
出版發行 黄山書社
地　址 安徽省合肥市蜀山區翡翠路1118號出版傳媒廣場7層 郵編：230071
印　刷 安徽新華印刷股份有限公司
版　次 2023年12月第1版
印　次 2023年12月第1次印刷
開　本 880 mm × 1230 mm 1/32
字　數 2500千字
印　張 135.75
書　號 ISBN 978-7-5737-0637-9
定　價 580.00元（全八册）

服務熱綫 0551-63533706

銷售熱綫 0551-63533761

官方直營書店（https://hsss.tmall.com）

前言

唐大詔令集是由宋神宗時期的史官宋綬從唐代各門類大詔令中選抄部分詔令，後又由任職於朝的其子宋敏求加以整理編録而成。此書原有一百三十卷，分爲帝王、妃嬪、追謚、皇太子、諸王、公主、郡縣主、大臣、典禮、政事、蕃夷等十多項大門類，各大門類下又細分若干小分類，如帝王大門類下，又細分即位册文、即位赦、改元、改名、尊號批答、尊號册文、尊號赦、痊復、遺詔、謚議等諸多小分類；政事大門類下又分禮樂、經史、刑法、頒曆、恩宥、時令、建州縣、修復故事、官制、舉薦、按察、褒勸、求直言、崇儒、制舉、貢舉、財力等衆多小分類。故全書乃選録唐諸帝王所頒布的各門類詔令而成。這些詔令記載了唐代諸多重大歷史事件之原委真相，以及各種典章制度的興廢沿革等，内容均屬於國家政務事項，十分豐富且重要，成爲歷代研究者研究唐史及其經濟、政治、法學、科舉學、民族學、文學等各學

科的寶貴文獻典籍。

可惜這一重要文獻，至明代後期佚失了其中的卷十四至卷二十四、卷八十七至卷九十八，凡佚失二十三卷，而且宋氏父子所成之原本亦佚失未現。所幸現在還留有明、清時已缺失二十三卷的此書之抄本、刻本數種。它們即現存於廣東省圖書館的明鈔謙牧堂本（下簡稱『明鈔本』）、原北平市圖書館所藏明代舊鈔本（下簡稱『甲庫本』）、四庫全書本、鐵琴銅劍樓原藏顧廣圻校舊鈔本（此本後於清末光緒間由南潯張均衡據明鈔本鏤版行世，收入適園叢書中）、一九五九年商務印書館出版的唐大詔令集（中華書局二〇〇八年所出之唐大詔令集，即此書之重印本）、今人依據適園叢書本加以標點的簡體字本（下簡稱『學林本』）。總之，現存唐大詔令集各本在詔令文題、内容、段落、文句、文字、繫年等方面，時有不同和錯訛漏略，以致難於讀通讀懂（關於這方面問題，請參讀商務印書館出版的唐大詔令集一書中，趙守儼先生所撰之前言）。這種種錯誤歧異與缺失，有的或因宋綬父子抄録編著時所造成，有的也或因明、清時各抄手、刻板者之誤所造成。

唐大詔令集中許多詔令，原未署頒布時間，或所署時間有誤，或各本所署時間有

所不同，均需加以辨析考證，重新繫年。又，因此書之詔令，實際上是由唐代各時期的朝中大手筆文臣替皇帝所撰的，且因其內容、文體之關係，故其文多有古奧難懂之文詞，又多有以韻文成段成篇者，因此文中之語詞、名物、用典、人物、典章制度、事件，等等，多有閱讀使用此書之研究者、讀者，難於讀懂曉明之處，故亟須對全書加以全面校勘整理，進行箋注闡釋説明，以利於讀者閱讀研究。

唐大詔令集在明代後期已經缺失二十三卷（現存各本均同），已非完帙，令讀者、研究者深爲遺憾。爲儘量彌補這一缺失與遺憾，以利於研究，因此必須盡可能地檢搜典籍，進行科學可靠的輯佚工作。

鑒於現存唐大詔令集上述情況，而且至今尚無對此書進行全面繫年校箋之整理本，爲滿足廣大讀者、研究者的切實需要，因此我們開展了以下之具體工作：

（一）選擇以中華書局本（此本實際上即商務印書館以鐵琴銅劍樓原藏顧廣圻校舊鈔本爲底本，用適園叢書本校勘，并加斷句之排印本，乃中華書局於二〇〇八年據商務印書館排印本重印者）爲工作底本，以廣東省圖書館所藏明鈔本、原北平市圖書館所藏之甲庫本、適園叢書本、四庫全書本，以及新唐書、舊唐書、唐會要、册

府元龜、文苑英華、唐文粹、各唐人别集、全唐文所載録之唐詔令爲對校本，并時以學林本爲參校本，進行全面校勘整理。值得説明的是，現存廣東省圖書館藏之明鈔本、原北平市圖書館所藏之明鈔本（即我們簡稱之甲庫本），儘管出現年代較早，也多有其優勝之處，但這兩種版本均存在大量的錯訛文字、文句，乃至漏略之文句與段落等不足，故這兩個明鈔本均不太適宜作爲校勘工作之底本。而我們之所以選擇商務印書館所排印之唐大詔令集（即中華書局本）爲底本，乃在於此本最初之底本亦爲明鈔本，又經明末清初之版本校勘大家顧廣圻校勘，并再由商務印書館稍加校勘斷句排印，可以説它是目前唐大詔令集所有版本中，較適宜作爲校勘整理工作的底本。

（二）除全面校勘外，我們還儘可能爲許多詔令重新繫年，并檢索出亦載此詔令之其他文獻，又儘量考索詔令文之作者。原詔令文多有未署頒布時間或繫年者，這不利於研究頒布該詔令的歷史時代背景，以及頒布此詔令的必要性與合理性。如能考出頒布時間，則可解決上述不足。我們考出了大量原未署頒布時間，或所署時間有誤的詔令之時間。如考出高宗天皇帝謚議頒布於文明元年八月十一日，改元上元赦頒布於上元元年閏四月十九日，去上元年號赦頒布於上元元年九月二十一日，又如考出改元

貞元并招討河中李懷光淮西李希烈文之作者爲陸贄，肅宗即位赦之作者爲賈至；武宗改名詔之作者爲李德裕，開元二十七年册尊號赦之作者爲孫逖，等等。除此之外，我們又儘量考出某篇詔令又載於何典籍，如尚載於新唐書、舊唐書、唐會要、文苑英華、册府元龜、唐文粹、全唐文，以及唐人各家之文集等。

（三）對詔令涉及的某些主要人物、事迹、事件、背景以及某些關鍵而難解之語詞、名物、典故、典章制度等進行闡釋箋證。如對詔令中出現的諸多歷代人物，特别是唐代重要人物，如徐彦伯、崔融、蘇頲、虞世南、褚遂良、郭子儀、權德輿、裴度、李德裕、李希烈、王庭湊、李師道、裴士淹等人物之生平事迹的介紹；對『觀星始覺中郎貴』『汾水秋風之唱，仰天翰而扶輪』『鳴鑾訪道，敬拜小童之言』『比齊越姜，匹宋逾子』等大量文句所用典故之注釋；又如對幸故宅改爲通議宫曲赦京城繫囚制中『禮同過沛』句、『事等歸譙』句，巡幸岐隴二州曲赦之『遐邇肅清，要荒來服』；對巡幸并州曲赦之『何嘗不御扆長懷，想崤陵之風雨；臨軒遠感，念大麓之雲雷』等句所用之漢代以及唐朝人物事迹、事件、背景之箋釋，等等；對『豈謂十枝墜景，遽淪懸晷之輝』『八柱傾天，奄落閶陽之構』『同霸塋之薄窆，契紀廛而莫修』『體元』『五始』『司存』『田正』『孚

祐」『圓丘方澤』『版授』『下武』『馭朽懸旌』『科率』『撫字』『雍熙』『月躔星昴，律中黄鐘』『伯趙』『履長』『三事大夫』『濡露之感』『罔極之悲』『率德』『亭育』『賦車籍馬』等語詞、名物、典故之注釋。

（四）原唐大詔令集中詔令，有的於文末標注頒布時間，有的則無。儘管我們在校箋中已考出或糾正其頒布時間，但我們於該文末仍依其舊，不做改動。

（五）原唐大詔令集有全書總目以及各分卷目録。此次校箋編撰，對於編撰全書總目和各分卷目録，我們則依全書各卷各篇詔令之實際文題匯總而成，以代替原全書總目與各分卷目録。

（六）現存唐大詔令集各本，均佚失相同的二十三卷，這令人深感遺憾。故我們又考索比勘有關典籍文獻資料，據以輯佚補逸，并加以校箋，成輯佚一帙，附於本書之末。我們將輯佚集分爲上篇、中篇、下篇三部分。上篇輯佚唐中宗孝和皇帝謚議册文、唐太宗文皇帝哀册文、册淑妃王氏爲皇后文等三十三篇詔令；中篇輯佚以鄭汴等州爲王畿制、置北都制、南郊推恩制、放京畿丁役及免税制等二十四篇詔令；下篇輯佚放京畿丁役及免税制、楊嗣復可庫部郎中知制誥制、授崔渙工部尚書制等七篇

詔令。三部分共輯佚六十四篇詔令，并加以繫年校箋。這些輯佚出的詔令，雖然并非所佚失之全部，但數量已是不少，已經是現在我們所能輯佚到的所有佚文了。唐大詔令集之輯佚，確如趙守儼先生在商務印書館出版的唐大詔令集前言所言『很難校補』。我們這次輯佚，雖然也盡力而爲，但由於客觀條件之限制和能力之不足，同樣也留下『很難校補』、使之成爲完璧的遺憾。完璧之呈現，祇能留待所佚失的二十三卷，有幸重見天光之日了。

唐大詔令集繫年校箋，是一項艱難繁重的學術工作，宜憑通力合作之學術團隊以承擔之。因此，我邀集同好諸彥，組成工作團隊，歷經多年之密切合作與努力，終於完成這項頗具學術價值與意義的古籍整理研究工作。現將此書的分工情況介紹如下：

吴在慶，主編全書。承擔卷第一至卷第十三、卷第一百二十七至卷第一百三十之繫年校箋。另負責搜輯并校箋輯佚一帙，撰寫本書前言、後記。

陳瑶，承擔卷第二十五之繫年校箋。

鄧瑩輝，承擔卷第二十八至卷第三十六、卷第一百二十四之繫年校箋。

亢巧霞，承擔卷第三十七至卷第五十一之繫年校箋。

劉萬川，承擔卷第五十二至卷第五十九、卷第一百二十二之繫年校箋。
曹向華，承擔卷第六十至卷第六十七之繫年校箋。
楊娟娟，承擔卷第六十八至卷第七十五之繫年校箋。
史遇春，承擔卷第七十六至卷第七十八、卷第一百二十六之繫年校箋。
金傳道，承擔卷第七十九至第卷八十二、卷第一百二十五之繫年校箋。
高瑋，承擔卷第二十六至卷第二十七、卷第八十三至卷第一百一十三、卷第一百二十三之繫年校箋。
曾曉雲，承擔卷第一百一十四至卷第一百二十一之繫年校箋。
唐大詔令集繫年校箋書稿，將由黄山書社進一步編輯出版，我稍釋重負，頗感欣慰。同時我也深切知道，限於我們的水平和能力，這一部千萬字之著，當會留下某些不足與錯誤。唯冀海内外同仁不吝賜教，則我輩不勝銘感於五内矣！

吴在慶寫畢於二〇二二年十一月十五日

總目録

第一册

卷第三

帝王

即位赦下

改元上

卷第四

帝王

改元中

第二册

卷第五

帝王

改元下

改名

卷第六

帝王

尊號批答

卷第七

帝王

卷第八

帝王

第三册

卷第九

帝王

卷第十

帝王

卷第十一

帝王

遺詔上

卷第十二

帝王

遺詔下

卷第十三

帝王

第四册

卷第十四至卷第二十四并闕文

卷第二十五

卷第二十六

追謚

册謚文

卷第二十七

皇太子

立太子

第五册

卷第二十八

皇太子

册文

卷第二十九

皇太子

册太子赦

卷第三十

皇太子

傳位

第六册

卷第三十一

皇太子

納妃

册妃嬪

退讓

廢黜

追復

卷第三十二

皇太子

追贈

册贈

哀册文

卷第三十三

諸王

封建

第七册

卷第三十四

諸王

册文

卷第三十五

諸王

除親王官上

卷第三十六

諸王

除親王官下

第八册

卷第三十七

諸王

册親王官

卷第三十八

諸王

加實封

遜位

封郡王

册郡王

除郡王官

封嗣王

册嗣王

除嗣王官

卷第三十九

諸王

卷第四十

諸王

卷第四十一

公主

冊文

卷第四十二

公主

出降

出降册文

加實封

和蕃

卷第四十三

郡縣主

本册目録

卷第一

帝王

即位册文

卷第二

帝王

即位赦上

卷第三

帝王

即位赦下

改元上

卷第四

帝王

改元中

唐大詔令集序

唐大詔令集者，先君宣獻公景祐中書第三閣所纂也〔一〕。先公以文章名世，更内外制之選〔二〕，而朝廷典册，多以屬之。及入陪宰政〔三〕，仁宗數面命撰述。於是有中宫册文〔四〕、三后不遷〔五〕，及條列兵農〔六〕、置睦親宅、朝集院等詔〔七〕。機務之隙，因裒唐之德音、號令非常所出者彙之〔八〕，未次甲乙，未爲標識〔九〕。而昊天不吊，梁木遽壞〔十〕。小子不肖，大懼失墜，秘其書於家楹者，蓋有年矣。僕射王文安公累以爲問〔十一〕，謂當垂世不朽。乃緒正舊稿，厘十三類〔十二〕，總一百三十卷，録三卷〔十三〕。文安見許序而名之，未果而公薨〔十四〕。治平二年，先皇帝簡拔孤陋，置在西掖〔十五〕，固欲湔雪蒙滯而鑽仰衆製〔十六〕。方繕寫成編，會忤權解職〔十七〕。顧翰墨無所事〔十八〕，第取唐大詔令目其集而弆藏之云〔十九〕。熙寧三年九月晦〔二十〕，右諫議大夫宋敏求謹序〔二十一〕。

校箋

〔一〕先君宣獻公景祐中書第三閣所纂也：按，『閣』原闕。檢晁公武郡齋讀書志卷四下載：『歲時雜咏二十卷，右皇朝宋綬編。宣獻公昔在中書第三閣，手編古詩及魏、晋迄唐人歲時章什一千五百有六，厘爲十八卷。今溢爲二十卷云。』又馬端臨文獻通考卷二百四十八『歲時雜咏二十卷』條載：『晁氏曰：皇朝宋綬編。宣獻公昔在中書第三閣，手編古詩及魏、晋迄唐人歲時章什一千五百有六，厘爲十八卷。今益爲二十卷云。』據此，則此處所缺字當爲『閣』，今即據補。『先君宣獻公』，指宋敏求之父宋綬。宋綬，傳見宋史卷二百九十一。其本傳謂：『宋綬字公垂，趙州平棘人。父皋，尚書度支員外郎、直集賢院。綬幼聰警，額有奇骨，爲外祖楊徽之所器愛。徽之無子，家藏書悉與綬。綬母亦知書，每躬自訓教，以故博通經史百家，文章爲一時所尚。……綬以尚書左丞、資政殿學士留侍講筵，權判尚書都省。歲餘，加資政殿大學士，以禮部尚書知河南府。元昊反，劉平、石元孫敗没，帝以手詔賜大臣居外者，詢攻守之策。綬畫十事以獻。復召知樞密院事，遷兵部尚書、參知政事。時綬母尚在，綬既得疾，不視事，猶起

居自力，區處後事。尋卒，贈司徒兼侍中，謚宣獻。』又『景祐』，宋仁宗趙禎年號，其時間即公元一〇三四至一〇三八年。『三閣』，『閣』指古代的國家藏書樓，屬秘書監。南朝齊王儉褚淵碑文：『贊道槐庭，司文天閣。』李善注引三輔故事：『天禄閣在大殿北，以藏秘書。』張銑注：『任於天禄之閣也。天禄，書閣名，謂秘書丞也。』『三閣』，魏晉時的國家藏書樓，有内外三閣，屬秘書監。北史牛弘傳：『魏文代漢，更集經典，皆藏在秘書内外三閣，遣秘書郎鄭默删定舊文。』晉陸機謝平原内史表：『入朝九載，歷官有六，身登三閣，官成兩宮。』李善注：『秘書郎掌中外三閣經書。』

（二）更内外制之選：『内外制』，即『内制』與『外制』。『内制』，唐宋時稱由翰林學士所掌的皇帝詔令爲『内制』。唐初，中書省設中書舍人，負責起草詔命，無内外制之分。至玄宗開元二十六年，始置翰林學士，掌内制；中書舍人祇掌外制。唐朱慶餘上翰林蔣防舍人詩：『清重可過知内制，從前禮絶外庭人。』宋趙彦衛雲麓漫鈔卷五：『至唐置翰林學士，以文章侍從，本朝因之。翰林學士司麻制批答等，爲内制；中書舍人六員，分房行詞，爲外制云。』『外制』，唐宋時由中書舍人或知制誥所掌的皇帝誥命稱『外制』，由翰林學士所掌之誥命稱『内制』。唐時兩制尚無嚴格分別。唐李翱卓異記門生爲翰林學士撰座主白麻：『代宗登極，并領詔誥，每授相除將，不

由外制。』宋史劉敞傳：『（劉敞）爲文尤贍敏。掌外制時，將下直，會追封王、主九人，立馬却坐，頃之，九制成。』按，宋綬『更内外制之選』事，宋史宋綬傳有載，謂綬『擢知制誥、判吏部流内銓兼史館修撰、玉清昭應宫判官。累遷户部郎中、權直學士院，同修真宗實録，進左司郎中，遂爲翰林學士兼侍讀學士、勾當三班院』。

〔三〕及入陪宰政：『宰政』，猶宰執。新唐書李適之傳：『適之懼不自安，乃上宰政求散職，以太子少保罷，欣然自以爲免禍。』『宰執』，指宰相等執掌國家政事的重臣。唐陸龜蒙自憐賦：『丞相府不開，平津閣不立，布衣之説無由自通乎宰執。』宋孟元老東京夢華録大内：『外廊横門北去百餘步，又一横門，每日宰執趨朝，此處下馬。』

〔四〕於是有中宫册文：按，此句之後至下句『三后不遷』間，底本、適園叢書本、明鈔本均空缺若干字。從適園叢書之版式看，其間約空缺八字。『中宫』，皇后居住之處。因以借指皇后。漢書外戚傳下孝成趙皇后：『常給我言從中宫來，即從中宫來，許美人兒何從生中？』顔師古注：『中宫，皇后所居。』周禮天官内宰『以陰禮教六宫』漢鄭玄注：『六宫，謂后也。……若今稱皇后爲中宫矣。』宣和遺事前集：『中宫乃嘆曰：「宰相如此，怎能治天下耶？」』

〔五〕三后不遷：按，『三后不遷』事蓋與宋史宋綬傳所載以下事有關：『太后崩，帝思綬

言，召還，將大用，而宰相張士遜沮止之，復加翰林侍讀學士。詔定章獻明肅、章懿太后祔廟禮，綬援春秋考仲子之宮、唐儀坤廟故事，請別築宮曰奉慈廟以安神主，事多采用。」

〔六〕條列兵農：『條列』，分條列舉。後漢書張堪傳：『堪先入據其城，檢閱庫藏，收其珍寶，悉條列上言，秋毫無私。』宋朱熹白鹿洞書院學規：『特取凡聖賢所以教人爲學之大端，條列如右，而揭之楣間。』

〔七〕置睦親宅、朝集院等詔：『睦親』，指宗族中的近親。漢書韋賢傳：『嗟嗟我王，漢之睦親。曾不夙夜，以休令聞。』晋書庾旉傳：『元勛睦親，顯以殊禮。』『睦親宅』，即宗族中近親所居住之宅院。『朝集』，朝見聚會。資治通鑒陳宣帝太建十三年『帝謂諸州朝集使曰』元胡三省注：『隋志，每元會，諸州悉遣使赴京師朝集，謂之朝集使。』續文獻通考王禮考二：『各員均著恪遵定例，按期進内朝集，如有曠誤不到者，著宗人府……指名參奏。』『朝集院』，即官吏們入朝時聚會之院所。

〔八〕因裒唐之德音、號令：『裒』，原指聚集。詩小雅常棣：『原隰裒矣，兄弟求矣。』毛傳：『裒，聚也。』此處意爲搜集。新唐書元載傳：『又與王縉請以河中爲中都，裒關輔河東十州税奉京師。』明史萬亨傳：『時同死者六人，其一人失其姓名。建昌人哀其忠，裒而瘞之，表

曰「六君子之墓」。』『德音』，用以指帝王的詔書。至唐宋，詔敕之外，别有德音一體，用於施惠寬恤之事，猶言恩詔。漢桓寬鹽鐵論詔聖：『高皇帝時，天下初定，發德音，行一切之令，權也，非撥亂反正之常也。』唐白居易杜陵叟詩：『白麻紙上書德音，京畿盡放今年税。』

〔九〕未爲標識：『標識』，標明；做出標志。宋孟元老東京夢華録駕幸臨水殿觀争標錫宴：『預以紅旗插於水中，標識地分遠近。』元典章刑部四雜例：『所養母狗一隻，從來不曾咬人，以此不曾標識。』

〔十〕昊天不吊，梁木遽壞：『昊天』，蒼天。昊，元氣博大貌。書堯典：『乃命羲、和，欽若昊天，日月星辰，敬授民時。』南朝梁劉勰文心雕龍正緯：『原夫圖籙之見，乃昊天休命。』『不吊』，謂不爲天所哀憫庇佑。詩小雅節南山：『不吊昊天，不宜空我師。』三國志蜀書諸葛亮傳：『如何不吊，事臨垂克，遘疾隕喪！』清顧炎武日知録不吊：『古人言不吊者，猶曰不仁。』『梁木』，棟梁。亦以喻能負重任的人才。晉潘岳楊仲武誄：『魂兮往矣，梁木實摧。』宋沈遘吴正肅公挽歌辭之一：『蒼生方顒治，梁木何先摧？』按，此兩句謂其父宋綬去世。

〔十一〕僕射王文安公累以爲問：按，『僕射王文安公』爲王堯臣，傳見宋史卷二百九十二。其本傳載：『王堯臣字伯庸，應天府虞城人。舉進士第一，授將作監丞、通判湖州。召試，改秘

書省著作郎、直集賢院。會從父冲坐事，出堯臣知光州。父喪，服除，爲三司度支判官，再遷右司諫。……居樞密三年，務裁抑徼倖，於是有鏤匿名書以布京城，然仁宗不以爲疑也。以户部侍郎參知政事。久之，帝欲以爲樞密使，而當制學士胡宿固抑之，乃進吏部侍郎。卒，贈尚書左僕射，謚文安。堯臣以文學進，典内外制十餘年，其爲文辭温麗。執政時，嘗與宰相文彦博、富弼、劉沆勸帝蚤立嗣，且言英宗嘗養宫中，宜爲後，爲詔草挾以進，未果立。元豐三年，子同老進遺稿論父功，帝以訪文彦博，具奏本末，遂加贈太師、中書令，改謚文忠。』

〔十二〕乃緒正舊稿，厘十三類：四庫全書無『厘』字。『緒正』，謂理出頭緒，排正序次。史記張丞相列傳：『張蒼爲計相時，緒正律曆。』裴駰集解引文穎曰：『緒，尋也。』明王鏊震澤長語經傳：『今五經惟禮最繁亂，惜不一經朱子緒正。』『厘』，分，分開。明陶宗儀南村輟耕録院本名目：『院本、雜劇其實一也。國朝院本、雜劇始厘而二之。』清厲鶚沽上題襟集序：『合數年來晨夕往還之作，厘爲八卷。』按，『厘十三類』，指將全書分爲十三大類。今檢此書有：帝王（卷一至卷十三均是『帝王』類，因卷十四至卷二十四并闕文，故尚不清楚『帝王』類至何卷止），妃嬪（卷二十五），追謚、册謚文、哀册文（均在卷二十六），皇太子（卷二十七至卷三十二），諸王（卷三十三至卷四十），公主（卷四十一至卷四十二），郡縣主

（卷四十三），大臣（卷四十四至卷六十五），典禮（卷六十六至卷八十），政事（卷八十一至卷一百二十七，其中卷八十七至卷九十八之『政事』類并闕文），蕃夷（卷一百二十八至卷一百三十），凡十三類。然據今人李豪唐大詔令集闕目初探與佚文輯補（見文獻二〇一五年第四期）文考察研究，其認爲原宋敏求所編唐大詔令集總目已經佚失，現存總目録乃後人所編，故卷二十六之『追謚』『册謚文』『哀册文』均非大類目，此三類目應是『追謚皇帝』大類目下之三個子目。又以爲在『帝王』與『妃嬪』兩大類目間，應有今佚失之『皇太后』『皇后』兩大類目。所説可參。

（十三）録三卷：按，四庫全書本無『録三卷』三字。

（十四）未果而公薨：按，王堯臣之薨，據宋史卷十二仁宗紀四載：嘉祐三年『八月己亥朔，日有食之。己未，王堯臣卒』。則王堯臣之薨在嘉祐三年（一〇五八）八月己未（十日）。又按，據方詩銘、方小芬編著中國史曆日和中西曆日對照表一書，宋仁宗嘉祐三年八月朔爲庚戌日，而非宋史所言己亥，此處『八月己未（十日）』即據方氏書所推定。

（十五）先皇帝簡拔孤陋，置在西掖：按，『先皇帝』，指宋英宗趙曙。『簡拔』，選拔；選擇。宋司馬光涑水記聞卷十：『上嘗從容問度：「用人資序與才器孰先？」度對曰：「天下無事則循守資序，有事則簡拔才器。」』明張居正辛未會試録序：『伏念臣一介草茅，經術淺陋，往荷先帝簡拔，侍

上於潛邸。』『孤陋』，見聞少，學識淺陋。晉葛洪抱朴子博喻：『是以六藝備則卑鄙化爲君子，衆譽集則孤陋邈乎貴游。』宋司馬光薦范祖禹夢得狀：『臣誠孤陋，所識至少。』『西掖』，中書或中書省的别稱。漢應劭漢官儀卷上：『左、右曹受尚書事。前世文士，以中書在右，因謂中書爲右曹，又稱西掖。』唐張九齡酬周判官巡至始興會改秘書少監見貽之作兼呈耿廣州詩：『既起南宫草，復掌西掖制。』按，此處『置在西掖』事即指宋史宋敏求傳所載『治平中，召爲仁宗實録檢討官，同修起居注、知制誥、判太常寺』。

（十六）固欲澡雪蒙滯而鑽仰衆製：『澡雪』，明鈔本作『澡浴』。『澡雪』，改正；洗雪。宋李綱宫祠謝表：『臣敢不澡雪前非，激昂晚節。』明史寧王朱權傳：『宸濠子拱樤上書爲父澡雪，亦還爵。』『鑽仰』，深入研求。語本論語子罕：『仰之彌高，鑽之彌堅。』邢昺疏：『言夫子之道高堅，不可窮盡……故仰而求之則益高，鑽研求之則益堅。』宋王禹偁送孫何序：『服勤古道，鑽仰經旨。』

（十七）方繕寫成編，會忤權解職：按，『會忤權解職』事，四庫全書於唐大詔令集提要云：『熙寧三年自爲之序，稱「繕寫成編，會忤權解職，顧翰墨無所事，第取唐詔令目其集而弆藏之」云云，蓋其以封還李定詞頭，由知制誥罷奉朝請時也。』又按，『封還李定詞頭，由知制誥

罷奉朝請』等事，宋史宋敏求傳有記云：『會李定自秀州判官除御史，敏求封還詞頭，遂以本官右諫議大夫奉朝請。策試賢良方正，孔文仲對語切直，擢置優等，安石愈怒，罷文仲。人爲敏求懼，帝獨全護之，除史館修撰、集賢院學士。』四庫館臣此説是，然『會忤權解職』事，尚可補充宋敏求草呂公著出貶潁州制，不從王安石意而觸怒之，請解職之事爲完整。此事見於宋史宋敏求傳：『徐國公主以夫兄爲侄奏官，敏求疏其亂天倫，執正之。王安石惡呂公著，誣其言韓琦欲因人心，如趙鞅興晉陽之甲，以逐君側之惡，出之潁州。敏求當草制，安石諭旨使明著罪狀，敏求但言敷陳失實。安石怒白於帝，命陳升之改其語，敏求請解職，未聽。』

（十八）顧翰墨無所事：『翰墨』，筆墨。漢張衡歸田賦：『揮翰墨以奮藻，陳三皇之軌模。』清秦道然金縷曲題雲川蓉湖詞隱圖詞：『老矣城南杜。尚依然、飛揚翰墨，詞填花雨。』

（十九）第取唐大詔令目其集而弆藏之云：『第』，副詞。姑且。漢劉向説苑正諫：『（子西）曰：「臣不敢下車，願得有道，大王肯聽之乎？」王曰：「第言之。」』宋葉適莊夫人墓志銘：『婦將免，吾欲勿行，婦曰：「第往，吾期未也。」今其未或既皆不可知，吾速返矣。』『目』，標題；題目。後漢書襄楷傳：『琅邪宮崇詣闕，上其師干吉於曲陽泉水上所得神書百七十卷，皆縹白素朱介青首朱目，號太平清領書。』李賢注：『目，題目也。』明沈德符萬厲野

獲編補遺著述獻異書：『太祖洪武二十二年，河南開封府封邱縣民劉安壽進禁書，其目曰：五符太乙書一十種。』『弆藏』，收藏。清趙翼汪水雲硯歌：『況玆孤臣手澤存，忍弗什襲弆藏亟標識，我爲作歌告奕世。』清李斗揚州畫舫録新城北録中：『今閲進到各家書目，其最多者如浙江之鮑士恭、范懋柱、汪啓淑，兩淮之馬裕四家，爲數至五六七百種，皆其累世弆藏，子孫克守其業，甚可嘉尚。』

〔二十〕熙寧三年九月晦：『熙寧』，宋神宗趙頊年號。『熙寧三年』，即公元一〇七〇年。

〔二十一〕右諫議大夫宋敏求謹序：『宋敏求』，傳見宋史卷二百九十一。其本傳載：『敏求字次道，賜進士及第，爲館閣校勘。預蘇舜欽進奏院會，出簽書集慶軍判官。王堯臣修唐書，以敏求習唐事，奏爲編修官。持祖母喪，詔令居家修書。卒喪，同知太常禮院。……會李定自秀州判官除御史，敏求封還詞頭，遂以本官右諫議大夫奉朝請。策試賢良方正，孔文仲對語切直，擢置優等，安石愈怒，罷文仲。人爲敏求懼，帝獨全護之，除史館修撰、集賢院學士。鄧潤甫爲帝言：「比群臣多尚告訐，非國家之美，宜登用敦厚之士，以變薄俗。」乃加敏求龍圖閣直學士，命修兩朝正史，掌均國公箋奏。元豐二年卒，年六十一，特贈禮部侍郎。敏求家藏書三萬卷，皆略誦習，熟於朝廷典故，士大夫疑議，必就正焉。補唐武宗以下六世實録百四十八卷，它所著書甚

多，學者多咨之。嘗建言：「河北、陝西、河東舉子，性樸茂而辭藻不工，故登第者少。請令轉運使擇薦有行藝材武者，特官之，使人材參用，而士有可進之路。又州郡有學舍而無學官，故士輕去鄉里以求師，請置學官。」後頗施行之。』

卷第一

帝王

即位册文

即位册文

太宗即位册文（一）

維武德九年，歲次丙戌，八月丙辰朔（二），九日甲子云云。夫天生蒸人，樹以司牧，三靈輔德（三），百姓與能。粤自夏殷，傳業裔祚，軌物長世，率由兹道（四）。朕祇膺靈命，肇開寶曆（五），聲教所覃，無思不服（六）。然而萬機填委，九區輻湊（七），明發不寐，極夜觀書（八），聽政勞神，經謀損慮，深思閑曠，釋兹重負。咨爾聰明神武，德實天生，人君之量，爰備夙成（九）。王業初基，雲雷伊始，英謀獨斷，秘策潛申（十）。及拓定關隴（十一），澄清河洛（十二），北通玄塞（十三），東静青丘（十四），宏圖遐舉，元功克茂。氛霧廓清，鯨鯢斯盡，澤沾方外，聲暢無垠。總統機衡（十五），百工以乂，敷弘德化，四門允穆（十六）。謳歌所屬，宇内宅心（十七），象緯告徵，靈命斯在（十八）。朕是用上稽蒼昊，俯順黔黎，推而弗居，永垂顯號（十九）。今致皇帝位于爾躬，命司空、上柱國、魏

國公寂〔二十〕，尚書左僕射、上柱國、宋國公瑀〔二十一〕，賫璽綬授爾。其纂成洪緒，對揚休命〔二十二〕，式隆寶祚，以康四海。

校箋

〔一〕本文亦見於册府元龜卷十帝王部繼統第二，全唐文卷三亦録，文題作命皇太子即皇帝位册文。考本文『朕祇膺靈命，肇開寶曆……朕是用上稽蒼昊，俯順黔黎，推而弗居，永垂顯號。今致皇帝位于爾躬』云云，文中『朕』乃唐高祖自稱，且此文乃收於全唐文高祖集中，則乃以唐高祖名義頒布，其署名應爲唐高祖（按，唐詔敕多爲臣子所代草，以皇帝名義頒布。本書凡是不能考出其實際撰寫人，則其文作者仍以某皇帝署名。下文同，不贅）。又，唐大詔令集本文題爲太宗即位册文，此題乃後人或宋敏求所擬定，并非册文原題，蓋『太宗』乃廟號，其廟號祇能在其崩後下葬前所謚，這祇要檢舊唐書太宗紀關於其崩、謚號、下葬之時間記載即可知：貞觀二十三年五月『己巳，上崩於含風殿，年五十二。……八月丙子，百僚上謚曰文皇帝，廟號太宗。庚寅，葬昭陵』。據此，可知在李世民（即後來在其崩後謚廟號爲太宗者）被其父李淵册爲

皇帝時，册書是不可能稱其太宗謚號的。因此此册文之題名不如全唐文文題之命皇太子即皇帝位册文符合實際。唐大詔令集之文題多有類似之情況，今在此加以統一辨析，本書下文遇到類似之文題，仍保留唐大詔令集原題，且不再一一辨析。本文文末原未標注頒布時間，然文首謂『維武德九年，歲次丙戌，八月丙辰朔，九日甲子云云』，則太宗乃即位於武德九年八月九日，并頒布此册文。檢舊唐書卷二太宗紀武德九年載：『八月癸亥，高祖傳位於皇太子，太宗即位於東宮顯德殿。遣司空、魏國公裴寂柴告於南郊。大赦天下。』唐會要卷一帝號上載：『太宗文武大聖大廣孝皇帝諱世民……武德元年六月一日封秦王。九年六月七日册爲皇太子，八月九日即位於東宮顯德殿。』册府元龜記云：『今命司空、上柱國、魏國公寂，尚書左僕射、上柱國、宋國公瑀賫璽綬爾，其纂承洪緒，對揚休命，式隆竇祚，以康四海。太宗固讓，詔不許之。甲子，太宗即位於東宮顯德殿。』又資治通鑑卷一百九十一武德九年八月載：『癸亥，制傳位於太子；太子固辭，不許。甲子，太宗即皇帝位於東宮顯德殿，赦天下。』據此知，唐高祖先於武德九年八月癸亥傳位於太子李世民，而太宗即位乃在八月甲子，也即是八月九日。然此時間乃發布即位册文之時，册文之撰寫時間應在武德九年（六二六）八月九日稍前。

〔二〕歲次丙戌，八月丙辰朔：唐時因避唐高祖之父唐公李昞之名諱，故避『丙』字，而以『景』

字代『丙』字，故唐大詔令集中之詔敕原文當避『丙』字而寫成『景』字。因此本文之『丙戌』『丙辰』原應寫作『景戌』『景辰』。今采用爲底本之中華書局本，乃至作爲對校本之適園叢書、四庫全書等本之唐大詔令集却多有不避『丙』字者，此乃後人因不再避唐諱，故改『景』爲『丙』而然。本書遇到作爲底本之唐大詔令集中之『丙』字，不做統一校勘改字，而多仍其舊，如本文。然亦有改動且加以説明改動之緣由者。今在此予以統一説明，不再一一。

〔三〕夫天生蒸人，樹以司牧，三靈輔德：『蒸人』，民衆；百姓。後漢書文苑傳上杜篤：『濟蒸人於塗炭，成兆庶之亹亹。』唐顧况上古之什補亡訓傳燕于巢詩：『惠此蒸人，毋廢爾事。』『司牧』，君主；官吏。南朝齊蕭道成即位告天文：『肇自生民，樹以司牧。』宋王禹偁端拱箴：『天生蒸民，樹之司牧。』『三靈』，指天、地、人。漢班固典引：『答三靈之蕃祉，展放唐之明文。』李善注：『三靈，天、地、人也。』魏書孫紹傳：『事恢三靈，仁洽九服。』

〔四〕傳業裔祚，軌物長世，率由兹道：此句原作『傳業胤祚，軌物長世，罔不由兹』，今據册府元龜、全唐文改。『軌物』，指規範事物。南朝梁陸倕新刻漏銘：『寧可以軌物字民，作範垂訓者乎？』新唐書李景伯傳：『使授非其人，則權重釁生，非强幹弱枝、經邦軌物之誼。』『長世』，歷世久遠；永存。左傳僖公十一年：『不敬，則禮不行；禮不行，則上下昏，何以長世？』晉葛洪

抱朴子尚博：『近弭禍亂之階，遠垂長世之祉。』

〔五〕朕祇膺靈命，肇開寶曆：『祇』，原闕，今據册府元龜、全唐文增補。此『朕』乃唐高祖自稱。唐高祖，傳見舊唐書卷一、新唐書卷一。舊唐書高祖紀云：『高祖神堯大聖大光孝皇帝姓李氏，諱淵。……（隋義寧二年五月）甲子，高祖即皇帝位於太極殿，命刑部尚書蕭造兼太尉，告於南郊，大赦天下，改隋義寧二年爲唐武德元年。』新唐書高祖紀亦云：『高祖神堯大聖大光孝皇帝諱淵，字叔德，姓李氏，隴西成紀人也。……（隋義寧二年）五月乙巳，隋帝命唐王冕十有二旒，建天子旌旗，出警入蹕。甲寅，王德仁降。戊午，隋帝遜于位，以刑部尚書蕭造、司農少卿裴之隱奉皇帝璽紱於唐王，三讓乃受。武德元年五月甲子，即皇帝位于太極殿。命蕭造兼太尉，告于南郊，大赦，改元。』『靈命』，上天或神靈的意志。南朝宋鮑照從過舊宫詩：『靈命藴川瀆，帝寶伏篇圖。』唐王勃益州夫子廟碑：『杳杳靈命，茫茫天秩。吾道難行，斯文易失。』『寶曆』，亦作『寶歷』，指國祚；皇位。樂府詩集燕射歌辭三晋朝饗樂章：『椒觴再獻，寶歷萬年。』梁書武帝紀上：『雖寶曆重升，明命有紹，而獨夫醜縱，方煽京邑。』

〔六〕無思不服：原作『無思不韙』，今據册府元龜、全唐文改。

〔七〕然而萬機填委，九區輻湊：『填委』，紛集；堆積。漢劉楨雜詩：『職事相填委，文墨

紛消散。』宋周密武林舊事元夕：『京尹乘小提轎，諸舞隊次第簇擁前後，連亘十餘里，錦綉填委，簫鼓振作，耳目不暇給。』『九區』，九州。漢劉騊駼郡太守箴：『大漢遵周，化洽九區。』晉陸機皇太子宴玄圃宣猷堂有令賦詩：『九區克咸，宴歌以咏。』劉良注：『言九州能和，謳歌以咏我王之德。』『輻湊』，同『輻輳』，集中；聚集。管子任法：『群臣修通輻湊以事其主，百姓輯睦聽令道法以從其事。』文子微明：『志大者，兼包萬國，一齊殊俗，是非輻輳，中爲之轂也。』

〔八〕明發不寐，極夜觀書：『明發』，黎明；平明。詩小雅小宛：『明發不寐，有懷二人。』朱熹集傳：『明發，謂將旦而光明開發也。二人，父母也。』唐王維春夜竹亭贈錢少府歸藍田詩：『羡君明發去，采蕨輕軒冕。』『極夜』，徹夜，終夜。漢劉楨贈五官中郎將詩：『賦詩連篇章，極夜不知歸。』晉干寶搜神記卷十六：『〔巨伯〕又佯酒醉夜行，懷刃以去，家人不知也。極夜不還。』

〔九〕咨爾聰明神武，德實天生，人君之量，爰備夙成：『爾』，謂唐太宗李世民。此言唐太宗天資聰睿，具備人君之大器。唐太宗，傳見舊唐書卷二太宗紀、新唐書卷二太宗紀。舊唐書太宗紀云：『太宗文武大聖大廣孝皇帝諱世民，高祖第二子也。母曰太穆順聖皇后竇氏。隋開皇十八年十二月戊午，生於武功之別館。時有二龍戲於館門之外，三日而去。高祖之臨岐州，太宗

時年四歲。有書生自言善相，謁高祖曰：「公貴人也，且有貴子。」見太宗，曰：「龍鳳之姿，天日之表，年將二十，必能濟世安民矣。」高祖懼其言泄，將殺之，忽失所在，因采「濟世安民」之義以爲名焉。太宗幼聰睿，玄鑒深遠，臨機果斷，不拘小節，時人莫能測也。』新唐書太宗紀亦記：『太宗文武大聖大廣孝皇帝諱世民，高祖次子也。母曰太穆皇后竇氏。生而不驚。方四歲，有書生謁高祖曰：「公在相法，貴人也，然必有貴子。」及見太宗，曰：「龍鳳之姿，天日之表，其年幾冠，必能濟世安民。」書生已辭去，高祖懼其語泄，使人追殺之，而不知其所往，因以爲神。乃采其語，名之曰世民。』

〔十〕王業初基，雲雷伊始，英謀獨斷，秘策潛申：『雲雷』，易屯：『象曰：雲雷，屯，君子以經綸。』屯之卦象是爲雲雷聚，雲行於上，雷動於下。按，象傳以雨比恩澤，以雷比刑。謂君子觀此卦象和卦名，則善於兼用恩澤與刑罰，以經緯國家。南史張弘策樂藹等傳論：『藹雖異帷幄之勛，亦贊雲雷之業，其當官任事，寵秩不亦宜乎。』宋陳師道後山談叢卷五：『廊廟仡徵於舊德，雲雷始洽於新恩。』按，此數語乃謂唐太宗早年於隋末所立下之功績及其謀略。舊唐書太宗紀云：『及高祖之守太原，太宗時年十八。有高陽賊帥魏刀兒，自號歷山飛，來攻太原，高祖擊之，深入賊陣。太宗以輕騎突圍而進，射之，所向皆披靡，拔高祖於萬衆之中。適會步兵至，高

祖與太宗又奮擊，大破之。時隋祚已終，太宗潛圖義舉，每折節下士，推財養客，群盜大俠，莫不願效死力。及義兵起，乃率兵略徇西河，克之。……大軍西上賈胡堡，隋將宋老生率精兵二萬屯霍邑，以拒義師。會久雨糧盡，高祖與裴寂議，且還太原，以圖後舉。太宗曰：「本興大義以救蒼生，當須先入咸陽，號令天下；遇小敵即班師，將恐從義之徒一朝解體。還守太原一城之地，此爲賊耳，何以自全！」高祖不納，促令引發。太宗遂號泣於外，聲聞帳中。高祖召問其故，對曰：「今兵以義動，進戰則必克，退還則必散。衆散於前，敵乘於後，死亡須臾而至，是以悲耳。」高祖乃悟而止。八月己卯，雨霽，高祖引師趣霍邑。太宗恐老生不出戰，乃將數騎先詣其城下，舉鞭指麾，若將圍城者，以激怒之。老生果怒，開門出兵，背城而陣。高祖與建成合陣於城東，太宗及柴紹陣於城南。老生麾兵疾進，先薄高祖，而建成墜馬，老生乘之，高祖與建成軍咸却。太宗自南原率二騎馳下峻阪，衝斷其軍，引兵奮擊，賊衆大敗，各捨仗而走。懸門發，老生引繩欲上，遂斬之，平霍邑。』新唐書太宗紀載：『太宗爲人聰明英武，有大志，而能屈節下士。時天下已亂，盜賊起，知隋必亡，乃推財養士，結納豪杰。長孫順德、劉弘基等，皆因事亡命，匿之。又與晉陽令劉文靜尤善，文靜坐李密事繫獄，太宗夜就獄中見之，與圖大事。時百姓避賊多入城，城中幾萬人，文靜爲令久，知其豪杰，因共部署。計已定，乃因裴寂告高祖。高祖初

不許，已而許之。高祖已起兵，建大將軍府。太宗率兵徇西河，斬其郡丞高德儒。拜右領軍大都督，封敦煌郡公。唐兵西，將至霍邑，會天久雨，糧且盡，高祖謀欲還兵太原。太宗諫曰：「義師爲天下起也，宜直入咸陽，號令天下。今還守一城，是爲賊爾。」高祖不納。太宗哭於軍門，高祖驚，召問之，對曰：「還則衆散於前，而敵乘於後，死亡須臾，所以悲爾。」高祖寤，曰：「起事者汝也，成敗惟汝。」時左軍已先返，即與隴西公建成分追之。夜半，太宗失道入山谷，棄其馬，步而及其兵，與俱還。高祖乃將而前，遲明至霍邑。宋老生不出，太宗從數騎傅其城，舉鞭指麾，若將圍之者。老生怒，出，背城陣。高祖率建成居其東，太宗及柴紹居其南。老生兵薄東陣，建成墜馬，老生乘之，高祖軍却。太宗自南原馳下坂，分兵斷其軍爲二，而出其陣後，老生兵敗走，遂斬之。進次涇陽，擊胡賊劉鷂子，破之。唐兵攻長安，太宗屯金城坊，攻其西北，遂克之。』

〔十一〕拓定關隴：此事舊唐書太宗紀所載稍詳，云：『至河東，關中豪杰争走赴義。太宗請進師入關，取永豐倉以賑窮乏，收群盜以圖京師，高祖稱善。太宗以前軍濟河，先定渭北。三輔吏民及諸豪猾詣軍門請自效者日以千計，扶老携幼，滿於麾下。……師次於涇陽，勝兵九萬，破胡賊劉鷂子，并其衆。留殷開山、劉弘基屯長安故城。太宗自趣司竹……尋與大軍平京城。……會薛舉以勁卒十萬來逼渭濱，太宗親擊之，大破其衆，追斬萬餘級，略地至於隴坻。』又載：『武德元

年七月，薛舉寇涇州，太宗率衆討之，不利而旋。九月，薛舉死，其子仁杲嗣立。太宗又爲元帥以擊仁杲，相持於折墌城……賊衆十餘萬，兵鋒甚鋭，數來挑戰，太宗按甲以挫之。賊糧盡，其將牟君才、梁胡郎來降。太宗謂諸將軍曰：「彼氣衰矣，吾當取之。」遣將軍龐玉先陣於淺水原南以誘之……既而太宗親御大軍，奄自原北，出其不意。……太宗將驍騎數十入賊陣，於是王師表裏齊奮，羅睺大潰，斬首數千級……太宗率左右二十餘騎追奔，直趣折墌以乘之。仁杲大懼，嬰城自守。將夕，大軍繼至，四面合圍。詰朝，仁杲請降……凱旋，獻捷於太廟。拜太尉、陝東道行臺尚書令，鎮長春宫，關東兵馬并受節度。尋加左武候大將軍、凉州總管。』又載：『宋金剛之陷澮州也，兵鋒甚鋭。高祖以王行本尚據蒲州，吕崇茂反於夏縣，晋、澮二州相繼陷没，關中震駭，乃手敕曰：「賊勢如此，難與争鋒，宜棄河東之地，謹守關西而已。」太宗上表曰：「太原王業所基，國之根本，河東殷實，京邑所資。若舉而棄之，臣竊憤恨。願假精兵三萬，必能平殄武周，克復汾、晋。」高祖於是悉發關中兵以益之……二年十一月，太宗率衆趣龍門關，履冰而渡之，進屯柏壁，與賊將宋金剛相持。尋而永安王孝基敗於夏縣，于筠、獨孤懷恩、唐儉并爲賊將尋相、尉遲敬德所執，將還澮州。太宗遣殷開山、秦叔寶邀之於美良川，大破之，相等僅以身免，悉虜其衆，復歸柏壁。於是諸將咸請戰，太宗曰：「金剛懸軍千里，深入吾地……士卒雖衆，内實空

虛，意在速戰。我堅營蓄鋭以挫其鋒，糧盡計窮，自當遁走。」三年二月，金剛竟以衆餒而遁，太宗追之至介州。金剛列陣，南北七里，以拒官軍。太宗遣總管李世勣、程咬金、秦叔寶當其北，翟長孫、秦武通當其南。……太宗率精騎擊之，衝其陣後，賊衆大敗，追奔數十里。……於是劉武周奔於突厥，并、汾悉復舊地。』

（十二）澄清河洛：舊唐書太宗紀武德三年七月載：唐太宗『總率諸軍攻王世充於洛邑，師次谷州。世充率精兵三萬陣於慈澗，太宗以輕騎挑之。……世充驍將單雄信數百騎夾道來逼，交搶競進，太宗幾爲所敗。太宗左右射之，無不應弦而倒，獲其大將燕頎。世充乃拔慈澗之鎮歸於東都。太宗遣行軍總管史萬寶自宜陽南據龍門，劉德威自太行東圍河内，王君廓自洛口斷賊糧道。又遣黄君漢夜從孝水河中下舟師襲回洛城，克之。黄河已南，莫不響應，城堡相次來降。大軍進屯邙山。九月，太宗以五百騎先觀戰地，卒與世充萬餘人相遇，會戰，復破之，斬首三千餘級，獲大將陳智略，世充僅以身免。……滎、汴、洧、豫九州相繼來降。……四年二月，又進屯青城宮。營壘未立，世充衆二萬自方諸門臨谷水而陣。太宗以精騎陣於北邙山，令屈突通率步卒五千渡水以擊之……兵纔接，太宗以騎衝之，挺身先進，與通表裏相應。賊衆殊死戰，散而復合者數焉。自辰及午，賊衆始退。縱兵乘之，俘斬八千人，於是進營城下。……太宗遣諸軍掘塹，匝布

長圍以守之。吴王杜伏威遣其將陳正通、徐召宗率精兵二千來會於軍所。僞鄭州司馬沈悦以武牢降，將軍王君廓應之，擒其僞荆王王行本。會竇建德以兵十餘萬來援世充，至於酸棗。……於是留（屈突）通輔齊王元吉以圍世充，親率步騎三千五百人趣武牢。建德自滎陽西上，築壘於板渚，太宗屯武牢，相持二十餘日。諜者曰：「建德伺官軍芻盡，候牧馬於河北，因將襲武牢。」太宗知其謀，遂牧馬河北以誘之。詰朝，建德果悉衆而至，陳兵汜水，世充將郭士衡陣於其南，綿亘數里，鼓噪，諸將大懼。太宗將數騎升高丘以望之……建德列陣，自辰至午，兵士飢倦，皆坐列，又争飲水，逡巡斂退。太宗曰：「可擊矣！」親率輕騎追而誘之，衆繼至。建德回師而陣，未及整列，太宗先登擊之，所向皆靡。俄而衆軍合戰，囂塵四起。太宗率史大奈、程咬金、秦叔寶、宇文歆等揮幡而入，直突出其陣後，張我旗幟。賊顧見之，大潰。追奔三十里，斬首三千餘級，虜其衆五萬，生擒建德於陣。……乃將建德至東都城下。世充懼，率其官屬二千餘人詣軍門請降，山東悉平。太宗入據宫城，令蕭瑀、竇軌等封守府庫，一無所取，令記室房玄齡收隋圖籍。……六月，凱旋。太宗親披黄金甲，陣鐵馬一萬騎，甲士三萬人，前後部鼓吹，俘二僞主及隋氏器物輦輅獻于太廟。高祖大悦，行飲至禮以享焉』。

〔十三〕北通玄塞：『玄塞』，原指長城，此處泛指西北一帶少數民族所居住邊陲地區。三

國魏曹植求自試表：『西望玉門，北出玄塞。』李善注：『玄塞，長城也。北方色黑，故曰玄。』唐許敬宗奉和執契靜三邊應詔詩：『玄塞隔陰戎，朱光分昧谷。』『北通玄塞』句乃指唐初爲防突厥、吐谷渾等族入侵，與之講和事。舊唐書 太宗紀載：武德『七年秋，突厥頡利、突利二可汗自原州入寇，侵擾關中。有説高祖云：「祇爲府藏子女在京師，故突厥來，若燒却長安而不都，則胡寇自止。」高祖乃遣中書侍郎宇文士及行山南可居之地，即欲移都。蕭瑀等皆以爲非，然終不敢犯顔正諫。太宗獨曰：「霍去病，漢廷之將帥耳，猶且志滅匈奴。臣忝備藩維，尚使胡塵不息，遂令陛下議欲遷都，此臣之責也。幸乞聽臣一申微效，取彼頡利。若兩年間不係其頸，徐建移都之策，臣當不敢復言。」高祖怒，仍遣太宗將三十餘騎行剗。還日，固奏必不可移都，高祖遂止』。新唐書 太宗紀武德七年載：『突厥寇邊，太宗與遇于豳州，從百騎與其可汗語，乃盟而去。』資治通鑑卷一百九十一武德九年亦多次載突厥寇邊事，如是年三月『辛亥，突厥寇靈州』；『丁巳，突厥寇涼州，都督長樂王幼良擊走之』。『夏，四月，丁卯，突厥寇朔州；庚午，寇原州；癸酉，寇涇州』。五月『壬辰，党項寇廓州；戊戌，突厥寇秦州……丙午，吐谷渾、党項寇河州』。六月，『吐谷渾寇岷州，突厥寇隴州；辛未，寇渭州；遣右衛大將軍柴紹擊之』。『秋，七月，己丑，柴紹破突厥於秦州，斬特勒一人，士卒首千餘級』。突厥、吐谷渾請和

事，資治通鑒於武德九年唐太宗即位前即記之云：『八月，丙辰，突厥遣使請和；壬戌，吐谷渾遣使請和。』上述關於突厥侵邊、向唐『請和』諸事，舊唐書卷一百九十四上突厥傳上所述尤詳，可參證。

〔十四〕東静青丘：『青丘』，地名。在今山東省廣饒縣北。唐杜甫壯游詩：『春歌叢臺上，冬獵青丘旁。』仇兆鰲注引寰宇記：『青丘，在青州千乘縣，齊景公田於此。』唐杜甫虎牙行：『漁陽突騎獵青丘，犬戎鎖甲圍丹極。』此處『青丘』蓋與上句『玄塞』對舉，泛指唐東部一帶地區。『東静青丘』句乃謂唐太宗率師平定東部一帶地區。舊唐書太宗紀武德四年載：『十二月，太宗總戎東討。五年正月，進軍肥鄉，分兵絶其糧道，相持兩月。黑闥窘急求戰，率步騎二萬，南渡洺水，晨壓官軍。太宗親率精騎，擊其馬軍，破之……河北平。時徐圓朗阻兵徐、兖，太宗回師討平之，於是河、濟、江、淮諸郡邑皆平。』

〔十五〕總統機衡：『機衡』，機要的官署或職位。古文苑劉歆遂初賦：『惟太階之侈闊兮，機衡爲之難運。』章樵注：『侈闊謂登進之途，雜賢佞不分，故秉機衡爲之難運。機、衡，皆北斗星，比喻政之機要。』北史恩倖傳序：『若乃心利錐刀，居臺鼎之任；智昏菽麥，當機衡之重。』

〔十六〕敷弘德化，四門允穆：此兩句原作『誕敷弘德，四門允穆』，今據册府元龜、全唐文改。『敷弘』，傳布弘揚。三國志 魏書 高柔傳：『陛下臨政，允迪睿哲，敷弘大猷，光濟先軌。』晋書 魏舒傳：『出贊衮職，敷弘五教。』『德化』，猶德教。晋劉琨勸進表『蒼生顒然』李善注引尹文子：『堯德化布于四海，仁惠被于蒼生。』漢書 平帝紀：『太僕王惲等八人使行風俗，宣明德化，萬國齊同。』『四門』，指明堂四方的門。書 舜典：『賓于四門，四門穆穆。』後漢書 列女傳 曹世叔妻：『闢四門而開四聰。』『允穆』，淳和。南朝齊謝朓齊敬皇后哀策文：『爰定厥祥，徽音允穆。』張銑注：『允，信；穆，和也。』

〔十七〕宇内宅心：『宅心』，歸心，心悦誠服而歸附。漢書 叙傳下：『項氏畔换，黜我巴、漢，西土宅心，戰士憤怨。』顔師古注引晋灼曰：『西土，關西也。高祖入關，約法三章，秦民大悦，皆宅心高祖。』晋葛洪抱朴子 博喻：『德盛業廣，則宅心者衆。』

〔十八〕象緯告徵，靈命斯在：『象緯』，象數讖緯。亦指星象經緯，謂日月五星。晋王嘉拾遺記 殷湯：『師延者，殷之樂人也。設樂以來，世遵此職。至師延，精述陰陽，曉明象緯，莫測其爲人。』齊治平注：『象緯，象數讖緯。象數謂龜筮之類；讖緯謂讖録圖緯、占驗術數之書。』唐杜甫游龍門奉先寺詩：『天闕象緯逼，雲卧衣裳冷。』仇兆鰲注：『象緯，星象經緯

也。』『徵』，預兆；迹象。左傳昭公十七年：『申須曰：「彗所以除舊布新也。天事恒象，今除
於火，火出必布焉，諸侯其有火災乎！」梓慎曰：「往年吾見之，是其徵也。」』杜預注：『徵，始
有形象而微也。』國語周語上：『夫國必依山川。山崩川竭，亡之徵也。』『靈命』，猶天命。借
指帝位。晋書儒林傳范弘之：『會上天降怒，奸惡自亡，社稷危而復安，靈命墜而復構。』舊唐
書孝友傳宋興貴：『朕恭膺靈命，撫臨四海。』

〔十九〕永垂顯號：『顯號』，顯貴的名位。漢書司馬相如傳下：『終則遺顯號於後世，傳
土地於子孫。』隋書經籍志一：『其王者之所以樹風聲，流顯號，美教化，移風俗，何莫由乎斯
道？』

〔二十〕今致皇帝位于爾躬，命司空、上柱國、魏國公寂：此句中『致』字原作『傳』，亦
原無『上柱國』三字，今均據册府元龜、全唐文增改。『魏國公寂』，即裴寂，傳見舊唐書卷
五十七、新唐書卷八十八。舊唐書裴寂傳云：『裴寂字玄真，蒲州桑泉人也。祖融，司木大夫。
父瑜，絳州刺史。寂少孤，爲諸兄之所鞠養。年十四，補州主簿。及長，疏眉目，偉姿容。隋開
皇中，爲左親衛。……（唐武德）六年，遷尚書左僕射，賜宴於含章殿，高祖極歡……俄册司
空，賜實封五百户，遣尚書員外郎一人每日更直寂第，其見崇貴如此。』舊唐書高祖紀載：『（武

德）九年春正月丙寅……尚書左僕射、魏國公裴寂爲司空。』新唐書裴寂傳謂：『九年，册拜司空，遣尚書員外郎日一人直第。』新唐書高祖紀載：『（武德）九年正月甲寅，裴寂爲司空。』資治通鑑卷一百九十一載：『武德九年春，正月，己亥，詔太常少卿祖孝孫等更定雅樂。甲寅，以左僕射裴寂爲司空，日遣員外郎一個更直其第。』則裴寂爲司空的時間，史籍所載有武德九年（六二六）正月丙寅與正月甲寅之異。

〔二十一〕尚書左僕射、上柱國、宋國公瑀：此句原無『上柱國』三字，今據册府元龜、全唐文增補。『宋國公瑀』，即蕭瑀，傳見舊唐書卷六十三、新唐書卷一百一。舊唐書蕭瑀傳云：『蕭瑀字時文。高祖梁武帝。曾祖昭明太子。祖詧，後梁宣帝。父巋，明帝。瑀年九歲，封新安郡王，幼以孝行聞。姊爲隋晉王妃，從入長安。聚學屬文，端正鯁亮。好釋氏，常修梵行，每與沙門難及苦空，必詣微旨。常觀劉孝標辯命論，惡其傷先王之教，迷性命之理，乃作非辯命論以釋之。……高祖定京城，遣書招之。瑀以郡歸國，授光禄大夫，封宋國公，拜民部尚書。太宗爲右元帥，攻洛陽，以瑀爲府司馬。武德元〔五〕年，遷内史令。時軍國草創，方隅未寧，高祖乃委以心腹，凡諸政務，莫不關掌。高祖每臨軒聽政，必賜升御榻，瑀既獨孤氏之婿，與語呼之爲蕭郎。國典朝儀，亦責成於瑀，瑀孜孜自勉，繩違舉過，人皆憚之。……及平王世充，瑀以預軍謀之功，加

邑二千户，拜尚書右僕射。内外考績皆委之，司會爲群僚指南，庶務繁總。瑀見事有時偏駁，而持法稍深，頗爲時議所少。瑀嘗薦封倫於高祖，高祖以倫爲中書令。太宗即位，遷尚書左僕射，封倫爲右僕射。』新唐書 蕭瑀傳：『蕭瑀，字時文，後梁明帝子也。九歲，封新安王。國除，以女兄爲隋晋王妃，故入長安。瑀愛經術，善屬文。性鯁急，鄙遠浮華。嘗以劉孝標辯命論詭悖不經，乃著論非之……高祖入京師，招之，挈郡自歸，授光禄大夫，封宋國公，拜民部尚書。秦王領右元帥，攻洛陽，署瑀府司馬。武德元［五］年，遷内史令，帝委以樞筦，内外百務悉關決。或引升御榻，呼曰蕭郎。瑀自力孜孜，抑過繩違無所憚。上便宜，每見納用。手詔曰：「得公言，社稷所賴，朕既寶之，故賜黄金一函，公其勿辭。」是歲，州置七職，秦王爲雍州牧，以瑀爲州都督。……王世充平，進尚書右僕射。七年，以熒惑犯右執法，避位，不許。久之，遷左僕射。』舊唐書 太宗紀上：武德九年『七月壬辰，太子左庶子高士廉爲侍中，右庶子房玄齡爲中書令，尚書右僕射蕭瑀爲尚書左僕射』。新唐書 高祖紀：武德九年『七月辛卯，楊恭仁罷。太子右庶子高士廉爲侍中，左庶子房玄齡爲中書令，蕭瑀爲尚書左僕射』。新唐書卷六十五封倫傳：『太宗立，拜尚書右僕射，實封六百户。始，倫之歸，蕭瑀數薦之。及是，瑀爲左僕射，每議事，倫初堅定，至帝前輒變易，由是有隙。貞觀元年，遘疾，卧尚書省，帝親臨視，命尚輦送還第。卒，年六十，贈

司空，謚曰明。』據上引史籍，蕭瑀任左僕射之時間，舊唐書本傳、新唐書封倫傳皆記於唐太宗即位之後，即武德九年八月甲子（即八月九日）後，而舊唐書太宗紀上、新唐書高祖紀則皆記於武德九年七月，時唐太宗尚未即位。檢本文乃册唐太宗即位文，時已稱『尚書左僕射、宋國公瑀』，則記蕭瑀爲左僕射在唐太宗即位後，即武德九年八月九日後當誤。

（二十二）其纂成洪緒，對揚休命：『纂成』，繼承而完成。三國魏曹植女媧贊：『古之國君，造簧作笙。禮物未就，軒轅纂成。』『洪緒』，世代相傳的大業，多指帝業。三國志魏書管寧傳：『横蒙陛下纂承洪緒，德侔三皇，化溢有唐。』晋潘岳楊荆州誄：『篤生戴侯，茂德繼期。纂成洪緒，克構堂基。』吕向注：『緒，業也。言厚生茂盛之德，繼百年之期，承汝祖父大業也。』『對揚』，古代常語，屢見於金文。凡臣受君賜時多用之，兼有答謝、頌揚之意。書説命下：『敢對揚天子之休命。』孔傳：『對，答也。答受美命而稱揚之。』詩大雅江漢：『虎拜稽首，對揚王休，作召公考，天子萬壽。』朱熹集傳：『言穆公既受賜，遂答稱天子之美命，作康公之廟器，而勒王策命之辭以考其成，且祝天子以萬壽也。』『休命』，美善的命令。多指天子或神明的旨意。易大有：『君子以遏惡揚善，順天休命。』書説命下：『敢對揚天子之休命。』

肅宗即位册文（一）

維天寶十五載，歲次丙申（二），七月癸丑朔，十二日甲子，皇帝若曰：咨爾元子某（三），惟天惟大，惟人君則之。順乃德，故舜、禹揖讓而履皇極（四）；咈乃道，故丹朱、商均不能保鴻業（五）。是以啓有惠迪，而夏嗣焉（六）；隋有亂紀，而唐受焉。五聖之御極（七），皆以勤儉兢業（八），日慎一日，故能享祚長久，垂慶無窮。洎予六業，恭位四紀（九），厭于勤倦（十），緬慕汾陽（十一），當保静怡神（十二），思我烈祖玄元之道（十三），是用命爾元子某，當位嗣統（十四）。於戲！爾有忠孝之誠，極於君父（十五）；爾有友愛之義，信于兄弟（十六）；爾有仁恕之行，通于神明（十七）；爾有戡難之才，彰于兆庶（十八）。予懋乃懿績（十九），嘉乃神武，天之曆數在爾躬（二十）。汝惟推誠，禍亂將冀爾而能清（二十一）；汝惟從諫（二十二），社稷將冀爾而復寧（二十三）。佞言惟疵（二十四），直言惟師，任賢勿貳，去邪勿疑。民非后孰理（二十五），后非賢罔與守邦。欽哉，慎乃有位，無忝我祖宗之丕烈矣（二十六）。

校箋

〔一〕此文亦見於姚鉉唐文粹卷三十一，文題作唐册肅宗宣皇帝文。文苑英華卷四百四十二、全唐文卷三百六十七亦收，文題均作肅宗皇帝即位册文，作者均爲賈至。御定淵鑒類函卷四十二亦録有賈至此文，四庫全書、適園叢書、學林本文均題作肅宗即位册文。據此，本文乃賈至代唐玄宗所草。又，此次頒布册文時間諸本所記有異。中華書局本記爲『維天寶十五載，歲次庚申，七月癸丑朔，十二日甲子』，適園叢書、學林本記爲『維天寶十五載，歲次庚申，七月壬午朔，十二日甲子』，四庫全書本則記爲『維天寶十五載，歲次丙申，七月癸丑朔，十二日甲子』。按，天寶十五載乃丙申年，其年七月乃癸丑朔，故謂『歲次庚申』『七月壬午朔』均誤，而應以四庫全書本所記『維天寶十五載，歲次丙申，七月癸丑朔，十二日甲子』爲正，文苑英華所記『維天寶十五載，歲次景申，七月癸丑朔，十二日』亦同。而唐文粹則曰：『維天寶十五載，歲次丙申，月戊子朔，二十一日戊申，太上皇若曰……』全唐文曰：『維天寶十五載，歲次景申，八月癸未朔，十八日己亥。』按，唐文粹『歲次丙申，月戊子朔，二十一日戊申』句，『月』前當奪一『七』字，『戊子

朔，二十一日戊申』，應爲『癸丑朔，二十一日戊申』，故其所記時間應爲『維天寶十五載，歲次丙申，七月癸丑朔，二十一日戊申』，即應是天寶十五載七月二十一日。全唐文所記『八月癸未朔』亦誤，應爲『八月壬午朔』，故其所記時間實際應是天寶十五載八月十七日。那麽上述文獻所記三種時間，究竟何者爲是？考舊唐書卷十肅宗紀天寶十五載記：『七月辛酉，上至靈武，時魏少游預備供帳，無不畢備。裴冕、杜鴻漸等從容進曰：「今寇逆亂常，毒流函谷，主上倦勤大位，移幸蜀川。江山阻險，奏請路絶，宗社神器，須有所歸。萬姓顒顒，思崇明聖，天意人事，不可固違。伏願殿下順其樂推，以安社稷，王者之大孝也。」上曰：「俟平寇逆，奉迎鑾輿，從容儲闈，侍膳左右，豈不樂哉！公等何急也？」冕等凡六上箋，辭情激切，上不獲已，乃從。是月甲子，上即皇帝位於靈武。禮畢，冕等跪進曰：「自逆賊憑陵，兩京失守，聖皇傳位陛下，再安區宇，臣稽首上千萬歲壽。」……即日奏其事於上皇。是日，御靈武南門，下制曰：「朕聞聖人畏天命……敬順群臣之請，乃以七月甲子，即皇帝位於靈武。敬崇徽號，上尊聖皇曰上皇天帝，所司擇日昭告上帝。」』唐會要卷一帝號上亦記：『元宗至道大聖大明孝皇帝諱隆基……至德元載（按，即天寶十五載）七月十二日傳位，册爲太上皇帝。』又册府元龜卷十一載唐肅宗即皇帝位事云：『肅宗文明武德大聖大宣孝皇帝……天寶十五載六月，安禄山犯長安，玄宗幸蜀。將發馬嵬，百姓數百

人遮道攀附，玄宗遲留久之。乃令皇太子後殿宣慰。百姓因請皇太子留曰：「願得勠力以從，却收長安。今者主上、殿下皆入蜀川，則宗社誰主？萬姓何歸？殿下不納臣言，臣等皆死於此矣。」宦者高力士馳以告玄宗，玄宗曰：「是天啓也。」乃命後軍及飛龍厩馬與東宫内人等留太子，因宣口敕謂將士曰：「太子仁孝，可奉宗廟。汝等善輔導之。」又語太子曰：「汝好去！百姓屬望，慎勿違之。莫以吾爲意。……」皇太子既至靈武，群臣稱馬嵬傳言之命勸進，以七月甲子即位，改元爲至德元年。』可見舊唐書肅宗紀、册府元龜所記肅宗即位亦均在天寶十五載七月甲子（即十二日）。再檢資治通鑑、新唐書肅宗紀所載肅宗即位時間亦同。則本文所記頒布肅宗即位册文在天寶十五載七月十二日頗是。唐文粹、全唐文所記恐均有誤。本文文末原未署頒布時間，據上所考賈至撰寫本文時間當在天寶十五載（七五六）七月十二日發布本册文稍前。又，本文作者賈至，傳見舊唐書卷一百九十中、新唐書卷一百一十九。舊唐書賈至傳載：賈曾子『天寶末爲中書舍人。禄山之亂，從上皇幸蜀。時肅宗即位於靈武，上皇遣至爲傳位册文。上皇覽之，嘆曰：「昔先帝遜位於朕，册文則卿之先父所爲。今朕以神器大寶付儲君，卿又當演誥。累朝盛典，出卿父子之手，可謂難矣。」至伏於御前，嗚咽感涕。寶應二年，爲尚書左丞。時禮部侍郎楊綰上疏，請依古制，縣令舉孝廉於刺史，試其所通之學，送名於省；省試每經問義十條、對策

三道，取其通否。詔令左右丞、諸司侍郎、大夫、中丞、給、舍等參議，議者多與綰同。至議曰……議者然之。宰臣等奏以舉人舊業已成，難於速改。其今歲舉人，望且依舊。賈至所議，來年允之。廣德二年，轉禮部侍郎。是歲，至以時艱歲歉，舉人赴省者，奏請兩都試舉人，自至始也。永泰元年，加集賢院待制。大曆初，改兵部侍郎。五年，轉京兆尹、兼御史大夫，卒」。

〔二〕歲次丙申：原作『歲次庚申』，據上條所考，天寶十五載乃丙申年，非『歲次庚申』。又，文苑英華、全唐文作『景申』（即丙申），唐文粹作『丙申』，今即據改。

〔三〕咨爾元子某：此文乃唐玄宗册立唐肅宗即皇帝位文，故『爾元子某』乃指唐肅宗李亨。李亨，傳見舊唐書卷十肅宗紀、新唐書卷六肅宗紀。新唐書肅宗紀略云：『肅宗文明武德大聖大宣孝皇帝諱亨，玄宗第三子也。母曰元獻皇后楊氏。初名嗣昇，封陝王。開元四年，爲安西大都護。性仁孝，好學，玄宗尤愛之，遣賀知章、潘肅、吕向、皇甫彬、邢璹等侍讀左右。十五年，更名浚，徙封忠王，爲朔方節度大使、單于大都護。十八年，奚、契丹寇邊，乃以肅宗爲河北道行軍元帥，遣御史大夫李朝隱等八總管兵十萬以伐之。居二歲，朝隱等敗奚、契丹於范陽北，肅宗以統帥功遷司徒。二十三年，又更名璵。二十五年，皇太子瑛廢死，明年，立爲皇太子。有司行册禮，其儀有中嚴、外辦，其服絳紗。太子曰：「此天子禮也。」乃下公卿議。太

師蕭嵩、左丞相裴耀卿請改「外辦」爲「外備」，絳紗衣爲朱明服，乃從之。二十八年，又更名紹。天寶三載，又更名亨。安祿山來朝，太子識其有反相，請以罪誅之，玄宗不聽。祿山反。十五載，玄宗避賊，行至馬嵬，父老遮道請留太子討賊，玄宗許之，遣壽王瑁及内侍高力士諭太子，太子乃還。六月丁酉，至渭北便橋，橋絶，募水濱居民得三千餘人，涉而濟。遇潼關散卒，以爲賊，與戰，多傷，既而覺之，收其餘以涉，後軍多没者。夕次永壽縣，吏民稍持牛酒來獻。新平郡太守薛羽、保定郡太守徐瑴聞賊且至，皆棄城走。己亥，太子次保定，捕得羽、瑴，斬之。辛丑，次平涼郡，得牧馬牛羊，兵始振。朔方留後支度副使杜鴻漸、六城水陸運使魏少游、節度判官崔漪、支度判官崔簡金、關内鹽池判官李涵、河西行軍司馬裴冕迎太子，治兵于朔方。庚戌，次豐寧，見大河之險，將保之，會天大風，回趨靈武。七月辛酉，至于靈武。壬戌，裴冕等請皇太子即皇帝位。甲子，即皇帝位于靈武，尊皇帝曰上皇天帝，大赦，改元至德。』舊唐書肅宗紀略云：『肅宗文明武德大聖大宣孝皇帝諱亨，玄宗第三子，母曰元獻皇后楊氏，景雲二年乙亥生。初名嗣昇，二歲封陝王，五歲拜安西大都護、河西四鎮諸蕃落大使。上仁愛英悟，得之天然；及長，聰敏强記，屬辭典麗，耳目之所聽覽，不復遺忘。開元十五年正月，封忠王，改名浚。五月，領朔方大使、單于大都護。……及立上爲太子，林甫懼不利己，乃起韋堅、柳勣之獄，上

幾危者數四。後又楊國忠依倚妃家，恣爲褻穢，懼上英武，潛謀不利，爲患久之。天寶十三載正月，安禄山來朝，上嘗密奏，云禄山有反相。玄宗不聽。十四載十一月，禄山果叛，稱兵詣闕。十二月丁未，陷東京。辛丑，制太子監國，仍遣上親總諸軍進討。時禄山以誅楊國忠爲名，由是軍民切齒於楊氏。國忠懼，乃與貴妃謀間其事，上遂不行。乃召河西節度使哥舒翰爲皇太子前鋒兵馬元帥，令率衆二十萬守潼關。明年六月，哥舒翰爲賊所敗，關門不守，國忠諷玄宗幸蜀。丁酉，至馬嵬頓，六軍不進，請誅楊氏。於是誅國忠，賜貴妃自盡。車駕將發，留上在後宣諭百姓，衆泣而言曰：「逆胡背恩，主上播越，臣等生於聖代，世爲唐民，願勠力一心，爲國討賊，請從太子收復長安。」玄宗聞之曰：「此天啓也。」乃令高力士與壽王瑁送太子内人及服御等物，留後軍厩馬從上。令力士口宣曰：「汝好去！百姓屬望，慎勿違之。莫以吾爲意。且西戎北狄，吾嘗厚之，今國步艱難，必得其用，汝其勉之！」……七月辛酉，上至靈武，時魏少游預備供帳，無不畢備。裴冕、杜鴻漸等從容進曰：「今寇逆亂常，毒流函谷，主上倦勤大位，移幸蜀川。江山阻險，奏請路絶，宗社神器，須有所歸。萬姓顒顒，思崇明聖，天意人事，不可固違。伏願殿下順其樂推，以安社稷，王者之大孝也。」上曰：「俟平寇逆，奉迎鑾輿，從容儲闈，侍膳左右，豈不樂哉！公等何急也？」冕等凡六上箋，辭情激切，上不獲已，乃從。是月甲子，上即皇帝

位於靈武。』

〔四〕舜、禹揖讓而履皇極：此謂舜、禹均因謙讓而登帝位。史記卷一五帝本紀：『堯立七十年得舜，二十年而老，令舜攝行天子之政，薦之於天。……堯知子丹朱之不肖，不足授天下，於是乃權授舜。授舜，則天下得其利而丹朱病；授丹朱，則天下病而丹朱得其利。堯曰「終不以天下之病而利一人」，而卒授舜以天下。堯崩，三年之喪畢，舜讓辟丹朱於南河之南。諸侯朝覲者不之丹朱而之舜，獄訟者不之丹朱而之舜，謳歌者不謳歌丹朱而謳歌舜。舜曰「天也」，夫而後之中國踐天子位焉，是爲帝舜。』又『禹揖讓而履皇極』事見於史記卷二夏本紀：『帝舜薦禹於天，爲嗣。十七年而帝舜崩。三年喪畢，禹辭辟舜之子商均於陽城。天下諸侯皆去商均而朝禹。禹於是遂即天子位，南面朝天下，國號曰夏，姓姒氏。』

〔五〕丹朱、商均不能保鴻業：『丹朱』，堯子名。史記卷一五帝本紀：『堯知子丹朱之不肖，不足授天下，於是乃權授舜。』商均，乃舜之子。相傳舜以商均不肖，乃使伯禹繼位。丹朱、商均并用爲不肖子之典實。孟子万章上：『丹朱之不肖，舜之子亦不肖。舜之相堯，禹之相舜也，歷年多，施澤於民久。啓賢，能敬承繼禹之道。益之相禹也，歷年少，施澤於民未久。舜、禹、益相去久遠，其子之賢不肖，皆天也，非人之所能爲也。莫之爲而爲者，天也；莫之致而

至者，命也。』韓非子說疑：『其在記曰：「堯有丹朱，而舜有商均。」』宋蘇洵上田樞密書：『堯不得以與丹朱，舜不得以與商均，而瞽叟不得奪諸舜。』

〔六〕是以啓有惠迪，而夏嗣焉：『啓』即夏啓，禹之子。考史記卷二夏本紀載：『十年，帝禹東巡狩，至于會稽而崩。以天下授益。三年之喪畢，益讓帝禹之子啓，而辟居箕山之陽。禹子啓賢，天下屬意焉。及禹崩，雖授益，益之佐禹日淺，天下未洽。故諸侯皆去益而朝啓，曰「吾君帝禹之子也」。於是啓遂即天子之位，是爲夏后帝啓。』『迪』，蹈行，實行。書皋陶謨：『允迪厥德，謨明弼諧。』孔傳：『迪，蹈。』孔穎達疏：『爲人君者當信實蹈行。』漢揚雄法言先知：『爲國不迪其法，而望其效，譬諸算乎！』李軌注：『迪，蹈。夫算者不運籌策，不能定其數；治國者不蹈法度，不能致其治。』

〔七〕五聖之御極：『極』，唐文粹作『宇』。按，此『五聖』當指唐玄宗之前除武則天之外之唐代五位皇帝，即唐高祖李淵、唐太宗李世民、唐高宗李治、唐中宗李顯、唐睿宗李旦。

〔八〕皆以勤儉兢業：此句原無『以』字，今據文苑英華、唐文粹、全唐文、御定淵鑒類函增補。『兢業』，謹慎戒懼。『兢兢業業』的省語。陳書宣帝紀：『今便肅奉天策，欽承介圭。若據滄溟，逾增兢業。』明劉基甘露頌：『深惟上天付畀之重，夙夜兢業，思與群臣庶民咸躋雍熙，以

承天眷。」

〔九〕洎予六業，恭位四紀：「六業」，原作「大業」，今據文苑英華、唐文粹、四庫全書、全唐文、御定淵鑒類函改。「四紀」，唐文粹作「四海」。此處「六業」，乃指唐高祖、唐太宗、唐高宗、唐中宗、唐睿宗、唐玄宗。「四紀」，乃舉成數言唐玄宗在皇帝位之時間。唐玄宗於先天元年（七一二）即皇帝位，歷開元、天寶，至天寶十五載（七五六）傳位於唐肅宗，其在位凡四十五年。

〔十〕厭于勤倦：「勤倦」，即倦勤意。此處指唐玄宗倦於政事。舊唐書玄宗紀下：「上乃務清净，事薰修，留連軒后之文，舞咏伯陽之説，雖稍移於勤倦，亦未至於怠荒。」舊唐書卷十肅宗紀記肅宗「御靈武南門，下制曰：『朕聞聖人畏天命，帝者奉天時。……聖皇久厭大位，思傳眇身……』」云云。新唐書玄宗紀更指出其倦於政事之具體作爲：「贊曰：……嗚呼，女子之禍於人者甚矣！自高祖至於中宗，數十年間，再罹女禍，唐祚既絶而復續，中宗不免其身，韋氏遂以滅族。玄宗親平其亂，可以鑒矣，而又敗以女子。方其勵精政事，開元之際，幾致太平，何其盛也！及侈心一動，窮天下之欲不足爲其樂，而溺其所甚愛，忘其所可戒，至於竄身失國而不悔。考其始終之異，其性習之相遠也至於如此。可不慎哉！可不慎哉！」唐陳鴻長恨歌傳亦云：「開

元中，泰階平，四海無事。玄宗在位歲久，倦於旰食宵衣，政無大小，始委於右丞相，稍深居游宴，以聲色自娱。先是元獻皇后、武淑妃皆有寵，相次即世。宫中雖良家子千數，無可悦目者。上心忽忽不樂。時每歲十月，駕幸華清宫，内外命婦，熠耀景從。……詔高力士潛搜外宫，得弘農楊玄琰女於壽邸，既笄矣。……上甚悦。進見之日，奏霓裳羽衣曲以導之。定情之夕，授金釵鈿合以固之。又命戴步摇，垂金璫，明年，册爲貴妃，半后服用。……時省風九州，泥金五岳，驪山雪夜，上陽春朝，與上行同輦，居同室，宴專席，寢專房。……叔父昆弟，皆列位清貴，爵爲通侯。姊妹封國夫人，富埒王宫，車服邸第，與大長公主侔矣。而恩澤勢力，則又過之，世入禁門不問，京師長吏爲之側目。』故白居易有長恨歌之作，中云：『漢皇重色思傾國，御宇多年求不得。楊家有女初長成，養在深閨人未識。天生麗質難自棄，一朝選在君王側。……春寒賜浴華清池，温泉水滑洗凝脂。侍兒扶起嬌無力，始是新承恩澤時。雲鬢花顔金步摇，芙蓉帳暖度春宵。春宵苦短日高起，從此君王不早朝。承歡侍宴無閑暇，春從春游夜專夜。後宫佳麗三千人，三千寵愛在一身。金屋妝成嬌侍夜，玉樓宴罷醉和春。姊妹弟兄皆列土，可憐光彩生門户。遂令天下父母心，不重生男重生女。驪宫高處入青雲，仙樂風飄處處聞。緩歌慢舞凝絲竹，盡日君王看不足。漁陽鼙鼓動地來，驚破霓裳羽衣曲。九重城闕烟塵生，千乘萬騎西南行。』其實唐玄宗

之『厭于勤倦』，正如長恨歌傳所云『開元中，泰階平，四海無事』時。唐劉肅大唐新語卷十亦謂：『開元中，天下無事。玄宗聽政之後，從禽自娯。又於蓬萊宫側立教坊，以習倡優蕚衍之戲。酸棗尉袁楚客以爲天子方壯，宜節之以雅，從禽好鄭衛，將蕩上心。乃引由余、太康之義，上疏以諷，玄宗納之，遷下邽主簿，而好樂如初。』唐玄宗之游樂華清宫亦其『厭于勤倦』之一例，唐鄭處誨明皇雜録卷下亦載：『玄宗幸華清宫，新廣湯池，制作宏麗。安禄山於范陽以白玉石爲魚龍鳧雁，仍爲石梁及石蓮花以獻，雕鎸巧妙，殆非人工。上大悦，命陳於湯中，又以石梁横亘湯上，而蓮花纔出於水際。上因幸華清宫，至其所，解衣將入，而魚龍鳧雁皆若奮鱗舉翼，狀欲飛動。上甚恐，遽命撤去，其蓮花至今猶存。又嘗於宫中置長湯屋數十間，環迴甃以文石，爲銀鏤漆船及白香木船置於其中，至於楫櫓，皆飾以珠玉。又於湯中壘瑟瑟及沉香爲山，以狀瀛州方丈。上將幸華清宫，貴妃姊妹競車服，爲一犢車，飾以金翠，間以珠玉，一車之費，不下數十萬貫。既而重甚，牛不能引，因復上聞，請各乘馬。於是競購名馬，以黄金爲銜籠，組綉爲障泥，共會於國忠宅，將同入禁中，炳炳照灼，觀者如堵。自國忠宅至於城東南隅，僕御車馬，紛紜其間。』

〔十一〕緬慕汾陽：『慕』，原作『纂』，然文苑英華、唐文粹、四庫全書、全唐文、御定淵鑒類函均作『慕』，今即據改。『汾陽』，即汾水之陽。此處乃取汾水游之典故。莊子逍遥游

云：『堯治天下之民，平海内之政，往見四子藐姑射之山，汾水之陽，窅然喪其天下焉。』故後以『汾水游』形容超然物外之處世態度。南朝宋謝靈運從游京口北固應詔詩：『昔聞汾水游，今見塵外鑣。』南史梁紀上武帝：『一駕汾陽，便有窅然之志；暫適箕嶺，即動讓王之心。』此處『緬慕汾陽』，即謂唐玄宗崇尚老莊之道；『厭于勤倦』，頗追慕堯平海内之政後往游汾水之陽之舉，以便享受『保静怡神』之逍遥生活。

（十二）當保静怡神：『怡神』，唐文粹作『頤神』。『怡神』，怡養或怡悦心神。南朝梁何遜七召：『今欲導足下以衛生之秘術，怡神之妙道，譬愈疫於沉痾，若起尸於仙草。寧願聞乎？』舊唐書順宗紀：『而積疾未復，至于經時，怡神保和，常所不暇。』

（十三）思我烈祖玄元之道：『烈祖玄元』指老子。唐奉老子爲始祖，於乾封元年二月追號爲『太上玄元皇帝』，天寶二年正月加尊號『大聖祖』三字，天寶八載六月又加尊號爲『聖祖大道玄元皇帝』。唐杜甫喜聞盗賊總退口號詩之五：『大曆三年調玉燭，玄元皇帝聖雲孫。』唐韓愈順宗實録卷五：『伏惟太上皇帝陛下，道繼玄元，業纘皇極。』

（十四）是用命爾元子某，當位嗣統：按，唐文粹、御定淵鑒類函無『某』字。『元子』，天子和諸侯的嫡長子。書微子之命：『王若曰：「猷，殷王元子。」』詩魯頌閟宫：『王曰叔父，建爾

元子，俾侯于魯。』朱熹集傳：『叔父，周公也。元子，魯公伯禽也。』儀禮　士冠禮：『天子之元子猶士也。』鄭玄注：『元子，世子也。』『嗣統』，謂繼承皇位。宋葉適張令人墓志銘：『新天子嗣統，急召使至。』醒世恒言　李玉英獄中訟冤：『那年二月間，正德爺晏駕，嘉靖爺嗣統。』

〔十五〕爾有忠孝之誠，極於君父：唐肅宗之『忠孝之誠，極於君父』事見於典籍非僅一處。其廟號爲『肅宗文明武德大聖大宣孝皇帝』，中含一『孝』字之謚，即可見其『孝』之定評。舊唐書　肅宗紀史臣之評亦可見：『及觀天寶失馭，流離奔播，又甚於詩人之於邑也。……所幸太王去國，豳人不忘於周君；新莽據圖，黔首仍思於漢德。是以宣皇帝蒙六聖之遺業，因百姓之樂推。號令朔方，旬日而車徒雲合；旋師右輔，期月而關、隴砥平。故兩都再復於鑾輿，九廟復歆於黍稷。觀其迎上皇於蜀道，陳拜慶於望賢，父子於是感傷，行路爲之隕涕。昔太公迎子，或從家令之言；而西伯事親，靡怠寢門之問。曾參、孝己，足以擬倫。……贊曰：犬羊犯順，輦輅播遷。凶徒竟斃，景祚重延。星馳蜀道，雨泣望賢。孝宣之謚，誰曰不然？』又舊唐書　肅宗紀所記肅宗登帝位前後之言行：天寶十五載『七月辛酉，上至靈武，時魏少游預備供帳，無不畢備。裴冕、杜鴻漸等從容進曰：「今寇逆亂常，毒流函谷，主上倦勤大位，移幸蜀川。江山阻險，奏請路絶，宗社神器，須有所歸。萬姓顒顒，思崇明聖，天意人事，不可固違。伏願殿下順其樂推，以安社稷，王

者之大孝也。」上曰：「俟平寇逆，奉迎鑾輿，從容儲闈，侍膳左右，豈不樂哉！公等何急也？」冕等凡六上箋，辭情激切，上不獲已，乃從。是月甲子，上即皇帝位於靈武。禮畢……群臣舞蹈稱萬歲。上流涕歔欷，感動左右。即日奏其事於上皇。是日，御靈武南門，下制曰：朕聞聖人畏天命，帝者奉天時。知皇靈眷命，不敢違而去之；知曆數所歸，不獲已而當之。在昔帝王，靡不由斯而有天下者也。乃者羯胡亂常……聖皇久厭大位，思傳眇身，軍興之初，已有成命，予恐不德，罔敢祇承。今群工卿士僉曰：「孝莫大於繼德，功莫盛於中興。」朕所以治兵朔方，將殄寇逆，務以大者，本其孝乎。須安兆庶之心，敬順群臣之請，乃以七月甲子，即皇帝位於靈武。敬崇徽號，上尊聖皇曰上皇天帝，所司擇日昭告上帝』。資治通鑑卷二百二十至德二載十一月載：『丙申，上皇至鳳翔，從兵六百餘人，上皇命悉以甲兵輸郡庫。上發精騎三千奉迎。十二月，丙午，上皇至咸陽，上備法駕迎於望賢宮。上皇在宮南樓，上釋黃袍，著紫袍，望樓下馬，趨進，拜舞於樓下。上皇降樓，撫上而泣。上捧上皇足，嗚咽不自勝。上皇索黃袍，自爲上著之，上伏地頓首固辭。上皇曰：「天數、人心皆歸於汝，使朕得保養餘齒，汝之孝也！」上不得已，受之。父老在仗外，歡呼且拜。上令開仗，縱千餘人入謁上皇，曰：「臣等今日復睹二聖相見，死無恨矣！」上皇不肯居正殿，曰：「此天子之位也。」上固請，自扶上皇登殿。尚食進食，上品嘗而薦之。丁未，將發行

宮，上親爲上皇習馬而進之。上皇上馬，上親執鞚。行數步，上皇止之。上乘馬前引，不敢當馳道。上皇謂左右曰：「吾爲天子五十年，未爲貴；今爲天子父，乃貴耳！」左右皆呼萬歲。上皇自開遠門入大明宮，御含元殿，慰撫百官；乃詣長樂殿謝九廟主，慟哭久之；即日，幸興慶宮，遂居之。上累表請避位還東宮，上皇不許。』

〔十六〕爾有友愛之義，信于兄弟：此稱肅宗之數語，其行實尚可見之於典籍。新唐書肅宗紀謂其『性仁孝，好學，玄宗尤愛之』；舊唐書肅宗紀稱其『上仁愛英悟，得之天然』，似仿佛可見此品性。其較爲具體之記載者，當推舊唐書肅宗紀以下之載録：至德『二載春正月庚戌朔，上在彭原受朝賀。是日通表入蜀賀上皇。上皇在蜀，每得上表疏，訊其使者，知上涕戀晨省，乃下誥曰：「至和育物，大孝安親，古之哲王，必由斯道。朕往在春宮，嘗事先后，問安靡闕，視膳無違。及同氣天倫，聯華棣蕚，居嘗共被，食必分甘。今皇帝奉而行之，未嘗失墜，每有銜命而來，戒途將發，必肅恭拜跪，涕泗漣洏，左右侍臣，罔不感動。間者抱戴、赤雀、白狼之瑞，接武薦臻，此皆皇帝聖敬之符，孝友之感也。故能誕敷德教，横于四海，信可以光宅寰宇，永綏黎元者哉！其天下有至孝友悌行著鄉閭堪旌表者，郡縣長官采聽聞奏，庶孝子順孫沐于玄化也」』。又，其友愛之義尚可見於資治通鑑卷二百一十八至德元載之記載：『初，京兆李泌，幼以才敏著

聞，玄宗使與忠王游。忠王爲太子，泌已長，上書言事。玄宗欲官之，不可；使與太子爲布衣交，太子常謂之先生。楊國忠惡之，奏徙蘄春，後得歸隱，居潁陽。上自馬嵬北行，遣使召之，謁見於靈武。上大喜，出則聯轡，寢則對榻，如爲太子時，事無大小皆咨之，言無不從，至於進退將相亦與之議。上欲以泌爲右相，泌固辭，曰：「陛下待以賓友，則貴於宰相矣，何必屈其志！」上乃止。』

〔十七〕爾有仁恕之行，通于神明：『通于神明』，唐文粹作『通乎神明』。『仁恕』，仁愛寬容。漢書敘傳上：『寬明而仁恕。』世説新語政事『山遐去東陽』劉孝標注引江惇傳：『惇隱東陽，以仁恕懷物，遐感其德。』

〔十八〕爾有戡難之才，彰于兆庶：考舊唐書、新唐書唐肅宗即皇帝位前之有關記載，頗可見稱肅宗具有『戡難之才』并非虚言。如舊唐書肅宗紀所載以下數事即可表見：『開元十五年……五月，領朔方大使、單于大都護。十八年，奚、契丹犯塞，以上爲河北道元帥，信安王禕爲副，帥……八總管兵以討之。……二十年，諸將大破奚、契丹，以上遥統之功，加司徒。……天寶十三載正月，安禄山來朝，上嘗密奏，云禄山有反相。玄宗不聽。十四載十一月，禄山果叛，稱兵詣闕。十二月丁未，陷東京。辛丑，制太子監國，仍遣上親總諸軍進討。……明年六月，哥舒翰爲

賊所敗，關門不守，國忠諷玄宗幸蜀。丁酉，至馬嵬頓，六軍不進，請誅楊氏。於是誅國忠，賜貴妃自盡。車駕將發，留上在後宣諭百姓，衆泣而言曰：「逆胡背恩，主上播越，臣等生於聖代，世爲唐民，願勠力一心，爲國討賊，請從太子收復長安。」玄宗聞之曰：「此天啓也。」乃令高力士與壽王瑁送太子内人及服御等物，留後軍廄馬從上。令力士口宣曰：「汝好去！百姓屬望，慎勿違之。莫以吾爲意。且西戎北狄，吾嘗厚之，今國步艱難，必得其用，汝其勉之！」……時從上惟廣平、建寧二王及四軍將士，纔二千人。自奉天而北，夕次永壽，百姓遮道獻牛酒。有白雲起西北，長數丈，如樓閣之狀，議者以爲天子之氣。……己亥，至安定郡，斬新平太守薛羽、保定太守徐瑴，以其棄郡也。庚子，至烏氏驛，彭原太守李遵謁見，率兵士奉迎，仍進衣服糧糗。上至彭原，又募得甲士四百，率私馬以助軍。辛丑，至平凉郡，搜閲監牧公私馬，得數萬匹，官軍益振。時賊據長安，知上治兵河西。三輔百姓皆曰：「吾太子大軍即至！」賊望西北塵起，有時奔走。戊申，扶風人康景龍殺賊宣慰使薛總等二百餘人，陳倉令薛景仙率衆收扶風郡守之。由是關輔豪右皆謀殺賊，賊故不敢侵軼。上在平凉，數日之間未知所適，會朔方留後杜鴻漸、魏少游、崔漪等遣判官李涵奉箋迎上，備陳兵馬招集之勢，倉儲庫甲之數，上大悦。鴻漸又發朔方步騎數千人於白草頓奉迎。時河西行軍司馬裴冕新授御史中丞赴闕，遇上於平凉，亦勸上治兵於靈武以圖進

取，上然之。」即因肅宗具有『戡難之才』，故有後册文之『汝惟推誠，禍亂將冀爾而能清；汝惟從諫，社稷將冀爾而復寧』之誠勉與寄托厚望之語。

〔十九〕予懋乃懿績：『懿績』，唐文粹作『懿德』。『懋』，喜悦。漢張衡東京賦：『尊赤氏之朱光，四靈懋而允懷。』薛綜注：『懋，悦也。』『懿績』，美好的業績；優異的成績。晋書王導傳贊：『懿績克宣，忠規靡競。』南朝梁劉勰文心雕龍隱秀：『隱以複意爲工，秀以卓絶爲巧，斯乃舊章之懿績，才情之嘉會也。』

〔二十〕天之曆數在爾躬：『曆數』，古謂帝王代天理民的順序。論語堯曰：『咨，爾舜，天之曆數在爾躬。』何晏集解：『曆數謂列次也。』邢昺疏：『孔注尚書云：謂天道。謂天曆運之數。帝王易姓而興，故言曆數謂天道。』

〔二十一〕禍亂將冀爾而能清：唐文粹、全唐文無『而』字。

〔二十二〕汝惟從諫：『汝』，文苑英華作『爾』。

〔二十三〕社稷將冀爾而復寧：『社稷』，唐文粹作『宗社』。唐文粹、全唐文無『而』字。

〔二十四〕佞言惟疵：『惟』，原作『爲』，今據文苑英華、唐文粹、全唐文、御定淵鑒類函改。

〔二十五〕民非后孰理：「孰理」，原作「何戴」，今據唐文粹、全唐文、御定淵鑒類函改。

〔二十六〕無忝我祖宗之丕烈矣：原無「矣」字，今據文苑英華、唐文粹、全唐文、御定淵鑒類函增補。

德宗即位册文〔一〕

維大曆十四年，歲次己未，五月辛丑朔，二十三日癸亥，皇帝若曰：於戲！昊天有命，皇王受之，立嫡以賢，春秋之義〔二〕，傳歸於子，漢氏成規〔三〕，宗廟社稷，實賴其慶。咨爾皇太子适〔四〕，稟天地之仁，合日月之耀〔五〕，道光三善，孝著十倫〔六〕。頃者國步多艱，委以戎律，理軍靖難，保大定功，克復帝圖，廓清妖孽〔七〕。既表建侯之業，俾承守器之重〔八〕，仁孝之德，夙夜惟寅〔九〕。朕天命有終，弗興弗瘳，非至公無以主天下，非至法無以臨四海〔十〕，是用命汝陟於元后〔十一〕，嗣守皇業，上繼宗祧，下安群望。其令門下侍郎、同中書門下平章事常衮〔十二〕，奉册即皇帝位。於戲！宜遵太宗之法度〔十三〕，肅宗之儉約〔十四〕，任賢勿貳，去邪勿疑，與衆守邦，祗敬予訓。

校箋

〔一〕此文又見於文苑英華卷四百四十二，文題爲德宗皇帝即位册文，全唐文卷四十九唐代宗傳位皇太子册文亦即此文。又見御定淵鑑類函卷四十二。此文文末原未標明頒布年月。考本文文首即云『維大曆十四年，歲次己未，五月辛丑朔，二十三日癸亥』，則德宗即位在大曆十四年五月二十三日。考舊唐書卷十二德宗紀謂：『大曆十四年五月辛酉，代宗崩。癸亥，即位於太極殿。』新唐書卷七德宗紀所載同。唐會要卷一帝號上：『德宗，代宗長子……代宗即位，徙封魯王，又封雍王。……大曆十四年五月癸亥，帝即位於太極前殿。』又檢册府元龜卷十一帝王部繼統第三：『德宗神武孝文皇帝諱适，代宗長子。……大曆十四年五月即位，年三十八。』據上所考，德宗確實於大曆十四年（七七九）五月二十三日即皇帝位，是時亦是册文頒布之時，則此册文之撰當在是時稍前。又唐會要卷一帝號上：『代宗睿文孝武皇帝諱豫，肅宗長子。……大曆十四年五月二十日，崩于紫宸之内殿，年五十四。其年十月己酉，葬元陵。』又舊唐書代宗紀載：大曆十四年『五月癸卯，上不康，至辛亥，不視朝。……辛酉，詔皇太子監國。是夕，上崩於紫宸之内殿。

遺詔皇太子柩前即位』。據此知代宗乃於大曆十四年五月二十日臨崩之前『遺詔皇太子柩前即位』。

〔二〕立嫡以賢，春秋之義：『立嫡』，亦作『立適』。考春秋、公羊傳隱公元年謂：『立適以長不以賢，立子以貴不以長。』則春秋所言恰與此敕『立嫡以賢』有異。據舊唐書卷十二德宗紀：『德宗神武孝文皇帝諱适，代宗長子。』新唐書卷七德宗紀所載同。則此敕所言，莫非本意在於强調德宗既是符合春秋『立適以長』之説，亦更是『立嫡以賢』歟？

〔三〕傳歸於子，漢氏成規：『傳歸於子』，原作『傳之於子』，今據文苑英華、全唐文、御定淵鑒類函改。按，漢書高帝紀下：『上歸櫟陽，五日一朝太公。太公家令説太公曰：「天亡二日，土亡二王。皇帝雖子，人主也；太公雖父，人臣也。奈何令人主拜人臣！如此，則威重不行。」後上朝，太公擁彗，迎門却行。上大驚，下扶太公。太公曰：「帝，人主，奈何以我亂天下法！」於是上心善家令言，賜黄金五百斤。夏五月丙午，詔曰：「人之至親，莫親於父子，故父有天下傳歸於子，子有天下尊歸於父，此人道之極也。」』

〔四〕咨爾皇太子适：『皇太子适』即唐德宗李适。傳見舊唐書卷十二德宗紀、新唐書卷七德宗紀。舊唐書德宗紀載：『德宗神武孝文皇帝諱适，代宗長子，母曰睿真皇后沈氏。天寶元年

四月癸巳，生於長安大内之東宮。其年十二月，拜特進，封奉節郡王。……廣德二年二月，立爲皇太子。大曆十四年五月辛酉，代宗崩。癸亥，即位於太極殿。』

〔五〕合日月之耀：『合』，原作『含』，今據全唐文、御定淵鑑類函改。

〔六〕道光三善，孝著十倫：『三善』，指臣事君、子事父、幼事長三種道德規範。禮記文王世子：『行一物而三善皆得者，唯世子而已……父子、君臣、長幼之道得而國治。』南朝梁沈約齊故安隆昭王碑文：『協隆三善，仰敷四德。』張銑注：『三善，謂事君、事父、事長也。』『十倫』，此處指儒家提倡的十種倫理道德。梁書武帝紀中：『今聲訓所漸，戎夏同風，宜大啓庠斆，博延冑子，務彼十倫，弘此三德。』亦即儒家所提倡的倫理道德『十義』。禮記禮運：『何謂人義？父慈、子孝、兄良、弟悌、夫義、婦聽、長惠、幼順、君仁、臣忠……故聖人之所以治人七情，修十義，講信修睦，尚辭讓，去争奪，舍禮何以治之？』

〔七〕頃者國步多艱，委以戎律，理軍靖難，保大定功，克復帝圖，廓清妖孽：『妖孽』，原作『祅孽』，今據文苑英華、四庫全書、全唐文、適園叢書、御定淵鑑類函、學林本改。『戎律』，軍機，軍務。魏書酷吏傳羊祉：『祉志存埋輪，不避强禦。及贊戎律，熊武斯裁。』隋書梁睿傳：『公既上才，若管戎律，一舉大定，固在不疑。』『靖難』，平定變亂。後漢書孔融

傳：『融負其高氣，志在靖難。』唐陸贄論叙遷幸之由狀：『陛下急於靖難，累遣東征。』『保大』，安穩地居於高位。三國志 魏書 陳留王奐傳：『昔聖帝明王，静亂濟世，保大定功，文武殊塗，勛烈同歸。』晋陸機漢高祖功臣頌：『元凶既夷，寵禄來假。保大全祚，非德孰可？』吕延濟注：『安於大位而能全福者，非德不可也。……保，安；祚，福。』『定功』，建立功業。左傳 宣公十二年：『夫武，禁暴、戢兵、保大、定功、安民、和衆、豐財者也。』晋干寶晋紀總論：『以三聖之智，伐獨夫之紂，猶正其名教，曰：「逆取順守，保大定功，安民和衆。」』此數句謂唐德宗即位前於史朝義反叛、國家動蕩時所立下保國、平定叛亂之大功勛。舊唐書 德宗紀上載：『代宗即位之年五月，以上爲天下兵馬元帥，改封魯王。八月，改封雍王。時史朝義據東都，十月，遣上會諸軍於陝州，大舉討賊。十一月，破賊於洛陽，進收東都，河南平定。朝義走河北。分命諸將追之，俄而賊將李懷仙斬朝義首以獻，河北平。以元帥功拜尚書令，食實封二千户，與郭子儀等八人圖形凌烟閣。』新唐書 德宗紀亦載：『肅宗元年建丑月，封德宗奉節郡王。代宗即位，史朝義據東都，乃以德宗爲天下兵馬元帥，進封魯王。八月，徙封雍王。寶應元年十月，屯于陝州，諸將進擊史朝義，敗之，朝義走河北，遂克東都。十一月，史朝義死幽州，守將李懷仙斬其首來獻，河北平。以功兼尚書令，與功臣郭子儀、李光弼等皆賜鐵券，圖形凌烟閣。廣德二年二月，立爲皇太

子。』

〔八〕既表建侯之業，俾承守器之重：『建侯』，明鈔本作『建倿』，甲庫本作『建□』。按，明鈔本作『建倿』，不辭，誤，今不取。『建侯』，封立諸侯；封侯建國；立功封侯。易豫：『利建侯、行師。』漢韋孟諷諫詩：『乃命厥弟，建侯于楚。』『守器』，守護國家的重器。器，指象徵君權的器物，如祭器、車服等。左傳成公二年：『唯器與名，不可以假人，君之所司也。名以出信，信以守器，器以藏禮，禮以行義，義以生利，利以平民，政之大節也。』杜預注：『名，爵號；器，車服。』

〔九〕夙夜惟寅：語出書舜典：『夙夜惟寅，直哉惟清。』尚書注疏卷二：『夙夜惟寅，直哉惟清。傳：夙，早也，言早夜敬思其職，典禮施政教，使正直而清明。』『寅』，即恭敬。漢班固封燕然山銘：『寅亮聖皇，登翼王室。』寅亮，恭敬信奉。書周官：『貳公弘化，寅亮天地，弼予一人。』孔傳：『敬信天地之教，以輔我一人之治。』

〔十〕非至法無以臨四海：『至法』，原作『至德』，今據文苑英華、全唐文、御定淵鑒類函改。『至法』，謂至高無上的法律。漢書外戚傳下孝成許皇后：『洿穢不修，曠職尸官，數逆至法，逾越制度，當伏放流之誅，不足以塞責。』

〔十一〕陟於元后：「元后」，即天子。書大禹謨：「天之曆數在汝躬，汝終陟元后。」

〔十二〕其令門下侍郎、同中書門下平章事常衮：「其」，明鈔本、甲庫本作「是」。「令」，原作「命」，今據文苑英華、全唐文、適園叢書、學林本改。「常衮」，傳見舊唐書卷一百一十九、新唐書卷一百五十。舊唐書常衮傳云：「常衮，京兆人也。……衮，天寶末舉進士，歷太子正字，累授補闕、起居郎。寶應二年，選爲翰林學士、考功員外郎中、知制誥，依前翰林學士。永泰元年，遷中書舍人。衮文章俊拔，當時推重，與楊炎同爲舍人，時稱爲常、楊。性清直孤潔，不妄交游。……元載之得罪，令衮與劉晏、李涵等鞫之，獄竟，拜衮門下侍郎、同平章事，太清、太微宫使，崇文、弘文館大學士，與楊綰同掌樞務。代宗尤信重綰。……衮頗務苛細，求清儉之稱……代宗既素重楊綰，欲以政事委之。綰尋卒，衮與綰志尚素異，嫉而怒之。有司議謚綰爲文貞，衮微諷比部郎中蘇端令駁之，毁綰過甚，端坐黜官。時既無中書侍郎，舍人崔祐甫領省事，衮以爲同中書門下平章事兼得總中書省，遂管綜中書胥吏、省事去就及其案牘，祐甫不能平之，累至忿競。遂令祐甫分知吏部選事，所擬官又多駁下。時衮散官尚朝議，又無封爵，郭子儀因入朝奏之，遂特加銀青光禄大夫，封河内郡公。及代宗崩，與祐甫争論喪服輕重，代相署奏。初换祐甫河南少尹，再貶爲潮州刺史。楊炎入相，素與衮善，建中元年，遷福建觀察使。四

年正月卒，時年五十五。久之。贈左僕射。有文集六十卷。』」又資治通鑑卷二百二十五大曆十四年載常衮任宰相於代宗薨時事云：『常衮性剛急，爲政苛細，不合衆心。時群臣朝夕臨，衮哭委頓，從吏或扶之。中書舍人崔祐甫指以示衆曰：「臣哭君前，有扶禮乎！」衮聞，益恨之。會議群臣喪服，衮以爲：「禮，臣爲君斬衰三年。……今遺詔云：『天下吏人，三日釋服。』古者卿大夫從君而服，皇帝二十七日而除，在朝群臣亦當如之。」祐甫以爲：「遺詔，無朝臣、庶人之別。……皆應三日釋服。」相與力争，聲色陵厲。衮不能堪。乃奏祐甫率情變禮，請貶潮州刺史；上以爲太重，閏月，壬申，貶祐甫爲河南少尹。……時郭子儀、朱泚雖以軍功爲宰相，皆不預朝政，衮獨居政事堂，代二人署名奏祐甫。祐甫既貶，二人表言其非罪，上問：「卿向言可貶，今云非罪，何也？」二人對，初不知。上初即位，以衮爲欺罔，大駭。甲戌，百官衰絰，序立于月華門，有制，貶衮爲潮州刺史，以祐甫爲門下侍郎、同平章事，聞者震悚。祐甫至昭應而還。既而群臣喪服竟用衮議。』據以上記載，知常衮於代宗崩、德宗即位時尚任『門下侍郎、同平章事』，與此册文所説同；又可知常衮之性格與爲人。

〔十三〕太宗之法度：蓋指唐太宗貞觀時所修訂之貞觀律。唐太宗剛即位，便命長孫無忌與房玄齡等人於武德律基礎上修訂新法典，經十年，於貞觀十一年修成并頒行天下，稱爲貞觀律。通

志卷六十五載貞觀律十二卷。

〔十四〕肅宗之儉約：可見於史籍之記載。新唐書卷六肅宗紀至德二載十二月記：『禁珠玉、寶鈿、平脱、金泥、刺繡。』同上書至德二載四月記：『壬寅，詔減常膳服御，武德中尚作坊非賜蕃客、戎祀所須者皆罷之。』舊唐書肅宗紀至德三載正月亦載：『内出宫女三千人。……三月……辛卯，以歲饑，禁酤酒，麥熟之後，任依常式。』同上書乾元二年四月記：『壬寅，詔以寇孽未平，務懷撝挹，「自今以後，朕常膳及服御等物，并從節減，諸作坊造坊并停」。』

順宗即位册文〔一〕

維貞元二十一年，歲次乙酉，正月辛未朔，二十三日癸巳，皇帝若曰：於戲！天下之大，實惟重器〔二〕；祖宗之業，允屬元良〔三〕。咨爾皇太子誦〔四〕，睿哲温恭，寬仁慈惠。文武之道，禀自生知；孝友之誠，發于天性〔五〕。自膺上嗣，毓德春闈〔六〕，恪慎于厥躬，祗勤于大訓〔七〕，必能誕敷至化〔八〕，安勸庶邦。朕寢疾彌留，弗興弗寤〔九〕，是用命爾繼統，俾紹前烈，宜陟元后〔十〕，永綏兆人。其令中書侍郎、同中書門下平

章事高郢〔十一〕，奉册即皇帝位。爾惟奉若天道，以康四海，懋建皇極〔十二〕，以熙庶工〔十三〕，無忝我高祖太宗之休命〔十四〕。

校　箋

〔一〕此文又見於册府元龜卷十一、文苑英華卷四百四十二翰林制詔二十三、韓昌黎文集注釋卷十、順宗實録卷一、全唐文卷五十四、古今事文類聚前集卷二十、文章辨體彙選卷五百四十八等。全唐文題名爲命皇太子即位册文，作者署爲唐德宗。考韓昌黎文集注釋有云：『魏本引孫汝聽曰：「倉猝召翰林學士鄭絪、衛次公等至金鑾殿草遺詔。宦官或曰：『禁中議所立，尚未定。』衆莫敢對。次公遽言曰：『太子雖有疾，地居冢嗣，必不得已，猶應立廣陵王。』絪等從而和之，議始定。」』又文苑英華録此文，署名『王言會最』，則此册文當非德宗所撰，其撰者當爲當時之翰林學士，蓋爲翰林學士鄭絪、衛次公等人歟？又，德宗傳位於順宗之背景，亦見於順宗實録、舊唐書順宗紀、新唐書順宗紀、資治通鑑卷二百三十六等史籍。資治通鑑載：永貞元年『春，正月，辛未朔，諸王、親戚入賀德宗，太子獨以疾不能來，德宗涕泣悲

嘆，由是得疾，日益甚。凡二十餘日，中外不通，莫知兩宮安否。癸巳，德宗崩。蒼猝召翰林學士鄭絪、衛次公等至金鑾殿草遺詔。宦官或曰：「禁中議所立，尚未定。」衆莫敢對。次公遽言曰：「太子雖有疾，地居冢嫡，中外屬心。必不得已，猶應立廣陵王。不然，必大亂。」絪等從而和之，議始定。次公，河東人也。太子知人情憂疑，紫衣麻鞋，力疾出九仙門，召見諸軍使，人心粗安。甲午，宣遺詔於宣政殿，太子縗服見百官；丙申，即皇帝位於太極殿。衛士尚疑之，企足引領而望之，曰：「真太子也！」」又，本文文末原未署頒布時間，然此册文云『維貞元二十一年，歲次乙酉，正月辛未朔，二十三日癸巳，皇帝若曰』，諸書所載時間均同。又資治通鑑、舊唐書等史籍皆載德宗崩於貞元二十一年正月癸巳，則此文撰寫之日亦即是年正月二十三日德宗崩同日，乃當日翰林學士於德宗崩後『倉猝』所撰。又，據上引史籍所載，順宗乃貞元二十一年（八〇五）正月『丙申，即皇帝位於太極殿』（唐會要卷一則記爲『建中元年正月，册爲皇太子。貞元二十一年正月，即位』）。此丙申爲正月二十六日，則順宗即皇帝位乃在撰寫此册書後四日。

〔二〕天下之大，實惟重器：『重器』，原指國家之寶器。孟子梁惠王下：『毀其宗廟，遷其重器。』焦循正義：『復遷徙其國中之寶器。』國語晉語九：『先主爲重器也，爲國家之難也。』

韋昭注：『重器，圭璧鐘鼎之屬。』淮南子本經訓：『大鐘鼎，美重器。』高誘注：『重器，大器，蓋鐘鼎也。』此處重器乃比喻天下、政權。史記伯夷列傳：『示天下重器，王者大統，傳天下若斯之難也。』司馬貞索隱：『言天下者是王者之重器。』隋書楊秀傳：『汝地居臣子……自言骨相非人臣，德業堪承重器。』

〔三〕允屬元良：『元良』，太子之代稱，此處意指太子李誦。禮記文王世子：『一有元良，萬國以貞，世子之謂也。』南朝梁沈約立太子詔：『元良之寄，有國莫先，自昔哲后，降及近代，莫不立儲樹嫡，守器承祧。』宋魏泰東軒筆録卷一：『太宗以元良未立，雖意在真宗，尚欲遍知諸子。』

〔四〕皇太子誦：即李誦，亦即唐順宗。李誦，傳見舊唐書卷十四順宗紀、新唐書卷七順宗紀、韓愈撰順宗實録。舊唐書順宗紀謂：『順宗至德大聖大安孝皇帝諱誦，德宗長子，母昭德皇后王氏。上元二年正月生於長安之東内。大曆十四年六月，封宣王。建中元年正月丁卯，立爲皇太子。』新唐書順宗紀謂：『順宗至德弘道大聖大安孝皇帝諱誦，德宗長子也。母曰昭德皇后王氏。始封宣城郡王，大曆十四年六月，進封宣王。十二月乙卯，立爲皇太子。』按，兩唐書所載李誦立爲皇太子時間有異，一謂『建中元年正月丁卯』，一云『大曆十四年……十二月乙卯』。

按，順宗實録卷一云：『建中元年，立爲皇太子。』其考異謂：『史云大曆十四年六月進封宣王，十二月乙卯立爲皇太子。』又按，資治通鑑卷二百二十六大曆十四年記：『十二月，乙卯，立宣王誦爲皇太子。』兩説不同如此。然順宗實録乃韓愈所記，其謂『建中元年，立爲皇太子』，當較可信從。

〔五〕睿哲温恭，寬仁慈惠。文武之道，稟自生知；孝友之誠，發于天性：此數語均爲稱贊順宗之語，亦可見德宗之器重皇太子。此考之於史籍，尚可略見一二。新唐書順宗紀稱其『爲人寬仁，喜學藝，善隸書，禮重師傅，見輒先拜。從德宗幸奉天，常執弓矢居左右。郜國公主以蠱事得罪，太子妃，其女也，德宗疑之，幾廢者屢矣，賴李泌保護，乃免。後侍宴魚藻宫，張水嬉彩艦，宫人爲棹歌，衆樂間發，德宗歡甚，顧太子曰：「今日何如？」太子誦詩「好樂無荒」以爲對。及裴延齡、韋渠牟用事，世皆畏其爲相，太子每候顔色，陳其不可。故二人者卒不得用』。舊唐書順宗紀亦云：『德宗崩，丙申，即位於太極殿。上自二十年九月風病，不能言，暨德宗不豫，諸王親戚皆侍醫藥，獨上卧病不能侍。德宗彌留，思見太子，涕咽久之。大行發喪，人情震懼。上力疾衰服，見百僚於九仙門。既即位，知社稷有奉，中外始安。……從幸奉天，賊泚逼迫，常身先禁旅，乘城拒戰，督勵將士，無不奮激。』又順宗實録卷一亦有所記：『建中元年，立

爲皇太子。慈孝寬大，仁而善斷，留心藝學。亦微信尚浮屠法，禮重師傅，引見輒先拜。善隸書，德宗之爲詩并他文賜大臣者，率皆令上書之。德宗之幸奉天，倉卒間，上常親執弓矢，率軍後先導衛，備常辛苦。上之爲太子，於父子間，慈孝交洽無嫌，每以天下爲憂。德宗在位久，稍不假宰相權，而左右得因緣用事，外則裴延齡、李齊運、韋渠牟等以奸佞相次進用。延齡尤狡險，判度支，務刻剥聚斂以自爲功，天下皆怨怒。上每進見，候顔色，輒言其不可。至陸贄、張滂、李充等以毁譴……諫議大夫陽城等伏閤極論，德宗怒甚，將加城等罪，内外無敢救者，上獨開解之，城等賴以免。德宗卒不相延齡、渠牟，上有力焉。』

〔六〕自膺上嗣，毓德春闈：『上嗣』，君主之嫡長子。後指太子。禮記文王世子：『其登餕獻受爵，則以上嗣。』鄭玄注：『上嗣，君之嫡長子。』晋書潘尼傳：『篤生上嗣，繼期挺秀。』唐韓愈順宗實録卷三：『皇太子某，體仁秉哲，恭敬温文，德協元良，禮當上嗣。』此『自膺上嗣』即謂李誦立爲太子。又『春闈』，猶春宫，指太子居所。又稱東宫。亦指代太子。唐王勃釋迦佛賦：『寶殿之龍顔大悦，春闈之鳳德何虞。』舊唐書姚珽傳：『臣以庸謏，叨侍春闈，職居獻替，豈敢緘默！』此處所謂『毓德春闈』，乃指李誦爲太子時即有優良德性，有如上文所言者。故舊唐書順宗紀史臣稱之：『居儲位二十年，天下陰受其賜。……賢哉！』

〔七〕祗勤于大訓：『祗勤』，敬慎勤勞。後漢書文苑傳上黄香：『香亦祗勤物務，憂公如家。』舊唐書德宗紀下：『小大之務，莫不祗勤。』『大訓』，先王聖哲之教言。書顧命：『嗣守文武大訓，無敢昏逾。』孔傳：『言奉順繼守文武大教，無敢昏亂逾越。』明宋濂送晉王傅李君思迪之官詩序：『日以法言大訓陳於前，俾王爲哲王，斯民爲唐虞之民。』

〔八〕誕敷至化：『誕敷』，即遍布。書大禹謨：『帝乃誕敷文德，舞干羽于兩階。』孔傳：『遠人不服，大布文德以來之。』舊唐書韓弘傳：『况乎邦教誕敷，王言總會，百辟攸憲，四方式瞻。』『至化』，意爲極美好之教化。後漢書仲長統傳：『今欲張太平之紀綱，立至化之基趾。』晉書阮种傳：『旁求俊乂，以輔至化，此誠堯、舜之用心也。』

〔九〕朕寢疾彌留，弗興弗瘳：德宗『寢疾彌留』狀况，順宗實録卷一載：『上自（貞元）二十年九月得風疾，因不能言，使四面求醫藥，天下皆聞知。德宗憂戚形於顔色，數自臨視。二十一年正月朔，含元殿受朝，還至别殿，諸王親屬進賀，獨皇太子疾不能朝，德宗爲之涕泣，悲傷嘆息，因感疾，恍惚日益甚。』舊唐書順宗紀云：『德宗彌留，思見太子，涕咽久之。』新唐書順宗紀云：『德宗不豫，諸王皆侍左右，惟太子卧病，不能見，德宗悲傷涕泣，疾有加。癸巳，德宗崩。』

〔十〕宜陟元后：『元后』，天子。書大禹謨：『天之曆數在汝躬，汝終陟元后。』孔傳：『言天道在汝身，汝終當升爲天子。』漢劉楨贈五官中郎將詩之一：『昔我從元后，整駕至南鄉。』

〔十一〕其令中書侍郎、同中書門下平章事高郢：『其令』，原作『宜命』，今據韓昌黎文集注釋、册府元龜、文苑英華、四庫全書、全唐文、文章辨體彙選改。『高郢』，傳見舊唐書卷一百四十七、新唐書卷一百六十五。舊唐書高郢傳載：『高郢字公楚，其先渤海蓨人。九歲通春秋，能屬文。天寶末，盜據京邑，父伯祥先爲好時尉，抵賊禁，將加極刑。郢時年十五，被髮解衣，請代其父，賊黨義之，乃俱釋。後舉進士擢第，應制舉，登茂才異行科，授華陰尉。……德宗還京，命諫議大夫孔巢父、中人啖守盈赴河中宣慰懷光，授以太保，而懷光怒，激其親兵詬詈，殺守盈及巢父。巢父之被刃也，委於地，郢就而撫之。乃懷光被誅，馬燧辟郢爲掌書記。未幾，徵拜主客員外，遷刑部郎中，改中書舍人。凡九歲，拜禮部侍郎。……貞元十九年冬，進位銀青光禄大夫，守中書侍郎、同中書門下平章事。順宗即位，轉刑部尚書，爲韋執誼等所憚。尋罷知政事，以本官判吏部尚書事。明年，出鎮華州。』舊唐書德宗紀下：貞元十九年十一月『庚申，以太常卿高郢爲中書侍郎、同中書門下平章事』。又記高郢罷相爲刑部尚書在貞元二十一年三月。又，資治通鑑卷二百三十六貞元十九年十二月載：『庚申，以太常卿高郢爲中書侍郎，吏

部侍郎鄭珣瑜爲門下侍郎，并同平章事。』據上所引記載知，高郢於順宗即位前後正任中書侍郎、同中書門下平章事，册書所言屬實。

〔十二〕懋建皇極：『懋』，原作『楙』，適園叢書、明鈔本、甲庫本、學林本亦作『楙』，然韓昌黎文集注釋、順宗實録、文苑英華、册府元龜、古今事文類聚前集、四庫全書、全唐文、文章辨體彙選諸本均作『懋』，今即據改。『懋』，意乃盛大；大。書大禹謨：『予懋乃德，嘉乃丕績。』蔡沈集傳：『懋、楙古通用。楙，盛大之意。』南朝宋鮑照從過舊宮詩：『仁聲日月懋，惠澤雲雨敷。』『皇極』，指帝王統治天下之準則。即所謂大中至正之道。書洪範：『五，皇極，皇建其有極。』孔穎達疏：『皇，大也；極，中也。施政教，治下民，當使大得其中，無有邪僻。』漢荀悦漢紀高祖紀一：『昔在上聖，唯建皇極，經緯天地。』

〔十三〕以熙庶工：『庶工』，韓昌黎文集注釋、文苑英華、文章辨體彙選作『庶功』。『熙』，興盛；興起。書堯典：『允厘百工，庶績咸熙。』孫星衍疏：『「庶績咸熙」，史遷作「衆功皆興」。』宋王安石上仁宗皇帝言事書：『堯舜之所以理百官而熙衆工者，以此而已。』『庶工』，即謂百官。南朝梁蕭子雲俊雅之一：『訓迪庶工，位以德序。』舊唐書玄宗紀上：『時政益明，庶工惟序。』

〔十四〕無忝我高祖太宗之休命：「休命」，原作「休烈」，今據韓昌黎文集注釋、册府元龜、文苑英華、全唐文、文章辨體彙選改。「忝」，羞辱，有愧於。書堯典：「否德，忝帝位。」孔傳：「忝，辱也。」漢書叙傳下：「（李）陵不引决，忝世滅姓。」顔師古注：「忝，辱也。」「高祖」，指唐高祖李淵，傳見舊唐書卷一、新唐書卷一之高祖紀。「太宗」，指唐太宗李世民，傳見舊唐書卷二、新唐書卷二之太宗紀。

憲宗即位册文〔一〕

維永貞元年，歲次乙酉，八月丁酉朔，九日乙巳，太上皇若曰〔二〕：咨爾皇太子純〔三〕，惟皇上帝，降休于我家，用集大命，克綏厥猷〔四〕，惟后祗率大典〔五〕，兹惟艱哉。朕承累聖休德〔六〕，膺守邦之重，不蒙天祐，降疾在躬〔七〕。上不能昭事郊丘〔八〕，祗見烈祖；下不能臨視庶政，保綏兆人〔九〕。是用命爾當位嗣統〔十〕，宜陟元后，代予憂勤〔十一〕。今遣使檢校司徒、平章事杜佑，副使門下侍郎、平章事杜黄裳，持節册命〔十二〕。於戲！爾有光大之德，敷于萬邦〔十三〕；爾有仁孝之誠，刑于九族〔十四〕。爾惟察納忠慈和寬簡，克享天心〔十五〕。玄符不可以固違〔十六〕，明命不可以不畏〔十七〕。

直，子惠困窮，咨于正言（十八），慎乃儉德。臨庶官以敬（十九），哀庶獄以情（二十），允執其中（二十一），無忝我祖宗之丕訓（二十二）。

校箋

（一）此文亦見於册府元龜卷十一帝王部繼統第三、全唐文卷五十五。全唐文題名皇太子即位册文，署名唐順宗。又，本文文末原未署頒布年月。考本文文首謂『維永貞元年，歲次乙酉，八月丁酉朔，九日乙巳，太上皇若曰』，册府元龜、全唐文所記同。舊唐書卷十四憲宗紀上亦載：『八月丁酉朔，受内禪。乙巳，即皇帝位於宣政殿。』唐會要卷一云：唐憲宗『永貞元年八月，即位（年二十八）』。新唐書卷七憲宗紀云：『永貞元年八月，順宗詔立爲皇帝。乙巳，即皇帝位于太極殿。』則此文頒布於永貞元年（八〇五）八月九日，其撰寫時間當在此時稍前。

（二）太上皇若曰：此處『太上皇』指唐順宗，蓋頒布此册文之前，順宗已經爲太上皇矣。考順宗實録卷五載：『八月庚子，詔曰：「惟皇天祐命烈祖，誕受方國，九聖儲祉，萬方咸休，肆予一人，獲纘丕業，嚴恭守位，不遑暇逸。而天祐匪降，疾恙無瘳，將何以奉宗廟之靈，展郊禋

之禮？……內愧於朕心，上畏於天命，夙夜祗栗，惟懷永圖。……皇太子某，睿哲温文，寬和慈惠，孝友之德，愛敬之誠，通於神明，格於上下；是用推皇王至公之道，遵父子傳歸之制，付之重器，以撫兆人。……宜令皇太子即皇帝位，朕稱太上皇，居興慶宮，制敕稱誥。所司擇日行册禮。」』又舊唐書順宗紀貞元二十一年八月載：『八月丁酉朔。庚子，詔：「惟皇天佑命烈祖，誕受方國，九聖儲祉，萬邦咸休。……皇太子純睿哲温文，寬和仁惠，孝友之德，愛敬之誠，通乎神明，格于上下。是用法皇王至公之道，遵父子傳歸之制，付之重器，以撫兆人。必能宣祖宗之重光，荷天地之休命，奉若成憲，永綏四方。宜令皇太子即皇帝位，朕稱太上皇，居興慶宮，制稱誥。」辛丑，誥：「有天下傳歸於子，前王之制也。欽若大典，斯爲至公，式揚耿光，用體文德。朕獲奉宗廟，臨御萬方，降疾不瘳，庶政多闕。乃命元子，代予守邦，爰以令辰，光膺册禮，宜以今月九日册皇帝於宣政殿。……宜改貞元二十一年爲永貞元年。」』册府元龜卷十一載：『憲宗，順宗長子，貞元四年封廣陵郡王，二十一年順宗即位，立爲皇太子……八月庚子詔曰：「惟皇天佑命……皇太子純睿哲温文，寬和慈惠，孝友之德，仁愛之誠，通乎神明……宜令皇太子即皇帝位，朕稱太上皇，居興慶宮。」』新唐書順宗紀亦記：『永貞元年八月庚子，立皇太子爲皇帝，自稱曰太上皇。辛丑，改元。』據此知順宗稱太上皇在永貞元年八月庚子，亦即在永貞元年八月四

日，早於此册文之同年八月九日四天。

〔三〕皇太子純：即唐憲宗李純，傳見舊唐書卷十四、卷十五憲宗紀，新唐書卷七憲宗紀。舊唐書憲宗紀上云：「憲宗聖神章武孝皇帝諱純，順宗長子也，母曰莊憲王太后。大曆十三年二月生于長安之東内。六七歲時，德宗抱置膝上，問曰：『汝誰子，在吾懷？』對曰：『是第三天子。』德宗異而憐之。貞元四年六月，封廣陵王。順宗即位之年四月，册爲皇太子。七月乙未，權勾當軍國政事。八月丁酉朔，受内禪。乙巳，即皇帝位於宣政殿。先是，連月霖雨，上即位之日晴霽，人情欣悦。」

〔四〕用集大命，克綏厥猷：「大命」，即謂天命。書太甲上：「天監厥德，用集大命，撫綏萬方。」孔傳：「天視湯德，集王命於其身。」晋陸機吊魏武帝文：「當建安之三八，實大命之所艱。」李善注：「大命，謂天命也。」「綏」，意即安；安撫。書盤庚上：「天其永我命于兹新邑，紹復先王之大業，厎綏四方。」蔡沈集傳：「天其將永我國家之命於殷，以繼復先王之大業，而致安四方乎？」唐韓愈順宗實録卷五：「奉若成憲，永綏四方。」「猷」，功業；功績。三國志吴書陸遜傳：「聖化所綏，萬里草偃，方蕩平華夏，總一大猷。」

〔五〕祗率大典：「祗」，敬。詩商頌長發：「昭假遲遲，上帝是祗。」晋書顧和傳：「若不

祇王命，應加貶黜。』『率』，遵行；遵循。左傳 哀公十六年：『周仁之謂信，率義之謂勇。』杜預注：『率，行也。』後漢書 卓茂傳論：『夫厚性寬中近於仁，犯而不校鄰於恕，率斯道也，怨悔曷其至乎！』『大典』，此處指國家重要之典章、法令。南朝梁任昉王文憲集序：『至於軍國遠圖，刑政大典，既道在廊廟，則理擅民宗。』

〔六〕朕承累聖休德：『累聖』，此指唐順宗之前之歷代皇帝，即唐太祖、唐太宗、唐高宗、唐中宗、唐睿宗、唐玄宗、唐肅宗、唐代宗、唐德宗等九代帝皇。此誠如順宗實録卷五所云：『八月庚子，詔曰：「惟皇天祐命烈祖，誕受方國，九聖儲祉，萬方咸休，肆予一人……」』『休德』，即美德。國語 齊語：『有人居我官，有功休德。』韋昭注：『休，美也。』漢司馬相如難蜀父老：『夫拯民於沉溺，奉至尊之休德，反衰世之陵夷，繼周氏之絶業，天子之急務也。』

〔七〕不蒙天祐，降疾在躬：順宗之患疾病史書多有記載。順宗實録卷一云：『上自（貞元）二十年九月得風疾，因不能言，使四面求醫藥，天下皆聞知。德宗憂戚形於顔色，數自臨視。二十一年正月朔，含元殿受朝，還至別殿，諸王親屬進賀，獨皇太子疾不能朝，德宗爲之涕泣，悲傷嘆息。』舊唐書 順宗紀貞元二十一年七月載：『甲午，度支使杜佑奏：「太倉見米八十萬石，貯來十五年……以救農傷之弊。」乃下百僚議，議者同異不決而止。乙未，詔：「朕承九聖之烈，荷

萬邦之重。……恐上墜祖宗之訓，下貽卿士之憂，夙夜祇勤，如臨淵谷。而積疾未復，至于經時，怡神保和，常所不暇。……其軍國政事，宜令皇太子勾當。」時上久疾，不復延納宰臣共論大政。』新唐書順宗紀謂：『貞元二十年，太子病風且瘖。二十一年正月，不能朝。是時，德宗不豫，諸王皆侍左右，惟太子卧病，不能見，德宗悲傷涕泣，疾有加。』

〔八〕上不能昭事郊丘：『昭事』，謂勤勉地服事。昭，通『劭』。詩大雅大明：『昭事上帝，聿懷多福。』高亨注：『昭，借爲劭。説文：「劭，勉也。」此句言文王勤勉侍奉上帝。』『郊丘』，古天子郊祭天地於圓丘。亦指祭天。南史何尚之傳：『南郊祠五帝靈威仰之類，圓丘祠天皇大帝、北極大星是也。往代合之郊丘，先儒之巨失。』唐元稹盧均等三人授通事舍人制：『今郊丘有日，事務方殷，爾等各茂聲光，副朕茲選。』

〔九〕保綏兆人：『保綏』，使得到保全，獲得安定。三國志魏書文帝紀：『賴武王神武，拯茲難於四方，惟清區夏，以保綏我宗廟。』

〔十〕嗣統：謂繼承皇位。宋葉適張令人墓志銘：『新天子嗣統，急召使至。』

〔十一〕代予憂勤：『憂勤』，多指帝王或朝廷爲國事而憂慮勤勞。史記司馬相如列傳：『且夫王事固未有不始於憂勤，而終於佚樂者也。』東觀漢記劉般傳：『建初元年，拜爲宗正，憂勤國

事，夙夜不怠。』

〔十二〕今遣使檢校司徒、平章事杜佑，副使門下侍郎、平章事杜黄裳，持節册命：檢順宗實録卷五載：『永貞元年八月辛丑，太上皇居興慶宫，誥曰：「有天下者，傳歸於子，前王之制也。欽若大典，斯爲至公；式揚耿光，用體文德。朕獲奉宗廟，臨御萬方，降疾不瘳，庶政多闕。乃命元子，代予守邦，爰以令辰，光膺册禮。宜以今月九日册皇帝於宣政殿，仍命檢校司徒杜佑充册使，門下侍郎杜黄裳充副使。」』『杜佑』，傳見舊唐書卷一百四十七、新唐書卷一百六十六。舊唐書杜佑傳載：『杜佑字君卿，京兆萬年人。曾祖行敏，荆、益二州都督府長史、南陽郡公。祖慤，右司員外郎、詳正學士。父希望，歷鴻臚卿、恒州刺史、西河太守，贈右僕射。佑以蔭入仕，補濟南郡參軍、剡縣丞。時潤州刺史韋元甫嘗受恩於希望，佑謁見，元甫未之知，以故人子待之。他日，元甫視事，有疑獄不能決。佑時在旁，元甫試訊於佑，佑口對響應，皆得其要，元甫奇之，乃奏爲司法參軍。元甫爲浙西觀察、淮南節度，皆辟爲從事，深所委信。累官至檢校主客員外郎，入爲工部郎中，充江西青苗使，轉撫州刺史。……貞元三年，徵爲尚書左丞，又出爲陝州觀察使，遷檢校禮部尚書、揚州大都督府長史，充淮南節度使。……十六年，徐州節度使張建封卒，其子愔爲三軍所立，詔佑以淮南節制檢校左僕射、同平章事，兼徐泗節度使，委以

討伐。……十九年入朝，拜檢校司空、同平章事，充太清宫使。德宗崩，佑攝冢宰，尋進位檢校司徒，充度支鹽鐵等使，依前平章事。旋又加弘文館大學士。時王叔文爲副使，佑雖總統，而權歸叔文。叔文敗，又奏李巽爲副使，頗有所立。順宗崩，佑復攝冢宰，尋讓金谷之務，引李巽自代。……元和元年，册拜司徒、同平章事，封岐國公。』據此，册命唐憲宗即皇帝位時，杜佑正在檢校司徒、平章事任。『杜黄裳』，傳見舊唐書卷一百四十七、新唐書卷一百六十九。舊唐書杜黄裳傳載：『杜黄裳字遵素，京兆杜陵人也。登進士第、宏辭科，杜鴻漸深器重之。爲郭子儀朔方從事，子儀入朝，令黄裳主留務于朔方。邠將李懷光與監軍陰謀代子儀，乃爲僞詔書，欲誅大將温儒雅等。黄裳立辨其僞，以詰懷光，懷光流汗伏罪。諸將有難制者，黄裳矯子儀命盡出之，數月而亂不作。後入爲臺省官，爲裴延齡所惡，十年不遷。貞元末，爲太常卿。王叔文之竊權，黄裳終不造其門。嘗語其子婿韋執誼，令率百官請皇太子監國，執誼遽曰：「丈人纔得一官，可復開口議禁中事耶！」黄裳勃然曰：「黄裳受恩三朝，豈可以一官見買！」即拂衣而出。尋拜平章事。』又，考舊唐書順宗紀貞元二十一年七月記『以太常卿杜黄裳爲門下侍郎』。據此，則杜黄裳爲副使册唐憲宗即皇帝位時正在門下侍郎、平章事任。

（十三）敷于萬邦：『萬邦』，原作『方邦』，今據册府元龜、全唐文、四庫全書、適園叢

書、明鈔本、甲庫本、學林本改。

（十四）刑于九族：『九族』，以自己爲本位，上推至四世之高祖，下推至四世之玄孫爲九族。書堯典：『克明俊德，以親九族。』孔傳：『以睦高祖、玄孫之親。』一説父族四、母族三、妻族二爲九族，參見孫星衍尚書今古文注疏引夏侯、歐陽等説。漢書高帝紀上：『置宗正官以序九族。』

（十五）克享天心：原作『克饗天心』，今據册府元龜、全唐文改。『天心』，猶天意。書咸有一德：『克享天心，受天明命。』漢書杜周傳：『宜修孝文時政，示以儉約寬和，順天心，説民意，年歲宜應。』

（十六）玄符不可以固違：『玄符』，即天符，符命。謂上天顯示之瑞徵。漢揚雄劇秦美新：『玄符靈契，黄瑞湧出。』李善注：『玄符，天符也。』北魏楊衒之洛陽伽藍記龍華寺：『魏籙仰天，玄符握鏡。璽運會昌，龍圖受命。』范祥雍校注：『玄符謂符命。』

（十七）明命不可以不畏：『明命』，聖明之命令。禮記大學：『太甲：「顧諟天之明命。」帝典曰：「克明峻德。」皆自明也。』明史懷獻太子見濟傳：『陛下膺天明命，中興邦家，統緒之傳宜歸聖子。』明宋濂代祀高麗國山川記：『皇帝受天明命，丕承正統。』

〔十八〕咨于正言：『于』，原作『予』，今據册府元龜、全唐文、四庫全書、適園叢書、明鈔本、甲庫本、學林本改。

〔十九〕臨庶官以敬：『敬』，原作『信』，今據册府元龜、全唐文、適園叢書、學林本改。

〔二十〕哀庶獄以情：『哀』，四庫全書、明鈔本、甲庫本作『安』。

〔二十一〕允執其中：此句四庫全書作『允執厥中』。『允執其中』，謂言行符合不偏不倚的中正之道。論語堯曰：『咨，爾舜，天之曆數在爾躬，允執其中。』後漢書陳寵傳：『陛下探幽析微，允執其中。』又作『允執厥中』。書大禹謨：『人心惟危，道心惟微，惟精惟一，允執厥中。』孔穎達疏：『信執其中正之道。』明方孝孺夷齊：『聖人之道，中而已矣。堯、舜、禹三聖人爲萬世法，一允執厥中也。』

〔二十二〕無忝我祖宗之丕訓：『我』，册府元龜作『爾』。『丕訓』，重大之訓導。書君陳：『爾惟弘周公丕訓。』孔傳：『當闡大周公之大訓。』唐韓愈順宗實録卷三：『朕奉若丕訓，憲章前式。』

穆宗即位册文〔一〕

維元和十五年，歲次庚子，閏正月，甲辰朔，三日景午〔二〕，皇帝若曰：於戲！上天降鑒，保佑于我國家，十聖丕承〔三〕，光宅四海〔四〕，鴻休大業〔五〕，以逮予一人〔六〕。嚴恭祗畏，懼弗克荷〔七〕，賴宗社垂慶，生靈乂安。今朕寢疾彌留，弗興弗寤〔八〕，神器所付，屬之元良〔九〕。咨爾皇太子恒，孝友聰明，温文睿哲，自主匕鬯〔十〕，日新厥德。必能纘叙朕志〔十一〕，綏靖萬邦〔十二〕，是用命爾陟于元后。宜令中書門下侍郎、平章事令狐楚〔十三〕，奉册即皇帝位。懋建皇極〔十四〕，無忝我祖宗之休烈〔十五〕。

校　箋

〔一〕本文又見於文苑英華卷四百四十二翰林制詔二十三，乃屬『王言會最』，文題名穆宗皇帝即位册文。又見於册府元龜卷十一帝王部繼統第三。全唐文卷六十三載此文，題爲命皇太子即位册文，署名唐憲宗。此文文末原未標注頒布時間。考本文文首云『維元和十五年，歲次庚子，閏正月，甲辰朔，三日景午，皇帝若曰』，則此文乃頒布於册穆宗即位之日，即元和十五年閏

正月三日。按，唐穆宗即皇帝位事其他史籍亦有記載，唐會要卷一謂：『元和元年八月，進封遂王，七年十月，册爲皇太子……十五年正月即位。』又舊唐書卷十六穆宗紀載：元和『十五年正月庚子，憲宗崩。丙午，即皇帝位於太極殿東序』。册府元龜載：『穆宗，憲宗子。貞元末封建安郡王，元和元年進封遂王，七年册爲皇太子。十五年正月辛丑，皇太子即位。……閏正月丙午宣顧命，册曰……』新唐書卷八穆宗紀云：『穆宗睿聖文惠孝皇帝諱恒，憲宗第三子也。……元和七年，惠昭太子薨……乃立遂王爲皇太子。十五年正月庚子，憲宗崩，陳弘志殺吐突承璀及澧王。辛丑，遺詔皇太子即皇帝位于柩前，司空兼中書令韓弘攝冢宰。閏月丙午，皇太子即皇帝位于太極殿。』資治通鑑卷二百四十一載：元和十五年『春，正月……閏月，丙午，穆宗即位于太極殿東序』。據上所考，舊唐書所記元和『十五年正月……丙午，即皇帝位於太極殿東序』有誤，實際時間應爲閏正月丙午。唐會要所記之元和十五年正月，册府元龜、新唐書所記元和十五年正月辛丑則乃『遺詔皇太子即皇帝位于柩前』之時間，而正式册穆宗即皇帝位則在元和十五年（八二〇）閏正月三日（即丙午日）。然此時乃穆宗正式即皇帝位并頒布册文之時間，册文之撰寫，當在此時稍前。

〔二〕三日景午：此句全唐文作『越三日景午』。『景午』，適園叢書、明鈔本、甲庫本、學

林本均作『庚午』，誤，蓋元和十五年閏正月三日乃丙午，非庚午。『景午』，即丙午，乃避唐帝諱改。

〔三〕十聖丕承：『十聖』，此指唐憲宗前之歷代皇帝，即唐太祖、唐太宗、唐高宗、唐中宗、唐睿宗、唐玄宗、唐肅宗、唐代宗、唐德宗、唐順宗十位帝皇。『丕承』，很好地繼承。舊謂帝王承天受命，常曰『丕承』。書君奭：『惟文王德丕承無疆之恤。』漢揚雄法言問明：『成湯，丕承也；文王，淵懿也。或問丕承，曰：「由小致大，不亦丕乎？革夏以天，不亦承乎？」』

〔四〕光宅四海：『光宅』，即廣有之意。書堯典序：『昔在帝堯，聰明文思，光宅天下。』曾運乾正讀：『光，猶廣也。宅，宅而有之也。』南齊書高帝紀下：『猥以寡德，光宅四海。』

〔五〕鴻休大業：此處『鴻休』蓋謂鴻福，乃稱美上級或長者之蔭庇與關懷。唐韓愈爲宰相賀雪表：『臣等職在燮和，慚無效用，睹斯慶澤，實荷鴻休。』宋蘇轍代南京留守謝減降德音表：『臣幸攝守留鑰，親被鴻休，樂與都人，共陶聖化。』

〔六〕以逮予一人：此處之『予』乃唐憲宗自謂。唐憲宗，傳見舊唐書卷十四、卷十五憲宗紀，新唐書卷七憲宗紀。新唐書憲宗紀載：『憲宗昭文章武大聖至神孝皇帝諱純，順宗長子也。母曰莊憲皇太后王氏。貞元四年六月己亥，封廣陵郡王。二十一年三月，立爲皇太子。永

貞元年八月，順宗詔立爲皇帝。乙巳，即皇帝位于太極殿。丁未，始聽政。』舊唐書卷十五憲宗紀下云：元和『十五年春正月甲戌朔，上以餌金丹小不豫，罷元會。……上自服藥不佳，數不視朝，人情恟懼，及悟出道上語，京城稍安。庚子，以少府監韓璀爲鄜州刺史、鄜坊丹延節度使。是夕，上崩於大明宫之中和殿，享年四十三。時以暴崩，皆言内官陳弘志弑逆，史氏諱而不書。辛丑，宣遺詔。壬寅，移仗西内。五月丁酉，群臣上謚曰聖神章武孝皇帝，廟號憲宗。庚申，葬于景陵。史臣蔣係曰：憲宗嗣位之初，讀列聖實録，見貞觀、開元故事，竦慕不能釋卷，顧謂丞相曰：「太宗之創業如此，玄宗之致理如此，既覽國史，乃知萬倍不如先聖。當先聖之代，猶須宰執臣僚同心輔助，豈朕今日獨爲理哉！」自是延英議政，晝漏率下五六刻方退。自貞元十年已後，朝廷威福日削，方鎮權重。德宗不委政宰相，人間細務，多自臨決，奸佞之臣，如裴延齡輩數人，得以錢谷數術進，宰相備位而已。及上自藩邸監國，以至臨御，訖于元和，軍國樞機，盡歸之於宰相。由是中外咸理，紀律再張，果能剪削亂階，誅除群盜。睿謀英斷，近古罕儔，唐室中興，章武而已。任异、鎛之聚斂，逐群、度於藩方，政道國經，未至衰紊。惜乎服食過當，閹竪竊發，苟天假之年，庶幾于理矣！贊曰：貞元失馭，群盜箕踞。章武赫斯，削平嘯聚。我有宰衡，耀德觀兵。元和之政，聞于頌聲』。

〔七〕嚴恭祇畏，懼弗克荷：『懼弗克荷』，文苑英華作『懼弗克負荷』。『嚴恭』，亦作『嚴龔』，莊嚴恭敬。書無逸：『昔在殷王中宗，嚴恭寅畏。』孔傳：『言太戊嚴恪恭敬，畏天命。』亢倉子訓道：『君后所愛，雖小物，必嚴龔。』『祇畏』，敬畏。書金縢：『用能定爾子孫于下地，四方之民，罔不祇畏。』漢書匡衡傳：『陛下祇畏天戒，哀閔元元，大自減損。』

〔八〕今朕寢疾彌留，弗興弗寤：文苑英華無『今』字。『彌留』，多指病重瀕死。南朝齊王儉褚淵碑文：『景命不永，大漸彌留。』宋王讜唐語林補遺一：『肅宗彌留，衆皆迭侍。』『興』，起身；起來。詩衛風氓：『夙興夜寐，靡有朝矣。』鄭玄箋：『早起夜卧。』左傳襄公二十五年：『門啓而入，枕尸股而哭，興，三踴而出。』『寤』，醒；睡醒；蘇醒。詩邶風柏舟：『静言思之，寤辟有摽。』

〔九〕屬之元良：按『元良』爲太子之代稱。禮記文王世子：『一有元良，萬國以貞，世子之謂也。』南朝梁沈約立太子詔：『元良之寄，有國莫先，自昔哲后，降及近代，莫不立儲樹嫡，守器承祧。』

〔十〕自主匕鬯：『匕鬯』，此指宗廟祭祀。易震：『震驚百里，不喪匕鬯。』王弼注：『匕，所以載鼎實；鬯，香酒。奉宗廟之盛也。』唐陳子昂大周受命頌：『臣聞天無二日，土

無二王，皇帝嗣武，以主匕鬯，豈不宜乎！」

〔十一〕必能纘叙朕志：『纘叙』，册府元龜、全唐文作『纘序』。『纘叙朕志』，文苑英華、四庫全書均作『纘予勤志』。『纘』，繼承。詩魯頌閟宫：『奄有下土，纘禹之緒。』禮記中庸：『武王纘大王、王季、文王之緒，壹戎衣而有天下。』鄭玄注：『纘，繼也。』『叙』，陳述；記述。國語晋語三：『紀言以叙之，述意以導之。』韋昭注：『叙，述也。』三國志魏書臧洪傳：『前日不遺，比辱雅貺，述叙禍福，公私切至。』

〔十二〕綏靖萬邦：『綏靖』，意爲安撫平定。漢書王莽傳上：『遂制禮作樂，有綏靖宗廟社稷之大勛。』宋蘇軾賜宰相吕公著乞罷免相位不允詔：『宰相之責，綏靖四方。』

〔十三〕宜令中書門下侍郎、平章事令狐楚：『宜令』，文苑英華作『宜命』。『中書門下侍郎』，册府元龜、文苑英華、全唐文作『中書侍郎』。『平章事』，册府元龜作『同平章事』。『令狐楚』，傳見舊唐書卷一百七十二、新唐書卷一百六十六。舊唐書令狐楚傳載：『令狐楚字㲉士，自言國初十八學士德棻之裔。祖崇亮，綿州昌明縣令。父承簡，太原府功曹。家世儒素。楚兒童時已學屬文，弱冠應進士，貞元七年登第。……李説、嚴綬、鄭儋相繼鎮太原，高其行義，皆辟爲從事。自掌書記至節度判官，歷殿中侍御史。楚才思俊麗，德宗好文，每太原奏

至，能辨楚之所爲，頗稱之。鄭儋在鎮暴卒，不及處分後事，軍中喧嘩，將有急變。中夜十數騎持刃迫楚至軍門，諸將環之，令草遺表。楚在白刃之中，搦管即成，讀示三軍，無不感泣，軍情乃安。自是聲名益重。……服闋，以刑部員外郎徵，轉職方員外郎、知制誥。楚與皇甫鎛、蕭俛同年登進士第。元和九年，鎛初以財賦得幸，薦俛、楚俱入翰林，充學士，遷職方郎中、中書舍人，皆居内職。……元和十三年四月，出爲華州刺史。……十四年四月，裴度出鎮太原。七月，皇甫鎛薦楚入朝，自朝議郎授朝議大夫、中書侍郎、同平章事，與鎛同處臺衡，深承顧待。十五年正月，憲宗崩，詔楚爲山陵使，仍撰哀册文。』新唐書令狐楚傳載：『令狐楚，字殼士，德棻之裔也。生五歲，能爲辭章。逮冠，貢進士……既及第……李説、嚴綬、鄭儋繼領太原，高其行，引在幕府，由掌書記至判官。……憲宗時，累擢職方員外郎，知制誥。其爲文，於箋奏制令尤善，每一篇成，人皆傳諷。……帝亦自聞其名，召爲翰林學士，進中書舍人。方伐蔡，久未下，議者多欲罷兵，帝獨與裴度不肯赦。元和十二年，度以宰相領彰義節度使，楚草制，其辭有所不合，度得其情。時宰相李逢吉與楚善，皆不助度，故帝罷逢吉，停楚學士，但爲中書舍人。俄出爲華州刺史。……鎛既相，擢楚河陽懷節度使，代烏重胤。……度出太原，鎛薦楚爲中書侍郎、同中書門下平章事。穆宗即位，進門下侍郎。』又考新唐書卷六十二宰相表記元和十四年七

月，『河陽節度使令狐楚守中書侍郎、同中書門下平章事』；元和十五年閏正月辛亥，『楚爲門下侍郎』，罷宰相任。據此，則令狐楚於册唐穆宗即皇帝位時正在『中書門下侍郎、平章事』任，册書所言確實。

〔十四〕懋建皇極：『懋』，原作『楙』，適園叢書、明鈔本、學林本亦作『楙』。然全唐文、文苑英華、册府元龜、四庫全書、甲庫本均作『懋』，今即據改。『懋建』，即勉力建立。書盤庚下：『無戲怠，懋建大命。』孔傳：『勉立大教。』晉葛洪抱朴子交際：『馳騁風塵者，不懋建德業，務本求己，而偏徇高交以結朋黨。』唐韓愈順宗實録卷一：『懋建皇極，以熙庶功。』『皇極』，此處指帝王統治天下之準則，即所謂大中至正之道。書洪範：『五，皇極，皇建其有極。』孔穎達疏：『皇，大也；極，中也。施政教，治下民，當使大得其中，無有邪僻。』漢荀悦漢紀高祖紀一：『昔在上聖，唯建皇極，經緯天地。』

〔十五〕休烈：謂盛美之事業。漢書宣帝紀：『朕未能章先帝休烈，協寧百姓。』顔師古注：『休，美也。烈，業也。』唐韓愈順宗實録卷三：『對越天地之耿光，丕承祖宗之休烈。』

敬宗即位册文（一）

維長慶四年，歲次甲辰，正月辛亥朔，二十六日景子，皇帝若曰：惟天輔唐德，我祖宗克荅天意，邁德勤道（二），紹休大業（三）。洎予一人，嗣守四海，祇事天地，愛育萬類（四），罔或怠惰（五），于兹五年（六）。今寢疾彌留，不興不寤（七），獲以重器，付之元良（八）。咨爾皇太子湛（九），列祖儲慶（十），自天生德，孝友慈惠，温良敬恭（十一），必能輯寧邦家（十二），輝光緒業（十三），是用命爾陟于元后。宜令中書侍郎、平章事牛僧孺（十四），奉册即皇帝位。爾有廣厚之量，可以奉天地；爾有孝敬之志，可以事神祇（十五）。和惠可以撫萬邦，仁愛可以親九族。任賢尚德，遠佞去邪。爾惟欽承（十六），無忝我祖宗之休烈。

校箋

（一）本文又見於册府元龜卷十一、文苑英華卷四百四十二翰林制詔二十三，題名敬宗皇帝即位册文，乃『王言會最』之文。全唐文卷六十七亦有此文，文題名爲命皇太子即位册

文，署名唐穆宗。此文文末原未標注頒布年月。考本文首謂『維長慶四年，歲次甲辰，正月辛亥朔，二十六日景子，皇帝若曰』，則册文乃發布於敬宗正式即位之長慶四年正月二十六日。按，敬宗即皇帝位之事諸典籍亦有記載。舊唐書卷十七上敬宗紀云：『敬宗睿武昭愍孝皇帝諱湛，穆宗長子……長慶元年三月，封景王。二年十二月，立爲皇太子。四年正月壬申，穆宗崩。癸酉，皇太子即位柩前，時年十六。……丙子，群臣準遺詔奏皇帝寶册。禮畢，詔賞神策諸軍士人絹十匹、錢十千，畿内諸軍鎮絹十匹、錢五千，其餘軍鎮頒給有差。』新唐書卷八敬宗紀云：長慶『四年正月，穆宗崩。……丙子，皇太子即皇帝位于太極殿』。唐會要卷一載：長慶『二年十二月，册爲皇太子，四年正月即位』。册府元龜卷十一所記稍詳，云：『敬宗，穆宗長子。長慶二年十二月立爲皇太子，四年正月癸酉即帝位，時年十六。以門下侍郎、平章事李逢吉攝冢宰。其日移仗西宫，發哀于太極殿。……丙子，帝即位于太極殿東序。册曰：維長慶四年歲次甲辰，正月辛亥朔，二十六日丙子，皇帝若曰：惟天輔唐德……』又，資治通鑒卷二百四十三長慶四年正月載：『庚午，上疾復作。壬申，大漸，命太子監國。宦官欲請郭太后臨朝稱制，太后曰：「昔武后稱制，幾傾社稷。我家世守忠義，非武氏之比也。太子雖少，但得賢宰相輔之，卿輩勿預朝政，何患國家不安！自古豈有女子爲天下主，而能致唐、虞之理乎！」取制書手裂之。太后兄太常卿釗

聞有是議，密上箋曰：「若果徇其請，臣請先帥諸子納官爵歸田里。」太后泣曰：「祖考之慶，鍾於吾兄。」是夕，上崩于寢殿。癸酉，以李逢吉攝冢宰。丙子，敬宗即位于太極東序。』據上典籍所記，知長慶四年正月癸酉（正月二十三日），乃皇太子即位柩前之日，而其正式册立則在長慶四年（八二四）正月二十六日丙子（即景子）。然此時乃册文頒布之日，册文之撰寫當在此時稍前。

〔二〕邁德勤道：『邁德』，即謂勉力樹德。語出書大禹謨：『皋陶邁種德。』三國魏吴質在元城與魏太子箋：『邁德種恩，樹之風聲。』

〔三〕紹休大業：『紹』，意爲承繼。漢書敍傳下：『漢紹堯運，以建帝業。』唐韓愈燕河南府秀才詩：『吾皇紹祖烈，天下再太平。』『休』，此處意爲蔭庇。周書静帝紀：『藉祖考之休，憑宰輔之力。』宋曾鞏仙源縣君曾氏墓志銘：『吾既孤而貧，有妹九人……賴先人遺休，嫁之皆以時。』『大業』，此處指帝業。書盤庚上：『天其永我命于兹新邑，紹復先王之大業，厎綏四方。』史記秦始皇本紀：『今陛下創大業，建萬世之功，固非愚儒所知。』

〔四〕愛育萬類：『類』，册府元龜、全唐文作『物』。

〔五〕罔或怠惰：『怠惰』，文苑英華作『失墜』。

〔六〕于兹五年：文苑英華作『于今五年』。按，此指唐穆宗自即皇帝位至傳位於唐敬宗時所

歷之時間。考唐穆宗於元和十五年（八二〇）正月即位，至長慶四年（八二四）正月傳位於唐敬宗，恰爲五年。

〔七〕今寢疾彌留，不興不寤：『不興不寤』，文苑英華作『弗興弗寤』。穆宗寢疾事史籍亦有載，舊唐書穆宗紀記：長慶二年『十一月丁巳朔。……丙子，集王緗薨。庚辰，上與内官擊鞠禁中，有内官欻然墜馬，如物所擊。上恐，罷鞠升殿，足不能履地，風眩就牀。自是外不聞上起居者三日。……三年正月丁巳朔，上以疾不受朝賀。是日大風，昏翳竟日。……四年正月辛亥朔，上御殿受朝如常儀。上餌金石之藥，處士張臯上疏切諫，上悦，召之，求臯不獲。……辛未，上大漸，詔皇太子監國。壬申，上崩於寢殿，時年三十』。資治通鑒卷二百四十二亦記：長慶二年十一月『庚辰，上與宦者擊球於禁中，有宦者墜馬，上驚，因得風疾，不能履地，自是人不聞上起居。宰相屢乞入見，不報。裴度三上疏請立太子，且請入見。十二月，辛卯，上見群臣於紫宸殿，御大繩床，悉去左右衛官，獨宦者十餘人侍側，人情稍安』。同上書卷二百四十三長慶四年正月亦記：『初，柳泌等既誅，方士稍復，因左右以進，上餌其金石之藥。有處士張臯者上疏，以爲：「神慮淡則血氣和，嗜欲勝則疾疹作。藥以攻疾，無疾不可餌也。昔孫思邈有言：『藥勢有所偏助，令人藏氣不平，借使有疾用藥，猶須重慎。』庶人尚爾，況於天子！先帝信方士妄言，餌藥

致疾，此陛下所詳知也，豈得復循其覆轍乎！今朝野之人紛紜竊議，但畏忤旨，莫敢進言。臣生長蓬艾，麋鹿與游，無所邀求，但粗知忠義，欲裨萬一耳！」上甚善其言，使求之，不獲。……庚辰，上疾復作；壬申，大漸，命太子監國。……是夕，上崩於寢殿。」

〔八〕付之元良：『元良』，太子的代稱。禮記文王世子：『一有元良，萬國以貞，世子之謂也。』

〔九〕皇太子湛：即唐敬宗李湛，傳見舊唐書卷十七上敬宗紀、新唐書卷八敬宗紀。舊唐書敬宗紀云：『敬宗睿武昭愍孝皇帝諱湛，穆宗長子，母曰恭僖太后王氏。元和四年六月七日，生於東內之別殿。長慶元年三月，封景王。二年十二月，立爲皇太子。四年正月壬申，穆宗崩。癸酉，皇太子即位柩前，時年十六。……丙子，群臣準遺詔奏皇帝寶册，禮畢，詔賞神策諸軍士人絹十四、錢十千，畿内諸軍鎮絹十四、錢五千，其餘軍鎮頒給有差。内出綾絹三百萬段以助賞給。』新唐書敬宗紀云：『敬宗睿武昭愍孝皇帝諱湛，穆宗長子也。母曰恭僖皇太后王氏。始封鄂王，徙封景王。長慶二年十二月，穆宗因擊球暴得疾，不見群臣者三日。左僕射裴度三上疏，請立皇太子，而翰林學士、兩省官相次皆以爲言。居數日，穆宗疾少閑，宰相李逢吉請立景王爲皇太子。四年正月，穆宗崩。癸酉，門下侍郎、平章事李逢吉攝冢宰。丙子，皇太子即皇帝位

于太極殿。二月辛巳，始聽政。』舊唐書敬宗紀末：『史臣曰：古人謂堯無子，舜無父，言其賢不肖之相遠也。以文惠驕誕之性，繼之以昭愍，固其宜也。而昭獻、昭肅，英特不群，文足以緯邦家，武足以平禍亂。三子之操行頓異，其可道哉？寶曆不君，國統幾絶，天未降喪，幸賴裴度，復任弼諧。彼狡童兮，夫何足議！』

（十）列祖儲慶：『列』，原作『烈』，據册府元龜、文苑英華、全唐文、四庫全書改。『儲慶』，文苑英華作『垂慶』，册府元龜作『儲愛』。

（十一）温良敬恭：『敬恭』，册府元龜、全唐文作『肅恭』，文苑英華作『恭敬』。

（十二）必能輯寧邦家：『邦家』，原作『家邦』，今據册府元龜、文苑英華、全唐文改。『邦家』，國家。詩小雅南山有臺：『樂只君子，邦家之基。』鄭玄箋：『人君既得賢者，置之於位，又尊敬以禮樂，樂則能爲國家之本。』後漢書皇甫規傳論：『故能功成於戎狄，身全於邦家也。』『輯寧』，意爲安撫，安定。書湯誥：『俾予一人，輯寧爾邦家。』唐白居易除薛平鄭滑節度制：『爾宜式遏四封，輯寧百衆。』

（十三）輝光緒業：『緒業』，事業；遺業。管子宙合：『是以人之緒業不得不多端，名位不得不殊方。』史記周本紀：『武王即位，太公望爲師，周公旦爲輔，召公、畢公之徒左右王，師修

文王緒業。』

（十四）中書侍郎、平章事牛僧孺：『牛僧孺』，傳見舊唐書卷一百七十二、新唐書卷一百七十四。舊唐書牛僧孺傳記：『牛僧孺字思黯，隋僕射奇章公弘之後。祖紹，父幼簡，官卑。僧孺進士擢第，登賢良方正制科，釋褐伊闕尉，遷監察御史，轉殿中，歷禮部員外郎。元和中，改都官，知臺雜，尋換考功員外郎，充集賢直學士。穆宗即位，以庫部郎中知制誥。其年十一月，改御史中丞。以州府刑獄淹滯，人多冤抑，僧孺條疏奏請，按劾相繼，中外肅然。長慶元年，宿州刺史李直臣坐贓當死，直臣賂中貴人爲之申理，僧孺堅執不回。穆宗面喻之曰：「直臣事雖僭失，然此人有經度才，可委之邊任，朕欲貸其法。」僧孺對曰：「凡人不才，止於持禄取容耳。帝王立法，束縛奸雄，正爲才多者。禄山、朱泚以才過人，濁亂天下，况直臣小才，又何屈法哉？」上嘉其守法，面賜金紫。二年正月，拜户部侍郎。三年三月，以本官同平章事。……敬宗即位，加中書侍郎、銀青光禄大夫，封奇章子，邑五百户。十二月，加金紫階，進封郡公、集賢殿大學士、監修國史。』新唐書牛僧孺傳云：『牛僧孺字思黯，隋僕射奇章公弘之裔。幼孤，下杜樊鄉有賜田數頃，依以爲生。工屬文，第進士。元和初，以賢良方正對策，與李宗閔、皇甫湜俱第一，條指失政，其言鯁訐，不避宰相。宰相怒，故楊於陵、鄭敬、韋貫之、李益等坐考非其宜，皆

調去。僧孺調伊闕尉，改河南，遷監察御史，進累考工員外郎、集賢殿直學士。穆宗初，以庫部郎中知制誥。徙御史中丞，按治不法，内外澄肅。宿州刺史李直臣坐賕當死，賂宦侍爲助，具獄上。帝曰：「直臣有才，朕欲貸而用之。」僧孺曰：「彼不才者，持禄取容耳。天子制法，所以束縛有才者。禄山、朱泚以才過人，故亂天下。」帝異其言，乃止。賜金紫服，以户部侍郎同中書門下平章事。……尋遷中書侍郎。敬宗立，進封奇章郡公。』按，舊唐書本傳記牛僧孺『敬宗即位，加中書侍郎』，恐誤。新唐書本傳則稱其『以户部侍郎同中書門下平章事……尋遷中書侍郎』在敬宗立之前，然未言具體時間。考册府元龜卷十一記册敬宗即皇帝位後云：『於是中書侍郎、平章事牛僧孺讀册進册，門下侍郎、平章事李逢吉宣制進寶，太常少卿馮宿導引乘輿，刑部尚書段文昌率百僚奉誡辭。』又資治通鑑卷二百四十三長慶三年載：『户部侍郎牛僧孺，素爲上所厚。初，韓弘之子右驍衛將軍公武爲其父謀，以財結中外。及公武卒，弘繼薨，稚孫紹宗嗣，主藏奴與吏訟於御史府。上憐之，盡取弘財簿自閲視，凡中外主權，多納弘貨，獨朱句細字曰：「某年月日，送户部牛侍郎錢千萬，不納。」上大喜，以示左右曰：「果然，吾不繆知人！」三月，壬戌，以僧孺爲中書侍郎、同平章事。』又，新唐書卷六十三宰相表下記：長慶三年『三月壬戌，御史中丞牛僧孺爲户部侍郎、同中書門下平章事。……（十月）庚寅，僧孺爲中書侍郎。……（寶

曆元年）正月乙卯，僧孺檢校禮部尚書、同平章事、武昌節度使』。按，據上述史籍所載，儘管牛僧孺爲中書侍郎、平章事之時間有所不一，但除舊唐書本傳記在敬宗即位之後，不可信外，其他史籍均記在敬宗即皇帝位之前，故册書謂其『中書侍郎、平章事』可信。

（十五）爾有廣厚之量，可以奉天地；爾有孝敬之志，可以事神祇：此四句册府元龜、全唐文作『爾有孝敬之志，可以奉宗廟；爾有廣厚之量，可以事奉神祇。』

（十六）爾惟欽承：『欽承』，恭敬地繼承或承受。書説命下：『監于先王成憲，其永無愆，惟説式克欽承。』三國魏曹丕與鍾大理書：『嘉貺益腆，敢不欽承。』

文宗即位册文（一）

維寶曆二年，歲次景午，十二月甲午朔，十二日乙巳，太皇太后若曰（二）：大行皇帝睿哲英能（三），對天明命（四），方夏底績（五），夷蠻貢庭，罔有不端。太康有截（六），宜荷九廟之重，永享億年之禄（七）。豈虞奸妖竊發，矯專神器，蠱惑中外，扇誘群情，駭動神人，釁深梟獍（八）。咨爾江王昂（九），聰哲精粹（十），清明毓和，智算機開，玄謀電發，躬率義勇，大清凶徒（十一）。且膺當璧之符（十二），爰攄枕戈之憤，既

殲巨害，當享豐福〔十三〕。是用命爾陟于元后，宜令司空、平章事裴度〔十四〕，奉册即皇帝位。永惟高祖，太宗之翦定隋亂，玄宗之寢澮利澤，憲宗之堅除蠹孽〔十五〕，艱難險阻，勖乃負荷。小心以事上帝，儉德以刑家邦，懋於令聞〔十六〕，持久如始，敬之休哉。

校箋

〔一〕本文又見於文苑英華卷四百四十二翰林制詔二十三，題名文宗皇帝即位册文，乃屬於『王言會最』。册府元龜卷十一亦載。御定淵鑒類函卷四十二收此文，文題文宗即位册文。全唐文卷九十八亦收此文，題爲命江王即位册文，署名憲宗郭皇后。此外舊唐書卷五十二后妃下憲宗懿安皇后郭氏傳亦録此文，唯有所省略且文字稍有所不同。本文文末原未標明頒布時間。考本文文首云『維寶曆二年，歲次景午，十二月甲午朔，十二日乙巳，太皇太后若曰』，載此文之諸本所記同，唯册府元龜記爲『維寶曆二年，歲次庚午，十二月甲午朔，十二日乙巳，太皇太后若曰』，其中『歲次庚（底本作景）午』誤，『庚午』應是『景午』之誤，蓋寶曆二年乃歲次丙午（亦即景午）。又考舊唐書卷十七上文宗紀、新唐書卷八文宗紀、資治通鑒卷二百四十三均記寶

曆二年十二月乙巳，江王（即登基後之唐文宗）即皇帝位於宣政殿。據上所考，唐文宗乃即位於寶曆二年（八二六）十二月乙巳（十二日），此亦此册文頒布之時間，其撰寫時間當在此時稍前。

〔二〕太皇太后若曰：此處『太皇太后』指憲宗懿安皇后郭氏，傳見舊唐書卷五十二后妃下、新唐書卷七十七后妃下。舊唐書本傳載：『憲宗懿安皇后郭氏，尚父子儀之孫，贈左僕射、駙馬都尉曖之女。母代宗長女昇平公主。憲宗爲廣陵王時，納后爲妃。以母貴，父、祖有大勛於王室，順宗深寵異之。貞元十一年，生穆宗皇帝。元和元年八月，册爲貴妃。八年十二月，百僚拜表請立貴妃爲皇后，凡三上章，上以歲暮，來年有子午之忌，且止。帝後庭多私愛，以后門族華盛，慮正位之後，不容嬖幸，以是册拜後時。元和十五年正月，穆宗嗣位，閏正月，册爲皇太后……是日，百僚稱慶，外命婦奉賀光順門。……敬宗即位，尊爲太皇太后。及寶曆季年，凶徒竊發，昭愍暴殞，内外震駭。宦官迎絳王監國，尋又加害。太皇太后下令曰：「大行皇帝睿哲多能，對越天命，宜荷九廟之重，永享億年之祚。豈謂奸妖竊發，矯專神器，蠱惑中外，扇誘群情，駭動神人，釁深梟獍。咨爾江王，聰哲精粹，清明在躬，智算機閑，玄謀雷發，躬率義勇，大清醜類，允膺當璧之符，爰攄枕戈之憤，既殲巨逆，當享豐福。是命爾陟于元后，宜令司空、平章事、晋國公度奉册即皇帝位。」文宗孝而謙謹，奉祖母有禮，膳羞珍果，蠻夷奇貢，獻

郊廟之後，及三宮而後進御。」又新唐書本傳亦記：『憲宗懿女皇后郭氏，汾陽王子儀之孫。父曖，尚昇平公主，實生后。……元和元年，進册貴妃。……穆宗嗣位，上尊號皇太后……帝崩，中人有爲后謀稱制者，后怒曰：「吾效武氏邪？今太子雖幼，尚可選重德爲輔，吾何與外事哉？」敬宗立，號太皇太后。寶曆倉卒，后召江王嗣皇帝位，是爲文宗。』

〔二〕大行皇帝睿哲英能：『英能』，原作『英靈』，然舊唐書、册府元龜、文苑英華、御定淵鑒類函、全唐文皆作『英能』，今即據改。又，『大行皇帝』謂唐敬宗李湛，傳見舊唐書卷十七上、新唐書卷八敬宗紀。舊唐書 敬宗紀云：『敬宗睿武昭愍孝皇帝諱湛，穆宗長子，母曰恭僖太后王氏。元和四年六月七日，生於東内之別殿。長慶元年三月，封景王。二年十二月，立爲皇太子。四年正月壬申，穆宗崩。癸酉，皇太子即位柩前，時年十六。……（寶曆二年）十二月甲午朔。辛丑，帝夜獵還宮，與中官劉克明、田務成、許文端打球，軍將蘇佐明、王嘉憲、石定寬等二十八人飲酒。帝方酣，入室更衣，殿上燭忽滅，劉克明等同謀害帝，即時殂於室内，時年十八。群臣上謚曰睿武昭愍孝皇帝，廟號敬宗。大和元年七月十三日，葬于莊陵。史臣曰：古人謂堯無子，舜無父，言其賢不肖之相遠也。以文惠驕誕之性，繼之以昭愍，固其宜也。而昭獻、昭肅，英特不群，文足以緯邦家，武足以平禍亂。三子之操行頓異，其可道哉？寶曆不君，國統幾絶，天未

降喪，幸賴裴度，復任弼諧。彼狡童兮，夫何足議！』然册府元龜卷十一云：『文宗，敬宗弟，初封江王。寶曆二年十二月辛丑，敬宗夜獵還宮，遇中官劉克明之逆。壬寅，樞密使王守澄以兵衛迎江王入宮。癸卯教曰：「大行皇帝聰斷英明，臨下以法，方將致理以一區夏。」』所稱有異於史籍所言。然據上引史書所記，册文稱敬宗『睿哲英靈』，實乃獻諛之頌言。

〔四〕對天明命：『對』，意爲酬答；答謝。詩大雅皇矣：『以篤于周祜，以對于天下。』鄭玄箋：『對，答也……以答天下鄉周之望。』漢陳琳拜烏丸三王爲單于版文：『夫有勳不賞，俾勤者怠。今遣行謁者楊林，賫單于璽綬車服，以對爾勞。』『明命』，指聖明的命令。禮記大學：『太甲：「顧諟天之明命。」帝典曰：「克明峻德。」皆自明也。』明史懷獻太子見濟傳：『陛下膺天明命，中興邦家，統緒之傳宜歸聖子。』

〔五〕方夏底績：『方夏』，指中國，華夏，與『四夷』相對。書武成：『誕膺天命，以撫方夏。』後漢書董卓傳贊：『方夏崩沸，皇京烟埃。』李賢注：『方，四方；夏，華夏也。』『底績』，謂獲得成功；取得成績。書禹貢：『覃懷底績，至于衡漳。』南朝梁劉勰文心雕龍詮賦：『太冲安仁，策勛於鴻規；士衡子安，底績於流制。』

〔六〕太康有截：『太康』，謂社會太平安寧。三國魏曹叡野田黄雀行逸句：『四夷重譯貢，百

姓謳吟詠太康。』唐李白流夜郎聞酺不預詩：『北闕聖人歌太康，南冠君子竄遐荒。』『有截』，齊一貌；整齊貌。有，助詞。詩商頌長發：『苞有三蘖，莫遂莫達，九有有截。』韋顧既伐，昆吾夏桀。』鄭玄箋：『九州齊一截然。』又：『相士烈烈，海外有截。』鄭玄箋：『截整齊也。』

〔七〕宜荷九廟之重，永享億年之祿：『重』，册府元龜、全唐文作『靈』。『祿』，舊唐書作『祚』。『九廟』，指帝王的宗廟。古時帝王立廟祭祀祖先，有太祖廟及三昭廟、三穆廟，共七廟。王莽增爲祖廟五、親廟四，共九廟。後歷朝皆沿此制。漢書王莽傳下：『取其材瓦，以起九廟。』晉潘岳西征賦：『由僞新之九廟，誇宗虞而祖黃。』

〔八〕豈虞奸妖竊發，矯專神器，蠱惑中外，扇誘群情，駭動神人，釁深梟獍：『群情』，原作『群萌』，而舊唐書作『群情』，文苑英華、全唐文作『群朋』，今從舊唐書改。『神器』，此處指代表國家政權之實物，如玉璽、寶鼎之類。借指帝位、政權。漢書敘傳上：『世俗見高祖興於布衣，不達其故……不知神器有命，不可以智力求也。』顔師古注引劉德曰：『神器，璽也。』晉左思魏都賦：『劉宗委馭，巽其神器。』呂延濟注：『神器，帝位。』『梟獍』，亦作『梟鏡』。舊説梟爲惡鳥，生而食母；獍爲惡獸，生而食父。用以比喻忘恩負義之徒或狠毒之人。北魏楊衒之洛陽

伽藍記永寧寺：『若兆者，蜂目豺聲，行窮梟獍，阻兵安忍，賊害君親。』范祥雍校釋：『漢書卷二十五郊祀志：「祠黃帝用一梟破鏡。」孟康注：「梟，鳥名，食母；破鏡，獸名，食父。」破鏡即是獍。此以比喻狠戾忘恩之人。』按，此數句乃指中官劉克明等人謀害唐敬宗，擁戴絳王李悟事。舊唐書敬宗紀載寶曆二年『十二月甲午朔，辛丑，帝夜獵還宮，與中官劉克明、田務成、許文端打球，軍將蘇佐明、王嘉憲、石定寬等二十八人飲酒。帝方酣，入室更衣，殿上燭忽滅，劉克明等同謀害帝，即時殂於室內，時年十八』。資治通鑑卷二百四十三於寶曆二年十一月後所記較詳，謂：『上游戲無度，狎昵群小，善擊球，好手搏，禁軍及諸道爭獻力士，又以錢萬緡付內園令召募力士，晝夜不離側。又好深夜自捕狐狸。性復褊急，力士或恃恩不遜，輒配流、籍沒。宦官小過，動遭捶撻，皆怨且懼。十二月，辛丑，上夜獵還宮，與宦官劉克明、田務澄、許文端及擊球軍將蘇佐明、王嘉憲、石從寬、閻惟直等二十八人飲酒。上酒酣，入室更衣，殿上燭忽滅，蘇佐明等弒上於室內。劉克明等矯稱上旨，命翰林學士路隋草遺制，以絳王悟權勾當軍國事。』

〔九〕江王昂：原作『江王某』，今據冊府元龜、全唐文改。『江王』，冊府元龜卷十一云：『文宗，敬宗弟，初封江王。』舊唐書卷十七上文宗紀云：『文宗元聖昭獻孝皇帝諱昂，穆宗第二子，母曰貞獻皇后蕭氏。元和四年十月十日生。長慶元年封江王。初名涵。寶曆二年十二

月八日，敬宗遇害，賊蘇佐明等矯制立絳王勾當軍國事。樞密使王守澄、中尉梁守謙率禁軍討賊，誅絳王，迎上于江邸。」

〔十〕聰哲精粹：『精粹』，原作『孕粹』，今據舊唐書改。

〔十一〕智算機開，玄謀電發，躬率義勇，大清凶徒：『智算機開』，諸本同，然文苑英華作『智籌機關』，舊唐書、册府元龜作『智算機開』，全唐文作『智算機關』。『大清凶徒』，舊唐書作『大清醜類』，全唐文作『大靖凶徒』。『玄謀』，意爲深謀；妙計。漢張衡東京賦：『玄謀設而陰行，合二九而成譎。』晋書文帝紀：『公躬擐甲冑，龔行天罰，玄謀廟算，遵養時晦。』按，此數句乃謂平定劉克明弒唐敬宗之反叛事。據資治通鑑卷二百四十三寶曆二年十一月後所記：『十二月，辛丑，上夜獵還宫……蘇佐明等弒上於室内。劉克明等矯稱上旨，命翰林學士路隋草遺制，以絳王悟權勾當軍國事。壬寅，宣遺制，絳王見宰相百官於紫宸外廡。……於是樞密使王守澄、楊承和，中尉魏從簡、梁守謙定議，以衛兵迎江王涵入宫，發左、右神策、飛龍兵進討賊黨，盡斬之。克明赴井，出而斬之。絳王爲亂兵所害。時事起蒼猝，守澄等以翰林學士韋處厚博通古今，一夕處置，皆與之共議。守澄等欲號令中外，而疑所以爲辭。處厚曰：「正名討罪，於義何嫌，安可依違，有所諱避！」又問：「江王當如何踐祚？」處厚曰：「詰朝，當以王教布告

中外以已平內難。然後群臣三表勸進，以太皇太后令册命即皇帝位。」當時皆從其言，時不暇復問有司，凡百儀法，皆出於處厚，無不叶宜。』册府元龜卷十一亦記此事謂：『寶曆二年十二月辛丑，敬宗夜獵還宮，遇中官劉克明之逆。壬寅，樞密使王守澄以兵衛迎江王入宮。癸卯教曰：大行皇帝聰斷英明，臨下以法，方將致理以一區夏，而妖凶構禍，矯宣遺言，不詢群臣，專斷神器，恃近而迫衆，倚兵而取威，謂天地可欺，神明可罔。既而奸謀發泄，凶黨彰聞。寡人義重君臣，毒甚手足，拊膺號惋，誓清凶徒。果有義烈副此誠志，遂以宰相定議，乃親率左右神策、護軍中尉、心腹近臣及諸職事官，并左右神策六軍使、兼諸軍使及飛龍將士等搜摘伏匿，大擒諸妖。或血刃當辜，或赴井自斃。其劉克明、田務澄、蘇佐明、王嘉憲、石定寬等二十八人并正刑。……此皆宗社威靈，文武協力，翦蕩凶寇，克有成算。』

〔十二〕且膺當璧之符：『當璧』，原作『當辟』，不辭。諸本以及舊唐書、文苑英華、册府元龜、御定淵鑒類函均作『當璧』，是，今即據改。『當璧』，左傳昭公十三年：『初，共王無冢適，有寵子五人，無適立焉。乃大有事于群望，而祈曰：「請神擇於五人者，使主社稷。」乃遍以璧見於群望，曰：「當璧而拜者，神所立也，誰敢違之？」既，乃與巴姬密埋璧於大室之庭，使五人齊，而長入拜……平王弱，抱而入，再拜，皆厭紐。』楊伯峻注：『厭同壓。壓紐即當璧。』

後以『當璧』喻立爲國君之兆。魏書肅宗紀：『皇曾孫故臨洮王寶暉世子釗，體自高祖，天表卓異，大行平日養愛特深，義齊若子，事符當璧。』北齊書幼主紀：『文宣因累世之資，膺樂推之會，地居當璧，遂遷魏鼎。』『符』，此處特指帝王受命之徵兆。漢董仲舒賢良策一：『臣聞天之所奉使之王者，必有非人力所能致而自至者，此受命之符也。』史記張丞相列傳：『魯人公孫臣上書言漢土德時，其符有黃龍當見。』

〔十三〕既殲巨害，當享豐福：此處『巨害』乃指凶殺唐敬宗之劉克明、田務澄、蘇佐明、王嘉憲、石定寬等二十八人。『既殲巨害』以及劉克明等人事除上文所述外，新唐書卷二百八劉克明傳亦有所記：『劉克明亦亡所來，得幸敬宗。敬宗善擊球，於是陶元皓、靳遂良、趙士則、李公定、石定寬以球工得見便殿，內籍宣徽院或教坊，然皆出神策隸卒或里閭惡少年，帝與狎息殿中爲戲樂。四方聞之，争以趫勇進于帝。……所親近既皆凶不逞，又小過必責辱，自是怨望。帝獵夜還，與克明、田務澄、許文端、石定寬、蘇佐明、王嘉憲、閻惟直等二十有八人群飲，既酣，帝更衣，燭忽滅，克明與佐明、定寬弒帝更衣室，矯詔召翰林學士路隋作詔書，命絳王領軍國事。明日，下遺詔，絳王即位。克明等恃功，將易置左右，自引支黨顓兵柄。于時，樞密使王守澄、楊

承和，中尉梁守謙、魏從簡與宰相裴度共迎江王，發左、右神策及六軍飛龍兵討之，克明投井死，出其尸戮之。務澄等皆斬首以徇，籍入家貲，又殺其黨數十人。』『豐福』，即大福。國語周語下：『而受天之豐福，饗民之勛力，子孫豐厚，令聞不忘。』漢劉向説苑辨物：『道而得神，是謂豐福。』

〔十四〕司空、平章事裴度：『裴度』，傳見舊唐書卷一百七十、新唐書卷一百七十三。舊唐書裴度傳謂：『裴度字中立，河東聞喜人。祖有鄰，濮州濮陽令。父漵，河南府澠池丞。度，貞元五年進士擢第，登宏辭科。應制舉賢良方正、能直言極諫科，對策高等，授河陰縣尉。遷監察御史，密疏論權幸，語切忤旨，出爲河南府功曹。遷起居舍人。元和六年，以司封員外郎知制誥，尋轉本司郎中。……時（按，指敬宗時）帝童年驕縱，倦接群臣。度從容奏曰……自後，視事稍頻。未幾，兼領度支。屬盜起禁闈，宫車晏駕，度與中貴人密謀，誅劉克明等，迎江王立爲天子。以功加門下侍郎、集賢殿大學士、太清宫使，餘如故。以贊導之勛，進階特進。』又據新唐書卷六十三宰相表下，裴度於寶曆二年二月丁未任守司空、同中書門下平章事；同年十二月庚申度兼『門下侍郎』。據此，寶曆二年十二月十二日乙巳宣册時裴度正在司空、平章事任。

〔十五〕憲宗之塈除蠹孽：『塈除』，原作『塈拔』，册府元龜同。然文苑英華、全唐文、御

定淵鑒類函、適園叢書、學林本均作『堅除』，今即據改。『憲宗之堅除蠹孽』事，蓋指其清除王叔文、王伾之『永貞革新』諸人，以及此後討伐平定諸叛鎮如楊惠琳、李錡、劉闢、吴元濟、王承宗、李師道等軍閥諸事。此誠如舊唐書憲宗紀史官蔣係所評：『憲宗嗣位之初，讀列聖實録，見貞觀、開元故事，竦慕不能釋卷，顧謂丞相曰：「太宗之創業如此，玄宗之致理如此，既覽國史，乃知萬倍不如先聖。當先聖之代，猶須宰執臣僚同心輔助，豈朕今日獨爲理哉！」自是延英議政，晝漏率下五六刻方退。自貞元十年已後，朝廷威福日削，方鎮權重。德宗不委政宰相，人間細務，多自臨決，奸佞之臣，如裴延齡輩數人，得以錢谷數術進，宰相備位而已。及上自藩邸監國，以至臨御，訖于元和，軍國樞機，盡歸之於宰相。由是中外咸理，紀律再張，果能剪削亂階，誅除群盜。睿謀英斷，近古罕儔，唐室中興，章武而已。……贊曰：貞元失馭，群盜箕踞。章武赫斯，削平嘯聚。我有宰衡，耀德觀兵。元和之政，聞于頌聲。』上述平亂諸事，史籍多有記載，今擇二三例簡略以明之。舊唐書順宗紀貞元二十一年七月，『時上久疾，不復延納宰臣共論大政。事無巨細皆決于李忠言、王伾、王叔文。物論喧雜，以爲不可。藩鎮屢上箋於皇太子，指三豎之撓政，故有是詔。……皇太子見百僚於朝堂。丙申，皇太子於麟德殿西亭見奏事官』。又同上書八月庚子詔：『「惟皇天佑命烈祖，誕受方國……皇太子純睿哲温文，寬和仁

惠，孝友之德，愛敬之誠，通乎神明，格于上下。……宜令皇太子即皇帝位，朕稱太上皇，居興慶宮，制稱誥。」……壬寅，貶右散騎常侍王伾爲開州司馬，前户部侍郎、度支鹽鐵轉運使王叔文爲渝州司户。』資治通鑑卷二百三十六所記稍詳：永貞元年六月『癸丑，韋皋上表，以爲：「陛下哀毁成疾，重勞萬機，故久而未安，請權令皇太子親監庶政……今之所陳，乃其職分。」又上太子箋，以爲：「聖上遠法高宗，亮陰不言，委政臣下，而所付非人。王叔文、王伾、李忠言之徒，輒當重任，賞罰縱情，墮紀紊綱。散府庫之積以賂權門。樹置心腹，遍于貴位；潛結左右，憂在蕭墻。竊恐傾太宗盛業，危殿下家邦，願殿下即日奏聞，斥逐群小，使政出人主，則四方獲安。」皋自恃重臣，遠處西蜀，度王叔文不能動摇，遂極言其奸。俄而荆南節度使裴均、河東節度使嚴綬箋表繼至，意與皋同，中外皆倚以爲援，而邪黨震懼。……王叔文既以范希朝、韓泰主京西神策軍，諸宦者尚未寤。會邊上諸將各以狀辭中尉，且言方屬希朝。宦者始寤兵柄爲叔文等所奪，乃大怒曰：「從其謀，吾屬必死其手。」密令其使歸告諸將曰：「無以兵屬人。」……丁巳，叔文以母喪去位。……王叔文既有母喪，韋執誼益不用其語。叔文怒，與其黨日夜謀起復，必先斬執誼而盡誅不附己者，聞者恟懼。自叔文歸第，王伾失據，日詣宦官及杜佑請起叔文爲相，且總北軍；既不獲，則請以爲威遠軍使、平章事，又不得。其黨皆憂悸不自保。是日，伾坐翰林中，疏三上，不

報，知事不濟，行且卧，至夜，忽叫曰：「伾中風矣！」明日，遂輿歸不出。……伾、叔文之黨至是始去。……乙未，制以「積疢未復，其軍國政事，權令皇太子純勾當」。時内外共疾王叔文黨與專恣，上亦惡之。俱文珍等屢啓上請令太子監國，上固厭倦萬機，遂許之。……太子見百官于東朝堂，百官拜賀；太子涕泣，不答拜。八月，庚子，制：「令太子即皇帝位，朕稱太上皇，制敕稱誥。」……壬寅，貶王伾開州司馬、王叔文渝州司户。伾尋病死貶所。明年，賜叔文死』。又資治通鑒卷二百三十七記平鎮海節度使李錡之叛略曰：『九月，乙酉，密王綢薨。夏、蜀既平，藩鎮惕息，多求入朝。鎮海節度使李錡亦不自安，求入朝，上許之，遣中使至京口慰撫，且勞其將士。錡雖署判官王澹爲留後，實無行意，屢遷行期，澹與敕使數勸諭之。錡不悦，上表稱疾，請至歲暮入朝。上以問宰相，武元衡曰：「陛下初即政，錡求朝得朝，求止得止，可否在錡，將何以令四海！」上以爲然，下詔徵之。錡詐窮，遂謀反。王澹既掌留務，於軍府頗有制置，錡益不平，密諭親兵使殺之。會頒冬服，錡嚴兵坐幄中，澹與敕使入謁，有軍士數百譟於庭曰：「王澹何人，擅主軍務！」曳下，臠食之；大將趙琦出慰止，又臠食之；注刃於敕使之頸，詬詈，將殺之。錡陽驚，起救之。冬，十月，己未，詔徵錡爲左僕射，以御史大夫李元素爲鎮海節度使。庚申，錡表言軍變，殺留後、大將。先是，錡選腹心五人爲所部五州鎮將，姚志安處蘇州，李深處常州，趙

惟忠處湖州，丘自昌處杭州，高肅處睦州，各有兵數千，伺察刺史動静。至是，錡各使殺其刺史，遣牙將庚伯良將兵三千治石頭城。常州刺史顏防用客李雲計，矯制稱招討副使，斬李深，傳檄蘇、杭、湖、睦。請同進討。……乙丑，制削李錡官爵及屬籍。以淮南節度使王鍔統諸道兵爲招討處置使，徵宣武、義寧、武昌兵并淮南、宣歙兵俱出宣州，江西兵出信州，浙東兵出杭州，以討之。……李錡以宣州富饒，欲先取之，遣兵馬使張子良、李奉仙、田少卿將兵三千襲之。三人知錡必敗，與牙將裴行立同謀討之。行立，錡之甥也，故悉知錡之密謀。三將營於城外，將發，召士卒諭之曰：「僕射反逆，官軍四集，常、湖二將繼死，其勢已蹙。今乃欲使吾輩遠取宣城，吾輩何爲隨之族滅！豈若去逆效順，轉禍爲福乎！」衆悦，許諾，即夜，還趨城。行立舉火鼓噪，應之於内，引兵趨牙門。錡聞子良等舉兵，怒，聞行立應之，撫膺曰：「吾何望矣！」跣走，匿樓下。親將李鈞引挽强三百趨山亭，欲戰，行立伏兵邀斬之。錡舉家皆哭，左右執錡，裹之以幕，縋於城下，械送京師。』又，唐憲宗之平吴元濟，乃其時削平叛鎮之重大勝利。舊唐書卷一百四十五吴元濟傳略記此事之始末云：『吴元濟，少陽長子也。初爲試協律郎、兼監察御史、攝蔡州刺史。及父死，不發喪，以病聞，因假爲少陽表，請元濟主兵務。……及元濟自領軍，凶狠無義，唯昵軍中凶悍之徒。……及少陽卒，凡四十日，不爲輟朝，但易將加兵於外以待。……時賊陰計已成，群

衆四出，狂悍而不可遏，屠舞陽，焚葉縣，攻掠魯山、襄城。汝州、許州及陽翟人多逃伏山谷荆棘間，爲其殺傷驅剽者千里，關東大恐。十月，以陳州刺史李光顔爲忠武軍節度使，又以山南東道節度使嚴綬充申、光、蔡等州招撫使，仍令内常侍崔潭峻監綬軍。十年正月，綬軍臨賊西境。詔曰：「吴元濟逆絶人理，反易天常；不居父喪，擅領軍政。諭以詔旨，曾無謙恭，熒惑一方之人，迫脅三軍之衆。以少陽嘗經任使，爲之軫悼，命申吊祭，臨遣使臣。陵虐封疆，遂致稽阻，絶朝廷之理，忘父子之恩。旋又掩寇舞陽，傷殘吏卒，焚燒葉縣，騷擾閭閻，恣行奪攘，無所畏忌。朕念賞延之義，重傷藩帥之門，尚欲納於忠順之途，處在顯榮之地。未能飭怒，猶爲包荒，再降詔書，俾申招撫。而毒螫滋甚，奸心靡悛，壽春西南，又陷鎮柵，窮凶稔惡，縱暴延灾。覆載之所不容，人神之所共棄，良非獲已，致此興戎。吴元濟在身官爵，并宜令削奪。令宣武、大寧、淮南、宣歙等道兵馬合勢，山南東道及魏博、荆南、江西、劍南東川兵馬與鄂岳許會，東都防禦使與懷、鄭、汝節度及義成兵馬掎角相應，同期進討。」……五月，承宗、師道遣盜燒河陰倉，詔御史中丞裴度於軍前宣喻，觀用兵形勢。度還奏曰：「臣觀諸將，唯光顔勇義盡心，必有成功。」上意甚悦。翌日，光顔奏大破賊於時曲，上曰：「度知光顔，可謂至矣！」乃以度兼刑部侍郎。自是中外相賀，决不赦賊，徵天下兵環申、蔡之郊，大小十餘鎮。六月，承宗、師道

遣盜伏於京城，殺宰相武元衡、中丞裴度；衡先死，度重傷而免。憲宗特怒，即命度爲宰相，淮右用兵之事，一以委之。……（元和）十一年春，諸軍雲合，惟李光顔、懷汝節度烏重胤心無顧望，旦夕血戰，繼獻戎捷。……宰相諫官屢以罷兵爲請，唯裴度堅於破賊。尋以袁滋代霞寓爲唐鄧帥，滋柔懦不能軍。十二年……李光顔亦拔賊郾城。元濟始懼，盡發左右及守城卒，屬董重質以抗光顔、重胤。六月，元濟乞降，爲群賊所制，不能自拔。上以元凶已蹙，兵未臨於賊城，輓饋日殫，因延英問計於宰相，裴度曰：「賊力已困，但群帥不一，故未能決降。」上曰：「卿決能行乎？」曰：「臣誓不與賊偕全。」七月，詔以度爲彰義軍節度使，兼申、光、蔡四面行營招撫使，以郾城爲行在，蔡州爲節度所。八月，度至郾城，激勵士衆，軍士喜度至，以賞罰必行，皆願輸罄，每出勞，軍士有流涕者。時李愬營文城柵，既得吴秀琳、李祐，知其可用，委信無疑，日夜與計事於帳中。祐曰：「元濟勁軍，多在洄曲西境防捍，而守蔡者皆市人疲耄之卒，可以乘虛掩襲，直抵懸匏，比賊將聞之，元濟成擒矣。」愬然之，咨於裴度。……十一月，愬夜出軍，令李祐率勁騎三千爲前鋒，田進誠三千爲後軍，愬自率三千爲中軍。其月十日夜，至蔡州城下，坎墻而畢登，賊不之覺。十一日，攻衙城，擒元濟并其家屬以聞。……元濟至京，憲宗御興安門受俘，百僚樓前稱賀，乃獻廟社，徇於兩京，斬之於獨柳，時年三十五。其夜失其首。妻沈氏，没入掖庭；弟

二人、子三人，流于江陵誅之；判官劉協庶七人皆斬。光、蔡等州平，始復爲王土矣。』

（十六）懋於令聞：『懋』，盛大；大。書大禹謨：『予懋乃德，嘉乃丕績。』蔡沈集傳：『懋、楙古通用。楙，盛大之意。』南朝宋鮑照從過舊宮詩：『仁聲日月懋，惠澤雲雨敷。』

宣宗即位册文（一）

維會昌六年，歲次景寅（二），三月壬寅朔，二十六日丁卯，皇帝若曰：惟玄穹降祚（三），啓我唐運，奕葉重暉（四），赫羲纂承（五），列聖顧懷（六），敷佑冲昧（七），獲承大寶，君臨兆人，懼不能任，夙夜兢厲，祇事九廟，于今七年（八）。實賴宗社之靈，台衮之輔（九），忠良畢力，内外叶心（十）。北剪山戎，東殲孽豎（十一），不失傳付之業，方期仁壽之寧。屬頤護或虧，寒暑致恙，禱神餌藥，有加無瘳（十二）。乃面親賢而委家國，皇太叔權勾當軍國政事（十三）。忱温慈睿哲，孝友端明（十四），藴東平爲善之心（十五），尚河間好學之志（十六），必能熹煦天下，穆清大中（十七）。於戲！惟敬惟和，克敏克寛，斥去奇邪，親任仁人，是用終陟元后（十八）。宜令某官，奉册即皇帝位。欽若天道（十九），緝熙帝圖（二十），懋哉戒哉（二十一），無墮休命。

校箋

（一）本文又見全唐文卷七十七，文題作命皇太叔即位册文，署名唐武宗。本文文末原未標明頒布時間，然據本文所記『維會昌六年，歲次景寅，三月壬寅朔，二十六日丁卯，皇帝若曰』，知此册書乃頒布於會昌六年（八四六）三月二十六日，則其撰寫時間當在此時稍前。

（二）歲次景寅：『景寅』，諸本并底本原作『丙寅』，全唐文作『景寅』，是。蓋『景』乃避唐諱『丙』改。今即據改。

（三）玄穹降祚：『玄穹』，謂天空；蒼天。晋張華壯士篇：『長劍横九野，高冠拂玄穹。』唐黄滔祭陳侍御嶠：『匆匆大夜，默默玄穹。』

（四）奕葉重暉：『奕葉』，即累世，代代。漢蔡邕琅邪王傅蔡朗碑：『奕葉載德，常歷宮尹，以建於兹。』隋書禮儀志七：『宣尼制法，云行夏之時，乘殷之輅。奕葉共遵，理無可革。』『重暉』，謂前後相繼之光輝業績。晋袁宏三國名臣序贊：『仁義在躬，用之不匱。尚想重暉，載挹載味。』南朝齊王儉褚淵碑文：『魏晋以降，奕世重暉。』

〔五〕赫羲纂承：原作『赫羲方纂承』，然四庫全書、適園叢書、學林本以及全唐文均無『方』字，今即據改。

〔六〕列聖顧懷：『顧懷』，四庫全書、全唐文均作『顧瞻』。『顧懷』，眷顧懷念。楚辭九歌東君：『長太息兮將上，心低徊兮顧懷。』王逸注：『徘徊太息，顧念其居也。』唐司空圖段章傳：『某段章也，係虜而來，未能自脱，然顧懷優養之仁，今日相遇，天也。』

〔七〕敷佑沖昧：『沖昧』，猶渾沌。晋葛洪抱朴子詰鮑：『蓋聞沖昧既闢，降濁升清。穹隆仰燾，旁泊俯停。』

〔八〕祗事九廟，于今七年：『祗事』，謂恭敬事奉；敬於其事。南史到仲舉傳：『帝又嘗因飲夜宿仲舉帳中，忽有神光五采照于室内，由是祗事益恭。』『九廟』，指帝王的宗廟。古時帝王立廟祭祀祖先，有太祖廟及三昭廟、三穆廟，共七廟。王莽增爲祖廟五、親廟四，共九廟。後歷朝皆沿此制。此處指唐武宗之前唐歷代帝皇之廟。『于今七年』，此『七年』指唐武宗自開成五年（八四〇）正月即帝位，至會昌六年（八四六）三月離位之時間。

〔九〕台衮之輔：『台』，古代原有用三台來比喻三公。以此台即用以謂朝廷之公卿大臣。後漢書孝安帝紀論：『遂復計金授官，移民逃寇，推咎台衡，以答天眚。』李賢注：『台謂三台，三

公象也。』晉書郤鑒傳論：『方回踵武，奕世登台。』『衮』，指古代帝王及上公穿的繪有卷龍之禮服。周禮春官司服：『享先王則衮冕。』鄭玄注引鄭司農曰：『衮，卷龍衣也。』孫詒讓正義：『案卷龍者，謂畫龍於衣，其形捲曲，其字禮記多作卷。鄭王制注云：「卷俗讀也，其通則曰衮。」是衮雖取卷龍之義，字則以衮爲正，作卷者借字也。』後漢書張衡傳：『申伯、樊仲，實幹周邦，服衮而朝，介圭作瑞。』唐谷神子博異志張遵言：『入門，見王披衮垂旒，迎四郎而拜。』古代三公八命，出封時加一命可服衮，後因以借指三公。北史尉遲迥等傳論：『地則舅甥，職維台衮。』故『台衮』乃謂公卿大臣。

〔十〕内外叶心：『叶心』，四庫全書、全唐文作『協心』。『叶心』，同心。唐柳宗元爲文武百官請復尊號表之三：『今者君臣同德，上下叶心。』唐劉肅大唐新語匡贊：『二人執性不同，同歸於道，叶心翼贊，以致刑措焉。』

〔十一〕北剪山戎，東殲孽竪：按『山戎』，古代北方民族名，又稱北戎，匈奴的一支。活動於今河北省北部。後亦爲北方少數民族之泛稱。唐張説唐故廣州都督甄公碑：『復除夏州都督，屬山戎矯虔，俶擾王略。』此處山戎蓋指當時侵犯西北邊境的回鶻。『北剪山戎』即指唐武宗時抗擊回鶻進犯事。此舊唐書卷十八上武宗紀即有所記載，如會昌二年三月載：『以振武麟勝

節度使、銀青光禄大夫、檢校尚書右僕射、單于大都護兼御史大夫、彭城郡開國公、食邑二千户劉沔可檢校右僕射，兼太原尹、北京留守。充河東節度、管内觀察處置等使，代苻澈。時迴紇在天德，命沔以太原之師討之。』會昌二年八月載：『迴紇烏介可汗過天德，至杷頭烽北，俘掠雲、朔北川，詔劉沔出師守雁門諸關。迴紇首領屈武降幽州，授左武衛將軍同正。詔以迴紇犯邊，漸浸内地，或攻或守，於理何安？令少師牛僧孺、陳夷行與公卿集議可否以聞。僧孺曰：「今百僚議狀，以固守關防，伺其可擊則用兵。」宰相李德裕議：「以迴紇所恃者嗢没、赤心耳，今已離叛，其强弱之勢可見。戎人獷悍，不顧成敗，以失二將，乘忿入侵，出師急擊，破之必矣。守險示弱，虜無由退。擊之爲便。」天子以爲然。乃徵發許、蔡、汴、滑等六鎮之師，以太原節度使劉沔爲迴紇南面招討使；以張仲武爲幽州盧龍節度使、檢校工部尚書，封蘭陵郡王，充迴紇東面招討使；以李思忠爲河西党項都將，迴紇西南面招討使：皆會軍於太原。……太原奏迴紇移帳近南四十里，索叛將嗢没斯，曰昨至横水俘虜，兼公主上表言食盡，乞賜牛羊事。賜烏介詔曰：「朕自臨寰區，爲人父母，唯好生爲德，不願黷武爲名。故自彼國不幸爲黠戛斯所破，來投邊境，已歷歲年，撫納之間，無所不至。初則念其饑歉，給以糧儲；旋則知其破傷，盡還馬價。前後遣使勞問，交馳道途。小小侵擾，亦盡不計。今可汗尚此近塞，未議還蕃。朝廷大臣，四方節鎮，皆懷疑

忿，盡請興師，雖朕切務含弘，亦所未論。一昨數使回來，皆言可汗只待馬價，及令付之次，又聞所止屢遷，或侵掠雲、朔等州，或劫奪羌、渾諸部，未知此意，終欲如何？若以未交馬價，須近塞垣，行止之間，亦宜先告邊將。豈有倏來忽往，遷徙不常。雖云隨逐水草，動皆逼近城栅。遥揣深意，似恃姻好之情；每睹踪由，實爲馳突之計。況到横水栅下，殺戮至多。蕃、渾牛羊，豈吝馳掠；黎庶何罪，皆被傷夷。所以中朝大臣皆云：『迴紇近塞，已是違盟；更戮邊人，實背大義。』咸願因此翦逐，以雪殂謝之冤。然朕志在懷柔，情深屈己，寧可汗之負德，終未忍於幸灾。石戒直久在京城，備知人實憤惋，發於誠懇，固請自行。嘉其深見事機，不能違阻。可汗審自問遂，速擇良圖，無至不悛，以貽後悔。」』武宗會昌三年二月又載：『太原劉沔奏：「昨率諸道之師至大同軍，遣石雄襲回鶻牙帳，雄大敗回鶻於殺胡山，烏介可汗被創而走。已迎得太和公主至雲州。」是日，御宣政殿，百僚稱賀。制曰：「……回鶻比者自恃兵强，久爲桀驁，凌虐諸部，結怨近鄰。黠戛斯潛師彗掃，穹居瓦解，種族盡膏於原野，區落遂至於荆榛。今可汗逃走失國，竊號自立，遠逾沙漠，寄命邊陲。朕念其衰殘，尋加賑恤。每陳章表，多詐諛之詞；接我使臣，如全盛之日。無傷禽哀鳴之意，有困獸猶鬥之心。去歲潛入朔川，大掠牛馬；今春掩襲振武，逼近城池。可汗皆自率兵，首爲寇盜，不耻破敗，莫顧姻親。河東節度使劉沔料敵伐謀，乘機制勝，發胡貉之騎以爲前

鋒，搴翎侯之旗伐彼在穴。短兵鏖於帳下，元惡抶於轂中。況乘匪六飛，衆纔一旅，儲備已竭，計日可擒。太和公主居處不同，情義久絶。懷土多思，亟聞黄鵠之歌；失位自傷，寧免緑衣之嘆。念其羈苦，常軫朕心。今已脱於豺狼，再見宫闕，上以攄宗廟之宿憤，次以慰太皇太后之深慈，永言歸寧，良用欣感。其迴紇既以破滅，義在翦除，宜令諸道兵馬使同進討。』『孽豎』，謂邪惡之人。新唐書李絳傳：『今孽豎就禽，方收威柄，遽以偏將莅本軍，綱紀大紊矣。』此處『孽豎』蓋指當時之叛將如澤、潞鎮之劉稹等人。『東殲孽豎』即指平定澤、潞鎮之劉稹等叛鎮。此事舊唐書武宗紀亦有所記載，會昌三年載：『秋七月戊子，宰相奏：「秋色已至，將議進軍，幽州須早平回鶻，鎮、魏須速誅劉稹，各須遣使諭旨，兼偵三鎮軍情。」』同年九月下制云：『定天下者，致風俗於大同；安生人者，齊法度於畫一。……禁暴除殘，古今大義。故昭義節度劉悟，頃居海岱，嘗列爪牙。屬師道阻兵，王師問罪……憲宗嘉其誠款，授以南燕；穆宗待以腹心，委之上黨。招致死士，固護一方，迨于末年，已虧臣節。劉從諫生禀戾氣，幼習亂風。因跋扈之資，以專封壤；恃紀綱之力，以襲兵符。暫展執珪之儀，終無上綬之請。隙駒爲喻，魏豹姑務於絶河；井蛙自居，孫述頗聞于恃險。誘受亡命，妄作妖言，中罔朝廷，潛圖左道。接壤戎帥，屢奏陰謀，顧髫齔之所矜，豈淵魚之是察。洎乎沈痼，曾靡哀鳴，猶駐將盡之魂，恣行邪僻之志，罔或奮拔，自

樹狡童。中使授醫，莫睹其朝服；近臣銜命，不入於壘門。逆節甚明，人神共棄。其贈官及先所授官爵、并劉稹在身官爵，宜并削奪。』會昌四年七月載：『山東三州平。潞州大將郭誼、張谷、陳揚廷遣人至王宰軍，請殺稹以自贖。王宰以聞，乃詔石雄率軍七千入潞州，誼斬劉稹首以迎雄，澤、潞等五州平。八月戊戌，王宰傳稹首與大將郭誼等一百五十人，露布獻於京，上御安福門受俘，百僚樓前稱賀。』故史臣評武宗之『北剪山戎，東殲孽豎』等功績云：『開成中，王室浸卑，政由閹寺。及綴衣將變，儲位遽移。昭肅以孤立維城，副兹當璧。而能雄謀勇斷，振已去之威權；運策勵精，拔非常之俊杰。屬天驕失國，潞孽阻兵，不惑盈庭之言，獨納大臣之計。戎車既駕，亂略底寧，紀律再張，聲名復振，足以蹈章武出師之迹，繼元和戡亂之功。』

〔十二〕屬頤護或虧，寒暑致恙，禱神餌藥，有加無瘳：『頤』，保養。易頤：『觀頤，自求口實。』李鼎祚集解：『虞翻曰：「觀頤，觀其所養也。」鄭玄曰：「頤，養也。」』莊子列禦寇：『彼宜女與，予頤與？』成玄英疏：『頤，養也。』『護』，謂護理；守護。素問離合真邪論：『其氣以至，適而自護，候吸引針，氣不得出。』故『頤護』意爲保养護理。又，此數句所言乃唐武宗染疾病重之情狀，舊唐書武宗紀會昌六年記云：『三月壬寅，上不豫，制改御名炎。帝重方士，頗服食修攝，親受法籙。至是藥躁，喜怒失常，疾既篤，旬日不能言。宰相李德裕等請

見，不許。中外莫知安否，人情危懼。』資治通鑑卷二百四十八會昌五年九月亦有所記：『上餌方士金丹，性加躁急，喜怒不常。冬，十月，上問李德裕以外事，對曰：「陛下威斷不測，外人頗驚懼。向者寇逆暴横，固宜以威制之；今天下既平，願陛下寬理之，但使得罪者無怨，爲善者不驚，則爲寬矣。」……（十二月）上自秋冬以來，覺有疾，而道士以爲换骨。上秘其事，外人但怪上希復游獵，宰相奏事者亦不敢久留。詔罷來年正旦朝會。』會昌六年二月又記：『上疾久未平，以爲漢火德，改「洛」爲「雒」。唐土德，不可以王氣勝君名。三月，下詔改名炎。上自正月乙卯不視朝，宰相請見，不許。中外憂懼。……及上疾篤，旬日不能言。』

〔十三〕乃面親賢而委家國，皇太叔權勾當軍國政事：此處『皇太叔』指唐宣宗李忱，其傳見舊唐書卷十八下宣宗紀、新唐書卷八宣宗紀。舊唐書宣宗紀云：『宣宗聖武獻文孝皇帝諱忱，憲宗第十三子，母曰孝明皇后鄭氏。元和五年六月二十二日，生於大明宫。長慶元年三月，封光王，名怡。會昌六年三月一日，武宗疾篤，遺詔立爲皇太叔，權勾當軍國政事。翌日，柩前即帝位，改今名，時年三十七。帝外晦而内朗，嚴重寡言，視瞻特異。幼時宫中以爲不慧。十餘歲時，遇重疾沈綴，忽有光輝燭身，蹶然而興，正身拱揖，如對臣僚。乳媪以爲心疾。穆宗視之，撫其背曰：「此吾家英物，非心憊也。」賜以玉如意、御馬、金帶。常夢乘龍升天，言之於鄭后，乃

曰：「此不宜人知者，幸勿復言。」歷大和、會昌朝，愈事韜晦，群居游處，未嘗有言。文宗、武宗幸十六宅宴集，强誘其言，以爲戲劇，謂之「光叔」。武宗氣豪，尤不爲禮。及監國之日，哀毁滿容，接待群僚，决斷庶務，人方見其隱德焉。』又可見於新唐書宣宗紀，云：『宣宗元聖至明成武獻文睿智章仁神聰懿道大孝皇帝諱忱，憲宗第十三子也。母曰孝明皇太后鄭氏。始封光王。性嚴重寡言，宮中或以爲不惠。會昌六年，武宗疾大漸，左神策軍護軍中尉馬元贄立光王爲皇太叔。三月甲子，即皇帝位于柩前。』

〔十四〕忱温慈睿哲，孝友端明：『忱』，底本、全唐文、明鈔本、甲庫本均作『忱』，適園叢書、學林本均作『惟』，不取。『忱』乃唐宣宗『柩前即帝位』所改名。『睿哲』，即聖明；明智。漢張衡東京賦：『睿哲玄覽，都茲洛宮。』晋陸雲大將軍宴會被命作詩：『睿哲惟晋，世有明聖。』『端明』，即正直聰明。南朝齊王儉褚淵碑文：『宋文帝端明臨朝，鑒賞無昧。』唐元結呂公表：『故名不異俗，迹不矯時，内含端明，外與常規，其大雅君子，全於終始者邪。』此兩句乃稱譽唐宣宗登帝位前之語，其具體狀況今尚未於史籍見之，然舊唐書宣宗紀所載『群臣上謚曰聖武獻文孝皇帝，廟號宣宗』，以及『史臣曰：臣嘗聞黎老言大中故事，獻文皇帝器識深遠，久歷艱難，備知人間疾苦。自寶曆已來，中人擅權，事多假借，京師豪右，大擾窮民。洎大中臨馭，一

之日權豪斂迹，二之日奸臣畏法，三之日閽寺讋氣。由是刑政不濫，賢能效用，百揆四岳，穆若清風，十餘年間，頌聲載路。上宮中衣浣濯之衣，常膳不過數器，非母后侑膳，輒不舉樂，歲或小饑，憂形於色。雖左右近習，未嘗見怠惰之容。與群臣言，儼然煦接，如待賓僚，或有所陳聞，虚襟聽納。舊時人主所行，黄門先以龍腦、鬱金藉地，上悉命去之。宫人有疾，醫視之，既瘳，即袖金賜之，誡曰：「勿令敕使知，謂予私於侍者。」其恭儉好善如此。季年風毒，召羅浮山人軒轅集，訪以治國治身之要，其伎術詭異之道，未嘗措言。集亦有道之士也。十三年春，堅求還山。……而帝道皇猷，始終無缺，雖漢文、景不足過也。惜乎簡籍遺落，舊事十無三四，吮墨揮翰，有所慊然。贊曰：李之英主，實惟獻文。秕粺盡去，淑慝斯分。河、隴歸地，朔漠消氛。到今遺老，歌咏明君』，亦可見謂其『温慈睿哲，孝友端明』，誠非謬贊之言。

〔十五〕藴東平爲善之心：此句乃用東漢劉蒼典實。後漢書卷四十二光武十王傳東平憲王蒼傳：『東平憲王蒼，建武十五年封東平公，十七年進爵爲王。……十一年，蒼與諸王朝京師。月餘，還國。帝臨送歸宫，凄然懷思，乃遣使手詔國中傅曰：「辭别之後，獨坐不樂，因就車歸，伏軾而吟，瞻望永懷，實勞我心，誦及采菽，以增嘆息。日者問東平王處家何等最樂，王言爲善最樂，其言甚大，副是要腹矣。今送列侯印十九枚，諸王子年五歲已上能趨拜者，皆令帶之。」』

〔十六〕尚河間好學之志：『河間好學』乃用漢朝河間獻王劉德好學典故。漢書卷五十三景十三王列傳河間獻王劉德：『河間獻王德以孝景前二年立，修學好古，實事求是。從民得善書，必爲好寫與之，留其真，加金帛賜以招之。繇是四方道術之人不遠千里，或有先祖舊書，多奉以奏獻王者，故得書多，與漢朝等。是時，淮南王安亦好書，所招致率多浮辯。獻王所得書皆古文先秦舊書，周官、尚書、禮、禮記、孟子、老子之屬，皆經傳說記，七十子之徒所論。其學舉六藝，立毛氏詩、左氏春秋博士。修禮樂，被服儒術，造次必於儒者。山東諸儒多從而游。武帝時，獻王來朝，獻雅樂，對三雍宮及詔策所問三十餘事。其對推道術而言，得事之中，文約指明。』

〔十七〕燾煦天下，穆清大中：『燾』意爲覆蓋。逸周書作雒解：『將建諸侯，鑿取其方一面之土，燾以黄土，苴以白茅，以爲土封，故曰受列土於周室。』孔晁注：『燾，覆。』史記吴太伯世家：『德至矣哉，大矣，如天之無不燾也，如地之無不載也，雖甚盛德，無以加矣。』『煦』意爲恩惠。唐玄宗誡勵宗室詔：『堂侄餘慶，承煦紹宗，行淹祚洽。』故『燾煦天下』意爲恩惠普施天下。『穆清』，謂太平祥和。漢蔡邕釋誨：『夫子生穆清之世，秉醇和之靈。』三國魏曹植七啓：『天下穆清，明君莅國。』『大中』，易大有：『大有，柔得尊位大中，而上下應之，曰

大有。』王弼注：『處尊以柔，居中以大。』高亨注：『象大臣處於尊貴之位，守大正之道。』後以『大中』指無過與不及的中正之道。漢書孔光傳：『皇之不極，是爲大中不立。』

〔十八〕是用終陟元后：『終陟元后』，底本、適園叢書、明鈔本、甲庫本、學林本均作『中陟元后』，然四庫全書、全唐文均作『終陟元后』，今即據改。『元后』，即天子。書大禹謨：『天之曆數在汝躬，汝終陟元后。』

〔十九〕欽若天道：『欽若』，意爲敬順。書堯典：『乃命羲、和，欽若昊天。曆象日月星辰，敬授民時。』陳書高祖紀下：『梁氏以圮剥薦臻，歷運有極，欽若天應，以命于霸先。』『天道』，猶天理，天意。易謙：『謙亨，天道下濟而光明。』書湯誥：『天道福善禍淫，降灾于夏。』

〔二十〕緝熙帝圖：『緝熙』，詩大雅文王：『穆穆文王，於緝熙敬止。』毛傳：『緝熙，光明也。』又周頌敬之：『日就月將，學有緝熙于光明。』鄭玄箋：『緝熙，光明也。』後因以『緝熙』指光明，又引申爲光輝。漢書揚雄傳上：『隃於穆之緝熙兮，過清廟之雍雍。』『帝圖』，此處意爲帝業。唐李白大庭庫詩：『帝圖終冥没，嘆息滿山川。』舊唐書敬暉傳：『屬以帝圖伊始，務静狴牢，所以久爲含容，未能暴諸遐邇。』

〔二十一〕懋哉戒哉：此句諸本皆爲『懋哉戒哉』，而全唐文作『懋哉敬哉』。

懿宗即位册文〔一〕

維大中十三年，歲次己卯〔二〕，八月甲申朔，十三日景申〔三〕，皇帝若曰：眷彼群生，必有司牧〔四〕，纘承丕構，允屬元良〔五〕。故命嗣惟賢，立長則順〔六〕。夏禹惟公於聖子〔七〕，漢文終守其成規〔八〕。兹乃萬國攸同，百王不易之道也。朕以菲薄，獲奉宗祧，十有四年〔九〕，未臻至理。惟天示譴，降疢于躬，藥石無功，彌留斯迫〔十〕，曆數云在〔十一〕，天命有歸。咨爾皇太子，朕之元子〔十二〕，幼有聖質，孝敬温文，弘博慎敏。禀天地之仁厚，含日月之貞明，承訓嚮方，秉禮抱義〔十三〕。是用命爾陟于元后，宜令攝中書令、中書侍郎、兼禮部尚書、平章事蕭鄴〔十四〕，奉册即皇帝位。邦家以寧，統緒以正。惟嚴恭祇畏，可以事天地；惟寬明睿哲，可以御臣下；惟慈惠欽和〔十五〕，可以撫黎庶。惟道罔咈〔十六〕，惟賢必親，實爾生知，豈竢訓誨。著于典册，無事文詞〔十七〕，懋昭耿光，紹休前烈〔十八〕。於戲敬之，於戲戒之〔十九〕。

校箋

〔一〕此文又見於全唐文卷八十二，文題名爲命皇太子即位册文，署名唐宣宗。此文文末原未標明頒布時間，然文首云『維大中十三年，歲次己卯，八月甲申朔，十三日景申，皇帝若曰』，則知册文頒布於唐宣宗大中十三年八月十三日懿宗即位之日。又考舊唐書卷十九上懿宗紀載：『懿宗昭聖恭惠孝皇帝諱漼，宣宗長子……本名温。大中十三年八月七日，宣遺詔立爲皇太子監國，改今名。十三日，柩前即帝位，年二十七。』新唐書卷九懿宗紀載：『大中十三年八月，宣宗疾大漸……癸巳，即皇帝位于柩前。』按，新唐書懿宗紀所記懿宗即位之日八月癸巳即八月十日，與舊唐書懿宗紀以及本册文所記八月十三日不同。再考册府元龜卷十一帝王部繼統第三所載：『懿宗皇帝，宣宗長子，會昌六年十月封鄆王，本名温。大中十三年八月七日，詔立爲皇太子監國，十三日即皇帝位，時年二十七。』又資治通鑑卷二百四十九大中十三年八月載：『壬辰，下詔立鄆王爲皇太子，權勾當軍國政事，仍更名漼。……癸巳，宣遺制，以令狐綯攝冢宰。……丙申，懿宗即位。』綜上所考，新唐書懿宗紀所記大中十三年八月癸巳（即八月十日）乃『宣

遺制』立懿宗爲帝之日，而非正式即帝位之時。其頒布册書即帝位之時間應是舊唐書、册府元龜、資治通鑑以及册書所言之大中十三年（八五九）八月十三日景申。如此，則本册書撰寫之時間當在此時稍前。

〔二〕歲次己卯：適園叢書本作『歲次乙卯』，誤，不取。蓋大中十三年乃歲次己卯。

〔三〕十三日景申：『景申』，底本以及四庫全書、適園叢書、學林本原作『丙申』，然全唐文作『景申』，乃避唐諱而然，是。今即據改。

〔四〕必有司牧：此處『司牧』，意爲君主；官吏。南朝齊蕭道成即位告天文：『肇自生民，樹以司牧。』宋王禹偁端拱箴：『天生蒸民，樹之司牧。』

〔五〕纘承丕構，允屬元良：『纘承』，即繼承。周書明帝紀：『今朕纘承大業，處萬乘之上。』宋蘇軾贈韓維祖保樞魯國公制：『逮茲纘承，繼用耆哲。』『丕構』，猶大業。新唐書劉蕡傳：『朕顧唯昧道，祇荷丕構，奉若謨訓，不敢怠荒。』資治通鑑唐德宗興元元年：『朕嗣服丕構，君臨萬邦，失守宗祧，越在草莽。』胡三省注：『丕，大也。構，立屋也。書大誥曰：「若考作室，既底法，厥子乃弗肯堂，矧肯構？」丕構之語本諸此。』『元良』，太子之代稱。禮記文王世子：『一有元良，萬國以貞，世子之謂也。』

〔六〕故命嗣惟賢，立長則順：『立長則順』句，四庫全書本作『立賢則長』，與此有異，似有誤，不取。按，册文謂『命嗣惟賢，立長則順』當寓有深意。考新唐書懿宗紀記：『懿宗昭聖恭惠孝皇帝諱漼，宣宗長子也。……始封鄆王。宣宗愛夔王滋，欲立爲皇太子，而鄆王長，故久不決。大中十三年八月，宣宗疾大漸，以夔王屬内樞密使王歸長、馬公儒，宣徽南院使王居方等。而左神策護軍中尉王宗實、副使丌元實矯詔立鄆王爲皇太子。癸巳，即皇帝位于柩前。王宗實殺王歸長、馬公儒、王居方。庚子，始聽政。癸卯，令狐綯爲司空。尊皇太后曰太皇太后。』又資治通鑑卷二百四十九大中十三年六月所記稍詳：『初，上長子鄆王温，無寵，居十六宅，餘子皆居禁中。夔王滋，第三子也，上愛之，欲以爲嗣，爲其非次，故久不建東宮。上餌醫官李玄伯、道士虞紫芝、山人王樂藥，疽發於背。八月，疽甚，宰相及朝臣皆不得見，上密以夔王屬樞密使王歸長、馬公儒，宣徽南院使王居方，使立之。三人及右軍中尉王茂玄，皆上平日所厚也。獨左軍中尉王宗實素不同心，三人相與謀，出宗實爲淮南監軍。宗實已受敕於宣化門外，將自銀臺門出。左軍副使亓元實謂宗實曰：「聖人不豫逾月，中尉止隔門起居，今日除改，未可辨也。何不見聖人而出！」宗實感寤，復入，諸門已踵故事增人守捉矣。亓元實翼導宗實直至寢殿，上已崩，東首環泣矣。宗實叱歸長等，責以矯詔，皆捧足乞命。乃遣宣徽北院使齊元簡迎鄆王。壬辰，下詔立

鄆王爲皇太子，權勾當軍國政事，仍更名漼。收歸長、公儒、居方，皆殺之。癸巳，宣遺制，以令狐綯攝冢宰。……丙申，懿宗即位。癸卯，尊皇太后爲太皇太后。以王宗實爲驃騎上將軍。李玄伯、虞紫芝、王樂皆伏誅。』據上史載可見懿宗屬長子，然宣宗原屬意第三子繼位，後因左軍中尉王宗實等之力争，方得以長子即皇帝位。此即册文强調『立長則順』之意歟！

〔七〕夏禹惟公於聖子：此處『聖子』指禹之子啓。此句謂夏禹之子啓賢，故啓繼承禹之位。考史記卷二夏本纪載：『十年，帝禹東巡狩，至于會稽而崩。以天下授益。三年之喪畢，益讓帝禹之子啓，而辟居箕山之陽。禹子啓賢，天下屬意焉。及禹崩，雖授益，益之佐禹日淺，天下未洽。故諸侯皆去益而朝啓，曰「吾君帝禹之子也」。於是啓遂即天子之位，是爲夏后帝啓。』又孟子万章上：『丹朱之不肖，舜之子亦不肖。舜之相堯，禹之相舜也，歷年多，施澤於民久。啓賢，能敬承繼禹之道。』

〔八〕漢文終守其成規：『漢文』，此處指漢文帝劉恒。此句實謂漢文帝初因謙讓而不肯即帝位，亦不肯立其嫡子爲太子，後在衆大臣一再規勸下，終於遵循漢家傳承制度而即皇帝位，并立嫡子爲太子。漢書諸帝本紀即有上述事迹記載，今略引漢書所記以明之。考漢書卷二惠帝紀載：『孝惠皇帝，高祖太子也，母曰吕皇后。帝年五歲，高祖初爲漢王。二年，立爲太子。十二年

四月，高祖崩。五月丙寅，太子即皇帝位，尊皇后曰皇太后。』又漢書卷三高后紀載：『高皇后呂氏，生惠帝。……惠帝即位，尊呂后爲太后。太后立帝姊魯元公主女爲皇后，無子，取後宮美人子名之以爲太子。惠帝崩，太子立爲皇帝，年幼，太后臨朝稱制，大赦天下。』又漢書卷四文帝紀載：『孝文皇帝，高祖中子也，母曰薄姬。高祖十一年，誅陳豨，定代地，立爲代王，都中都。十七年秋，高后崩，諸呂謀爲亂，欲危劉氏。丞相陳平、太尉周勃、朱虛侯劉章等共誅之，謀立代王。……中尉宋昌進曰：「群臣之議皆非也。……方今高帝子獨淮南王與大王，大王又長，賢聖仁孝，聞於天下，故大臣因天下之心而欲迎立大王，大王勿疑也。」代王報太后，計猶豫未定。卜之，兆得大橫。占曰：「大橫庚庚，余爲天王，夏啓以光。」代王曰：「寡人固已爲王，又何王乎？」卜人曰：「所謂天王者，乃天子也。」於是代王乃遣太后弟薄昭見太尉勃，勃等具言所以迎立王者。昭還報曰：「信矣，無可疑者。」代王笑謂宋昌曰：「果如公言。」乃令宋昌驂乘，張武等六人乘六乘傳，詣長安，至高陵止，而使宋昌先之長安觀變。昌至渭橋，丞相已下皆迎。昌還報，代王乃進至渭橋。群臣拜謁稱臣，代王下拜。……太尉勃乃跪上天子璽。代王謝曰：「至邸而議之。」』又載：『閏月己酉，入代邸。群臣從至，上議曰：「丞相臣平、太尉臣勃、大將軍臣武、御史大夫臣蒼、宗正臣郢、朱虛侯臣章、東牟侯臣興居、典客臣揭再拜言大王足下：子

弘等皆非孝惠皇帝子，不當奉宗廟。臣謹請陰安侯、頃王后、琅邪王、列侯、吏二千石議，大王高皇帝子，宜爲嗣。願大王即天子位。」代王曰：「奉高帝宗廟，重事也。寡人不佞，不足以稱。願請楚王計宜者，寡人弗敢當。」群臣皆伏，固請。代王西鄉讓者三，南鄉讓者再。丞相平等皆曰：「臣伏計之，大王奉高祖宗廟最宜稱，雖天下諸侯萬民皆以爲宜。臣等爲宗廟社稷計，不敢忽。願大王幸聽臣等。臣謹奉天子璽符再拜上。」代王曰：「宗室將相王列侯以爲莫宜寡人，寡人不敢辭。」遂即天子位。』又載：『正月，有司請蚤建太子，所以尊宗廟也。詔曰：「朕既不德，上帝神明未歆饗也，天下人民未有慊志。今縱不能博求天下賢聖有德之人而嬗天下焉，而曰豫建太子，是重吾不德也。謂天下何？其安之。」有司曰：「豫建太子，所以重宗廟社稷，不忘天下也。」上曰：「楚王，季父也，春秋高，閱天下之義理多矣，明於國家之體。吴王於朕，兄也；淮南王，弟也：皆秉德以陪朕，豈爲不豫哉！諸侯王宗室昆弟有功臣，多賢及有德義者，若舉有德以陪朕之不能終，是社稷之靈，天下之福也。今不選舉焉，而曰必子，人其以朕爲忘賢有德者而專於子，非所以憂天下也。朕甚不取。」有司固請曰：「古者殷、周有國，治安皆且千歲，有天下者莫長焉，用此道也。立嗣必子，所從來遠矣。高帝始平天下，建諸侯，爲帝者太祖。諸侯王列侯始受國者亦皆爲其國祖。子孫繼嗣，世世不絶，天下之大義也。故高帝設之以撫海内。今釋宜建而更

選於諸侯宗室，非高帝之志也。更議不宜。子啓最長，敦厚慈仁，請建以爲太子。」上乃許之。』又漢書卷五記漢文帝之子孝景皇帝繼承皇位云：『孝景皇帝，文帝太子也。母曰竇皇后。後七年六月，文帝崩。丁未，太子即皇帝位，尊皇太后薄氏曰太皇太后，皇后曰皇太后。』據上所節録漢書相關事迹，可見『漢文終守其成規』之言確實於史可徵。

（九）朕以菲薄，獲奉宗祧，十有四年：此數句均謂唐宣宗。『菲薄』，意爲鄙陋，指德才等。常用爲自謙之詞。楚辭遠游：『質菲薄而無因兮，焉托乘而上浮。』王逸注：『質性鄙陋無所因也。』史記孝武本紀：『朕以眇眇之身承至尊，兢兢焉懼弗任。維德菲薄，不明于禮樂。』『宗祧』，指宗廟。孔子家語哀公問政：『聖人因物之精，制爲之極，明命鬼神，以爲民之則，而猶以是爲未足也。故築爲宮室，設爲宗祧。』晉潘岳秋興賦：『龜祀骨於宗祧兮，思反身於緑水。』『十有四年』，指唐宣宗自唐武宗會昌六年（八四六）三月登基，至大中十三年（八五九）八月薨，凡十四年。

（十）惟天示譴，降疢于躬，藥石無功，彌留斯迫：此數句謂唐宣宗病重狀況。考資治通鑑卷二百四十九大中十三年六月記：『上餌醫官李玄伯、道士虞紫芝、山人王樂藥，疽發於背。八月，疽甚，宰相及朝臣皆不得見，上密以夔王屬樞密使王歸長、馬公儒，宣徽南院使王居方，使立

之。……上已崩，東首環泣矣。』

（十一）曆數云在：『曆數』，古謂帝王代天理民之順序。論語 堯曰：『咨，爾舜，天之曆數在爾躬。』何晏集解：『曆數謂列次也。』邢昺疏：『孔注尚書云：謂天道。謂天曆運之數。帝王易姓而興，故言曆數謂天道。』

（十二）朕之元子：『元子』，指天子和諸侯之嫡長子。書 微子之命：『王若曰：猷，殷王元子。』詩 魯頌 閟宫：『王曰叔父，建爾元子，俾侯于魯。』朱熹集傳：『叔父，周公也。元子，魯公伯禽也。』儀禮 士冠禮：『天子之元子猶士也。』鄭玄注：『元子，世子也。』按，此處元子謂唐宣宗之長子李漼，即本册文所册立之唐懿宗。新唐書 懿宗紀即謂：『懿宗昭聖恭惠孝皇帝諱漼，宣宗長子也。』

（十三）幼有聖質，孝敬温文，弘博慎敏。稟天地之仁厚，含日月之貞明，承訓嚮方，秉禮抱義：『聖質』，底本、適園叢書、明鈔本、甲庫本、學林本均作『聖資』，然四庫全書本作『聖質』，較優長，今即據改。『聖質』，神聖之秉性。多用於聖人與帝王。三國魏曹丕答許芝上代漢圖讖令：『若夫唐堯、舜、禹之迹，皆以聖質茂德處之，故能上和靈祇，下寧萬姓，流稱今日。』唐李翱論事疏表：『臣竊惜陛下聖質，當可興之時，而尚謙讓未爲也。』『貞明』，指日月

或日月之光輝。唐王勃乾元殿頌：『貞明啓運，齊玉鏡於鸞門；易簡成功，偃銅符於鶴仗。』『嚮方』，即崇尚正直，遵循正道。唐白居易田穎可亳州刺史制：『故臨戎則士樂爲用，撫下而衆知嚮方。』宋范仲淹代人奏乞王洙充南京講書狀：『士務稽古，人知嚮方。』按，册文『幼有聖質，孝敬温文，弘博慎敏。……承訓嚮方，秉禮抱義』數句，乃贊頌懿宗早歲品行之頌詞，其具體狀况今所見史文少有記載，然舊唐書懿宗紀尚可略見一二，云：『帝姿貌雄杰，有異稠人。藩邸時常經重疾，郭淑妃侍醫藥，見黄龍出入於卧内。既間，妃以異告，帝曰：「慎勿復言。」又嘗大雪數尺，而帝寢室之上獨無，人皆異之。宣宗制泰邊陲樂曲詞有「海岳晏咸通」之句。又大中末，京城小兒叠布漬水，紐之向日，謂之拔暈。帝果以鄆王即大位，以咸通爲年號。』又：『史臣曰：臣常接咸通耆老，言恭惠皇帝故事。當大中時，四海承平，百職修舉，中外無秕政，府庫有餘貲，年谷屢登，封疆無擾。恭惠始承丕構，頗亦勵精，延納讜言，尊崇耆德，數稔之内，洋洋頌聲。然器本中庸，流於近習，所親者巷伯，所昵者桑門。以蠱惑之侈言，亂驕淫之方寸，欲無怠忽，其可得乎！……雖有文、景之英繼，難以興焉。自兹龜玉之不昌，固其宜矣。黄髪遺叟，言之涕零。』史臣雖不無神化以及對其晚歲多所批評遺憾之言，然記其早年之情事，尚可見其早歲品行之一二。

（十四）攝中書令、中書侍郎、兼禮部尚書、平章事蕭鄴：『蕭鄴』，底本、四庫全書本

均作『蕭朗』，然全唐文、適園叢書、學林本均作『蕭鄴』。考舊唐書、新唐書均未見蕭朗其人，史籍亦未見大中年間任宰相者有蕭朗其人，而大中年間確有任宰相之蕭鄴（詳見下考），故底本與四庫全書本册文作『蕭朗』誤，應從適園叢書等本改作『蕭鄴』。蕭鄴，傳見新唐書卷一百八十二，云：『蕭鄴字啓之，梁長沙宣王懿九世孫。及進士第，累進監察御史、翰林學士，出爲衡州刺史。大中中，召還翰林，拜中書舍人，遷户部侍郎，判本司，以工部尚書同中書門下平章事。懿宗初，罷爲荆南節度使，仍平章事，進檢校尚書左僕射，徙劍南西川。南詔内寇，不能制，下遷檢校右僕射、山南西道觀察使。歷户部、吏部二尚書，拜右僕射。還，以平章事節度河東。在官無足稱道，卒。』又檢新唐書卷六十三宰相表下：大中十二年『乙酉，鄴爲中書侍郎兼禮部尚書』；十三年『八月癸卯（今按，八月二十日），鄴爲門下侍郎，（蔣）伸爲中書侍郎，并兼兵部尚書』。上考史籍所載其任官與册書所言其爲『中書侍郎、兼禮部尚書、平章事』同，雖未及其任『攝中書令』一職，當是史傳因其爲臨時所攝職而省略。

〔十五〕慈惠欽和：『欽和』，即莊重温和。唐大詔令集改元天復赦：『況乍袪蒙昧，希欽和平思。』尚書精義：『東坡謂服凶德者在於欽和，蓋欽則不慢，和則不暴。』

〔十六〕惟道罔咈：『咈』，意爲違背；違逆。書微子：『乃罔畏畏，咈其耇長舊有位人。』

蔡沈集傳：『紂惟不畏其所當畏，故老成舊有位者，紂皆咈逆而棄逐之。』宋曾鞏祭土祈雨文：『告爾土神，尚其降休，無咈人望。』『罔咈』，即不違背；不違逆。

（十七）無事文詞：底本、全唐文以及適園叢書、明鈔本、甲庫本諸本均作『文事無詞』，然四庫全書本作『無事文詞』，似較優長，今即據改。

（十八）懋昭耿光，紹休前烈：『紹休前烈』，底本、全唐文以及適園叢書、明鈔本、甲庫本諸本均作『紹休前駕』，然四庫全書則作『紹休前烈』，較優長，今即據改。又，『懋昭』，意爲勉力宣明。書仲虺之誥：『王懋昭大德，建中于民。』孔傳：『欲王自勉明大德。』國語周語中：『叔父其懋昭明德，物將自至。』『耿光』，即光明；光輝；光榮。書立政：『以覲文王之耿光，以揚武王之大烈。』孔傳：『能使四夷賓服，所以見祖之光明，揚父之大業。』唐李白明堂賦：『遵先軌以繼作兮，揚列聖之耿光。』『休』，此處意爲喜慶；美善；福禄。詩小雅菁菁者莪：『既見君子，我心則休。』鄭玄箋：『休者，休休然。』王引之經義述聞毛詩上『我心則休』：『家大人曰：菁菁者莪篇「我心則喜」「我心則休」。休亦喜也，語之轉耳。箋曰：「休者，休休然。」休休猶欣欣，亦語之轉也。』左傳襄公二十八年：『以禮承天之休。』杜預注：『休，福禄也。』『前烈』，意爲前人之功業。書武成：『公劉克篤前烈。』唐司空圖蒲帥燕

國太夫人石氏墓志：『允集大勛，以光前烈。』

〔十九〕於戲敬之，於戲戒之：此兩句底本、適園叢書、明鈔本、甲庫本以及學林本均作『嗚呼敬之，嗚呼戒之』，然四庫全書、全唐文均作『於戲敬之，於戲戒之』，今即據改。

哀宗即位册文〔一〕

維天祐元年，歲次甲子，八月壬辰朔，十五日景午〔二〕，皇后若曰〔三〕：高祖太宗，撥亂返正，奄有天下，垂三百年，重熙累聖〔四〕，莫不功光祖業，克紹丕圖〔五〕。予遭家不造，變起宮奚〔六〕，雖號慟期至于終天〔七〕，而負荷實先於立嗣。咨爾皇太子監國事〔八〕，天資岐嶷〔九〕，神授英明。孝比東平之蒼，學富陳留之植〔十〕。恭謙守政，和順稱仁。友愛聞於弟兄〔十一〕，令譽播於區宇。比則隆元帥，深暢戎機〔十二〕；今乃位儲宮，益歸群望。是用爰循舊典，上纂鴻基〔十三〕。既允集於天人〔十四〕，當欽承於宗社，宜即皇帝位。於戲！萬機不可以久曠，四海不可以乏君。膺紹寶圖，光踐皇極〔十五〕。節儉以勵戎夏，文德以戢干戈。無怠無荒，克慈克弟〔十六〕。永保厥躬，用揚祖宗之丕績休命〔十七〕。可不敬哉。

校箋

〔一〕本文又見全唐文卷九十八，題名命皇太子即位册文，署名昭宗何皇后。又，此文文末原未標明頒布時間，然據文首『維天祐元年，歲次甲子，八月壬辰朔，十五日景午，皇后若曰』云云，知册文發布於哀帝即皇帝位之日，即天祐元年八月十五日。考舊唐書卷二十下哀帝紀亦記：天祐元年八月『丙午，大行皇帝大殮，皇太子柩前即皇帝位』。新唐書卷十哀帝紀亦記哀帝：『天祐元年八月丙午，即皇帝位于柩前。』然册府元龜卷十一帝王部繼統第三載：『哀宗皇帝昭宗第九子……天祐元年八月十三日，蔣玄暉矯宣昭宗詔即皇帝位，時年十三。』又唐會要卷二帝號下載：『哀皇帝諱柷，昭宗第九子。……天祐元年甲子，昭宗崩。翌日，蔣元暉矯遺詔，以帝即位。』按，上引諸書所記哀帝即皇帝位之時間有異。再檢資治通鑑卷二百六十五天祐元年八月載：『癸卯，蔣玄暉矯詔稱李漸榮、裴貞一弑逆，宜立輝王祚爲皇太子，更名柷，監軍國事。又矯皇后令，太子於柩前即位。宫中恐懼，不敢出聲哭。丙午，昭宣帝即位，時年十三。』據此知册府元龜、唐會要所記乃蔣玄暉矯宣昭宗遺詔令哀帝即皇帝位之時間，而非其正式即皇帝位之時。

故哀帝正式登基之時間應如本册文以及兩唐書哀帝紀、資治通鑒所記之天祐元年（九〇四）八月十五日丙午。如此，則册文之撰寫時間當在此時稍前。

〔二〕十五日景午：『景午』，原作『丙午』，然全唐文作『景午』，是。今即據改。四庫全書本則作『丙申』，誤。

〔三〕皇后若曰：此『皇后』爲何氏，舊唐書卷二十下哀帝紀即謂：『哀皇帝諱柷，昭宗第九子，母曰積善太后何氏。』新唐書卷十哀帝紀亦謂：『昭宣光烈孝皇帝諱柷，昭宗第九子也。母曰皇太后何氏。』何皇后，傳見舊唐書卷五十二、新唐書卷七十七。舊唐書本傳謂：『昭宗積善皇后何氏，東蜀人。入侍壽王邸，婉麗多智，特承恩顧，生德王、輝王。昭宗即位，立爲淑妃。乾寧中，車駕在華州，册爲皇后。國家自乾符已後，盜滿天下，妖生九重，宫廟榛蕪，奔播不暇。景福之際，奸臣内侮，后於蒙塵薄狩之中，嘗膳禦侮，不離左右。左闕、右輔之幸，時事危迫，后消息撫御，終獲保全。自岐下還京，崔胤盡誅黄門宦官，每宣諭宰臣，但令宫嬪來往。是時國命奪於朱氏，左右前後，皆是汴人，宫中動息，雖纖芥必聞於朱全忠。宫人常懷惴怵，帝后垂泣相視。天祐初，全忠逼遷輿駕，東幸洛陽。其年八月，昭宗遇弑。翌日，宰相柳璨、獨孤損等詐宣皇后令云：「帝爲宫人害，輝王祚宜升帝位。」仍尊后爲皇太后。遭罹變故，迫以凶威，宫中哭泣，不敢

聲聞於外。明年十二月……宣徽副使趙殷衡素與張、蔣不協，且欲代知樞密事，因使於梁，誣告云：「玄暉私於何太后，相與盟詛，誓復唐室，不欲王受九錫。」全忠大怒，即日遣使至洛陽，誅玄暉、廷範、柳璨等，太后亦被害於積善宫，又殺宫人阿秋、阿虔，仍廢太后爲庶人。』又，此册文謂『皇后若曰』，則册文乃以何皇后名義發布。然考之當時史實，實則乃朱全忠之爪牙蔣玄暉矯詔所爲，舊唐書哀帝紀即有宣此册前後史實之記載，可據以知哀帝即位前後之背景，以及駭人聽聞之朝廷動亂狀況：『天祐元年八月十二日，昭宗遇弑。翌日，蔣玄暉矯宣遺詔，曰：「我國家化隋爲唐，奄有天下，三百年之盛業，十八葉之耿光。朕自纘丕圖，垂將二紀，雖恭勤無怠，屬運數多艱。致寰宇之未寧，睹兵戈之屢起，賴勛賢協力，宗社再安。豈意宫闈之間，禍亂忽作，昭儀李漸榮、河東夫人裴貞一潛懷逆節，輒肆狂謀，傷疢既深，已及危革。萬機不可以久曠，四海不可以乏君，神鼎所歸，須有纘繼。輝王祚幼彰岐嶷，長實端良，裒然不群，予所鍾愛，必能克奉丕訓，以安兆人。宜立爲皇太子，仍改名柷，監軍國事。於戲！孝愛可以承九廟，恭儉可以安萬邦，無樂逸游，志康寰宇。百辟卿士，佑兹冲人，載揚我高祖、太宗之休烈。」是日遷神柩于西宫，文武百僚班慰於延和門外。其日午時，又矯宣皇太后令曰：「予遭家不造，急變爰臻，禍生女職之徒，事起宫奚之輩。皇帝自罹鋒刃，已至彌留，不及顧遺，號慟徒切。定大計者安社稷，纂丕

圖者擇賢明，議屬未亡人，須示建長策。承高祖之寶運，醫元勛之忠規，伏示股肱，以匡冲昧。皇太子柷宜於柩前即皇帝位，其哀制并依祖宗故事，中書門下准前處分。於戲！送往事居，古人令範，行今報舊，前哲格言。抆泪敷宣，言不能喻。」帝時年十三，乙丑監國，柩前即位，宜差太常卿王溥充禮儀使，又令太子家令李能告哀於十六宅。丙午，大行皇帝大殮，皇太子柩前即皇帝位。己酉，矯制曰：「昭儀李漸榮、河東夫人裴貞一，今月十一日夜持刃謀逆，懼罪投井而死，宜追削爲悖逆庶人。」蔣玄暉夜既弒逆，詰旦宣言於外曰：「夜來帝與昭儀博戲，帝醉，爲昭儀所害。」歸罪宮人，以掩弒逆之迹。然龍武軍官健備傳二夫人之言於市人。尋用史太爲棣州刺史，以酬弒逆之功。』據此可知，此册書乃詐以何后名義頒布，其真正撰文者乃朱全忠、蔣玄暉之流所控制之朝中文臣，文中所言亦有掩飾之言，未可盡信。

〔四〕重熙累聖：『重熙』，乃舊時用以稱頌君主累世聖明之詞。三國魏何晏景福殿賦：『至于帝皇，遂重熙而累盛。』舊唐書賈耽傳：『太宗繼明重熙，柔遠能邇。』

〔五〕丕圖：『丕圖』，猶大業，宏圖。唐白居易答黄裳請上尊號表制：『朕以薄德，嗣守丕圖，不敢荒寧，以弘理道。』宋史禮志十一：『非臣否德，肇此丕圖，實賴先正儲休，上玄降鑒。』

〔六〕予遭家不造，變起宫奚：「不造」，即不幸。詩周頌閔予小子：「閔予小子，遭家不造。」馬瑞辰通釋：「不，爲語詞。造與戚一聲之轉，古通用。則詩云『遭家不造』，猶云遭家戚，即後世所謂丁家艱也。」三國魏嵇康幽憤詩：「嗟余薄祜，少遭不造。」「宫奚」，奚，乃古代奴隸之一種。周禮天官序官：「奚三白人。」鄭玄注：「古者從坐，男女没入縣官爲奴，其少才知以爲奚。」清龔自珍題王子梅盜詩圖詩：「呼奚抱之走，播遷得小宅。」故「宫奚」乃用以謂宫人。此處「宫奚」則指蔣玄暉矯宣遺詔所稱弑殺唐昭宗之昭儀李漸榮、河東夫人裴貞一。文中「予遭家不造，變起宫奚」兩句，實乃僞詔顛倒黑白，遷罪昭儀李漸榮、河東夫人裴貞一之言，全不可信。

〔七〕至于終天：此處「終天」意爲終身。晉陶潛祭程氏妹文：「如何一往，終天不返！」唐白居易病中哭金鑾子詩：「莫言三里地，此别是終天！」

〔八〕皇太子監國事：「皇太子」即指李柷。據舊唐書哀帝紀，哀帝於即位皇帝之前即「立爲皇太子，仍改名柷，監軍國事」，故此册文有此稱呼。李柷，傳見兩唐書哀帝紀。舊唐書哀帝紀：「哀皇帝諱柷，昭宗第九子，母曰積善太后何氏。景福元年九月三日，生於大内。乾寧四年二月，封輝王，名祚。天復三年二月，拜開府儀同三司，充諸道兵馬元帥。天祐元年八月十二

日，昭宗遇弑。翌日，蔣玄暉矯宣遺詔，曰：「……輝王祚幼彰岐嶷，長實端良，裒然不群，予所鍾愛，必能克奉丕訓，以安兆人。宜立爲皇太子，仍改名柷，監軍國事。」……帝時年十三，乙且監國，柩前即位，宜差太常卿王溥充禮儀使，又令太子家令李能告哀於十六宅。丙午，大行皇帝大殮，皇太子柩前即皇帝位。』

〔九〕天資岐嶷：『岐嶷』，形容幼年聰慧。詩大雅生民：『誕實匍匐，克岐克嶷。』朱熹集傳：『岐嶷，峻茂之狀。』東觀漢記馬客卿傳：『馬客卿幼而岐嶷，年六歲，能接應諸公，專對賓客。』

〔十〕孝比東平之蒼，學富陳留之植：『東平之蒼』，謂東漢劉蒼。據後漢書卷四十二光武十王傳東平憲王蒼載：『東平憲王蒼，建武十五年封東平公，十七年進爵爲王。……十一年，蒼與諸王朝京師。月餘，還國。帝臨送歸宮，凄然懷思，乃遣使手詔國中傅曰：「辭别之後，獨坐不樂，因就車歸，伏軾而吟，瞻望永懷，實勞我心，誦及采菽，以增嘆息。日者問東平王處家何等最樂，王言爲善最樂。」』『陳留之植』，謂三國魏曾任陳留王之曹植。三國志卷十九魏書陳思王植傳：『陳思王植字子建。年十歲餘，誦讀詩、論及辭賦數十萬言，善屬文。太祖嘗視其文，謂植曰：「汝倩人邪？」植跪曰：「言出爲論，下筆成章，顧當面試，奈何倩人？」時鄴銅爵臺新

成，太祖悉將諸子登臺，使各爲賦。植援筆立成，可觀，太祖甚異之。性簡易，不治威儀。輿馬服飾，不尚華麗。每進見難問，應聲而對，特見寵愛。』

（十一）友愛聞於弟兄：『弟兄』，四庫全書、全唐文、甲庫本同。適園叢書、明鈔本、學林本則作『兄弟』。

（十二）比則隆元帥，深暢戎機：此處『戎機』謂軍事機宜。唐杜甫遣憤詩：『自從收帝里，誰復總戎機。』宋秦觀代何提舉賀范樞密啓：『入參臺省，佇聞折檻之風；外總戎機，寢罷爭桑之釁。』此處『比則隆元帥』，乃謂哀帝登基之前曾榮任顯赫的諸道兵馬元帥。舊唐書哀帝紀記載：『哀皇帝諱柷，昭宗第九子……乾寧四年二月，封輝王，名祚。天復三年二月，拜開府儀同三司，充諸道兵馬元帥。』

（十三）上纂鴻基：『鴻基』，謂偉大之基業。此處指王業。三國蜀劉禪策丞相諸葛亮詔：『朕以幼沖，繼承鴻基。』宋范仲淹聖人大寶曰位賦：『固此鴻基，方君臨於萬國。』

（十四）既允集於天人：『允集』，意爲聚集；會合。後漢書孝順帝紀贊：『孝順初立，時髦允集。』晉陸機漢高祖功臣頌：『三王從風，五侯允集。』『天人』，此處特指天子。晉書應貞傳：『順時貢職，入覲天人。』唐沈佺期夏日都門送司馬員外逸客孫員外佺北征詩：『廟略天人

授，軍麾相國持。」

（十五）光踐皇極：『皇極』，指皇位。晉干寶晉紀總論：『至于世祖，遂享皇極。』舊唐書外戚傳武承嗣：『皇極者，域中之大寶，必順乎天命。』

（十六）克慈克弟：『弟』，全唐文作『悌』。『弟』通『悌』，順從和敬愛兄長。論語學而：『入則孝，出則弟。』陸德明釋文：『弟，音悌。本亦作悌。』

（十七）用揚祖宗之丕績休命：『丕績』，四庫全書、甲庫本同。全唐文、適園叢書、學林本則均作『丕緝』，然此處當以『丕績』爲優長。『丕績』，即大功業。書大禹謨：『予懋乃德，嘉乃丕績。』唐顏真卿天下放生池碑銘：『道冠巍巍，威深虩虩，遘兹多難，克廣丕績。』『休命』，此處謂美善之命令。易大有：『君子以遏惡揚善，順天休命。』書說命下：『敢對揚天子之休命。』

卷第二

帝王

即位赦上

即位赦上

神堯即位赦（一）

詔曰：舜禹殊時，禪代存乎揖讓；殷周異世，革命事乎干戈。至於據龍圖，握鳳紀，統御皇極（二），撫輯黎民（三），奄有四方，朝宗萬國，垂法作訓（四），其揆一焉。朕以寡薄，屬彼澆季，大業末年，綱維廢弛，三光改耀，九服移心（五）。既戡定時難，緝和庶績（六），一匡海内，再造黎元。隋氏以天禄永終，曆數攸在（七），敬禪厥位，授于朕躬（八）。顧惟慚德，屬當景運（九），懼甚履冰，懔乎御朽（十）。上答蒼靈之眷（十一），俯順億兆之心。寶曆初基（十二），溥天同慶，所宜布兹寬惠（十三），咸與惟新（十四）。可大赦天下，改隋義寧二年爲武德元年。自五月二十日昧爽以前（十五），罪無輕重，已發露（十六），未發露，皆赦除之。子殺父，奴殺主，不在赦限。百官及庶人（十七），賜爵一級。義師所行之處，給復三年（十八），自餘給復一年。孝子順孫，義夫節婦，旌表門閭。孝悌力田，鰥寡孤獨，量加賑恤。

校箋

〔一〕此文又見於册府元龜卷八十三帝王部　赦宥第二。全唐文卷一亦録，文題名改元大赦詔，署名爲唐高祖。本文文末原未標明頒布時間。按此文爲『神堯即位赦』，『神堯』即指唐高祖，舊唐書卷一高祖紀即云：『高祖神堯大聖大光孝皇帝姓李氏，諱淵。』新唐書卷一高祖紀亦記：『高祖神堯大聖大光孝皇帝諱淵，字叔德，姓李氏，隴西成紀人也。』則此文乃高祖即皇帝位之日所頒布赦文。考舊唐書　高祖紀隋義寧二年五月載：『甲子，高祖即皇帝位於太極殿，命刑部尚書蕭造兼太尉，告於南郊，大赦天下，改隋義寧二年爲唐武德元年。』新唐書　高祖紀亦云：『武德元年五月甲子，即皇帝位於太極殿。命蕭造兼太尉，告於南郊，大赦，改元。賜百官、庶人爵一級，義師所過給復三年，其餘給復一年。』册府元龜卷八十三帝王部　赦宥第二：『唐高祖武德元年五月甲子即皇帝位於太極殿，下詔曰……』檢武德元年五月乙巳朔，甲子爲五月二十日。則諸書所記高祖即皇帝位與本文所謂『改隋義寧二年爲武德元年。自五月二十日昧爽以前』云云時間同，則知此文乃頒布於武德元年（六一八）五月二十日。其撰寫時間，當在此時稍前。

〔二〕至於據龍圖，握鳳紀，統御皇極：『龍圖』，此處指神授的君權。南朝梁江淹爲建平王慶明帝疾和表：『故丹陵之君，款金泥而謝賢；嬀墟之後，眷龍圖而慚德。』唐張説大和舞詩：『龍圖友及，駿命恭膺。』『鳳紀』，謂綱領；法度。書五子之歌：『今失厥道，亂其紀綱，乃底滅亡。』孔傳：『言失堯之道，亂其法制，自致滅亡。』晏子春秋諫下十二：『夫禮者，民之紀，紀亂則民失。亂紀失民，危道也。』『統御』，意爲統率；統領。孔叢子儒服：『夫儒者居位行道，則有衮冕之服；統御師旅，則有介冑之服。』敦煌變文集降魔變文：『朕爲一國之主，統御萬邦，卿須盡節存忠，不得因巡易志。』『皇極』，帝王統治天下之準則。即所謂大中至正之道。書洪範：『五，皇極，皇建其有極。』孔穎達疏：『皇，大也；極，中也。施政教，治下民，當使大得其中，無有邪僻。』漢荀悦漢紀高祖紀一：『昔在上聖，唯建皇極，經緯天地。』

〔三〕撫輯黎民：『撫輯』，原作『撫拯』，册府元龜、全唐文作『撫輯』，今即據改。『撫輯』，亦作『撫緝』。意爲安撫輯和。周書寇洛等傳論：『洛撫緝散亂，抗禦仇讎。』舊唐書柳澤傳：『今龐眉鮐背，歡欣踴躍，望聖朝之撫輯，聽聖朝之德音。』

〔四〕垂法作訓：『作訓』，四庫全書作『作則』。『作訓』，成爲典式、法則。隋書文學傳序：『然則文之爲用，其大矣哉！上所以敷德教於下，下所以達情志於上，大則經緯天地，作訓垂

範，次則風謡歌頌，匡主和民。」

〔五〕屬彼澆季，大業末年，綱維廢弛，三光改耀，九服移心：「澆季」，道德風俗浮薄之末世。南朝宋劉駿通下情詔：「世弊教淺，歲月澆季。」舊唐書 太宗紀上：「然情存今古，世踵澆季，而策名就列，或乖大體。」「三光」，指日、月、星。莊子 説劍：「上法圓天以順三光，下法方地以順四時，中和民意以安四鄉。」漢班固白虎通 封公侯：「天有三光日月星，地有三形高下平。」「九服」，此處指全國各地區。南朝梁沈約法王寺碑：「濟横流而臣九服，握乾綱而子萬姓。」周書 文帝紀下：「俾九服寧謐，誠賴翊贊之功。」按，此數句指隋朝末年之板蕩浮薄世風。考舊唐書 高祖紀史臣有云：「有隋季年，皇圖板蕩，荒主燀燎原之焰，群盜發逐鹿之機，殄暴無厭，横流靡救。」又，隋末年亂世之情景隋書卷四煬帝下史臣有云：「煬帝爰在弱齡，早有令聞，南平吴、會，北却匈奴，昆弟之中，獨著聲績。於是矯情飾貌，肆厥奸回，故得獻后鍾心，文皇革慮，天方肇亂，遂登儲兩，踐峻極之崇基，承丕顯之休命。地廣三代，威振八紘，單于頓顙，越裳重譯。赤仄之泉，流溢於都内；紅腐之粟，委積於塞下。負其富强之資，思逞無厭之欲，狹殷、周之制度，尚秦、漢之規摹。恃才矜己，傲狠明德，内懷險躁，外示凝簡，盛冠服以飾其奸，除諫官以掩其過。淫荒無度，法令滋章，教絶四維，刑參五虐，鋤誅骨肉，屠剿忠良，受

賞者莫見其功，爲戮者不知其罪。驕怒之兵屢動，土木之功不息。頻出朔方，三駕遼左，旌旗萬里，徵税百端，猾吏侵漁，人不堪命。乃急令暴條以擾之，嚴刑峻法以臨之，甲兵威武以董之，自是海内騷然，無聊生矣。俄而玄感肇黎陽之亂，匈奴有雁門之圍，天子方棄中土，遠之揚、越。奸宄乘釁，强弱相陵，關梁閉而不通，皇輿往而不反。加之以師旅，因之以饑饉，流離道路，轉死溝壑，十八九焉。於是相聚萑蒲，蝟毛而起，大則跨州連郡，稱帝稱王，小則千百爲群，攻城剽邑，流血成川澤，死人如亂麻，炊者不及析骸，食者不遑易子。茫茫九土，并爲麋鹿之場……四方萬里，簡書相續，猶謂鼠竊狗盜，不足爲虞，上下相蒙，莫肯念亂，振蜉蝣之羽，窮長夜之樂。土崩魚爛，貫盈惡稔，普天之下，莫匪仇讎，左右之人，皆爲敵國。終然不悟，同彼望夷，遂以萬乘之尊，死於一夫之手。億兆靡感恩之士，九牧無勤王之師。子弟同就誅夷，骸骨棄而莫掩，社稷顛隕，本枝殄絶，自肇有書契以迄于兹，宇宙崩離，生靈塗炭，喪身滅國，未有若斯之甚也。書曰：「天作孽，猶可違，自作孽，不可逭。」傳曰：「吉凶由人，祆不妄作。」又曰：「兵猶火也，不戢將自焚。」觀隋室之存亡，斯言信而有徵矣！』

〔六〕緝和庶績：『緝和』，謂和睦。晋夏侯湛昆弟誥：『緝和我七子，訓諧我五妹。』宋書蕭惠開傳：『人間宜相緝和，甚如慈旨。』『庶績』，指各種事業。書堯典：『允厘百工，庶績咸

熙。』孔傳：『績，功也；言衆功皆廣。』舊唐書薛登傳：『故堯資八元而庶績其理，周任十亂而天下和平。』

（七）隋氏以天禄永終，曆數攸在：『天禄』，天賜的福禄。書大禹謨：『四海困窮，天禄永終。』後常指帝位。後漢書桓帝紀贊：『桓自宗支，越躋天禄。』周書宣帝紀：『帝王之量，未肅而成；天禄之期，不謀已至。』『曆數』，古謂帝王代天理民之順序。論語堯曰：『咨，爾舜，天之曆數在爾躬。』何晏集解：『曆數謂列次也。』邢昺疏：『孔注尚書云：謂天道。謂天曆運之數。帝王易姓而興，故言曆數謂天道。』

（八）敬禪厥位，授于朕躬：此句謂隋帝遜帝位於唐高祖。舊唐書高祖紀隋義寧二年載：『五月乙巳，天子詔高祖冕十有二旒，建天子旌旗，出警入蹕。王后、王女爵命之號，一遵舊典。戊午，隋帝詔曰：「天禍隋國，大行太上皇遇盜江都，酷甚望夷，釁深驪北。憫予小子，奄造丕愆，哀號永感，心情糜潰。……相國唐王，膺期命世，扶危拯溺，自北徂南，東征西怨。致九合於諸侯，决百勝於千里。糾率夷夏，大庇氓黎……德侔造化，功格蒼旻，兆庶歸心，曆數斯在，屈爲人臣，載違天命。在昔虞、夏，揖讓相推，苟非重華，誰堪命禹。當今九服崩離，三靈改卜，大運去矣……今遵故事，遜于舊邸，庶官群辟，改事唐朝。宜依前典，趨上尊號……」遣使持

節、兼太保、邢部尚書、光禄大夫、梁郡公蕭造，兼太尉、司農少卿裴之隱奉皇帝璽綬于高祖。高祖辭讓，百僚上表勸進，至于再三，乃從之。隋帝遜于舊邸。改大興殿爲太極殿。』新唐書高祖紀義寧二年亦載：『五月乙巳，隋帝命唐王冕十有二旒，建天子旌旗，出警入蹕。……戊午，隋帝遜于位，以刑部尚書蕭造、司農少卿裴之隱奉皇帝璽紱於唐王，三讓乃受。』按，隋帝遜位於唐高祖，以及高祖謙讓、最終即皇帝位之詳情，唐温大雅大唐創業起居注卷三多有記載，可參看。

〔九〕屬當景運：『景運』，即好時運。周書獨孤信傳：『今景運初開，椒闈肅建。』宋陳岩肖庚溪詩話卷上：『景祐元年所賜詩末句曰：「寒儒逢景運，報國合如何？」』

〔十〕懼甚履冰，懔乎御朽：『履冰』，行於冰上。比喻身處險境，戒慎恐懼之至。漢書韋賢傳：『如何我王，不思守保，不惟履冰，以繼祖考。』唐司空圖華帥許國公德政碑：『至於恭命之時，猶切履冰之懼。』『御朽』，謂以朽索御馬。喻指危險。隋書房彦謙傳：『是以古之哲王，昧旦丕顯，履冰在念，御朽兢懷。』

〔十一〕上答蒼靈之眷：『蒼靈』，即青帝。我國古代神話中的五天帝之一。是位於東方的司春之神。南朝宋顔延之三月三日曲水詩序：『春官聯事，蒼靈奉塗。』李善注：『蒼靈，青帝也。』周書孝閔帝紀：『上協蒼靈之慶，下昭后祇之錫。』此處『蒼靈』蓋泛指天帝。

〔十二〕寶曆初基：按，「寶曆」，亦作「寶歷」，指國祚；皇位。樂府詩集燕射歌辭三晋朝饗樂章：「椒觴再獻，寶歷萬年。」梁書武帝紀上：「雖寶曆重升，明命有紹，而獨夫醜縱，方煽京邑。」魏書世宗紀：「朕幼承寶曆，艱憂在疚，庶事不親，風化未洽。」

〔十三〕所宜布兹寬惠：此句「所」字原無，據册府元龜、全唐文增補。

〔十四〕咸與惟新：又作「咸與維新」。書胤征：「天吏逸德，烈于猛火，殲厥渠魁，脅從罔治。舊染污俗，咸與惟新。」孔傳：「言其餘人，久染污俗，本無惡心，皆與更新。」後因以「咸與惟新」謂對一切受惡習影響或犯罪的人，都准予改過自新或革故圖新。南朝梁沈約赦詔：「隆平之化，庶從兹始，宜播嘉惠，咸與維新，可大赦天下。」舊唐書昭宗紀：「宜覃涣汗之恩，俟此雍熙之慶，滌瑕蕩垢，咸與惟新。」

〔十五〕昧爽以前：「昧爽」，即拂曉；黎明。書牧誓：「時甲子昧爽，武王朝至于商郊牧野。」孔子家語五儀解：「昧爽夙興，正其衣冠。」

〔十六〕發露：揭露。後漢書陳忠傳：「是以盗發之家，不敢申告……其大章著不可掩者，乃肯發露。」宋范仲淹再奏雪張亢：「其張亢所奏二事，若未有發露，乃是自首。」

〔十七〕百官及庶人：「百官」，原作「有官」，誤。册府元龜、四庫全書、全唐文、適園叢

書、明鈔本、甲庫本、學林本均作『百官』，今即據改。

〔十八〕給復三年：『給復』，免除賦稅徭役。晉書武帝紀：『（咸寧元年）二月，以將士應已娶者多，家有五女者給復。』北史魏紀三高祖孝文帝：『（太和二十二年）詔以穰人首歸大順始終若一者，給復三十年，標其所居曰歸義鄉；次降者，給復十五年。』

太宗即位赦〔一〕

詔曰：惟天爲大，七政所以授時〔二〕；惟辟奉天，三才於是育物〔三〕。故能彌綸宇宙，經緯乾坤〔四〕，大庇生靈〔五〕，闡揚洪烈〔六〕。我大唐誕膺嘉運，載協休期〔七〕，丕受龍圖，肇開鳳紀〔八〕。太上皇徇齊作聖〔九〕，睿哲欽明，奄有八荒〔十〕，光宅四表〔十一〕，牢籠軒昊，躡跨殷周〔十二〕，金鏡俯臨，玉燭遐被〔十三〕。然而至德弗宰，成功不居，高謝萬邦，委茲重器，郊禋曠典，士民翹屬〔十四〕，欽惟宗社，義存享獻。朕以寡昧，實膺統緒，辭不獲免，式纂洪業〔十五〕。靈命既臻，用升寶位〔十六〕，君臨兆庶，繼軌百王，若涉大川，罔知攸濟，方資令哲，共康至道〔十七〕。今紹祚伊始〔十八〕，奉答天休，思敷惠澤，被于黎獻〔十九〕。可大赦天下。自武德九年八月九日昧爽已前，罪無輕

重（二十），已發覺，未發覺，繫囚見徒，悉從原免。武德元年以來責情流配者（二十一），亦并放還。凡厥庶僚，進爵一級。其五品以上先無爵邑者，封開國男六品以下（二十二），各加一轉（二十三）。關内及蒲、芮、虞、秦、陜、鼎六州，免二年租調。自餘率土，普給復一年（二十四）。年八十以上，各賜米二石、綿帛五段。百歲以上（二十五），各賜米四石、綿帛十段，仍加版授（二十六），以旌尚齒。鰥寡孤獨，不能自存者，量事優恤。其有至孝純著，達於鄉黨，徵詣闕庭（二十七），厚加褒擢。節義之夫（二十八），貞順之婦，州府列上（二十九），旌表門閭。高年碩學，直言正諫，所在長官，隨狀薦舉。亡命山澤，挾藏軍器，百日不首，復罪如初。敢以赦前事告言者，以其罪罪之。

校箋

（一）本文又見於册府元龜卷八十四帝王部 赦宥第三。全唐文卷四亦録，文題作即位大赦詔，署名唐太宗。本文文末原未標明頒布時間，然本文乃唐太宗即位日所下赦文。考舊唐書卷二太宗紀上武德九年載：『八月癸亥，高祖傳位於皇太子，太宗即位於東宮顯德殿。遣司空、魏

國公裴寂柴告於南郊。大赦天下。武德元年以來責情流配者并放還。文武官五品已上先無爵者賜爵一級，六品已下加勛一轉。天下給復一年。』又新唐書卷二太宗紀武德九年亦記：『八月甲子，即皇帝位于東宮顯德殿。遣裴寂告于南郊。大赦，武德流人還之。賜文武官勛、爵。免關內及蒲、芮、虞、泰、陝、鼎六州二歲租，給復天下一年。民八十以上賜粟帛，百歲加版授。』資治通鑒卷一百九十一武德九年八月亦記：『癸亥，詔傳位於太子。太子固辭，不許。甲子，太宗即皇帝位於東宮顯德殿，赦天下；關内及蒲、芮、虞、泰、陝、鼎六州免租調二年，自餘給復一年。』册府元龜亦記：『唐太宗以武德九年八月甲子即位，詔曰……』據上述諸文獻所記，太宗乃即位并頒布本赦文於武德九年八月甲子。是年八月丙辰朔，八月甲子乃八月九日，此與本赦文『自武德九年八月九日昧爽已前』云云合。故此赦文乃頒布於武德九年（六二六）八月九日，則此赦文之撰，當在是時稍前。

〔二〕七政所以授時：此處『七政』蓋指指日、月和金、木、水、火、土五星。書舜典：『在璇璣玉衡，以齊七政。』孔傳：『七政，日月五星各異政。』孔穎達疏：『七政，謂日月與五星也。』史記五帝本紀：『以齊七政。』

〔三〕三才於是育物：『於是』，四庫全書本作『所以』。『三才』，指天、地、人。易説

卦：『是以立天之道曰陰與陽，立地之道曰柔與剛，立人之道曰仁與義。兼三才而兩之，故易六畫而成卦。』漢王符潛夫論本訓：『是故天本諸陽，地本諸陰，人本中和。三才異務，相待而成。』

（四）故能彌綸宇宙，經緯乾坤：『彌綸』，意爲統攝；籠蓋。易繫辭上：『易與天地準，故能彌綸天地之道。』高亨注：『釋文引京云：「準，等也。彌，遍也。」集解引虞翻曰：「綸，絡也。」彌綸即普遍包絡。』周書尉遲運等傳論：『斯固彌綸三極，囊括百代。』『經緯』，規劃治理。左傳昭公二十九年：『夫晉國將守唐叔之所受法度，以經緯其民。』舊唐書褚無量傳：『其義可以幽贊神明，其文可以經緯邦國。』

（五）大庇生靈：『生靈』，原作『生民』，然册府元龜、全唐文作『生靈』，今即據改。

（六）闡揚洪烈：『洪烈』，偉大的功業。漢書翟方進傳：『此乃皇天上帝所以安我帝室，俾我成就洪烈也。』晉陸雲祖考頌：『元勛昺於光國，洪烈著於隆家。』

（七）載協休期：『休期』，册府元龜、全唐文作『昌期』。『休期』，意爲美好的時期。南朝陳徐陵封陳公九錫詔：『昔在休期，早隆朝寄。』宋曾鞏謝賜唐六典表：『伏遇皇帝陛下接五聖之休期，振千齡之絶業。』

（八）丕受龍圖，肇開鳳紀：『龍圖』，即河圖。漢應劭風俗通山澤四瀆：『河者，播也，播

爲九流，出龍圖也。』南朝陳徐陵勸進梁元帝表：『卦起龍圖，文因鳥迹。』此處借指神授的君權。『鳳紀』，猶鳳曆。南朝梁簡文帝大愛敬寺刹下銘：『功昭鳳紀，德契雲名。』唐杜甫千秋節有感詩：『鳳紀編生日，龍池塹劫灰。』『鳳曆』，左傳昭公十七年：『我高祖少皞摯之立也，鳳鳥適至，故紀於鳥，爲鳥師而鳥名，鳳鳥氏，曆正也。』後因用『鳳曆』稱歲曆。含有曆數正朔之意。北周庾信周宗廟歌昭夏：『龍圖革命，鳳曆歸昌。』唐杜甫上韋左相二十韻：『鳳曆軒轅紀，龍飛四十春。』

（九）太上皇徇齊作聖：此處『太上皇』謂唐高祖李淵。李淵，傳見舊唐書卷一高祖紀、新唐書卷一高祖紀。舊唐書高祖紀載：『高祖神堯大聖大光孝皇帝姓李氏，諱淵。其先隴西狄道人，涼武昭王暠七代孫也。……（武德九年六月）詔立秦王爲皇太子，繼統萬機，大赦天下。八月癸亥，詔傳位于皇太子。尊帝爲太上皇，徙居弘義宮，改名太安宮。』唐會要卷一帝號上載：『高祖神堯大聖大光孝皇帝諱淵，元皇帝第四子，母曰元貞皇后獨孤氏。隋義寧二年五月二十日，受禪于太極殿，年五十三。武德九年八月八日，傳位。稱太上皇。』

（十）奄有八荒：『八荒』，適園叢書、明鈔本、學林本均作『八方』。『八荒』，指八方荒遠的地方。關尹子四符：『知夫此物，如夢中物，隨情所見者，可以凝精作物而駕八荒。』漢書項

籍傳贊：『并吞八荒之心。』顔師古注：『八荒，八方荒忽極遠之地也。』

〔十一〕光宅四表：『光宅』，意爲廣有。書堯典序：『昔在帝堯，聰明文思，光宅天下。』曾運乾正讀：『光，猶廣也。宅，宅而有之也。』南齊書高帝紀下：『猥以寡德，光宅四海。』『四表』，指四方極遠之地，亦泛指天下。書堯典：『光被四表，格于上下。』孔穎達疏：『聖德美名，充滿被溢於四方之外，又至於上天下地。』魏書西域傳序：『太祖初，經營中原，未暇及於四表。』

〔十二〕牢籠軒昊，躡跨殷周：『躡跨』，册府元龜、全唐文作『跨躡』。『軒昊』，軒轅、少昊的并稱。唐白居易送毛仙翁詩：『軒昊舊爲侶，松喬難比肩。』宋王禹偁爲宰臣上尊號表：『豈可執勞謙之小節，廢立極之大名，居軒昊之至尊，慕巢由之獨行？此臣等之所未諭也。』『躡跨』，跨有；據有。南朝梁劉孝綽三日侍安成王曲水宴詩：『匯澤良孔殷，分區屏中縣。躡跨兼流采，襟喉邇封甸。』

〔十三〕金鏡俯臨，玉燭遐被：此處『金鏡』比喻顯明的正道。太平御覽卷七百一十七引尚書考靈耀：『秦失金鏡，魚目入珠。』鄭玄注：『金鏡，喻明道也。』南朝梁劉孝標廣絶交論：『蓋聖人握金鏡，闡風烈。』又，此處『玉燭』謂四時之氣和暢。形容太平盛世。尸子卷上：『四

氣和，正光照，此之謂玉燭。』爾雅釋天：『四氣和謂之玉燭。』郭璞注：『道光照。』邢昺疏：『道光照者，道，言也；言四時和氣，温潤明照，故曰玉燭。』

〔十四〕郊禋曠典，士民翹屬：『曠典』，原作『曠禮』，此處於語義不合。四庫全書、全唐文均作『曠典』，今即據改。『翹屬』，四庫全書本作『翹矚』。『曠典』，意爲稀世盛典。宋史樂志五：『至道始册皇太子，有司言：「太子受册，宜奏正始之樂。」百年曠典，至是舉行，中外胥悦。』儒林外史第三十五回：『今日皇上升殿，真乃曠典！』『屬』，注目；专注。北魏楊衒之洛陽伽藍記景明寺：『俯聞激電，旁屬奔星。』唐韓愈憶昨行和張十一：『張君名聲座所屬，起舞先醉長松摧。』

〔十五〕辭不獲免，式纂洪業：資治通鑑卷一百九十一武德九年八月記：『癸亥，詔傳位於太子。太子固辭，不許。甲子，太宗即皇帝位於東宮顯德殿，赦天下』。

〔十六〕靈命既臻，用升寶位：『用』，原作『是』，册府元龜、全唐文、適園叢書、學林本均作『用』，今即據改。『靈命』，此處意爲上天或神靈的意志。南朝宋鮑照從過舊宮詩：『靈命蘊川瀆，帝寶伏篇圖。』唐王勃益州夫子廟碑：『杳杳靈命，茫茫天秩。吾道難行，斯文易失。』

〔十七〕共康至道：『至道』，册府元龜、全唐文作『治道』。按，『至道』，此處指最好的道

德或政治制度。禮記學記：『雖有嘉肴，弗食，不知其旨也；雖有至道，弗學，不知其善也。』禮記表記：『道有至，義有考。至道以王，義道以霸，考道以爲無失。』鄭玄注：『此讀當言「道有至，有義，有考」，字脱一有耳。』陳澔集説引應氏曰：『至道，即仁也。至道渾而無迹，故得其渾全精粹以爲王。』晉陸機演連珠之六：『是以至道之行，萬類取足於世；大化既洽，百姓無匱於心。』

（十八）紹祚伊始：『紹祚』，即承繼帝位。晉潘岳關中詩：『三祖在天，聖皇紹祚。』南朝陳徐陵封始興王詔：『天嘉紹祚，別命皇枝，歸自崤函，禮隔登獻。』

（十九）思敷惠澤，被于黎獻：『敷』，四庫全書、明鈔本、甲庫本作『俾』。『黎獻』，黎民中的賢者。書益稷：『萬邦黎獻，共惟帝臣。』蔡沈集傳：『黎民之賢者也。』唐白居易洛川晴望賦：『是用步閭里，詢黎獻。』

（二十）罪無輕重：按，『輕重』，全唐文作『重輕』。

（二十一）武德元年以來責情流配者：此句底本以及適園叢書、四庫全書、全唐文、明鈔本、甲庫本等均作『武德元年以來流配者』，然舊唐書太宗紀、册府元龜均作『武德元年以來責情流配者』，今即據以增補。

〔二十二〕封開國男六品以下：此句底本、適園叢書、明鈔本、甲庫本、學林本均無『封』字，今據册府元龜、四庫全書、全唐文諸本增補。

〔二十三〕各加一轉：此句舊唐書太宗紀、全唐文均作『各加一级』。『轉』，量詞。勛級每升一級叫一轉。古樂府木蘭詩：『策勛十二轉，賞賜百千强。』資治通鑒陳宣帝太建九年：『〔周主〕又問：「前救河陰得何賞？」對曰：「蒙一轉，授特進、永昌郡公。」』胡三省注：『勛級曰轉。』

〔二十四〕給復一年：『給復』，免除賦稅徭役。晋書武帝紀：『以將士應已娶者多，家有五女者給復。』北史魏紀三高祖孝文帝：『詔以穰人首歸大順始終若一者，給復三十年，標其所居曰歸義鄉；次降者，給復十五年。』

〔二十五〕百歲以上：『百歲』，除適園叢書、學林本作『百年』，明鈔本作『百餘』，甲庫本作『百齡』外，諸本皆作『百歲』。作『百年』誤，不取。

〔二十六〕仍加版授：『版授』，指封號。新唐書太宗紀：『民八十以上賜粟帛，百歲加版授。』

〔二十七〕徵詣闕庭：『闕庭』，除適園叢書、明鈔本、學林本均作『關庭』外，其餘皆

作『闕庭』。作『闞庭』誤，不取。『闕庭』，亦作『闕廷』，指朝廷。亦借指京城。史記秦始皇本紀：『將閭曰：「闕廷之禮，吾未嘗敢不從賓贊也。」』後漢書伏隆傳：『臣隆得生到闕廷，受誅有司，此其大願。』

〔二十八〕節義之夫：按此句原作『節義之人』，然冊府元龜、四庫全書、全唐文、適園叢書、明鈔本、甲庫本、學林本均作『節義之夫』，今即據改。

〔二十九〕州府列上：『州府』，原作『州間』，然冊府元龜、四庫全書、全唐文、適園叢書、學林本均作『州府』，今即據改。

中宗即位赦〔一〕

門下：聞天地盈虛〔二〕，四時有消息之度；皇王興替，五運有遷革之期〔三〕。稱號斯殊，驪顯亦異〔四〕，受明命者〔五〕，罔不由兹。我大唐高祖神堯皇帝〔六〕，聖期首出，天與神器，有大功於區夏，有大造於生靈〔七〕。太宗文武聖皇帝〔八〕，道則繼明，業推構極〔九〕，類商湯之起亳，若姬發之承周〔十〕，彈壓九皇〔十一〕，牢籠萬古。高宗天皇大帝，上聖御圖，大明司契〔十二〕，手調元氣，心運洪爐〔十三〕。齊五緯而平太階，應三神

而登日觀（十四），綱羅開闢，包冠羲胥，大猷備闡（十五），能事斯畢。仙駕不返（十六），逆臣開釁，敬業挺災於淮甸，務挺潛應於沙場（十七），天柱將摇，地維方撓，非撥亂之神功，不能定人之危矣。則天大聖皇帝，亶聰成德，濬哲應期（十八），用初九之英謨，開太一之宏略（十九）。振玉鈐而殪封豕，授金鉞而斬長鯨（二十），受河洛之圖書，當昊穹之曆數（二十一），惠育黎獻，并登仁壽（二十二）。既而凝懷問道，屬想無爲，以大寶爲勞生，遂復忝於明辟（二十三）。且有後命，俾承先緒。光啓大唐之國，用崇興復之基。交際在辰，情深感慰（二十四）。奉高祖之宗廟，遵太宗之社稷，不失舊物，實在于兹。業既惟新，事宜更始，可改大周爲唐。社稷宗廟、陵寢郊祀、禮樂行運、旗幟服色、天地等字、臺閣官名，一事已上，并依永淳已前故事。其神都依舊爲東都，北都依舊爲并州（二十五）。大都督府永昌、來庭兩縣，并從廢省，其百姓依舊分屬河南、洛陽兩縣。周朝宗廟陵寢及官，宜令所司商量處分。朕之遠系，出自老君，靈祐所資，貽慶長久，宜依舊上尊號爲玄元皇帝（二十六），省司差使册告天下。村落佛堂，并令開門灑掃，不得因兹聚斂，創加修葺。庠序之規，風教之首，京都兩學（二十七），尚且闕修，欲令四方，何以取則？其京都學館及先聖廟堂，所有破壞未營造者，逐要修葺，速令畢功，仍不得

浪有勞擾。樂府之設，國風所繫，豈惟易俗，抑乃和神〔二十八〕。至若絲竹繁聲，倡優雜伎，深乖禮則，并宜量事減省。國之禮儀，已經改撰，隨時逐變，務在弘通。宜令禮官重加詳審，於行事有不便者，即從損益。制敕删定，處分已久，宜從易簡，務速施行。設官固須量才稱職〔二十九〕，比來委任，稍亦乖方，遂使鞫獄推囚，不專法寺〔三十〕，撰文修史，豈任秘書。營造無取於將作，勾勘罕從於比部〔三十一〕。多差别使，又着判官，在於本司，便是曠位，并須循名責實，不得越守侵官。皇家親屬籍没者，則天大聖皇帝雖已溥暢鴻恩〔三十二〕，其先有任五品已上官枉遭陷害者，并宜改葬，式遵典禮〔三十三〕，若有後嗣，還其資蔭〔三十四〕。其别敕安置并左貶者，亦復其屬籍，量還官爵。仍遣諸流移人，除犯贓賄及畜蠱毒、造僞、避讎、反逆、緣坐勘會不免者，餘并放還。天下軍鎮，不要者多，轉輸艱辛，府庫虚耗，事須改弊，不可循常。宜簡内外官人，有材識者〔三十五〕，分遣充使。巡邊按覆，須留鎮遏及應減一事已上〔三十六〕，并委使人，共所管詳度，還日具利害聞奏。其應支兵，先取當土及側近人，仍隨地配割，分州定數，年滿差替，各出本州，永爲格例，不得逾越。五品以上致仕曾伏事先朝者，賜爵一級。曾任州府幕府及任洛州牧日官人〔三十七〕，并勘責聞奏〔三十八〕。經任東宫官僚，見任六

品官，計階應入五品者，特宜不拘年限，餘依常例。三衛細引、主帥直司行署番官七絶等（三十九），通前各減二年，勞考滿者（四十），各加勳一轉。合得官者，稍與處分。中書門下官人，計階考入五品者，優量與番官，準羽林例處分（四十一）。分直省及外司官（四十二），與二十二日誅賊之時（四十三），緣祇承在中書省者，各賜勳一轉。諸司有品直司，宜加一階，無品直司，賜勳一轉。禮官緣即位修執儀注者，各賜物二十段。正月當番三衛監門等，於武成衙内明福門外南衙及諸門者，賜物十段。左右羽林及東宫北門厨供膳及匠，準例各賜物十段（四十四）。正月量追三衛細引、監門細引、直長飛騎、雜使飛騎，各賜物十段。東宫北門官及三衛細引（四十五）、主帥直司行署番官、七絶等，例工夫多少奏聞。其引玉册及轝册、讀册等官人，各賜物五十段。授册使人，賜物一百段。書册人，各賜物十段。其轝腰轝官人，賜物二十段，飛騎各賜物十五段。其轝香蹬三衛及轝寶人（四十六），各賜二十段。頃者户口逃亡，良田差科繁劇，非軍國切要者，并量事停減。若要和市和雇（四十七），先依時價付錢。自非省支勒索，不得輒有進送。諸貢物皆須任土，當處無者不得别求，仍於常數每事量減。緣百姓間所有不穩便者，并委州府具狀奏聞，朕當親覽，即爲厘革。天下百姓，并免今年租及地税。自今以後，租庸準符配

定，更不須徵折脚價錢〔四十八〕。其已前未徵得者，亦即免放〔四十九〕。天下宗姓，并準舊式。房州百姓，宜給復三年〔五十〕。其諸司官員，并雜色役掌幕士門役之徒，兼音聲之人及丁匠等，非灼然要籍，并量事減省，所司速爲條制〔五十一〕。厩馬數多，皆須秣飼，食人之粟，日費兹深〔五十二〕。殿中諸閑厩馬，量支留以外，抽送外州馬坊及本監牧。其東宫諸王公主等馬應官供者，亦令隨事減省。奢淫伎巧，實爲蠹弊，皆因節日宗屬婚親，王公妃主競相賀遺〔五十三〕，或造珍麗，妄爲進奉。錦彩異飾〔五十四〕，雕鏤奇文，假撰樓臺，僞裝禽獸，諸如此類，深是害時，宜明敕格〔五十五〕，嚴加禁斷，衣服采章，一準令式。夫鄒纓齊服，尚且變俗移風〔五十六〕，朕率先百僚，必期化成兆庶。東都正月當上番兵，年至五十五即放出。前赦及今制處分有不盡者，并令所司類例續奏〔五十七〕。布告遐邇，咸使知聞，主者施行。神龍元年二月五日。

校　箋

〔一〕此文又見於文苑英華卷四百六十三翰林制詔四十四，題名興復神龍開創制，題下有小注云：『一作「中宗即位制」。』又，全唐文卷十七亦收此文，題名即位赦文，署名唐中宗。御

定淵鑒類函卷四十六亦節録此文，題名興復神龍開創詔，署名唐中宗。按，此文題中宗即位敕有誤，應以文苑英華文題名興復神龍開創制爲是。今考李豪古今合璧事類備要引唐大詔令集佚篇考辨（見古籍整理研究學刊二〇一四年第六期）考此題之誤，先引本文『可改大周爲唐，社稷宗廟、陵寢郊祀、禮樂行運、旗幟服色，天地等字、臺閣官名一事已上，并依永淳已前故事。……前赦及今制處分有不盡者，并令所司類例續奏……（神龍元年二月五日）』，又謂：『據舊唐書卷七中宗紀云：「（神龍元年正月）丙午，即皇帝位於通天宫，大赦天下，唯易之黨與不在原限。爲周興、來俊臣所枉陷者，咸令雪免。内外文武官加兩階，三品已上加爵二等，入五品等特減四考。……二月甲寅，復國號，依舊爲唐。社稷、宗廟、陵寢、郊祀、行軍旗幟、服色、天地、日月、寺宇、臺閣、官名，并依永淳已前故事。神都依舊爲東都，北都爲并州大都督府，老君依舊爲玄元皇帝。諸州百姓免今年租税，房州百姓給復三年。』據此又謂：『可知，中宗即位大赦在正月丙午，與唐大詔令集所載之繫年不合。又據册府元龜卷八十云：「中宗神龍元年正月丙午即位，大赦。内外文武官加兩階，三品已上加爵二等，入五品等特減四考，大酺五日。」又册府元龜卷八十四云：「中宗神龍元年正月乙亥即位，大赦天下。唯張易之黨不在原限。其周興等所枉破家人子女已進宫及配没者賜爵一級。」可見册府元龜所引中宗即位赦文正與舊唐書所引正月

赦文合，而且上引中宗即位赦文亦明言「前赦及今制，處分有不盡者」，可見唐大詔令集所載之詔令根本不是中宗即位之赦文，而是另外一制，文苑英華卷四百六十三收録此詔，題作神龍開創制，是。』據上所引考證，此文文題應做神龍開創制。又，此文原即繫於神龍元年二月五日。考舊唐書卷七中宗紀神龍元年載：『二月甲寅，復國號，依舊爲唐。社稷、宗廟、陵寢、郊祀、行軍旗幟、服色、天地、日月、寺宇、臺閣、官名，并依永淳已前故事。』此與本文所云『業既惟新，事宜更始，可改大周爲唐。社稷宗廟、陵寢郊祀、禮樂行運、旗幟服色、天地等字、臺閣官名一事已上，并依永淳已前故事』契合。資治通鑑卷二百七中宗神龍元年二月亦載：『甲寅，復國號曰唐。郊廟、社稷、陵寢、百官、旗幟、服色、文字皆如永淳以前故事。』新唐書卷四中宗紀神龍元年亦記『二月甲寅，復國號唐』。可見中宗復國號等事在神龍元年二月甲寅無誤。據資治通鑑卷二百七神龍元年所記『春正月，壬午朔，赦天下，改元』，并以方詩銘、方小芬編著中國史曆日和中西曆日對照表（上海辭書出版社一九八七年版。本書下文干支紀年月日之推算即據本書，容不再説明）推算，神龍元年二月四日即甲寅日，故本文原標注『神龍元年二月五日』當有誤，應以神龍元年（七〇五）二月四日爲是。然此時乃本文頒布之時間，其撰寫時間應在是時稍前。

（二二）聞天地盈虚：按底本原無『聞』字，今據文苑英華、全唐文、御定淵鑒類函等本添改。

〔三〕五運有遷革之期：『五運』，古代據五行生克説推算出的王朝興替的氣運。東觀漢記 光武紀：『自帝即位，按圖讖，推五運，漢爲火德，周蒼漢赤，木生火，赤代蒼。』舊五代史 梁書 太祖紀：『是以三正互用，五運相生，前朝道消，中原政散，瞻烏莫定，失鹿難追。』

〔四〕驪騵亦異：『驪』爲深黑色的馬。詩 魯頌 駉：『有驪有黃。』毛傳：『純黑曰驪。』禮記 檀弓上：『夏后氏尚黑……戎事乘驪。』鄭玄注：『馬黑色曰驪。』三國魏曹植求自試表：『若東屬大司馬，統偏師之任，必乘危蹋險，騁舟奮驪，突刃觸鋒，爲士卒先。』『騵』爲赤身白腹的馬。詩 大雅 大明：『檀車煌煌，駟騵彭彭。』毛傳：『騮馬白腹曰騵。』淮南子 主術訓：『伊尹賢相也，而不能與胡人騎騵馬而服騊駼。』

〔五〕受明命者：『明命』，謂聖明的命令。禮記 大學：『太甲：「顧諟天之明命。」帝典曰：「克明峻德。」皆自明也。』明史 懷獻太子見濟傳：『陛下膺天明命，中興邦家，統緒之傳宜歸聖子。』

〔六〕我大唐高祖神堯皇帝：即唐高祖李淵，傳見舊唐書卷一高祖紀、新唐書卷一高祖紀。舊唐書 高祖紀載：『高祖神堯大聖大光孝皇帝姓李氏，諱淵。其先隴西狄道人，涼武昭王暠七代孫也。』新唐書 高祖紀記：『高祖神堯大聖大光孝皇帝諱淵，字叔德，姓李氏，隴西成紀人也。』

〔七〕有大功於區夏，有大造於生靈：『區夏』，諸夏之地，指華夏、中國。書 康誥：『用肇造我區夏。』孔傳：『始爲政於我區域諸夏。』唐賈至燕歌行：『我唐區夏餘十紀，軍容武備赫萬祀。』『大造』，意爲大功勞；大恩德。左傳 成公十三年：『文公恐懼，綏静諸侯，秦師克還無害，則是我有大造於西也。』漢陳琳爲袁紹檄豫州：『則幕府無德於兗土之民，而有大造於操也。』

〔八〕太宗文武聖皇帝：指唐太宗李世民。傳見舊唐書卷二、卷三太宗紀，新唐書卷二太宗紀。舊唐書 太宗紀載：『太宗文武大聖大廣孝皇帝諱世民，高祖第二子也。母曰太穆順聖皇后竇氏。隋開皇十八年十二月戊午，生於武功之别館。』新唐書 太宗紀載：『太宗文武大聖大廣孝皇帝諱世民，高祖次子也。母曰太穆皇后竇氏。生而不驚。』

〔九〕道則繼明，業推構極：『繼明』，指持續不斷的光明。唐劉禹錫武陵書懷五十韻：『繼明懸日月，出震統乾坤。』『構』，即營造之意。『極』，此處爲頂點；最高地位。易 繫辭上：『六爻之動，三極之道也。』高亨注：『屋上最高之梁稱極，引申爲至高之義……天、地、人乃宇宙萬類之至高者。』史記 禮書：『天者，高之極也；地者，下之極也；日月者，明之極也。』『構極』，即營造至頂峰之境。

〔十〕類商湯之起亳，若姬發之承周：『商湯』爲商朝開國之君。又稱成湯、成唐、武湯、武王、天乙等。書湯誓：『伊尹相湯伐桀。』孟子梁惠王下：『是故湯事葛。』商湯，傳見史記卷三殷本紀，謂：『契卒，子昭明立。……子主癸立。主癸卒，子天乙立，是爲成湯。成湯，自契至湯八遷。湯始居亳，從先王居，作帝誥。』『姬發』，即周文王之子周武王。傳見史記卷四周本紀，謂：『周后稷，名弃。……帝舜曰：「弃，黎民始飢，爾后稷播時百谷。」封弃於邰，號曰后稷，别姓姬氏。后稷之興，在陶唐、虞、夏之際，皆有令德。……公季卒，子昌立，是爲西伯。西伯曰文王……西伯崩，太子發立，是爲武王。』

〔十一〕彈壓九皇：『九皇』，指傳説中上古的九個帝王。鶡冠子天則：『九皇之制，主不虚王，臣不虚貴階級。』原注：『春秋緯云：「人皇兄弟九人，分治天下。」九皇之號，豈緣是歟？』史記孝武本紀：『高世比德於九皇。』裴駰集解引韋昭曰：『上古人皇者九人也。』

〔十二〕上聖御圖，大明司契：『上聖』猶至聖。指德智超群的人。墨子公孟：『昔者，聖王之列也：上聖立爲天子，其次立爲卿大夫。』漢王符潛夫論贊學：『夫此十一君者，皆上聖也，猶待學問，其智乃博，其德乃碩，而况於凡人乎？』『圖』，此處指版圖；地圖。周禮夏官職方氏：『職方氏掌天下之圖。』鄭玄注：『如今司空輿地圖也。』『御圖』，意謂掌管國家。『大

明』，指君主。魏書張袞傳：『今大明臨朝，澤及行葦，國富兵强，能言率職。』『司契』，謂掌管法規。晋左思魏都賦：『上垂拱而司契，下緣督而自勸。』李周翰注：『上則垂衣拱手，執法契以御天下。』新唐書劉蕡傳：『朕聞古先哲王之治也，玄默無爲，端拱司契。』

〔十三〕手調元氣，心運洪爐：『元氣』，指天地未分前的混沌之氣。漢書律曆志上：『太極元氣，函三爲一。』顔師古注引孟康曰：『元氣始起於子，未分之時，天地人混合爲一。』唐陳子昂諫政理書：『元氣者，天地之始，萬物之祖。』此處蓋用以指國家得以生存發展之物質力量和精神力量。京本通俗小説拗相公：『後人論我宋元氣，都爲熙寧變法所壞，所以有靖康之禍。』清王韜上當路論時務書：『治國之道，先在養其元氣。』『洪爐』，此處比喻國家樞要。唐楊炯大唐益州大都督府新都縣學先聖廟堂碑文序：『今天子握大象，運洪鑪，星重輝，海重潤。』唐白敏中酒令詩：『十姓胡中第六胡，也曾金闕掌洪爐。』

〔十四〕齊五緯而平太階，應三神而登日觀：『五緯』，指金、木、水、火、土五星。周禮春官大宗伯『以實柴祀日月星辰』鄭玄注：『星謂五緯，辰謂日月。』賈公彦疏：『五緯，即五星：東方歲星，南方熒惑，西方太白，北方辰星，中央鎮星。言緯者，二十八宿隨天左轉爲經，五星右旋爲緯。』唐李百藥謁漢高廟詩：『締構三靈改，經綸五緯同。』『太階』，古星名。

即三臺。上臺、中臺、下臺各二星，相比而斜上，如階級然，故名。漢揚雄長楊賦：『是以玉衡正而太階平也。』李善注：『泰階者，天之三階也。上階上星爲天子，下星爲女主；中階上星爲諸侯三公，下星爲卿大夫；下階上星爲元士，下星爲庶人。三階平則陰陽和，風雨時，歲大登，民人息，天下平，是謂太平。』漢王粲荊州文學記官志：『官不失守，民聽無悖，然後太階平焉。』『三神』，指天神、地祇、山岳。史記司馬相如列傳：『挈三神之驩，缺王道之儀，群臣恧焉。』司馬貞索隱引如淳曰：『謂地祇、天神、山岳也。』漢書揚雄傳上：『感動天地，逆厘三神。』『日觀』，泰山峰名。爲著名的觀日出之處。北魏酈道元水經注汶水引漢應劭漢官儀：『泰山東南山頂名曰日觀。日觀者，鷄一鳴時，見日始欲出，長三丈許，故以名焉。』按，文中謂高宗登日觀事，舊唐書高宗紀麟德二三年間有所記載：麟德二年『冬十月戊午，皇后請封禪，司禮太常伯劉祥道上疏請封禪。……丁卯，將封泰山，發自東都。是歲大稔，米斗五錢，麰麥不列市。……十二月……乙卯，命有司祭泰山。丙辰，發靈岩頓』。又：『麟德三年春正月戊辰朔，車駕至泰山頓。是日親祀昊天上帝於封祀壇，以高祖、太宗配饗。己巳，帝升山行封禪之禮。庚午，禪於社首，祭皇地祇，以太穆太皇太后、文德皇太后配饗；皇后爲亞獻，越國太妃燕氏爲終獻。辛未，御降禪壇。壬申，御朝覲壇受朝賀。改麟德三年爲乾封元年……所歷之處，無出

今年租賦。……癸酉，宴群臣，陳九部樂，賜物有差……丙戌，發自泰山。」

〔十五〕網羅開闢，包冠羲胥，大猷備闡：「網羅」，全唐文作「羅網」。「備闡」，適園叢書、學林本作「闡化」。「開闢」，指宇宙的開始。古代神話，謂盤古氏開天闢地。太平御覽卷一引尚書中候：「天地開闢。」漢揚雄法言寡見：「所謂觀，觀德也。如觀兵，開闢以來，未有秦也。」「羲胥」，此處或謂伏羲與胥徒、胥隸之屬。「伏羲」，古代傳説中的三皇之一。風姓。相傳其始畫八卦，又教民漁獵，取犧牲以供庖厨，因稱庖犧。亦作「伏戲」「伏犧」。莊子繕性：「逮德下衰，及燧人、伏羲始爲天下，是故順而不一。」「胥」，封建官府中的小吏和差役。明顧養謙贈姚安守温陵李先生致仕去滇序：「自僚屬、士民、胥隸、夷酋，無不化先生者，而先生無有也。」清吴熾昌客窗閑話初集呆官：「某令恃有護符，益逞貪墨，論案情之巨細，索價值之重輕，激胥隸之狂狺，良有以也。」「胥徒」，本爲民服徭役者。後泛指官府衙役。語本周禮天官序官：「胥，十有二人；徒，百有二十人。」鄭玄注：「此民給徭役者，若今衛士矣。胥，讀如諝，謂其有才知，爲什長。」南朝梁何遜早朝車子聽望詩：「胥徒紛絡繹，騶御或西東。」唐元稹韓皋吏部尚書趙宗儒太常卿制：「是以選賢與能之柄，或礙於胥徒；冠婚喪祭之儀，不行於卿士。」「大猷」，謂治國大道。詩小雅巧言：「奕奕寢廟，君子作之；秩秩大猷，聖人莫之。」鄭

玄箋：『猷，道也；大道，治國之禮法。』晉潘岳楊荆州誄：『奕世丕顯，允迪大猷。』『闡』，打開。漢班固東都賦：『於是聖皇乃握乾符，闡坤珍。』呂延濟注：『闡，開也。』

〔十六〕仙駕不返：文苑英華、四庫全書、明鈔本、甲庫本、全唐文、御定淵鑒類函諸本均作『仙駕不追』。又按，所謂『仙駕不返』，指唐高宗薨逝。考舊唐書高宗紀下載高宗之薨前後事云：永淳二年十一月，『上苦頭重不可忍，侍醫秦鳴鶴曰：「刺頭微出血，可愈。」天后帷中言曰：「此可斬，欲刺血於人主首耶！」上曰：「吾苦頭重，出血未必不佳。」即刺百會，上曰：「吾眼明矣。」戊戌，命將軍程務挺爲單于道安撫大使，以招討總管討山賊元珍、骨篤禄、賀魯等。詔皇太子監國，裴炎、劉齊賢、郭正一等於東宫同平章事。丁未，自奉天宫還東都。上疾甚，宰臣已下并不得謁見。十二月己酉，詔改永淳二年爲弘道元年。將宣赦書，上欲親御則天門樓，氣逆不能上馬，遂召百姓於殿前宣之。禮畢，上問侍臣曰：「民庶喜否？」曰：「百姓蒙赦，無不感悦。」上曰：「蒼生雖喜，我命危篤。天地神祇若延吾一兩月之命，得還長安，死亦無恨。」是夕，帝崩於真觀殿，時年五十六。宣遺詔：「七日而殯，皇太子即位于柩前。園陵制度，務從節儉。軍國大事有不决者，取天后處分。」群臣上謚曰天皇大帝，廟號高宗。文明元年八月庚寅，葬於乾陵。天寶十三載，改謚曰天皇大弘孝皇帝。』

〔十七〕逆臣開釁，敬業挺灾於淮甸，務挺潛應於沙場：此處『逆臣』，指徐敬業和程務挺。徐敬業，傳見舊唐書卷六十七、新唐書卷九十三。又，此三句指徐敬業舉兵反叛討伐武則天，以及程務挺潛應之之事。考舊唐書卷六則天皇后紀嗣聖元年載：『九月，大赦天下，改元爲光宅。旗幟改從金色，飾以紫，畫以雜文。改東都爲神都，又改尚書省及諸司官名。……故司空李勣孫柳州司馬徐敬業僞稱揚州司馬，殺長史陳敬之，據揚州起兵，自稱上將，以匡復爲辭。冬十月，楚州司馬李崇福率所部三縣以應敬業。……丁酉，追削敬業父祖官爵，復其本姓徐氏。十二月，前中書令薛元超卒。殺左威衛大將軍程務挺。垂拱元年春正月，以敬業平，大赦天下，改元。』新唐書卷四則天皇后紀嗣聖元年亦載：『九月甲寅，大赦，改元。旗幟尚白，易內外官服青者以碧，大易官名，改東都爲神都。……丁丑，柳州司馬李敬業舉兵于揚州以討亂。……十月癸未，楚州司馬李崇福以山陽、安宜、鹽城三縣歸于敬業。甲申，左玉鈐衛大將軍梁郡公孝逸爲揚州道行軍大總管，左金吾衛大將軍李知十爲副，率兵三十萬以拒李敬業。……壬辰，李敬業克潤州。……丁酉，曲赦揚、楚二州。復敬業姓徐氏。……十一月……庚申，右監門衛將軍蘇孝祥及徐敬業戰于阿溪，死之。乙丑，徐敬業將王那相殺敬業降。……十二月戊子，遣御史察風俗。癸卯，殺程務挺。』新唐書徐敬業傳記徐敬業之叛云：『敬業，少從勣征伐，有勇名。歷太僕少卿，襲英國

公，爲眉州刺史。嗣聖元年，坐贓，貶柳州司馬。會給事中唐之奇貶括蒼令，詹事府司直杜求仁貶黟令，長安主簿駱賓王貶臨海丞，敬猷自盩厔令坐事免，俱客揚州，失職怏怏。時武后既廢中宗，又立睿宗，實亦囚之。諸武擅命，唐子孫誅戮，天下憤之。敬業等乘人怨，謀起兵，先諭其黨監察御史薛璋，求使江都。及至，令雍人韋超告州長史陳敬之反，璋乃收繫之。敬業即矯制殺敬之，自稱州司馬，且言奉密詔募兵，討高州叛酋。即開府庫，令參軍李宗臣釋繫囚、役工數百人，授甲，斬録事參軍孫處行以徇。乃開三府，一曰匡復府，二曰英公府，三曰揚州大都督府。自稱匡復府上將，領揚州大都督，以之奇爲左長史，求仁右長史，宗臣左司馬，璋右司馬，江都令韋知止爲英公府長史，賓王爲藝文令，前盩厔尉魏思温爲軍師。旬日，兵十餘萬。傳檄州縣，疏武氏過惡，復廬陵王天子位。又索狀類太子賢者奉之，詭衆曰：「賢實不死。」楚州司馬李崇福率所部三縣應之。』又，所謂程『務挺潛應於沙場』事，可見舊唐書程務挺傳：『程務挺，洺州平恩人也。……務挺少隨父征討，以勇力聞，遷右領軍衛中郎將。永隆中，突厥史伏念反叛，定襄道行軍總管李文暕、曹懷舜、竇義昭等相次戰敗。又詔禮部尚書裴行儉率兵討之，務挺爲副將，仍檢校豐州都督。時伏念屯于金牙山，務挺與副總管唐玄表引兵先逼之。伏念懼不能支，遂間道降於行儉，許伏念以不死。中書令裴炎以伏念懼務挺等兵勢而降，非行儉之功，伏念遂伏誅。務挺

以功遷右衛將軍，封平原郡公。……嗣聖初，與右領軍大將軍、檢校右羽林軍張虔勗同受則天密旨，帥兵入殿庭，廢中宗爲廬陵王，立豫王爲皇帝。則天臨朝，累受賞賜……文明年，以務挺爲左武衛大將軍、單于道安撫大使，督軍以禦突厥。務挺善於綏禦，威信大行，偏裨已下，無不盡力，突厥甚憚之，相率遁走，不敢近邊。及裴炎下獄，務挺密表申理之，由是忤旨。務挺素與唐之奇、杜求仁友善，或構言務挺與裴炎、徐敬業皆潛相應接。則天遣左鷹揚將軍裴紹業就軍斬之，籍没其家。突厥聞務挺死，所在宴樂相慶，仍爲務挺立祠，每出師攻戰，即祈禱焉。』

〔十八〕則天大聖皇帝，亶聰成德，濬哲應期：『則天大聖皇帝』，即指則天皇后，傳見舊唐書卷六則天皇后紀、新唐書卷四則天皇后紀。舊唐書則天皇后紀云：『則天皇后武氏諱曌，并州文水人也。……初，則天年十四時，太宗聞其美容止，召入宮，立爲才人。及太宗崩，遂爲尼，居感業寺。大帝於寺見之，復召入宮，拜昭儀。時皇后王氏、良娣蕭氏頻與武昭儀争寵，互讒毀之，帝皆不納。進號宸妃。永徽六年，廢王皇后而立武宸妃爲皇后。高宗稱天皇，武后亦稱天后。后素多智計，兼涉文史。帝自顯慶已後，多苦風疾，百司表奏，皆委天后詳決。自此内輔國政數十年，威勢與帝無異，當時稱爲「二聖」。弘道元年十二月丁巳，大帝崩，皇太子顯即位，尊天后爲皇太后。既將篡奪，是日自臨朝稱制。……嗣聖元年春正月甲申朔，改元。二月戊午，廢

皇帝爲廬陵王，幽于别所，仍改賜名哲。己未，立豫王輪爲皇帝，令居於别殿。大赦天下，改元文明。皇太后仍臨朝稱制。」「亶聰」，書泰誓上：「亶聰明，作元后，元后作民父母。」孔傳：「人誠聰明，則爲大君，而爲衆民父母。」後以「亶聰」謂天子之聰明，借指天子。清昭槤嘯亭雜録孔王祠引履端親王永瑊孔王祠詩：「素帛全忠節，丹忱報亶聰。」「濬哲」，深邃的智慧。一説明智。南朝梁沈約王亮王瑩加授詔：「尚書左僕射亮，濬哲淵深，道風清邈。」宋范成大東宫壽詩：「中興歸濬哲，重慶啓元良。」「應期」，指順應期運。三國魏曹植制命宗聖侯孔羡奉家祀碑：「於赫四聖，運世應期。」南朝梁任昉爲范尚書讓吏部封侯第一表：「陛下應期萬世，接統千祀。」唐李白當塗李宰君畫贊：「應期命世，大賢乃生。」

（十九）用初九之英謨，開太一之宏略：「初九」，易乾：「初九：潛龍，勿用。」象曰：「潛龍勿用」，陽在下也。」按周易每卦六爻，第一爻爲陽爻者，稱爲「初九」（「九」，稱「老陽」）。表明事物正處於發展變化的初級階段。後因以「初九」謂尚未發迹之時。北魏高允徵士頌：「初九而潛，望雲而起。」唐玄宗巡省途次上黨舊宫賦序：「朕昔在初九，佐貳此州。」「英謨」，英明的謀略。宋書武帝紀中：「攄略運奇，英謨不世。」金史太祖紀贊：「太祖英謨睿略，豁達大度。」「太一」，亦作「太乙」，即道家所稱的「道」，古指宇宙萬物的本原、本體。

莊子天下：『建之以常無有，主之以太一。』成玄英疏：『太者廣大之名，一以不二爲稱。言大道曠蕩，無不制圍，括囊萬有，通而爲一，故謂之太一也。』吕氏春秋大樂：『道也者，至精也，不可爲形，不可爲名，强爲之（名）謂之太一。』

〔二十〕振玉鈐而殪封豕，授金鉞而斬長鯨：『玉鈐』，四庫全書、御定淵鑒類函本作『玉鈴』，誤。又，『授金鉞』，適園叢書、學林本作『拔金鉞』，御定淵鑒類函則作『仗金鉞』。『玉鈐』，相傳爲吕尚所遺的兵書。漢劉向列仙傳吕尚：『二百年而告亡，有難而不葬。後子伋葬之，無尸，唯有玉鈐六篇在棺中云。』宋梅堯臣送李太保知儀州詩：『出塞開牙帳，論兵啓玉鈐。』此處乃泛指兵略，武事。宋歐陽修聖俞會飲詩：『詩工鑱刻露天骨，將論縱横輕玉鈐。』『封豕』，即大猪。史記司馬相如列傳：『射封豕。』裴駰集解引郭璞注：『封豕，大猪。』用以比喻貪暴者。左傳昭公二十八年：『（伯封）實有豕心，貪惏無饜，忿纇無期，謂之封豕。』舊唐書李密傳：『三河縱封豕之貪，四海被長蛇之毒。』此處『封豕』與此下之『長鯨』，均用以比喻徐敬業、程務挺等叛臣。此兩句實指武后誅殺平定徐敬業、程務挺等叛軍。此資治通鑒卷二百三有所記載：『甲申，以左玉鈐衛大將軍李孝逸爲揚州道大總管，將兵三十萬，以將軍李知十、馬敬臣爲之副，以討李敬業。……壬辰，敬業陷潤州，執刺史李思文，以李宗臣代

之。……丁酉，追削李敬業祖考官爵，發冢斫棺，復姓徐氏。……徐敬業聞李孝逸將至，自潤州回軍拒之，屯高郵之下阿溪；使徐敬猷逼淮陰，别將韋超、尉遲昭屯都梁山。李孝逸軍至臨淮，偏將雷仁智與敬業戰，不利，孝逸懼，按兵不進。監軍殿中侍御史魏元忠謂孝逸曰：「天下安危，在兹一舉。四方承平日久，忽聞狂狡，注心傾耳以俟其誅。今大軍久留不進，遠近失望，萬一朝廷更命他將以代將軍，將軍何辭以逃逗撓之罪乎！」孝逸乃引軍而前。……十一月，辛亥，以左鷹揚大將軍黑齒常之爲江南道大總管，討敬業。韋超擁衆據都梁山，諸將皆曰：「超憑險自固，士無所施其勇，騎無所展其足；且窮寇死戰，攻之多殺士卒，不如分兵守之，大軍直趣江都，覆其巢穴。」支度使薛克構曰：「超雖據險，其衆非多。今多留兵則前軍勢分，少留兵則終爲後患，不如先擊之，其勢必舉，舉都梁，則淮陰、高郵望風瓦解矣。」魏元忠請先擊徐敬猷，諸將曰：「不如先攻敬業，敬業敗，則敬猷不戰自擒矣。若擊敬猷，則敬業引兵救之，是腹背受敵也。」元忠曰：「不然。賊之精兵，盡在下阿，烏合而來，利在一决，萬一失利，大事去矣！敬猷出於博徒，不習軍事，其衆單弱，人情易摇，大軍臨之，駐馬可克。敬業雖欲救之，計程必不能及。我克敬猷，乘勝而進，雖有韓、白不能當其鋒矣！今不先取弱者而遽攻其强，非計也。」孝逸從之，引兵擊超，超夜遁；進擊敬猷，敬猷脱身走。庚申，敬業勒兵阻溪拒守……敬業置陣既久，士卒多

疲倦顧望，陣不能整；孝逸進擊之，因風縱火，敬業大敗，斬首七千級，溺死者不可勝紀。敬業等輕騎走入江都，挈妻子奔潤州，將入海奔高麗；孝逸進屯江都，分遣諸將追之。乙丑，敬業至海陵界，阻風，其將王那相斬敬業、敬猷及駱賓王首來降。餘黨唐之奇、魏思温皆捕得，傳首神都，揚、潤、楚三州平。」又：「初，裴炎下獄，單于道安撫大使、左武衛大將軍程務挺密表申理，由是忤旨。務挺素與唐之奇、杜求仁善，或譖之曰：『務挺與裴炎、徐敬業通謀。』癸卯，遣左鷹揚將軍裴紹業即軍中斬之，籍没其家。突厥聞務挺死，所在宴飲相慶；又爲務挺立祠，每出師，必禱之。」

〔二十一〕受河洛之圖書，當昊穹之曆數：「昊穹」，原作「昊羲」，據文苑英華、御定淵鑒類函本改。「河洛之圖書」乃指「河圖洛書」，亦作「河圖洛書」。乃古代儒家關於周易卦形來源及尚書洪範「九疇」創作過程的傳説。易繫辭上：「河出圖，洛出書，聖人則之。」河，黄河。洛，洛水。據漢儒孔安國、劉歆等解説：伏羲時有龍馬出於黄河，馬背有旋毛如星點，稱作龍圖。伏羲取法以畫八卦生蓍法。夏禹治水時有神龜出於洛水，背上有裂紋，紋如文字，禹取法而作尚書洪範。古代認爲出現「河圖洛書」是帝王聖者受命之祥瑞。漢書翟義傳：「河圖洛書遠自昆侖，出於重壄……此乃皇天上帝所以安我帝室，俾我成就洪烈也。」三國志魏書文帝紀「君其祗

順大禮，饗茲萬國，以肅承天命』裴松之注引獻帝傳：『河圖洛書，天命瑞應。』『昊穹』，猶蒼天。漢司馬相如封禪文：『伊上古之初肇，自昊穹之生民。』李善注引張揖曰：『昊穹，春、夏天名。』唐李益大禮畢皇帝御丹鳳門改元建中大赦詩：『昊穹景命即已至，王事乃可酬乾坤。』

（二十二）惠育黎獻，并登仁壽：『黎獻』，黎民中的賢者。書益稷：『萬邦黎獻，共惟帝臣。』蔡沈集傳：『黎民之賢者也。』唐白居易洛川晴望賦：『是用步閭里，詢黎獻。』

（二十三）以大寶爲勞生，遂復忝於明辟：『遂』字底本原無，據文苑英華、全唐文、適園叢書、明鈔本、甲庫本、學林本添加。『大寶』，易繫辭下：『聖人之大寶曰位。』後因以『大寶』指帝位。北魏楊衒之洛陽伽藍記永寧寺：『正以糠秕萬乘，錙銖大寶，非貪皇帝之尊，豈圖六合之富？』舊唐書德宗紀下：『朕以寡德，祇膺大寶。』『勞生』，莊子大宗師：『夫大塊載我以形，勞我以生，佚我以老，息我以死。』後以『勞生』指辛苦勞累的生活。唐張喬江南別友人詩：『勞生故白頭，頭白未應休。』『明辟』，此處指還政於君。後漢書皇后紀上和熹鄧皇后紀論：『鄧后稱制終身，號令自出，術謝前政之良，身闕明辟之義。』後漢書杜根欒巴等傳贊：『鄧（鄧太后）不明辟，梁（梁太后）不損陵。慊慊欒、杜，諷辭以興。』按，『遂復忝於明辟』，此處謂武后退位還帝位於唐中宗。檢舊唐書則天皇后紀載：『神龍元年春正月，大赦，改元。上

不豫，制自文明元年已後得罪人，除揚、豫、博三州及諸逆魁首，咸赦除之。……甲辰，皇太子監國，總統萬機，大赦天下。是日，上傳皇帝位于皇太子，徙居上陽宫。戊申，皇帝上尊號曰則天大聖皇帝。冬十一月壬寅，則天將大漸，遺制祔廟、歸陵，令去帝號，稱則天大聖皇后……是日，崩于上陽宫之仙居殿，年八十三，謚曰則天大聖皇后。……史臣曰：治亂時也，存亡勢也。使桀、紂在上，雖十堯不能治；使堯、舜在上，雖十桀不能亂；使懦夫女子乘時得勢，亦足坐制群生之命，肆行不義之威。觀夫武氏稱制之年，英才接軫，靡不痛心于家索，扼腕于朝危，竟不能報先帝之恩，衛吾君之子。俄至無辜被陷，引頸就誅，天地爲籠，去將安所？悲夫！昔掩鼻之讒，古稱其毒；人彘之酷，世以爲冤。武后奪嫡之謀也，振喉絶襁褓之兒，菹醢碎椒塗之骨，其不道也甚矣，亦奸人妒婦之恒態也。然猶泛延讜議，時禮正人，初雖牝鷄司晨，終能復子明辟，飛語辯元忠之罪，善言慰仁杰之心，尊時憲而抑幸臣，聽忠言而誅酷吏。有旨哉，有旨哉！」

〔二十四〕情深感慰：「慰」，文苑英華、御定淵鑒類函本作「愴」，文苑英華又校勘云「一作慰」。

〔二十五〕業既惟新，事宜更始，可改大周爲唐。社稷宗廟、陵寢郊祀、禮樂行運、旗幟服色、天地等字、臺閣官名，一事已上，并依永淳已前故事。其神都依舊爲東都，北都依舊爲

并州：此數句乃中宗復興永淳已前故事之舉措。武后改永淳已前故事之事，見於舊唐書則天皇后紀：嗣聖元年九月，『大赦天下，改元爲光宅。旗幟改從金色，飾以紫，畫以雜文。改東都爲神都，又改尚書省及諸司官名』。資治通鑑卷二百三光宅元年亦載：『九月，甲寅，赦天下，改元。旗幟皆從金色。八品以下，舊服青者更服碧。改東都爲神都，宮名太初。又改尚書省爲文昌臺，左、右僕射爲左、右相，六曹爲天、地、四時六官；門下省爲鸞臺，中書省爲鳳閣，侍中爲納言，中書令爲内史；御史臺爲左肅政臺，增置右肅政臺；其餘省、寺、監、率之名，悉以義類改之。』又，中宗之復興事可見舊唐書卷七中宗紀，其神龍元年載：『二月甲寅，復國號，依舊爲唐。社稷、宗廟、陵寢、郊祀、行軍旗幟、服色、天地、日月、寺宇、臺閣、官名，并依永淳已前故事。神都依舊爲東都，北都爲并州大都督府，老君依舊爲玄元皇帝。諸州百姓免今年租税，房州百姓給復三年。改左右肅政臺爲左右御史臺。』

〔二十六〕朕之遠系，出自老君，靈祐所資，貽慶長久，宜依舊上尊號爲玄元皇帝：『老君』，謂老子，即李耳。相傳爲春秋時期思想家。道教的創始人。姓李名耳，字聃，故亦稱老聃。著道德經五千言，亦名老子，爲道教的經典著作。文謂『朕之遠系，出自老君』云云亦有所自。考唐會要卷五十尊崇道教條載：『武德三年五月，晉州人吉善，行於羊角山，見一老叟乘白馬朱

鬣，儀容甚偉，曰：「謂吾語唐天子，吾汝祖也。今年平賊後，子孫享國千歲。」高祖異之，乃立廟於其地。乾封元年三月二十日，追尊老君爲太上玄元皇帝。至永昌元年，却稱老君。至神龍元年二月四日，依舊號太上玄元皇帝。』

〔二十七〕京都兩學：按『京都兩學』指宏文館和崇文館。考唐會要卷六十四宏文館條云：『武德四年正月，于門下省置修文館。至九年三月，改爲宏文館。至其年九月，太宗初即位，大闡文教，於宏文殿聚四部群書二十餘萬卷，於殿側置宏文館。精選天下賢良文學之士，虞世南、褚亮、姚思廉、歐陽詢、蔡允恭、蕭德言等，以本官兼學士，令更宿直。聽朝之隙，引入内殿，講論文義，商量政事，或至夜分方罷。令褚遂良檢校館務，號爲館主。……儀鳳中，以館中多圖籍，置詳正學士校理之。神龍元年十月十九日，改爲昭文館，避孝敬諱故也。二年，又改爲修文館。……至開元七年九月四日，依舊改爲宏文館。學生三十八人，補宏文館、崇文學生例。』又同上書崇文館條云：『顯慶元年三月十六日，皇太子宏請於崇賢館置學士，并置生徒，詔許之。始置二十員。其東宫三師三少、賓客詹事、左右庶子、左右衛率及崇賢館三品學士子孫，亦宜通取。至上元二年八月二十七日，改崇賢館爲崇文館。避章懷太子諱也。永隆二年二月六日，皇太子親行釋奠之禮。禮畢，上表請博延耆碩英髦之士，爲崇文館學士。許之。於是薛元超表薦鄭祖

元、鄧元挺、楊炯、崔融等，并爲崇文學士。』

〔二十八〕抑乃和神：四庫全書、全唐文本作『抑且和神』。又，『和神』，和悦神灵。漢班固典引：『順命以創制，因定以和神。』蔡邕注：『治定作樂，以和人神。』吕向注：『因天下治定，以和鬼神，以事封禪。』

〔二十九〕設官固須量才稱職：此句原作『設官量才，固須稱職』。文苑英華則作『分事設官，固須量才稱職』。今據四庫全書、全唐文、適園叢書、明鈔本、甲庫本、學林本改。

〔三十〕鞫獄推囚，不專法寺：『不專法寺』，四庫全書、明鈔本、甲庫本同，然全唐文、適園叢書、學林本均作『不專法守』。『鞫獄』，審理案件。鞫，通『鞫』。漢書刑法志：『今遣廷史與郡鞫獄，任輕禄薄。』顔師古注引李奇曰：『鞫，窮也，獄事窮竟也。』漢書趙廣漢傳：『又坐賊殺不辜，鞫獄故不以實，擅斥除騎士乏軍興數罪。』『推囚』，指審問犯人。唐白居易酬和元九東川路詩山枇杷花之二：『若使此花兼解語，推囚御史定違程。』宋蘇軾和蔡準郎中見邀游西湖之一：『君不見錢塘游宦客，朝推囚，暮决獄，不因人唤何時休！』『法寺』，大理寺的别稱。泛指掌管刑獄的官署。唐陸贄請不簿録竇參莊宅狀：『須先鞫犯狀，審得實情，憲司察冤，法寺論罪，會府覆奏，掖垣參詳，如是悉無異詞，然後謂之獄成。』宋龔鼎臣東原録：『法官壞法律者

三十年矣！向之入法寺者皆外官，不爲上位所薦舉，無田改官。』

〔三十一〕營造無取於將作，勾勘罕從於比部：『將作』，指將作監，官署名。秦置將作，至北齊爲將作寺。隋開皇二十年改將作寺爲監。唐、宋因之。又，『比部』，三國魏始設，爲尚書的一個辦事機關。後代因之。唐時屬刑部。其長官，唐爲比部郎中及員外郎。其職原掌稽核簿籍，後變爲刑部所屬四司之一。

〔三十二〕則天大聖皇帝雖已溥暢鴻恩：『溥暢』，遍及各地而無阻滯。楚辭風賦：『夫風者，天地之氣，溥暢而至。』唐柳宗元賀分淄青諸州爲三道節度狀：『害氣盡除，和風溥暢。』按，則天『溥暢鴻恩』事乃指神龍元年正月大赦事，舊唐書則天皇后紀載：『神龍元年春正月，大赦，改元。上不豫，制自文明元年已後得罪人，除揚、豫、博三州及諸逆魁首，咸赦除之。』資治通鑑卷二百七神龍元年亦載：『春，正月，壬午朔，赦天下，改元。自文明以來得罪者，非揚、豫、博三州及諸反逆魁首，咸赦除之。』

〔三十三〕式遵典禮：『典禮』，全唐文作『禮典』。

〔三十四〕還其資蔭：『資蔭』，憑先代的勛功或官爵而得到授官封爵。北齊顔之推顔氏家訓終制：『但以門衰，骨肉單弱，五服之内，傍無一人，播越他鄉，無復資蔭，使汝等沉淪厮役，以

爲先世之耻。」周書蘇綽傳：「今之選舉者，當不限資蔭，唯在得人。」

〔三十五〕有材識者：「有材」，全唐文、適園叢書本作「有才」。

〔三十六〕須留鎮遏及應減一事已上：「鎮遏」，即平定；制止。宋書劉鍾傳：「冶亭群盜數百夜襲鍾壘，距擊破之。時大軍外討，京邑擾懼，鍾以不能鎮遏，降號建威將軍。」唐顏真卿蒲州刺史謝上表：「將以鎮遏艱虞，導揚德澤，拜命之日，以榮爲憂。」

〔三十七〕任洛州牧日官人：此句原作「任洛州牧官人」，然文苑英華、四庫全書、全唐文、適園叢書、學林本均作「任洛州牧日官人」，今即據改。

〔三十八〕并勘責聞奏：「聞奏」，全唐文作「奏聞」。

〔三十九〕三衛細引、主帥直司行署番官七絶等：此句中「番官」，原作「蕃官」，今據文苑英華、四庫全書、全唐文、適園叢書、學林本改。又，「三衛」，唐禁衛軍，有親衛、勛衛、翊衛，合稱「三衛」。新唐書李密傳：「當以才學顯，何事三衛間哉！」「番官」，隋唐時典儀禮唱贊官員的别稱。舊唐書職官志二：「隋太常、鴻臚二寺，皆有贊者，皇朝因置之，隸門下省，掌贊唱，爲行事之節。分番上下，謂之番官。」

〔四十〕勞考滿者：此句文苑英華、四庫全書本作「勞考滿日」。「勞考」，指對官吏勞績的

考核。續資治通鑑宋仁宗至和元年：『晉州推官李亢，故嘗入錢得官，已而有私罪，默自引去，匿所得官，以白衣應舉及第，積十年，當磨勘，乃自首，言其初事。黯以爲此律所謂罔冒也，奏罷之，奪其勞考。』

〔四十一〕優量與番官，準羽林例處分：此句文苑英華、全唐文、適園叢書、學林本作『優令史、番官，準羽林例處分』。

〔四十二〕分直省及外司官：此句原作『直省及外司官』，今據四庫全書、全唐文本改。

〔四十三〕與二十二日誅賊之時：此句指神龍元年（亦即長安五年）癸卯誅張易之、張昌宗等人之亂。檢舊唐書則天皇后紀載：『神龍元年春正月，大赦，改元。……癸亥，麟臺監張易之與弟司僕卿昌宗謀反，皇太子率左右羽林軍桓彦範、敬暉等，以羽林兵入禁中誅之。甲辰，皇太子監國，總統萬機，大赦天下。』又新唐書則天皇后紀亦記：長安『五年正月壬午，大赦。庚寅，禁屠。癸卯，張柬之、崔玄暐及左羽林衛將軍敬暉，檢校左羽林衛將軍桓彦範，司刑少卿袁恕己，左羽林衛將軍李湛、薛思行、趙承恩，右羽林衛將軍楊元琰，左羽林衛大將軍李多祚，職方郎中崔泰之，庫部員外郎朱敬則，司刑評事冀仲甫，檢校司農少卿兼知總監翟世言，内直郎王同皎率左右羽林兵以討亂；麟臺監張易之、春官侍郎張昌宗、汴州刺史張昌期、司禮少卿張

同休、通事舍人張景雄伏誅。丙午，皇帝復于位』。上述兩唐書所記誅張易之、張昌宗等人之時間有神龍元年正月『癸亥』和『癸卯』之異。今考資治通鑑卷二百七，云：『癸卯，柬之、玄暐、彥範與左威衛將軍薛思行等，帥左右羽林兵五百餘人至玄武門，遣多祚、湛及內直郎、駙馬都尉安陽王同皎詣東宮迎太子。……同皎扶抱太子上馬，從至玄武門，斬關而入。太后在迎仙宮，柬之等斬易之、昌宗於廡下，進至太后所寢長生殿，環繞侍衛。太后驚起，問曰：「亂者誰邪？」對曰：「張易之、昌宗謀反，臣等奉太子令誅之，恐有漏泄，故不敢以聞。稱兵宮禁，罪當萬死！」……於是收張昌期、同休、昌儀，皆斬之，與易之、昌宗梟首天津南。』資治通鑑亦記誅張易之等人事在神龍元年正月癸卯。檢是年正月壬午朔，其癸卯乃正月二十二日，與本文所謂『二十二日誅賊之時』合。據此可糾舊唐書記此事於癸亥日之誤。

〔四十四〕準例各賜物十段：『十段』，全唐文作『二十段』。又，此句下全唐文多出『仍類例功夫多少奏聞』一句，并即於此句下即接本文數句後之『其引玉册、及鞶册、讀册等官人……』等文。

〔四十五〕東宮北門官及三衛細引：本文至此處以下諸本文字有所不同。文苑英華、適園叢書、學林本多『監門直長各賜物二十段，仍類例』句，而下無『主帥直司行署番官、七絕

等，例」文字，直接本文此處後之『其引玉册……』等文；而四庫全書則在『東宫北門官及三衛細引』下多『監門直長各賜物二十段，仍』等字，并下即接本文後『例功夫多少奏聞。其引玉册……』等文字。

〔四十六〕其轝香蹬三衛及轝寶人：『香蹬』，寺廟内講經説法者坐的高凳。北史 史寧傳：『梁武帝引寧至香蹬前，謂之曰：「觀卿風表，終是富貴，我當使卿衣錦還鄉。」』

〔四十七〕若要和市和雇：『和市』，古代指官府按價向民間購買實物。至唐宋以後，實際成爲强行攤派、掠奪民財民物的制度。宋書 武帝紀下：『臺府所須，皆别遣主帥與民和市，即時裨直，不復責租民求辦。』新唐書 韓琬傳：『今和市顓刻剥，名爲和而實奪之。』『和雇』，古代官府出價雇用人力。唐魏徵十漸疏：『雜匠之徒，下日悉留和雇；正兵之輩，上番多别驅使。』宋蘇轍論雇河夫不便札子：『兼訪聞河上人夫亦自難得，名爲和雇，實多抑配。』

〔四十八〕更不須徵折脚價錢：按此句文苑英華無『價』字。又，『折』，此處蓋爲折合；抵當之意。戰國策 西周策：『越人請買之千金，折而不賣。』唐杜甫銅瓶詩：『蛟龍半缺落，猶得折黄金。』仇兆鰲注引楊慎曰：『折，當也。』『脚錢』，爲搬運費之舊稱。唐元稹爲河南府百姓訴車狀：『河南府應供行營般糧草等車，準敕糧料司牒共雇四千三十五乘，每乘每里脚錢三十五

文。」宋蘇軾論綱梢欠折利害狀：「蓋祖宗以來，通許綱運攬載物貨，既免徵税，而脚錢又輕，故物貨通流。」故「折脚價錢」之意，蓋爲折合請人搬運之費用。

〔四十九〕亦即免放：「免放」，文苑英華作「放免」。

〔五十〕房州百姓，宜給復三年：其緣故蓋因中宗曾被廢，并遷於房州，後由房州入朝，以此故有此特别之恩賜。考舊唐書則天皇后紀載：嗣聖元年「二月戊午，廢皇帝爲盧陵王，幽于别所，仍改賜名哲」。又垂拱元年「三月，遷盧陵王哲於房州」。又，聖曆元年「春三月，召盧陵王哲於房州」。

〔五十一〕所司速爲條制：「條制」，文苑英華作「條例」。按，「條制」，即條例制度。晉書食貨志：「今宜通糴，以充儉乏。主者平議，具爲條制。」唐韓愈賀皇帝即位表：「微臣往因言事得罪先朝，守郡遠方，拘限條制，不獲奔走。」

〔五十二〕日費兹深：此句四庫全書作「日費兹深廣」。

〔五十三〕王公妃主競相賀遺：「王公妃主」，文苑英華作「諸王公主」。

〔五十四〕錦彩異飾：此句原作「帛彩異飾」，今據文苑英華、四庫全書、全唐文、適園叢書、學林本改。

〔五十五〕宜明敕格：『敕格』，意爲朝廷頒定的律法。新唐書柳登傳：『登字成伯，淹貫群書，年六十餘，始仕宦。元和初，爲大理少卿，與許孟容等刊正敕格。』資治通鑒唐太宗貞觀十一年：『玄齡等定律五百條，立刑名二十等……又刪武德以來敕格，定留七百條，至是頒行之。』

〔五十六〕夫鄒纓齊服，尚且變俗移風：『鄒纓齊服』蓋即『鄒纓齊紫』。韓非子外儲説左上：『齊桓公好服紫，一國盡服紫。當是時也，五素不得一紫。桓公患之……管仲曰：「君欲止之，何不試勿衣紫也，謂左右曰：『吾甚惡紫之臭。』於是左右適有衣紫而進者，公必曰：『少却，吾惡紫臭。』」公曰：「諾。」於是日，郎中莫衣紫；其明日，國中莫衣紫；三日，境内莫衣紫也。』又：『鄒君好服長纓，左右皆服長纓，纓甚貴。鄒君患之，問左右，左右曰：「君好服，百姓亦多服，是以貴。」君因先自斷其纓而出，國中皆不服長纓。』後因以『鄒纓齊紫』爲上行下效之典。南史儒林傳論：『語云：「上好之，下必有甚焉者。」是以鄒纓齊紫，且以移俗。』

〔五十七〕并令所司類例續奏：『類例』，類别與體例。宋沈括夢溪筆談藝文二：『詩又有正格、偏格，類例極多。』明胡應麟少室山房筆叢經籍會通二：『宋世諸家，雖咸有書目載於文獻通考，其類例悉不能詳。』

睿宗即位赦〔一〕

門下：朕聞自古帝王，光膺圖籙〔二〕，則尊尊親親之義，著于典謨〔三〕。朕諒在至公，蓋非獲已〔四〕。我大唐乘時撫運〔五〕，累聖重光，當四海之樂推，受三靈之眷命〔六〕。大行皇帝奄棄宇縣，痛結仇讎〔七〕。朕志掃巨逆，保寧嗣主〔八〕。今皇帝哀煢在疚〔九〕，托于朕躬，勤懇再三，願成茲意。朕以不德，猥承丕緒〔十〕，念今追昔，載感于懷，若涉大川，罔知攸濟。思荷宗祧之業，屬此惟新；式揚涣汗之恩〔十一〕，與之更始。可大赦天下。

校箋

〔一〕此文又見於文苑英華卷四百二十翰林制詔一，屬於『内制』，文題爲睿宗受禅制，下有『唐大詔令作即位赦』校語。全唐文卷十八亦收，題名爲受禪制，署名唐睿宗。本文原未標明頒布時間。考此文乃睿宗即位赦文，則文乃頒布於睿宗即位時。檢舊唐書卷七睿宗紀，睿宗即皇帝位在景龍四年六月甲辰，新唐書卷五睿宗紀記在唐隆元年（即景龍四年）六月甲辰，唐會要卷

一記睿宗即皇帝位於唐隆元年六月二十四日。按，唐隆元年（即景龍四年，七一〇）六月甲辰即是年六月二十四日。則此文之作年當在是時稍前。

〔二〕光膺圖籙：『圖籙』，圖讖符命之書。後漢書方術傳序：『故王梁、孫咸名應圖籙，越登槐鼎之任。』李賢注：『光武以赤伏符文拜梁爲大司空，又以讖文拜孫咸爲大司馬。』舊唐書儒學傳下柳沖：『唐公名應圖籙，動以信義，豪杰響應，天所贊也。』

〔三〕著于典謨：『典謨』，原作『典册』，四庫全書作『典制』，今據文苑英華、全唐文改。『典謨』，尚書中堯典、舜典和大禹謨、皋陶謨等篇的并稱。書序：『典、謨、訓、誥、誓、命之文凡百篇，所以恢弘至道，示人主以軌範也。』漢書揚雄傳下：『典謨之篇，雅頌之聲，不温純深潤，則不足以揚鴻烈而章緝熙。』

〔四〕朕諒在至公，蓋非獲已：『朕』字原無，今據四庫全書、適園叢書、明鈔本、甲庫本、學林本增補。『諒』，確實；委實。漢鄭玄詩譜序：『詩之興也，諒不於上皇之世。』孔穎達疏：『上皇謂伏犧，三皇之最先者，故謂之上皇。鄭知于時信無詩者。』唐韓愈南山詩：『欲休諒不能，粗叙所經覯。』『非獲已』，即不得已。後漢書獨行傳嚴授：『（張顯）蹙令進，授不獲已，前戰，伏兵發，授身被十創，歿於陣。』新唐書沈既濟傳：『四方形勢，兵未可去，資費

雖廣，不獲已爲之。』按，此兩句蓋謂自己即皇帝位實在出於公心，萬不得已。考唐史知，睿宗即位之前先有讓帝位之舉，後在其侄中宗之子『少帝』之敦請下方登皇帝位。檢舊唐書睿宗紀載：『甲辰，少帝詔曰：「自古帝王，必有符命，兄弟相及，存諸典禮。朕以孤藐，遭家艱難，顧茲蒙識，未洽治途。茫茫四海，將何所屬，累聖丕基，若墜于地。王室多難，義擇長君，思與群公，推崇明聖。叔父相王，高宗之子，昔以天下，讓于先帝，孝友寬簡，彰信兆人。神龍之初，已有明旨，將立太弟，以爲副君。爲王懇辭，未行册命，所以東宮虛位，至于歷年。徹綴在辰，禍變倉卒，後掖稱制，計立冲人。欽奉前懷，願遵理命。上申天聖之旨，下遂蒼生之心；俯稽圖緯之文，仰跂祖宗之烈。擇今日，請叔父相王即皇帝位。朕退守本藩，歸于舊邸。凡百卿士，敬承朕言，克贊我天人之休期，光我有唐之勛業。布告遐邇，咸使聞知。」相王上表，讓曰：「臣以宗社事重，家國情深，誅鋤巨逆，奉戴嗣主。今承制旨，猥推宸極。在臣虛薄，不敢祇膺。循環震驚，無任感哽！」制答曰：「皇極大寶，天下至公，王者臨之，蓋非獲已。王先聖舊意，蒼生推仰，龍光紫宸，貴允傒望。請遵前旨，勿或推讓。」于是少帝遜于別宮。是日即皇帝位，御承天門樓，大赦天下，常赦所不免并原之。』

〔五〕我大唐乘時撫運：『撫運』，順應時運。唐劉禹錫爲京兆李尹賀遷獻懿二祖表：『太祖

景皇帝膺期撫運，啓封於唐。』唐權德輿仲秋朝拜昭陵詩：『文皇昔潛耀，隋季自顛覆。撫運斯順人，救焚非逐鹿。』

（六）當四海之樂推，受三靈之眷命：『樂推』，樂意擁戴。老子：『是以聖人處上而民不重，處前而民不害，是以天下樂推而不厭。』宋書武帝紀中：『自非百姓樂推，天命攸集，豈伊在予，所得獨專。』『三靈』，此處蓋指天、地、人。漢班固典引：『答三靈之蕃祉，展放唐之明文。』李善注：『三靈，天、地、人也。』魏書孫紹傳：『事恢三靈，仁洽九服。』『眷命』，謂垂愛并賦予重任。書大禹謨：『皇天眷命，奄有四海，爲天下君。』北史文苑傳許善心：『保上天之眷命，膺下土之樂推。』

（七）大行皇帝奄棄宇縣，痛結仇讎：『大行皇帝』指已逝之唐中宗。『奄棄』，忽然捨棄。猶永別，謂死亡。唐韓愈憲宗崩慰諸道疏：『上天降禍，大行皇帝，奄棄萬國。』元史文宗紀二：『朕以先皇帝奄棄方新，摧怛何忍。』『宇縣』，猶謂天下。史記秦始皇本紀：『大矣哉！宇縣之中，承順聖意。』裴駰集解：『宇，宇宙；縣，赤縣。』唐韓愈賀册尊號表：『除剗寇盜，宇縣清夷，可謂戡定禍亂矣。』按，此兩句乃指中宗被韋后等人所毒殺。舊唐書中宗紀景龍四年載：『五月……丁卯，前許州司兵參軍燕欽融上書，言皇后干預國政，安樂公主、武延秀、宗楚客

等同危宗社。帝怒，召欽融廷見，撲殺之。時安樂公主志欲皇后臨朝稱制，而求立爲皇太女，自是與后合謀進鴆。六月壬午，帝遇毒，崩于神龍殿，年五十五。秘不發喪，皇后親總庶政。』新唐書睿宗紀亦記：『景雲元年六月壬午，韋皇后弑中宗，矯詔立温王重茂爲皇太子。』資治通鑑卷二百九景雲元年記韋后毒殺中宗因由事較詳，云：『五月，丁卯，許州司兵參軍偃師燕欽融復上言：「皇后淫亂，干預國政，宗族强盛；安樂公主、武延秀、宗楚客圖危宗社。」上召欽融面詰之。欽融頓首抗言，神色不橈；上默然。宗楚客矯制令飛騎撲殺之，投于殿庭石上，折頸而死，楚客大呼稱快。上雖不窮問，意頗怏怏不悦；由是韋后及其黨始憂懼。……散騎常侍馬秦客以醫術，光禄少卿楊均以善烹調，皆出入宮掖，得幸于韋后，恐事泄被誅；安樂公主欲韋后臨朝，自爲皇太女；乃相與合謀，於餅餤中進毒，六月，壬午，中宗崩於神龍殿。韋后秘不發喪，自總庶政。……太平公主與上官昭容謀草遺制，立温王重茂爲皇太子，皇后知政事，相王旦參謀政事。宗楚客密謂韋温曰：「相王輔政，於理非宜；且於皇后，嫂叔不通問，聽朝之際，何以爲禮！」遂帥諸宰相表請皇后臨朝，罷相王政事。……丁亥，殤帝即位，時年十六。尊皇后爲皇太后；立妃陸氏爲皇后。』

〔八〕朕志掃巨逆，保寧嗣主：此處『巨逆』指韋后、安樂公主、武延秀、宗楚客等毒殺中宗

諸人。『嗣主』則爲『殤帝』，即『少帝』。此兩句乃謂李隆基、睿宗等人鏟除毒殺中宗之韋后、安樂公主等人，以保少帝。舊唐書睿宗紀記此事有云：『景龍四年夏六月，中宗崩，韋庶人臨朝，引用其黨，分握政柄，忌帝望實素高，潛謀危害。庚子夜，臨淄王諱與太平公主子薛崇簡、前朝邑尉劉幽求、長上果毅麻嗣宗、苑總監鍾紹京等率兵入北軍，誅韋温、紀處訥、宗楚客、武延秀、馬秦客、葉静能、趙履温、楊均等，諸韋、武黨與皆誅之。辛丑，帝挾少帝御安福門樓慰諭百姓，大赦天下，見繫囚徒常赦所不免者咸赦除之。……誅吏部尚書張嘉福於懷州。其日，王公百僚上表，咸以國家多難，宜立長君，以帝衆望所歸，請即尊位。』資治通鑒卷二百九景雲元年亦記此事過程較詳，云：『宗楚客與太常卿武延秀、司農卿趙履温、國子祭酒葉静能及諸韋共勸韋后遵武后故事，南北衛軍、臺閣要司皆以韋氏子弟領之，廣聚黨衆，中外連結。楚客又密上書稱引圖讖，謂韋氏宜革唐命。謀害殤帝，深忌相王及太平公主，密與韋温、安樂公主謀去之。相王子臨淄王隆基，先罷潞州別駕，在京師，陰聚才勇之士，謀匡復社稷。……兵部侍郎崔日用素附韋、武，與宗楚客善，知楚客謀，恐禍及己，遣寶昌寺僧普潤密詣隆基告之，勸其速發。隆基乃與太平公主及公主子衛尉卿薛崇暕、苑總監贛人鍾紹京、尚衣奉御王崇曄、前朝邑尉劉幽求、利仁府折衝麻嗣宗謀先事誅之。韋播、高嵩數榜捶萬騎，欲以立威，萬騎皆怨。果毅葛福

順、陳玄禮見隆基訴之，隆基諷以誅諸韋，皆踴躍請以死自效。萬騎果毅李仙鳧亦預其謀。或謂隆基當啓相王，隆基曰：「我曹爲此以徇社稷，事成福歸於王，不成以身死之，不以累王也。今啓而見從，則王預危事；不從，將敗大計。」遂不啓。庚子，晡時，隆基微服與幽求等入苑中，會鍾紹京廨舍……紹京乃趨出拜謁，隆基執其手與坐。時羽林將士皆屯玄武門，逮夜，葛福順、李仙鳧皆至隆基所，請號而行。向二鼓，天星散落如雪，劉幽求曰：「天意如此，時不可失！」福順拔劍直入羽林營，斬韋璿、韋播、高嵩以徇，曰：「韋后鴆殺先帝，謀危社稷。今夕當共誅諸韋，馬鞭以上皆斬之；立相王以安天下。敢有懷兩端助逆黨者，罪及三族！」羽林之士皆欣然聽命。乃送璿等首於隆基，隆基取火視之，遂與幽求等出苑南門，紹京帥丁匠二百餘人，執斧鋸以從，使福順將左萬騎攻玄德門，仙鳧將右萬騎攻白獸門，約會於凌烟閣前，即大譟，福順等殺守門將，斬關而入。隆基勒兵玄武門外，三鼓，聞譟聲，帥總監及羽林兵而入，諸衛兵在太極殿宿衛梓宫者，聞譟聲，皆被甲應之。韋后惶惑走入飛騎營，有飛騎斬其首獻於隆基。安樂公主方照鏡畫眉，軍士斬之。斬武延秀於肅章門外，斬内將軍賀婁氏於太極殿西。……時少帝在太極殿，劉幽求曰：「衆約今夕共立相王，何不早定！」隆基遽止之，捕索諸韋在宫中及守諸門，并素爲韋后所親信者皆斬之。比曉，内外皆定。辛巳，隆基出見相王，叩頭謝不先啓之罪。相王抱之泣曰：「社

稷宗廟不墜於地，汝之力也！」遂迎相王入輔少帝。』

〔九〕今皇帝哀煢在疚：『今皇帝』，指唐中宗之子，即上文之『少帝』。『哀煢』，意爲憂傷孤獨。三國魏嵇康幽憤詩：『哀煢靡識，越在襁褓。』陳書後主紀：『朕以哀煢，嗣膺寶歷，若涉巨川，罔知攸濟。』

〔十〕猥承丕緒：『丕緒』，指國家大業。陳書世祖紀：『朕以寡昧，嗣膺丕緒，永言勛烈，思弘典訓。』唐皮日休悼賈：『嗟大漢之丕緒兮，虬其賢於污瀆。』

〔十一〕式揚涣汗之恩：『涣汗』，周易注疏卷六：『九五，涣汗其大號，涣王居，無咎。』唐孔穎達疏：『九五處尊履正，在號令之中，能行號令，以散險厄者也。』此處涣汗，指大赦詔書，喻帝王發布號令，如汗出身，不能收回。

明皇即位赦〔一〕

朕承累聖之洪休，荷重光之積慶〔二〕。昔因多難，時屬邅屯，寶位深墮地之危，神器有綴旒之懼。事殷家國，義感神祇，吟嘯風雲，龔行雷電〔三〕，致君親於堯舜，濟黔首於休和〔四〕。遂以孟秋，允升儲貳〔五〕；旋承内禪，繼體宸居〔六〕。拜手之請空勤，讓

王之誠莫展（七），恭臨億兆，二載于兹。上禀聖謨，下凝庶績（八），大荒同軌（九），瀛海無波。不謂奸慝潛謀，蕭墻竊發。逆賊竇懷貞等并以庸妄，擢在朝廷，毫髮之效未申，丘山之釁仍積，共成梟獍，將肆奸回（十）。太上皇聖斷宏通，英謀獨運，命朕率岐王範、薛王業等躬事誅鋤。齊斧一麾，凶渠盡殪（十一）。太陽朗耀，澄氛霾於天衢（十二）；高風順時，屬肅殺於秋序（十三）。神靈叶贊（十四），夷夏相歡，四族之慝既清，七百之祚方永（十五）。爰承後命，載闡休期（十六）。總軍國之大猷，施雲雨之鴻澤。承乾之道（十七），既光被於無垠；作解之恩，思式覃於品物（十八）。當與億兆，同此惟新。可大赦天下，大辟罪已下咸赦除之。邠王守禮加實封二千户（十九），宋王成器、申王成義各加實封一千户（二十）。岐王範、薛王業各加實封七百户（二十一）。文武官三品已上賜爵一級，四品已下，各加一階（二十二）。内外官人被諸道按察使及御史所通惡狀（二十三），咸宜洗滌，選日依資叙用。先天二年七月。

校箋

（一）此文又見於舊唐書卷八玄宗紀上、册府元龜卷八十五帝王部赦宥第四。又見於全唐文

卷二十，文題大赦制，署名玄宗。本文原署頒布時間爲『先天二年七月』。考册府元龜載『開元元年三月丁卯（按，即三月四日）御承天門樓下制曰』云云，舊唐書卷八玄宗紀上記此次下制書事云：『先天二年七月三日，尚書左僕射竇懷貞、侍中岑羲……等與太平公主同謀，期以其月四日以羽林軍作亂。上密知之，因以中旨告岐王範、薛王業……率太僕少卿李令問、王守一……執蕭至忠、岑羲於朝，皆斬之。睿宗明日下詔曰：「朕將高居無爲，自今軍國政刑一事已上，并取皇帝處分。」上御承天門樓，下制曰……』新唐書卷五玄宗紀亦記此事云：開元元年『七月甲子，太平公主及岑羲、蕭至忠、竇懷貞謀反，伏誅。乙丑，始聽政。丁卯，大赦，賜文武官階、爵』。又考資治通鑑卷二百一十亦記此事云：開元元年『丁卯，上御承天門樓，赦天下』。按，上述諸書記此次下制之時間有册府元龜『開元元年三月丁卯』和新唐書、資治通鑑之開元元年七月丁卯之異，而舊唐書則記在開元元年七月四日之後，然未記具體時間。今稽之於史實，新唐書、資治通鑑所記時間爲是，册府元龜所記則誤將開元元年七月丁卯寫作開元元年三月丁卯。蓋開元元年三月丁卯太平公主等人尚未作亂，更未有此次下制之事。因此此次下制之時間實在開元元年（亦即先天二年，七一三）七月丁卯（六日）。故此制之撰寫當在此時稍前。

（二）朕承累聖之洪休，荷重光之積慶：『洪休』，原作『鴻源』，舊唐書、全唐文作『洪

休』，與句意較合，今即據改。『洪休』，猶洪福。宋秦觀代賀興龍節表：『昭哉嗣服，纘六聖之洪休；大矣孝熙，備三宮之至養。』『重光』，此處爲再放光明；光復之意。實際乃指之前之政權爲韋后等人所篡奪，今日誅除韋后以及常元楷、蕭至忠、岑義等亂黨，而重新光復累聖之洪休與積慶（此段歷史留待下文一并箋證）。『積慶』，指踵接而來的喜慶之事。南朝宋鮑照皇孫誕育上表：『東儲積慶，皇孫誕育；國啓昌期，民迎福運。』唐楊炯唐恒州刺史建昌公王公神道碑：『家餘積慶，郡不乏賢。』

〔三〕昔因多難，時屬遘屯，寶位深墮地之危，神器有綴旒之懼。事殷家國，義感神祇，吟嘯風雲，龔行雷電：『時』，舊唐書作『内』。『墮地之危』，舊唐書、全唐文作『墜地之憂』，適園叢書、明鈔本作『墜地之危』。『龔行雷電』，册府元龜、四庫全書作『恭行雷電』。又，『遘屯』，即遇屯卦，屯卦爲難，故指遭難。後漢書皇后紀序：『齊桓有如夫人者六人，晉獻升戎女爲元妃，終於五子作亂，冢嗣遘屯。』李賢注：『遘，遇也。屯，難也。晉獻公受驪姬之譖，殺太子申生，故曰遇屯。』唐權德輿卦名詩：『天地今交泰，雲雷背遘屯。』『綴旒』，此處比喻國勢垂危。漢潘勖册魏公九錫文：『當此之時，若綴旒然。』張銑注：『旒，冠上垂珠，而綴於冠者，言帝室之危如旒之懸。然，辭也。』魏書肅宗紀：『祖宗盛業，危若綴旒，社稷鴻基，殆將

淪墜。』續資治通鑑宋高宗建炎四年：『臣觀今日國勢，危如綴旒。』『龔行』，即奉行。呂氏春秋先己『夏后伯啓與有扈戰於甘澤而不勝』高誘注引書：『今予惟龔行天之罰。』按，今本書甘誓作『恭行』。後漢書宦者傳序：『雖袁紹龔行，芟夷無餘，然以暴易亂，亦何云及！』李賢注：『尚書曰：「龔行天罰。」』梁書袁昂傳：『往年濫職，守秩東隅，仰屬龔行，風驅電掩。』又按，此數句乃指玄宗下此制前韋后以及諸亂臣之篡奪神器，以及被誅除平息之歷史事件。舊唐書玄宗紀上載此段歷史有云：景龍四年『至六月，中宗暴崩，韋后臨朝稱制。韋温、宗楚客、紀處訥等謀傾宗社，以睿宗介弟之重，先謀不利。……上益自負，乃與太平公主謀之，公主喜，以子崇簡從。上乃與崇簡，朝邑尉劉幽求，長上折衝麻嗣宗，押萬騎果毅葛福順、李仙鳧，寶昌寺僧普潤等定策誅之。……遂以庚子夜率幽求等數十人自苑南入，總監鍾紹京又率丁匠百餘以從。分遣萬騎往玄武門殺羽林將軍韋播、高嵩，持首而至，衆歡叫大集。攻白獸、玄德等門，斬關而進，左萬騎自左入，右萬騎自右入，合於凌烟閣前。時太極殿前有宿衛梓宫萬騎，聞譟聲，皆披甲應之。韋庶人惶惑走入飛騎營，爲亂兵所害。於是分遣誅韋氏之黨，比明，内外討捕，皆斬之。乃馳謁睿宗，謝不先啓請之罪。……睿宗即位，與侍臣議立皇太子，僉曰：「除天下之禍者，享天下之福；拯天下之危者，受天下之安。平王有聖德，定天下，又聞成器已下咸有推讓，宜膺主

邑，以副群心。」睿宗從之。丙午，制曰：「舜去四凶而功格天地，武有七德而戡定黎人……朕恭臨寶位，亭育寰區，以萬物之心爲心，以兆人之命爲命。……第三子平王基孝而克忠，義而能勇。……韋温、延秀，朋黨競起；晉卿、楚客，交構其間。潛結回邪，排擠端善，潛貯兵甲，將害朕躬。基密聞其期，先難奮發，推身鞠弭，衆應如歸，呼吸之間，凶渠殄滅。安七廟於幾墜，拯群臣於將殞。……爲副君者，非此而誰？可立爲皇太子。有司擇日，備禮册命。」」

〔四〕濟黔首於休和：『黔首』，册府元龜作『黎庶』。『黔首』，古代稱平民；老百姓。禮記祭義：『明命鬼神，以爲黔首則。』鄭玄注：『黔首，謂民也。』孔穎達疏：『黔首，謂萬民也。黔，謂黑也。凡人以黑巾覆頭，故謂之黔首。』史記秦始皇本紀：『二十六年……更名民曰黔首。』『休和』，意爲安定和平。左傳襄公九年：『若能休和，遠人將至。』南朝齊王融三月三日曲水詩序：『用能免群生於湯火，納百姓於休和。』張銑注：『休和，謂禍亂已平，兵戈不用，故致之使休息和平也。』

〔五〕遂以孟秋，允升儲貳：『孟秋』，原作『孟侯』，今據舊唐書、册府元龜、四庫全書、全唐文、適園叢書、學林本改。『儲貳』，即儲副，太子。晉葛洪抱朴子釋滯：『昔子晉舍視膳之役，棄儲貳之重，而靈王不責之以不孝。』唐元稹四皓廟詩：『如何一朝起，屈作儲貳賓。』又

按，資治通鑑卷二百一十於先天元年載此兩句之有關史事云：『秋，七月，彗星出西方，經軒轅入太微，至於大角。有相者謂同中書門下三品竇懷貞曰：「公有刑厄。」懷貞懼，請解官爲安國寺奴；敕聽解官。乙亥，復以懷貞爲左僕射兼御史大夫、平章軍國重事。太平公主使術者言於上曰：「彗所以除舊布新，又帝座及心前星皆有變，皇太子當爲天子。」上曰：「傳德避災，吾志决矣！」太平公主及其黨皆力諫，以爲不可。上曰：「中宗之時，群奸用事，天變屢臻。朕時請中宗擇賢子立之以應災異，中宗不悦，朕憂恐，數日不食。豈可在彼則能勸之，在己則不能邪！」太子聞之，馳入見，自投於地，叩頭請曰：「臣以微功，不次爲嗣，懼不克堪，未審陛下遽以大位傳之，何也？」上曰：「社稷所以再安，吾之所以得天下，皆汝力也。今帝座有災，故以授汝，轉禍爲福，汝何疑邪！」太子固辭。上曰：「汝爲孝子，何必待柩前然後即位邪！」太子流涕而出。壬辰，制傳位於太子，太子上表固辭。太平公主勸上雖傳位，猶宜自總大政。上乃謂太子曰：「汝以天下事重，欲朕兼理之邪？昔舜禪禹，猶親巡狩。朕雖傳位，豈忘家國！其軍國大事，當兼省之。」』

〔六〕旋承内禪，繼體宸居：『繼體』，嫡子繼承帝位。史記外戚世家：『自古受命帝王及繼體守文之君，非獨内德茂也，蓋亦有外戚之助焉。』司馬貞索隱：『繼體謂非創業之主，而是嫡子

繼先帝之正體而立者也。』『宸居』，指帝位。南朝宋顏延之三月三日曲水詩序：『高祖以聖武定鼎，規同造物；皇上以睿文承歷，景屬宸居。』張銑注：『宸居，帝位也。』陳書高祖紀上：『朕所以還膺寶歷，重履宸居，挹建武之風猷，歌宣王之雅頌。此又公之再造於皇家者也。』按，此兩句謂睿宗傳位於玄宗，玄宗即皇帝位。考資治通鑑卷二百一十於先天元年七月載：『壬辰，制傳位於太子……八月，庚子，玄宗即位，尊睿宗爲太上皇。』

〔七〕拜手之請空勤，讓王之誠莫展：『拜手』，舊唐書、册府元龜均作『拜首』。又，『讓王』，舊唐書、全唐文均作『讓立』。『拜手』，亦稱『拜首』，古代男子跪拜禮的一種。跪後兩手相拱，俯頭至手。書太甲中：『伊尹拜手稽首。』孔傳：『拜手，首至手。』漢書郊祀志下：『尸臣拜手稽首曰：「敢對揚天子丕顯休命。」』『讓王』，辭讓王位。莊子有讓王篇，陳鼓應題解：『「讓王」，辭讓王位。篇中多借辭讓王位而寫生命的可貴，輕視利祿名位，取此意爲篇名。』唐温庭筠題翠微寺二十二韻：『郊土初成邑，虞賓竟讓王。』

〔八〕上稟聖謨，下凝庶績：『稟』，遵循；奉行。晋左思魏都賦：『思稟正朔，樂率貢職。』明張居正聖孝記：『群臣稟聖謨，受成畫，奉而行之。』『聖謨』，猶聖訓。南朝梁劉勰文心雕龍明詩：『大舜云：「詩言志，歌永言。」聖謨所析，義已明矣。』『凝』，形成。書皋陶

謨：『撫于五辰，庶績其凝。』孔傳：『凝，成也。』禮記中庸：『苟不至德，至道不凝。』鄭玄注：『凝，猶成也。』唐陸贄蕭復劉從一姜公輔平章事制：『宰輔之任，獻替爲務，内凝庶績，外撫四夷。』『庶績』，即各種事業。書堯典：『允厘百工，庶績咸熙。』孔傳：『績，功也；言衆功皆廣。』舊唐書薛登傳：『故堯資八元而庶績其理，周任十亂而天下和平。』

〔九〕大荒同軌：『大荒』，原作『八荒』，今據册府元龜、適園叢書、明鈔本、甲庫本、學林本改。『大荒』，荒遠的地方；邊遠地區。山海經大荒東經：『東海之外，大荒之中，有山名曰大言，日月所出。』晋左思吴都賦：『出乎大荒之中，行乎東極之外。』劉逵注：『大荒，謂海外也。』『同軌』，車轍寬度相同。禮記中庸：『今天下車同軌，書同文，行同倫。』此處引申爲同一、一統。漢書韋玄成傳：『四方同軌，蠻貊貢職。』顔師古注：『同軌，言車轍皆同，示法制齊也。』資治通鑒齊武帝永明十一年：『承平之主，所以不親戎事，或以同軌無敵，或以懦劣偷安。』胡三省注：『天下混一，則車同軌，書同文。』

〔十〕逆賊竇懷貞等并以庸妄，擢在朝廷，毫髮之效未申，丘山之釁仍積，共成梟獍，將肆奸回：『并以庸妄』，册府元龜作『頃以庸妄』。『擢在朝廷』，舊唐書作『權齒朝廷』，册府元龜作『擢居台庭』，明鈔本、甲庫本作『擢齒朝廷』。按，『竇懷貞』，傳見舊唐書卷

一百八十三、新唐書卷一百九。舊唐書本傳記：『懷貞少有名譽，時兄弟宗族，并以輿馬爲事，懷貞獨折節自修，衣服儉素。聖曆中爲清河令，治有能名。俄歷越州都督、揚州大都督府長史，所在皆以清幹著稱。神龍二年，累遷御史大夫，兼檢校雍州長史。時韋庶人及安樂公主等干預朝政。懷貞每諂順委曲取容，改名從一，以避后父之諱，自是名稱日損。……韋庶人敗，左遷濠州司馬。尋擢授益州大都督府長史。以附會太平公主，累拜侍中、兼御史大夫，代韋安石爲尚書左僕射，監修國史，賜爵魏國公。……先天二年，太平公主逆謀事泄，懷貞懼罪，投水而死。追戮其尸，改姓毒氏。』按，此數句乃謂竇懷貞等人與太平公主同謀，期以羽林軍作亂事。舊唐書玄宗紀上即載：『先天二年七月三日，尚書左僕射竇懷貞，侍中岑羲，中書令蕭至忠、崔湜，雍州長史李晋，左羽林大將軍常元楷，右羽林將軍李慈等與太平公主同謀，期以其月四日以羽林軍作亂。』資治通鑒卷二百一十亦記此事云：『初，河內人王琚預于王同皎之謀，亡命，傭書于江都。上之爲太子也，琚還長安，選補諸暨主簿，過謝太子。琚至廷中，故徐行高視，宦者曰：「殿下在簾內。」琚曰：「何謂殿下？當今獨有太平公主耳！」太子遽召見，與語，琚曰：「韋庶人弑逆，人心不服，誅之易耳。太平公主，武后之子，凶猾無比，大臣多爲之用，琚竊憂之。」太子引與同榻坐，泣曰：「主上同氣，唯有太平，言之恐傷主上之意，不言爲患日深，爲之奈何？」琚

曰……太子乃奏爲詹事府司直，日與游處，累遷太子中舍人；及即位，以爲中書侍郎。是時，宰相多太平公主之黨，劉幽求與右羽林將軍張暐謀以羽林兵誅之，使暐密言於上曰：「竇懷貞、崔湜、岑羲皆因公主得進，日夜爲謀不輕。若不早圖，一旦事起，太上皇何以得安！請速誅之。臣已與幽求定計，惟俟陛下之命。」上深以爲然。』『梟獍』，亦作『梟鏡』。舊説梟爲惡鳥，生而食母；獍爲惡獸，生而食父。比喻忘恩負義之徒或狠毒的人。北魏楊衒之洛陽伽藍記 永寧寺：『若兆者，蜂目豺聲，行窮梟獍，阻兵安忍，賊害君親。』范祥雍校釋：『漢書卷卷二十五郊祀志：「祠黄帝用一梟破鏡。」孟康注：「梟，鳥名，食母；破鏡，獸名，食父。」破鏡即是獍。此以比喻狠戾忘恩之人。』魏書 恩幸傳 侯剛：『曾無犬馬識主之誠，方懷梟鏡返噬之志。』『奸回』，奸惡邪僻。左傳 宣公三年：『商紂暴虐，鼎遷于周，德之休明，雖小，重也。其奸回昏亂，雖大，輕也。』南朝梁劉勰文心雕龍 奏啓：『觀孔光之奏董賢，則實其奸回；路粹之奏孔融，則誣其釁惡。』

（十二）太上皇聖斷宏通，英謀獨運，命朕率岐王範、薛王業等躬事誅鋤。齊斧一麾，凶渠盡殪：『齊斧』，此處意爲象徵帝王權力的黄鉞。晋書 元帝紀論：『中宗失馭强臣，自亡齊斧，兩京胡羯，風埃相望。』『凶渠』，凶徒的首領；元凶。南朝梁陸倕石闕銘：『帝赫斯怒，秣馬訓兵。』

嚴鼓未通，凶渠泥首。』舊唐書段秀實傳：『誓碎凶渠之首，以敵君父之讎，視死如歸，履虎致咥。』『岐王範』，即李範，傳見舊唐書卷九十五、新唐書卷八十一。舊唐書本傳載：『惠文太子範，睿宗第四子也。本名隆範，後避玄宗連名，改單稱範。初封鄭王，尋改封衛王。長壽二年，隨例却入閣，徙封巴陵郡王，累授尚食奉御。神龍元年，遷太府員外少卿，加賜實封二百户，通前五百户。景龍年，兼隴州別駕，加銀青光禄大夫。睿宗踐祚，進封岐王，又加實封五百户，拜太常卿，兼左羽林大將軍。先天二年，從上討竇懷貞、蕭至忠等，以功加賜實封滿五千户，下制褒美。開元初，拜太子少師，帶本官，歷絳、鄭、岐三州刺史。八年，遷太子太傅。』『薛王業』，即李業，傳見舊唐書卷九十五惠宣太子業、新唐書卷八十一惠宣太子業。舊唐書本傳云：『惠宣太子業，睿宗第五子也。本名隆業，後單名業。垂拱三年，封趙王，開府置官屬。長壽二年，隨例却入閣，改封中山郡王，累授都水使者，尋又改封彭城郡王。神龍元年，加賜實封二百户，通前五百户。景龍二年，兼陳州別駕。銀青光禄大夫、太僕少卿，別駕如故。睿宗即位，進封薛王，加封滿一千户，拜秘書監，兼右羽林大將軍。俄轉宗正卿。睿宗以業好學而授秘書監。及玄宗誅蕭至忠、岑羲等，業以翊從之功，加實封通舊爲五千户。開元初，歷太子少保、同涇豳衛虢等州刺史。八年，遷太子太保。』按，此數句所言即舊唐書玄宗紀上所載：『先天二年七月

三日，尚書左僕射竇懷貞，侍中岑羲，中書令蕭至忠、崔湜，雍州長史李晋，左羽林大將軍常元楷，右羽林將軍李慈等與太平公主同謀，期以其月四日以羽林軍作亂。上密知之，因以中旨告岐王範、薛王業、兵部尚書郭元振、將軍王毛仲，取閑厩馬及家人三百餘人，率太僕少卿李令問、王守一，内侍高力士、果毅李守德等親信十數人，出武德殿，入虔化門。梟常元楷、李慈于北闕。擒賈膺福、李猷於内客省以出。執蕭至忠、岑羲於朝，皆斬之。』又檢資治通鑑卷二百一十亦記此事云：『太平公主依上皇之勢，擅權用事，與上有隙，宰相七人，五出其門。文武之臣，太半附之。與竇懷貞、岑羲、蕭至忠、崔湜及太子少保薛稷、雍州長史新興王晋、左羽林大將軍常元楷、知右羽林將軍事李慈、左金吾將軍李欽、中書舍人李猷、右散騎常侍賈膺福、鴻臚卿唐晙及僧慧範等謀廢立，又與宫人元氏謀於赤箭粉中置毒進於上。晋，德良之孫也。元楷、慈數往來主第，相與結謀。王琚言於上曰：「事迫矣，不可不速發！」左丞張説自東都遣人遺上佩刀，意欲上斷割。荆州長史崔日用入奏事，言於上曰：「太平謀逆有日，陛下往在東宫，猶爲臣子，若欲討之，須用謀力。今既光臨大寶，但下一制書，誰敢不從？萬一奸宄得志，悔之何及！」上曰：「誠如卿言。直恐驚動上皇。」日用曰：「天子之孝在於安四海。若奸人得志，則社稷爲墟，安在其爲孝乎！請先定北軍，後收逆黨，則不驚動上皇矣。」上以爲然。以日用爲吏部

侍郎。秋，七月，魏知古告公主欲以是月四日作亂，令元楷、慈以羽林兵突入武德殿，懷貞、至忠、義等於南牙舉兵應之。上乃與岐王範、薛王業、郭元振及龍武將軍王毛仲、殿中少監姜皎、太僕少卿李令問、尚乘奉御王守一、內給事高力士、果毅李守德等定計誅之。……甲子，上因王毛仲取閑廐馬及兵三百餘人，與同謀十餘人，自武德殿入虔化門，召元楷、慈，先斬之，擒膺福、猷於內客省以出，執至忠、義於朝堂，皆斬之。懷貞逃入溝中，自縊死，戮其尸，改姓曰毒。上皇聞變，登承天門樓。郭元振奏，皇帝前奉誥誅竇懷貞等，無他也。上尋至樓上，上皇乃下誥罪狀懷貞等，因赦天下，惟逆人親黨不赦。薛稷賜死於萬年獄。……太平公主逃入山寺，三日乃出，賜死于家，公主諸子及黨與死者數十人。……籍公主家，財貨山積，珍物侔於御府，廐牧羊馬、田園息錢，收之數年不盡。』

〔十二〕太陽朗耀，澄氛靄於天衢：『澄氛靄於天衢』，原作『闢氛靄於天衢』，册府元龜則作『澄氣靄於天衢』，今據舊唐書、全唐文改。『氛靄』，烟靄，霧氣。宋曾鞏萬山詩：『最宜北城望，正值氛靄歇。』明張煌言天地解而雷雨作：『氛靄方夷，非壯猶難發六字之蒙。』『天衢』，天空廣闊，任意通行，如世之廣衢，故稱天衢。南朝梁劉勰文心雕龍 時序：『馭飛龍於天衢，駕騏驥於萬里。』唐皎然奉陪鄭使君諤游太湖至洞庭山登真觀却望湖水詩：『突兀盤水府，參

差還天衢。」

〔十三〕屬肅殺於秋序：『屬』，四庫全書作『彰』，舊唐書、册府元龜、全唐文則作『厲』。『肅殺』，嚴酷蕭瑟貌。多用以形容深秋或冬季的天氣和景色。唐杜甫北征詩：『昊天積霜露，正氣有肅殺。』清曹寅秋飲詩：『衆鳥何啁啾，肅殺氣相遞。』

〔十四〕神靈叶贊：『神靈』，原作『人靈』，今據舊唐書、全唐文改。又，『叶贊』，舊唐書作『協贊』。『叶贊』，協同翊贊。晋書元帝紀：『然晋室遘紛，皇輿播越，天命未改，人謀叶贊。』新五代史裴迪傳：『太祖自岐還，將吏皆賜「迎鑾叶贊功臣」，將吏入見，太祖目迪曰：「叶贊之功，惟裴公有之，佗人不足當也。」』

〔十五〕四族之慝既清，七百之祚方永：『四族』，蓋指姑、姨、舅、妗等族親戚。此處『四族之慝』當指作亂之韋后、太平公主、竇懷貞、韋温等親戚。如太平公主、竇懷貞、韋温均在舊唐書外戚傳，此傳記韋温云：『中宗韋庶人從父兄也。……及中宗崩，后令温總知内外兵馬，守援宫掖。又引從子播，族弟璿，弟捷、濯等，分掌屯營及左右羽林軍。臨淄王討韋氏，温等皆坐斬，宗族無少長皆死，語在韋庶人傳。』『慝』，邪惡。書大禹謨：『（舜）負罪引慝，祗載見瞽瞍。』孔傳：『慝，惡。』孔穎達疏：『自負其罪，國語魯語上：「且夫君也者，將牧民而正其邪

者也，若君縱私回而棄民事，民旁有慝，無由省之，益邪多矣。」』韋昭注：『慝，惡也。』「七百之祚」，左傳宣公三年：『成王定鼎於郟鄏，卜世三十，卜年七百，天所命也。』後用『七百』稱頌封建王朝運祚綿長。南朝梁沈約梁明堂登歌歌赤帝：『匪惟七百，無絕終始。』南齊書鬱林王紀：『三靈之眷方永，七百之基已固。』隋書音樂志下：『開我皇業，七百同盛。』

〔十六〕載闡休期：原作『載闡休明』，四庫全書作『載闢休期』，今據舊唐書、册府元龜、全唐文改。又，『休期』，美好的時期。南朝陳徐陵封陳公九錫詔：『昔在休期，早隆朝寄。』宋曾鞏謝賜唐六典表：『伏遇皇帝陛下接五聖之休期，振千齡之絕業。』

〔十七〕承乾之道：原作『愛敬之道』，今據舊唐書、册府元龜、四庫全書、全唐文改。

〔十八〕作解之恩，思式覃於品物：『作解之恩』即『解民倒懸』之意，比喻把受苦難的人民解救出來。解，解救；倒懸，頭朝下倒挂着。語出孟子公孫丑上：『當今之時，萬乘之國行仁政，民之悦之，猶解倒懸也。』『覃』，意爲遍及；廣施。南朝陳徐陵爲貞陽侯與太尉王僧辯書：『慈孝之道通於百靈，仁信之風覃於萬國。』唐玄宗游興慶宫作詩：『所希覃率土，孝悌一同規。』『品物』，猶萬物。易乾：『雲行雨施，品物流形。』漢蔡邕太尉李咸碑：『惟清惟敏，品物以熙。』

〔十九〕邠王守禮加實封二千户：『二千户』，原作『三百户』，今據册府元龜、四庫全書本改。『邠王守禮』，即李守禮，傳見舊唐書卷八十六、新唐書卷八十一。舊唐書本傳云：『守禮本名光仁，垂拱初改名守禮，授太子洗馬，封嗣雍王。時中宗遷於房陵，睿宗雖居帝位，絶人朝謁，諸武贊成革命之計，深嫉宗枝。守禮以父得罪，與睿宗諸子同處於宫中，凡十餘年不出庭院。至聖曆元年，睿宗自皇嗣封爲相王，許出外邸；睿宗諸子五人皆封郡王，與守禮始居於外。神龍元年，中宗纂位，授守禮光禄卿同正員。神龍中，遺詔進封邠王，賜實封五百户。景雲二年，帶光禄卿，兼幽州刺史，轉左金吾衛大將軍，遥領單于大都護。先天二年，遷司空。開元初，歷虢、隴、襄、晉、滑六州刺史，非奏事及大事，并上佐知州。』

〔二十〕宋王成器、申王成義各加實封一千户：『宋王成器』，即『讓皇帝憲』，傳見舊唐書卷九十五、新唐書卷八十一。舊唐書本傳云：『讓皇帝憲，本名成器，睿宗長子也。初封永平郡王。文明元年，立爲皇太子，時年六歲。及睿宗降爲皇嗣，則天册授成器爲皇孫，與諸弟同日出閣，開府置官屬。……中宗即位，改封蔡王，遷宗正員外卿，加賜實封四百户，通舊爲七百户。成器固辭不敢當大國，依舊爲壽春郡王。唐隆元年，進封宋王。其月，睿宗踐祚，拜左衛大將軍。時將建儲貳，以成器嫡長，而玄宗有討平韋氏之功，意久不定。成器辭曰：「儲副者，天下之公

器，時平則先嫡長，國難則歸有功。若失其宜，海内失望，非社稷之福。臣今敢以死請。」累日涕泣固讓，言甚切至。時諸王、公卿亦言平王有社稷大功，合居儲位。睿宗嘉成器之意，乃許之。玄宗又以成器嫡長，再抗表固讓，睿宗不許。……其年十一月，拜尚書左僕射，尋遷司徒，其太師、都督并如故。明年，表讓司徒，拜太子賓客，兼揚州大都督如故。時太平公主陰有異圖，姚元之、宋璟等請出成器及申王成義爲刺史，以絶謀者之心，由是成器以司徒兼蒲州刺史。玄宗嘗製一大被長枕，將與成器等共申友悌之好，睿宗知而大悦，累加賞嘆。先天元年八月，進封司空。及玄宗討平蕭至忠、岑義等，成器又進位太尉，依舊兼揚州大都督，加實封一千户。月餘，加授開府儀同三司，其太尉、揚州大都督并停。開元初，歷岐州刺史，開府如故。四年，避昭成皇后尊號，改名憲，封爲寧王，實封累至五千五百户。又歷澤、涇等州刺史。」『申王成義』，即『惠莊太子』，傳見舊唐書卷九十五、新唐書卷八十一。舊唐書本傳云：『惠莊太子撝，睿宗第二子也。本名成義。母柳氏，掖庭宫人。……垂拱三年，封恒王。尋却入閤，改封衡陽郡王，累授尚衣奉御。神龍元年，加賜實封二百户，通前五百户，遷司農少卿，加銀青光禄大夫。睿宗踐祚，進封申王，遷右衛大將軍。景雲元年七月，遷殿中監，兼檢校右衛大將軍。二年，轉光禄卿、右金吾衛大將軍。先天元年七月，加實封一千户。八月，行司徒，兼益州大都督。開元二年，帶司徒兼幽州刺

史。俄避昭成太后之稱，改名撝。歷鄧、虢、絳三州刺史。』

〔二十一〕岐王範、薛王業各加實封七百户：『岐王範』，即『惠文太子範』，傳見舊唐書卷九十五、新唐書卷八十一，其事迹詳見本篇上文所箋證。又，『薛王業』，即『惠宣太子業』，傳見舊唐書卷九十五、新唐書卷八十一，其事迹詳見本篇上文所箋證。

〔二十二〕文武官三品已上賜爵一級，四品已下，各加一階：此數句原無，今據舊唐書、册府元龜、全唐文等增補。

〔二十三〕内外官人被諸道按察使及御史所通惡狀：『所通惡狀』，舊唐書作『所摘伏』。

肅宗即位赦〔一〕

朕聞聖人畏天命，帝者奉天時〔二〕。知皇靈眷命〔三〕，不敢違而去之；知曆數有歸，不獲已而當之。在昔帝王，靡不由斯而有天下者也〔四〕。乃者羯胡亂常，京闕失守〔五〕，天未悔禍，群凶尚扇。聖皇久厭天位，思傳眇身，軍興之初，已有成命〔六〕。予恐不德，罔敢祗承。今群公卿士，僉曰孝莫大於繼德，功莫大於中興。朕所以理兵朔方〔七〕，將殄寇逆〔八〕，務以大者，本其孝乎？須安兆庶之心，敬順群臣之請，乃以七

月癸丑朔十二日甲子即皇帝位於靈州（九）。敬崇徽號，上尊聖皇曰上皇天帝。所司擇日昭告于上帝。朕以薄德，謬當重任（十），既荷承天之禮（十一），宜覃率土之澤，可大赦天下，改元曰至德。大辟罪已下，常赦所不免者，咸赦除之。其逆賊李林甫、王鉷、楊國忠近親合累者（十二），不在免限。百姓官吏，能率親屬，去逆歸順者（十三），有官加其優奬；斬得逆賊父子，不問首從，當賜茅土（十四），别有褒崇。其有直言極諫，才堪牧宰，文詞博達，武藝絶倫，孝悌力田，沉淪草澤，委所在長官聞薦，詣闕自陳者亦聽。東宮官屬，既會昌期（十五），合承寵命，量加改轉。諸色勾徵逋租懸調及官錢在百姓腹内，并宜放免（十六）。靈州改爲靈武郡（十七）。大都督府，上縣爲望，中縣爲上，官僚等一切便授。天下耆壽，各賜物五段；侍老版授太守、縣令有差（十八），各賜物五段。天下諸道百姓，委本道采訪使差郡縣官存問（十九）。四方將士，各賜馬一匹。六品以下，賜物十段。天下寺觀，各度七人。太守并限三考，然後轉御史。取曾任郡縣理人官者，後可薦用。所有彈奏，一依貞觀故事。官吏犯枉法贓，終身勿齒。自古聖帝明王，忠臣烈士，五岳四瀆，名山大川，并令所在致祭。孝子順孫，義夫節婦，旌表門閭。内外文武官九品以上，各加兩階（二十），賜勛兩轉，三品以上賜爵一級。

校箋

〔一〕本文又見於舊唐書卷十肅宗紀（節録）、册府元龜卷八十七帝王部赦宥第六。全唐文卷四十四亦録，文題爲即位大赦文，署名肅宗。本文文末原未標明頒布時間。考舊唐書肅宗紀天寶十五載七月下記：『是月甲子，上即皇帝位於靈武。禮畢，冕等跪進曰：「自逆賊憑陵，兩京失守，聖皇傳位陛下，再安區宇，臣稽首上千萬歲壽。」群臣舞蹈稱萬歲。上流涕歔欷，感動左右。即日奏其事於上皇。是日，御靈武南門，下制曰：朕聞聖人畏天命，帝者奉天時。』所下制書即本文。又，册府元龜『唐肅宗至德元年七月甲子，即位於靈武，御南門下詔曰』云云。新唐書卷六肅宗紀亦載：天寶十五載『七月辛酉，至于靈武。壬戌，裴冕等請皇太子即皇帝位。甲子，即皇帝位于靈武，尊皇帝曰上皇天帝，大赦，改元至德。賜文武官階、勛、爵，版授侍老太守、縣令』。據上述諸書所載，肅宗此次即帝位下大赦令乃在天寶十五載（亦即至德元年）七月甲子，此與本文之『七月癸丑朔十二日甲子即皇帝位於靈州』云云相合。故此文乃頒佈於天寶十五載（七五六）七月十二日，而其撰寫之時間當在此時稍前。

〔二〕朕聞聖人畏天命，帝者奉天時：此句册府元龜作『朕聞聖人畏天命者奉天時』。

〔三〕知皇靈眷命：『皇靈』，指天帝。三國魏曹植怨歌行：『皇靈大動變，震雷風且寒。』晉陸雲晉故散騎常侍陸府君誄：『皇靈靡顧，大命奄臻。』『眷命』，意爲垂愛并賦予重任。書大禹謨：『皇天眷命，奄有四海，爲天下君。』北史文苑傳許善心：『保上天之眷命，膺下土之樂推。』

〔四〕靡不由斯而有天下者也：此句原無『者』字，今據舊唐書、册府元龜、全唐文諸本增補。

〔五〕羯胡亂常，京闕失守：『羯胡』，四庫全書本改作『安賊』，指安禄山。故此句乃謂安禄山叛亂，攻陷京都長安。考資治通鑑卷二百一十八至德元年六月載安禄山攻陷長安後之情景云：『安禄山不意上遽西幸，遣使止崔乾祐兵留潼關，凡十日，乃遣孫孝哲將兵入長安，以張通儒爲西京留守，崔光遠爲京兆尹；使安忠順將兵屯苑中，以鎮關中。孝哲爲禄山所寵任，尤用事，常與嚴莊争權；禄山使監關中諸將，通儒等皆受制於孝哲。孝哲豪侈，果於殺戮，賊黨畏之。禄山命搜捕百官、宦者、宫女等，每獲數百人，輒以兵衛送洛陽。王、侯、將、相扈從車駕、家留長安者，誅及嬰孩。陳希烈以晚節失恩，怨上，與張均、張垍等皆降於賊。禄山以希烈、垍爲相，自餘朝士皆授以官。於是賊勢大熾，西脅汧、隴，南侵江、漢，北割河東之半。然賊

將皆粗猛無遠略，既克長安，以爲得志，日夜縱酒，專以聲色寶賄爲事，無復西出之意，故上得安行入蜀，太子北行亦無追迫之患。』

〔六〕聖皇久厭天位，思傳眇身，軍興之初，已有成命：『久厭天位』，原作『久厭大位』，今據册府元龜、全唐文改。『天位』，天子之位，帝位。易需：『位乎天位，以正中也。』孔穎達疏：『以九五居乎天子之位。』詩大雅大明：『天位殷適，使不挾四方。』朱熹集傳：『天位，天子之位也。』『眇身』，猶言微末之身。封建帝后自謙之詞。漢書武帝紀：『朕以眇身承至尊，兢兢焉惟德菲薄，不明于禮樂，故用事八神。』北齊書神武帝紀下：『以朕眇身，遇王武略，不勞尺刃，坐爲天子。』又，『聖皇久厭天位』云云亦實爲有據之言。考舊唐書玄宗紀論：『上乃務清净，事薰修，留連軒后之文，舞咏伯陽之説，雖稍移於勤倦，亦未至於怠荒。』唐陳鴻長恨歌傳亦云：『開元中，泰階平，四海無事。玄宗在位歲久，倦於旰食宵衣，政無大小，始委於右丞相，稍深居游宴，以聲色自娱。先是元獻皇后、武淑妃皆有寵，相次即世。宮中雖良家子千數，無可悦目者。上心忽忽不樂。時每歲十月，駕幸華清宮，内外命婦，熠耀景從。……詔高力士潛搜外宮，得弘農楊玄琰女於壽邸，既笄矣……上甚悦，進見之日，奏霓裳羽衣曲以導之；定情之夕，授金釵鈿合以固之。又命戴步摇，垂金璫。明年，册爲貴妃，半后服用。……時省風九州，泥金五

岳，驪山雪夜，上陽春朝，與上行同輦，止同室，宴專席，寢專房。……叔父昆弟皆列位清貴，爵爲通侯。姊妹封國夫人，富埒王室，車服邸第，與大長公主侔矣。……京師長吏爲之側目。』故白居易有長恨歌之作，中云：『漢皇重色思傾國，御宇多年求不得。楊家有女初長成，養在深閨人未識。天生麗質難自棄，一朝選在君王側。……春寒賜浴華清池，温泉水滑洗凝脂。侍兒扶起嬌無力，始是新承恩澤時。雲鬢花顔金步摇，芙蓉帳暖度春宵。春宵苦短日高起，從此君王不早朝。』其實唐玄宗之『厭於勤倦』，正如長恨歌傳所云始於『開元中，泰階平，四海無事』時。唐劉肅大唐新語卷十亦謂：『開元中，天下無事。玄宗聽政之後，從禽自娱。又於蓬萊宫側立教坊，以習倡優蕚衍之戲。酸棗尉袁楚客以爲天子方壯，宜節之以雅，從禽好鄭衛，將蕩上心。乃引由余、太康之義，上疏以諷。玄宗納之，遷下邽主簿，而好樂如初。』唐玄宗之游樂華清宫亦其『厭于勤倦』之一例，唐人鄭處誨明皇雜録卷下亦載：『玄宗幸華清宫，新廣湯池，製作宏麗。安禄山於范陽以白玉石爲魚龍鳧雁，仍爲石梁及石蓮花以獻，雕鎸巧妙，殆非人工。上大悦，命陳於湯中，又以石梁横亘湯上，而蓮花纔出於水際。上因幸華清宫，至其所，解衣將入，而魚龍鳧雁皆若奮鱗舉翼，狀欲飛動。上甚恐，遽命撤去，其蓮花至今猶存。又嘗於宫中置長湯屋數十間，環迴甃以文石，爲銀鏤漆船及白香木船置於其中，至於楫櫓，皆飾以珠玉。又於湯中壘瑟瑟及

丁香爲山，以狀瀛洲方丈。上將幸華清宮，貴妃姊妹競車服，爲一犢車，飾以金翠，間以珠玉，一車之費，不下數十萬貫。既而重甚，牛不能引，因復上聞，請各乘馬。於是競購名馬，以黄金爲銜籠，組綉爲障泥，共會於國忠宅，將同入禁中，炳炳照灼，觀者如堵。自國忠宅至於城東南隅，僕御車馬，紛紜其間。』而所説玄宗『思傳眇身，軍興之初，已有成命』亦有史籍載之。資治通鑒卷二百一十八至德元年記當唐玄宗西行避難途中，『丁酉，上將發馬嵬，朝臣惟韋見素一人，乃以韋諤爲御史中丞，充置頓使。……上意在入蜀，慮違衆心，竟不言所向。……及行，父老皆遮道請留，曰：「宫闕，陛下家居，陵寢，陛下墳墓，今捨此，欲何之？」上爲之按轡久之，乃命太子於後宣慰父老。父老因曰：「至尊既不肯留，某等願帥子弟從殿下東破賊，取長安。若殿下與至尊皆入蜀，使中原百姓誰爲之主？」須臾，衆至數千人。太子不可……跋馬欲西。……父老共擁太子馬，不得行。……上總轡待太子，久不至，使人偵之，還白狀，上曰：「天也！」乃分後軍二千人及飛龍廐馬從太子，且諭將士曰：「太子仁孝，可奉宗廟，汝曹善輔佐之。」又諭太子曰：「汝勉之，勿以吾爲念。西北諸胡，吾撫之素厚，汝必得其用。」太子南向號泣而已。又使送東宫内人於太子，且宣旨欲傳位，太子不受』。

〔七〕朕所以理兵朔方：『理兵』，原作『治兵』，今據册府元龜、全唐文、適園叢書、學林本

改。『朔方』，原作『朔陲』，今據舊唐書、册府元龜、全唐文改。

〔八〕將殄寇逆：『寇逆』，原作『逆寇』，今據册府元龜、全唐文改。

〔九〕即皇帝位於靈州：『靈州』，舊唐書作『靈武』。

〔十〕謬當重任：『謬當』，四庫全書作『謬膺』。『重任』，舊唐書作『重位』。

〔十一〕既荷承天之禮：『既荷』，舊唐書、册府元龜、全唐文均作『既展』。『承天』，指承奉天道。易坤：『至哉坤元，萬物資生，乃順承天。』後漢書郎顗傳：『夫求賢者，上以承天，下以爲人。』此處『承天之禮』指順承天意而即皇帝位。

〔十二〕其逆賊李林甫、王鉷、楊國忠近親合累者：『李林甫』，傳見舊唐書卷一百六、新唐書卷二百二十三。『王鉷』，傳見舊唐書卷一百五、新唐書卷一百三十四。『楊國忠』，傳見舊唐書卷一百六、新唐書卷二百六。此三人均爲『逆賊』，其生平種種劣迹可見三人本傳。舊唐書卷一百六卷末有史臣評李林甫、楊國忠云：『史臣曰：李林甫以諂佞進身，位極台輔，不懼盈滿，蔽主聰明，生既唯務陷人，死亦爲人所陷，得非彼蒼假手，以示禍淫者乎！楊國忠稟性奸回，才薄行穢，領四十餘使，恣弄威權，天子莫見其非，群臣由之杜口，致禄山叛逆，鑾輅播遷，梟首覆宗，莫救艱步。以玄宗之睿哲，而惑於二人者，蓋巧言令色，先意承旨，財利誘之，迷

而不悟也。開元任姚崇、宋璟而治，幸林甫、國忠而亂，與夫齊桓任管仲、隰朋，幸豎刁、易牙，亦何異哉！書曰：「臣有作福作威，害於而家，凶於而國。」孔子曰：「佞人殆。」誠哉是言也。……贊曰：天啓亂階，甫、忠當國。蔽主聰明，秉心讒慝。』舊唐書王鉷傳載：『時右相李林甫怙權用事，志謀不利於東儲，以除不附己者，而鉷有吏幹，倚之轉深，以爲己用。……鉷威權轉盛，兼二十餘使，近宅爲使院，文案堆積，胥吏求押一字，即累日不遂。中使賜遺，不絶於門，雖晋公林甫亦畏避之。……初，鉷與御史中丞、户部侍郎楊慎矜親，且情厚，頗爲汲引，及貴盛爭權，鉷附於李林甫，爲所誘，陷慎矜家。經五年而鉷至赤族，豈天道歟！史臣曰：夫奸佞之輩，惟事悦人；聚斂之臣，無非害物。賈禍招怨，敗國喪身，罕不由斯道也。……宇文融、韋堅、楊慎矜、王鉷，皆開元之幸人也，或以括户取媚，或以漕運承恩，或以聚貨得權，或以剥下獲寵，負勢自用，人莫敢違。張説、李林甫手握大權，承主恩顧，尚遭凌擯，以身下之，他人即可知也。然天道惡盈，器滿則覆，終雖不令，其弊已多，良可痛也。』

〔十三〕去逆歸順者：此句原無『者』字，今據册府元龜、全唐文本增補。

〔十四〕當賜茅土：『茅土』，全唐文作『爵土』。『茅土』，指王、侯的封爵。古天子分封王、侯時，用代表方位的五色土築壇，按封地所在方向取一色土，包以白茅而授之，作爲受封者

得以有國建社的表徵。漢李陵答蘇武書：『陵謂足下當享茅土之薦，受千乘之賞。』李善注：『尚書緯曰：「天子社，東方青，南方赤，西方白，北方黑，上冒以黄土，將封諸侯，各取方土，苴以白茅，以爲社。」』漢蔡邕獨斷卷下：『天下大社以五色土爲壇，皇子封爲王者受天子之社土，以所封之方色，東方受青，南方受赤，他如其方色，歸國以立社，故謂之受茅土。』

〔十五〕既會昌期：『昌期』，興隆昌盛時期。樂府詩集郊廟歌辭七周郊祀樂章：『高明祚德，永致昌期。』此處指肅宗即皇帝位之時。

〔十六〕諸色勾徵逋租懸調及官錢在百姓腹内，并宜放免：『并宜放免』，册府元龜作『并宜免放』。『勾徵』，猶言搜括聚斂。舊唐書韋巨源傳：『巨源屢踐台輔，專行勾徵，廢越條章，崇尚侵刻。樹怨天下，剥害生靈，兆庶流離，户口減耗。』『逋租』，猶欠租。東觀漢記光武紀：『嘗爲季父故舂陵侯訟逋租於大司馬嚴尤。』唐柳宗元零陵三亭記：『逋租匿役，期月辨理。』『懸調』，指長期拖欠的賦税。周書武帝紀上：『降宥罪人，并免逋租懸調等，以皇女生故也。』周書武帝紀下：『逋租懸調，兵役殘功，并宜蠲免。』

〔十七〕靈州改爲靈武郡：此句原無『郡』字，今據册府元龜、全唐文、適園叢書、學林本增補。

〔十八〕侍老版授太守、縣令有差：『版授』，謂不經朝命而用白版授予官職或封號。宋書王鎮惡傳：『（鎮惡）進次澠池，造故人李方家，升堂見母，厚加酬賚，即版授方爲澠池令。』舊唐書中宗紀：『天下婦人八十已上，版授鄉、縣、郡等君。』

〔十九〕委本道采訪使差郡縣官存問：此句『委』字原無，今據册府元龜、全唐文增補。

〔二十〕各加兩階：册府元龜、全唐文作『各賜兩階』。

代宗即位赦〔一〕

高宗嗣興，諒陰成受終之禮〔二〕；康王承統，翌日奉顧命之書〔三〕。況萬事尚殷，蕭墻有釁〔四〕，蒼生佇理〔五〕，社稷謀安。教雖達於通喪，禮有變於金革〔六〕。順人聽政，僶俛從權。朕頃侍鑾輿，率彼西夏，佐成草昧，俾掌戎車。國步艱難，睿圖廣運，再清宇縣，崇復宗社〔七〕。稟成命以受律，敢貪天以爲功？聖慈弘深，册踐明兩，奉若庭訓，敢有怠心〔八〕？嗚呼，不吊昊天，殃咎薦至。皇祖之哀未釋，閔凶之罰奄鍾〔九〕。攀號罔極，若無天地，誓終喪紀，企及前王。百辟抑予，俾恭遺訓，俯遂衆望，嗣膺丕烈〔十〕。欽兹大寶，懼不勝任，若蹈春冰，如集喬木。日者先聖哀損，朕在

問安〔十一〕，而閲墻構灾，陵長成禍，闔閫作孽，閹寺滔天，職爲亂階，潛置巫蠱，將行竊弄，覆我邦家。賴良弼匡戴，爪牙同德，天道助順，神理害盈。昭此共工之心，終貽管蔡之辱。舍彼有罪，咸伏其辜，廢于離宫，置於城潁〔十二〕。今天衢雖泰，率土未康〔十三〕，式協公卿之心，仰遵易月之命〔十四〕。奉時斯在，先甲未孚，宜允人神，覃兹涣汗〔十五〕，可大赦天下。自寶應元年五月十九日昧爽已前〔十六〕，大辟罪已下，已發覺，未發覺，已結正，未結正，繫囚見徒，常赦所不免者，罪無輕重，咸赦除之。自開元已來，所有諸色犯累者，并宜雪免。左降官并諸色流人〔十七〕，及罰鎮效力，配軍團練等，一切即放還。其中有見任刺史縣令及正員者，并依本任。其四月十五日已後，諸色流貶者，與量移近處。逆賊史朝義已下〔十八〕，有能投降及率衆歸附者，當超與封賞。天下禁囚不得過五日，所有推劾不得分外拷掠，亦不得信支證便結罪名〔十九〕。諸色文武官應在淩霄門内謁見者，并飛龍射生等〔二十〕，并宜以寶應功臣爲名。諸州刺史與一子官，刺史縣令入五品減兩考〔二十一〕。内外文武官三品以上，賜爵一級；四品以下，各加一階。諸州刺史父母在無官者與致仕官及母邑號，已亡殁者追贈。諸州防禦使并停，天下子爲父後者，各賜勛一轉。州縣官自今已後，宜令三考一替。太官饔膳等〔二十二〕，特

宜減省，有涉奢侈，一切宜停。天下百姓逋租懸調〔二十三〕，貸糧種子，諸色欠負官物，一切放免。開元、乾元等錢〔二十四〕，并宜準一文用，不須計以虛數。益昌郡王邈進封鄭王，延慶郡王迥進封韓王〔二十五〕。故庶人皇后王氏、故庶人太子瑛、鄂王瑤、光王琚，宜并復封號〔二十六〕。棣王琰、永王璘〔二十七〕，及應安禄山詿誤反狀人等〔二十八〕，并宜昭雪。建昌王追封爲齊王〔二十九〕，崇恩王追封爲衛王〔三十〕，靈昌王追封爲鄆王〔三十一〕。其有明於政理，博綜典墳，文可經邦，謀能制勝，及孝悌力田，諸州刺史并宜搜揚聞薦。投匭者不須勘以停處姓名〔三十二〕，務招直言，以副朕意。

校箋

〔一〕本文又見於册府元龜卷八十八帝王部赦宥第七。全唐文卷四十九亦録，文題爲即位赦文，署名唐代宗。本文文末原未標明頒布時間。考册府元龜『唐代宗以寶應元年四月己巳即位，五月丁酉，帝御丹鳳樓門下，大赦天下，制曰：高宗嗣興』云云，則代宗即位赦文乃頒布於寶應元年五月丁酉。又，舊唐書卷十一代宗紀亦記寶應元年五月『丁酉，御丹鳳樓，大赦。子儀、光弼、李光進諸道節度使并加實封。四月十七日立功人并號「寶應功臣」。內外文武官三品

已上進爵，四品已下加階。諸州防禦使并停。內外官三考一轉。益昌郡王邈進封鄭王，延慶郡王迥進封韓王。故庶人皇后王氏、故庶人太子瑛、鄂王瑶、光王琚并宜復封號。棣王琰、永王璘并與昭雪。建昌王追封齊王，崇恩王追封衛王，靈昌王追封鄆王』。新唐書卷六代宗紀亦載：『丁酉，大赦。刺史予一子官，賜文武官階、爵，子爲父後者勛一轉。免民逋租宿負。進封子益昌郡王邈爲鄭王，延慶郡王迥韓王。追復庶人王氏爲皇后，瑛、瑶、琚皆復其封號。』又，唐會要卷六十五內侍省條亦記此次大赦事云：『寶應元年五月十九日敕，諸道州府所承上命，須憑正敕，後可施行。不得懸信中使宣言敕，即便遵行。』按，寶應元年五月己卯朔，五月丁酉即五月十九日。據上引諸書所記，此次大赦確實在寶應元年（七六二）五月丁酉。

〔二〕高宗嗣興，諒陰成受終之禮：『諒陰』，册府元龜、全唐文作『諒暗』。『諒暗』亦作『諒陰』，即居喪時所住的房子。禮記喪服四制：『書曰：「高宗諒暗，三年不言。」善之也。』鄭玄注：『暗，謂廬也。』論語憲問引作『諒陰』。晉潘岳閑居賦：『今天子諒暗之際，領太傅主簿。』李善注：『諒暗，今謂凶廬裏寒凉幽暗之處，故曰諒暗。』『嗣興』，即繼承并振興。書洪範：『鯀則殛死，禹乃嗣興。』晉桓温薦譙元彦表：『陛下聖德嗣興，方恢天緒。』南朝梁任昉齊竟陵文宣王行狀：『武皇晏駕，寄深負圖……聖主嗣興，地居旦奭。』『受終』，此處指

承受帝位。書舜典：『正月上日，受終于文祖。』孔穎達疏：『受終者，堯爲天子，於此事終而授與舜。故知終謂堯終帝位之事，終言堯終舜始也。』隋書地理志上：『高祖受終，惟新朝政，開皇三年，遂廢諸郡。』

〔三〕康王承統，翌日奉顧命之書：『康王』爲西周國君。姬姓，名釗。成王子。伐鬼方及東南各族，開拓疆土。維護文王、武王治績，海內晏然，舊史與成王并稱，稱之謂『成康之治』。『承統』，繼承帝位。漢書公孫弘等傳贊：『孝宣承統，纂修洪業。』後漢書殤帝紀：『皇帝幼沖，承統鴻業。』『顧命』，書顧命：『成王將崩，命召公、畢公率諸侯相康王，作顧命。』孔傳：『臨終之命曰顧命。』孔穎達疏：『顧是將去之意，此言臨終之命曰顧命，言臨將死去迴顧而爲語也。』後因以『顧命』謂臨終遺命，多用以稱帝王遺詔。後漢書陰興傳：『帝風眩疾甚，後以興領侍中，受顧命於雲臺廣室。』按，上文均以高宗、康王承統之故事以比擬自己嗣興之處境。此可參閱下文之箋證。

〔四〕蕭墻有釁：『蕭墻』，『蕭』，通『肅』，古代宮室內作爲屏障的矮墻。論語季氏：『吾恐季孫之憂，不在顓臾，而在蕭墻之內也。』何晏集解引鄭玄曰：『蕭之言肅也；墻謂屏也。君臣相見之禮，至屏而加肅敬焉，是以謂之蕭墻。』亦借指內部。韓非子用人：『不謹

蕭墻之患，而固金城於遠境。』後漢書劉虞傳：『明公不先告曉使得改行，而兵起蕭墻，非國之利。』『釁』，禍患；禍亂。後漢書隗囂傳論：『夫功全則譽顯，業謝則釁生。』元紀君祥趙氏孤兒第三折：『如今削除了這點萌芽，方纔是永無後釁。』按，此處『蕭墻有釁』乃用以指張皇后等人企圖廢立代宗之陰謀。此詳見下文之箋證。

〔五〕蒼生伫理：『伫理』，册府元龜作『伫望』。

〔六〕教雖達於通喪，禮有變於金革：『通喪』，上下通行的喪禮。論語陽貨：『夫三年之喪，天下之通喪也。』唐韓愈順宗實録卷五：『存者不至於傷生，逝者不至於甚痛，謂之達理，以貫通喪。』『金革』，本謂軍械和軍裝。禮記中庸：『衽金革，死而不厭。』孔穎達疏：『金革，謂軍戎器械也。』朱熹集注：『金，戈兵之屬；革，甲胄之屬。』唐白居易議守險策：『以城池爲固，以金革爲備。』此處借指戰争。禮記曾子問：『子夏問曰：「三年之喪卒哭，金革之事無辟也者，禮與？」』孔穎達疏：『人遭父母三年之喪，卒哭之後，國有金革戰伐之事，君使則行，無敢辭辟。』按，此兩句實際上用以表明代宗當時遭父喪，本應守孝三年，但因張皇后等人圖謀廢立而有兵戎以及提前即皇帝位之舉，此亦符合禮通變之道。此兩句之因緣背景，可參下文之箋證。

〔七〕朕頃侍鑾輿，率彼西夏，佐成草昧，俾掌戎車。國步艱難，睿圖廣運，再清宇縣，崇復宗社：『朕頃侍鑾輿』，册府元龜作『朕頃從鑾輿』。按，『鑾輿』，本謂鑾駕，即天子車駕。漢班固西都賦：『於是乘鑾輿，備法駕。』此處借指天子，亦即唐肅宗。『西夏』，相傳爲我國古代西方的小國名。穆天子傳卷四：『自陽紆西至于西夏氏，二千又五百里。自西夏至于珠余氏及河首，千又五百里。』逸周書史記解：『昔者西夏性仁非兵，城郭不修，武士無位，惠而好賞；屈而無以賞，唐氏伐之，城郭不守，武士不用，西夏以亡。』『草昧』，猶創始；草創。晋荀勖食舉樂東西廂歌時邕：『爰造草昧，應乾順民。』隋書高祖紀下：『（申明公穆等）登庸納揆之時，草昧經綸之日，丹誠大節，心盡帝圖，茂績殊勛，力宣王府。』『睿圖』，皇帝的謀劃。隋書音樂志下：『皇矣上帝，受命自天。睿圖作極，文教遐宣。』舊唐書王彦威傳：『臣謬司邦計，虔奉睿圖，輒纂事功，庶裨聖覽。』『宇縣』，猶謂天下。史記秦始皇本紀：『大矣哉！宇縣之中，承順聖意。』裴駰集解：『宇，宇宙；縣，赤縣。』唐韓愈賀册尊號表：『除剗寇盜，宇縣清夷，可謂戡定禍亂矣。』『宗社』，宗廟和社稷的合稱。漢蔡邕獨斷卷上：『天子之宗社曰泰社，天子所爲群姓立社也。』南史虞寄傳：『朕不食言，誓之宗社。』此处借指國家。漢孔融論盛孝章書：『惟公匡復漢室，宗社將絶，又能正之。正之之術，實須得賢。』新唐書諸夷蕃將傳李多祚：『今在東

宮乃大帝子，而孌豎擅朝，危逼宗社。國家廢興在將軍，將軍誠有意乎？』按，此數句所言之史事舊唐書代宗紀載云：『禄山之亂，京城陷賊，從肅宗蒐兵靈武，以上爲天下兵馬元帥。時朝廷草創，兵募寡弱，上推心示信，招懷流散，比至彭原，兵衆數萬。及肅宗迴幸鳳翔，時房琯、郭子儀繼戰不利，賊鋒方鋭，屢來寇襲。上選求勇幹，頻挫其鋒，聖慮遑寧，士心大振。及師進討，百官辭送，步出闕門，方始乘馬。迴紇葉護王子率兵入助，勇冠諸蕃，上接以優恩，結爲兄弟，故香積之戰，賊徒大敗，遂委西京而遁。雖子儀、嗣業之奮命，由上恩信結於士心，故人思自效。既收京城，令行禁止，民庶按堵，秋毫不犯，耆老歡迎，對之歔欷。聞賊殘衆猶保陝郊，即日長驅，東趨虢洛。新店之役，一戰大捷，慶緒之黨，十殲七八。數旬之間，河南底定，兩都恢復，二聖回鑾，統率之功，推而不受。肅宗還京，大赦，改封楚王。』新唐書代宗紀亦載：『肅宗已即位，郭子儀等兵討安慶緒，未克。肅宗在岐，至德二載九月，以廣平郡王爲天下兵馬元帥，率朔方、安西、迴紇、南蠻、大食等兵二十萬以進討，百官送于朝堂，過闕而下，步出木馬門，然後復騎，以安西、北庭行營節度使李嗣業爲前軍，朔方、河西、隴右節度使郭子儀爲中軍，關内行營節度使王思禮爲後軍，屯于香積寺。敗賊將安守忠，斬首六萬級。賊將張通儒守長安，聞守忠敗，棄城走，遂克京城，乃留思禮屯于苑中，代宗率大軍以東。安慶緒遣其將嚴莊拒于陝州，代宗及子

儀、嗣業戰陝西，大敗之，安慶緒奔于河北，遂克東都。肅宗還京師。十二月，進封楚王。』

〔八〕聖慈弘深，册踐明兩，奉若庭訓，敢有怠心：『庭訓』，原作『廷訓』，今據册府元龜、全唐文改。『敢有怠心』，册府元龜、明鈔本、甲庫本作『敢有怠遑』。『明兩』，易離：『明兩作離，大人以繼明照于四方。』孔穎達疏：『明兩作離者，離爲日，日爲明。今有上下二體，故云明兩作離也。』本謂離卦離下離上，爲兩明前後相續之象。後以『明兩』指太陽。此處借指帝王（即代宗）。南朝宋謝瞻張子房詩：『明兩燭河陰，慶霄薄汾陽。』李善注：『明兩、慶霄，皆喻宋高祖（劉裕）。』『趨庭』，論語季氏：『（孔子）嘗獨立，鯉趨而過庭。曰：「學詩乎？」對曰：「未也。」「不學詩，無以言。」鯉退而學詩。他日，又獨立，鯉趨而過庭，曰：「學禮乎？」對曰：「未也。」「不學禮，無以立。」鯉退而學禮。』鯉，孔子之子伯魚。後因以『趨庭』謂子承父教。唐王勃滕王閣序：『他日趨庭，叨陪鯉對；今晨捧袂，喜托龍門。』

〔九〕不吊昊天，殃咎薦至。皇祖之哀未釋，閔凶之罰奄鍾：『閔凶』，四庫全書、明鈔本、甲庫本作『窮崩』。『不吊』，謂不爲天所哀憫庇佑。詩小雅節南山：『不吊昊天，不宜空我師。』三國志蜀書諸葛亮傳：『如何不吊，事臨垂克，遘疾隕喪！』清顧炎武日知録不吊：『古人言不吊者，猶曰不仁。』『殃咎』，即灾禍。左傳莊公二十年：『哀樂失時，殃咎

必至。』唐韓愈論佛骨表：『佛如有靈，能作禍祟，凡有殃咎，宜加臣身。』『薦至』，接連而來。史記曆書：『少皥氏之衰也，九黎亂德，民神雜擾，不可放物，禍菑薦至，莫盡其氣。』明范濂雲間據目抄卷四：『水旱頻仍，饑饉薦至，號稱殷富者，以供輸供役而十室九虛。』『皇祖』，指唐玄宗。『閔凶』，憂患凶喪之事。左傳宣公十二年：『寡君少遭閔凶，不能文。』杜預注：『閔，憂也。』南朝陳徐陵梁貞陽侯重與裴之横書：『頃家國多患，頻遘閔凶，前事不忘，便爲龜兆。』按，此數句謂唐玄宗和唐肅宗相繼而薨。考舊唐書玄宗紀，唐玄宗『上元二年四月甲寅，崩於神龍殿，時年七十八』。又，舊唐書肅宗紀，肅宗乃薨於上元二年九月丁卯，是年載：『甲寅，太上至道聖皇天帝崩於西内神龍殿。上自仲春不豫，聞上皇登遐，不勝哀悸，因兹大漸。乙丑，詔皇太子監國。又曰：「上天降寶，獻自楚州，因以體元，叶乎五紀。其元年宜改爲寶應，建巳月爲四月，餘月并依常數，仍依舊以正月一日爲歲首。」丁卯，宣遺詔。是日，上崩於長生殿，年五十二。群臣上謚曰文明武德大聖大宣孝皇帝，廟號肅宗。』

〔十〕攀號罔極，若無天地，誓終喪紀，企及前王。百辟抑予，俾恭遺訓，俯遂衆望，嗣膺丕烈：『攀號』，攀龍髯而哭。謂哀悼帝喪。陳書後主紀：『上天降禍，大行皇帝奄棄萬國，攀號擗踴，無所迨及。』唐劉禹錫慰國哀表：『伏惟皇帝陛下，孝思至性，攀號罔極。』亦用指人子

對於父母的無窮哀思。南朝宋劉義慶世説新語 言語：『陛下聖思齊於哲王，罔極過於曾、閔。』北史 周紀下 武帝：『衰麻之節，苫廬之禮，率遵前典，以申罔極。』『喪紀』，即喪事。周禮 天官 大府：『山澤之賦，以待喪紀。』禮記 文王世子：『喪紀以服之輕重爲序，不奪人親也。』鄭玄注：『紀，猶事也。』左傳 僖公二十七年：『夏，齊孝公卒。有齊怨，不廢喪紀，禮也。』『百辟』，謂百官。宋書 孔琳之傳：『羨之（徐羨之）内居朝右，外司輦轂，位任隆重，百辟所瞻。』唐白居易醉後走筆酬劉五主簿長句之贈詩：『閶闔晨開朝百辟，冕旒不動香烟碧。』『抑』，抑制；阻止。戰國策 秦策一：『約從散横，以抑强秦。』史記 魏公子列傳：『遂乘勝逐秦軍至函谷關，抑秦兵，秦兵不敢出。』『嗣膺』，謂繼前人而當受。南齊書 鬱林王紀：『朕以寡薄，嗣膺寶政。』陳書 世祖紀：『宜奉大宗，嗣膺寶録，使七廟有奉，兆民寧晏。』『丕烈』，大功業。漢蔡邕太傅安樂鄉文恭侯胡公碑：『休績丕烈，宜宣於此。』唐李白比干碑：『斫石銘表，以志丕烈。』按，此處『丕烈』謂帝業。又按，此數句所言之史事，舊唐書 代宗紀以下之記載可參見：寶應元年五月『辛卯，制曰：「三年之喪，天下達禮，苟或變革，何以教人？朕遘此閔凶，攀號罔極，公卿固請，俾聽朝務，斬焉縗絰，痛貫心靈，豈可便議公除，遽移諒陰。昨見所司儀注，今月十三日大祥，十五日從吉。仰憑遺制，又欲抑予，竊惟哀思，深謂未可。其百僚并以此釋服，朕將

繼武丁之道，素冠之詩，恭默再周，不忍權奪。凡庶在位，宜悉哀懷。」宰臣苗晉卿等三上表請依遺制，方聽政』。

〔十一〕日者先聖哀損，朕在問安：『日者』，全唐文作『邇日者』，適園叢書、學林本作『邇者』。按，此處『先聖』指唐肅宗。當時因唐玄宗薨，故肅宗有『哀損』之舉。

〔十二〕而鬩墻構災，陵長成禍，闈闈作孽，閽寺滔天，職爲亂階，潛置巫蠱，將行竊弄，覆我邦家。賴良弼匡戴，爪牙同德，天道助順，神理害盈。昭此共工之心，終貽管蔡之辱。舍彼有罪，咸伏其辜，廢于離宮，置於城潁：『陵』，册府元龜、四庫全書、明鈔本、甲庫本作『淩』。『將行』，册府元龜作『將以』。『城潁』，原作『城潁』，今據四庫全書、全唐文、適園叢書本改。『鬩墻』，語本詩小雅常棣：『兄弟鬩于墻，外禦其侮。』謂兄弟相争於内。後用以指内部相争。明吾丘瑞運甓記琅琊就鎮：『皇路多艱，鬩墻頻構，愧擁節旄南控。』此處指越王係。『陵』，指陵駕。左傳襄公十年：『篳門閨竇之人而皆陵其上，其難爲上矣！』史記酷吏列傳：『（寧成）好氣，爲人小吏，必陵其長吏。』『陵長成禍』，此處指代宗弟越王係與張皇后陰謀廢立代宗，取而代之。『闈闈』，古時婦女所居内室。多指内宫。漢班固述成紀：『孝成煌煌，臨朝有光，威儀之盛，如圭如璋。闈闈恣趙，朝政在王，炎炎燎火，亦允不

陽。』李善注：『閫闈，闥門之內也。』北齊書 神武婁后傳：『神武既有澄清之志，傾産以結英豪，密謀秘策，后恒參預。及拜渤海王妃，閫闈之事悉決焉。』南史 后妃傳論：『若夫義篤閫闈，政刑邦國，古先哲王有以之致化矣。』此處指肅宗張皇后。『闇寺』，闇人和寺人。古代宮中掌管門禁之官。易 說卦：『爲果蓏，爲闇寺。』李鼎祚集解引宋衷曰：『闇人主門，寺人主巷，艮爲止，此職皆掌禁止者也。』禮記 內則：『深宮固門，闇寺守之。男不入，女不出。』鄭玄注：『闇，掌守中門之禁也；寺，掌內人之禁令也。』又指宦官。漢班固西都賦：『虎賁贅衣，閹尹闇寺，陛戟百重，各有攸司。』宋王讜唐語林 補遺二：『古謂之闇寺，即今之中使也。』此處指內官朱光輝、馬英俊（以上數詞所指稱均詳見此下箋證所引史載）。『巫蠱』，古代稱巫師使用邪術加害於人爲巫蠱。六韜 上賢：『七曰：僞方異伎，巫蠱左道，不祥之言，幻惑良民，王者必止之。』北史 古弼傳：『文成即位，（弼）與張黎并坐議不合旨，俱免。有怨謗之言，其家人告巫蠱，俱伏法。』『良弼』，猶良佐。書 說命上：『恭默思道，夢帝賚予良弼，其代予言。』孔傳：『夢天與我輔弼良佐，將代我言政教。』唐楊炯中書令汾陰公薛振行狀：『文王協於朕卜，迎太公於渭水；高宗求於朕夢，得良弼於傅岩。』此處『良弼』指李輔國、程元振等人。『害盈』，謂使驕傲自滿者受禍害。易 謙：『鬼神害盈而福謙。』晉潘岳河陽縣作詩：『福謙在純

約，害盈猶矜驕。』南朝梁劉孝標辯命論：『或以鬼神害盈，皇天輔德，故宋公一言，法星三徙；殷帝自翦，千里來雲。』『共工』，古代傳説中的天神，與顓頊争爲帝，有頭觸不周山的故事。淮南子 墬形訓：『共工，景風之所生也。』高誘注：『共工，天神也。人面蛇身，離爲景風。』淮南子 天文訓：『昔者共工與顓頊争爲帝，怒而觸不周之山，天柱折，地維絶。天傾西北，故日月星辰移焉；地不滿東南，故水潦塵埃歸焉。』『管蔡』，即周武王弟管叔鮮與蔡叔度的并稱。武王崩，成王幼，周公攝政，管蔡流言於國，謂『公將不利於孺子』，周公避居東都，後成王迎周公歸，管蔡懼，挾紂子武庚叛，成王命周公討伐，誅殺武庚與管叔鮮，流放蔡叔度，其亂終平。事見書 金縢及史記 管蔡世家。此处以管蔡比拟越王係與兖王僩。據舊唐書 越王係傳：『越王係，本名儋，肅宗第二子也。』又據舊唐書 兖王僩傳：『兖王僩，肅宗第六子。』故越王係與兖王僩均是代宗之弟，兩人也均參與張皇后廢立代宗之亂，因將兩人比爲管蔡。『廢于離宫』，指如下引資治通鑒所言『以太子之命遷（張）后於别殿』。『置於城潁』，乃用左傳鄭伯克段於鄢之故事。此文謂鄭伯之母姜氏偏愛鄭伯之弟『大叔』，以致『大叔』野心膨脹，不斷擴張地盤，『大叔完聚，繕甲兵，具卒乘，將襲鄭。夫人將啓之』。最後大叔敗，出奔共。鄭伯『遂置姜氏於城潁，而誓之曰：「不及黄泉，無相見也！」』本文即以『置於城潁』謂幽禁張后於『後宫』事。按，本

赦文上面一段文句所指之事，舊唐書代宗紀有所記載，云：『寶應元年四月，肅宗大漸，所幸張皇后無子，后懼上功高難制，陰引越王係於宮中，將圖廢立。乙丑，皇后矯詔召太子。中官李輔國、程元振素知之，乃勒兵於凌霄門，俟太子至，即衛從太子入飛龍厩以俟其變。是夕，勒兵於三殿，收捕越王係及內官朱光輝、馬英俊等禁錮之，幽皇后於別殿。丁卯，肅宗崩，元振等始迎上於九仙門，見群臣，行監國之禮。己巳，即皇帝位於柩前。』又資治通鑑卷二百二十二所載稍詳悉，云：『初，張后與李輔國相表裏，專權用事，晚年，更有隙。內射生使三原程元振黨於輔國。上疾篤，后召太子謂曰：「李輔國久典禁兵，制敕皆從之出，擅逼遷聖皇，其罪甚大，所忌者吾與太子。今主上彌留，輔國陰與程元振謀作亂，不可不誅。」太子泣曰：「陛下疾甚危，二人皆陛下勛舊之臣，一日不告而誅之，必致震驚，恐不能堪也。」后曰：「然則太子姑歸，吾更徐思之。」太子出，后召越王係謂曰：「太子仁弱，不能誅賊臣，汝能之乎？」對曰：「能。」係乃命內謁者監段恒俊選宦官有勇力者二百餘人，授甲於長生殿後。乙丑，后以上命召太子。元振知其謀，密告輔國，伏兵於陵霄門以俟之，太子至，以難告。太子曰：「必無是事。主上疾，亟召我，我豈可畏死而不赴乎！」元振曰：「社稷事大，太子必不可入。」乃以兵送太子於飛龍厩，且以甲卒守之。是夜，輔國、元振勒兵三殿，收捕越王係、段恒俊及知內侍省事朱光輝等百餘人，繫之。以太子

之命遷后於別殿。時上在長生殿，使者逼后下殿，并左右數十人幽於後宫，宦官宫人皆驚駭逃散。丁卯，上崩。輔國等殺后并係及兖王僴。是日，輔國始引太子素服於九仙門與宰相相見，叙上皇晏駕，拜哭，始行監國之令。戊辰，發大行皇帝喪於兩儀殿，宣遺詔。己巳，代宗即位。』

〔十三〕天衢雖泰，率土未康：『天衢』，此處指京都。漢張衡西京賦：『豈伊不虔思於天衢，豈伊不懷歸於枌榆。』劉良注：『天衢，洛陽也。』三國志吴書胡綜傳：『遠處河朔，天衢隔絶。』『率土』，『率土之濱』之省。謂境域之内。詩小雅北山：『率土之濱，莫非王臣。』王引之經義述聞毛詩中：『爾雅曰：「率，自也。自土之濱者，舉外以包内，猶言四海之内。」』漢班固明堂詩：『普天率土，各以其職。』

〔十四〕式協公卿之心，仰遵易月之命：『易月』，古喪禮，父母之喪，服喪三年，自漢文帝始以日易月，縮短喪期，謂之『易月』。晋書禮志中：『孝文權制三十六日之服，以日易月，道有污隆，禮不得全，皇太子亦宜割情除服。』唐韓愈順宗實録卷一：『今遵遺詔，行易月之制。』按，舊唐書代宗紀寶應元年五月載此兩句之史事云：『辛卯，制曰：「三年之喪，天下達禮，苟或變革，何以教人？朕遘此閔凶，攀號罔極，公卿固請，俾聽朝務，斬焉縗絰，痛貫心靈，豈可便議公除，遽移諒暗。昨見所司儀注，今月十三日大祥，十五日從吉。仰憑遺制，又欲抑予，竊惟哀

思，深謂未可。其百僚并以此釋服，朕將繼武丁之道，素冠之詩，恭默再周，不忍權奪。凡庶在位，宜悉哀懷。」宰臣苗晉卿等三上表請依遺制，方聽政。』

〔十五〕奉時斯在，先甲未孚，宜允人神，覃茲渙汗：『奉時』，遵循天時。三國魏嵇康幽憤詩：『古人有言，善莫近名，奉時恭默，咎悔不生。』南朝齊王儉褚淵碑文：『深達先天之運，匡贊奉時之業。』『甲』，此處蓋指用龜甲占卜。『先甲』，謂之前所占卜的預言，即上文所引舊唐書代宗紀所記『昨見所司儀注，今月十三日大祥，十五日從吉』之事。『未孚』，不算大信，不是至誠。左傳莊公十年：『公曰：「犧牲玉帛，弗敢加也。必以信。」對曰：「小信未孚，神弗福也。」』杜預注：『孚，大信也。』『渙汗』，周易注疏卷六：『九五，渙汗其大號，渙王居，無咎。』唐孔穎達疏：『九五處尊履正，在號令之中，能行號令，以散險厄者也。』此處渙汗，指大赦詔書，喻帝王發布號令，如汗出身，不能收回。

〔十六〕自寶應元年五月十九日昧爽已前：『五月十九日』，全唐文作『五月十七日』，誤，不取。又，『昧爽』，拂曉；黎明。書牧誓：『時甲子昧爽，武王朝至于商郊牧野。』

〔十七〕左降官并諸色流人：『左降官』，原作『在降官』，誤，今據册府元龜、四庫全書、全唐文、適園叢書、學林本改。『諸色流人』，原作『諸流人』，今據册府元龜、全唐文、適園叢

書、學林本增補。

〔十八〕逆賊史朝義已下：『史朝義』，傳見舊唐書卷二百上、新唐書卷二百二十五上。舊唐書本傳載：『朝義，思明孽子也。寬厚，人附之。使人往范陽，殺僞太子朝英等。僞留守張通儒覺之，戰於城中，數日，死者數千人，始斬之。時洛陽四面數百里，人相食，州縣爲墟。諸節度使皆祿山舊將，與思明等夷，朝義徵召不至。寶應元年十月……二十九日，與朝義戰于邙山之下，逆賊敗績……朝義走投汴州，汴州僞將張獻誠拒之，乃渡河北投幽州。二年正月，賊僞范陽節度李懷仙於莫州生擒之，送款來降，梟首至闕下。……思明乾元二年僭號，至朝義寶應元年滅，凡四年。』

〔十九〕亦不得信支證便結罪名：『支』有枝節一義。此處『支證』之意，蓋爲枝節之證據。

〔二十〕飛龍射生等：『飛龍』，此處特指唐代御厩中右膊印飛字、左項印龍形的馬。又，『射生』，即『射生手』，新唐書郭子儀傳：『敕射生五百騎執戟寵衛。』『射生手』，精於騎射的武士。資治通鑑唐玄宗天寶十四載：『祿山先遣將軍何千年、高邈將奚騎二十，聲言獻射生手，乘驛詣太原。』故此處『飛龍射生』，乃指當時騎飛龍厩中馬之擅長騎射的武士。

〔二十一〕刺史縣令入五品減兩考：此句原無『刺史』二字，今據册府元龜、四庫全書、全唐

文、適園叢書、學林本增補。

〔二十二〕太官饔膳等：『太官』，官名。秦有太官令、丞，屬少府。兩漢因之。掌皇帝膳食及燕享之事。北魏時太官掌百官之饌，屬光禄卿。北齊、隋、唐因之。宋代以後，皇帝膳食歸尚食局，太官祇掌祭物。參閱通典職官七。『饔膳』，意爲備辦膳食。漢書杜周傳：『親二宫之饔膳，致晨昏之定省。』顔師古注：『熟食曰饔，具食曰膳。膳之言善也。』

〔二十三〕天下百姓逋租懸調：『逋租』，猶欠租。東觀漢記光武紀：『嘗爲季父故春陵侯訟逋租於大司馬嚴尤。』唐柳宗元零陵三亭記：『逋租匿役，期月辨理。』『懸調』，指長期拖欠的賦税。周書武帝紀上：『降宥罪人，并免逋租懸調等，以皇女生故也。』周書武帝紀下：『逋租懸調，兵役殘功，并宜蠲免。』

〔二十四〕開元、乾元等錢：按『開元錢』亦稱『開元通寶』，古錢幣名。唐高祖武德四年開始鑄造。幣面有『開元通寶』四字，俗多迴環讀作『開通元寶』。開元義爲開創新紀元，非指年號。舊唐書食貨志上：『武德四年七月，廢五銖錢，行開元通寶錢，徑八分，重二銖四絫，積十文重一兩……初，開元錢之文，給事中歐陽詢制詞及書，時稱其工。其字含八分及隸體，其詞先上後下，次左後右讀之。自上及左迴環讀之，其義亦通，流俗謂之開通元寶錢。』『乾元錢』

即『乾元重寶』，乃唐代錢幣。唐肅宗李亨乾元元年始鑄。『乾元重寶』四字隸書直讀，初鑄輪廓深峻，後期較爲輕小。乾元重寶初以一當開元通寶十，兩錢并行。第二年又鑄『重輪乾元重寶』，又叫『重棱錢』，一當開元錢五十文。肅宗上元元年規定舊開元錢與乾元錢都當十文用，重棱錢當三十文。代宗寶應元年改重輪錢與普通乾元錢爲一當三（即當開元錢三），乾元小錢一當二。三天後又改爲一律一當一，於是私鑄又轉爲私溶，每千個乾元錢可得銅二十斤，可改鑄開元錢三千多文，獲利三倍多。

〔二十五〕益昌郡王邈進封鄭王，延慶郡王迥進封韓王：『益昌郡王邈』即李邈，傳見舊唐書卷一百一十六、新唐書卷八十二。舊唐書本傳云：『昭靖太子邈，代宗第二子。寶應元年，封鄭王。大曆初，代皇太子爲天下兵馬元帥。王好讀書，以儒行聞。大曆九年薨，廢朝三日，由是罷元帥之職。上惜其才早夭，册贈昭靖太子，葬於萬年縣界。』『延慶郡王迥』即李迥。傳見舊唐書卷一百一十六、新唐書卷八十二。舊唐書本傳云：『韓王迥，代宗第七子。以母寵，既生而受封，雖沖幼，恩在鄭王之亞。寶應元年，封韓王。貞元十二年薨，時年四十七。』

〔二十六〕故庶人皇后王氏、故庶人太子瑛、鄂王瑶、光王琚，宜并復封號：『宜并復封號』，原作『宜并復封』，今據册府元龜、全唐文、適園叢書、學林本增補。『庶人皇后王

氏』，傳見舊唐書卷五十一、新唐書卷七十六。舊唐書本傳云：『玄宗廢后王氏，同州下邽人，梁冀州刺史神念之後。上爲臨淄王時，納后爲妃。上將起事，頗預密謀，贊成大業。先天元年，爲皇后，以父仁皎爲太僕卿，累加開府儀同三司、邠國公。后兄守一以后無子，常懼有廢立，導以符厭之事。有左道僧明悟爲祭南北斗，刻霹靂木書天地字及上諱，合而佩之，且祝曰：「佩此有子，當與則天皇后爲比。」事發，上親究之，皆驗。開元十二年秋七月己卯，下制曰：「皇后王氏，天命不祐，華而不實。造起獄訟，朋扇朝廷，見無將之心，有可諱之惡。焉得敬承宗廟，母儀天下，可廢爲庶人，別院安置。刑于家室，有愧昔王，爲國大計，蓋非獲已。」守一賜死。其年十月，庶人卒，以一品禮葬於無相寺。寶應元年，雪免，復尊爲皇后。』『故庶人太子瑛』，即李瑛，傳見舊唐書卷一百七、新唐書卷八十二。舊唐書本傳云：『廢太子瑛，玄宗第二子也，本名嗣謙。景雲元年九月，封真定郡王。先天元年八月，進封郢王。開元三年正月，立爲皇太子。七年正月，加元服。其年，玄宗又令太子詣國子學行齒胄之禮，仍敕右散騎常侍褚無量升筵講論，學官及文武百官節級加賜。十三年，改名鴻，納妃薛氏，禮畢，曲赦京城之内，侍講潘肅等并加級改職，中書令蕭嵩親迎，特封徐國公。二十五年七月，改名瑛。……其年，駕幸西京，以李林甫代張九齡爲中書令，希惠妃之旨，托意於中貴人，揚壽王瑁之美，惠妃深德之。二十五年四月，楊洄又構於

惠妃，言瑛兄弟三人與太子妃兄駙馬薛鏽常構異謀。玄宗遽召宰相籌之，林甫曰：「此蓋陛下家事，臣不合參知。」玄宗意乃決矣。使中官宣詔於宮中，并廢爲庶人，鏽配流，俄賜死於城東驛。天下之人不見其過，咸惜之。其年，武惠妃數見三庶人爲祟，怖而成疾，巫者祈請彌月，不痊而殞。……寶應元年，詔雪瑤、瑛、琚之罪，贈瑛爲皇太子，瑤、琚復贈爲王。』『鄂王瑤』，即李瑤，傳見舊唐書卷一百七、新唐書卷八十二。舊唐書本傳云：『鄂王瑤，玄宗第五子也，初名嗣初。開元二年五月，封爲鄂王。十二年，改名涓，遥領幽州都督、河北道節度大使。二十一年四月，加太子太保，兼幽州都督，餘如故。二十三年，改名瑤。二十五年，得罪廢。寶應元年五月追復。』『光王琚』，即李琚，傳見舊唐書卷一百七、新唐書卷八十二。舊唐書本傳云：『光王琚，玄宗第八子也。開元十二年，封爲光王。十五年，遥領廣州都督、五府經略大使。二十三年七月，光王琚、儀王濰、潁王澐、壽王清、延王泅、盛王沐、信王滔、義王漼等十王，并授開府儀同三司；皇子珪封爲陳王，澄封爲翌王，潓封爲恒王，滔封爲汴王。陳王已下第四王，幼未授官，并置府官僚屬。其日，光、儀等十人同於東宮尚書省上，詔宰臣及文武百僚送，儀注甚盛。俄除十五王府元僚，并未有府幕，同於禮院上，亦無精選。其時，琚兼廣州都督，餘如故。琚與鄂王瑤，皇子中有學尚才識，同居内宅，最相愛狎。琚有才力，善騎射。初封甚善，玄宗愛之。以母見

疏薄，嘗有怨言，爲人所構得罪，人用憐之。寶應元年五月，追復官爵。無子。』

〔二十七〕棣王琰，永王璘：『棣王琰』，即李琰，傳見舊唐書卷一百七、新唐書卷八十二。舊唐書本傳云：『棣王琰，玄宗第四子也，初名嗣真。開元二年十二月，封爲鄫王。十二年三月，改封棣王，仍改名洽。十五年，遥領太原牧、太原已北諸軍節度大使。二十二年，加太子太傅，餘如故。二十四年，改名琰。天寶元年六月，遥領兼武威郡都督、河西隴右經略節度大使。先是，琰妃韋氏有過，琰怒之，不敢奏聞，乃斥於別室。寵二孺人，孺人又不相協。至十一載，孺人乃密求巫者，書符置於琰履中以求媚。琰與監院中官有隙，中官聞其事，密奏於玄宗，云琰厭魅聖躬；玄宗使人掩其履而獲之。玄宗大怒，引琰詰責之。琰頓首謝曰：「臣之罪合死矣，請一言以就鼎鑊。然臣與新婦，情義絶者，二年于兹，臣有二孺人，又皆争長。臣實不知有符，恐此三人所爲也。惟三哥辯其罪人。」及推問之，竟孺人也。玄宗猶疑琰知情，怒未解，太子已下皆爲請，命囚於鷹狗坊中，絶朝請，憂懼而死。……寶應元年五月，代宗即位，捨琰罪，贈其王位。』『永王璘』，即李璘，傳見舊唐書卷一百七、新唐書卷八十二。舊唐書本傳云：『永王璘，玄宗第十六子也。母曰郭順儀，劍南節度尚書虚己之妹。璘數歲失母，肅宗收養，夜自抱眠之。少聰敏好學，貌陋，視物不正。開元十三年三月，封爲永王。十五年五月，遥領荆州大

都督。二十年七月，加開府儀同三司，改名璘。天寶十四載十一月，安禄山反范陽。十五載六月，玄宗幸蜀，至漢中郡，下詔以璘爲山南東路及嶺南、黔中、江南西路四道節度采訪等使，江陵郡大都督，餘如故。璘七月至襄陽，九月至江陵，召募士將數萬人，恣情補署，江淮租賦，山積於江陵，破用鉅億。以薛鏐、李臺卿、蔡坰爲謀主，因有異志。肅宗聞之，詔令歸覲于蜀，璘不從命。十二月，擅領舟師東下，甲仗五千人趨廣陵，以季廣琛、渾惟明、高仙琦爲將。璘生於宮中，不更人事……璘雖有窺江左之心，而未露其事。吴郡采訪使李希言乃平牒璘，大署其名，璘遂激怒，牒報曰：「寡人上皇天屬，皇帝友于，地尊侯王，禮絶僚品，簡書來往，應有常儀，今乃平牒抗威，落筆署字，漢儀隳紊，一至於斯！」乃使渾惟明取希言，季廣琛趣廣陵攻采訪李成式。璘進至當塗，希言在丹陽，令元景曜、閻敬之等以兵拒之，身走吴郡，李成式使將李承慶拒之。先是，肅宗以璘不受命，先使中官啖廷瑶、段喬福招討之。』後李璘兵敗，『高仙琦等四騎與璘南奔，至鄱陽郡，司馬陶備閉城拒之。璘怒，命焚其城。至餘干，及大庾嶺，將南投嶺外，爲江西采訪使皇甫侁下防禦兵所擒，因中矢而薨。……肅宗以璘愛弟，隱而不言』。

〔二十八〕及應安禄山詿誤反狀人等：此句原無『人』字，今據册府元龜、全唐文、適園叢書、學林本增補。『詿誤』，即貽誤；連累。戰國策韓策一：『夫不顧社稷之長利，而聽須臾之

説，詿誤人主者，無過於此者矣。』漢書息夫躬傳：『昔秦繆公不從百里奚、蹇叔之言，以敗其師，悔過自責，疾詿誤之臣，思黄髮之言，名垂於後世。』『反狀』，謀反的情況。新唐書李峴傳：『楊國忠使客騫昂、何盈擿安禄山陰事，諷京兆捕其第，得安岱、李方來等與禄山反狀，縊殺之。』『反狀人』即參與謀反者。

〔二十九〕建昌王追封爲齊王：『建昌王』，原作『益昌王』，今據舊唐書代宗紀、册府元龜、全唐文、適園叢書、學林本改。『追封爲齊王』，原作『追封齊王』，今據册府元龜、全唐文增補。按，『建昌王』即李倓，傳見舊唐書卷一百一十六、新唐書卷八十二。舊唐書本傳云：『承天皇帝倓，肅宗第三子也。天寶中，封建寧郡王，授太常卿同正員。英毅有才略，善射。禄山之亂，玄宗幸蜀，倓兄弟典親兵扈從。車駕渡渭，百姓遮道，乞留太子……太子既北上，渡渭，一日百戰。倓自選驍騎數百衛從，每蒼黄顛沛之際，血戰在前。太子或過時不得食，倓涕泗不自勝，上尤憐之，軍士屬目歸於倓。至靈武，太子即帝位。廣平既爲元子，欲以倓爲天下兵馬元帥。侍臣曰：「廣平王冢嗣，有君人之量。」上曰：「廣平地當儲貳，何假更爲元帥？」左右曰：「廣平今未册立，艱難時人尤屬望於元帥。況太子從曰撫軍，守曰監國。今之元帥，撫軍也，廣平爲宜。」遂以廣平爲元帥，倓典親軍，李輔國爲元帥府司馬。時張良娣有寵，倓性忠

賽，因侍上屢言良娣頗自恣，輔國連結内外，欲傾動皇嗣。自是，日爲良娣、輔國所構，云：「建寧恨不得兵權，頗畜異志。」肅宗怒，賜倓死。既而省悟，悔之。明年冬，廣平王收復兩京，遣判官李泌入朝獻捷。泌與上有東宫之舊，從容語及建寧事，肅宗改容謂泌曰：「倓於艱難時實得氣力，無故爲下人之所間，欲圖害其兄，朕以社稷大計，割愛而爲之所也。」……及代宗即位，深思建寧之冤，追贈齊王。』

〔三十〕崇恩王追封爲衛王：此句中『爲』字原無，今據册府元龜、全唐文增補。按，『衛王』即李佖，傳見舊唐書卷一百一十六、新唐書卷八十二。舊唐書本傳云：『衛王佖，肅宗第四子。天寶中，封西平郡王，授殿中監同正員。早薨。寶應元年五月，追贈衛王。』

〔三十一〕靈昌王追封爲鄆王：此句原無『爲』字，今據册府元龜、全唐文增補。『鄆王』即李榮，傳見舊唐書卷一百一十六、新唐書卷八十二。舊唐書本傳云：『鄆王榮，肅宗第八子。天寶中，封靈昌郡王。早世。寶應元年五月，追贈鄆王。』

〔三十二〕投匭者不須勘以停處姓名：『投匭』，亦作『投匱』。唐武則天時鑄製銅匭四個，列置於朝堂上，受納上書。後以『投匭』謂臣民向皇帝上書。唐陳子昂臨邛縣令封君遺愛碑：『千餘人復連表詣闕投匭，乞君以墨縗從事。』宋陸游老學庵筆記卷二：『（徐璧）嘗作書萬

言，欲投匭，極言時政，無所諱避。』「停」，此處意爲留居；居住。南史侯安都傳：『尋起復本官，贈其父散騎常侍、金紫光禄大夫，拜其母爲清遠國太夫人，仍迎赴都。。母固求停鄉里。』唐韓愈答張徹詩：『浚郊避兵亂，睢岸連門停。』王伯大音釋：『按：停，猶居也。』「停處」，此處指居住處所。

順宗即位赦（一）

朕纂承天序，嗣守鴻業（二），以不敏不明（三），托于萬國兆人之上。永惟高祖太宗，肇造區夏（四），列聖休德，洽于人心。肆惟寡昧，膺受多福。大懼不克負荷，爲宗廟羞，若涉大川（五），罔知攸濟。思與群公卿士方伯連帥，祇若丕訓，惟懷永圖，內熙庶績，外弘至化（六），以弼予理，臻于大中（七）。俾懷生之類，各遂其性，咸得自新，導迎休和，蕩滌瑕累（八），可大赦天下。自貞元二十一年二月二十四日昧爽已前，大辟罪已下，罪無輕重，已發覺，未發覺，已結正，未結正，繫囚見徒，常赦所不原者，咸赦除之。左降官量移近處（九）。如復資者，任依常調赴選（十）。如有親故在上都，任於所

司陳狀，便與處分。別敕因責授降資正員官者（十一），亦與追改（十二）。亡官失爵，放歸不齒者（十三），量加收叙，流人放還。僧尼道士移隸者，罪人已亡殁，家口未許歸者，一切放歸。如自情願住者，勿抑令歸。如先有敕云縱逢恩赦不在放還限者，及別敕安置者，并宜放還。其安置之人五品已上奏待進止（十四），左降官及流人亡殁有官者，各還本官。今日已前，痕累禁錮（十五），及反逆緣坐者，一切并與洗滌。應緣山陵制度，及喪儀禮物，博詢可否，務遵禮度，必誠必信，副朕衷懷（十六）。橋道置頓（十七），并以内庫錢充。諸有費用，先給工價，仍以見錢，更不折物，不得輒令科配（十八）。天下百姓，應欠貞元二十一年二月三十日已前榷酒及兩税錢物（十九），諸色逋懸（二十），一物已上，一切放免。京畿諸縣，一應今年秋夏青苗錢，并宜放免。天下諸州府，應須夫役車牛驢馬脚價之類（二十一），并以兩税錢自備（二十二），不得别有科配，仍并依兩税元敕處分，仍永爲恒式，不得擅有諸色榷税（二十三）。常貢外，不得别進錢物（二十四），金銀器皿，奇綾異錦，雕文刻鏤之類，若已發在路者，并納左藏庫（二十五）。清净者理國之本，恭儉者修己之端。朕臨御萬邦（二十六），方弘此道，苟可濟物，予何愛焉。宫掖之中，宜先省約，其後宫細人子弟音聲人等（二十七），并宜放歸親族。應緣宫市，并出正文帖，仍依時價買賣，不

得侵擾百姓。所緣宮中要奶母并取食糧户充税（二十八），不得科配寺觀。諸軍先擒吐蕃生口，配在諸處者，宜資給放還本國（二十九）。天下官吏應行鞭捶，本罪不至死者，假以責情，致令殞斃。每念於此（三十），良增惻然，宜切加察訪。内外文武見任及致仕官，并諸道將士等，賜爵加階賜勛有差。二王、三恪、褒聖侯各與一子官（三十一）。大長公主、嗣王等各與一子官及出身有差（三十二），宗子中有才用者，委宗正卿以名聞，量才叙用。皇五等已上親，賜爵加階有差。陪位者（三十三），年十五已上，并放出身。武德以來，配饗功臣及張巡、許遠、南霽雲、顏杲卿、顏真卿等子孫中（三十四），各與一人正員官。故尚父子儀、贈太師晟、太尉秀實子孫中各與一人正員五品官（三十五）。及諸州府長官，及京常參官，父見在未有官者，并與五品致仕官及階（三十六）。父殁母存者與邑號，父母亡殁，量與追贈。陝州元從寶應功臣（三十七），與興元元從奉天定難功臣（三十八），賜爵勛有差，亡殁者與追贈。中書門下、節度使、東都留守、度支鹽鐵等使、京兆尹、觀察招討等使，及神策神威金吾六軍將軍大將軍、英武威遠鎮國軍使、隴右經略軍使、節度留後，各與一子官有差。其神策神威六軍將軍大將軍（三十九）、英武軍等使，并與加官。神策神威六軍、英武威遠營左右金吾，及皇城將士，及緣御樓立仗將士等，賜物及爵階

有差。應東宫官及侍讀侍書教授（四十），在正月二十六日以前者，國哀已來（四十一），職掌行事及册命官受顧命撰制誥及修册文并寫制詔官等（四十二），賜爵加階勛進改有差。蕃客等共賜物一千八百七十匹。義武軍節度使下官健在城立仗共賜物三千八百四十五匹（四十三）。立仗將士等，量加改轉。内侍省及内坊官正、諸道進奏院及奏事官，賜爵勛階有差（四十四）。内外五品已上文官及臺省常參官，宜至四考滿與改轉，中外遞遷，量才叙用。其中政績尤異須甄升者，不在此限。常參官及諸州刺史，有先得替，及假百日經喪去官，未授官者，并即與進擬。百司及在城諸使息利本錢（四十五），徵放多年，積成深弊，内外官料錢職田等厚薄不均（四十六），兩税及諸色榷税錢物重輕須有損益，并宜委中書門下與所司商量，具利害條件以聞，不得擅有閉糴禁錢（四十七），務令通濟。諸色人中，有才識兼茂明於體用者、經術精深可爲師法者、達於吏理可使從政者，宜委常參官各舉所知（四十八）。其在外者，長吏宜精加訪擇（四十九），具以名聞，仍優禮發遣。朕當詢事考言，審其才實，如無人論薦者，即任自詣闕應（五十）。内外官及諸色人任上封事（五十一），極言時政得失，才有可觀者（五十二），别當甄獎。百姓九十以上，版授及賜各有差，仍令官吏就家存問。順孫孝子，義夫節婦，旌表門閭，重加優恤。

校箋

（一）按此文又見於册府元龜卷八十九帝王部赦宥第八。全唐文卷五十五亦録，文題名即位赦文，署名唐順宗。本文文末原未標明頒布時間。考册府元龜，文首『順宗以貞元二十一年正月即位，二月甲子御丹鳳門大赦天下。制曰：朕纂承天序，嗣守鴻業』云云，所頒布即此文。又考舊唐書卷十四順宗紀載：『順宗至德大聖大安孝丘帝諱誦，德宗長子……貞元二十一年正月癸巳，德宗崩，丙申，即位於太極殿。……二月辛丑朔。……甲子，御丹鳳樓，大赦天下。』新唐書卷七順宗紀亦載：『順宗至德弘道大聖大安孝皇帝諱誦，德宗長子也。……貞元二十年，太子病風且瘖。二十一年正月，不能朝。……癸巳，德宗崩。丙申，即皇帝位於太極殿。二月……甲子，大赦。』又，資治通鑑卷二百三十六永貞元年二月亦記：『甲子，上御丹鳳門，赦天下，諸色逋負，一切蠲免，常貢之外，悉罷進奉。貞元之末政事爲人患者，如宮市，五坊小兒之類，悉罷之。』據上引諸史籍所載，唐順宗此次即位大赦乃在貞元二十一年（即永貞元年）二月甲子。檢是年二月辛丑朔，二月甲子乃二月二十四日。此與此赦文所言『自貞元二十一年二月二十四日昧

爽已前，大辟罪已下，罪無輕重』云云之時日合。則此赦文乃頒布於貞元二十一年（八〇五）二月二十四日，其撰寫時間當在是時稍前。

〔二〕朕纂承天序，嗣守鴻業：『纂承』，即繼承。後漢書樂恢傳：『陛下富於春秋，纂承大業。』唐劉禹錫唐故相國李公集紀：『後王纂承，多以國柄付文士。』『天序』，帝王的世系。漢武帝元狩六年封齊王策：『朕承天序，惟稽古建爾國家，封於東土，世爲漢藩輔。』漢書成帝紀：『定陶王欣於朕爲子，慈仁孝順，可以承天序，繼祭祀。其立欣爲皇太子。』『嗣守』，繼承并遵守和保持。晉書慕容超載記：『今陛下嗣守社稷，不宜以私親之故而降統天之尊。』唐韓愈順宗實録卷一：『朕嗣守洪業，敷弘理道。』『鴻業』，大業。此處指王業。漢書成帝紀：『朕承太祖鴻業，奉宗廟二十五年。』唐玄宗并州置北都制：『守宗社之大寶，恢中原之鴻業。』

〔三〕以不敏不明：此句册府元龜作『以不明不敏』。

〔四〕肇造區夏：『肇造』，册府元龜作『肇啓』。『肇造』，謂始建。書康誥：『惟乃丕顯考文王，克明德慎罰；不敢侮鰥寡，庸庸，祗祗，威威，顯民。用肇造我區夏，越我一二邦以修我西土。』資治通鑒唐太宗貞觀二十二年：『顧我弘濟蒼生，其益多；肇造區夏，其功大。』『區夏』，諸夏之地，指華夏、中國。書康誥：『用肇造我區夏。』孔傳：『始爲政於我區域諸夏。』

唐賈至燕歌行：『我唐區夏餘十紀，軍容武備赫萬祀。』

〔五〕若涉大川：原作『若涉大水』，今據册府元龜、四庫全書、全唐文、適園叢書、學林本改。

〔六〕祗若丕訓，惟懷永圖，内熙庶績，外弘至化：『祗若』，敬順。書説命上：『疇敢不祗若王之休命。』孔傳：『言王如此，誰敢不敬順王之美命而諫者乎？』『丕訓』，重大的訓導。書君陳：『爾惟弘周公丕訓。』孔傳：『當闡大周公之大訓。』唐韓愈順宗實録卷三：『朕奉若丕訓，憲章前式。』『永圖』，長久之計；長久打算。書太甲上：『慎乃儉德，惟懷永圖。』孔傳：『言當以儉爲德，思長世之謀。』南朝齊王融永明九年策秀才文：『朕夤奉天命，恭惟永圖。』『熙』，興盛；興起。書堯典：『允厘百工，庶績咸熙。』孫星衍疏：『「庶績咸熙」，史遷作「衆功皆興」。』唐李德裕幽州紀聖功碑銘：『熙我文典，焕乎光明。』『庶績』，各種事業。書堯典：『允厘百工，庶績咸熙。』孔傳：『績，功也；言衆功皆廣。』舊唐書薛登傳：『故堯資八元而庶績其理，周任十亂而天下和平。』『至化』，極美好的教化。後漢書仲長統傳：『今欲張太平之紀綱，立至化之基趾。』晉書阮种傳：『旁求俊乂，以輔至化，此誠堯、舜之用心也。』

〔七〕臻于大中：『大中』，易大有：『大有，柔得尊位大中，而上下應之，曰大有。』王弼注：『處尊以柔，居中以大。』高亨注：『象大臣處於尊貴之位，守大正之道。』後以『大中』指無過與不及的中正之道。漢書孔光傳：『皇之不極，是爲大中不立。』

〔八〕導迎休和，蕩滌瑕累：『休和』，安定和平。左傳襄公九年：『若能休和，遠人將至。』南朝齊王融三月三日曲水詩序：『用能免群生於湯火，納百姓於休和。』張銑注：『休和，謂禍亂已平，兵戈不用，故致之使休息和平也。』『瑕累』，瑕釁，禍患。晉葛洪抱朴子審舉：『乃共構合虛誣，中傷清德，瑕累橫生，莫敢救拔。』

〔九〕量移近處：『量移』，多指官吏因罪遠謫，遇赦酌情調遷近處任職。唐白居易自題詩：『一旦失恩先左降，三年隨例未量移。』舊唐書玄宗紀上：『大赦天下，左降官量移近處。』

〔十〕如復資者，任依常調赴選：『任依常調赴選』，原作『任依常調選』，今據册府元龜、全唐文改。『復資』，指恢復官禄。『常調』，指按常規遷選官吏。唐高適宋中遇劉書記有別詩：『幾載困常調，一朝時運催。』清薛福成代李伯相日本某居士集序：『仕宦不逾常調，計典不入上考。』

〔十一〕別敕因責授降資正員官者：『別敕』，原作『分別敕』，今據册府元龜、四庫

全書、全唐文、適園叢書等本改。『因責』，原無『因』字，今據册府元龜、全唐文增補。又，『授』字原無，今據册府元龜、全唐文、適園叢書增補。

〔十二〕亦與追改：『追改』，原作『進改』，今據四庫全書、全唐文、適園叢書、學林本改。

〔十三〕亡官失爵，放歸不齒者：『放歸不齒者』，原作『放歸不齒』，今據册府元龜、四庫全書、全唐文增補。『不齒』，此處意同『勿齒』，即不録用。舊唐書玄宗紀上：『三月戊申，詔自今内外官有犯贓至解免已上，縱逢赦免，并終身勿齒。』資治通鑑唐玄宗開元二年：『涪州刺史周利貞等十三人，皆天后時酷吏，比周興等情狀差輕，宜放歸草澤，終身勿齒。』

〔十四〕其安置之人五品已上奏待進止：『其安置之人』，原無『人』字，今據册府元龜增補。『五品已上奏待進止』，原無『奏』字，今據四庫全書、全唐文增補。『進止』，意旨；命令。北齊書文苑傳顔之推：『帝時有取索，恒令中使傳旨，之推禀承宣告，館中皆受進止。』唐温大雅大唐創業起居注卷一：『突厥之報帝書也，謂使人曰：「唐公若從我語，即宜急報，我遣大達官往取進止。」』

〔十五〕痕累禁錮：『痕累』，謂因事牽連而受累。唐元稹上門下裴相公書：『閣下若能蕩滌痕累，洞開嫌疑。』唐陸贄奉天改元大赦制：『應先有痕累禁錮及反逆緣坐承前恩赦所不該

者，并宜洗雪。』

（十六）副朕衷懷：此句原作『副朕哀懷』，今據册府元龜、四庫全書、適園叢書改。

（十七）橋道置頓：『置頓』，設置安頓的處所。陳書魯悉達傳：『悉達分給糧廪，其所濟活者甚衆，仍於新蔡置頓以居之。』隋書煬帝紀下：『每之一所，輒數道置頓，四海珍羞殊味，水陸必備焉。』

（十八）更不折物，不得輒令科配：『更不折物』，四庫全書作『及不折物』。『科配』，謂官府攤派正項賦税外的臨時加税。舊唐書裴耀卿傳：『車駕東巡，州當大路，道里綿長，而户口寡弱，耀卿躬自條理，科配得所。』舊五代史梁書太祖紀四：『所在長吏放雜差役，兩税外不得妄有科配。』

（十九）榷酒及兩税錢物：『榷酒』即榷酤。唐元稹中書省議賦税及鑄錢等狀：『中書門下奏：據楊於陵等議狀，請天下兩税、榷酒、鹽利等，悉以布帛絲綿等物充税，一切不徵見錢者。』清方苞周官辨僞一：『莽立山澤、六筦、榷酒、鑄器，税衆物以窮工商。』

（二十）諸色逋懸：『逋懸』即拖欠。後漢書劉虞傳：『後車騎將軍張温討賊邊章等，發幽州烏桓三千突騎，而牢禀（廪）逋懸，皆畔還本國。』魏書辛雄傳：『將發，請事五條。一言逋懸租

調，宜悉不徵。』

〔二十一〕應須夫役車牛驢馬脚價之類：『脚價』，即搬運費。唐陸贄冬至大禮大赦制：『如山路險阻，車乘難通，仍召貧人，令其般運，以米充脚價。』明李東陽西北備邊事宜狀：『惟糴糴之間稍加調停，脚價之耗，別爲計處。』

〔二十二〕并以兩税錢自備：『兩税錢』，原作『兩税』，今據册府元龜、四庫全書、適園叢書、明鈔本、甲庫本、學林本增補。

〔二十三〕仍并依兩税元敕處分，仍永爲恒式，不得擅有諸色榷税：『仍并依兩税』，原作『仍并以兩税』，今據册府元龜、全唐文、適園叢書、明鈔本改。『榷税』，謂徵税。明張居正贈水部周漢浦榷竣還朝序：『荆州榷税，視他處最少。』清周亮工壽汪生伯六十序：『細民千里貿易，利止錙銖，比加榷税，苦不聊生。』

〔二十四〕不得別進錢物：『錢物』，原作『物錢』，今據册府元龜、四庫全書、適園叢書、學林本改。

〔二十五〕并納左藏庫：『左藏庫』，古代國庫之一，以其在左方，故稱左藏。唐代左藏掌錢帛、雜彩、天下賦調。宋高承事物紀原東西使班左藏：『通典曰：漢有中藏。晋有左右藏……唐

有左藏庫。百官志曰：左藏，晋始有之也。』

〔二十六〕朕臨御萬邦：『萬邦』，四庫全書作『萬方』。

〔二十七〕其後宫細人子弟音聲人等：『後宫細人』，册府元龜無『細人』二字。『子弟』，册府元龜、四庫全書作『弟子』。『細人』，指青年侍女。宋李廌師友談記：『宰相王文正公不邇聲色，素無後房姬媵。上乃曰：「朕賜旦細人二十，卿等分爲教之，俟藝成，皆送旦家。」』『音聲人』，唐代對官府樂人的總稱。新唐書 禮樂志十二：『唐之盛時，凡樂人、音聲人、太常雜户子弟隸太常及鼓吹署，皆番上，總號音聲人，至數萬人。』宋葉廷珪海録碎事 音樂：『唐每歲閲司農户容儀端正者歸太樂，與前代樂户，總名音聲人。』

〔二十八〕所緣宫中要奶母并取食糧户充税：『所緣宫中』，原作『所緣諸宫』，今據册府元龜、全唐文改。

〔二十九〕宜資給放還本國：此句中原無『放』字，今據册府元龜、全唐文增補。

〔三十〕每念於此：四庫全書作『每念及此』，全唐文作『每念致此』。

〔三十一〕二王、三恪、褒聖侯各與一子官：『三恪』，周朝新立，封前代三王朝的子孫，給以王侯名號，稱三恪，以示敬重。周封三朝説法有二。一説封虞、夏、商之後於陳、杞、宋。

左傳 襄公二十五年：『昔虞閼父爲周陶正，以服事我先王。我先王賴其利器用也，與其神明之後也，庸以元女大姬配胡公，而封諸陳，以備三恪。』杜預注：『周得天下，封夏、殷二王後，又封舜後，謂之恪，并二王後爲一國。其禮轉降，示敬而已，故曰三恪。』一說封黄帝、堯、舜之後於薊、祝、陳。詩 陳風譜唐孔穎達疏：『案樂記云：「武王未及下車，封黄帝之後於薊，封帝堯之後於祝，封帝舜之後於陳；下車乃封夏后氏之後於杞，投殷之後於宋。」則陳與薊、祝共爲三恪，杞、宋別爲二王之後矣。』又，『褒聖侯』，唐武德九年封贈孔子後代的爵號。唐高適魯西至東平詩：『寥落千載後，空傳褒聖侯。』新唐書 禮樂志五：『（武德）九年封孔子之後爲褒聖侯。』

〔三十二〕大長公主、嗣王等各與一子官及出身有差：『大長公主』，漢制，皇帝之姑稱大長公主。後爲帝姑的封號。舊唐書 職官志二：『凡外命婦之制，皇之姑，封大長公主，皇姊妹，封長公主，皇女，封公主，皆視正一品。』史記 衛將軍驃騎列傳：『皇后，堂邑大長公主女也。』張守節正義引文穎云：『陳皇后，武帝姑女也。』新唐書 同安公主傳：『同安公主，高祖同母媦也。下嫁隋州刺史王裕。貞觀時，以屬尊進大長公主。』此處所謂大長公主乃指唐順宗之姑，唐德宗之女。據新唐書卷八十三所載，德宗十一女乃韓國貞穆公主、魏國憲穆公主、鄭國莊穆公主、臨真

公主、永陽公主、普寧公主、文安公主、燕國襄穆公主、義川公主、宜都公主、晋平公主。『嗣王』，指繼位之王。書伊訓：『伊尹祠于先王，奉嗣王祇見厥祖。』禮記曲禮下：『踐阼，臨祭祀，内事曰孝王某，外事曰嗣王某。』孔穎達疏：『云嗣王某，言此王繼嗣前王而立也。』本文之嗣王指將繼位之唐憲宗。

〔三十三〕陪位者：『陪位』，陪席，陪同。史記滑稽列傳：『齊趙陪位於前，韓魏翼衛其後。』三國志魏書高貴鄉公髦傳：『其日即皇帝位於太極前殿，百僚陪位者欣欣焉。』

〔三十四〕配饗功臣及張巡、許遠、南霽雲、顏杲卿、顏真卿等子孫中：『配饗功臣及張巡』句，原無『及』字，今據册府元龜、全唐文、適園叢書、明鈔本、學林本增補。『配饗』亦作『配享』。意爲合祭；祔祀。指功臣祔祀於帝王宗廟。三國志魏書齊王芳傳『詔祀故尚書令荀攸於太祖廟庭』南朝宋裴松之注：『臣松之以爲故魏氏配饗不及荀彧，蓋以其末年異議，又位非魏臣故也。』宋高承事物紀原禮祭郊祀配饗：『功臣配饗之禮，由商人始也。』『張巡』，傳見舊唐書卷一百八十七下、新唐書卷一百九十二。舊唐書本傳云：『張巡，蒲州河東人。……巡聰悟有才幹，舉進士，三以書判拔萃入等。天寶中，調授清河令。有能名，重義尚氣節，人以危窘告者，必傾財以恤之。禄山之亂，巡爲真源令。……巡與單父尉賈賁各召募豪杰，同爲義舉。時雍

丘令令狐潮欲以其城降賊，民吏百餘人不從命，潮皆反接，僕之于地，將斬之。會賊來攻城，潮遽出門，而反接者自解其縛，閉城門拒潮召賁。賁與巡引衆入雍丘，殺潮妻子，嬰城守備。……數日，賊來攻城，賁出門而死，巡乃合賁之衆城守。令狐潮引賊將李廷望攻圍累月，賊傷夷大半。禄山乃於雍丘北置杞州，築城壘以絶餉路，自是内外隔絶。又相持累月，賊鋒轉熾，城中益困。……巡以雍丘小邑，儲備不足，大寇臨之，必難保守，乃列卒結陣詐降，至德二年正月也。玄宗聞而壯之，授巡主客郎中、兼御史中丞。尹子奇攻圍既久，城中糧盡，易子而食，析骸而爨，人心危恐，慮將有變。巡乃出其妾，對三軍殺之，以饗軍士。……將士皆泣下，不忍食，巡强令食之。……十月，城陷。巡與姚誾、南霽雲、許遠，皆爲賊所執。巡神氣慷慨，每與賊戰，大呼誓師，眥裂血流，齒牙皆碎。……及城陷，尹子奇謂巡曰：「聞君每戰眥裂，嚼齒皆碎，何至此耶？」巡曰：「吾欲氣吞逆賊，但力不遂耳！」子奇以大刀剔巡口，視其齒，存者不過三數。巡大罵曰：「我爲君父義死。爾附逆賊，犬彘也，安能久哉！」子奇義其言，將禮之，左右曰：「此人守義，必不爲我用。素得士心，不可久留。」是日，與姚誾、霽雲同被害，唯許遠執送洛陽。』

又，『許遠』，傳見舊唐書卷一百八十七下、新唐書卷一百九十二。舊唐書本傳云：『許遠者，杭州鹽官人也。世仕江右。……遠清幹，初從軍河西，爲磧西支度判官。章仇兼瓊鎮劍南，又辟

爲從事，慕其門，欲以子妻之，遠辭，兼瓊怒，積他事中傷，貶爲高要尉。後遇赦得還。禄山之亂，不次拔將帥，或薦遠素練戎事。玄宗召見，拜睢陽太守，累加侍御史、本州防禦使。及賊將尹子奇攻圍，遠與張巡、姚誾嬰城拒守經年，外救不至，兵糧俱盡而城陷。尹子奇執送洛陽，與哥舒翰、程千里，俱囚之客省。及安慶緒敗，渡河北走，使嚴莊皆害之。」『南霽雲』，傳見新唐書卷一百九十二。新唐書本傳云：『南霽雲者，魏州頓丘人。少微賤，爲人操舟。禄山反，鉅野尉張沼起兵討賊，拔以爲將。尚衡擊汴州賊李廷望，以爲先鋒。遣至睢陽，與張巡計事。退謂人曰：「張公開心待人，真吾所事也。」遂留巡所。巡固勸歸，不去。衡齎金帛迎，霽雲謝不受，乃事巡，巡厚加禮。始被圍，築臺募萬死一生者，數日無敢應。俄有喑嗚而來者，乃霽雲也。巡對泣下。霽雲善騎射，見賊百步内乃發，無不應弦斃。』又，『顔杲卿』，傳見舊唐書卷一百八十七下、新唐書卷一百九十二。舊唐書本傳云：『顔杲卿，琅邪臨沂人。……杲卿以廕受官，性剛直，有吏幹。開元中，爲魏州録事參軍，振舉綱目，政稱第一。天寶十四載，攝常山太守。時安禄山爲河北、河東采訪使，常山在其部内。其年十一月，禄山舉范陽之兵詣闕。十二月十二日，陷東都。杲卿忠誠感發，懼賊遂寇潼關，即危宗社。時從弟真卿爲平原太守，初聞禄山逆謀，陰養死士，招懷豪右，爲拒賊之計。至是遣使告杲卿，相與起義兵，掎角斷賊歸路，以紓西寇之勢。杲

卿乃與長史袁履謙、前真定令賈深、前内丘丞張通幽等，謀開土門以背之。時禄山遣蔣欽凑、高邈率衆五千守土門。杲卿欲誅欽凑，開土門之路。……杲卿遣吏召欽凑至郡計事。是月二十二日夜，欽凑至，舍之於傳舍。會飲既醉，令袁履謙與參軍馮虔、縣尉李栖默、手力翟萬德等殺欽凑。中夜，履謙以欽凑首見杲卿，相與垂泣，喜事交濟也。……杲卿遣子安平尉泉明及賈深、張通幽、翟萬德，函欽凑之首，械二賊，送於京師。……玄宗尋知杲卿之功，乃加衛尉卿、兼御史大夫，以袁履謙爲常山太守，賈深爲司馬。杲卿既斬賊將，收兵練卒，乃檄告河北郡縣，言朝廷以榮王爲河北兵馬大元帥，哥舒翰爲副，統衆三十萬，即出土門。郡縣聞之，皆殺賊守將，遠近響應，時十五郡皆爲國家所守。……十五年正月，思明攻常山郡。城中兵少，衆寡不敵……其月八日，城陷，杲卿、履謙爲賊所執，送於東都。……禄山見杲卿，面責之曰：「汝昨自范陽户曹，我奏爲判官，遂得光禄、太常二丞，便用汝攝常山太守，負汝何事而背我耶？」杲卿瞋目而報曰：「我世爲唐臣，常守忠義，縱受汝奏署，復合從汝反乎！……天子負汝何事而汝反耶？」禄山怒甚，令縛於中橋南頭從西第二柱，節解之，比至氣絶，大罵不息。……乾元元年五月，詔曰：「故衛尉卿兼御史中丞、恒州刺史顔杲卿，任彼専城，志梟狂虜，艱難之際，忠義在心。憤群凶而慷慨，臨大節而奮發，遂擒元惡，成此茂勛。屬胡虜憑陵，流毒方熾，孤城力屈，見陷寇

讎，身殁名存，實彰忠烈。夫仁者有勇，驗之於臨難；臣之報國，義存於捐軀。嘉其死節之誠，未備飾終之禮，可贈太子太保。』『顔真卿』，傳見舊唐書卷一百二十八、新唐書卷一百五十三。舊唐書本傳云：『顔真卿字清臣，琅邪臨沂人也。……真卿少勤學業，有詞藻，尤工書。開元中，舉進士，登甲科。事親以孝聞。四命爲監察御史，充河西隴右軍試覆屯交兵使。……遷殿中侍御史、東都畿采訪判官，轉侍御史、武部員外郎。楊國忠怒其不附己，出爲平原太守。安禄山逆節頗著，真卿以霖雨爲托，修城浚池，陰料丁壯，儲廪實，乃陽會文士，泛舟外池，飲酒賦詩。或讒於禄山，禄山亦密偵之，以爲書生不足虞也。無幾，禄山果反，河朔盡陷；獨平原城守具備，乃使司兵參軍李平馳奏之。……禄山遣其將李欽凑、高邈、何千年等守土門。真卿從父兄常山太守杲卿與長史袁履謙謀殺凑、邈，擒千年送京師。土門既開，十七郡同日歸順，共推真卿爲帥，得兵二十餘萬，横絶燕、趙。詔加真卿户部侍郎，依前平原太守。……肅宗幸靈武，授工部尚書、兼御史大夫、河北采訪招討使。……軍國之事，知無不言。爲宰相所忌，出爲同州刺史，轉蒲州刺史。爲御史唐旻所構，貶饒州刺史。旋拜昇州刺史、浙江西道節度使，徵爲刑部尚書。李輔國矯詔遷玄宗居西宫，真卿乃首率百僚上表請問起居，輔國惡之，奏貶蓬州長史。代宗嗣位，拜利州刺史，遷户部侍郎，除荆南節度使，未行而罷，除尚書左丞。……後攝祭太廟，以祭

器不修言於朝，載坐以誹謗，貶硤州別駕、撫州湖州刺史。元載伏誅，拜刑部尚書。代宗崩，爲禮儀使。……楊炎爲相，惡之，改太子少傅，禮儀使如舊，外示崇寵，實去其權也。盧杞專權，忌之，改太子太師，罷禮儀使……會李希烈陷汝州，杞乃奏曰：「顏真卿四方所信，使諭之，可不勞師旅。」上從之，朝廷失色。李勉聞之，以爲失一元老，貽朝廷羞，乃密表請留。又遣逆於路，不及。初見希烈，欲宣詔旨，希烈養子千餘人露刃爭前迫真卿，將食其肉。諸將叢繞慢罵，舉刃以擬之，真卿不動。希烈遽以身蔽之，而麾其衆，衆退，乃揖真卿就館舍。因逼爲章表，令雪己，願罷兵馬。累遣真卿兄子峴與從吏凡數輩繼來京師。……希烈大宴逆黨，召真卿坐，使觀倡優斥黷朝政爲戲，真卿怒曰：「相公，人臣也，奈何使此曹如是乎？」拂衣而起，希烈慚，亦呵止。時朱滔、王武俊、田悦、李納使在坐，目真卿謂希烈曰：「聞太師名德久矣，相公欲建大號，而太師至，非天命正位？欲求宰相，孰先太師乎？」真卿正色叱之曰：「是何宰相耶！君等聞顏杲卿無？是吾兄也。禄山反，首舉義兵，及被害，詬駡不絶於口。吾今生向八十，官至太師，守吾兄之節，死而後已，豈受汝輩誘脅耶！」諸賊不敢復出口。希烈乃拘真卿，令甲士十人守，掘方丈坎於庭，曰「坑顏」，真卿怡然不介意。……真卿度必死，乃作遺表，自爲墓志、祭文，常指寢室西壁下云：「吾殯所也。」希烈既陷汴州，僭僞號，使人問儀於真卿，真卿曰：「老夫耄矣，曾掌

國禮，所記者諸侯朝覲禮耳。」興元元年，王師復振，逆賊慮變起蔡州，乃遣其將辛景臻、安華至真卿所，積柴庭中，沃之以油，且傳逆詞曰：「不能屈節，當自燒。」真卿乃投身赴火，景臻等遽止之，復告希烈。德宗復宫闕，希烈弟希倩在朱泚黨中，例伏誅。希烈聞之怒，興元元年八月三日，乃使閹奴與景臻等殺真卿。……及淮、泗平，貞元元年，陳仙奇使護送真卿喪歸京師。德宗痛悼異常。廢朝五日，謚曰文忠。』

〔三十五〕故尚父子儀、贈太師晟、太尉秀實子孫中各與一人正員五品官：『故尚父子儀』，即郭子儀。傳見舊唐書卷一百二十、新唐書卷一百三十七。舊唐書本傳云：『郭子儀，華州鄭縣人。……子儀長六尺餘，體貌秀杰，始以武舉高等補左衛長史，累歷諸軍使。天寶……十四載，安禄山反。十一月，以子儀爲衛尉卿，兼靈武郡太守，充朔方節度使，詔子儀以本軍東討。遂舉兵出單于府，收静邊軍，斬賊將周萬頃，傳首闕下。禄山遣大同軍使高秀岩寇河曲，子儀擊敗之，進收雲中馬邑，開東陘，以功加御史大夫。十五載……二月，子儀與河東節度使李光弼率師下井陘，拔常山郡，破賊於九門，南攻趙郡，生擒賊四千，皆捨之，斬僞太守郭獻璆，獲兵仗數萬。……六月，子儀、光弼率僕固懷恩、渾釋之、陳迴光等陣於嘉山，賊將史思明、蔡希德、尹子奇等亦結陣而至，一戰敗之……於是河北十餘郡皆斬賊守者以迎王師。子儀將北圖范陽，軍聲

大振。……七月，肅宗即位，以賊據兩京，方謀收復，詔子儀班師。八月，子儀與李光弼率步騎五萬至自河北。……詔以子儀爲兵部尚書、同中書門下平章事，依前靈州大都督府長史、朔方軍節度使。……二年三月，子儀大破賊於潼關，崔乾祐退保蒲津。……是月，安禄山死，朝廷欲圖大舉，詔子儀還鳳翔。四月，進位司空，充關内、河東副元帥。五月，詔子儀帥師趨京城。……九月，從元帥廣平王率蕃漢之師十五萬進收長安。……子儀奉元帥爲中軍，與賊將安守忠、李歸仁戰於京西香積寺之北……賊軍大潰，自午至酉，斬首六萬級。……翌日，廣平王入京師……十月……子儀奉廣平王入東都，陳兵於天津橋南，士庶歡呼於路。……以功加司徒，封代國公，食邑千户。尋入朝，天子遣兵仗戎容迎於灞上，肅宗勞之曰：「雖吾之家國，實由卿再造。」子儀頓首感謝。十二月，還東都，命子儀經營北討。乾元元年七月，破賊河上，擒僞將安守忠以獻，遂朝京師，敕百僚班迎於長樂驛，帝御望春樓待之，進位中書令。九月，奉詔大舉……帝以子儀、光弼俱是元勛，難相統屬，故不立元帥。唯以中官魚朝恩爲觀軍容宣慰使。……三月，以子儀爲東都畿、山南東道、河南諸道行營元帥。……三年正月，授子儀邠寧、鄜坊兩鎮節度使，仍留京師。……上元二年二月，李光弼兵敗於邙山，河陽失守，魚朝恩退保陝州。三年二月，河中軍亂……遂用子儀爲朔方、河中、北庭、潞、儀、澤、沁等州節度行營兼興平、定國副元帥，充本

管觀察處置使，進封汾陽郡王，出鎮絳州。……四月，代宗即位，内官程元振用事，自矜定策之功，忌嫉宿將，以子儀功高難制，巧行離間，請罷副元帥，加實封七百户，充肅宗山陵使。……代宗以子儀頃同患難，收復兩京，禮之逾厚。……明年十月，吐蕃陷涇州……賊將逼京師，君上計無所出，遽詔子儀爲關内副元帥，出鎮咸陽。子儀……至咸陽，蕃軍已過渭水。其日，天子避狄幸陜州。……子儀以大軍續進，至滻西。射生將王撫自署爲京兆尹，聚兵二千人，擾亂京城，子儀召撫殺之。詔子儀權京城留守。……十一月，車駕自陜還宫，子儀伏地請罪，帝駐車勞之曰：「朕用卿不早，故及於此。」乃賜鐵券，圖形凌烟閣。……明年九月，以子儀守太尉，充北道邠寧、涇原、河西已東通和蕃及朔方招撫觀察使，其關内河東副元帥、中書令如故。子儀以懷恩未誅，不宜讓使，堅辭太尉……優詔不許。……十月，僕固懷恩引……數十萬南下，京師大恐，子儀出鎮奉天。……子儀自涇陽入朝，帝御安福門待之，命子儀樓上行朝見之禮，宴賜隆厚。十一月，以子儀爲尚書令……翌日，敕所司令子儀於尚書省視事。詔宰相百僚送上，遣射生五百騎執戟翼從，自朝堂至省，賜教坊樂。……永泰元年五月，以子儀都統河南道節度行營，出鎮河中。八月，僕固懷恩誘吐蕃、迴紇、党項、羌、渾、奴剌，山賊任敷、鄭庭、郝德、劉開元等三十餘萬南下，先發數萬人掠同州……是時，急召子儀自河中至，屯於涇陽，而虜騎已合。子儀一軍萬餘人，而雜

虜圍之數重。……子儀遣朔方兵馬使白元光與迴紇會軍。吐蕃知其謀，是夜奔退。迴紇與元光追之，子儀大軍繼其後，大破吐蕃十餘萬於靈武臺西原……子儀自涇陽入朝，加實封二百户，還鎮河中。大曆……二年二月，子儀入朝，宰相元載、王縉，僕射裴冕，京兆尹黎幹，内侍魚朝恩共出錢三十萬，置宴於子儀第，恩出羅錦二百匹，爲子儀纏頭之費，極歡而罷。……德宗即位，詔還朝，攝冢宰，充山陵使，賜號「尚父」，進位太尉、中書令……建中二年夏，子儀病甚，德宗令舒王誼傳詔省問。及門，郭氏子弟迎拜於外，王不答拜；子儀卧不能興，以手叩頭謝恩而已。六月十四日薨，時年八十五，德宗聞之震悼，廢朝五日……及葬，上御安福門臨哭送之，百僚陪位隕泣，賜謚曰忠武，配饗代宗廟庭。……史臣裴垍曰：汾陽事上誠藎，臨下寬厚，每降城下邑，所至之處，必得士心。前後遭罹幸臣程元振、魚朝恩譖毁百端，時方握强兵，或方臨戎敵，詔命徵之，未嘗不即日應召，故讒謗不能行。代宗幸陝時，令以數十騎覘賊，及在涇陽，又陷於胡虜重圍之中，皆以身許國，未嘗以危亡易慮，亦遇天幸，竟免患難。田承嗣方跋扈魏州，傲狠無禮，子儀嘗遣使至，承嗣西望拜之，指其膝謂使者曰：「玆膝不屈於人若干歲矣，今爲公拜。」李靈曜據汴州，公私財賦一皆遏絶，獨子儀封幣經其境，莫敢留之，必持兵衛送。其爲豺虎所服如此。麾下老將若李懷光輩數十人，皆王侯重貴，子儀頤指進退，如僕隸焉。幕府之盛，近代無比。始

與李光弼齊名，雖威略不逮，而寬厚得人過之。……代宗不名，呼爲大臣。天下以其身爲安危者殆二十年。校中書令考二十有四。權傾天下而朝不忌，功蓋一代而主不疑，侈窮人欲而君子不之罪。富貴壽考，繁衍安泰，哀榮終始，人道之盛，此無缺焉。』又，『太尉秀實』，即段秀實。傳見舊唐書卷一百二十八、新唐書卷一百五十三。舊唐書本傳云：『段秀實字成公，隴州汧陽人也。……秀實性至孝，六歲，母疾，水漿不入口七日，疾有間，然後飲食。及長，沉厚有斷。天寶四載，安西節度馬靈詧署爲别將，從討護蜜有功，授安西府别將。……肅宗即位於靈武，徵安西兵節度使梁宰，宰潛懷異圖。秀實謂嗣業曰：「豈有天子告急，臣下晏然，信浮妄之説，豈明公之意耶？」嗣業遂見宰，請發兵，從之。乃出步騎五千，令嗣業統赴朔方，以秀實爲援，累有戰功。……安慶緒奔鄴，嗣業與諸軍圍之，安西輜重委於河内。乃奏秀實爲懷州長史，知軍州，加節度留後。……又遷試光禄卿，爲孝德判官。……尋拜涇州刺史。大曆元年，馬璘奏加開府儀同三司。……加御史中丞。璘既奉詔徙鎮涇州，其士衆嘗自四鎮、北庭赴難中原，僑居驟移，頗積勞怨。刀斧將王童之因人心動摇，導以爲亂。或告其事，且曰：「候嚴，警鼓爲約矣。」秀實乃召鼓人，陽怒失節，且戒之曰：「每更籌盡，必來報。」每白之，輒延數刻，四更畢而曙。既差互，童之亂不能作。明日，告者復曰：「今夜將焚草場，期救火者同作亂。」秀實使嚴加警備。夜半火

發，乃使令於軍中曰：「救火者斬。」童之居外營，請入救火，不許。明日斬之，捕殺其黨凡十餘人以徇，曰：「敢後徙者族！」於是遷涇州。既至其理所，人烟夐絶，且無廩食。朝廷憂之，遂詔璘遥管鄭、潁二州，以贍涇原軍，俾秀實爲留後，二州甚理。璘思其績用，又奏行軍司馬，兼都知兵馬使。……十一年，璘疾甚，不能視事，請秀實攝節度副使兼左廂兵馬使。秀實乃以十將張羽飛爲招召將，分兵按甲，以備非常。璘卒，而軍中行哭赴喪事於内，李漢惠接賓客於外，非其親不得居喪側，族談離立者捕而囚之。都虞候史廷幹，裨將崔珍、張景華謀作亂，秀實乃送廷幹於京師，徙珍及景華外鎮，軍中遂定，不戮一人。尋拜秀實涇州刺史、兼御史大夫，四鎮北庭行軍涇原鄭潁節度使。三四年間，吐蕃不敢犯塞，清約率易，遠近稱之。……德宗嗣位，就加檢校禮部尚書、張掖郡王。建中……四年，朱泚盜據宫闕，源休教泚僞迎鑾駕，陰濟逆志。……明日，泚召秀實議事，源休、姚令言、李忠臣、李子平皆在坐。秀實戎服，與泚并膝，語至僭位，秀實勃然而起，執休腕奪其象笏，奮躍而前，唾泚面大罵曰：「狂賊，吾恨不斬汝萬段，我豈逐汝反耶！」遂擊之。泚舉臂自捍，纔中其額，流血匍匐而走。凶徒愕然，初不敢動；而海賓等不至，秀實乃曰：「我不同汝反，何不殺我！」凶黨群至，遂遇害焉。……興元元年二月，詔曰：「見危致命之謂忠，臨義有勇之謂烈。……故開府儀同三司、檢校禮部尚書、兼司農卿、上柱國、張掖郡王

段秀實，操行岳立，忠厚精至，義形於色，勇必有仁。頃者嘗鎮涇原，克著威惠，叛卒知訓，咨爾以誠。賊泚藏奸，欺爾以詐。守人臣之大節，見元惡之深情，端委國門，挺身白刃。誓碎凶渠之首，以敵君父之讎，視死如歸，履虎致咥。噫，天未悔禍，事乖垂成，雄風壯圖，振駭群盜。……可贈太尉，謚曰忠烈，宣付史官……仍廢朝三日，收京城之後，以禮葬祭，旌表門閭。……」德宗還京，又詔曰：「贈太尉秀實，授乎貞烈，激其頹風，蒼黄之中，密蘊雄斷。將紓國難，詭收寇兵，撓其凶謀，果集吾事。挺身徑進，奮擊渠魁，英名凜然，振邁千古。……仍於墓所官爲立碑，以揚徽烈。」」

〔三十六〕父見在未有官者，并與五品致仕官及階：『未有官者』，原作『未官者』，今據册府元龜增補。『致仕官及階』，原作『致仕官階』，今據册府元龜、四庫全書、全唐文增補。

〔三十七〕陝州元從寶應功臣：所謂『寶應功臣』，指寶應元年四月擊敗企圖廢立唐代宗的張皇后、越王係等人，而扶立代宗即位的李輔國、程元振等大臣。檢舊唐書卷十一代宗紀載：『寶應元年四月，肅宗大漸，所幸張皇后無子，后懼上功高難制，陰引越王係於宫中，將圖廢立。乙丑，皇后矯詔召太子。中官李輔國、程元振素知之，乃勒兵於凌霄門，俟太子至，即衛從太子入飛龍廄以俟其變。是夕，勒兵於三殿，收捕越王係及内官朱光輝、馬英俊等禁錮之，幽皇后於别

殿。……己巳，即皇帝位於柩前。……五月己卯朔，以李輔國爲司空兼中書令，餘如故。……丁酉，御丹鳳樓，大赦。子儀、光弼、李光進諸道節度使并加實封，四月十七日立功人并號「寶應功臣」。』

〔三十八〕與興元元從奉天定難功臣：此句原作『與元從奉天定難功臣』，今據四庫全書補『興』字，又據册府元龜、四庫全書、全唐文補後一『元』字。『興元元從奉天定難功臣』，指唐德宗建中三年朱泚叛亂攻入京城，唐德宗與諸大臣避難於奉天，興元元年，德宗下詔所賜某些功臣之名號。檢舊唐書卷十二德宗紀上載：『興元元年春正月癸酉朔，上在奉天行宫受朝賀。詔曰：「……朕嗣服丕構，君臨萬邦，失守宗祧，越在草莽。……天譴于上而朕不寤，人怨于下而朕不知。馴致亂階，變起都邑，賊臣乘釁，肆逆滔天，曾莫愧畏，敢行凌逼。萬品失序，九廟震驚，上累於祖宗，下負於蒸庶。痛心靦面，罪實在予……今上元統曆，獻歲發祥，宜革紀年之號，式敷在宥之澤，可大赦天下，改建中五年爲興元元年。……朱泚反易天常，盜竊名器，暴犯陵寢，所不忍言，獲罪祖宗，朕不敢赦。除泚外，并從原宥。應赴奉天并進收京城將士，并賜名『奉天定難功臣』……」四月辛丑朔。……壬寅，詔奉天隨從將士并賜號「元從功臣」。』

〔三十九〕其神策神威六軍將軍大將軍：此句原作『其神策神威六軍』，今據册府元龜、全唐

文增補「將軍大將軍」數字。

（四十）應東宮官及侍讀侍書教授：此句原無「侍讀」二字，今據冊府元龜、四庫全書、全唐文諸本增補。

（四十一）在正月二十六日以前者，國哀已來：「國哀已來」，四庫全書、適園叢書、明鈔本均作「國初已來」。又按，此處之「正月二十六日」指貞元二十一年正月二十六日，是日爲丙申，乃德宗發喪、順宗即位之日，亦即「國哀」之時。檢舊唐書卷十三德宗紀下載：「二十一年春正月辛未朔，御含元殿受朝賀。是日，上不康。……癸巳，會郡臣於宣政殿，宣遺詔：皇太子宜於柩前即位。是日，上崩於會寧殿，享壽六十四。甲午，遷神柩於太極殿。丙申，發喪，群臣縞素。皇太子即位。」「國哀」即國喪。宋書孝武帝紀：「六月甲子，以國哀除釋，大赦天下。」舊五代史晉書鄭受益傳：「高祖晏駕，以不赴國哀停任。」

（四十二）冊命官受顧命撰制誥及修冊文并寫制詔官等：「冊命官受顧命」，冊府元龜、全唐文作「冊命官授顧命」。「撰制誥」，冊府元龜、四庫全書、全唐文作「撰制詔」。「及修冊文并寫制詔」句原無，今據冊府元龜、四庫全書、全唐文諸本增補。

（四十三）蕃客等共賜物一千八百七十匹。義武軍節度使下官健在城立仗共賜物三千八百四十五

匹：此句中『一千八百七十匹。義武軍節度使下官健在城立仗共賜物』等字原無，今據册府元龜、四庫全書、全唐文諸本增補。『蕃客』，古代對外國商旅的泛稱。蕃，通『番』。隋書禮儀志四：『梁元會之禮……群臣及諸蕃客并集，各從其班而拜。』新唐書百官志一：『凡蕃客至，鴻臚訊其國山川、風土，爲圖奏之，副上於職方。』『官健』，唐初府兵制，士兵自備武器資糧，後逐漸改爲官給，故稱士兵爲官健。唐白居易請罷兵第二狀：『况神策官健，又最烏雜：以城市之人，例皆不慣。如此，忽思生路，或有奔逃。』舊唐書張萬福傳：『萬福曰：「官健常虚費衣糧，無所事，今乃一小賴之，不足過賞，請用三之一。」』

〔四十四〕賜爵勛階有差：『勛階』，册府元龜、全唐文作『階勛』。

〔四十五〕百司及在城諸使息利本錢：『諸使』，全唐文、適園叢書、學林本作『諸司』。『息利本錢』，四庫全書作『息利本錢糧』。

〔四十六〕内外官料錢職田等厚薄不均：『料錢』，唐宋舊制，官吏除俸禄外，有時另給食料，或折錢發給，稱料錢。唐白居易送陝州王司馬建赴任詩：『公事閑忙同少尹，料錢多少敵尚書。』舊五代史周書太祖紀二：『漢隱帝時，有人上言：「州府從事令録，皆請料錢，自合雇人驅使，不合差遣百姓丁户。」』『職田』，即『職分田』。古代按品級授予官吏作俸禄的公田。北

魏太和九年均田，地方官吏也按級分給公田，爲授職分田之始。隋時已有職分田之稱，以後歷代相沿，唯授田數量各有增減。職分田於解任時移交後任，不得買賣。官吏受田佃給農民耕種，收取地租。隋書食貨志：『京官又給職分田。一品者給田五頃。每品以五十畝爲差，至五品，則爲田三頃，六品二頃五十畝。其下每品以五十畝爲差，至九品爲一頃。外官亦各有職分田。又給公廨田，以供公用。』唐白居易議百官職田策：『臣伏以職田者，職既不同，田亦異數。』

〔四十七〕不得擅有閉糴禁錢：『閉糴』，即禁止糴米。語本左傳僖公十五年：『晉饑，秦輸之粟；秦饑，晉閉之糴。』二刻拍案驚奇卷一：『米價踴貴，各處禁糶閉糴，官府嚴示平價，越發米不入境了。』

〔四十八〕宜委常參官各舉所知：『常參官』，原作『恭參官』，今據册府元龜、全唐文、適園叢書、明鈔本、甲庫本、學林本改。

〔四十九〕長吏宜精加訪擇：此句原無『宜』字，今據册府元龜、全唐文增補。

〔五十〕即任自詣闕應：『闕應』，原作『闕庭』，四庫全書則作『闕廷』。今據册府元龜、全唐文、適園叢書、學林本改。

〔五十一〕任上封事：『封事』，謂密封的奏章。古時臣下上書奏事，防有泄漏，用皂囊封

緘，故稱。漢書宣帝紀：『上始親政事，又思報大將軍功德，乃復使樂平侯山領尚書事，而令群臣得奏封事，以知下情。』後漢書明帝紀：『於是在位者皆上封事，各言得失。』李賢注：『宣帝始令群臣得奏封事，以知下情。封有正有副，領尚書者先發副封，所言不善，屏而不奏；後魏相奏去副封，以防擁蔽。』

〔五十二〕才有可觀者：此句原無『者』字，今據册府元龜、全唐文增補。

穆宗即位赦〔一〕

著大明者日也，出乎震而見乎離〔二〕，則八紘開朗，萬象昭煥〔三〕。涣大號者風也〔四〕，發厚地而鼓群動〔五〕，則氛蒙蕩滌，鬱伏舒散。王者如日之照臨，故聖功作而庶類睹〔六〕；如風之號令，故德音降而兆人從。朕以寡薄，方兹嗣服〔七〕，荷天地之眷祐，承宗祧之祚運〔八〕，夙夜祗勵〔九〕，懼不克周。永惟風教之流弊，甿俗之疾苦，思布濟時之政，宜弘利物之澤，庶有以導迎和氣，感致歡心。宜申在宥之恩〔十〕，用啓自新之路，可大赦天下。自元和十五年二月五日昧爽已前，大辟罪已下，罪無輕重，咸赦除之。唯官典犯贓及故殺人者，不在免限。左降官量移近處，已經量移者，更與

量移。如復資者，即任依常調選（十一）。責授降資正員官者，亦與進改。亡官失爵不齒者（十二），量加收叙。流人及僧尼道士移隸者，節級放還及移近處（十三）。諸色得罪人中，如先有敕云縱逢恩赦不在放還之限者，亦并與量移（十四）。若曾任五品已上官者，奏待進止（十五）。左降官及流人先有官者，如已亡歿，各還本官。自今日已前，曾有痕累禁錮等（十六），一切并與洗滌。永惟罔極，弓劍不留（十七），號奉終天（十八），用深哀感。應緣山陵制度，及喪儀禮物，宜委中書門下及諸司長官等博詢故實，務遵禮度，必誠必信，副朕哀懷。所緣山陵造作，及橋道置頓所須，并以内庫錢充，不得輒令科配百姓（十九）。度支諸州府監院，從貞元八年已後，至元和十年已前，共計欠錢壹百壹萬伍仟玖百餘貫（二十），鹽鐵使諸監院應欠元和十三年已前錢物，除準前制疏理外，共欠壹百捌萬捌仟陸百餘貫石等（二十一）。户部諸州府，從建中三年已後至元和十三年已前，應欠在州貧窮并遭水旱逃亡百姓腹内，兼連接淮西河南賊界并燒劫散失，及賑貸百姓錢物伍拾萬玖百餘貫石等（二十二）。京兆府從元和五年已後至十三年已前，應欠諸色錢物共肆拾壹萬玖仟陸百餘貫石束等（二十三），州府監院百姓欠負但不在官典所由腹内者，一切放免。諸州府除京兆河南府外，應有官莊宅鋪店碾磑茶菜園鹽

畦車坊等，宜割屬所管官府。諸道除邊軍營田處〔二十四〕，其軍糧既取其正税米分給其所管營田自爲〔二十五〕，其軍中資用不合取百姓營田，并以瘠薄地回授百姓濃肥地。其軍中如要營田，任取食糧健兒〔二十六〕，不得輒妄招召。天下百姓等自屬艱難，棄其鄉井，户部版籍〔二十七〕，虚繫姓名。建中元年已來，改革舊制，悉歸兩税〔二十八〕，法久則弊，奸濫益生〔二十九〕。自今已後，宜準例三年一定兩税，非論土著客居〔三十〕，但據資産差率。其擇刺史縣令，宜委門下中書尚書省御史臺官〔三十一〕，有所諳知，即具聞薦〔三十二〕。如贓污賤人，當坐舉主。榷税之法，雖合同遵，瘡痍之餘，姑欲寬假。其河北税鹽〔三十三〕，宜委度支與榷鹽使審細商量，具條疏聞奏〔三十四〕。内外百官食料錢一倍至五倍以上，節級放免，仍每經十年，即内外百司各賜錢壹萬貫充本，各據司額大小，公事閑劇，及當司貧富，作等第給付。應屬諸軍諸使諸司人等在村鄉及坊市店鋪經紀者〔三十五〕，宜與百姓一例差科，不得妄有影占〔三十六〕。如有違越，所司具所屬司并人名聞奏〔三十七〕。如聞度支鹽鐵監院等所在影占富商高户〔三十八〕，庇入院司，不伏州縣差科，疲人偏苦，事轉不濟，如有此色，仰當日勒歸。諸道州縣除正敕率税外，不得妄托進奉〔三十九〕，擅有諸色榷率〔四十〕。天下州府，除兩税合送上

都錢物及所司常貢外，輒不得別進錢物（四十一），并方鎮得替後至城，亦不得輒有進獻。掖庭籍没罪人妻子等，宜并放歸親族（四十二）。其諸軍先擒獲吐蕃生口，配在諸處者，并放歸本國，願住者亦聽。内外文武見任及致仕官三品已上（四十三），賜爵一級，四品已下（四十四），加一階。諸道諸軍將士等（四十五），普恩之外，賜階爵有差。二王、三恪、文宣王及公主、縣主、嗣王節級賜與一子官及出身（四十六）。宗子有才行者，悉以名聞奏，仍委中書門下量才叙用。皇王五等已上親（四十七），皇太后二等已上親，并賜階爵。武德已來配饗（四十八），及第一等功臣，并張巡、許遠、南霽雲、顔杲卿、顔真卿等，尚父子儀、贈太師晟、贈太尉秀實子孫中（四十九），與一子官有差。其中有才行堪任臺省者（五十），量才叙用。中書門下并諸道節度使、諸州府長官、東都留守，及京常參官、諸軍使等，父母祖父母（五十一），并節級與追贈。父母存者與官封，已經追贈者更與改贈。興元奉天功臣，及蔡鄆立功將士（五十二），普恩之外，更賜勛爵，亡殁者與追贈。中書門下及節度等使、東都留守、度支鹽鐵使、京兆尹、諸州刺史等（五十三），賜一子官有差。在城諸軍將士，節級賞賜，仍加階爵。京西京北及振武天德八道節度，及都防禦使下及神策一十二鎮將士等（五十四），共一十八萬六千七百

餘人，都賜物一百八萬一千八百餘匹。東宮官及侍讀，普恩之外，賜爵加階，仍普與進改〔五十五〕。自國哀及行事命職事官，普恩之外，賜階爵及勛。其受顧命撰制誥及册文，并寫制誥官等，特加一階，賜爵一級，并賜上柱國，優與進改。書册官特加一階。尊親之禮，既展於徽章〔五十六〕；廣愛之恩，宜申其慶賜。皇太后諸親，委中書門下量等第節級優賞。文武常參官及外官職事五品已上有母者，并加邑號。如已至郡太夫人、國太夫人者〔五十七〕，許回授周親。應緣皇太后册禮職事官〔五十八〕，并節級賜物。天下百姓有父母祖父母高年者〔五十九〕，賜粟帛。皇城内蕃客等〔六十〕，并節級賜物。今年正月二十八日至閏正月三日，宫苑諸門守捉〔六十一〕，西内立仗將士等，量加改轉。應内侍省及内坊宫正等，并加賜勛爵〔六十二〕。常參官及諸州刺史、少尹、赤令，有先得替及因病假滿百日解官〔六十三〕，并終制未授官者，及致仕官，并與進擬。天下諸道州，不得擅有閉糴禁錢〔六十四〕，務令通濟。内外文武官及諸色人等，任上封事〔六十五〕，極言時政得失。才有可觀，别當甄奬。應流外色役人等〔六十六〕，賜勛有差。

校箋

〔一〕本文又見於册府元龜卷九十帝王部赦宥第九。全唐文卷六十六亦録，文題作登極德音，署名唐穆宗。此文文末原未標明頒布時間。考册府元龜此文文首『唐穆宗以元和十五年正月即位，二月丁丑御丹鳳樓，大赦天下，制曰：著大明者日也』云云，又檢舊唐書卷十六穆宗紀云：元和『十五年正月庚子，憲宗崩。丙午，即皇帝位於太極殿東序。……二月癸酉朔。丁丑，御丹鳳樓，大赦天下』。又新唐書卷八穆宗紀亦載：『穆宗睿聖文惠孝皇帝諱恒，憲宗第三子也。……（元和）十五年正月庚子，憲宗崩……二月丁丑，大赦。賜文武官階、爵，高年粟帛，二王後、三恪、文宣公、嗣王、公主、縣主、武德配饗及第一等功臣家予一子官。放没掖庭者。幸丹鳳門觀俳優。』據上引典籍所載，此次大赦天下乃在元和十五年（八二〇）二月丁丑。考是年二月癸酉朔，則丁丑乃二月五日。此日期與本文所言『自元和十五年二月五日昧爽已前，大辟罪已下』云云符合。然此時乃頒布赦文之時，其撰寫此文當在此時稍前。

〔二〕著大明者日也，出乎震而見乎離：『大明』，指日。易乾：『雲行雨施，品物流行，大

明終始，六位時成。』」李鼎祚集解引侯果曰：「『大明，日也。』」唐白居易爲宰相賀赦表：「『大明升而六合曉，一氣熏而萬物春。』」「『震』，指東方。易說卦：『萬物出乎震。震，東方也。』」南朝梁沈約梁明堂登歌歌青帝：「『帝居在震，龍德司春。』」「『離』，指南方。語出易說卦：『離也者，明也，萬物皆相見，南方之卦也。』」國語周語下「『以遂八風』」三國吳韋昭注：「『正東曰震……正南曰離，爲絲，爲景風。』」

〔三〕八紘開朗，萬象昭焕：「『八紘』，八方極遠之地。淮南子墬形訓：『九州之外，乃有八殥……八殥之外，而有八紘，亦方千里。』」高誘注：「『紘，維也。維落天地而爲之表，故曰紘也。』」漢劉楨贈徐幹詩：「『兼燭八紘内，物類無偏頗。』」「『萬象』，宇宙間一切事物或景象。南朝宋謝靈運從游京口北固應詔詩：『皇心美陽澤，萬象咸光昭。』」唐杜甫宿白沙驛詩：「『萬象皆春氣，孤槎自客星。』」「『昭焕』，猶光明。晉書張載傳：『皇道昭焕，帝載緝熙。』」唐杜甫舟中苦熱遣懷奉呈陽中丞通簡臺省諸公詩：「『宗英李端公，守職甚昭焕。』」

〔四〕涣大號者風也：「『涣』，原作『孚』，今據四庫全書改。『涣』，謂帝王發布號令。漢書劉向傳：『易曰：「涣汗其大號。」言號令如汗，汗出而不反者也。』」顔師古注：「『言王者涣然大發號令，如汗之出也。』」漢揚雄百官箴尚書箴：「『故君子在室，出言如風，動於民人，涣其大號，而

萬國平信。』『大號』，指帝王的號令。易渙：『渙汗其大號。』孔穎達疏：『渙汗其大號者，人遇險厄驚怖而勞，則汗從體出，故以汗喻險厄也。九五處尊履正，在號令之中，能行號令以散險厄者也。』唐元稹郭釗等轉勛制：『越二月，發大號於天下，延寵庶官，錫爾崇勛，無替嘉命。』

〔五〕發厚地而鼓群動：『而』，册府元龜作『如』。

〔六〕聖功作而庶類睹：『聖功』，册府元龜、全唐文均作『聖躬』。『聖功』，謂帝王的功業。晉書樂志下：『肅肅清廟，巍巍聖功。』唐韓愈平淮西碑序：『既還奏，群臣請紀聖功，被之金石。』

〔七〕方兹嗣服：『嗣服』，原作『法象』，今據册府元龜、四庫全書、全唐文改。『嗣服』，指繼承帝位。舊唐書德宗紀上：『朕嗣服丕構，君臨萬邦。』宋岳珂程史嘉禾篇：『欽皇嗣服，會時相主其人，贈以太保。』

〔八〕承宗祧之祚運：『宗祧』，全唐文作『祖宗』。『宗祧』，即宗廟。左傳襄公二十三年：『紇不佞，失守宗祧，敢告不吊。紇之罪，不及不祀。』杜預注：『遠祖廟爲祧。』孔子家語哀公問政：『聖人因物之精，制爲之極，明命鬼神，以爲民之則，而猶以是爲未足也。故築爲宮室，設爲宗祧。』『祚運』，即福運。國語周語下：『若能類善物，以混厚民人者，必有章譽蕃育

之祚。』漢班固西都賦：『歷十二之延祚，故窮泰而極侈。』

〔九〕夙夜祇勵：『祇勵』，敬慎而奮勉。大戴禮記五帝德：『日月所照，莫不祇勵。』唐白居易楊嗣復可庫部郎中知制誥制：『爾宜兢兢祇勵，無隕其名。』

〔十〕宜申在宥之恩：『在宥』，莊子在宥：『聞在宥天下，不聞治天下也。』郭象注：『宥使自在則治，治之則亂也。』成玄英疏：『宥，寬也。在，自在也……寓言云，聞諸賢聖任物自在寬宥，即天下清謐。』後因以『在宥』指任物自在，無爲而化。

〔十一〕如復資者，即任依常調選：『復資』，恢復官禄。『常調』，按常規遷選官吏。唐高適宋中遇劉書記有別詩：『幾載困常調，一朝時運催。』

〔十二〕亡官失爵不齒者：『不齒』，此處意同『勿齒』，即不録用。舊唐書玄宗紀上：『三月戊申，詔自今内外官有犯贓至解免已上，縱逢赦免，并終身勿齒。』

〔十三〕節級放還及移近處：『節級』，次第。魏書釋老志：『年常度僧……若取非人，刺史爲首，以違旨論，太守、縣令、綱僚節級連坐。』唐玄奘大唐西域記鉢邏耶伽國：『備極珍玩，窮諸上饌，如是節級，莫不周施。』

〔十四〕亦并與量移：此句原無『亦』字，今據册府元龜、全唐文增補。

〔十五〕奏待進止：『進止』，意旨；命令。北齊書文苑傳顔之推：『帝時有取索，恒令中使傳旨，之推稟承宣告，館中皆受進止。』唐温大雅大唐創業起居注卷一：『突厥之報帝書也，謂使人曰：「唐公若從我語，即宜急報，我遣大達官往取進止。」』

〔十六〕曾有痕累禁錮等：『痕累禁錮』，原作『係累禁錮』，今據册府元龜、四庫全書、全唐文、適園叢書、明鈔本、甲庫本、學林本改。又『等』字之前原有空闕和『身』字，然册府元龜、四庫全書、全唐文、適園叢書、學林本均無，今即據删。『痕累』，謂因事牽連而受累。唐元稹上門下裴相公書：『閣下若能蕩滌痕累，洞開嫌疑……上以副陛下咸與維新之懷，次有以廣閣下常善救人之道。』唐陸贄奉天改元大赦制：『應先有痕累禁錮及反逆緣坐承前恩赦所不該者，并宜洗雪。』

〔十七〕永惟罔極，弓劍不留：『永惟』，原作『永懷』，今據册府元龜、全唐文改。『永惟』，深思；常念。漢書宣帝紀：『夙夜兢兢，靡有驕色，内省匪解，永惟罔極。』晋書武帝紀：『朕守遺業，永惟保乂皇基，思與萬國以無爲爲政。』『弓劍』，傳説黄帝騎龍仙去，群臣攀附欲上，致墜帝弓。又黄帝葬橋山，山崩，棺空，唯劍存。見史記封禪書、漢劉向列仙傳黄帝。後因以『弓劍』爲對已故帝王寄托哀思之詞。魏書肅宗紀：『何圖一旦，弓劍莫追，國道中微，大

行絶祀。』隋牛弘隋文帝頌：『慕深考妣，哀纏弓劍。』此處『弓劍不留』，意爲唐憲宗已薨。

〔十八〕號奉終天：『號奉』，原作『奉號』，今據册府元龜、四庫全書、明鈔本、甲庫本改。

〔十九〕科配百姓：『科配』，謂官府攤派正項賦税外的臨時加税。舊唐書裴耀卿傳：『車駕東巡，州當大路，道里綿長，而户口寡弱，耀卿躬自條理，科配得所。』舊五代史梁書太祖紀四：『所在長吏放雜差役，兩税外不得妄有科配。』

〔二十〕欠錢壹百壹萬伍仟玖百餘貫：按此句原作『欠錢壹百萬伍仟玖百餘貫』，今據册府元龜、四庫全書、全唐文增改。

〔二十一〕共欠壹百捌萬捌仟陸百餘貫石等：此句中『共欠』，原作『共計』，今據册府元龜、全唐文改。

〔二十二〕及賑貸百姓錢物伍拾萬玖百餘貫石等：『及賑貸』，原作『及貸』，今據册府元龜、適園叢書、學林本增補。

〔二十三〕應欠諸色錢物共肆拾壹萬玖仟陸百餘貫石束等：『應欠諸色錢物』，原作『應欠諸色物』，今據册府元龜、全唐文、適園叢書等本增補。『陸百餘貫石束』，册府元龜作『五百餘貫石束』。

〔二十四〕諸道除邊軍營田處：『邊軍』，原作『邊事』，今據册府元龜、四庫全書、全唐文、適園叢書、學林本改。

〔二十五〕其軍糧既取其正稅米分給其所管營田自爲：『既取其正稅米』，原無『其』字，今據册府元龜增補。

〔二十六〕其軍中資用不合取百姓營田，并以瘠薄地回授百姓濃肥地。其軍中如要營田，任取食糧健兒：『其軍中』，原無『其』字，今據適園叢書、學林本增補。此句中『資用不合取百姓營田，并以瘠薄地回授百姓濃肥地。其軍中』等字原無，今據册府元龜、四庫全書本增補。

〔二十七〕户部版籍：『版籍』，即户口册。後漢書仲長統傳：『明版籍以相數閲，審什伍以相連持。』李賢注：『周禮曰：「凡在版者。」注云：「版，名籍也，以版爲之也。」』宋曾鞏本朝政要策户口版圖：『興國初，有上言事，以閏爲限，三歲一令天下貢地圖與版籍，上尚書省，所以周知地理之險易，户口之衆寡。』

〔二十八〕建中元年已來，改革舊制，悉歸兩稅：按，此句所言情况，舊唐書卷四十八食貨志上有所記載：『建中元年二月，遣黜陟使分行天下，其詔略曰：「户無主客，以見居爲簿。人無丁中，以貧富爲差。行商者，在郡縣稅三十之一。居人之稅，秋夏兩徵之。各有不便者，三之。

餘徵賦悉罷，而丁額不廢。其田畝之税，率以大曆十四年墾數爲準。徵夏税無過六月，秋税無過十一月。違者進退長吏。令黜陟使各量風土所宜、人户多少均之，定其賦，尚書度支總統焉。」三年五月，淮南節度使陳少遊請於本道兩税錢每千增二百，因詔他州悉如之。八年四月，劍南西川觀察使韋臯奏請加税什二，以增給官吏，從之。元和十五年八月，中書門下奏：「伏準今年閏正月十七日敕，令百僚議錢貨輕重者。今據群官楊於陵等議，『伏請天下兩税榷鹽酒利等，悉以布帛絲綿，任土所產物充税，并不徵見錢，則物漸重，錢漸輕，農人見免賤賣匹帛』者。伏以群臣所議，事皆至當，深利公私。請商量付度支，據諸州府應徵兩税，供上都及留州留使舊額。起元和十六年已後，并改配端匹斤兩之物爲税額，如大曆已前租庸課調，不計錢，令其折納。使人知定制，供辦有常。仍約元和十五年徵納布帛等估價。其舊納虚估物，與依虚估物回計，如舊納實估物并見錢，即當於端匹斤兩上量加估價回計。變法在長其物價，價長則永利公私。初雖微有加饒，法行即當就實，比舊給用，固利而不害。仍作條件處置，編入旨符。其鹽利酒利，本以榷率計錢，有殊兩税之名，不可除去錢額。中有令納見錢者，亦請令折納時估匹段。上既不專以錢爲税，人得以所產輸官，錢貨必均其重輕，隴畝自廣於蠶織。便時惠下，庶得其宜。其土乏絲麻，或地連邊塞，風俗更異，賦入不同，亦請商量委所司裁酌，隨便宜處置。」詔從之。』

〔二十九〕法久則弊，奸濫益生：此句原作『法久則奸弊濫生』，今據册府元龜、全唐文、適園叢書、學林本改。又，此句所言情況，新唐書卷五十二食貨志二有所言之：『穆宗即位，一切罷之，兩税外加率一錢者，以枉法贓論。……蓋自建中定兩税，而物輕錢重，民以爲患，至是四十年。當時爲絹二匹半者爲八匹，大率加三倍。豪家大商，積錢以逐輕重，故農人日困，末業日增。帝亦以貨輕錢重，民困而用不充，詔百官議革其弊。而議者多請重挾銅之律。户部尚書楊於陵曰：「王者制錢以權百貨，貿遷有無，通變不倦，使物無甚貴甚賤，其術非它，在上而已。何則？上之所重，人必從之。古者權之於上，今索之於下；昔散之四方，今藏之公府；昔廣鑄以資用，今減爐以廢功；昔行之於中原，今泄之於邊裔。又有閭井送終之唅，商賈貸舉之積，江湖壓覆之耗，則錢焉得不重，貨焉得不輕？開元中，天下鑄錢七十餘爐，歲盈百萬，今纔十數爐，歲入十五萬而已。大曆以前，淄青、太原、魏博雜鉛鐵以通時用，嶺南雜以金、銀、丹砂、象齒，今一用泉貨，故錢不足。今宜使天下兩税、榷酒、鹽利、上供及留州、送使錢，悉輸以布帛谷粟，則人寛於所求，然後出内府之積，收市廛之滯，廣山鑄之數，限邊裔之出，禁私家之積，則貨日重而錢日輕矣。」宰相善其議。由是兩税、上供、留州，皆易以布帛、絲纊，租、庸、課、調不計錢而納布帛，唯鹽酒本以榷率計錢，與兩税異，不可去錢。』

〔三十〕非論土著客居：『客』，原作『俗』，今據册府元龜、全唐文改。『居』，全唐文作『户』。

〔三十一〕門下中書尚書省御史臺官：此句册府元龜、全唐文無『尚書』二字。

〔三十二〕即具聞薦：『聞薦』，原作『聞奏』，今據册府元龜、全唐文改。

〔三十三〕其河北税鹽：此句中『税』字原無，今據全唐文增補。

〔三十四〕具條疏聞奏：『條疏』，原作『條流』，今據册府元龜、全唐文改。

〔三十五〕諸軍諸使諸司人等在村鄉及坊市店鋪經紀者：『諸軍諸使諸司人』，原作『諸軍諸使司人』，今據四庫全書、全唐文增補。『店鋪』，册府元龜作『鋪店』。

〔三十六〕不得妄有影占：『影占』，謂虚占人户或田産，使逃避賦役、税收。唐韓愈論變鹽法事宜狀：『諸道軍諸使家口親族，遞相影占，不曾輸税。』

〔三十七〕并人名聞奏：此句原作『并其人名聞奏』，今據册府元龜、四庫全書、全唐文改。

〔三十八〕影占富商高户：『富商』，原作『當商』，今據册府元龜、四庫全書、全唐文、適園叢書、明鈔本、甲庫本、學林本改。

〔三十九〕不得妄托進奉：『進奉』，猶進獻。舊唐書裴度傳：『王稷家二奴告稷换父遺

表，隱没進奉物。』清陳康祺郎潛紀聞初筆卷四：『上以其名不雅馴，題之曰「碧螺春」。自是地方有司，歲必采辦進奉矣。』

〔四十〕諸色榷率：『榷率』，謂專賣税的標準比率。新唐書食貨志二：『由是兩税、上供、留州，皆易以布帛、絲纊，租、庸、課、調不計錢而納布帛，唯鹽酒本以榷率計錢，與兩税異，不可去錢。』

〔四十一〕輒不得别進錢物：『錢物』，原作『物錢』，今據册府元龜、四庫全書、全唐文、適園叢書、學林本改。

〔四十二〕掖庭籍没罪人妻子等，宜并放歸親族：『罪人妻子』，原作『罪人妻女』，今據册府元龜、全唐文改。『宜并放歸』，原作『宜放歸』，今據册府元龜、全唐文增補。『掖庭』，亦作『掖廷』。宫中旁舍，妃嬪居住的地方。漢書杜延年傳：『時宣帝養於掖廷，號皇曾孫。』後漢書班固傳上：『後宫則有掖庭、椒房，后妃之室。』李賢注引漢官儀：『婕妤以下皆居掖庭。』

〔四十三〕内外文武見任及致仕官三品已上：此句原無『及』字，今據册府元龜、全唐文增補。

〔四十四〕四品已下：『已下』，原作『以上』，今據册府元龜、四庫全書、全唐文改。

〔四十五〕諸道諸軍將士等：『諸道諸軍』，原作『諸軍』，今據册府元龜、全唐文增補。

〔四十六〕二王、三恪、文宣王：按，『二王』『三恪』之解釋，請參見本書卷二順宗即位赦文篇之校箋〔三十一〕。『文宣王』，指孔子。唐玄宗開元二十七年封孔子爲文宣王。

〔四十七〕皇王五等已上親：此句中『王』字原缺，今據册府元龜增補。

〔四十八〕武德已來配饗：『配饗』，亦作『配享』，合祭；祔祀。古帝王祭天，以先祖配祭。晋書樂志上：『我皇受命，奄有萬方。郊祀配享，禮樂孔章。』

〔四十九〕張巡、許遠、南霽雲、顔杲卿、顔真卿等，尚父子儀、贈太師晟、贈太尉秀實：按，以上張巡、許遠至贈太尉秀實諸人之生平事迹，請見本書卷二順宗即位赦篇之校箋〔三十四〕〔三十五〕。

〔五十〕才行堪任臺省者：『堪任』，原作『堪在』，今據册府元龜、全唐文、適園叢書、學林本改。

〔五十一〕父母祖父母：此句原作『父母祖父祖母』，今據册府元龜、全唐文、適園叢書、學林本改。

〔五十二〕興元奉天功臣，及蔡鄆立功將士：按，『興元奉天功臣』又稱『興元元從奉天定難功臣』，指唐德宗建中三年朱泚叛亂攻入京城，唐德宗與諸大臣避難於奉天。興元元年，德

宗下詔所賜某些功臣之名號。檢舊唐書卷十二德宗紀上載：『興元元年春正月癸酉朔，上在奉天行宫受朝賀。詔曰：「……朕嗣服丕構，君臨萬邦，失守宗祧，越在草莽。……天譴于上而朕不寤，人怨于下而朕不知。馴致亂階，變起都邑，賊臣乘釁，肆逆滔天，曾莫愧畏，敢行凌逼。萬品失序，九廟震驚，上累於祖宗，下負於蒸庶。痛心靦面，罪實在予……今上元統曆，獻歲發祥，宜革紀年之號，式敷在宥之澤，可大赦天下，改建中五年爲興元元年。……朱泚反易天常，盜竊名器，暴犯陵寢，所不忍言，獲罪祖宗，朕不敢赦。除泚外，并從原宥。應赴奉天并進收京城將士，并賜名『奉天定難功臣』……」四月辛丑朔。……壬寅，詔奉天隨從將士并賜號「元從功臣」。』又『蔡鄆立功將士』，指唐憲宗元和十二年後平定蔡州吴元濟和鄆州李師道的以裴度、李愬、劉悟、田弘正等爲首的立功將士。檢舊唐書卷十五憲宗紀下：元和十二年七月『丙辰，制以中書侍郎、平章事裴度守門下侍郎、同平章事、使持節蔡州諸軍事、蔡州刺史，充彰義軍節度、申光蔡觀察處置等使，仍充淮西宣慰處置使。……以刑部侍郎馬總兼御史大夫，充淮西行營諸軍宣慰副使；以太子右庶子韓愈兼御史中丞，充彰義軍行軍司馬；以司勛員外郎李正封、都官員外郎馮宿、禮部員外郎李宗閔皆兼侍御史，爲判官書記：從度出征。詔以郾城爲行蔡州治所。八月戊午朔。庚申，裴度發赴行營，敕神策軍三百人衛從，上御通化門勞遣之。度望門

再拜，銜涕而辭，上賜之犀帶。……甲申，裴度至郾城。……冬十月壬申，裴度往沲口觀板築五溝，賊遽至，注弩挺刃將及度，而李光顔，田布扼其歸路，大敗之。是日，度幾陷。……己卯，隨唐節度使李愬率師入蔡州，執吴元濟以獻，淮西平。甲申，詔：「淮西立功將士，委韓弘、裴度條疏奏聞。……」十一月丙戌朔，御興安門受淮西之俘。以吴元濟徇兩市……録平淮西功：隨唐節度使、檢校左散騎常侍李愬檢校尚書左僕射、襄州刺史，充山南東道節度、襄鄧隨唐復郢均房等州觀察等使；加宣武軍節度使韓弘兼侍中；忠武軍節度使李光顔、河陽節度使烏重胤并檢校司空。以宣武軍都虞候韓公武檢校左散騎常侍、鄜州刺史、鄜坊丹延節度使，以魏博行營兵馬使田布爲右金吾衛將軍，皆賞破賊功也。……戊申，以淮西宣慰副使、刑部侍郎馬總爲彰義軍節度留後。十二月壬戌，以彰義軍節度、淮兩宣慰處置使、門下侍郎、同平章事裴度守本官，賜上柱國、晋國公、食邑三千户；以蔡州留後馬總檢校工部尚書、蔡州刺史、彰義軍節度使、溵州潁陳許節度使。丙子，以右庶子韓愈爲刑部侍郎』。按，上述授官諸人均是平蔡州之功臣。又，同上書元和十一年十月載：『鄆州李師道加檢校司空。師道聞拔凌雲栅，乃懼，僞貢款誠，故有是命。』元和十四年二月又載：『壬戌，田弘正奏，今月九日，淄青都知兵馬使劉悟斬李師道并男二人首請降，師道所管十二州平。甲子，上御宣政殿受賀。己巳，上御興安門受田弘正所獻賊俘，群臣賀

於樓下。庚午，制以淄青兵馬使、金紫光録大夫、試殿中監、兼監察御史劉悟檢校工部尚書、滑州刺史，充義成軍節度使，封彭城郡王，食邑三千户，賜錢二萬貫、莊宅各一區。癸酉，田弘正加檢校司徒、同中書門下平章事。三月己卯朔。丁酉，上以齊、魯初平，宴群臣於麟德殿，賜物有差。戊子，以華州刺史馬總鄆、濮、曹等州觀察等使；己丑，以義成軍節度使薛平爲青州刺史，充平盧軍節度、淄青齊登萊等州觀察等使；以淄青四面行營供軍使王遂爲沂州刺史，充沂、海、兖、密等州都團練觀察等使：析李師道所據十二州爲三鎮也。』又按，上述馬總、薛平、王遂諸人應均是平鄆州李師道之功臣。

〔五十三〕諸州刺史等：『諸州刺史』，原作『諸軍使』，今據册府元龜、四庫全書、全唐文改。

〔五十四〕都防禦使下及神策一十二鎮將士等：此句原無『及』字，今據册府元龜、全唐文增補。

〔五十五〕仍普與進改：此句中『普』字原作『并』，今據册府元龜、全唐文改。

〔五十六〕既展於徽章：『徽章』，指褒崇封贈的策命。北周王褒太保吴武公尉遲綱墓碑：『司勛載其洪烈，典册備其徽章。』唐陸贄册淑妃王氏爲皇后文：『稱是徽章，聿歸全德。』

〔五十七〕郡太夫人、國太夫人者：按，册府元龜、全唐文無『國太夫人』四字。

〔五十八〕應緣皇太后册禮職事官：此句原無『應』字，今據全唐文增補。

〔五十九〕天下百姓有父母祖父母高年者：此句原作『天下百姓有父母高年者』，而適園叢書、明鈔本、學林本作『天下百姓有父母年高者』，册府元龜則作『天下百姓父母祖父母年高者』，今據全唐文改。

〔六十〕皇城内蕃客等：此句原無『皇』字，今據四庫全書增補。

〔六十一〕宫苑諸門守捉：『守捉』，唐制，軍隊戍守之地，較大者稱軍，小者稱守捉，其下則有城有鎮。唐元結奏色科率等狀：『臣一州當嶺南三州之界，守捉四十餘處。』新唐書兵志：『唐初，兵之戍邊者，大曰軍，小曰守捉，曰城，曰鎮，而總之者曰道。』

〔六十二〕并加賜勛爵：此句原無『加』字，今據全唐文增補。

〔六十三〕有先得替及因病假滿百日解官：『有先得替』四字後原有『者』字，今據册府元龜、全唐文、適園叢書、學林本删。『及因病假滿』，原無『及』字，今據册府元龜、全唐文增補。

〔六十四〕閉糴禁錢：『閉糴』，禁止糴米。語本左傳僖公十五年：『晋饑，秦輸之粟；秦饑，晋閉之糴。』二刻拍案驚奇卷一：『米價踴貴，各處禁糴閉糴，官府嚴示平價，越發米不入境

了。』

〔六十五〕任上封事：『封事』，密封的奏章。古時臣下上書奏事，防有泄漏，用皂囊封緘，故稱。漢書 宣帝紀：『上始親政事，又思報大將軍功德，乃復使樂平侯山領尚書事，而令群臣得奏封事，以知下情。』後漢書 明帝紀：『於是在位者皆上封事，各言得失。』李賢注：『宣帝始令群臣得奏封事，以知下情。封有正有副，領尚書者先發副封，所言不善，屏而不奏；後魏相奏去副封，以防擁蔽。』

〔六十六〕應流外色役人等：『色役』，古時徭役之一。盛行於唐代，即由官府簽派人户去各級品官和官衙擔任僕役的一種差役。五代王定保唐摭言 海叙不遇：『李常侍鷺廉察江西，特與放鄉里之役，盲俗互有論列。鷺判曰：「江西境内，凡爲詩得及濤者，即與放色役，不止一任濤耳。」』新唐書 食貨志一：『王鉷爲户口色役使，歲進錢百億萬緡。』

敬宗即位優賜諸軍詔〔一〕

朕以寡昧，祗膺寶位，載懷悼懼，豈所克堪。而羽衛爪牙，禁營司旅，晝巡夜警，叶力悉心。自始銜哀，至於踐祚，忠勤匪懈，誠節用彰。將圖錫賚，務欲豐厚，屬頻年旱

歎〔二〕，御府空虛。如聞邊上將士，至今未給衣賜，永言軫慮，深切寤懷〔三〕。沾恤之時〔四〕，所期均濟。兩軍官健〔五〕，各宜賜絹十匹，錢十千。畿内諸鎮，各賜絹十匹，錢伍千。軍吏及城内諸軍，賞物節級有等〔六〕。仍於内庫更出綾絹共二百萬匹，付度支充邊軍春衣〔七〕。并天下州府賦税，如要蠲放者〔八〕，并委所司約此數均勘取濟〔九〕。凡百將士，宜悉朕懷。　慶四年正月。

校箋

〔一〕本文又見册府元龜卷八十一帝王部慶賜第三。全唐文卷六十八亦收録，文題作賜將士錢絹詔，署名敬宗皇帝。本文文末原署頒布時間爲『長慶四年正月』。考舊唐書卷十七上敬宗紀載：『敬宗睿武昭愍孝皇帝諱湛，穆宗長子……長慶元年三月，封景王。二年十二月，立爲皇太子。四年正月壬申，穆宗崩。癸酉，皇太子即位柩前，時年十六。……丙子，群臣準遺詔奏皇帝寶册，禮畢，詔賞神策諸軍士人絹十匹、錢十千，畿内諸軍鎮絹十匹、錢五千，其餘軍鎮頒給有差。内出綾絹三百萬段以助賞給。穆宗初即位，在京軍士人獲五十千，在外軍鎮差降無幾。至

是，宰臣奏議請量國力頒賞，故差減於先朝，物議是之。」册府元龜『敬宗以長慶四年正月丙子即位詔曰：朕以寡昧，祗膺寶位……』云云。據上所考，敬宗此次『優賜諸軍詔』，乃須布於長慶四年（八二四）正月丙子。按，長慶四年正月辛亥朔，則本年正月丙子即正月二十六日。此時爲頒布此詔之時，其撰寫時間當在此時稍前。

〔二〕屬頻年旱歉：按，長慶四年之前『頻年旱歉』情況可見於史籍所載。舊唐書卷十六穆宗紀長慶二年閏十月記：『甲寅，詔：「江淮諸州旱損多，所在米價不免踴貴，眷言疲困，須議優矜。宜委淮南、浙西東、宣歙、江西、福建等道觀察使，各於當道有水旱處，取常平義倉斛斗，據時估減半價出糶，以惠貧民。」……（十二月）癸巳……淮南奏和州饑，烏江百姓殺縣令以取官米。甲午，内出絹二百匹，賑兩市癃殘窮者。』又，憲宗至穆宗長慶年間亦多有旱灾的記録，新唐書卷三十五五行志二載：『元和三年，淮南、江南、江西、湖南、廣南、山南東西皆旱。四年春、夏，大旱；秋，淮南、浙西、江西、江東旱。七年夏，揚、潤等州旱。八年夏，同、華二州旱。十五年夏，旱。』即使至頒此詔當年的寶曆元年秋，五行志二亦載：『荆南、淮南、浙西、江西、湖南及宣、襄、鄂等州旱。』

〔三〕永言軫慮，深切痌懷：『軫慮』，憂慮。南朝梁江淹蕭讓太傅相國齊公十郡九錫第二

表：『中庶卷容，左右軫慮。』唐太宗執契静三邊詩：『秋駕轉兢懷，春冰彌軫慮。』『寤懷』，睡不着而懷念，猶言日夜想念。楚辭　九歌　河伯：『日將暮兮悵忘歸，惟極浦兮寤懷。』王逸注：『寤，覺也。懷，思也。』三國魏阮籍東平賦：『悸罔徙易，靡所寤懷。』

〔四〕沾恤之時：『沾恤』，救濟撫恤。南齊書　武帝紀：『詔曰：「頃風水爲灾，二岸居民，多離其患……遣中書舍人履行沾恤。」』

〔五〕兩軍官健：『官健』，唐初府兵制，士兵自備武器資糧，後逐漸改爲官給，故稱士兵爲官健。舊唐書　張萬福傳：『萬福曰：「官健常虚費衣糧，無所事，今乃一小賴之，不足過賞，請用三之一。」』資治通鑒唐代宗大曆三年引此文，胡三省注云：『兵農既分，縣官費衣糧以養軍，謂之官健，猶言官所養健兒也。』

〔六〕賞物節級有等：『節級』，次第。魏書　釋老志：『年常度僧……若無精行，不得濫采。若取非人，刺史爲首，以違旨論，太守、縣令……節級連坐。』唐玄奘大唐西域記　鉢邏耶伽國：『備極珍玩，窮諸上饌，如是節級，莫不周施。』

〔七〕付度支充邊軍春衣：『度支』，官署名。魏晋始置。掌管全國財政。長官爲度支尚書。南北朝以度支尚書領度支、金部、倉部、起部四曹。隋開皇初改度支尚書爲民部尚書。唐因避太

宗李世民諱，改民部爲户部，旋復舊稱。

〔八〕如要蠲放者：『蠲放』，免除。宋范仲淹奏乞兩府兼判：『每至歲終，盡其減省冗費之數，增息財利之數，蠲放困窮之數，具目進呈。』宋李心傳建炎以來繫年要録紹興三年五月：『檢灾之蠲放分數，方田之高下土色，不公不實。』

〔九〕均勘取濟：『取濟』，謂取得資財或某種力量的幫助。蘇氏演義卷上引漢東方朔神異經：『若狼爲巨獸或獵人逐之而逸，即狽墜於地，不能取濟，遂爲衆工所獲。』唐韓愈論變鹽法事宜狀：『鹽商利歸於己，無物不取，或從賒貸升斗，約以時熟填還。用此取濟，兩得其便。』

卷第二

帝王

即位赦下

改元上

即位赦下

武宗即位赦〔一〕

朕粤自藩邸，來握乾符，銜哀受遺〔二〕，當寧興感。永惟我高祖太宗，艱難創業，其後列聖，奕葉重光，英睿相繼〔三〕。洎于先帝〔四〕，秉文之德，光闡皇猷，將洽理平，甫臻仁壽〔五〕。顧予冲昧，叨承大統〔六〕，祇命若臨於泉谷，思理未詳於政刑〔七〕。空懷濟物之心，將纘已成之業。所尚者樸儉〔八〕，所寶者忠良，肆眚法開網之仁〔九〕，厚生敷流澤之惠。上憑靈祉，下便物情〔十〕，期中外以叶心，冀遐邇而咸乂〔十一〕。爰遵典訓〔十二〕，特霈鴻恩，諒表政於維新，敢忘憂於馭朽〔十三〕？可大赦天下。自開成五年二月八日昧爽已前，大辟罪已下，罪無輕重，咸赦除之。唯十惡叛逆〔十四〕，故殺人，官典犯贓〔十五〕，不在此限。

校箋

（一）本文又見於全唐文卷七十八，文題爲即位赦文，署名唐武宗。本文文末原未署頒布時間。考新唐書卷八上武宗紀開成五年載：『二月乙卯，大赦。』按，開成五年二月戊申朔，則是年二月乙卯即二月八日。此次之大赦日期正與本赦文『自開成五年二月八日昧爽已前』云云合。據此可知此赦文乃頒布於開成五年（八四〇）二月八日，則其撰寫時間當在是時稍前。

（二）朕粤自藩邸，來握乾符，銜哀受遺：『藩邸』，原作『蕃邸』，今據全唐文改。『銜哀受遺』，原作『銜哀授遺』，今據四庫全書改。『藩邸』，即藩王之第宅。北齊書昭帝紀：『月餘，（高演）乃居藩邸，自是詔敕多不關帝。』唐鄭棨開天傳信記：『上於藩邸時，每戲游城南韋、杜之間。』『乾符』，指帝王受命於天的吉祥徵兆。晉書慕容儁載記：『寡君今已握乾符，類上帝，四海懸諸掌，大業集於身。』唐韓愈賀册尊號表：『陛下仰稽乾符，俯順人志。』『受遺』，古代謂大臣接受皇帝的遺命以輔政。唐杜甫夔府書懷四十韻：『先帝嚴靈寢，宗臣切受遺。』明沈德符萬曆野獲編補遺內閣隆慶七相之去：『至穆宗憑几，僅高張二公受遺。』按，此

數句所言之背景，舊唐書卷十八上武宗紀有所記載：『武宗至道昭肅孝皇帝諱炎，穆宗第五子，母曰宣懿皇后韋氏。元和九年六月十二日，生於東宮。長慶元年三月，封潁王，本名瀍。開成中加開府儀同三司、檢校吏部尚書，依百官例，逐月給俸料。初，文宗追悔莊恪太子殂不由道，乃以敬宗子陳王成美爲皇太子，開成四年冬十月宣制，未遑册禮。五年正月二日，文宗暴疾，宰相李珏、知樞密劉弘逸奉密旨，以皇太子監國。兩軍中尉仇士良、魚弘志矯詔迎潁王於十六宅，曰：「朕自嬰疾疹，有加無瘳，懼不能躬總萬機，日厘庶政。稽於謨訓，謀及大臣，用建親賢，以貳神器。親弟潁王瀍昔在藩邸，與朕常同師訓，動成儀矩，性禀寬仁。俾奉昌圖，必諧人欲。可立爲皇太弟，應軍國政事，便令權勾當。百辟卿士，中外庶臣，宜竭乃心，輔成予志。陳王成美先立爲皇太子，以其年尚冲幼，未漸師資，比日重難，不遑册命，回踐朱邸，式協至公，可復封陳王。」是夜，士良統兵士於十六宅迎太弟赴少陽院，百官謁見於東宮思賢殿。三日，仇士良收捕仙韶院副使尉遲璋殺之，屠其家。四日，文宗崩，宣遺詔：皇太弟宜於柩前即皇帝位，宰相楊嗣復攝冢宰。十四日，受册於正殿，時年二十七。陳王成美、安王溶殂於邸第。初，楊賢妃有寵於文宗，而莊恪太子母王妃失寵怨望，爲楊妃所譖，王妃死，太子廢。及開成末年，帝多疾無嗣，賢妃請以安王溶嗣，帝謀於宰臣李珏，珏非之，乃立陳王。至是，仇士良立武宗，欲歸功於己，乃發

安王舊事，故二王與賢妃皆死。」

〔三〕奕葉重光，英睿相繼：『奕葉』，累世，代代。漢蔡邕琅邪王傅蔡朗碑：『奕葉載德，常歷宮尹，以建於兹。』隋書禮儀志七：『宣尼制法，云行夏之時，乘殷之輅。奕葉共遵，理無可革。』『英睿』，指英明之君。唐吴筠覽古詩之十四：『鯀瞍誕英睿，唐虞育昏孽。』

〔四〕洎于先帝：『洎』，原作『逮』，今據全唐文、適園叢書、學林本改。『先帝』，此處指唐文宗，傳見舊唐書卷十七上文宗紀、新唐書卷八文宗紀。

〔五〕秉文之德，光闡皇猷，將洽理平，甫臻仁壽：『秉文』，猶行文。南朝梁劉勰文心雕龍徵聖：『志足而言文，情信而辭巧，乃含章之玉牒，秉文之金科矣。』『皇猷』，帝王的謀略或教化。南朝梁沈約齊太尉文憲王公墓志銘：『帝圖必舉，皇猷偕焕。』北史牛弘傳：『今皇猷遐闡，化覃海外。』『理平』，猶治平，升平。唐白居易批百僚嚴綬等賀御撰屏風表：『朕烈祖太宗，以古爲鏡，用輔明聖，實臻理平。』宋王禹偁前普州刺史康公預撰神道碑：『今幸功名以繼祖禰，年享壽考，運逢理平。』『仁壽』，謂有仁德而長壽。語出論語雍也：『知者動，仁者静；知者樂，仁者壽。』邢昺疏：『言仁者少思寡欲，性常安静，故多壽考也。』此處爲『仁壽之域』之意。漢書王吉傳：『驅一世之民，濟之仁壽之域。』漢書董仲舒傳：『堯舜行德，則民

仁壽。按，此數句乃對唐文宗之評價，大致與舊唐書文宗紀史臣之說相符：『史臣曰：昭獻皇帝恭儉儒雅，出於自然，承父兄奢弊之餘，當閹寺撓權之際，而能以治易亂，代危爲安。大和之初，可謂明矣。初，帝在藩時，喜讀貞觀政要，每見太宗孜孜政道，有意于兹。洎即位之後，每延英對宰臣，率漏下十一刻。故事，天子雙日視事，帝謂宰輔曰：「朕欲與卿等每日相見，其輟朝、放朝，用雙日可也。」時憲宗郭后居興慶宮，曰太皇太后，敬宗母寶曆太后及上母蕭太后，時呼「三宮太后」。帝性仁孝，三宮問安，其情如一。嘗内園進櫻桃，所司啓曰：「別賜三宮太后。」帝曰：「太后宮送物，焉得爲賜。」遽取筆改賜爲奉。宗正寺以祭器朽敗，請易之，及有司呈進，命陳於別殿，具冠帶而閲之，容色凄然。尤勤於政理，凡選内外群官，宰府進名，帝必面訊其行能，然後補除。中書用鴻臚卿張賈爲衢州刺史，賈好博，朝辭日，帝謂之曰：「聞卿善長行。」對曰：「政事之餘，聊與賓客爲戲，非有所妨。」帝曰：「豈有好之而無妨也！」内外聞之悚息。而帝以累世變起禁闈，尤側目於中官，欲盡除之。然訓、注狂狡之流，制御無術，矢謀既誤，幾致顛危。所謂「有帝王之道，而無帝王之才」，雖旰食焦憂，不能弭患，異哉！』

〔六〕顧予冲昧，叨承大統：『冲昧』，年幼愚昧。宋書後廢帝紀：『朕以冲昧，嗣膺寶業。』魏書高祖紀上：『昔四代養老，問道乞言。朕雖冲昧，每尚其美。』『叨承』，忝受；承受。唐李

白下途歸石門舊居詩：『此心鬱悵誰能論，有愧叨承國士恩。』明無名氏玉環記 祝香保父：『爹爹休嗔休怪，孩兒叨承鍾愛。』『大統』，帝業；帝位。書 武成：『我文考文王，克成厥勳，誕膺天命，以撫方夏。大邦畏其力，小邦懷其德。惟九年，大統未集。』孔傳：『九年而卒，故大業未就。』後漢書 光武帝紀下：『東海王陽，皇后之子，宜承大統。』按，唐武宗即位時年二十七，故稱『冲昧』。舊唐書 武宗紀載：開成五年元月『四日，文宗崩，宣遺詔：皇太弟宜於柩前即皇帝位，宰相楊嗣復攝冢宰。十四日，受册於正殿，時年二十七』。

〔七〕祗命若臨於泉谷，思理未詳於政刑：『祗命』，猶奉命。唐韓愈早赴街西行香贈盧李二中舍人詩：『天街東西異，祗命遂成游。』明何景明皇告詩序：『皇帝告萬國，朕祗命上帝……改元曰正德。』『思理』，思辨能力。晋書 戴若思傳：『思理足以研幽，才鑒足以辯物。』南朝宋劉義慶世説新語 品藻：『庾道季云：「思理倫和，吾愧康伯。」』『政刑』，政令和刑罰。左傳 隱公十一年：『君子謂鄭莊公失政刑矣。政以治民，刑以正邪。』新唐書 王縉傳：『大曆政刑，日以堙陵，由縉與元載、杜鴻漸倡之也。』

〔八〕所尚者樸儉：『樸儉』，四庫全書、全唐文作『節儉』。

〔九〕肆眚法開網之仁：『開網之仁』，四庫全書、全唐文作『解網之仁』。『肆眚』，寬赦

罪人。春秋莊公二十二年：『春王正月，肆大眚。』杜預注：『赦有罪也。』後漢書王符傳：『論者多曰：「久不赦則奸軌熾，而吏不制，宜數肆眚以解散之。」此未昭政亂之本源，不察禍福之所生也。』『開網之仁』，即『網開三面』之仁。史記殷本紀：『湯出，見野張網四面，祝曰：「自天下四方，皆入吾網。」湯曰：「嘻，盡之矣！」乃去其三面，祝曰：「欲左，左；欲右，右。不用命，乃入吾網。」諸侯聞之，曰：「湯德至矣，及禽獸。」』後因以『網開三面』喻法令寬大，恩澤遍施。唐劉禹錫賀赦表：『澤及八荒，網開三面。』宋蘇軾到惠州謝表：『此蓋伏遇皇帝陛下以大有爲之資，行不忍人之政。湯網開其三面……』

（十）上憑靈祉，下便物情：『靈祉』，神靈降賜的福祉。晉書赫連勃勃載記：『靈祉逾昌，世業彌盛。』南朝宋殷淡宋章廟樂舞歌肅咸樂一：『祇對靈祉，皇慶昭膺。』『物情』，物理人情，世情。三國魏嵇康釋私論：『情不繫於所欲，故能審貴賤而通物情。』唐孟浩然和張判官登萬山亭因贈洪府都督韩公詩：『物情多貴遠，賢俊豈遥今？』

（十一）期中外以叶心，冀遐邇而咸乂：『叶心』，同心。唐柳宗元爲文武百官請復尊號表之三：『今者君臣同德，上下叶心。』唐劉肅大唐新語匡贊：『二人執性不同，同歸於道，叶心翼贊，以致刑措焉。』『乂』，此處意爲安乂，即太平，安定。南朝梁武除省不便於民者詔：『唯欲億兆

康寧，下民安乂。』唐元結補樂歌之九：『茫茫下土兮，乃均四方；國有安乂兮，野有封疆。』

〔十二〕爰遵典訓：『典訓』，準則性的訓示。後漢書列女傳曹世叔妻班昭：『鄙人愚暗，受性不敏，蒙先君之餘寵，賴母師之典訓。』元典章兵部三使臣：『其本處官司不遵朝廷典訓，輒敢非理騷擾，實爲未便。』

〔十三〕諒表政於維新，敢忘憂於馭朽：『維新』，謂乃始更新。詩大雅文王：『周雖舊邦，其命維新。』毛傳：『乃新在文王也。』陳奐傳疏：『維，猶乃也；維新，乃新也……言周至文王而始新之。』後因稱改變舊法推行新政爲維新。後漢書楊彪傳：『耄年被病，豈可贊維新之朝？』『馭朽』，即『馭朽索』。書五子之歌：『予臨兆民，懍乎若朽索之馭六馬。』孔穎達疏：『我臨兆民之上，常畏人怨，懍懍乎危懼，若腐索之馭六馬。索絶則馬逸，言危懼之甚。』後因以比喻帝王治國，艱險不易。唐白居易辨興亡之由策：『安人者，敬其下也，懍乎若馭朽索，猶懼其未也。』亦省作『馭朽』。陳書世祖紀論：『及國禍奄臻，入承寶祚，兢兢業業，其若馭朽。』

〔十四〕唯十惡叛逆：『十惡』，封建時代刑律所定的十種大罪。隋書刑法志：『（開皇元年）更定新律……又置十惡之條，多采後齊之制，而頗有損益。一曰謀反，二曰謀大逆，三曰謀

叛，四曰惡逆，五曰不道，六曰大不敬，七曰不孝，八曰不睦，九曰不義，十曰内亂。犯十惡及故殺人獄成者，雖會赦，猶除名。』唐長孫無忌唐律疏議名例一十惡：『周齊雖具十條之名，而無十惡之目。開皇創制，始備此科……自武德以來，仍遵開皇，無所損益。』

〔十五〕官典犯贓：『官典』，指低級官吏。唐韓愈論變鹽法事宜狀：『臣今計此用錢已多，其餘官典及巡察手力所由等糧課，仍不在此數。通計所給，每歲不下十萬貫。』『犯贓』，猶貪贓。宋書劉湛傳：『（湛）爲人剛嚴用法，奸吏犯贓百錢以上，皆殺之，自下莫不震肅。』唐吴兢貞觀政要政體：『在京流外有犯贓者，皆遣執奏，隨其所犯，置以重法。』

宣宗即位赦〔一〕

天分四時，必始發生之德；帝臨九有〔二〕，是先蕩滌之恩。故雷雨作而萬物滋榮，慶澤行而兆人悦服〔三〕。皇王之典，今古所遵。朕以眇身，獲纂丕業〔四〕，上承宗社之眷祐，下繫生靈之安危，夙夜祗勤〔五〕，庶臻于理。永惟黎元之困，賦役之繁，干戈未寧，輸發尚急〔六〕，流移未復，冤滯猶多〔七〕，刑獄未平，奸詐斯起，進獻無度，淫巧競生〔八〕，思與蠲除，俾從開泰，將以導迎和氣〔九〕，咸致歡心。爰因大慶之晨〔十〕，式舉

惟新之令，可大赦天下。會昌六年五月五日。

校箋

〔一〕本文又見於全唐文卷八十二，文題名即位赦文，署名唐宣宗。本文文末原署頒布時間爲『會昌六年五月五日』。考册府元龜卷九十一帝王部赦宥第十載：『宣宗以會昌六年三月即位，五月大赦。』此處大赦雖記於會昌六年五月，然未記何日。又考新唐書卷八宣宗紀會昌六年記：『五月乙巳，大赦。』又資治通鑑卷二百四十八會昌六年亦載：『五月乙巳，赦天下。』檢會昌六年五月辛丑朔，則是年五月乙巳恰爲五月五日，與本文所署時間同，可證此次大赦確實在會昌六年（八四六）五月五日。然此時間乃頒布赦令之時，其撰寫時間當在是時稍前。

〔二〕帝臨九有：『九有』，即九州。詩商頌玄鳥：『方命厥后，奄有九有。』毛傳：『九有，九州也。』三國志蜀書郤正傳：『今三方鼎跱，九有未乂，悠悠四海，嬰丁禍敗。』

〔三〕慶澤行而兆人悦服：『慶澤』，指皇帝的恩澤。唐元稹處分幽州德音制：『又念八州之內，九賦用殷，慶澤旁流，所宜沾貸。』宋史樂志十五：『躬承寶訓表欽崇，慶澤布寰中。』

〔四〕朕以眇身，獲纂丕業：「眇身」，猶言微末之身。封建帝后自謙之詞。漢書武帝紀：「朕以眇身承至尊，兢兢焉惟德菲薄，不明于禮樂，故用事八神。」「丕業」，大業。史記司馬相如列傳：「皇皇哉斯事！天下之壯觀，王者之丕業，不可貶也。」

〔五〕夙夜祇勤：「祇勤」，敬慎勤勞。後漢書文苑傳上黄香：「香亦祇勤物務，憂公如家。」舊唐書德宗紀下：「小大之務，莫不祇勤。」

〔六〕干戈未寧，輪發尚急：「輪發」，謂輸送和調發糧草、軍隊。新唐書南蠻傳中南詔下：「帝見輸發頻，罷游幸，不奏樂，宰相杜悰以爲非是，止之。」按，此處「干戈未寧」主要指抗擊回鶻南侵以及党項之叛事。蓋武宗會昌年間主要戰事爲平定澤潞劉稹和山東三州之叛亂，以及回鶻之南侵、党項之叛。其中至宣宗即位時，劉稹和山東三州之叛亂已經平定，誠如舊唐書卷十八上武宗紀會昌四年七月所記：「王元逵奏邢州刺史裴問、别將高元武以城降。洺州刺史王釗、磁州刺史安玉以城降何弘敬。山東三州平。潞州大將郭誼、張谷、陳揚廷遣人至王宰軍，請殺稹以自贖。王宰以聞，乃詔石雄率軍七千入潞州，誼斬劉稹首以迎雄，澤、潞等五州平。八月戊戌，王宰傳稹首與大將郭誼等一百五十人，露布獻於京，上御安福門受俘，百僚樓前稱賀。」然是時，回鶻侵邊，党項叛亂，邊境干戈尚未止息，此如舊唐書武宗紀所載如下史事：會昌二年八

月，『迴紇烏介可汗過天德，至杷頭烽北，俘掠雲、朔北川，詔劉沔出師守雁門諸關。迴紇首領屈武降幽州，授左武衛將軍同正。詔以迴紇犯邊，漸侵內地，或攻或守，於理何安？令少師牛僧孺、陳夷行與公卿集議可否以聞。僧孺曰：「今百僚議狀，以固守關防，伺其可擊則用兵。」宰相李德裕議：「以迴紇所恃者嗢没、赤心耳，今已離叛，其强弱之勢可見。戎人獷悍，不顧成敗，以失二將，乘忿入侵，出師急擊，破之必矣。守險示弱，虜無由退。擊之爲便。」天子以爲然。乃徵發許、蔡、汴、滑等六鎮之師，以太原節度使劉沔爲迴紇南面招討使；以張仲武爲幽州盧龍節度使、檢校工部尚書，封蘭陵郡王，充迴紇東面招討使；以李思忠爲河西党項都將，迴紇西南面招討使：皆會軍於太原。……（會昌三年二月）太原劉沔奏：「昨率諸道之師至大同軍，遣石雄襲回鶻牙帳，雄大敗回鶻於殺胡山，烏介可汗被創而走。已迎得太和公主至雲州。」……時烏介可汗中箭，走投黑車子，詔黠戛斯出兵攻之』。又，同上書會昌四年九月記：『制以皇子愕爲開府儀同三司、夏州刺史、朔方軍節度大使。時党項叛，命親王以制之。……（會昌六年）二月壬申朔。癸酉，以時雨愆候，詔：「……征党項行營兵士，不得濫有殺傷。」……庚辰，以夏州節度使米暨充東北道招討党項使。……以邠寧節度使高承恭充西南面討党項使。』

〔七〕流移未復，寃滯猶多：『流移』，指流離失所的人。宋李綱與折仲古龍學書：『境內盜

賊，悉已净盡，流移歸業。』續資治通鑒宋理宗淳祐二年：『卿宜務忠實以革欺誕，施威信以戢潰衄，廣惠愛以撫流移。』『寃滯』，原指滯留未申的寃獄，此處指官員受寃枉而長久不得官職或不得升遷。宋司馬光薦范祖禹狀：『由臣頑固，編集此書，久而不成，致祖禹淹回沉淪，不得早聞達於朝廷，而祖禹安恬静默，如可以終身下位，曾無滯留之念。』宋吴處厚青箱雜記卷四：『錢雖少年榮進，晚即滯留。』按，此處所謂『流移未復，寃滯猶多』，實際指因被誣而被徒流邊遠地區者，以及在武宗會昌間因政見等不同，而被宰相李德裕等權臣貶斥在外的以李宗閔、牛僧孺爲首的牛黨官員。如舊唐書宣宗紀會昌六年五月即提及有敕旨云：『又徒流人在天德、振武者，管中量借糧種，俾令耕田以爲業。』又，舊唐書武宗紀會昌元年三月所記：『三月，貶湖南觀察使楊嗣復潮州司馬，桂管觀察使李珏端州司馬，杭州刺史裴夷直驩州司户。』同上書會昌六年二月記：『貶舒州刺史蘇滌爲連州刺史。滌李宗閔黨，前自給事中爲德裕所斥，累年郡守，至是李紳言其無政故也。』因會昌年間被貶謫之牛黨成員多，故宣宗即位後即陸續量移或召回被貶的牛黨官員。資治通鑒卷二百四十八會昌六年八月即有宣宗量移牛黨主要成員的記載：『以循州司馬牛僧孺爲衡州長史，封州流人李宗閔爲郴州司馬，恩州司馬崔珙爲安州長史，潮州刺史楊嗣復爲江州刺史，昭州刺史李珏爲郴州刺史。僧孺等五相皆武宗所貶逐，至是，同日北遷。宗閔未離封州而

卒。』

〔八〕進獻無度，淫巧競生：『進獻』，進呈；呈獻。左傳襄公二十五年：『子展執縶而見，再拜稽首，承飲而進獻。』唐白居易賀雨詩：『乃命罷進獻，乃命賑饑窮。』『淫巧』，謂過於精巧而無益的技藝與製品。漢桓寬鹽鐵論本議：『有山海之貨而民不足於財者，不務民用而淫巧衆也。』明史孟一脉傳：『東南財賦之區，靡於淫巧，民力竭矣。』

〔九〕俾從開泰，將以導迎和氣：『開泰』，亨通安泰。晉書顧榮傳：『弘九合之勤，雪天下之耻，則群生有賴，開泰有期矣。』魏書高閭傳：『今天下開泰，四方無虞，豈宜盛世，干戈妄動。』『和氣』，古人認爲天地間陰氣與陽氣交合而成之氣。萬物由此『和氣』而生。老子：『萬物負陰而抱陽，沖氣以爲和。』韓非子解老：『孔竅虚，則和氣日入。』此處亦引申指能導致吉利的祥瑞之氣。漢王充論衡講瑞：『瑞物皆起和氣而生。』朱子語類卷一百六：『自古救荒只有兩説：第一是感召和氣，以致豐穰……』

〔十〕爰因大慶之晨：『爰』，全唐文作『載』。

懿宗即位赦（一）

門下：朕聞龍之騰天漢也，則必乘風雲，鼓雷電，以震六合（二）；君之踐大寶也（三），則必敷仁惠，涣號令，以煦萬方（四）。是以地不間於幽遐，事罔論於輕重（五），洪聖興而皇渥溥（六），德音振而庶類蘇（七）。故愆咎咸除（八），枯沉盡起，斯皆前代令典，國朝成規。委轡諒戒於惠奸，凝旒始懷於布澤（九）。顧予寡德，嗣纘丕圖（十），夙夜乾惕（十一），若俯泉谷。永惟我高祖太宗之艱難締構（十二），又惟我列聖之慈儉統承，思所以克紹休明（十三），弘濟億兆。剗叿俗之弊，清理化之源（十四），肇祥導和（十五），應天順物，致歡心於率土，知恭己以臨人（十六）。爰申在宥之恩（十七），因洽惟新之慶（十八），可大赦天下。自大中十三年十月九日昧爽已前，大辟罪已下，罪無輕重（十九），已發覺，未發覺，已結正，未結正，繫囚見徒，常赦所不免者，咸赦除之。唯犯十惡叛逆，及故殺人，官典犯贓（二十），及持杖行劫，并不在此限。其故殺人者，已傷未死，已死更生（二十一），意欲殺傷，偶得免者，并同已殺人法處分。又刑獄之内，官吏用情，推斷不平，因成冤獄，無問有贓無贓，不在原免之限。左降官量移近處，已經量

移者，更與量移（二十二）。其合復資者（二十三），五品已上中書門下即與處分，六品已下仍依常例選集。丁憂去任，及在憂制受貶者，服闋日亦與量移。如有親故在上都，任經所司陳狀，便與處分，不必更待本州府申請。其別敕因責受降資正官，及曾因忤累停免未經引用者，并與進改（二十四）。流人配隸及別敕安置（二十五），不問道路及已到未到者，并與量移近處。先已再經量移者，仍并放還。流貶人中，縱元敕云雖逢恩赦不在量移之限（二十六），或長流及充百姓終身勿齒者（二十七），并與中書門下量與收叙處分及量移近處。如已亡殁，家口欲還，及須歸葬者，聽隨所在便（二十八）。如緣葬事，幼弱饑窮，不能自濟者，委所在長吏量給棺櫬，優恤發遣。坐累歲深，加刑已衆，累經赦令，久未該恩，用弘開網之仁，俾釋向隅之戚。應元和末惡黨（二十九），前後處斷，人數已多。自今已後，宜一切不問，先有敕令追捕未獲者，亦更不復追獲（三十）。應先關連上件配流人并家口等，縱元敕云長流充百姓雖逢恩赦不在量移及放還限者，并與量移近處。如到流所經六載，仍并放還。如已亡殁，家口欲還，并準前流人等例處分。天德五城流人負罪素重，元敕未經十載，不得放還，今屬鴻恩，須令沾及（三十一），宜減三年，如年已滿便放還，如情願便住者亦聽。左降官及流人先有官者（三十二），如已亡殁，各還本

官。亡官失爵痕累禁錮者〔三十三〕，并從洗滌。惟自今年八月九日已後坐事流貶，并不該此新恩之限。營奉園陵所資發未備，慮其科率〔三十四〕，困撓黎元，應緣山陵制及喪儀禮物，宜委中書門下及諸官之長講求故實，必誠必信，務遵遺旨，用副朕懷。所緣山陵用度，近已出内庫及户部錢物充給。應緣人夫工價，宜各速令所司以不折估匹段兼見錢分數支給，不得令侵屈百姓。山陵未畢，情禮有異，其降誕進奉，宜且權停。志方思於遂物，心匪樂於從禽，止備蒐畋，所宜節減。諸道進鷹鷂，每年共許進二百聯，仍選擇堪處進奉，餘悉放免。貢獻無藝〔三十五〕，物力難充，華靡不除，時風豈厚。諸道節度觀察使除大例合貢獻外〔三十六〕，不得别有進奉。雕文刻鏤及異色綾錦難得寶貨，一皆禁絶。京畿賦役頗繁，河洛凋瘵亦甚，欲其綜息，當在蠲除。京兆府今年秋青苗錢〔三十七〕，宜每貫量放五百文，所放錢如是府司占留色目〔三十八〕，即委户部準舊例據數支填，不得令有虚折。其大中七年已前百姓積欠兩税斛斗，及青苗榷酒并税草職田麵麩𪎊等，徵收不得，空繫簿書，亦并放免。如在官典所由腹内，不在此限。河南府今年秋青苗錢，宜每貫量放三百文，如是府司占額錢數，亦委户部準例支填。應人户積欠府司及度支户部鹽鐵諸司大中七年已前諸色錢物斛斗銀錫草等〔三十九〕，如身已逃亡，及身在貧窮，家業蕩

盡，頻經校料，終無可徵納者，宜并放免。如在主掌人吏所由腹内者，不在此限。逋負年多（四十），徵攤力竭，咸令已責，庶可惠貧。度支户部鹽鐵三司應收管在城及在府州并諸色場鹽大中七年已前欠負諸色錢物斛斗等（四十一），除官典所由請領官錢和糴市及在場官招商所由腹内外，其餘人户所欠錢物，如身家已亡殁，或在貧窮，家業蕩盡，無可徵納，并逃竄捕捉未獲，囚繫妻男攤徵保人等（四十二），如此之類，虚挂簿書，終無填納之日（四十三），宜并放免。如聞後赦令蠲免放欠負，所司不及時處分，元繫簿書，徒有蠲免之名，却爲分外攪擾。今所放錢物，宜各令本司差辦事官典據年額人户姓名所欠錢物色目檢勘，便下文帳，不得更起條樣，勘逐所徵可放，生事擾人。仍令所在場鹽院及州縣，於要路分明懸榜示人户（四十四），俾令知悉。仍仰所司各限月日處分訖，具所放錢物單數分析聞奏。灾沴流行，黎甿困窘，免其租税，漸冀輯寧（四十五）。諸道州府有遭水損甚處，其今年合納苗税錢等（四十六），委長吏酌量蠲放。如大中十二年已前欠負兩税米在百姓腹内徵收不上者，亦宜特放，其實遭灾沴處，仍具分析聞奏（四十七）。抱器逢時，諒思展用（四十八），卑栖疏迹，能不懷嗟。如聞中外官僚，或有滯屈，雖限以員闕，致此因循，而念其考歷，孰非勤舊（四十九），宜令中書門下各量才分，漸與遷改。廣我四聰，在

於多士，才弘景化，思拜昌言（五十），諸色人若上封事極言時政得失，有官司者，官吏長收狀聞奏，無禄位者，任自投匭進狀，當必親覽，須務體國公言，不得用情謗訕。每想候封歲思於荒稔（五十一），莫非王土，物合通其有無。諸道州府閉糴禁錢，頗爲弊事，前後赦敕，累有條具。尚恐因循，依前壅塞，宜委出使郎官御史切加察訪（五十二），如有違越，即具奏聞。叛徒相扇，既已翦除，屬類潛逃，宜從寬宥。湖南、江西、嶺南、宣歙等處，去年所遭狂寇擾亂（五十三），尚恐軍人百姓，至今未安。如先有爲患者關連親族（五十四），或逃竄尚未復歸，今一切不問。仍各委本道長吏分明曉諭，切加招誘安存，勿令疑懼。如百姓曾經被賊俘劫錢物，官與收獲得者，俾分明勘認本主給還（五十五），勿使曖昧欺隱，仍具分析聞奏。如聞京城内富饒之徒，不守公法，厚利放債，損陷饑貧，前後累有敕文，約勒非不丁寧，無良者都不遵守，致貧乏之人，日受其弊。宜令京兆府準寶曆三年四月二十日及開成二年八月二日敕文，切加提舉曉諭，嚴切約勒處分。凶險之輩，情狀難容。如聞將吏傭保奴僕之徒，或因愆過發遣之後，輒生怨謗，捃拾本使及郎主細微之事，意在僥求，苟無所得，便成恐脅。或暗投無主文字，或擅進文狀，此若不絶，交害平人。自今已後，宜準律文及大中二年九月十日及大中六年

八月二日赦〔五十六〕，便於當處焚燒，所由不得收領及與聞奏。其擅進文狀，宜勘責重加科誡〔五十七〕。如所由固違敕文，不焚燒所投文書，尚敢將出，當與告訴者同罪。其容修文狀挾奸蠹者，委臺府及諸軍諸使切加訪察〔五十八〕。如有此色，便捉獲送府縣推問，須令痛懲。天下州郡，於所公用之餘，收糴年谷，自備水旱，以救疲人，賑絶及時，免待奏請，探聞惠物，頗謂通規。今年正月一日赦文，但令不別置倉，慮煩別差官吏主當，所以令寄常平義倉〔五十九〕，任自分別支用。如聞所在州郡，未能盡諭詔旨，衮入常平義倉，縱遇年豐，不務糴斂，謬爲廢閣〔六十〕，切在舉明，令所在州郡細詳今年正月一日赦條處分。其刺史去任日，仍委本道觀察使便以在任日所收貯斛斗多少支數，以爲考課。言念士子，禄以代耕，選人例迫飢寒，遠赴調集〔六十一〕，頻年被駐，情實可矜，宜令吏部準今年正月一日赦文處分。廣敬坤儀〔六十二〕，當舉推恩之典，垂仁磐石〔六十三〕，在沾霈澤之榮。太皇太后及元昭皇太后第二等以上親，委中書門下量才叙用。大長公主、嗣王各與一子出身。九廟子孫陪位者〔六十四〕，普恩之外，各加兩階，無官者各賜勛兩轉。仍據使主封後與一人出身，委宗正寺卿檢詳圖譜一房最沉翳者充數〔六十五〕，具名奏聞。宗子中有行義可稱才幹足用者，亦委搜采〔六十六〕，具名銜事狀，送中書門下量才叙用。

内外文武見任及致仕官（六十七），三品已上賜爵一級，四品已下加一階，仍賜勳兩轉，應入三品欠一考未足者，考足日聽叙（六十八）。致仕官量與改轉，依前致仕。弼諧萬物，鎮靖四方（六十九），洎於文武具僚，咸宣忠力，并禀義方之訓，宜推錫賚之恩（七十），追飾寵光，式彰孝理（七十一）。中書門下及諸道節度使帶平章事，祖父母亡歿，未經追贈者并與追贈，已經追贈者更與改贈。東都留守、諸州府長官、在京及分司常參官、神策衛、金吾六軍統軍將軍、四衛十二衛將軍、威遠營鎮國軍等使，父母亡歿，未經追贈者并與追贈。品秩已崇，請回贈祖父母者亦聽。父在無官者量與致仕官，父殁母存，量與邑號（七十二），已有邑號者量與進改。竭力扶危，舍生取義，不旌後嗣，曷表遺忠。故尚父汾陽王、贈太師晟、贈太尉秀實（七十三），子孫中各與一人正員官。張巡、許遠、南霽雲、顏真卿、杲卿子孫中各與一人出身（七十四）。祇奉典册，誠禮無違，宜被優恩，以酬厥效。即位日攝太尉奏詞，中書令讀册，侍中進寶，承旨宣制奏外辦禮畢，各與一子正員七品官。奉寶書綬讀册及書玉册官各特加一階。書寶押寶綬舉昇寶册官，溥恩之外，各加兩階，合選人減一選。其餘應職掌人行事及寫制令太常條選儀注等官，三品已上更賜爵一級，四品加一階，仍并賜勳兩轉。中書門下儀制官内侍省内教各特加一

階，鐫造玉册并填金字造寶裝寶册人等各賜物五十段，承顧命撰制册文及寫制誥官并已有升，其餘自八月九日至十三日，諸寫制誥官各加二階。大明宮留守及緣國慶告郊廟太清宮行事官，三品已上賜爵一級，四品已下加一階，應緣崇册太皇太后及追謚元昭皇后册禮職掌行事官及鐫造册寶填金字人等節級賜物。周詩歌白馬之客，魯國闡素王之風（七十五），尚德崇儒，宜旌胄裔，二王、三恪、文宣王子孫各與一子出身（七十六）。藩邸臣僚（七十七），誠勤久著，各加優奬，用示恩榮。鄆王府官今年八月九日已前在任者（七十八），五品已上并與進改，六品已下所司非時與分，流外番考已足未足（七十九），并放入流。内侍省及鄆王府官，三品已上賜爵一級，四品已下加一階，五品已下賜勛兩轉。八月九日至十三日北内當上及從駕者，四品已下溥恩之外賜爵一級，五品已下更加一階，白身更賜勛兩轉（八十）。神策六軍金吾威遠皇城將士，三品已上賜爵一級，四品已下加一階，仍并賜勛兩轉。馳奉章奏，分居職役，册勛進級，甄彼勤勞。諸道進奏官及緣國慶奏表到京者，溥恩之外各加一階，仍賜勛兩轉。翰林待詔并諸色直長及供奉人等，三品已上賜爵一級，四品已下加一階，無階者賜勛兩轉。飛龍閑厩（八十一）、宮苑典引、掌扇、内園總監、栽接（八十二）、少府將作中尚書（八十三）、武德軍器内外弓箭

庫等，諸司諸使下白身及無品直司（八十四）、定額長者、雜匠巧兒、黄衣長、上監門直長、雜仗二衛、七色引、執駕、細引、執扇角手、弩手、彍騎武士（八十五）、天文觀生歷生漏生、典鼓工人樂人、主膳主酪典食手、宰手、掌閑、幕士、駕士、御醫工、獸醫、門僕、藥童、御書手、流外行署等賜勛兩轉。宿陳仗衛，師旅有勞，委質蕃方，偏裨著效，咸加奬賚，庶洽恩榮（八十六）。應赴御樓立仗神策六軍金吾威遠及皇城等將士，宜準舊制量賜錢帛。其神策軍應在畿内鎮將，亦各賜物有差。應諸道將校，三品已上賜一級，四品已下加一階，無階者賜勛兩轉（八十七）。遠人慕義，上國貢獻，將表懷柔，俾沾寵錫。鴻臚禮賓院蕃客等各賜物有差。禮經重於問年，宜加廪餼（八十八）；王化存於勸善，用激里閭。天下耆老八十已上者各賜絹兩匹、粟二石，九十已上各賜絹三匹、粟米五石，并以上供錢常平義倉粟充給，仍令令長親致縣庭宣詔頒賜，不得委人吏，致有欺隱。其九十已上者仍加板授（八十九）。孝子順孫，義夫節婦，旌表門閭，終身勿事。先有旌表者，準耆老例優賜。除弊安人，由於制命，寢而不用，致理良難。大中以來，頻有赦令，有司廢閣，多不遵行。宜委中書門下檢尋提舉，有便於人者，次第施行，或有事理未盡，不便於人者，仍委中書門下及所在長吏條具聞奏。其守法詳

斷刑獄〔九十〕，今年正月一日赦書已有條具處分，仍本司切加提舉，遵守施行，不得輒有隳紊〔九十一〕。峻極靈長〔九十二〕，效祥興利，俾申祀典，以達明誠。五岳四瀆，名山大川，各委本道長吏以禮致祭。亡命山澤，挾藏軍器，百日不首，復罪如初〔九十三〕。赦書有所不該載者，所司明作條具聞奏。敢以赦前事相告言者，以其罪罪之。赦書日行五百里，布告遐邇，咸使聞知，主者施行。

校箋

〔一〕本文又見於文苑英華卷四百二十，文題爲大中十三年十月九日嗣登寶位赦。全唐文卷八十五亦録，文題爲即位赦文，署名唐懿宗。文苑英華、全唐文所録乃原赦文全文，唐大詔令集本文乃原文節録，至『無問有贓無贓，不在原免之限』而止。今據文苑英華、全唐文補足全文。本文文末未標注頒布時間。考文苑英華此文題爲大中十三年十月九日嗣登寶位赦，而資治通鑑卷二百四十九記：大中十三年『冬，十月，辛卯，赦天下』。新唐書卷九懿宗紀大中十三年記：『十月辛卯，大赦。賜文武官階、勛、爵，耆老粟帛。』按，大中十三年十月癸未朔，是年十月辛卯即

十月九日，此日期與本赦文所謂『自大中十三年十月九日昧爽已前』云云，以及文苑英華所標明之『大中十三年（八五九）十月九日』頒布大赦令合。故本赦令之撰寫時間，當在此時稍前。

〔二〕以震六合：原作『以濡六合』，今據文苑英華、全唐文、適園叢書、學林本改。又，文苑英華於『震』字下注云：『詔令作霈。』『六合』，天地四方；整個宇宙的巨大空間。莊子齊物論：『六合之外，聖人存而不論；六合之內，聖人論而不議。』成玄英疏：『六合者，謂天地四方也。』晉葛洪抱朴子地真：『其大不可以六合階，其小不可以毫芒比也。』

〔三〕君之踐大寶也：『大寶』，四庫全書作『大位』。

〔四〕涣號令，以煦萬方：『涣號令』，原作『焕號令』，今據全唐文改。『煦萬方』，四庫全書作『澤萬方』。『涣』，謂帝王發布號令。漢書劉向傳：『易曰：「涣汗其大號。」言號令如汗，汗出而不反者也。』顏師古注：『言王者涣然大發號令，如汗之出也。』漢揚雄百官箴尚書箴：『故君子在室，出言如風，動於民人，涣其大號，而萬國平信。』

〔五〕事罔論於輕重：『罔論』，原作『罔許』，四庫全書則作『罔計』，今據文苑英華、全唐文改。

〔六〕洪聖興而皇渥溥：『洪聖』，大聖。古人認爲天是主宰萬物的神靈，因用以指天。

晉陸機皇太子宴玄圃宣猷堂有令賦詩：『三正迭紹，洪聖啓運。』劉良注：『洪，大。運，録也。謂大聖受天録。大聖，天也。』『皇』，大。詩大雅皇矣：『皇矣上帝，臨下有赫。』毛傳：『皇，大。』逸周書祭公解：『汝其皇敬哉！』孔晁注：『皇，大。』『渥』，指恩澤。南朝宋謝惠連祭古冢文：『射聲垂仁，廣漢流渥。』唐杜甫覽柏中丞兼子侄數人除官制詞因述父子兄弟四美載歌絲綸詩：『高名入竹帛，新渥照乾坤。』『皇渥』，謂大恩澤。

〔七〕德音振而庶類蘇：『德音』，用以指帝王的詔書。至唐宋，詔敕之外，别有德音一體，用於施惠寬恤之事，猶言恩詔。漢桓寬鹽鐵論詔聖：『高皇帝時，天下初定，發德音，行一切之令，權也，非撥亂反正之常也。』唐白居易杜陵叟詩：『白麻紙上書德音，京畿盡放今年税。』

〔八〕故愆咎咸除：『愆咎』，罪過。後漢書章帝紀：『朕新離供養，愆咎衆著，上天降異，大變隨之。』資治通鑑隋文帝開皇十五年：『爲壇於泰山，柴燎祀天，以歲旱謝愆咎，禮如南郊。』

〔九〕凝旒始懷於布澤：『凝旒』，原作『凝命』，文苑英華亦作『凝命』，然於『命』字下注『詔令作旒』。今據其小注改作『凝旒』。『凝旒』，冕旒静止不動。形容帝王態度肅穆專注。五代前蜀韋莊和鄭拾遺秋日感事詩：『負扆勞天眷，凝旒念國章。』舊唐書楊虞卿傳：『陛下初臨萬宇，有憂天下之志，宜日延輔臣公卿百執事，凝旒而問，造膝以求，使四方内外，有所

觀焉。』

〔十〕嗣纘丕圖：『丕圖』，猶大業，宏圖。唐白居易答黄裳請上尊號表制：『朕以薄德，嗣守丕圖，不敢荒寧，以弘理道。』宋史禮志十一：『非臣否德，肇此丕圖，實賴先正儲休，上玄降鑒。』

〔十一〕夙夜乾惕：『乾惕』，原作『乾兢』，據四庫全書改。『乾』，剛健；自强不息。易説卦：『乾，健也。』宋孫奕履齋示兒編總説天帝：『健而不息者，乾也。』清史稿世祖紀二：『朕朝乾夕惕，冀迓天休。』『乾乾』，自强不息貌。易乾：『君子終日乾乾，夕惕若厲，無咎。』孔穎達疏：『言每恒終竟此日，健健自强，勉力不有止息。』

〔十二〕艱難締構：『締構』，猶締造。謂經營開創。晋左思魏都賦：『有魏開國之日，締構之初，萬邑譬焉，亦獨犨麋之與子都，培塿之與方壺也。』宋書徐羡之傳：『近思皇室締構之艱，時攬萬機，躬親朝政。』

〔十三〕克紹休明：『休明』，美好清明。左傳宣公三年：『楚子問鼎之大小輕重焉。對曰：「在德不在鼎……德之休明，雖小，重也；其奸回昏亂，雖大，輕也。」』唐李白豫章行：『本爲休明人，斬虜素不閑。』

〔十四〕剗甿俗之弊，清理化之源：『甿俗』，四庫全書作『末俗』。『甿俗』，民俗；風尚。唐劉知幾史通言語：『夫三傳之説，既不習於尚書；兩漢之詞，又多違於戰策。足以驗甿俗之遞改，知歲時之不同。』唐白居易風化澆樸策：『問：甿俗之理亂，風化之盛衰，何乃得於往而失於來，薄於今而厚於古？』『理化』，治理與教化。後漢書樊宏傳論：『分地以用天道，實廩以崇禮節，取諸理化，則亦可以施於政也。』晉書刑法志：『夫禮以訓世，而法以整俗，理化之本，事實由之。』

〔十五〕肇祥導和：『肇祥』，原作『啓祥』，今據文苑英華、全唐文改。

〔十六〕恭己以臨人：『臨人』，原作『臨民』，今據文苑英華、全唐文改。

〔十七〕爰申在宥之恩：『在宥』，原作『九宥』，今據文苑英華、四庫全書、全唐文、適園叢書、學林本改。

〔十八〕因洽惟新之慶：『因』，全唐文作『用』。

〔十九〕大辟罪已下，罪無輕重：此句原作『大辟罪無輕重』，今據文苑英華、全唐文增改。『大辟』，古五刑之一，謂死刑。書呂刑：『大辟疑赦，其罰千鍰。』孔傳：『死刑也。』孔穎達疏：『釋詁云：辟，罪也。死是罪之大者，故謂死刑爲大辟。』漢書禮樂志：『白京師有悖逆

不順之子孫，至於陷大辟受刑戮者不絶，繇不習五常之道也。」

〔二十〕官典犯贓：『官典』，指低級官吏。『犯贓』，猶貪贓。

〔二十一〕已死更生：此四字原無，適園叢書、學林本均注『闕』，今據文苑英華、四庫全書、全唐文增補。

〔二十二〕左降官量移近處，已經量移者，更與量移：此處文字文苑英華原作『在降官量移，近經量移者，更與量移』，今據全唐文增改。又，此處以及之下文字，今所見唐大詔令集各本皆闕，今據文苑英華所載補録，并以全唐文所載此文校勘。

〔二十三〕其合復資者：此處『復資』指恢復官職。

〔二十四〕因忤累停免未經引用者，并與進改：『進』，文苑英華此字下注：『一作追。』『忤累』，謂不合時宜而受累。唐白居易適意詩：『況余方且介，舉動多忤累。』

〔二十五〕流人配隸及別敕安置：『流人』，被流放的人。莊子徐無鬼：『子不聞夫越之流人乎？去國數日，見其所知而喜。』宋葉適故贈右諫議大夫龔公謚節肅議：『蓋元符之末，建中靖國之初，既昭雪流人，生死蒙澤，天下望盡復元祐政事。』『配隸』，將流放犯人發配至某地服役。宋文瑩玉壺清話卷二：『潭州婦人阿毛，其夫楊全，配隸房陵，既死本州，請陳願負夫骨歸葬故

鄉。』宋史刑法志三：『太宗以國初諸方割據，沿五代之制，罪人率配隸西北邊。』

〔二十六〕縱元敕云雖逢恩赦不在量移之限：『縱』，文苑英華作『從』，今據全唐文改。

〔二十七〕或長流及充百姓終身勿齒者：『長流』，文苑英華、全唐文原均作『長浪』，於此處不詞。又，本文稍下亦有『縱元敕云長流充百姓雖逢恩赦不在量移及放還限者』句，故從上下文意看，此『長浪』應爲『長流』之誤，今即改爲『長流』。『長流』，远途流放；长期流放。唐趙璘因話録宫：『及知其母年高，乃免死，杖一百，長流康州。』新五代史唐臣傳毛璋：『璋坐長流儒州，已而令所在賜自盡。』『勿齒』，不録用。舊唐書玄宗紀上：『三月戊申，詔自今內外官有犯贓至解免以上，縱逢赦免，并終身勿齒。』

〔二十八〕聽隨所在便：此句文苑英華於『在』字下注『一無此字』。

〔二十九〕應元和末惡黨：按，此處所謂『元和末惡黨』，蓋指弑殺唐憲宗之宦官陳弘志等人。檢舊唐書卷十五憲宗紀下元和十五年正月載：『庚子，以少府監韓璀爲鄜州刺史、鄜坊丹延節度使。是夕，上崩於大明宮之中和殿，享年四十三。時以暴崩，皆言內官陳弘志弑逆，史氏諱而不書。……史臣蔣係曰：憲宗嗣位之初，讀列聖實録，見貞觀、開元故事，竦慕不能釋卷……惜乎服食過當，閹豎竊發，苟天假之年，庶幾於理矣！』新唐書卷七憲宗紀亦載：元和『十五

年正月，宦者陳弘志等反。庚子，皇帝崩，年四十三，謚曰聖神章武孝皇帝』。又資治通鑒卷二百四十一元和十五年正月載：『上服金丹，多躁怒，左右宦官往往獲罪，有死者，人人自危。庚子，暴崩於中和殿。時人皆言内常侍陳弘志弑逆，其黨類諱之，不敢討賊，但云藥發，外人莫能明也。』

〔三十〕亦更不復追獲：『追獲』，全唐文作『追尋』。

〔三十一〕須令沾及：『須』，文苑英華作『頒』，今據全唐文改。

〔三十二〕左降官及流人先有官者：『左降官』，文苑英華作『在降官』，今據全唐文改。

〔三十三〕亡官失爵痕累禁錮者：『痕累』，謂因事牽連而受累。唐元稹上門下裴相公書：『閣下若能蕩滌痕累，洞開嫌疑，棄仇如振塵，愛士如救餒……上以副陛下咸與維新之懷，次有以廣閣下常善救人之道。』唐陸贄奉天改元大赦制：『應先有痕累禁錮及反逆緣坐承前恩赦所不該者，并宜洗雪。』『禁錮』，此處蓋謂禁止做官或參與政治活動。史記平準書：『議令民得買爵及贖禁錮、免減罪。』後漢書黨錮傳序：『帝意稍解，乃皆赦歸田里，禁錮終身。』

〔三十四〕慮其科率：『科率』，官府於民間定額徵購物資。新唐書代宗紀：『詔浙江水旱，百姓重困，州縣勿輒科率。』宋司馬光諫西征疏：『當此之際，國家惟宜鎮之以静，省息諸

事，減節用度，則租稅自輕，徭役自少，逋負自寬，科率自止。』

〔三十五〕貢獻無藝：『無藝』，没有定法；没有常道。左傳 昭公二十年：『布常無藝，徵斂無度。』杜預注：『藝，法制也。言布政無法制。』國語 越語下：『後無陰蔽，先無陽察，用人無藝。』王引之經義述聞 國語下：『「用人無藝」者，人猶衆也。言用衆之道無常也。』

〔三十六〕除大例合貢獻外：『大例』，通則；通例。晋書 劉頌傳：『苟不至於害政，則皆天網之所漏；所犯在甚泰，然後王誅所必加，此舉罪淺深之大例者也。』周書 明帝紀：『四方州鎮使到，各令三日哭，哭訖，悉權辟凶服，還以素服從事，待大例除。』

〔三十七〕今年秋青苗錢：『青苗錢』，唐代賦稅名。大曆元年，詔天下苗一畝徵稅錢十五，以補百官俸錢，因國急用，當苗青即預徵，又有地頭錢每畝徵二十，通稱『青苗錢』。新唐書 食貨志一：『至大曆元年，詔流民還者，給復二年，田園盡，則授以逃田。天下苗一畝稅錢十五，市輕貨給百官手力課。以國用急，不及秋，方苗青即徵之，號「青苗錢」。又有「地頭錢」，每畝二十，通名爲青苗錢。』新唐書 食貨志五：『大曆元年，斂天下青苗錢，得錢四百九十萬緡。』

〔三十八〕府司占留色目：『色目』，種類名目。唐元稹彈奏劍南東川節度使狀：『本判官

及諸州刺史名銜，并所收色目，謹具如後。』宋陸游監丞周公墓志銘：『邑賦色目極繁，以入償出，不足者猶四萬緡，率苛徵預借，苟逭吏責。』

〔三十九〕應人户積欠府司及度支户部鹽鐵諸司大中七年已前諸色錢物斛斗銀錫草等：『應人户』，文苑英華原作『應人』，今據全唐文增補。

〔四十〕逋負年多：『逋負』，拖欠賦税、債務。史記汲鄭列傳：『莊任人賓客爲大農僦人，多逋負。』南史蔡廓傳：『又以王公妃主多立邸舍，子息滋長，督責無窮，啓罷省之，并陳原諸逋負，解遣雜役。』

〔四十一〕諸色錢物斛斗等：『諸色錢物』，文苑英華原作『諸色錢』，今據全唐文增補。

〔四十二〕囚繫妻男攤徵保人等：『攤徵』，攤派徵收。唐陸贄均節賦税恤百姓六條之一：『舊重之處，流亡益多……有流亡，則已重者攤徵轉重。』宋李騭徐襄州碑：『至於補累攤徵，有加無減。』

〔四十三〕終無填納之日：『終無』，文苑英華原作『中無』，今據全唐文改。

〔四十四〕於要路分明懸榜示人户：『要路』，文苑英華原作『要略』，今據全唐文改。

〔四十五〕漸冀輯寧：『輯寧』，安撫，安定。書湯誥：『俾予一人，輯寧爾邦家。』唐白居易

除薛平鄭滑節度制：『爾宜式遏四封，輯寧百衆。』

（四十六）今年合納苗税錢等：『今年合納』，文苑英華原作『今年各納』，今據全唐文改。

（四十七）仍具分析聞奏：此句文苑英華原作『仍具折聞奏聞』，今據全唐文改。

（四十八）諒思展用：『諒思展用』，文苑英華作『諒恩展用』，今據全唐文改。

（四十九）孰非勤舊：『勤舊』，有功勛的舊臣。北史張彝傳：『其年冬，太極初就，彝與郭祚等俱以勤舊被徵。』明王鏊震澤長語官制：『勛官以賞戰士，散官以褒勤舊。』

（五十）廣我四聰，在於多士，才弘景化，思拜昌言：『四聰』，能遠聞四方的聽覺。書舜典：『明四目，達四聰。』孔穎達疏：『達四方之聽，使爲己遠聽四方也。』後漢書列女傳曹世叔妻：『闢四門而開四聰，采狂夫之瞽言，納芻蕘之謀慮。』『景化』，猶敬仰。後漢書劉愷傳：『景化前修。』李賢注：『景，慕也。』化，一本作『仰』。南朝梁沈約王亮王瑩加授詔：『并宜光贊緝熙，穆兹景化。』『昌言』，善言；正當的言論。書皋陶謨：『禹拜昌言曰：「俞！」』孔穎達疏：『禹乃拜受其當理之言。』漢書王莽傳中：『嘉新公國師以符命爲予四輔，明德侯劉龔、率禮侯劉嘉等凡三十二人皆知天命，或獻天符，或貢昌言，或捕告反虜，厥功茂焉。』顔師古注：『昌，當也。』

〔五十一〕每想候封歲思於荒稔：全唐文於『歲』字下注『闕』。『封歲』，猶辭歲。說岳全傳第六十一回：『到得除夜，獄官倪完備了三席酒……將這一席，倪獄官親送到岳爺房内擺好，說道：「今日是除夜，小官特備一杯水酒，替帥爺封歲。」』

〔五十二〕切加察訪：『切加』，文苑英華原作『切嘉』，今據全唐文改。

〔五十三〕湖南、江西、嶺南、宣歙等處，去年所遭狂寇擾亂：按，此處『去年』指大中十二年。此句所指湖南諸地『遭狂寇擾亂』事，史籍有所記載。檢舊唐書卷十八下宣宗紀大中十二年載：『六月，南蠻攻安南府。八月，洪州賊毛合、宣州賊康全大攻掠郡縣，詔兩浙兵討平之。』新唐書卷八宣宗紀大中十二年亦載：『四月庚子，嶺南軍亂，逐其節度使楊發。……五月丙寅，劉瑑薨。庚辰，湖南軍亂，逐其觀察使韓琮。六月丙申，江西都將毛鶴逐其觀察使鄭憲。辛亥，南蠻寇邊。……八月，宣歙將康全泰逐其觀察使鄭薰，淮南節度使崔鉉兼宣歙池觀察處置使以討之。……十月，康全泰伏誅。十二月，毛鶴伏誅。』資治通鑒卷二百四十九大中十二年所載稍詳，云：『夏，四月……庚子，嶺南都將王令寰作亂，因節度使楊發。……五月……辛巳，以涇原節度使李承勛爲嶺南節度使，發鄰道兵討亂者，平之。是日，湖南軍亂，都將石載順等逐觀察使韓悰，殺都押牙王桂直。悰待將士不以禮，故及於難。六月，丙申，江西軍亂，都將毛鶴逐觀察使

鄭憲。初，安南都護李涿爲政貪暴，强市蠻中馬牛，一頭止與鹽一斗；又殺蠻酋杜存誠。群蠻怨怒，導南詔侵盜邊境。峰州有林西原，舊有防冬兵六千，其旁七綰洞蠻，其酋長曰李由獨，常助中國戍守，輸租賦。知峰州者言於涿，請罷戍兵，專委由獨防遏；於是由獨勢孤，不能自立，南詔拓東節度使以書誘之，以甥妻其子，補拓東押牙，由獨遂帥其衆臣於南詔。自是安南始有蠻患。是月，蠻寇安南。秋，七月，丙寅，宣州都將康全泰作亂，逐觀察使鄭薰。薰奔揚州。……容管奏都虞候來正謀叛，經略使宋涯捕斬之。初，忠武軍精兵皆以黄冒首，號黄頭軍。李承勛以百人定嶺南，宋涯使麾下效其服裝，亦定容州。安南有惡民，屢爲亂，聞之，驚曰：「黄頭軍渡海來襲我矣！」相與夜圍交趾城，鼓噪：「願送都護北歸，我須此城禦黄頭軍。」王式方食，或勸出避之。式曰：「吾足一動，則城潰矣。」徐食畢，擐甲，率左右登城，建大將旗，坐而責之，敵者反走。明日，悉捕誅之。有杜守澄者，自齊、梁以來擁衆據溪洞，不可制。式離間其親黨，守澄走死。安南饑亂相繼，六年無上供，軍中無犒賞。式始修貢賦，饗將士。占城、真臘皆復通使。淮南節度使崔鉉奏已出兵討宣州賊。』

〔五十四〕如先有爲患者關連親族：文苑英華於『患』字下注『一爲惡』。

〔五十五〕俾分明勘認本主給還：『俾』，全唐文作『仰』。

〔五十六〕大中二年九月十日及大中六年八月二日敕：按，此處所言『大中二年九月十日』敕，即舊唐書卷十八下宣宗紀大中二年所記：『九月，敕：「比有無良之人，於街市投匿名文書，及於箭上或旗幡上縱爲奸言，以亂國法。此後所由切加捉搦，如獲此色，便仰焚瘞，不得上聞。」』

〔五十七〕宜勘責重加科誡：此句文苑英華原作『宜勘責重加料誡』，今據全唐文改。

〔五十八〕切加訪察：『訪察』，全唐文作『察訪』。

〔五十九〕常平義倉：即常平倉。古代爲調節米價而設置的一種倉廩。漢宣帝時耿壽昌首先倡建，以谷賤時用較高價糴入，谷貴時減價糶出，平衡米價而名。漢書食貨志上：『時大司農中丞耿壽昌以善爲算能商功利得幸於上……遂白令邊郡皆築倉，以谷賤時增其賈而糴，以利農，谷貴時減賈而糶，名曰「常平倉」。』

〔六十〕謬爲廢閣：『廢閣』，亦作『廢格』。意爲擱置而不實施。史記平準書：『於是見知之法生，而廢格沮誹窮治之獄用矣。』司馬貞索隱：『格音閣，亦如字。』後漢書五行志一：『由是傳考黄門北寺，始見廢閣。』

〔六十一〕遠赴調集：『調集』，調選遷轉。太平廣記卷一百六十引唐無名氏異聞録秀師言

記：『唐崔晤、李仁鈞二人中外弟兄，崔年長於李，在建中末，偕來京師調集。』宋王讜唐語林補遺二：『李相國揆，以進士調集在京師。』

〔六十二〕廣敬坤儀：『坤儀』，猶母儀。多以稱頌帝后，言爲天下母親之表率。宋王安石慰皇太后表：『方正坤儀之位，上同乾施之仁。』宋王安石賀貴妃進位表：『乃資婦德之良，俾貳坤儀之政。』

〔六十三〕垂仁磐石：『磐石』，喻分封的宗室。史記孝文本紀：『高帝封王子弟，地犬牙相制，此所謂磐石之宗也。』唐杜甫秋日荆南述懷三十韻詩之五：『磐石圭多剪，凶門轂少推。』

〔六十四〕九廟子孫陪位者：『九廟』，指帝王的宗廟。古時帝王立廟祭祀祖先，有太祖廟及三昭廟、三穆廟，共七廟。王莽增爲祖廟五、親廟四，共九廟。後歷朝皆沿此制。漢書王莽傳下：『取其材瓦，以起九廟。』『陪位』，陪席，陪同。史記滑稽列傳：『齊趙陪位於前，韓魏翼衛其後。』三國志魏書高貴鄉公髦傳：『其日即皇帝位於太極前殿，百僚陪位者欣欣焉。』

〔六十五〕委宗正寺卿：『宗正寺』，文苑英華作『宗正司』，今據全唐文改。『宗正』，官名。掌管王室親族的事務。漢魏以後，皆由皇族擔任。漢書百官公卿表上：『宗正，秦官，掌親屬。』國語魯語下『宗室之謀不過宗人』三國吴韋昭注：『昭謂此宗人則正宗臣也。亦用同

姓，若漢宗正用諸劉矣。』『宗正寺卿』即宗正卿。舊唐書卷四十四職官志三：宗正『卿一員。從三品上。……卿之職，掌九族六親之屬籍，以別昭穆之序，并領崇玄署。少卿爲之貳。九廟之子孫，繼統爲宗，餘曰族。凡大祭祀及册命朝會之禮，皇親諸親應陪位預會者，則爲之簿書，以申司封。若皇親爲三公子孫應襲封者，亦如之』。唐時宗正卿於天宝初升入正三品。

〔六十六〕亦委搜采：『采』，文苑英華校『一作擇』。

〔六十七〕内外文武見任及致仕官：『見任』，文苑英華作『見在』，今據全唐文改。

〔六十八〕考足日聽叙：『叙』，按規定的等級次第授官職；按勞績的大小給予奬勵。周禮天官宫伯：『凡在版者，掌其政令，行其秩叙。』鄭玄注：『叙，才等也。』賈公彦疏：『秩謂依班秩受禄；叙者，才藝高下爲次第。』

〔六十九〕弼諧萬物，鎮靖四方：『弼諧』，謂輔佐協調。書皋陶謨：『允迪厥德，謨明弼諧。』孔傳：『言人君當信蹈行古人之德，謀廣聰明，以輔諧其政。』孔穎達疏：『聰明者自是己性，又當受納人言，使多所聞見，以博大此聰明，以輔弼和諧其政。』晋盧諶贈劉琨詩：『弼諧靡成，良謀莫陳。』『鎮靖』，安撫，使安定。宋蘇轍劉昌祚免恩命不許不允批答之三：『鎮靖吏士，折衝蠻夷。』

〔七十〕并禀義方之訓，宜推錫賚之恩：『義方』，行事應該遵守的規範和道理。逸周書官人解：『省其居處，觀其義方。』左傳隱公三年：『石碏諫曰：「臣聞愛子教之以義方，弗納於邪。」』『錫賚』，賞賜。南朝梁劉勰文心雕龍指瑕：『夫賞訓錫賚，豈關心解。』舊唐書郭曖傳：『大曆中，恩寵冠於戚里，歲時錫賚珍玩，不可勝紀。』

〔七十一〕追飾寵光，式彰孝理：『寵光』，謂恩寵光耀。左傳昭公十二年：『夏，宋華定來聘，通嗣君也。享之，爲賦蓼蕭，弗知，又不答賦。昭子曰：「必亡。宴語之不懷，寵光之不宣，令德之不知，同福之不受，將何以在？」』宋葉適祭陳同甫文：『心事難平，寵光易滿，萬世之長，一朝之短。』

〔七十二〕量與邑號：文苑英華無『邑號』二字，今據全唐文增補。

〔七十三〕故尚父汾陽王、贈太師晟、贈太尉秀實：按，上述故尚父汾陽王諸人之事迹，請見本書卷二順宗即位赦篇校箋〔三十五〕。

〔七十四〕張巡、許遠、南霽雲、顔真卿、杲卿：按，上述張巡諸人之事迹，請見本書卷二順宗即位赦篇校箋〔三十四〕。

〔七十五〕周詩歌白馬之客，魯國闡素王之風：按『白馬之客』乃謂吊客，用范巨卿吊張劭

故事。後漢書卷八十一獨行列傳范式：『范式字巨卿，山陽金鄉人也，一名汜。少游太學，爲諸生，與汝南張劭爲友。劭字元伯。二人并告歸鄉里。式謂元伯曰：「後二年當還，將過拜尊親，見孺子焉。」乃共剋期日。後期方至，元伯具以白母，請設饌以候之。母曰：「二年之別，千里結言，爾何相信之審邪？」對曰：「巨卿信士，必不乖違。」母曰：「若然，當爲爾醖酒。」至其日，巨卿果到，升堂拜飲，盡歡而別。式仕爲郡功曹。後元伯寢疾篤，同郡郅君章、殷子徵晨夜省視之。元伯臨盡，嘆曰：「恨不見吾死友！」子徵曰：「吾與君章盡心於子，是非死友，復欲誰求？」元伯曰：「若二子者，吾生友耳。山陽范巨卿，所謂死友也。」尋而卒。式忽夢見元伯玄冕垂纓屣履而呼曰：「巨卿，吾以某日死，當以爾時葬，永歸黃泉。子未我忘，豈能相及？」式恍然覺寤，悲嘆泣下，具告太守，請往奔喪。太守雖心不信而重違其情，許之。式便服朋友之服，投其葬日，馳往赴之。式未及到，而喪已發引，既至壙，將窆，而柩不肯進。其母撫之曰：「元伯，豈有望邪？」遂停柩移時，乃見有素車白馬，號哭而來。其母望之曰：「是必范巨卿也。」巨卿既至，叩喪言曰：「行矣元伯！死生路異，永從此辭。」會葬者千人，咸爲揮涕。式因執紼而引，柩於是乃前。式遂留止冢次，爲修墳樹，然後乃去。』而『周詩歌白馬之客』，用『白馬之客』典以謂詩經中振鷺篇所歌頌的乃下文所提到的『二王、三恪』之『尚德』品質，并以此上下文扣合。

故此處之『詩』即指詩經 振鷺篇。此詩云：『振鷺于飛，于彼西雝。我客戾止，亦有斯容。在彼無惡，在此無斁。庶幾夙夜，以永終譽。』按，朱熹詩經集傳卷八傳曰：『賦也。振，群飛貌。鷺，白鳥。雝，澤也。客，謂二王之後，夏之後杞，商之後宋，於周爲客，天子有事，膰焉；有喪，拜焉者也。此二王之後來助祭之詩。言鷺飛于西雝之水，而我客來助祭者，其容貌修整，亦如鷺之潔白也。或曰興也。彼，其國也。在國無惡之者，在此無厭之者，如是，則庶幾其能夙夜以永終。此譽矣。陳氏曰：「在彼不以我革其命而有惡於我，知天命無常，惟德是與，其心服也。在我不以彼墜其命而有厭於彼，崇德象賢，統承先王，忠厚之至也。」』又，『素王』，指孔子。漢王充論衡 定賢：『孔子不王，素王之業在春秋。』淮南子 主術訓：『孔子之通，智過於萇弘，勇服於孟賁……然而勇力不聞，伎巧不知，專行教道，以成素王。』

〔七十六〕宜旌胄裔，二王、三恪、文宣王子孫：『胄裔』，子孫後代。左傳 昭公三十年：『吳，周之胄裔也，而棄在海濱，不與姬通。』三國志 蜀書 諸葛亮傳：『諸葛恪見誅於吳，子孫皆盡，而亮自有胄裔。』『二王』『三恪』，周朝新立，封前代三王朝的子孫，給以王侯名號，稱三恪，以示敬重。周封三朝説法有二。一説封虞、夏、商之後於陳、杞、宋。左傳 襄公二十五年：『昔虞閼父爲周陶正，以服事我先王。我先王賴其利器用也，與其神明之後也，庸

以元女大姬配胡公，而封諸陳，以備三恪。』杜預注：『周得天下，封夏、殷二王後，又封舜後，謂之恪，并二王後爲一國。其禮轉降，示敬而已，故曰三恪。』一說封黄帝、堯、舜之後於薊、祝、陳。詩陳風譜唐孔穎達疏：『案樂記云：「武王未及下車，封黄帝之後於薊，封帝堯之後於祝，封帝舜之後於陳；下車乃封夏后氏之後於杞，投殷之後於宋。則陳與薊、祝共爲三恪，杞、宋別爲二王之後矣。」』又，『文宣王』，指孔子。唐玄宗開元二十七年封孔子爲文宣王。

〔七十七〕藩邸臣僚：『藩邸』，藩王之第宅。北齊書昭帝紀：『月餘，（高演）乃居藩邸，自是詔敕多不關帝。』唐鄭棨開天傳信記：『上於藩邸時，每戲游城南韋、杜之間。』

〔七十八〕鄆王府：按，『鄆王』乃唐懿宗即位前封號。考舊唐書卷十九上懿宗紀載：『懿宗昭聖恭惠孝皇帝諱漼，宣宗長子，母曰元昭皇太后晁氏。大和七年十一月十四日，生於藩邸。會昌六年十月，封鄆王，本名温。大中十三年八月七日，宣遺詔立爲皇太子監國，改今名。十三日，柩前即帝位，年二十七。帝姿貌雄杰，有異稠人。』又册府元龜卷十一帝王部繼統第三記：『懿宗皇帝，宣宗長子，會昌六年十月封鄆王，本名温。大中十三年八月七日，詔立爲皇太子監國，十三日即皇帝位，時年二十七。』

〔七十九〕流外番考已足未足：『流外』，對隋唐時九品以下官員的通稱。流外本身也有

品級，經考銓後，可遞升入流，成爲流内，稱爲入流。其京師官吏多以流外官充任。周書宣帝紀：『僞齊七品以上，已敕收用，八品以下，爰及流外，若欲入仕，皆聽預選，降二等授官。』唐封演封氏聞見記銓曹：『舊良醖署丞、門下典儀、大樂署丞，皆流外之任。』

〔八十〕白身更賜勛兩轉：『白身』，文苑英華作『自身』，今據全唐文改。『白身』，亦即白身人，指平民。亦指無功名無官職的士人或已仕而未通朝籍的官員。此處指已仕而未通朝籍的官員。唐陸贄冬至大禮大赦制：『天下諸使、諸將軍士三品已上賜爵一級，四品已下加一階，白身人賜勛三轉。』宋韓淲澗泉日記卷上：『臣僚言恩澤之行，比年浸濫……又言酬賞轉官，不得回授白身人，自有約束。』

〔八十一〕飛龍閑厩：『飛龍』，特指唐代御厩中右膊印飛字、左項印龍形的馬。

〔八十二〕栽接：栽培接種。唐王建主人故亭詩：『酒食宴圃人，栽接望早成。』宋蘇轍林筍復生詩：『吾家老圃倦栽接，但以歲寒相嫵媚。』

〔八十三〕少府將作中尚書：『將作』，即將作監，官署名。秦置將作，至北齊爲將作寺。隋開皇二十年改將作寺爲將作監。唐宋因之，亦爲官名。

〔八十四〕諸司諸使：文苑英華無『諸司』二字，今據全唐文增補。

〔八十五〕弩手、彍騎武士：『弩手』，文苑英華作『弩』，今據全唐文補改。『彍騎武士』，文苑英華作『𢕟騎武士』，今據全唐文改。『彍騎』，唐代宿衛兵名。玄宗時因宿衛京師的府兵大量逃亡。開元十一年朝廷接受宰相張說的建議，招募京兆、蒲、同、岐、華等州府兵和白丁，每年宿衛兩個月，免除出征、鎮守負擔，稱長從宿衛。開元十三年改稱彍騎。天寶後，僅存虛名。新唐書兵志：『蓋唐有天下二百餘年，而兵之大勢三變，其始盛時有府兵，府兵後廢而爲彍騎，彍騎又廢，而方鎮之兵盛矣。』文獻通考兵考三：『高祖、武后時，天下久不用兵，府兵之法浸壞，番役更代多不以時，衛士稍稍亡匿，至是益耗散，宿衛不能給。宰相張説乃請一切募士宿衛。十一年，取京兆、蒲、同、岐、華府兵及白丁，而益以潞州長從兵，共十二萬，號「長從宿衛」，歲一番。命尚書左丞蕭嵩與州吏共選之，明年更號曰「彍騎」。』後亦指驍勇慓悍、長於騎射的兵士。

〔八十六〕庶洽恩榮：『庶洽』，文苑英華作『庶給』，今據全唐文改。

〔八十七〕無階者賜勛兩轉：文苑英華無『者』字，今據全唐文增補。

〔八十八〕禮經重於問年，宜加廪餼：『問年』，左傳襄公三十年：『晉悼夫人食輿人之城杞者，絳縣人或年長矣，無子，而往與於食。有與疑年，使之年。曰：「臣小人也，不知紀年。臣

生之歲，正月甲子朔，四百有四十五甲子矣，其季於今，三之一也。」吏走問諸朝，師曠曰：「魯叔仲惠伯會郤成子於承匡之歲也，是歲也，狄伐魯，叔孫莊叔於是乎敗狄於咸，獲長狄僑如，及虺也豹也，而皆以名其子，七十三年矣。」史趙曰：「亥有二首六身，下二如身，是其日數也。」士文伯曰：「然則二萬二千六百有六旬也。」』『廩餼』，指由公家供給的糧食之類的生活物資。南史蕭正德傳：『敕所在給汝廩餼。』唐李渤喜弟淑再至爲長歌：『雖然廩餼各不一，就中總免拘常倫。』

〔八十九〕仍加板授：『板授』，指授予高齡老人榮譽職銜。北史隋紀下煬帝：『高年之老，加其板授，并依别條，賜以粟帛。』通典職官十五：『太極元年初，令老人年九十以上板授下州刺史，朱衣執象笏。』

〔九十〕其守法詳斷刑獄：『其守法』，文苑英華作『其法』，今據全唐文增補。

〔九十一〕不得輒有隳紊：『隳紊』，敗壞紊亂。隋書經籍志一：『周室道衰，紀綱散亂，國異政，家殊俗，褒貶失實，隳紊舊章。』舊唐書盧杞傳：『隳紊朝典，致亂危國。』

〔九十二〕峻極靈長：『峻極』，禮記中庸：『發育萬物，峻極於天。』鄭玄注：『峻，高也。』孔穎達疏：『言聖人之道高大，與山相似，上極於天。』後以『峻極』謂極高。晉葛洪抱朴

子知止：『嵩岱不托地，則不能竦峻極，概雲霄。』唐劉知幾史通叙事：『譬夫游滄海者徒驚其浩曠，登太山者但嗟其峻極。』『靈長』，廣遠綿長。晋袁宏後漢紀獻帝紀一：『夫天地靈長，不能無否泰之變；父子自然，不能無夭絶之異。』南朝宋劉義慶世説新語黜免：『若晋室靈長，明公便宜奉行此詔。』

〔九十三〕復罪如初：文苑英華作『服罪如初』，今據全唐文改。

改元上

改元貞觀詔〔一〕

詔曰：朕遐觀方册，歷選前王〔二〕，大道既隱，至公斯革，莫不思樹風聲，用隆鼎命〔三〕。太皇膺籙受圖〔四〕，功成治定，鄙聖人之餘事，顧天下而窅然〔五〕，永言俗累，高居物表〔六〕，爰以大寶，俯授微躬。自肅奉神器，亟移灰律〔七〕，屬三正在旦〔八〕，萬國來庭，長世之術既弘〔九〕，惟新之命方始，體元居正〔十〕，今則其時，可改武德十年爲貞觀元年。

校箋

〔一〕此文又見於册府元龜卷十五帝王部年號，亦見於全唐文卷四，文題爲改元貞觀詔，署名唐太宗。本文文末未署頒布時間。考册府元龜云：『太宗以武德九年八月即位，明年正月乙酉詔曰：朕遐觀方册……可改武德十年爲貞觀元年。』又，舊唐書卷二太宗紀上載：『貞觀元年春正月乙酉，改元。』新唐書卷二、資治通鑑卷一百九十二所載改元貞觀元年時間同。則此次頒布改元貞觀之時間爲貞觀元年正月乙酉。檢是年正月乙酉朔，則此次頒布改元時間爲貞觀元年（六二七）正月一日，其撰寫詔書時間當在是時稍前。

〔二〕歷選前王：『前王』，册府元龜作『前聖』。

〔三〕用隆鼎命：此句册府元龜、明鈔本、甲庫本作『用隆龜鼎』。『用』，四庫全書作『以』。『鼎命』，指帝王之位；國家之命運。宋書傅亮傳：『桓玄暴篡，鼎命已移。』北史僭僞附庸傳序：『至如晋、宋、齊、梁雖曰偏據，年漸三百，鼎命相承。』

〔四〕太皇膺籙受圖：此處『太皇』謂唐高祖李淵。其傳見舊唐書卷一、新唐書卷一之高祖

紀。『膺籙』，謂帝王承受符命。南朝宋顔延之赭白馬賦：『後唐膺籙，赤文候日。』李善注引春秋命曆引：『五德之運徵符合，膺籙次相代。』南朝梁劉勰文心雕龍時序：『太祖以聖武膺籙，世祖以睿文纂業。』『受圖』，尚書中候載，河伯曾以河圖授大禹，後因稱帝王受命登位爲受圖。漢張衡東京賦：『高祖膺籙受圖，順天行誅。』北魏楊衒之洛陽伽藍記序：『逮皇魏受圖，光宅嵩洛，篤信彌繁，法教愈盛。』

〔五〕顧天下而窅然：『窅然』，猶悵然。莊子逍遥游：『堯治天下之民，平海内之政，往見四子藐姑射之山，汾水之陽，窅然喪其天下焉。』陸德明釋文：『窅然，猶悵然。』南史梁紀上武帝：『一駕汾陽，便有窅然之志；暫適箕嶺，即動讓王之心。』此處『顧天下而窅然』，即謂唐高祖於『功成治定』之後，頗追慕堯平海内之政後往游汾水之陽之舉，以便『高居物表』，享受逍遥之生活。

〔六〕永言俗累，高居物表：『永言』，長言；吟咏。書舜典：『詩言志，歌永言。』孔傳：『謂詩言志以導之，歌咏其義以長其言。』晋何敬祖雜詩：『勤思終遥夕，永言寫情慮。』『俗累』，世俗事務的牽累。南朝梁沈約東武吟行：『霄轡一永矣，俗累從此休。』唐杜甫橋陵詩三十韻因呈縣内諸官：『何當擺俗累，浩蕩乘滄溟。』『物表』，物外，世俗之外。

南朝齊孔稚珪北山移文：『若其亭亭物表，皎皎霞外，芥千金而不眄，屣萬乘其如脫。』張銑注：『表，外也。物表、霞外，言志高遠也。』唐孟郊游韋七洞庭別業詩：『物表易淹留，人間重離析。』

〔七〕亟移灰律：『灰律』，古代置蘆葦灰於表示十二律的玉管內，每月當節氣，中律的管內的灰就會自行飛出，以之占驗時序，謂之『灰律』。唐太宗正日臨朝詩：『條風開獻節，灰律動初陽。』唐方干早春詩：『正氣纔隨灰律變，殘寒便被柳條欺。』

〔八〕屬三正在旦：『旦』，此處特指農曆初一日。書大禹謨：『正月朔旦，受命于神宗。』列子説符：『邯鄲之民以正月之旦獻鳩於簡子。』按，此處『屬三正在旦』之意，蓋因此次改元貞觀剛好選在貞觀元年、正月、一日，故年、月、日均爲第一，以此有『屬三正在旦』之謂。

〔九〕長世之術既弘：『長世』，歷世久遠；永存。左傳僖公十一年：『不敬則禮不行，禮不行則上下昏，何以長世？』晉葛洪抱朴子尚博：『近弭禍亂之階，遠垂長世之祉。』

〔十〕體元居正：謂人君以天地之元氣爲本，常居正道以施政教。此處指帝王即位。語出春秋隱公元年『元年春王正月』杜預注：『隱公之始年，周王之正月也。凡人君即位，欲其體元以居正，故不言一年一月也。』孔穎達疏：『元正實是始長之義，但因名以廣之。元者，氣之本也，善

之長也。人君執大本，長庶物，欲其與元同體，故年稱元年。正者，直方之間語也。直其行，方其義，人君當執直心，杖大義，欲其常居正道，故月稱正也。』新唐書劉蕡傳：『人君之道，在體元以居正。』

改元總章詔（一）

朕以寡薄，忝承丕緒（二），奉二聖之遺訓（三），撫億兆以初臨（四），馭朽兢懷，推溝在念（五）。而上玄垂祐（六），宗社降休，歲稔時和，人殷俗阜，車書混一，文軌大同（七）。檢玉泥金（八），升中告禪（九），百蠻執贄（十），萬國來庭，朝野歡娛，華夷胥悦。但爲郊禋嚴配，未安太室（十一），布政敷化（十二），猶闕合宫。朕所以日昃忘疲（十三），中宵輟寢，討論墳籍，錯綜群言，采三代之精微，探九皇之至賾（十四），斟酌前載，製造明堂。棟宇方圓之規，雖兼故實（十五）；肆筵陳俎之法，獨運財成（十六）。宣諸内外，博考詳求（十七），度其短長（十八），冀廣聞見（十九）。而鴻生碩儒，俱稱盡善；搢紳士子，并奏該通。創此宏模，自我作古。因心既展，情禮獲伸，永言宗祀，良深感慰（二十）。宜命有司（二十一），及時赴作（二十二），務從折中，稱朕意焉。今陽和在辰，景

風扇物〔二十三〕，昆蟲草木，咸獲康寧〔二十四〕。朕之百姓，尚多勞止〔二十五〕，思覃惠澤〔二十六〕，與其更新，可大赦天下。改乾封二年爲總章元年，大辟罪已下，皆赦除之。

校箋

〔一〕此文又見於册府元龜卷八十四帝王部赦宥第三，全唐文卷十二亦録，文題作改元總章大赦詔，署名唐高宗。此外，舊唐書卷二十二禮儀志二亦節録此文大部分；唐會要卷十一明堂制度亦節録片段。此文文末未標明頒布時間。考舊唐書卷五上高宗紀乾封三年二月載：『丙寅，以明堂制度歷代不同，漢、魏以還，彌更訛舛，遂增損古今，新制其國。下詔大赦，改元爲總章元年。』册府元龜載『總章元年三月庚寅詔曰：朕以寡薄，忝承丕緒』云云。唐會要亦記：『乾封二年二月十二日詔：郊社嚴配，未安太室。……稱朕意焉。於是大赦，改元總章。』又新唐書卷三高宗紀載：『總章元年……三月庚寅，大赦，改元。』資治通鑑卷二百一總章元年（即乾封三年）記：『朝廷議明堂制度略定，三月，庚寅，赦天下，改元。』比勘上述典籍所載高宗改元總章之時間，其中册府元龜、新唐書、資治通鑑所記之『乾封三年三月庚寅』爲確實。檢是年三月乙酉

朔，則乾封三年（六六八）三月庚寅即是年三月六日。此時間爲頒布改元總章時間，則撰寫此文之時間當在是時稍前。

（二）忝承丕緒：『丕緒』，指國家大業。陳書世祖紀：『朕以寡昧，嗣膺丕緒，永言勛烈，思弘典訓。』唐皮日休悼賈：『嗟大漢之丕緒兮，虬其賢於污瀆。』

（三）奉二聖之遺訓：『二聖』，指唐高祖、唐太宗。

（四）撫億兆以初臨：『撫億兆』，册府元龜、四庫全書作『跨億兆』。舊唐書、全唐文亦作『撫億兆』。『億兆』，指庶民百姓。猶言衆庶萬民。漢蔡邕太尉汝南李公碑：『憲天心以教育，沐垢濁以揚清，爲國有賞，蓋有億兆之心。』

（五）馭朽兢懷，推溝在念：『馭朽』，即『馭朽索』。書五子之歌：『予臨兆民，懔乎若朽索之馭六馬。』孔穎達疏：『我臨兆民之上，常畏人怨，懔懔乎危懼，若腐索之馭六馬。索絶則馬逸，言危懼之甚。』後因以比喻帝王治國，艱險不易。唐白居易辨興亡之由策：『安人者，敬其下也，懔乎若馭朽索，猶懼其未也。』亦省作『馭朽』。陳書世祖紀論：『及國禍奄臻，入承寶祚，兢兢業業，其若馭朽。』『兢懷』，憂念。唐太宗執契静三邊詩：『秋駕轉兢懷，春冰彌軫慮。』『推溝』，推入溝壑之中。語本孟子萬章上：『思天下之民匹夫匹婦有不被堯舜之澤者，若

己推而内之溝中。』後以『推溝』爲憫民之典。南朝梁簡文帝大法頌：『推溝之念，有如不足；納隍之心，無忘宿寤。』

〔六〕而上玄垂祐：『上玄』，上天。漢揚雄甘泉賦：『惟漢十世，將郊上玄。』李善注：『上玄，天也。』周書王悦傳：『梁主内虧刑政，外闕藩籬。匹夫攘袂，舉國傾覆。非直下民離心，抑亦上玄所棄。』

〔七〕文軌大同：『文軌』，文字和車軌。古代以同文軌爲國家統一的標志。語本禮記中庸：『今天下車同軌，書同文。』晉書謝安傳：『安方欲混一文軌，上疏求自北征。』

〔八〕檢玉泥金：『檢玉』，指封禪。古封禪有金策、石函、金泥、玉檢之封。宋范仲淹贈兵部尚書田公墓志銘：『又上封禪書，謂五代之亂，人如豺虎，不圖復見太平，宜崇檢玉之禮，以答天意。』『泥金』，古代帝王行封禪禮時所用的玉牒有玉檢、石檢，檢用金縷纏住，用水銀和金屑泥封。後因以借指封禪。南朝梁劉勰文心雕龍封禪：『樹石九旻，泥金八幽。』舊唐書後妃傳上太宗賢妃徐氏：『齊桓小國之庸君，尚圖泥金之事。』

〔九〕升中告禪：『升中』，古帝王祭天上告成功。禮記禮器：『是故因天事天，因地事地，因名山升中于天。』鄭玄注：『升，上也。中，猶成也。謂巡守至於方岳，而燔柴祭天，告

以諸侯之成功。』後以『升中』指祭天。南朝梁陸倕石闕銘：『類帝禋宗，光有神器。升中以祀群望，攝袂而朝諸夏。』舊唐書孝友傳裴守真：『况升中大事，華夷畢集，九服仰垂拱之安，百蠻懷率舞之慶。』『禪』，古代帝王祭祀土地山川。管子地數：『封于泰山，禪于梁父，封禪之王，七十二家。』史記衛將軍驃騎列傳：『封狼居胥山，禪於姑衍，登臨翰海。』張守節正義：『祭地曰禪。』

〔十〕百蠻執贄：『執贄』，猶執摯。古代禮制，謁見人時携禮物相贈。執，持；摯，所携禮品。禮記檀弓上：『魯人有周豐也者，哀公執摯請見之。』摯，陸德明釋文作『贄』。儀禮士相見禮『士相見之禮，摯。冬用雉，夏用腒』鄭玄注：『摯，所執以至者，君子見於所尊敬，必執摯以將其厚意也。』

〔十一〕郊禋嚴配，未安太室：『郊禋』，古帝王升烟祭祀天地的大禮。漢揚雄甘泉賦：『徠祇郊禋，神所依兮。』梁書元帝紀：『鸞輅龍章，蓋以郊禋而貴。』『嚴配』，謂祭天時以先祖配享。語本孝經聖治：『孝莫大於嚴父，嚴父莫大於配天。』南朝梁王中頭陀寺碑文：『祖武宗文之德，昭升嚴配；格天光表之功，弘啓興服。』『太室』，亦作『大室』。即太廟中央之室，亦指太廟。書洛誥：『王入太室祼。』孔傳：『太室，清廟。』孔穎達疏：『太室，室之大者，故爲清

廟。廟有五室，中央曰太室。』春秋文公十三年：『大室屋壞。』杜預注：『大廟之室。』

〔十二〕布政敷化：『敷化』，舊唐書、唐會要作『施行』。『敷化』，布行教化。三國魏阮籍與晉王薦盧播書：『應期作輔，論道敷化。』唐張欽敬仲冬時令賦：『敷化布和，設明堂以聽政；發祥儲祉，坐宣室而受釐。』

〔十三〕日昃忘疲：唐會要作『日昃忘食』。『日昃』，太陽偏西，約下午二時。易離：『日昃之離，何可久也？』三國魏曹植雜詩之三：『西北有織婦，綺縞何繽紛！明晨秉機杼，日昃不成文。』

〔十四〕采三代之精微，探九皇之至賾：『三代』，指夏、商、周。論語衛靈公：『斯民也，三代之所以直道而行也。』邢昺疏：『三代，夏、殷、周也。』南朝梁劉勰文心雕龍銘箴：『斯文之興，盛於三代。夏商二箴，餘句頗存。』『九皇』，傳説中上古的九個帝王。鶡冠子天則：『九皇之制，主不虛王，臣不虛貴階級。』原注：『春秋緯云：「人皇兄弟九人，分治天下，九皇之號，豈緣是歟？」』史記孝武本紀：『高世比德於九皇。』裴駰集解引韋昭曰：『上古人皇者九人也。』『至賾』，極其深奥微妙。亦指極深奥微妙的道理。易繫辭上：『言天下之至賾而不可惡也。』後漢書崔駰傳：『竫潛思於至賾兮，騁六經之奥府。』李賢注：『賾，深也。』

〔十五〕雖兼故實：『故實』，四庫全書作『古制』。『故實』，有參考或借鑑意義的舊事。國語周語上：『賦事行刑，必問于遺訓而咨于故實。』韋昭注：『故實，故事之是者。』唐皎然奉同顏使君真卿開元寺經藏院會觀樹文殊碑詩：『故實刊周典，新聲播魯詩。』

〔十六〕肆筵陳俎之法，獨運財成：『財成』，四庫全書作『裁成』。『肆筵』，設宴。詩大雅行葦：『戚戚兄弟，莫遠具爾。或肆之筵，或授之几。肆筵設席，授几有緝御。』南朝齊王融三月三日曲水詩序：『授几肆筵，因流波而成次；蕙肴芳醴，任激水而推移。』『陳俎』，陳設俎豆。後漢書仲長統傳論：『用明居晦，回沉於曩時；興戈陳俎，參差於上世。』『財成』，裁成。謂裁度以成之。財，通『裁』。易泰：『天地交，泰。后以財成天地之道。』陸德明釋文：『財，荀作裁。』孔穎達疏：『后，君也。於此之時，君當翦財成就天地之道。』隋薛道衡老氏碑：『固以財成庶類，亭毒群品。』

〔十七〕博考詳求：舊唐書作『博考詳議』。

〔十八〕度其短長：舊唐書作『求其長短』，册府元龜、全唐文作『度其長短』。

〔十九〕冀廣聞見：舊唐書作『冀廣異聞』。

〔二十〕搢紳士子，并奏該通。創此宏模，自我作古。因心既展，情禮獲伸，永言宗祀，良深

感慰：按，此段文字原無，今據舊唐書禮儀志、全唐文補録。『因心』，謂親善仁愛之心。詩大雅皇矣：『維此王季，因心則友。』毛傳：『因，親也。』陳奂傳疏：『因訓親，親心即仁心。』舊唐書孝友傳序：『善於兄弟，必能因心廣濟。』

〔二十一〕宜命有司：此句原作『庶具宜命有司』，今據舊唐書、册府元龜、四庫全書、全唐文、適園叢書、明鈔本、甲庫本、學林本删『庶具』二字。

〔二十二〕及時赴作：此句舊唐書、唐會要作『及時起作』。

〔二十三〕景風扇物：『景風』，八風之一。東風。南朝梁任昉王文憲集序：『望側階而容賢，候景風而式典。』劉良注：『景風，東風也。』

〔二十四〕咸獲康寧：此句册府元龜作『有以自康』。

〔二十五〕尚多勞止：『勞止』，辛勞；勞苦。詩大雅民勞：『民亦勞止，汔可小康。』鄭玄箋：『今周民罷勞矣，王幾可以小安之乎？』唐白居易飲後戲示弟子詩：『先生饌酒食，弟子服勞止。』

〔二十六〕思覃惠澤：『思覃』，原作『恩覃』，今據册府元龜、全唐文改。

改元弘道詔〔一〕

朕以寡昧，謬膺丕緒〔二〕，未嘗不孜孜訪道，戰戰臨人。馭朽懷秋駕之危〔三〕，負重積春冰之懼〔四〕，日慎一日，三十四載於今矣。何則？足寒傷心，人勞傷國，下安即上逸，時弊即君憂。所以身處九重，而情周萬姓，建本之懷遽切，抑末之念逾深。今雖庶績已凝〔五〕，淳源未洽〔六〕，履素歸厚者，遂寂寥而靡聞；徇華趨利者，尚馳騖而不息。顧以薄德〔七〕，有謝移風，永眷群方〔八〕，在予多愧。况朕之綿系，兆自玄元〔九〕，固當遠叶先規〔十〕，光宣道化〔十一〕，變率土於壽域，濟蒼生於福林〔十二〕。屬想華胥〔十三〕，載勞寤寐，所冀内外僚寀〔十四〕，各竭乃誠。敦惟黎人〔十五〕，俱崇簡質，舊染薄俗，咸與惟新。憑大道而開元〔十六〕，共普天而更始，宜申霈澤〔十七〕，廣被八紘〔十八〕，可改永淳二年爲弘道元年，大赦天下。前後責情流人并放還。老人年百歲已上者，版授下州刺史〔十九〕，婦人版授郡君；九十已上者，版授上州司馬，婦人版授縣君；八十已上者，版授縣令，并婦人節級量賜粟帛〔二十〕。孝子順孫，義夫節婦，表其門閭，終身勿事。鰥寡煢獨篤疾不能自存者〔二十一〕，量加賑恤〔二十二〕。仍令天下諸州置道士觀〔二十三〕，上

州三所，中州二所，下州一所，每觀各度七人。又比來天后事條〔二十四〕，深有益於爲政，言近而意遠，事少而功多，務令崇用，式遵無怠〔二十五〕。見任内外官，五品已上經四考，及守五品經三考，六品已下，計滿三考，政有清勤〔二十六〕，狀無私犯者，各加一階〔二十七〕。

校箋

〔一〕本文又見於册府元龜卷八十四帝王部赦宥第三，亦見於全唐文卷十三，文題爲改元宏道大赦詔，署名唐高宗。又據全唐文所附録，道德真經廣訓卷二亦收有改元宏道大赦詔文，然與此文同中有異，今附録於本文之後，以備學人參研。本文文末未標注頒布時間。考舊唐書卷五高宗紀下載：永淳二年『十二月己酉，詔改永淳二年爲弘道元年。將宣赦書，上欲親御則天門樓，氣逆不能上馬，遂召百姓於殿前宣之。……是夕，帝崩於真觀殿，時年五十六』。新唐書卷三高宗紀載：『弘道元年……十二月丁巳，改元，大赦。是夕，皇帝崩於貞觀殿，年五十六』。唐會要卷一帝號上記：『永淳二年十二月四日，改爲宏道元年。』册府元龜卷八十四帝王部赦宥第

三『弘道元年十二月丁巳，詔曰：朕以寡昧』云云。資治通鑑卷二百三記：弘道元年『十二月，丁巳，改元，赦天下。上欲御則天門樓宣赦，氣逆不能乘馬，乃召百姓入殿前宣之。是夜，召裴炎入，受遺詔輔政，上崩於貞觀殿』。檢弘道元年十二月甲寅朔，十二月丁巳爲四日，而是月無己酉日。又比勘上述典籍所記改元弘道時間，唯舊唐書高宗紀所記永淳二年十二月己酉與諸書所記永淳二年十二月丁巳異。檢諸典籍皆謂改元弘道之日，高宗崩於同一日夜。考舊唐書卷六則天皇后紀亦載：『弘道元年十二月丁巳，大帝崩，皇太子顯即位，尊天后爲皇太后。』則舊唐書則天皇后紀所載高宗崩之日期與舊唐書高宗紀所記不同，而與其他諸典籍所載相同，可見舊唐書高宗紀所記『十二月己酉』乃十二月丁巳之誤。據此可見此次改元弘道之詔書乃頒布於永淳二年（六八三）十二月丁巳（四日），詔書之撰寫當在此時稍前。

（二）謬膺丕緒：『丕緒』，指國家大業。參上篇校箋（二）。

（三）馭朽懷秋駕之危：此句原作『馭懷朽駕之危』，今據册府元龜、四庫全書、全唐文改。『馭朽』，即『馭朽索』。參上篇校箋（五）。『秋駕』，此處謂法駕，皇帝的車馬。南朝齊王融三月三日曲水詩序：『念負重於春冰，懷御奔於秋駕。』李善注引司馬彪曰：『秋駕，法駕也。』唐太宗執契静三邊詩：『秋駕轉兢懷，春冰彌軫慮。』

（四）負重積春冰之懼：此句原作『負重積冰之懼』，適園叢書、學林本則作『負重春冰之懼』。今據册府元龜、四庫全書、全唐文改。

（五）今雖庶績已凝：『凝』，册府元龜、四庫全書、全唐文作『寧』。『庶績』，各種事業。書堯典：『允釐百工，庶績咸熙。』孔傳：『績，功也；言衆功皆廣。』舊唐書薛登傳：『故堯資八元而庶績其理，周任十亂而天下和平。』『凝』，形成。書皋陶謨：『撫于五辰，庶績其凝。』孔傳：『凝，成也。』禮記中庸：『苟不至德，至道不凝。』鄭玄注：『凝，猶成也。』

（六）淳源未洽：『淳源』，淳樸風俗的源流。南朝梁王中頭陀寺碑文：『淳源上派，澆風下黷。』吕延濟注：『淳和之源，自上流派，而澆薄之風，垢濁於下。』晉陶潛感士不遇賦：『淳源汩以長分，美惡作以異途。』

（七）顧以薄德：『顧』，全唐文作『朕』。

（八）永眷群方：『永眷』，册府元龜、全唐文作『永念』。

（九）兆自玄元：『玄元』，此處指玄元皇帝，即老子。唐奉老子爲始祖，於乾封元年二月追號爲『太上玄元皇帝』，天寶二年正月加尊號『大聖祖』三字，天寶八載六月又加尊號爲『聖祖大道玄元皇帝』。唐杜甫喜聞盜賊總退口號詩之五：『大曆三年調玉燭，玄元皇帝聖云孫。』唐李

紳贈毛仙翁詩：『憶昔我祖神仙主，玄元皇帝周柱史。』

（十）固當遠叶先規：此句原作『遠叶先規』，適園叢書、學林本則作『當遠叶先規』。今據册府元龜、全唐文改。

（十一）光宣道化：『光宣』，猶發揚光大。陳書廢帝紀：『克嗣洪基，光宣寶業，惠養中國，綏寧外荒。』『道化』，道德風化。列子説符：『聖人恃道化而不恃智巧。』晉葛洪抱朴子刺驕：『道化凌遲，流遁遂往，賢士儒者，所宜共惜。』宋沈括夢溪筆談辯證一：『以二帝道化之盛，始於閨房，則二女當具任、姒之德。』

（十二）濟蒼生於福林：『蒼生』，原作『含生』，今據全唐文改。

（十三）屬想華胥：『華胥』，列子黃帝：『（黃帝）晝寢而夢，游於華胥氏之國。華胥氏之國在弇州之西，台州之北，不知斯齊國幾千萬里；蓋非舟車足力之所及，神游而已。其國無帥長，自然而已。其民無嗜欲，自然而已。……黄帝既寤，怡然自得。』後用以指理想的安樂和平之境。宋王安石書定林院窗詩之一：『竹鷄呼我出華胥，起滅篝燈擁燎爐。』

（十四）内外僚寀：『僚寀』，同僚。晉書王戎傳：『尋拜司徒，雖位總鼎司，而委事僚寀。』北魏楊衒之洛陽伽藍記法雲寺：『至於春風扇揚，花樹如錦，晨食南館，夜游後園。僚寀成群，俊

民滿席。」

〔十五〕敦惟黎人：此句原無，今據册府元龜、四庫全書、全唐文增補。

〔十六〕憑大道而開元：「開元」，開始新的紀元。漢書李尋傳：「漢興至今二百載，曆紀開元，皇天降非材之右，漢國再獲受命之符。」

〔十七〕宜申霈澤：「宜」，册府元龜、全唐文作「更」。「霈澤」，喻恩澤。唐李嘉祐江湖秋思詩：「共望漢朝多霈澤，蒼蠅早晚得先知。」宋范仲淹鄧州謝上表：「乃宣霈澤，以安黎元。」

〔十八〕廣被八紘：此句原作「廣被紘埏」，適園叢書、學林本則作「廣被埏紘」，今據四庫全書改。「八紘」，八方極遠之地。淮南子墬形訓：「九州之外，乃有八殥……八殥之外，而有八紘，亦方千里。」高誘注：「紘，維也。維落天地而爲之表，故曰紘也。」漢劉楨贈徐幹詩：「兼燭八紘內，物類無偏頗。」

〔十九〕版授下州刺史：「版授」，謂不經朝命而用白版授予官職或封號。宋書王鎮惡傳：「〔鎮惡〕進次澠池，造故人李方家，升堂見母，厚加酬賚，即版授方爲澠池令。」舊唐書中宗紀：「天下婦人八十已上，版授鄉、縣、郡等君。」

〔二十〕并婦人節級量賜粟帛：册府元龜、全唐文作『并婦人并節級量賜粟帛』，四庫全書作『并婦人并歸節級量賜粟帛』。

〔二十一〕鰥寡煢獨篤疾不能自存者：『鰥寡煢獨』，四庫全書、適園叢書、學林本作『鰥寡孤獨』。均泛指孤苦無依的人。宋張載西銘：『凡天下疲癃殘疾、煢獨鰥寡，皆吾兄弟之顛連而無告者也。』唐柳宗元酬韶州裴曹長使君寄道州吕八大使因以見示二十韻詩：『在亡均寂寞，零落間煢鰥。』

〔二十二〕量加賑恤：『賑恤』，原作『賑給』，今據册府元龜、全唐文改。『賑恤』，以錢物救濟貧苦或受灾的人。後漢書郎顗傳：『立春以來，未見朝廷賞録有功，表顯有德，存問孤寡，賑恤貧弱。』宋書文帝紀：『八月，徐、兖、青、冀四州大水，己未，遣使檢行賑恤。』

〔二十三〕仍令天下諸州置道士觀：册府元龜、全唐文無『令』字。

〔二十四〕又比來天后事條：此句原無『又』字，今據册府元龜、四庫全書、全唐文增補。此處『天后』指武則天。舊唐書卷六則天皇后紀：『永徽六年，廢王皇后而立武宸妃爲皇后。高宗稱天皇，武后亦稱天后。』『事條』，猶條例，法規。唐吴兢貞觀政要納諫：『陛下初即位，詔書曰：「逋租宿債，欠負官物，并悉原免。」即令所司，列爲事條。』

〔二十五〕務令崇用，式遵無怠：按，此句以上有關「崇用」武后「事條」之詔令，舊唐書高宗紀下有所記載：「是夕，帝崩於真觀殿，時年五十六。宣遺詔：『七日而殯，皇太子即位于柩前。園陵制度，務從節儉。軍國大事有不决者，取天后處分。』」

〔二十六〕政有清勤：此句原作「政用清勤」，今據册府元龜、全唐文、適園叢書、學林本改。「清勤」，清廉勤懇。南史崔祖思傳：「後爲青、冀二州刺史，在政清勤。」北史郭祚傳：「祚清勤在公，夙夜匪懈，帝甚賞之。」

〔二十七〕各加一階：「一階」，原作「二階」，今據册府元龜、四庫全書、全唐文改。

附録：

全唐文卷十三於所録唐高宗改元宏道大赦詔後云：「謹按，道德真經廣訓卷二有改元宏道大赦詔文，與此異，附注於後。」今即移録此文於此，以備參考。

君崇於道，宅紫微以垂衣；臣修於德，罄丹心而作礪。若使上守於義，下尊於禮，名教所以乖淳，忠信由其漸薄。在昔胥庭連陸，媧、燧、伏羲不宰而天下

化，軒、頊、堯、舜、禹、湯、文、武至公猶行，深仁尚積。及秦居閏位，奢泰之漸聿興，漢襲霸圖，元默之風已替。遐觀魏晋，近鑒周隋，代益囂浮，人逾僭侈，窮百王之弊俗，極千年之否運。以承大亂之後，方開大聖之期，既逾交喪之辰，必興交泰之緒。我高祖神堯皇帝，受鑣宫之景命，蕩轡野之妖氛，重懸日月，一匡宇宙。太宗文皇帝，披圖汶水，杖鉞參墟，降斗極之神兵，滌懷襄之巨浸，張四維而安赤縣，勞百戰而徇蒼生，聲教遐覃，提封遠亘，緬維洪業，無得而稱。朕以寡昧，忝膺丕緒，未嘗不孜孜訪道，戰戰臨人，日慎一日，三十四載於今矣。况下安則上逸，時弊則君憂，雖身處九重而情周萬姓，建本之懷逾切，抑末之念遽深。今庶績雖凝而淳源未洽。朕之綿系，兆自元元，常欲遠叶先規，光宣道化，變率土於壽域，濟蒼生於福林。屬想華胥，載勞寤寐，所冀内外僚寀，各竭乃誠，敦勸黎萌，俱崇簡質，舊染薄俗，咸與惟新，憑大道而開元，共普天而更始。宜申霈澤，廣被紘埏，可大赦天下，改永淳二年爲宏道元年。仍令天下諸州置道士觀，上州三所，中州二所，下州一所，每觀度道士七人，以彰清净之風，佇洽無爲之化。主者施行。

改元光宅詔（一）

鸞臺：朕聞上皇建極（二），體元氣以育群生；大聖承天，法開陽而陶庶類（三）。與時舒卷，叶三正而推移（四）；隨道污隆，應五鈐以通變（五）。故能牢籠宇宙，埏埴人靈（六），符景運而財成，契休期以光宅（七）。昔有隋標季，率土淪胥（八），豺狼肆吞噬之灾，億兆被虔劉之酷（九）。高祖神堯皇帝，披圖汾水，仗鉞參墟（十），廓氛祲而安四維，掃攙槍而清六合（十一）。太宗文武聖皇帝，負日月而膺運（十二），鼓雷霆以震威。蕩海夷山，功浹八荒之外；救焚拯溺，仁沾萬域之表。樂和禮洽，天平地成，茂績光於邃初，鴻名冠於開闢（十三）。高宗天皇大帝，雲房誕睿，虹渚降靈，受緑錯之禎符，應朱紼之景命（十四）。飛車乘毳，臣軒頊之不臣；没羽浮金，賸禹湯之未賸（十五）。所以開邊服遠（十六），更闡宇於先基；富國寧人（十七），重增輝於前烈。撫璇當寧，調五氣於明堂（十八）；考瑞升中，朝百神於日觀（十九）。茫茫衆俗，寧知覆燾之恩；蠢蠢庶萌，孰辨陶甄之力（二十）。固已千年啓旦，三聖重光（二十一），歷選前書，無聞往載。豈謂道隆金鏡，運迫鼎湖（二十二），方延翠渚之祥，遽托白雲之駕（二十三）。以社稷之大

任，屬荒眇之微躬（二十四）。欽奉遺言，載深悲懼，遂以玆菲德，開導嗣皇（二十五）。式綜萬幾，載宣風化。所賴王公卿士，各竭乃誠，若濟巨川，實資舟楫（二十六）。然自恭臨朝序（二十七），已積炎涼，教靡致於移風（二十八），道尚慚於變俗，良以哀迷在疚，荼棘纏心（二十九），陵廟未安，匪遑專慮。今者鳳京遥踐，龍馭上升（三十），既因大禮之終，宜更中區之始（三十一）。朕母臨赤縣（三十二），求瘼之志每盈；子育蒼生，恤隱之懷鎮切（三十三）。唯欲勵精爲政，克己化人，使宗社固北辰之安，區宇致南風之泰（三十四）。以斯酬眷命，用此報先恩，冀上不負於尊靈，下微申於至懇。夫五行遞用（三十五），列代相承，欲崇其德，先遵所尚。故夏以金運，乘驪而尚玄；周以火行，貴騂而尚赤（三十六）。將隆母德，必欲子扶。近者地不藏珍，山無秘寶，皇家土德，勝氣彌彰，宜從白賁之象（三十七），以輔黄中之運。自今以後，旗幟皆從金色，仍飾之以紫，畫以雜文。其應合改者，所司詳依典故。供奉帷幕（三十八），咸用紫色，自録府衛所旗并改以皂。八品已下舊服青者，并改以碧。其在京諸司文武職事五品已上清官（三十九），并六品、七品清官，并每日入朝之時，常服褲褶（四十），諸州縣長官在公衙亦準此。自餘官朔望朝參皆依舊（四十一），其色皆依本品。又鎮星之在太微（四十二），已歷年載，著土精之美應，表坤祚

之元符（四十三），宜同感帝，以時薦享。又東都宜改爲神都，宫名太初宫（四十四）。但列署分司，各因時而立號；建官置職，咸適事以標名。而今曹僚之中，稱謂多爽，宜改尚書省爲文昌臺，左僕射爲文昌左相，右僕射爲文昌右相，吏部尚書爲天官尚書，户部尚書爲地官尚書，禮部尚書爲春官尚書，兵部尚書爲夏官尚書，刑部尚書爲秋官尚書，工部尚書爲冬官尚書，門下省改爲鸞臺，中書省改爲鳳閣，侍中改爲納言，中書令改爲内史，太常寺改爲司禮寺，鴻臚寺改爲司賓寺，宗正寺改爲司屬寺，光禄寺改爲司膳寺，太府寺改爲司府寺，太僕寺改爲司僕寺，衛尉寺改爲司衛寺，大理寺改爲司刑寺，農寺依舊，左右衛亦依舊，左右驍衛亦爲左右武衛，左右武衛爲左右鷹揚衛，左右威衛爲左右豹韜衛，左右領軍衛爲左右玉鈐衛，左右金吾衛依舊，其餘曹司及官僚名未改者，所司速制名奏聞。又司隸之官，監郡之職，所以巡省風俗，刺舉愆違，今人物殷繁，區宇遐曠，而所在州縣未能澄肅，可置右肅政御史臺一司，其職員一準御史臺，專知諸州按察。其舊御史臺改左肅政御史臺，專知在京百司及監諸軍旅并出使（四十五）。其諸州録事參軍并宜依舊。仍令在京五品已上清官，每日於章善顯福等門各一人待詔（四十六），朕當親訪政道，詳求得失。又玄元皇帝者（四十七），皇室之源，韞道

先母竟無尊位，可上尊號曰『先天太后』，宜於老君廟所敬立尊像，以申誠薦。又洛州界内所有帝王之陵，及自古清直之臣，忠廉之佐，并令州縣就其塋域一申祭享。又自武德已來，元勛佐命，或以忠鯁事主，或以道德匡君，非身在有犯（五十），緣子孫絶封者，前詔雖已處分，或恐仍有闕遺（五十一），宜降霈澤，重申前命。又往日先朝聖武，蕩定遐方，日月照臨，咸爲郡縣，皆荷生成之惠，無復遠近之殊。朕矜撫之懷，豈隔中外，每念其後嗣（五十二），愍愴良深。繼絶興亡，實惟本志，各宜求其後胤，立之以承享嗣（五十三）。其諸都護漢官及鎮兵等，并悉放還。其營奉山陵使，及鹵簿使等（五十四），并依別敕處分。又兩京之所，徭賦實繁，亦令所司作優量法，使勞逸得所。靈駕所涉，千里斯遥，在路黎萌（五十五），莫不哀奉，念其勞弊，情增感惻，其緣供頓及山陵者，并免今年課税。又比來諸道軍行，叙勛多濫，或端居不出，以貨買勛，真僞相蒙，深爲巨蠹。自今以後，所司宜明具條例（五十六），務令禁斷，責成斯在，可不勉歟（五十七）。如更有違越，必法科處分（五十八）。又比命放出宫女（五十九），已降詔書，然以在内多時，咸悉願住，但念其各有親屬，豈可久致分離，宜準前恩，即令放出。又隆平日久（六十），户口滋

多，物務既煩，欺隱斯衆。其上州三萬户已上，大縣萬户已上，各宜析出，別置州縣。唯雍、洛二州，不在此限。又濟時之道，求賢是務。其官人及百姓等，或器標瑚璉，材堪棟幹（六十一），或在職清慎，或抱德幽栖，或武藝馳聲，或文藻流譽，宜令京官九品已上，及諸州長官（六十二），各舉一人，咸以名薦，務取得賢之實，無貽濫吹之譏（六十三）。又前者有詔，具述内外官僚，備陳行事，以申勸沮（六十四）。但恐百官在職（六十五），尚有虧違，今欲重降深恩（六十六），更垂寬宥。棄瑕録用，罔責於前非；滌罪論功，必期於後善。若又不悛己過，重挂疏羅，當使置以嚴刑，倍加其罰。思與士庶，共此惟新，可大赦天下，改文明元年爲光宅元年。自九月五日昧爽已前，大辟罪已下，罪無輕重，已發覺，未發覺，已結正，未結正，繫囚見徒（六十七），皆赦除之。流人未達前所者放還。其犯十惡，官人枉法受財，監臨主守自盜，所監臨劫賊殺人（六十八），故殺人，謀殺人，及反逆緣坐（六十九），并軍將臨戎挫威喪律（七十），鎮遏失所（七十一），虧損師徒，及常赦所不原免者（七十二），并不在赦例。亡官失爵，量加收叙。諸年八十以上，各賜粟二石，綿帛二段；九十以上，賜粟三石，綿帛三段；百歲已上，賜粟五石，綿帛五段，并依舊例版授。孝子順孫，義夫節婦，咸表門閭。鰥寡煢獨篤疾之徒，不能自存者，并加賑恤。亡

命山澤，挾藏軍器，百日不首，復罪如初。敢以赦前事相告言者，以其罪罪之。布告天下，咸使聞知〔七十三〕。其詔書内事有未盡者，仍令所司作條例處分。

校箋

〔一〕本文又見於文苑英華卷四百六十三翰林制詔四十四，文題爲減大理丞廢刑部獄制，題下校云『一作改元光宅赦』。又全唐文卷九十六亦録此文，題爲改元光宅赦文，署名高宗武皇后。舊唐書卷四十五輿服志，唐會要卷二十六待制官、卷三十一章服品第門，資治通鑑卷二百三光宅元年九月均有此文個别文句之摘録。本文文末未標注頒布時間。考武后改元光宅之時間，諸典籍多有記載。舊唐書卷六則天皇后紀載：文明元年『九月，大赦天下，改元爲光宅』。新唐書卷四則天皇后紀嗣聖元年『九月甲寅，大赦，改元。旗幟尚白，易内外官服青者以碧，大易官名，改東都爲神都，追尊老子母爲先天太后』。資治通鑑卷二百三光宅元年記：『九月，甲寅，赦天下，改元。旗幟皆從金色。八品以下，舊服青者更服碧。改東都爲神都，宫名太初。又改尚書省爲文昌臺，左、右僕射爲左、右相，六曹爲天、地、四時六官；門下省爲鸞臺，中書省爲鳳閣，侍中爲納

言，中書令爲內史；御史臺爲左肅政臺，增置右肅政臺；其餘省、寺、監、率之名，悉以義類改之。』唐會要卷三皇后、卷二十六待制官則將此次改元赦文記爲『文明元年九月五日』。按，上述典籍有將此次改元光宅記在光宅元年（亦文明元年、嗣聖元年）九月甲寅（是年九月己酉朔，甲寅爲九月六日）者，然本改元赦文則謂『可大赦天下，改文明元年爲光宅元年。自九月五日昧爽已前，大辟罪已下，罪無輕重』云云，則是年『九月五日』乃其頒布詔書之時間，且文苑英華所載本文之末有小注云『光宅元年九月五日』，可見此文確實頒布於是時，記於几月甲寅（六日）乃誤。舊唐書卷四十五所記『文明元年七月甲寅詔』、唐會要卷三十一記『文明元年七月五日詔』亦誤。『光宅元年（六八四）九月五日』乃頒布改元光宅之時，則詔書撰寫時間當在此時稍前。

（二）朕聞上皇建極：『建極』，指帝王即位。唐崔融爲朝集使於思言等請封中岳表：『陛下寶命絪緼，元期肸蠁，包混元而建極，宅造化而開階，剖靈符於天，合至德於地。』

（三）法開陽而陶庶類：『開陽』，北斗七星的第六星。漢張衡思玄賦：『攄開陽而頫視兮，臨舊鄉之暗藹。』李善注引春秋運斗樞：『北斗七星，第六開陽也。』『庶類』，萬物，萬類。國語鄭語：『夏禹能單平水土，以品處庶類者也。』韋昭注：『禹除水災，使萬物高下各得其

所。』魏書高祖紀：『今東作方興，庶類萌動。』

〔四〕叶三正而推移：『三正』，夏正建寅，殷正建丑，周正建子，合稱三正。書甘誓：『有扈氏威侮五行，怠棄三正。』陸德明釋文引馬融語曰：『建子、建丑、建寅，三正也。』一説指天、地、人之正道。孔傳：『怠惰棄廢天地人之正道。』也稱三統。史記周本紀：『今殷王紂乃用其婦人之言，自絶於天，毁壞其三正。』張守節正義：『按：三正，三統也。周以建子爲天統，殷以建丑爲地統，夏以建寅爲人統也。』魏書儒林傳李業興：『雖三正不同，言時節者皆據夏時正月。』

〔五〕應五鈐以通變：『鈐』，星名。即鉤鈐。漢書天文志：『其後熒惑守房之鉤鈐。鉤鈐，天子之御也。』

〔六〕埏埴人靈：『埏埴』，陶冶；培育。晋潘岳西征賦：『土無常俗，而教有定式，上之遷下，均之埏埴。』唐黄滔代鄭郎中上興道鄭相啓：『遂使慶鍾末路，福逮今辰，既預門墻，仍從埏埴。』『人靈』，生靈，百姓。人爲萬物之靈，故稱。南朝宋顔延之車駕幸京口三月三日侍游曲阿後湖作詩：『人靈騫都野，鱗翰聳淵丘。』李善注：『都野，民靈所居。』舊唐書外戚傳武延基：『豈不固宗社之基，允人靈之願？』

〔七〕符景運而財成，契休期以光宅：「景運」，好時運。周書獨孤信傳：「今景運初開，椒闈肅建。」宋陳岩肖庚溪詩話卷上：「景祐元年所賜詩末句曰：「寒儒逢景運，報國合如何？」」「財成」，裁成。謂裁度以成之。財，通「裁」。參本卷玖元總章詔校箋〔十六〕「休期」，美好的時期。南朝陳徐陵封陳公九錫詔：「昔在休期，早隆朝寄。」宋曾鞏謝賜唐六典表：「伏遇皇帝陛下接五聖之休期，振千齡之絶業。」「光宅」，廣有。書堯典序：「昔在帝堯，聰明文思，光宅天下。」曾運乾正讀：「光，猶廣也。宅，宅而有之也。」南齊書高帝紀下：「猥以寡德，光宅四海。」

〔八〕昔有隋標季，率土淪胥：「標季」，末季，末期。漢書谷永傳：「陛下承八世之功業，當陽數之標季。」顔師古注引孟康曰：「陽九之末季也。」南朝梁沈約郊居賦：「昔西漢之標季，余播遷之云始。」「淪胥」，泛指淪陷、淪喪。晉書涼武昭王李玄盛傳：「淳風杪莽以永喪，搢紳淪胥而覆溺。」唐張鷟游仙窟：「下官堂構不紹，家業淪胥。」

〔九〕億兆被虔劉之酷：「虔劉」，劫掠；殺戮。左傳成公十三年：「芟夷我農功，虔劉我邊陲。」南朝陳徐陵司空章昭達墓志銘：「黑山巨盗，憑陵上國；白水强胡，虔劉中夏。」

〔十〕披圖汾水，仗鉞參墟：「披圖」，展閲圖籍、圖畫等。後漢書盧植傳：「今同宗相

後，披圖案牒，以次建之，何勛之有？』北周庾信三月三日華林園馬射賦序：『舜以甲子之朝，披圖而巡洛。』『仗鉞』，手持黄鉞，表示將帥的權威。引申指統帥軍隊。三國志 吴書 孫堅傳：『古之名將，仗鉞臨衆，未有不斷斬以示威者也。』唐杜甫北征詩：『桓桓陳將軍，仗鉞奮忠烈。』『參墟』，亦作『參虚』。參星的分野。當今山西、河南一帶。左傳 昭公十五年：『唐叔受之，以處參虚。』杜預注：『參虚，實沈之次，晋之分野。』孔穎達疏：『實沈之次，晋之分野，上繫參之虚域，故云參虚。』漢焦贛易林 泰之未濟：『實沈參墟，以義討尤。』按，此兩句實指唐高祖李淵起兵於山西太原。檢舊唐書卷一高祖紀載：唐高祖大業『十三年，爲太原留守，郡丞王威、武牙郎將高君雅爲副。群賊蜂起，江都阻絶，太宗與晋陽令劉文静首謀，勸舉義兵。俄而馬邑校尉劉武周據汾陽宫舉兵反，太宗與王威、高君雅將集兵討之。高祖乃命太宗與劉文静及門下客長孫順德、劉弘基各募兵，旬日間衆且一萬，密遣使召世子建成及元吉于河東。威、君雅見兵大集，恐高祖爲變，相與疑懼，請高祖祈雨於晋祠，將爲不利。晋陽鄉長劉世龍知之，以告高祖，高祖陰爲之備。五月甲子，高祖與威、君雅視事，太宗密嚴兵於外，以備非常。遣開陽府司馬劉政會告威等謀反，即斬之以徇，遂起義兵。甲戌，遣劉文静使於突厥始畢可汗，令率兵相應。六月甲申，命太宗將兵徇西河，下之。癸巳，建大將軍府，并置三軍，分爲左右：以世子建成爲隴

西公、左領大都督，左統軍隸焉；太宗爲敦煌公、右領大都督，右統軍隸焉。裴寂爲大將軍府長史，劉文静爲司馬，石艾縣長殷開山爲掾，劉政會爲屬，長孫順德、劉弘基、竇琮等分爲左右統軍。開倉庫以賑窮乏，遠近響應。秋七月壬子，高祖率兵西圖關中，以元吉爲鎮北將軍、太原留守。癸丑，發自太原，有兵三萬』。

〔十二〕廓氛祲而安四維，掃欃槍而清六合：『氛祲』，比喻戰亂，叛亂。南朝梁沈約王亮王瑩加授詔：『内外允諧，逆徒從慝，躬衛時難，氛祲既澄，并宜光贊緝熙，穆兹景化。』唐駱賓王兵部奏姚州道破逆賊諾没弄楊虔柳露布：『飛塵埃而匝地，白日爲之晝昏；掃氛祲以稽天，滄溟爲之晦色。』『四維』，指四方。唐歐陽詹早秋登慈恩寺塔詩：『寶塔過千仞，登臨盡四維。』宋蘇轍祭亡兄端明文：『兄敏我愚，賴以有聞。寒暑相從，逮壯而分……如鴻風飛，流落四維。』『欃槍』即『欃槍』，亦作『欃槍』。彗星名。即天欃、天搶。淮南子俶真訓：『古之人處混冥之中……欃搶衡杓之氣，莫不彌靡，而不能爲害。』漢劉向説苑辨物：『欃槍、彗孛、旬始、枉矢、蚩尤之旗，皆五星盈縮之所生也。』古人以欃搶爲妖星，主兵禍。故引申指凶渠。南朝宋謝瞻張子房詩：『鴻門消薄蝕，垓下殞欃搶。』李善注：『薄蝕、欃搶，皆指項羽。』陳書高祖紀上：『公左甄右落，箕張翼舒，掃是欃槍，驅其獫狁。』

〔十二〕負日月而膺運：『膺運』，猶膺期，承受期運。指受天命爲帝王。周書 武帝紀下：『太祖神武膺運，創立王基。』南朝梁沈約齊故安陸昭王碑：『膺期誕德，絶後光前。』唐劉禹錫蘇州謝恩賜加章服表：『伏遇陛下膺期御宇，大振滯淹。』

〔十三〕茂績光於邃初，鴻名冠於開闢：『邃初』，原作『遂初』，今據文苑英華、四庫全書改。『開闢』，原作『闔闢』，今據文苑英華、四庫全書、全唐文改。『茂績』，豐功偉績。後漢書 朱祐景丹等傳論：『英姿茂績，委而勿用。』晉潘岳楊荆州誄：『忠節克明，茂績惟嘉。』『邃初』，遠古，始初。舊唐書 李義府傳：『邃初冥昧，元氣氤氲。』清龔自珍平均篇：『有天下者，莫高於平之之尚也，其邃初乎！』『鴻名』，大名；盛名。史記 司馬相如列傳：『前聖之所以永保鴻名而常爲稱首者用此，宜命掌故悉奏其義而覽焉。』唐蘇頲開元元年赦書：『鴻名不可以深拒，盛典不可以固違。』

〔十四〕雲房誕睿，虹渚降靈，受緑錯之禎符，應朱綈之景命：『雲房』，僧道或隱者所居住的房屋。唐韋應物游琅琊山寺詩：『填壑躋花界，叠石構雲房。』明高濂玉簪記 回觀：『此女當初入觀，也非偶然……因此上收入在雲房。』『禎符』，祥瑞；吉兆。南史 宋紀中 文帝：『徐羨之、傅亮等以禎符所集，備法駕奉迎。』唐崔璐覽皮先輩盛製因作十韻以寄用伸款仰：『在人爲

英杰，與國作禎符。』『景命』，大命。指授予帝王之位的天命。詩大雅既醉：『君子萬年，景命有僕。』鄭玄箋：『天之大命。』唐元稹獻事表：『臣竊惟陛下以景命惟新之初，何如貞觀致理之後？』

〔十五〕飛車乘毳，臣軒頊之不臣；没羽浮金，贐禹湯之未贐：『贐』，原均作『服』，今據文苑英華改。『毳』，通『橇』。古代在泥路上行走所乘之具，形如船而短小，兩頭翹起。史記河渠書：『泥行蹈毳，山行即橋。』司馬貞索隱：『「毳」字亦作「橇」。』漢書溝洫志：『泥行乘毳。』顔師古注引孟康曰：『毳形如箕，擿行泥上。』『軒頊』，傳説中的古代帝王軒轅和顓頊的并稱。梁書沈約傳：『既牢籠於嬀夏，又驅馳乎軒頊。』五代前蜀貫休壽春節進詩：『軒頊風重振，皇唐鼎創移。』『没羽』，竹書紀年卷上：『帝堯二十九年春，僬僥氏來朝，貢没羽。』北周庾信哀江南賦：『西贐浮玉，南琛没羽。』『浮金』，相傳一種輕質的金屬。太平廣記卷二百二十九引漢郭憲洞冥記：『漢武帝起招仙閣於甘泉宮西。其上懸浮金輕玉之磬。浮金者，自浮水上；輕玉者，其質貞明而輕也。』晋王嘉拾遺記顓頊：『（顓頊）有浮金之鐘，沉明之磬，以羽毛拂之，則聲振百里。』『贐』，進貢的財物。南朝陳徐陵與章司空昭達書：『百越之贐，不供王府；萬里之民，不由國家。』唐張九齡獅子贊序：『蓋蠻夷君長，歲時貢獻，或殊賝絶贐，實於

内府；或異獸奇禽，擾於外囿。」

〔十六〕所以開邊服遠：『所以』原無，今據四庫全書、全唐文增補。

〔十七〕富國寧人：『富國』，原作『富貴』，今據文苑英華、適園叢書、明鈔本、學林本改。

〔十八〕撫璇當寧，調五氣於明堂：『璇』，北斗七星的第二星。書舜典：『在璇、璣、玉衡，以齊七政。』史記天官書載此文，司馬貞索隱引文耀鈎作『琁』。太平御覽卷五引春秋運斗樞：『北斗七星：第一天樞，第二璇，第三機，第四權，第五衡，第六開陽，第七摇光。』『五氣』，五行之氣，五方之氣。鶡冠子度萬：『五氣失端，四時不成。』史記五帝本紀：『軒轅乃修德振兵，治五氣，藝五種，撫萬民，度四方。』裴駰集解引王肅曰：『五行之氣。』北周庾信配帝舞：『四時咸一德，五氣或同論。』『明堂』，古代帝王宣明政教的地方。凡朝會、祭祀、慶賞、選士、養老、教學等大典，都在此舉行。孟子梁惠王下：『夫明堂者，王者之堂也。』玉臺新咏木蘭詩：『歸來見天子，天子坐明堂。』

〔十九〕考瑞升中，朝百神於日觀：『升中』，文苑英華作『升天』。『升中』，古帝王祭天上告成功。參本卷玖元總章詔校箋〔九〕。『日觀』，泰山峰名。爲著名的觀日出之處。北魏酈道

元水經注汶水引漢應劭漢官儀：『泰山東南山頂名曰日觀。日觀者，鷄一鳴時見日，始欲出，長三丈許，故以名焉。』按，文中謂高宗登泰山日觀朝百神事，舊唐書高宗紀麟德二三年間有所記載：麟德二年『冬十月戊午，皇后請封禪，司禮太常伯劉祥道上疏請封禪。……丁卯，將封泰山，發自東都。是歲大稔，米斗五錢，麥不列市。……十二月……乙卯，命有司祭泰山。丙辰，發靈岩頓』。又，『麟德三年春正月戊辰朔，車駕至泰山頓。是日親祀昊天上帝於封祀壇，以高祖、太宗配饗。己巳，帝升山行封禪之禮。庚午，禪於社首，祭皇地祇，以太穆太皇太后、文德皇太后配饗；皇后爲亞獻，越國太妃燕氏爲終獻。辛未，御降禪壇。壬申，御朝覲壇受朝賀。改麟德三年爲乾封元年……所歷之處，無出今年租賦。……癸酉，宴群臣，陳九部樂，賜物有差……丙戌，發自泰山』。

〔二十〕茫茫衆俗，寧知覆燾之恩；蠢蠢庶萌，孰辨陶甄之力：『覆燾』，亦作『覆幬』。猶覆被。謂施恩，加惠。禮記中庸：『辟如天地之無不持載，無不覆幬。』唐盧照鄰釋疾文：『悠然一望，覆幬雖廣，嗟不容乎此生。』『庶萌』，庶民。萌，通『氓』。南朝宋顔延之三月三日曲水詩序：『思對上靈之心，以惠庶萌之願。』宋書謝靈運傳：『君子横流，庶萌分析。』『陶甄』，比喻陶冶、教化。晉張華女史箴：『茫茫造化，二儀既分。散氣流形，既陶既甄。』李善

注：『如淳曰：陶人作瓦器謂之甄。』晉書樂志上：『弘濟區夏，陶甄萬方。』

〔二十一〕三聖重光：『三聖』，三個聖人。指堯、舜、禹。漢董仲舒賢良策三：『道之大原出於天，天不變，道亦不變。是以禹繼舜，舜繼堯，三聖相受而守一道。』漢書高惠高后文功臣表序：『湯法三聖。』顔師古注：『三聖，謂堯、舜、禹也。』

〔二十二〕道隆金鏡，運迫鼎湖：『金鏡』，原指銅鏡，此處比喻顯明的正道。太平御覽卷七百一十七引尚書考靈耀：『秦失金鏡，魚目入珠。』鄭玄注：『金鏡，喻明道也。』南朝梁劉孝標廣絶交論：『蓋聖人握金鏡，闡風烈。』『鼎湖』，地名。古代傳説黄帝在鼎湖乘龍升天。此處指帝王崩逝。周書靜帝紀：『先皇晏駕，萬國深鼎湖之痛，四海窮遏密之悲。』清孔尚任桃花扇設朝：『盼望，兵燹難消，松楸多恙，鼎湖弓劍無人葬；吾怎忍垂旒正冕，受賀當陽。』

〔二十三〕方延翠渚之祥，遽托白雲之駕：此兩句謂祈盼唐高宗延年，不料遽爾薨逝。舊唐書卷五高宗紀下載：『詔改永淳二年爲弘道元年。將宣赦書，上欲親御則天門樓，氣逆不能上馬，遂召百姓於殿前宣之。禮畢，上問侍臣曰：「民庶喜否？」曰：「百姓蒙赦，無不感悦。」上曰：「蒼生雖喜，我命危篤。天地神祇若延吾一兩月之命，得還長安，死亦無恨。」是夕，帝崩於真觀殿，時年五十六。』

〔二十四〕以社稷之大任，屬荒眇之微躬：此兩句謂高宗將國事托付於武后。舊唐書卷五高宗紀下載：『是夕，帝崩於真觀殿，時年五十六。宣遺詔：「七日而殯，皇太子即位于柩前。園陵制度，務從節儉。軍國大事有不決者，取天后處分。」』

〔二十五〕遂以兹菲德，開導嗣皇：『嗣皇』，文苑英華作『嗣聖』，全唐文作『嗣王』。『菲德』，薄德。常用爲自謙之詞。梁書武帝紀中：『朕以菲德，君此兆民。』明陸采懷香記青瑣相窺：『深慚菲德，繆望長生。』此處嗣皇指唐中宗李顯。舊唐書卷七中宗紀謂：『中宗大和聖昭孝皇帝諱顯，高宗第七子，母曰則天順聖皇后。顯慶元年十一月乙丑，生於長安。明年封周王，授洛州牧。儀鳳二年，徙封英王，改名哲，授雍州牧。永隆元年，章懷太子廢，其年立爲皇太子。弘道元年十二月，高宗崩，遺詔皇太子柩前即帝位。皇太后臨朝稱制，改元嗣聖。元年二月，皇太后廢帝爲廬陵王，幽於別所。其年五月，遷於均州，尋徙居房陵。聖曆元年，召還東都，立爲皇太子，依舊名顯。』

〔二十六〕實資舟楫：『資』，文苑英華作『憑』。

〔二十七〕然自恭臨朝序：『朝序』，猶朝列。晋書陸玩傳：『竟不能敷融玄風，清一朝序，咎責之來，於臣已重。』南朝梁江淹謝開府辟召表：『闡耀世經，發麗朝序。』

〔二十八〕教靡致於移風：『移風』，全唐文作『易風』。

〔二十九〕荼棘纏心：『纏心』，文苑英華作『纏身』，下校『一作心』。『荼棘』，比喻遭遇極壞。南朝梁江淹爲蕭太傅謝追贈父祖表：『臣行阻祇玄，躬早荼棘。如創之痛，昃日不追。』

〔三十〕今者鳳京遥踐，龍馭上升：『鳳京』，此處指西京長安。按，資治通鑑卷二百三光宅元年載：『五月，丙申，高宗靈駕西還。』此時武后應當從東都洛陽隨靈駕西還長安。『龍馭上升』，謂帝王去世之婉詞。明史方從哲傳：『以藥嘗試，先帝龍馭即上升。』

〔三十一〕宜更中區之始：『中區』，區中，人世間。漢蔡邕釋誨：『納玄策於聖德，宣太平於中區。』晉陸機文賦：『佇中區以玄覽，頤情志於典墳。』李善注：『中區，區中也。』

〔三十二〕朕母臨赤縣：『母臨』，原作『居臨』，今據文苑英華改。

〔三十三〕恤隱之懷鎮切：『恤隱』，憂念百姓疾苦。語本國語周語上：『勤恤民隱而除其害也。』韋昭注：『恤，憂也；隱，痛也。』晉干寶晉紀總論：『節理人情，恤隱民事。』

〔三十四〕使宗社固北辰之安，區宇致南風之泰：『固』，四庫全書作『有』。『宗社』，借指國家。漢孔融論盛孝章書：『惟公匡復漢室，宗社將絶，又能正之。正之之術，實須得賢。』新唐書諸夷蕃將傳李多祚：『將軍知感恩，則知所以報，今在東宮乃大帝子，而孼豎擅朝，危

逼宗社。」『北辰』，指北極星。論語爲政：『子曰：「爲政以德，譬如北辰，居其所而衆星共之。」』爾雅釋天：『北極謂之北辰。』南朝梁何遜和蕭咨議岑離閨怨詩：『思君無轉易，何異北辰星？』『區宇』，境域；天下。唐元稹賀誅吴元濟表：『威動區宇，道光祖宗。』宋陳亮重建紫霄觀記：『本朝混一區宇，是觀因以不廢。』『南風』，從南向北颳的風。詩邶風凱風：『凱風自南。』毛傳：『南風謂之凱風。』南朝宋孔靈符會稽記：『弘（鄭弘）識其神人也，曰：「常患若邪溪載薪爲難，願旦南風，暮北風。」』

〔三十五〕夫五行遞用：『遞』，文苑英華作『迭』，下校『一作遞』。『五行』，水、火、木、金、土。我國古代稱構成各種物質的五種元素，古人常以此説明宇宙萬物的起源和變化。書甘誓：『有扈氏威侮五行，怠棄三正。』孔穎達疏：『五行，水、火、金、木、土也。』孔子家語五帝：『天有五行，水、火、金、木、土，分時化育，以成萬物。』

〔三十六〕周以火行，貴騂而尚赤：『周以火行』，原作『周以木行』，今據四庫全書、全唐文、適園叢書、學林本改。『騂』，赤色馬。亦指赤色牛羊等。詩魯頌駉：『薄言駉者，有騂有駓，有騂有騏，以車伾伾。』毛傳：『赤黄曰騂。』孔穎達疏：『騂爲純赤色，言赤黄者，謂赤而微黄。』禮記郊特牲：『牲用騂，尚赤也。』

〔三十七〕宜從白賁之象：『白賁』，樸素無華的裝飾。易賁：『上九，白賁，無咎。』王弼注：『處飾之終，飾終反素，故在其質素，不勞文飾而無咎也。』明張居正賀傅少崖少司寇三品奏最序：『蓋孔子筮而遇白賁之繇，曰舍之，謂其徒白而無采也。』

〔三十八〕供奉帷幕：『帷幕』，文苑英華、適園叢書、明鈔本、甲庫本、學林本作『帷幔』。『帷幕』，即帳幕，帷幔。管子問：『甲兵、兵車、旌旗、鼓鐃、帷幕、帥車之載幾何乘？』南朝宋謝靈運撰征賦：『對園囿而不窺，下帷幕而論屬。』

〔三十九〕諸司文武職事五品已上清官：『諸司文武職事』，原作『諸司文官職事』，今據全唐文、適園叢書、學林本改。

〔四十〕常服褲褶：『褲褶』，服裝名。上穿褶，下著褲，外不加裘裳，故稱。名起於漢末，始爲騎服。盛行於南北朝，亦用作常服、朝服。唐末漸廢。三國志吴書吕範傳『遷都督』裴松之注引晋虞溥江表傳：『範出，更釋褠，著褲褶，執鞭，詣閤下啓事，自稱領都督。』晋書楊濟傳：『濟有才藝，嘗從武帝校獵北芒下，與侍中王濟俱著布褲褶，騎馬執角弓在輦前。』

〔四十一〕自餘官朔望朝參皆依舊：『皆』字原無，今據文苑英華、全唐文增補。

〔四十二〕鎮星之在太微：『鎮星』，即土星。我國古代以爲土星每二十八年運行一周天，好

像每年坐鎮二十八宿中的一宿，故名。文子精誠：『四時失政，鎮星摇蕩。』史記天官書：『太歲在甲寅，鎮星在東壁。』『太微』，亦作『大微』，古代星官名，三垣之一。位於北斗之南，軫、翼之北，大角之西，軒轅之東。諸星以五帝座爲中心，作屏藩狀。楚辭遠游：『召豐隆使先導兮，問大微之所居。』王逸注：『博訪天庭在何處也。大，一作太。』史記天官書：『衡，太微，三光之廷。匡衛十二星，藩臣：西，將；東，相；南四星，執法；中，端門；門左右，掖門。』古以爲天庭。

〔四十三〕著土精之美應，表坤祚之元符：『土精』，指土星。左傳襄公二十八年『歲在星紀而淫於玄枵』唐孔穎達疏：『五星者，五行之精也。曆書稱木精曰歲星，火精曰熒惑，土精曰鎮星，金精曰太白，水精曰辰星。』『元符』，大的祥瑞。漢揚雄長楊賦：『方將俟元符，以禪梁甫之基，增泰山之高。』李善注引晋灼曰：『元符，大瑞也。』南朝梁劉勰文心雕龍封禪：『表權輿，序皇王，炳元符，鏡鴻業……歌之以禎瑞，贊之以介丘。』按，『表坤祚之元符』中之『坤祚』，乃指武后政權而言。『坤』爲母，母親。易説卦：『坤，地也，故稱乎母。』蓋其時武后母儀天下，如本敕文所稱『朕母臨赤縣』，故此處有『坤祚』之説。

〔四十四〕又東都宜改爲神都，宫名太初宫：『宜改爲神都』，原無『宜』字，今據文苑英華

增補。『太初宫』，原無『宫』字，今據文苑英華、全唐文增補。

〔四十五〕在京百司：『百司』，四庫全書、全唐文作『有司』。

〔四十六〕每日於章善顯福等門：此句原無『於』字，今據文苑英華增補。

〔四十七〕又玄元皇帝者：此句原無『皇』字，文苑英華有『皇』字，下校『一無皇字』。今據文苑英華增補。『玄元皇帝』即老子。唐奉老子爲始祖，於乾封元年二月追號爲『太上玄元皇帝』，天寶二年正月加尊號『大聖祖』三字，天寶八載六月又加尊號爲『聖祖大道玄元皇帝』。

〔四十八〕業光衆妙，仁覃庶品：『衆妙』，一切深奥玄妙的道理。老子：『玄之又玄，衆妙之門。』晋潘岳閑居賦：『仰衆妙而絶思，終優游以養拙。』『庶品』，猶衆物，萬物。孔子家語五儀解：『所謂聖者，德合於天地，變通無方。窮萬事之終始，協庶品之自然。』南朝梁劉勰文心雕龍詮賦：『至於草區禽族，庶品雜類，則觸興致情，因變取會。』

〔四十九〕寶胤見御宸居：『寶胤』，此處指老子。『宸居』，帝王居住之所。南朝梁任昉王文憲集序：『是以宸居膺列宿之表，圖緯著王佐之符。』劉良注：『宸居，天子宫也。』唐李遠贈弘文杜校書詩：『高倚霞梯萬丈餘，共看移步入宸居。』

〔五十〕非身在有犯：此句原作『非身有犯』，今據文苑英華、四庫全書、全唐文增補。

〔五十一〕或恐仍有闕遺：此句文苑英華作『或尚有闕遺』。

〔五十二〕每念其後嗣：『後嗣』，文苑英華、全唐文作『殄嗣』。

〔五十三〕立之以承享嗣：『享嗣』，原作『享獻』，今據文苑英華改。文苑英華又校『一作享獻』。『享嗣』，行祭的人，指後嗣。南史荀伯子傳：『太傅鉅平侯羊祜勛參佐命，功盛平吳，而享嗣闕然，蒸嘗莫寄。』

〔五十四〕鹵簿使等：此句原無『使』字，今據文苑英華、四庫全書、適園叢書、學林本增補。『鹵簿使』，掌管鹵簿的官。新五代史唐愍帝紀：『兵部尚書李鏻爲鹵簿使。』文獻通考王禮考十二：『宋太祖皇帝建隆四年，將郊祀，大禮使范質與鹵簿使張昭、儀仗使劉温叟，同詳定大駕鹵簿之制。』『鹵簿』，古代帝王駕出時扈從的儀仗隊。出行之目的不同，儀式亦各別。自漢以後亦用於后妃、太子、王公大臣。唐制四品以上皆給鹵簿。漢蔡邕獨斷卷下：『天子出，車駕次第謂之鹵簿。』晉書趙王倫傳：『惠帝乘雲母車，鹵簿數百人。』宋葉夢得石林燕語卷四：『唐人謂鹵，櫓也，甲楯之别名。凡兵衛以甲楯居外爲前導，捍蔽其先後，皆著之簿籍，故曰「鹵簿」。因舉南朝御史中丞、建康令皆有「鹵簿」，爲君臣通稱，二字别無義，此説爲差近。』

〔五十五〕在路黎萌：『萌』，文苑英華、全唐文作『氓』，文苑英華下校『一作萌』。適園

叢書作『眖』。

〔五十六〕所司宜明具條例：『具』，原作『爲』，今據四庫全書、全唐文、適園叢書、學林本改。

〔五十七〕可不勉歟：此句原作『可以勉歟』，今據文苑英華、四庫全書、全唐文、適園叢書、學林本改。

〔五十八〕如更有違越，必法科處分：此句文苑英華、四庫全書、全唐文、適園叢書、學林本均作『如更有違，必越法科處分』。『違越』，違反；背離。後漢書方術傳下公沙穆：『幸承先人之支體，傳茅土之重，不戰戰兢兢，而違越法度，故朝廷使臣爲輔。』唐韓愈元和聖德詩序：『海内怖駭，不敢違越。』『法科』，指刑法條例。後漢書郭躬傳：『躬奏讞法科，多所生全。』南朝陳徐陵謝兒報坐事付治中啓：『兒報不能謹潔，敢觸嚴網，右趾鐵繫，事允法科。』

〔五十九〕又比命放出宫女：『比命』，文苑英華、四庫全書作『比來』。

〔六十〕又隆平日久：『隆平』，昌盛太平。漢趙岐孟子題辭：『帝王公侯遵之，則可以致隆平，頌清廟。』晋葛洪抱朴子貴賢：『舍輕艘而涉無涯者，不見其必濟也；無良輔而羨隆平者，未聞其有成也。』

〔六十一〕器標瑚璉，材堪棟幹：『瑚璉』，瑚、璉皆宗廟禮器。用以比喻治國安邦之才。論語公冶長：『子貢問曰：「賜也何如？」子曰：「女，器也。」曰：「何器也？」曰：「瑚璉也。」』魏書李平傳：『實廊廟之瑚璉，社稷之楨幹。』『棟幹』，棟梁幹材。比喻擔當國家重任的人。漢書佞幸傳贊：『哀平之際，國多釁矣。主疾無嗣，弄臣爲輔，鼎足不强，棟幹微撓。』南朝宋傅亮爲送公求加贈劉前軍表：『撫寧之勛，實洽朝野，識量局致，棟幹之器也。』

〔六十二〕及諸州長官：此句原無『及』字，今據文苑英華增補。

〔六十三〕無貽濫吹之譏：『濫吹』，比喻冒充湊數，名不副實。南朝齊王融出家懷道篇頌詩：『竊服皋門上，濫吹淄軒下。』唐元稹祭翰林白學士太夫人文：『愚亦乘喧濫吹，謬列莖英。』

〔六十四〕以申勸沮：『勸沮』，同『勸阻』，鼓勵和禁止。墨子非命中：『發憲布令以教誨，明賞罰以勸沮。』晉葛洪抱朴子崇教：『堅堤防以杜決溢，明褒貶以彰勸沮。』

〔六十五〕但恐百官在職：『但』，文苑英華作『仍』。

〔六十六〕重降深恩：『深』，文苑英華作『霈』，下校『一作深』。

〔六十七〕繫囚見徒：文苑英華、全唐文作『見繫囚徒』。

〔六十八〕所監臨劫賊殺人：此句原無『賊』字，今據文苑英華、四庫全書、全唐文增補。

〔六十九〕及反逆緣坐：此句原無『及』字，今據文苑英華增補。

〔七十〕軍將臨戎挫威喪律：此句中『喪律』，文苑英華作『失律』。

〔七十一〕鎮遏失所：『鎮遏』，平定；制止。宋書劉鍾傳：『治亭群盜數百夜襲鍾壘，距擊破之。時大軍外討，京邑擾懼，鍾以不能鎮遏，降號建威將軍。』唐顔真卿蒲州刺史謝上表：『將以鎮遏艱虞，導揚德澤，拜命之日，以榮爲憂。』

〔七十二〕及常赦所不原免者：此句原無『原』字，今據文苑英華增補。

〔七十三〕咸使聞知：『聞知』，文苑英華作『知聞』。

卷第四

帝王

改元中

改元載初赦〔一〕

朕聞上皇纂曆〔二〕，則天地以裁規〔三〕；大聖握圖，法陰陽以施化。故能牢籠品類，陶鑄生靈，敷景運於休期〔四〕，闡宏基於光宅。昔有隋失馭，率土分崩，赤縣爲禾黍之場，蒼生遇塗炭之酷。我高祖神堯皇帝，龍興汾晋，鳳起寰區〔五〕，殪梟獍而安八荒〔六〕，剪鯨鯢而清四海。太宗文武聖皇帝，膺昊穹之曆數〔七〕，鼓雷電之雄威，服遠冠巢燧之前，開邊越羲農之際，鴻名邁於三五，茂績隆於往初〔八〕。高宗天皇大帝，稟雷澤之禎符〔九〕，降天縱之神器，湛恩所被，匝乾坤覆載之鄉；至化所覃，盡舟車所通之境。撫璇丹極，輯瑞蒼岩〔十〕。天平地成，淳風啓千年之運；樂和禮備，寶祚隆三聖之基〔十一〕。逖聽王猷，熙開帝載〔十二〕。朕以虛薄，虔奉睿圖〔十三〕，業業兢兢，不遑寢食〔十四〕。幸穹昊貽祐，宗社延祥，河薦合天之符，洛出永昌之籙〔十五〕，時和歲稔，遠肅邇安，斯皆先德所延，屢彰嘉貺。自恭臨億兆〔十六〕，已積炎涼，尚想希風〔十七〕，未

臻於至道，顧循菲德，愧切於深衷。思弘顧托之恩，再闡混元之始（十八）。夫以玄穹列象，三辰以之麗天（十九）；厚載含章（二十），五行於焉紀地。易曰：『三五以變，錯綜其數。通其變遂成天下之文，極其數遂定天下之象。』火水相變，其卦爲革（二十一）。象曰：『天地革而四時成。』言五德更相生，變革萬象（二十二）。故帝者改政施教，明受之於天，不定之於人者也。仲尼曰：『其或繼周者，雖百代可知也（二十三）。』蓋以文質相因，法度相改故矣。是以伏羲、高陽、有周，皆以建子之月爲正，神農、少昊、陶唐、有殷，皆以建丑之月爲正，軒轅、高辛、夏后、漢氏，皆以建寅之月爲正。後雖百代，可知者以此（二十四），雖遭遇不同（二十五），步驟殊致，未有不表明軌物，以章靈命之符者也（二十六）。我國家創業，嘗有意乎改正朔矣（二十七），所未改者，蓋有由焉。高祖草創百度，因循隋氏；太宗緯地經天，日不暇給；高宗嗣曆，將弘丕訓（二十八），改作之事，屢發聖謨，言猶在耳，永懷無及。自五帝纘統，三王馭宇（二十九），或父子相承，同體異德，或金木迭改，應天順人。故納麓登庸，粵受終于文祖（三十）；干戈革命，必理曆於明時。然則開元配永（三十一），肇自陽來之旦；統曆履端，基于朔易之首（三十二）。孳萌發內，氣律由中（三十三）。品物任而昭蘇，生類蕩而敷革（三十四）。是知夏

之人統〔三十五〕，不逮殷之地正；殷之地正，有殊周之天統〔三十六〕。元命所苞〔三十七〕，實在茲矣。周文稽古，制禮於成王之日〔三十八〕；漢高握德，改元於武皇之代。則知文物大備，未遑於上葉〔三十九〕；損益之道，諒屬於中平。朕所以式遵禮經，奉成先志，今推三統之次〔四十〕，國家得天統，當以建子之月爲正〔四十一〕。考之群藝，厥義昭矣〔四十二〕。宜以永昌元年十有一月爲載初元年正月，十有二月改臘月，來年正月改爲一月。自載初元年正月一日子時已前，大辟罪已下，罪無輕重，已發覺，未發覺，已結正，未結正，繫囚見徒，皆赦除之。其叛逆緣坐〔四十三〕，及子孫殺祖父母父母，部曲容奸〔四十四〕，奴婢殺主，不在赦限。其與敬業、虺冲并與諸虺友往還〔四十五〕，其魁首已伏誅，其支黨事未發者，并特從原免，不得更相告言〔四十六〕。内外見任文武，九品以上職事官并賜爵一級。天下百歲已上老人，版授下州刺史，米粟五石，帛十段；九十已上，版授上州司馬，米粟四石，帛七段；八十以上，版授縣令，逋租懸調并丁夫雜匠衛士〔四十七〕，及有番第等違番及逃走應陪番及徵課調者〔四十八〕，并特宜放免〔四十九〕。其欠負官物，及盗詐三庫物，并不在赦限。鰥寡孤獨篤疾等不能存立者〔五十〕，量加賑恤。孝子順孫，義夫節婦，旌表門閭，終身勿事。天下百姓年二十一身爲户頭者，各賜爵一級〔五十一〕；女

子百户賜以牛酒；明堂役工人未被恩及者，付所司即類例定等級奏聞〔五十二〕，十五日内使了。緣供明堂致死人，其有未沾勛賜者，亦宜準例酬給。今年麥不熟處，及遭霜澇之處，并量放庸課。州縣好加檢校，勿使饑饉。新平軍差科百姓，稍有辛苦，亦宜量加優恤，蠲其徭役，所司類例處分。供象州軍百姓艱辛處未得復者，宜給復一年。洛州輦轂，徭役繁多，代朔并忻等州行軍，及諸州供明堂木及銅處，所司各類例節級給復。皇親諸陪位未出身者〔五十三〕，量材處分，已出身者賜勛一轉。富商大賈衣服過制，喪葬奢侈，損廢生業，州縣相知捉搦，兩京兼委金吾檢校。天下百姓皆須嫁娶以時，勿使外有曠夫，内有寡女。戰亡人格外贈勛兩轉，回授期親〔五十四〕。其子孤煢者〔五十五〕，州縣給糧安養。征鎮人家口，州縣存恤。勸課殷有之家，助其營種，勿使外人侵欺。仍令所司刊正禮樂，删定律令格式不便於時者。内外官五品已上，各舉所知。九經文字，集學士詳正，革其訛舛。亡官失爵，量加叙録。長流人别敕流人移貫人降授官人〔五十六〕，及後緣逆人用當及造罪過特處分者，雖未至前所，并不在赦限。西府功臣及晋府子孫屈滯者〔五十七〕，量加收叙，所司奏聞。亡命山澤，挾藏軍器，百日不首，復罪如初。敢以赦前事相告言者，以其罪罪之。率土之内，賜酺三日。赦書日行五百里。朕又聞

之，人必有名者，所以吐情自紀，尊事天人。是故以甲以乙，成湯爲子孫之制（五十八）；有類有象，申繻明德義之由（五十九）。朕今懷柔百神，對揚上帝，三靈眷祐（六十），萬國來庭。宜膺正名之典，式敷行政之方（六十一），朕宜以曌爲名（六十二）。自卦演龍圖，文開鳥迹（六十三），萬人以察，百工以乂。所以弘敷政道，宣明禮樂，指事會意，改易異塗，轉注象形（六十四），屈伸殊制。周宣博雅，史籀興古篆之文（六十五）；尼父温良，丘明述春秋之傳。自諸侯力争，姬室浸微，離爲二周，分成七國，法律異令，田疇異畝，言語異聲，衣冠異制。秦兼天下，剗滅古文，隸卒屢興，兵車歲動，官獄繁鶩（六十六），爰創隸書，自著秦文，肇興八體（六十七）。刻符兼於大篆，摹印逮於殳書。兩漢因之，九千餘字。張敞、杜鄴講學於前（六十八）；揚雄、甄豐校理於後（六十九）。魏晉以降，代乏名儒，穿鑿多門，形聲轉繆，結造新字，附會其情，古今訛舛，稍益繁布（七十）。書畫無端平之體（七十一），魚鳥增奔放之容，轉相仿效，日滋月甚，遂使後生學徒罔知所據，先王載籍，從此湮沉。言念澆漓（七十二），情深憫悼。思返上皇之化，伫移季葉之風，但習俗多時，良難頓改，特創制一十二字，率先百辟。上有依於古體（七十三），下有改於新文，庶保可久之基，方表還淳之意。昔在包犧開木德之運，軒轅應土行之序（七十四），循

環終始，布在方册，莫不績著帝猷，功宣皇道（七十五）。方列三微之統（七十六），乃膺五行之曆，雖則盛比共工，强逾嬴政，齊桓晉文之業，大彭豕韋之美（七十七），才爲霸者，豈登帝籙（七十八）。自炎精蕩覆，王風衰息（七十九），漢氏蒙塵，中原離析，當塗逆取，但肆兵威，典午專權，無聞德化（八十）。故三國鼎峙，五胡幅裂（八十一）。或道乖嗣德，或業匪孫謀（八十二），良由取之不以樂推（八十三），失之在乎虐用者也。及齊梁竊據，僻在江淮；周魏勃興，奄宅咸洛（八十四）。雖變夷從夏，號令唯行於境内，而智小謀大，聲教不通於天下。隋之御極，陳氏猶存，開皇之中，纔聞混一（八十五）。嗣主失道，俄至分崩。七八年間，生人泯絶。秦項之酷，猶未之半，開闢已來，蓋未之有。我國家祖宗積德，文武重光，仁風被于四表，英猷冠于三代，易不云乎：『天地之道，恒久而不易者也（八十六）。』仲尼曰：『善人爲邦百年，可以勝殘去殺。』則知聖王久於其道，而天下化成矣。自魏至隋，年將四百，稱皇僭帝，數十餘家，莫不廢王道而立私權，先詐力而後仁義（八十七）。勛未逾於列國，德不漸於霸圖（八十八）。雖復時合諸侯，一匡區域。晉武踐祚，茂烈多慚於水官（八十九）；隋帝乘時，雄圖不逮於秦氏。惟彼二君閏位，況區區者豈宜當三統之數者乎（九十）。朕遜聽皇綱，幽求帝典，定王霸之真僞（九十一），洗

生人之耳目，庶叶三推之美〔九十二〕，光宣五帝之次。况當布政，景化惟新〔九十三〕，太初開曆，上元伊始〔九十四〕，宜以發揮大寶，申明曆數，恢皇家正土之符，繼炎漢真火之序〔九十五〕，摛之罔極，垂之無窮。以周漢之後爲二王，仍封舜、禹、成湯之裔爲三恪，所司求其苗裔，即加封建。其周隋宜同列國，封其嗣使主祭焉〔九十六〕。布告遐邇，咸知朕意，主者施行。

校　箋

〔一〕本文又見於文苑英華卷四百六十三翰林制詔四十四，題爲改正朔制，下校『一作改元載初赦』。文後云『載初元年正月一日』。全唐文卷九十六亦載此文，文題爲改元載初赦文，署名高宗武皇后。御定淵鑒類函卷四十六帝王部亦節録此文部分段落，其文首謂『唐永昌元年改正朔詔曰』。本文文末未標明頒布時間。按，諸典籍多有記載此次改元載初之事。考舊唐書卷六則天皇后紀記：『載初元年春正月，神皇親享明堂，大赦天下。依周制建子月爲正月，改永昌元年十一月爲載初元年正月，十二月爲臘月，改舊正月爲一月，大酺三日。神皇自以「曌」字爲

名，遂改詔書爲制書。』新唐書卷四則天皇后紀載：『天授元年正月庚辰，大赦，改元曰載初，以十一月爲正月，十二月爲臘月，來歲正月爲一月。以周、漢之後爲二王後，封舜、禹、湯之裔爲三恪，周、隋同列國，封其嗣。』資治通鑑卷二百四永昌元年載：『十一月，庚辰朔，日南至。太后享萬象神宫，赦天下。始用周正，改永昌元年十一月爲載初元年正月，以十二月爲臘月，夏正月爲一月。以周、漢之後爲二王後，舜、禹、成湯之後爲三恪，周、隋之嗣同列國。鳳閣侍郎河東宗秦客，改造「天」「地」等十二字以獻，丁亥，行之。太后自名「曌」，改詔曰制。』唐會要卷三皇后記：則天『永昌五年十一月一日，改爲載初』。又同上書卷二十四二王三恪云：『永淳元年十一月一日制：以周、漢之後爲二王。仍封舜、禹、成湯之裔爲三恪。』按，永昌、載初同爲一年（六八九）。上述唐會要兩處所記年代互異，但兩者均有誤。永淳元年與永昌五年實均爲永昌元年之誤。考文苑英華所載本文末小注云『載初元年正月一日』，又本文中『自載初元年正月一日子時已前，大辟罪已下』云云，可知本文乃頒布於載初元年（六八九）正月一日。此與資治通鑑永昌元年載『十一月，庚辰朔』改元載初時間同。可見永昌元年十一月一日亦即載初元年正月一日，此時乃本文頒布時間，則其撰寫時間當在此時稍前。

〔二〕朕聞上皇纂曆：『上』，原作『元』，文苑英華、御定淵鑑類函均作『上』，文苑英華

又校『一作元』。今據文苑英華等改。『上皇』，太古的帝皇。漢鄭玄詩譜序：『詩之興也，諒不於上皇之世。』孔穎達疏：『上皇，謂伏犧，三皇之最先者。』唐錢起衡門春夜詩：『不厭晴林下，微風度葛巾。寧唯北窗月，自謂上皇人。』『纂曆』，亦作『纂歷』。意爲嗣位。南朝陳徐陵報尹義尚書：『聖朝欽明纂曆，大拯生民。』北史儒林傳序：『明皇（周明皇）纂歷，敦尚學藝。』

〔三〕則天地以裁規：『裁規』，制定法度。唐末五代杜光庭胡賢常侍安宅醮詞：『由陰陽而定位，配刑德以裁規。』

〔四〕敷景運於休期：『景運』，時運。周書獨孤信傳：『今景運初開，椒闈肅建。』宋陳岩肖庚溪詩話卷上：『景祐元年所賜詩末句曰：「寒儒逢景運，報國合如何？」』『休期』，美好的時期。參上篇校箋〔七〕。

〔五〕龍興汾晋，鳳起寰區：『寰區』，天下；人世間。後漢書逸民傳序：『彼雖硜硜有類沽名者，然而蟬蜕囂埃之中，自致寰區之外，異夫飾智巧以逐浮利者乎！』唐杜甫解悶詩之八：『最傳秀句寰區滿，未絶風流相國能。』按，『龍興汾晋』乃謂唐高祖起事於汾晋，即山西太原。檢舊唐書卷一高祖紀載，唐高祖於大業『十三年，爲太原留守，郡丞王威、武牙郎將高君雅爲副。

群賊蜂起，江都阻絶，太宗與晋陽令劉文静首謀，勸舉義兵。俄而馬邑校尉劉武周據汾陽宫舉兵反，太宗與王威、高君雅將集兵討之。高祖乃命太宗與劉文静及門下客長孫順德、劉弘基各募兵，旬日間衆且一萬，密遣使召世子建成及元吉于河東。威、君雅見兵大集，恐高祖爲變，相與疑懼，請高祖祈雨於晋祠，將爲不利。晋陽鄉長劉世龍知之，以告高祖，高祖陰爲之備。五月甲子，高祖與威、君雅視事，太宗密嚴兵於外，以備非常。遣開陽府司馬劉政會告威等謀反，即斬之以徇，遂起義兵。甲戌，遣劉文静使於突厥始畢可汗，令率兵相應。六月甲申，命太宗將兵徇西河，下之。癸巳，建大將軍府，并置三軍，分爲左右：以世子建成爲隴西公、左領大都督，左統軍隸焉；太宗爲敦煌公、右領大都督，右統軍隸焉。裴寂爲大將軍府長史，劉文静爲司馬，石艾縣長殷開山爲掾，劉政會爲屬，長孫順德、劉弘基、竇琮等分爲左右統軍。開倉庫以賑窮乏，遠近響應。秋七月壬子，高祖率兵西圖關中，以元吉爲鎮北將軍、太原留守。癸丑，發自太原，有兵三萬』。

〔六〕殪梟獍而安八荒：『殪』，文苑英華、御定淵鑒類函作『殄』，四庫全書作『除』。『梟獍』，亦作『梟鏡』。舊説梟爲惡鳥，生而食母；獍爲惡獸，生而食父。比喻忘恩負義之徒或狠毒的人。北魏楊衒之洛陽伽藍記永寧寺：『若兆者，蜂目豺聲，行窮梟獍，阻兵安忍，賊害君親。』

范祥雍校釋：『漢書卷二十五郊祀志：「祠黃帝用一梟破鏡。」孟康注：「梟，鳥名，食母；破鏡，獸名，食父。」破鏡即是獍。此以比喻狠戾忘恩之人。』魏書恩幸傳侯剛：『曾無犬馬識主之誠，方懷梟鏡返噬之志。』

〔七〕膺昊穹之曆數：『昊穹』，猶蒼天。漢司馬相如封禪文：『伊上古之初肇，自昊穹之生民。』李善注引張揖曰：『昊穹，春、夏天名。』唐李益大禮畢皇帝御丹鳳門改元建中大赦詩：『昊穹景命即已至，王事乃可酬乾坤。』『曆數』，古謂帝王代天理民的順序。論語堯曰：『咨，爾舜，天之曆數在爾躬。』何晏集解：『曆數謂列次也。』邢昺疏：『孔注尚書云：謂天道。謂天曆運之數。帝王易姓而興，故言曆數謂天道。』

〔八〕服遠冠巢燧之前，開邊越羲農之際，鴻名邁於三五，茂績隆於往初：『巢燧』，傳說中原始部落聯盟首領有巢氏和燧人氏的并稱。唐張九齡龍池聖德頌：『巢燧之前，寂寥無紀；書契而後，煥炳可觀。』『羲農』，伏羲氏和神農氏的并稱。漢班固答賓戲：『基隆於羲農，規廣於黃唐。』張銑注：『羲，伏羲也；農，神農也。』南朝陳徐陵謝敕賜祀三皇五帝餘饌啓：『竊以甘泉之殿，舊禮羲農；長樂之宮，本圖堯舜。』『鴻名』，大名；盛名。史記司馬相如列傳：『前聖之所以永保鴻名而常爲稱首者用此，宜命掌故悉奏其義而覽焉。』唐蘇頲開元元年赦書：『鴻名不

可以深拒，盛典不可以固違。』『三五』，指三皇五帝。楚辭九嘆思古：『背三五之典刑兮，絶洪範之辟紀。』王逸注：『言君施行，背三皇五帝之常典。』唐劉知幾史通載文：『夫談主上之聖明，則君盡三五；述宰相之英偉，則臣皆二八。』『往初』，猶往古。漢司馬相如封禪文：『德侔往初，功無與二。』漢張衡東京賦：『宜無嫌於往初，故蔽善而揚惡。』晉左思吴都賦：『比鷁首而有裕，邁餘皇於往初。』

〔九〕稟雷澤之禎符：『雷澤』，古澤名。本名雷夏澤。在今河南省范縣東南接山東省菏澤市界。傳説舜帝曾在此捕魚。管子版法解：『舜耕歷山，陶河濱，漁雷澤，不取其利，以教百姓。』史記五帝本紀：『舜耕歷山，漁雷澤。』此處用以借指大舜。唐張説皇帝在潞州祥瑞頌大人迹：『皇帝從臨潞州還京後，其宅内及州街并有大人迹，長二尺五寸，自東而西，布武相繼。頌曰：百神從王，一舉西適，衆觀空廨，連步雲迹。躡似郊媒，痕同雷澤，曠古奇事，存乎帝籍。』

〔十〕撫璇丹極，輯瑞蒼岩：『璇』，美玉，此處蓋指皇帝之玉璽。用以謂執掌國家皇權。『丹極』，宮殿中的紅色棟宇。唐杜甫别蔡十四著作詩：『流涕灑丹極，萬乘爲酸辛。』宋朱熹孝宗皇帝挽歌詞：『遽移丹極仗，便上白雲鄉。』『輯瑞』，書舜典：『輯五瑞，既月乃日，覲四岳群牧，班瑞于群后。』後遂以『輯瑞』指會見屬下的典禮。宋王禹偁右衛上將軍贈侍中宋公

神道碑奉敕撰：『公既荷寵章，乃修覲禮，輯瑞有光于文陛，建牙復命於名藩。』按，此處『輯瑞蒼岩』蓋謂高宗崇奉道教之舉。據舊唐書卷五高宗紀下，調露二年二月『丁巳，至少室山。戊午，親謁少姨廟。賜故玉清觀道士王遠知謚曰昇真先生，贈太中大夫。又幸隱士田游岩所居。己未，幸嵩陽觀及啓母廟，并命立碑。又幸逍遥谷道士潘師正所居。甲子，自温湯還東都』。

〔十一〕樂和禮備，寶祚隆三聖之基：『樂和』，快樂和諧。後漢書崔駰傳：『六合怡怡，比屋爲仁……家家有以樂和，人人有以自優。』『三聖』，此處指唐高祖、唐太宗、唐高宗。

〔十二〕逖聽王猷，熙開帝載：『熙開』，原作『無聞』，四庫全書作『馨聞』，今據文苑英華、全唐文、御定淵鑒類函改。『逖聽』，猶逖聞。常表示恭敬。漢司馬相如封禪文：『率邇者踵武，逖聽者風聲。』唐楊譚兵部奏劍南節度破西山賊露布：『顓頊有共工之陣，以平水害，逖聽前古。』『王猷』，亦作『王猶』。猶王道。詩大雅常武：『王猶允塞，徐方既來。』朱熹集傳：『猶，道。言王道甚大，而遠方懷之，非獨兵威然也。』晋束晳補亡詩：『周風既洽，王猷允泰。』吕延濟注：『言周室風化既洽，王道信通上下。』『帝載』，帝王的事業。書舜典：『咨四岳：有能奮庸熙帝之載，使宅百揆，亮采惠疇？』孔傳：『載，事也。』漢蔡邕光武濟陽宫碑：『匡復帝載，萬國以綏。』唐張九齡大唐金紫光禄大夫行侍中兼吏部尚書弘文館學士贈太師正平忠憲

公裴公碑銘序：『雖遠大是圖，而近識莫誤；學探帝載，何事小名！』

（十三）朕以虛薄，虔奉睿圖：『虛薄』，空虛淺薄；浮淺。晉袁宏後漢紀光武帝紀五：『叔對曰：「始得明公辟，且喜且懼。何者？喜於爲明公所知，懼於虛薄不能宣益拾遺。」』隋書禮儀志一：『顧惟虛薄，德化未暢，夙夜憂懼，不敢荒怠。』『睿圖』，皇帝的謀劃。隋書音樂志下：『皇矣上帝，受命自天。睿圖作極，文教遐宣。』舊唐書王彦威傳：『臣謬司邦計，虔奉睿圖，輒纂事功，庶裨聖覽。』

（十四）業業兢兢，不遑寢食：『業業兢兢』，四庫全書、全唐文作『夙懷兢業』。『不遑寢食』，全唐文作『不遑暇食』。

（十五）河薦合天之符，洛出永昌之籙：『合天』，合乎自然；合乎天道。莊子達生：『然後入山林，觀天性……則以天合天，器之所以疑神者，其是與。』郭象注：『不離其自然也。』唐彭朝曦勤政樓視朔觀雲物賦：『静以法地，動而合天。』『永昌』，長久。唐元稹人道短詩：『堯舜有聖德，天不能遺，壽命永昌。』按，此兩句乃用『河圖洛書』典實。此乃古代儒家關於周易卦形來源及尚書洪範『九疇』創作過程的傳説。易繫辭上：『河出圖，洛出書，聖人則之。』河，黄河。洛，洛水。據漢儒孔安國、劉歆等解説，伏羲時有龍馬出於黄河，馬背有旋毛如星點，稱作龍

圖。伏羲取法以畫八卦生蓍法。夏禹治水時有神龜出於洛水，背上有裂紋，紋如文字，禹取法而作尚書 洪範『九疇』。古代認爲出現『河圖洛書』是帝王聖者受命之祥瑞。漢書 翟義傳：『河圖洛書遠自昆侖，出於重壄……此乃皇天上帝所以安我帝室，俾我成就洪烈也。』三國志 魏書 文帝紀『君其祗順大禮，饗兹萬國，以肅承天命』裴松之注引獻帝傳：『河圖洛書，天命瑞應。』

〔十六〕自恭臨億兆：『億兆』，文苑英華、御定淵鑒類函作『兆庶』，文苑英華下校『一作億兆』。

〔十七〕尚想希風：『希風』，原作『移風』，今據四庫全書、全唐文、適園叢書、學林本改。『希風』，指企慕，效法。晉書 王羲之傳：『常依陸賈、班嗣、楊王孫之處世，甚欲希風數子，老夫志願盡於此也。』清龔自珍明良論一：『今士大夫，無論希風古哲，志所不屬，雖下劣如矜翰墨，召觴咏，我知其必不暇爲也。』

〔十八〕再闡混元之始：『混元』，指天地元氣。亦指天地。三國魏阮籍咏懷之四十：『混元生兩儀，四象運衡璣。』後漢書 班固傳下：『厥道至乎經緯乾坤，出入三光，外運混元，内浸豪芒。』李賢注：『混元，天地之總名。』

〔十九〕夫以玄穹列象，三辰以之麗天：『以之』，原作『所以』，今據文苑英華、御定淵鑒

類函改。『玄穹』，天空；蒼天。晉張華壯士篇：『長劍横九野，高冠拂玄穹。』唐黄滔祭陳侍御嶠：『匆匆大夜，默默玄穹。』宋王明清玉照新志卷五：『命如[illegible]薄，敢祈祐於玄穹。』『三辰』，指日、月、星。左傳桓公二年：『三辰旂旗，昭其明也。』杜預注：『三辰，日、月、星也。』南朝梁沈約齊故安陸昭王碑：『昭昭若三辰之麗於天，滔滔猶四瀆之紀於地。』

（二十）厚載含章：『厚載』，地厚而載萬物。語出易坤：『坤厚載物，德合無疆。』後漢書皇后紀贊：『坤惟厚載，陰正乎内。』『含章』，包含美質。易坤：『六三，含章可貞。』孔穎達疏：『章，美也。』三國志魏書管寧傳：『含章素質，冰絜淵清。』

（二十一）火水相變，其卦爲革：『革』，易卦名之一。即離下兑上。易革：『象曰：澤中有火，革。』孔穎達疏：『革者，火在澤中，二性相違，必相改變，故爲革象也。』

（二十二）五德更相生，變革萬象：『萬象』，原作『萬物』，今據文苑英華、全唐文、御定淵鑒類函改。文苑英華於『象』下校『一作物』。『五德』，古代陰陽家把金、木、水、火、土五行比附五德，認爲歷代王朝各代表一德，按照五行相克或相生的順序，交互更替，周而復始。史記張丞相列傳：『推五德之運，以爲漢當水德之時，尚黑如故。』漢班固典引：『肇命民主，五德初始。』蔡邕注：『五德，五行之德。自伏羲已下，帝王相代，各據其一行。始于木，終于水，則

復始也。』『萬象』，宇宙間一切事物或景象。南朝宋謝靈運從游京口北固應詔詩：『皇心美陽澤，萬象咸光昭。』唐杜甫宿白沙驛詩：『萬象皆春氣，孤槎自客星。』

〔二十三〕雖百代可知也：此句原無『也』字，今據文苑英華增補。

〔二十四〕可知者以此：此句原作『皆可知者以此』，今據文苑英華、全唐文改。

〔二十五〕雖遭遇不同：此句文苑英華作『雖遭遇之不同』。

〔二十六〕未有不表明軌物，以章靈命之符者也：『軌物』，指規範事物。南朝梁陸倕新刻漏銘：『寧可以軌物字民，作範垂訓者乎？』新唐書李景伯傳：『使授非其人，則權重釁生，非强幹弱枝、經邦軌物之誼。』『靈命』，上天或神靈的意志。南朝宋鮑照從過舊宫詩：『靈命藴川瀆，帝寶伏篇圖。』唐王勃益州夫子廟碑：『杳杳靈命，茫茫天秩。吾道難行，斯文易失。』

〔二十七〕嘗有意乎改正朔矣：此句原無『嘗』字，今據文苑英華、全唐文增補。

〔二十八〕高宗嗣曆，將弘丕訓：『嗣曆』，謂應曆數而繼皇位。太平廣記卷九十七引唐皇甫枚三水小牘從諫：『唐武宗嗣曆，改元會昌。』『丕訓』，重大的訓導。書君陳：『爾惟弘周公丕訓。』孔傳：『當闡大周公之大訓。』唐韓愈順宗實録卷三：『朕奉若丕訓，憲章前式。』

〔二十九〕自五帝纘統，三王馭宇：『五帝』，上古傳説中的五位帝王，説法不一。〔一〕

黄帝（軒轅）、顓頊（高陽）、帝嚳（高辛）、唐堯、虞舜。大戴禮記 五帝德：『孔子曰：「五帝用記，三王用度。」』史記 五帝本紀唐張守節正義：『太史公依世本、大戴禮，以黄帝、顓頊、帝嚳、唐堯、虞舜爲五帝。譙周、應劭、宋均皆同。』漢班固白虎通 號：『五帝者，何謂也？禮曰：「黄帝、顓頊、帝嚳、帝堯、帝舜，五帝也。」』（二）太昊（伏羲）、炎帝（神農）、黄帝、少昊（摯）、顓頊。見禮記 月令。（三）少昊、顓頊、高辛、唐堯、虞舜。書序：『少昊、顓頊、高辛、唐、虞之書，謂之五典，言常道也。』孔穎達疏：『言五帝之道，可以百代常行。』晋皇甫謐帝王世紀：『伏羲、神農、黄帝爲三皇，少昊、高陽、高辛、唐、虞爲五帝。』（四）伏羲、神農、黄帝、唐堯、虞舜。見易 繫辭下、宋胡宏皇王大紀。『三王』，指夏、商、周三代之君，即夏禹、商湯、周武王。谷梁傳 隱公八年：『盟詛不及三王。』范甯注：『三王，謂夏、殷、周也。』

〔三十〕納麓登庸，粤受終于文祖：『納麓』，書 舜典：『納于大麓，烈風雷雨弗迷。』孔傳：『麓，録也。納舜使大録萬機之政。』後以『納麓』謂總攬大政。南朝梁江淹蕭太尉上便宜表：『菲躬謙度，方追重華納麓之勤；約情撝操，乃取文命卑宫之義。』『登庸』，指登帝位。漢揚雄劇秦美新：『臣伏惟陛下以至聖之德，龍興登庸，欽明尚古，作民父母，爲天下主。』宋書 傅

亮傳：『高祖登庸之始，文筆皆是記室參軍滕演。』『文祖』，文祖之説，各家不一。此處或指帝堯始祖之廟。書舜典：『正月上日，受終于文祖。』孔傳：『文祖者，堯文德之祖廟。』蔡沈集傳：『文祖者，堯始祖之廟。』史記五帝本紀：『文祖者，堯大祖也。』

〔三十一〕開元配永：『開元』，開始新的紀元。漢書李尋傳：『漢興至今二百載，曆紀開元，皇天降非材之右，漢國再獲受命之符。』

〔三十二〕統曆履端，基于朔易之首：『履端』，年曆的推算始於正月朔日，謂之『履端』。左傳文公元年：『先王之正時也，履端於始，舉正於中，歸餘於終。』杜預注：『步曆之始以爲術之端首。』孔穎達疏：『履，步也。謂推步曆之初始以爲術曆之端首……曆之上元，必以日月全數爲始，於前更無餘分，以此日爲術之端首，故言「履端於始」也。』後因以指正月初一。晋張華食舉東西厢樂詩：『履端承元吉，介福御萬邦。』北周庾信宫調曲：『履端朝萬國，年祥慶百靈。』『朔易』，謂歲末年初，政事、生活當除舊更新，有所改易。書堯典：『平在朔易。』蔡沈集傳：『朔易，冬月歲事已畢，除舊更新，所當改易之事也。』

〔三十三〕孳萌發内，氣律由中：『孳萌』，萌生；發生。漢書律曆志上：『故陽氣施種於黄泉，孳萌萬物。』宋蘇舜欽太常博士宋仲達墓銘：『同之郡將，不謹法度，其屬悉媚莫敢言，君獨

以理折其衡，不能遂行，或先幾絶其孳萌，以是事多沮逆少合。』「氣律」，古代樂理術語。謂樂律和節氣相應。晋王嘉拾遺記周靈王：「師涓出於衛靈公之世，能寫列代之樂……奏於靈公。靈公情湎心惑，忘於政事。蘧伯玉趨階而諫曰：「此雖以發揚氣律，終爲沉湎淫曼之音，無合於風雅，非下臣宜薦於君也。」」

〔三十四〕品物任而昭蘇，生類蕩而敷革：「品物」，猶萬物。易乾：「雲行雨施，品物流形。」漢蔡邕太尉李咸碑：「惟清惟敏，品物以熙。」「任」，聽憑，任憑。三國魏嵇康琴賦：「齊萬物兮超自得，委性命兮任去留。」宋歐陽修憶滁州幽谷詩：「當日辛勤皆手植，而今開落任春風。」「昭蘇」，蘇醒；恢復生機。禮記樂記：「蟄蟲昭蘇，羽者嫗伏。」鄭玄注：「昭，曉也。蟄蟲以發出爲曉，更息曰蘇。」三國魏曹植冬至獻襪履頌表：「四方交泰，萬物昭蘇。」「生類」，泛指一切有生命之物。列子説符：「天地萬物與我并生類也，類無貴賤。」漢張衡東京賦：「方其用財取物，常畏生類之殄也。」薛綜注：「生類，謂天下萬物之類也。」「蕩」，震蕩；激蕩。禮記樂記：「地氣上齊，天氣下降，陰陽相摩，天地相蕩。」鄭玄注：「蕩，猶動也。」唐韓愈送孟東野序：「水之無聲，風蕩之鳴。」「敷」，施予；施行。孔子家語致思：「回願得明王聖主輔相之，敷其五教，導之以禮樂。」唐皮日休原奕：「堯不忍加兵，而

以命舜，舜不忍伐，而敷之文德。然後有苗格焉。』『革』，更改；變革。書 多士：『惟爾知惟殷先人，有册有典，殷革夏命。』新唐書 張九齡傳：『國家賴智能以治，而常無親人者，陛下不革以法故也。』

〔三十五〕是知夏之人統：『人統』，乃三統之一。三統指夏、商、周三代的正朔。夏正建寅爲人統，商正建丑爲地統，周正建子爲天統。亦謂之三正。顔師古注引張晏曰：『一曰天統，爲周十一月建子爲正，天始施之端也。二曰地統，謂殷以十二月建丑爲正，地始化之端也。三曰人統，謂夏以十三月建寅爲正，人始成立之端也。』

〔三十六〕殷之地正，有殊周之天統：『有殊』，文苑英華、御定淵鑑類函作『有劣』。『地正』，我國古代曆法之一。指殷代以丑月（夏曆十二月）爲正月的曆法。漢班固白虎通 三正：『十二月之時，萬物始牙而白。白者陰氣，故殷爲地正，色尚白也。』禮記 檀弓上『殷人尚白』鄭玄注『以建丑之月爲正』唐孔穎達疏：『殷質法天，而爲地正。』『天統』，『三統』之一。周正建子，稱天統。禮記 檀弓上『周人尚赤』鄭玄注『以建子之月爲正』唐孔穎達疏：『建子之月爲正者，謂之天統。』

〔三十七〕元命所苞：『元命』，天之大命。書 多士：『惟時天罔念聞，厥惟廢元

命，降致罰。』孔傳：『其惟廢其天命，下致天罰。』孔穎達疏：『言天不復助桀，其惟廢其大命，欲絶夏祚也。』三國志 吴書 吴主傳：『朕以不德，肇受元命；夙夜兢兢，不遑假寢。』『苞』，通『包』，孕育；養育。文子 道原：『大苞群生而無私好，澤及蚑蟯而不求報。』

〔三十八〕周文稽古，制禮於成王之日：『周文』，四庫全書作『周公』，恐誤。『周文』，即周文王。史記 周本紀：『公季卒，子昌立，是爲西伯。西伯曰文王，遵后稷、公劉之業，則古公、公季之法，篤仁，敬老，慈少。禮下賢者，日中不暇食以待士，士以此多歸之。』按，『制禮於成王之日』乃謂周之制定禮制制度乃在於周成王之時。而制禮者實爲『周公』。『周公』，乃西周初期政治家。姓姬名旦，也稱叔旦。文王子，武王弟，成王叔。輔武王滅商。武王崩，成王幼，周公攝政。東平武庚、管叔、蔡叔之叛。繼而厘定典章、制度，復營洛邑爲東都，作爲統治中原的中心，天下臻於大治。以此周公後多作聖賢的典範。參閲史記 魯周公世家。『稽古』，考察古事。漢書 武帝紀贊：『高祖撥亂反正，文景務在養民，至於稽古禮文之事，猶多闕焉。』晋書 裴頠傳：『博學稽古，自少知名。』

〔三十九〕則知文物大備，未遑於上葉：『文物』，文苑英華、御定淵鑒類函作『文制』。『上葉』，原作『上叶』，今據文苑英華、四庫全書、全唐文、御定淵鑒類函、適園叢

書等本改。『文物』，指禮樂制度。古代用文物明貴賤，制等級，故云。左傳 桓公二年：『夫德，儉而有度，登降有數，文物以紀之，聲明以發之，以臨照百官。』唐杜甫行次昭陵詩：『文物多師古，朝廷半老儒。』舊唐書 褚無量傳：『請旁詢碩儒，俯摭舊典，采曲臺之故事，行圓丘之正儀，使聖朝叶昭曠之塗，天下知文物之盛，豈不幸甚。』『上葉』，前代；先世。南齊書 高帝紀上：『是故勛華弘風於上葉，漢魏垂式於後昆。』魏書 李騫傳：『爲衢樽於上葉，號木鐸於前修。』

〔四十〕今推三統之次：『三統』，指夏、商、周三代的正朔。亦謂之三正。參本文校箋〔三十五〕。

〔四十一〕當以建子之月爲正：此句原無『之』字，今據文苑英華、御定淵鑑類函增補。

〔四十二〕厥義昭矣：『昭』，文苑英華、四庫全書、御定淵鑑類函均作『明』。

〔四十三〕其叛逆緣坐：此句文苑英華作『其謀反大逆緣』。

〔四十四〕部曲容奸：『容奸』，文苑英華、四庫全書作『容女』。『部曲』，部屬；部下。晋袁宏後漢紀 靈帝紀：『今將軍既有元舅之尊，二府并領勁兵，部曲將吏皆英俊之士，樂盡死力，事在掌握，天贊之時也。』宋張元幹葉少蘊生朝詩：『小試擒縱孰敢攖？部曲愛戴如父兄。』

〔四十五〕其與敬業、虺冲并諸虺友往還：此句中『并諸虺友往還』，原作『并與諸虺友往還』，今據文苑英華、四庫全書、全唐文删『與』字。『敬業』即李（徐）敬業，傳見舊唐書卷六十七、新唐書卷九十三。徐敬業乃起兵討伐武則天者，後兵敗被殺。舊唐書本傳載：『（李）勣孫敬業。高宗崩，則天太后臨朝……時給事中唐之奇貶授括蒼令，長安主簿駱賓王貶授臨海丞，詹事司直杜求仁黜黟縣丞，敬業坐事左授柳州司馬，其弟盩厔令敬猷亦坐累左遷，俱在揚州。敬業用前盩厔尉魏思温謀，據揚州。嗣聖元年七月，敬業遣其黨監察御史薛璋先求使江都，又令雍州人韋超詣璋告變，云「揚州長史陳敬之與唐之奇謀逆」，璋乃收敬之繫獄。居數日，敬業矯制殺敬之，自稱揚州司馬……是日開府庫，令士曹參軍李宗臣解繫囚及丁役、工匠，得數百人，皆授之以甲。録事參軍孫處行拒命，敬業斬之以徇。遂據揚州，鳩聚民衆，以匡復廬陵爲辭。乃開三府：一曰匡復府，二曰英公府，三曰揚州大都督府。敬業自稱匡復府上將，領揚州大都督，以杜求仁、唐之奇、駱賓王爲府屬，餘皆僞署職位。旬日之間，勝兵有十餘萬。仍移檄諸郡縣曰：「僞臨朝武氏者，人非温順，地實寒微。昔充太宗下陳，嘗以更衣入侍。洎乎晚節，穢亂春宫。……敬業，皇唐舊臣，公侯冢胤，奉先君之成業，荷本朝之舊恩。……是用氣憤風雲，志安社稷，因天下之失望，順宇内之推心，爰舉義旗，誓清妖孽。……公等或家傳漢爵，或地協周親，或膺重

寄於爪牙，或受顧命於宣室。言猶在耳，忠豈忘心？一抔之土未乾，六尺之孤何托？倘能轉禍爲福，送往事居，共立勤王之師，無廢舊君之命，凡諸爵賞，同裂山河。請看今日之域中，竟是誰家之天下！」……（李）孝逸軍渡淮，至楚州，敬業之衆狼狽還江都，屯兵高郵以拒之。頻戰大敗，孝逸乘勝追躡。敬業奔至揚州，與唐之奇、杜求仁等乘小舸，將入海投高麗。追兵及，皆捕獲之。初，敬業傳檄至京師，則天讀之微哂，至「一抔之土未乾」，遽問侍臣曰：「此語誰爲之？」或對曰：「駱賓王之辭也。」則天曰：「宰相之過，安失此人？」』又，『虺冲并諸虺友』，『虺冲』指李冲；『諸虺友』乃指與李貞、李冲一起討伐武則天者。武則天討平越王李貞、琅邪王李冲等唐宗室之起兵反叛後，削其屬籍，改姓爲『虺』。李貞、李冲傳見舊唐書卷七十六、新唐書卷八十。李貞、李冲反叛被殺之事新唐書其本傳載云：『越王貞，始王漢，後徙原，已乃封越。貞善騎射，涉文史，有吏幹，爲宗室材王。武后初，遷累太子太傅、豫州刺史。中宗廢居房陵，貞乃與韓王元嘉及王子黄公譔，魯王靈夔、王子范陽王藹，霍王元軌、王子江都王緒，及子琅邪王冲計議反正。垂拱四年，明堂成，悉追宗室行享禮，共疑后遂大誅戮不遺種，事且急，譔乃矯帝璽書賜冲曰：「朕幽縶，諸王宜即起兵。」於是命長史蕭德琮募兵，告諸王師期。八月，冲先發，諸王莫有應者，獨貞將兵攻上蔡，破之，而冲已敗。……九月，后遣左豹韜衛大將軍麴崇裕、夏官

尚書岑長倩率兵十萬討之，以鳳閣侍郎張光輔爲諸軍節度，乃下詔削貞父子屬籍，改氏「虺」。崇裕等次豫州，貞少子規及裴守德拒戰，兵潰，貞乃閉門守。守德者，驍勇士。貞始起，以女妻之，委以腹心。至是，欲殺貞自贖。會軍薄城，家人白貞：「今事乃爾，王豈受戮辱者邪？」即仰藥死。……冲，貞長子也。好學，勇而才，累遷博州刺史。初發，有士五千，度河趣武水，武水令告急魏州，州遣莘令馬玄素領兵先乘城，冲攻之，因風，積薪焚其門，火作風反，衆心沮解……遂潰，唯家僮數十從之，乃走博州，爲當關刺死。后命丘神勣討之，兵未至，冲已死，起七日敗。』

〔四十六〕不得更相告言：『告言』，原作『言告』，今據四庫全書、全唐文改。

〔四十七〕逋租懸調并丁夫雜匠衛士：『逋租懸調』，原作『通懸調』，全唐文、適園叢書、學林本作『逋懸調』，四庫全書作『逋租懸調』，今據四庫全書改。『逋租』，猶欠租。東觀漢記光武紀：『嘗爲季父故春陵侯訟逋租於大司馬嚴尤。』唐柳宗元零陵三亭記：『逋租匿役，期月辨理。』『懸調』，長期拖欠的賦稅。周書武帝紀上：『降宥罪人，并免逋租懸調等，以皇女生故也。』周書武帝紀下：『逋租懸調，兵役殘功，并宜蠲免。』

〔四十八〕及有番第等違番及逃走應陪番及徵課調者：『番第』，原作『番弟』，今據全唐文、適園叢書改。『番第』，輪番的次第。舊唐書職官志二：『凡應宿衛官，各從番第。』舊唐書

職官志二：『量遠邇以定其番第。』『陪』，用同『賠』，賠償；償還。唐處默織婦詩：『成縑猶自陪錢納，未直青樓一曲歌。』元無名氏殺狗勸夫第二折：『我指望行些孝順圖些賞，他剗的不見了東西倒要我陪。』『陪番』，即償還番第。『課調』，徵收賦稅。魏書辛雄傳：『請事五條……三言課調之際，使豐儉有殊，令州郡量檢，不得均一。』

〔四十九〕并特宜放免：『放免』，原作『免放』，今據文苑英華改。

〔五十〕鰥寡孤獨篤疾等不能存立者：『鰥寡孤獨』，文苑英華作『孤寡煢疾』。

〔五十一〕各賜爵一級：此句文苑英華作『各賜古爵一級』，四庫全書作『各賜右爵一級』，恐均非是，不取。

〔五十二〕付所司即類例定等級奏聞：此句原無『付』字，今據文苑英華、四庫全書、全唐文增補。『類例』，類別與體例。宋沈括夢溪筆談藝文二：『詩又有正格、偏格，類例極多。』明胡應麟少室山房筆叢經籍會通二：『宋世諸家，雖咸有書目載於文獻通考，其類例悉不能詳。』此處應釋爲類別。

〔五十三〕皇親諸陪位未出身者：『陪位』，陪席，陪同。史記滑稽列傳：『齊趙陪位於前，韓魏翼衛其後。』三國志魏書高貴鄉公髦傳：『其日即皇帝位於太極前殿，百僚陪位者欣

欣焉。』

〔五十四〕回授期親：『期親』，服喪一年的親屬。魏書 廣川王略傳：『欲令諸王有期親者爲之三臨，大功之親者爲之再臨，小功緦麻爲之一臨。』宋蘇軾司馬温公神道碑：『又論濮安懿王，當準先朝封贈期親尊屬故事，天下韙之。』

〔五十五〕其子孤煢者：此句原無『其』字，今據文苑英華、四庫全書、全唐文增補。『孤煢』，孤獨。亦指孤獨的人。唐陳子昂上軍國利害事 出使：『仁愛足以存恤孤煢，賢明足以進拔幽滯。』宋蘇軾次韻僧潛見贈：『空階夜雨自清絶，誰使掩抑啼孤煢。』

〔五十六〕長流人别敕流人：此句原作『長流人并别敕流人』，今據文苑英華、四庫全書、全唐文改。『長流』，远途流放；长期流放。唐趙璘因話録 宫：『及知其母年高，乃免死，杖一百，長流康州。』新五代史 唐臣傳 毛璋：『璋坐長流儒州，已而令所在賜自盡。』『流人』，被流放的人。莊子 徐無鬼：『子不聞夫越之流人乎？去國數日，見其所知而喜。』宋葉適故贈右諫議大夫龔公謚節肅議：『蓋元符之末，建中靖國之初，既昭雪流人，生死蒙澤，天下望盡復元祐政事。』

〔五十七〕西府功臣及晋府子孫屈滯者：按，『西府功臣』指『太原元從西府功臣』。據新唐

書卷三高宗紀總章元年四月記：『庚申，以太原元從西府功臣爲二等。』考同上書高祖紀所載，唐高祖初起兵於太原，并於隋大業十三年『六月己卯，傳檄諸郡，稱義兵，開大將軍府，置三軍。以子建成爲隴西公、左領軍大都督，左軍隸焉；世民爲燉煌公、右領軍大都督，右軍隸焉；元吉爲姑臧公，中軍隸焉。裴寂爲長史，劉文静爲司馬，石艾縣長殷開山爲掾，劉政會爲屬，長孫順德、王長諧、劉弘基、竇琮爲統軍。開倉庫賑窮乏。七月壬子，高祖杖白旗，誓衆於野，有兵三萬，以元吉爲太原留守。癸丑，發太原』。據此可知所謂『西府功臣』『太原元從西府功臣』，蓋即指上述隨從唐高祖起兵之諸功臣。『晉府』乃指唐高宗封晉王時之府邸。新唐書卷一百九十八儒學上蕭德言傳謂：『蕭德言字文行……明左氏春秋。……詔以經授晉王。時許叔牙爲侍讀，同勸講。王爲太子，德言又兼侍讀……高宗立，拜銀青光禄大夫，全給其禄，遣通事舍人即家致問。乘輿至肅章門引見，禮遇隆重。由是晉府及東宫舊臣子孫，并增秩賜金。卒，年九十七，贈太常卿，謚曰博。』故『晉府子孫』即指曾爲晉府舊臣之子孫。

〔五十八〕成湯爲子孫之制：『成湯』，亦作『成商』。商開國之君。契的後代，子姓，名履，又稱天乙。夏桀無道，湯伐之，遂有天下，國號商，都於亳。書仲虺之誥：『成湯放桀于南巢，惟有慚德。』孔傳：『湯伐桀，武功成，故以爲號。』陸德明釋文：『湯伐桀，武功成，故號成

湯。一云：成，謚也。』逸周書史記解：『成商伐之，有洛以亡。』朱右曾校釋：『成商，成湯也。』

〔五十九〕申繻明德義之由：『申繻』，一作申俞。春秋時魯國人。大夫。魯桓公十八年，公與夫人姜氏赴齊，會齊襄公於濼。申繻諫，桓公不聽。後襄公與姜氏通奸，殺桓公。檢管子大匡：『魯桓公夫人文姜，齊女也。公將如齊，與夫人偕行。申俞諫曰：「不可。女有家，男有室，無相瀆也，謂之有禮。」公不聽，遂以文姜會齊侯於濼。文姜通於齊侯，桓公聞，責文姜。文姜告齊侯，齊侯怒，饗公，使公子彭生乘魯侯，脅之，公薨於車。』

〔六十〕朕今懷柔百神，對揚上帝，三靈眷祐：『懷柔』，謂帝王祭祀山川，招來神祇，使各安其位。詩周頌時邁：『懷柔百神，及河喬岳。』毛傳：『懷，來；柔，安。』鄭玄箋：『來安群神，望於山川，皆以尊卑祭之。』漢書郊祀志：『天子祭天下名山大川，懷柔百神。』顏師古注：『懷，來也；柔，安也。言招來百神而安處之。』『對揚』，凡臣受君賜時多用之，兼有答謝、頌揚之意。書說命下：『敢對揚天子之休命。』孔傳：『對，答也。答受美命而稱揚之。』詩大雅江漢：『虎拜稽首，對揚王休，作召公考，天子萬壽。』朱熹集傳：『言穆公既受賜，遂答稱天子之美命，作康公之廟器，而勒王策命之辭，以考其成，且祝天子以萬壽也。』『三靈』，指天、地、人。漢班固典引：『答三靈之蕃祉，展放唐之明文。』李善注：『三靈，天、地、人

也。」宋岳珂程史獻陵疏文：『冀大覺垂慈，三靈協佑。』

〔六十一〕式敷行政之方：『方』，文苑英華、四庫全書作『躅』。

〔六十二〕朕宜以曌爲名：『朕宜』，文苑英華、四庫全書作『宜朕』。『曌』，原作『明空』，今據文苑英華、四庫全書、全唐文、適園叢書、學林本改。

〔六十三〕自卦演龍圖，文開鳥迹：『自卦演龍圖』，適園叢書、學林本作『聿自卦演龍圖』，然諸本均無『聿』字，今不取。『龍圖』，即河圖。漢應劭風俗通山澤四瀆：『河者，播也，播爲九流，出龍圖也。』南朝陳徐陵勸進梁元帝表：『卦起龍圖，文因鳥迹。』唐張九齡龍池聖德頌：『浩浩洪水，包山襄陵。舜亦命禹，夏氏以興。龍圖龜書，二王是膺。』『鳥迹』，即鳥篆，篆體古文字。形如鳥的爪迹，故稱。後漢書酷吏傳陽球：『或獻賦一篇，或鳥篆盈簡，而位升郎中，形圖丹青。』李賢注：『八體書有鳥篆，象形以爲字也。』晋書索靖傳：『倉頡既生，書契是爲。科斗鳥篆，類物象形。』

〔六十四〕轉注象形：『象形』，原作『像形』，今據文苑英華、全唐文改。『轉注』，『六書』之一。東漢許慎説文解字序：『轉注者，建類一首，同意相受，考老是也。』後人解釋大有歧異，清戴震、段玉裁認爲『轉注』即互訓，意義相同或相近的字彼此互相解釋，故曰『轉

注』。『象形』，漢字造字的基本方法。『六書』之一。漢書藝文志：『古者八歲入小學，故周官保氏掌養國子，教之六書，謂象形、象事、象意、象聲、轉注、假借，造字之本也。』東漢許慎説文解字序：『象形者，畫成其物，隨體詰詘，日月是也。』

〔六十五〕周宣博雅，史籀興古篆之文：『周宣』，即周宣王。漢陳琳爲曹洪與魏文帝書：『周宣之盛，亦雖大邦。』周宣王爲西周國君。姬姓，名静，一作靖。厲王子。厲王被國人所逐時，藏於召公虎家。厲王死，共伯和歸國，始即位。在位四十六年。其傳見史記卷四。『史籀』，西周人。姓氏不詳。宣王時太史。相傳著大篆十五篇以訓學童。一説『籀』，誦讀之意，非人名。漢書卷三十藝文志：『史籀十五篇。注：周宣王太史作大篆十五篇，建武時亡六篇矣。』『史籀篇者，周時史官教學童書也，與孔氏壁中古文異體。』晉書卷三十六衛瓘傳附衛恒傳：『昔周宣王時，史籀始著大篆十五篇，或與古同，或與古異，世謂之籀書者也。』

〔六十六〕官獄繁鶩：『官獄』，官府的牢獄。漢焦贛易林睽咸：『三牛五羊，重明作福，使我有得，疾入官獄，憂在心腹。』漢書刑法志：『自今以來，縣道官獄疑者，各讞所屬二千石官，二千石官以其罪名當報之。』『繁鶩』，繁密急迫貌。晉成公綏嘯賦：『徐婉約而優游，紛繁鶩而激揚。』

〔六十七〕自著秦文，肇興八體：『秦文』，指秦國文字。東漢許慎説文解字序：『秦始皇帝初兼天下，丞相李斯乃奏同之，罷其不與秦文合者。斯作倉頡篇、中車府令趙高作爰歷篇、太史令胡毋敬作博學篇，皆取史籀大篆，或頗省改，所謂小篆者也。』『八體』，八種書體。秦代統一文字，廢除不符合秦文的六國文字，定書體爲大篆、小篆、刻符、蟲書、摹印、署書、殳書、隸書八種，謂之『八體』。漢書藝文志有八體六技。按，大篆、小篆、蟲書、隸書是四種字體，其餘四種是書的用途。楷書出現後所謂的八體，即古文、大篆、小篆、隸書、飛白，八分、行書、草書。見唐張懷瓘書斷。後以指書法。南朝梁沈約齊故安陸昭王碑：『窮六義於懷抱，究八體於毫端。』

〔六十八〕張敞、杜鄴講學於前：『杜鄴』，原作『杜業』，誤。蓋史籍未言杜業擅小學，而杜鄴擅長。今據文苑英華、四庫全書、全唐文、適園叢書改。『張敞』，西漢京兆杜陵人，籍河東平陽，字子高。昭帝時，爲太僕丞。宣帝時，任太中大夫，以違大將軍霍光意旨，出爲函谷關都尉。後任京兆尹，一日捕得數百人，窮治所犯，市無偷盜，帝嘉獎之。與楊惲友善，惲以坐大逆罪被殺，敞免歸。數月，起用爲冀州刺史，盜賊屏息。元帝欲以爲左馮翊，病卒。其傳見漢書卷七十六。其傳載：『敞本治春秋，以經術自輔，其政頗雜儒雅，往往表賢顯善，不醇用誅罰……

敞爲京兆，朝廷每有大議，引古今，處便宜，公卿皆服，天子數從之。』『杜鄴』，西漢魏郡繁陽人，字子夏。武帝時徙茂陵，從張吉學，尤長小學。哀帝即位，遷涼州刺史。元壽初，后父傅晏、帝舅丁明加爵，鄴直言諫阻，不聽。尋病卒。其傳見漢書卷八十五，謂：『初，鄴從張吉學，吉子竦又幼孤，從鄴學問，亦著於世，尤長小學。』

〔六十九〕揚雄、甄豐校理於後：『揚雄』，漢代著名文學家。傳見漢書卷八十七下。『甄豐』，西漢平帝時以定策功拜少傅，封廣陽侯（三世宿衛）。與劉歆、王舜同爲王莽心腹，宣導居攝。王莽新朝中拜更始將軍，封廣新公。其子甄尋僞造符命，得王莽批准，以甄豐爲右伯，當出西域。後王莽下令抓捕甄豐父子，甄豐自殺。甄豐善古文。晋書卷三十六卫恒傳云：『王莽時，使司空甄豐校文字部，改定古文，復有六書：一曰古文，即孔子壁中書也；二曰奇字，即古文而異者也；三曰篆書，即秦篆書也；四曰佐書，即隸書也；五曰繆篆，所以摹印也；六曰鳥書，所以書幡信也。』

〔七十〕古今訛舛，稍益繁布：『古今』，文苑英華作『今古』。『繁布』，原作『繁（闕）布』。考文苑英華、全唐文均作『繁布』，則底本所注『闕』誤。

〔七十一〕書畫無端平之體：『書畫』，原作『畫』字，今據四庫全書增補。文苑英華、全唐

文、適園叢書、學林本又作『規畫』。

（七十二）言念澆漓：『澆漓』，文風浮艷不實。舊五代史周書馮道傳：『道尤長於篇咏，秉筆則成，典麗之外，義含古道，必爲遠近傳寫，故漸畏其高深，由是班行肅然，無澆漓之態。』元辛文房唐才子傳殷文圭：『唐季，文體澆漓，才調荒穢。』

（七十三）上有依於古體：『古體』，原作『詁體』，今據文苑英華、四庫全書、全唐文、適園叢書、學林本改。

（七十四）包犧開木德之運，軒轅應土行之序：『包犧』，即伏羲氏。易繫辭下：『古者包犧氏之王天下也，仰則觀象於天，俯則觀法於地……於是始作八卦。』陸德明釋文：『包，本又作「庖」。』漢書郊祀志下：『劉向父子以爲帝出於震，故包犧氏始受木德。』『木德』，秦漢方士以金、木、水、火、土五行相生相勝，附會王朝的命運，以木勝者爲木德。史記封禪書：『夏得木德，青龍止於郊，草木暢茂。』三國魏曹植帝嚳贊：『祖自軒轅，玄囂之裔。生言其名，木德帝世。』『軒轅』，傳說中的古代帝王黃帝的名字。傳說姓公孫，居於軒轅之丘，故名曰軒轅。曾戰勝炎帝於阪泉，戰勝蚩尤於涿鹿，諸侯尊爲天子。後人以之爲中華民族的始祖。史記五帝本紀：『黃帝者，少典之子，姓公孫，名曰軒轅。』『土行』，猶土德。宋書禮志一：『服色尚黃，犧

牲用白……案服色尚黃，據土行也。』『土德』，五德之一。古以五行相生相克附會王朝命運，謂土勝者爲得土德。史記五帝本紀：『（軒轅）有土德之瑞，故號黃帝。』司馬貞索隱：『炎帝火，黃帝以土代之。』

〔七十五〕莫不績著帝猷，功宣皇道：『帝猷』，帝王治國之道。後漢書蔡邕傳：『皇道惟融，帝猷顯丕；泯泯庶類，含甘吮滋。』晉庾闡樂賢堂頌：『洋洋帝猷，恢恢天造；思樂雲基，克配祖考。』『皇道』，上古帝王治國的法則。亦指後世帝王治國的法則。漢班固西都賦：『博我以皇道，弘我以漢京。』李周翰注：『皇道，皇王之道。』世説新語雅量『嵇中散臨刑東市』劉孝標注引晉張隱文士傳：『今皇道開明，四海風靡。』

〔七十六〕方列三微之統：『三微』，三正。三正之始，萬物皆微，故又稱三微。漢書律曆志上：『三微之統既著，而五行自青始。』後漢書陳寵傳：『三微成著，以通三統。』李賢注引三禮義宗：『三微，三正也。言十一月陽氣始施，萬物動於黃泉之下，微而未著，其色皆赤，赤者陽氣。故周以天正爲歲，色尚赤，夜半爲朔。十二月萬物始牙，色白，白者陰氣。故殷以地正爲歲，色尚白，鷄鳴爲朔。十三月萬物始達，其色皆黑，人得加功以展其業。夏以人正爲歲，色尚黑，平旦爲朔，故曰三微。』

〔七十七〕大彭豕韋之美：『大彭』，古國名。在今江蘇徐州銅山區，西有大彭山。國語 鄭語：『大彭、豕韋爲商伯矣。』韋昭注：『殷衰，二國相繼爲商伯。』『豕韋』，指豕韋氏。左傳 昭公二十九年：『夏后嘉之，賜氏曰御龍，以更豕韋之後。』漢韋孟諷諫詩：『肅肅我祖，國自豕韋。』

〔七十八〕豈登帝籙：『帝籙』，天帝的符命。指令爲天子。北齊書 文宣帝紀贊：『天保定位，受終攸屬。奄宅區夏，爰膺帝籙。』

〔七十九〕自炎精蕩覆，王風衰息：『衰息』，文苑英華、四庫全書、全唐文、適園叢書、學林本均作『哀思』。『炎精』，指火德；火的本性。漢王延壽魯靈光殿賦：『殷五代之純熙，紹伊唐之炎精。』李善注：『言漢盛於五代純熙之道，而紹帝堯火德之運。』北周庾信周祀五帝歌之五：『純陽之月樂炎精，赤雀丹書飛送迎。』『王風』，王者的教化。詩大序：『關雎、麟趾之化，王者之風也。』南朝宋鮑照河清頌：『昔在爽德，王風不昌。』

〔八十〕典午專權，無聞德化：『典午』，『司馬』的隱語。三國志 蜀書 譙周傳：『周語次，因書版示立曰：「典午忽兮，月酉没兮。」典午者謂司馬也，月酉者謂八月也，至八月而文王（司馬昭）果崩。』晉帝姓司馬氏，後因以『典午』指晉朝。晉書 安帝恭帝紀論：『是以宋高非

典午之臣，孫恩豈金行之寇。』『德化』，謂以德行感化。韓非子 難一：『舜其信仁乎！乃躬藉處苦而民從之。故曰：「聖人之德化乎！」』後漢書 魯恭傳：『恭專以德化爲理，不任刑罰。』

（八十一）故三國鼎峙，五胡幅裂：『三國』，原作『三方』，今據四庫全書、全唐文、適園叢書、學林本改。『五胡』，晋武帝死後，晋室内亂，北方少數民族匈奴族的劉淵及沮渠氏赫連氏，羯族石氏，鮮卑族慕容氏及禿髮氏、乞伏氏，氐族苻氏、呂氏，羌族姚氏，相繼在中原稱帝，史稱『五胡』。晋書 元帝紀論：『晋氏不虞，自中流外，五胡扛鼎，七廟隳尊。』『幅裂』，謂如布幅的撕裂。漢應劭風俗通序：『今王室大壞，九州幅裂。』後漢書 南匈奴傳論：『後王莽陵篡，擾動戎夷，續以更始之亂，方夏幅裂。』李賢注：『更始無道，擾亂方內，諸夏如布帛之裂也。』

（八十二）或道乖嗣德，或業匪孫謀：『嗣德』，繼承美德。唐韓愈答元侍御書：『足下年尚强，嗣德有繼，將大書特書，屢書不一書而已也。』『孫謀』，順應天下人心的謀略。孫，通『遜』。語出詩 大雅 文王有聲：『詒厥孫謀，以燕翼子。』鄭玄箋：『孫，順也……傳其所以順天下之謀，以安其敬事之子孫。』

（八十三）取之不以樂推：『樂推』，樂意擁戴。老子：『是以聖人處上而民不重，處前而

民不害，是以天下樂推而不厭。』宋書武帝紀中：『自非百姓樂推，天命攸集，豈伊在予，所得獨專。』

〔八十四〕周魏勃興，奄宅咸洛：『周魏』，此指北周、北魏。『北周』，朝代名。北朝之一。公元五五七年初宇文泰子宇文覺代西魏稱帝，國號周，都長安（今陝西西安），史稱北周，亦稱後周。公元五七七年滅北齊，統一中國北方。公元五八一年爲隋所代。共歷五帝，二十五年。『北魏』，朝代名。亦稱後魏。北朝諸國之一。鮮卑人拓跋珪所建。後來分裂爲東魏和西魏。陳書何之元傳：『獫狁孔熾，鯁我中原，始自一君，終爲二主，事有相涉，言成混漫。今以未分之前爲北魏，既分之後高氏所輔爲東魏，宇文所挾爲西魏，所以相分別也。』『奄宅』，撫定。謂統治。晉陸機答賈謐詩：『赫矣隆晉，奄宅率土。』唐元稹册文武孝德皇帝赦文：『昔我高祖太宗化隋爲唐，奄宅區夏，包舉四海。』

〔八十五〕纔聞混一：『混一』，亦作『混壹』。齊同；統一。戰國策楚策一：『夫以一詐僞反覆之蘇秦，而欲經營天下，混一諸侯，其不可成也亦明矣。』漢書翟方進傳：『同律度量，混壹風俗。』

〔八十六〕恒久而不易者也：『恒久』，原無『恒』字，今據四庫全書、全唐文增補。

〔八十七〕先詐力而後仁義：『詐力』，欺詐與暴力。史記秦始皇本紀：『秦王懷貪鄙之心……廢王道，立私權，禁文書而酷刑法，先詐力而後仁義。』晉書宣帝紀：『劉備以詐力虜劉璋，蜀人未附而遠爭江陵，此機不可失也。』

〔八十八〕德不漸於霸圖：『漸』，文苑英華、全唐文、適園叢書、學林本作『慚』，文苑英華下校『一作漸』。按，『漸』通『慚』。『霸圖』，稱霸的雄圖。晉書涼武昭王李玄盛傳：『玄盛以緯世之量，當呂氏之末，爲群雄所奉，遂啓霸圖。』唐陳子昂薊丘覽古贈盧居士藏用燕昭王詩：『丘陵盡喬木，昭王安在哉！霸圖悵已矣，驅馬復歸來。』

〔八十九〕晉武踐祚，茂烈多慚於水官：『晉武』，即晉武帝司馬炎。晉朝皇帝。河内温縣人，字安世。司馬昭子。初仕魏，封北平亭侯。歷給事中。魏元帝咸熙二年嗣昭爲相國、晉王。不久代魏，即帝位，建晉王朝。咸寧六年，滅吴，統一全國。廟號世祖。傳見晉書卷三。『茂烈』，盛業；偉績。舊唐書孝友傳裴守真：『贊九功之茂烈，叶萬國之歡心。』金史樂志下：『懿德茂烈，金書發揚。』『水官』，即水正。傳説中的上古五行官之一。左傳昭公二十九年：『龍，水物也，水官棄矣，故龍不生得。』禮記月令『（孟冬之月）其帝顓頊，其神玄冥』鄭玄注：『玄冥，少皞氏之子，曰修，曰熙，爲水官。』唐韓愈咏雪贈張籍：『水官誇杰黠，木氣

怯胚胎。』又，另一説認爲水官是中國民間傳説中的神仙。三官大帝之一，即天官、地官及水官。『三官』，又稱『三元』，爲道教較早供祀的神靈。一説天官爲唐堯，地官爲虞舜，水官爲大禹。道經稱：天官賜福，地官赦罪，水官解厄。

〔九十〕惟彼二君閏位，況區區者豈宜當三統之數者乎：『閏位』，非正統的帝位。唐劉知幾史通列傳：『如項羽者……似黄帝之蚩尤。譬諸閏位，容可列紀。』明張煌言答趙廷臣詩之一：『敢是天方崇閏位，黄雲白草未曾春。』『三統』，指夏、商、周三代的正朔。參本文校箋〔三十五〕。

〔九十一〕朕逖聽皇綱，幽求帝典，定王霸之真僞：『王霸』，原作『王伯』，今據文苑英華、全唐文改。『皇綱』，謂三皇五帝的綱紀。漢班固答賓戲：『廓帝紘，恢皇綱。』吕向注：『言開大五帝三皇之綱紀也。』後漢書崔駰傳：『古者陰陽始分，天地初制，皇綱云緒，帝紀乃設。』『帝典』，猶言皇家經典。儒家著作被尊爲『經』，是漢以來歷代皇帝所爲，故稱。南史陸澄傳：『世有一孝經，題爲鄭玄注，觀其用辭，不與注書相類。案玄自序所注衆書，亦無孝經。且爲小學之類，不宜列在帝典。』

〔九十二〕庶叶三推之美：『推』，文苑英華作『權』，下校『一作推』。按，作『推』

是。『三推』，古代帝王親耕之禮。天子於每年正月親臨籍田，扶耒耜往還三度，以示勸農，稱三推。後歷代皆有親耕三推儀式，成爲例行公事。禮記 月令：『（孟春之月）乃擇元辰，天子親載耒耜……帥三公、九卿、諸侯、大夫，躬耕帝籍，天子三推，三公五推，卿諸侯九推。』漢張衡東京賦：『躬三推於天田，修帝籍之千畝。』

（九十三）況當布政，景化惟新：『況當布政』，原作『況合宮布政』，今據文苑英華、全唐文改。『景化』，猶敬仰。後漢書 劉愷傳：『景化前修。』李賢注：『景，慕也。』化，一本作『仰』。南朝梁沈約王亮王瑩加授詔：『并宜光贊緝熙，穆兹景化。』

（九十四）太初開曆，上元伊始：『太初』，亦作『大初』。天地未分之前的混沌元氣。列子 天瑞：『太初者，氣之始也。』雲笈七籤卷二：『太初之時，老君從虛空而下，爲太初之師。』『上元』，古代曆法名稱之一。史記 天官書：『其紀上元。』司馬貞索隱：『上元是古曆之名。』新五代史 司天考：『布算積分，上求數千萬歲之前，必得甲子朔旦夜半冬至，而日、月、五星皆會於子，謂之上元，以爲曆始。』

（九十五）恢皇家正土之符，繼炎漢真火之序：『正土』，原作『貞土』，今據文苑英華、四庫全書、全唐文改。『炎漢』，原作『炎劉』，今據文苑英華、適園叢書、學林本改。

〔九十六〕封其嗣使主祭焉：『封』字原無，今據文苑英華增補。

改元開元元年大赦天下制〔一〕

蘇　頲

黄門：朕聞聖人無心，同於吹萬〔二〕；上皇有道，契於明一〔三〕。居天下之尊者莫大〔四〕，體其大以照臨；成天下之務者至公，順其公以康濟〔五〕。故能稽昌歷，考元符〔六〕，通于神祇，格于上下。鴻名不可以深拒，盛典不可以固違，斯豈在予而徇於物也。朕以菲德，丕承聖訓〔七〕，掃除攙搶，保衛宗稷〔八〕，内問安以承志，外聽理以推誠。始自朝廷，納之以軌物；終加蠻貊，洎之以聲教〔九〕。欲令跂行喙飲，含齒戴髮，去其夭札，蠲其疵癘〔十〕。每兢兢於紫座，寧自貴於黄屋〔十一〕。而凡我群辟，顧斯兆庶〔十二〕，以爲人謀，協從天意。欽若王者人所歸也，帝者天之號也。歸之者以德，號之者以功。然號以功成，則功不可以不表；歸以德厚，則德不可以不勵。朕猥屬與能之運，遂忘冲讓之私〔十三〕，將逮建寅之歲首，甫擇建子之天統〔十四〕。是用發揮景命〔十五〕，受兹禮册。夫循名者責實，謀始者慮終，勉而全之，非敢自滿。所以克己思政，惟懷永圖，懼弗勝荷，用多慚惕。赦令所作，其來尚矣，是則奸人之幸。嘗思

奔馬之喻，朕但欲令其畏惡（十六），化之爲善，庶比屋可封（十七），豈開羅名惠。朕之此志，每用形言（十八）。自頃冬序，頗愆農澤（十九），洎箇辰練日（二十），有司備禮，則上天同雲，北風雨雪。意者將乘廣慶，必待湛恩（二十一），宜行宥過之典（二十二），以叶隨時之義。可大赦天下，改先天二年爲開元元年。自開元元年十二月一日昧爽已前，大辟罪已下，已發覺，未發覺，已結正，未結正，繫囚見徒，咸赦除之，云云。禮尚於儉，書誡於奢。朕方歸敦樸，以存勸沮（二十三）。至於乘輿服御，及土木之功，蠲除撙節（二十四），貴從簡省，王公已下，宜識此心。將欲先自朕躬，冀能化行海内。薛伯陽以凶魁之子，合置嚴刑，緣尚主之恩，特令遠貶（二十五）。旋念從夫之禮，深矜自我之出，宜復舊婚，再承新命，可唐州別駕員外置同正員（二十六）。郭元振往立大功，保護於朕，頃因閲武，頗失軍容，責情放逐，將收後效，可饒州司馬員外置同正員（二十七）。朕聞罪不相及，先王之制。叔向豈坐於凶弟，展禽見稱於哲兄（二十八）。劉廙不以劉偉獲辜，王導不以王敦廢職（二十九）。崔滌爲其兄湜構禍，每進款誠，事朕有年，心則無隱（三十）。忠邪既判，賞罰宜均，俾踐儲卿，式彰臣節，可太子僕員外置同正員。國初以來，宰相及實封功臣子孫，一房沉翳未承恩者，令所司訪擇有才用者，量加擢用。周朝酷吏來俊臣、周興之

徒，殘害宗枝，毒害良善〔三十一〕，永言及此，深所嘆恨〔三十二〕。其酷吏有身在，及酷吏身後有子孫〔三十三〕，亦令所司勘會〔三十四〕，甄别處分。諸軍將士，有年歲深久，所由要籍，或不得選集，及未叙勞效，咸委軍將據實奏聞，仍令所司早勘處分〔三十五〕。及諸軍將佐總管以上〔三十六〕，自今已後，冬正束帛一準京官例給。亡命山澤，挾藏軍器，百日不首，復罪如初。敢以赦前事相告言者，以其罪罪之。赦書日行五百里，布告遐邇，咸使聞知，主者施行。開元元年十二月一日。

校箋

〔一〕此文又見文苑英華卷四百二十一翰林制詔二，文題爲開元元年赦書，作者蘇頲。全唐文卷二百五十四亦録此文，文題與作者均同文苑英華。此文御定淵鑒類函卷四十六帝王部七帝王總載十亦有節録，其文首謂：『蘇頲開元元年詔曰……』此文文末標注頒布時間爲『開元元年十二月一日』。考舊唐書卷八玄宗紀上先天二年載：『十二月庚寅朔，大赦天下，改元爲開元，内外官賜勛一轉。改尚書左、右僕射爲左、右丞相，中書省爲紫微省，門下省爲黄門省，侍中爲監。

雍州爲京兆府，洛州爲河南府，長史爲尹，司馬爲少尹。國初以來宰相及食實封功臣子孫，一應沉翳未承恩者，令量才擢用。』新唐書卷五玄宗紀開元元年（按，此時尚未改元開元，仍是先天二年）記：『十二月庚寅，大赦，改元，賜内外官勛。改中書省爲紫微省，門下省爲黄門省，侍中爲監。』資治通鑑卷二百一十開元元年『十二月，庚寅，赦天下，改元』云云。檢開元元年十二月庚寅朔，則諸史籍所記此次改元開元在開元元年十二月一日同，而唐會要卷一記『先天二年十一月一日，改爲開元』，則誤十二月爲十一月。此改元時間與本文『改先天二年爲開元元年。自開元元年十二月一日昧爽已前』云云所顯示之頒布此改元赦書之時間同。以此可見，此文撰寫時間當在文末所標明『開元元年（七一三）十二月一日』稍前。又，蘇頲，傳見舊唐書卷八十八、新唐書卷一百二十五。舊唐書本傳載：『（蘇）瓌子頲，少有俊才，一覽千言。弱冠舉進士，授烏程尉，累遷左臺監察御史。長安中，詔頲按覆來俊臣等舊獄，頲皆申明其枉，由此雪冤者甚衆。神龍中，累遷給事中，加修文館學士，俄拜中書舍人。尋而頲父同中書門下三品，父子同掌樞密，時以爲榮。機事填委，文誥皆出頲手。中書令李嶠嘆曰：「舍人思如湧泉，嶠所不及也。」俄遷太常少卿。景雲中，瓌薨，詔頲起復爲工部侍郎，加銀青光禄大夫。頲抗表固辭，辭理懇切，詔許其終制。服闋就職，襲父爵許國公。玄宗謂宰臣曰：「有從工部侍郎得中書侍郎否？」對曰：「任賢

用能，非臣等所及。」玄宗曰：「蘇頲可中書侍郎，仍供政事食。」明日，加知制誥。有政事食，自頲始也。……時李乂爲紫微侍郎，與頲對掌文誥。他日，上謂頲曰：「前朝有李嶠、蘇味道，謂之蘇、李；今有卿及李乂，亦不讓之。卿所製文誥，可録一本封進，題云『臣某撰』，朕要留中披覽。」其禮遇如此。玄宗欲於靖陵建碑，頲諫曰：「帝王及后，無神道碑，且事不師古，動皆不法。若靖陵獨建，陛下祖宗之陵皆須追造。」玄宗從其言而止。開元四年，遷紫微侍郎、同紫微黄門平章事，與侍中宋璟同知政事。」

〔二〕同於吹萬：『吹萬』，莊子齊物論：『夫吹萬不同，而使其自己也。』成玄英疏：『風唯一體，竅則萬殊。』吹，指風而言；萬，萬竅。謂風吹萬竅，發出各種音響。宋蘇軾颶風賦：『嗚呼，小大出於相形，憂喜因於相遇。昔之飄然者，若爲巨耶？吹萬不同，果足怖耶？』

〔三〕契於明一：『契』，合；投合。三國魏曹植玄暢賦：『上同契於稷卨，降合穎於伊望。』南朝梁簡文帝南郊頌：『臣聞惟天爲大，聖人敬其德，知幾其神，聖人契其道。』『明一』，謂日月相合，指日月的光亮。易繫辭下：『日往則月來，月往則日來，日月相推，而明生焉。』史記曆書：『日月成，故明也。』

〔四〕居天下之尊者莫大：『莫』，原闕。而御定淵鑒類函作『至』，適園叢書、學林本

作『爲』，今據文苑英華、四庫全書、全唐文作『莫』。

〔五〕順其公以康濟：『康濟』，安撫救助。書蔡仲之命：『康濟小民，率自中。』清趙翼奉命出守鎮安詩：『多少蒼生待康濟，始憐試手乏牛刀。』

〔六〕稽昌歷，考元符：『昌歷』，文苑英華作『昌曆』。『昌歷』，亦作『昌曆』，即昌盛的年代。南朝齊謝朓元會曲：『二儀啓昌歷，三陽應慶期。』北齊書陽斐傳：『當今殷憂啓聖，運遭昌曆。』『元符』，大的祥瑞。漢揚雄長楊賦：『方將俟元符，以禪梁甫之基，增泰山之高。』李善注引晋灼曰：『元符，大瑞也。』南朝梁劉勰文心雕龍封禪：『表權輿，序皇王，炳元符，鏡鴻業。』

〔七〕朕以菲德，丕承聖訓：『菲德』，薄德。常用爲自謙之詞。梁書武帝紀中：『朕以菲德，君此兆民。』明陸采懷香記青瑣相窺：『深慚菲德，繆望長生。』『丕承』，很好地繼承。舊謂帝王承天受命，常曰『丕承』。書君奭：『惟文王德丕承無疆之恤。』漢揚雄法言問明：『成湯，丕承也；文王，淵懿也。或問丕承，曰：「由小致大，不亦丕乎？革夏以天，不亦承乎？」』

〔八〕掃除欃搶，保衛宗稷：『宗稷』，全唐文作『宗社』。『欃搶』，亦作『欃槍』『欃槍』，本是彗星的别名。古人認爲是凶星，主不吉。爾雅釋天：『彗星爲欃槍。』郭璞注：『亦

謂之孛，言其形孛，孛似掃彗。』淮南子俶真訓：『攙搶衡杓之氣，莫不彌靡而不能爲害。』高誘注：『攙搶，彗孛也。』宋文天祥有感詩：『夜凉看星斗，何處是欃槍？』此處喻邪惡勢力。漢張衡東京賦：『欃槍旬始，群凶靡餘。』李善注：『欃槍，星名也。謂王莽在位如妖氣之在天。』唐杜甫奉送郭中丞兼太僕卿充隴右節度使三十韻：『幾時回節鉞，勠力掃欃槍。』『宗稷』，宗廟社稷。古代亦常用以代表國家政權。宋書袁顗傳：『王室不造，昏凶肆虐，神鼎將淪，宗稷幾泯，幸天未亡宋，乾曆有歸。』南朝齊王儉褚淵碑文：『出江派而風翔，入京師而雷動；鳴控弦於宗稷，流鋒鏃於象魏。』按，『掃除攙搶，保衛宗稷』等語當指玄宗剷除竇懷貞、岑羲、蕭至忠等大臣與太平公主合謀反叛之事。考舊唐書玄宗紀上載：『先天二年七月三日，尚書左僕射竇懷貞，侍中岑羲，中書令蕭至忠、崔湜，雍州長史李晋，左羽林大將軍常元楷，右羽林將軍李慈等與太平公主同謀，期以其月四日以羽林軍作亂。上密知之，因以中旨告岐王範、薛王業、兵部尚書郭元振、將軍王毛仲，取閑厩馬及家人三百餘人，率太僕少卿李令問、王守一，內侍高力士，果毅李守德等親信十數人，出武德殿，入虔化門。梟常元楷、李慈於北闕。擒賈膺福、李猷於內客省以出。執蕭至忠、岑羲於朝，皆斬之。』此事資治通鑑卷二百一十所記稍具體，略云：『太平公主依上皇之勢，擅權用事，與上有隙，宰相七人，五出其門。文武之臣，太半附之。

與竇懷貞、岑羲、蕭至忠、崔湜及太子少保薛稷、雍州長史新興王晉、左羽林大將軍常元楷、知右羽林將軍事李慈、左金吾將軍李欽、中書舍人李猷、右散騎常侍賈膺福、鴻臚卿唐晙及僧慧範等謀廢立，又與宮人元氏謀於赤箭粉中置毒進於上。晉，德良之孫也。元楷、慈數往來主第，相與結謀。……秋，七月，魏知古告公主欲以是月四日作亂，令元楷、慈以羽林兵突入武德殿，懷貞、至忠、羲等於南牙舉兵應之。上乃與岐王範、薛王業、郭元振及龍武將軍王毛仲、殿中少監姜皎、太僕少卿李令問、尚乘奉御王守一、內給事高力士、果毅李守德等定計誅之。……甲子，上因王毛仲取閑廐馬及兵三百餘人，與同謀十餘人，自武德殿入虔化門，召元楷、慈，先斬之，擒膺福、猷於內客省以出，執至忠、羲於朝堂，皆斬之。懷貞逃入溝中，自縊死，戮其尸，改姓曰毒。上皇聞變，登承天門樓。郭元振奏，皇帝前奉誥誅竇懷貞等，無他也。上尋至樓上，上皇乃下誥罪狀懷貞等，因赦天下，惟逆人親黨不赦。薛稷賜死於萬年獄。……太平公主逃入山寺，三日乃出，賜死于家，公主諸子及黨與死者數十人。」

〔九〕始自朝廷，納之以軌物；終加鑾貊，洎之以聲教：「終加」，原作「加於」，今據文苑英華、全唐文、御定淵鑒類函改。「軌物」，軌範；準則。左傳隱公五年：「君將納民於軌物者也。」杜預注：「言器用衆物不入法度，則爲不軌不物。」魏書羊深傳：「將以納民軌物，莫始於

經禮。』『聲教』，聲威教化。書 禹貢：『東漸于海，西被于流沙，朔南暨聲教，訖于四海。』漢班固東都賦：『窮覽萬國之有無，考聲教之所被，散皇明以燭幽。』

（十）欲令跂行喙飲，含齒戴髮，去其夭札，蠲其疵癘：此句原無『欲』字，今據文苑英華、四庫全書、全唐文、御定淵鑒類函增補。『跂行』，跂，通『蚑』。用足行走者。多指蟲豸。漢書 禮樂志：『膏潤并愛，跂行畢逮。』顔師古注：『凡有足而行者，稱跂行也。』『含齒』，口中有齒。指人類。列子 黃帝：『有七尺之骸，手足之異，戴髮含齒，倚而趣者，謂之人。』宋書 顧琛傳：『劉誕猖狂，遂構釁逆，凡在含齒，莫不駭惋。』『夭札』，遭疫病而早死。左傳 昭公四年：『癘疾不降，民不夭札。』杜預注：『短折爲夭，夭死爲札。』唐陳子昂爲朝官及岳牧賀慈竹再生表：『當夭札之凶年，致昇平之稔歲。』『蠲』，治愈。方言第三：『南楚病愈者……或謂之蠲。』晋左思蜀都賦：『芳追氣邪，味蠲癘痟。』唐李德裕雨後净望河西連山愴然成咏：『唯懷藥餌蠲衰病，爲惜餘年報主恩。』『疵癘』，亦作『疵厲』。灾害疫病；灾變。庄子 逍遥游：『其神凝，使物不疵癘而年谷熟。』成玄英疏：『疵癘，疾病也。』陸德明释文：『「癘」音厲，李音賴，惡病也。本或作「厲」。』春秋谷梁传序：『川岳爲之崩竭，鬼神爲之疵厲。』楊士勛疏：『厲音例，又作癘。』陸德明释文：『疵厲，謂灾變也。』

〔十一〕每兢兢於紫座，寧自貴於黃屋：『兢兢』，原闕一『兢』字，全唐文則作『乾乾』。今據文苑英華、四庫全書、御定淵鑒類函作『兢兢』。『兢兢』，小心謹慎貌。詩小雅小旻：『戰戰兢兢，如臨深淵，如履薄冰。』毛傳：『兢兢，戒也。』唐陳子昂爲張著作謝父官表：『夙夜兢兢，祇惕若厲。』『紫座』，意爲皇帝寶座。『黃屋』，古代帝王專用的黃繒車蓋。史記秦始皇本紀：『子嬰度次得嗣，冠玉冠，佩華紱，車黃屋。』裴駰集解引蔡邕曰：『黃屋者，蓋以黃爲裏。』此處借指帝王權位。北史魏諸宗室傳論：『至如神武之不事黃屋，高揖萬乘，義感鄰國，祚隆帝統。』續資治通鑒宋高宗紹興八年：『朕本無黃屋心，今横議若此，據朕本心，惟有養母耳。』

〔十二〕凡我群辟，顧斯兆庶：『群辟』，謂四方諸侯。亦統指王侯、公卿、大夫、士。書周官：『六服群辟，罔不承德。』孔傳：『六服諸侯，奉承周德。』漢張衡西京賦：『正殿路寢，用朝群辟。』薛綜注：『群辟，謂王侯、公卿、大夫、士也。』『兆庶』，猶言兆民。後漢書崔駰傳：『濟此兆庶，出於平易之路。』唐元結二風詩至勞：『於戲勞王，功亦何大！去爾兆庶，洪湮灾害。』

〔十三〕朕猥屬與能之運，遂忘沖讓之私：『與能』，推薦有才能的人。與，通『舉』。易

繫辭下：『人謀鬼謀，百姓與能。』孔穎達疏：『天下百姓親與能人，樂推爲王也。』禮記 禮運：『大道之行也，天下爲公，選賢與能。』王引之經義述聞 禮記中：『與，當讀爲舉。大戴禮 主言：「選賢舉能。」是也。舉、與古字通。』隋書 高祖紀下：『始以外戚之尊，受托孤之任，與能之議，未爲當時所許，是以周室舊臣，咸懷憤惋。』『冲讓』，謙讓。三國志 吴書 陸凱傳『願陛下留意』裴松之注引晋虞溥江表傳：『當此之時，寇鈔懾威，不犯我境，師徒奔北，且西阻岷、漢，南州無事，尚猶冲讓，未肯築宫。』南史 袁湛傳：『武帝北伐，湛兼太尉，與兼司空尚書范泰奉九命禮物拜授武帝，帝冲讓。』

〔十四〕將逮建寅之歲首，甫擇建子之天統：『建寅』，古代以北斗星斗柄的運轉計算月份，斗柄指向十二辰中的寅即爲夏曆正月。淮南子 天文訓：『天一元始，正月建寅。』此即指夏曆正月。『建子』，指以夏曆十一月（子月）爲歲首的曆法。屬周正。唐楊炯公卿以下冕服議：『夫改正朔者，謂夏后氏建寅，殷人建丑，周人建子。』『天統』，『三統』之一。周正建子，稱天統。禮記 檀弓上『周人尚赤』鄭玄注『以建子之月爲正』唐孔穎達疏：『建子之月爲正者，謂之天統。』

〔十五〕發揮景命：『景命』，大命。指授予帝王之位的天命。詩 大雅 既醉：『君子萬年，景

命有僕。』鄭玄箋：『天之大命。』唐元稹獻事表：『臣竊惟陛下以景命惟新之初，何如貞觀致理之後？』

〔十六〕朕但欲令其畏惡：『但』，適園叢書、學林本作『且』。

〔十七〕庶比屋可封：『比屋』，家家户户。常用以形容衆多、普遍。漢徐幹中論 譴交：『有策名於朝而稱門生於富貴之家者，比屋有之。』魏書 袁翻傳：『淮海輸誠，華陽即序，連城請面，比屋歸仁。』

〔十八〕每用形言：『形言』，表現在言辭上。南朝齊王儉褚淵碑文：『深識臧否，不以毁譽形言。』唐許敬宗奉和聖製登三臺言志應制詩：『形言防處逸，粹藻發嘉猷。』

〔十九〕自頃冬序，頗愆農澤：『自頃』，文苑英華、全唐文作『頃屬』，四庫全書作『自昨』。按，『自頃冬序，頗愆農澤』之事，舊唐書 玄宗紀上於開元二年春正月即有記載：『關中自去秋至于是月不雨，人多饑乏，遣使賑給。』資治通鑑卷二百一十開元元年記：『冬，十月，辛卯，引見京畿縣令，戒以歲饑惠養黎元之意。』

〔二十〕洎簡辰練日：原作『未洎簡辰練日』，今據文苑英華、四庫全書、全唐文删『未』字。『簡辰』，猶擇日。南朝梁王筠昭明太子哀策文：『簡辰請日，筮合龜貞。』『練日』，選擇

日期。練，通『揀』。南朝宋謝莊太子元服上太后表：『練日簡辰，顯被元服。』唐張説大唐封祀壇頌：『天姥練日，雨師灑道。』

〔二十一〕必待湛恩：『待』，四庫全書作『得』。『湛恩』，深恩。漢司馬相如封禪文：『故軌迹夷易，易遵也；湛恩龐鴻，易豐也。』李善注：『湛，深也。』三國魏夏侯玄皇胤賦：『爾乃發愷悌之明詔，振湛恩之豐沛。』

〔二十二〕宜行宥過之典：『行』，原作『憑』，今據文苑英華、全唐文改作『行』。文苑英華下校『一作憑』。『宥過』，謂寬恕別人的過錯。書 大禹謨：『皋陶曰：「帝德罔愆，臨下以簡，御衆以寬，罰弗及嗣，賞延于世。宥過無大，刑故無小。」』漢孔融與王朗書：『主上寬仁，貴德宥過。』

〔二十三〕以存勸沮：『勸沮』，亦作『勸阻』。鼓勵和禁止。墨子 非命中：『發憲布令以教誨；明賞罰以勸沮。』晉葛洪抱朴子 崇教：『堅堤防以杜決溢，明褒貶以彰勸沮。』

〔二十四〕蠲除撙節：『蠲除』，廢除；免除。史記 太史公自序：『漢既初興……天下歸心；蠲除肉刑，開通關梁，廣恩博施，厥稱太宗。』世説新語 政事『賈充初定律令』南朝梁劉孝標注：『充有才識，明達治體……蠲除密網，以爲晉律。』『撙節』，抑制；節制。禮記 曲禮

上：『是以君子恭敬、撙節、退讓以明禮。』孫希旦集解：『有所抑而不敢肆謂之撙，有所制而不敢過謂之節。』南史顏延之傳：『恭敬撙節，福之基也。驕佷傲慢，禍之始也。』

〔二十五〕薛伯陽以凶魁之子，合置嚴刑，緣尚主之恩，特令遠貶：『凶魁』，此處謂薛伯陽之父薛稷，其與薛伯陽傳均見舊唐書卷七十三、新唐書卷九十八。新唐書本傳載父子二人事迹云：『稷字嗣通，道衡曾孫。擢進士第。累遷禮部郎中、中書舍人，與從祖兄曜更踐兩省，俱以辭章自名。景龍末，爲諫議大夫、昭文館學士。初，貞觀、永徽間，虞世南、褚遂良以書顓家，後莫能繼。稷外祖魏徵家多藏虞、褚書，故鋭精臨仿，結體遒麗，遂以書名天下。畫又絶品。睿宗在藩，喜之，以其子伯陽尚仙源公主。及踐阼，遷太常少卿，封晉國公，實封三百户。會鍾紹京爲中書令，稷諷使讓，因入言於帝曰：「紹京本胥史，無素才望，今特以勛進，師長百僚，恐非朝廷具瞻之美。」帝然之，遂許紹京讓，改户部尚書。翌日，遷稷黄門侍郎，參知機務。與崔日用數争事帝前，罷爲左散騎常侍。歷太子少保、禮部尚書。帝以翊贊功，每召入宫中與决事，恩絶群臣。竇懷貞誅，稷以知本謀，賜死萬年獄，年六十五。』又：『伯陽爲駙馬都尉、安邑郡公，别食實封四百户。稷死，坐貶晉州員外别駕，又流嶺表，自殺。』

〔二十六〕可唐州别駕員外置同正員：『唐州别駕員外置同正員』，文苑英華、全唐文均

作『唐州別駕員外郎置同正員』。按，應以作『唐州別駕員外置同正員』爲是。又，此處謂薛稷貶爲『唐州別駕員外置同正員』與舊唐書本傳所載『及父死，特免坐，左遷晋州員外別駕』以及新唐書本傳所記『稷死，坐貶晋州員外別駕』不同，或『晋州』乃『唐州』之誤歟？

（二十七）郭元振往立大功，保護於朕，頃因閲武，頗失軍容，責情放逐，將收後效，可饒州司馬員外置同正員：『郭元振』，傳見舊唐書卷九十七、新唐書卷一百二十二。舊唐書本傳記其事迹略云：『郭元振，魏州貴鄉人。舉進士，授通泉尉。任俠使氣，不以細務介意，前後掠賣所部千餘人，以遺賓客，百姓苦之。則天聞其名，召見與語，甚奇之。時吐蕃請和，乃授元振右武衛鎧曹，充使聘於吐蕃。……神龍中，遷左驍衛將軍，兼檢校安西大都護。時西突厥首領烏質勒部落强盛，款塞通和，元振就其牙帳計會軍事。時天大雪，元振立於帳前，與烏質勒言議，須臾，雪深風凍，元振未嘗移足，烏質勒年老，不勝寒苦，會罷而死。其子娑葛以元振故殺其父，謀勒兵攻之。副使御史中丞解琬知其謀，勸元振夜遁，元振曰：「吾以誠信待人，何所疑懼，且深在寇庭，遁將安適？」乃安卧帳中。明日，親入虜帳，哭之甚哀，行吊贈之禮。娑葛乃感其義，復與元振通好，因遣使進馬五千匹及方物。制以元振爲金山道行軍大總管。……會（宗）楚客等被誅，睿宗即位，徵拜太僕卿，加銀青光禄大夫。景雲二年，同中書門下三品，代宋璟爲吏部尚書。

無幾，轉兵部尚書，封館陶縣男。……先天元年，爲朔方軍大總管，始築定遠城，以爲行軍計集之所，至今賴之。明年，復同中書門下三品。及蕭至忠、竇懷貞等附太平公主潛謀不順，玄宗發羽林兵誅之，睿宗登承天門，元振躬率兵侍衛之。事定論功，進封代國公，食實封四百户，賜物一千段。又令兼御史大夫，持節爲朔方道大總管，以備突厥，未行。玄宗於驪山講武，坐軍容不整，坐於纛下，將斬以徇，劉幽求、張説於馬前諫曰：「元振有翊贊大功，雖有罪，當從原宥。」乃赦之，流於新州。尋又思其舊功，起爲饒州司馬。元振自恃功勛，怏怏不得志，道病卒。開元十年，追贈太子少保。有文集二十卷。』新唐書本傳亦記：『玄宗誅太平公主也，睿宗御承天門，諸宰相走伏外省，獨元振總兵扈帝，事定，宿中書者十四昔乃休。進封代國公，實封四百户，賜一子官，物千段。俄又兼御史大夫，復爲朔方大總管，以備突厥。未行，會玄宗講武驪山，既三令，帝親鼓之，元振遽奏禮止，帝怒軍容不整，引坐纛下，將斬之。劉幽求、張説扣馬諫曰：「元振有大功，雖得罪，當宥。」乃赦死，流新州。開元元年，帝思舊功，起爲饒州司馬，怏怏不得志，道病卒，年五十八。十年，贈太子少保。元振雖少雄邁，及貴，居處乃儉約，手不置書，人莫見其喜愠。建宅宣陽里，未嘗一至諸院廄。自朝還，對親欣欣，退就室，儼如也。距國初仕至宰相而親具者，唯元振云。』

〔二十八〕叔向豈坐於凶弟，展禽見稱於哲兄：「坐」，文苑英華作「同」，下校「一作坐」。「叔向」，春秋晉大夫羊舌肸，字叔向，一名叔肸。食邑在楊，或稱楊肸。羊舌職之次子。學識淵博，善於辭令。嘗使楚，楚人欲以其所不知而侮之而不能。曾因弟羊舌虎黨欒盈而牽連，爲范宣子所囚，由祁奚進説得釋。晉平公任爲太傅。使齊，與晏嬰論及齊、晉兩國禮治敗壞，大夫擅權，深表憂慮。晉平公二十二年，致書鄭子産，反對鑄刑書，認爲「民知有辟，則不忌其上，并有争心」。「展禽」，春秋時魯國人，展氏，名獲，字禽。食邑柳下，謚惠，故稱柳下惠。爲士師，掌刑獄，三次被黜，人勸其離去。禽以爲直道而事人，何往而不被黜；枉道而事人，何必去父母之邦。魯僖公二十六年，齊攻魯，僖公使其兄展喜以犒軍爲名勸説齊侯退兵，喜先向禽請教如何措辭。呂氏春秋集解卷十一於「夏，齊人伐我北鄙」句下注引左氏傳：「夏，齊孝公伐我北鄙，公使展喜犒師，使受命於展禽。」

〔二十九〕劉廙不以劉偉獲辜，王導不以王敦廢職：「劉廙」，三國魏南陽安衆人，字恭嗣。初曹操丞相掾屬，轉五官將文學。魏國初建，爲黄門侍郎。坐弟劉偉與魏諷謀反，當誅，操赦之。徙署丞相倉曹屬。魏文帝時，官至侍中，賜爵關内侯。「王導」，東晉琅邪臨沂人，字茂弘。襲爵即丘子。拜東閣祭酒。司馬睿（元帝）爲琅邪王時，遷安東司馬。參與軍謀密策。勸睿移鎮

建康。洛陽傾覆，聯合南北士族擁睿稱帝。導任丞相，號爲『仲父』。後堂兄王敦握重兵，鎮長江上游，族人多居要職，時稱『王與馬，共天下』。明帝立，受遺詔輔政。遷司徒，封始興郡公。成帝即位，與庾亮共輔幼主。成帝咸和二年，蘇峻反，晋師敗績，入宫侍帝。峻敬導，未加害。及峻平，官至丞相。卒謚文獻。傳見晋書卷六十五。『王敦』，司馬睿（元帝）初鎮江東，威名未著，敦與王導同心扶助。鎮壓杜韜起事，拜鎮東大將軍。東晋立，遷大將軍、荆州牧，手握重兵。元帝欲抑制王氏勢力，敦遂於永昌元年舉兵反。攻入建康，殺刁協、周顗、戴淵等，自爲丞相，還屯武昌，遥制朝政。明帝太寧二年，王導等乘敦病重，率軍討之。敦命王含、錢鳳等再進兵建康，旋病死，軍散。傳見晋書卷九十八。

〔三十〕崔滌爲其兄湜構禍，每進款誠，事朕有年，心則無隱：『崔滌』『崔湜』，傳均見舊唐書卷七十四、新唐書卷九十九。舊唐書本傳記崔湜、崔滌兄弟事迹略云：『湜少以文辭知名，舉進士，累轉左補闕，預修三教珠英，遷殿中侍御史。神龍初，轉考功員外郎。……俄爲太平公主所引，復遷中書門下三品。先天元年，拜中書令，與劉幽求争權不協，陷幽求徙於嶺表。……玄宗在東宫，數幸其第，恩意甚密。湜既私附太平公主，時人咸爲之懼，門客陳振鷺獻海鷗賦以諷之，湜雖稱善而心實不悦。及帝將誅蕭至忠等，召將托爲腹心，湜弟滌謂湜曰：「主上若有所問，不得有

所隱也。」湜不從，及見帝，對問失旨。至忠等既誅，湜坐徙嶺外。……俄而所司奏宮人元氏款稱與湜曾密謀進鴆，乃追湜賜死。初，湜與張説有隙，説時爲中書令，議者以爲説構陷之。時湜與尚書右丞盧藏用同配流俱行，湜謂藏用曰：「家弟承恩，或冀寬宥。」因遲留不速進。行至荆州，夢於講堂照鏡，曰：「鏡者明象，吾當爲人主所明也。」以告占夢人張由，對曰：「講堂者，受法之所；鏡者，於文爲『立見金』，此非吉徵。」其日追使至，縊於驛中，時年四十三。湜美姿儀，早有才名。弟液、滌及從兄涖并有文翰。……液弟滌，多辯智，善諧謔，素與玄宗款密。兄湜坐太平黨誅，玄宗常思之，故待滌逾厚，用爲秘書監，出入禁中，與諸王侍宴不讓席，而坐或在寧王之上。後賜名澄。從東封還，加金紫光禄大夫，封安喜縣子。開元十四年卒，贈兖州刺史。』新唐書本傳亦記：『玄宗在東宮，數至其第申款密。湜陰附主，時人危之，爲寒毛。……帝將誅蕭至忠等，召湜示腹心。弟澄諫曰：「上有所問，慎無隱。」湜不從。及見，對問失旨。至忠等誅，湜徙嶺外。……又宮人元稱嘗與湜謀進鴆於帝。追及荆州賜死，年四十三。……與弟液、澄，從兄涖并以文翰居要官。……澄本名滌，玄宗改焉。帝在藩，與同里居。出潞州，賓友餞者止國門，而澄獨從至華。及即位，寵昵甚。湜既誅，帝仍念之，用爲秘書監。……澄侍左右，與諸王不讓席坐。性滑稽善辯，帝恐漏禁中語，以「慎密」字親署笏端。累遷金紫光禄大夫，封安喜縣子。

卒，贈兗州刺史。』資治通鑑卷二百一十亦記：『初，上謀誅竇懷貞等，召崔湜，將托以心腹。湜弟滌謂湜曰：「主上有問，勿有所隱。」湜不從。懷貞等既誅，湜與右丞盧藏用俱坐私侍太平公主，湜流竇州，藏用流瀧州。新興王晋臨刑嘆曰：「本爲此謀者崔湜，今吾死湜生，不亦冤乎！」會有司鞫宮人元氏，元氏引湜同謀進毒，乃追賜死於荆州。薛稷之子伯陽以尚主免死，流嶺南，於道自殺。初，太平公主與其黨謀廢立，竇懷貞、蕭至忠、岑羲、崔湜皆以爲然，陸象先獨以爲不可。公主曰：「廢長立少，已爲不順；且又失德，若之何不去！」象先曰：「既以功立，當以罪廢。今實無罪，象先終不敢從。」公主怒而去。上既誅懷貞等，召象先謂曰：「歲寒知松柏，信哉！」時窮治公主枝黨，當坐者衆，象先密爲申理，所全甚多；然未嘗自言，當時無知者。百官素爲公主所善及惡之者，或黜或陟，終歲不盡。丁卯，上御承天門樓，赦天下。』

〔三十一〕周朝酷吏來俊臣、周興之徒，殘害宗枝，毒害良善：『毒害』，原作『毒陷』，今據文苑英華、四庫全書、全唐文改。此處『周朝』指武則天王朝，其曾改唐爲周，故稱。『來俊臣』與『周興』，傳均見舊唐書卷一百八十六上、新唐書卷二百九。舊唐書來俊臣傳載：『來俊臣，雍州萬年人也。……凶險不事生産，反覆殘害，舉無與比。曾於和州犯奸盜被鞫，遂妄告密，召見奏，刺史東平王續杖之一百。後續天授中被誅，俊臣復告密，召見，奏言前所告密是

豫、博州事，枉被續決杖，遂不得申。則天以爲忠，累遷侍御史，加朝散大夫。按制獄，少不會意者，必引之，前後坐族千餘家。二年，擢拜左臺御史中丞。朝廷累息，無交言者，道路以目。與侍御史侯思止、王弘義、郭霸、李仁敬，司刑評事康暐、衛遂忠等，同惡相濟。招集無賴數百人，令其告事，共爲羅織，千里響應。欲誣陷一人，即數處別告，皆是事狀不異，以惑上下。仍皆云：「請付來俊臣推勘，必獲實情。」則天於是於麗景門別置推事院，俊臣推勘必獲，專令俊臣等按鞫，亦號爲新開門。但入新開門者，百不全一。弘義戲謂麗景門爲「例竟門」，言入此門者，例皆竟也。俊臣與其黨朱南山輩造告密羅織經一卷，皆有條貫支節，布置事狀由緒。俊臣每鞫囚，無問輕重，多以醋灌鼻，禁地牢中，或盛之瓮中，以火圜繞炙之，并絶其糧餉，至有抽衣絮以噉之者。又令寢處糞穢，備諸苦毒。自非身死，終不得出。……則天重其賞以酬之，故吏競勸爲酷矣。由是告密之徒，紛然道路；名流僶俛閲日而已。朝士多因入朝，默遭掩襲，以至於族，與其家無復音息。故每入朝者，必與其家訣曰：「不知重相見不？」……俊臣將羅告武氏諸王及太平公主、張易之等，遂相掎摭，則天屢保持之。而諸武及太平公主恐懼，共發其罪，乃棄市，國人無少長皆怨之，競剮其肉，斯須盡矣。』新唐書周興傳載：『興，少習法律，自尚書史積遷秋官侍郎，屢決制獄，文深峭，妄殺數千人。武后奪政，拜尚書左丞，上疏請去唐宗正屬籍。

是時左史江融有美名，興指融與徐敬業同謀，斬於市。臨刑，請得召見，興不許，融叱曰：「吾死無狀，不赦汝。」遂斬之，尸奮而行，刑者蹴之，三仆三作。天授中，人告子珣、興與丘神勣謀反，詔來俊臣鞫狀。初，興未知被告，方對俊臣食，俊臣曰：「囚多不服，奈何？」興曰：「易耳，內之大瓮，熾炭周之，何事不承。」俊臣曰：「善。」命取瓮且熾火，徐謂興曰：「有詔按君，請嘗之。」興駭汗，叩頭服罪。詔誅神勣而宥興嶺表，在道爲讎人所殺。」

〔三十二〕深所嘆恨：「嘆」，文苑英華作「痛」，下校「一作嘆」。

〔三十三〕及酷吏身後有子孫：此句原無「身後有」三字，今據文苑英華、全唐文增補。

〔三十四〕亦令所司勘會：「勘會」，審核議定。唐陸贄貞元改元大赦制：「京畿及近縣所欠百姓和糴價直，委度支即勘會支給。」元典章新集刑部隱藏人口：「諸人誘略良人等罪，經原免，其被賣之人雖未勘會完備，合依發付給親。」

〔三十五〕咸委軍將據實奏聞，仍令所司早勘處分：「咸」，原作「或」，今據文苑英華、四庫全書、全唐文改。「勘」，文苑英華作「賜」，非是。

〔三十六〕及諸軍將佐總管以上：「及」字原無，今據文苑英華、四庫全書、全唐文增補。「將佐」，原作「守將」，今據文苑英華、四庫全書改。

改元天寶赦（一）

古先哲王之致理也（二），皆上順天心，下稽人事。時令贊發生之德（三），靈符叶紀年之稱（四）。考彼前載，斯爲大猷（五）。恭惟烈祖玄元皇帝（六），天寶錫慶，象帝之先，垂裕後人，重光五聖（七）。自朕嗣守丕業，洎三十年，實賴宗社降靈，昊穹孚祐（八），萬方無事，六府惟修（九），寰宇晏如（十），庶臻于理。然則乾元在上，仁覆爲德（十一）；皇王臨下，惠化攸先，恩弘善貸，用廣滋育（十二）。尊天寶之建元，暢玄風於不宰（十三），況屬陽和布氣，獻歲發生，宜覃在宥之恩（十四），式降惟新之澤。可大赦天下，改開元三十年爲天寶元年。自天寶元年正月一日昧爽已前，大辟罪已下，罪無輕重，已發覺，未發覺，已結正，未結正，繫囚見徒，常赦所不原者，咸赦除之。諸色左降官，并其流人未經量移者亦與量移（十五）。陽春布和，鳥獸孳育，宜禁麛卵以遂生成（十六），自今已後，每年春天下宜禁弋獵采捕（十七）。如聞百姓之内，或有户高丁多，苟爲規避，父母見在，乃别籍異居，宜令州縣勘會（十八）。其一家之中有十丁以上者放兩丁徵行賦役；五丁已上者放一丁，即令同籍共居，以敦風化（十九）。天下侍老

八十已上者，宜委州縣官每加存問，仍量賜粟帛。侍丁者令其養老〔二十〕，孝假者矜其在喪，此王政優容，俾申情理〔二十一〕，而官吏不依令式，多雜役使，自今已後不得更然〔二十二〕。國之急務，莫若求才，頃者雖屢搜揚士庶〔二十三〕，尚慮遺逸，更宜精訪，以副虚懷。其前資及白身人中，有儒學博通及文詞秀逸，或有軍謀越衆，或武藝絶倫者，委所在長官具以名薦。若乃弘我風化，實惟方岳〔二十四〕，必佇其人，以膺共理。其京文武官五品以上清資并郎官，據資歷人才堪爲刺史者，各任封狀自舉。但文宣垂訓，事必正名，而黄鉞古來以金爲飾〔二十五〕，金者應五行之數〔二十六〕，有肅殺之威，去金稱黄，理或未當，其黄鉞宜改爲金鉞，副威武之義焉〔二十七〕。内外文武九品已上各賜勛兩轉。前王重典，在乎祭祀，况屬惟新，事宜昭告。五岳四瀆、名山大川諸靈迹，及自古帝王、忠臣、義士，并令所由州縣致祭。

校　箋

〔一〕此文又見於册府元龜卷八十六帝王部赦宥第五，其文首云：『天寶元年正月丁未朔御勤政樓受朝賀，大赦天下，制曰：古先哲王之致理也……』文苑英華卷四百二十一翰林制詔二内

制亦録，文題作改元天寶赦。御定淵鑒類函卷四十六亦節選此文，文題作天寶改元詔。全唐文卷三十九亦收此文，文題爲改元大赦文，署名唐玄宗。此文文末未署頒布時間。考册府元龜已謂『天寶元年正月丁未朔……大赦天下』，又舊唐書卷九玄宗紀下記：『天寶元年春正月丁未朔，大赦天下，改元，常赦不原咸赦除之。百姓所欠負租税及諸色并免之。前資官及白身人有儒學博通、文辭秀逸及軍謀武藝者，所在具以名薦。京文武官才堪爲刺史者各令封狀自舉。改黄鉞爲金鉞。内外官各賜勛兩轉。』新唐書卷五玄宗紀亦載：『天寶元年正月丁未，大赦，改元。詔京文武官材堪刺史者自舉。賜侍老八十以上粟帛，九品以上勛兩轉。』資治通鑒卷二百一十五天寶元年亦記：『春，正月，丁未朔，上御勤政樓受朝賀，赦天下，改元。』唐會要卷一帝號上記：『開元三十年正月一日，改爲天寶。』按，據上述史籍所載，此次改元天寶在『天寶元年正月丁未』，亦即『開元三十年正月一日』，此時間與本文所載『改開元三十年（七一二）爲天寶元年。自天寶元年正月一日昧爽已前』云云所記頒布此赦文之時間合，據此可見此文當撰寫於是時稍前。

〔二〕古先哲王之致理也：『致理』，原作『教理』，今據册府元龜、文苑英華、四庫全書、全唐文、御定淵鑒類函諸本改。

〔三〕時令贊發生之德：『德』，文苑英華、御定淵鑒類函均作『重』，文苑英華下校『一作德』。

〔四〕靈符叶紀年之稱：『靈』，文苑英華、御定淵鑒類函均作『祥』，文苑英華下校『一作靈』。按，作『祥符』誤。『靈符』，上天的符命。三國魏曹植鞞舞歌大魏篇：『大魏應靈符，天禄方甫始。』晉陸機吊魏武帝文：『信斯武之未喪，膺靈符而在兹。』

〔五〕斯爲大猷：文苑英華於『爲』字下校『一作焉』。『大猷』，謂治國大道。詩小雅巧言：『奕奕寢廟，君子作之；秩秩大猷，聖人莫之。』鄭玄箋：『猷，道也。大道，治國之禮法。』晉潘岳楊荆州誄：『奕世丕顯，允迪大猷。』

〔六〕恭惟烈祖玄元皇帝：按，『玄元皇帝』指老子。唐奉老子爲始祖，於乾封元年二月追號爲『太上玄元皇帝』，天寶二年正月加尊號『大聖祖』三字，天寶八載六月又加尊號爲『聖祖大道玄元皇帝』。

〔七〕垂裕後人，重光五聖：『垂裕』，爲後人留下業績或名聲。書仲虺之誥：『王懋昭大德，建中于民，以義制事，以禮制心，垂裕後昆。』孔傳：『垂優足之道示後世。』唐白居易中和節頌：『德洽道豐，萬邦來同。微臣作頌，垂裕無窮。』『五聖』，此指唐高祖、唐太宗、唐高

宗、唐中宗、唐睿宗等五位唐玄宗之前帝皇。

〔八〕實賴宗社降靈，昊穹孚祐：『宗社』，原作『宗祏』，今據文苑英華、四庫全書、全唐文改。『宗社』，宗廟和社稷的合稱。漢蔡邕獨斷卷上：『天子之宗社曰泰社，天子所爲群姓立社也。』南史虞寄傳：『朕不食言，誓之宗社。』『昊穹』，猶蒼天。漢司馬相如封禪文：『伊上古之初肇，自昊穹之生民。』李善注引張揖曰：『昊穹，春、夏天名。』唐李益大禮畢皇帝御丹鳳門改元建中大赦詩：『昊穹景命即已至，王事乃可酬乾坤。』『孚』，通『付』。書高宗肜日：『民有不若德，不聽罪。天既孚命，正厥德。』周秉鈞注：『孚，漢石經、漢書孔光傳均作「付」……言民有不善之德，不順之罪，天已付命正其德矣。』『孚祐』，即謂付祐、保祐。

〔九〕六府惟修：『六府』，古以水、火、金、木、土、谷爲『六府』。左傳文公七年：『六府、三事，謂之九功。水、火、金、木、土、谷，謂之六府。』書大禹謨：『地平天成，六府三事允治，萬世永賴。』孔穎達疏：『府者，藏財之處；六者，貨財所聚，故稱六府。』

〔十〕寰宇晏如：『如』，文苑英華作『然』，下校『一作如』。『晏如』，安定；安寧；恬適。史記司馬相如列傳：『及臻厥成，天下晏如也。』三國魏嵇康幽憤詩：『與世無營，神氣晏如。』

〔十一〕然則乾元在上，仁覆爲德：『德』，文苑英華、四庫全書、御定淵鑒類函作『首』。『乾元』，指天。陳書高祖紀上：『大哉乾元，資日月以貞觀；至哉坤元，憑山川以載物。』唐錢起泰階六符賦：『既出没以候君德，又熒煌以麗乾元。』

〔十二〕用廣滋育：『滋』，册府元龜作『慈』，文苑英華作『滋』，下校『一作慈』。『滋育』，繁殖；培育。晉成公綏天地賦：『何滋育之罔極兮，偉造化之至神。』

〔十三〕尊天寶之建元，暢玄風於不宰：『尊天寶之建元』，原作『尊道寶而建元』，今據御定淵鑒類函改。『暢』，原作『錫』，今據册府元龜、文苑英華、四庫全書、全唐文、御定淵鑒類函改。『於』，册府元龜作『而』。『不宰』，不主宰。老子：『爲而不恃，長而不宰。』唐杜審言和李大夫嗣真奉使存撫河東：『不宰神功運，無爲大象懸。』

〔十四〕宜覃在宥之恩：『在宥』，莊子在宥：『聞在宥天下，不聞治天下也。』郭象注：『宥使自在則治，治之則亂也。』成玄英疏：『宥，寬也。在，自在也……寓言云，聞諸賢聖任物自在寬宥，即天下清謐。』後因以『在宥』指任物自在，無爲而化。

〔十五〕諸色左降官，并其流人未經量移者亦與量移：此句中册府元龜、全唐文均無『其』字。『未』字原無，今據册府元龜、文苑英華、四庫全書、全唐文增補。

〔十六〕陽春布和，鳥獸孳育，宜禁麛卵以遂生成：此句原無『陽春布和，鳥獸孳育，宜』等字，今據册府元龜、全唐文增補。『麛卵』，幼鹿和鳥卵。泛指幼小的禽獸。禮記曲禮下：『國君春田不圍澤，大夫不掩群，士不取麛卵。』孔穎達疏：『麛乃是鹿子之稱，而凡獸子亦得通名也。』南朝梁沈約均聖論：『草木斬伐有時，麛卵不得妄犯。』

〔十七〕宜禁弋獵采捕：册府元龜、全唐文無『采捕』二字。

〔十八〕宜令州縣勘會：『勘會』，審核議定。唐陸贄貞元改元大赦制：『京畿及近縣所欠百姓和糴價直，委度支即勘會支給。』元典章新集刑部隱藏人口：『諸人誘略良人等罪，經原免，其被賣之人雖未勘會完備，合依發付給親。』

〔十九〕以敦風化：『風化』，原作『風教』，據册府元龜、全唐文改。『風化』，猶風教；風氣。詩豳風七月序：『周公遭變，故陳后稷先公風化之所由。』後漢書第五倫傳：『光武承王莽之餘，頗以嚴猛爲政，後代因之，遂成風化。』

〔二十〕侍丁者令其養老：『侍丁』，古代留侍父母的丁男。唐六典户部尚書：『凡庶人年八十及篤疾，給侍丁一人；九十，給二人；百歲，三人。』新唐書食貨志一：『詔十丁以上免二丁，五丁以上免一丁，侍丁孝者免徭役。』

〔二十一〕此王政優容，俾申情理：「此」，册府元龜、全唐文作「比者」。「理」，原作「禮」，今據册府元龜、文苑英華、全唐文改。「優容」，寬待，寬容。漢書何武傳：「九江太守戴聖，禮經號小戴者也，行治多不法，前刺史以其大儒，優容之。」晉書傅玄傳：「玄應對所問，陳事切直，雖不盡施行，而常見優容。」

〔二十二〕自今已後不得更然：「已」字原無，今據册府元龜、全唐文增補。「更然」，四庫全書作「復然」。

〔二十三〕頃者雖屢搜揚士庶：「屢」，册府元龜、全唐文作「數遣」。「搜揚」，訪求舉拔。三國魏曹植文帝誄：「思良股肱，嘉昔伊吕，搜揚側陋，舉湯代禹。」舊唐書薛登傳：「或明制纔出，試遣搜揚，驅馳府寺之門，出入王公之第。」按，唐玄宗於改元天寶前之開元年間「屢搜揚士庶」事確如所説。檢舊唐書玄宗紀即記有開元五年二月甲戌：「至自東都，大赦天下……有嘉遁幽栖養高不仕者，州牧各以名薦。」開元十五年正月：「制草澤有文武高才，令詣闕自舉。」「二十三年春正月己亥，親耕籍田……大赦天下。……其才有霸王之略、學究天人之際、及堪將帥牧宰者，令五品已上清官及刺史各舉一人。」「二十九年春正月丁丑，制……内外官有伯叔兄弟子侄堪任刺史、縣令，所司親自保薦。」

〔二十四〕實惟方岳：「方岳」，傳説堯命羲和四子掌四岳，稱四伯。至其死乃分岳事，置八伯，主八州之事。後因稱任專一方之重臣爲「方岳」。南朝宋劉義慶世説新語識鑒：「時殷仲堪在門下，雖居機要，資名輕小，人情未以方岳相許。」唐楊炯瀘州都督王湛神道碑：「遂罷方岳之官，仍居上臺之位。」

〔二十五〕黄鉞古來以金爲飾：「黄鉞」，飾以黄金的長柄斧子。天子儀仗，亦用以征伐。書牧誓：「王左杖黄鉞，右秉白旄以麾。」孔穎達疏引廣雅：「鉞，斧也。斧稱黄鉞，故知以黄金飾斧也。」唐蘇鶚蘇氏演義卷下：「金斧，黄鉞也。三代通制，用之以斷斬，今以金斧黄鉞爲乘輿之飾。武王以黄鉞斬紂頭，故王者以爲戒。大將軍出征，特加黄鉞者，以銅爲之，以黄金塗刃及柄，不得純金也。得賜黄鉞，則斬持節將也。」

〔二十六〕金者應五行之數：「金者」，原作「飾金者」，據册府元龜、文苑英華、全唐文等本删「飾」字。

〔二十七〕副威武之義焉：「副」，文苑英華作「符」。

改天寳三年爲載制(一)

履端正名，義取垂範(二)；體元設教(三)，在乎變通。雖沿革從宜，罔不稽古(四)。朕纘復興運，恭守睿圖(五)，常恐至化猶微(六)，淳風尚薄，未臻華胥之俗，以登可封之人(七)。故未明求衣，日昃忘食，勵精爲理，思致邕和(八)。歷觀載籍，詳求前制，而唐虞之際焕乎可述，用是欽若舊典(九)，以叶惟新，可改天寳三年爲三載。今春事將興，陽和布澤(十)，發號施令之日，革故履新之時，宜弘在宥之恩，以助生成之化(十一)。其天下見禁囚徒，應雜犯死罪者(十二)，宜各降一等，自餘一切放免。其十惡及造僞妖妄頭首(十三)，官吏犯贓并奸盜等，害政既深，情難容恕，不在免限。凡諸郡縣，仍令太守縣令勸課農桑。其先處分太守縣令在任有增減户口成分者(十四)，由所司量爲殿最(十五)。自今已後，太守縣令兼能勾當租庸(十六)，每載加數成分者(十七)，特賜以中上考。如三載之内皆有成分(十八)，所司録奏超資與處分。其丁户口仍須按實(十九)，不得取虚挂之名，使親鄰代納，受其奸弊。凡在黎獻，實資存恤(二十)，一失生業，則流庸不歸(二十一)。每軫于懷，深可矜憫(二十二)。諸色當番人應送資課

者〔二十三〕，宜當郡縣具申尚書省勾覆〔二十四〕。如身至上處，勿更抑令納資，致使往來辛苦。從閏二月至六月已來，其當上人中有單貧老弱者，委郡縣長官與所由計會便放營農〔二十五〕。諸軍征鎮及防人有尫羸疾病者〔二十六〕，委節度使揀擇放歸〔二十七〕。中外庶僚勉修其職，各副朕意。宣布遐邇，咸使聞知。正月一日。

校箋

〔一〕此文又見於册府元龜卷八十六帝王部赦宥第五，又此書卷一百三十五、卷六百三十五亦各節録此文不同之一小段。全唐文卷二十四亦收録此文，文題作改年爲載推恩制，署名唐玄宗。此文文末標注頒布時間爲『正月一日』。考舊唐書卷九玄宗紀下記：『三載正月丙辰朔，改年爲載。赦見禁囚徒。』册府元龜謂：『三載正月丙申朔，御含元殿受朝賀下制曰……』新唐書卷五玄宗紀記：『三載正月丙申，改年爲載。降死罪，流以下原之。』資治通鑑卷二百一十五天寶三載記：『春正月，丙申朔，改年曰載。』按，上述載籍除舊唐書將改年爲載時間記於『三載正月丙辰朔』外，其餘均記於『正月，丙申朔』。考天寶三載正月一日乃丙申，舊唐書所記『三載

正月丙辰朔』誤。據此可知此文乃頒布於天寶三載（七四四）正月一日，則此文撰寫時間當在是時稍前。

〔二〕履端正名，義取垂範：『履端』，年曆的推算始於正月朔日，謂之『履端』。左傳文公元年：『先王之正時也，履端於始，舉正於中，歸餘於終。』杜預注：『步曆之始以爲術之端首。』孔穎達疏：『履，步也。謂推步曆之初始以爲術曆之端首……曆之上元，必以日月全數爲始，於前更無餘分，以此日爲術之端首，故言「履端於始」也。』後因以指正月初一。晉張華食舉東西廂樂詩：『履端承元吉，介福御萬邦。』『正名』，辨正名稱、名分，使名實相符。管子正第：『守慎正名，僞詐自止。』國語晉語四：『舉善援能，官方定物，正名育類。』韋昭注：『正上下服位之名。』舊唐書韋湊傳：『師古之道，必也正名，名之與實，故當相副。』『垂範』，垂示範例。南朝梁劉勰文心雕龍詔策：『（漢武帝）策封三王，文同訓典；勸戒淵雅，垂範後代。』唐韓愈寄盧仝詩：『假如不在陳力列，立言垂範亦足恃。』

〔三〕體元設教：『體元』，謂以天地之元氣爲本。漢班固東都賦：『體元立制，繼天而作。』南朝齊王融三月三日曲水詩序：『體元則大，悵望姑射之阿。』『設教』，實施教化。易觀：『聖人以神道設教，而天下服矣。』晉書刑法志：『古人有言：「善爲政者，看人設教。」』

〔四〕罔不稽古：「稽古」，考察古事。書堯典：「曰若稽古，帝堯曰放勛。」漢書武帝紀贊：「高祖撥亂反正，文景務在養民，至於稽古禮文之事，猶多闕焉。」

〔五〕朕纘復興運，恭守睿圖：「纘」，繼承。詩魯頌閟宮：「奄有下土，纘禹之緒。」禮記中庸：「武王纘大王、王季、文王之緒，壹戎衣而有天下。」鄭玄注：「纘，繼也。」「睿圖」，皇帝的謀劃。隋書音樂志下：「皇矣上帝，受命自天。睿圖作極，文教遐宣。」舊唐書王彥威傳：「臣謬司邦計，虔奉睿圖，輒纂事功，庶裨聖覽。」

〔六〕常恐至化猶微：「至化」，極美好的教化。後漢書仲長統傳：「今欲張太平之紀綱，立至化之基趾。」晉書阮种傳：「旁求俊乂，以輔至化，此誠堯、舜之用心也。」

〔七〕未臻華胥之俗，以登可封之人：此兩句册府元龜、全唐文作「未能臻華胥之俗，登可封之人」。「以」字，四庫全書作「莫」。「華胥」，列子黄帝：「（黄帝）晝寢而夢，游於華胥氏之國。華胥氏之國在弇州之西，台州之北，不知斯齊國幾千萬里，蓋非舟車足力之所及，神游而已。其國無帥長，自然而已；其民無嗜欲，自然而已……黄帝既寤，怡然自得。」後用以指理想的安樂和平之境，或作夢境的代稱。宋王安石書定林院窗詩之一：「竹鷄呼我出華胥，起滅篝燈擁燎爐。」

〔八〕思致邕和：「邕和」，又作「雍和」，意爲融洽；和睦。漢王充論衡藝增：「欲言堯之德大，所化者衆，諸夏夷狄莫不雍和，故曰萬國。」後漢書魏霸傳：「霸少喪親，兄弟同居，州里慕其雍和。」

〔九〕而唐虞之際焕乎可述，用是欽若舊典：「唐虞之際」，原作「唐虞」，今據册府元龜、四庫全書、全唐文增補。「用是欽若舊典」，原作「是用欽若舊典」，今據册府元龜、全唐文改。「欽若」，敬順。書堯典：「乃命羲、和，欽若昊天，曆象日月星辰，敬授民時。」陳書高祖紀下：「梁氏以圮剥薦臻，歷運有極，欽若天應，以命於霸先。」

〔十〕陽和布澤：「陽和」，春天的暖氣。史記秦始皇本紀：「維二十九年，時在中春，陽和方起。」宋李昴英瑞鶴仙詞：「想陽和、早遍南州，暖得柳嬌桃冶。」

〔十一〕以助生成之化：「生成」，養育。晋書應詹傳：「（韋泓）既受詹生成之惠，詹卒，遂製朋友之服，哭止宿草。」金元好問太夫人五七青詞：「恩重托身，生成之義等；禮名猶子，嗣續之道存。」

〔十二〕應雜犯死罪者：「死罪」，册府元龜、全唐文作「罪死」。

〔十三〕其十惡及造僞妖妄頭首：「造僞」，適園叢書、學林本作「僞造」。「十惡」，封建

時代刑律所定的十種大罪。隋書刑法志：『（開皇元年）更定新律……又置十惡之條，多采後齊之制，而頗有損益。一曰謀反，二曰謀大逆，三曰謀叛，四曰惡逆，五曰不道，六曰大不敬，七曰不孝，八曰不睦，九曰不義，十曰内亂。犯十惡及故殺人獄成者，雖會赦，猶除名。』唐長孫無忌唐律疏議名例一十惡：『周齊雖具十條之名，而無十惡之目。開皇創制，始備此科……自武德以來，仍遵開皇，無所損益。』『頭首』，頭領，爲首的人。唐韓愈論變鹽法事宜狀：『請令所由切加收捉，如獲頭首，所在决殺。』宋岳飛再論虔州平盗賞省札子：『虔盗如陳顒、羅閑十等四百餘黨，自爲頭首，各成寨栅。』

（十四）其先處分：册府元龜卷六百三十五以及四庫全書所載無『其』字，此處不取。

（十五）由所司量爲殿最：『由所司』，册府元龜、四庫全書、全唐文、甲庫本均作『所由司』。『殿最』，古代考核政績或軍功，下等稱爲『殿』，上等稱爲『最』。漢書宣帝紀：『其令郡國歲上繫囚以掠笞若瘐死者所坐名、縣、爵、里，丞相御史課殿最以聞。』顔師古注：『凡言殿最者：殿，後也，課居後也；最，凡要之首也，課居先也。』漢班固答賓戲：『雖馳辯如濤波，摛藻如春華，猶無益于殿最也。』李善注引漢書音義：『上功曰最，下功曰殿。』

（十六）太守縣令兼能勾當租庸：『勾當』，主管；料理。北史序傳：『事無大小，士彦一委

仲舉，推尋勾當，絲髮無遺，於軍用甚有助焉。』唐元稹趙真長户部郎中兼侍御史等制：『應可某官，充户部巡官，勾當河南、淮南等道兩稅，餘如故。』『租庸』，古代交納谷帛的稅制。唐杜甫歲晏行之三：『況聞處處鬻男女，割慈忍愛還租庸。』元揭傒斯寄題九江義門陳氏壽安堂詩：『詔書十度復租庸，每歲朝廷仍貸米。』

〔十七〕每載加數成分者：『每載』，册府元卷六百三十五作『每年』。

〔十八〕如三載之内皆有成分：『三載』，册府元龜卷六百三十五作『二載』，與其卷八十六及諸本所載『三載』不同，當有誤，不取。『皆有』，册府元龜卷八十六、全唐文均無『有』字，然册府元龜卷六百三十五與諸本均有『有』字，今仍依底本。

〔十九〕其丁户口仍須按實：此句册府元龜、全唐文無『口』字。

〔二十〕凡在黎獻，實資存恤：『黎獻』，黎民中的賢者。書益稷：『萬邦黎獻，共惟帝臣。』蔡沈集傳：『黎民之賢者也。』唐白居易洛川晴望賦：『是用步閭里，詢黎獻。』『存恤』，慰撫；救濟。史記楚世家：『平王以詐弑兩王而自立，恐國人及諸侯叛之，乃施惠百姓……存恤國中，修政教。』舊唐書列女傳楊三安妻：『李晝則力田，夜則紡緝……太宗聞而異之，賜帛二百段，遣州縣所在存恤之。』

〔二十一〕流庸不歸：『庸』，同『傭』，流亡在外受人雇傭的人。漢書 昭帝紀：『比歲不登，民匱於食，流庸未盡還。』顔師古注：『流庸，謂去其本鄉而行爲人庸作。』宋書 何偃傳：『然淮泗數州，實亦凋耗，流傭未歸，創痍未起。』

〔二十二〕深可矜憫：『矜憫』，原作『憐憫』，今據册府元龜、全唐文改。『矜憫』，哀憐：憐憫。晉書 王濬傳：『誠宜加恩，少垂矜憫，追録舊勛，纂錫茅土。』宋史 職官志三：『若情可矜憫，而法不中情者讞之。』

〔二十三〕諸色當番人應送資課者：『當番』，輪流；輪值。舊唐書 職官志二：『凡散官四品已下，九品已上，并於吏部當番上下。』元張昱宮中詞：『延華閣下日如年，除是當番到御前。』『資課』，財産税。新唐書 食貨志一：『凡庸、調、租、資課，皆任土所宜，州縣長官莅定粗良，具上中下三物之樣輸京都。』

〔二十四〕宜當郡縣具申尚書省勾覆：『宜當郡縣』，册府元龜卷八十六、全唐文作『當郡』，册府元龜卷一百三十五作『宜當郡』。『勾覆』，稽考核查。北史 何稠傳：『敕稠……造輿服羽儀……所役工十萬餘人，用金銀錢物巨億計。帝使兵部侍郎明雅、選部郎薛邁等勾覆，數年方竟，毫厘無舛。』隋書 何稠傳作『勾核』。舊五代史 唐書 郭崇韜傳：『崇韜乃置内勾使，應三

司財賦，皆令勾覆，令紹宏領之。』

〔二十五〕委郡縣長官與所由計會便放營農：『所由』，即『所由官』省稱，猶言有關官吏。因事必經由其手，故稱。南朝至唐宋常用此語。梁書皇后傳高祖丁貴嬪：『婦人無閫外之事，賀及問訊箋什，所由官報聞而已。』南史沈炯傳：『表求歸養，詔不許。文帝嗣位，又表求去。詔答曰：「當敕所由，相迎尊累，使卿公私無廢也。」』資治通鑑唐敬宗寶曆二年：『丞相不應許所由官呫囁耳語。』胡三省注：『京尹任煩劇，故唐人謂府縣官爲「所由官」。項安世家説曰：「今坊市公人謂之所由。」』『計會』，計慮，商量。韓非子解老：『人有欲則計會亂，計會亂而有欲甚。』唐張九齡敕平盧使烏知義書：『已敕守珪與卿計會，可須觀釁裁之。』

〔二十六〕諸軍征鎮及防人有尫羸疾病者：册府元龜、全唐文無『防人』二字。『尫羸』，瘦弱，亦指瘦弱之人。晉葛洪抱朴子遐覽：『他弟子皆親僕使之役，采薪耕田。唯餘尫羸，不堪他勞。』唐杜甫雨詩：『窮荒益自卑，飄泊欲誰訴。尫羸愁應接，俄頃恐違迕。』

〔二十七〕委節度使揀擇放歸：『揀』，册府元龜、全唐文作『速』。『歸』，册府元龜、全唐文作『還』。

改元上元赦〔一〕

自古哲王，恭承景命〔二〕，莫不執象以御宇，歷時以建元〔三〕，必當上稽乾符，下立人極者也〔四〕。朕承累聖之鴻緒，紹大中之寶位〔五〕。屬胡孽干紀〔六〕，王師尚勞，乾乾之心，豈忘鑒寐〔七〕。一物失所，每軫納隍之憂〔八〕；萬邦未寧，深懷馭朽之懼〔九〕。賴上玄垂福〔十〕，宗廟降靈，百辟卿士，同心勠力。方冀干戈載戢，區宇乂安〔十一〕。常躬於帝圖，恒取則於天道〔十二〕。屬天人叶紀，景象垂文〔十三〕，爰遵革故之典，將契惟新之命。義存更始，庶有應於天心〔十四〕；澤被無私，宜載覃於率土。可大赦天下，改乾元三年爲上元元年。自上元元年閏四月十九日昧爽已前，大辟罪已下，已發覺，未發覺，已結正，未結正，見禁囚徒〔十五〕，罪無輕重，常赦所不免者，咸赦除之。其與逆賊元謀及脅從受驅使〔十六〕，懼法來降，并潛藏不出者，已頻處分，但能歸順捨罪，除元惡之外，一無所問。其史思明必能改圖，束手來款〔十七〕，亦當洗其瑕釁〔十八〕，議以勛封。内外文武官，賜爵各有差。其六軍及飛龍閑廄加賜物〔十九〕，其成都靈武元從扈從遞加有差〔二十〕。在外諸軍，各加録賞物〔二十一〕，陣亡將士，優加褒贈。行人家口，所

在賑給。定禍亂者必先於武德，拯生靈者諒在於師貞（二十二）。周武創業，克寧區夏，惟師尚父（二十三），實佐興王。况德有可師，義當禁暴，稽諸古昔，爰崇典禮。其太公望可追封爲武成王（二十四），有司依文宣王置廟，仍委中書門下，擇古今名將配享，并同文宣王置亞聖及十哲等享祭之典（二十五）。自古帝王，欽慎刑法，蓋以法者人之命，刑者國之權，苟或失其科條，固難措其手足。頃或奸臣擅命，中典不修（二十六），造次便行，哀敬何在（二十七）？自今已後，其有犯極刑者，宜命本司依舊三覆（二十八），庶平反之際，人謂不冤，幽明之間，理皆無濫。又書稱『群望咸秩』，詩曰『祀事孔明』，爰自遐代，尤崇祀典（二十九）。朕深惟古義，必在至誠，苟德之不修，則神亦無據。故知精誠有感，黍稷非馨。而况宋景發言，固三徙而可驗（三十）；漢文深誡，爲千載之明徵（三十一）。事可遵行，理當變革。有司所立秘祝之法（三十二），或移於歲，或移於人，君人之心，寧所忍也。自今已後，削去此法。其中祀、下祀（三十三），并雜祭祀等一切并停。其諸應合祭祀，列於恒典（三十四），所用祭料，一依古制，務從减省，以副朕心。又車服以庸，有虞盛典；威儀以等，周禮舊章。往屬承平，多歷年所，下至於公卿列位（三十五），中外在官，多以奢僭爲心，流弊成俗。宜命所司定王公已下車服産業，各詳古制及令式，作

節限聞奏〔三十六〕。自頃戎車未息，殘孽猶虞，軍吏獻功，務陳首級。且四海之内，孰非王人？豈以苟從昏迷，陷在夷戮，一朝授首，懸彼藁街〔三十七〕。朕志存好生〔三十八〕，憫其驅脅，其諸軍所獲首級，除元惡之外，一切不須傳送〔三十九〕。又設官分理，本在安人，遞遷之政，務於利用〔四十〕。今寰瀛之内，兵革未清，加以時或不登，物皆踴貴，軍儲是急，廪稍靡供，冗官之流，固甚勞弊。其京閑司官等，有材堪厘務者〔四十一〕，宜命中書門下即類例量資歷出授外官〔四十二〕。王者稽古設教〔四十三〕，擇賢以理，廣徵岩穴，用副薪楢〔四十四〕。宜令中外五品已上文武正從員官〔四十五〕，各舉賢良方正、直言極諫一人。武藝文才俱堪濟理者〔四十六〕，亦任狀舉。其或文乏詞策，武非騎射，但權謀可以集事，材力可以臨戎，方圓可收〔四十七〕，亦任通舉，并限制到一月内奏畢。自古明王聖帝、名山大川，并委州縣長吏擇日致祭。義夫節婦，孝子順孫，旌表門閭，終身勿事。

校箋

〔一〕本文又見於册府元龜卷八十七帝王部赦宥第六，其文首『上元元年閏四月己卯御鳴鳳

門詔曰：自古哲王……』。全唐文卷四十五亦録此文，文題爲改元上元赦文，署名唐肅宗。本文文末未標注頒布時間。考舊唐書卷十肅宗紀乾元三年閏四月載：『己卯，以星文變異，上御明鳳門，大赦天下，改乾元爲上元。追封周太公望爲武成王，依文宣王例置廟。時大霧，自四月雨至閏月末不止。米價翔貴，人相食，餓死者委骸於路。』新唐書卷六肅宗紀上元元年閏四月記：『己卯，大赦，改元，賜文武官爵。追封太公望爲武成王。復死刑三覆奏。』資治通鑑卷二百二十一上元元年閏四月載：『己卯，赦天下，改元。追謚太公望爲武成王，選歷代名將爲亞聖、十哲。其中祀、下祀并雜祀一切并停。』據此知此次改元乃在上元元年（七六〇）閏四月己卯。按是年閏四月辛酉朔，則閏四月己卯即閏四月十九日，此與本文所云『自上元元年閏四月十九日昧爽已前』時間同。然此乃頒布此文之時間，則其撰寫時間當在是時稍前。

〔二〕恭承景命：『景命』，大命。指授予帝王之位的天命。詩大雅既醉：『君子萬年，景命有僕。』鄭玄箋：『天之大命。』唐元稹獻事表：『臣竊惟陛下以景命惟新之初，何如貞觀致理之後？』

〔三〕莫不執象以御宇，歷時以建元：『象』，此指曆法。尚書中候卷上：『欽翼皇象。』鄭玄注：『象，曆也。』『御宇』，統治天下。南齊書禮志下：『方今聖曆御宇，垂訓無窮。』唐白居

易長恨歌：『漢王重色思傾國，御宇多年求不得。』『歷時』，察看時機。國語晉語五：『夫言以昭信，奉之如機，歷時而發之，胡可瀆也！』『建元』，每年紀曆的開始。淮南子天文訓：『天維建元，常以寅始。』夏曆正月，斗柄指寅。以寅始，即以夏曆正月爲歲首。

〔四〕必當上稽乾符，下立人極者也：『乾符』，舊指帝王受命於天的吉祥徵兆。晉書慕容儁載記：『寡君今已握乾符，類上帝，四海懸諸掌，大業集於身。』唐韓愈賀册尊號表：『陛下仰稽乾符，俯順人志。』『人極』，綱紀，綱常。社會的準則。南朝梁沈約梁明堂登歌歌黑帝：『祚我無疆，永隆人極。』唐白居易立制度策：『夫制度者，先王所以下均地財、中立人極、上法天道者也。』

〔五〕朕承累聖之鴻緒，紹大中之寶位：『鴻緒』，册府元龜、全唐文作『鴻業』。『鴻緒』，大統；王業。後漢書順帝紀：『陛下踐祚，奉遵鴻緒。』唐肅宗授彭王僅等節度大使制：『朕以薄德，纘承鴻緒。』『大中』，易大有：『大有，柔得尊位大中，而上下應之，曰大有。』王弼注：『處尊以柔，居中以大。』高亨注：『象大臣處於尊貴之位，守大正之道。』後以『大中』指無過與不及的中正之道。漢書孔光傳：『皇之不極，是爲大中不立。』唐柳宗元與呂道州温論非國語書：『近世之言理道者衆矣，率由大中而出者咸無焉。』

〔六〕屬胡孽干紀：此句原作「屬故孽干紀」，然册府元龜、全唐文作「胡孽干紀」，今改爲此句。按，此處「胡孽」指安禄山、史思明等叛軍。

〔七〕乾乾之心，豈忘鑒寐：「乾乾」，自强不息貌。易乾：「君子終日乾乾，夕惕若厲，無咎。」孔穎達疏：「言每恒終竟此日，健健自强，勉力不有止息。」宋司馬光初見白髮慨然感懷詩：「留爲鑒中銘，晨夕思乾乾。」「鑒寐」，假寐，不脱衣冠而睡。鑒，通「監」。晉陸雲歲暮賦：「彼鑒寐之有時兮，亦始卒之固然。」三國志吴書陸遜傳：「夙夜戰懼，不遑鑒寐。」梁書武帝紀中：「興言夕惕，無忘鑒寐。」

〔八〕每軫納隍之憂：「納隍」，漢張衡東京賦：「人或不得其所，若己納之於隍。」謂推入城池中。按，孟子萬章下稱伊尹「思天下之民，匹夫匹婦，有不與被堯舜之澤者，若己納之溝中」。後以「納隍」指出民於水火的迫切心情。宋書王僧達傳：「民有咨瘼之聲，君表納隍之志。」唐陸贄論淮西管内水損處請同諸道遣宣慰使狀：「儻宏善救之心，當軫納隍之慮。」

〔九〕深懷馭朽之懼：「馭朽」，即「馭朽索」。書五子之歌：「予臨兆民，懔乎若朽索之馭六馬。」孔穎達疏：「我臨兆民之上，常畏人怨，懔懔乎危懼，若腐索之馭六馬。索絶則馬逸，言危懼之甚。」後因以比喻帝王治國，艱險不易。唐白居易辨興亡之由策：「安人者，敬其下也，懔

乎若馭朽索，猶懼其未也。』亦省作『馭朽』。

〔十〕賴上玄垂福：『上玄』，上天。漢揚雄甘泉賦：『惟漢十世，將郊上玄。』李善注：『上玄，天也。』周書王悦傳：『梁主内虧刑政，外闕藩籬。匹夫攘袂，舉國傾覆。非直下民離心，抑亦上玄所棄。』

〔十一〕方冀干戈載戢，區宇乂安：『戢』，收藏兵器。詩周頌時邁：『載戢干戈，載櫜弓矢。』毛傳：『戢，聚也。』後漢書光武帝紀下：『退功臣而進文吏，戢弓矢而散馬牛。』此處引申指停止戰爭。三國志蜀書諸葛亮傳：『是以用兵不戢，屢耀其武。』晋袁宏後漢紀桓帝紀下：『當今兵戎未戢，是陛下焦心坐而待旦之時也。』舊唐書代宗紀：『軍役屢興，干戈未戢，茫茫士庶，斃於鋒鏑。』『區宇』，境域；天下。唐元稹賀誅吴元濟表：『威動區宇，道光祖宗。』宋陳亮重建紫霄觀記：『本朝混一區宇，是觀因以不廢。』

〔十二〕常勵躬於帝圖，恒取則於天道：『常』，册府元龜、全唐文作『每』。『恒』，册府元龜、全唐文作『常』。

〔十三〕景象垂文：『垂文』，焕發文采。三國魏曹植七啓：『九旒之冕，散耀垂文。』

〔十四〕義存更始，庶有應於天心：『更始』，重新開始；除舊布新。逸周書月令解：『數

將幾終，歲將更始。』唐李白天長節使鄂州刺史韋公德政碑：『能事斯畢，與人更始。』『天心』，猶天意。書咸有一德：『克享天心，受天明命。』漢書杜周傳：『宜修孝文時政，示以儉約寬和，順天心，説民意，年歲宜應。』

〔十五〕見禁囚徒：原作『繫囚見徒』，今據册府元龜、全唐文改。

〔十六〕逆賊元謀：『元謀』，主謀。北齊書皇甫和傳：『（皇甫徽）隨其妻父夏侯道遷入魏，道遷别上勛書，欲以徽爲元謀。』宋桂萬榮棠陰比事錢推求奴：『遂劾富民父子共殺女奴，投尸於水；或爲元謀，或爲加功，罪皆應死。』

〔十七〕其史思明必能改圖，束手來款：『來款』，歸順；求和。晋張軌馳檄關中：『凡我晋人，食土之類，龜筮克從，幽明同款。』南朝宋文帝策命嬖達國王：『皇風遐暨，荒服來款。』『史思明』，安史叛亂首惡之一，傳見舊唐書卷二百上、新唐書卷二百二十五上。舊唐書本傳記：『史思明，本名窣干，營州、寧夷州、突厥雜種胡人也。……性急躁。與安禄山同鄉里……及長，相善，俱以驍勇聞。初事特進烏知義，每令騎覘賊，必生擒以歸。又解六蕃語，與禄山同爲互市郎。張守珪爲幽州節度，奏爲折衝。天寶初，頻立戰功，至將軍，知平盧軍事。嘗入奏，玄宗賜坐，與語，甚奇之。問其年，曰「四十矣」。玄宗撫其背曰：「卿貴在後，勉之。」遷大

將軍、北平太守。十一載，禄山奏授平盧節度都知兵馬使。十四載，安禄山反，命思明討饒陽等諸郡，陷之。十五載正月六日，思明與蔡希德圍顔杲卿於常山，九日拔之。又圍饒陽，二十九日不能拔。李光弼出土門，拔常山郡，思明解圍而拒光弼。光弼列兵於城南，相持累月。……（至德）二年正月，思明以蔡希德合范陽、上黨兵馬十萬，圍李光弼於太原。光弼使爲地道，至賊陣前。驍賊方戲弄城中人，地道中人出擒之，敵以爲神，呼爲「地藏菩薩」。思明留十月，會安禄山死，慶緒令歸范陽，希德留百餘日，皆不能拔而歸。自禄山陷兩京，常以駱駝運兩京御府珍寶於范陽，不知紀極。由是恣其逆謀，思明轉驕，不用慶緒之命。安慶緒爲王師所敗，投鄴郡，其下蕃、漢兵三萬人，初不知所從，思明擊殺三千人，然後降之。……（乾元二年）十月，郭子儀領九節度圍相州，安慶緒偷道求救於思明，思明懼軍威之盛，不敢進。十二月，蕭華以魏州歸順，詔遣崔光遠替之。思明擊而拔其城，光遠脱身南渡。思明於魏州殺三萬人，平地流血數日，即乾元二年正月一日也。思明於魏州北設壇，僭稱爲大聖燕王，以周贄爲行軍司馬。三月，引衆救相州，官軍敗而引退。思明召慶緒等殺之，并有其衆。四月，僭稱大號，以周贄爲相，以范陽爲燕京。九月，寇汴州，節度使許叔冀合於思明，思明益振。又陷洛陽，與太尉光弼相拒。思明恣行凶暴，下無聊矣。』

（十八）亦當洗其瑕釁：『瑕釁』，指罪過，過失。後漢書 第五倫傳：『然諸出入貴戚者，類多瑕釁禁錮之人，尤少守約安貧之節。』北史 蘇威傳：『威自陳精誠不能上感，瑕釁屢彰，罪當萬死。』

（十九）其六軍及飛龍閑厩加賜物：『六軍』，指唐之禁軍六軍。新唐書 百官志四上：『左右龍武、左右神武、左右神策，號六軍。』按，舊唐書 職官志三說六軍，與此不同。清王鳴盛十七史商榷 新舊唐書十三：『六軍，據新志以龍武、神武、神策各左右當之，而舊志說六軍則數左右羽林，而不數左右神策。通典說六軍與舊志同……要之，六軍之名乃取舊制書之，至中晚唐，神策軍權最重，故新志以後定者言之歟？今未能詳考。』『飛龍』，特指唐代御厩中右膊印飛字、左項印龍形的馬。

（二十）其成都靈武元從扈從遞加有差：『扈從』，隨皇帝出巡。唐封演封氏聞見記 鹵簿：『百官從駕謂之扈從，蓋臣下侍從至尊，各供所職，猶僕御扈養以從上，故謂之扈從耳。』新唐書 張鎬傳：『玄宗西狩，鎬徒步扈從。』按，『成都靈武元從扈從』，指在安史叛亂時隨從唐玄宗出避靈武和成都之護衛者。

（二十一）各加録賞物：『加』字原無，今據册府元龜、全唐文、適園叢書、學林本增補。

〔二十二〕定禍亂者必先於武德，拯生靈者諒在於師貞：『武德』，武道。運用武力所應遵守的準則。如平定禍亂等。國語 晋語九：『有孝德以出在公族，有恭德以升在位，有武德以羞爲正卿，有温德以成其名譽。』尉繚子 兵教上：『此之謂兵教，所以開封疆，守社稷，除患害，成武德也。』『師貞』，謂用兵之道，利於得正。易 師：『師貞，丈人，吉，無咎。』孔穎達疏：『師，衆也。貞，正也。丈人，謂嚴莊尊重之人。言爲師之正，唯得嚴莊丈人監臨主領，乃得「吉，無咎」。若不得丈人監臨之，衆不畏懼，不能齊衆，必有咎害。』梁書 元帝紀：『夫剥極生灾，乃及龍戰，師貞終吉，方制豶豕。』

〔二十三〕周武創業，克寧區夏，惟師尚父：『周武』，即周武王。『尚父』，亦作『尚甫』，指周吕望。意爲可尊敬的父輩。詩 大雅 大明：『維師尚父，時維鷹揚。』毛傳：『尚父，可尚可父。』鄭玄箋：『尚父，吕望也。尊稱焉。』一説爲吕望之字。馬瑞辰通釋：『「父」與「甫」同。甫爲男子美稱，尚父其字也，猶山甫、孔父之屬。』藝文類聚卷二十八引漢班彪游居賦：『想尚甫之威虞，號蒼兕而明誓。』

〔二十四〕太公望可追封爲武成王：此句中原無『爲』字，今據全唐文增補。

〔二十五〕擇古今名將配享，并同文宣王置亞聖及十哲等享祭之典：此句原無『配享并』三

字，今據册府元龜、全唐文增補。『文宣王』，指孔子。唐玄宗開元二十七年封孔子爲文宣王。唐吴筠高士咏　楚狂接輿夫妻：『鳳歌誡文宣，龍德遂隱密。』『亞聖』，謂道德才智僅次於聖人。此處指孟子。漢趙岐孟子題辭：『（孟子）命世亞聖之大才者也。』初學記卷九引三國吴張儼默記：『漢光武體亞聖之才，執文武略，聰明仁德。』舊唐書　姚崇傳：『昔孔丘亞聖，母墓毁而不修；梁鴻至賢，父亡席捲而葬。』『十哲』，指孔子的十個弟子：顔淵、閔子騫、冉伯牛、仲弓、宰我、子貢、冉有、季路、子游、子夏。自唐定制，從祀孔廟，列侍孔子近側。開元時，顔淵配享，升曾參，後曾參配享，升子張。後代又增有若及宋朱熹，合稱『十二哲』。唐王勃益州夫子廟碑：『自四教遠而微言絶，十哲喪而大義乖。』

（二十六）中典不修：『中典』，寬嚴適中、可以常行的法典。周禮　秋官　大司寇：『一曰刑新國，用輕典；二曰刑平國，用中典；三曰刑亂國，用重典。』鄭玄注：『用中典者，常行之法。』南朝梁陸倕石闕銘：『謀協上策，刑從中典。』

（二十七）哀敬何在：『哀敬』，全唐文作『哀矜』。『哀敬』，憐恤，同情。書　吕刑：『哀敬折獄，明啓刑書胥占，咸庶中正。』孔傳：『當憐下人之犯法，敬斷獄之害人。』按尚書大傳卷二引作『哀矜哲獄』。

〔二十八〕宜命本司依舊三覆：『命』，册府元龜、全唐文作『令』。『三覆』，原作『三復』，今據册府元龜、全唐文、適園叢書、學林本改。『三覆』，三度復審。宋文瑩玉壺清話李先主傳：『時天下罹亂，刑獄無典，因是凡決死刑，方用三覆五奏之法。』

〔二十九〕爰自遐代，尤崇祀典：『祀典』，册府元龜、全唐文作『祭祀』。『遐代』，遠古時代。南朝梁江淹蕭驃騎讓太尉增封表：『今若第隨私貴，爵與私富，紊蕩經邦，斷折民紀；豈可還風中葉，逖聽遐代者也！』唐顏師古聖德頌：『緬尋遐代，詳觀往册。』

〔三十〕宋景發言，固三徙而可驗：『三徙』，册府元龜、適園叢書、明鈔本、甲庫本、學林本作『三從』，誤，不取。『宋景』，即宋景公，春秋時宋國國君，名頭曼。元公子。寵司馬向魋（桓魋），諸弟公子地、公子辰不服，據蕭叛。景公三十年，曹國背宋及晉，宋出兵滅曹。三十六年，擊向魋，魋奔衛。在位四十八年。其事迹見史記卷三十八宋微子世家。據史記宋微子世家載：景公『三十七年，楚惠王滅陳。熒惑守心。心，宋之分野也。景公憂之。司星子韋曰：「可移於相。」景公曰：「相，吾之股肱。」曰：「可移於民。」景公曰：「君者待民。」曰：「可移於歲。」景公曰：「歲饑民困，吾誰爲君！」子韋曰：「天高聽卑。君有君人之言三，熒惑宜有動。」於是候之，果徙三度』。

〔三十一〕漢文深誡，爲千載之明徵：『漢文』，漢文帝劉恒的省稱。南朝梁劉勰文心雕龍議對：『漢文中年，始舉賢良。』唐劉長卿長沙過賈誼宅詩：『漢文有道恩猶薄，湘水無情吊豈知？』其傳見史記卷十孝文本紀、漢書卷四文帝紀。『明徵』，明顯的徵驗；明證。書胤征：『聖有謨訓，明徵定保。』孔傳：『徵，證；保，安也。聖人所謀之教訓，爲世明證，所以定國安家。』『漢文深誡』之事，史記孝文本紀漢文帝二年載：『十一月晦，日有食之。十二月望，日又食。上曰：「朕聞之，天生蒸民，爲之置君以養治之。人主不德，布政不均，則天示之以灾，以誡不治。乃十一月晦，日有食之，適見于天，灾孰大焉！朕獲保宗廟，以微眇之身托于兆民君王之上，天下治亂，在朕一人，唯二三執政猶吾股肱也。朕下不能理育群生，上以累三光之明，其不德大矣。令至，其悉思朕之過失，及知見思之所不及，丏以告朕。及舉賢良方正能直言極諫者，以匡朕之不逮。因各飭其任職，務省繇費以便民。朕既不能遠德，故憪然念外人之有非，是以設備未息。今縱不能罷邊屯戍，而又飭兵厚衛，其罷衛將軍軍。太僕見馬遺財足，餘皆以給傳置。」』漢書文帝紀所載同。

〔三十二〕秘祝之法：『秘祝』，秦代司祈祝之官。漢初因之，至文帝時始廢。史記封禪書：『祝官有秘祝，即有灾祥，輒祝祠移過於下。』張守節正義：『謂有灾祥，輒令祝官祠祭，移

其咎惡於衆官及百姓也。』史記孝文本紀：『上曰：「蓋聞天道禍自怨起，而福由德興，百官之非，宜由朕躬。今秘祝之官，移過於下，以彰吾之不德，朕甚不取。其除之。」』裴駰集解引應劭曰：『秘祝之官移過於下，國家諱之，故曰秘。』

〔三十三〕其中祀、下祀：原無『下祀』二字，今據册府元龜、全唐文增補。

〔三十四〕列於恒典：『恒典』，册府元龜、全唐文作『常典』。

〔三十五〕下至於公卿列位：册府元龜、全唐文無『下』字。

〔三十六〕作節限聞奏：『節限』，節約限制。北齊書文宣帝紀：『凡諸賞賚，無復節限，府藏之積，遂至空虛。』清戴震原善卷下：『尚廉耻，明節限，無所苟而已矣，義也。』

〔三十七〕懸彼藁街：『藁街』，漢時街名，在長安城南門内，爲屬國使節館舍所在地。晋陸機飲馬長城窟行：『振旅勞歸士，受爵藁街傳。』唐元稹授牛元翼深冀州節度使制：『苟獲戎首，置之藁街。』

〔三十八〕朕志存好生：『志存』，册府元龜、全唐文作『志在』。

〔三十九〕一切不須傳送：『不須』，册府元龜、全唐文作『不得』。

〔四十〕遞遷之政，務於利用：『務於利用』，册府元龜作『勞於利物』。『遞遷』，更易變

化。南朝宋謝靈運撰征賦：『怨物華之推驛，慨舟壑之遞遷。』明謝肇淛五雜俎人部四：『循環有數，若寒暑之遞遷。』

（四十一）有材堪厘務者：『有』字原無，今據全唐文增補。『厘務』，管理政事。舊唐書劉祥道傳：『經明行修之士，猶或罕有正人……即知共厘務者，善人少而惡人多。』宋趙昇朝野類要職任：『添差之官，則不理政事也。若許干預，則曰仍厘務。』

（四十二）量資歷出授外官：『歷』字原無，今據册府元龜、全唐文增補。

（四十三）王者稽古設教：『稽古』二字原無，今據全唐文增補。『稽古』，考察古事。書堯典：『曰若稽古，帝堯曰放勛。』漢書武帝紀贊：『高祖撥亂反正，文景務在養民，至於稽古禮文之事，猶多闕焉。』

（四十四）用副薪楢：『薪楢』，亦作『薪槱』。詩大雅棫樸：『芃芃棫樸，薪之槱之。』毛傳：『槱，積也。山木茂盛，萬民得而薪之；賢人衆多，國家得用蕃興。』後以『薪槱』喻賢良的人才或選拔賢良的人才。晋書羅憲滕脩等傳論：『薪楢之任，清規自遠；鼙鼓之臣，厥聲彌劭。』

（四十五）文武正從員官：原無『從』字，今據全唐文增補。

〔四十六〕俱堪濟理者：『濟理』，猶濟治。協助治理。唐陸贄姜公輔左庶子制：『此朕三事大夫濟理圖全之意也。』資治通鑑唐玄宗開元十三年：『仙者憑虛之論，朕所不取；賢者濟理之具，朕今與卿曹合宴，宜更名曰「集賢殿」。』

〔四十七〕方圓可收：『方圓』，隨宜；變通。唐羅隱讒書答賀蘭友書：『非僕之不可苟合，道義之人皆不合也。而受性介僻，不能方圓。』舊唐書食貨志上：『所以先有告示，許有方圓，意在他時行法不貸。』

去上元年號赦〔一〕

爲人上者，與衆守邦。自古哲王，懼其滿假。聰明睿哲〔二〕，罔不在躬。文武聖神，乃以爲號。顧予菲薄，運屬經綸〔三〕，一旅成師，復其舊物〔四〕。聖皇納人壽域，游意道源〔五〕，神器之重，傳歸於朕。獲守丕業，若履春冰，敢忘謙沖〔六〕，日益招損。欲垂範而自我，亦去華而就實。其『乾元大聖光天文武孝感』等尊崇之稱〔七〕，何德以當之？以欽若昊天〔八〕，定時成歲，春秋五始，義在體元〔九〕，惟以紀年，更無潤色。至于漢武，飾以浮華，非王者之茂典〔十〕，豈永代而爲則。三代受命，正朔皆殊，宗周

之王，實得天統〔十一〕。陽生元氣之本，律首黄鍾之尊〔十二〕，制度可行，叶用斯在。自今已後，朕號唯稱皇帝，其年但號元年，去上元之號。其以今年十一月爲天正歲首〔十三〕，使建丑建寅，每月以所建爲數。承天陟后，稽古臨人〔十四〕，必由革故之源，方合大中之道〔十五〕。風行宇縣，澤被無涯〔十六〕。欽承上帝之心，申錫蒼生之慶〔十七〕，可大赦天下。自二年九月二十一日昧爽以前，大辟罪無輕重，已發覺，未發覺，已結正，未結正，見繫囚徒，常赦所不免者，咸赦除之。其十惡五逆，及造僞頭首〔十八〕，官典犯贓，法實難容，刑故無小〔十九〕，并不在免限。其史朝義若能翻然改圖〔二十〕，背逆歸順，罪無所問，加以勛封。自乾元元年已前，開元已來，應反逆連累，赦慮度限所未該及者，并宜釋放〔二十一〕。有官者降資與官，無官者依本色例收叙〔二十二〕。内外官三品已上賜爵一級；四品、五品各加一階；六品已下賜勛兩轉。成都府及靈武元從〔二十三〕，普恩之外，三品已上更賜爵一級；四品、五品各加一階〔二十四〕；六品已下更賜勛一轉。眷及勤勞，俾其卓叙。每以田功在謹，農事惟勤，不有司存〔二十五〕，何成重谷？諸州等各置司田參軍一人，令專主農事〔二十六〕。每縣各置田正二人〔二十七〕，於當縣揀明閑田種者充〔二十八〕，務令勸課。國之大事，郊祀爲先，貴其至誠，不美多品。

黍稷雖設，猶或非馨；牲牢空多，未謂能享。今以玄元孚祐（二十九），至道爲心，將臻大和，不欲多殺。禮樂殊制，孝敬同歸，圓丘方澤（三十），任依恒享。宗廟諸祠，但臨時獻熟（三十一），用懷明德之馨，庶合西鄰之祭（三十二）。唐虞之代，肇有九州，王者所都，文無異制。其京兆府、河南府、太原府三京之號宜停，其鳳翔先爲西京，亦宜準此。所設諫曹，欲聞諷議，允副從繩之望，須成削藁之書（三十三）。其諫官令每月一上封事，指陳時政得失，若不舉職事，當别有處分。其諸州别駕，可依舊却置。每除京官五品已上正員清望官，及郎官御史諸州刺史，皆令推薦一兩人以自代，仍具録行能聞奏（三十四），觀其所舉，以行殿最（三十五）。京文武官等賜物各有差。自今已後，有隱欺須勾剥者（三十六），宜勾當年。若事連去年，亦任通勾（三十七）。其隔年者，不在勾限。官典隱贓在腹内，不在此例（三十八）。其氏姓雖得之久遠，有與俗諱及隱疾同聲者，宜改與本族望所出大姓自逐穩便。名山大川，明王聖帝所在廟祠，各委州縣長官虔誠致祭。天下侍老先版授者（三十九），更改與版授；未版授者與版授。鰥寡惸獨不能存立者，委刺史縣令量加賑恤。義夫節婦，孝子順孫，旌表門閭，終身勿事。赦書有所未及者，各令有司速勘會類例條件聞奏。

校　箋

〔一〕此文又見於册府元龜卷八十七帝王部赦宥第六，其文首謂『九月壬寅詔曰：爲人上者』云云。全唐文卷四十五亦録，文題作去上元年号大赦文，署名唐肅宗。唐會要卷二十三牲牢門，册府元龜卷五十四、卷五百九十四亦均節録本文。本文文末未標注頒布時間。考舊唐書卷十肅宗紀上元二年九月載：『壬寅，制：朕獲守丕業，敢忘謙冲，欲垂範而自我，亦去華而就實。其「乾元大聖光天文武孝感」等尊崇之稱，何德以當之？欽若昊天，定時成歲，春秋五始，義在體元，惟以紀年，更無潤色。至于漢武，飾以浮華，非前王之茂典，豈永代而作則。自今已後，朕號唯稱皇帝，其年號但稱元年，去上元之號。』新唐書卷六肅宗紀上元二年載：『九月壬寅，大赦，去「乾元大聖光天文武孝感」號，去「上元」號，稱元年，以十一月爲歲首，月以斗所建辰爲名。賜文武官階、勛、爵，版授侍老官，先授者叙進之。停四京號。』資治通鑑卷二百二十二上元二年九月載：『壬寅，制去尊號，但稱皇帝；去年號，但稱元年；以建子月爲歲首，月皆以所建爲數；因赦天下。停京兆、河南、太原、鳳翔四京及江陵南都之號。自今每除五品以上清望官及

郎官、御史、刺史，令舉一人自代，觀其所舉，以行殿最。』據上諸載籍，此次去上元年號之時間均記在上元二年九月壬寅。檢是年九月壬午朔，九月壬寅即九月二十一日。此時間與册府元龜卷五百九十四掌禮部奏議第二十二所記『至上元二年九月二十一日赦』，以及本赦文之『自二年九月二十一日昧爽以前』契合。故此文乃頒布於上元二年（七六一）九月二十一日，其撰寫時間當在此時稍前。唐會要卷二十三『牲牢』門所記『至上元二年九月二十二日赦』之時間誤。

〔二〕聰明睿哲：『睿哲』，册府元龜、全唐文作『濬哲』。『睿哲』，聖明；明智。漢張衡東京賦：『睿哲玄覽，都兹洛宫。』晉陸雲大將軍宴會被命作詩：『睿哲惟晋，世有明聖。』

〔三〕顧予菲薄，運屬經綸：『顧予』，原作『顧序』，今據册府元龜、四庫全書、明鈔本、甲庫本、全唐文改。『菲薄』，鄙陋，指德才等。常用爲自謙之詞。楚辭遠游：『質菲薄而無因兮，焉托乘而上浮？』王逸注：『質性鄙陋無所因也。』史記孝武本紀：『朕以眇眇之身承至尊，兢兢焉懼弗任。維德菲薄，不明于禮樂。』『經綸』，整理絲縷、理出絲緒和編絲成繩，統稱經綸。引申爲籌劃治理國家大事。易屯：『雲雷屯，君子以經綸。』孔穎達疏：『經謂經緯，綸謂綱綸，言君子法此屯象有爲之時，以經綸天下，約束於物。』禮記中庸：『唯天下至誠，爲能經綸天下之大經，立天下之大本，知天地之化育。』

〔四〕一旅成師，復其舊物：此兩句乃謂唐肅宗在安史叛亂後，隨唐玄宗離京出奔，并統帥軍隊抗擊叛軍，收復淪陷江山。

〔五〕聖皇納人壽域，游意道源：『壽域』，謂人人得盡天年的太平盛世。語出漢書禮樂志：『願與大臣延及儒生，述舊禮，明王制，驅一世之民，濟之仁壽之域，則俗何以不若成康？壽何以不若高宗？』唐杜牧郡齋獨酌詩：『生人但眠食，壽域富農桑。』『道源』，僧道以爲佛教、道教的經義是事物的本源，故稱。唐王昌齡武陵開元觀黃煉師院詩之三：『暫因問俗到真境，便欲投誠依道源。』唐柳宗元送文暢上人登五臺遂游河朔序：『今有釋文暢者，道源生知，善根宿植，深嗜法語，忘甘露之味，服道江表，蓋三十年。』按，『游意道源』意爲唐玄宗讓位於肅宗，悠游於『道源』之中，即如本書卷一肅宗即位册文中唐玄宗所謂『洎予六業，恭位四紀，厭于勤倦，緬慕汾陽，當保静怡神，思我烈祖玄元之道，是用命爾元子某，當位嗣統』。

〔六〕敢忘謙冲：『謙冲』，猶謙虚。三國魏曹操報荀彧書：『前後謙冲，欲慕魯連先生乎？』宋蘇軾賜皇叔改封徐王顥上表辭免册禮允詔之一：『雖莫稱朕所以極褒崇之心，而將使卿庶幾獲謙冲之福。』

〔七〕其『乾元大聖光天文武孝感』等尊崇之稱：『乾元』，原作『乾文』，今據兩唐書肅宗

紀、四庫全書、全唐文改。

〔八〕以欽若昊天：『欽若』，敬順。書 堯典：『乃命羲、和，欽若昊天，曆象日月星辰，敬授民時。』陳書 高祖紀下：『梁氏以圮剥薦臻，歷運有極，欽若天應，以命于霸先。』

〔九〕春秋五始，義在體元：『五始』，春秋紀事，始以元年、春、王、正月、公即位等五事，謂之『五始』。漢書 王褒傳：『共惟春秋法五始之要，在乎審己正統而已。』顔師古注：『元者，氣之始；春者，四時之始；王者，受命之始；正月者，正教之始；公即位者，一國之始，是爲五始。』隋牛弘請開獻書之路表：『孔子以大聖之才……正五始而修春秋，闡十翼而宏易道。』『體元』，謂以天地之元氣爲本。漢班固東都賦：『體元立制，繼天而作。』南朝齊王融三月三日曲水詩序：『體元則大，悵望姑射之阿。』

〔十一〕實得天統：『天統』，『三統』之一。周正建子，稱天統。禮記 檀弓上『周人尚赤』鄭玄注：『以建子之月爲正。』唐孔穎達疏：『建子之月爲正者，謂之天統。』

〔十二〕律首黄鍾之尊：『黄鍾』亦作『黄鐘』，樂律十二律中的第一律。禮記 月令：『〔季夏之月〕其日戊己，其帝黄帝，其神后土，其蟲倮，其音宫，律中黄鍾之宫。』孔穎達疏：『黄鍾宫最長，爲聲調之始，十二宫之主。』吕氏春秋 適音：『黄鐘之宫，音之本也，清濁之衷也。』

〔十三〕天正歲首：『天正』，周曆建子，以農曆十一月即冬至所在之月爲歲首，古人以爲得天之正，故稱。漢書 律曆志上：『其於三正也，黄鐘子爲天正。』後漢書 陳寵傳『三微成著，以通三統』李賢注引三禮義宗：『三微，三正也……故周以天正爲歲，色尚赤，夜半爲朔。』

〔十四〕承天陟后，稽古臨人：『承天』，承奉天道。易 坤：『至哉坤元，萬物資生，乃順承天。』後漢書 郎顗傳：『夫求賢者上以承天，下以爲人。』『陟后』，謂登上帝位。書 舜典：『三載，汝陟帝位。』孔傳：『陟，升也。』唐韓愈順宗實録卷一：『是用命爾繼統，俾紹前烈，宜陟元后，永綏兆人。』『稽古』，考察古事。書 堯典：『曰若稽古，帝堯曰放勛。』漢書 武帝紀贊：『高祖撥亂反正，文景務在養民，至於稽古禮文之事，猶多闕焉。』『臨人』，謂選拔人才。後漢書 崔寔傳：『蓋孔子對葉公以來遠，哀公以臨人，景公以節禮，非其不同，所急異務也。』李賢注：『韓子曰：葉公問政於仲尼，仲尼曰：「政在悦近而來遠。」魯哀公問政於仲尼，仲尼曰：「政在選賢。」齊景公問政於仲尼，仲尼曰：「政在節財。」此云「臨人」「節禮」，文不同也。』

〔十五〕方合大中之道：『大中』，原作『天中』，今據册府元龜、四庫全書改。

〔十六〕風行宇縣，澤被無涯：『澤被無涯』，原闕『被』字，明鈔本、甲庫本亦作『澤無

涯』，適園叢書、學林本作『澤無涯涘』。今據册府元龜、四庫全書、全唐文改。『宇縣』，猶謂天下。史記秦始皇本紀：『大矣哉！宇縣之中，承順聖意。』裴駰集解：『宇，宇宙；縣，赤縣。』唐韓愈賀册尊號表：『除剗寇盜，宇縣清夷，可謂戡定禍亂矣。』

〔十七〕欽承上帝之心，申錫蒼生之慶：此句中原無『承』『申』二字，今據全唐文增補。『欽承』，恭敬地繼承或承受。書説命下：『監于先王成憲，其永無愆，惟説式克欽承。』三國魏曹丕與鍾大理書：『嘉貺益腆，敢不欽承。』『申錫』，厚賜。詩商頌烈祖：『申錫無疆，及爾斯所。』毛傳：『申，重。』鄭玄箋：『天又重賜之以無竟界之期。』高亨注：『錫，賜。』唐張九齡奉和聖制幸晋陽宫：『聖朝將申錫，王業成艱難。』

〔十八〕其十惡五逆，及造僞頭首：『造僞』，原作『僞造』，今據册府元龜、全唐文改。『十惡』，封建時代刑律所定的十種大罪。一曰謀反，二曰謀大逆，三曰謀叛，四曰惡逆，五曰不道，六曰大不敬，七曰不孝，八曰不睦，九曰不義，十曰内亂。『五逆』，即五逆罪。佛教謂五種將招致墮無間地獄報應的惡業大罪。阿闍世王問五逆經：『有五逆罪，若族姓子、族姓女爲是五不救罪，必入地獄無疑。云何爲五？謂殺父，殺母、害阿羅漢、鬥亂衆僧、起惡意於如來所。』

〔十九〕刑故無小：明鈔本、甲庫本作『故刑無大小』。

〔二十〕其史朝義若能翻然改圖：按，史朝義事見本書卷四改元上元赦校箋〔十七〕。

〔二十一〕并宜釋放：此句原作『并宜釋放者』，今據册府元龜、四庫全書、全唐文、適園叢書、學林本改。

〔二十二〕有官者降資與官，無官者依本色例收叙：『有官者降資與官』，原作『降資與官』；『無官者依本色例收叙』，原作『無官者依奉本色例收叙』，今均據册府元龜、四庫全書、全唐文改。

〔二十三〕成都府及靈武元從：按，此句指在安史叛亂時隨從唐玄宗出避靈武和成都之護衛者。

〔二十四〕四品、五品各加一階：此句原作『四品各加一階』，甲庫本作『四品更加一階』，全唐文則作『四五品各加一階』，今據四庫全書改。

〔二十五〕不有司存：『司存』，有司；官吏。南朝陳沈炯爲周弘正讓太常表：『儻九賓闕相，封禪失儀，責以司存，云誰之咎。』唐温大雅大唐創業起居注卷二：『自餘常事，請付司存，巨細以聞，恐疲神思。』

〔二十六〕令專主農事：此句原作『令主農事』，今據册府元龜、全唐文改。

〔二十七〕每縣各置田正二人：『田正』，古代田官之長。左傳昭公二十九年：『稷，田正

也。』杜預注：『掌播殖也。』孔穎達疏：『正，長也。稷是田官之長。』

〔二十八〕於當縣揀明閑田種者充：此句原無『充』字，今據册府元龜、四庫全書、全唐文增補。

〔二十九〕今以玄元孚祐：『玄元』，原作『元玄』，今據册府元龜改。『玄元』，道家所稱爲天地萬物本源的道。晉書李玄盛傳：『涉至虛以誕駕，乘有輿於本無，稟玄元而陶衍，承景靈之冥符。』唐李白感時留别從兄徐王延年從弟延陵詩：『玄元包橐籥，紫氣何逶迤。』『孚祐』，庇佑，保佑。書湯誥：『上天孚佑下民，罪人黜伏。』孔傳：『孚，信也。天信佑助下民。』

〔三十〕圓丘方澤：『圓丘』，古代祭天的圓形高壇。三輔黄圖圓丘：『昆明故渠南，有漢故圓丘。高二丈，周回百二十步。』唐楊炯少室山少姨廟碑：『若夫圓丘方澤，所以饗天神地祇；複廟重檐，所以序文昭武穆。』『方澤』，即方丘。古代夏至祭地祇的方壇。因爲壇設於澤中，故稱。廣雅釋天：『圓丘大壇，祭天也；方澤大折，祭地也。』王念孫疏證引周禮春官大司樂：『夏日至，於澤中之方邱奏之，若樂八變，則地祇皆出，可得而禮矣。』

〔三十一〕宗廟諸祠，但臨時獻熟：『獻熟』，供奉煮熟的祭品。舊唐書代宗紀：『八月丁亥，國子監釋奠復用牲牢。上元二年，詔諸祠獻熟，至是魚朝恩請復舊制。』舊唐書禮儀志四：『圓丘方澤，依恒存一太牢。皇廟諸祠，臨時獻熟。』

（三十二）用懷明德之馨，庶合西鄰之祭：「明德」，光明之德；美德。逸周書 本典解：「今朕不知明德所則，政教所行，字民之道，禮樂所生，非不念而知，故問伯父。」史記 五帝本紀：「天下明德皆自虞帝始。」「西鄰」，西邊鄰居。易 既濟：「東鄰殺牛，不如西鄰之禴祭，實受其福。」

（三十三）允副從繩之望，須成削藁之書：「從繩」，原謂依照繩墨取直。書 説命上：「惟木從繩則正，后從諫則聖。」孔傳：「言木以繩直，君以諫明。」此處比喻匡正君失。舊唐書 李蔚傳：「臣過忝渥恩，言虧匡諫，但舉從繩之義，少裨負扆之明。」「削藁」，亦作「削稿」「削藁」。猶削草。北史 高熲傳：「所有奇策良謀及損益時政，熲皆削稿，代無知者。」。南朝梁任昉宣德皇后令：「文擅雕龍，而成輒削藁。」新唐書 戴冑傳：「奏已，即削藁，秘外莫知。」

（三十四）仍具録行能聞奏：「行能」，品行與才能。六韜 王翼：「論行能，明賞罰。」史記 平津侯主父列傳：「臣弘（公孫弘）行能不足以稱，素有負薪之病，恐先狗馬填溝壑，終無以報德塞責。」

（三十五）以行殿最：「殿最」，古代考核政績或軍功，下等稱爲「殿」，上等稱爲「最」。漢書 宣帝紀：「其令郡國歲上繫因以掠笞若瘐死者所坐名、縣、爵、里，丞相御史課殿最以

聞。」顏師古注：『凡言殿最者：殿，後也，課居後也；最，凡要之首也，課居先也。』漢班固答賓戲：『雖馳辯如濤波，摛藻如春華，猶無益于殿最也。』李善注引漢書音義：『上功曰最，下功曰殿。』

〔三十六〕有隱欺須勾剥者：『隱欺』，隱瞞欺騙。唐白居易得乙以庶男冒婚丁女事發離之丁理饋賀衣物請以所下聘財折之不伏判：『乙則隱欺，在法而聘財宜没；丁非罔冒，原情而饋禮可追。』『勾剥』，搜括。舊唐書宇文融傳：『又應出使之輩，未識大體，所由殊不知陛下愛人至深，務以勾剥爲計。州縣懼罪，據牒即徵。』

〔三十七〕亦任通勾：此句原作『亦在通勾』，今據册府元龜、適園叢書、明鈔本、學林本改。

〔三十八〕不在此例：『此例』，册府元龜、全唐文作『此限』。

〔三十九〕天下侍老先版授者：『版授』，謂不經朝命而用白版授予官職或封號。宋書王鎮惡傳：『（鎮惡）進次澠池，造故人李方家，升堂見母，厚加酬賚，即版授方爲澠池令。』舊唐書中宗紀：『天下婦人八十已上，版授鄉、縣、郡等君。』

改元永泰赦〔一〕

叶五紀者，建號以體元〔二〕；授四時者，布和而順氣。天心可見，人欲是從。爰立大中之道，式授惟新之命。朕嗣膺下武〔三〕，獲主萬方〔四〕，顧以薄德，承兹艱運，戎麾問罪，今已十年〔五〕。飲至策勛，惟凶渠之授首〔六〕；勞師黷武，豈人主之用心？況乃軍役屢興，干戈未戢〔七〕，茫茫士庶，斃于鋒鏑。噫！皇穹以朕爲子〔八〕，蒼生以朕爲父，至德不能以被物，精誠不能以動天〔九〕，俾我生靈，淪於溝壑〔十〕，非朕之咎，孰之過歟〔十一〕？朕所以馭朽懸旌〔十二〕，坐而待曙，勞懷罪己之念，延想安人之策。亦惟群公卿士，百辟庶僚，咸聽朕命，協宣乃力〔十三〕，履清白之道，還淳素之風。率是黎元，歸于仁壽，君臣一德，何以尚兹。乃者刑政不修〔十四〕，惠化未洽，既盡財力，良多抵犯。静惟哀矜〔十五〕，實軫于懷。今將大振綱維〔十六〕，益明懲勸，肇舉改元之典，弘敷在宥之澤〔十七〕，可大赦天下，改廣德三年爲永泰元年。自永泰元年正月一日昧爽已前，大辟罪已下，罪無輕重，已發覺，未發覺，已結正，未結正，繫囚見徒，常赦所不免者，咸赦除之。僕固懷恩戰伐有功，訏謨任重，不終臣節，輒肆奸凶，妄誘異蕃，同爲不

軌（十八）。朕惟務責己，情重舊勛（十九），如能翻然來歸，必從寬宥。其下偏裨等，因被驅率不獲已者，及所在山谷草竊反側未安者（二十），如能束身而來，一切并無所問。自廣德元年已前，天下百姓所欠負官物一切放免。在官典腹内者，不在免限。其百姓除正租庸外，不得更别有科率（二十一）。刺史縣令與朕分憂，凋瘵之人切須撫字（二十二）。一夫不獲，情甚納隍（二十三）。有能招輯逃亡（二十四），平均賦税，增多户口，廣闢田疇（二十五），清節有聞，課效尤著者，宜委所在節度觀察具名聞奏，即令按覆，超資擢授。其有理無能政，迹涉贓私，必當重加貶奪，永爲殿累。農，政本也；食，人天也。方春之首，重於東作（二十六），除軍興至急，餘一切并停，令百姓得專營農事（二十七）。其逃户復業及浮客情願編附者（二十八），仰州縣長吏親就存撫（二十九）。特矜賦役全不濟者，量貸種子，務令安集。孝悌力田，懷才抱器，遺逸未經薦達者，各委州府聞奏，親當策試，量能叙用。應見立仗諸軍將士等，宜共賜錢五萬貫。書稱咸秩（三十），詩美懷柔（三十一），仰惟衆靈，念兹多祐。其五岳四瀆，名山大川，宜令所管牧宰，精誠致祭。中外僚吏，各揚其職，無或曠官（三十二），克副朕意。

校　箋

〔一〕此文又見於册府元龜卷八十八帝王部赦宥第七，其文首「永泰元年正月癸巳朔，御含元殿大赦天下，制曰：協五紀者，建號以體元……」云云。全唐文卷四十九亦録，文題作改元永泰赦文，署名唐代宗。舊唐書卷十一代宗紀亦有所節録。此文文末未署頒布時間。考舊唐書代宗紀將頒布此赦書之時間記於「永泰元年春正月癸巳朔」，新唐書卷六代宗紀亦記：「永泰元年正月癸巳，大赦，改元。」唐會要卷一帝號上記：「廣德三年正月一日，改爲永泰。」檢上述史籍均記此次改元大赦在「永泰元年正月癸巳」，又本年正月癸巳朔，故此時間與本赦書所謂「改廣德三年爲永泰元年。自永泰元年正月一日昧爽已前」云云所言合，以此可證本赦書乃頒布於永泰元年（七六五）正月一日，其撰寫時間當在是時稍前。資治通鑑卷二百二十三永泰元年所載「春，正月，癸卯朔，改元；赦天下」，所記「癸卯朔」乃「癸巳朔」之誤，蓋是年正月癸卯乃二十一日，非一日。

〔二〕建號以體元：「體元」，謂以天地之元氣爲本。

〔三〕朕嗣膺下武：『嗣膺』，謂繼前人而當受。南齊書 鬱林王紀：『朕以寡薄，嗣膺寶政。』陳書 世祖紀：『宜奉大宗，嗣膺寶録，使七廟有奉，兆民寧晏。』『下武』，謂有聖德能繼先王功業。詩 大雅 下武：『下武維周，世有哲王。』鄭玄箋：『下，猶後也……後人能繼先祖者，維有周家最大。』北周庾信賀新樂表：『伏維皇帝，以下武嗣興，中陽繼業。』

〔四〕獲主萬方：『萬方』，原作『多方』，今據舊唐書改。

〔五〕戎麾問罪，今已十年：『戎麾』，四庫全書作『戎師』。『戎麾』，軍旗。亦借指軍隊。晋書 明帝紀論：『不得不推誠將相，以總戎麾。』唐杜甫哭王彭州掄詩：『頃壯戎麾出，叨陪幕府要。』按，唐代宗自至德元年（七五六）領軍抗擊安史叛亂至永泰元年（七六五）爲十年，故有『戎麾問罪，今已十年』之説。

〔六〕飲至策勛，惟凶渠之授首：『惟凶渠之授首』，原作『雖凶渠之授首』，今據舊唐書改。『飲至』，上古諸侯朝會盟伐完畢，祭告宗廟并飲酒慶祝的典禮。後代指出征奏凱，至宗廟祭祀宴飲慶功之禮。左傳 桓公二年：『凡公行，告于宗廟。反行，飲至，舍爵，策勛焉，禮也。』唐張説上黨舊宮述聖頌：『三月庚午，飲至長安，六軍解嚴，四方和會。』『策勛』，記功勛於策書之上。左傳 桓公二年：『凡公行，告于宗廟；反行，飲至、舍爵、策勛焉，禮也。』杜預注：『既

飲置爵，則書勛勞於策，言速紀有功也。」後漢書光武帝紀下：『夏四月，大司馬吴漢自蜀還京師，於是大饗將士，班勞策勛。』李賢注：『其有功者，以策書紀其勛也。』『凶渠』，凶徒的首領；元凶。南朝梁陸倕石闕銘：『帝赫斯怒，秣馬訓兵。嚴鼓未通，凶渠泥首。』資治通鑑宋順帝昇明元年：『凶渠逆黨，盡已梟夷。』胡三省注：『凶渠，謂渠魁也。』

〔七〕況乃軍役屢興，干戈未戢：『況乃軍役屢興』，舊唐書作『軍役屢興』。『干戈未戢』，原作『干戈靡定』，今據舊唐書改。

〔八〕噫！皇穹以朕爲子：舊唐書無『噫』字。『皇穹』，指天帝。三國魏曹植王仲宣誄：『皇穹神察，喆人是恃。如何靈祇，殲我吉士！』元周霆震古金城謡：『向來不曉皇穹意，名將南征死相繼。』

〔九〕至德不能以被物，精誠不能以動天：舊唐書均無『以』字。『至德』，最高的道德；盛德。易繫辭上：『陰陽之義配日月，易簡之善配至德。』論語泰伯：『泰伯其可謂至德也已矣。』

〔十〕俾我生靈，淪於溝壑：『淪』，原作『擠』，今據舊唐書改。

〔十一〕孰之過歟：『孰』，原作『誰』，今據舊唐書改。

〔十二〕朕所以馭朽懸旌：『馭朽』，即『馭朽索』。參本書卷第三武宗即位赦校箋〔十三〕。『懸旌』，挂在空中隨風飄蕩的旌旗。戰國策 楚策一：『寡人卧不安席，食不甘味，心摇摇如懸旌，而無所終薄。』唐柳宗元游石角過小嶺至長烏村詩：『竄逐宦湘浦，摇心劇懸旌。』

〔十三〕協宣乃力：『協』，原作『叶』，今據舊唐書改。

〔十四〕乃者刑政不修：『乃者』，原作『迺者』，今據舊唐書、册府元龜、四庫全書、全唐文、甲庫本改。『乃者』，猶曩者。往日。漢書 昭帝紀：『乃者民被水灾，頗匱於食。』北史 魏紀三 文帝：『五月，詔曰：「乃者人漸奢尚，婚葬越軌。」』

〔十五〕静惟哀矜：『哀矜』，原作『哀敬』，今據舊唐書、全唐文改。

〔十六〕今將大振綱維：『綱維』，原作『維綱』，今據舊唐書、四庫全書、全唐文改。『綱維』，總綱和四維。比喻法度。漢司馬遷報任少卿書：『不以此時引綱維，盡思慮。』北齊書 循吏傳 路去病：『重以政亂時難，綱維不立，功臣内戚，請囑百端。』

〔十七〕弘敷在宥之澤：『弘敷』，大力敷揚。書 君牙：『弘敷五典，式和民則。』孔傳：『大布五常之教，用和民，令有法則。』明陸采懷香記 奉詔班師：『總制兵機，弘敷廟策，盡瘁撫綏

蠻貊。』『在宥』，莊子在宥：『聞在宥天下，不聞治天下也。』郭象注：『宥使自在則治，治之則亂也。』成玄英疏：『宥，寬也。在，自在也……寓言云，聞諸賢聖任物自在寬宥，即天下清謐。』後因以『在宥』指任物自在，無爲而化。多用以贊美帝王的仁政、德化。

〔十八〕僕固懷恩戰伐有功，訏謨任重，不終臣節，輒肆奸凶，妄誘異蕃，同爲不軌：『訏謨』，遠大宏偉的謀劃。詩大雅抑：『訏謨定命，遠猶辰告。』毛傳：『訏，大；謨，謀。』鄭玄箋：『大謀定命，謂正月始和，布政於邦國都鄙也。』唐薛逢題籌筆驛詩：『天地三分魏蜀吴，武侯倔起贊訏謨。』按，此數句言僕固懷恩之功績與罪過。僕固懷恩，傳見舊唐書卷一百二十一、新唐書卷二百二十四上。舊唐書本傳記其有關生平事迹云：『僕固懷恩，鐵勒部落僕骨歌濫拔延之曾孫，語訛謂之僕固。……天寶中，加左領軍大將軍同正員、特進。歷事節度王忠嗣、安思順，皆以善格鬥，達諸蕃情，有統禦材，委之心腹。及安禄山反，從郭子儀討高秀岩于雲中，破之，又敗薛忠義于背度山下，抗賊七千騎，生擒忠義男，襲下馬邑郡。十五載，進軍與李光弼合勢，及史思明戰于常山、趙郡、沙河、嘉山，皆大破之，懷恩功居多。肅宗即位於靈武，懷恩從郭子儀赴行在所。時同羅部落自西京叛賊，北寇朔方，子儀與懷恩擊之。……及迴紇使葉護帝得數千騎來赴國難，南蠻、大食之卒相繼而至。肅宗乃遣廣平王爲元帥，以子儀爲

副，而懷恩領迴紇兵從之澧水。賊伏兵於營東，懷恩引迴紇馳殺之，匹馬不歸，賊乃大潰。……又從王大破賊於陝西之新店，收兩京，皆立殊功。……乾元元年九月，遣九節度擊安慶緒於相州。從郭子儀領朔方行營，破安太清，下懷、衛二州，圍相州，戰愁思崗。凡經五月，常爲先鋒，堅敵大陣，必經其戰，勇冠三軍。尋充都知兵馬使。及李光弼代子儀，懷恩又副之。乾元二年，進封大寧郡王，遷御史大夫、朔方行營節度。……懷恩爲人雄毅寡言，應對舒緩，而剛決犯上，始居偏裨之中，意有不合，雖主將必詬怒之。……代宗即位，拜隴右節度，未行，改朔方行營節度，以副郭子儀。……先是，肅宗以寧國公主下嫁於毗伽闕可汗，毗伽闕可汗又以少子請婚，肅宗以懷恩女妻之。毗伽可汗死，少子代立，即登里可汗。登里立，以懷恩女爲可敦。……二年三月，朝義至平州石城縣温泉栅，窮蹙，走入長林自縊，懷仙使妻弟徐有濟傳其首以獻。又降田承嗣之軍，河北悉平，懷恩乃與諸將班師。先是，去冬郭子儀以懷恩有平定河朔之功，讓位於懷恩，遂授河北副元帥、尚書左僕射、兼中書令、靈州大都督府長史、單于鎮北大都護、朔方節度使，仍加實封四百户，通前一千户。春，又加太子少師，充朔方都知兵馬使、同節度副大使，食實封五百户，莊宅各一所，仍與一子五品官。……遂詔懷恩統可汗還蕃，遂自相州西郭口趣潞州，與迴紇可汗會，出太原之北。懷恩初至太原，辛雲京以可汗是其子婿，疑其召戎，閉關不報，且懼可汗相襲，不敢犒

軍；及還，亦如之。懷恩父子宣力王室，攻城野戰，無役不從，一舉滅史朝義，復燕、趙、韓、魏之地，自以爲功無以讓。至是，又爲雲京所拒，懷恩怒，上表列其狀，頓軍汾州。會中官駱奉先使于雲京，雲京言懷恩與可汗爲約，逆狀已露，乃與奉先厚結歡。……懷恩以寇難已來，一門之內死王事者四十六人，女嫁絶域，再收兩京，皆導引迴紇，摧滅强敵，而爲人媒孽，蓄性獷戾，怏怏不已。乃上書自叙功伐，曰：……九月，上以迴紇近塞，懷恩又與辛雲京有隙，上欲其悔過，推心以待之。恐其不信，詔黄門侍郎裴遵慶使汾州喻旨，且察其去就。遵慶既至，懷恩抱其足號泣而訴，遵慶因宣聖恩優厚，諷令入朝，懷恩許諾。副將范志誠説之曰：「公以讒言交構，有功高不賞之懼，嫌隙已成，奈何入不測之朝？公不見來瑱、李光弼之事乎！功成而不見容，二臣以走、誅。」懷恩然之。明日，又以懼死爲辭，許令一子入朝，志誠又不可。遵慶復命。御史大夫王翊自迴紇使還，懷恩與可汗往來，恐泄其事，乃止之。遂令子瑒率衆攻雲京，雲京出戰，瑒大敗而旋，進圍榆次，朝廷患之。先是，尚書右丞顔真卿請奉詔召懷恩，上因以真卿爲刑部尚書兼御史大夫往宣慰之。真卿曰：「臣往請行者，時也；今方受命，事無益矣。」上問其故，對曰：「懷恩阻兵，是其反側明矣。……然懷恩將士，皆子儀部曲，恩信結其心，陛下何不以子儀代之，喻以逆順禍福，必相率而歸耳。」上從之。子儀至河中，僕固瑒已爲朔方兵馬使張惟岳等四人斬其首獻

於闕下。懷恩聞之，率麾下數百騎，棄其母，渡河北走靈武。餘衆聞子儀到，束甲來奔，歸者數萬。懷恩至靈武，嘯聚亡命，其衆復振。上念其勛舊，不欲罪功臣，厚撫其家，懷恩終不從。……是秋爲鄉導，誘吐蕃十萬入寇涇、邠州，祭來瑱之墓……寇奉天、醴泉，郭子儀拒之而退。永泰元年，上徵天下兵以防之。懷恩又糾合諸蕃，衆號二十萬，南犯京師：遣吐蕃之衆自北道先寇醴泉、奉天，任敷、鄭庭、郝德自東道寇奉先、同州，羌、渾、奴剌之衆自西道寇盩厔、鳳翔。朝廷大駭，詔遣郭子儀屯涇陽，渾日進、白元光屯奉天，李光進屯雲陽，馬璘、郝廷玉屯中渭橋，董秦屯東渭橋，駱奉先、李日越屯盩厔，李抱玉屯鳳翔，周智光、杜冕屯同州。上親率六軍，令魚朝恩屯苑中，下詔親征。懷恩領迴紇及朔方之衆繼進，行至鳴沙縣，遇疾舁歸。九月九日，死於靈武，部曲以鄉法焚而葬之。」

〔十九〕朕惟務責己，情重舊勛：『惟務』，原作『務惟』，今據册府元龜、全唐文改。『舊勛』，昔日的功勛。左傳 成公十三年：『我襄公未忘君之舊勛，而懼社稷之隕，是以有殽之師。』舊唐書 王武俊傳：『十二年，上念舊勛，加檢校太尉，兼中書令。』

〔二十〕因被驅率不獲己者，及所在山谷草竊反側未安者：『驅率』，原作『驅馳』，今據册府元龜、全唐文改。『驅率』，驅使率領。北史 沈光傳：『我等荷國厚恩，不能死難，又俯首事

餬，受其驅率，何用生爲！」宋蘇軾論河北京東盜賊狀：「以至舊來貧賤之民，近日飢寒之黨，不待驅率，一歸於鹽，奔走争先，何暇爲盜。」「草竊」，掠奪；盜竊。書 微子：「殷罔不小大，好草竊奸宄。」孔傳：「草野竊盜又爲奸宄於内外。」三國志 魏書 袁紹傳「出長子譚爲青州」，裴松之注引晉司馬彪九州春秋：「（袁譚）肆志奢淫……使婦弟領兵在内，至令草竊，市井而外，虜掠田野。」

〔二十一〕不得更别有科率：「科率」，官府於民間定額徵購物資。新唐書 代宗紀：「詔浙江水旱，百姓重困，州縣勿輒科率。」宋司馬光諫西征疏：「當此之際，國家惟宜鎮之以静，省息諸事，減節用度，則租税自輕，徭役自少，逋負自寬，科率自止。」

〔二十二〕凋瘵之人切須撫字：「凋瘵」，衰敗；困乏。唐王勃廣州寶莊嚴寺舍利塔碑：「昔者萬人疾疫，神農鞭草而救之；四維凋瘵，夏禹刊木以除之。」宋李綱與右相條具事宜札子：「適當早暵之餘，財用匱乏，民力凋瘵，不取於民則調度不足，取之過甚則人心驚疑。」「撫字」，謂對百姓的安撫體恤。北齊書 封隆之傳：「隆之素得鄉里人情，頻爲本州，留心撫字，吏民追思，立碑頌德。」宋陸游戊申嚴州勸農文：「雖誠心未格於豐穰，然拙政每存於撫字。」

〔二十三〕情甚納隍：「納隍」，推入城池中。漢張衡東京賦：「人或不得其所，若己納之

於隍。』」。按，孟子萬章下稱伊尹「思天下之民，匹夫匹婦，有不與被堯舜之澤者，若己納之溝中」。張賦本此意。後以「納隍」指出民於水火的迫切心情。

〔二十四〕有能招輯逃亡：「招輯」，原作「招緝」，今據册府元龜、四庫全書、全唐文改。「招輯」，亦作「招集」「招緝」。招呼人們聚集；召集。漢書叙傳上：「時隗囂據壟擁衆，招輯英俊。」顏師古注：「輯與集同。」漢荀悦漢紀哀帝紀下：「招集天下賢俊，與協力同謀。」新五代史南平世家高季興：「兵火之後，井邑凋零。季興招緝綏撫，人士歸之。」

〔二十五〕廣闢田疇：「廣闢」，原作「廣闊」，今據册府元龜、全唐文改。

〔二十六〕重於東作：「東作」，四庫全書作「農作」。「東作」，謂春耕。書堯典：「寅賓出日，平秩東作。」孔傳：「歲起於東，而始就耕，謂之東作。」

〔二十七〕令百姓得專營農事：册府元龜、全唐文無「得」字。

〔二十八〕逃户復業及浮客情願編附者：「浮客」，指寄居在地主莊園裏的外地佃農。舊五代史唐書明宗紀八：「詔天下營田務，只許耕無主荒田及召浮客，不得留占屬縣編户。」宋蘇洵田制：「富民之家，地大業廣，阡陌連接，募召浮客，分耕其中，鞭笞驅役，視以奴僕。」

〔二十九〕仰州縣長吏親就存撫：「存撫」，安撫；慰撫。史記司馬相如列傳：「陛下即

位，存撫天下，輯安中國。』漢書張敞傳：『願盡力摧挫其暴虐，存撫其孤弱。』

〔三十〕書稱咸秩：『咸秩』，謂皆依次序行事。書洛誥：『王肇稱殷禮，祀于新邑，咸秩無文。』漢揚雄劇秦美新：『夫改定神祇上儀也，欽修百祀咸秩也。』張銑注：『謂敬修百祀皆得秩序也。』

〔三十一〕詩美懷柔：『懷柔』，謂帝王祭祀山川，招來神祇，使各安其位。詩周頌時邁：『懷柔百神，及河喬岳。』毛傳：『懷，來；柔，安。』鄭玄箋：『來安群神，望於山川，皆以尊卑祭之。』漢書郊祀志：『天子祭天下名山大川，懷柔百神。』顏師古注：『懷，來也；柔，安也。言招來百神而安處之。』

〔三十二〕無或曠官：『無或』，册府元龜作『無使』。

改元大曆赦〔一〕

王者欽若昊天，誕受丕命〔二〕，莫不叶五紀而乘運，稽三微以體元〔三〕。上齊璇衡，下立人極〔四〕，乃頒曆於惟歲，更覃恩於率土〔五〕。朕嗣守洪業，恭臨寶位。頃以時當寇難〔六〕，運屬干戈，誓衆興師，爲人除害。實賴宗社降福，寰宇小康，用興淳樸之

風，庶洽雍熙之化〔七〕。乾坤敷祐，大庇生靈，文武叶心，同力王室，豈朕薄德〔八〕，而臻於此。乃者金革所聚，綿歷歲時〔九〕，徵賦頗繁，人猶凋瘵〔十〕。是用疚心疾首，當寧而興懷〔十一〕，罪以在予，馭朽而貽懼。每思弘濟之道〔十二〕，用拯黎元之弊。月躔星昴，律中黄鍾〔十三〕，合天正之符，承日至之永〔十四〕。祥雲在矚，既當伯趙之司；惠澤布和，宜順一陽之氣〔十五〕。建元發號，革故惟新，俾及履長之節〔十六〕，用深行慶之典，可大赦天下，其永泰二年宜改爲大曆元年。自大曆元年十一月十二日昧爽已前，大辟罪已下，已發覺，未發覺，已結正，未結正，繫囚見徒，罪無輕重，常赦所不免者，咸赦除之。長吏犯贓，不在免限。夫從簡之道，大易至言〔十七〕；薄賦之規，前王令範。朕志遵儉約，務欲息人，徵斂無期，誠爲勞弊。天下百姓除正租庸及軍器用須外，不承正敕，一切不得輒有科率〔十八〕。國以人爲本，人以農爲業。頃由師旅〔十九〕，徵税殷繁，編户流離〔二十〕，田疇荒廢。永言牧宰，切政親人〔二十一〕。其刺史縣令，宜以招輯户口，墾田多少，用爲殿最。每年終委本道按察使節度等使按覆聞奏〔二十二〕，如課績尤異，當加超擢；或政理無聞，必置科貶。逃亡失業，萍泛無依，特宜招撫〔二十三〕，使安鄉井。其逃户復業者，宜給復三年。如百姓先貨賣田宅盡者，宜委州縣取逃死户田

宅，量丁口充給，仍仰縣令親至鄉村，安存處置〔二十四〕，務從樂業，以贍資糧。王畿之間，賦斂尤重，百役供億，當甚艱辛，哀哉疲人，良深憫念〔二十五〕。盍徹之税，著自周經〔二十六〕，未便於人，何必行古？其什一税宜停。周徵俊造，漢辟賢良〔二十七〕，垂之典謨，永代作則〔二十八〕。天下有安貧樂道，孝悌力田，未經薦用者，委所在長官具以名聞奏〔二十九〕，朕當親自策試，量才叙用。其立仗將士等，宜賜物五萬匹。五岳四瀆，名山大川，祀典攸存，神理昭著，宜以禮致祭。

校　箋

〔一〕本文又見於册府元龜卷八十八帝王部赦宥第七，其文首『大曆元年十一月甲子日長至制曰：王者欽若昊天……』云云。全唐文卷四十九亦録，文題作改元大曆赦文，署名唐代宗。唐會要卷八十五逃户門，册府元龜卷四百八十七、卷六百三十五等亦均有所節録。本文文末未標明頒布時間。考舊唐書卷十一代宗紀永泰二年十一月載：『甲子，日長至，上御含元殿，下制大赦天下，改永泰二年爲大曆元年。』新唐書卷六代宗紀大曆元年載：『十一月甲子，大赦，改元，給

復流民歸業者三年。」資治通鑑卷二百二十四大曆元年記：「十一月，甲子，日南至，赦，改元，悉停什一税法。」按，上述史籍均記此次改元大曆在大曆元年十一月甲子。檢是年十一月癸丑朔，十一月甲子爲十一月十二日。是時恰與本文「其永泰二年宜改爲大曆元年。自大曆元年（七六六）十一月十二日昧爽已前」云云合，故知此赦文乃頒布於是時，其撰寫時間當在是時稍前。唐會要卷一帝號上所記「永泰二年十月十二日，改爲大曆」，時間有誤，其「永泰二年十月十二日」應改爲「永泰二年十一月十二日」。

〔二〕王者欽若昊天，誕受丕命：「誕受」，接受。誕，語助詞。書微子之命：「皇天眷佑，誕受厥命。」唐韓愈順宗實録卷五：「惟皇天祐命烈祖，誕受方國。」「丕命」，大命，天命。

〔三〕莫不叶五紀而乘運，稽三微以體元：「叶」，册府元龜、全唐文作「協」。「以」，册府元龜作「而」。「五紀」，指歲、月、日、星辰、曆數。書洪範：「五紀：一曰歲，二曰月，三曰日，四曰星辰，五曰曆數。」孔穎達疏：「凡此五者，皆所以紀天時，故謂之五紀也。」舊唐書代宗紀：「叶五紀者，建號以體元；授四時者，布和而順氣。」「三微」，三正。三正之始，萬物皆微，故又稱三微。漢書律曆志上：「三微之統既著，而五行自青始。」後漢書陳寵傳：「三微成著，以通三統。」李賢注引三禮義宗：「三微，三正也。言十一月陽氣始施，萬物動於黄泉之

下，微而未著，其色皆赤，赤者陽氣。故周以天正爲歲，色尚赤，夜半爲朔。十二月萬物始牙，色白，白者陰氣。故殷以地正爲歲，色尚白，鷄鳴爲朔。十三月萬物始達，其色皆黑，人得加功以展其業。夏以人正爲歲，色尚黑，平旦爲朔。故曰三微。」

〔四〕上齊璇衡，下立人極：「璇衡」，天璇與玉衡的并稱。泛指星象。陳書世祖紀：「不能仰協璇衡，用調玉燭，傍慰蒼生，以安黔首。」「人極」，綱紀，綱常。社會的準則。南朝梁沈約梁明堂登歌歌黑帝：「祚我無疆，永隆人極。」唐白居易立制度策：「夫制度者，先王所以下均地財、中立人極、上法天道者也。」

〔五〕乃頒曆於惟歲，更覃恩於率土：「頒曆」，亦作「頒歷」。頒布下年新曆。宋陸游謝賜曆日表：「適當頒曆之辰，治象一新，歡聲四溢。」宋陸游齋中雜興詩之七：「去國己酉冬，忽見十頒歷。」「覃恩」，廣施恩澤。舊時多用以稱帝王對臣民的封賞、赦免等。舊唐書趙宗儒傳：「今覃恩既畢，庶政惟新。」宋秦觀鮮于子駿行狀：「覃恩遷都官員外郎，通判保安軍。」

〔六〕頃以時當寇難：「以」字原無，今據册府元龜、全唐文增補。此處所言「寇難」，蓋指此前數年間所發生之叛亂以及吐蕃、党項等外族入侵等戰事。如舊唐書代宗紀即記有寶應元年八月，「台州賊袁晁陷台州，連陷浙東州縣」。寶應二年「九月壬戌朔，僕固懷恩拒命於汾州，遣

宰臣裴遵慶往宣撫之。己丑，吐蕃寇涇州，刺史高暉以城降，因爲吐蕃鄉導。冬十月庚午朔。辛未，高暉引吐蕃犯京畿，寇奉天、武功、盩厔等縣。蕃軍自司竹園渡渭，循南山而東。……十二月……吐蕃陷松州、維州、雲山城、籠城。……（廣德二年十月）僕固懷恩引吐蕃二萬寇邠州，節度使白孝德閉城拒守。丁卯，寇奉天，京師戒嚴。先鋒郭晞斬賊營於邠州西，俘斬數百計。子儀屯涇陽，蕃軍挑戰，子儀不出。……（永泰元年九月）丁酉，僕固懷恩死于靈州之鳴沙縣。時懷恩誘吐蕃數十萬寇邠州，客將尚品息贊磨、尚悉東贊等寇奉天、醴泉，党項羌、渾、奴刺寇同州及奉天，逼鳳翔府、盩厔縣，京師戒嚴』。

〔七〕庶洽雍熙之化：『雍熙』，謂和樂升平。漢張衡東京賦：『百姓同於饒衍，上下共其雍熙。』薛綜注：『言富饒是同，上下咸悦，故能雍和而廣也。』五代前蜀貫休陽春曲：『歷數雍熙房與杜，魏公姚公宋開府。』

〔八〕豈朕薄德：『豈』，原作『非』，今據册府元龜、全唐文改。

〔九〕乃者金革所聚，綿歷歲時：『金革』，借指戰爭。禮記曾子問：『子夏問曰：「三年之喪卒哭，金革之事無辟也者，禮與？」』孔穎達疏：『人遭父母之喪，卒哭之後，國有金革戰伐之事，君使則行，無敢辭辟。』南朝梁劉勰文心雕龍檄移：『其在金革，則逆黨用檄，順命資

移。』『綿歷』，謂延續時間長久。北史于謹傳：『蕭氏保據江南，綿歷數紀。』唐李商隱爲侍郎汝南公華州謝加階狀：『貪叨華顯，綿歷光陰。』

〔十〕徵賦頗繁，人猶凋瘵：此句『徵』字、『凋』字原無，今據册府元龜、四庫全書、全唐文增補。

〔十一〕當寧而興懷：此句原無『而』字，今據册府元龜、全唐文增補。

〔十二〕每思弘濟之道：『弘濟』，廣爲救助。書顧命：『今天降疾殆，弗興弗悟，爾尚明時朕言，用敬保元子釗弘濟于艱難。』唐末五代杜光庭王宗壽常侍丈人山醮詞：『公私清泰，家眷安寧，即永荷衆聖弘濟之恩。』

〔十三〕月躔星昴，律中黄鍾：『月躔』，亦作『月邅』。月球行經；月球運行。吕氏春秋圜道：『日夜一周，圜道也。月躔二十八宿，軫與角屬，圜道也。』南朝宋鮑照河清頌序：『歲宫乾維，月邅蒼陸，長河巨濟，異源同清，澄波萬壑，潔瀾千里。』宋書鮑照傳作『月躔』。『昴星』，即昂宿。初學記卷一引爾雅：『西陸，昴星也。』『黄鍾』，亦作『黄鐘』，樂律十二律中的第一律。吕氏春秋適音：『黄鐘之宫，音之本也，清濁之衷也。』陳奇猷校釋：『黄鐘即今所謂標準音，故是音之本。但黄鐘是所有樂律之標準……黄鐘既是標準音，則自黄鐘始，愈上音愈

高，愈下音愈低，故黄鐘是清濁之衷。』古代爲了預測節氣，將葦膜燒成灰，放在律管内，到某一節氣，相應律管内的灰就會自行飛出。黄鍾律和冬至相應，時在十一月。

〔十四〕承日至之永：『日至』，指夏至或冬至。此處指冬至。古人認爲，天行赤道（天球赤道），日行赤道南北，於夏至運行到極北之處，於冬至運行到極南之處，故稱日至。夏至日照最長，稱長至；冬至日照最短，稱短至。左傳莊公二十九年：『凡土功……日至而畢。』楊伯峻注：『日至，冬至。』

〔十五〕既當伯趙之司；惠澤布和，宜順一陽之氣：『伯趙』，伯勞的别名。左傳昭公十七年『伯趙氏』杜預注：『伯趙，伯勞也。以夏至鳴，冬至止。』楊伯峻注：『伯趙即伯勞，一名博勞，一名鵙。秋月以所捕動物貫於小枝，儲作冬糧。鳴聲甚壯。』『一陽』，參同契：『朔旦爲復，陽氣始通，出入無疾，立表微剛。』古人認爲，天地之間有陰陽二氣，每年到了冬至日，陰氣盡，陽氣開始復生，叫一陽來復。易經以坤卦爲純陰之卦，六爻都是陰爻，配夏曆十月（歲終），坤卦的初爻爲陽爻，即爲復爻，配夏曆十一月（歲初），稱爲一陽來復，爲陰極陽生之意。

〔十六〕俾及履長之節：『履長』，指冬至。三國魏曹植冬至獻襪履頌表：『亞歲迎祥，履長納慶。』隋杜臺卿玉燭寶典卷十一：『十一月建子，周之正月，律當黄鐘，其管最長，爲萬物之

始，故至節有履長之賀。」

〔十七〕大易至言：『大易』，即周易。晋左思魏都賦：『覽大易與春秋，判殊隱而一致。』南朝齊王融永明九年策秀才文：『議獄緩死，大易深規。』李善注：『周易曰：「君子以議獄緩死。」』『至言』，最高超的言論；極其高明的言論。莊子天地：『是故高言不止於衆人之心。至言不出，俗言勝也。』呂氏春秋異寶：『以龢氏之璧，道德之至言，以示賢者，賢者必取至言矣。』

〔十八〕不承正敕，一切不得輒有科率：『正敕』，正式敕命。宋王讜唐語林補遺二：『故事：少尹與大尹游宴禮隔，雖除官亦當俟正敕也。』

〔十九〕頃由師旅：『由』，原作『因』，今據册府元龜、全唐文改。『師旅』，此處指戰事。漢書昭帝紀贊：『承孝武奢侈餘敝師旅之後，海内虚耗，户口减半。』唐陸贄奉天請罷瓊林大盈二庫狀：『天衢尚梗，師旅方殷。』

〔二十〕編户流離：『編户』，指編入户籍的普通人家。漢書梅福傳：『今仲尼之廟不出闕里，孔氏子孫不免編户。』北齊書文宣帝紀：『周曰成康，漢稱文景，編户之多，古今爲最。』

〔二十一〕永言牧宰，切政親人：『牧宰』，泛指州縣長官。州官稱牧，縣官稱宰。北魏

酈道元水經注汝水：『林中有栗堂射埻，甚閑敞，牧宰及英彥多所游薄。』舊唐書良吏傳韋仁壽：『仁壽將兵五百人至西洱河，承制置八州十七縣，授其豪帥爲牧宰，法令清肅，人懷歡悅。』『切政』，謂切諫時政弊端。新唐書牛蔚傳：『大中初，屢條切政，宣宗喜曰：「牛氏果有子，差慰人意。」蔚，僧孺子。』

〔二十二〕每年終委本道按察使節度等使按覆聞奏：此句原無『委』字，今據册府元龜、全唐文、適園叢書、明鈔本、學林本增補。又，『本道按察使節度等使』原作『本道觀察節度等使』，今據册府元龜、全唐文改。『按覆』，審查核實。南史王悅之傳：『時承奢忲之後，奸竊者衆，悅之按覆無所避，得奸巧甚多，於是衆署共咒詛。』唐柳宗元萬年令裴府君墓碣：『後參京兆軍事，按覆校巡，大尹恒得以取直。』

〔二十三〕特宜招撫：原作『特加招綏』，唐會要則作『時宜招綏』，今據册府元龜、全唐文改。

〔二十四〕安存處置：原作『安存措置』，今據册府元龜、全唐文改。

〔二十五〕良深憫念：此句册府元龜作『良多憫念』。

〔二十六〕盍徹之税，著自周經：周禮注疏卷四十二：『魯哀公問於有若曰：「年饑，用不足，如之何？」有若對曰：「盍徹。」』『盍徹』，論語顏淵：『哀公問於有若曰：「年饑，用不

足，如之何？」有若對曰：「盍徹乎？」」謂何不用周代十分抽一的税率。有若認爲薄賦則民足，民足則君亦足。

〔二十七〕周徵俊造，漢辟賢良：『俊造』，禮記王制：『司徒論選士之秀者而升之學，曰俊士。升於司徒者不征於鄉，升於學者不征於司徒，曰造士。』後因以『俊造』指才智傑出的人。三國志魏書武帝紀：『其令郡國各修文學，縣滿五百户置校官，選其鄉之俊造而教學之。』『賢良』，古代選拔統治人才的科目之一。由郡國推舉文學之士充選。亦爲『賢良文學』『賢良方正』的簡稱。漢武帝賢良詔：『賢良明於古今王事之體，受策察問，咸以書對，著之於篇，朕親覽焉。』宋高承事物紀原學校貢舉賢良：『漢唐逮宋，取士之制，有賢良方正、茂才異等六科，謂之制舉，亦曰大科，通謂之賢良。其制蓋自漢文帝始。』

〔二十八〕垂之典謨，永代作則：『典謨』，尚書中堯典、舜典和大禹謨、皋陶謨等篇的并稱。書序：『典、謨、訓、誥、誓、命之文凡百篇。所以恢弘至道，示人主以軌範也。』漢書揚雄傳下：『典謨之篇，雅頌之聲，不温純深潤，則不足以揚鴻烈而章緝熙。』唐劉知幾史通序列：『竊以書列典謨，詩含比興，若不先叙其意，難以曲得其情。』『作則』，禮記哀公問：『君子過言則民作辭，過動則民作則。』鄭玄注：『君之行雖過，民猶以爲法。』本意爲統治者的言行

爲百姓所效法。後指做榜樣。宋曾鞏門下中書侍郎尚書左右丞制：『以稱朕所以作則垂法，始今行後之意。』

〔二十九〕委所在長官具以名聞奏：此句『奏』字原無，今據册府元龜、全唐文增補。

2021—2035年國家古籍工作規劃重點出版項目
國家出版基金資助項目
安徽省“十四五”重點圖書出版規劃項目

全國高校古委會古籍整理研究項目
厦門大學中文系古籍整理研究項目
安徽師範大學中國詩學研究中心學術叢書

02

第一輯

唐大詔令集繫年校箋

◉主編 吴在慶
◉本册校箋 吴在慶

黄山書社

本册目録

卷第五

帝王

改元下

改名

卷第六

帝王

尊號批答

卷第七

帝王

尊號册文上

卷第八

帝王

尊號册文下

卷第五

帝王

改元下

改元建中赦

奉天改興元元年赦

改元貞元并招討河中

李懷光淮西李希烈赦

改元元和赦

改元大和赦

改元開成赦

改元廣明詔

改元天復赦

改名

武宗改名詔

改元下

改元建中赦〔一〕

敕：春秋有五色之統〔二〕，蓋王者逾年建號，體元居正〔三〕，上以繼業反始，下以書事布策，示不忍有變於中年也。朕以不造，銜恤在疚〔四〕，而三事大夫〔五〕，迫至公之命，喻大孝之道，實奪予哀。爲衆所戴，恐墜祖宗之遺烈〔六〕，不若先帝之前訓，如履薄將陷，如乘奔失御。濡露之感〔七〕，忽焉歲初；罔極之懷，瞻天靡及〔八〕。舊物未改〔九〕，常典惟新，勉而從之，良增感奉。其以大曆十五年改爲建中元年，所司準式，庶協履端於始〔十〕，載符皇極之義也〔十一〕。

校箋

〔一〕此文又見於全唐文卷五十四，文題爲改元建中敕，署名唐德宗。甲庫本題目作改建中

元年赦。本文文末未標明頒布時間。考舊唐書卷十二德宗紀載：『建中元年春正月丁卯朔，御含元殿，改元建中，群臣上尊號曰聖神文武皇帝。』新唐書卷七德宗紀載：『建中元年正月丁卯，改元。群臣上尊號曰聖神文武皇帝。』資治通鑒卷二百二十六建中元年載：『春，正月，丁卯朔，改元。群臣上尊號曰聖神文武皇帝；赦天下。』册府元龜卷十五帝王部 年號亦記：『德宗以大曆十四年五月即位，明年正月丁卯朔御含元殿受朝賀，下詔改爲建中。』據上述典籍所載，此次改元建中乃在建中元年（七八〇）春正月丁卯朔（一日）。此時乃頒布赦文時間，其撰寫此文時間當在是時稍前。

〔二〕春秋有五色之統：『五色』，青、赤、白、黑、黄五種顏色。古代以此五者爲正色。書益稷：『以五采彰施于五色，作服，汝明。』孫星衍疏：『五色，東方謂之青，南方謂之赤，西方謂之白，北方謂之黑，天謂之玄，地謂之黄，玄出於黑，故六者有黄無玄爲五也。』

〔三〕體元居正：謂人君以天地之元氣爲本，常居正道以施政教。多指帝王即位。語出春秋隱公元年『元年春王正月』。晋杜預注：『隱公之始年，周王之正月也。凡人君即位，欲其體元以居正，故不言一年一月也。』孔穎達疏：『元正實是始長之義，但因名以廣之。元者，氣之本也，善之長也。人君執大本，長庶物，欲其與元同體，故年稱元年。正者，直方之間語也。直其行，方

其義，人君當執直心，杖大義，欲其常居正道，故月稱正也。』新唐書劉蕡傳：『人君之道，在體元以居正。』

〔四〕朕以不造，銜恤在疚：『銜恤』，四庫全書作『銜泣』。『不造』，不幸。詩周頌閔予小子：『閔予小子，遭家不造。』馬瑞辰通釋：『不，爲語詞。造與戚一聲之轉，古通用。則詩云「遭家不造」，猶云遭家戚，即後世所謂丁家艱也。』三國魏嵇康幽憤詩：『嗟余薄祜，少遭不造。』『銜恤』，此指父母死後守喪。晉陸機兄平原贈詩序：『余弱年夙孤，與弟士龍銜恤喪庭。』宋王安石將至丹陽寄表民詩：『三年銜恤空餘息，一日忘形得舊游。』『在疚』，稱居喪。晉潘岳寡婦賦：『自仲秋而在疚兮，逾履霜以踐冰。』李周翰注：『在疚，居喪也。』宋王安石呂公弼改尚書工部侍郎餘如故制：『朕雖在疚，所不敢忘。』

〔五〕三事大夫：指三公。詩小雅雨無正：『三事大夫，莫肯夙夜。』孔穎達疏：『三事大夫爲三公耳。』漢書韋賢傳：『天子我監，登我三事。』顏師古注：『三事，三公之位，謂丞相也。』晉干寶搜神記卷二十：『令君子孫潔白，位登三事。』

〔六〕恐墜祖宗之遺烈：『遺烈』，前人遺留的業迹。史記越王勾踐世家論：『勾踐可不謂賢哉！蓋有禹之遺烈焉。』晉左思咏史之七：『四賢豈不偉，遺烈光篇籍。』

〔七〕濡露之感：五禮通考卷九十九樂志至和祫享三首迎神興安：『濡露降霜，永懷孝思。』『濡露之感』，謂感念父母撫養滋育恩情之情感。

〔八〕罔極之懷，瞻天靡及：詩小雅蓼莪：『父兮生我，母兮鞠我……欲報之德，昊天罔極。』朱熹集傳：『言父母之恩，如天無窮，不知所以爲報也。』後因以『罔極』指父母恩德無窮。三國魏曹植求通親親表：『終懷蓼莪罔極之哀。』『靡及』，趕不上；來不及。詩大雅烝民：『征夫捷捷，每懷靡及。』鄭玄箋：『每人懷其私而相稽留，將無所及於事。』宋岳柯桯史獻陵疏文：『從君以出，始慚晋國之亡臣，御主而還，終愧趙王之養卒。攀號靡及，摧殞何窮。』

〔九〕舊物未改：適園叢書、甲庫本作『舊物不改』。

〔十〕所司準式，庶協履端於始：『準式』，作爲標準模式。明史周忱傳：『又請敕工部頒鐵斛，下諸縣準式，革糧長之大入小出者。』『履端』，年曆的推算始於正月朔日，謂之『履端』。左傳文公元年：『先王之正時也，履端於始，舉正於中，歸餘於終。』杜預注：『步曆之始，以爲術之端首。』孔穎達疏：『履，步也，謂推步曆之初始，以爲術曆之端首……曆之上元，必以日月全數爲始，於前更無餘分，以此日爲術之端首，故言履端於始也。』後因以指正月初一。晋張華食舉東西廂樂詩：『履端承元吉，介福御萬邦。』北周庾信宮調曲：『履端朝萬國，年祥慶百靈。』

〔十一〕載符皇極之義也：『皇極』，帝王統治天下的準則。即所謂大中至正之道。書洪範：『五，皇極，皇建其有極。』孔穎達疏：『皇，大也；極，中也。施政教，治下民，當使大得其中，無有邪僻。』漢荀悦漢紀高祖紀一：『昔在上聖，唯建皇極，經緯天地。』

奉天改興元元年赦〔一〕

陸　贄

門下：致理興化〔二〕，必在推誠；忘己濟人，不吝改過。朕嗣守丕構〔三〕，君臨萬方，失守宗祧〔四〕，越在草莽。不念率德〔五〕，誠莫追於既往；永言思咎，期有復於將來〔六〕。明徵厥初〔七〕，以示天下。惟我烈祖，邁德庇人〔八〕，致俗化於和平，拯生靈於塗炭，重熙積慶〔九〕，垂二百年。伊爾卿尹庶官，洎億兆人衆，代受亭育〔十〕，以迄於今，功存於人，澤垂於後。肆予小子，獲纘鴻業，小子懼德不嗣，罔敢怠荒。然以長于深宮之中，暗於經國之務，積習易溺，居安忘危，不知稼穡之艱難，不察征戍之勞苦〔十一〕。致澤靡下究，情不上通〔十二〕，事既壅隔，人懷疑阻，猶昧省己〔十三〕，遂用興戎〔十四〕。徵師四方，轉餉千里〔十五〕，賦車籍馬〔十六〕，遠近騷然，行齎居送，衆庶勞止〔十七〕，或一日屢交鋒刃，或連年不解甲冑。祀奠乏主，室家靡依，生死流離〔十八〕，

怨氣凝結，力役不息，田萊多荒。暴令峻於誅求，疲甿空於杼軸（十九），轉死溝壑，離去鄉閭，邑里丘墟（二十），人烟斷絶。天譴於上而朕不寤（二十一），人怨於下而朕不知，馴致亂階，變興都邑（二十二）。賊臣乘釁（二十三），肆逆滔天，曾莫愧畏（二十四），敢行凌逼。萬品失序，九廟震驚（二十五），上辱於祖宗，下負於黎庶（二十六）。痛心靦貌（二十七），罪實在予，永言愧悼，若墜深谷（二十八）。賴天地降祐，神人叶謀（二十九），將相竭誠，爪牙宣力，屏逐大盜，載張皇維（三十）。將弘永圖（三十一），必布新令。朕晨興夕惕，惟念前非（三十二）。乃者公卿百僚累抗章表（三十三），猥以徽號，加於朕躬，固辭不獲，俯遂輿議（三十四），昨因内省，良用瞿然（三十五）。體陰陽不測之謂神，與天地合德之謂聖。顧惟淺昧，非所宜當。文者所以化成（三十六），武者所以定亂。今化之不被，亂是用興，豈可更徇群情，苟膺虚美，重予不德，祇益懷慚。自今已後，中外所上書奏，不得更稱『聖神文武』之號（三十七）。夫人情不常，繫於時化，大道既隱，亂獄滋豐。朕既不能弘德導人（三十八），又不能一法齊衆，苟設密網，以羅非辜（三十九），爲之父母，實增愧悼（四十）。今上元統曆，獻歲發生（四十一），宜革紀年之號，式敷在宥之澤，與人更始，以答天休，可大赦天下（四十二），改建中五年爲興元元年。自正月一日昧爽已前，大辟罪已下，罪無

輕重，已發覺，未發覺，已結正，未結正，繫囚見徒，常赦所不原者，咸赦除之。李希烈、田悦、王武俊、李納等（四十三），有以忠勞任膺將相，有以勛舊繼守藩維（四十四），朕撫馭乖方，信誠靡著（四十五），致令疑懼（四十六），不自保安。兵興累年，海内騷擾，皆由上失其道而下罹其灾（四十七）。朕實不君，人則何罪？屈己弘物，予何愛焉（四十八）。庶懷引慝之誠（四十九），以洽好生之德。其李希烈、田悦、王武俊、李納及所管將士官吏等（五十），一切并與洗滌，各復爵位，待之如初，仍即遣使分道宣諭（五十一）。朱滔雖與賊泚連坐，路遠未必同謀（五十二），朕方推以至誠，務欲弘貸（五十三），如能效順，亦與惟新。其河南河北諸軍兵馬，并宜各於本道自固封疆，勿相侵軼（五十四）。朱泚大爲不道，棄義蔑恩，反易天常，盜竊名器，暴犯陵寢，所不忍言，獲罪祖宗，朕不敢赦（五十五）。其應被朱泚脅從將士官吏百姓及諸色人等，有遭其扇誘，有迫於凶威，苟能自新，理可矜宥（五十六）。但官軍未到京城已前，能去逆效順，及散歸本軍本道者，并從赦例原免，一切不問。天下左降官即與量移近處。已經量移者，更與量移。流人配隸，及罰藩鎮效力（五十七），并緣罪犯，與諸使驅使官，兼别敕諸州縣安置（五十八），及得罪人家口，未得歸者（五十九），一切放還。應先有痕累禁錮（六十），及反逆緣坐，承前恩赦所不該者，

并宜洗雪。亡官失爵，放歸勿齒者（六十一），量加收叙。未復資者，更與進叙（六十二）。諸色降黜配隸人中，有才能著聞者，特加録用，勿拘常例。人之行業，或未必兼。構大厦者，方集於群材；建奇功者，不限於常檢。苟在適用，則無棄人。况黜免之人，沉鬱既久（六十三），朝過夕改（六十四），仁何遠哉。流移降黜，亡官失爵，配隸流人等，有材能著聞者，特加録用（六十五），勿拘常例。諸軍諸使諸道赴奉天及進收京城將士等（六十六），或百戰摧敵，或萬里勤王（六十七），捍固金城，驅除大憝（六十八）。濟危難者其節著，復社稷者其業崇，我圖爾功（六十九），特加彝典，錫名減賦，永永無窮，宜并賜名『奉天定難功臣』，身有過犯，遞減罪三等，子孫有過犯，遞減罪二等，當户應有差科使役，一切蠲免（七十）。其功臣已後雖衰老疾患（七十一），不任軍旅，當分糧賜，并宜全給。身死之後（七十二），十年内仍回給家口。其有食實封者，子孫相繼，代代無絶。其餘收録及功賞條件，待收京日，并準去年十月十七日（七十三）、十一月十四日敕處分。諸道諸軍將士等，久勤捍禦，累著功勛，方鎮克寧，惟爾之力（七十四）。其應在行營者，并超三資與官，仍賜勛五轉。不離鎮者，依資與官，賜勛三轉。其累加勛爵，仍許回授周親。内外文武官三品已上（七十五），賜爵一級；四品已下，各加一階，仍并賜勛兩轉。見危致命，

先哲攸貴；掩骼埋胔，禮典所先（七十六）。雖效用而或殊（七十七），在惻隱而何間。諸道將士有死王事者（七十八），各委所在州縣給遞，送歸本管（七十九），官爲葬祭。其有因戰陣殺戮，及擒獲伏辜（八十），暴骨原野者，亦委所在逐近便收葬（八十一）。應緣流貶及犯罪未葬者（八十二），并許其家口各據本官品以禮收葬（八十三）。自頃軍旅所給，賦役繁興，吏因爲奸，人不堪命，咨嗟怨苦，道路無聊，汔可小康（八十四），與之休息。其墊陌及税間架竹木茶漆榷鐵等諸色名目（八十五），悉宜停罷。京畿之内，屬此寇戎攻劫焚燒，靡有寧室。王師仰給，人以重勞，特宜減放今年夏税之半（八十六）。朕以凶丑犯闕，遽用於征，爰度近郊，息駕茲邑，供儲克辦（八十七），師旅攸寧，式當褒旌，以志吾過。其奉天宜升爲赤縣，百姓并給復五年。尚德者教化之所先（八十八），求賢者邦家之大本，永言茲道，夢想勞懷，而澆薄之風趨競不息，幽栖之士寂寞無聞。蓋誠所未孚，故求之不至。天下有隱居行義，才德高遠，晦迹丘園，不求聞達者，委所在長吏具姓名聞奏（八十九），朕當備禮邀致。諸色人中，有賢良方正，能直言極諫，及博通墳典，達於教化，并識洞韜鈐（九十），堪任將帥者，委常參官及所在長吏聞薦。天下孤老鰥寡惸獨不能自活者，并委州縣長吏量事優恤（九十一）。其有年九十已上者，刺史縣令就門存問。義夫節婦，孝子

順孫，旌表門閭，終身勿事。大兵之後，内外耗竭，貶食省用，宜自朕躬。朕當節乘輿之服御，絶宮室之華飾，率以師儉爲天下先〔九十二〕。諸道供獻，自非供宗廟軍國之用，一切并停。應内外官有冗員，及百司不急之費，委中書門下即商量條件，停減聞奏。布澤行賞〔九十三〕，抑惟舊章。今以餘孽未平，帑藏空竭，有乖慶賜，深愧於懷。赦書有所未該者，委所司類例條件聞奏。敢以赦前事相言告者，以其罪罪之。亡命山澤，挾藏軍器，百日不首，復罪如初。赦書日行五百里，布告遐邇，咸使聞知。

校箋

〔一〕此文又見於陸贄翰苑集卷一，題爲奉天改元大赦。舊唐書卷十二德宗紀、册府元龜卷八十九、唐文粹卷三十一均題作唐德宗神武皇帝奉天改年大赦。文苑英華卷四百二十一翰林制詔二、資治通鑑卷二百二十九、全唐文卷四百六十均題作奉天改元大赦制，等等，然舊唐書、册府元龜、資治通鑑僅節録原文，文字或與今各本唐大詔令集有所不同；其題目亦與今存各本有所不一，四庫全書本、適園叢書本、甲庫本所收文即題作奉天改建中五年爲興元元年

正月一日赦（明鈔本題則微誤爲奉天改元中五年爲興元元年正月一日赦）。本文已署名陸贄，乃其爲唐德宗所草，故亦收入其翰苑集中。翰苑集所收此文應是最接近唐德宗當時所頒布之赦令者，故此次校勘多采用此集文字。又本文文末未標明頒布時間。考舊唐書卷十二德宗紀云：『興元元年春正月癸酉朔，上在奉天行宫受朝賀，詔曰：立政興化，必在推誠，忘己濟人，不吝改過……』册府元龜謂『興元元年正月癸酉朔，帝在奉天行宫受朝賀畢，大赦天下，制曰』，資治通鑑亦謂『興元元年春，正月，癸酉朔，赦天下，改元，制曰』，新唐書卷七德宗紀亦載『興元元年正月癸酉，大赦，改元』云云。據上述史籍所載，此次改元大赦乃在興元元年（七八四）正月癸酉朔（一日）。然此爲頒布此赦文之時間，其撰寫時間當在此時稍前。又本文作者陸贄，傳見舊唐書卷一百三十九、新唐書卷一百五十七。舊唐書本傳載：『陸贄字敬輿，蘇州嘉興人。父侃，溧陽令，以贄貴，贈禮部尚書。贄少孤，特立不群，頗勤儒學。年十八登進士第，以博學宏詞登科，授華州鄭縣尉。罷秩，東歸省母，路由壽州，刺史張鎰有時名，贄往謁之。鎰初不甚知，留三日，再見與語，遂大稱賞，請結忘年之契。及辭，遺贄錢百萬，曰：「願備太夫人一日之膳。」贄不納，唯受新茶一串而已，曰：「敢不承君厚意。」又以書判拔萃，選授渭南縣主簿，遷監察御史。德宗在東宫時，素知贄名，乃召爲翰林學士，轉祠部員外郎。贄性忠藎，既居近密，感人主

重知，思有以效報，故政或有缺，巨細必陳，由是顧待益厚。建中四年，朱泚謀逆，從駕幸奉天。時天下叛亂，機務填委，徵發指蹤，千端萬緒，一日之内，詔書數百。贄揮翰起草，思如泉注，初若不經思慮，既成之後，莫不曲盡事情，中於機會，胥吏簡札不暇，同舍皆伏其能。轉考功郎中，依前充職。……（興元元年）二月，從幸梁州，轉諫議大夫，依前充學士。……德宗還京，轉中書舍人，學士如故。初，贄受張鎰知，得居内職；及鎰爲盧杞所排，贄常憂惴；及杞貶黜，始敢上書言事，德宗好文，益深顧遇。奉天解圍後，德宗言及違離宗廟，嗚咽流涕曰：「致寇之由，實朕之過。」贄亦流涕而對曰：「臣思致今日之患者，群臣之罪也。」贄意蓋爲盧杞、趙贊等也。上欲掩杞之失，則曰：「雖朕德薄，致兹禍亂，亦運數前定，事不由人。」贄又極言杞等罪狀，上雖貌從，心頗不説。吴通微兄弟俱在翰林，亦承德宗寵遇，文章才器不迨贄；而能交結權幸，共短贄於上前。故劉從一、姜公輔自卑品蒼黄之中，皆登輔相；而贄爲朋黨所擠，同職害其能，加以言事激切，動失上之歡心，故久之不爲輔相。其於議論應對，明練理體，敷陳剖判，下筆如神，當時名流，無不推挹。貞元初，李抱真入朝，從容奏曰：「陛下幸奉天、山南時，赦書至山東，宣諭之時，士卒無不感泣，臣即時見人情如此，知賊不足平也。」時贄母韋氏在江東，上遣中使迎至京師，搢紳榮之。俄丁母憂，東歸洛陽，寓居嵩山豐樂寺。……免喪，權知兵部侍郎，依前充學士。

中謝日，贄伏地而泣，德宗爲之改容叙慰。恩遇既隆，中外屬意爲輔弼，而宰相竇參素忌贄，贄亦短參之所爲，言參黷貨，由是與參不平。七年，罷學士，正拜兵部侍郎，知貢舉。時崔元翰、梁肅文藝冠時，贄輸心於肅。肅與元翰推薦藝實之士，升第之日，雖衆不愜，然一歲選士，才十四五，數年之内，居臺省清近者十餘人。八年四月，竇參得罪，以贄爲中書侍郎、門下同平章事。……贄在中書，政不便於時者，多所條奏，德宗雖不能皆可，而心頗重之。初，竇參既貶郴州，節度使劉士寧餉參絹數千匹。湖南觀察使李巽與參有隙，具事奏聞，德宗不悦。會右庶子姜公輔於上前聞奏，稱「竇參嘗語臣云『陛下怒臣未已』」，德宗怒，再貶參，竟殺之。時議云公輔奏竇參語得之於贄，云參之死，贄有力焉。又素惡于公異、于邵，既輔政而逐之，談者亦以爲戹。户部侍郎、判度支裴延齡，奸宄用事，天下嫉之如仇，以得幸於天子，無敢言者，贄獨以身當之，屢於延英面陳其不可，累上疏極言其弊。延齡日加譖毁。十年十二月，除太子賓客，罷知政事。贄性畏慎，及策免私居，朝謁之外，不通賓客，無所過從。十一年春，旱，邊軍芻粟不給，具事論訴；延齡言贄與張滂、李充等摇動軍情，語在延齡傳。德宗怒，將誅贄等四人，會諫議大夫陽城等極言論奏，乃貶贄爲忠州别駕。贄初入翰林，特承德宗異顧，歌詩戲狎，朝夕陪游。及出居艱阻之中，雖有宰臣，而謀猷參决，多出於贄，故當時目爲「内相」。……贄在忠州十年，常閉關静處，

人不識其面，復避謗，不著書。家居瘴鄉，人多癘疫，乃抄撮方書，爲陸氏集驗方五十卷，行於代。初，贄秉政，貶駕部員外郎李吉甫爲明州長史，量移忠州刺史。贄在忠州，與吉甫相遇，昆弟、門人咸爲贄憂，而吉甫忻然厚禮，都不銜前事，以宰相禮事之，猶恐其未信不安，日與贄相狎，若平生交契者。贄初猶慚懼，後乃深交。時論以吉甫爲長者。後有薛延者，代吉甫爲刺史，延朝辭日，德宗令宣旨慰安。而韋皋累上表請以贄代己。順宗即位，與陽城、鄭餘慶同詔征還。詔未至而贄卒，時年五十二，贈兵部尚書，謚曰宣。……史臣曰：近代論陸宣公，比漢之賈誼，而高邁之行，剛正之節，經國成務之要，激切仗義之心，初蒙天子重知，末塗淪躓，皆相類也；而誼止中大夫，贄及台鉉，不爲不遇矣。昔公孫鞅挾三策説秦王，淳于髡以隱語見齊君，從古以還，正言不易。昔周昭戒急論議，正爲此也。贄居珥筆之列，調飪之地，欲以片心除衆弊，獨手遏群邪，君上不亮其誠，群小共攻其短，欲無放逐，其可得乎！詩稱「其維哲人，告之話言」，又有「誨爾」「聽我」之恨，此皆賢人君子嘆言不見用也。故堯咨禹拜，千載一時，携手提耳，豈容易哉！」』又，此詔書乃陸贄代唐德宗所撰寫，其撰寫背景舊唐書卷一百三十九陸贄傳記云：『贄性忠藎，既居近密，感人主重知，思有以效報，故政或有缺，巨細必陳，由是顧待益厚。建中四年，朱泚謀逆，從駕幸奉天。時天下叛亂，機務填委，徵發指踪，千端萬緒，一日之内，詔書數百。贄

揮翰起草，思如泉注，初若不經思慮，既成之後，莫不曲盡事情，中於機會；胥吏簡札不暇，同舍皆伏其能。轉考功郎中，依前充職。嘗啓德宗曰：「今盜遍天下，輿駕播遷，陛下宜痛自引過，以感動人心。昔成湯以罪己勃興，楚昭以善言復國。陛下誠能不吝改過，以言謝天下，使書詔無忌，臣雖愚陋，可以仰副聖情，庶令反側之徒，革心向化。」德宗然之。故奉天所下書詔，雖武夫悍卒，無不揮涕感激，多贄所爲也。其年冬，議欲以新歲改元。而卜祝之流，皆以國家數鍾百六，凡事宜有變革，以應時數。上謂贄曰：「往年群臣請上尊號『聖神文武』四字，今緣寇難，諸事并宜改更，衆欲朕舊號之中更加一兩字，其事何如？」贄奏曰：「尊號之興，本非古制。行於安泰之日，已累謙冲；襲乎喪亂之時，尤傷事體。今者鑾輿播越，未復宫闈，宗社震驚，尚愆禋祀，中區多梗，大憝猶存。此乃人情向背之秋，天意去就之際，陛下宜深自懲勵，收攬群心，痛自貶損，以謝靈譴，不可近從末議，重益美名。」帝曰：「卿所奏陳，雖理體甚切，然時運必須小有改迹，亦不可執滯，卿更思量。」贄曰：「古之人君稱號，或稱皇稱帝，或稱王，但一字而已。至暴秦，乃兼皇帝二字，後代因之。及昏僻之君，乃有聖劉、天元之號。是知人主輕重，不在自稱，崇其號無補於徽猷；損其名不傷其德美。然而損之有謙光稽古之善，崇之獲矜能納諂之譏，得失不侔，居然可辨。況今時遭迍否，事屬傾危，尤宜懼思，以自貶抑。必也俯稽術數，須有變更。與其增美稱而失

人心，不若黜舊號以祇天戒。天時人事，理必相符，人既好謙，天亦助順。陛下誠能斷自宸鑒，煥發德音，引咎降名，深示刻責，惟謙與順，一舉而二美從之。」德宗從之，但改興元年號而已。』又，新唐書卷一百五十七陸贄傳亦記赦令撰寫過程云：『會興元赦令方具，帝以稿付贄，使商討其詳。贄知帝執德不固，困則思治，泰則易驕，欲激之使强其意，即建言：「履非常之危者，不可以常道安；解非常之紛者，不可以常令諭。陛下窮用兵甲，竭取財賦，變生京師，盜據宮闈。今假王者四凶，僭帝者二豎，其他顧瞻懷貳，不可悉數。而欲紓多難，收群心，惟在赦令而已。動人以言，所感已淺；言又不切，人誰肯懷？故誠不至者物不感，損不極者益不臻。夫悔過不得不深，引咎不得不盡，招延不可不廣，潤澤不可不弘，使天下聞之，廓然一變，人人得其所欲，安有不服哉？其須改革科條，已別封上。臣聞知過非難，改之難；言善非難，行之難。易曰：『聖人感人心而天下和平。』夫感者，誠發於心，而形於事，事或未諭，故宣之於言，言必顧心，心必副事，三者相合，乃可求感。惟陛下先斷厥志，以施其辭。度可行者而宣之，不可者措之。無苟於言，以重取悔。」帝納之。』又，此赦令頒布之後頗有感召人心者，舊唐書王武俊傳記『會興元元年德宗罪己，大赦反側。二月，武俊集三軍，削僞國號。』資治通鑑卷二百二十九記云：『赦下，四方人心大悅。及上還長安明年，李抱真入朝爲上言：「山東宣布赦書，士卒皆感泣，臣見人情如此，知賊

不足平也！」……朱泚更國號曰漢，自稱漢元天皇，改元天皇。王武俊、田悅、李納見赦令，皆去王號，上表謝罪。」

〔二〕致理興化：「致理」，舊唐書作「立政」。「興化」，振興教化。孔叢子執節：「賢者所在，必興化致治。」後漢書桓譚傳：「夫有國之君，俱欲興化建善，然而政道未理者，其所謂賢者異也。」「致理」，猶致治。資治通鑑唐文宗開成五年：「致理之要，在於辯群臣之邪正。」唐路貫和元常侍除浙東留題：「謝安致理逾三載，黃霸清聲徹九重。」

〔三〕朕嗣守丕構：「嗣守」，原作「嗣服」，今據翰苑集、文苑英華、全唐文改。「嗣守」，繼承并遵守和保持。晋書慕容超載記：「今陛下嗣守社稷，不宜以私親之故而降統天之尊。」唐韓愈順宗實録卷一：「朕嗣守洪業，敷弘理道。」「丕構」，猶大業。新唐書劉蕡傳：「朕顧唯昧道，祇荷丕構，奉若謨訓，不敢怠荒。」資治通鑑唐德宗興元元年：「朕嗣服丕構，君臨萬邦，失守宗祧，越在草莽。」胡三省注：「丕，大也。構，立屋也。書大誥曰：『若考作室，既底法，厥子乃弗肯堂，矧肯構？』丕構之語本諸此。」

〔四〕君臨萬方，失守宗祧：「萬方」，原作「萬邦」，今據翰苑集、文苑英華、全唐文改。「宗祧」，宗廟。左傳襄公二十三年：「紇不佞，失守宗祧，敢告不吊。」杜預注：「遠祖廟爲

祧。』孔子家語 哀公問政：『聖人因物之精，制爲之極，明命鬼神，以爲民之則，而猶以是爲未足也。故築爲宫室，設爲宗祧。』

〔五〕不念率德：『率德』，謂遵循前人之德。書 蔡仲之命：『惟爾率德改行，克慎厥猷。』孔傳：『言汝循祖之德。』史記 管蔡世家：『蔡叔度既遷而死，其子曰胡。胡乃改行，率德馴善。』

〔六〕期有復於將來：『復』，原作『補』，今據翰苑集、舊唐書、册府元龜、文苑英華、唐文粹、全唐文改。

〔七〕明徵厥初：『厥初』，舊唐書、册府元龜作『其義』。

〔八〕邁德庇人：『邁德』，語出書 大禹謨：『皋陶邁種德。』謂勉力樹德。三國魏吴質在元城與魏太子箋：『邁德種恩，樹之風聲。』晋陸機漢高祖功臣頌：『拔奇夷難，邁德振民。』

〔九〕重熙積慶：『重熙』，舊時用以稱頌君主累世聖明。三國魏何晏景福殿賦：『至於帝皇，遂重熙而累盛。』舊唐書 賈耽傳：『太宗繼明重熙，柔遠能邇。』『積慶』，謂行善積福。唐錢起陪郭常侍令公東亭宴集詩：『不悲歡樂盡，積慶在和羹。』宋沈遘文懿皇后齋文：『恭惟文懿皇后積慶自先，發祥開後。』

〔十〕代受亭育：『亭育』，養育；培育。梁書 武帝紀下：『思隨乾覆，布茲亭育。』隋江總勞

酒賦：『顧曲私之亭育，遞寒暑而徂遷。』

〔十一〕不察征戍之勞苦：舊唐書、册府元龜作『不恤』。『征戍』，原作『戍役』，册府元龜、唐文粹作『征伐』，今據翰苑集、舊唐書、文苑英華、全唐文改。

〔十二〕致澤靡下究，情不上通：此句原無『致』字，今據舊唐書增補。『不』字，册府元龜作『未』。『通』字，四庫全書作『達』。『下究』，猶下達。淮南子主術訓：『是故號令能下究，而臣情得上聞。』漢書燕剌王劉旦：『惡吏廢法立威，主恩不及下究。』顏師古注：『究，竟也。言不終竟於下。』

〔十三〕猶昧省己：『猶昧』，册府元龜作『猶未』。

〔十四〕遂用興戎：『遂用』，原作『遂致』，册府元龜作『遂與』，唐文粹作『遂使』，今據翰苑集、舊唐書、文苑英華、資治通鑑改。

〔十五〕轉餉千里：『轉餉』，唐文粹作『轉運』。『轉餉』，亦作『轉饟』。運送軍糧。漢書高帝紀上：『丁壯苦軍旅，老弱罷轉餉。』顏師古注：『轉，運；餉，饋也。』史記高祖紀作『轉饟』。新唐書婁師德傳：『衣皮褲，率士屯田，積穀數百萬，兵以饒給，無轉饟和糴之費。』

〔十六〕賦車籍馬：『籍馬』，登記徵用馬匹。左傳襄公二十五年：『量入修賦，賦車，籍

馬。』杜預注：『籍疏其毛色歲齒，以備軍用。』北周庾信周大將軍司馬裔神道碑：『長亭籍馬，并入武城。』

〔十七〕行齎居送，衆庶勞止：『行齎居送』，明鈔本、適園叢書作『行居齎送』，甲庫本作『行車齎送』。『衆庶勞止』，原作『衆庶勞苦』，今據翰苑集、舊唐書、册府元龜、文苑英華、唐文粹、資治通鑒、四庫全書、全唐文等改。『勞止』，辛勞；勞苦。詩大雅民勞：『民亦勞止，汔可小康。』鄭玄箋：『今周民罷勞矣，王幾可以小安之乎？』

〔十八〕祀奠乏主，室家靡依，生死流離：『祀奠』，原作『典祀』，唐文粹作『祝奠』，今據翰苑集、册府元龜、文苑英華、資治通鑒、全唐文改。『室家』，原作『家室』，今據翰苑集、册府元龜、文苑英華、資治通鑒、全唐文改。『生死』，原作『死生』，今據翰苑集、文苑英華、全唐文改。

〔十九〕暴令峻於誅求，疲甿空於杼軸：『暴令』，原作『暴命』，今據舊唐書、册府元龜、資治通鑒、四庫全書改。『疲甿』，舊唐書作『疲民』。『疲甿』，亦作『疲氓』。疲困之民。唐白居易才識兼茂明於體用科策：『農戰非古，衣食罕儲，念兹疲甿，遠乖富庶。』明張居正答河漕總督王敬所書：『近得鄉人書，皆以打造海舟爲苦，望公留神一酌處之，則疲氓更生之幸也。』『杼

軸』，亦作『杼柚』。織布機上的兩個部件，即用來持緯（横綫）的梭子和用來承經（直綫）的筘。亦代指織機。詩小雅大東：『小東大東，杼柚其空。』朱熹集傳：『杼，持緯者也；柚，受經者也。』唐李白任城縣廳壁記：『杼軸和鳴，機罕嚬戚之女。』

〔二十〕離去鄉閭，邑里丘墟：『鄉閭』，原作『鄉里』，今據翰苑集、册府元龜、文苑英華、唐文粹、資治通鑑、四庫全書、全唐文諸本改。『丘墟』，原作『丘虚』，今據翰苑集、舊唐書、册府元龜、資治通鑑、四庫全書、適園叢書等本改。

〔二十一〕天譴於上而朕不寤：『不寤』，原作『不悟』，今據舊唐書、册府元龜、唐文粹、資治通鑑、適園叢書等改。

〔二十二〕馴致亂階，變興都邑：『馴致』，册府元龜作『遂致』。『變興』，舊唐書作『變起』，册府元龜作『變行』。『馴致』，亦作『馴至』。逐漸達到；逐漸招致。易坤：『履霜堅冰，陰始凝也；馴致其道，至堅冰也。』唐白居易策項一：『則大平之風，大同之俗，可從容而馴致矣。』『亂階』，禍端；禍根。詩小雅巧言：『無拳無勇，職爲亂階。』三國志蜀書先主傳：『曩者董卓造爲亂階，自是之後，群凶縱横，殘剥海内。』

〔二十三〕賊臣乘釁：『乘釁』，原作『乘隙』，今據翰苑集、舊唐書、册府元龜、文苑英華、

唐文粹改。『乘釁』，利用機會，趁空子。三國志 魏書 臧洪傳：『漢室不幸，皇綱失統，賊臣董卓乘釁縱害。』晉書 文帝紀：『是以段谷之戰，乘釁大捷。』

〔二十四〕曾莫愧畏：此句册府元龜作『曾莫知畏』。

〔二十五〕九廟震驚：『九廟』，指帝王的宗廟。古時帝王立廟祭祀祖先，有太祖廟及三昭廟、三穆廟，共七廟。王莽增爲祖廟五、親廟四，共九廟。後歷朝皆沿此制。

〔二十六〕上辱於祖宗，下負於黎庶：『上辱』，原作『上累』，今據翰苑集、文苑英華、唐文粹、全唐文改。『黎庶』，册府元龜作『黎蒸』。

〔二十七〕痛心靦貌：『靦貌』，原作『靦面』，今據翰苑集、册府元龜、文苑英華、唐文粹、資治通鑒、全唐文改。『靦貌』，謂面有愧色。唐陸贄奉天改元大赦制：『上辱於祖宗，下負於黎庶。痛心靦貌，罪實在予。永言愧悼，若墜深谷。』

〔二十八〕若墜深谷：『深谷』，原作『泉谷』，册府元龜、唐文粹作『淵谷』，今據翰苑集、全唐文改。

〔二十九〕神人叶謀：『神人』，原作『人神』，册府元龜作『神祇』，舊唐書作『人祇』，今據翰苑集、全唐文改。

〔三十〕屏逐大盜，載張皇維：『屏逐大盜』，唐文粹作『屏除大盜』。此兩句舊唐書作『群盜斯屏，皇維載張』。『皇維』，朝廷的綱紀；王法。晉陸雲晉故散騎常侍陸府君誄：『仰耀皇維，俯映明堂。』樂府詩集郊廟歌辭九齊太廟樂歌：『假我帝緒，懿我皇維。』

〔三十一〕將弘永圖：『永圖』，原作『丕猷』，舊唐書作『遠圖』。今據翰苑集、文苑英華、唐文粹、全唐文改。

〔三十二〕惟念前非：舊唐書作『惟省』。

〔三十三〕乃者公卿百僚累抗章表：『累抗』，原作『頻抗』，今據翰苑集、文苑英華、唐文粹、全唐文改。『章表』，文苑英華、全唐文作『章疏』。

〔三十四〕俯遂輿議：『輿議』，翰苑集作『輿論』，舊唐書作『群議』。『輿議』，輿論。宋王禹偁擬拜屈突通爲兵部尚書制：『具官屈突通，間代英氣，前朝重臣，清望藹乎當時，軍功推於輿議。』明李東陽擬册立皇太子賀太皇太后表：『采輿議之攸同，謂皇儲之當豫。』

〔三十五〕昨因内省，良用瞿然：『内省』，翰苑集、唐文粹作『循省』。『瞿然』，原作『懼然』，今據翰苑集、舊唐書、文苑英華、唐文粹、四庫全書、全唐文、適園叢書、明鈔本、甲庫本等改。

〔三十六〕文者所以化成：『化成』，教化成功。易恒：『聖人久於其道，而天下化成。』漢書賈誼傳：『故化成俗定，則爲人臣者主耳忘身，國耳忘家，公耳忘私。』

〔三十七〕不得更稱『聖神文武』之號：『聖神』，原作『神聖』，今據翰苑集、舊唐書、唐文粹、文苑英華、資治通鑒、全唐文等改。

〔三十八〕朕既不能弘德導人：『弘德導人』，原作『弘道惠人』，今據翰苑集、唐文粹、文苑英華、全唐文改。

〔三十九〕以羅非辜：『以羅』，原作『以爲』，并於『爲』下校『作羅』。四庫全書則作『以罹』，今據翰苑集、文苑英華、全唐文改。

〔四十〕實增愧悼：『實增』，原作『是增』，今據翰苑集、唐文粹、文苑英華、四庫全書、全唐文、適園叢書等改。

〔四十一〕今上元統曆，獻歲發生：『發生』，舊唐書作『發祥』。『上元』，古代曆法名之一。史記天官書：『其紀上元。』司馬貞索隱：『上元是古曆之名。』新五代史司天考：『布算積分，上求數千萬歲之前，必得甲子朔旦夜半冬至，而日、月、五星皆會於子，謂之上元，以爲曆始。』『獻歲』，進入新的一年；歲首正月。楚辭招魂：『獻歲發春兮，汨吾南征。』王逸

注：『獻，進；征，行也。言歲始來進，春氣奮揚，萬物皆感氣而生。』初學記卷三引南朝梁元帝纂要：『正月孟春，亦曰……獻歲。』『發生』，指春天。唐錢起春郊詩：『東風好作陽和使，逢草逢花報發生。』舊唐書僖宗紀：『屬節變三陽，日當歲首，乃御正殿，爰命改元，況及發生，是宜在宥。』

〔四十二〕以答天休，可大赦天下：『可大赦天下』，原作『可赦天下』，今據翰苑集、舊唐書、文苑英華、全唐文增補。『天休』，天賜福佑。書湯誥：『凡我造邦，無以匪彝，無即慆淫，各守爾典，以承天休。』左傳宣公三年：『故民入川澤山林，不逢不若。螭魅罔兩，莫能逢之。用能協於上下，以承天休。』杜預注：『民無灾害，則上下和而受天祐。』

〔四十三〕李希烈、田悦、王武俊、李納等：李希烈，傳見舊唐書卷一百四十五、新唐書卷二百二十五中。田悦，傳見舊唐書卷一百四十一、新唐書卷二百一十。王武俊，傳見舊唐書卷一四二、新唐書卷二百一十一。李納，傳見舊唐書卷一百二十四、新唐書卷二百一十三。按，李希烈等四人此時均是割據一方，反叛唐王朝，并與叛鎮朱滔等互相勾結，稱王稱霸者。考舊唐書李希烈傳記：『淄青節度李正己又謀不軌，（建中）三年秋，加希烈檢校司空，兼淄青兖鄆登萊齊等州節度支度營田、新羅、渤海兩蕃使，令討襲正己。希烈遂率所部三萬人移居許州，聲言

遣使往青州招諭李納，其實潛與交通，又移牒汴州令備供擬，將與納同爲亂。李勉以其道路合自陳留，乃除道具饌以待之，希烈不從，乃大慢罵。自是志意縱肆，言多悖慢，日遣使交通河北諸賊帥等。是歲長至日，朱滔、田悦、王武俊、李納各僭稱王，滔使至希烈，希烈亦僭稱建興王、天下都元帥。』舊唐書 田悦傳亦記：建中三年『悦感朱滔救助，欲推爲盟主。滔判官李子牟、武俊判官鄭儒等議曰：「古有戰國連衡誓約以抗秦，請依周末七雄故事，并建國號爲諸侯，用國家正朔，今年號不可改也。」於是朱滔稱冀王，悦稱魏王，武俊稱趙王，又請李納稱齊王。十一月一日，築壇於魏縣中，告天受之。滔爲盟主，稱孤；武俊、悦、納稱寡人。滔以幽州爲范陽府，恒州爲真定府，魏州爲大名府，鄆州爲東平府，皆以長子爲元帥。僞册之日，其軍上有雲物稍異，馬燧等望而笑曰：「此雲無知，乃爲賊瑞。」又其營地前三年土長高三尺餘，魏州户曹韋稔爲土長頌曰：「益土之兆也。」』舊唐書 李納傳亦載：『建中初，正己、田悦、梁崇義、張惟岳皆反。二年，正己卒，納秘喪，統父衆，仍復爲亂。比會悦於濮陽，遣大將衛俊將兵一千救悦，爲河東節度使馬燧敗於洹水，殺傷殆盡。詔諸軍誅之……納以彭城險厄，又怒洧背宗，乃悉兵圍之。詔宣武軍節度劉洽與諸軍救之，大敗納兵於城下。後將兵於濮陽，洽攻破其城外。納自城上見洽，涕泣悔罪，遣判官房説以其弟經、男成務朝京師，請因洽從順。會中使宋鳳朝見之，謂納計蹙，欲誅

破之以爲己功，奏請無捨，上乃械説等繫禁中。納遂歸鄆州，復與李希烈、朱滔、王武俊、田悦合謀皆反，僞稱齊王，建置百官。及興元之降罪己詔，納乃效順，詔加檢校工部尚書、平盧軍節度、淄青等州觀察使。」

〔四十四〕有以勛舊繼守藩維：『勛舊』，有功勛的舊臣。晉書陳騫傳：『帝以其勛舊耆老，禮之甚重。』新五代史楚世家馬殷：『殷拊膺大哭曰：「吾荒耄如此，而殺吾勛舊。」』『藩維』，詩大雅板：『價人維藩。』後以『藩維』指藩國。南朝梁沈約封授臨川等五王詔：『藩維廣樹，經朔攸屬。』也指邊防要地。唐張籍送裴相公赴鎮太原詩：『盛德雄名遠近知，功高先乞守藩維。』

〔四十五〕朕撫馭乖方，信誠靡著：『靡著』，原作『不著』，今據翰苑集、文苑英華、唐文粹、全唐文改。『撫馭』，安輯控馭。北周庾信周柱國大將軍長孫儉神道碑：『公善於撫馭，長於接引，山藪無棄，苞苴不行。』北史張須陁傳：『須陁獨勇决善戰，又長撫馭，得士卒心，號爲名將。』

〔四十六〕致令疑懼：此句舊唐書、資治通鑒作『致其疑懼』。

〔四十七〕兵興累年，海内騷擾，皆由上失其道而下罹其灾：『累年』，四庫全書作『以來』。『而下罹其灾』，翰苑集、唐文粹、四庫全書無『而』字。

〔四十八〕予何愛焉：此句適園叢書、甲庫本、明鈔本、學林本均作『人無爱焉』。

〔四十九〕庶懷引匿之誠：『引匿』，原作『隱匿』，今據翰苑集、文苑英華、唐文粹、全唐文改。『引匿』，竄藏；躲避。宋王柹燕翼詒謀録卷二：『犯者定行處斬，引匿不以聞，與同罪。』元典章刑部五漂流尸首埋瘞：『經過官民豈不見之，畏避引匿，視以爲常。』。

〔五十〕其李希烈、田悦、王武俊、李納及所管將士官吏等：『所管將士官吏等』，原作『所管内將士官吏等』，今據翰苑集、文苑英華、唐文粹、四庫全書、全唐文、明鈔本等本改。

〔五十一〕仍即遣使分道宣諭：此句原作『仍即遣使諸道宣諭』，今據翰苑集、文苑英華、唐文粹、全唐文改。

〔五十二〕朱滔雖與賊泚連坐，路遠未必同謀：『朱滔雖與賊泚連坐』，原作『朱滔雖與賊朱泚連坐』，今據翰苑集、舊唐書、文苑英華、唐文粹、適園叢書等改。又，『與』字，舊唐書作『以』，資治通鑑作『緣』。『路遠未必同謀』，舊唐書、資治通鑑作『路遠必不同謀』。『朱滔』，傳見舊唐書卷一百四十三、新唐書卷二百一十二。『朱泚』，傳見舊唐書卷二百下、新唐書卷二百二十五中。舊唐書朱滔傳載：『朱滔，賊泚之弟也。平州刺史朱希彩爲幽州節度，以滔同姓，甚愛之，常令將腹心親兵。及泚爲節度使，遂使滔將勁兵三千赴京師，請率先諸軍備塞。

自禄山反後，山東范陽，外雖示順，實皆倔强不庭。泚首效臣節，代宗喜甚，命滔勒兵東入長安通化門，西出開遠門，出師勞還；未有兵還王城者，今而許之，蓋示優異。召滔對於三殿，代宗臨軒勞問。……（建中二年）滔怒失深州，武俊怒失寶臣故地，滔構武俊同己反。馬燧圍田悦於魏州，悦告急，滔與武俊遂連兵救悦，敗李懷光於愜山。三年十一月，滔僭稱大冀王，僞署百官，與李納、田悦、王武俊并稱王，南結李希烈。興元初，田悦、王武俊以朱泚據京師，滔兵强盛，首尾相應，田悦常謂武俊曰：「朱滔心險，不可堤防。」遂相率歸順。泚既僭號，立滔爲皇太弟，仍令以重賂招誘回紇，南攻魏、貝，即西入關。興元元年正月，滔驅率燕、薊之衆及回紇雜虜，號五萬，次南河，攻圍貝州。』舊唐書朱泚傳載：『泚以父資從軍，幼壯偉，腰帶十圍，騎射武藝亦不出人。外若寬和，中頗殘忍。……初隸李懷仙爲部將，改經略副使。朱希彩既殺李懷仙，自爲節度，以泚宗姓，甚委信之。……大曆七年秋，希彩爲其下所殺，倉卒之際，未有所從。泚營在城北，弟滔，主衙内兵，亦得衆心。滔變詐多端，潛使百餘人於衆中大言曰：「節度使非城北朱副使莫可。」衆既無從，因共推泚。泚遂權知留後，遣使奉表京師。十月，拜檢校左散騎常侍、兼御史中丞、幽州盧龍節度等使、幽州長史、兼御史大夫。其年，泚上表令弟滔率兵二千五百人赴京西防秋。代宗嘉之，手詔褒美。……（大曆）十一年八月，加拜同平章事。尋令出鎮奉天行營，復

賜金銀繒彩并内庫弓箭以寵之。十二年，加檢校司空，代李抱玉爲隴右節度使，權知河西、澤潞行營兵馬事。德宗嗣位，加太子太師、鳳翔尹，實封至三百户。建中元年，涇州將劉文喜阻兵爲亂，加泚四鎮北庭行軍、涇原節度使，與諸軍討之。涇州平，加泚中書令，還鎮鳳翔，而以舒王讓遥領涇原節度。二年，加泚太尉。朱滔將反叛，陰使人與泚計議，以帛書納蠟丸中，置髮髻間。河東節度馬燧搜獲之，以聞，并送帛書及所遣使。泚惶懼，頓首乞歸罪有司。上勉之曰：「千里不同謀，非卿之過。」三年四月，以張鎰代泚爲鳳翔隴右節度留後，留泚京師，加實封至一千户，與一子正員官，其幽州盧龍節度、太尉、中書令并如故。四年十月，涇原兵叛，鑾駕幸奉天。叛卒等以泚嘗統涇州，知其失權廢居，怏怏思亂。群寇無帥，幸泚政寬，乃相與謀曰：「朱太尉久囚空宅，若迎而爲主，事必濟矣！」姚令言乃率百餘騎迎泚於晋昌里第。泚乘馬擁從北向，燭炬星羅，觀者萬計，入居含元殿。明日，移處白華殿，但稱太尉。朝官有謁泚者，悉勸奉迎鑾駕，既不合泚意，皆逡巡而退。源休至，遂屏人移時，言多悖逆。又盛陳成敗，稱述符命，勸其僭僞，泚甚悦之。又李忠臣、張光晟繼至，咸以官閑積憤，樂於禍亂。鳳翔涇原大將張廷芝、段誠諫以潰卒三千餘自襄城而至。賊泚自謂衆望所集，僭竊之心，自此而定。乃以源休爲京兆尹、判度支，李忠臣爲皇城使。……遂發鋭師三千，言奉迎乘輿，實陰有逆謀。……明日，聲言以關王權主社

稷，士庶競往觀之。八日，源休、姚令言、李忠臣、張光晟等八人導泚自白華入宣政殿，僭即僞位，自稱大秦皇帝，號應天元年，愚智莫不憤心。侍衛皆卒伍，行列不過十餘人。下僞詔曰：「幽囚之中。神器自至，豈朕薄德所能經營。」彭偃之詞也。僞署姚令言爲侍中，李忠臣爲司空、兼侍中，源休爲中書侍郎、平章事、判度支……仍以其兄子遂爲太子，遥封弟滔爲冀王。太尉、尚書令，尋又號皇太弟。十日，泚自領兵侵逼奉天，竊威儀輦輅，闐溢道途，蟻聚之衆軍勢頗盛；以姚令言爲元帥，張光晟爲副。以李忠臣爲京兆尹、皇城留守，居中書省。尋以蔣鎮爲門下侍郎，李子平爲諫議大夫兼平章事。泚軍合於城下，渾瑊、韓游瓌禦之，泚衆大敗，死者萬計。泚收軍於奉天東三里下營，大修攻具。明日，泚又分兵營於乾陵下瞰，城内大震。……泚乃大驅百姓填塹，夜攻城，城中設奇以應之，賊乃退縮。……城中三門悉出兵，王師又捷，其夜兵復出攻，泚衆敗績。李懷光以五萬人來援，自河北至，泚衆惶駭，因而大潰，長圍遂解焉。……三十日夜，泚走至京城。時姚令言於城中造戰格抛樓，每坊團結，人心大異。泚自奉天回……明年正月一日，泚改僞國號曰漢，稱天皇元年。二月，李懷光既圖叛逆，遣使與泚通和。鑾駕幸梁、洋，自此衣冠之潛匿者，出受僞官十七八焉。懷光初與泚往復通好甚密，以錢穀金帛互相饋遺。泚與書，事之如兄，約云：「削平關中，當割據山河，永爲鄰國。」及懷光決計背叛，逼乘輿遷幸，泚乃下僞詔書，

待懷光以臣禮，仍徵兵馬。懷光既爲所賣，慚怒憤耻，遂領衆遁歸河中。」

〔五十三〕朕方推以至誠，務欲弘貸：「弘貸」，原作「弘泰」，今據翰苑集、舊唐書、文苑英華、資治通鑑、全唐文等改。又，此兩句舊唐書作「永念舊勛，務存弘貸」，資治通鑑作「念其舊勛，務在弘貸」。「弘貸」，猶寬恕。晋書徐邈傳：「會稽王雖有酣媟之累，而奉上純一，宜加弘貸。」梁書文帝本紀：「逋租宿責，并許弘貸。」

〔五十四〕勿相侵軼：「侵軼」，亦作「侵佚」，侵犯襲擊。左傳隱公九年：「北戎侵鄭。鄭伯禦之，患戎師，曰：『彼徒我車，懼其侵軼我也。』」杜預注：「軼，突也。」後漢書南匈奴傳論：「自是匈奴得志，狼心復生，乘間侵佚，害流傍境。」

〔五十五〕朱泚大爲不道，棄義蔑恩，反易天常，盗竊名器，暴犯陵寢，所不忍言，獲罪祖宗，朕不敢赦：「蔑恩」，原作「滅恩」，今據翰苑集、文苑英華、唐文粹、全唐文改。「天常」，天的常道。常指封建的綱常倫理。左傳文公十八年：「顓頊氏有不才子，不可教訓，不知話言，告之則頑，舍之則嚚，傲很明德，以亂天常。」漢蔡琰悲憤詩之一：「漢季失權柄，董卓亂天常。」「名器」，名號與車服儀制。奴隸社會與封建社會用以别尊卑貴賤的等級。語本左傳成公二年：「唯器與名，不可以假人，君之所司也。」杜預注：「器，車服；名，爵號。」後漢書來

歙傳：『愚聞爲國者慎器與名，爲家者畏怨重禍，俱慎名器，則下服其命；輕用怨禍，則家受其殃。』『陵寢』，古代帝王陵墓的宮殿寢廟。借指帝王陵墓。後漢書 祭祀志下：『殤帝生三百餘日而崩，鄧太后攝政，以尚嬰孩，故不列於廟，就陵寢祭之而已。』唐杜甫重經昭陵詩：『陵寢盤空曲，熊羆守翠微。』

〔五十六〕理可矜宥：『矜宥』，矜憐寬宥。後漢書 劉愷傳：『宜蒙矜宥，全其先功。』金王若虛君事實辨下：『明皇時，張瑝、張秀亦以父仇殺楊汪，議者多言宜加矜宥。』

〔五十七〕流人配隸，及罰藩鎮效力：『及罰藩鎮效力』，原作『罰鎮效力』，唐文粹作『罰藩鎮效力』，翰苑集、全唐文作『流人配隶，及藩镇效力』，今據文苑英華、四庫全書改。『流人』，被流放的人。莊子 徐無鬼：『子不聞夫越之流人乎？去國數日，見其所知而喜。』宋葉適故贈右諫議大夫龔公謚節肅議：『蓋元符之末，建中靖國之初，既昭雪流人，生死蒙澤，天下望盡復元祐政事。』『配隸』，將流放犯人發配至某地服役。宋葉適廂禁軍弓手士兵：『又有配隸罪人，牢犴充塞，亦州郡所養。』宋史 刑法志三：『太宗以國初諸方割據，沿五代之制，罪人率配隸西北邊，多亡投塞外，誘羌爲寇。』

〔五十八〕與諸使驅使官，兼别敕諸州縣安置：此句原作『與諸使驅使官人，别於州縣安

置』，唐文粹作『與諸使驅使，兼別敕於諸州縣安置』，翰苑集、文苑英華、全唐文則作『與諸使驅使官，兼別敕諸州縣安置』，明鈔本、甲庫本作『與諸使驅使官，兼別於州縣安置』，適園叢書、學林本作『與諸使驅使官人，并於州縣安置』，今據翰苑集、文苑英華、全唐文改。

〔五十九〕未得歸者：此句原作『未許歸者』，今據翰苑集、文苑英華、全唐文改。

〔六十〕應先有痕累禁錮：『痕累』，謂因事牽連而受累。唐元稹上門下裴相公書：『閣下若能蕩滌痕累，洞開嫌疑，棄仇如振塵，愛士如救餒……上以副陛下咸與維新之懷，次有以廣閣下人之道。』

〔六十一〕放歸勿齒者：『勿齒』，不録用。舊唐書玄宗紀上：『三月戊申，詔自今内外官有犯贓至解免以上，縱逢赦免，并終身勿齒。』資治通鑑唐玄宗開元二年：『涪州刺史周利貞等十三人，皆天后時酷吏，比周興等情狀差輕，宜放歸草澤，終身勿齒。』

〔六十二〕未復資者，更與進叙：『進叙』，原作『進取』，今據文苑英華、全唐文、明鈔本、甲庫本、適園叢書、學林本改。

〔六十三〕況黜免之人，沉鬱既久：此句原作『況黜免之徒，沉鬱頗久』，今據翰苑集、文苑英華、全唐文改。

〔六十四〕朝過夕改：此句原作『朝過夕用』，今據翰苑集、文苑英華、全唐文改。

〔六十五〕仁何遠哉。流移降黜，亡官失爵，配隸流人等，有材能著聞者，特加録用：此數句今唐大詔令集諸本原無，今據翰苑集、文苑英華、全唐文增補。

〔六十六〕諸軍諸使諸道赴奉天及進收京城將士等：『諸軍諸使』，原作『諸軍』，翰苑集、全唐文則作『諸軍使』，今據文苑英華增補。

〔六十七〕或萬里勤王：『或』字原無，今據翰苑集、文苑英華、全唐文增補。

〔六十八〕捍固金城，驅除大憝：『金城』，指堅固的城。管子度地：『城外爲之郭，郭外爲之閬。地高則溝之，下則堤之，命之曰金城，樹以荆棘，上相穡著者，所以爲固也。』後漢書班固傳上：『建金城其萬雉，呀周池而成淵。』李賢注：『金城，言堅固也。』『大憝』，極爲人所怨惡。書康誥：『元惡大憝，矧惟不孝不友。』孔傳：『大惡之人猶爲人所大惡。』後用以稱極奸惡的人，首惡之人。晉潘岳西征賦：『愠韓馬之大憝，阻關谷以稱亂。』

〔六十九〕我圖爾功：此句明鈔本、甲庫本、適園叢書、學林本均作『我崇爾功』，然翰苑集、文苑英華、唐文粹、四庫全書、全唐文等均作『我圖爾功』，今仍依原句。

〔七十〕當户應有差科使役，一切蠲免：『當户』，原作『本户』，今據翰苑集、文苑英華、全

唐文改。『差科』，原作『差徭』，今據翰苑集、文苑英華、全唐文改。『蠲免』，原作『蠲除』，今據翰苑集、文苑英華、全唐文改。『差科』，指差役和賦税。唐杜甫遭田父泥飲美嚴中丞詩：『差科死則已，誓不舉家走。』宋陸游岳池農家詩：『緑秧分時風日美，時平未有差科起。』

〔七十一〕其功臣已後雖衰老疾患：『疾患』，原作『病患』，今據翰苑集、文苑英華、全唐文改。

〔七十二〕身死之後：『身死』，原作『身亡』，今據翰苑集、文苑英華、全唐文改。

〔七十三〕待收京日，并準去年十月十七日：『收京日』，原作『收歸日』；『并準去年十月十七日』，原作『并依去年十月七日』，今均據翰苑集、册府元龜、文苑英華、唐文粹、全唐文改。

〔七十四〕惟爾之力：『力』，原作『勳』，今據翰苑集、文苑英華、全唐文改。

〔七十五〕内外文武官三品已上：『文武官』，原作『文武』，今據翰苑集、册府元龜、文苑英華、全唐文、適園叢書、學林本改。

〔七十六〕禮典所先：『禮典』，原作『禮經』，今據翰苑集、文苑英華、全唐文改。

〔七十七〕雖效用而或殊：此句原作『雖效用之或殊』，今據翰苑集、文苑英華、全唐文改。

〔七十八〕諸道將士有死王事者：『將士』，文苑英華、全唐文作『兵士』。

〔七十九〕送歸本管：『送歸』，原作『送赴』，今據翰苑集、文苑英華、全唐文改。

〔八十〕及擒獲伏辜：『擒獲』，原作『捕獲』，今據翰苑集、全唐文改。『伏辜』，服罪；承擔罪責而死。語本詩小雅雨無正：『舍彼有罪，既伏其辜。』史記太史公自序：『諸侯驕恣，吴首爲亂。京師行誅，七國伏辜。』

〔八十一〕委所在逐近便收葬：『收葬』，原作『殯葬』，今據翰苑集、文苑英華、全唐文改。

〔八十二〕應緣流貶及犯罪未葬者：此句原作『應沿流貶及犯罪未收葬者』，今據翰苑集、文苑英華、全唐文改。

〔八十三〕并許其家口各據本官品以禮收葬：『家口』，原作『家』，今據文苑英華、四庫全書、明鈔本、適園叢書、甲庫本、學林本增補。

〔八十四〕汔可小康：『汔』，副詞。庶幾；差不多。詩大雅民勞：『民亦勞止，汔可小康。』鄭玄箋：『汔，幾也。』明張煌言答趙安撫書：『哀我人斯，汔可勞止。』

〔八十五〕其墊陌及税間架竹木茶漆榷鐵等諸色名目：『墊陌』，唐代貨幣制度的一種變通措施。從一緡中抽除若干錢仍作一緡計算，以此彌補國家的財用不足。一緡即一貫，足數是千錢。

陌，指百錢。從緡推算至百，百錢中抽除若干仍作百錢計算，叫『墊陌』，又稱『除陌』。新唐書食貨志四：『經費屈竭，皇甫鎛建議，内外用錢每緡墊二十外，復抽五十送度支以贍軍……尋以用錢墊陌不一，詔從俗所宜，内外給用，每緡墊八十。』宋程大昌考古編緡錢省陌：『元和十二年，民間墊陌有至七十者。』按，墊陌的實際數，各時期不同。『税間架』等，『税間架』即間架税。舊唐書食貨志下：『建中四年六月，户部侍郎趙贊請置大田：天下田計其頃畝，官收十分之一。擇其上腴，樹桑環之，曰公桑。自王公至於匹庶，差借其力，得穀絲以給國用。詔從其説。贊熟計之，自以爲非便，皆寢不下。復請行常平税茶之法。又以軍須迫蹙，常平利不時集，乃請税屋間架、算除陌錢。間架法：凡屋兩架爲一間，至有貴賤，約價三等，上價間出錢二千，中價一千，下價五百。所由吏秉算執籌，入人之廬舍而計其數。衣冠士族，或貧無他財，獨守故業，坐多屋出算者，動數十萬。人不勝其苦。凡没一間者，仗六十，告者賞錢五十貫，取於其家。除陌法：天下公私給與貨易，率一貫舊算二十，益加算爲五十。給與他物或兩换者，約錢爲率算之。市牙各給印紙，人有買賣，隨自署記，翌日合算之。有自貿易不用市牙者，驗其私簿。無私簿者，投狀自集。其有隱錢百者没入，二千杖六十，告者賞十千，取其家資。法既行，而主人市牙得專其柄，率多隱盜。公家所入，曾不得半，而怨讟之聲，囂然滿於天下。至興元二年正月一日赦，悉停罷。』『榷

鐵』，官府對鐵實行專賣。唐柳宗元故銀青光禄大夫開國伯柳公行狀：『赴江西，與租庸使議復榷鐵及常平倉，便宜制置，得以專任。』

〔八十六〕特宜减放今年夏税之半：『特宜』，原作『宜特』，今據翰苑集、文苑英華、唐文粹、四庫全書、全唐文改。

〔八十七〕供儲克辦：『供儲』，翰苑集、全唐文作『軍儲』。

〔八十八〕尚德者教化之所先：『尚德者』，原作『向德者』，今據翰苑集、文苑英華、唐文粹、四庫全書、全唐文改。

〔八十九〕委所在長吏具姓名聞奏：『具姓名』，原作『具名』，今據翰苑集、文苑英華、全唐文增補。

〔九十〕并識洞韜鈐：『韜鈐』，原作『韜略』，今據翰苑集、文苑英華、全唐文改。『韜鈐』，古代兵書六韜、玉鈐篇的并稱。後因以泛指兵書。宋孫光憲北夢瑣言卷五：『趙蕤者，梓州鹽亭縣人也，博學韜鈐，長於經世。』明謝肇淛五雜組人部一：『宋令文、彭博通徒斗氣力，而不習韜鈐。』

〔九十一〕量事優恤：『量事』，原作『量加』，今據翰苑集、文苑英華、唐文粹、全唐文改。

〔九十二〕率以師儉爲天下先：『師儉』，原作『節儉』，今據翰苑集、文苑英華、四庫全書、全唐文改。

〔九十三〕布澤行賞：『布澤』，原作『布恩』，今據翰苑集、文苑英華、唐文粹、全唐文改。

改元貞元并招討河中李懷光淮西李希烈赦〔一〕

門下：王者體元立極〔二〕，欽若乎天地〔三〕；纂業承統〔四〕，嚴奉於祖宗〔五〕。所以敬事修誠，務本敦孝，尊其上以御其下〔六〕，謹其身而訓於人。用能百神允諧，兆庶永賴〔七〕，立國之本，斯其大經〔八〕。朕獨理不明，違道招損，往遭多難，淪陷國都〔九〕，天地宗祧，曠而莫主，則是欽若嚴奉之義缺矣，朕甚用懼焉〔十〕。洎復京師〔十一〕，遽將告謝，有司以人力耗斁，禮物廢墮，日居月諸，歲聿云暮〔十二〕。卜其吉日，式在上春〔十三〕，齊心永懷〔十四〕，坐以待曙。而百辟卿士，抗疏上言〔十五〕，咸謂人心未寧，不足以盡敬；寇孽猶在，不足以告功〔十六〕。迫於群情，俯抑誠願，郊廟孔邇，瞻言莫從，悼心慚顔，胡寧自處。重以和平未洽，灾沴薦臻，去歲旱蝗，兩河爲甚〔十七〕，人流不息，師出靡居。加之以徵求，因之以荒饉，困窮餒殍〔十八〕，轉死丘墟。而又關輔

之間，冬無積雪，土膏未發，宿麥不滋（十九）。詳思咎徵，其失安在（二十）？豈兵戎之後，餘祲尚存（二十一）？將獄犴之中，深冤未釋（二十二）？又河中淮右，逆將阻兵（二十三），污脅齊人（二十四），陷之死地，雖欲自雪，厥路無由，抱義銜冤，足傷和氣。此皆由朕爽德（二十五），播灾於人，爲之父母，實用愧耻。今玄陰已謝（二十六），春日載陽，勾萌畢伸，幽蟄咸震（二十七），思與海内同心自新，發號更元（二十八），用符天意，宜改興元二年爲貞元元年。自正月一日昧爽已前，大辟罪已下，已發覺，未發覺，已結正，未結正，繫囚見徒，罪無輕重，咸赦除之。先準敕令量移收叙人（二十九），所司據節文速與處分。應河中脅從將士，多是奉天赴難功臣（三十），本居朔陲，夙尚忠節，豈以一夫詿誤，棄其累代勛庸（三十一）。朕於此軍尤所不忍（三十二），特宜洗滌，待以初誠。自非與官軍決戰，死於鋒刃，其餘雖臨陣擒獲，并釋放（三十三）。如棄逆歸順者（三十四），在身先有官爵實封，一切如舊。仍準前後敕，所在便給賞錢，并與甄叙（三十五）。如有因危效節，建立殊庸，量其事績，特加奬擢。李懷光若能翻然悔過，束身赴朝，念其嘗有大勛，必當終始全護，仍準前敕，授之官封。朕於功臣，庶亦無負，淮西將吏百姓等（三十六），皆被劫制，久爲匪人，詢事原情，諒非獲已。今王師四合，計日誅夷，玉石俱焚，用增惻憫。

宜令諸道進軍之日，唯罪首惡一人（三十七），其餘徒黨，悉從原宥。如有歸順及立功者，并準河中將士例褒奬。夫爲國之要，在於審官，共理分憂，守宰彌切，闔境性命，繫乎其人。將使里閭無愁苦之聲，風俗興廉讓之教，得不慎柬髦彦，寄之化源（三十八）。自今已後，諸州刺史有闕，中書門下於朝官中精擇有理人才術者授之。如刺史縣令在任，頻年課績尤異者，擢授侍郎、給、舍、郎官、御史，中外迭處，用觀其能，賞罰必行，期於競勸（三十九）。自頃選曹署吏，唯以書判求人，務騁浮華，莫稽實行。且能言者不必適用，藴用者或未能言，爲官擇人，其在精核（四十）。宜令清資常參官，每年於吏部選人中，各舉所知一人，堪任縣令録事參軍者，所司依資叙注擬（四十一），便於甲歷之内，具摽舉主名銜，仍牒報御史臺（四十二）。如到任後政理尤異，及有贓犯事迹著明者（四十三），所司録舉官姓名聞奏，以爲褒貶。其内外官員及京城諸使名目（四十四），委御史審勘會商量，并省停減，仍集百僚定議，務從簡約（四十五），息費便人。其京官外官職田及息利官錢等（四十六），黠吏詆欺，移易疆畔，或貧人轉徙，捕繫親鄰，日月滋深，耗弊彌甚，亦令百僚議其折衷，擇善而行。往以賦役殷繁，人不堪命，定爲兩税，事額易從（四十七）。其諸比屬軍興（四十八），或逾始制，法無所守，吏益爲奸。哀我勞人，汔可小息（四十九）。

州府（五十），除兩税外，應有權宜科率差使（五十一），一切悉停。京畿及近縣所欠百姓和糴價直（五十二），委度支即勘會支給（五十三）。諸道非臨寇賊州縣，自去冬已來新點召官健子弟等（五十四），并宜放散，任營生業。應經陷賊州縣，百姓屋宇被焚毁，并貧病老弱及遭傷損之類，所在量加優恤，使得安存。天下名山大川，并自古聖帝明王賢臣烈士祠廟墳墓（五十五），各委當處長吏擇日致祭，必資精潔，以達至誠（五十六）。班爵有差，所以序賢也（五十七）；廪秩有等，所以明勸也（五十八）。今或高卑失序，中外相逾，至於卿士之家，尚罹凍餒之患，忠信重禄，豈其然耶？内外官禄及俸錢手力雜給等，委中書門下與度支即參詳定額聞奏（五十九）。應赴奉天及收城將士等，并功存社稷，節著艱危，中心藏之，豈忘酬報？頃緣府藏空竭，賞給未周，乃眷勛臣，實用增愧。應準元敕合請賞錢人等（六十），委所司節減宫内及百司費用（六十一），據所有財物，速與給付（六十二）。應在京城及諸道立功將士等，先有詔旨并許甄升，所司勘會淹歷時月，委中書門下即準元敕處分。諸軍行營并河中朝邑被脅從將士（六十三），家口在京及諸州府者，宜令本道節度觀察使安存賑恤，各令優給。應諸軍諸使立仗見在城將士等（六十四），共賜物七萬匹（六十五），制書有未該備，所司速比類條件聞奏（六十六）。敢以赦前事相言告者，以其罪罪之。亡命

山澤，挾藏軍器，百日不首，復罪如初。赦書日行五百里，遐邇咸知。

校箋

〔一〕此文又見於陸贄翰苑集卷二，文題作貞元改元大赦制，文苑英華卷四百二十一翰林制詔二亦載，題作興元二年改爲貞元元年正月一日大赦天下制，作者陸贄。全唐文卷四百六十一亦收此文，題爲貞元改元大赦制，乃在陸贄集中，并署明『興元二年正月一日』。今存唐大詔令集各本及明鈔本、四庫全書、適園叢書、甲庫本、學林本均題作貞元元年正月改元并招討河中李懷光淮西李希烈赦。比勘各典籍所録此詔令，底本中華書局本以及明鈔本、四庫全書、適園叢書、甲庫本、學林本均僅存原此詔令之前小半部分；翰苑集、文苑英華、全唐文則所録較全，然前二者亦均缺少不同之數句，惟全唐文所録最全。考文苑英華所録此文中，時有於今存唐大詔令集所缺部分文句中校勘云『詔令作某某』，據此可知唐大詔令集原所載亦爲此詔令全文，今明鈔本等諸本之殘缺，乃後人抄録時所造成。又，此文底本所缺部分今據翰苑集所録補上，并以文苑英華、全唐文所録此文爲對校本。此文文末未署頒布時間。考舊唐書卷十二德宗紀載：『貞元元年正月丁酉

朔，御含元殿受朝賀，禮畢，宣制大赦天下，改元貞元。』新唐書卷七德宗紀載：『貞元元年正月丁酉，大赦，改元。』資治通鑑卷二百三十一貞元元年記：『春，正月，丁酉朔，赦天下，改元。』又，全唐文已署明『興元二年正月一日』，此與此文所言『宜改興元二年爲貞元元年。自正月一日昧爽已前』所表明之改元時間相合。故據上述諸書所記，此文乃頒布於興元二年正月一日，亦即貞元元年（七八五）正月一日，則其撰寫時間當在此時稍前。又按，此文文題下原未署撰者名，然據上文所考，此文又見於陸贄翰苑集卷二，全唐文亦將此文録於陸贄集中，可見本文撰者當爲陸贄。又，陸贄，其生平事迹見上文即本書卷五奉天改興元元年赦一文校箋第一條。又舊唐書本傳記陸贄對於德宗欲改尊號以及李懷光反叛事之態度與議論，今加以引録，或於本文之背景以及對陸贄其人之了解有所裨益。其本傳有云：建中四年『冬，議欲以新歲改元，而卜祝之流，皆以國家數鍾百六，凡事宜有變革，以應時數。上謂贄曰：「往年群臣請上尊號『聖神文武』四字；今緣寇難，諸事并宜改更，衆欲朕舊號之中更加一兩字，其事何如？」贄奏曰：「尊號之興，本非古制。行於安泰之日，已累謙沖；襲乎喪亂之時，尤傷事體。今者鑾輿播越，未復宫闈，宗社震驚，尚愆禋祀，中區多梗，大憝猶存。此乃人情向背之秋，天意去就之際，陛下宜深自懲勵，收攬群心，痛自貶損，以謝靈譴，不可近從末議，重益美名。」帝曰：「卿所奏陳，雖理體甚切，然時運必須小有

改變，亦不可執滯，卿更思量。」贄曰：『古之人君稱號，或稱皇、稱帝，或稱王，但一字而已；至暴秦，乃兼皇帝二字，後代因之，及昏僻之君，乃有聖劉、天元之號。是知人主輕重，不在自稱，崇其號無補於徽猷，損其名不傷其德美。然而損之有謙光稽古之善，崇之獲矜能納諂之譏，得失不侔，居然可辨。況今時遭迍否，事屬傾危，尤宜懼思，以自貶抑。必也俯稽術數，須有變更。與其增美稱而失人心，不若黜舊號以祇天戒。天時人事，理必相符，人既好謙，天亦助順。陛下誠能斷自宸鑒，煥發德音，引咎降名，深示刻責，惟謙與順，一舉而二美從之。』德宗從之，但改興元年號而已。……興元元年，李懷光異志已萌，欲激怒諸軍，上表論諸軍衣糧薄，神策衣糧厚，厚薄不均，難以驅戰，意在撓沮進軍。李晟密奏，恐其有變，上憂之，遣贄使懷光軍宣諭。使還，贄奏事曰：「賊泚稽誅，保聚宮苑，勢窮援絶，引日偷生。懷光總仗順之軍，乘制勝之氣，鼓行芟翦，易若摧枯，而乃寇奔不追，師老不用，諸帥每欲進取，懷光輒沮其謀。據兹事情，殊不可解。陛下意在全護，委曲聽從，覿其所爲，亦未知感。若不别爲規略，漸相制持，唯以姑息求安，終恐變故難測。此誠事機危迫之秋也，故不可以尋常容易處之。今李晟奏請移軍，適遇臣銜命宣慰，懷光偶論此事，臣遂泛問所宜，懷光乃云：『李晟既欲别行，某亦都不要藉。』臣猶慮有翻覆，因美其軍强盛，懷光大自矜誇，轉有輕晟之意。臣又從容問云：『昨發離行在之日，未知有此商量；今日從

此却回，或恐聖旨顧問，事之可否，决定何如？」懷光已肆輕言，不可中變，遂云：「恩命許去，事亦無妨。」要約再三，非不詳審，雖欲追悔，固難爲詞。伏望即以李晟表出付中書，敕下依奏，别賜懷光手詔，示以移軍事由。其手詔大意云：「昨得李晟奏，請移軍城東以分賊勢。朕緣未知利害，本欲委卿商量，適會陸贄從彼宣慰回，云見卿論叙軍情，語及於此，仍言許去，事亦無妨，遂敕本軍允其所請。卿宜授以謀略，分路夾攻，務使叶齊，克平寇孽。」如此詞婉而直，理當而明，雖蓄異端，何由起怨？……」德宗初望懷光回意破賊，故晟屢奏移軍不許；及贄縷陳懷光反狀，乃可晟之奏，遂移軍東渭橋。而鄜坊節度李建徽、神策行營陽惠元猶在咸陽，贄慮懷光并建徽等軍，又奏曰：「懷光當管師徒，足以獨制凶寇，逗留未進，抑有他由。所患太强，不資傍助。比者又遣李晟、李建徽、陽惠元三節度之衆附麗其營，無益成功，祇憂生事。何則？四軍懸壘，群帥異心，論勢力則懸絶高卑，據職名則不相統屬。懷光輕晟等兵微位下，而忿其制不從心，晟等疑懷光養寇蓄奸，而怨其事多陵己，端居則互防飛謗，欲戰則遞恐分功，齟齬不和，嫌釁遂構，俾之同處，必不兩全。强者惡積而後亡，弱者勢危而先覆，覆亡之禍，翹足可期。舊寇未平，新患方起，憂嘆所切，實堪疚心。太上消慝於未萌，其次救失於始兆，况乎事情已露，禍難垂成，委而不謀，何以制亂？……」德宗曰：「卿之所料極善。然李晟移軍，懷光心已惆悵，若更遣建徽、

惠元就東，則使得爲詞。且俟旬時。」晟至東渭橋，不旬日，懷光果奪兩節度兵，建徽單騎遁而獲免，惠元中路被執，害之。報至行在，人情大恐。翌日，移幸山南。贊練達兵機，率如此類。」

〔二〕王者體元立極：『體元』，謂以天地之元氣爲本。漢班固東都賦：『體元立制，繼天而作。』南朝齊王融三月三日曲水詩序：『體元則大，悵望姑射之阿。』『立極』，登帝位；秉國政。宋文天祥逐鹿詩：『軒轅此立極，玉帛朝諸侯。』四游記玉帝起賽寶通明會：『上帝傳下玉旨云：「朕立極以來，未會卿等，今立此會，名曰三界通明會。」』

〔三〕欽若乎天地：『欽若』，敬順。書堯典：『乃命羲、和，欽若昊天，曆象日月星辰，敬授民時。』陳書高祖紀下：『梁氏以圮剥薦臻，歷運有極，欽若天應，以命於霸先。』

〔四〕纂業承統：『纂業』，原作『纘業』，今據翰苑集、全唐文改。此句四庫全書作『纘承統業』。『纂業』，繼承大業。列子楊朱：『禹纂業事讎。』南朝梁劉勰文心雕龍時序：『太祖以聖武膺籙，高祖以睿文纂業。』『承統』，繼承帝位。漢書公孫弘等傳贊：『孝宣承統，纂修洪業。』後漢書殤帝紀：『皇帝幼冲，承統鴻業。』

〔五〕嚴奉於祖宗：『於』，原作『乎』，今據翰苑集、全唐文改。

〔六〕尊其上以御其下：此句文苑英華、全唐文作『尊其上以御於下』。

〔七〕用能百神允諧，兆庶永賴：此句原作『百神允懷，庶兆永賴』，今據翰苑集、文苑英華、全唐文改。『允諧』，和諧一致。書益稷：『庶尹允諧。』孔穎達疏：『信皆和諧，言職事修理也。』

〔八〕立國之本，斯其大經：此兩句原作『國之大典，莫重於斯』，今據翰苑集、文苑英華、全唐文改。

〔九〕朕燭理不明，違道招損，往遭多難，淪陷國都：『往遭多難』，原作『往遭人難』；『淪陷國都』，原作『臨陷都國』，今均據翰苑集、文苑英華、全唐文改。『燭理』，考察事理。舊唐書代宗紀：『朕涉道未弘，燭理多昧。』朱子語類卷五十二：『若非燭理洞徹，胸次坦然，即酬酢應對，蹉失多矣。』按，『淪陷國都』事舊唐書德宗紀記云：建中四年『冬十月丙午，詔涇原節度使姚令言率涇原之師救哥舒曜。丁未，涇原軍出京城，至滻水，倒戈謀叛，姚令言不能禁。上令載繒彩二車，遣晉王往慰諭之，亂兵已陳於丹鳳闕下，促神策軍拒之。無一人至者。與太子諸王妃主百餘人出苑北門，右龍武軍使令狐建方教射於軍中，聞難，聚射士得四百人扈從。其夕至咸陽，飯數匕而過。戊申，至奉天。己酉，元帥都虞候渾瑊以子弟家屬至，乃以瑊爲行在都虞候，神策軍使白志貞爲行在都知兵馬使，以令狐建爲中軍鼓角使，金吾將軍侯仲莊爲奉天防城使。亂

兵既剽京城，屯於白華，乃於晋昌里迎朱泚爲帥，稱太尉，居含元殿。』資治通鑒卷二百二十八建中四年載此次國都淪陷情景云：『上發涇原等諸道兵救襄城。冬，十月，丙午，涇原節度使姚令言將兵五千至京師。軍士冒雨，寒甚，多携子弟而來，冀得厚賜遺其家，既至，一無所賜。丁未，發至滻水，詔京兆尹王翃犒師，惟糲食菜餤；衆怒，蹴而覆之，因揚言曰：「吾輩將死於敵，而食且不飽，安能以微命拒白刃邪！聞瓊林、大盈二庫，金帛盈溢，不如相與取之。」乃擐甲張旗鼓噪，還趣京城。令言入辭，尚在禁中，聞之，馳至長樂阪，遇之。軍士射令言，令言抱馬鬣突入亂兵，呼曰：「諸君失計！東征立功，何患不富貴，乃爲族滅之計乎！」軍士不聽，以兵擁令言而西。上遽命賜帛，人二匹；衆益怒，射中使。又命中使宣慰，賊已至通化門外，中使出門，賊殺之。又命出金帛二十車賜之。賊已入城，喧聲浩浩，不復可遏。百姓狼狽駭走，賊大呼告之曰：「汝曹勿恐，不奪汝商貨僦質矣！不税汝間架陌錢矣！」上遣普王誼、翰林學士姜公輔出慰諭之；賊已陳於丹鳳門外，小民聚觀者以萬計。……上召禁兵以禦賊，竟無一人至者。賊已斬關而入，上乃與王貴妃、韋淑妃、太子、諸王、唐安公主自苑北門出，王貴妃以傳國寶繫衣中以從。後宫諸王、公主不及從者什七八。……賊入宫，登含元殿，大呼曰：「天子已出，宜人自求富！」遂歡噪，争入府庫，運金帛，極力而止。小民因之，亦入宫盗庫物，出而復入，通夕不已。其不能入者，剽

奪於路。諸坊居民各相帥自守。姚令言與亂兵謀曰：「今衆無主，不能持久，朱太尉閑居私第，請相與奉之。」衆許諾。乃遣數百騎迎泚於晋昌里第。夜半，泚按轡列炬，傳呼入宫，居含元殿，設警嚴，自稱權知六軍。戊申旦，泚徙居白華殿，出榜於外，稱：「涇原將士久處邊陲，不閑朝禮，輒入宫闕，致驚乘輿，西出巡幸。太尉已權臨六軍，應神策等軍士及文武百官凡有禄食者，悉詣行在。不能往者，即詣本司。若出三日，檢勘彼此無名者，皆斬！」於是百官出見泚。或勸迎乘輿，泚不悦，百官稍稍遁去。」

〔十〕則是欽若嚴奉之義缺矣，朕甚用懼焉：『則』字原無，今據翰苑集、文苑英華、全唐文增補。『甚用』，原作『甚』，今據翰苑集、全唐文增補。

〔十一〕洎復京師：此句原作『洎再復京師』，今據翰苑集、全唐文改。按，舊唐書德宗紀記『洎復京師』事云：興元元年五月『丙子，李抱真、王武俊破朱滔於經城東南，斬首三萬級，擒僞相朱良祐、李俊以獻。朱滔遁歸幽州。……庚寅，李納上章禀命，乃贈李正己太尉。壬辰，商州尚可孤破賊於藍田。乙未，安西四鎮節度使郭昕、北庭都護李元忠加左右僕射。是夜，李晟自渭北移軍於光泰門外。賊來薄，我軍争奪擊，大敗之，蹙入光泰門，斬馘數千計，賊黨慟哭而入白華。戊辰，列陳於光泰門外。遣騎將史萬頃往神麑村，開苑墻二百餘步，賊樹栅當之。我軍争

柵，雲合雷擊，與賊血戰，賊黨大敗，追擊至白華，朱泚、姚令言率衆萬餘遁去。晟收復京城。是日，渾瑊與戴休顔亦破賊三千於咸陽，韓游瓌追朱泚於經州。六月……癸卯，贈神策兵馬使楊惠元右僕射。是日，李晟上收京城露布，上覽之，涕下沾襟。……戊午，車駕還京，發興元，是日大雨，及入斜谷，晴霽，從官將士歡然以爲天助。秋七月丙子，車駕次鳳翔府，詔放管内今年秋税……壬午，至自興元。時渾瑊、韓游瓌、戴休顔以其衆扈從，李晟、駱元光、尚可孤以其衆奉迎，步騎十餘萬，旌旗連亘數十里，都民僧道，歡呼感泣。……辛卯，御丹鳳樓，大赦天下』。

〔十二〕日居月諸，歲聿云暮：『日居月諸』，日月。居、諸，語氣助詞。詩邶風日月：『日居月諸，照臨下土。』毛傳：『日乎月乎，照臨之也。』後用以指歲月流逝。漢蔡琰胡笳十八拍之十一：『日居月諸兮在戎壘，胡人寵我兮有二子。』『歲聿云暮』即『歲聿其莫』，謂一年將盡。聿，語助；莫，『暮』的古字。詩唐風蟋蟀：『蟋蟀在堂，歲聿其莫。』亦作『歲聿云暮』。魏書樂志：『既歲聿云暮，三朝無遠，請共本曹尚書及郎中部率呈試。』

〔十三〕卜其吉日，式在上春：『卜其吉日』，原作『卜其近日』，今據翰苑集、全唐文改。『式在上春』，翰苑集、文苑英華、全唐文作『俯在上春』。

〔十四〕齊心永懷：此句原作『齋心永懷』，今據翰苑集、文苑英華、全唐文改。

〔十五〕抗疏上言：『抗疏』，原作『抗表』，今據翰苑集、文苑英華、全唐文改。『抗疏』，謂向皇帝上書直言。漢書揚雄傳下：『獨可抗疏，時道是非。』唐權德輿奉送孔十兄賓客承恩致政歸東都舊居詩：『乞身已見抗疏頻，優禮新聞詔書許。』

〔十六〕寇孽猶在，不足以告功：『寇孽』，四庫全書作『寇盜』；『不足以』，原作『不可以』，今據翰苑集、文苑英華、全唐文改。

〔十七〕灾沴薦臻，去歲旱蝗，兩河爲甚：『薦臻』，接連到來；屢次降臨。薦，通『洊』。詩大雅雲漢：『天降喪亂，饑饉薦臻。』漢書孔光傳：『如貌、言、視、聽、思失，大中之道不立，則咎徵薦臻，六極屢降。』按，此處所謂『灾沴薦臻，去歲旱蝗，兩河爲甚』狀況舊唐書德宗紀有所記載：興元元年『是秋，螟蝗蔽野，草木無遺』。又，貞元元年正月記云：『去秋螟蝗，冬旱，至是雪，寒甚，民饑凍死者踣於路。』資治通鑑卷二百三十一興元元年末亦記：『是歲蝗遍遠近，草木無遺，惟不食稻，大饑，道殣相望。』

〔十八〕困窮餒殍：『餒殍』，餓殍。舊唐書憲宗紀上：『内乏口食，外牽王徭，豈惟轉輸之虞，慮有餒殍之患。』

〔十九〕而又關輔之間，冬無積雪，土膏未發，宿麥不滋：翰苑集、全唐文無『而又』二

字。『土膏』，土中所含的適合植物生長的養分。國語 周語上：『陽氣俱蒸，土膏其動。』唐皇甫冉雜言無錫惠山寺流泉歌：『土膏脉動知春早，隈隩陰深長苔草。』『宿麥』，隔年成熟的麥。即冬麥。漢書 武帝紀：『遣謁者勸有水灾郡種宿麥。』顏師古注：『秋冬種之，經歲乃熟，故云宿麥。』北魏賈思勰齊民要術 大小麥：『夏至後七十日，可種宿麥。早種則蟲而有節，晚種則穗小而少實。』

〔二十〕詳思咎徵，其失安在：『其失安在』，翰苑集、文苑英華、全唐文作『有爲而致』。『咎徵』，過失的報應；灾禍應驗。書 洪範：『曰咎徵：曰狂，恒雨若；曰僭，恒暘若。』蔡沈集傳：『某事失，則某咎徵應。』晉袁宏後漢紀 順帝紀下：『懼群臣奢泰，昏迷典式，自下逼上，用速咎徵。』

〔二十一〕餘祲尚存：『餘祲』，原作『餘寇』，文苑英華作『餘梗』，又校云『詔令作祲』。今據翰苑集、四庫全書、全唐文改。『尚存』，原作『尚在』，今據翰苑集、文苑英華、全唐文改。『祲』，日旁雲氣。古時迷信，認爲此由陰陽二氣相互作用而發生，能預示吉凶。常指妖氣、不祥之氣。左傳 昭公十五年：『吾見赤黑之祲，非祭祥也，喪氛也。』杜預注：『祲，妖氛也。』戰國策 魏策四：『懷怒未發，休祲降於天。』

〔二十二〕將獄犴之中，深冤未釋：『未釋』，原作『未息』，今據翰苑集、文苑英華、全唐文改。『獄犴』，亦作『獄豻』。牢獄。漢桓寬鹽鐵論刑德：『幽隱遠方，折乎知之，室女童婦，咸知所避。是以法令不犯，而獄犴不用也。』魏書高祖紀下：『輕繫之囚，宜速決了，無令薄罪久留獄犴。』

〔二十三〕又河中淮右，逆將阻兵：『又』，原作『且』，今據翰苑集、全唐文改。『河中』，文苑英華作『河左』。『將』，文苑英華作『將』，下有校『詔令作賊』。按，此兩句乃指此文題之『河中李懷光淮西李希烈』二人。李懷光，傳見舊唐書卷一百二十一、新唐書卷二百二十四上。李希烈，傳見舊唐書卷一百四十五、新唐書卷二百二十五中。舊唐書李懷光傳載：『李懷光，渤海靺鞨人也。本姓茹，其先徙於幽州，父常爲朔方列將，以戰功賜姓氏，更名嘉慶。懷光少從軍，以武藝壯勇稱，朔方節度使郭子儀禮之益厚。上元中，累遷試太僕、太常卿，主右衙兵將，積功勞至開府儀同三司，爲朔方軍都虞候。永泰初，實封三百户。大曆六年，兼御史中丞，間一年，兼御史大夫，加爲軍都虞候。性清勤嚴猛，而敢誅殺，雖親戚犯法，皆不撓避。……德宗即位，罷子儀節度副元帥，以其所部分隸諸將，遂以懷光起復檢校刑部尚書，兼河中尹、邠州刺史、邠寧慶晉降慈隰節度支度營田觀察押諸蕃部落等使。……建中初，涇原四鎮節度使段秀實爲

宰相楊炎所惡，征爲司農卿。上將復城原州，乃以懷光兼涇州刺史、涇原四鎮北庭節度使。……二年，遷檢校左僕射，兼靈州大都督、單于鎮北大都護、朔方節度支度營田觀察鹽池押諸蕃部落六城水運使，實封四百户。邠寧節度等使如故。……三年，詔遣懷光統朔方兵步騎一萬五千同討田悦。……明年十月，涇原之卒叛，上居奉天。朱泚既僭大號，遣中使馳告河北諸帥，懷光率軍奔命。時屬泥淖，懷光奮厲軍士，道自蒲津渡河，敗泚騎兵於醴泉，直赴奉天。前數日，先遣裨將張韶持表封蠟丸隨賊攻城，乘間逾塹，呼城上人曰：「朔方軍使也。」乃以繩引上城而入，比登堞，身中數十矢。時上在重圍中，守拒益急，既知懷光軍至，令張韶號令於城上，人心乃安。懷光又敗泚兵於魯店，泚乃解兵還走入城。……懷光屯軍咸陽，數上表暴揚杞等罪惡，上不得已爲貶杞、趙贊、白志貞以慰安之。……懷光既不敢進軍，遷延自疑，因謀爲亂。……興元元年二月，詔加太尉，兼賜鐵券，遣李升及中使鄧鳴鶴賫券喻旨。懷光怒甚，投券於地曰：「凡人臣反，則賜鐵券，今授懷光，是使反也。」詞氣益悖，衆爲之懼。時懷光部將韓游瓌掌兵在奉天，懷光乃與游瓌書，約令爲變，游瓌密奏之。翌日，懷光又使趣之，游瓌復奏聞。數日，懷光又使趣游瓌，爲門者所捕。懷光且宣言曰：「吾今與朱泚連和，車駕當須引避。」由是上遽幸梁州。時李晟已移軍東渭橋，懷光復劫李建徽、楊惠元等軍，移於好時，其下頗多携貳。先是朱泚甚畏之，至是因欲臣

之。懷光虜劫無所得，益疑懼不自安，居二旬，乃驅兵分爲部隊，掠涇陽、三原、富平，自同州往河中。……戴休顔自奉天令於軍曰：「懷光已反。」乃令城守馳表以聞。上於是授游瓌、休顔節度使。乃除懷光太子太保，罷其餘官，其所管委本軍擇一人功高望崇者統之，皆不奉詔。四月，懷光至河中，遂偷有同、絳等州，按兵觀望。……上還京師，以侍中渾瑊爲河中節度副元帥，將兵討懷光。……時仍歲旱蝗，京師初復，經費不給，言事者多請赦懷光。時河東節度使馬燧威名素著，乃加燧副元帥，與瑊及鎮國軍節度駱元光、邠寧節度韓游瓌、鄜坊節度唐朝臣會兵同討懷光。燧率軍拔絳州，至寶鼎，慮懷光西走，唐突京邑，乃舍軍朝京師。既還，與瑊先自河東而降其驍將尉珪、徐庭光，統諸軍以圍河中。貞元元年秋，朔方部將牛名俊斬懷光首以降燧。』又，舊唐書李希烈傳載：『李希烈，遼西人。父大定。希烈少從平盧軍，後隨李忠臣過海至河南。寶應初，忠臣爲淮西節度，署希烈爲偏裨，累授將軍、試光禄卿、殿中監。忠臣兼領汴州，希烈爲左厢都虞候，加開府儀同三司。大曆末，忠臣軍政不修，事多委妹婿張惠光，爲押衙，弄權縱恣，人怨。與少將丁皓等斬惠光父子，忠臣奔赴朝廷。詔以忻王爲淮西節度副大使，授希烈蔡州刺史、兼御史中丞、淮西節度留後，令滑亳節度李勉兼領汴州。德宗即位後月餘，加御史大夫，充淮西節度支度營田觀察使，又改淮西節度淮寧軍以寵之。建中元年，又加檢校禮部尚書。會山南東道節度梁

崇義拒捍朝命，迫脅使臣，二年六月，詔諸軍節度率兵討之；加希烈南平郡王，兼漢北都知諸兵馬招撫處置使。希烈破崇義衆，遂討平之。録希烈功，加檢校右僕射、同平章事，賜實封五百户。淄青節度李正己又謀不軌，三年秋，加希烈檢校司空，兼淄青兖鄆登萊齊等州節度支度營田、新羅、渤海兩蕃使，令討襲正己。希烈遂率所部三萬人移居許州，聲言遣使往青州招諭李納，其實潛與交通，又移牒汴州令備供擬，將與納同爲亂。李勉以其道路合自陳留，乃除道具饌以待之，希烈不從，乃大慢駡。自是志意縱肆，言多悖慢，日遣使交通河北諸賊帥等。是歲長至日，朱滔、田悦、王武俊、李納各僭稱王，滔使至希烈，希烈亦僭稱建興王、天下都元帥。四年，希烈遣其將襲陷汝州，執李元平而去，東都大擾亂。朝廷猶爲含容，遣太子太師顔真卿往宣慰。真卿發後數日，以龍武將軍哥舒曜爲東都兼汝州行營兵馬節度。希烈既見真卿，但肆凶言，令左右慢駡，指斥朝廷。又遣逆黨董待名、韓霜露、劉敬宗、陳質、翟暉等四人伺外，侵抄州縣，官軍皆爲其所敗，荆南節度張伯儀全軍覆没。又令周曾、王玢、姚憺、吕從賁、康琳等來襲曜，曾、玢、憺等謀回軍據蔡州襲討希烈，事泄，并遇害。神策軍使白志貞又獻策謀，令嘗爲節度、都團練使者各出家僮部曲一人及馬，令劉德信總之討希烈。尋詔李勉爲淮西招討使，哥舒曜爲副。……八月，希烈率衆二萬圍襄城，李勉又令將唐漢臣率兵與劉德信同爲曜之影援，皆望風敗衄。……會涇州

兵亂，車駕幸奉天。其日，希烈大破曜軍於襄城，曜遁歸東都，賊因乘勝攻陷汴州，李勉奔歸宋州。希烈性慘毒酷……其攻汴州，驅百姓，令運木土築壘道，又怒其未就，乃驅以填之，謂之濕梢。既入汴州，於是僭號曰武成，以孫廣、鄭賁、李綬、李元平爲宰相；以汴州爲大梁府，李清虛爲尹，署百官。遣兵東討，至寧陵，竟爲劉洽所拒，不得前。又遣將翟暉率精卒襲陳州，爲劉洽、李納大破之，生擒暉以獻。諸軍乘勝進攻汴州，希烈遁歸蔡州，擒其僞署將相鄭賁、劉敬宗等。李臯、樊澤、曲環、張建封又四面討襲之，累拔其郡縣，希烈敗衄。貞元二年三月，因食牛肉遇疾，其將陳仙奇令醫人陳仙甫置藥以毒之而死。」

〔二十四〕污脅齊人：「齊人」，平民。晋劉琨勸進表：「齊人波蕩，無所繫心。」新唐書韋倫傳：「國忠多發州縣齊人令鼓鑄，督非所習，雖箠扶苛嚴，愈無功。」

〔二十五〕此皆由朕爽德：「爽德」，原作「寡德」，今據翰苑集、文苑英華、全唐文改。「爽德」，失德。書盤庚：「故有爽德，自上其罰汝。」蔡沈集傳：「爽，失也。故汝有失德，自上其罰汝。」孫星衍疏：「爽者，釋言云：差也，忒也。言汝今有差忒之行，先後自上其罰汝。」國語周語上：「昔昭王娶於房，曰房后，實有爽德。」韋昭注：「爽，貳也。」

〔二十六〕今玄陰已謝：「玄陰」，謂冬季極盛的陰氣。漢王粲七釋：「農功既登，玄陰戒寒，

乃致衆庶，大獵中原。』南朝宋謝惠連雪賦：『玄陰凝不昧其潔，太陽曜不固其節。』

〔二十七〕勾萌畢伸，幽蟄咸震：『畢伸』，原作『畢申』，今據翰苑集、文苑英華、全唐文改。『勾萌』，句萌。草木的嫩芽。隋書音樂志下：『勾萌既申，芟柞伊始。』宋蘇軾與周文之書之一：『嶺南無大寒甚暑，秋冬之交，勾萌盜發，春夏之際，柯葉潛改。四時之運，默化而人不知。』『幽蟄』，冬眠土中的蟲類。唐陸龜蒙雜諷詩之二：『吾欲斧其吭，無雷動幽蟄。』

〔二十八〕發號更元：『發號』原作『布澤』，今據翰苑集、文苑英華、全唐文改。

〔二十九〕先準敕令量移收叙人：按，今存唐大詔令集各本均闕此句及其以下篇幅，故以下文字據翰苑集補入，并以文苑英華、全唐文對校。

〔三十〕奉天赴難功臣：按，此指建中四年冬因涇原兵變，唐德宗離開京城，往奉天避難時之扈從與護衛者。舊唐書德宗紀載此事云：『冬十月丙午，詔涇原節度使姚令言率涇原之師救哥舒曜。丁未，涇原軍出京城，至滻水，倒戈謀叛，姚令言不能禁。上令載繒彩二車，遣晋王往慰諭之，亂兵已陳於丹鳳闕下，促神策軍拒之。無一人至者。與太子諸王妃主百餘人出苑北門，右龍武軍使令狐建方教射於軍中，聞難，聚射士得四百人扈從。其夕至咸陽，飯數匕而過。戊申，至奉天。己酉，元帥都虞候渾瑊以子弟家屬至，乃以瑊爲行在都虞候，神策軍使白志貞爲行在都知兵

馬使，以令狐建爲中軍鼓角使，金吾將軍侯仲莊爲奉天防城使。』

〔三十一〕豈以一夫詿誤，棄其累代勛庸：『詿誤』，貽誤；連累。戰國策 韓策一：『夫不顧社稷之長利，而聽須臾之説，詿誤人主者，無過於此者矣。』漢書 息夫躬傳：『昔秦繆公不從百里奚、蹇叔之言，以敗其師，悔過自責，疾詿誤之臣，思黄髮之言，名垂於後世。』『勛庸』，功勛。後漢書 荀彧傳：『曹公本興義兵，以匡振漢朝，雖勛庸崇著，猶秉忠貞之節。』舊唐書 李嗣業傳：『總驍果之衆，親當矢石，頻立勛庸。』

〔三十二〕朕於此軍尤所不忍：按，『此軍』指涇原節度使姚令言所率之涇原之師。

〔三十三〕并釋放：此句原作『亦從釋放』，今據文苑英華、全唐文改。

〔三十四〕如棄逆歸順者：此句原作『棄逆歸順者』，今據全唐文增補。

〔三十五〕并與甄叙：『甄叙』，經甄别而加以提升或任用。唐陸贄平朱泚後車駕還京大赦制：『將士等俱以純誠，奮其勇節……其已經甄叙者，更與超三資進改。』續資治通鑑宋太祖乾德二年：『（選人）取歷任中多課績而無闕失者，當與量材甄叙。』

〔三十六〕淮西將吏百姓等：按，『淮西將吏百姓』，指李希烈所轄之將吏百姓。

〔三十七〕唯罪首惡一人：『唯罪』，原作『唯存』，今據文苑英華、全唐文改。

〔三十八〕得不愼柬髦彦，寄之化源：『愼柬』，全唐文作『愼簡』，義同『愼柬』。『愼柬』，謹愼挑選。唐陸贄普王荆襄江西等道兵馬都元帥制：『弘九合之功，决百勝之略，非愼柬不可以濟事，非僉屬不可以臨人。』『髦彦』，杰出的人才。晋葛洪抱朴子嘉遁：『而多士雲起，髦彦鱗萃。』陳書後主紀：『思所以登顯髦彦，式備周行。』『化源』，此處指掌教化之位。舊唐書李渤傳：『若言不行，計不從，順奉身速退，不宜尸素於化源。』

〔三十九〕期於競勸：『競勸』，争相勸勉。左傳昭公元年：『去煩宥善，莫不競勸，子其圖之。』吕氏春秋審分：『堅窮廉直，忠敦之士，畢競勸騁騖矣。』

〔四十〕爲官擇人，其在精核：『爲官擇人』，原作『凡爲擇人』，今據文苑英華、全唐文改。『精核』，精細考核。後漢書順帝紀：『其簡序先後，精核高下，歲月之次，文武之宜，務存厥衷。』新唐書張九齡傳：『今若刺史縣令精核其人，則管内歲當選者，使考才行。』

〔四十一〕所司依資叙注擬：『注擬』，唐時選舉官員，凡應試獲選者先由尚書省登録，經考詢後再按其才能擬定官職，稱爲『注擬』。唐封演封氏聞見記頌德：『從前注擬，皆約循資格，至國忠創爲押例，選深者盡留，乃無才與不才也。』舊唐書劉祥道傳：『時選人漸衆，林甫奏請四時聽選，隨到注擬，當時甚以爲便。』

〔四十二〕便於甲歷之内，具標舉主名銜，仍牒報御史臺：『具標』，文苑英華、全唐文作『具標』。按，『標』通『標』，標榜。宋書謝靈運傳論：『子建、仲宣以氣質爲體，并標能擅美，獨映當時。』一本作『標』，『牒報』，行文通報。宋李綱與吕安老提刑書：『已遣使臣齎榜撫之，并牒報諸司，更煩審處。』

〔四十三〕如到任後政理尤異，及有贓犯事迹著明者：『如到任後政理尤異』，原作『如到任後政尤異者』，今據全唐文改。『及有贓犯事迹著明者』，原作『有贓犯事迹著明者』，今據文苑英華、全唐文改。

〔四十四〕其内外官員及京城諸使名目：『内外官員』，原作『内外員』，今據文苑英華、全唐文增補。

〔四十五〕務從簡約：『從』，文苑英華亦同，於『從』字下有校云：『詔令作欲。』

〔四十六〕其京官外官職田及息利官錢等：此句原無『外官』二字，今據文苑英華增補。『職田』，又稱『職分田』，乃古代按品級授予官吏作俸禄的公田。北魏太和九年均田，地方官吏也按級分給公田，爲授職分田之始。隋時已有職分田之稱，以後歷代相沿，唯授田數量各有增減。職分田於解任時移交後任，不得買賣。官吏受田佃給農民耕種，收取地租。明以後廢除，但仍有養

廉田、莊田等名目。隋書食貨志：『京官又給職分田，一品者給田五頃，每品以五十畝爲差，至五品，則爲田三頃，六品二頃五十畝。其下每品以五十畝爲差，至九品爲一頃。外官亦各有職分田。又給公廨田，以供公用。』亦省稱『職田』。唐白居易議百官職田策：『臣伏以職田者，職既不同，田亦異數。』

〔四十七〕定爲兩税，事額易從：『事額』，文苑英華作『事頗』。『兩税』，夏税和秋税的合稱。唐德宗時楊炎作兩税法，并租庸調爲一，令以錢輸税。夏輸不超過六月，秋輸不超過十一月，故稱兩税。唐趙元一奉天録卷二：『京城減收兩税之半。』新唐書崔造傳：『造久在江左，疾錢穀諸使罔上……乃建言：「天下兩税，請委本道觀察使、刺史選官部送京師。」』『額』，規定的數目。舊唐書孝友傳崔衍：『舊額賦租，特望蠲減。』宋王安石上運使孫司諫書：『犯者不休，告者不止，糶鹽之額不復於舊，則購之勢未見其止也。』

〔四十八〕比屬軍興：『軍興』，文苑英華作『兵興』。

〔四十九〕哀我勞人，汔可小息：『勞人』，憂傷之人。詩小雅巷伯：『驕人好好，勞人草草。蒼天蒼天！視彼驕人，矜此勞人。』馬瑞辰通釋：『高誘淮南子注：「勞，憂也。」「勞人」即憂人也。』『汔』，副詞。庶幾；差不多。詩大雅民勞：『民亦勞止，汔可小康。』鄭玄箋：『汔，

幾也。』明張煌言答趙安撫書：『哀我人斯，汔可勞止。』

〔五十〕其諸州府：此句原作『自諸道州府』，全唐文亦作『自諸道州府』，今據文苑英華改。

〔五十一〕應有權宜科率差使：『科率』，官府於民間定額徵購物資。新唐書代宗紀：『詔浙江水旱，百姓重困，州縣勿輒科率。』宋司馬光諫西征疏：『當此之際，國家惟宜鎮之以静，省息諸事，減節用度，則租税自輕，傜役自少，逋負自寬，科率自止。』

〔五十二〕京畿及近縣所欠百姓和糴價直：『價直』，全唐文作『價值』。按，『價直』同『價值』。『和糴』，古時官府以議價交易爲名向民間强制徵購糧食。始於北魏。魏書食貨志：『又收内郡兵資與民和糴，積爲邊備。』新唐書宦者傳上高力士：『和糴不止，則私藏竭，逐末者衆。』『價直』，款額；價格。後漢書班超傳：『會閑者羌亂，西域復絶，北虜遂譴責諸國，備其逋租，高其價直，嚴以期會。』宋范鎮東齋記事卷四：『前此或限升斗從糴，或抑市井價直，適足以增其氣焰，而終不能平其價。』

〔五十三〕委度支即勘會支給：『度支』，官署名。魏晋始置。掌管全國的財政收支。長官爲度支尚書。南北朝以度支尚書領度支、金部、倉部、起部四曹。隋開皇初改度支尚書爲民部尚書。唐因避太宗李世民諱，改民部爲户部，旋復舊稱。『勘會』，審核議定。元典章新集刑部隱

藏人口：『諸人誘略良人等罪，經原免，其被賣之人雖未勘會完備，合依發付給親。』

（五十四）自去冬已來新點召官健子弟等：此句原作『自冬已來點召官健子弟』，今據文苑英華增補。『官健』，唐初府兵制，士兵自備武器資糧，後逐漸改爲官給，故稱士兵爲官健。唐白居易請罷兵第二狀：『況神策官健，又最烏雜：以城市之人，例皆不慣。如此，忽思生路，或有奔逃。』舊唐書張萬福傳：『萬福曰：官健常虛費衣糧，無所事，今乃一小賴之，不足過賞，請用三之一。』資治通鑑唐代宗大曆三年引此文，胡三省注云：『兵農既分，縣官費衣糧以養軍，謂之官健，猶言官所養健兒也。』

（五十五）賢臣烈士祠廟墳墓：『墳墓』，原作『墳基』，今據文苑英華、全唐文改。

（五十六）以達至誠：『至誠』，原作『志誠』，今據文苑英華改。

（五十七）班爵有差，所以序賢也：『班爵』，原作『班制』，今據文苑英華、全唐文改。『班爵』，爵位；官階。左傳襄公二十六年：『子朱怒曰：「班爵同，何以黜朱於朝。」』國語周語上：『故爲車服旗章以旌之，爲贄幣瑞節以鎮之，爲班爵貴賤以列之。』『序』，謂按次序區分、排列。詩大雅行葦：『序賓以賢。』周禮春官肆師：『以歲時序其祭祀。』鄭玄注：『序，第次其先後大小。』

〔五十八〕廩秩有等，所以明勸也：『廩秩』，俸秩；俸禄。宋范仲淹讓觀察使第二表：『伏蒙聖慈諭臣：所除觀察使，且從廩秩之優。』『勸』，獎勉；鼓勵。國語越語上：『國人皆勸，父勉其子，兄勉其弟，婦勉其夫。』宋蘇軾東坡志林記告訐事：『然熙寧、元豐間，每立一法……皆立重賞以勸告訐者。』

〔五十九〕内外官禄及俸錢手力雜給等，委中書門下與度支即參詳定額聞奏：『委中書門下與度支』，原作『委中書門下度支』，今據文苑英華增補。『手力』，古代官府中擔任雜役的差役小吏。宋書孔琳之傳：『尚書令省事倪宗又牽威儀手力，擊臣下人。』唐六典尚書户部度支郎中『内外百官家口應合遞送者，皆給人力車牛』唐李林甫等注：『一品手力三十人，車七乘，馬十四，驢十五頭。』

〔六十〕應準元敕合請賞錢人等：此句原無『等』字，今據文苑英華、全唐文增補。

〔六十一〕委所司節減宫内及百司費用：『節減宫内及百司費用』，原作『節減在官及百司費用』，今據文苑英華改。

〔六十二〕據所有財物：此句文苑英華作『據所支財物』。

〔六十三〕諸軍行營并河中朝邑被脅從將士：『朝邑』，京城；都市。南朝宋鮑照見賣玉器者

詩：『奇聲振朝邑，高價服鄉村。』

（六十四）應諸軍諸使立仗見在城將士等：『諸軍諸使』，原作『諸軍使』，今據文苑英華、全唐文增補。『立仗』，設立儀仗。亦即指儀仗。唐李肇唐國史補卷下：『每元日冬至立仗，大官皆備珂傘，列燭有至五六百炬者，謂之火城。』宋蘇軾用前韻答西掖諸公見和：『小殿垂簾白玉鈎，大宛立仗朱絲鞚。』

（六十五）共賜物七萬匹：此句原無『物』字，今據文苑英華、全唐文增補。

（六十六）所司速比類條件聞奏：『比類』，比照舊例。禮記月令：『（孟秋之月）是月也，乃命宰祝循行犧牲，視全具，案芻豢，瞻肥瘠，察物色，必比類；量大小，視長短，皆中度。五者備當，上帝其饗。』孔穎達疏：『已行故事曰比，品物相隨曰類。』漢書文帝紀：『它不在此令中者，皆以此令比類從事。』『條件』，指逐條逐件寫成的文字。宋蘇轍論差役五事狀：『臣前所謂疏略差誤，其事有五，謹具條件如左。』

改元元和赦〔一〕

朕聞明王之以孝理也，必先之以博愛，臨之以莊敬〔二〕，由一人之至德，鼓四表之歡心，臻於大和，以育庶類〔三〕。則下知禁而無犯，上措刑而勿用〔四〕，斯道不遠，弘之在予。朕以寡昧，嗣守丕業，荷累聖之鴻休〔五〕，禀太上之嚴訓，夙夜寅畏，不敢荒寧〔六〕。承顏而退省萬機，問寢而下臨四海〔七〕，虔奉惟眷，施於兆人〔八〕。皇王以來，孰有斯慶？端本之化，自予躬行〔九〕。惣百行之源〔十〕，刑四方之理，推恩以覆育，廣敬以昭事〔十一〕，王者要道，朕其庶乎〔十二〕。則日月之燭臨，可以率俾〔十三〕；昆蚑之涵養，期於不夭〔十四〕。是必家至日見，而後化洽刑清〔十五〕，圖始所難，慎終斯勉。猶恐下愚之人，因循陷辟，官師之長〔十六〕，教道未明，迫於飢寒，遂愆禮節。詿誤之綱，顧失政而多途〔十七〕；哀矜之懷〔十八〕，雖得情而勿喜。思與公卿大夫，下及士庶，勵翼循省〔十九〕，以圖將來。其因體元之始〔二十〕，覃此惟新之澤，上報於君父，下念於蒼生。須慶紀年，鴻恩斯洽。可大赦天下，改永貞二年爲元和元年〔二十一〕。自元和元年正月二日昧爽已前〔二十二〕，大辟罪已下，常赦所不原者，咸赦除之。京畿諸縣今年青

苗錢及榷酒錢〔二十三〕，并宜放免。地税率於每年斗量放二升〔二十四〕。江淮荆襄等十州管内，水旱所損四十七州〔二十五〕，減放米六十萬石，秋税錢六十萬貫〔二十六〕。内外文武見任在官〔二十七〕，神策六軍諸道將士等，各賜爵加勛有差。自武德以來功臣子孫與官及出身〔二十八〕，文武常參官觀察節度團練經略使刺史六軍大將等〔二十九〕，父母亡殁與封賜〔三十〕。至德以來任宰輔與追贈及謚〔三十一〕。陜州奉天元從功臣，普恩之外更賜勛爵〔三十二〕。中書門下及外使宰相宜與一子七品官〔三十三〕，東都留守六軍大將等與一子出身〔三十四〕，東宫官并與改官。其撰册文官等與一子官及勛爵有差。天下百姓高年者，賜米帛羊酒〔三十五〕。國子監祭酒司業及學官，并先取朝廷有德望學識者充〔三十六〕。東都國子監諸館，共置學生百員。應天下州府每年所税地子數内〔三十七〕，宜十分取二，均充常平倉及義倉〔三十八〕，仍各逐當處穩便收貯，以時價糴糶，務在救人〔三十九〕。

校箋

〔一〕本文又見於册府元龜卷八十九帝王部赦宥第八，全唐文卷六十三亦收，文題爲改元元

和赦文，署名唐憲宗。本文文末未署頒布時間。考舊唐書卷十四憲宗紀載：『元和元年春正月丙寅朔，皇帝率群臣於興慶宮奉上太上皇號曰應乾聖壽太上皇。丁卯，御含元殿受朝賀。禮畢，御丹鳳樓，大赦天下，改元曰元和。自正月二日昧爽已前，大辟罪已下，常赦不原者，咸赦除之。』新唐書卷七憲宗紀亦記：『元和元年正月丁卯，大赦，改元。賜文武官階、勛、爵，民高年者米帛羊酒。』又資治通鑑卷二百三十七元和元年載：『春，正月……丁卯，赦天下，改元。』册府元龜所收此文文首曰：『憲宗元和元年正月丁卯御含元殿受朝賀，禮畢御丹鳳樓大赦天下，制曰』云云。據上述諸典籍所記，此次改元大赦乃在元和元年（八〇六）正月丁卯（二日），此與本文『可大赦天下，改永貞二年爲元和元年。自元和元年正月二日昧爽已前』所表明之改元時間相符合。故此文乃頒布於此時，而其撰寫時間當在此時稍前。

（二）朕聞明王之以孝理也，必先之以博愛，臨之以莊敬：『孝理』，明鈔本、適園叢書本作『孝禮』，誤，不取。『博愛』，原作『莊敬』，今據册府元龜、全唐文改。『臨之以莊敬』原無，今據册府元龜、全唐文增補。

（三）臻於大和，以育庶類：大和，非常和協。左傳 襄公十三年：『晉國之民，是以大和。』『庶類』，萬物，萬類。國語 鄭語：『夏禹能單平水土，以品處庶類者也。』韋昭注：『禹除

水灾，使萬物高下各得其所。」魏書高祖紀：「今東作方興，庶類萌動。」

〔四〕則下知禁而無犯，上措刑而勿用：「無犯」，原作「不犯」，今據册府元龜、全唐文改。「措刑」，設立、制訂刑法。宋王安石酬王詹叔奉使江東訪茶法利害見寄詩：「余聞古之人，措法貽厥後。」

〔五〕嗣守丕業，荷累聖之鴻休：「鴻休」，原作「洪休」，今據册府元龜、全唐文改。「嗣守」，繼承并遵守和保持。書顧命：「在後之侗，敬迓天威，嗣守文武大訓，無敢昏逾。」晉書慕容超載記：「今陛下嗣守社稷，不宜以私親之故而降統天之尊。」「丕業」，大業。史記司馬相如列傳：「皇皇哉斯事，天下之壯觀，王者之丕業，不可貶也！」宋周煇清波雜志卷三：「朕荷天右，序承列聖之丕業，思所以垂裕於後。」「鴻休」，鴻福。稱美上級或長者的蔭庇與關懷。唐韓愈爲宰相賀雪表：「臣等職在燮和，慚無效用，睹斯慶澤，實荷鴻休。」宋蘇轍代南京留守謝減降德音表：「臣幸攝守留鑰，親被鴻休，樂與都人共陶聖化。」

〔六〕夙夜寅畏，不敢荒寧：「寅畏」，敬畏；恭敬戒懼。書無逸：「嚴恭寅畏，天命自度。」蔡沈集傳：「寅則欽肅，畏則戒懼。」唐白居易畫大羅天尊贊文：「皇帝孝敬寅畏，憂勤勞謙。」「荒寧」，荒廢懈怠，貪圖安逸。書無逸：「治民祗懼，不敢荒寧。」孔傳：「爲政敬身畏

懼，不敢荒怠自安。』漢書元帝紀：『朕戰戰栗栗，夙夜思過失，不敢荒寧。』

（七）承顏而退省萬機，問寢而下臨四海：『退省』，明鈔本、甲庫本、四庫全書作『退有』，非是。『承顏』，順承尊長的顏色。謂侍奉尊長。漢書雋不疑傳：『聞暴公子威名舊矣，今乃承顏接辭。』晉書孝友傳序：『柔色承顏，怡怡盡樂。』宋周密武林舊事慶壽册寶：『壽皐聖孝，冠絶古今，承顏兩宮，以天下養。』『萬機』，同『萬幾』，書皋陶謨：『無教逸欲有邦，兢兢業業，一日二日萬幾。』孔傳：『幾，微也，言當戒懼萬事之微。』後以『萬幾』指帝王日常處理的紛繁的政務。晉葛洪抱朴子論仙：『（帝王）思勞於萬幾，神馳於宇宙。』唐劉禹錫唐故朝散大夫崔公神道碑：『建中初，德宗始親萬幾。』『問寢』，問候尊長起居。唐李善上文選注表：『昭明太子業膺守器，譽貞問寢。』宋羅大經鶴林玉露卷十五：『聖人何以加孝，朕每懷問寢之思。』

（八）虔奉惟眷，施於兆人：『虔奉』，恭謹地承受。晉書武帝紀：『炎虔奉皇運，寅畏天威，敬簡元辰，升壇受禪。』舊唐書文苑傳下劉蕡：『虔奉典謨，克承丕構，終任賢之效，無旰食之憂。』『兆人』，兆民。後漢書光武帝紀上：『漢遭王莽，宗廟廢絶，兆人塗炭。』唐柳宗元禮部賀皇太子册禮畢德音表：『建天下之本，宗廟以安；致萬國之貞，兆人攸賴。』

（九）端本之化，自予躬行：『躬行』，明鈔本、甲庫本、適園叢書、學林本作『恭行』。

〔十〕惣百行之源：『惣』，册府元龜、全唐文、適園叢書、學林本作『總』。按，『惣』同『總』，亦同『緫』，此處意爲聚合，匯合。唐黄滔融結爲河岳賦：『旋聞大禹鞭神，巨靈湧身，鑿通浩渺，擘斷嶙峋，然後惣注滄海。』

〔十一〕推恩以覆育，廣敬以昭事：『推恩』，廣施恩惠；移恩。孟子梁惠王上：『故推恩足以保四海，不推恩無以保妻子。』史記平津侯主父列傳：『願陛下令諸侯得推恩分子弟，以地侯之。』『覆育』，撫養；養育。禮記樂記：『天地訢合，陰陽相得，煦嫗覆育萬物。』漢董仲舒春秋繁露王道通三：『天覆育萬物，既化而生之，有養而成之。』『昭事』，勤勉地服事。昭，通『劭』。詩大雅大明：『昭事上帝，聿懷多福。』高亨注：『昭，借爲劭。説文：「劭，勉也。」此句言文王勤勉侍奉上帝。』

〔十二〕朕其庶乎：『其』，原作『亦』，今據册府元龜、全唐文改。『庶』，將近，差不多。左傳昭公十六年：『宣子喜曰：「鄭其庶乎！」』杜預注：『庶幾於興盛。』論語先進：『子曰：「回也其庶乎！屢空。」』何晏集解：『言回庶幾聖道。』

〔十三〕則日月之燭臨，可以率俾：『率俾』，原作『率彼』，今據册府元龜、四庫全書、全唐文改。『燭臨』，本謂由上向下照射。尸子卷上：『天高明，然後能燭臨萬物；地廣大，然後能載

任群體。』漢書五行志下之下：『日月星辰，燭臨下土。』此處比喻教化廣施。管子版法解：『凡人君者，覆載萬民而兼有之，燭臨萬族而事使之。是故以天地日月四時，爲主爲質以治天下。』漢書翼奉傳：『今陛下明聖，深懷要道，燭臨萬方，布德流惠，靡有闕遺。』『率俾』，順從。書君奭：『丕冒海隅出日，罔不率俾。』王引之經義述聞尚書下：『俾之言比也。比，彖傳曰：「比，下順從也。」比與俾古字通。』漢書武帝紀：『朕聞昔在唐虞，畫象而民不犯，日月所燭，莫不率俾。』

〔十四〕昆蚑之涵養，期於不夭：『昆蚑』，猶昆蟲。蚑，爬行。晋張協七命：『於時昆蚑感惠，無思不擾。』李善注：『説文云：蚑，行也。凡生之類，行皆蚑也。』唐韋承慶直中書省詩：『昆蚑皆含養，駑駘亦驅馳。』『涵養』，滋潤養育；培養。藝文類聚卷四十八引南朝梁王僧孺除吏部郎啓：『而智效必其無取，尤怠忽焉已彰，不意涵養更滋，霶霈愈此。』宋陳鵠耆舊續聞卷五：『桑麻千里，皆祖宗涵養之休。』『夭』，摧折。管子禁藏：『毋伐木，毋夭英。』魏書高陽王雍傳：『今陛下踐阼，年未半周，殺僕射、尚書，如夭一草，是忠秉權矯旨，擅行誅戮。』

〔十五〕而後化洽刑清：『化洽』，教化普沾。漢蔡邕司空文烈侯楊公碑：『功成化洽，景命有傾。帝乃震慟，執書以泣。』唐劉商金井歌：『文明化洽天地清，和氣氤氳孕至精。』『刑清』，刑罰公正清明。語本易豫：『聖人以順動，則刑罰清而民服。』漢書叙傳下：『我德如風，民應如

草，國富刑清，登我漢道。」

（十六）因循陷辟，官師之長：『官師』，原作『官司』，今據册府元龜、全唐文改。『因循』，保守；守舊。宋司馬光學士院試李清臣等策問：『庸人之情，喜因循而憚改爲，可與樂成，難與慮始。』清侯方域南省試策四：『因循而不知變計，畏縮而不敢奮發。』

（十七）詿誤之網，顧失政而多途：『而』，原作『之』字，今據册府元龜、全唐文、明鈔本、適園叢書、學林本改。『詿誤』，貽誤；連累。戰國策韓策一：『夫不顧社稷之長利，而聽須臾之説，詿誤人主者，無過於此者矣。』漢書息夫躬傳：『昔秦繆公不從百里奚、蹇叔之言，以敗其師，悔過自責，疾詿誤之臣，思黄髮之言，名垂於後世。』

（十八）哀矜之懷：『懷』，册府元龜、全唐文作『人』。『哀矜』，哀憐；憐憫。書呂刑：『皇帝哀矜庶戮之不辜。』晋傅玄傅子法刑：『司寇行刑，君爲之不舉樂，哀矜之心至也。』

（十九）勵翼循省：『勵翼』，勉力輔佐。書皋陶謨：『慎厥身，修思永，惇叙九族，庶明勵翼。』漢劉向列女傳契母簡狄傳贊：『契母簡狄，敦仁勵翼。』『循省』，檢查；省察。唐韓愈潮州謝孔大夫狀：『欲致辭爲讓，則乖伏屬之禮；承命苟貪，又非循省之道。』宋葉夢得石林燕語卷九：『今臣自循省，一無可取，乃與之同被選擢，比肩并進，豈不玷朝廷之舉，爲士大夫

所羞哉！』

〔二十〕其因體元之始：『其』，原作『且』，今據册府元龜、全唐文改。『體元』，謂以天地之元氣爲本。漢班固東都賦：『體元立制，繼天而作。』南朝齊王融三月三日曲水詩序：『體元則大，悵望姑射之阿。』

〔二十一〕改永貞二年爲元和元年：『永貞』，原作『貞元』，今據册府元龜、四庫全書、全唐文改。

〔二十二〕自元和元年正月二日昧爽已前：此句原無『自元和元年』數字，今據册府元龜、全唐文增補。

〔二十三〕京畿諸縣今年青苗錢及榷酒錢：此句原作『京畿諸縣今年十二月苗錢及榷酒錢』，今據册府元龜、四庫全書、全唐文改。『青苗錢』，唐代賦税名。大曆元年，詔天下苗一畝徵税錢十五，以補百官俸錢，因國急用，當苗青即預徵，又有地頭錢每畝徵二十，通稱『青苗錢』。新唐書食貨志一：『至大曆元年，詔流民還者，給復二年，田園盡，則授以逃田。天下苗一畝税錢十五，市輕貨給百官手力課。以國用急，不及秋，方苗青即徵之，號「青苗錢」。又有「地頭錢」，每畝二十，通名爲青苗錢。』新唐書食貨志五：『大曆元年，斂天下青苗錢，得錢四百九十

萬緡。」『榷酒錢』，唐代對酤户及酤肆徵收的酒税。唐元稹中書省議賦税及鑄錢等狀：『今請天下州府榷酒錢，一切據貫配入兩税，仍取兩貫以上户均配，兩貫以下户不在配限。』唐李德裕奏銀妝具狀：『貞元中，李錡任觀察使日，職兼鹽鐵，百姓除實出榷酒錢外，更置官酤。』

〔二十四〕地税率於每年斗量放二升：此句原作『地税率每斗量放二升』，今據册府元龜、全唐文改。

〔二十五〕江淮荆襄等十州管内，水旱所損四十七州：『江淮』，原作『淮江』，今據册府元龜、全唐文改。按，此兩句所謂灾情狀況，舊唐書憲宗紀永貞元年九月記：『丙子，敕申光蔡、陳許兩道比遭亢旱，宜加賑恤，申、光、蔡賑米十万石，陳、許五万石。』又，冬十月『久雨，京師鹽貴，出庫鹽二萬石，糶以惠民。……潤、池、揚、楚、湖、杭、睦、江等州旱。……辛巳，宣、撫、和、郴、郢、袁、衢七州旱。……鄂、岳、婺、衡等州旱』。

〔二十六〕秋税錢六十萬貫：此句原無『秋』字，今據册府元龜、全唐文增補。

〔二十七〕内外文武見任在官：此句原作『内外文武見任致仕官』，今據册府元龜、全唐文改。

〔二十八〕自武德以來功臣子孫與官及出身：此句原無『自』字，今據册府元龜、全唐文增補。

〔二十九〕文武常參官觀察節度團練經略使刺史六軍大將等：『團練經略使』，原作『團練經略』，今據册府元龜、全唐文增補。

〔三十〕父母亡殁與封賜：此句原作『父母亡殁與封贈官』，然册府元龜『贈官』二字則作『賜』字。今即據册府元龜改。

〔三十一〕至德以來任宰輔與追贈及謚：『宰輔』，原作『宰相』，今據册府元龜、全唐文改。『宰輔』，輔政的大臣。一般指宰相。漢王符潛夫論本政：『周公之爲宰輔也，以謙下士，故能得真賢。』宋書隱逸傳陶潛：『潛弱年薄宦，不潔去就之迹，自以曾祖晋世宰輔，耻復屈身後代，自高祖王業漸隆，不復肯仕。』

〔三十二〕陝州奉天元從功臣，普恩之外更賜勛爵：『普恩』，原作『恩』，今據册府元龜、四庫全書、全唐文增補。『之外』，原無『之』字，『賜勛爵』，原無『勛』字，今均據册府元龜、全唐文增補。按，『陝州奉天元從功臣』乃指建中四年冬因涇原兵變，唐德宗離開京城，往奉天避難時之扈從與護衛者。舊唐書德宗紀載此事云：『冬十月丙午，詔涇原節度使姚令言率涇原之師救哥舒曜。丁未，涇原軍出京城，至滻水，倒戈謀叛，姚令言不能禁。上令載繒彩二車，遣晋王往慰諭之，亂兵已陳於丹鳳闕下，促神策軍拒之。無一人至者。與太子諸王妃主百餘人出苑北門，右

龍武軍使令狐建方教射於軍中，聞難，聚射士得四百人扈從。其夕至咸陽，飯數匕而過。戊申，至奉天。己酉，元帥都虞候渾瑊以子弟家屬至，乃以瑊爲行在都虞候，神策軍使白志貞爲行在都知兵馬使，以令狐建爲中軍鼓角使，金吾將軍侯仲莊爲奉天防城使。」

〔三十三〕中書門下及外使宰相宜與一子七品官：「七品官」，原作「七品」，今據册府元龜、全唐文增補。

〔三十四〕東都留守六軍大將等與一子出身：此句原無，今據册府元龜、全唐文增補。

〔三十五〕賜米帛羊酒：「米」，原作「粟」，今據册府元龜、四庫全書、全唐文、明鈔本、甲庫本、適園叢書、學林本改。

〔三十六〕有德望學識者充：「學識」，原作「舉職」，今據册府元龜、四庫全書、全唐文改。

〔三十七〕每年所税地子數内：「地子」，原作「地丁」，今據册府元龜、四庫全書、明鈔本、甲庫本改。「地子」，唐代抵充百官職田的粟米。新唐書 食貨志五：「（貞觀）十一年，以職田侵漁百姓，詔給逃還貧户，視職田多少，每畝給粟二升，謂之「地子」。」宋王溥唐會要 内外官職田：「其内外官所給職田地子，從今年（開元十年）九月以後，并宜停給。」

〔三十八〕均充常平倉及義倉：册府元龜、全唐文無「及義倉」三字。「常平倉」，古代爲調節

米價而設置的一種倉廪。漢宣帝時耿壽昌首先倡建，以穀賤時用較高價糴入，穀貴時減價糶出，平衡米價而名。漢書食貨志上：『時大司農中丞耿壽昌以善爲算能商功利得幸於上……遂白令邊郡皆築倉，以穀賤時增其賈而糴，以利農，穀貴時減賈而糶，名曰「常平倉」。民便之。』『義倉』，隋以後各地爲備荒而設置的糧倉。隋書長孫平傳：『平見天下州縣多罹水旱，百姓不給，奏令民間每秋家出粟麥一石已下，貧富差等，儲之閭巷，以備凶年，名曰義倉。』宋曾鞏本朝政要策義倉：『使歲穰，輸其餘；歲凶，受而食之：故義倉之法自此始。長孫平修之，隋以富足。』

〔三十九〕以時價糴糶，務在救人：此句原無『價』字，今據册府元龜、全唐文增補。『救人』，原作『惠人』，今據册府元龜、四庫全書、全唐文改。

改元大和赦〔一〕

朕聞古先哲王之爲理也，修己以安百姓，恤刑而矜庶獄〔二〕，端立政以謹始，弘厚澤以體仁〔三〕，推其心以及於物，誠其中而化於外，和氣斯洽，休徵以臻〔四〕。故兵革不試而四海寧，疵癘不作而三靈泰〔五〕。我有唐祖武宗文，光宅天下〔六〕，列聖承統，遂康區中，漸濡丕冒，掩軼前載〔七〕。弘兹道以騰英聲，焕其文以耀終古〔八〕。惟此鴻業，

屬予沖人（九），荷無疆之丕構（十），托於兆人之上，晝惕宵儆，惄焉如疚（十一）。抑惟宗社儲休，神祇協力，克靖内難，恢復皇綱（十二）。思布和以立極，爰正風於更始（十三）。因體元紀號之典，舉肆眚覃恩之命，昭我恤隱，與人維新（十四），可大赦天下，改寶曆三年爲太和元年。正月十三日昧爽已前，大辟罪已下，罪無輕重，已發覺，未發覺，已結正，未結正，見繫囚徒，常赦所不免者，咸赦除之（十五）。惟十惡五逆，及故殺人，官典犯入己贓，不在於免限（十六）。左降官量移近處，已經量移者，更與量移。其合復資者，五品已上中書門下速與處分，六品已下任從常例選。丁憂去任在憂未赴貶所者，服闋日亦與量移（十七）。如有親故在上都（十八），任經本司陳狀，不必更待州府申請。流貶之中縱敕不許量移者，及言終身勿齒者（十九），亦與依例處分。亡官失爵，各與收叙。痕累禁錮（二十），并從洗滌。其緣去年十二月八日坐累流隸者不在此限（二十一）。應緣山陵制度及喪儀禮物（二十二），宜委中書門下及諸司長官博詢故實，務遵禮度，必誠必信（二十三），副朕哀懷。所緣山陵造作及橋道置頓所資（二十四），并以内庫錢物充用，如不足，以度支户部錢充。京兆府今年夏税青苗（二十五），量放一半。太皇太后第二等已上親，大行皇帝皇太后第一等親，委中書門下量材叙用。九廟子孫陪位者各加兩階（二十六），仍據始封每

王後與一人出身〔二十七〕，委宗正卿檢尋圖譜，取一房最沉翳者充數〔二十八〕，具名聞奏。内外文武官及諸色人任上封事，極言得失，無有隱諱。天下諸色人中，有賢良方正，能直言極諫者，及經學優深，可爲師法，詳閑吏理，達於教化，軍謀宏遠，堪任將帥者，常參官及方牧郡守各舉所知〔二十九〕，無人舉者，亦聽自舉，并限來年正月到上都。今年正月十四日上皇太后尊號及朕受册進寶撰即位册文，承旨宣制等官〔三十〕，各與一子正員七品官。江王府官去年十二月已前在任者并與改進〔三十一〕。其去年十二月九日立功將士〔三十二〕，普恩之外，三品已上更賜爵一級，四品已下更加一階。其赴難軍使兵馬使都虞候將士等，仍各與改轉名銜聞奏〔三十三〕。

校箋

〔一〕本文又見於册府元龜卷九十帝王部赦宥第九，其文首云『文宗太和元年正月乙巳御丹鳳樓，大赦天下，制曰』云云。全唐文卷七十五亦收，文題爲大和改元赦文，署名唐文宗。此文明鈔本、甲庫本均題爲大和改元赦。本文文末未署頒布時間。考舊唐書卷十七上文宗紀上大和元年

春正月記：『乙巳，御丹鳳樓，大赦，改元大和。』新唐書卷八文宗紀載：『大和元年二月乙巳，大赦，改元。免京兆今歲夏稅半，賜九廟陪位者子孫二階，立功將士階、爵，始封諸王後予一子出身。』資治通鑑卷二百四十三載：『大和元年春，二月，乙巳，赦天下，改元。』按，據上述典籍所載，此次改元時間有『大和元年正月乙巳』與『大和元年二月乙巳』之不同。檢大和元年正月癸亥朔，則是年正月無乙巳日，而二月方有乙巳日（二月十三日）。以此可見舊唐書與册府元龜所記大和元年正月乙巳改元大和實誤，而新唐書與資治通鑑記改元於大和元年二月乙巳屬實。以此亦可見本赦書所記『可大赦天下，改寶曆三年爲太和元年。正月十三日昧爽已前』云云，亦誤『二月十三日』爲『正月十三日』。據此可知此次改元赦書乃頒布於大和元年（八二七）二月十三日，則是文之撰寫時間當在此時稍前。

〔二〕恤刑而矜庶獄：『而』，原作『以』，今據册府元龜、全唐文改。『恤刑』，慎用刑法。語本書舜典：『欽哉欽哉，惟刑之恤哉。』唐陳子昂諫用刑書：『臣不敢以微命蔽塞聰明，亦非敢欲陛下頓息刑罰，望在恤刑爾。』『庶獄』，諸凡刑獄訴訟之事。書立政：『庶獄庶慎，惟有司之牧夫是訓用違。』蔡沈集傳：『庶獄，獄訟也。』後漢書順帝紀：『寇盜肆暴，庶獄彌繁。』

〔三〕弘厚澤以體仁：『厚澤』，深厚的恩澤。南史張沖傳：『下官雖未荷朝廷深恩，實蒙

先帝厚澤。』唐虞世南奉和幸江都應詔詩：『鴻私浹幽遠，厚澤潤凋枯。』『體仁』，躬行仁道。易乾：『君子體仁，足以長人。』孔穎達疏：『言君子之人，體包仁道，泛愛施生，足以尊長於人也。』宋曾鞏到任謝職司諸官員狀：『伏遇某官體仁爲任，充美在躬。』

〔四〕休徵以臻：『休徵』，吉祥的徵兆。書洪範：『曰休徵。』孔傳：『叙美行之驗。』漢書終軍傳：『故周至成王，然後制定，而休徵之應見。』顔師古注：『休，美也。徵，證也。』唐元積遭風詩：『那知否極休徵至，漸覺宵分曙氣催。』『臻』，到；達到。詩邶風泉水：『遄臻於衛。』毛傳：『遄，疾；臻，至。』晉葛洪抱朴子審舉：『唐虞所以能臻巍巍之功者，實賴股肱之良也。』

〔五〕疵癘不作而三靈泰：『疵癘』，亦作『疵厲』。灾害疫病；灾變。莊子逍遥游：『其神凝，使物不疵癘而年穀熟。』成玄英疏：『疵癘，疾病也。』陸德明釋文：『「癘」音厲，李音賴，惡病也。本或作「厲」。』晉春秋穀梁傳序：『川岳爲之崩竭，鬼神爲之疵厲。』『三靈』，指天、地、人。漢班固典引：『答三靈之蕃祉，展放唐之明文。』李善注：『三靈，天、地、人也。』魏書孫紹傳：『事恢三靈，仁洽九服。』

〔六〕我有唐祖武宗文，光宅天下：『宗文』，原作『祖文』，今據册府元龜、全唐文改。『祖

武』，謂先人的遺迹、事業。武指步武，足迹。詩大雅下武：『昭兹來許，繩其祖武。』鄭玄箋：『戒慎其祖考所履踐之迹。』朱熹集傳：『武，迹也。』北周庾信周祀宗廟歌皇夏四：『百靈光祖武，千年福考孫。』『光宅』，廣有。書堯典序：『昔在帝堯，聰明文思，光宅天下。』曾運乾正讀：『光，猶廣也。宅，宅而有之也。』南齊書高帝紀下：『猥以寡德，光宅四海。』

〔七〕漸濡丕冒，掩軼前載：『漸濡』，浸染，薰染。明唐順之福建鄉試録後序：『今天子又方懋德建中，以仁義禮樂鼓鑄區宇，漸濡煦沫冒於海隅，是其人文之化鬱於古而盛於今。』『丕冒』，猶言廣被。書君奭：『丕冒海隅出日，罔不率俾。』曾運乾正讀：『大冒覆天下。』宋朱彧萍洲可談卷三：『崇寧興學，丕冒海隅，四郡士人亦向進。』『掩軼』，超過，勝過。『前載』，前代的記載。晉劉琨勸進表：『臣每覽史籍，觀之前載，厄運之極，古今未有。』隋書音樂志上：『梁武帝本自諸生，博通前載。』

〔八〕弘兹道以騰英聲，焕其文以耀終古：『弘』，原作『宏』，今據册府元龜改。『終古』，原作『中宵』，今據册府元龜、全唐文等改。『終古』，久遠。楚辭離騷：『懷朕情而不發兮，余焉能忍而與此終古。』朱熹集注：『終古者，古之所終，謂來日之無窮也。』漢書溝洫志：『民歌之曰：「鄴有賢令兮爲史公，決漳水兮灌鄴旁，終古舄鹵兮生稻粱。」』

〔九〕屬予沖人：『予』，原作『于』，今據册府元龜、全唐文改。『沖人』，年幼的人。多爲古代帝王自稱的謙辭。書　盤庚下：『肆予沖人，非廢厥謀。』孔傳：『沖，童。』孔穎達疏：『沖、童，聲相近，皆是幼小之名。自稱童人，言己幼小無知，故爲謙也。』漢焦贛易林　需之無妄：『戴璧秉珪，請命於河，周公作誓，沖人瘳愈。』

〔十〕荷無疆之丕構：『丕構』，猶大業。新唐書　劉蕡傳：『朕顧唯昧道，祇荷丕構，奉若謨訓，不敢怠荒。』資治通鑑唐德宗興元元年：『朕嗣服丕構，君臨萬邦，失守宗祧，越在草莽。』胡三省注：『丕，大也。構，立屋也。書　大誥曰：「若考作室，既底法，厥子乃弗肯堂，矧肯構？」丕構之語本諸此。』

〔十一〕晝惕宵儆，惄焉如疚：『儆』，告戒；警告。書　伊訓：『制官刑，儆於有位。』孔傳：『言湯制治官刑法，以儆戒百官。』國語　魯語下：『夜儆百工，使無慆淫。』韋昭注：『儆，戒也。』『惄』，憂思；憂傷。詩　周南　汝墳：『未見君子，惄如調飢。』毛傳：『惄，飢意也。』鄭玄箋：『惄，思也。未見君子之時，如朝飢之思食。』詩　小雅　小弁：『我心憂傷，惄焉如擣。』晉陸機贈弟士龍詩：『行矣怨路長，惄焉傷别促。』

〔十二〕抑惟宗社儲休，神祇恊力，克靖内難，恢復皇綱：『神祇』，原作『神功』，今據册府

元龜、四庫全書、全唐文改。『宗社』，宗廟和社稷的合稱。漢蔡邕獨斷卷上：『天子之宗社曰泰社，天子所爲群姓立社也。』南史虞寄傳：『朕不食言，誓之宗社。』按，此處所言『克靖内難，恢復皇綱』事乃指宦官劉克明、軍將蘇佐明等人謀害唐敬宗，後被樞密使王守澄、中尉梁守謙誅除，迎江王即皇帝位。舊唐書卷十七上敬宗紀記云：寶曆二年『十二月甲午朔。辛丑，帝夜獵還宫，與中官劉克明、田務成、許文端打球，軍將蘇佐明、王嘉憲、石定寬等二十八人飲酒。帝方酣，入室更衣，殿上燭忽滅，劉克明等同謀害帝，即時殂於室内，時年十八。』舊唐書卷十七上文宗紀又記：『寶曆二年十二月八日，敬宗遇害，賊蘇佐明等矯制立絳王勾當軍國事。樞密使王守澄、中尉梁守謙率禁軍討賊，誅絳王，迎上於江邸。癸卯，見宰臣於閣内，下教處分軍國事。甲辰，僧惟真、齊賢、正簡，道士趙歸真，并配流嶺南，擊球軍將于登等六人令本軍處置。宰臣百僚三上表勸進。乙巳，即位於宣政殿。丙午，上赴西宫成服。丁未，宰臣百僚上表請聽政，三表，許之。道士紀處玄、楊冲虛，伎術人李元戢、王信等，并配流嶺南。戊申，尊聖母爲皇太后。』資治通鑑卷二百四十三寶曆二年載：『上游戲無度，狎昵群小，善擊球，好手搏，禁軍及諸道争獻力士，又以錢萬緡付内園令召募力士，晝夜不離側；又好深夜自捕狐狸。性復褊急，力士或恃恩不遜，輒配流、籍没；宦官小過，動遭捶撻，皆怨且懼。十二月，辛丑，上夜獵還宫，與宦官劉克

明、田務澄、許文端及擊球軍將蘇佐明、王嘉憲、石從寬、閻惟直等二十八人飲酒。上酒酣，入室更衣，殿上燭忽滅，蘇佐明等弒上於室內。劉克明等矯稱上旨，命翰林學士路隋草遺制，以絳王悟權句當軍國事。壬寅，宣遺制，絳王見宰相百官於紫宸外廡。克明等欲易置內侍之執權者，於是樞密使王守澄、楊承和、中尉魏從簡、梁守謙定議，以衛兵迎江王涵入宮，發左、右神策、飛龍兵進討賊黨，盡斬之。克明赴井，出而斬之。絳王爲亂兵所害。時事起蒼猝，守澄等以翰林學士韋處厚博通古今，一夕處置，皆與之共議。守澄等欲號令中外，而疑所以爲辭。處厚曰：「正名討罪，於義何嫌；安可依違，有所諱避！」又問：「江王當如何踐祚？」處厚曰：「詰朝，當以王教布告中外以已平內難。然後群臣三表勸進，以太皇太后令册命即皇帝位。」當時皆從其言，時不暇復問有司，凡百儀法，皆出於處厚，無不叶宜。癸卯，以裴度攝冢宰。百官謁見江王於紫宸外廡，王素服涕泣。甲辰，見諸軍使於少陽院。趙歸真等諸術士及敬宗時佞幸者，皆流嶺南或邊地。乙巳，文宗即位，更名昂。戊申，尊母蕭氏爲皇太后，王太后爲寶曆太后。是時，郭太后居興慶宮，王太后居義安殿，蕭太后居大內。上性孝謹，事三宮如一，每得珍異之物，先薦郊廟，次奉三宮，然後進御。……庚戌，以翰林學士韋處厚爲中書侍郎、同平章事。』

〔十三〕思布和以立極，爰正風於更始：『立極』，登帝位；秉國政。宋文天祥逐鹿詩：『軒

轅此立極，玉帛朝諸侯。』四游記 玉帝起賽寶通明會：『上帝傳下玉旨云：「朕立極以來，未會卿等，今立此會，名曰三界通明會。」』『更始』，重新開始；除舊布新。逸周書 月令：『數將幾終，歲將更始。』唐李白天長節使鄂州刺使韋公德政碑：『能事斯畢，與人更始。』

〔十四〕因體元紀號之典，舉肆眚覃恩之命，昭我恤隱，與人維新：『體元』，謂以天地之元氣爲本。漢班固東都賦：『體元立制，繼天而作。』南朝齊王融三月三日曲水詩序：『體元則大，悵望姑射之阿。』『紀號』，年號。宋范仲淹鄠郊友人王君墓表：『時祥符紀號之初載，某薄游至止，及公之門。』元典章 詔令一 元貞改元：『履端伊邇，紀號惟新，可改至元三十二年爲元貞元年。』『肆眚』，寬赦罪人。春秋 莊公二十二年：『春王正月，肆大眚。』杜預注：『赦有罪也。』後漢書 王符傳：『論者多曰：「久不赦則奸軌熾，而吏不制，宜數肆眚以解散之。」此未昭政亂之本源，不察禍福之所生也。』『覃恩』，廣施恩澤。舊時多用以稱帝王對臣民的封賞、赦免等。舊唐書 趙宗儒傳：『今覃恩既畢，庶政惟新。』宋秦觀鮮于子駿行狀：『覃恩遷都官員外郎，通判保安軍。』『恤隱』，憂念百姓疾苦。語本國語 周語上：『勤恤民隱而除其害也。』韋昭注：『恤，憂也；隱，痛也。』晉干寶晉紀總論：『節理人情，恤隱民事。』

〔十五〕咸赦除之：『咸』，原作『并』，今據册府元龜、全唐文改。

（十六）官典犯入己贓，不在於免限：『於』字原無，今據册府元龜、全唐文增補。『官典』，指低級官吏。唐韓愈論變鹽法事宜狀：『臣今計此用錢已多，其餘官典及巡察手力所由等糧課，仍不在此數。』

（十七）服闋日亦與量移：『服闋』，原作『服滿』，今據册府元龜、全唐文改。『服闋』，守喪期滿除服。闋，終了。漢蔡邕貞節先生陳留范史雲銘：『舉孝廉，除郎中君萊蕪長，未出京師，喪母行服。故事，服闋後還郎中君。』舊唐書王丘傳：『丁父憂去職，服闋，拜右散騎常侍，仍知制誥。』『量移』，多指官吏因罪遠謫，遇赦酌情調遷近處任職。唐白居易自題詩：『一旦失恩先左降，三年隨例未量移。』舊唐書玄宗紀上：『（開元二十年）大赦天下，左降官量移近處。』清顧炎武日知録量移：『唐朝人得罪貶竄遠方，遇赦改近地，謂之量移。』

（十八）如有親故在上都：此句原作『如故舊在上都』，今據册府元龜、全唐文改。

（十九）流貶之中縱敕不許量移者，及言終身勿齒者：『流貶之中』，原作『流貶中』，今據册府元龜、全唐文增補。『勿齒』，不録用。舊唐書玄宗紀上：『三月戊申，詔自今內外官有犯贓至解免以上，縱逢赦免，并終身勿齒。』資治通鑑唐玄宗開元二年：『涪州刺史周利貞等十三人，皆天后時酷吏，比周興等情狀差輕，宜放歸草澤，終身勿齒。』

〔二十〕痕累禁錮：『禁錮』，原作『禁囚』，今據册府元龜、四庫全書、全唐文改。『痕累』，謂因事牽連而受累。唐元稹上門下裴相公書：『閣下若能蕩滌痕累，洞開嫌疑，棄仇如振塵，愛士如救餒……上以副陛下咸與維新之懷，次有以廣閣下常善救人之道。』唐陸贄奉天改元大赦制：『應先有痕累禁錮及反逆緣坐承前恩赦所不該者，并宜洗雪。』『禁錮』，謂禁止做官或參與政治活動。史記平準書：『議令民得買爵及贖禁錮、免減罪。』漢書雲敞傳：『初，章爲當世名儒，教授尤盛，弟子千餘人，莽以爲惡人黨，皆當禁錮，不得仕宦。』後漢書黨錮傳序：『帝意稍解，乃皆赦歸田里，禁錮終身。』

〔二十一〕其緣去年十二月八日坐累流隸者不在此限：『緣』，原作『沿』，今據册府元龜、全唐文、適園叢書、學林本改。『十二月八日』，原作『十二月十八日』，今據册府元龜、全唐文改。又，據舊唐書文宗紀，唐敬宗被弑殺乃在『寶曆二年十二月八日』。又，此處所言『坐累流隸者』，乃指如舊唐書文宗紀所記『甲辰，僧惟真、齊賢、正簡，道士趙歸真，并配流嶺南，擊球軍將于登等六人令本軍處置。……丁未，宰臣百僚上表請聽政，三表，許之。道士紀處玄、楊沖虛，伎術人李元戢、王信等，并配流嶺南』者。

〔二十二〕應緣山陵制度及喪儀禮物：『山陵』，原作『上陵』，今據册府元龜、全唐文、適園

叢書、學林本改。

〔二十三〕必誠必信：「必誠必信」，原作「必信必誠」，今據册府元龜、全唐文改。

〔二十四〕所緣山陵造作及橋道置頓所資：此句「所」字原無，今據册府元龜、四庫全書、明鈔本、全唐文、甲庫本、適園叢書、學林本增補。「緣」，原作「沿」，今據册府元龜、全唐文、適園叢書、學林本改。「置頓」，原作「致頓」，今據册府元龜、全唐文改。「所資」，原作「所」，今據册府元龜、全唐文增補。「山陵」，帝王或皇后的墳墓。孔子家語 辯政：「大王萬歲之後，起山陵於荆臺之上，則子孫必不忍游於父祖之墓以爲歡樂也。」北魏酈道元水經注 渭水三：「秦名天子冢曰山，漢曰陵，故通曰山陵矣。」「置頓」，設置安頓的處所。陳書 魯悉達傳：「悉達分給糧廪，其所濟活者甚衆，仍於新蔡置頓以居之。」隋書 煬帝紀下：「每之一所，輒數道置頓，四海珍羞殊味，水陸必備焉。」

〔二十五〕夏税青苗：「青苗」，此處即指「青苗錢」。唐代賦税名。大曆元年，詔天下苗一畝徵税錢十五，以補百官俸錢，因國急用，當苗青即預徵，又有地頭錢每畝徵二十，通稱「青苗錢」。新唐書 食貨志一：「至大曆元年，詔流民還者，給復二年，田園盡，則授以逃田。天下苗一畝税錢十五，市輕貨給百官手力課。以國用急，不及秋，方苗青即徵之，號「青苗錢」。

〔二十六〕九廟子孫陪位者各加兩階：『陪位』，陪席，陪同。史記滑稽列傳：『齊趙陪位於前，韓魏翼衞其後。』三國志魏書高貴鄉公髦傳：『其日即皇帝位於太極前殿，百僚陪位者欣欣焉。』

〔二十七〕仍據始封每王後與一人出身：此句原無『每』字，今據册府元龜增補。

〔二十八〕取一房最沉翳者充數：『沉翳』，沉没不見。晉摯虞孔子贊：『仲尼大聖，遭時昏荒，河圖沉翳，鳳鳥幽藏。』

〔二十九〕常參官及方牧郡守各舉所知：『方牧』，原作『官牧』，四庫全書作『州牧』，今據册府元龜、全唐文改。『方牧』，古時統治一方的軍政長官方伯與州牧的并稱。後泛指地方長官。三國魏曹植文帝誄：『方牧妙舉，欽於恤民。』趙幼文注：『方牧，即舜典之四岳、十二牧，謂魏代之刺史、太守統治百姓之官。』唐劉知幾史通暗惑：『古人謂方牧爲二千石者，以其禄有二千石故也。』

〔三十〕今年正月十四日上皇太后尊號及朕受册進寶撰即位册文，承旨宣制等官：此處『十四日』『撰即位册』等字原無，今均據册府元龜、全唐文增補。『承旨』，原作『承制』，今據册府元龜、全唐文改。

〔三十一〕江王府官去年十二月已前在任者并與改進：「改進」，原作「進改」，今據册府元龜、全唐文改。「江王府」，唐文宗即皇帝位前爲江王，其府邸即稱「江王府」。舊唐書文宗紀載：文宗「長慶元年封江王。……樞密使王守澄、中尉梁守謙率禁軍討賊，誅絳王，迎上於江邸」。

〔三十二〕其去年十二月九日立功將士：按，此處所謂「立功將士」，乃指寶曆二年十二月九日樞密使王守澄、中尉梁守謙等率軍誅殺劉克明、絳王，迎立江王之諸將士。新唐書文宗紀載：「寶曆二年十二月，敬宗崩，劉克明等矯詔以絳王悟句當軍國事。壬寅，内樞密使王守澄、楊承和，神策護軍中尉魏從簡、梁守謙奉江王而立之，率神策六軍、飛龍兵誅克明，殺絳王。乙巳，江王即皇帝位於宣政殿。」檢寶曆二年十二月甲午朔，壬寅即十二月九日。

〔三十三〕其赴難軍使兵馬使都虞候將士等，仍各與改轉名銜聞奏：「其赴難軍使」，原作「其赴難將軍軍使」，今據册府元龜、全唐文删改。「仍各與改轉」，原作「各與改轉」，今據册府元龜、全唐文增補。

改元開成赦〔一〕

朕以寡昧，祇奉昌圖，兢業爲心，不敢自怠。庶乎播祖宗之光烈，致區宇之康平，推誠不疑，惟才是用。豈謂凶奸背德，宗社將危，中外叶謀，咸加顯戮〔二〕。知人則哲，雖在帝而猶難〔三〕；罪己興懷，誠爲君之不易。緬懈古理，良用惕然。是用因元正御正殿，先明首罪，仍布鴻恩。王守澄累朝獎任，久掌禁軍，忠力雖多，愆誤難掩，交通雜類，延進奸邪，專弄威權，蠹害時政〔四〕。鄭注、李訓因緣引見，忝竊恩榮，二三舊臣，陷在非罪。誠予寡昧，抑有其由，遂使奸惡搆連，竊起前殿〔五〕。王涯、賈餗、舒元輿、李訓，宰輔股肱，叶謀不軌〔六〕；王璠、郭行餘節將在京，率兵上殿〔七〕；羅立言、李孝本紀綱臺府，深入領徒〔八〕；韓約誘金吾衛兵，立成嚮背〔九〕；魏逢驛騎來往，鄭注自出成師〔十〕，將相通謀，情狀咸具。上天降祐，氛祲已清，討其本因，已正刑辟〔十一〕。王守澄既已云亡，難議深責，自特進已上官爵及實封并宜削奪〔十二〕。禍已終於既往，恩宜覃於有截〔十三〕。可大赦天下，宜改太和十年爲開成元年。自正月一日昧爽以前，大辟罪以下，罪無輕重，常赦所不原者〔十四〕，咸赦除之。其左降官量移復

資及才用有足稱者（十五），中書門下處分。流貶人中元敕不許量移及終身勿齒者，并與量移。其去年應緣朋黨連累，并十一月二十一日坐罪流貶者不在此限（十六）。其身亡伏法者，委所在州府量給棺殮，任所親收葬制服。其户部度支鹽鐵應有諸色欠負，太和五年以前者并放免。諸道賀正端午誕降賀冬進奉，起今權停三年，其錢充紐放百姓兩税（十七）。所在除藥物口味茶果外，不得輒有進獻。百司及諸道應宣索製造，一物以上者（十八），并停三年。京畿百姓兩税已下（十九），凡一歲之内徵取者，并百官職田，并全放一年。其京兆府一年所支用錢物斛斗草錢等，并勒鹽鐵使以開成元年直進綾絹充還。同州、河中、絳州去年旱歉，賦斂不登（二十），宜放開成元年夏青苗錢，同州賜雜穀六萬石（二十一），河中絳州共賜十萬石，委度支户部以見貯粟麥充賜（二十二）。三省九列御史臺選黜陟使十人（二十三），視問風俗（二十四），進賢退不肖，興行新制，務令通流（二十五）。天下戍鎮文武帶憲官者（二十六），解補進退，并須奏聞。其邊州令置譯語學官（二十七），常令教習，以達異意。内外文武官及諸色人，任上封事（二十八），極言得失，有禆時政者，必加升擢，待以不次（二十九）。其有藏器待時，隱身岩穴，奇節獨行（三十），可激風俗者，委常參官及所在長吏各以名聞。文武之道，合而兼濟，勛臣子弟，有能修詞務學，應進士

明經，及通諸科者，委有司先加獎引。河朔節將以州縣歸國者，有張茂昭、田弘正、程權各與一子官〔三十一〕，子弟堪任使者，委中書門下量加引用。應内外文武官，進階加爵有差。

校箋

〔一〕本文又見於册府元龜卷九十一帝王部赦宥第十，其文首謂：『開成元年正月辛丑朔，帝常服御宣正殿受朝賀，禮畢大赦天下，詔曰……』云云。全唐文卷七十五亦收，文題爲開成改元赦文，署名唐文宗。此文文末未署頒布時間。考舊唐書卷十七下文宗紀下載：『開成元年正月辛丑朔，帝常服御宣政殿受賀，遂宣詔大赦天下，改元開成。』新唐書卷八文宗紀載：『開成元年正月辛丑朔，日有食之。大赦，改元。免太和五年以前逋負、京畿今歲税，賜文武官階、爵。』資治通鑑卷二百四十五開成元年記：『春，正月，辛丑朔，上御宣政殿，赦天下，改元。』按，上述諸典籍均記此次改元開成在開成元年正月辛丑朔，此與本赦文所言『改太和十年爲開成元年。自正月一日昧爽以前』所表明之改元時間一致，故此次頒布改元時間在開成元年（八三六）正月一日，其

撰寫赦文時間當在此時稍前。

（二）豈謂凶奸背德，宗社將危，中外叶謀，咸加顯戮：『凶奸』，原作『奸凶』，今據册府元龜、全唐文改。按此數句乃指大和九年十一月之『甘露之變』。舊唐書文宗紀下大和九年記此事件云：『九月癸卯朔，奸臣李訓、鄭注用事，不附己者，即時貶黜，朝廷悚震，人不自安。……十一月……以京兆少尹羅立言權知府事。己未，以太府卿韓約爲左金吾衛大將軍。壬戌，中尉仇士良率兵誅宰相王涯、賈餗、舒元輿、李訓，新除太原節度王璠、郭行餘、鄭注、羅立言、李孝本、韓約等十餘家，皆族誅。時李訓、鄭注謀誅内官，詐言金吾仗舍石榴樹有甘露，請上觀之。内官先至金吾仗，見幕下伏甲，遽扶帝輦入内，故訓等敗，流血塗地。京師大駭，旬日稍安。』資治通鑑卷二百四十五大和九年記此事云：『鄭注每自負經濟之略，上問以富人之術，注無以對，乃請榷茶。於是以王涯兼榷茶使，涯知不可而不敢違，人甚苦之。……李訓、鄭注密言於上，請除王守澄。辛巳，遣中使李好古就第賜鴆，殺之，贈揚州大都督。訓、注本因守澄進，卒謀而殺之，人皆快守澄之受佞而疾訓、注之陰狡，於是元和之逆黨略盡矣。乙酉，鄭注赴鎮。庚子，以東都留守、司徒兼侍中裴度兼中書令，餘如故。李訓所獎拔，率皆狂險之士，然亦時取天下重望認順人心，如裴度、令狐楚、鄭覃皆累朝耆俊，久爲當路所軋，置之散地，訓皆引居崇秩。由是士大

夫亦有望其真能致太平者，不惟天子惑之也。然識者見其横甚，知將敗矣。十一月，丙午，以大理卿郭行餘爲邠寧節度使。癸丑，以河東節度使、同平章事李載義兼侍中。丁巳，以户部尚書、判度支王璠爲河東節度使。戊午，以京兆尹李石爲户部侍郎、判度支；以京兆少尹羅立言權知府事。石，神符之五世孫也。己未，以太府卿韓約爲左金吾衛大將軍。始，鄭注與李訓謀，至鎮，選壯士數百，皆持白棓，懷其斧，以爲親兵。是月，戊辰，王守澄葬於滻水，注奏請入護葬事，因以親兵自隨。仍奏令内臣中尉以下盡集滻水送葬，注因闔門，令親兵斧之，使無遺類。約既定，訓與其黨謀：「如此事成，則注專有其功，不若使行餘、璠以赴鎮爲名，多募壯士爲部曲，并用金吾、臺府吏卒，先期誅宦者，已而并注去之。」行餘、璠、立言、約及中丞李孝本，皆訓素所厚也，故列置要地，獨與是數人及舒元輿謀之，它人皆莫之知也。壬戌，上御紫宸殿。百官班定，韓約不報平安，奏稱：「左金吾聽事後石榴夜有甘露，臣遞門奏訖。」因蹈舞再拜，宰相亦帥百官稱賀。訓、元輿勸上親往觀之，以承天貺，上許之。百官退，班於含元殿。日加辰，上乘軟輿出紫宸門，升含元殿。先命宰相及兩省官詣左仗視之，良久而還。訓奏：「臣與衆人驗之，殆非真甘露，未可遽宣布，恐天下稱賀。」上曰：「豈有是邪！」顧左、右中尉仇士良、魚志弘帥諸宦者往視之。宦者既去，訓遽召郭行餘、王璠曰：「來受敕旨！」璠股栗不敢前，獨行餘拜殿下。時二人

部曲數百，皆執兵立丹鳳門外，訓已先使人召之，令人受敕。獨東兵入，邠寧兵竟不至。仇士良等至左仗視甘露，韓約變色流汗。士良怪之曰：「將軍何爲如是？」俄風吹幕起，見執兵者甚衆，又聞兵仗聲，士良等驚駭走出。門者欲閉之，士良叱之，關不得上。士良等奔詣上告變。訓見之，遽呼金吾衛士曰：「來上殿衛乘輿者，人賞錢百緡！」宦官曰：「事急矣，請陛下還宮！」即舉軟輿，迎上扶升輿，决殿后罘罳，疾趨北出。訓攀輿呼曰：「臣奏事未竟，陛下不可入宮！」金吾兵已登殿。羅立言帥京兆邏卒三百餘自東來，李孝本帥御史臺從人二百餘自西來，皆登殿縱擊，宦官流血呼冤，死傷者十餘人，乘輿迤邐入宣政門，訓攀輿呼益急，上叱之，宦者郗志榮奮拳毆其胸，偃於地。乘輿即入，門隨闔，宦者皆呼萬歲，百官駭散出。訓知事不濟，脱從吏緑衫衣之，走馬而出，揚言於道曰：「我何罪而竄謫！」人不之疑。王涯、賈餗、舒元輿還中書，相謂曰：「上且開延英，召吾屬議之。」兩省官詣宰相請其故，皆曰：「不知何事，諸公各自便！」士良等知上豫其謀，怨憤，出不遜語，上慚懼不復言。士良等命左、右神策副使劉泰倫、魏仲卿等各帥禁兵五百人，露刃出閤門討賊。王涯等將會食，吏白：「有兵自内出，逢人輒殺！」涯等狼狽步走，兩省及金吾吏卒千餘人填門爭出。門尋闔，其不得出者六百餘人皆死。士良等分兵閉宮門，索諸司，討賊黨。諸司吏卒及民酤販在中者皆死，死者又千餘人，横尸流血，狼藉塗地，諸司印及圖

籍、帷幕、器皿俱盡。又遣騎各千餘出城追亡者，又遣兵大索城中。舒元輿易服單騎出安化門，禁兵追擒之。王涯徒步至永昌里茶肆，禁兵擒入左軍。涯時年七十餘，被以桎梏，掠治不勝苦，自誣服，稱與李訓謀行大逆，尊立鄭注。王璠歸長興坊私第，閉門，以其兵自防。神策將至門，呼曰：「王涯等謀反，欲起尚書爲相，魚護軍令致意！」璠喜，出見之。將趨賀再三，璠知見紿，涕泣而行，至左軍，見王涯曰：「二十兄自反，胡爲見引？」涯曰：「五弟昔爲京兆尹，不漏言於王守澄，豈有今日邪！」璠俯首不言。又收羅立言於太平里，及涯等親屬奴婢，皆入兩軍繫之。户部員外郎李元皋，訓之再從弟也，訓實與之無恩，亦執而殺之。故嶺南節度使胡證，家巨富，禁兵利其財，托以搜賈餗入其家，執其子溵，殺之。又入左常侍羅讓、詹事渾鐬、翰林學士黎埴等家，掠其貲財，掃地無遺。鐬，瑊之子也，坊市惡少年因之報私仇，殺人，剽掠百貨。互相攻劫，塵埃蔽天。癸亥，百官入朝，日出，始開建福門，惟聽以從者一人自隨，禁兵露刃夾道。至宣政門，尚未開。時無宰相御史知班，百官無復班列。上御紫宸殿，問：「宰相何爲不來？」仇士良曰：「王涯等謀反繫獄。」因以涯手狀呈上，召左僕射令狐楚、右僕射鄭覃等升殿示之。上悲憤不自勝，謂楚等曰：「是涯手書乎？」對曰：「是也！」「誠如此，罪不容誅！」因命楚、覃留宿中書，參決機務。使楚草制宣告中外。楚叙王涯、賈餗反事浮泛，仇士良等不悦，由是不得爲

相。時坊市剽掠者猶未止，命左、右神策將楊鎮、靳遂良等各將五百人分屯通衢，擊鼓以警之，斬十餘人，然後定。賈餗變服潛民間經宿，自知無所逃，素服乘驢詣興安門，自言：「我宰相賈餗也，爲奸人所污，可送我詣兩軍！」門者執送西軍。李孝本改衣緑，猶服金帶，以帽鄣面，單騎奔鳳翔，至咸陽西，追擒之。……李訓素與終南僧宗密善，往投之。宗密欲剃其髮而匿之，其徒不可。訓出山，將奔鳳翔，爲盩厔鎮遏使宋楚所擒，械送京師。至昆明池，訓恐至軍中更受酷辱，謂送者曰：「得我者則富貴矣！聞禁兵所在搜捕，汝必爲所奪，不若取我首送之！」送者從之，斬其首以來。乙丑……左神策出兵三百人，以李訓首引王涯、王璠、羅立言、郭行餘；右神策出兵三百人，擁賈餗、舒元輿、李孝本獻於廟社，徇於兩市。命百官臨視，腰斬於獨柳之下，梟其首於興安門外。親屬無問親疏皆死，孩稚無遺，妻女不死者没爲官婢。百姓觀者怨王涯榷茶，或詬詈，或投礫擊之。」

〔三〕雖在帝而猶難：「雖」，册府元龜、全唐文作「實」。「而」，原作「以」，今據册府元龜、全唐文改。

〔四〕王守澄累朝獎任，久掌禁軍，忠力雖多，愆誤難掩，交通雜類，延進奸邪，專弄威權，蠹害時政：「獎任」，原作「掌任」，今據册府元龜、全唐文、適園叢書、學林本改。「久掌禁

軍』，原作『久握禁兵』，『忠力』，原作『效力』，四庫全書則作『陳力』，今均據册府元龜、全唐文改。『延進』，原作『引進』，今據册府元龜、全唐文改。『禁軍』，古代稱保衛京城或宮廷的軍隊。唐薛能昇平樂詩之四：『曙質絶埃氛，彤庭列禁軍。』新唐書韋昭度傳：『李昌符亂興蒼卒，昭度質家族於禁軍，誓共討賊，士卒感動，乃平昌符。』『忠力』，盡忠效力。新唐書李光顔傳：『弘素蹇縱，陰挾賊自重，且惡光顔忠力，思有以橈𡾋之。』『交通』，勾結；串通。漢書江充傳：『（充）詣闕告太子丹與同産姊及王後宮奸亂，交通郡國豪猾，攻剽爲奸，吏不能禁。』新唐書僕固懷恩傳：『御史大夫王翊使回紇還，懷恩慮泄其交通狀，因留不遣。』按，此數句乃陳述王守澄之行迹功過。王守澄，傳見舊唐書卷一百八十四、新唐書卷二百八。舊唐書本傳載：『王守澄，元和末宦者。憲宗疾大漸，内官陳弘慶等弑逆。憲宗英武，威德在人，内官秘之，不敢除討，但云藥發暴崩。時守澄與中尉馬進潭、梁守謙、劉承偕、韋元素等定册立穆宗皇帝。長慶中，守澄知樞密事。初元和中，守澄爲徐州監軍，遇翼城醫人鄭注，出入節度使李愬家。注敏悟過人，博通典藝，棋奕醫卜，尤臻於妙，人見之者，無不歡然。……守澄知樞密，薦引入禁中，穆宗待之亦厚。……文宗即位，守澄爲驃騎大將軍，充右軍中尉。注復得幸於文宗，後依倚守澄，大爲奸弊。文宗以元和逆黨尚在，其黨大盛，心常憤惋，端居不怡。……宰相李逢吉從子訓，與注交

通，訓亦機詭萬端，二人情義相得，俱爲守澄所重。復引訓入禁中，爲上講周易。既得幸，又探知帝旨，復以除宦官謀中帝意。帝以訓才辯縱横，以爲其事必捷，待以殊寵，自流人中用爲學官，充侍進學士。時仇士良有翊上之功，爲守澄所抑，位未通顯。訓奏用士良分守澄之權，乃以士良爲左軍中尉，守澄不悦，兩相矛盾。訓因其惡。大和九年，帝令内養李好古齎鴆賜守澄，秘而不發，守澄死，仍贈揚州大都督。其弟守涓爲徐州監軍，召還，至中牟，誅之。守澄豢養訓、注，反罹其禍，人皆快其受佞而惡訓、注之陰狡。』

〔五〕鄭注、李訓因緣引見，忝竊恩榮，二三舊臣，陷在非罪。誠予寡昧，抑有其由，遂使奸惡搆連，竊起前殿：『因緣引見，忝竊恩榮』，原作『引見竊恩』，今據册府元龜、全唐文改。『陷在非罪』，原作『誣陷非罪』，今據册府元龜改。按，此數句乃數鄭注、李訓之行迹與罪過。鄭注，傳見舊唐書卷一百六十九、新唐書卷一百七十九。李訓，傳見舊唐書卷一百六十九、新唐書卷一百七十九。舊唐書鄭注本傳載：『鄭注，絳州翼城人，始以藥術游長安權豪之門。本姓魚，冒姓鄭氏，故時號魚鄭。……元和十三年，李愬爲襄陽節度使，注往依之，愬得其藥力，因厚遇之，署爲節度衙推。……注詭辯陰狡，善探人意旨，與愬籌謀，未嘗不中其意。……及（王）守澄入知樞密，當長慶、寶曆之際，國政多專於守澄。注晝伏夜動，交通賂遺。初則讒邪奸巧之徒

附之以圖進取；數年之後，達僚權臣，争湊其門。……既以陰事誣陷宋申錫，守道正人，始側目焉。大和七年，罷邠寧行軍司馬，入京師。……尋授注通王府司馬，充右神策判官，中外駭嘆。八年……其年十二月，拜太僕卿、兼御史大夫。注起第善和里……日聚京師輕薄子弟、方鎮將吏，以招權利。間日入禁軍，與守澄款密，語必移時，或通夕不寐。李訓既附注以進，承間入謁；而輕浮躁進者，盈於注門。九年八月，遷工部尚書，充翰林侍講學士。召自九仙門，帝面賜告身。時李訓已在禁庭，二人相洽，日侍君側，講貫太平之術，以爲朝夕可致升平。兩奸合從，天子益惑其説。是時，訓、注之權，赫於天下。既得行其志，生平恩仇，絲毫必報。因楊虞卿之獄，挾忌李宗閔、李德裕，心所惡者，目爲二人之黨。朝士相繼斥逐，班列爲之一空，人人惴慄，若崩厥角。……訓、注天資狂妄，偷合苟容，至於經略謀猷，無可稱者。……九月，檢校尚書左僕射、鳳翔尹、鳳翔節度使。蓋與李訓謀事有期，欲中外協勢。十一月，注聞訓事發，自鳳翔率親兵五百餘人赴闕。至扶風，聞訓敗，乃還。監軍使張仲清已得密詔，迎而勞之，召至監軍府議事。注倚兵衛即赴之，仲清已伏兵幕下。注方坐，伏兵發，斬注，傳首京師，部下潰散。』舊唐書李訓傳記：『李訓，肅宗時宰相揆之族孫也。始名仲言。進士擢第。……寶曆中，從父逢吉爲宰相，以訓陰險善計事，愈親厚之。初與茅匯等欲中傷李程，及武昭事發，訓坐長流嶺表，會赦得還。……時

逢吉爲留守，思復爲宰相，且深怨裴度，居常憤鬱不樂。訓揣知其意，即以奇計動之。自言與鄭注善，逢吉以爲然，遺訓金帛珍寶數百萬，令持入長安，以賂注。注得賂甚悦，乘間薦於中尉王守澄，乃以注之藥術，訓之易道，合薦於文宗。……帝見其指趣，甚奇之。……太和八年，自流人補四門助教，召入内殿，面賜緋魚。其年十月，遷國子周易博士，充翰林侍講學士。……文宗性守正嫉惡，以宦者權寵太過，繼爲禍胎，元和末弑逆之徒尚在左右，雖外示優假，心不堪之。思欲芟落本根，以雪讎耻……因鄭注得幸守澄，俾之援訓，冀黄門之不疑也。訓既在翰林，解易之際，或語及巷伯事，則再三憤激，以動上心。以其言論縱横，謂其必能成事，遂以真誠謀於訓、注。自是二人寵幸，言無不從；而深秘之謀，往往流聞於外。……九年七月，改兵部郎中、知制誥，充翰林學士。九月，遷禮部侍郎、同平章事，仍賜金紫之服。詔以平章之暇，三五日一入翰林。訓既秉權衡，即謀誅内豎。中官陳弘慶者，自元和末負弑逆之名，忠義之士無不扼腕。時爲襄陽監軍，乃召自漢南，至青泥驛，遣人封杖決殺。王守澄自長慶已來知樞密，典禁軍，作威作福。訓既作相，以守澄爲六軍十二衛觀軍容使，罷其禁旅之權，尋賜鴆殺之。訓愈承恩顧，每别殿奏對，他宰相莫不順成其言，黄門禁軍迎拜戢斂。訓本以纖達，門庭趨附之士，率皆狂怪險異之流。……訓雖爲鄭注引用，及禄位俱大，勢不兩立；托以中外應赴之謀，出注爲鳳翔節度使。俟誅内豎，即

兼圖注。約以其年十一月誅中官，須假兵力，乃以大理卿郭行餘爲邠寧節度使，户部尚書王璠爲太原節度使，京兆少尹羅立言權知大尹事，太府卿韓約爲金吾街使，刑部郎中知雜李孝本權知中丞事，皆訓之親厚者。冀王璠、郭行餘未赴鎮間，廣令召募豪俠及金吾臺府之從者，俾集其事。是月二十一日，帝御紫宸。班定，韓約不報平安，奏曰：「金吾左仗院石榴樹，夜來有甘露，臣已進狀訖。」乃蹈舞再拜。宰相百官相次稱賀。李訓奏曰：「甘露降祥，俯在宫禁。陛下宜親幸左仗觀之。」班退，上乘軟舁出紫宸門……上令宰相兩省官先往視之。既還，曰：「臣等恐非真甘露，不敢輕言。言出，四方必稱賀也。」上曰：「韓約妄耶？」乃令左右軍中尉、樞密内臣往視之。既去，訓召王璠、郭行餘曰：「來受敕旨！」璠恐悚不能前，行餘獨拜殿下。時兩鎮官健，皆執兵在丹鳳門外，訓已令召之，唯璠從兵入，邠寧兵竟不至。中尉、樞密至左仗，聞幕下有兵聲，驚恐走出。閽者欲扃鎖之，爲中人所叱，執關而不能下。内官回奏，韓約氣懾汗流，不能舉首。中官謂之曰：「將軍何及此耶？」又奏曰：「事急矣，請陛下入内。」即舉軟輿迎帝。訓殿上呼曰：「金吾衛士上殿來，護乘輿者，人賞百千。」内官决殿后罘罳，舉輿疾趨。訓攀呼曰：「陛下不得入内。」金吾衛士數十人，隨訓而入。羅立言率府中從人自東來，李孝本率臺中從人自西來，共四百餘人，上殿縱擊内官，死傷者數十人。訓時愈急，邐迤入宣政門。帝瞋目叱訓，内官郄志榮奮拳擊

其胸，訓即僵仆於地。帝入東上閤門，門即闔，內官呼萬歲者數四。須臾，內官率禁兵五百人，露刃出閤門，遇人即殺。宰相王涯、賈餗、舒元輿、方中書會食，聞難出走，諸司從吏死者六七百人。是日，訓中拳而仆，知事不濟，乃單騎走入終南山，投寺僧宗密。訓與宗密素善，欲剃其髮匿之。從者止之，乃趨鳳翔，欲依鄭注。出山，爲盩厔鎮將宗楚所得，械送京師。至昆明池，訓恐入軍別受搒掠，乃謂兵士曰：「所在有兵，得我者即富貴，不如持我首行，免被奪取。」乃斬訓，持首而行。』

〔六〕王涯、賈餗、舒元輿、李訓，宰輔股肱，叶謀不軌：『股肱』，比喻左右輔佐之臣。書益稷：『臣作朕股肱耳目。』漢書蘇武傳：『上思股肱之美，乃圖畫其人於麒麟閣，法其形貌，署其官爵姓名。』『叶謀』，合謀；共謀。唐張九齡賀北庭解圍狀：『此皆陛下聖武，將士恭行，遠必叶謀，動無遺策，能令氛祲，坐自廓清。』宋王禹偁重修北岳廟碑并序：『今將相叶謀，人神共忿。』又，王涯、賈餗、舒元輿三人，其傳均見舊唐書卷一百六十九、新唐書卷一百七十九。舊唐書王涯傳載：『王涯，字廣津，太原人。父晃。涯，貞元八年進士擢第，登宏辭科。釋褐藍田尉。二十年十一月，召充翰林學士，拜右拾遺、左補闕、起居舍人，皆充內職。……大和三年正月，入爲太常卿。……八年正月，加檢校司空、門下侍郎、弘文館大學士、太清宮使。九年五月，正

拜司空，仍令所司册命，加開府儀同三司，仍兼領江南榷茶使。十一月二十一日，李訓事敗，文宗入内。涯與同列歸中書會食，未下箸，吏報有兵自閤門出，逢人即殺。涯等蒼惶步出，至永昌里茶肆，爲禁兵所擒，并其家屬奴婢，皆繫於獄。仇士良鞫涯反狀，涯實不知其故。械縛既急，搒笞不勝其酷，乃令手書反狀，自誣與訓同謀。獄具，左軍兵馬三百人領涯與王璠、羅立言，右軍兵馬三百人領賈餗、舒元輿、李孝本，先赴郊廟，徇兩市，乃腰斬於子城西南隅獨柳樹下。涯以榷茶事，百姓怨恨詬駡之，投瓦礫以擊之。中書房吏焦寓、焦璿、臺史李楚等十餘人，吏卒争取殺之，籍没其家。涯子工部郎中、集賢殿學士孟賢，太常博士仲翔，其餘稚小妻女，連襟係頸，送入兩軍，無少長盡誅之。自涯已下十一家，資貨悉爲軍卒所分。……涯博學好古，能爲文，以辭藝登科。踐揚清峻，而貪權固寵，不遠邪佞之流，以至赤族。……涯之死也，人以爲冤。昭義節度使劉從諫三上章，求示涯等三相罪名，仇士良頗懷憂恐。』舊唐書賈餗傳載：『賈餗，字子美，河南人。祖渭。大父寧。餗進士擢第，又登制策甲科，文史兼美，四遷至考功員外郎。長慶初，策召賢良，選當時名士考策，餗與白居易俱爲考策官，選文人以爲公。尋以本官知制誥，遷庫部郎中，充職。……太和初，入爲太常少卿。二年，以本官知制誥。三年七月，拜中書舍人。……八年十一月，遷京兆尹、兼御史大夫。九年四月，檢校禮部尚書、潤州刺史、浙西觀察使。制出未行，拜

中書侍郎、同平章事，進金紫階，封姑臧男，食邑三百户。未幾，加集賢殿學士，監修國史。其年十一月，李訓事發，兵交殿廷，禁軍肆掠。餗易服步行出内，潛身人間。翌日，自投神策軍，與王涯等皆族誅。餗雖中立自持，然不能以身犯難，排斥奸孅，脂韋其間，遂至覆族。逢時多僻，死非其罪，世多冤之。』又，舊唐書舒元輿傳記：『舒元輿者，江州人。元和八年登進士第，釋褐諸府從事。大和初，入朝爲監察，轉侍御史。……元輿自負奇才，鋭於進取，乃進所業文章，乞試效用，宰執謂其躁競。（大和）五年八月，改授著作郎，分司東都。時李訓丁母憂在洛，與元輿性俱詭激，乘險蹈利，相得甚歡。及訓爲文宗寵遇，復召爲尚書郎。九年，以右司郎中知臺雜。七月，權知中丞事。九月，拜御史中丞，兼判刑部侍郎。是月，以本官同平章事，與訓同知政事。而深謀詭算，熒惑主聽，皆生於二凶也。訓竊發之日，兵自内出。元輿易服單馬出安化門，爲追騎所擒，送左軍族誅之。』

〔七〕王璠、郭行餘節將在京，率兵上殿：王璠、郭行餘，傳均見舊唐書卷一百六十九、新唐書卷一百七十九。舊唐書王璠傳載：『王璠，字魯玉。父礎，進士，文辭知名。元和五年，擢進士第，登宏辭科。風儀修飾，操履甚堅，累辟諸侯府。元和中，入朝爲監察御史，再遷起居舍人，副鄭覃宣慰於鎮州。……寶曆元年二月，轉御史中丞。時李逢吉爲宰相，與璠親厚，故自郎官掌

誥，便拜中丞。恃逢吉之勢，稍横。……大和二年，以本官權知東都選。十月，轉尚書右丞，敕選畢入朝。三年，改吏部侍郎。……六年八月，檢校禮部尚書、潤州刺史、浙西觀察使。八年，李訓得幸，累薦於上。召還，復拜右丞。璠以逢吉故吏，自是傾心於訓，權幸傾朝。九年五月，遷户部尚書、判度支。謝日，召對浴堂，錫之錦彩。其年十一月，李訓將誅内官，令璠召募豪俠，乃授太原節度使，托以募爪牙爲名。訓敗之日，璠歸長興里第。是夜爲禁軍所捕，舉家下獄；斬璠於獨柳樹，家無少長皆死。』又，舊唐書 郭行餘傳載：『郭行餘者，亦登進士第。太和初，累官至楚州刺史。五年，移刺汝州，兼御史中丞。九月，入爲大理卿。李訓在東都時，與行餘親善，行餘數相餉遺，至是用爲九列，十一月，訓欲竊發，令其募兵，乃授邠寧節度使。訓敗，族誅。』

〔八〕羅立言、李孝本紀綱臺府，深入領徒：『紀綱』，治理；管理。國語 晋語四：『此大夫管仲之所以紀綱齊國，裨輔先君而成霸者也。』漢書 武帝紀：『二千石官長紀綱人倫，將何以佐朕燭幽隱，勸元元，厲蒸庶，崇鄉黨之訓哉？』『臺府』，御史府。宋書 武帝紀下：『（永初元年）秋七月丁亥，原放劫賊餘口没在臺府者，諸流徙家并聽還本土。』舊唐書 李渤傳：『如妄訴無理，本罪外加一等。……今欲留身後牒臺府，冀止絶凶人。』羅立言、李孝本傳均見舊唐書卷一百六十九、新唐書卷一百七十九。舊唐書 羅立言傳載：『羅立言者，父名歡。貞元末，登進士

第。寶曆初，檢校主客員外郎，爲鹽鐵河陰院官。二年，坐糴米不實，計贓一萬九千貫，鹽鐵使惜其吏能，定罪止削所兼侍御史。大和中，爲司農少卿，主太倉出納物，以貨厚賂鄭注，李訓亦重之。訓將竊發，須兵集事，以京兆府多吏卒，用立言爲京兆少尹，知府事。訓敗日，族誅。』又，舊唐書李孝本傳記：『李孝本者，宗室之子也。累官至刑部郎中，而依於訓、注以求進。舒元輿作相，訓用孝本知臺雜，權知中丞事，最預訓謀。竊發之日，孝本從人殺內官十餘人於殿廷。知事不濟，單騎走投鄭注。至咸陽西原，爲追騎所捕，族誅之。坐訓、注而族者，凡十一家，人以爲冤。』

〔九〕韓約誘金吾衛兵，立成嚮背；『嚮背』，原作『向背』，義同，今據冊府元龜、全唐文改。韓約，傳見新唐書卷一百七十九，其本傳載：『韓約，朗州武陵人，本名重華。志勇決，略涉書，有吏幹。歷兩池榷鹽使、虔州刺史。交趾叛，領安南都護。再遷太府卿。太和九年，代崔鄯爲左金吾衛大將軍，居四日，起事。約由錢穀進，更安南富饒地，聚貲尤多。』又按，上述諸條所涉諸人事迹，尚可參閱本文校箋第二條，以及各條注釋互參。

〔十〕魏逢驛騎來往，鄭注自出成師：『魏逢』，冊府元龜、四庫全書作『魏逄』，誤，不取。『驛騎』，原作『馹騎』，今據冊府元龜、四庫全書、全唐文、適園叢書、學林本改。按，此兩

句所述史實新唐書鄭注傳記云：『先是，守澄死，以十一月葬滻水，注奏言：「守澄，國勞舊，願身護喪。」因群宦者臨送，欲以鎮兵悉擒誅之。訓畏注專其功，乃先五日舉事。注率五百騎至扶風，令韓遼知其謀，奔武功。注聞訓敗，乃還。其屬魏弘節勸注殺監軍張仲清及大將賈克中等十餘人，注驚撓不暇聽。仲清與前少尹陸暢用其將李叔和策，訪注計事，斬其首，兵皆潰去。注妻兄魏逢尤佻險，贊注爲奸，數顧賕，爲率更令、鳳翔少尹。遣逢至京師與訓約，被誅。』資治通鑑卷二百四十五亦記鄭注自出師事謂：『先是，鄭注將親兵五百，已發鳳翔，至扶風。扶風令韓遼知其謀，不供具，携印及吏卒奔武功。注知訓已敗，復還鳳翔。』

〔十二〕上天降祐，氛祲已清，討其本因，已正刑辟：『氛祲』，比喻戰亂，叛亂。南朝梁沈約王亮王瑩加授詔：『内外允諧，逆徒從慝，躬衛時難，氛祲既澄，并宜光贊緝熙，穆兹景化。』唐駱賓王兵部奏姚州道破逆賊諾没弄楊虔柳露布：『飛塵埃而匝地，白日爲之晝昏；掃氛祲以稽天，滄溟爲之晦色。』『刑辟』：刑法；刑律。左傳昭公六年：『昔先王議事以制，不爲刑辟，懼民之有争心也。』楊伯峻注：『刑辟即刑律。』舊唐書楊嗣復傳：『天后重行刑辟，輕用官爵，皆自圖之計耳。』按，此處所言『已正刑辟』事新唐書文宗紀大和九年有所記載：『十一月乙巳，殺武寧軍監軍使王守涓。壬戌，李訓及河東節度使王璠、邠寧節度使郭行餘、御史中丞李孝本、京

兆少尹羅立言謀誅中官，不克，訓奔於鳳翔。……乙丑……左神策軍中尉仇士良殺王涯、賈餗、舒元輿、李孝本、羅立言、王璠、郭行餘、鳳翔少尹魏逢。戊辰，晝晦。鳳翔監軍使張仲清殺其節度使鄭注。己巳，仇士良殺右金吾衛大將軍韓約。十二月壬申殺左金吾衛將軍李貞素、翰林學士顧師邕。』資治通鑑卷二百四十五大和九年十一月亦載：『乙丑……左神策出兵三百人，以李訓首引王涯、王璠、羅立言、郭行餘；右神策出兵三百人，擁賈餗、舒元輿、李孝本獻於廟社，徇於兩市。命百官臨視，腰斬於獨柳之下，梟其首於興安門外。親屬無問親疏皆死，孩稚無遺，妻女不死者没爲官婢。百姓觀者怨王涯榷茶，或詬詈，或投礫擊之。』

〔十二〕自特進已上官爵及實封并宜削奪：『已上』，原作『已下』，今據册府元龜、四庫全書改。『特進』，官名。始設於西漢末。授予列侯中有特殊地位的人，位在三公下。東漢至南北朝僅爲加官，無實職。隋唐以後爲散官。『實封』，古代封建國家名義上封賜給功臣貴戚食邑的户數與實際封賞數往往不符，實際上賜與的封户叫實封。資治通鑑唐玄宗開元十年：『十一月乙未，初令宰相共食實封三百户。』胡三省注引唐會要曰：『舊制，凡有功之臣賜實封者，皆以課户先準户數，州縣與國官、邑官執帳，供其租調，各準配租調，遠近，州縣官司收其脚值，然後付國邑官司。其丁準此，入國邑者收其庸。』宋高承事物紀原 官爵封建 實封：『通典曰：唐封公侯無

國土，其加實封者，則食其所封之户，分食諸郡，以租庸調給。沿革曰魏黄初間，爵自關内侯不食邑，但虚封而已。故唐因之加實封。宋朝會要曰：唐制食實封者，户給縑帛，每賜爵遞加一級，唐末及五代始有特加邑户，而罷實封之給，今位爲虚名也。』

（十三）禍已終於既往，恩宜覃於有截：『禍』，原作『釁』，今據册府元龜、全唐文、適園叢書、學林本改。『已終』，原作『以鍾』，今據册府元龜、全唐文、四庫全書、適園叢書、學林本改。『有截』，齊一貌；整齊貌。有，助詞。詩商頌長發：『苞有三蘖，莫遂莫達，九有有截。韋顧既伐，昆吾夏桀。』鄭玄箋：『九州齊一截然。』又：『相土烈烈，海外有截。』鄭玄箋：『截，整齊也。』唐白居易刑禮道策：『方今華夷有截，内外無虞，人思休和。』

（十四）常赦所不原者：『不原』，原作『不免』，今據册府元龜、全唐文改。

（十五）其左降官量移復資及才用有足稱者：『左降官』，原作『在降官』，今據册府元龜、四庫全書、全唐文、適園叢書、學林本改。『有足稱者』，原作『足稱者』，今據册府元龜增補。『量移』，多指官吏因罪遠謫，遇赦酌情調遷近處任職。唐白居易自題詩：『一旦失恩先左降，三年隨例未量移。』舊唐書玄宗紀上：『（開元二十年）大赦天下，左降官量移近處。』

（十六）其去年應緣朋黨連累，并十一月二十一日坐罪流貶者不在此限：『應緣』，原作『因

沿』，適園叢書、學林本作『因緣』，今據册府元龜、全唐文改。按，此處所言『并十一月二十一日坐罪流貶者』，指大和九年十一月『甘露之變』中所牽連者。檢大和九年十一月二十一日乃是月壬戌日，舊唐書文宗紀下大和九年十一月記：『壬戌，中尉仇士良率兵誅宰相王涯、賈餗、舒元輿、李訓，新除太原節度王璠，郭行餘、鄭注、羅立言、李孝本，韓約等十餘家，皆族誅。時李訓、鄭注謀誅内官，詐言金吾仗舍石榴樹有甘露，請上觀之。内官先至金吾仗，見幕下伏甲，遽扶帝輦入内，故訓等敗，流血塗地。』

〔十七〕其錢充紐放百姓兩税：『兩税』，唐代中期所實行的一種税制。新唐書食貨志二：『自代宗時，始以畝定税，而斂以夏秋。至德宗相楊炎，遂作兩税法，夏輸無過六月，秋輸無過十一月。置兩税使以總之，量出制入。户無主、客，以居者爲簿；人無丁、中，以貧富爲差。商賈税三十之一，與居者均役。田税視大曆十四年墾田之數爲定。遣黜陟使按比諸道丁産等級，免鰥寡煢獨不濟者。敢有加斂，以枉法論。』

〔十八〕百司及諸道應宣索製造，一物以上者：『以上者』，原作『以上』，今據册府元龜、全唐文增補。『宣索』，皇帝下旨，向有司索取錢財用物。唐李德裕奏繚綾狀：『臣昨緣宣索，已具軍資歲計及近年物力聞奏，伏料聖慈，必垂省覽。』新唐書李石傳：『天下非藥物茗果，它貢悉

禁；又罷宣索營造。」

〔十九〕京畿百姓兩稅已下：『已下』，原作『已降』，今據册府元龜、全唐文、適園叢書、學林本改。

〔二十〕同州、河中、絳州去年旱歉，賦斂不登：『去年』，原作『三州』，今據册府元龜、四庫全書、全唐文改。『賦斂』，原作『賦税』，今據册府元龜、全唐文改。『賦斂』，田賦；税收。左傳成公十八年：『薄賦斂，宥罪戾。』唐柳宗元捕蛇者説：『孰知賦斂之毒，有甚是蛇者乎！』按，此處所言『同州、河中、絳州去年旱歉』情形，新唐書卷三十五五行二記云：大和『九年秋，京兆、河南、河中、陝華同等州旱』。

〔二十一〕同州賜雜穀六萬石：『六萬石』，原作『六萬』，今據册府元龜、全唐文改。

〔二十二〕委度支户部以見貯粟麥充賜：此處『以』字原無，今據册府元龜、全唐文增補。

〔二十三〕三省九列御史臺選黜陟使十人：『三省』，指中書省、門下省、尚書省。自南北朝至唐，三省同爲最高政務機構。新唐書百官志一：『初，唐因隋制，以三省之長中書令、侍中、尚書令共議國政，此宰相職也。』『九列』，九卿的職位。漢書韋玄成傳：『明明天子，俊德烈烈，不遂我遺，恤我九列。』顏師古注：『九列，卿之位，謂少府。』晋書儒林傳韋謏：『前後四登

九列，六在尚書，二爲侍中，再爲太子太傅，封京兆公。』

〔二十四〕視問風俗：原作『親問風俗』，今據四庫全書、全唐文、適園叢書、學林本改。

〔二十五〕務令通流：『通流』，原作『通俗』，今據册府元龜、全唐文、適園叢書、學林本改。『通流』，指通行。管子水地：『水者，地之血氣，如筋脉之通流者也。』南史夷貊传上西南夷：『水陸通流，百賈交會。』

〔二十六〕天下戎鎮文武帶憲官者：『戎鎮』，原作『鎮戎』，今據册府元龜、全唐文、適園叢書、學林本改。『憲官』，御史臺或都察院所屬的官員。因掌持刑憲典章，故稱。舊唐書德宗紀上：『己巳，福建觀察司鮑防、湖南觀察司蕭復讓憲官，從之……自是諸道非節度而兼憲官者皆讓。』宋蘇洵與吴殿院書：『誠恐憲官職重，是以不敢數數自通。』

〔二十七〕其邊州令置譯語學官：『令置』，原作『合置』，今據册府元龜、全唐文、適園叢書、學林本改。

〔二十八〕任上封事：『封事』，密封的奏章。古時臣下上書奏事，防有泄漏，用皂囊封緘，故稱。漢書宣帝紀：『上始親政事，又思報大將軍功德，乃復使樂平侯山領尚書事，而令群臣得奏封事，以知下情。』後漢書明帝紀：『於是在位者皆上封事，各言得失。』李賢注：『宣帝始令群

臣得奏封事，以知下情。封有正有副，領尚書者先發副封，所言不善，屏而不奏。後魏相奏去副封，以防擁蔽。」

〔二十九〕有裨時政者，必加升擢，待以不次：『有裨』，原作『有補』，今據册府元龜、全唐文改。『不次』，不依尋常次序。猶言超擢，破格。漢書東方朔傳：『武帝初即位，徵天下舉方正賢良文學材力之士，待以不次之位。』顔師古注：『不拘常次，言超擢也。』舊唐書忠義傳下許遠：『禄山之亂，不次拔將帥。』

〔三十〕其有藏器待時，隱身岩穴，奇節獨行：『待時』，册府元龜、全唐文作『候時』。『隱身』，原作『終身』。『獨行』，原作『特行』，今均據册府元龜、全唐文改。『藏器待時』，比喻懷才以等待施展的時機。器，用具，引申爲才能。語本易繫辭下：『君子藏器於身，待時而動。』宋蘇軾乞擢用程遵彦狀：『而端静之士，雖有過人之行，應務之才，又皆藏器待時，耻以自獻，朝廷莫得而知之。』『奇節』，奇特的節操。宋蘇軾上韓太尉書：『東漢之末，士大夫多奇節而不循正道。』高旭俠士行：『深沉好讀書，少小勵奇節。』『獨行』，謂節操高尚，不隨俗浮沉。禮記儒行：『世治不輕，世亂不沮……其特立獨行有如此者。』舊唐書隱逸傳序：『而游岩、德義之徒，所高者獨行。』

〔三十一〕有張茂昭、田弘正、程權各與一子官：『有』字原無，今據册府元龜、全唐文增補。張茂昭、田弘正，傳均見舊唐書卷一百四十一、新唐書卷一百四十八。程權，傳見舊唐書卷一百四十三、新唐書卷二百一十三。據舊唐書張茂昭傳載：『茂昭，本名升雲。幼有志氣，好儒書，以父廕累官至檢校工部尚書。貞元七年，孝忠卒，德宗以邕王諒爲義武軍節度大使、易定觀察使；以升雲爲定州刺史，起復左金吾衛大將軍，充節度觀察留後，仍賜名茂昭。九年正月，授節度使，累遷檢校僕射、司空。二十年十月，入朝，累陳奏河北及西北邊事，詞情忠切，德宗聳聽，嘆曰：「恨見卿之晚！」錫宴於麟德殿，賜良馬、甲第、器用、珍幣甚厚，仍以其第三男克禮尚晋康郡主。……元和二年，又請入覲，五上章懇切，憲宗許之。冬十月，至京師，留數月，詔令歸鎮。茂昭願奉朝請於闕下，不許；加太子太保，復令還鎮。……自安、史之亂，兩河藩帥多阻命自固，父死子代；唯茂昭表請舉族還朝，鄰藩累遣游客間説，茂昭志意堅決，拜表求代者數四。上乃命左庶子任迪簡爲其行軍司馬，乘驛赴之。以兩郡之簿書、管鑰、符印付迪簡，遣其妻季氏，男克讓、克恭等先就路。將行，誡之曰：「吾使爾曹侍親出易者，庶後之子孫不爲風俗所染，則吾無恨矣！」時五年冬也。行及晋州，拜檢校太尉、兼中書令，充河中晋絳慈隰等州節度觀察等使。十二月十二日，至京師。故事雙日不坐，是日特開延英殿對茂昭，五刻乃罷。又上表請遷祖

考之骨墓於京兆。在朝兩月，未之鎮。六年二月，疽發於首，卒，時年五十。廢朝五日，册贈太師，賻絹三千匹、布一千端、米粟三千石，喪事所須官給，詔京兆尹監護，謚曰獻武。』又，舊唐書田弘正傳載：『田弘正，本名興。……弘正，廷玠之第二子。少習儒書，頗通兵法，善騎射，勇而有禮，伯父承嗣愛重之。當季安之世，爲衙内兵馬使。……季安卒，懷諫委家僮蔣士則改易軍政，人情不悦，咸曰：「都知兵馬使田興，可爲吾帥也！」衙兵數千詣興私第陳請，興拒關不出，衆呼噪不已。興出，衆環而拜，請入府署。興頓仆於地，久之。度終不免，乃令於軍中曰：「三軍不以興不肖，令主軍務，欲與諸軍前約，當聽命否？」咸曰：「惟命是從！」興曰：「吾欲守天子法，以六州版籍請吏，勿犯副大使，可乎？」皆曰：「諾！」是日，入府視事，殺蔣士則十數人而已。……翌日，具事上聞。憲宗嘉之，加興銀青光禄大夫、檢校工部尚書、魏州大都督府長史，兼御史大夫、上柱國、沂國公，充魏、博等州節度觀察、處置、支度、營田等使，仍賜名弘正。仍令中書舍人裴度使魏州宣慰，賜魏博三軍賞錢一百五十萬貫。弘正既受節鉞，上表曰：「臣聞君臣父子，是謂大倫，爰立紀綱，以正上下。其或子不爲子，臣不爲臣，覆載莫可得容，幽明所宜共殛。臣家本邊塞，累代唐人；從乃祖乃父以來，沐文子文孫之化。臣幸因宗族，早列偏裨，驅馳戎馬之鄉，不睹朝廷之禮。惟忠與孝，天與臣心。常思奮不顧生，以身殉國，無由上達，私自

感傷。豈意命偶昌時，事緣難故，白刃之下，謬見推崇。天慈遽臨，免書罪累，朝章薦及，仍委旂旄。錫封壤於全藩，列班榮於八座；君父之恩已極，絲毫之效未伸，但以靦冒知羞，低徊自愧。是知功榮所著，必俟危亂之時；徼幸之來，却在清平之日。循涯揣分，以寵爲憂。……」優詔褒美。……自弘正歸國，幽、恒、鄆、蔡有齒寒之懼，屢遣客間説，多方誘阻，而弘正終始不移其操。……（元和）十三年，王師加兵於鄆，詔弘正與宣武、義成、武寧、横海等五鎮之師會軍齊進。十一月，弘正自帥全師自楊劉渡河築壘，距鄆四十里。師道遣大將劉悟率重兵以抗弘正，結壘相望。前後合戰，魏軍大捷。而李醖、李光顔三面進攻，賊皆挫敗，其勢將危。十四年三月，劉悟以河上之衆倒戈入鄆，斬師道首，詣弘正請降。淄青十二州平，論功加檢校司徒、同中書門下平章事。是年八月，弘正入覲，憲宗待之隆異，對於麟德殿，參佐將校二百餘人皆有頒錫，進加檢校司徒、兼侍中，實封三百户。仍以其兄檢校刑部尚書、相州刺史融爲太子賓客，東都留司。弘正三上章，願留闕下，憲宗勞之曰：「昨韓弘至朝，稱疾懇辭戎務，朕不得不從。今卿復請留，意誠可尚，然魏土樂卿之政，鄰境服卿之威，爲我長城，不可辭也。可亟歸藩。」弘正每懼有一旦之憂，嗣襲之風不革，兄弟子侄，悉仕於朝，憲宗皆擢居班列，朱紫盈庭，當時榮之。十五年十月，鎮州王承宗卒，穆宗以弘正檢校司徒，兼中書令、鎮州大都督府長史，充成德軍節度、鎮冀

深趙觀察等使。弘正以新與鎮人戰伐，有父兄之怨，乃以魏兵二千爲衛從。十一月二十六日，至鎮州，時賜鎮州三軍賞錢一百萬貫，不時至，軍衆喧騰以爲言。弘正親自撫喻，人情稍安。……明年七月，歸卒於魏州，是月二十八日夜軍亂，弘正并家屬、參佐、將吏等三百餘口并遇害。穆宗聞之震悼，册贈太尉，賵賻加等。』又，舊唐書程權傳載：程權乃横海軍節度觀察使程懷直子，本名程執恭。『執恭代襲父位，朝廷因而授之。元和六年入朝，憲宗禮遇遣之，加尚書左僕射。嘗夢滄州衙門樓額悉帖「權」字，遂奏請改名權。十三年，淮西賊平，藩方惕息，權以父子世襲如三鎮事例，心不自安，乃請入朝。十三年，至京師，表辭戎帥，因命華州刺史鄭權代之，以靖安里私第側狹，賜地二十畒，令廣其居。尋遷檢校司空、邠州刺史、邠寧節度使。十四年十一月卒，贈司徒。權兄弟子侄在朝列宿衛者三十餘人。』

改元廣明詔〔一〕

朕祗膺寶祚，嗣守宗祧〔二〕，夙夜一心，勤勞八載〔三〕，實欲驅黎元於仁壽，致華夏之升平〔四〕。而國步猶艱，群生寡遂，灾沴荐起，寇孽仍臻，竊弄干戈，連攻郡邑〔五〕，雖輸降款，未息狂謀〔六〕。江右海南〔七〕，瘡痍既甚；湖湘荆漢，耕織屢空。言念疲

羸，良深軫惻，我心未濟，天道如何〔八〕。賴近者嚴敕師徒，稍聞勝捷，皆列聖之潛祐，寧菲德以言功〔九〕。屬節變三陽，日當首歲，乃御正殿〔十〕，爰命改元，況及發生，是宜在宥〔十一〕。自古繼業守文之主，握圖御宇之君〔十二〕，必自正月吉辰，發號施令。所以垂千載之懿範，固百代之洪基〔十三〕，莫不由斯道也。可改乾符七年爲廣明元年。近日東南州府，頻奏草賊結連〔十四〕。本是平人，迫於饑饉，驅之爲盜，情不願爲。委所在長吏子細曉諭，如自首歸降，保非詐僞，便須撫納，不要勘問〔十五〕。如未倒戈，即登時剪撲。東南州府遭賊之處，農桑失業，耕種不時。就中廣州、荆南、湖南，盜賊留駐，人户逃亡，傷痍最甚。自廣明已前諸色税賦，宜令十分減四。其河中府、太原府遭賊寇掠處，亦宜准此。吏部擢選人粟錯及長名駁放者〔十六〕，除身名逾濫欠選考外，并以比遠殘闕收注〔十七〕。入仕之門，兵部最濫，全無根本，頗壞紀綱。近者武官多轉入文官〔十八〕，依資除授，宜懲僭幸，以辨品流〔十九〕。自今後武官不得轉入文官選改〔二十〕，所冀輪轅各適，秩序區分，其内司不在此限〔二十一〕。

校箋

〔一〕本文又見於舊唐書卷十九下僖宗紀，其文首云：『廣明元年春正月乙卯朔，上御宣政殿，制曰……』云云。册府元龜卷九十一帝王部赦宥第十亦録云：『廣明元年正月乙卯朔，御宣政殿，制曰……』云云。全唐文卷八十七亦收，文題名爲改元廣明詔，署名唐僖宗。本文文末未署頒布時間。考上引舊唐書、册府元龜均記此制下於『廣明元年正月乙卯朔』。又，新唐書卷九僖宗紀亦記：『廣明元年正月乙卯，改元。免嶺南、荆湖、河中、河東税賦十之四。』資治通鑑卷二百五十三亦載：『廣明元年春，正月，乙卯朔，改元。』據此可見此次改元廣明乃頒布於廣明元年（八八〇）正月乙卯朔（一日），則本文撰寫時間當在是時稍前。又，本文在現有唐大詔令集各本中均非全文，然舊唐書、册府元龜以及全唐文均收全文，故本文下半篇即依據舊唐書補録，并以册府元龜、全唐文校勘。

〔二〕朕祇膺寶祚，嗣守宗祧：『寶祚』，原作『寶命』，今據舊唐書、册府元龜、全唐文改。『宗祧』，原作『丕祧』，今據舊唐書、册府元龜、全唐文、適園叢書、學林本改。『祇膺』，

敬受。唐劉禹錫賀皇太子受册箋之二：『祇膺詔册，光啓儲闈。』舊唐書睿宗紀：『在臣虚薄，不敢祇膺。』『寶祚』，國運；帝位。宋書恩倖傳論：『民忘宋德，雖非一塗，寶祚夙傾，實由於此。』周書宣帝紀：『朕以眇身，祇承寶祚。』『嗣守』，繼承并遵守和保持。書顧命：『在後之侗，敬迓天威，嗣守文武大訓，無敢昏逾。』晋書慕容超載記：『今陛下嗣守社稷，不宜以私親之故而降統天之尊。』『宗祧』，宗廟。左傳襄公二十三年：『紇不佞，失守宗祧，敢告不吊。紇之罪，不及不祀。』杜預注：『遠祖廟爲祧。』孔子家語哀公問政：『聖人因物之精，制爲之極，明命鬼神，以爲民之則，而猶以是爲未足也。故築爲宫室，設爲宗祧。』

〔三〕勤勞八載：按，此處八載指唐僖宗自咸通十四年（八七三）七月即皇帝位，至廣明元年（八八〇）正月，已歷八年。

〔四〕致華夏之升平：此句原作『致華夏以升平』，今據舊唐書、册府元龜、全唐文改。

〔五〕國步猶艱，群生寡遂，灾沴荐起，寇孽仍臻，竊弄干戈，連攻郡邑：『灾沴』，册府元龜、全唐文作『灾眚』。『灾沴』，亦作『灾屯』。灾難；禍患。南朝梁劉勰文心雕龍奏啓：『晋氏多難，灾屯流移。』宋蘇軾謝除龍圖閣學士表之二：『流離若此，窮薄可知……故求閑散，以避灾沴。』又按，此數句所言當時情勢舊唐書僖宗紀記下此制書前後數年局勢云：乾符四年三

月『是月，冤朐賊黄巢聚萬人攻鄆州，陷之，逐節度使薛崇。五月……黄巢賊陷沂州。……七月，黄巢自沂、海，其徒數萬，趨潁、蔡，入查牙山，遂與王仙芝合。八月，賊陷隨州，執刺史崔休徵。群賊屯於白洑。是月，江州賊首柳彦璋聚徒陷江州，殺刺史陶祥。九月……沙陀大寇雲、朔。十月，詔昭義節度李鈞、幽州李可舉、吐渾赫連鐸白義誠、沙陀安慶薛葛部落合兵討李國昌父子於蔚州。十一月，賊王仙芝率衆渡漢，攻江陵，節度使楊知温嬰城拒守。知温本非禦侮之才，城無宿備，賊急攻之。十二月，賊陷江陵之郛，知温窮蹙，求援於襄陽，山南東道節度使李福悉其師援之。時沙陀軍五百騎在襄陽，軍次荆門，騎軍擊賊，敗之。賊盡焚荆南郛郭而去。五年春正月丁酉朔，沙陀首領李盡忠陷遮虜軍。……二月，王仙芝餘黨攻江西，招討使宋威出軍屢敗之，仍宣詔書諭仙芝。仙芝致書於威，求節鉞，威僞許之。仙芝令其大將尚君長、蔡温玉奉表入朝，威乃斬君長、温玉以徇。仙芝怒，急攻洪州，陷其郛。宋威赴援，與賊戰，大敗之，殺仙芝，傳首京師。尚君長弟尚讓爲黄巢黨，以兄遇害，乃大驅河南、山南之民，其衆十萬，大掠淮南，其鋒甚鋭……三月，王鐸奏兖州節度使李係爲統府左司馬，兼潭州刺史，充湖南都團練觀察使。黄巢之衆再攻江西，陷虔、吉、饒、信等州，自宣州渡江，由浙東欲趨福建，以無舟船，乃開山洞五百里，由陸趨建州，遂陷閩中諸州』。乾符六年又載：『春正月辛卯朔，河東節度使崔季康

自静樂縣收合餘衆回軍，軍亂，殺孔目官石裕。季康委衆遁歸行營，衙將張鍇、郭昢率其衆歸太原，兵士鼓噪，攻東陽門，入使衙，季康父子皆被害。……四月，黄巢陷桂管。五月，賊圍廣州，仍與廣南節度使李岩、浙東觀察使崔璆書，求保薦，乞天平節鉞。璆岩上表論之，詔公卿議其可否。……黄巢陷廣州，大掠嶺南郡邑。』又廣明元年『二月，沙陀逼太原，陷大谷。康傳圭遣大將伊釗、張彦球、蘇弘軫分兵拒之於秦城驛，爲沙陀所敗。傳圭怒，斬蘇弘軫。張彦球部下兵士爲亂，倒戈攻太原，殺傳圭，監軍使周從寓安慰方定。是月……黄巢賊軍自衡、永州下，頻陷湖南、江西屬郡。時都統王鐸前鋒都將李係守潭州，有衆五萬，并諸團結軍號十萬。賊自桂陽編木爲筏數千，其衆乘暴水沿湘而下，徑至潭州，急攻其城，一日而陷。李係僅以身免，兵士五萬皆爲賊所殺，流尸塞江。賊將尚讓乘勝沿流而下，進逼江陵。王鐸聞係軍敗，乃棄城奔襄陽。别將劉漢宏大掠江陵之民，剽剥不勝其酷，士民亡竄山谷，江陵焚剽殆盡。半月餘，賊衆方至江陵』。

〔六〕雖輸降款，未息狂謀：『雖輸降款』，原作『雖通降款』，今據舊唐書、册府元龜、四庫全書、全唐文改。『降款』，降書。宋陸游胡無人詩：『三更窮虜送降款，天明積甲如丘陵。』三國演義第一百一十八回：『魏兵將近，父皇已納降款，明日君臣出降，社稷從此殄滅。』按，此處所言『雖輸降款，未息狂謀』之事，乃指王仙芝與黄巢。舊唐書卷二百下黄巢傳記云：乾符『三年

七月，陷江陵。十月，又遣將徐唐莒陷洪州。時仙芝表請符節，不允，以神策統軍使宋威爲荆南節度招討使，中使楊復光爲監軍。復光遣判官吴彦宏諭以朝廷釋罪，别加官爵，仙芝乃令尚君長、蔡温球、楚彦威相次詣闕請罪，且求恩命。時宋威害復光之功，并擒送闕，敕於狗脊嶺斬之。賊怒，悉精鋭擊官軍，威軍大敗，復光收其餘衆以統之。朝廷以王鐸代爲招討。五年八月，收復亳州，斬仙芝首獻於闕下。先是，君長弟讓以兄奉使見誅，率部衆入嵖岈山。黄巢、黄揆昆仲八人，率盜數千依讓。月餘，衆至數萬。陷汝州，虜刺史王鐐，又掠關東，官軍加討，屢爲所敗，其衆十餘萬。尚讓乃與群盜推巢爲王，號衝天大將軍，仍署官屬，藩鎮不能制。……巢徒黨既盛，與仙芝爲形援。及仙芝敗，東攻亳州不下，乃襲破沂州據之。仙芝餘黨悉附焉。……巢乃渡淮，僞降於駢。駢遣將張璘率兵受降於天長鎮。巢擒璘殺之，因虜其衆。尋南陷湖、湘，遂據交、廣。托越州觀察使崔璆奏乞天平軍節度，朝議不允。又乞除官，時宰臣鄭畋與樞密使楊復恭奏，欲請授同正員將軍，盧携駁其議，請授率府率，如其不受，請以高駢討之。及巢見詔，大詬執政，又自表乞安南都護、廣州節度，亦不允。然巢以士衆烏合，欲據南海之地，永爲窠穴，坐邀朝命。是歲自春及夏，其衆大疫，死者十三四。衆勸請北歸，以圖大利。巢不得已，廣明元年，北逾五嶺，犯湖、湘、江、浙，進逼廣陵，高駢閉門自固，所過鎮戍，望風降賊』。

〔七〕江右海南：『江右』，原作『江左』，今據舊唐書、明鈔本、適園叢書本改。『海南』，原作『淮南』，今據舊唐書、册府元龜、全唐文改。

〔八〕言念疲羸，良深軫惻，我心未濟，天道如何：『如何』，原作『何如』，今據舊唐書、册府元龜、全唐文改。『疲羸』，困苦窮乏；困苦窮乏之民。唐司空圖太尉琅琊王公河中生祠碑：『丞相仁杰之撫疲羸，僕射元振之安夷夏。』唐末五代杜光庭馬尚書本命醮詞：『疲羸未復，瘡痏未平，撫之則濡沫纔通。』『軫惻』，憐惜關心。舊五代史 唐書 明宗紀四：『以致近輔生靈，遘此多端紛擾，永言軫惻，無輟寐興。』清史稿 聖祖紀一：『軍興以來，文武官身殉封疆，克全忠節，其有旅櫬不能歸，妻子不得養者，深堪軫惻。』『未濟』，易卦名。六十四卦之一。離上坎下。易 未濟：『象曰：火在水上，未濟，君子以慎辨物居方。』高亨注：『火炎在上，水浸在下，水未能滅火，是救火之功未成。』此處意爲未成，没有成功。荀子 王霸：『德雖未至也，義雖未濟也，然而天下之理略奏矣。』元關漢卿單刀會第一折：『想玄德未濟時，曾問俺東吴借荆州爲本，至今未還。』

〔九〕皆列聖之潛祐，寧菲德以言功：『列聖』，原作『明聖』，今據册府元龜、四庫全書、全唐文改。『菲德』，薄德。常用爲自謙之詞。梁書 武帝紀中：『朕以菲德，君此兆民。』明陸采懷

香記 青瑣相窺：『深慚菲德，繆望長生。』

（十）屬節變三陽，日當首歲，乃御正殿：『乃』，原作『仍』，今據舊唐書、册府元龜、全唐文改。『三陽』，古人稱農曆十一月冬至一陽生，十二月二陽生，正月三陽開泰，合稱『三陽』。唐崔琮長至日上公獻壽詩：『應律三陽首，朝天萬國同。』『首歲』，原作『歲首』，今據舊唐書、册府元龜、全唐文、明鈔本、適園叢書改。『首歲』謂正月。漢書 蕭望之傳：『三公非其人，則三光爲之不明，今首歲日月少光，咎在臣等。』顏師古注：『首歲，歲之初。首謂正月也。』左傳 桓公元年『王正月，公即位』杜預注：『諸侯每首歲必有禮於廟。』

（十一）况及發生，是宜在宥：指春天。『發生』，唐錢起春郊詩：『東風好作陽和使，逢草逢花報發生。』『在宥』，莊子 在宥：『聞在宥天下，不聞治天下也。』郭象注：『宥使自在則治，治之則亂也。』成玄英疏：『宥，寬也。在，自在也……寓言云，聞諸賢聖任物自在寬宥，即天下清謐。』後因以『在宥』指任物自在，無爲而化。多用以贊美帝王的『仁政』『德化』。南朝宋謝靈運九日從宋公戲馬臺集送孔令詩：『在宥天下理，吹萬群方悦。』

（十二）自古繼業守文之主，握圖御宇之君：『自古』二字原無，今據舊唐書、册府元龜、全唐文增補。『握圖』，猶握符。謂膺天命而有天下。南朝陳徐陵勸進梁元帝表：『伏惟陛下，出震等

於勛華，嗚謙同於旦奭。握圖秉鉞，將在御天。』舊唐書玄宗紀贊：『開元握圖，永鑒前車。』

〔十三〕所以垂千載之懿範，固百代之洪基：『固百代之洪基』，原作『奠百代之洪基』，今據舊唐書、册府元龜、四庫全書、全唐文改。『懿範』，美好的道德風範。晋陸雲贈顧驃騎有皇詩：『思我懿範，萬民來服。』唐王勃秋日登洪府滕王閣餞别序：『都督閻公之雅望，棨戟遥臨；宇文新州之懿範，襜帷暫駐。』『洪基』，大業。多指世代相襲的帝業。後漢書文苑傳下邊讓：『繼高陽之絶軌，崇成莊之洪基。』隋薛道衡老氏碑：『永固洪基，克隆鼎祚。』

〔十四〕近日東南州府，頻奏草賊結連：按，此句以及以下文字今存唐大詔令集各本均無，然舊唐書、册府元龜、全唐文均有之。今即據舊唐書補入，并以册府元龜、全唐文對校。『草賊』，舊時對起義農民的蔑稱。舊唐書僖宗紀：『若諸軍全捕得一火草賊數至三百人已上者，超授將軍，賞錢一千貫。』水滸傳第六一回：『盧俊義罵道：「草賊休走！」挺手中樸刀，直取劉唐。』

〔十五〕便須撫納，不要勘問：『撫納』，安撫招納。三國志吴志步騭傳：『益州大姓雍闓等殺蜀所署太守正昂，與燮相聞，求欲内附。騭因承制遣使宣恩撫納。』宋范仲淹奏陝西河北攻守等策：『彼不背盟，我則撫納。』『勘問』，查問；審問。唐白居易奏所聞狀：『除四節外，非時進

奉，一切并停；如有違越，仰御史臺察訪聞奏。今若不許報臺，不許勘問，即是許進奉而廢德音也。』宋何薳春渚紀聞王樂仙得道：『固知子栖心之久，更俟與子勘問之也。』

〔十六〕吏部擢選人粟錯及長名駁放者：『擢』字原無，今據册府元龜、全唐文增補。『長名駁放者』，原作『除駁放者』，今據唐會要卷七十五雜處置條、册府元龜、全唐文改。『粟錯』，細微的差錯。册府元龜銓選條制：『今後宜令所司點簡文書，如有粟錯，詳酌事理，非藏奸隱幸者，不要駁放。』『長名』，『長名榜』之俗稱。唐封演封氏聞見記銓曹：『高宗龍朔以後，以不堪任職者衆，遂出長榜放之冬集，俗謂之長名。』清王鳴盛十七史商榷新唐書十九長名榜：『語曰：「長名以前，選人屬侍郎；長名以後，侍郎屬選人。」未登長名，恐其被放，故屬侍郎；既登長名，即日爲官，侍郎將以公事請托之。』『駁放』，謂科舉時代否定已放榜公布的中式者而貶黜之。唐封演封氏聞見記制科：『今員外吹毛求瑕，務在駁放，則小人也却尋歸路。』資治通鑑唐僖宗廣明元年：『嘗謂優人石野猪曰：「朕若應擊球進士舉，須爲狀元。」對曰：「若遇堯舜作禮部侍郎，恐陛下不免駁放。」』胡三省注：『駁，糾駁也。放，黜也。』

〔十七〕除身名逾濫欠選考外，并以比遠殘闕收注：『欠選考』，原作『欠考』，今據唐會要卷七十五雜處置條、册府元龜、全唐文改。『收注』，唐會要作『注擬』。『逾濫』，亦作『踰濫』。

過度；漫無限度。南齊書王融傳：『且王公百司，唯賢是舉，高下之敬，等秩有差，不敢逾濫，豈應「訾毀」？』宋李上交近事會元卷二：『唐睿宗景雲元年八月，以中宗時官爵逾濫，因依妃主墨敕，而受官者時謂斜封，禁之。』『注』，指選舉職官時登録備案。太平廣記卷一六九引唐胡璩譚賓録劉奇：『唐證聖中，劉奇爲侍郎，注張文成、司馬鍠爲御史。』宋洪邁容齋三筆宗室參選：『吏部員多闕少，今爲益甚，而選人當注職官簿尉，輒爲宗室所奪。』

（十八）近者武官多轉入文官：此處兩『官』字，册府元龜、全唐文均作『臣』字。

（十九）宜懲僭幸，以辨品流：『品流』，品類；流別。唐鄭谷鷓鴣詩：『煖戲烟蕪錦翼齊，品流應得近山鷄。』明胡應麟少室山房筆叢四部正訛下：『書名（雲仙散録）雖誕，所記率俊事雅譚，於朝廷政事、人士品流，一無干預。』

（二十）自今後武官不得轉入文官選改：此處兩『官』字，册府元龜、全唐文均作『臣』字。

（二十一）其内司不在此限：『内司』，北朝魏孝文帝所置宮中女官名。北史后妃傳序：『孝文改定内官……後置女職，以典内事：内司視尚書令、僕；作司、大監、女侍中三官視二品。』

改元天復赦〔一〕

門下：三階彗孛，暫移宸極之尊〔二〕；兩耀暗昏，始表忠正之救〔三〕。朕臨御寡德，妖孽殊常，蒙塵於便殿之中，受制於逆臣之手，奪璽捩指，備肆侵凌，挾刃揕胸，幾罹酷毒〔四〕。閉關行僞，則公卿不在其謀；懸榜見誣，則黎庶不堪其詐。害我骨肉，殺我嬪嬙，悖惡滔天，古今未有。側陋嘗膽，幽憂下宮〔五〕。皇穹降悔禍之靈〔六〕，將相竭同心之德。鳳翔節度使、尚書令岐王茂貞，鎮於右輔，首激剛腸，有食失匕箸之驚，有車及蒲胥之怒〔七〕。關内之沉幾貫日，剛納衛兵；夷門之忠憤凌雲，顯懲邸吏〔八〕。三藩唱義，四海叶詞，咸以密謀，咨於上相〔九〕。於是禁軍之内，三杰挺生〔十〕。上玄假以良時，高廟付其英斷。月正元日，新正吉辰，質明而逆首梟懸，中旦而凶渠剖裂〔十一〕。共申匡復，皆著功庸，尋下詔書，遞行賞典〔十二〕。而茂貞既平國難，來覲天庭，驅武旅而簞食爭迎，駐皇都而秋毫不犯，推殊功以薦同志，留愛侄而董雄師〔十三〕。繼筠能稟規程，肅清輦轂，人神洽慶，華裔偕來〔十四〕。亦既十旬，暨於初夏。朕以脱於幽辱，復正宸嚴，重守寶圖〔十五〕，不改舊物，上愧於列聖，下慚於兆人。思弘蕩穢之恩，仍革

紀年之號，庶明有罪，皆在朕躬。可大赦天下，改光化四年爲天復元年。四月二十五日昧爽已前〔十六〕，大辟罪以下，罪無輕重，已發覺，未發覺，已結正，未結正，繫囚見徒，常赦所不原者，咸赦除之。惟十惡五逆，屠牛鑄錢，合造毒藥，謀故殺人〔十七〕，及持仗行劫者，官典犯入己贓，兼以逾濫身名，冒優官秩〔十八〕，及刑獄之内，官吏用情，致成冤濫，不問有贓無贓，并不在原免之限。其劉季述、王仲先、王彦範、薛齊偓同謀凶逆徒黨支屬追究未到者〔十九〕，不在赦原之例。其疏遠親屬，素不通連，衆知良善，一切不問。其左降官，非與十一月五日交涉者〔二十〕，并與量移。元敕不在量移者，亦與量移，已經量移者，更與量移近處。其情非蠹政，心不挾邪，曾經兩度量移者，便與復資，委中書門下酌量處分。流人及降流者，與移近處，如已收叙者，量才叙用。其左降官與流人已達貶所者，或至亡歿，家口欲還，及須歸葬者，任從所便。如孀幼孤窮不能自濟者，則委所在州府，量與優恤發遣。先有官者，各還本官。上帝降靈，將安丕祚；中朝多難，爰有誠臣。登好爵以報殊庸，尋行令典；錫嘉名而溥大慶，用表洪勛〔二十一〕。静海軍節度使、檢校太保、平章事李繼昭，嶺南西道節度使、檢校司徒、平章事李繼誨，寧遠軍節度使、檢校司徒、平章事李彦弼〔二十二〕，并早參禁衛，累著

勛勤，生知忠孝之源，洞識君臣之義。齊心瀝血，果成復國之功，左袒一呼，遂定安劉之業（二十三）。叔侄繼先臣之烈，彦弼稟大父之規（二十四），據其大勛，曠古難比，宜加美稱，以播無窮。繼昭、繼誨、彦弼宜賜號『扶傾濟難忠烈功臣』（二十五），各加實封一百户。六軍將士，并賜號『懷忠定難功臣』。應樓前左右神策及諸軍，并鳳翔興德兩道立仗兵士等，各委所司準例各與優賞，以報勤勞。宰臣司空崔胤，揮涕入朝，含酸莅事，防竊發於趨翔之際，阻凶謀於譚宴之間（二十六）。明大直若屈之機，見反經合道之旨，忠唯愛我，奮不顧家。始則裂帛爲誓，合契禁軍班列之臣（二十七），忠良景附，再安宗社，寧愧古賢。雖已疇庸，未爲報德，宜賜『回天興祚平難功臣』，并加實封一百户，仍圖形凌烟閣（二十八）。功著定傾，名高死難，永言風烈，詎廢賞延（二十九）。故尚父子儀、贈太師晟、贈太尉秀實、贈太保瑊、贈司徒杲卿、贈太師真卿、張巡、許遠、南霽雲等（三十），家有主祭祀本房子孫中，每家各與一子九品正員官。功格一時，賞延後嗣，既配廟筵之享，仍傳棨戟之門，所以勵壯節於千秋（三十一），勸能臣於百代。况新誅叛黨，尤景英風，武德貞觀以來，歷朝配享功臣，及安金藏等（三十二），宜委中書門下各搜訪本房主祭子孫，第其勛蔭，量其人才，各與叙用。其有進狀叙陳者，委所司磨勘，

不得令有僭濫（三十三）。闕畿不守，先帝西巡（三十四），惟我輔臣，首圖義計，故能收復京城。西面行營諸軍都統、鄜夏節度使李思恭，揚威北鄙，决勝東橋，佐鄭畋匡復之謀，倅岐陽統制之命，提戈奮勇，運策摧凶，終成逐雀之功，顯就回鑾之計（三十五）。逮予初位，尚洽嘉謀，追矚崇勛，宜膺廟食。其鄭畋已有別敕處分，其李思恭宜委中書門下特與加贈，仍配享僖宗皇帝廟庭。故西面行營副都統、涇原節度使程宗楚，故收復京城行營都統、行軍司馬、前朔方軍節度使唐弘夫，各持將節，來佐台旌，争鋒而深入王城，力屈而銜冤寇壘，莫睹歸元之貌，空留不朽之勛（三十六）。言念竭忠，更隆茂典（三十七），宜委中書門下并與追贈。故南面招討使、天平軍節度使曹全晸，頃當强敵，大振奇勛，彎弧百戰於陣前，奪槊横飛於馬上，天時莫救，壯氣空存，宜從超等之褒，用勸百夫之特（三十八），委中書門下優與嘉贈。有客之詩，前經具載；繼絶之義，歷代所先。言念於斯，豈忘舊典（三十九）。介公酅公各與一子九品正員官（四十），其二王三恪後（四十一），各委有司準舊制修建。夫匡國之臣，殁身無悔，所祈後代雪彼沉冤。大和九年故宰相王涯已下一十七家，并見陷逆名（四十二），本蒙密旨，遂令忠憤終被冤誣，六十餘年，幽枉無訴，宜沾恩霈，用慰泉扃（四十三），宜并與洗雪，各復官資。如有子孫在人家隱藏者，

任自詣闕及州府投狀，如非虛謬，則與量材叙用。故鎮海軍節度使李順節，頃歲奸邪亂政，慷慨不平，偶泄藏謀，遂罹横禍，仍遭誣搆，被以罪名（四十四）。雖已行昭雪之文，未降褒崇之命，宜申縟禮（四十五），以慰忠魂，委中書門下優與追贈。寢園之内，充奉之間，夙夜兢憂，慮有遺闕（四十六），其諸陵臺令，委中書門下切加選用，仍令所司給與優料。陵丁柏子，不得别有役使，切須優料（四十七），以時栽植。其每年奉陵諸縣差配芟刈人夫不少（四十八），殊不切用，徒爲勞擾，自今已後，但每年芟薙之時（四十九），委京兆府於本縣苗税錢數内，酌量功價，支付陵令，遣自和雇人夫（五十），委拜陵官常加點檢。其下宫宇舍，委宗正卿京兆尹差官縣司同加點檢修飾，務致尊嚴。維城之重，本枝之良，敦叙是先，渥恩當厚（五十一）。其宗室子孫，自興德行在及光化元年所放出身，及合許非時而參選者，并委本司準舊例處分施行，切令詳實，不得致令逾濫，仍令吏部切加磨勘。修集之人，辛勤可閔，訪聞旅食，動必逾年，皆是吏曹及門下省因循，致兹留滯。始於磨勘，逮至進黄（五十二），自冬涉春，不得了絶。自今委中書門下切加提舉，吏部一事已上，并須準舊例程限，不得致有淹延。自兵興已來，吏道全消，辦己者或衆，恤人者幾希（五十三），遂使桑柘日摧，荆榛歲茂。將救黎元之命，宜求撫字之仁（五十四）。應兩

京畿赤縣，委中書門下切加選擇，務在得人。諸州府縣令録宜三選，不得輕有注受，切須當以人材〔五十五〕。畿内編人，久罹兵革，雖連年豐稔，而尚困艱貧，念彼瘡痍，宜加惻隱〔五十六〕。應光化元年二年三年秋夏税合輸納，屬府州縣及諸州斛斗草錢等，所有逋懸并宜放免〔五十七〕，不得輒令官吏尚有追徵。其去年秋所欠，即不在此限。郊圻之内〔五十八〕，兵革以來，言念凋殘，固宜矜憫。差徭人役須羅撓人，在司局中之人又宜集事。其京兆府每月合差赴飛龍掌閑，雖是輪差諸縣，不免長撓疲人〔五十九〕，宜令府司於苗税錢内，每月據所差人數目，每人支錢，送付飛龍司，仰自和雇人夫充役。途路所先，通商是切，關畿之地，横賦非宜，致物價之益高，自商徒之難濟。令鹽鐵司及兩神策軍，先有兩市雜税，并令停罷。自今已後，畿内軍鎮，不得擅於要路及市井津渡，妄置率税雜物及牛馬猪羊之類。其有違犯者，有人糾告，以枉法贓論之。諸鎮縣節度及諸津渡〔六十〕，訪聞每年興販百姓〔六十一〕，廣有邀求，致令滯停，切令兩軍京兆府差人覺察，顯行痛斷。都市之内，屋宇未多，聞浮造之人，常須更出地課〔六十二〕，將期招葺，宜有指揮。應諸坊於公私地内浮造屋宇，每月地課不得更有收徵。甸服生靈，正當凋瘵，太倉輸納〔六十三〕，務在均平。儻容厚斂之奸，頗失憂人之意。自今後太倉所納

斛斗，仰司農卿準舊例主掌校量之際，切在奉公，不得先任吏人抑屈百姓。朝廷向來舊例（六十四），止有榷酒，喪亂以來，遂行賣麴，本自度支營利，近年兼借兩軍。畿甸之人，皆言不便，所宜徇衆，不廢贍軍（六十五）。起今年五月已後，京畿内任自制造私麯，仰度支京兆府依舊例，於酒店量户大小，逐月納榷沽酒錢（六十六），仍酌量隨月依前借軍諸司充諸色支用。其兩軍元造麴，制下後便勒逐斤減價。六月三十日已前，貨賣官麴，其私麴不得更貨賣（六十七）。至七月一日以後，不得更賣官麴之限。爰自亂離，殆將二紀（六十八），關畿之内，掠奪頗多，遂令黔首之徒，或被丹書之辱（六十九），眷兹冤抑，須杜奸訛。舊格買賣奴婢，皆須兩市署出公券（七十），仍經本縣長吏引檢正身，謂之過賤，及問父母見在處，分明立文券，并關牒太府寺（七十一）。兵戈以來，條法廢壞，良家血屬流落他門，既遠家鄉，或遭典賣，州府曾不尋勘，豪猾得恣欺凌。自此準京兆府并依往例處分，兩市立正印委所司追納毀棄，改給朱記行用。其傳典賣奴婢，如勘問本非賤人，見有骨肉，證驗不虚，其賣主并牙人等，節級科決（七十二）。其被抑壓之人，便還於本家，委御史臺切加察定。其天下州府如有此色，亦仰本道觀察防禦刺史各行條制，務絶沉冤。堯懸諫鼓，禹拜昌言，在明哲之尚然（七十三），實古今之所重。况乍祛蒙昧，希致

和平，思謇諤而若療朝飢，雖激訐而亦不加罪（七十四）。諫官舉職，須務濟時。其文武常參官素懷述業者，任上封章，極言得失，必當召見，親問所陳。其有才識幽深，事裨時政者，即予升擢。或藏器俟時（七十五），隱於岩谷者，委文武朝官所在州縣以行實聞薦。舉衆目者實資於綱領，總庶務者必究乎本根。將尋沿革之宜，諒繫張弛之道（七十六）。其有事不稽古，官不易方，欲正濫原，須遵故實（七十七）。應有諸司，法制廢墜（七十八），多時未復舊規者，自今後宜委諸司各檢舉條録聞奏，委中書門下詳酌處分。漢徵極諫，晁董陳理亂之端（七十九）；晉策能言，詵玄貢闕遺之政（八十）。乃登道廣，請舉公平，誠在得人，以匡不逮。應天下諸色人中，有賢良方正，能直言極諫，博通墳典，達於教化，軍謀宏遠，政術詳明者，文武常參官，及諸道節度觀察等使，具姓名聞薦，至十一月到京，朕當親臨策試（八十一），擇其可否施行。鮐背燕毛（八十二），禮經所重，即驗頌繫，漢詔所矜（八十三）。克存尚齒之規，免致遺年之誚（八十四）。天下高年鰥寡八十以上，委所在長吏切加安恤。其有不幸者，量與葬送，仍存撫孤裔（八十五）。嗚呼，文王羑里，克建周邦；太甲桐宮，用興殷道（八十六）。朕不敢忘六旬之辱（八十七），公侯宜獎成萬代之功，進忠賢以啓政途，黜邪佞以懲覆轍（八十八），庶乎上下共保我高祖太宗之洪基。

校箋

〔一〕本文又見於全唐文卷九十二，文題作改元天復赦文，署名唐昭宗。此文文末未署頒布時間。考舊唐書卷二十上昭宗紀天復元年四月『甲戌，天子有事於宗廟。是日，御長樂門，大赦天下，改元天復』。新唐書卷十昭宗紀則載：天復元年四月『甲戌，享於太廟。丙子，大赦，改元。武德、貞觀配饗功臣主祭子孫叙進之，介公、酅公後予一子九品正員官。免光化以來畿内逋負』。資治通鑑卷二百六十二天復元年四月記：『甲戌，上謁太廟；丁丑，赦天下，改元。雪王涯等十七家。』又，册府元龜卷九十一帝王部赦宥第十亦載：『天福（按，『福』應爲『復』）元年四月甲戌，御長樂門大赦，改元。』按，上述典籍所記改元天復之時間有天復元年四月『甲戌』『丙子』『丁丑』之不同。檢本赦文謂『可大赦天下，改光化四年爲天復元年。四月十五日昧爽已前，大辟罪以下』云云，則如赦文所言此改元時間無誤，則此次改元乃在天復元年四月十五日。檢是年四月癸丑朔，則四月十五日乃丁卯；甲戌爲二十二日；丙子爲二十四日；丁丑爲二十五日。如此則是年四月甲戌乃在丁卯之後七日，而據上述舊唐書、新唐書、資治通鑑等所

記，此次改元乃在天復元年四月甲戌『上謁太廟』之後，也就是在是年四月二十二日昭宗謁太廟之後，如此則本赦文所謂『四月十五日昧爽已前』之時間必有誤。上引資治通鑒記：『甲戌，上謁太廟；丁丑，赦天下，改元。』四月丁丑爲四月二十五日，乃在四月二十二日昭宗謁太廟之後，且與本赦文所謂『四月十五日』有正、誤相關之蛛絲馬迹，故資治通鑒所記當可信。以此而返檢本赦文之『四月十五日』，應是『四月二十五日』之誤。據此可證此次頒布改元天復乃在天復元年（九〇一）四月二十五日丁丑，則其赦文撰寫時間當在是時稍前。

（二）三階彗孛，暫移宸極之尊：『三階』，星名。即三臺星。漢書東方朔傳『願陳泰階六符』顔師古注引應劭曰：『黄帝泰階六符經曰：泰階者，天之三階也。上階爲天子，中階爲諸侯、公卿、大夫，下階爲士庶人……三階平，則陰陽和，風雨時，社稷神祇，咸獲其宜，天下大安，是爲太平。』唐杜甫建都十二韻：『雖倚三階正，終愁萬國翻。』『彗孛』，彗星和孛星。孛，古人指光芒四射的一種彗星。舊謂彗孛出現是灾禍或戰争的預兆。後漢書盧植傳：『比年地震，彗孛互見。』唐無名氏秦家行：『彗孛飛光照天地，九天瓦裂屯怨氣。』『宸極』，即北極星。晋書律曆志中：『昔者聖人擬宸極以運璿璣，揆天行而序景曜，分辰野，敬農時，興物利，皆以繫順兩儀，紀綱萬物者也。』此處借指帝王。南朝陳徐陵爲陳武帝作相時與北齊廣陵城主書：『日月所鑒，天地

所明，豈敢虚言欺妄宸極。』宋張世南游宦紀聞卷四：『風馬雲車，儷百順鈎陳之衛；金枝玉葉，拱萬齡宸極之尊。』

〔三〕兩耀暗昏，始表忠正之救：『兩耀』，全唐文作『兩曜』。『兩耀』，猶兩曜，指日、月。唐元稹賀聖體平復表：『臣聞兩耀有晦明，所以成其不已；四瀆有盈縮，所以成其不竭。』

〔四〕朕臨御寡德，妖孽殊常，蒙塵於便殿之中，受制於逆臣之手，奪璽捩指，備肆侵凌，挾刃揕胸，幾罹酷毒：按，此數句乃謂昭宗被劉季述等人幽囚之事。資治通鑑卷二百六十二光化三年記：『十一月，上獵苑中，因置酒，夜，醉歸，手殺黄門、侍女數人。明旦，日加辰巳，宫門不開。季述詣中書白崔胤曰：「宫中必有變，我内臣也，得以便宜從事，請入視之。」乃帥禁兵千人破門而入，訪問，具得其狀。出，謂胤曰：「主上所爲如是，豈可理天下！廢昏立明，自古有之，爲社稷大計，非不順也。」胤畏死，不敢違。庚寅，季述召百官，陳兵殿庭，作胤等連名狀，請太子監國，以示之，使署名；胤及百官不得已皆署之。上在乞巧樓，季述、仲先伏將士千人於門外，與宣武進奏官程岩等十餘人入請對。季述、仲先甫登殿，將士大呼，突入宣化門，至思政殿前，逢宫人，輒殺之。上見兵入，驚墮牀下，起，將走，季述、仲先掖之令坐。宫人走白皇后，后趨至，拜請曰：「軍容勿驚宅家，有事取軍容商量。」季述等乃出百官狀白上，曰：「陛下厭倦大

寶，中外群情，願太子監國，請陛下保頤東宫。」上曰：「昨與卿曹樂飲，不覺太過，何至於是！」對曰：「此非臣等所爲，皆南司衆情，不可遏也。願陛下且之東宫，待事小定，復迎歸大内耳。」后曰：「宅家趣依軍容語！」即取傳國寶以授季述，宦官扶上與后同輦，嬪御侍從者才十餘人，適少陽院。季述以銀檛畫地數上曰：「某時某事，汝不從我言，其罪一也。」如此數十不止。乃手鎖其門，熔鐵錮之，遣左軍副使李師虔將兵圍之，上動静輒白季述，穴墻以通飲食。凡兵器針刀皆不得入，上求錢帛俱不得，求紙筆亦不與。時大寒，嬪御公主無衣衾，號哭聞於外。季述等矯詔令太子監國，迎太子入宫。辛卯，矯詔令太子嗣位，更名縝。以上爲太上皇，皇后爲太上皇后。甲午，太子即皇帝位，更名少陽院曰問安宫。季述加百官爵秩，與將士皆受優賞，欲以求媚於衆。殺睦王倚；凡宫人、左右、方士、僧、道爲上所寵信者，皆榜殺之。每夜殺人，晝以十車載尸出，一車或止一兩尸，欲以立威。將殺司天監胡秀林，秀林曰：「軍容幽囚君父，更欲多殺無辜乎！」季述憚其言正而止。季述等欲殺崔胤，而憚朱全忠，但解其度支鹽鐵轉運使而已。』又，新唐書卷二百八劉季述傳亦記此事云：『時帝嗜酒，怒責左右不常，季述等愈自危。先是，王子病，季述引内醫工車讓、謝筠，久不出，季述等共白帝，宫中不可妄處人。帝不納，詔著籍不禁。由是疑帝與有謀，乃外約朱全忠爲兄弟，遣從子希正與汴邸官程岩謀廢帝。會全忠遣天平節度副使李振

上計京師，岩因曰：「主上嚴急，内外惴恐，左軍中尉欲廢昏立明，若何？」振曰：「百歲奴事三歲郎主，常也。亂國不義，廢君不祥，非吾敢聞。」希正大沮。帝夜獵苑中，醉殺侍女三人，明日午漏上，門不啓。季述見胤曰：「宫中殆不測。」與仲先率王彦範、薛齊偓、李師虔、徐彦回總衛士千人毁關入，謀所立，未決。是夜，宫監竊取太子以入，季述等因矯皇后令曰：「車讓、謝筠勸上殺人，禳塞灾咎，皆大不道。兩軍軍容知之，今立皇太子，以主社稷。」黎明，陳兵廷中，謂宰相曰：「上所爲如此，非社稷主，今當以太子見群臣。」即召百官署奏，胤不得對。季述衛皇太子至紫廷院，左右軍及十道邸官俞潭、程岩等詣思玄門請對，士皆呼萬歲。入思政殿，遇者輒殺。帝方坐乞巧樓，見兵入，驚墮於牀，將走，季述、仲先持帝坐，以所持扣杖畫地責帝曰：「某日某事爾不從我，罪一也。」至數十未止。皇后出徧拜曰：「護宅家，勿使怖，若有罪，惟軍容議。」季述出百官奏，曰：「陛下瞀，倦於勤，願奉太子監國，陛下自頤東宫。」帝曰：「昨與而等飲甚樂，何至是？」后曰：「陛下如軍容語。」宫監掖帝出思政殿，后倡言曰：「軍容一心輔持，請上養疾。」帝亦曰：「朕久疾，令太子監國。」岩等皆呼萬歲。后以傳國寶授季述，就帝輦，左右十餘人，入囚少陽院。季述液金以完鐍，師虔以兵守。太子即位於武德殿，帝號太上皇，皇后爲太上皇后，大赦天下……改東宫爲問安宫。季述等皆先誅戮以立威，夜鞭笞，晝出尸十輦，凡有寵於

帝，悉榜殺之。殺帝弟睦王。師虔尤苛察，左右出入搜索，天子動静輒白季述。帝衣晝服夜浣，食自竇進，下至筆紙銅鐵，疑作詔書兵器，皆不與。方寒，公主嬪御無衾纊，哀聞外廷。』

〔五〕側陋嘗膽，幽憂下宫：『側陋』，狹窄簡陋。漢張衡西京賦：『狹百堵之側陋，增九筵之迫脅。』晋書左貴嬪傳：『生蓬户之側陋兮，不閑習於文符。』『幽憂』，過度憂勞；憂傷。莊子讓王：『我適有幽憂之病，方且治之，未暇治天下也。』成玄英疏：『幽，深也；憂，勞也。』唐皮日休潔死：『意汩没以淪淪兮，永幽憂而怫鬱。』

〔六〕皇穹降悔禍之靈：『皇穹』，指天帝。三國魏曹植王仲宣誄：『皇穹神察，哲人是恃。如何靈祇，殲我吉士！』舊唐書代宗紀：『皇穹以朕爲子，蒼生以朕爲父。』

〔七〕鳳翔節度使、尚書令岐王茂貞，鎮於右輔，首激剛腸，有食失匕箸之驚，有車及蒲胥之怒：『右輔』，泛指京西之地。唐李商隱行次西郊作一百韻：『右輔田疇薄，斯民常苦貧。』舊唐書崔慎由傳：『豈有都城，合聚兵甲，暗養死士，將亂國經，聚貔武以保其一坊，致刁斗遠連於右輔。』『食失匕箸之驚』，三國志卷三十二蜀書先主備傳：『先主未出時，獻帝舅車騎將軍董承辭受帝衣帶中密詔，當誅曹公。先主未發。是時曹公從容謂先主曰：「今天下英雄，唯使君與操耳。本初之徒，不足數也。」先主方食，失匕箸。遂與承及長水校尉種輯、將軍吴子蘭、王子服

等同謀。會見使，未發。事覺，承等皆伏誅。』南朝宋裴松之注引華陽國志云：『於時正當雷震，備因謂操曰：「聖人云『迅雷風烈必變』，良有以也。一震之威，乃可至於此也！」』又，『車及蒲胥之怒』，春秋左傳注疏卷二十四：『楚子使申舟聘於齊，曰：「無假道于宋。」亦使公子馮聘於晋，不假道於鄭。申舟以孟諸之役惡宋，曰：「鄭昭宋聾，晋使不害，我則必死。」王曰：「殺女我伐之。」見犀而行，及宋，宋人止之。華元曰：「過我而不假道，鄙我也。鄙我，亡也；殺其使者，必伐我，伐我，亦亡也，亡一也。」乃殺之。楚子聞之，投袂而起，屨及於窒皇，劍及於寢門之外，車及於蒲胥之市。秋九月，楚子圍宋。』岐王茂貞，即李茂貞，傳見舊五代史卷一百三十二、新五代史卷四十。資治通鑑卷二百六十二天復元年正月丙午後記：『鳳翔、彰義節度使李茂貞來朝；加茂貞守尚書令，兼侍中，進爵岐王。……李茂貞辭還鎮。崔胤以宦官典兵，終爲肘腋之患，欲以外兵制之，諷茂貞留兵三千於京師，充宿衛，以茂貞假子繼筠將之。』

〔八〕關内之沉幾貫日，剛納衛兵；夷門之忠憤凌雲，顯懲邸吏：『關内』，地域名。與『關外』相對。古代在今陝西建都的王朝，通稱函谷關或潼關以西王畿附近叫關内。史記高祖紀：『興關内卒乘塞。』唐杜甫覽鏡呈柏中丞詩：『渭水流關内，終南在日邊。』此處『關内』指唐首都長安。『貫日』，遮蔽太陽；干犯太陽。古人常以之爲君王蒙難或精誠感天的天象。戰國

策 魏策四：『夫專諸之刺王僚也，彗星襲月；聶政之刺韓傀也，白虹貫日。』史記 魯仲連鄒陽列傳：『昔者荆軻慕燕丹之義，白虹貫日，太子畏之。』裴駰集解：『應劭曰：精誠感天，白虹爲之貫日也。如淳曰：白虹，兵象。日爲君。』此處『貫日』，意爲唐昭宗被左右中尉劉季述、王仲先等所幽囚。『剛納衛兵』，指劉季述『與仲先率王彦範、薛齊偓、李師虔、徐彦回總衛士千人毁關入，謀所立。』（新唐書 劉季述傳）『夷門』，戰國魏都城的東門。故址在今河南開封城内東北隅。因在夷山之上，故名。史記 魏公子列傳：『魏有隱士曰侯嬴，年七十，家貧，爲大梁夷門監者。』『邸吏』，古代地方駐京辦事機構的官吏。新唐書 李德裕傳：『後除浮屠法，僧亡命多趣幽州，德裕召邸吏戒曰：「爲我謝張仲武，劉從諫招納亡命，今視之何益？」仲武懼，以刀授居庸關吏曰：「僧敢入者斬！」』宋史 劉奉世傳：『先是，進奏院每五日具定本報狀，上樞密院，然後傳之四方；而邸吏輒先期報下，或矯爲家書，以入郵置。』按，『夷門之忠憤凌雲』，乃用史記卷七十七魏公子列傳所述大梁夷門監者侯嬴與其客屠者朱亥之故事：『魏有隱士曰侯嬴，年七十，家貧，爲大梁夷門監者。公子聞之，往請，欲厚遺之，不肯受……公子於是乃置酒大會賓客。坐定，公子從車騎，虚左，自迎夷門侯生。侯生攝敝衣冠，直上載公子上坐，不讓，欲以觀公子。公子執轡愈恭。侯生又謂公子曰：「臣有客在市屠中，願枉車騎過之。」公子引車入𢧵，侯生下見其

客朱亥，俾倪故久立，與其客語，微察公子。公子顔色愈和。……侯生視公子色終不變，乃謝客就車。至家，公子引侯生坐上坐，遍贊賓客，賓客皆驚。酒酣，公子起，爲壽侯生前。……於是罷酒，侯生遂爲上客。侯生謂公子曰：「臣所過屠者朱亥，此子賢者，世莫能知，故隱屠閑耳。」公子往數請之，朱亥故不復謝，公子怪之。魏安釐王二十年，秦昭王已破趙長平軍，又進兵圍邯鄲。公子姊爲趙惠文王弟平原君夫人，數遺魏王及公子書，請救於魏。魏王使將軍晉鄙將十萬衆救趙。秦王使使者告魏王曰：「吾攻趙旦暮且下，而諸侯敢救者，已拔趙，必移兵先擊之。」魏王恐，使人止晉鄙，留軍壁鄴，名爲救趙，實持兩端以觀望。平原君使者冠蓋相屬於魏，讓魏公子曰：「勝所以自附爲婚姻者，以公子之高義，爲能急人之困。今邯鄲旦暮降秦而魏救不至，安在公子能急人之困也！且公子縱輕勝……獨不憐公子姊邪？」公子患之，數請魏王，及賓客辯士説王萬端。魏王畏秦，終不聽公子。公子自度終不能得之於王，計不獨生而令趙亡，乃請賓客，約車騎百餘乘，欲以客往赴秦軍，與趙俱死。行過夷門，見侯生，具告所以欲死秦軍狀。辭決而行……侯生乃屏人閑語，曰：「嬴聞晉鄙之兵符常在王卧内，而如姬最幸，出入王卧内，力能竊之。嬴聞如姬父爲人所殺，如姬資之三年，自王以下欲求報其父仇，莫能得。如姬爲公子泣，公子使客斬其仇頭，敬進如姬。如姬之欲爲公子死，無所辭，顧未有路耳。公子誠一開口請如姬，如姬必許

諾，則得虎符奪晉鄙軍，北救趙而西却秦，此五霸之伐也。」公子從其計，請如姬。如姬果盜晉鄙兵符與公子。公子行，侯生曰：「將在外，主令有所不受，以便國家。公子即合符，而晉鄙不授公子兵而復請之，事必危矣。臣客屠者朱亥可與俱，此人力士。晉鄙聽，大善；不聽，可使擊之。」於是公子泣。……於是公子請朱亥。朱亥笑曰：「臣乃市井鼓刀屠者，而公子親數存之，所以不報謝者，以爲小禮無所用。今公子有急，此乃臣效命之秋也。」遂與公子俱。公子過謝侯生。侯生曰：「臣宜從，老不能。請數公子行日，以至晉鄙軍之日，北鄉自剄，以送公子。」公子遂行。至鄴，矯魏王令代晉鄙。晉鄙合符，疑之，舉手視公子曰：「今吾擁十萬之衆，屯於境上，國之重任，今單車來代之，何如哉？」欲無聽。朱亥袖四十斤鐵椎，椎殺晉鄙，公子遂將晉鄙軍。……得選兵八萬人，進兵擊秦軍。秦軍解去，遂救邯鄲，存趙。……公子與侯生決，至軍，侯生果北鄉自剄。』按，『夷門之忠憤凌雲，顯懲邸吏』兩句，蓋以典故指宰相崔胤遣判官石戩交結孫德昭，後孫德昭入朝誅除王仲先、劉季述等叛亂者，營救出唐昭宗之事。資治通鑑卷二百六十二光化三年底載：『有鹽州雄毅軍使孫德昭爲左神策指揮使，自劉季述等廢立，常憤惋不平。崔胤聞之，遣判官石戩與之游。德昭每酒酣必泣，戩知其誠，乃密以胤意説之曰：「自上皇幽閉，中外大臣至於行間士卒，孰不切齒！今反者獨季述、仲先耳，公誠能誅此二人，迎上皇復位，則富貴窮一時，忠

義流千古；苟狐疑不决，則功落他人之手矣！」德昭謝曰：「德昭小校，國家大事，安敢專之！苟相公有命，不敢愛死！」戳以白胤。胤割衣帶，手書以授之。德昭復結右軍清遠都將董彦弼、周承誨，謀以除夜伏兵安福門外以俟之。』又，天復元年『春，正月，乙酉朔，王仲先入朝，至安福門，孫德昭擒斬之，馳詣少陽院，叩門呼曰：「逆賊已誅，請陛下出勞將士。」何后不信，曰：「果爾，以其首來！」德昭獻其首，上乃與后毁扉而出。崔胤迎上御長樂門樓，帥百官稱賀。周承誨擒劉季述、王彦範繼至，方詰責，已爲亂梃所斃。薛齊偓赴井死，出而斬之。滅四人之族，并誅其黨二十餘人。宦官奉太子匿於左軍，獻傳國寶。上曰：「裕幼弱，爲凶豎所立，非其罪也。」命還東宫，黜爲德王，復名裕。丙戌，以孫德昭同平章事，充静海節度使，賜姓名李繼昭。丁亥，崔胤進位司徒，胤固辭。上寵待胤益厚。』

（九）三藩唱義，四海叶詞，咸以密謀，咨於上相：『上相』，四庫全書、甲庫本作『正相』。『三藩』，指朱全忠、李茂貞、張全義。舊唐書昭宗紀載：『時朱全忠在定州行營，崔胤與前左僕射張濬告難於全忠，請以兵問罪，全忠自行營還大梁。』又，資治通鑑卷二百六十二光化三年十一月記：『左僕射致仕張濬在長水，見張全義於洛陽，勸之匡復；又與諸藩鎮書勸之。』又按，此处『上相』指崔胤。所谓『咸以密謀，咨於上相』，乃指崔胤與藩鎮朱全忠以及都將孫德昭

等人謀除劉季述、王仲先等叛臣事。新唐書卷二百八劉季述傳載：『胤告難於朱全忠，使以兵除君側，全忠封胤書與季述曰：「彼翻覆，宜圖之。」季述以責胤，胤曰：「奸人僞書，從古有之，必以爲罪，請誅不及族。」季述易之，乃與盟。胤謝全忠曰：「左軍與胤盟，不相害，然僕歸心於公，并送二侍兒。」全忠得書，恚曰：「季述使我爲兩面人。」自是始離。季述子希度至汴，言廢立本計，又遣李奉本齎示太上皇誥，全忠狐疑不决。李振入見曰：「豎刁、伊戾之亂，以資霸者。今閹奴幽劫天子，公不討，無以令諸侯。」乃囚希度、奉本，遣振至京師與胤謀。是時季述欲盡誅百官，乃弑帝，挾太子令天下。都將孫德昭、董從實盜没錢五千緡，仲先衆辱之，督其償，株連甚衆。胤間其不逞，曰：「能殺兩中尉，迎太上皇，而立大功，何小罪足羞！」又遣客密告德昭，割帶内蜜丸通意。德昭邀别將周承誨，期十二月晦，伏士安福門待旦。』舊唐書卷一百七十七崔胤傳亦載：『及劉季述幽昭宗於東内，以德王監國。季述畏全忠之强，不敢殺胤，但罷知政事，落使務，守本官而已。胤復致書於全忠，請出師反正，故全忠令大將張存敬急攻晋絳河中。胤以天子幽囚，諸侯觀釁，有神策軍巡使孫德昭者，頗怒季述之廢立，胤伺知之，令判官石戩與德昭游，伺其深意。每酒酣，德昭泣下，戩知其誠，乃與之謀曰：「今中外大臣，自廢立已來，無不含怒。至於軍旅，亦懷憤惋。今謀反者，獨季述、仲先耳。足下誅此二豎，復帝寶位，垂名萬代，今正其

時。持疑不斷，則功落他人之手也！」德昭謝曰：「予軍吏耳，社稷大計，不敢自專。如相公委使，不敢避也。」胤乃割衣帶，手書以通其意。十二月晦，德昭伏兵誅季述。』新五代史卷四十三孫德昭傳亦記：『德昭以父任爲神策軍指揮使。光化三年，劉季述廢昭宗，幽之東宫，宰相崔胤謀反正，陰使人求義士可共成事者，德昭乃與周承誨、董從實應胤，胤裂衣襟爲書以盟。』

〔十〕於是禁軍之内，三杰挺生：『三杰』，指左神策指揮使孫德昭與右軍清遠都將董彦弼、周承誨三禁軍將領。舊唐書昭宗紀光化三年十二月記三人事迹云：『十二月乙卯朔。癸未夜，護駕鹽州都將孫德昭、周承誨、董彦弼以兵攻劉季述、王仲先，殺仲先，携其首詣東宫門，呼曰：「逆賊王仲先已斬首訖，請陛下出宫慰諭兵士。」宫人破鑰，帝與皇后方得出。』資治通鑒光化三年末記云：『德昭復結右軍清遠都將董彦弼、周承誨，謀以除夜伏兵安福門外以俟之。』并於天復元年正月載：『乙酉朔，王仲先入朝，至安福門，孫德昭擒斬之，馳詣少陽院，叩門呼曰：「逆賊已誅，請陛下出勞將士。」何后不信，曰：「果爾，以其首來！」德昭獻其首，上乃與后毁扉而出。……周承誨擒劉季述、王彦範繼至，方詰責，已爲亂梃所斃。……丙戌，以孫德昭同平章事，充静海節度使，賜姓名李繼昭。……庚寅，以周承誨爲嶺南西道節度使，賜姓名李繼誨，董彦弼爲寧遠節度，賜姓李，并同平章事；與李繼昭俱留宿衛，十日乃出還家，賞賜傾府庫，

時人謂之「三使相」。』

〔十一〕上玄假以良時，高廟付其英斷。月正元日，新正吉辰，質明而逆首梟懸，中旦而凶渠剖裂：『上玄』，上天。漢揚雄甘泉賦：『惟漢十世，將郊上玄。』李善注：『上玄，天也。』周書王悦傳：『梁主内虧刑政，外闕藩籬，匹夫攘袂，舉國傾覆。非直下民離心，抑亦上玄所棄。』『高廟』，宗廟。後漢書光武帝紀上：『（光武建武二年正月）壬子，起高廟，建社稷於洛陽，立郊兆於城南。』李賢注：『光武都洛陽，乃合高祖以下至平帝爲一廟，藏十一帝主於其中。』『質明』，天剛亮的時候。儀禮士冠禮：『擯者請期，宰告曰：「質明行事。」』鄭玄注：『質，正也。宰告曰：「旦日正明行冠事。」』南朝梁元帝和劉尚書兼堂齋宫：『質明攝上宰，詰旦乘軺軒。』『梟懸』，亦作『梟縣』。斬首懸挂示衆。漢陳琳爲袁紹檄豫州：『故九江太守邊讓，英才俊偉……身首被梟懸之誅，妻孥受灰滅之咎。』三國志魏志高柔傳：『晃及妻子，叛逆之類，誠應梟縣，勿使遺育。』『凶渠』，凶徒的首領；元凶。南朝梁陸倕石闕銘：『帝赫斯怒，秣馬訓兵。嚴鼓未通，凶渠泥首。』資治通鑑宋順帝昇明元年：『凶渠逆黨，盡已梟夷。』胡三省注：『凶渠，謂渠魁也。』『剖裂』，猶分裂。宋吴處厚青箱雜記卷二：『五代之際，天下剖裂。』明高攀龍王文成公年譜序：『道之不明也，支離於漢儒之訓詁；道之明也，剖裂於朱陸之分

門。』按，此數句乃叙述昭宗反正，誅除劉季述、王仲先等叛黨之情形。舊唐書昭宗紀載：光化三年『十二月乙卯朔。癸未夜。護駕鹽州都將孫德昭、周承誨、董彦弼以兵攻劉季述、王仲先，殺仲先，携其首詣東宫門，呼曰：「逆賊王仲先已斬首訖，請陛下出宫慰諭兵士。」宫人破鑰，帝與皇后方得出。天復元年春正月甲申朔，昭宗反正，登長樂門樓，受朝賀。班未退，孫德昭執劉季述至樓前，上方詰責，已爲亂棒擊死，乃尸之於市。』新唐書劉季述傳亦記：崔胤『又遣客密告德昭，割帶内蜜丸通意。德昭邀别將周承誨，期十二月晦，伏士安福門待旦。仲先乘肩輿造朝，德昭等劫之，斬東宫門外，叩少陽院呼曰：「逆賊斬矣。」帝疑未信，皇后曰：「可獻賊首。」德昭擲仲先頭以進，宫人毁扉，出御長樂門，群臣稱賀。承誨馳入左軍，執季述、彦範至樓前，胤先戒京兆尹鄭元規集萬人持大梃，帝詰季述未已，萬梃皆進，二人同死梃下，遂尸之。兩軍支黨死者數十人。中官奉太子遁入左軍，收傳國璽。齊偓死井中，出其尸斬之。全忠檻送岩京師，斬於市。季述等夷三族』。新五代史卷四十三孫德昭傳亦記：『德昭以父任爲神策軍指揮使。……天復元年正月朔，未旦，季述將朝，德昭伏甲士道旁，邀其輿斬之，承誨等分索餘黨皆盡。……承誨等悉取餘黨首以獻，昭宗信之。德昭破鎖出昭宗，御丹鳳樓反正。』

（十二）共申匡復，皆著功庸，尋下詔書，遞行賞典：『匡復』，謂挽救復興危亡之國。漢孔融

論盛孝章書：『惟公匡復漢室，宗社將絶，又能正之。』南史　宋武帝紀：『以公有匡復之勛，家國蒙賴，推德委誠，每事諮仰。』此處指劉季述等人被誅除後，唐昭宗反正之事。『功庸』，功勞；業績。國語　晉語七：『臣聞之，曰無功庸者，不敢居高位。』韋昭注：『國功曰功，民功曰庸。』漢王符潛夫論　遏利：『是故無功庸於民而求盈者，未嘗不力顛也。』此數句謂昭宗反正時行賞有功人員，此舊唐書　昭宗紀載：『天復元年春正月甲申朔，昭宗反正，登長樂門樓，受朝賀。……乙酉，制以孫德昭檢校司空，充静海軍節度使。丙戌，宰相崔胤進位司空。……庚寅，制以孫德昭爲安南節度、檢校太保。以周承誨爲邕州刺史、邕管節度經略使，以董彦弼爲容州刺史、容管節度等使，并檢校太保、同平章事。……二月甲寅朔。……是月，制以全忠檢校太師、守中書令，進封梁王。』新唐書　劉季述傳亦記云：『以德昭檢校太保、静海軍節度使，從實檢校司徒、容管節度使，并同中書門下平章事，賜氏李，曰繼昭，曰彦弼。承誨亦檢校司徒、邕管節度使，視宰相秩。皆號「扶傾濟難忠烈功臣」，圖形凌烟閣，留宿衛凡十日乃休，竭内庫珍寶賜之。當時號「三使相」，人臣無比。』

〔十三〕而茂貞既平國難，來覲天庭，驅武旅而簞食争迎，駐皇都而秋毫不犯，推殊功以薦同志，留愛侄而董雄師：『茂貞』，即李茂貞，傳見舊五代史卷一百三十二、新五代史卷四十。新五

代史本傳記：『其後，昭宗爲宦者所廢，既反正，宰相崔胤欲借梁兵誅諸宦者，陰與梁太祖謀之。中尉韓全誨等，亦倚茂貞之强，以爲外援，茂貞遣其子繼筠以兵數千宿衛京師，宦者恃岐兵，益驕不可制。』舊五代史本傳亦載：『光化中，加茂貞尚書令、岐王，令其子繼筠以兵宿衛。』『愛侄』，即指李繼筠。

（十四）繼筠能禀規程，肅清輦轂，人神洽慶，華裔偕來：『輦轂』，皇帝的車輿。此處代指京城。三國志 魏志 楊俊傳：『今境守清静，無所展其智能，宜還本朝，宣力輦轂，熙帝之載。』宋陶穀清異録 白雪姑：『余在輦轂，至大街，見揭小榜曰：虞大博宅失去貓兒，色白，小名「白雪姑」。』『洽慶』，同慶。王闓運嚴通政庶母任氏壽頌序：『皇廷洽慶，廣類推仁。』『華裔』，古指我國中原和邊遠地區。華裔對舉，始見於左傳 定公十年：『裔不謀夏，夷不亂華。』晉劉琨勸進表：『天地之際既交，華裔之情允洽。』

（十五）復正宸嚴，重守寶圖：『宸嚴』，帝王的威嚴。亦喻指君王。南朝梁江淹建平王之南徐州刺史辭闕表：『托慕宸嚴，載惟感戀。』唐白居易爲崔相陳情表：『蹐地仰天，不勝感咽，披陳誠懇，煩瀆宸嚴。』『寶圖』，皇位；帝業。周書 武帝紀上：『朕祗承寶圖，宜遵故實。』唐柳宗元禮部爲文武百僚請聽政表之二：『陛下以聰明睿聖，嗣守寶圖。』

（十六）四月二十五日昧爽已前：『四月二十五日』，原各本均作『四月十五日』，然據本文校箋第一條所考，應是『四月二十五日』之誤，今即據改。『昧爽』，拂曉；黎明。書牧誓：『時甲子昧爽，王朝至於商郊牧野。』孔子家語五儀：『昧爽夙興，正其衣冠。』

（十七）謀故殺人：原無『謀』字，今據全唐文、適園叢書、學林本增補。

（十八）官典犯入己贓，兼以逾濫身名，冒優官秩：『官典』，指低級官吏。唐韓愈論變鹽法事宜狀：『臣今計此用錢已多，其餘官典及巡察手力所由等糧課……每歲不下十萬貫。』『逾濫』，過度；漫無限度。南齊書王融傳：『且王公百司，唯賢是舉，高下之敬，等秩有差，不敢逾濫，豈應「訾毀」？』宋李上交近事會元卷二：『唐睿宗景雲元年八月，以中宗時官爵逾濫，因依妃主墨敕，而受官者時謂斜封，禁之。』『官秩』，官吏的職位或依品級而定的俸祿。荀子王霸：『百官則將齊其制度，重其官秩，若是，則百吏莫不畏法而遵繩矣。』唐封演封氏聞見記壁記：『朝廷百司諸廳皆有壁記，叙官秩創置及遷授始末。』

（十九）其劉季述、王仲先、王彥範、薛齊偓同謀凶逆徒黨支屬追究未到者：『劉季述、王仲先、王彥範、薛齊偓』四人均是幽囚唐昭宗之叛臣，昭宗反正時四人均被誅殺。資治通鑑卷二百六十二光化三年記：『上自華州還，忽忽不樂，多縱酒，喜怒不常，左右尤自危。於是左軍

中尉劉季述、右軍中尉王仲先、樞密使王彦範、薛齊偓等陰相與謀曰：「主上輕佻多變詐，難奉事；專聽任南司，吾輩終罹其禍。不若奉太子立之，尊主上爲太上皇，引岐、華兵爲援，控制諸藩，誰能害我哉！」十一月，上獵苑中，因置酒，夜，醉歸，手殺黄門、侍女數人。明旦，日加辰巳，宫門不開。季述……乃帥禁兵千人破門而入，訪問，具得其狀。出，謂胤曰：「主上所爲如是，豈可理天下！廢昏立明，自古有之，爲社稷大計，非不順也。」……庚寅，季述召百官，陳兵殿庭，作胤等連名狀，請太子監國，以示之，使署名。胤及百官不得已皆署之。上在乞巧樓，季述、仲先伏將士千人於門外，與宣武進奏官程岩等十餘人入請對。季述、仲先甫登殿，將士大呼，突入宣化門，至思政殿前，逢宫人，輒殺之。上見兵入，驚墮牀下，起，將走，季述、仲先掖之令坐。……季述等乃出百官狀白上，曰：「陛下厭倦大寶，中外群情，願太子監國，請陛下保頤東宫。」……（上）即取傳國寶以授季述，宦官扶上與后同輦，嬪御侍從者纔十餘人，適少陽院。』

（二十）非與十一月五日交涉者：按，此處『十一月五日』乃指唐昭宗被劉季述等人所廢幽囚之日。考舊唐書昭宗紀光化三年記此事云：『十一月乙酉朔。庚寅，左右軍中尉劉季述、王仲先廢昭宗，幽於東内問安宫，請皇太子裕監國。』新唐書昭宗紀則記昭宗被囚於少陽院在光化三年『十一月己丑』。又按，上述兩唐書所記昭宗被幽囚日有異，舊唐書乃記於光化三年十一月庚

寅，而新唐書則記於同年十一月己丑。檢是年十一月乙酉朔，則十一月庚寅爲十一月六日；十一月己丑爲十一月五日，與本赦文所云『十一月五日』契合。如此，則舊唐書昭宗紀所記『十一月庚寅』或爲誤記。然資治通鑑卷二百六十二記此事於光化三年十一月庚寅，胡三省對此事之日期有所考述，云：『考異曰：按此月乙酉朔，己丑五日，庚寅六日也。廢立之日，舊紀云庚寅，舊宦者傳、唐年補紀皆云六日，無云五日者；而實録、新紀云己丑，誤也。唐太祖紀年録，先云六日，後云七日，尤誤也。』則胡三省又肯定十一月六日庚寅之記載。何者爲是？疑不能明。本赦文『十一月五日』是否爲『十一月六日』之誤？今所見各本所記均如此，未有確證證實之，故疑而不能定，仍其舊而不改。

〔二十一〕登好爵以報殊庸，尋行令典；錫嘉名而溥大慶，用表洪勳：『好爵』，高官厚禄。晋陶潛辛丑歲七月赴假還江陵夜行塗口詩：『投冠旋舊墟，不爲好爵縈。』南朝齊孔稚珪北山移文：『雖假容於江皋，乃纓情於好爵。』『殊庸』，特殊的功勞。唐司空圖故鹽州防禦使王縱追述碑：『外訓驍雄，内蘇疲瘵，殊庸既顯，善政亦聞。』『洪勳』，卓著的功勛。漢蔡邕筆賦：『畫乾坤之陰陽，贊宓皇之洪勛。』晋葛洪抱朴子貴賢：『殷高、周文，乃夢想乎得賢者，建洪勛必須良佐也。』

〔二十二〕靜海軍節度使、檢校太保、平章事李繼昭，嶺南西道節度使、檢校司徒、平章事李繼誨，寧遠軍節度使、檢校司徒、平章事李彥弼：按，李繼昭、李繼誨、李彥弼三人均是誅除劉季述、王仲先等叛臣，匡復唐昭宗帝位之功臣。資治通鑑天復元年正月載：『丙戌，以孫德昭同平章事，充靜海節度使，賜姓名李繼昭。』同上書天復元年正月庚寅又記：『以周承誨爲嶺南西道節度使，賜姓名李繼誨，董彥弼爲寧遠節度，賜姓李，并同平章事；與李繼昭俱留宿衛，十日乃出還家，賞賜傾府庫，時人謂之「三使相」。』

〔二十三〕左袒一呼，遂定安劉之業：『左袒』，原爲古代儀禮，脱左袖，露出左臂。儀禮士喪禮：『主人出，南面，左袒。』賈公彥疏：『謂袒左袖，扱於左腋之下，帶之內，取便也。』禮記檀弓下：『既封，左袒。』此處乃用漢周勃典故。漢高祖劉邦死後，呂后擅政，大封呂姓以培植勢力。呂后死，太尉周勃謀誅諸呂，行令軍中說：『爲呂氏右袒，爲劉氏左袒。』軍中皆左袒。事見史記呂太后本紀、孝文本紀。

〔二十四〕叔侄繼先臣之烈，彥弼稟大父之規：『叔侄』，謂李茂貞與李繼筠。『先臣』，古代臣於君前稱自己已死的祖先、父親爲『先臣』。左傳文公十五年：『宋華耦來盟……公與之宴，辭曰：「君之先臣督，得罪於宋殤公，名在諸侯之策，臣承其祀，其敢辱君？」』杜預注：『耦，

華督曾孫也。』晉陸機謝平原内史表：『世無先臣宣力之效，才非丘園耿介之秀。』金王若虚新唐書辨上：『古者人臣稱其亡父於君則有先臣之辭。』『大父』，祖父。韓非子五蠹：『今人有五子不爲多，子又有五子，大父未死而有二十五孫。』史記留侯世家：『留侯張良者，其先韓人也。大父開地，相韓昭侯、宣惠王、襄哀王。』裴駰集解引應劭曰：『大父，祖父。』又外祖父亦稱大父。史記劉敬叔孫通列傳：『冒頓在，固爲子婿；死，則外孫爲單于。豈嘗聞外孫敢與大父抗禮者哉？』彦弼，即董彦弼，賜姓李。

〔二十五〕繼昭、繼誨、彦弼宜賜號『扶傾濟難忠烈功臣』：『繼誨』，原作『繼海』，誤，今據四庫全書、全唐文、適園叢書、明鈔本、甲庫本、學林本改。新五代史卷四十三孫德昭傳記諸人賜號之事云：『德昭以父任爲神策軍指揮使。光化三年，劉季述廢昭宗，幽之東宫……德昭乃與周承誨、董從實應胤，胤裂衣襟爲書以盟。天復元年正月朔，未旦，季述將朝，德昭伏甲士道旁，邀其輿斬之，承誨等分索餘黨皆盡。……德昭破鎖出昭宗，御丹鳳樓反正，以功拜静海軍節度使，賜姓李，號「扶傾濟難忠烈功臣」。』

〔二十六〕宰臣司空崔胤，揮涕入朝，含酸莅事，防竊發於趨翔之際，阻凶謀於譚宴之間：『譚宴』，四庫全書、明鈔本、甲庫本作『譚誼』，全唐文作『譚議』。『含酸』，懷著痛苦悲

傷。南朝宋謝靈運登臨海嶠詩：『與子别山阿，含酸赴修軫。』唐李遠聞明上人逝寄友人詩：『他時若更相隨去，祇是含酸對影堂。』『竊發』，暗中發動。晉書汝南王亮楚王瑋等傳序：『如梁王之禦大敵，若朱虚之除大憝，則外寇焉敢憑陵，内難奚由竊發！』『趨翔』，猶趨蹌。墨子非儒下：『孔某盛容修飾以蠱世，弦歌鼓舞以聚徒，繁登降之禮以示儀，務趨翔之節以觀衆。』吕氏春秋尊師：『和顔色，審辭令，疾趨翔。』高誘注：『翔與蹌同。』崔胤，傳見舊唐書卷一百七十七、新唐書卷二百二十三下。新唐書本傳記崔胤云：『劉季述幽帝東内，奉德王監國，畏全忠强，雖深怨胤，不敢殺，止罷政事。胤趣全忠以師西，問所以幽帝狀，全忠乃使張存敬攻河中，掠晉、絳。神策軍大將孫德昭常忿閹尹廢辱天子，胤令判官石戩與游，乘間伺察。德昭飲酣必泣，胤揣得其情，乃使戩説曰：「自季述廢天子，天下之人未嘗忘，武夫義臣搏手憤惋。今謀反者特季述、仲先耳，它人劫於威，無與也。君能乘此誅二豎，復天子，取功名乎？即不早計，將有無之者。」德昭感寤，乃告以胤謀。德昭許諾，胤斬帶爲誓。俄而季述、仲先誅，以功進司徒，不就，復輔政，并還使領。帝德之，延見或不名，以字呼之，寵遇無比。』

〔二十七〕合契禁軍班列之臣：『合契』，融洽；意氣相投。唐吴兢貞觀政要論君臣鑒戒：『君臣本同治亂，共安危，若主納忠諫，臣進直言，斯故君臣合契，古來所重。』清姚鼐哭陳

東浦方伯三十二韻：『縱非情合契，應惜韻孤標。』此句『禁軍班列之臣』指『神策軍大將孫德昭』。

〔二十八〕忠良景附，再安宗社，寧愧古賢。雖已疇庸，未爲報德，宜賜回天興祚平難功臣，并加實封一百户，仍圖形凌烟閣：『景附』，如影附身。比喻依附密切。漢書 叙傳上：『其餘猋飛景附，煜霅其間者，蓋不可勝載。』南朝梁任昉爲范尚書讓吏部封侯第一表：『三千景附，八百不謀。』『宗社』，宗廟和社稷的合稱。漢蔡邕獨斷卷上：『天子之宗社曰泰社，天子所爲群姓立社也。』南史 虞寄傳：『朕不食言，誓之宗社。』此處借指國家。漢孔融論盛孝章書：『惟公匡復漢室，宗社將絶，又能正之。正之之術，實須得賢。』新唐書 諸夷蕃將傳 李多祚：『將軍知感恩，則知所以報，今在東宮乃大帝子，而嬖豎擅朝，危逼宗社。國家廢興在將軍，將軍誠有意乎？』『疇庸』，酬報功勞。疇，通『酬』。南朝梁任昉爲范尚書讓吏部封侯第一表：『五侯外戚，且非舊章，而臣之所附，唯在恩澤。既義異疇庸，實榮乖儒者。』李周翰注：『疇，酬；庸，功也。』梁書 孔休源傳：『慎終追遠，歷代通規，褒德疇庸，先王令典。』『實封』，古代封建國家名義上封賜給功臣貴戚食邑的户數與實際封賞數往往不符，實際上賜與的封户叫實封。資治通鑑唐玄宗開元十年：『十一月乙未，初令宰相共食實封三百户。』胡三省注引唐會要曰：『舊制，凡有功之臣賜實

封者，皆以課户先準户數，州縣與國官、邑官執帳，供其租調，各準配租調，遠近州縣官司收其脚值，然後付國邑官司。其丁準此，入國邑者收其庸。』『凌烟閣』，封建王朝爲表彰功臣而建築的繪有功臣圖像的高閣。唐太宗貞十七年畫功臣像於凌烟閣之事最著名。唐白居易題酒甕呈夢得詩：『凌烟閣上功無分，伏火爐中藥未成。更擬共君何處去，且來同作醉先生。』

〔二十九〕功著定傾，名高死難，永言風烈，詎廢賞延：『定傾』，使危險的局勢或即將傾覆的國家轉爲穩定。國語 越語下：『夫國家之事，有持盈，有定傾，有節事。』韋昭注：『定，安也；傾，危也。』漢桓寬鹽鐵論 備胡：『古者，明王討暴衛弱，定傾扶危，則小國之君悅。』『風烈』，風操；風範。新唐書 張九齡傳：『建中元年，德宗賢其風烈，復贈司徒。』宋洪邁容齋三筆 張咏傳：『公風烈如此，而不至於宰相，然有忠定之才，而無宰相之位，於公何損？』『賞延』，賞賜延及於後代。意謂恩蔭官員的後嗣。語本書 大禹謨：『罰弗及嗣，賞延於世。』孔傳：『延，及也。』南朝宋謝靈運辭禄賦：『荷賞延之渥恩，在弱齡而覃惠。』

〔三十〕故尚父子儀、贈太師晟、贈太尉秀實、贈太保瑊、贈司徒杲卿、贈太師真卿、張巡、許遠、南霽雲等：按，以上諸人之生平事迹，請見本書卷二順宗即位赦篇之校箋第三十四、三十五條。

〔三十一〕既配廟廷之享，仍傳棨戟之門，所以勵壯節於千秋：『廟廷』，原作『廟筵』，今據四庫全書、全唐文、甲庫本改。『廟廷』，宗庙或庙宇的前殿。三國志魏志齊王芳傳：『正始五年，冬十一月癸卯，詔祀故尚書令荀攸於太祖廟廷。』明田藝蘅留青日札姚廣孝：『廣孝贈榮國公，謚恭靖，配享成祖廟廷。』『棨戟』，有繒衣或油漆的木戟。古代官吏所用的儀仗，出行時作爲前導，後亦列於門庭。漢書韓延壽傳：『功曹引車，皆駕四馬，載棨戟。』舊唐書張儉傳：『唐制三品以上，門列棨戟。』『壯節』，壯烈的節操。後漢書獨行傳戴就：『（薛安）收就於錢唐縣獄，幽囚考掠，五毒參至。就慷慨直辭，色不變容……安深奇其壯節，即解械，更與美談。』三國志魏志呂布臧洪傳論：『陳登、臧洪并有雄心壯節，登降年夙隕，功業未遂……惜哉！』

〔三十二〕歷朝配享功臣，及安金藏等：『配享』，亦作『配饗』。合祭；祔祀。指功臣祔祀於帝王宗廟。三國志魏志齊王芳傳：『詔祀故尚書令荀攸於太祖廟庭。』裴松之注：『臣松之以爲故魏氏配饗不及荀彧，蓋以其末年異議，又位非魏臣故也。』宋高承事物紀原禮祭郊祀配饗：『功臣配饗之禮，由商人始也。』『安金藏』，傳見舊唐書卷一百八十七上、新唐書卷一百九十一。新唐書本傳載：『安金藏，京兆長安人。在太常工籍。睿宗爲皇嗣，少府監裴匪躬、中官范雲仙坐私謁皇嗣，皆殊死，自是公卿不復見，唯工優給使得進。俄有誣皇嗣異謀者，武

后詔來俊臣問狀，左右畏慘楚，欲引服。金藏大呼曰：「公不信我言，請剖心以明皇嗣不反也。」引佩刀自剚腹中，腸出被地，眩而仆。后聞大驚，輿致禁中，命高醫内腸……閱夕而蘇。后臨視，嘆曰：「吾有子不能自明，不如爾之忠也。」即詔停獄，睿宗乃安。當是時，朝廷士大夫翕然稱其誼，自以爲弗及也。……景雲時，遷右武衛中郎將。玄宗屬其事於史官，擢右驍衛將軍，爵代國公。詔鑱其名於泰、華二山碑以爲榮。卒，配饗睿宗廟廷。大曆中，贈兵部尚書，謚曰忠。以子承恩爲廬州長史。中和中，又擢其遠孫敬則爲太子右諭德。』

〔三十三〕委所司磨勘，不得令有僭濫：『磨勘』，唐宋官員考績升遷的制度。唐時文武官吏由州府和百司官長考核，分九等注入考狀，期滿根據考績決定升降，并經吏部和各道觀察使等復驗，稱『磨勘』。宋代設審官院主持此事。舊五代史唐書莊宗紀五：『戊午，詔應南郊行事官，并付三銓磨勘，優與處分。』宋王明清揮麈後録卷二：『唐制，郊祀行慶，止進勛階，五代肆赦，例遷官秩，本朝因之。孫何、耿望言其非制，定三年磨勘進秩之法。』『僭濫』，詩商頌殷武：『不僭不濫，不敢怠遑。』毛傳：『賞不僭，刑不濫也。』後因以『僭濫』謂賞罰失當，過而無度。晋葛洪抱朴子君道：『明檢齊以杜僭濫，詳直枉以違晦吝。』隋書經籍志二：『然則刑書之作久矣。蓋藏於官府，懼人之知争端，而輕於犯。及其末也，肆情越法，刑罰僭濫。』

〔三十四〕關畿不守，先帝西巡：此兩句乃指唐僖宗於廣明元年十二月，因黃巢攻占潼關而出避事。舊唐書僖宗紀廣明元年十二月載：『丙子，攻潼關，守關諸將望風自潰。十二月庚辰朔。辛巳，賊據潼關。時左軍中尉田令孜專政，宰相盧携曲事之，相與誤謀，以至傾敗。令孜恐衆罪加己，請貶携官，命學士王徽、裴徹爲相。甲申，宣制以户部侍郎、翰林學士王徽、裴徹本官同平章事。貶右僕射、門下侍郎、平章事盧携爲太子賓客。携聞賊至，仰藥而死。是日，上與諸王、妃、后數百騎，自子城由含光殿金光門出幸山南，文武百官僚不之知，并無從行者，京城晏然。是日晡晚，賊入京城，時右驍衛大將張直方率武官十餘迎黃巢於坡頭。壬辰，黃巢據大內，僭號大齊，稱年號金統。悉陳文物，據丹鳳門僞赦。』

〔三十五〕西面行營諸軍都統、鄜夏節度使李思恭，揚威北鄙，决勝東橋，佐鄭畋匡復之謀，倅岐陽統制之命，提戈奮勇，運策摧凶，終成逐雀之功，顯就回鑾之計：『北鄙』，北方邊境地區。左傳隱公元年：『既而大叔命西鄙、北鄙貳於己。』杜預注：『鄙，鄭邊邑。』唐賈島酬厲玄詩：『我來從北鄙，子省涉西陵。』『東橋』，指灞橋。因在長安東，故稱。唐韋應物送汾城王主簿詩：『禁鐘春雨細，宮樹野烟和，相望東橋别，微風起夕波。』『岐陽』，岐山之南。詩魯頌閟宮『后稷之孫，實維大王，居岐之陽，實始翦商』漢鄭玄箋：『大王自豳徙居岐陽。』此處

指鳳翔。時李思恭佐鳳翔隴右節度使、充京西諸道行營都統鄭畋抗擊黃巢軍。『逐雀』，左傳襄二十五年：『如鷹鸇之逐鳥雀也。』此處用以比喻驅除黃巢軍。『回鑾』，舊時稱帝王及后妃的車駕爲『鑾駕』，因稱帝、后外出回返爲『回鑾』。南齊書樂志：『回鑾轉翠，拂景翔宸。』唐太宗謁并州大興國寺詩：『回鑾游福地，極目玩芳晨。』鄭畋，傳見舊唐書卷一百七十八、新唐書卷一百八十五。李思恭，即拓拔思恭，事迹見新唐書卷二百二十一上黨項：『天寶末，平夏部有戰功，擢容州刺史、天柱軍使。其裔孫拓拔思恭，咸通末竊據宥州，稱刺史。黃巢入長安，與鄜州李孝昌壇而坎牲，誓討賊，僖宗賢之，以爲左武衛將軍，權知夏綏銀節度事。次王橋，爲巢所敗，更與鄭畋四節度盟，屯渭橋。中和二年，詔爲京城西面都統、檢校司空、同中書門下平章事。俄進四面都統，權知京兆尹。賊平，兼太子太傅，封夏國公，賜姓李。嗣襄王熅之亂，詔思恭討賊，兵不出，卒。』

〔三十六〕故西面行營副都統、涇原節度使程宗楚，故收復京城行營都統、行軍司馬、前朔方軍節度使唐弘夫，各持將節，來佐台旌，爭鋒而深入王城，力屈而銜冤寇壘，莫睹歸元之貌，空留不朽之勛。『程宗楚』，舊唐書鄭畋傳：『畋謬領藩垣，榮兼將相，每枕戈而待旦，常泣血以忘餐，誓與義士忠臣，共翦狐鳴狗盜。……畋與涇原節度使程宗楚、秦州節度使仇公遇等，已驅

組練，大集關畿，爭麾隴右之蛇矛，待掃關中之蟻聚。』新唐書黄巢傳：『是時，乘輿次興元，詔促諸道兵收京師，遂至成都。……畋乃傳檄召天下兵，於是詔涇原節度使程宗楚爲諸軍行營副都統，前朔方節度使唐弘夫爲行營司馬。數攻賊，斬萬級。邠將朱玫陽爲賊將王玫哀兵，俄而殺玫，引軍入於王師。弘夫進屯渭北……弘夫拔咸陽，棧渭水，破尚讓軍，乘勝入京師。巢竊出，至石井。宗楚入自延秋門，弘夫傅城舍，都人共噪曰：「王師至！」……都人傳言巢已走，邠、涇軍爭入京師，諸軍亦解甲休，競掠貨財子女，巢伏野，使覘城中弛備，則遣孟楷率賊數百掩邠、涇軍，都人猶謂王師，歡迎之。時軍士得珍賄，不勝載，聞賊至，重負不能走，是以甚敗。賊執弘夫害之，處存走營。始，王璠破奉天，引衆數千隨弘夫，及諸將敗，獨一軍戰尤力。巢復入京師，怒民迎王師，縱擊殺八萬人，血流於路可涉也，謂之「洗城」。諸軍退保武功，於是中和二年二月也。』新唐書僖宗紀載：『中和元年……三月辛亥，黄巢陷鄧州，執刺史趙戎。辛酉，鄭畋爲京城西面行營都統。甲子，畋及涇原節度使程宗楚、天雄軍經略使仇公遇盟於鳳翔。……四月戊寅，王玫伏誅。程宗楚、朔方軍節度使唐弘夫及黄巢戰於咸陽，敗之。壬午，巢遁於灞上。丁亥，復入於京師，弘夫、宗楚死之。』

〔三十七〕更隆茂典：『茂典』，盛美的典章、法則。南朝宋顔延之三月三日曲水詩序：『選賢

建戚，則擇之於茂典；施命發號，必酌之於故實。』張銑注：『茂，美；典，則也。』舊唐書肅宗紀：『至於漢武，飾以浮華，非前王之茂典，豈永代而作則。』

〔三十八〕故南面招討使、天平軍節度使曹全晸，頃當强敵，大振奇勛，彎弧百戰於陣前，奪槊横飛於馬上，天時莫救，壯氣空存，宜從超等之褒，用勸百夫之特：『曹全晸』，四庫全書、全唐文、明鈔本、甲庫本均作『曹全政』，誤，不取。『宜從』，明鈔本、適園叢書、學林本作『宜崇』。『百夫之特』，『特』，杰出者。詩秦風黄鳥：『維此奄息，百夫之特。』宋李清照上樞密韓肖胄詩：『身爲百夫特，行足萬人師。』新唐書僖宗紀廣明元年載：『七月，黄巢陷滁、和二州。辛酉，天平軍節度使曹全晸爲東面副都統。……（中和二年）十月，嵐州刺史湯群以沙陀反。韓簡寇鄆州，天平軍節度使曹全晸死之，部將崔用自稱留後。』舊唐書卷一百八十一韓允忠傳附子韓簡傳：『賊巢之亂，諸葛爽受其僞命河陽節度使。時僖宗在蜀，寇盜蜂起，簡據有六州，甲兵强盛，竊懷僭亂之志，且欲啓其封疆，乃舉兵攻河陽，爽棄城而走。簡遂留兵保守，因北掠邢、洺而歸，遂移軍攻鄆。鄆帥曹全晸出戰，爲簡所敗，死之。鄆將崔君裕收合殘衆，保鄆州。』

〔三十九〕有客之詩，前經具載；繼絶之義，歷代所先。言念於斯，豈忘舊典：『言念於斯』，四庫全書、全唐文作『言念於此』。詩經周頌有客：『有客有客，亦白其馬。有萋有且，

敦琢其旅。有客宿宿，有客信信。言授之縶，以縶其馬。薄言追之，左右綏之。既有淫威，降福孔夷。』詩經集傳此詩第一節下傳云：『客，微子也。周既滅商，封微子於宋，以祀其先王，而以客禮待之，不敢臣也。……此微子來見祖廟之詩，而此一節言其始至也。』『繼絶』，繼絶世的略語。管子小問：『誅暴禁非，存亡繼絶。』三國志蜀志諸葛亮傳：『受遺托孤，匡輔朕躬，繼絶興微，志存靖亂。』

〔四十〕介公酅公後各與一子九品正員官：此句原無『後』字，今據新唐書昭宗紀、適園叢書、明鈔本、學林本諸本增補。按，『介公』，即介國公，乃北周静帝宇文衍，後爲隋封爲介國公。傳見周書卷八静帝本紀。静帝本紀載：『静皇帝諱衍，後改爲闡，宣帝長子也。……（大定）二月庚申，大丞相、隋王楊堅爲相國，總百揆，更封十郡，通前二十郡，劍履上殿，入朝不趨，贊拜不名，備九錫之禮，加璽、鉞、遠游冠，相國印緑綟綬，位在諸王上。又加冕十有二旒，建天子旌旗……甲子，隋王楊堅稱尊號，帝遜於别宫。隋氏奉帝爲介國公，邑萬户，車服禮樂一如周制，上書不爲表，答表不稱詔。有其文，事竟不行。開皇元年五月壬申，崩，時年九歲，隋志也。謚曰静皇帝，葬恭陵。』隋書卷一高祖紀上亦載：『以周帝爲介國公，邑五千户，爲隨室賓。旌旗車服禮樂，一如其舊。』『酅公』，即酅國公，隋恭帝楊侑，隋煬帝楊廣之孫。初封陳王，後

改封代王。大業十一年，隨隋煬帝巡幸晉陽，拜太原太守，留鎮京師。大業十三年，李淵攻入長安，擁立爲皇帝，年號義寧。義寧二年，爲李淵所廢黜，降封酅國公，閑居長安。唐武德二年去世，終年十五歲，葬於莊陵，謚號恭皇帝。傳見隋書卷五恭帝本紀，中載義寧二年五月『乙巳朔，詔唐王冕十有二旒，建天子旌旗，出警入蹕，金根車駕，備五時副車，置旄頭雲罕車，儛八佾，設鍾虡宮懸。王后、王子、王女爵命之號，一遵舊典。戊午詔曰……仍敕有司，凡有表奏，皆不得以聞。是日，上遜位於大唐，以爲酅國公。武德二年夏五月崩，時年十五』。

〔四十一〕其二王三恪後：『二王三恪』，請見本書卷四改元載初赦一文校箋第一條。

〔四十二〕大和九年故宰相王涯已下一十七家，并見陷逆名：按，『大和九年』，原作『大和七年』，諸本均同，然考之唐史，唐文宗時宰相王涯等人被殺乃在大和九年十一月，而非大和七年之事，故今改『大和七年』爲『大和九年』。舊唐書文宗紀大和九年十一月載：『壬戌，中尉仇士良率兵誅宰相王涯、賈餗、舒元輿、李訓，新除太原節度王璠，郭行餘、鄭注、羅立言、李孝本，韓約等十餘家，皆族誅。時李訓、鄭注謀誅內官，詐言金吾仗舍石榴樹有甘露，請上觀之。內官先至金吾仗，見幕下伏甲，遽扶帝輦入內，故訓等敗，流血塗地。』新唐書文宗紀大和九年十一月載：『壬戌，李訓及河東節度使王璠、邠寧節度使郭行餘、御史中丞李孝本、京兆少尹羅立言謀

誅中官，不克，訓奔於鳳翔。甲子，尚書右僕射鄭覃同中書門下平章事。乙丑，權知户部侍郎李石同中書門下平章事。左神策軍中尉仇士良殺王涯、賈餗、舒元輿、李孝本、羅立言、王璠、郭行餘、鳳翔少尹魏逢。戊辰，晝晦。鳳翔監軍使張仲清殺其節度使鄭注。己巳，仇士良殺右金吾衛大將軍韓約。十二月壬申，殺左金吾衛將軍李貞素、翰林學士顧師邕。』資治通鑑卷二百四十五大和九年十一月乙丑亦記：『左神策出兵三百人，以李訓首引王涯、王璠、羅立言、郭行餘，右神策出兵三百人，擁賈餗、舒元輿、李孝本獻於廟社，徇於兩市。命百官臨視，腰斬於獨柳之下，梟其首於興安門外。親屬無問親疏皆死，孩稚無遺，妻女不死者没爲官婢。百姓觀者怨王涯榷茶，或詬詈，或投礫擊之。』

〔四十三〕本蒙密旨，遂令忠憤終被冤誣，六十餘年，幽枉無訴，宜沾恩霈，用慰泉扃：『幽枉』『宜沾』，四庫全書作『幽魂』『宜加』。『本蒙密旨』，按，大和九年李訓、鄭注謀誅仇士良等人事，唐文宗亦知其事。資治通鑑卷二百四十五大和九年十一月即記：『（李）訓知事不濟，脱從吏緑衫衣之，走馬而出，揚言於道曰：「我何罪而竄謫！」人不之疑。王涯、賈餗、舒元輿還中書，相謂曰：「上且開延英，召吾屬議之。」兩省官詣宰相請其故，皆曰：「不知何事，諸公各自便！」士良等知上豫其謀，怨憤，出不遜語，上慚懼不復言。士良等命左、右神策副使劉泰

倫、魏仲卿等各帥禁兵五百人，露刃出閤門討賊。」『六十餘年』，按，指自大和九年（八三五）至天復元年（九〇一），爲六十六年。
〔四十四〕故鎮海軍節度使李順節，頃歲奸邪亂政，慷慨不平，偶泄藏謀，遂罹横禍，仍遭誣搆，被以罪名：『李順節』，事迹見嘉定鎮江志卷十四。舊唐書昭宗紀大順二年記有關李順節被害前後事迹云：『九月丁未朔。乙卯天子賜左軍中尉楊復恭几杖，以大將軍致仕。復恭怒，稱病不受詔。十月丁丑朔。甲申，天威軍使李順節率禁兵討楊復恭，復恭假子玉山軍使楊守信以兵拒之，列陣於昌化里。昭宗登延喜樓，陳兵自衛以俟變。相持至晚，不戰而退。是夜，守信乃擁其衆衛復恭出京師，且戰且行，出通化門，由七盤路之商州，又令義兒張綰爲後殿。……十二月丙子朔……時李順節恃恩恣横，出入以兵仗自隨，兩軍中尉劉景宣、西門君遂懼其窺圖非望。丁亥，兩中尉傳詔召順節，順節以甲士三百自隨，至銀臺門，門司傳詔止從者。兩中尉在仗舍邀順節，坐次，令部將嗣光審斫順節，頭隨劍落。其部下知順節死，大譟出延喜門。是日，天威、捧日、登封三都亂，剽永寧里，至晚方定。……（景福元年）四月乙亥，左軍中尉西門君遂殺天威軍使賈德晟，時德晟與李順節俱掌天威軍，順節死，中尉惡德晟，誣奏殺之。是日德晟部下千餘騎出奔鳳翔，自是岐軍益盛。』

（四十五）未降褒崇之命，宜申縟禮：『褒崇』，贊揚推崇。後漢書陳忠傳：『忠意常在褒崇大臣，待下以禮。其九卿有疾，使者臨問，加賜錢布，皆忠所建奏。』唐劉知幾史通載文：『凡百具僚，王公卿士，始有褒崇，則謂其珪璋特達，善無可加；旋有貶黜，則比諸斗筲不才，罪不容責。』『縟禮』，繁複的禮儀。唐李德裕贈陳夷行司徒制：『以玆縟禮，用慰幽魂。』宋史忠義傳一李若水：『（高俅）得全首領以没……而有司循常習故，欲加縟禮，非所以靖公議也。』

（四十六）寢園之内，充奉之間，夙夜兢憂，慮有遺闕：『慮有』，原作『應有』，今據全唐文、適園叢書、甲庫本、學林本改。『寢園』，亦作『寑園』。陵園。漢書百官公卿表上：『諸廟寢園。』唐王維敕賜百官櫻桃詩：『總是寢園春薦後，非關御苑鳥銜殘。』『兢憂』，惶恐憂慮。唐末五代杜光庭莫庭乂青城山本命醮詞：『唯夙夜在公，敢忘虔恪，而吉凶難測，倍切兢憂。』宋王禹偁爲乾明節不任拜起陳情表：『載循衰朽，但積兢憂。』『遺闕』，亦作『遺缺』。猶言遺漏缺失。六韜略地：『如此者，當分軍爲三軍，謹視地形而處……爲之置遺缺之道，以利其心，謹備勿失。』漢陳琳應譏文：『用能使賢智者盡其策，勇敢者竭其身，故舉無遺闕，而風烈宿宣也。』

（四十七）陵丁柏子，不得別有役使，切須優料：『陵丁』，四庫全書、全唐文作『段丁』。『優料』，原作『陵料』，今據全唐文、適園叢書、學林本改。『柏子』，即柏子香。明徐霖

綉襦記 竹林祈嗣：『瑞草滿瑶階，白鶴飛來，香焚柏子碧雲開。』清澹歸風流子 上元風雨詞：『吾無恙，一爐焚柏子，七盌覆松濤。』

（四十八）每年奉陵諸縣差配芟刈人夫不少：『芟刈』，割。墨子 非攻下：『芟刈其禾稼，斬其樹木，墮其城郭。』

（四十九）每年芟薙之時：『芟薙』，刈除。唐李涪李涪刊誤卷上：『春則掃除枯朽，秋則芟薙繁蕪。』宋洪邁夷堅丁志 田道人：『明日，往芟薙荆棘，以籧篨作屋宿焉。』

（五十）遣自和雇人夫：『和雇』，古代官府出價雇用人力。唐魏徵十漸疏：『雜匠之徒，下日悉留和雇；正兵之輩，上番多别驅使。』宋蘇轍論雇河夫不便札子：『兼訪聞河上人夫亦自難得，名爲和雇，實多抑配。』

（五十一）維城之重，本枝之良，敦叙是先，渥恩當厚：『敦叙』，四庫全書、全唐文、明鈔本、甲庫本均作『叙敦』，不辭，不取。『敦序』，亦作『敦叙』。史記 夏本紀：『敦序九族，衆明高翼。』裴駰集解引鄭玄曰：『次序九族而親之。』今本書 皋陶謨作『惇叙』。謂使九族親厚而有序。後謂親睦和順。三國志 蜀志 先主傳：『今臣群僚以爲在昔虞書敦叙九族，庶明勵翼，五帝損益，此道不廢。』唐孫逖授濮陽郡王徹宗正卿制：『敦叙之任，疇咨所難，宜受寄於本枝，更遷榮

於列棘。」『維城』，連城以衛國。詩大雅板：『懷德維寧，宗子維城。』晉干寶晉紀總論：『宗子無維城之助，而閼伯、實沈之郤歲構。』張銑注：『維，連也，言宗子連城封之，以助京室也。』此處用以借指皇子或皇室宗族。後漢書孝明八王傳贊：『孝明傳胤，維城八國。』資治通鑑魏明帝景初三年：『孫盛論曰：「……然不思建德垂風，不固維城之基，至使大權偏據，社稷無衛，悲夫！」』胡三省注：『此言帝猜忌宗室，以亡魏。』『渥恩』，深厚的恩澤。漢揚雄劇秦美新：『臣雄經術淺薄，行能無異，數蒙渥恩，拔擢倫比，與群賢并，愧無以稱職。』唐錢起和李員外扈駕幸温泉宫：『遥羡枚皋扈仙蹕，偏承霄漢渥恩濃。』

〔五十二〕修集之人，辛勤可閔，訪聞旅食，動必逾年，皆是吏曹及門下省因循，致茲留滯。始於磨勘，逮至進黄：『修集之人』，指參加吏部考核者。『集』，即『選集』，集中選拔。通典選舉三：『昔兩漢取人必本於鄉閭選之，然後入官，是以稱漢爲多士；今每歲選集動逾數千人，厚貌飾辭，何可知也？』舊唐書唐臨傳：『先是，選集無限，隨到補職，時漸太平，選人稍衆，皎始請以冬初一時大集，終季春而畢，至今行之。』續資治通鑑宋太宗至道二年：『自今五品以上官任子，止賜同學究出身，依例赴選集，不得濫授攝官。』『吏曹』，官署名。東漢置，掌管選舉、祠祀之事。後改爲選部，魏晉以後改稱吏部。『因循』，疏懶；怠惰；閑散。北齊顔之推顔氏家訓勉

學：『世人婚冠未學，便稱遲暮，因循面墻，亦爲愚爾。』宋蘇軾與朱康叔書：『因循稍疏上問，不審近日尊候何如？』『磨勘』，唐宋官員考績升遷的制度。唐時文武官吏由州府和百司官長考核，分九等注入考狀，期滿根據考績決定升降，并經吏部和各道觀察使等復驗，稱『磨勘』。舊五代史唐書莊宗紀五：『戊午，詔應南郊行事官，并付三銓磨勘，優與處分。』『逮至』，四庫全書、全唐文、適園叢書作『遠至』。『黄』，指黄卷，即記録官吏功過，考核能否稱職的專門文書。唐杜甫遺悶奉呈嚴公二十韻：『黄卷真如律，青袍也自公。』仇兆鰲注引唐會要：『天寶四載十一月，敕御史依舊置黄卷，書闕失，每歲委知雜御史長官比類能否，送中書門下，改轉日褒貶。』宋王讜唐語林補遺四：『食畢，則主簿持黄卷揖曰：「請舉事。」於是臺院長白雜端曰：「舉事。」則舉曰：「某姓侍御史有某過，請準條。」主簿書之。』『進黄』，即經考核而登記入黄卷。

〔五十三〕辨己者或衆，恤人者幾希：原作『辨己及期者或衆，人恤者幾希』，中華書局本唐大詔令集所附校勘表云：『疑有脱誤。各本同。』今據全唐文、適園叢書改。

〔五十四〕宜求撫字之仁：『撫字』，謂對百姓的安撫體恤。北齊書封隆之傳：『隆之素得鄉里人情，頻爲本州，留心撫字，吏民追思，立碑頌德。』宋陸游戊申嚴州勸農文：『雖誠心未格於豐穰，然拙政每存於撫字。』

（五十五）不得輕有注受，切須當以人材：『輕有』，原作『輕於』，今據四庫全書、全唐文、適園叢書、學林本改。『切須當』，原作『切須審』，今據全唐文、適園叢書、學林本改。『注受』，『受』通『授』，此處應指注授，指職官銓選時的登記、授受。宋王讜唐語林 補遺一：『自唐初并無縣丞，諸司注授，勾留在京，縱有赴任者，不月餘必卒。』元典章 禮部四 儒學：『蒙古、色目人，願試漢人南人科目，中選者加一等注授。』元史 拜住傳：『拜住奏閣之，注授一依選格次第，吏無容奸。』

（五十六）宜加惻隱：『惻隱』，原作『隱惻』，今據四庫全書、全唐文改。『惻隱』，同情，憐憫。孟子 公孫丑上：『今人乍見孺子將入於井，皆有怵惕惻隱之心。』唐儲光羲田家即事詩：『我心多惻隱，顧此兩傷悲。』

（五十七）屬府州縣及諸州斛斗草錢等，所有逋懸并宜放免：『斛斗』，斛與斗。皆糧食量器名。十升爲斗，十斗（南宋末年改爲五斗）爲斛。宋書 律曆志上：『器有大小，故定以斛斗。』此處指代糧食。唐元稹論當州朝邑等三縣代納夏陽韓城兩縣率錢狀：『臣今所徵斛斗并請成合，草并請成分，錢并請成文。』『逋懸』，指所欠租稅。魏書 高陽王雍傳：『遠使絶域，催督逋懸，察檢州鎮，皆是散官，以充劇使。』舊唐書 李渤傳：『張平叔判度支，奏徵久遠逋懸。』

〔五十八〕郊圻之内：『郊圻』，郊野，郊外。唐高適同陳留崔司户早春宴蓬池詩：『同官載酒出郊圻，晴日東馳雁北飛。』宋王安石次韻再游城西李園：『我亦悠悠無事者，約君聯騎訪郊圻。』

〔五十九〕合差赴飛龍掌閑，雖是輪差諸縣，不免長撓疲人：『飛龍』，特指唐代御厩中右膊印飛字、左項印龍形的馬。『掌』，掌管。周禮 天官 冢宰：『乃立天官冢宰，使帥其屬而掌邦治。』『閑』，此處指飛龍馬閑厩。閑厩，古代皇家養牲口的地方。新唐書 百官志二：『以殿中丞檢校仗内閑厩……以駝、馬隸閑厩，而尚乘局名存而已。』『撓』，指惱亂，煩擾。五代王定保唐摭言 慈恩寺題名游賞賦咏雜紀：『時俯及關宴，鈞未辦醵率，撓形於色。』宋歐陽修與梅聖俞書：『某爲近得君貺家書，報薛家夫人不安，老妻日夕憂撓。』

〔六十〕諸鎮縣節度及諸津渡：『諸鎮縣』，四庫全書、明鈔本、甲庫本無『諸』字。『節度』，原無『度』字，今據四庫全書、全唐文、明鈔本、甲庫本、適園叢書、學林本增補。『及諸津渡』，原作『級及諸津渡』，今據全唐文、適園叢書、學林本删改。

〔六十一〕訪聞每年興販百姓：『興販』，經商；販賣。唐玄奘大唐西域記 阿吒厘國：『居人

殷盛，珍寶盈積。稼穡雖備，興販爲業。』宋范仲淹與中舍二子三監簿四太祝書：『莫縱鄉親來部下興販。』

〔六十二〕聞浮造之人，常須更出地課：『浮造』，暫時建造。『浮造之人』，此處指建造暫時房屋者。『地課』，地租。

〔六十三〕甸服生靈，正當雕瘵，太倉輸納：『甸服』，泛指京城附近的地方。唐張喬華山詩：『澄凝臨甸服，險固束神都。』新五代史雜傳二李茂貞：『但慮軍情忽變，戎馬難羈，徒令甸服生靈，因兹受弊。』『雕瘵』，泛指民生疾苦。新唐書白居易傳：『按鍔誅求百計，不恤雕瘵，所得財號爲「羨餘」以獻。』宋曾鞏代太平州知州謝到任表：『惟此方雕瘵之舊，屬比歲凶饑之餘，任在拊循，懼無稱效。』『太倉』，古代京師儲穀的大倉。史記平準書：『太倉之粟，陳陳相因。』清史稿食貨志一：『天府太倉之蓄，一旦蕩然。』

〔六十四〕朝廷向來舊例：此句原作『朝廷舊制』，今據全唐文改。

〔六十五〕所宜徇衆，不廢贍軍：『徇衆』，宣示於衆。左傳僖公二十八年：『殺顛頡以徇於師。』史記司馬穰苴列傳：『莊賈懼，使人馳報景公請救。既往，未及反，於是遂斬莊賈以徇三軍。』『贍軍』，供給軍隊。『贍』，供給；供養。漢桓寬鹽鐵論本議：『內空府庫之藏，外乏執備

之用，使備寒乘城之士，飢寒於邊，將何以贍之。』宋歐陽修時論原弊：『今以不勤之農，贍無節之用。』

〔六十六〕逐月納榷沽酒錢：『逐月』，原作『遂月』，今據四庫全書、全唐文、明鈔本、適園叢書、學林本改。『沽酒錢』，全唐文、適園叢書、學林本作『沽酒』。

〔六十七〕其私麴不得更貨賣：此句原作『其私不得更貨賣』，今據全唐文增補。

〔六十八〕爰自亂離，殆將二紀：此處所謂『亂離』，乃指廣明元年（八八〇）黄巢攻入長安前，唐僖宗避亂西行。自廣明元年至天復元年（九〇一），已歷二十三年。

〔六十九〕關畿之内，掠奪頗多，遂令黔首之徒，或被丹書之辱：『黔首』，明鈔本、甲庫本作『黯首』，誤，不取。『黔首之徒』，原作『黔首人徒』，今據四庫全書、全唐文改。『黔首』，古代稱平民；老百姓。禮記祭義：『明命鬼神，以爲黔首則。』鄭玄注：『黔首，謂民也。』孔穎達疏：『黔首，謂萬民也。黔，謂黑也。凡人以黑巾覆頭，故謂之黔首。』史記秦始皇本紀：『二十六年……更民名曰黔首。』『丹書』，古時以朱筆記載犯人罪狀的文書。左傳襄公二十三年：『初，斐豹，隸也，著於丹書。』杜預注：『蓋犯罪没爲官奴，以丹書其罪。』晋陸機謝平原内史表：『苟削丹書，得夷平民。』李周翰注：『丹書，定罪之書。』

〔七十〕舊格買賣奴婢，皆須兩市署出公券：『舊格』，四庫全書作『舊務』。『兩市』，四庫全書、甲庫本作『南市』，均誤，不取。『兩市』，指唐長安城中東市、西市的合稱。隋名東市曰都會，西市曰利人。新唐書宦者傳下田令孜：『令孜語内園小兒尹希復、王士成等，勸帝籍京師兩市蕃旅、華商寶貨舉送内庫。』新唐書逆臣傳下秦宗權：『全忠以檻車上送京師，兩神策兵麋護。昭宗御延喜樓受俘，京兆尹曳以組練，徇兩市。』

〔七十一〕并關牒太府寺：『關牒』，舊唐書職官志二：『凡京師諸司，有符、移、關、牒下諸州者，必由於都省以遣之。』關與牒皆舊時公文書名，後以『關牒』指行文通知。宋蘇軾相度準備賑濟第一狀：『右謹件如前。本司已具上項事件，關牒本路轉運、提刑司，照會相度施行去訖。』『太府』，官名。周禮天官有大府，掌府藏會計。秦漢并其職於司農少府。南朝梁置太府卿，專管皇室的庫儲出納。北齊曰太府寺。北周有太府中大夫，掌貢賦貨賄。唐曾改太府爲外府，掌國家錢穀的保管出納，旋復舊。

〔七十二〕證驗不虛，其賣主并牙人等，節級科決：『不虛』，四庫全書作『可據』。『牙人』，舊時居於買賣雙方之間，從中撮合，以獲取傭金的人。唐薛用弱集異記寧王：『寧王方集賓客宴話之際，鬻馬牙人麴神奴者，請呈二馬焉。』清魏源道光丙戌海運記：『止上海牙人赴北

之行，定商艘到津停泊之界。』『節級』，次第。魏書釋老志：『年常度僧……若無精行，不得濫采。若取非人，刺史爲首，以違旨論，太守、縣令、綱僚節級連坐。』唐玄奘大唐西域記鉢邏耶伽國：『備極珍玩，窮諸上饌，如是節級，莫不周施。』『科決』，審理判決。唐韓愈論變鹽法事宜狀：『檢責軍司軍户，鹽如有隱漏，并準府縣例科決。』宋彭乘續墨客揮犀詭怪不羈：『曼卿詭怪不羈，謂主者曰：「祇乞就本廂科決。」』

〔七十三〕堯懸諫鼓，禹拜昌言，在明哲之尚然：『在明哲之尚然』，原作『在明哲而尚然』，今據四庫全書、全唐文改。『諫鼓』，設於朝廷供進諫者敲擊以聞的鼓。管子桓公問：『舜有告善之旌，而主不蔽也；禹立諫鼓於朝，而備訊唉。』新唐書裴諝傳：『諝上疏曰：「諫鼓、謗木之設，所以達幽枉，延直言。」』後漢書楊震傳：『震復上疏救之，曰：「臣聞堯舜之世，諫鼓謗木立之於朝。」』下注云：『帝皇紀曰：「堯置敢諫之鼓，舜立誹謗之木。」』『昌言』，善言；正當的言論。書皋陶謨：『禹拜昌言曰：「俞！」』孔穎達疏：『禹乃拜受其當理之言。』漢書王莽傳中：『嘉新公國師以符命爲予四輔，明德侯劉龔、率禮侯劉嘉等凡三十二人皆知天命，或獻天符，或貢昌言，或捕告反虜，厥功茂焉。』顏師古注：『昌，當也。』

〔七十四〕思謇諤而若療朝飢，雖激訐而亦不加罪：『謇諤』，亦作『謇鄂』。亦作『謇愕』。

正直敢言。隸釋漢綏民校尉熊君碑：『臨朝謇鄂，孔甫之操。』洪適釋：『以謇鄂爲謇諤。』後漢書陳蕃傳：『忠孝之美，德冠本朝；謇愕之操，華首彌固。』『激訐』，激烈率直地揭發、斥責别人的隱私、過失。漢崔瑗司隸校尉箴：『是故履上位者，無云我貴，苟任激訐，平陽幺默，以式百辟。』後漢書楊震傳：『今趙騰所坐，激訐謗語爲罪，與手刃犯法有差。』

〔七十五〕或藏器俟時：此句原作『或其藏器俟時』，今據四庫全書、全唐文改。『藏器俟時』，即『藏器待時』。比喻懷才以等待施展的時機。器，用具，引申爲才能。語本易繫辭下：『君子藏器於身，待時而動。』宋蘇軾乞擢用程遵彦狀：『而端静之士，雖有過人之行，應務之才，又皆藏器待時，耻以自獻，朝廷莫得而知之。』『俟時』，等待時機。漢班昭東征賦：『正身履道，以俟時兮。』晋袁宏三國名臣序贊：『孔明盤桓，俟時而動，遐想管樂，遠明風流。』

〔七十六〕諒繫張弛之道：『張弛』，原作『弛張』，今據四庫全書、全唐文改。『張弛』，亦作『張施』。謂弓弦拉緊和放鬆。因以喻事物之進退、起落、興廢等。禮記曲禮上：『張弓尚筋，弛弓尚角。』禮記雜記下：『一張一弛，文武之道也。』鄭玄注：『張弛，以弓弩喻人也。』楚辭九章悲回風：『泛潏潏其前後兮，伴張弛之信期。』

〔七十七〕其有事不稽古，官不易方，欲正濫原，須遵故實：『稽古』，考察古事。書堯

典：『曰若稽古，帝堯曰放勛。』漢書武帝紀贊：『高祖撥亂反正，文景務在養民，至於稽古禮文之事，猶多闕焉。』『故實』，有參考或借鑒意義的舊事。國語周語上：『賦事行刑，必問於遺訓而咨於故實。』韋昭注：『故實，故事之是者。』唐皎然奉同顔使君真卿開元寺經藏院會觀樹文殊碑詩：『故實刊周典，新聲播魯詩。』

〔七十八〕法制廢墜：此句原作『法廢制墜』，今據全唐文改。

〔七十九〕漢徵極諫，晁董陳理亂之端：『極諫』，此處指『直言極諫』。『極諫』，盡力規勸。古多用於臣下對君主。韓非子外儲説左下：『桓公問置吏於管仲。管仲曰：「……犯顔極諫，臣不如東郭牙，請立以爲諫臣。」』漢劉向説苑善説：『夫大臣重禄而不極諫，近臣畏罪而不敢言。』『晁董』，即漢代之晁錯、董仲舒。『晁錯』，傳見漢書卷四十九。西漢潁川人。習申不害、商鞅刑名之術。文帝時，以文學爲太常掌故。奉命受今文尚書於伏生。累遷太子家令，爲太子（景帝）信用，號智囊。遷中大夫。上書言事，主張徙民備邊，抵禦匈奴侵擾，削諸侯王權，以固朝廷。景帝立，任内史，遷御史大夫。景帝采納其意見，更定法令，削諸侯枝郡。前三年，吴楚七國以誅錯『清君側』爲名，起兵反。爲袁盎所譏，被朝衣斬於市。漢書本傳載：『錯爲人陗直刻深，孝文時，天下亡治尚書者……乃詔太常，使人受之。太常遣錯受尚書伏生所，還，因

上書稱說。詔以爲太子舍人，門大夫，遷博士。又上書言……是時匈奴强，數寇邊，上發兵以禦之。錯上言兵事，曰……錯復言守邊備塞，勸農立本，當世急務二事，曰……上從其言，募民徙塞下。錯復言……後詔有司舉賢良文學士，錯在選中。上親策詔之，曰：「惟十有五年九月壬子，皇帝曰：『昔者大禹勤求賢士，施及方外，四極之內，舟車所至，人迹所及，靡不聞命，以輔其不逮……』」錯對曰……詔策曰「直言極諫」，愚臣竊以五霸之臣明之。……時賈誼已死，對策者百餘人，唯錯爲高第，由是遷中大夫。錯又言宜削諸侯事，及法令可更定者，書凡三十篇。」『董仲舒』，傳見史記卷一百二十一、漢書卷五十六。漢書本傳載：『董仲舒，廣川人也。少治春秋，孝景時爲博士。……武帝即位，舉賢良文學之士前後百數，而仲舒以賢良對策焉。……對既畢，天子以仲舒爲江都相，事易王。……及仲舒對册，推明孔氏，抑黜百家。立學校之官，州郡舉茂材孝廉，皆自仲舒發之。……仲舒所著，皆明經術之意，及上疏條教，凡百二十三篇。』

（八十）晋策能言，詵玄貢闕遺之政：『能言』，長於辯論；有獨到的見解。鬼谷子中經：『能言者儔善博惠。』世說新語文學『晏聞弼名』劉孝標注引王弼別傳：『弼字輔嗣，山陽高平人，少而察惠，十餘歲便好莊老，通辯能言，爲傅嘏所知。』『闕遺』，缺失；疏忽。漢司馬相如封禪文：『是以湯武至尊嚴，不失肅祇；舜在假典，顧省闕遺。』吕延濟注：『言舜居重位，常

自顧省察，恐政治有所闕遺。』後漢書郎顗傳：『如有闕遺，退而自改。』『詵玄』，晉代之郤詵與傅玄。郤詵，傳見晉書卷五十二。『傅玄』，傳見晉書卷四十七。晉書郤詵傳：『郤詵字廣基，濟陰單父人也。……詵博學多才，瓌偉倜儻，不拘細行，州郡禮命并不應。泰始中，詔天下舉賢良直言之士，太守文立舉詵應選。詔曰：「蓋太上以德撫時，易簡無文。……雖明之弗及，猶思與群賢慮之，將何以辨所聞之疑昧，獲至論於讜言乎？……朕之失德，所宜振補。其正議無隱，將敬聽之。」詵對曰：……以對策上第，拜議郎。母憂去職。……召爲征東參軍。徙尚書郎，轉車騎從事中郎。吏部尚書崔洪薦詵爲左丞。及在職，嘗以事劾洪，洪怨詵，詵以公正距之，語在洪傳。洪聞而慚服。累遷雍州刺史。武帝於東堂會送，問詵曰：「卿自以爲何如？」詵對曰：「臣舉賢良對策，爲天下第一，猶桂林之一枝，昆山之片玉。」帝笑。侍中奏免詵官，帝曰：「吾與之戲耳，不足怪也。」詵在任威嚴明斷，甚得四方聲譽。』傅玄，晉書傅玄傳：『傅玄字休奕，北地泥陽人也。……玄少孤貧，博學善屬文，解鍾律。性剛勁亮直，不能容人之短。郡上計吏，再舉孝廉，太尉辟，皆不就。州舉秀才，除郎中，與東海繆施俱以時譽選入著作，撰集魏書。……所居稱職，數上書陳便宜，多所匡正。……帝初即位，廣納直言，開不諱之路，玄及散騎常侍皇甫陶共掌諫職。玄上疏曰：……書奏，帝下詔曰：「二常侍懇懇於所論，可謂乃心欲佐益時事者

也。……」……泰始四年，以爲御史中丞。時頗有水旱之灾，玄復上疏曰：……五年，遷太僕。時比年不登，羌胡擾邊，詔公卿會議。玄應對所問，陳事切直，雖不盡施行，而常見優容。」

〔八十一〕朕當親臨策試：『策試』，原作『册試』，今據四庫全書、全唐文改。『策試』，古代以策問試士，因稱對臣下或舉子的考試爲『策試』。後漢書徐防傳：『臣以爲博士及甲乙策試，宜從其家章句，開五十難以試之。』唐韓愈唐故相權公墓碑：『前後考第進士及庭所策試士，踵相躡爲宰相達官。』

〔八十二〕鮐背燕毛：『鮐背』，謂老人背上生斑如鮐魚之紋，爲高壽之徵。爾雅釋詁上：『鮐背、耇老，壽也。』郭璞注：『鮐背，背皮如鮐魚。』漢焦贛易林震之比：『耋老鮐背，齒牙動摇，近地遠天，下入黄泉。』亦代稱老人。宋李心傳建炎以來繫年要録建炎二年三月：『垂髫鮐背，山農野叟，咸以手加額，仰面謝天。』『燕毛』，古代祭祀後宴飲時，以鬚髮的顔色别長幼的坐次，鬚髮白年長者居上位。毛，鬚髮。禮記中庸：『燕毛，所以序齒也。』鄭玄注：『燕，謂既祭而燕也。燕以髮色爲坐。』朱熹集注：『燕毛，祭畢而燕，則以毛髮之色别長幼，爲坐次也。齒，年數也。』亦泛指宴飲時年長者居上位的禮節。

〔八十三〕即驗頌繫，漢詔所矜：『頌繫』，謂有罪入獄，寬容而不加刑具。頌，古『容』字。

漢書 惠帝紀：『爵五大夫、吏六百石以上及宦皇帝而知名者，有罪當盜械者，皆頌繫。』顔師古注：『古者頌與容同。』漢書 刑法志：『年八十以上，八歲以下，及孕者未乳，師、朱儒當鞠繫者，頌繫之。』顔師古注：『頌讀曰容。容，寬容之，不桎梏。』宋楊萬里與張嚴州敬夫書：『縱幽囚，罷逮捕，息鞭笞，去頌繫。』

〔八十四〕克存尚齒之規，免致遺年之誚：『遺年』，原作『疑年』，今據四庫全書改。『尚齒』，尊崇年長者。禮記 祭義：『是故朝廷同爵則尚齒。』鄭玄注：『同爵尚齒，老者在上也。』莊子 天道：『宗廟尚親，朝廷尚尊，鄉黨尚齒，行事尚賢，大道之序也。』『遺年』，謂遺棄老年人。禮記 祭義：『昔者有虞氏貴德而尚齒，夏后氏貴爵而尚齒，殷人貴富而尚齒，周人貴親而尚齒，虞、夏、殷、周，天下之盛王也，未有遺年者。年之貴於天下，久矣，次乎事親也。』孔穎達疏：『未有遺年者，言虞、夏、殷、周，雖是明盛之王也，未有遺棄其年者。』宋司馬光慶文公八十會口號：『某聞三王之盛，未有遺年；五福之先，莫如享壽。』

〔八十五〕仍存撫孤裔：『存撫』，安撫；慰撫。史記 司馬相如列傳：『陛下即位，存撫天下，輯安中國。』漢書 張敞傳：『願盡力摧挫其暴虐，存撫其孤弱。』『孤裔』，指家境敗落的子孫後代。南朝梁任昉爲卞彬謝修卞忠貞墓啓：『名教同悲，隱淪惆悵，而年世貿遷，孤裔淪塞，遂使

碑表蕪滅，丘樹荒毀。』

〔八十六〕文王羑里，克建周邦；太甲桐宫，用興殷道：『羑里』，殷代監獄名。莊子盜蹠：『文王拘羑里。』成玄英疏：『羑里，殷獄名。』太平御覽卷六四三引漢應劭風俗通：『周禮三王始有獄……殷曰羑里，言不害人，若於閭里，紂拘文王是也。』史記卷三殷本紀：『西伯昌聞之，竊嘆。崇侯虎知之，以告紂，紂囚西伯羑里。……西伯歸，乃陰修德行善，諸侯多叛紂而往歸西伯。……西伯既卒，周武王之東伐，至盟津，諸侯叛殷會周者八百。……於是周武王爲天子。』『桐宫』，商代桐地的宫室。相傳爲湯葬地。伊尹曾放太甲於此。故址在今河北省臨漳縣。書太甲上：『予弗狎於弗順，營於桐宫。』孔傳：『經營桐墓立宫，令太甲居之。』史記殷本紀：『帝太甲既立三年，不明，暴虐，不遵湯法，亂德，於是伊尹放之於桐宫。』『太甲桐宫』，史記卷三殷本紀：『湯崩，太子太丁未立而卒，於是乃立太丁之弟外丙，是爲帝外丙。帝外丙即位三年，崩，立外丙之弟中壬，是爲帝中壬。帝中壬即位四年，崩，伊尹乃立太丁之子太甲。太甲，成湯適長孫也，是爲帝太甲。帝太甲元年，伊尹作伊訓，作肆命，作徂后。帝太甲既立三年，不明，暴虐，不遵湯法，亂德，於是伊尹放之於桐宫。三年，伊尹攝行政當國，以朝諸侯。帝太甲居桐宫三年，悔過自責，反善，於是伊尹乃迎帝太甲而授之政。帝太甲修德，諸侯咸歸殷，百姓以寧。伊

尹嘉之，乃作太甲訓三篇，褒帝太甲，稱太宗。』

〔八十七〕朕不敢忘六旬之辱：按，據舊唐書昭宗紀所載，此處所謂『六旬之辱』，乃指唐昭宗自光化三年十一月庚寅爲劉季述、王仲先所幽囚，至是年十二月癸未被救出，旋於天復元年正旦反正所經歷之受辱時間。

〔八十八〕黜邪佞以懲覆轍：『邪佞』，原作『邪幸』，今據四庫全書、全唐文、適園叢書、學林本改。

改名

武宗改名詔〔一〕

門下：王者昭臨萬寓，名豈尚於難知；敬順五行，理宜避於刑剋〔二〕。徵諸前史，義實炳然。昔大漢之興，洛傍去水，所都名號，猶乃避之〔三〕。況我國家運昌土德，豈可以王氣勝於君名〔四〕？所以憲宗繼明之初，實已捨水〔五〕，必有冥數，叶於貞祥〔六〕。漢宣帝柔服北夷，弘宣祖業，功德之盛，侔於周宣，御曆十年，乃從美稱〔七〕。朕遠惟大

漢之事〔八〕，近禀聖祖之謀〔九〕，爰擇名，式遵令典，敬承天意，永保鴻休〔十〕，宜改名爲炎。仍令所司擇日，分命宰臣告天地宗廟。其舊名，中外表章不得更有回避。布告遐邇〔十一〕，咸使聞知，主者施行〔十二〕。會昌六年三月十二日。

臣聞運行之道〔十三〕，實本於惟新；稱謂之尊，必資於前兆。此天人相與之際，明曆數陰隲之祥〔十四〕。恭惟烈光，布在方策〔十五〕。伏惟仁聖文武章天成功神德明道皇帝陛下〔十六〕，仁深九有，道冠三無〔十七〕，紹列聖而垂休，奄百王而邁德〔十八〕。六氣雖序，重之以調均；五音雖和，資之以損益〔十九〕。使刑剋自消於聖曆，陰陽永遂於洪爐〔二十〕。亦猶周樂去金，以享卜年之兆〔二十一〕；漢都罷水，用興繼代之光〔二十二〕。此皆九廟之靈，兆人之慶。臣等官叨近密，職奉絲綸〔二十三〕，抃躍之誠，倍萬常品〔二十四〕。謹奉制如右，請奉制付外施行。

校箋

〔一〕本文又見於李德裕會昌一品集卷三，文題名仁聖文武章天成功大孝皇帝改名制。册府

元龜卷三帝王部名諱亦録，其文首云『武宗諱炎，初名瀍，會昌六年三月制曰』云云。全唐文卷六九七亦在李德裕名下收此文，文題名仁聖文武章天成功大孝皇帝改名制。按，傅璇琮、李建國李德裕文集校箋卷三亦有此文，其校箋中云：『翁本標題作仁聖文武章天成功神德明道大孝皇帝改名制。通鑑卷二四八載，會昌五年，「正月，己酉朔，群臣上尊號曰仁聖文武章天成功神德明道大孝皇帝。尊號始無『道』字，中旨令加之」。本文作於會昌六年，故翁本有「神德明道」四字，較諸本爲勝。』本文文末已署頒布時間『會昌六年三月十二日』。考舊唐書卷十八上武宗紀於會昌六年載：『三月壬寅，上不豫，制改御名炎。』資治通鑑卷二百四十八會昌六年記：『上疾久未平，以爲漢火德，改「洛」爲「雒」。唐土德，不可以王氣勝君名。三月，下詔改名炎。』唐會要卷二帝號下亦記唐武宗於會昌『六年三月，改名炎』。檢會昌六年三月壬寅朔，則是年三月一日，武宗因久疾即有改名之意旨。而此改名制書則頒布於會昌六年（八四六）三月十二日，故李德裕撰寫此制之時間當在此時稍前。又，今檢會昌一品集卷二十祈告門，有李德裕所撰武宗改名告天地文，由此文可了解武宗改名之背景。文云：『臣纘承丕緒，勵翼七年，不敢怠荒，以思無逸。北制强虜，東剪叛徒，享此鴻名，實由玄造。常欲述帝堯之典，欽若昊天；修周武之法，建用皇極。成於王道，以黜異端。釋氏之教，興於戎狄，悖君臣之禮，廢父子之親；耗蠹蒸人，

殫竭物命。宣尼垂訓，不語怪神，因而漸除，咸一於正。襲前聖之業，燦而光明，臣之本心，諒在於此。伏以書載五行，當避（按，原作『被』，今據傅璇琮校本改）水土；名有五義，不以山川。臣（按，原作『後』，今據傅璇琮校本改）之稱名，稍違古典。今則循漢宣之故事，稟皇祖之詒謀，采用離明，以符土德（原作『一德』，今據傅璇琮校本改）。又臣近因微恙，已及二時，感此陽和，物皆暢茂，未逢勿藥之喜，獨有向隅之憂。如臣政教不明，宜有陰譴；刑罰不中，未合天心。伏願舍臣咎愆，許臣改悔，永保宗廟，以安邦家，所疾日瘳，平復如舊，五星度理，百福來臻。敢不克己厲精，祗事上帝；洗心齋戒，嚴奉神祇。懇陳至誠，仰望照鑒。』又，本文作者李德裕，傳見舊唐書卷一百七十四，新唐書卷一百七十九。舊唐書本傳載：『李德裕，字文饒，趙郡人。……德裕幼有壯志，苦心力學，尤精西漢書、左氏春秋。恥與諸生同鄉賦，不喜科試。年才及冠，志業大成。……元和初，以父再秉國鈞，避嫌不仕臺省，累辟諸府從事。十一年，張弘靖罷相，鎮太原，辟爲掌書記。……十四年府罷，從弘靖入朝，真拜監察御史。明年正月，穆宗即位，召入翰林充學士。帝在東宮，素聞吉甫之名，既見德裕，尤重之。禁中書詔大手筆，多詔德裕草之。是月，召對思政殿，賜金紫之服。逾月，改屯田員外郎。穆宗不持政道，多所恩貸，戚里諸親，邪謀請謁；傳導中人之旨，與權臣往來，德裕嫉之。長慶元年正月，上疏論之曰：……上然

之。尋轉考功郎中、知制誥。二年二月，轉中書舍人，學士如故。……時德裕與李紳、元稹俱在翰林，以學識才名相類，情頗款密，而逢吉之黨深惡之。其月，罷學士，出爲御史中丞。……九月，出德裕爲浙西觀察使，尋引僧孺同平章事。由是交怨愈深。……敬宗荒僻日甚，游幸無恒；疏遠賢能，昵比群小。坐朝月不二三度，大臣罕得進言。海内憂危，慮移宗社。德裕身居廉鎮，傾心王室，遣使獻丹扆箴六首，曰：……帝手詔答曰：「卿文雅大臣，方隅重寄。表率諸部，肅清全吴。化洽行春，風澄坐嘯，眷言善政，想嘆在懷。……山川既遐，眷屬何已，必當克己，以副乃誠。」德裕意在切諫，不欲斥言，托箴以盡意。……寶曆二年，亳州言出聖水，飲之者愈疾。德裕奏曰：……皆此類也。文宗即位，就加檢校禮部尚書。大和三年八月，召爲兵部侍郎，裴度薦以爲相。而吏部侍郎李宗閔有中人之助，是月拜平章事，懼德裕大用。九月，檢校禮部尚書，出爲鄭滑節度使。德裕爲逢吉所擯，在浙西八年。雖遠闕庭，每上章言事。文宗素知忠蓋，采朝論徵之。……宗閔尋引牛僧孺同知政事，二憾相結，凡德裕之善者，皆斥之於外。四年十月，以德裕檢校兵部尚書、成都尹、劍南西川節度副大使、知節度事、管内觀察處置、西山八國雲南招撫等使。……德裕所歷征鎮，以政績聞。……其年冬，召德裕爲兵部尚書，僧孺罷相，出爲淮南節度使。七年二月，德裕以本官平章事，進封贊皇伯，食邑七百户。六月，宗閔亦罷，德裕代爲

中書侍郎、集賢大學士。……（八）年秋，上欲授訓諫官。德裕奏曰：「李訓小人，不可在陛下左右。……」……訓、注惡德裕排己，九月十日，復召宗閔於興元，授中書侍郎、平章事，代德裕。出德裕爲興元節度使。……而文宗深悟前事，知德裕爲朋黨所誣。明年三月，授德裕銀青光禄大夫，量移滁州刺史。七月，遷太子賓客。十一月，檢校户部尚書，復浙西觀察使。德裕凡三鎮浙西，前後十餘年。開成二年五月，授揚州大都督府長史、淮南節度副大使、知節度使事，代牛僧孺。……五年正月，武宗即位。七月，召德裕於淮南。九月，授門下侍郎、同平章事。……會昌元年，兼左僕射。……尋進位司空。三年二月，趙蕃奏黠戛斯攻安西、北庭都護府，宜出師應援。德裕奏曰：「據地志，安西去京七千一百里，北庭去京五千二百里。……況隔越萬里，安能救之哉！臣恐蕃戎多計，知國力不及，僞且許之，邀求中國金帛。陛下不可中悔，此則將實費以换虛事，即是滅一回紇而又生之，恐計非便。」乃止。德裕又以大和五年，吐蕃維州守將以城降，爲牛僧孺所沮，終失維州，奏論之曰：「臣在先朝，出鎮西蜀。其時吐蕃維州首領悉怛謀，雖是雜虜，久樂皇風，將彼堅城，降臣本道。……臣實痛悉怛謀舉城受酷，由臣陷此無辜，乞慰忠魂，特加褒贈。」帝意傷之，尋賜贈官。其年，德裕兼守司徒。四月，澤潞節度使劉從諫卒，軍人以其侄稹擅總留後，三軍請降旄鉞。帝與宰臣議可否，德裕曰：「澤潞國家内地，不同河朔。前後命帥，

皆用儒臣。頃者李抱真成立此軍，身殁之後，德宗尚不許繼襲，令李緘護喪歸洛。洎劉悟作鎮，長慶中頗亦自專。屬敬宗因循，遂許從諫繼襲。開成初，於長子屯軍，欲興晉陽之甲，以除君側；與鄭注、李訓交結至深，外托效忠，實懷窺伺。自疾病之初，便令劉稹管兵馬。若不加討伐，何以號令四方？若因循授之，則藩鎮相效，自兹威令去矣！」帝曰：……帝然之。及王宰、石雄進討，經年未拔澤潞。及弘敬、元逵收邢、洺、磁三州，稹黨遂離，以至平殄，皆如其算。……自開成五年冬回紇至天德，至會昌四年八月平澤潞，首尾五年，其籌度機宜，選用將帥，軍中書詔，奏請雲合，起草指注，皆獨決於德裕，諸相無預焉。以功兼守太尉，進封衛國公，三千户。五年，武宗上徽號後，累表乞骸，不許。德裕病月餘，堅請解機務，乃以本官平章事兼江陵尹、荆南節度使。數月追還，復知政事。宣宗即位，罷相，出爲東都留守、東畿汝都防禦使。德裕特承武宗恩顧，委以樞衡。决策論兵，舉無遺悔，以身捍難，功流社稷。及昭肅棄天下，不逞之伍，咸害其功。白敏中、令狐綯，在會昌中德裕不以朋黨疑之，置之臺閣，顧待甚優。及德裕失勢，抵掌戟手，同謀斥逐，而崔鉉亦以會昌末罷相怨德裕。大中初，敏中復薦鉉在中書，乃相與掎摭構致，令其黨人李咸者，訟德裕輔政時陰事。乃罷德裕留守，以太子少保分司東都，時大中元年秋。尋再貶潮州司馬。……明年冬，又貶潮州司户。德裕既貶，大中二年，自洛陽水路經江、淮赴潮州。其年冬，

至潮陽，又貶崖州司户。至三年正月，方達珠崖郡。十二月卒，時年六十三。德裕以器業自負，特達不群。好著書爲文，獎善嫉惡，雖位極台輔，而讀書不輟。……今有花木記、歌詩篇録二石存焉。有文集二十卷。記述舊事，則有次柳氏舊書、御臣要略、伐叛志、獻替録行於世。初貶潮州，雖蒼黄顛沛之中，猶留心著述，雜序數十篇，號曰窮愁志。』

（二）理宜避於刑剋：『刑剋』，會昌一品集、册府元龜、全唐文作『勝伏』。『刑剋』，星相術語。謂三刑相害，五行相克。唐末五代杜光庭李仇中丞本命醮詞：『陰陽有刑剋之期，禄算有凶衰之會。』明陸采明珠記送愁：『好花枝合付與折桂郎，也没甚刑剋相傷，也没甚旁人伎倆。』

（三）昔大漢之興，洛傍去水，所都名號，猶乃避之：『大漢』，會昌一品集、册府元龜、四庫全書、全唐文均作『炎漢』。按，唐武宗名『炎』，故當時制書當避『炎』字。又，資治通鑑載『上疾久未平，以爲漢火德，改「洛」爲「雒」』；胡注謂『漢光武改洛陽爲雒陽。』

（四）況我國家運昌土德，豈可以王氣勝於君名：『運昌』，册府元龜作『祚昌』。『豈可以王氣勝於君名』，原作『豈可常以王氣勝於君名』，今據會昌一品集、册府元龜、全唐文改。

（五）所以憲宗繼明之初，實已捨水：『憲宗繼明之初』，原作『憲宗皇帝繼明之初』，今據會昌一品集、册府元龜、全唐文改。『繼明』，持續不斷的光明。唐劉禹錫武陵書懷五十韻：『繼明

懸日月，出震統乾坤。」此處借指皇帝即位。唐韓愈皇帝即位降赦賀觀察使狀：『聖上以繼明之初，垂惟新之澤。」宋司馬光論西夏札子：『自是正旦生辰，乃至陛下繼明，皆不遣使入賀，其不臣大矣。」按，此處所言憲宗『實已捨水』事，舊唐書憲宗紀云：『八月丁酉朔，受内禪。乙巳，即皇帝位於宣政殿。先是，連月霖雨，上即位之日晴霽，人情欣悦。」

〔六〕必有冥數，叶於貞祥：『必有』，原作『必存』，今據會昌一品集、册府元龜、全唐文、明鈔本、甲庫本改。『冥數』，舊謂上天所定的氣數或命運。後漢書烏桓鮮卑傳論：『將天之冥數，以至於是乎？』唐李德裕冥數有報論：『（仲尼）不欲信富貴於天命、委福禄於冥數。』『貞祥』，吉祥。漢揚雄太玄永：『次二，内懷替爽，永失貞祥。』范望注：『火性炎上，三親據之，盛則害母，故内替差，永未自改，故失貞祥也。』敦煌變文集妙法蓮華經講經文：『日日滿空呈瑞彩，時時四遠有貞祥。』

〔七〕漢宣帝柔服北夷，弘宣祖業，功德之盛，侔於周宣，御曆十年，乃從美稱：『弘』，原作『恢弘』，今據會昌一品集、册府元龜、全唐文删改。『弘宣祖業』，原作『弘祖業』，今據會昌一品集、全唐文增補。『乃從美稱』，原作『乃復美稱』，今據會昌一品集、册府元龜、全唐文改。『柔服』，謂安撫順服者。左傳宣公十二年：『伐叛，刑也。柔服，德也。』楊伯峻注：『對

已服者用柔德安撫之。』晉劉琨勸進表：『柔服以德，伐叛以刑。』按，謂『漢宣帝柔服北夷，弘宣祖業，功德之盛，侔於周宣』，事可見漢書卷八宣帝紀：『（神爵）二年……夏五月，羌虜降服，斬其首惡大豪楊玉，酋非首。置金城屬國以處降羌，匈奴日逐王先賢撣將人衆萬餘來降。使都護西域騎都尉鄭吉迎日逐，破車師，皆封列侯。九月……匈奴單于遣名王奉獻，賀正月，始和親。……甘露元年春正月……匈奴呼邪單于遣子右賢王銖婁渠堂入侍。……（二年）冬十二月，行幸萯陽宫，屬玉觀。匈奴呼韓邪單于款五原塞，願奉國珍朝三年正月。詔有司議。咸曰：「聖王之制，施德行禮，先京師而後諸夏，先諸夏而後夷狄。詩云：『率禮不越，遂視既發。相土烈烈，海外有截。』陛下聖德，充塞天地，光被四表。匈奴單于鄉風慕義，舉國同心，奉珍朝賀，自古未之有也。……」詔曰：「蓋聞五帝三王，禮所不施，不及以政。今匈奴單于稱北藩臣，朝正月，朕之不逮，德不能弘覆。其以客禮待之，位在諸侯王上。」三年春正月，行幸甘泉，郊泰畤。匈奴呼韓邪單于稽侯狦來朝，贊謁稱藩臣而不名。賜以璽綬、冠帶、衣裳、安車、駟馬、黄金、錦綉、繒絮。使有司道單于先行就邸長安，宿長平。上自甘泉宿池陽宫。上登長平阪，詔單于毋謁。其左右當户之群皆列觀，蠻夷君長王侯迎者數萬人，夾道陳。上登渭橋，咸稱萬歲。單于就邸。置酒建章宫，饗賜單于，觀以珍寶。二月，單于罷歸。遣長樂衛尉高昌侯忠、車騎都尉昌、

騎都尉虎將萬六千騎送單于。單于居幕南，保光禄城。詔北邊振穀食。郅支單于遠遁，匈奴遂定。……贊曰：孝宣之治，信賞必罰，綜核名實，政事文學法理之士咸精其能，至於技巧工匠器械，自元、成間鮮能及之，亦足以知吏稱其職，民安其業也。遭值匈奴乖亂，推亡固存，信威北夷，單于慕義，稽首稱藩。功光祖宗，業垂後嗣，可謂中興，侔德殷宗、周宣矣。』又按，謂漢宣帝『御曆十年，乃從美稱』，乃指其即位十年時改原名『病已』爲『詢』之事。據漢書宣帝紀，漢宣帝乃『孝宣皇帝，武帝曾孫，戾太子孫也。……生數月，遭巫蠱事，太子、良娣、皇孫、王夫人皆遇害。……元平元年……秋七月，（霍光）奏議曰：「……孝武皇帝曾孫病已，有詔掖庭養視，至今年十八，師受詩、論語、孝經，操行節儉，慈仁愛人，可以嗣孝昭皇帝後，奉承祖宗，子萬姓。」奏可。遣宗正德至曾孫尚冠里舍，洗沐，賜御府衣。……庚申，入未央宮，見皇太后，封爲陽武侯。已而群臣奉上璽綬，即皇帝位。』同上書又載漢宣帝改名『詢』之事：『（元康二年冬之前，漢宣帝）又曰：「聞古天子之名，難知而易諱也。今百姓多上書觸諱以犯罪者，朕甚憐之。其更諱詢。諸觸諱在令前者，赦之。」』按，漢宣帝即位於元平元年（公元前七四）七月，而改名『詢』在元康二年（公元前六四）冬之前，則其改名在即位後十年。其改『美稱』之緣故，顏師古曾於『孝武皇帝曾孫病已』句下注釋云：『蓋以夙遭屯難而多病苦，故名病已，欲其速差也。後

以爲鄙，更改諱詢。」

〔八〕朕遠惟大漢之事：『朕遠惟』，原作『朕遠推』，册府元龜作『朕遠追』，今據會昌一品集、全唐文改。『大漢之事』，原作『漢主之事』，今據會昌一品集、册府元龜、全唐文改。

〔九〕近稟聖祖之謀：按，此處所謂『聖祖』指唐憲宗。

〔十〕爰擇嘉名，式遵令典，敬承天意，永保鴻休：『嘉名』，原作『佳名』，今據會昌一品集、册府元龜、全唐文改。『敬承』，原作『庶承』，今據會昌一品集、全唐文改。『鴻休』，鴻業；大統。北齊書文宣帝紀：『朕入纂鴻休，將承世祀，籍援立之厚，延宗社之算。』唐肅宗改元寶應赦文：『總集瑞命，祇承鴻休。』

〔十一〕中外表章不得更有回避。布告遐邇：『表章』，册府元龜、全唐文作『奏章』。『遐邇』，原作『遠邇』，今據會昌一品集、全唐文改。

〔十二〕主者施行：會昌一品集、册府元龜、全唐文無此句。

〔十三〕臣聞運行之道：此句以下文字非本制文，故唐大詔令集附於本制文之下。據傅璇琮李德裕文集校箋新補李德裕佚文佚詩所考，此文『當同出李德裕之手。詔令題中「武宗」二字當爲後人追加。此時武宗病重，至三月二十三日病逝，生前不得稱廟號。』并認爲此文『應爲當日或後

一、二日所作。』

（十四）此天人相與之際，明曆數陰隲之祥：『此』字底本以及適園叢書、學林本均注闕，其餘諸本亦均無『此』字，今據四庫全書增補。『陰隲』，亦作『陰騭』。冥冥之中。唐皎然同薛員外誼喜雨詩兼上楊使君：『乃知陰隲數，制在造化情。』

（十五）恭惟烈光，布在方策：『方策』，原作『方册』，今據四庫全書改。『烈光』，光耀；榮耀。詩周頌載見：『鞗革有鶬，休有烈光。』晋書左貴嬪：『惟岳降神，顯兹禎祥。篤生英媛，休有烈光。』『方策』，亦作『方筴』。即方册。簡册，典籍。後亦指史册。禮記中庸：『哀公問政。子曰：「文武之政，布在方策，其人存，則其政舉；其人亡，則其政息。」』鄭玄注：『方，版也。策，簡也。』孔穎達疏：『言文王、武王爲政之道皆布列於方牘簡策。』策，陸德明釋文作『筴』。南朝宋顏延之三月三日曲水詩序：『夫方策既載，皇王之迹已殊；鐘石畢陳，舞咏之情不一。』

（十六）伏惟仁聖文武章天成功神德明道皇帝陛下：『伏惟』，原作『伏爲』，今據四庫全書改。

（十七）仁深九有，道冠三無：『九有』，九州。詩商頌玄鳥：『方命厥后，奄有九有。』

毛傳：『九有，九州也。』三國志 蜀志 郤正傳：『今三方鼎跱，九有未乂，悠悠四海，嬰丁禍敗。』『三無』，謂無聲之樂、無體之禮、無服之喪。禮記 孔子閑居：『孔子曰：「無聲之樂，無體之禮，無服之喪，此之謂三無。」』孔穎達疏：『此三者，皆謂行之在心，外無形狀，故稱無也。』晋陸雲晋故散騎常侍陸府君誄：『五有三無，匪君不極。』

（十八）紹列聖而垂休，奄百王而邁德：『垂休』，顯示祥瑞；降福。唐元稹辨日旁瑞氣狀：『此皆陛下禮行郊廟，誠達神祇……近臣興感，上帝垂休。』宋司馬光乞開言路札子：『公私兩困，盜賊已繁，猶賴上帝垂休，歲不大饑。』『邁德』，語出書 大禹謨：『皋陶邁種德。』謂勉力樹德。三國魏吴質在元城與魏太子箋：『邁德種恩，樹之風聲。』唐皮日休補大戴禮祭法文：『吾之先師仲尼，邁德於百王，垂化於萬世。』

（十九）六氣雖序，重之以調均；五音雖和，資之以損益：『六氣』，自然氣候變化的六種現象。指陰、陽、風、雨、晦、明。左傳 昭公元年：『天有六氣，降生五味……六氣曰陰、陽、風、雨、晦、明也。』莊子 在宥：『天氣不和，地氣鬱結，六氣不調，四時不節。』成玄英疏：『陰、陽、風、雨、晦、明，此六氣也。』『五音』，我國古代五聲音階中的五個音級，即宮、商、角、徵、羽。唐以後又名合、四、乙、尺、工。孟子 離婁上：『不以六律，不能正五音。』

趙岐注：『五音，宮、商、角、徵、羽。』漢王充論衡定賢：『鼓無當於五音，五音非鼓不和。』

〔二十〕使刑剋自消於聖曆，陰陽永遂於洪爐：『聖曆』，亦作『聖歷』。謂帝王的歷數，國運。南朝梁劉勰文心雕龍時序：『今聖歷方興，文思光被，海岳降神，才英秀發。』唐任希古和左僕射燕公春日端居述懷：『聖曆開環象，昌平降甫申。』『洪爐』，大火爐，比喻天地。晉葛洪抱朴子勖學：『鼓九陽之洪爐，運大鈞乎皇極。』唐杜甫行次昭陵詩：『指麾安率土，蕩滌撫洪爐。』

〔二十一〕亦猶周樂去金，以享卜年之兆：『亦猶』，原作『亦由』，今據四庫全書改。『周樂』，指周室的樂舞。左傳襄公二十九年：『（季札）請觀於周樂。使工爲之歌周南召南。』楊伯峻注：『魯受周室虞、夏、商、周四代之樂舞，故季札請觀之。』『卜年』，占卜預測統治國家的年數。亦指國運之年數。左傳宣公三年：『成王定鼎於郟鄏，卜世三十，卜年七百，天所命也。』晉劉琨勸進表：『三葉重光，四聖繼軌。惠澤侔於有虞，卜年過於周氏。』

〔二十二〕漢都罷水，用興繼代之光：『用興』，四庫全書作『用洪』。『漢都罷水』，指資治通鑒胡注所言『漢光武改洛陽爲雒陽』。

〔二十三〕臣等官叨近密，職奉絲綸：『近密』，指接近帝王的官職。亦指帝王的親近之臣。後漢書袁安傳：『以臣嘗在近密，識其狀貌。』李賢注：『近密，謂爲尚書郎。』唐白居易寄元

九詩：『身爲近密拘，心爲名檢縛。』『絲綸』，禮記緇衣：『王言如絲，其出如綸。』孔穎達疏：『王言初出，微細如絲，及其出行於外，言更漸大，如似綸也。』後因稱帝王詔書爲『絲綸』。唐楊炯爲劉少傅謝敕書慰勞表：『虔奉絲綸，躬親政事。』

〔二十四〕抃躍之誠，倍萬常品：『倍萬』，適園叢書、學林本作『萬倍』。『抃躍』，猶言手舞足蹈。表示歡欣鼓舞。南朝梁江淹爲蕭驃騎讓太尉表：『雖蹈疵戾，猶深抃躍。』唐崔沔奉和聖制同二相已下群官樂游園宴：『酒酣同抃躍，歌舞咏時康。』『常品』，常格。唐韓愈賀赦表：『未離貶竄之地，忽逢曠蕩之恩，踴躍欣歡，實倍常品。』宋王禹偁賀勝捷表：『今則身居郎署，目睹神功，感涕忻歡，倍萬常品。』

卷第六

帝王

尊號批答

太上皇允上尊號誥

寶應二年上尊號答詔

答第二表詔

答第三表詔

批答百僚請復尊號表

元和元年答宰相上尊號

元和二年答宰臣請册尊號第三表

元和十四年答南省官上尊號

答宰臣請册尊號第三表

答第四表

長慶元年答宰臣上尊號

答第二表

答批第三表

答第四表

寶曆元年答宰臣上尊號第四表

大和六年答中書門下上尊號

會昌四年批答宰臣上尊號第五表

大中元年答百僚上尊號第三表

大中三年答宰臣上尊號

咸通十年答上尊號第四表

光啓元年答上尊號

答第三表

尊號批答

先天二年不允上尊號〔一〕

朕觀上古人主〔二〕，惟稱帝王一字，秦漢以來，乃兼皇帝。朕以薄德，嗣守寶位〔三〕，乾乾惕厲，懼不克勝〔四〕，豈自崇飾，以招譴咎〔五〕。雖迫公卿之請，終負平生之心。所請加尊號，甚無謂也。

校箋

〔一〕本文又見於册府元龜卷十六帝王部尊號一，全唐文卷三十二亦收，文題爲却群臣上尊號手詔，署名唐玄宗。本文文末未署頒布時間。考册府元龜載『玄宗先天二年十一月，群臣上表請加尊號爲開元神武皇帝，曰：「臣聞玄化不宰，是有强名。聖德彰聞，必崇大號。伏惟陛下首出千古，體元獨斷，掃氛祲於軒宫，闡文明於宸極，皇綱絶而復正，神器危而重安。聖達神祇，

功齊天地。若無尊號，臣下何稱？易曰『陰陽不測之謂神』，傳曰『保大定功之謂武』。陛下斷大事於容易，見成形於未兆，故一蓍呈祥，千里傳慶，斯所謂不測也。興王業於多難，安生靈於反側，故百神奉職，四夷納貢，斯可謂定功也。故臣等敢上尊號曰『開元神武皇帝』。伏惟從之。」一手詔答曰：『……群臣宗子及僧道耆艾等數百人又抗表三上，乃從之。戊子遂行册禮，加尊號爲開元神武皇帝。』又，舊唐書卷八玄宗紀先天二年十一月記：『戊子，上加尊號爲開元神武皇帝。』新唐書卷五玄宗紀開元元年十一月載：『戊子，群臣上尊號曰開元神武皇帝。』資治通鑒卷二百一十開元元年十一月載：『辛巳，群臣上表請加尊號爲開元神武皇帝；從之。戊子，受册。』按，考開元元年十一月辛酉朔，辛巳爲十一月二十一日，戊子爲二十八日。據上述史籍所載，此文乃群臣首次上表請加尊號，册府元龜乃謂於玄宗先天二年十一月，未言何日。後經群臣抗表三上後乃從之，并於戊子受册。上述資治通鑒所記『辛巳，群臣上表請加尊號爲開元神武皇帝；從之』蓋爲上表第三次，時間即爲十一月辛巳，此後方於戊子受册。則玄宗此手詔蓋作於先天二年（七一三）十一月。

〔二〕朕觀上古人主：『人主』，原作『之主』，今據册府元龜、全唐文改。『人主』，人君，君主。老子：『以道佐人主者，不以兵强天下。』史記高祖紀：『今高祖雖子，人主也；太公雖父，

人臣也。』

〔三〕嗣守寶位：『寶位』，原作『寶圖』，今據册府元龜、全唐文改。『嗣守』，繼承并遵守和保持。書顧命：『在後之侗，敬迓天威，嗣守文武大訓，無敢昏逾。』唐韓愈順宗實録卷一：『朕嗣守洪業，敷弘理道。』

〔四〕乾乾惕厲，懼不克勝：『惕厲』，原作『厲惕』，『懼不克勝』，原作『懼不克堪』，今均據册府元龜、全唐文改。『乾乾』，自强不息貌。易乾：『君子終日乾乾，夕惕若厲，無咎。』孔穎達疏：『言每恒終竟此日，健健自强，勉力不有止息。』宋司馬光初見白髮慨然感懷詩：『留爲鑒中銘，晨夕思乾乾。』『惕厲』，亦作『惕勵』。警惕謹慎；警惕激勵。語出易乾：『君子終日乾乾，夕惕若厲，無咎。』舊唐書文苑傳下劉蕡：『任賢惕厲，宵衣旰食，詎追三五之遐軌，庶紹祖宗之鴻緒。』

〔五〕豈自崇飾，以招譴咎：『崇飾』，粉飾；誇飾。左傳文公十八年：『少皞氏有不才子，毁信廢忠，崇飾惡言……以誣盛德。』晉孫楚爲石仲容與孫皓書：『不復廣引譬類，崇飾浮辭。苟以誇大爲名，更喪忠告之實。』『譴咎』，譴責；責罪。後漢書劉愷傳：『後尚書案其事，二府并受譴咎，朝廷以此稱之。』唐末五代杜光庭李忠順司徒拜保護章詞：『俗懷咨怨，民抱傷嗟；有一於

斯，式彰譴咎。』

依王公等請上尊號制〔一〕

蘇　頲

門下：朕聞天授命者，爲天所予〔二〕；人歸德者，爲人之主〔三〕。故崇高有莫大之尊，司牧有非常之號〔四〕，蓋承天敘而立人極也〔五〕。我唐丕業冠開闢之初〔六〕，朕以眇身托元元之上，紹休聖緒，欽若昌圖〔七〕，戡多難而拯綴旒〔八〕，蕩群凶而夷觸柱〔九〕，下安區宇，上戴君親，朝廷以乂，家國以治，斯又叶天心而從人願也。太上皇釋海内之重負，官公私之遠情，以朕功宣提劍，運膺當璧，爰奉睿謀，總親庶政〔十〕。日慎一日，問安以慶於三朝；爲子爲臣，順色靡違於五讓〔十一〕。虔共若厲，寢興是祗〔十二〕。賴遐邇宅心〔十三〕，戎夷内面，冀敦風於寬大〔十四〕，思致俗於仁壽。而王公卿士，獻書草議，陳帝王之籙，考天人之符，乃以鴻名，加於菲德〔十五〕。然則徇至公之議，難以私拒；當至誠之請，不可詞奪。涉川罔濟，當宁興懷，敬遂禱祈，益增夤畏〔十六〕。所請上尊號曰『開元神武皇帝』者宜依，有司可涓日練辰〔十七〕，虔告郊廟，詳諸舊典，備禮進册，布告天下，咸使聞知，主者施行。先天二年十一月五日。

校箋

〔一〕此文又見於全唐文卷二百五十三，文題爲依王公等請上尊號制，署名蘇頲。本文文末所署頒布時間各本唐大詔令集（除四庫全書外）均記爲『先天二年十一月五日』，而四庫全書則記爲『先天二年十一月十五日』。此兩種時間，今均頗懷疑之。考册府元龜卷十六帝王部尊號一載：『玄宗先天二年十一月，群臣上表請加尊號爲開元神武皇帝，曰：「臣聞玄化不宰，是有强名。……故臣等敢上尊號曰『開元神武皇帝』。伏惟從之。」手詔（按，此手詔即此文上一篇先天二年不允上尊號）答曰：「朕觀上古人主，惟稱帝王一字……」群臣宗子及僧道耆艾等數百人又抗表三上，乃從之。戊子遂行册禮，加尊號爲開元神武皇帝。』又，舊唐書卷八玄宗紀先天二年十一月記：『戊子，上加尊號爲開元神武皇帝。』新唐書卷五玄宗紀開元元年十一月載：『戊子，群臣上尊號曰開元神武皇帝。』資治通鑑卷二百一十開元元年十一月載：『辛巳，群臣上表請加尊號爲開元神武皇帝；從之。戊子，受册。』按，資治通鑑所記辛巳所上表，蓋爲第三表，故即記『從之。戊子，受册』。檢開元元年十一月辛酉朔，辛巳爲十一月二十一日，戊子爲二十八日。

據上述史籍所載，此文蓋乃群臣三上表請加尊號後，唐玄宗『依王公等請上尊號制』之敕文，亦即資治通鑒所記開元元年十一月『辛巳，群臣上表請加尊號爲開元神武皇帝；從之』之敕文。故此敕文必作於先天二年十一月辛巳之後，戊子受册之前，亦即先天二年即開元元年（七一三）十一月辛巳（二十一日）至戊子（二十八日）之間。今再反轉檢上述此文頒布於十一月五日與十一月十五日之兩種不同記載，頗疑皆有誤。蓋此兩種時間均在上考最早撰寫、頒布此文之十一月二十一日之前，以此故頗疑『十一月五日』、『十一月十五日』均爲原『十一月二十五日』之奪誤。如上考無誤，則此文應頒布於十一月二十五日，而至十一月二十八日玄宗乃正式受册。以此此文當撰於先天二年（七一三）十一月二十五日稍前。又，撰者蘇頲，其生平事迹見本書卷四改元開元元年大赦天下制之校箋第一條。

〔二〕爲天所予：『所予』，原作『所子』，今據四庫全書、全唐文改。

〔三〕爲人之主：此句明鈔本、甲庫本、適園叢書、學林本作『爲人之王』。

〔四〕司牧有非常之號：『司牧』，君主；官吏。南朝齊蕭道成即位告天文：『肇自生民，樹以司牧。』宋王禹偁端拱箴：『天生蒸民，樹之司牧。』

〔五〕蓋承天叙而立人極也：『天叙』，天然的次第、等級。明方孝孺喜修德汝器二君偕嘉猷

秀才至詩之二：『知時識天叙，豈慕稻與粱。』『人極』，綱紀，綱常。社會的準則。南朝梁沈約梁明堂登歌 歌黑帝辭：『祚我無疆，永隆人極。』唐白居易立制度策：『夫制度者，先王所以下均地財、中立人極、上法天道者也。』

〔六〕我唐丕業冠開闢之初：『冠開闢』，底本原標闕二字，全唐文則作『克開』，明鈔本誤作『寇開』，均不取。今據四庫全書增補。『丕業』，大業。史記 司馬相如列傳：『皇皇哉斯事，天下之壯觀，王者之丕業，不可貶也！』宋周煇清波雜志卷三：『朕荷天右，序承列聖之丕業，思所以垂裕於後。』

〔七〕紹休聖緒，欽若昌圖：『聖緒』，稱帝王的統緒。史記 三王世家：『陛下奉承天統，明開聖緒，尊賢顯功，興滅繼絶。』漢書 元帝紀：『朕承先帝之聖緒，獲奉宗廟，戰戰兢兢。』『欽若』，敬順。書 堯典：『乃命羲和，欽若昊天，歷象日月星辰，敬授民時。』陳書 高祖紀下：『梁氏以圮剥薦臻，歷運有極，欽若天應，以命於霸先。』『昌圖』，預示永昌帝業的圖讖。古天子登祚，假托受命於天，故有膺籙受圖之説。南齊書 樂志：『國猷遠藹，昌圖聿宣。』舊唐書 音樂志三：『汜水初呈秘象，温洛薦表昌圖。』

〔八〕戡多難而拯綴旒：『戡』，四庫全書、全唐文作『戢』。『綴旒』，比喻國勢垂危。漢潘

勖册魏公九錫文：『當此之時，若綴旒然。』張銑注：『旒，冠上垂珠，而綴於冠者，言帝室之危如旒之懸。然，辭也。』魏書肅宗紀：『祖宗盛業，危若綴旒，社稷鴻基，殆將淪墜。』

〔九〕蕩群凶而夷觸柱：『觸柱』，此處蓋化用淮南子天文訓：『昔者共工與顓頊争爲帝，怒而觸不周之山，天柱折，地維絶，天傾西北，故日月星辰移焉』之典故。此處用以比喻如共工似之頑敵。又按，此句乃指唐初高祖、唐太宗征討擊敗與之争奪天下之各路政敵，如舊唐書高祖紀所記之竇建德、王世充、李密、高開國、杜伏威、劉武周、劉黑達以及與太宗争權之弟兄李元吉、李建成等政敵。

〔十〕太上皇釋海内之重負，官公私之遠情，以朕功宣提劍，運膺當璧，爰奉睿謀，總親庶政：『官公私』，原作『官公陰』，今據四庫全書、明鈔本改。『運膺當璧』，原作『運膺拜紐』，今據四庫全書改。『太上皇』，指唐睿宗。『提劍』，史記高祖紀：『吾以布衣提三尺劍取天下，此非天命乎？』後以『提劍』謂起兵或從軍。唐杜牧感懷詩：『高文會隋季，提劍徇天意。』『當璧』，左傳昭公十三年：『初，共王無冢適，有寵子五人，無適立焉。乃大有事於群望，而祈曰：「請神擇於五人者，使主社稷。」乃遍以璧見於群望，曰：「當璧而拜者，神所立也，誰敢違之？」既，乃與巴姬密埋璧於大室之庭，使五人齊，而長入拜……平王弱，抱而入，再拜，皆厭

紐。』楊伯峻注：『厭同壓。壓紐即當璧。』後以『當璧』喻立爲國君之兆。魏書肅宗紀：『皇曾孫故臨洮王寶暉世子釗，體自高祖，天表卓異，大行平日養愛特深，義齊若子，事符當璧。』『睿謀』，指皇帝的謀劃。唐元稹謝准朱書撰田弘正碑文狀：『伏以田弘正首變魏俗，彰先帝之睿謀；近入鎮州，宣陛下之神武。』宋劉斧青瑣高議隋煬帝海山記下：『自陛下嗣守元符，體臨大器，聖神獨斷，諫諍莫從，獨發睿謀，不容人獻。』又按，此數句之内涵猶如舊唐書玄宗紀上延和元年七月壬午睿宗所下制書所云：『朕以寡昧，虔奉鴻休……一紀之勞，勤亦至矣；萬方之俗，化漸行矣。將成宿願，脱屣寰區。……皇太子基有大功於天地，定阽危於社稷，温文既習，聖敬克躋。委之監國，已移歲年，時政益明，庶工惟序。朕之知子，庶不負時，歷數在躬，宜陟元后。可令即皇帝位，有司擇日授册。朕方比迹洪古，希風太皇，神與化游，思與道合，無爲無事，豈不美歟！……上意惶懼，馳見叩頭，請所以傳位之旨。睿宗曰：「吾因汝功業得宗社。今帝座有眚，思欲遜避，唯聖德大勛，始轉禍爲福。易位於汝，吾知晚矣。」上始居武德殿視事，三品以下除授及徒罪皆自决之。』

〔十一〕順色靡遑於五讓：『順色』，此處指順遂唐睿宗之臉色意旨。『靡遑』，無暇，來不及。宋岳飛奏辭檢校少保第二札子：『伏蒙聖恩曲降詔諭，未賜俞允，臣義有未盡，跼蹐靡皇，

輒敢再玒丹誠，仰干淵聽。』『五讓』，五次謙讓。亦泛指多次辭讓。南朝梁任昉爲蕭揚州作薦士表：『六飛同塵，五讓高世。』李善注：『爰盎謂文帝曰：「陛下至代邸，西向讓天子者三，南向讓者再，夫許由一讓，而陛下五以天下讓，過許由者四矣。」』唐李白天長節使鄂州刺史韋公德政碑：『一麾而靜妖氛，成功不處；五讓而傳劍璽，德冠樂推。』

〔十二〕虔共若厲，寢興是祇：『虔共若厲』，按『共』，通『恭』。恭敬。左傳 文公十八年：『父義、母慈、兄友、弟共、子孝，內平外成。』史記 屈原賈生列傳：『共承嘉惠兮，俟罪長沙。』『虔共』，即『虔恭』，誠敬。漢書 叙傳下：『秺侯狄孥，虔恭忠信。』晉書 袁瓌傳：『陛下以聖明臨朝，百官以虔恭莅事。』『厲』，危險。易 乾：『君子終日乾乾，夕惕若厲，無咎。』孔穎達疏：『厲，危也。』書 冏命：『怵惕惟厲，中夜以興，思免厥愆。』晉陸機謝平原內史表：『俯首頓膝，憂愧若厲。』故此處『若厲』，即同『夕惕若厲』之意，亦即朝夕戒懼，如臨危境，不敢稍懈。舊唐書 代宗紀：『朕主三靈之重，托群后之上，夕惕若厲，不敢荒寧。』唐李白明堂賦：『而聖主猶夕惕若厲，懼人未安，乃目極於天，耳下於泉。』『寢興是祇』，『寢興』，意爲睡下和起牀。泛指日夜或起居。舊唐書 王承宗傳：『朕念此方，亦猶赤子，一物失所，寢興靡寧。』『祇』，意爲敬。詩 商頌 長發：『昭假遲遲，上帝是祇。』晉書 顧和傳：『若不祇王命，應加

貶黜。』『寢興是祇』即日夜祇敬。

〔十三〕賴遐邇宅心：『宅心』，歸心。心悅誠服而歸附。漢書敘傳下：『項氏畔換，黜我巴漢，西土宅心，戰士憤怨。』顏師古注引晉灼曰：『西土，關西也。高祖入關，約法三章，秦民大悅，皆宅心高祖。』唐温大雅大唐創業起居注卷三：『遠近宅心，華夷請命。』

〔十四〕冀敦風於寬大：『冀』，四庫全書、全唐文作『奠』，應爲『冀』之形誤，不取。『敦』，崇尚，注重。左傳僖公二十七年：『説禮、樂而敦詩書。』孔穎達疏：『説，謂愛樂之；敦，謂厚重之。』晉張悛爲吴令謝詢求爲諸孫置守冢人表：『故三王敦繼絶之德，春秋貴柔服之義。』『寬大』，大度；寬厚，不苛刻。文子上仁：『老子曰：「非淡漠無以明德，非寧静無以致遠，非寬大無以并覆，非正平無以制斷。」』史記高祖紀：『今項羽僄悍，今不可遣。獨沛公素寬大長者，可遣。』

〔十五〕陳帝王之籙，考天人之符，乃以鴻名，加於菲德：『帝王』，明鈔本、甲庫本、適園叢書、學林本作『帝皇』。『籙』，古稱上天賜予帝王的符命文書。漢張衡東京賦：『高祖膺籙受圖，順天行誅，杖朱旗而建大號。』南朝齊王融永明十一年策秀才文：『朕秉籙御天，握樞臨極。』李周翰注：『秉，執也，籙，符也。天子受命執之，以御制天下也。』『符』，徵兆。戰國策

秦策三：『豈非道之符，而聖人所謂吉祥善事與？』淮南子本經訓：『是故明於性者，天地不能脅也；審於符者，怪物不能惑也。』『天人』，天和人。後漢書班彪傳下：『往者王莽作逆，漢祚中缺，天人致誅，六合相滅。』宋司馬光答李大卿孝基書：『陰陽之道，在天爲寒燠雨暘，在國爲禮樂刑賞……此皆天人之所以存，日用而不可免者也。』『鴻名』，大名；盛名。史記司馬相如列傳：『前聖之所以永保鴻名而常爲稱首者用此。』『菲德』，薄德。常用爲自謙之詞。梁書武帝紀中：『朕以菲德，君此兆民。』明陸采懷香記青瑣相窺：『深慚菲德，繆望長生。』

〔十六〕涉川罔濟，當宁興懷，敬遂禱祈，益增夤畏：『涉川』，原作『陟川』，今據四庫全書、全唐文、明鈔本、甲庫本、適園叢書改。『益增』，原作『增益』，今據四庫全書、全唐文改。『夤畏』，四庫全書、全唐文均作『寅畏』。按，『夤畏』同『寅畏』，然古多寫作『寅畏』，其義即敬畏。北史房彦謙傳：『刑賞曲直，升聞於天，夤畏照臨，亦宜謹肅。』宋王禹偁賀雨表：『夤畏昊穹之命，焦勞刑政之源。』

〔十七〕有司可涓日練辰：『涓日』，意爲涓吉。樂府詩集宋章廟樂舞歌登歌之一：『帝容承祀，練時涓日。』宋邵伯温聞見前録卷二：『涓日，以次備法駕羽衛前導赴宮。』『涓吉』，選擇吉祥的日子。語本晉左思魏都賦：『量寸旬，涓吉日，陟中壇，即帝位。』宋李心傳建炎以來繫年要

録建炎元年九月：『詔有司涓吉巡幸淮甸。』又，『練』通『揀』，選擇。大戴禮記保傅：『成王有知而選太公爲師，周公爲傅，此前有與計，而後有與慮，是以封泰山而禪梁甫，朝諸侯而一天下，由此觀之，王左右不可不練也。』孔廣森補注：『練，擇也。』漢書禮樂志：『練時日，侯有望。』顔師古注：『練，選也。』南朝宋謝莊月賦：『於是弦桐練響，音容選和。』李善注引埤蒼：『練，擇也，練與揀音義同。』『辰』，日子；時光。儀禮士冠禮：『吉月令辰，乃申爾服。』漢揚雄法言問明：『辰乎辰，曷來之遲去之速也。』漢書敘傳上：『辰倏忽其不再。』顔師古注：『辰，時也。』故『涓日練辰』，意爲選擇吉祥的日子與時辰。

答朝集使蔣欽緒等上尊號詔〔一〕

開元聖文神武

禮貴正名，法無虚美。朕以薄德，嗣守丕圖，常恐不逭〔二〕，安敢自足。今群岳稱引衆善〔三〕，勞加榮號，聞之增惕，奚可當仁〔四〕？惟聖與文，焉得輕議。况太宗睿宗俱稱聖謚，予末小子，安敢同之，宜斷來表。開元二十六年。

校箋

〔一〕本文又見於全唐文卷三十一，文題爲答朝集使蔣欽緒等上尊號詔，署名唐玄宗。又，此文題下之『開元聖文神武』，原作『開元聖神文武』，誤。適園叢書、明鈔本、學林本則作『開元聖文神武皇帝』。又據舊唐書玄宗紀開元二十七年二月己巳載『群臣上尊號曰開元聖文神武皇帝』，新唐書玄宗紀同。又全唐文卷二百七十蔣欽緒朝集使等上尊號表亦云：『朝集使魏州刺史臣欽緒等二百四十六人言：臣聞三統稱皇，五德號帝……臣等忝官州郡，幸因朝集，不勝至願，望上尊號開元聖文神武皇帝。謹於朝堂，昧死上表。』所上尊號亦作『開元聖文神武皇帝』。今即據改。又，本文文末署頒布時間爲『開元二十六年』，明鈔本作『開元二十年六』，誤。其撰寫時間當亦在開元二十六年中，至其具體時間則難具考。『朝集使』，漢代各郡每年遣使進京報告郡政及財經情況，稱爲上計吏。後世襲漢制，改稱朝集使。舊唐書太宗紀下：『貞觀五年正月癸未，朝集使請封禪。』資治通鑑陳宣帝太建十三年：『帝謂諸州朝集使曰：「房恭懿志存體國，愛養我民，此乃上天宗廟之所祐……卿等宜師範之。」』胡三省注：『隋志：每元會，諸州悉遣使赴京師朝

集，謂之朝集使。』又，蔣欽緒，傳見新唐書卷一百一十二。其本傳云：『蔣欽緒，萊州膠水人。頗工文辭，擢進士第，累遷太常博士。中宗始親郊，國子祭酒祝欽明建言，皇后應亞獻，欲以媚韋氏。天子疑之，詔禮官議。衆曲意阿徇，欽緒獨抗言不可，諸儒壯其節。……欽緒精治道，馭吏整嚴，雖銖秒罪不貸。出爲華州長史。……開元十三年，以御史中丞録河南囚，宣尉百姓，振窮乏。徙吏部侍郎，歷汴、魏二州刺史，卒。性孤潔自守，唯與賈曾、郭利貞相友云。』

〔二〕常恐不迨：『不迨』，四庫全書、全唐文作『不逮』，義同。『不迨』，不及。新唐書李晟傳：『常竭嘉言，以匡不迨，情所親重，義無間然。』唐皇甫枚三水小牘步飛烟：『妾貌雖不迨桃李，而零落過之。』

〔三〕今群岳稱引衆善：『群岳』，此處指各處州郡長官。『岳』，指四岳。上古官名，主四方之祭，爲諸侯之長。書堯典：『岳曰：「否德，忝帝位。」』後泛稱一方諸侯或封疆大吏。晋潘岳爲賈謐作贈陸機詩：『藩岳作鎮，輔我京室。』吕延濟注：『藩岳，謂諸侯也。』

〔四〕奚可當仁：『當仁』，甲庫本作『當此』。『當仁』，猶言當之無愧。晋書石苞傳論：『若夫經爲帝師，鄭冲於焉無愧；孝爲德本，王祥所以當仁。』唐玄宗送李邕之任滑臺詩：『課成應第一，良牧爾當仁。』

答侍中裴光庭等上尊號初表〔一〕

卿等思致君堯舜，欲加號聖文。朕内省虚懷，安敢當此？又太宗睿宗，皆有聖謨〔二〕，纂承祖號，安敢同稱〔三〕？幸體朕懷，宜斷來表。

校　箋

〔一〕本文又見於全唐文卷三十七，文題作答侍中裴光庭等上尊號表批，署名唐玄宗。本文文末未署頒布時間。考此文乃答『侍中裴光庭等上尊號初表』，裴光庭等所上文今見於全唐文卷二百九十九，題爲宰相等上尊號表，中云：『臣光庭等言：臣聞惟天爲大，聖人合其德……登封告成，文之表也：非大聖則不能合其典謨，非至神則不能制其通變。……臣等昧死上尊號爲開元聖文神武皇帝。』云云。此文中提到『登封告成』，乃指開元十三年十一月祭泰山之盛舉。則裴光庭等上表事必在此時之後。又考裴光庭上表時爲侍中、宰相。據新唐書卷一百八裴光庭傳：『東封還，遷兵部侍郎。久之，拜中書侍郎、同中書門下平章事，兼御史大夫。遷黄門侍郎，拜侍中，兼吏部尚書、弘文館學士。……二十年，封正平縣男。……卒，年五十八，贈太師。』又資治通鑑卷

二百一十三開元十七年六月甲戌記：『兵部侍郎裴光庭爲中書侍郎，并同平章事。』又開元十八年『正月辛卯，以裴光庭爲侍中』。又開元二十一年載：『三月，乙巳，侍中裴光庭薨。』（舊唐書卷九十九蕭嵩傳則記侍中裴光庭卒於開元二十一年二月。）據上史籍所載，裴光庭任侍中宰相在開元十八年（七三〇）正月辛卯至開元二十一年（七三三）二、三月間，亦即其上尊號表，以及玄宗之答尊號初表當在此時期之間。至其準確時間則不可確考。

（二）太宗睿宗，皆有聖謨：『睿宗』，原作『睿祖』，今據全唐文改。『聖謨』，語出書伊訓：『聖謨洋洋，嘉言孔彰。』本謂聖人治天下的宏圖大略。後亦爲稱頌帝王謀略之詞。唐李白明堂賦：『雖暫勞而永固兮，始聖謨於我皇。』

（三）纂承祖號，安敢同稱：『纂承』，繼承。唐劉禹錫唐故相國李公集紀：『後王纂承，多以國柄付文士。』宋蘇軾問小雅周之衰：『成王纂承文武之烈，而禮樂文章之備，存乎頌。』按，此處『纂承祖號』指繼承唐太宗和唐睿宗之號。據兩唐書，太宗之號爲『文武大聖大廣孝皇帝』；睿宗之號爲『玄真大聖大興孝皇帝』。

答再請表〔一〕

聖文之名，稱號所極，卿等致君堯舜，亦宜導以沖撝〔二〕。超駕前王，彌增夕惕，豈朕好譽之心内著，自矜之色外形〔三〕，招此假辭，以相虚美〔四〕？静思反照，撫事求心。詩云：『我心匪石，不可轉也。』幸悉所守，即斷來章。

校箋

〔一〕本文又見於全唐文卷三十七，文題作答再請上尊號表批，署名唐玄宗。考此文乃答侍中裴光庭等上尊號第二表，裴光庭等所上第二表今見於全唐文卷二百九十九，中云『臣光庭等言：臣伏以聖德廣運，神功莫大，昭升於上，敷聞在下，是用稽古曆，考元符，敢備元名，以光帝册。陛下蒸蒸大孝，翼翼小心，冲讓推誠，未允群請，臣等愚蔽，罔知所圖。……陛下聖無不通，神無不妙，克受文命，大定武功，稽之於古則如彼，考之於今則如此。豈可鴻名大寶，未有所崇？蓋天授者不可違，人欲者從其願，伏乞暫回元鑒，俯察丹誠，使文德武功，鬱爲稱首，朝聞其道，夕死是甘。區區以固請，無任悚踴之至。』本文文末未署頒布時間，其頒布與撰寫時間難於確考，然大

致均在裴光庭任侍中宰相之開元十八年（七三〇）正月辛卯至開元二十一年（七三三）二、三月間（詳見上文校箋第一條所考）。

〔二〕亦宜導以冲撝：『冲撝』，淡泊退讓。『冲』，淡泊；謙和。晉陶潛五月旦作和戴主簿：『居常待其盡，曲肱豈傷冲。』逯欽立校注：『冲，淡泊。』晉陸機辯亡論下：『寬冲以誘俊乂之謀，慈和以結士民之愛。』梁書王僧辯傳：『居高能降，處貴思冲。』『撝』，謙遜；退讓。魏書獻文六王列傳：『謙光守約，屢撝增邑之賞；辭多受少，終保初錫之封。』宋王安石上田正言書之二：『某聞公卿大夫，才名與寵兼盛於世，必有大功以宜之，否則君子撝之。』

〔三〕超駕前王，彌增夕惕，豈朕好譽之心内著，自矜之色外形：『内著』，四庫全書、全唐文作『内致』。『夕惕』，即『夕惕若厲』之意，朝夕戒懼，如臨危境，不敢稍懈。舊唐書代宗紀：『朕主三靈之重，托群后之上，夕惕若厲，不敢荒寧。』唐李白明堂賦：『而聖主猶夕惕若厲，懼人未安，乃目極於天，耳下於泉。』『自矜』，自負；自誇。史記太史公自序：『文侯慕義，子夏師之；惠王自矜，齊秦攻之。』淮南子繆稱訓：『后稷廣利天下，猶不自矜；禹無廢功、無廢財，自視猶觖如也。』

〔四〕以相虛美：『虛美』，即『虛美隱惡』之意。謂憑空加以贊美而掩蔽其過錯。舊唐書許

敬宗傳：『白州人龐孝泰，蠻酋凡品，率兵從征高麗，賊知其懦，襲破之。敬宗又納其寶貨，稱孝泰頻破賊徒，斬獲數萬，漢將驍健者，唯蘇定方與龐孝泰耳，曹繼叔、劉伯英皆出其下。虛美隱惡如此。』宋王應麟困學紀聞　考史二：『愚謂子顯以齊宗室仕於梁而作齊史，虛美隱惡，其能直筆乎？』

答三請表〔一〕

惟聖與文，洪名極稱，内省虛缺，安敢冒承？匪石之心，已具前答。方與卿等上調元氣，下遂蒼生，政削浮華，化歸敦樸。斥崇高之號，去滿假之端〔二〕。勉建皇極，以迎天祐〔三〕。悉此至言，宜斷來表。

校箋

〔一〕本文又見於全唐文卷三十七，文題作答三請上尊號表批，署名唐玄宗。考此文乃答侍中裴光庭等上尊號第三表，裴光庭等所上第三表今見於全唐文卷二百九十九，中云『臣光庭等言：

臣等竊因輿頌，上奉鴻名，丹懇備陳，元鑒猶邈，是故退省方策，進輸真誠，伏惟陛下少回天恩，則海内幸甚。臣聞天下者，列帝之公器；聖號者，先王之至名。故業崇則器尊，道在則名應，理徵不假，義與無私。今天之祚唐，重光累聖，天則有命，聖可無名？……臣等虔率舊章，奉將元命，非敢虛美，以咎其詞。……臣等不勝懇迫之至。』本文文末未署頒布時間，其頒布與撰寫時間難以確考，然大致均在裴光庭任侍中宰相之開元十八年（七三〇）正月辛卯至開元二十一年（七三三）二、三月間（詳見上二文校箋第一條所考）。

〔二〕去滿假之端：『滿假』，自滿自大。書 大禹謨：『克勤於邦，克儉於家，不自滿假。』孔傳：『滿，謂盈實；假，大也。』孔穎達疏：『言己無所不知，是爲自滿；言己無所不能，是爲自大。』唐元稹招討鎮州制：『逮我長理，何其遠哉！豈朕之滿假荒寧，自聖而不可教耶？』

〔三〕勉建皇極，以迎天祐：『皇極』，帝王統治天下的準則。即所謂大中至正之道。書 洪範：『五，皇極，皇建其有極。』孔穎達疏：『皇，大也；極，中也。施政教，治下民，當使大得其中，無有邪僻。』漢荀悦漢紀 高祖紀一：『昔在上聖，唯建皇極，經緯天地。』『天祐』，上天的佑助。漢書 杜鄴傳：『故内無感恨之隙，外無侵侮之羞，俱享天祐，兩荷高名者，蓋以此也。』唐韓愈順宗實録卷五：『而天祐匪降，疾恙無瘳。』

肅宗答右僕射裴冕上尊號〔一〕

朕以眇躬，敬承明命〔二〕，比遭狂胡擾亂，宗社不寧〔三〕。禀上皇至聖之謀，當仗鉞秉旄之任〔四〕，六師一振，殘孽無遺〔五〕。上皇厭彼代紛，棄兹人事〔六〕，萬邦之重，畀付朕躬〔七〕。傳受寶符，仍加徽號〔八〕。朕再三固讓，實增黽勉〔九〕。恭膺典策，感慶良深。覽卿等來章，倍加祗懼〔十〕。依卿等所請。至德二載十二月。

校　箋

〔一〕本文又見於册府元龜卷十六帝王部尊號一，亦見於全唐文卷四十二，文題爲答裴冕等請上尊號詔，署名唐肅宗。此文文末已署頒布時間，即至德二年十二月。考册府元龜記此文事云：『肅宗至德二年十二月壬申，右僕射裴冕與百僚上言曰：「頃者逆寇亂常，悖違天紀，六位回薄，三光失序。上皇南巡以避狄，群臣東没而面僞。當此時也，勇者不及奮，智者不及謀，則高祖太宗之業將墜於地矣！上皇知聖嗣在昌，人望大啓，乃付陛下以天地之事，將復高祖、太宗之業告成功於天。伏惟陛下，至孝恭順，格於天地，不敢以剪逆夷難之務爲上皇憂……請以來歲正

月五日上尊號。伏惟陛下膺天地之誠，恭上皇之命，遂群臣之請，滿百靈之心，延光無窮，天下幸甚！」詔曰：「朕以眇躬，敬承明命。兩遭狂胡擾亂，宗社不寧……」』云云。又，舊唐書卷十肅宗紀至德三載記：『正月甲戌朔。戊寅，上皇御宣政殿，册皇帝尊號曰「光天文武大聖孝感皇帝。」』據此裴冕等上尊號乃在至德二載（七五七）十二月壬申（二十九日。按，甲庫本作『至德二年二月』誤），而肅宗答詔之撰寫當在此時稍後，至德三載（七五八）正月戊寅（六日）前。此次裴冕等所上尊號即爲『光天文武大聖孝感皇帝』。又，『裴冕』，傳見舊唐書卷一百一十三、新唐書卷一百四十。舊唐書本傳載：『裴冕，河東人也，爲河東冠族。天寶初，以門蔭再遷渭南縣尉，以吏道聞。御史中丞王鉷充京畿采訪使，表爲判官。遷監察御史，歷殿中侍御史。冕雖無學術，守職通明，果於臨事，鉷甚委之。及鉷得罪伏法，時宰臣李林甫方竊權柄，人咸懼之，鉷賓佐數百，不敢窺鉷門。冕獨收鉷尸，親自護喪，瘞於近郊，冕自是知名。河西節度使哥舒翰表爲行軍司馬，累遷員外郎中。玄宗幸蜀，至益昌郡，遥詔太子充天下兵馬元帥，以冕爲御史中丞兼左庶子，爲之副。是時，冕爲河西行軍司馬，授御史中丞，詔赴朝廷。遇太子於平涼，具陳事勢，勸之朔方，亟入靈武。冕與杜鴻漸、崔漪等勸進曰：「主上厭勤大位，南幸蜀川，宗社神器，須有所歸，天意人事，不可固違。若逡巡退讓，失億兆心，則大事去矣！臣等猶知之，況賢智乎！」

太子曰：「南平寇逆，奉迎鑾輿，退居儲貳，侍膳左右，豈不樂哉！公等何言之過也？」冕與杜鴻漸又進曰：「殿下藉累聖之資，有天下之表。元貞萬國，二十餘年，殷憂啓聖，正在今日。所從殿下六軍將士，皆關輔百姓，日夜思歸。大軍一散，不可復集，不如因而撫之以從衆，臣等敢以死請。」凡勸進五上，乃依。肅宗即位，以定策功，遷中書侍郎、同中書門下平章事，倚以爲政。冕性忠勤，悉心奉公，稍得人心。然不識大體，以聚人曰財，乃下令賣官鬻爵，度尼僧道士，以儲積爲務。人不願者，科令就之，其價益賤，事轉爲弊。肅宗移幸鳳翔，罷冕知政事，遷右僕射。兩京平，以功封冀國公，食實封五百户。尋加御史大夫、成都尹，充劍南西川節度使。又入爲右僕射。永泰元年，與裴遵慶等并集賢待制。……卒，大曆四年十二月也。上悼之，輟朝三日，贈太尉，賻帛五百匹、粟五百石。」

〔二〕朕以眇躬，敬承明命：『眇躬』，原作『眇身』，今據册府元龜、全唐文改。『敬承明命』，原作『敬承明兩』，今據册府元龜、四庫全書改。『眇躬』，舊時帝后自稱之詞。魏書北海王詳傳：『祚屬眇躬，言及斯事，臨紙慚恨，惋慨兼深。』唐武則天唐享昊天樂章之四：『菲德承光顧，禎符萃眇躬。』『明命』，特指帝王的命令，詔旨。唐韓愈沂國公先廟碑銘：『臣適執筆隸太史，奉明命，其可以辭！』宋曾鞏知制誥授中司制：『典掌明命，總持憲綱，非博學有文，强毅忠

篤，曷可以兼斯任哉！」

〔三〕比遭狂胡擾亂，宗社不寧：册府元龜、四庫全書無「比」字。「宗社」，借指國家。漢孔融論盛孝章書：「惟公匡復漢室，宗社將絶，又能正之。正之之術，實須得賢。」新唐書諸夷蕃將傳李多祚：「將軍知感恩，則知所以報，今在東宫乃大帝子，而嬖豎擅朝，危逼宗社。國家廢興在將軍，將軍誠有意乎？」按，此兩句指安禄山、史思明之亂，唐玄宗避難西蜀，國家處於戰亂動蕩之中。

〔四〕禀上皇至聖之謀，當仗鉞秉旄之任：「秉旄」，册府元龜作「秉旌」。「上皇」，指唐玄宗。「仗鉞」，手持黄鉞，表示將帥的權威。引申指統帥軍隊。三國志吴書孫堅傳：「古之名將，仗鉞臨衆，未有不斷斬以示威者也。」唐杜甫北征詩：「桓桓陳將軍，仗鉞奮忠烈。」「秉旄」，持握旄旗。借指掌握兵權。資治通鑑唐昭宗光化三年：「况王氏秉旄五代，時推忠孝。」宋曾鞏司封員外郎蔡公墓志銘：「司封抱能屈初齡，秉旄懷紱晚始亨。」

〔五〕六師一振，殘孽無遺：「六師」，原作「大師」，今據四庫全書、全唐文改。「六師」，周天子所統六軍之師。書康王之誥：「張皇六師，無壞我高祖寡命。」曾運乾正讀：「六師，天子六軍。周制一萬二千五百人爲師。」孟子告子下：「一不朝，則貶其爵；再不朝，則削其地；三不

朝，則六師移之。』後以爲天子軍隊之稱。三國志 蜀書 先主傳：『盡力輸誠，奬厲六師……以寧社稷，以報萬分。』唐許敬宗奉和入潼關詩：『濟潼紆萬乘，臨河耀六師。』『殘孽』，殘餘的黨徒或舊勢力。唐杜甫過南岳入洞庭湖詩：『聖朝光御極，殘孽駐艱虞。』舊唐書 張鎬傳：『加鎬銀青光禄大夫，封南陽郡公，詔以本軍鎮汴州，招討殘孽。』按，此處『殘孽』，乃指安史叛軍。

〔六〕上皇厭彼代紛，棄兹人事：『代紛』，即『世紛』，乃避李世民諱而改。『世紛』，人世間的紛亂。後漢書 班彪列傳贊：『彪識皇命，固迷世紛。』金王若虚茅先生道院記：『公以高蹈聞四方，賢愚少長莫不仰其風。觀其擺落世紛，凄心於冲漠之境，始終四十年。』『人事』，指人世間事。樂府詩集 雜曲歌辭十三 焦仲卿妻：『自君别我後，人事不可量。』南史 鄭鮮之傳：『今如滕羡情事者，或終身隱處，不關人事。』

〔七〕畀付朕躬：『畀』，册府元龜、全唐文作『俾』。按『畀』通『俾』。『畀』，賜與。書 洪範：『帝乃震怒，不畀洪範九疇。』孔傳：『畀，與。』宋洪邁容齋隨筆 王逢原：『逢原年二十八，居實纔二十。天畀其才而嗇其壽！』『朕躬』，我，我身。多用於天子自稱。書 湯誥：『爾有善，朕弗敢蔽；罪當朕躬，弗敢自赦。』漢潘勖册魏公九錫文：『曰惟祖惟父，股肱先正，其孰恤朕躬。』

〔八〕傳受寶符，仍加徽號：『仍』，册府元龜、四庫全書、全唐文作『乃』。『寶符』，寶璽和符命。新唐書肅宗紀：『上皇天帝御宣政殿，授皇帝傳國、受命寶符，册號曰光天文武大聖孝感皇帝。』『徽號』，褒揚贊美的稱號。舊時專指加給帝王及皇后的尊號。每逢慶典，可以屢次加上，每次通常加兩個字，盡是歌功頌德之詞。唐封演封氏聞見記尊號：『秦漢以來，天子但稱皇帝，無别徽號。則天垂拱四年，得瑞石於洛水，文曰：「聖母臨人，永昌帝業。」號其石爲寶圖，於是群臣上尊號，請稱「聖母神皇后」。』宋沈括夢溪筆談故事二：『熙寧中，因上皇帝尊號，宰相率同列面請三四，上終不允，曰：「徽號正如卿等功臣，何補名實！」』

〔九〕實增黽勉：『增』，全唐文、適園叢書、學林本作『懷』。『黽勉』，原作『僶俛』，今據册府元龜、全唐文改。『黽勉』，亦作『黽俛』。勉勵，盡力。詩邶風谷風：『黽勉同心，不宜有怒。』毛傳：『言黽勉者，思與君子同心也。』宋蘇軾屈原廟賦：『黽勉於亂世而不能去兮，又或爲之臣佐。』

〔十〕倍加祗懼：『祗懼』，敬懼，小心謹慎。書泰誓上：『予小子夙夜祗懼。』漢書劉輔傳：『君臣祗懼，動色相戒。』

太上皇答皇帝上尊號誥〔一〕

昊穹垂祐，宗社發祥〔二〕。爾往在齠年，素彰岐嶷，洎乎問寢〔三〕，日增孝敬。吾久勤庶務，嘗奉至真，特好清虛〔四〕，尋將付托。爾以華戎鋭士，掃定神州，功乃格天，德惟邁古〔五〕。是用受兹國寶，加以大號〔六〕，典章斯集〔七〕，喜慰盈懷。實謂道映前王〔八〕，何必志在讓禮？克光丕業〔九〕，以副至公，即斷來表。

校箋

〔一〕本文又見於册府元龜卷十六帝王部尊號一，亦見於全唐文卷三十八，文題爲答皇帝讓尊號誥，署名唐玄宗。本文文末未署頒布時間。考册府元龜卷十六帝王部尊號一載：至德「三年正月戊寅，太上皇御宣政殿，授帝傳國寶符及受命寶符，册帝尊號曰「光天文武大聖孝感皇帝」。上言曰：陛下顧天位之累己，推以付臣。臣又畏天命以固辭，期不奉詔，未蒙詔許，以辱四海。而今加之徽號，錫以洪名，既受寶符，又傳神器，是重臣以不德，私臣以殊寵，豈天地之容乎？神人之望乎？臣聞禮有常尊，器不可假，名無虛立，義然後行。頃以寇逆憑陵，京闕失守，

撫軍監國，事在一時。正位居中，尊無二上。至於光天之業，允文允武，聖由天作，孝以感通，臣何有焉？此皆陛下之能事也。曲成之惠，在慈愛而愈深；至公之道，將詢謀而未叶。伏望寢兹嚴命，俯遂勤誠，臣之下情，不勝至願。太上皇誥曰：昊穹垂裕，宗社發祥」云云。又，舊唐書卷十肅宗紀至德三載記：『正月甲戌朔。戊寅，上皇御宣政殿，册皇帝尊號曰「光天文武大聖孝感皇帝。」上以徽號中有「大聖」二字，上表固讓，不允。』據此，册肅宗徽號在至德三載（七五八）正月戊寅（六日），則唐玄宗此答誥當撰於是時稍前。

（二）昊穹垂祐，宗社發祥：『昊穹』，猶蒼天。漢司馬相如封禪文：『伊上古之初肇，自昊穹之生民。』李善注引張揖曰：『昊穹，春、夏天名。』唐李益大禮畢皇帝御丹鳳門改元建中大赦詩：『昊穹景命即已至，王事乃可酬乾坤。』『宗社』，宗廟和社稷的合稱。『發祥』，顯現吉利的徵象。漢班固典引：『發祥流慶，對越天地者，舄奕乎千載。』南朝齊王儉褚淵碑文：『辰精感運，昴靈發祥。』

（三）爾往在齠年，素彰岐嶷，洎乎問寢：『爾往在齠年』，此句原無『爾』字，今據册府元龜、全唐文增補。『齠年』，童年。漢蔡邕議郎胡公夫人哀贊：『嚴考殞没，我在齠年。母氏鞠育，載矜載憐。』唐元稹答姨兄胡靈之見寄五十韻：『憶昔鳳翔城，齠年是事榮。』『岐嶷』，詩大

雅生民：『誕實匍匐，克岐克嶷。』朱熹集傳：『岐嶷，峻茂之狀。』後多以『岐嶷』形容幼年聰慧。東觀漢記馬客卿傳：『馬客卿幼而岐嶷，年六歲，能應接諸公，專對賓客。』『問寢』，問候尊長起居。唐李善上文選注表：『昭明太子業膺守器，譽貞問寢。』宋羅大經鶴林玉露卷十五：『聖人何以加孝，朕每懷問寢之思。』

〔四〕嘗奉至真，特好清虛：『嘗』，原作『常』。按，常通嘗，後改嘗爲常。今據册府元龜改。『至真』，此處指仙人道教。『清虛』，清净虛無。文子自然：『老子曰：「清虛者天之明也，無爲者治之常也。」』三國魏阮籍首陽山賦：『且清虛以守神兮，豈慷慨而言之。』

〔五〕功乃格天，德惟邁古：『格天』，感通上天。語本書君奭：『在昔成湯既受命，時則有若伊尹，格於皇天。』晋葛洪抱朴子務正：『故元凱之佐登，而格天之化洽。』『邁古』，超越古代。唐陳子昂諫曹仁師出軍書：『將欲郊祭天地，巡拜河洛，建明堂，朝萬國，斯邁古之盛禮也。』明朱鼎玉鏡臺記渡江擊楫：『足下智勇才略，超今邁古。』

〔六〕是用受兹國寶，加以大號：『加以』，四庫全書、明鈔本、甲庫本作『加夫』。『國寶』，此處特指傳國璽。新五代史雜傳王珂：『莊宗自鄆入京師，末帝聞唐兵且至，日夜涕泣，不知所爲，自持國寶，指其宮室謂瓚曰：「使吾保此者，繫卿之畫如何耳！」』『大號』，國號，帝

號。陳書高祖紀上：『大同之末，邊政不修，李賁狂迷，竊我交愛，敢稱大號，驕恣甚於尉他。』唐劉知幾史通本紀：『夫位終北面，一概人臣，儻追加大號，止入傳限。』此處指加以唐玄宗『光天文武大聖孝感皇帝』徽號。

〔七〕典章斯集：『斯集』，原作『私集』，四庫全書作『弘集』，今據册府元龜、全唐文改。

〔八〕實謂道映前王：『謂』，原作『惟』，今據册府元龜、全唐文改。『映』，四庫全書作『企』，全唐文作『應』，然册府元龜亦作『映』，今從之。

〔九〕克光丕業：『克光』，原作『克承』，今據册府元龜、全唐文改。『丕業』，大業。史記司馬相如列傳：『皇皇哉斯事，天下之壯觀，王者之丕業，不可貶也！』宋周煇清波雜志卷三：『朕荷天右序，承列聖之丕業，思所以垂裕於後。』

太上皇再答皇帝上尊號誥〔一〕

三朝問禮，五讓丕圖。用殷后之師，載戢牧野〔二〕；同周王之步，來入鎬京〔三〕。美映縑緗，功侔造化，命之守器，加以鴻名〔四〕。掃厄運而有融，當樂推而難拒〔五〕。予栖神道要，養志真元，邦家乂寧〔六〕，自多愉悅。

校箋

〔一〕此文又見於全唐文卷三十八，文題爲再答皇帝上尊號誥，署名唐玄宗。此文文末未署頒布時間。據册府元龜卷十六帝王部尊號一可知，册肅宗徽號在至德三載（七五八）正月戊寅（六日），而此文之前，肅宗亦有辭徽號之文以及玄宗不允之詔，則唐玄宗此答誥亦當撰於至德三載（七五八）正月戊寅（六日）稍前。

〔二〕三朝問禮，五讓丕圖。用殷后之師，載戡牧野：『戡』，四庫全書、明鈔本作『勘』。按，戡通勘。『戡』，平定。書西伯戡黎：『西伯既戡黎，祖伊恐。』新唐書郭子儀傳：『昔回紇涉萬里，戡大憝，助復二京。』清魏源道光洋艘征撫記上：『夫戡天下之大難者，每身陷天下之至危。』『問禮』，詢問禮法；學禮。禮記曲禮下：『在朝言禮，問禮，對以禮。』史記老子韓非列傳：『孔子適周，將問禮於老子。』『殷后』，即殷王，商朝之紂王。『牧野』，古代地名。在今河南省淇縣南。周武王與反殷諸侯會師，大敗紂軍於此。書牧誓：『時甲子昧爽，王朝至於商郊牧野，乃誓。』曾運乾正讀：『牧野，在紂都朝歌南七十里。』

〔三〕同周王之步，來入鎬京：『周王』，此指周武王。『鎬京』，古都名。西周國都。故址在今陝西省西安市西南灃水東岸。周武王既滅商，自酆徙都於此，謂之宗周，又稱西都。此處借指唐京都長安。唐張説奉和春中興慶宮酺宴：『鎬京陪樂飲，柏殿奉文飛。』按，此兩句以周王入鎬京比喻唐肅宗率軍擊敗安史叛軍，收復京城長安，自鳳翔還京。舊唐書卷十肅宗紀載至德二載十月『癸亥，上自鳳翔還京，仍遣太子太師韋見素入蜀迎上皇，鳳翔郡給復五載。丙寅，至望賢宮，得東京捷書至，上大喜。丁卯，入長安。士庶涕泣拜忭曰：「不圖復見吾君！」上亦爲之感惻。九廟爲賊所焚，上素服哭於廟三日，入居大明宮』。

〔四〕美映縑緗，功侔造化，命之守器，加以鴻名：『美映縑緗』，原作『固美映縑緗』，今據四庫全書、全唐文删『固』字。『縑緗』，指書册。唐孫虔禮書譜：『若乃師宜官之高名，徒彰史牒；邯鄲淳之令范，宜著縑緗。』唐駱賓王上兖州刺史啓：『頗游簡素，少閱縑緗。』『造化』，自然界的創造者。亦指自然。莊子大宗師：『今一以天地爲大鑪，以造化爲大冶，惡乎往而不可哉？』晋張協七命：『功與造化争流，德與二儀比大。』『守器』，守護國家的重器。器，指象徵君權的器物，如祭器、車服等。左傳成公二年：『唯器與名，不可以假人，君之所司也。名以出信，信以守器，器以藏禮，禮以行義，義以生利，利以平民，政之大節也。』杜預注：『名，爵號；

器，車服。』「鴻名」，大名；盛名。史記司馬相如列傳：「前聖之所以永保鴻名而常爲稱首者用此，宜命掌故悉奏其義而覽焉。」唐蘇頲開元元年赦書：「鴻名不可以深拒，盛典不可以固違。」此處「鴻名」指「光天文武大聖孝感皇帝」之徽號。

〔五〕掃厄運而有融，當樂推而難拒：「厄運」，艱難困苦的遭遇。南朝梁鍾嶸詩品卷中：「琨既體良才，又罹厄運，故善叙喪亂。」唐白居易東南行一百韻：「況我謀身拙，逢他厄運拘。」「融」，熔化；消溶。墨子備蛾傳：「以車兩走，軸間廣大，以圉犯之，融其兩端以束輪。」晉孫綽游天台山賦：「融而爲川瀆，結而爲山阜。」李善注：「融，猶銷也。」「樂推」，樂意擁戴。老子：「是以聖人處上而民不重，處前而民不害，是以天下樂推而不厭。」宋書武帝紀中：「自非百姓樂推，天命攸集，豈伊在予，所得獨專。」

〔六〕予栖神道要，養志真元，邦家乂寧：「栖神」，凝神專一。爲道家保其根本，養其元神之術。淮南子泰族訓：「今夫道者，藏精於内，栖神於心，静漠恬淡，訟繆胸中。」晉書阮籍傳：「籍嘗於蘇門山遇孫登，與商略終古及栖神導氣之術。」「道要」，道教的要義。晉葛洪神仙傳張道陵：「陵謂諸弟子曰：『有人能得此桃實，當告以道要。』」唐錢起送李栖桐道舉擢第還鄉省侍詩：「幾年深道要，一舉過賢關。」「真元」，謂玄妙。唐應物題化城寺詩：「偶與游人論法

要，真元浩浩理無窮。」「乂寧」，安寧。漢張衡東京賦：「區宇乂寧，思和求中。」隋楊昭與釋智顗書：「江東混一，海内乂寧。」

太上皇答皇帝上尊號并讓大聖字誥〔一〕

天地肇啓，皇王聿興〔二〕，故三王垂御圖之迹，典墳著牧人之要〔三〕，爰立邦家，其來尚矣。予承百王之遐運，繼五聖之丕業〔四〕，亭育區宇，寵綏蠻夷〔五〕，罔不率從，多歷年祀。頃者奸臣煽禍，中原搆釁〔六〕，汝睿略懸於兩曜，鴻勛格於九天〔七〕，終古莫儔，上天是賴，故加之大聖，建以崇名，用膺多福，何所與讓？予夙達玄妙，遠寄真宰〔八〕，凝神澹泊，足可自怡。至於宗廟陵原，嘗展慶矣，郊禋豫動〔九〕，固陳儀焉。方期仙於上境，已遺榮於中域。汝欲歸尊於父，實在因心；爰及朝臣，亦同懇願〔十〕。且無爲於沖漠，又何取於徽名〔十一〕？宜悉此懷，用全至道耳矣〔十二〕。

校箋

〔一〕本文又見於全唐文卷三十八，文題爲答皇帝上尊號并讓大聖字誥。本文文末未署頒

布時間。考册府元龜卷十六於至德三載正月戊寅，太上皇答皇帝讓尊號後，肅宗再讓不允，又以『大聖』二字不宜當，故太上皇又有此文後第三篇太上皇允上尊號詔，曰：『汝孝以奉親，明以御宇，上從君父之命，下順黎元之欲……復當乙巳之辰已備典章，當依來請。』并接記云『是（慶按，『是』應爲『來』之誤，因至德三載正月内戊寅日後無『乙巳』日，『乙巳』日已經是二月三日）。月乙巳，於興慶殿册太上皇尊號曰「太上至道聖皇天帝」。』本文乃太上皇第一次答詔，故其撰寫時間當在至德三載（七五八）正月戊寅（六日）稍前。

〔二〕天地肇啓，皇王聿興：『皇王』，原作『皇華』，今據四庫全書、全唐文改。『肇啓』，初創；開始。晋張華正旦大會行禮詩之三：『肇啓晋宇，遂登皇基。』南朝梁沈約爲南郡王讓中軍表：『皇衢肇啓，鼎運始資。』

〔三〕故三王垂御圖之迹，典墳著牧人之要：『三王』，指夏、商、周三代之君夏禹、商湯、周武王。穀梁傳隱公八年：『盟詛不及三王。』范甯注：『三王，謂夏、殷、周也。』『御圖』，圖爲版圖；地圖。周禮夏官職方氏：『職方氏掌天下之圖。』鄭玄注：『如今司空輿地圖也。』唐杜甫秦州雜詩之三：『州圖領同谷，驛道出流沙。』『御圖』，即管理國家版圖。『典墳』，亦作『典賁』。三墳五典的省稱。指各種古代文籍。淮南子齊俗訓：『衣足以覆形，從典墳，虛循撓，便

身體，適行步。』隸續 漢郎中王政碑：『研典賁。』洪適釋：『碑以「賁」爲「墳」。』晉潘岳揚荆州誄：『游目典墳，縱心儒術。』『牧人』，謂治民。晉潘岳馬汧督誄：『牧人逶迤，自公退食。聞穢鷹揚，曾不戢翼。』李善注：『國語 里革曰：且夫君也者，將牧人而正其邪。』

〔四〕繼五聖之丕業：『五聖』，五個聖人。此處指唐高祖、太宗、高宗、中宗、睿宗。唐杜甫冬日洛城北謁玄元皇帝廟詩：『五聖聯龍衮，千官列雁行。』唐康駢劇談録 老君廟畫：『壁有吴道玄畫五聖真容及老子化胡經事。』『丕業』，大業。史記 司馬相如列傳：『皇皇哉斯事，天下之壯觀，王者之丕業，不可貶也！』宋周煇清波雜志卷三：『朕荷天右序，承列聖之丕業，思所以垂裕於後。』

〔五〕亭育區宇，寵綏蠻夷：『亭育』，養育；培育。梁書 武帝紀下：『思隨乾覆，布兹亭育。』隋江總勞酒賦：『顧曲私之亭育，遞寒暑而徂遷。』『寵綏』，指帝王對各地進行撫綏。書泰誓上：『天佑下民，作之君，作之師，惟其克相上帝，寵綏四方。』舊五代史 唐書 莊宗紀：『朕夙荷丕基，乍平僞室，非不欲寵綏四海，協和萬邦。』

〔六〕頃者奸臣煽禍，中原搆釁：『搆釁』，製造爭端。南史 梁武陵王紀傳：『圓照字明周……帝特愛紀，故遣以副紀。紀之搆釁，悉其謀也。』初刻拍案驚奇卷十：『金聲、程元、趙孝

搆釁無端，各行杖警。』按，此兩句蓋指安禄山、史思明之叛亂。

〔七〕汝睿略懸於兩曜，鴻勛格於九天：『睿略』，聖明的謀略。唐顧非熊武宗挽歌詞二首之一：『睿略皇威遠，英風帝業開。』宋王禹偁諭交趾文：『非王者神機睿略，疇能至於此乎！』『兩曜』，指日、月。南朝梁任昉爲齊宣德皇后重敦勸梁王令：『四時等契，兩曜齊明。』『鴻勛』，偉大的功勛；宏大的事業。漢蔡邕楊公碑：『於是門人學徒，相與刊石樹碑，表勒鴻勛，贊懿德，傳億年。』宋司馬光相國魏忠獻韓公挽辭：『鴻勛柱石壯，勁節雪霜寒。』『格於九天』，即格天，感通上天。語本書君奭：『在昔成湯既受命，時則有若伊尹，格於皇天。』晉葛洪抱朴子務正：『故元凱之佐登，而格天之化洽。』

〔八〕予夙達玄妙，遠寄真宰：『玄妙』，老子：『玄之又玄，衆妙之門。』謂道家所稱的『道』深奥難識，萬物皆出於此。後因以『玄妙』指『道』。漢牟融理惑論：『（牟子）鋭志於佛道，兼研老子五千文，含玄妙爲酒漿，玩五經爲琴簧。』『真宰』，指自然之性。南朝梁劉勰文心雕龍情采：『有志深軒冕，而泛咏皋壤，心纏幾務，而虚述人外。真宰弗存，翩其反矣。』唐司空圖二十四詩品含蓄：『不著一字，盡得風流，語不涉難，已不堪憂，是有真宰，與之沉浮。』

〔九〕嘗展慶矣，郊禋豫動：『展慶』，致賀。唐劉肅大唐新語持法：『青氈展慶，曾不立班；朱紱承榮，無宜卧拜。』宋歐陽修與韓忠獻王書：『至日不獲展慶，不勝馳情。』『郊禋』，古帝王升烟祭祀天地的大禮。漢揚雄甘泉賦：『徠祇郊禋，神所依兮。』梁書元帝紀：『鑾輅龍章，蓋以郊禋而貴。』

〔十〕汝欲歸尊於父，實在因心；爰及朝臣，亦同懇願：『因心』，謂親善仁愛之心。詩大雅皇矣：『維此王季，因心則友。』毛傳：『因，親也。』陳奂傳疏：『因訓親，親心即仁心。』舊唐書孝友傳序：『善於兄弟，必能因心廣濟。』『懇願』，誠摯的願望。唐元結讓容州表：『供給井稅，臣之懇願，塵黷天威，不勝惶恐。』唐吕温藥師如來綉像贊序：『齊獻至誠，泣敷懇願，遂得慈舟密濟，覺路潛引。』

〔十一〕且無爲於冲漠，又何取於徽名：『無爲』，謂順應自然，不求有所作爲。易繫辭上：『易，無思也，無爲也，寂然不動，感而遂通天下之故。』孔穎達疏：『任運自動，不須營造，是無爲也。』莊子天道：『夫虚静恬淡、寂漠、無爲者，萬物之本也。』『冲漠』，虚寂恬静。晋張協七命：『冲漠公子，含華隱曜。』宋梅堯臣寄題梵才大士台州安隱堂詩：『達士遠紛華，於兹守冲漠。』『徽名』，美名。南齊書皇后傳論：『寶命方昌，椒庭虚位，有婦人焉，空慕周典，禎符顯

瑞，徒萃徽名。」

〔十二〕用全至道耳矣：「耳矣」，原作「云耳」，明鈔本、適園叢書、甲庫本作「耳云」，今據四庫全書、全唐文改。「至道」，佛、道謂極精深微妙的道理或道術。莊子在宥：「來！吾語女至道。至道之精，窈窈冥冥；至道之極，昏昏默默。」漢牟融理惑論：「（老子）又曰：『用其光，復其明，無遺身殃。』此道生死之所趣，吉凶之所住。至道之要，實貴寂寞，佛家豈好言乎！」

太上皇再答皇帝上尊號并辭大聖字誥〔一〕

古者華胥大庭，神農黄帝，淳俗歸於太素，正真契於無爲〔二〕，雖不累煩纓〔三〕，亦崇其稱號。吾久尋玄旨，遠襲仙宗〔四〕，既欣襄野之游，更樂瑶池之宴〔五〕。翛然自逸，豈在尊名？爾親率百僚，至於再請，則蒸蒸之孝〔六〕，實覿於當今，而蕩蕩之德，獨慚於上古。頻覽章表，懇志難違，汝寶命惟新，鴻勛允集〔七〕，用加大聖之字，克副昊天之心。若承命無渝，萬國同歡於翊戴〔八〕；儻固辭不已，吾亦未膺乎典册。勿爲多讓，宜協至公，朝野之情，固多榮幸也。

校箋

〔一〕本文文末未署頒布時間。考册府元龜卷十六於至德三載正月戊寅，太上皇答皇帝讓尊號後，肅宗再讓不允，又以『大聖』二字不宜當，故太上皇又有此文後太上皇三答上尊號并辭大聖字誥、太上皇允上尊號詔。後文曰：『汝孝以奉親，明以御字，上從君父之命，下順黎元之欲……復當乙巳之辰巳備典章，當依來請。』并接記云『是（慶按，『是』應爲『來』之誤，因至德三載正月内戊寅（五日）後無『乙巳』日，『乙巳』日已經是二月三日。）月乙巳，於興慶殿册太上皇尊號曰「太上至道聖皇天帝」。』又考全唐文卷四十五有唐肅宗再請上太上皇尊號表，云：『陛下以宗社再安，天下交泰，付臣以神器，授臣以寶符，加臣以寵章，錫臣以徽號。……陛下以無爲之心，不宰萬物，抑而未允，至於再三。群情禺禺，罔知所措。一昨辛卯賜誥命曰：頻覽章表，懇至難違，爾寶命惟新，洪名允集，用加大聖之字，克副昊天之心。若成命無渝，萬國同歡於翊戴。儻固辭不已，吾亦未膺乎典册。今不許撝謙，令斷來表，進迫嚴旨，何以克堪？退荷殊私，無任隕越。小子伏受命矣！伏惟陛下允臣所請，則自下上上，日月之光昭，從上下下，雨露之恩廣。臣已

詢諸龜筮，備其禮物，請以來月乙巳奉上册禮，聖恩招納，即日付外施行。不勝懇願之至。』按，上引唐肅宗再請上太上皇尊號表已引用唐玄宗太上皇再答皇帝上尊號并辭大聖字誥本文，并謂唐玄宗此『再答』誥乃是『一昨辛卯賜誥命』，則唐玄宗本『再答』誥乃答於至德三載正月『辛卯（十八日）』，其詔文之撰寫時間當在是時稍前。

（二）古者華胥大庭，神農黄帝，淳俗歸於太素，正真契於無爲：『黄帝』，明鈔本、甲庫本作『皇帝』，誤，不取。『華胥』，列子黄帝：『（黄帝）晝寢而夢游於華胥氏之國。華胥氏之國在弇州之西，台州之北，不知斯齊國幾千萬里。蓋非舟車足力之所及，神游而已。其國無師長，自然而已；其民無嗜欲，自然而已……黄帝既寤，怡然自得。』『神農』，傳説中的太古帝王名。始教民爲耒耜，務農業，故稱神農氏。又傳他曾嘗百草，發現藥材，教人治病。也稱炎帝，謂以火德王。易繫辭下：『包犧氏没，神農氏作，斲木爲耜，揉木爲耒；耒耨之利，以教天下。』淮南子主術訓：『昔者，神農之治天下也，神不馳於胸中，智不出於四域，懷其仁誠之心，甘雨時降，五穀蕃植。』『黄帝』，古帝名。傳説是中原各族的共同祖先。少典之子，姓公孫，居軒轅之丘，故號軒轅氏。又居姬水，因改姓姬。國於有熊，亦稱有熊氏。以土德王，土色黄，故曰黄帝。易繫辭下：『神農氏没，黄帝、堯、舜氏作，通其變，使民不倦。』孔穎達疏：『黄帝，有熊氏少典之子，

姬姓也。』史記五帝本紀：『黄帝者，少典之子，姓公孫，名曰軒轅。生而神靈，弱而能言，幼而徇齊，長而敦敏，成而聰明。』『太素』，樸素，質樸。淮南子俶真訓：『偃其聰明而抱其太素。』漢班固幽通賦：『皓爾太素，曷渝色兮。』『正真』，確實；名副其實。魏書釋老志：『上師李君手筆有數篇，其餘，皆正真書曹趙道覆所書。』唐白居易咏家醞十韻：『常嫌竹葉猶凡濁，始覺榴花不正真。』

〔三〕雖不累煩纓：『煩纓』，謂世俗的煩擾。纓，帽帶。唐韋應物西澗即事示盧陟詩：『知子塵喧久，暫可散煩纓。』

〔四〕吾久尋玄旨，遠襲仙宗：『玄旨』，深奥的義理。晉道恒釋駁論：『味玄旨，則顔冉無以參其風；去紛穢，則松喬無以比其潔。』唐常達山居八咏之五：『好聽玄旨處，猿嘯嶺南枝。』『仙宗』，修道求仙的要旨。唐孟郊求仙曲詩：『仙教生爲門，仙宗静爲根。持心若妄求，服食安足論？』

〔五〕既欣襄野之游，更樂瑶池之宴：『襄野之游』，傳説黄帝由方明、張若、謵朋、昆閽、滑稽等扈從，欲赴具茨山，見大隗神。行至襄城原野，七聖迷失，無從問路。『適遇牧馬童子，問塗焉』，牧馬童子對答如流。黄帝贊許道：『異哉小童！非徒知具茨之山，又知大隗之所存。請問

的蟠桃勝會。

爲天下。』事見莊子 徐無鬼。『瑶池之宴』，藝文類聚卷九水部下 池載：『穆天子傳曰：天子觴西王母於瑶池之上，西王母爲天子謡……』又，『瑶池之宴』亦指『蟠桃宴』，指西王母在瑶池舉行

〔六〕則蒸蒸之孝：『蒸蒸』，孝順。漢張衡東京賦：『蒸蒸之心，感物曾思。』薛綜注：『廣雅曰：蒸蒸，孝也。』王闓運皇清誥授中議大夫衡陽程君墓志銘：『事親蒸蒸，五十而慕。』

〔七〕汝寶命惟新，鴻勛允集：『寶命』，對天命的美稱。書 金縢：『無墜天之降寶命，我先王亦永有依歸。』蔡沈集傳：『寶命，即帝庭之命也。謂之寶者，重其事也。』南朝梁沈約賀齊明帝登祚啓：『運堯心以臨億兆，敷舜烈以膺寶命。』『鴻勛』，偉大的功勛；宏大的事業。漢蔡邕楊公碑：『於是門人學徒，相與刊石樹碑，表勒鴻勛贊懿德。』宋司馬光相國魏忠獻韓公挽辭：『鴻勛柱石壯，勁節雪霜寒。』『允集』，聚集；會合。後漢書 孝順帝紀贊：『孝順初立，時髦允集。』髦，俊。晉陸機漢高祖功臣頌：『三王從風，五侯允集。』

〔八〕萬國同歡於翊戴：『翊戴』，輔佐擁戴。唐權德輿故太尉兼中書令贈太師西平王挽詞：『翊戴推元老，謀猷合大君。』

太上皇三答上尊號并辭大聖字誥〔一〕

道高者必傳其迹，德著者必享其名。汝廓净妖氛，載安社稷，萬靈式叙〔二〕，豈非大乎？兩儀交泰〔三〕，豈非聖乎？吾所以親受寶符，自題徽號，寧唯對於列辟，諒已聞於率土〔四〕。涣汗之出，理不可收；綸言之行〔五〕，事必有在。將固撝謙之道〔六〕，是違億兆之情。天地神祇，未以爲當，宜膺景命〔七〕，即斷來章。

校箋

〔一〕本文又見於全唐文卷三十八，文題爲答皇帝三上尊號并辭大聖字誥，署名唐玄宗。本文文末未署頒布時間。考册府元龜卷十六載至德三載正月戊寅，太上皇答皇帝讓尊號後，肅宗再讓不允。今考上一文太上皇再答皇帝上尊號并辭大聖字誥即唐玄宗再答詔。肅宗又以『大聖』二字不宜當，故太上皇又有太上皇三答上尊號并辭大聖字誥。據上文所考，玄宗之再答詔乃答於至德三載（七五八）正月『辛卯』（十八日）。又，本文後一篇爲太上皇允上尊號詔，中云『汝就養無違，歸尊有裕，再獻從龜之吉，復當乙巳之辰，已備典章，當依來請』。又檢舊唐書肅宗紀

至德三載二月記：『乙巳，上御興慶宮，奉册上皇徽號曰太上至道聖皇大帝。』據此知本文以及太上皇允上尊號詔應均撰寫并答於至德三載正月『辛卯』（十八日）唐玄宗再答詔之後，至德三載（七五八）二月乙巳（三日）玄宗加徽號之前。就本文而言，其撰寫時間以至德三載正月辛卯（十八日）後，二月之前較爲接近。

（二）萬靈式叙：『萬靈』，衆生靈；人類。鶡冠子度萬：『唯聖人能正其音，調其聲，故其德上及太清，下及泰寧，中及萬靈。』晉葛洪抱朴子仙藥：『遨游上下，使役萬靈。』

（三）兩儀交泰：『兩儀』，指天地。易繫辭上：『是故易有太極，是生兩儀。』孔穎達疏：『不言天地而言兩儀者，指其物體；下與四象（按，金、木、水、火）相對，故曰兩儀，謂兩體容儀也。』晉書摯虞傳：『考步兩儀，則天地無所隱其情；準正三辰，則懸象無所容其謬。』『交泰』，易泰：『天地交，泰。』王弼注：『泰者，物大通之時也。』言天地之氣融通，則萬物各遂其生，故謂之泰。後以『交泰』指天地之氣和祥，萬物通泰。漢王符潛夫論班禄：『是以天地交泰，陰陽和平。』

（四）寧唯對於列辟，諒已聞於率土：『列辟』，指公卿諸官。唐王維京兆尹張公德政碑：『天子猶日省三揖列辟，日聽萬方輿頌。』趙殿成箋注：『班固典引：「德臣列辟，功君百

王。」李周翰注：「列辟，百官也。」』『率土』，『率土之濱』之省。謂境域之內。詩小雅北山：『率土之濱，莫非王臣。』王引之經義述聞毛詩中：『爾雅曰：「率，自也。自土之濱者，舉外以包內，猶言四海之內。」』漢班固明堂詩：『普天率土，各以其職。』

〔五〕渙汗之出，理不可收；綸言之行，事必有在：『渙』，謂帝王發布號令。漢書劉向傳：『易曰：「渙汗其大號。」言號令如汗，汗出而不反者也。』顏師古注：『言王者渙然大發號令，如汗之出也。』漢揚雄尚書箴：『故君子在室，出言如風，動於民人，渙其大號，而萬國平信。』『綸言』，禮記緇衣：『王言如絲，其出如綸；王言如綸，其出如綍。』鄭玄注：『言言出彌大也。』後因以『綸言』爲帝王詔令的代稱。晉書儒林傳序：『雖尊儒勸學亟降於綸言，東序西膠未聞於弦誦。』

〔六〕將固撝謙之道：『撝謙』，謂施行謙德。泛指謙遜。易謙：『無不利，撝謙。』王弼注：『指撝皆謙，不違則也。』陳書周弘正傳：『竊聞撝謙之象，起於羲軒爻畫；揖讓之源，生於堯舜禪受。』

〔七〕宜膺景命：『景命』，大命。指授予帝王之位的天命。詩大雅既醉：『君子萬年，景命有僕。』鄭玄箋：『天之大命。』唐元稹獻事表：『臣竊惟陛下以景命惟新之初，何如貞觀致理

之後？』

太上皇允上尊號誥〔一〕

汝孝以奉親，明以御宇，上從君父之命，下順黎元之欲〔二〕。既弘茂實，爰副崇名〔三〕。千古攸高，百王是式。循環章奏，喜慰可知〔四〕。予志每集虚，心恒遺照〔五〕。方契真宗之旨〔六〕，豈云稱號之榮？汝就養無違〔七〕，歸尊有裕，再獻從龜之吉〔八〕，復當乙巳之辰，已備典章，當依來請。

校箋

〔一〕本文又見於册府元龜卷十六尊號一，亦見於全唐文卷三十八，文題爲答皇帝上尊號誥，署名唐玄宗。本文文末未署頒布時間。按，本文乃上一文太上皇三答上尊號并辭大聖字誥後唐玄宗之允上尊號詔。故此後舊唐書肅宗紀即記至德三載二月『乙巳，上御興慶宫，奉册上皇徽號曰太上至道聖皇大帝』。又據上一文校箋第一條所考，太上皇允上尊號誥應撰寫并答於至德

三載正月『辛卯』（十八日）唐玄宗再答詔之後，二月之前。則本文大致撰寫并答於至德三載（七五八）正月下旬至二月乙巳（三日）玄宗加徽號之前。

〔二〕下順黎元之欲：『下順』，原作『下徇』；『之欲』，原作『之請』。今均據册府元龜、全唐文改。

〔三〕既弘茂實，爰副崇名：『崇名』，原作『洪名』，今據册府元龜、全唐文改。『茂實』，盛美的德業。漢司馬相如封禪文：『俾萬世得激清流，揚微波，蜚英聲，騰茂實。』南朝梁簡文帝上昭明太子集別傳等表：『永彰茂實，式表洪徽。』『崇名』，猶尊號。南朝陳徐陵陳文帝哀策文：『大寶崇名，無間改作；纂武升歷，遺愛實繁。』

〔四〕循環章奏，喜慰可知：『循環』，原作『徇還』，今據册府元龜、全唐文改。『喜慰』，原作『嘉慰』，今據册府元龜、全唐文改。

〔五〕予志每集虛，心恒遺照：『予志』，原作『予思』，今據册府元龜、全唐文改。『虛』，空無所有。與『實』相對。易歸妹：『上六無實，承虛筐也。』史記老子韓非列傳：『良賈深藏若虛，君子盛德，容貌若愚。』司馬貞索隱：『深藏謂隱其寶貨，不令人見，故云「若虛」。』『遺照』，謂捨棄衆生相，進入忘我的精神境界。唐李鼎祚周易集解序：『「聖人以此洗心，退藏於

密」，自然「虛室生白，吉祥至止」，坐忘遺照，精義入神。』宋樓鑰謝湖山居士示和陶詩：『墮體黜聰明，坐忘樂遺照。』

〔六〕方契真宗之旨：『真宗』，釋道兩教謂所持的真正宗旨；正宗。唐張九齡敕歲初處分：『我玄元皇帝著道德經五千文，明乎真宗，致於妙用。』唐孟郊夏月謁智遠禪師詩：『斗藪塵埃衣，謁師見真宗。』

〔七〕汝就養無違：『就養』，侍奉父母。禮記檀弓上：『事親有隱而無犯，左右就養無方。』孫希旦集解：『就養者，近就而奉養之也。』唐楊炯唐昭武校尉曹君神道碑：『就養之方，兼申愛敬；慎終之道，不忘哀戚。』

〔八〕再獻從龜之吉：『龜』，龜甲。古代用作占卜之具，遂爲占卜之稱。『從龜』，意即遵從占卜之所言。

寶應二年上尊號答詔〔一〕

朕嗣守洪名，欽承丕構〔二〕，克清多難，奄甸四方〔三〕。聖靈在天，玄德敷祐〔四〕，

南面恭己〔五〕，朕何有焉。巨猾削平，非予之武。言念海内，生人至艱。兵鋒猶虞，暴骨未掩。日旰忘食，宵分疚懷〔六〕。遽稱成功，良謂虚美。玄宫甫畢，豈宜即及改元〔七〕。寶位至尊，何以更言加號？宰臣之任，職在匡弼〔八〕，勸進之詞〔九〕，深所不取。

校箋

〔一〕本文又見於册府元龜卷十六帝王部尊號一，亦見於全唐文卷四十六，文題爲答郭子儀等表請改元立號手詔，署名唐代宗。本文文末未署頒布時間。考册府元龜云：『代宗寶應二年四月辛巳，宰臣及文武百僚郭子儀等上尊號表曰：「臣聞功莫大於締構乾坤，孝莫先於纘承社稷。伏惟皇帝陛下，繼述冠於周武，中興邁於漢光。曩者巨逆慢天，中原失序，生人罹厥角之禍，皇運甚綴旒之危。陛下親討元凶，指麾戎旅，尊先帝於靈武，返上皇於巴蜀。以一旅而掃定二京，不再周而克寧九廟，是陛下締構之功也。及乎先帝厭代，奸臣窺國，懷躡足之變，構無將之端。陛下隳將成之禍胎，挫已就之凶計，申大義而誅吕，全至公而嗣文。日月蝕而重明，寰宇傾而再定，陛下纘

承之孝也。臣伏以古先帝王，繼體踐祚者，年逾則改元，創業垂統者，功成則上號。陛下頃以先帝梓宮，象設猶在，橋山石室，弓劍未藏，固違體天之典，將申寧戚之義，孝思之至，又何加焉？今二聖靈輀永安陵寢，萬方黎庶悉夢華胥，聖人之哀榮畢矣，帝王之功業成矣。宜其大崇徽號，允群臣顒然之望，惟新正朔，覃四海莫大之澤。伏願降明詔下有司，許臣等徵三代之故事，考百王之通典，改元立號，革故鼎新，懸之無窮，倬映千古。臣子儀等與群臣萬姓不勝懇請，大願之至。」手詔答曰：「朕嗣守洪名，欽承丕構，克清多難，奄甸四方。……宰臣之任，職在輔弼，勸進之詞，深所不取。」表三上乃許之。六月丙申上表獻議曰：「陛下昔在藩邸，及登儲闈……」』云云。又舊唐書卷十一代宗紀寶應二年四月載：『辛巳，群臣請上尊號。……秋七月壬寅朔。戊申，群臣上尊號曰寶應元聖文武皇帝，御含元殿受册。壬子，御宣政殿宣制，改元曰廣德，大赦天下。』新唐書卷六代宗紀亦載廣德元年『七月壬寅，群臣上尊號曰寶應元聖文武孝皇帝。壬子，大赦，改元』。資治通鑑卷二百二十三所記同新唐書代宗紀。據上述典籍所載，郭子儀等首次上尊號表乃在寶應二年（七六三）四月辛巳（七日），則代宗此首次答詔之作，當在是時稍後。又，郭子儀，傳見舊唐書卷一百二十、新唐書卷一百三十七。

〔二〕朕嗣守洪名，欽承丕構：『嗣守』，繼承并遵守和保持。書顧命：『在後之侗，敬迓天

威，嗣守文武大訓，無敢昏逾。」晉書慕容超載記：「今陛下嗣守社稷，不宜以私親之故而降統天之尊。」「洪名」，巨大的名聲。南朝梁王中頭陀寺碑文：「惟齊繼五帝洪名，紐三王絕業。」宋曾鞏回人賀授史館修撰狀：「惟纍朝之盛典，垂列聖之鴻名。」「欽承」，恭敬地繼承或承受。書說命下：「監於先王成憲，其永無愆，惟說式克欽承。」三國魏曹丕又與鍾繇書：「嘉貺益腆，敢不欽承。」「丕構」，猶大業。新唐書劉蕡傳：「朕顧唯昧道，祇荷丕構，奉若謨訓，不敢怠荒。」舊五代史唐書末帝紀上：「鄂王輕捨宗祧，不克負荷，洪基大寶，危若綴旒，須立長君，以紹丕構。」

〔三〕克清多難，奄甸四方：「四方」，原作「萬方」，今據册府元龜、全唐文改。「奄甸四方」，意爲擁有四面八方的領土。「奄」，覆蓋。引申爲盡，包括。詩魯頌閟宫：「奄有下國，俾民稼穡。」鄭玄箋：「奄猶覆也。」淮南子修務訓：「萬物至衆，而知不足以奄之。」高誘注：「奄，蓋之也。」晉陸機辨亡論下：「吴制荆揚而奄交廣。」「甸」，區域；流域。南朝齊謝朓和伏武昌登孫權故城：「鶚起登吴山，鳳翔陵楚甸。」宋岳飛乞進屯淮甸札子：「淮甸迫近行在，臣願提全軍進屯，萬一番、僞窺伺，臣當竭力奮擊，期於破滅。」按，此處「克清多難」，乃包括破除廢除其爲儲君之陰謀。據舊唐書代宗紀載：「寶應元年四月，肅宗大漸，所幸張皇后無子，后

懼上功高難制，陰引越王係於宮中，將圖廢立。乙丑，皇后矯詔召太子。中官李輔國、程元振素知之，乃勒兵於凌霄門，俟太子至，即衛從太子入飛龍廄以俟其變。是夕，勒兵於三殿，收捕越王係及内官朱光輝、馬英俊等禁錮之，幽皇后於别殿。丁卯，肅宗崩，元振等始迎上於九仙門，見群臣，行監國之禮。己巳，即皇帝位於柩前。』

〔四〕聖靈在天，玄德敷祐：『聖靈』，指已故帝王。南朝宋謝靈運還舊園作見顔范二中書詩：『聖靈昔迴眷，微尚不及宣。』李善注：『聖靈，謂高祖也。』吕延濟注：『聖靈，謂宋太祖也。』此處『聖靈』蓋指唐肅宗。據舊唐書代宗紀，肅宗薨於寶應元年（七六二）四月丁卯。『玄德』，指潛蓄而不著於外的德性。書舜典：『玄德升聞，乃命以位。』孔傳：『玄謂幽潛，潛行道德。』晉劉琨勸進表：『伏惟陛下，玄德通於神明，聖姿合於兩儀。』李周翰注：『玄德謂潛行道德也。』『敷祐』，亦作『敷佑』。謂敷布德澤以佑助百姓。書金縢：『乃命於帝庭，敷佑四方。』孔傳：『汝元孫受命於天庭爲天子，布其德教，以佑助四方。』一説，猶遍有。周秉鈞易解：『敷，遍也。佑，讀爲有……此言武王新見命於上帝，遍有四方。』

〔五〕南面恭己：『恭己』，原作『共己』，今據册府元龜、四庫全書、全唐文改。『南面』，古代以坐北朝南爲尊位，故帝王諸侯見群臣，或卿大夫見僚屬，皆面向南而坐，因用以指居帝王或諸

侯、卿大夫之位。易說卦：『聖人南面而聽天下，嚮明而治。』論語雍也：『子曰：「雍也可使南面。」』

〔六〕日旰忘食，宵分疚懷：『日旰』，天色晚；日暮。左傳襄公十四年：『衛獻公戒孫文子、甯惠子食，皆服而朝，日旰不召。』杜預注：『旰，晏也。』楊伯峻注：『旰，日晚也。』漢書張湯傳：『湯每朝奏事，語國家用，日旰，天子忘食。』『疚懷』，傷心；憂慮。南朝宋謝莊月賦：『陳王初喪應劉，端憂多暇。綠苔生閣，芳塵凝榭，悄然疚懷，不怡中夜。』宋書孝武帝紀：『衣食有仍耗之弊，選造無觀國之美……朕每側席疚懷，無忘鑒寐。』

〔七〕玄宮甫畢，豈宜即及改元：『玄宮』，原作『玄官』，今據册府元龜、四庫全書、全唐文、適園叢書、學林本改。『豈宜』，原作『豈期』，今據册府元龜、全唐文改。『玄宮』，帝王的墳墓。晋書江逌傳：『昔康皇帝玄宮始用寶劍金舄，此蓋太妃罔已之情，實違先旨累世之法。』唐姚合敬宗皇帝挽詞三首其一：『玄宮今一閉，終古柏蒼蒼。』按，『玄宮甫畢』乃指安葬唐玄宗、唐肅宗。舊唐書代宗紀寶應二年三月丁未記：『玄宗、肅宗歸祔山陵。自三月一日廢朝，至於晦日，百僚素服詣延英門通名起居。』

〔八〕宰臣之任，職在匡弼：『宰臣』，原作『宰相』，今據册府元龜、全唐文、適園叢書、明

鈔本、甲庫本、學林本改。『匡弼』，册府元龜、全唐文作『輔弼』，不取，蓋乃避宋諱而改匡爲輔。匡正輔佐；糾正補救。漢蔡邕琅邪王傅蔡朗碑：『驕盈僭差，或蹈憲理，非弘直碩儒，莫能匡弼。』後漢書左雄傳：『伏見議郎左雄……實有王臣蹇蹇之節，周公謨成王之風。宜擢在喉舌之官，必有匡弼之益。』

〔九〕勸進之詞：原作『進勸之辭』，今據册府元龜、全唐文改。

答第二表詔〔一〕

朕内省德薄，在於人上，紹高祖太宗之天下，承上皇先聖之丕業，惕然南面，常懼君難，豈因樂推〔二〕，亦自光大。況山陵甫爾，濡露增懷〔三〕，寓縣凋殘，薰風未暢〔四〕，遽行古制，虚受鴻名。是用繹思，未宜獻可〔五〕。五始之義，誠在體元〔六〕；三年之道〔七〕，取其無改。所陳徽號，亦有舊章，若更尊崇，得非自聖。股肱輔弼，惟欲致君〔八〕。空勤誠請之詞，未副昌言之理〔九〕。

校箋

〔一〕本文又見於全唐文卷四十六，文題名爲答郭子儀等表請改元立號第二手詔，署名唐代宗。本文文末未署頒布時間。按，據上文唐代宗寶應二年上尊號答詔校箋第一條所考，本文之前郭子儀等首次上尊號表乃在寶應二年（七六三）四月辛巳（七日），而代宗首次答詔之作，當在是時稍後。本文乃唐代宗答郭子儀等表請改元立號第二手詔，其撰寫與公開答詔之具體時間難考，然亦當在第一次答詔之寶應二年（七六三）四月辛巳（七日）後一小段時間，或在是年四、五月間。

〔二〕豈因樂推：『樂推』，樂意擁戴。老子：『是以聖人處上而民不重，處前而民不害，是以天下樂推而不厭。』宋書武帝紀中：『自非百姓樂推，天命攸集，豈伊在予，所得獨專。』

〔三〕况山陵甫爾，濡露增懷：『山陵』，帝王或皇后的坟墓。孔子家語辯政：『大王萬歲之後，起山陵於荆臺之上，則子孫必不忍游於父祖之墓以爲歡樂也。』北魏酈道元水经注渭水：『秦名天子冢曰山，漢曰陵，故通曰山陵矣。』『濡露增懷』，即霜露之悲。即對父母先祖的悲思。

北齊顔之推顔氏家訓終制：『死者人之常分，不可免也。……四時祭祀，周孔所教，欲人勿死其親，不忘孝道也。……若報罔極之德，霜露之悲，有時齋供……望於汝也。』宋楊冠卿客亭類稿卷十册寶禮成追封三代代焚黄祭文妣：『母兮鞠我，垂休無窮。子之慕親，欲報罔極。……焚告墓庭，增光泉壤。莫罄晨昏之養，惟深霜露之悲。』按，此處『山陵甫爾』，乃指剛修建陵墓安葬畢唐玄宗、唐肅宗。舊唐書代宗紀寶應二年三月丁卯載：『玄宗、肅宗歸祔山陵。』

〔四〕薰風未暢：『薰風』，和暖的風。指初夏時的東南風。吕氏春秋有始：『東南曰薰風。』唐白居易首夏南池獨酌詩：『薰風自南至，吹我池上林。』明李東陽天津八景詩之四：『層軒南向坐薰風，極目平疇遠近同。』又指南風歌。相傳舜唱南風歌，有『南風之薰兮』句，見孔子家語辯樂。後因以『薰風』指南風歌。南朝梁劉勰文心雕龍時序：『有虞繼作，政阜民暇，「薰風」詩於元后，「爛雲」歌於列臣。』按，此處『薰風未暢』，乃謂皇恩尚未普施人間。

〔五〕是用繹思，未宜獻可：『繹思』，推究思考。明謝肇淛五雜俎物部四：『禮之節度，尚可繹思；而樂之旨趣，茫無著落也。』『獻可』，即『獻可替否』，進獻可行者，廢去不可行者。謂對君主進諫，勸善規過。亦泛指議論國事興革。語出左傳昭公二十年：『君所謂可而有否焉，臣獻其否以成其可。君所謂否而有可焉，臣獻其可以去其否。』後漢書胡廣傳：『君以兼覽博照爲

德，臣以獻可替否爲忠。』

〔六〕五始之義，誠在體元：『五始』，春秋紀事，始以元年、春、王、正月、公即位等五事，謂之『五始』。漢書王褒傳：『共惟春秋法五始之要，在乎審己正統而已。』顔師古注：『元者，氣之始；春者，四時之始；王者，受命之始；正月者，正教之始；公即位者，一國之始，是爲五始。』舊唐書肅宗紀：『春秋五始，義在體元，惟以紀年，更無潤色。』『體元』，謂以天地之元氣爲本。漢班固東都賦：『體元立制，繼天而作。』南朝齊王融三月三日曲水詩序：『體元則大，悵望姑射之阿。』

〔七〕三年之道：按，此處所謂『三年之道』，乃指爲父母守孝三年之喪制。舊唐書代宗紀寶應元年五月辛卯載：『制曰：「三年之喪，天下達理，苟或變革，何以教人？朕遘此閔凶，攀號罔極，公卿固請，俾聽朝務，斬焉縗絰，痛貫心靈，豈可便議公除，遽移諒暗。」』

〔八〕股肱輔弼，惟欲致君：『股肱』，比喻左右輔佐之臣。書益稷：『臣作朕股肱耳目。』漢書蘇武傳：『上思股肱之美，乃圖畫其人於麒麟閣，法其形貌，署其官爵姓名。』『致君』，謂輔佐國君，使其成爲聖明之主。墨子親士：『良才難令，然可以致君見尊。』唐杜甫奉贈韋左丞丈二十二韻：『致君堯舜上，再使風俗淳。』

〔九〕空勤誠請之詞，未副昌言之理：『之詞』，原作『之辭』，今據四庫全書、全唐文改。『誠請』，誠懇請求。唐柳宗元禮部爲文武百僚請聽政表三首。第二表：『今百辟卿士，顒然在庭，瞻望清光，已七日矣。固陳誠請，猶未允從，内外憂惶，莫知所出。』『昌言』，善言；正當的言論。書 臯陶謨：『禹拜昌言曰：「俞！」』孔穎達疏：『禹乃拜受其當理之言。』漢書 王莽傳中：『嘉新公國師以符命爲予四輔，明德侯劉龔、率禮侯劉嘉等凡三十二人皆知天命，或獻天符，或貢昌言，或捕告反虜，厥功茂焉。』顔師古注：『昌，當也。』

答第三表詔〔一〕

年叶五紀，成歲以授時〔二〕；君臨萬邦，向明而聽政〔三〕。體元不潤其色，處實不爲其賓〔四〕。朕若昔大猷，允懷恭己〔五〕，務於簡易，豈曰崇高。常深負荷之憂，敢忘祖宗之烈。卿等總括群議，昭升舊章〔六〕，周爰典籍之文，鈎校天人之理〔七〕，對揚耿命，進勸皇圖〔八〕。請逾年而改元，益正位以加號。敢廢春秋之義，用諧啓沃之心〔九〕。敬允乃誠，良多慚德。

校箋

〔一〕本文又見於全唐文卷四十六，文題名爲答郭子儀等表請改元立號第三手詔，署名唐代宗。本文文末未署頒布時間。詳見前文校箋〔一〕。又，郭子儀等上表凡三次，故唐代宗方有本文答第三表詔允其所請。據唐代宗答郭子儀等表請改元立號第二手詔校箋第一條所考，其撰寫與公開答詔之時間當在寶應二年（七六三）四月辛巳（七日）後一小段時間，或在是年四、五月間。又據上引册府元龜所記『表三上乃許之。六月丙申上表獻議』云云，知本文代宗之答詔『許之』，當在群臣『六月丙申上表獻議』之前。統而觀之，本文之撰寫蓋在寶應二年（七六三）五月中至六月丙申（二十四日）前。

〔二〕年叶五紀，成歲以授時：此句『年』字原闕，今據四庫全書、全唐文增補。『授時』，原作『受時』，今據四庫全書、全唐文改。

〔三〕向明而聽政：『向明』，天色微明；黎明。南朝梁蕭子雲梁三朝雅樂歌俊雅之一：『於赫有梁，向明而治。』清東軒主人述異記看燈遇仙：『孫又崎嶇數里，果得大道，天已向明。』

〔四〕體元不潤其色，處實不爲其賓：『體元』，謂以天地之元氣爲本。漢班固東都賦：『體元立制，繼天而作。』唐王維門下起赦書表：『體元作則，惟聖裁成。』此處有『體元居正』之意。即謂人君以天地之元氣爲本，常居正道以施政教。語出春秋隱公元年『元年春王正月』。杜預注：『隱公之始年，周王之正月也。凡人君即位，欲其體元以居正，故不言一年一月也。』孔穎達疏：『元正實是始長之義，但因名以廣之。元者，氣之本也，善之長也。人君執大本，長庶物，欲其與元同體，故年稱元年。正者，直方之間語也。直其行，方其義，人君當執直心，杖大義，欲其常居正道，故月稱正也。』新唐書劉蕡傳：『人君之道，在體元以居正。』『處實』，名副其實。唐温庭筠寓懷詩：『衒知有貞爵，處實非厚顔。』

〔五〕朕若昔大猷，允懷恭己：『恭己』，原作『共己』，今據四庫全書、全唐文、適園叢書、學林本改。『若』，順；順從。書説命中：『明王奉若天道，建邦設都。』穀梁傳莊公元年：『不若於道者，天絶之也。』范甯注：『若，順。』『大猷』，謂治國大道。詩小雅巧言：『奕奕寢廟，君子作之；秩秩大猷，聖人莫之。』鄭玄箋：『猷，道也；大道，治國之禮法。』唐白居易爲宰相請上尊號第二表：『伏惟陛下略撝謙之小節，弘祖宗之大猷。』『允懷』，思念。書伊訓：『惟我商王，布昭聖武，代虐以寬，兆民允懷。』孔傳：『言湯布明武德，以寬政代桀虐政，兆民以此皆

信懷我商王之德。』『恭』，謂敬慎不懈。書堯典：『允恭克讓，光被四表，格於上下。』孔穎達疏引鄭玄曰：『不懈於位曰恭。』漢張衡思玄賦：『恭夙夜而不貳兮，固終始之所服。』『恭己』，謂自己敬慎不懈。

〔六〕昭升舊章：『昭升』，顯著地升聞。書文侯之命：『父義和，丕顯文武，克慎明德，昭升於上，敷聞在下。』孔傳：『言文王聖德明升於天。』漢蔡邕太尉楊秉碑：『其惡能立功立事，敷聞於下，昭升於上，若茲巍巍者乎？』『舊章』，昔日的典章。書蔡仲之命：『無作聰明亂舊章。』孔傳：『無敢爲小聰明，作異辯以變亂舊典文章。』史記秦始皇本紀：『秦聖臨國，始定刑名，顯陳舊章。』

〔七〕周爰典籍之文，鈎校天人之理：『爰』，蓋通『援』，即援引，引用，引證。禮記緇衣：『臣儀行不重辭，不援其所不及。』鄭玄注：『援，猶引也。』後漢書馮衍傳下：『援前聖以制中兮，矯二主之驕奢。』『鈎校』，查對；查考。漢書陳咸傳：『少府多寶物，屬官咸皆鈎校，發其奸臧。』新唐書奚陟傳：『又乾没京兆錢六十八萬緡，請付比部鈎校。』

〔八〕對揚耿命，進勸皇圖：『對揚』，亦作『對敭』。謂答謝，報答。漢蔡邕太尉楊賜碑：『虔恭夙夜，不敢荒寧，用對揚天子丕顯休命。』舊唐書忠義傳上王義方：『不能盡忠竭節，

對敭王休，策蹇勵駑，祇奉皇眷。『耿命』，明命。多指天帝或帝王的命令。書立政：『丕厘上帝之耿命。』孔傳：『大賜上天之光命王天下。』明方孝孺御賜訓辭記：『公也可不思述前人之事，以期無負聖天子之耿命乎？』『皇圖』，指皇位。舊五代史唐書明宗紀三：『朕今纘皇圖，恭修帝道。』清洪昇長生殿定情：『朕乃大唐天寶皇帝是也。起自潛邸，入纘皇圖。』

〔九〕用諧啓沃之心：『啓沃』，書說命上：『啓乃心，沃朕心。』孔穎達疏：『當開汝心所有，以灌沃我心，欲令以彼所見，教己未知故也。』後因以『啓沃』謂竭誠開導、輔佐君王。梁書武帝紀下：『朕暗於行事，尤闕治道……凡爾在朝，咸思匡救，獻替可否，用相啓沃。』

批答百僚請復尊號表〔一〕

三省來章，彌用兢惕〔二〕，再崇大號，何以當之？前者示懷，蓋非沖讓〔三〕，尚勞敦請，豈所宜然。卿等博學古今〔四〕，列於朝右，思弘獻替，共致太和。豈以虛名，重予不德。再三循省〔五〕，增恧於懷，想爾深衷，勿更陳請。貞元六年。

校箋

（一）本文又見於册府元龜卷十六帝王部尊號一，亦見於全唐文卷五十四，文題爲答百僚請復尊號批，署名唐德宗。本文文末已署答於貞元六年。然考册府元龜云：『貞元五年十月，百僚累上表請復徽號，詔曰：三省來章，彌用兢惕，載崇大號，何以當之。……再三循復，增恧於懷……勿更陳請。』又，舊唐書卷十三德宗紀下載：貞元五年十月『庚午，百僚請復徽號，不允』。據此，則此次德宗之批答蓋於貞元五年（七八九）十月庚午（二日），其撰寫此答文之時間當在是時稍前。

（二）彌用兢惕：『兢惕』，戒懼。南史王融傳：『悚怍之情，夙宵兢惕。』唐白居易爲宰相賀雨表：『臣等位忝鈞衡，職乖燮理；仰陰陽而增懼，顧霖雨而懷慚。』

（三）蓋非冲讓：『冲讓』，謙讓。南史袁湛傳：『武帝北伐，湛兼太尉，與兼司空尚書范泰奉九命禮物拜授武帝，帝冲讓。』唐柳宗元箕子碑：『明哲在躬，不陋爲奴；冲讓居禮，不盈稱孤。』

〔四〕卿等博學古今：『博學』，册府元龜作『博達』。

〔五〕再三循省：『循省』，原作『循復』，今據四庫全書、全唐文改。『循省』，檢查；省察。唐韓愈潮州謝孔大夫狀：『欲致辭爲讓，則乖伏屬之禮；承命苟貪，又非循省之道。』宋葉夢得石林燕語卷九：『今臣自循省，一無可取，乃與之同被選擢，比肩并進，豈不玷朝廷之舉，爲士大夫所羞哉！』

元和元年答宰相上尊號〔一〕

伏以高祖太宗接千載之統，垂無疆之休；太上皇承九聖之烈，傳莫大之慶。嗣德纘業，允文允武〔二〕，弘帝堯之欽明〔三〕，宗玄元之清净，付朕天下，頤神保和〔四〕，至道光於唐虞，至仁合於天地。卿等虔述休德，祇獻鴻名〔五〕，循省再三，允符朕意〔六〕。朕獲守寶位，丕承睿訓〔七〕，雖嚴恭寅畏，不敢怠遑〔八〕，而澤未洽於群生，理未臻於皇極〔九〕，遽言徽號，何以當之？雖嘉乃誠，難遂來請。其上獻太上皇尊號，宜依所奏。凡百卿士，當體至懷。元和元年。

校箋

〔一〕本文又見於册府元龜卷十六、文苑英華卷四百六十六翰林制詔，文題爲永貞元年答宰臣請上尊號表，亦見於全唐文卷六十二，文題爲答宰臣請上尊號表批，署名唐憲宗。又，此文文題四庫全書、適園叢書、明鈔本、甲庫本均作批答宰臣請上尊號。本文文末已署答於『元和元年』。考册府元龜載：『順宗永貞元年八月禪位於憲宗，十二月辛酉，宰臣文武百僚等請上太上皇帝尊號。表曰：臣聞帝堯之禪虞舜也，業歸於異代；漢祖之尊太上也，禮循乎虚名。未有履尊極而捨萬乘之榮，奉晨昏而傳七廟之重。……伏惟皇帝陛下，誕受聖姿，欽膺寶曆……伏願肇兹獻歲，允極鴻名……臣等不勝大願，請上太上尊號曰應乾聖壽太上皇，請上陛下尊號曰文武大聖孝德皇帝，因三正之慶會，鼓萬國之歡心，奉寶册以薦鴻徽……憲宗詔答曰：高祖太宗接千載之統，垂無疆之休；太上皇承九聖之烈……』又，資治通鑒卷二百三十六永貞元年十二月『辛酉，百官請上上皇尊號曰應乾聖壽太上皇；上尊號曰文武大聖孝德皇帝。上許上上皇尊號而自辭不受』。按，據上述典籍所載，此次百僚上表乃在永貞元年（八〇五）十二月辛酉（二十六日）。又，此

表上後，本答詔『許上上皇尊號而自辭不受』。檢舊唐書卷十四憲宗紀載：『元和元年春正月丙寅朔，皇帝率群臣於興慶宫奉上太上皇號曰應乾聖壽太上皇。丁卯（二日），御含元殿受朝賀。禮畢，御丹鳳樓，大赦天下，改元曰元和。』據此，本答詔之撰寫與頒布應在永貞元年十二月底前，永貞元年（八〇五）十二月辛酉（二十六日）稍後，其時尚未改元元和，故文題應如册府元龜、文苑英華作永貞元年答宰臣請上尊號表爲是。

〔二〕嗣德纘業，允文允武：『允文允武』，文苑英華作『允武允文』。『嗣德』，繼承美德。唐韓愈答元侍御書：『足下年尚强，嗣德有繼，將大書特書，屢書不一書而已也。』『纘業』，繼承事業。北史周紀下論：『武皇纘業，未親萬機，慮遠謀深，以蒙養正。』唐孫逖天寶三載親祭九宫壇大赦天下制：『朕當扆君臨，握圖纘業，每聽政中昃，疇咨讜言，觀書乙夜，以求故實，勵精爲理，三紀於兹。』『允文』，謂有文德。詩周頌武：『允文文王，克開厥後。』鄭玄箋：『信有文德哉文王也，能開其子孫之基緒。』漢陳琳檄吴將校部曲文：『聖朝寬仁覆載，允信允文。大啓爵命，以示四方。』『允武』，指征伐之事。逸周書允文：『晦明遂語，于時允武。死思復生，生思復所。』朱右曾校釋：『誅之教之，皆爲允武。』

〔三〕弘帝堯之欽明：『欽明』，敬肅明察。書堯典：『曰若稽古，帝堯曰放勛，欽明文思安

安，允恭克讓。』陸德明釋文引馬融曰：『威儀表備謂之欽，照臨四方謂之明。』後遂以『欽明』爲對君主的頌詞。漢揚雄劇秦美新：『伏惟陛下以至聖之德，龍興登庸，欽明尚古，作民父母。』

〔四〕頤神保和：『頤神』，猶養神。後漢書 王充傳：『裁節嗜欲，頤神自守。』晋陸雲登遐頌焦生：『頤神太素，淑思玄冲。』『保和』，謂保持心志和順，身體安適。魏書 崔浩傳：『願陛下遣諸憂虞，恬神保和，納御嘉福，無以暗昧之説，致損聖思。』唐韓愈順宗實録卷三：『居惟保和，動必循道。』

〔五〕虔述休德，祗獻鴻名：『休德』，美德。國語 齊語：『有人居我官，有功休德。』韋昭注：『休，美也。』漢司馬相如難蜀父老：『夫拯民於沉溺，奉至尊之休德，反衰世之陵夷，繼周氏之絶業，天子之亟務也。』『鴻名』，大名；盛名。史記 司馬相如列傳：『前聖之所以永保鴻名而常爲稱首者用此，宜命掌故悉奏其義而覽焉。』唐蘇頲開元元年赦書：『鴻名不可以深拒，盛典不可以固違。』

〔六〕循省再三，允符朕志：『朕志』，原作『朕意』，今據册府元龜、文苑英華改。『循省』，檢查；省察。

〔七〕丕承睿訓：『丕承』，很好地繼承。舊謂帝王承天受命，常曰『丕承』。書 君奭：『惟

文王德丕承無疆之恤。』漢揚雄法言問明：『成湯，丕承也；文王，淵懿也。或問丕承，曰：「由小致大，不亦丕乎？革夏以天，不亦承乎？」』『睿訓』，指皇帝的教誨。唐韓愈順宗實録卷五：『今天下幸安，皆睿訓所被，而未極徽號，孰報君親？』唐劉禹錫爲裴相公賀册魯王表：『伏以魯王夙承睿訓，特禀天姿，爰擇吉辰，光膺寵册。』

〔八〕雖嚴恭寅畏，不敢怠遑：『嚴恭』，原作『虔恭』，今據册府元龜、文苑英華改。『嚴恭』，亦作『嚴龔』。莊嚴恭敬。書無逸：『昔在殷王中宗，嚴恭寅畏，天命自度。』孔傳：『言大戊嚴恪恭敬，畏天命用法度。』亢倉子訓道：『君后所愛，雖小物，必嚴龔。』南朝梁劉勰文心雕龍祝盟：『所以寅虔於神祇，嚴恭於宗廟也。』『寅畏』，敬畏；恭敬戒懼。書無逸：『嚴恭寅畏，天命自度。』蔡沈集傳：『寅則欽肅，畏則戒懼。』唐白居易畫大羅天尊贊文：『皇帝孝敬寅畏，憂勤勞謙。』『怠遑』，亦作『怠皇』。懈怠而閑暇。詩商頌殷武：『不僭不濫，不敢怠遑。』左傳襄公二十六年引作『怠皇』，杜預注：『不敢怠解自寬暇。』漢張衡東京賦：『荷天下之重任，匪怠皇以寧静。』薛綜注：『怠，懈也；皇，暇也。言無有懈怠於寧静者。』

〔九〕理未臻於皇極：『皇極』，帝王統治天下的準則。即所謂大中至正之道。書洪範：『五，皇極，皇建其有極。』孔穎達疏：『皇，大也；極，中也。施政教，治下民，當使大得其

中，無有邪僻。』漢荀悦漢紀高祖紀一：『昔在上聖，唯建皇極，經緯天地。』

元和二年答宰臣請册尊號第三表〔一〕

朕獲承丕緒〔二〕，以撫萬邦，照臨無日月之明，膏潤無江海之浸〔三〕。常恐吉蠲雖備〔四〕，未享於天心；教導雖勤〔五〕，未諧於人欲。諒慚菲德〔六〕，敢議鴻名？而鼎臣群公〔七〕，宗后庶尹〔八〕，上引祖宗之丕矩，下述黎獻之誠心〔九〕，誠予以處泰而思勞，告予以受名而務實〔十〕，陳以懇迫，至於再三〔十一〕。先典不可以固違，群情不可以屢阻，與其牢讓而繁飾〔十二〕，不若納規而徇公。遂抑至懷，勉從來請，顧惟不稱，兢惕殊深。

元和二年十二月二十二日。

校箋

〔一〕本文又見於文苑英華卷四百六十六，文題爲元和二年答宰臣請上尊號第三表，文末署（元和）『十二月二十二日』。全唐文卷六十二亦録，文題爲答宰臣請上尊號第三表批，署名唐

憲宗。御定淵鑒類函卷四十五亦載，文題爲元和二年答宰臣請上尊號第三表。此文四庫全書、明鈔本、甲庫本、適園叢書均題爲批答宰臣請再册尊號第三表。此文文末已署頒布時間爲『元和二年（八〇七）十二月二十二日』，則其撰寫時間當在是時稍前。按，據舊唐書憲宗紀載：元和『三年春正月癸未朔。癸巳，群臣上尊號曰睿聖文武皇帝』。則此次群臣所上憲宗尊號爲『睿聖文武皇帝』。

〔二〕朕獲承丕緒：『丕緒』，原作『丕叙』，今據文苑英華、四庫全書、全唐文、御定淵鑒類函改。『丕緒』，指國家大業。陳書世祖紀：『朕以寡昧，嗣膺丕緒，永言勛烈，思弘典訓。』唐皮日休悼賈：『嗟大漢之丕緒兮，虬其賢於污潢。』

〔三〕膏潤無江海之浸：『江海』，原作『江漢』，今據文苑英華、御定淵鑒類函改。

〔四〕常恐吉蠲雖備：『吉蠲』，亦作『吉圭』。謂祭祀前選擇吉日，齋戒沐浴。詩小雅天保：『吉蠲爲饎，是用孝享。』毛傳：『吉，善。蠲，絜也。』鄭玄箋：『謂將祭祀也。』朱熹集傳：『吉，言諏日擇士之善；蠲，言齋戒滌濯之潔。』陸德明釋文：『蠲，古玄反，舊音圭。』儀禮士虞禮『圭爲而哀薦之饗』鄭玄注：『圭，絜也。詩曰：「吉圭爲饎。」』

〔五〕教導雖勤：『教導』，原作『教道』，今據文苑英華、御定淵鑒類函改。

〔六〕諒慚菲德：『菲德』，原作『匪德』，今據文苑英華、御定淵鑒類函改。『菲德』，薄德。常用爲自謙之詞。梁書武帝紀中：『朕以菲德，君此兆民。』明陸采懷香記青瑣相窺：『深慚菲德，繆望長生。』

〔七〕而鼎臣群公：『鼎臣』，四庫全書、全唐文作『宰臣』。『鼎臣』，重臣；大臣。南史文學傳丘靈鞠：『嘗還東，詣司徒褚彦回别。彦回不起，曰：「比脚疾更增，不復能起。」靈鞠曰：「脚疾亦是大事，公爲一代鼎臣，不可復爲覆餗。」』唐劉禹錫慰王太尉薨表：『鼎臣云亡，梁木斯壞。』

〔八〕宗后庶尹：『庶尹』，指百官。晉陸機辨亡論：『庶尹盡規於上，四民展業於下。』吕延濟注：『庶尹，百官也。』

〔九〕下述黎獻之誠心：『誠心』，文苑英華、御定淵鑒類函作『深誠』，明鈔本、甲庫本作『心誠』。『黎獻』，黎民中的賢者。書益稷：『萬邦黎獻，共惟帝臣。』蔡沈集傳：『黎民之賢者也。』唐白居易洛川晴望賦：『是用步閭里，詢黎獻。』

〔十〕告予以受名而務實：『受名』，原作『愛名』，今據文苑英華、明鈔本、御定淵鑒類函改。

〔十一〕至於再三：明鈔本作「至再於三」。

〔十二〕與其牢讓而繁飾：「牢讓」，堅决辭讓。漢書師丹傳：「臣縱不能明陳大義，復曾不能牢讓爵位，相隨空受封侯，增益陛下之過。」唐杜牧進撰故江西韋大夫遺愛碑文表：「明命忽臨，牢讓無路，俯仰慚懼，神魂驚飛。」「繁飾」，衆多的彩飾；盛飾。墨子非命中：「繁飾有命，以教衆愚樸人久矣。」楚辭離騷：「佩繽紛其繁飾兮，芳菲菲其彌章。」

元和十四年答南省官上尊號〔一〕

朕纂嗣鴻業〔二〕，托於王公之上，常恐涉道猶淺，燭理未明，夙夜祇畏〔三〕，罔敢寧逸〔四〕。至於法天象以垂制，順人心而平亂〔五〕，立刑辟而不峻，興禮教而不倦〔六〕。簡黜澆浮〔七〕，延納忠直，思濟於道，保合太和〔八〕。今寰海削平，載橐弓矢〔九〕，皆賴於輔弼之臣〔十〕，盡規於左右〔十一〕，將帥之略，宣力於邦家〔十二〕。循省表章〔十三〕，請崇徽號，武功文德，揚美於予，用愧於懷，何以及此？尚以昆夷未靖，邊鄙猶虞〔十四〕，不果允從，宜斷來表〔十五〕。元和十四年。

校箋

〔一〕本文又見於文苑英華卷四百六十六翰林制詔、全唐文卷四百十五，文題均爲答元和南省請上徽號表，署名均是常衮。御定淵鑒類函卷四十五亦收此文，文題爲元和十四年答南省上徽號表，署名常衮。四庫全書本此文文題爲答南省請上尊號表。適園叢書、學林本題爲答南省官請上尊號表。明鈔本、甲庫本文題則作答南省上請上尊號表。可見諸本文題略有不同，其作者文苑英華等三本署爲常衮。本文文末已署頒布時間『元和十四年』（文苑英華所録此文文末所署時間同）。考元和十四年群臣請上尊號表凡四次，故唐憲宗第四次答詔（即此文後第二篇答第四表）方允所請。答第四表乃頒布於元和十四年六月七日（見此文文末所署），故舊唐書憲宗紀元和十四年七月記『辛巳，群臣上尊號曰元和聖文神武法天應道皇帝。是日，御宣政殿受册，禮畢，御丹鳳樓，大赦天下。』以此知群臣四次所上尊號即爲『元和聖文神武法天應道皇帝』，且憲宗第四次答詔在『元和十四年六月七日』。據上所考，憲宗所答本文以及此下答宰臣請册尊號第三表應撰於元和十四年（八一九）正月至六月七日前。又，『南省』，尚書省的别稱。唐中書、門

下、尚書三省均在大内之南，而尚書省更在中書、門下二省之南，故稱南省。唐韓愈論孔戣致仕狀：『右臣與孔戣同在南省爲官，數得相見。』宋陸游老學庵筆記卷六：『唐人本以尚書省在大明宫之南，故謂之南省。』又按，文苑英華、全唐文、御定淵鑒類函均記此文乃常衮所撰，所説實誤。考舊唐書卷一百一十九常衮傳載『建中元年，遷福建觀察使。四年正月卒，時年五十五』。新唐書卷一百五十常衮傳記：『建中初，楊炎輔政，起爲福建觀察使。……卒於官，年五十五，贈尚書左僕射。』中國文學家大辭典 唐五代卷中的常衮小傳所記常衮卒年同。可見常衮於德宗建中四年（七八三）正月已卒，不可能在憲宗元和十四年（八一九）撰寫此文。文苑英華、全唐文、御定淵鑒類函所記撰人誤甚。

〔二〕朕纂嗣鴻業：『鴻業』，原作『洪業』，義同。今據文苑英華、全唐文、御定淵鑒類函改。『鴻業』，大業。多指王業。漢書 成帝紀：『朕承太祖鴻業，奉宗廟二十五年。』唐玄宗并州置北都制：『守宗社之大寶，恢中原之鴻業。』

〔三〕燭理未明，夙夜祇畏：『燭理』，考察事理。舊唐書 代宗紀：『朕涉道未弘，燭理多昧。』朱子語類卷五十二：『若非燭理洞徹，胸次坦然，即酬酢應對，蹉失多矣。』『祇畏』，敬畏。書 金縢：『用能定爾子孫於下地，四方之民，罔不祇畏。』漢書 匡衡傳：『陛下祇畏天戒，哀

閔元元，大自減損。」

〔四〕罔敢寧逸：『罔敢』，文苑英華、全唐文、御定淵鑒類函作『罔或』。

〔五〕至於法天象以垂制，順人心而平亂：『人心』，明鈔本作『人情』，誤，不取。『天象』，指天空的景象，如日月星辰的運行等。古人常用以占吉凶。易繫辭上：『天垂象，見吉凶，聖人象之。』書胤征：『羲和尸厥官，罔聞知，昏迷於天象，以干先王之誅。』

〔六〕立刑辟而不峻，興禮教而不倦：『禮教』，文苑英華作『禮樂』。『刑辟』，刑法；刑律。左傳昭公六年：『昔先王議事以制，不爲刑辟，懼民之有争心也。』楊伯峻注：『刑辟即刑律。』舊唐書楊嗣復傳：『天后重行刑辟，輕用官爵，皆自圖之計耳。』『禮教』，禮儀教化。孔子家語賢君：『敦禮教，遠罪疾，則民壽矣。』三國魏吴質在元城與魏太子箋：『都人士女，服習禮教。』

〔七〕簡黜澆浮：『簡黜』，文苑英華、全唐文作『簡出』，恐誤，不取。『澆浮』，四庫全書、甲庫本作『澆薄』。『簡黜』，廢黜。漢桓寬鹽鐵論除狹：『是以賢者進用，不肖者簡黜。』『澆浮』，猶澆薄。指社會風氣浮薄。南朝齊武帝吉凶條制詔：『三季澆浮，舊章陵替。』唐朱慶餘行路難詩：『世事澆浮後，艱難向此生。』

〔八〕保合太和：『太和』，亦作『大和』。天地間沖和之氣。易 乾：『保合大和，乃利貞。』朱熹本義：『太和，陰陽會合沖和之氣也。』漢書 敘傳上：『沐浴玄德，稟卬太和。』

〔九〕今寰海削平，載櫜弓矢：『載櫜』，原作『載弢』，義同，今據文苑英華、全唐文、御定淵鑒類函改。『寰海』，海內；全國。南朝梁江淹建平王慶明帝疾和禮上表：『仁鑄蒼岳，道括寰海。』唐韓愈爲韋相公讓官表：『毫厘之差，或致弊於寰海；晷刻之誤，或遺患於歷年。』『櫜』，原爲收藏弓矢、盔甲的袋子。左傳 昭公元年：『伍舉知其有備也，請垂櫜而入。』杜預注：『櫜，古刀反，弓衣也。』禮記 少儀：『甲若有以前之，則執以將命；無以前之，則袒櫜奉胄。』鄭玄注：『櫜，弢鎧衣也。』此處意爲收藏。詩 小雅 彤弓：『彤弓弨兮，受言櫜之。』朱熹集傳：『櫜，韜。』舊唐書 李翺傳：『今聖朝以弓矢既櫜，禮樂爲大，故下百僚，可得詳議。』按，『今寰海削平』句乃指當時大致平定海內叛亂割據勢力。此情勢舊唐書 憲宗紀元和十二至十四年有所記載：『（十二年）冬十月……己卯，隋唐節度使李愬率師入蔡州，執吴元濟以獻，淮西平。……十四年春正月庚辰朔，以東師宿野，不受朝賀。……丁亥徐州軍破賊二萬於金鄉。……丙申，魏博軍破賊五萬於東阿。辛巳，斬前滄州刺史李宗奭於獨柳樹。朝廷初除鄭權滄州，宗奭拒詔不受代，既而爲三軍所逐，乃入朝，故誅之。……丙午，魏博軍破賊萬人於陽穀。

二月己酉朔……壬戌，田弘正奏，今月九日，淄青都知兵馬使劉悟斬李師道并男二人首請降，師道所管十二州平。甲子，上御宣政殿受賀。己巳，上御興安門受田弘正所獻賊俘，群臣賀於樓下。……三月己卯朔。丁酉，上以齊、魯初平，宴群臣於麟德殿，賜物有差。』

〔十〕皆賴於輔弼之臣：此句原無『於』字，今據文苑英華、全唐文、御定淵鑒類函增補。

〔十一〕盡規於左右：此句中『左右』二字原闕，四庫全書則作『朝廟』，今據文苑英華、全唐文、御定淵鑒類函增補。

〔十二〕宣力於邦家：『宣力』，效力；盡力。後漢書楊琁傳論：『若夫數將者，并宣力勤慮，以勞定功。』晉葛洪抱朴子博喻：『鼎食萬鍾，宣力之弘報也。』『邦家』，國家。詩小雅南山有臺：『樂只君子，邦家之基。』鄭玄箋：『人君既得賢者，置之於位，又尊敬以禮樂，樂之，則能爲國家之本，得壽考之福。』後漢書皇甫規傳論：『故能功成於戎狄，身全於邦家也。』

〔十三〕循省表章：『循省』，檢查；省察。

〔十四〕尚以昆夷未靖，邊鄙猶虞：『未靖』，四庫全書作『未服』。『靖』，安定。國語晉語四：『同出九人，唯重耳在，離外之患，而晉國不靖，二也。』韋昭注：『靖，治也。』晉應貞晉武帝華林園集詩：『六府孔修，九有斯靖。』『昆夷』，殷周時我國西北部族名。詩小雅采薇

序：『文王之時，西有昆夷之患，北有玁狁之難。』鄭玄箋：『昆夷，西戎也。』唐李德裕唐故開府儀同三司行右領軍衛上將軍致仕上柱國扶風馬公神道碑銘：『帝欲昆夷即序，士馬無嘩。』按，此处指西北方少數民族，如吐蕃。『邊鄙』，邊疆；邊遠的地方。國語吴語：『夫吴之邊鄙遠者，罷而未至。』唐陳子昂爲喬補闕論突厥表：『則千載之後，邊鄙無虞，中國之人，得安枕而卧。』按，此兩句所言『昆夷未靖，邊鄙猶虞』情勢，舊唐書憲宗紀元和十三年亦有所記載：『冬十月甲寅，吐蕃寇宥州。壬戌，靈武奏破吐蕃二萬於定遠城。……甲子，平凉鎮遏兵馬使郝玼奏收復原州，破吐蕃二萬。……十一月辛巳朔，夏州破吐蕃五萬。靈武奏攻破吐蕃長樂州羅城。』資治通鑒卷二百四十元和十三年亦記：『十一月，辛巳朔，鹽州奏吐蕃寇河曲、夏州。靈武奏破吐蕃長樂州，克其外城。』同上書元和十四年春亦記：『吐蕃遣使者論短立藏等來修好，未返，入寇河曲。上曰：「其國失信，其使何罪！」庚寅，遣歸國。』

〔十五〕不果允從，宜斷來表：『不果』，原作『不敢』，今據文苑英華、全唐文、御定淵鑒類函改。『宜斷來表』，原作『宜即斷表』，今據文苑英華、全唐文、御定淵鑒類函改。

答辛臣請册尊號第三表〔一〕

昔我祖宗，每崇徽號，皆以道侔天地，澤被生靈，故請之不疑，而受之不愧，是謂典禮，鴻光赫然〔二〕。朕以寡昧，祗承寶位〔三〕，寅恭惕厲，不敢荒寧〔四〕。常懼禮化未敷〔五〕，非以自尊爲意。若蕩清寇孽，修舉政刑，此乃中外英賢叶心所致。况復前疏〔六〕，亦已言之。卿等善則稱君，過陳功德〔七〕，表章三至，益愧於懷。豈大體之必然〔八〕，何懇言之不已？沉吟終日，未果允從。

校箋

〔一〕本文又見於文苑英華卷四百六十六、全唐文卷四百十五，文題均爲答請上尊號第三表，署名亦皆爲常衮。此文文末未署頒布時間。考此文乃憲宗答宰臣請册尊號第三表，此後尚有下文答第四表，而答第四表末已明署『元和十四年六月七日』。可見此第三次答文必作於『元和十四年六月七日』之前。又據前一文元和十四年答南省官上尊號所考，憲宗答宰臣請册尊號第三表應撰於元和十四年（八一九）正月至六月七日前。又按，文苑英華、全唐文均記此文乃常衮所

撰，所説實誤。詳見前一文校箋第一條所考。

〔二〕是謂典禮，鴻光赫然：『是謂』，原作『謂是』，今據文苑英華、四庫全書、全唐文改。『鴻光』，盛大光輝。『赫然』，光彩鮮明貌。多指紅色。後漢書光武帝紀下：『遠望舍南，火光赫然屬天，有頃不見。』唐封演封氏聞見記明堂：『頂上金火珠迴出空外，望之赫然。』

〔三〕朕以寡昧，祇承寶位：『寡昧』，謂知識淺陋，不明事理。北魏楊衒之洛陽伽藍記平等寺：『臣既寡昧，識無光遠，景命雖降，不敢仰承，乞收成旨，以允愚衷。』宣和遺事後集：『蓋以寡昧之資，藉盈成之業，言路壅蔽，導諛日聞，恩倖持權，貪饕得志。』『祇承』，猶祇奉。書大禹謨：『文命敷于四海，祇承于帝。』唐沈亞之秦夢記：『侍女祇承，分立左右者數百人。』

〔四〕寅恭惕厲，不敢荒寧：『寅恭』，原作『虔躬』，今據文苑英華、四庫全書、全唐文改。『寅恭』，恭敬。宋范仲淹謝轉禮部侍郎表：『臣敢不夕惕三省，寅恭一心，進則盡憂國憂民之誠，退則處樂天樂道之分。』續資治通鑑宋真宗大中祥符元年：『帝親習封禪儀於崇德殿。初，禮官言帝王無親習之文，帝曰：「朕以達寅恭之意，豈憚勞乎！」』『惕厲』，亦作『惕勵』。警惕謹慎；警惕激勵。『荒寧』，荒廢懈怠，貪圖安逸。

〔五〕常懼禮化未敷：『禮化』，謂禮儀教化。後漢書蔡邕傳：『養老辟雍，示人禮化。』魏

書高祖紀上：『淳風行於上古，禮化用乎近葉。』『敷』，孔子家語致思：『回願得明王聖主輔相之，敷其五教，導之以禮樂。』唐皮日休原弈：『堯不忍加兵，而以命舜，舜不忍伐，而敷之文德。然後有苗格焉。』『未敷』，未施予、施行。

〔六〕況復前疏：『況復』，原作『復於』，今據文苑英華、全唐文改。

〔七〕過陳功德：『過陳』，全唐文作『過稱』。

〔八〕豈大體之必然：『大體』，重要的義理，有關大局的道理。史記平原君虞卿列傳論：『〔平原君〕未睹大體。』

答第四表〔一〕

建崇名〔二〕，加大號，必自盛德，而因全功。苟非其時，難以擬議。朕紹十聖之統緒〔三〕，遵百代之憲章〔四〕，冕而事天，憂慄不暇〔五〕。乃者忠臣敦化，良將策勛〔六〕，有寇難而必殄必平，用兵戈而不蝗不旱，此乃多士叶力，成茲小康〔七〕，豈予一人，獨運而致。卿等四陳章疏，每瀝肺肝，同士庶之誠心〔八〕，徵朝廷之故實，願飾虛美，皆爲過

談〔九〕。諭而復來，勢不可止，雖重煩典。禮，殊不自安。而深念奏陳，亦嘗從允〔十〕，勉依所請，良用愧懷。元和十四年六月七日。

校箋

〔一〕本文又見於文苑英華卷四百六十六翰林制詔，文題爲元和十四年答宰臣請上尊號第四表。亦見於全唐文卷六十二，文題爲答宰臣請上尊號第四表批，署名唐憲宗。此文文末已署頒布時間「元和十四年（八一九）六月七日」（文苑英華所署時間同），則其撰寫時間當在是時稍前。

〔二〕建崇名：「崇名」，原作「崇功」，今據文苑英華、四庫全書、全唐文改。「崇名」，此處意爲尊號。南朝陳徐陵陳文帝哀策文：「大寶崇名，無間改作；纂武升歷，遺愛實繁。」

〔三〕朕紹十聖之統緒：「十聖」，文苑英華作「十皇」。按，此處「十聖」，謂唐憲宗前之十位唐朝皇帝。「統緒」，指皇室世系。宋司馬光太子太保龐公墓志銘：「公上言，比者陛下皇子繼天……願陛下深思祖宗統緒之重，歷選宗室宜爲嗣者。」明史懷獻太子見濟傳：「陛下膺天明

命，中興邦家，統緒之傳，宜歸聖子。』

〔四〕遵百代之憲章：『憲章』，典章制度。後漢書 袁紹傳：『觸情放慝，不顧憲章。』北齊顏之推顔氏家訓 文章：『朝廷憲章，軍旅誓誥，敷顯仁義……施用多途。』

〔五〕冕而事天，憂慄不暇：『憂慄』，原作『憂懼』，今據文苑英華、全唐文改。『冕』，古代天子、諸侯、卿、大夫等行朝儀、祭禮時所戴的禮帽。説文 冃部：『冕，大夫以上冠也。』徐鍇繫傳：『冕，冠上加之也。長六寸，前狹圓，後廣方，朱緑塗之。前後邃延，斿其前，垂珠也……以黄綿綴冕兩旁，下係玉瑱，又謂之珥，細長而鋭若筆頭，以屬耳中，無作聰明亂舊章，虛己以待人之意也。』左傳 桓公二年：『衮、冕、黻、珽。』孔穎達疏：『冠者，首服之大名；冕者，冠中之别號……世本云：「黄帝作冕。」宋仲子云：「冕，冠之有旒者。」』此處指戴冕。書 顧命：『一人冕執劉，立於東堂；一人冕執鉞，立於西堂。』禮記 曾子問：『諸侯適天子，必告于祖，奠於禰，冕而出視朝。』

〔六〕乃者忠臣敦化，良將策勛：『敦化』，謂仁愛敦厚，化生萬物。禮記 中庸：『小德川流，大德敦化，此天地之所以爲大也。』鄭玄注：『小德川流，浸潤萌芽，喻諸侯也；大德敦化，厚生萬物，喻天子也。』孔穎達疏：『孔子所作春秋，若以諸侯小德言之，如川水之流，浸潤萌

芽；若以天子大德言之，則仁愛敦厚，化生萬物也。』『策勛』，記功勛於策書之上。左傳 桓公二年：『凡公行，告于宗廟；反行，飲至、舍爵、策勛焉，禮也。』杜預注：『既飲置爵，則書勛勞於策，言速紀有功也。』後漢書 光武帝紀下：『夏四月，大司馬吴漢自蜀還京師，於是大饗將士，班勞策勛。』李賢注：『其有功者，以策書紀其勛也。』

〔七〕此乃多士叶力，成兹小康：『成兹』，原作『成此』，今據文苑英華、全唐文改。『多士』，古指衆多的賢士。也指百官。書 多方：『猷告爾有方多士，暨殷多士。』詩 大雅 文王：『濟濟多士，文王以寧。』『叶力』，協力；合力。唐白居易大唐泗州開元寺臨壇律德徐泗濠三州僧正明遠大師塔碑銘序：『師與徐州節度使王侍中有緣，遂合願叶力再造寺宇。』新五代史 朱友珪傳：『朕艱難創業，逾三十年。托於人上，忽焉六載，中外叶力，期於小康。』『小康』，稍安。詩 大雅 民勞：『民亦勞止，汔可小康。』鄭玄箋：『康、綏，皆安也。……今周民罷勞矣，王幾可以小安之乎？』唐白居易老病相仍以詩自解：『昨因風發甘長往，今遇陽和又小康。』

〔八〕同士庶之誠心：『同』，原作『表』，今據文苑英華、全唐文改。

〔九〕願飾虚美，皆爲過談：『虚美』，即『虚美隱惡』之意。即憑空加以贊美而掩蔽其過錯。宋王應麟困學紀聞 考史：『愚謂子顯以齊宗室，仕於梁而作齊史，虚美隱惡，其能直筆乎？』『過

談』，誇大不實之言。唐權德輿答楊湖南書：『揄揚弘大，務極其言，則虛美之中又爲虛美，所冀盡去過談，方敢受賜耳。』

〔十〕亦當從允：『從允』，文苑英華、全唐文作『從欲』。

長慶元年答宰臣上尊號〔一〕

朕以菲德，初承大寶，嚴恭夙夜，修己臨人〔二〕。燭理未明，舉政多闕，雖克展郊禋之禮，或未稱瑞應之符〔三〕。而俗尚凋訛，人未康乂〔四〕。所患德之未立，不患名之不尊。至於北狄求和，西戎即叙〔五〕，南越投戈而率化，東夷繼踵而來王〔六〕，不俟七旬之期，自銷積紀之弊〔七〕，此皆祖宗垂祐，公卿叶贊之力也〔八〕，朕何有焉？遽議虛名，深愧未稱〔九〕。卿等志思將順，誠切忠君〔十〕，宜體至懷，勿徇虛美。長慶元年四月。

校箋

〔一〕此文又見於册府元龜卷十七帝王部尊號二，亦見於全唐文卷六十六，文題爲答宰臣請

上尊號表批，署名唐穆宗。此文文題四庫全書、適園叢書、明鈔本、甲庫本、學林本均作批宰臣請上尊號表。此文文末所署批答時間爲『長慶元年四月』。考册府元龜載：『穆宗長慶元年四月辛卯，中書門下及文武百僚請上尊號，表曰：「臣聞上帝至尊也，其名有九，所以顯高明之位。……伏惟皇帝陛下欽明御曆，神武纂戎，挺上聖之姿……陛下有格天之大勛，動天之大德，徽烈已冠於前古，而稱號猶抑於當今，凡在朝野，敢不知罪。臣等不勝大願，伏乞回天眷，啓宸衷，擇吉日崇徽號，塞人祇慊慊之望，合夷夏顒顒之誠。」制答曰：「朕以菲德，初承大寶……朕何有焉？遽議徽名，深懼未稱。……勿徇虚美。」表四上，從之。七月壬子，御宣政殿受册文武孝德皇帝尊號。』又，舊唐書卷十六穆宗紀長慶元年七月載：『壬子，群臣上尊號曰文武孝德皇帝。是日，上受册於宣政殿，禮畢，御丹鳳樓，大赦天下。』新唐書穆宗紀、資治通鑒卷二百四十二所記同。據上述典籍所載，知此次群臣請上之尊號爲『文武孝德皇帝』，而群臣此次所上表時間爲長慶元年四月辛卯，然穆宗未允，故有此答文。群臣所上表凡四次，而穆宗方於第四次答文從群臣所請。後於同年七月壬子，御宣政殿受册『文武孝德皇帝尊號』。據此，本答文最早當撰寫於長慶元年（八二一）四月辛卯（二十五日）後。

〔二〕朕以菲德，初承大寶，嚴恭夙夜，修己臨人：『菲德』，薄德。常用爲自謙之詞。梁書武

帝紀中：『朕以菲德，君此兆民。』明陸采懷香記青瑣相窺：『深慚菲德，繆望長生。』『大寶』，易繫辭下：『聖人之大寶曰位。』後因以『大寶』指帝位。舊唐書德宗紀下：『朕以寡德，祗膺大寶。』『嚴恭』，亦作『嚴龔』。莊嚴恭敬。書無逸：『昔在殷王中宗，嚴恭寅畏，天命自度。』孔傳：『言太戊嚴恪恭敬，畏天命，用法度。』南朝梁劉勰文心雕龍祝盟：『所以寅虔於神祇，嚴恭於宗廟也。』『臨人』，謂選拔人才。後漢書崔寔傳：『蓋孔子對葉公以來遠，哀公以臨人，景公以節禮，非其不同，所急異務也。』李賢注：『韓子曰，葉公問政於仲尼。仲尼曰：「政在悦近而來遠。」魯哀公問政於仲尼。仲尼曰：「政在選賢。」齊景公問政於仲尼，仲尼曰：「政在節財。」此云「臨人」「節禮」，文不同也。』按，此處謂『嚴恭夙夜，修己臨人』，蓋指穆宗即位之初即忙於提拔或貶斥官員以及選拔人才等事。舊唐書卷十六穆宗紀即記其即位之初之作爲云：『十五年正月庚子，憲宗崩。丙午，即皇帝位於太極殿東序。是日，召翰林學士段文昌、杜元穎、沈傳師、李肇，侍讀薛放、丁公著對於思政殿，并賜金紫。丁未，集群臣班於月華門外。貶門下侍郎、同平章事皇甫鎛爲崖州司户。戊申，上見宰臣於紫宸門外。辛亥，以朝議郎、守御史中丞、飛騎尉、襲徐國公、賜緋魚袋蕭俛爲朝散大夫、守中書；舍人、翰林學士、武騎尉、賜紫金魚袋段文昌爲中書侍郎、同平章事。上始御延英對宰臣。詔曰：「山人柳泌輕懷左道，上惑先朝。固

求牧人，貴欲疑衆，自知虚誕，仍更遁逃。僧大通醫方不精，藥術皆妄。既延禍釁，俱是奸邪。邦國固有常刑，人神所宜共棄，付京兆府決杖處死。」金吾將軍李道古貶循州司馬。憲宗末年，鋭於服餌，皇甫鎛與李道古薦術人柳泌、僧大通待詔翰林。泌於台州爲上鍊神丹，上服之，日加躁渴，遽棄萬國。……以監察御史李德裕、右拾遺李紳、禮部員外郎庾敬休并守本官，充翰林學士。丁巳，以劍南東川節度使李逢吉爲襄州刺史，充山南東道節度使；以吏部侍郎王涯檢校禮部尚書、梓州刺史，充劍南東川節度使。……丙寅，以右神策大將軍張維清爲單于大都護，充振武麟勝節度使。……庚午，册大行皇帝貴妃郭氏爲皇太后。貶諫議大夫李景儉爲建州刺史。二月癸酉朔。……甲午，以桂管觀察使裴行立爲安南都護，充本管經略使。乙未，以太僕卿杜式方爲桂州刺史，充桂管觀察使。……辛丑，以户部侍郎楊於陵爲户部尚書。壬寅，敕舉賢良方正、直言極諫等科目人，宜令中書門下尚書省四品已上於尚書省同試。」

〔三〕雖克展郊禋之禮，或未稱瑞應之符：『郊禋』，古帝王升烟祭祀天地的大禮。漢揚雄甘泉賦：『徠祇郊禋，神所依兮。』梁書 元帝紀：『鑾輅龍章，蓋以郊禋而貴。』『瑞應』，古代以爲帝王修德，時世清平，天就降祥瑞以應之，謂之瑞應。西京雜記卷三：『瑞者，寶也，信也。天以寶爲信，應人之德，故曰瑞應。』後漢書 百官志二：『太史令一人……凡國有瑞應、灾異，掌

記之。」按，此處『克展郊禋之禮』，蓋即册府元龜所記諸大臣上表所云唐穆宗『粤若祇事郊廟』之事。

〔四〕俗尚凋訛，人未康乂：『凋訛』，衰替訛亂。晋書輿服志：『禮業凋訛，人情馳爽，諸侯征伐，憲度淪亡。』隋書高祖紀下：『至於四時郊祀之節文，五服麻葛之隆殺，是非異説，踳駁殊塗，致使聖教凋訛，輕重無準。』『康乂』，安治。書康誥：『若保赤子，惟民其康乂。』孔穎達疏：『釋詁云：康，安也……乂，治也。』後漢書順帝紀：『儉以恤民，政致康乂。』

〔五〕至於北狄求和，西戎即叙：『北狄』，原指古代的狄族。因其主要居住於北方，故稱。後用爲對北方各少數民族的泛稱。孟子梁惠王下：『東面而征西夷怨，南面而征北狄怨。』五朝名臣言行録卷二引宋歐陽修歸田録：『其後，北狄講和，西戎納款。』『西戎』，用以稱我國西北方吐蕃等少數民族。唐杜甫秦州雜詩二十首之十八：『西戎外甥國，何得迕天威。』

〔六〕南越投戈而率化，東夷繼踵而來王：『南越』，亦作『南粤』。古地名，今廣東廣西一帶。莊子山木：『南越有邑焉，名爲建德之國。』通典州郡古南越：『自嶺而南，當唐、虞、三代爲蠻夷之國，是百越之地，亦謂之南越。古謂之雕題，非禹貢九州之域，又非周禮職方之限。』『率化』，歸順。唐許堯佐柳氏傳：『今文明撫運，遐邇率化。』舊唐書文苑傳下劉蕡：『是

以人不率化，氣或堙厄。」「東夷」，古代對我國中原以東各族的統稱。禮記 曲禮下：「其在東夷、北狄、西戎、南蠻，雖大曰子。」晋孫楚爲石仲容與孫皓書：「東夷獻其樂器，肅慎貢其楛矢。」按，此兩句以及其上兩句，乃應對册府元龜所録群臣所上表中「蠻夷蹶角而威服，人瑞也。祖宗未賓之地，帝王不收之甿，皆勿耀天威，獨運聖算，未嘗血一刃、勞一夫，文軌罔不同，桀鶩罔不化」之稱頌。

〔七〕不候七旬之期，自銷積紀之弊：「不候」，册府元龜作「不俟」。「積紀」，猶積時。晋左思魏都賦：「畢出征而中律，執奇正以四伐。碩畫精通，目無匪制，推鋒積紀，鋩氣彌鋭。」劉逵注：「一紀十二年。推鋒積紀，謂魏武帝從初平元年起兵至建安二十年，軍無不剋。」

〔八〕此皆祖宗垂祐，公卿叶贊之力也：「祖宗」，册府元龜作「宗社」。「叶贊」，册府元龜作「贊謀」。「叶贊」，協同翊贊。晋書 元帝紀：「然晋室遘紛，皇輿播越，天命未改，人謀叶贊。」新五代史 裴迪傳：「太祖自岐還，將吏皆賜「迎鑾叶贊功臣」，將吏入見，太祖目迪曰：「叶贊之功，惟裴公有之，佗人不足當也。」」

〔九〕遽議虚名，深愧未稱：「虚名」，册府元龜作「徽名」。「深愧」，册府元龜作「深懼」。

〔十〕誠切忠君：「忠君」，原作「志君」，册府元龜作「致君」，今據四庫全書、全唐文

改。『誠切』，真誠懇切。後漢書光武帝紀上：『純言甚誠切，光武深感，曰：「吾將思之。」』唐趙璘因話録角：『（書）曰：「和尚薄於滋味，深於酒德，所食僅同嬰兒，所飲或如少壯。常恐尊體有所不安，中夜思之，實懷憂戀。」其誠切如此。』

答第二表〔一〕

元稹

朕聞天職生植，聖職教化〔二〕。天職舉則四時行，聖職修則萬方理。然而天不以行四時而爲德，故蕩蕩無名〔三〕；聖不以理萬方而爲功，故謙謙不宰〔四〕。顧朕小子，獲承丕圖，上賴祖宗之靈，下托股肱之力。先定鎮、冀〔五〕，次來幽燕〔六〕，皆吾日月之所照臨，車書之所轍迹〔七〕。失之則有以自愧，得之則何足自多。况今四海雖清〔八〕，物力方困；六戎雖伏〔九〕，邊備尚勞；百吏雖存，官業多曠〔十〕；萬目雖設，紀律未張。有此四者，不遑荒寧〔十一〕，思與多士，夙夜俾乂〔十二〕。卿宜爲我提振大法，修明政經〔十三〕，懾竄戎狄，阜康黎庶〔十四〕。四者既理，名焉用之〔十五〕？朕方以皐、夔之務委卿，卿宜以堯舜之事教我〔十六〕。驟加徽號，深耻近名。循省表章，難遂來請〔十七〕。長慶元年四月。

校箋

〔一〕此文又見於元稹元氏長慶集卷四十一，文題名爲批宰臣請上尊號第二表。又見於文苑英華卷四百六十六，文題名爲長慶元年批宰臣請上尊號第二表。全唐文卷六四九亦收録，文題名爲批宰臣請上尊號第二表，署名元稹。御定淵鑒類函卷四十五亦録元稹此文，文題名爲批宰臣上尊號第二表，然誤以爲元稹長慶二年所代撰。四庫全書、適園叢書、明鈔本、甲庫本、學林本文題均同全唐文。此文文末已署批答時間長慶元年（八二一）四月，唯不知在四月何日。其撰寫時間亦當在此時稍前。又本文撰者元稹，傳見舊唐書卷一百六十六、新唐書卷一百七十四。舊唐書本傳載：『元稹字微之，河南人。後魏昭成皇帝，稹十代祖也。……稹八歲喪父。其母鄭夫人，賢明婦人也，家貧，爲稹自授書，教之書學。稹九歲能屬文。十五兩經擢第。二十四調判入第四等，授秘書省校書郎。二十八應制舉才識兼茂、明於體用科，登第者十八人，稹爲第一，元和元年四月也。制下，除右拾遺。稹性鋒鋭，見事風生。既居諫垣，不欲碌碌自滯，事無不言，即日上疏論諫職。又以前時王叔文、王伾以猥褻待詔，蒙幸太子，永貞之際，大撓朝政。是以訓導太子宫

官，宜選正人，乃獻教本書曰：……憲宗覽之甚悅。又論西北邊事，皆朝政之大者，憲宗召對，問方略。爲執政所忌，出爲河南縣尉。丁母憂，服除，拜監察御史。四年，奉使東蜀，劾奏故劍南東川節度使嚴礪違制擅賦……執政以稹少年後輩，務作威福，貶爲江陵府士曹參軍。稹聰警絶人，年少有才名，與太原白居易友善。工爲詩，善狀咏風態物色，當時言詩者，稱元、白焉。自衣冠士子，至閭閻下俚，悉傳諷之，號爲「元和體」。既以俊爽不容於朝，流放荆蠻者僅十年。俄而白居易亦貶江州司馬，稹量移通州司馬。雖通、江懸邈，而二人來往贈答，凡所爲詩，有自三十、五十韻乃至百韻者。江南人士，傳道諷誦，流聞闕下，里巷相傳，爲之紙貴。觀其流離放逐之意，靡不凄惋。十四年，自虢州長史徵還，爲膳部員外郎。宰相令狐楚一代文宗，雅知稹之辭學，謂稹曰：「嘗覽足下製作，所恨不多，遲之久矣。請出其所有，以豁予懷。」稹因獻其文，自叙曰：……楚深稱賞，以爲今代之鮑、謝也。穆宗皇帝在東宮，有妃嬪左右嘗誦稹歌詩以爲樂曲者，知稹所爲，嘗稱其善，宮中呼爲元才子。荆南監軍崔潭峻甚禮接稹，不以掾吏遇之，常徵其詩什諷誦之。長慶初，潭峻歸朝，出稹連昌宮辭等百餘篇奏御。穆宗大悦，問稹安在。對曰：「今爲南宮散郎。」即日轉祠部郎中、知制誥。朝廷以書命不由相府，甚鄙之，然辭誥所出，敻然與古爲侔，遂盛傳於代，由是極承恩顧。嘗爲長慶宮辭數十百篇，京師競相傳唱。居無何，召入翰林，爲中

書舍人、承旨學士。中人以潭峻之故，争與稹交，而知樞密魏弘簡尤與稹相善，穆宗愈深知重。河東節度使裴度三上疏，言稹與弘簡爲刎頸之交，謀亂朝政，言甚激訐。穆宗顧中外人情，乃罷稹内職，授工部侍郎。上恩顧未衰。長慶二年，拜平章事。詔下之日，朝野無不輕笑之。……有李賞者，知于方之謀，以稹與裴度有隙，乃告度云：「于方爲稹所使，欲結客王昭等刺度。」度隱而不發。及神策軍中尉奏于方之事，乃詔三司使韓皋等訊鞫，而害裴事無驗，而前事盡露。遂俱罷稹、度平章事，乃出稹爲同州刺史，度守僕射。諫官上疏，言責度太重，稹太輕。上心憐稹，止削長春宫使。……稹至同州，因表謝上，自叙曰：……在郡二年，改授越州刺史、兼御史大夫、浙東觀察使。會稽山水奇秀，稹所辟幕職，皆當時文士，而鏡湖、秦望之游，月三四焉。而諷咏詩什，動盈卷帙。副使竇鞏，海内詩名，與稹酬唱最多，至今稱蘭亭絶唱。稹既放意娱游，稍不修邊幅，以瀆貨聞於時。凡在越八年。太和初，就加檢校禮部尚書。三年九月，入爲尚書左丞。振舉紀綱，出郎官頗乖公議者七人。然以稹素無檢操，人情不厭服。會宰相王播倉卒而卒，稹大爲路歧，經營相位。四年正月，檢校户部尚書，兼鄂州刺史、御史大夫、武昌軍節度使。五年七月二十二日暴疾，一日而卒於鎮，時年五十三，贈尚書右僕射。……所著詩賦、詔册、銘誄、論議等雜文一百卷，號曰《元氏長慶集》。又著古今刑政書三百卷，號《類集》，并行於代。』

〔二〕朕聞天職生植，聖職教化：『天職』，上天的職任，指四時運行與萬物生長等。荀子天論：『不爲而成，不求而得，夫是之謂天職。』楊倞注：『不爲而成，不求而得，四時行焉，百物生焉，天之職任如此，豈愛憎於堯桀之間乎！』列子天瑞：『天職生覆，地職形載。』『生植』，生育繁殖。晉書虞預傳：『臣聞天道貴信，地道貴誠。誠信者，蓋二儀所以生植萬物，人君所以保乂黎蒸。』唐劉禹錫天論：『天之道在生植，其用在强弱。』『教化』，教育感化。禮記經解：『故禮之教化也微，其止邪也於未形。』唐玄奘大唐西域記憍賞彌國：『世尊慰曰：「教化勞耶？開導末世，實此爲冀。」』

〔三〕蕩蕩無名：『蕩蕩』，廣大貌；博大貌。書洪範：『無偏無黨，王道蕩蕩。』論語泰伯：『大哉堯之爲君也……蕩蕩乎，民無能名焉。』朱熹集注：『蕩蕩，廣遠之稱也。』漢書禮樂志：『大海蕩蕩水所歸，高賢愉愉民所懷。』顔師古注：『蕩蕩，廣大貌也。』

〔四〕聖不以理萬方而爲功，故謙謙不宰：『萬方』，原作『萬物』，今據元氏長慶集、文苑英華、全唐文改。『謙謙』，謙遜貌。漢劉向列女傳有虞二妃：『二女承事舜於畎畝之中，不以天子之女故而驕盈怠嫚，猶謙謙恭儉，思盡婦道。』宋陳傅良祭蘇訓直文：『某幸兹爲僚，情相後先，即之謙謙，聽之便便，一日不見，而我棄捐。』『不宰』，不主宰。老子：『爲而不恃，長而不

宰。』唐杜審言和李大夫嗣真奉使存撫河東：『不宰神功運，無爲大象懸。』

〔五〕先定鎮、冀：『先定』，原作『先靖』，今據元氏長慶集、文苑英華、四庫全書、全唐文、御定淵鑒類函改。『鎮、冀』，指鎮州、冀州。按，『先定鎮、冀』事，舊唐書卷十六穆宗紀元和十五年載：『冬十月……庚辰，成德軍節度使王承宗卒，其弟承元上表請朝廷命帥，遣起居舍人柏耆宣慰之。……乙酉，以魏博等州節度觀察等使、光禄大夫、檢校司徒、兼侍中、魏博大都督府長史、上柱國、沂國公、食邑三千户、實封三百户田弘正可檢校司徒、兼中書令、鎮州大都督府長史、成德軍節度、鎮冀深趙等州觀察處置等使。以鎮冀深趙等觀察度支使、朝議郎、試金吾左衛胄曹參軍、兼監察御史王承元可銀青光禄大夫、檢校工部尚書、使持節滑州諸軍事、守滑州刺史、御史大夫，充義成軍節度、鄭滑等州觀察等使。……十一月乙亥朔。癸卯，制：「朕聞帝王丕宅四海，子育群生，如天無不覆，如日無不燭。乃眷冀方，初喪戎帥，念乎三軍之事，洎於四州之人。或懷忠積誠，而思用莫展；或灾荒兵役，而望恤何階。今則昌運一開，誠節咸著。王承元首陳章疏，願赴闕庭。永念父兄之忠，克固君臣之義，已加殊奬，別委重藩。又念成德軍將士等，叶謀向義，丹款載申，咸欲效其器能，各宜列之爵秩。大將史重歸、牛元翼已超授寵榮，今更都加厚賜。宜令諫議大夫鄭覃往鎮州宣慰，賜錢一百萬貫。王澤所洽，天綱方恢，宥過釋冤，與人

休泰。其管内見禁囚徒，罪無輕重，并宜釋放。朕以武俊之勛勞，光於彝鼎；士真之恭恪，繼被節旄。承宗感恩，亦克立效。永言十代之宥，俾賜一門之榮。承宗兄弟已授官爵，其承宗葬事亦差官監視，務令周厚。」丁未，封王承宗祖母李氏爲晋國太夫人。辛亥，田弘正奏王承元以今月九日領兵二千人赴鎮滑州。成德軍徵賞錢頗急，乃命柏耆先往諭之。』

〔六〕次來幽燕：指幽州節度使馬總奏請去位落髮爲僧，所管轄郡縣由朝廷命人充任管理等事。此事舊唐書穆宗紀長慶元年有所記載：『（二月）己卯，幽州節度使劉總奏請去位落髮爲僧。又請分割幽州所管郡縣爲三道，請支三軍賞設錢一百萬貫。……三月丁酉朔……劉總進馬一萬五千匹。……辛亥，命給事中韋弘慶充幽州宣慰使，左拾遺狄兼謨副之。……癸丑，以幽州盧龍軍節度副大使、知節度事、押奚、契丹兩蕃經略等使、檢校司空、同中書門下平章事、楚國公劉總可檢校司徒、兼侍中、天平軍節度、鄆曹濮等州觀察等使。以宣武軍節度使、檢校右僕射、同平章事張弘靖爲檢校司空、同平章事、兼幽州大都督府長史，充幽州盧龍軍節度使。從劉總所奏故也。……乙卯，以權知京兆尹盧士玫爲瀛州刺史，充瀛莫等州都團練觀察使，從劉總奏析置也。丁巳，制：「劉總已極上臺，仍移重鎮，兄弟子侄，各授官榮，大將賓僚，亦宜超擢。幽州百姓給復一年，賜三軍賞設錢一百萬貫。令宣慰使薛存慶與弘靖計會支給。」……甲子，劉總請以

私第爲佛寺，乃遣中使賜寺額曰報恩。幽州奏劉總堅請爲僧，又賜以僧衣，賜號大覺。總是夜遁去，幽州人不知所之。……夏四月丙寅朔，授劉總弟約及總男等一十一人官，內五人爲刺史，餘朝班環衛。庚午，易定奏劉總已爲僧，三月二十七日卒於當道界，贈太尉。』

〔七〕車書之所轍迹：『轍迹』，原作『徹迹』，今據元氏長慶集、文苑英華、四庫全書、全唐文、御定淵鑒類函改。『車書』，禮記 中庸：『今天下車同軌，書同文。』謂車乘的軌轍相同，書牘的文字相同，表示文物制度劃一，天下一統。後因以『車書』泛指國家的文物制度。後漢書 光武帝紀贊：『金湯失險，車書共道。』杜甫題桃樹詩：『寡妻群盜非今日，天下車書已一家。』

〔八〕況今四海雖清：『四海』，原作『四方』，今據文苑英華、全唐文改。

〔九〕六戎雖伏：『六戎』，我國古代西方戎族之六部。周禮 夏官 職方氏『五戎六狄』鄭玄注引爾雅曰：『九夷、八蠻、六戎、五狄，謂之四海。』按，今本爾雅 釋地作『七戎』。邢昺疏：『風俗通云：「斬伐殺生，不得其中。戎者凶也，其類有六。」李巡云：「一曰僥夷，二曰戎夫（一作戎夷），三曰老白，四曰耆羌，五曰鼻息，六曰天剛。」』後用以爲西方民族之通稱。漢故谷城長蕩陰令張君表頌：『南苞八蠻，西羈六戎，北震五狄，東勤九夷。』敦煌曲子詞 望江南：『曹公德爲國托西關，六戎盡來作百姓。壓壇河隴定羌渾，雄名遠近聞。』

（十）官業多曠：『官業』，原作『官守』，今據元氏長慶集、文苑英華、全唐文、御定淵鑑類函改。『官業』，官府裏的事務；公務。國語 楚語上：『其事不煩官業，其日不廢時務。』韋昭注：『業，事也。』宋王禹偁謫居感事詩：『宦途甘碌碌，官業亦孜孜。』

（十一）有此四者，不遑荒寧：『有此四者』，原作『此四者』，今據元氏長慶集、四庫全書、全唐文、御定淵鑑類函增補。『不遑荒寧』，原作『不敢遑寧』，今據元氏長慶集、全唐文改。『荒寧』，荒廢懈怠，貪圖安逸。

（十二）思與多士，夙夜俾乂：『多士』，原作『卿等』，今據元氏長慶集、全唐文改。『多士』，古指衆多的賢士。也指百官。書 多方：『猷告爾有方多士，暨殷多士。』詩 大雅 文王：『濟濟多士，文王以寧。』晋盧諶答魏子悌詩：『多士成大業，群賢濟弘績。』『夙夜』，朝夕，日夜。書 旅獒：『夙夜罔或不勤，不矜細行，終累大德。』孔傳：『言當早起夜寐。』漢桓寬鹽鐵論 刺復：『是以夙夜思念國家之用，寢而忘寐，饑而忘食。』

（十三）卿宜爲我提振大法，修明政經：『提振』，提倡，宣導。宋王禹偁揚州謝上表：『况揚州雖號藩方，無多户口，凡干場務，皆有使臣，臣在其中提振而已。』『大法』，此處指朝廷的綱紀。『修明』，發揚光大。明方孝孺與朱伯清長史書：『修明政教，戢和人民，勞之而不怨，殺之

而不憒。』『政經』，政治的常法。語出左傳 宣公十二年：『今兹入鄭，民不罷勞，君無怨讟，政有經矣。』杜預注：『經，常也。』唐元稹柏耆授尚書兵部員外郎制：『朕聞亟遷則彝倫斁，滯賞則勞臣怠，兼用兩者，謂之政經。』

〔十四〕懾竄戎狄，阜康黎庶：『懾竄』，原作『襲竄』，文苑英華、四庫全書、御定淵鑑類函作『讋竄』，今據元氏長慶集、全唐文改。『戎狄』，文苑英華作『戎夷』。『阜康』，原作『康阜』，今據元氏長慶集、文苑英華、全唐文、御定淵鑑類函改。『阜康』，富足康樂。晋常璩華陽國志 蜀志：『是時世平道治，民物阜康。』唐陸贄韓滉加檢校右僕射制：『軍無撓敗，俗以阜康。』

〔十五〕名焉用之：『名焉用之』，原作『名焉用哉』，今據元氏長慶集、文苑英華、全唐文、御定淵鑑類函改。

〔十六〕朕方以皋、夔之務委卿，卿宜以堯舜之事教我：『教我』，原作『教朕』，今據元氏長慶集、文苑英華、全唐文、御定淵鑑類函改。『皋、夔』，即皋陶和夔。『皋陶』，亦作『皋繇』。傳説爲虞舜時的司法官。書 舜典：『帝曰：「皋陶，蠻夷猾夏，寇賊奸宄，汝作士。」』論語 顔淵：『舜有天下，選於衆，舉皋陶，不仁者遠矣。』荀子 非相：『皋陶之狀，色如削瓜。』『夔』，

人名。相傳舜時樂官。禮記樂記：『昔者舜作五弦之琴，以歌南風。夔始制樂，以賞諸侯。』鄭玄注：『夔，舜時典樂者也。』

〔十七〕難遂來請：『難遂』，原作『難徇』，今據元氏長慶集、文苑英華、全唐文、御定淵鑒類函改。

答批第三表〔一〕

元稹

昔齊桓議封禪，管仲驟諫其未宜〔二〕；晉武平江東，何曾深惟於遠馭〔三〕。彼二臣者，居安思危之志明，而有犯無隱之誠切也〔四〕。況朕寡德，謬膺昌期〔五〕，賴先帝削平之威，蒙列聖浸漬之澤〔六〕，聿來燕冀，甫静華夷〔七〕，既無德而有成〔八〕，實以祥而爲懼。卿等所宜朝夕納誨，警予荒寧〔九〕，雖休勿休，日慎一日，而乃過爲溢美，頻上鴻名，諒多忠赤之誠，殊非藥石之愛〔十〕。汝爲予礪，爲朕揣摩〔十一〕；汝爲予舟，爲朕康濟。强我懿號，不若使我爲有道之君〔十二〕；加我虚尊，不若使我居無過之地〔十三〕。宜罷來請，用副乃懷。

校箋

〔一〕此文又見於元稹元氏長慶集卷四十一，文題爲批宰臣請上尊號第三表。文苑英華卷四百六十六、御定淵鑒類函卷四十五亦均録元稹此文，文題均爲批第三表。全唐文卷六百四十九亦收，文題爲批宰臣請上尊號第三表，署名元稹。四庫全書、適園叢書、明鈔本、甲庫本、學林本等此文文題均同全唐文。此文文末未署答批時間。考此文乃第三次答批，第二次答批在長慶元年四月，而第四次答批在長慶元年五月，則此文答批與撰寫均應在長慶元年（八二一）四、五月間，具體日期則難具考。按，作者元稹，生平事迹見本書卷六上文其所撰答第二表校箋第一條。

〔二〕昔齊桓議封禪，管仲驟諫其未宜：『管仲』，原作『管叔』，今據元氏長慶集、文苑英華、四庫全書、全唐文、御定淵鑒類函改。『齊桓』，即齊桓公。春秋時齊國國君，姜姓，名小白。襄公弟。初奔於莒，襄公被殺，自莒歸國即位，任管仲爲相，主改革，國力富强。以『尊王攘夷』爲名，北伐戎狄，阻其窺視中原；南抑强楚，迫其盟於召陵。安定周王室，周惠王死，奉太子鄭即位，爲周襄王。多次會合諸侯，訂立盟約，樹立威望，爲春秋時代首位霸主。在位四十三

年，卒謚桓。『管仲』，傳見史記卷六十二管晏列傳。其本傳載：『管仲夷吾者，潁上人也。少時常與鮑叔牙游，鮑叔知其賢。管仲貧困，常欺鮑叔，鮑叔終善遇之，不以爲言。已而鮑叔事齊公子小白，管仲事公子糾。及小白立爲桓公，公子糾死，管仲囚焉。鮑叔遂進管仲。管仲既用，任政於齊，齊桓公以霸，九合諸侯，一匡天下，管仲之謀也。』按，『昔齊桓議封禪，管仲驟諫其未宜』事可見於史記卷三十二齊太公世家：『是時周室微，唯齊、楚、秦、晋爲强。晋初與會，獻公死，國内亂。秦穆公辟遠，不與中國會盟。楚成王初收荆蠻有之，夷狄自置。唯獨齊爲中國會盟，而桓公能宣其德，故諸侯賓會。於是桓公稱曰：「寡人南伐至召陵，望熊山；北伐山戎、離枝、孤竹；西伐大夏，涉流沙；束馬懸車登太行，至卑耳山而還。諸侯莫違寡人。寡人兵車之會三，乘車之會六，九合諸侯，一匡天下。昔三代受命，有何以異於此乎？吾欲封泰山，禪梁父。」管仲固諫，不聽；乃説桓公以遠方珍怪物至乃得封，桓公乃止。』

〔三〕晋武平江東，何曾深惟於遠馭：『何曾深惟於遠馭』，原作『何曾深惟其遠馭』，今據元氏長慶集、文苑英華、全唐文、御定淵鑒類函改。『晋武』，即晋武帝司馬炎，晋朝皇帝。河内温縣人，字安世。司馬昭子。初仕魏，封北平亭侯。歷給事中。魏元帝咸熙二年嗣昭爲相國、晋王。不久代魏，即帝位，建晋王朝。咸寧六年，滅吴，統一全國。大封宗室，加强士族門閥制

度，頒新修律令，制户調式，規定按官品等級占田數額等。晚年耽於佚樂，立癡呆之子司馬衷爲太子，釀成身後大亂。廟號世祖。按，『晋武平江東，何曾深惟於遠馭』句中何曾事見晋書卷三十三何曾傳：『何曾字潁考，陳國陽夏人也。……曾少襲爵，好學博聞，與同郡袁侃齊名。魏明帝初爲平原侯，曾爲文學。及即位，累遷散騎侍郎、汲郡典農中郎將、給事黄門侍郎。……頃之遷散騎常侍。及宣帝將伐遼東，曾上疏魏帝曰：「臣聞先王制法，必全於慎。故建官受任，則置副佐；陳師命將，則立監貳；宣命遣使，則設介副；臨敵交刃，又參御右，蓋以盡思謀之功，防安危之變也。是以在險當難，則權足相濟；隕缺不豫，則才足相代。其爲國防，至深至遠。及至漢氏，亦循舊章，韓信伐趙，張耳爲貳；馬援討越，劉隆副軍。前世之迹，著在篇志。今太尉奉辭伐罪，精甲鋭鋒，步騎數萬，道路迴阻，且四千里。雖假天威，有征無戰，寇或潛遁，消引日月。命無常期，人非金石，遠慮詳備，誠宜有副。今北軍諸將及太尉所督，皆爲僚屬，名位不殊，素無定分統御之尊，卒有變急，不相鎮攝。存不忘亡，聖達所裁。臣愚以爲宜選大臣名將威重宿著者，成其禮秩，遣詣北軍，進同謀略，退爲副佐。雖有萬一不虞之變，軍主有儲，則無患矣。」帝不從。出補河内太守，在任有威嚴之稱。徵拜侍中，母憂去官。』又按，此答詔謂何曾『深惟於遠馭』事在『晋武平江東』時，然晋書何曾傳則謂『及宣帝將伐遼東，曾上疏魏帝』，兩者所

說有所不同，其中當有訛誤者。考晉書卷三武帝本紀咸寧五年（二七九）載：『十一月，大舉伐吴，遣鎮軍將軍、琅邪王伷出涂中，安東將軍王渾出江西，建威將軍王戎出武昌，平南將軍胡奮出夏口，鎮南大將軍杜預出江陵，龍驤將軍王濬、廣武將軍唐彬率巴蜀之卒浮江而下，東西凡二十餘萬。以太尉賈充爲大都督，行冠軍將軍楊濟爲副，總統衆軍。……太康元年春正月己丑朔……癸丑，王渾克吴尋陽賴鄉諸城，獲吴武威將軍周興。……三月壬申，王濬以舟師至於建鄴之石頭，孫皓大懼，面縛輿櫬，降於軍門。濬杖節解縛焚櫬，送於京都。』據此則晉武帝平江東事其發兵在咸寧五年十一月，而次年太康元年（二八〇）三月平江東，孫皓降。因此如據元稹所撰此答詔『晉武平江東，何曾深惟於遠馭』之言，則何曾之上表必在咸寧五年十月至十一月間。又檢晉書武帝本紀咸寧四年（二七八）十二月載：『丁未，太宰朗陵公何曾薨。』晉書何曾傳亦記：『咸寧四年薨，時年八十。』如此晉武帝平江東時，何曾已卒將近一年矣，豈能有上表『深惟於遠馭』之舉？可見元稹此文將『何曾深惟於遠馭』事記在『晉武平江東』時不可信。那麽，晉書何曾傳所記『及宣帝將伐遼東，曾上疏魏帝曰：「臣聞先王制法，必全於慎」云云是否可信？按，晉宣帝即司馬懿，先仕魏，曾任太尉，晉立國後被尊爲宣帝。據晉書卷一宣帝本紀，司馬懿於魏青龍『三年（二三五），遷太尉』，四年『及遼東太守公孫文懿反，徵帝詣京師』，并於『景

初二年（二三八），帥牛金、胡遵等步騎四萬，發自京都』征遼東公孫文懿。此事三國志卷三明帝本紀亦記景初『二年春正月，詔太尉司馬宣王帥衆討遼東』。此下，陳壽注引『魏名臣奏載散騎常侍何曾表曰：「臣聞先王制法，必於全慎，故建官受任，則置假輔，陳師命將，則立監貳……今懿（按，晋書何曾傳引何曾此表稱『懿』爲『太尉』）奉辭誅罪步騎數萬，道路迴阻，四千餘里……宜選大臣名將威重宿著者，盛其禮秩，遣詣懿軍，進同謀略，退爲副佐。雖有萬一不虞之灾，軍主有儲，則無患矣。」』陳壽注引至此，又注：『毋丘儉志記云，時以儉爲宣王副也。』檢三國志卷二十八毋丘儉傳：『青龍中，帝圖討遼東，以儉有幹策，徙爲幽州刺史，加度遼將軍，使持節……明年，帝遣太尉司馬宣王統中軍及儉等衆數萬討淵，定遼東。儉以功進封安邑侯，食邑三千九百户。』據上所引史載，可見『何曾深惟於遠馭』事，確實在『宣帝平遼東』時，也就是在『景初二年（二三八）』，時何曾年四十。以此返讀元稹此文，其中『晋武平江東』，應爲『宣帝平遼東』方與史實合。然此文現作『晋武平江東』，是元稹所撰原誤如此，或原本不誤，乃後人傳寫之誤歟？今所見元稹此文各本此句均誤如此，故誤起何人，今未能定奪矣。

〔四〕而有犯無隱之誠切也：此句『而』字原無，今據文苑英華、全唐文、御定淵鑒類函增補。

〔五〕謬膺昌期：『昌期』，興隆昌盛時期。樂府詩集郊廟歌辭七周郊祀樂章：『高明祚德，永致昌期。』宋陸游天申節賀表：『敢即昌期，虔申壽祝。』

〔六〕蒙列聖浸漬之澤：『浸漬』，浸染；薰陶。禮記儒行『淹之以樂好』鄭玄注：『淹謂浸漬之。』宋歐陽修送梅聖俞歸河陽序：『始而歡然以相得，終則暢然覺乎薰蒸浸漬之爲益也。』

〔七〕聿來燕冀，甫静華夷：『燕冀』，原作『燕翼』，今據元氏長慶集、文苑英華、御定淵鑒類函改。『甫静』，原作『克静』，今據元氏長慶集、文苑英華、全唐文、御定淵鑒類函改。

〔八〕既無德而有成：『有成』，原作『有威』，今據元氏長慶集、文苑英華、全唐文、御定淵鑒類函改。

〔九〕卿等所宜朝夕納誨，警予荒寧：『卿等』，原作『卿』，今據文苑英華、全唐文、御定淵鑒類函增補。『納誨』，進獻善言。書説命上：『命之曰，朝夕納誨，以輔台德。』孔傳：『言當納諫誨直辭，以輔我德。』蔡沈集傳：『朝夕納誨者，無時不進善言也。』三國志魏志高貴鄉公髦傳：『必有三老五更，以崇至敬，乞言納誨，著在惇史。』『荒寧』，荒廢懈怠，貪圖安逸。

〔十〕諒多忠赤之誠，殊非藥石之愛：『忠赤』，原作『丹赤』，今據元氏長慶集、全唐文改。『藥石』，藥劑和砭石。泛指藥物。列子楊朱：『及其病也，無藥石之儲；及其死也，無瘞埋

之資。』漢枚乘七發：『今太子之病，可無藥石針刺灸療而已，可以要言妙道説而去也。』此處意爲比喻規戒。左傳襄公二十三年：『季孫之愛我，疾疢也；孟孫之惡我，藥石也。』

〔十一〕爲朕揣摩：『揣摩』，原作『揣磨』，今據元氏長慶集、四庫全書、全唐文、適園叢書、御定淵鑒類函、學林本改。

〔十二〕强我懿號，不若使我爲有道之君：『强我』，原作『致我』，今據元氏長慶集、文苑英華、四庫全書、全唐文、御定淵鑒類函諸本改。『使我』，原作『致我』，今據元氏長慶集、文苑英華、全唐文、御定淵鑒類函諸本改。

〔十三〕不若使我居無過之地：『使我』，原作『加我』，文苑英華、御定淵鑒類函作『居我』，四庫全書作『致我』，今據元氏長慶集、全唐文改。『居無過之地』，原作『於無過之地』，今據元氏長慶集、全唐文改。

答第四表〔一〕

元稹

朕以正月元日，祇於九廟〔二〕，對越於上玄〔三〕，千官在前，萬乘居後，睹聲名文物

之盛，望城社宮闕之尊，尚念高祖太宗艱難於經營〔四〕，德宗憲考殷憂於纘服，懼不克荷，以羞前人〔五〕，寅畏嚴恭〔六〕，式冀無過。而燕趙底定，戎獯和寧〔七〕，實惟列聖之休，焉敢自大其意〔八〕？左右輔弼，庶尹師長〔九〕，猥以鴻名，願加薄德。三詔執事，抑而不行〔十〕，物議逾堅，予衷未信，四陳章表，備引古今〔十一〕。且曰告虔之時，寧忘繼志；問安之下，胡不慰心〔十二〕。事有切於顯榮，理難從於封執〔十三〕。於戲！允恭克讓，既見奪於群情〔十四〕；克己爲仁，庶自勤於三省〔十五〕。勉依來請〔十六〕，深用愧懷。

長慶元年五月日。

校箋

〔一〕本文又見於元稹元氏長慶集卷四十一，文題爲批宰臣請上尊號第四表。文苑英華卷四百六十六、御定淵鑒類函卷四十五亦均録元稹此文，文題均爲批第四表。全唐文卷六百四十九亦收，文題爲批宰臣請上尊號第四表，署名元稹。四庫全書、適園叢書、明鈔本、甲庫本、學林本等此文文題均同全唐文。此文文末署答批時間爲『長慶元年五月日』（四庫全書本則爲『長慶元

年五月某日』）。考此文中有『戎獯和寧』句，元氏長慶集此句下有小注『馬注：時回鶻和親』，則此答詔蓋答於『回鶻和親』時。考舊唐書穆宗紀載：長慶元年『五月丙申朔。……癸亥……皇妹太和公主出降回紇登羅骨没施合毗伽可汗。甲子，命金吾大將軍胡証充送公主入回紇使，兼册可汗；又以太府卿李鋭爲入回紇婚禮使』。資治通鑑卷二百四十一長慶元年載：『五月，丙申朔，回鶻遣都督、宰相等五百餘人來逆公主。……癸亥，以太和長公主嫁回鶻。』據此則此答詔蓋撰寫并答於長慶元年（八二一）五月癸亥（二十八日）、甲子（二十九日）左右。按，作者元稹，生平事迹見本書卷六其所撰答第二表校箋第一條。

〔二〕朕以正月元日，祇於九廟：『朕以正月元日』，原作『朕以元月正日』，今據文苑英華、御定淵鑒類函改。『祇於九廟』，原作『祇見九廟』，今據元氏長慶集、文苑英華、四庫全書、全唐文、御定淵鑒類函改。『九廟』，指帝王的宗廟。古時帝王立廟祭祀祖先，有太祖廟及三昭廟、三穆廟，共七廟。王莽增爲祖廟五、親廟四，共九廟。後歷朝皆沿此制。漢書王莽傳下：『取其材瓦，以起九廟。』晉潘岳西征賦：『由僞新之九廟，誇宗虞而祖黄。』

〔三〕對越於上玄：『對越』，指帝王祭祀天地神靈。晉劉琨勸進表：『臣聞天生蒸人，樹之以君，所以對越天地，司牧黎元。』宋史禮志二：『當愁慘之際，行對越之儀，臣等實慮上帝之弗

歆。』『上玄』，上天。漢揚雄甘泉賦：『惟漢十世，將郊上玄。』李善注：『上玄，天也。』周書王悅傳：『梁主內虧刑政，外闕藩籬，匹夫攘袂，舉國傾覆。非直下民離心，抑亦上玄所棄。』

〔四〕尚念高祖太宗艱難於經營：『經營』，原作『營制』，今據元氏長慶集、文苑英華、全唐文、御定淵鑒類函改。

〔五〕德宗憲考殷憂於纘服，懼不克荷，以羞前人：『德宗憲考』，原作『憲考』，今據元氏長慶集、文苑英華、四庫全書、全唐文、御定淵鑒類函增補。『殷憂於纘服』，原作『殷勤於纘復』，今據全唐文改。『纘服』，繼承職事。唐陸贄告謝肅宗廟文：『上天悔禍，群孽就誅；非臣寡昧，所能纘服。』宋蘇轍擬答西夏詔書：『頃朕纘服之初，深示含容之意，釋其往事，加以新恩。』

〔六〕寅畏嚴恭：『寅畏』，敬畏；恭敬戒懼。

〔七〕戎獯和寧：『戎』，古代典籍泛指我國西部的少數民族。禮記王制：『西方曰戎。』大戴禮記千乘：『西辟之民曰戎。』三國志蜀志諸葛亮傳：『西和諸戎，南撫夷越。』『獯』，即獯鬻。南朝齊王融永明十一年策秀才文之五：『所以關洛動南望之懷，獯夷遽北歸之念。』陳書高祖紀下：『沈泰反覆無行……無故倡狂，自投獯丑。』按，此處『戎獯和寧』指當時回紇與唐和

親，『皇妹太和公主出降回紇登羅骨没施合毗伽可汗』。詳見本文校箋第一條。

（八）焉敢自大其意：『焉敢』，原作『安敢』，今據元氏長慶集、全唐文改。

（九）左右輔弼，庶尹師長：『輔弼』，亦作『輔拂』。輔佐；輔助。國語 吴語：『昔吾先王，世有輔弼之臣，以能遂疑計惡，以不陷於大難。』荀子 臣道：『故正義之臣設，則朝廷不頗；諫争輔拂之人信，則君過不遠。』『庶尹』，指百官。晋陸機辨亡論：『庶尹盡規於上，四民展業於下。』吕延濟注：『庶尹，百官也。』『師長』，大夫。國語 楚語上：『自卿以下至於師長、士，苟在朝者，無謂我老耄而舍我。』韋昭注：『師長，大夫。』

（十）三詔執事，抑而不行：『不行』，原作『未行』，今據文苑英華、全唐文改。『執事』，對對方的敬稱。左傳 僖公二十六年：『寡君聞君親舉玉趾，將辱於敝邑，使下臣犒執事。』杜預注：『言執事，不敢斥尊。』漢蔡邕獨斷卷上：『陛下者，陛，階也……群臣與天子言，不敢指斥天子，故呼在陛下者而告之，因卑達尊之意也。上書亦如之。及群臣庶士相與言殿下、閣下、執事之屬，皆此類也。』按，此處『三詔執事』，指已經三次答群臣所上尊號表。

（十一）四陳章表，備引古今：『四陳』，原作『荐陳』，今據元氏長慶集、文苑英華、四庫全書、全唐文、御定淵鑒類函改。『備引』，原作『備列』，今據元氏長慶集、文苑英華、御定淵鑒類

函改。

（十二）胡不慰心：『慰心』，原作『畏心』，今據元氏長慶集、文苑英華、全唐文、御定淵鑒類函改。

（十三）事有切於顯榮，理難從於封執：『事有切於顯榮』，元氏長慶集、全唐文作『有竊於顯榮』。『理難從於封執』，元氏長慶集、全唐文無『理』字。『顯榮』，顯赫榮耀。多指仕宦。楚辭九辯：『太公九十乃顯榮兮，誠未遇其匹合。』王逸注：『吕尚耆老，然後貴也。』唐元結喻友：『人生不方正忠信以顯榮，則介潔静和以終老。』『封執』，四庫全書作『固執』，御定淵鑒類函作『拘執』。『封執』，莊子齊物論『其次以爲有物矣，而未始有封也』唐成玄英疏：『初學大賢，鄰乎聖境，雖復見空有之異，而未曾封執。』原謂執持事物的界域，後引申爲固執，執著。唐白居易禽蟲十二章詩序：『每章可致一哂，一哂之外，亦有以自警其衰耄封執之惑焉。』

（十四）允恭克讓，既見奪於群情：『群情』，原作『群悄』，今據元氏長慶集、文苑英華、四庫全書、全唐文、適園叢書、明鈔本、甲庫本、御定淵鑒類函、學林本改。『允恭』，信實而恭勤。書堯典：『允恭克讓，光被四表，格於上下。』孔傳：『允，信。』孔穎達疏引鄭玄曰：『不懈於位曰恭。』漢書叙傳下：『太宗穆穆，允恭玄默，化民以躬，帥下以德。』『克讓』，能謙讓。書

堯典：『允恭克讓。』孔傳：『克，能。』孔穎達疏：『善能謙讓。』孔子家語六本：『昔堯治天下之位，猶允恭以持之，克讓以接下。』

〔十五〕克己爲仁，庶自勤於三省：『爲仁』，適園叢書、明鈔本、學林本作『爲人』，不取。『三省』，省察三事。論語學而：『曾子曰：「吾日三省吾身：爲人謀而不忠乎？與朋友交而不信乎？傳不習乎？」』後泛指認真反省自己的過失。後漢書郎顗傳：『伏惟陛下躬日昃之聽，温三省之勤，思過念咎，務消祇悔。』

〔十六〕勉依來請：此句原作『勉依來奏』，今據元氏長慶集、全唐文改。

寶曆元年答宰臣上尊號第四表〔一〕

前上三章，皆有報旨，推本帝王之道，研究天人之際，可謂盡矣，能無亮哉〔二〕！朕辭愈堅，來奏愈懇。考蓍龜之意〔三〕，酌卿士之心，義貴從人，事難徇志。然體未濟之象，敬慎居方〔四〕，復大畜之文，模法往行〔五〕。虞舜勤人以恭己，文王事帝而小心〔六〕。自勵則鑒乎殷湯盤銘，持盈則戒乎周廟欹器〔七〕。還珠却馬，使無愧於

前修〔八〕；菲食罷臺，冀有示於來代〔九〕。率是道也，庶無悔乎？勉徇群心，祇循祖訓〔十〕，敬允誠請，愧惕良深。寶曆元年四月三日。

校箋

〔一〕本文又見於文苑英華卷四百六十六翰林制詔，文題爲答百僚上尊號第四表。御定淵鑒類函卷四十五亦録，文題爲寶曆元年答百僚上尊號表。四庫全書、適園叢書、明鈔本、甲庫本、學林本文題均作答宰臣上尊號第四表。本文文末已署答於寶曆（八二五）元年四月三日，則此文之撰寫當在是時稍前。按，據舊唐書卷十七上敬宗紀寶曆元年四月載：『癸巳，群臣上徽號曰文武大聖廣孝皇帝，御宣政殿受册。』知此次群臣所上徽號爲『文武大聖廣孝皇帝』。

〔二〕能無亮哉：『亮』，原作『諒』，義同，今據文苑英華、御定淵鑒類函改。『亮』，通『諒』。體諒；諒解。晉葛洪抱朴子自叙：『意苟無餘，而病使心違，顧不愧己而已，亦何理於人之不見亮乎？』南史范岫傳：『（范岫）丁母憂，居喪過禮。朝廷頻起，并不拜。朝廷亮其哀款，得終喪制。』宋王安石與楊蟠推官書之二：『區區之意，已白左右，卒不見亮，而相責望

加焉。』

〔三〕考蓍龜之意：『蓍龜』，古人以蓍草與龜甲占卜凶吉，因以指占卜。易繫辭上：『探賾索隱，鈎深致遠，以定天下之吉凶，成天下之亹亹者，莫大乎蓍龜。』史記龜策列傳：『王者决定諸疑，參以卜筮，斷以蓍龜，不易之道也。』

〔四〕體未濟之象，敬慎居方：『敬慎居方』，原作『警慎將然』，今據文苑英華、御定淵鑒類函改。『未濟』，易卦名。六十四卦之一。離上坎下。易未濟：『象曰：火在水上，未濟，君子以慎辨物居方。』高亨注：『火炎在上，水浸在下，水未能滅火，是救火之功未成。』清周亮工書影卷一：『離上坎下爲未濟，而中互既濟……而未濟之終可以爲既濟者，金木之爲用亦不小也。』『敬慎』，恭敬謹慎。詩大雅抑：『敬慎威儀，維民之則。』南朝梁劉勰文心雕龍頌贊：『原夫頌惟典雅，辭必清鑠，敷寫似賦，而不入華侈之區；敬慎如銘，而異乎規戒之域。』『居方』，即官居方面。指擔任總管一方軍政大權者。

〔五〕復大畜之文，模法往行：『大畜』，易卦名。乾下艮上。易大畜：『大畜，利貞，不家食，吉。』孔穎達疏：『謂之大畜者，乾健上進，艮止在上，止而畜之，能畜止剛健，故曰大畜。』又：『（象曰）剛上而尚賢，能止健，大正也。不家食吉，養賢也。』後因用爲延攬賢士之典。

宋司馬光交趾獻奇獸賦：『皇帝於是御棫樸之篇，觀大畜之繇，延黃髮之儒，顯巖穴之秀。』『往行』，指先賢的德行。易大畜：『君子以多識前言往行，以畜其德。』孔穎達疏：『多記識前代之言，往賢之行，使多聞多見以畜積己德。』明王守仁傳習録卷中答顧東橋書：『夫以畜其德爲心，則凡多識前言往行者，孰非畜德之事？此正知行合一之功矣。』

〔六〕虞舜勤人以恭己，文王事帝而小心：『勤人』，原作『勤民』，今據文苑英華、御定淵鑒類函改。『事帝』，四庫全書作『事主』。『勤人』，猶勤民。謂操勞政事，盡力於百姓。後漢書章帝紀：『追惟先帝勤人之德，底績遠圖，復禹弘業。』『恭己』，謂恭謹以律己。論語衛靈公：『無爲而治者，其舜也與？夫何爲哉？恭己正南面而已矣。』漢劉向新序雜事四：『故王者勞於求人，佚於得賢。舜舉衆賢在位，垂衣裳，恭己無爲而天下治。』

〔七〕自勵則鑒乎殷湯盤銘，持盈則戒乎周廟欹器：『自勵』，原作『自厲』，今據文苑英華、御定淵鑒類函、適園叢書、明鈔本、學林本改。『欹器』，文苑英華作『歌器』，誤，不取。『自勵』，勉勵自己。後漢書袁安傳：『聞之者皆感激自勵。』新五代史南唐世家李昪：『昪獨好學，接禮儒者，能自勵爲勤儉，以寬仁爲政，民稍譽之。』『盤銘』，古代刻在盥洗盤器上的勸戒文辭。禮記大學：『湯之盤銘曰：「苟日新，日日新，又日新。」』鄭玄注：『盤銘，刻戒於盤也。』

孔穎達疏：『湯沐浴之盤，而刻銘爲戒，必於沐浴之盤者，戒之甚也。』舊唐書杜希全傳：『殷有盤銘，周有欹器，或誡以辭，或警以事。』『持盈』，保守成業。語本老子：『持而盈之，不如其已。』國語越語下：『夫國家之事，有持盈，有定傾，有節事。』韋昭注：『持，守也。盈，滿也。』『欹器』，古代一種傾斜易覆的盛水器。水少則傾，中則正，滿則覆。人君可置於座右以爲戒。荀子宥坐：『孔子觀於魯桓公之廟，有欹器焉。孔子問於守廟者曰：「此爲何器？」守廟者曰：「此蓋爲宥坐之器。」』楊倞注：『欹器，傾欹易覆之器。宥，與「右」同。言人君可置於坐右以爲戒也。』北周庾信周祀宗廟歌皇夏：『欹器防滿，金人戒言。』

〔八〕還珠却馬，使無愧於前修：『前修』，原作『前賢』，今據文苑英華、御定淵鑒類函改。『還珠』，後漢書循吏列傳孟嘗：『先時宰守并多貪穢，詭人采求，不知紀極，珠遂漸徙於交阯郡界。於是行旅不至，人物無資，貧者餓死於道。嘗到官，革易前敝，求民病利。曾未逾歲，去珠復還，百姓皆反其業，商貨流通，稱爲神明。』後以『還珠』形容爲官清廉，政績卓著。魏書良吏傳序：『其於移風革俗之美，浮虎還珠之政，九州百郡，無所聞焉。』宋王十朋會稽風俗賦：『循吏則有還珠孟嘗，致雁虞國。』『却馬』，漢書卷六十四下嚴朱吾丘主父徐嚴終王賈列傳賈捐之：『至孝文皇帝，閔中國未安，偃武行文，則斷獄數百，民賦四十，丁男三年而一事。時有

獻千里馬者，詔曰：「鸞旗在前，屬車在後，吉行日五十里，師行三十里，朕乘千里之馬，獨先安之？」於是還馬，與道里費，而下詔曰：「朕不受獻也，其令四方毋求來獻。」當此之時，逸游之樂絶，奇麗之賂塞，鄭衛之倡微矣。」『前修』，猶前賢。楚辭離騷：『謇吾法夫前修兮，非世俗之所服。』後漢書劉愷傳：『今愷景仰前修，有伯夷之節，宜蒙矜宥，全其先功，以增聖朝尚德之美。』李賢注：『前修，前賢也。』南朝梁劉勰文心雕龍雜文：『偉矣前修，學堅多飽。』

（九）菲食罷臺，冀有示於來代：『來代』，原作『來世』，今據文苑英華、御定淵鑒類函改。『菲食』，粗劣的飲食。晉陸機辨亡論：『卑宮菲食，豐功臣之賞。』明宋濂故集賢大學士吴公行狀：『惡衣菲食，或不能繼，凡歷二十有六年。』梁書武帝紀上：『其中有可以率先卿士，准的甿庶，菲食薄衣，請自孤始。』『罷臺』，説苑卷九：『景公爲臺，臺成，又欲爲鐘，晏子諫曰：「君不勝欲爲臺，今復欲爲鐘，是重斂於民，民之哀矣；夫斂民之哀而以爲樂，不祥。」景公乃止。』

（十）勉徇群心，祇循祖訓：『勉徇』，原作『勉遂』，今據文苑英華、御定淵鑒類函改。『徇』，順從，曲從。『祖訓』，祖先的遺訓。語本書五子之歌：『皇祖有訓，民可近，不可下。』孔傳：『皇，君也。君祖禹有訓戒。』明劉基次韻和石末公開讀有感：『廟謨可使歸權幸，祖

訓由來重變更。』

大和六年答中書門下上尊號〔一〕

朕以否德，纂承睿圖〔二〕，業業乾乾，懼不克荷。是用法天地無私之道以成化〔三〕，象日月無私之照以燭幽〔四〕，慕唐堯虞舜之爲君〔五〕，繼貞觀開元之致理。朕以夕惕宵興，不遑暇逸〔六〕，冀將紹復聖哲，保綏華夷〔七〕。至於洪名〔八〕，猶不輕議，尚未審度〔九〕，豈可屬心。卿等台鉉重臣，翼宣元化〔十〕，宜匡朕志，臻於緝熙〔十一〕。今陰雪傷和，尚資寬宥，乃以文武至德，加於朕躬〔十二〕。省視奏章，難從虛美。宜斷來表，深諒予懷。大和六年正月　日。

校箋

〔一〕本文又見於册府元龜卷十七帝王部尊號二。全唐文卷七十二亦録，文題爲却上尊號詔，署名唐文宗。此文四庫全書、適園叢書、明鈔本、甲庫本、學林本文題均作答中書門下上尊號。此文文末諸本多署頒布時間爲『大和六年正月日』，然四庫全書本則署『大和六年正月七

日』。考册府元龜記文宗諸臣多次請上尊號表以及文宗多次答詔事云：『文宗太和六年正月辛亥（按，十七日），中書門下及文武百官請上尊號，詔答不許。甲寅（按，二十日）再上表曰：「伏以昭闡大猷，崇建明號，爰自列聖，實從人心。……伏惟陛下，握乾符而執左契，掃氛祲而廓夷途，時清俗平，世更於七，足以光寶祚……伏望答上帝乃眷之懷，副下人傾心之望，略撝謙之小節，奉祖宗之舊儀，臣等不勝大願，謹上尊號曰太和文武至德皇帝。伏乞仰遵成式，俯順群心，命有司擇吉日，光膺盛禮，允答天人，天下幸甚。」詔曰：「朕以否德，纂承睿圖……省視奏章，難從虛美。宜斷來表，深諒予懷。」庚申（按，二十六日）表三上，詔答不許。』據册府元龜上引所記，知群臣所上尊號爲『太和文武至德皇帝』，而此次上表之前已上第一表，而文宗未允，故有第二次上表，文宗遂有此再答詔，仍不允所請。此後『庚申（正月二十六日）表三上，詔答不許』。則此詔乃文宗第二次答詔，其撰寫并答詔時間應在大和六年（八三二）正月甲寅（二十日）群臣第二次上表後，至正月庚申（二十六日）群臣第三次上表之前。四庫全書所署『大和六年正月七日』實誤。

〔二〕朕以否德，纂承睿圖：『否德』，四庫全書作『菲德』。『否德』，鄙陋之德；微德。否，通『鄙』。元耶律楚材用梁斗南韻：『否德自慚調鼎鼐，微才不可典璣衡。』『睿圖』，皇帝的

謀劃。隋書音樂志下：『皇矣上帝，受命自天。睿圖作極，文教遐宣。』舊唐書王彥威傳：『臣謬司邦計，虔奉睿圖，輒纂事功，庶裨聖覽。』

〔三〕是用法天地無私之道以成化：『法天地』，原作『發天地』，今據册府元龜、全唐文改。『成化』，完成教化。文子道原：『天常之道，生物而不有，成化而不宰。』漢班固西都賦：『佐命則垂統，輔翼則成化。流大漢之愷悌，蕩亡秦之毒螫。』

〔四〕象日月無私之照以燭幽：『燭幽』，明察事物隱微之處。晋荀勖燕射歌辭食舉樂東西廂歌之六：『修己濟治，民用寧殷。懷遠燭幽，玄教氛氲。』唐柳宗元爲文武百官請復尊號表之二：『伏惟皇帝陛下有廣運之德，弘照微之仁，燭幽以明，威遠以武。』

〔五〕慕唐堯虞舜之爲君：『慕』，原作『纂』，今據册府元龜、四庫全書、全唐文改。

〔六〕不遑暇逸：『暇逸』，原作『遐逸』，今據册府元龜、四庫全書、全唐文改。『暇逸』，亦作『暇佚』。閑散安逸。語本書酒誥：『惟御事厥棐有恭，不敢自暇自逸。』孔傳：『不敢自寬暇自逸豫。』藝文類聚卷五十五引南朝宋謝靈運書帙銘：『懷幽卷賾，戢妙抱密。用捨以道，舒卷不失。亮惟勤玩，無或暇逸。』

〔七〕冀將紹復聖哲，保綏華夷：『紹復』，原作『昭復』，今據册府元龜、全唐文改。『紹

復』，繼承復興；繼承恢復。書盤庚上：『紹復先王之大業，底綏四方。』唐元稹獻事表：『況陛下以上聖之資，紹復前統，即位之日，天下惟新。』『保綏』，使得到保全，獲得安定。三國志魏書文帝紀：『賴武王神武，拯茲難於四方，惟清區夏，以保綏我宗廟。』

〔八〕至於洪名：『洪名』，原作『鴻名』，今據册府元龜、全唐文改。『洪名』，巨大的名聲。南朝梁王中頭陀寺碑文：『惟齊繼五帝洪名，紐三王絶業。』宋曾鞏回人賀授史館修撰狀：『惟纍朝之盛典，垂列聖之洪名。』

〔九〕尚未審度：『審度』，原作『富庶』，今據册府元龜、四庫全書改。『審度』，指審查考慮。宋史度宗紀：『前四川宣撫司參議官張夢發詣賈似道上書陳危急三策……賈似道不以上聞，下京湖制司審度可否，事竟不行。』

〔十〕卿等台鉉重臣，翼宣元化：『台鉉』，猶台鼎。鉉，鼎耳，以代鼎。鼎三足，有三公之象，故以喻宰輔重臣。晉書韓伯傳：『王湛門資台鉉，地處膏腴，識表鄰機，才惟王佐。』魏書元禧傳：『太尉位居台鉉，在冢宰之上。』『翼宣』，輔佐宣揚。漢潘勖册魏公九錫文：『君翼宣風化，爰發四方。』三國志吴書華覈傳：『臣以愚蔽，誤忝近署，不能翼宣仁澤以威靈祇。』『元化』，造化；天地。唐陳子昂感遇詩三十八首之六：『古之得仙道，信與元化并。』清陳夢雷木瓔

瓢賦：『緊元化之紛綸兮，陰陽運而參差。』

〔十一〕宜匡朕志，臻於緝熙：『宜匡』，册府元龜、全唐文作『宜翊』。『臻於』，原作『臻予』，今據册府元龜、四庫全書、全唐文、適園叢書、明鈔本、甲庫本、學林本改。『緝熙』，詩大雅文王：『穆穆文王，於緝熙敬止。』毛傳：『緝熙，光明也。』又詩周頌敬之：『日就月將，學有緝熙于光明。』鄭玄箋：『緝熙，光明也。』後因以『緝熙』指光明，又引申爲光輝。漢書揚雄傳上：『隃於穆之緝熙兮，過清廟之雍雍。』

〔十二〕乃以文武至德，加於朕躬：『乃以』，適園叢書、明鈔本、甲庫本、學林本作『乃有』，不取。『加於』，原作『加予』，今據册府元龜、四庫全書、全唐文、適園叢書、明鈔本、甲庫本、學林本改。

會昌四年批答宰臣上尊號第五表〔一〕

前覽四表，報皆一辭，可謂君臣之義至矣，天人之理盡矣。朕辭益固，來請益堅，誠獻可之不移〔二〕，奈虛美而難處。山雖崇而降地，易象明言；海雖大而下川，玄元深

旨。文王以小心事帝，虞舜以恭己臨人〔三〕，盤銘取勵於殷湯，欹器戒盈於周廟〔四〕。皆以畏惕而自警，不聞滿足而虛尊。卿等以塞北平胡，山東殄寇〔五〕；韜兵偃武〔六〕，鑄戟爲農；郊天之年，瑞雪清路；册號之夏，嘉雨滅灾；毁摩尼壞法之邪〔七〕，蕩并寇亂常之暴〔八〕。此皆上玄厭禍，宗社儲休〔九〕。至於刑政克明，文武具舉，年登適臻其氣順，俗阜實自於官修〔十〕。内承宰輔之謀，外盡藩侯之力〔十一〕，余雖垂拱〔十二〕，且有何功？況增鴻徽，尤非稱德。既頻推美，何以當之？然禮貴從人〔十三〕，事難徇志，祗循前訓，允遂群情。殊不自安，諒非縱欲。勉爾所請〔十四〕，深用愧懷。會昌四年十月七日。

校箋

〔一〕本文又見於全唐文卷七十七，文題爲答宰臣上尊號第五表批，署名唐武宗。四庫全書、明鈔本、適園叢書、甲庫本、學林本文題均作批答宰臣上尊號第五表。此文文末已署答詔時間爲『會昌四年（八四四）十月七日』，則其撰寫時間當在是時稍前。

〔二〕誠獻可之不移：『獻可』，即『獻可替否』之縮略語。意爲進獻可行者，廢去不可行者。

謂對君主進諫，勸善規過。亦泛指議論國事興革。語出左傳昭公二十年：『君所謂可而有否焉，臣獻其否以成其可。君所謂否而有可焉，臣獻其可以去其否。』後漢書胡廣傳：『君以兼覽博照爲德，臣以獻可替否爲忠。』晉陸雲言事者啓使復校諸官財用啓：『臣備位大臣，職在獻可，苟有管見，敢不盡規。』

〔三〕虞舜以恭己臨人：『臨人』，原作『臨民』，今據全唐文改。『恭己』，謂恭謹以律己。

〔四〕盤銘取勵於殷湯，欹器戒盈於周廟：『盤銘』，古代刻在盥洗盤器上的勸戒文辭。『欹器』，古代一種傾斜易覆的盛水器。水少則傾，中則正，滿則覆。人君可置於座右以爲戒。『戒盈』，即『持滿戒盈』，謂端盛滿之水而留心不外溢。比喻居高位而能警戒自己不驕傲自滿。三國魏曹操善哉行之三：『持滿如不盈，有德者能卒。』南齊書豫章文獻王傳論：『蕃輔貴盛，地實高危，持滿戒盈，鮮能全德。』

〔五〕卿等以塞北平胡，山東殄寇：按，『塞北平胡，山東殄寇』事舊唐書卷十八上武宗紀會昌三年二月有所記載：『太原劉沔奏：「昨率諸道之師至大同軍，遣石雄襲回鶻牙帳，雄大敗回鶻於殺胡山，烏介可汗被創而走。已迎得太和公主至雲州。」是日，御宣政殿，百僚稱賀。』又會昌四年七月載：『王元逵奏邢州刺史裴問、別將高元武以城降。洺州刺史王釗、磁州刺史安玉以

城降何弘敬。山東三州平。潞州大將郭誼、張谷、陳揚廷遣人至王宰軍，請殺稹以自贖。王宰以聞，乃詔石雄率軍七千入潞州，誼斬劉稹首以迎雄，澤、潞等五州平。」

〔六〕韜兵偃武：「韜兵」，將兵器收在袋子里。「偃武」，停息武備。唐獨孤及賀袁傪破賊表：「陛下方鋭志於偃武，不得已而用兵，乃命將受略，使先勝後戰。」

〔七〕毀摩尼壞法之邪：「摩尼」，指摩尼教。波斯人摩尼所創立的宗教。其教宣揚光明與黑暗對立，爲善惡本原。摩尼爲明的代表，故摩尼教又稱明教、明尊教。其教多在長安、洛陽及西域商人中流行。唐人亦稱其教徒爲摩尼。舊唐書武宗紀會昌三年二月載：「二月，先詔百官之家不得於京城置私廟者，其皇城南向六坊不得置，其閑僻坊曲即許依舊置。太原劉沔奏：『昨率諸道之師至大同軍，遣石雄襲回鶻牙帳，雄大敗回鶻於殺胡山，烏介可汗被創而走。已迎得太和公主至雲州。』是日，御宣政殿，百僚稱賀。制曰：……其回紇及摩尼寺莊宅、錢物等，并委功德使與御史臺及京兆府各差官點檢收抽，不得容諸色人影占。如犯者并處極法，錢物納官。摩尼寺僧委中書門下條疏聞奏。」

〔八〕蕩并寇亂常之暴：按，此處所謂「蕩并寇亂常之暴」乃指會昌四年正月平定太原楊弁之亂。舊唐書武宗紀會昌三年記：「十二月，王宰奏收天井關。榆社行營都將王逢奏兵少，乞濟

師，詔太原軍二千人赴之。初，劉沔破回鶻，留三千人戍横水，至是，李石以太原無兵，抽横水戍卒一千五百人以赴王逢。是月二十八日，横水軍至太原，請出軍優給。舊例第一軍絹二匹，時劉沔交代後，軍庫無絹。石以己絹益之。方可人給一匹，便催上路。軍人以歲將除，欲候過歲，期既速，軍情不悦。都頭楊弁乘士卒流怨，激之爲亂。四年春正月乙酉朔，以澤潞用兵，罷元會。其日，楊弁逐太原節度使李石。……壬子，河東監軍使吕義忠收復太原，生擒楊弁，盡斬其亂卒，百僚稱賀。』

〔九〕此皆上玄厭禍，宗社儲休：『上玄』，上天。漢揚雄甘泉賦：『惟漢十世，將郊上玄。』李善注：『上玄，天也。』周書王悦傳：『梁主内虧刑政，外闕藩籬，匹夫攘袂，舉國傾覆。非直下民離心，抑亦上玄所棄。』『宗社』，宗廟和社稷的合稱。漢蔡邕獨斷卷上：『天子之宗社曰泰社，天子所爲群姓立社也。』南史虞寄傳：『朕不食言，誓之宗社。』

〔十〕至於刑政克明，文武具舉，年登適臻其氣順，俗阜實自於官修：『刑政』，刑法政令。國語周語下：『出令不信，刑政放紛。』唐柳宗元封建論：『告之以直而不改，必痛之而後畏，由是君長刑政生焉。』『克明』，書堯典：『克明俊德，以親九族。』孔傳：『能明俊德之士任用之，以睦高祖玄孫之親。』克明，能明。後亦用作歇後語，謂任用賢能之士。南朝齊王融永明九年策秀

才文：『克明之旨弗遠，欽若之義復還。』『年登』，穀物豐收。南史顧憲之傳：『時西陵戍主杜元懿以吴興歲儉，會稽年登，商旅往來倍歲。』新唐書呂元泰傳：『水旱爲灾，不謂年登；倉廩未實，不謂國富。』『俗阜』，謂民衆富庶。唐崔鉉進宣宗收復河湟詩：『共遇聖明千載運，更觀俗阜與時和。』明沈鯨雙珠記刑逼成招：『牛刀試政，花邑觀風。百里桑麻，應知俗阜；千年桃李，可見陰功。』

〔十一〕内承宰輔之謀，外盡藩侯之力：『宰輔』，適園叢書、明鈔本、學林本作『輔宰』。『宰輔』，輔政的大臣。一般指宰相。漢王符潛夫論本政：『周公之爲宰輔也，以謙下士，故能得真賢。』宋書隱逸傳陶潛：『潛弱年薄宦，不潔去就之迹，自以曾祖晋世宰輔，耻復屈身後代，自高祖王業漸隆，不復肯仕。』『藩侯』，藩王。三國魏曹植與楊德祖書：『吾雖薄德，位爲藩侯，猶庶幾勠力上國，流惠下民。』宋柳永永遇樂詞：『藩侯瞻望彤庭，親携僚吏，競歌元首。』

〔十二〕余雖垂拱：『垂拱』，垂衣拱手。謂不親理事務。書武成：『惇信明義，崇德報功，垂拱而天下治。』孔穎達疏：『謂所任得人，人皆稱職，手無所營，下垂其拱。』後多用以稱頌帝王無爲而治。漢王褒聖主得賢臣頌：『雍容垂拱，永永萬年。』唐吴兢貞觀政要君道：『鳴琴垂拱，不言而化。』戈直注：『垂拱者，垂衣拱手，無爲而治也。』

〔十三〕然禮貴從人：『禮貴』，原作『體貴』，今據全唐文改。

〔十四〕勉爾所請：『勉爾』，原作『勉俞』，今據四庫全書、全唐文、適園叢書、明鈔本、甲庫本、學林本改。

大中元年答百僚上尊號第三表〔一〕

朕獲承丕緒，奄有萬方，憂物之心，常懷惕厲〔二〕。荷天之力，漸至底寧〔三〕，此中外元僚，文武庶政，咸有一德，以匡冲人〔四〕。而卿等猥以鴻名，加於菲薄，拜章懇〔五〕，至於再三。伏念自列聖以來，何嘗無今日之請，然率不能讓者〔六〕，上慰宗廟之靈，下迫群臣之願。粤予小子，豈敢久勞卿士之心哉！敬允乃誠，良深自愧，所乞宜依。大中元年十月。

校箋

〔一〕本文又見於文苑英華卷四百六十六翰林制詔，文題爲大中元年答宰臣請上尊號第三

表。全唐文卷八十亦録，文題作答百僚請加尊號第三表詔，署名唐宣宗。四庫全書録此文題爲答百僚請加尊號第三表。適園叢書、明鈔本、甲庫本、學林本此文文題同全唐文。此文文末已署答詔時間爲大中元年（八四七）十月，則其撰寫時間亦在是時。又檢舊唐書卷十八下宣宗紀大中二年春正月壬戌記：『宰臣率文武百僚上徽號曰聖敬文思和武光孝皇帝，御宣政殿受册訖，宣德音。』新唐書卷八宣宗紀大中二年則記：『二年正月甲子，群臣上尊號曰聖敬文思和武光孝皇帝。大赦。』資治通鑒卷二百四十八大中二年記此事同新唐書宣宗紀。按，上述史籍所載受册徽號時間有所不同，但所上徽號均爲『聖敬文思和武光孝皇帝』，則可知此次群臣所上徽號即爲『聖敬文思和武光孝皇帝』。

〔二〕朕獲承丕緒，奄有萬方，憂物之心，常懷惕厲：『丕緒』，文苑英華作『丕業』。『丕緒』，指國家大業。陳書世祖紀：『朕以寡昧，嗣膺丕緒，永言勛烈，思弘典訓。』宋蘇轍擬殿試策題之一：『朕奉承祖宗丕緒，上觀三王，下覽漢唐，考其爲治之實。』『惕厲』，亦作『惕勵』。警惕，謹慎；警惕，激勵。

〔三〕漸至底寧：『底寧』，安寧；安定。晉潘岳秋興賦序：『夙興晏寢，匪遑底寧。』底，一本作『底』。唐張九齡請誅禄山疏：『斯逆一懲，底寧萬邦。』

〔四〕此中外元僚，文武庶政，咸有一德，以匡冲人：『元僚』，賢佐；重臣。南史 庾杲之傳：『盛府元僚，實難其選。』宋岳珂桯史 周益公降官：『惟光宗興念於元僚，亦屢分於閫寄。』『庶政』，各種政務。易 賁：『山下有火，賁。君子以明庶政，無敢折獄。』新唐書 高宗紀：『太宗每視朝，皇太子常侍，觀決庶政。』『一德』，同心同德。漢桓寬鹽鐵論 世務：『方此之時，天下和同，君臣一德，外内相信，上下輯睦，兵設而不試，干戈閉藏而不用。』『冲人』，年幼的人。多爲古代帝王自稱的謙辭。書 盤庚下：『肆予冲人，非廢厥謀。』孔傳：『冲，童。』孔穎達疏：『冲、童，聲相近，皆是幼小之名。自稱童人，言己幼小無知，故爲謙也。』漢焦贛易林 需之無妄：『戴璧秉珪，請命於河。周公作誓，冲人瘳愈。』

〔五〕加於菲薄，拜章瀝懇：『菲薄』，鄙陋。指德才等。常用爲自謙之詞。楚辭 遠游：『質菲薄而無因兮，焉托乘而上浮。』王逸注：『質性鄙陋無所因也。』史記 孝武本紀：『朕以眇眇之身承至尊，兢兢焉懼弗任。維德菲薄，不明於禮樂。』『瀝懇』，猶竭誠。披露誠心。唐司空圖華帥許國公德政碑：『瀝懇固讓，拜章累陳。』舊五代史 唐書 明宗紀七：『今以明庭百辟，列土諸侯，中外同辭，再三瀝懇。』

〔六〕然率不能讓者：『率』，文苑英華作『卒』。

大中三年答宰臣上尊號〔一〕

敕旨：没陷河湟，百有餘載〔二〕，中原封界，咫尺戎疆，累聖含容，久勞征戍。伏思元和中將攄宿憤，常欲經營〔三〕，屬誅鋤叛臣〔四〕，未暇收復。今則恭行先志，克就前功，不遠徵兵，不勞財力，三州之外，兼得七關，又取維州，粗成邊業〔五〕。尚以息民解甲，未收山外諸州，且以肆眚申恩〔六〕，所以頒示天下〔七〕。其御樓依所乞。大中三年十一月二十五日。

校箋

〔一〕本文又見於全唐文卷八十一，文題爲允宰臣請御丹鳳樓上尊號敕，署名唐宣宗。四庫全書、適園叢書、明鈔本、甲庫本、學林本文題均作答宰臣請御丹鳳樓上尊號。此文文末已署答詔時間爲大中三年十一月二十五日。然資治通鑑卷二百四十八大中三年載：『閏十一月，丁酉，宰相以克復河、湟請上尊號。上曰：「憲宗常有志復河、湟，以中原方用兵，未遂而崩，今乃克成先志耳。其議加順、憲二廟尊謚以昭功烈。」』則將此答詔時間記在大中三年『閏十一月，丁

西（十七日）』，與本文所署時間不同。考舊唐書宣宗紀大中三年十二月記：『十二月，追謚順宗曰至德大聖大安孝皇帝，憲宗曰昭文章武大聖孝皇帝。初以河、湟收復，百僚請加徽號，帝曰：「河、湟收復，繼成先志，朕欲追尊祖宗，以昭功烈。」白敏中等對曰：「非臣愚昧所能及。」至是，上御宣政殿行事，及册出，俯樓目送，流涕嗚咽。』又資治通鑑於上引閏十一月丁酉之記載後，又記云：『甲戌，追上順宗謚曰至德弘道大聖大安孝皇帝，憲宗謚曰昭文章武大聖至神孝皇帝。仍改題神主。』對比舊唐書與資治通鑑上述二條記載，其所記載事情相同，即實施『追謚順宗曰至德大聖大安孝皇帝，憲宗曰昭文章武大聖孝皇帝』。資治通鑑記此事緊接大中三年閏十一月後之『甲戌』日，并未如舊唐書標明乃是年十二月之事。考大中三年閏十一月後之『甲戌』，乃是年十二月二十五日，資治通鑑此處疏於標明十二月，易造成誤讀。然資治通鑑、舊唐書這兩條記載事件同，則可斷定舊唐書是年十二月所記追謚順宗、憲宗事之時間，儘管未標明在十二月何日，但可斷定具體日子就如資治通鑑實際上所記的大中三年十二月甲戌（二十五日）。以此反觀本答詔後所署『大中三年十一月二十五日』，儘管其十一月與十二月不同，但與資治通鑑、舊唐書所記實施追謚順宗、憲宗事之日期同爲『二十五日』，故頗疑本答詔文末所署之時間乃誤以實施追謚二帝之日子作爲答詔之時間，且誤十二月爲十一月。根據上文所考，本答詔之時間應爲資治

通鑑所記之大中三年（八四九）閏十一月丁酉（十七日），其撰文時間亦約在是時。

〔二〕沒陷河湟，百有餘載：『百有餘載』，四庫全書作『百有餘歲』。『河湟』，亦作『河隍』。黄河與湟水的并稱。亦指河湟兩水之間的地區。後漢書西羌傳羌無弋爰劍：『乃度河湟，築令居塞。』唐司空圖河湟有感詩：『一自蕭關起戰塵，河隍隔斷異鄉春。』新唐書吐蕃傳下：『湟水出蒙谷，抵龍泉與河合……故世舉謂西戎地曰河湟。』

〔三〕伏思元和中將攄宿憤，常欲經營：『宿憤』，舊日的憤怨。漢班固封燕然山銘序：『將上以攄高文之宿憤，光祖宗之玄靈。』宋葉適取燕一：『使契丹政令猶强，社稷猶固，我獨抗宿憤，勞累戰，雖得燕薊，而財竭民怨，内潰外叛，遂以失國。』按，此處謂元和中曾欲經營河湟事，乃指唐憲宗曾有收復河湟之想而因戰事未能如願。此事資治通鑑卷二百三十八元和五年十二月有所記載：『己丑，以（李）絳爲中書舍人，學士如故。絳嘗從容諫上聚財，上曰：「今兩河數十州，皆國家政令所不及，河、湟數千里，淪於左衽，朕日夜思雪祖宗之耻，而財力不贍，故不得不蓄聚耳。不然，朕宫中用度極儉薄，多藏何用邪！」』

〔四〕屬誅鋤叛臣：按，此所謂『誅鋤叛臣』，乃指討伐王承宗。資治通鑑卷二百三十八元和四年九月載：『上遣中使諭王承宗，使遣薛昌朝還鎮。承宗不奉詔。冬，十月，癸未，制削奪承宗

官爵，以左神策中尉吐突承璀爲左右神策、河中、河陽、浙西、宣歙等道行營兵馬使、招討處置等使。』又同書元和五年又記：『春，正月，劉濟自將兵七萬人擊王承宗，時諸軍皆未進，濟獨前奮擊，拔饒陽、束鹿。河東、河中、振武、義武四軍爲恒州北道招討，會於定州。……丁卯，河東將王榮拔王承宗洄湟鎮。吐突承璀至行營，威令不振，與承宗戰，屢敗。左神策大將軍酈定進戰死。定進，驍將也，軍中奪氣。……上以河朔方用兵，不能討吴少陽。三月，己未，以少陽爲淮西留後。諸軍討王承宗者久無功，白居易上言……盧從史首建伐王承宗之謀，及朝廷興師，從史逗留不進，陰與承宗通謀，令軍士潛懷承宗號。』

〔五〕三州之外，兼得七關，又取維州，粗成邊業：『三州』，原作『二州』，今據適園叢書、明鈔本改。按，此處言『三州之外，兼得七關，又取維州』事資治通鑑卷二百四十八大中三年有所記載：『（二月）吐蕃秦、原、安樂三州及石門等七關來降。以太僕卿陸耽爲宣諭使，詔涇原、靈武、鳳翔、邠寧、振武皆出兵應接。……（六月）涇原節度使康季榮取原州及石門、驛藏、木峽、制勝、六磐、石峽六關。秋，七月，丁巳，靈武節度使朱叔明取長樂州（原注：『長樂』當作『安樂』）。宋白曰：安樂州置於靈州鳴沙縣）。甲子，邠寧節度使張君緒取蕭關。甲戌，鳳翔節度使李玭取秦州。詔邠寧節度權移軍於寧州以應接河西。八月，乙酉，改長樂州爲威州。河、隴

老幼千餘人詣闕，己丑，上御延喜門樓見之，歡呼舞躍，解胡服，襲冠帶，觀者皆呼萬歲。詔「募百姓墾辟三州、七關土田，五年不租稅；自今京城罪人應配流者皆配十處。四道將吏能於鎮戍之地爲營田者，官給牛及種糧，温池鹽利可贍邊陲，委度支制置。其三州、七關鎮戍之卒，皆倍給衣糧，仍二年一代。道路建置堡栅，有商旅往來販易及戍卒子弟通傳家信，關鎮毋得留難。其山南、劍南邊境有没蕃州縣，亦令量力收復。冬，十月，改備邊庫爲延資庫。西川節充使杜悰奏取維州。」

〔六〕且以肆眚申恩：『肆眚』，寬赦罪人。春秋莊公二十二年：『春王正月，肆大眚。』杜預注：『赦有罪也。』後漢書王符傳：『論者多曰：「久不赦則奸軌熾，而吏不制，宜數肆眚以解散之。」此未昭政亂之本源，不察禍福之所生也。』

〔七〕所以頒示天下：『所以』，適園叢書、學林本作『所宜』。

咸通十年答上尊號第四表〔一〕

夫功合天者稱皇，德合地者稱帝，皇帝二者，朕以享之。况孤寡不穀之名，靡遵於玄祖〔二〕；明聖孝德之號，久忝於冲人〔三〕。業業兢兢，惟懼不稱。南蠻未讋，師旅猶

屯〔四〕；東寇雖平，瘡痍尚大〔五〕。方將罪己，曷敢矜功？卿等修德鋭於皋陶〔六〕，耻君不如堯舜，鋪陳故事，增飾洪名，謙恭愈堅，表章疊至，對敭之際〔七〕，忠懇彌彰。私我以奉先〔八〕，勉我以從衆。亦念乙酉之歲，堅請不俞〔九〕，今復固違，似矜小讓〔十〕。名實不副，朕當不敢荒寧〔十一〕，始終相成，卿等勤於獻替〔十二〕。勉爾來請〔十三〕，深用愧懷。咸通十年十月十日。

校　箋

〔一〕此文又見於全唐文卷八十四，文題爲答宰臣曹確等請加尊號第四表詔，署名唐懿宗。四庫全書、適園叢書、明鈔本、甲庫本、學林本文題同全唐文。本文文末已署答詔時間『咸通十年（八六九）十月十日』，則其撰寫時間當在是時稍前。又按，舊唐書卷十九上懿宗紀記：『（咸通）十二年春正月戊申，宰相路岩率文武百僚上徽號曰睿文英武明德至仁大聖廣孝皇帝，御含元殿。册禮畢，大赦。』新唐書卷九懿宗紀則記此事於咸通『十一年正月甲寅，群臣上尊號曰睿文英武明德至仁大聖廣孝皇帝』，資治通鑑卷二百五十二記此事同新唐書懿宗紀。舊唐書所記時間

有異於新唐書、資治通鑑，然蓋以記於咸通十一年正月甲寅較爲合理，容此處不細考。據上引史籍所記，本次群臣所上徽號蓋即『睿文英武明德至仁大聖廣孝皇帝』。又，『曹確』，傳見舊唐書卷一七七、新唐書卷一八一。舊唐書本傳載：『曹確，字剛中，河南人。……確，開成二年登進士第，歷聘藩府。入朝爲侍御史，以工部員外郎知制誥，轉郎中，入內署爲學士，正拜中書舍人，賜金紫，權知河南尹事。入爲兵部侍郎。咸通五年，以本官同平章事，加中書侍郎、監修國史。確精儒術，器識謹重，動循法度。……僖宗即位，崔彥昭奏逐之，死於嶺表。確累加右僕射，判度支事。在相位六年。九年罷相，檢校司徒、平章事、潤州刺史、鎮海軍節度觀察等使。以出師捍龐勛功，就加太子太師。弟汾，亦進士登第，累官尚書郎、知制誥，正拜中書舍人。出爲河南尹，遷檢校工部尚書、許州刺史、忠武軍節度觀察等使。入爲户部侍郎，判度支。弟兄并列將相之任，人士榮之。』

〔二二〕况孤寡不穀之名，靡遵於玄祖：『不穀』，不善。古代王侯自稱的謙詞。老子：『貴以賤爲本，高以下爲基，是以侯王自謂孤、寡、不穀。』穀，一本作『轂』。左傳僖公四年：『齊侯曰：「豈不穀是爲，先君之好是繼，與不穀同好，如何？」』史記韓世家：『不穀國雖小，已悉發之矣！』『玄祖』，猶玄聖，指老子。宋孫光憲北夢瑣言卷一：『玄祖之道，用慈儉爲先；素王之

風，以仁義是首。」

〔三〕久忝於冲人：「冲人」，年幼的人。多爲古代帝王自稱的謙辭。

〔四〕南蠻未讋，師旅猶屯：「猶屯」，原作「尤屯」，今據適園叢書、明鈔本改。「讋」，懼怕；喪膽。漢班固東都賦：「自孝武之所不征，孝宣之所未臣，莫不陸讋水慄，奔走而來賓。」宋李綱喜遷鶯真宗幸澶淵詞：「虜情讋，誓書來，從此年年修好。」按，「南蠻未讋」事乃指南詔蠻尚侵犯事，此舊唐書懿宗紀至咸通十年十一月後尚有所記載：「十一月，南詔蠻驃信坦綽酋龍率衆二萬寇雋州。定邊軍節度都頭安再榮守清溪關，爲賊所攻，再榮退保大渡河，北去清溪關二百里，隔水相射，凡九日八夜。定邊軍節度使竇滂勒兵拒之。十二月，驃信遣清平官十餘人來僞和，與竇滂語次，蠻軍船筏競渡，忠武、武寧軍兵士結陣抗之，接戰自午及申，蠻軍稍却。竇滂自縊於帳中，徐州將苗全緒解之，謂滂曰：「都統何至於是，但安心，全緒與再榮、弘節等血戰取勝。」全緒三人率兵而出，滂乃單騎宵遁。其夜，蠻軍營於山下。……忠武、武寧之師乃夜入蠻軍，弓弩亂發，蠻衆大駭，全緒等三將保軍而去。蠻軍乘勝進攻西川城，朝廷以顏慶復爲大渡河制置、劍南應接等使，宋威爲行營都知兵馬使，將兵數萬，與忠武、武寧之師合，與蠻軍戰於漢州之毗橋，大捷，解西川之圍。明日，蠻軍遁走，西川平。」

〔五〕東寇雖平，瘡痍尚大：『瘡痍』，此處比喻灾害困苦。漢桓寬鹽鐵論國疾：『然其禍累世不復，瘡痍至今未息。』宋洪邁容齋續筆戒石銘：『無令侵削，無使瘡痍。下民易虐，上天難欺。』按，此處『東寇雖平』應是指咸通十年平定徐州龐勛叛亂之事。舊唐書懿宗紀對此事始末有所記載，其中咸通九年記：『七月戊戌，白虹横亘西方。其月，徐州赴桂林戍卒五百人，官健許佶、趙可立殺其將王仲甫，以糧料判官龐勛爲都頭，剽掠湘潭、衡山兩縣，有衆千人，擅還本鎮。九月……甲午，龐勛陷宿州，知州判官焦潞奔歸於徐。乙未，龐勛陷徐州，殺節度使崔彦曾，判官焦潞、李税、温延皓、崔蘊、韋廷乂，惟免監軍張道謹。遂出徐、宿官庫錢帛，召募凶徒，不旬日其徒五萬。勛抗表請罪，仍命群凶邀求節鉞。上遣中使因而撫之。賊令别將梁伾守宿州，以姚周爲柳子寨主，又遣劉行及、丁景琮、吴迥攻圍泗州。十月……賊攻泗州勢急，淮南節度使令狐綯慮失泗口，爲賊奔衝，乃令大將李湘赴援，爲賊所誘，示弱乞降，乘其無備，爲賊所襲，舉軍皆没。湘與都監郭厚本俱爲賊所執，送徐州。……十年春正月己未朔，以徐州用兵罷元會。癸亥……以神武大將軍王晏權檢校工部尚書、徐州刺史、御史大夫，充武寧軍節度、徐泗濠觀察，兼徐州北路行營招討等使，智興之從子也；……以右神策大將軍、知軍使、兼御史大夫……康承訓……充徐泗行營都招討使；又以將軍李邵爲徐州南路行營招討都虞候……將軍

馬舉爲揚州都督府司馬，充淮南行營招討使；將軍高羅鋭爲楚州刺史，本州行營招討使……以將軍孟彪爲太僕卿，充都糧料使。凡十八將，分董諸道之兵七萬三千一十五人，正月一日進軍攻徐州。魏博何弘敬奏當道點檢兵馬一萬三千赴行營。時賊將劉行及、丁景琮、吴迥攻圍泗州，可師乘勝救之，屯於石梁驛。賊自退去，可師追擊，生擒劉行及，賊保都梁城，乃斷行及之指，懸於城下以示賊。……七月，康承訓攻賊柳子寨，垂克而賊將王弘立救至，王師大敗，承訓退保宋州。龐勛乘勝自率徐州勁卒并攻泗州，留其都將許佶守徐州。……九月，賊宿州守將張玄稔以城降，有兵萬人，馬舉率師赴之。龐勛聞之，以其衆將攻玄稔。玄稔，賊之勁將也，遂與舉合勢，急圍徐州。……玄稔收復徐州，龐勛方來赴援，聞城已拔，欲南趨濠州，馬舉追及涣河，擊敗之，勛溺水而死。蕭縣主將又斬許佶首來降，徐寇悉平。』

〔六〕卿等修德鋭於皋陶：『皋陶』，亦作『皋繇』。傳説虞舜時的司法官。

〔七〕對敭之際：『對敭』，全唐文作『對揚』，義同。其義乃面君奏对。魏書儒林傳序：『州舉茂異，郡貢孝廉，對揚王庭，每年逾衆。』唐杜甫贈李十八秘書別三十韻：『對敭撫士卒，乾没費倉儲。』仇兆鰲注引朱鶴齡曰：『其奏對君前，當以師老財匱爲言。』

〔八〕私我以奉先：『奉先』，祭祀祖先。書太甲中：『奉先思孝，接下思恭。』舊唐書肅宗

紀：『朕早承聖訓，嘗讀禮經，義切奉先，恐不克荷。』

〔九〕亦念乙酉之歲，堅請不俞：『乙酉之歲』，指唐懿宗咸通六年（八六五）。按，據此句可知，群臣請上尊號事早始於咸通六年。

〔十〕似矜小讓：『似』，原作『以』，今據四庫全書、全唐文改。

〔十一〕朕當不敢荒寧：『荒寧』，荒廢懈怠，貪圖安逸。

〔十二〕卿等勤於獻替：『卿等』，原作『卿亦』，今據四庫全書改。『獻替』，即『獻可替否』，意爲進獻可行者，廢去不可行者。謂對君主進諫，勸善規過。亦泛指議論國事興革。語出左傳昭公二十年：『君所謂可而有否焉，臣獻其否以成其可。君所謂否而有可焉，臣獻其可以去其否。』後漢書胡廣傳：『君以兼覽博照爲德，臣以獻可替否爲忠。』

〔十三〕勉爾來請：『勉爾』，原作『勉俞』，今據四庫全書、甲庫本改。

光啓元年答上尊號〔一〕

朕猥以寡德，丕承耿光〔二〕，宵旰雖勤，兵戈繼作〔三〕。困生靈於豺豕，委宮闕於榛蕪〔四〕，罪己則深，噬臍何及〔五〕。尚賴天地悔禍，祖宗降靈，内之則公卿大臣，外之則

方伯元老，上憑眷祐，下憫蒸黎，允叶一心〔六〕，克濟四海。廓妖氛於寓縣，剗戎壘於郊圻〔七〕，雖復舊都，匪遑高枕。嗚呼！大耻才雪，群生未蘇，文武典章，墜無半在，威權法制，行亦幾何？土疆徒繫於地官，徵賦罕歸於國帑〔八〕。肅恭常祀，猶在正辭；昭格上玄，寧容溢美〔九〕。卿等同匡艱運，當識深衷，加以虚名，斯爲不急。步驟錙銖之際，自有至公；照臨顯晦之間〔十〕，寧資外奨。當勤納誨〔十一〕，宜斷來章。光啓元年五月日。

校箋

〔一〕此文又見於全唐文卷八十八，文題爲答宰臣蕭遘等上尊號詔，署名唐僖宗。四庫全書、適園叢書、明鈔本、甲庫本、學林本文題爲答宰臣蕭遘等上尊號。此文文末已署答詔時間爲『光啓元年（八八五）五月日』，具體何日未知。其文撰寫時間亦當在答詔日稍前。又，據下一文答第三表（亦即全唐文所題允宰臣蕭遘等上尊號詔）所考，此次蕭遘等所上尊號即爲舊唐書卷十九下僖宗紀光啓元年五月所載之『至德光烈孝皇帝』。又，『蕭遘』，傳見舊唐書卷一百七十九、新

唐書卷一百一。舊唐書本傳載：『蕭遘，蘭陵人。開元朝宰相太師徐國公嵩之四代孫。……以咸通五年登進士第，釋褐秘書省校書郎、太原從事。入朝爲右拾遺，再遷起居舍人。……遘形神秀偉，志操不群。自比李德裕，同年皆戲呼「太尉」，保衡心銜之。及保衡作相，摘遘之失，貶爲播州司馬。途經三峽，維舟月夜賦詩自悼。慮保衡見害，遽有神人謂之曰：「相公勿憂，予當禦侮奉衛。」遘心異之。過峽州，經白帝祠，即所睹之神人也。保衡誅，以禮部員外郎徵還，轉考功員外郎、知制誥。乾符初，召充翰林學士，正拜中書舍人，累遷户部侍郎、翰林承旨。黄巢犯闕，僖宗出幸，以供饋不給，須近臣掌計，改兵部侍郎、判度支。中和元年三月，自褒中幸成都，次綿州。以本官同平章事，加中書侍郎，累兼吏部尚書、監修國史。……（朱）玫退而宣言曰：「我册個王子爲主，不從者斬。」及立襄王，請遘爲册文。遘曰：「少嬰衰疾，文思減落。比來禁署，未免倩人，請命能者。」竟不措筆。乃命鄭昌圖爲之，玫滋不悦。及還長安，以昌圖代遘爲相，署遘太子太保。乃移疾，滿百日，退居河中之永樂縣。遘在相位五年，累兼尚書右僕射，進封楚國公。僖宗再遷京，宰相孔緯與遘不協，以其受僞命，奏貶官。尋賜死於永樂。……遘爲大臣，士行無缺。逢時不幸，爲僞熅所污，不以令終，人士惜之。』

〔一二〕丕承耿光：『丕承』，很好地繼承。舊謂帝王承天受命，常曰『丕承』。書君奭：『惟文

王德丕承無疆之恤。』漢揚雄法言問明：『成湯，丕承也；文王，淵懿也。或問丕承，曰：「由小致大，不亦丕乎？革夏以天，不亦承乎？」』『耿光』，光明；光輝；光榮。書立政：『以覲文王之耿光，以揚武王之大烈。』孔傳：『能使四夷賓服，所以見祖之光明，揚父之大業。』唐李白明堂賦：『遵先軌以繼作兮，揚列聖之耿光。』

〔三〕兵戈繼作：按，此處所言『兵戈繼作』，乃謂自僖宗即位後即兵戈不斷。如據舊唐書卷十九下僖宗紀所記，乾符二年四月即有『海賊王郢攻剽浙西郡邑』；『五月，濮州賊首王仙芝聚於長垣縣，其衆三千，剽掠閭井，進陷濮州，俘丁壯萬人。鄆州節度使李種出兵擊之，爲賊所敗。』乾符三年又載：『七月，草賊王仙芝寇掠河南十五州，其衆數萬。是月，賊逼潁、許，攻汝州，下之，虜刺史王鐐。刑部侍郎劉承雍在郡，爲賊所害。賊遂南攻唐、鄧、安、黄等州。時關東諸州府兵不能討賊，但守城而已。……（四年三月）時賊渠王仙芝、尚君長在安州，宋威自青州與副使曹全晸進軍攻討，所在破賊。是月，冤朐賊黄巢聚萬人攻鄆州，陷之，逐節度使薛崇。……十一月，賊王仙芝率衆渡漢，攻江陵，節度使楊知温嬰城拒守。知温本非禦侮之才，城無宿備，賊急攻之。十二月，賊陷江陵之郛，知温窮蹙，求援於襄陽，山南東道節度使李福悉其師援之。時沙陀軍五百騎在襄陽，軍次荆門，騎軍擊賊，敗之。賊盡焚荆南郛郭而去。……（乾符五年三月）黄巢

之衆再攻江西，陷虔、吉、饒、信等州，自宣州渡江，由浙東欲趨福建，以無舟船，乃開山洞五百里，由陸趨建州，遂陷閩中諸州。』此後黄巢攻入長安，僖宗幸蜀避難，戰争持續數年，至中和四年七月『賊將林言斬黄巢、黄揆、黄秉三人首級降時溥』，戰争方逐漸平息。光啓元年正月己卯，『僖宗自蜀還京』。

〔四〕委宫闕於榛蕪：按此句所言乃指長安經黄巢之亂以及諸道兵入京相攻焚剽後之情景。此荒亂情景舊唐書僖宗紀光啓元年十二月有所記載云：『神策軍潰散，遂入京師肆掠。乙亥，沙陀逼京師，田令孜奉僖宗出幸鳳翔。初，黄巢據京師，九衢三内，宫室宛然。及諸道兵破賊，争貨相攻，縱火焚剽，宫室居市閭里，十焚六七。賊平之後，令京兆尹王徽經年補葺，僅復安堵。至是，亂兵復焚，宫闕蕭條，鞠爲茂草矣。』

〔五〕噬臍何及：『噬臍』，亦作『噬齊』。自齧腹臍。喻後悔不及。左傳莊公六年：『亡鄧國者，必此人也。若不早圖，後君噬齊。』杜預注：『若齧腹齊，喻不可及也。』漢揚雄太玄賦：『豈恃寵以冒灾兮，將噬臍之不及。』

〔六〕外之則方伯元老，上憑眷祐，下憫蒸黎，允叶一心：『方伯』，殷周時代一方諸侯之長。後泛稱地方長官。漢以來之刺史，唐之采訪使、觀察使，明清之布政使均稱『方伯』。禮記王

制：『天子百里之内以共官，千里之内以爲御，千里之外設方伯。』史記 周本紀：『周室衰微，諸侯强并弱，齊、楚、秦、晋始大，政由方伯。』裴駰集解引鄭司農曰：『長諸侯爲方伯。』『蒸黎』，百姓，黎民。唐杜甫石龕詩：『奈何漁陽騎，颯颯驚蒸黎。』宋司馬光祭雷道矩文：『獨我友生，煩冤涕洟，恨此膏澤，不沾蒸黎。』『允叶』，和洽。北史 薛孝通傳：『奉以爲主，天人允叶。』

〔七〕廓妖氛於寓縣，剗戎壘於郊圻：『廓』，全唐文作『靖』。『廓』，清除。北史 隋紀上 文帝：『除群凶於城社，廓妖氣於遠服。』宋曾鞏洪州諸寺觀祈晴文：『伏望廓山川之曀滯，回日月之光華。』『寓縣』即『宇縣』，猶謂天下。史記 秦始皇本紀：『大矣哉，宇縣之中，承順聖意。』裴駰集解：『宇，宇宙；縣，赤縣。』唐韓愈賀册尊號表：『除剗寇盗，宇縣清夷，可謂戡定禍亂矣。』『戎壘』，軍營，營壘。明劉基次韻和孟伯真感興：『徒聞鐵甲連戎壘，未睹鉤車跨賊隍。』清顧炎武路舍人家見東武四先曆詩：『屬車乍蒙塵，七閩盡戎壘。』『郊圻』，都邑的疆界；邊境。書 畢命：『申畫郊圻，慎固封守，以康四海。』孔穎達疏：『郊圻，謂邑之境界。』唐元稹徐智岌右監門衛將軍制誥：『邠之地，后稷、公劉之所理也。俗饒稼穡，土宜六擾，内捍郊圻，外攘夷狄。』

〔八〕土疆徒繫於地官，徵賦罕歸於國帑：『地官』，明鈔本、甲庫本作『他官』，誤，不取。『地官』，古代六官之一。周禮地官序官：『乃立地官司徒，使帥其屬而掌邦教，以佐王安擾邦國。』鄭觀應盛世危言農功：『稽古帝王之設地官司徒之職，實兼教養。』唐武則天曾改户部爲地官（旋復舊），因亦以地官稱户部長官。唐韓愈祭馬僕射文：『帝念其功，還公於朝。陟於地官，且長百僚。』馬其昶校注：『守户部尚書。』『國帑』，國家的公款。宋文瑩玉壺清話卷七：『况國帑、重兵、宗廟、禁掖，若泰山之安，根本不可輕動也。』紅樓夢第八十九回：『又要開銷國帑，修理城工。』

〔九〕肅恭常祀，猶在正辭；昭格上玄，寧容溢美：『常祀』，固定的祭祀。左傳僖公三十一年：『禮不卜常祀。』新唐書禮樂志一：『凡歲之常祀，二十有二。』『正辭』，端正言辭。易繫辭下：『理財正辭，禁民爲非，曰義。』漢蔡邕郭泰碑：『若乃砥節礪行，直道正辭。貞固足以幹事，隱括足以矯時。』『昭』，明顯；顯著。詩小雅鹿鳴：『我有嘉賓，德音孔昭。』鄭玄箋：『昭，明也。』漢書韋玄成傳：『厥績既昭，車服有常，朝宗商邑，四牡翔翔。』唐玄宗孝經序：『於是以順移忠之道昭矣，立身揚名之義彰矣。』『格』，感通；感動。書說命下：『佑我烈祖，格於皇天。』南朝宋何承天重答顏光禄：『龍門九成，人鬼咸格。』北魏楊衒之洛陽伽藍

記永寧寺：『太原王功格天地，造濟生民，赤心奉國，神明所知。』『上玄』，上天。漢揚雄甘泉賦：『惟漢十世，將郊上玄。』李善注：『上玄，天也。』周書王悦傳：『梁主内虧刑政，外闕藩籬，匹夫攘袂，舉國傾覆。非直下民離心，抑亦上玄所棄。』

〔十〕步驟錙銖之際，自有至公；照臨顯晦之間：『照臨』，原作『昭臨』，今據四庫全書、全唐文改。『步驟』，事情进行的程序、次第。後漢書崔寔傳：『故聖人執權，遭時定制，步驟之差，各有云設。』隋薛道衡老氏碑：『皇、王有步驟之殊，民俗有淳醨之變。』『錙銖』，錙和銖。比喻微小的數量。莊子達生：『累丸二而不墜，則失者錙銖。』淮南子兵略訓：『能分人之兵，疑人之心，則錙銖有餘。不能分人之兵，疑人之心，則數倍不足。』『照臨』，從上面照察。比喻察理。詩小雅小明：『明明上天，照臨下土。』鄭玄箋：『照臨下土，喻王者當察理天下之事也。』唐杜甫風疾舟中伏枕書懷三十六韻奉呈湖南親友詩：『朗鑒存愚直，皇天實照臨。』

〔十一〕當勤納誨：『納誨』，進獻善言。書說命上：『命之曰，朝夕納誨，以輔台德。』孔傳：『言當納諫誨直辭，以輔我德。』蔡沈集傳：『朝夕納誨者，無時不進善言也。』三國志魏書高貴鄉公髦傳：『必有三老五更，以崇至敬，乞言納誨，著在惇史。』

答第三表〔一〕

朕以寡昧，嗣守丕圖，思臻太和，不敢寧處〔二〕。干戈載戢，稼穡少登〔三〕，禮樂中興，聲教遂被，是用郊上玄以報本〔四〕，解密網以緩刑。豈非九廟降靈，群賢叶力，共贊薄德，致兹少康。永惟眇躬〔五〕，實懼虚飾。卿等上稽天意，下采人謡，旁訪典謨，仰奉明訓〔六〕。以爲天地之道，既不讓於强名，皇王之心，宜屈己而從物。累貢殷勤，至於再三〔七〕。雖鑿井耕田，未及勛華之理〔八〕；而樂推欣服〔九〕，難違億兆之情。既徇衆詞，終疑溢美，勉爾來請，深用愧懷。

校箋

〔一〕此文又見於全唐文卷八十八，文題爲允宰臣蕭遘等上尊號詔，署名唐僖宗。四庫全書、適園叢書、明鈔本、學林本文題均爲答第三表詔。此文文末未署答詔時間。考舊唐書卷十九下僖宗紀光啓元年五月載：『是月，宰臣蕭遘率文武百僚上徽號曰至德光烈孝皇帝，御宣政殿受册，大赦。』新唐書卷九僖宗紀亦載：光啓元年『五月，群臣上尊號曰至德光烈皇帝』。據此僖宗此次所

允之尊號即爲『至德光烈孝皇帝』，而之後受册此尊號之時間在光啓元年（八八五）五月。又此文爲第三次答詔，而上文所載前一次答詔亦在是年五月，則此次答詔以及撰寫此文之時間亦在是年五月中，具體何日則難於具考。又，『蕭遘』，傳見舊唐書卷一百七十九、新唐書卷一百一，詳見本書本卷光啓元年答上尊號校箋第一條。

（二）朕以寡昧，嗣守丕圖，思臻太和，不敢寧處：『寡昧』，謂知識淺陋，不明事理。北魏楊衒之洛陽伽藍記　平等寺：『臣既寡昧，識無光遠，景命雖降，不敢仰承，乞收成旨，以允愚衷。』宣和遺事後集：『蓋以寡昧之資，藉盈成之業，言路壅蔽，導諛日聞，恩倖持權，貪饕得志。』『嗣守』，繼承并遵守和保持。書　顧命：『在後之侗，敬迓天威，嗣守文武大訓，無敢昏逾。』晋書　慕容超載記：『今陛下嗣守社稷，不宜以私親之故而降統天之尊。』『太和』，謂太平。三國魏曹植七啓：『吾子爲太和之民，不欲仕陶唐之世乎？』南朝宋顔延之宋文皇帝元皇后哀策文：『太和既融，收華委世。』李善注：『太和，謂太平也。』『寧處』，猶言安處，安居。國語　晋語二：『群臣莫敢寧處，將待君命。』後漢書　徐穉傳：『大樹將顛，非一繩所維，何爲栖栖不遑寧處？』

（三）干戈載戢，稼穡少登：『戢』，收藏兵器。詩　周頌　時邁：『載戢干戈，載櫜弓矢。』毛傳：『戢，聚也。』後漢書　光武帝紀下：『退功臣而進文吏，戢弓矢而散牛馬。』引申指停止戰

争。三國志 蜀書 諸葛亮傳：『是以用兵不戢，屢耀其武。』晉袁宏後漢紀 桓帝紀下：『當今兵戈未戢，是陛下焦心坐而待旦之時也。』舊唐書 代宗紀：『軍役屢興，干戈未戢，茫茫士庶，斃於鋒鏑。』『登』，成熟；豐收。孟子 滕文公上：『五穀不登，禽獸逼人。』淮南子 主術訓：『歲登穀豐，乃始縣鐘鼓，陳干戚。』高誘注：『登，成也。年穀豐熟也。』唐韓愈請上尊號表：『由是五穀歲登，百瑞時現。』

（四）禮樂中興，聲教遂被，是用郊上玄以報本：『禮樂』，禮節和音樂。古代帝王常用興禮樂爲手段以求達到尊卑有序、遠近和合的統治目的。禮記 樂記：『樂也者，情之不可變者也；禮也者，理之不可易者也。樂統同，禮辨異。禮樂之説，管乎人情矣。』孔穎達疏：『樂主和同，則遠近皆合；禮主恭敬，則貴賤有序。』呂氏春秋 孟夏：『乃命樂師習合禮樂。』高誘注：『禮所以經國家，定社稷，利人民；樂所以移風易俗，蕩人之邪，存人之正性。』『聲教』，聲威教化。書 禹貢：『東漸於海西，被於流沙，朔南暨聲教，訖於四海。』漢班固東都賦：『窮覽萬國之有無，考聲教之所被，散皇明以燭幽。』唐薛能國學試風化下詩：『英明高比日，聲教下如風。』『郊』，古帝王祭祀天地。冬至祭天於南郊，夏至瘞地於北郊。書 召誥：『越三日丁巳，用牲於郊。』漢書 郊祀志上：『古者天子夏親郊祀上帝於郊，故曰郊。』『上玄』，上天。漢揚雄甘泉賦：『惟漢十世，

將郊上玄。」李善注：「上玄，天也。」周書王悅傳：「梁主內虧刑政，外闕藩籬，匹夫攘袂，舉國傾覆。非直下民離心，抑亦上玄所棄。」唐末五代杜光庭莫庭乂爲川主修周天醮詞：「上願國祚遐長，聖朝寧泰……三光順度於上玄，萬類繁昌於下土。」「報本」，即「報本反始」，受恩思報，不忘本源。禮記郊特牲：「唯社，丘乘共粢盛，所以報本反始也。」明唐順之故禮部左侍郎薛瑄從祀議：「祭之爲言報也，以報本而反其始也。」亦省作「報本」。唐劉禹錫天論上：「唯告虔報本，肆類授時之禮，曰天而已矣。」

〔五〕永惟眇躬：「眇躬」，舊時帝后自稱之詞。魏書北海王詳傳：「祚屬眇躬，言及斯事，臨紙慚恨，惋慨兼深。」唐武則天唐享昊天樂章之四：「菲德承光顧，禎符萃眇躬。」

〔六〕旁訪典謨，仰奉明訓：「仰奉」，原作「俾奉」，今據全唐文、適園叢書改。「典謨」，尚書中堯典、舜典和大禹謨、皋陶謨等篇的并稱。書序：「典謨訓誥誓命之文凡百篇，所以恢弘至道，示人主以軌範也。」漢書揚雄傳下：「典謨之篇，雅頌之聲，不温純深潤，則不足以揚鴻烈而章緝熙。」也指經典；法言。元關漢卿裴度還帶第一折：「正人倫，傳道統，有堯之君大哉；理綱常，訓典謨，是孔之賢聖哉。」「明訓」，明確的訓誡。國語晉語八：「圖在明訓，明訓在威權。」韋昭注：「言既有明教，在威權以行之。」唐韓愈順宗實録卷三：「佩詩禮之明訓，宣忠孝之

弘規。』

〔七〕累貢殷勤，至於再三：『殷勤』，原作『勤懇』，今據四庫全書、全唐文改。『再三』，四庫全書、全唐文作『再四』，恐誤，蓋此文乃答群臣之第三表，尚非『再四』。

〔八〕雖鑿井耕田，未及勛華之理：『勛華』，堯舜的并稱。勛，放勛，堯名；華，重華，舜名。漢馬融忠經序：『皇上含庖軒之姿，韞勛華之德。』宋范成大東宮壽詩：『并世勛華照古今，朱明彩服侍尊臨。』按，此兩句所涉舜『鑿井耕田』事迹，史記卷一五帝本紀載：『虞舜者，名曰重華。重華父曰瞽叟……舜父瞽叟盲，而舜母死，瞽叟更娶妻而生象，象傲。瞽叟愛後妻子，常欲殺舜，舜避逃；及有小過，則受罪。順事父及後母與弟，日以篤謹，匪有懈。舜，冀州之人也。舜耕歷山，漁雷澤，陶河濱，作什器於壽丘，就時於負夏。舜父瞽叟頑，母嚚，弟象傲，皆欲殺舜。舜順適不失子道，兄弟孝慈。欲殺，不可得；即求，嘗在側。……舜耕歷山，歷山之人皆讓畔；漁雷澤，雷澤上人皆讓居；陶河濱，河濱器皆不苦窳。一年而所居成聚，二年成邑，三年成都。堯乃賜舜絺衣，與琴，爲築倉廩，予牛羊。瞽叟尚復欲殺之，使舜上塗廩，瞽叟從下縱火焚廩。舜乃以兩笠自捍而下，去，得不死。後瞽叟又使舜穿井，舜穿井爲匿空旁出。舜既入深，瞽叟與象共下土實井，舜從匿空出，去。瞽叟、象喜，以舜爲已死。象曰：「本謀者象。」象與其父母分，於是

曰：「舜妻堯二女，與琴，象取之。牛羊倉廩予父母。」象乃止舜宮居，鼓其琴。舜往見之。象愕不懌，曰：「我思舜正鬱陶！」舜曰：「然，爾其庶矣！」舜復事瞽叟愛弟彌謹。於是堯乃試舜五典百官，皆治。』

〔九〕而樂推欣服：『樂推』，樂意擁戴。老子：『是以聖人處上而民不重，處前而民不害，是以天下樂推而不厭。』宋書武帝紀中：『自非百姓樂推，天命攸集，豈伊在予，所得獨專。』『欣服』，悦服。後漢書竇融傳：『融等所以欣服高義，願從役於將軍者，良爲此也。』北史魏任城王澄傳：『領軍於忠、侍中崔光等奏澄爲尚書令，於是衆心欣服。』

卷第七

帝王

尊號册文上

應天神龍皇帝册文
開元神武皇帝册文
開元天寶聖文神武應道皇帝册文
開元天地大寶聖文神武應道皇帝册文
太上皇加光天文武大聖孝感皇帝册文
睿聖文武皇帝册文
元和聖文神武法天應道皇帝册文

尊號册文上

應天神龍皇帝册文〔一〕

李　嶠

維神龍三年，歲次丁未，九月景申朔，五日庚子，具官某及文武群臣等〔二〕，謹昧死再拜稽首奉册言：爰自厥初，肇興司牧，皇矣撫極，蒸哉察道〔三〕，莫不因時適變，改物殊徽，推五運而陟崇高，步三微而膺曆數〔四〕。天地人皇之立稱，始别洪荒〔五〕；唐虞夏帝之居尊，漸詳文質〔六〕。姬水以椎輪發號，烈山以斲耒增名〔七〕，然後仁被德宣，功昭業遠。歷訪前古，兹爲舊式。我大唐受乾坤之眷命，當寓縣之謳歌，奄有黎蒸，遂光宸象〔八〕。應天皇帝陛下垂統御辯，截海披圖〔九〕，承四業之休光，握三靈之寶契〔十〕。虞舜蒸蒸之德，永錫群方；周文翼翼之心，其凝庶績〔十一〕。驅齊人於仁壽，致雅俗於醇醲。六府咸修，五兵不用〔十二〕。航海梯山之客，奉贄輸琛；耕田鑿井之夫，擊壤鼓腹〔十三〕。中外静謐，表裏雍熙〔十四〕。而孽子滔天，亂臣干紀，謀同觸瑟，禍劇弄兵。

不虞之灾，忽生於肘腋；無象之鑒，獨憤於神祇。於時凶竪逼樓，聖君憑檻〔十五〕。威靈下濟，覺封豕之周惶；丑逆上瞻，見神龍之輔翼。寶仗似億千之衛，天儀成丈六之容〔十六〕。衆瑞俱臨，群妖大駭〔十七〕。盡迷方而失據，咸喪氣而亡精〔十八〕。顧眄而斬馘釁尸，指麾而冰銷霧廓。雖復草爲兵甲，秦師驚蔣帝之神〔十九〕；樹作幡幢，釋主屈魔王之衆〔二十〕。蛇軀之變媧后，蛟影之隨漢高〔二十一〕，未足以匹此奇徵，方斯偉應。自非冥符幽贊，睿感潛通，何以承波若之護持，享高明之福助〔二十二〕？昔者伏牛之主，是曰犧皇；名鳥之君，仍題鳳紀〔二十三〕。法身用馬鳴成道，上士以龍德爲仙〔二十四〕。敢托元符，爰資故實〔二十五〕，謹上尊號曰應天神龍皇帝。鴻猷載肇，昌曆惟新，庶以仰順乾心，俯從人欲〔二十六〕。天長地久，更隆四大之尊名；玉振金聲，恒爲百王之稱首〔二十七〕。盛矣美矣，皇哉唐哉〔二十八〕！臣某等誠歡誠喜，頓首頓首，死罪死罪，再拜以聞。

校箋

〔一〕此文又見於文苑英華卷四百四十二翰林制詔、御定淵鑒類函卷四十二、全唐文卷

二百四十二，文題均爲上應天神龍皇帝册文，署名李嶠。此文文末未署上册文時間，然文首謂上册文時間爲『維神龍三年，歲次丁未，九月景申朔，五日庚子』，即神龍三年（七〇七）九月五日，其撰寫時間當在是時稍前。按，『李嶠』，傳見舊唐書卷九十四、新唐書卷一百二十四。舊唐書本傳載：『李嶠，趙州贊皇人，隋内史侍郎元操從曾孫也。代爲著姓，父鎮惡，襄城令。嶠早孤，事母以孝聞。爲兒童時，夢有神人遺之雙筆，自是漸有學業。弱冠舉進士，累轉監察御史。時嶺南邕、嚴二州首領反叛，發兵討擊，高宗令嶠往監軍事。嶠乃宣朝旨，特赦其罪，親入獠洞以招諭之，叛者盡降，因罷兵而還，高宗甚嘉之。累遷給事中。時酷吏來俊臣構陷狄仁杰、李嗣真、裴宣禮等三家，奏請誅之，則天使嶠與大理少卿張德裕、侍御史劉憲覆其獄。德裕等雖知其枉，懼罪，并從俊臣所奏，嶠曰：「豈有知其枉濫而不爲申明哉！孔子曰：『見義不爲，無勇也。』」乃與德裕等列其枉狀，由是忤旨，出爲潤州司馬。詔入，轉鳳閣舍人。則天深加接待，朝廷每有大手筆，皆特令嶠爲之。時初置右御史臺，巡按天下，嶠上疏陳其得失曰：……則天善之。乃下制分天下爲二十道，簡擇堪爲使者。會有沮議者，竟不行。尋知天官侍郎事，遷麟臺少監。聖曆初，與姚崇偕遷同鳳閣鸞臺平章事，俄轉鸞臺侍郎，依舊平章事，兼修國史。久視元年，嶠舅天官侍郎張錫入知政事，嶠轉成均祭酒，罷知政事及修史，舅甥相繼在相位，時人榮之。嶠尋檢校文昌左

丞、東都留守。長安三年，嶠復以本官平章事，尋知納言事。明年，遷內史，嶠後固辭煩劇，復拜成均祭酒，平章事如故。……中宗即位，嶠以附會張易之兄弟，出爲豫州刺史，未行，又貶爲通州刺史。數月，徵拜吏部侍郎，封贊皇縣男。無幾，遷吏部尚書，進封縣公。神龍二年，代韋安石爲中書令。初，嶠在吏部時，志欲曲行私惠。冀得復居相位，奏置員外官數千人。至是官僚倍多，府庫減耗，乃抗表引咎辭職，并陳利害十餘事。中宗以嶠昌言時政之失，輒請罷免，手制慰諭而不允，尋令復居舊職。三年，又加修文館大學士，監修國史，封趙國公。景龍三年，罷中書令，以特進守兵部尚書、同中書門下三品。睿宗即位，出爲懷州刺史，尋以年老致仕。……尋起爲盧州別駕而卒。有文集五十卷。』

〔二〕具官某及文武群臣等：『文武群臣』，文苑英華、適園叢書、明鈔本、學林本作『文武群官』。又，本文爲李嶠所撰，則此文中之『具官某』當即李嶠。李嶠，傳見舊唐書卷九十四、新唐書卷一百二十三。新唐書本傳載：『李嶠，字巨山，趙州贊皇人。早孤，事母孝。爲兒時，夢人遺雙筆，自是有文辭，十五通五經，薛元超稱之。二十擢進士第，始調安定尉。舉制策甲科，遷長安。時畿尉名文章者，駱賓王、劉光業，嶠最少，與等夷。授監察御史。高宗擊邕、岩二州叛獠，詔監其軍，嶠入洞喻降之，由是罷兵。稍遷給事中。……忤武后旨，出爲潤州司馬。久乃召爲

鳳閣舍人，文册大號令，多主爲之。……俄知天官侍郎事，進麟臺少監、同鳳閣鸞臺平章事。遷鸞臺侍郎。會張錫輔政，嶠，其出也，罷爲成均祭酒。俄檢校文昌左丞，留守東都。長安三年，以本官復爲平章事，知納言。遷内史，嶠辭劇，復爲成均祭酒、平章事。……張易之敗，坐附會貶豫州刺史，未行，改通州。數月，以吏部侍郎召，俄遷尚書。神龍二年，代韋安石爲中書令。……中宗以其身宰相，乃自陳失政，丐罷官，無所嫁非，手詔詰讓。嶠惶恐，復視事。（神龍）三年，加修文館大學士，封趙國公，以特進同中書門下三品。睿宗立，罷政事，下除懷州刺史，致仕。初，中宗崩，嶠嘗密請相王諸子不宜留京師。及玄宗嗣位，獲其表宮中，或請誅之。張説曰：「嶠誠懵逆順，然爲當時謀，吠非其主，不可追罪。」天子亦顧數更赦，遂免，貶滁州別駕，聽隨子虔州刺史暢之官。改廬州別駕，卒，年七十。嶠富才思，有所屬綴，人多傳諷。武后時，汜水獲瑞石，嶠爲御史，上皇符一篇，爲世譏薄。然其仕前與王勃、楊盈川接，中與崔融、蘇味道齊名，晚諸人没，而爲文章宿老，一時學者取法焉。』據上述史籍所載，李嶠神龍三年正任中書令、『修文館大學士，監修國史，封趙國公』，爲宰相，可謂位高望重，其領銜撰奉册文，宜矣！

〔三〕肇興司牧，皇矣撫極，蒸哉察道：『司牧』，君主；官吏。南朝齊蕭道成即位告天文：『肇自生民，樹以司牧。』宋王禹偁端拱箴：『天生蒸民，樹之司牧。』『皇』，大。詩大雅皇

矣：『皇矣上帝，臨下有赫。』毛傳：『皇，大。』逸周書祭公：『汝其皇敬哉！』孔晁注：『皇，大。』『極』，頂點；最高地位。易繫辭上：『六爻之動，三極之道也。』高亨注：『屋上最高之梁稱極，引申爲至高之義……天地人乃宇宙萬類之至高者。』史記禮書：『天者，高之極也；地者，下之極也；日月者，明之極也。』引申爲達到頂點、最高限度。呂氏春秋大樂：『天地車輪，終則復始，極則復反，莫不咸當。』史記李斯列傳：『物極則衰，吾未知所稅駕也。』『蒸』，興盛貌。宋李綱桃源行詩：『溪窮路盡恍何處，桃花爛熳蒸川原。』太平天國宋永保貶妖穴爲罪隸論：『今主天王率民同尊上帝，共逐妖魔，邪風滅，善氣蒸，猶得容妖胡之雜於中國哉？』

（四）推五運而陟崇高，步三微而膺曆數：『膺曆數』，原作『應曆數』，今據文苑英華、全唐文、適園叢書、明鈔本、學林本等改。『五運』，古代據五行生克説推算出的王朝興替的氣運。東觀漢記光武紀：『自帝即位，按圖讖，推五運，漢爲火德，周蒼漢赤，木生火，赤代蒼。』舊五代史梁書太祖紀：『是以三正互用，五運相生，前朝道消，中原政散，瞻烏莫定，失鹿難追。』宋歐陽修正統論上：『帝王之興必乘五運者，繆妄之説也。』『三微』，三正。三正之始，萬物皆微，故又稱三微。漢書律曆志上：『三微之統既著，而五行自青始。』後漢書陳寵傳：『三微成著，以通三統。』李賢注引三禮義宗：『三微，三正也。言十一月陽氣始施，萬物動於黄泉之下，微而

未著，其色皆赤，赤者陽氣。故周以天正爲歲，色尚赤，夜半爲朔。十二月萬物始牙，色白，白者陰氣。故殷以地正爲歲，色尚白，鷄鳴爲朔。十三月萬物始達，其色皆黑，人得加功以展其業。夏以人正爲歲，色尚黑，平旦爲朔，故曰三微。』『曆數』，古謂帝王代天理民的順序。論語堯曰：『諮，爾舜，天之曆數在爾躬。』何晏集解：『曆數謂列次也。』邢昺疏：『孔注尚書云：謂天道。謂天曆運之數。帝王易姓而興，故言曆數謂天道。』

〔五〕天地人皇之立稱，始別洪荒：『立稱』，四庫全書作『稱立』。『洪荒』，混沌、蒙昧的狀態。借指遠古時代。南朝陳徐陵在北齊與楊僕射書：『凡自洪荒，終乎幽厲。』宋楊萬里漢文帝有聖賢之風論：『洪荒之世，人與禽之未別。』

〔六〕唐虞夏帝之居尊，漸詳文質：『唐虞夏帝之居尊』，文苑英華作『唐虞夏帝之君尊』。『文質』，文華與質樸。晉杜預春秋經傳集解序：『史有文質，辭有詳略。』孔穎達疏：『史文則辭華，史質則辭直，華則多詳，直則多略。』舊唐書文苑傳序：『殊不知世代有文質，風俗有淳醨。』

〔七〕姬水以椎輪發號，烈山以斲耒增名：『椎輪發號』，原作『推輪發號』，今據全唐文、四庫全書、適園叢書、御定淵鑒類函、學林本改。『斲耒增名』，全唐文作『斬耒增名』。『姬

水』，水名。相傳爲黃帝所居。國語 晉語四：『黃帝以姬水成，炎帝以姜水成。』韋昭注：『姬、姜，水名。』此處即指炎帝。『椎輪』，原始的無輻車輪。亦以指棧車。南朝梁蕭統文選序：『若夫椎輪爲大輅之始，大輅寧有椎輪之質？』吕向注：『椎輪，古棧車。』『烈山』，山名。又名『厲山』『隨山』『重山』『麗山』。在湖北省隨州市北。相傳上古炎帝神農氏生於此。北魏酈道元水經注 漻水：『（漻水）分爲二水，一水西逕厲鄉南。水南有重山，即烈山也。山下有一穴，父老相傳，云是神農所在處也。故禮謂之烈山氏。』樂府詩集 郊廟歌辭七 唐祭太社樂章：『烈山有子，后土有臣。播種百穀，濟育兆人。』此處指烈山氏即傳説中之炎帝神農氏。國語 魯語上：『昔烈山氏之有天下也，其子曰柱，能殖百穀百蔬。』韋昭注：『烈山氏，炎帝之號也，起於烈山。』清方苞謚法：『烈山氏始爲農師，而民神之，因而號焉。』『耒』，古代一種可以脚踏的木制翻土農具。管子 海王：『耕者必有一耒一耜一銚，若其事立。』易 繫辭下：『包犧氏没，神農氏作，斲木爲耜，揉木爲耒，耒耨之利，以教天下。』

〔八〕奄有黎蒸，遂光宸象：『黎蒸』，原作『黎庶』，全唐文作『蒸黎』，今據文苑英華、御定淵鑒類函改。『遂光』，原作『遂荒』，今據四庫全書改。『黎蒸』，亦作『黎烝』。黎民，衆民。史記 司馬相如列傳：『正陽顯見，覺寤黎烝。』晉陸機答賈謐詩：『伊昔有皇，肇濟黎烝。』『宸

象』，指紫微垣。唐駱賓王久戍邊城有懷京邑詩：『璧殿規宸象，金堤法斗樞。』

〔九〕應天皇帝陛下垂統御辯，截海披圖：『垂統御辯』，原作『垂旒御辨』，全唐文作『垂旒御辯』，御定淵鑒類函作『垂統御籙』，今據文苑英華改。『垂統』，把基業留傳下去。多指皇位的承襲。孟子梁惠王下：『君子創業垂統，爲可繼也。』史記三王世家：『而家皇子爲列侯，則尊卑相逾，列位失序，不可以垂統於萬世。』『御辯』，駕馭世變。辯，通『變』。語本莊子逍遥游：『若夫乘天地之正，而御六氣之辯。』郭象注：『御六氣之變者，即是游變化之塗也。』南朝齊謝朓三日侍宴曲水代人應詔詩：『於皇克聖，時乘御辯。』『截海』，横渡過海。『披圖』，展閱圖籍、圖畫等。後漢書盧植傳：『今同宗相後，披圖案牒，以次建之，何勛之有？』北周庾信三月三日華林園馬射賦序：『舜以甲子之朝，披圖而巡洛。』

〔十〕承四業之休光，握三靈之寶契：『四業』，指詩、書、禮、樂。後漢書逸民傳法真：『處士法真，體兼四業。』李善注：『謂詩、書、禮、樂也。』晉書后妃傳下孝武定王皇后：『天性柔順，四業允備。』『休光』，盛美的光華。亦比喻美德或勛業。漢書匡衡傳：『使群下得望盛德休光，以立基楨，天下幸甚。』三國魏嵇康琴賦：『含天地之醇和兮，吸日月之休光。』『三靈』，指日、月、星。漢書揚雄傳上：『方將上獵三靈之流，下決醴泉之滋。』顏師古

注引如淳曰：『三靈，日、月、星垂象之應也。』南史 宋紀上：『三靈垂象，山川告祥。』『契』，符節、憑證、字據等信物。古代契分爲左右兩半，雙方各執其一，用時將兩半合對以作徵信。後泛指契約。老子：『是以聖人執左契而不責於人，故有德司契，無德司徹。』晋王羲之蘭亭集序：『每覽昔人興感之由，若合一契，未嘗不臨文嗟悼。』

〔十一〕虞舜蒸蒸之德，永錫群方；周文翼翼之心，其凝庶績：『蒸蒸』，純一寬厚貌。漢書 酷吏傳序：『而吏治蒸蒸，不至於奸，黎民艾安。』顔師古注：『蒸蒸，純一之貌也。』明張居正答陳節推書十七：『首事於今四年，碌碌無以自效，所賴主德日明，宮府清穆，百司蒸蒸奉職。』『周文』，即周文王。後漢書 桓帝紀：『今京師廝舍，死者相枕，郡縣阡陌，處處有之，甚違周文掩胔之義。』三國志 魏書 管寧傳：『周文啓龜，以卜良佐。』『翼翼』，恭敬謹慎貌。詩 大雅 大明：『惟此文王，小心翼翼。』鄭玄箋：『小心翼翼，恭慎貌。』漢書 禮樂志：『王侯秉德，其鄰翼翼。』顔師古注：『翼翼，恭敬也。』『庶績』，各種事業。書 堯典：『允厘百工，庶績咸熙。』孔傳：『績，功也；言衆功皆廣。』舊唐書 薛登傳：『故堯資八元而庶績其理，周任十亂而天下和平。』

〔十二〕六府咸修，五兵不用：『五兵』，原作『五戎』，今據文苑英華、四庫全書、全唐文、

御定淵鑒類函改。『六府』，古樂章名。尚書大傳卷一下：『歌大化、大訓、六府、九原，而夏道興。』鄭玄注：『四章皆歌禹之功。』『五兵』，五種兵器。所指不一。周禮 夏官 司兵：『掌五兵五盾。』鄭玄注引鄭司農云：『五兵者，戈、殳、戟、酋矛、夷矛也。』此指車之五兵。步卒之五兵，則無夷矛而有弓矢。見司兵鄭玄注。穀梁傳 莊公二十五年：『天子救日，置五麾，陳五兵五鼓。』范甯注：『五兵：矛、戟、鉞、楯、弓矢。』漢書 吾丘壽王傳：『古者作五兵。』顔師古注：『五兵，謂矛、戟、弓、劍，戈。』此處蓋泛指各種兵器。隋書 達奚長儒傳：『且戰且行，轉鬥三日，五兵咸盡，士卒以拳毆之。』唐獨孤及慶鴻名頌：『唐興百三十有八載，皇帝在賄天下，鑄五兵爲農器，棲萬姓於壽域。』

〔十三〕航海梯山之客，奉贄輸琛；耕田鑿井之夫，擊壤鼓腹：『航海梯山』，渡過大海，攀越高山。謂經歷艱遠的途程。南朝梁簡文帝大法頌序：『航海梯山，奉白環之使。』唐于兢王審知德政碑：『航海梯山，貢奉循環。』『奉贄』，進獻見面禮品。謂拜見。漢徐幹中論 譴交：『古之君子，因王事之閑，則奉贄以見其同僚。』清陳用光上翁學士書：『伏惟閣下存好士之盛心，念用光之意，存乎古人之慕道者，不待奉贄階下，而先教誨之。』『琛』，珍寶。常作貢物。詩 魯頌 泮水：『憬彼淮夷，來獻其琛。』毛傳：『琛，寶也。』漢張衡東京賦：『藩國奉聘，要荒來質，具惟

帝臣，獻琛執贄。』『擊壤鼓腹』，莊子馬蹄：『夫赫胥氏之時，民居不知所爲，行不知所之，含哺而熙，鼓腹而游。』藝文類聚卷十一引晉皇甫謐帝王世紀：『（帝堯之世）天下大和，百姓無事，有五十老人擊壤於道。』原謂人民吃得飽，有餘閑游戲。後用爲稱頌太平盛世之典。

〔十四〕表裏雍熙：『雍熙』，謂和樂升平。漢張衡東京賦：『百姓同於饒衍，上下共其雍熙。』薛綜注：『言富饒是同，上下咸悦，故能雍和而廣也。』前蜀貫休陽春曲：『歷數雍熙房與杜，魏公姚公宋開府。』

〔十五〕而孽子滔天，亂臣干紀，謀同觸瑟，禍劇弄兵。不虞之灾，忽生於肘腋；無象之鑒，獨憤於神祇。於時凶豎逼樓，聖君憑檻：『觸瑟』，語本漢書金日磾傳：『何羅袖白刃從東箱上，見日磾，色變，走趨卧内欲入，行觸寶瑟，僵。日磾得抱何羅，因傳曰：「莽何羅反！」……日磾捽胡投何羅殿下，得禽縛之。』後以『觸瑟』爲暴露奸邪的典故。南朝梁劉孝綽答雲法師書：『寧慮五怨，思效遂虜，引梁丘隨劍之説，日磾觸瑟之辭。』『不虞』，意料不到。國語周語中：『昔我先王之有天下也，規方千里，以爲甸服……以待不庭不虞之患。』南朝梁沈約劉領軍封侯詔：『及釁起不虞，咫尺宫禁，内參嘉謨，外宣戎略。』『肘腋』，比喻切近之地。三國志蜀書法正傳：『主公之在公安也，北畏曹公之强，東憚孫權之逼，近則懼孫夫人生變於肘腋之下。』唐杜

甫草堂詩：『西卒却倒戈，賊臣互相誅，焉知肘腋禍，自及梟獍徒。』『無象』，没有形迹；没有具體形象。管子幼官：『備具勝之原，無象勝之本。』趙守正注：『無象，指軍行隱蔽，使人們看不到形象。』三國魏曹植七啓：『譬若畫形於無象，造響於無聲。』按，此數句以及此下數句所言乃指神龍三年七月皇太子重俊與御林將軍李多祚誅殺武三思、武崇訓之事。舊唐書卷七中宗紀神龍三年載：『秋七月庚子，皇太子重俊與羽林將軍李多祚等，率羽林千騎兵三百餘人，誅武三思、武崇訓，遂引兵自肅章門斬關而入。帝惶遽登玄武樓，重俊引兵至下，上自臨軒諭之，衆遂散去，殺李多祚。重俊出奔至鄠縣，爲部下所殺。』資治通鑑卷二百八亦記此事變前因後果云：『皇后以太子重俊非其所生，惡之；特進德静王武三思尤忌太子。上官婕妤以三思故，每下制敕，推尊武氏。安樂公主與駙馬左衛將軍武崇訓常陵侮太子，或呼爲奴。崇訓又教公主言於上，請廢太子，立己爲皇太女。太子積不能平。秋，七月，辛丑，太子與左羽林大將軍李多祚，將軍李思冲、李承况、獨孤禕之、沙吒忠義等，矯制發羽林千騎兵三百餘人，殺三思、崇訓於其第，并親黨十餘人。又使左金吾大將軍成王千里及其子天水王禧分兵守宫城諸門，太子與多祚引兵自肅章門斬關而入，叩閤索上官婕妤。婕妤大言曰：「觀其意欲先索婉兒，次索皇后，次及大家。」上乃與韋后、安樂公主、上官婕妤登玄武門樓以避兵鋒，使右羽林大將軍劉景仁帥飛騎百餘人屯於樓下以

自衛。楊再思、蘇瓌、李嶠與兵部尚書宗楚客、左衛將軍紀處訥擁兵二千餘人屯太極殿前，閉門自守。多祚先至玄武樓下，欲升樓，宿衛拒之。多祚與太子狐疑，按兵不戰，冀上問之。宮闈令石城楊思勖在上側，請擊之。多祚婿羽林中郎將野呼利爲前鋒總管，思勖挺刃斬之，多祚軍奪氣。上據檻俯謂多祚所將千騎曰：「汝輩皆朕宿衛之士，何爲從多祚反！苟能斬反者，勿患不富貴。」於是千騎斬多祚、承況、禕之、忠義，餘衆皆潰。成王千里、天水王禧攻右延明門，將殺宗楚客、紀處訥，不克而死。太子以百騎走終南山，至鄠西，能屬者才數人，憩於林下，爲左右所殺。上以其首獻太廟及祭三思、崇訓之柩，然後梟之朝堂。更成王千里姓曰蝮氏，同黨皆伏誅。』

〔十六〕威靈下濟，覺封豕之周惶；丑逆上瞻，見神龍之輔翼。寶仗似億千之衛，天儀成丈六之容：『輔翼』，御定淵鑒類函作『傅翼』，恐誤。『寶仗似億千之衛』，四庫全書、適園叢書、明鈔本、甲庫本、學林本作『寶仗以億千之衛』，『以』恐爲『似』字之形誤。『天儀』，文苑英華、御定淵鑒類函作『天威』。『威靈』，神靈。楚辭 九歌 國殤：『天時墜兮威靈怒，嚴殺盡兮棄原野。』『封豕』，大豬。史記 司馬相如列傳：『射封豕。』裴駰集解引郭璞注：『封豕，大豬。』此處比喻反叛之貪暴者。左傳 昭公二十八年：『（伯封）實有豕心，貪惏無饜，忿纇無期，謂之封豕。』舊唐書 李密傳：『三河縱封豕之貪，四海被長蛇之毒。』『輔翼』，輔佐，輔助。禮記 文王

世子：『保也者，慎其身以輔翼之，而歸諸道者也。』孔穎達疏：『輔，相也；翼，助也。謂護慎世子之身，輔相翼助，使世子而歸於道。』史記魯周公世家：『及武王即位，旦常輔翼武王，用事居多。』

〔十七〕衆瑞俱臨，群妖大駭：『衆瑞俱臨』，原作『衆瑞共臨』，今據文苑英華、全唐文、御定淵鑒類函改。按，此處『群妖』指反叛作亂之太子重俊與大將軍李多祚諸人。

〔十八〕盡迷方而失據，咸喪氣而亡精：『咸喪氣』，原作『咸奪氣』，今據文苑英華、全唐文、御定淵鑒類函改。『亡精』，原作『忘精』，今據文苑英華、全唐文、明鈔本、御定淵鑒類函改。『失據』，失去憑依。楚宋玉神女賦：『回腸傷氣，顛倒失據。』李善注：『毛萇詩傳曰：「據，依也。」』後漢書皇甫嵩傳：『所在燔燒官府，劫略聚邑，州郡失據，長吏多逃亡。』

〔十九〕雖復草爲兵甲，秦師驚蔣帝之神：按蔣帝謂蔣歆，即蔣子文。干寶搜神記卷五記：『蔣子文者，廣陵人也。嗜酒，好色，挑撻無度。常自謂：「己骨清，死當爲神。」漢末，爲秣陵尉，逐賊至鐘山下，賊擊傷額，因解綬縛之，有頃遂死。』又據傳説蔣子文在平亂中殉職，三國時他果然多次顯靈，於是孫權封他爲鐘山之神，并將鐘山改名爲蔣山。他神威顯著，據説曾在淝水之戰中展現神迹，一時風聲鶴唳，草木皆兵，秦主苻堅軍戰敗。他也多次顯靈解救旱灾。故南

朝皇帝對蔣屢屢封贈，在南齊東昏侯時，甚至被封爲帝。據民間傳説，他後來被改封到了陰間，成爲十殿閻羅的第一殿秦廣王。

〔二十〕樹作幡幢，釋主屈魔王之衆：『幡幢』，四庫全書作『藩屏』，誤，不取。『屈』，文苑英華、御定淵鑒類函作『麾』。『幡幢』，即幢幡。指佛教、道教所用的旌旗。從頭安寶珠的高大幢竿下垂，建於佛寺或道場之前。分言之則幢指竿柱，幡指所垂長帛。唐黄滔大唐福州報恩定光多寶塔碑記：『自地湧塔於佛之前，其幢幡瓔珞、瑪瑙、車渠、七盤四懸，乘虚耀日。』宋周煇清波雜志卷十一：『即見有道流童子，持幢幡節蓋相繼而出雲間。』唐馮贄雲仙雜記卷七：『廬山遠法師命盡之日，山中峰澗寺落，皆見千眼仙人成隊執幡幢香花赴東林寺。』『釋主』，指釋迦牟尼。佛教之創始人。『魔王』，魔界之王，鬼之首領。佛教用以稱欲界第六天他自在天之主波旬。南朝梁寶林破魔露布文：『故魔王波旬，植愚根於曠始，積迷心於妄境。』此處喻指太子李重俊。

〔二十一〕蛇軀之變媧后，蛟影之隨漢高：『媧后』，即女媧氏。乃中國神話傳説中人類的始祖。傳説她與伏羲由兄妹而結爲夫婦，産生人類。又傳説她曾用黄土造人，煉五色石補天，斷鰲足支撑四極，平治洪水，驅殺猛獸，使人民得以安居，并繼伏羲而爲帝。『漢高』，即漢高祖劉邦。史記卷八高祖紀：『高祖以亭長爲縣送徒酈山，徒多道亡。自度比至皆亡之……夜乃解縱所

送徒。曰：「公等皆去，吾亦從此逝矣！」徒中壯士願從者十餘人。高祖被酒，夜徑澤中，令一人行前。行前者還報曰：「前有大蛇當徑，願還。」高祖醉，曰：「壯士行，何畏！」乃前，拔劍擊斬蛇。蛇遂分爲兩，徑開。行數里，醉，因臥。後人來至蛇所，有一老嫗夜哭。人問何哭，嫗曰：「人殺吾子，故哭之。」人曰：「嫗子何爲見殺？」嫗曰：「吾，白帝子也，化爲蛇，當道，今爲赤帝子斬之，故哭。」人乃以嫗爲不誠，欲告之，嫗因忽不見。後人至，高祖覺。後人告高祖，高祖乃心獨喜，自負。諸從者日益畏之。』唐張守節史記正義引括地志云：『斬蛇溝源出徐州豐縣中平地，故老云高祖斬蛇處，至縣西十五里入泡水也。』

〔二十二〕自非冥符幽贊，睿感潛通，何以承波若之護持，享高明之福助：『冥符』，謂神授的符命。晉書藝術傳序：『幽贊冥符，弼成人事。』南朝梁沈約郊居賦：『授冥符於井翼，實靈命之所稟。』『幽贊』，謂暗中受神明佐助。語出易説卦：『昔者聖人之作易也，幽贊於神明而生蓍。』高亨注：『言聖人作易，暗中受神明之贊助，故生蓍草，以爲占筮之用。』隋書音樂志下：『降景福，憑幽贊。』『睿感』，指皇帝聖明的感應。唐李嶠爲司農卿宗晉卿進赤嘴山鵲表：『自非睿感潛通，禎符顯應，豈能殊祥畢湊，異物咸臻？』『波若』，梵語的音譯。佛教謂離一切分别執著的大智慧。也稱『般若』。南齊書顧歡傳論：『道家之教，執一虚無，得性亡情，凝神

勿擾；今則波若無照，萬法皆空，豈有道之可名，寧餘一之可得？』『高明』，指天；上天。書洪範：『沉潛剛克，高明柔克。』孔傳：『高明謂天。』史記秦始皇本紀：『群臣誦功，本原事迹，追首高明。』『福助』，猶保佑。漢書郊祀志下：『楚懷王隆祭祀，事鬼神，欲以獲福助，却秦師。』

〔二十三〕昔者伏牛之主，是曰犧皇；名鳥之君，仍題鳳紀：『伏牛之主』，明鈔本、甲庫本作『伏牛之王』。『是曰』，四庫全書作『遂號』。『犧皇』，即羲皇。也稱伏羲氏。神話中人類的始祖。傳説他和女媧氏兄妹相婚而産生人類。他教民結網，從事漁獵畜牧，反映了中國原始時代人類開始漁獵畜牧生活的情况。又傳説他還製作八卦。晉皇甫謐帝王世紀：『取犧牲以充庖厨，以食天下，故號曰庖犧氏，是爲犧皇。』『名鳥之君』，指少皞氏，即少皞摯。春秋左傳正義卷四十八昭公傳十七年：『昭子問曰：少皞氏鳥名官，何故也？』杜預注：『少皞，金天氏，黄帝之子，已姓之祖也。』『鳳紀』，猶鳳曆。左傳昭公十七年：『我高祖少皞摯之立也，鳳鳥適至，故紀於鳥，爲鳥師而鳥名。鳳鳥氏，曆正也。』後因用『鳳曆』稱歲曆。含有曆數正朔之意。北周庾信周宗廟歌昭夏：『龍圖革命，鳳曆歸昌。』唐杜甫上韋左相二十韻：『鳳曆軒轅紀，龍飛四十春。』

〔二十四〕法身用馬鳴成道，上士以龍德爲仙：『法身』，佛教語。梵語意譯。謂證得清净自

性，成就一切功德之身。『法身』不生不滅，無形而隨處現形，也稱爲佛身。各乘諸宗所説不一。大般泥洹經如來性品：『知如來法身，長存不變易。』隋慧遠大乘義章卷十八：『言法身者，解有兩義：一顯本法性以成其身，名爲法身；二以一切諸功德法而成身，故名爲法身。』『馬鳴』，指馬鳴菩薩，相傳此菩薩爲化作蠶蟲之人，乃養蠶之神。『上士』，佛經中對菩薩之稱呼。釋氏要覽稱謂引瑜珈論：『無自利利他者，名下士；有自利無利他者，名中士；有二利，名上士。』『龍德』，聖人之德；天子之德。易乾：『潛龍勿用，何謂也？子曰：龍德而隱者也，不易乎世。』南朝梁沈約梁明堂登歌歌青帝：『帝居在震，龍德司春。』

〔二十五〕敢托元符，爰資故實：『元符』，大的祥瑞。漢揚雄長楊賦：『方將俟元符，以禪梁甫之基，增泰山之高。』李善注引晋灼曰：『元符，大瑞也。』南朝梁劉勰文心雕龍封禪：『表權輿，序皇王，炳元符，鏡鴻業……歌之以禎瑞，贊之以介丘。』『故實』，有參考或借鑒意義的舊事。

〔二十六〕鴻猷載肇，昌曆惟新，庶以仰順乾心，俯從人欲：『鴻猷』，鴻業；大業。南朝宋謝莊求賢表：『臣生屬亨路，身漸鴻猷。』唐肅宗命有司舉行郊廟大禮詔：『朕獲嗣鴻猷，敢志虔敬。』『昌曆』，亦作『昌歷』。昌盛的年代。南朝齊謝朓元會曲：『二儀啓昌歷，三陽應慶期。』

北齊書陽斐傳：『當今殷憂啓聖，運遭昌曆。』『乾心』，猶帝心。南朝宋顔延之赭白馬賦：『乾心降而微怡，都人仰而朋悦。』李善注：『乾，喻文帝也。』李周翰注：『言天子微悦，都人群聚而歡也。』『人欲』，即『民欲』，民衆的欲望。書泰誓上：『天矜於民，民之所欲，天必從之。』左傳宣公十二年：『所違民欲猶多，民何安焉？』

〔二十七〕天長地久，更隆四大之尊名；玉振金聲，恒爲百王之稱首：『四大』，古稱大功、大名、大德、大權爲四大。晋書忠義傳王豹：『明公挾大功，抱大名，懷大德，執大權，此四大者，域中所不能容。』『玉振金聲』，即『金聲玉振』，謂以鐘發聲，以磬收韻，奏樂從始至終。語出孟子萬章下：『集大成也者，金聲而玉振之也。金聲也者，始條理也；玉振之也者，終條理也。始條理者，智之事也；終條理者，聖之事也。』此處用以比喻聲名昭著遠揚。漢荀悦漢紀武帝紀五：『唯天子建中和之極，兼總條貫，金聲玉振。』唐李德裕仁聖文武至神大孝皇帝真容贊：『政建中和，金聲玉振。』

〔二十八〕盛矣美矣，皇哉唐哉：『皇哉唐哉』，原作『唐哉皇哉』，今據文苑英華、四庫全書、全唐文、御定淵鑒類函、甲庫本改。

開元神武皇帝册文〔一〕

蘇頲

維先天二年，歲次癸丑，十一月辛酉朔，二十八日戊子，攝太尉臣某等文武官六千五百一十四人言〔二〕：臣聞厥初生人，首出庶物，物不自理，惟后所以康乂；后不自專〔三〕，惟人所以歸往。古先哲后，安人育物，表功崇號，不可辭也〔四〕。皇矣上帝，臨於巨唐，降氤氳垂耿光，重熙而累盛〔五〕，至太皇而授聖皇〔六〕。臣等敢稽首而言曰：曩者景龍之末，長蛇縱禍，陛下慮宗社之墜，提劍而夷之，則因親以尊主〔七〕。間者朝有賊臣，天罰大憝，陛下拯邦家之難，援旗而剿之，則措枉以舉直〔八〕。戮不及嗣，惡惟其魁〔九〕，思與王公卿士，下逮元元，揚闓澤而育和氣〔十〕。臣又聞之，軒夢華胥，堯期姑射，未有一其道而順太皇之心〔十一〕；文王昭事，武王纘緒，未有一其時而居聖神之位〔十二〕。褰裳釋重，至公也；端冕向明，至孝也〔十三〕。使九族敦叙，百工允釐，東西南北，砥礪聲教〔十四〕。彼靈有四，招翠黄而可乘；我寶有三，捐珠玉而不御〔十五〕。然猶發揮禮樂，馳騖典墳，論思獻納，進善從諫，日慎一日〔十六〕。上稽乎天意，下考於人謀〔十七〕，卓哉恊元符而鑠靈命者也〔十八〕。夫開者泰也，罔不亨〔十九〕；元者善也，罔不

利（二十）；神者聖也，罔不通（二十一）；武者威也，罔不服（二十二）。臣等不勝大願，昧死上尊號曰開元神武皇帝，謹上玉册玉璽。臣等誠惶誠恐，死罪死罪，謹上。

校箋

〔一〕本文又見於文苑英華卷四百四十二翰林制詔，文題亦爲開元神武皇帝册文。又見於全唐文卷二百五十四，文題則爲上開元神武皇帝册文，署名均爲蘇頲。此文文末未署上册文時間，然本文文首均云『維先天二年，歲次癸丑，十一月辛酉朔，二十八日戊子』言。又考舊唐書卷八玄宗紀先天二年十一月載『戊子，上加尊號爲開元神武皇帝』；新唐書卷五開元元年（即先天二年）十一月『戊子，群臣上尊號開元神武皇帝』；資治通鑑卷二百一十開元元年十一月載：『辛巳，群臣上表請加尊號爲開元神武皇帝；從之。戊子，受册。』據上述史籍所記，群臣此次上尊號在先天二年十一月辛巳（二十一日），而受册文乃於先天二年（七一三）十一月二十八日，則其撰寫時間當在是時稍前。按，作者蘇頲，其生平事迹見本書卷四改元開元元年大赦天下制校箋第一條。

〔二〕攝太尉臣某等文武官六千五百一十四人言：『臣某等文武官』，原作『臣某等』，今據文苑英華增補。『六千五百一十四人言』，原作『六千五百一十四人等言』，今據文苑英華、四庫全書、全唐文删改。按，『攝太尉臣某』，當蘇頲自稱。所謂『攝』，唐以後謂詔除而非正命爲攝。文獻通考職官一：『（唐神龍初）遂有員外、檢校、試、攝、判、知之官。』注：『攝者，言敕攝，非州府版署之命……皆是詔除而非正命。』蘇頲，傳見舊唐書卷八十八、新唐書卷一百二十五。舊唐書本傳載：『瓌子頲，少有俊才，一覽千言。弱冠舉進士，授烏程尉，累遷左臺監察御史。長安中，詔頲按覆來俊臣等舊獄，頲皆申明其枉，由此雪冤者甚衆。神龍中，累遷給事中，加修文館學士，俄拜中書舍人。尋而頲父同中書門下三品，父子同掌樞密，時以爲榮。機事填委，文誥皆出頲手。中書令李嶠嘆曰：「舍人思如湧泉，嶠所不及也。」俄遷太常少卿。景雲中，瓌薨，詔頲起復爲工部侍郎，加銀青光禄大夫。頲抗表固辭，辭理懇切，詔許其終制。服闋就職，襲父爵許國公。……明日，加知制誥。有政事食，自頲始也。……時李乂爲紫微侍郎，與頲對掌文誥。他日，上謂頲曰：「前朝有李嶠、蘇味道，謂之蘇、李；今有卿及李乂，亦不讓之。卿所製文誥，可録一本封進，題云『臣某撰』，朕要留中披覽。」其禮遇如此。玄宗欲於靖陵建碑，頲諫曰：「帝王及后，無神道碑，且事不師古，動皆不法。若靖陵獨建，陛下祖宗之陵皆須追造。」玄宗從其言而

止。開元四年，遷紫微侍郎、同紫微黄門平章事，與侍中宋璟同知政事。璟剛正，多所裁斷，頲皆順從其美；若上前承旨、敷奏及應對，則頲爲之助，相得甚悦。璟嘗謂人曰：「吾與蘇家父子，前後同時爲宰相。僕射長厚，誠爲國器；若獻可替否，罄盡臣節，斷割吏事，至公無私，即頲過其父也。」……（開元）十五年卒，年五十八。』

〔三〕惟后所以康乂；后不自專：『自專』，原作『自尊』，今據文苑英華、全唐文改。『康乂』，安治。書康誥：『若保赤子，惟民其康乂。』孔穎達疏：『釋詁云：康，安也；乂，治也。』後漢書順帝紀：『儉以恤民，政致康乂。』『自專』，一任己意，獨斷獨行。禮記中庸：『愚而好自用，賤而好自專。』史記周本紀：『武王自稱太子發，言奉文王以伐，不敢自專。』

〔四〕古先哲后，安人育物，表功崇號，不可辭也：『古先哲后』，原作『古先哲後』，今據文苑英華、四庫全書、全唐文、適園叢書、明鈔本、甲庫本、學林本改。『不可辭也』，文苑英華、全唐文作『不可避也』。『哲后』，賢明的君主。后，君主。晋袁宏三國名臣序贊：『綢繆哲后，無妄惟時。』唐李白答高山人兼呈權顧二侯詩：『虹霓掩天光，哲后起康濟。』『表功』，顯揚功德。漢班固白虎通號：『帝王者何號也，號者功之表也，所以表功明德號令臣下者也。』唐韋應物石鼓歌：『周宣大獵兮岐之陽，刻石表功兮煒煌煌。』『崇號』，尊貴的爵位。後漢書竇憲傳

論：『當青（衛青）病奴僕之時，竇將軍念咎之日，乃庸力之不暇，思鳴之無晨，何意裂膏腴、享崇號乎？』

〔五〕降氤氳垂耿光，重熙而累盛：『氤氳』，古代指陰陽二氣交會和合之狀。白虎通 嫁娶引易：『天地氤氳，萬物化淳。』南朝陳徐陵勸進梁元帝表：『自氤氳混沌之世，驪連、栗陸之君，卦起龍圖，文因鳥迹。』『耿光』，光明；光輝；光榮。『重熙』，舊時用以稱頌君丰累世聖明。三國魏何晏景福殿賦：『至於帝皇，遂重熙而累盛。』舊唐書 賈耽傳：『太宗繼明重熙，柔遠能邇。』『累盛』，猶累洽。三國魏何晏景福殿賦：『皆體天作制，順時立政；至於帝皇，遂重熙而累盛。』

〔六〕至太皇而授聖皇：按，此處『太皇』謂唐睿宗，『聖皇』謂唐玄宗。

〔七〕曩者景龍之末，長蛇縱禍，陛下慮宗社之墜，提劍而夷之，則因親以尊主：『提劍而夷之』，原作『提劍夷之』，今據文苑英華、全唐文增補。按，『長蛇縱禍』指韋后潛謀害唐睿宗事。此及此節數句所蘊含之事，舊唐書 睿宗紀記之云：『景龍四年夏六月，中宗崩，韋庶人臨朝，引用其黨，分握政柄，忌帝望實素高，潛謀危害。庚子夜，臨淄王諱與太平公主子薛崇簡、前朝邑尉劉幽求、長上果毅麻嗣宗、苑總監鍾紹京等率兵入北軍，誅韋溫、紀處訥、宗楚客、武延秀、馬秦

客、葉静能、趙履温、楊均等，諸韋、武黨與皆誅之。辛丑，帝挾少帝御安福門樓慰諭百姓，大赦天下，見繫囚徒常赦所不免者咸赦除之。……進封臨淄王爲平王，以薛崇簡爲立節郡王。鍾紹京爲中書侍郎，劉幽求爲中書舍人，并參知機務，加實封。其餘封賞有差。』舊唐書玄宗紀景龍四年亦載：『至六月，中宗暴崩，韋后臨朝稱制。韋温、宗楚客、紀處訥等謀傾宗社，以睿宗介弟之重，先謀不利。道士馮道力、處士劉承祖皆善於占兆，詣上布誠款。上所居里名隆慶，時人語訛以「隆」爲「龍」；韋庶人稱制，改元又爲唐隆，皆符御名。上益自負，乃與太平公主謀之，公主喜，以子崇簡從。上乃與崇簡，朝邑尉劉幽求，長上折衝麻嗣宗，押萬騎果毅葛福順、李仙鳧，寶昌寺僧普潤等定策誅之。或曰：「先啓大王。」上曰：「我拯社稷之危，赴君父之急，事成福歸於宗社，不成身死於忠孝，安可先請，憂怖大王乎！若請而從，是王與危事；請而不從，則吾計失矣。」遂以庚子夜率幽求等數十人自苑南入，總監鍾紹京又率丁匠百餘以從。分遣萬騎往玄武門殺羽林將軍韋播、高嵩，持首而至，衆歡叫大集。攻白獸、玄德等門，斬關而進，左萬騎自左入，右萬騎自右入，合於凌烟閣前。時太極殿前有宿衛梓宫萬騎，聞雜訊，皆披甲應之。韋庶人惶惑走入飛騎營，爲亂兵所害。於是分遣誅韋氏之黨，比明，内外討捕，皆斬之。乃馳謁睿宗，謝不先啓請之罪。睿宗遽前抱上而泣曰：「宗社禍難，由汝安定，神祇萬姓，賴汝之力也。」拜殿

中監、同中書門下三品，兼押左右萬騎，進封平王。睿宗即位，與侍臣議立皇太子，僉曰：「除天下之禍者，享天下之福；拯天下之危者，受天下之安。平王有聖德，定天下，又聞成器已下咸有推讓，宜膺主鬯，以副群心。」

〔八〕間者朝有賊臣，天罰大憝，陛下拯邦家之難，援旗而剿之，則措枉以舉直：『援旗而剿之』，原作『援旗剿之』，今據文苑英華、全唐文增補。『則措枉以舉直』，原作『則厝枉以舉直』，今據文苑英華、全唐文、適園叢書改。『大憝』，極爲人所怨惡。書康誥：『元惡大憝，矧惟不孝不友。』孔傳：『大惡之人猶爲人所大惡。』後用以稱極奸惡的人，首惡之人。晉潘岳西征賦：『愠韓馬之大憝，阻關谷以稱亂。』按，此數句之事舊唐書玄宗紀有載云：『先天二年七月三日，尚書左僕射竇懷貞，侍中岑羲，中書令蕭至忠、崔湜，雍州長史李晋，左羽林大將軍常元楷，右羽林將軍李慈等與太平公主同謀，期以其月四日以羽林軍作亂。上密知之，因以中旨告岐王範、薛王業、兵部尚書郭元振、將軍王毛仲，取閑厩馬及家人三百餘人，率太僕少卿李令問、王守一，內侍高力士，果毅李守德等親信十數人，出武德殿，入虔化門。梟常元楷、李慈於北闕。擒賈膺福、李猷於內客省以出。執蕭至忠、岑羲於朝，皆斬之。睿宗明日下詔曰：「朕將高居無爲，自今軍國政刑一事已上，并取皇帝處分。」』

〔九〕戮不及嗣，惡惟其魁：『惡惟其魁』，原作『惡惟其身』，今據文苑英華、全唐文改。

〔十〕下逮元元，揚闓澤而育和氣：『育和氣』，原作『布和氣』，今據文苑英華、全唐文改。『元元』，百姓；庶民。戰國策 秦策一：『制海内，子元元，臣諸侯，非兵不可！』高誘注：『元，善也，民之類善故稱元。』後漢書 光武帝紀上：『上當天地之心，下爲元元所歸。』李賢注：『元元，謂黎庶也。』『闓澤』，亦作『闓懌』。和樂貌。漢書 司馬相如傳下：『昆蟲闓懌，回首面内。』顔師古注：『闓讀曰凱。言四方幽遐，皆懷和樂，回首革面，而内嚮也。』漢司馬相如封禪文作『昆蟲闓澤』。『和氣』，古人認爲天地間陰氣與陽氣交合而成之氣。萬物由此『和氣』而生。老子：『萬物負陰而抱陽，冲氣以爲和。』韓非子 解老：『孔竅虚，則和氣日入。』

〔十一〕臣又聞之，軒夢華胥，堯期姑射，未有一其道而順太皇之心：『臣又聞之』，文苑英華、全唐文無『之』字。按，『軒』，指軒轅氏黄帝。列子 黄帝：『（黄帝）晝寢，而夢游於華胥氏之國。華胥氏之國在弇州之西，台州之北，不知斯齊國幾千萬里。蓋非舟車足力之所及，神游而已。其國無帥長，自然而已；其民無嗜欲，自然而已……黄帝既寤，怡然自得。』『姑射』，山名。在山西省臨汾縣西，即古石孔山，九孔相通。山海經 東山經：『盧其之山……又南三百八十里，曰姑射之山，無草木，多水。』郝懿行箋疏：『莊子 逍遥游篇云「藐姑射之山，汾水之陽」；

隋書地理志云「臨汾有姑射山」。山在今山西平陽府西。」

〔十二〕文王昭事，武王纘緒，未有一其時而居聖神之位：『武王纘緒』，文苑英華、全唐文作『武王緝熙』。『聖神之位』，原作『聖人之位』，今據文苑英華、全唐文改。『昭事』，勤勉地服事。昭，通『劭』。詩大雅大明：『昭事上帝，聿懷事上帝，旁通科學。』『纘緒』，繼承世業。特指君主繼位。舊唐書李德裕傳：『其年秋登朝，至明年正月，穆宗纘緒，召入禁苑。』宋周煇清波別志卷中：『聖君纘緒，盍罄公忠。』

〔十三〕褰裳釋重，至公也；端冕向明，至孝也：『端冕』，原作『端扆』，今據全唐文改。『褰裳』，此處謂帝王讓位。典出竹書紀年卷上：『（十四年卿雲見，命禹代虞事）帝乃再歌曰：「日月有常，星辰有行……精華已竭，褰裳去之。」於是八風循通，慶雲叢聚，蟠龍奮迅於其藏，蛟魚踴躍於其淵。龜鱉咸出其穴，遷虞而事夏。舜乃設壇於河，依堯故事。』舊唐書忠義傳上蘇安恒：『豈不思虞舜褰裳，周公復辟，良以大禹至聖，成王既長，推位讓國，其道備焉。』『釋重』，即如釋重負之意。像放下沉重負擔那樣輕鬆。『褰裳釋重』，此處指唐睿宗讓位予唐玄宗。『端冕』，玄衣和大冠。古代帝王、貴族的禮服。禮記樂記：『吾端冕而聽古樂，則唯恐卧；聽鄭衛之音，則不知倦。』鄭玄注：『端，玄衣也。』孔穎達疏：『云「端，玄衣也」者，

謂玄冕也。凡冕服，皆其制正幅，袂二尺二寸，袪尺二寸，故稱端也。』國語楚語下：『聖王正端冕，以其不違心，帥其群臣精物以臨監享祀，無有苛慝於神者，謂之一純。』韋昭注：『端，玄端之服。冕，大冠也。』『向明』，向陽。列子仲尼：『文摯乃命龍叔背明而立，文摯自後向明而望之。』此處引申爲朝南。『端冕向明』，此處意爲唐玄宗即皇帝位。

（十四）使九族敦叙，百工允厘，東西南北，砥礪聲教：『敦叙』，原作『惇叙』，今據文苑英華改。『敦叙』，亦作『敦序』。史記夏本紀：『敦序九族，衆明高翼。』裴駰集解引鄭玄曰：『次序九族而親之。』今本書皋陶謨作『惇叙』。謂使九族親厚而有序。後謂親睦和順。三國志蜀書先主傳：『今臣群僚以爲在昔虞書敦叙九族，庶明勵翼，五帝損益，此道不廢。』『允厘』，謂治理得當。書堯典：『允厘百工，庶績咸熙。』孔傳：『允，信；厘，治。』唐白居易君子不器賦：『既居家而必達，亦在邦而允厘。』『砥礪』，激勵；勉勵。荀子王制：『案平政教，審節奏，砥礪百姓。』漢劉向列女傳齊女傅母：『（傅母）砥厲女之心以高節。』『聲教』，聲威教化。書禹貢：『東漸於海西，被於流沙，朔南暨聲教，訖于四海。』漢班固東都賦：『窮覽萬國之有無，考聲教之所被，散皇明以燭幽。』

（十五）彼靈有四，招翠黄而可乘；我寶有三，捐珠玉而不御：『捐珠玉』，原作『指珠玉』，

今據文苑英華、全唐文改。『翠黃』，古代傳説中的神馬。漢司馬相如封禪文：『招翠黃乘龍於沼。』李善注引漢書音義：『翠黃，乘黃也。龍翼馬身，黃帝乘之而登仙。』初學記卷二十九引符瑞圖：『騰黃者神馬也。其色黃，一名乘黃，亦曰飛黃，或作古黃，或曰翠黃，一名紫黃。』『捐』，放棄；捨棄。説文手部：『捐，棄也。』莊子在宥：『黃帝退，捐天下，築特室，席白茅，閑居三月。』晉陸機文賦：『苟傷廉而愆義，亦雖愛而必捐。』『御』，穿戴；佩帶。荀子大略：『天子御珽，諸侯御荼，大夫服笏。』晉潘岳秋興賦：『藉莞蒻，御袷衣。』

〔十六〕日慎一日：原作『日慎於一日矣』，今據文苑英華、全唐文改。

〔十七〕上稽乎天意，下考於人謀：『上稽乎天意』，原作『上稽天意』，今據文苑英華、全唐文改。『下考於人謀』，原作『下考人謀』，今據文苑英華改。

〔十八〕卓哉恊元符而鑠靈命者也：『者也』，原作『者已』，今據文苑英華、全唐文改。『元符』，大的祥瑞。漢揚雄長楊賦：『方將俟元符，以禪梁甫之基，增泰山之高。』李善注引晉灼曰：『元符，大瑞也。』南朝梁劉勰文心雕龍封禪：『表權輿，序皇王，炳元符，鏡鴻業……歌之以禎瑞，贊之以介丘。』『靈命』，上天或神靈的意志。南朝宋鮑照從過舊宫詩：『靈命藴川瀆，帝寶伏篇圖。』唐王勃益州夫子廟碑：『杳杳靈命，茫茫天秩，吾道難行，斯文易失。』

〔十九〕罔不享：原作『罔弗享』，今據文苑英華、全唐文改。

〔二十〕罔不利：原作『罔弗利』，今據全唐文改。

〔二十一〕罔不通：原作『罔弗通』，今據全唐文改。

〔二十二〕武者威也，罔不服：『罔不服』，原作『罔弗服』，今據文苑英華、全唐文改。

開元天寶聖文神武應道皇帝册文〔一〕

維天寶七載，歲次戊子，五月庚午朔，十三日壬午，攝太尉、銀青光禄大夫、守刑部尚書、兼京兆尹、上柱國、潁川郡開國公臣蕭炅，及文武百僚等，謹稽首奉開元天寶聖文神武皇帝陛下：臣聞惟道至大，王者均其名；惟天丕應〔二〕，聖人光其德。陛下弘啓玄宗，紹開皇運，淳化既洽，勞謙有恒〔三〕。每滌覽真經，虔心明祀，將以答三靈之眷命〔四〕，爲萬姓而祈福，故得玉芝，敷白魚，見卿雲，降仙露，傳對敭之休〔五〕，必有不可讓者也。於是公卿宗子，耆艾法流〔六〕，詣闕奏章，願增徽號，至于再，至于三。伏奉甲戌詔曰：『禎祥者所以合天人，鴻名者所以彰德業。今封章繼至，誠請甚勤，敬膺神

休〔七〕，允答人望。』臣等不勝大慶，謹上加尊號曰『開元天寶聖文神武應道皇帝』。伏惟開闢之功，簡易之德，與道同運，體乾無極〔八〕。

校箋

〔一〕此文文末未署日期，然據文首知此文乃授册文，其時間爲天寶七載（七四八）五月十三日。又舊唐書卷九玄宗紀下天寶七載亦記：『五月壬午，上御興慶宫，受册徽號，大赦天下，百姓免來載租庸。』所記受册時間與本文所載同。據此，則此文乃撰寫於是時稍前。又本文中謂『伏奉甲戌詔曰』云云，『甲戌』乃指五月五日。則本文之撰，當作於天寶七載五月五日至十三日之間。

〔二〕丕應：很好地應和。書皋陶謨：『其弼直，惟動丕應。』孫星衍疏：『天下大應之。』宋史樂志十：『紛綸丕應，保祐下方。』

〔三〕淳化既洽，勞謙有恒：『淳化』，敦厚的教化。漢張衡東京賦：『清風協於玄德，淳化通於自然。』薛綜注：『淳厚之化，通於神明也。』舊五代史唐書明宗紀四：『陛下自膺人望，歲時

豐稔，亦淳化所致也。』『勞謙』，勤勞謙恭。易謙：『勞謙，君子有終，吉。』晉袁宏後漢紀桓帝紀下：『往者孝文勞謙自約，行過乎儉。』

（四）每滌覽真經，虔心明祀，將以荅三靈之眷命：『真經』，道教的經書。隋書經籍志四：『嵩山道士寇謙之自云：「嘗遇真人成公興，後遇太上老君……其後又遇神人李譜，云是老君玄孫，授其圖籙真經，劾召百神。」』舊唐書玄宗紀下：『莊子號爲南華真人，文子號爲通玄真人，列子號爲冲虛真人，庚桑子號爲洞虛真人。其四子所著書，改爲真經。』『明祀』，對重大祭祀的美稱。左傳僖公二十一年：『崇明祀，保小寡，周禮也。』杜預注：『明祀，大皞有濟之祀。』晉陸機答張士然詩：『駕言巡明祀，致敬在祈年。』『三靈』，有謂日、月、星，或指天、地、人，或爲天神、地祇、人鬼等説法。此處蓋指道教所稱三魂爲三靈。黄庭内景經瓊室：『何爲死作令神泣，忽之禍鄉三靈歿。』梁丘子注：『三靈，三魂也。謂爽靈、胎光、幽精。』『眷命』，垂愛并賦予重任。書大禹謨：『皇天眷命，奄有四海，爲天下君。』北史文苑傳許善心：『保上天之眷命，膺下土之樂推。』舊唐書肅宗紀：『知皇靈眷命，不敢違而去之；知曆數之所歸，不獲已而當之。』

（五）故得玉芝，敷白魚，見卿雲，降仙露，傳對敭之休：『玉芝』，芝草的一種，又稱白芝。

漢張衡思玄賦：『聘王母於銀臺兮，羞玉芝以療飢。』李善注：『本草經曰：白芝，一名玉芝。』宋蘇軾再游徑山詩：『共愛絲杉翠絲亂，誰見玉芝紅玉琢？』『白魚』，即白鰷。唐李賀感諷詩之六：『調歌送風轉，杯池白魚小。』王琦匯解：『白魚即今之白鯈，長僅數寸，形狹而扁，狀如柳葉，性好群泳水面。』『卿雲』，即慶雲。一種彩雲，古人視爲祥瑞。竹書紀年卷上：『十四年，卿雲見，命禹代虞事。』史記天官書：『若烟非烟，若雲非雲，鬱鬱紛紛，蕭索輪囷，是謂卿雲。卿雲見，喜氣也。』『對敭』，亦作『對揚』。古代常語，屢見於金文。凡臣受君賜時多用之，兼有答謝、頌揚之意。書說命下：『敢對揚天子之休命。』孔傳：『對，答也。答受美命而稱揚之。』詩大雅江漢：『虎拜稽首，對揚王休，作召公考，天子萬壽。』朱熹集傳：『言穆公既受賜，遂答稱天子之美命，作康公之廟器，而勒策王命之辭以考其成，且祝天子以萬壽也。』

〔六〕耆艾法流：『耆艾』，尊長；師長。亦泛指老年人。莊子寓言：『重言十七，所以已言也，是爲耆艾。』王先謙集解：『此爲長老之言，則稱引之。』釋詁：『耆、艾，長也。』』國語周語上：『瞽史教誨，耆艾修之。』韋昭注：『耆艾，師傅也。』漢書武帝紀：『然則於鄉里先耆艾，奉高年，古之道也。』顏師古注：『六十曰耆，五十曰艾。』『法流』，此處指信奉道教者。

〔七〕今封章繼至，誠請甚勤，敬膺神休：『封章』，言機密事之章奏皆用皂囊重封以進，故名

封章。亦稱封事。漢揚雄趙充國頌：『營平守節，屢奏封章。』唐白居易和夢游春詩一百韻：『密勿奏封章，清明操簡牘。』『神休』，神明賜予的福祥。漢揚雄甘泉賦：『惟漢十世，將郊上玄、定泰畤，擁神休，尊明號。』李善注：『言將祭泰畤，冀神擁祐之以美祥。』唐李白明堂賦：『若乃高宗紹興，祐統錫羨，神休旁臻，瑞物咸薦。』

〔八〕簡易之德，與道同運，體乾無極：『簡易』，疏略平易。東觀漢記 馬援傳：『援外類倜儻簡易而內重。』宋書 武帝紀下：『性尤簡易，常著連齒木屐，好出神虎門逍遥，左右從者不過十餘人。』『體乾』，履行天命。南朝梁沈約胤雅詩：『上天乃眷，大梁既受。灼灼重明，仰承元首。體乾作貳，命服期九。』樂府詩集 燕射歌辭三 隋元會大饗歌：『惟熙帝載，式固王猷，體乾建本，是曰孟侯。』

開元天地大寶聖文神武應道皇帝册文〔一〕

維天寶八載，歲次己丑，閏六月癸亥朔，五日丁卯，攝太尉、開府儀同三司、行尚書左僕射、兼右相、吏部尚書、崇玄館大學士、集賢院學士、修國史、上柱國、晉國公臣林甫〔二〕，特進、行左相、兼兵部尚書、崇玄館大學士、太清宫太微宫使、上柱國

臣希烈〔三〕，及文武百官、正議大夫、檢校禮部尚書、上柱國、清河縣開國男、賜紫金魚袋臣崔翹等〔四〕，謹再拜稽首，奉册開元天寶聖文神武應道皇帝陛下：臣聞自昔帝王，與道同功者，道寶降焉；與天合德者，天命彰焉。陛下功冠九皇，德包三古〔五〕，而朝乾夕愓，朝禮上清〔六〕。復玄化於雍熙〔七〕，致蒼生於仁壽。故昊穹眷命，烈祖垂休，玉芝再産於宸居，瑶圃懸記於仙洞〔八〕，混成微旨〔九〕，允屬聖躬。陛下推美廣孝，克崇祖宗之禮，群臣以公議納忠，庶叶承天之意。乃有卿雲散彩，瑞日重輪〔十〕，對敭大號，固不可辭讓者也。於是公卿宗子，耆艾法流，顒然詣闕〔十一〕，奉章陳請。陛下猶謙冲之德，至於再，至於三。伏奉景辰詔曰〔十二〕：『陰隲既啓，公議屢陳，惟懷永圖〔十三〕，敬依來請。』臣等不勝大慶，謹上加尊號曰『開元天地大寶聖文神武應道皇帝』〔十四〕。伏惟覆載之功，廣大之業，丕膺鴻烈，寶祚無疆也〔十五〕。

校箋

〔一〕本文未署時間與撰者。然本文文首即云『維天寶八載，歲次己丑，閏六月癸亥朔，五日

丁卯』，乃記上此文時間，亦即在天寶八載閏六月五日。又考舊唐書卷九玄宗紀下天寶八載閏六月記：『丙寅，上親謁太清宮，册聖祖玄元皇帝尊號爲聖祖大道玄元皇帝。高祖、太宗、高宗、中宗、睿宗五帝，皆加「大聖皇帝」之字；太穆、文德、則天、和思、昭皇后，皆加「順聖皇后」之字。群臣上皇帝尊號爲開元天地大寶聖文神武應道皇帝。丁卯，上御含元殿受册，大赦天下。』又資治通鑒卷二百一十六是年閏六月亦載：『丙寅，上謁太清宮。丁卯，群臣上尊號曰開元天地大寶聖文神武應道皇帝，赦天下。禘、祫自今於太清宮聖祖前設位序正。』上兩史籍所載與本文所記合，故可確定本文乃上於天寶八載（七四九）閏六月五日，且此日亦是玄宗受册之時，則此文之撰寫當在是時稍前。

（二）林甫：即李林甫。傳見舊唐書卷一百六、新唐書卷二百二十三上。舊唐書本傳云：『林甫既秉樞衡，兼領隴右、河西節度，又加吏部尚書。天寶改易官名，爲右相，停知節度事，加光禄大夫，遷尚書左僕射。六載，加開府儀同三司，賜實封三百户，而恩渥彌深。凡御府膳羞，遠方珍味，中人宣賜，道路相望。與宰相李適之雖同宗屬，而適之輕率，嘗與林甫同論時政，多失大體，由是主恩益疏，以至罷免。黄門侍郎陳希烈性便佞，嘗曲事林甫，適之既罷，乃引希烈同知政事。林甫久典樞衡，天下威權，并歸於己，臺司機務，希烈不敢參議，但唯諾而已。每有奏請，必

先賂遺左右，伺察上旨，以固恩寵。上在位多載，倦於萬機，恒以大臣接對拘檢，難徇私欲，自得林甫，一以委成。故杜絶逆耳之言，恣行宴樂，衽席無別，不以爲耻，由林甫之贊成也。』

〔三〕臣希烈：即陳希烈，傳見舊唐書卷九十七、新唐書卷二百二十三上。新唐書本傳載：『陳希烈者，宋州人。博學，尤深黄老，工文章。開元中，帝儲思經義，自褚無量、元行冲卒，而希烈與康子元、馮朝隱進講禁中，其應答詔問，敷盡微隱，皆希烈爲之章句。累遷中書舍人，十九年爲集賢院學士，進工部侍郎，知院事。帝有所撰述，希烈必助成之。遷門下侍郎。天寶元年，有神降丹鳳門，以爲老子告錫靈符，希烈因是上言……其偷佞類如此。俄兼崇玄館大學士，封臨潁侯。林甫顓朝，苟用可專制者，引與共政。以希烈柔易，且帝眷之厚，乃薦之。五載，進同中書門下平章事，遷左丞相兼兵部尚書，許國公，又兼秘書省圖書使，寵與林甫侔。林甫居位久，其陰詭雖足自固，亦希烈左右焉。』

〔四〕崔翹等：崔翹，事迹見舊唐書卷九十四、卷一百七十七、新唐書卷一百一十四。舊唐書崔融傳謂崔翹乃崔融子，開元中『爲中書舍人』；又於崔慎由傳謂：『曾祖翹，位終禮部尚書、東都留守。』新唐書崔融傳記其子崔翹：『翹，禮部尚書，贈荆州大都督，謚曰成。』

〔五〕陛下功冠九皇，德包三古：『九皇』，傳説中上古的九個帝王。鶡冠子天則：『九皇之

制，主不虛王，臣不虛貴階級。』原注：『春秋緯云：「人皇兄弟九人，分治天下，九皇之號，豈緣是歟？」』史記孝武本紀：『高世比德於九皇。』裴駰集解引韋昭曰：『上古人皇者九人也。』唐王勃乾元殿賦：『吞九皇而上運，控八聖而遐征。』『三古』，上古、中古、下古的合稱。所指時限各別。漢書藝文志：『易道深矣，人更三聖，世歷三古。』顏師古注引孟康曰：『易繫辭曰：「易之興，其於中古乎？」然則伏羲爲上古，文王爲中古，孔子爲下古。』禮記禮運『始諸飲食』唐孔穎達疏：『伏羲爲上古，神農爲中古，五帝爲下古。』

〔六〕猶朝乾夕惕，朝禮上清：『朝乾夕惕』，原作『虔恭夕惕』，今據四庫全書改。『朝乾夕惕』，謂終日勤奮謹慎，不敢懈怠。語本易乾：『君子終日乾乾，夕惕若厲，無咎。』清王夫之張子正蒙注樂器：『不執一，則存省愈嚴，陟降一心，德業一致，此朝乾夕惕，存神盡性之密用，作聖之功，於斯至矣。』『上清』，道家所稱的三清境之一。雲笈七籤卷三：『其三清境者，玉清、上清、太清是也。亦名三天，其三天者，清微天、禹餘天、大赤天是也……靈寶君治在上清境，即禹餘天也。』警世通言旌陽宮鐵樹鎮妖：『蘭公煉丹已成，舉家服之，老者髮白反黑，少者辟穀無飢，遠近聞之，皆知其必飛升上清也。』

〔七〕復玄化於雍熙：『於』，原作『之』，今據適園叢書、明鈔本改。『玄化』，聖德教化。漢

蔡邕陳留太守行小黃縣頌：『有辜小罪，放死從生，玄化洽矣，黔首用寧。』晉左思魏都賦：『玄化所甄，國風所禀。』張銑注：『玄，聖；甄，成也。言皆聖化所成。』『雍熙』，謂和樂升平。漢張衡東京賦：『百姓同於饒衍，上下共其雍熙。』薛綜注：『言富饒是同，上下咸悦，故能雍和而廣也。』前蜀貫休陽春曲：『歷數雍熙房與杜，魏公姚公宋開府。』

〔八〕玉芝再産於宸居，瑶圃懸記於仙洞：『宸居』，帝王居住之所。南朝梁任昉王文憲集序：『是以宸居膺列宿之表，圖緯著王佐之符。』劉良注：『宸居，天子宫也。』唐李遠贈弘文杜校書詩：『高倚霞梯萬丈餘，共看移步入宸居。』『懸記』，指佛遥記修行者未來證果、成佛的預言。唐玄奘大唐西域記 迦濕彌羅國：『阿難弟子末田底迦羅漢者得六神通，具八解脱，聞佛懸記，心自悦，便來至此。』後亦泛指預言。

〔九〕混成微旨：『混成』，渾然一體，自然生成。老子：『有物混成，先天地生。』王弼注：『混然不可得而知，而萬物由之以成，故曰混成也。』漢班固幽通賦：『道混成而自然兮，術同原而分流。』『微旨』，一作『微恉』，亦作『微指』。指精深微妙的意旨。漢許慎説文解字叙：『究洞聖人之微恉。』後漢書 徐防傳：『孔聖既遠，微旨將絶，故立博士十有四家，設甲乙之科，以勉勸學者。』

〔十〕卿雲散彩，瑞日重輪：『卿雲』，即慶雲。一種彩雲，古人視爲祥瑞。竹書紀年卷上：『十四年，卿雲見，命禹代虞事。』史記天官書：『若烟非烟，若雲非雲，鬱鬱紛紛，蕭索輪囷，是謂卿雲。卿雲見，喜氣也。』『瑞日』，象徵吉祥的太陽。唐廣宣早秋降誕日獻壽應制詩之一：『繞殿祥風起，當空瑞日懸。』宋楊無咎傾杯上梁帥上元詞詞：『瑞日凝暉，東風解凍，峭寒猶淺。』

〔十一〕顒然詣闕：『顒』，肅敬貌。易觀：『有孚顒若。』李鼎祚集解引馬融曰：『顒，敬也。』樂府詩集郊廟歌辭七唐禪社首樂章：『穆穆天子，告成岱宗，大裘如濡，執珽有顒。』

〔十二〕伏奉景辰詔曰：『景辰』，即丙辰。此指天寶八載六月丙辰（二十三日）。

〔十三〕陰隲既啓，公議屢陳，惟懷永圖：『陰隲』，猶陰德。宋梅堯臣歐陽郡太君挽歌之二：『暮年終饗福，陰隲不應欺。』清紀昀閱微草堂筆記姑妄聽之三：『吾辛苦積得小陰隲，當有一孫登第。』『永圖』，長久之計；長久打算。書太甲上：『慎乃儉德，惟懷永圖。』孔傳：『言當以儉爲德，思長世之謀。』南朝齊王融永明九年策秀才文：『朕夤奉天命，恭惟永圖。』

〔十四〕開元天地大寶聖文神武應道皇帝：『開元天地大寶』，四庫全書、明鈔本、甲庫本均作『開元天寶』。按，據本文校箋一所引舊唐書、資治通鑒所記，此處群臣所上尊號均作『開元天

地大寶聖文神武應道皇帝』。故本文所記『開元天地大寶聖文神武應道皇帝』，當可信。

〔十五〕覆載之功，廣大之業，丕膺鴻烈，寶祚無疆也：『覆載』，覆蓋與承載。謂覆育包容。禮記中庸：『天之所覆，地之所載，日月所照，霜露所墜，凡有血氣者，莫不尊親。』莊子天地：『夫道覆載萬物者也，洋洋乎大哉！』此處用以比喻帝王的恩德。宋范仲淹青州謝上表：『涓塵未補，覆載何酬？』明歸有光乞致仕疏：『涓埃未竭，覆載難酬。』『鴻烈』，大功業。漢書揚雄傳下：『典謨之篇，雅頌之聲，不温純深潤，則不足以揚鴻烈而章緝熙。』後漢書朱祐景丹等傳論：『故光武鑒前事之違，存矯枉之志，雖寇鄧之高勛，耿賈之鴻烈，分土不過大縣數四，所加特進、朝請而已。』『寶祚』，國運；帝位。宋書恩倖傳論：『民忘宋德，雖非一塗，寶祚夙傾，實由於此。』周書宣帝紀：『朕以眇身，祇承寶祚。』

太上皇加光天文武大聖孝感皇帝册文〔一〕

徐浩

維至德三載，歲次己亥，正月甲戌朔，五日戊寅，太上皇若曰：古之握乾符，建皇極〔二〕，社稷不可無主，帝王唯其有歸〔三〕，則堯禪舜，舜禪禹，畏天命也；啓嗣禹，武嗣文，從人望也。革命易姓，舉至公於國，纂戎繼統〔四〕，用不私於親，斯美大矣。

朕承五聖之丕業，宅萬國而爲君，膺時撫運，載將四紀（五）。夢帝與齡，實受多福，曷嘗不虔恭至道，亭育群生（六）。早厭黄屋之勤，每懷紫霄之馭（七）。惟父知子，我有元良（八），惟君安人，久思付托。皇帝天縱睿哲，日躋孝敬。率性之至，通於神明（九）；財成之道（十），冠於宇宙。朕往以蕭墻之難，克保宗社，故先帝禅予以主鬯（十一）。頃者中原之禍，期輯邦家，我於是命爾以仗鉞（十二）。當經綸雲雷之際，櫛沐風雨之時，思契宿心（十三），累有成命，而義不奉詔，謙不逾尊，至於再三。明兹懇讓，洎即戎致討，觀兵朔漠，驅馭豪杰（十四），用服乃功於明辟（十五），天亦集大命於爾躬，推之至公，終陟元后（十六）。夫名以制義，器以昭德，今群公卿士，咸旅於庭，明聽朕言，敷厥成訓。於戲！奄有四海，克康兆人，光天之業也；經綸天地，勘定禍亂，文武之功也（十七）。雄圖英算，大聖也；保國安親，孝感也。今加徽號於皇帝曰『光天文武大聖孝感皇帝』，授傳國璽符（十八）、受命寶符各一，上副於天，中契於神，下叶於人，三者朕無愧焉。永保累聖之鴻緒，對揚一人之休命（十九）。朕將訪道峒山，追踪汾水，超然金闕之上，終以玉京之游（二十），不其至哉。良願畢矣，宜令所司擇日即行册禮。

校箋

（一）此文又見於全唐文卷三十八，文題作光天文武大聖孝感皇帝加號册文，署名唐玄宗。然本文已署名徐浩，當乃徐浩代玄宗所撰。『徐浩』，傳見舊唐書卷一百三十七、新唐書卷一百六十。舊唐書本傳載：『徐浩字季海，越州人。父嶠，官至洛州刺史。浩少舉明經，工草隸，以文學爲張説所器重，調授魯山主簿。説薦爲麗正殿校理，三遷右拾遺，仍爲校理。幽州節度使張守珪奏在幕府，改監察御史。丁父憂，服除，授京兆司録，以母憂去職。數年，調授河南司録，歷河陽令，以善政稱。拜太子司議郎，遷金部員外郎，歷憲部郎中。安禄山反，出爲襄陽太守、本郡防禦使，賜以金紫之服。肅宗即位，召拜中書舍人，時天下事殷，詔令多出於浩。浩屬詞贍給，又工楷隸，肅宗悦其能，加兼尚書左丞。玄宗傳位誥册，皆浩爲之，參兩宮文翰，寵遇罕與爲比。』新唐書本傳亦記『肅宗立，由襄州刺史召授中書舍人。四方詔令，多出浩手，遣辭贍速，而書法至精，帝喜之。又參太上皇誥册，寵絶一時。授兼尚書右丞。』又，本文未明署頒布時間，然文首已謂『維至德三載，歲次己亥，正月甲戌朔，五日戊寅』云云，則此文乃頒布於至德三載正月

五日。考舊唐書卷十肅宗紀記：至德『三載正月甲戌朔。戊寅，上皇御宣政殿，册皇帝尊號曰光天文武大聖孝感皇帝。上以徽號中有「大聖」二字，上表固讓，不允』。又，資治通鑑卷二百二十乾元元年（即至德三載）載：『春，正月，戊寅，上皇御宣政殿，授册，加上尊號。上固辭「大聖」之號，上皇不許。上尊上皇曰太上至道聖皇天帝。』據上引載籍，此次册肅宗尊號確實在至德三載（七五八）正月五日。則此文之撰寫，當在是時稍前。

（二）古之握乾符，建皇極：『乾符』，舊指帝王受命于天的吉祥徵兆。晋書慕容儁載記：『寡君今已握乾符，類上帝，四海懸諸掌，大業集於身。』唐韓愈賀册尊號表：『陛下仰稽乾符，俯順人志。』『皇極』，指皇位。晋干寶晋紀總論：『至於世祖，遂享皇極。』資治通鑑晋簡文帝咸安元年：『於是宣太后令，廢帝爲東海王，以丞相録尚書事會稽王昱統承皇極。』

（三）帝王唯其有歸：此句四庫全書作『帝王唯有歸往』，全唐文作『帝王惟有攸歸』。

（四）纂戎繼統：『纂戎』，謂繼承光大先人業績。晋潘岳楊荆州誄：『纂戎洪緒，克構堂基。』南朝梁劉勰文心雕龍時序：『至明帝纂戎，制詩度曲，徵篇章之士，置崇文之觀。』『繼統』，繼承帝統。漢書昭帝紀贊：『昔周成以孺子繼統，而有管蔡四國流言之變。』唐張九齡請行郊禮疏：『自古繼統之主，必有郊配之義。』

（五）朕承五聖之丕業，宅萬國而爲君，膺時撫運，載將四紀：『五聖』，指唐高祖、唐太宗、唐高宗、唐中宗、唐睿宗五位帝王。『丕業』，大業。史記 司馬相如列傳：『皇皇哉斯事，天下之壯觀，王者之丕業，不可貶也！』宋周煇清波雜志卷三：『朕荷天右，序承列聖之丕業，思所以垂裕於後。』『膺時』，同『膺期』。即承受期運。指受天命爲帝王。南朝梁沈約齊故安陸昭王碑：『膺期誕德，絶後光前。』唐劉禹錫蘇州謝恩賜加章服表：『伏遇陛下膺期御宇，大振滯淹。』『撫運』，順應時運。唐劉禹錫爲京兆李尹賀遷獻懿二祖表：『太祖景皇帝膺期撫運，啓封於唐。』唐權德輿仲秋朝拜昭陵詩：『文皇昔潛耀，隋季自顛覆。撫運斯順人，救焚非逐鹿。』『四紀』，四十八年。唐玄宗自先天元年（七一二）登基，至本年至德三載（七五八），已經四十七年，故謂『載將四紀』。

（六）曷嘗不虔恭至道，亭育群生：『虔恭』，誠敬。漢書 叙傳下：『秺侯狄孥，虔恭忠信。』晋書 袁瓌傳：『陛下以聖明臨朝，百官以虔恭莅事。』『亭育』，養育；培育。梁書 武帝紀下：『思隨乾覆，布兹亭育。』隋江總勞酒賦：『顧曲私之亭育，遞寒暑而徂遷。』

（七）早厭黄屋之勤，每懷紫霄之馭：『黄屋』，原指古代帝王專用的黄繒車蓋。史記 秦始皇本紀：『子嬰度次得嗣，冠玉冠，佩華紱，車黄屋。』裴駰集解引蔡邕曰：『黄屋者，蓋以黄爲

裏。』此處借指帝王權位。北史魏諸宗室傳論：『至如神武之不事黄屋，高揖萬乘，義感鄰國，祚隆帝統。』續資治通鑑宋高宗紹興八年：『朕本無黄屋之心，今横議若此，據朕本心，惟有養母耳。』『紫霄』，高空。晋曹毗馬射賦：『狀若騰虬而登紫霄，目似晨景之駭扶木。』南朝宋鮑照登大雷岸與妹書：『左右青靄，表裏紫霄。』『每懷紫霄之馭』，乃乘鶴上高空成仙之意。

〔八〕我有元良：『元良』，太子的代稱。禮記文王世子：『一有元良，萬國以貞，世子之謂也。』南朝梁沈約立太子詔：『元良之寄，有國莫先，自昔哲后，降及近代，莫不立儲樹嫡，守器承祧。』

〔九〕皇帝天縱睿哲，日躋孝敬。率性之至，通於神明：此處『皇帝』指唐肅宗。『天縱』，亦作『天從』。天所放任，意謂上天賦予。後常用以諛美帝王。論語子罕：『固天縱之將聖，又多能也。』南朝梁沈約丞相長沙宣武王墓銘：『峨峨哲人，實惟天縱。』『睿哲』，聖明；明智。漢張衡東京賦：『睿哲玄覽，都茲洛宫。』晋陸雲大將軍宴會被命作詩：『睿哲惟晋，世有明聖。』『率性』，循其本性；盡情任性。禮記中庸：『天命之謂性，率性之謂道。』梁書文學傳下劉峻：『峻率性而動，不能隨衆沉浮，高祖頗嫌之，故不任用。』『神明』，天地間一切神靈的總稱。易繫辭下：『陰陽合德，而剛柔有體，以體天地之變，以通神明之德。』孔穎達疏：『萬物變化，或生或

成，是神明之德。』孝經感應：『天地明察，神明彰矣。』唐玄宗注：『事天地能明察，則神感至誠而降福佑，故曰彰也。』

〔十〕財成之道：『財成』，裁成。謂裁度以成之。財，通『裁』。易泰：『天地交，泰。后以財成天地之道。』陸德明釋文：『財，荀作裁。』孔穎達疏：『后，君也。於此之時，君當翦財成就天地之道。』隋薛道衡老氏碑：『固以財成庶類，亭毒群品。』

〔十一〕朕往以蕭墻之難，克保宗社，故先帝禅予以主鬯：『主鬯』，原作『生鬯』，今據四庫全書、全唐文、適園叢書、明鈔本、甲庫本等改。『主鬯』，原意爲主掌宗廟祭祀。鬯，古代祭祀用的一種香酒。唐韓愈順宗實録卷三：『付爾以承祧之重，勵爾以主鬯之勤。』又有長子之意。易震『震驚百里，不喪匕鬯』孔穎達疏：『震卦施之於人，又爲長子。長子則正體於上，將所傳重，出則撫軍，守則監國，威震驚於百里，可以奉承宗廟彝器粢盛，守而不失也。』後因稱太子爲『主鬯』。唐柳宗元賀踐祚表：『主鬯彰孝恭之美，撫軍著神武之功。』『蕭墻』，蕭，通『肅』。借指内部。韓非子用人：『不謹蕭墻之患，而固金城於遠境。』後漢書劉虞傳：『明公不先告曉使得改行，而兵起蕭墻，非國之利。』此處『蕭墻之難』指韋后、太平公主等人之内亂事。舊唐書卷八玄宗紀上載唐玄宗先後平定兩次内亂事云：『至六月，中宗暴崩，韋后臨朝稱制。韋温、宗楚客、

紀處訥等謀傾宗社，以睿宗介弟之重，先謀不利。道士馮道力、處士劉承祖皆善於占兆，詣上布誠款。上所居里名隆慶，時人語訛以「隆」爲「龍」；韋庶人稱制，改元又爲唐隆，皆符御名。上益自負，乃與太平公主謀之，公主喜，以子崇簡從。上乃與崇簡、朝邑尉劉幽求、長上折衝麻嗣宗、押萬騎果毅葛福順李仙凫、寶昌寺僧普潤等定策誅之。或曰：「先啓大王。」上曰：「我拯社稷之危，赴君父之急，事成福歸於宗社，不成身死於忠孝，安可先請，憂怖大王乎！若請而從，是王與危事；請而不從，則吾計失矣。」遂以庚子夜率幽求等數十人自苑南入，總監鍾紹京又率丁匠百餘以從。分遣萬騎往玄武門殺羽林將軍韋播、高嵩，持首而至，衆歡叫大集。攻白獸、玄德等門，斬關而進，左萬騎自左入，右萬騎自右入，合於凌烟閣前。時太極殿前有宿衛梓宮萬騎，聞噪聲，皆披甲應之。韋庶人惶惑走入飛騎營，爲亂兵所害。於是分遣誅韋氏之黨，比明，内外討捕，皆斬之。乃馳謁睿宗，謝不先啓請之罪。睿宗遽前抱上而泣曰：「宗社禍難，由汝安定，神祇萬姓，賴汝之力也。」拜殿中監、同中書門下三品，兼押左右萬騎，進封平王。睿宗即位，與侍臣議立皇太子，僉曰：「除天下之禍者，享天下之福；拯天下之危者，受天下之安。平王有聖德，定天下，又聞成器已下咸有推讓，宜膺主鬯，以副群心。」睿宗從之。』又載：『先天二年七月三日，尚書左僕射竇懷貞、侍中岑羲、中書令蕭至忠、崔湜、雍州長史李晉、左羽林大將軍常元楷、

右羽林將軍李慈等與太平公主同謀，期以其月四日以羽林軍作亂。上密知之，因以中旨告岐王範、薛王業、兵部尚書郭元振、將軍王毛仲，取閑厩馬及家人三百餘人，率太僕少卿李令問、王守一，内侍高力士，果毅李守德等親信十數人，出武德殿，入虔化門。梟常元楷、李慈於北闕。擒賈膺福、李猷於内客省以出。執蕭至忠、岑羲於朝，皆斬之。睿宗明日下詔曰：「朕將高居無爲，自今軍國政刑一事已上，并取皇帝處分。」

〔十二〕頃者中原之禍，期輯邦家，我於是命爾以仗鉞：『中原之禍』，指安史叛亂。『輯』，安定；使安定。漢書 食貨志下：『時又通西南夷道，作者數萬人，千里負擔餽饟，率十餘鍾致一石，散幣於卭僰以輯之。』顔師古注：『輯與集同，謂安定也。』南史 毛喜傳：『淮左新平，邊人未輯，周氏始吞齊國，難與争鋒，未若安人保境，斯久長之術也。』『邦家』，國家。詩 小雅 南山有台：『樂只君子，邦家之基。』鄭玄箋：『人君既得賢者，置之於位，又尊敬以禮樂，樂則能爲國家之本。』後漢書 皇甫規傳論：『故能功成於戎狄，身全於邦家也。』『仗鉞』，手持黄鉞，表示將帥的權威。引申指統帥軍隊。三國志 吴書 孫堅傳：『古之名將，仗鉞臨衆，未有不斷斬以示威者也。』唐杜甫北征詩：『桓桓陳將軍，仗鉞奮忠烈。』

〔十三〕當經綸雲雷之際，櫛沐風雨之時，思契宿心：『經綸』，整理絲縷、理出絲緒和編絲

成繩，統稱經綸。引申爲籌畫治理國家大事。易屯：『雲雷屯，君子以經綸。』孔穎達疏：『經謂經緯，綸謂綱綸，言君子法此屯象有爲之時，以經綸天下，約束於物。』禮記中庸：『唯天下至誠，爲能經綸天下之大經，立天下之大本，知天地之化育。』『雲雷』，易屯：『彖曰：屯，剛柔始交而難生，動乎險中，大亨貞。』按，屯之卦象爲坎上震下，坎之象爲雲，震之象爲雷。因以『雲雷』喻險難環境。北周庾信周柱國大將軍長孫儉神道碑：『道鍾屯剥，世屬雲雷。』宋王禹偁刻石爲丘行恭贊序：『聖人創經綸之業，起草昧之時，雲雷方興，屯難必作，乃有忠果武勇之士以救之。』『經綸雲雷之際』，乃用以比喻平定安史叛亂之時。『宿心』，本來的心意；向來的心願。後漢書皇后紀上和熹鄧皇后：『上欲不欺天愧先帝，下不違人負宿心。』三國魏嵇康幽憤詩：『内負宿心，外恧良朋。』吕向注：『宿心，謂宿昔本心也。』此處『宿心』指唐玄宗欲傳位於太子李亨之心願。

〔十四〕明兹懇讓，洎即戎致討，觀兵朔漠，驅馭豪杰：『懇讓』，懇切辭讓。新唐書奉天皇帝琮傳：『君父有命，不敢違，永言懇讓，不克如素。』宋王禹偁故商州團練使翟公墓志銘：『出爲成都管内十州都巡檢使，賜錢五百萬……公以錫賚優厚，懇讓不已。』『驅馭』，驅使；差遣。陳書文學傳杜之偉：『皇曆惟新，驅馭軒昊，記言記事，未易其人。』清焦循荒年雜詩之三：『言去

乞水漿，置兒卧此處。行者憐其孤，携歸備驅馭。』」按，此數句乃指唐肅宗懇辭即皇帝位，即率軍北上討伐安史叛軍。舊唐書肅宗紀曾記此事有云：「明年六月，哥舒翰爲賊所敗，關門不守，國忠諷玄宗幸蜀。丁酉，至馬嵬頓，六軍不進，請誅楊氏。於是誅國忠，賜貴妃自盡。車駕將發，留上在後宣諭百姓。衆泣而言曰：『逆胡背恩，主上播越，臣等生於聖代，世爲唐民，願勠力一心，爲國討賊，請從太子收復長安。』玄宗聞之曰：『此天啓也。』……令力士口宣曰：『汝好去！百姓屬望，慎勿違之。莫以吾爲意。且西戎北狄，吾嘗厚之，今國步艱難，必得其用，汝其勉之！』上回至渭北，便橋已斷，水暴漲，無舟楫；上號令水濱百姓，歸者三千餘人。渭水可涉，又遇潼關散卒，誤以爲賊，與之戰，士衆多傷。乃收其餘衆北上，軍既濟，其後皆溺，上喜，以爲天之佑。時從上惟廣平、建寧二王及四軍將士，才二千人。自奉天而北，夕次永壽，百姓遮道獻牛酒。有白雲起西北，長數丈，如樓閣之狀，議者以爲天子之氣。戊戌，至新平郡。時晝夜奔馳三百餘里，士衆器械亡失過半，所存之衆，不過一旅。己亥，至安定郡……庚子，至烏氏驛，彭原太守李遵謁見，率兵士奉迎，仍進衣服糧糗。上至彭原，又募得甲士四百，率私馬以助軍。辛丑，至平凉郡，蒐閲監牧公私馬，得數萬匹，官軍益振。時賊據長安，知上治兵河西。三輔百姓皆曰：『吾太子大軍即至！』賊望西北塵起，有時奔走。戊申，扶風人康景龍殺賊宣慰使薛總等二百餘人，陳倉

令薛景仙率衆收扶風郡守之。由是關輔豪右皆謀殺賊，賊故不敢侵軼。……時河西行軍司馬裴冕新授御史中丞赴闕，遇上於平凉，亦勸上治兵於靈武以圖進取，上然之。……上行至豐寧南，見黄河天塹之固，欲整軍北渡，以保豐寧，忽大風飛沙，跬步之間，不辨人物，及回軍趨靈武，風沙頓止，天地廓清。七月辛酉，上至靈武，時魏少游預備供帳，無不畢備。裴冕、杜鴻漸等從容進曰：「今寇逆亂常，毒流函谷，主上倦勤大位，移幸蜀川。江山阻險，奏請路絶，宗社神器，須有所歸。萬姓顒顒，思崇明聖，天意人事，不可固違。伏願殿下順其樂推，以安社稷，王者之大孝也。」上曰：「俟平寇逆，奉迎鑾輿，從容儲闈，侍膳左右，豈不樂哉！公等何急也？」冕等凡六上箋。辭情激切，上不獲已，乃從。』

〔十五〕用服乃功於明辟：『明辟』，明君。書洛誥：『朕復子明辟。』蔡沈集傳：『明辟者，明君之謂。』北史隋越王侗傳：『今海内未定，須得長君，待四方乂安，復子明辟。』

〔十六〕終陟元后：『元后』，天子。書大禹謨：『天之歷數在汝躬，汝終陟元后。』孔傳：『言天道在汝身，汝終當升爲天子。』漢劉楨贈五官中郎將詩之一：『昔我從元后，整駕至南鄉。』

〔十七〕文武之功也：『文武之功』，原作『文武之公』，今據四庫全書、全唐文改。

〔十八〕授傳國璽符：此句全唐文無『符』字。

〔十九〕永保累聖之鴻緒，對揚一人之休命：『對揚一人之休命』，原作『對一人之休命』，今據全唐文增補。『鴻緒』，大統；王業。後漢書順帝紀：『陛下踐祚，奉遵鴻緒。』唐肅宗授彭王僅等節度大使制：『朕以薄德，纘承鴻緒。』『對揚』，亦作『對敭』。古代常語，屢見於金文。凡臣受君賜時多用之，兼有答謝、頌揚之意。『休命』，美善的命令。多指天子或神明的旨意。易大有：『君子以遏惡揚善，順天休命。』書説命下：『敢對揚天子之休命。』

〔二十〕朕將訪道崆山，追踪汾水，超然金闕之上，終以玉京之游：『崆山』，即指崆峒山，山名。在今甘肅平凉市西。相傳是黄帝問道於廣成子之所。也稱空同、空桐。莊子在宥：『黄帝立爲天子，十九年，令行天下，聞廣成子在於空同之上，故往見之。』南朝梁沈約爲武帝與謝朏敕：『羲軒邈矣，古今事殊，不獲總駕崆峒，依風問道。』後亦以指仙山。唐曹唐仙都即景詩：『旌節暗迎歸碧落，笙歌遥聽隔崆峒。』宋沈遘真宗皇帝忌日醮文：『真宗皇帝伏願登御崆峒，從游汗漫，錫羡上靈之福，延洪後嗣之休。』『追踪』，此處乃取汾水游之典故。莊子逍遥游云：『堯治天下之民，平海内之政，往見四子藐姑射之山，汾水之陽，窅然喪其天下焉。』故後以『汾水游』形容超然物外之處世態度。南朝宋謝靈運從游京口北固應詔詩：『昔聞汾水游，今見

塵外鑣。』南史梁紀上武帝：『一駕汾陽，便有窅然之志；暫適箕嶺，即動讓王之心。』此處『追蹤汾水』，即謂唐玄宗崇尚老莊之道，厭於勤倦，頗追慕堯平海内之政後往游汾水之陽之舉，以便享受保静怡神之逍遥生活。『金闕』，此處指天子所居的宫闕。北齊顔之推觀我生賦：『指金闕以長鎩，向王路而蹶張。』明沈鯨雙珠記廷對及第：『青雲隨步朝金闕，各要把此衷竭。』此處『超然金闕之上』，意爲擺脱帝王居宫廷理政務之俗務。『玉京』，道家稱天帝所居之處。晋葛洪枕中書引真記：『元都玉京，七寶山，周迴九萬里，在大羅之上。』魏書釋老志：『道家之原，出於老子。其自言也，先天地生，以資萬類，上處玉京，爲神王之宗。』

睿聖文武皇帝册文〔一〕

李吉甫

維元和三年，歲次壬子，正月癸未朔，十一日癸巳，攝太尉、銀青光禄大夫、守兵部尚書、兼御史大夫、上柱國、趙郡開國公臣李巽〔二〕，及文武官五千七百九十四人等言：臣聞自天玄而升，地黄而凝〔三〕，皇王之道，堯舜首出〔四〕，故典謨述焉〔五〕。自堯及唐，曆紀三千，致理之君，不過十數；升平之運，不至五百。天人之交際，不其難

歟！我唐運之興，昌期是膺，四海一統，十聖丕承（六），以至於皇帝，則君十一而年二百矣！歷考前代，丁於斯時，皆王澤已竭，君明寖替（七），未若我后之惟新厥命。我唐之中興厥祚，顧視周漢，不其蔑歟（八）？伏惟皇帝陛下，紹太宗之英武，稟德宗順宗之寅畏，乾乾翼翼（九），若不滿志。故愛於文母，順色之孝也；睦於兄弟，因心之友也（十）。崇讜議，察邇言，去疑謀，杜讒說，俾王道正直，砥爲夷塗（十一）。發前聖之韞匵（十二），披人文之光耀，而氣有沴者，反時爲妖（十三）。若黎崇之不恪，苗人之逆命，或誕敷文誥，或震叠武功（十四），聖造不疾而速，非陛下疇能之（十五）？然後奉四表之歡心，總百神之受職，蠲祀於清廟，嚴禋於上玄（十六），天地察而神祇著矣。臣聞之，君人者謙遜静慤，則天應之以福，故休祥出焉（十七）；慈惠愛育（十八），則人應之以誠，故鼓舞從焉。王者因人心，稽天意，天人俱應（十九），而徽號加焉。至公之道，不可辭也。臣等所以勤勤懇懇，至於再，至於三，願奉鴻徽，以彰休德（二十），陛下猶三揖而五讓之，久而罔已，始降俞詔（二十一）。於是百辟卿士，洎四方侯衛之臣上言曰：陛下誕睿聖之姿，膺會昌之期（二十二），經天地之謂文，禁暴亂之謂武。臣等不勝大願，謹奉玉册玉寶，上尊號曰『睿聖文武皇帝』。伏惟陛下懋一德（二十三），勤萬邦，千禄百福，垂唐之無疆。

校箋

〔一〕本文又見於全唐文卷五百一十二，文題與本文同，亦署名李吉甫。本文文末未署頒布時間，然文首謂『維元和三年，歲次壬子，正月癸未朔，十一日癸巳』云云，據此則乃頒布於元和三年正月十一日。考舊唐書卷十四憲宗紀載：元和『三年春正月癸未朔。癸巳，群臣上尊號曰睿聖文武皇帝。御宣政殿受册，禮畢，移仗御丹鳳樓，大赦天下』。資治通鑒卷二百三十七元和三年亦記：『春，正月，癸巳，群臣上尊號曰睿聖文武皇帝；赦天下。』所記均與本文所記群臣上尊號時間合，故本文所記頒布此文之時間可信，亦即在元和三年（八〇八）正月十一日。則撰寫本文時間當在是時稍前。按，作者李吉甫，傳見舊唐書卷一百四十八、新唐書卷一百四十六。舊唐書本傳載：『李吉甫字弘憲，趙郡人。父栖筠，代宗朝爲御史大夫，名重於時，國史有傳。吉甫少好學，能屬文。年二十七，爲太常博士，該洽多聞，尤精國朝故實，沿革折衷，時多稱之。遷屯田員外郎，博士如故，改駕部員外。宰臣李泌、竇參推重其才，接遇頗厚。及陸贄爲相，出爲明州員外長史，久之遇赦，起爲忠州刺史。時贄已謫在忠州，議者謂吉甫必逞憾於贄，重搆其罪；及吉甫到

部，與贄甚歡，未嘗以宿嫌介意。六年不徙官，以疾罷免。尋授柳州刺史，遷饒州。……憲宗嗣位，徵拜考功郎中、知制誥。既至闕下，旋召入翰林爲學士，轉中書舍人，賜紫。……二年春，杜黄裳出鎮，擢吉甫爲中書侍郎、平章事。吉甫性聰敏，詳練物務，自員外郎出官，留滯江淮十五餘年，備詳閭里疾苦。及是爲相，患方鎮貪恣，乃上言使屬郡刺史得自爲政。叙進群材，甚有美稱。三年秋，裴均爲僕射、判度支，交結權幸，欲求宰相。……吉甫早歲知獎羊士諤，擢爲監察御史；又司封員外郎吕温有詞藝，吉甫亦眷接之。竇群亦與羊、吕善。群初拜御史中丞，奏請士諤爲侍御史，温爲郎中、知雜事。吉甫怒其不先關白，而所請又有超資者，持之數日不行，因而有隙。群遂伺得日者陳克明出入吉甫家，密捕以聞；憲宗詰之，無奸狀。吉甫以裴垍久在翰林，憲宗親信，必當大用，遂密薦垍代己，因自圖出鎮。其年九月，拜檢校兵部尚書，兼中書侍郎、平章事，充淮南節度使，上御通化門樓餞之。……五年冬，裴垍病免。明年正月，授吉甫金紫光禄大夫、中書侍郎、平章事、集賢殿大學士、監修國史、上柱國、趙國公。……八年十月，上御延英殿，問時政記記何事。時吉甫監修國史，先對曰：……元和九年冬，暴病卒，年五十七。憲宗傷悼久之，遣中使臨吊，常贈之外，内出絹五百匹以恤其家，再贈司空。……吉甫嘗討論易象異義，附於一行集注之下；及綴録東漢、魏、晋、周、隋故事，訖其成敗損益大端，目爲六代略，凡三十

卷；分天下諸鎮，紀其山川險易故事，各寫其圖於篇首，爲五十四卷，號爲元和郡國圖。又與史官等録當時户賦兵籍，號爲國計簿，凡十卷。纂六典諸職爲百司舉要一卷。皆奏上之，行於代。子德修、德裕。』

〔二〕李巽：傳見舊唐書卷一百二十三、新唐書卷一百四十九。舊唐書本傳載：『李巽，字令叔，趙郡人。少苦心爲學，以明經調補華州參軍，拔萃登科，授鄠縣尉。周歷臺省，由左司郎中出爲常州刺史。逾年，召爲給事中，出爲湖南觀察使，鋭於爲理。五年，改江西觀察使，加檢校散騎常侍、兼御史大夫。……順宗即位，入爲兵部侍郎。司徒杜佑判度支鹽鐵轉運使，以巽幹治，奏爲副使。……遷兵部尚書，明年改吏部尚書，使任如故。巽精於吏職，蓋性使然也。……巽爲吏部尚書，卧疾，郎官相率省問，巽初不言其病，與之考校程課，商略功利，至其夕而卒。……元和四年四月卒，時年七十一，贈尚書左僕射。』

〔三〕地黄而凝：原作『地黄其凝』，今據全唐文、甲庫本改。

〔四〕堯舜首出：此句適園叢書、明鈔本、學林本均作『首堯舜出』。

〔五〕故典謨述焉：『典謨』，尚書中堯典、舜典、和大禹謨、皋陶謨等篇的并稱。書序：『典謨訓誥誓命之文凡百篇，所以恢弘至道，示人主以軌範也。』漢書揚雄傳下：『典謨之篇，雅頌之

聲，不温純深潤，則不足以揚鴻烈而章緝熙。』

〔六〕昌期是膺，四海一統，十聖丕承：『昌期』，興隆昌盛時期。樂府詩集郊廟歌辭七周郊祀樂章：『高明祚德，永致昌期。』宋陸游天申節賀表：『敢即昌期，虔申壽祝。』『十聖』，指唐高祖、唐太宗、唐高宗、唐中宗、唐睿宗、唐玄宗、唐肅宗、唐代宗、唐德宗、唐順宗等十位帝王。『丕承』，很好地繼承。舊謂帝王承天受命，常曰『丕承』。書君奭：『惟文王德丕承無疆之恤。』漢揚雄法言問明：『成湯，丕承也；文王，淵懿也。或問丕承，曰：「由小致大，不亦丕乎？革夏以天，不亦承乎？」』

〔七〕皆王澤已竭，君明寖替：『王澤』，君王的德澤。漢董仲舒春秋繁露盟會要：『賞善誅惡而王澤洽。』唐白居易得乙上封請永不用赦判：『刑乃天威，赦惟王澤。』『明』，聖明；明智；明察。易井：『王明，并受其福。』三國蜀諸葛亮前出師表：『恐托付不效，以傷先帝之明。』『寖替』，義同『寖廢』，放棄或廢棄。尹文子大道上：『禮樂獨行，則私欲寖廢；私欲寖廢，則遭賢之與遭愚均矣。』續資治通鑒宋仁宗慶曆二年：『又詔：「河北諸州强壯，自三月後并赴州閲習，委知州擇其强勁者，刺手背爲義勇軍；不願者釋之而存其籍，以備守葺城池。」於是强壯寖廢。』

〔八〕不其蔑歟：原作『不其蔑與』，今據四庫全書、全唐文改。『蔑』，細小；輕微。漢揚雄法言學行：『視日月而知衆星之蔑也，仰聖人而知衆説之小也。』宋咸注：『蔑，微也。』漢王符潛夫論論榮：『仁重而勢輕，位蔑而義榮。』

〔九〕稟德宗順宗之寅畏，乾乾翼翼：『寅畏』，敬畏；恭敬戒懼。書無逸：『嚴恭寅畏，天命自度。』蔡沈集傳：『寅則欽肅，畏則戒懼。』唐白居易畫大羅天尊贊文：『皇帝孝敬寅畏，憂勤勞謙。』『乾乾翼翼』，勤勉敬慎。唐張説蒲津橋贊：『聖皇之道，乾乾翼翼。』資治通鑑唐則天后天册萬歲元年：『伏願陛下乾乾翼翼，無戾天人之心而興不急之役。』

〔十〕故愛於文母，順色之孝也；睦於兄弟，因心之友也：『文母』，文德之母。對后妃的稱頌。詩周頌雝：『既右烈考，亦右文母。』毛傳：『文母，大姒也。』鄭玄箋：『文德之母。』漢書元后傳：『更命太皇太后爲新室文母太皇太后。』後漢書鄧騭傳：『伏惟和熹皇后聖善之德，爲漢文母。』『因心』，謂親善仁愛之心。詩大雅皇矣：『維此王季，因心則友。』毛傳：『因，親也。』陳奐傳疏：『因訓親，親心即仁心。』舊唐書孝友傳序：『善於兄弟，必能因心廣濟。』

〔十一〕崇讜議，察邇言，去疑謀，杜讒説，俾王道正直，砥爲夷塗：『讜議』，剛直的議論；直言不諱的議論。晉書羊祜傳：『其嘉謀讜議，皆焚其草，故世莫聞。』宋蘇舜欽乞納諫書：『歷

觀前代聖神之君，好聞乎讜議；賢明之輔，不雍乎下情。』『邇言』，淺近之言；常人之語。禮記中庸：『舜好問，而好察邇言。』鄭玄注：『邇，近也。近言而善，易以進人。』朱熹集注：『邇言者，淺近之言。』漢書揚雄傳下：『假言周於天地，贊於神明，幽弘横廣，絶於邇言。』顏師古注引李奇曰：『理過近世人之言也。』宋劉敞賢論：『昔者舜有天下，大聖人也，惟其不欲其身賢而已矣，是以舜好問，好察邇言。』『疑謀』，無成功把握的計謀。書大禹謨：『任賢勿貳，去邪勿疑，疑謀勿成，百志惟熙。』蔡沈集傳：『謀，圖爲也。有所圖爲，揆之於理而未安者，則不復成就之也。』淮南子兵略訓：『計定而發，分決而動。將無疑謀，卒無二心。』『讒説』，讒言。書舜典：『朕堲讒説，殄行，震驚朕師。』孔穎達疏：『我憎疾人爲讒佞之説，絶君子之行而動驚我衆人。』南史何尚之傳：『曄事迹未彰，便豫相黜斥，萬姓將謂卿等不能容才，以我爲信受讒説。』『夷塗』，平坦的道路。漢張衡西京賦：『襄岸夷塗，修路陖險。』薛綜注：『夷，平也。』金王若虚五經辨惑上：『夫子中庸之教，朗如白日，坦於夷塗。』

（十二）發前聖之韞匵：『韞匵』，亦作『韞櫝』。藏在櫃子裏；珍藏，收藏。論語子罕：『有美玉於斯，韞匵而藏諸？求善賈而沽諸？』何晏集解引馬融曰：『韞，藏也；匵，匱也，謂藏諸匵中。沽，賣也。得善賈寧肯賣之邪？』邢昺疏：『此章言孔子藏德待用也……言人有美玉於此，藏

在匵中而藏之，若求得善賈之賈寧肯賣之邪。』漢陳琳答東阿王箋：『載歡載笑，欲罷不能，謹韞櫝玩耽，以爲吟頌。』

〔十三〕而氣有沴者，反時爲妖：『反時爲妖』，原作『及時爲妖』，今據四庫全書、全唐文、適園叢書、明鈔本、甲庫本、學林本改。『沴』，舊謂天地四時之氣不和而生的災害。莊子大宗師：『陰陽之氣有沴。』漢書五行志中之上：『氣相傷，謂之沴。沴猶臨莅，不和意也。』

〔十四〕若黎崇之不恪，苗人之逆命，或誕敷文誥，或震疊武功：『黎』，即黎人，黎族人。宋范成大桂海虞衡志志蠻黎：『山極高，常在霧靄中，黎人自鮮識之。』宋史蠻夷傳三黎洞：『俗呼山嶺爲「黎」，居其間者號曰黎人。』『不恪』，不敬。左傳文公九年：『卿不書，緩也，以懲不恪。』漢書叙傳下：『怨咎若兹，如何不恪！』顔師古注：『恪，敬也。』新唐書陸贄傳：『賞以存勸，罰以示懲，以懋有庸，以威不恪。』『逆命』，違抗命令。左傳昭公四年：『慶封唯逆命，是以在此，其肯從於戮乎？』杜預注：『逆命，謂性不恭順。』南史宋建安王休仁傳：『尋諸方逆命，休仁都督征討諸軍事。』『誕敷』，遍布。書大禹謨：『帝乃誕敷文德，舞干羽於兩階。』孔傳：『遠人不服，大布文德以來之。』舊唐書韓弘傳：『况乎邦教誕敷，王言總會，百辟攸憲，四方式瞻。』『震疊』，使震驚，恐懼。唐裴度蜀丞相諸葛武侯祠堂碑銘：『震疊諸夏也，不敢角其勝

負，而止候其存亡。』宋陸游上二府論都邑札子：『相公威名，震叠殊方。』

（十五）聖造不疾而速，非陛下疇能之：『造』，造就；成就。詩大雅思齊：『肆成人有德，小子有造。』毛傳：『造，爲也。』鄭玄箋：『子弟皆有所造成。』馬瑞辰通釋：『説文：「造，就也。」造就二字叠韻爲義。』『疇』，誰。書説命上：『后克聖，臣不命其承，疇敢不祇若王之休命？』孔傳：『言王如此，誰敢不敬順王之美命而諫者乎？』漢司馬相如封禪文：『罔若淑而不昌，疇逆失而能存？』李善注引應劭曰：『疇，誰也。』

（十六）蠲祀於清廟，嚴禋於上玄：『蠲』，潔凈，使清潔。書酒誥：『惟我一人弗恤，弗蠲乃事，時同於殺。』孔傳：『汝乃不潔汝政事，是汝同於見殺之罪。』國語周語上：『明神不蠲而民有遠志。』韋昭注：『蠲，潔也。』『清廟』，即太廟。古代帝王的宗廟。詩周頌清廟：『於穆清廟，肅雍顯相。』漢司馬相如上林賦：『登明堂，坐清廟。』郭璞注：『清廟，太廟也。』『嚴禋』，莊重地祭祀。唐魏徵享太廟樂章舒和：『嚴禋克配鴻基遠，明德惟馨鳳曆昌。』唐李紓登歌奠幣詩：『尊祖奉宗，嚴禋大帝。』『上玄』，上天。漢揚雄甘泉賦：『惟漢十世，將郊上玄。』李善注：『上玄，天也。』周書王悦傳：『梁主内虧刑政，外闕藩籬，匹夫攘袂，舉國傾覆。非直下民離心，抑亦上玄所棄。』

〔十七〕君人者謙遜静慤，則天應之以福，故休祥出焉：「静慤」，沉静謹慎。漢書東方朔傳：「臣聞謙遜静慤，天表之應，應之以福。」「休祥」，吉祥。書泰誓中：「朕夢協朕卜，襲於休祥，戎商必克。」孔傳：「言我夢與卜俱合於美善。」北魏酈道元水經注沔水：「洋川者，漢戚夫人之所生處也……蠲復其鄉，更名曰縣，故又目其地爲祥川，用表夫人載誕之休祥也。」

〔十八〕慈惠愛育：此句四庫全書作「慈和愛育」，全唐文作「慈仁愛育」。

〔十九〕天人俱應：此句四庫全書、全唐文作「天下俱應」。

〔二十〕願奉鴻徽，以彰休德：「願奉鴻徽」，適園叢書、學林本作「願奉鴻號」。「鴻徽」，大美；大善。多指極爲人稱譽的美德善行。南朝宋謝莊爲八座江夏王請封禪表：「鴻徽洽於海表，威棱震乎沙外。」唐閻隨侯西岳望幸賦：「邦國之鴻徽克播，帝王之盛事畢陳。」此處指所册「睿聖文武皇帝」尊號。「休德」，美德。國語齊語：「有人居我官，有功休德。」韋昭注：「休，美也。」漢司馬相如難蜀父老：「夫拯民於沉溺，奉至尊之休德，反衰世之陵夷，繼周氏之絶業，天子之亟務也。」

〔二十一〕始降俞詔：「俞」，答應；允許。漢書揚雄傳上：「上猶謙讓而未俞也。」宋曾鞏祭歐陽少師文：「年始六十，懇辭冕黻，連章累歲，乃俞所乞。」「俞詔」，即應允之詔書。

〔二十二〕陛下誕睿聖之姿，膺會昌之期：『睿聖』，明聖；明智。常指帝王聖明。國語 楚語上：『昔衛武公年數九十有五矣，猶箴儆於國……及其没也，謂之睿聖武公。』韋昭注：『睿，明也。』後漢書 鄭興傳：『昔文王承積德之緒，加之以睿聖，三分天下，尚服事殷。』『會昌』，謂會當興盛隆昌。三國志 蜀書 秦宓傳：『蜀有汶阜之山，江出其腹，帝以會昌，神以建福，故能沃野千里。』晋左思蜀都賦：『天帝運期而會昌，景福肸饗而興作。』李逵注：『昌，慶也。言天帝於此會慶建福也。』北魏楊衒之洛陽伽藍記 龍華寺：『璽運會昌，龍圖受命。』

〔二十三〕伏惟陛下懋一德：『懋』，盛大；大。書 大禹謨：『予懋乃德，嘉乃丕績。』蔡沈集傳：『懋、楙古通用。楙，盛大之意。』南朝宋鮑照從過舊宫詩：『仁聲日月懋，惠澤雲雨敷。』

元和聖文神武法天應道皇帝册文〔一〕

崔　群

維元和十四年，歲次己亥，七月丁丑朔，十三日己丑，攝太尉、金紫光禄大夫、檢校司空、兼太子少保、上柱國、鄭國公、食邑三千户臣綬〔二〕，及文武官五千七百一十八人等言：臣聞惟天惠人，惟元后作人父母，大寶曰位，至公者名。帝皇尊稱，肇自三五〔三〕，其義尚矣。堯舜禹湯，文武成康〔四〕，垂于典籍，爲萬代法，

非名歟。殷有天下，武丁大其業（五）；周有天下，宣王嗣其訓。在漢七葉，亦稱盛强，中興之美，與我不類。皇唐統天二百有二載，祖宗崇光，四海一家，禮文憲矩，章焯大備（六）。元符昌曆，畀付有在（七）。洎我后之握圖也，齊心於穆清，垂意於大寧，文昭武烈（八），冠今邁古。始負固不若者，莫匪顛踣；輸忠來附者，克保蕃祉（九）。天寶之季，孽臣干紀，靈誅亟掃，餘氛未弭，兵不得戢，六十五年於兹矣（十）。元和致理，思櫜弓矢，睿謀前定，所向風靡（十一）。兩河既清，泰階砥平，戴白之老，欣感出涕（十二），不其盛歟。伏惟睿聖文武皇帝陛下，德配天地，明并日月，嚴薦於宗廟，盡敬於郊禋（十三），孝通於神祇，仁浹於動植，内睦於九族，外懷於四夷，乙夜觀書，日昃聽政，恤刑懋賞，劭農勸學，歷選列辟，英聲茂實（十四），其何以加焉。日者淄青不恭，告讓罔悛，任下推誠，出師徂征（十五）。玉壘金陵之遐阻，懸瓠營丘之險域（十六），或肆於都市，或懸於藳街（十七）。其餘瑣細，蓋不足紀。上以攄列聖之憤，下以叶千齡之慶，然後闢四門，貞百度，會寓縣之玉帛，旅梯航之貢篚（十八），咸曰不圖貞觀開元之化，復睹於今日矣！陛下勞謙祇畏，不自暇逸，讓德於上天，推功於群臣（十九）。訪闕政，修墜典，不以龜龍爲瑞，以賢俊爲瑞。不以珠玉爲寶，以慈儉爲寶。卓哉煌煌，信可假玄

穹而蟠厚載者已〔二十〕。是宜尊徽名，膺顯號，以光於典册，以順於人心，以答於天意，不可辭也。臣又聞之，居安思危，納諫盡下，遠讒慝，旌讜直〔二十一〕，愛養黎庶，敦尚樸素，斯皆高祖太宗順宗之遺訓也。而陛下躬行之，造次必於是，寤寐必於是，實萬姓之福，無疆之休。僉曰功成而禮不崇，德廣而名未稱，臣子之罪也。於是百辟卿士，藩衛耆耄〔二十二〕，稽首上言，至於四三。陛下深秉謙冲，詔諭往復，不得已而從之。伏以紀年之盛，冠於大號，厥有舊典。書不云乎：『乃聖乃神，乃武乃文。』傳曰：『惟天爲大〔二十三〕，惟堯則之。』則，法也。王者昭事上帝，取法於天。道德經曰：『天法道，道生一。』唯上聖至德，兼則利物，行清净自然之道，爲能應之。臣等不勝大願〔二十四〕，謹奉玉册玉寶，上尊號曰『元和聖文神武法天應道皇帝』。伏惟陛下景福是膺〔二十五〕，如日之升，雖休勿休，翼翼兢兢，對越鴻名〔二十六〕，丕赫成能，萬壽百祥，罔不豐登。天祚聖唐，惟聖欽承〔二十七〕，臣綬等誠歡誠躍，頓首頓首，謹上。

校箋

〔一〕此文又見於全唐文卷六百十三，文題爲元和聖文神武法天應道皇帝册文，亦署名崔群。

本文文末未署年月，然文首謂『維元和十四年，歲次己亥，七月丁丑朔，十三日己丑』云云，據此此册文當上於元和十四年七月十三日。考有關典籍，所載此次上册文之時間則有異同。舊唐書卷十五憲宗紀下記『秋七月丁丑。戊寅，汴州韓弘來朝。己卯，左散騎常侍致仕薛蘋卒。乙酉夜，月掩心大星。辛巳，群臣上尊號曰元和聖文神武法天應道皇帝。是日，御宣政殿受册，禮畢，御丹鳳樓，大赦天下。』然新唐書卷七憲宗紀元和十四年載：『七月戊寅，韓弘以汴、宋、亳、潁四州歸於有司，弘朝於京師。己丑，群臣上尊號曰元和聖文神武法天應道皇帝。大赦，賜文武官階、勛、爵。遣黜陟使於天下。』資治通鑑卷二百四十一元和十四年七月載：『己丑，群臣上尊號曰元和聖文神武法天應道皇帝；赦天下。』據上述典籍所記，新唐書、資治通鑑所記此次上尊號時間同本册文所記，而舊唐書所記則有不同，乃記在元和十四年七月『辛巳』日。按，舊唐書此處所記當有誤。據其所記，元和十四年七月『己卯，左散騎常侍致仕薛苹卒。乙酉夜，月掩心大星。辛巳，群臣上尊號曰元和聖文神武法天應道皇帝』，此段記載之『己卯』乃是年七月三日，『乙酉』乃是年七月九日，而『辛巳』則爲是年七月五日。可見此處所記時間順序有所錯亂，其『辛巳』乃反記在『乙酉夜，月掩心大星』之事後，如此參照本册文、新唐書、資治通鑑所記，舊唐書所記上尊號時間『辛巳』當誤，不可信。上尊號時間，當從本册文等所記爲元和十四年（八一九）七

月十三日爲是。如此，本册文之撰寫當在是時稍前。按，撰者崔群，傳見舊唐書卷一百五十九、新唐書卷一百六十五。舊唐書本傳載：『崔群，字敦詩，清河武城人，山東著姓。十九登進士第，又制策登科，授秘書省校書郎，累遷右補闕。元和初，召爲翰林學士，歷中書舍人。……元和七年，惠昭太子薨，穆宗時爲遂王，憲宗以澧王居長，又多内助，將建儲貳，命群與澧王作讓表。群上言曰：……竟從其奏。……遷禮部侍郎，選拔才行，咸爲公當。轉户部侍郎。十二年七月，拜中書侍郎、同中書門下平章事。十四年，誅李師道……群之啓奏平恕，多此類也。……無何，群臣議上尊號，皇甫鎛欲加「孝德」兩字，群曰：「有睿聖，則孝德在其中矣。」竟爲鎛所構。憲宗不樂，出爲湖南觀察都團練使。穆宗即位，徵拜吏部侍郎，召見别殿，謂群曰：「我升儲位，知卿爲羽翼。」群曰：「先帝之意，元在陛下。頃者授陛下淮西節度使，臣奉命草制，且曰：『能辨南陽之牘，允符東海之貴。』若不知先帝深旨，臣豈敢輕言？」數日，拜御史中丞。浹旬，授檢校兵部尚書，兼徐州刺史、武寧軍節度、徐泗濠觀察等使。初，幽、鎮逆命，詔授沂州刺史王智興爲武寧軍節度副使，領徐州兵討伐。群以智興早得士心，表請因授智興旄鉞，竟寢不報。智興自河北回戈，城内皆是父兄，開關延入，群爲智興所逐。朝廷坐其失守，授秘書監，分司東都。未幾，改華州刺史、兼御史大夫，復改宣州刺史、歙池等州都團練觀察等使，徵拜兵部尚書。久之，改檢校

吏部尚書、江陵尹、荆南節度觀察使。逾歲，改檢校右僕射，兼太常卿。太和五年，拜檢校左僕射，兼吏部尚書。六年八月卒，年六十一，册贈司空。」

〔二〕鄭國公、食邑三千户臣綬：『鄭國公』，底本原於『鄭』字後注『闕』，諸本則作『鄭公』，唯全唐文作『鄭國公』，今即據全唐文改。『臣綬』，即嚴綬，傳見舊唐書卷一百四十六、新唐書卷一百二十九。舊唐書本傳載：『元和元年，楊惠琳叛於夏州，劉辟叛於成都，綬表請出師討伐。綬悉選精甲，付牙將李光顔兄弟……蜀、夏平，加綬檢校尚書左僕射，尋拜司空，進階金紫，封扶風郡公。……四年，入拜尚書右僕射。……尋出鎮荆南，進封鄭國公。……九年，吴元濟叛，朝議加兵，以綬有弘恕之稱，可委以戎柄，乃授山南東道節度使，尋加淮西招撫使。……經年無尺寸功。裴度見上，屢言綬非將帥之才，不可責以戎事，乃拜太子少保代歸。尋檢校司空。久之，進位太傅，食封至三千户。長慶二年五月卒，年七十七，詔贈太保。』新唐書本傳記：『綬既名胄，於吏事有方略，然鋭進趣，素議薄之。……出爲荆南節度使，封鄭國公。……吴元濟反，僉以綬明恕可大事，乃徙山南東道節度使，加淮西招撫使。……宰相裴度謂綬非將才，以太子少保召還，檢校司徒，判光禄卿事，進少傅。卒，年七十七，贈太保。』

〔三〕帝皇尊稱，肇自三五：『三五』，指三皇五帝。楚辭九嘆思古：『背三五之典刑兮，絶

洪範之辟紀。』王逸注：『言君施行，背三皇五帝之常典。』唐劉知幾史通載文：『大談主上之聖明，則君盡三五；述宰相之英偉，則臣皆二八。』『三皇五帝』，乃泛指遠古時代的帝王。周禮春官外史：『掌三皇五帝之書。』唐杜甫劍門詩：『三皇五帝前，鷄犬各相放。』

〔四〕文武成康：『成康』，周成王與周康王的并稱。史稱其時天下安寧，刑措不用，故用以稱至治之世。詩周頌執競：『不顯成康，上帝是皇。』漢書景帝紀贊：『周云成康，漢言文景，美矣。』

〔五〕武丁大其業：『武丁』，商代國王名，後世稱爲高宗，盤庚弟小乙之子。相傳少時生活在民間，即位後，重用傅説、甘盤爲大臣，力求鞏固統治。在位五十九年。詩商頌玄鳥：『商之先後，受命不殆，在武丁孫子。』楚辭離騷：『説操築於傅岩兮，武丁用而不疑。』

〔六〕禮文憲矩，章焯大備：按，此二句四庫全書作『禮文憲章，矩矱大備』。『禮文』，指禮樂儀制。漢書禮樂志：『是時，上方征討四夷，鋭志武功，不暇留意禮文之事。』晋干寶晋紀總論：『順乎天而享其運，應乎人而和其義，然後設禮文以治之，斷刑罰以威之。』『憲矩』，法式，典範。漢李尤圍棋銘：『局爲憲矩，棋法陰陽。』三國魏曹植制命宗聖侯孔羡奉家祀碑：『王教既備，群小遄沮，魯道以興，永作憲矩。』『焯』，明徹；明顯。説文火部：『焯，明也。周書：「焯

見三有俊心。」』按，書立政作『灼』。唐韓愈唐故相權公墓碑：『平涼公文誕，爲唐上庸太守，荊州大都督長史，焯有聲烈。』

〔七〕元符昌曆，畀付有在：『元符』，大的祥瑞。漢揚雄長楊賦：『方將俟元符，以禪梁甫之基，增泰山之高。』李善注引晋灼曰：『元符，大瑞也。』南朝梁劉勰文心雕龍 封禪：『表權輿，序皇王，炳元符，鏡鴻業……歌之以禎瑞，贊之以介丘。』『昌曆』，亦作『昌歷』。昌盛的年代。南朝齊謝朓元會曲：『二儀啓昌歷，三陽應慶期。』北齊書 陽斐傳：『當今殷憂啓聖，運遭昌曆。』『畀付』，付與。宋蘇軾徐州謝上表：『察孤危之易毀，諒拙直之無他。安全陋軀，畀付善地。』元史 后妃傳二 徽仁裕聖皇后：『恭惟聖母，聖善本乎天資，靜專法乎地道……畀付雖由於曆數，規摹一出於庭闈。』

〔八〕洎我后之握圖也，齊心於穆清，垂意於大寧，文昭武烈：『握圖』，猶握符。謂膺天命而有天下。南朝陳徐陵勸進梁元帝表：『伏惟陛下，出震等於勛華，鳴謙同於旦奭。握圖秉鉞，將在御天。玉縢珠衡，先彰元后。』舊唐書 玄宗紀贊：『開元握圖，永鑒前車。』『穆清』，謂太平祥和。漢蔡邕釋誨：『夫子生穆清之世，秉醇和之靈。』三國魏曹植七啓：『天下穆清，明君莅國。』『大寧』，天下安定。漢書 揚雄傳上：『瞰帝唐之嵩高兮，脉隆周之大寧。』漢王延壽魯靈光

殿賦：『敷皇極以創業，協神道而大寧。』『文昭』，文德昭著。國語周語下：『成王能明文昭，能定武烈者也。』晋劉琨答盧諶詩：『資忠履信，武烈文昭。』李善注：『漢武帝贈故朱崖太守董廣詔曰：「伐叛柔服，文昭武烈。」曹植令曰：「相者文德昭，將者武功烈。」』『武烈』，國語周語下：『成王能明文昭，能定武烈者也。』韋昭注：『烈，威也。言能明其文，使之昭；定其武，使之威也。』後以『武烈』謂武功。後漢書馮衍傳上：『衍上書陳八事：一曰顯文德，二曰褒武烈……』

〔九〕克保蕃祉：『蕃祉』，多福。左傳昭公二十年：『其所以蕃祉老壽者，爲信君使也。』漢班固典引：『答三靈之蕃祉，展放唐之明文。』

〔十〕天寶之季，孽臣干紀，靈誅亟掃，餘氛未弭，兵不得戢，六十五年於兹矣：『干紀』，違犯法紀。語出左傳襄公十三年：『干國之紀，犯門斬關。』漢潘勖册魏公九錫文：『犯關干紀，莫不誅殛。』『靈誅』，謂天子的征討或殺戮。漢陳琳檄吴將校部曲文：『謂爲舟楫足以拒皇威，江湖可以逃靈誅。』唐宋之問謁禹廟詩：『光驅總昌會，後至伏靈誅。』『餘氛』，殘留的妖氛。借指殘存的寇賊。舊唐書韋雲起傳：『盩厔、司竹，餘氛未殄；藍田、谷口，群盗實多。』按，此處『天寶之季，孽臣干紀』乃指天寶十四載安禄山、史思明叛亂之事。『六十五年於兹矣』，乃自

天寶十四載（七五五）至元和十四年（八一九），凡六十五年。

（十一）元和致理，思櫜弓矢，睿謀前定，所向風靡：「致理」，猶致治。資治通鑑唐文宗開成五年：「致理之要，在於辯群臣之邪正。」唐路貫和元常侍除浙東留題：「謝安致理逾三載，黄霸清聲徹九重。」「櫜」，收藏弓矢、盔甲的袋子。左傳昭公元年：「伍舉知其有備也，請垂櫜而入。」杜預注：「櫜，弓衣也。」禮記少儀：「甲若有以前之，則執以將命；無以前之，則袒櫜奉胄。」鄭玄注：「櫜，弢鎧衣也。」此處爲收藏之意。詩小雅彤弓：「彤弓弨兮，受言櫜之。」朱熹集傳：「櫜，韜。」舊唐書李翱傳：「今聖朝以弓矢既櫜，禮樂爲大，故下百僚，可得詳議。」按，此句「思櫜弓矢」之意即思「櫜弓戢戈」之意，亦即「櫜弓戢矢」。詩周頌時邁：「載戢干戈，載櫜弓矢。」謂收藏干戈弓矢。後因以「櫜弓戢戈」謂停息戰事。後漢書袁術傳：「是以未獲從命，櫜弓戢戈。」「睿謀」，指皇帝的謀劃。唐元稹謝准朱書撰田弘正碑文狀：「伏以田弘正首變魏俗，彰先帝之睿謀；近入鎮州，宣陛下之神武。」宋劉斧青瑣高議隋煬帝海山記下：「自陛下嗣守元符，體臨大器，聖神獨斷，諫諍莫從，獨發睿謀，不容人獻。」

（十二）兩河既清，泰階砥平，戴白之老，欣感出涕：「泰階砥平」，原作「太階砥平」，今據四庫全書、全唐文改。「兩河」，唐安史之亂後，稱河南、河北二道爲兩河。唐韓愈論捕賊行賞

表：『況今元濟承宗尚未擒滅，兩河之地太半未收。』『泰階』，古星座名。即三台。上台、中台、下台共六星，兩兩并排而斜上，如階梯，故名。漢書 東方朔傳：『願陳泰階六符以觀天變。』顏師古注：『孟康曰：「泰階，三台也。每台二星，凡六星。符六星之符驗也。」應劭曰：「黄帝泰階六符經曰：泰階者，天之三階也……三階平則陰陽和，風雨時，社稷神祇咸獲其宜，天下大安，是爲太平。」』晉書 天文志上：『三台六星，兩兩而居，起文昌，列抵太微……一曰泰階。』『砥平』，比喻安定；平定。唐李白大獵賦：『是三階砥平，而皇猷允塞。』舊唐書 馬燧傳：『烈烈我祖，膺期而昌，剗滅群凶，砥平四方。』舊唐書 李玨傳：『今四海鏡清，八方砥平，厚斂於人，殊傷國體。』『戴白』，頭戴白髮，形容人老。亦代稱老人。漢書 嚴助傳：『天下賴宗廟之靈，方内大寧，戴白之老，不見兵革。』顏師古注：『戴白，言白髮在首。』唐陸龜蒙慶封宅古井行：『江南戴白盡能言，此地曾爲慶封宅。』

〔十三〕盡敬於郊禋：『郊禋』，全唐文作『郊禮』。『郊禋』，古帝王升烟祭祀大地的大禮。漢揚雄甘泉賦：『徠祇郊禋，神所依兮。』梁書 元帝紀：『鑾輅龍章，蓋以郊禋而貴。』

〔十四〕乙夜觀書，日昃聽政，恤刑懋賞，劭農勸學，歷選列辟，英聲茂實：『乙夜』，二更時候，約爲夜間十時。後漢書 百官志三『左右丞』劉昭注引蔡質漢儀：『凡中宮漏夜盡，鼓鳴則

起，鐘鳴則息，衛士甲乙徼相傳。甲夜畢，傳乙夜，相傳盡五更。』舊唐書李百藥傳：『雜以文咏，間以玄言，乙夜忘疲，中宵不寐。』資治通鑒魏邵陵厲公嘉平元年『羲兄弟默然不從，自甲夜至五鼓』元胡三省注：『夜有五更：一更爲甲夜，二更爲乙夜，三更爲丙夜，四更爲丁夜，五更爲戊夜。』『日昃』，太陽偏西，約下午二時左右。易離：『日昃之離，何可久也？』三國魏曹植雜詩之三：『西北有織婦，綺縞何繽紛！明晨秉機杼，日昃不成文。』『恤刑』，慎用刑法。語本書舜典：『欽哉欽哉，惟刑之恤哉。』唐陳子昂諫用刑書：『臣不敢以微命蔽塞聰明，亦非敢欲陛下頓息刑罰，望在恤刑爾。』『懋賞』，獎賞以示勉勵；褒美獎賞。書仲虺之誥：『德懋懋官，功懋懋賞。』孔傳：『勉於功者，則勉之以賞。』陳書宣帝紀：『懋賞之言，明於訓誥；挾纊之美，著在撫巡。』『劭農』，勸農。鼓勵農業生産。宋梅堯臣送劉郎中知廣德軍詩：『劭農井田桑，科薅重鋤斧。』『列辟』，指公卿諸官。唐王維京兆尹張公德政碑：『天子猶日省三揖列辟，日聽萬方輿頌。』趙殿成箋注：『班固典引：「德臣列辟，功君百王。」李周翰注：「列辟，百官也。」』『茂實』，盛美的德業。漢司馬相如封禪文：『俾萬世得激清流，揚微波，蜚英聲，騰茂實。』南朝梁簡文帝上昭明太子集別傳表：『永彰茂實，式表洪徽。』

〔十五〕日者淄青不恭，告讓罔悛，任下推誠，出師徂征：『日者淄青不恭』，原作『日者□顚

不襲』，今即據四庫全書改。『淄青』，唐方鎮名。或稱淄青平盧，或稱平盧。寶應元年置，天祐二年爲朱全忠所并。其間節度使李正己祖孫三代割據達五十四年之久。『罔悛』，不悔改。左傳哀公二十七年：『知伯不悛，趙襄子由是惎知伯，遂喪之。』唐岑參阻戎瀘間群盜詩：『兵革方禦寇，爾惡胡不悛？』『推誠』，以誠心相待。淮南子主術訓：『塊然保真，抱德推誠，天下從之，如響之應聲，景之象形。』魏書高祖紀下：『凡爲人君，患於不均，不能推誠御物。』『徂征』，前往征討；出征。書大禹謨：『惟時有苗弗率，汝徂征。』宋陸游睡起已亭午終日凉甚有賦詩：『頗聞王旅徂征近，敷水條山興已狂。』按，『日者淄青不恭』等句乃指淄青節度使李師道之反叛，以及朝廷出兵征討之事。此事可詳見舊唐書卷一百二十四、新唐書卷二百一十三李師道傳。又，舊唐書卷十五憲宗紀下亦略有記載，如元和十年八月記：『淄青節度使李師道陰與嵩山僧圓净謀反，勇士數百人伏於東都進奏院，乘洛城無兵，欲竊發焚燒宫殿而肆行剽掠。小將楊進、李再興告變，留守吕元膺乃出兵圍之，賊突圍而出，入嵩岳，山棚盡擒之。訊其首，僧圓净主謀也。僧臨刑嘆曰：「誤我事，不得使洛城流血！」』同年十二月記：『甲辰，李愿擊敗李師道之衆九千，斬首二千級。』元和十一年十月記：『丙寅，幽州劉總加平章事，鄆州李師道加檢校司空。師道聞拔凌雲栅，乃懼，僞貢款誠，故有是令。』元和十二年二月記：『庚子，敕京城居人五家相保，

以搜奸慝。時王承宗、李師道欲阻用兵之勢，遣人折陵廟之戟，焚芻槁之積，流矢飛書，恐駭京國，故搜索以防奸。及賊平，復得淄青簿領，中有賞蒲、潼關吏案，乃知容奸者關吏也，搜索不足以爲防。』元和十三年正月記：『庚寅，敕李師道頻獻表章，披露懇誠，宜令諫議大夫張宿往彼宣慰。』同年七月記：『乙酉，詔削奪淄青節度使李師道在身官爵，仍令宣武、魏博、義成、武寧、横海等五鎮之師，分路進討。』同年十二月載：『戊寅，軍前擒到李師道將夏侯澄等四十七人，詔并釋付魏博及義成軍收管，要還賊中者，則量事優給放還。』元和十四年二月載：『乙卯，敕淄青行營諸軍，所至收下城邑，不得妄行傷殺，及焚燒廬舍，掠奪民財，開發墳墓，宜嚴加止絶。……壬戌，田弘正奏，今月九日，淄青都知兵馬使劉悟斬李師道并男二人首請降，師道所管十二州平。甲子，上御宣政殿受賀。己巳，上御興安門受田弘正所獻賊俘，群臣賀於樓下。庚午，制以淄青兵馬使、金紫光禄大夫、試殿中監、兼監察御史劉悟檢校工部尚書、滑州刺史，充義成軍節度使，封彭城郡王，食邑三千户，賜錢二萬貫、莊宅各一區。癸酉，田弘正加檢校司徒、同中書門下平章事。三月己卯朔，丁酉，上以齊、魯初平，宴群臣於麟德殿，賜物有差。』

〔十六〕玉壘金陵之遐阻，懸瓠營丘之險域：『玉壘金陵之遐阻』，原作『道玉壘金陵之遐阻』，今據四庫全書、全唐文、明鈔本、甲庫本删改。『懸瓠營丘之險域』，原作『懸瓠營丘之

險』，全唐文於『險』字下注『闕』，今據四庫全書增補。『玉壘』，指玉壘山。在四川省理縣東南。多作成都的代稱。晋左思蜀都賦：『廓靈關以爲門，包玉壘而爲宇。』劉逵注：『玉壘，山名也，湔水出焉。在成都西北岷山界。』宋楊萬里送邱宗卿帥蜀詩：『玉壘頓清開宿霧，雪山增重起秋風。』『遐阻』，遥相間隔。晋張協七命：『絶景乎大荒之遐阻，呑響乎幽山之窮奧。』唐姚係送周願判官歸嶺南詩：『往復念遐阻，淹留慕平生。』『懸瓠』，古城名。以城北汝水屈曲如垂瓠，故名。隋唐爲蔡州治所。唐憲宗元和十二年，李愬雪夜進軍，擒吴元濟於此。清趙翼人柳驛相傳爲趙韓王授徒處詩：『半夜遂成懸瓠擒，膽落金陵東海鯉。』『營丘』，古邑名。在今山東省淄博市臨淄北，以營丘山而得名。周武王封吕尚於齊，建都於此。後改名臨淄。史記齊太公世家：『武王已平商而王天下，封師尚父於齊營丘。』張守節正義引括地志：『營丘，在青州臨淄北百步外城中。』三國魏阮籍爲鄭冲勸晋王箋：『吕尚，磻溪之漁者，一朝指麾，乃封營丘。』

〔十七〕或懸于藁街：『藁街』，亦作『槁街』。漢時街名，在長安城南門内，爲屬國使節館舍所在地。晋陸機飲馬長城窟行：『振旅勞歸士，受爵槁街傳。』唐元稹授牛元翼深冀州節度使制：『苟獲戎首，置之藁街。』

〔十八〕然後闢四門，貞百度，會寓縣之玉帛，旅梯航之貢篚：『四門』，指明堂四方的門。書

舜典：『賓於四門，四門穆穆。』後漢書列女傳曹世叔妻：『闢四門而開四聰。』『貞』，謂正軌，正道。書旅獒：『不役耳目，百度惟貞。』孔傳：『言不以聲色自役，則百度正。』南朝齊王融三月三日曲水詩序：『功既成矣，世既貞矣，信可以優游暇豫，作樂崇德者歟！』『百度』，百事；各種制度。書旅獒：『不役耳目，百度惟貞。』晉陸機辨亡論：『天人之分既定，百度之缺粗修。』新唐書陳子昂傳：『今百度已備，但刑急罔密，非爲政之要。』『寓縣』即『宇縣』，猶謂天下。史記秦始皇本紀：『大矣哉，宇縣之中，承順聖意。』裴駰集解：『宇，宇宙；縣，赤縣。』唐韓愈賀册尊號表：『除剗寇盜，宇縣清夷，可謂戡定禍亂矣。』『梯航』，梯與船。登山渡水的工具。唐呂温與族兄皋請學春秋書：『翹企聖域，莫知所從，如仰高山、臨大川，未獲梯航，而欲濟乎深、臻乎極也。』清趙翼八十自壽詩：『炎徼風清無瘴癘，蠻陬地闢有梯航。』『貢篚』，書禹貢：『厥貢漆絲，厥篚織文。』孔穎達疏：『篚是入貢之時盛在於篚。』後因用『貢篚』指進貢，貢獻。晉左思魏都賦：『繦負賮贄，重譯貢篚。』

〔十九〕陛下勞謙祇畏，不自暇逸，讓德於上天，推功於群臣：『讓德於上天』，原作『讓德乎上天』，今據四庫全書、全唐文、適園叢書、明鈔本、甲庫本改。『勞謙』，勤勞謙恭。易謙：『勞謙，君子有終，吉。』晉袁宏後漢紀桓帝紀下：『往者孝文勞謙自約，行過乎儉。』『祇

畏』，敬畏。書金縢：『用能定爾子孫於下地，四方之民，罔不祇畏。』漢書匡衡傳：『陛下祇畏天戒，哀閔元元，大自減損。』

〔二十〕信可假玄穹而蟠厚載者已：『玄穹』，天空；蒼天。晉張華壯士篇：『長劍橫九野，高冠拂玄穹。』唐黄滔祭陳侍御嶠：『匆匆大夜，默默玄穹。』『厚載』，地厚而載萬物。語出易坤：『坤厚載物，德合無疆。』後漢書皇后紀贊：『坤惟厚載，陰正乎內。』

〔二十一〕納諫盡下，遠讒慝，旌讜直：『納諫盡下』，四庫全書作『納諫從下』。『讒慝』，指邪惡奸佞之人。管子五輔：『五經既布，然後逐奸民，詰詐僞，屏讒慝，而毋聽淫辭，毋作淫巧。』後漢書公孫瓚傳：『信用讒慝，濟其無道。紹罪七也。』『讜直』，正直。亦指正直的人。魏書肅宗紀：『賢良讜直，以時升進。』唐陸贄奉天請數對群臣兼許令論事狀：『有犯顔讜直者，獎而親之；有利口讒佞者，疏而斥之。』

〔二十二〕藩衛耆耄：『藩衛』，指諸侯。後漢書章帝紀『東後蕃衛，伯父伯兄』唐李賢注：『諸侯爲天子藩屏，故曰藩衛。』明史肅王瑛傳：『非所以崇本支，厚藩衛也。』『耆耄』，泛稱高年之人。漢桓寬鹽鐵論未通：『鄉飲酒之禮，耆老異饌，所以優耆耄而明養老也。』

〔二十三〕惟天爲大：『惟天爲大』，原作『惟天惟大』，今據四庫全書、全唐文、甲庫本改。

〔二十四〕臣等不勝大願：『大願』，全唐文作『大慶』。

〔二十五〕伏惟陛下景福是膺：『景福』，洪福；大福。詩周頌潛：『以享以祀，以介景福。』三國魏曹植精微篇：『聖皇長壽考，景福常來儀。』

〔二十六〕翼翼兢兢，對越鴻名：『翼翼』，恭敬謹慎貌。詩大雅大明：『惟此文王，小心翼翼。』鄭玄箋：『小心翼翼，恭慎貌。』漢書禮樂志：『王侯秉德，其鄰翼翼。』顔師古注：『翼翼，恭敬也。』『兢兢』，小心謹慎貌。詩小雅小旻：『戰戰兢兢，如臨深淵，如履薄冰。』毛傳：『兢兢，戒也。』唐陳子昂爲張著作謝父官表：『夙夜兢兢，祇惕若厲。』『對越』，猶對揚。答謝頌揚。詩周頌清廟：『濟濟多士，秉文之德；對越在天，駿奔走在廟。』王引之經義述聞毛詩下：『「對越在天」與「駿奔走在廟」相對爲文。「對越」猶對揚，言對揚文武在天之神也……揚、越一聲之轉。』漢班固典引：『亦猶於穆猗那，翕純皦繹，以崇嚴祖考，殷薦宗配帝，發祥流慶，對越天地者。』『鴻名』，大名；盛名。史記司馬相如列傳：『前聖之所以永保鴻名而常爲稱首者用此，宜命掌故悉奏其義而覽焉。』唐蘇頲開元元年赦書：『鴻名不可以深拒，盛典不可以固違。』

〔二十七〕天祚聖唐，惟聖欽承：『惟聖欽承』，四庫全書、全唐文作『惟聖丕承』。『天

祚』，上天賜福。左傳宣公三年：『天祚明德，有所厎止。』唐元稹青雲驛詩：『天祚樂未極，溟波浩無堤。』『欽承』，恭敬地繼承或承受。書說命下：『監於先王成憲，其永無愆，惟說式克欽承。』三國魏曹丕與鍾大理書：『嘉貺益腆，敢不欽承。』

卷第八

帝王

尊號册文下

文武孝德皇帝册文

文武大聖廣孝皇帝册文

仁聖文武至神大孝皇帝册文

仁聖文武章天成功神德明道大孝皇帝册文

應乾聖壽太上皇册文

尊號册文下

文武孝德皇帝册文〔一〕

維長慶元年，歲次辛丑，七月乙未朔，十八日壬子，金紫光祿大夫、檢校司空、兼太子少保、上柱國、鄭國公、食邑三千户嚴綬〔二〕，文武官六千二百七十七人等言〔三〕：臣聞天以萬物付聖人，聖人本天意而保乂之，惟犧農先天而貞〔四〕，惟軒轅奉天而行，惟堯舜法天而明，絪緼粹精，昭建鴻名〔五〕，以至於夏殷周漢，謙儉服義，仁愛忠利〔六〕，亦著稱謂，代濟其美。當隋之末，我高祖神堯皇帝救拯焚溺，應天立極，蕩氛昏，揚凱澤〔七〕，父教而母育，恩德高，肌骨肥。天寶季歲，賊臣紊常，塵起幽陵，毒流四方〔八〕。累聖含弘，視人如傷，餘枿勢滋，專土擅强〔九〕。憲宗因天時，順人心，綿舉武經，明大刑，連拔堅險，顛踣同惡，沉沉深穴，猶恃榛穢〔十〕，干戈不得息者，六十七祀。逮我后之御曆，紹太宗之求賢審官，舉直錯枉〔十一〕，體玄宗之尊師敬道，

清静致理；法肅宗之循名求實，刑賞用中；廣德宗之亭毒含容（十二），博采虚受，而後展嚴於配天，夷思於法宫（十三），從物無私，推誠至公。霈矣乎廣受，寂然乎感通，神武不殺，而天下會同。昔少康祀夏，聿修皇祖之訓；周武繼統，務廣文王之聲（十四）。爰洎宣王，克服蠻荆，勞來安集（十五）。洎漢光武，既平隴蜀，聽政忘寐。伏惟皇帝陛下，以至聖之姿，誕啓昌運（十六），重明之業，紹開中興。豈無避違，從風悦化而自革；豈無氛翳，大明升中而自除（十七）。皇澤暢於九圍，文命敷於萬國（十八），則向之數王，何足稱哉！尚復孜孜庶本，不遑勞謙，日昃講道求賢，議獄恤刑，去讒進直（十九），以利物勤人爲政本，以檢身戒懼爲化先。自誠而明，日慎一日。是以天道惟新於景命，玄德亟聞於四方（二十）。億兆咸曰『大哉君心』，復曰『懋哉君功』。降延喜之玉，揚仁壽之風（二十一）。恢帝圖，廓皇綱，崇鴻名，顯無疆。不然者，何以答上靈之眷命乎（二十二）？何以惠庶氓之懇望乎？於是垂白之老，緇黄之衆，與侯甸藩衛之士（二十三），守闕稽顙，日以上請。臣等所以勤勤懇懇，敢固以言。陛下猶堅秉撝抑（二十四），至於三四，不得已而降前詔。於是百辟卿士，考天人之意，稽典禮之義，進而言曰：陛下崇儒問道，恭默致化（二十五），文之明也；保大安乂（二十六），感懷夷夏，武之彰也；嚴恭寅畏，博愛廣

敬〔二十七〕，孝之大也；宣慈惠和，忠恕利物〔二十八〕，德之盛也。臣等不勝大願，謹上玉册玉寶，上尊號曰『文武孝德皇帝』。伏惟陛下敬天之錫，昭聖之功，高明有嚴，慎德無窮，赫赫融融〔二十九〕，與天比崇。臣綬等誠歡誠懼，頓首頓首〔三十〕。

校　箋

〔一〕此文又見於全唐文卷四百五十三，文題亦爲文武孝德皇帝册文，然作者署名爲嚴綬，故據此知本文乃嚴綬領銜之作。此文文末未署時間。考本文文首謂：『維長慶元年，歲次辛丑，七月乙未朔，十八日壬子』云云。又考舊唐書卷十六穆宗紀長慶元年載：『秋七月乙未朔。壬寅，月掩房次相。壬子，群臣上尊號曰文武孝德皇帝。是日，上受册於宣政殿，禮畢，御丹鳳樓，大赦天下。』新唐書卷八穆宗紀長慶元年七月亦記：『壬子，群臣上尊號曰文武孝德皇帝。』資治通鑑卷二百四十二記同新舊唐書。據此，本文所記上此文之時間長慶元年（八二一）七月十八日可信。則本文之撰寫當在是時稍前。

〔二〕檢校司空、兼太子少保、上柱國、鄭國公、食邑三千户嚴綬：『檢校司空』，原作『檢

校司徒」，今據四庫全書、全唐文改。「鄭國公」，原闕「鄭國」二字，今據「四庫全書」增補。嚴綬，傳見舊唐書卷一百四十六、新唐書卷一百二十九。據舊唐書本傳所載，綬唐憲宗元和時「加綬檢校尚書左僕射，尋拜司空，進階金紫，封扶風郡公」。後「入拜尚書右僕射。……出鎮荆南，進封鄭國公。……（元和後期）乃拜太子少保代歸。尋檢校司空。久之，進位太傅，食封至三千户」。

〔三〕文武官六千二百七十七人等言：「六千二百七十七人」，全唐文作「六千六百七十七人」。

〔四〕惟犧農先天而貞：「犧農」，適園叢書、學林本作「羲皇」。全唐文、明鈔本、甲庫本作「羲農」。按，「犧農」同「羲農」。「犧農」，伏羲氏和神農氏的并稱。唐李白天長節使鄂州刺史韋公德政碑序：「大盗間起，開元中興。力倍造化，功包天地。不然何能遏犧農之頹波，返淳樸於太古？」

〔五〕絪緼粹精，昭建鴻名：「絪緼粹精」，原作「莫不絪緼粹精」，今據全唐文、適園叢書、學林本删改。「絪緼」，古代指天地陰陽二氣交互作用的狀態。易繫辭下：「天地絪緼，萬物化醇；男女構精，萬物化生。」孔穎達疏：「絪緼，相附著之義，言天地無心，自然得一，唯二氣絪緼，共相和會，萬物感之，變化而精醇也。」高亨注：「絪緼借爲氤氳，陰陽二氣交融也……天之陽氣與地之陰氣交融，則萬物之化均遍。」漢書揚雄傳上：「絪緼玄黄，將紹厥後。」顏師古

注：『絪緼，天地合氣也。』『鴻名』，大名；盛名。史記 司馬相如列傳：『前聖之所以永保鴻名而常爲稱首者用此，宜命掌故悉奏其義而覽焉。』唐蘇頲開元元年赦書：『鴻名不可以深拒，盛典不可以固違。』『粹精』，同『精粹』，精華。指事物最精美部分。楚辭 九嘆 逢紛：『吸精粹而吐氛濁兮，橫邪世而不取容。』王逸注：『言己吸天地清明之氣而吐其塵濁。』五代王仁裕開元天寶遺事 任人如市瓜：『我朝任人如淘沙取金，剖石采玉，皆得其精粹者。』

〔六〕謙儉服義，仁愛忠利：『謙儉』，謙遜儉約。漢書 張延壽傳：『臨亦謙儉，每登閣殿，常嘆曰：「桑霍爲我戒，豈不厚哉！」』陳書 陸瓊傳：『瓊性謙儉，不自封植。』『忠利』，猶忠和。禮記 表記：『子民如父母，有憯怛之愛，有忠利之教。』王念孫曰：『後漢書 章帝紀「利」作「和」，是利與和同義。』清王鳴盛蛾術編 資治通鑒序：『若夫漢之文宣，唐之太宗，孔子所謂吾無間焉者。自餘治世盛王，有慘怛之愛，有忠利之教，或人善任，恭儉勤畏，亦各得聖賢之一體。』

〔七〕應天立極，蕩氛昏，揚凱澤：『立極』，登帝位；秉國政。宋文天祥逐鹿詩：『軒轅此立極，玉帛朝諸侯。』四游記 玉帝起賽寶通明會：『上帝傳下玉旨云：「朕立極以來，未會卿等，今立此會，名曰三界通明會。」』『氛昏』，亦作『氛昏』。原指雲霧；烟靄。南朝宋鮑照舞鶴賦：『既而氛昏夜歇，景物澄廓，星翻漢回，曉月將落。』此處喻指昏憒惑亂的人。南朝宋謝靈運

還舊園作見顔范二中書詩：『盛明蕩氛昏，貞休康屯邅。』李善注：『言以盛明之德，而蕩氛昏之徒。』『凱澤』，恩澤。宋書 孝武帝紀：『加國慶民和，獨隔凱澤，益以慚焉。可詳所原宥。』舊唐書 高宗紀上：『敬順惟新，仰昭先德，宜布凱澤，被乎億兆。』

（八）天寶季歲，賊臣紊常，塵起幽陵，毒流四方：按，此數句乃指安祿山、史思明於天寶末年起兵叛亂，攻入洛陽、長安，後攻占騷亂各地之情形。

（九）累聖含弘，視人如傷，餘枿勢滋，專土擅强：『累聖』，稱歷代君主。宋王安石本朝百年無事札子：『蓋累聖相繼，仰畏天，俯畏人，寬人恭儉，忠恕誠慤，此其所以獲天助也。』此處指自唐肅宗之後至唐憲宗之幾位皇帝。『含弘』，包容博厚。易 坤：『（象曰）至哉坤元，萬物資生……含弘光大，品物咸亨。』孔穎達疏：『包含宏厚，光著盛大，故品類之物皆得亨通。』後因指恩德廣被，寬厚仁慈。後漢書 劉愷傳：『有司不原樂善之心，而繩以循常之法，懼非長克讓之風，成含弘之化。』『餘枿』，原指殘剩的樹木根株。北魏酈道元水經注 沅水：『吴丹陽太守李衡，植柑於其上……今洲上猶有陳根餘枿，蓋其遺也。』此處用以比喻安史叛亂之後所出現的反亂割據勢力。『擅强』，專橫强暴。荀子 堯問：『比干剖心，孔子拘匡。接輿避世，箕子佯狂。田常爲亂，闔閭擅强。爲惡得福，善者有殃。』荀子 堯問賦：『仁人絀約，敖暴擅强；天下幽險，恐失世英。』

（十）舉武經，明大刑，連拔堅險，顛踣同惡，沉沉深穴，猶恃榛穢：「沉沉深穴」，原作「冥冥深穴」，今據四庫全書、全唐文改。「武經」，兵書。唐白居易除王佖檢校户部尚書充靈鹽節度使制：「早練武經，累從軍職。」唐杜牧劉侍郎大夫恩知上四十韻：「周孔傳文教，蕭曹授武經。」此處「舉武經」之意乃指用武力。「大刑」，重刑。多指死刑。周禮 地官 司市：「市刑：小刑憲罰，中刑徇罰，大刑撲罰。」左傳 昭公二年：「有死罪三，何以堪之？不速死，大刑將至。」「顛踣」，喻覆滅，死亡。漢蔡邕釋誨：「卑俯乎外戚之門，乞助乎近貴之譽，榮顯未副，從而顛踣。」宋朱熹與周丞相書：「熹之衰病，首尾七年……若不自揆，冒昧輕進，竊恐不唯自取顛踣，亦或反貽丞相軫念之憂。」「榛穢」，亦作「榛薉」。叢生的雜草。三國志 蜀書 郤正傳：「故力征以勤世，援華英而不遑，豈暇修枯籜於榛穢哉！」唐柳宗元永州崔中丞萬石亭記：「於是刳闢朽壤，翦焚榛薉。」此處喻指殘餘邪惡勢力。宋書 武帝紀中：「許鄭風靡，鞏洛載清，僞牧逆藩，交臂請罪，百年榛穢，一朝掃滌。」

（十一）逮我后之御曆，紹太宗之求賢審官，舉直錯枉：「逮」，原作「迨」。按，「迨」同「逮」，然四庫全書、全唐文、適園叢書、明鈔本、學林本皆作「逮」，今即據改。「舉直錯枉」，原作「舉直措枉」，義同。然四庫全書、全唐文作「舉直錯枉」，今即據改。「御曆」，

亦作『御歷』。指皇帝登位，君臨天下。隋書牛弘傳：『武王問黄帝、顓頊之道，太公曰：「在丹書。」是知握符御曆，有國有家者，曷嘗不以詩、書而爲教，因禮樂而成功也。』唐杜審言大酺詩：『聖后乘乾日，皇明御曆辰。』『審官』，考察提拔官吏。詩周南卷耳序：『又當輔佐君子，求賢審官，知臣下之勤勞。』孔穎達疏：『欲令君子求賢德之人，審置於官位。』北史盧愷傳：『古者，登高能賦，可爲大夫。求賢審官，理須詳慎。』『舉直錯枉』，起用正直者而罷黜奸邪者。論語爲政：『哀公問曰：「何爲則民服？」孔子對曰：「舉直錯諸枉，則民服。」』何晏集解引包咸曰：『錯，置也。舉正直之人用之，廢置邪枉之人，則民服其上。』隸釋漢巴郡太守樊敏碑：『舉直錯枉，譚思舊制。』亦作『舉直厝枉』『舉直措枉』。唐權德輿陸宣公翰苑集序：『其在相位也，推賢與能，舉直措枉。』

〔十二〕廣德宗之亭毒含容：『亭毒』，老子：『長之育之，亭之毒之，養之覆之。』一本作『成之熟之』。高亭正詁：『「亭」當讀爲「成」，「毒」當讀爲「熟」，皆音同通用。』後引申爲養育，化育。南朝梁劉孝標辯命論：『生之無亭毒之心，死之豈虔劉之志。』李周翰注：『亭、毒，均養也。』『含容』，容忍；寬恕。漢陳琳爲袁紹檄豫州：『幕府方詰外奸，未及整訓，加緒含容，冀可彌縫。』唐白居易與昭義軍將士詔：『而乃外示恭順，内懷奸邪，刻削軍中，

暴殄境内。朕以君臣之道，未忍發明，爲之含容，頗有年月。」

〔十三〕而後展嚴於配天，夷思於法宫：「配天」，原作「配玄」，今據四庫全書、全唐文改。「嚴」，威嚴；嚴肅。詩小雅六月：「有嚴有翼，共武之服。」毛傳：「嚴，威嚴也。」唐韓愈南海神廟碑：「公正直方嚴，中心樂易，祗慎所職，治人以明，事神以誠。」「配天」，謂受天命爲天子。莊子天地：「齧缺可以配天乎？」郭象注：「謂爲天子。」「夷」，平和，平易。唐韓愈貞曜先生墓志銘：「内外完好，色夷氣清，可畏而親。」新唐書賀知章傳：「性曠夷，善譚説。」「法宫」，宫室的正殿，古代帝王處理政事之處。漢書晁錯傳：「臣聞五帝神聖，其臣莫能及，故自親事，處於法宫之中，明堂之上。」顔師古注引如淳曰：「法宫，路寢正殿也。」漢書梅福傳「當户牖之法坐」顔師古注：「法坐，正坐也，聽朝之處，猶言法宫、法駕也。」

〔十四〕昔少康祀夏，聿修皇祖之訓；周武繼統，務廣文王之聲：「少康」，夏代中興之主，帝相之子。寒浞使子澆殺相篡位。相后緡方娠，逃歸有仍，生少康。少康長大，逃奔有虞，虞君妻以二女。夏舊臣靡收集夏朝舊部，滅浞而立少康。少康又滅澆。事見左傳襄公四年、左傳哀公元年。楚辭離騷：「及少康之未家兮，留有有虞之二姚。」「聿修」，詩大雅文王：「無念爾祖，聿修厥德，永言配命，自求多福。」毛傳：「聿，述。」聿本助詞，後多訓爲「述」，因以「聿修」謂

繼承發揚先人的德業。晋干寶晋紀總論：『聿修祖宗之志，思輯戰國之苦。』吕向注：『聿，循；修，治也。』北史周紀下宣帝：『朕以眇身，祗承寶運，雖庶幾聿修之志，敢忘燕翼之心。』『周武』，指周武王。『繼統』，繼承帝統。漢書昭帝紀贊：『昔周成以孺子繼統，而有管蔡四國流言之變。』唐張九齡請行郊禮疏：『自古繼統之主，必有郊配之義。』『文王』，指周文王。

〔十五〕爰洎宣王，克服蠻荆，勞來安集：『宣王』，指周宣王。『勞來』，亦作『勞徠』。以恩德招之使來。詩小雅鴻雁序：『萬民離散，不安其居，而能勞來還定，安集之。』漢書平當傳：『使行流民幽州，舉奏刺史二千石勞徠有意者。』顔師古注：『勞者，恤其勤勞也。徠者，以恩招徠也。』

〔十六〕誕啓昌運：『昌運』，興隆的國運。南朝宋顔延之拜陵廟作詩：『敕躬慚積素，復與昌運并。』唐韓愈賀皇帝即位表：『伏維皇帝陛下，承列聖之丕績，當中興之昌運。』

〔十七〕豈無氛翳，大明升中而自除：『氛翳』，陰霾之氣。唐李白答高山人兼呈權顧二侯詩：『應運生夔龍，開元掃氛翳。』宋朱熹留安溪三日按事未竟詩：『嵐陰常至午，陽景猶氛翳。』『大明』，指日。易乾：『雲行雨施，品物流行，大明終始，六位時成。』李鼎祚集解引侯果曰：『大明，日也。』唐白居易爲宰相賀赦表：『大明升而六合曉，一氣熏而萬物春。』

（十八）皇澤暢於九圍，文命敷於萬國：『九圍』，九州。詩商頌長發：『帝命式於九圍。』孔穎達疏：『謂九州爲九圍者，蓋以九分天下，各爲九處，規圍然，故謂之九圍也。』隋書西域傳高昌：『自我皇隋，平一宇宙，化偃九圍，德加四表。』『文命』，文德教命。書大禹謨：『文命敷於四海，祇承於帝。』孔傳：『言其外布文德教命，内則敬承堯舜。』明張居正恭述祖德詩：『武功既燀赫，文命乃丕厘。』

（十九）去讒進直：『去讒進直』，原作『退讒進直』，今據四庫全書、全唐文改。

（二十）天道惟新於景命，玄德亟聞於四方：『景命』，大命。指授予帝王之位的天命。詩大雅既醉：『君子萬年，景命有僕。』鄭玄箋：『天之大命。』唐元稹獻事表：『臣竊惟陛下以景命惟新之初，何如貞觀致理之後？』『玄德』，指潛蓄而不著於外的德性。書舜典：『玄德升聞，乃命以位。』孔傳：『玄謂幽潛，潛行道德。』晉劉琨勸進表：『伏惟陛下，玄德通於神明，聖姿合於兩儀。』李周翰注：『玄德謂潛行道德也。』

（二十一）降延喜之玉，揚仁壽之風：『降延喜之玉』，原作『降延禧之玉』，今據適園叢書、明鈔本、甲庫本改。『延喜』，亦作『延嬉』。玉圭名。尚書璿璣鈐：『禹開龍門，導積石，玄圭出，刻曰「延喜玉，王受德，天賜佩。」』後用爲宣揚帝王瑞應的典故。南朝齊王融三月三日曲

水詩序：『昭華之珍既徙，延喜之玉攸歸。』張銑注：『舜時，西王母獻昭華玉；天錫禹玄珪，刻曰「延喜之字」。』宋書符瑞志下：『延嬉，王者孝道行則至。』『仁壽』，謂有仁德而長壽。語出論語雍也：『知者動，仁者靜；知者樂，仁者壽。』邢昺疏：『言仁者少思寡欲，性常安靜，故多壽考也。』漢書王吉傳：『敺一世之民，躋之仁壽之域。』

〔二十二〕何以答上靈之眷命乎：『上靈』，上帝；神靈。晉傳玄晉郊祀歌夕牲歌：『天命有晉，穆穆明明。我其夙夜，祗事上靈。』魏書禮志三：『王者之尊，躬行一日，固可以感徹上靈，貫被幽顯。』『眷命』，亦作『眷命』。垂愛并賦予重任。書大禹謨：『皇天眷命，奄有四海，爲天下君。』北史文苑傳許善心：『保上天之眷命，膺下土之樂推。』

〔二十三〕緇黄之衆，與侯甸藩衛之士：『緇黄』，指僧道。僧人緇服，道士黄冠，故稱。唐獨孤及謝敕書兼賜冬衣表：『緇黄載躍，斑白相歡。』宋洪邁夷堅丙志程佛子：『每歲必以正月十六日，設齋飯緇黄，名曰龍會齋。』『侯甸』，侯服與甸服。古代王畿周邊千里以內的區域。書伊訓：『伊尹祠於先王，奉嗣王祗見厥祖，侯甸群后咸在。』後漢書王暢傳：『郡爲舊都侯甸之國，園廟出於章陵，三后生自新野。』李賢注：『五百里甸服，千里侯服。』『藩衛』，指諸侯。後漢書章帝紀『東後蕃衛，伯父伯兄』唐李賢注：『諸侯爲天子藩屏，故曰藩衛。』明史肅王瑛傳：『非

所以崇本支，厚藩衛也。』

〔二十四〕陛下猶堅秉撝抑：『撝抑』，亦作『撝挹』。謙抑；謙讓。晉書桓彝傳：『彝上疏深自撝挹，内外之任并非所堪。』南朝齊王儉褚淵碑文：『功成弗有，固秉撝挹。』

〔二十五〕恭默致化：『致化』，原作『致此』，今據四庫全書、全唐文改。『致化』，施行教化。漢張衡西京賦：『帝者因天地以致化，兆人承上教以成俗。』南史孔琳之傳：『唐虞象刑，夏禹立辟，淳薄既異，致化不同。』

〔二十六〕保大安乂：『保大』，安穩地居於高位。三國志魏書陳留王奂傳：『昔聖帝明王，静亂濟世，保大定功，文武殊塗，勛烈同歸。』晉陸機漢高祖功臣頌：『元凶既夷，寵禄來假。保大全祚，非德孰可。』吕延濟注：『安於大位而能全福者，非德不可也。……保，安；祚，福。』『安乂』，太平，安定。南朝梁武帝除省不便於民者詔：『唯欲億兆康寧，下民安乂。』唐元結補樂歌之九：『茫茫下土兮，乃均四方；國有安乂兮，野有封疆。』

〔二十七〕嚴恭寅畏，博愛廣敬：『博愛』，原作『博受』，今據四庫全書、全唐文、甲庫本改。『嚴恭』，亦作『嚴龔』。莊嚴恭敬。書無逸：『昔在殷王中宗，嚴恭寅畏天命。』孔傳：『言太戊嚴恪恭敬，畏天命。』亢倉子訓道：『君后所愛，雖小物，必嚴龔。』南朝梁劉勰文心雕龍祝盟：『所

以寅虔於神祇，嚴恭於宗廟也。』『寅畏』，敬畏；恭敬戒懼。書無逸：『嚴恭寅畏，天命自度。』蔡沈集傳：『寅則欽肅，畏則戒懼。』唐白居易畫大羅天尊贊文：『皇帝孝敬寅畏，憂勤勞謙。』

〔二十八〕宣慈惠和，忠恕利物：『宣慈』，本謂博聞慈愛。後泛指博愛衆人。左傳文公十八年：『高辛氏有才子八人……忠肅共懿，宣慈惠和，天下之民謂之「八元」。』孔穎達疏：『宣者，遍也。應受多方，知思周遍也。慈者，愛也，愛出於心，恩被於物也。』漢蔡邕郡掾吏張玄祠堂碑銘：『掾天姿恭恪，宣慈惠和，允恭博敏，惻隱仁恕，正身履道。』『惠和』，仁愛和順。左傳昭公四年：『紂作淫虐，文王惠和，殷是以隕，周是以興，夫豈争諸侯！』後漢書皇后紀上和熹鄧皇后：『政非惠和，不圖於心；制非舊典，不訪於朝。』『忠恕』，儒家的一種道德規範。忠，謂盡心爲人；恕，謂推己及人。論語里仁：『夫子之道，忠恕而已矣。』朱熹集注：『盡己之謂忠，推己之謂恕。』後漢書章帝紀：『體之以忠恕，文之以禮樂。』『利物』，益於萬物。易乾：『利物足以和義。』孔穎達疏：『言君子利益萬物，使物各得其宜。』唐李翱祭中書韋相公文：『利物之至，宜乎得政。』

〔二十九〕赫赫融融：『赫赫』，顯赫盛大貌；顯著貌。詩小雅節南山：『赫赫師尹，民具爾瞻。』國語楚語上：『赫赫楚國，而君臨之。』韋昭注：『赫赫，顯盛也。』『融融』，和樂；恬

適。左傳隱公元年：『大隧之中，其樂也融融！』杜預注：『融融，和樂也。』明方孝孺游清泉山記：『琴音與風聲相和，抑揚徐疾，琮琤澎湃，心融融如有得。』

〔三十〕頓首頓首：四庫全書、全唐文作『稽首頓首』。

文武大聖廣孝皇帝册文〔一〕

李逢吉

維寶曆元年，歲次乙巳，四月甲戌朔，二十日癸巳，攝太尉、銀青光禄大夫、檢校右僕射、兼太子少師、上柱國、天水郡開國公、食邑二千户臣趙宗儒〔二〕，及文武官六千五百四十一人等言：臣聞自古王者之御極也，必上奉乎天地，丕承乎廟祧，法天地所以宅八紘，嚴宗祧所以垂萬葉〔三〕，非休聲震越，不足以齊燾載〔四〕；非尊稱超卓，不足以光祖宗。則名實之際，不可誣也。肇自上古，質文未具，號兼三五，事本嬴劉〔五〕。其後正閏相承，南北更王，僉事因襲，而罔圖旌别〔六〕。苟鴻猷既洽，徽數莫申，貽諸裔昆〔七〕，靡所稱謂，抑當時臣子之罪，非所謂納君於善者。皇唐列聖，備有典常〔八〕，高宗而降，代享丕號，以至於玄宗之治平，肅宗之蕩定，德宗之烈文，憲宗之戡剪〔九〕。先聖之克荷，重熙累盛〔十〕，震邁古昔，未有不由斯者已。伏惟皇帝陛下，

濬哲自天，寬仁在躬，聖齡方富，睿德咸稱（十一）。行懋於朱邸，聲飛於青宮（十二）。始踐祚而虞舜之大孝聞焉，既郊天而文王之小心著焉（十三）。竭愛敬於兩宮，示儀刑於四國（十四）。慎柬名傳，優寵直言（十五）。自嗣位已來，百度惟新，九圍式叙（十六），邊烽罔不罷，屬國罔不來。靈化有肸蠁之助，風雨無伏愆之候（十七）。至玄至賾，可勝道哉！由是百辟群司，耆儒碩生，文武臣庶，緇黄幼艾（十八），殊形一心，異聲同辭，隳肝瀝膽，願上徽稱（十九），其誠至矣。吾皇猶惕然三讓，不得已而俞焉。斯謙尊而光，卑而不可逾者也。夫經緯天地曰文，則二儀交泰矣；克定禍亂曰武，則八蠻順軌矣（二十）。格於上下（二十一），非聖歟？通乎神靈，非孝歟？臣等恭考庶言，强名聖德，不勝大願，謹奉玉册玉寶，上尊號曰『文武大聖廣孝皇帝』。伏惟陛下祗上帝之眷命，荷累聖之儲休（二十二），外順四夷，内從百辟，時承昌運，昭受鴻名。然後躬大易不已之義，思禮經日新之旨（二十三），鑒拜休之至誠，考無逸之格言（二十四），以緝熙庶績重其文（二十五），以斥去群邪盛其武，以目達四聰（二十六），載大其聖，以慎守九廟（二十七），益廣其孝。克儉克勤（二十八），有初有終。所疏者佞，所近者忠，畋游必省，獻替必從（二十九），無忘我高祖太宗之丕烈，以永家邦。臣宗儒等誠歡誠懼，頓首頓首，謹上。

校箋

〔一〕本文又見於全唐文卷六百一十六，文題名以及作者均同本文。本文文末未署頒布時間。考本文文首謂『維寶曆元年，歲次乙巳，四月甲戌朔，二十日癸巳』云云。又考舊唐書卷十七上敬宗紀寶曆元年記『夏四月甲戌朔……癸巳，群臣上徽號曰文武大聖廣孝皇帝，御宣政殿受册。禮畢，御丹鳳樓，大赦天下』。唐會要卷一帝號上記：『寶曆元年四月，上尊號曰文武大聖廣孝皇帝。』新唐書卷八敬宗紀寶曆元年亦載：『四月癸巳，群臣上尊號曰文武大聖廣孝皇帝。大赦。』資治通鑑卷二百四十三寶曆元年載：『夏，四月，癸巳，群臣上尊號曰文武大聖廣孝皇帝；赦天下。』上述史册所記同本文所言上尊號時間同，故本文乃上於寶曆元年（八二五）四月癸巳（二十日），則其撰寫時間當在是時稍前。按，本文作者李逢吉，傳見舊唐書卷一百六十七、新唐書卷一百七十四。舊唐書本傳載：『李逢吉字虛舟，隴西人。……逢吉登進士第，釋褐授振武節度掌書記。入朝爲左拾遺、左補闕，改侍御史，充入吐蕃册命副使、工部員外郎，又充入南詔副使。元和四年，使還，拜祠部郎中，轉右司。六年，遷給事中。七年，與司勛員外郎李巨并爲太

子諸王侍讀。九年，改中書舍人。十一年二月，權知禮部貢舉、騎都尉，賜緋。四月，加朝議大夫、門下侍郎、同平章事，賜金紫。其貢院事，仍委禮部尚書王播署榜。逢吉天與奸回，妒賢傷善。時用兵討淮、蔡，憲宗以兵機委裴度，逢吉慮其成功，密沮之，由是相惡。及度親征，學士令狐楚爲度制辭，言不合旨，楚與逢吉相善，帝皆黜之；罷楚學士，罷逢吉政事，出爲劍南東川節度使、檢校兵部尚書。穆宗即位，移襄州刺史、山南東道節度使。……長慶二年三月，召爲兵部尚書。時裴度亦自太原入朝。以度招懷河朔功，復留度，與工部侍郎元稹相次拜平章事。度在太原時，嘗上表論稹奸邪。及同居相位，逢吉以爲勢必相傾，乃遣人告和王傅于方結客，欲爲元稹刺裴度。及捕于方，鞫之無狀，稹、度俱罷相位，逢吉代度爲門下侍郎平章事。……敬宗初即位，年方童丱，守澄從容奏曰：「陛下得爲太子，逢吉之力也。是時，杜元穎、李紳堅請立深王爲太子。」乃貶紳端州司馬。……逢吉尋封涼國公，邑千户，兼右僕射。昭愍即位，左右屢言裴度之賢，曾立大勛，帝甚嘉之。因中使往興元，即令問訊。寶曆初，度連上章請入覲。逢吉之黨坐不安席，如矢攢身，乃相與爲謀，欲沮其來。……敬宗待裴度益厚，乃自漢中召還，復知政事。逢吉檢校司空、平章事、襄州刺史、山南東道節度使，仍請張又新、李續之爲參佐。太和二年，改汴州刺史、宣武軍節度使。五年八月，入爲太子太師、東都留守、東畿汝防禦使，加開府儀同三司。八

年，李訓用事。三月，徵拜左僕射，兼守司徒。時逢吉已老，病足，不任朝謁，即以司徒致仕。九年正月卒，時年七十八。贈太尉，謚曰成。』

〔二〕趙宗儒：傳見舊唐書卷一百六十七、新唐書卷一百五十一。舊唐書本傳載：『趙宗儒字秉文。八代祖彤，仕後魏爲征南將軍。父驊，爲秘書少監。宗儒舉進士，初授弘文館校書郎。滿歲，又以書判入高等，補陸渾主簿。數月，徵拜右拾遺，充翰林學士。時父驊秘書少監，與父并命，出於一日，當時榮之。建中四年，轉屯田員外郎，内職如故。……穆宗即位……復拜太子少傅，判太常卿事。長慶元年二月，檢校右僕射，守太常卿。……改太子少師。寶曆元年，遷太子太保。』

〔三〕丕承乎廟祧，法天地所以宅八紘，嚴宗祧所以垂萬葉：『丕承』，很好地繼承。舊謂帝王承天受命，常曰『丕承』。書 君奭：『惟文王德丕承無疆之恤。』漢揚雄法言 問明：『成湯，丕承也；文王，淵懿也。或問丕承，曰：「由小致大，不亦丕乎？革夏以天，不亦承乎？」』『廟祧』，泛指祖廟。周禮 春官 小宗伯：『辨廟祧之昭穆。』漢張衡東京賦：『蒸蒸之心，感物曾思，躬追養於廟祧，奉蒸嘗與禴祠。』『八紘』，八方極遠之地。淮南子 墬形訓：『九州之外，乃有八殥……八殥之外，而有八紘，亦方千里。』高誘注：『紘，維也。維落天地而爲之表，故曰紘

也。』漢劉楨贈徐幹詩：『兼燭八紘內，物類無偏頗。』『宗祧』，宗廟。左傳 襄公二十三年：『紇不佞，失守宗祧，敢告不吊。紇之罪，不及不祀。』杜預注：『遠祖廟爲祧。』孔子家語 哀公問政：『聖人因物之精，制爲之極，明命鬼神，以爲民之則，而猶以是爲未足也。故築爲宮室，設爲宗祧。』『萬葉』，萬世；萬代。晉書 武帝紀：『見土地之廣，謂萬葉而無虞；睹天下之安，謂千年而永治。』宋書 武帝紀中：『作範振古，垂風萬葉。』

〔四〕非休聲震越，不足以齊燾載：『休聲』，美好的名聲。唐韓愈除崔群户部侍郎制：『邁兹令德，藹然休聲。』舊唐書 韓瑗傳：『冀欲聞逆耳之言，甘苦口之議，發揚大化，裨益洪猷，垂令譽於將來，播休聲於不朽者也。』『燾載』，天覆地載。謂仁德廣被。唐末五代杜光庭胡常侍修黃籙齋詞：『所以九玄三古，咸宣燾載之慈；天上人間，共沐涵濡之澤。』

〔五〕號兼三五，事本嬴劉：『三五』，指三皇五帝。楚辭 九嘆 思古：『背三五之典刑兮，絕洪範之辟紀。』王逸注：『言君施行，背三皇五帝之常典。』唐劉知幾史通 載文：『夫談主上之聖明，則君盡三五；述宰相之英偉，則臣皆二八。』『嬴劉』，秦爲嬴姓，漢爲劉姓，故以嬴劉爲秦漢的并稱。唐韓愈唐故相權公墓碑：『滅楚徙秦，嬴劉之間。』章炳麟訄書 訂文附正名雜義：『雖上自周孔，下逮嬴劉，其病已淹久矣。』

〔六〕其後正閏相承，南北更王，僉事因襲，而罔圖旌別：『南北更王』，原作『南北更主』，今據四庫全書、全唐文、明鈔本、甲庫本改。『正閏』，謂正統和非正統。資治通鑑魏文帝黄初二年：『據漢傳於魏而晉受之，晉傳於宋以至於陳而隋取之，唐傳於梁以至於周而人宋承之……非尊此而卑彼，有正閏之辨也。』宋史宋庠傳：『（宋庠）又輯紀年通譜，區別正閏，爲十二卷。』『僉』，都；皆。書堯典：『僉曰：「於，鯀哉！」』漢蔡邕郭有道碑：『僉以爲先民既没，而德音猶存者，亦賴之於見述也。』新唐書辛秘傳：『僉謂秘材任將帥，會河東范希朝出討王承宗，召秘爲希朝司馬，主留務。』『旌別』，識別；區別。書畢命：『旌別淑慝，表厥宅裏。』孔傳：『言當識别頑民之善惡。』唐白居易論孟元陽狀：『况元陽功效忠勤，天下有數，今以無能者一例除改，無所旌別，臣恐今日已後，無以勸人。』

〔七〕茍鴻猷既洽，徽數莫申，貽諸裔昆：『鴻猷』，鴻業；大業。南朝宋謝莊求賢表：『臣生屬亨路，身漸鴻猷。』唐肅宗命有司舉行郊廟大禮詔：『朕獲嗣鴻猷，敢志虔敬。』『徽數』，謂褒賜封賞之禮數。宋王安石除韓琦制：『恩典徽數，所以旌帝臣；明德茂功，所以獎王室。』『裔昆』，指後裔，後代。書仲虺之誥：『垂裕後昆。』孔傳：『垂優足之道示後世。』晉左思吴都賦：『其居則高門鼎貴，魁岸豪杰，虞魏之昆，顧陸之裔。』

〔八〕皇唐列聖，備有典常：『皇唐列聖』，原作『皇唐烈聖』，今據四庫全書、全唐文改。『典常』，常道，常法。易繫辭下：『初率其辭而揆其方，既有典常；苟非其人，道不虛行。』韓康伯注：『能循其辭以度其義，原其初，以要其終，則唯變所適，是其常典也。』書周官：『其爾典常作之師，無以利口亂厥官。』

〔九〕以至於玄宗之治平，肅宗之蕩定，德宗之烈文，憲宗之戡剪：『治平』，謂政治清明，社會安定。晏子春秋諫上七：『故明所愛而賢良衆，明所惡而邪僻滅，是以天下治平，百姓和集。』宋蘇軾晁錯論：『名爲治平無事，而其實有不測之憂。』『蕩定』，猶蕩平。後漢書賈琮傳：『（琮）誅斬渠帥爲大害者，簡選良吏試守諸縣，歲間蕩定，百姓以安。』宋蘇轍歷代論四祖逖：『及宋武破廣固，陷長安，所至蕩定，有吊伐之風。』『烈文』，光明文采。詩周頌烈文：『烈文辟公，錫兹祉福。』鄭玄箋：『光文百辟卿士。』孔穎達疏：『汝等有是光明文章者君人之辟公。』高亨注：『烈，光明；文，有文采。』一說指武功文德。『戡翦』，平定剪除。新唐書魏知古傳：『自陛下戡翦凶逆，保定大器，蒼生顒顒，以謂朝有新政。』

〔十〕先聖之克荷，重熙累盛：『克荷』，能夠承當。陳書程文季傳：『故散騎常侍、前重安縣開國公文季，纂承門緒，克荷家聲。』宋王禹偁濟州衆等寺新修大殿碑并序：『天不遺憖，師之

云亡，徒弟五人，今院主大德無相，克荷先願，用伸孝思。』『重熙』，舊時用以稱頌君主累世聖明。三國魏何晏景福殿賦：『至於帝皇，遂重熙而累盛。』舊唐書賈耽傳：『太宗繼明重熙，柔遠能邇。』『累盛』，猶累洽。三國魏何晏景福殿賦：『皆體天作制，順時立政；至於帝皇，遂重熙而累盛。』『累洽』，謂太平相承。漢班固東都賦：『至於永平之際，重熙而累洽。』張銑注：『熙，光明也；洽，合也。言光武既明而明帝繼之，故曰重熙累洽也。』宋文天祥明堂慶成恭進詩：『中嚴外辨三千禮，累洽重熙四十年。』

〔十一〕濬哲自天，寬仁在躬，聖齡方富，睿德咸稱：『睿德咸稱』，原作『睿德咸備』，今據四庫全書、全唐文改。『濬哲』，深邃的智慧。一説明智。南朝梁沈約王亮王瑩加授詔：『尚書左僕射亮，濬哲淵深，道風清邈。』宋范成大東宮壽詩：『中興歸濬哲，重慶啓元良。』『睿德』，皇帝的恩德。唐白居易中和節頌序：『由是文武百辟僉拜手稽首而颺言曰：「大哉睿德！合於玄造。」』明錢德震送白學士祭告孝陵及南岳詩：『睿德隆虞秩，崇僚肅楚征。』

〔十二〕行懋於朱邸，聲飛於青宮：『朱邸』，漢諸侯王第宅，以朱紅漆門，故稱朱邸。後泛指貴官府第。南朝齊謝朓拜中軍記室辭隋王箋：『唯待青江可望，候歸艎於春渚；朱邸方開，效蓬心於秋實。』李善注引史記：『諸侯朝天子，於天子之所立舍曰邸，諸侯朱户，故曰朱邸。』唐李

白永王東巡歌之十：『初從雲夢開朱邸，更取金陵作小山。』『青宮』，太子居東宮。東方屬木，於色爲青，故稱太子所居爲青宮。隋于仲文侍宴東宮應令詩：『青宮列紺幰，紫陌結朱輪。』唐白居易寄楊六詩：『青宮官冷静，赤縣事繁劇。』

（十三）始踐祚而虞舜之大孝聞焉，既郊天而文王之小心著焉：『踐祚』，亦作『踐阼』，走上阼階主位。古代廟寢堂前兩階，主階在東，稱阼階。阼階上爲主位。禮記 曲禮下：『踐阼，臨祭祀。』孔穎達疏：『踐，履也；阼，主人階也。天子祭祀升阼階……履主階行事，故云踐阼也。』此處爲即位；登基。史記 太史公自序：『漢既初興，繼嗣不明，迎王踐祚，天下歸心。』『郊天』，祭天。禮記 郊特牲『周之始郊日以至』鄭玄注：『郊天之月而日至，魯禮也……魯以無冬至，祭天於圓丘之事，是以建子之月郊天，示先有事也。』

（十四）竭愛敬於兩宮，示儀刑於四國：『四國』，四庫全書、甲庫本作『四海』。『兩宮』，此處指唐敬宗之母以及祖母。新唐書 敬宗紀載：『敬宗睿武昭愍孝皇帝諱湛，穆宗長子也。母曰恭僖皇太后王氏。……（長慶四年）二月辛巳，始聽政。癸未，尊母爲皇太后，皇太后爲太皇太后。』『儀刑』，爲法，做楷模。晋袁宏後漢紀 桓帝紀一：『德苟成，故能儀刑家室，化流天下，禮苟順，故能影響無遺，翼宣風化。』唐竇庠東都嘉量亭獻留守韓僕射詩：『卜築三川上，儀

刑萬井中。」『四國』，四方鄰國。亦泛指四方，天下。詩大雅崧高：『揉此萬邦，聞於四國。』鄭玄箋：『四國，猶言四方也。』左傳襄公三十年：『子大叔曰：「若四國何？」子産曰：「非相違也，而相從也，四國何尤焉！」』

〔十五〕慎柬名傳，優寵直言：『柬』，原作『簡』，兩字義同。今據全唐文、明鈔本改。『柬』，選擇，挑選。荀子修身：『安燕而血氣不惰，柬理也。』楊倞注：『柬與簡同，言柬擇其事理所宜。』新唐書褚遂良傳：『自古宗姓無良，則傾敗相仍，公等爲我柬賢者保傅之。』『優寵』，優待寵愛。漢荀悦漢紀成帝紀二：『竊見成都侯明詔所以優寵，將軍宜承順聖意加異往時，每事凡誼，必與及之。』唐范傳正唐左拾遺翰林學士李公新墓碑并序：『時公已被酒於翰苑中，仍命高將軍扶以登舟，優寵如是。』

〔十六〕自嗣位已來，百度惟新，九圍式叙：『百度惟新』，原作『百度惟貞』。『惟新』義同『惟貞』。今據四庫全書、全唐文改。『百度』，百事；各種制度。書旅獒：『不役耳目，百度惟貞。』晉陸機辨亡論：『天人之分既定，百度之缺粗修。』『九圍』，九州。詩商頌長發：『帝命式於九圍。』孔穎達疏：『謂九州爲九圍者，蓋以九分天下，各爲九處，規圍然，故謂之九圍也。』隋書西域傳高昌：『自我皇隋，平一宇宙，化偃九圍，德加四表。』按，文謂『自嗣位已

來，百度惟新』，此舊唐書敬宗紀有所記載：『（長慶四年二月）辛卯，敕没掖庭宫人、先配内園宫人，并宜放出，任其所適。……辛丑，上始御紫宸殿受朝。既退，幸飛龍院，厚賜内官等物有差。以米貴，出太倉粟四十萬石，於兩市賤糶，以惠貧民。……三月……壬子，上御丹鳳樓，大赦天下。京畿夏青苗錢并放，秋青苗錢每貫放二百文。天下常貢之外不得進獻。六宅、十宅諸王女，宜令每年於選人中選擇降嫁。今後户帳田畝，五年一定税。……戊午，禮儀使奏：「外命婦正旦及四始日舊行起居之禮，伏以禮煩則瀆，請停。」從之。……秋七月戊申朔。……丁卯，敕以穀貴，凡給百官俸内一半合給匹段，今宜給粟，每斗折錢五十文。』

〔十七〕靈化有肸蠁之助，風雨無伏慫之候：『肸蠁』，原作『肸饗』，全唐文作『肸蠁』，四庫全書作『肸嚮』。按，『肸蠁』同『肸嚮』，而『肸饗』誤，今即據全唐文改。『靈化』，對教化的美稱。宋書樂志二：『王道四達，流仁布德……靈化侔四時，幽誠通玄默。』魏書百濟傳：『臣建國東極，豺狼隔路，雖世承靈化，莫由奉藩，瞻望雲闕，馳情罔極。』『肸蠁』，比喻灵感通微。晋左思蜀都賦：『天帝運期而會昌，景福肸蠁而興作。』唐杜甫朝獻太清宫賦：『若肸蠁之有憑，肅風颸而乍起。』宋王禹偁擬裴寂禱華山文：『既肸蠁之不昧，豈聰明之我欺。』『伏慫』，認罪。漢劉向列女傳珠崖二義：『珠崖夫人，甚有母恩，假繼相讓；維女亦賢，納珠於關，各自伏慫。二義如

此，爲世所傳。」

〔十八〕耆儒碩生，文武臣庶，緇黄幼艾：『碩生』，四庫全書作『碩士』。『耆儒』，德高的老儒。漢揚雄劇秦美新：『是以耆儒碩老，抱其書而遠遜；禮官博士，卷其舌而不談。』後漢書張皓傳：『漢安元年，選遣八使徇行風俗，皆耆儒知名，多歷顯位。』『碩生』，博學之士。三國魏何晏景福殿賦：『三事九司，宏儒碩生。』晋葛洪抱朴子安貧：『純儒釋皇道而治五霸之術，碩生棄四科而恤月旦之評。』『臣庶』，猶臣民。後漢書爰延傳：『位臨臣庶，威重四海。』宋曾慥高齋漫録：『今人秘色磁器，世言錢氏有國日，越州燒進爲供奉之物，不得臣庶用之，故云秘色。』『緇黄』，指僧道。僧人緇服，道士黄冠，故稱。唐獨孤及謝敕書兼賜冬衣表：『緇黄戴躍，斑白相歡。』宋洪邁夷堅丙志程佛子：『每歲必以正月十六日，設齋飯緇黄，名曰龍會齋。』『幼艾』，猶長幼。楚辭九歌少司命：『竦長劍兮擁幼艾。』王逸注：『幼，少也；艾，長也。』唐白居易畫西方幀記：『無賢愚，無貴賤，無幼艾。』

〔十九〕願上徽稱：『願上徽稱』，四庫全書作：『奉上徽稱。』『徽稱』，褒揚贊美的稱號。南朝宋傅亮進宋公爲宋王詔：『乘馬之制，有陋舊章，徽稱之美，未窮上爵，豈足以顯報懋功。』舊唐書韋温傳：『群臣上尊號，温上疏曰：「……今歲三川水灾，江淮旱歉，恐非崇飾徽稱之

時。」帝深嘉之，乃止。」此處指『文武大聖廣孝皇帝』尊號。

〔二十〕夫經緯天地曰文，則二儀交泰矣；克定禍亂曰武，則八蠻順軌矣：『經緯』，織物的縱綫和横綫。比喻條理、秩序。左傳 昭公二十五年：『禮，上下之紀，天地之經緯也。』孔穎達疏：『言禮之於天地，猶織之有經緯，得經緯相錯乃成文，如天地得禮始成就。』唐歐陽行周送洪孺卿赴舉序：『觀經緯機杼，則重綿綉段，日日當成。』『二儀』，指天地。三國魏曹植惟漢行：『太極定二儀，清濁始以形。』周書 武帝紀上：『二儀創闢，玄象著明。』『交泰』，易泰：『天地交，泰。』王弼注：『泰者，物大通之時也。』言天地之氣融通，則萬物各遂其生，故謂之泰。後以『交泰』指天地之氣和祥，萬物通泰。漢王符潛夫論 班禄：『是以天地交泰，陰陽和平。』『八蠻』，古謂南方的八蠻國。周禮 夏官 職方：『辨其邦國、都、鄙、四夷、八蠻、七閩、九貉、五戎、六狄之人民。』禮記 王制『南方曰蠻』孔穎達疏引爾雅漢李巡注云：『一曰天竺，二曰咳首，三曰僬僥，四曰跛踵，五曰穿胸，六曰儋耳，七曰狗軹，八曰旁春　。』後以泛指外族。『順軌』，遵從禮制法度，歸順正道。漢潘勖册魏公九錫文：『海盜奔迸，黑山順軌。』李善注引魏志：『黑山賊張燕率其衆降，封爲列侯。』晋左思魏都賦：『於時東鯷即序，西傾順軌，荆南懷憓，朔北思韙。』

〔二十一〕格於上下：「格」，感通；感動。書說命下：『佑我烈祖，格於皇天。』南朝宋何承天重答顔光禄：『龍門九成，人鬼咸格。』

〔二十二〕荷累聖之儲休：「休」，爲蔭庇。周書靜帝紀：『藉祖考之休，憑宰輔之力。』宋曾鞏仙源縣君曾氏墓志銘：『吾既孤而貧，有妹九人……賴先人遺休，嫁之皆以時。』

〔二十三〕躬大易不已之義，思禮經日新之旨：『不已』，不止，繼續不停。象傳曰：『恒，久也。剛上而柔下，雷風相與，巽而動，剛柔皆應，恒。……恒久而不已也。』詩周頌維天之命：『維天之命，於穆不已。』孔穎達疏：『言天道轉運無極止時也。』晉庾亮讓中書令表：『國恩不已，復以臣領中書。』『日新』，日日更新。易繫辭上：『富有之謂大業，日新之謂盛德。』孔穎達疏：『其德日日增新。』禮記大學：『湯之盤銘曰：「苟日新，日日新，又日新。」』

〔二十四〕鑒拜休之至誠，考無逸之格言：『鑒拜休之至誠』，原作『鑒闕休之至誠』，今據四庫全書、全唐文增補。『考無逸之格言』，四庫全書、全唐文作『考無過之格言』。『無逸』，不貪圖安樂。書無逸：『嗚呼，君子所其無逸。』南朝梁江淹雜體詩效盧諶感交：『自顧非杞梓，勉力在無逸。』

〔二十五〕以緝熙庶績重其文：『緝熙』，詩大雅文王：『穆穆文王，於緝熙敬止。』毛

傳：『緝熙，光明也。』又周頌敬之：『日就月將，學有緝熙於光明。』鄭玄箋：『緝熙，光明也。』後因以『緝熙』指光明，又引申爲光輝。南朝梁劉勰文心雕龍時序：『并文明自天，緝熙景祚。』『庶績』，各種事業。書堯典：『允釐百工，庶績咸熙。』孔傳：『績，功也；言衆功皆廣。』舊唐書薛登傳：『故堯資八元而庶績其理，周任十亂而天下和平。』

〔二十六〕以目達四聰：原作『以日達四聰』，今據全唐文改。『四聰』，能遠聞四方的聽覺。書舜典：『明四目，達四聰。』孔穎達疏：『達四方之聽，使爲己遠聽四方也。』後漢書列女傳曹世叔妻：『闢四門而開四聰，采狂夫之瞽言，納芻蕘之謀慮。』

〔二十七〕以慎守九廟：『九廟』，指帝王的宗廟。古時帝王立廟祭祀祖先，有太祖廟及三昭廟、三穆廟，共七廟。王莽增爲祖廟五、親廟四，共九廟。後歷朝皆沿此制。漢書王莽傳下：『取其材瓦，以起九廟。』晉潘岳西征賦：『由僞新之九廟，誇宗虞而祖黄。』

〔二十八〕克儉克勤：原作『克儉克難』，今據四庫全書、全唐文改。

〔二十九〕畋游必省，獻替必從：『畋游』，畋獵游樂。南朝梁何遜七召：『此武材之矯猛，豈能從我而畋游。』唐韓愈故金紫光禄大夫贈太傅董公行狀：『玄佐死，子士寧代之，畋游無度。』『獻替』，即『獻可替否』之縮略語。意爲進獻可行者，廢去不可行者。謂對君主進諫，勸善

規過。亦泛指議論國事興革。語出左傳昭公二十年：『君所謂可而有否焉，臣獻其否以成其可。君所謂否而有可焉，臣獻其可以去其否。』後漢書胡廣傳：『君以兼覽博照爲德，臣以獻可替否爲忠。』

仁聖文武至神大孝皇帝册文〔一〕

李德裕

維會昌二年，歲次壬戌，四月乙丑朔，十四日戊寅，攝太尉、光禄大夫、守司空、兼門下侍郎、同中書門下平章事臣德裕，銀青光禄大夫、守尚書左僕射、兼門下侍郎、同中書門下平章事臣夷行，金紫光禄大夫、尚書右僕射〔二〕、兼中書侍郎、同中書門下平章事臣珙〔三〕，銀青光禄大夫、守中書侍郎、同中書門下平章事臣紳及文武百官〔四〕，金紫光禄大夫、檢校司徒、兼太子太保臣僧孺等六千五百七十四人言〔五〕：臣聞羲皇首太古之號，成湯顯聖武之稱〔六〕。我高祖皇王是憲，尊名若古，詒厥丕訓〔七〕，爲子孫之法，豈不善始善述哉〔八〕！矧乃巨唐受命，繼體承業〔九〕，理運將至，大君以興，昊穹所以開至聖也〔十〕。曩者明兩未定，帝華不協，舍胤傳聖〔十一〕，深惟至公，先后所以昭天命也〔十二〕。亦猶堯發於唐侯，文興於代邸〔十三〕，神明之祚，

不其難哉〔十四〕！伏惟皇帝陛下清明溥㬥，光耿四海，玄德莫鄰〔十五〕，天休大賚，日角見表，氣志如神〔十六〕，爰初定命，正心理物，如辰居極〔十七〕，而天下無邪矣。由是昭德塞違〔十八〕，尊賢遠佞，禹不自滿，成不敢康，罔盤於田，不邇於色〔十九〕。自閨壼以施王教，由家道而刑國風〔二十〕，去比周，核名實，攬乾綱〔二十一〕，擇聖紀，修舊典，協誠質，扢嘉壇，款泰一〔二十二〕。進正臣以端治表〔二十三〕，禮故老以求讜言。遠無蔽獄，近無留命〔二十四〕。祈玄祖而膏雨降，祀靈岳而嘉穀登〔二十五〕，省刑罰而蓬孛消，發倉廩而螽螟息〔二十六〕。去歲龍旗承祀，大輅親郊〔二十七〕，捧玉瓚而一獻，光靈來格；振金石而六變，魄寶昭臨〔二十八〕。然猶古訓是學，緝熙於道；天文炳煥，雲漢其章〔二十九〕。温恭敬遜，承太任之教；和樂愷悌，洽戚藩之心〔三十〕。德風偃於群黎，威霆動乎絶域〔三十一〕。又以敬養不逮於長樂，昭配未升於禰宫，每懷嗣徽，蒸蒸而慕〔三十二〕。所以奉若慈訓，對越兩儀，因心立制，永錫其教〔三十三〕。寬虔劉之罪，興惻隱之仁，回電收霜，爲之反汗〔三十四〕。及單于慕義，景附朔邊，耀德戢兵，謙臨是受〔三十五〕。至於備文物，展國容，莫不先甲而布甘澤，丁辰而廓陰翳〔三十六〕，和景晏温，卿靄絪緼〔三十七〕，斯所謂神祇之心應矣，天人之際交矣。於是服冕之士，戴鶡之倫，暨藩侯邦伯，黄髮鮐

背〔三十八〕，不謀而進曰：陛下玄默天睟，輝光日新，大矣孝熙，四極爰臻〔三十九〕。誠宜玉版温潤，鏤鴻名之德〔四十〕；神寶焜耀〔四十一〕，薦萬斯之年。丕夫大典〔四十二〕，不可辭也。陛下猶謙退固拒，至於三四，群臣不已，乃曰俞哉。夫遍覆包含之謂仁，極深研幾之謂聖，憲度著明之謂文，蠻夷震懾之謂武〔四十三〕，感而遂通之謂神，無思不服之謂孝。臣等不勝大願，謹奉玉册玉寶，上尊號曰仁聖文武至神大孝皇帝。伏惟陛下乾健不息〔四十四〕，謙尊而光，樂戒其耽，禽戒其荒，壽乃侔於殷宗，俗乃厚於成康〔四十五〕，貽燕後昆，受福無疆。臣德裕等誠歡誠躍〔四十六〕，頓首頓首，謹言。

校　箋

〔一〕此文又見於李德裕會昌一品集卷一，文題名上尊號玉册文，文苑英華卷四百四十二，文題名爲會昌二年上尊號玉册文，唐文粹卷三十一，全唐文卷七百，文題名爲上尊號玉册文。此文文末未署頒布時間。考本文文首謂『維會昌二年，歲次壬戌，四月乙丑朔，十四日戊寅』。考諸史書記有此次上册書事，舊唐書卷十八上武宗紀會昌二年載：『四月乙丑朔，光禄大夫、守司空、兼門下侍郎、平章事李德裕，銀青光禄大夫、守右僕射、門下侍郎、平章事崔珙，銀青光禄

大夫、中書侍郎、同平章事李紳，金紫光禄大夫、檢校司徒、兼太子太保牛僧孺等上章，請加尊號曰仁聖文武至神大孝皇帝。戊寅，御宣政殿受册。是月九日雨，至十四日轉甚，乃改用二十三日。時有纖人告中尉仇士良，言宰相作赦書，欲減削禁軍衣糧馬草料。士良怒曰：「必若有此，軍人須至樓前作閙。」宰相李德裕等知之，請開延英訴其事。帝曰：「奸人之詞也。」召兩軍中尉諭之曰：「赦書出自朕意，不由宰相，況未施行，公等安得此言？」士良惶恐謝之。是日晴霽。中書奏：「元日御含元殿，百官就列，唯宰相及兩省官皆未開扇前立於欄檻之内，及扇開，便侍立於御前。三朝大慶，萬邦稱賀，唯宰相侍臣同介冑武夫，竟不拜至尊而退，酌於禮意，事未得中。臣等請御殿日昧爽，宰相、兩省官對班於香案前，俟扇開，通事贊兩省官再拜，拜訖，升殿侍立。」從之。』新唐書卷八武宗紀會昌二年載：『四月丁亥，群臣上尊號曰仁聖文武至神大孝皇帝。』資治通鑑卷二百四十六會昌二年四月記載：『上信任李德裕，觀軍容使仇士良惡之。會上將受尊號，御丹鳳樓宣赦。或告士良，宰相與度支議草制減禁軍衣糧及馬芻粟，士良揚言於衆曰：「如此，至日，軍士必於樓前喧嘩！」德裕聞之，乙酉，乞開延英自訴。上怒，遽遣中使宣諭兩軍：「赦書初無此事。且赦書皆出朕意，非由宰相，爾安得此言！」士良乃惶愧稱謝。丁亥，群臣上尊號曰仁聖文武至神大孝皇帝。赦天下。』據上典籍所載，知群臣於會昌二年四月乙丑朔即上本册文，而正

式授册則延至會昌二年四月丁亥（二十三日）。如此，本文當撰於會昌二年（八四二）四月乙丑朔（一日）稍前。又，本文作者李德裕之生平事迹，請參見本書卷五武宗改名詔一文校箋第一條。

〔二〕金紫光禄大夫、尚書右僕射：『尚書右僕射』，原作『受尚書右僕射』，今據會昌一品集、文苑英華、全唐文删改。

〔三〕兼中書侍郎、同中書門下平章事臣珙：『同中書門下平章事臣珙』，原作『同中書臣珙』，今據會昌一品集、文苑英華增補。

〔四〕及文武百官：此句諸本同置於此，而全唐文則移置於下句『臣僧孺』之下。

〔五〕六千五百七十四人言：此句原作『六千五百七十四人等言』，今據會昌一品集、文苑英華、全唐文删改。

〔六〕臣聞羲皇首太古之號，成湯顯聖武之稱：『聖武』，原作『神武』，全唐文則作『甚武』，今據四庫全書改。『羲皇』，即伏羲氏。漢揚雄劇秦美新：『厥有云者，上罔顯於羲皇。』李善注：『伏羲爲三皇，故曰羲皇。』唐杜甫醉時歌：『先生有道出羲皇，先生有才遇屈宋。』『太古』，遠古，上古。荀子正論：『太古薄葬，故不扫也。』唐韓愈原道：『曷不爲太古之無事。』『成湯』，亦作『成商』。商開國之君。契的後代，子姓，名履，又稱天乙。夏桀無道，湯

伐之，遂有天下，國號商，都於亳。書仲虺之誥：『成湯放桀於南巢，惟有慚德。』孔傳：『湯伐桀，武功成，故以爲號。』陸德明釋文：『湯伐桀，武功成，故號成湯；一云：成，謚也。』逸周書史記：『成商伐之，有洛以亡。』朱右曾校釋：『成商，成湯也。』

〔七〕詒厥丕訓：『丕訓』，重大的訓導。書君陳：『爾惟弘周公丕訓。』孔傳：『當闡大周公之大訓。』唐韓愈順宗實録卷三：『朕奉若丕訓，憲章前式。』

〔八〕豈不善始善述哉：『善始善述』，文苑英華於『述』字下校『一作終』。

〔九〕繼體承業：四庫全書、明鈔本、甲庫本作『繼體天業』。『繼體』，嫡子繼承帝位。史記外戚世家：『自古受命帝王及繼體守文之君，非獨内德茂也，蓋亦有外戚之助焉。』司馬貞索隱：『繼體謂非創業之主，而是嫡子繼先帝之正體而立者也。』『承業』，繼承先代的基業。漢桓寬鹽鐵論憂邊：『爲人子者，致孝以承業。』唐孔戣爲崔大夫賀册皇太子狀：『陛下積德承業，光有天下。』

〔十〕理運將至，大君以興，昊穹所以開至聖也：『理運』，猶天運；氣運。晉書桓玄傳：『屬當理運之會，猥集樂推之數。』南朝梁任昉追封丞相長沙王詔：『理運維新，賢戚并建。』『昊穹』，猶蒼天。漢司馬相如封禪文：『伊上古之初肇，自昊穹之生民。』李善注引張揖曰：『昊穹，

春、夏天名。』唐李益大禮畢皇帝御丹鳳門改元建中大赦詩：『昊穹景命即已至，王事乃可酬乾坤。』

（十一）曩者明兩未定，帝華不協，舍胤傳聖：『曩者』，文苑英華作『向者』。『明兩』，易離：『明兩作離，大人以繼明照於四方。』孔穎達疏：『明兩作離者，離爲日，日爲明。今有上下二體，故云明兩作離也。本謂離卦離下離上，爲兩明前後相續之象。後以『明兩』指太陽。晉陶潛五月旦作和戴主簿：『明兩萃時物，北林榮且豐。』此處借指帝王或太子。南朝宋謝瞻張子房詩：『明兩燭河陰，慶霄薄汾陽。』李善注：『明兩、慶霄，皆喻宋高祖（劉裕）。』南朝宋謝靈運擬魏太子鄴中集詩王粲：『不謂息肩願，一旦值明兩。』呂延濟注：『武帝既明，而太子又明，故謂太子爲明兩也。』按，此數句乃謂帝堯因子丹朱不肖，故傳位予舜。史記卷一五帝本紀載：『堯立七十年得舜，二十年而老，令舜攝行天子之政，薦之於天。堯辟位凡二十八年而崩。百姓悲哀，如喪父母。三年，四方莫舉樂，以思堯。堯知子丹朱之不肖，不足授天下，於是乃權授舜。授舜，則天下得其利而丹朱病；授丹朱，則天下病而丹朱得其利。堯曰「終不以天下之病而利一人」，而卒授舜以天下。堯崩，三年之喪畢，舜讓辟丹朱於南河之南。諸侯朝覲者不之丹朱而之舜，獄訟者不之丹朱而之舜，謳歌者不謳歌丹朱而謳歌舜。舜曰「天也」，夫而後之中國踐天子

位焉，是爲帝舜。』

〔十二〕先后所以昭天命也：此句原無『也』字，今據會昌一品集、文苑英華、唐文粹、四庫全書、全唐文、明鈔本增補。

〔十三〕亦猶堯發於唐侯，文興於代邸：『亦猶』，原作『亦由』，今據會昌一品集、文苑英華、唐文粹、四庫全書、全唐文改。『堯發於唐侯』，據史記五帝本紀『帝嚳娶陳鋒氏女，生放勛』後正義引帝王紀云：『帝堯陶唐氏，祁姓也。母慶都，十四月生堯。』『文興於代邸』，『代邸』，漢高祖劉邦之子劉恒封代王，所居曰代邸。陳平、周勃等誅諸吕，廢少帝，迎立代王，是爲文帝。後因以『代邸』指入嗣帝位的藩王的舊邸。唐皇甫冉故齊王贈承天皇帝挽歌：『禮盛追崇日，人知友悌恩，舊居從代邸，新隴入文園。』按，此句之『文』謂周文王。據史記卷四周本紀載：『古公卒，季歷立。……公季卒，子昌立，是爲西伯。西伯曰文王。』

〔十四〕不其難哉：此句原作『不其難乎』，今據會昌一品集、文苑英華、唐文粹、全唐文改。

〔十五〕清明溥暢，光耿四海，玄德莫鄰：『溥暢』，周遍暢達。暢，通『暢』。宋宋祁景文集卷三十四：『聰明寬裕，清和溥暢。』『玄德』，指潛蓄而不著於外的德性。書舜典：『玄德升聞，乃命以位。』孔傳：『玄謂幽潛，潛行道德。』晉劉琨勸進表：『伏惟陛下，玄德通於神明，聖

姿合於兩儀。』

〔十六〕天休大賚，日角見表，氣志如神：『氣志如神』，原作『志氣如神』，今據會昌一品集、文苑英華、唐文粹、全唐文改。『天休』，指天子的恩庥。唐元稹爲蕭相國謝太夫人國號誥身狀：『恩光灼耀，捧戴兢惶，對揚天休，無任戰越。』『大賚』，猶重賞。書湯誓：『爾尚輔予一人，致天之罰，予其大賚汝。』孔傳：『女庶幾輔成我，我大與汝爵賞。』南朝宋傅亮爲宋公求加贈劉前軍表：『俾忠貞之烈，不泯於身後，大賚所及，永秩於善人。』『日角』，額骨中央部分隆起，形狀如日。舊時相術家認爲是大貴之相。後漢書光武帝紀上：『身長七尺三寸，美鬚眉，大口，隆準，日角。』李賢注引鄭玄尚書中候注：『日角謂庭中骨起，狀如日。』宋孫奕履齋示兒編雜記事同：『光武日角，唐高祖亦日角。』

〔十七〕如辰居極：此句原作『如辰居其極』，今據會昌一品集、全唐文刪改。

〔十八〕昭德塞違：『昭德』，明德；美德。國語鄭語：『唯荆實有昭德，若周衰，其必興矣。』漢劉向説苑善説：『天有昭德，寶鼎自至。』『昭德塞違』，彰明美德，杜絶錯誤。左傳桓公二年：『君人者將昭德塞違，以臨照百官。』孔穎達疏：『昭德，謂昭明善德，使德益彰聞也；塞違，謂閉塞違邪，使違命止息也。』

〔十九〕禹不自滿，成不敢康，罔盤於田，不邇於色：「罔盤」，原作「罔游」，今據會昌一品集、唐文粹、全唐文改。「禹」，大禹。「成」，指成湯，亦作成商，詳見本文校箋第六。「盤」，娛樂；歡樂。書無逸：「文王不敢盤于游田。」孔傳：「文王不敢樂於游逸田獵。」漢張衡東京賦：「上下通情，式宴且盤。」薛綜注：「盤，樂也。言君情通於下，臣情達於上，故能國家安而君臣歡樂也。」「盤」，亦即「盤游」，游樂。書五子之歌：「〔太康〕乃盤游無度，畋於有洛之表，十旬弗反。」孔傳：「盤樂游逸無法度。」「田」，狩獵。易恒：「田無禽。」王弼注：「田，獵也。」周書竇熾傳：「太祖田於渭北，令熾與晋公護分射走兔。」新唐書張玄素傳：「古者田三驅，非以教殺，除民害也。今反以獵爲娱，行之無常，不損盛德哉？」

〔二十〕自閨壺以施王教，由家道而刑國風：「閨壺」，四庫全書作「閨閫」「刑」，原作「形」，今據會昌一品集、文苑英華、唐文粹、四庫全書、全唐文改。「閨壺」，泛指女子所處之內室。亦借指女子。舊唐書列女傳序：「末代風靡，貞行寂寥，聊播椒蘭，以貽閨壺。」宋文瑩玉壺清話卷五：「荃執禮事舅姑益謹，閨壺有法。」

〔二十一〕去比周，核名實，攬乾綱：「攬乾綱」，原作「攬權綱」，今據會昌一品集、全唐文改。「比周」，結黨營私。管子立政：「群徒比周之説勝，則賢不肖不分。」後漢書朱穆傳

論：『朱穆見比周傷義，偏黨毀俗，志抑朋游之私，遂著絶交之論。』『名實』，名稱與實質、實際。管子九守：『修名而督實，按實而定名。名實相生，反相爲情。』後漢書王充王符等傳論：『貴清静者，以席上爲腐議；束名實者，以柱下爲誕辭。』『乾綱』，朝綱；君權。晋范甯春秋穀梁傳序：『昔周道衰陵，乾綱絶紐。』舊唐書恭懿太子佋傳：『惟天祚唐，累葉重光，中興宸景，再紐乾綱。』

〔二十二〕協誠質，扢嘉壇，款泰一：『泰一』，原作『太一』，今據會昌一品集、全唐文改。『誠質』，誠實、質樸。漢書郊祀志：『奉天之道，貴以誠質大得民心也。』隋書禮儀志一：『良由天神高遠，義須誠質，今從泛祭五帝，理不容文。』『扢』，摩；揩擦。淮南子修務訓：『扢以玄錫，摩以白旃，鬢眉微豪可得而察。』高誘注：『扢，摩也。』漢書禮樂志：『扢嘉壇，椒蘭芳。』顔師古注：『謂摩拭其壇，加以椒蘭之芳。』『嘉壇』，祭壇。漢書禮樂志：『后皇嘉壇，立玄黄服，物發冀州，兆蒙祉福。』宋史樂志十一：『爰熙嘉壇，揭虔毖祀。鬱人沃盥，贊我祼事。』『款』，拜謁；奉祀。宋蘇軾同王勝之游蔣山詩：『欲款南朝寺，同登北郭船。』宋史禮志三：『以夏至日備禮躬款北郊，以存事地之義。』『泰一』，亦作『泰壹』。傳説中的天神名。宋史刑法志一泰鴻：『泰一者，執大同之制，調泰鴻之氣，正神明之位者也。』陸佃解：『泰一，天

皇大帝也。』史記孝武本記：『皇帝敬拜泰一。』

〔二十三〕進正臣以端治表：『端』，整治；整理。左傳文公六年：『治舊洿，本秩禮，續常職，出滯淹。』孔穎達疏：『法有不便於民，事有不利於國，是爲政之洿穢也，理治改正使絜清也。』新五代史雜傳三雷滿：『（雷滿）取器嬉水上，久之乃出，治衣復坐，意氣自若。』

〔二十四〕遠無蔽獄，近無留命：『留命』，原作『留令』，今據會昌一品集、唐文粹、全唐文改。『蔽獄』，猶冤獄。管子立政：『三本者審，則便辟無威於國，道塗無行禽，疏遠無蔽獄，孤寡無隱治。』

〔二十五〕祈玄祖而膏雨降，祀靈岳而嘉穀登：『玄祖』，猶玄聖，指老子。宋孫光憲北夢瑣言卷一：『玄祖之道，用慈儉爲先；素王之風，以仁義是首。』『膏雨』，滋潤作物的霖雨。左傳襄公十九年：『小國之仰大國也，如百穀之仰膏雨焉。』漢書賈山傳：『是以元年膏雨降，五穀登。』『靈岳』，靈秀的山岳。三國魏嵇康答二郭詩之二：『結友集靈岳，彈琴登清歌。』唐王勃晚秋游武擔山寺序：『豈如武擔靈岳，開明故地，蜀夫人之葬迹，任文公之死所。』也特指泰山。唐柳宗元柳州賀破東平表：『旌旗燭耀於洪河，金鼓震驚於靈岳。』集注引童宗説曰：『靈岳，太山。』

（二十六）省刑罰而蓬孛消，發倉廩而螽螟息：『孛』，彗星的别稱。春秋文公十四年：『秋，七月，有星孛入於北斗。』杜預注：『孛，彗也。』公羊傳文公十四年：『孛者何？彗星也。』何休注：『狀如篲。』楚辭九懷危俊：『彌遠路兮悠悠，顧列孛兮縹縹。』王逸注：『邪視彗星，光瞥瞥也。』古人謂彗星出現時光芒四射的現象。舊以爲不祥之兆，預示有兵災悖亂發生。『螽螟』，蝗蟲與螟蟲。泛指蟲災。

（二十七）去歲龍旗承祀，大輅親郊：『龍旗』，亦作『龍旂』。畫有兩龍蟠結的旗幟。天子儀仗之一。周禮考工記輈人：『龍旂九斿，以象大火也。』鄭玄注：『交龍爲旂，諸侯之所建也。』賈公彦疏：『九斿，正謂天子龍旂。』後漢書明帝紀：『東海王强薨，遣司空馮魴持節視喪事，賜升龍旄頭、鑾輅、龍旂。』李賢注：『交龍爲旂，唯天子用之，今特賜以葬。』亦借指天子。宋蘇軾王晉卿作烟江疊障圖僕賦詩十四韻晉卿和之語特奇麗因復次韻：『屈居華屋啖棗脯，十年俯仰龍旂前。』『承祀』，主持祭祀。指繼承帝位。詩魯頌閟宫：『龍旂承祀，六轡耳耳。』漢書韋玄成傳：『世世承祀，傳之無窮。』『大輅』，亦作『大路』，即玉輅。古時天子所乘之車。書顧命：『大輅在賓階面。』孔傳：『大輅，玉。』孔穎達疏：『周禮巾車掌王之五輅：玉輅、金輅、象輅、革輅、木輅，是爲五輅也……大輅，輅之最大，故知大輅玉輅也。』禮記樂記：『所謂大輅者

天子之車也。』「親郊」，帝王親出郊祀。史記孝武本紀：「五帝，泰一之佐也，宜立泰一而上親郊之。」晋書冉閔載記：「射聲校尉張艾勸閔親郊，以安衆心，閔從之，訛言乃止。」按，「去歲龍旗承祀，大輅親郊」事，舊唐書武宗紀有所記載：「會昌元年正月壬寅朔。庚戌，有事於郊廟，御丹鳳樓，大赦，改元。」新唐書武宗紀亦載：「會昌元年正月己卯，朝獻於太清宫。庚辰，朝享於太廟。辛巳，有事於南郊。大赦，改元。」資治通鑒卷二百四十六會昌元年亦記：「春，正月，辛巳，上祀圜丘，赦天下，改元。」

〔二十八〕捧玉瓚而一獻，光靈來格；振金石而六變，魄寶昭臨：「玉瓚」，圭瓚。古代禮器。爲玉柄金勺，祼祭時用以酌香酒。詩小雅旱麓：「瑟彼玉瓚，黄流在中。」毛傳：「玉瓚，圭瓚也。」鄭玄箋：「圭瓚之狀，以圭爲柄，黄金爲勺，青金爲外，朱中央矣。」孔穎達疏：「瓚者，器名，以圭爲柄。圭以玉爲之，指其體，謂之玉瓚。」禮記明堂位：「季夏六月，以禘祀周公於太廟，牲用白牡，尊用犧象、山罍，鬱尊用黄目，灌用玉瓚、大圭。」「光靈」，敬稱先靈、神靈。南朝宋顔延之拜陵廟作：「周德恭明祀，漢道尊光靈。」吕延濟注：「光靈，祖宗之靈。光，盛也。」唐末五代杜光庭宣再往青城安復真靈醮詞：「光靈如在，翹屬常深，遂命圖繪神姿，鋪舒内殿。」「來格」，來臨；到來。格，至。書益稷：「戛擊鳴球，搏拊琴瑟以咏，祖考來格。」

孔傳：『此舜廟堂之樂，民悦其化，神歆其祀，禮備樂和，故以祖考來至明之。』三國志 魏書 劉馥傳：『闡弘大化，以綏未賓；六合承風，遠人來格。』『金石』，此處指鐘磬一類樂器。國語 楚語上：『而以金石匏竹之昌大、囂庶爲樂。』韋昭注：『金，鐘也；石，磬也。』南朝梁江淹别賦：『金石震而色變，骨肉悲而心死。』『六變』，謂樂章改變六次。古代祭百神，樂章變六次祭典始成。晋陸雲移書太常府薦張贍：『廣樂九奏，必登昊天之庭；韶 夏六變，必饗上帝之祀矣。』宋歐陽修明堂慶成詩：『九筵嚴太室，六變導和聲。』『魄寶』，指月亮。宋蘇軾郊祀慶成詩：『泰壇朝掃地，魄寶夜垂精。』『昭臨』，光臨；當著。左傳 昭公二十年：『君若惠顧先君之好，昭臨敝邑，鎮撫其社稷，則有宗祧在。』史記 秦始皇本紀：『（皇帝）遂登之罘，昭臨朝陽。』

〔二十九〕然猶古訓是學，緝熙於道，天文炳焕，雲漢其章：『古訓』，古代流傳下來的典籍或可以作爲準繩的話。詩 大雅 烝民：『古訓是式，威儀是力。』漢孔臧與從弟引安國書：『舊章潛於壁室，正於紛擾之際，欻爾而見，俗儒結舌，古訓復申。』『緝熙』，詩 大雅 文王：『穆穆文王，於緝熙敬止。』毛傳：『緝熙，光明也。』又周頌 敬之：『日就月將，學有緝熙於光明。』鄭玄箋：『緝熙，光明也。』後因以『緝熙』指光明，又引申爲光輝。漢書 揚雄傳上：『喻於穆之緝熙兮，過清廟之雍雍。』『雲漢』，本指銀河。此處喻帝王的美德。南朝宋王微雜詩之一：『常懷雲

漢漸，常欲復周雅。」南朝齊王融三月三日曲水詩序：『昭章雲漢，暉麗日月。』李周翰注：『雲漢，喻文德也。』唐柳宗元爲崔中丞請朝覲表：『天威咫尺，誠寤寐而無違；雲漢昭回，固瞻仰而何及。』『章』，采色；花紋。書皋陶謨：『天命有德，五服五章哉。』孔傳：『尊卑彩章各異。』左傳僖公二十四年：『耳不聽五聲之和爲聾，目不別五色之章爲昧。』

〔三十〕和樂愷悌，洽戚藩之心：『愷悌』，亦作『愷弟』。和樂平易。左傳僖公十二年：『詩曰：「愷悌君子，神所勞矣。」』杜預注：『愷，樂也；悌，易也。』漢書張禹傳：『宣爲人恭儉有法度，而崇愷弟多智，二人異行。』『戚藩』，亦作『戚蕃』。近親藩王。晉劉琨勸進表：『社稷時難，則戚藩定其傾；郊廟或替，則宗哲纂其祀。』南朝齊王儉褚淵碑文：『屬值三季在辰，戚蕃内侮。』李周翰注：『戚蕃，謂諸王也。』

〔三十一〕德風偃於群黎，威霆動乎絶域：『動乎』，原作『動於』，今據會昌一品集、文苑英華、唐文粹、全唐文改。『德風』，論語顔淵：『君子之德風，小人之德草。草上之風，必偃。』邢昺疏：『在上君子，爲政之德若風；在下小人，從化之德如草。』後因稱君子爲政之德爲德風。唐宋璟奉和聖制送張説巡邊詩：『德風邊草偃，勝氣朔雲平。』

〔三十二〕又以敬養不逮於長樂，昭配未升於禰宫，每懷嗣徽，蒸蒸而慕：『不逮於長樂』，

原作『不逮於是長樂』，今據會昌一品集、文苑英華、唐文粹、四庫全書、全唐文改。『嗣徽』，會昌一品集作『慈徽』。『蒸蒸』，全唐文作『烝烝』。『慕』，原作『纂』，今據會昌一品集、文苑英華、唐文粹、四庫全書、全唐文改。『敬養』，奉養，贍養。禮記 祭義：『君子生則敬養，死則敬享。』晋潘岳西征賦：『不獲事於敬養，盡加隆於園陵。』『昭配』，宗廟中神主的排列次序。宋蘇轍西掖告詞 張方平父：『比緣昭配，許以侍祠。』『禰宮』，即『禰廟』，父廟。或稱考廟。左傳 襄公十二年：『凡諸侯之喪，異姓臨於外，同姓臨於宗廟。同宗於祖廟，同族於禰廟。』杜預注：『父廟也。同族謂高祖以下。』左傳 襄公十三年：『所以從先君於禰廟者。』杜預注：『從先君代爲禰廟。』孔穎達疏：『祭法云，諸侯立五廟，曰：考廟、王考廟、皇考廟、顯考廟、祖考廟。此云禰廟，即彼考廟也……禰，近也。於諸廟，父最爲近也。』穀梁傳 文公十六年：『夏，五月。公四不視朔。天子告朔於諸侯，諸侯受乎禰廟。禮也。』范甯注：『每月天子以朔政班於諸侯，諸侯受而納之禰廟。』『嗣徽』，語本詩 大雅 思齊：『大姒嗣徽音。』鄭玄箋：『徽，美也。嗣大任之美音，謂續行其善教令。』高亨注：『嗣，繼也。徽音，美譽也。』後以『嗣徽』指帝王繼承前人的盛美德業。宋書 王敬弘傳：『先帝拔臣於蠻荆之域，賜以國士之遇。陛下嗣徽，特蒙眷齒。』『蒸蒸』，孝順。漢張衡東京賦：『蒸蒸之心，感物曾思。』薛綜注：『廣雅曰：蒸蒸，孝

也。』唐柳宗元饒娥碑：『纖葛絺紵，克供以修，蒸蒸在家，其父世漁。』按，『敬養不逮於長樂，昭配未升於禰宫』，乃指唐武宗有憾於未能敬養其母，又未能祔葬其母於其父穆宗陵之事。舊唐書武宗紀載：『武宗至道昭肅孝皇帝諱炎，穆宗第五子，母曰宣懿皇后韋氏。元和九年六月十二日生於東宫。……（會昌元年）二月，制穆宗妃韋氏追謚宣懿皇太后，帝之母也。……五月，中書奏：六月十二日，皇帝載誕之辰，請以其日爲慶陽節。祔宣懿太后于太廟。初，武宗欲啓穆宗陵祔葬，中書門下奏曰：「園陵已安，神道貴静。光陵二十餘載，福陵則近又修崇。竊惟孝思，足彰嚴奉。今若再因合祔，須啓二陵，或慮聖靈不安，未合先旨。又以陰陽避忌，亦有所疑。不移福陵，實協典禮。」乃止。就舊墳增築，名曰福陵。』

〔三十三〕所以奉若慈訓，對越兩儀，因心立制，永錫其教：『奉若慈訓』，原作『奉天若慈訓』，今據會昌一品集、文苑英華、唐文粹、四庫全書、全唐文删改。『慈訓』，母或父的教誨。南朝齊謝朓齊敬皇后哀策文：『閔予不祐，慈訓早違。』李善注引晋中興書：『肅祖太妃荀氏薨，顯宗詔曰：「朕少遭閔凶，慈訓無禀。」』『對越』，猶對揚。答謝頌揚。詩周頌清廟：『濟濟多士，秉文之德；對越在天，駿奔走在廟。』王引之經義述聞毛詩下：『「對越在天」與「駿奔走在廟」相對爲文。「對越」猶對揚，言對揚文武在天之神也……揚、越一聲之轉。』『兩儀』，

原指天地。易繫辭上：『是故易有太極，是生兩儀。』孔穎達疏：『不言天地而言兩儀者，指其物體；下與四象（金、木、水、火）相對，故曰兩儀，謂兩體容儀也。』此處借指君主的父母。舊唐書儒學傳下盧粲：『又安樂公主承兩儀之澤，履福禄之基，指南山以錫年，仰北辰而永庇。』『因心』，謂親善仁愛之心。詩大雅皇矣：『維此王季，因心則友。』毛傳：『因，親也。』陳奂傳疏：『因訓親，親心即仁心。』舊唐書孝友傳序：『善於兄弟，必能因心廣濟。』

〔三十四〕寬虔劉之罪，興惻隱之仁，回電收霜，爲之反汗：『回電收霜』，原作『回霜收電』，今據會昌一品集、全唐文改。『虔劉』，劫掠；殺戮。左傳成公十三年：『芟夷我農功，虔劉我邊陲。』南朝陳徐陵司空章昭達墓志銘：『黑山巨盗，憑陵上國；白水强胡，虔劉中夏。』『反汗』，漢書劉向傳：『易曰：「涣汗其大號。」言號令如汗，汗出而不反者也。今出善令，未能逾時而反，是反汗也。』以汗出而不能反喻令出不能收。後因以『反汗』指翻悔食言或收回成命。唐元稹論追制表：『今陛下如綸之令朝降，反汗之詔夕施……臣竊恐陛下之令未能取信於朝廷，而况於取信天下乎！』

〔三十五〕謙臨是受：原作『兼臨是受』，今據會昌一品集、文苑英華、唐文粹、四庫全書、全唐文改。

〔三十六〕丁辰而廓陰翳：『丁辰』，適逢其時。後漢書班固傳：『逢吉丁辰，景命也。』李賢注：『丁，當也。辰，時也。景，大也。逢休吉之代，當封禪之時，此爲天子之大命也。』『陰翳』，陰霾，陰雲。明方孝孺東河驛值雪次茅長史白戰體韻：『明朝陰翳盡掃除，天際諸峰翠相并。』

〔三十七〕和景晏温，卿靄絪緼：『和景』，春天宜人的景色。南朝宋鮑照謝假啓：『嘆息和景，掩泪春風。』『晏温』，天氣晴暖。史記孝武本紀：『至中山，晏温，有黄雲蓋焉。』裴駰集解引如淳曰：『三輔謂日出清濟爲晏。晏而温也。』宋龐元英文昌雜録卷二：『於時日景晏温，皆以爲恭孝所感。』『卿靄』，瑞雲。南朝梁江淹顔特進侍宴詩：『山雲備卿靄，池卉具靈變。』唐李德裕上尊號玉册文：『和景晏温，卿靄絪緼。』『絪緼』，古代指天地陰陽二氣交互作用的狀態。易繫辭下：『天地絪緼，萬物化醇；男女構精，萬物化生。』孔穎達疏：『絪緼，相附著之義，言天地無心，自然得一，唯二氣絪緼，共相和會，萬物感之，變化而精醇也。』高亨注：『絪緼借爲氤氲，陰陽二氣交融也……天之陽氣與地之陰氣交融，則萬物之化均遍。』

〔三十八〕於是服冕之士，戴鶡之倫，暨藩侯邦伯，黄髪鮐背：『藩侯』，原作『藩衛』，今據會昌一品集、全唐文改。『鮐背』，會昌一品集、全唐文作『駘背』。按『鮐背』同『駘背』。『服冕』，穿著冕服。指做大官。左傳哀公十五年：『苟使我入獲國，服冕乘軒，三死無與。』杜

預注：『冕，大夫服。』南朝梁沈約捨身願疏：『遂乃服冕榮國，裂土承家。』『戴鶡』，謂戴鶡冠。鶡好鬥，古時武士皆鶡冠，以示勇猛。漢張衡東京賦：『髽髦被綉，虎夫戴鶡。』李善注引應劭曰：『鶡，鷙鳥也，鬥至死乃止，今武士戴之，取猛也。司馬彪續漢書曰：「虎賁騎皆鶡冠。」』『藩侯』，藩王。三國魏曹植與楊德祖書：『吾雖薄德，位爲藩侯，猶庶幾勠力上國，流惠下民。』宋柳永永遇樂詞：『藩侯瞻望彤庭，親携僚吏，競歌元首。』『邦伯』，州牧。古代用以稱一方諸侯之長。書召誥：『命庶殷侯甸男邦伯。』孔傳：『邦伯，方伯，即州牧也。』後因稱刺史、知州等一州的長官。唐杜甫同元使君春陵行序：『得結（元結）輩十數公，落落然參錯天下爲邦伯，萬物吐氣，天下小安可待矣。』『黄髮』，指年老；亦指老人。書秦誓：『雖則云然，尚猷詢兹黄髮，則罔所愆。』唐杜甫玉台觀詩之一：『更肯紅顔生羽翼，便應黄髮老漁樵。』『鮐背』，謂老人背上生斑如鮐魚之紋，爲高壽之征。爾雅釋詁上：『鮐背、耇老，壽也。』郭璞注：『鮐背，背皮如鮐魚。』漢焦贛易林震之比：『耋老鮐背，齒牙動摇，近地遠天，下入黄泉。』

〔三十九〕陛下玄默天晬，輝光日新，大矣孝熙，四極爰臻：『四極爰臻』，原作『四極愛臻而應』，今據會昌一品集、文苑英華、唐文粹、四庫全書、全唐文、適園叢書、學林本改。『玄默』，謂清静無爲。漢揚雄長楊賦：『且人君以玄默爲神，澹泊爲德。』李周翰注：『玄默，無事

也。」漢書刑法志：「及孝文即位，躬修玄默，勸趣農桑，減省租賦。」「晬」，通「睟」。純，純粹。「孝熙」，謂孝德光明盛美。樂府詩集郊廟歌辭八漢安世房中歌：「大矣孝熙，四極爰轃。」樂府詩集郊廟歌辭十隋太廟歌：「孝熙嚴祖，師象敬宗，惟皇肅事，有來雍雍。」「四極」，四方極遠之地。楚辭離騷：「覽相觀於四極兮，周流乎天余乃下。」朱熹集注：「四極，四方極遠之地。」秦李斯嶧山刻石：「皇帝立國，維初在昔，嗣世稱王，討伐亂逆，威動四極，武義直方。」「臻」，到；達到。詩邶風泉水：「遄臻於衛。」毛傳：「遄，疾；臻，至。」晉葛洪抱朴子審舉：「唐虞所以能臻巍巍之功者，實賴股肱之良也。」

〔四十〕誠宜玉版温潤，鏤鴻名之德：「玉版」，亦作「玉板」。古代用以刻字的玉片。韓非子喻老：「周有玉版，紂令膠鬲索之，文王不予；費仲來求，因予之。」「温潤」，温和柔潤。本指玉色，後用以形容人或事物的品性。禮記聘義：「夫昔者君子比德於玉焉，温潤而澤仁也。」孔穎達疏：「温潤而澤仁也者，言玉色温和柔潤而光澤，仁者亦温和潤澤，故云仁也。」「鴻名」，大名；盛名。史記司馬相如列傳：「前聖之所以永保鴻名而常爲稱首者用此，宜命掌故悉奏其義而覽焉。」唐蘇頲開元元年赦書：「鴻名不可以深拒，盛典不可以固違。」

〔四十一〕神寶焜燿：「焜燿」，同「焜耀」，明照；照耀。左傳昭公三年：「不腆之適，以備

內宮，焜燿寡人之望。』陸德明釋文引服虔曰：『焜，明也；燿，明也。』唐柳宗元爲李京兆祭楊凝文：『冀兹競爽，焜燿儒林。』

〔四十二〕丕夫大典：原作『丕矣大典』，今據會昌一品集改。

〔四十三〕憲度著明之謂文，蠻夷震懾之謂武：『震懾』，原作『震叠』，今據會昌一品集、唐文粹、全唐文改。『憲度』，法度。漢司馬相如封禪文：『憲度著明，易則也；垂統理順，易繼也。』宋司馬光論上元令婦人相撲狀：『宣德門者，國家之象魏，所以垂憲度，布號令也。』『著明』，顯明。易繫辭上：『縣象著明，莫大乎日月。』史記太史公自序：『子曰：「我欲載之空言，不如見之於行事之深切著明也。」』

〔四十四〕伏惟陛下乾健不息：『乾健』，謂天德剛健。語出易乾：『天行健，君子以自强不息。』唐顧況擬古詩之二：『所貴法乾健，於道悟入微。』

〔四十五〕壽乃侔於殷宗，俗乃厚於成康：『殷宗』，謂殷代先王，指武丁。魏書世祖太武帝紀下：『昧旦思求，想遇師輔，雖殷宗之夢板築，罔以加也。』武丁，商代國王名。後世稱爲高宗。盤庚弟小乙之子。相傳少時生活在民間，即位後，重用傅説、甘盤爲大臣，力求鞏固統治。在位五十九年。『成康』，周成王與周康王的并稱。史稱其時天下安寧，刑措不用，故用以稱至治

之世。詩周頌執競：『不顯成康，上帝是皇。』漢書景帝紀贊：『周云成康，漢言文景，美矣。』

〔四十六〕誠歡誠躍：原作『誠歡誠懼』，今據會昌一品集、文苑英華、唐文粹、全唐文改。

仁聖文武章天成功神德明道大孝皇帝册文〔一〕

李德裕

維會昌五年，歲次乙丑，正月己酉朔一日己酉〔二〕，光禄大夫、守太尉、兼門下侍郎、同中書門下平章事臣德裕〔三〕，光禄大夫、守尚書左僕射、兼門下侍郎、同中書門下平章事臣悰〔四〕，朝議大夫、守尚書右僕射、兼中書侍郎、同中書門下平章事臣讓夷〔五〕，朝議大夫、守中書侍郎、兼户部尚書、同中書門下平章事臣鉉及文武百官〔六〕，大中大夫、太常卿臣孫簡等六千二百二人言〔七〕：臣聞在昔周宣〔八〕，玁狁内侵，四牡薄伐，以定王國，則詩人大其功〔九〕。暨於漢宣，北夷乖亂，呼韓慕義，郅支遠遁，則簡策著其美〔十〕。惟此二代，稱爲中興。間者開成之末，星孛如雲，螟飛蔽天，先帝戚之，黎人懼焉〔十一〕。乃授至聖，遺大投艱，迄兹成功，厥有冥數〔十二〕。伏惟仁聖文武至神大孝皇帝，表應龍翼，粹合乾剛〔十三〕，神全而正氣凝，宇定而天光發。智燭千里，動必察微，心鏡萬機，物來斯應。於是五材用，四維張〔十四〕；建中和之極，

綴前聖之綱。重樞機，修法制；刑御家之理，無出梱之言（十五）。銷讒邪，遠巧佞，斥背公之黨，退好徑之人（十六）。内嚴體貌，增堂陛之峻；外絶締交，去輔車之勢（十七）。曩古所謂受命於天，唯舜獨正也已（十八）。又曰一心定而萬物服（十九），唯陛下得之。曩者北狄矜功，耗蠹中國，種類磐牙（二十），根柢封殖，異術肺腑（二十一），縞衣如荼，挾邪作蠱（二十二），浸淫宇内，倒懸不解，百有餘年。既而龍祠堙滅（二十三），携國款塞，質帝女，蹙海疆（二十四），有狼顧平城之心，鯨吞咸洛之志（二十五）。爰命梟將，搴旗刈旃，兵鏖穹廬，火烈荆榛（二十六）。颺罽幕，碎轒轀，六贏遁逃，貴主生還（二十七），剗滅妖迹，剿除丑類。故名王結髮，冠帶入臣；堅昆稽首，鞮譯來獻（二十八）。而又奸臣放命，二紀陸梁，據太行之固，下窺洛邑；通故絳之道，旁睨近關（二十九）。樹其遺孽，以竊兵柄。議者僉曰：精甲十萬，積穀十年，泉魚不察，湯網宜懸（三十）。陛下雄斷霆聲，群疑冰釋。揚清風以掃雲，鼓迅雷而破山（三十一），任馮異則拔天井而震上黨，仗吴漢則發突騎而傾邯鄲（三十二）。壺關失險，山東奪魄（三十三）。屬有戍邊叛將，竊發參墟，人心摇蕩，異議放肆。陛下臨朝而言曰：『二寇獲罪於天，予所不捨。』（三十四）未三旬而定晋陽，才期年而滅潞子（三十五）。不以金購，狶將多降；不勞師克，粤首馳報。非至德感物，

孰能臻於此乎〔三十六〕？由是台宰百辟，藩屏將帥上言曰：成伐東夷而肅慎來賀，景剪七國而王室乃安，莫不始於武功，終致刑措〔三十七〕。將以禋上帝，薦祖宗，宜受鴻名，以答玄貺〔三十八〕。陛下猶謙遜而五讓之，勤請弗已〔三十九〕，乃屈己以俞之。雲漢爲章，所以昭法度也；神明其德，所以成教化也。巍乎有功，帝堯之則也；勤於大道，玄祖之訓也〔四十〕。臣等不勝大願，謹奉玉册玉寶，上尊號曰『仁聖文武章天成功神德明道大孝皇帝』。伏惟陛下不有其名，以保其成；不德其功，以戒其盈。享殷宗之福，致周道之平。熙我王度，玉振金聲〔四十一〕。臣德裕等誠歡誠躍〔四十二〕，頓首頓首，謹言。

校箋

〔一〕此文又見於李德裕會昌一品集卷一、文苑英華卷四百四十二、唐文粹卷三十一、全唐文卷七百，文題名均作上尊號玉册文，署名李德裕。本文文末未標明上册文時間。考本文文首謂：『維會昌五年，歲次乙丑，正月己酉朔一日己酉』云云。又檢舊唐書卷十八上武宗紀會昌五年載『五年春正月己酉朔……宰臣李德裕杜悰李讓夷崔鉉、太常卿孫簡等率文武百僚上徽號曰仁聖文武章天成功神德明道皇帝。辛亥，有事於郊廟，禮畢，御承天門，大赦天下。』新唐書卷八武

宗紀會昌五年亦記：『正月己酉，群臣上尊號曰仁聖文武章天成功神德明道大孝皇帝。是日，朝獻於太清宮。』資治通鑒卷二百四十八會昌五年載：『春，正月，己酉朔，群臣上尊號曰仁聖文武章天成功神德明道大孝皇帝，尊號始無「道」字，中旨令加之。庚戌，上謁太廟；辛亥，祀昊天上帝，赦天下。』據上述史籍所記，此次上尊號册文確實在會昌五年（八四五）正月己酉朔（一日），則撰寫此文時間當在是時稍前。又，本文作者李德裕，其生平事迹見本書卷五武宗改名詔一文校箋第一條。

〔二〕維會昌五年，歲次乙丑，正月己酉朔一日己酉：此句『朔一日己酉』數字原無，今據會昌一品集、唐文粹、四庫全書、全唐文增補。

〔三〕兼門下侍郎、同中書門下平章事臣德裕：此句原作『兼門下平章事臣德裕』，今據會昌一品集、唐文粹、文苑英華、全唐文增補。

〔四〕守尚書左僕射、兼門下侍郎、同中書門下平章事臣悰：『守尚書左僕射』，原作『守尚書右僕射』，今據會昌一品集、唐文粹、文苑英華、全唐文改。『同中書門下平章事臣悰』，原作『同中書平章事臣悰』，今據會昌一品集增補。

〔五〕朝議大夫、守尚書右僕射、兼中書侍郎、同中書門下平章事臣讓夷：『朝議大夫、守尚

書右僕射』，原作『朝議大夫、檢校尚書右僕射』，今據會昌一品集、全唐文改。『同中書門下平章事臣讓夷』，原作『同中書門下平章事臣李讓夷』，今據會昌一品集、文苑英華、全唐文改。

〔六〕守中書侍郎、兼户部尚書、同中書門下平章事臣鉉：『守中書侍郎』，原作『守中書郎中』，今據會昌一品集、文苑英華、唐文粹、全唐文改。『同中書門下平章事臣鉉』，原作『同中書門下平章事臣崔鉉』，今據文苑英華、全唐文改。

〔七〕大中大夫、太常卿臣孫簡等六千二百二人言：『大中大夫、太常卿臣孫簡』，原作『大中大夫、守太常卿臣孫簡』，今據會昌一品集、唐文粹、全唐文删改。『六千二百二人言』，原作『六千二百二人等言』，今據會昌一品集、文苑英華、唐文粹、全唐文删改。

〔八〕臣聞在昔周宣：『臣聞』，原作『臣等聞』，今據會昌一品集、文苑英華、全唐文删改。『周宣』，指周宣王，傳見史記卷四周本紀。漢陳琳爲曹洪與魏文帝書：『周宣之盛，亦讎大邦。』南朝齊王融永明九年策秀才：『昔周宣惰千畝之禮，虢公納諫。』李善注：『國語曰：宣王即位，不藉千畝，虢文公諫曰：「夫民之大事在農。」』

〔九〕獫狁内侵，四牡薄伐，以定王國，則詩人大其功：『獫狁』，我國古代北方少數民族名。也寫作『玁狁』。史記匈奴列傳：『匈奴，其先祖夏后氏之苗裔也，曰淳維。唐虞以上有山戎、獫

狁、葷粥，居於北蠻，隨畜牧而轉移。」『薄伐』，征伐；討伐。『詩人大其功』事，指詩小雅出車詩，其中有『王命南仲，往城于方。出車彭彭，旂旐央央。天子命我，城彼朔方。赫赫南仲，玁狁于襄』；『采蘩祁祁，執訊獲丑。薄言還歸，赫赫南仲，玁狁于夷』；『赫赫南仲，薄伐西戎』等句。晉書孫楚傳：『宣王薄伐，猛鋭長驅，師次遼陽，而城池不守。』

〔十〕暨於漢宣，北夷乖亂，呼韓慕義，郅支遠遁，則簡策著其美：『暨於漢宣』，原作『暨乎漢宣』，今據會昌一品集、文苑英華、唐文粹、全唐文改。『簡策』，原作『簡册』，今據會昌一品集、文苑英華、唐文粹、全唐文改。『漢宣』，即漢宣帝劉詢，傳見漢書卷八。西漢皇帝。初名病已，字次卿。祖戾太子劉據遭巫蠱事自殺，父母皆遇害，因養於民間，瞭解民情。昭帝死，霍光迎立昌邑王賀，旋以荒淫而廢之，乃迎立病已爲帝。即位後，勵精圖治，任用賢能，重視吏治，以『霸道』『王道』雜治，綜合名實。又置西域都護，加强邊防，有利於發展西域生産。甘露二年，南匈奴呼韓邪單于降漢，接見於長安。在位二十五年。『北夷』，古代對北方少數民族的泛稱。史記天官書：『故北夷之氣如群畜穹閭，南夷之氣類舟船幡旗。』舊唐書東夷傳高麗：『秦王神武，所向無敵，遂平天下，南面爲帝，北夷請服，西戎獻款。』『呼韓』，漢時匈奴單于呼韓邪的省稱。漢張衡東京賦：『宣重威以撫和戎狄，呼韓來享。』薛綜注：『漢書宣（帝）紀曰：「呼

韓邪單于款五原塞，願奉國珍。」』『郅支』，匈奴單于。呼韓邪單于之兄，名呼屠吾斯。漢宣帝五鳳元年，獨立爲郅支骨都單于。元帝初，叛漢。建昭三年，爲西域副校尉陳湯攻殺，斬郅支首及名王以下千餘級。參閱漢書陳湯傳與匈奴傳。『簡策』，亦作『簡筴』。即簡册。由竹簡編連而成。後指史籍、典籍。管子宙合：『是故聖人著之簡筴，傳以告後進。』漢王充論衡定賢：『口談之實語，筆墨之餘迹，陳在簡筴之上。』南朝梁劉勰文心雕龍書記：『古史世本，編以簡策，領其名數，故曰録也。』

〔十一〕間者開成之末，星孛如雲，螟飛蔽天，先帝戚之，黎人懼焉：『星孛』，即『孛星』，彗星。亦指彗星的一類。漢書成帝紀：『秋七月，有星孛於東井。詔曰：「乃者，日蝕星隕，謫見於天，大異重仍。在位默然，罕有忠言，今孛星見于東井，朕甚懼焉。」』漢書五行志下：『北斗，人君象；孛星，亂臣類，篡殺之表也。』晋書天文志中：『二曰孛星，彗之屬也。偏指曰彗，芒氣四出曰孛……晏子曰：「君若不改，孛星將出，彗星何懼乎！」由是言之，灾甚於彗。』舊謂彗星出現時光芒四射，以爲不祥之兆，預示有兵灾悖亂發生。『先帝』，指唐文宗李昂。按，『開成之末，星孛如雲，螟飛蔽天』事舊唐書文宗紀下開成四年六月記：『戊辰，以久旱，分命祠禱，每憂動於色。宰相等奏曰：「水旱時數使然，乞不過勞聖慮。」上改容言曰：「朕爲人主，無德及

天下，致兹灾旱，又謫見於天。若三日不雨，當退歸南内，更選賢明以主天下。」宰臣嗚咽流涕，各請策免。是夜，大雨沾霈。……秋七月庚辰朔，西蜀水，害稼。乙未夜，月犯熒惑。壬寅……滄景、淄青大水。八月……辛未夜，流星出羽林，尾長八十餘尺，滅後有聲如雷。壬申，鎮、冀四州蝗食稼，至於野草樹葉皆盡。」

〔十二〕遺大投艱，迄兹成功，厥有冥數：『遺大投艱』，謂賦予重大艱難之任。書大誥：『予造天役，遺大投艱於朕身。』孔傳：『我周家爲天下役事，遺我甚大，投此艱難於我身。』宋俞文豹清夜録：『遺大投艱，孰念敷寧之計；任重致遠，實維弘毅之賢。』『冥數』，舊謂上天所定的氣數或命運。後漢書烏桓鮮卑傳論：『將天之冥數，以至於是乎？』唐李德裕冥數有報論：『（仲尼）不欲信富貴於天命、委福禄於冥數。』

〔十三〕表應龍翼，粹合乾剛：『粹合乾剛』，原作『粹含乾剛』，今據會昌一品集、文苑英華改。『龍翼』，帝王的輔相。後漢書班固傳下：『若夫上稽乾則，降承龍翼，而炳諸典謨，以冠德卓注者，莫崇乎陶唐。』李賢注：『龍翼，謂稷契等，爲堯之羽翼。』『乾剛』，謂天道剛健。亦用以稱帝王的剛健决斷。語出易雜卦：『乾剛坤柔。』後漢書楊震傳：『唯陛下奮乾剛之德，棄驕奢之臣，以掩訞言之口。』

〔十四〕於是五材用，四維張：『五材』，會昌一品集作『三材』。『五材』，五種德性。六韜龍韜：『所謂五材者，勇、智、仁、信、忠也。勇則不可犯，智則不可亂，仁則愛人，信則不欺，忠則無二心。』唐王勃常州刺史平原郡開國公行狀：『公道凝三略，攻標五才。』『四維』，舊時以禮、義、廉、耻爲治國之四綱，稱爲『四維』。管子牧民：『國有四維……何謂四維？一曰禮，二曰義，三曰廉，四曰耻。』鶡冠子道端：『與天與地，建立四維，以輔國政。』陸佃注：『禮、義、廉、耻，謂之四維。』

〔十五〕建中和之極，綴前聖之綱。重樞機，修法制；刑御家之理，無出梱之言：『無出梱之言』，會昌一品集、唐文粹、全唐文作『無出壼之言』。『中和』，中庸之道的主要内涵。儒家認爲能『致中和』，則天地萬物均能各得其所，達於和諧境界。禮記中庸：『喜怒哀樂之未發謂之中，發而皆中節謂之和；中也者，天下之大本也，和也者，天下之達道也。致中和，天地位焉，萬物育焉。』唐權德輿奉和聖制中春麟德殿會百僚觀新樂：『大樂本天地，中和序人倫。』『樞機』，樞與機。比喻事物的關鍵部分。易繫辭上：『言行，君子之樞機，樞機之發，榮辱之主也。』王弼注：『樞機，制動之主。』孔穎達疏：『樞謂户樞，機謂弩牙。』南朝梁劉勰文心雕龍章表：『章表奏議，經國之樞機。』『梱』，門限。禮記曲禮上：『外言不入於梱，内言不出於梱。』

鄭玄注：『梱，門限也。』史記循吏列傳：『王必欲高車，臣請教閭里使高其梱。』

〔十六〕銷讒邪，遠巧佞，斥背公之黨，退好徑之人：『遠巧佞』，會昌一品集、全唐文作『遠佞悻』，四庫全書作『遠奸佞』，明鈔本作『遠佞巧』。『斥背公之黨』，會昌一品集作『絶背公之黨』。『退好徑之人』，原作『退好怪之人』，今據會昌一品集、文苑英華、唐文粹、四庫全書、全唐文、明鈔本改。『讒邪』，讒佞奸邪的人。漢董仲舒春秋繁露五行相勝：『火者，司馬也。司馬爲讒，反言易辭以譖訴人，内離骨肉之親，外疏忠臣，賢聖旋亡，讒邪日昌，魯上大夫季孫是也。』唐黄滔代鄭郎中上興道鄭相啓：『扇澆薄爲淳風，激讒邪歸直道。』『巧佞』，奸詐機巧，阿諛奉承。管子立政：『諂諛飾過之説勝，則巧佞者用。』宋書杜幼文傳：『〔杜幼文〕以軍功爲驍騎將軍，封邵陽縣男，食邑三百户。尋坐巧佞奪爵。』『好徑』，即好捷徑之意。喻不循正軌，貪便圖快的做法。後多指取巧進身的門路。楚辭離騷：『何桀紂之猖披兮，夫唯捷徑以窘步。』王逸注：『言桀紂愚惑……欲涉邪徑，急疾爲治。』唐俞簡行不由徑詩：『捷徑雖云易，長衢豈不平？』

〔十七〕内嚴體貌，增堂陛之峻；外絶締交，去輔車之勢：『體貌』，體制；規矩。國語楚語上：『體貌以左右之，明行以宣翼之。』『堂陛』，廳堂和臺階。亦指宫内。漢劉向説苑尊賢：『魯哀公問於孔子曰：「當今之時君子誰賢？」對曰：「衛靈公。」公曰：「吾聞之，其閨門之

內，姑姊妹無別。」對曰：「臣觀於朝廷，未觀於堂陛之間也。」』唐韓愈祭湘君夫人文：『外無四垣，堂陛頽落，牛羊入室，居民行商，不來祭享。』『輔車』，頰輔與牙牀。一說車夾木與車輿。比喻事物互爲依存的利害關係。三國志 吴書 諸葛恪傳：『與丞相陸遜書曰：「楊敬叔傳述清論，以爲方今人物凋盡，守德業者不能復幾，宜相左右，更爲輔車，上熙國事，下相珍惜。」』南朝宋鮑照河清頌：『垂光九野，騰響四避，輔車鼎足，槃石虎牙，世匹周室，基永漢家。』『締交』，結交。南朝梁沈約麗人賦：『有客弱冠未仕，締交戚里。』新唐書 魏玄同傳：『玄同與裴炎締交，能保終始，故號「耐久朋」。』

〔十八〕唯舜獨正也已：此句原作『唯舜獨也已』，會昌一品集作『唯舜獨正也已』，文苑英華、全唐文作『唯舜獨正也』，今據會昌一品集改。

〔十九〕又曰一心定而萬物服：此句原作『又曰一心定萬物服』，今據會昌一品集、文苑英華唐文粹、全唐文、適園叢書、明鈔本增補。

〔二十〕種類磐牙：『種類磐牙』，原作『種類盤互』，會昌一品集、文苑英華、唐文粹、四庫全書作『種類盤牙』，今據全唐文改。『磐牙』，亦作『盤牙』，交相連結。一說如犬牙相交。後漢書 滕撫傳：『順帝末，揚徐盜賊群起，磐牙連歲。』李賢注：『磐牙，謂相連結。』

〔二十一〕異術胏腑：原作『異術胇附』，今據會昌一品集、文苑英華、全唐文改。

〔二十二〕挾邪作蠱：此句原作『扶邪作蠱』，四庫全書作『朋邪作蠱』，今據唐文粹、全唐文改。『蠱』，誘惑；迷亂。左傳莊公二十八年：『楚令尹子元欲蠱文夫人，爲館於其宫側而振萬焉。』杜預注：『蠱，惑以淫事。』宋王安石禮樂論：『内有好愛之容蠱其欲，外有便嬖之諛驕其志。』

〔二十三〕既而龍祠堙滅：『堙滅』，原作『禋滅』，四庫全書作『湮滅』，今據會昌一品集、文苑英華、唐文粹、全唐文改。『龍祠』，古代匈奴單于大會龍城，祭祀天地鬼神。後漢書南匈奴傳：『兩骨都侯頗覺其意，會五月龍祠，因白單于。』李賢注：『前書曰：「匈奴法，歲正月諸長小會單于庭祠，五月大會龍城，祭其先天地鬼神，八月大會蹛林，課校人畜計。」』『堙滅』，埋没；泯滅。史記伯夷列傳：『岩穴之士，趣舍有時若此，類名堙滅而不稱，悲夫！』南朝梁劉孝標辯命論：『堙滅而無聞者，豈可勝道哉！』

〔二十四〕携國款塞，質帝女，蹙海疆：『蹙海疆』，原作『蹙漢壇』，今據會昌一品集、唐文粹、全唐文、適園叢書改。『款塞』，叩塞門。謂外族前來通好。史記太史公自序：『海外殊俗，重譯款塞。』裴駰集解引應劭曰：『款，叩也。皆叩塞門來服從也。』唐盧群淮西席上醉歌：『江

河灊注息浪，鑾貊款塞無塵。』『海疆』，此指西北沙漠地帶。按，此數句謂回紇奉太和公主來歸依事。舊唐書武宗紀會昌元年載：『八月，回鶻烏介可汗遣使告難，言本國爲黠戛斯所攻，故可汗死，今部人推爲可汗。緣本國破散，今奉太和公主南投大國。時烏介至塞上，大首領嗢没斯與赤心宰相相攻，殺赤心，率其部下數千帳近西城。天德防禦使田牟以聞。烏介又令其相頡干迦斯上表，借天德城以安公主，仍乞糧儲牛羊供給。詔金吾大將軍王會、宗正少卿李師偃往其牙宣慰，令放公主入朝，賑粟二萬石。……十一月丁酉朔。壬寅夜，大星東北流，其光燭地，有聲如雷，山崩石隕。其彗起於室，凡五十六日而滅。太和公主遣使入朝，言烏介自稱可汗，乞行策命，緣初至漠南，乞降使宣慰，從之。』

〔二十五〕有狼顧平城之心，鯨吞咸洛之志：『鯨吞咸洛』，原作『鯨吞盛樂』，今據會昌一品集、文苑英華、唐文粹、全唐文改。『狼顧』，如狼之視物。形容凶狠而貪婪地企圖攫取。漢陳琳檄吴將校部曲文：『自董卓作亂，以迄於今……鋒捍特起，鸇視狼顧，争爲梟雄者，不可勝數。』晋書劉聰載記：『石勒鴟視趙魏，曹嶷狼顧東齊。』『鯨吞』，猶兼并。舊唐書蕭銑杜伏威等傳論：『自隋朝維絶，宇縣瓜分；小則鼠竊狗偷，大則鯨虎吞據。』清顧炎武洛陽詩：『鶴望將焉屬，鯨吞未息争。』『咸洛』，咸陽與洛陽的并稱。梁書侯景傳：『豺狼肆毒，侵穴伊瀍，獫狁孔

熾，巢栖咸洛。』唐李白送戴十五歸衡岳序：『戴侯寓居長沙，稟湖岳之氣；少長咸洛，窺霸王之圖。』

〔二十六〕爰命梟將，搴旗刈旃，兵鏖穹廬，火烈荆榛：『梟將』，勇猛的將領。孔叢子答問：『章邯梟將，卒皆死士也。』史記留侯世家：『且太子所與俱諸將，皆嘗與上定天下梟將也，今使太子將之，此無異使羊將狼也。』『搴旗』，拔取敵方旗幟。吴子料敵：『然則一軍之中，必有虎賁之士，力輕扛鼎，足輕戎馬，搴旗斬將，必有能者。』漢司馬遷報任安書：『不能備行伍，攻城野戰，有斬將搴旗之功。』『刈旃』，『刈』，斬殺；砍斷。大戴禮記用兵：『及後世貪者之用兵也，以刈百姓，危國家也。』史記項羽本紀：『爲諸君潰圍，斬將，刈旗，令諸君知天亡我，非戰之罪也。』『旃』，泛指旌旗。唐李白贈宣城宇文太守兼呈崔侍御詩：『良圖掃沙漠，别夢繞旌旃。』此處『刈旃』，乃指砍下敵軍之軍旗，表示攻克敵方之意。『穹廬』，古代游牧民族居住的氈帳。漢書匈奴傳下：『匈奴父子同穹廬卧。』顔師古注：『穹廬，旃帳也。其形穹隆，故曰穹廬。』周書異域傳下吐谷渾：『雖有城郭，而不居之，恒處穹廬，隨水草畜牧。』此處『穹廬』指回鶻軍之營帳、居處之所。『荆榛』，亦作『荆蓁』。泛指叢生灌木，多用以形容荒蕪情景。三國魏曹植歸思賦：『城邑寂以空虚，草木穢而荆榛。』一本作『荆蓁』。唐李白古風之一：『王風委

蔓草，戰國多荊榛。』此處喻指回鶻居處之所。

〔二十七〕颺罽幕，碎轒轀，六羸遁逃，貴主生還：『碎轒轀』，原作『碎轒輐』，今據文苑英華、四庫全書改。『貴主生還』，文苑英華、唐文粹作『貴女生還』。『罽幕』亦作『罽幙』。毛氈制的帳幕。後漢書南匈奴傳論：『破龍祠，焚罽幕，阬十角，梏閼氏，銘功封石，倡呼而還。』『轒轀』，古代的戰車。用於攻城。孫子謀攻：『修櫓轒轀，具器械，三月而後成。』杜牧注：『轒轀，四輪車，排大木爲之，上蒙以生牛皮，下可容十人，往來運土填塹，木石所不能傷，今所謂木驢是也。』唐沈佺期塞北詩之一：『朔風吹汗漫，飄礫灑轒轀。』『六羸』，匈奴單于所乘之六匹騾馬。史記衛將軍驃騎列傳：『單于視漢兵多，而士馬尚强，戰而匈奴不利，薄莫，單于遂乘六羸，壯騎可數百，直冒漢圍西北馳去。』漢書霍去病傳作『六羸』。後以指入侵者的坐騎。『貴主』，指太和公主。按，此數句所述史事舊唐書武宗紀會昌三年有所記載：『（二月）太原劉沔奏：「昨率諸道之師至大同軍，遣石雄襲回鶻牙帳，雄大敗回鶻於殺胡山，烏介可汗被創而走。已迎得太和公主至雲州。」是日，御宣政殿，百僚稱賀。……黠戛斯使注吾合素入朝，獻名馬二匹，言可汗已破回鶻，迎得太和公主歸國，差人送公主入朝，愁回鶻殘衆奪之於路。帝遂遣中使送注吾合素往太原迎公主。時烏介可汗中箭，走投黑車子，詔黠戛斯出兵攻之。三月，太和公主

至京師，百官班於章敬寺迎謁，仍令所司告憲宗、穆宗二室。』

〔二十八〕堅昆稽首，鞮譯來獻：『堅昆』，古部族名。又稱鬲昆、隔昆、結骨、紇骨，居勿，唐時稱黠戛斯，在今葉尼塞河上游。漢初屬匈奴。宣帝時，匈奴郅支單于發兵西破堅昆，因留都其地。漢書匈奴傳下：『（郅支單于）發其兵西破堅昆，北降丁令，并三國。』唐段成式酉陽雜俎境異：『堅昆部落非狼種，其先所生之窟在曲漫山北。』『稽首』，古時一種跪拜禮，叩頭至地，是九拜中最恭敬者。公羊傳宣公六年：『靈公望見趙盾，愬而再拜；趙盾逡巡北面再拜稽首，趨而出。』史記趙世家：『公子成再拜稽首曰：「臣固聞王之胡服也。」』『鞮譯』，『狄鞮』和『譯』，原爲古代把西方、北方地區少數民族語言譯成漢語的譯官，後亦指歌詞已譯成漢語的少數民族的樂曲。南朝齊王融三月三日曲水詩序：『甌牘相尋，鞮譯無曠。』張銑注：『言四夷獻樂，譯言歲時不曠也。』此處借指少數民族。南朝齊謝朓元會曲：『珪贄紛成序，鞮譯憬來思。』陳去病出塞望蒙古詩：『非徒鶩鞮譯，將使明彝倫。』

〔二十九〕而又奸臣放命，二紀陸梁，據太行之固，下窺洛邑；通故絳之道，旁睨近關：『放命』，逆命，違命。漢書傅喜傳：『高武侯喜無功而封，内懷不忠，附下罔上，與故大司空丹同心背畔，放命圮族，虧損德化。』魏書皮喜傳：『往年氐羌放命，侵竊邊戍。』『陸梁』，囂張，

猖獗。後漢書皇甫規傳：『朕以寡德，不能式遏寇虐，乃令蜀賊陸梁邊陲。』三國志魏書高貴鄉公髦傳：『後先零諸種陸梁，覆没營塢。』宋楊萬里十山歌呈太守胡平一詩：『只將剽劫爲喧鬧，喝放歸來儘陸梁。』按，此數句所言蓋指劉悟、劉從諫、劉稹等人先後據昭義鎮謀叛亂之事。事見舊唐書卷一百六十一、新唐書卷一百一十四三人傳記。又，舊唐書卷十八上會昌三年九月所下制書亦及此事，中云：『故昭義節度劉悟，頃居海岱，嘗列爪牙。屬師道阻兵，王師問罪，三面開綱，一境離心，乘此危機，遂能歸命。憲宗嘉其誠款，授以南燕；穆宗待以腹心，委之上黨。招致死士，固護一方，迨於末年，已虧臣節。劉從諫生禀戾氣，幼習亂風。因跋扈之資，以專封封壤；潛恃紀綱之力，以襲兵符。暫展執珪之儀，終無上綬之請。……誘受亡命，妄作妖言，中罔朝廷，潛圖左道。接壤戎帥，屢奏陰謀，顧髫齔之所矜，豈淵魚之是察。洎乎沉痼，曾靡哀鳴，猶駐將盡之魂，恣行邪僻之志，罔或奮拔，自樹狡童。中使授醫，莫睹其朝服；近臣銜命，不入於壘門。逆節甚明，人神共棄。其贈官及先所授官爵、并劉稹在身官爵，宜并削奪。成德軍節度使王元逵、魏博節度使何弘敬，或姻連王室，或任重藩維，懇陳一至之誠，願揚九伐之命。……魏博軍頃以大旆涉河，竟殲師道。……諮爾二帥，朕所注懷，元逵可本官充北面招討澤潞使，弘敬充東面招討澤潞使。……其昭義舊將士及百姓等，如保初心，并赦而不問。如能捨逆效順，以州郡兵衆歸降者，

必厚加封賞。如能擒送劉稹者，别授土地，以報勛庸。頃隨劉悟鄆州舊將校子孫，既有義心，宜思改悔。如能感喻劉稹，束身歸朝，必當待之如初，特與洗雪。爾等舊校，亦并酬勞。仍委夷行、劉沔、王茂元各進兵同力攻討。其諸道進軍，并不得焚燒廬舍，發掘墳墓，擒執百姓以爲俘囚。桑麻田苗，各許本户爲主。罪止元惡，務拯生靈。」上所述可參。

〔三十〕泉魚不察，湯網宜懸：「泉魚」，即淵魚。深淵中的魚。比喻隱秘之事。唐人避高祖李淵諱，改淵爲「泉」。唐劉知幾史通補注：「孝標善於攻繆，博而且精，固以察及泉魚，辨窮河豕。」「湯網」，吕氏春秋異用：「湯見祝網者置四面。其祝曰：『從天墜者，從地出者，從四方來者，皆離吾網。』湯曰：『嘻，盡之矣，非桀其孰爲此也！』湯收其三面，置其一面，更教祝曰：『昔蛛蝥作網罟，今之人學紓。欲左者左，欲右者右，欲高者高，欲下者下，吾取其犯命者。』漢南之國聞之，曰：『湯之德及禽獸矣。』四十國歸之。」後因以「湯網」泛言刑政寬大。唐劉禹錫上杜司徒啓：「湯網雖疏，久而猶挂。」

〔三十一〕揚清風以掃雲，鼓迅雷而破山：「揚清風以掃雲」，會昌一品集作「揚清風而掃雲」。「鼓迅雷而破山」，原作「鼓迅雷以破山」，今據會昌一品集、全唐文改。

〔三十二〕任馮異則拔天井而震上黨，仗吴漢則發突騎而傾邯鄲：「震上黨」，會昌一品集

作『振上黨』。『而傾邯鄲』，會昌一品集、全唐文作『而窺邯鄲』。『馮異』，後漢書卷十七馮岑賈列傳馮異：『異爲人謙退不伐，行與諸將相逢，輒引車避道。進止皆有表識，軍中號爲整齊。每所止舍，諸將并坐論功，異常獨屏樹下，軍中號曰「大樹將軍」。及破邯鄲，乃更部分諸將，各有配隸。軍士皆言願屬大樹將軍，光武以此多之。別擊破鐵脛於北平，又降匈奴于林闟頓王，因從平河北。』『天井』，此处指『天井關』，又名太行關。在今山西晉城縣南太行山頂，因關南有天井泉三處得名。形勢險峻，當太行南北要衝，歷代爲兵争要地。宋靖康元年改稱雄定關，元末亦名平陽關。後漢書章帝紀：『（元和二年）幸東阿，北登太行山，至天井關。』李賢注：『今太行山上，關南有天井泉三所也。』『上黨』，是山西東南部的一個古地名，古潞澤遼沁四州一帶，是由群山包圍起來的一塊高地，東部依太行山與華北平原爲界、西部依太岳山和中條山與晉南（也稱河東）接壤。釋名曰：『黨，所也，在山上其所最高，故曰上黨也。』『吴漢』，傳見後漢書卷十八。其傳謂其爲東漢南陽宛人，字子顔。初爲亭長，王莽末亡命至漁陽，以販馬爲業。後歸劉秀，從征王郎，爲偏將軍。後與諸將擁劉秀爲帝，任大司馬，封舞陽侯。鎮壓銅馬、重連、高湖、青犢、五校等軍，擊滅秦豐、劉永、董憲等，平定東方。又隨劉秀西擊隗囂。建武十一年，率軍伐蜀，次年滅蜀，盡殺公孫述宗族。卒謚忠。

〔三十三〕壺關失險，山東奪魄：『壺關』，壺關縣隸屬於山西省長治市，位於山西東南部，東與河南省林、輝二市相連，西與長治市爲鄰，北與平順縣隔界，南與陵川縣接壤。元和郡县志卷十九：『壺關縣本漢縣也，屬上黨郡。山形似壺，於此置關，故名壺關。隋開皇十六年分壺關置上黨縣，大業二年省壺關并入上黨，武德四年重置。』『山東』，此指稱太行山以東地區。史記晋世家：『冬十二月，晋兵先下山東。』唐杜甫洗兵行：『中興諸將收山東，捷書夜報清晝同。』仇兆鰲注：『山東，河北也。安禄山反，先陷河北諸郡。』

〔三十四〕屬有戍邊叛將，竊發參墟，人心摇蕩，異議放肆。陛下臨朝而言曰：『二寇獲罪於天，予所不捨。』：『參墟』，亦作『參虚』。參星的分野。當今山西、河南一帶。左傳昭公十五年：『唐叔受之，以處參虚。』杜預注：『參虚，實沈之次，晋之分野。』孔穎達疏：『實沈之次，晋之分野，上繫參之虚域，故云參虚。』舊唐書忠義傳上夏侯端：『參墟得歲，必有真人起於實沈之次。』按，此數句蓋指郭誼、劉從諫等叛亂而武宗下令討伐之事。舊唐書武宗紀會昌四年九月記此事云：『九月，以天德軍使、晋絳行營招討使石雄檢校兵部尚書、河中尹、兼御史大夫、河中晋絳慈隰等州節度使。……以……王宰檢校司空、太原尹、北都留守，充河東節度、管内觀察處置等使。制曰：「逆賊郭誼等，狐鼠之妖，依丘穴而作固；牛羊之力，得水草而逾凶。久從叛

臣，皆負逆氣。劉從諫背德反義，掩賊藏奸，積其怙亂之謀，無非親吏之計。劉公直、安全慶等各憑地險，屢抗王師，每肆悖言，罔懷革面。况郭誼、王協聞邢、洺歸款，懼義旅覆巢，賣孽童以圖全，據堅城而請命。昔伍被詣吏，不免就誅；延岑出降，終亦夷族。致之大辟，無所愧懷。」』

〔三十五〕未三旬而定晉陽，才期年而滅潞子：『晉陽』，即太原。故址在今山西省太原市晉源區的古城營村、東城角村、南城角村、南北瓦窑村、羅城村以及附近區域。始建年代不詳，最早出現在史書中的時間是公元前四九七年，先後作爲趙國都城、秦太原郡治、漢初代國都、漢并州治、曹魏并州治、西晉太原國都、前秦都城、北魏并州治等。『潞子』，此指潞州叛將劉稹等人。按，此兩句所言舊唐書武宗紀會昌三、四年中有所記載，會昌三年十二月載：『十二月，王宰奏收天井關。榆社行營都將王逢奏兵少，乞濟師，詔太原軍二千人赴之。初，劉沔破回鶻，留三千人戍横水，至是，李石以太原無兵，抽横水戍卒一千五百人以赴王逢。是月二十八日，横水軍至太原，請出軍優給。舊例第一軍絹二匹，時劉沔交代後，軍庫無絹。石以己絹益之，方可人給一匹，便催上路。軍人以歲將除，欲候過歲，期既速，軍情不悦。都頭楊弁乘士卒流怨，激之爲亂。四年春正月乙酉朔，以澤潞用兵，罷元會。其日，楊弁逐太原節度使李石。……壬子，河東監軍使吕義忠收復太原，生擒楊弁，盡斬其亂卒，百僚稱賀。二月……辛酉，太原送楊弁與其同惡五十四

人來獻，斬於狗脊嶺。』又，會昌四年七月載：『王元逵奏邢州刺史裴問、別將高元武以城降。洺州刺史王釗、磁州刺史安玉以城降何弘敬。山東三州平。潞州大將郭誼、張谷、陳揚廷遣人至王宰軍，請殺稹以自贖。王宰以聞，乃詔石雄率軍七千入潞州，誼斬劉稹首以迎雄，澤、潞等五州平。八月戊戌，王宰傳稹首與大將郭誼等一百五十人，露布獻於京師，上御安福門受俘，百僚樓前稱賀。』

〔三十六〕孰能臻於此乎：此句原作『孰能臻此乎』，今據會昌一品集、文苑英華、唐文粹、全唐文增補。

〔三十七〕成伐東夷而肅慎來賀，景剪七國而王室乃安，莫不始於武功，終致刑措：『成』，指周成王，傳見史記卷四。『東夷』，古代對我國中原以東各族的統稱。禮記曲禮下：『其在東夷、北狄、西戎、南蠻，雖大曰子。』晋孫楚爲石仲容與孫皓書：『東夷獻其樂器，肅慎貢其楛矢。』『肅慎』，亦作『肅眘』。古民族名。古代居於我國東北地區。周武王、成王時曾以楛矢、石砮來貢。一般認爲漢以後的挹婁、勿吉、靺鞨、女真都和它有淵源關係。亦泛指遠方之國。左傳昭公九年：『肅慎、燕、亳，吾北土也。』漢書武帝紀：『海外肅眘，北發渠搜，氐羌徠服。』顔師古注：『周書序云：「成王既伐東夷，肅眘來賀。」即謂此。』『景』，指漢景帝，傳見史記卷

十一、漢書卷五。漢景帝，即劉啓。西漢皇帝。文帝中子。用晁錯計，削諸侯王封地。吴楚等七國反，後討平七國，派任官吏管理諸侯王國行政，鞏固中央集權。繼承文帝與民休息政策，重農抑商，改田賦十五税一爲三十税一。史家稱文景之治。在位十六年。『刑措』，亦作『刑錯』，亦作『刑厝』。置刑法而不用。荀子議兵：『傳曰：「威厲而不試，刑錯而不用。」』史記周本紀：『故成康之際，天下安寧，刑錯四十餘年不用。』裴駰集解引應劭曰：『錯，置也。民不犯法，無所置刑。』

〔三十八〕將以禋上帝，薦祖宗，宜受鴻名，以答玄貺：『宜』，原作『且』，今據會昌一品集、文苑英華、唐文粹、四庫全書、全唐文改。『鴻名』，四庫全書、適園叢書、明鈔本、甲庫本作『鴻命』。『禋』，祭名。升烟祭天以求福。詩大雅生民：『厥初生民，時維姜嫄。生民如何？克禋克祀，以弗無子。』鄭玄箋：『乃禋祀上帝於郊禖，以祓除其無子之疾而得其福也。』孔穎達疏：『經傳之中，亦非祭天而稱禋祀者，諸儒遂以禋爲祭之通名……先儒云，凡絜祀曰禋。若絜祀爲禋，不宜别六宗與山川也。凡祭祀無不絜，而不可謂皆精。然則精意以享，宜施燔燎，精誠以假，烟氣之升，以達其誠故也。』『上帝』，天帝。易豫：『先王以作樂崇德，殷薦之上帝，以配祖考。』國語晉語八：『夫鬼神之所及，非其族類，則紹其同位，是故天子祀上帝，公侯祀百辟，自

卿以下不過其族。』晉袁宏後漢紀順帝紀上：『愚以爲天不言，以灾異爲譴，告政之治亂，主之得失，皆上帝所伺而應以灾祥者也。』『薦』，祭祀時獻牲。易觀：『觀，盥而不薦，有孚顒若。』孔穎達疏：『既盥之後，陳薦籩豆之事。』左傳隱公三年：『可薦於鬼神，可羞於王公。』『玄貺』，上天的賞賜。舊唐書懿宗紀：『仰俟玄貺，必致甘滋。』宋史樂志九：『玄貺昭格，至和所熏。』

〔三十九〕陛下猶謙遜而五讓之，勤請弗已：『猶謙遜而五讓之』，原作『猶謙而五讓之』，今據會昌一品集、全唐文增補。『勤請』，原作『勤』，今據文苑英華、唐文粹、四庫全書、全唐文增補。『弗已』，原作『罔已』，今據會昌一品集、全唐文改。

〔四十〕勤於大道，玄祖之訓也：『大道』，正道；常理。指最高的治世原則，包括倫理綱常等。禮記禮運：『孔子曰：「大道之行也，與三代之英，丘未之逮也，而有志焉。」』漢書司馬遷傳贊：『又其是非頗繆於聖人，論大道則先黄老而後六經。』『玄祖』，猶玄聖。指老子。宋孫光憲北夢瑣言卷一：『玄祖之道，用慈儉爲先；素王之風，以仁義是首。』

〔四十一〕熙我王度，玉振金聲：『玉振金聲』，原作『永振金聲』，今據會昌一品集、四庫全書改。『熙』，嘆詞。漢書翟方進傳：『熙！我念孺子，若涉淵水。』顔師古注：『熙，嘆辭。』『王度』，王者的德行器度。左傳昭公十二年：『思我王度，式如玉，式如金。』孔穎達

疏：『思使我王之德度，用如玉然，用如金然，使之堅而且重，可寶愛也。』南朝宋鮑照爲柳令讓驃騎表：『方之微臣，被安足齒，齊此而歸，懼塵王度。』『玉振金聲』，喻文章道德之盛。唐楊炯從弟去溢墓志銘：『莫不玉振金聲，筆有餘力。』宋高觀國水龍吟爲放翁壽詞：『玉振金聲，水增川湧，德兼才貴。』

〔四十二〕臣德裕等誠歡誠躍：『誠歡誠躍』，原作『誠歡誠懼』，今據會昌一品集、唐文粹、四庫全書、全唐文改。

應乾聖壽太上皇册文〔一〕

張弘靖

維永貞二年，歲次景戌，正月景寅朔，皇帝臣某稽首再拜奉册言：臣聞上聖玄邈，獨超乎希夷〔二〕；强名之極，猶存乎言象。豈足以表無爲之德，光不宰之功〔三〕？然稱謂所施，簡册攸著，涵泳德澤，感於精誠，願奉鴻徽〔四〕，有以自竭。伏惟太上皇陛下，道侔玄元，業纂皇極，膺千載之休曆，承九聖之耿光〔五〕，宣昭化元，發揚大號。政有敦本示儉，慶有格天漏泉〔六〕。恩翔春風，仁育群品。而成功不處，褰裳去之。付神器

於沖人，想汾陽以高蹈〔七〕。體堯之德，與神同符。其動也天，其静也地，巍巍事表，無得而言焉。顧兹寡昧，屬膺大寶。懼忝傳歸之業，莫申繼述之志〔八〕，夙夜兢畏，惟懷永圖。今天下幸安，皆睿訓所被，而未極徽號，孰報君親？是以臺臣庶官，文武之列，抗疏於内；方伯藩守，億兆之衆，同詞於外，請因壽曆，以播鴻名〔九〕。臣不勝大願，謹上尊號曰『應乾聖壽太上皇』。當三朝獻壽之辰，應五紀啓元之始〔十〕，光膺徽稱，允叶神休〔十一〕，斯天下之慶也。臣稽首再拜。

校　箋

〔一〕本文又見於全唐文卷五百四十四，文題名爲應乾聖壽太上皇册文，署名張弘靖。又見於東雅堂昌黎集注外集注（以下簡稱韓集）卷十。本文文末未署頒布册文時間。考本文文首云『維永貞二年，歲次景戌，正月景寅朔』云云。又舊唐書卷十四憲宗紀載：『元和元年（即永貞二年）春正月丙寅朔，皇帝率群臣於興慶宫奉上太上皇尊號曰應乾聖壽太上皇。』新唐書卷七順宗紀載：『元和元年正月，皇帝率群臣上尊號曰應乾聖壽太上皇。』資治通鑒卷二百三十七元和元年亦記：『春，正月，丙寅朔，上帥群臣詣興慶宫上上皇尊號。』據此知此次上册文時間即元和元年

（八〇六）正月一日，則此文撰寫時間當在是時稍前。又，本文署名作者張弘靖，其生平事迹可見舊唐書卷一百二十九、新唐書卷一百二十七。舊唐書本傳載：『（張延賞）子弘靖，字元理，雅厚信直。少以門蔭授河南府參軍，調補藍田尉。東都留守杜亞辟爲從事，奏改監察御史裏行，轉殿中侍御史、内供奉。……又獻賦美二京之制，德宗嘉其文，擢授監察御史。轉殿中侍御史、禮部員外郎；遷兵部郎中、知制誥、中書舍人、知東都選事；拜工部侍郎，轉户部侍郎、陝州觀察、河中節度使；拜刑部尚書、同中書門下平章事。吴少陽死，其子元濟擅主留務，憲宗怒，欲下詔誅之。弘靖請先命吊贈使，待其不恭，然後加兵，憲宗從其議。尋加中書侍郎平章事。盜殺宰相武光衡，京師索賊未得。……又殺張晏後，憲宗欲遂伐承宗。弘靖以爲戎事并興，鮮有濟者，不若并攻元濟，待淮西平，然後悉師河朔。憲宗業已北討，不爲之止，然亦重違其言。弘靖知終不聽用，遂自陳乞罷政事。俄檢校吏部尚書、同中書門下平章事，充太原節度使。行未及鎮，果下詔誅承宗。……旋徵拜吏部尚書，遷檢校右僕射、宣武軍節度使，時韓弘入覲之後也。弘靖用政寬緩，代弘之理。俄以劉總累求歸闕，且請弘靖代己，制加檢校司空平章事，充幽州、盧龍等軍節度使。……弘靖以禄山、思明之亂，始自幽州，欲於事初盡革其俗，乃發禄山墓，毁其棺柩，人尤失望。……劉總歸朝，以錢一百萬貫賜軍士，弘靖留二十萬貫充軍府雜用。薊人不勝其

憤，遂相率以叛，囚弘靖於薊門館，執韋雍、張宗厚輩數人，皆殺之。……明日，吏卒稍稍自悔，悉詣館，請弘靖爲帥，願改心事之。凡三請，弘靖卒不對。軍人乃相謂曰：「相公無言，是不赦吾曹必矣，軍中豈可一日無帥！」遂取朱洄爲兵馬留後。朝廷既除洄子克融爲幽州節度使，乃貶弘靖爲撫州刺史。未幾，遷太子賓客、少保、少師。長慶四年六月卒，年六十五。』

〔二〕上聖玄邈，獨超乎希夷：『玄邈』，清高超逸。晋桓温薦譙元彦表：『故有洗耳投淵，以振玄邈之風。』明文徵明長洲縣重修儒學記：『坐談名理，標示玄邈。』『希夷』，老子：『視之不見名曰夷，聽之不聞名曰希。』河上公注：『無色曰夷，無聲曰希。』後因以『希夷』指虚寂玄妙。南朝梁蕭統謝敕參解講啓：『至理希夷，微言淵奥，非所能鑽仰。』

〔三〕豈足以表無爲之德，光不宰之功：『無爲之德』，四庫全書、全唐文作『無爲之化』。『無爲』，謂順應自然，不求有所作爲。易繫辭上：『易，無思也，無爲也，寂然不動，感而遂通天下之故。』孔穎達疏：『任運自動，不須營造，是無爲也。』莊子天道：『夫虚静恬淡寂寞無爲者，萬物之本也。』『不宰』，不主宰。老子：『爲而不恃，長而不宰。』唐杜審言和李大夫嗣真奉使存撫河東：『不宰神功運，無爲大象懸。』

〔四〕涵泳德澤，感於精誠，願奉鴻徽：『德澤』，韓集作『道德』。『願奉鴻徽』，韓集作『仰

奉洪徽』。『鴻徽』，大美；大善。多指極爲人稱譽的美德善行。南朝宋謝莊爲八座江夏王請封禪表：『鴻徽洽於海表，威棱震乎沙外。』唐閻隨侯西岳望幸賦：『邦國之鴻徽克播，帝王之盛事畢陳。』

〔五〕道侔玄元，業纂皇極，膺千載之休曆，承九聖之耿光：『道侔玄元』，韓集作『道繼玄元』。『玄元』，指老子。唐初追號老子爲『太上玄元皇帝』，簡稱『玄元』。『皇極』，指皇位。晋干寶晋紀總論：『至於世祖，遂享皇極。』資治通鑑晋簡文帝咸安元年：『於是宣太后令，廢帝爲東海王，以丞相録尚書事會稽王昱統承皇極。』『休曆』，猶言太平盛世。唐沈佺期和韋舍人早朝詩：『千春奉休曆，分禁喜趨陪。』『耿光』，光明；光輝；光榮。

〔六〕宣昭化元，發揚大號。政有敦本示儉，慶有格天漏泉：『宣昭化元』，韓集作『昭宣化源』。『宣昭』，宣揚；顯揚。詩大雅文王：『宣昭義問。』王引之經義述聞毛詩中：『宣昭猶言明昭。』左傳昭公三十二年：『伯父若肆大惠，復二文之業，弛周室之憂，徼文武之福，以固盟主，宣昭令名，則余一人有大願矣。』『化元』，造化的本原。唐獨孤及洪都刺史張公遺愛頌序：『該綜六學，大抵以周易爲師，將探化元，恥觀朵頤，隱居南山。』清劉獻廷廣陽雜記卷二：『有至人焉，見吾之深探化元，細推名理，鑽故紙以終日，惟陳言之是耽，不猶諸子之立觀村

劇乎！』『大號』，帝王的號令。易渙：『渙汗其大號。』孔穎達疏：『渙汗其大號者，人遇險厄驚怖而勞，則汗從體出，故以汗喻險厄也。九五處尊履正，在號令之中，能行號令以散險厄者也。』唐元稹郭釗等轉勛制：『越二月發大號於天下，延寵庶官，錫爾崇勛，無替嘉命。』『敦本』，注重根本。本，古時多指農業。宋書武帝紀中：『公抑末敦本，務農重積，采蘩實殷，稼穡惟阜。』唐孟郊藍溪元居士草堂詩：『讀書業雖異，敦本志亦同。』『格天』，感通上天。語本書君奭：『在昔成湯既受命，時則有若伊尹，格於皇天。』晋葛洪抱朴子務正：『故元凱之佐登，而格天之化洽。』

〔七〕付神器於冲人，想汾陽以高蹈：『冲人』，年幼的人。多爲古代帝王自稱的謙辭。書盤庚下：『肆予冲人，非廢厥謀。』孔傳：『冲，童。』孔穎達疏：『冲、童，聲相近，皆是幼小之名。自稱童人，言己幼小無知，故爲謙也。』漢焦贛易林需之無妄：『戴璧秉珪，請命於河，周公作誓，冲人瘳愈。』『汾陽』，即汾水之陽。此處乃取汾水游之典故。莊子逍遥游云：『堯治天下之民，平海内之政，往見四子藐姑射之山，汾水之陽，窅然喪其天下焉。』故後以『汾水游』形容超然物外之處世態度。南朝宋謝靈運從游京口北固應詔詩：『昔聞汾水游，今見塵外鑣。』南史梁紀上武帝：『一駕汾陽，便有窅然之志；暫適箕嶺，即動讓王之心。』此處『緬慕汾陽』，即謂

唐順宗崇尚老莊之道，頗追慕往游汾水之陽之舉，以便享受高蹈逍遥生活。

〔八〕顧兹寡昧，屬膺大寶。懼忝傳歸之業，莫申繼述之志：『寡昧』，謂知識淺陋，不明事理。北魏楊衒之洛陽伽藍記平等寺：『臣既寡昧，識無光遠，景命雖降，不敢仰承，乞收成旨，以允愚衷。』宣和遺事後集：『蓋以寡昧之資，藉盈成之業，言路壅蔽，導諛日聞，恩倖持權，貪饕得志。』『大寶』，易繫辭下：『聖人之大寶曰位。』後因以『大寶』指帝位。北魏楊衒之洛陽伽藍記永寧寺：『正以糠秕萬乘，錙銖大寶，非貪皇帝之尊，豈圖六合之富？』舊唐書德宗紀下：『朕以寡德，祗膺大寶。』『繼述』，繼承。宋岳珂桯史陳了翁始末：『主上修繼述之效，閤下乃違志壞事。』續資治通鑒宋欽宗靖康元年：『蔡京用事二十年，以繼述神宗爲名，實挾王安石以圖身利。』

〔九〕請因壽曆，以播鴻名：『壽曆』，此指唐順宗生日。據舊唐書順宗紀，順宗『上元二年正月生於長安之東内。』則元和元年正月正是其生辰。『鴻名』，大名；盛名。史記司馬相如列傳：『前聖之所以永保鴻名而常爲稱首者用此，宜命掌故悉奏其義而覽焉。』唐蘇頲開元元年赦書：『鴻名不可以深拒，盛典不可以固違。』

〔十〕當三朝獻壽之辰，應五紀啓元之始：『三朝』，正月一日。爲歲、月、日之始，故曰三

朝。漢班固東京賦：『春王三朝，會同漢京。』李善注：『三朝，歲首朔日也。』漢書孔光傳：『歲之朝，曰三朝。』顏師古注：『歲之朝，月之朝，日之朝，故曰三朝。』唐耿湋元日早朝詩：『九陌朝臣滿，三朝候鼓賒。』『五紀』，指歲、月、日、星辰、歷數。書洪範：『五紀：一曰歲，二曰月，三曰日，四曰星辰，五曰歷數。』孔穎達疏：『凡此五者，皆所以紀天時，故謂之五紀也。』舊唐書代宗紀：『叶五紀者，建號以體元；授四時者，布和而順氣。』

〔十一〕光膺徽稱，允叶神休：『光膺』，榮受。唐陸贄馬燧渾瑊副元帥招討河中制：『出納朕命，光膺具瞻。』唐韓愈賀册皇太后表：『皇太后光膺令典，受册宫闈。』『徽稱』，褒揚贊美的稱號。南朝宋傅亮進宋公爲宋王詔：『乘馬之制，有陋舊章，徽稱之美，未窮上爵，豈足以顯報懋功。』舊唐書韋温傳：『群臣上尊號，温上疏曰：「……今歲三川水灾，江淮旱歉，恐非崇飾徽稱之時。」帝深嘉之，乃止。』『允叶』，和洽。北史薛孝通傳：『奉以爲主，天人允叶。』『神休』，神明賜予的福祥。漢揚雄甘泉賦：『惟漢十世，將郊上玄、定泰畤，擁神休，尊明號。』李善注：『言將祭泰畤，冀神擁祐之以美祥。』唐李白明堂賦：『若乃高宗紹興，祐統錫羡，神休旁臻，瑞物咸薦。』

2021—2035年國家古籍工作規劃重點出版項目
國家出版基金資助項目
安徽省“十四五”重點圖書出版規劃項目

全國高校古委會古籍整理研究項目
厦門大學中文系古籍整理研究項目
安徽師範大學中國詩學研究中心學術叢書

◉主　編　吴在慶
◉本册校箋　吴在慶

唐大詔令集繫年校箋

03
第一輯

黄山書社

本册目録

卷第九

帝王

卷第十

帝王

卷第十一

帝王

遺詔上

卷第十二

帝王

遺詔下

遺誥

卷第十三

帝王

諡議上

卷第十四至卷第二十四并闕文

卷第九

帝王

册尊號赦上

册尊號赦上

開元二十七年册尊號赦〔一〕

門下：古之執大象建皇極者〔二〕，必稽彝訓而受鴻名〔三〕，所以應乎天而順乎人也。朕嗣守丕業二十七年，受命之初，既膺明號，尚多祗懼〔四〕，已謂崇高。而公卿宗子，緇黄耆艾〔五〕，披誠瀝懇，詣闕上言，僉以爲乃聖乃文，祖宗大烈，恭惟纘服〔六〕，必在欽承，願以休名〔七〕，施于薄德。抑而不許，凡已十年，爰迨于今，又陳八請。上迫奉先之義〔八〕，下稽從衆之言，將存至公，不可固拒。以今日敬依大號曰『開元聖文神武皇帝』，勉從典册，良增感懼。惟新之號，既不私於朕躬；非常之澤，宜并覃於率土〔九〕，可大赦天下。自開元二十七年二月七日昧爽已前〔十〕，大辟罪已下，罪無輕重，已發覺，未發覺，已結正，未結正，繫囚見徒，常赦所不免者，咸赦除之。自開元已來，諸色逋負痕累人等，咸從洗滌〔十一〕，令許自新，所司更不須以此爲累。其有別

敕停官及亡官失爵者（十二），放歸不齒之類，量加收叙（十三）。左遷官及諸色流人，并稍量移近處（十四）。朕每念黎甿，常恐失所，救其困乏，所貴及時（十五）。比來諸州，或有傷損處（十六），所在賑給，例逼春農（十七）。比及奏報，又淹時月，既無救於懸絶，亦何成於惠養（十八）？自今已後，每年至秋收後，即宜遣使分道宣慰，仍與采訪使及州縣相知巡檢。百姓間或有乏絶不自支濟者，應須蠲放及賑給（十九），便量事處置訖奏聞。天下百姓宜放今年地税。州縣官月料（二十），往緣錢有濫惡，致損於人，或徇私者多，得罪亦衆，所以改支庸調（二十一），將便公私。聞百姓之間加織造，若以此勞弊，又非得所。自今以後，宜各以當道所鑄，充其月料。古者三載考績，黜陟幽明，允叶大猷（二十二），以勸天下。比來諸道所通善狀（二十三），但優仕進之輩，與爲選調之資（二十四）。責實循名，或乖古義。自今已後（二十五），諸道使更不須通善狀。每至三年，朕當自擇使臣，觀察風俗，有清白政理著聞者，當别擢用。宗廟致敬，必先於所在；神人所依，無取於非族（二十六）。深惟至理，用切因心（二十七）。其應緣太廟五享，宜於宗子及嗣王郡王中揀擇有德望者，令攝三公行事（二十八）。其異姓官更不須令攝（二十九）。其草澤間有殊才異行，文堪經國，爲衆所知，不求聞達者，所在長官以禮徵送（三十）。皇太子瑛男及慶王琮已

下男宜并封授官（三十一）；邠王守禮、寧王憲各與一子三品官（三十二）。其内外文武三品以上，賜爵一級；四品以下，各加一階。長公主公主及嗣王郡王各與一子官（三十三）；郡主縣主各放一子出身。二王後及諸方蕃客宜各賜物（三十四），諸致仕官量與進改，依前致仕。天下耆老，百歲已上版授下州刺史（三十五），婦人版授郡君，賜粟五石、綿帛五段；九十已上版授上州司馬（三十六），婦人版授縣君（三十七），賜粟三石、綿帛三段；八十已上版授縣令，婦人版授鄉君（三十八），賜粟兩石、綿帛兩段。京城父老等（三十九），宜共賜物三千段，僧道等賜物一萬匹。天下觀寺每六齋日（四十），宜轉經讀典（四十一），懲惡勸善，以闡文教。赦書有所未該，所司類例處分（四十二）。率土之内，賜酺五日（四十三）。五岳四瀆，名山大川（四十四），自古帝王忠臣義士，并令州縣致祭。其有亡命山澤，挾藏軍器，百日不首，復罪如初。宣布中外，咸使知聞。主者施行。

校箋

（一）此文又見於册府元龜卷八十六帝王部赦宥第五，文苑英華卷四百二十二翰林制誥三，

文題爲開元二十七年册尊號大赦天下制，作者孫逖。全唐文卷三百一十亦録，文題及作者同文苑英華。據此知本文乃孫逖所撰。又，本文文末未署頒布時間。考册府元龜本文文首云『唐玄宗開元二十七年二月己巳加尊號開元聖文神武皇帝，大赦天下』云云，按，開元二十七年二月己巳即是年二月七日。又本文中有『自開元二十七年二月七日昧爽已前』云云，此日期與册府元龜所説加尊號時間同。又考舊唐書卷九玄宗紀下開元二十七年載：『二月己巳，加尊號開元聖文神武皇帝，大赦天下。』唐會要卷一帝號上亦記唐玄宗：『開元二十七年二月七日，加尊號開元聖文神武皇帝。』新唐書卷五玄宗紀所載同。可見本文乃頒布於開元二十七年（七三九）二月己巳（七日），則其撰寫時間當在是時稍前。又，本文作者孫逖，其生平事迹見舊唐書卷一百九十中、新唐書卷二百二。舊唐書本傳載：『孫逖，潞州涉縣人。……父嘉之，天册年進士擢第，又以書判拔萃，授蜀州新津主簿，歷曲周、襄邑二縣令，以宋州司馬致仕，卒年八十三。逖幼而英俊，文思敏速。始年十五，謁雍州長史崔日用。日用小之，令爲土火爐賦，逖握翰即成，詞理典贍。日用覽之駭然，遂爲忘年之交，以是價譽益重。開元初，應哲人奇士舉，授山陰尉。遷秘書正字。十年，應制登文藻宏麗科，拜左拾遺。張説尤重其才，逖日游其門，轉左補闕。黄門侍郎李暠出鎮太原，辟爲從事。暠在鎮，與蒲州刺史李尚隱游于伯樂川，逖爲之記，文士盛稱之。二十一年，

入爲考功員外郎、集賢修撰。逖選貢士二年，多得俊才。初年則杜鴻漸至宰輔，顔真卿爲尚書。後年拔李華、蕭穎士、趙驊登上第，逖謂人曰：「此三人便堪掌綸誥。」二十四年，拜逖中書舍人。……丁父喪免，二十九年服闋，復爲中書舍人。其年充河東黜陟使。天寶三載，權判刑部侍郎。五載，以風病求散秩，改太子左庶子。逖掌誥八年，制敕所出，爲時流嘆服。議者以爲自開元已來，蘇頲、齊澣、蘇晋、賈曾、韓休、許景先及逖，爲王言之最。逖尤善思，文理精練，加之謙退不伐，人多稱之。以疾沉廢累年，轉太子詹事。上元中卒。廣德二年，詔贈尚書右僕射，謚曰文。有集三十卷。』

〔二〕古之執大象建皇極者：『大象』，大道，常理。老子：『執大象，天下往。』河上公注：『象，道也。聖人守大道，則天下萬民移心歸往之。』晋干寶晋紀總論：『昔高祖宣皇帝，以雄才碩量，應運而仕……于是百姓與能，大象始構矣。』『皇極』，帝王統治天下的準則。即所謂大中至正之道。書洪範：『五，皇極，皇建其有極。』孔穎達疏：『皇，大也；極，中也。施政教，治下民，當使大得其中，無有邪僻。』漢荀悦漢紀高祖紀一：『昔在上聖，唯建皇極，經緯天地。』

〔三〕必稽彝訓而受鴻名：『稽』，原作『藉』，今據文苑英華、全唐文改。『鴻名』，明

鈔本、甲庫本作『鴻命』。『彝訓』，指尊長對後輩的教誨、訓誡。唐元稹贈烏重胤父承玼等制：『追念本始，無忘爾先，永錫追榮，用章彝訓。』清王闓運武慎劉公墓志銘：『當世才德，莫能與儔，自非親服彝訓，孰能名之？』『鴻名』，大名；盛名。史記 司馬相如列傳：『前聖之所以永保鴻名而常爲稱首者用此，宜命掌故悉奏其義而覽焉。』唐蘇頲開元元年赦書：『鴻名不可以深拒，盛典不可以固違。』

〔四〕既膺明號，尚多祇懼：『明號』，顯赫的名稱、稱號。漢揚雄甘泉賦：『惟漢十世，將郊上玄，定泰時，雍神休，尊明號：同符三皇，録功五帝。』李善注引晋灼曰：『明號，下「同符三皇」也。』李周翰注：『尊祭牲，加以殊號，謂牛曰「一元大武」是也。』『祇懼』，敬懼，小心謹慎。書 泰誓上：『予小子夙夜祇懼。』漢書 劉輔傳：『君臣祇懼，動色相戒。』

〔五〕而公卿宗子，緇黄耆艾：此句原無『而』字，今據文苑英華增補。『緇黄』，指僧道。僧人緇服，道士黄冠，故稱。唐獨孤及謝敕書兼賜冬衣表：『緇黄載躍，斑白相歡。』宋洪邁夷堅丙志 程佛子：『每歲必以正月十六日，設齋飯緇黄，名曰龍會齋。』『耆艾』，尊長；師長。亦泛指老年人。莊子 寓言：『重言十七，所以已言也，是爲耆艾。』王先謙集解：『此爲長老之言，則稱引之。』釋詁：『耆、艾，長也。』』國語 周語上：『瞽史教誨，耆艾修之。』韋昭注：『耆

艾，師傅也。』

〔六〕祖宗大烈，恭惟纘服：『大烈』，四庫全書作『大業』。『纘服』，繼承職事。唐陸贄告謝肅宗廟文：『上天悔禍，群孽就誅；非臣寡昧，所能纘服。』宋蘇轍擬答西夏詔書：『頃朕纘服之初，深示含容之意，釋其往事，加以新恩。』

〔七〕必在欽承，願以休名：『欽承』，恭敬地繼承或承受。書說命下：『監于先王成憲，其永無愆，惟説式克欽承。』三國魏曹丕與鍾大理書：『嘉貺益腆，敢不欽承。』『休名』，美好的名聲。三國魏劉劭人物志八觀：『是故骨直氣清，則休名生焉。』劉昞注：『骨氣相應，名是以美。』隋書孝義傳序：『匹夫匹婦行之於閭閻，則播徽烈於當年，揚休名於千載。』

〔八〕上追奉先之義：『上追』，原作『上迫』，今據文苑英華、四庫全書、全唐文、適園叢書、明鈔本、甲庫本、學林本改。『奉先』，祭祀祖先。書太甲中：『奉先思孝，接下思恭。』舊唐書肅宗紀：『朕早承聖訓，嘗讀禮經，義切奉先，恐不克荷。』

〔九〕宜并覃於率土：『并覃』，原作『普覃』，今據文苑英華、全唐文改。『覃』，遍及；廣施。南朝陳徐陵爲貞陽侯與太尉王僧辯書：『慈孝之道通於百靈，仁信之風覃於萬國。』唐玄宗游興慶宮作詩：『所希覃率土，孝悌一同規。』『率土』，『率土之濱』之省。謂境域之内。詩小雅

北山：『率土之濱，莫非王臣。』王引之經義述聞毛詩中：『爾雅曰：「率，自也。自土之濱者，舉外以包内，猶言四海之内。」』漢班固明堂詩：『普天率土，各以其職。』

〔十〕自開元二十七年二月七日昧爽已前：此句原作『自開元二十七年二月七日榜牒昧爽已前』，今據册府元龜、文苑英華、全唐文删改。『昧爽』，拂曉；黎明。書牧誓：『時甲子昧爽，武王朝至于商郊牧野。』孔子家語五儀解：『昧爽夙興，正其衣冠。』

〔十一〕諸色逋負痕累人等，咸從洗滌：『逋負』，原作『應附』，今據文苑英華、四庫全書改。『痕累』，原作『疚累』，今據册府元龜、文苑英華、四庫全書、甲庫本改。『咸從洗滌』，原作『威從洗滌』，今據册府元龜、文苑英華、四庫全書、全唐文、適園叢書、明鈔本、甲庫本、學林本改。『逋負』，拖欠賦税、債務。史記汲鄭列傳：『莊任人賓客爲大農僦人，多逋負。』南史蔡廓傳：『又以王公妃主多立邸舍，子息滋長，督責無窮，啓罷省之，并陳原諸逋負，解遣雜役。』『痕累』，謂因事牽連而受累。唐元稹上門下裴相公書：『閣下若能蕩滌痕累，洞開嫌疑，棄仇如振塵，愛士如救餒……上以副陛下咸與維新之懷，次有以廣閣下常善救人之道。』唐陸贄奉天改元大赦制：『應先有痕累禁錮及反逆緣坐承前恩赦所不該者，并宜洗雪。』

〔十二〕其有别敕停官及亡官失爵者：『其有别敕』，原作『其有敕』，今據册府元龜、文苑英

華、四庫全書、全唐文、適園叢書、明鈔本、甲庫本、學林本增補。『亡官失爵者』，文苑英華、適園叢書、甲庫本作『亡失爵者』。

〔十三〕放歸不齒之類，量加收叙：『不齒』，不與同列；不收録。表示鄙視。周禮 秋官 大司寇：『其能改者，反于中國，不齒三年。』鄭玄注：『不齒者，不得以年次列於平民。』禮記 王制：『不變，屏之遠方，終身不齒。』鄭玄注：『齒，猶録也。』孔穎達疏：『以年相次是録其長幼，故云齒猶録也。』『收叙』，録用。北史 隋紀下 煬帝：『是以龐眉黄髮，更令收叙。』宋歐陽修乞再定奪減放應役人數奏章：『近累據減放公人等過狀，却乞收叙。』

〔十四〕左遷官及諸色流人，并稍量移近處：『左遷』，册府元龜作『左降』。『流人』，被流放的人。莊子 徐無鬼：『子不聞夫越之流人乎？去國數日，見其所知而喜。』宋葉適故贈右諫議大夫龔公謚節肅議：『蓋元符之末，建中靖國之初，既昭雪流人，生死蒙澤，天下望盡復元祐政事。』『量移』，多指官吏因罪遠謫，遇赦酌情調遷近處任職。唐白居易自題詩：『一旦失恩先左降，三年隨例未量移。』舊唐書 玄宗紀上：『（開元二十年）大赦天下，左降官量移近處。』

〔十五〕救其困乏，所貴及時：『救其困乏』，原作『求其困乏』，今據文苑英華、全唐文改。『所貴及時』，原作『必在及時』，今據文苑英華、全唐文改。

〔十六〕或有傷損處：『傷』字原闕，今據册府元龜增補。

〔十七〕所在賑給，例逼春農：『所在』，原缺『在』字，今據四庫全書、全唐文增補。『賑給』，原作『振給』，今據册府元龜、四庫全書、全唐文、明鈔本、甲庫本改。『春農』，指春耕時節。後漢書段熲傳：『熲以春農，百姓布野，羌雖暫降，而縣官無廩，必當復爲盜賊，不如乘虚放兵，埶必殄滅。』唐薛能桃花詩：『風光新社燕，時節舊春農。』

〔十八〕既無救於懸絶，亦何成於惠養：『懸絶』，原作『縣絶』，今據册府元龜、文苑英華、四庫全書、全唐文、適園叢書、明鈔本、甲庫本、學林本改。『惠養』，加恩撫養。漢書疏廣傳：『又此金者，聖主所以惠養老臣也，故樂與鄉黨宗族共饗其賜，以盡吾餘日。』新唐書劉蕡傳：『念百姓之怨痛，在擇良吏以任之，使明惠養之術。』

〔十九〕應須蠲放及賑給：『蠲放』，免除。宋范仲淹奏乞兩府兼判：『每至歲終，盡其減省冗費之數，增息財利之數，蠲放困窮之數，具目進呈。』宋李心傳建炎以來繫年要録紹興三年五月：『檢灾之蠲放分數，方田之高下土色，不公不實。』『賑給』，救濟施與。後漢書循吏傳第五訪：『歲饑，粟石數千，訪乃開倉賑給以救其敝。』新唐書劉晏傳：『善治病者，不使至危憊；善救灾者，勿使至賑給。』

〔二十〕州縣官月料：按，此句至以下『充其月料』一段文字，底本以及諸本均闕，今據文苑英華、全唐文增補。『月料』，即指『月料錢』。唐初置公廨本錢，撥公款由各州令使經營，每人以五十貫以下，四十貫以上爲本錢交市肆販易，每月納利四千，名月料錢。亦省稱『月料』。新唐書食貨志五：『諸司置公廨本錢，以蕃官貿易取息，計員多少爲月料。』資治通鑑後周世宗顯德五年『丙戌，詔凡諸色課户及俸户并勒歸州縣』胡三省注：『唐初，諸司置公廨本錢，以貿易取息，計員多少爲月料。』

〔二十一〕所以改支庸調：『庸調』，即『租庸調』中之『庸調』。『租庸調』乃唐代對受田課丁徵派的三種賦役的并稱。導源於北魏到隋代的租、調、力役制度。凡丁男授田一頃，歲輸粟二斛、稻三斛，謂之租；歲輸絹二匹，綾、絁二丈，布加五之一，綿三兩，麻三斤，非蠶鄉則輸銀十四兩，謂之調；役人力，歲二十日，閏加二日，不役者日納絹三尺，謂之庸。有事而加役二十五日者免調，三十日租調皆免。唐開元末年均田制破壞，這種承襲北魏的賦役制度漸不適用；安史之亂後，爲兩税法所代替。新唐書高祖紀：『二月乙酉，初定租、庸、調法。』資治通鑑梁簡文帝大寶元年：『泰始籍民之才力者爲府兵，身租庸調一切蠲之。』

〔二十二〕黜陟幽明，允叶大猷：『黜陟』，指人才的進退，官吏的升降。書周官：『諸侯各

朝于方岳，大明黜陟。』後漢書韋義傳：『（韋義）數上書順帝，陳宜依古典，考功黜陟，徵集名儒，大定其制。』『幽明』，指善惡；賢愚。書舜典：『三載考績，三考黜陟幽明。』孔傳：『三年有成，故以考功；九歲，則能否、幽明有別，黜退其幽者，升進其明者。』宋曾鞏蔡燁河東運判制：『夫均通貨食，使物有羨贏；審核幽明，使人知勸畏。』『允叶』，和洽。北史薛孝通傳：『奉以爲主，天人允叶。』『大猷』，謂治國大道。詩小雅巧言：『奕奕寢廟，君子作之；秩秩大猷，聖人莫之。』鄭玄箋：『猷，道也；大道，治國之禮法。』晉潘岳楊荆州誄：『奕世丕顯，允迪大猷。』

〔二十三〕諸道所通善狀：『善狀』，好的事迹。宋蘇洵史論上：『所褒莫見其善狀，所貶弗聞其惡實。』宋葉夢得石林燕語卷六：『三變釋褐到官始逾月，善狀安在，而遽薦論？』

〔二十四〕與爲選調之資：『與爲』，原作『以爲』，今據册府元龜、文苑英華、四庫全書、全唐文、甲庫本改。『選調』，原作『調選』，今據文苑英華、全唐文、甲庫本改。『選調』，舊謂候補官員等待遷調。宋吴處厚青箱雜記卷一：『（張居業）滯選調三十餘年，年六十餘，始轉京秩。』明田汝成西湖游覽志餘帝王都會二：『孝宗時，有王過者，蜀人，著雋聲，猶在選調，宰相薦之……詔除翰林院編修。』

〔二十五〕自今已後：此句原作『自今日已後』，今據文苑英華、四庫全書、全唐文删改。

〔二十六〕必先於所在；神人所依，無取於非族：『所在』，原作『如在』，今據文苑英華、全唐文改。『所在』，指存在的地方。東觀漢記 明德馬皇后傳：『明德皇后嘗久病，至卜者家，爲卦問咎祟所在。』宋沈作喆寓簡卷一：『後之人莫能知其意之所在也。』『非族』，非同族之人。左傳 僖公十年：『神不歆非類，民不祀非族。』漢王粲爲劉荆州諫袁譚書：『使非族不干吾盟，異類不絶吾好，此孤與太公無貳之所致也。』

〔二十七〕深惟至理，用切因心：『至理』，猶真理；正常的道理。晋裴頠崇有論：『「以爲文不足」，若斯則是所寄之塗，一方之言也。若謂至理，信以無爲冠，則偏而害當矣。』新唐書 盧承慶傳：『死生至理，猶朝有暮。』『因心』，謂親善仁愛之心。詩 大雅 皇矣：『維此王季，因心則友。』毛傳：『因，親也。』陳奂傳疏：『因訓親，親心即仁心。』舊唐書 孝友傳序：『善於兄弟，必能因心廣濟。』

〔二十八〕其應緣太廟五享，宜於宗子及嗣王郡王中揀擇有德望者，令攝三公行事：『嗣王郡王』，原作『嗣郡王』，今據文苑英華、全唐文增補。『太廟』，帝王的祖廟。論語 八佾：『子入太廟，每事問。』唐韓愈請遷玄宗廟議：『新主入廟，禮合祧藏太廟中第一夾室。』清昭槤嘯亭雜

録內務府定制：『其禮儀祭器，一如太廟之制。』『嗣王』，繼位之王。書伊訓：『伊尹祠于先王，奉嗣王祗見厥祖。』禮記曲禮下：『踐阼，臨祭祀，內事曰孝王某，外事曰嗣王某。』孔穎達疏：『云嗣王某，言此王繼嗣前王而立也。』『三公』，古代中央三種最高官銜的合稱。唐、宋沿東漢之制，以太尉、司徒、司空爲三公，但已非實職。

〔二十九〕其異姓官更不須令攝：『異姓官更不須』，原作『異姓官吏不須』，今據文苑英華、全唐文改。『令攝』，文苑英華作『差攝』。

〔三十〕所在長官以禮徵送：『所在』，原作『所由州』，今據文苑英華、全唐文改。

〔三十一〕皇太子璵男及慶王琮已下男宜并封授官：此句原作『皇太子璵男宜并封授官』，今據册府元龜增補。『皇太子璵』，即唐肅宗，傳見舊唐書卷十、新唐書卷六肅宗紀。『慶王琮』，即李琮，唐玄宗長子，傳見舊唐書卷一百七、新唐書卷八十二奉天皇帝琮。

〔三十二〕郯王守禮、寧王憲各與一子三品官：『郯王守禮』，乃唐章懷太子李賢之子，傳見舊唐書卷八十六、新唐書卷八十一。『寧王憲』，即李成器，唐睿宗子，傳見舊唐書卷九十五、新唐書卷八十一。

〔三十三〕長公主公主及嗣王郡王各與一子官：『長公主公主』，原作『長公主』，今據册府

元龜增補。『嗣王郡王』，原作『嗣郡王』，今據册府元龜增補。『長公主』，皇帝的姊妹或皇女之尊崇者的封號，儀服同藩王。後代僅爲皇帝姊妹的封號。漢書 昭帝紀：『帝姊鄂邑公主益湯沐邑，爲長公主，共養省中。』後漢書 皇后紀下：『漢制，皇女皆封縣公主，儀服同列侯。其尊崇者，加號長公主，儀服同蕃王。』

〔三十四〕二王後及諸方蕃客宜各賜物：『二王後』，指古代新朝建立後前兩朝王族受封的後裔。詩 周頌 振鷺序：『二王之後來助祭也。』鄭玄箋：『二王，夏、殷也；其後，杞也，宋也。』唐白居易二王後詩：『二王後，彼何人？介公、酅公爲國賓，周武、隋文之子孫。』樂府詩集 新樂府辭八 二王後題解：『禮記 郊特牲曰：「禮二王之後，尊賢不過二代。」杜佑曰：「不臣二王後者，尊也。」……隋封後周靖帝爲介國公，唐封隋帝爲酅國公，以爲二王後。』『蕃客』，古代對外國商旅的泛稱。蕃，通『番』。隋書 禮儀志四：『梁元會之禮……群臣及諸蕃客并集，各從其班而拜。』新唐書 百官志一：『凡蕃客至，鴻臚訊其國山川、風土，爲圖奏之，副上於職方。』

〔三十五〕天下耆老，百歲已上版授下州刺史：『百歲已上』，文苑英華、四庫全書、全唐文、適園叢書、明鈔本、甲庫本均作『百歲已下』。『耆老』，老年人。禮記 王制：『養耆老以致孝，恤孤獨以逮不足。』漢書 朱博傳：『門下掾贛遂耆老大儒，教授數百人，拜起舒遲。』『版

授』，謂不經朝命而用白版授予官職或封號。宋書王鎮惡傳：『（鎮惡）進次澠池，造故人李方家，升堂見母，厚加酬賚，即版授方爲澠池令。』

〔三十六〕九十已上版授上州司馬：『版授上州司馬』，原作『版授縣令』，今據册府元龜、文苑英華、四庫全書、全唐文改。

〔三十七〕婦人版授縣君：『縣君』，原作『鄉君』，今據册府元龜、文苑英華、四庫全書、全唐文改。『縣君』，古代婦人封號。晋已有此稱。唐制，五品母、妻爲『縣君』。晋書后妃傳上宣穆張皇后：『魏正始八年崩，時年五十九，葬洛陽高原陵，追贈廣平縣君。』唐韓愈虞部員外郎張府君墓志銘：『母曰太原縣君。』

〔三十八〕婦人版授鄉君：『鄉君』，古代婦人封號。始於晋武帝封羊祜妻爲萬歲鄉君。唐代外命婦之制，勛官四品母或妻爲鄉君。晋書羊祜傳：『今封夫人（羊祜妻）夏侯氏萬歲鄉君，食邑五千户。』宋王溥唐會要命婦朝皇后：『又外命婦品……（文武官）五品若勛官四品有封，母、妻爲縣君；帶職者若勛官四品有封，母、妻爲鄉君。』

〔三十九〕京城父老等：此句文苑英華、全唐文作『京城父老』。

〔四十〕天下觀寺每六齋日：此句文苑英華、全唐文作『天下觀寺六齋日』。『六齋』，指

六齋日。陰曆每月的八日、十四日、十五日、二十三日、二十九日、三十日。佛教認爲此六日是『惡日』，應持齋修福。見大智度論卷六十五。北魏楊衒之洛陽伽藍記大統寺：『至於六齋，常有中黄門一人，監護僧舍，襯施供具，諸寺莫及焉。』唐玄奘大唐西域記縛喝國：『凡此三物，每至六齋，法侶成會，陳設供養。』

〔四十一〕宜轉經讀典：此句册府元龜、四庫全書作『宜轉讀經典』。『轉經』，佛教語。唱誦佛經。唐王建題詵法師院詩：『僧院不求諸處好，轉經唯有一窗明。』唐裴鉶傳奇崔煒：『僧感之甚，謂煒曰：「貧道無以奉酬，但轉經以資郎君之福祐耳。」』

〔四十二〕敕書有所未該，所司類例處分：此句底本以及各本均無，今據全唐文增補。『類例』，類别與體例。宋沈括夢溪筆談藝文二：『詩又有正格、偏格，類例極多。』明胡應麟少室山房筆叢經籍會通二：『宋世諸家，雖咸有書目載於文獻通考，其類例悉不能詳。』

〔四十三〕賜酺五日：『五日』，四庫全書作『三日』。『賜酺』，秦漢之法，三人以上不得聚飲，朝廷有慶典之事，特許臣民聚會歡飲，此謂『賜酺』。後世王朝遂爲一種宴飲慶祝活動。新唐書高宗紀：『永淳元年二月癸未，以孫重照生滿月，大赦，改元，賜酺三日。』宋史禮志十六：『賜酺，自秦始，秦法，三人以上會飲則罰金，故因事賜酺，吏民會飲，過則禁之。唐嘗一

再舉行。』

〔四十四〕五岳四瀆，名山大川：此句至本文末底本以及諸本均闕，今據文苑英華、全唐文增補。

天寶七載册尊號赦〔一〕

惟天法道，惟后奉天，既合德以降符，必執象以明本〔二〕。則上玄眷命，有以丕承〔三〕；大寶鴻名，斯爲公義。朕纘宗社之重，揚文武之烈，克勤匪懈，服道齊心，允迪玄猷〔四〕，聿求至理，日慎一日，三紀於兹矣〔五〕。屬區夏大寧，靈祇集貺〔六〕，而公卿宗子，耆艾法流，僉曰玉芝白魚，神言瑞景〔七〕，天之應也。敦信興禮，務本崇儒，人之應也。化洽而風俗還淳，氣和而疵癘不作〔八〕，天啓道運，其何讓焉〔九〕。上答元符，願增徽號，披誠詣闕，累上封章〔十〕，至請逾勤，懇詞難奪。以今日敬膺典册曰『開元天寶聖文神武應道皇帝』，式副人神，感懼交集。宜廣恩於善貸〔十一〕，俾叶慶於惟新，可大赦天下。自天寶七載五月十三日昧爽已前〔十二〕，大辟罪已下，罪無輕重，已發覺，未發覺，已結正，未結正，繫囚見徒，常赦所不免者，咸赦除之。其左降官及流

移配隸安置，罰鎮效力之類，并稍與量移。亡官失爵，放歸不齒，及諸色被停與替非衰老疾病者，宜令所司量加收叙（十三）。人和年登，休運斯屬，輕傜省賦，惠政攸先，將洽小康，必弘厚貸（十四）。其天下百姓，來載租庸，并宜放免，及諸色勾徵等（十五），亦一切放免。自古帝王建邦受命，必敬先代以循舊章（十六）。周備禮文，既存三恪之位；漢從損益，唯立二王之後（十七）。自兹已降，且復因循。將廣繼絶之恩，式弘復古之道。宜於後魏子孫中，簡擇譜屬灼然相承者一人，委所司勘責，準酅公介公例，定爲三恪（十八）。陵廟所奉，典職維崇，事雖更於有司，任豈循於恒秩？其宗正卿與太常卿同品（十九），其少卿及丞亦宜準此。又上古之君，存諸號氏，雖事先書契（二十），而道著皇王，緬懷厥初，寧忘咸秩（二十一）？其三皇已前帝王，宜於京城共置一廟，仍與三皇五帝廟相近，以時致祭。自古受命之主（二十二），創業之君，皆經濟艱難，戡定禍亂。雖道謝於往古（二十三），乃功施於生人（二十四），用率典章，亦從禋祀（二十五）。其歷代帝王肇迹之處，未有祠宇者，宜令所由郡縣量置一廟（二十六），以時享祭，仍取當時將相德業可稱者二人配祭，仍并以圖畫立像。如先有祠宇未沾享祭者，亦宜準此。式閭表墓（二十七），追賢紀善，事有勸於當時，義無隔於異代。其忠臣義士，孝婦烈女，史籍所載，德行彌

高者，所在亦置一祠宇，量事致祭。古者鄉有塾，黨有庠，所以明尊卑之義（二十八），正長幼之序，風化之道（二十九），義在於茲。先置鄉學，務令敦勸。如聞郡縣之間，不時訓誘，閭巷之内，多虧禮節，致使言詞鄙褻，少長相淩，有黷清猷（三十），何成雅俗。自今已後，宜令郡縣長官申明條式，切加訓導。如有禮義興行及紀綱不立者（三十一），委采訪使明爲褒貶，具狀聞奏。道教之設，淳化之源，必在弘闡（三十二），以敦風俗。頃列四經之科，將冠九流之首（三十三）。雖及門求進，頗有其人，而睹奥窮微，罕聞達者。豈專精難就，爲勸奬未弘。天下諸色人中，有通明道德經及南華等四經（三十四），任於所在自舉，各委長官考試申送。其崇玄生出身，自今已後，每至選宜減於常例一選，以爲留放（三十五）。朕每以道元有屬，思竭精誠，經教所在（三十六），豈忘崇奉？且宗其道者師其人（三十七），行其教者尊其禮。晋瑯琊王公府舍人楊真人，護軍長史許真人，丹陽上計掾許真人（三十八），皆道著妙門，感通玄闕，降高真之迹，爲上清之宗（三十九）。後漢張天師教達元和，德宗太上正一之道（四十），幽贊生靈。梁中散大夫貞白陶先生，高尚塵表，博達玄微，綜緝真經，傳授後學（四十一），并令有司審定子孫，將有封植以隆真嗣（四十二）。天師册爲太師，貞白册贈太保。其洞宫山各置壇祠宇（四十三），每處度道士五人，并取近

山三十户蠲免租税差科（四十四），永供灑掃。諸郡有自古得道升仙之處，雖先令醮祭，猶慮未周，宜每處度道士二人（四十五）；其靈迹殊尤，功應遠大者度三人，永修香火。其茅山紫陽觀，取側近百姓二百户（四十六），太平、崇玄二觀，各一百户，并蠲免租税差科，長充修葺灑掃。應天下靈山仙迹，并宜禁斷樵采弋獵。如聞山林學道之士，每被搜括（四十七），且法之防邪，本有所以。至於宿宵妖訛，亡命聚衆，誘陷愚人，故令禁斷。郡縣遂一概迫逐，使志道之士不得安居（四十八）。自今已後，審係清潔（四十九），更不得恐動以廢修行。其五岳四瀆，名山大川，各令本郡長官致祭。朕刻意真經，虔誠至道，冀憑玄祐，永錫黔黎。每朝禮三清，則宵衣忘寢，或齋戒一室，則蔬食屬饜（五十），不以勤躬爲倦，務以徇物爲心（五十一）。况於宰殺，尤加惻隱。自今已後，每月十齋日（五十二），不得輒有宰殺。又閭閻之間，例有私社，皆殺生命以資宴集。仁者之心，有所不忍，永宜禁斷（五十三）。且因親設教，式本於人倫；自葉流根，必逮於榮養（五十四）。内外文武職事官（五十五），有五品已上，其父祖見在而無官者，宜各授一官，仍令致仕（五十六）。其祖母見在，準母例處分。京官五品已下正員（五十七），如父母已没，未有官者，亦宜追贈，所司勘會即與處分（五十八）。睦親之義，因心不忘（五十九）。前開府儀同三司竇瑒，頃以

容納微人，頗虧憲典（六十），永懷舅氏，追感渭陽，宜申國恩，再復榮秩，可開府儀同三司，仍放優閑，不須朝會。王澤無私，豈殊於中外？天瑞有慶，頻屬於京輦（六十一）。寬大之典，則已溥覃；施惠之恩，特申曲被（六十二）。其京城父老宜各賜物十段；七十已上仍版授本縣令（六十三），其妻版授縣君；六十已上版授本縣丞。天下侍老百歲已上，版授上郡太守（六十四），婦人版授郡君；九十已上版授上郡司馬，婦人版授縣君；八十已上版授縣令，婦人版授鄉君，仍并即量賜酒麵（六十五）。內外見任文武官九品已上，宜各賜勛兩轉。其京文武官見在京及致仕，并陪位官（六十六），諸方通表使及月番官等，一品賜物一百匹；二品三品八十匹（六十七）；四品五品五十匹；六品七品三十匹；八品九品二十匹（六十八）；兩京留守各八十匹（六十九）。其節度使、采訪使并諸充官使未回者（七十），并同在京例賜物。貴妃楊氏禀性柔和，因心忠孝，克恭克慎，蹈禮循詩（七十一），加以勤志玄宗，叶誠嚴奉，率勵宮掖，以迪關睢（七十二），宜賜物三千匹；嬪御等賜物有差（七十三）。其太真觀雖先度人（七十四），住持尚少，宜更度道士七人。太子瑛宜更賜物二千匹（七十五），慶王琮已下各賜物有差（七十六）。率土之內，賜酺三日。

校箋

〔一〕本文又見於册府元龜卷八十六，全唐文卷三十九亦載。全唐文題作加應道尊號大赦文，署名唐玄宗。本文文末未署頒布時間。考册府元龜文首云『（天寶）七載五月壬午，册尊號畢，御勤政樓大赦天下，制曰』云云，又考舊唐書卷八玄宗紀下天寶七載記：『五月壬午，上御興慶宫，受册徽號，大赦天下，百姓免來載租庸。三皇以前帝王，京城置廟，以時致祭。其歷代帝王肇迹之處未有祠宇者，所在各置一廟。忠臣、義士、孝婦、烈女德行彌高者，亦置祠宇致祭。賜酺三日。』新唐書卷五玄宗紀亦載：『（天寶）七載五月壬午，群臣上尊號曰開元天寶聖文神武應道皇帝，大赦，免來載租庸。以魏、周、隋爲三恪。賜京城父老物人十段。七十以上版授本縣令，婦人縣君；六十以上縣丞。天下侍老百歲以上上郡太守，婦人郡君；九十以上上郡司馬，婦人縣君；八十以上縣令，婦人鄉君。賜文武官勛兩轉，民酺三日。』資治通鑑卷二百一十六天寶七載亦記：『五月，壬午，群臣上尊號曰開元天寶聖文神武應道皇帝；赦天下，免百姓來載租庸，擇後魏子孫一人爲三恪。』又，考本文云『自天寶七載五月十三日昧爽已前』云云，所記時間即同

於上述諸典籍所記之上册時間，即天寶七載（七四八）五月壬午（十三日），則此文之撰寫時間當在是時稍前。

〔二〕既合德以降符，必執象以明本：『合德』，猶同德。漢王充論衡譴告：『天人同道，大人與天合德。』唐黄滔御試良弓獻問賦：『乾坤與之而合德，夷夏有之而一貫。』『降符』，上天賜予符命。唐李商隱爲汝南公賀元日御正殿受朝賀表：『蒼旻降符，黄輿告瑞。』元史耶律楚材傳：『帝以問楚材，對曰：「此瑞獸也，其名角端，能言四方語，好生惡殺，此天降符以告陛下。陛下天之元子，天下之人，皆陛下之子，願承天心，以全民命。」帝即日班師。』『明本』，明白所爲之事之『本』，如爲什麼要這樣做，達到什麼效果等。管子幼官：『執務明本，則士不偷。』尹知章注：『明所爲之本。』

〔三〕則上玄眷命，有以丕承：『上玄』，上天。漢揚雄甘泉賦：『惟漢十世，將郊上玄。』李善注：『上玄，天也。』周書王悦傳：『梁主内虧刑政，外闕藩籬。匹夫攘袂，舉國傾覆。』『眷命』，垂愛并賦予重任。書大禹謨：『皇天眷命，奄有四海，爲天下君。』北史文苑傳許善心：『保上天之眷命，膺下土之樂推。』『丕承』，很好地繼承。舊謂帝王承天受命，常曰『丕承』。書君奭：『惟文王德丕承無疆之恤。』漢揚雄法言問明：『「成湯，丕承也；文王，淵懿

也。」或問丕承，曰：「由小致大，不亦丕乎？革夏以天，不亦承乎？」」

〔四〕允迪玄猷：此句原作『允迪兹猷』，今據册府元龜、全唐文改。『允迪』，認真履踐或遵循。書皋陶謨：『允迪厥德，謨明弼諧。』孔傳：『言人君當信蹈行古人之德。』漢蔡邕朱公叔墳前石碑：『彌綸典術，允迪聖矩。』晉陶潛命子詩：『亹亹丞相，允迪前踪。』『玄猷』，指先聖的大道。魏書尉元傳：『大道凝虚，至德冲挹，故后王法玄猷以御世，聖人崇謙光而降美。』舊唐書李義府傳：『立志或爽，則玄猷日虧。』

〔五〕三紀於兹矣：此句原作『三紀於兹』，今據全唐文增補。

〔六〕屬區夏大寧，靈祇集貺：此句册府元龜、全唐文無『屬』字。『區夏』，諸夏之地，指華夏、中國。書康誥：『用肇造我區夏。』孔傳：『始爲政於我區域諸夏。』唐賈至燕歌行：『我唐區夏餘十紀，軍容武備赫萬祀。』『靈祇』，天地之神。亦泛指神明。漢書揚雄傳上：『靈祇既鄉，五位時叙。』漢張衡南都賦：『聖皇之所逍遥，靈祇之所保綏。』李善注：『靈祇，天地之神也。』明屠隆彩毫記爲國薦賢：『凡胎慕道，禱祠精感靈祇。』

〔七〕僉曰玉芝白魚，神言瑞景：『神言瑞景』，原作『神日瑞景』，今據册府元龜、全唐文改。『白魚』，即白鰷。唐李賀感諷詩之六：『調歌送風轉，杯池白魚小。』王琦匯解：『白魚即

今之白鯈，長僅數寸，形狹而扁，狀如柳葉，性好群泳水面。』『瑞景』，吉祥的日光。唐白居易賀雲生不見日蝕表：『雖卿雲五色，瑞景再中，除沴致祥，曾何足比？』唐劉禹錫望賦：『日轉黃道，天開碧落，凝瑞景於庭樹，掬非烟於殿幕。』

〔八〕化洽而風俗還淳，氣和而疵癘不作：『還淳』，原作『休寧』，今據册府元龜、全唐文改。『化洽』，教化普沾。漢蔡邕司空文烈侯楊公碑：『功成化洽，景命有傾。帝乃震慟，執書以泣。』唐劉商金井歌：『文明化洽天地清，和氣氤氳孕至精。』『還淳』，恢復到原來的淳樸狀態。南齊書 明帝紀：『永覽玄風，兢言集愧，思所以還淳改俗，反古移民。』唐杜甫上韋左相二十韻：『廟堂知至理，風俗盡還淳。』『氣和』，氣候調和。管子 幼官：『會請命於天地，知氣和則生物從。』『疵癘』，亦作『疵厲』。災害疫病；災變。莊子 逍遥游：『其神凝，使物不疵癘而年穀熟。』成玄英疏：『疵癘，疾病也。』陸德明釋文：『「癘」音厲，李音賴，惡病也。本或作「厲」。』春秋穀梁傳序：『川岳爲之崩竭，鬼神爲之疵厲。』

〔九〕天啓道運，其何讓焉：『其何讓焉』，原作『其可讓也』，今據册府元龜、全唐文改。

〔十〕上答元符，願增徽號，披誠詣闕，累上封章：『累上封章』，原作『累日封章』，今據册府元龜、四庫全書、全唐文改。『元符』，大的祥瑞。漢揚雄長楊賦：『方將俟元符，以禪梁甫之

基，增泰山之高。』李善注引晋灼曰：『元符，大瑞也。』南朝梁劉勰文心雕龍封禪：『表權輿，序皇王，炳元符，鏡鴻業……歌之以禎瑞，贊之以介丘。』『封章』，言機密事之章奏皆用皂囊重封以進，故名封章。亦稱封事。漢揚雄趙充國頌：『營平守節，屢奏封章。』唐白居易和夢游春詩一百韻：『密勿奏封章，清明操憲牘。』

〔十一〕宜廣恩於善貸：『善貸』，善於施與；善於寬假。老子：『夫唯道，善貸且成。』陳鼓應今注：『貸，施與。』晋殷仲文解尚書表：『匡復社稷，大弘善貸。』吕延濟注：『貸，謂假借人性命也。』

〔十二〕自天寶七載五月十三日昧爽已前：『五月十三日』，册府元龜、全唐文作『五月三十日』。按，作『五月三十日』誤，詳見本文校箋〔一〕。

〔十三〕宜令所司量加收叙：此句『令』字原無，今據册府元龜、全唐文增補。

〔十四〕必弘厚貸：『貸』，赦免，寬恕。漢書朱博傳：『然亦縱舍，時有大貸，下吏以此爲盡力。』顔師古注：『貸，謂寬假於下也。』宋陸游老學庵筆記卷一：『若逃而獲，雖欲貸，不敢矣。』

〔十五〕諸色勾徵等：『勾徵』，猶言搜括聚斂。舊唐書韋巨源傳：『巨源屢踐臺輔，專行勾

徵，廢越條章，崇尚侵刻。』

〔十六〕必敬先代以循舊章：『以循舊章』，原作『以修舊章』，今據册府元龜、全唐文改。

〔十七〕周備禮文，既存三恪之位；漢從損益，唯立二王之後：『三恪』『二王』，周朝新立，封前代三王朝的子孫，給以王侯名號，稱三恪，以示敬重。周封三朝説法有二：一説封虞、夏、商之後於陳、杞、宋。左傳襄公二十五年：『昔虞閼父爲周陶正，以服事我先王。我先王賴其利器用也，與其神明之後也，庸以元女大姬配胡公，而封諸陳，以備三恪。』杜預注：『周得天下，封夏、殷二王後，又封舜後，謂之恪，并二王後爲三國。其禮轉降，示敬而已，故曰三恪。』一説封黄帝、堯、舜之後於薊、祝、陳。詩陳風譜唐孔穎達疏：『案樂記云：「武王未及下車，封黄帝之後於薊，封帝堯之後於祝，封帝舜之後於陳；下車乃封夏后氏之後於杞，投殷之後於宋。」則陳與薊、祝共爲三恪，杞、宋别爲二王之後矣。』

〔十八〕準酅公介公例，定爲三恪：『酅公』，即酅國公，隋恭帝楊侑，隋煬帝楊廣之孫。初封陳王，後改封代王。大業十一年（六一五），隨隋煬帝巡幸晉陽，拜太原太守，留鎮京師。大業十三年，李淵攻入長安，擁立爲皇帝，年號義寧。義寧二年（六一八），爲李淵所廢黜，降封酅國公，閑居長安。唐武德二年（六一九）去世，終年十五歲，葬於莊陵，謚號恭皇帝。傳見隋書卷五

恭帝紀，中載義寧二年五月『乙巳朔，詔唐王冕十有二旒，建天子旌旗，出警入蹕，金根車駕，備五時副車，置旄頭雲罕車，舞八佾，設鍾虡宮懸。王后、王子、王女爵命之號，一遵舊典。戊午，詔曰……仍敕有司，凡有表奏，皆不得以聞。是日，上遜位於大唐，以爲酅國公。武德二年夏五月崩，時年十五』。『介公』，即介國公，乃北周静帝宇文衍，後隋封爲介國公。傳見周書卷八静帝紀。静帝紀載：『静皇帝諱衍，後改爲闡，宣帝長子也。……（大定元年）二月庚申，大丞相、隋王楊堅爲相國，總百揆，更封十郡，通前二十郡，劍履上殿，入朝不趨，贊拜不名，備九錫之禮，加璽、鉞、遠游冠，相國印綠綟綬，位在諸王上。又加冕十有二旒，建天子旌旗……中子，隋王楊堅稱尊號，帝遜于别宫。隋氏奉帝爲介國公，邑萬户，車服禮樂一如周制，上書不爲表，答表不稱詔。有其文，事竟不行。開皇元年五月壬申，崩，時年九歲，隋志也。謚曰静皇帝，葬恭陵。』隋書卷一高祖紀上亦載：『以周帝爲介國公，邑五千户，爲隋室賓。旌旗車服禮樂，一如其舊。』

〔十九〕其宗正卿與太常卿同品：此句適園叢書作『其宗正卿宜與太常卿同品』。

〔二十〕又上古之君，存諸號氏，雖事先書契：『存諸號氏』，原作『存諸號代』，今據册府元龜、四庫全書、全唐文改。『雖事先書契』，原作『雖事失書契』，今據册府元龜、四庫全書、全唐文、明鈔本、甲庫本改。『書契』，指文字。易繫辭下：『上古結繩而治，後世聖人易之以書

契。』書序：『古者伏羲氏之王天下也，始畫八卦，造書契，以代結繩之政，由是文籍生焉。』陸德明釋文：『書者，文字。契者，刻木而書其側。』

（二十一）寧忘咸秩：『咸秩』，謂皆依次序行事。書洛誥：『王肇稱殷禮，祀于新邑，咸秩無文。』漢揚雄劇秦美新：『夫改定神祇上儀也，欽修百祀咸秩也。』張銑注：『謂敬修百祀皆得秩序也。』

（二十二）自古受命之主：『受命』，原作『受統』，今據册府元龜、全唐文改。

（二十三）雖道謝於往古：『往古』，原作『古今』，今據册府元龜、四庫全書、全唐文改。

（二十四）功施於生人：『生人』，原作『人庶』，今據册府元龜、四庫全書、全唐文改。

（二十五）亦從禋祀：『亦從』，原作『亦崇』，今據册府元龜、全唐文改。『禋祀』，古代祭天的一種禮儀。先燔柴升烟，再加牲體或玉帛於柴上焚燒。周禮春官大宗伯：『以禋祀祀昊天上帝，以實柴祀日、月、星、辰，以槱燎祀司中、司命、風師、雨師。』鄭玄注：『禋之言烟，周人尚臭。烟，氣之臭聞者也。槱，積也……三祀皆積柴、實牲體焉。或有玉帛燔燎，而升烟所以報陽也。』孫詒讓正義：『竊以意求之，禋祀者蓋以升烟爲義，實柴者蓋以實牲體爲義，槱燎者蓋以焚燎爲義。禮各不同，而禮盛者得下兼，其燔柴則一。』漢書禮樂志：『（郊祀歌十九章）恭承

禋祀，緼豫爲紛，黼綉周張，承神至尊。』

〔二十六〕宜令所由郡縣量置一廟：『所由郡縣』，原作『所由郡』，今據册府元龜、全唐文增補。

〔二十七〕式閭表墓：『式閭』，車過里門，人立車中，俯憑車軾，表示敬意。式，通『軾』。書武成：『釋箕子囚，封比干墓，式商容閭。』孔穎達疏：『式者，車上之横木，男子立乘，有所敬則俯而憑式。』後以『式閭』爲敬賢之詞。清王闓運影山草堂銘：『是以式閭者懷古，升堂如景行。』『表墓』，在死者墓前刻石，以彰其善，謂之表墓。漢蔡邕郭有道碑：『於是樹碑表墓，昭明景行。』明何景明上作篇：『興勸賞之法，致式閭之敬，施表墓之恩，故立激勵之方。』

〔二十八〕明尊卑之義：『義』，原作『儀』，今據册府元龜、全唐文改。

〔二十九〕風化之道：『風化』，猶風教；風氣。詩豳風七月序：『周公遭變，故陳后稷先公風化之所由。』後漢書第五倫傳：『光武承王莽之餘，頗以嚴猛爲政，後代因之，遂成風化。』

〔三十〕有黷清猷：『有黷』，原作『有玷』，今據册府元龜、全唐文改。『清猷』，清明的謀劃。南朝梁沈約齊安陸昭王碑文：『爰始濯纓，清猷浚發。』周書獨孤信傳：『睿哲居宗，清猷映世。』唐韓愈、孟郊遠游聯句：『振衣造雲闕，跪坐陳清猷。』

〔三十一〕如有禮義興行及紀綱不立者：『禮義』，原作『禮儀』，今據册府元龜、全唐文改。『紀綱』，原作『綱紀』，今據册府元龜、全唐文改。

〔三十二〕淳化之源，必在弘闡：『淳化』，原作『風俗』，今據册府元龜、全唐文改。『淳化』，敦厚的教化。漢張衡東京賦：『清風協於玄德，淳化通於自然。』薛綜注：『淳厚之化，通於神明也。』舊五代史唐書明宗紀四：『陛下自膺人望，歲時豐稔，亦淳化所致也。』

〔三十三〕頃列四經之科，將冠九流之首：『頃列』，原作『須列』，今據册府元龜、全唐文改。『將冠九流之首』，『將』字原無，今據册府元龜、全唐文增補。『九流』，原指先秦的九個學術流派。漢書叙傳下：『劉向司籍，九流以别。』顔師古注引應劭曰：『儒、道、陰陽、法、名、墨、縱横、雜、農，凡九家。』亦泛指各學術流派。北史周高祖武帝紀：『遂使三墨八儒，朱紫交競；九流七略，異説相騰。』唐高適奉酬睢陽李太守詩：『逸足横千里，高談注九流。』

〔三十四〕諸色人中，有通明道德經及南華等四經：此句册府元龜、全唐文作『諸色人等，有通道德經及南華等四經』。

〔三十五〕其崇玄生出身，自今已後，每至選宜減於常例一選，以爲留放：此句册府元龜、全唐文作『其崇玄館生，自今已後，每至選日，宜減於常例，次爲留放。』

〔三十六〕經教所在：此句原作『經教所存』，今據册府元龜、全唐文改。

〔三十七〕且宗其道者師其人：此句四庫全書、甲庫本作『且從其道者師其人』。

〔三十八〕丹陽上計掾許真人：『丹陽』，原作『丹揚』，今據册府元龜、四庫全書、全唐文改。『真人』，道家稱存養本性或修真得道的人。亦泛稱『成仙』之人。莊子大宗師：『古之真人，其寢不夢，其覺無憂，其食不甘，其息深深……古之真人，不知説生，不知惡死，其出不訢，其入不距；翛然而往，翛然而來而已矣。』淮南子本經訓：『莫死莫生，莫虚莫盈，是謂真人。』

〔三十九〕皆道著妙門，感通玄闕，降高真之迹，爲上清之宗：『妙門』，佛、道教指領悟精微教理的門徑。語出老子：『玄之又玄，衆妙之門。』華嚴經卷二：『普應群情闡妙門，令入難思清净法。』『玄闕』，天門。引申指天帝或神仙的住所。楚辭九嘆遠游：『選鬼神於太陰兮，登閶闔於玄闕。』王逸注：『俱登於天門，入玄闕，拜天皇受敕誨也。』南朝梁沈約與陶弘景書：『方當名書絳簡，身游玄闕。』『高真』，原指道教的教義。樂府詩集郊廟歌辭十一唐太清宫樂章第三奏：『元符傳紫極，寶祚啓高真。道德先垂裕，冲和已化淳。』唐吕岩滿庭芳詞：『大道淵源，高真隱秘。』此處指得道成仙的人。唐末五代杜光庭賈璋醮青城丈人真君詞：『瑶宫璇闕，深秘於洞臺；翠壁丹崖，仰呀於雲霧。高真之所栖息，上聖之所宴游。』宋羅燁醉翁談録裴航遇雲英

于藍橋：『航問左右，言是小娘子之姊雲翹夫人，劉綱天師之妻，已是高真，爲玉皇女史。』『三清』，道教所指玉清、上清、太清三清境。雲笈七籤卷三：『其三清境者，玉清、上清、太清是也。亦名三天，其三天者，清微天、禹餘天、大赤天是也……靈寶君治在上清境，即禹餘天也。』

（四十）後漢張天師教達元和，德宗太上正一之道：『正一』，原作『一正』，今據册府元龜、四庫全書、全唐文改。『張天師』，指漢張道陵。『太上』，道教最高最尊之神的名前常冠以『太上』二字，以示尊崇。雲笈七籤卷九：『太上曰：「心有神識，識道可尊。」』此指太上道君。『正一』，道教的一派。原爲五斗米道，爲東漢張陵所創。傳説太上老君親授張陵太平洞極經、太玄經、五斗經、正一經各若干卷。張陵傳授於後裔及其門徒。後張陵被尊爲『天師』『正一天師』，其所創之道派亦稱爲『天師道』『正一道』。唐宋後南北天師道與上清、靈寶等道派逐漸合流，統稱爲『正一道』。主要奉持正一經，崇拜鬼神，畫符念咒、驅鬼降妖、祈福禳灾等。舊唐書隱逸傳 司馬承禎：『（司馬承禎）事潘師正，傳其符籙及辟穀、導引、服餌之術。師正特賞異之，謂曰：「我自陶隱居傳正一之法，至汝四葉矣。」』

（四十一）梁中散大夫貞白陶先生，高尚塵表，博達玄微，綜緝真經，傳授後學：『傳授』，

原作『傳俾』，今據册府元龜、全唐文改。『貞白陶先生』，指南朝梁陶弘景。雲笈七籤卷五：『（陶弘景）大同二年告化，時年八十五，顏色不變，屈伸如常，屋中香氣，積日不散，詔贈中散大夫，謚貞白先生。』唐末五代杜光庭對表：『昔者魏重謙之，梁尊貞白，漢稱曼倩，秦有子平，禮容靡睹於新規，朝挹皆循於常度。』『塵表』，世外；世俗之外。南史隱逸傳下阮孝緒：『乃著高隱傳……言行超逸，名氏弗傳，爲上篇；始終不耗，姓名可録，爲中篇；挂冠人世，栖心塵表，爲下篇。』唐李綽尚書故實：『兵部李員外約，汧公之子也。識度清曠，迥出塵表。』『玄微』，深遠微妙。晉袁宏後漢紀明帝紀下：『（佛）有經數千萬……世俗之人以爲虛誕，然歸於玄微深遠，難得而測。』唐周賀贈姚合郎中詩：『道從會解唯求静，詩造玄微不趁新。』『綜緝』，綜合編次。晉書虞溥司馬彪等傳論：『咸能綜緝遺文，垂諸不朽。』南朝梁蕭統文選序：『若其贊論之綜緝辭采，序述之錯比文華，事出於沈思，義歸乎翰藻，故與夫篇什，雜而集之。』『真經』，道教的經書。隋書經籍志四：『嵩山道士寇謙之，自云嘗遇真人成公興，後遇太上老君……其後又遇神人李譜，云是老君玄孫，授其圖籙真經，劾召百神。』舊唐書玄宗紀下：『莊子號爲南華真人，文子號爲通玄真人，列子號爲冲虛真人，庚桑子號爲洞虛真人。其四子所著書改爲真經。』

（四十二）將有封植以隆真嗣：此句原作『將有封植以嗣真也』，今據册府元龜、四庫全書、全唐文改。『封植』，亦作『封埴』『封殖』。原指壅土培育。左傳昭公二年：『武子曰：「宿敢不封殖此樹，以無忘角弓。」遂賦甘棠。』杜預注：『封，厚也；殖，長也。』唐柳宗元寄許京兆孟容書：『城西南有數頃田，樹果數百株，多先人手自封植。』宋蘇軾表忠觀碑：『籍其地之所入，以時修其祠宇，封殖其草木。』此處用其引申意，即爲扶植勢力；培養人才。國語吴語：『今天王既封植越國，以明聞於天下，而又刈亡之，是天王之無成勞也。』韋昭注：『封植，以草木自喻。壅本曰封；植，立也。』漢蔡邕鼎銘：『貞良者封植，殘戾者芟夷。』『真嗣』，真正的繼承人。景德傳燈録婆舍斯多：『真嗣既明，乃赦太子。』

（四十三）其洞宫山各置壇祠宇：此句原作『其天下有洞宫山各置天壇祀宇』，今據册府元龜、全唐文改。

（四十四）并取近山三十户蠲免租税差科：『三十』，原作『三千』，今據册府元龜、四庫全書、全唐文、明鈔本、甲庫本改。

（四十五）雖先令醮祭，猶慮未周，宜每處度道士二人：『雖先令醮祭』，原作『雖令醮祭』，今據册府元龜、全唐文增補。『道士二人』，四庫全書作『道士三人』。『醮祭』，設壇祈禱；祭

奠。漢書郊祀志下：『或言益州有金馬、碧鷄之神，可醮祭而致。』宋范鎮東齋記事卷一：『真宗皇帝嚴於醮祭之事，其表章則用「昭受乾符之寶」。』

〔四十六〕取側近百姓二百户：此句册府元龜、全唐文無『百姓』二字。

〔四十七〕每被搜括：『搜括』，原作『搜尋』，今據册府元龜、全唐文改。

〔四十八〕郡縣遂一概迫逐，使志道之士不得安居：『迫逐』，適園叢書、明鈔本作『逼逐』。『使』字原無，今據册府元龜、全唐文增補。『志道』，原作『至道』，今據册府元龜、全唐文改。『之士』，原作『之者』，今據全唐文改。

〔四十九〕審係清潔：此句原作『審知清潔』，今據册府元龜、全唐文改。

〔五十〕則蔬食屬饜：『屬饜』，册府元龜、全唐文作『精專』。『屬饜』，亦作『屬厭』，意爲飽足。左傳昭公二十八年：『願以小人之腹爲君子之心，屬厭而已。』杜預注：『屬，足也。言小人之腹飽，猶知厭足，君子之心亦宜然。』

〔五十一〕務以徇物爲心：『徇物』，追求身外之物。吕氏春秋貴生：『今世俗之君子，危身棄生以徇物。』高誘注：『徇，猶隨也。』陳奇猷校釋：『徇者，以身從物之謂。』

〔五十二〕每月十齋日：此句原作『天下每月十齋日』，今據册府元龜、全唐文删改。

〔五十三〕永宜禁斷：此句原作『亦宜禁斷』，今據册府元龜、全唐文改。

〔五十四〕必逮於榮養：『榮養』，指兒女贍養父母。晉書文苑傳趙至：『〔至〕聞父耕叱牛聲，投書而泣。師怪問之，至曰：「我小未能榮養，使老父不免勤苦。」師甚異之。』唐徐夤贈楊著詩：『藻麗熒煌冠士林，白華榮養有曾參。』

〔五十五〕内外文武職事官：『職事官』，册府元龜、全唐文作『職掌官』。『職事官』，執掌具體政務的官吏。新唐書陸贄傳：『有職事官，有散官，有勛官，有爵號。其賦事受奉者，惟職事一官。』宋葉夢得石林詩話卷中：『京師職事官，舊皆無公廨，雖宰相執政，亦僦舍而居。』

〔五十六〕宜各授一官，仍令致仕：此句原作『各授一官，仍聽致仕』，今據册府元龜、全唐文改。

〔五十七〕京官五品已下正員：此句原作『京官五品已上正員官』，今據册府元龜、全唐文改。

〔五十八〕所司勘會即與處分：『勘會』，審核議定。唐陸贄貞元改元大赦制：『京畿及近縣所欠百姓和糴價直，委度支即勘會文給。』宋葉夢得石林燕語卷四：『尚書省文字下六司諸路，例皆言「勘會」。』

〔五十九〕睦親之義，因心不忘：『睦親』，原指宗族中的近親。漢書韋賢傳：『嗟嗟我王，漢之睦親，曾不夙夜，以休令聞！』晉書庾旉傳：『元勛睦親，顯以殊禮。』此處爲對宗族和睦，對外親友好。漢王粲酒賦：『糾骨肉之睦親，成朋友之歡好。』南朝宋顏延之陶徵士誄：『睦親之行，至自非敦。』『因心』，謂親善仁愛之心。詩大雅皇矣：『維此王季，因心則友。』毛傳：『因，親也。』陳奂傳疏：『因訓親，親心即仁心。』舊唐書孝友傳序：『善於兄弟，必能因心廣濟。』

〔六十〕前開府儀同三司竇珙，頃以容納微人，頗虧憲典：『憲典』，原作『典憲』，今據册府元龜、全唐文改。『竇珙』，即竇希，傳見舊唐書卷一百八十三。其傳載：『孝諶……子希瑊、希球、希瓘，并流嶺南。神龍初，隨例雪免。……希瓘初賜爵畢國公，後改名珙。初爲左散騎常侍，及希球卒，因授開府儀同三司。玄宗以早失太后，尤重外家，兄弟三人皆國公，食實封。珙子鍔，又尚玄宗女永昌長公主，恩寵賜賚，實爲厚矣。而兄弟皆貪鄙，過自封植，珙又甚之。天寶七年，有竇勉潛交巫祝，勉犯法，珙坐信其詭説，被停官，放歸田園。尋以尊老，又授開府儀同三司，依舊朝會。十三載十二月卒，玄宗哭於行在，贈司徒。財貨鉅萬。』

〔六十一〕天瑞有慶，頻屬於京輦：『天瑞』，上天降下的祥瑞。史記司馬相如列傳：『厥塗

靡踪，天瑞之徵。」裴駰集解引徐廣曰：『其所來路非有迹，蓋自天降瑞，不行而至也。』南朝齊王融三月三日曲水詩序：『天瑞降，地符升。』『京輦』，指國都。晉葛洪抱朴子譏惑：『其好事者，朝夕放效，所謂京輦貴大眉，遠方皆半額也。』宋劉敞雨過前軒偶記詩：『忽驚謝去塵中游，不知正自居京輦。』

〔六十二〕寬大之典，則已溥覃；施惠之恩，特申曲被：『施惠』，原作『惠施』，今據册府元龜、全唐文改。『溥覃』，即『覃敷』，廣布。清蔣士銓桂林霜議恤：『推恩賞功，棄瑕録用，聖朝膏澤覃敷，不遺微末如此。』清查慎行擬玉泉山大閱二十韻：『武功雖再纘，文德久覃敷。』

〔六十三〕七十已上仍版授本縣令：『仍版授』，原作『仍授』，今據册府元龜、全唐文增補。『版授』，謂不經朝命而用白版授予官職或封號。宋書王鎮惡傳：『（鎮惡）進次澠池，造故人李方家，升堂見母，厚加酬賚，即版授方爲澠池令。』

〔六十四〕版授上郡太守：『上郡』，册府元龜、全唐文作『下郡』，然新唐書玄宗紀作『上郡』。

〔六十五〕仍并即量賜酒麪：此句原無『即』字，今據册府元龜、全唐文增補。

〔六十六〕并陪位官：『陪位』，陪席，陪同。史記滑稽列傳：『齊趙陪位於前，韓魏翼衛其

本改。

〔六十八〕八品九品二十匹：『二十匹』，原作『二十段』，今據全唐文、適園叢書、學林本改。

〔六十九〕兩京留守各八十匹：『八十匹』，原作『八千匹』，今據册府元龜、全唐文、明鈔本、適園叢書、甲庫本、學林本改。

〔七十〕其節度使、采訪使并諸充官使未回者：此句原作『其節度使、采訪使并諸官稱充使未回』，今據册府元龜、全唐文改。

〔七十一〕貴妃楊氏禀性柔和，因心忠孝，克恭克慎，蹈禮循詩：『克恭克慎』，册府元龜、全唐文作『克慎閨壼』。按，『貴妃楊氏』指楊貴妃，即楊玉環。

〔七十二〕率勵宫掖，以迪關雎：『率勵』，亦作『率厲』。率領督促。東觀漢記竇融傳：『（融）率厲五郡精兵，羌胡畢集，兵不血刃，而虜土崩瓦解。』晋潘岳馬汧督誄：『忠勇果毅，率厲有方，固守孤城，危逼獲濟。』陳書魯廣達傳：『廣達躬擐甲胄，手執桴鼓，率勵敢死，

冒刃而前。」關雎，即詩經之關雎篇。

〔七十三〕 嬪御等賜物有差：「嬪御」，古代帝王、諸侯的侍妾與宫女。左傳 哀公元年：「今聞夫差，次有臺榭陂池焉，宿有妃嬙嬪御焉。」杜預注：「妃嬙，貴者；嬪御，賤者，皆内官。」唐康駢劇談録 孟才人善歌：「孟才人善歌，有寵於武宗皇帝，嬪御之中莫與爲比。」

〔七十四〕 其太真觀雖先度人：此句原無「其」字，今據册府元龜、全唐文增補。「度」，佛教語。使人出家。意謂引其離俗出生死。舊唐書 睿宗紀：「天下濫度僧尼、道士、女冠并依舊。」

〔七十五〕 太子瑛宜更賜物二千匹：此句原作「太子諱賜物二千匹」，今據册府元龜、四庫全書、全唐文改。「太子瑛」，即李瑛，亦即唐肅宗。

〔七十六〕 慶王琮已下各賜物有差：此句原無「賜物」二字，今據册府元龜、全唐文增補。「慶王琮」，即李琮，亦即「奉天皇帝」，傳見舊唐書卷一百七、新唐書卷八十二。舊唐書本傳載：「奉天皇帝琮，玄宗長子也，本名嗣直。景雲元年九月，封許昌郡王。先天元年八月，進封郯王。開元四年正月，遥領安西大都護，仍充安撫河東、關内、隴右諸蕃大使。十三年，改封慶王，仍改名潭。十五年，遥領凉州都督，兼河西諸軍節度大使。二十一年，加太子太師，改名琮。

二十四年，拜司徒。天寶元年，兼太原牧。十一載薨，贈靖德太子，葬於渭水之南細柳原，仍於啓夏門内置廟祔享焉。肅宗元年建寅月九日，詔追册爲奉天皇帝，妃竇氏爲恭應皇后，備禮改葬於華清宫北齊陵，以尚書右僕射、冀國公裴冕爲其使。初，開元二十五年，太子瑛得罪廢，令琮養其子，及天寶十一載琮薨，以瑛子俅爲嗣慶王，除秘書監同正員。』

天寶八載册尊號赦〔一〕

自昔皇王受命〔二〕，必降於元符；天人協心〔三〕，乃彰於大號。朕纘承玄緒，虔奉睿圖，何嘗不精意真宗〔四〕，專心庶政〔五〕？幸以邊隅底定，風雨時若〔六〕，人和歲稔，且洽於時雍，極瑞殊祥，薦臻於昭應，故得玉芝再産，秘牒玄通〔七〕。斯皆至道降休，先聖儲祉〔八〕。顧惟菲德，曷以克當？是用祇薦崇名，永揚鴻烈。而群公百辟〔九〕，援義比事，誠請不已，固辭不獲，以今日敬膺典册，曰『開元天地大寶聖文神武應道皇帝』。徽章載茂，寅畏增深〔十〕，宜因稽古之典，式布惟新之澤，可大赦天下。自天寶八載閏六月五日昧爽已前，大辟罪已下，罪無輕重，已發覺，未發覺，已結正，未結正，繫囚見徒，常赦所不免者，咸赦除之。朕永惟風教，漸冀還淳〔十一〕，至於弘貸之

名，亦思復古。其天下百姓（十二），丈夫爲户頭者，宜各賜爵一級。征鎮之役，其來久矣（十三），雖存素備，諒在變通。頃者用兵，蓋非獲已。今西戎摧殄，北虜歸降，南蠻東夷，咸來稽顙（十四），亦可謂四海無事，萬里廓清。減戍息人，思弘善貸（十五）。其諸軍鎮兵，非切要可均減者，宜令本鎮節度使與所司商量處置奏聞（十六）。其百姓有頻經征戍者（十七），已後差點之次，不在此限（十八）。高年給侍，義存養老（十九），因時定式，務廣仁恩。其天下百姓，丈夫七十五已上，婦人七十已上，宜各給中男一人充侍（二十），仍任自簡擇（二十一）；至八十已上，依常式處分。唐虞省刑，畫冠不犯；秦漢制法，密網唯煩（二十二）。理亂之源（二十三），得失斯在。朕常想淳古（二十四），務崇敦樸，刑期不濫，政協無爲（二十五）。豈惟守於升平，庶有臻於大道。頃者詳諸條目，已從簡易，至於結斷，尚慮深刻，所貴從寬，示其知禁。宜令中書門下與刑部大理寺法官審更詳定（二十六）。法律之間有所不便者（二十七），具條目聞奏（二十八）。禘祫之禮，以存序位，質文之變（二十九），蓋取隨時。國家系本仙宗，業承聖祖。重熙累盛，既錫無疆之休；合享祭神，思弘不易之典（三十）。自今已後，每遇禘祫，并於太清宫聖祖前設位序正，上以明陟配之禮，欽若玄宗（三十一），下以盡虔恭之誠，無違至道。比來每緣禘祫，時享

則停，事雖適於從宜，禮或虧於必備。自今已後，每緣禘祫，其常享無廢。享以素饌，三焚香以代三獻（三十二）。又奉先追遠，禮惟昭德；崇福展敬，義在因心（三十三）。自今已後，獻祖宣皇帝、宣莊光皇帝、光懿皇后忌日（三十四），宜令京城一日設齋。太祖景皇帝、景烈皇后，代祖元皇帝、元貞皇后忌日（三十五），京城三日行道。玄宗妙本，實備微言，垂範傳策，將弘至化（三十六）。朕所以發求道之使，遠令搜訪，因聽政之餘，親加尋繹（三十七）。既判訛謬，爰正簡編，必有闡揚（三十八），以敦風教。今内出一切道經，宜令崇玄館即繕寫分送諸道采訪使，令管内諸郡轉寫，其官本便留采訪郡太一觀持誦。聖人垂訓，蓋先於道（三十九），學者崇本，必有其師。文宣王與聖祖同時，俱爲教首，雖考言比德，理在難名（四十），而問禮叙經（四十一），迹彰親授。思廣在三之義，用崇得一之尊（四十二），宜於太清太微宫聖祖前，更立文宣王遺像，與四真人列侍左右（四十三）。且道降真符，天有成命。藏之于密，則取固名山；彰之以類，則發祥星洞。況靈仙所集（四十四），宜表殊休。太白山可封爲神應公，所由四時祭祀（四十五）。其金星洞改爲嘉祥洞，所管華陽縣改爲真符縣，仍於洞所置一祠宇，仙人臺下置一觀。兩京并十道於一大郡亦宜各置一觀，仍并以真符玉芝爲名。每觀度道士七人，修持香火。户部侍郎兼御

史中丞王鉷以才授委〔四十六〕，以忠奉上，頃命精求玄記，克協神心〔四十七〕，宜旌乃誠，俾正章綬〔四十八〕，特與三品。其李渾等三人，既親傳真誥，因獲元符，當有甄明，用旌福應〔四十九〕，宜令中書門下量其所能，具狀聞奏，當別處分。又九州之鎮，實著禮經，三代之典，必崇望秩。事既屬於報功，義有符於錫命〔五十〕。其九州鎮山除入諸岳外，并宜封公〔五十一〕，仍各置祠宇。如先有祠宇者〔五十二〕，量更增修，以時致祭。其五岳四瀆，雖載常祀〔五十三〕，儲慶發祥，當申昭報，宜令所在長官，各陳祭禮。名山大川，亦量事致祭。天下侍老，并量賜酒麵。内外見任文武官職事官三品已上，賜爵一級；四品已下，各加一階。其京文武官見在職及諸色陪位官、通表使等，賜帛有差。率土之内，賜酺三日。

校箋

〔一〕此文又見於册府元龜卷八十六帝王部赦宥第五，亦見於全唐文卷四十，文題爲加天地大寶尊號大赦文，署名唐玄宗。此文文末未署頒布時間。考册府元龜此文文首載『（天寶）八載

閏六月丁卯，群臣上尊號，帝御含元殿受册。禮畢，大赦天下。制曰』云云，又考舊唐書卷九玄宗紀下天寶八載六月載：『閏月……丙寅，上親謁太清宫，册聖祖玄元皇帝尊號爲聖祖大道玄元皇帝。高祖、太宗、高宗、中宗、睿宗五帝，皆加「大聖皇帝」之字；太穆、文德、則天、和思、昭成皇后，皆加「順聖皇后」之字。群臣上皇帝尊號爲開元天地大寶聖文神武應道皇帝。丁卯，上御含元殿受册，大赦天下。自今後每至禘祫，并於太清宫聖祖前序昭穆。初，太白山人李渾言太白山金星洞有帝福壽玉版石記，求得之，乃封太白山爲神應公，金星洞爲嘉祥公，所管華陽縣爲貞符縣。』新唐書卷五玄宗紀亦記：『閏月丙寅，謁太清宫，加上玄元皇帝號曰聖祖大道玄元皇帝，增祖宗帝后謚。群臣上尊號曰開元天地大寶聖文神武應道皇帝，大赦，男子七十、婦人七十五以上皆給一子侍，賜文武官階、爵，民爲户者古爵，酺三日。』資治通鑑卷二百一十六天寶八載閏六月載：『丙寅，上謁太清宫。丁卯，群臣上尊號曰開元天地大寶聖文神武應道皇帝，赦天下。禘、祫自今於太清宫聖祖前設位序正。』按，上述典籍均記此次册尊號在天寶八載（七四九）閏六月丁卯日，此時間恰與本文所記『自天寶八載閏六月五日（即丁卯）昧爽已前』之表示受册時間相符，則此册文之撰寫時間當在是時稍前。

〔一一〕自昔皇王受命：『受命』，四庫全書作『受祚』。

〔三〕天人協心：『協心』，原作『叶心』，今據册府元龜、四庫全書、全唐文改。『協心』，同心，齊心。書畢命：『周公克慎厥始，惟君陳克和厥中，惟公克成厥終，三后協心，同底于道。』唐韓愈赴江陵途中寄贈三學士詩：『協心輔齊聖，政理同毛輶。』

〔四〕朕纘承玄緒，虔奉睿圖，何嘗不精意真宗：『纘承』，繼承。周書明帝紀：『今朕纘承大業，處萬乘之上。』宋蘇軾贈韓維祖保樞魯國公制：『逮兹纘承，繼用耆哲。』『玄緒』，謂先聖遺業。宋書禮志一：『庠序之業，或廢或興。遂令陶鑄闕日用之功，民性靡素絲之益，亹亹玄緒，翳焉莫抽。』『睿圖』，皇帝的謀劃。隋書音樂志下：『皇矣上帝，受命自天。睿圖作極，文教遐宣。』舊唐書王彦威傳：『臣謬司邦計，虔奉睿圖，輒纂事功，庶裨聖覽。』『真宗』，釋道兩教謂所持的真正宗旨；正宗。唐張九齡敕歲初處分：『我玄元皇帝著道德經五千文，明乎真宗，致於妙用。』唐孟郊夏日謁智遠禪師詩：『謁師見真宗，何必千萬劫？』

〔五〕專心庶政：『專心』，原作『勵心』，今據册府元龜、全唐文改。『庶政』，各種政務。易賁：『山下有火，賁。君子以明庶政，無敢折獄。』新唐書高宗紀：『太宗每視朝，皇太子常侍，觀決庶政。』

〔六〕幸以邊隅底定，風雨時若：『底定』，達到平定。書禹貢：『三江既入，震澤底定。』蔡

沈集傳：『底定者，言底於定而不震蕩也。』此處引申指平定；安定。周書 尉遲運傳：『東夏底定，頗有力焉。』宋王禹偁平陽公主贊并序：『卒見削平多壘，底定京師。』『時若』，四時和順。唐白居易爲宰相賀雨表：『臣聞聖明在上，刑政叶中，則天地氣和，風雨時若。』宋蘇軾春祈諸廟祝文：『願疾沴之不興，庶風雨之時若。』

〔七〕且洽於時雍，極瑞殊祥，薦臻於昭應，故得玉芝再產，秘牒玄通：『時雍』，原作『邕熙』，今據册府元龜、全唐文改。『時雍』，亦作『時邕』『時廱』。指時世太平。晉書 張協傳：『六合時雍，巍巍蕩蕩。』晉張協七命作『時邕』。宋書 禮志一：『非演迪斯文，緝熙宏猷，將何以光贊時邕，克隆盛化哉。』『殊祥』，不同尋常的祥瑞。南朝梁任昉王文憲集序：『淵角殊祥，山庭異表。』唐柳宗元禮部賀白龍并青蓮花等表：『二氣交泰，萬國同和，動植思協於殊祥，遐爾畢陳其嘉應。』『昭應』，應驗；相應。晉干寶搜神記卷十一：『蓋至孝感天神，昭應如此。』南朝宋顔延之三月三日曲水詩序：『晷緯昭應，山瀆效靈。』李周翰注：『晷，日；緯，星也。昭應，謂明而不錯亂也。』『玄通』，謂與天相通。老子：『古之善爲士者，微妙玄通。』河上公注：『玄，天也。言其志節玄妙，精與天通也。』後漢書 黨錮傳 劉祐：『吾子懷蘧氏之可卷，體甯子之如愚，微妙玄通，冲而不盈。』

〔八〕斯皆至道降休，先聖儲祉：此句册府元龜、全唐文無「斯皆」二字。「儲祉」，猶言積福。唐韓愈順宗實録卷五：「八月庚子，詔曰：『惟皇天祐命烈祖，誕受方國，九聖儲祉，萬方咸休，肆予一人，獲纘丕業。』」唐白居易淮南節度使檢校尚書右僕射趙郡李公家廟碑銘并序：「鄭縣洎晉陵府君咸善積於躬，道屈於位，儲祉流慶而僕射生矣。」

〔九〕而群公百辟：此句册府元龜、全唐文無「而」字。「百辟」，百官。宋書孔琳之傳：「羨之（徐羨之）内居朝右，外司輦轂，位任隆重，百辟所瞻。」唐白居易醉後走筆酬劉五主簿長句之贈詩：「閶闔晨開朝百辟，冕旒不動香烟碧。」

〔十〕徽章載茂，寅畏增深：「徽章」，指褒崇封贈的策命。此處指所受的尊號。北周王褒周太保尉遲綱墓碑：「司勛載其弘烈，典册備其徽章。」唐陸贄册淑妃王氏爲皇后文：「稱是徽章，聿歸全德。」「寅畏」，敬畏；恭敬戒懼。書無逸：「嚴恭寅畏，天命自度。」蔡沈集傳：「寅則欽肅，畏則戒懼。」唐白居易畫大羅天尊贊文：「皇帝孝敬寅畏，憂勤勞謙。」

〔十一〕朕永惟風教，漸冀還淳：此句原作「朕永惟風俗之本，漸冀返璞」，今據册府元龜、全唐文改。

〔十二〕其天下百姓：此句原無「其」字，今據册府元龜、全唐文增補。

〔十三〕其來久矣：此句原作『其來自久』，今據册府元龜、全唐文改。

〔十四〕咸來稽顙：此句原作『咸皆稽顙』，今據册府元龜、全唐文、適園叢書、學林本改。『稽顙』，古代一種跪拜禮，屈膝下拜，以額觸地，表示極度的虔誠。儀禮士喪禮：『吊者致命，主人哭拜，稽顙成踴。』漢書李廣傳：『若乃免冠徒跣，稽顙請罪，豈朕之指哉！』

〔十五〕思弘善貸：『善貸』，善於施與；善於寬假。老子：『夫唯道，善貸且成。』陳鼓應今注：『貸，施與。』晉殷仲文解尚書表：『匡復社稷，大弘善貸。』吕延濟注：『貸，謂假借人性命也。』

〔十六〕其諸軍鎮兵，非切要可均減者，宜令本鎮節度使與所司商量處置奏聞：『其諸軍鎮兵』，册府元龜、全唐文作『其軍鎮兵』；『奏聞』，原作『聞奏』，今據册府元龜、全唐文改。

〔十七〕其百姓有頻經征戍者：『征戍』，原作『征鎮』，今據適園叢書、學林本改。

〔十八〕不在此限：『此限』，原作『取限』，今據册府元龜、全唐文、適園叢書、學林本改。

〔十九〕義存養老：此句原作『本屬存養』，今據册府元龜、全唐文、適園叢書、學林本改。

〔二十〕宜各給中男一人充侍：此句册府元龜、全唐文無『中男』二字。

〔二十一〕仍任自簡擇：此句册府元龜、全唐文作『仍自揀擇』。『簡擇』，選擇。晉葛洪

抱朴子弭訟：『夫婚媾之結，義無逼迫，彼則簡擇而求，此則可意乃許。』唐韓愈燕河南府秀才詩：『群儒負己材，相賀簡擇精。』

〔二十二〕唐虞省刑，畫冠不犯；秦漢制法，密網唯煩：『唐虞』，唐堯與虞舜的并稱。亦指堯與舜的時代，古人以爲太平盛世。論語泰伯：『唐虞之際，於斯爲盛。』史記汲鄭列傳：『陛下内多欲而外施仁義，奈何欲效唐虞之治乎！』『畫冠』，同『畫衣冠』。南朝齊王融永明九年策秀才文：『永念畫冠，緬追刑厝。』李善注引墨子：『畫衣冠，異章服，謂之戮。上世用戮，而民不犯。』陳書宣帝紀：『畫冠弗犯，革此澆風，孥戮是蹈，化於薄俗。』『密網』，漢桓寬鹽鐵論刑德：『昔秦法繁於秋荼，而網密於凝脂。』後因以『密網』比喻繁苛的法令。世説新語政事『賈充初定律令』劉孝標注引晉諸公贊：『充有才識，明達治體，加善刑法，由此與散騎常侍裴楷共定科令，蠲除密網，以爲晉律。』

〔二十三〕理亂之源：『之源』，原作『之間』，今據册府元龜、全唐文改。

〔二十四〕朕常想淳古：『淳古』，適園叢書、明鈔本、甲庫本作『遠古』。『淳古』，淳厚古樸。唐高適留上李右相詩：『風俗登淳古，君臣挹大庭。』宋陸游老學庵筆記卷五：『棺外列置瓦器，皆極淳古。』

〔二十五〕政協無爲：『政協』，原作『政叶』，今據册府元龜、全唐文改。

〔二十六〕與刑部大理寺法官審更詳定：『大理寺法官』，原作『大理法官』，今據册府元龜、全唐文、適園叢書、學林本增補。

〔二十七〕法律之間有所不便者：『不便者』，原作『非便者』，今據册府元龜、全唐文、適園叢書、學林本改。

〔二十八〕具條目聞奏：此句原作『具牒自奏』，今據册府元龜、四庫全書、全唐文改。

〔二十九〕禘祫之禮，以存序位，質文之變：『禘祫』，古代帝王祭祀始祖的一種隆重儀禮。或禘祫分稱而別義，或禘祫合稱而義同，歷代經傳，説解不一。章炳麟以爲，『禘祫之言，詾詾争論既二千年。若以禘祫同爲殷祭，祫名大事，禘名有事，是爲禘小於祫，何大祭之云？故知周之廟祭有大嘗、大烝，有秋嘗、冬烝。禘祫者大嘗、大烝之異語』。後漢書章帝紀：『其四時禘祫於光武之堂。』李賢注引續漢書：『五年再殷祭，三年一祫，五年一禘。』國語周語上『我先王不窋用失其官』韋昭注：『不窋，棄之子也。周之禘祫文武，必先不窋，故通謂之王。』『序位』，安排位次。漢董仲舒春秋繁露天辨在人：『天下之尊卑隨陽而序位。』漢書元帝紀：『朕之不逮，序位不明，衆僚久瘝，未得其人。』顔師古注：『言官人之位失其次序。』『質文』，實質内容與外在

形式。漢董仲舒春秋繁露玉杯：『文著於質，質不居文……質文兩備，然後其禮成。』

（三十）重熙累盛，既錫無疆之休；合享祭神，思弘不易之典：『思弘』，原作『宣弘』，今據册府元龜、全唐文、適園叢書、學林本改。『重熙』，舊時用以稱頌君主累世聖明。三國魏何晏景福殿賦：『至于帝皇，遂重熙而累盛。』舊唐書賈耽傳：『太宗繼明重熙，柔遠能邇。』

（三十一）上以明陟配之禮，欽若玄宗：『陟配』，謂天子升遐後，於祭天時配享。書君奭：『故殷禮陟配天，多歷年所。』孔傳：『故殷禮能升配天，享國久長，多歷年所。』南朝宋顔延之宋郊祀歌：『陟配在京，降德在民。』李周翰注：『陟，升也。言天子升祖考以配天。』『欽若』，敬順。書堯典：『乃命羲、和，欽若昊天，曆象日月星辰，敬授民時。』陳書高祖紀下：『梁氏以圮剥薦臻，歷運有極，欽若天應，以命于霸先。』唐白居易策項：『今陛下以懋建皇極爲先，則大化不得下流矣；以欽若前訓爲本，則大樸不得不復矣。』『玄宗』，指道家所謂道的深奥旨意。南朝齊王儉褚淵碑文：『眇眇玄宗，萋萋辭翰。』李周翰注：『玄宗，道也。』北齊顔之推顔氏家訓勉學：『何晏、王弼，祖述玄宗，遞相誇尚，景附草靡。』唐王維賀玄元皇帝見真容表：『琪樹韜華，瑶池奪映，實由陛下弘敷本際，大啓玄宗。』

（三十二）享以素饌，三焚香以代三獻：此句原無，今據全唐文增補。『素饌』，猶素食。南

史顧覬之傳：『朔望祥忌，可權安小牀，暫施几席，唯下素饌，勿用牲牢。』宋岳珂愧郯録先廟後郊：『祀用青詞，饋用素饌。』

〔三十三〕奉先追遠，禮惟昭德；崇福展敬，義在因心：『奉先』，祭祀祖先。書太甲中：『奉先思孝，接下思恭。』舊唐書肅宗紀：『朕早承聖訓，嘗讀禮經，義切奉先，恐不克荷。』『追遠』，祭祀盡虔誠，以追念先人。論語學而：『慎終追遠。』邢昺疏：『追遠者，遠謂親終既葬，日月已遠也，孝子感時念親，追而祭之，盡其敬也。』南史后妃傳上宋孝武昭路太后：『又詔述太后恩慈，特齊衰三月，以申追遠。』『昭德』，明德；美德。國語鄭語：『唯荆實有昭德，若周衰，其必興矣。』『因心』，謂親善仁愛之心。詩大雅皇矣：『維此王季，因心則友。』毛傳：『因，親也。』陳奐傳疏：『因訓親，親心即仁心。』舊唐書孝友傳序：『善於兄弟，必能因心廣濟。』

〔三十四〕獻祖宣皇帝、宣莊光皇帝、光懿皇后忌日：『宣莊光皇帝、光懿皇后』，原作『宣莊皇后』，今據册府元龜、全唐文、適園叢書、學林本增補。按，據舊唐書高祖紀，獻祖宣皇帝是唐高祖李淵之高祖，宣莊光皇帝是唐高祖之曾祖李熙。光懿皇后則爲李熙妻之封號。

〔三十五〕太祖景皇帝、景烈皇后，代祖元皇帝、元貞皇后忌日：按，太祖景皇帝即爲唐高祖

之祖父李虎，後魏左僕射，封隴西郡公。周受禪，追封唐國公，謚曰襄。唐武德初，追尊景皇帝，廟號太祖，陵曰永康。景烈皇后則爲李虎妻之封號。代祖元皇帝爲唐高祖之父李昞，乃周安州總管、柱國大將軍，襲唐國公，謚曰仁。武德初，追尊元皇帝，廟號世祖，陵曰興寧。元貞皇后則爲代祖元皇帝妻之封號。

〔三十六〕實備微言，垂範傳策，將弘至化：『微言』，原作『徽言』，今據册府元龜、全唐文改。『傳策』，四庫全書、明鈔本作『傳學』。『微言』，精深微妙的言辭。逸周書大戒：『微言入心，夙喻動衆。』朱右曾校釋：『微言，微眇之言。』漢劉歆移書讓太常博士：『及夫子没而微言絶，七十子終而大義乖。』『至化』，極美好的教化。後漢書仲長統傳：『今欲張太平之紀綱，立至化之基趾。』晋書阮种傳：『旁求俊乂，以輔至化，此誠堯、舜之用心也。』

〔三十七〕朕所以發求道之使，遠令搜訪，因聽政之餘，親加尋繹：『求道之使』，原作『求遺之使』，今據册府元龜、四庫全書、全唐文改。『親加尋繹』，原作『親加尋閲』，今據册府元龜、全唐文改。『尋繹』，抽引推求。漢書循吏傳黄霸：『米鹽靡密，初若煩碎，然霸精力能推行之。吏民見者，語次尋繹，問它陰伏，以相參考。』顔師古注：『繹，謂抽引而出也。』唐劉知幾史通惑經：『經既不書，傳又缺載，缺略如此，尋繹難知。』

〔三十八〕既判訛謬，爰正簡編，必有闡揚：『訛謬』，原作『謬誤』，今據册府元龜、四庫全書、全唐文改。『必有』，原作『必在』，今據全唐文改。

〔三十九〕蓋先於道：『先於』，原作『先乎』，今據册府元龜、全唐文改。

〔四十〕雖考言比德，理在難名：『難名』，原作『難明』，今據册府元龜、全唐文、適園叢書、學林本改。『考言』，察其所言。書舜典：『格汝舜，詢事考言，乃言底可績，三載，汝陟帝位。』蔡沈集傳：『堯言詢舜所行之事而考其言。』南朝梁劉勰文心雕龍議對：『古之造士，選事考言。』『比德』，謂德行、德教可與之比擬、比配。禮記玉藻：『君子於玉比德焉。』史記商君列傳：『故吾以强國之術説君，君大説之耳，然亦難以比德於殷周矣。』『難名』，難以稱述。明張居正謝賜粥米食品疏：『乃荷……綸旨温存，遣上醫而診視，寵頒稠叠，廑中使以光臨，切感難名。』清王士禛池北偶談談故四暹羅表：『巍巍莫測，蕩蕩難名。』

〔四十一〕而問禮叙經：原作『而問禮序經』，四庫全書則作『而問經序禮』，今據册府元龜、全唐文改。

〔四十二〕思廣在三之義，用崇得一之尊：『在三』，國語晉語一：『「民生於三，事之如一。」父生之，師教之，君食之。非父不生，非食不長，非教不知，生之族也，故一事之，唯其所

在，則致死焉。』韋昭注：『三，君、父、師也。』後以『在三』爲禮敬君、父、師的典故。晉桓温薦譙元彦表：『故有洗耳投淵，以振玄邈之風；亦有秉心矯迹，以敦在三之節。』『得一』，得道。老子：『昔之得一者：天得一以清；地得一以寧；神得一以靈；穀得一以盈；萬物得一以生；侯王得一以爲天下貞。』王弼注：『一，數之始而物之極也，各是一物之生，所以爲主也。物皆各得此一以成。』吕氏春秋 論人：『無以害其天則知精，知精則知神，知神之謂得一。凡彼萬形，得一後成。』高誘注：『一，道也。天道生萬物，萬物得一乃（後）成也。』

（四十三）宜於太清太微宫聖祖前，更立文宣王遺像，與四真人列侍左右：『宜於太清太微宫聖祖前』，此句册府元龜、全唐文無『太清』二字。『文宣王遺像』，原作『文宣王像』，今據册府元龜、全唐文、適園叢書、學林本增補。『真人』，道家稱存養本性或修真得道的人。亦泛稱『成仙』之人。莊子 大宗師：『古之真人，其寢不夢，其覺無憂，其食不甘，其息深深……古之真人，不知説生，不知惡死，其出不訢，其入不距；翛然而往，翛然而來而已矣。』淮南子 本經訓：『莫死莫生，莫虚莫盈，是謂真人。』『四真人』，舊唐書 玄宗紀下：『天寶元年……莊子號爲南華真人，文子號爲通玄真人，列子號爲冲虚真人，庚桑子號爲洞虚真人。』

（四十四）則發祥星洞。況靈仙所集：『發祥』，顯現吉利的徵象。詩 商頌 長發：『濬哲維

商，長發其祥。』鄭玄箋：『深知乎維商家之德也，久發見其禎祥矣。』漢班固典引：『發祥流慶，對越天地者，舄奕乎千載。』『靈仙』，神仙。晉孫綽游天台山賦：『涉海則有方丈、蓬萊，登陸則有四明、天台，皆玄聖之所游化，靈仙之所窟宅。』唐張説岳陽石門墨山二山相連有禪堂觀天下絶境詩：『藥妙靈仙寶，境華岩壑選。』

〔四十五〕所由四時祭祀：『四』字原闕，今據册府元龜、四庫全書、全唐文增補。

〔四十六〕户部侍郎兼御史中丞王鉷以才授委：『授委』，原作『受委』，今據册府元龜、全唐文改。『王鉷』，傳見舊唐書卷一百五、新唐書卷一百三十四，可參閲。

〔四十七〕頃命精求玄記，克協神心：『頃命』，原作『須命』，今據册府元龜、四庫全書、全唐文改。『克協』，原作『克叶』，今據册府元龜、全唐文改。『玄記』，懸記，預言。玄，通『懸』。唐于邵玉版玄記頌：『神靈宣功，華芝獻壽；薦錫玄記，光資妙用。』『神心』，猶心神。謂魂與心。戰國楚宋玉神女賦：『意離未絶，神心怖覆。』漢揚雄法言序：『神心忽恍，經緯萬方，事繫諸道、德、仁、義、禮。』

〔四十八〕俾正章綬：『章綬』，原指官印和繫印的絲帶。亦泛指官印。西京雜記卷二：『朱買臣爲會稽太守，懷章綬還至舍亭，而國人未知也。』此處指官位。宋曾鞏歸老橋記：『今柳

侯……方爲天子致其材力以惠澤元元之時，雖欲遺章綬之榮，從湖山之樂，余知未能遂其好也。』清陳康祺郎潛紀聞卷九：『一門群從，章綬鼎盛，可謂殊榮曼福備於一身已。』

〔四十九〕其李渾等三人，既親傳真誥，因獲元符，當有甄明，用旌福應：『三人』，原作『四人』，今據册府元龜、全唐文改。『李渾』，其事迹見本文校箋〔一〕。『甄明』，辨明；明察。後漢書魯丕傳：『論難於前，無所甄明。』李賢注：『甄，别也。』晉書崔洪傳：『選吏部尚書，舉用甄明，門無私謁。』唐王勃上吏部裴侍郎啓：『甄明大義，矯正末流。』

〔五十〕三代之典，必崇望秩。事既屬於報功，義有符於錫命：『義有符於錫命』，原作『義有弘於錫命』，今據册府元龜、全唐文改。『望秩』，謂按等級望祭山川。書舜典：『歲二月，東巡守，至于岱宗，柴。望秩于山川。』孔傳：『東岳諸侯境内名山大川，如其秩次望祭之。謂五岳牲禮視三公，四瀆視諸侯，其餘視伯子男。』漢書王莽傳中：『伏念予之皇始祖考虞帝，受終文祖，在璇璣玉衡以齊七政，遂類于上帝，禋于六宗，望秩于山川，遍于群神，巡狩五岳，群后四朝，敷奏以言，明試以功。』『錫命』，天子有所賜予的詔命。易師：『王三錫命。』孔穎達疏：『三錫命者，以其有功，故王三加錫命。』唐張九齡恩賜樂游園宴應制詩：『寶筵延錫命，供帳序群公。』

〔五十一〕并宜封公：此句原作『宜并封公』，今據册府元龜、全唐文改。

〔五十二〕如先有祠宇者：此句册府元龜、全唐文作『先已有祠宇者』。

〔五十三〕以時致祭。其五岳四瀆，雖載常祀：册府元龜、全唐文無此處諸文字。

天寶十三載册尊號赦〔一〕

王者事天明〔二〕，事地察，修身慎行，孝德彰矣，故風化天下，和睦興焉，致敬宗廟，祖考來格〔三〕。是則禮莫大於嚴享，孝莫大於揚名，有以通于神明，有以光于四海。朕承真之道，纘聖之業，欽若先訓，惟懷永圖〔四〕。寶儉寶慈，無爲而理；自南自北，有截來成〔五〕。五教聿興，家服仁孝；四靈感應，物必純誠〔六〕。百郡公卿，萬方夷夏，僉奉玄貺，徵長發於真源〔七〕；屢薦鴻名，願昭彰於至德。封章守闕，于再于三。加以聖祖錫符，玄中啓迪，天心垂裕，榮光降臨，敢不丕承，固執冲讓〔八〕。乃展因心之義，以弘推尊之典。虔上册禮，齋肅思成〔九〕。入室僾然〔十〕，敢忘于目；出户而聽，庶幾有聞。揚美謚於無疆，展永懷於罔極。且敬從拜後，禮既尊先，式副群心，以允成義〔十一〕。以今日敬膺典册〔十二〕，曰『開元天地大寶聖文神武證道孝德皇帝』。大號

載崇，祇若增懼（十三）。宜因布和之序，式弘在宥之澤，可大赦天下。自天寶十三載二月九日昧爽已前，大辟罪已下，罪無輕重，已發覺，未發覺，已結正，未結正，繫囚見徒，常赦所不免者咸赦除之。官人犯入己贓，不可更令却上，後不須爲累，其左降官并稍量移近處。其反逆緣坐流配之色者（十四），宜與量移。其王鉷、李林甫、柴崇耀、阿布思等（十五），并寄任非輕，苞藏特甚，原情議法，深所難容。況日月未淹，罪坐尤重，即從寬宥，何以懲肅？應緣親累流配者，并不在該及之限。左降官承前遭憂（十六），皆不得離任，孝行之道，所未弘通（十七），情禮之間，深可哀恤。如有此類，宜并放歸，仍申省計至服滿之日，準法處分。自今已後，編入常式。其中有非反逆緣坐，及情理切害，有父母年老不任相隨（十八），無昆弟養者，許停官歸侍。及有身已衰老（十九），久罹譴責，情願停官者，委本道采訪簡擇，具名牒中書門下，然後放還。鰥寡煢獨乏絶者，量加賑給。三載黜陟，百王令典，殿最之迹，廉問攸歸（二十），欲更別遣使臣，慮有煩擾。今載宜委本道采訪使（二十一），具官人善惡奏聞，以申勸沮（二十二）。自臨御已來四十餘年，棫樸延想，寤寐求賢，林藪無遺，旌招不絶（二十三）。猶慮升平已久，學業增多，至於徵求，或遺僻陋。其博通墳典、洞曉玄經、清白著聞、詞藻宏麗、軍謀出衆、武藝絶倫者，任

於所在自舉，仍委郡縣長官精加詮擇，必取才實相副者奏聞。朕尊崇先謚，霜露增感，于以孝思，無忘錫類（二十四）。其内外見任官階俱是三品已上，父未有五品官，及無官已亡殁者，宜各贈五品官（二十五），及母無邑號者（二十六），亦與追贈。其見任四品五品清官官階，俱是五品已上者，亡父母先無官號者（二十七），亦準此追贈。且厚其風俗，五教之旨聿興；賁于丘園，十翼之風斯在（二十八）。其士庶間，其有衆推孝悌（二十九）、累代義居、高尚確然、隱遁岩穴者，委采訪使博訪聞薦。其孝義之人已經旌表，雍睦無易，純至有終，著美鄉閭，深可嘉尚，各賜勛兩轉，以彰德行。天下侍老百歲已上（三十），版授本郡太守，婦人版授郡夫人，各賜綿帛五段，粟三石；八十已上，版授本縣令，婦人版授縣君，各賜綿帛兩段，粟兩石。太清宫闕，聖祖仙居，頻降休徵，屢貽啓迪，不有優異，豈表殊常？其本宫道士，宜各賜物三十段。道門威儀王靈貞（三十一），賜物五十段。陪位大德（三十二），各賜物二十段。因心推崇，增上美謚，惟官統職，必在正名（三十三）。今以太常尊事宗廟，安可列署爲名？禮不逼尊，情期達敬，五陵署改爲臺，其獻陵臺等五令及丞并升一階，以彰崇奉。五岳四瀆及名山大川，并靈迹之處，先賢祠廟，各委郡縣長官致祭。其有陵墓祠宇頽壞者，量情修葺（三十四）。亞獻皇太子璵（三十五），賜

物一千段；終獻榮王琬（三十六），賜物五百段。其餘各賜階爵有差。其郡守縣令職在親人，必務公勤，以康黎庶（三十七）。凡所推擇，皆竭乃誠，寵錫之間，須甄異等。普恩之外，太守等并賜爵一級，縣令賜勛兩轉，庶期勉勵，以表朕心。其京文武官，一品賜物一百匹，二品八十匹，三品七十匹，四品五品五十匹，六品七品各三十匹，八品九品各二十匹（三十八）。東京北京留守、節度采訪使，并京官准敕出使未回者（三十九），所賜物并同見在例。左相陳希烈，純粹之道，載穆朝廷，文儒之風，式瞻師表（四十），且協和時令，翊贊升平，柔嘉其德（四十一），克壯元老，與一子五品官（四十二），賜物五百匹。攝太尉奠瓚上册書寶册讀册右丞相楊國忠（四十三），當朝正色，百僚紀綱，廉節遺身，三階柱石（四十四）。况發揮孝理，潤色鴻猷，金玉王度，典禮增緝（四十五），不有殊等，何用爲勸？宜與一子三品官，仍與一子五品官，更賜物五百段（四十六）。左僕射安禄山，以貞一之心，總文武之任，出清北落，入贊南宫，既押登歌（四十七），又揮寶册，與一子官，更賜物四百匹（四十八）。攝太尉張均（四十九），太清宫祠及修儀注等使，普恩之外，又賜物一百匹。武德功臣及貞觀初宰輔等（五十），緬想忠義，感會風雲，用集大勛，肇興王業，其有子孫零落、冠冕陵夷、無任官宦者（五十一），宜令所司勘責，依資與一人京官。唐初功臣，續

參締構〔五十二〕，録勞念舊，每置于懷，普恩之外，宜放一子出身，如已出身，所司依資與一官。率土之内，賜酺三日。

校箋

〔一〕本文又見於册府元龜卷八十六帝王部赦宥第五，文首云：天寶『十三載二月甲戌，御興慶殿受册尊號爲開元天地大寶聖文神武證道孝德皇帝。禮畢，御勤政樓大赦天下，制曰』云云。此文又見於全唐文卷四十，文題爲加證道孝德尊號大赦文，署名唐玄宗。本文文末未署頒布時間。考舊唐書卷九玄宗紀下天寶十三載記：『二月癸酉，上親朝獻太清宫，上玄元皇帝尊號曰大聖祖高上大道金闕玄元天皇大帝。甲戌，親饗太廟，上高祖謚曰神堯大聖大光孝皇帝，太宗謚曰文武大聖大廣孝皇帝，高宗謚曰高宗天皇大聖大弘孝皇帝，中宗謚曰中宗太和大聖大昭孝皇帝，睿宗謚曰睿宗玄真大聖大興孝皇帝。乙亥，御興慶殿受徽號，禮畢，大赦天下。左降官遭父母憂，放歸。獻陵等五署改爲臺，令丞各升一階。文武三品已上賜爵一級，四品已下加一階。賜酺三日。』又新唐書卷五玄宗紀天寶十三載二月亦載：『甲戌，群臣上尊號曰開元天地大寶聖文神武

證道孝德皇帝，大赦，左降官遭父母喪者聽歸。賜孝義旌表者勛兩轉。侍老百歲以上版授本郡太守，婦人郡夫人；九十以上郡長史，婦人郡君；八十以上縣令，婦人縣君。太守加賜爵一級，縣令勛兩轉，民酺三日。』資治通鑒卷二百一十七天寶十三載二月記：『甲戌，群臣上尊號曰開元天地大寶聖文神武證道孝德皇帝，赦天下。』據上述多數典籍所記，此次上李唐諸皇尊號以及唐玄宗受册大赦均統記於天寶十三載二月甲戌（八日），唯舊唐書玄宗紀記玄宗受册以及大赦於天寶十三載二月乙亥（九日），此記載與本文所云『自天寶十三載二月九日昧爽已前』所顯示受册大赦時間相符，故諸典籍將諸事統記於『甲戌』日不妥，因所記是年二月甲戌日乃僅是上玄宗前諸帝尊號之日，而玄宗受尊號并大赦乃在舊唐書所記之『乙亥』日。據此則此文撰寫時間當在天寶十三載（七五四）二月乙亥（九日）稍前。

〔二〕王者事天明：『天明』，猶天命；天道。書大誥：『用寧王遺我大寶龜，紹天明。』左傳哀公二年：『范氏、中行氏反易天明，斬艾百姓，欲擅晋國而滅其君。』孔穎達疏：『下事上，臣事君，法則天之明道；臣不事君是反易天之明道。』

〔三〕祖考來格：『祖考』，祖先。詩小雅信南山：『祭以清酒，從以騂牡，享于祖考。』唐韓愈祭鄭夫人文：『春秋霜露，薦敬蘋蘩，以享韓氏之祖考。』『來格』，來臨；到來。格，至。書

益稷：『戛擊鳴球，搏拊琴瑟以咏。祖考來格。』孔傳：『此舜廟堂之樂，民悦其化，神歆其祀，禮備樂和，故以祖考來至明之。』三國志 魏書 劉馥傳：『闡弘大化，以綏未賓；六合承風，遠人來格。』

〔四〕惟懷永圖：『永圖』，長久之計；長久打算。書 太甲上：『慎乃儉德，惟懷永圖。』孔傳：『言當以儉爲德，思長世之謀。』南朝齊王融永明九年策秀才文：『朕夤奉天命，恭惟永圖。』

〔五〕有截來成：『來成』，册府元龜、四庫全書、全唐文、適園叢書作『來威』。『有截』，齊一貌；整齊貌。有，助詞。詩 商頌 長發：『苞有三蘖，莫遂莫達，九有有截。韋顧既伐，昆吾夏桀。』鄭玄箋：『九州齊一截然。』又：『相土烈烈，海外有截。』鄭玄箋：『截，整齊也。』後人割取詩句『有截』二字代稱九州、天下。北齊書 文苑傳 樊遜：『後服之徒，既承風而慕化；有截之内，皆蹈德而咏仁。』唐杜牧奉和門下相公送西川相公出鎮全蜀詩十八韻：『無私天雨露，有截舜衣裳。』此處即取後一義。『來成』，謂前來成就。語出詩 大雅 鳧鷖：『公尸燕飲，福禄來成。』馬瑞辰通釋：『四章「福禄來崇」，傳：「崇，重也。」來成，猶言來崇，成亦重也。』宋曾鞏太平州與本路轉運狀：『享神明之協相，具福禄之來成。』

〔六〕五教聿興，家服仁孝；四靈感應，物必純誠：此句中『四靈感應，物必純誠』，册府元龜、全唐文作『四靈咸盛，物應純誠』。『五教』，五常之教。指父義、母慈、兄友、弟恭、子孝五種倫理道德的教育。書舜典：『汝作司徒，敬敷五教。』孔傳：『布五常之教。』左傳文公十八年：『舉八元，使布五教于四方，父義、母慈、兄友、弟共、子孝。』『四靈』，指麟、鳳、龜、龍四種靈畜。禮記禮運：『何謂四靈？麟、鳳、龜、龍謂之四靈。』孔穎達疏：『以此四獸皆有神靈，異於他物，故謂之靈。』舊唐書文苑傳上楊炯：『麟、鳳有四靈之名，玄龜有負圖之應。』也指傳説中的蒼帝、黄帝、白帝、黑帝四神帝。漢張衡東京賦：『尊赤氏之朱光，四靈懋而允懷。』薛綜注：『河圖曰：「四靈，蒼帝神名靈威仰，赤帝神名赤熛怒，黄帝神名含樞紐，白帝神名白招拒，黑帝神名協光紀。」』

〔七〕僉奉玄貺，徵長發於真源：『玄貺』，上天的賞賜。舊唐書懿宗紀：『仰俟玄貺，必致甘滋。』宋史樂志九：『玄貺昭格，至和所熏。』『長發』，久已顯現。詩商頌長發：『濬哲維商，長發其祥。』鄭玄箋：『深知乎維商之德也，久發見其禎祥矣。』『真源』，謂本源，本性。南朝梁劉潛和昭明太子鍾山解講詩：『迴輿下重閣，降道訪真源。』唐趙元一奉天録序：『緬尋太古之初，真源一味，自然樸略，不同浮華，雖垂不載。』

〔八〕敢不丕承，固執沖讓：『丕承』，很好地繼承。舊謂帝王承天受命，常曰『丕承』。書君奭：『惟文王德丕承無疆之恤。』漢揚雄法言問明：『「成湯，丕承也；文王，淵懿也。」或問丕承，曰：「由小致大，不亦丕乎？革夏以天，不亦承乎？」』『沖讓』，即謙讓。

〔九〕乃展因心之義，以弘推尊之典。虔上册禮，齋肅思成：『思成』，册府元龜、四庫全書作『思誠』。『因心』，謂親善仁愛之心。詩大雅皇矣：『維此王季，因心則友。』毛傳：『因，親也。』陳奂傳疏：『因訓親，親心即仁心。』舊唐書孝友傳序：『善於兄弟，必能因心廣濟。』『齋肅』，莊重敬慎。漢班固白虎通姓名：『大子生，舉之以禮：使士負之，有司齋肅端緌，之郊，見於天。』清史稿樂志四：『齋肅恭敬柔雍彰，金鈎緑簴懿筥筐。』

〔十〕入室僾然：『僾然』，仿佛，隱約貌。禮記祭義：『祭之日，入室，僾然必有見乎其位。』陸德明釋文：『僾，微見貌。』漢劉向説苑修文：『祭之日，將入户，僾然若有見乎其容。』宋蘇軾元祐元年九月六日明堂赦文：『惕然履霜，詎勝凄愴之意；僾然出户，如聞嘆息之聲。』

〔十一〕且敬從拜後，禮既尊先，式副群心，以允成義：『且敬從拜後』，原作『敬從拜後』，今據册府元龜、全唐文增補。『以允成義』，四庫全書作『允成古義』。

〔十二〕以今日敬膺典册：此句原無『以』字，今據册府元龜、四庫全書、適園叢書增補。

〔十三〕大號載崇，祇若增懼：『大號』，國號，帝號。陳書高祖紀上：『大同之末，邊政不修，李賁狂迷，竊我交、愛，敢稱大號，驕恣甚於尉他。』唐劉知幾史通本紀：『夫位終北面，一概人臣，儻追加大號，止入傳限。』『祇若』，敬順。書説命上：『疇敢不祇若王之休命？』孔傳：『言王如此，誰敢不敬順王之美命而諫者乎？』

〔十四〕其反逆緣坐流配之色者：此句原無『之色』二字，今據册府元龜、全唐文、甲庫本增補。

〔十五〕其王鉷、李林甫、柴崇耀、阿布思等：『王鉷』，傳見舊唐書卷一百五、新唐書卷一百三十四。『李林甫』，傳見舊唐書卷一百六、新唐書卷二百二十三上。

〔十六〕左降官承前遭憂：『遭憂』，遭父母之喪。魏書儒林傳李業興：『永安二年……遭憂解任，尋起復本官。』

〔十七〕所未弘通：『弘通』，寬宏通達。三國志魏書徐邈胡質等傳論：『徐邈清尚弘通。』舊唐書韓愈傳：『愈性弘通，與人交，榮悴不易。』

〔十八〕有父母年老不任相隨：『年老』，四庫全書、明鈔本、甲庫本作『老年』。

〔十九〕及有身已衰老：此句『已』字原闕，今據册府元龜、四庫全書、全唐文、適園叢書、

明鈔本增補。

〔二十〕殿最之迹，廉問攸歸：『殿最』，古代考核政績或軍功，下等稱爲『殿』，上等稱爲『最』。漢書宣帝紀：『其令郡國歲上繫囚以掠笞若瘐死者所坐名、縣、爵、里，丞相御史課殿最以聞。』顔師古注：『凡言殿最者：殿，後也，課居後也；最，凡要之首也，課居先也。』漢班固答賓戲：『雖馳辯如濤波，摛藻如春華，猶無益於殿最也。』李善注引漢書音義：『上功曰最，下功曰殿。』魏書食貨志：『勸課農耕，量校收入，以爲殿最。』『廉問』，察訪查問。史記秦始皇本紀：『諸生在咸陽者，吾使人廉問，或爲訞言以亂黔首。』金史完顔宗雄傳：『朝廷遣使廉問，事難周悉。』

〔二十一〕今載宜委本道采訪使：『今載』，原作『今歲』，今據册府元龜、全唐文改。

〔二十二〕以申勸沮：『勸沮』，册府元龜、全唐文作『勸阻』。

〔二十三〕棫樸延想，寤寐求賢，林藪無遺，旌招不絶：『棫樸』，原指白桵和枹木。詩大雅棫樸：『芃芃棫樸，薪之槱之。』毛傳：『棫，白桵也。樸，枹木也。』樂府詩集郊廟歌辭三北齊南郊樂歌：『玉帛載升，棫樸斯燎。』此處爲詩大雅中的篇名。該篇詩序稱是咏『文王能官人也』，故多以喻賢才衆多。梁書裴子野傳：『伏惟皇家淳耀，多士盈庭，官人邁乎有

嫣，棫樸越於姬氏。』『林藪』，指山野隱居的地方。漢蔡邕薦皇甫規表：『藏器林藪之中，以辭徵召之寵。』晉葛洪抱朴子釋滯：『周嵩麟跱於林藪，而無損光武之刑厝也。』唐錢起送褚大落第東歸詩：『漢家側席明揚久，豈意遺賢在林藪。』『旌招』，以旌招之。謂徵召賢士。語本孟子萬章下：『「敢問招虞人何以？」曰：「以皮冠。庶人以旃，士以旂，大夫以旌。」』

〔二十四〕朕尊崇先謚，霜露增感，于以孝思，無忘錫類：『霜露增感』，即『霜露之悲』，對父母先祖的悲思。北齊顏之推顏氏家訓終制：『若報罔極之德，霜露之悲，有時齋供，及七月半盂蘭盆，望於汝也。』『錫類』，語出詩大雅既醉：『孝子不匱，永錫爾類。』毛傳：『類，善也。』鄭玄箋：『孝子之行非有竭極之時，長以與女之族類，謂廣之以教導天下也。』謂以善施及衆人。南朝梁任昉啓蕭太傅固辭奪禮：『是知孝治所被，爰至無心；錫類所及，匪徒教義。』唐獨孤及酬梁二十宋中所贈兼留别梁少府詩：『奕赫連絲衣，榮養能錫類。』『孝思』，孝親之思。詩大雅下武：『永言孝思，孝思維則。』毛傳：『則其先人也。』鄭玄箋：『長我孝心之所思。所思者其維則三后之所行。子孫以順祖考爲孝。』魏書孝感傳趙琰：『年餘耳順，而孝思彌篤。』

〔二十五〕宜各贈五品官：此句原無『官』字，今據册府元龜、全唐文增補。

〔二十六〕母無邑號者：『邑號』，古代六品以上官吏之妻妾的封號。唐律疏議名例婦人有

官品邑號：『諸婦人有官品及邑號。』唐白居易妻初授邑號告身詩：『我轉官階常自愧，君加邑號有何功。』宋吴坰五總志：『近者，公卿姬侍悉加邑號，而尤者疏封大國。』

〔二十七〕亡父母先無官號者：此句原無『者』字，今據四庫全書增補。

〔二十八〕賁于丘園，十翼之風斯在：『丘園』，家園；鄉村。易賁：『六五：賁于丘園，束帛戔戔。』王肅注：『失位無應，隱處丘園。』孔穎達疏：『丘謂丘墟，園謂園圃。唯草木所生，是質素之所。』後以『丘園』指隱居之處。漢蔡邕處士圂叔則銘：『潔耿介於丘園，慕七人之遺風。』舊唐書劉黑闥傳：『天下已平，樂在丘園爲農夫耳。起兵之事，非所願也。』『十翼』，易的上象、下象、上象、下象、上系、下系、文言、説卦、序卦、雜卦十篇，相傳爲孔子所作，總稱『十翼』。翼，輔助。南朝梁劉勰文心雕龍宗經：『於是易張十翼，書標七觀。』孔穎達周易正義序：『若夫龍出於河，則八卦宣其象；麟傷於澤，則十翼彰其用。』

〔二十九〕其士庶間，其有衆推孝悌：第一個『其』字原無，今據册府元龜、四庫全書、全唐文、明鈔本、甲庫本增補。『有』字原無，今據四庫全書增補。

〔三十〕天下侍老百歲已上：『侍老』，即『耆老』，老年人。禮記王制：『養耆老以致孝，恤孤獨以逮不足。』漢書朱博傳：『門下掾贛遂耆老大儒，教授數百人，拜起舒遲。』

〔三十一〕道門威儀王靈貞：『王靈貞』，册府元龜、四庫全書、全唐文作『王虛真』。『威儀』，道教官職名。唐李白漢東紫陽先生碑銘：『召爲威儀及天下采經使。』舊五代史 梁書 太祖紀三：『浙西奏，道門威儀鄭章、道士夏隱言，焚修精志，妙達希夷，推諸輩流，實有道業。』宋高承事物紀原 庫務職局 道録：『宋朝會要曰：「唐有左右街威儀，周避諱改爲道録，宋朝因之。」』

〔三十二〕陪位大德：『大德』，佛家對年長德高僧人或佛、菩薩的敬稱。梵語爲『婆檀陀』。北魏楊衒之洛陽伽藍記 秦太上君寺：『常有大德名僧講一切經，受業沙門，亦有千數。』翻譯名義集 釋氏衆名：『婆檀陀，大論：「秦言大德。」毗奈耶律云：「佛言：從今日後，小下苾芻，於長宿處，應喚大德。」』

〔三十三〕必在正名：『正名』，辨正名稱、名分，使名實相符。管子 正第：『守慎正名，僞詐自止。』國語 晉語四：『舉善援能，官方定物，正名育類。』韋昭注：『正上下服位之名。』舊唐書 韋湊傳：『師古之道，必也正名，名之與實，故當相副。』

〔三十四〕其有陵墓祠宇頹壞者，量情修葺：『頹壞』，原作『頹毁』，今據册府元龜、全唐文改。『量情』，原作『量事』，今據册府元龜、全唐文改。

〔三十五〕亞獻皇太子璵：此句原無「璵」字，今據册府元龜、全唐文增補。「亞獻」，古代祭祀時獻酒三次，第二次獻酒稱「亞獻」。儀禮士虞禮：「主婦洗足爵于房中，酌，亞獻尸。」後漢書百官志一：「（太尉）凡郊祀之事，掌亞獻。」「皇太子璵」，即李璵，後來之唐肅宗。

〔三十六〕終獻榮王琬：「終獻」，古代舉行祀典時，有三獻之禮，第三次獻爵稱「終獻」。舊唐書劉祥道傳：「麟德二年，將有事於泰山，有司議依舊禮，皆以太常卿爲亞獻，光禄卿爲終獻。」續資治通鑒元英宗至治元年：「丙戌，帝服衮冕，饗太廟，以左丞相拜珠亞獻，知樞密院事圖哲伯終獻。」「榮王琬」，即李琬，傳見舊唐書卷一百七、新唐書卷八十二。舊唐書本傳載：「靖恭太子琬，玄宗第六子也，初名嗣玄。開元二年三月，封爲甄王。十二年三月，改名滉，封爲榮王。十五年，授京兆牧，又遥領隴右節度大使。二十三年，加開府儀同三司，餘如故。二十五年，改名琬。天寶元年六月，授單于大都護。十四年十一月，安禄山反於范陽，其月制以琬爲征討元帥，高仙芝爲副，令仙芝徵河、隴兵募屯於陝郡以禦之。數日，琬薨。琬素有雅稱，風格秀整，時士庶冀琬有所成功，忽然殂謝，遠近咸失望焉。贈靖恭太子，葬于見子西原。」

〔三十七〕以康黎庶：「以」，原作「用」，今據册府元龜、全唐文改。

〔三十八〕八品九品各二十匹：「匹」，原作「段」，今據册府元龜、四庫全書、全唐文改。

〔三十九〕并京官准敕出使未回者：『未』，原作『來』，今據册府元龜、四庫全書、全唐文、適園叢書、明鈔本改。

〔四十〕左相陳希烈，純粹之道，載穆朝廷，文儒之風，式瞻師表：『陳希烈』，傳見舊唐書卷九十七、新唐書卷二百二十三上。舊唐書本傳載：『陳希烈者，宋州人也。精玄學，書無不覽。開元中，玄宗留意經義，自褚无量、元行冲卒後，得希烈與鳳翔人馮朝隱，常於禁中講老、易。累遷至秘書少監，代張九齡專判集賢院事。玄宗凡有撰述，必經希烈之手。李林甫知上眷待深異，又以和裕易制，乃引爲宰相，同知政事，相得甚歡。而林甫居位日久，雖陰謀奸畫足以自固，亦希烈佐佑唱和之力也。累遷兼兵部尚書、左相，封潁川郡開國公，寵遇侔於林甫。及林甫死，楊國忠用事，素忌嫉之，乃引韋見素同列，罷希烈知政事，守太子太師。希烈失恩，心頗怏怏。禄山之亂，與張垍、達奚珣同掌賊之機衡。六等定罪，希烈當斬，肅宗以上皇素遇，賜死于家。』『文儒』，指講求禮樂教化的儒生。晋葛洪抱朴子廣譬：『干戈興則武夫奮，韶、夏作則文儒起。』周書賀拔勝傳：『乃招引文儒，討論義理。』

〔四十一〕且協和時令，翊贊升平，柔嘉其德：『協』，原作『叶』，今據册府元龜、全唐文改。『協和』，調和；和諧；配合得當。後漢書劉愷傳：『協和陰陽，調訓五品。』三國志蜀

書後主傳：『上下交暢，然後萬物協和，庶類獲乂。』『翊贊』，輔助，輔佐。三國志蜀書呂凱傳：『今諸葛丞相英才挺出，深睹未萌，受遺托孤，翊贊季興，與衆無忌，録功忘瑕。』唐楊炯唐右將軍魏哲神道碑：『君升朝翊贊，道先王之法言；公府弼諧，對上天之休命。』『柔嘉』，柔和美善。詩大雅烝民：『仲山甫之德，柔嘉維則。』孔穎達疏：『柔和而美善。』唐陸贄册淑妃王氏爲皇后文：『柔嘉自持，喜愠莫見。』

〔四十二〕與一子五品官：此句原作『與子五品官』，今據册府元龜、四庫全書、全唐文、適園叢書、明鈔本、甲庫本改。

〔四十三〕攝太尉莫瓚上册書寶册讀册右丞相楊國忠：『右丞相楊國忠』，原作『右丞楊國忠』，今據册府元龜、四庫全書、全唐文改。『楊國忠』，傳見舊唐書卷一百六、新唐書卷二百六。

〔四十四〕百僚紀綱，廉節遺身，三階柱石：『紀綱』，册府元龜、全唐文作『綱紀』。『紀綱』，起紀綱作用之人物。荀子堯問：『其知至明，循道正行，足以爲紀綱。』宋司馬光論張田第二狀：『臣竊以吏者，民之紀綱。』『三階』，三層臺階。管子君臣上：『立三階之上。』尹知章注：『君之路寢前有三階。』漢班固西都賦：『於是左墄右平，重軒三階。』吕延濟注：『三階，言

南面之階有三。』『柱石』，比喻擔當重任的人。漢書 霍光傳：『將軍爲國柱石，審此人不可，何不建白太后，更選賢而立之？』元高文秀澠池會第二折：『與皇家作柱石，不比兒曹輩。』『三階柱石』，此處比喻爲朝廷中擔當重任的人。

〔四十五〕況發揮孝理，潤色鴻猷，金玉王度，典禮增緝：『孝理』，猶孝道。謂以孝治國教民。唐杜甫橋陵詩三十韻因呈縣内諸官：『孝理敦國政，神凝推道經。』唐劉禹錫謝上連州刺史表：『伏荷陛下孝理宏深，皇明照燭。』『鴻猷』，鴻業；大業。南朝宋謝莊求賢表：『臣生屬亨路，身漸鴻猷。』唐肅宗命有司舉行郊廟大禮詔：『朕獲嗣鴻猷，敢志虔敬。』『金玉』，比喻珍貴和美好。詩 小雅 白駒：『毋金玉爾音，而有遐心。』晉葛洪抱朴子 鈞世：『是以古書雖質樸，而俗儒謂之墮於天也；今文雖金玉，而常人同之於瓦礫也。』唐韋應物郡齋雨中與諸文士燕集詩：『俯飲一杯酒，仰聆金玉章。』『王度』，王者的德行器度。左傳 昭公十二年：『思我王度，式如玉，式如金。』孔穎達疏：『思使我王之德度，用如玉然，用如金然，使之堅而且重，可寶愛也。』南朝宋鮑照爲柳令讓驃騎表：『方之微臣，被安足齒，齊此而歸，懼塵王度。』

〔四十六〕更賜物五百段：『物』字原無，今據册府元龜、全唐文、適園叢書、學林本增補。

〔四十七〕以貞一之心，總文武之任，出清北落，入贊南宮，既押登歌：『貞一』，守正專一。

漢劉向列女傳魯寡陶嬰：『嬰寡終身不改，君子謂陶嬰貞一而思。』隋書藝術傳序：『近古涉乎斯術者，鮮有存夫貞一，多肆其淫僻，厚誣天道。』『登歌』，亦作『登哥』。升堂奏歌。古代舉行祭典、大朝會時，樂師登堂而歌。周禮春官大師：『大祭祀，帥瞽登歌，令奏擊拊。』鄭玄注引鄭司農曰：『登歌，歌者在堂也。』宋書樂志一：『晉氏以來，登哥誦美，諸室繼作。』

〔四十八〕更賜物四百匹：此句原無『更』字，今據册府元龜、全唐文增補。

〔四十九〕攝太尉張均：『張均』，傳見舊唐書卷九十七、新唐書卷一百二十五。舊唐書本傳載：『均、垍俱能文，説在中書，兄弟已掌綸翰之任。居父憂服闋，均除户部侍郎，轉兵部。二十六年，坐累貶饒州刺史，以太子左庶子徵，復爲户部侍郎。九載，遷刑部尚書。自以才名當爲宰輔，常爲李林甫所抑。及林甫卒，依附權臣陳希烈，期於必取。既而楊國忠用事，心頗惡之，罷希烈知政事，引文部侍郎韋見素代之，仍以均爲大理卿。均大失望，意常鬱鬱。禄山之亂，受僞命爲中書令，掌賊樞衡。李峴、吕諲條流陷賊官，均當大辟；肅宗於説有舊恩，特免死，長流合浦郡。』

〔五十〕武德功臣及貞觀初宰輔等：此句原無『及』字，今據册府元龜、全唐文增補。

〔五十一〕冠冕陵夷、無任官宦者：此處『官宦』，原無『宦』字，今據册府元龜、全唐文、適

園叢書、學林本增補。『冠冕』，古代帝王、官員所戴的帽子。左傳昭公九年：『我在伯父，猶衣服之有冠冕。』後漢書明帝紀：『宗祀光武皇帝於明堂，帝及公卿列侯始服冠冕、衣裳、玉佩、絢屨以行事。』此處比喻仕宦。後漢書郭太傳：『（賈淑）雖世有冠冕，而性險害，邑里患之。』南史王裕之等傳論：『觀夫晋氏以來，諸王冠冕不替，蓋亦人倫所得，豈唯世禄之所專乎？』『陵夷』，由盛到衰。衰頽，衰落。史記高祖功臣侯者年表：『始未嘗不欲固其根本，而枝葉稍陵夷衰微也。』漢書成帝紀：『帝王之道日以陵夷。』顔師古注：『陵，丘陵也；夷，平也。言其頽替若丘陵之漸平也。』

〔五十二〕唐初功臣，績參締構：『唐初功臣』，册府元龜、全唐文作『唐元勛臣』。『締構』，猶締造。謂經營開創。晋左思魏都賦：『有魏開國之日，締構之初，萬邑譬焉，亦獨犨麇之與子都，培塿之與方壺也。』宋書徐羡之傳：『近思皇室締構之艱，時攬萬機，躬親朝政。』

乾元元年册太上皇尊號赦（一）

古者父有天下，傳歸於子；子有天下，尊歸於父。有國所以繼統，立身莫若揚親，其義遠矣。我太上至道聖皇天帝，惟皇降衷，敷佑於上，允文允武，乃聖乃神，道合乎

乾坤，德明於日月〔二〕。粤若增崇九廟，巡謁五陵〔三〕，天子之孝也；嚴禋二郊，升中東岳〔四〕，聖人之表也；制禮作樂，闡學明刑〔五〕，帝皇之業也；勘定多難，懷柔百蠻，霸王之功也。於是乎爲而不宰，成而勿居，神超象外之先〔六〕，心契合莫之境〔七〕。釋負于小子，俾承于丕構，討伐叛逆，綏懷四方〔八〕，豈朕之能，皆聖皇之訓也。頃者親授寶符，載錫美稱，顧朕不德，何以克荷〔九〕。君父之命，若登于天；祖宗之緒，恐墜于地。一昨與群公百僚，庶尹衆士，圖惟帝載，欽若聖謨〔十〕，自古以來，百王垂範，文明濬哲〔十一〕，孝友寬仁，豈有如我開元之盛也？乃稽大典，上徽號曰『太上至道聖皇天帝』。累日誠請，不蒙許納，至于數四。今兹俯從，允膺天休〔十二〕，克副人望。朕上迫嚴旨，曲被殊私〔十三〕，迎春之初，承奉嘉命〔十四〕，聖皇所賜曰『光天文武大聖孝感皇帝』。名以制義，亦爲實賓，卑不逾尊，是昭物則〔十五〕。恭惟聖造，何敢當仁〔十六〕？頃以洪業載昌，有虧公議，復以『大聖』二字，深僭皇猷〔十七〕，讓非飾詞，言必形泣，承順顔色，而宸眷不回，祗膺寵光，乃夕惕增厲〔十八〕。今惟新景命〔十九〕，禮洽於尊親；誕受徽章，敬在於順上。發生萬物，行慶其時，孚佑兆人，緩刑斯在。宜弘霈澤，以布陽和〔二十〕，可大赦天下〔二十一〕，改至德三載爲乾元元年。自二月五日已

前〔二十二〕，大辟已下，罪無輕重，常赦所不免者，咸赦除之。其兩京文武官，應三司先推勘者〔二十三〕，本罪中遞減一等處分；其合放者，三司具條件奏聞。自開元已來，將相大臣，非反逆及犯名教枉法贓罪者流死，許其家人以禮收葬。其陷在賊境，爲其殺戮，未經追贈者，據本官追贈。公主并郡王嗣王郡主縣主及皇五等已上親，被逆賊殺害者，各與子孫一人官，使其瘞藏〔二十四〕；失骸骨者〔二十五〕，令招魂葬。身殁王事者〔二十六〕，三品已上各與追贈，仍各與一子官；五品已上，一子出身；六品已下，量事追贈。其元從聖皇天帝至成都府文武官五品已上〔二十七〕，宜與一子官；六品已下，超資進改。聖皇至成都府後到官及靈州、寧州首末扈從，三品已上，與一子官；五品已上，放一子出身，情願回授周親及近親者亦聽；六品已下，量與轉改。鳳翔府已歸順前者普恩外，加一階。車駕出城後任官潛藏不仕逆賊〔二十八〕，即與處分。唐元功臣，普恩外賜爵一級；身亡殁者，與子孫一人加一階〔二十九〕。其諸道節度下將士三品已上，與一子官；五品已上〔三十〕，放一子出身；六品已下，量與改轉。勳業高者，各委本使奏聞〔三十一〕。諸道留守將士〔三十二〕，普恩外賜勳三轉。自開元已來，宰輔之家不爲逆賊所污者，與子孫一人官〔三十三〕。自賊陷兩京，文武常參官及諸州刺史，有絶脰仰藥不事叛人、爲衆所

知者（三十四），量加優贈。有脱身賊庭、妻子被屠戮者，委所在勘會聞奏（三十五）。其天下孝義門各與一子官，委采訪使具名聞奏，量文武處分。其左降官，非反逆緣坐及犯惡逆名教、枉法盜贓，如有親年八十已上及疾患在牀枕者，不堪扶持、更無兄弟者，許其停官終養。其流人亦準此。自今已後，應有以醫術入仕者，同明法例處分（三十六）。天下百姓（三十七），今年租庸并放免。其百司府縣諸色雜供（三十八），各宜減半。其雜役非切要者（三十九），一切并停。其天下州縣有遭逆賊攻擊，堅守不下，竟以獲全，其官人百姓中有誠效灼然、爲衆所知者，宜令本道使按驗奏聞，據狀迹酬其官賞；身亡殁者，重加褒贈；有父母存者，仍與一官及邑號；無父母者，與一子官；有一家丁壯盡被屠害者，其父母妻子，仍令州縣以官物賑恤，并量造屋宇（四十），使得安存。其州因城陷被賊殺戮殘毁者（四十一），委本道使勘責取實，各量免其三二年租賦。自逆賊已來（四十二），有匹夫匹婦節義可稱者，并旌表其閭墓。其流亡户復業者，委本道使與刺史勾當賑給，并與種子犂牛，仍免三年租賦。内外文武官三品已上，各賜爵一級；四品以下及四方通表使各加一階（四十三）；五品已下（四十四），各賜勛兩轉。其刺史上佐録事參軍、縣令，委中書門下速於諸色人中精加訪擇補擬。判司丞已下，宜令所由先於兩京潛藏不仕逆賊，及固托疾

病官中〔四十五〕，簡擇資考深者，才堪銓注續發遣〔四十六〕。皇五等已上親及九廟子孫，有才學政理，委宗正寺揀擇聞薦〔四十七〕。其有任僞官及掌兵馬軍將，能即來，各還本官，仍別優賞〔四十八〕。其左降官、諸色流移配隷安置、罰鎮效力之類，亡官失爵，解退放歸田里，及安禄山支黨緣坐〔四十九〕，不在免限。李林甫、王鉷、楊國忠等一房〔五十〕，去年十二月十五日制後所犯，并準前制處分。

校箋

〔一〕此文又見於册府元龜卷八十七帝王部赦宥第六。全唐文卷四十五亦録，文題爲册太上皇尊號册文，署名唐肅宗。此文文末未署頒布時間。考册府元龜本文文首云『乾元元年二月丁卯，御明鳳門大赦，詔曰』云云，又舊唐書卷十肅宗紀至德三載二月載：『乙巳，上御興慶宮，奉册上皇徽號曰太上至道聖皇大帝。丁未，御明鳳門，大赦天下，改至德三載爲乾元元年。成都、靈武扈從功臣三品已上與一子官，五品已下與一子出身，六品已下量與改轉。死王事、陷賊不受僞命而死者，并與追贈。陷賊官先推鞫者，例減罪一等。今後醫卜入仕者，同明法例處分。』

又新唐書卷六肅宗紀乾元元年二月記：『丁未，大赦，改元。贈死事及拒僞命者官。成都、靈州扈從三品以上予一子官，五品以上一子出身，六品以下叙進之。免陷賊州三歲税。賜文武官階、爵。』資治通鑑卷二百二十乾元元年二月載：『丁未，上御明鳳門，赦天下，改元。盡免百姓今載租、庸，復以載爲年。』按，上述典籍多記此次大赦改元事在至德三載（即後改元乾元元年）二月丁未（五日），唯册府元龜記在是年二月丁卯（二十五日）。又考本文有云『可大赦天下，改至德三載爲乾元元年。自二月五日已前，大辟已下』云云，則本文此處已表明此次改元大赦在至德三載二月五日，而非册府元龜所記之時間。據此，則本文撰寫之時間應在至德三載（七五八）二月五日稍前。

〔二〕德明於日月：此句『於』字原作『乎』，今據册府元龜、全唐文、適園叢書改。

〔三〕粤若增崇九廟，巡謁五陵：『九廟』，指帝王的宗廟。古時帝王立廟祭祀祖先，有太祖廟及三昭廟、三穆廟，共七廟。王莽增爲祖廟五、親廟四，共九廟。後歷朝皆沿此制。漢書王莽傳下：『取其材瓦，以起九廟。』『五陵』，此處指唐代高祖、太宗、高宗、中宗、睿宗的陵園，均在長安附近。唐李白永王東巡歌之五：『二帝巡游俱未回，五陵松柏使人哀。』王琦注：『五陵，高祖、太宗、高宗、中宗、睿宗之陵也。』

〔四〕嚴禋二郊，升中東岳：『嚴禋』，莊重地祭祀。唐魏徵享太廟樂章舒和：『嚴禋克配鴻基遠，明德惟馨鳳曆昌。』唐李紓登歌奠幣詩：『尊祖奉宗，嚴禋大帝。』『二郊』，指南郊、北郊。古時天子祭天地之處。宋書禮志一：『光武紹祚，定二郊洛陽南北。』南齊書禮志上：『平帝元始五年，王莽奏依匡衡議，還復長安南北二郊。』『升中』，古帝王祭天上告成功。禮記禮器：『是故因天事天，因地事地，因名山升中于天。』鄭玄注：『升，上也。中，猶成也。謂巡守至於方岳，而燔柴祭天，告以諸侯之成功。』後以『升中』指祭天。南朝梁陸倕石闕銘：『類帝禋宗，光有神器。升中以祀群望，攝袂而朝諸夏。』『東岳』，指泰山。在今山東省境。又名岱宗、岱岳，或省稱岱。詩大雅崧高『崧高維岳』毛傳：『岳，四岳也。東岳岱，南岳衡，西岳華，北岳恒。』漢揚雄法言吾子：『觀書者，譬諸觀山及水，升東岳而知衆山之邐迤也。』

〔五〕制禮作樂，闡學明刑：『作樂』，製作音樂。禮記明堂位：『六年，朝諸侯於明堂，制禮作樂。』南朝梁任昉王文憲集序：『皇朝以治定制禮，功成作樂。』隋書音樂志上：『是以五帝作樂，三王制禮，標舉人倫，削平淫放。』『明刑』，明確的法令。詩大雅抑：『罔敷求先王，克共明刑。』毛傳：『刑，法也。』後漢書阜陵質王延傳：『經有正義，律有明刑。』

〔六〕於是乎爲而不宰，成而勿居，神超象外之先：『先』，册府元龜、四庫全書誤

作『光』。『不宰』，不主宰。老子：『爲而不恃，長而不宰。』宋蘇軾代普寧王賀冬表：『俾物類以昭蘇，受福無疆，成功不宰。』『象外』，猶物外，物象之外。晉孫綽游天台山賦：『散以象外之説，暢以無生之篇。』三國志 魏書 荀惲傳『詵弟顗，咸熙中爲司空』裴松之注引晉孫盛晉陽秋：『斯則象外之意，繫表之言，固藴而不出矣。』

〔七〕心契合莫之境：『心契』，心中領會；心中嚮往。南朝宋謝靈運登石門最高頂詩：『心契九秋幹，目玩三春荑。』初刻拍案驚奇卷十八：『原來吾丈精於丹道，學生見于此道最是心契。』『合莫』，謂祭祀時祭者通過進獻祭物與所祭鬼神相感通。禮記 禮運：『君與夫人交獻，以嘉魂魄。是謂合莫。』孔穎達疏：『莫，謂虚無寂寞，言死者精神虚無寂寞，得生者嘉善而神來歆饗，是生者和合於寂寞。』唐潘炎君臣相遇樂賦：『在宇宙而皆滿，鼓陰陽而合莫。』

〔八〕俾承于丕構，討伐叛逆，綏懷四方：『丕構』，猶大業。新唐書 劉蕡傳：『朕顧唯昧道，祗荷丕構，奉若謨訓，不敢怠荒。』舊五代史 唐書 末帝紀上：『鄂王輕捨宗祧，不克負荷，洪基大寶，危若綴旒，須立長君，以紹丕構。』『綏懷』，安撫關切。三國志 魏書 杜襲傳：『太祖還，拜襲駙馬都尉，留督漢中軍事。綏懷開導，百姓自樂出徙洛、鄴者，八萬餘口。』北史 叔孫建傳：『雅尚人倫，禮賢愛士，在平原十餘年，綏懷内外，甚得邊稱。』

〔九〕何以克荷：適園叢書、學林本作『弗克負荷』。『克荷』，能够承當。陳書 程文季傳：『故散騎常侍、前重安縣開國公文季，纂承門緒，克荷家聲。』宋王禹偁濟州衆等寺新修大殿碑并序：『天不憖遺，師之云亡，徒弟五人，今院主大德無相，克荷先願，用伸孝思。』

〔十〕庶尹衆士，圖惟帝載，欽若聖謨：『庶尹』，指百官。晋陸機辨亡論：『庶尹盡規於上，四民展業於下。』吕延濟注：『庶尹，百官也。』『帝載』，帝王的事業。書 舜典：『咨四岳：有能奮庸熙帝之載，使宅百揆，亮采惠疇六九？』孔傳：『載，事也。』漢蔡邕光武濟陽宫碑：『匡復帝載，萬國以綏。』『聖謨』，語出書 伊訓：『聖謨洋洋，嘉言孔彰。』本謂聖人治天下的宏圖大略。後亦爲稱頌帝王謀略之詞。唐李白明堂賦：『雖暫勞而永固兮，始聖謨於我皇。』

〔十一〕自古以來，百王垂範，文明濬哲：『垂範』，四庫全書作『垂統』。『垂範』，垂示範例。南朝梁劉勰文心雕龍 詔策：『（漢武帝）策封三王，文同訓典；勸戒淵雅，垂範後代。及制詔嚴助，即云厭承明廬，蓋寵才之恩也。』唐韓愈寄盧仝詩：『假如不在陳力列，立言垂範亦足恃。』『濬哲』，深邃的智慧。一説明智。南朝梁沈約王亮王瑩加授詔：『尚書左僕射亮，濬哲淵深，道風清邈。』宋范成大東宫壽詩：『中興歸濬哲，重慶啓元良。』

〔十二〕允膺天休：『允膺』，猶承當。南朝梁沈約齊故安陸昭王碑：『公以宗室羽儀，允膺

嘉選。』南朝梁任昉爲褚諮議蓁讓代兄襲封表：『臣門籍勳蔭，光錫土宇，臣賁世載承家，允膺長德。』『天休』，天賜福佑。書湯誥：『凡我造邦，無從匪彝，無即慆淫，各守爾典，以承天休。』左傳宣公三年：『故民入川澤山林，不逢不若。螭魅罔兩，莫能逢之。用能協于上下，以承天休。』杜預注：『民無災害，則上下和而受天祐。』

〔十三〕朕上迫嚴旨，曲被殊私：此句原無『上』字，今據册府元龜、適園叢書、學林本增補。『殊私』，原作『保私』，今據册府元龜、全唐文、適園叢書、學林本改。

〔十四〕承奉嘉命：『嘉命』，稱朝廷授官賜爵的敕命。三國魏阮籍爲鄭冲勸晉王箋：『伏見嘉命顯至，竊聞明公固讓。』南朝梁江淹雜體詩陸平原羈宦：『儲后降嘉命，恩紀被微身。』

〔十五〕名以制義，亦爲實賓，卑不逾尊，是昭物則：『制義』，制定尊卑之義。左傳桓公二年：『夫名以制義，義以出禮。』史記五帝本紀：『依鬼神以制義，治氣以教化。』司馬貞索隱：『鬼神聰明正直，當盡心敬事，因制尊卑之義。』『物則』，事物的法則。國語周語上：『考中度衷以莅之，昭明物則以訓之，制義庶孚以行之。』韋昭注：『物，事也。則，法也。』宋葉適代薛端明上遺表：『灼見物則，不失義理之中；審知治原，常以仁恕爲本。』

〔十六〕恭惟聖造，何敢當仁：『當仁』，猶言當之無愧。晉書石苞傳論：『若夫經爲帝師，

鄭冲於焉無愧；孝爲德本，王祥所以當仁。』唐玄宗送李邕之任滑臺詩：『課成應第一，良牧爾當仁。』

〔十七〕頃以洪業載昌，有虧公議，復以『大聖』二字，深僭皇猷：『頃』，原作『初』，今據册府元龜、全唐文改。『皇』字原闕，今據册府元龜、全唐文、四庫全書、適園叢書、明鈔本、學林本增補。『皇猷』，帝王的謀略或教化。南朝梁沈約齊太尉文憲王公墓志銘：『帝圖必舉，皇猷諧煥。』北史牛弘傳：『今皇猷遐闡，化覃海外。』

〔十八〕承順顔色，而宸眷不回，祇膺寵光，乃夕惕增厲：『增厲』，原作『增勵』，今據册府元龜、全唐文改。『承順』，遵奉順從。禮記樂記：『理發諸外而民莫不承順。』史記秦始皇本紀：『宇縣之中，承順聖意。』『顔色』，表情；神色。論語泰伯：『正顔色，斯近信矣。』新唐書韋思謙傳：『性謇諤，顔色莊重，不可犯。見王公，未嘗屈禮。』『宸眷』，帝王的眷注、恩寵。唐張九齡餞王尚書出邊詩：『武德舒宸眷，文思餞樂章。』唐李德裕謝恩不許讓官表狀：『仰思宸眷，倍積光榮，不任荷恩感激之至。』『寵光』，謂恩寵光耀。左傳昭公十二年：『夏，宋華定來聘，通嗣君也。享之，爲賦蓼蕭，弗知，又不答賦。昭子曰：「必亡！宴語之不懷，寵光之不宣，令德之不知，同福之不受，將何以在？」』宋葉適祭陳同甫文：『心事難平，寵光易滿，

萬世之長，一朝之短。』『夕惕』，謂至夜晚仍懷憂懼，工作不懈。晉葛洪抱朴子吴失：『吴主不此之思，不加夕惕，佞諂凡庸，委以重任，危機急於彍弩，亡徵著於日月。』南朝梁沈約立太子詔：『夕惕寅畏，若置淵谷。』

〔十九〕今惟新景命：『景命』，大命。指授予帝王之位的天命。詩大雅既醉：『君子萬年，景命有僕。』鄭玄箋：『天之大命。』唐元稹獻事表：『臣竊惟陛下以景命惟新之初，何如貞觀致理之後？』

〔二十〕發生萬物，行慶其時，孚佑兆人，緩刑斯在。宜弘霈澤，以布陽和：『發生』，萌發，滋長。漢張衡東京賦：『既春游以發生，啓諸蟄於潛户。度秋豫以收成，觀豐年之多稌。』南朝宋顔延之三月三日曲水詩序：『皇祇發生之始，后王布和之辰。』『孚佑』，庇佑，保佑。書湯誥：『上天孚佑下民，罪人黜伏。』孔傳：『孚，信也。天信佑助下民。』明歸有光隆慶元年浙江程策之一：『我子孫欽奉朕命，不負朕垂訓之意，天地祖宗亦將孚佑於無窮矣。』『霈澤』，此處喻恩澤。唐李嘉祐江湖秋思詩：『共望漢朝多霈澤，蒼蠅早晚得先知。』宋范仲淹鄧州謝上表：『乃宣霈澤，以安黎元。』『陽和』，温暖；和暖。唐陳子昂諫刑書：『獄吏急法，則慘而陰雨；陛下赦罪，則舒而陽和。』此處用以比喻皇恩。

〔二十一〕可大赦天下：此句原無「可」字，今據册府元龜、四庫全書、全唐文增補。

〔二十二〕自二月五日已前：「自」字，册府元龜、全唐文作「起」。

〔二十三〕應三司先推勘者：「三司」，唐以御史大夫、中書、門下爲三司，主理刑獄。新唐書百官志三：「凡冤而無告者，三司詰之。三司，謂御史大夫、中書、門下也。」「推勘」，審問。唐劉肅大唐新語公直：「近者朝臣多被周興、來俊臣推勘，遞相牽引。」宋史刑法志二：「鞫獄官推勘不得實，故有不當者，一案坐之。」

〔二十四〕使其瘞藏：此句原作「使瘞藏」，今據册府元龜、適園叢書、學林本增補。「瘞藏」，亦作「瘞臧」。隱藏；埋藏。漢書貢禹傳：「武帝時，又多取好女至數千人，以填後宫。及棄天下，昭帝幼弱，霍光專事，不知禮正，妄多臧金錢財物，鳥獸魚鱉牛馬虎豹生禽，凡百九十物，盡瘞臧之。」新唐書裴寬傳：「（韋詵）休日登樓，見人於後圃有所瘞藏者，訪諸吏，曰：『參軍裴寬居也。』與偕來，詵問狀，答曰：『寬義不以包苴污家，適有人以鹿爲餉，致而去，不敢自欺，故瘞之。』」

〔二十五〕失骸骨者：此句册府元龜作「亡失骸骨者」。

〔二十六〕身殁王事者：此句册府元龜、全唐文作「身死者」。

〔二十七〕其元從聖皇天帝至成都府文武官五品已上：『已上』，原作『已下』，今據册府元龜、四庫全書、全唐文、適園叢書、學林本改。『聖皇天帝』，此處指唐玄宗。此句謂唐玄宗於安史叛亂後避幸於蜀成都，時朝中部分文武官員隨從至成都。

〔二十八〕車駕出城後任官潛藏不仕逆賊：此處『車駕出城』，指唐玄宗於安史叛亂時離開長安城出避西蜀。

〔二十九〕與子孫一人加一階：此句册府元龜、全唐文無『與』字。

〔三十〕五品已上：『五』，原作『六』，今據册府元龜、全唐文、適園叢書、學林本改。

〔三十一〕勛業高者，各委本使奏聞：『奏聞』，册府元龜、全唐文作『聞奏』。『勛業』，功業。三國志　魏書　傅嘏傳：『子志大其量，而勛業難爲也，可不慎哉！』唐李頎贈别張兵曹詩：『勛業河山重，丹青錫命優。』

〔三十二〕諸道留守將士：『留守』，册府元龜、四庫全書、全唐文、甲庫本作『留後』。

〔三十三〕與子孫一人官：此句原無『孫』字，今據册府元龜、全唐文、適園叢書、學林本增本補。

〔三十四〕自賊陷兩京，文武常參官及諸州刺史，有絶脰仰藥不事叛人、爲衆所知者：此處

文字中『自』字、『有』字，册府元龜、全唐文皆無。『絶脰』，斷頸。史記田單列傳：『（王蠋）遂經其頸於樹枝，自奮絶脰而死。』司馬貞索隱引何休曰：『脰，頸，齊語也。』西京雜記卷三：『廣陵王胥有勇力，常於别囿學格熊，後遂能空手搏之，莫不絶脰。』『仰藥』，服毒藥。漢書息夫躬傳：『小夫懦臣之徒憒眊不知所爲。其有犬馬之决者，仰藥而伏刃。』舊唐書懿宗紀：『京兆尹温璋貶振州司馬，制出之夜，璋仰藥而死。』

（三十五）委所在勘會聞奏：『所在』，册府元龜、全唐文作『所司』。『勘會』，審核議定。唐陸贄貞元改元大赦制：『京畿及近縣所欠百姓和糴價直，委度支即勘會支給。』元典章新集刑部隱藏人口：『諸人誘略良人等罪，經原免，其被賣之人雖未勘會完備，合依發付給親。』

（三十六）應有以醫術入仕者，同明法例處分：此句原無『有』字，今據册府元龜、全唐文、適園叢書、學林本增補。『明法』，漢、唐、宋各代察舉人才及科舉取士的科目名稱。漢建元初令郡察人才，設四科，其三曰明習法令，爲明法的開始。唐、宋科舉都有明法科。主要考察關於法令的知識。新唐書選舉志上：『其科之目，有秀才，有明經，有俊士，有進士，有明法，有明字，有明算。』

（三十七）天下百姓：此句原作『其天下百姓』，今據册府元龜、全唐文、適園叢書、學林本

删改。

〔三十八〕其百司府縣諸色雜供：此句原作『其百司及府縣諸色雜供』，今據册府元龜、全唐文、適園叢書、學林本删改。

〔三十九〕其雜役非切要者：此句册府元龜、全唐文作『其雜徭役非要切者』。

〔四十〕并量造屋宇：『屋宇』，册府元龜、全唐文作『舍宇』。

〔四十一〕其州因城陷被賊殺戮殘毀者：此句原無『賊』字，今據册府元龜、全唐文增補。

〔四十二〕自逆賊已來：『逆賊』，原作『寇逆』，今據册府元龜、全唐文改。『逆賊』，此處乃指安禄山、史思明等叛亂者。

〔四十三〕四品以下及四方通表使各加一階：『以下』，原作『以上』，今據册府元龜、全唐文、適園叢書、學林本改。

〔四十四〕五品已下：『已下』，原作『已上』，今據册府元龜、四庫全書、全唐文、適園叢書、學林本改。此句末原有『有父殁者』四字，今據全唐文、適園叢書、學林本删去。

〔四十五〕固托疾病官中：『固』，原作『故』，今據册府元龜、全唐文、適園叢書、明鈔本、學林本改。

〔四十六〕才堪銓注續發遣：『銓注』，謂對官吏的考選登録。唐封演封氏聞見記 銓曹：『明年，銓注復歸之吏部，承前所司注擬，皆約官資，升降之時，難於允愜。』元典章新集 吏部 承蔭：『驗其品格，先爲銓注，俾資俸月，養榮其親。』『發遣』，指出任。宋蘇轍龍川別志卷上：『允恭傳宣謂家，以中書闕人，權留謂發遣，謂由此入直中書。』續資治通鑑宋仁宗慶曆三年：『戊寅，以虞部員外郎杜杞權發遣度支判官事，太常博士燕度權發遣户部判官事，皆王堯臣所薦也。權發遣三司判官始此。』

〔四十七〕有才學政理，委宗正寺揀擇聞薦：『揀擇』，原作『簡擇』，今據册府元龜、全唐文、適園叢書改。『政理』，謂爲政之道。鬼谷子 本經陰符：『原人事之政理，不出户而知天下。』唐韓愈應所在典帖良人男女等狀：『鞭笞役使，至死乃休。既乖律文，實虧政理。』『宗正』，官名。掌管王室親族的事務。漢魏以後，皆由皇族擔任。漢書 百官公卿表上：『宗正，秦官，掌親屬。』國語 魯語下『宗室之謀不過宗人』韋昭注：『昭謂此宗人則正宗臣也。亦用同姓，若漢宗正用諸劉矣。』『宗正寺』，即掌管王室親族事務的部門。『揀擇』，挑選。漢趙曄吳越春秋 勾踐陰謀外傳：『越王粟稔，揀擇精粟而蒸還於吴。』唐白居易論行營狀：『其襄陽、陝府、東都、汝州等道兵馬，仍委光顔揀擇可否，若不堪用，不如放還。』

（四十八）能即來，各還本官，仍別優賞：『能即來』，原作『能即來還』，今據册府元龜、全唐文、適園叢書、學林本删改。『優賞』，厚加賞賜。唐韓愈元和聖德詩：『優賞將吏，扶珪綴組。帛堆其家，粟塞其庾。』宋史太宗紀一：『優賞歸順將校。』

（四十九）及安禄山支黨緣坐：『支黨』，册府元龜、全唐文作『反黨』。

（五十）李林甫、王鉷、楊國忠等一房：『李林甫』，傳見舊唐書卷一百六、新唐書卷二百二十三。『王鉷』，傳見舊唐書卷一百五、新唐書卷一百三十四。『楊國忠』，傳見舊唐書卷一百六、新唐書卷二百六。此三人種種劣迹均可見三人本傳。舊唐書卷一百六卷末有史臣評李林甫、楊國忠云：『史臣曰：李林甫以諂佞進身，位極臺輔，不懼盈滿，蔽主聰明，生既唯務陷人，死亦爲人所陷，得非彼蒼假手，以示禍淫者乎！楊國忠稟性奸回，才薄行穢，領四十餘使，恣弄威權，天子莫見其非，群臣由之杜口，致禄山叛逆，鑾輅播遷，梟首覆宗，莫救艱步。以玄宗之睿哲，而惑於二人者，蓋巧言令色，先意承旨，財利誘之，迷而不悟也。開元任姚崇、宋璟而治，幸林甫、國忠而亂，與夫齊桓任管仲、隰朋，幸豎刁、易牙，亦何異哉！書曰：「臣有作福作威，害于而家，凶于而國。」孔子曰：「佞人殆。」誠哉是言也。……贊曰：天啓亂階，甫、忠當國。蔽主聰明，秉心讒慝。』舊唐書王鉷傳載：『時右相李林甫怙權用事，志謀不利於東儲，以除不附己

者，而鉷有吏幹，倚之轉深，以爲己用。……鉷威權轉盛，兼二十餘使，近宅爲使院，文案堆積，胥吏求押一字，即累日不遂。中使賜遺，不絕於門，雖晋公林甫亦畏避之。……初，鉷與御史中丞、户部侍郎楊慎矜親，且情厚，頗爲汲引，及貴盛争權，鉷附於李林甫，爲所誘，陷慎矜家。經五年而鉷至赤族，豈天道歟！史臣曰：夫奸佞之輩，惟事悦人；聚斂之臣，無非害物。賈禍招怨，敗國喪身，罕不由斯道也。……宇文融、韋堅、楊慎矜、王鉷，皆開元之幸人也，或以括户取媚，或以漕運承恩，或以聚貨得權，或以剥下獲寵，負勢自用，人莫敢違。張説、李林甫手握大權，承主恩顧，尚遭凌擯，以身下之，他人即可知也。然天道惡盈，器滿則覆，終雖不令，其弊已多，良可痛也。』

廣德元年册尊號赦〔一〕

惟高祖、太宗，敷大德于天下，覆載之内，湛恩茂育，累聖同道，用康兆人〔二〕，寶位重光，深其德澤，被服漸漬，洽于生靈者，百有五十年之間〔三〕，兵不作而刑將措矣。自寇虐横厲，山東不開，釁起渠魁，毒流區宇〔四〕。三軍七萃之士，豪杰忠良之徒，制在風波，遭其驅劫〔五〕。由是干戈不息，征賦實煩，哀我人斯，并罹灾患，憫兹有犯，

無罪萬方。朕上戴皇天，下臨黔首，奉先聖之成命，集一切之大勛，元惡既誅，群生思乂。是欲鏡清六合，綱决八紘〔六〕，庶齊大道之時，克復太平之理。至化猶鬱，兵嚴初解，百辟卿士，中外衆臣，并進昌言〔七〕，請上徽號曰『寶應元聖文武孝皇帝』。朕涉道日寡，慚德良多，恐沮樂推之心，自增神器之重〔八〕。俯膺典册，敬受鴻名，便欲謁報昊天，展事郊廟〔九〕。又以孟秋多稼，垂及西成，王畿之間，人實勞止，輟兹大禮，或候玄冬〔十〕。切爲逾年改元之制，纘承鴻業，敢廢舊章。博采群公之議，乃貞協用之紀〔十一〕，其寶應二年改爲廣德元年。爰屬履端，乃弘肆眚〔十二〕。救兹湯火，俾雲行而雨施；滌其瑕穢，將玉振而金聲。宜廣更始之恩〔十三〕，用明鄉勸之福，可大赦天下。自廣德元年七月十一日昧爽已前，大辟罪已下，罪無輕重，已發覺，未發覺，已結正，未結正，見繫囚徒，常赦所不免者，咸赦除之，左降官即量移近處。亡官失爵，各與收叙。諸色流人，罰鎮效力安置配隸等，一切放還。其安禄山、史朝義親族，應在諸道一切原免，并無所問。天下所有諸色結聚羌渾党項等，但能悔過自陳，各歸生業，一切并捨其罪。其中有頭首能勸率并束手來歸者，并加官賞，仍令本道防禦使并本管刺史、縣令分明曉諭〔十四〕。所有到者，各具名録奏。諸道百姓逋租懸調〔十五〕，及一切欠

負官物等，自寶應元年十二月三十日已前并放免。一户之中有三丁放一丁庸調（十六），地税依舊，每畝税二升。天下男子，宜二十五成丁，五十五入老。應徵租税，刺史、縣令等據見在户徵科（十七）。其逃亡死絶者，不得虚攤鄰保。河北百姓復三年。應是回紇行營經歷處，免今年租税。内外文武三品已上，賜爵一級；四品已下（十八），加一階，仍各賜勛兩轉（十九）。天下兵馬元帥雍王（二十），智謀夙成，忠孝純至，恭行討伐，親統元戎（二十一），撫外蕃以仁，訓群帥以義，班師獻捷，勛茂武成（二十二），宜兼尚書令，加實封二千户。回紇可汗，册爲頡咄登密施合俱録英義建功毗伽可汗，可敦册爲娑墨光親麗華毗伽可敦（二十三）。可汗可敦及左右殺内外宰相已下（二十四），共加實封二萬户，令御史大夫王翊持節就衙帳册禮（二十五）。左右殺胡禄都督等（二十六），并封爲王，諸都督并封國公。河北副元帥懷恩宜兼太保，仍與一子二品官（二十七），一子四品官并階，更加實封五百户。河南副元帥光弼（二十八），與一子三品官并階，更加實封三百户（二十九）。幽州節度使懷仙（三十），與一子三品官并階，加實封二百户。李抱玉、郭英乂、辛雲京、侯希逸、田神功、孫志直、白孝德、令狐彰，并各與一子五品官并階（三十一），加實封二百户。李寶臣、薛嵩、田承嗣、張獻誠等（三十二），各與一子五品官并階，仍加實封

二百户（三十三）。魚朝恩寄崇師律，程元振勛高佐命（三十四），各加實封二百户，仍與一子五品官并階。僕固瑒、高彦崇、渾日進、李建義、李光逸、楊崇光、李懷光、張如岳、白元光、温如雅、拓拔澄泌、高暉、盧欽友、成惟良、曹楚玉等（三十五），各與一子五品官，加實封一百户，仍各賜鐵券，以名藏太廟，畫像於凌烟閣（三十六）。并寇難已來將相勛業高者，其名籍圖畫亦準此。郭子儀與一子四品官并階，加實封二百户。苗晋卿、劉晏、裴遵慶、元載（三十七），各與一子四品官并階，加實封一百户。儀王及彭王已下男未有官者（三十八），并準舊例與官及封。永穆并長樂已下長公主及郡縣主嗣王郡王等（三十九），各與一子官。皇親五等已上諸親、三等已上，各與一子出身，二王後各與一子官。諸道節度觀察使及立功將士（四十），其父兄見在無官者（四十一），依子文武與官，已殁者追贈。陣亡將士，襲父官爵。河南河北（四十二），有懷材抱器、安身守節、素在丘園不仕、爲衆所知，委所在長官具名聞薦（四十三）。應授僞官等并已昭洗，矜才宥過，宜有甄收，委所由勘會本官名銜資歷聞奏，量才處分。文武正員常參官并諸州刺史，父母無官邑號者，宜與致仕官及邑號，贈者更與改贈。刺史、縣令自今已後改轉（四十四），刺史三年爲限，縣令四年爲限，員外及攝試官，一切不得釐務（四十五）。諫官每月一上封事，

無所回避。河南河北僞度僧尼道士女冠〔四十六〕，并與正度。天下刑獄，須大理正斷，刑部詳覆〔四十七〕，不得中書門下便即處分。諸色人中有孝悌力田、經術通博、文詞雅麗、政理優長，本州各以名薦。

校箋

〔一〕此文又見於册府元龜卷八十八帝王部赦宥第七。又見於全唐文卷四十九，文題爲册尊號赦文，署名唐代宗。此文文末未署頒布時間。考册府元龜本文文首謂『廣德元年七月壬子，御宣政殿下詔曰』云云，又舊唐書卷十一代宗紀廣德元年七月載：『戊申，群臣上尊號曰寶應元聖文武皇帝，御含元殿受册。壬子，御宣政殿宣制，改元曰廣德，大赦天下，常赦不原者咸赦除之。安禄山、史思明親族應在諸道，一切原免不問。民户三丁免一丁庸，租税依舊每畝二升。男子二十成丁，五十入老。元帥雍王兼尚書令，河北副元帥僕固懷恩加太保，回紇登里可汗進徽號。功臣皆賜鐵券，藏名太廟，畫像凌烟閣。刺史、縣令自今後改轉，刺史以三年爲限，縣令四年爲限，員外及攝試，不得釐務。』又新唐書卷六代宗紀廣德元年記：『七月壬寅，群臣上尊號曰寶應

元聖文武孝皇帝。壬子，大赦，改元。免民逋負，户三丁免其一庸、調；給復河北三年；回紇行營所經，免今歲租。賜内外官階、勛、爵。給功臣鐵券，藏名于太廟，圖形于凌烟閣。』資治通鑒卷二百二十三廣德元年亦載：『秋，七月，壬寅，群臣上尊號曰寶應元聖文武孝皇帝。壬子，赦天下，改元。諸將討史朝義者進官階、加爵邑有差。册回紇可汗爲頡咄登蜜施合俱録英義建功毗伽可汗，可敦爲娑墨光親麗華毗伽可敦；左、右殺以下，皆加封賞。』以上典籍均記此次改元大赦在廣德元年（七六三）七月壬子（十一日），此與本文所謂的『自廣德元年七月十一日昧爽已前』云云所表明的頒布此文時間相符合，則本文之撰寫時間當在是時稍前。

〔二〕覆載之内，湛恩茂育，累聖同道，用康兆人：『用康兆人』，『用』字原闕，今據册府元龜、全唐文增補。『覆載』，覆蓋與承載。謂覆育包容。禮記中庸：『天之所覆，地之所載，日月所照，霜露所墜，凡有血氣者，莫不尊親。』莊子天地：『夫道覆載萬物者也，洋洋乎大哉！』『湛恩』，深恩。漢司馬相如封禪文：『故軌迹夷易，易遵也；湛恩龐鴻，易豐也。』李善注：『湛，深也。』三國魏夏侯玄皇胤賦：『爾乃發愷悌之明詔，振湛恩之豐沛。』『茂育』，努力育養。語出易無妄『先王以茂對時育萬物』，高亨注：『茂讀爲懋，勉也，努力也。』漢董仲舒春秋繁露五行五事：『夏至之後，大暑隆，萬物茂育懷任。』『兆人』，兆民。後漢書光武帝紀

上：『漢遭王莽，宗廟廢絶，豪杰憤怒，兆人塗炭。』唐柳宗元禮部賀皇太子册禮畢德音表：『建天下之本，宗廟以安；致萬國之貞，兆人攸賴。』

（三）被服漸漬，洽于生靈者，百有五十年之間：『漸漬』，原作『漬漸』，今據册府元龜、四庫全書、全唐文、適園叢書、明鈔本、學林本改。『洽于生靈者』，原無『者』字，今據册府元龜、四庫全書、全唐文、適園叢書、甲庫本、學林本增補。『漸漬』，浸潤。引申爲漬染；感化。史記禮書：『而況中庸以下，漸漬於失教，被服於成俗乎？』韋昭博奕論：『漸漬德義之淵，栖遲道藝之域。』『百有五十年之間』，從唐武德元年（六一八）至廣德元年（七六三）凡一百四十六年，此乃舉成數之言。

（四）自寇虐横厲，山東不開，釁起渠魁，毒流區宇：『寇虐』，指殘賊凶暴之人。詩大雅民勞：『式遏寇虐，憯不畏明。』俞樾群經平議毛詩四：『言爲寇虐者必遏止之，不以其高明而畏之也。』晋書景帝紀：『内摧寇虐，外静奸宄。』此處『寇虐』指安禄山、史思明之流。『横厲』，縱横凌厲。形容氣勢盛猛。漢書杜欽傳：『方進終不舉白，專作威福，阿黨所厚，排擠英俊，托公報私，横厲無所畏忌，欲以熏轑天下。天下莫不望風而靡。』顔師古注：『縱横陵厲也。』南朝宋顔延之陽給事誄：『嗚驤横厲，霜鏑高翬。』『山東』，太行山以東地區。史記晋世家：『冬十二

月，晋兵先下山東。』唐杜甫洗兵行：『中興諸將收山東，捷書夜報清晝同。』仇兆鰲注：『山東，河北也。安禄山反，先陷河北諸郡。』『渠魁』，大頭目；首領。書 胤征：『殲厥渠魁，脅從罔治。』孔傳：『渠，大。魁，帥也。』孔穎達疏：『「殲厥渠魁」謂滅其元首，故以「渠」爲大，「魁」爲帥。史傳因此謂賊之首領爲「渠帥」，本原出於此。』宋陸游董逃行：『渠魁赫赫起臨洮，僵尸自照臍中膏。』

〔五〕三軍七萃之士，豪杰忠良之徒，制在風波，遭其驅劫：『七萃』，原作『七卒』，今據册府元龜、四庫全書、全唐文改。『七萃』，原指周天子的禁衛軍。穆天子傳卷一：『天子于當水之陽，天子乃樂□，賜七萃之士戰。』郭璞注：『萃，集也，聚也。亦猶傳有七輿大夫，皆聚集有智力者，爲王之爪牙也。』唐白居易駙馬都尉鄭何除右衛將軍制：『周設七萃，漢列八屯，皆以拱衛王宫，肅嚴徼道。』此處泛指天子的禁衛軍或精鋭的部隊。南朝齊王融三月三日曲水詩序：『七萃連鑣，九斿齊軌。建旗拂霓，揚葭振木。』唐許敬宗奉和春日望海：『長驅七萃卒，成功百戰場。』『驅劫』，逼迫挾持。唐裴抗魏博節度使田公神道碑：『驅劫忠良，易其守心。』

〔六〕是欲鏡清六合，綱決八紘：『鏡清』，比喻清明太平。唐裴度鑄劍戟爲農器賦：『皇帝嗣位之十三載，寰海鏡清，方隅砥平。』舊唐書 令狐楚傳：『今陛下春秋鼎盛，寰海鏡清。』『六

合』，原指天地四方；整個宇宙的巨大空間。莊子齊物論：『六合之外，聖人存而不論；六合之內，聖人論而不議。』成玄英疏：『六合者，謂天地四方也。』晉葛洪抱朴子地真：『其大不可以六合階，其小不可以毫芒比也。』此處謂天下；人世間。漢賈誼過秦論：『吞二周而亡諸侯，履至尊而制六合，執敲撲以鞭笞天下，威振四海。』唐李白古風之三：『秦王掃六合，虎視何雄哉！』『八紘』，指八方極遠之地。淮南子墬形訓：『九州之外，乃有八殥……八殥之外，而有八紘，亦方千里。』高誘注：『紘，維也。維落天地而爲之表，故曰紘也。』此處泛指天下。舊唐書崔慎由傳：『早致萬乘歸京，以副八紘懇望。』宋范仲淹六官賦：『王者富有八紘，君臨萬國。』

〔七〕兵嚴初解，百辟卿士，中外衆臣，并進昌言：『中外衆臣』，原作『中外重臣』，今據册府元龜、全唐文、適園叢書改。『兵嚴』，謂兵士整裝待發。三國志吴書諸葛恪傳：『又改易宿衛，用其親近，復敕兵嚴，欲向青、徐。』此處『兵嚴初解』，意爲嚴陣以待之狀態剛剛稍微解除。『昌言』，善言；正當的言論。書皋陶謨：『禹拜昌言曰：「俞！」』孔穎達疏：『禹乃拜受其當理之言。』漢書王莽傳中：『嘉新公國師以符命爲予四輔，明德侯劉龔、率禮侯劉嘉等凡三十二人皆知天命，或獻天符，或貢昌言，或捕告反虜，厥功茂焉。』顔師古注：『昌，當也。』舊唐書方伎傳葉法善：『公以理國之法，數奏昌言。』

〔八〕恐沮樂推之心，自增神器之重：『恐沮』，原作『恐阻』，今據册府元龜、全唐文改。『樂推』，樂意擁戴。老子：『是以聖人處上而民不重，處前而民不害，是以天下樂推而不厭。』宋書武帝紀中：『自非百姓樂推，天命攸集，豈伊在予，所得獨專。』『神器』，代表國家政權的實物，如玉璽、寶鼎之類。借指帝位、政權。漢書叙傳上：『世俗見高祖興於布衣，不達其故，以爲適遭暴亂，得奮其劍，游説之士至比天下於逐鹿，幸捷而得之，不知神器有命，不可以智力求也。』顔師古注引劉德曰：『神器，璽也。』晋左思魏都賦：『劉宗委馭，巽其神器。』吕延濟注：『神器，帝位。』

〔九〕便欲謁報昊天，展事郊廟：『昊天』，蒼天。昊，元氣博大貌。書堯典：『乃命羲、和，欽若昊天，曆象日月星辰，敬授民時。』南朝梁劉勰文心雕龍正緯：『原夫圖籙之見，乃昊天休命。』『展事』，行事，辦事。周禮地官鄉師：『考教察辭，稽器展事。』鄭玄注：『展猶整具。』賈公彦疏：『云展事者，謂行事。展，省視之。』唐陳鴻東城老父傳：『朝覲之禮容，臨照之恩澤，衣之錦絮，飼之酒食，使展事而去。』『郊廟』，古代天子祭天地與祖先。書舜典『汝作秩宗』孔傳：『秩，序；宗，尊也。主郊廟之官。』孔穎達疏：『郊謂祭天南郊，祭地北郊；廟謂祭先祖，即周禮所謂天神人鬼地祇之禮是也。』

〔十〕垂及西成，王畿之間，人實勞止，輟兹大禮，或候玄冬：『輟兹大禮』，原作『軺兹大禮』，今據四庫全書、全唐文、適園叢書、學林本改。『西成』，謂秋天莊稼已熟，農事告成。書堯典：『平秩西成。』孔穎達疏：『秋位在西，於時萬物成熟。』唐高適東平路中遇大水詩：『稼穡隨波瀾，西成不可求。』『勞止』，辛勞；勞苦。詩大雅民勞：『民亦勞止，汔可小康。』鄭玄箋：『今周民罷勞矣，王幾可以小安之乎？』唐白居易飲後戲示弟子詩：『先生饌酒食，弟子服勞止。』『玄冬』，冬天；冬季。漢書揚雄傳上：『於是玄冬季月，天地隆烈。』顔師古注：『北方色黑，故曰玄冬。』唐韓愈明水賦：『或將祀圓丘於玄冬，或將祭方澤於朱夏。』

〔十一〕乃貞協用之紀：『協』，原作『叶』，今據册府元龜、四庫全書、全唐文改。『協用』，謂正確使用。書洪範：『次四曰協用五紀。』孔傳：『協，和也。和天時，使得正用五紀。』

〔十二〕爰屬履端，乃弘肆眚：『履端』，年曆的推算始於正月朔日，謂之『履端』。左傳文公元年：『先王之正時也，履端於始，舉正於中，歸餘於終。』杜預注：『步曆之始以爲術之端首。』孔穎達疏：『履，步也。謂推步曆之初始以爲術曆之端首……曆之上元，必以日月全數爲始，於前更無餘分，以此日爲術之端首，故言「履端於始」也。』後因以指正月初一。晉張華食舉

東西廂樂詩：『履端承元吉，介福御萬邦。』此處指帝王初即位改元。晉書　景帝紀：『履端初政，宜崇玄樸。』『肆眚』，寬赦罪人。春秋　莊公二十二年：『春王正月，肆大眚。』杜預注：『赦有罪也。』後漢書　王符傳：『論者多曰：「久不赦則奸軌熾而吏不制，宜數肆眚以解散之。」此未昭政亂之本源，不察禍福之所生也。』

〔十三〕宜廣更始之恩：『更始』，重新開始；除舊布新。逸周書　月令解：『數將幾終，歲且更始。』唐李白天長節使鄂州刺史韋公德政碑：『能事斯畢，與人更始。』

〔十四〕仍令本道防禦使并本管刺史、縣令分明曉諭：此句『并』字原無，今據册府元龜、全唐文、適園叢書、學林本增補。

〔十五〕諸道百姓逋租懸調：『逋租』，猶欠租。東觀漢記　光武紀：『嘗爲季父故舂陵侯訟逋租於大司馬嚴尤。』唐柳宗元零陵三亭記：『逋租匿役，期月辨理。』『懸調』，長期拖欠的賦税。周書　武帝紀上：『降宥罪人，并免逋租懸調等，以皇女生故也。』周書　武帝紀下：『逋租懸調，兵役殘功，并宜蠲免。』

〔十六〕一户之中有三丁放一丁庸調：『庸調』，即指唐之『租庸調』中之『庸調』。唐代對受田課丁徵派的三種賦役的并稱。導源於北魏到隋代的租、調、力役制度。凡丁男授田一頃，

歲輸粟二斛、稻三斛，謂之租；歲輸絹二匹，綾、絁二丈，布加五之一，綿三兩，麻三斤，非蠶鄉則輸銀十四兩，謂之調；役人力，歲二十日，閏加二日，不役者日納絹三尺，謂之庸，有事而加役二十五日者免調，三十日租、調皆免。唐開元末年均田制破壞，這種承襲北魏的賦役制度漸不適用；安史之亂後，爲兩税法所代替。新唐書高祖紀：『二月乙酉，初定租、庸、調法。』資治通鑑梁簡文帝大寶元年：『泰始籍民之才力者爲府兵，身租庸調一切蠲之。』

〔十七〕刺史、縣令等據見在户徵科：册府元龜、全唐文無『等』字。

〔十八〕四品已下：『已下』，册府元龜作『已上』。

〔十九〕仍各賜勛兩轉：『仍』字原無，今據册府元龜、全唐文增補。

〔二十〕天下兵馬元帥雍王：此處指李适，即後來之唐德宗。舊唐書卷十二德宗紀載：『德宗神武孝文皇帝諱适，代宗長子，母曰睿真皇后沈氏。天寶元年四月癸巳，生於長安大内之東宫。其年十二月，拜特進，封奉節郡王。代宗即位之年五月，以上爲天下兵馬元帥，改封魯王。八月，改封雍王。時史朝義據東都，十月，遣上會諸軍於陜州，大舉討賊。十一月，破賊於洛陽，進收東都，河南平定。朝義走河北，分命諸將追之，俄而賊將李懷仙斬朝義首以獻，河北平。以元帥功拜尚書令，食實封二千户，與郭子儀等八人圖形凌烟閣。廣德二年二月，立爲皇太子。』

〔二十一〕親統元戎：『元戎』，大軍。史記三王世家：『虛御府之藏以賞元戎，開禁倉以振貧窮。』漢書董賢傳：『統辟元戎，折衝綏遠。』顔師古注：『元戎，大衆也。』

〔二十二〕撫外蕃以仁，訓群帥以義，班師獻捷，勛茂武成：『外藩』，有封地的諸侯王。亦指地方上的高級官吏。晋書禮志上：『哀帝以外藩援立。』宋史孝宗紀贊：『然自古人君起自外藩，入繼大統，而能盡宫庭之孝，未有若帝。』『武成』，謂軍事上的勝利。書武成：『越三日庚戌，柴望，大告武成。』蔡沈集傳：『燔柴祭天，望祀山川，以告武功之成。』晋張悛爲吴令謝詢求爲諸孫置守冢人表：『伏惟大晋，應天順民，武成止戈。』

〔二十三〕可敦册爲娑墨光親麗華毗伽可敦：此句中原無『娑』字，今據册府元龜、四庫全書、全唐文、適園叢書、明鈔本、甲庫本、學林本增補。

〔二十四〕可汗可敦及左右殺内外宰相已下：此句中原無『可敦』二字，今據四庫全書、明鈔本、甲庫本增補。

〔二十五〕令御史大夫王翊持節就衙帳册禮：『王翊』，傳見舊唐書卷一百五十七、新唐書卷一百四十三。舊唐書本傳載：『王翃，太原晋陽人也。兄翊，乾元中累官至京兆少尹。性謙柔，淡於聲利。自商州刺史遷襄州刺史、山南東道節度觀察等使。入朝，充北蕃宣慰使，稱職，代宗素

重之。及即位，目爲純臣。遷刑部侍郎、御史中丞。居憲司雖不能舉振綱條，然以謹重知名。大曆二年卒。』

〔二十六〕左右殺胡祿都督等：『等』字原無，今據册府元龜、全唐文增補。

〔二十七〕河北副元帥懷恩宜兼太保，仍與一子二品官：『二品』，原作『三品』，今據册府元龜、四庫全書、全唐文、適園叢書、明鈔本、甲庫本、學林本改。『河北副元帥懷恩』，指僕固懷恩，傳見舊唐書卷一百二十一、新唐書卷二百二十四上。其具體事迹可參見其本傳。

〔二十八〕河南副元帥光弼：指李光弼，傳見舊唐書卷一百一十、新唐書卷一百三十六。其生平事迹可見其本傳。

〔二十九〕更加實封三百户：『更』字原無，今據册府元龜、全唐文增補。

〔三十〕幽州節度使懷仙：『使』字原無，今據適園叢書、學林本增補。『幽州節度使懷仙』，指李懷仙，傳見舊唐書卷一百四十三、新唐書卷二百一十二。其生平事迹可參見其本傳。

〔三十一〕李抱玉、郭英乂、辛雲京、侯希逸、田神功、孫志直、白孝德、令狐彰，并各與一子五品官并階：『五品』，原作『三品』，今據册府元龜、全唐文、適園叢書、學林本改。『李抱玉』，傳見舊唐書卷一百三十二、新唐書卷一百三十八。『郭英乂』，傳見舊

唐書卷一百一十七、新唐書卷一百三十三。『辛雲京』，傳見舊唐書卷一百一十、新唐書卷一百四十七。『侯希逸』，傳見舊唐書卷一百二十四、新唐書卷一百四十四。『田神功』，傳見舊唐書卷一百二十四、新唐書卷一百四十四。『孫志直』，事迹見唐方鎮年表卷一。『白孝德』，傳見舊唐書卷一百九、新唐書卷一百三十六。『令狐彰』，傳見舊唐書卷一百二十四、新唐書卷一百四十八。以上諸人事迹可參見其本傳等。

〔三十二〕李寶臣、薛嵩、田承嗣、張獻誠等：『李寶臣』，傳見舊唐書卷一百四十二、新唐書卷二百一十一。『薛嵩』，傳見舊唐書卷一百二十四、新唐書卷一百一十一。『田承嗣』，傳見舊唐書卷一百四十一、新唐書卷二百一十。『張獻誠』，傳見舊唐書卷一百二十二、新唐書卷一百三十三。以上四人事迹請參見其本傳。

〔三十三〕仍加實封二百户：『仍』字原無，今據册府元龜、全唐文、明鈔本增補。

〔三十四〕魚朝恩寄崇師律，程元振勛高佐命：『魚朝恩』，傳見舊唐書卷一百八十四、新唐書卷二百七。『程元振』，傳見舊唐書卷一百八十四、新唐書卷二百七。『師律』，易師：『象曰：「師出以律。」失律凶也。』後以指軍隊的紀律。南史徐勉傳：『軍旅不以禮，則致亂於師律。』『佐命』，古代帝王得天下，自稱是上應天命，故稱輔佐帝王創業爲『佐命』。後漢書班

彪傳：『佐命則垂統，輔翼則成化，流大漢之愷悌，蕩亡秦之毒螫。』南史宋武帝紀上：『桓玄之篡，王謐佐命，手解安帝璽紱。』

〔三十五〕僕固瑒、高彥崇、渾日進、李建義、李光逸、楊崇光、李懷光、張如岳、白元光、温如雅、拓拔澄泌、高暉、盧欽友、成惟良、曹楚玉等：『僕固瑒』，僕固懷恩之子，其生平事迹見僕固懷恩本傳，即舊唐書卷一百二十一、新唐書卷二百二十四上。『高彥崇』『渾日進』『李光逸』『張如岳』，以上四人生平事迹參見新、舊唐書僕固懷恩傳。『李懷光』，傳見舊唐書卷一百二十一、新唐書卷二百二十四上。『白元光』，傳見新唐書卷一百三十六。『高暉』，事迹參見舊唐書卷一百二十郭子儀傳。

〔三十六〕畫像於凌烟閣：『凌烟閣』，原作『凌烟之閣』，今據全唐文删改。

〔三十七〕苗晉卿、劉晏、裴遵慶、元載：『苗晉卿』，傳見舊唐書卷一百一十三、新唐書卷一百四十。『劉晏』，傳見舊唐書卷一百二十三、新唐書卷一百四十九。『裴遵慶』，傳見舊唐書卷一百一十三、新唐書卷一百四十。『元載』，傳見舊唐書卷一百一十八、新唐書卷一百四十五。

〔三十八〕儀王及彭王已下男未有官者：『儀王』，即李濰，亦即李璲，傳見舊唐書卷

一百七、新唐書卷八十二。『彭王』，傳見舊唐書卷一百一十六、新唐書卷八十二。

〔三十九〕永穆并長樂已下長公主及郡縣主嗣王郡王等：『并』，原作『及』，今據册府元龜、四庫全書、全唐文、適園叢書、明鈔本、甲庫本、學林本改。『永穆』，即永穆公主，傳見新唐書卷八十三。『長樂』，即『長樂公主』，傳見新唐書卷八十三。

〔四十〕諸道節度觀察使及立功將士：『觀察』二字原無，今據册府元龜、全唐文增補。

〔四十一〕其父兄見在無官者：『見』字原闕，今據四庫全書增補。

〔四十二〕河南河北：册府元龜、全唐文作『河北河南』。

〔四十三〕安身守節、素在丘園不仕、爲衆所知，委所在長官具名聞薦：『安身』，原作『安貞』，今據册府元龜、全唐文、適園叢書、學林本改。『長官』，原作『官長』，今據册府元龜、全唐文、適園叢書、明鈔本、學林本改。

〔四十四〕刺史、縣令自今已後改轉：『自今』二字原無，今據册府元龜、全唐文增補。

〔四十五〕員外及攝試官，一切不得釐務：『攝試』，非正式任命的試用官員。舊唐書代宗紀：『刺史、縣令自今後改轉，刺史以三年爲限，縣令四年爲限，員外及攝試，不得釐務。』『釐務』，管理政事。舊唐書劉祥道傳：『經明行修之士，猶或罕有正人，多取胥徒之流，豈能皆有德

行？即知共厘務者，善人少而惡人多。』宋趙昇朝野類要職任：『添差之官，則不理政事也。若許干預則曰仍厘務。』

〔四十六〕河南河北僞度僧尼道士女冠：此句原無『河南』二字，今據册府元龜、全唐文增補。

〔四十七〕須大理正斷，刑部詳覆：『須』字，原作『洎』，今據册府元龜、四庫全書、全唐文、適園叢書、明鈔本、甲庫本、學林本改。『詳覆』，詳議審察。唐元稹彈奏劍南東川節度使狀：『臣昨奉三月一日敕，令往劍南東川詳覆瀘川監官任敬仲贓犯。』宋史刑法志一：『建隆三年，令諸州奏大辟案，須刑部詳覆。』

卷第十

帝王

册尊號赦下

元和十四年册尊號赦
長慶元年册尊號赦
寶曆元年册尊號赦
會昌二年册尊號赦
會昌五年册尊號赦
大中二年册尊號赦
乾符四年册尊號德音

痊復

太上皇康復詔
疾愈德音
大和八年疾愈德音
咸通八年痊復救恤百姓僧尼敕

册尊號赦下

元和十四年册尊號赦（一）

朕聞惟人戴后，因事必極於推尊，惟辟奉天，有善必歸於讓德，式敷景化，以答玄功（二）。居有勞謙之思，進多滿假之懼（三），緬自邃古，何嘗不由是而致理焉（四）？朕獲纘睿圖，祗膺神器，上奉大祭，下安群生，恭己臨軒，兢懷馭朽（五），志欲周于四海，而念常切於一夫，旰食宵興（六），惟恐失墜。運屬休泰，時丁小康，方隅廓清，氛祲銷蕩。斯乃上荷乾坤之垂佑，宗社之降靈，下賴卿士之叶心，戎臣之宣力。端拱向道，推誠任能，豈予寡昧，用集丕績（七）。况至化猶鬱，勤憂未寧，而中外臣僚，文武多士，累陳懇疏（八），并進昌言，願獻鴻名，以增虚美。拒衆心而率籲轉切，顧眇身而内愧靡安，乃撰吉辰（九），爰受典册，禋告于清廟，虔聞于昊天。當兹盛儀，夕惕增厲（十）。於戲！朕自御極，再加景號（十一），在徽章而孔備，諒浮實而多慚。宜因行慶之辰，誕布惟新之

澤，與物咸遂，永孚于休，可大赦天下。自元和十四年七月十三日昧爽已前，大辟罪已下，已發覺，未發覺，已結正，未結正，繫囚見徒，罪無輕重，咸赦除之。唯故殺人及官典犯贜，不在此限。左降官量移近處，已經量移者，更與量移。如復資者，即任便赴選集〔十二〕。亡官失爵放歸不齒者，量加收叙〔十三〕。前資見任官，因瑕累未經録用，并左降官事情可恕，才行足稱者，宜簡拔獎用。淄青舊管内官人將士百姓等〔十四〕，縱有迹同惡逆、挂涉流言、事在往時，一切不問。京畿今年秋税青苗，及榷酒錢，每貫量放四百文。從元和五年至十年已前，諸縣百姓欠負錢物斛斗等，委京兆府疏理減放。淮南、浙江東道、宣歙、江南西道、湖南、福建、山南東道、荆南等九道，今年秋税錢合上供者，每貫量與減放。度支鹽鐵户部應有逋懸〔十五〕，并委本司疏理，具可放數聞奏。比來州縣并多不定户〔十六〕，貧富變易，遂成不均，前後頻有制敕，長吏不盡遵守。今宜三年一定，必使均平。内外文武見任及致仕官，三品已上，賜爵一級；四品已下，加一階，仍賜勛兩轉。神策六軍金吾皇城威遠諸道將士，經淮西、淄青兩度立功者，更賜勛兩轉。二王三恪及文宣公、神策六軍金吾皇城威遠等諸軍〔十七〕，應在城内蕃客，并節級賜物。讀册官侍中韓弘、崔群，在讀寶官皇甫鎛并各加一階〔十八〕，已至三品者賜爵二

級。撰册文官崔群，與一子正員官，其餘應職掌行事，加階賜勛有差〔十九〕。故尚父子儀、贈太師晟、贈太尉秀實，及張巡、許遠、南霽雲、顔真卿、杲卿子孫〔二十〕，各與官及出身。寶應興元功臣〔二十一〕，各賜勛爵。天下諸色人，有賢良方正、能直言極諫、博通墳典、達於教化、軍謀宏達、堪任將帥、詳明政術、可以理人者，委内外官各舉所知，當親自策試。委中書門下選黜陟使分巡天下〔二十二〕，百姓高年者，頒賜有差。

校箋

〔一〕本文又見於文苑英華卷四百二十二，文題爲元和十四年七月二十三日上尊號赦。全唐文卷六十三亦録，文題爲上尊號赦文，署名唐憲宗。然文苑英華、全唐文所載乃原制誥之全文，而本文乃節録并有所改易文苑英華文而成。其所節録文字基本上同於册府元龜所節録，并有所增減。故其篇幅不及文苑英華之半，并在其删減部分上下文連接處多有改易增減。以此之故，此文難於與文苑英華、全唐文對校。今即據所收録之文字大體相同者如册府元龜、四庫全書、適園叢書等本進行對校并箋注。文苑英華、全唐文所收録該制誥之全文，則附録於後，以存本文完整之

文本，并供讀者、研究者比對參考。又，本文文後未署頒布時間。考文苑英華所録本文題目爲元和十四年七月二十三日上尊號赦，則本文似應頒布於元和十四年七月二十三日。然檢舊唐書卷十五憲宗紀下載：元和十四年七月『辛巳，群臣上尊號曰元和聖文神武法天應道皇帝。是日，御宣政殿受册，禮畢，御丹鳳樓，大赦天下。京畿今年秋税、青苗、榷酒等錢，每貫量放四百文；元和五年已前逋租賦并放』。又新唐書卷七元和十四年七月載：『己丑，群臣上尊號曰元和聖文神武法天應道皇帝。大赦，賜文武官階、勛、爵。遣黜陟使於天下。』資治通鑑卷二百四十一元和十四年七月載：『己丑，群臣上尊號曰元和聖文神武法天應道皇帝；赦天下。』又考册府元龜卷八十九帝王部　赦宥第八載『（元和）十四年七月己丑，御宣政殿，群臣册上尊號，禮畢御丹鳳樓大赦天下，制曰』云云。據上述典籍所載，新唐書等典籍均記此次上尊號、大赦在元和十四年七月己丑（十三日），唯舊唐書記在是年七月辛巳（五日），文苑英華記在是年七月二十三日。今考本文有『自元和十四年七月己丑（十三日）昧爽已前』云云，乃表明本次上尊號、大赦之頒布時間乃在是時。則舊唐書、文苑英華所記之兩種時間均誤，不可信。本文之頒布時間應爲元和十四年（八一九）七月十三日，其撰寫時間即在是時稍前。

〔二〕式敷景化，以答玄功：『景化』，册府元龜作『景福』。『景化』，猶敬仰。後漢書　劉愷

傳：『景化前修。』李賢注：『景，慕也。』化，一本作『仰』。南朝梁沈約王亮王瑩加授詔：『并宜光贊緝熙，穆兹景化。』『玄功』，影響深遠的功績；偉大的功績。南齊書明帝紀：『玄功潛被，至德彌闡。』唐武則天清廟樂章迎武舞：『赫赫玄功被穹壤，皇皇至德洽生靈。』

〔三〕居有勞謙之思，進多滿假之懼：『勞謙』，勤勞謙恭。易繫辭上：『勞謙，君子有終，吉。』晉袁宏後漢紀桓帝紀下：『往者孝文勞謙自約，行過乎儉。』『滿假』，自滿自大。書大禹謨：『克勤于邦，克儉于家，不自滿假。』孔傳：『滿謂盈實。假，大也。』孔穎達疏：『言己無所不知，是爲自滿；言己無所不能，是爲自大。』唐元稹招討鎮州制：『逮我長理，何其遠哉！豈朕之滿假荒寧，自聖而不可教耶？』

〔四〕緬自邃古，何嘗不由是而致理焉：『邃古』，原作『遠古』，今據全唐文、適園叢書改。『不由』，册府元龜作『不因』。『邃古』，遠古。後漢書班固傳下：『伊考自邃古，乃降戾爰兹，作者七十有四人。』唐裴守真奉和太子納妃太平公主出降之三：『太平超邃古，萬壽樂無疆。』『致理』，猶致治。資治通鑑唐文宗開成五年：『致理之要，在於辨群臣之邪正。』唐路貫和元常侍除浙東留題：『謝安致理逾三載，黄霸清聲徹九重。』

〔五〕朕獲纘睿圖，祗膺神器，上奉大祭，下安群生，恭己臨軒，兢懷馭朽：『祗膺』，册府

元龜作『祇奉』。『睿圖』，皇帝的謀劃。隋書音樂志下：『皇矣上帝，受命自天。睿圖作極，文教遐宣。』舊唐書王彥威傳：『臣謬司邦計，虔奉睿圖，輒纂事功，庶裨聖覽。』『大祭』，古代重大祭祀之稱。包括天地之祭、禘祫之祭等。周禮天官酒正：『凡祭祀，以法共五齊三酒，以實八尊。大祭三貳，中祭再貳，小祭壹貳，皆有酌數。』鄭玄注：『大祭，天地；中祭，宗廟；小祭，五祀。』周禮春官天府：『凡國之玉鎮、大寶器，藏焉。若有大祭、大喪，則出而陳之；既事，藏之。』鄭玄注：『禘祫及大喪，陳之以華國也。』『臨軒』，皇帝不坐正殿而御前殿。殿前堂陛之間近檐處兩邊有檻楯，如車之軒，故稱。後漢書黨錮傳李膺：『讓訴冤於帝，詔膺入殿，御親臨軒，詰以不先請便加誅辟之意。』唐王維少年行之四：『天子臨軒賜侯印，將軍佩出明光宮。』『馭朽』，即『馭朽索』。書五子之歌：『予臨兆民，懍乎若朽索之馭六馬。』孔穎達疏：『我臨兆民之上，常畏人怨，懍懍乎危懼，若腐索之馭六馬。索絶則馬逸，言危懼之甚。』後因以比喻帝王治國，艱險不易。唐白居易辨興亡之由策：『安人者，敬其下也，懍乎若馭朽索，猶懼其未也。』亦省作『馭朽』。陳書世祖紀論：『及國禍奄臻，入承寶祚，兢兢業業，其若馭朽。』

〔六〕而念常切於一夫，旰食宵興：『而』字原無，今據册府元龜增補。『旰食』，晚食。指

事務繁忙不能按時吃飯。左傳昭公二十年：『奢聞員不來，曰：「楚君、大夫其旰食乎！」』亦泛指勤於政事。漢應劭風俗通過譽司空潁川韓棱：『今興官尊任重，經略千里，當聽訟侍祠，班詔勸課，早朝旰食，夕惕若厲。』唐杜甫送樊侍御赴漢中判官詩：『至尊方旰食，仗爾布嘉恩。』『宵興』，夜間起來。晉潘岳哀永逝文：『啓夕兮宵興，悲絶緒兮莫承。』劉良注：『宵興，夜起也。』晉孫綽游天台山賦：『余所以馳神運思，晝咏宵興，俯仰之間，若已再升者也。』

〔七〕端拱向道，推誠任能，豈予寡昧，用集丕績：『端拱』，指帝王莊嚴臨朝，清簡爲政。魏書辛雄傳：『端拱而四方安，刑措而兆民治。』唐歐陽詹珍祥論：『即虐如秦皇，雖車轍遍於宇内，不如太宗端拱於堂上也。』『丕績』，大功業。書大禹謨：『予懋乃德，嘉乃丕績。』唐顏真卿天下放生池碑銘：『道冠巍巍，威深虩虩，遘兹多難，克廣丕績。』

〔八〕而中外臣僚，文武多士，累陳懇疏：『臣僚』，册府元龜、四庫全書作『諸臣』。『累陳』，原作『累誠』，今據册府元龜、文苑英華、四庫全書、全唐文、適園叢書改。

〔九〕拒衆心而率籲轉切，顧眇身而内愧靡安，乃撰吉辰：『拒』，四庫全書作『抑』。『吉辰』，原作『吉良』，今據册府元龜、文苑英華、四庫全書、全唐文、適園叢書改。『眇身』，猶言微末之身。封建帝后自謙之詞。漢書武帝紀：『朕以眇身承至尊，兢兢焉惟德菲薄，不明於禮

樂，故用事八神。』北齊書神武帝紀下：『以朕眇身，遇王武略，不勞尺刃，坐爲天子。』『吉辰』，猶良辰。吉利的時日；好日子。後漢書明帝紀：『間暮春吉辰，初行大射。』唐牛僧孺玄怪録崔書生：『老青衣曰：「事即必定，後十五日大吉辰，君於此時，但具婚禮所要，并於此備酒饌。」』

（十）夕惕增厲：『厲』，原作『勵』，今據文苑英華、全唐文改。『夕惕』，謂至夜晚仍懷憂懼，工作不懈。晉葛洪抱朴子吴失：『吴主不此之思，不加夕惕，佞諂凡庸，委以重任，危機急於彍弩，亡徵著於日月。』南朝梁沈約立太子詔：『夕惕寅畏，若置淵谷。』

（十一）朕自御極，再加景號：『御極』，登極；即位。南朝梁劉勰文心雕龍時序：『明帝秉哲，雅好文會，升儲御極，孳孳講藝。』唐皮日休霍山賦：『岳之尊，端然御極，聳然正位。』『景號』，大號，國號，帝號。此指皇帝尊號。陳書高祖紀上：『大同之末，邊政不修，李賁狂迷，竊我交愛，敢稱大號，驕恣甚於尉他。』唐劉知幾史通本紀：『夫位終北面，一概人臣，儻追加大號，止入傳限。』

（十二）即任便赴選集：文苑英華、全唐文、適園叢書無『便』字。

（十三）亡官失爵放歸不齒者，量加收叙：『收叙』，原作『收録』，今據册府元龜、四庫全

書、全唐文、適園叢書改。『不齒』，不與同列；不收録。表示鄙視。周禮 秋官 大司寇：『其能改者，反于中國，不齒三年。』鄭玄注：『不齒者，不得以年次列於平民。』禮記 王制：『不變，屏之遠方，終身不齒。』鄭玄注：『齒，猶録也。』孔穎達疏：『以年相次是録其長幼，故云齒猶録也。』

〔十四〕淄青舊管内官人將士百姓等：此句原作『淄青舊管内官吏人等將士百姓等』，今據册府元龜改。

〔十五〕度支鹽鐵户部應有逋懸：『逋懸』，指所欠租稅。魏書 高陽王雍傳：『遠使絶域，催督逋懸，察檢州鎮，皆是散官，以充劇使。』舊唐書 李渤傳：『張平叔判度支，奏徵久遠逋懸，渤在州上疏曰：「……臣當州管田二千一百九十七頃，今已旱死一千九百頃有餘，若更勒徇度支使所爲，必懼史官書陛下於大旱中徵三十六年前逋懸。臣任刺史，罪無所逃。」』

〔十六〕比來州縣并多不定户：此句原無『多』字，今據册府元龜增補。

〔十七〕二王三恪及文宣公、神策六軍金吾皇城威遠等諸軍：『二王三恪』，請見本書卷第四改元載初赦一文校箋〔一〕。『文宣公』即文宣王，指孔子。唐玄宗開元二十七年（七三九）封孔子爲文宣王。唐吴筠高士咏 楚狂接輿夫妻：『鳳歌誡文宣，龍德遂隱密。』清無名氏論語齊景

公待孔子五章彈詞：『疾心難煞文宣聖，終日茫茫列國游。』

〔十八〕讀册官侍中韓弘、崔群，在讀寶官皇甫鎛并各加一階：『讀册官侍中韓弘』，册府元龜無『讀册官』三字。『崔群』，册府元龜作『讀册官崔群』。『韓弘』，傳見舊唐書卷一百五十六、新唐書卷一百五十八。舊唐書本傳載：『韓弘，潁川人。其祖、父無聞，世居滑之匡城。少孤，依母族。劉玄佐即其舅也。事玄佐爲州掾，累奏試大理評事。玄佐卒，子士寧被逐。弘出汴州，爲宋州南城將。劉全諒時爲都知兵馬使。貞元十五年，全諒卒，汴軍懷玄佐之惠，又以弘長厚，共請爲留後，環監軍使請表其事，朝廷亦以玄佐故許之。自試大理評事檢校工部尚書、汴州刺史、兼御史大夫、宣武軍節度副大使知節度事、宋亳汴潁觀察等使。……累授檢校左右僕射、司空。憲宗即位，加同平章事。時王鍔檢校司空、平章事。致書于宰臣武元衡，耻在王鍔之下。憲宗方欲用形勢以臨淮西，乃授以司徒、平章事，班在鍔上。及用嚴綬爲招討，爲賊所敗，弘方鎮汴州，當兩河賊之衝要，朝廷慮其異志，欲以兵柄授之，而令李光顔、烏重胤實當旗鼓。乃授弘淮西諸軍行營都統，令兵部郎中、知制誥李程宣賜官告。弘實不離理所，唯令其子公武率師三千隸李光顔軍。弘雖居統帥，常不欲諸軍立功，陰爲逗撓之計。每聞獻捷，輒數日不怡，其危國邀功如是。吴元濟誅，以統帥功加檢校司徒、兼侍中，封許國公，罷行營都統。十四

年，誅李師道，收復河南二州，弘大懼。其年七月，盡携汴之牙校千餘人入覲，對於便殿，拜舞之際，以其足疾，命中使掖之。宴賜加等，預册徽號大禮。……憲宗崩，以弘攝冢宰。十五年六月，以本官兼河中尹、河中晋絳節度觀察等使。時弘弟充爲鄭滑節度使，子公武爲鄜坊節度使。父子兄弟，皆秉節鉞，人臣之寵，冠絶一時。二年，請老乞罷戎鎮，三表從之。依前守司徒、中書令。其年十二月病卒，時年五十八。贈太尉，賻絹二千匹、布七百端、米粟千石。』『崔群』，傳見舊唐書卷一百五十九、新唐書卷一百六十五。舊唐書本傳載：『崔群，字敦詩，清河武城人，山東著姓。十九登進士第，又制策登科，授秘書省校書郎，累遷右補闕。元和初，召爲翰林學士，歷中書舍人。群在内職，常以讜言正論聞於時。……群以禁密之司，動爲故事，自爾學士或惡直醜正，則其下學士無由上言。群堅不奉詔，三疏論奏方允。……（元和）十二年七月，拜中書侍郎、同中書門下平章事。……時憲宗急於蕩寇，頗獎聚斂之臣。故藩府由是希旨，往往掊拾，目爲進奉。處州刺史苗稷進羡餘錢七千貫，群議以爲違詔，受之則失信於天下，請却賜本州，代貧下租税。時論美之。度支使皇甫鎛陰結權幸，以求宰相，群累疏其奸邪。……詞意激切，左右爲之感動。鎛深恨之，而憲宗終用鎛爲宰相。無何，群臣議上尊號，皇甫鎛欲加「孝德」兩字，群曰：「有睿聖則孝德在其中矣。」竟爲鎛所構，憲宗不樂，出爲湖南觀察都團練使。穆宗即位，徵拜吏

部侍郎，召見别殿，謂群曰：「我升儲位，知卿爲羽翼。」群曰：「先帝之意，元在陛下。……」數日，拜御史中丞。浹旬，授檢校兵部尚書，兼徐州刺史、武寧軍節度、徐泗濠觀察等使。』「皇甫鎛」，傳見舊唐書卷一百三十五、新唐書卷一百六十七。舊唐書本傳載：『皇甫鎛，安定朝那人。祖鄰幾，汝州刺史。父愉，常州刺史。鎛貞元初登進士第，登賢良文學制科，授監察御史。丁母憂，免喪，坐居喪時薄游，除詹事府司直。轉吏部員外郎、判南曹，凡三年，頗鈐制奸吏。改吏部郎中，三遷司農卿、兼御史中丞，賜金紫，判度支，俄拜户部侍郎。時方討淮西，切於饋運，鎛勾剥嚴急，儲供辦集，益承寵遇，加兼御史大夫。十三年，與鹽鐵使程异同日以本官同平章事，領使如故。鎛雖有吏才，素無公望，特以聚斂媚上，刻削希恩。詔書既下，物情駭異，至於賈販無識，亦相嗤誚。宰相崔群、裴度以物議上聞，憲宗怒而不聽。度上疏乞罷知政事，因論之曰……時憲宗以世道漸平，欲肆意娱樂，池臺館宇，稍增崇飾，而异、鎛探知上旨，數貢羡餘，以備經構，故帝獨排物議相之；見裴度疏，以爲朋黨，竟不省覽。鎛知公議不可，益以巧媚自固，奏減内外官俸錢以贍國用；敕下，給事中崔祐封還詔書，其事方罷。……裴度有用兵伐叛之功，鎛心嫉之，與宰相李逢吉、令狐楚合勢擠度出鎮太原。崔群有公望，爲搢紳所重，屢言時政之弊，鎛惡之，因議憲宗尊號，乃奏曰：「昨群臣議上徽號，崔群於陛下惜『孝德』兩字。」憲宗怒，黜群爲湖南觀察

使。又與金吾將軍李道古叶爲奸謀，薦引方士柳泌、僧大通，言可致長生。中尉吐突承璀恩寵莫二，鏄厚賂結其歡心，故及相位。』

〔十九〕其餘應職掌行事，加階賜勛有差：『其餘應職掌行事』，册府元龜作『其餘應職行掌事官』。『加階賜勛有差』，册府元龜作『加階賜爵勛有差』。

〔二十〕故尚父子儀、贈太師晟、贈太尉秀實，及張巡、許遠、南霽雲、顔真卿、杲卿子孫：按，以上諸人生平事迹詳見本書卷第一順宗即位赦校箋〔三十四〕〔三十五〕。

〔二十一〕寶應興元功臣：按，『寶應興元功臣』指寶應功臣和興元功臣。舊唐書卷十一代宗紀記『寶應功臣』事謂：『寶應元年四月，肅宗大漸，所幸張皇后無子，后懼上功高難制，陰引越王係於宫中，將圖廢立。乙丑，皇后矯詔召太子。中官李輔國、程元振素知之，乃勒兵於凌霄門，俟太子至，即衛從太子入飛龍厩以俟其變。是夕，勒兵於三殿，收捕越王係及内官朱光輝、馬英俊等禁錮之，幽皇后於别殿。丁卯，肅宗崩，元振等始迎上於九仙門，見群臣，行監國之禮。己巳，即皇帝位於柩前。……乙亥，以兵部尚書、判元帥行軍閑厩等使李輔國進號尚父，飛龍厩副使程元振爲右監門將軍。流宦官朱光輝、啖庭瑶、陳仙甫等於黔中。五月己卯朔，以李輔國爲司空兼中書令，餘如故。……丙申，以户部侍郎元載同中書門下平章事，充度支轉運使。

改乾元大小錢并一當一。丁酉，御丹鳳樓，大赦。子儀、光弼、李光進諸道節度使并加實封，四月十七日立功人并號「寶應功臣」。内外文武官三品已上進爵，四品已下加階。』資治通鑑卷二百二十二亦記此事云：『初，張后與李輔國相表裏，專權用事，晚年，更有隙。内射生使三原程元振黨於輔國。上疾篤，后召太子謂曰：「李輔國久典禁兵，制敕皆從之出，擅逼遷聖皇，其罪甚大，所忌者吾與太子。今主上彌留，輔國陰與程元振謀作亂，不可不誅。」太子泣曰：「陛下疾甚危，二人皆陛下勛舊之臣，一旦不告而誅之，必致震驚，恐不能堪也。」后曰：「然則太子姑歸，吾更徐思之。」太子出，后召越王係謂曰：「太子仁弱，不能誅賊臣，汝能之乎？」對曰：「能。」係乃命内謁者監段恒俊選宦官有勇力者二百餘人，授甲於長生殿後。乙丑，后以上命召太子。元振知其謀，密告輔國，伏兵於陵霄門以俟之，太子至，以難告。太子曰：「必無是事。主上疾亟召我，我豈可畏死而不赴乎！」元振曰：「社稷事大，太子必不可入。」乃以兵送太子於飛龍廐，且以甲卒守之。是夜，輔國、元振勒兵三殿，收捕越王係、段恒俊及知内侍省事朱光輝等百餘人，繫之。以太子之命遷后於别殿。時上在長生殿，使者逼后下殿，并左右數十人幽於後宫，宦官宫人皆驚駭逃散。丁卯，上崩。輔國等殺后并係及兖王僴。是日，輔國始引太子素服於九仙門與宰相相見，叙上皇晏駕，拜哭，始行監國之令。戊辰，發大行皇帝喪於兩儀殿，宣遺詔。己巳，代宗

即位。」又『興元功臣』，即扈從護衛唐德宗避難至奉天行宮之功臣，亦稱『元從功臣』。舊唐書卷十二德宗紀建中四年載：『冬十月丙午，詔涇原節度使姚令言率涇原之師救哥舒曜。丁未，涇原軍出京城，至滻水，倒戈謀叛，姚令言不能禁。上令載繒彩二車，遣晋王往慰諭之，亂兵已陳于丹鳳闕下，促神策軍拒之，無一人至者。與太子諸王妃主百餘人出苑北門，右龍武軍使令狐建方教射於軍中，聞難，聚射士得四百人扈從。其夕至咸陽，飯數匕而過。戊申，至奉天。己酉，元帥都虞候渾瑊以子弟家屬至，乃以瑊爲行在都虞候，神策軍使白志貞爲行在都知兵馬使，以令狐建爲中軍鼓角使，金吾將軍侯仲莊爲奉天防城使。亂兵既剽京城，屯於白華，乃於晋昌里迎朱泚爲帥，稱太尉，居含元殿。上以奉天隘，欲幸鳳翔，壬子，鳳翔軍亂，殺節度使張鎰，乃止。……丁巳，以吏部尚書蕭復，刑部侍郎劉從一、諫議大夫姜公輔并以本官同中書門下平章事。邠寧節度韓遊瓌與論惟明率兵三千至，纔入奉天，賊軍亦至，乃出拒之，王師不利。賊乘勝攻門，自卯至午，殺傷殆半，會有草車在門外，渾瑊令焚之，賊衆遂退。癸巳，泚賊三面攻城，渾瑊力戰禦之，方退，大將呂希倩死之。賊自丁未攻城，至己巳二十餘日，矢石不絕。十一月……戊子，賊造雲橋，攻東北隅，兵仗不能及，城中憂恐，相顧失色。渾瑊預爲地道，及雲橋傅城，脚陷不得進，瑊命焚之，風迴焰轉，橋焚而賊退。朔方節度李懷光遣兵馬使張韶奉表，言大軍將至，乃令舁韶巡

城，叫呼歡聲動地，賊不之測，疑懼緩攻。癸巳，懷光軍次醴泉，是夜賊解圍而去。神策將李晟自定州率師赴難，軍於渭橋。……興元元年春正月癸酉朔，上在奉天行宫受朝賀。詔曰：「立政興化，必在推誠；忘己濟人，不吝改過。……今上元統曆，獻歲發祥，宜革紀年之號，式敷在宥之澤，可大赦天下，改建中五年爲興元元年。李希烈、田悦、王武俊、李納，咸以勛舊，繼守藩維……一切并與洗滌，復其爵位，待之如初，仍即遣使宣諭。……應赴奉天并進收京城將士，并賜名『奉天定難功臣』，身有過犯，減罪三等，子孫過犯，減罪二等。……」（四月）壬寅，詔奉天隨從將士并賜號「元從功臣」。」

〔二十二〕委中書門下選黜陟使分巡天下：此句原無『委』字，今據册府元龜增補。

附録一：

元和十四年七月二十三日上尊號赦（文苑英華卷四百二十二）

朕聞惟人戴后，因事必極於推尊；惟辟奉天，有善必歸於讓德。在敷景化，以答玄功，居有勞謙之思，進多滿假之懼，緬自遂古，何嘗不由是而致理焉。朕獲纘睿圖，祗膺神器，上奉大祭，

下安群生，恭己臨軒，兢懷馭朽。志欲周於四海，念常切於一夫，旰食宵興，唯恐失墜。運屬休泰，時丁小康，方隅廓清，氛祲銷蕩。斯乃上荷乾坤之垂祐，宗社之降靈，下賴卿士之叶心，戎臣之宣力，端拱向道，推誠任能，豈予寡昧，用集丕績。況至化猶鬱，勤憂未寧，而中外臣僚，文武多士，累陳懇疏，并進昌言，願獻鴻名，以增虚美。詎衆心而率籲轉切，顧眇身而内愧靡安，乃操吉辰，爰受典册，禋告于清廟，虔聞于昊天，當兹盛儀，夕惕增厲。於戲！朕自御極，再加景號，在徽章而孔備，諒浮實而多慚，宜因行慶之辰，誕布惟新之澤，與物咸遂，永孚于休。可大赦天下。自元和十四年七月十三日昧爽已前，大辟罪已下，已發覺，未發覺，已結正，未結正，繫囚見徒，罪無輕重，咸赦除之。唯故殺人及官典犯贜，不在此限。左降官量移近處，已經量移者更與量移。如復資者，即任赴選集。丁憂去任，服闋日亦與量移。如有親故在上都，任於所司陳狀，便與處分，不必更待本州申請。如準前制已合量移，有司未注擬者，并任累叙。并别敕因責授降資正員官，所司亦與處分。亡官失爵放歸不齒者，量加收叙。流人移隸等，并與量移近處。僧尼道士移隸者，得罪人已亡殁，家口未放歸者，一切放歸，如自情願住者亦聽住。左降官及流人先有官者，如有已亡殁，各還本土。應反逆緣坐配流在遠處身已亡殁者，如有親戚，任便歸葬。棄瑕宥過，既咸達於幽明；録善舉才，庶無遺於廢滯。或中外前資見任官，如有因瑕累未階録用，并左降官事

情可恕才行足稱者，宜委中書門下量加簡拔，隨能録用。妖凶久阻，污脅所加，今既蕩清，宜從洗滌。其淄青舊管内官吏將士百姓等，縱有迹同惡逆，挂涉流言，事在往時，一切不問，維新之後，仍不得遞相糾告。革其弊俗，阜彼遺人，切在分憂，期於共理。鄆曹濮、淄青、沂海等三道百姓，久淪寇境，皆被殘傷，宜委本道觀察使刺史設法綏撫，務令安輯。勛籍所著，常典必行，常恐逾時，無忘終食。應平淄青諸道立功將士，宜委本道速準前敕條疏聞奏，當與甄奬。自經討伐，鋒刃所交，言念傷殘，每深憫惻。其淄青舊管四面官軍陣亡將士等，已有前敕處分收葬，量事致祭，其是賊徒遺骸委在中野者，亦委所在州縣速與掩瘞。輦轂之下，萬邦所瞻，封畿之内，百役斯集，永言凋瘵，是用蠲除。其京畿諸縣，今年秋税户青苗及秋冬季榷酒錢，每貫量收四百文。從元和五年已前，諸縣百姓欠負錢物草斛斗等，共一十三萬五千一百一十三貫石，速委京兆府疏理，具可放數聞奏。天寶已後，戎事方殷，兩河宿兵，户賦不入，軍國費用，取資江淮，繭絲所收，寧免加厚。物力有限，水旱相因，歲月既深，凋瘵亦甚，眷言及此，憫嘆良多。今上天垂休，氛沴清息，師旅之後，又兹豐穰，省事恤人，庶乎惠養。其淮南、浙江東西、宣歙、江南、湖南、福建、山南、山東、荆南等九道，今年秋税錢合上供者，每貫量放三百文度支。其今年秋税留州留使錢，并鄂岳共十道，每貫量放一百文度支。元和五年已前，諸道州府監院送省，除前制放免外，

諸色久負逋縣錢物等，共四百二十八萬八千八百貫石等，監院鹽鐵使從貞元五年已後至元和五年已前，制疏理量放外，應負諸色錢物斛斗，共三百三十二萬二千一百五十一貫石等，户部從建中三年已後至元和九年已前，除前制疏理外，諸色欠負錢物，共計五十三萬九千四百六十四貫石等，并委本司疏理，具徵可放數聞奏。御史臺及秘書省等三十二司公廨，及諸色本利錢，其主保逃亡者，并正舉納利十倍已上，攤徵保人納利五倍已上，及展轉攤保者，本利并宜放免。其正舉未至十倍，亦委御史條疏聞奏。京城内私債，本因富饒之家，乘人急切，終令貧乏之輩，陷死逃亡，主保既無，資産亦竭，徒擾公府，無益私家。應在城内有私債，經十年已上，本主及原保人死亡，又無資産可徵理者，并宜放免。比來州縣，多不定户，貧富變易，遂成不均，前後制敕，頻有處分。如聞長吏不盡遵行，宜委觀察使與刺史縣令商量，三年一定，必使均平。其京兆府亦宜准此。河隴迴遠，風沙早零，動切烟塵之虞，居勞晝夜之警，方加拊勉，寤寐在懷。緣邊諸軍，自今已後，所給衣賜及軍粮價直，宜委支稍加優恤。展材效用，既竭忠勞，行慶覃恩，所宜優給。内外文武見任及致仕官，三品已上賜爵一級，四品以下加一階，仍賜勛兩轉。神策六軍金吾威遠皇城諸道將士等，普恩之外，賜勛三轉。諸道將士經淮西、淄青兩度立功者更賜勛兩轉。詩歌有客，王道攸存，禮著先師，儒風載闡，永懷後嗣，寧忘加恩。二王三恪及文宣公

賜物五十匹。仁親爲寶，睦族是先，霈澤所行，用頒慶賜。大長公主、長公主、嗣王各有賜物。宸居所拱，禁衛斯嚴，寄切爪牙，效彰忠勇，恩榮素厚，寵錫宜周。神策六軍金吾威遠皇城等諸軍，將軍已下各有賜物，其將士等長行立仗者并守本營者，每人各賜有差。四夷來庭，萬里觀禮，柔遠之義，恩不可遺。鴻臚禮賓院應在城内蕃客，并節級賜物。昭受册典，永垂鴻休，皆惟皇臣，克贊盛禮，崇階，高爵，任子延恩，式示寵章，以明酬獎。讀册官侍中韓弘、讀寶官户部侍郎平章事皇甫鎛并加一階。已至三品者賜爵二級。撰册文官中書侍郎平章事崔群與一子正員官。奉册寶綬書玉册書寶官加兩階，進寶綬進册禮儀贊導押寶綬舉舁寶册官加一階。其餘應職掌行事官寫制書官太常修撰儀注禮官，并内侍省行事官，三品已上賜爵一級，四品已上各加一階，仍賜勛兩轉。鎸造玉册并填金字造寶官等各賜物五十段。每懷先正，尚想舊勛，將以勸忠，故兹進録。故尚父子儀、贈太師晟、贈太尉秀實，各與子孫中一人八品官。張巡、許遠、南霽雲、顔杲卿、真卿，各與子孫中一人出官。陜州元從奉天定難功臣，三品已上普恩之外賜爵一級，四品已上更賜勛三轉，身殁未經追贈者宜與追贈。太學崇儒，教化根本，兩都國子監館宇，如有隳壞處，宜令本司計料聞奏，當與修葺。官屬師氏，委中書門下及所司精慎選擇。用賢納諫，常所虚心，計科求人，抑有古典。天下諸色人中，有賢良方正能直言極諫，博通墳典達於教化，軍謀宏遠堪

任將帥，詳明政術可以理人者，委中書門下尚書御史臺及諸司四品以下清望官、五品已上清望官、諸道觀察使、刺史各舉所知，仍限來年正月内到上都，朕當親自策試。宗子中如有才行可稱者，委宗正寺及所在長吏具以名聞，仍委中書門下量才叙用。國典舊章墜廢滋久者，各委本司條疏奏請，當議施行。元和元年已來制報處分有未遵行者，委御史臺提舉聞奏。大明黜陟，署在格言，所以考官吏之濁清，究黎人之利病，敷我化理，屬于使臣。宜委中書門下選黜陟使，分巡天下。恤其耆老，必及於州閭；表其行義，用敦乎風俗。天下百姓年百歲以上各賜米五石，絹二匹，純綿一色，羊酒有差；九十以上各賜米三石，絹兩匹，仍令本縣令就家存問。孝子順孫，義夫節婦，旌表門閭，終身勿事。先已旌表者，量加優恤。祀典所載，朝章是崇，或美利在人，或遺風可慕，必資申敬，乃副予誠。五岳四瀆，宜委本州府長吏備禮致祭；名山大川及自古聖帝明王忠臣烈士，各令所在以禮致祭。亡命山澤，挾藏軍器者，百日不首，復罪如初。赦書有所不該者，所司具作條例聞奏。敢以赦前事相告言者，以其罪罪之。赦書日行五百里，布告天下，咸使知聞。

附録二：

上尊號赦文（全唐文卷六十三）

門下：朕聞惟人戴后，因事必極於推尊；惟辟奉天，有善必歸於讓德。式敷景化，以答元功，居有勞謙之思，進多滿假之懼，緬自邃古，何嘗不由是而致理焉。朕獲纘睿圖，祗膺神器，上奉大祭，下安群生，恭己臨軒，兢懷馭朽。志欲周於四海，念常切於一夫，旰食宵興，唯恐失墜。運屬休泰，時丁小康，方隅廓清，氛祲銷蕩。斯乃上荷乾坤之垂祐，宗社之降靈，下賴卿士之叶心，戎臣之宣力，端拱向道，推誠任能，豈予寡昧，用集丕績。况至化猶鬱，勤憂未寧，而中外臣僚，文武多士，累陳懇疏，并進昌言，願獻鴻名，以增虚美。拒衆心而率籲轉切，顧眇身而内愧靡安，乃撰吉辰，爰受典册，禋告於清廟，虔聞於昊天，當兹盛儀，夕惕增厲。於戲！朕自御極，再加景號，在徽章而孔備，諒浮實而多慚，宜因行慶之辰，誕布惟新之澤，與物咸遂，永孚於休。可大赦天下。自元和十四年七月十三日昧爽已前，大辟罪已下，已發覺，未發覺，已結正，未結正，繫囚見徒，罪無輕重，咸赦除之。唯故殺人及官典犯贜，不在此限。左降官量移近處，已經量移者更與量移。如復資者，即任赴選集。丁憂去任，服闋日亦與量移。如有

親故在上都，任於所司陳狀，便與處分，不必更待本州申請。如準前制已合量移，有司未注擬者，并任累叙。并别敕因責授降資正員官，所司亦與處分。亡官失爵放歸不齒者，量加收叙。流人移隸等，并與量移近處。僧尼道士移隸者，得罪人已亡殁，家口未放歸者，一切放歸，如有情願住者亦聽住。左降官及流人先有官者，如有已亡殁，各還本土。應反逆緣坐配流在遠處身已亡殁者，如有親戚，任便歸葬。棄瑕宥過，既咸達於幽明；録善舉才，庶無遺於廢滯。或中外前資見任官，如有因瑕累未經録用，并左降官事情可恕才行足稱者，宜委中書門下量加簡拔，隨能録用。妖凶久阻，污脅所加，今既蕩清，宜從洗滌。其淄青舊管内官吏將士百姓等，縱有迹同惡逆，挂涉流言，事在往時，一切不問，維新之後，仍不得遞相糾告。革其弊俗，阜彼遺人，切在分憂，期於共理。鄆曹濮、淄青、沂海等三道百姓，久淪寇境，皆被傷殘，宜委本道觀察使刺史設法綏撫，務令安輯。勛籍所著，常典必行，常恐逾時，無忘終食。應平淄青諸道立功將士，宜委本道速準前敕條疏聞奏，當與甄奬。自經討伐，鋒刃所交，言念傷殘，每深憫惻。其淄青舊管四面官軍陣亡將士等，已有前敕處分收葬，量事致祭，其是賊徒遺骸委在中野者，亦委所在州縣速與掩瘞。輦轂之下，萬邦所瞻，封畿之内，百役斯集，永言凋瘵，是用蠲除。其京畿諸縣，今年秋税户青苗及秋冬季榷酒錢，每貫量放四百文。從元和五年已前，諸縣百姓欠

負錢物草斛斗等，共一十三萬五千一百一十三貫石，速委京兆府疏理，具可放數聞奏。天寶已後，戎事方殷，兩河宿兵，户賦不入，軍國費用，取資江淮，繭絲所收，寧免加厚。物力有限，水旱相因，歲月既深，凋瘵亦甚，眷言及此，憫嘆良多。今上天垂休，氛沴清息，師旅之後，又兹豐穰，省事恤人，庶乎惠養。其淮南、浙江東西、宣歙、江南、湖南、福建、山南、山東、荆南等九道，今年秋税錢合上供者，每貫量放三百文度支。其今年秋税留州留使錢，并鄂岳共十道，每貫量放一百文度支。元和五年已前，諸道州府監院送省，除前制放免外，諸色欠負逋懸錢物等，共四百二十八萬八千八百貫石等，監院鹽鐵使從貞元五年已後至元和五年已前，制疏理量放外，應負諸色錢物斛斗，共三百三十二萬二千一百五十一貫石等，户部從建中三年已後至元和九年已前，除前制疏理外，諸色欠負錢物，共計五十三萬九千四百六十四貫石等，并委本司疏理，具徵可放數聞奏。御史臺及秘書省等三十二司公廨，及諸色本利錢，其主保逃亡者，并正舉納利十倍已上，攤徵保人納利五倍已上，及輾轉攤保者，本利并宜放免。其正舉未至十倍，亦委御史條疏聞奏。京城内私債，本因富饒之家，乘人急切，終令貧乏之輩，陷死逃亡，主保既無，資産亦竭，徒擾公府，無益私家。應在城内有私債，經十年已上，本主及原保人死亡，又無資産可徵理者，并宜放免。比來州縣，多不定户，貧富變易，遂成不均，前後制敕，

頻有處分。如聞長吏不盡遵行，宜委觀察使與刺史縣令商量，三年一定，必使均平。其京兆府亦宜準此。河隴迴遠，風沙早零，動切烟塵之虞，居勞晝夜之警，方加拊勉，寤寐在懷。緣邊諸軍，自今已後，所給衣賜及軍糧價直，宜委度支稍加優恤。展材效用，既竭忠勞，行慶覃恩，所宜優給。内外文武見任及致仕官，三品已上賜爵一級，四品已下加一階，仍賜勛兩轉。神策六軍金吾威遠皇城諸道將士等，普恩之外，賜勛三轉。諸道將士經淮西淄青兩度立功者更賜勛兩轉。詩歌有客，王道攸存，禮著先師，儒風載闡，永懷後嗣，寧忘加恩。二王三恪及文宣公賜物五十匹。仁親爲寶，睦族是先，霈澤所存，用頒慶賜。大長公主、長公主、嗣王各有賜物。宸居所拱，禁衛斯嚴，寄切爪牙，效彰忠勇，恩榮素厚，寵錫宜周。神策六軍金吾威遠皇城等諸軍，將軍已下各有賜物，其將士等長行立仗者并守本營者，每人各賜有差。四夷來庭，萬里觀禮，柔遠之義，恩不可遺。鴻臚禮賓院應在城内蕃客，并節級賜物。昭受册典，永垂鴻休，皆爲皇臣，克贊盛禮，崇階高爵，任子延恩，式永寵章，以明酬奬。讀册官侍中韓宏、讀寶官户部侍郎平章事皇甫鎛并加一階。已至三品者賜爵二級。撰册文官中書侍郎平章事崔群與一子正員官。奉册寶綬書玉册書寶官加兩階，進寶綬進册禮儀贊導押寶綬舉舁寶册官加一階。其餘應職掌行事官寫制書官太常修撰儀注禮官，并内侍省行事官，三品已上賜爵一級，四品已上各加

一階，仍賜勛兩轉。鎸造玉册并填金字造寶官等各賜物五十段。每懷先正，尚想舊勛，將以勸忠，故兹進録。故尚父子儀、贈太師晟、贈太尉秀實各與子孫中一人八品官。張巡、許遠、南霽雲、顔杲卿、真卿，各與子孫中一人出身。陜州元從奉天定難功臣，三品已上普恩之外賜爵一級，四品已上更賜勛三轉，身殁未經追贈者宜與追贈。太學崇儒，教化根本，兩都國子監館宇，如有隳壞處，宜令本司計料聞奏，當與修葺。官屬師氏，委中書門下及所司精慎選擇。用賢納諫，常所虚心，計科求人，抑有古典。天下諸色人中，有賢良方正能直言極諫，博通墳典達於教化，軍謀宏遠堪任將帥，詳明政術可以理人者，委中書門下尚書御史臺及諸司四品以下清望官，五品以上清望官，諸道觀察使刺史各舉所知，仍限來年正月内到上都，朕當親自策試。宗子中如有才行可稱者，委宗正寺及所在長吏具以名聞，仍委中書門下量才叙用。國典舊章墜廢滋久者，各委本司條疏奏請，當議施行。元和元年已來制報處分有未遵行者，委御史臺提舉聞奏。大明黜陟，著在格言，所以考官吏之濁清，究黎人之利病，敷我化理，屬於使臣。宜委中書門下選黜陟使，分巡天下。恤其耆老，必及於州閭；表其行義，用敦乎風俗。天下百姓年百歲以上各賜米五石，絹二匹，純綿一屯，羊酒有差；九十以上各賜米三石，絹兩匹，仍令本縣令就家存問。孝子順孫，義夫節婦，旌表門閭，終身勿事。先已旌表者，量加優恤。祀典所載，

朝章是崇，或美利在人，或遺風可慕，必資申敬，乃副予誠。五岳四瀆，宜委本州府長吏備禮致祭；名山大川及自古聖帝明王忠臣烈士，各令所在以禮致祭。亡命山澤，挾藏軍器者，百日不首，復罪如初。赦書有所不該者，所司具作條例聞奏。敢以赦前事相告言者，以其罪罪之。赦書日行五百里，布告天下，咸使知聞。

長慶元年册尊號赦（一）

元稹

我高祖、太宗，化隋爲唐，奄宅區夏，包舉四海（二），全付子孫，其何事哉？彼昏盈而我勞敬也（三）。明皇承之，能大其業，六戎八蠻，罔不貢奉（四），由是庶尹弛政，庶吏弛刑，視人不勤，視盗不謹，燕寇勃起，洞無藩籬（五），六十有七年，兵革大試（六），其何事哉？據安逸而易萌漸也（七）。逮我聖父，勤身披攘，斬斷誅除，天下略定。曾是幽、冀，賜予懷來，荷賴皇靈，丕訓不墜，環歲之内，二方平寧（八）。粤予何功，時帝之力，而卿大夫猥以大號加于眇身，讓于四三，益甚其請。皇太后始聞其事，歡然慰心，慈旨丕臨，臣誠上迫，祇受典禮（九），懔乎予懷。尚念昔者七十二君，莫不升中慶成（十），自以爲堯舜莫已若也，然而不爲堯舜之行者，來代無傳焉。朕嘗推是爲心，不

欲名浮於實，今卿大夫謂我爲文武孝德矣，其將何道以匡予（十一）？予其業業兢兢，日慎一日，慕陶堯、虞舜之行以自勉，思文武憲章之道以自勤（十二）。予苟不思，無忘納誨。於戲！溢美之名，既不克讓，潤物之澤，夫何愛焉？可大赦天下。自長慶元年七月十八日昧爽已前，罪無輕重，咸赦除之，唯故殺人并官典犯贓，不在此限。應左降官及流人未經量移者，宜與量移近處。有左降官流人（十三），本因犯贓得罪者，宜依今年正月三日制處分。京畿諸縣及度支、鹽鐵、户部負欠（十四），各疏理放免有差。應經戰陣之處（十五），所在州縣，收瘗遺骸，仍量事與櫘櫝（十六），兼以禮致祭。李師道、吴元濟自絶於天，并從誅滅（十七）。念其祖父嘗事先朝，墳墓所在，并不得令人擅有毁廢。愛人本於省賦，雖在必輕（十八）；國用出於地財，又安可闕？今淮蔡并山東率三十餘州，約數千里，頒賜或逾於巨萬，給復有至於連年（十九）。應河北等州給復限滿處置（二十），宜委所在長吏審詳墾田，并親見定數，均輸税賦，兼濟公私，每定税訖所增加賦申奏（二十一）。其諸道定户，宜委觀察使、刺史，必加審實（二十二），務使均平，京兆府亦宜準此。其百司職田在京畿諸縣者（二十三），訪聞本地多被所由侵隱，抑令貧户佃食蒿荒，百姓流亡，半在於此，宜委京兆府勘會均配，務使公平（二十四）。其京兆百姓屬諸軍諸使者，宜令各

具挾名敕下京兆府（二十五）。一户之内，除已屬軍使，餘父兄子弟，據令式年幾合入色役者（二十六），并令京兆府明立簿籍，普同百姓（二十七），一例差遣。頻年已有制敕處分，并委京兆府舉明舊章，條件聞奏（二十八）。刑獄所繫，理道最切，如聞比來多有稽滯，一拘囹圄，動變炎涼。自今已後，宜令御史臺切加訪察。每季差御史巡囚，事涉情故，或斷結不當，有失政刑，經没官被人請射（二十九），本官及子孫到并委却還。天下諸色人中，有能精通一經堪爲師法者，委國子祭酒訪擇。其有課績特殊堪任朝獎者，臺省官有闕，宜先選擢。自今郡守恪奉詔條，清廉可紀，四考與轉。諸道或閉糴禁錢，自爲條約，切宜禁斷。其内外文武及致仕官，三品已下各加一階。陪位白身人賜勛兩轉。故尚父汾陽王、贈太師晟、贈太尉秀實各與一子八品官。顔真卿、杲卿、張巡、許遠、南霽雲各與一子出身（三十）。武德已來功臣子孫，量加獎用。中書門下及節度使帶平章事者，各與一子八品正員官，祖父母及父母并與贈官封，父殁母存者與邑號，已贈已封者更與追贈及邑號。禮儀使、大禮使、度支鹽鐵使、京兆尹各與一子出身。文武常參官并致仕官，諸道節度觀察經略等使，及神策等諸軍使，父見存者量與致仕官，母存者與邑號，父母亡殁與贈官及邑號。東都留守及諸道節度觀察經略等使、神策金吾六軍將、

威遠鎮國軍使，各與一子出身。陝州奉天興元功臣（三十一），更賜勛爵有差，身歿未經追贈者與追贈。應緣大禮移仗宿衛御樓立仗將士，普恩之外，賜勛爵有差，仍準舊例賜錢二十萬，四千九百六十端匹段貫。大禮職掌行事官及留守等，更賜勛爵及加階。升壇殿行事官，更特加一階。應在城内蕃客等，賜物有差。常參官及刺史有停替及病假解官，及終制未授官，委中書門下量才進擬。其有情願致仕官者，亦聽。天下諸色人中，有賢良方正能直言極諫，博通墳典達於教化，軍謀宏遠堪任將帥，政術詳明可以理人者，委有司各舉所知，限今年十月到上都，具事由聞奏。其天下州縣，并委御史臺并出使郎官、御史兼諸道巡院切加察訪（三十二）。近邊所置和糴（三十三），皆給實價，如聞頃來積弊頗甚，美利盡歸於主掌（三十四），善價不及於村閭，或虚招以奉於强家，或廣僦用資於游客（三十五），若不嚴約，弊何可除？宜委度支精擇京西、京北應供糧軍并和糴院官并營田水陸運使，切加訪察，仍作條疏檢轄（三十六），速具奏聞。應停諸道年終勾并，不許刺史上使，并録事參軍，不得擅離本州，委御史臺切加糾舉。内外文武見任并致仕官，各賜官爵有差（三十七）。神策六軍金吾威遠皇城將士，普恩之外，各賜勛三轉。大長公主、公主、嗣王、郡主、縣主，神策六軍金吾威遠皇城等諸軍將士，統軍以下并將

士等〔三十八〕，長行立仗及守本軍本營者，各賜物有差。鴻臚禮賓院應在城内蕃客等，并節級賜物〔三十九〕。陰山貴女，來迓天孫，會王明庭，克觀盛典〔四十〕。念吾妹之將遠，於禮賓而宜加〔四十一〕，其回鶻公主别有賜物。攝侍中讀寶、户部侍郎、平章事杜元穎，中書侍郎、平章事崔植，各加一階。撰册文官與一子正員〔四十二〕。奉册、奉寶綬、書玉册、書寶官各加兩階。進寶綬、進册、中進、中嚴、外辦、禮儀、贊導、押册、押寶綬、舁寶册官各加一階。其餘應職掌行事官并寫制書官、太常修撰、儀注禮官并内定行事中使，三品已上賜爵一級，四品已下加一階，仍并賜勛兩轉。鎸造玉册并填金字〔四十三〕、造寶、裝寶官等，各賜物五十段〔四十四〕。尊師重傅，有國常經。李逢吉、韋綬、薛放、丁公著等〔四十五〕，普恩之外，各加一階，如已至三品、四品者，賜爵一級。天下百姓年九十已上，委所在長吏量加存恤〔四十六〕。孝子順孫、義夫節婦，先已旌表者，亦量加優恤。五岳四瀆，名山大川，并自古聖帝明王忠臣烈士，各令所在以禮致祭。

校箋

〔一〕此文又見於册府元龜卷九十帝王部赦宥第九，文苑英華卷四百二十二翰林制詔三亦見，然均非全文。後者文題作文武孝德皇帝册尊號赦書，下注『長慶元年』，署名元稹。全唐文卷六百五十亦録，然文字亦缺少此文中間一大段，文題同爲長慶元年册尊號赦，署名元稹。本文文末未署頒布時間。檢册府元龜文首『七月壬子册尊號禮畢，御丹鳳樓宣制曰』云云，又舊唐書卷十六穆宗紀長慶元年七月載：『壬子，群臣上尊號曰文武孝德皇帝。是日，上受册于宣政殿，禮畢，御丹鳳樓，大赦天下。』新唐書卷八穆宗紀長慶元年七月亦載：『壬子，群臣上尊號曰文武孝德皇帝。大赦，賜文武官階、勛、爵。』資治通鑒卷二百四十二長慶元年七月亦記：『壬子，群臣上尊號曰文武孝德皇帝；赦天下。』上述典籍均記此次册尊號大赦在長慶元年七月壬子（十八日），考本文云『自長慶元年七月十八日昧爽已前』云云，此即顯示此文乃頒布於長慶元年七月十八日，亦即册尊號大赦之時。據此此文之撰寫時間，當在長慶元年（八二一）七月十八日頒布稍前。又，本文作者元稹之生平事迹，請參見本書卷六答第二表校箋〔一〕。

（二）奄宅區夏，包舉四海：『四海』，册府元龜作『海内』。『奄宅』，撫定。謂統治。晉陸機答賈謐詩：『赫矣隆晉，奄宅率土。』宋王禹偁杜伏威傳贊并序：『唐公義旗，奄宅京邑。』『區夏』，諸夏之地，指華夏、中國。書 康誥：『用肇造我區夏。』孔傳：『始爲政於我區域諸夏。』唐賈至燕歌行：『我唐區夏餘十紀，軍容武備赫萬祀。』

（三）彼昏盈而我勞敬也：『勞敬』，册府元龜作『勤勞』，四庫全書、全唐文作『勞劬』。

（四）六戎八蠻，罔不貢奉：『六戎』，我國古代西方戎族之六部。周禮 夏官 職方氏『五戎六狄』鄭玄注引爾雅曰：『九夷、八蠻、六戎、五狄，謂之四海。』按，今本爾雅 釋地作『七戎』。邢昺疏：『風俗通云：「斬伐殺生，不得其中。戎者凶也，其類有六。」李巡云：「一曰僥夷，二曰戎央（一作戎夷），三曰老白，四曰耆羌，五曰鼻息，六曰天剛。」』後用以爲西方民族之通稱。『八蠻』，古謂南方的八蠻國。周禮 夏官 職方氏：『辨其邦國、都鄙、四夷、八蠻、七閩、九貉、五戎、六狄之人民。』禮記 王制『南方曰蠻』孔穎達疏引爾雅漢李巡注云：『一曰天竺，二曰咳首，三曰僬僥，四曰跛踵，五曰穿胸，六曰儋耳，七曰狗軹，八曰旁春。』後以泛指外族。唐王維故右豹韜衛長史任君神道碑：『授鉞以董八蠻，可傳首於魏闕。』『貢奉』，獻物給朝廷。後漢書 班超傳：『今西域諸國，自日之所入，莫不向化，大小欣欣，貢奉不絕。』新五代史 雜傳

四十三盧文紀：『自唐衰，天子微弱，諸侯强盛，貢奉不至。』

〔五〕庶尹弛政，庶吏弛刑，視人不勤，視盜不謹，燕寇勃起，洞無藩籬：『庶尹』，此指百官。晋陸機辨亡論：『庶尹盡規於上，四民展業於下。』吕延濟注：『庶尹，百官也。』『燕寇勃起』，此指安禄山、史思明之叛亂。『洞』，敞開。唐白居易草堂記：『洞北户，來陰風，防徂暑也。』也即『洞開』。『藩籬』，原指用竹木編成的籬笆或栅欄。國語 吴語：『孤用親聽命於藩籬之外。』韋昭注：『藩籬，壁落。』此處指邊界、屏障。漢賈誼過秦論上：『乃使蒙恬北築長城而守藩籬。』宋張端義貴耳集卷下：『江南是兩浙之藩籬。』清昭槤嘯亭雜録 緬甸歸誠本末：『木邦在耿馬外，爲耿馬、孟定、鎮康、孟連之藩籬。』

〔六〕兵革大試：『大試』，文苑英華作『大熾』。『試』，任用；使用；運用。詩 小雅 大東：『私人之子，百僚是試。』毛傳：『是試，用於百官也。』禮記 緇衣：『子曰：「好賢如緇衣，惡惡如巷伯，則爵不瀆而民作願，刑不試而民咸服。」』鄭玄注：『試，用也。』漢書 張禹傳：『久之，試爲博士。』宋司馬光策問三：『今國家奄有萬方，囊括禹迹，加以兵革不試垂三十年，累聖恭儉，與民休息。』

〔七〕據安逸而易萌漸也：『安逸』，原作『逸安』，今據册府元龜、全唐文改。

〔八〕賜予懷來，荷賴皇靈，丕訓不墜，環歲之内，一方平寧：「皇靈」，原作「景靈」，今據四庫全書改。「懷來」，亦作「懷徠」。招來。漢陸賈新語道基：「附遠寧近，懷來萬邦。」後漢書獨行傳李善：「以愛惠爲政，懷來異俗。」「皇靈」，指祖先。漢蔡邕文範先生陳仲弓銘：「君膺皇靈之清和，受明哲之上姿。」「丕訓」，重大的訓導。書君陳：「爾惟弘周公丕訓。」孔傳：「當闡大周公之大訓。」唐韓愈順宗實録卷三：「朕奉若丕訓，憲章前式。」「環歲」，周歲，滿一年。唐元稹夏陽縣令陸翰妻河南元氏墓志銘：「或未環歲，或未浹時，而五命自天。」唐孟棨本事詩情感：「宅左有賣餅者，妻纖白明媚。王一見屬目，厚遺其夫，取之。寵惜逾等。環歲因問之：「汝復憶餅師否？」」「平寧」，猶安定，安寧。唐元稹處分幽州德音：「四十年間，海内滋殖，風俗謹樸，君臣平寧，人無事端。」宋陳師道上曾樞密書：「談者必謂世方平寧，兵不足虞，人無奸雄，有不足畏。」

〔九〕皇太后始聞其事，歡然慰心，慈旨丕臨，臣誠上迫，祇受典禮：「始聞其事」，原作「如聞其事」，今據册府元龜、四庫全書、全唐文改。「慈旨丕臨」，原作「慈旨下臨」，今據四庫全書、全唐文改。「祇受典禮」，文苑英華作「祇受大禮」。

〔十〕尚念昔者七十二君，莫不升中慶成：「七十二」，古以爲天地陰陽五行之成數。亦用以

表示數量多。史記 封禪書：『古者封泰山禪梁父者七十二家，而夷吾所記者十有二焉。』玉臺新咏 相逢狹路間：『入門時左顧，但見雙鴛鴦。鴛鴦七十二，羅列自成行。』『升中』，古帝王祭天上告成功。禮記 禮器：『是故因天事天，因地事地，因名山升中于天。』鄭玄注：『升，上也。中，猶成也。謂巡守至於方岳，而燔柴祭天，告以諸侯之成功。』後以『升中』指祭天。南朝梁陸倕石闕銘：『類帝禋宗，光有神器。升中以祀群望，攝袂而朝諸夏。』舊唐書 孝友傳 裴守真：『况升中大事，華夷畢集，九服仰垂拱之安，百蠻懷率舞之慶。』『慶成』，指古代皇帝祭祀、封禪之禮告畢。宋曾鞏郊祀慶成詩進狀：『謹作五言郊祀慶成詩一首，凡一百二十字。』宋史 真宗紀二：『（大中祥符）二年春正月癸亥，以封禪慶成，賜宗室、輔臣襲衣、金帶、器幣。』

〔十一〕其將何道以匡予：『匡予』，册府元龜作『輔予』。

〔十二〕思文武憲章之道以自勤：原作『思文祖憲考之道以自勤』，今據册府元龜、四庫全書、全唐文改。

〔十三〕應左降官及流人未經量移者，宜與量移近處。有左降官流人：此處文字原僅有『應左降官及流人』，今據册府元龜、全唐文增補。

〔十四〕户部負欠：『負欠』，册府元龜作『欠負』。

〔十五〕應經戰陣之處：此句原作『應經戰陣處之』，今據册府元龜、四庫全書、全唐文改。

〔十六〕仍量事與槥櫝：『槥櫝』，小棺材，亦泛指棺材。漢書成帝紀：『其爲水所流壓死，不能自葬，令郡國給槥櫝葬埋。』顏師古注：『槥櫝，謂小棺。』新唐書令狐楚傳：『楚以新誅大臣，暴骸未收，怨沴感結，稱疾不出，乃請給衣衾槥櫝，以斂刑骨，順陽氣。』

〔十七〕李師道、吴元濟自絶於天，并從誅滅：『誅滅』，全唐文作『誅戮』。『李師道、吴元濟』，兩人均爲其時藩鎮叛臣，兩人生平事迹，請詳見兩唐書其本傳。『李師道』，傳見舊唐書卷一百二十四、新唐書卷二百一十三。『吴元濟』，傳見舊唐書卷一百四十五、新唐書卷二百一十四。

〔十八〕雖在必輕：此句册府元龜、明鈔本、甲庫本作『雖必在輕』。

〔十九〕給復有至於連年：『給復』，免除賦税徭役。晉書武帝紀：『（咸寧元年）二月，以將士應已娶者多，家有五女者給復。』新唐書高祖紀：『丙寅，竇建德伏誅。丁卯，大赦，給復天下一年。』

〔二十〕應河北等州給復限滿處置：『應河北等州』，册府元龜作『應河南北等州』。

〔二十一〕每定税訖所增加賦申奏：此句册府元龜、四庫全書作『每定税訖具所增加申奏』。

〔二十二〕必加審實：『審實』，全唐文作『實審』。

〔二十三〕其百司職田在京畿諸縣者：『職田』，即『職分田』，古代按品級授予官吏作俸禄的公田。北魏太和九年均田，地方官吏也按級分給公田，爲授職分田之始。隋時已有職分田之稱，以後歷代相沿，唯授田數量各有增減。職分田於解任時移交後任，不得買賣。官吏受田佃給農民耕種，收取地租。明以後廢除，但仍有養廉田、莊田等名目。隋書食貨志：『京官又給職分田。一品者給田五頃。每品以五十畝爲差，至五品，則爲田三頃，六品二頃五十畝。其下每品以五十畝爲差，至九品爲一頃。外官亦各有職分田。又給公廨田，以供公用。』亦省稱『職田』。唐白居易議百官職田策：『臣伏以職田者，職既不同，田亦異數。』宋王安石户部郎中贈諫議大夫曾公墓志銘：『揚州守職田，歲常得千斛，然遣吏督貧民耕，民苦之，公不使耕。』

〔二十四〕務使公平：此句適園叢書、明鈔本作『務令公平』。

〔二十五〕其京兆百姓屬諸軍諸使者，宜令各具挾名敕下京兆府：『其京兆百姓屬諸軍諸使者』，册府元龜作『其京兆府百姓屬諸軍使者』。『宜令各具挾名敕下京兆府』，原作『宜令各其挾名敕下京兆府』，今據册府元龜、全唐文、適園叢書、明鈔本、甲庫本改。

〔二十六〕據令式年幾合入色役者：『令式』，章程；程式。北史儒林傳下房暉遠：『諸儒莫

不推其通博，皆自以爲不能測也。尋奉詔預修令式。」唐陸贄論嶺南請於安南置市舶中使狀：『嶺南、安南莫非王土，中使、外使悉是王臣，若緣軍國所須，皆有令式恒制，人思奉職，孰敢闕供？』『色役』，古時徭役之一。盛行於唐代，即由官府僉派人户去各級品官和官衙擔任僕役的一種差役。五代王定保唐摭言海叙不遇：『李常侍騭廉察江西，特與放鄉里之役，盲俗互有論列。騭判曰：「江西境内，凡爲詩得及濤者，即與放色役，不止一任濤耳。」』新唐書食貨志一：『王鉷爲户口色役使，歲進錢百億萬緡。』

〔二十七〕并令京兆府明立簿籍，普同百姓：『簿籍』，四庫全書、全唐文作『籍簿』。『普同百姓』，册府元龜作『并同百姓』。『簿籍』，登記、書寫所用的册籍。如户口簿、軍隊名册、賬簿等。漢王充論衡自紀：『夫宅舍多，土地不得小，户口衆，簿籍不得少。』南齊書虞玩之傳：『上患民間欺巧，及即位，敕玩之與驍騎將軍傅堅意檢定簿籍。』『普同』，猶普通。一般。意謂不分彼此。紅樓夢第三十七回：『你如今且把詩社别提起，只普同一請，等他們散了，咱們有多少詩做不得的？』

〔二十八〕并委京兆府舉明舊章，條件聞奏：『并』字原無，今據適園叢書、明鈔本增補。『聞奏』，全唐文作『奏聞』。

〔二十九〕經没官被人請射：按，本文自此句起，下至『限今年十月到上都』一大段文字，册府元龜、四庫全書、全唐文均無。

〔三十〕故尚父汾陽王、贈太師晟、贈太尉秀實各與一子八品官。顔真卿、杲卿、張巡、許遠、南霽雲各與一子出身：按，以上諸人之生平，請見本書卷三懿宗即位赦一文之校箋〔七十三〕〔七十四〕。

〔三十一〕陝州奉天興元功臣：即指陝州元從寶應功臣與興元元從奉天定難功臣。詳見本書卷二順宗即位赦校箋〔三十七〕。

〔三十二〕御史兼諸道巡院切加察訪：『察訪』，適園叢書作『訪察』，甲庫本作『密訪』。

〔三十三〕近邊所置和糴：『和糴』，古時官府以議價交易爲名向民間强制徵購糧食。始於北魏。魏書食貨志：『又收内郡兵資與民和糴，積爲邊備。』新唐書宦者傳上高力士：『和糴不止，則私藏竭，逐末者衆。』

〔三十四〕美利盡歸於主掌：『盡』，原作『蓋』，今據册府元龜、四庫全書、全唐文、甲庫本改。

〔三十五〕或廣儩用資於游客：此句『或』字原無，今據册府元龜、四庫全書增補。

〔三十六〕仍作條疏檢轄：『條疏』，原作『條流』，今據册府元龜、四庫全書改。『條疏』，猶條奏。唐柳珵上清傳：『會宣武節度使劉士寧通好於郴州，廉使條疏上聞。』五代王定保唐摭言慈恩寺題名游賞賦咏雜紀：『奉宣旨，不欲令及第進士呼有司爲座主，趨附其門。兼題名、局席等條疏進來者。』『檢轄』，拘束。宋王讜唐語林補遺四：『每公堂食會，雜事不至，則無所檢轄，唯相揖而已。雜事至，則盡用憲府之禮。』

〔三十七〕各賜官爵有差：此句原無『各』字，今據册府元龜增補。

〔三十八〕皇城等諸軍將士，統軍以下并將士等：『皇城等諸軍將士』，原作『皇城等諸軍將』，今據册府元龜、四庫全書、全唐文增補。『統軍以下并將士等』，原作『統軍以下兼將士等』，今據册府元龜改。

〔三十九〕鴻臚、禮賓院應在城内蕃客等，并節級賜物：『并節級賜物』，原作『并節級賜』，今據册府元龜、四庫全書、全唐文增補。『鴻臚』，官署名。周禮官名有大行人之職，秦及漢初稱典客，景帝六年，更名大行令，武帝太初元年，改稱大鴻臚，主掌接待賓客之事。東漢以後，大鴻臚主要職掌爲朝祭禮儀之贊導。新唐書百官志三：『凡客還，鴻臚籍衣齎賜物多少以報主客，給過所。』『節級』，次第。魏書釋老志：『年常度僧……若無精行，不得濫采。若取非

人，刺史爲首，以違旨論，太守、縣令、綱僚節級連坐，統及維那移五百里外異州爲僧。』唐玄奘大唐西域記鉢邏耶伽國：『備極珍玩，窮諸上饌，如是節級，莫不周施。』

〔四十〕克觀盛典：『觀』，原作『親』，今據册府元龜、四庫全書改。

〔四十一〕於禮賓而宜加：『禮賓』，册府元龜作『賓禮』。

〔四十二〕攝侍中讀寶、户部侍郎、平章事杜元穎，中書侍郎、平章事崔植，各加一階。撰册文官與一子正員：此數句底本與適園叢書諸本均作『攝侍中讀寶、户部侍郎、平章事崔植，各加一階。撰册文官、中書侍郎、平章事崔植與一子正員官』。按，底本等原文顯然有錯訛。考舊唐書穆宗紀元和元年八月記：『戊戌，以朝議郎、守御史中丞、武騎尉、賜紫金魚袋崔植爲朝散大夫、守中書侍郎、同中書門下平章事。』又同上書穆宗紀長慶元年二月壬申載：『以朝散大夫、尚書户部侍郎、知制誥、翰林學士、上柱國、建安縣開國男杜元穎守本官、同中書門下平章事。』則底本等所稱崔植爲『户部侍郎、平章事崔植……中書侍郎、平章事崔植與一子正員官』與上考其職務不合，其中顯然有訛誤。今檢全唐文卷六百五十元稹所撰此文爲『攝侍中讀寶、户部侍郎、平章事杜元穎，中書侍郎、平章事崔植，各加一階。撰册文官與一子正員』，所載與前考崔植、杜元穎官職合，故今即據全唐文所載元稹文改。

〔四十三〕鎸造玉册并填金字：『填金字』，原作『填金事』，今據册府元龜、全唐文改。

〔四十四〕各賜物五十段：『物』字原無，今據册府元龜、適園叢書增補。

〔四十五〕李逢吉、韋綬、薛放、丁公著等：『薛放』，原作『薛仿』，誤，今據册府元龜改。『李逢吉』，傳見舊唐書卷一百六十七、新唐書卷一百七十四。『韋綬』，傳見舊唐書卷一百五十八、新唐書卷一百六十九。『薛放』，傳見舊唐書卷一百五十五、新唐書卷一百六十四。『丁公著』，傳見舊唐書卷一百八十八、新唐書卷一百六十四。以上諸人之生平事迹，請參見兩唐書其本傳。

〔四十六〕委所在長吏量加存恤：『存恤』，原作『存問』，今據四庫全書、全唐文改。『存恤』，慰撫；救濟。史記楚世家：『平王以詐弑兩王而自立，恐國人及諸侯叛之，乃施惠百姓。復陳蔡之地而立其後如故，歸鄭之侵地。存恤國中，修政教。』漢書谷永傳：『立春，遣使者循行風俗，宣布聖德，存恤孤寡，問民所苦。』

寶曆元年册尊號赦〔一〕

門下：朕聞奉天地之大統〔二〕，必酌于人心；荷宗祖之誠訓〔三〕，必參于國典。

顧惟眇身，守任重器，道未能被物，德不足蓄身。賴于宗公碩老，輔導承弼〔四〕，享祧主鬯，熏燎告虔〔五〕，履歷正元，敷施大號，庶萬方咸若，四表穆然〔六〕。皇祖披攘之基，列聖焦勞之業〔七〕，恬焉而有，泰焉而居。晝以度心，夜以省己，其何德以堪之？方將法乾以行健，體咸而致和，執衡以固高，守約以持滿〔八〕。而文武百辟，章奏四上，以爲人心不可以曲讓，國典不可以矯違〔九〕，亦用慰于太皇太后皇太后之意。屈而後俞〔十〕，諒非獲已。豈不以予非生知，欲以徽稱懿號，誘掖勸慕之乎？將使循名而勉其實，力實而應其名乎？然則予方且以爲韋弦，方且以爲箴誥，楙于皇極，庶無尤違〔十一〕。是宜與物同利，惟新大澤〔十二〕，可大赦天下。自寶曆元年四月二十日昧爽已前〔十三〕，大辟罪已下，已發覺，未發覺，已結正，未結正，繫囚見徒，罪無輕重，咸赦除之。唯故殺人及官典犯贓〔十四〕，不在此限。應左降官未經量移者〔十五〕，宜與量移近處。丁憂去任，服闋日亦與量移〔十六〕。如準前制已合量移，有司未注擬者，并任累叙〔十七〕。流人未到所在〔十八〕，及已到未經量移者，并與量移近處。僧尼道士移隸未經量移者，亦與量移近處。中外前資見任官，頃因延累〔十九〕，未及用才，并左降官中有事情可恕，名迹素聞者，宜委中書門下量加獎用，勿使屈滯。授田制禄，歲久而弊深；留

獄要囚，期舒而濫廣。隱冒啓逃奸之漸，倍稱成豪奪之源（二十），亟舉舊章，猶循宿蠹，永言謀始（二十一），必俟申明。在京百司職田（二十二），散在畿内諸縣，舊制配地出子，逐畝平攤。比量舊制，孰爲久便？宜委京兆府與屯田審計會，條疏奏聞。如聞京城諸司，捕繫推鞫（二十三），動經旬時，每委御史巡囚，罕能察訪舉劾，積成冤滯，爲弊頗深。宜委御史臺重舉用長慶元年七月十八日赦文條件聞奏。京畿百姓，多屬諸軍諸使，或户内一人在軍，其父兄子弟不受府縣差役。頃者頻有制敕處分，如聞尚未遵行，宜委京兆府重舉用長慶元年七月十八日赦文條疏聞奏。應京城内有私債，經十年已上，曾出利過本兩倍，本主及原保人死亡，并無家産者，宜令臺府勿爲徵理。應天下典貼得人莊田園店等，便合祇承户税（二十四），本主收贖之日，不得引令式及言私生契組織貧人（二十五）。令煩而政撓，積習而弊生，欲其適宜，須有厘革，使人不倦，必在變通。今年正月七日制敕處分條目中，有未經施行者，委御史臺令提舉（二十六），仍條録聞奏。宜委百司官長，各具條疏當司利病奏聞，擇其善者，當議改更。弘文、崇文館生及齋郎三衛，所用資蔭（二十七），逾濫頗多，澄源清流，切在厘革。宜委禮部兵部侍郎條疏，以久遠可行用者，兼每蔭别限年限朔作條例聞奏（二十八）。懋官述職，禦侮宣威，暨於庶僚，咸竭

乃力，峻其爵秩（二十九），以極封崇。内外文武見任及致仕官，三品已上賜爵一級，四品已下加一階，仍賜勛兩轉。神策六軍金吾威遠皇城將士，普恩之外，各賜勛兩轉。列虞賓之位，崇褒聖之胤，所以闡德教而昭前烈也（三十）。二王三恪及文宣公各賜物三十匹（三十一）。朕上奉兩宫，下臨九有（三十二），庶幾廣愛之道，以行教化之風。太皇太后皇太后二等已上親，委中書門下約舊例量加優賞。二廣分營，六師環衛，梯航貢奉，玉帛會同（三十三），既勤勞而可嘉，亦懷來之所尚（三十四）。神策及六軍金吾威遠皇城等諸軍，將軍統軍以下，各有賜給。其將士等長行立仗者，并守本軍本營者，各賜物有差。鴻臚禮賓院應在城内蕃客等（三十五），并節級有賜物。宣贊盛禮，潤色鴻徽，爰錫寵於崇階，亦推恩於任子（三十六）。攝侍中讀寶官、門下侍郎、平章事竇易直，攝中書令讀册官、中書侍郎、平章事李程（三十七），各賜一子出身。撰册文官左僕射、平章事李逢吉（三十八），宜依舊例賜一子出身正員官。奉册、奉寶綬官、書玉册官、書寶官，各加兩階。進寶綬、進册、中嚴、外辦理儀、贊導押册、押寶綬、舉舁寶册官各加一階。合入三品者，待考足日聽叙。合選人減一選，其餘應職掌行事官及寫制書官、太常修撰儀注禮官并宫内行事官，三品已上賜爵一級，四品已下加一階，仍并賜勛一轉。造玉册并填金

字、造寶裝官各賜五十匹。前王之令政，未有遺年；先哲之格言，實先顧行〔三十九〕。義存忠厚，教裕家邦。天下百姓九十已上，委所在長吏量加存問。孝子順孫、義夫節婦，旌表門閭，終身勿事。先已旌表者，亦量加優恤。生甫炳靈，出圖表異〔四十〕，故能發泄雲雨，蓄涵風雷。望秩之儀，必資蠲潔〔四十一〕，五岳四瀆，宜委本州府長吏備禮致祭。名山大川及自古聖帝明王忠臣烈士，令所在以禮致祭。亡命山澤，挾藏軍器，百日不首，復罪如初。赦書有所不該者，所司具作條例聞奏。敢以赦前事相告言者，以其罪罪之。赦書日行五百里，布告天下，咸使聞知。

校箋

〔一〕按，底本中華書局本與明鈔本、四庫全書、適園叢書諸本唐大詔令集所録乃唐時原文之節選，而甲庫本卷首目録有此題，然有目無辭，全文漏載。考文苑英華卷四百二十三翰林制詔四中録存此原文之全文，文題爲寶曆元年四月二十日册尊號赦文。全唐文卷六十八亦收録此全文，文題爲受尊號赦文，署名唐敬宗。册府元龜卷九十乃節録原文一小部分。唐大詔令集所録文

乃節録文苑英華原文而成。此文文末未標注頒布年月。考舊唐書卷十七上敬宗紀寶曆元年四月載：『癸巳（二十日），群臣上徽號曰文武大聖廣孝皇帝，御宣政殿受册。禮畢，御丹鳳樓，大赦天下，大辟罪已下，無輕重咸赦除之。時李紳貶官，李逢吉惡紳，不欲紳量移，乃於赦書節文内，但言左降官已經量移，宜與量移近處，不言未量移者宜與量移。翰林學士韋處厚上疏論列云：「不可爲李紳一人與逢吉相惡，遂令近年流貶官皆不量移，則乖曠蕩之道也。」帝遽命追赦書添改之。』又新唐書卷八敬宗紀寶曆元年載：『四月癸巳，群臣上尊號曰文武大聖廣孝皇帝。大赦。賜文武官階、爵。』資治通鑑卷二百四十三寶曆元年載：『夏，四月，癸巳，群臣上尊號曰文武大聖廣孝皇帝；赦天下。赦文但云：「左降官已經量移者，宜與量移。」不言未量移者。翰林學士韋處厚上言：「逢吉恐李紳量移，故有此處置。如此，則應近年流貶官，因李紳一人皆不得量移也。」上即追赦文改之。紳由是得移江州長史。』據此，所記與本文『自寶曆元年四月二十日昧爽已前，大辟罪已下』（按，上述中華書局本、明鈔本、適園叢書、四庫全書諸本所載『自寶曆元年四月二十二日昧爽已前』，乃誤『二十日』爲『二十二日』）云云，以及文苑英華文題寶曆元年四月二十日册尊號赦文所表明赦文之頒布時間合，故此文乃發布於寶曆元年（八二五）四月癸巳（二十日），文即撰於是時稍前。又，據上所載，此文當由李逢吉所主持代唐穆宗之作。又，唐大

詔令集所録此文非唐時原文全文，乃節録原文前一部分而已。爲保留原全文，今即改以全唐文所録爲底本，并以文苑英華本校勘之。

〔二〕朕聞奉天地之大統：『大統』，帝業；帝位。書武成：『我文考文王，克成厥勛，誕膺天命，以撫方夏。大邦畏其力，小邦懷其德。惟九年，大統未集。』孔傳：『九年而卒，故大業未就。』後漢書光武帝紀下：『東海王陽，皇后之子，宜承大統。』

〔三〕荷宗祖之誡訓：『宗祖』，原作『祖宗』，今據文苑英華、全唐文改。『誡訓』，原作『成訓』，四庫全書作『誡訓』，今據文苑英華改。『宗祖』，即祖宗，先祖。禮記祭法：『七代之所更立者，禘、郊、宗、祖，其餘不變也。』唐韓愈元和聖德詩：『正月元日，初見宗祖。躬執百禮，登降拜俯。』

〔四〕賴于宗公碩老，輔導承弼：『宗公』，先公。詩大雅思齊：『惠于宗公，神罔時怨，神罔時恫。』毛傳：『宗公，宗神也。』孔穎達疏：『宗公，是宗廟先公。』馬瑞辰通釋：『宗公即先公也。言其久則曰古公，言其尊則曰宗公。』唐李紓唐德明興聖廟樂章德明酌獻：『清廟奕奕，和樂雍雍。器尊犧象，禮屬宗公。』『碩老』，年高望重的博學之士。漢揚雄劇秦美新：『耆儒碩老，抱其書而遠遯；禮官博士，捲其舌而不談。』晉書劉寔傳：『可謂國之碩老，邦之宗

模。」「承弼」，承命輔佐。書冏命：「其侍御僕從……以旦夕承弼厥辟。」南朝陳徐陵太極殿銘：「肅肅卿士，邕邕承弼。」

〔五〕享祧主鬯，熏燎告虔：「主鬯」，原作「奉鬯」，今據文苑英華、全唐文改。「享祧」，祭祀。」「主鬯」，主掌宗廟祭祀。鬯，古代祭祀用的一種香酒。唐韓愈順宗實録卷三：「付爾以承祧之重，勵爾以主鬯之勤。」宋莊綽鷄肋編卷下：「逮余主鬯之日，實乃秉鈞之秋。」「燎」，古祭名。燒柴祭天。古作「尞」。逸周書世俘解：「武王朝至，燎于周。」三國志魏書賈詡傳「謂詡有良平之奇」裴松之注引晋司馬彪九州春秋：「功業已就，天下已順，乃燎於上帝，告以天命。」

〔六〕履歷正元，敷施大號，庶萬方咸若，四表穆然：「庶萬方」，文苑英華、全唐文、適園叢書、明鈔本作「庶方」。「履歷」，謂親自經歷過。晋陶潛還舊居詩：「履歷周故居，鄰老罕復遺。」宋梅堯臣乞巧賦：「馳之巧不過多履歷，使爾多履多歷，則速老而筋疲。」「履歷正元」，即「履正」。「履正」，躬行正道。後漢書劉陶傳：「（朱穆、李膺）皆履正清平，貞高絶俗。」三國志魏書崔林傳：「夫宰相者，天下之所瞻效，誠宜得秉忠履正本德仗義之士，足爲海内所師表者。」「敷施」，猶布施。書皋陶謨：「翕受敷施，九德咸事，俊乂在官。」孔傳：「能合受

三六之德而用之，以布施政教，使九德之人皆用事。』『大號』，帝王的號令。易渙：『渙汗其大號。』孔穎達疏：『渙汗其大號者，人遇險厄驚怖而勞，則汗從體出，故以汗喻險厄也。九五處尊履正，在號令之中，能行號令以散險厄者也。』『咸若』，書皋陶謨：『皋陶曰：「都！在知人，在安民。」禹曰：「吁！咸若時，惟帝其難之。」』後以『咸若』稱頌帝王之教化。謂萬物皆能順其性，應其時，得其宜。唐李邕春賦：『植也知歸，動焉咸若。爾乃楊迴曲沼，李雜芳園。』『四表』，指四方極遠之地，亦泛指天下。書堯典：『光被四表，格于上下。』孔穎達疏：『聖德美名，充滿被溢於四方之外，又至於上天下地。』魏書西域傳序：『太祖初，經營中原，未暇及於四表。』『穆然』，和敬貌。資治通鑑晉元帝永昌元年：『宮省穆然，必無虞也。』胡三省注：『穆然，和敬之意。』明方孝孺鄭叔度字説：『今叔度之家，秉義聚居者十世，堂序之内，秩然而禮，穆然而樂。』

〔七〕皇祖披攘之基，列聖焦勞之業：『披攘』，猶披靡。三國魏曹植責躬詩：『朱旗所拂，九土披攘，玄化滂流，荒服來王。』呂向注：『披攘，猶披靡也。』晉傅玄秦女休行：『灑血濺飛梁，猛氣上于雲霓；仇黨失守爲披攘，一市稱烈義。』『焦勞』，焦慮煩勞。漢焦贛易林恒之大壯：『病在心腹，日以焦勞。』唐柳宗元爲京畿父老上府尹乞奏復尊號狀：『寤寐焦勞，不

知所措。』

〔八〕方將法乾以行健，體咸而致和，執衡以固高，守約以持滿：『乾』，指天。易説卦：『乾，天也。』隸釋魯相史晨祠孔廟奏銘：『魏魏蕩蕩，與乾比崇。』晋葛洪抱朴子仁明：『三光垂象者，乾也；厚載無窮者，坤也。』『行健』，運行壯健。易乾：『象曰：天行健，君子以自强不息。』孔穎達疏：『行者，運動之稱；健者，强壯之名。』唐司空圖二十四詩品勁健：『飲真茹强，蓄素守中，喻彼行健，是謂存雄。』『咸』，和睦；同心。左傳僖公二十四年：『昔周公吊二叔之不咸，故封建親戚，以藩屏周。』杜預注：『咸，同也。』詩小雅常棣序『閔管、蔡之失道，故作常棣焉』毛傳：『周公吊二叔之不咸，而使兄弟之恩疏。』孔穎達疏：『咸，和也。言周公閔傷此管、蔡二叔之不和睦而流言作亂，用兵誅之，致令兄弟之恩疏。』『衡』，快速地向上或向前直闖。參見『衡天』。『守約』，簡易可行。孟子公孫丑上：『孟施舍似曾子，北宫黝似子夏。夫二子之勇，未知其孰賢，然而孟施舍守約也。』『持滿』，猶持盈。荀子宥坐：『子路曰：「敢問持滿有道乎？」孔子曰：「聰明聖知，守之以愚；功被天下，守之以讓；勇力撫世，守之以怯；富于四海，守之以謙。此所謂挹而損之之道也。」』北魏酈道元水經注沁水：『五行險固，德能覆也，内貢迴矣，使吾暴亂，則伐我難矣。君子以爲能

持滿。』

〔九〕國典不可以矯違：『國典』，國家的典章制度。國語魯語上：『夫祀，國之大節也；而節，政之所成也。故慎制祀，以爲國典。』唐陳子昂復讎議狀：『編之於令，永爲國典。』『矯違』，拂逆，違背。管子君臣上：『是以上及下之事謂之矯，下及上之事謂之勝。爲上而矯，悖也；爲下而勝，逆也。』王念孫讀書雜志管子五：『上而及下之事，則拂乎爲上之道。』淮南子俶真訓：『賢人之所以矯世俗者，聖人未嘗觀焉。』高誘注：『矯，拂也。』南史何尚之傳：『凡創制改法，宜順人情，未有違衆矯物而可久也。』

〔十〕屈而後俞：『俞』，表示應答和首肯，猶是、對。書堯典：『帝曰：「俞，予聞，如何？」』漢書揚雄傳下：『揚子曰：「俞。若夫閎言崇議，幽微之塗，蓋難與覽者同也。」』顏師古注：『俞，然也。』後漢書桓榮傳：『帝曰：「俞，往，女諧。」』

〔十一〕然則予方且以爲韋弦，方且以爲箴誥，楙于皇極，庶無尤違：『韋弦』，韓非子觀行：『西門豹之性急，故佩韋以自緩；董安于之性緩，故佩弦以自急。故以有餘補不足，以長續短之謂明主。』後因以『韋弦』比喻外界的啓迪和教益。用以警戒、規勸。南朝梁任昉王文憲集序：『夷雅之體，無待韋弦。』李善注：『韋，皮繩，喻緩也；弦，弓弦，喻急也……言王公平

雅之性，無待此韋弦以成也。』唐楊炯後周宇文彪神道碑：『公爲中正，佩以韋弦。』『箴』，規諫；告戒。書盤庚上：『無或敢伏小人之攸箴。』陸德明釋文引馬融曰：『箴，諫也。』左傳宣公十二年：『箴之曰：「民生在勤，勤則不匱。」』杜預注：『箴，誡也。』國語周語上：『列士獻詩，瞽獻曲，史獻書，師箴。』『楙』，美盛，興旺。漢書晁錯傳：『近者獻其明，遠者通厥聰，比善勠力，以翼天子。是以大禹能亡失德，夏以長楙。』顔師古注：『楙，美也。』南朝宋顔延之赭白馬賦：『漢道亨而天驥呈才，魏德楙而澤馬效質。』李善注：『説文曰：「楙，盛也。」』『皇極』，帝王統治天下的準則。即所謂大中至正之道。書洪範：『五，皇極，皇建其有極。』孔穎達疏：『皇，大也；極，中也。施政教，治下民，當使大得其中，無有邪僻。』漢荀悦漢紀高祖紀一：『昔在上聖，唯建皇極，經緯天地。』『尤違』，過失；過錯。書君奭：『弗永遠念天威，越我民罔尤違。』孔傳：『言君不長遠念天之威，而勤化於我民，使無過違之闕。』唐元稹劉惠通授謁者監制：『言必忠信，事無尤違。』

〔十二〕惟新大澤：『大澤』，大恩惠。禮記祭統：『祭者，澤之大者也，是故上有大澤，則惠必及下。』漢司馬相如封禪文：『詩大澤之博，廣符瑞之富。』李周翰注：『大澤，謂天子之惠澤。』

〔十三〕自寶曆元年四月二十日昧爽已前：『四月二十日』，底本以及文苑英華、四庫全書、全唐文、適園叢書、明鈔本等均作『四月二十二日』，今據本文校箋〔一〕所考以及册府元龜改。『昧爽』，拂曉；黎明。書 牧誓：『時甲子昧爽，王朝至于商郊牧野。』孔子家語 五儀解：『昧爽夙興，正其衣冠。』

〔十四〕官典犯贓：『官典』，指低級官吏。唐韓愈論變鹽法事宜狀：『臣今計此用錢已多，其餘官典及巡察手力所由等糧課，仍不在此數。通計所給，每歲不下十萬貫。』『犯贓』，猶貪贓。宋書 劉湛傳：『（湛）爲人剛嚴用法，奸吏犯贓百錢以上，皆殺之，自下莫不震肅。』唐吴兢貞觀政要 政體：『在京流外有犯贓者，皆遣執奏，隨其所犯，置以重法。』

〔十五〕應左降官未經量移者：按，今存唐大詔令集諸本均無此句以下文字，蓋唐大詔令集乃節録原制文前一部分而已。今據全唐文所載補入原詔令以下文字。『量移』，多指官吏因罪遠謫，遇赦酌情調遷近處任職。清顧炎武日知録 量移：『唐朝人得罪貶竄遠方，遇赦改近地，謂之量移。』唐白居易自題詩：『一旦失恩先左降，三年隨例未量移。』舊唐書 玄宗紀上：『（開元二十年）大赦天下，左降官量移近處。』

〔十六〕丁憂去任，服闋日亦與量移：『丁憂』，遭逢父母喪事。舊制，父母死後，子女要守

喪，三年内不做官，不婚娶，不赴宴，不應考。晋書袁悦之傳：『（悦之）始爲謝玄參軍，爲玄所遇，丁憂去職。』清龔自珍工部尚書高郵王文簡公墓表銘：『（公）年近七十，爲禮部尚書，兵備公猶在，比丁憂服闋，再補工部尚書，而公旋卒矣。』『服闋』，守喪期滿除服。闋，終了。漢蔡邕貞節先生陳留范史雲碑：『舉孝廉，除郎中君萊蕪長，未出京師，喪母行服。故事，服闋後還郎中君。』舊唐書王丘傳：『丁父憂去職，服闋，拜右散騎常侍，仍知制誥。』

〔十七〕有司未注擬者，并任累叙：『注擬』，唐時選舉官員，凡應試獲選者先由尚書省登録，經考詢後再按其才能擬定官職，稱爲『注擬』。唐封演封氏聞見記頌德：『從前注擬，皆約循資格，至國忠創爲押例，選深者盡留，乃無才與不才也。』舊唐書劉祥道傳：『時選人漸衆，林甫奏請四時聽選，隨到注擬，當時甚以爲便。』『叙』，按規定的等級次第授官職；按勞績的大小給予獎勵。周禮天官宫伯：『凡在版者，掌其政令，行其秩叙。』鄭玄注：『叙，才等也。』賈公彦疏：『秩謂依班秩受禄；叙者，才藝高下爲次第。』續資治通鑑元泰定帝泰定元年：『宜追贈死者，優叙其子孫。』

〔十八〕流人未到所在：『流人』，被流放的人。莊子徐無鬼：『子不聞夫越之流人乎？去國數日，見其所知而喜。』宋葉適故贈右諫議大夫龔公謚節肅議：『蓋元符之末，建中靖國之初，既

昭雪流人，生死蒙澤，天下望盡復元祐政事。』

〔十九〕中外前資見任官，頃因延累：『前資』，即『前資官』。古代稱已去職的官員。元李翀日聞録：『前資本唐人仕宦者已去官之稱。』明沈德符萬曆野獲編科場三指摘科場：『酉子二科副考，初係陪推，俱越前資數人，久不奉旨，比入闈之夕始下，則已不及辭矣。』『延累』，猶連累。清恩壽致兼湖廣總督端方電：『似此敗壞憲法，實爲學堂大害，擾及地方，必致延累商務，關係至重。』

〔二十〕隱冒啓逃奸之漸，倍稱成豪奪之源：『隱冒』，隱匿冒充。魏書李冲传：『舊無三長，惟立宗主督護，所以民多隱冒，五十、三十家方爲一户。』新唐書選舉志下：『刑家之子、工賈異類及假名承僞、隱冒升降者有罰。』『倍稱』，加倍償還，借一還二。漢書食貨志上：『當具有者半賈而賣，亡者取倍稱之息。』顔師古注引如淳曰：『取一償二爲倍稱。』宋蘇軾上神宗皇帝書：『多方相濟，委曲相通，倍稱之息，由此而得。』

〔二十一〕亟舉舊章，猶循宿蠹，永言謀始：『宿蠹』，喻指積久的弊政。宋陸游送曾學士赴行在詩：『詔書已屢下，宿蠹或未革。』『謀始』，謂開始時慎重考慮。易訟：『象曰：天與水違行，訟。君子以作事謀始。』王弼注：『無訟在於謀始，謀始在於作制。』孔穎達疏：『凡欲興作

其事，必須謀慮其始。』後漢書 鄧禹傳論：『夫變通之世，君臣相擇，斯最作事謀始之幾也。』

〔二十二〕在京百司職田：『職田』，即『職分田』。古代按品級授予官吏作俸禄的公田。

〔二十三〕捕繫推鞫：『推鞫』，亦作『推鞠』。審問。隋書 裴蘊傳：『蘊知上意，遣張行本奏威罪惡，帝付蘊推鞫之，乃處其死。』唐陸贄商量處置竇參事體狀：『若不付外推鞠，則恐難定罪名。』

〔二十四〕應天下典貼得人莊田園店等，便合祇承户税：『典貼』，謂將身作抵押充當奴僕以償債務。唐韓愈應所在典貼良人男女等狀：『檢責州界内得七百三十一人，并是良人男女……原其本末，或因水旱不熟，或因公私債負，遂相典貼，漸以成風。名目雖殊，奴婢不別，鞭笞役使，至死乃休。』『祇承』，猶祇奉。書 大禹謨：『文命敷于四海，祇承于帝。』唐沈亞之秦夢記：『侍女祇承，分立左右者數百人。』

〔二十五〕不得引令式及言私生契組織貧人：『私生契』，文苑英華作『私契』。『令式』，章程；程式。北史 儒林傳下 房暉遠：『諸儒莫不推其通博，皆自以爲不能測也。尋奉詔預修令式。』唐陸贄論嶺南請於安南置市舶中使狀：『嶺南、安南莫非王土，中使、外使悉是王臣，若緣軍國所須，皆有令式恒制，人思奉職，孰敢闕供？』『組織』，構陷。猶羅織。唐李白叙舊贈江陽

宰陸調詩：『邀遮相組織，呵嚇來煎熬。』

〔二十六〕委御史臺令提舉：『提舉』，提而舉之。陳書 徐陵傳：『陵以梁末以來，選授多失其所，於是提舉綱維，綜核名實。』

〔二十七〕弘文、崇文館生及齋郎三衞，所用資蔭：『齋郎』，掌宗廟社稷祭祀的小吏。魏始置，屬太常。唐宋亦皆置之。唐韓愈省試學生代齋郎議：『齋郎職奉宗廟社稷之小事，蓋士之賤者也。』宋史 選舉志四：『紹興初，嘗以兵革經用不足，有司請募民入貲補官，帝難之。參知政事張守曰：「祖宗時，授以齋郎，今之將仕郎是也。」』『三衞』，唐禁衞軍，有親衞、勛衞、翊衞，合稱『三衞』。新唐書 李密傳：『當以才學顯，何事三衞間哉！』『資蔭』，憑先代的勛功或官爵而得到授官封爵。周書 蘇綽傳：『今之選舉者，當不限資蔭，唯在得人。』唐韓愈請復國子監生徒狀：『如有資蔭不補學生應舉者，請禮部不在收試限。』

〔二十八〕兼每蔭別限年限朔作條例聞奏：『朔』，用以稱舊曆每月初一。書 太甲中：『惟三祀十有二月朔，伊尹以冕服奉嗣王歸于亳。』唐韓愈故金紫光禄大夫董公行狀：『初，公爲宰相時，五月朔會朝，天子在位，公卿百執事在廷。』

〔二十九〕懋官述職，禦侮宣威，暨於庶僚，咸竭乃力，峻其爵秩：『懋官』，謂授官以示勉

勵。書仲虺之誥：『德懋懋官，功懋懋賞。』孔傳：『勉於德者，則勉之以官。』『述職』，供職；就職。淮南子主術訓：『群臣公正，莫敢爲邪，百官述職，務致其公迹也。』北史崔楷傳：『楷將之州，人咸勸單身述職。楷曰：「單身赴任，朝廷謂吾有進退之計，將士又誰肯固志？」遂闔家赴州。』『爵秩』，猶爵禄。史記商君列傳：『明尊卑爵秩等級，各以差次名田宅，臣妾衣服以家次。』唐張九齡敕松漠都督涅禮書：『朕所懸爵秩，惟賞有功。』

〔三十〕列虞賓之位，崇褒聖之胤，所以闡德教而昭前烈也：『虞賓』，指堯子丹朱。因虞以賓禮待之，故稱。丹朱不肖，國亡。後因以喻失位之君。書益稷：『虞賓在位，群后德讓。』蔡沈集傳：『虞賓，丹朱也。堯之後，爲賓於虞。』後漢書獻帝紀贊：『獻生不辰，身播國屯。終我四百，永作虞賓。』李賢注：『虞賓謂舜以堯子丹朱爲賓，虞書曰「虞賓在位」是也。以喻山陽公爲魏之賓也。』『德教』，道德教化。孟子離婁上：『巨室之所慕，一國慕之；一國之所慕，天下慕之，故沛然德教溢乎四海。』三國魏劉劭人物志材能：『夫人材不同，能各有異……有德教師人之能。』『前烈』，前人的功業。書武成：『公劉克篤前烈。』唐司空圖蒲帥燕國太夫人石氏墓志：『允集大勛，以光前烈。』

〔三十一〕二王三恪及文宣公各賜物三十匹：『二王三恪』，請見本書卷四改元載初赦一文校

箋〔一〕。「文宣公」，指孔子。唐玄宗開元二十七年封孔子爲文宣王。唐吴筠高士咏　楚狂接輿夫妻：「鳳歌誡文宣，龍德遂隱密。」

〔三十二〕朕上奉兩宫，下臨九有：「兩宫」，指下文之太后、皇太后。太后爲唐穆宗之母懿安皇后郭氏，皇太后乃唐憲宗之母莊憲王太后。「九有」，九州。詩　商頌　玄鳥：「方命厥后，奄有九有。」毛傳：「九有，九州也。」三國書　蜀書　郤正傳：「今三方鼎跱，九有未乂，悠悠四海，嬰丁禍敗。」

〔三十三〕二廣分營，六師環衛，梯航貢奉，玉帛會同：「二廣」，春秋楚國軍制名，謂左右二部。左傳　宣公十二年：「其君之戎分爲二廣，廣有一卒，卒偏之兩。」楊伯峻注：「其君之戎謂楚王之親兵戎車也。楚王親兵分爲左右兩部，每部皆名曰廣。」後亦泛指兩支部隊。舊五代史　唐書　莊宗紀三：「帝分軍爲二廣，追躡數十里，獲阿保機之子。」「六師」，周天子所統六軍之師。書　康王之誥：「張皇六師，無壞我高祖寡命。」曾運乾正讀：「六師，天子六軍。周制一萬二千五百人爲師。」孟子　告子下：「一不朝，則貶其爵；再不朝，則削其地；三不朝，則六師移之。」後以爲天子軍隊之稱。唐許敬宗奉和入潼關詩：「濟潼紆萬乘，臨河耀六師。」「梯航」，亦作「梯杭」，「梯山航海」的省語。謂長途跋涉。唐玄宗賜新羅王詩：「玉帛遍天下，梯杭歸上

都。」」。宋張孝祥念奴嬌仲欽提刑仲冬行邊詞：『梯航入貢，路經頭痛身熱。』『玉帛』，古代諸侯會盟執玉帛，故又用以表示和好。左傳僖公十五年：『上天降灾，使我兩君匪以玉帛相見，而以興戎。』『會同』，泛指朝會。晉潘岳上客舍議：『乃今四海會同，九服納貢。』唐柳宗元封建論：『合爲朝覲會同，離爲守臣扞城。』

〔三十四〕亦懷來之所尚：『懷來』，亦作『懷徠』。招來。漢陸賈新語道基：『附遠寧近，懷來萬邦。』後漢書獨行傳李善：『以愛惠爲政，懷來異俗。』

〔三十五〕鴻臚禮賓院應在城内蕃客等：『鴻臚』，官署名。周禮官名有大行人之職，秦及漢初稱典客，景帝六年，更名大行令，武帝太初元年，改稱大鴻臚，主掌接待賓客之事。東漢以後，大鴻臚主要職掌爲朝祭禮儀之贊導。北齊始置鴻臚寺，唐一度改爲司賓寺。主官或稱卿，或稱正卿，副職爲少卿，屬官因各朝代而異，或有鳴贊、序班，或置丞、主簿。漢書百官公卿表上：『典客，秦官，掌諸歸義蠻夷，有丞。景帝中六年更名大行令。武帝太初元年更名大鴻臚。』顔師古注引應劭曰：『郊廟行禮贊九賓，鴻聲臚傳之也。』新唐書百官志三：『凡客還，鴻臚籍衣賫賜物多少以報主客，給過所。』『蕃客』，古代對外國商旅的泛稱。蕃，通『番』。隋書禮儀志四：『梁元會之禮……群臣及諸蕃客并集，各從其班而拜。』新唐書百官志一：『凡蕃客至，鴻臚訊其國山

川、風土，爲圖奏之，副上於職方。』

（三十六）宣贊盛禮，潤色鴻徽，爰錫寵於崇階，亦推恩於任子：『宣贊』，弘揚贊助。後漢書鄧騭傳：『（臣兄弟）托日月之末光，被雲雨之渥澤，并統列位，光昭當世。不能宣贊風美，補助清化，誠慚誠懼，無以處心。』南朝宋鮑照代白紵舞歌詞四首奉始興王命作并啓：『言既無雅，聲未能文，不足以宣贊聖旨，抽拔妙實。』『鴻徽』，大美；大善。多指極爲人稱譽的美德善行。南朝宋謝莊爲八座江夏王請封禪表：『鴻徽洽於海表，威棱震乎沙外。』唐閻隨侯西岳望幸賦：『邦國之鴻徽克播，帝王之盛事畢陳。』『崇階』，高位，高官。明李贄答耿司寇：『吾謂孔孟當此時若徒隨行逐隊，旅進旅退，以戀崇階，則寧終身空室陋巷窮餓而不悔矣。』清侯方域擬思宗改元廷臣謝表：『生入玉門之關，已叨非望；新脱龍城之戍，便授崇階。』『任子』，因父兄的功績，得保任授予官職。漢書王吉傳：『今使俗吏得任子弟，率多驕驁，不通古今……宜明選求賢，除任子之令。』顔師古注引張晏曰：『子弟以父兄任爲郎。』宋蘇洵上皇帝書：『夫所謂任子者，亦猶曰信其父兄而用其子弟云爾。』

（三十七）攝侍中讀寶官、門下侍郎、平章事竇易直，攝中書令讀册官、中書侍郎、平章事李程：『竇易直』，傳見舊唐書卷一百六十七、新唐書卷一百五十一。舊唐書本傳謂：『竇易直字

宗玄，京兆人。祖元昌，彭州九隴縣令。父彧，廬州刺史。易直舉明經，爲秘書省校書郎，再以判入等，授藍田尉。累歷右司、兵部、吏部三郎中。元和六年，遷御史中丞，謝日，賜緋魚袋。八年，改給事中。九月，出爲陝虢都防禦觀察使，仍賜紫。入爲京兆尹。……（長慶）四年五月，以本官同平章事，判使如故。改門下侍郎，封晋陽郡公。寶曆元年七月，罷判度支。大和二年十月罷相，檢校左僕射、平章事、襄州刺史、山南東道節度使。』『李程』，傳見舊唐書一百六十七、新唐書卷一百三十三。舊唐書本傳載：『李程字表臣，隴西人。父鷫伯。程，貞元十二年進士擢第，又登宏辭科，累辟使府。二十年，入朝爲監察御史。其年秋，召充翰林學士。……元和中，出爲劍南西川節度行軍司馬。十年，入爲兵部郎中，尋知制誥。韓弘爲淮西都統，詔程銜命宣諭。明年，拜中書舍人，權知京兆尹事。十二年，權知禮部貢舉。十三年四月，拜禮部侍郎。六月，出爲鄂州刺史、鄂岳觀察使。入爲吏部侍郎，封渭源男，食邑三百户。敬宗即位之五月，以本官同平章事。敬宗冲幼，好治宮室，畋游無度，欲於宮中營新殿，程諫曰：「自古聖帝明王，以恭儉化天下。陛下在諒暗之中，不宜興作，願以瓦木回奉園陵。」上欣然從之。程又奏請置侍講學士，數陳經義。程辯給多智算，能移人主之意。尋加中書侍郎，進封彭原郡公。』

〔三十八〕撰册文官左僕射、平章事李逢吉：『李逢吉』，傳見舊唐書卷一百六十七、新唐

書卷一百七十四。舊唐書本傳載：『李逢吉字虚舟，隴西人。……逢吉登進士第，釋褐授振武節度掌書記。入朝爲左拾遺、左補闕，改侍御史，充入吐蕃册命副使、工部員外郎，又充入南詔副使。元和四年，使還，拜祠部郎中，轉右司。六年，遷給事中。七年，與司勛員外郎李巨并爲太子諸王侍讀。九年，改中書舍人。十一年二月，權知禮部貢舉、騎都尉，賜緋。四月，加朝議大夫、門下侍郎、同平章事，賜金紫……長慶二年三月，召爲兵部尚書。時裴度亦自太原入朝。以度招懷河朔功，復留度，與工部侍郎元稹相次拜平章事。度在太原時，嘗上表論稹奸邪。及同居相位，逢吉以爲勢必相傾，乃遣人告和王傅于方結客，欲爲元稹刺裴度。及捕于方，鞫之無狀，稹、度俱罷相位，逢吉代度爲門下侍郎平章事。自是浸以恩澤結朝臣之不逞者，造作謗言，百端中傷裴度。……敬宗初即位，年方童丱，守澄從容奏曰：「陛下得爲太子，逢吉之力也。是時，杜元潁、李紳堅請立深王爲太子。」乃貶紳端州司馬。朝士代逢吉鳴吠者，張又新、李續之、張權輿、劉栖楚、李虞、程昔範、姜洽、李仲言，時號「八關十六子」。又新等八人居要劇，而胥附者又八人，有求於逢吉者，必先經此八人納賂，無不如意者。逢吉尋封凉國公，邑千户，兼右僕射。』

〔三十九〕前王之令政，未有遺年；先哲之格言，實先顧行：『先哲』，文苑英華作『前

哲』。『令政』，善政。書 呂刑：『天罰不極，庶民罔有令政在于天下。』孔穎達疏：『若令衆民無有善政在於天下，則是人主不中，天亦將罰人主。』明劉基春秋明經 蔡侯鄭伯會于鄧公及戎盟于唐公至自唐：『君子則曰：「惟德可以自强。」苟有令政，則湯以七十里無敵於天下矣。』『遺年』，謂遺棄老年人。禮記 祭義：『昔者有虞氏貴德而尚齒，夏后氏貴爵而尚齒，殷人貴富而尚齒，周人貴親而尚齒虞、夏、殷、周，天下之盛王也，未有遺年者。』孔穎達疏：『「未有遺年」者，言虞、夏、殷、周雖是明盛之王也，未有遺棄其年者。』『顧行』，顧全德行。漢賈誼治安策：『顧行而忘利，守節而仗義，故可以托不御之權，可以寄六尺之孤。』

（四十）生甫炳靈，出圖表異：『甫』，開始。周禮 春官 小宗伯：『卜葬兆，甫竁，亦如之。』鄭玄注：『甫，始也。』漢書 外戚傳下 孝成許皇后：『今吏甫受詔讀記，直豫言使后知之，非可復若私府有所取也。』顔師古注：『甫，始也。』『炳靈』，焕發靈氣。晋左思蜀都賦：『近則江漢炳靈，世載其英。』吕向注：『炳，明也；載，猶生也。謂江漢明靈，故代生賢哲。』唐陳子昂送吉州杜司户審言序：『杜司户炳靈翰林，研幾策府。』『出圖』，即『河出圖』。黄河出現河圖。易 繫辭上：『河出圖，洛出書，聖人則之。』後以『河出圖』爲吉祥的徵兆。漢書 晁錯傳：『河出

圖，洛出書，神龍至，鳳鳥翔，德澤滿天下，靈光施四海。』

〔四十一〕望秩之儀，必資蠲潔：『望秩』，謂按等級望祭山川。書舜典：『歲二月，東巡守，至于岱宗，柴。望秩于山川。』孔傳：『東岳諸侯境内名山大川，如其秩次望祭之。謂五岳牲禮視三公，四瀆視諸侯，其餘視伯子男。』漢書王莽傳中：『伏念予之皇始祖考虞帝，受終文祖，在璇璣玉衡以齊七政，遂類于上帝，禋于六宗，望秩于山川，遍于群神，巡狩五岳……明試以功。』『蠲潔』，亦作『蠲絜』。清潔。墨子尚同中：『其事鬼神也，酒醴粢盛不敢不蠲潔。』吕氏春秋尊師：『臨飲食，必蠲絜。』

會昌二年册尊號赦〔一〕

門下：昔我高祖太宗，始造區夏〔二〕，闢乾坤以覆載，揭日月以照臨，盛德耿光〔三〕，格于上下。昊天有成命，我二后受之，列聖丕圖，克大其緒，文綏武靖，奕葉連枝〔四〕，逮予纘修，罔敢失墜。誠欲追踪在昔，貽範將來，陶末俗於至和，返大樸於已散〔五〕。而道不足以居域中之大，文不足以成天下之化，恭己南面，夙興夕惕，遐想理古，歉然于懷〔六〕。至於嗣歲豐穰，寰海康静，妖沴滅息，華夷大同，茲實監祐自

天〔七〕，匡救在下，諒非己出，安敢自多。而三臺百辟，陳忠瀝懇〔八〕，加我大號，其何以堪！謂予守文，宜述先志。抑而不行者三請，確而不拔者群誠。豈貪在己之名，姑念從人之欲。祇膺典册，良深惕厲〔九〕。於戲！顔子匹夫也，猶曰『舜何人哉』〔十〕！矧有其位，行其教化，而不思齊其道也。尚念交修，俾克用乂〔十一〕。今維首夏長養之時，動植之物，莫不自遂，思有以導迎和氣，生活吾人。是用稽犧經之作解，法虞書之肆赦〔十二〕，推恩宥過，思與同休〔十三〕，可大赦天下。自會昌二年四月二十三日昧爽已前，大辟罪已下，已發覺，未發覺，已結正，未結正，繫囚見徒，罪無輕重，咸赦除之。唯犯十惡叛逆已上，故殺人及官典犯贓，不在此限。應左降官恩赦後未量移者〔十四〕，與量移近處。丁憂去任，服闋日亦與量移。如準前制已合量移，有司未注擬者〔十五〕，速與處分。流人未到所在及已到未經量移者，并與量移近處。僧尼道士移隸未經量移者，亦與量移近處。中外前資見任官，頃因延累〔十六〕，未及用才，并左降官中有事情可恕，名迹素聞者，宜委中書門下量加奬用，勿使屈滯。俗未臻於富庶，念每切於黎元，衣食寡充，旰昃興嘆〔十七〕。百司田疇，地有高低，歲有善惡，傷於水潦，則低田不稔，稍遇亢旱〔十八〕，即高處無苗。近聞州縣長吏，掩其灾損，務求辦集，惟於熟苗上加徵，

將填欠數，致使黎元重困，惠養全乖。自今後州縣百姓，有遭水旱苗稼不收處，檢驗不虛，便準前後敕文破免（十九），不得加徵熟田人户，令本配額外重出斛斗。商通百貨，士奉公程，俾無行旅之虞，在去萑蒲之聚（二十）。應州郡連帶江湖，常多寇盜，結構群黨，潛蓄弓劍，殘害平人，剽劫財物，道途商賈常患不安。方今海内無虞，所宜普湊，委諸道節度防禦使，如界内帶江山淮海處，切加警備，仍差巡檢，更於要害處加置軍鎮捉搦（二十一）。擇有機略軍將，鎮守游奕（二十二），明立賞罰，如能設計擒獲賊黨二十人已上，并獲贓物，推問行劫踪迹分明者，量其功績，節級優賞，仍與遷職。如界内劫殺不能捉獲者，亦節級重加懲責，仍委出使郎官御史及所在巡檢院切加察訪，不得更使因循（二十三）。邊戍禦捍戎夷，士卒衣糧最爲切事。如聞逃亡浸廣，營壘多虛，又供給公私，皆率官健（二十四），妻孥困乏，不免饑寒，委本道節度使與監軍使躬親點閱，據逃死欠闕人數，便取軍中少壯有武藝子弟填替，不得遣有虛名。其見在將士衣糧，皆須及時給付正身，不得輒有減刻，别將支用，令其凍餒，仍委出使郎官訪察聞奏，有違當案覆科貶（二十五）。抑强扶弱，實王道所先，賦役以均，則窮人靡怨。度支鹽鐵户部諸色所由茶油鹽商人，準敕例條免户内差役。天下州縣豪宿之家，皆名屬倉場鹽院（二十六），

以避徭役，或有違犯條法，州縣不敢追呼。以此富屋皆趨幸門，貧者偏當使役。其中亦有影庇（二十七），真僞難分。自今已後，委本司條疏，應屬三司及茶鹽商人（二十八），各據所在場鹽正額人名，牒報本貫州縣，準敕文處分。其茶鹽商，仍定斤石多少，以爲限約，其有冒名接脚，短販零少者，不在此限。其小鋪所由主人牙郎火夫牛户（二十九），父兄子弟并在，任州縣依例使例，所冀勞逸稍均，疲人蘇息。給事郊廟之服，奉繭稱絲之税，蠶桑是繫，封植攸資，宜設科條，用絶違犯。勤課種桑，比有敕令，每年奏聞。如聞都不遵行，恣爲翦伐，列於市肆，鬻爲柴薪。州縣宜禁斷，不得輒許更賣，犯者科違敕罪。理貴便人，事存可久，苟非摭實，則昧適時。州府兩税物斛斗，每年各有定額，徵科之日，皆申省司，除上供之外，留後留州，任於額内方圖給用，縱有餘羡（三十），亦許州使留備水旱。其留使錢物，更令諸道分析，破用去處，所立文帳，皆是構虚文。百姓墾田，承前已申頃畝及斛斗單數，近年又令其人户税錢等第、墾田水陸頃畝，挾縣鄉分析，徒爲繁弊，無益政途，今年已後并宜停送。州縣攝官（三十一），假名求食，尚懷苟且，不恤疲人。其闕少官員處，并委本州刺史於當州諸縣見任官中，量閑劇分配公事勾當。如官員數少力實不逮處，即於前資官中選擇清謹幹用者差攝（三十二），不得取散

試官充職。制禄授田，著於定制，貪猾利己，不修舊章。應畿内在京百司職田，方聞本地多被狡吏及豪强平直隱蔽回换〔三十三〕，遥指荒閑瘠薄田地，即配與浮客佃食〔三十四〕，免被豪吏欺隱，如或因循不存勾當，官吏等必當節級處分。使命經行〔三十五〕，供備夫役，既隳額例，事頗奸欺，須議舉明，以全物力。江淮兩浙每驛供使水夫價錢，舊例約十五千，已來使過元額，須别供船夫。近日相承，取索無度，從蘇常已南，每驛便供四十餘千，或界内或四五驛，往來須破四五百千。宜依往例，不得數外妄供。如更有違，長吏已下節級書罪。立政之本，所務均平，設法之源，在絶僥幸。京畿諸縣太常樂人及金吾角子〔三十六〕，皆是富饒之户，其數至多，今一身屬太常金吾，一門盡免雜差役。今日已後，只放正身一人差使，其家下并不在影庇限。涉歷吏事，蓋崇理本，自因近制，却啓幸門。太和九年十二月十八日敕，進士初合格，并令授諸州府參軍及緊縣簿尉，未經兩考，不許奏職。蓋以科第之人，必弘理化〔三十七〕，黎元之弊，欲使諳詳，非惟可塞幸門，實亦用懲澆俗。近者諸州長吏，漸不遵承，雖注縣僚，多縻使職，苟從知已，不顧蒸人，流例寖成〔三十八〕，侵費不少。況去年選格〔三十九〕，更改新條，許本郡奏官，便當府充職，一人從事，兩請料錢〔四十〕，虚占吏曹正員，不親本任公事。其進士宜

至合選年，諸道依資奏授州縣官，即不在兼職之限。武官選用，本求才藝，近日入仕多門，虛僞轉甚，就中兵部武選，其弊尤深，都無本根，妄兼甲曆，但求遷轉（四十一），莫可討尋，其武選且停。見任武官即仰依前守職，仍差官量與修甲曆，得甲曆定，然後許前資赴集（四十二）。輦轂之下，諸色人中，非吏非商，閑行游手，總名趁事，潛得容奸。自今後有自謀職任，私用貨財，詭計多端，經過朝貴者，委御史臺京兆府嚴加察訪捉搦。畿甸賦繁，園陵至重，先事立制，冀免虛勞。親陵柏栽，每歲添補，約力計費，役用至多。歲久而不見其功，人勞而未除其弊。蓋由栽植動土，須先奏聞，待敕下有司，及擇日到縣，已過期限，豈盡施功，空閲數以計傭，皆朝種而夕朽。自今已後，每至歲首，委有司於正月二月三月八月四個月內，擇動土利便之日，先下奉陵諸縣，分明榜示百姓，至時與設法栽植，畢月，縣司與守管使同點檢，據數牒報，與折本户税錢（四十三）。高秩峻級，榮蔭子孫，蓋寵勞能，著存令式。近者漸寡廉樸，多補名身，不獨假蔭近房，兼有規求厚利。選曹既闕磨勘（四十四），長吏不聞糾繩，此弊公行，吏途太濫。自今後并須準格用蔭，人數年限，不得逾越。委吏部及御史臺嚴加覺察，據其選授官到本道本州，須審磨勘，稍疑稍濫，及察知冒賣資蔭，便收禁牒報有司。懋官述職（四十五），禦侮申

威，暨於庶僚，咸竭乃力，峻其爵級，以極封崇。内外文武見任及致仕官，三品已上賜爵一級，四品已下加一階，仍賜勛兩轉。神策六軍金吾威遠皇城將士，普恩之外，各賜勛兩轉。位列虞賓，胄崇褒聖（四十六），所以闡德教而昭前烈也。二王三恪及文宣公各賜物五十匹。二廣拱辰，五營列衛，明庭執玉，航海會朝，念申力以賞勞，示懷柔而優寵（四十七）。神策及六軍金吾威遠皇城等諸軍，將軍統軍已下，各賜物有差。鴻臚禮賓院應在城内蕃客等，并節級有賜物。光贊典册，發揮鴻名，實賴重臣，共揚休烈（四十八）。爰推恩以廣愛，亦峻給以崇階。攝侍中讀寶官、中書侍郎、平章事李紳，攝中書令讀册官、右僕射、兼中書侍郎、平章事崔珙（四十九），各賜一子出身。撰册文官、司空兼門下侍郎、平章事李德裕賜一子出身正員官（五十）。奉寶綬官、書玉册官、書寶官各加兩階，進寶綬、進中嚴（五十一）、外辦禮儀、贊導、押寶册官各加一階（五十二）。其應職掌行事官三品及寫制官、太常修儀注禮官并内行事官，三品已上賜爵一級，四品已下加一階，仍并賜勛一轉。鎸造寶册并填金字、造寶、裝玉册官各賜物五十段。養老引年，旌閭表行（五十三），冀弘忠厚之俗，以振節義之風。天下百姓年九十已上，委所在長吏量加存問。孝子順孫，義夫節婦，旌表門閭，終身勿事。先已旌表者，亦量加優恤。降神表

峻，出寶應圖，秩視公侯，德禳灾患，式崇明祀，咸薦吉蠲〔五十四〕。五岳四瀆，宜委本州長吏備禮致祭。名山大川，自古聖帝明王忠臣烈士，各令所在以禮致祭。亡命山澤，挾藏軍器，百日不首，復罪如初。赦書有所不該者，所司具作條例奏聞。敢以赦前事相告言者，以其罪罪之。赦書日行五百里，布告天下，咸使聞知，主者施行。

校箋

〔一〕此文亦見於文苑英華卷四百二十三翰林制詔四中，文題爲會昌二年四月二十三日上尊號赦文。全唐文卷七十八亦載，文題爲加尊號赦文，署名唐武宗。又，今存唐大詔令集各本所録此文非原制誥全文，乃節選全文前一部分而已。其全文尚存於文苑英華與全唐文中。今此文前一部分爲唐大詔令集所節選，後一大部分則據全唐文所録補全原文，并以文苑英華所録文校勘。此文文末未標注具體年月。然據上引文苑英華標題，知乃『會昌二年四月二十三日』頒布大赦日之前所作。又考舊唐書卷十八上武宗紀會昌二年載：『四月乙丑朔，光禄大夫、守司空、兼門下侍郎、平章事李德裕，銀青光禄大夫、守右僕射、門下侍郎、平章事崔珙，銀青光禄大夫、中書侍

郎、同平章事李紳，金紫光禄大夫、檢校司徒、兼太子太保牛僧孺等上章，請加尊號曰仁聖文武至神大孝皇帝。戊寅，御宣政殿受册。是月九日雨，至十四日轉甚，乃改用二十三日。時有纖人告中尉仇士良，言宰相作赦書，欲減削禁軍衣糧馬草料。士良怒曰：「必若有此，軍人須至樓前作鬧。」宰相李德裕等知之，請開延英訴其事。帝曰：「奸人之詞也。」召兩軍中尉諭之曰：「赦書出自朕意，不由宰相，况未施行，公等安得此言？」士良惶恐謝之。是日晴霽。』所記與本文上引唐武宗尊號而大赦天下之内容相吻合，且所記大赦時間『乃改用（四月）二十三日』，與本文所記『可大赦天下。自會昌二年四月二十三日昧爽已前，大辟罪已下』云云亦吻合。新唐書卷八武宗紀亦記『群臣上尊號曰仁聖文武至神大孝皇帝。大赦，賜文武官階、勛、爵』於會昌二年『四月丁亥（二十三日）』。資治通鑑卷二百四十六所記同。據上所考，本文乃頒布於會昌二年（八四二）四月二十三日，其文當撰於此時稍前。

（二）始造區夏：『區夏』，諸夏之地，指華夏、中國。書康誥：『用肇造我區夏。』孔傳：『始爲政於我區域諸夏。』唐賈至燕歌行：『我唐區夏餘十紀，軍容武備赫萬祀。』

（三）盛德耿光：『耿光』，光明；光輝；光榮。書立政：『以覲文王之耿光，以揚武王之大烈。』孔傳：『能使四夷賓服，所以見祖之光明，揚父之大業。』唐李白明堂賦：『遵先軌以繼作

兮，揚列聖之耿光。』

（四）列聖丕圖，克大其緒，文綏武靖，奕葉連枝：『克大其緒』，四庫全書作『光大其緒』。『丕圖』，猶大業，宏圖。唐白居易答黃裳請上尊號表制：『朕以薄德，嗣守丕圖，不敢荒寧，以弘理道。』宋史禮志十一：『非臣否德，肇此丕圖，實賴先正儲休，上玄降鑒。』『綏』，安；安撫。書盤庚上：『天其永我命于茲新邑，紹復先王之大業，底綏四方。』蔡沈集傳：『天其將永我國家之命於殷，以繼復先王之大業，而致安四方乎？』晉陸機弔魏武帝文：『指八極以遠略，必翦焉而後綏。』『靖』，安定。國語晉語四：『同出九人，唯重耳在，離外之患，而晉國不靖，二也。』韋昭注：『靖，治也。』晉應貞晉武帝華林園集詩：『六府孔修，九有斯靖。』『奕葉』，累世，代代。漢蔡邕琅邪王傅蔡朗碑：『奕葉載德，常歷宮尹，以建於茲。』隋書禮儀志七：『宣尼制法……奕葉共遵，理無可革。』

（五）逮予纘修，罔敢失墜。誠欲追踪在昔，貽範將來，陶末俗於至和，返大樸於已散：『纘修』，繼修。後漢書文苑傳上傅毅：『保膺淑懿，纘修其道。』『在昔』，從前；往昔。書洪範：『我聞在昔，鯀陻洪水，汨陳其五行。』漢班固東都賦：『勛兼乎在昔，事勤乎三五。』『貽範』，留下典範；使成典範。晉陸雲西園第既成有司啓：『首建大國，固將憲章令典貽範萬世，

始基之制，不可不慎。』隋煬帝寬連坐詔：『用能樹聲往代，貽範將來。』『陶』，陶冶，化育。管子地數：『黄帝問於伯高曰：「吾欲陶天下而以爲一家，爲之有道乎？」』南朝梁鍾嶸詩品卷上：『其源出於小雅，無雕蟲之功。而咏懷之作，可以陶性靈，發幽思。』『末俗』，謂末世的習俗，低下的習俗。漢董仲舒士不遇賦：『生不丁三代之隆盛兮，而丁三季之末俗。』晉葛洪抱朴子明本：『末俗偷薄，雕僞彌深。』『至和』，極和諧、安順。大戴禮記王言：『所謂天下之至知者，能用天下之至和者也。』漢賈誼新書服疑：『制服之道，取至適至和以予民，至美至神進之帝。』『大樸』，謂原始質樸之大道。晉桓温薦譙元彦表：『大朴既虧，則高尚之標顯。』劉良注：『大樸，大道也。』宋蘇軾次韻秦太虚見戲耳聾：『大樸初散失渾沌，六鑿相攘更勝敗。』

〔六〕遐想理古，歎然于懷：『遐想』，四庫全書、全唐文作『遐思』。『歎然于懷』，適園叢書作『歎然余懷』。『理古』，致治之古代。唐元稹戒勵風俗德音：『朕聞昔者卿大夫相與讓於朝，士庶人相與讓於列，周成王措刑不用，漢文帝耻言人過，真理古也。』

〔七〕兹實監祐自天：『監祐』，原作『鑒祐』，今據文苑英華、全唐文改。

〔八〕而三臺百辟，陳忠瀝懇：『三臺』，漢因秦制，以尚書爲中臺，御史爲憲臺，謁者爲外臺，合稱三臺。後漢書袁紹傳：『坐召三臺，專制朝政。』李賢注引晉書：『漢官，尚書爲中臺，

御史爲憲臺，謁者爲外臺，是謂三臺。』宋司馬光贈太子太傅康靖李公挽詞：『十郡餘恩在，三臺故吏多。』『瀝懇』，猶竭誠。披露誠心。唐司空圖華帥許國公德政碑：『瀝懇固讓，拜章累陳。』舊五代史唐書明宗紀七：『今以明庭百辟，列土諸侯，中外同辭，再三瀝懇。』

〔九〕祇膺典册，良深惕厲：『祇膺』，敬受。唐劉禹錫賀皇太子受册箋之二：『祇膺詔册，光啓儲闈。』舊唐書睿宗紀：『在臣虚薄，不敢祇膺。』『惕厲』，亦作『惕勵』。警惕謹慎；警惕激勵。語出易乾：『君子終日乾乾，夕惕若厲，無咎。』舊唐書文苑傳下劉蕡：『任賢惕厲，宵衣旰食，詎追三五之遐軌，庶紹祖宗之鴻緒。』

〔十〕猶曰『舜何人哉』：『曰』字原無，今據文苑英華、四庫全書、全唐文、適園叢書增補。

〔十一〕尚念交修，俾克用乂：『交修』，書說命下：『爾交修予，罔予棄，予惟克邁乃訓。』孔傳：『交，非一之義。』孔穎達疏：『令其交更修治己也。』後用爲天子要求臣下匡助之詞。宋王安石批答文武百僚曾公亮已下上尊號第一表不允：『朕以薄德，嗣膺基緒，繼天理物，常懼弗任。方賴交修，以熙衆治。』『乂』，治理。書堯典：『浩浩滔天，下民其諮，有能俾乂。』孔傳：『乂，治也。』漢書地理志上：『淮沂其乂。』顔師古注：『淮沂二水已治。』舊唐書杜佑

傳：『將施有政，用乂邦家。』

（十二）是用稽犧經之作解，法虞書之肆赦：『犧經』，原作『犧文』，今據文苑英華、全唐文、適園叢書改。『犧經』，即易經。相傳八經卦爲伏羲氏作，故稱。宋陳彭年北岳安天玄聖帝碑：『中饋之治，協象於犧經；作合之功，齊聲於周雅。』『虞書』，尚書的一個組成部分。相傳記載唐堯、虞舜、夏禹等的事迹。

（十三）推恩宥過，思與同休：『思與』，原作『與物』，今據文苑英華、全唐文改。『宥過』，謂寬恕别人的過錯。書大禹謨：『皋陶曰：「帝德罔愆，臨下以簡，御衆以寬。罰弗及嗣，賞延于世。宥過無大，刑故無小。」』漢孔融與王朗書：『主上寬仁，貴德宥過。』『同休』，謂同享福禄。唐韓愈皇帝即位賀宰相啓：『相公翼亮聖明，大慶資始，伏惟永永，與國同休。』

（十四）應左降官恩赦後未量移者：按，此句以下一大段文字現存唐大詔令集各本皆無，今據全唐文增補，以存原制誥全文。

（十五）有司未注擬者：『注擬』，唐時選舉官員，凡應試獲選者先由尚書省登録，經考詢後再按其才能擬定官職，稱爲『注擬』。參上篇校箋（十七）。

（十六）中外前資見任官，頃因延累：『前資』，古代稱已去職的官員。

〔十七〕旰昃興嘆：『旰昃』，天晚。多用於頌揚帝王勤於政事。南齊書 明帝紀：『永言古昔，無忘旰昃。』舊唐書 僖宗紀：『旰昃勞懷，寢興思理，涉道猶淺，導化未孚。』參上篇校箋〔十九〕。

〔十八〕低田不稔，稍遇亢旱：『低田』，文苑英華作『低地』。『稔』，莊稼成熟。國語 吳語：『吳王夫差既殺申胥，不稔於歲，乃起師北征。』韋昭注：『稔，熟也。』韓詩外傳卷一：『於是歲大稔，民給家足。』『亢旱』，大旱。後漢書 楊賜傳：『夫女謁行則讒夫昌，讒夫昌則苞苴通，故殷湯以之自戒，終濟亢旱之災。』唐韓愈御史臺上論天旱人飢狀：『京畿諸縣，夏逢亢旱，秋又早霜，田種所收，十不存一。』

〔十九〕便準前後敕文破免：『破免』，文苑英華作『被免』。

〔二十〕士奉公程，俾無行旅之虞，在去萑蒲之聚：『公程』，因公外出之旅程。唐張籍使回留別襄陽李司空詩：『遲遲戀恩德，役役限公程。』唐熊孺登祇役遇風謝湘中春色詩：『水生風熟布帆新，祇見公程不見春。』『行旅』，出行；旅行。南朝宋謝瞻答靈運詩：『嘆彼行旅艱，深茲眷言情。』唐韓愈酬裴十六功曹巡府西驛途中見寄詩：『遺我行旅詩，軒軒有風神。』『萑蒲』，原爲兩種蘆類植物。左傳 昭公二十年：『澤之萑蒲，舟鮫守之。』楊伯峻注：『萑蒲即蘆葦之

類。』後因盜賊常聚集於萑蒲所生之地，故亦用以指盜賊出沒之處。陳書 留異傳：『萑蒲小盜，共肆貪殘。』舊唐書 高駢傳：『况自萑蒲盜起，朝廷徵用至多，上至帥臣，下及裨將，以臣所料，悉可坐擒，用此爲謀，安能辦事？』此處指盜賊，草寇。南朝梁沈約齊故安陸昭王碑：『淵藪胥萃，萑蒲攸在。』舊唐書 僖宗紀：『今平盧軍節度使宋威深憤萑蒲，請行誅討。』

〔二十一〕仍差巡檢，更於要害處加置軍鎮捉搦：『巡檢』，巡視。魏書 張彝傳：『每東西馳使有所巡檢，彝恒充其選。』唐白居易錢唐湖石記：『其石函、南筧，并諸小筧闥，非澆田時，并須封閉築塞，數令巡檢。』亦指巡視檢查。『捉搦』，捉拿，捕捉。唐蘇頲禁斷女樂敕：『眷兹女樂，事切驕淫，傷風害政，莫斯爲甚……仍令御史金吾，嚴加捉搦。』宋吴曾能改齋漫録 神仙鬼怪：『然捉搦不得，止得大魚中一最小者。』

〔二十二〕擇有機略軍將，鎮守游奕：『機略』，謀略，韜略。宋書 王鎮惡傳：『故安西司馬、征虜將軍王鎮惡，志節亮直，機略明舉。』宋蘇軾賀吴副樞啓：『伏惟某官機略足以應無方，而有樸忠沉厚之量，文華足以表當世，而有簡素質直之風。』『游奕』，游弋，巡邏。南史 樊猛傳：『時猛與左衛將軍蔣元遜領青龍八十艘爲水軍，於白下游奕，以禦隋六合兵。』五代前蜀韋莊秦婦吟：『路旁時見游奕軍，坡下寂無迎送客。』

〔二十三〕切加察訪，不得更使因循：『察訪』，文苑英華作『訪察』。『因循』，沿襲；承襲；繼承。漢書百官公卿表上：『秦兼天下，建皇帝之號。立百官之職。漢因循而不革，明簡易，隨時宜也。』後漢書梁統傳：『宣帝聰明正直，總御海內，臣下奉憲，無所失墜，因循先典，天下稱理。』

〔二十四〕又供給公私，皆率官健：『公私』，公家和私人。如公私兩利、公私兼顧。『官健』，唐初府兵制，士兵自備武器資糧，後逐漸改爲官給，故稱士兵爲官健。唐白居易請罷兵第二狀：『況神策官健，又最烏雜；以城市之人，例皆不慣。如此，忽思生路，或有奔逃。』舊唐書張萬福傳：『萬福曰：「官健常虛費衣糧，無所事，今乃一小賴之，不足過賞，請用三之一。」』

〔二十五〕有違當案覆科貶：『案覆』，核實。後漢書來歙傳：『歙爲人有信義，言行不違，及往來游説，皆可案覆。』『科貶』，貶謫處罰。舊唐書食貨志上：『如限滿後有違犯者，白身人等宜付所司，决痛杖一頓處死。其文武官及公主等，并委有司聞奏，當重科貶。』

〔二十六〕皆名屬倉場鹽院：『倉場』，官方收納糧食或其他物資的場所。唐韓愈論變鹽法事宜狀：『請量閑劇，留官吏於倉場勾當。』宋史職官志三：『若内外倉場帳籍，供申愆期，則以法究治。』『鹽院』，官署名。鹽政衙門。儒林外史第二十二回：『我是要到揚州鹽院太老爺那裏去

說話的，你們小心伺候。』

〔二十七〕其中亦有影庇：『影庇』，謂將户籍或土地財産虚挂在權勢人家名下，以逃避徭役税收。唐韓愈論變鹽法事宜狀：『平叔請限商人鹽，納官後，不得輒於諸軍諸使覓職掌，把錢捉店，看守莊磑，以求影庇。』舊五代史唐書明宗紀四：『兼有富户，或投名於勢要，以求影庇。』

〔二十八〕應屬三司及茶鹽商人：『三司』，唐宋以鹽鐵、度支、户部爲三司，主理財賦。資治通鑒唐昭宣帝天祐三年：『（三月）戊寅，以朱全忠爲鹽鐵、度支、户部三司都制置使。』續通志職官四：『三司起於唐末，五代特重其職，至宋而專掌財賦，皆以重臣領之。』

〔二十九〕其小鋪所由主人牙郎火夫牛户：『所由』，乃『所由官』之省稱。猶言有關官吏。因事必經由其手，故稱。南朝至唐宋常用此語。梁書皇后傳高祖丁貴嬪：『婦人無闔外之事，賀及問訊箋什，所由官報聞而已。』南史沈炯傳：『表求歸養，詔不許。文帝嗣位，又表求去，詔答曰：「當敕所由，相迎尊累，使卿公私無廢也。」』『牙人』，舊時居於買賣雙方之間，從中撮合，以獲取佣金的人。唐薛用弱集異記寧王：『寧王方集賓客宴話之際，鬻馬牙人麴神奴者，請呈二馬焉。』清魏源道光丙戌海運記：『止上海牙人赴北之行，定商艘到津停泊之界。』

〔三十〕縱有餘羨：『餘羨』，盈餘。晉書齊王攸傳：『計今地有餘羨，而不農者衆，加附業

之人復有虛假，通天下謀之。』宋張世南游宦紀聞卷三：『薪米不至匱乏，且有餘羨。』

〔三十一〕州縣攝官：『攝官』，暫行代理的非正式任命的官員。唐楊炯遂州長江縣先聖孔子廟堂碑：『道協周公，神交帝唐。攝官從事，冕服端章。』舊五代史唐書莊宗紀五：『州縣官在任考滿，即具關申送吏部格式，本道不得差攝官替正官。』

〔三十二〕選擇清謹幹用者差攝：『清謹』，廉潔謹慎。陳書陳方慶傳：『方慶性清謹，甚得民和。』宋司馬光虞部郎中李君墓志銘：『爲人温良清謹，睦於族姻，厚於朋友。』『幹用』，猶言才幹。後漢書文苑傳黄香：『帝亦惜香幹用，久習舊事，復留爲尚書令。』宋書申恬傳：『高祖平廣固，恬父宣、宣從兄永皆得歸國，并以幹用見知。』『差攝』，派人代理。唐劉恂嶺表録異卷上：『南中小郡，多無緇流，每宣德音，須假作僧道陪位……崖州自來無僧家，臨事差攝。』

〔三十三〕平直隱蔽回換：『平直』，猶言估算。墨子號令：『收粟米布帛錢金，出内畜産，皆爲平直其賈，與主券人書之。事已，皆各以其賈倍償之。』

〔三十四〕即配與浮客佃食：『浮客』，指寄居在地主莊園裏的外地佃農。舊五代史唐書明宗紀八：『詔天下營田務，只許耕無主荒田及召浮客，不得留占屬縣編户。』宋蘇洵田制：『富民之家，地大業廣，阡陌連接，募召浮客，分耕其中，鞭笞驅役，視以奴僕。』

〔三十五〕使命經行：『使命』，奉命出使的人。漢書 叙傳下：『嫎嫎公主，乃女烏孫，使命乃通，條支之瀕。』宋文瑩玉壺清話卷八：『成都新復，軍旅未和，聞使命遽至，貿易戎伍，慮有猜懼。』

〔三十六〕京畿諸縣太常樂人及金吾角子：『太常』，官名。秦置奉常，漢景帝六年更名太常，掌宗廟禮儀，兼掌選試博士。歷代因之，則爲專掌祭祀禮樂之官。北魏稱太常卿，北齊稱太常寺卿，北周稱大宗伯，隋至清皆稱太常寺卿。『金吾』，古官名。負責皇帝大臣警衛、儀仗以及徼循京師、掌管治安的武職官員。唐白居易東南行一百韻：『醉曾衝宰相，驕不揖金吾。』遼史 儀衛志四：『金吾、黄麾六軍之仗，遼受之晋，晋受之後唐，後唐受之梁、唐，其來也有自。』『角子』，即『角色』，戲曲演員專業分工的類别。根據所演不同的角色類型及其表演藝術上的特點而劃分。如京劇有生、旦、净、丑。

〔三十七〕必弘理化：『理化』，治理與教化。後漢書 樊宏傳論：『分地以用天道，實廪以崇禮節，取諸理化，則亦可以施於政也。』晋書 刑法志：『夫禮以訓世，而法以整俗，理化之本，事實由之。』

〔三十八〕雖注縣僚，多縻使職，苟從知己，不顧蒸人，流例寖成：『注』，指選舉職官時登録

備案。」太平廣記卷一百六十九引唐胡璩譚賓録劉奇：「唐證聖中，劉奇爲侍郎，注張文成、司馬鍠爲御史。」宋洪邁容齋三筆宗室參選：「吏部員多闕少，今爲益甚，而選人當注職官簿尉，輒爲宗室所奪。」「蒸人」，民衆；百姓。後漢書文苑傳上杜篤：「濟蒸人於塗炭，成兆庶之亹亹。」宋范仲淹君以民爲體賦：「蒸人有罪，諒責己之情深。」「流例」，流傳下來的慣例。唐駱賓王代女道士王靈妃贈道士李榮詩：「别有衆中稱黜帝，天上人間少流例。」唐白居易對酒詩之五：「眼前流例君看取，且遣琵琶送一杯。」

〔三十九〕况去年選格：「選格」，選拔人才的標準。鄭觀應致潘蘭史徵君書：「須先定人格，有品行，有學問，有歷練方合選格，如不合格者不准入選，庶無劣員。」

〔四十〕兩請料錢：「料錢」，唐宋舊制，官吏除俸禄外，有時另給食料，或折錢發給，稱料錢。唐白居易送陝州王司馬建赴任詩：「公事閑忙同少尹，料錢多少敵尚書。」舊五代史周書太祖紀二：「漢隱帝時，有人上言：「州府從事令録，皆請料錢，自合雇人驅使，不合差遣百姓丁户。」」

〔四十一〕妄兼甲曆，但求遷轉：「甲曆」，亦作「甲歷」。泛指歲時。宋吕南公有懷溪齋奉寄微之詩：「身名不分輕如夢，甲歷誰令過若流。」「遷轉」，謂官員升級。漢王充論衡初

稟：『仕者隨秩遷轉，遷轉之人或至公卿。』唐杜甫奉送蜀州柏二別駕詩：『遷轉五州防禦使，起居八座太夫人。』

（四十二）然後許前資赴集：『赴集』，指官吏前往任所。宋梅堯臣送白秀才福州省親詩：『固非遠仕進，服期難赴集。』清顧炎武菰中隨筆：『今常調之人，遠授一職，已數千里，赴集又數千里，之官挈携妻孥，往復勞苦，必一周而在路。』

（四十三）據數牒報，與折本户税錢：『牒報』，行文通報。宋李綱與吕安老提刑書：『已遣使臣賚榜撫之，并牒報諸司，更煩審處。』『折』，折合；抵當。後漢書 東夷傳 東沃沮：『其地東西夾，南北長，可折方千里。』唐杜甫銅瓶詩：『蛟龍半缺落，猶得折黄金。』仇兆鰲注引楊慎曰：『折，當也。』

（四十四）選曹既闕磨勘：『選曹』，官名。主銓選官吏事。三國志 吴書 陸胤傳：『胤天姿聰明，才通行絜，昔歷選曹，遺迹可紀。』南朝宋劉義慶世説新語 栖逸：『山公將去選曹，欲舉嵇康，康與書告絶。』『磨勘』，唐宋官員考績升遷的制度。唐時文武官吏由州府和百司官長考核，分九等注入考狀，期滿根據考績决定升降，并經吏部和各道觀察使等復驗，稱『磨勘』。舊五代史唐書 莊宗紀五：『戊午，詔應南郊行事官，并付三銓磨勘，優與處分。』宋范仲淹答手詔條陳十

事：『今文資三年一遷，武職五年一遷，謂之磨勘。』

〔四十五〕懋官述職：『懋官』，謂授官以示勉勵。書仲虺之誥：『德懋懋官，功懋懋賞。』孔傳：『勉於德者，則勉之以官。』『述職』，指外任官員向朝廷陳述職守。唐柳宗元送幸南容歸使聯句詩序：『南聘天朝，相禮述職，公卿多其儀。』清林則徐致龔自珍書：『月前述職在都，碌碌軟塵，刻無暇晷。』

〔四十六〕位列虞賓，胄崇褒聖：『虞賓』，指堯子丹朱。因虞以賓禮待之，故稱。丹朱不肖，國亡。後因以喻失位之君。參上篇校箋〔三十〕。『褒聖』，即指『褒聖侯』。唐武德九年封贈孔子後代的爵號。唐高適魯西至東平詩：『寥落千載後，空傳褒聖侯。』新唐書禮樂志五：『〔武德〕九年封孔子之後爲褒聖侯。』

〔四十七〕二廣拱辰，五營列衛，明庭執玉，航海會朝，念申力以賞勞，示懷柔而優寵：『二廣』，春秋楚國軍制名，謂左右二部。左傳宣公十二年：『其君之戎分爲二廣，廣有一卒，卒偏之兩。』楊伯峻注：『其君之戎謂楚王之親兵戎車也。楚王親兵分爲左右兩部，每部皆名曰廣。』後亦泛指兩支部隊。舊五代史唐書莊宗紀三：『帝分軍爲二廣，追躡數十里，獲阿保機之子。』『拱辰』，原謂拱衛北極星。語本論語爲政：『爲政以德，譬如北辰，居其所，而衆星共

（拱）之。』後因以喻拱衛君王或四裔歸附。唐元稹兩省供奉官諫駕幸温湯狀：『陛下若騎從輕馳，則道途無拱辰之備。』宋史 外國傳三 高麗：『載推柔遠之恩，式奬拱辰之志。』『五營』，原指屯騎、越騎、步兵、長水、射聲五校尉所領部隊。後漢書 順帝紀：『調五營弩師，郡舉五人，令教習戰射。』李賢注：『五營，五校也。謂長水、步兵、射聲、屯騎、越騎等五校尉也。』後泛指諸軍營。唐高適信安王幕府詩：『雷霆七校發，旌旆五營連。』宋劉克莊鵲橋仙 鄉守趙計院生日詞：『四民香火，五營笳吹，來獻一杯壽水。』『列衛』，四周的防衛。明姚士粦見只編卷下：『大軍未班，列衛空虛，苗獠乘間竊發，攻圍城堡。』『明廷』，聖明的朝廷。唐杜牧雪中書懷詩：『明庭開廣敞，才俊受羈維。』宋文天祥正氣歌：『皇路當清夷，含和吐明庭。』『執玉』，執玉圭。古以不同形制之玉圭區别爵位，因以指稱仕宦。孔子家語 三恕：『國無道，隱之可也；國有道，則衮冕而執玉。』清姚鼐南唐詩：『帝都執玉才嫌後，天塹浮橋已架空。』『懷柔』，語本禮記 中庸：『送往迎來，嘉善而矜不能，所以柔遠人也。繼絶世，舉廢國，治亂持危，朝聘以時，厚往以薄來，所以懷諸侯也。』後因以稱籠絡安撫外國或國内少數民族等爲『懷柔』。漢賈誼新書 無蓄：『懷柔附遠，何招而不至？』三國志 吴書 吴主傳：『宣導休風，懷柔百越。』

（四十八）光贊典册，發揮鴻名，實賴重臣，共揚休烈：『光贊』，猶光輔。漢楊修答臨淄侯

箋：『宣昭懿德，光贊大業。』晉潘岳爲賈謐作贈陸機詩：『齊轡群龍，光贊納言。』李善注引鄭玄周禮注：『贊，佐也。』『鴻名』，大名；盛名。史記司馬相如列傳：『前聖之所以永保鴻名而常爲稱首者用此，宜命掌故悉奏其義而覽焉。』唐蘇頲開元元年赦書：『鴻名不可以深拒，盛典不可以固違。』『休烈』，盛美的事業。史記秦始皇本紀：『皇帝休烈，平一宇内，德惠修長。』漢書宣帝紀：『朕未能章先帝休烈，協寧百姓。』顏師古注：『休，美也。烈，業也。』唐韓愈順宗實録卷三：『對越天地之耿光，丕承祖宗之休烈。』

〔四十九〕攝侍中讀寶官、中書侍郎、平章事李紳，攝中書令讀册官、右僕射、兼中書侍郎、平章事崔珙：『李紳』，傳見舊唐書卷一百三十七、新唐書卷一百八十一。『崔珙』，傳見舊唐書卷一百七十七、新唐書卷一百八十二。

〔五十〕平章事李德裕賜一子出身正員官：『李德裕』，傳見舊唐書卷一百七十四、新唐書卷一百八十。

〔五十一〕進中嚴：『中嚴』，謂中庭戒備。古代帝王元旦朝會或郊祀等大典的儀節之一。隋書禮儀志四：『梁元會之禮，未明，庭燎設，文物充庭……侍中奏中嚴，王公卿尹各執珪璧入拜。』唐鄭谷丞相孟夏祇薦南郊紀獻十韻：『外肅通班序，中嚴錫慶優。』

〔五十二〕贊導、押寶册官各加一階：『贊導』，舉行典禮時依照儀式贊唱引導。後漢書百官志二：『其郊廟行禮，贊導，請行事，既可，以命群司。』舊唐書李漢傳：『大夫中丞到班後，朝堂所由引僕射就位，傳呼贊導，如大夫就列之儀。班退，贊導亦如之。』

〔五十三〕養老引年，旌閭表行：『引年』，謂古禮對年老而賢者加以尊養。後用以稱年老辭官。禮記王制：『凡三王養老，皆引年。八十者一子不從政，九十者其家不從政。』梁書止足傳贊：『顧憲之、陶季直，引年者也。』『旌閭』，旌表門閭。舊時朝廷對所謂忠孝節義的人，賜給匾額，挂於門庭之上，或樹立牌坊，以示表彰。宋書孝義傳余齊民：『齊民越自氓隸，行貫生品，旌閭表墓，允出在兹。』唐元稹獻事表：『其餘滌瑕緩死，薄賦恤人，賜帛耆年，旌閭孝悌，修廢學，建義倉，莫不曲被殊私，覃於有截。』

〔五十四〕式崇明祀，咸薦吉蠲：『明祀』，對重大祭祀的美稱。左傳僖公二十一年：『崇明祀，保小寡，周禮也。』杜預注：『明祀，大皞有濟之祀。』晋陸機答張士然詩：『駕言巡明祀，致敬在祈年。』『薦』，進獻；送上。儀禮鄉射禮：『主人阼階上拜送爵，賓少退，薦脯醢。』鄭玄注：『薦，進。』國語晋語三：『補乏薦饑，道也，不可以廢道於天下。』韋昭注：『薦，進也。』『吉蠲』，亦作『吉圭』。祭祀，祀典。唐李舒讓皇帝廟樂章奠幣：『子孫拜後，承兹吉

綱。』宋沈遘七言致齋詩：『君王無意學神仙，獨爲蒼生致吉綱。』

會昌五年册尊號赦〔一〕

門下：王者事帝，必嚴禋祀之容〔二〕；臣下歸功，爰極推崇之義。既膺顯號，式展盛儀，因時布和，順歲更始〔三〕，前聖垂範，逮予是遵〔四〕。矧以眇身，幸逢昌運。雖履冰惟懼，而涉道未周〔五〕。緊我輔臣，洎兹列岳，内盡交修之志〔六〕，外分共理之憂。乃者虜衆乖離，部族款附，救帝子於氈裘之所，致名王爲冠帶之臣〔七〕。堅昆來朝，不遠萬里；夷貊向化，克同九州〔八〕。重以上黨狂童，竊襲叛迹，問罪之師既集，元凶之首遂梟〔九〕。廓清亂風，洗滌污俗，翦逆竪而故都底定，竄摩尼而壞法永除〔十〕。由是退惡進賢，化行令舉，刑奸贓之吏，破黷貨之家〔十一〕。此皆宗社降靈，助成時政，豈朕涼德，獨擅厥功？而中外誠臣，文武多士，累陳懇疏，再舉鴻名，辭不獲從，被此虚美。是用虔告清廟，明禋上玄，烟燎所升，靈貺如答〔十二〕。既展郊禮，重申國經〔十三〕，宜因行慶之辰，誕布惟新之令，同我景福，永孚於休，可大赦天下。自會昌五年正月三日昧爽已前〔十四〕，大辟罪已下，罪無輕重，已發覺，未發覺，已結正，未結正，繫囚見徒，

常赦所不原者，咸赦除之。惟犯十惡反逆已上（十五），及故殺人，官典犯入己贓（十六），持仗行劫，縱不殺人，并不在免限。左降官量移近處，已經量移者更與量移，如已在近處，未復資者（十七），有司别條聞奏。如復資者，五品已上中書門下速與處分，六品已下依常調選（十八）。丁憂去任，服闋日亦與量移（十九）。如有親故在上都，任於所司陳狀，便與處分，不必更待本州府申請。從九月二十九日降郊禮敕後，流貶人不在此例。兼比來與劉稹、楊弁同謀惡逆配流及伏法身死，有父兄子弟及諸親族等配流者（二十），并不在放還及量移之限。别敕因責授降資正員官，未經轉者，量與進改。亡官失爵放歸不齒者，量加收叙（二十一）。縱元敕云終身不齒者，亦量與收叙。流人未到所在及已到者并放還，惟降死從流者與移近地。如收叙者，量才録用。并僧尼道士移隸者亦放還。其情狀難容者，不在量移及放還之限。得罪人已亡殁，家口未許歸者，一切放歸，如自情願住者亦任。諸色得罪人中，如先有敕云縱逢恩赦不在免限者，并别敕安置者，亦委中書門下量事狀輕重，節級處分。左降官及流人先有官者，如已亡殁，各還本官。流貶及諸色等罪人，所有在任身亡，任其親故收以歸葬，仍仰州縣量給棺櫬，優當發遣。近年將相及任事之臣，如因事貶降，身已淪没，情理屈者，并量與追贈。諸色人中，有痕累禁

錮及逃匿者〔二十二〕，一切并與洗滌。應昭義逆黨親族，除已處置外，其他素不同謀者，并一切不問。常參官及諸色刺史，先因停替，及以病解免，終制未授官者，委中書門下量才進擬，勿令稽遲。國家與吐蕃，甥舅之好，彼此無虞。自今後邊上不得受納投降人并擒捉生口〔二十三〕。功蓋本朝，賞延後嗣，是加恩禮，用勸臣心。故尚父汾陽王、贈太師晟、贈太尉秀實、贈司徒顔杲卿、贈太師顔真卿、許遠、張巡、南霽雲〔二十四〕，子孫中未經甄獎者，每家與一人出身。耕桑豐約，上應徵租，泉貨輕重，宜均物力。丁傜若絶其影占〔二十五〕，組織又去其纖奇，則農桑無荒，女工斯勸。京畿百姓應兩税及青苗地頭納見錢等，充給府縣官吏及諸色支用，今天下諸州所納兩税，皆據分數納見錢，除納省估匹段給用之日錢貨并行。其京畿應納諸色錢等，許納諸州及本土上色絹，每匹與折八百文，充官吏料錢及諸色給用。京畿今年夏税麥數内每斗放五勝〔二十六〕，京兆府諸縣應欠開成五年終已前青苗、榷酒、秋夏品送府倉正税地租、百官職田資百姓種糧、户部和糴變色粟、驛蓄科稈草𥝩㪷并放免。畿内條税百姓，准元和二年八月二十五日敕及會昌元年正月九日赦節文，計户内丁數多少充。諸司盡稱子弟，致令鄉縣所由，無人差役，各委諸軍諸使司準前後敕文收補，仍具姓名奏聞。敕下京兆府重磨勘〔二十七〕，如

有人户違越妄托，屬諸軍諸使不準敕文影占收補者，并準前後敕文處分。諸使諸軍諸司人，在鄉村及坊市店舍經紀，準前後赦文收與百姓一例差科，不得妄有影占。應屬官莊宅使司人户，在店内及店門外經紀求利，承前不復隨百姓例差科者，從今後并與諸軍諸使一例准百姓例供應差科。畿内諸縣百姓，租佃百官職田地，訪聞其中有承虚名配佃多時，縣司但據額徵收租子，或無本地及被形勢莊園將瘠薄田地回换，令人户虚頭納子，歲月既久，無因申明。各委縣令子細磨勘，别立簿書具明段四至申報，仍委當司審□勘會（二十八），分析奏聞。畿内諸縣鄉村及城内坊市人户，不是正額食糧官健（二十九），及非工巧之徒，假以他名，諸司諸使影占納課，其數至多。各本司厘革，凡是納課人户，并停解送歸本縣，收入色役（三十）。京畿内近日足陌用錢（三十一），惟益富室，匹帛苦賤，反害疲人。宜却令依前行墊陌錢（三十二），每墊八十文。其公私交關五貫已上，令一半折用匹帛。武功既暢，經術是修，宜闡儒風，以弘教化。應公卿百僚子弟及京畿内士人寄客修明經進士業者，并隸名太學。每一季一度，據名籍分番於國子監試帖。三度帖經全通者，即是經藝已熟，向後更不用帖試（三十三）。如三度全不通，及三度托事故不就試者，便落下名籍，至貢舉時不在送省之限。其外寄居及土著人修進士明經業者，并隸名所

在官學，仍委長吏於見任官及本土著學行人中，選一人充試官，亦委每季一試，餘并準前處分。如無經藝，雖有文章，不在送省之限。所冀人皆向道，學務通經。職局官常，各宜歸正，詳刑决獄，豈可容奸（三十四）。在京諸司典吏，考滿合赴選者，官成後皆作計勾留（三十五），不肯赴任。今日已後，官成後便勒赴任，本司不至，各令本司厘正，不得奏請勾留。如一年選不成者，且勒依舊執行文案，至二年選不成者，勒停守選。諸州府有遺攝官及職掌人推案刑獄，比及刑部詳斷，其間或節目不盡，或予奪用情，將有勘尋，便稱停罷。向後諸州府推事，并須差見任官仍在兩考內者，其刑部大理法直，并以明法出身人充（三十六）。據律已去任者，公罪流已下勿論（三十七）。公罪之條，情有輕重，苟涉欺詐，豈得勿論。向後公罪有情狀難恕者，并不在勿論之限。上柱國前代烈勛，謂之八柱，品居第一，宜峻寵章（三十八）。向後非特恩，不在累叙之限。近日諸道奏官，其數至廣，非惟有侵選部，實亦頗啓幸門。向後淮南、兩浙、宣、鄂、洪、潭、荆、襄等道，并不得更有奏請。其三川邊鎮河南北地遠官，無選人肯去闕員稍多處，即任量要切奏請，仍每道一歲不得過七員。應諸道軍將，昨緣酬獎戰功，多授正秩。今日已後，非因戰功，不得請正官。其已有正官者，或因停替，亦須待三五年後，方得奏請。比來

山劍湖嶺間刺史，多居周行散位，日久而選縣佐，率是諸曹胥徒（三十九），年滿則授，生人舒慘，屬在此流，朝廷典章，罕能具舉。自今已後，每除湖嶺山劍南間刺史，取其流品稍高，兼曾歷三四任已上州官者，如有政績，委本道觀察使具以名聞。其遠處縣邑，多是中下縣，其縣丞簿尉等，例是入流令史，苟求自利，豈知官業。其中下縣丞中縣簿等，自今已後，有衣冠士流，經業出身，經五選如願授者，每年便許吏部投牒，依當選人例，下文書磨勘注擬。如到任清白幹能，刺史申本道觀察使，每年至終，使司都爲一狀申中書門下。得替已後，許使上縣簿尉選數赴選，與第二任好官。三衙官中名本於宿衛，當番就役，其事甚徵，每年兵部選時，號爲『文簡』（四十）。合選之數，全淺於明經齋郎，注擬之時，争先於諸親宗子（四十一）。其於逾濫，莫甚於斯，入仕之門，此途最弊。自今已後，但令武簡，其文簡并停。宗子每因恩澤，皆賜出身，自幼授官，多不求學，未詳典法，頗有愆違。委宗正寺收補明經，每年許參三十人出身，同兩館例與補。各搜圖籍，精驗源流，明爲保舉，不得容有逾濫。仍一季一度試帖經（四十二），餘并進士明經條例處分。京師佛刹相望，其數已多，既臨康莊，足壯都邑。近緣疏理僧尼，訪聞大寺房院，半已空閑。其坊内小寺，或産業素貧，或殿宇摧毁，僧數既少，不足住持，

并合同居，事從簡當，委功德使條疏，各具去著名額奏聞。其所拆寺僧尼，如行迹非違不守佛之禁戒者，亦宜揀選，勒令還俗。仍依前敕處分，兼具數聞奏，其餘僧尼，即令移入側近大寺有房院居住。又京城諸市，亦不盡有産業，就中即有富寺，今既疏理僧尼，兼停修造，所入厚利，恐皆枉破。委功德使檢責富寺邸店多處，除計料供常住外，剩者便勒貨賣，不得廣占求利，侵奪疲人，所去不均之患，冀合裒多之義（四十三）。又諸州府所申還俗僧尼，已有定額，若無私度，日當減耗。諸道每至年終，各具見在僧尼數申省。其續有死亡及犯事還俗，并分析申報本司，磨勘奏聞。如聞兩浙、宣、鄂、潭、洪、福、三川等道，緣地稍僻，姑務寬容，僧尼之中，尚多逾濫。委長吏更加揀，其有年少無戒行者，雖先在保内，亦須沙汰。古者受禄之家，食禄而已，不與人争業，然後利可均布，人可家足。如聞朝列衣冠，或代承華胄，或在清途，私置質庫樓店（四十四），與人争利，今日已後并禁斷，仍委御史臺察訪聞奏。如聞兩川税租，盡納見錢，蓋緣人多伎巧，物皆纖麗，凡所織作，不任軍資，所以人轉困窮，俗增侈靡。然以風土所習，頓革稍難，委刺史與縣令商量勸課。有機杼之家，依果閬州且織重絹，仍與作三等估，上估一貫一百，下估九百。待此法行後，每年兩税，一半與折納重絹，即冀人稍蘇

息（四十五），軍用不虧。或因宦游，遂輕土著，户籍既減，徵徭難均。江淮客户及逃移規避户税等人，比來皆係兩税（四十六），并無差役。或本州百姓，子弟纔沾一官，及官滿後移住鄰州，兼於諸軍諸使假職，便稱衣冠户，廣置資産，輸税全輕，便免諸色差役，其本鄉家業，漸自典賣，以破户籍，所以正税百姓日減，州縣色役漸少。從今已後，江淮百姓，非前進士及登科有名聞者（四十七），縱因官罷職，居別州寄住，亦不稱爲衣冠户，其差科色役，并同當處百姓流例處分。除盜懲奸，在去其枝葉；校功責課，必削其根本。如聞江淮諸道，私鹽賊盜，多結群黨，兼持兵仗劫盜，及販賣私鹽，因緣便爲大劫。江賊有仗者，雖未殺人，不在該恩之限。又逃還復業户，雖先有格令，近來多因刺史縣令務虛名者招携逃户，侵奪已成産業，轉令居者不安，奸人得計。苟求非時考課，虛申招復逃亡，及至定税徵科，依前逃散税錢，緣已申省使，即須攤配疲人。從今已後，應諸州縣逃户，經二百日不歸復者，其桑産居業，便招收承佃户輸納。其逃户縱歸復者，不在論理之限。其有稱未逃之時典貼錢數未當本價者，便於所典買人户下據户加税，亦不在却收索及徵錢之限。義重維城，慶流多葉，叙睦之道，寵渥惟宜（四十八）。中外群僚，文武多士，或郊禋奉職，或局署業官，各洽恩波，以類申典（四十九）。亞獻、撫王紘等各

賜物一百匹（五十），夾侍、正衣、進珪、捧珪各賜物五十匹，亞獻、終獻、正衣各賜物四十匹。大長公主、公主、嗣王、郡主、縣主各有賜物。内外文武見任及致仕官，三品已上賜爵一級，四品已下加一階，合入三品五品欠考未合叙者，待考足日聽叙。孔氏行教，折中於百王；虞賓展敬（五十一），不廢於千古。敢怠諮稟，爰用褒明（五十二）。文宣王之後及二王三恪與一子出身，各賜物五十匹，其祠廟委所司量加修飾。堯稱睦族，漢貴推恩，在明廣敬之義，式展奉親之孝。太皇太后二等已上親，皇三等已上親，委中書門下各擇有才行者，量與改官，如無堪獎用者，即不必與改。皇五等已下親，及三品已上賜爵一級，五品已上加一階，六品已下及前資常選散官（五十三），簡選日優與處分。應陪位皇五等已上親，及太皇太后皇太后三等已上親，三品已上賜爵一級，四品已下加一階，四等五等親并諸色陪位官，五品已上加一階，六品已下及白身，并賜勛兩轉，其前資及有出身各減一選。前聖立言，教人以孝，慶覃存没，禮洽閨門。俾奉高堂之榮，用沾漏泉之澤（五十四）。常參官及諸州府長官，父母見存未有官封者，并量與三品致仕官及階并邑號，如已有官封者，并量與進改，如官已至五品已上者，即與五品階。父母已殁，未經追贈者，量與贈官及邑號。公臺輔弼，柱石列藩，俾弘追飾之恩，仍昭賞延

之典，加於存没，用洽寵章〔五十五〕。中書門下及節度使帶平章事者，宜與一子正員八品官，祖父母先亡殁，各與追贈，已經贈者，更與改贈。破回鶻及攻討昭義立功節度使不帶平章事者，及劉沔、李思忠〔五十六〕，各與一子正員九品官。節度使、東都留守、度支、鹽鐵、觀察、處置、諸防禦、經略、招討使，及神策金吾六軍將大將軍威遠、鎮國等使、皇城留守，各與一子出身。父母先亡殁，未經追贈者，各與追贈。神儀使、京兆尹，各與一子出身。寅奉典册，肅恭明禋，或勤贊相之義，或專扈從之禮，時當慶澤，豈吝恩華〔五十七〕。應郊廟升壇升殿行事官，普恩之外，中書門下尚書省御史臺，三品已上特加一階，四品已下各賜一階。如合入三品者量減三考，入五品者量減二考，仍待考足日聽叙，其合選人與減一選。内行事官，三品已上更賜爵一級，四品已下更加一階。内侍省及内坊官，四品已上各賜勛五轉。應從駕至郊廟者，普恩之外，三品已上賜爵一級，四品已下各加一階，白身賜勛兩轉。攝侍中讀寶官、攝中書令讀册官各賜一子出身，撰册文官賜一子正員官，奉册、奉寶綬官、書玉册官、書寶官各加二階，進寶綬、進册、進中嚴、外辦禮儀、贊導、押册、押寶綬、舉舁寶册官各加一階，合選人減一選。其餘應職掌行事官及寫制書官、太常修撰、儀注禮官并内行事官，三品已上

賜爵一級，四品已下加一階，仍并賜勛一轉。鐫造玉册并填金字、造裝玉册官各賜物五十段。禁營軍師，信宿警衛，宜頒慶賚，以奬勛勞〔五十八〕。神策六軍、威遠營、左右金吾及皇城將士，應緣大禮儀仗宿衛御樓立仗等，普恩之外，三品已上賜爵一級，四品已下加一階，仍準舊例，賜物有差。其神策將士應在京畿諸縣者，亦各有賜。應緣大禮職掌行事官并修撰儀注及留守、副留守、守倉庫卿等，普恩之外，三品已上賜爵一級，四品已下各加一階。梯航奔走，慕化在庭，藩岳奏陳，不虧奉職，勤勞禁署〔五十九〕，已積歲時。鴻臚禮賓院應在城内蕃客等各有賜物，諸道知上都進奏院官在城者各賜勛三轉，應緣大禮四方進表疏及賀正官各賜勛三轉〔六十〕。翰林待詔供奉并諸色直見任及前資并員外試官，三品已上賜爵一級，四品已下各加一階，無官者賜勛兩轉。祠薦展儀，掌贊供事，恪勤無怠，甄奬宜申〔六十一〕。郊廟行事齋郎減兩年勞，至室長掌座禮生贊者便放出身。崇玄館行事學生及齋郎禮生，番考已滿，所司緣大禮却遣入行事〔六十二〕，各減一選。國子監學生陪位者賜勛一轉。中書門下專知儀制官各特加一階。應緣祇供作官、直司長上、諸州行綱考典、兩縣耆壽〔六十三〕、諸色番役當上在城，并量留十二月番者，各賜勛兩轉。飛龍閑厩、宫苑典引掌扇、内園總監栽接、少府將作、内中尚

武德軍器、内外弓箭庫等諸司諸使下白身及無品直司、定額長上、雜匠巧兒、黃衣長上、監門直長、雜仗三衛、七色引駕、細引執扇手、角手、弩手、彍騎武士、天文觀生、漏生、典鼓、典鐘工人、樂人、主衣、主膳、主酪、典食、胡食手、宰手、掌閑幕士、御士、醫工、獸醫、門僕、藥僮、御書手、楷書手、典書、外行署等各賜勛一轉。耆老加惠，著在前經，節義所褒，用明古道。天下百姓年九十已上，委所在長吏以留州物量加存恤。孝子順孫，義夫節婦，旌表門閭，終身勿事。先已旌表者，亦量加優恤。公卿視秩，靈瑞降祥，生植所資，導利庶物（六十四）。五岳四瀆，宜委本州府長吏備禮獻祭。助宣和氣，福我黎人，將達精誠，在嚴祀事。名山大川，及自古聖帝明王忠臣烈士，各令所在以禮致祭。亡命山澤，挾藏軍器，百日不首，復罪如初。赦書有所不該者，所司具條例聞奏。敢以赦前事相告言者，以其罪罪之。赦書日行五百里，布告天下，咸使聞知。主者施行。

校　箋

〔一〕本文又見於文苑英華卷四百二十九翰林制詔十，文題爲會昌五年正月三日南郊赦文。全唐文卷七十八亦録，文題爲加尊號後郊天赦文，署名唐武宗。此文唐大詔令集各本僅節録原制誥前一小部分，而文苑英華、全唐文乃保存原制誥全文。今爲保存全文，故所缺部分即據全唐文補録。又，唐大詔令集所録此文，本書卷七十一會昌五年正月三日南郊赦亦節録，僅個別文字有異，并少『自會昌五年正月三日昧爽已前』以下一小段文字。此文未署頒布時間。考舊唐書卷十八上武宗紀會昌五年正月載：『辛臣李德裕、杜悰、李讓夷、崔鉉，太常卿孫簡等率文武百僚上徽號曰仁聖文武章天成功神德明道皇帝。辛亥（二十七日），有事於郊廟，禮畢，御承天門，大赦天下。』新唐書卷八武宗紀會昌五年載：『正月己酉（一日），群臣上尊號曰仁聖文武章天成功神德明道大孝皇帝。是日，朝獻于太清宫。庚戌（二十六日），朝享于太廟。辛亥（二十七日），有事于南郊。大赦，賜文武官階、勛、爵，文宣公、二王、三恪予一子出身。』資治通鑒卷二百四十八會昌五年載：『春，正月，己酉朔，群臣上尊號曰仁聖文武章天成功神德明道大孝

皇帝，尊號始無「道」字，中旨令加之。庚戌（二十六日），上謁太廟。辛亥（二十七日），祀昊天上帝，赦天下。築望仙臺於南郊。』按，據上述史籍所載，此次大赦乃在會昌五年正月辛亥（二十七日），而文苑英華所載文題則明確題爲會昌五年正月三日南郊赦文，則三部史籍所載頒布大赦時間與文苑英華不同。考本赦文謂『可大赦天下。自會昌五年正月三日昧爽已前，大辟罪已下』云云，此所標明之時間即爲大赦令頒布之時間。據此可知此文乃頒布於會昌五年（八四五）正月三日，其撰寫時間當在是時稍前。舊唐書等三部史籍所記大赦時間恐有誤。

〔二〕必嚴禋祀之容：『禋祀』，古代祭天的一種禮儀。先燔柴升烟，再加牲體或玉帛於柴上焚燒。周禮春官大宗伯：『以禋祀祀昊天上帝，以實柴祀日、月、星、辰，以槱燎祀司中、司命、風師、雨師。』鄭玄注：『禋之言烟，周人尚臭，烟，氣之臭聞者也。槱，積也……三祀皆積柴、實牲體焉。或有玉帛燔燎，而升烟所以報陽也。』孫詒讓正義：『竊以意求之，禋祀者蓋以升烟爲義，實柴者蓋以實牲體爲義，槱燎者蓋以焚燎爲義。禮各不同，而禮盛者得下兼，其燔柴則一。』漢書禮樂志：『（郊祀歌十九章）恭承禋祀，縕豫爲紛，黼綉周張，承神至尊。』

〔三〕既膺顯號，式展盛儀，因時布和，順歲更始：『顯號』，全唐文作『鴻號』。『顯號』，顯貴的名位。漢書司馬相如傳下：『終則遺顯號於後世，傳土地於子孫。』隋書經籍志一：『其

王者之所以樹風聲，流顯號，美教化，移風俗，何莫由乎斯道？』『更始』，重新開始；除舊布新禮記月令：『數將幾終，歲且更始。』唐李白天長節使鄂州刺史韋公德政碑：『能事斯畢，與人更始。』

〔四〕逮予是遵：『逮予』，全唐文作『後人』。

〔五〕矧以眇身，幸逢昌運。雖履冰惟懼，而涉道未周：『眇身』，猶言微末之身。封建帝后自謙之詞。漢書武帝紀：『朕以眇身承至尊，兢兢焉惟德菲薄，不明于禮樂，故用事八神。』北齊書神武帝紀下：『以朕眇身，遇王武略，不勞尺刃，坐爲天子。』『昌運』，興隆的國運。南朝宋顔延之拜陵廟作詩：『敕躬慚積素，復與昌運并。』唐韓愈賀皇帝即位表：『伏惟皇帝陛下，承列聖之丕績，當中興之昌運。』『履冰』，行於冰上。比喻身處險境，戒慎恐懼之至。漢書韋賢傳：『如何我王，不思守保，不惟履冰，以繼祖考。』唐司空圖華帥許國公德政碑：『至於恭命之時，猶切履冰之懼。』

〔六〕洎兹列岳，内盡交修之志：『列岳』，高大的山岳。喻位高名重者。南朝梁任昉爲齊明帝讓宣城郡公第一表：『驃騎上將之元勛，神州儀刑之列岳。』唐李陽冰唐李翰林草堂集序：『王公趍風，列岳結軌。』『交修』，書説命下：『爾交修予，罔予棄，予惟克邁乃訓。』孔傳：『交，

非一之義。』孔穎達疏：『令其交更修治己也。』後用爲天子要求臣下匡助之詞。宋王安石批答文武百僚曾公亮已下上尊號第一表不允：『朕以薄德，嗣膺基緒，繼天理物，常懼弗任。方賴交修，以熙衆治。』

〔七〕乃者虜衆乖離，部族款附，救帝子於氈裘之所，致名王爲冠帶之臣：『救帝子』，文苑英華、四庫全書作『收帝子』。按，『虜衆乖離』乃指唐武宗會昌時回鶻内亂之事。『帝子』，指太和公主。『名王』，指回鶻黠戛斯可汗。舊唐書武宗紀記上述四句之事謂：會昌元年『八月，回鶻烏介可汗遣使告難，言本國爲黠戛斯所攻，故可汗死，今部人推爲可汗。緣本國破散，今奉太和公主南投大國。時烏介至塞上，大首領嗢没斯與赤心宰相相攻，殺赤心，率其部下數千帳近西城。天德防禦使田牟以聞。烏介又令其相頡干迦斯上表，借天德城以安公主，仍乞糧儲牛羊供給。詔金吾大將軍王會、宗正少卿李師偃往其牙宣慰，令放公主入朝，賑粟二萬石』。又同年十一月壬寅載：『太和公主遣使入朝，言烏介自稱可汗，乞行策命，緣初至漠南，乞降使宣慰，從之。』又，會昌二年三月載：『遣使册回紇烏介可汗。』又，會昌三年二月載：『太原劉沔奏：「昨率諸道之師至大同軍，遣石雄襲回鶻牙帳，雄大敗回鶻於殺胡山，烏介可汗被創而走。已迎得太和公主至雲州。」是日，御宣政殿，百僚稱賀。……黠戛斯使注吾合素入朝，獻名馬二匹，言可汗已破

回鶻，迎得太和公主歸國，差人送公主入朝，愁回鶻殘衆奪之於路。帝遂遣中使送注吾合素往太原迎公主。時烏介可汗中箭，走投黑車子，詔黠戛斯出兵攻之。三月，太和公主至京師，百官班于章敬寺迎謁，仍令所司告憲宗、穆宗二室。』

〔八〕堅昆來朝，不遠萬里；夷貊向化，克同九州：『堅昆』，古部族名。又稱鬲昆、隔昆、結骨、紇骨、居勿，唐時稱黠戛斯，在今葉尼塞河上游。漢初屬匈奴。宣帝時，匈奴郅支單于發兵西破堅昆，因留都其地。漢書匈奴傳下：『（郅支單于）發其兵西破堅昆，北降丁令，并三國。』唐段成式酉陽雜俎境異：『堅昆部落非狼種，其先所生之窟在曲漫山北。』『夷貊』，古代對東方和北方民族之稱。亦泛指各少數民族。史記日者列傳：『盜賊發不能禁，夷貊不服不能攝。』舊唐書鄭畋傳：『茫茫赤縣，僅同夷貊之鄉；惴惴黔黎，若在狴牢之内。』『向化』，歸服。後漢書寇恂傳：『今始至上谷，而先墮大信，沮向化之心，生離畔之隙，將復何以號令它郡乎？』新唐書岑文本傳：『大王誠縱兵剽係，恐江嶺以南，向化心沮，狼顧麇驚。』

〔九〕重以上黨狂童，竊襲叛迹，問罪之師既集，元凶之首遂梟：『上黨狂童』，指劉稹。此數句指劉稹等叛亂，後被誅殺之事。舊唐書武宗紀會昌三年略記此事來龍去脉云：『四月，昭義節度使劉從諫卒，三軍以從諫侄稹爲兵馬留後，上表請授節鉞。尋遣使齎詔潞府，令稹護從諫之喪

歸洛陽。積拒朝旨。詔中書門下兩省尚書御史臺四品已上、武官三品已上，會議劉稹可誅可宥之狀以聞。……九月，制：……故昭義節度劉悟，頃居海岱，嘗列爪牙。屬師道阻兵，王師問罪，三面開綱，一境離心，乘此危機，遂能歸命。憲宗嘉其誠款，授以南燕；穆宗待以腹心，委之上黨。招致死士，固護一方，迨于末年，已虧臣節。劉從諫生禀戾氣，幼習亂風。因跋扈之資，以專封壤；恃紀綱之力，以襲兵符。暫展執珪之儀，終無上綬之請。隙駒爲喻，魏豹姑務於絶河；井蛙自居，孫述頗聞于恃險。誘受亡命，妄作妖言，中罔朝廷，潛圖左道。接壤戎帥，屢奏陰謀，顧髫齔之所矜，豈淵魚之是察。洎乎沉痼，曾靡哀鳴，猶駐將盡之魂，恣行邪僻之志，罔或奮拔，自樹狡童。中使授醫，莫睹其朝服；近臣銜命，不入於壘門。逆節甚明，人神共棄。其贈官及先所授官爵、并劉稹在身官爵，宜并削奪。……其昭義舊將士及百姓等，如保初心，并赦而不問。如能捨逆效順，以州郡兵衆歸降者，必厚加封賞。如能擒送劉稹者，別授土地，以報勛庸。頃隨劉悟鄆州舊將校子孫，既有義心，宜思改悔。如能感喻劉稹，束身歸朝，必當待之如初，特與洗雪。』又，會昌四年七月載：『王元逵奏邢州刺史裴問、別將高元武以城降。洺州刺史王釗、磁州刺史安玉以城降何弘敬。山東三州平。潞州大將郭誼、張谷、陳揚廷遣人至王宰軍，請殺稹以自贖。王宰以聞，乃詔石雄率軍七千入潞州，誼斬劉稹首以迎雄，澤、潞等五州平。八月戊戌，王宰傳稹

首與大將郭誼等一百五十人，露布獻於京師，上御安福門受俘，百僚樓前稱賀。』

〔十〕翦逆豎而故都底定，竄摩尼而壞法永除：『逆豎』，原作『逆弁』，今據文苑英華改。『逆豎』，對叛逆者的憎稱。宋書 沈文秀傳：『何故背國負恩，遠同逆豎。』南朝陳徐陵爲護軍長史王質移文：『醜徒濟岸來攻郢城，逆豎浮舟同趣夏浦。』『底定』，引申指平定；安定。周書 尉遲運傳：『東夏底定，頗有力焉。』宋王禹偁平陽公主贊并序：『卒見削平多壘，底定京師。』『摩尼』，指摩尼教。波斯人摩尼所創立的宗教。其教宣揚光明與黑暗對立，爲善惡本原。摩尼爲明的代表，故摩尼教又稱明教、明尊教。其教多在長安、洛陽及西域商人中流行。唐人亦稱其教徒爲摩尼。舊唐書 回紇傳：『五月，回鶻宰相、都督、公主、摩尼等五百七十三人入朝迎公主，於鴻臚寺安置。』新唐書 回鶻傳上：『元和初，再朝獻，始以摩尼至。』

〔十一〕破黷貨之家：『黷貨』，貪污納賄。宋蘇軾論特奏名：『臣等伏見恩榜得官之人，布在州縣，例皆垂老，別無進望，惟務黷貨，以爲歸計。』清龔自珍明良論一：『其非儉於制，而又黷貨焉，誅之甚有詞矣！』

〔十二〕是用虔告清廟，明禋上玄，烟燎所升，靈貺如答：『清廟』，即太廟。古代帝王的宗廟。詩 周頌 清廟：『於穆清廟，肅雍顯相。』左傳 桓公二年：『是以清廟茅屋……昭其儉

也。』『明禋』，潔敬。指明潔誠敬的獻享。書洛誥：『乃命寧予以秬鬯二卣，曰明禋，拜手稽首休享。』蔡沈集傳：『明，潔；禋，敬也，以事神之禮事公也。』明何景明憂旱賦：『坎擊鼓兮舞成行，薦明禋兮輸款誠。』『上玄』，上天。漢揚雄甘泉賦：『惟漢十世，將郊上玄。』李善注：『上玄，天也。』周書王悦傳：『梁主内虧刑政，外闕藩籬。匹夫攘袂，舉國傾覆。非直下民離心，抑亦上玄所棄。』『烟燎』，祭天燔柴的烟火。南朝梁沈約南郊恩詔：『升烟燎於穹昊，致精誠於太一。』唐包佶祀雨師樂章亞獻終獻：『迎乾德，祈歲功；乘烟燎，儼從風。』『靈貺』，神靈賜福。文選范曄後漢書光武紀贊：『世祖誕命，靈貺自甄。』李周翰注：『言光武大受寶命，神靈賜福祚而自成也。』唐李紳登禹廟回降雪詩：『瑞彰知有感，靈貺表無災。』

〔十三〕既展郊禮，重申國經：『既展』，文苑英華作『既畢』。『郊禮』，天子祭天地的大禮。史記封禪書：『天子從昆侖道入，始拜明堂，如郊禮。』晋書禮志下：『漢儀，立秋之日，自郊禮畢，始揚威武，斬牲於東門，以薦陵廟。』『國經』，國家的綱紀。三國魏曹植責躬詩：『伊爾小子，恃寵驕盈。舉挂時綱，動亂國經。』南朝陳徐陵太極殿銘：『况復皇寢，宜昭國經。方流典訓，永樹天庭。』

〔十四〕昧爽已前：『昧爽』，拂曉；黎明。書牧誓：『時甲子昧爽，王朝至于商郊牧野。』孔

子家語五儀解：『昧爽夙興，正其衣冠。』

（十五）惟犯十惡反逆已上：此句以下部分，各本唐大詔令集闕，今據全唐文補足全文。『十惡』，封建時代刑律所定的十種大罪。隋書刑法志：『（開皇元年）更定新律……又置十惡之條，多采後齊之制，而頗有損益。一曰謀反，二曰謀大逆，三曰謀叛，四曰惡逆，五曰不道，六曰大不敬，七曰不孝，八曰不睦，九曰不義，十曰内亂。犯十惡及故殺人獄成者，雖會赦，猶除名。』唐長孫無忌唐律疏議名例一十惡：『周齊雖具十條之名，而無十惡之目。開皇創制，始備此科……自武德以來，仍遵開皇，無所損益。』

（十六）官典犯入己贓：『官典』，指低級官吏。唐韓愈論變鹽法事宜狀：『臣今計此用錢已多，其餘官典及巡察手力所由等糧課，仍不在此數。通計所給，每歲不下十萬貫。』

（十七）已經量移者更與量移，如已在近處，未復資者：『量移』，多指官吏因罪遠謫，遇赦酌情調遷近處任職。唐白居易自題詩：『一旦失恩先左降，三年隨例未量移。』舊唐書玄宗紀上：『（開元二十年）大赦天下，左降官量移近處。』『復資』，恢復官禄。

（十八）六品已下依常調選：『常調』，按常規遷選官吏。唐高適宋中遇劉書記有別詩：『幾載困常調，一朝時運催。』清薛福成代李伯相日本某居士集序：『仕宦不適常調，計典

不入上考。』

〔十九〕丁憂去任，服闋日亦與量移：『丁憂』，遭逢父母喪事。舊制，父母死後，子女要守喪，三年内不做官，不婚娶，不赴宴，不應考。晋書袁悦之傳：『（悦之）始爲謝玄參軍，爲玄所遇，丁憂去職。』『服闋』，守喪期滿除服。闋，終了。漢蔡邕貞節先生陳留范史雲銘：『舉孝廉，除郎中君萊蕪長，未出京師，喪母行服。故事，服闋後還郎中君。』舊唐書王丘傳：『丁父憂去職，服闋，拜右散騎常侍，仍知制誥。』

〔二十〕兼比來與劉稹、楊弁同謀惡逆配流及伏法身死，有父兄子弟及諸親族等配流者：『配流』，把罪人發配、流放到遠地。唐張鷟朝野僉載卷一：『懷州録事參軍路敬潛遭綦連輝事，於新開推鞫，免死配流。』舊唐書則天皇后紀：『元軌配流黔州。』『劉稹』，傳見舊唐書卷一百六十一、新唐書卷二百一十四。按，『劉稹』『楊弁』均是武宗時之反叛生亂者。劉稹之叛，可參見本文校箋〔九〕。楊弁之激亂，舊唐書武宗紀略記云：會昌三年十二月，『王宰奏收天井關。榆社行營都將王逢奏兵少，乞濟師，詔太原軍二千人赴之。初，劉沔破回鶻，留三千人戍横水，至是，李石以太原無兵，抽横水戍卒一千五百人以赴王逢。是月二十八日，横水軍至太原，請出軍優給。舊例第一軍絹二匹，時劉沔交代後，軍庫無絹。石以己絹益之。方可人給一匹，便催

上路。軍人以歲將除，欲候過歲，期既速，軍情不悦。都頭楊弁乘士卒流怨，激之爲亂。四年春正月乙酉朔，以澤潞用兵，罷元會。其日，楊弁逐太原節度使李石。……壬子，河東監軍使吕義忠收復太原，生擒楊弁，盡斬其亂卒，百僚稱賀』。資治通鑑卷二百四十七會昌三、四年間亦載劉稹、楊弁之叛亂有云：『初，劉沔破回鶻，留兵三千戍横水栅；河東行營都知兵馬使王逢奏乞益榆社兵，詔河東以兵二千赴之。時河東無兵，守倉庫者及工匠皆出從軍，李石召横水戍卒千五百人，使都將楊弁將之詣逢，壬午，戍卒至太原。先是，軍士出征，人給絹二匹。劉沔之去，竭府庫自隨，石初至，軍用乏，以己絹益之，人纔得一匹。時已歲盡，軍士求過正旦而行，監軍吕義忠累牒趣之。楊弁因衆心之怒，又知城中空虚，遂作亂。（會昌）四年春，正月，乙酉朔，楊弁帥其衆剽掠城市，殺都頭梁季叶，李石奔汾州。弁據軍府，釋賈群之囚，使其侄與之俱詣劉稹，約爲兄弟。稹大喜。石會關守將楊珍聞太原亂，復以關降於稹。戊子，吕義忠遣使言狀，朝議喧然。或言兩地皆應罷兵，王宰又上言：「游弈將得劉稹表，臣近遣人至澤潞，賊有意歸附。若許招納，乞降詔命！」李德裕上言：「……必須劉稹與諸將皆舉族面縛，方可受納。兼遣供奉官至晉絳行營，密諭石雄以王宰若納劉稹，則雄無功可紀。雄於垂成之際，須自取奇功，勿失此便。」又爲相府與宰書，言：「昔王承宗雖逆命，猶遣弟承恭奉表詣張相祈哀，又遣其子知感、知信入朝，憲宗猶未之

許。今劉稹不詣尚書面縛，又不遣血屬祈哀，置章表於衢路之間，游弈將不即毁除，實恐非是。况稹與楊弁通奸，逆狀如此，而將帥大臣容受其詐，是私惠歸於臣下，不赦在於朝廷，事體之間，交恐不可。自今更有章表，宜即所在焚之。惟面縛而來，始可容受。」……辛卯，詔王逢悉留太原兵守榆社，以易定千騎、宣武兖海步兵三千討楊弁；又詔王元逵以步騎五千自土門入，應接逢軍。忻州刺史李丕奏：「楊弁遣人來爲游説，臣已斬之，兼斷其北出之路，發兵討之。」……德裕曰：「從其有十五里光明甲，必須殺此賊！」因奏稱：「楊弁微賊，决不可恕。如國力不及，寧捨劉稹。」河東兵戍榆社者聞朝廷令客軍取太原，恐妻孥爲所屠滅，乃擁監軍吕義忠自取太原。壬子，克之，生擒楊弁，盡誅亂卒。』

〔二十一〕亡官失爵放歸不齒者，量加收叙：『不齒』，不與同列；不收録。表示鄙視。周禮秋官大司寇：『其能改者，反于中國，不齒三年。』鄭玄注：『不齒者，不得以年次列於平民。』禮記王制：『不變，屏之遠方，終身不齒。』鄭玄注：『齒，猶録也。』孔穎達疏：『以年相次是録其長幼，故云齒猶録也。』

〔二十二〕有痕累禁錮及逃匿者：『痕累』，謂因事牽連而受累。唐元稹上門下裴相公書：『閣下若能蕩滌痕累，洞開嫌疑，棄仇如振塵，愛士如救餒……上以副陛下咸與維新之懷，次

有以廣闊下常善救人之道。』唐陸贄奉天改元大赦制：『應先有痕累禁錮及反逆緣坐承前恩赦所不該者，并宜洗雪。』

〔二十三〕并擒捉生口：『生口』，指俘虜。漢書西域傳上鄯善：『時漢軍正任文將兵屯玉門關，爲貳師後距，捕得生口，知狀以聞。』唐李翺論事疏表：『至如淄青生口夏侯澄等四十七人，皆所宜誅斬者也。』

〔二十四〕故尚父汾陽王、贈太師晟、贈太尉秀實、贈司徒顔杲卿、贈太師顔真卿、許遠、張巡、南霽雲：按，諸人之生平事迹，請見本書卷三懿宗即位赦一文之校箋〔七十三〕〔七十四〕。

〔二十五〕丁徭若絶其影占：『影占』，謂虚占人户或田産，使逃避賦役、税收。唐韓愈論變鹽法事宜狀：『諸道軍諸使家口親族，遞相影占，不曾輸税。若官自糶鹽，此輩無一人遺漏者。』元典章户部田宅：『昔里思吉將民户舒德輿等田土虚立典賣文契影占，（民户）不當雜役。』

〔二十六〕京畿今年夏税麥數内每斗放五勝：『勝』，通『升』。容量單位。商君書賞刑：『贊茅、岐周之粟，以賞天下之人，不人得一勝。』一本作『升』。俞樾諸子平議商

子：『勝，讀爲升，古字通用。三輔黃圖曰：「御宿園出栗，十五枚一勝，大梨如五勝。」勝，皆升之假字。』宋李石續博物志卷五：『一勝粱米，以純苦酒一斗漬之。』

〔二十七〕敕下京兆府重磨勘：『磨勘』，查核。太平廣記卷三百八十引唐谷神子博異志鄭潔：『或十日方一去，但云磨勘文案未畢，所言受罪亦不見其餘，但拷問科決而已。』宋范仲淹再奏辯滕宗諒張亢：『一面勘鞫干連人，并將已取到慶州錢帛文帳磨勘。』

〔二十八〕仍委當司審□勘會：『勘會』，審核議定。唐陸贄貞元改元大赦制：『京畿及近縣所欠百姓和糴價直，委度支即勘會支給。』元典章新集刑部隱藏人口：『諸人誘略良人等罪，經原免，其被賣之人雖未勘會完備，合依發付給親。』

〔二十九〕不是正額食糧官健：『官健』，唐初府兵制，士兵自備武器資糧，後逐漸改爲官給，故稱士兵爲官健。唐白居易請罷兵第二狀：『況神策官健，又最烏雜：以城市之人，例皆不慣。如此，忽思生路，或有奔逃。』舊唐書張萬福傳：『萬福曰：「官健常虛費衣糧，無所事，今乃一小賴之，不足過賞，請用三之一。」』資治通鑑唐代宗大曆三年引此文，胡三省注云：『兵農既分，縣官費衣糧以養軍，謂之官健，猶言官所養健兒也。』

〔三十〕收入色役：『色役』，古時徭役之一。盛行於唐代，即由官府僉派人户去各級品官和

官衙擔任僕役的一種差役。五代王定保唐摭言 海叙不遇：『李常侍鷟廉察江西，特與放鄉里之役，盲俗互有論列。鷟判曰：「江西境内，凡爲詩得及濤者，即與放色役，不止一任濤耳。」』新唐書 食貨志一：『王鉷爲户口色役使，歲進錢百億萬緡。』

（三十一）京畿内近日足陌用錢：『足陌』，指『足陌錢』。古代製錢每貫十足爲百枚，稱『足陌錢』。陌，通『佰』。梁書 武帝紀下：『頃聞外間多用九陌錢，陌减則物貴，陌足則物賤……自今可通用足陌錢。』

（三十二）宜却令依前行墊陌錢：『墊陌』，唐代貨幣制度的一種變通措施。從一緡中抽出若干錢仍作一緡計算，以此彌補國家的財用不足。一緡即一貫，足數是千錢。陌，指百錢。從緡推算至百，百錢中抽出若干仍作百錢計算，叫『墊陌』，又稱『除陌』。新唐書 食貨志四：『經費屈竭。皇甫鎛建議，内外用錢每緡墊二十外，復抽五十送度支以贍軍……尋以所在用錢墊陌不一，詔從俗所宜，内外給用，每緡墊八十。』宋程大昌考古編 緡錢省陌：『元和十二年，民間墊陌有至七十者。』

（三十三）向後更不用帖試：『帖試』，以帖經試士。新唐書 楊瑒傳：『瑒奏：「有司帖試明經，不質大義，乃取年頭、月尾、孤經、絶句。」』

〔三十四〕職局官常，各宜歸正，詳刑決獄，豈可容奸：『官常』，官之常職。周禮天官大宰：『以八法治官府……四曰官常，以聽官治。』鄭玄注：『官常，謂各自領其官之常職。』唐崔嘏授崔璹給事中制：『無忝官常，自貽公讓。』『詳刑』，謂斷獄審慎。漢王粲從軍詩之二：『涼風厲秋節，司典告詳刑。』宋曾鞏杜純大理正制：『折獄詳刑之事，朕所慎也。』『決獄』，判決獄訟。管子小匡：『決獄折中，不殺不辜，不誣無罪，臣不如賓胥無。』晉葛洪抱朴子審舉：『今在職之人，官無大小，悉不知法令。或有微言難曉，而小吏多頑，而使之決獄，無以死生委之，以輕百姓之命，付無知之人也。』

〔三十五〕在京諸司典吏，考滿合赴選者，官成後皆作計勾留：『典吏』，主管的官吏。唐陳子昂上蜀川安危事：『蜀中諸州百姓所以逃亡者，實緣官人貪暴，不奉國法；典吏游容，因此侵漁。』『考滿』，舊時指官吏的考績期限已滿。一考或數考爲一任，故考滿亦常爲任滿。宋王溥唐會要考上：『開元三年正月五日敕，内外官考滿，所司預補替人，名爲守闕，特宜禁斷，縱後有闕，所由不得令上。』資治通鑑唐玄宗天寶四載：『楊釗，貴妃之從祖兄也……從軍於蜀，得新都尉；考滿，不能自歸。』『赴選』，指前往吏部聽候銓選。唐張鷟朝野僉載卷三：『給事中陳安平子年滿赴選，與鄉人李仙藥卧。夜夢十一月養蠶，仙藥占曰：「十一月養蠶，冬絲也，君必送

東司。」數日，果送吏部。』文明小史第三十一回：『爲著赴選未經得缺，同鄉官面子上的應酬，也就減少了一半。』『官成』，仕宦有成就。鄧析子轉辭：『患生於官成，病始（殆）於少瘳，禍生於懈慢。』宋王安石李用和轉官：『夫以才得選而久於險遠之勞，不先有賞以加焉，何以勸夫能者，躐遷位等，兹實異恩。往祇官成，無廢吾事！』『作計』，謀劃；考慮。玉臺新咏爲焦仲卿妻作：『阿兄得聞之，悵然心中煩。舉言謂阿妹，作計何不量？』北周庾信楊柳歌：『定是懷王作計誤，無事翻覆用張儀。』『勾留』，逗留；停留。唐白居易春題湖上詩：『未能抛得杭州去，一半勾留是此湖。』清汪士通醉花陰詞：『蘼蕪緑遍江南路，燕語鶯啼處。隨地得勾留，臨水登山，直向瓜洲渡。』

〔三十六〕其刑部大理法直，并以明法出身人充：『大理』，掌刑法的官。秦爲廷尉，漢景帝六年更名大理，武帝建元四年復爲廷尉。北齊爲大理卿，隋唐以後沿之。韓非子外儲説左下：『夷吾不如弦商，請立以爲大理。』陳奇猷集釋引太田方曰：『禮月令注：「理，治獄官也。」有虞氏曰士；夏曰大理；周曰大司寇。」』『明法』，漢、唐、宋各代察舉人才及科舉取士的科目名稱。漢建元初令郡察人才，設四科，其三曰明習法令，爲明法的開始。唐、宋科舉都有明法科。主要考試關於法令的知識。新唐書選舉志上：『其科之目，有秀才，有明經，有俊士，有進

士，有明法，有明字，有明算。』」宋史選舉志一：『初，禮部貢士，設進士……學究、明經、明法等科。』

〔三十七〕公罪流已下勿論：『公罪』，因公務上的過失所獲之罪。宋史真宗紀三：『（大中祥符四年）二月庚戌，詔貢舉人公罪聽贖。』明律名例犯罪得累減：『凡一人犯罪，應減者，若爲從減，自首減，故失減，公罪遞減之類，并得累減。』清會典刑部刑部尚書『凡民罹於辟者，罪有公私』原注：『内外文武官員，犯公罪，應笞一十者，罰俸一月。』

〔三十八〕上柱國前代烈勛，謂之八柱，品居第一，宜峻寵章：『上柱國』，官名。戰國楚制，凡立覆軍斬將之功者，官封上柱國，位極尊寵。北魏置柱國大將軍，北周增置上柱國大將軍，唐、宋也以上柱國爲武官勛爵中的最高級，柱國次之。歷代沿用，清廢。戰國策齊策二：『（陳軫）見昭陽，再拜賀戰勝，起而問：「楚之法，覆軍殺將，其官爵何也？」昭陽曰：「官爲上柱國，爵爲上執珪。」』舊五代史唐書明宗紀五：『詔曰：「上柱國，勛之極也……今後凡加勛，先自武騎尉，十二轉方授上柱國。」』『八柱』，古代神話傳説，地有八柱，用以承天。楚辭天問：『八柱何當？東南何虧？』王逸注：『言天有八山爲柱。』洪興祖補注：『河圖言，昆侖者，地之中也，地下有八柱，柱廣十萬里，有三千六百軸，互相牽制，名山大川，孔穴相通。』唐柳宗

元天對：『完離不屬，焉恃夫八柱！』此處用以比喻能爲國家扶顛持危的棟梁之才。唐顔真卿金紫光禄大夫守太子太傅隴西郡開國公李公神道碑：『家崇八柱之勛，地半三分之業。』『寵章』，封建時代表示高官顯爵的章服。漢潘勖册魏公九錫文：『朕聞先王并建明德，胙之以土，分之以民，崇其寵章，備其禮物，所以蕃衛王室，左右厥世也。』李善注：『禮記曰：「以爲旗章，以別貴賤。」鄭玄曰：「章，識也。」』舊唐書 鄭餘慶傳：『丞郎中謝洎郎官出使，多賜章服，以示加恩，於是寵章尤濫，當時不以服章爲貴。』

〔三十九〕多居周行散位，日久而選縣佐，率是諸曹胥徒：『周行』，周官的行列。詩 周南 卷耳：『嗟我懷人，置彼周行。』毛傳：『行，列也。思君子，官賢人，置周之列位。』後用以泛指朝官。唐王維請施莊爲寺表：『元聖中興，群生受福，臣至庸朽，得備周行。』清吴偉業通元老人龍腹竹歌：『京師公卿誰舊識？與君異國共周行。』『散位』，閑散的官位。宋書 周朗傳：『使官稱事立，人稱官置，無空樹散位，繁進冗人。』舊唐書 穆寧傳：『寧强毅不能事權貴，執政者以爲不附己，且憚其難制，故處之散位。』『胥徒』，本爲民服徭役者。後泛指官府衙役。語本周禮 天官序官：『胥，十有二人，徒，百有二十人。』鄭玄注：『此民給徭役者，若今衛士矣。胥，讀如諝，謂其有才知，爲什長。』南朝梁何遜早朝車子聽望詩：『胥徒紛絡繹，騶御或西東。』唐元稹韓皐

吏部尚書趙宗儒太常卿制：『是以選賢與能之柄，或碍於胥徒；冠婚喪祭之儀，不行於卿士。』

〔四十〕三衙官中名本於宿衛，當番就役，其事甚徵，每年兵部選時，號爲『文簡』：『其事甚徵』，文苑英華、全唐文於『徵』字下注『疑』。今疑此『徵』字似爲『微』之誤。『三衙』，殿前司、侍衛親軍馬軍司、侍衛親軍步軍司掌領禁軍，謂之『三衙』。宋歐陽修歸田録卷一：『舊制，侍衛親軍與殿前分爲兩司。自侍衛司不置馬步軍都指揮使，止置馬軍指揮使、步軍指揮使以來，侍衛一司，自分爲二，故與殿前司列爲三衙也。』宋黄庭堅次韻奉答吉鄰機宜：『千里折衝深寄此，三衙虚席看除誰？』『宿衛』，在宮禁中值宿，擔任警衛。史記齊悼惠王世家：『後四年，封章弟興居爲東牟侯，皆宿衛長安中。』唐羅鄴老將詩：『年年宿衛天顔近，曾把功勛奏建章。』『當番』，輪流；輪值。舊唐書職官志二：『凡散官四品已下，九品已上，并於吏部當番上下。』元張昱宮中詞：『延華閣下日如年，除是當番到御前。』

〔四十一〕合選之數，全淺於明經齋郎，注擬之時，争先於諸親宗子：『明經』，漢代以明經射策取士。隋煬帝置明經、進士二科，以經義取者爲明經，以詩賦取者爲進士。宋改以經義論策試進士，明經始廢。梁啓超變法通議論科舉：『今請雜取前代之制，立明經一科，以暢達教旨，闡發大義，能以今日新政，證合古經者爲及格。』『齋郎』，掌宗廟社稷祭祀的小吏。魏始置，

屬太常。唐、宋亦皆置之。唐韓愈省試學生代齋郎議：『齋郎職奉宗廟社稷之小事，蓋士之賤者也。』宋史選舉志四：『紹興初，嘗以兵革經用不足，有司請募民入貲補官，帝難之。參知政事張守曰：「祖宗時，授以齋郎，今之將仕郎是也。」』『宗子』，古代宗法制度稱大宗的嫡長子。詩大雅板：『懷德維寧，宗子維城。無俾城壞，無獨斯畏。』鄭玄箋：『宗子，謂王之適子。』禮記大傳『別子爲祖，繼別爲宗』鄭玄注：『別子謂公子若始來在此國者，後世以爲祖也。別子之世適也，族人尊之爲大宗，是宗子也。』

〔四十二〕仍一季一度試帖經：『帖經』，唐代科舉考試的一種方法。通典選舉三：『帖經者，以所習經，掩其兩端，中間唯開一行，裁紙爲帖。凡帖三字，隨時增損，可否不一，或得四、得五、得六者爲通。』舊唐書文宗紀下：『其進士舉宜先試帖經，并略問大義，取經義精通者放及第。』

〔四十三〕冀合裒多之義：『裒』，聚集。詩小雅常棣：『原隰裒矣，兄弟求矣。』毛傳：『裒，聚也。』

〔四十四〕如聞朝列衣冠，或代承華胄，或在清途，私置質庫樓店：『朝列』，猶朝班。泛指朝廷官員。晋潘岳秋興賦序：『攝官承乏，猥厠朝列。』唐孟浩然仲夏歸南園寄京邑舊游詩：『因聲

謝朝列，吾慕潁陽真。』『華胄』，指顯貴者的後代。晉書石季龍載記上：『鎮遠王擢表雍、秦二州望族，自東徙已來，遂在戍役之例，既衣冠華胄，宜蒙優免。』舊唐書后妃傳上玄宗貞順皇后武氏：『承戚里之華胄，升後庭之峻秩，貴而不恃，謙而益光。』『清途』，清貴的仕途。北堂書鈔卷六十二引晉武帝治書侍御史詔：『基子冲尚書郎中，雖復清途，猶未免楚撻。』南史荀伯子傳：『荀伯子少好學，博覽經傳，而通率好爲雜語，遨游閭里，故以此失清途。』『質庫』，當鋪。唐李肇唐國史補卷中：『揚州富商大賈，質庫酒家，得王四舅一字，悉奔走之。』醒世恒言鄭節使立功神臂弓：『門首一壁開個金銀鋪，一壁開所質庫。』

〔四十五〕即冀人稍蘇息：『稍蘇息』，原作『少蘇息』，今據文苑英華改。

〔四十六〕比來皆係兩稅：『皆』，文苑英華作『雖』。

〔四十七〕非前進士及登科有名聞者：『前進士』，唐代稱及第而尚未授官的進士。唐李肇唐國史補卷下：『投刺謂之鄉貢，得第謂之前進士。』胡仔苕溪漁隱叢話後集王禹玉引宋蔡寬夫詩話：『自聞喜宴後，始試制兩節於吏部，其名始隸曹，謂之關試，猶今之參選。關試後始稱前進士。』

〔四十八〕義重維城，慶流多葉，叙睦之道，寵渥惟宜：『維城』，連城以衛國。詩大雅

板：『懷德維寧，宗子維城。』後漢書劉虞公孫瓚陶謙傳贊：『襄賁勵德，維城燕北。仁能洽下，忠以衛國。』『寵渥』，皇帝的寵愛與恩澤。周書儒林傳沈重：『祇承寵渥，不忘戀本，深足嘉尚。』唐劉禹錫謝男師損等官表：『寵渥非常，授任不次。』

〔四十九〕或郊禋奉職，或局署業官，各洽恩波，以類申典：『郊禋』，古帝王升烟祭祀天地的大禮。漢揚雄甘泉賦：『徠祇郊禋，神所依兮。』梁書元帝紀：『鸞輅龍章，蓋以郊禋而貴。』『局署』，官署。宋史食貨志下七：『太平興國初，京西轉運使程能請榷之，所在置官吏局署，取民租米麥給釀。』『恩波』，謂帝王的恩澤。南朝梁丘遲侍宴樂游苑送張徐州應詔詩：『參差別念舉，肅穆恩波被。』唐劉駕長門怨詩：『御泉長繞鳳皇樓，只是恩波別處流。』

〔五十〕亞獻、撫王紘等各賜物一百匹：『亞獻』，古代祭祀時獻酒三次，第二次獻酒稱『亞獻』。儀禮士虞禮：『主婦洗足爵于房中，酌，亞獻尸。』後漢書百官志一：『（太尉）凡郊祀之事，掌亞獻。』『紘』，古代冠冕上的帶子。由頷下向上繫於笄，垂餘者爲纓。禮記禮器：『管仲鏤簋，朱紘，山節，藻棁，君子以爲濫矣。』孔穎達疏：『紘，冕之飾，用組爲之，以其組從下屈而上屬之於兩旁，垂餘爲纓。』晏子春秋外篇上九：『冕前有旒，惡多所見也；纊紘珫耳，惡多所聞也。』

〔五十一〕虞賓展敬：『虞賓』，指堯子丹朱。因虞以賓禮待之，故稱。丹朱不肖，國亡。後因以喻失位之君。『展敬』，祭拜；省候致敬。後漢書鄭玄傳：『自非拜國君之命，問族親之憂，展敬墳墓，觀省野物，胡嘗扶杖出門乎！』五代王定保唐摭言惡得及第：『廣明初，崔厚侍郎榜，貴主力取鼎甲。榜除之夕，爲設庭燎，仍爲宴具，以候同年展敬。』

〔五十二〕敢怠諮稟，爰用褒明：『諮稟』，請示、稟報。後漢書皇后紀上明德馬皇后：『內外咨稟，事同成人。』南史臧質傳：『時孝武自攬威權，而質以少主遇之，刑政慶賞，不復諮稟朝廷。』『褒明』，衣名。長襦，也稱爲袍。古人家居時的服裝。方言第四：『褒明謂之袍。』郭璞注：『廣雅云：「褒明，長襦也。」』洪頤煊讀書叢録方言褒明：『爾雅釋言：「袍，襺也。」禮記玉藻：「纊爲襺，緼爲袍。」釋名釋衣服：「袍，苞也，苞内衣也。」襺通作繭字，褒明，疑褒繭之訛爾。』

〔五十三〕六品已下及前資常選散官：『散官』，有官名而無固定職事之官。與職事官相對而言。漢制，朝廷對大僚重臣於本官之外加賜名號，而實無官守。魏、晋、南北朝因之。隋代始定散官之制。唐、宋、金、元因之。文散官有開府儀同三司、特進、光禄大夫等；武散官有驃騎將軍、輔國將軍、鎮國將軍等。其品秩之高下，待遇之厚薄，各代不一。隋書百官志下：『居曹有

職務者爲執事官，無職務者爲散官。』宋陸游施司諫注東坡詩序：『東坡蓋嘗直史館，然自謫爲散官，削去史館之職久矣。』

〔五十四〕慶覃存没，禮洽閨門。俾奉高堂之榮，用沾漏泉之澤：『慶覃』，謂福澤綿延。南朝梁沈約梁雅樂歌　滌雅：『駿奔伊在，慶覃遐嗣。』『閨門』，婦女所居之處。北齊書　尉瑾傳：『瑾外雖通顯，内闕風訓，閨門穢雜，爲世所鄙。』宋蘇軾策別安萬民五：『今者治平之日久，天下之人，驕惰脆弱，如婦人孺子不出於閨門，論戰鬥之事，則縮頸而股栗，聞盜賊之名，則掩耳而不願聽。』清李漁蜃中樓　傳書：『據你説是貴人之女、士人之妻，就該不出閨門。』『高堂』，指父母。唐韋應物送黎六郎赴陽翟少府詩：『祗應傳善政，日夕慰高堂。』明夏完淳寄後張詩：『汝爲高堂不得來，我爲高堂不得行。』

〔五十五〕公臺輔弼，柱石列藩，俾弘追飾之恩，仍昭賞延之典，加於存没，用洽寵章：『公臺』，古代以三臺象徵三公，因借指三公之位或泛指高官。後漢書　胡廣傳：『（廣）自在公臺三十餘年，歷事六帝，禮任甚優。』唐姚合使兩浙贈羅隱詩：『何當世祖從人望，早以公台命卓侯。』『輔弼』，輔佐君主的人。後多指宰相。吕氏春秋　自知：『故天子立輔弼，設師保，所以舉過也。』史記　管蔡世家：『然周武王崩，成王少，天下既疑，賴同母之弟成叔、冉季之屬十人爲輔

拂，是以諸侯卒宗周。」『柱石』，比喻擔當重任的人。漢書霍光傳：『將軍爲國柱石，審此人不可，何不建白太后，更選賢而立之？』『列藩』，諸藩鎮。晉書曹志傳：『或列藩九服，式序王官。』唐顏真卿與李太保帖之四：『聖慈含弘，猶佐列藩，不遠伊邇，省躬荷德，恩貸實深。』『賞延』，賞賜延及後代。意謂恩蔭官員的後嗣。語本書大禹謨：『罰弗及嗣，賞延于世。』孔傳：『延，及也。』南朝宋謝靈運辭禄賦：『荷賞延之渥恩，在弱齡而覃惠。』

（五十六）及劉沔、李思忠：『劉沔』，傳見舊唐書卷一百六十一、新唐書卷一百七十一。其舊唐書本傳謂：『劉沔，許州牙將也。少事李光顔，爲帳中親將。元和末，光顔討吴元濟，常用沔爲前鋒。……沔驍鋭善騎射，每與騾軍接戰，必冒刃陷堅，俘馘而還，故忠武一軍，破賊第一。淮、蔡平，隨光顔入朝，憲宗留宿衛，歷三將軍。歷鹽州刺史、天德軍防禦使，在西北邊累立奇效。太和末，河西党項羌叛，沔以天德之師屢誅其酋渠，移授振武節度使，檢校右散騎常侍、單于大都護。開成中，党項雜虜大擾河西，沔率吐渾、契苾、沙陀三部落等諸族萬人、馬三千騎，徑至銀、夏討襲，大破之，俘獲萬計，告捷而還。以功加檢校户部尚書。會昌初，回紇部饑，烏介可汗奉太和公主至漢南求食。過杷頭峰，犯雲、朔、北川。朝廷以太原重地，控扼諸戎，乃移沔河東節度使、檢校尚書左僕射、太原尹、北京留守。詔與幽州張仲武協力招撫回鶻，竟破

虜寇，迎公主還宫。以功進位檢校司空，尋改滑州刺史、義成軍節度使。四年，潞帥劉從諫卒，子稹匿喪，擅主留務，要求旌鉞。武宗怒……遂復授沔太原節度，充潞府北面招討使。沔與張仲武不協，方徵兵幽州，乃移沔爲鄭滑節度使，進位檢校司徒。既而以疾求歸洛陽，授太子太保，卒。』『李思忠』，即回紇降將嗢没斯。舊唐書武宗紀載：會昌元年『六月甲子朔……回紇降將嗢没斯將吏二千六百餘人至京師。制以嗢没斯檢校工部尚書，充歸義軍使，封懷化郡王，仍賜姓名曰李思忠』。又，會昌二年八月載：『以李思忠爲河西党項都將，回紇西南面招討使。』

〔五十七〕寅奉典册，肅恭明禋，或勤贊相之義，或專扈從之禮，時當慶澤，豈吝恩華：『寅』，恭敬。漢班固封燕然山銘：『寅亮聖皇，登翼王室。』唐張説賽江文：『潔牲明酌，寅奠江浦。』『肅恭』，端嚴恭敬。書微子之命：『恪慎克孝，肅恭神人。』史記魯周公世家：『肅恭明神，敬事耆老。』『贊相』，指舉行典禮時司儀贊唱導引各種儀式。舊唐書職官志一：『軍諮祭酒二人，謀軍事，贊相禮儀，宴接賓客。』明史職官志三：『天子親祭，則贊相禮儀。』『扈從』，隨從皇帝出巡。北齊書楊愔傳：『侃雖奉迎車駕北渡，而潛欲南奔，愔固諫止之，遂相與扈從達建州。』唐宋之問扈從登封途中作詩：『扈從良可賦，終乏掞天才。』『慶澤』，指皇帝的恩澤。唐元稹處分幽州德音制：『又念八州之内，九賦用殷，慶澤旁流，所宜沾貸。』宋史樂志

十五：『躬承寶訓表欽崇，慶澤布寰中。』

〔五十八〕禁營軍師，信宿警衛，宜頒慶賚，以獎勛勞：『禁營』，禁軍營盤。晉潘岳閑居賦：『其西則有元戎禁營。』唐韓愈晉公破賊回重拜臺司以詩示幕中賓客愈奉和：『鵷鷺欲歸仙仗裏，熊羆還入禁營中。』『信宿』，連宿兩夜。詩豳風九罭：『公歸不復，於女信宿。』毛傳：『再宿曰信；宿，猶處也。』清梁章鉅歸田瑣記品茶：『余嘗再游武夷，信宿天游觀中，每與静參羽士夜談茶事。』『慶賚』，對賞賜的敬稱。宋史樂志十五：『純禧沾品彙，慶賚浹窮荒。』『勛勞』，功勛；功勞。孟子盡心上：『挾有勛勞而問，挾故而問，皆所不答也。』禮記明堂位：『成王以周公爲有勛勞於天下，是以封周公於曲阜。』

〔五十九〕梯航奔走，慕化在庭，藩岳奏陳，不虧奉職，勤勞禁署：『梯航』，亦作『梯杭』，『梯山航海』之省語。謂長途跋涉。唐玄宗賜新羅王詩：『玉帛遍天下，梯杭歸上都。』杭，通『航』。宋張孝祥念奴嬌仲欽提刑仲冬行邊詞：『梯航入貢，路經頭痛身熱。』『慕化』，向慕歸化。書旅獒『遂通道于九夷八蠻』孔傳：『四夷慕化，貢其方賄。』唐白居易代忠亮答土蕃東道節度使論結都離等書：『若非皇天輔德，明神福仁，北虜何爲歸明？南蠻何爲慕化？』『藩岳』，指諸侯或總領一方的地方長官。晉潘岳爲賈謐作贈陸機詩：『藩岳作鎮，輔我京室。』魏書

元修義傳：『靈太后詔曰：「收葬之恩，事由上旨，藩岳何得越職干陳！」』『禁署』，宮中近侍官署。唐黄滔漢宮人誦洞簫賦賦：『雕龍字字，爰於禁署而飛聲。』舊唐書 路岩傳：『數年之間，出入禁署，累遷中書舍人、户部侍郎。』

〔六十〕諸道知上都進奏院官在城者各賜勛三轉，應緣大禮四方進表疏及賀正官各賜勛三轉：『進奏院』，唐宋時官署名。唐代藩鎮在京置邸，稱上都留後院。大曆十二年改爲上都進奏院，爲各州鎮官員入京時之寓所，并掌章奏、詔令及各種文書的投遞、承轉。宋初沿唐制，亦設進奏院，置進奏官；後改由朝官監領。宋陸游老學庵筆記卷八：『大駕初駐蹕臨安，故都及四方士民商賈輻輳，又創立官府，扁榜一新。好事者取以爲對曰：「鈐轄諸道進奏院，詳定一司敕令所。」』文獻通考 職官考十四：『唐藩鎮皆置邸京師，以大將主之，謂之上都留後。大曆十二年，改爲上都知進奏院官。』『賀正』，歲首元旦之日，群臣朝賀。唐黄滔有賀正啓。宋高承事物紀原 正朔曆數 賀正：『通典：漢高帝十月定秦，遂爲歲首。七年，長樂宫成，制群臣朝賀儀。武帝改用夏正，亦在建寅之朔。則元日慶賀，始于漢高祖也。』

〔六十一〕祠薦展儀，掌贊供事，恪勤無怠，甄獎宜申：『祠薦』，以祭品祀神靈祖先。南史 羊玄保傳：『四時珍新未得祠薦者，口不妄嘗。』『展儀』，謂申其禮儀。唐李商隱爲大夫安平公

華州進賀皇躬痊復物狀：『將稱慶於天朝，必展儀於土貢。』舊唐書 音樂志四：『展儀宗祖，重誠孝孫。』『恪勤』，恭敬勤懇。國語 周語上：『不敢怠業，時序其德，纂修其緒，修其訓典，朝夕恪勤。』東觀漢記 安帝紀：『謹讓恪勤，孜孜經學。』『甄獎』，嘉獎。唐白居易除盧士玫劉從周等官制：『（盧士玫、劉從周等）時所稱論，并宜甄獎。』舊唐書 憲宗紀下：『詔毁家徇國故徐州刺史李洧等十一家子孫，并宜甄獎。』

〔六十二〕所司緣大禮却遣入行事：『却遣入』，全唐文作『却追入』，今據文苑英華改。

〔六十三〕應緣祇供作官、直司長上、諸州行綱考典、兩縣耆壽：『應緣』，猶言大概是。宋徐鉉柳枝辭：『應緣鶯舌多情賴，長向雙成説翠條。』『長上』，武官名。唐時九品，其職爲守邊和宿衛宫禁。晋書 慕容寶載記：『寶發龍城……次于乙連。長上段速骨、宋赤眉因衆軍之憚役也，殺司空樂浪王宙，逼立高陽王崇。』『考典』，稽考典實。左傳 昭公十五年：『言以考典，典以志經。忘經而多言，舉典將焉用之！』清顧炎武禹陵詩：『探奇疑是穴，考典或言陵。』『耆壽』，年高德劭者。亦泛指老壽之人。書 文侯之命：『即我御事，罔或耆壽俊在厥服，予則罔克。』孔傳：『即我治事之臣，無有耆宿壽考俊德在其服位，我則材劣無能之致。』唐劉禹錫謝冬衣表：『中使王國清至，伏奉聖旨，慰勞臣及將佐、官吏、僧道、耆壽、百姓等。』

〔六十四〕公卿視秩，靈瑞降祥，生植所資，導利庶物：『視秩』，比照品級次第。宋孫洙邢氏進號賢妃制：『王宫六寢，崇建婦官；天極四星，垂著妃象。所以協宣陰教，助穆宸闈。矧視秩於上公，必敷求於淑哲。』續資治通鑒元世祖至元二十五年：『以右丞葉李爲平章政事，李固辭，許之；賜以玉帶，視秩一品。』『靈瑞』，上天所顯示的祥瑞。漢書敘傳上：『若乃靈瑞符應，又可略聞矣。』晋書樂志上：『靈瑞告符，休徵響震。』『庶物』，衆物，萬物。易乾：『保合大和，乃利貞。首出庶物，萬國咸寧。』孟子離婁下：『舜明於庶物，察於人倫。』

大中二年册尊號赦〔一〕

門下：我國家披皇圖以立極，執大象以升中〔二〕，睿父嗣孫，重熙累盛〔三〕。逮予稽古聖考，紹復中興，洗滌宿氛，廓開昌運，天命不易，賜予元符〔四〕。荷宗社之耿光，致寰瀛之小泰〔五〕。干戈載戢，風雨順時，北狄來賓，西戎效款〔六〕。豈予菲薄，汔此肅清？皆中外元僚，文武多士，同心協贊，而使之然。益用兢惕，以戒盈滿。而乃累陳丹懇，願上鴻名，牢讓不從，瀝誠彌切〔七〕。於戲！昔賢有云：『舜何人也？我何人也？』〔八〕苟或讓之不遂，予亦敢不思齊？今百執事謂予曰『聖敬』，敢忘湯武

日躋之詩〔九〕？謂予曰『文思』，敢忘放勛欽明之典〔十〕？謂予曰『和武』，敢忘保大之功〔十一〕？謂予曰『光孝』，敢忘繼志之義〔十二〕？以是自勖，庶無悔焉。浮實之名，既不獲已，乘春之澤，當務惟新，可大赦天下。自大中二年正月三日昧爽已前，大辟罪已下，已發覺，未發覺，已結正，未結正，繫囚見徒，罪無輕重，咸赦除之。惟犯十惡五逆已上，故殺人及官典犯贓，不在此限。持仗行劫，必欲害人，苟遇支敵，即行殺戮〔十三〕，捍逆追捕，肆意奸凶，不懲此流，無以除惡。并故殺人者，雖已傷未死，已死更生；欺冒老小〔十四〕，以取財物者；意欲殺傷，偶得免者：并以殺人法處分，不在赦原之限。（全唐文此處原注『闕』）自今以後，稍更廣求，如有未曾任刺史縣令，居然有誠略才術爲衆所推者，亦任於諸色人中選擇爲兩省官。周之宗盟，實惟封建；漢之子弟，亦謂犬牙。廣磐石之宗，增維城之固〔十五〕。當今源流遠大，枝葉蕃昌，王室子孫，不合布素〔十六〕。宜令本司檢尋譜牒，明驗房從，貧窮不濟未有身名者，每房放一人出身。如有父見在朝，門蔭可自補身名者，即不在此限。應諸州府縣等納税，只合先差車牛優長户，近者多是權要及豪富之家，悉留諸縣輸納，致使單貧之人，却須雇脚般載〔十七〕。從今已後，須令有車牛豪富人户送太倉及州府輸納，其留縣并須先饒貧下不

濟户，如有違越，節級官吏，重加科殿〔十八〕。所在逃户見在桑田屋宇等，多是暫時東西，便被鄰人與所由等計會，推云代納税錢，悉將砍伐毁折。及欲歸復，多已蕩盡，因致荒廢，遂成閑田。從今已後，如有此色，勒鄉村老人與所由并鄰近等同點檢分明，分析作狀送縣入案，任鄰人及無田産人且爲佃事，與納税錢，如五年内不來復業者，任便租佃人爲主，逃户不在論理之限。其屋宇、桑田、樹木等，佃人逃户未歸，五年内不得輒有毁除砍伐，如有違犯，據根口量事情科責，并科所由等不檢校之罪。諸道州府應欠開成三年終已前，因水旱不熟貸借百姓，及軍用欠闕借便度支户部鹽鐵錢物斛斗，積欠相承，日月既久，百姓或無本户，長吏累又改更，全無本色可以支填，所司徒有徵索之名，終無送納之日，虚繫簿書，宜并放免。三公僕射，不常除官，每至上時，須有聚會，委以府縣，即須擾人，宜令度支户部勾當局席〔十九〕，便取京兆府本色錢充，不得令府司差配百姓。吏部去年冬選人，如聞多緣文字差錯，所司駁放，既添員闕，亦可矜容。若非身名逾濫，及欠選欠考，并準格不合收外，其餘委吏部與重磨勘量收，待殘闕比遠注擬〔二十〕。上已重陽，曲江宴會，自有本色五百貫錢，費用之間，不合欠闕，每聞差配百姓，不免擾人。從今已後，宜令京兆府先與度支鹽鐵計料，據所用一物已上，除以本

色錢物外，如有欠少，即委度支鹽鐵據數均給，府縣不得輒配百姓。其所市易，并須先給付價錢，如有妄配百姓，買物不給價錢，官吏等并準此同枉法贓例處分，仍令御史臺切加察訪。天下州府，有官吏犯贓，皆遞相蒙蔽，不肯發明，縱有申聞，百無一二。自今已後，管内縣令有犯贓事發，州司不舉者連坐；録事參軍有贓犯，刺史不舉者坐刺史；其刺史有贓事發，觀察使不舉者連坐廉使，則遞相檢轄〔二十一〕，功過可明，各務清廉，悉心爲政。度支鹽鐵户部三司茶綱，欠負多年，積弊期久，家業蕩盡，無可徵索，虚繫簿籍，勞於囚繫者，復委本司各條流疏理聞奏。如先將茶賒賣與人，及借貸人錢物，若文帖分明，的知詣實，即與帖州縣徵理〔二十二〕。如組織平人，妄有指射〔二十三〕，推勘了後，重加决責。釋氏之教，清浄爲宗，將悟昏迷，實資善誘。上都除先置寺外，每街更各添置寺五所；東都除先置寺外，更添置寺五所。每寺各度五十人，每處僧寺三所，尼寺二所。西川、荆南、揚州、潤州、汴州、太原、河中、襄州已上八道，除先置寺外，更各添置寺二所。每處置僧寺一所，尼寺一所。諸道節度觀察使府，除先置寺外，更各添置寺一所。其所置僧寺，各度三十人。諸道管内州未置寺處，宜各置寺二所，僧寺一所，尼寺一所，每寺各度三十人。五臺山置寺五所，如有見存寺，便令修

飾充數，每寺度五十人，數内置尼寺一所，已前添置寺，宜并先度僧尼，漸漸教化。建造寺宇，不得遽有勞役，其僧尼年幾限約，并諸條流，準會昌六年五月五日赦條事例處分。道濟生靈，功成克伐，晦明雖隔，禮敬宜加（二十四）。唐功臣墳墓，無子孫者，不許砍伐，委所在長吏差人巡檢。爰念農耕，是資牛力，絶其屠宰，須峻科條。天下諸州屠牛，訪聞近日都不遵守。自今已後，切宜禁斷。内外文武任及致仕官，三品已上賜爵一級，四品已下加一階，仍賜勛兩轉。神策六軍金吾威遠皇城將士，普恩之外，各賜勛兩轉。道宗魯聖，禮洽虞賓（二十五），式舉舊章，以榮後嗣。二王三恪及文宣公各賜物五十匹（二十六）。環衛星陳，華夷雲集，眷兹勞效，俾示恩華（二十七）。神策六軍金吾威遠皇城等諸軍將，統軍以下各有賜物。其將士等長行立仗并守營者各賜物有差。鴻臚禮賓院應在城内蕃客等并節級有賜物。澤貴流根，宜頒禄秩，義隆追遠，用慰孝思。常參官及諸州府長吏父母，見存未有官封者，并量與五品致仕官及階并邑號，父母亡歿未經追贈者，量與追贈官及邑號。攝侍中讀寶官、攝中書令讀册官各賜一子出身。撰册文官賜一子正員官，奉寶綬官、書玉册官、書寶官各加兩階，進寶綬、進册、進中嚴、外辦禮儀、贊導、押册、押寶綬、舉舁寶册官各加一階。其餘應職掌行事官、太常修撰儀注

禮官并内行事官，三品已上賜爵一級，四品已下加一階，仍并賜勛一轉。鎸造玉册官各賜物五十段，中書門下儀制官特加一階。禮崇養老，道貴旌賢，爰示優恩，以弘教化。天下百姓，年九十已上，委所在長吏量加存問。孝子順孫，義夫節婦，旌表門閭，終身勿事。先已旌表者，亦量加優恤。川岳玄功，聖賢幽贊，宜因霈澤，用薦馨香（二十八）。五岳四瀆，宜委本州長吏備禮致祭。名山大川，自古聖帝明王忠臣烈士，委所在以禮致祭。亡命山澤，挾藏軍器，百日不首，復罪如初。赦書有所不該者，所司具作條例聞奏。敢以赦前事相言告者，以其罪罪之。赦書日行五百里，布告天下，咸使聞知。主者施行。

校箋

〔一〕本文又見於文苑英華卷四百二十二翰林制詔三，文題爲大中二年正月三日册尊號赦書。全唐文卷八十二亦録，文題爲受尊號赦文，署名唐宣宗。又，今存各本唐大詔令集中本文乃節録原制誥前一部分，而非原全文。其全文乃見於全唐文與文苑英華（文苑英華亦缺自『傷未死，已死更生』至『并以殺人法處分，不在赦原之限』數句）中。爲保存原制誥全文，今即據全唐

文補録所缺部分。本文文末未標明頒布時間。考舊唐書卷十八下宣宗紀大中二年載：『春正月壬戌，宰臣率文武百僚上徽號曰聖敬文思和武光孝皇帝，御宣政殿受册訖，宣德音。』新唐書卷八宣宗紀大中二年載：『正月甲子，群臣上尊號曰聖敬文思和武光孝皇帝。大赦。宗子房未仕者予一人出身，賜文武官階、勛、爵。』資治通鑑卷二百四十八大中二年載：『正月，甲子，群臣上尊號曰聖敬文思和武光孝皇帝；赦天下。』按，上述典籍所載唐宣宗此次受尊號、大赦時間有異，新唐書、資治通鑑均記於大中二年正月甲子（三日），而舊唐書記於大中二年正月壬戌（一日）。檢文苑英華所載此文題爲大中二年正月三日册尊號赦書，而本文中又謂『可大赦天下。自大中二年正月三日昧爽已前，大辟罪已下』云云，據此可知唐宣宗此次受尊號、大赦時間乃在大中二年（八四八）正月三日，舊唐書所記時間誤。以此亦知本文撰寫時間當在是時稍前。

（二）我國家披皇圖以立極，執大象以升中：『皇圖』，指河圖。漢班固東都賦：『於是聖皇乃握乾符，闡坤珍，披皇圖，稽帝文。』吕延濟注：『皇圖，謂河圖也。』『立極』，登帝位；秉國政。宋文天祥逐鹿詩：『軒轅此立極，玉帛朝諸侯。』四游記玉帝起賽寶通明會：『上帝傳下玉旨云：「朕立極以來，未會卿等，今立此會，名曰三界通明會。」』『大象』，大道，常理。老子：『執大象，天下往。』河上公注：『象，道也。聖人守大道，則天下萬民移心歸往之。』晋干

寶晉紀總論：『昔高祖宣皇帝，以雄才碩量，應運而仕……於是百姓與能，大象始構矣。』『升中』，古帝王祭天上告成功。禮記禮器：『是故因天事天，因地事地，因名山升中于天。』鄭玄注：『升，上也。中，猶成也。謂巡守至於方岳，而燔柴祭天，告以諸侯之成功。』後以『升中』指祭天。南朝梁陸倕石闕銘：『類帝禋宗，光有神器。升中以祀群望，攝袂而朝諸夏。』

〔三〕睿父嗣孫，重熙累盛：『睿父嗣孫』，原作『睿嗣神宗』，今據文苑英華、全唐文改。『嗣孫』，謂承嗣的子孫。書呂刑：『王曰：「嗚呼！嗣孫，今往何監？非德于民之中？尚明聽之哉！」』孔傳：『嗣孫，諸侯嗣世子孫，非一世。』『重熙』，舊時用以稱頌君主累世聖明。三國魏何晏景福殿賦：『至于帝皇，遂重熙而累盛。』舊唐書賈耽傳：『太宗繼明重熙，柔遠能邇。』『累盛』，猶累洽。三國魏何晏景福殿賦：『皆體天作制，順時立政；至于帝皇，遂重熙而累盛。』

〔四〕逮予稽古聖考，紹復中興，洗滌宿氛，廓開昌運，天命不易，賜予元符：『稽古』，考察古事。書堯典：『曰若稽古。帝堯曰放勛。』漢書武帝紀贊：『高祖撥亂反正，文景務在養民，至于稽古禮文之事，猶多闕焉。』『聖考』，謂往昔的聖人。多指已故的帝王。漢揚雄法言序：『芒芒天道，在昔聖考，過則失中，不及則不至，不可奸罔，撰問道。』三國魏曹丕短歌行：『長吟永

嘆，懷我聖考。曰仁者壽，胡不是保？』『紹復』，繼承復興；繼承恢復。書 盤庚上：『紹復先王之大業，厎綏四方。』南朝梁劉勰文心雕龍 樂府：『秦燔樂經，漢初紹復。』『昌運』，興隆的國運。南朝宋顔延之拜陵廟作詩：『敕躬慚積素，復與昌運并。』唐韓愈賀皇帝即位表：『伏惟皇帝陛下，承列聖之丕績，當中興之昌運。』『元符』，大的祥瑞。漢揚雄長楊賦：『方將俟元符，以禪梁甫之基，增泰山之高。』李善注引晋灼曰：『元符，大瑞也。』南朝梁劉勰文心雕龍 封禪：『表權輿，序皇王，炳元符，鏡鴻業……歌之以禎瑞，贊之以介丘。』

〔五〕荷宗社之耿光，致寰瀛之小泰：『宗社』，四庫全書作『祖宗』。『耿光』，光明；光輝；光榮。書 立政：『以覲文王之耿光，以揚武王之大烈。』孔傳：『能使四夷賓服，所以見祖之光明，揚父之大業。』唐李白明堂賦：『遵先軌以繼作兮，揚列聖之耿光。』『寰瀛』，天下。晋崔棁晋朝饗樂章 三舉酒：『朝野無事，寰瀛大康。』唐劉禹錫八月十五日夜玩月詩：『天將今夜月，一遍洗寰瀛。』『小泰』，稍稍寬裕。清蒲松齡聊齋志異 雷曹：『操業半年，家貲小泰。』清蒲松齡聊齋志異 胡四娘：『幸囊資小泰，携卷入都。』

〔六〕干戈載戢，風雨順時，北狄來賓，西戎效款：『風雨順時』，文苑英華作『風順雨時』。『西戎效款』，文苑英華、全唐文作『西戎效職』。『北狄』，原指古代的狄族。因其主

要居住於北方，故稱。後用爲對北方各少數民族的泛稱。孟子梁惠王下：『東面而征西夷怨，南面而征北狄怨。』『西戎』，五朝名臣言行録卷二引宋歐陽修歸田録：『其後，北狄講和，西戎納款。』此處用以稱我國西北方吐蕃等少數民族。唐杜甫秦州雜詩之十八：『西戎外甥國，何得迕天威。』『效款』，效忠，投誠。語本漢司馬遷報任安書：『誠欲效其款款之愚。』宋書孔覬傳：『若能相率歸順，投兵效款，則福鍾當年，祉覃來裔。』

（七）牢讓不從，瀝誠彌切：『瀝誠』，四庫全書作『瀝陳』。『牢讓』，堅決辭讓。漢書師丹傳：『臣縱不能明陳大義，復曾不能牢讓爵位，相隨空受封侯，增益陛下之過。』唐杜牧進撰故江西韋大夫遺愛碑文表：『明命忽臨，牢讓無路，俯仰慚懼，神魂驚飛。』『瀝誠』，竭盡誠心。

（八）昔賢有云：『舜何人也？我何人也？』：孟子滕文公上：『顔淵曰：「舜何人也？予何人也？」』

（九）今百執事謂予曰『聖敬』，敢忘湯武日躋之詩：周易衍義卷八：『帝堯則欽明，帝舜則温恭，大禹則敬修。可願成湯則聖敬日躋，文王則緝熙敬止。』

（十）謂予曰『文思』，敢忘放勛欽明之典：『放勛』，帝堯名。書堯典：『曰若稽古，帝堯曰放勛。』陸德明釋文引馬融云：『放勛，堯名。』蔡沈集傳：『放，至也……勛，功也。言堯

之功大而無所不至也。」史記五帝本紀：『帝堯者，放勳。其仁如天，其知如神。』『欽明』，敬肅明察。書堯典：『曰若稽古，帝堯，曰放勳，欽明文思安安，允恭克讓。』陸德明釋文引馬融曰：『威儀表備謂之欽，照臨四方謂之明。』後遂以『欽明』爲對君主的頌詞。漢揚雄劇秦美新：『伏惟陛下以至聖之德，龍興登庸，欽明尚古，作民父母。』

（十一）謂予曰『和武』，敢忘保大之功：『保大』，安穩地居於高位。三國志魏書陳留王奂傳：『昔聖帝明王，静亂濟世，保大定功，文武殊塗，勛烈同歸。』晉陸機漢高祖功臣頌：『元凶既夷，寵禄來假。保大全祚，非德孰可。』吕延濟注：『安於大位而能全福者，非德不可也。……保，安；祚，福。』

（十二）謂予曰『光孝』，敢忘繼志之義：『繼志』，繼續前人之志。通志總序：『大抵開基之人，不免草創，全屬繼志之士爲之彌縫。』宋史禮志一：『孝宗繼志，典章文物，有可稱述。』

（十三）持仗行劫，必欲害人，苟遇支敵，即行殺戮：此句以下文，今存各本唐大詔令集缺，今據全唐文補全。『支敵』，抵敵。唐白居易請罷兵第二狀：『不唯意在逗留，兼是力難支敵。』

（十四）欺冒老小：『欺冒』，欺騙冒充。宋史寧宗紀三：『詔三衙、江上、四川諸軍主帥核實軍籍，欺冒者以贓論。』清林則徐會札澳門同知轉諭㖊嚟多批駁哥耶䎃禀：『若哥耶䎃所禀被燒

之船，爲澳内第四號額船，則出情理之外，萬難任其欺冒。』

（十五）廣磐石之宗，增維城之固：『磐石』，舊喻分封的宗室。史記 孝文本紀：『高帝封王子弟，地犬牙相制，此所謂磐石之宗也。』唐杜甫秋日荆南述懷詩之五：『磐石圭多剪，凶門轂少推。』『維城』，連城以衛國。詩 大雅 板：『懷德維寧，宗子維城。』後漢書 劉虞公孫瓚陶謙傳贊：『襄賁勵德，維城燕北。仁能洽下，忠以衛國。』舊唐書 昭宗紀上：『丙辰，韓建上表，請封拜皇太子、親王，以爲維城之計。』

（十六）不合布素：『布素』，指卑微的地位或身份。北史 隋房陵王勇傳：『帝曰：「此兒不堪承嗣久矣。皇后恒勸我廢，我以布素時生，復長子，望其漸改，隱忍至今。」』宋范仲淹户部侍郎贈兵部尚書蔡公墓志銘：『某自布素從公之游，見公出處語默，無一不善。』

（十七）却須雇脚般載：『雇脚』，雇用脚夫。『般載』，即搬載。

（十八）其留縣并須先饒貧下不濟户，如有違越，節級官吏，重加科殿：『饒』，寬容；饒恕。漢應劭風俗通 怪神 世間人家多有見赤白光爲變怪者：『公祖曰：「怪異如此，救族不暇，何能致望於所不圖？此相饒耳。」』王利器校注：『鮑照樂府：「日月流邁不相饒。」隋書 劉炫傳：「自贊曰：『家業貧窶，爲父兄所饒。』」饒字義與此同，謂相容也。』唐杜甫立秋後題詩：『日月不相

饒，節序昨夜隔。』『不濟』，猶言不堪。唐李復言杜子春：『生而多病，針灸藥醫，略無停日。亦嘗墜火墮牀，痛苦不濟，終不失聲。』此處意爲生活困苦。『違越』，違反；背離。後漢書方術傳下公沙穆：『幸承先人之支體，傳茅土之重，不戰戰兢兢，而違越法度，故朝廷使臣爲輔。』唐韓愈元和聖德詩序：『海内怖駭，不敢違越。』『節級』，次第。魏書釋老志：『年常度僧……若無精行，不得濫采。若取非人，刺史爲首，以違旨論，太守、縣令、綱僚節級連坐。』唐玄奘大唐西域記鉢邏耶伽國：『備極珍玩，窮諸上饌，如是節級，莫不周施。』『科』，審理獄訟；判刑。東觀漢記吴祐傳：『民有相争訴者，輒閉閤自責，然後科其所訟。』魏書禮志四：『止如鄭義，龍虎罪亦不合刑，匆匆之失，宜科鞭五十。』『殿』，古代刑法計量單位。隋書刑法志：『在官犯罪，鞭杖十爲一負。閑局六負爲一殿，平局八負爲一殿，繁局十負爲一殿。加於殿者，復計爲負焉。』隋書刑法志：『贖銅一斤爲一負，負十爲殿。』

〔十九〕宜令度支户部勾當局席：『勾當』，主管；料理。北史序傳：『事無大小，士彦一委仲舉，推尋勾當，絲髮無遺，於軍用甚有助焉。』唐元稹趙真長户部郎中兼侍御史等制：『應可某官，充户部巡官，勾當河南、淮南等道兩税，餘如故。』『局席』，指宴席。唐趙璘因話録商上：『李尚書益，有宗人庶子同名……嘗姻族間有禮會，尚書歸，笑謂家人曰：「大堪笑！今日局

席兩個坐頭，總是李益。」

（二十）其餘委吏部與重磨勘量收，待殘闕比遠注擬：『磨勘』，科舉時代對鄉、會試卷派翰林院儒臣等復核，稱『磨勘』。清陶福履常談 磨勘：『唐開元二十五年，禮部侍郎姚亦奏請應試進士等唱第訖，其所試雜文及策送中書門下詳覆。此磨勘所由昉也。』

（二十一）則遞相檢轄：『檢轄』，拘束。宋王讜唐語林 補遺四：『每公堂食會，雜事不至，則無所檢轄，唯相揖而已。雜事至，則盡用憲府之禮。』

（二十二）的知詣實，即與帖州縣徵理：『詣實』，符合實際。唐劉知幾史通 載文：『唯王劭撰齊、隋二史，其所取也，文皆詣實，理多可信，至於悠悠飾詞，皆不之取。』元典章 兵部三驛站：『燕南河北，車站人户，遠年逃竄，有司不肯詣實申報。』『徵理』，召見審問。元典章 吏部四告敘：『於內若有侵欺係官錢糧等物，必須徵理。』

（二十三）如組織平人，妄有指射：『組織』，構陷。猶羅織。唐李白叙舊贈江陽宰陸調詩：『邀遮相組織，呵嚇來煎熬。』『指射』，猶指定。舊五代史 唐書 明宗紀八：『近聞百執事等，或親居內職，或貴列廷臣……經由列鎮，干撓諸侯，指射職員，安排親昵，或潛示意旨，或顯發書題。』續資治通鑑宋孝宗淳熙元年：『既聞被水貧乏之者六百餘家，于左藏南庫每家支錢五貫，

仍許於沿江地指射蓋屋。』

〔二十四〕道濟生靈，功成克伐，晦明雖隔，禮敬宜加：『生靈』，人民，百姓。晉書 慕容盛載記：『生靈仰其德，四海歸其仁。』唐杜荀鶴再經胡城縣詩：『今來縣宰加朱紱，便是生靈血染成。』『克伐』，攻打，討伐。後漢書 章帝紀：『克伐鬼方，開道西域，有威靈廣被，無思不服。』『晦明』，此處指陰陽、生死。

〔二十五〕道宗魯聖，禮洽虞賓：『魯聖』，指孔子。『虞賓』，指堯子丹朱。

〔二十六〕二王三恪及文宣公各賜物五十匹：『二王三恪』，請見本書卷四改元載初赦校箋〔一〕。『文宣公』，指孔子。

〔二十七〕眷兹勞效，俾示恩華：『勞效』，功效；功績。北魏温子昇孝莊帝殺介朱榮大赦詔：『論其始圖，非無勞效，但致遠恐泥。』宋歐陽修論狄青札子：『臣竊見樞密使狄青出自行伍，號爲武勇……及捕賊廣西，又薄立勞效。』『恩華』，恩惠榮華。

〔二十八〕川岳玄功，聖賢幽贊，宜因霈澤，用薦馨香：『玄功』，猶神功，謂宇宙自然之功。南朝齊謝朓三日侍宴曲水代人應詔詩：『徒勤日用，誰契玄功？』唐孫魴柳詩之九：『莫道玄功無定配，不然争得見桃花。』『幽贊』，謂暗中受神明佐助。語出易 説卦：『昔者聖人之作易也，

幽贊於神明而生蓍。』高亨注：『言聖人作易，暗中受神明之贊助，故生蓍草，以爲占筮之用。』隋書音樂志下：『降景福，憑幽贊。』『霈澤』，喻恩澤。唐李嘉祐江湖秋思詩：『共望漢朝多霈澤，蒼蠅早晚得先知。』宋范仲淹鄧州謝上表：『乃宣霈澤，以安黎元。』『馨香』，指用作祭品的黍稷。左傳僖公五年：『若晋取虞，而明德以薦馨香，神其吐之乎？』唐包佶祀風師樂章迎俎酌獻：『德盛昭臨，迎拜巽方。爰候發生，式薦馨香。』

乾符四年册尊號德音（一）

天地運無私之道，以遂群生；帝王弘在宥之仁，是章含垢（二）。得不廣沾霈澤，昭洽寰區，爰施解網之恩，用叶垂衣之化（三）。朕君臨大寶，子育含靈（四），前歲中外臣僚，藩方將帥，獻我徽號，詢于憲章（五），雖云前赦不遥，既受鴻名，咸施慶澤，禀列聖之法制，致兆人之惠康（六）。然以赦宥恐頻，變通宜審，權停舊典，再及新春。每念貶降遐荒，遷流裔土（七），傾心望闕，延頸祈哀，繫於朕懷，常深惻憫。宜順陽和之候，追行蕩滌之恩（八）。自乾符四年正月五日已前，京畿及天下州府，大辟罪已下，見禁囚徒，各委長吏遞減一等，限五日决遣。唯犯十惡五逆，故殺人及官典犯入已贓，持

刀行劫，合造毒藥，不在此限。於戲！朕居億兆之上，于今四年，業業兢兢，如履冰馭朽，苟有闕教道，何致時雍〔九〕？未嘗不更自勞心，尤思致理〔十〕。況允契群臣之望，欽承列聖之規，特降鴻恩，獲遵彝典〔十一〕。今則已覃惠澤，俾洽生成，復遇陽春，同均煦育〔十二〕。宣布中外，深體朕懷。

校箋

〔一〕本文又見於全唐文卷八十八，文題爲册尊號德音，署名唐僖宗。本文末未署頒布時間。考舊唐書卷十九下僖宗紀乾符四年載：『四年春正月癸酉朔。丁丑，降制赦天下繫囚及徒流人放還。』新唐書卷九僖宗紀乾符四年載：『正月丁丑，降死罪以下二等，流人死者聽收葬。』據上述兩史籍所載，本次大赦乃在乾符四年正月丁丑（五日）。又檢本文有云『自乾符四年正月五日已前，京畿及天下州府，大辟罪已下』云云，所説頒布大赦時間亦同在乾符四年（八七七）正月丁丑（五日）。據此，則本文撰寫時間當在是時稍前。

〔二〕帝王弘在宥之仁，是章含垢：『在宥』，莊子在宥：『聞在宥天下，不聞治天下也。』郭象注：『宥使自在則治，治之則亂也。』成玄英疏：『宥，寬也。在，自在也……寓言云，聞諸賢聖

任物自在寬宥，即天下清謐。』後因以『在宥』指任物自在，無爲而化。多用以贊美帝王的仁政、德化。南朝宋謝靈運九日從宋公戲馬臺集送孔令詩：『在宥天下理，吹萬群方悦。』『含垢』，包容污垢；容忍耻辱。左傳宣公十五年：『川澤納污，山藪藏疾，瑾瑜匿瑕，國君含垢，天之道也。』唐元稹爲嚴司空謝招討使表：『陛下尚先含垢，未忍加誅，曲示綏懷，俾臣招撫。』

〔三〕得不廣沾霈澤，昭洽寰區，爰施解網之恩，用叶垂衣之化：『用叶』，四庫全書作『用布』，全唐文作『用忻』。『解網』，亦作『解罔』。解開羅網。比喻寬宥、仁德。典出史記殷本紀：『湯出，見野張網四面，祝曰：「自天下四方皆入吾網。」湯曰：「嘻，盡之矣！」乃去其三面，祝曰：「欲左，左。欲右，右。不用命，乃入吾網。」諸侯聞之，曰：「湯德至矣，及禽獸。」』南朝梁沈約漢東流詩：『至仁解網，窮鳥入懷。』唐柳宗元寄韋珩詩：『幸因解網入鳥獸，畢命江海終游遨。』『垂衣』，即『垂衣裳』，謂定衣服之制，示天下以禮。後用以稱頌帝王無爲而治。易繫辭下：『黄帝、堯、舜垂衣裳而天下治，蓋取諸乾坤。』韓康伯注：『垂衣裳以辨貴賤，乾尊坤卑之義也。』漢王逸機婦賦：『帝軒龍躍，庶業是昌。俯覃聖思，仰覽三光。悟彼織女，終日七襄。爰制布帛，始垂衣裳。』

〔四〕朕君臨大寶，子育含靈：『大寶』，指皇位。『子育』，謂撫愛、養育如己子。魏書苻

生傳：『聖明宰世，子育百姓，罰必有罪，賞必有功。』唐韓愈賀册尊號表：『皇帝陛下，子育億兆，視之如傷，可謂體仁以長人矣。』『含靈』，指具有靈性的人類。晋書桓玄傳論：『夫帝王者，功高宇内，道濟含靈。』梁書武帝紀上：『專威擅虐，毒被含靈。』

〔五〕前歲中外臣僚，藩方將帥，獻我徽號，詢于憲章：『憲章』，全唐文作『典章』。『憲章』，典章制度。後漢書袁紹傳：『觸情放慝，不顧憲章。』北齊顔之推顔氏家訓文章：『朝廷憲章，軍旅誓誥，敷顯仁義，發明功德，牧民建國，施用多途。』按，此數句所言乃指乾符二年正月唐僖宗受尊號之事。舊唐書卷十九下僖宗紀乾符二年載：『春正月乙酉朔。己丑，宰相崔彦昭率文武百僚上尊號，上御正殿受册。』

〔六〕稟列聖之法制，致兆人之惠康：『法制』，四庫全書、全唐文作『法嗣』。『惠康』，加恩使之安樂。書文侯之命：『柔遠能邇，惠康小民。』魏書任城王澄傳：『願上覽盤庚始遷之艱難，下矜詩人由庚之至咏，輯寧新邑，惠康億兆。』

〔七〕每念貶降遐荒，遷流裔土：『裔土』，適園叢書、明鈔本、甲庫本作『裔上』。『遐荒』，邊遠荒僻之地。漢韋孟諷諫詩：『彤弓斯征，撫寧遐荒。』元辛文房唐才子傳王昌齡：『奈何晚途不矜小節，謗議騰沸，兩竄遐荒，使知音者喟然長嘆。』『裔土』，荒瘠邊遠的地方。國

語周語上：『猶有散遷懈慢，而著在刑辟，流在裔土，於是乎有蠻夷之國。』三國志蜀書許靖傳：『隕没不達者，則永銜罪責，入於裔土矣。』

〔八〕宜順陽和之候，追行蕩滌之恩：『陽和』，借指春天。南朝宋劉義慶世説新語方正：『雖陽和布氣，鷹化爲鳩，至於識者，猶憎其眼。』舊唐書于志寧傳：『今時屬陽和，萬物生育，而特行刑罰，此謂傷春。』『蕩滌』，冲洗；清除。古詩十九首東城高且長：『蕩滌放情志，何爲自結束。』漢荀悦漢紀宣帝紀一：『蕩滌煩文，除民疾苦。』

〔九〕業業兢兢，如履冰馭朽，苟有闕教道，何致時雍：『業業兢兢』，四庫全書作『兢兢業業』。『何致時雍』，原作『可致時雍』，今據全唐文改。『履冰』，行於冰上。比喻身處險境，戒慎恐懼之至。漢書韋賢傳：『如何我王，不思守保，不惟履冰，以繼祖考。』唐司空圖華帥許國公德政碑：『至于恭命之時，猶切履冰之懼。』『馭朽』，即『馭朽索』，書五子之歌：『予臨兆民，懔乎若朽索之馭六馬。』孔穎達疏：『我臨兆民之上，常畏人怨，懔懔乎危懼，若腐索之馭六馬。索絶則馬逸，言危懼之甚。』後因以比喻帝王治國，艱險不易。唐白居易辨興亡之由策：『安人者，敬其下也，懔乎若馭朽索，猶懼其未也。』亦省作『馭朽』。陳書世祖紀論：『及國禍奄臻，入承寶祚，兢兢業業，其若馭朽。』『時雍』，指時世太平。晉書張協傳：『六合時雍，巍巍蕩

蕩。』晉張協七命作『時邕』。宋書禮志一：『非演迪斯文、緝熙宏猷，將何以光贊時邕、克隆盛化哉。』

（十）尤思致理：『致理』，猶致治。資治通鑑唐文宗開成五年：『致理之要，在於辨群臣之邪正。』唐路貫和元常侍除浙東留題：『謝安致理逾三載，黃霸清聲徹九重。』

（十一）況允契群臣之望，欽承列聖之規，特降鴻恩，獲遵彝典：『允』，確實；果真。詩大雅公劉：『度其夕陽，豳居允荒。』鄭玄箋：『豳之所處，信寬大也。』漢揚雄法言問道：『允治天下，不待禮文與五教，則吾以黃帝、堯、舜爲疣贅。』『契』，合；投合。三國魏曹植玄暢賦：『上同契於稷禼，降合穎於伊望。』南朝梁簡文帝南郊頌：『臣聞惟天爲大，聖人敬其德，知幾其神，至人契其道。』『欽承』，恭敬地繼承或承受。書說命下：『監于先王成憲，其永無愆，惟說式克欽承。』三國魏曹丕與鍾大理書：『嘉貺益腆，敢不欽承。』『彝典』，常典。南朝梁江淹蕭相國拜齊王表：『業不題於宗器，聲靡記於彝典。』北周庾信爲閤大將軍乞致仕表：『尸祿素餐，久紊彝典；負乘致寇，徒煩有司。』

（十二）今則已覃惠澤，俾洽生成，復遇陽春，同均煦育：『覃』，遍及；廣施。南朝陳徐陵爲貞陽侯與太尉王僧辯書：『慈孝之道通於百靈，仁信之風覃於萬國。』唐玄宗游興慶宮作詩：『所

希覃率土，孝悌一同規。』『生成』，養育。晉書應詹傳：『（韋泓）既受詹生成之惠，詹卒，遂製朋友之服，哭止宿草。』金元好問太夫人五七青詞：『恩重托身，生成之義等；禮名猶子，嗣續之道存。』『煦育』，撫育；養育。唐方干除夜詩：『煦育誠非遠，陽和又欲升。』唐司空圖成均諷：『非簡節繁文之制，不用於明庭；非崇嚴煦育之姿，不傳於委巷。』

痊復

太上皇康復詔（一）

書不云乎：『一人有慶，兆民賴之。』朕虔奉大安，愛敬崇極，永言之養，祇栗斯在（二）。近日聖躬違豫（三），寢膳有虧，憂懼在懷，不遑寧處。博求醫術，備盡蠲療，祈告明靈，具陳懇篤（四）。上玄降福（五），遂蒙昭祐，應時康愈，萬福咸宜。慶幸之隆，實兼家國，思班愷樂（六），洽于卿士。然而尚齒崇孝，德教所先，饗飫是加（七），義超常等。諸州都督刺史及文武官人，老人八十已上，并孝子旌表門閭者，并宜節級賜物，以申饗宴（八）。庶使萬國之内，同此歡心，施于四海，皆知朕意。貞觀四年七月。

校箋

〔一〕本文又見於册府元龜卷二十七帝王部孝德，是書卷八十帝王部慶賜第二亦節録本文。文苑英華卷四百四十翰林制詔二十一亦收録，文題爲養老德音。全唐文卷五亦收録，文題爲太上皇康復詔，署名唐太宗。本文文末僅署頒布的大致時間爲貞觀四年七月，而未言具體日期。考册府元龜卷二十七本文前謂：太宗貞觀『四年六月，高祖不豫，帝廢朝視藥膳於大安宮，如家人之禮。辛卯有瘳，百僚稱慶，詔曰：書不云乎』云云，而册府元龜卷八十帝王部慶賜第二所節録本文前則云：貞觀四年『七月辛卯，太上皇不豫，有瘳，詔曰：尚齒崇孝』云云，所記時間與前者有異。檢新唐書卷二太宗紀貞觀四年記：『七月甲子朔，日有食之。癸酉，蕭瑀罷。甲戌，太上皇不豫，廢朝。辛卯，疾愈，賜都督刺史文武官及民年八十以上、孝子表門閭者有差。』據上諸典籍所載頒布此詔時間，册府元龜卷二十七所載有誤，而册府元龜卷八十和新唐書所記的貞觀四年（六三〇）七月辛卯（二十八日）當可信。據此，本文當撰寫於是時稍前。

〔二〕朕虔奉大安，愛敬崇極，永言之養，祇栗斯在：『永言』，原作『日言』，册府元龜、文

苑英華、全唐文則作『日嚴』，今據四庫全書改。『虔奉』，恭謹地承受。晉書 武帝紀：『炎虔奉皇運，寅畏天威，敬簡元辰，升壇受禪。』舊唐書 文苑傳下 劉蕡：『虔奉典謨，克承丕構，終任賢之效，無旰食之憂。』『永言』，長言；吟咏。書 舜典：『詩言志，歌永言。』孔傳：『謂詩言志以導之歌，咏其義以長其言。』晉何劭雜詩：『勤思終遥夕，永言寫情慮。』清陳夢雷抒哀賦：『援靈均以永言兮，繹羲文之所指。』『祇栗』，敬慎恐懼。漢書 匡衡傳：『蓋欽翼祇栗，事天之容也。』舊唐書 順宗紀：『夙夜祇栗，深惟永圖。』

〔三〕近日聖躬違豫：『違豫』，帝王有病的諱稱。宋史 理宗紀一：『（嘉定）十七年八月丙戌，寧宗違豫，自是不視朝。』明沈德符萬曆野獲編 宮闈 母后先祔廟：『時景帝違豫，未大漸也。』

〔四〕備盡蠲療，祈告明靈，具陳懇篤：『蠲』，治愈。方言第三：『南楚病愈者……或謂之蠲。』晉左思蜀都賦：『芳追氣邪，味蠲癘痟。』唐李德裕雨後净望河西連山愴然成咏：『唯懷藥餌蠲衰病，爲惜餘年報主恩。』『明靈』，聖明神靈。漢揚雄趙充國頌：『明靈惟宣，戎有先零。』李周翰注：『聖明神靈，惟我宣帝。』亦指聖明的神靈。新唐書 長孫無忌傳：『朕憑明靈之祐，賢佐之力，克翦多難，清宇內。』『懇篤』，猶懇切。北齊顏之推顏氏家訓 序致：『賜以優

言，問所好尚，勵短引長，莫不懇篤。』明史 張居正傳：『入朝，帝慰勞懇篤，予假十日而後入閣。』

〔五〕上玄降福：『上玄』，上天。漢揚雄甘泉賦：『惟漢十世，將郊上玄。』李善注：『上玄，天也。』周書 王悦傳：『梁主内虧刑政，外闕藩籬。匹夫攘袂，舉國傾覆。非直下民離心，抑亦上玄所棄。』

〔六〕慶幸之隆，實兼家國，思班愷樂：『慶幸』，原作『喜慶』，今據册府元龜、全唐文改。『班』，本指分瑞玉，見説文 玨部。引申爲賜予或分給。書 洪範附亡書 分器序：『武王既勝殷，邦諸侯，班宗彝，作分器。』孔穎達疏：『既封爲國君，乃班賦宗廟彝器以賜之。』禮記 檀弓上：『請班諸兄弟之貧者。』『愷樂』，安樂。新唐書 柳澤傳：『乃今蠲煩省徭，法明德舉，萬邦愷樂，室家胥歡。』

〔七〕然而尚齒崇孝，德教所先，饗餼是加：『崇孝』，全唐文作『興孝』。『尚齒』，尊崇年長者。禮記 祭義：『是故朝廷同爵則尚齒。』鄭玄注：『同爵尚齒，老者在上也。』莊子 天道：『宗廟尚親，朝廷尚尊，鄉黨尚齒，行事尚賢，大道之序也。』『德教』，道德教化。孟子 離婁上：『巨室之所慕，一國慕之；一國之所慕，天下慕之，故沛然德教溢乎四海。』三國魏劉劭

人物志 材能：『夫人材不同，能各有異……有德教師人之能。』『饗』，通『享』。享受；享有。左傳 哀公十五年：『子，周公之孫也，多饗大利，猶思不義。』三國魏嵇康答難養生論：『雖居君位，饗萬國，恬若素士接賓客也。』『餼』，贈送人的糧食。國語 周語中：『膳宰致饔，廩人獻餼。』韋昭注：『生曰餼，禾米也。』周書 王褒傳：『常從容上席，資餼甚厚。』

〔八〕并宜節級賜物，以申饗宴：『節級』，次第。魏書 釋老志：『年常度僧……若無精行，不得濫采。若取非人，刺史爲首，以違旨論，太守、縣令、綱僚節級連坐，統及維那移五百里外異州爲僧。』唐玄奘大唐西域記 鉢邏耶伽國：『備極珍玩，窮諸上饌，如是節級，莫不周施。』『饗宴』，宴飲。三國志 蜀書 張嶷傳：『嶷殺牛饗宴。』晉書 明帝紀：『（太寧元年）三月戊寅朔，改元，臨軒，停饗宴之禮。』

疾愈德音〔一〕

朕遐思三古，旁考百王，邁德彰仁，在於兢慎〔二〕。故詩稱『翼翼』，易美『乾乾』〔三〕，惟此之格言，豈忘於終日。况天地之仁，莫先於利物。朕乃者膳飲非適，興居不時，風霜所侵，遘癘瘧疾〔四〕。賴上玄降鑒，列聖垂休〔五〕，尋克有瘳，至于安節。

深惭慎德，重切貽憂，爰因康復之初，式表精勤之至〔六〕。況江淮旱歉，滑鄆水災〔七〕，方念恤人，寧忘約己。應緣御服及器用，在淮南、浙西、宣歙等道各供進者，并端午降誕常例進獻等〔八〕，一切權停。其諸道每年準旨條合貢者，委度支商量疏理，如非切要，涉於冗費者，一切停進。夫適情悦目，肆巧雕文，玩好雖充，農桑實蠹〔九〕。朕將齋服應用〔十〕，每念黎元，應諸道除常貢外，不得別進玩好之物。近日諸道多奏祥瑞，且休徵所感，靈迹所昭，必驗祥經，應孚玄化〔十一〕。自今已後，除合準式申奏外，餘一切不得妄有進獻，虚爲煩費。卑宫菲食，常遵大禹之心；馳騁畋游，每奉玄元之誡〔十二〕。朕勞思惜費，恭念好生，將欲濟人，期於剋己。每日供御及供宫内食料等，一物已上，各委本司商量節減，仍具所收費用數，速分析聞奏，當付度支管計，以添充經用。五坊鷹狗之類，量留充備搜狩之外，一切盡放。其淮南等道，當臨遣使臣，別有處分。於戲！天鑒在上，敢不嚴恭；人視在下，敢不兢畏〔十三〕。既驗有喜之兆，永懷無逸之規〔十四〕。凡在中外，宜表朕意。長慶三年二月。

校箋

〔一〕此文册府元龜卷一百六十八帝王部却貢獻有所節録，全唐文卷六十七亦録，文題爲疾愈德音，署名唐穆宗。此文文末署長慶三年二月，四庫全書則署爲長慶二年二月。考册府元龜本文文首載：『長慶三年正月詔：應緣御服及器用，在淮南、兩浙、宣歙等道供進，并端午降誕常例進獻者，一切權停。并鷹犬之類，除備搜狩，餘一切放之。』又舊唐書卷十六穆宗紀長慶三年載：『三月丁巳，宰臣百僚賜宴於曲江亭。敕應御服及器用在淮南、兩浙、宣歙等道合供進者，并端午誕節常例進獻者，一切權停。其鷹犬之類，除備搜狩外，并令解放。』據上諸典籍所載，本次疾愈德音之頒布有長慶二年二月、長慶三年正月、長慶三年二月和舊唐書穆宗紀之長慶三年三月丁巳（二日）四種之異。其中四庫全書所載『長慶二年二月』，今存唐大詔令集各本除四庫全書外，均作『長慶三年二月』；且本文謂『况江淮旱歉，滑鄆水災』，據本文下面校箋〔七〕所引舊唐書等所載水旱災情之記載，其水旱之發生乃在長慶二年七月和閏十月。則四庫全書所署的長慶二年二月尚未發生水旱之災情，故其所記之長慶二年二月當誤，不可信，此其一。再者，本文

乃唐穆宗之疾愈德音，則乃頒布於其『疾愈』時。檢舊唐書穆宗紀長慶二年十一月記：『庚辰，上與内官擊鞠禁中，有内官欻然墜馬，如物所擊。上恐，罷鞠升殿，遽足不能履地，風眩就牀。自是外不聞上起居者三日。』同上書長慶三年又記：『正月丁巳朔，上以疾不受朝賀。』新唐書穆宗紀長慶二年亦記：『十二月丁亥，不豫，放五坊鷹隼及供獵狐兔。』資治通鑑卷二百四十二長慶二年十一月亦記唐穆宗得病等事謂：『庚辰，上與宦者擊球於禁中，有宦者墜馬，上驚，因得風疾，不能履地，自是人不聞上起居；宰相屢乞入見，不報。裴度三上疏請立太子，且請入見。十二月，辛卯，上見群臣於紫宸殿，御大繩牀，悉去左右衛官，獨宦者十餘人侍側，人情稍安。李逢吉進言：「景王已長，請立爲太子。」裴度請速下詔，副天下望。既而兩省官亦繼有請立太子者。癸巳，詔立景王湛爲皇太子。上疾浸瘳。』據上述典籍所載，長慶二年二月時，唐穆宗尚未得風疾，更未『疾愈』，故四庫全書所署之長慶二年二月斷誤可決矣。又，册府元龜所記之『長慶三年正月』，亦因舊唐書謂長慶三年『正月丁巳朔，上以疾不受朝賀』，故『長慶三年正月』發布『疾愈德音』恐亦不太可能。今再考新唐書穆宗紀長慶三年三月載：『癸亥（八日），淮南、浙東西、江南、宣歙旱，遣使宣撫，理繫囚，察官吏。』據此可知蓋因是年三月丁巳（二日）頒布『疾愈德音』中已有『江淮旱歉，滑鄆水災……應緣御服及器用，在淮南、浙西、宣歙等道各供進者，并端

午降誕常例進獻等，一切權停』，故有新唐書長慶三年三月癸亥（八日）之『遣使宣撫』淮南、浙東西等地之詔命。由此可證舊唐書所載『長慶三年（八二三）三月丁巳（二日）』頒布此『疾愈德音』爲較合理，可信從。如此，此文之撰寫時間當在是時稍前。

〔二〕朕遐思三古，旁考百王，邁德彰仁，在於兢慎：『旁考百王』，原作『傍考百王』，今據全唐文、適園叢書、學林本改。『三古』，上古、中古、下古的合稱。所指時限各別。漢書藝文志：『易道深矣，人更三聖，世歷三古。』顏師古注引孟康曰：『易繫辭曰：「易之興也，其於中古乎？」』然則伏羲爲上古，文王爲中古，孔子爲下古。』禮記禮運『始諸飲食』孔穎達疏：『伏羲爲上古，神農爲中古，五帝爲下古。』元李治敬齋古今黈卷五：『前人論三古各別者，從所見者言之，故不同。然以吾身從今日觀之，則洪荒太極也，不得以古今命名。大抵自羲、農至堯、舜，爲上古；三代之世，爲中古；自戰國至于今日以前，皆下古也。』『邁德』，語出書大禹謨：『皋陶邁種德。』謂勉力樹德。三國魏吴質在元城與魏太子箋：『邁德種恩，樹之風聲。』晉陸機漢高祖功臣頌：『拔奇夷難，邁德振民。』『兢慎』，小心謹慎。唐杜荀鶴涇溪詩：『涇溪石險人兢慎，終歲不聞傾覆人。』唐末五代杜光庭李綰常侍九曜醮詞：『事主立身，得罄忠誠之節；循懷省己，常持兢慎之心。』

〔三〕詩稱『翼翼』，易美『乾乾』：『翼翼』，恭敬謹慎貌。詩大雅大明：『惟此文王，小心翼翼。』鄭玄箋：『小心翼翼，恭慎貌。』漢書禮樂志：『王侯秉德，其鄰翼翼。』顏師古注：『翼翼，恭敬也。』『乾乾』，自强不息貌。易乾：『君子終日乾乾，夕惕若厲，無咎。』孔穎達疏：『言每恒終竟此日，健健自强，勉力不有止息。』宋司馬光初見白髮慨然感懷詩：『留爲鑒中銘，晨夕思乾乾。』

〔四〕遘癘瘧疾：『遘癘』，諸本原均作『遘厲』，可通。今據全唐文改。

〔五〕賴上玄降鑒，列聖垂休：『垂休』，全唐文作『垂祐』。『降鑒』，猶俯察。詩王風黍離『悠悠蒼天』毛傳：『自上降鑒，則稱上天；據遠視之蒼蒼然，則稱蒼天。』南朝梁任昉爲齊明帝讓宣城郡公第一表：『殞越爲期，不敢聞命。亦願曲留降鑒，即垂順許。』『垂休』，顯示祥瑞；降福。唐元稹辨日旁瑞氣狀：『此皆陛下禮行郊廟，誠達神祇……近臣興感，上帝垂休，克呈捧日之祥，以表動天之德。』宋司馬光乞開言路札子：『公私兩困，盜賊已繁，猶賴上帝垂休，歲不大饑。』

〔六〕深慚慎德，重切貽憂，爰因康復之初，式表精勤之至：『精勤』，原作『兢勤』，今據全唐文、適園叢書、學林本改。『慎德』，注重道德修養。周禮地官大司徒：『以賢制爵，則民慎

德。』淮南子繆稱訓：『慎德大矣，一人小矣，能善小斯能善大矣。』『貽憂』，留下憂患；使受憂患。唐李華慶王府司馬徐府君碑：『執親之喪，哀毀逾禮，追啓手足，不貽憂於墳墓，孝也。』明許自昌水滸記敗露：『痛失火池魚罹咎，苦亡猿林木貽憂。』『精勤』，專心勤勉。後漢書馮勤傳：『以圖議軍糧，在事精勤，遂見親識。』南朝宋劉義慶世説新語術解：『郗愔通道，甚精勤。』

〔七〕況江淮旱歉，滑鄆水灾：唐會要卷四十四水灾下長慶二年七月記：『好時山水泛漲，漂損居人三百餘家。其月，詔陳、許兩州灾頗甚，百姓廬舍漂溺復多，言念疲氓，豈忘救恤？』舊唐書穆宗紀長慶二年七月亦載：『好時縣山水漂溺居人三百家。陳、許、蔡等州水。……丁未，内出綾絹五十萬匹付度支，以供軍用。陳、許水灾，賑粟五萬石。』同上書長慶二年閏十月載：『甲寅，詔：「江淮諸州旱損頗多，所在米價不免踴貴，眷言疲困，須議優矜。宜委淮南、浙西東、宣歙、江西、福建等道觀察使，各於當道有水旱處，取常平義倉斛斗，據時估減半價出糶，以惠貧民。」』又舊唐書卷三十七五行志載：『長慶二年十月，好時山水泛漲，漂損居人三百餘家，河南陳、許二州尤甚。詔賑貸粟五萬石，量人户家口多少，等第分給。』新唐書穆宗紀長慶三年三月記：『癸亥，淮南、浙東西、江南、宣歙旱，遣使宣撫，理繫囚，察官吏。』

〔八〕端午降誕常例進獻等：按，此『降誕』指唐穆宗生日。據舊唐書穆宗紀載：唐穆宗『貞元十一年七月，生於大明宮之别殿』。

〔九〕農桑實蠹：『農桑』，原作『農蠶』，今據四庫全書、全唐文改。

〔十〕朕將齋服應用：『應用』，四庫全書作『省用』。

〔十一〕近日諸道多奏祥瑞，且休徵所感，靈迹所昭，必驗祥經，應乎玄化：『祥瑞』，吉祥的徵兆。漢劉向新序雜事二：『成王任周、召而海内大治，越裳重譯，祥瑞并降。』後漢書隗囂傳：『（王莽）反戾飾文，以爲祥瑞。』『靈迹』，神靈的遺迹；聖賢的事迹。唐李白古風之四十三：『瑶水聞遺歌，玉杯竟空言。靈迹成蔓草，徒悲千載魂。』清侯方域新遷顔魯公碑記：『而際世不辰，靈迹多淹。』『玄化』，聖德教化。漢蔡邕陳留太守行小黄縣頌：『有辜小罪，放死從生，玄化洽矣，黔首用寧。』晋左思魏都賦：『玄化所甄，國風所稟。』張銑注：『玄，聖；甄，成也。言皆聖化所成。』

〔十二〕卑宫菲食，常遵大禹之心；馳騁畋游，每奉玄元之誡：『菲食』，粗劣的飲食。晋陸機辨亡論：『卑宫菲食，豐功臣之賞。』明宋濂元故集賢大學士榮禄大夫致仕吴公行狀：『惡衣菲食，或不能繼，凡歷三十有六年。』史記夏本紀：『禹傷先人父鯀功之不成受誅，乃勞身焦

思，居外十三年，過家門不敢入。薄衣食，致孝於鬼神。卑宮室，致費於溝洫。』『畋游』，畋獵游樂。南朝梁何遜七召：『此武材之矯猛，豈能從我而畋游？』唐韓愈故金紫光禄大夫贈太傅董公行狀：『玄佐死，子士寧代之，畋游無度。』『玄元』，指老子。唐初追號老子爲『太上玄元皇帝』，簡稱『玄元』。唐韓愈順宗實録卷五：『伏惟太上皇帝陛下，道繼玄元，業纘皇極。』老子：『馳騁田獵，令人心發狂。』

〔十三〕天鑒在上，敢不嚴恭；人視在下，敢不兢畏：『嚴恭』，亦作『嚴龔』。莊嚴恭敬。書無逸：『昔在殷王中宗，嚴恭寅畏。』孔傳：『言太戊嚴恪恭敬，畏天命。』亢倉子訓道：『君后所愛，雖小物，必嚴龔。』『兢畏』，敬慎。宋曾鞏賀熙寧四年明堂禮畢大赦表：『伏惟皇帝陛下有聰明好古之質，有恭儉愛人之誠，兢畏萬幾，仔肩一德。』宋葉適寶謨閣待制中書舍人陳公墓志銘：『公之從鄭、薛也，以克己兢畏爲主，敬德集義，於張公盡心焉。』

〔十四〕既驗有喜之兆，永懷無逸之規：『有喜』，指可喜的事情。此處謂病愈。易無妄：『無妄之疾，勿藥有喜。』『無逸』，不貪圖安樂。書無逸：『嗚呼！君子所其無逸。』南朝梁江淹盧郎中感交：『自顧非杞梓，勉力在無逸。』

大和八年疾愈德音〔一〕

朕祗若天命，纘承睿圖，正統紀以清庶方，序彝倫以貞百度，栗栗寅畏，于兹九年〔二〕。雖儉己飭躬，推誠育物，懼有未至，不遑宴寧〔三〕。屬節氣交時，疾恙嬰體，列聖垂祐，涉旬復初。既上慶於兩宫，宜覃恩於兆姓〔四〕，庶與寰宇，同兹福祥。自大和八年二月九日昧爽已前，天下應犯死罪，降徒流〔五〕，流徒等已下罪〔六〕，遞減一等。唯官典犯贓，及諸色所由破用官物〔七〕，故殺人、十惡等罪，不在此限。左降官流人，宜準去年八月九日敕，宜即與處分〔八〕。爲政之要，必在去煩，厚下之恩，莫先已責。應度支户部鹽鐵積欠錢物，或因繫多年，資産已盡；或本身淪歿，展轉難徵〔九〕。簿書之中，虚有名數，囹圄之下，常積滯冤。言念于斯，所當矜恤〔十〕。其度支户部鹽鐵應有懸欠，各委本司具可徵可放數條流聞奏，不得容有奸濫〔十一〕。在京諸司諸使食利錢，元舉人已納利計數五倍已上者〔十二〕，本利并放。其有人户逃死攤徵保人，其保人納利計兩倍已上者，其本利亦并放免〔十三〕。其納利未滿此數者，待納利數足，徵本停利。其諸色私債止於一倍，不得利上生利，仍委本縣各爲詳理處分〔十四〕。京邑之中，本無榷

酤〔十五〕，屬貞元用兵之後，費用稍廣，始定店户等第，令其納榷。况萬户所聚〔十六〕，私釀至多，禁令既不可施，榷利自無所入，徒立課額，殊非惠人。其長安萬年兩縣，見徵納榷酒錢一萬五千一十貫八百文〔十七〕，若先欠者，并宜放免。其榷酒錢，起今日已後亦宜并停〔十八〕。比者滄寇干紀，稽誅數年，諸道興師，累獻戎捷〔十九〕。時方討叛，難議釋縲，免死戍邊，已爲恩貸〔二十〕。今滄州一道，久被朝章，念其懷土之心，必有向隅之嘆〔二十一〕，俾之遂性，用洽優恩。其諸道所送滄州將健配流〔二十二〕，及邊鎮營田役使者共一千三百五十九人〔二十三〕，并委諸道節度觀察使據見在人放歸本管〔二十四〕。如有已效軍職，及自有生業不願去者，亦任便住。董昌齡自至邕州，累平溪洞，兵威所向，首惡皆擒〔二十五〕，然每念蒼生，無非赤子，况在荒徼，尤當撫循〔二十六〕。其溪洞如有未歸附者，向後非因侵擾，更不用進討，仍加存撫，各使懷安〔二十七〕。其所獲黄洞百姓〔二十八〕，并分配側近州縣，令自營生，不得没爲奴婢。將充賞給，如元是奴婢者，即任充賞。南海蕃舶，本以慕化而來，固在接以恩仁，使其感悦。如聞比年長吏，多務徵求，嗟怨之聲，達於殊俗。况朕方寶勤儉，豈愛遐琛〔二十九〕，深慮遠人未安，率税猶重，思有矜恤，以示綏懷〔三十〕。其嶺南福建及揚州蕃客，宜委節度觀察使常加存

問〔三十一〕，除舶脚收市進奉外，任其來往通流〔三十二〕，自爲交易，不得重加率税。天下諸州府，如有冤滯未伸〔三十三〕，宜委御史臺及出使郎官察訪聞奏。於戲！朕百靈所祐，獲遂痊和，虔奉神休，敢忘昭報〔三十四〕。其五岳四瀆，天下名山大川，各委所在長吏致祭，仍加豐潔，以副精誠。朕以寡德，上承丕構，宗社流慶，玄穹叶靈〔三十五〕，微恙愆和〔三十六〕，旋就康復。渥澤思及於人瘼，儆戒先自於朕躬〔三十七〕。俾我華夷，共歡富壽。中外臣庶，宜體予懷。主者施行。

校箋

〔一〕本文又見於册府元龜卷九十一帝王部赦宥第十，文苑英華卷四百四十一翰林制詔二十二、全唐文卷七十五亦録。全唐文署名唐文宗。此文文題，底本原作大和三年疾愈德音，然唐大詔令集之適園叢書本、四庫全書本、學林本文題均作大和八年疾愈德音；明鈔本作疾愈音德，甲庫本則作疾愈德音。文苑英華、全唐文文題亦均作大和八年疾愈德音。且考本文有云『朕祗若天命，纘承睿圖……于兹九年』，又云『自太和八年二月九日昧爽已前，天下應犯死罪』云云。再檢舊唐書卷十七下文宗紀大和八年載：『二月壬午朔，日有蝕之。庚寅，詔以聖躬痊復，赦

繫囚，放逋賦，移流人。』所記符合本文所述。故本文題當爲大和八年疾愈德音，今即據改。本文文末未署頒布時間。考册府元龜本文文首載『唐文宗太和八年二月庚寅詔曰：朕祇若天命』云云，且上引舊唐書文宗紀所記頒布本文時間亦同册府元龜，新唐書卷八文宗紀亦載大和『八年二月壬午朔……庚寅（九日），以疾愈，降死罪以下』。可見上述典籍所載頒布此詔時間均爲大和八年（八三四）二月九日，此時間亦與文苑英華所録本文後所標注『二月九日』合。據此可見本文撰寫時間當在是時稍前。又，唐大詔令集所載本文文字，大致同册府元龜所録，然較之於文苑英華、全唐文則多有缺漏不同。今即據文苑英華、全唐文補其缺漏，并校改其部分文字。

〔二〕朕祇若天命，纘承睿圖，正統紀以清庶方，序彝倫以貞百度，栗栗寅畏，于兹九年：『祇若』，敬順。書説命上：『疇敢不祇若王之休命。』孔傳：『言王如此，誰敢不敬順王之美命而諫者乎？』『天命』，古以君權爲神授，統治者自稱受命於天，謂之天命。左傳宣公三年：『周德雖衰，天命未改，鼎之輕重，未可問也。』晋劉琨勸進表：『臣聞昏明迭用，否泰相濟。天命未改，曆數有歸。』『纘承』，繼承。周書明帝紀：『今朕纘承大業，處萬乘之上。』宋蘇軾贈韓維祖保樞魯國公制：『逮兹纘承，繼用耆哲。』『睿圖』，皇帝的謀劃。隋書音樂志下：『皇矣上帝，受命自天。睿圖作極，文教遐宣。』舊唐書王彦威傳：『臣謬司邦計，虔奉睿圖，輒纂事功，庶

裨聖覽。』『統紀』，綱紀。史記太史公自序：『爲天下制儀法，垂六藝之統紀於後世。』三國志魏書王昶傳：『聖主明於任賢，略舉黜陟之體，以委達官之長，而總其統紀，故能否可得而知也。』『彝倫』，常理；常道。書洪範：『王乃言曰：「嗚呼，箕子！惟天陰騭下民，相協厥居，我不知其彝倫攸叙。」』蔡沈集傳：『彝，常也；倫，理也。』晉葛洪抱朴子名實：『放斧斤而欲雙巧於班墨，忽良才而欲彝倫之攸叙，不亦難乎！』『百度』，百事；各種制度。書旅獒：『不役耳目，百度惟貞。』晉陸機辨亡論：『天人之分既定，百度之缺粗修。』新唐書陳子昂傳：『今百度已備，但刑急罔密，非爲政之要。』『寅畏』，敬畏；恭敬戒懼。書無逸：『嚴恭寅畏，天命自度。』蔡沈集傳：『寅則欽肅，畏則戒懼。』唐白居易畫大羅天尊贊文：『皇帝孝敬寅畏，憂勤勞謙。』按，此處『于兹九年』，指唐文宗自寶曆二年（八二六）十二月即位至大和八年（八三四）二月凡九年。

〔三〕雖儉已飭躬，推誠育物，懼有未至，不遑宴寧：『宴寧』，原作『安寧』，今據册府元龜、文苑英華、四庫全書、全唐文、適園叢書改。『飭躬』，猶飭身。漢書宣帝紀：『朕之不明，震于珍物，飭躬齋精，祈爲百姓。』明唐順之答俞教諭書：『若使有獨爲君子之心，則雖從事於飭躬勵行以退處，未嘗不爲利塗也。』『宴寧』，猶安定。西游補第九回：『秦檜道：「檜雖愚劣，原

有安保君王、宴寧天室之意。」』

〔四〕既上慶於兩宮，宜覃恩於兆姓：『兆姓』，册府元龜作『兆庶』。『兩宮』，指唐文宗之母貞獻皇太后蕭氏與其祖母懿安皇太后郭氏。『覃恩』，廣施恩澤。舊時多用以稱帝王對臣民的封賞、赦免等。舊唐書趙宗儒傳：『今覃恩既畢，庶政惟新。』宋秦觀鮮于子駿行狀：『覃恩遷都官員外郎，通判保安軍。』『兆姓』，兆民。宋蘇軾錫李乾德制誥敕書：『朕子養兆姓，囊括四荒。』明史王直傳：『陛下宵衣旰食，徵天下兵，與群臣兆姓同心僇力，期滅此朝食，以雪不共戴天之耻。』

〔五〕降徒流：，原作『降從流』，今據册府元龜、四庫全書改。

〔六〕流徒等已下罪：，原作『流已下罪』，今據文苑英華、全唐文增補。

〔七〕唯官典犯贓，及諸色所由破用官物：『官物』，文苑英華作『官錢』。『官典』，指低級官吏。唐韓愈論變鹽法事宜狀：『臣今計此用錢已多，其餘官典及巡察手力所由等糧課，仍不在此數。』『所由』，即『所由官』。猶言有關官吏。因事必經由其手，故稱。南朝至唐、宋常用此語。梁書皇后傳高祖丁貴嬪：『婦人無閫外之事，賀及問訊箋什，所由官報聞而已。』南史沈炯傳：『表求歸養，詔不許。文帝嗣位，又表求去，詔答曰：「當敕所由，相迎尊累，使卿公私無廢

也。」『破用』，花用；耗費。唐李德裕論河東等道比遠官加給俸料狀：『自後訪聞户部所給零碎，兼不及時，觀察使以爲虚折，皆别將破用。』宋蘇軾乞賜度牒修廨宇狀：『臣非不知破用錢數浩大，朝廷未必信從，深欲减節，以就約省。』

〔八〕宜準去年八月九日敕，宜即與處分：『宜準』，文苑英華、全唐文作『緣近有』。『八月九日敕』，原作『八月十九日敕』，今據文苑英華、册府元龜、全唐文改。『宜即與處分』，原作『即與處分』，今據文苑英華、全唐文增補。

〔九〕展轉難徵：『難徵』，原作『攤徵』，今據文苑英華、全唐文、適園叢書、學林本改。

〔十〕言念于斯，所當矜恤：『言念于斯』，原作『言念于兹』，今據册府元龜、文苑英華、全唐文、適園叢書、明鈔本、學林本改。『矜恤』，憐憫撫恤。晏子春秋問上二十一：『積豐羡之養，而聲矜恤之義。』後漢書儒林傳下周澤：『奉公剋己，矜恤孤羸，吏人歸愛之。』

〔十一〕其度支户部鹽鐵應有懸欠，各委本司具可徵可放數條流聞奏，不得容有奸濫：『各委本司具可徵可放數條流聞奏』，原作『各委本司具可徵放數條流聞奏』，今據文苑英華、全唐文增補。『容有』，册府元龜作『容留』。『懸欠』，久欠未清。『條流』，條理。南史柳惲傳：『惲常以今聲轉棄古法，乃著清調論，具有條流。』宋葉適劉建翁墓志銘：『事雖漫汗粗梗，經建翁手，

必有條流秩序，後可循守也。」

（十二）在京諸司諸使食利錢，元舉人已納利計數五倍已上者：『在京諸司諸使』，原作『在京諸司使』，今據文苑英華、全唐文增補。『元舉人』三字原無，今據文苑英華、全唐文增補。『已納利計數五倍已上者』，原無『數』字，今據文苑英華、全唐文、適園叢書、學林本增補。

（十三）其有人户逃死攤徵保人，其保人納利計兩倍已上者，其本利亦并放免：『其有人户逃死攤徵保人，其保人納利計兩倍已上者』，原作『其有攤徵保人，納利計兩倍已上者』，今據文苑英華、全唐文增補。『其本利亦并放免』，此句原無『并』字，今據册府元龜、文苑英華、全唐文增補。

（十四）其納利未滿此數者，待納利數足，徵本停利。其諸色私債止於一倍，不得利上生利，仍委本縣各爲詳理處分：此數句原無，今據文苑英華、全唐文增補。

（十五）京邑之中，本無榷酤：『京邑』，原作『京色』，今據册府元龜、文苑英華、四庫全書、全唐文、適園叢書、明鈔本、甲庫本改。『之中』，原作『之内』，今據文苑英華、全唐文改。『榷酤』，亦作『榷沽』。漢以後歷代政府所實行的酒專賣制度；也泛指一切管制酒業取得

酒利的措施。天漢三年始榷酒酤，壟斷酒的産銷。後歷代沿之，或由政府設店專賣；或對酤户及酤肆加徵酒税；或將榷酒錢匀配，按畝徵收，等等，用以增加政府財政收入。宋周煇清波雜志卷六：『榷酤創始於漢，至今賴以佐國用。』元典章户部八私造酒麯依匿税科斷：『榷沽之法既已廢，酒醋課程散入民間。』

〔十六〕况萬户所聚：『萬户』，原作『萬方』，今據册府元龜、文苑英華改。

〔十七〕見徵納榷酒錢一萬五千一十貫八百文：『見徵納』，册府元龜、四庫全書無『納』字。『榷酒錢』，原作『榷錢』，今據册府元龜增補。『一萬五千一十貫八百文』，原作『一萬五千十貫八百文』，今據册府元龜、文苑英華、全唐文增補。

〔十八〕起今日已後亦宜并停：此句原作『起今亦宜停』，今據文苑英華、全唐文增補。

〔十九〕比者滄寇干紀，稽誅數年，諸道興師，累獻戎捷：『累獻』，全唐文作『屢獻』。按，此數句所言『滄寇干紀，稽誅數年』事，乃指唐敬宗寶曆二年至大和三年間李全略及其子李同捷據滄州反叛，朝廷興師征討，數年後方平定之之事。舊唐書卷一百四十三李全略傳、李同捷傳載其事略云：『李全略者，本姓王，名日簡。爲鎮州小將，事王武俊。……及長慶初，鎮州軍亂，殺田弘正，穆宗爲之旰食，以日簡嘗爲鎮將，召問其計。……因授德州刺史，經略其事。明年，擢

拜横海軍節度使，賜姓李氏，名全略，以崇樹之。未幾，令子同捷入侍，兼進錢千萬。逾歲，同捷歸覲，乃奏請授滄州長史、知州事，兼主中軍兵馬；朝廷初不之許，後慮其有奇策，將副經略之旨，遂從之。及得請，全略乃陰結軍士，潛爲久計，外示忠順，内畜奸謀。……寶曆二年四月卒。子同捷，初爲副大使，居喪，擅領留後事，仍重賂藩鄰以求纘襲，朝廷知其所爲，經年不問。……文宗即位，同捷冀易世之後，稍行恩貸，即令母弟同志、同巽入朝，令掌書記崔長奉表，備達懇誠，請從朝旨。詔授同捷檢校左散騎常侍、兖州刺史、兖海節度使，以天平節度使烏重胤爲滄州節度以代之。詔下，同捷托以三軍乞留，拒命。乃命烏重胤率鄆、齊兵加討。又詔徐帥王智興、滑帥李聽、平盧康志睦、魏博史憲誠、易定張璠、幽州李載義等四面進攻。……同捷既窘，王廷湊援之不及，乃令人誘丌志沼，俾倒戈攻憲誠，許以代爲魏博節度，志沼信其言而叛。憲誠告難，詔李聽以諸道兵攻之。志沼敗，奔于鎮州。李寰赴闕，又以李祐代爲横海節度。三年三月，詔諫議大夫柏耆軍前慰撫。四月，李祐收德州。同捷乞降于祐，祐疑其詐，柏耆請以騎兵三百入滄州，祐從之。耆徑入滄州，取同捷與其家屬赴京師。其月二十六日，至德州界，諜言廷湊兵來劫篡，耆乃斬同捷首，傳而獻捷，百僚稱賀。』又，『諸道興師，累獻戎捷』事，新唐書文宗紀亦有所記載：大和元年『丙子，横海軍節度使烏重胤討李同捷。……十一月庚辰，横海軍節度使李

寰討李同捷。……二年正月壬申，地震。……七月辛丑，魏博節度使史憲誠及同捷戰于平原，敗之。……（八月）辛巳，史憲誠及李同捷戰于平原，敗之。癸未，劉從諫及王廷湊戰于昭慶，敗之。……十月庚申，史憲誠及李同捷戰于平原，敗之。……戊寅，史憲誠及李同捷戰于平原，敗之。壬午，幽州盧龍軍節度使李載義又敗之于長蘆。……三年正月丁亥，宣武、河陽兵討亓志沼。庚子，志沼奔于鎮州。……四月戊辰，滄景節度使李祐克德州，李同捷降。乙亥，滄德宣慰使柏耆以同捷歸于京師，殺之于將陵。五月辛卯，給復滄、景、德、棣四州一年」。

〔二十〕時方討叛，難議釋縲，免死戍邊，已爲恩貸：「釋縲」，册府元龜作「釋縛」。「已爲恩貸」，原作「已有恩貸」，今據文苑英華、全唐文、適園叢書改。「恩貸」，施恩寬宥。多用於帝王。漢書王訢傳：「今復斬一訢，不足以增威，不如時有所寬，以明恩貸，令盡死力。」宋蘇舜欽感興詩之三：「明朝黄紙出，大赦遍中外……翻令凶惡囚，纍纍受恩貸。」

〔二十一〕久被朝章，念其懷土之心，必有向隅之嘆：「朝章」，猶朝服。宋王禹偁滁州謝上表：「況臣頭有重戴，身被朝章，所守者國之禮容，即不是臣之氣勢。」宋陸游老學庵筆記卷二：「先左丞平居，朝章之外，惟服衫帽。」「向隅」，面對着屋子的一個角落。漢劉向説苑貴德：「今有滿堂飲酒者，有一人獨索然向隅而泣，則一堂之人皆不樂矣。」後遂以比喻孤獨失意或

不得機遇而失望。南朝梁徐悱贈内詩：『豈忘離憂者，向隅心獨傷。』唐陳子昂爲義興公求拜掃表：『萬物咸遂，各得其宜；臣獨向隅，有以長戚。』

〔二十二〕滄州將健配流：『配流』，把罪人發配、流放到遠地。唐張鷟朝野僉載卷一：『懷州録事參軍路敬潛遭綦連輝事，於新開推鞫，免死配流。』舊唐書則天皇后紀：『元軌配流黔州。』

〔二十三〕及邊鎮營田役使者共一千三百五十九人：按，此句中原無『共一千三百五十九人』九字，今據文苑英華、全唐文增補。『營田』，即屯田。漢以後歷代政府利用兵士或召募流民於駐扎地區種田，以供軍餉。南齊書垣崇祖傳：『卿視吾是守江東而已邪？所少者食，卿但努力營田，自然平殄殘醜。』宋范仲淹奏爲陝西四路入中糧草及支移二税：『更選差朝臣四人……專管本路税賦課利及圖回營田等事。』

〔二十四〕并委諸道節度觀察使據見在人放歸本管：『諸道』，原作『本道』，今據册府元龜、全唐文改。『節度觀察使』五字原無，今據文苑英華、全唐文增補。

〔二十五〕董昌齡自至邕州，累平溪洞，兵威所向，首惡皆擒：『自至邕州』，原作『自邕州』，今據文苑英華、全唐文增補。『溪洞』，亦作『溪峒』。古代指今部分苗族、侗族、壯族

及其聚居地區。隋書煬帝紀下：『高凉通守洗珤徹舉兵作亂，嶺南溪洞多應之。』宋史蠻夷傳二西南溪峒諸蠻下：『湖南州縣多鄰溪峒，省民往往交通傜人，擅自易田，豪猾大姓或詐匿其産傜人，以避科差。』『董昌齡』，傳見舊唐書卷一百九十三列女傳董昌齡母楊氏傳。又，舊唐書卷一百九十三列女傳衡方厚妻程氏傳云：『方厚，大和中任邕州都督府録事參軍，爲招討使董昌齡誣枉殺之。程氏力不能免，乃抑其哀，如非寃者。昌齡雅不疑慮，聽其歸葬。程氏故得以徒行詣闕，截耳於右銀臺門，告夫被殺之寃。御史臺鞫之，得實，諫官亦有章疏，故昌齡再受譴逐。』又，新唐書卷九十七魏徵傳附魏謨傳：『邕管經略使董昌齡誣殺參軍衡方厚，貶漵州司户，俄徙峽州刺史。謨諫曰：「王者赦有罪，唯故無赦。比昌齡專殺不辜，事迹暴章，家人銜寃，萬里投訴，獄窮罪得，特被矜貸，中外以爲屈法。今又授刺史，復使治人，紊憲章，乖至治，不見其可。」有詔改洪州别駕。』

〔二十六〕然每念蒼生，無非赤子，况在荒徼，尤當撫循：『然每念蒼生』，原作『言念蒼生』，今據文苑英華、全唐文改。『荒徼』，荒遠的邊域。唐楊衡送人流雷州詩：『不知荒徼外，何處有人家？』明姜埰赴戍宣州衛詩：『荷戈荒徼去，收骨瘴江還。』『撫循』，安撫存恤。墨子尚同中：『助之言談者衆，則其德音之所撫循者博矣。』梁書康絢傳：『除振威將軍、華山太守。

推誠撫循，荒餘悅服。』

〔二十七〕各使懷安：『各使』，全唐文作『使各』。

〔二十八〕其所獲黃洞百姓：此句原無『其』字，今據文苑英華、全唐文增補。

〔二十九〕豈愛遐琛：『遐琛』，原作『遐賝』，今據册府元龜、文苑英華、四庫全書、全唐文、適園叢書改。『遐琛』，遠方的珍寶。明妙聲送僧歸日東詩：『王化能柔遠，遐琛亦會同。』

〔三十〕深慮遠人未安，率稅猶重，思有矜恤，以示綏懷：『深慮遠人未安』，原無『深』字，今據册府元龜、四庫全書、全唐文增補。『綏懷』，安撫關切。三國志 魏書 杜襲傳：『太祖還，拜襲駙馬都尉，留督漢中軍事。綏懷開導，百姓自樂出徙洛、鄴者，八萬餘口。』北史 叔孫建傳：『雅尚人倫，禮賢愛士，在平原十餘年，綏懷內外，甚得邊稱。』

〔三十一〕宜委節度觀察使常加存問：此句『常加存問』原無，今據文苑英華、全唐文增補。

〔三十二〕任其來往通流：此句原無『通流』二字，今據文苑英華、全唐文增補。

〔三十三〕如有冤滯未伸：『伸』，原作『申』，今據文苑英華、全唐文改。

〔三十四〕於戲！朕百靈所祐，獲遂痊和，虔奉神休，敢忘昭報：此句本無『於戲』二字，今據文苑英華、全唐文增補。『百靈』，各種神靈。漢班固東都賦：『禮神祇，懷百靈。』李善

注：『毛詩曰：「懷柔百神。」』唐李白天長節使鄂州刺史韋公德政碑：『今主上明聖，懷於百靈。』『痊和』，痊愈平復。宋歐陽修請皇太后權同聽政詔：『朕承大行之遺命，嗣列聖之丕基。踐祚之初，銜哀罔極，遂罹疾恙，未獲痊和。』『神休』，神明賜予的福祥。漢揚雄甘泉賦：『惟漢十世，將郊上玄，定泰畤，擁神休，尊明號。』李善注：『言將祭泰畤，冀神擁祐之以美祥。』唐李白明堂賦：『若乃高宗紹興，祐統錫羡，神休旁臻，瑞物咸薦。』

〔三十五〕上承丕構，宗社流慶，玄穹叶靈：『上承』，文苑英華作『上奉』。『丕構』，猶大業。新唐書 劉蕡傳：『朕顧唯昧道，祇荷丕構，奉若謨訓，不敢怠荒。』舊五代史 唐書 末帝紀上：『鄂王輕捨宗祧，不克負荷，洪基大寶，危若綴旒，須立長君，以紹丕構。』『玄穹』，天空；蒼天。晉張華壯士篇：『長劍橫九野，高冠拂玄穹。』唐黄滔祭陳侍御嶠：『匆匆大夜，默默玄穹。』

〔三十六〕微恙愆和：『愆和』，失和。明史 弋謙傳：『今自去冬無雪，春亦少雨，陰陽愆和，必有其咎。』明史 鄭三俊傳：『帝以陰陽愆和，命司禮中官録囚，流徒以下皆減等。』

〔三十七〕渥澤思及於人瘼，儆戒先自於朕躬：『儆戒』，原作『敬戒』，今據册府元龜、全唐文改。『渥澤』，指恩惠。後漢書 鄧騭傳：『托日月之末光，被雲雨之渥澤，并統列位，光昭當

世。」唐李白天長節使鄂州刺史韋公德政碑：『雲滂洋，雨汪濊，澡渥澤，除瑕纇。』『人瘼』，人民的疾苦。周書 藝術傳 黎景熙：『陛下爰發明詔，廣求人瘼。』唐錢起送張中丞赴桂州詩：『出守求人瘼，推賢動聖情。』『儆戒』，警戒；戒備；戒懼。書 大禹謨：『儆戒無虞，罔失法度，罔游于逸，罔淫于樂。』三國志 吴書 孫權傳：『夫法令之設，欲以遏惡防邪，儆戒未然也。』

咸通八年痊復救恤百姓僧尼敕〔一〕

敕：朕比寒暑致疾，綿滯經時，今旬朔之間，寢膳已復。蒙天地保祐，宗社寵靈〔二〕，既疾痛之有瘳，念疲羸之無告〔三〕，爲之父母，得不憫傷。慮赦令之或頻，則奸人之得計；儻恩惠之遠布，冀窮氓之稍蘇〔四〕。應天下百姓僧尼道士女冠等，有年七十已上，疾病癈痼，委頓牀榻者〔五〕，宜各賜絹兩匹。在軍旅行陣，經敵傷害手足眼目，不能營生，亦各賜絹兩匹。應州縣病坊貧兒多處〔六〕，賜米十石，或數少處〔七〕，即七石、五石、三石。其病坊據元敕各有本利錢，委所在刺史録事參軍縣令糾勘，兼差有道行僧人專勾當，三年一替。如遇風雪之時，病者不能求丐，即取本坊利錢市米爲粥，均給飢乏。如疾病可救，即與市藥理療。其所用絹米等，且以户部屬省錢物充，速具申奏，候

知定數，即以藩鎮所進賀疾愈物支還所司。此敕到，仰所在州縣寫録敕榜於州縣門，并坊市村閭要路。其州縣所給恤絹米，恐下吏之所隱欺，仍委刺史縣令設法頒布，不得令不到本身〔八〕。所在給恤之後，一一分析聞奏，俾令速濟疾病，稱朕意焉。咸通八年十一月六日。

校　箋

〔一〕本文又見於全唐文卷八十四，文題爲疾愈推恩敕，署名唐懿宗。此文文末署頒布時間爲咸通八年（八六七）十一月六日，則其撰寫時間當在是時稍前。

〔二〕宗社寵靈：『宗社』，宗廟和社稷的合稱。漢蔡邕獨斷卷上：『天子之宗社曰泰社，天子所爲群姓立社也。』南史虞寄傳：『朕不食言，誓之宗社。』『寵靈』，恩寵光耀；使得到恩寵福澤。左傳昭公七年：『今君若步玉趾，辱見寡君，寵靈楚國，以信蜀之役，致君之嘉惠，是寡君既受貺矣，何蜀之敢望！』孔穎達疏：『言開其恩寵賜以威靈以及楚國。』南朝梁江淹建平王之南徐州刺史辭闕表：『臣過承寵靈，閔默假日，徒抱皇慈，無充横草。』宋王安石賀致政文太師

啓：『蕭何漢之宗臣，方叔周之元老，寵靈莫二。』

〔三〕念疲羸之無告：『疲羸』，困苦窮乏；困苦窮乏之民。唐司空圖太尉琅琊王公河中生祠碑：『丞相仁杰之撫疲羸，僕射元振之安夷夏。』唐末五代杜光庭馬尚書本命醮詞：『疲羸未復，瘡痏未平，撫之則濡沫才通。』

〔四〕冀窮氓之稍蘇：『窮氓』，即窮民，貧苦百姓。

〔五〕疾病癥痼，委頓牀榻者：『癥痼』，腹中積久未消的痞塊。醫宗金鑒張仲景金匱要略婦人妊娠：『婦人宿有癥病，經斷未及三月，而得漏下不止，胎動在臍上者，爲癥痼害。』集注引程林曰：『此有癥病而懷胎者，雖有漏血不止，皆癥痼之爲害，非胎動胎漏之證，下其癥痼，妊娠自安。』『委頓』，衰弱；病困。三國志魏書高貴鄉公髦『車駕親率群司，躬行古禮焉』裴松之注引魏名臣奏載太尉華歆表：『臣老病委頓，無益視聽。』晉干寶搜神記卷一：『超（弦超）憂感積日，殆至委頓。』

〔六〕應州縣病坊貧兒多處：『病坊』，收養貧病平民的機構。太平廣記卷九十五引唐牛肅紀聞洪昉禪師：『昉於陝城中，選空曠地造龍光寺。又建病坊，常養病者數百人。』宋馬鑒續事始病坊：『開元二十三年，京城乞兒官爲置病坊，給廩食焉。近代改悲田院，或曰養病院。』

庫本改。

〔七〕或數少處：此句原作『或有少處』，今據四庫全書、全唐文、明鈔本、甲庫本改。

〔八〕不得令不到本身：此句原作『不得令不利本身』，今據四庫全書、全唐文、明鈔本、甲庫本改。

卷第十一

帝王

遺詔上

遺詔上

神堯遺詔〔一〕

嗚呼！夫壽命終畢，人之大倫〔二〕，修短之所共同，聖賢之所不免。朕往逢喪亂，思濟黎元，櫛風沐雨，東征西伐。克平宇内，從此樂推，遂膺景命，恭承寶曆〔三〕。但蒙犯矢石，羈束戎旅，久厭干戈，常思閑逸。是以拂衣高謝，歸老櫟陽〔四〕。爰委萬機，屬之才子〔五〕。所授得人，遐邇寧輯，四海清宴，八表來庭〔六〕。養志怡神，於今十載〔七〕。但去秋已來，夙疾咸發，自爾彌留，至于大漸。皓首歸全，斯何恨矣〔八〕！洮頮憑几，略陳素志〔九〕。朕每覽漢文遺詔，殷勤嘆焉〔十〕。以爲當今之世，咸嘉生而惡死，厚葬以破業，重服以傷生，吾甚不取〔十一〕。且朕既不德，無以佐百姓，今崩又使重服久臨，以罹寒暑之數，以重吾之不德，謂天下何？吏民令到出臨，三日皆釋服，無禁嫁娶飲酒食肉。此豈非深達天命，哀矜百姓者歟〔十二〕！又魏文終制〔十三〕，亦有可取。

朕雖德愧古人，豈忘景行〔十四〕！屬纊之後〔十五〕，三日便殮。文武官人三品已下，三日朝晡哭臨，十五舉音〔十六〕，事訖便出。四品已上，臨於朝堂。殿中當臨者，非朝夕臨時，無得擅哭。其方鎮岳牧在任官人，各於治所舉哀三日。且今王師四討，軍機急速，小殮既竟，嗣子宜於別所視事〔十七〕，軍國大事，不得停闕，尋常閑務，任之有司。其服輕重，悉從漢制，以日易月〔十八〕，於事爲宜。其園陵制度，務從儉約，斟酌漢魏，以爲規矩。百辟卿士，孝子忠臣，送往事居〔十九〕，勿違朕意焉。貞觀九年五月六日。

校箋

〔一〕此文又見於全唐文卷三，文題爲遺詔，署名爲唐高祖。此文文末署頒布時間爲貞觀九年五月六日。考舊唐書卷一高祖紀貞觀九年載：『九年五月庚子，高祖大漸，下詔：「既殯之後，皇帝宜於別所視軍國大事。其服輕重，悉從漢制，以日易月。園陵制度，務從儉約。」是日，崩於太安宮之垂拱前殿，年七十。群臣上謚曰大武皇帝，廟號高祖。十月庚寅，葬於獻陵。高宗上元元年八月，改上尊號曰神堯皇帝。天寶十三載二月，上尊號神堯大聖大光孝皇帝。』資治通鑑卷一百九十四貞觀九年五月記：『太上皇自去秋得風疾，庚子，崩於垂拱殿。甲辰，群臣請上準遺誥

視軍國大事，上不許。」據上所載，此詔乃下於高祖病崩之時，即貞觀九年（六三五）五月庚子（六日），故此文文末所署時間可信，此亦此文成文之時間。又，文題稱『神堯遺詔』，則此『神堯』二字乃非頒布此『遺詔』所稱，當在唐高宗上元元年之後，恐是宋氏父子所爲。

（二）人之大倫：此句適園叢書、明鈔本、學林本均作『人倫大期』。

（三）從此樂推，遂膺景命，恭承寶曆：『樂推』，樂意擁戴。老子：『是以聖人處上而民不重，處前而民不害，是以天下樂推而不厭。』宋書 武帝紀中：『自非百姓樂推，天命攸集，豈伊在予，所得獨專。』『景命』，大命。指授予帝王之位的天命。詩 大雅 既醉：『君子萬年，景命有僕。』鄭玄箋：『天之大命。』唐元稹獻事表：『臣竊惟陛下以景命惟新之初，何如貞觀致理之後？』『寶曆』，亦作『寶歷』。指國祚；皇位。樂府詩集 燕射歌辭三 晉朝饗樂章：『椒觴再獻，寶歷萬年。』梁書 武帝紀上：『雖寶曆重升，明命有紹，而獨夫醜縱，方煽京邑。』

（四）是以拂衣高謝，歸老櫟陽：『拂衣』，振衣而去。謂歸隱。晉殷仲文解尚書表：『進不能見危授命，忘身殉國；退不能辭粟首陽，拂衣高謝。』南朝宋謝靈運述祖德詩：『高揖七州外，拂衣五湖裏。』唐王維送張五歸山詩：『幾日同携手，一朝先拂衣。』『高謝』，猶歸隱。唐司空圖携仙籙詩之六：『應知談笑還高謝，别就滄洲贊上仙。』『櫟陽』，古縣名。秦置，治所在今陝西

省西安市臨潼區北渭水北岸，東漢廢入萬年縣，唐武德初改萬年復置，治所在故縣西南（今臨潼北），至元并入臨潼縣。

〔五〕爰委萬機，屬之才子：『萬機』，即『萬幾』。書皋陶謨：『無教逸欲有邦，兢兢業業，一日二日萬幾。』孔傳：『幾，微也，言當戒懼萬事之微。』後以『萬幾』指帝王日常處理的紛繁的政務。晋葛洪抱朴子論仙：『（帝王）思勞於萬幾，神馳於宇宙。』『才子』，古稱德才兼備的人。左傳文公十八年：『昔高陽氏有才子八人……齊聖廣淵，明允誠篤，天下之民謂之八愷。』後多指有才華的人。晋潘岳西征賦：『終童山東之英妙，賈生洛陽之才子。』此處指唐太宗李世民。

〔六〕遐邇寧輯，四海清宴，八表來庭：『寧輯』，安定和睦。隸釋漢荆州刺史度尚碑：『遷遼東大守，旬月之間，薉貉寧輯。』宋范成大嘲蚊詩：『虚空既清凉，家巷得寧輯。』『清宴』，亦作『清晏』。清平安寧。三國志魏書鍾會傳：『拓平西夏，方隅清晏。』唐吴兢貞觀政要政體：『今陛下富有四海，内外清宴。』『八表』，八方之外，指極遠的地方。三國魏明帝苦寒行：『遺化布四海，八表以肅清。』晋陶潛歸鳥詩：『遠之八表，近憩雲岑。』

〔七〕養志怡神，於今十載：『養志』，保攝志氣。指培養、保持不慕榮利的志向。多指隱居。莊子讓王：『故養志者忘形，養形者忘利。』後漢書逸民傳逢萌：『及光武即位，乃之琅邪

勞山，養志修道，人皆化其德。』「怡神」，怡養或怡悦心神。南朝梁何遜七召：『今欲導足下以衛生之秘術，怡神之妙道，譬愈疫於沉痾，若起尸於仙草。寧願聞乎？』隋書儒林傳劉炫：『玩文史以怡神，閱魚鳥以散慮。』按，此句謂唐高祖禪皇帝位於唐太宗，『養志怡神』已經十年。據舊唐書卷二太宗紀，武德九年（六二六）『八月癸亥，高祖傳位於皇太子，太宗即位於東宫顯德殿』。自其時至貞觀九年（六三五）凡十年。

〔八〕自爾彌留，至于大漸。皓首歸全，斯何恨矣：『彌留』，多指病重瀕死。南朝齊王儉褚淵碑文：『景命不永，大漸彌留。』宋王讜唐語林補遺一：『肅宗彌留，衆皆迭侍。』『大漸』，謂病危。書顧命：『王曰：「嗚呼！疾大漸，惟幾。」』列子力命：『季梁得病，七日大漸。』張湛注：『漸，劇也。』『歸全』，謂善終。不遭灾難，終其天年。後漢書崔駰傳：『貴啓體之歸全兮，庶不忝乎先子。』唐李邈盧夫人崔氏墓志：『遘疾歸全於東都依仁里之私第。』

〔九〕洮頮憑几，略陳素志：『洮頮』，亦作『洮沫』『洮靧』。盥手洗面。書顧命：『惟四月哉生魄，王不懌。甲子，王乃洮頮水。相被冕服，憑玉几。』孔穎達疏：『頮是洗面，知洮爲盥手。』漢書律曆志下：『顧命曰：「惟四月哉生霸，王有疾不豫，甲子，王乃洮沫水。」』顔師古注：『洮，盥手也。沬，洗面也……沬即頮字也。』清錢謙益祭傅文恪公文：『謙益乃洮頮炳蕭，

望拜稽首，爲文以告於吾師之墓下。』『素志』，平素的志願。三國志魏書荀彧傳：『雖禦難于外，乃心無不在王室，是將軍匡天下之素志也。』宋曾鞏授中書舍人謝啓：『惟殫許國之誠，彌堅素志；庶答知人之遇，不在他門。』

〔十〕朕每覽漢文遺詔，殷勤嘆焉：『漢文』，指漢文帝劉恒。『殷勤』，情意深厚。孝經援神契：『母之於子也，鞠養殷勤，推燥居濕，絶少分甘。』禮記曲禮下：『國君去其國，止之曰：「奈何去社稷也？」大夫曰：「奈何去宗廟也？」士曰：「奈何去墳墓也？」』鄭玄注：『皆臣民殷勤之言。』南史任昉傳：『（任昉）爲家誡，殷勤甚有條貫。』又按，『漢文遺詔』見漢書卷四文帝紀：後元『七年夏六月己亥，帝崩于未央宫。遺詔曰：「朕聞之，蓋天下萬物之萌生，靡不有死。死者天地之理，物之自然，奚可甚哀！當今之世，咸嘉生而惡死，厚葬以破業，重服以傷生，吾甚不取。且朕既不德，無以佐百姓；今崩，又使重服久臨，以罹寒暑之數，哀人父子，傷長老之志，損其飲食，絶鬼神之祭祀，以重吾不德，謂天下何！朕獲保宗廟，以眇眇之身托于天下君王之上，二十有餘年矣。賴天之靈，社稷之福，方内安寧，靡有兵革。朕既不敏，常畏過行，以羞先帝之遺德；惟年之久長，懼于不終。今乃幸以天年得復供養于高廟，朕之不明與嘉之，其奚哀念之有！其令天下吏民，令到出臨三日，皆釋服。無禁取婦嫁女祠祀飲酒食肉。自當給喪事服臨者，

皆無踐。經帶無過三寸。無布車及兵器。無發民哭臨宮殿中。殿中當臨者，皆以旦夕各十五舉音，禮畢罷。非旦夕臨時，禁無得擅哭臨。以下，服大紅十五日，小紅十四日，纖七日，釋服。它不在令中者，皆以此令比類從事。布告天下，使明知朕意。霸陵山川因其故，無有所改。歸夫人以下至少使。」令中尉亞夫爲車騎將軍，屬國悍爲將屯將軍，郎中令張武爲復土將軍，發近縣卒萬六千人，發内史卒萬五千人，臧郭穿復土屬將軍武。賜諸侯王以下至孝悌力田金錢帛各有數。乙巳，葬霸陵』。

〔十一〕以爲當今之世，咸嘉生而惡死，厚葬以破業，重服以傷生，吾甚不取：『厚葬以』，四庫全書、全唐文、甲庫本作『厚葬而』。『重服』，服喪過度；重喪服。漢書文帝紀：『當今之世，咸嘉生而惡死，厚葬以破業，重服以傷生，吾甚不取。』南朝宋劉義慶世説新語德行：『孔時爲太常，形素羸瘦，著重服，竟日涕泗流漣。』又，此數句以及以下一段話乃引漢文帝遺詔之語。

〔十二〕此豈非深達天命，哀矜百姓者歟：『此豈非』，適園叢書、明鈔本作『此其非』。『哀矜』，哀憐；憐憫。書呂刑：『皇帝哀矜庶戮之不辜。』晋傅玄傅子法刑：『司寇行刑，君爲之不舉樂，哀矜之心至也。』

〔十三〕魏文終制：『魏文』，即魏文帝曹丕。『終制』，死者生前對喪葬禮制的囑咐。晋

書宣帝紀：『先是，預作終制，於首陽山爲土藏，不墳不樹。』『魏文終制』，見三國志魏書文帝紀：『冬十月甲子，表首陽山東爲壽陵，作終制曰：「禮，國君即位爲椑，存不忘亡也。昔堯葬穀林，通樹之，禹葬會稽，農不易畝，故葬於山林，則合乎山林。封樹之制，非上古也，吾無取焉。壽陵因山爲體，無爲封樹，無立寢殿，造園邑，通神道。夫葬也者，藏也，欲人之不得見也。骨無痛癢之知，冢非棲神之宅，禮不墓祭，欲存亡之不黷也，爲棺椁足以朽骨，衣衾足以朽肉而已。故吾營此丘墟不食之地，欲使易代之後不知其處。無施葦炭，無藏金銀銅鐵，一以瓦器，合古塗車、芻靈之義。棺但漆際會三過，飯含無以珠玉，無施珠襦玉匣，諸愚俗所爲也。季孫以璵璠斂，孔子歷級而救之，譬之暴骸中原。宋公厚葬，君子謂華元、樂莒不臣，以爲棄君於惡。漢文帝之不發，霸陵無求也；光武之掘，原陵封樹也。霸陵之完，功在釋之；原陵之掘，罪在明帝。是釋之忠以利君，明帝愛以害親也。忠臣孝子，宜思仲尼、丘明、釋之之言，鑒華元、樂莒、明帝之戒，存於所以安君定親，使魂靈萬載無危，斯則賢聖之忠孝矣。自古及今，未有不亡之國，亦無不掘之墓也。喪亂以來，漢氏諸陵無不發掘，至乃燒取玉匣金縷，骸骨并盡，是焚如之刑，豈不重痛哉！禍由乎厚葬封樹。「桑、霍爲我戒」，不亦明乎？其皇后及貴人以下，不隨王之國者，有終没皆葬澗西，前又以表其處矣。蓋舜葬蒼梧，二妃不從，延陵葬子，遠在嬴、博，魂而有靈，無不

之也，一瞤之間，不足爲遠。若違今詔，妄有所變改造施，吾爲戮尸地下，戮而重戮，死而重死。臣子爲蔑死君父，不忠不孝，使死者有知，將不福汝。其以此詔藏之宗廟，副在尚書、秘書、三府。』鄭玄箋：『古人有高德者則慕仰之，有明行者則而行之。』漢蔡邕郭有道碑：『於是樹碑表墓，昭明景行。』三國魏曹丕與鍾大理書：『高山景行，私所慕仰。』

〔十四〕豈忘景行：『景行』，高尚的德行。詩小雅車舝：『高山仰止，景行行止。』鄭玄

〔十五〕屬纊之後：『屬纊』，謂用新綿置於臨死者鼻前，察其是否斷氣。禮記喪大記：『屬纊以俟絶氣。』鄭玄注：『纊，今之新綿，易動摇，置口鼻之上以爲候。』也指臨終。南朝宋鮑照松柏篇：『屬纊生望盡，闔棺世業埋。』宋蘇軾張文定公墓志銘：『公性與道合，得佛老之妙，屬纊之日，凛然如平生。』

〔十六〕三日朝晡哭臨，十五舉音：『朝晡』，朝時（辰時）至晡時（申時）。。三國志蜀書費禕傳『頃之，代蔣琬爲尚書令』裴松之注引禕别傳：『常以朝晡聽事，其間接納賓客，飲食嬉戲，加之博弈，每盡人之歡，事亦不廢。』晋書郗鑒傳：『鑒尋薨，時年七十一，帝朝晡哭於朝堂。』唐韓愈順宗實録卷五：『宫中當臨者，朝晡各十五舉音，非朝晡臨時，禁無得哭。』『哭臨』，帝后死喪，集衆定時舉哀叫哭臨。史記孝文本紀：『毋發民男女哭臨宫殿。宫殿中當臨

者，皆以旦夕各十五舉聲，禮畢罷。非旦夕臨時，禁毋得擅哭。』後漢書禮儀志下：『登遐，皇后詔三公典喪事……百官哭臨殿下。』『舉音』，爲悼死者而放聲哀哭。明王志堅表異録凶喪：『道路皆舉音以過喪。』

（十七）小殮既竟，嗣子宜於別所視事：『視事』，適園叢書、明鈔本、學林本作『視』。『小殮』，亦作『小斂』。舊時喪禮之一，給死者沐浴、穿衣、覆衾等。儀禮既夕禮：『小斂辟奠不出室。』禮記喪大記：『小斂，君、大夫、士皆用複衣複衾。』清沈赤水寒夜叢談談禮：『古所謂小斂者，尸沐浴著衣畢，乃韜之以冒，不使人見其尸形，再用布絞束之，縮者一，横者三，裹以複衾。』『嗣子』，帝王或諸侯的承嗣子（多爲嫡長子）。左傳哀公二十年：『趙孟曰：「黄池之役，先主與吴王有質，曰：『好惡同之。』今越圍吴，嗣子不廢舊業而敵之。」』杜預注：『嗣子，襄子自謂。』史記五帝本紀：『堯曰：「誰可順此事？」放齊曰：「嗣子丹朱開明。」堯曰：「吁！頑凶，不用。」』

（十八）以日易月：『以日易月』，古代禮制：帝王去世，太子繼位得服喪三年（三十六月），後來漢文帝改爲三十六日即釋服終喪，因稱『以日易月』。一説謂二十七日釋服。晉書禮志中：『禮官參議博士張靖等議，以爲「孝文權制三十六日之服，以日易月，道有污隆，禮不得

全，皇太子亦宜割情除服」。』漢書文帝紀『服大紅十五日，小紅十四日，纖七日，釋服』顔師古注：『應劭曰：「紅者，中祥、大祥以紅爲領緣。纖者，禫也。凡三十六日而釋服矣，此以日易月也。」……此喪制者，文帝自率己意創而爲之，非有取於周禮也，何爲以日易月乎！三年之喪，其實二十七月，豈有三十六日之文！』唐韓愈順宗實録卷五：『聖人大孝，在乎善繼。樞務之重，軍國之殷，纘而承之，不可暫闕。以日易月，抑惟舊章。皇帝宜三日而聽政，十三日小祥，二十五日大祥，二十七日釋服。』

〔十九〕百辟卿士，孝子忠臣，送往事居：『百辟』，百官。宋書孔琳之傳：『羨之（徐羨之）内居朝右，外司輦轂，位任隆重，百辟所瞻。』唐白居易醉後走筆酬劉五主簿長句之贈詩：『閶闔晨開朝百辟，冕旒不動香烟碧。』『卿士』，指卿、大夫。後用以泛指官吏。書牧誓：『是信是使，是以爲大夫卿士。』孫星衍疏：『大夫卿士不云卿大夫士，蓋以此士，卿之屬也。』『送往事居』，謂禮葬死者，奉事生者。左傳僖公九年：『送往事居，耦俱無猜，貞也。』杜預注：『往，死者；居，生者；耦，兩也。送死事生，兩無疑恨，所謂正也。』唐獨孤及故太保贈太師韓國苗公謚議：『論道賦政，送往事居，協恭秉彝，動罔違德。』

太宗遺詔〔一〕

夫天命之重，緑錯奉其圖書；天子之尊，赤縣先其司牧〔二〕。而功兼造化，喬山之樹已陰〔三〕；業致升平，蒼梧之駕方遠〔四〕。至於平寇亂，安黎元，灑洪災，攘大患，黄帝之五十二戰〔五〕，商湯之二十七征〔六〕，以此申威〔七〕，曾何足算。昔者亂階斯永，禍鍾隋季，磬宇凝氛，曀昏辰象，綿區作梗〔八〕，摇蕩江河。朕拂衣於舞象之年，抽劍於斬蛇之地〔九〕，雖復妖千王莽，戮首軝車；凶百蚩尤，釁尸軍鼓〔十〕。垂文暢於炎野，餘勇澄於斗極〔十一〕，前王不闢之土，悉請衣冠；前史不載之鄉，并爲州縣。再維地軸，更張乾絡〔十二〕，禮義溢於寰瀛，菽粟同於水火。破舟船於靈沼，收干戈於武庫〔十三〕。辛李衛霍之將，咸分土宇；縉紳廊廟之材，共垂帶綬〔十四〕。至於比屋黎元，關河遺老，或赢金帛，或賚倉儲。朕於天下士大夫，可謂無負矣；朕於天下蒼生，可謂安養矣。自櫛風沐雨，遂成弭沴，憂勞庶政，更起沉痾〔十五〕。况乃漢苦周勤，禹胼堯腊〔十六〕，以矜百姓之所致也。道存物往，人理同歸，掩乎玄泉〔十七〕，夫亦何恨矣！皇太子治〔十八〕，大孝通神，自天生德，累經監撫，熟達機務。凡厥百僚，群公卿士，送往事居〔十九〕，無

違朕意。屬纊之後，七日便殯〔二十〕。宗社存焉，不可無主，皇太子即於柩前即皇帝位，依周漢舊制。軍國大事，不可停闕，尋常閑務，任之有司。文武官人三品已上〔二十一〕，并三日朝晡哭臨，十五舉音，事畢便出。四品已下，臨於朝堂。其殿中當臨者，非朝夕臨無得擅哭。諸王爲都督刺史任者，并來奔喪，濮王泰不在來限〔二十二〕。其方鎮岳牧在任官人〔二十三〕，各於任所舉哀三日。其服紀輕重，宜依漢制，以日易月。園陵制度，務從儉約。昔者霸陵不掘〔二十四〕，則朕意焉。遼東行事并停〔二十五〕。太原元從人見在者〔二十六〕，各賜勛官一級。諸營作土木之功，并宜停斷。貞觀二十三年五月。

校　箋

〔一〕此文又見於全唐文卷九，文題爲遺詔，署名唐太宗。此文文末署頒布時間爲貞觀二十三年五月。考舊唐書卷三太宗紀下貞觀二十三年五月載：『己巳，上崩於含風殿，年五十二。遺詔皇太子即位於柩前，喪紀宜用漢制。秘不發喪。庚午，遣舊將統飛騎勁兵從皇太子先還京，發六府甲士四千人，分列於道及安化門，翼從乃入；大行御馬輿，從官侍御如常。壬申，發喪。』新唐書卷二太宗紀貞觀二十三年五月載：『己巳，皇帝崩於含元殿，年五十三。庚午，奉大行御馬輿還

京師。……壬申，發喪，謚曰文。』又，資治通鑑卷一百九十九貞觀二十三年五月辛酉後載：『上苦利增劇，太子晝夜不離側，或累日不食，髮有變白者。上泣曰：「汝能孝愛如此，吾死何恨！」丁卯，疾篤，召長孫無忌入含風殿。上卧，引手捫無忌頤，無忌哭，悲不自勝；上竟不得有所言，因令無忌出。己巳，復召無忌及褚遂良入卧内，謂之曰：「朕今悉以後事付公輩。太子仁孝，公輩所知，善輔導之！」謂太子曰：「無忌、遂良在，汝勿憂天下！」又謂遂良曰：「無忌盡忠於我，我有天下，多其力也，我死，勿令讒人間之。」仍令遂良草遺詔。有頃，上崩。太子擁無忌頸，號慟將絶，無忌攬涕，請處分衆事以安内外，太子哀號不已，無忌曰：「主上以宗廟社稷付殿下，豈得效匹夫唯哭泣乎！」乃秘不發喪。庚午，無忌等請太子先還，飛騎、勁兵及舊將皆從。辛未，太子入京城；大行御馬輿，侍衛如平日，繼太子而至，頓於兩儀殿。以太子左庶子于志寧爲侍中，少詹事張行成兼侍中，以檢校刑部尚書、右庶子、兼吏部侍郎高季輔兼中書令。壬申，發喪太極殿，宣遺詔，太子即位。軍國大事，不可停闕；平常細務，委之有司。諸王爲都督、刺史者，并聽奔喪，濮王泰不在來限。罷遼東之役及諸土木之功。四夷之人入仕於朝及來朝貢者數百人，聞喪皆慟哭，剪髮、剺面、割耳，流血灑地。』按，據上述史籍所載，唐太宗乃崩於貞觀二十三年五月己巳（二十六日），并於當日囑褚遂良草遺詔，而於『壬申（二十九日），發喪太

極殿，宣遺詔』。則此遺詔當撰於貞觀二十三年（六四九）五月己巳（二十六日），頒布於五月二十九日。又，此遺詔乃褚遂良遵囑代唐太宗所撰。『褚遂良』，傳見舊唐書卷八十、新唐書卷一百五。舊唐書其本傳載：『褚遂良，散騎常侍亮之子也。大業末，隨父在隴右，薛舉僭號，署爲通事舍人。舉敗歸國，授秦州都督府鎧曹參軍。貞觀十年，自秘書郎遷起居郎。遂良博涉文史，尤工隸書，父友歐陽詢甚重之。太宗嘗謂侍中魏徵曰：「虞世南死後，無人可以論書。」徵曰：「褚遂良下筆遒勁，甚得王逸少體。」太宗即日召令侍書。……其年，太子承乾以罪廢，魏王泰入侍，太宗面許立爲太子，因謂侍臣曰：「昨青雀自投我懷云：『臣今日始得與陛下爲子，更生之日也。臣唯有一子，臣百年之後，當爲陛下殺之，傳國晋王。』父子之道，故當天性，我見其如此，甚憐之。」遂良進曰：「陛下失言。伏願審思，無令錯誤也。安有陛下百年之後，魏王執權爲天下之主，而能殺其愛子，傳國於晋王者乎？陛下昔立承乾爲太子，而復寵愛魏王，禮數或有逾於承乾者，良由嫡庶不分，所以至此。殷鑒不遠，足爲龜鏡。陛下今日既立魏王，伏願陛下别安置晋王，始得安全耳。」太宗涕泗交下曰：「我不能。」即日召長孫無忌、房玄齡、李勣與遂良等定策，立晋王爲皇太子。……（貞觀）十八年，拜黄門侍郎，參綜朝政。……遂良前後諫奏及陳便宜書數十上，多見采納。其年，加銀青光禄大夫。二十一年，以本官檢校大理卿，尋丁父憂解。明

年，起復舊職，俄拜中書令。二十三年，太宗寢疾，召遂良及長孫無忌入卧內，謂之曰：「卿等忠烈，簡在朕心。昔漢武寄霍光，劉備托葛亮，朕之後事，一以委卿。太子仁孝，卿之所悉，必須盡誠輔佐，永保宗社。」又顧謂太子曰：「無忌、遂良在，國家之事，汝無憂矣。」仍命遂良草詔。高宗即位，賜爵河南縣公。永徽元年，進封郡公。尋坐事出爲同州刺史。三年，徵拜吏部尚書、同中書門下三品，監修國史，加光禄大夫。其月，又兼太子賓客。四年，代張行成爲尚書右僕射，依舊知政事。』

〔二〕夫天命之重，緑錯奉其圖書；天子之尊，赤縣先其司牧：『緑錯』，指圖書上赤文所交錯的緑色文字，表示福瑞之意。宋書 符瑞志：『舜乃設壇於河，依堯故事。至于下昃，榮光休氣至，黄龍負圖，長三十二尺，廣九尺，出于壇畔，赤文緑錯，其文言當禪禹。』駢字類編引雲笈七籤：『黄帝至翠嬀之泉，有大鱸魚於河中溯流而至，殺三牲以醮之，即甚雨七日七夜。有黄龍負圖而出於河，黄帝謂天老五聖曰：「子見河中者乎？」天老五聖乃前跪受之。其圖五色畢具，白圖蘭葉而朱文……黄帝乃舒視之，名曰緑錯圖，令侍臣寫之，以示天下。』『司牧』，管理，統治。左傳 襄公十四年：『天生民而立之君，使司牧之，勿使失性。』三國志 魏書 夏侯玄傳：『古之建官，所以濟育群生，統理民物也，故爲之君長以司牧之。』

〔三〕而功兼造化，喬山之樹已陰：「喬山」，全唐文作「橋山」。「造化」，創造化育。漢書董仲舒傳：「今子大夫明於陰陽所以造化，習於先聖之道業，然而文采未極，豈惑虖當世之務哉？」晋葛洪抱朴子對俗：「夫陶冶造化，莫靈於人。」「喬山」，即橋山。黄帝葬地。在今陜西省境内。陳書沈炯傳：「臣聞喬山雖掩，鼎湖之靈可祠。」

〔四〕蒼梧之駕方遠：太平御覽引任昉述異記曰：「湘水去岸三十許里有相思宫、望帝臺。舜南巡不返，殁，葬於蒼梧之野。堯之二女娥皇、女英追之不及，相思慟哭，泪下沾竹，文悉爲之班然。」

〔五〕黄帝之五十二戰：「五十二戰」，原作「五十三戰」，今據明鈔本以及下引帝王世紀等改。「黄帝」，古帝名。傳説是中原各族的共同祖先。少典之子，姓公孫，居軒轅之丘，故號軒轅氏。又居姬水，因改姓姬。國於有熊，亦稱有熊氏。以土德王，土色黄，故曰黄帝。易繫辭下：「神農氏没，黄帝、堯、舜氏作，通其變，使民不倦。」孔穎達疏：「黄帝，有熊氏少典之子，姬姓也。」史記五帝本紀：「黄帝者，少典之子，姓公孫，名曰軒轅。生而神靈，弱而能言，幼而徇齊，長而敦敏，成而聰明。」裴駰集解：「號有熊。」司馬貞索隱：「有土德之瑞，土色黄，故稱黄帝，猶神農火德王而稱炎帝然也。」唐張鷟撰，明劉允鵬注龍筋鳳髓判卷三於「五十二戰

非黷武而窮兵』句下注引帝王世紀：『皇帝受國，制蚩尤凡五十二戰而天下大服。』隋書卷四煬帝紀：『辛卯詔曰：「黄帝五十二戰，成湯二十七征，方乃德施諸侯，令行天下。」』

〔六〕商湯之二十七征：『商湯』，指商朝的開國之君。又稱成湯、成唐、武湯、武王、天乙等。書湯誓：『伊尹相湯伐桀。』孟子梁惠王下：『是故湯事葛。』唐張鷟撰，明劉允鵬注龍筋鳳髓判卷三於『二十七征蓋除凶而剪暴』句下注引帝王世紀：『諸侯有不義者，湯從而征之，凡二十七征而德施於諸侯。』又引梁任孝恭答魏初和移文：『軒轅五十二戰義在拯民，湯武二十七征本惟靖難。』又，藝文類聚卷十二：『帝王世紀曰：成湯一名帝乙，豐下鋭上，倨身而揚聲，長九尺。有聖德，諸侯有不義者，湯從而征之，誅其君，吊其民，天下咸悦。故東征則西夷怨，南征則北狄怨，曰：傒爲而後我。凡二十七征而德施於諸侯。』

〔七〕以此申威：『申威』，施展神威。漢荀悦申鑒雜言上：『高祖雖能申威於秦項，而屈於商山四皓。』後漢書文苑傳上杜篤：『于時聖帝，赫然申威。』

〔八〕昔者亂階斯永，禍鍾隋季，罄宇凝氛，曀昏辰象，綿區作梗：『亂階』，禍端；禍根。詩小雅巧言：『無拳無勇，職爲亂階。』三國志蜀書先主傳：『曩者董卓造爲亂階，自是之後，群凶縱横，殘剥海内。』『永』，泛指長。兼指時間和空間。書高宗肜日：『降年有永有不永。』

南朝梁江淹麗色賦：『故氣炎日永，離明火中。』『磬宇』，猶言整個世界。南朝宋謝莊宋明堂歌歌白帝：『浹地奉渥，罄宇承秋靈。』『曀』，遮蔽。楚辭九辯：『忠昭昭而願見兮，然露曀而莫達。』王逸注：『僞邪推排，而隱蔽也。』劉永濟校釋：『比讒人蔽障自己，使昭昭的忠心，乃暗而不見。』舊唐書李密傳：『（隋氏）纘承負扆，狼虎其心，始曀明兩之暉，終干少陽之位。』『辰象』，天象。指日、月、星。南朝梁沈約齊故安陸昭王碑：『公含辰象之秀德，體河岳之上靈。』呂向注：『辰象，日、月、星也。』『綿區』，綿延不斷的地區。指廣闊的疆域。宋陸游天申節致語：『恭惟皇帝陛下，德高邃古，澤被綿區。』『作梗』，指從中阻撓、搗亂。北史魏收傳：『其後鎮將刺史，乖失人和，群氐作梗，遂爲邊患。』宋楊萬里題張以道上舍寒緑軒詩：『先生飢腸詩作梗，小摘珍芳汲水井。』

〔九〕朕拂衣於舞象之年，抽劍於斬蛇之地：『舞象』，學象舞。象舞，武舞。古代成童所學。禮記內則：『十有三年，學樂，誦詩，舞勺；成童，舞象，學射御。』鄭玄注：『先學勺，後學象，文武之次也。成童，十五以上。』孔穎達疏：『舞象，謂舞武也。熊氏云：「謂用干戈之小舞也。」』後以指成童之年。唐邢璹周易略例序：『臣舞象之年，鼓篋鱣序，漁獵墳典，遍習周易，研窮耽玩，無舍寸陰。』明張煌言奇零草序：『余自舞象，輒好爲詩歌。』『斬蛇』，漢劉邦起事前曾

醉行澤中，遇大蛇當道，乃拔劍斬之。見史記高祖紀。後用以爲典。漢荀悦漢紀高祖紀贊：『焚魚斬蛇，異功同符，豈非精靈之感哉！』唐薛逢重送徐州李從事商隱詩：『斬蛇澤畔人烟曉，戲馬臺前樹影疏。』

〔十〕雖復妖千王莽，戮首軜車；凶百蚩尤，釁尸軍鼓：『軜車』，原作『輗車』，今據全唐文、適園叢書、學林本改。『王莽』，傳見漢書卷九十九。中國歷代人名大辭典：『西漢末濟南東平陵人，新朝的建立者，字巨君。元帝皇后侄。……西漢末，以伯父王鳳推薦，拜黄門郎，遷射聲校尉。成帝永始元年，封新都侯，遷騎都尉、光禄大夫、侍中。綏和元年，代王根爲大司馬。哀帝立，免官就國。平帝立，元后以太皇太后臨朝，召莽復任大司馬，總攬朝政，進太傅，號安漢公，後加稱宰衡。女爲皇后，又加九錫。旋毒死平帝，立兩歲的孺子嬰，以攝政名義居天子位，朝會稱假皇帝，改元居攝。初始元年，稱帝，改國號爲新。在位期間，托古改制。將全國民間土地改稱「王田」，奴婢改稱「私屬」，均不得買賣。又推行「五均六筦」，控制壟斷工商業，增加稅收。曾屢次改變幣制，造成經濟混亂。又更改官制，恢復五等爵。法令苛細，賦役繁重。天鳳四年，全國各地爆發農民起義。地皇四年，緑林等入長安，莽逃至漸臺，爲商人杜吴所殺。新王朝亡，在位十五年。』『軜車』，古代兵車名。左傳宣公十二年：『晋人懼二子之怒楚師也，使軜

車逆之。」杜預注：「輶車，兵車名。」孔穎達疏引服虔曰：「輶車，屯守之車。」左傳 襄公十一年：「鄭人賂晉侯以師悝、師觸、師蠲，廣車、輶車淳十五乘，甲兵備。」東周列國志第三十七回：「得三十禽者，賞輶車三乘。」「蚩尤」，傳説中的古代九黎族首領。以金作兵器，與黃帝戰於涿鹿，失敗被殺。「釁」，血祭。謂殺生取血塗物以祭。周禮 春官 天府：「上春釁寶鎮及寶器。」鄭玄注：「釁，謂殺牲以血血之。」唐柳宗元游南亭夜還叙志七十韻：「問牛悲釁鐘，説彘驚臨牢。」

（十一）垂文暢於炎野，餘勇澄於斗極：「垂文」，留下文章。楚辭 九嘆 逢紛：「遭紛逢凶蹇離尤兮，垂文揚采遺將來兮。」王逸注：「將垂典雅之文，揚美藻之采，以遺將來賢君，使知己志也。」「炎野」，泛指南方炎熱之地。楚辭 九思 傷時：「陟丹山兮炎野，屯余車兮黃支。」原注：「丹山炎野，皆在南方也。」唐王勃常州刺史平原郡開國公行狀：「帝嘉乃勛，作鎮炎野，授公廣州都督，改封平原公。」「餘勇」，謂有未盡的勇氣和力量。北周庾信周柱國楚國公岐州刺史慕容公神道碑：「斂氣餘勇，雄邊遺則。」唐駱賓王軍中行路難詩：「天子按劍徵餘勇，將軍受脤事橫行。」「斗極」，北斗星與北極星。爾雅 釋地：「北戴斗極爲空桐。」邢昺疏：「斗，北斗也。極者，中宮天極星。」漢桓譚新論：「天以轉周匝，斗極常在，知爲天之中也。」

〔十二〕再維地軸，更張乾絡：『地軸』，古代傳説中大地的軸。晉張華博物志卷一：『地有三千六百軸，犬牙相舉。』唐黄滔融結爲河岳賦：『黿負龍擎，文籍其陽九陰六；共觸愚移，傾缺其天樞地軸。』此處用以泛指大地。南齊書樂志三：『義滿天淵，禮昭地軸。』宋范成大望海亭賦：『送萬折之傾注，艷寒光之迸射；浸地軸以上浮，蕩天容而一色。』『乾絡』，猶乾維。天的綱維。唐李義府在嶲州遥叙封禪詩：『飛聲總地絡，騰化撫乾維。』明李東陽送伍廣州詩序：『乾維所覆，地絡所至，其間名山勝地，遺迹巨浸，固未易以枚舉。』此處用以指朝綱；君權。晉書劉琨祖逖傳論：『及金行中毀，乾維失統；三后流亡，遞縈居彘之禍；六戎横噬，交肆長蛇之毒。』

〔十三〕破舟船於靈沼，收干戈於武庫：『靈沼』，詩大雅靈臺：『王在靈沼，於牣魚躍。』毛傳：『靈沼，言靈道行於沼也。』後喻指帝王的恩澤所及之處。晉潘尼贈侍御史王元貺詩：『游鱗萃靈沼，撫翼希天階。』宋歐陽修謝致仕表：『雖伏櫪之馬，悲鳴難戀於君軒；而曳尾之黿，涵養未離於靈沼。』『武庫』，儲藏兵器的倉庫。漢書毋將隆傳：『武庫兵器，天下公用。』漢張衡西京賦：『武庫禁兵，設在蘭錡。』

〔十四〕辛李衛霍之將，咸分土宇；縉紳廊廟之材，共垂帶綬：『辛李衛霍』，『辛』指漢代

辛慶忌，傳見漢書卷六十九。其爲西漢隴西狄道人，字子真。辛武賢子。以父任爲右校丞，屯田烏孫赤穀城，有戰功。元帝初，補金城長史，累遷張掖、酒泉太守。成帝初，徵爲光禄大夫，執金吾。後拜左將軍，爲國虎臣，匈奴西域，敬其威信。『李』指李廣，傳見史記卷一百九、漢書卷五十四。史記李將軍列傳載：『李將軍廣者，隴西成紀人也。其先曰李信，秦時爲將，逐得燕太子丹者也。故槐里，徙成紀。廣家世世受射。孝文帝十四年，匈奴大入蕭關，而廣以良家子從軍擊胡，用善騎射，殺首虜多，爲漢中郎。……武帝立，左右以爲廣名將也，於是廣以上郡太守爲未央衛尉，而程不識亦爲長樂衛尉。……後二歲，大將軍、驃騎將軍大出擊匈奴，廣數自請行。天子以爲老，弗許；良久乃許之，以爲前將軍。是歲，元狩四年也。……軍亡導，或失道，後大將軍。……遂引刀自剄。廣軍士大夫一軍皆哭。百姓聞之，知與不知，無老壯皆爲垂涕。』『衛』指衛青，傳見史記卷一百一十一衛將軍驃騎列傳，云：『大將軍衛青者，平陽人也，其父鄭季，爲吏，給事平陽侯家，與侯妾衛媪通，生青。青同母兄衛長子，而衛子夫自平陽公主家得幸天子，故冒姓爲衛氏。字仲卿。長子更字長君。長君母號爲衛媪。媪長女衛孺，次女少兒，次女即子夫。後子夫男弟步、廣皆冒衛氏……青壯，爲侯家騎，從平陽主。建元二年春，青姊子夫得入宫幸上。皇后，堂邑大長公主女也，無子，妒。大長公主聞衛子夫幸，有身，妒之，乃使人捕青。青時

給事建章，未知名。大長公主執囚青，欲殺之。其友騎郎公孫敖與壯士往篡取之，以故得不死。上聞，乃召青爲建章監，侍中，及同母昆弟貴，賞賜數日間累千金。孺爲太僕公孫賀妻。少兒故與陳掌通，上召貴掌。公孫敖由此益貴。子夫爲夫人。青爲大中大夫。……凡七出擊匈奴，斬捕首虜五萬餘級。一與單于戰，收河南地，遂置朔方郡，再益封，凡萬一千八百户。』『霍』指霍去病。傳見史記卷一百一十一、漢書卷五十五。其乃西漢河東平陽人。武帝衛皇后姊子。年十八爲侍中，善騎射，從大將軍衛青爲嫖姚校尉，出擊匈奴，以功封冠軍侯。武帝元狩中爲驃騎將軍，多次出擊匈奴，敗其主力，控制河西地區，打開通往西域的道路。元狩四年，爲大司馬，封狼居胥山，登臨瀚海，秩禄與大將軍等。帝曾爲其治第，令視之。去病對曰：『匈奴未滅，何以家爲？』由是帝益重之。卒謚景桓。『土宇』，鄉土和屋宅。詩大雅桑柔：『憂心殷殷，念我土宇。』孔穎達疏：『既是士卒自傷，則念土宇者，自念己之鄉土居宅也。』『帶綬』，即『綬帶』，古代用以繫官印等物的絲帶。唐玄宗千秋節賜群臣鏡詩：『更銜長綬帶，留意感人深。』新唐書車服志：『德宗嘗賜節度使時服，以雕銜綬帶。』

〔十五〕憂勞庶政，更起沉痾：『庶政』，各種政務。易賁：『山下有火，賁。君子以明庶政，無敢折獄。』新唐書高宗紀：『太宗每視朝，皇太子常侍，觀決庶政。』『沉痾』，重病；久治

不愈的病。南朝宋鮑照自礪山東望震澤詩：『以此藉沉疴，栖迹别人群。』唐權德輿卧病喜惠上人李煉師茅處士見訪因以贈詩：『沉疴結繁慮，卧見書窗曙。』

〔十六〕禹胼堯腊：『胼』，指『胼胝』，手掌、脚底因長期勞動摩擦而生的繭子。荀子子道：『夙興夜寐，耕耘樹藝，手足胼胝，以養其親。』史記李斯列傳：『禹鑿龍門，通大夏，疏九河，曲九防，决渟水致之海，而股無胈，脛無毛，手足胼胝，面目黎黑。』『腊』，乾肉。漢應劭風俗通祀典司命：『汝南餘郡亦多有，皆祠以臘腊，率以春秋之月。』唐皮日休原己：『聖人汲汲於民，至若堯如腊，舜如腒，其勞至矣，於己安乎。』

〔十七〕掩乎玄泉：『玄泉』，猶黄泉，指陰間。南朝梁沈約奉和竟陵王經劉瓛墓詩：『玄泉倘能慰，長夜且勿論。』明楊慎祭彭子冲文：『既扃高夜臺，永隔玄泉。臨風把劍，傷心絶弦。』

〔十八〕皇太子治：即後來登帝位的唐高宗李治。

〔十九〕送往事居：謂禮葬死者，奉事生者。左傳僖公九年：『送往事居，耦俱無猜，貞也。』杜預注：『往，死者；居，生者；耦，兩也。送死事生，兩無疑恨，所謂正也。』唐獨孤及故太保贈太師韓國苗公謚議：『論道賦政，送往事居，協恭秉彝，動罔違德。』

〔二十〕七日便殯：『殯』，死者入殮後停柩以待葬。禮記檀弓上：『夏后氏殯於東階之上，

則猶在阼也；殷人殯於兩楹之間，則與賓主夾之也；周人殯於西階之上，則猶賓之也。」北史高麗傳：『死者殯在屋内，經三年，擇吉日而葬。』

〔二十一〕文武官人三品已上：『文武官人』，適園叢書、明鈔本、學林本作『文武官』。

〔二十二〕濮王泰不在來限：此句原作『濮王萊王不在來限』，現存唐大詔令集諸本以及全唐文所録此文均如此。今檢所見有關典籍，均不見初唐時有封『萊王』者，唐太宗之諸子亦未見封『萊王』。再考資治通鑑卷一百九十九貞觀二十三年五月辛酉後載：『上苦利增劇……丁卯，疾篤，召長孫無忌入含風殿。……己巳，復召無忌及褚遂良入卧内……又謂遂良曰：「無忌盡忠於我，我有天下，多其力也，我死，勿令讒人間之。」仍令遂良草遺詔。有頃，上崩。……壬申，發喪太極殿，宣遺詔，太子即位。軍國大事，不可停闕；平常細務，委之有司。諸王爲都督、刺史者，并聽奔喪，濮王泰不在來限。罷遼東之役及諸土木之功。』據此處『諸王爲都督、刺史者，并聽奔喪，濮王泰不在來限』之記載，可知本文之『濮王萊王不在來限』句，蓋乃『濮王泰不在來限』之誤，今即據改。『濮王』，即唐太宗子李泰，傳見舊唐書卷七十六、新唐書卷八十。舊唐書本傳載：『濮王泰，字惠褒，太宗第四子也。少善屬文。武德三年，封宜都王。四年，進封衛王，以繼衛懷王霸後。貞觀二年，改封越王，授揚州大都督。五年，兼領左武候、大都督，并不之

官。八年，除雍州牧、左武候大將軍。七年，轉鄜州大都督。十年，徙封魏王，遥領相州都督，餘官如故。太宗以泰好士愛文學，特令就府别置文學館，任自引召學士。又以泰腰腹洪大，趨拜稍難，復令乘小輿至於朝所。其寵異如此。……時皇太子承乾有足疾，泰潛有奪嫡之意，招駙馬都尉柴令武、房遺愛等二十餘人，厚加贈遺，寄以腹心。黄門侍郎韋挺、工部尚書杜楚客相繼攝泰府事，二人俱爲泰要結朝臣，津通賂遺。文武群官，各有附托，自爲朋黨。承乾懼其凌奪，陰遣人詐稱泰府典簽，詣玄武門爲泰進封事。太宗省之，其書皆言泰之罪狀，太宗知其詐，而捕之不獲。十七年，承乾敗，太宗面加譴讓。承乾曰：「臣貴爲太子，更何所求？但爲泰所圖，特與朝臣謀自安之道。不逞之人，遂教臣爲不軌之事。今若以泰爲太子，所謂落其度内。」太宗因謂侍臣曰：「承乾言亦是。我若立泰，便是儲君之位可經求而得耳。泰立，承乾、晋王皆不存；晋王立，泰共承乾可無恙也。」乃幽泰於將作監，下詔曰：「……朕志存公道，義在無偏，彰厥巨釁，兩從廢黜。非惟作則四海，亦乃貽範百代。可解泰雍州牧、相州都督、左武候大將軍，降封東萊郡王。」太宗因謂侍臣曰：「自今太子不道，藩王窺嗣者，兩棄之。傳之子孫，以爲永制。」尋改封泰爲順陽王，徙居均州之鄖鄉縣。太宗後嘗持泰所上表謂近臣曰：「泰文辭美麗，豈非才士。我中心念泰，卿等所知。但社稷之計，斷割恩寵，責其居外者，亦是兩全也。」二十一年，進封濮

王。高宗即位，爲泰開府置僚屬，車服羞膳，特加優異。永徽三年，薨于鄖鄉，年三十有五。贈太尉、雍州牧，謚曰恭。文集二十卷。」

〔二十三〕其方鎮岳牧在任官人：『岳牧』，傳説爲堯舜時四岳十二牧的省稱。語本書周官：『曰唐虞稽古，建官惟百，内有百揆四岳，外有州牧侯伯。』史記伯夷列傳：『堯將遜位，讓於虞舜，舜禹之間，岳牧咸薦，乃試之於位，典職數十年。』後用『岳牧』泛稱封疆大吏。後漢書班彪傳：『於是三事岳牧之僚，僉爾而進。』晋書王敦傳：『敦既得志，暴慢愈甚……將相岳牧，悉出其門。』

〔二十四〕昔者霸陵不掘：『霸陵』，即灞陵。漢文帝陵名。史記孝文本紀：『治霸陵皆以瓦器，不得以金銀銅錫爲飾，不治墳，欲爲省，毋煩民。』後漢書逸民傳韓康：『康嘆曰：「我本欲避名，今小女子皆知有我，何用藥爲？」乃遁入霸陵山中。』

〔二十五〕遼東行事并停：按，『遼東行事』乃指貞觀十八年命李勣等人爲遼東道行軍總管等，率唐軍伐高麗之事。舊唐書卷三太宗紀下記此事始末云：貞觀十八年『十一月壬寅，車駕至洛陽宫。庚子，命太子詹事、英國公李勣爲遼東道行軍總管，出柳城，禮部尚書、江夏郡王道宗副之；刑部尚書、鄖國公張亮爲平壤道行軍總管，以舟師出萊州，左領軍常何、瀘州都督左難

當副之。發天下甲士，召募十萬，并趣平壤，以伐高麗。……十九年春二月庚戌，上親統六軍發洛陽。乙卯，詔皇太子留定州監國……三月壬辰，上發定州，以司徒、太子太師兼檢校侍中、趙國公長孫無忌，中書令岑文本、楊師道從。夏四月癸卯，誓師於幽州城南，因大饗六軍以遣之。……癸亥，遼東道行軍大總管、英國公李勣攻蓋牟城，破之。五月丁丑，車駕渡遼。甲申，上親率鐵騎與李勣會圍遼東城，因烈風發火弩，斯須城上屋及樓皆盡，麾戰士令登，乃拔之。六月丙辰，師至安市城。丁巳，高麗別將高延壽、高惠真帥兵十五萬來援安市，以拒王師。李勣率兵奮擊，上自高峰引軍臨之，高麗大潰，殺獲不可勝紀。延壽等以其衆降，因名所幸山爲駐蹕山，刻石紀功焉。賜天下大酺二日。秋七月，李勣進軍攻安市城，至九月不克，乃班師。冬十月丙辰，入臨渝關，皇太子自定州迎謁。戊午，次漢武臺，刻石以紀功德。十一月辛未，幸幽州。癸酉，大饗，還師。……二十年……六月，遣兵部尚書、固安公崔敦禮，特進、英國公李勣擊破薛延陀於鬱督軍山北，前後斬首五千餘級，虜男女三萬餘人』。

〔二十六〕太原元從人見在者：按，『太原元從人』乃指隨從唐高祖起兵太原之人員。據新唐書卷一高祖紀所載，唐高祖初起兵於太原，并於隋大業十三年『六月己卯，傳檄諸郡，稱義兵，開大將軍府，置三軍。以子建成爲隴西公、左領軍大都督，左軍隸焉；世民爲燉煌公、右領軍大都

督，右軍隸焉；元吉爲姑臧公，中軍隸焉。裴寂爲長史，劉文静爲司馬，石艾縣長殷開山爲掾，劉政會爲屬，長孫順德、王長諧、劉弘基、竇琮爲統軍。開倉庫賑窮乏。七月壬子，高祖杖白旗，誓衆於野，有兵三萬，以元吉爲太原留守。癸丑，發太原』。據此可知所謂『太原元從人』，蓋即指上述隨從唐高祖起兵之諸功臣。

大帝遺詔（一）

朕聞皇極者天下之至公，神器者域中之大寶（二）。自非乾坤幽贊，曆數在躬，則鳳邸不易而臨，龍圖難可輒御（三）。所以榮河緑錯，彰得一之符；温洛丹書，著通三之表（四）。緬稽前古，斯道同歸（五）。朕之聖祖神宗，降星虹而稟樞電，乘時撫運（六），逢海沸而屬山鳴。濡足横流，拯蒼生之已溺；援手四岳（七），救赤縣之將焚。重補九寰（八），止麟閂而清日月；再安八極，息龍戰而蕩風波（九）。自彼迄今，六十六載。黎元無烽柝之警，區宇恣耕鑿之歡（十）。育子長孫，擊壤鼓腹，遐邇交泰（十一），誰之力歟？朕以眇身，嗣膺鴻緒，欽若穹昊，肅雍清廟，顧諟明命，載迪彝倫（十二）。嘉與賢士大夫，勵精爲政。勖己想蛟冰之懼，爲善慕鷄鳴之勤（十三）。幸戎夏乂安，中外禔

福（十四）。亘月竄以覃正朔，匝日域而混車書（十五）。端拱無虞，垂衣有截（十六）。其天意也，豈人事乎！每導俗匡時，既弘之以禮讓；恤刑薄罰，復躋之於仁壽。聞九農之或爽（十七），則虧膳以共其憂；見一物之有違，則撤樂以同其戚。斯亦備諸耳目，非假一二言也。憂勤之至，庶有感於明靈；亭育之懷，謂無負於黔庶（十八）。永言薄德（十九），遘疾彌留。往屬先聖初崩，遂以哀毁染疾，久嬰風瘵，疢與年侵（二十）。近者以來，忽焉大漸（二十一），翌日之瘳難冀，賜年之福罕期。但存亡者人之晦明，生死者物之朝夕，常情所滯，唯聖能通，脱屣萬方，無足多恨。皇太子哲，握衷履己，敦敏徇齊（二十二），早著天人之範，夙表皇帝之器。凡百王公卿佐，各竭乃誠，敬保元子，克隆大業（二十三），光我七百之基，副斯億兆之願（二十四）。既終之後，七日便殯。天下至大，宗社至重，執契承祧（二十五），不可暫曠，皇太子可於柩前即皇帝位。其服紀輕重，宜依漢制，以日易月，於事爲宜。園陵制度，務從節儉。軍國大事有不决者，兼取天后進止（二十六）。諸王各加封一百户，公主加五十户。内外文武九品已上各加一階，三品已下（二十七）賜爵一級。永徽以來入軍年五十者，并放出軍。天下百姓年五十者，皆免課役（二十八）。廢萬全、芳桂等宫。弘道元年十二月四日。

校箋

〔一〕本文又見於全唐文卷十三，文題名爲遺詔，署名唐高宗。本文文末署頒布時間爲弘道元年十二月四日。考舊唐書卷五高宗紀下永淳二年載：『十二月己酉，詔改永淳二年爲弘道元年。將宣赦書，上欲親御則天門樓，氣逆不能上馬，遂召百姓於殿前宣之。禮畢，上問侍臣曰：「民庶喜否？」曰：「百姓蒙赦，無不感悅。」上曰：「蒼生雖喜，我命危篤。天地神祇若延吾一兩月之命，得還長安，死亦無恨。」是夕，帝崩於真觀殿，時年五十六。宣遺詔：「七日而殯，皇太子即位于柩前。園陵制度，務從節儉。軍國大事有不決者，取天后處分。」群臣上謚曰天皇大帝，廟號高宗。』又，新唐書卷三高宗紀弘道元年載：『十二月丁巳，改元，大赦。是夕，皇帝崩於貞觀殿，年五十六。謚曰天皇大帝。』又，資治通鑒卷二百三弘道元年載：『十二月，丁巳，改元，赦天下。上欲御則天門樓宣赦，氣逆不能上馬，乃召百姓入殿前宣之。是夜，召裴炎入，受遺詔輔政，上崩於貞觀殿。遺詔太子柩前即位，軍國大事有不決者，兼取天后進止。廢萬泉、芳桂、奉天等宫。』按，據上述史籍所載，本文之遺詔乃高宗崩之日所成，此日新唐書、資治通鑒皆記於弘道元年十二月丁巳（四日），而舊唐書則記於永淳二年（即弘道元年）十二月己酉。檢，永淳

二年十二月無己酉日，永淳二年十二月之後之己酉日則爲中宗嗣聖元年（六八四）正月二日。又考唐會要卷一帝號上記唐高宗『弘道元年十二月四日，崩於東都貞觀殿』。册府元龜卷八十四帝王部赦宥第三亦有載『弘道元年十二月丁巳詔曰：朕以寡昧』云云。檢弘道元年十二月甲寅朔，十二月丁巳爲四日。又比勘上述典籍所記改元弘道時間，唯有舊唐書高宗紀所記永淳二年十二月己酉與諸書所記永淳二年十二月丁巳異。檢諸典籍皆謂改元弘道之日，高宗崩於同一日夜。考舊唐書卷六則天皇后紀亦載：『弘道元年十二月丁巳，大帝崩，皇太子顯即位，尊天后爲皇太后。』舊唐書裴炎傳亦記：永淳二年『十二月丁巳，高宗崩，太子即位』。則舊唐書則天皇后紀、舊唐書裴炎傳所載高宗崩之日期與舊唐書高宗紀下所記不同，而與其他諸典籍所載相同，可見舊唐書高宗紀下所記高宗之宣遺詔，是日夜崩之時間有誤，而唐會要、册府元龜、新唐書、資治通鑑等書所載之弘道元年（六八三）十二月丁巳（四日）與本文末所署時間同，可信。據此，則本文乃撰於弘道元年十二月四日。又，資治通鑑載：『是夜，召裴炎入，受遺詔輔政，上崩於貞觀殿。』則此遺詔之撰當與裴炎有關。『裴炎』，傳見舊唐書卷八十七、新唐書卷一百一十七。舊唐書本傳載：『裴炎，絳州聞喜人也。少補弘文生，每遇休假，諸生多出游，炎獨不廢業。歲餘，有司將薦舉，辭以學未篤而止。在館垂十載，尤曉春秋左氏傳及漢書。擢明經第，尋爲濮州司倉參

軍。累歷兵部侍郎、中書門下平章事、侍中、中書令。永淳元年，高宗幸東都，留太子哲守京師，命炎與劉仁軌、薛元超爲輔。明年，高宗不豫，炎從太子赴東都侍疾。十一月，高宗疾篤，命太子監國，炎奉詔與黄門侍郎劉齊賢、中書侍郎郭正一并於東宫平章事。十二月丁巳，高宗崩，太子即位。」

〔二〕朕聞皇極者天下之至公，神器者域中之大寶：「皇極」，帝王統治天下的準則。即所謂大中至正之道。書洪範：「五，皇極，皇建其有極。」孔穎達疏：「皇，大也；極，中也。施政教，治下民，當使大得其中，無有邪僻。」漢荀悦漢紀高祖紀一：「昔在上聖，唯建皇極，經緯天地。」「大寶」，代表國家政權的實物，如玉璽、寶鼎之類。借指帝位、政權。漢書叙傳上：「世俗見高祖興於布衣，不達其故，以爲適遭暴亂，得奮其劍，游説之士至比天下於逐鹿，幸捷而得之，不知神器有命，不可以智力求也。」顔師古注引劉德曰：「神器，璽也。」晋左思魏都賦：「劉宗委馭，巽其神器。」吕延濟注：「神器，帝位。」

〔三〕自非乾坤幽贊，曆數在躬，則鳳邸不易而臨，龍圖難可輒御：「幽贊」，謂暗中受神明佐助。語出易説卦：「昔者聖人之作易也，幽贊於神明而生蓍。」高亨注：「言聖人作易，暗中受神明之贊助，故生蓍草，以爲占筮之用。」隋書音樂志下：「降景福，憑幽贊。」「曆數」，古謂帝王

代天理民的順序。論語堯曰：『咨，爾舜，天之曆數在爾躬。』何晏集解：『曆數謂列次也。』邢昺疏：『孔注尚書云：謂天道。謂天曆運之數。帝王易姓而興，故言曆數謂天道。』北魏楊衒之洛陽伽藍記平等寺：『今天眷明德，民懷奥主，曆數允集，歌訟同臻。』『鳳邸』，帝王即位前所居的府第。南朝陳徐陵與王僧辯書：『未有膺龍圖以建國，御鳳邸以承家。』唐許敬宗唐并州都督鄂國公尉遲恭碑：『太宗俯離鳳邸，親御龍韜。』『龍圖』，即河圖。漢應劭風俗通山澤四瀆：『河者，播也，播爲九流，出龍圖也。』南朝陳徐陵勸進梁元帝表：『卦起龍圖，文因鳥迹。』唐張九齡龍池聖德頌：『浩浩洪水，包山襄陵。舜亦命禹，夏氏以興。龍圖龜書，二王是膺。』此處借指神授的君權。唐張説大和舞詩：『龍圖友及，駿命恭膺。』

〔四〕所以榮河緑錯，彰得一之符；温洛丹書，著通三之表：『得一』，得道。老子：『昔之得一者：天得一以清，地得一以寧，神得一以靈，穀得一以盈，萬物得一以生，侯王得一以爲天下貞。』王弼注：『一，數之始而物之極也，各是一物之生，所以爲主也。物皆各得此一以成。』吕氏春秋論人：『無以害其天則知精，知精則知神，知神之謂得一。凡彼萬形，得一後成。』高誘注：『一，道也。天道生萬物，萬物得一乃〔後〕成也。』『温洛』，古代傳説，謂王者如有盛德，則洛水先温，故稱『温洛』。南朝梁劉勰文心雕龍正緯：『贊曰：榮河温洛，是孕圖緯。』范

文瀾注引易乾鑿度：『帝盛德之應，洛水先温，六日乃寒。』南朝梁任昉九日侍宴樂游苑詩：『時來濁河變，瑞起温洛清。』隋書天文志序：『昔者榮河獻籙，温洛呈圖。』『丹書』，指洛書。傳説夏禹治水時，洛水神龜負之而出，故稱洛書。淮南子俶真訓：『洛出丹書，河出緑圖。』『通三』，説文：『王天下所歸往也。董仲舒曰：「古之造文者三畫，而連其中謂之王，三者天地人也。而參通之者，王也。」孔子曰：「一貫三爲王。」』唐劉禹錫代李相公賀登極第二表：『陛下孝至通三，上極於君父；德均吹萬，下被於生靈。』

〔五〕斯道同歸：『斯道』，全唐文作『其道』。

〔六〕降星虹而稟樞電，乘時撫運：『星虹』，猶虹霓。南朝宋袁淑桐賦：『被籍兮烟霞，懷佩兮星虹。』『樞』，星名。指北斗七星第一星。又稱天樞。宋書符瑞志：『黄帝軒轅氏，母曰附寶，見大電光繞北斗樞星，照郊野，感而孕，二十五月而生黄帝於壽丘。』唐常衮中書門下賀慶雲見表：『色涵流渚之虹，影雜繞樞之電。』『撫運』，順應時運。唐劉禹錫爲京兆李尹賀遷獻懿二祖表：『太祖景皇帝膺期撫運，啓封於唐。』唐權德輿仲秋朝拜昭陵詩：『文皇昔潛耀，隋季自顛覆。撫運斯順人，救焚非逐鹿。』

〔七〕援手四岳：『四岳』，適園叢書、明鈔本、學林本作『炎岳』。

（八）重補九寰：『九寰』，猶言九州大地。宋范成大送滕子昭績溪罷歸詩：『天馬西極來，目力盡九寰。』宋羅泌路史前紀四東户氏：『紹荒屯，遺美好，垂精拱默而九寰以承流。』

（九）再安八極，息龍戰而蕩風波：『八極』，八方極遠之地。莊子田子方：『夫至人者，上窺青天，下潛黄泉，揮斥八極，神氣不變。』淮南子原道訓：『夫道者，覆天載地，廓四方，柝八極，高不可際，深不可測。』高誘注：『八極，八方之極也，言其遠。』『龍戰』，本謂陰陽二氣交戰。易坤：『上六，龍戰于野，其血玄黄。』後遂以喻群雄争奪天下。晋潘岳楊荆州誄：『天猒漢德，龍戰未分。』唐胡曾題周瑜將軍廟詩：『共説前生國步難，山川龍戰血漫漫。』

（十）黎元無烽柝之警，區寓恣耕鑿之歡：『烽柝』，烽火和打更梆子。謂發生戰争。北周庾信陜州弘農郡五張寺經藏碑：『雖復兼能共治，未遣渡河之獸，烽柝是警，實擾移關之民。』『區宇』，境域；天下。唐元稹賀誅吴元濟表：『威動區宇，道光祖宗。』宋陳亮重建紫霄觀記：『本朝混一區宇，是觀因以不廢。』

（十一）擊壤鼓腹，遐邇交泰：『擊壤鼓腹』，莊子馬蹄：『夫赫胥氏之時，民居不知所爲，行不知所之，含哺而熙，鼓腹而游。』藝文類聚卷十一引晋皇甫謐帝王世紀：『（帝堯之世）天下大和，百姓無事，有五十老人擊壤於道。』原謂人民吃得飽，有餘閑游戲。後用爲稱頌太平盛世之

典。唐柳宗元與裴塤書：『聖上日興太平之理（治），不貢不王者，悉以誅討，而制度大立，長使僕輩爲匪人耶？其終無以見明，而不得擊壤鼓腹，樂堯舜之道耶？』『遐邇』，亦作『遐爾』。遠近。漢桓寬鹽鐵論備胡：『故人主得其道，則遐邇偕行而歸之，文王是也。』漢書韋玄成傳：『天子穆穆，是宗是師，四方遐爾，觀國之輝。』『交泰』，易泰：『天地交，泰。』王弼注：『泰者，物大通之時也。』言天地之氣融通，則萬物各遂其生，故謂之泰。後以『交泰』指天地之氣和祥，萬物通泰。漢王符潛夫論班禄：『是以天地交泰，陰陽和平。』

（十二）嗣膺鴻緒，欽若穹昊，肅雍清廟，顧諟明命，載迪彝倫：『嗣膺』，謂繼前人而當受。南齊書鬱林王紀：『朕以寡薄，嗣膺寶政。』陳書世祖紀：『宜奉大宗，嗣膺寶録，使七廟有奉，兆民寧晏。』『鴻緒』，大統；王業。後漢書順帝紀：『陛下踐祚，奉遵鴻緒。』唐肅宗授彭王僅等節度大使制：『朕以薄德，纘承鴻緒。』『欽若』，敬順。書堯典：『乃命羲、和，欽若昊天，曆象日月星辰，敬授民時。』陳書高祖紀下：『梁氏以圮剥薦臻，歷運有極，欽若天應，以命于霸先。』『穹昊』，猶穹蒼。南朝宋謝靈運宋武帝誄：『如何一旦，緬邈穹昊。』周書宣帝紀：『穹昊在上，聰明自下。』『肅雍』，莊嚴雍容，整齊和諧。形容祭祀時的氣氛和樂聲。詩周頌清廟：『於穆清廟，肅雍顯相。』毛傳：『肅，敬；雍，和。』漢書劉向傳引作『肅雍顯相』。詩周

頌有瞽：『喤喤厥聲，肅雍和鳴，先祖是聽。』「清廟」，即太廟。古代帝王的宗廟。漢司馬相如上林賦：『登明堂，坐清廟。』郭璞注：『清廟，太廟也。』「顧諟」，書太甲上：『先王顧諟天之明命，以承上下神祇。』孔傳：『顧謂常目在之。諟，是也。言敬奉天命，承順天地。』孔穎達疏：『說文云：「顧，還視也。」「諟」與「是」，古今之字異，故變文爲「是」也。言先王每有所行，必還迴視是天之明命。』後以『顧諟』指敬奉、稟順天命。「明命」，聖明的命令。禮記大學：『太甲：「顧諟天之明命。」帝典曰：「克明峻德。」皆自明也。』明史懷獻太子見濟傳：『陛下膺天明命，中興邦家，統緒之傳宜歸聖子。』「彝倫」，常理；常道。書洪範：『王乃言曰：「嗚呼，箕子！惟天陰騭下民，相協厥居，我不知其彝倫攸叙。」』蔡沈集傳：『彝，常也；倫，理也。』清顧炎武日知録彝倫：『彝倫者，天地人之常道……不止孟子之言人倫而已。能盡其性，以至能盡人之性，盡物之性，則可以贊天地之化育，而彝倫叙矣。』

〔十三〕勖己想蛟冰之懼，爲善慕鷄鳴之勤：「勖」，勉勵。書泰誓中：『勖哉夫子，罔或無畏。』孔傳：『勖，勉也。』詩邶風燕燕：『先君之思，以勖寡人。』後漢書方術傳上謝夷吾：『奮忠毅之操，躬史魚之節，董臣嚴綱，勖臣懦弱。』李賢注：『勖，勵也。』「蛟冰之懼」句，清雍正山西通志卷二百二十一引翟鳳翥涑水蛟冰：『文水玉漣漪，其中有異物。每至冰堅

時，突作介而崛，錚錚霹靂聲，漸漸鱗甲佛。兩岸數十里，冰揚水仍沸。傳言戟化蛟，往來蟠屈伏。』按，『蛟冰之懼』之句，現存唐大詔令集各本以及全唐文所録均如此，不知高宗之原遺詔是否亦如此？頗疑或原爲『冰蛟之懼』。蓋『冰蛟之懼』之典出於漢高誘注淮南鴻烈解卷十七：『君子之居民上，若以腐索御奔馬；若履薄冰，蛟在其下。』太平御覽卷四百三十亦引：『淮南子曰：君子之居民上也，若以腐索御馬，恐失民意；若履薄冰，蛟在其下。』若以此典并讀遺詔此句下『爲善慕鷄鳴之勤』之對句（此句意思詳見下），則上下句意思貫通，均表明人君之所『懼』與『慕』；而如作『勖己想蛟冰之懼』，則人君之身份不顯，上下兩句意思不通順。故頗疑詔令原句應作『勖己想冰蛟之懼』，而宋錢氏父子抄寫時誤『冰蛟』爲『蛟冰』。當然也存在原遺詔爲與下句之『鷄鳴』對仗，故改爲『蛟冰』之可能。究竟是否如此，因無原遺詔可考鏡，故本文仍保留宋氏原文，并説明如上。『鷄鳴』句，『鷄鳴』，鷄叫。常指天明之前。詩鄭風風雨：『風雨凄凄，鷄鳴喈喈。』南朝宋鮑照行藥至城東橋詩：『鷄鳴關吏起，伐鼓早通晨。』此处『鷄鳴』句亦用世説新語賞譽之『劉琨稱祖車騎爲朗詣』劉孝標注引晋孫盛晋陽秋『逖（祖逖）與司空劉琨俱以雄豪著名。年二十四，與琨同辟司州主簿，情好綢繆，共被而寢。中夜聞鷄鳴，俱起，曰：「此非惡聲也。」每語世事，則中宵起坐，相謂曰：「若四海鼎沸，豪杰共起，吾與

足下相避中原耳。」」之典。

〔十四〕幸戎夏乂安，中外禔福：「乂安」，太平；安定。史記孝武本紀：「漢興已六十餘歲矣，天下乂安。」唐末五代杜光庭莫庭乂青城山本命醮詞：「眷屬乂安，公私和泰。」「禔福」，安寧幸福。漢書司馬相如傳下：「遐邇一體，中外禔福，不亦康乎？」顏師古注：「禔，安也。」唐陳子昂爲程處弼辭放流表：「天下禔福，以祐蒼生。」

〔十五〕亘月窟以覃正朔，匝日域而混車書：「亘」，「絙」的被通假字。窮盡；終極。漢班固典引：「扇遺風，播芳烈，久而愈新，用而不竭，汪汪乎丕天之大律，其疇能亘之哉？」李善注：「言誰能竟此道。」漢張衡南都賦：「貯水渟洿，亘望無涯。」李善注引方言曰：「亘，竟也。」唐韓愈伯夷頌：「若伯夷者，特立獨行，窮天地，亘萬世，而不顧者也。」「月窟」，月窟。指極西之地。南朝宋顏延之宋郊祀歌之一：「月竁來賓，日際奉土。」呂延濟注：「竁，窟也。月窟，西極。」按，南齊書樂志作「月域」。唐李白代壽山答孟少府移文書：「設天網而掩賢，窮月竁以率職。」「覃」，蔓延；延及。詩周南葛覃：「葛之覃兮，施于中谷。」毛傳：「覃，延也。」孔穎達疏：「言葛之漸長，稍稍延蔓兮而移於谷中。」後漢書袁安傳論：「其仁心足以覃後昆。」「正朔」，謂帝王新頒的曆法。古代帝王易姓受命，必改正朔；故夏、殷、周、秦

及漢初的正朔各不相同。自漢武帝後，直至現今的農曆，都用夏制，即以建寅之月爲歲首。禮記大傳：『改正朔，易服色。』孔穎達疏：『改正朔者，正，謂年始；朔，謂月初，言王者得政示從我始，改故用新，隨寅丑子所損也。周子、殷丑、夏寅，是改正也；周半夜、殷鷄鳴、夏平旦，是易朔也。』史記曆書：『王者易姓受命，必慎始初，改正朔，易服色，推本天元，順承厥意。』『匝』，環繞；圍繞。南朝梁劉勰文心雕龍物色：『山遝水繞，樹匝雲合。』唐元結招陶別駕家陽華作詩：『清渠匝庭堂，出門仍灌田。』『日域』，日照之處。猶天下。魏書李孝伯傳：『伏惟世祖太武皇帝英睿自天，籠罩日域，東清遼海，西定玉門，凌滅漠北，飲馬江水。』宋梅堯臣隨州錢相公挽歌之一：『文章留日域，忠孝在王門。』『車書』，禮記中庸：『今天下車同軌，書同文。』謂車乘的軌轍相同，書牘的文字相同，表示文物制度劃一，天下一統。後因以『車書』泛指國家的文物制度。後漢書光武帝紀贊：『金湯失險，車書共道。』唐杜甫題桃樹詩：『寡妻群盜非今日，天下車書已一家。』

〔十六〕端拱無虞，垂衣有截：『端拱』，指帝王莊嚴臨朝，清簡爲政。魏書辛雄傳：『端拱而四方安，刑措而兆民治。』唐歐陽詹珍祥論：『即虐如秦皇，雖車轍遍於宇内，不如太宗端拱於堂上也。』唐黄滔省試王者之道如龍首賦：『以端拱之尊比義，取産澤之靈合符。』『垂衣

裳』，謂定衣服之制，示天下以禮。後用以稱頌帝王無爲而治。易繫辭下：『黄帝、堯、舜垂衣裳而天下治，蓋取諸乾坤。』韓康伯注：『垂衣裳以辨貴賤，乾尊坤卑之義也。』漢王充論衡自然：『垂衣裳者，垂拱無爲也。』『有截』，齊一貌；整齊貌。有，助詞。詩商頌長發：『苞有三蘖，莫遂莫達，九有有截。韋顧既伐，昆吾夏桀。』鄭玄箋：『九州齊一截然。』又：『相士烈烈，海外有截。』鄭玄箋：『截，整齊也。』唐白居易刑禮道策：『方今華夷有截，内外無虞，人思休和。』

〔十七〕聞九農之或爽：『九農』，泛指各種農事活動。唐駱賓王上兖州刺史啓：『外勖九農，内宏五教。』『爽』，差失；不合。詩衛風氓：『女也不爽，士貳其行。』朱熹集傳：『爽，差。』三國魏曹植求通親親表：『誠骨肉之恩，爽而不離。』李善注引爾雅：『爽，差也。』

〔十八〕憂勤之至，庶有感於明靈；亭育之懷，謂無負於黔庶：『憂勤』，多指帝王或朝廷爲國事而憂慮勤勞。史記司馬相如列傳：『且夫王事固未有不始於憂勤，而終於佚樂者也。』東觀漢記劉般傳：『建初元年，拜爲宗正，憂勤國事，夙夜不怠。』『明靈』，聖明神靈。漢揚雄趙充國頌：『明靈惟宣，戎有先零。』李周翰注：『聖明神靈，惟我宣帝。』亦指聖明的神靈。新唐書長孫無忌傳：『朕憑明靈之祐，賢佐之力，克翦多難，清宇内。』『亭育』，養育；培育。梁書武帝紀下：『思隨乾覆，布兹亭育。』隋江總勞酒賦：『顧曲私之亭育，遞寒暑而徂遷。』宋范仲

淹乞小郡表：『儻形骸未頓，藥餌有功，則當再就驅馳，上酬亭育。』『黔庶』，黔首庶民。指百姓。晉盧諶贈崔温詩：『亦既弛負擔，忝位宰黔庶。』南史袁昂傳：『斂骨吹魂，還編黔庶。』

〔十九〕永言薄德：『永言』，原作『興言』，今據四庫全書、全唐文、適園叢書、學林本改。『永言』，長言；吟咏。書舜典：『詩言志，歌永言。』孔傳：『謂詩言志以導之，歌咏其義以長其言。』晉何劭雜詩：『勤思終遥夕，永言寫情慮。』

〔二十〕久嬰風瘵，疚與年侵：『疚』，原作『疾』，今據四庫全書、全唐文、明鈔本、甲庫本改。『風瘵』，指由致病因素『風』而引起的疾病。唐李白爲吴王謝責赴行在遲滯表：『然臣年過耳順，風瘵日加。』

〔二十一〕忽焉大漸：『大漸』，謂病危。書顧命：『王曰：「嗚呼！疾大漸，惟幾。」』列子力命：『季梁得病，七日大漸。』張湛注：『漸，劇也。』

〔二十二〕皇太子哲，握衷履己，敦敏徇齊：『皇太子哲』，即後來即位之唐中宗。舊唐書卷七中宗紀載：『中宗大和聖昭孝皇帝諱顯，高宗第七子，母曰則天順聖皇后。顯慶元年十一月乙丑，生於長安。明年封周王，授洛州牧。儀鳳二年，徙封英王，改名哲，授雍州牧。永隆元年，章懷太子廢，其年立爲皇太子。弘道元年十二月，高宗崩，遺詔皇太子柩前即帝位。』『敦敏』，篤

實敏捷。大戴禮記五帝德：「（黄帝）生而神靈，弱而能言，幼而慧齊，長而敦敏，成而聰明。」陳書孔奂傳：「都官尚書王廓，世有懿德，識性敦敏，可以居之。」「徇齊」，疾速。引申指敏慧。史記五帝本紀：「弱而能言，幼而徇齊。」裴駰集解：「徇，疾；齊，速也。言聖德幼而疾速也。」唐陳子昂諫靈駕入京書：「陛下以徇齊之聖，承宗廟之重。」

〔二十三〕敬保元子，克隆大業：「元子」，天子和諸侯的嫡長子。書微子之命：「王若曰：『猷，殷王元子。』」詩魯頌閟宮：「王曰叔父，建爾元子，俾侯于魯。」朱熹集傳：「叔父，周公也。元子，魯公伯禽也。」儀禮士冠禮：「天子之元子猶士也。」鄭玄注：「元子，世子也。」此處「元子」指後來的唐肅宗李亨。「克隆」，興隆，昌盛。南齊書褚淵王儉傳贊：「民譽不爽，家稱克隆。」北史周紀下論：「嗚呼！以文皇之經啓鴻基，武皇之克隆景業，未逾二紀，不祀忽諸。」

〔二十四〕光我七百之基，副斯億兆之願：「副斯」，四庫全書、全唐文作「副兹」。「七百」，左傳宣公三年：「成王定鼎於郟鄏，卜世三十，卜年七百，天所命也。」後用「七百」稱頌封建王朝運祚綿長。南朝梁沈約梁明堂登歌歌赤帝：「匪惟七百，無絶終始。」南齊書鬱林王紀：「三靈之眷方永，七百之基已固。」

〔二十五〕執契承祧：「執契」，謂手持憑證，以相驗對。南朝梁劉勰文心雕龍書記：「契

者，結也。上古純質，結繩執契。』按，唐李鼎祚周易集解卷十五引九家易：『古者無文字，其有約誓之事，事大大其繩，事小小其繩。結之多少，隨物衆寡，各執以相考，亦足以相治也。』『承祧』，承繼奉祀祖先的宗廟。南朝梁沈約立太子詔：『自昔哲后，降及近代，莫不立儲樹嫡，守器承祧。』唐韓愈順宗實録卷三：『付爾以承祧之重，勵爾以主鬯之勤。』

〔二十六〕兼取天后進止：『天后』，此处指武則天。『進止』，意旨；命令。北齊書文苑傳顔之推：『帝時有取索，恒令中使傳旨，之推禀承宣告，館中皆受進止。』唐温大雅大唐創業起居注卷一：『突厥之報帝書也，謂使人曰：「唐公若從我語，即宜急報，我遣大達官往取進止。」』

〔二十七〕三品已下：適園叢書、學林本作『三品已上』。

〔二十八〕皆免課役：『課役』，賦税及徭役。隋書高祖紀下：『秋七月壬申，詔以河南八州水，免其課役。』舊唐書食貨志上：『凡水旱蟲霜爲災，十分損四已上免租，損六已上免調，損七已上課役俱免。』

肅宗遺詔〔一〕

敕：帝王享國，天命有常；大寶傳歸，皇綱無易〔二〕。朕幸以凉德，繼承宗

祀〔三〕。在長樂問安之日，屬元凶開釁之初〔四〕。南奉聖皇，北集戎事〔五〕，賴將相同德，社稷降靈。爰發五原，成師一旅，丕圖克振，華夏乂寧〔六〕。旰昃之心，每勤思於兆庶；晨昏之禮，嘗不匱於庭闈〔七〕。而天禍上延，神心未悔，正當金革，罹此凶灾，遂遘膏肓，惟幾大漸〔八〕。及兹理命〔九〕，獲著誓言，庶安國以保人，豈嘉生而惡死？審以大計，屬于公卿。皇太子豫，仁孝元良〔十〕，聰明齊聖，佐成大業，能事神祇。朕既彌留，可守宗社，宜令所司，當日具禮〔十一〕，於柩前即皇帝位。應緣朕喪事制度，并準聖皇遺誥〔十二〕。其諸道節度使都督刺史等，并不須赴哀。又爲兵革未寧，郵驛艱弊，一切不須專使奉慰。朕執喪在疚，不食葷膻，所設饋奠，皆須如在〔十三〕，有違本意，神亦不歆〔十四〕。其祭祀之禮，一切不得宰殺。且國儲非廣，虛費稍多，宫掖之間，須有厘革。所有三宫内人〔十五〕，宜量事減省。及至德已來籍没家口〔十六〕，非切要者并與放出，諸王院内亦宜準此。其文武官僚，合須褒賞。天下百姓，宜在優矜〔十七〕。每當變易之時，皆下維新之命，并委皇帝節級處分〔十八〕。嗚呼！股肱勛臣，敬保元子，事居送往，諒在于兹〔十九〕。宣示萬邦，宜從朕意。寶應元年四月十八日。

校箋

〔一〕本文又見於全唐文卷四十三，文題名遺詔，署名唐肅宗。本文文末署時間爲寶應元年四月十八日。檢舊唐書卷十肅宗紀寶應元年載：『甲寅，太上至道聖皇天帝崩於西内神龍殿。上自仲春不豫，聞上皇登遐，不勝哀悸，因兹大漸。乙丑，詔皇太子監國。又曰：「上天降寶，獻自楚州，因以體元，叶乎五紀。其元年宜改爲寶應，建巳月爲四月，餘月并依常數，仍依舊以正月一日爲歲首。」丁卯，宣遺詔。是日，上崩于長生殿，年五十二。群臣上謚曰文明武德大聖大宣孝皇帝，廟號肅宗。』唐會要卷一帝號上記肅宗『寶應元年四月十八日，崩于長生殿』。新唐書卷六肅宗紀寶應元年載：『甲寅，聖皇天帝崩。乙丑，皇太子監國。大赦，改元年爲寶應元年，復以正月爲歲首，建巳月爲四月。丙寅，閑厩使李輔國、飛龍厩副使程元振遷皇后于别殿，殺越王係、兖王僴。是夜，皇帝崩于長生殿，年五十二。』資治通鑒卷二百二十二寶應元年記：『丁卯，上崩。輔國等殺后并係及兖王僴。是日，輔國始引太子素服於九仙門與宰相相見，叙上皇晏駕，拜哭，始行監國之令。戊辰，發大行皇帝喪於兩儀殿，宣遺詔。己巳，代宗即位。』據上史籍所載，肅宗崩之時間惟新唐書記於寶應元年四月丙寅（十七日），而舊唐書等則記於寶應元年四月

丁卯（十八日）。當以舊唐書等所記爲是，新唐書所記誤。本文後所署頒布遺詔時間即據舊唐書所載。資治通鑒所記『宣遺詔』時間在肅宗崩後之次日，即四月戊辰（十九日），則應是肅宗崩後『發大行皇帝喪於兩儀殿』時『宣遺詔』之時間。據上述史籍所載，遺詔之撰寫當以舊唐書所記爲是，即寶應元年（七六二）四月丁卯（十八日）。

〔二〕大寶傳歸，皇綱無易：『大寶』，易 繫辭下：『聖人之大寶曰位。』後因以『大寶』指帝位。北魏楊衒之洛陽伽藍記 永寧寺：『正以糠秕萬乘，錙銖大寶，非貪皇帝之尊，豈圖六合之富？』舊唐書 德宗紀下：『朕以寡德，祇膺大寶。』『皇綱』，朝廷的綱紀。晉陸機答賈謐詩：『在漢之季，皇綱幅裂。』唐杜甫北征詩：『胡命其能久？皇綱未宜絶。』

〔三〕朕幸以凉德，繼承宗祀：『凉德』，薄德，缺少仁義。左傳 莊公三十二年：『虢多凉德，其何土之能得！』周書 王軌傳：『皇太子仁孝無聞，復多凉德，恐不了陛下家事。』後世多用爲王侯的自謙之詞。南朝陳徐陵爲貞陽侯重與王太尉書：『豈在余凉德，書不盡言。』唐玄宗早登太行山中言志詩：『凉德慚先哲，徽猷慕昔皇。』『宗祀』，謂對祖宗的祭祀。孝經 聖治：『昔者周公郊祀后稷以配天，宗祀文王於明堂以配上帝。』宋書 武帝紀中：『夷羿乘釁，蕩覆王室，越在南鄙。遷于九江。宗祀絶饗，人神無位。』

〔四〕在長樂問安之日，屬元凶開釁之初：『長樂』，指長樂宫。西漢高帝時，就秦興樂宫改建而成。爲西漢主要宫殿之一。漢初皇帝在此視朝。惠帝後，爲太后居地。故址在今陝西省西安市西北郊漢長安故城東南隅。『開釁』，引起争端。後多指挑起戰争。明許三階節俠記謀歸：『潛踪杜門，交游遠屏，莫教開釁。』清馬建忠復李伯相札議中外官交涉儀式洋貨入内地免厘稟：『夫和約之與商約有異，在我不背和約，决無開釁之端。』按，『在長樂問安』，乃謂肅宗問安於長樂宫。其孝敬唐玄宗之情，舊唐書肅宗紀至德二載所記玄宗所下詔亦言之：『二載春正月庚戌朔，上在彭原受朝賀。是日通表入蜀賀上皇。上皇在蜀，每得上表疏，訊其使者，知上涕戀晨省，乃下詔曰：「至和育物，大孝安親，古之哲王，必由斯道。朕往在春宫，嘗事先后，問安靡闕，視膳無違。及同氣天倫，聯華棣蕚，居嘗共被，食必分甘。今皇帝奉而行之，未嘗失墜，每有銜命而來，戒途將發，必肅恭拜跪，涕泗漣洏，左右侍臣，罔不感動。間者抱戴、赤雀、白狼之瑞，接武薦臻，此皆皇帝聖敬之符，孝友之感也。故能誕敷德教，横于四海，信可以光宅寰宇，永綏黎元者哉！」』又按，此處『元凶開釁』，指唐玄宗天寶末年安禄山起兵叛亂之事。舊唐書卷九玄宗紀下天寶十四載十一月記：『丙寅，范陽節度使安禄山率蕃、漢之兵十餘萬，自幽州南向詣闕，以誅楊國忠爲名，先殺太原尹楊光翽於博陵郡。壬申，聞於行在所。』舊唐書卷十肅宗紀

載：『天寶十三載正月，安禄山來朝，上嘗密奏。云禄山有反相，玄宗不聽。十四載十一月，禄山果反，稱兵詣闕。十二月丁未，陷東京。』

〔五〕南奉聖皇，北集戎事：按，『南奉聖皇』，指安禄山叛軍即將攻入長安時，唐肅宗扈從唐玄宗出離長安，將幸蜀避難。舊唐書玄宗紀下天寶十五載記：『六月癸未朔，顏真卿破賊將袁知泰於堂邑，北海太守賀蘭進明收信都。庚寅，哥舒翰將兵八萬與賊將崔乾祐戰于靈寶西原，官軍大敗，死者十六七。其日，李光弼與賊將史思明戰于常山東嘉山，大破之，斬獲數萬計。辛卯，哥舒翰至潼關，爲其帳下火拔歸仁以左右數十騎執之降賊，關門不守，京師大駭，河東、華陰、上洛等郡皆委城而走。甲午，將謀幸蜀，乃下詔親征，仗下後，士庶恐駭，奔走于路。乙未，凌晨，自延秋門出，微雨沾濕，扈從惟宰相楊國忠、韋見素，内侍高力士及太子、親王，妃主、皇孫已下多從之不及。』『北集戎事』，按，此句指肅宗奉唐玄宗之命率衆抗擊安禄山叛軍。舊唐書肅宗紀天寶十四載六月載：馬嵬事變之後，『車駕將發，留上在後宣諭百姓，衆泣而言曰：「逆胡背恩，主上播越，臣等生於聖代，世爲唐民，願勠力一心，爲國討賊，請從太子收復長安。」玄宗聞之曰：「此天啓也。」乃令高力士與壽王瑁送太子内人及服御等物，留後軍厩馬從上。令力士口宣曰：「汝好去！百姓屬望，慎勿違之。莫以吾爲意。且西戎北狄，吾嘗厚之，今國步艱難，必得其

用，汝其勉之！」上回至渭北，便橋已斷，水暴漲，無舟楫；上號令水濱百姓，歸者三千餘人。渭水可涉……乃收其餘衆北上，軍既濟，其後皆溺，上喜，以爲天之佑。時從上惟廣平、建寧二王及四軍將士，纔二千人。自奉天而北，夕次永壽……戊戌，至新平郡。時晝夜奔馳三百餘里，士衆器械亡失過半，所存之衆，不過一旅。……庚子，至烏氏驛，彭原太守李遵謁見，率兵士奉迎，仍進衣服糧糗。上至彭原，又募得甲士四百，率私馬以助軍。辛丑，至平凉郡，搜閱監牧公私馬，得數萬匹，官軍益振。時賊據長安，知上治兵河西，三輔百姓皆曰：「吾太子大軍即至！」賊望西北塵起，有時奔走。戊申，扶風人康景龍殺賊宣慰使薛總等二百餘人，陳倉令薛景仙率衆收扶風郡守之。由是關輔豪右皆謀殺賊，賊故不敢侵軼。』

〔六〕賴將相同德，社稷降靈。爰發五原，成師一旅，丕圖克振，華夏乂寧：『降靈』，使神靈下降，召神。『五原』，地名合稱。在今陝西省。唐杜甫喜聞官軍已臨賊境詩：『五原空壁壘，八水散風濤。』仇兆鰲注引長安志：『長安、萬年二縣之外，有畢原、白鹿原、少陵原、高陽原、細柳原，謂之五原。』『丕圖』，猶大業，宏圖。唐白居易答黄裳請上尊號表制：『朕以薄德，嗣守丕圖，不敢荒寧，以弘理道。』宋史禮志十一：『非臣否德，肇此丕圖，實賴先正儲休，上玄降鑒。』按，此數句所言之情形，舊唐書肅宗紀亦有所載：『上在平凉，數日之間未知所適，會朔

方留後杜鴻漸、魏少游、崔漪等遣判官李涵奉箋迎上，備陳兵馬招集之勢，倉儲庫甲之數，上大悦。鴻漸又發朔方步騎數千人於白草頓奉迎。時河西行軍司馬裴冕新授御史中丞赴闕，遇上於平凉，亦勸上治兵於靈武以圖進取，上然之。……上行至豐寧南，見黄河天塹之固，欲整軍北渡，以保豐寧，忽大風飛沙，跬步之間，不辨人物，及回軍趨靈武，風沙頓止，天地廓清。……（七月）甲戌，賊黨同羅部五千餘人自西京出降朔方軍。己卯，京兆尹崔光遠、長安令蘇震等率府縣官吏大呼於西市，殺賊數千級，然後來赴行在。詔改扶風爲鳳翔郡。八月壬午，朔方節度使郭子儀、范陽節度使李光弼破賊於常山郡之嘉山。上以治兵收京城，詔子儀、光弼率所統步騎五萬至自河北。詔以子儀爲兵部尚書，依前靈州大都督府長史；光弼爲户部尚書，兼太原尹、北京留守；同中書門下平章事。回紇、吐蕃遣使繼至，請和親，願助國討賊，皆宴賜遣之。是日，上皇至成都，大赦。癸巳，上所奉表始達成都。丁酉，上皇遜位稱誥，遣左相韋見素、文部尚書房琯、門下侍郎崔涣等奉册書赴靈武。』

〔七〕旰昃之心，每勤思於兆庶；晨昏之禮，嘗不匱於庭闈：『旰昃』，天晚。多用於頌揚帝王勤於政事。南齊書明帝紀：『永言古昔，無忘旰昃。』舊唐書僖宗紀：『旰昃勞懷，寢興思理，涉道猶淺，導化未孚。』『兆庶』，猶言兆民。後漢書崔駰傳：『濟兹兆庶，出於平易之路。』唐

元結二風詩至勞：『於戲勞王，功亦何大！去爾兆庶，洪湮灾害。』『晨昏』，即『晨昏定省』之略語。謂朝夕慰問奉侍。南朝梁任昉啓蕭太傅固辭奪禮：『饑寒無甘旨之資，限役廢晨昏之半。』唐孟郊殺氣不在邊詩：『况余隔晨昏，去家成阻修。』『庭闈』，内舍。多指父母居住處。晉束晳補亡詩：『眷戀庭闈，心不遑安。』李善注：『庭闈，親之所居。』唐張九齡酬宋使君見詒詩：『庭闈際海曲，軺傳荷天慈。』

〔八〕遂遘膏肓，惟幾大漸：『遘』，原作『構』，今據四庫全書、全唐文改。『大漸』，謂病危。列子力命：『季梁得病，七日大漸。』張湛注：『漸，劇也。』

〔九〕及兹理命：『理命』，即治命。謂人臨終而神志清明時的遺命，與神智不清時的『亂命』相對。唐時避高宗李治之諱，改作『理命』。唐白居易故京兆元少尹文集序：『（元宗簡）語其子途云：「……我殁，其遺文得樂天爲之序，無恨矣。」既而途奉理命，號而告予。』宋王讜唐語林補遺一：『（晟等）虔窆公主于萬年縣義豐之銅人原，從理命也。』

〔十〕皇太子豫，仁孝元良：『皇太子豫』，即李豫，肅宗之長子，後來之唐代宗。『元良』，大善，至德。書太甲下：『一人元良，萬邦以貞。』孔傳：『天子有大善，則天下得其正。』書泰誓中：『剥喪元良，賊虐諫輔。』蔡沈集傳：『元良，微子也；諫輔，比干也。』舊唐書卷十一代

宗紀記：『代宗睿文孝武皇帝諱豫，肅宗長子。母曰章敬皇太后吴氏，以開元十四年十二月十三日生於東都上陽宫。初名俶，年十五封廣平王。玄宗諸孫百餘，上爲嫡皇孫。宇量弘深，寬而能斷，喜懼不形於色。仁孝温恭，動必由禮，幼而好學，尤專禮、易，玄宗鍾愛之。』

〔十一〕可守宗社，宜令所司，當日具禮：『宗社』，原作『宗祏』，今據四庫全書、全唐文、適園叢書、甲庫本等改。『宗社』，宗廟和社稷的合稱。漢蔡邕獨斷卷上：『天子之宗社曰泰社，天子所爲群姓立社也。』南史虞寄傳：『朕不食言，誓之宗社。』『具禮』，備禮；安排儀式。史記淮陰侯列傳：『王必欲拜之，擇良日，齋戒，設壇場，具禮，乃可耳。』唐杜甫冬日洛城北謁玄元皇帝廟詩：『守祧嚴具禮，掌節鎮非常。』

〔十二〕并準聖皇遺誥：『遺誥』，四庫全書、全唐文、甲庫本作『遺詔』，誤，不取。此處『聖皇』指唐玄宗，其遺誥見本書卷十二明皇遺誥。

〔十三〕朕執喪在疚，不食葷膻，所設饋奠，皆須如在：『執喪』，禮記檀弓上：『曾子謂子思曰：「伋，吾執親之喪也，水漿不入於口者七日。」』後以『執喪』爲奉行喪禮或守孝之稱。史記萬石張叔列傳：『其執喪，哀戚甚悼。』唐元稹李翊監察御史制：『以爾翊文學周敏，操行端方，執喪有聞，俯以就制。』『在疚』，在憂病中。詩周頌閔予小子：『遭家不造，嬛嬛在疚。』

毛傳：『疚，病也。』鄭玄箋：『在憂病之中。』左傳 哀公十六年：『旻天不弔，不憖遺一老，俾屏余一人以在位，煢煢余在疚。』『饋奠』，指喪中祭奠之事。禮記 曾子問：『曾子問曰：「大功之喪，可以與於饋奠之事乎？」』孫希旦集解：『饋奠，謂執喪奠之事也。』南史 后妃傳下 陳武宣章皇后：『遺令喪事并從儉約，諸饋奠不用牲牢。』『如在』，論語 八佾：『祭如在，祭神如神在。』謂祭祀神靈、祖先時，好像受祭者就在面前。後稱祭祀誠敬爲『如在』。後漢書 順帝紀：『深恐在所慢違「如在」之義，今遣侍中王輔等，持節分詣岱山、東海、滎陽、河、洛，盡心祈焉。』

〔十四〕神亦不歆：『歆』，饗，嗅聞。謂祭祀時神靈享用祭品的香氣。詩 大雅 生民：『其香始升，上帝居歆。』鄭玄箋：『其馨香始上行，上帝則安而歆享之。』左傳 僖公三十一年：『鬼神非其族類，不歆其祀。』杜預注：『歆，猶饗也。』

〔十五〕所有三宮內人：『三宮』，指后妃之宮。唐李憕奉和聖製從蓬萊向興慶閣道中應制詩：『別館春還淑氣催，三宮路轉鳳凰臺。』『內人』，宮中女官。亦指宮女。周禮 天官 寺人：『掌王之內人及女宮之戒令。』鄭玄注：『內人，女御也。』後漢書 和熹鄧皇后紀：『康以太后久臨朝政，心懷畏懼，托病不朝。太后使內人問之。』

〔十六〕及至德已來籍没家口：『籍没』，謂登記所有的財産，加以没收。三國志 魏書 王修傳：『太祖破鄴，籍没審配等家財物貲以萬數。』北史 樂運傳：『運少好學，涉獵經史。年十五而江陵滅，隨例遷長安。其親屬等多被籍没，運積年爲人傭保，皆贖免之。』

〔十七〕宜在優矜：『優矜』，體恤，因憐憫而給予照顧。南朝陳徐陵爲貞陽侯答王太尉書：『國家凋荒，既乏屯衛，皇齊與睦，幸惠優矜。』唐陳子昂上西蕃邊州安危事之二：『然同城先無儲蓄，雖有降附，皆未優矜，蕃落嗷嗷，不免飢餓。』

〔十八〕并委皇帝節級處分：『節級』，次第。魏書 釋老志：『年常度僧……若無精行，不得濫采。若取非人，刺史爲首，以違旨論，太守、縣令、綱僚節級連坐，統及維那移五百里外異州爲僧。』唐玄奘大唐西域記 鉢邏耶伽國：『備極珍玩，窮諸上饌，如是節級，莫不周施。』

〔十九〕股肱勛臣，敬保元子，事居送往，諒在于兹：『股肱』，大腿和胳膊。書 説命下：『股肱惟人，良臣惟聖。』孔傳：『手足具乃成人，有良臣乃成聖。』漢劉向説苑 君道：『楚國之有不穀也，由身之有匈脇也；其有令尹、司馬也，由身之有股肱也。』此處用以比喻左右輔佐之臣。書 益稷：『臣作朕股肱耳目。』漢書 蘇武傳：『上思股肱之美，乃圖畫其人於麒麟閣，法其形貌，署其官爵姓名。』『事居送往』，即『送往事居』，謂禮葬死者，奉事生者。左傳 僖公九年：『送

往事居，耦俱無猜，貞也。』」杜預注：『往，死者；居，生者；耦，兩也。送死事生，兩無疑恨，所謂正也。』」唐獨孤及故太保贈太師韓國苗公謚議：『論道賦政，送往事居，協恭秉彝，動罔違德。』」『諒』，確實；委實。漢鄭玄詩譜序：『詩之興也，諒不於上皇之世。』」孔穎達疏：『上皇謂伏犧，三皇之最先者，故謂之上皇。鄭知于時信無詩者。』」唐韓愈南山詩：『欲休諒不能，粗叙所經覯。』」

代宗遺詔（一）

朕以眇身，祇奉鴻業，不能光宣大訓，嘉靖萬邦，奉祖宗重熙之德，答公卿寅亮之勤，旰食宵衣（二），痛心疾首。嗚呼！天地之理，死生常數，疾既大漸，彌留日臻（三）。惟懷永圖，嗣守丕業。皇太子元良繼明，睿哲齊聖，宜陟元后，保守宗祧（四）。宜令所司，當日具禮，於柩前即皇帝位，仍以司徒、兼中書令、汾陽郡王子儀攝冢宰（五）。其喪儀及山陵制度，務從儉約，并不得以金銀錦彩爲飾。天下節度觀察團練使刺史等，并不須赴哀。祭祀之禮（六），亦從節儉。其三宫内人，宜令量事減省（七），諸王院亦宜準此。其天下人吏，敕到後出臨三日，皆釋服，無禁婚娶祠祀酒肉。其宫殿中當臨者，朝

夕各十五舉音〔八〕。禮固從宜，喪不可久。皇帝宜三日而聽政，十三日小祥，二十五日大祥〔九〕，二十七日而釋服。獲奉宗廟之靈，永終天禄，所痛不得與佐命勛賢，庶尹卿士，顧命永訣，以托萬方〔十〕。内外腹心之臣，文武忠良之士，敬保元子，以安家邦。嗚呼！其聽朕命。大曆十四年五月。

校箋

〔一〕本文又見於全唐文卷四十八，文題名爲遺詔，署名唐代宗。本文文末署頒布時間爲大曆十四年五月。考舊唐書卷十一代宗紀大曆十四年載：『五月癸卯，上不康，至辛亥，不視朝。……辛酉，詔皇太子監國。是夕，上崩于紫宸之内殿。遺詔皇太子柩前即位。壬戌，遷神柩于太極殿，發喪。』唐會要卷一帝號上記代宗：『大曆十四年五月二十日，崩于紫宸之内殿。』新唐書卷六代宗紀大曆十四年亦載：『五月辛酉，不豫，詔皇太子監國。是夕，皇帝崩于紫宸内殿，年五十三。』資治通鑑卷二百二十五大曆十四年記：『五月，癸卯，上始有疾，辛酉，制皇太子監國。是夕，上崩于紫宸之内殿，遺詔以郭子儀攝冢宰。』按，上述諸書除唐會要外（按，唐會要所記誤）皆記載代宗崩於大曆十四年（七七九）五月辛酉（二十一日），且於是日『詔皇太子監

國』，則遺詔之撰當即在是時。

（二）朕以眇身，祗奉鴻業，不能光宣大訓，嘉靖萬邦，奉祖宗重熙之德，荅公卿寅亮之勤，旰食宵衣：『眇身』，猶言微末之身。封建帝后自謙之詞。漢書武帝紀：『朕以眇身承至尊，兢兢焉惟德菲薄，不明于禮樂，故用事八神。』北齊書神武帝紀下：『以朕眇身，遇王武略，不勞尺刃，坐爲天子。』『光宣』，猶發揚光大。陳書廢帝紀：『克嗣洪基，光宣寶業，惠養中國，綏寧外荒。』『大訓』，先王聖哲的教言。書顧命：『嗣守文武大訓，無敢昏逾。』孔傳：『言奉順繼守文武大教，無敢昏亂逾越。』唐韓愈順宗實録卷一：『恪慎厥躬，祗勤於大訓。』『嘉靖』，謂以美好的教化安定平服。書無逸：『（高宗）不敢荒寧，嘉靖殷邦。至于小大，無時或怨。』蔡沈集傳：『嘉，美；靖，安也。嘉靖者，禮樂教化蔚然於安居樂業之中也……嘉靖者，和之達於政。』『重熙』，舊時用以稱頌君主累世聖明。三國魏何晏景福殿賦：『至于帝皇，遂重熙而累盛。』舊唐書賈耽傳：『太宗繼明重熙，柔遠能邇。』『寅亮』，恭敬信奉。書周官：『貳公弘化，寅亮天地，弼予一人。』孔傳：『敬信天地之教，以輔我一人之治。』漢班固封燕然山銘：『寅亮聖皇，登翼王室。』『旰食宵衣』，天已晚纔吃飯，天不亮就穿衣起來。形容勤於政務。南朝陳徐陵陳文帝哀策文：『勤民聽政，旰食宵衣。』唐陳鴻長恨歌傳：『玄宗在位歲久，倦於旰食宵

衣，政無大小，始委於右丞相。』

〔三〕彌留日臻：『臻』，增加，加重。書顧命：『王曰：「嗚呼！疾大漸，惟幾，病日臻。」』孫星衍疏：『王自嘆疾大劇，惟危，病至日加。』。

〔四〕皇太子元良繼明，睿哲齊聖，宜陟元后，保守宗祧：『皇太子』，即李适，後來之唐德宗。舊唐書卷十二德宗紀上記：『德宗神武孝文皇帝諱适，代宗長子，母曰睿真皇后沈氏。天寶元年四月癸巳，生於長安大内之東宫。其年十二月，拜特進，封奉節郡王。代宗即位之年五月，以上爲天下兵馬元帥，改封魯王。八月，改封雍王。時史朝義據東都，十月，遣上會諸軍於陝州，大舉討賊。十一月，破賊於洛陽，進收東都，河南平定。朝義走河北。分命諸將追之，俄而賊將李懷仙斬朝義首以獻，河北平。以元帥功拜尚書令，食實封二千户，與郭子儀等八人圖形凌烟閣。廣德二年二月，立爲皇太子。大曆十四年五月辛酉，代宗崩。癸亥，即位於太極殿。』『繼明』，持續不斷的光明。唐劉禹錫武陵書懷五十韻：『繼明懸日月，出震統乾坤。』『元后』，天子。書大禹謨：『天之曆數在汝躬，汝終陟元后。』孔傳：『言天道在汝身，汝終當升爲天子。』漢劉楨贈五官中郎將詩之一：『昔我從元后，整駕至南鄉。』『宗祧』，宗廟。左傳襄公二十三年：『紇不佞，失守宗祧，敢告不吊。紇之罪，不及不祀。』杜預注：『遠祖廟爲祧。』晉潘岳秋興賦：『龜祀

骨於宗祧兮，思反身於緑水。』

〔五〕汾陽郡王子儀攝冢宰：『攝』，唐以後謂詔除而非正命爲攝。文獻通考職官考一：『（唐神龍初）遂有員外、檢校、試、攝、判、知之官。』注：『攝者，言敕攝，非州府版署之命……皆是詔除而非正命。』『冢宰』，周官名。爲六卿之首，亦稱太宰。書周官：『冢宰掌邦治，統百官，均四海。』孔傳：『天官卿稱太宰，主國政治，統理百官，均平四海之内。』詩大雅雲漢：『鞫哉庶正，疚哉冢宰。』朱熹集傳：『冢宰，又衆長之長也。』按，『汾陽郡王子儀』即郭子儀。傳見舊唐書卷一百二十、新唐書卷一百三十七。舊唐書本傳載：『郭子儀，華州鄭縣人……子儀長六尺餘，體貌秀杰，始以武舉高等補左衛長史，累歷諸軍使。天寶八載，於木剌山置横塞軍及安北都護府，命子儀領其使，拜左衛大將軍。十三載，移横塞軍及安北都護府於永清栅北築城，仍改横塞爲天德軍，子儀爲之使，兼九原太守、朔方節度右兵馬使。十四載，安禄山反。十一月，以子儀爲衛尉卿，兼靈武郡太守，充朔方節度使，詔子儀以本軍東討。遂舉兵出單于府，收静邊軍，斬賊將周萬頃，傳首闕下。禄山遣大同軍使高秀岩寇河曲，子儀擊敗之，進收雲中馬邑，開東陘，以功加御史大夫。……德宗即位，詔還朝，攝冢宰，充山陵使，賜號「尚父」，進位太尉、中書令，增實封通計二千户，給一千五百人糧，二百匹馬草料，所領諸使副元帥并罷。』

〔六〕祭祀之禮：『祭祀』，適園叢書、明鈔本、學林本作『祀祭』。

〔七〕宜令量事減省：全唐文作『并宜量事減省』。

〔八〕朝夕各十五舉音：『舉音』，爲悼死者而放聲哀哭。唐韓愈順宗實録卷五：『宫中當臨者，朝晡各十五舉音；非朝晡臨時，禁無得哭。』明王志堅表異録 凶喪：『道路皆舉音以過喪。』

〔九〕十三日小祥，二十五日大祥：『小祥』，古時父母喪後周年的祭名。祭後可稍改善生活及解除喪服的一部分。儀禮 士虞禮：『期而小祥。』鄭玄注：『小祥，祭名。祥，吉也。』期，周年。禮記 間傳：『父母之喪，既虞卒哭，疏食水飲，不食菜果。期而小祥，食菜果。』古時皇帝、皇太后、皇后等死後十二日舉行小祥祭。自漢文帝遺詔減喪服期，以後皇室之喪，常以日易月（一天代替一月）。『大祥』，古時父母喪後兩周年的祭禮。儀禮 士虞禮：『又期而大祥，曰薦此祥事。』鄭玄注：『又，復也。』賈公彦疏：『此謂二十五月大祥祭，故云復期也。』漢魏以來時君行喪皆以日易月，皇帝、皇太后、皇后死後二十五日或二十四日即舉行大祥祭禮。唐韓愈順宗實録卷五：『以日易月，抑惟舊章，皇帝宜三日而聽政，十三日小祥，二十五日大祥，二十七日釋服。』

〔十〕永終天禄，所痛不得與佐命勛賢，庶尹卿士，顧命永訣，以托萬方：『天禄』，天賜的福

禄。書大禹謨：『四海困窮，天禄永終。』後常指帝位。後漢書桓帝紀贊：『桓自宗支，越躋天禄。』周書宣帝紀：『帝王之量，未肅而成；天禄之期，不謀已至。』『佐命』，指輔助帝王創業的功臣。後漢書朱景王等傳論：『然咸能感會風雲，奮其智勇，稱爲佐命。』唐楊炯唐恒州刺史建昌公王公神道碑：『王氏之先，代爲佐命。』『勛賢』，有功勛有才能的人。後漢書朱景王等傳論：『若乃王道既衰，降及霸德，猶能授受惟庸，勛賢皆序，如管、隰之迭升桓世，先、趙之同列文朝。』唐元稹故中書令贈太尉沂國公墓志銘：『十五年，會上新即位，成德表帥，上曰：「非吾勛賢，莫可入者。」』指百官。晋陸機辨亡論：『庶尹盡規於上，四民展業於下。』吕延濟注：『庶尹，百官也。』『卿士』，指卿、大夫。後用以泛指官吏。書牧誓：『是信是使，是以爲大夫卿士。』孫星衍疏：『大夫卿士不云卿大夫士，蓋以此士，卿之屬也。』史記宋微子世家：『殷既小大好草竊奸宄，卿士師師非度，皆有罪辜，乃無維獲，小民乃并興，相爲敵讎。』『顧命』，書顧命：『成王將崩，命召公、畢公率諸侯相康王，作顧命。』孔傳：『臨終之命曰顧命。』孔穎達疏：『顧是將去之意，此言臨終之命曰顧命，言臨將死去迴顧而爲語也。』後因以『顧命』謂臨終遺命，多用以稱帝王遺詔。後漢書陰興傳：『帝風眩疾甚，後以興領侍中，受顧命於雲臺廣室。』南史褚彦回傳：『明帝崩，遺詔以爲中書令、護軍將軍，與尚書令袁粲受顧命，輔幼主。』『萬

方』，萬邦；各方諸侯。書湯誥：『王歸自克夏，至于亳，誕告萬方。』

德宗遺詔（一）

朕承八聖之休德，荷上天之眷祐，嗣守丕訓，不敢荒寧（二）。賴宗廟之靈，群后之力，戡定大難，以康兆人。嚴恭寅畏，二十有七載（三）。今天降疾，不興不寤，是用審訓，宜聽朕言。皇太子誦，元良繼明，睿哲齊聖，孝友和惠，恭敬温文（四），必能覲祖宗之耿光，紹邦家之大業，即宜於柩前即皇帝位（五）。嗚呼！朕常奉聖祖玄元清静之教，勵精至道，保合太和（六），每忘己以愛人，豈嘉生而惡死。咨爾將相卿士，方伯連帥（七），其敬保元子，永綏萬邦，各有叶心，同底于道，無廢我高祖太宗之休命（八）。諸道節度使觀察防禦等使，及諸州刺史等，膺鎮守之任，有軍旅之事，所寄尤重，不可暫曠，不須赴喪。以日易月之制（九），宜遵舊典。文武官等朝晡哭臨，十五舉音。朕每覽漢史，至孝文薄葬之詔，未嘗不嘆息嘉尚，緬慕其風（十）。園陵制度，務從儉約。百辟卿士，孝子忠臣，送往事居，無違朕意。貞元二十一年正月。

校箋

〔一〕本文又見於全唐文卷五十三，文題名爲遺詔，署名唐德宗。本文文末署頒布時間爲貞元二十二年正月。考舊唐書卷十三德宗紀下載：貞元『二十一年春正月辛未朔，御含元殿受朝賀。是日，上不康。……癸巳，會群臣於宣政殿，宣遺詔：皇太子宜於柩前即位。是日，上崩於會寧殿，享壽六十四。甲午，遷神柩於太極殿。丙申，發喪，群臣縞素。皇太子即位』。唐會要卷一帝號上載唐德宗『貞元二十一年正月，崩於會寧殿。年六十四』。新唐書卷七德宗紀載：貞元『二十一年正月癸巳，皇帝崩于會寧殿，年六十四』。資治通鑑卷二百三十六永貞元年（即貞元二十一年，是年八月改元）載：『春，正月，辛未朔，諸王、親戚入賀德宗，太子獨以疾不能來，德宗涕泣悲嘆，由是得疾，日益甚。凡二十餘日，中外不通，莫知兩宫安否。癸巳，德宗崩。蒼猝召翰林學士鄭絪、衛次公等至金鑾殿草遺詔。宦官或曰：「禁中議所立尚未定。」衆莫敢對。次公遽言曰：「太子雖有疾，地居冢嫡，中外屬心。必不得已，猶應立廣陵王；不然，必大亂。」絪等從而和之，議始定。……太子知人情憂疑，紫衣麻鞋，力疾出九仙門，召見諸軍使，人心粗

安。甲午，宣遺詔於宣政殿，太子縗服見百官。丙申，即皇帝位於太極殿。』按，據上述諸史籍所記，唐德宗崩於貞元二十一年（八〇五）正月癸巳（二十三日），撰寫遺詔亦在同一天，而『甲午（二十四日），宣遺詔於宣政殿』。據此，則本文文末所署頒布遺詔時間『貞元二十二年正月』實誤，頒布遺詔應在貞元二十一年正月二十四日。

〔二〕朕承八聖之休德，荷上天之眷祐，嗣守丕訓，不敢荒寧：『八聖』，謂唐高祖、唐太宗、唐高宗、唐中宗、唐睿宗、唐玄宗、唐肅宗、唐代宗八位皇帝。『休德』，美德。國語齊語：『有人居我官，有功休德。』韋昭注：『休，美也。』漢司馬相如難蜀父老：『夫拯民於沉溺，奉至尊之休德，反衰世之陵夷，繼周氏之絶業，天子之亟務也。』『嗣守』，繼承并遵守和保持。書顧命：『在後之侗，敬迓天威，嗣守文武大訓，無敢昏逾。』晋書慕容超載記：『今陛下嗣守社稷，不宜以私親之故而降統天之尊。』『丕訓』，重大的訓導。書君陳：『爾惟弘周公丕訓。』孔傳：『當闡大周公之大訓。』唐韓愈順宗實録卷三：『朕奉若丕訓，憲章前式。』『荒寧』，荒廢懈怠，貪圖安逸。書無逸：『治民祇懼，不敢荒寧。』孔傳：『爲政敬身畏懼，不敢荒怠自安。』漢書元帝紀：『朕戰戰栗栗，夙夜思過失，不敢荒寧。』

〔三〕嚴恭寅畏，二十有七載：『嚴恭』，亦作『嚴龔』。莊嚴恭敬。書無逸：『昔在殷王中

宗，嚴恭寅畏。』孔傳：『言太戊嚴恪恭敬，畏天命。』亢倉子 訓道：『君后所愛，雖小物，必嚴龔。』南朝梁劉勰文心雕龍 祝盟：『所以寅虔於神祇，嚴恭於宗廟也。』『寅畏』，敬畏；恭敬戒懼。書 無逸：『嚴恭寅畏，天命自度。』蔡沈集傳：『寅則欽肅，畏則戒懼。』唐白居易畫大羅天尊贊文：『皇帝孝敬寅畏，憂勤勞謙。』『二十有七載』，指唐德宗在帝位之時間，即大曆十四年至貞元二十一年（七七九—八〇五），凡二十七年。

〔四〕皇太子誦，元良繼明，睿哲齊聖，孝友和惠，恭敬温文：『皇太子誦』，即李誦，後登皇位之唐順宗。舊唐書卷十四順宗紀載：『順宗至德大聖大安孝皇帝諱誦，德宗長子，母昭德皇后王氏。上元二年正月生於長安之東内。大曆十四年六月，封宣王。建中元年正月丁卯，立爲皇太子。　貞元二十一年正月癸巳，德宗崩，丙申，即位於太極殿。』『睿哲』，聖明；明智。漢張衡東京賦：『睿哲玄覽，都兹洛宫。』晉陸雲大將軍宴會被命作詩：『睿哲惟晋，世有明聖。』『齊聖』，聰明睿智；聰明聖哲。詩 小雅 小宛：『人之齊聖，飲酒温克。』毛傳：『齊，正也。』左傳 文公二年：『子雖齊聖，不先父食久矣。』杜預注：『齊，肅也。』左傳 文公十八年：『齊聖廣淵。』杜預注：『齊，中也。』『和惠』，温和仁惠。漢書 匡衡傳：『寬柔和惠，則衆相愛。』唐元稹授牛元翼成德軍節度使制：『慈仁和惠，愛養士伍。』『温文』，温和而有禮貌。

禮記文王世子：『禮樂交錯於中，發形於外，是故其成也懌，恭敬而温文。』孔穎達疏：『恭敬而温文者，謂内外有禮，貌恭心敬而温潤文章。』唐孫逖授殷彦方等王傅制：『教導之功，既聞於日就；温文之德，遂涉於春儲。』

〔五〕即宜於柩前即皇帝位：此句原無『即』字，今據適園叢書、明鈔本、甲庫本、學林本增補。

〔六〕朕常奉聖祖玄元清静之教，勵精至道，保合太和：『聖祖玄元』，指老子。唐初追號老子爲『太上玄元皇帝』，簡稱『玄元』。唐韓愈順宗實録卷五：『伏惟太上皇帝陛下，道繼玄元，業纘皇極。』『太和』，亦作『大和』。天地間冲和之氣。易乾：『保合大和，乃利貞。』『大』，一本作『太』。朱熹本義：『太和，陰陽會合冲和之氣也。』漢書叙傳上：『沐浴玄德，禀印太和。』

〔七〕方伯連帥：『方伯』，殷周時代一方諸侯之長。後泛稱地方長官。漢以來之刺史，唐之采訪使、觀察使，明清之布政使均稱『方伯』。史記周本紀：『周室衰微，諸侯强并弱，齊、楚、秦、晋始大，政由方伯。』裴駰集解引鄭司農曰：『長諸侯爲方伯。』漢書何武傳：『刺史，古之方伯，上所委任，一州表率也，職在進善退惡。』『連帥』，古代十國諸侯之長。禮記王制：『十

國以爲連，連有帥。』漢書刑法志：『十國爲連，連有帥……連帥比年簡車。』唐柳宗元封建論：『於是有方伯、連帥之類，則其争又有大者焉。』亦泛稱地方高級長官。唐代多指觀察使、按察使。北周庾信周隴右總管長史贈太子少保豆盧公神道碑：『尋加侍中，外總連帥，威振百城。』唐崔立言醉中謔浙江廉使詩：『山夫留意向丹梯，連帥邀來出藥畦。』

〔八〕永綏萬邦，各有叶心，同底于道，無廢我高祖太宗之休命：『綏』，安；安撫。書盤庚上：『天其永我命于兹新邑，紹復先王之大業，底綏四方。』蔡沈集傳：『天其將永我國家之命於殷，以繼復先王之大業，而致安四方乎？』晋陸機弔魏武帝文：『指八極以遠略，必翦焉而後綏。』唐韓愈順宗實録卷五：『奉若成憲，永綏四方。』『叶心』，同心。唐柳宗元爲文武百僚請復尊號表之三：『今者君臣同德，上下叶心。』唐劉肅大唐新語匡贊：『二人執性不同，同歸於道，叶心翼贊，以致刑措焉。』『底』，引致；達到。左傳昭公元年：『底禄以德。』杜預注：『底，致也。』漢楊惲報孫會宗書：『惲才朽行穢，文質無所底。』『休命』，美善的命令。多指天子或神明的旨意。易大有：『君子以遏惡揚善，順天休命。』書説命下：『敢對揚天子之休命。』唐韓愈順宗實録卷五：『必能宣祖宗之重光，荷天地之休命。』

〔九〕以日易月之制：此句原作『易日之制』，適園叢書、甲庫本則作『易月之制』，今據四庫

全書、全唐文改。

〔十〕至孝文薄葬之詔，未嘗不嘆息嘉尚，緬慕其風：『孝文薄葬之詔』，『孝文』，即漢文帝。其『薄葬之詔』之具體內容，可見漢書卷四文帝紀；又可見本書本卷神堯遺詔校箋〔十〕『漢文遺詔』。『嘉尚』，稱贊；崇尚。三國志 魏書 滿寵傳：『知識邪止，欲避禍就順，去暴歸道，甚相嘉尚。』宋費衮梁溪漫志 大觀廷策士：『今名儒鉅公，嘉尚清節，題跋盈軸。』『緬慕』，思念嚮往。宋書 后妃傳 文帝沈婕妤：『昔豳都追遠，正邑纏哀，緬慕德義，敬奉園陵。』唐楊巨源秋夜閑居即事寄廬山鄭員外蜀郡符處士詩：『悵懷石門咏，緬慕碧鷄游。』

憲宗遺詔〔一〕

朕以薄德，嗣膺寶祚，執珪璧以奉九廟，垂衣裳以臨萬邦，十有六年於兹矣〔二〕。賴天地敷祐，宗社降靈，內有百辟多士〔三〕，外有州牧方伯，文武并用，忠賢叶心，以弼予一人〔四〕，以康彼兆庶。戡翦群慝，廓清九圍，方保和平，共登仁壽〔五〕。而萬務所逼，六氣或侵〔六〕，遘疾有加，至於大漸，用申顧命，式合典謨〔七〕。皇太子恒〔八〕，天縱睿哲，日躋誠敬，惟孝惟友，克寬克仁。必能嗣祖宗之丕訓〔九〕，守邦家之鴻業，宜令

所司具禮，於柩前即皇帝位。仍以司徒、兼中書令弘攝冢宰〔十〕。應諸道節度觀察防禦等使及諸州刺史，寄任尤切，并不須赴哀。皇帝易月之制，皆依舊典。文武官等朝晡哭臨，十五舉音〔十一〕。其喪儀及山陵制度，務從儉約。嗚呼！始終常禮，奚可甚哀，漢文至言，朕所遵慕〔十二〕。咨爾將相，洎中外腹心爪牙之臣，其敬保元子，惟懷永圖，以纘我高祖太宗之耿光〔十三〕，無廢朕命。元和十五年正月。

校箋

〔一〕本文又見於全唐文卷六十一，文題爲遺詔，署名唐憲宗。本文文末署頒布時間爲『元和十五年正月』。考舊唐書卷十五憲宗紀元和十五年記：『正月甲戌朔，上以餌金丹小不豫，罷元會。……義成軍節度使劉悟來朝。戊戌，上對悟於麟德殿。上自服藥不佳，數不視朝，人情恟懼，及悟出道上語，京城稍安。庚子，以少府監韓璀爲鄜州刺史、鄜坊丹延節度使。是夕，上崩於大明宮之中和殿，享年四十三。時以暴崩，皆言内官陳弘志弑逆，史氏諱而不書。辛丑，宣遺詔。壬寅，移仗西内。』唐會要卷一帝號上載：唐憲宗元和『十五年正月二十七日，崩于大

明宮之中和殿』。新唐書卷七憲宗紀記：元和『十五年正月，宦者陳弘志等反。庚子，皇帝崩，年四十三，謚曰聖神章武孝皇帝』。資治通鑑卷二百四十一元和十五年正月載：『初，左軍中尉吐突承璀謀立澧王惲爲太子，上不許。及上寢疾，承璀謀尚未息；太子聞而憂之，密遣人問計於司農卿郭釗。釗曰：「殿下但盡孝謹以俟之，勿恤其他。」釗，太子之舅也。上服金丹，多躁怒，左右宦官往往獲罪，有死者，人人自危；庚子，暴崩於中和殿。時人皆言内常侍陳弘志弑逆，其黨類諱之，不敢討賊，但云藥發，外人莫能明也。中尉梁守謙與諸宦官馬進潭、劉承偕、韋元素、王守澄等共立太子，殺吐突承璀及澧王惲，賜左、右神策軍士錢人五十緡，六軍、威遠人三十緡，左、右金吾人十五緡。閏月，丙午，穆宗即位于太極殿東序。』據上史籍所記，唐憲宗暴崩於元和十五年正月庚子（二十七日），而『辛丑（二十八日），宣遺詔』。據此知，此遺詔當非出於憲宗口授，乃憲宗『暴崩』後他人所爲，則其最早當撰於憲宗『暴崩』之日，即元和十五年（八二〇）正月二十七日。

〔二〕嗣膺寶祚，執珪璧以奉九廟，垂衣裳以臨萬邦，十有六年於兹矣：『寶祚』，國運；帝位。宋書恩倖傳論：『民忘宋德，雖非一塗，寶祚夙傾，實由於此。』周書宣帝紀：『朕以眇身，祗承寶祚。』『珪璧』，古代祭祀朝聘等所用的玉器。墨子尚同中：『珪璧幣帛不敢不中度量。』

舊唐書　王起傳：『邦國之禮，祀爲大事；珪璧之議，經有前規。』『九廟』，指帝王的宗廟。古時帝王立廟祭祀祖先，有太祖廟及三昭廟、三穆廟，共七廟。王莽增爲祖廟五、親廟四，共九廟。後歷朝皆沿此制。漢書　王莽傳下：『取其材瓦，以起九廟。』晋潘岳西征賦：『由僞新之九廟，誇宗虞而祖黄。』『十有六年』，指唐憲宗在帝位十六年。憲宗自永貞元年（八〇五）八月即位，至元和十五年（八二〇）正月，凡十六年。

〔三〕内有百辟多士：『多士』，全唐文作『卿士』。『多士』，古指衆多的賢士。也指百官。書多方：『猷告爾有方多士，暨殷多士。』詩大雅　文王：『濟濟多士，文王以寧。』

〔四〕以弼予一人：『弼』，糾正；輔佐。書　益稷：『予違汝弼，汝無面從，退有後言。』孔傳：『我違道，汝當以義輔正我。』新唐書　姜公輔傳：『公輔官諫議，職宰相，獻替固其分。本立輔臣，朝夕納誨，微而弼之，乃其所也。』

〔五〕戡剪群慝，廓清九圍，方保和平，共登仁壽：『戡剪』，平定剪除。新唐書　魏知古傳：『自陛下戡翦凶逆，保定大器，蒼生顒顒，以謂朝有新政。』『慝』，邪惡。書　大禹謨：『（舜）負罪引慝，祇載見瞽瞍。』孔傳：『慝，惡。』孔穎達疏：『自負其罪，自引其惡。』

國語 魯語上：『且夫君也者，將牧民而正其邪者也，若君縱私回而棄民事，民旁有慝，無由省之，益邪多矣。』韋昭注：『慝，惡也。』『九圍』，九州。詩 商頌 長發：『帝命式于九圍。』孔穎達疏：『謂九州爲九圍者，蓋以九分天下，各爲九處，規圍然，故謂之九圍也。』隋書 西域傳 高昌：『自我皇隋平一宇宙，化偃九圍，德加四表。』『仁壽』，謂有仁德而長壽。語出論語 雍也：『知者動，仁者静，知者樂，仁者壽。』邢昺疏：『言仁者少思寡欲，性常安静，故多壽考也。』漢書 董仲舒傳：『堯舜行德，則民仁壽。』

〔六〕六氣或侵：『或侵』，四庫全書、甲庫本作『咸侵』。『六氣』，中醫術語。或指寒、熱、燥、濕、風、火六種症候。素問 至真要大論：『黄帝問曰：「五氣交合，盈虚更作，余知之矣。六氣分治，司天地者，其至如何？」……岐伯曰：「厥陰司天，其化以風；少陰司天，其化以熱；太陰司天，其化以濕；少陽司天，其化以火；陽明司天，其化以燥；太陽司天，其化以寒。」』

〔七〕式合典謨：『典謨』，尚書中堯典、舜典和大禹謨、皋陶謨等篇的并稱。書序：『典謨訓誥誓命之文凡百篇，所以恢弘至道，示人主以軌範也。』漢書 揚雄傳下：『典謨之篇，雅頌之聲，不温純深潤，則不足以揚鴻烈而章緝熙。』

〔八〕皇太子恒：即李恒，後來即位之唐穆宗。舊唐書卷十六穆宗紀載：『穆宗睿聖文惠孝皇帝諱恒，憲宗第三子，母曰懿安皇后郭氏。貞元十一年七月，生於大明宮之别殿。初名宥，封建安郡主。元和元年八月，進封遂王。五年三月，領彰義軍節度大使。七年十月，册爲皇太子，改今諱。十五年正月庚子，憲宗崩。丙午，即皇帝位於太極殿東序。』

〔九〕必能嗣祖宗之丕訓：『必能嗣』，四庫全書、全唐文作『必能承』。

〔十〕仍以司徒、兼中書令弘攝冢宰：『冢宰』，周官名。爲六卿之首，亦稱太宰。書周官：『冢宰掌邦治，統百官，均四海。』孔傳：『天官卿稱太宰，主國政治，統理百官，均平四海之内。』詩大雅雲漢：『鞫哉庶正，疚哉冢宰。』朱熹集傳：『冢宰，又衆長之長也。』『司徒、兼中書令弘』即韓弘。其傳見舊唐書卷一百五十六、新唐書卷一百五十八。舊唐書本傳載：『韓弘，潁川人。……世居滑之匡城。少孤，依母族，劉玄佐即其舅也。事玄佐爲州掾，累奏試大理評事。玄佐卒，子士寧被逐，弘出汴州，爲宋州南城將，劉全諒時爲都知兵馬使。貞元十五年，全諒卒，汴軍懷玄佐之惠，又以弘長厚，共請爲留後，環監軍使請表其事，朝廷亦以玄佐故許之。自試大理評事檢校工部尚書、汴州刺史，兼御史大夫、宣武軍節度副大使知節度事、宋亳汴潁觀察等使。……累授檢校左右僕射、司空。憲宗即位，加同平章事。……吴元濟誅，以統帥功加檢校

司徒、兼侍中，封許國公，罷行營都統。十四年，誅李師道，收復河南二州，弘大懼。其年七月，盡携汴之牙校千餘人入覲，對於便殿，拜舞之際，以其足疾，命中使掖之。宴賜加等，預册徽號大禮。……三上章堅辭戎務，願留京師奉朝請。詔曰：……宣武軍節度副大使知節度事、汴宋亳潁等州觀察處置等使、開府儀同三司、守司徒、兼侍中、使持節汴州諸軍事、汴州刺史、上柱國、許國公、食邑三千户韓弘……論道之榮，因之以齊八政；中樞之長，升之以贊萬務。玄衮赤舄，備于寵光；不有其人，孰膺斯任？可守司徒、兼中書令。……憲宗崩，以弘攝冢宰。』

〔十一〕皇帝易月之制，皆依舊典。文武官等朝晡哭臨，十五舉音：『易月之制』『朝晡哭臨』『舉音』之意思，均見本書本卷神堯遺詔之校箋〔十六〕。

〔十二〕漢文至言，朕所遵慕：按，『漢文至言』指漢文帝之遺詔，詳見漢書卷四文帝紀；又可見本書本卷神堯遺詔校箋〔十〕『漢文遺詔』。

〔十三〕惟懷永圖，以纘我高祖太宗之耿光：『永圖』，長久之計；長久打算。書太甲上：『慎乃儉德，惟懷永圖。』孔傳：『言當以儉爲德，思長世之謀。』南朝齊王融永明九年策秀才文：『朕夤奉天命，恭惟永圖。』『耿光』，光明；光輝；光榮。書立政：『以覲文王之耿光，以揚武王之大烈。』孔傳：『能使四夷賓服，所以見祖之光明，揚父之大業。』唐李白明堂

賦：『遵先軌以繼作兮，揚列聖之耿光。』

穆宗遺詔（一）

敕：朕以眇身，嗣守丕構（二），雖勤求理道，不敢荒寧，而保慎或乖，遘兹厲疾。賴上玄垂祐，宗社降靈（三），洎中外庶臣，克輔寡德，服餌頤養，逾于周星（四）。而陽氣熇熕（五），宿恙暴作，頃刻之際，至于彌留。伊死生之理，必有其分，顧托有所，予何恨焉。皇太子湛，睿哲温恭，孝友明敏，自膺儲貳，休德日新，必能嗣于耿光（六），紹我先業。宜令所司備禮，於柩前即皇帝位。咨爾卿士，洎方伯連帥，敬輔元子，永綏萬邦，宜叶乃心，用底于道，宜令門下侍郎、平章事李逢吉攝冢宰（七）。諸道節度觀察防禦等使，及諸州刺史，守鎮任重，戎旅事殷，并不須赴喪（八）。易月之制，宜遵舊典。文武官等朝晡哭臨，十五舉音（九）。山陵制度，務從儉約，無禁婚嫁祭祀飲酒食肉。其醫官等念其勤瘁，亦可矜憐（十），并不須加罪，宜便釋放。將相卿士，中外臣僚，送往事居（十一），無違朕意。長慶四年正月。

校箋

〔一〕本文又見於全唐文卷六十五，文題名爲遺詔，署名唐穆宗。本文文末署頒布時間爲長慶四年正月。考舊唐書卷十六穆宗紀長慶四年載：『正月辛亥朔，上御殿受朝如常儀。上餌金石之藥，處士張臯上疏切諫，上悦，召之，求臯不獲。……辛未，上大漸，詔皇太子監國。壬申，上崩於寢殿，時年三十。群臣上謚曰睿聖文惠孝皇帝，廟號穆宗。十一月庚申，葬于光陵。』唐會要卷一帝號上長慶四年載穆宗：『正月二十二日，崩於寢殿。十一月，葬光陵。』新唐書卷八穆宗紀長慶四年載：『正月……辛未，以皇太子權勾當軍國政事。壬申，皇帝崩于清思殿，年三十。』資治通鑑卷二百四十三長慶四年載：『春，正月，辛亥朔，上始御含元殿朝會。初，柳泌等既誅，方士稍復因左右以進，上餌其金石之藥。有處士張臯者上疏，以爲……上甚善其言，使求之，不獲。……庚午，上疾復作。壬申，大漸，命太子監國。……是夕，上崩於寢殿。癸酉，以李逢吉攝冢宰。丙子，敬宗即位于太極東序。』上述史籍均載穆宗崩於長慶四年正月壬申（二十二日），『詔皇太子監國』事兩唐書穆宗紀均記於長慶四年正月辛未（二十一日），而資治通鑑則

記於長慶四年正月壬申穆宗崩之日。兩者所記不同，今姑從兩唐書所記，則此文最早當撰於長慶四年（八二四）正月二十一日。遺詔頒布之日恐以資治通鑑所載長慶四年（八二四）正月二十二日爲是。

〔二〕朕以眇身，嗣守丕構：「眇身」，全唐文作「眇躬」。「丕構」，猶大業。新唐書劉蕡傳：「朕顧唯味道，祇荷丕構，奉若謨訓，不敢怠荒。」舊五代史唐書末帝紀上：「鄂王輕捨宗祧，不克負荷，洪基大寶，危若綴旒，須立長君，以紹丕構。」

〔三〕賴上玄垂祐，宗社降靈：「上玄」，上天。漢揚雄甘泉賦：「惟漢十世，將郊上玄。」李善注：「上玄，天也。」周書王悅傳：「梁主内虧刑政，外闕藩籬。匹夫攘袂，舉國傾覆。非直下民離心，抑亦上玄所棄。」「宗社」，宗廟和社稷的合稱。

〔四〕洎中外庶臣，克輔寡德，服餌頤養，逾于周星：「寡德」，缺少德行的人。亦用爲謙詞。左傳宣公十一年：「詩曰：『文王既勤止。』文王猶勤，況寡德乎？」魏書咸陽王禧傳：「高祖曰：『伊洛南北之中，此乃天地氤氲，陰陽風雨之所交會，自然之應，非寡德所能致此。』」「周星」，即歲星。南朝梁庾肩吾咏同泰寺浮圖詩：「周星疑更落，漢夢似今通。」歲星十二年在天空循環一周，因又借指十二年。此處「周星」即此意。唐白居易與劉蘇州書：「歲月易得，行復周

星。』資治通鑑宋武帝永初三年：『皇子燾年將周星，明睿温和。』

〔五〕陽氣熇熕：『熇』，熱貌。詩大雅板：『多將熇熇，不可救藥。』毛傳：『熇熇然，熾盛也。』鄭玄箋：『多行熇熇慘毒之惡，誰能止其禍？』

〔六〕皇太子湛，睿哲温恭，孝友明敏，自膺儲貳，休德日新，必能嗣于耿光：『皇太子湛』，即李湛，即後來即皇帝位之唐敬宗。舊唐書卷十七上敬宗紀載：『敬宗睿武昭愍孝皇帝諱湛，穆宗長子，母曰恭僖太后王氏。元和四年六月七日，生於東内之别殿。長慶元年三月，封景王。二年十二月，立爲皇太子。四年正月壬申，穆宗崩。癸酉，皇太子即位柩前，時年十六。』『温恭』，温和恭敬。書舜典：『濬哲文明，温恭允塞。』孔穎達疏：『温和之色，恭遜之容。』詩商頌那：『自古在昔，先民有作。温恭朝夕，執事有恪。』『明敏』，聰明機敏。北齊書文宣帝紀：『（文宣）内雖明敏，貌若不足，世宗每嗤之。』宋歐陽修歸田録卷二：『（趙志忠）自幼陷虜，爲人明敏。』

〔七〕門下侍郎、平章事李逢吉攝冢宰：『李逢吉』，傳見舊唐書卷一百六十七、新唐書卷一百七十四。舊唐書本傳載：『李逢吉字虚舟，隴西人。……逢吉登進士第，釋褐授振武節度掌書記。入朝爲左拾遺、左補闕，改侍御史，充入吐蕃册命副使、工部員外郎，又充入南詔副使。

元和四年，使還，拜祠部郎中，轉右司。六年，遷給事中。七年，與司勛員外郎李巨并爲太子諸王侍讀。九年，改中書舍人。十一年二月，權知禮部貢舉、騎都尉，賜緋。四月，加朝議大夫、門下侍郎、同平章事，賜金紫。……長慶二年三月，召爲兵部尚書。』資治通鑒卷二百四十三長慶四年載：『春，正月……庚午，上疾復作。壬申，大漸，命太子監國。……是夕，上崩於寢殿。癸酉，以李逢吉攝冢宰。丙子，敬宗即位于太極東序。』

〔八〕并不須赴喪：『赴喪』，全唐文、適園叢書作『赴哀』。

〔九〕易月之制，宜遵舊典。文武官等朝晡哭臨，十五舉音：『易月之制』『朝晡哭臨』『舉音』之意思，均見本書本卷神堯遺詔之校箋〔十六〕〔十八〕。

〔十〕其醫官等念其勤瘁，亦可矜憐：『勤瘁』，辛苦勞累。三國魏鍾會檄蜀文：『比年已來，曾無寧歲。征夫勤瘁，難以當子來之民，此皆諸賢所共親見。』宋蘇舜欽杜公讓官表：『雖極勤瘁，無補涓毫。』『矜憐』，憐憫。爾雅釋訓：『矜憐，撫掩之也。』郭璞注：『撫掩，猶撫拍，謂慰恤也。』後漢書張奂傳：『父母朽骨，孤魂相托，若蒙矜憐，壹惠咳唾，則澤流黄泉，施及冥寞。』

〔十一〕送往事居：謂禮葬死者，奉事生者。左傳僖公九年：『送往事居，耦俱無猜，貞

也。』杜預注：『往，死者；居，生者；耦，兩也。送死事生，兩無疑恨，所謂正也。』唐獨孤及故太保贈太師韓國苗公謚議：『論道賦政，送往事居，協恭秉彝，動罔違德。』

卷第十二

帝王

遺詔下

文宗遺詔
武宗遺詔
宣宗遺詔
懿宗遺詔
僖宗遺詔

遺誥

睿宗遺誥
明皇遺誥
順宗遺誥

遺詔下

文宗遺詔〔一〕

敕：朕以寡昧，祇承丕業，慕貞觀之至化，希開元之中興，十有五年，勤勞宵旰〔二〕。雖俗未臻於仁壽，而物或近於乂寧〔三〕。斯乃群后叶心〔四〕，豈朕獨致？自謂勵精未已，治平可期，誠不感通，宿疾重遘，藥石無補，至於彌留。惟懷懿圖，宜有顧托〔五〕，是用審訓，其聽予言。皇太弟瀍，睿哲明裕，孝友温文，忠正寬仁，博達周敏〔六〕，必能紹祖宗之休烈，闡皇王之令猷〔七〕，宜於柩前即皇帝位，仍以門下侍郎、平章事楊嗣復攝冢宰〔八〕。軍國務殷，豈可久曠？以日易月，宜遵舊章。皇帝三日而聽政，二十七日釋服。天下節度觀察防禦等使，及監軍諸州刺史，職守非輕，并不得離任赴哀。天下人吏百姓，告哀後出臨三日〔九〕，皆釋服，無禁婚嫁祠祀飲酒食肉。釋服之後，無禁舉樂。文武官等朝晡臨時〔十〕，皆十五舉音。宫中當臨者，非時無得擅

哭〔十一〕。漢文薄葬〔十二〕，朕實慕之，營奉山陵〔十三〕，務從儉約，勿以金銀錦彩緣飾喪具〔十四〕。醫術之徒，夙夜勞苦，深可矜念，不須加罪。仙韶樂官，放歸本司〔十五〕。五坊鷹犬，并宜解放〔十六〕。嗚呼！生死常期，今古無異，予所素達〔十七〕，何足甚哀！咨爾將相卿士、内外腹心爪牙之臣，其敬保我太弟，輯寧邦家〔十八〕，成朕素懷，克底于道。布告遐邇，咸使聞知。開成五年正月。

校箋

〔一〕本文又見於全唐文卷七十三，文題名爲遺詔，署名唐文宗。本文文末署頒布時間爲開成五年正月。考舊唐書卷十七下文宗紀載：開成『五年春正月戊寅朔，上不康，不受朝賀。己卯，詔立親弟潁王瀍爲皇太弟，權勾當軍國事。皇太子成美復爲陳王。辛巳，上崩於大明宫之太和殿，壽享三十三』。唐會要卷二帝號下記唐文宗『開成五年正月四日，崩於大明宫之太和殿。年三十二』。新唐書卷八文宗紀載：開成『五年正月戊寅，不豫。己卯，左右神策軍護軍中尉魚弘志、仇士良立潁王瀍爲皇太弟，權勾當軍國事，廢皇太子成美爲陳王。庚辰，仇士良殺仙韶院

副使尉遲璋。辛巳，皇帝崩于太和殿，年三十三』。資治通鑑卷二百四十六開成五年載：『春，正月，己卯，詔立潁王瀍爲皇太弟，應軍國事權令勾當。且言太子成美年尚沖幼，未漸師資，可復封陳王。時上疾甚，命知樞密劉弘逸、薛季陵引楊嗣復、李珏至禁中，欲奉太子監國。中尉仇士良、魚弘志以太子之立，功不在己，乃言太子幼，且有疾，更議所立。李珏曰：「太子位已定，豈得中變！」士良、弘志遂矯詔立瀍爲太弟。是日，士良、弘志將兵詣十六宅，迎潁王至少陽院，百官謁見於思賢殿。瀍沉毅有斷，喜慍不形於色。與安王溶皆素爲上所厚，異於諸王。辛巳，上崩于太和殿。（胡注：年三十三。）以楊嗣復攝冢宰。癸未，仇士良說太弟賜楊賢妃、安王溶、陳王成美死。』按，上述史籍均載『詔立親弟潁王瀍爲皇太弟，權勾當軍國事』在開成五年正月己卯（二日），則此遺詔之矯撰當在是時。又，此遺詔之頒布，應在開成五年（八四〇）正月四日，詳見本文校箋〔六〕。

〔二〕朕以寡昧，祗承丕業，慕貞觀之至化，希開元之中興，十有五年，勤勞宵旰：『寡昧』，謂知識淺陋，不明事理。北魏楊衒之洛陽伽藍記平等寺：『臣既寡昧，識無光遠，景命雖降，不敢仰承。乞收成旨，以允愚衷。』宣和遺事後集：『蓋以寡昧之資，藉盈成之業，言路壅蔽，導諛日聞，恩倖持權，貪饕得志。』『丕業』，大業。史記司馬相如列傳：『皇皇哉斯事！天下之壯

觀，王者之丕業，不可貶也。』宋周煇清波雜志卷三：『朕荷天佑序，承列聖之丕業，思所以垂裕於後。』『至化』，極美好的教化。後漢書仲長統傳：『今欲張太平之紀綱，立至化之基趾。』晋書阮种傳：『旁求俊乂，以輔至化，此誠堯、舜之用心也。』『十有五年』，指唐文宗自寶曆二年（八二六）即帝位至開成五年（八四〇），凡十五年。『宵旰』，同『宵衣旰食』。天不亮就穿衣起身，天黑了纔吃飯。形容非常勤勞，多用以稱頌帝王勤於政事。唐陸贄論兩河及淮西利害狀：『今師興三年，可謂久矣；稅及百物，可謂繁矣；陛下爲之宵衣旰食，可謂憂勤矣。』宋司馬光横山疏：『虜騎大至，覆軍殺將，邊城晝閉，朝廷乃爲之宵衣旰食，焦心勞思，興兵運財，以救其急。』

〔三〕而物或近於乂寧：『乂寧』，安寧。漢張衡東京賦：『區宇乂寧，思和求中。』隋楊昭答蔣州事書：『江東混一，海内乂寧。』

〔四〕斯乃群后叶心：『群后』，指唐文宗之前的唐歷代帝王。

〔五〕宜有顧托：『顧托』，猶囑托。晋袁宏三國名臣序贊：『及其臨終顧托，受遺作相……武侯處之無懼色。』南朝宋謝靈運折楊柳行：『還拊幼童子，顧托兄與嫂。』

〔六〕皇太弟瀍，睿哲明裕，孝友温文，忠正寬仁，博達周敏：『皇太弟瀍』，指繼位之唐武

宗。舊唐書卷十八上武宗紀記武宗其人及其繼位情景有云：『武宗至道昭肅孝皇帝諱炎，穆宗第五子，母曰宣懿皇后韋氏。元和九年六月十二日，生於東宮。長慶元年三月，封潁王，本名瀍。開成中加開府儀同三司、檢校吏部尚書，依百官例，逐月給俸料。初，文宗追悔莊恪太子殂不由道，乃以敬宗子陳王成美爲皇太子，開成四年冬十月宣制，未遑册禮。五年正月二日，文宗暴疾，宰相李珏、知樞密劉弘逸奉密旨，以皇太子監國。兩軍中尉仇士良、魚弘志矯詔迎潁王於十六宅，曰：「朕自嬰疾疹，有加無瘳，懼不能躬總萬機，日厘庶政。稽於謨訓，謀及大臣，用建親賢，以貳神器。親弟潁王瀍昔在藩邸，與朕常同師訓，動成儀矩，性稟寬仁。俾奉昌圖，必諧人欲。可立爲皇太弟，應軍國政事，便令權勾當。百辟卿士，中外庶臣，宜竭乃心，輔成予志。陳王成美先立爲皇太子，以其年尚冲幼，未漸師資，比日重難，不遑册命，回踐朱邸，式協至公，可復封陳王。」是夜，士良統兵士於十六宅迎太弟赴少陽院，百官謁見於東宮思賢殿。三日，仇士良收捕仙韶院副使尉遲璋殺之，屠其家。四日，文宗崩，宣遺詔：皇太弟宜於柩前即皇帝位，宰相楊嗣復攝冢宰。十四日，受册於正殿，時年二十七。陳王成美、安王溶殂於邸第。初，楊賢妃有寵於文宗，而莊恪太子母王妃失寵怨望，爲楊妃所譖，王妃死，太子廢。及開成末年，帝多疾無嗣，賢妃請以安王溶嗣，帝謀於宰臣李珏，珏非之，乃立陳王。至是，仇士良立武宗，欲歸功於己，乃發

安王舊事，故二王與賢妃皆死。』『周敏』，周密敏捷。宋蘇軾乞擢用程遵彥狀：『（遵彥）吏事周敏，學問該洽，文詞雅麗，三者皆有可觀。』

〔七〕必能紹祖宗之休烈，闡皇王之令猷：『紹』，適園叢書、明鈔本、甲庫本、學林本均作『揚』。『紹』，承繼。漢書敘傳下：『漢紹堯運，以建帝業。』唐韓愈燕河南府秀才詩：『吾皇紹祖烈，天下再太平。』『休烈』，盛美的事業。史記秦始皇本紀：『皇帝休烈，平一宇内，德惠修長。』漢書宣帝紀：『朕未能章先帝休烈，協寧百姓。』顔師古注：『休，美也。烈，業也。』唐韓愈順宗實録卷三：『對越天地之耿光，丕承祖宗之休烈。』『令猷』，遠大的志向、抱負。南朝宋謝瞻於安城答靈運詩：『量己畏友朋，勇退不敢進。行矣勵令猷，寫誠詶來訊。』唐白居易除閭巨源充邠寧節度使制：『十聯之帥，可以觀政；萬夫之長，可以樹勛。勉弘令猷，副我休命。』

〔八〕門下侍郎、平章事楊嗣復攝冢宰：『楊嗣復』，傳見舊唐書卷一百七十六、新唐書卷一百七十四。舊唐書本傳載：『楊嗣復字繼之，僕射於陵子也。……嗣復七八歲時已能秉筆爲文。年二十，進士擢第。二十一，又登博學宏詞科，釋褐秘書省校書郎。遷右拾遺，直史館。以嗣復深於禮學，改太常博士。元和十年，累遷至刑部員外郎。鄭餘慶爲詳定禮儀使，奏爲判官，改禮部員外郎。……再遷兵部郎中。長慶元年十月，以庫部郎中知制誥，正拜中書舍人。……文宗即

位，拜户部侍郎。……開成二年十月，入爲户部侍郎，領諸道鹽鐵轉運使。三年正月，與同列李珏并以本官同平章事……（四年）進加門下侍郎。明年正月，文宗崩。」

〔九〕告哀後出臨三日：「出臨」，吊唁。漢書燕剌王劉旦傳：「廣意言待詔五莋宫，宫中讙言帝崩，諸將軍共立太子爲帝，年八九歲，葬時不出臨。」南齊書良政傳傅琰：「五年，卒。琰喪西還，有詔出臨。」

〔十〕朝晡臨時：「臨時」，原作「臨事」，今據四庫全書改。「朝晡」，朝時（辰時）至晡時（申時）。亦指朝時與晡時。三國志蜀書費禕傳「頃之，代蔣琬爲尚書令」裴松之注引禕别傳：「常以朝晡聽事，其間接納賓客，飲食嬉戲，加之博弈，每盡人之歡，事亦不廢。」晋書郗鑒傳：「鑒尋薨，時年七十一，帝朝晡哭於朝堂。」「臨時」，即出臨時。

〔十一〕非時無得擅哭：「無得」，四庫全書、全唐文作「毋得」。

〔十二〕漢文薄葬：「漢文」，指漢文帝劉恒。按，「漢文薄葬」，即指「漢文遺詔」之言，見漢書卷四文帝紀。參本書卷第十一神堯遺詔校箋〔十〕。

〔十三〕營奉山陵：「營奉」，原作「奉營」，今據適園叢書、明鈔本、學林本改。「營奉」，謂施工營建。奉，行。唐韓愈順宗實録卷五：「伏以崇陵仙寢，復土纔終，甸邑疲人，休功未幾。

今又重勞營奉，朕所哀矜。』

（十四）勿以金銀錦彩緣飾喪具：『勿』，全唐文作『無』。

（十五）仙韶樂官，放歸本司：『放歸』，原作『勒歸』，今據四庫全書、全唐文、甲庫本改。『仙韶』，指仙韶曲，或指仙韶院。唐時有仙韶曲。亦泛稱宮廷樂曲。舊唐書文宗紀下開成三年四月記：『己酉，改法曲爲仙韶曲，仍以伶官所處爲仙韶院。』

（十六）五坊鷹犬，并宜解放：『并宜』，原作『并令』，今據四庫全書、全唐文、甲庫本改。『五坊』，唐代爲皇帝飼養獵鷹、獵犬的官署。至宋初始廢。新唐書百官志二：『閑廄使押五坊，以供時狩：一曰雕坊，二曰鶻坊，三曰鷂坊，四曰鷹坊，五曰狗坊。』續資治通鑑宋仁宗慶曆五年：『自真宗封禪之後，不復校獵，廢五坊之職。』

（十七）予所素達：明鈔本同。四庫全書作『予素知達』，全唐文、適園叢書、學林本作『予素知遠』，甲庫本作『予所素知』。

（十八）其敬保我太弟，輯寧邦家：『太弟』，原作『令弟』，今據四庫全書、全唐文、適園叢書、甲庫本、學林本改。『輯寧』，原作『緝寧』，今據四庫全書、全唐文改。『輯寧』，安撫，安定。書湯誥：『俾予一人，輯寧爾邦家。』唐白居易除薛平鄭滑節度制：『爾宜式遏四封，輯寧百衆。』

武宗遺詔（一）

朕以寡德，祗守丕業，恭臨萬宇，迨兹七年（二）。夙夜憂勤，聿修大政，剗除黠虜，通款堅昆（三），誅積壺關，擒弁并部（四），去摩尼壞法，革釋氏邪風（五），免蠹生人，式資正教，漸移時俗，庶及和平。撫育黎元，冀成理道，行化逾切，親政益勤。寒暑所侵，厥疾斯遘，藥石無補，以至大漸（六）。皇太叔叔父之親（七），賢長之順，天資睿哲，聖敬日躋，光揚祖宗，善繼休烈（八），而能内睦九族，外臨萬機（九）。德可以寧庶邦，仁可以安百姓，朕之推擇（十），無愧神明，付托得人，顧復何恨（十一）！宜令所司具禮，柩前即皇帝位，仍令太尉、平章事德裕攝冢宰（十二）。軍國事重，不可暫闕，以日易月（十三），抑惟舊章。皇帝三日而聽政，二十七日而釋服。天下節度觀察防禦使監軍諸州刺史，職守非輕，并不得擅離任赴哀。天下人吏百姓，告哀後出臨三日（十四），皆釋服，無禁婚嫁祠祀飲酒食肉。釋服之後，無禁舉樂。文武官朝晡臨時，十五舉音（十五）。宫中當臨者，非時無得擅哭。漢文薄葬，常所慕之，營奉山陵，備從儉約（十六），勿以金銀錦彩緣飾喪具。醫人陸行周奪章服及官（十七），與趙全素任從所適；醫官郭玄已下三

人釋放，依前翰林收管。五坊鷹犬〔十八〕，除留備搜狩外，并解放。噫，生也有歸，人之大數，修短定分，天理惟常，雖古聖賢無能免者，在乎守其道而知其終，全其義而歸其正。節哀順變，存者不至於傷生；委化觀空〔十九〕，逝者無勞於哀痛。素達此理，何足興嗟！咨爾元老大臣内外庶位〔二十〕，敬奉皇帝，保寧邦家。布告遐邇，咸使知悉〔二十一〕。

會昌六年三月。

校箋

〔一〕本文又見於全唐文卷七十六，文題爲遺詔，署名唐武宗。本文文末署頒布時間爲會昌六年三月。考舊唐書卷十八上武宗紀會昌六年載：『三月壬寅，上不豫，制改御名炎。帝重方士，頗服食修攝，親受法籙。至是藥躁，喜怒失常，疾既篤，旬日不能言。宰相李德裕等請見，不許。中外莫知安否，人情危懼。是月二十三日，宣遺詔以皇太叔光王柩前即位。是日崩，時年三十三。』唐會要卷二帝號下記：武宗會昌『六年三月，改名炎。其月二十三日崩，年三十三』。新唐書卷八武宗紀會昌六年載：『三月壬戌，不豫。左神策軍護軍中尉馬元贄立光王怡爲皇太叔，權勾當

軍國政事。甲子，皇帝崩于大明宫，年三十三。』資治通鑑卷二百四十八會昌六年二月記：『上疾久未平，以爲漢火德，改「洛」爲「雒」。唐土德，不可以王氣勝君名。三月，下詔改名炎。上自正月乙卯不視朝，宰相請見，不許。中外憂懼。……及上疾篤，旬日不能言。諸宦官密於禁中定策，辛酉，下詔稱：「皇子冲幼，須選賢德，光王怡可立爲皇太叔，更名忱，應軍國政事令權勾當。」太叔見百官，哀戚滿容；裁决庶務，咸當於理，人始知有隱德焉。甲子，上崩。以李德裕攝冢宰。』按，上述典籍均記武宗崩於會昌六年三月甲子（二十三日）。舊唐書記宣遺詔之時間於武宗崩之日，即是年三月二十三日；資治通鑑則記下遺詔在是年三月辛酉（二十日）；新唐書又記『馬元贄立光王怡爲皇太叔，權勾當軍國政事』於是年三月壬戌（二十一日）。據上述記載，寫下遺詔應在會昌六年（八四六）三月二十日，而宣（即頒布）遺詔在同年三月二十三日。

〔二〕恭臨萬宇，迨兹七年：『萬宇』，原作『萬寓』，今據四庫全書、全唐文改。『萬宇』，天下。南朝齊謝朓元會曲：『天儀穆藻殿，萬宇壽皇基。』唐褚亮祈穀樂章　舒和詩：『庶俾億齡禔景福，長欣萬宇洽時邕。』『迨兹七年』，指武宗即位至下遺詔時所經時間，即開成五年（八四〇）正月至會昌六年（八四六）三月，凡七年。

〔三〕剗除黠虜，通款堅昆：『黠虜』，狡猾的敵人。後漢書　伏湛傳：『且漁陽之地，逼接北

狄，黠虜困迫，必求其助。』唐白居易備邊并將置帥策：『然後據便宜之地，扼要害之衝，以逸待勞，以寡制衆，則雖黠虜無能爲也。』『堅昆』，古部族名。又稱鬲昆、隔昆、結骨、紇骨、居勿，唐時稱黠戛斯，在今葉尼塞河上游。漢初屬匈奴。宣帝時，匈奴郅支單于發兵西破堅昆，因留都其地。漢書 匈奴傳下：『（郅支單于）發其兵西破堅昆，北降丁令，并三國。』唐段成式酉陽雜俎 境異：『堅昆部落非狼種，其先所生之窟在曲漫山北。』按，『剗除黠虜』二句蓋指擊敗回鶻，迎回太和公主等事。如舊唐書 武宗紀會昌三年二月記：『太原劉沔奏：「昨率諸道之師至大同軍，遣石雄襲回鶻牙帳，雄大敗回鶻於殺胡山，烏介可汗被創而走。已迎得太和公主至雲州。」是日，御宣政殿，百僚稱賀。制曰：「夫天之所廢，難施繼絶之恩；人之所棄，當用侮亡之道。朕每思前訓，豈忘格言。回鶻比者自恃兵强，久爲桀驁，凌虐諸部，結怨近鄰。黠戛斯潛師彗掃，穹居瓦解，種族盡膏於原野，區落遂至於荆榛。今可汗逃走失國，竊號自立，遠逾沙漠，寄命邊陲。朕念其衰殘，尋加賑恤。……去歲潛入朔川，大掠牛馬；今春掩襲振武，逼近城池。……河東節度使劉沔料敵伐謀，乘機制勝，發胡貉之騎以爲前鋒，搴翎侯之旗伐彼在穴。……太和公主居處不同，情義久絶。懷土多思，亟聞黄鵠之歌；失位自傷，寧免緑衣之嘆。……今已脱於豺狼，再見宫闕……永言歸寧，良用欣感。其回紇既以破滅，義在翦除，宜令諸道兵馬使同進討。河東立功

將士已下，優厚賞給，續條疏處分。」』

〔四〕誅稹壼關，擒弁并部：按，『誅稹壼關』事，指誅除劉稹據昭義鎮謀叛亂之事。舊唐書武宗紀會昌四年七月載：『王元逵奏邢州刺史裴問、别將高元武以城降。洺州刺史王釗、磁州刺史安玉以城降何弘敬。山東三州平。潞州大將郭誼、張谷、陳揚廷遣人至王宰軍，請殺稹以自贖。王宰以聞，乃詔石雄率軍七千入潞州，誼斬劉稹首以迎雄，澤、潞等五州平。八月戊戌，王宰傳稹首與大將郭誼等一百五十人，露布獻於京師，上御安福門受俘，百僚樓前稱賀。』又，『擒弁并部』事，指平定太原楊弁反亂之事。舊唐書武宗紀會昌三年十二月後記此事原委云：『十二月，王宰奏收天井關。榆社行營都將王逢奏兵少，乞濟師，詔太原軍二千人赴之。初，劉沔破回鶻，留三千人戍横水，至是，李石以太原無兵，抽横水戍卒一千五百人以赴王逢。是月二十八日，横水軍至太原，請出軍優給。舊例每一軍絹二匹，時劉沔交代後，軍庫無絹。石以己絹益之。方可人給一匹，便催上路。軍人以歲將除，欲候過歲，期既速，軍情不悦。都頭楊弁乘士卒流怨，激之爲亂。四年春正月乙酉朔，以澤潞用兵，罷元會。其日，楊弁逐太原節度使李石。……壬子，河東監軍使吕義忠收復太原，生擒楊弁，盡斬其亂卒，百僚稱賀。……辛酉，太原送楊弁與其同惡五十四人來獻，斬於狗脊嶺。』

〔五〕去摩尼壞法，革釋氏邪風：『摩尼』，指摩尼教。波斯人摩尼所創立的宗教。其教宣揚光明與黑暗對立，爲善惡本原。摩尼爲明的代表，故摩尼教又稱明教、明尊教。傳入中國的時間有不同説法。唐武后延載元年，波斯人拂多誕持二宗經來朝，唐代宗大曆三年在長安建摩尼寺，賜額大雲光明寺。其教多在長安、洛陽及西域商人中流行。唐人亦稱其教徒爲摩尼。舊唐書回紇傳：『五月，回鶻宰相、都督、公主、摩尼等五百七十三人入朝迎公主，於鴻臚寺安置。』新唐書回鶻傳上：『元和初，再朝獻，始以摩尼至。』舊唐書武宗紀會昌三年二月有『去摩尼壞法』之記載：『應在京外宅及東都修功德回紇，并勒冠帶，各配諸道收管。其回紇及摩尼寺莊宅、錢物等，并委功德使與御史臺及京兆府各差官點檢收抽，不得容諸色人影占。如犯者并處極法，錢物納官。摩尼寺僧委中書門下條疏聞奏。』又，『革釋氏邪風』亦見於舊唐書武宗紀會昌五年之記載：『秋七月庚子，敕并省天下佛寺。中書門下條疏聞奏：「據令式，諸上州國忌日官吏行香於寺，其上州望各留寺一所，有列聖尊容，便令移於寺内；其下州寺并廢。其上都、東都兩街請留十寺，寺僧十人。」敕曰：「上州合留寺，工作精妙者留之；如破落，亦宜廢毁。其合行香日，官吏宜於道觀。其上都、下都每街留寺兩所，寺留僧三十人。上都左街留慈恩、薦福，右街留西明、莊嚴。」中書又奏：「天下廢寺，銅像、鐘磬委鹽鐵使鑄錢，其鐵像委本州鑄爲農器，金、

銀、鍮石等像銷付度支。衣冠士庶之家所有金、銀、銅、鐵之像，敕出後限一月納官，如違，委鹽鐵使依禁銅法處分。其土、木、石等像合留寺内依舊。」又奏：「僧尼不合隸祠部，請隸鴻臚寺。其大秦穆護等祠，釋教既已釐革，邪法不可獨存。其人并勒還俗，遞歸本貫充稅户。如外國人，送還本處收管。」八月，制：「朕聞三代已前，未嘗言佛，漢、魏之後，像教浸興。是由季時，傳此異俗，因緣染習，蔓衍滋多。以至於蠹耗國風，而漸不覺；誘惑人意，而衆益迷。洎於九州山原，兩京城闕，僧徒日廣，佛寺日崇。勞人力於土木之功，奪人利於金寶之飾，遺君親於師資之際，違配偶於戒律之間。壞法害人，無逾此道。且一夫不田，有受其飢者；一婦不蠶，有受其寒者。今天下僧尼，不可勝數，皆待農而食，待蠶而衣。寺宇招提，莫知紀極，皆雲構藻飾，僭擬宫居。晋、宋、齊、梁，物力凋瘵，風俗澆詐，莫不由是而致也。況我高祖、太宗，以武定禍亂，以文理華夏，執此二柄，足以經邦，豈可以區區西方之教，與我抗衡哉！貞觀、開元，亦嘗釐革，剗除不盡，流衍轉滋。朕博覽前言，旁求輿議，弊之可革，斷在不疑。而中外誠臣，協予至意，條疏至當，宜在必行。懲千古之蠹源，成百王之典法，濟人利衆，予何讓焉。其天下所拆寺四千六百餘所，還俗僧尼二十六萬五百人，收充兩稅户，拆招提、蘭若四萬餘所，收膏腴上田數千萬頃，收奴婢爲兩稅户十五萬人。隸僧尼屬主客，顯明外國之教。勒大秦穆護、祆三千餘人還俗，不雜中華

之風。於戲！前古未行，似將有待；及今盡去，豈謂無時。驅游惰不業之徒，已逾十萬；廢丹雘無用之室，何啻億千。自此清净訓人，慕無爲之理；簡易齊政，成一俗之功。將使六合黔黎，同歸皇化。尚以革弊之始，日用不知，下制明廷，宜體予意。」』

〔六〕以至大漸：『大漸』，謂病危。

〔七〕皇太叔叔父之親：此句原作『皇太叔父之親』，今據四庫全書、全唐文、適園叢書、學林本增補。『皇太叔』，指唐宣宗李忱。舊唐書卷十八下宣宗紀載：『宣宗聖武獻文孝皇帝諱忱，憲宗第十三子，母曰孝明皇后鄭氏。元和五年六月二十二日，生於大明宫。長慶元年三月，封光王，名怡。會昌六年三月一日，武宗疾篤，遺詔立爲皇太叔，權勾當軍國政事。翌日，柩前即帝位，改今名，時年三十七。帝外晦而内朗，嚴重寡言，視瞻特異。幼時宫中以爲不慧。十餘歲時，遇重疾沉綴，忽有光輝燭身，蹶然而興，正身拱揖，如對臣僚。乳媪以爲心疾，穆宗視之，撫其背曰：「此吾家英物，非心憊也。」賜以玉如意、御馬、金帶。常夢乘龍升天，言之於鄭后，乃曰：「此不宜人知者，幸勿復言。」歷大和、會昌朝，愈事韜晦，群居游處，未嘗有言。文宗、武宗幸十六宅宴集，强誘其言，以爲戲劇，謂之「光叔」。武宗氣豪，尤不爲禮。及監國之日，哀毁滿容，接待群僚，决斷庶務，人方見其隱德焉。』

〔八〕善繼休烈：『休烈』，盛美的事業。史記秦始皇本紀：『皇帝休烈，平一宇内，德惠修長。』漢書宣帝紀：『朕未能章先帝休烈，協寧百姓。』顔師古注：『休，美也。烈，業也。』

〔九〕而能内睦九族，外臨萬機：『九族』，以自己爲本位，上推至四世之高祖，下推至四世之玄孫爲九族。書堯典：『克明俊德，以親九族。』孔傳：『以睦高祖、玄孫之親。』一説父族四、母族三、妻族二爲九族，見孫星衍尚書今古文注疏引夏侯、歐陽等説。漢書高帝紀上：『置宗正官以序九族。』唐王昌齡箜篌引詩：『九族分離作楚囚，深溪寂寞弦苦幽。』『萬機』，同『萬幾』。書皋陶謨：『無教逸欲有邦，兢兢業業，一日二日萬幾。』孔傳：『幾，微也，言當戒懼萬事之微。』後以『萬幾』指帝王日常處理的紛繁的政務。晉葛洪抱朴子論仙：『（帝王）思勞於萬幾，神馳於宇宙。』唐柳宗元禮部爲文武百僚請聽政表之一：『一日萬機，不可暫闕。』

〔十〕德可以寧庶邦，仁可以安百姓，朕之推擇：『庶邦』，諸侯衆國。周書蘇綽傳：『庶邦百辟，咸會于王庭。』清方苞又書清廟詩後：『庶邦冢君暨百工受命於周，乃庶邦君臣受命於周之始。』『推擇』，推舉選拔。史記淮陰侯列傳：『始爲布衣時，貧無行，不得推擇爲吏。』南朝宋鮑照謝永安令解禁止啓：『邀世逢辰，謬及推擇，恩成曲積，榮秩兼過。』

〔十一〕顧復何恨：『顧復』，詩小雅蓼莪：『父兮生我，母兮鞠我。拊我畜我，長我育我，

顧我復我，出入腹我。』鄭玄箋：『顧，旋視；復，反覆也。』孔穎達疏：『覆育我，顧視我，反覆我，其出入門户之時常愛厚我，是生我劬勞也。』後因以『顧復』指父母之養育。後漢書清河孝王慶傳：『諸王幼稚，早離顧復，弱冠相育，常有蓼莪、凱風之哀。』

（十二）太尉、平章事德裕攝冢宰：『太尉、平章事德裕』，即李德裕。傳見舊唐書卷一百七十四、新唐書卷一百八十。舊唐書本傳載：『李德裕字文饒，趙郡人。祖栖筠，御史大夫。父吉甫，趙國忠懿公，元和初宰相。……德裕幼有壯志，苦心力學，尤精西漢書、左氏春秋。耻與諸生從鄉賦，不喜科試。年纔及冠，志業大成。……元和初，以父再秉國鈞，避嫌不仕臺省，累辟諸府從事。十一年，張弘靖罷相，鎮太原，辟爲掌書記。由大理評事得殿中侍御史。十四年府罷，從弘靖入朝，真拜監察御史。明年正月，穆宗即位，召入翰林充學士。……（開成）五年正月，武宗即位。七月，召德裕於淮南。九月，授門下侍郎、同平章事。……會昌元年，兼左僕射。……自開成五年冬回紇至天德，至會昌四年八月平澤潞，首尾五年，其籌度機宜，選用將帥，軍中書詔，奏請雲合，起草指踪，皆獨決於德裕，諸相無預焉。以功兼守太尉，進封衛國公，三千户。五年，武宗上徽號後，累表乞骸，不許。德裕病月餘，堅請解機務，乃以本官平章事兼江陵尹、荆南節度使。數月追還，復知政事。宣宗即位，罷相，出爲東都留守、東畿汝都防禦使。

德裕特承武宗恩顧，委以樞衡。決策論兵，舉無遺悔，以身捍難，功流社稷。及昭肅棄天下，不逞之伍咸害其功。白敏中、令狐綯，在會昌中德裕不以朋黨疑之，置之臺閣，顧待甚優。及德裕失勢，抵掌戟手，同謀斥逐，而崔鉉亦以會昌末罷相怨德裕。』

（十三）以日易月：參見本書卷第十一神堯遺詔校箋（十八）。

（十四）天下人吏百姓，告哀後出臨三日：『百姓』，原作『百生』，今據四庫全書、全唐文、適園叢書、明鈔本、甲庫本、學林本改。『出臨』，見本卷文宗遺詔校箋（十）。

（十五）文武官朝晡臨時，十五舉音：『臨時』，全唐文、適園叢書作『臨事』。『朝晡』『臨時』，見本書卷第十一神堯遺詔校箋（十六）、本卷文宗遺詔校箋（十）。『舉音』，見本書卷第十一神堯遺詔校箋（十六）。

（十六）漢文薄葬，常所慕之，營奉山陵，備從儉約：『漢文薄葬』，見本書卷第十一神堯遺詔校箋（十）。『營奉山陵』，見本書卷第十一神堯遺詔校箋（十六）。

（十七）醫人陸行周奪章服及官：『章服』，綉有日月、星辰等圖案的古代禮服。每圖爲一章，天子十二章，群臣按品級以九、七、五、三章遞降。韓非子亡徵：『父兄大臣，禄秩過功，章服侵等，宫室供養太侈。』三國魏嵇康與山巨源絶交書：『而當裹以章服，揖拜上官，三不

堪也。』

〔十八〕五坊鷹犬：『五坊』，見本卷文宗遺詔校箋〔十六〕。

〔十九〕委化觀空：『委化』，謂隨任自然的變化。魏書陽尼傳：『既聽天而委化兮，無形志之兩疲。』唐王績石竹咏：『棄置勿重陳，委化何足驚。』『觀空』，教義名詞。觀察諸法皆空之義。事物皆依主觀觀想而變化，無獨立的客體，故不真實。大智度論卷十二：『復有觀空，是氈隨心，如坐禪人，觀氈或作地，或作水，或作火。』

〔二十〕内外庶位：『庶位』，衆官。書説命下：『惟説式克欽承，旁招俊乂，列于庶位。』孔傳：『廣招俊乂，使列衆官。』唐劉禹錫賀赦表：『求碩畫於庶位，慮遺材於放臣。』

〔二十一〕咸使知悉：『知悉』，底本、明鈔本作『知委』，今據四庫全書、全唐文、適園叢書、甲庫本、學林本改。

宣宗遺詔〔一〕

詔曰：生死之理〔二〕，修短之期，古往今來，是其常也。爰以宗祧所繫，嗣續有歸，眷彼臣僚，宜申顧托〔三〕。我先朝憲宗昭文彰武大聖孝皇帝，承十聖之基構，翼翼

爲心〔四〕；平五道之寇讎〔五〕，孜孜不怠。雖長慶促運，寶曆生奸〔六〕，文宗揚其耿光，武宗付朕鴻業，自臨億兆，十有四年〔七〕。每思偃武修文，庶幾聖德要道。賴諸良弼，罄乎嘉猷〔八〕，或陳無逸之篇，或進『勿休』之説〔九〕。東后畢覲，西旅繼來〔十〕。克復河湟，拓疆三千里外；告成宗廟，雪耻二百年間〔十一〕，僅稱太平，咸曰丕變〔十二〕。顧朕寡昧，何以堪之！今也天命靡常，冥數先定，與我之齡雖盡，卜世之年甚長〔十三〕。趣彼若遇，歸之命而非夭〔十四〕；釋然何慮，貽厥孫而有謀。皇太子漼〔十五〕，羽翼早成，春秋已盛，既膺主鬯，克荷承祧〔十六〕，宜於柩前即位，仍以門下侍郎、平章事令狐綯攝冢宰〔十七〕。軍國務殷，豈可以久曠？以日易月〔十八〕，宜遵舊制。皇帝三日而聽政，二十七日而釋服。天下節度觀察防禦等使，及監軍諸州刺史，職守非輕，并不得離任赴哀。天下人吏百姓告哀後出臨三日〔十九〕，皆釋服，無禁婚嫁祠祀飲酒食肉。釋服之後，無禁舉樂。文武官等朝晡臨時，皆十五舉音〔二十〕。宫中當臨者，非時無得擅哭。前漢與後魏孝文，俱從薄葬〔二十一〕，朕甚慕之。營奉山陵，稍减常制，勿以金銀錦彩緣飾喪具。醫術之徒夙夜勞苦，深可矜念，不須理問〔二十二〕。五坊鷹犬，并令解放。洛爾内外將相、爪牙腹心之臣，其敬保我令子，緝寧我邦家，成朕素懷，克底于道〔二十三〕。布

告遐邇，咸使聞知。大中十三年八月。

校箋

〔一〕本文又見於全唐文卷八十，文題名爲遺詔，署名唐宣宗。本文文末署頒布時間爲大中十三年八月。考舊唐書卷十八下宣宗紀大中十三年載：『八月七日，宣遺詔立鄆王爲皇太子，勾當軍國事。是日，崩于大明宮，聖壽五十。詔門下侍郎、平章事令狐綯攝冢宰。』唐會要卷二帝號下記唐宣宗『大中十三年己卯八月七日，崩于大明宮。年五十』。新唐書卷八宣宗紀大中十三年記：『八月壬辰（九日），左神策軍護軍中尉王宗實立鄆王温爲皇太子，權勾當軍國政事。癸巳（十日），皇帝崩于咸寧殿，年五十。』資治通鑑卷二百四十九大中十三年記此次宣遺詔始末云：『上餌醫官李玄伯、道士虞紫芝、山人王樂藥，疽發於背。八月，疽甚，宰相及朝臣皆不得見，上密以夔王屬樞密使王歸長、馬公儒、宣徽南院使王居方，使立之。三人及右軍中尉王茂玄，皆上平日所厚也。獨左軍中尉王宗實素不同心，三人相與謀，出宗實爲淮南監軍；宗實已受敕於宣化門外，將自銀臺門出，左軍副使亓元實謂宗實曰：「聖人不豫逾月，中尉止隔門起居；今

日除改，未可辨也。何不見聖人而出？」宗實感寤，復入，諸門已踵故事增人守捉矣。亓元實翼導宗實直至寢殿，上已崩，東首環泣矣。宗實叱歸長等，責以矯詔；皆捧足乞命。乃遣宣徽北院使齊元簡迎鄆王。壬辰（九日），下詔立鄆王爲皇太子，權勾當軍國政事，仍更名漼。收歸長、公儒、居方，皆殺之。癸巳（十日），宣遺制，以令狐綯攝冢宰。」按，上述典籍記宣宗崩以及下詔、宣詔之時間互有不同，比較各書所記，似以新唐書、資治通鑑所記較爲可信，今姑從之。故此詔之撰寫蓋在大中十三年（八五九）八月九日，頒布之時間則在同年八月十日。

〔二〕生死之理：『生死』，原作『死生』，今據全唐文、適園叢書、明鈔本改。

〔三〕爰以宗祧所繫，嗣續有歸，眷彼臣僚，宜申顧托：『宗祧』，宗廟。左傳襄公二十三年：『紇不佞，失守宗祧，敢告不吊。紇之罪，不及不祀。』杜預注：『遠祖廟爲祧。』孔子家語哀公問政：『聖人因物之精，制爲之極，明命鬼神，以爲民之則，而猶以是爲未足也。故築爲宫室，設爲宗祧。』唐陸贄奉天改元大赦制：『朕嗣守丕構，君臨萬方，失守宗祧，越在草莽。』『嗣續』，子孫世代繼承；子孫繁衍。國語晋語四：『嗣續其祖，如穀之滋。』韋昭注：『言子孫將繼續其先祖，如穀之蕃滋。』漢揚雄太玄廓『廓無子，室石婦』司馬光集注引唐王涯曰：『室於石女，無復嗣續之道。』

〔四〕承十聖之基構，翼翼爲心：『基構』，明鈔本作『基稱』，誤。『十聖』，此指唐憲宗之前唐高祖、唐太宗、唐高宗、唐中宗、唐睿宗、唐玄宗、唐肅宗、唐代宗、唐德宗、唐順宗等十位唐帝王。『基構』，猶基業。晋書桓彝傳論：『基構迭污隆，龍蛇俱山澤。』宋蘇舜欽火疏：『願陛下悔過而追革之，罷再造之勞役，行古先之典法，非惟大光基構，亦天下之幸甚也。』『翼翼』，恭敬謹慎貌。詩大雅大明：『惟此文王，小心翼翼。』鄭玄箋：『小心翼翼，恭慎貌。』漢書禮樂志：『王侯秉德，其鄰翼翼。』顔師古注：『翼翼，恭敬也。』

〔五〕平五道之寇讎：按，此處謂唐憲宗『平五道之寇讎』，乃指平定楊惠琳、劉闢、李錡、吴元濟、李師道等藩鎮之反叛。新唐書卷七憲宗紀簡略記載平此五道事如下：永貞元年十一月『夏綏銀節度留後楊惠琳反。……（元和元年三月）辛巳，楊惠琳伏誅』。永貞元年八月『癸丑，劍南西川節度使韋臯卒，行軍司馬劉闢自稱留後。……（元和元年七月癸丑）高崇文及劉闢戰于玄武，敗之。……（十月）戊子，劉闢伏誅』。元和二年『十月，鎮海軍節度使李錡反，殺留後王澹。乙丑，淮南節度使王鍔爲諸道行營兵馬招討使以討之。……癸酉，鎮海軍兵馬使張子良執李錡。己卯，免潤州今歲税。十一月甲申，李錡伏誅』。元和十二年『八月癸亥，烏重胤及吴元濟戰于賈店，敗績。九月丁未，李逢吉罷。甲寅，李愬及吴元濟戰于吴房，敗之。十月癸酉，克蔡

州。……甲申，給復淮西二年，免旁州來歲夏税。葬戰士，稟其家五年。十一月丙戌，吴元濟伏誅』。元和十三年『七月乙酉，宣武、魏博、義成、横海軍討李師道。……十四年正月丙午，田弘正及李師道戰于陽穀，敗之。二月戊午，師道伏誅』。

〔六〕雖長慶促運，寶曆生奸：『長慶』，爲唐穆宗年號，凡四年（八二一—八二四）。『促運』，短運。『促』，短促；短。晋司馬彪贈山濤詩：『感彼孔聖嘆，哀此年命促。』唐柳宗元封建論：『或者又曰：「夏商周漢封建而延，秦郡邑而促。」尤非所謂知理者也。』此處指唐穆宗在位前後僅四年。『寶曆生奸』，寶曆爲唐敬宗年號，前後僅三年（八二五—八二七）。據舊唐書卷十七上敬宗紀所載，敬宗爲宦官劉克明等所謀害：寶曆二年『十二月甲午朔。辛丑，帝夜獵還宫，與中官劉克明、田務成、許文端打球，軍將蘇佐明、王嘉憲、石定寬等二十八人飲酒。帝方酣，入室更衣，殿上燭忽滅，劉克明等同謀害帝，即時殂於室内，時年十八』。資治通鑑卷二百四十三寶曆二年十一月後記『寶曆生奸』事稍詳，云：『上游戲無度，狎昵群小，善擊球，好手搏，禁軍及諸道争獻力士，又以錢萬緡付内園令召募力士，晝夜不離側。又好深夜自捕狐狸。性復褊急，力士或恃恩不遜，輒配流、籍没；宦官小過，動遭捶撻，皆怨且懼。十二月，辛丑，上夜獵還宫，與宦官劉克明、田務澄、許文端及擊球軍將蘇佐明、王嘉憲、石從寬、閻惟直等

二十八人飲酒。上酒酣，入室更衣，殿上燭忽滅，蘇佐明等弑上於室内。劉克明等矯稱上旨，命翰林學士路隋草遺制，以絳王悟權勾當軍國事。壬寅，宣遺制，絳王見宰相百官於紫宸外廡。克明等欲易置内侍之執權者，於是樞密使王守澄、楊承和，中尉魏從簡、梁守謙定議，以衛兵迎江王涵入宫，發左、右神策、飛龍兵進討賊黨，盡斬之。克明赴井，出而斬之。絳王爲亂兵所害。時事起蒼猝，守澄等以翰林學士韋處厚博通古今，一夕處置，皆與之共議。守澄等欲號令中外，而疑所以爲辭。處厚曰：「正名討罪，於義何嫌，安可依違，有所諱避！」又問：「江王當如何踐祚？」處厚曰：「詰朝，當以王教布告中外以已平内難。然後群臣三表勸進，以太皇太后令册命即皇帝位。」當時皆從其言，時不暇復問有司，凡百儀法，皆出於處厚，無不叶宜。癸卯，以裴度攝冢宰。百官謁見江王於紫宸外廡，王素服涕泣。甲辰，見諸軍使於少陽院。趙歸真等諸術士及敬宗時佞幸者，皆流嶺南或邊地。」

〔七〕武宗付朕鴻業，自臨億兆，十有四年：『鴻業』，大業。此指王業。漢書成帝紀：『朕承太祖鴻業，奉宗廟二十五年。』唐玄宗并州置北都制：『守宗社之大寶，恢中原之鴻業。』『自臨億兆，十有四年』，指唐宣宗即帝位已經十四年，即自會昌六年至大中十三年（八四六—八五九）。

〔八〕聖德要道。賴諸良弼，罄乎嘉猷：「聖德」，猶言至高無上的道德。一般用於古之稱聖人者。也用以稱帝德。後漢書李固傳：「四海欣然，歸服聖德。」唐杜甫哀王孫詩：「竊聞天子已傳位，聖德北服南單于。」「要道」，重要的道理、方法。孝經開宗明義：「先王有至德要道，以順天下，民用和睦，上下無怨。」三國魏曹植桂之樹行：「人咸來會講仙，教爾服食日精。要道甚省不煩，澹泊無爲自然。」「良弼」，猶良佐。書說命上：「恭默思道，夢帝賚予良弼，其代予言。」孔傳：「夢天與我輔弼良佐，將代我言政教。」唐楊炯中書令汾陰公薛振行狀：「文王協於朕卜，迎太公於渭水；高宗求於朕夢，得良弼於傅岩。」「嘉猷」，治國的好規劃。書君陳：「爾有嘉謀嘉猷，則入告爾后于内，爾乃順之于外。」孔傳：「汝有善謀善道則入告汝君於内。」蔡沈集傳：「言切於事謂之謀，言合於道謂之猷。」南朝齊王融永明九年策秀才文：「寤寐嘉猷，延佇忠實。」李周翰注：「嘉，善；猷，道也。」

〔九〕或陳無逸之篇，或進「勿休」之説：無逸，尚書篇名。書無逸序：「周公作無逸。」孔傳：「中人之性好逸豫，故戒以無逸。」書無逸：「嗚呼！君子所其無逸。」「無逸」，意爲不貪圖安樂。南朝梁江淹盧郎中感交：「自顧非杞梓，勉力在無逸。」「勿休」，尚書注疏卷十八：「爾尚敬逆天命，以奉我一人，雖畏勿畏，雖休勿休。」「休」，喜。詩小雅菁菁者

我：『既見君子，我心則休。』鄭玄箋：『休者，休休然。』王引之經義述聞毛詩上『我心則休』：『家大人曰：菁菁者莪篇「我心則喜」「我心則休」，休亦喜也，語之轉耳。箋曰：「休者，休休然。」休休猶欣欣，亦語之轉也。』

〔十〕東后畢覲，西旅繼來：『東后』，東方的諸侯。書舜典：『望秩于山川，肆覲東后。』孔傳：『遂見東方之國君。』北周庾信賀平鄴都表：『命東后，詔蒼冥。』倪璠注引史記封禪書：『東后者，諸侯也。』唐李義府在巂州遥叙封禪詩：『東后方肆覲，西都導六師。』『西旅』，我國古代西方少數民族所建的國名。後亦泛指少數民族。書旅獒：『西旅獻獒。』孔傳：『西戎遠國貢大犬。』孔穎達疏：『西方之戎有國名旅者。』唐王維送高判官從軍赴河西序：『目無先零，氣射西旅。』按，此處『西旅繼來』蓋指收復河、湟失地事。舊唐書宣宗紀大中三年正月載：『丙寅，涇原節度使康季榮奏，吐蕃宰相論恐熱以秦、原、安樂三州及石門等七關之兵民歸國。詔太僕卿陸耽往喻旨，仍令靈武節度使朱叔明、邠寧節度使張君緒，各出本道兵馬應接其來。……（六月癸未）康季榮奏收復原州，石門、驛藏、木峽、制勝、六磐、石峽等六關訖。邠寧張君緒奏，今月十三日收復蕭關。……敕於蕭關置武州，改長樂爲威州。七月，三州七關軍人百姓，皆河、隴遺黎，數千人見於闕下。上御延喜門撫慰，令其解辮，賜之冠帶，共賜絹十五萬

四。八月，鳳翔節度使李玭奏收復秦州。」

〔十一〕克復河湟，拓疆三千里外；告成宗廟，雪耻二百年間：「河湟」，亦作「河隍」。黄河與湟水的并稱。此處指河湟兩水之間的地區。唐司空圖河湟有感詩：「一自蕭關起戰塵，河隍隔斷異鄉春。」新唐書吐蕃傳下：「湟水出蒙谷，抵龍泉與河合……故世舉謂西戎地曰河湟。」「宗廟」，古代帝王、諸侯祭祀祖宗的廟宇。國語魯語上：「夫宗廟之有昭穆也，以次世之長幼，而等胄之親疏也。」史記魏公子列傳：「今秦攻魏，魏急而公子不恤，使秦破大梁而夷先王之宗廟，公子當何面目立天下乎？」按，「克復河湟」事請參本文校箋〔十〕。又資治通鑒卷二百四十八大中三年二月後亦記收復河湟大致經過云：「吐蕃秦、原、安樂三州及石門等七關來降。以太僕卿陸耽爲宣諭使，詔涇原、寧武、鳳翔、邠寧、振武皆出兵應接。……六月，戊申，以張直方爲盧龍節度使。涇原節度使康季榮取原州及石門、驛藏、木峽、制勝、六磐、石峽六關。秋，七月，丁巳，靈武節度使朱叔明取長樂州。甲子，邠寧節度使張君緒取蕭關。甲戌，鳳翔節度使李玭取秦州。詔邠寧節度權移軍於寧州以應接河西。八月，乙酉，改長樂州爲威州。河、隴老幼千餘人詣闕，己丑，上御延喜門樓見之，歡呼舞躍，解胡服，襲冠帶，觀者皆呼萬歲。詔：「募百姓墾闢三州、七關土田，五年不租稅，自今京城罪人應配流者皆配十處。四道將吏能於鎮戍之地爲營田

者，官給牛及種糧，温池鹽利可贍邊陲，委度支制置。其三州、七關鎮戍之卒，皆倍給衣糧，仍二年一代。道路建置堡柵，有商旅往來販易及戍卒子弟通傳家信，關鎮毋得留難。其山南、劍南邊境有没蕃州縣，亦令量力收復。」』又，『二百年間』，指河湟淪陷始於唐高宗時，至收復時大約二百年之間。資治通鑑於上引『吐蕃秦、原、安樂三州及石門等七關來降』句下有胡注謂：『高宗時，吐谷渾爲吐蕃所逼，徙于鄯州，不安其居，又徙于靈州之境。咸亨三年，以靈州故鳴沙縣地置安樂州以居之。安、史之亂，吐蕃取安樂州，吐谷渾又徙朔方、河東之境。原州界有石門、驛藏、制勝、石峽、木靖、木峽、六盤七關。』

〔十二〕咸曰丕變：『丕變』，大變。書盤庚上：『罔有逸言，民用丕變。』孔傳：『民用大變從化。』唐劉禹錫山南西道新修驛路記：『近者嘗爲王所，百態丕變。』

〔十三〕天命靡常，冥數先定，與我之齡雖盡，卜世之年甚長：『天命』，猶天年。謂人之自然壽命。漢枚乘上書諫吴王：『今欲極天命之上壽，敝無窮之極樂，究萬乘之勢，不出反掌之易。』漢書宣帝紀：『朕惟耆老之人，髮齒墮落，血氣衰微……不終天命，朕甚憐之。』東觀漢記郅惲傳：『子張病困將終，惲往候子張。子張視惲，歔欷不能言，惲曰：「吾知子不悲天命長短，而痛二父讎不復也。」』『靡常』，無常，没有一定的規律。書咸有一德：『天難諶，命靡

常。』」孔傳：『以其無常，故難信。』」漢班彪北征賦：『故時會之變化兮，非天命之靡常。』」『冥數』，舊謂上天所定的氣數或命運。後漢書烏桓鮮卑傳論：『將天之冥數，以至於是乎？』」唐李德裕冥數有報論：『（仲尼）不欲信富貴於天命、委福禄於冥數。』」『卜世』，占卜預測傳國的世數。亦泛指國運。左傳宣公三年：『成王定鼎于郟鄏，卜世三十，卜年七百，天所命也。』」南史宋武帝紀：『晉以卜世告終，歷數有歸，欽若景運，以命于裕。』」

〔十四〕趣彼若遇，歸之命而非天：此兩句四庫全書作『趣彼若歸，遇天命而非天』。

〔十五〕皇太子漼：按，『皇太子漼』即後來即皇帝位之唐懿宗。舊唐書卷十九上懿宗紀載：『懿宗昭聖恭惠孝皇帝諱漼，宣宗長子，母曰元昭皇太后晁氏。大和七年十一月十四日，生於藩邸。會昌六年十月，封鄆王，本名温。大中十三年八月七日，宣遺詔立爲皇太子監國，改今名。十三日，柩前即帝位，年二十七。帝姿貌雄杰，有異稠人。藩邸時常經重疾，郭淑妃侍醫藥，見黄龍出入於卧内。既間，妃以異告，帝曰：「慎勿復言。」又嘗大雪數尺，而帝寢室之上獨無，人皆異之。宣宗制泰邊陲樂曲詞有「海岳晏咸通」之句。又大中末，京城小兒疊布漬水，紐之向日，謂之拔暈。帝果以鄆王即大位，以咸通爲年號。』」

〔十六〕既膺主鬯，克荷承祧：『主鬯』，主掌宗廟祭祀。鬯，古代祭祀用的一種香酒。唐韓

愈順宗實録卷三：『付爾以承祧之重，勵爾以主鬯之勤。』宋莊綽雞肋編卷下：『逮余主鬯之日，實乃秉鈞之秋。』『承祧』，承繼奉祀祖先的宗廟。南朝梁沈約立太子詔：『自昔哲后，降及近代，莫不立儲樹嫡，守器承祧。』唐韓愈順宗實録卷三：『付爾以承祧之重，勵爾以主鬯之勤。』

〔十七〕仍以門下侍郎、平章事令狐綯攝冢宰：『令狐綯』，傳見舊唐書卷一百七十二、新唐書卷一百六十六。新唐書本傳載：『綯字子直，舉進士，擢累左補闕、右司郎中。出爲湖州刺史。大中初，宣宗謂宰相白敏中曰：「憲宗葬，道遇風雨，六宮百官皆避，獨見頎而髯者奉梓宮不去，果誰耶？」敏中言：「山陵使令狐楚。」帝曰：「有子乎？」對曰：「緒少風痹，不勝用。綯今守湖州。」因曰：「其爲人，宰相器也。」即召爲考功郎中，知制誥。入翰林爲學士。……進中書舍人，襲彭陽男。遷御史中丞，再遷兵部侍郎。還爲翰林承旨。夜對禁中，燭盡，帝以乘輿、金蓮華炬送還，院吏望見，以爲天子來。及綯至，皆驚。俄同中書門下平章事，輔政十年。懿宗嗣位，由尚書左僕射、門下侍郎再拜司空。』

〔十八〕以日易月：參見本書卷第十一神堯遺詔校箋〔十八〕。

〔十九〕告哀後出臨三日：『告哀』，報喪。周書赫連達傳：『及岳爲侯莫陳悅所害……（達曰）「達請輕騎告哀。」』唐于鵠哭王都護詩：『告哀鄉路遠，助葬戍城空。』

〔二十〕皆十五舉音：『舉音』，爲悼死者而放聲哀哭。

〔二十一〕前漢與後魏孝文，俱從薄葬：按，此處前漢薄葬事，指漢文帝劉恒在遺詔中主張薄葬。此事見漢書卷四文帝紀。參見本書卷第十一神堯遺詔校箋（十）『漢文遺詔』。又，『後魏孝文』，指北魏孝文帝元宏，其生平事迹見南齊書卷五十七、魏書卷七上、北史卷三。北魏孝文帝即拓跋巨集、元巨集。中國歷代人名大辭典謂其：『北魏皇帝。鮮卑族。獻文帝長子。五歲即位，太皇太后馮氏執政。改革吏治，實行均田制。加强户籍管理，推行三長制。孝文帝太和十四年，馮氏死，帝親政，進一步改革。十七年，遷都洛陽。改鮮卑姓氏爲漢姓，禁鮮卑服、鮮卑語，在洛陽立國子、太學、四門小學。重用中原漢族儒生，參照南朝典章制度，制定官制朝儀。加强鮮卑貴族和漢人士族之聯合統治。二十一年，鮮卑守舊貴族穆泰等擁太子恂謀反，事敗，賜恂死。在位二十九年，廟號高祖。』其『俱從薄葬』事，北史卷三魏本紀於太和二年記云：『五月，詔曰：「乃者人漸奢尚，婚葬越軌。又皇族貴戚及士庶之家，不惟氏族高下，與非類婚偶。先帝親發明詔，爲之科禁。而百姓習常，仍不肅改。朕念憲章舊典，永爲定準，犯者以違制論。」』又大和十四年亦記云：『九月癸丑，太皇太后馮氏崩。詔聽藩鎮曾經内侍者，前後奔赴。冬十月戊辰，詔將親侍龍輿，奉訣陵隧，諸常從之具，悉可停之。其武衛之官，防侍如法。癸酉，葬文明太皇太

后於永固陵。甲戌，車駕謁永固陵。群臣固請公除，帝不許。己卯，車駕謁永固陵。庚辰，帝居廬，引見群僚於太和殿。太尉、東陽王丕等據權制固請。帝引古禮往復，群臣乃止。京兆王太興有罪，免官削爵。詔曰：「公卿屢依金册遺旨，中代權制，式請過葬即吉。朕思遵遠古，終三年之制。依禮，既虞卒哭。此月二十一日授服，以葛易麻。既以衰服在上，公卿不得獨釋於下，故於朕之授服，變從練禮。已下復爲節降，斟酌古今，以制厥衷。且取遺旨速除之一端，粗申臣子罔極之巨痛。」癸未，詔曰：「朕遠遵古式，欲終三年之禮。百辟群臣，據金册顧命，將奪朕心，從先朝之制。朕仰惟金册，俯自推省，取諸二衷，不許衆議。以衰服過期，終四節之慕。又奉遵聖訓，聿修誥旨，不敢暗默自居，以曠機政。庶不愆遺令之意，差展哀慕之情。并下州鎮，長至、三元，絶告慶之禮。」甲申，車駕謁永固陵。十一月甲寅，詔内外職人先朝班次及諸方雜客，冬至之日，盡聽入臨。三品已下衰服者，至夕復臨。其餘唯旦臨而已。其拜哭之節，一依别儀。」

〔二十二〕深可矜念，不須理問：『矜念』，憐念。明劉基諭甌括父老文：『丞相矜念小民，謂不教而誅，有辜帝仁。』三國演義第六十六回：『吾主矜念皇叔身無所處，不愛土地，使有所托足，以圖後功。』『理問』，審理，訊問。元史刑法志一：『其鬥訟……及科差不公自相告言者，從本管理問。』水滸傳第二十六回：『原來縣吏都是與西門慶有首尾的，官人自不必説；因此，官

吏通同計較道：「這件事難以理問。」』

〔二十三〕緝寧我邦家，成朕素懷：『緝寧』，全唐文作『輯寧』。『成朕素懷』，原作『咸成朕懷』，今據四庫全書、全唐文、適園叢書、學林本改。『緝寧』，安和。三國志吴書陸抗傳『故得將士歡心』裴松之注引晋習鑿齒曰：『思所以鎮定民心，緝寧外内。』晋書文帝紀：『暨儉欽之亂，公綏援有衆，分命興師，統紀有方，用緝寧淮浦。』

懿宗遺詔〔一〕

朕祗事九廟，君臨四海，夕惕如厲，宵分靡寧〔二〕，必求政化之源，思建大中之道〔三〕。至於懷柔夷貊，偃戢干戈，皆以德綏，亦自馴致〔四〕，冀清静之爲理，庶治平之可臻。自秋以來，忽爾嬰疾〔五〕，坐朝既闕，逾旬未瘳。六疾斯侵，萬機多曠〔六〕，醫和無驗，以至彌留〔七〕。嗚呼！數哉有窮，聖賢所同〔八〕。明於斯言，是爲達節〔九〕。載申顧命，式叶典謨〔十〕。皇太子權勾當軍國事儼〔十一〕，性禀寬和，生知忠孝，德包睿哲，聖表徇齊〔十二〕，必能揚祖宗之重光，荷邦家之丕構〔十三〕。宜令所司具禮，於柩前即皇帝位，仍以司空、門下侍郎、平章事韋保衡攝冢宰〔十四〕。軍國務殷，豈可久曠？

况易月之制〔十五〕，行之自古，皇帝宜三日而聽政，二十七日釋服〔十六〕。諸道節度觀察防禦團練等使，及監軍諸州刺史，委寄至重〔十七〕，并不得離任赴哀。文武常參官朝晡之臨〔十八〕，十五舉音〔十九〕。宫中當臨者，非時無得擅哭〔二十〕。天下人吏百姓，告哀後出臨三日，皆釋服，勿禁食肉飲酒婚姻祭祀。釋服之後，無禁舉樂。薄葬之禮，宜遵漢魏之文〔二十一〕。其山陵制度，切在儉約，并不得以金銀錦綉文飾喪具。五坊鷹犬等，除搜狩外，餘并解放。其醫官段璲、趙玘、符虔休、馬伋等并釋放。咨爾將相卿士、中外臣僚，竭力盡忠，匡予令嗣，送往事居，無違朕志。布告遐邇，咸使聞知。咸通十四年七月。

校箋

〔一〕本文又見於舊唐書卷十九上懿宗紀，全唐文卷八十四亦收録，文題名爲遺詔，署名唐懿宗。本文文末署頒布時間爲咸通十四年七月。考舊唐書懿宗紀咸通十四年載：『六月，帝不豫。七月癸亥朔。戊寅，疾大漸。庚午（按，此處「庚午」誤，應作「庚辰」），制立普王儼爲皇太

子，權勾當軍國政事。辛巳，遺詔曰：「朕祗事九廟，君臨四海，夕惕如厲，宵分靡寧，必求政化之源，思建大中之道。至於懷柔夷貊，偃戢干戈，皆以德綏，亦自馴致，冀清净之爲理，庶治平之可臻。自秋已來，忽爾嬰疹，坐朝既闕，逾旬未瘳。六疾斯侵，萬機多曠，醫和無驗，以至彌留。……薄葬之禮，宜遵漢魏之文。其山陵制度，切在儉約，并不得以金銀錦綉文飾喪具。五坊鷹犬等，除搜狩外，餘并解放。其醫官段璲、趙玘、苻虔休、馬及（按，唐大詔令集諸本以及全唐文均作『馬伋』，此處作『馬及』疑有誤）等并釋放。咨爾將相卿士、中外臣僚，竭力盡忠，匡予令嗣，送往事居，無違朕志。」是日，崩于咸寧殿，聖壽四十一。百僚上謚曰睿文昭聖恭惠孝皇帝，廟號懿宗。十五年二月，葬于簡陵。』新唐書卷九懿宗紀咸通十四年載：『七月辛巳，皇帝崩于咸寧殿，年四十一。』資治通鑒卷二百五十二咸通十四年記：『秋，七月，戊寅，上疾大漸，左軍中尉劉行深、右軍中尉韓文約立少子普王儼。庚辰，制：「立儼爲皇太子，權勾當軍國政事。」辛巳，上崩于咸寧殿。遺詔以韋保衡攝冢宰。僖宗即位。』據上述典籍所載，懿宗遺詔乃撰寫於咸通十四年（八七三）七月庚辰（十八日），辛巳（十九日）乃頒布遺詔。

〔二〕朕祗事九廟，君臨四海，夕惕如厲，宵分靡寧：『祗事』，恭敬事奉；敬於其事。南史到仲舉傳：『帝又嘗因飲夜宿仲舉帳中，忽有神光五采照于室内，由是祗事益恭。』『九廟』，

指帝王的宗廟。古時帝王立廟祭祀祖先，有太祖廟及三昭廟、三穆廟，共七廟。王莽增爲祖廟五、親廟四，共九廟。後歷朝皆沿此制。漢書 王莽傳下：『取其材瓦，以起九廟。』晉潘岳西征賦：『由僞新之九廟，誇宗虞而祖黄。』『夕惕如厲』，即『夕惕若厲』，朝夕戒懼，如臨危境，不敢稍懈。舊唐書 代宗紀：『朕主三靈之重，托群后之上，夕惕若厲，不敢荒寧。』唐李白明堂賦：『而聖主猶夕惕若厲，懼人未安，乃目極於天，耳下於泉。』『宵分』，夜半。魏書 崔楷傳：『亮由君之勤恤，臣用劬勞，日昃忘餐，宵分廢寢。』唐李群玉中秋越臺看月詩：『宵分憑檻望，應合見蓬萊。』

〔三〕必求政化之源，思建大中之道：『政化』，政治和教化。孔子家語 相魯：『遂隳三都之城，强公室，弱私家，尊君卑臣，政化大行。』宋梅堯臣送祖擇之秘丞知海州詩：『去去作守長，政化尚可爲。』『大中』，易 大有：『大有，柔得尊位大中，而上下應之，曰大有。』王弼注：『處尊以柔，居中以大。』高亨注：『象大臣處於尊貴之位，守大正之道。』後以『大中』指無過與不及的中正之道。漢書 孔光傳：『皇之不極，是爲大中不立。』

〔四〕至於懷柔夷貊，偃戢干戈，皆以德綏，亦自馴致：『懷柔』，語本禮記 中庸：『送往迎來，嘉善而矜不能，所以柔遠人也。繼絶世，舉廢國，治亂持危，朝聘以時，厚往以薄來，所以

懷諸侯也。」後因以稱籠絡安撫外國或國内少數民族等爲「懷柔」。漢賈誼新書無蓄：「懷柔附遠，何招而不至？」三國志吴書吴主傳：「宣導休風，懷柔百越。」「夷貊」，古代對東方和北方民族之稱。亦泛指各少數民族。史記日者列傳：「盜賊發不能禁，夷貊不服不能攝。」舊唐書鄭畋傳：「茫茫赤縣，僅同夷貊之鄉；惴惴黔黎，若在狴牢之内。」「偃戢」，停息。唐末五代杜光庭皇帝本命醮詞：「俾五兵偃戢，百穀滋豐，中外和寧，生靈舒泰。」「德綏」，謂以恩德安撫。唐陸贄誅李懷光後原宥河中將吏并招諭淮西詔：「苟或昧於德綏，務以力勝，士旅疲耗，烝黎困窮。」明宋濂望雲圖詩序：「當是時，大明皇帝定鼎金陵，德綏威讋，萬方嚮化。」「馴致」，亦作「馴至」。逐漸達到；逐漸招致。易坤：「履霜堅冰，陰始凝也；馴致其道，至堅冰也。」唐白居易策項一：「則太平之風，大同之俗，可從容而馴致矣。」

〔五〕忽爾嬰疾：「嬰疾」，舊唐書、全唐文作「嬰疹」。「嬰疾」，纏綿疾病；患病。後漢書黨錮傳李膺：「道近路夷，當即聘問，無狀嬰疾，闕於所仰。」南朝宋謝靈運曇隆法師誄：「同學嬰疾，振錫萬里相救。」

〔六〕六疾斯侵，萬機多曠：「萬機」，四庫全書、全唐文、適園叢書作「萬幾」。「六疾」，六種疾病：寒疾、熱疾、末（四肢）疾、腹疾、惑疾、心疾。左傳昭公元年：「淫生六疾……陰

淫寒疾，陽淫熱疾，風淫末疾，雨淫腹疾，晦淫惑疾，明淫心疾。」後用以泛指各種疾病。三國魏李康運命論：『六疾待其前，五刑隨其後。』清唐孫華題張漢昭小像詩：『聞君妙方術，六疾應手瘳。』『萬機』，同『萬幾』。孔叢子論書：『孔子曰：「……堯既得舜，歷試諸難，已而納之於尊顯之官，使大録萬機之政。」』漢張衡東京賦：『乃羡公侯卿士，登自東除，訪萬機，詢朝政。』

〔七〕醫和無驗，以至彌留：『醫和』，春秋時秦國良醫。醫爲職業稱謂，和是名字。據左傳昭公元年載，他曾倡論陰、陽、風、雨、晦、明爲『六氣』，謂『六氣』太過，可引起不同疾病。曾爲晉平公治病，以爲其疾不可治。趙孟以爲良醫。見左傳昭公元年。後借指良醫。宋黄庭堅古詩上蘇子瞻之二：『醫和不并世，深根且固蔕。』『彌留』，多指病重瀕死。南朝齊王儉褚淵碑文：『景命不永，大漸彌留。』宋王讜唐語林補遺一：『肅宗彌留，衆皆迭侍。』

〔八〕數哉有窮，聖賢所同：『數哉有窮』，原作『數之有窮』，今據舊唐書、四庫全書、明鈔本、甲庫本改。『聖賢所同』，舊唐書作『聖賢之所必同』，四庫全書作『聖賢之所必』。

〔九〕是爲達節：『達節』，謂不拘常規而合於節義。左傳成公十五年：『聖達節，次守節，下失節。』楊伯峻注：『最高道德爲能進能退，能上能下，而俱合於節義。』晉袁宏後漢紀光武帝紀論：『夫能與造化推移，而不以哀樂爲心者，達節之人也。』

〔十〕載申顧命，式叶典謨：『顧命』，書顧命：『成王將崩，命召公、畢公率諸侯相康王，作顧命。』孔傳：『臨終之命曰顧命。』孔穎達疏：『顧是將去之意，此言臨終之命曰顧命，言臨將死去回顧而爲語也。』後因以『顧命』謂臨終遺命，多用以稱帝王遺詔。後漢書陰興傳：『帝風眩疾甚，後以興領侍中，受顧命於雲臺廣室。』南史褚彦回傳：『明帝崩，遺詔以爲中書令、護軍將軍，與尚書令袁粲受顧命，輔幼主。』『典謨』，尚書中堯典、舜典和大禹謨、皋陶謨等篇的并稱。書序：『典謨訓誥誓命之文凡百篇，所以恢弘至道，示人主以軌範也。』漢書揚雄傳下：『典謨之篇，雅頌之聲，不温純深潤，則不足以揚鴻烈而章緝熙。』

〔十一〕皇太子權勾當軍國事儼：『皇太子權』，適園叢書、學林本作『皇太子儼』，乃誤『權』爲『儼』，因舊唐書正作『權』，乃『權勾當軍國事』之意。『勾當軍國事儼』，明鈔本作『勾當軍國事儇』，然舊唐書作『儼』，乃下此遺詔時唐僖宗之名，明鈔本作『儇』，乃是僖宗後來所改名。四庫全書、甲庫本、適園叢書、學林本均無『儼』字，後二者乃因將『皇太子權』已改爲『皇太子儼』，故删『儼』字，以免犯重。『皇太子權勾當軍國事儼』，即後來即皇帝位之唐僖宗。據舊唐書卷十九下僖宗紀載：『僖宗惠聖恭定孝皇帝諱儇，懿宗第五子，母曰惠安皇后王氏。咸通三年五月八日生於東内。初封普王，名儼。十四年七月，懿宗大漸。其月十八日，制

曰：「朕守大器之重，居兆人之上，日慎一日，如履如臨。……考思舊章，謀于卿士，思闡鴻業，式建皇儲。第五男普王儼改名儇，孝敬温恭，寬和博厚，日新令德，天假英姿，言皆中規，動必由禮。俾崇邦本，允協人心，宜立爲皇太子，權勾當軍國政事。……布告中外，知朕意焉。」是日，懿宗崩。二十日，即皇帝位于柩前，時年十二。』資治通鑑卷二百五十二咸通十四年七月記：『戊寅，上疾大漸，左軍中尉劉行深、右軍中尉韓文約立少子普王儼。庚辰，制：「立儼爲皇太子，權勾當軍國政事。」』

〔十二〕聖表徇齊：『徇齊』，疾速。引申指敏慧。史記五帝本紀：『弱而能言，幼而徇齊。』裴駰集解：『徇，疾；齊，速也。言聖德幼而疾速也。』唐陳子昂諫靈駕入京書：『陛下以徇齊之聖，承宗廟之重。』

〔十三〕荷邦家之丕構：『丕構』，猶大業。新唐書劉蕡傳：『朕顧唯昧道，祇荷丕構，奉若謨訓，不敢怠荒。』資治通鑑唐德宗興元元年：『朕嗣服丕構，君臨萬邦，失守宗祧，越在草莽。』胡三省注：『丕，大也。構，立屋也。書大誥曰：「若考作室，既底法，厥子乃弗肯堂，矧肯構？」丕構之語本諸此。』

〔十四〕仍以司空、門下侍郎、平章事韋保衡攝冢宰：舊唐書、四庫全書、全唐文、明鈔本、

甲庫本無此句句首『仍』字。檢本卷上述諸文令『攝冢宰』者之句句首，均有『仍以』二字，故此句理應有『仍』字爲是。『韋保衡』，傳見舊唐書卷一百七十七、新唐書卷一百八十四。舊唐書本傳載：『韋保衡者，字蘊用，京兆人。……保衡，咸通五年登進士第，累拜起居郎。十年正月，尚懿宗女同昌公主。公主郭淑妃所生，妃有寵，出降之日，傾宫中珍玩以爲贈送之資。尋以保衡爲翰林學士，轉郎中，正拜中書舍人、兵部侍郎承旨。不期年，以本官平章事。……自起居郎至宰相，二年之間，階至特進、扶風縣開國侯、食邑二千户、集賢殿大學士。十一年八月，公主薨，自後恩禮漸薄。咸通末，淮、徐盜起，素所怨者發其陰事，保衡竟得罪賜死。』新唐書本傳載：『保衡，咸通中，以右拾遺尚同昌公主，遷起居郎、駙馬都尉。主，郭淑妃所生，懿宗所愛，而妃有寵，故恩禮最異，悉宫中珍玩資予之。俄歷翰林學士承旨，以兵部侍郎同中書門下平章事……又進門下侍郎、尚書右僕射。……主薨，而寵遇不衰。僖宗立，進司徒。俄爲怨家白發陰罪，貶賀州刺史，再貶澄邁令，遂賜死。』資治通鑑卷二百五十二咸通十四年七月記：『庚辰，制：「立儼爲皇太子，權勾當軍國政事。」辛巳，上崩于咸寧殿。遺詔以韋保衡攝冢宰。』

〔十五〕况易月之制：此句四庫全書作『以日易月之制』。『易月之制』，即『以日易月之制』。參見本書卷第十一神堯遺詔校箋〔十八〕。

〔十六〕二十七日釋服：此句全唐文、明鈔本作『二十七日而釋服』。

〔十七〕委寄至重：『委寄』，舊唐書、全唐文作『受寄』。

〔十八〕文武常參官朝晡之臨：『臨』，四庫全書作『臨時』。『朝晡』，朝時（辰時）至晡時（申時）。亦指朝時與晡時。『臨』，此處指『出臨』，即吊唁。南齊書良政傳傅琰：『五年，卒。琰喪西還，有詔出臨。』唐韓愈順宗實録卷五：『天下吏人，誥至後，出臨三日，皆釋服，無禁婚嫁祠祀，飲酒食肉。』

〔十九〕十五舉音：『舉音』，爲悼死者而放聲哀哭。

〔二十〕非時無得擅哭：『無得』，原作『不得』，今據舊唐書、全唐文改。

〔二十一〕薄葬之禮，宜遵漢魏之文：按，此處『漢魏之文』指漢文帝和魏文帝關於『薄葬』的制文。前漢漢文帝薄葬事，指漢文帝劉恒在遺詔中主張薄葬，事見漢書卷四文帝紀，可詳見本書卷第十一神堯遺詔校箋〔十〕。魏文帝關於『薄葬』之文，見三國志魏書文帝紀。可詳見本書卷第十一神堯遺詔校箋〔十三〕。

僖宗遺詔〔一〕

門下：朕以冲眇，祇荷鴻基，每惟祖宗之締構艱難〔二〕，念中外之始終匡輔，常同馭朽，豈忘納隍〔三〕？而乃重去廟朝，兩違陵寢，始則黄巢犯闕，後則朱玫欺天〔四〕。險阻道途，蒼黄播越，唯思罪己，但念勞人。宗社降靈，妖氛尋蕩；六龍回轡，萬乘還宫〔五〕。方將陳玉帛以充庭，會蠻夷而向闕，寧期殷憂成疹，宵旰奪神〔六〕，走群望而靡徵〔七〕，希勿藥而罔效。臣僚愛我，攻療無遺，曾未小瘳，以至大漸。嗚呼！修短定分，古今常期，著在格言，斯爲達理。是用降兹訓誓，祇聽朕言。皇太弟知軍國事杰〔八〕，聽政明敏，孝友天資，聰明神助，龍顔表異，日角標奇〔九〕。居大麓而風雨不迷，輔中興而山河備歷〔十〕。寬弘及物，清明在躬，必能保守宗祧，奉承天地，内撫百姓，外鎮四夷。實億兆之念同，固威靈而是屬。付托無恨，予復何憂。宜令所司備禮，於柩前即皇帝位，仍以太保兼侍中韋昭度攝冢宰〔十一〕。軍國事重，不可暫闕，以日易月〔十二〕，抑惟舊章。皇帝三日而聽政，十三日小祥，二十五日大祥〔十三〕，二十七日釋服。天下節度觀察防禦等使，及監軍諸州刺史，職守非輕〔十四〕，并不得離任赴哀。應

天下人吏百姓，告哀後出臨三日，皆釋服，無禁婚嫁祠祀飲酒食肉〔十五〕。釋服之後，無禁舉樂。文武官朝晡臨時，十五舉音。宮中當臨者，非時不得擅哭。五坊鷹犬，除備搜狩外，餘并解放。醫官及伎術人等，晝夜勞苦，知無不爲，宜各安存，勿或加罪。噫，朕念兵革以來，耕農久廢，尤傷畿甸，莫不流亡。豈堪復土之規，獨昧吊人之旨。且累朝遺制，畢及山陵，以漢文薄葬之詞〔十六〕，爲列聖循常之命。約錦綉金銀之飾，禁奢華雕麗之工，皆例作空文，而并違先旨。今者流離若是，痛毒堪悲，仗百姓即百姓一空，捐國用則國用無取，不可踵從前之計度，困此日之生靈，俾朕厚顔，下見先帝。應緣山陵事務，宜令中外商量，比從來每事十分各減六七。桐棺瓦器〔十七〕，朕所慕之，况在今晨，勿欺大夜〔二十〕。咨爾股肱重臣、内外文武爪牙之士、腹心之徒，合志同心，輔予令弟。布告天下，咸使聞知。文德元年三月。

校　箋

〔一〕本文又見於全唐文卷八十八，文題爲僖宗遺詔，署名唐僖宗。本文文末署文德元年三

月。考舊唐書卷十九下僖宗紀文德元年載：『三月戊戌朔，正殿受册。庚子，上暴疾。壬寅，大漸。癸卯，宣制立弟壽王杰爲皇太弟，勾當軍國事。是夕，崩於武德殿，聖壽二十七，群臣上謚曰惠聖恭定孝皇帝，廟號僖宗。其年十二月，葬于靖陵。』唐會要卷二帝號下記唐僖宗『文德元年三月，崩于武德殿。年二十七』。新唐書卷九僖宗紀文德元年載：『三月戊戌朔，日有食之，既。壬寅，疾大漸，立壽王杰爲皇太弟，知軍國事。癸卯，皇帝崩于武德殿，年二十七。』資治通鑑卷二百五十七文德元年三月記：『己亥，上疾復作，壬寅，大漸。皇弟吉王保，長而賢，群臣屬望。十軍觀軍容使楊復恭請立其弟壽王杰；是日，下詔，立杰爲皇太弟，監軍國事。右軍中尉劉季述遣兵迎杰於六王宅，入居少陽院，宰相以下就見之。癸卯，上崩於靈符殿。遺制，太弟杰更名敏，以韋昭度攝冢宰。』又，舊唐書卷二十上昭宗紀記：『文德元年三月，僖宗暴不豫。……三月六日，宣遺詔立爲皇太弟。』上述諸典籍均記唐僖宗崩於文德元年（八八八）三月癸卯（六日），并於是日下遺詔，則此遺詔之撰當在是時。

〔二〕朕以冲眇，祇荷鴻基，每惟祖宗之締構艱難：『艱難』，適園叢書、明鈔本作『難艱』。『冲眇』，幼小。晋書后妃傳論：『昔者高宗諒暗，總百官於老成；成王冲眇，托萬機於上公。』宋蘇軾孫覺可給事中制：『朕以冲眇丕承祖宗，未堪多難之憂。』『鴻基』，偉大的基

業。多指王業。三國蜀劉禪策丞相諸葛亮詔：『朕以幼冲，繼承鴻基。』宋范仲淹聖人大寶曰位賦：『固此鴻基，方君臨於萬國。』『締構』，猶締造。謂經營開創。晋左思魏都賦：『有魏開國之日，締構之初，萬邑譬焉，亦獨犨麋之與子都，培塿之與方壺也。』宋書徐羨之傳：『近思皇室締構之艱，時攬萬機，躬親朝政。』

〔三〕常同馭朽，豈忘納隍：『馭朽』，即『馭朽索』。書五子之歌：『予臨兆民，懔乎若朽索之馭六馬。』孔穎達疏：『我臨兆民之上，常畏人怨，懔懔乎危懼，若腐索之馭六馬。索絶則馬逸，言危懼之甚。』後因以比喻帝王治國，艱險不易。唐白居易辨興亡之由策：『安人者，敬其下也，懔乎若馭朽索，猶懼其未也。』亦省作『馭朽』。陳書世祖紀論：『及國禍奄臻，入承寶祚，兢兢業業，其若馭朽。』舊五代史唐書明宗紀四：『馭朽納隍，夕惕之心罔怠。』『納隍』，漢張衡東京賦：『人或不得其所，若己納之於隍。』謂推入城池中。按，孟子萬章下稱伊尹『思天下之民，匹夫匹婦，有不與被堯舜之澤者，若己納之溝中』。張賦本此意。後以『納隍』指出民於水火的迫切心情。宋書王僧達傳：『民有謠瘼之聲，君表納隍之志。』唐陸贄論淮西管内水損處請同諸道遣宣慰使狀：『儻宏善救之心，當軫納隍之慮。』

〔四〕而乃重去廟朝，兩違陵寢，始則黄巢犯闕，後則朱玫欺天：『欺天』，全唐文、適園

叢書作『干天』。『廟朝』，宗廟和朝廷。孔子家語觀周：『考明堂之則，察廟朝之度。』王肅注：『宗廟、朝廷之法度也。』『陵寢』，古代帝王陵墓的宫殿寢廟。借指帝王陵墓。後漢書祭祀志下：『殤帝生三百餘日而崩，鄧太后攝政，以尚嬰孩，故不列於廟，就陵寢祭之而已。』唐杜甫重經昭陵詩：『陵寢盤空曲，熊羆守翠微。』按，此數句乃謂因黄巢攻入長安，以及後來朱玫等擁嗣襄王李熅之篡亂，致使唐僖宗兩度離開京城避難。舊唐書僖宗紀廣明元年有記云：『十二月庚辰朔。辛巳，賊據潼關。時左軍中尉田令孜專政，宰相盧携曲事之，相與誤謀，以至傾敗。令孜恐衆罪加己，請貶携官，命學士王徽、裴徹爲相。甲申，宣制以户部侍郎、翰林學士王徽、裴徹本官同平章事。貶右僕射、門下侍郎、平章事盧携爲太子賓客。携聞賊至，仰藥而死。是日，上與諸王、妃、后數百騎，自子城由含光殿金光門出幸山南，文武百官僚不之知，并無從行者，京城晏然。是日晡晚，賊入京城，時右驍衛大將張直方率武官十餘迎黄巢於坡頭。壬辰，黄巢據大内，僭號大齊，稱年號金統。悉陳文物，據丹鳳門僞赦。以太常博士皮日休、進士沈雲翔爲學士。爲僞赦書云：「揖讓之儀，廢已久矣，竄遁之迹，良用憮然。朝臣三品已上并停見任，四品已下宜復舊位。」以趙章爲中書令，尚讓爲太尉，崔璆爲中書侍郎、平章事。時宰相豆盧瑑、崔沆，故相左僕射劉鄴，太子少師裴諗，御史中丞趙蒙，刑部侍郎李溥，故相于琮皆從駕不及，匿於閭

里，爲賊所捕，皆遇害。將作監鄭綦、庫部郎中鄭係義不臣賊，舉家雉經而死。」又光啓二年四月載朱玫之亂事云：『四月庚戌朔，是夜熒惑犯月角。壬子，朱玫、李昌符迫宰相蕭遘等於鳳翔驛舍，請嗣襄王熅權監軍國事。玫自爲大丞相，兼左右神策十軍使。遂驅率文武百僚奉襄王還京師。五月己卯朔。庚辰，襄王僭即皇帝位，年號建貞。以蕭遘初沮襄王監國之命，罷知政事，爲太子少師。以朱玫爲侍中、諸道鹽鐵轉運使。以裴徹爲門下侍郎、右僕射、同平章事、判度支。中書侍郎、刑部尚書、平章事鄭昌圖判户部事。蕭遘移疾歸河中之永樂。僞制加諸侯官爵。……令户部侍郎柳涉往江淮宣諭，户部侍郎夏侯潭河北宣諭，諸藩節將多授其僞署，惟定州、太原、宣武、河中拒而不受。」

〔五〕宗社降靈，妖氛尋蕩；六龍回轡，萬乘還宫：『宗社』，宗廟和社稷的合稱。漢蔡邕獨斷卷上：『天子之宗社曰泰社，天子所爲群姓立社也。』南史虞寄傳：『朕不食言，誓之宗社。』『六龍』，古代天子的車駕爲六馬，馬八尺稱龍，因以爲天子車駕的代稱。漢劉歆述初賦：『總六龍於駟房兮，奉華蓋於帝側。』唐李白上皇西巡南京歌之四：『誰道君王行路難，六龍西幸萬人歡。』『回轡』，猶回馬。泛指回行。唐杜甫冬狩行：『喜君士卒甚整肅，爲我回轡擒西戎。』唐黄滔明皇回駕經馬嵬賦：『長鯨入鼎兮中原，六龍回轡兮蜀門。』『萬乘』，周制，天子地

方千里，能出兵車萬乘，因以『萬乘』指天子。孟子梁惠王上：『萬乘之國，弑其君者，必千乘之家。』趙岐注：『萬乘，兵車萬乘，謂天子也。』按，此數句指平定朱玫、嗣襄王李熅之反叛後，唐僖宗方返回長安。舊唐書僖宗紀記此有關史事云：光啓二年『十二月乙巳朔。是月，朱玫愛將王行瑜受密詔，自鳳州率衆還長安。辛酉，行瑜斬朱玫及其黨與數百人，縱兵大掠。……裴徹、鄭昌圖及百官奉襄王奔河中，王重榮紿稱迎奉，執李熅斬之，械裴徹、鄭昌圖於獄，文武官僚遭戮者殆半。重榮函襄王首赴行在。刑部奏請御興元城南門，閱俘馘受賀，下禮院定儀注。博士殷盈孫奏曰：「伏以僞熅違背宗社，僭竊乘輿，欺天之禍既盈，盜國之罪斯重，果至覆敗，以就誅夷。九重之妖既除，萬國之生靈共慶，宜陳賀禮，以顯皇猷。……」遂罷賀禮。及朱玫傳首至，乃御樓受俘馘。是月，蔡賊孫儒陷河陽……三年春正月乙亥朔，車駕在興元府。……三月乙亥朔。甲申，車駕還京，次鳳翔。以宮室未完，節度使李昌符請駐蹕，以俟畢工。河中械送僞宰相裴徹、鄭昌圖，命斬之於岐山縣。太子少師致仕蕭遘賜死於永樂縣。以特進、監修國史、門下侍郎、吏部尚書、平章事孔緯領諸道鹽鐵轉運使。以集賢殿大學士、中書侍郎、兵部尚書、平章事杜讓能進封襄陽郡公，增食邑三千户』。

〔六〕寧期殷憂成疹，宵旰奪神：『殷憂』，憂傷。三國魏阮籍詠懷之十四：『感物懷殷憂，悄

悄令心悲。』南朝宋謝靈運歲暮詩：『殷憂不能寐，苦此夜難頹。』『宵旰』，即『宵衣旰食』。天不亮就穿衣起身，天黑了纔吃飯。形容非常勤勞，多用以稱頌帝王勤於政事。按，此兩句謂僖宗憂勞成疾。資治通鑑卷二百五十七文德元年二月略載此事謂：『乙亥，上不豫；壬午，發鳳翔，己丑，至長安。……（三月）己亥，上疾復作，壬寅，大漸。……癸卯，上崩於靈符殿。』

〔七〕走群望而靡徵：『群望』，受祭於天子、諸侯的山川星辰。望，謂不能親到，望而遥祭。左傳 昭公十三年：『初，共王無冢適，有寵子五人，無適立焉，乃大有事于群望。』杜預注：『群望，星辰山川。』漢張衡東京賦：『元祀惟稱，群望咸秩。』薛綜注：『群岳衆神，望以祭祀之，皆有秩次。』舊五代史 梁書 太祖紀四：『帝深軫下民，遂命庶官遍祀於群望。』『徵』，證明；證驗。左傳 成公八年：『樂郤爲徵。』論語 八佾：『夏禮，吾能言之，杞不足徵也；殷禮，吾能言之，宋不足徵也。文獻不足故也。足，則吾能徵之矣。』淮南子 修務訓：『歌者樂之徵也，哭者悲之效也。』高誘注：『徵，應也；效，驗也。』

〔八〕皇太弟知軍國事杰：『杰』，即李杰，後來即皇帝位之唐昭宗李曄。舊唐書卷二十上昭宗紀載：『昭宗聖穆景文孝皇帝諱曄，懿宗第七子，母曰惠安太后王氏。以咸通八年二月二十二日生於東内。十三年四月，封壽王，名杰。……帝於僖宗，母弟也，尤相親睦。自艱難播越，嘗隨

侍左右，握兵中要，皆奇而愛之。文德元年二月，僖宗暴不豫。時初復宫闈，人心傾矚，遽聞被疾，軍民駭愕。及大漸之夕，而未知所立。群臣以吉王最賢，又在壽王之上，將立之，唯軍容楊復恭請以壽王監國。三月六日，宣遺詔立爲皇太弟。八日，柩前即位，時年二十二。以司空韋昭度攝冢宰。」

〔九〕龍顔表異，日角標奇：『表異』，表現異能。韓非子主道：『君無見其意，君見其意，臣將自表異。』陳奇猷集釋：『表異，猶言表其異能也。』『日角』，額骨中央部分隆起，形狀如日。舊時相術家認爲是大貴之相。後漢書光武帝紀上：『身長七尺三寸，美鬚眉，大口，隆準，日角。』李賢注引鄭玄尚書中候注：『日角謂庭中骨起，狀如日。』宋孫奕履齋示兒編雜記事同：『光武日角，唐高祖亦日角。』

〔十〕居大麓而風雨不迷，輔中興而山河備歷：『大麓』，原作『夫麓』，今據四庫全書、全唐文、適園叢書、學林本改。『大麓』，猶總領，謂領録天子之事。書舜典：『納于大麓，烈風雷雨弗迷。』孔傳：『麓，録也。納舜使大録萬機之政，陰陽和，風雨時，各以其節，不有迷錯愆伏。』後漢書百官志一『太尉，公一人』劉昭注引漢桓譚新論曰：『昔堯試於大麓者，領録天子事，如今尚書矣。』一説爲廣大的山林。淮南子泰族訓：『既入大麓，烈風雷雨而不迷。』高誘注：『林屬

於山曰麓。堯使舜入林麓之中，遭大風雨不迷也。』『中興』，中途振興；轉衰爲盛。詩大雅烝民序：『任賢使能，周室中興焉。』宋王觀國學林中興：『中興者，在一世之間，因王道衰而有能復興者，斯謂之中興。』特指恢復并非由本人失去的帝位。

〔十一〕仍以太保兼侍中韋昭度攝冢宰：『侍中』，原作『侍郎』，今據適園叢書、明鈔本、學林本，并參下引新唐書其本傳作『侍中』改。『韋昭度』，傳見舊唐書卷一百七十九、新唐書卷一百八十五。舊唐書本傳載：『韋昭度字正紀，京兆人。祖縟，父逢。昭度，咸通八年進士擢第。乾符中，累遷尚書郎、知制誥，正拜中書舍人。從僖宗幸蜀，拜户部侍郎。中和元年，權知禮部貢舉。明年，以本官同平章事，兼吏部尚書。昭宗即位，閬州刺史王建攻陳敬瑄於成都，隔絶貢奉，乃以昭度檢校司空、同平章事、成都尹、劍南西川節度招撫宣慰等使。』新唐書本傳載：『韋昭度字正紀，京兆人。擢進士第，踐歷華近，累遷中書舍人。僖宗西狩，以兵部侍郎、翰林學士承旨從。未幾，同中書門下平章事。還京，授司空。再狩山南，還次鳳翔。李昌符亂興蒼卒，昭度質家族於禁軍，誓共討賊，士感動，乃平昌符。遷太保，兼侍中。昭宗即位，守中書令，封岐國公。』

〔十二〕以日易月：古代禮制：帝王去世，太子繼位得服喪三年（三十六個月），後來漢文帝

改爲三十六日即釋服終喪，因稱『以日易月』。一説謂二十七日釋服。晉書禮志中：『禮官參議博士張靖等議，以爲「孝文權制三十六日之服，以日易月。道有污隆，禮不得全，皇太子亦宜割情除服」。』漢書文帝紀『服大紅十五日，小紅十四日，纖七日，釋服』唐顔師古注：『應劭曰：「紅者，中祥、大祥以紅爲領緣。纖者，禫也。凡三十六日而釋服矣，此以日易月也。」……此喪制者，文帝自率己意創而爲之，非有取於周禮也，何爲以日易月乎！三年之喪，其實二十七月，豈有三十六日之文！』唐韓愈順宗實録卷五：『聖人大孝，在乎善繼。樞務之重，軍國之殷，纘而承之，不可暫闕。以日易月，抑惟舊章。皇帝宜三日而聽政，十三日小祥，二十五日大祥，二十七日釋服。』

〔十三〕十三日小祥，二十五日大祥：『小祥』，古時皇帝、皇太后、皇后等死後十二日舉行小祥祭。自漢文帝遺詔減喪服期，以後皇室之喪，常以日易月（一天代替一月）。宋朝皇室又按舊制行喪，要舉行兩次小祥祭。『大祥』，古時父母喪後兩周年的祭禮。儀禮士虞禮：『又期而大祥，曰薦此祥事。』鄭玄注：『又，復也。』賈公彦疏：『此謂二十五月大祥祭，故云復朞也。』漢魏以來時君行喪皆以日易月，皇帝、皇太后、皇后死後、二十五日或二十四日即舉行大祥祭禮。唐韓愈順宗實録卷五：『以日易月，抑惟舊章，皇帝宜三日而聽政，十三日小祥，二十五日大

祥，二十七日釋服。』

〔十四〕職守非輕：『職守』，原作『守職』，今據全唐文、適園叢書、學林本改。

〔十五〕無禁婚嫁祠祀飲酒食肉：『飲酒食肉』，原作『食肉飲酒』，今據四庫全書、全唐文改。

〔十六〕漢文薄葬之詞：請見本書卷第十一神堯遺詔校箋〔十〕。

〔十七〕桐棺瓦器：『桐棺』，桐木做的棺材。因其質地樸素，故表示薄葬。左傳哀公二年：『桐棺三寸，不設屬辟。』墨子節葬下：『〔禹〕葬會稽之山，衣衾三領，桐棺三寸，葛以緘之。』『瓦器』，用泥土燒制的器皿。亦泛指粗拙的陶器，以別於瓷器。韓非子外儲說右上：『有瓦器而不漏，可以盛酒乎？』後漢書宣秉傳：『秉性節約，常服布被，蔬食瓦器。』

〔十八〕勿欺大夜：『大夜』，長夜。謂人死長眠地下。南朝梁王僧孺從子永寧令謙誄：『昭途長已，大夜斯安。』北周庾信周太子少保步陸逞神道碑：『爰在盛年，先從大夜。』

遺誥

睿宗遺誥〔一〕

蘇頲

誥：朕聞古之建皇極承天序者〔二〕，雖創業垂統，則至公之器，固不可違；而居常待終〔三〕，則必定之期，固不可易。况朕以薄德，累承聖緒，常願致虚守静，用遂其真〔四〕。至於崇高富貴，本非所重，故三爲天下，三以天下讓〔五〕。蓋從人之欲，方御於萬邦；知子既明，復傳於七廟〔六〕。爰命皇帝，寄之司牧〔七〕，觀其體自舜禹，以成厥政，則朕窅然汾陽〔八〕，無負於時。何嘗不問寢以侍膳〔九〕，候顔而順色。孝已達於神明，愛已兼於君父，成朕之志，何慶如斯？然朕頃感舊疾，欻焉大漸〔十〕。聖賢共爾，修短其分，古無不殁，同謂之歸。付托得人，夫復何恨？屬纊之後，三日便殯，以日易月，行之自久〔十一〕。厚葬傷生，可以深誡。其喪紀及山陵制度，一依漢制故事〔十二〕。社稷務重，皇帝不可諒暗自居〔十三〕，小殮之後，宜即别處視事。軍將及岳牧等所在發

哀〔十四〕，并不須來赴。百辟卿士，孝子忠臣，送往事居〔十五〕，無違朕意。主者施行。開元四年六月二十日。

校箋

〔一〕本文又見於全唐文卷十九，文題爲睿宗遺誥，署名唐睿宗。然本文實爲蘇頲爲睿宗所撰，故本文文首遂署名蘇頲。本文文末署頒布時間爲開元四年六月二十日。考舊唐書卷七睿宗紀記其崩云：『開元四年夏六月甲子（二十日），太上皇帝崩于百福殿，時年五十五。』然舊唐書卷八玄宗紀所記睿宗崩之時間不同，云：開元四年『夏六月庚寅，月既蝕。癸亥（十九日），太上皇崩于百福殿』。唐會要卷一帝號上記睿宗：『開元四年五月二十日，崩於百福殿。』新唐書卷五玄宗紀載：開元四年『六月甲子，太上皇崩』。資治通鑑卷二百一十一開元四年記：『六月，癸亥，上皇崩于百福殿。』其下考異曰：『睿宗、玄宗實録皆曰甲子。按下云，「己巳，睿宗一七齋，度萬安公主爲女道士」。今從舊本紀、唐曆。』按，上述諸典籍記唐睿宗之崩有開元四年六月十九日、二十日之不同，唐會要所記『開元四年五月二十日』，當爲『開元四年六月二十日』之

訛誤。考異所云『睿宗、玄宗實録皆曰甲子』，此較爲可信，今從之。故本文文末所署開元四年（七一六）六月二十日當亦爲撰此遺誥之時間。又，本文作者蘇頲之生平事迹請參見本書卷四改元開元元年大赦天下制。

〔二〕朕聞古之建皇極承天序者：『天序』，四庫全書、全唐文作『大序』，誤，不取。『皇極』，帝王統治天下的準則。即所謂大中至正之道。書洪範：『五，皇極，皇建其有極。』孔穎達疏：『皇，大也；極，中也。施政教，治下民，當使大得其中，無有邪僻。』漢荀悦漢紀高祖紀一：『昔在上聖，唯建皇極，經緯天地。』『天序』，帝王的世系。漢武帝元狩六年封齊王策：『朕承天序，惟稽古建爾國家，封于東土，世爲漢蕃輔。』漢書成帝紀：『定陶王欣於朕爲子，慈仁孝順，可以承天序，繼祭祀。其立欣爲皇太子。』

〔三〕居常待終：『居常』，遵常例，守常道。左傳昭公十三年：『芈姓有亂，必季實立，楚之常也。獲神，一也。有民，二也。令德，三也。寵貴，四也。居常，五也。』南朝宋謝靈運登石門最高頂詩：『居常以待終，處順故安排。』吕向注：『居常道以待終天年。』『待終』，等待壽終。列子天瑞：『貧者士之常，死者人之終也，處常待終，當何憂哉？』梁書何敬容傳：『謝郁致書戒之曰：「……君侯宜杜門念失，無有所通，築茅茨於鍾阜，聊優游以卒歲，見可憐之意，著待

終之情。」』

〔四〕累承聖緒，常願致虚守静，用遂其真：『守静』，原作『守靖』，全唐文作『守静』。按，『靖』通『静』，今據全唐文改作『守静』。『聖緒』，稱帝王的統緒。史記三王世家：『陛下奉承天統，明開聖緒，尊賢顯功，興滅繼絶。』漢書元帝紀：『朕承先帝之聖緒，獲奉宗廟，戰戰兢兢。』『虚』，空無所有。與『實』相對。易歸妹：『上六無實，承虚筐也。』史記老子韓非列傳：『良賈深藏若虚，君子盛德，容貌若愚。』司馬貞索隱：『深藏謂隱其寶貨，不令人見，故云「若虚」。』『守静』，保持清静，無所企求。語出老子：『致虚極，守静篤。』河上公注：『守清静，行篤厚。』後漢書羊續傳：『（羊續）坐黨事，禁錮十餘年，幽居守静。』『真』，未經人爲的東西。指本原、本性等。莊子秋水：『謹守而勿失，是謂反其真。』漢書楊王孫傳：『欲臝葬，以反吾真。』顔師古注：『真者，自然之道也。』晋陶潛勸農詩：『悠悠上古，厥初生民，傲然自足，抱樸含真。』

〔五〕故三爲天下，三以天下讓：『天下』，適園叢書、學林本作『天子』。『三以天下讓』，四庫全書、明鈔本、甲庫本作『推三以天下讓』。按，此兩句指唐睿宗三次應爲皇帝而未即皇帝位。新唐書卷五睿宗紀載此事略云：『睿宗玄真大聖大興孝皇帝諱旦，高宗第八子也。始封殷

王……徙封豫王，又封冀王，累遷右金吾衛大將軍、洛州牧。徙封相王，復封豫王。武后廢中宗，立爲皇帝，其改國號周，以爲皇嗣，居于東宫。中宗自房州還，復爲皇太子，武后封皇嗣爲相王，授太子右衛率。……中宗復位，進號安國相王。景雲元年六月壬午，韋皇后弑中宗，矯詔立温王重茂爲皇太子。……又矯遺詔，自立爲皇太后。皇太子即皇帝位，以睿宗參謀政事，大赦，改元曰唐隆。太后臨朝攝政，罷睿宗參謀政事，以爲太尉。……庚子，臨淄郡王隆基率萬騎兵入北軍討亂，誅韋氏、安樂公主及韋巨源、馬秦客、駙馬都尉武延秀、光禄少卿楊均。辛丑，睿宗奉皇帝御安福門，大赦。……甲辰，安國相王即皇帝位于承天門，大赦……賜内外官階、爵。復重茂爲温王。……丁未，立平王隆基爲皇太子。……（先天元年）八月庚子，立皇太子爲皇帝，以聽小事；自尊爲太上皇，以聽大事。……戊申，封皇帝子嗣直爲郯王，嗣謙郢王。』據以上所載，唐睿宗前兩次本應即皇帝位，但因受制於武后、韋后而未能即帝位，僅第三次本可繼續爲帝而主動提前讓位予唐玄宗。故本文所稱『三以天下讓』，其實乃婉轉之辭，不可全信。

〔六〕復傳於七廟：『七廟』，禮記王制：『天子七廟，三昭三穆，與太祖之廟而七。』此指四親廟（父、祖、曾祖、高祖）、二祧（遠祖）和始祖廟。後以『七廟』泛指帝王供奉祖先的宗廟。唐楊炯盂蘭盆賦：『上可以薦元符於七廟，下可以納群動於三車。』

〔七〕爰命皇帝，寄之司牧：『司牧』，管理，統治。左傳 襄公十四年：『天生民而立之君，使司牧之，勿使失性。』三國志 魏書 夏侯玄傳：『古之建官，所以濟育群生，統理民物也，故爲之君長以司牧之。』

〔八〕則朕窅然汾陽：此句四庫全書作『則朕飄然汾水』。『窅然』，猶悵然。莊子 逍遥游：『堯治天下之民，平海内之政，往見四子藐姑射之山，汾水之陽，窅然喪其天下焉。』陸德明釋文：『窅然，猶悵然。』南史 梁紀上 武帝：『一駕汾陽，便有窅然之志；暫適箕嶺，即動讓王之心。』按，此句指唐睿宗讓帝位於唐玄宗，自己則可悠然自適，逍遥清閑。

〔九〕何嘗不問寢以侍膳：『問寢』，問候尊長起居。唐李善上文選注表：『昭明太子業膺守器，譽貞問寢。』宋羅大經鶴林玉露卷十五：『聖人何以加孝，朕每懷問寢之思。』『侍膳』，陪從尊長用膳。舊唐書 肅宗紀：『俟平寇逆，奉迎鑾輿，從容儲闈，侍膳左右。』唐劉禹錫送太常蕭博士詩：『侍膳曾調鼎，循陔更握蘭。』

〔十〕然朕頃感舊疾，欻焉大漸：『舊疾』，全唐文作『舊病』。『欻焉』，四庫全書作『倏焉』。『欻焉』，猶忽然。南朝梁沈約齊故安陸昭王碑：『陪龍駕於伊洛，侍紫蓋於咸陽，而遘疾彌留，欻焉大漸。』

〔十一〕屬纊之後，三日便殯，以日易月，行之自久：『屬纊』，謂用新綿置於臨死者鼻前，察其是否斷氣。禮記 喪大記：『屬纊以俟絶氣。』鄭玄注：『纊，今之新綿，易動摇，置口鼻之上以爲候。』亦指臨終。南朝宋鮑照松柏篇：『屬纊生望盡，闔棺世業埋。』宋蘇軾張文定公墓志銘：『公性與道合，得佛老之妙，屬纊之日，凛然如平生。』『以日易月』，古代禮制：帝王去世，太子繼位得服喪三年（三十六月），後來漢文帝改爲三十六日即釋服終喪，因稱『以日易月』。一説謂二十七日釋服。參見本書卷第十一神堯遺詔校箋〔十八〕。

〔十二〕其喪紀及山陵制度，一依漢制故事：『喪紀』，喪事。周禮 天官 大府：『山澤之賦，以待喪紀。』禮記 文王世子：『喪紀以服之輕重爲序，不奪人親也。』鄭玄注：『紀，猶事也。』左傳 僖公二十七年：『夏，齊孝公卒。有齊怨，不廢喪紀，禮也。』『山陵』，帝王或皇后的墳墓。孔子家語 辯政：『大王萬歲之後，起山陵於荆臺之上，則子孫必不忍游於父祖之墓以爲歡樂也。』北魏酈道元水經注 渭水三：『秦名天子冢曰山，漢曰陵，故通曰山陵矣。』『漢制故事』，指漢文帝所制定之薄葬制度。詳見本書卷第十一神堯遺詔校箋〔十〕。

〔十三〕皇帝不可諒暗自居：『諒暗』，亦作『諒陰』。居喪時所住的房子。禮記 喪服四制：『書曰：「高宗諒暗，三年不言。」善之也。』鄭玄注：『暗，謂廬也。』論語 憲問引作『諒

陰』。晉潘岳閑居賦：『今天子諒暗之際，領太傅主簿。』李善注：『諒暗，今謂凶廬裏寒凉幽暗之處，故曰諒暗。』亦借指居喪，多用於皇帝。新唐書 李程傳：『陛下方諒陰，未宜興作，願回所費奉園陵。』明史 王治傳：『比者人言籍籍，謂陛下燕閑舉動，有非諒暗所宜者。』

〔十四〕軍將及岳牧等所在發哀：『岳牧』，傳説爲堯舜時四岳十二牧的省稱。語本書 周官：『曰唐虞稽古，建官惟百，内有百揆四岳，外有州牧侯伯。』史記 伯夷列傳：『堯將遜位，讓於虞舜，舜禹之間，岳牧咸薦，乃試之於位，典職數十年。』後用『岳牧』泛稱封疆大吏。後漢書 班彪傳：『於是三事岳牧之僚，僉爾而進。』晉書 王敦傳：『敦既得志，暴慢愈甚……將相岳牧，悉出其門。』『發哀』，舉行哀悼儀式。史記 項羽本紀：『楚懷王初封項籍爲魯公，及其死，魯最後下，故以魯公禮葬項王穀城。漢王爲發哀，泣之而去。』三國志 魏書 徐宣傳：『太祖崩洛陽，群臣入殿中發哀。』

〔十五〕送往事居：謂禮葬死者，奉事生者。左傳 僖公九年：『送往事居，耦俱無猜，貞也。』杜預注：『往，死者；居，生者；耦，兩也。送死事生，兩無疑恨，所謂正也。』唐獨孤及故太保贈太師韓國苗公謚議：『論道賦政，送往事居，協恭秉彝，動罔違德。』

明皇遺誥〔一〕

惟天鑒下，享年有期；惟人奉天，獲没爲善〔二〕。予嗣承丕業〔三〕，敬守宗祧，中昵憸人，幾淪大寶〔四〕。賴皇帝撥亂反正，戡難濟時，幸以暮年，復兹安養，常懼有悔，以羞先靈〔五〕。今病既彌留，殆將不寤〔六〕，其國務之事，非予所圖，哀制之間，兹審遺訓。日者皇帝不豫，厥疾未瘳〔七〕，禮貴適時，或無封執〔八〕。宜令天下吏人，令到出臨三日，皆釋服，無禁婚娶祠祀飲酒音樂。其殿中當臨者，曉夕各十五舉音，禮畢而罷。皇帝宜三日而聽政，十三日小祥，二十五日大祥，二十七日而釋服。以日易月，固有前聞。人子之念，皆所未忍，而艱難之際，萬國事殷，其葬送之儀，尤須儉省，特宜裁改〔九〕，無守常規。嗚呼，萬方勿乖予志〔十〕。上元元年建巳月。

校　箋

〔一〕本文又見於全唐文卷三十八，文題爲遺誥，署名唐玄宗。本文文末署頒布時間爲上元元年建巳月。四庫全書本則署爲上元元年七月。考諸典籍記玄宗之崩時間如下：舊唐書卷九玄宗

紀下載：『上元二年四月甲寅（五日），崩于神龍殿，時年七十八。』唐會要卷一帝號上記：『乾元元年正月五日，加尊號太上至道聖皇天帝。元年建巳月五日，崩于神龍殿，年七十八。廣德元年三月辛酉，葬泰陵。』新唐書卷五玄宗紀記：『（乾元）三載，上號曰太上至道聖皇天帝。上元元年，徙居于西内甘露殿。元年建巳月，崩于神龍殿，年七十八。』新唐書卷六肅宗紀上元二年記：『九月壬寅，大赦，去「乾元大聖光天文武孝感」號，去「上元」號，稱元年，以十一月爲歲首，月以斗所建辰爲名。……寶應元年建寅月甲申……建巳月庚戌……甲寅，聖皇天帝崩。乙丑，皇太子監國。大赦，改元年爲寶應元年。』資治通鑒卷二百二十二寶應元年（按，實際上爲上元二年）載：『建巳月，庚辰朔……甲寅，上皇崩于神龍殿，年七十八。』按，據上述典籍所載，唐玄宗之崩應在上元二年（即去上元年號後之『元年』，七六一）四月甲寅（五日），本文文末所記『上元元年建巳月（即四月）』以及四庫全書所記『上元元年七月』均未確。據此，本文之撰當在上元二年（七六一）四月五日。

〔二〕惟人奉天，獲没爲善：『奉天』，奉行天命。書泰誓中：『惟天惠民，惟辟奉天。』漢董仲舒春秋繁露三代改制質文：『作宫邑於下洛之陽，名相官曰尹。作濩樂，制質禮以奉天。』『獲没』，得以善終；得以壽終正寢。没，通『歿』。左傳昭公七年：『我若獲没，必屬説與何忌於夫

子，使事之而學禮焉，以定其位。』杜預注：『獲沒，得以壽終。』左傳昭公十二年：『王是以獲沒於祇宮。』

〔三〕予嗣承丕業：『嗣承』，繼承。晉書慕容超載記：『朕猥以不德，嗣承大統，撫御寡方，致蕭墻釁發。』宋司馬光皇從兄華陰侯仲連墓志銘：『昭裕公素好學，喜爲詩，藏書萬卷，侯能嗣承其志。』

〔四〕中昵憸人，幾淪大寶：『幾淪』，適園叢書、明鈔本、甲庫本、學林本作『幾失』。『昵』，親近。左傳襄公二年：『若背之，是棄力與言，其誰昵我？』孔穎達疏：『他人其誰肯親我乎？』陸德明釋文：『昵，本又作「昵」。』唐柳宗元送元暠師序：『元暠師居武陵，有年數矣，與劉游久且昵。』『憸人』，小人，奸佞的人。書冏命：『爾無昵於憸人，充耳目之官。』北堂書鈔卷一百一十三引三國蜀諸葛亮兵要：『枝葉强大，比居同勢，各結朋黨，競進憸人，有此不去，是謂敗徵。』按，此處『憸人』，蓋指安禄山、楊國忠等人。『大寶』，易繫辭下：『聖人之大寶曰位。』後因以『大寶』指帝位。北魏楊衒之洛陽伽藍記永寧寺：『正以糠秕萬乘，錙銖大寶，非貪皇帝之尊，豈圖六合之富？』舊唐書德宗紀下：『朕以寡德，祇膺大寶。』

〔五〕以羞先靈：『先靈』，祖先的神靈。漢張衡東京賦：『憲先靈而齊軌，必三思以顧愆。』

薛綜注：『先靈，先聖之神靈，即謂堯舜也。』後漢書光武帝紀上：『惟宗室列侯爲王莽所廢，先靈無所依歸，朕甚愍之。』

〔六〕今病既彌留，殆將不寤：『今病既彌留』，四庫全書、甲庫本作『今病既於彌留』。『不寤』，不醒。古詩十九首驅車上東門：『潛寐黃泉下，千載永不寤。』此處意爲不愈。

〔七〕日者皇帝不豫，厥疾未瘳：『厥疾未瘳』，原作『厥疾近瘳』，今據四庫全書、全唐文改。『日者』，近日。後漢書光武帝紀下：『九月戊辰，地震裂。制詔曰：「日者地震，南陽尤甚。」』金史僕散揆傳：『以汝宣獻皇后之親，故令尚主，置之宿衛，謂當以忠孝自勵。日者乃與外人竊議，汝腹中事，朕不能測，其罷歸田里。』『不豫』，天子有病的諱稱。逸周書五權解：『維王不豫，于五日召周公旦。』朱右曾校釋：『天子有疾稱不豫。』宋歐陽修歸田録卷一：『仁宗不豫，久之，康復，又改元嘉祐。』按，『日者皇帝不豫，厥疾未瘳』，乃指唐肅宗患病。舊唐書肅宗紀上元二年建巳月記玄宗崩後曰：『上自仲春不豫，聞上皇登遐，不勝哀悸，因茲大漸。』資治通鑑卷二百二十二寶應元年載：『建辰月，庚寅，子儀將行，時上不豫，群臣莫得進見。……建巳月，庚戌朔……甲寅，上皇崩于神龍殿，年七十八。乙卯，遷坐於太極殿。上以寢疾，發哀於內殿，群臣發哀於太極殿。……上自仲春寢疾，聞上皇登遐，哀慕，疾轉劇，乃命太子

監國。甲子，制改元；復以建寅爲正月，月數皆如其舊；赦天下。』

〔八〕或無封執：『封執』，莊子齊物論『其次以爲有物矣，而未始有封也』成玄英疏：『初學大賢，鄰乎聖境，雖復見空有之異，而未曾封執。』原謂執持事物的界域，後引申爲固執、執著。唐白居易禽蟲十二章詩序：『每章可致一哂，一哂之外，亦有以自警其衰耄封執之惑焉。』續資治通鑑宋真宗咸平六年：『至於出納移用，均會有無，則專吝封執，動相違戾。』

〔九〕特宜裁改：『裁改』，原作『改裁』，今據四庫全書、全唐文改。

〔十〕萬方勿乖予志：『萬方』，萬邦；各方諸侯。書湯誥：『王歸自克夏，至于亳，誕告萬方。』亦引申指天下各地；全國各地。漢書張安世傳：『聖王褒有德以懷萬方，顯有功以勸百僚，是以朝廷尊榮，天下鄉風。』唐杜甫登樓詩：『花近高樓傷客心，萬方多難此登臨。』宋王安石皇帝還大次憩安之曲：『有奕明堂，萬方時會。』

順宗遺誥〔一〕

朕聞生死者，物之大歸〔二〕；修短者，人之常分。古先哲王，明於至道，莫不知其終以存義，順其變以節哀。故存者不至於傷生，逝者不至於甚痛，謂之達理，以貫通

喪〔三〕。頃在弱齡，即敦清净〔四〕；逮于近歲，又嬰沉痼〔五〕；嘗亦親政，益倦于勤。以皇帝天資仁孝，日躋聖敬，爰釋重負，委之康濟〔六〕。而能内睦于九族，外勤于萬機，問寢益嚴，視膳無曠〔七〕。推此至德，以安庶邦〔八〕，朕之知子，無愧天下。今厥疾大漸，不寤不興，付托得人，顧復何恨？四海兆庶〔九〕，亦奚所哀？但聖人大孝，存乎善繼，樞機之重，軍國之殷，纘而承之〔十〕，不可暫闕。以日易月，抑惟舊章。皇帝宜三日而聽政，十三日小祥，二十五日大祥，二十七日釋服。方鎮岳牧，不得離任赴哀〔十一〕。天下吏人，誥至後出臨三日，皆釋服，無禁嫁娶祠祀飲酒食肉〔十二〕。宫中當臨者，朝晡各十五舉音。非朝晡五時〔十三〕，禁無得擅哭。釋服之後，勿禁舉樂〔十四〕。他不在誥中者〔十五〕，皆以類從事。伏以崇陵仙寢，復土纔終〔十六〕，甸邑疲人〔十七〕，休功未幾。今又重勞營奉，朕所哀矜。况漢、魏二文，皆著遺令〔十八〕，永言景行，常志夙心〔十九〕。其山陵制度，務從儉約，并不得金銀錦彩爲飾。朕寢疾歲久〔二十〕，以至彌留，醫藥伎術之人，夙夜無懈，念其盡瘁，頗謂極誠，必在優容，務令得所〔二十一〕。百辟卿士，宣力盡忠，克申送往之哀，宜展事居之禮〔二十二〕。布告天下，明知朕懷。元和元年正月十九日。

校箋

〔一〕此文又見於全唐文卷五十五，文題爲遺誥，署名唐順宗。全唐文卷五百六十亦録，乃韓愈所撰順宗實録中文（下簡稱此文爲韓文）。本文文末署頒布時間爲元和元年正月十九日。韓文文首『元和元年正月甲申，太上皇崩於興慶宮咸寧殿，年四十六。遺誥曰』云云，按，元和元年正月甲申爲正月十九日，此日期與本文文末所署同。考舊唐書卷十四順宗紀載：『元和元年正月丙寅朔……甲申，太上皇崩於興慶宮之咸寧殿，享年四十六歲。』唐會要卷一帝號上記：『元和元年正月，上尊曰應乾聖壽太上皇。其月十九日，崩于興慶宮之咸寧殿。』資治通鑑卷二百三十七元和元年正月載：『甲申，上皇崩于興慶宮。』按，上述典籍均載唐順宗崩於元和元年（八〇六）正月甲申（十九日），可見本文文末所署此文頒布時間即唐順宗崩之時，則其撰寫時間當亦在此時或稍前。

〔二〕朕聞生死者，物之大歸：『生死』，韓文作『死生』。『大歸』，謂最終的歸宿；必然的趨向。晉陸機吊魏武帝文：『夫始終者，萬物之大歸；死生者，性命之區域。』

〔三〕以貫通喪：『通喪』，上下通行的喪禮。論語陽貨：『夫三年之喪，天下之通喪也。』宋曾鞏本朝政要策名教：『唐氏五代之亂，教化之事久缺。雍熙初，始敕群臣用通喪之制。』

〔四〕頃在弱齡，即敦清浄：『頃在弱齡』，韓文作『朕自弱齡』。『弱齡』，泛指幼年、青少年。晉陶潛始作鎮軍參軍經曲阿詩：『弱齡寄事外，委懷在琴書。』逯欽立注：『弱齡，弱年，少年。』南朝梁沈約齊禪林寺尼浄秀行狀：『弱齡便神情峻徹，非常童稚之伍，行仁尚道，洗志法門，至年十歲，慈念彌篤。』『清浄』，心境潔浄，不受外擾。戰國策齊策四：『斶願得歸，晚食以當肉，安步以當車，無罪以當貴，清浄貞正以自虞。』孔子家語七十二弟子解：『〔原憲〕清浄守節，貧而樂道。』

〔五〕逮于近歲，又嬰沉痼：『逮于』，韓文作『逮乎』。『沉痼』，積久難治的病。漢劉楨贈五官中郎將詩之二：『余嬰沉痼疾，竄身清漳濱。』南齊書褚淵傳：『叨職未久，首歲便嬰疾篤，爾來沉痼，頻經危殆，彌深憂震。』按，唐順宗確實早患『沉痼』。檢舊唐書順宗紀載：『上自〔貞元〕二十年九月風病，不能言，暨德宗不豫，諸王親戚皆侍醫藥，獨上卧病不能侍。德宗彌留，思見太子，涕咽久之。大行發喪，人情震懼。上力疾衰服，見百僚於九仙門。』

〔六〕以皇帝天資仁孝，日躋聖敬，爰釋重負，委之康濟：按，此處『皇帝』指唐憲宗。『康

濟』，指安民濟世。北齊書武帝紀：『君有康濟才，終不徒然。』

〔七〕而能内睦于九族，外勤于萬機，問寢益嚴，視膳無曠：『萬機』，四庫全書、全唐文、適園叢書作『萬幾』。『九族』，以自己爲本位，上推至四世之高祖，下推至四世之玄孫爲九族。書堯典：『克明俊德，以親九族。』孔傳：『以睦高祖、玄孫之親。』一説父族四、母族三、妻族二爲九族，見孫星衍尚書今古文注疏引夏侯、歐陽等説。漢書高帝紀下：『置宗正官以序九族。』唐王昌齡箜篌引詩：『九族分離作楚囚，深溪寂寞弦苦幽。』『問寢』，問候尊長起居。唐李善上文選注表：『昭明太子業膺守器，譽貞問寢。』宋羅大經鶴林玉露卷之三：『聖人何以加孝，朕每懷問寢之思。』『視膳』，古代臣下侍奉君主或子女侍奉雙親進餐的一種禮節。語本禮記文王世子：『食上，必在視寒暖之節；食下，問所膳。』史記魯仲連鄒陽列傳：『天子巡狩，諸侯辟舍，納管籥，攝衽抱機，視膳於堂下，天子已食，乃退而聽朝也。』

〔八〕以安庶邦：『庶邦』，諸侯衆國。書酒誥：『厥誥毖庶邦庶士，越少正御事，朝夕曰：祀兹酒。』周書蘇綽傳：『庶邦百辟，咸會于王庭。』

〔九〕四海兆庶：『兆庶』，猶言兆民、百姓。後漢書崔駰傳：『濟兹兆庶，出於平易之路。』唐元結治風詩至勞：『於戲勞王，功亦何大！去爾兆庶，洪湮灾害。』

〔十〕樞機之重，軍國之殷，纘而承之：『樞機』，韓文作『樞務』。『樞機』，指中央政權的機要部門或職位。漢書劉向傳：『大將軍秉事用權……尚書九卿州牧郡守皆出其門，管執樞機，朋黨比周。』宋王安石和景純十四丈三絶之一：『身先諸老斡樞機，再見王門闔左扉。』『纘』，繼承。詩魯頌閟宮：『奄有下土，纘禹之緒。』禮記中庸：『武王纘大王、王季、文王之緒，壹戎衣而有天下。』鄭玄注：『纘，繼也。』

〔十一〕方鎮岳牧，不得離任赴哀：『不得』，韓文作『不用』。『岳牧』，傳説爲堯舜時四岳十二牧的省稱。語本書周官：『曰唐虞稽古，建官惟百，内有百揆四岳，外有州牧侯伯。』史記伯夷列傳：『堯將遜位，讓於虞舜，舜禹之間，岳牧咸薦，乃試之於位，典職數十年。』後用『岳牧』泛稱封疆大吏。後漢書班彪傳：『於是三事岳牧之僚，僉爾而進。』晉書王敦傳：『敦既得志，暴慢愈甚……將相岳牧，悉出其門。』宋范仲淹青州謝上表：『海岱之區，地望攸重；岳牧之任，邦選甚隆。』

〔十二〕誥至後出臨三日，皆釋服，無禁嫁娶祠祀飲酒食肉：『嫁娶』，韓文作『婚嫁』。『出臨』，吊唁。漢書燕剌王劉旦傳：『廣意言待詔五莋宫，宫中讙言帝崩，諸將軍共立太子爲帝，年八九歲，葬時不出臨。』南齊書良政傳傅琰：『五年，卒。琰喪西還，有詔出臨。』

〔十三〕非朝晡臨時：此句四庫全書作『非當臨時』，全唐文作『非臨時』。

〔十四〕勿禁舉樂：此句全唐文作『無禁舉樂』。

〔十五〕他不在誥中者：此句原作『他不載誥中』，今據韓文改。

〔十六〕伏以崇陵仙寢，復土纔終：『纔終』，原作『纔旋』，今據韓文改。『崇陵』，陵墓名。唐德宗的陵墓。在今陝西涇陽縣北嵯峨山。『仙寢』，指帝王陵墓上的寢殿。亦借指帝王之墓。按，此兩句指剛修建完畢之唐德宗陵墓。舊唐書德宗紀永貞元年載葬唐德宗事云：『十月己酉，葬于崇陵，昭德皇后王氏祔焉。』

〔十七〕甸邑疲人：『甸邑』，京師附近的縣邑。唐柳宗元太白山祠堂碑并序：『又詔京兆尹宜飾祠廟，遂下令于甸邑。邑令裴均，臨事有恪，革去狹陋，恢閎棟宇。』唐沈亞之東渭橋給納使新廳記：『倚垣而跨爲梁者三，名分中東西。……夫渭津傍控甸邑諸陵。』

〔十八〕況漢、魏二文，皆著遺令：按『漢、魏二文』指漢文帝、魏文帝。漢文遺令見漢書卷四文帝紀，魏文帝薄葬之詔見三國志 魏書 文帝紀。詳見本書卷第十一神堯遺詔校箋〔十〕〔十三〕。

〔十九〕永言景行，常志夙心：『永言』，長言；吟咏。書 舜典：『詩言志，歌永言。』孔

傳：『謂詩言志以導之，歌咏其義以長其言。』晉何劭雜詩：『勤思終遥夕，永言寫情慮。』『景行』，高尚的德行。詩小雅車舝：『高山仰止，景行行止。』鄭玄箋：『古人有高德者則慕仰之，有明行者則而行之。』漢蔡邕郭有道碑：『於是樹碑表墓，昭明景行。』『夙心』，平素的心願。後漢書文苑傳下趙壹：『惟君明睿，平其夙心。』周書齊煬王憲傳：『吾之夙心，公寧不悉，但當盡忠竭節耳，知復何言。』

〔二十〕朕寢疾歲久：『寢疾』，亦作『寑疾』，卧病。左傳昭公七年：『寡君寢疾，於今三月矣。』後漢書董卓傳：『及靈帝寢疾，璽書拜卓爲并州牧。』

〔二十一〕念其盡瘁，頗謂極誠，必在優容，務令得所：『盡瘁』，原作『盡悴』，今據四庫全書、全唐文、適園叢書、學林本改。『盡瘁』，竭盡心力，不辭勞苦。詩小雅北山：『或燕燕居息，或盡瘁事國。』毛傳：『盡力勞病，以從國事。』瘁，漢書五行志下之下引作『悴』。宋蘇軾謝除侍讀表：『故使朝夕與於討論，奉永日之清閑，未知所報；畢微生於盡瘁，終致此心。』『優容』，寬待，寬容。漢書何武傳：『九江太守戴聖，禮經號小戴者也。行治多不法，前刺史以其大儒，優容之。』晉書傅玄傳：『玄應對所問，陳事切直，雖不盡施行，而常見優容。』『得所』，謂得到安居之地或合適的位置。語出詩魏風碩鼠：『樂土樂土，爰得我所。』漢書王莽傳上：『四

海輻湊，靡不得所。』

〔二十二〕宣力盡忠，克申送往之哀，宜展事居之禮：『宣力盡忠』，韓文作『同力盡忠』。『宣力』，效力；盡力。後漢書 楊琁傳論：『若夫數將者，并宣力勤慮，以勞定功。』晋葛洪抱朴子 博喻：『鼎食萬鍾，宣力之弘報也。』『送往』，祭送死者。禮記 祭義：『樂以迎來，哀以送往。』鄭玄注：『送去而哀，哀其享否不可知也。』『事居』，事奉活着的人，多指事奉新君。左傳 僖公九年：『送往事居，耦俱無猜，貞也。』杜預注：『往，死者；居，生者。』楊伯峻注：『往指死者，居指新君。』

卷第十三

帝王

謚議上

高宗天皇大帝謚議
德宗神武孝文皇帝謚議
順宗至德大聖大安孝皇帝謚議
憲宗聖神章武孝皇帝謚議
穆宗睿聖文惠孝皇帝謚議
敬宗睿武昭愍孝皇帝謚議

謚議上

高宗天皇大帝謚議（一）

武后

竊聞星迴日薄（二），懸象著明之謂天（三）；龍躍鳳翔，握鏡乘時之謂聖（四）。天以不言爲德，非言無以暢其神；聖以無名會道，伫名然後筌其用。營窟橧巢之代（五），猶昧典章；如雲類海之君，方崇號謚。所以闡揚功美，榮鏡古今（六）。伏惟大行皇帝，稟樞電以降靈，膺星虹而延睿（七）。以大聖而乘聖，克昌寶曆之基（八）；由至德而纂德，載廣金圖之運（九）。對日之歲，窮象外之微言（十）；弄田之辰，盡天下之能事（十一）。逮入膺儲副，養德春闈（十二），恒侍禁中，問安之道斯極；長居膝下，候色之誠逾勵（十三）。因心隆於愛敬，率性感於神明，此先聖之孝德也。洎乎正位旒扆，光宅區縣（十四），治俗軫如傷之念，負重懷若厲之心（十五），求瘼恤隱，寒扇渴漿（十六）。追夏禹之焚甲，襲殷湯之解網（十七）。一物有違，則滿堂興慮；一夫弗獲，則推溝置

懷（十八），此先聖之仁德也。無幽不察，觀六合於目前（十九）；無遠不招，視八紘於掌内（二十）。循機授政，則旁燭於九圍（二十一）；命將出師，則坐知其萬里，此先聖之明德也。寅畏上玄，肅雍清廟（二十二），以義制事，以禮制心，提衡均馭朽之危，履石同蹈冰之懼（二十三），雖處泰罔泰，休而弗休（二十四），此先聖之恭德也。卑宫菲食，土篋茅檐（二十五），身好弋綈之衣，手無金玉之玩，翬裘必燼（二十六），绛帳必易，捐雕鏤而莫施，屏鸞龍而弗馭（二十七），此先聖之廉德也（二十八）。滎河綠錯，鑒宸鑒而生知（二十九）；温洛丹青，澡璇襟於性與（三十）。汾水秋風之唱，仰天翰而扶輪（三十一）；嬀汭叢雲之歌，欽睿詞而擁篲（三十二），此先聖之文德也。以德敷化，無遠而不懷（三十三）；以戎伐戎（三十四），有征而必伏。提封所亘，拓地位於鄒瀛（三十五）；正朔所通，闢境逾於亥步（三十六），此先聖之威德也。爲於无爲，事於无事（三十七）；嗚鑾訪道，敬拜小童之言（三十八）；修己就閑，載感大庭之夢（三十九），此先聖之玄德也（四十）。體至道而調一氣，舒卷陰陽；運冲和而契兩儀，發揮風雨（四十一）。將百靈以交際，與萬物而通誠（四十二）。珍瑞普彰，休徵畢應，此先聖之神德也（四十三）。以兹九德，上則九玄，顧連陸於後塵，掩胥燧而高視（四十四）。若乃亭育群方之惠（四十五），財成庶類之仁（四十六），百姓日用而不

知，萬品歲計而不測（四十七）。握河沉璧，既受貺於玄符（四十八）；封岳泥金，復推功於文帝（四十九）。巍巍蕩蕩，無得而名。方冀千祥翊聖，萬瑞贊德；長居北極之尊，永契南山之壽（五十）。豈謂十枝墜景，遽淪悲谷之暉（五十一）；八柱傾天，奄落閶陽之構（五十二）。雲輿在御，仙路方遥（五十三），攀號無再奉之期，摧殞深百身之痛（五十四）。鼎湖弓劍，逾增日遠之悲（五十五）；璇寢衣冠，空愴月游之感（五十六）。顧以虚菲，夙承乾蔭，既忝彰明之地（五十七），常懷輔佐之誠。薦螢燭以助光，引鶴露而添海（五十八），而聖德虚受，無來不應。每聽覽餘暇，侍奉話言（五十九），論道德則洞啓玄樞，語忠孝則廣通心極（六十）。叙軒頊之淳化，積若神交；述堯禹之清風，宛成晤對（六十一）。在位三十五載，功超七十二君（六十二），圖象所莫傳，開闢所不睹。罄楚越之竹，書善未窮；極泉雲之才（六十三），頌德難盡。自賢猷厭俗，緹律亟移，禍變相仍，荒梗彌切（六十四）。正惟憑几之夕，爰及啓衾之際，神情湛正，顧托殷勤（六十五）。痛遺音之既遠（六十六），懼先旨之無述，所以偷延荒息，强綜彝倫（六十七），望霄漢以興摧，瞻扆筵而永慕（六十八）。今者龜謀既襲，蜃隧將臨（六十九），敬上尊號之儀，冀叶大名之典（七十）。謹按：自然覆育曰天，明一合道曰皇（七十一），無所不包曰大，謹狀上議曰『天皇大帝』，廟稱『高宗』。

校箋

〔一〕此文又見於全唐文卷十七，文題爲高宗天皇大帝謚議，乃收録於唐中宗名下。然原此文以及適園叢書本在文題高宗天皇大帝謚議後則署名武后。按，此文無論署名爲武后，或是唐中宗，二者實際上均非實際撰寫者，僅爲撰寫此文時之當政者。撰寫人應是其時朝中某文臣，唯已難確考知撰者爲何人。又，此文文題原作高宗天皇帝謚議（本卷文首前目録同），今據文末『謹狀上議曰「天皇大帝」，廟稱「高宗」』，以及全唐文所録之文題增改。又，本文文末未署頒布時間。考舊唐書卷五高宗紀下記高宗崩後，『群臣上謚曰天皇大帝，廟號高宗。文明元年八月庚寅，葬於乾陵』。唐會要卷一帝號上載：『文明元年八月庚寅，葬乾陵，謚曰天皇大帝，廟號高宗。』資治通鑒卷二百三文明元年載：『八月，庚寅，葬天皇大帝于乾陵，廟號高宗。』按，據上述典籍所載唐高宗葬於文明元年（六八四）八月庚寅（十一日），則此文之作蓋在是時稍前。

〔二〕竊聞星迴日薄：『竊聞』，適園叢書、明鈔本作『竊惟』。『星迴』，星宿視運動迴轉故位。謂一年將盡。禮記月令：『（季冬之月）是月也，日窮于次，月窮于紀，星回于天，數將幾

終，歲且更始。』孔穎達疏：『謂二十八宿隨天而行，每日雖周天一匝，早晚不同，至於此月，復其故處。』晉陸機演連珠之一：『日薄星迴，穹天所以紀物。』『日薄』，類似日蝕的一種現象。古謂日光爲陰氣所掩蔽。宋書五行志五：『晉孝懷帝永嘉元年十一月乙亥，黃黑氣掩日，所炤皆黃。案河圖占曰：「日薄也。」其説曰：「凡日蝕皆於晦朔，有不於晦朔者，爲日薄。雖非日月同宿，時陰氣盛，掩薄日光也。占類蝕。」』

〔三〕懸象著明之謂天：『懸象』，天象。多指日月星辰。易繫辭上作『縣象』。漢班固典引：『懸象暗而恒文乖，彝倫斁而舊章缺。』南朝陳徐陵爲貞陽侯答王太尉書：『公之忠孝信感人神，公之盟誓事同懸象。』

〔四〕握鏡乘時之謂聖：『握鏡』，執持明鏡。喻帝王受天命，懷明道。南朝梁劉孝標廣絶交論：『蓋聖人握金鏡，闡風烈，龍驤蠖屈，從道污隆。』李善注：『春秋孔録法曰：「有人卯金刀，握天鏡。」洛書曰：「秦失金鏡。」鄭玄曰：「金鏡，喻明道也。」』南朝梁元帝玄覽賦：『惟天惟大，惟堯則之。惟地惟厚，惟王國之。粤我皇之握鏡，實乃神而乃聖。』

〔五〕營窟橧巢之代：『營窟』，上古時掘地或累土而成的住所。一説是相連的洞穴。禮記禮運：『昔者先王未有宮室，冬則居營窟，夏則居橧巢。』孔穎達疏：『「冬則居營窟」者，營

累其土而爲窟，地高則穴於地，地下則窟於地上，謂於地上累土而爲窟。』孟子 滕文公下：『當堯之時，水逆行，泛濫於中國，蛇龍居之。民無所定，下者爲巢，上者爲營窟。』焦循正義：『按説文 宫部云：「營，帀居也。」凡市闤、軍壘，周帀相連皆曰營。此「營窟」當是相連爲窟穴。』『橧巢』，聚柴薪造的巢形住處。禮記 禮運：『昔者先王未有宫室，冬則居營窟，夏則居橧巢。』鄭玄注：『寒則累土，暑則聚薪柴居其上。』漢王符潛夫論 忠貴：『夫鳥以山爲卑而橧巢其上，魚以淵爲淺而穿穴其中，卒所以得之者，餌也。』

〔六〕所以闡揚功美，榮鏡古今：『闡揚』，闡明發揚；宣揚。晋書 孫楚傳：『制禮作樂，闡揚道化。』元楊暹西游記第二本第五出：『久後我之法律，仗你闡揚。真乃是禪林中大寶也。』『功美』，功勞美德。莊子 漁父：『功美不有，爵禄不持，大夫之憂也。』後漢書 循吏傳 孔融：『雖嘗陳其功美，欲以厚於見私，信於爲國，不求其覆過掩惡，有罪望不坐也。』『榮鏡』，光輝映照。南朝宋謝莊宋孝武帝哀策文：『榮鏡中世，舄奕前古。』南史 齊紀上 高帝：『惟王聖哲欽明，榮鏡區宇。』

〔七〕伏惟大行皇帝，禀樞電以降靈，膺星虹而延睿：『大行』，古代稱剛死而尚未定謚號的皇帝、皇后。史記 李斯列傳：『胡亥喟然嘆曰：「今大行未發，喪禮未終，豈宜以此事干丞

相哉！」』後漢書安帝紀：『孝和皇帝懿德巍巍，光于四海；大行皇帝不永天年。』李賢注引韋昭曰：『大行者，不反之辭也。天子崩，未有謚，故稱大行也。』『樞』，星名。指北斗七星第一星。又稱天樞。宋書符瑞志：『黄帝軒轅氏，母曰附寶，見大電光繞北斗樞星，照郊野，感而孕，二十五月而生黄帝於壽丘。』唐常衮中書門下賀慶雲見表：『色涵流渚之虹，影雜繞樞之電。』『降靈』，使神靈下降，召神。『星虹』，謂有星若虹霓。南朝梁劉孝標辨命論：『星虹樞電，昭聖德之符。』李善注引春秋元命苞：『大星如虹，下流華渚，女節夢意，感生朱宣。』

〔八〕以大聖而乘聖，克昌寶曆之基：『大聖』，古謂道德最完善、智能最超絶、通曉萬物之道的人。荀子哀公：『孔子曰：「人有五儀：有庸人，有士，有君子，有賢人，有大聖……所謂大聖者，知通乎大道，應變而不窮，辨乎萬物之情性者也。」』漢揚雄法言吾子：『委大聖而好乎諸子者，惡睹其識道也。』『寶曆』，亦作『寶歷』。指國祚；皇位。樂府詩集燕射歌辭三晉朝饗樂章：『椒觴再獻，寶歷萬年。』梁書武帝紀上：『雖寶曆重升，明命有紹，而獨夫醜縱，方煽京邑。』

〔九〕由至德而纂德，載廣金圖之運：『至德』，最高的道德；盛德。易繫辭上：『陰陽之義配日月，易簡之善配至德。』論語泰伯：『泰伯其可謂至德也已矣。』『纂德』，繼承

道德。』『纂』，禮記祭統：『子孫纂之，至于今不廢。』漢書敘傳下：『皇矣漢祖，纂堯之緒。』『金圖』，即圖篆。封建時代認爲的上天的策命。南朝梁江淹蕭驃騎讓封第三表：『先王所以長世，後睿所以字氓，纘金圖之要，輔樞曆之機者也。』陳書徐陵傳：『我大梁應金圖而有亢，纂玉鏡而猶屯。』

〔十〕對日之歲，窮象外之微言：『對日』，回答有關太陽問題的故事。出處有二：（一）後漢書黄琬傳：『建和元年正月日食……太后詔問所食多少，瓊思其對而未知所況。琬年七歲，在傍，曰：「何不言日食之餘，如月之初？」瓊大驚，即以其言應詔，而深奇愛之。』（二）南朝宋劉義慶世説新語夙惠：『晋明帝數歲，坐元帝膝上，有人從長安來……因問明帝：「汝意謂長安何如日遠？」答曰：「日遠。不聞人從日邊來，居然可知。」元帝異之。明日，集群臣宴會，告以此意，更重問之。乃答曰：「日近。」元帝失色曰：「爾何故異昨日之言邪？」答曰：「舉目見日，不見長安。」』後因以『對日』爲形容幼年聰慧之典。北周庾信傷王司徒褒詩：『青衿已對日，童子即論天。』唐王維恭懿太子挽歌：『翀天王子去，對日聖君憐。』此處乃用世説新語典。『象外』，猶物外，物象之外。晋孫綽游天台山賦：『散以象外之説，暢以無生之篇。』三國志魏書荀惲傳『誅弟顗，咸熙中爲司空』裴松之注引晋孫盛晋陽秋：『斯則象外之意，繫表之言，固蘊

而不出矣。』『微言』，精深微妙的言辭。逸周書　大戒解：『微言入心，夙喻動衆。』朱右曾校釋：『微言，微眇之言。』漢劉歆移書讓太常博士：『及夫子没而微言絶，七十子終而人義乖。』

（十一）弄田之辰，盡天下之能事：『弄田』，漢未央宫有弄田，供皇帝宴游。漢書　昭帝紀：『己亥，上耕于鈎盾弄田。』顔師古注：『應劭曰：「時帝年九歲，未能親耕帝籍。鈎盾，宦者近署，故往試耕爲戲弄也。」臣瓚曰：「西京故事，弄田在未央宫中。」弄田爲宴游之田，天子所戲弄耳，非爲昭帝年幼創有此名。』唐温庭筠奉天西佛寺詩：『至今南頓諸耆舊，猶指榛蕪作弄田。』『能事』，所能之事。易　繫辭上：『引而伸之，觸類而長之，天下之能事畢矣。』宋書　武帝紀中：『莫不雲行雨施，能事畢舉。』

（十二）逮入膺儲副，養德春闈：『逮』，原作『迨』，今據四庫全書、全唐文改。『儲副』，國之副君。指太子。晋袁宏後漢紀　順帝紀：『太子，國之儲副。』南朝宋劉義慶世説新語　方正：『且明帝以聰亮英斷，益宜爲儲副。』『養德』，修養無爲而治的德性。亦泛指修養德性。莊子　天地：『堯曰：「多男子則多懼，富則多事，壽則多辱。是三者，非所以養德也，故辭。」』成玄英疏：『三者未足養無爲之德，適可以益有爲之累，所以并辭。』晋干寶搜神記卷三：『願府君安身養德，從容光大，勿以神奸，污累天真。』『春闈』，猶春宫。太子居所。又稱東宫。亦指代

太子。唐王勃釋迦佛賦：『寶殿之龍顏大悦，春闈之鳳德何虞。』唐白居易除趙昌檢校吏部尚書兼太子賓客制：『夫望優四皓，然後能調護春闈；才冠六卿，然後能紀綱會府。』

〔十三〕恒侍禁中，問安之道斯極；長居膝下，候色之誠逾勵：『禁中』，指帝王所居宮内。史記秦始皇本紀：『於是二世常居禁中，與高決諸事。』漢書孔光傳：『上於是召丞相翟方進、御史大夫光……皆引入禁中，議中山、定陶王誰宜爲嗣者。』『問安』，問候尊長起居；問好。唐元稹七女封公主制：『朕以四海奉皇太后於南宫，問安之時，諸女侍側。』宋梅堯臣送河東轉運劉察院詩：『行臺知不遠，能使問安頻。』『膝下』，指父母的身邊。南朝梁沈約爲文惠太子禮佛願疏：『元良之位，長守膝下之歡。』此數句所言新唐書高宗紀記云：『太宗嘗命皇太子游觀習射，太子辭以非所好，願得奉至尊，居膝下。』舊唐書卷四高宗紀上亦載：『高宗天皇大聖大弘孝皇帝，諱治，太宗第九子也。母曰文德順聖長孫皇后。以貞觀二年六月，生於東宫之麗正殿。五年，封晋王。七年，遥授并州都督。幼而岐嶷端審，寬仁孝友。初授孝經於著作郎蕭德言，太宗問曰：「此書中何言爲要？」對曰：「夫孝，始於事親，中於事君，終於立身。君子之事上，進思盡忠，退思補過，將順其美，匡救其惡。」太宗大悦曰：「行此，足以事父兄，爲臣子矣。」及文德皇后崩，晋王時年九歲，哀慕感動左右，太宗屢加慰撫，由是特深寵異。尋拜右武候大將軍。

十七年，皇太子承乾廢，魏王泰亦以罪黜，太宗與長孫無忌、房玄齡、李勣等計議，立晉王爲皇太子。太宗每視朝，常令在側，觀決庶政，或令參議，太宗數稱其善。十八年，太宗將伐高麗，命太子留鎮定州。及駕發有期，悲啼累日，因請飛驛遞表起居，并遞敕垂報，并許之。飛表奏事，自此始也。及軍旋，太子從至并州。時太宗患癰，太子親吮之，扶輦步從數日。』

〔十四〕洎乎正位旒扆，光宅區縣：『正位』，謂正式登位、就職。後漢書皇后紀序：『后正位宫闈，同體天王。』宋王讜唐語林補遺三：『昇州上元縣前有古浮圖，嘗有僧指云：「爲此無縣丞正位。」』『旒扆』，借稱帝王。旒爲帝王的冕旒，扆爲帝王座位後的屏風，故稱。唐姚崇于知微碑：『朝庭稱嘆，聲聞旒扆。』唐張説故開府儀同三司上柱國贈揚州刺史大都督梁國文貞公（姚崇神道）碑：『上惻旒扆，旁悲路衢。』此處借稱帝位。舊唐書高宗紀論：『大帝往在藩儲，見稱長者；暨升旒扆，頓異明哉！』『光宅』，廣有。書堯典序：『昔在帝堯，聰明文思，光宅天下。』曾運乾正讀：『光，猶廣也。宅，宅而有之也。』南齊書高帝紀下：『猥以寡德，光宅四海。』『區縣』，疆域，天下。南朝陳徐陵爲陳武帝即位告天文：『放勛重華之世，咸無意於受終，當塗典午之君，雖有心於揖讓，皆以英才處萬乘，高勛御四海，故能大庇黔首，光宅區縣。』北齊書儒林傳序：『及仗義建旗，掃清區縣，以正君臣，以齊上下。』

〔十五〕治俗軫如傷之念，負重懷若厲之心：『治』，原作『乎』，今據適園叢書、明鈔本、學林本改。『厲』，原作『勵』，今據全唐文、適園叢書、明鈔本、學林本改。『軫』，隱痛。楚辭九章惜誦：『背膺牉以交痛兮，心鬱結而紆軫。』王逸注：『軫，隱也。言己不忍變心易行，則憂思鬱結，胸背分裂，心中交引而隱痛也。』洪興祖補注：『軫，痛也。』宋王安石乞皇帝御正殿復常膳表之一：『少違常候，深軫清衷。』『重懷』，沉重的心懷。後漢書質帝紀：『寤寐永嘆，重懷慘結。』『厲』，病灾；瘟疫。左傳襄公三十一年：『盜賊公行，而夭厲不戒。』

〔十六〕求瘼恤隱，寒扇渴漿：『求瘼』，謂訪求民間疾苦。唐陸贄請依京兆所請折納事狀：『求瘼救灾，國之令典。』清唐孫華進呈御覽詩一百韻：『蠲賦頻求瘼，祥刑念好生。』『恤隱』，憂念百姓疾苦。語本國語周語上：『勤恤民隱而除其害也。』韋昭注：『恤，憂也；隱，痛也。』晋干寶晋紀總論：『節理人情，恤隱民事。』按，舊唐書高宗紀上永徽二年春正月戊戌曾記高宗『求瘼恤隱，寒扇渴漿』之類事云：『詔曰：「去歲關輔之地，頗弊蝗螟，天下諸州，或遭水旱，百姓之間，致有罄乏。此由朕之不德，兆庶何辜？矜物罪己，載深憂惕。今獻歲肇春，東作方始，糧廩或空，事資賑給。其遭蟲水處有貧乏者，得以正、義倉賑貸。雍、同二州，各遣郎中一人充使存問，務盡哀矜之旨，副朕乃眷之心。」』又永徽六年春記云：『正月壬申朔，親謁昭陵，

曲赦醴泉縣民，放今年租賦。』又永徽六年八月載：『先是大雨，道路不通，京師米價暴貴，出倉粟糶之，京師東西二市置常平倉。』又舊唐書高宗紀下總章二年記：『六月戊申朔，日有蝕之。括州大風雨，海水泛溢永嘉、安固二縣城郭，漂百姓宅六千八百四十三區，溺殺人九千七十、牛五百頭，損田苗四千一百五十頃。冀州大水，漂壞居人廬舍數千家。并遣使賑給。秋七月，劍南益、瀘、巂、茂、陵、邛、雅、綿、翼、維、始、簡、資、榮、隆、果、梓、普、遂等一十九州旱，百姓乏絶，總三十六萬七千六百九十户，遣司珍大夫路勵行存問賑貸。』又咸亨元年載：『冬十月癸酉，大雪，平地三尺餘，行人凍死者贈帛給棺木。令雍、同、華州貧窶之家，有年十五已下不能存活者，聽一切任人收養爲男女，充驅使，皆不得將爲奴婢。……是歲，天下四十餘州旱及霜蟲，百姓飢乏，關中尤甚。詔令任往諸州逐食，仍轉江南租米以賑給之。』又上元三年八月載：『青、齊等州海泛溢，又大雨，漂溺居人五千家，遣使賑恤之。』史籍所載上述此類事頗有之，今不一一載録。故舊唐書高宗紀下有載：『史臣曰：大帝往在藩儲，見稱長者；暨升旒扆，頓異明哉。虛襟似納於觸鱗，下詔無殊於扇暍。』

〔十七〕追夏禹之焚甲，襲殷湯之解綱：『追夏禹之焚甲』，淮南鴻烈解卷一：『昔者夏鯀作三仞之城，諸侯背之，海外有狡心。禹知天下之叛也，乃壞城平池，散財物，焚甲兵，施之以德，海

外賓伏，四夷納職，合諸侯于塗山，執玉帛者萬國。』『解網』，亦作『解罔』。解開羅網。比喻寬宥、仁德。典出史記殷本紀：『湯出，見野張網四面，祝曰：「自天下四方皆入吾網。」湯曰：「嘻，盡之矣！」乃去其三面，祝曰：「欲左，左。欲右，右。不用命，乃入吾網。」諸侯聞之，曰：「湯德至矣，及禽獸。」』南朝梁沈約漢東流詩：『至仁解網，窮鳥入懷。』唐柳宗元寄韋珩詩：『幸因解網入鳥獸，畢命江海終游遨。』按，舊唐書高宗紀上永徽三年正月癸亥記高宗『襲殷湯之解網』之類事云：『以去秋至于是月不雨，上避正殿，降天下死罪及流罪遞減一等，徒以下咸宥之。』又永徽四年記：『夏四月戊子，林邑國王遣使來朝，貢馴象。壬寅，以旱，避正殿，減膳，親録繫囚，遣使分省天下冤獄，詔文武官極言得失。』又永徽五年記：『三月戊午，幸萬年宮。辛未，曲赦所經州縣繫囚。』又顯慶三年二月記：『壬午，親録囚徒，多所原宥。』又龍朔三年二月記：『庚戌，詔曰：「天德施生，陽和在節，言念幽圄，載惻分宵。雖復每有哀矜，猶恐未免枉濫。在京繫囚應流死者，每日將二十人過。」於是親自臨問，多所原宥，不盡者令皇太子録之。』又儀鳳三年載：『四月丁亥朔，以旱，避正殿，親録囚徒，悉原之。』

〔十八〕一夫弗獲，則推溝置懷：『推溝』，推入溝壑之中。語本孟子萬章上：『思天下之民匹夫匹婦有不被堯舜之澤者，若己推而內之溝中。』後以『推溝』爲憫民之典。南朝梁簡文

帝大法頌：『推溝之念，有如不足；納隍之心，無忘宿寤。』周書 武帝紀下：『一物失所，有若推溝。』

（十九）無幽不察，觀六合於目前：『六合』，天地四方；整個宇宙的巨大空間。莊子 齊物論：『六合之外，聖人存而不論；六合之内，聖人論而不議。』成玄英疏：『六合者，謂天地四方也。』晋葛洪 抱朴子 地真：『其大不可以六合階，其小不可以毫芒比也。』

（二十）無遠不招，視八紘於掌内：『八紘』，八方極遠之地。淮南子 墬形訓：『九州之外，乃有八殥……八殥之外，而有八紘，亦方千里。』高誘注：『紘，維也。維落天地而爲之表，故曰紘也。』漢劉楨 贈徐幹詩：『兼燭八紘内，物類無偏頗。』

（二十一）循機授政，則旁燭於九圍：『授政』，授予帝位。史記 伯夷列傳：『堯將遜位，讓於虞舜，舜禹之間，岳牧咸薦，乃試之於位。典職數十年，功用既興，然後授政。』『九圍』，九州。詩 商頌 長發：『帝命式于九圍。』孔穎達疏：『謂九州爲九圍者，蓋以九分天下，各爲九處，規圍然，故謂之九圍也。』隋書 西域傳 高昌：『自我皇隋平一宇宙，化偃九圍，德加四表。』

（二十二）寅畏上玄，肅雍清廟：『寅畏』，敬畏；恭敬戒懼。書 無逸：『嚴恭寅畏，天命自度。』蔡沈集傳：『寅則欽肅，畏則戒懼。』唐白居易 畫大羅天尊贊文：『皇帝孝敬寅畏，憂勤勞

謙。」『肅雍』，亦作『肅邕』。莊嚴雍容，整齊和諧。形容祭祀時的氣氛和樂聲。詩周頌清廟：『於穆清廟，肅雍顯相。』毛傳：『肅，敬；雍，和。』漢書劉向傳引作『肅雍顯相』。詩周頌有瞽：『喤喤厥聲，肅雍和鳴，先祖是聽。』樂府詩集郊廟歌辭七唐禪社首樂章：『樂以平志，禮以和容。上帝臨我，云胡肅邕。』『清廟』，即太廟。古代帝王的宗廟。詩周頌清廟：『於穆清廟，肅雍顯相。』漢司馬相如上林賦：『登明堂，坐清廟。』郭璞注：『清廟，太廟也。』按，『寅畏上玄，肅雍清廟』之類事舊唐書高宗紀下麟德三年記：『春正月戊辰朔，車駕至泰山頓。是日親祀昊天上帝於封祀壇，以高祖、太宗配饗。己巳，帝升山行封禪之禮。庚午，禪於社首，祭皇地祇，以太穆太皇太后、文德皇太后配饗；皇后爲亞獻，越國太妃燕氏爲終獻。辛未，御降禪壇。……兖州界置紫雲、仙鶴、萬歲觀，封巒、非烟、重輪三寺。天下諸州置觀、寺一所。丙戌，發自泰山。甲午，次曲阜縣，幸孔子廟，追贈太師，增修祠宇，以少牢致祭。其褒聖侯德倫子孫，并免賦役。二月己未，次亳州。幸老君廟，追號曰太上玄元皇帝，創造祠堂；其廟置令、丞各一員。改谷陽縣爲真源縣，縣内宗姓特給復一年。夏四月甲辰，車駕至自泰山，先謁太廟而後入。』又咸亨四年載：『十一月丙寅，上製樂章，有上元、二儀、三才、四時、五行、六律、七政、八風、九宮、十洲、得一、慶雲之曲，詔有司，諸大祠享即奏之。』又咸亨五年五月載：『己

未，詔：「春秋二社，本以祈農，如聞此外别有爲邑會。此後除二社外，不得聚集，有司嚴加禁止。」』上元三年十一月記云：『丁卯，敕新造上元舞，圓丘、方澤、享太廟用之，餘祭則停。』

〔二十三〕提衡均馭朽之危，履石同蹈冰之懼：『提衡』，亦作『提珩』。謂用秤稱物，以平輕重。此處或引申爲簡選官吏。南朝梁任昉王文憲集序：『公提衡惟允，一紀于兹。』李善注：『言選曹以材授官，似衡之平物，故取以喻焉。』唐封演封氏聞見記銓曹：『吏部候人數滿百或二百，即引試，量書、判、注擬，乃無被放者。故吏曹四時提衡，略無休暇。』『馭朽』，即『馭朽索』之意。書五子之歌：『予臨兆民，懔乎若朽索之馭六馬。』孔穎達疏：『我臨兆民之上，常畏人怨，懔懔乎危懼，若腐索之馭六馬。索絶則馬逸，言危懼之甚。』後因以比喻帝王治國，艱險不易。唐白居易辨興亡之由策：『安人者，敬其下也，懔乎若馭朽索，猶懼其未也。』亦省作『馭朽』。陳書世祖紀論：『及國禍奄臻，入承寶祚，兢兢業業，其若馭朽。』舊唐書代宗紀：『朕所以馭朽懸旌，坐而待曙，勞懷罪己之念，延想安人之策。』『蹈冰』，踏冰。喻危迫。晋葛洪抱朴子勤求：『戴霜蹈冰，連年隨之。』唐駱賓王上兖州崔長史啓：『載塵聽覽，迫甚蹈冰。』

〔二十四〕雖處泰罔泰，休而弗休：此兩句四庫全書作『雖處泰而弗泰，固乘休而弗休』。

〔二十五〕卑宫菲食，土簋茅檐：『卑宫菲食』，謂使宫室簡陋，飲食菲薄。舊時用以稱美朝

廷自奉節儉的功德。語出論語 泰伯：『禹，吾無間然矣！菲飲食，而致孝乎鬼神；惡衣服，而致美乎黻冕；卑宮室，而盡力乎溝洫。』晉陸機辯亡論：『卑宮菲食，以豐功臣之賞；披懷虛己，以納謨士之算。』『土簋』，盛飯的瓦器。韓非子 十過：『臣聞昔者堯有天下，飯於土簋，飲於土鉶。』史記 太史公自序：『食土簋，啜土刑。』裴駰集解引服虔曰：『土簋，用土作此器。』

〔二十六〕身好弋綈之衣，手無金玉之玩，翬裘必燼：『弋綈』，黑色粗厚的絲織物。弋，通『黓』。漢書 文帝紀贊：『身衣弋綈，所幸慎夫人衣不曳地，帷帳無文綉，以示敦樸，爲天下先。』顏師古注：『弋，黑色也。綈，厚繒。』唐劉禹錫賀赦表：『菲食遵夏禹之規，弋綈法漢文之儉。』『翬』，五彩山雉。詩 小雅 斯干：『如鳥斯革，如翬斯飛。』鄭玄箋：『伊洛而南，素質，五色皆備成章，曰翬。翬者，鳥之奇異者也。』晉潘岳射雉賦：『聿采毛之英麗兮，有五色之名翬。』『裘』，用毛皮製成的禦寒衣服。詩 豳風 七月：『一之日于貉，取彼狐狸，爲公子裘。』初學記卷二十六引漢班固白虎通：『古者緇衣羔裘、黃衣狐裘，禽獸衆多，獨以狐羔，取其輕暖。』『翬裘』，此處指用奇異珍貴的羽毛毛皮製成的華麗衣服。

〔二十七〕絳帳必易，捐雕鏤而莫施，屏鸞龍而弗馭：此數句四庫全書作『牂袂可安撤，士星而莫施，却超影而勿馭』；全唐文作『牂袂安撤闕，士星疑莫施，劫於影而勿馭』；適園叢

書作『牸袟安撤，士闕星而莫施，劫於影而弗馭』。『絳帳』，紅色的華貴紗帳。後漢書 馬融傳：『融才高博洽，爲世通儒，教養諸生，常有千數……居宇器服，多存侈飾。常坐高堂，施絳紗帳，前授生徒，後列女樂，弟子以次相傳，鮮有入其室者。』『雕鏤』，指雕刻品。新唐書 高宗紀：『六月癸亥，禁宗戚獻纂組雕鏤。』按，此文中『卑宮菲食，土簋茅檐，身好弋綈之衣，手無金玉之玩，翟裘必燼，絳帳必易，捐雕鏤而莫施，屏鸞龍而弗馭，此先聖之廉德也』等文，乃贊頌唐高宗之『廉德』，舊唐書 高宗紀下亦有所載録，如永隆二年正月載：『己亥，詔雍、岐、華、同民户宜免兩年地税，河南、河北遭水處一年。上詔雍州長史李義玄曰：「朕思還淳返朴，示天下以質素。如聞游手墮業，此類極多，時稍不豐，便致饑饉。其異色綾錦，并花間裙衣等，糜費既廣，俱害女工。天后，我之匹敵，常著七破間裙，豈不知更有靡麗服飾？務遵節儉也。其紫服赤衣，閭閻公然服用；兼商賈富人，厚葬越禮。卿可嚴加捉搦，勿使更然。」』

〔二十八〕此先聖之廉德也：『廉德』，原作『廣德』，今據適園叢書、明鈔本、甲庫本、學林本改。

〔二十九〕榮河緑錯，鑒宸鑒而生知：『鑒』，全唐文作『授』。『緑錯』，指圖書上赤文所交錯的緑色文字，表示福瑞之意。宋書 符瑞志：『舜乃設壇於河，依堯故事。至于下昃，榮光休

氣至，黃龍負圖，長三十二尺，廣九尺，出于壇畔，赤文緑錯，其文言當禪禹。』駢字類編引雲笈七籤：『黃帝至翠嬀之泉，有大鱸魚於河中溯流而至，殺三牲以醮之，即甚雨七日七夜。有黃龍負圖而出於河，黃帝謂天老五聖曰：「子見河中者乎？」天老五聖乃前跪受之。其圖五色畢具，白圖蘭葉而朱文……黃帝乃舒視之，名曰緑錯圖，令侍臣寫之，以示天下。』『鋈』，磨拭使光亮。唐蔡孚打球篇：『金鎚玉鋈千金地，寶杖雕文七寶球。』『宸鑒』，謂皇帝審閲，鑒察。梁書元帝紀：『百司岳牧，祈仰宸鑒。』唐元稹進田弘正碑文狀：『伏乞天慈，特留宸鑒，其碑文謹隨狀封進。』『生知』，謂不待學而知之。語本論語季氏：『生而知之者上也。』晉葛洪抱朴子勖學：『人理之曠，道德之遠，陰陽之變，鬼神之情，緬邈玄奥，誠難生知。』

〔三十〕温洛丹書，澡璇襟於性與：『温洛丹書』，底本以及諸本原均作『温洛丹青』，然疑應作『温洛丹書』。蓋本書卷第十一天帝遺詔篇中有『曆數在躬，則鳳邸不易而臨，龍圖難可輒御。所以榮河緑錯，彰得一之符；温洛丹書，著通三之表』句。又本書同卷下文德宗謚議篇中有『立言垂訓，丹青玄鳥之作也』。此處『丹青』，文苑英華、全唐文所録德宗謚議文皆作『丹書』，可從。據以上所述，今改『丹青』爲『丹書』。『温洛丹書』乃『温洛』與『丹書』兩詞之合成，然兩詞各有出典。『温洛』，古代傳説，謂王者如有盛德，則洛水先温，故稱『温洛』。南

朝梁劉勰文心雕龍正緯：『贊曰：滎河温洛，是孕圖緯。』范文瀾注引易乾鑿度：『帝盛德之應，洛水先温，九日乃寒。』南朝梁任昉九日侍宴樂游苑詩：『時來濁河變，瑞起温洛清。』隋書天文志序：『昔者滎河獻籙，温洛呈圖。』『丹書』，指洛書。傳説夏禹治水時，洛水神龜負之而出，故稱洛書。淮南子俶真訓：『洛出丹書，河出緑圖。』『澡』，原作『藻』，今據四庫全書、全唐文改。

〔三十一〕汾水秋風之唱，仰天翰而扶輪：『汾水秋風之唱』，乃用漢武帝故事典。漢武故事：『上幸河東，欣言中流，與群臣飲宴。顧視帝京，乃自作秋風辭曰：「泛樓船兮汾河，横中流兮揚素波。簫鼓吹，發棹歌，極歡樂兮哀情多。」』又，昭明文選卷四十五秋風辭：『上行幸河東，祠后土，顧視帝京欣然，中流與群臣飲燕，上歡甚，乃自作秋風辭曰：「秋風起兮白雲飛，草木黄落兮雁南歸。蘭有秀兮菊有芳，携佳人兮不能忘。泛樓船兮濟汾河，横中流兮揚素波。簫鼓鳴兮發棹歌，歡樂極兮哀情多。少壯幾時兮奈老何！」』『天翰』，皇宫所藏翰墨。清黄景仁灵璧磬石歌：『澄心堂硯秘制出，宣和天翰尤淋淋。』『扶輪』，扶翼車輪。南朝宋顔延之迎送神歌：『月御案節，星驅扶輪。』唐高彦休唐闕史序：『皇朝濟濟多士，聲名文物之盛，兩漢才足以扶輪捧轂而已。』清王韜创建医院序：『文字之社，扶輪風雅，宣講格言，化導愚蒙。』此處有扶

掖、獎掖風雅之意。

（三十二）嬀汭叢雲之歌，欽睿詞而擁篲：『嬀汭』，嬀水隈曲之處。傳説舜居於此，堯將兩個女兒嫁給他。嬀水在山西省永濟市南，源出歷山，西流入黄。書堯典：『釐降二女于嬀汭，嬪于虞。』孔傳：『舜爲匹夫，能以義理下帝女之心於所居嬀水之汭，使行婦道於虞氏。』陸德明釋文：『汭，音如鋭反，水之内也。杜預注左傳云：「水之隈曲曰汭。」』孔穎達疏：『嬀水在河東虞鄉縣歷山西，西流至蒲阪縣，南入於河。舜居其旁。』一説『嬀』『汭』皆水名。北魏酈道元水經注河水四：『（河東）郡南有歷山，謂之歷觀，舜所耕處也，有舜井，嬀、汭二水出焉。南曰嬀水，北曰汭水……異源同歸，渾流西注，入於河。』此處用以借稱舜的配偶娥皇與女英。南朝宋謝莊宣太后歌：『嗣徽嬀汭，思媚周姜。母臨萬宇，訓藹紫房。』陳書高祖紀上：『且重華大聖，嬀汭惟賢，盛德之祀無忘，公侯之門必復。』『叢雲之歌』，指虞舜所作卿雲歌。語本尚書大傳卷一下：『俊乂百工相和而歌卿雲……於時八風循通，卿雲藂藂。』藂，同『叢』。唐李善上文選注表：『嬀簧之後，掞叢雲之奥詞。』『擁篲』，亦作『擁彗』。意爲執帚。帚用以掃除清道，古人迎候賓客，常擁篲以示敬意。史記孟子荀卿列傳：『（騶子）如燕，昭王擁彗先驅，請列弟子之座而受業。』漢書高帝紀下：『後上朝，太公擁彗，迎門却行。』史記高祖本紀作『擁篲』。唐

李白行路難詩之二：『君不見昔時燕家重郭隗，擁篲折腰無嫌猜。』按，以上『汾水秋風之唱，仰天翰而扶輪；嬀汭叢雲之歌，欽睿詞而擁篲』等句乃謂唐高宗親自參與并扶掖、獎賞風雅文化之類事。舊唐書高宗紀上永徽四年記：『三月壬子朔，頒孔穎達五經正義於天下，每年明經令依此考試。』又顯慶元年載：『二月庚寅，名破陣樂爲神功破陣樂。……夏四月戊申，御安福門，觀僧玄奘迎御製并書慈恩寺碑文，導從以天竺法儀，其徒甚盛。五月己卯，太尉長孫無忌進史官所撰梁、陳、周、齊、隋五代史志三十卷。弘文館學士許敬宗進所撰東殿新書二百卷，上自製序。』又顯慶三年載：『春正月戊子，太尉、趙國公無忌等修新禮成，凡一百三十卷，二百五十九篇，詔頒於天下。』又顯慶四年載：『春二月乙亥，上親策試舉人，凡九百人，惟郭待封、張九齡五人居上第，令待詔弘文館，隨仗供奉。』又舊唐書高宗紀下咸亨三年記：『五月丙戌，詔曰：「諸州縣孔子廟堂及學館有破壞并先來未造者，遂使生徒無肄業之所，先師闕奠祭之儀，久致飄露，深非敬本。宜令所司速事營造。」』又總章四年記：『十一月丙寅，上製樂章，有上元、二儀、三才、四時、五行、六律、七政、八風、九宮、十洲、得一、慶雲之曲，詔有司，諸大祠享即奏之。』又儀鳳元年記：『十二月丙申，皇太子賢上所注後漢書，賜物三萬段。』又儀鳳三年記：『秋七月丁巳，宴近臣諸親於咸亨殿。上謂霍王元軌曰：「去冬無雪，今春少雨，自避暑此宮，甘雨頻降，

夏麥豐熟，秋稼滋榮。又得敬玄表奏，吐蕃入龍文，張虔勖與之戰，一日兩陣，斬馘極多。又太史奏，七月朔，太陽合虧而不虧。此蓋上天垂祐，宗社降靈，豈虛薄所能致此！又男輪最小，特所留愛，比來與選新婦，多不稱情；近納劉延景女，觀其極有孝行，復是私衷一喜。思與叔等同爲此歡，各宜盡醉。」上因賦七言詩效柏梁體，侍臣并和。』又調露二年記：『二月丙午，詔曰：「故符璽郎李延壽撰正典一部，辭殫雅正，雖已淪亡，功猶可録，宜賜其家絹五十匹。」』

（三十三）以德敷化，無遠而不懷：此句原作『駕狄□狄』，而四庫全書無此句，今據全唐文改。『敷化』，布行教化。南朝梁沈約齊故安陸昭王碑：『公下車敷化，風動神行。』唐張欽敬仲冬時令賦：『敷化布和，設明堂以聽政；發祥儲祉，坐宣室而受釐。』

（三十四）以戎伐戎：此句四庫全書、全唐文作『以我伐戎』。

（三十五）提封所亘，拓地位於鄒瀛：『提封』，猶版圖，疆域。隋薛道衡老氏碑：『牂牁、夜郎之所，靡漢、桑乾之地，咸被聲教，并入提封。』舊唐書東夷傳高麗：『遼東之地，周爲箕子之國，漢家玄菟郡耳！魏、晉已前，近在提封之內，不可許以不臣。』『亘』，『絚』的被通假字。綿長；綿延。晉左思蜀都賦：『經途所亘，五千餘里。』吕向注：『亘，長也。』南朝齊謝朓敬亭山詩：『茲山亘百里，合沓與雲齊。』吕向注：『亘，長也。』『拓地』，開闢土地；擴充疆域。吴

子圖國：『闢土四面，拓地千里，皆起之功也。』後漢書 文苑傳上 杜篤：『（孝武）拓地萬里，威震八荒。』『鄒』，春秋邾國。曹姓，子爵。武王時始受封。戰國時魯穆公改爲鄒。唐爲鄒縣，歷代因之。故地在今山東省鄒城市一帶。國語 鄭語：『曹姓鄒莒，皆爲采衛。』韋昭注：『陸終第五子曰安，爲曹姓，封於鄒。』『瀛』，古州名。北魏時置。治所在今河北省河間市。

（三十六）正朔所通，闢境逾於亥步：『正朔』，謂帝王新頒的曆法。古代帝王易姓受命，必改正朔；故夏、殷、周、秦及漢初的正朔各不相同。自漢武帝後，直至現今的農曆，都用夏制，即以建寅之月爲歲首。禮記 大傳：『改正朔，易服色。』孔穎達疏：『改正朔者，正，謂年始；朔，謂月初，言王者得政示從我始，改故用新，隨寅丑子所損也。周子、殷丑、夏寅，是改正也；周半夜、殷鷄鳴、夏平旦，是易朔也。』史記 曆書：『王者易姓受命，必慎始初，改正朔，易服色，推本天元，順承厥意。』『亥步』，相傳禹臣竪亥善走，後因稱健行爲『亥步』。山海經 海外東經：『帝命竪亥步，自東極至于西極，五億十選（萬）九千八百步。』隋江總辭行李賦：『輶軒巡履，聲芳亥步。』『闢境逾於亥步』，乃謂唐高宗時邊境遠逾千萬里。

（三十七）爲於无爲，事於无事：按，此兩句中兩『无』字原均作『無』，然此处均以作『无』字爲宜，故改。『事於无事』，四庫全書作『動於自然』。『无爲』，謂順應自然，不求有所作

爲。易繫辭上：『易，無思也，无爲也，寂然不動，感而遂通天下之故。』孔穎達疏：『任運自動，不須營造，是无爲也。』莊子天道：『夫虚静恬淡寂寞无爲者，萬物之本也。』『无事』，指无爲。道家主張順乎自然，无爲而治。老子：『取天下常以无事，及其有事，不足以取天下。』

〔三十八〕鳴鑾訪道，敬拜小童之言：『敬』字原闕，今據全唐文增補。『鳴鑾』，裝在軛首或車衡上的銅鈴。車行摇動作響。此處借指皇帝出行。漢班固西都賦：『大路鳴鑾，容與徘徊。』李善注：『周禮曰：巾車掌玉輅，以鑾和爲節。鄭玄曰：鑾在衡，和在軾，皆以金鈴也。』吕延濟注：『鑾，車上鈴也。』唐玄宗早渡蒲津關詩：『鳴鑾下蒲阪，飛旆入秦中。』『訪道』，尋訪真人、道士。初學記卷二十三引隋孔德紹登白馬山護明寺詩：『攝心罄前禮，訪道挹中虚。』水滸傳第九十六回：『本師羅真人常對小弟説：「涇原有個喬冽，他有道骨，曾來訪道，我暫且拒他。」』按，此兩句乃用莊子徐无鬼所載之故事：『黄帝將見大隗乎具茨之山，方明爲御，昌寓驂乘，張若、謵朋前馬，昆閽、滑稽後車；至於襄城之野，七聖皆迷，無所問塗。適遇牧馬童子，問塗焉，曰：「若知具茨之山乎？」曰：「然。」「若知大隗之所存乎？」曰：「然。」黄帝曰：「異哉小童！非徒知具茨之山，又知大隗之所存。請問爲天下。」小童曰：「夫爲天下者，亦若此而已矣，又奚事焉！予少而自游於六合之内。予適有瞀病，有長者教予曰：『若乘日之車而游於襄城

之野。』今予病少痊，予又且復游於六合之外。夫爲天下亦若此而已，予又奚事焉！」黄帝曰：「夫爲天下者，則誠非吾子之事。雖然，請問爲天下。」小童辭。黄帝又問，小童曰：「夫爲天下者，亦奚以異乎牧馬者哉！亦去其害馬者而已矣！」黄帝再拜稽首，稱「天師」而退。』按，唐高宗『鳴鑾訪道』之事舊唐書高宗紀下調露二年二月有記云：『癸丑，幸汝州温湯。丁巳，至少室山。戊午，親謁少姨廟。賜故玉清觀道士王遠知謚曰昇真先生，贈太中大夫。又幸隱士田遊岩所居。己未，幸嵩陽觀及啓母廟，并命立碑。又幸逍遥谷道士潘師正所居。』又永淳二年記云：『春正月甲午朔，幸奉天宫，遣使祭嵩岳、少室、箕山、具茨等山，西王母、啓母、巢父、許由等祠。』

〔三十九〕修己就閑，載感大庭之夢：『修己』，四庫全書作『修德』，全唐文作『修道』。按，『大庭之夢』乃用莊子胠篋所載故事：『子獨不知至德之世乎？昔者，容成氏、大庭氏、伯皇氏、中央氏、栗陸氏、驪畜氏、軒轅氏、赫胥氏、尊盧氏、祝融氏、伏犧氏、神農氏，當是時也，民結繩而用之，甘其食，美其服，樂其俗，安其居，鄰國相望，鷄狗之音相聞，民至老死而不相往來。若此之時，則至治已。今遂至使民延頸舉踵曰「某所有賢者」，贏糧而趣之，則内棄其親而外去其主之事，足迹接乎諸侯之境，車軌結乎千里之外。則是上好知之過也。上誠好知而无

道，則天下大亂矣。』

（四十）此先聖之玄德也：『玄德』，指自然無爲的德性。老子：『生而不有，爲而不恃，長而不宰，是謂玄德。』王弼注：『凡言玄德，皆有德而不知其主，出乎幽冥。』莊子天地：『其合緡緡，若愚若昏，是謂玄德，同乎大順。』隋書經籍志三：『聖人體道成性，清虚自守，爲而不恃，長而不宰，故能不勞聰明而人自化，不假修營而功自成。其玄德深遠，言象不測。』

（四十一）體至道而調一氣，舒卷陰陽；運冲和而契兩儀，發揮風雨：『至道』，佛、道謂極精深微妙的道理或道術。莊子在宥：『來！吾語女至道。至道之精，窈窈冥冥；至道之極，昏昏默默。』漢牟融理惑論：『（老子）曰：「用其光，復其明，無遺身殃。」此道生死之所趣，吉凶之所住。至道之要，實貴寂寞，佛家豈好言乎！』唐陳鴻東城老父傳：『讀釋氏經，亦能了其深義至道，以善心化市井人。』『一氣』，指混沌之氣。古代認爲是構成天地萬物之本原。莊子大宗師：『彼方且與造物者爲人，而游乎天地之一氣。』晉書涼武昭王李玄盛傳論：『王者受圖，咸資世德，猶混成之先大帝，若一氣之生兩儀。』『冲和』，語本老子：『冲氣以爲和。』後以『冲和』指真氣、元氣。晉夏侯湛東方朔畫贊：『談者又以先生噓吸冲和，吐故納新。』張銑注：『冲和，謂真氣也。』『兩儀』，指天地。易繫辭上：『是故易有太極，是生兩儀。』孔穎達疏：『不言

天地而言兩儀者，指其物體；下與四象（金、木、水、火）相對，故曰兩儀，謂兩體容儀也。』晉書 摯虞傳：『考步兩儀，則天地無所隱其情；準正三辰，則懸象無所容其謬。』『發揮』，把內在的性質或能力表現出來。易 乾：『六爻發揮，旁通情也。』孔穎達疏：『發謂發越也，揮謂揮散也。言六爻發越揮散，旁通萬物之情也。』南朝梁劉勰文心雕龍 事類：『是以綜學在博，取事貴約，校練務精，捃理須核，衆美輻輳，表裏發揮。』

（四十二）將百靈以交際，與萬物而通誠：『與』，原闕，四庫全書則作『亦』，今據全唐文增補。『百靈』，各種神靈。漢班固東都賦：『禮神祇，懷百靈。』李善注：『毛詩曰：「懷柔百神。」』唐李白天長節使鄂州刺史韋公德政碑：『今主上明聖，懷於百靈。』『交際』，融和感通。樂府詩集 唐祭太社樂章 肅和：『九域底平，兩儀交際。』清惲敬文昌宮碑陰録：『天下之大，智者愚者，皆赫然於天人之交際、百神之呵護，則國家之大社，百世之所以治安也。』『通誠』，猶通陳。二刻拍案驚奇卷十六：『一直走進殿來，將黃紙狀在燭火上點著火，燒在神前爐內了。照舊通誠拜禱已畢。』紅樓夢第六十九回：『於是天地前燒香禮拜，自己通誠禱告說：「我或有病，只求尤氏妹子身體大愈。」』

（四十三）休徵畢應，此先聖之神德也：『休徵』，吉祥的徵兆。書 洪範：『曰休徵。』

孔傳：『叙美行之驗。』漢書終軍傳：『故周至成王，然後制定，而休徵之應見。』顔師古注：『休，美也。徵，證也。』『神德』，高潔的品德。楚辭惜誓：『彼聖人之神德兮，遠濁世而自藏。』王逸注：『言彼神智之鳥，乃與聖人合德，見非其時，則遠藏匿迹。』淮南子泰族訓：『巧詐藏于胸中，則純白不備，而神德不全矣。』

〔四十四〕以兹九德，上則九玄，顧連陸於後塵，掩胥燧而高視：『則』，謂權衡，衡量。三國志蜀書張嶷傳：『取古則今。』『九玄』，指衆仙。南朝梁陶弘景水仙賦：『迎九玄於金闕，謁三素於玉清。』『連陸』，或指魯連、陸通。魯連，即魯仲連。戰國時齊國人。有計謀，但不肯做官。常周游各國，排難解紛。秦軍圍趙都邯鄲，魯連以利害進説趙魏大臣，勸阻尊秦爲帝，曾説：『彼（秦昭王）即肆然稱帝，連有蹈東海而死耳！』齊國要收復被燕國占據的聊城時，又寫信勸説燕將撤守。齊王打算給予官位，他便逃到海上。他是一個兼有隱士、俠客與政治家特點之人。事見史記魯仲連鄒陽列傳。後被視爲奇偉高蹈、不慕榮利的代表人物。南朝梁江淹詣建平王上書：『夫魯連之智，辭禄而不返。』唐李白古風之十：『齊有倜儻生，魯連特高妙。』陸通，春秋楚人，字接輿。昭王時，政令無常，乃佯狂不仕。時人稱爲楚狂。漢劉向列仙傳陸通：『陸通者，云楚狂接輿也。好養生，食槖盧木實及蕪菁子。游諸名山，在蜀峨嵋山上，世世見之，歷數

百年去。』又，論語 微子：『楚狂接輿歌而過孔子曰：「鳳兮鳳兮！何德之衰？往者不可諫，來者猶可追。已而，已而！今之從政者殆而！」』『胥燧』，指華胥和燧人氏。華胥，人名。傳説是伏羲氏的母親。北魏酈道元水經注 瓠子河：『瓠河又左逕雷澤北，其澤藪在大成陽縣故城西北十餘里，昔華胥履大迹處也。』宋書 符瑞志上：『太昊帝宓犧氏，母曰華胥。燧人之世，有大迹出雷澤，華胥履之，而生伏犧於成紀。蛇身人首，有聖德。燧人氏没，宓犧代之，受龍圖，畫八卦，所謂「河出圖」者也。有景龍之瑞。』唐司馬貞補史記 三皇本紀：『太皞庖犧氏……母曰華胥，履大人迹於雷澤，而生庖犧於成紀。』庖犧，即伏羲。燧人氏，傳説中的古帝王。鑽木取火的發明者。韓非子 五蠹：『有聖人作，鑽燧取火，以化腥臊，而民悦之，使王天下，號之曰燧人氏。』莊子 繕性：『逮德下衰，及燧人、伏羲始爲天下，是故順而不一。』漢班固白虎通 號：『鑽木燧取火，教民熟食，養人利性，避臭去毒，謂之燧人也。』

〔四十五〕若乃亭育群方之惠：『亭育』，四庫全書作『子育』，全唐文作『茂育』。『亭育』，养育；培育。梁書 武帝紀下：『思隨乾覆，布兹亭育。』隋江總勞酒賦：『顧曲私之亭育，遞寒暑而徂遷。』『群方』，猶萬方。後漢書 逸民傳序：『群方咸遂，志士懷仁。』唐盧照鄰益州至真觀主黎君碑：『堯禹生而天下火馳，姬孔出而群方鼎沸。』

〔四十六〕財成庶類之仁：『財成』，裁成。謂裁度以成之。財，通『裁』。易泰：『天地交，泰。后以財成天地之道。』陸德明釋文：『財，荀作裁。』孔穎達疏：『后，君也。於此之時，君當翦財成就天地之道。』隋薛道衡老氏碑：『固以財成庶類，亭毒群品。』『庶類』，萬物，萬類。國語鄭語：『夏禹能單平水土，以品處庶類者也。』韋昭注：『禹除水灾，使萬物高下各得其所。』魏書高祖紀：『今東作方興，庶類萌動。』

〔四十七〕萬品歲計而不測：『萬品』，猶萬物，萬類。尹文子大道下：『過此而往，雖彌綸天地，籠絡萬品，治道之外，非群生所餐挹，聖人錯而不言也。』舊唐書德宗紀上：『萬品失序，九廟震驚。』『歲計』，一年内收入和支出的計算。莊子庚桑楚：『今吾日計之而不足，歲計之而有餘。』唐朱慶餘鏡湖西島言事詩：『歲計有餘添橡實，生涯一半在漁舟。』

〔四十八〕握河沉璧，既受貺於玄符：『握河』，初學記卷九引晉皇甫謐帝王世紀：『堯率諸侯群臣，沉璧於洛河，受圖書，今尚書中候握河紀之篇是也。』後以『握河』指帝王祭祀河神。南朝齊王融三月三日曲水詩序：『方握河沉璧，封山紀石，邁三五而不追，踐八九之遥迹。』『沉璧』，謂沉璧於河。古代盟誓或祭祀時所舉行的一種儀式。國語晋語四：『公子曰：「所不與舅氏同心者，有如白水。」沉璧以質。』南朝宋鮑照石帆銘：『覘氣涉潮，投祭沉璧。』宋書符瑞志

上：『武王没，成王少，周公旦攝政七年，制禮作樂，神鳥鳳皇見，蓂莢生。乃與成王觀于河、洛，沉璧。』『玄符』，天符，符命。謂上天顯示的瑞徵。漢揚雄劇秦美新：『玄符靈契，黄瑞湧出。』李善注：『玄符，天符也。』北魏楊衒之洛陽伽藍記　龍華寺：『魏籙仰天，玄符握鏡。璽運會昌，龍圖受命。』范祥雍校注：『玄符謂符命。』

〔四十九〕封岳泥金，復推功於文帝：『文帝』，原作『大帝』，今據四庫全書、全唐文、適園叢書、明鈔本、甲庫本、學林本改。『封岳』，封禪。唐司空圖感時上盧相詩：『萬方休望幸，封岳始鳴鑾。』『泥金』，古代帝王行封禪禮時所用的玉牒有玉檢、石檢，檢用金縷纏住，用水銀和金屑泥封。見後漢書　祭祀志上。後因以借指封禪。南朝梁劉勰文心雕龍　封禪：『樹石九旻，泥金八幽。』舊唐書　后妃傳上　太宗賢妃徐氏：『齊桓小國之庸君，尚圖泥金之事。』『推功』，推讓功績。後漢書　應奉傳：『奉勤設方略，賊破軍罷，緄推功於奉，薦爲司隸校尉。』唐吴兢貞觀政要任賢：『徐勣感德推功，實純臣也。』『文帝』，指唐太宗李世民。其尊號爲『文武大聖大廣孝皇帝』，簡稱『文皇帝』。故舊唐書　太宗紀下有『史臣曰：臣觀文皇帝，發迹多奇，聰明神武』之稱。

〔五十〕方冀千祥翊聖，萬瑞贊德；長居北極之尊，永契南山之壽：『翊聖』，謂輔佐天子。

唐岑參左僕射相國冀公東齋幽居同黎拾遺所獻詩：『成功雲雷際，翊聖天地安。』唐劉禹錫送華陰尉張苕赴邕府使幕詩：『翊聖崇國本，保賢正朝倫。』『北極』，晉書天文志上：『北極，北辰最尊者也……天運無窮，三光迭耀，而極星不移，故曰「居其所而衆星共之」。』後因以喻帝王。唐韓愈奉和庫部盧四兄曹長元日朝回：『戎服上趨承北極，儒冠列侍映東曹。』宋蘇軾上皇帝賀冬表：『臣久緣衰病，待罪江湖。莫瞻北極之光，但罄南山之祝。』『契』，至；達。淮南子覽冥訓：『考其功烈，上際九天，下契黄壚。』高誘注：『上與九天交接，下契至黄壚。』『南山之壽』，同『南山壽』，典出詩小雅天保：『如南山之壽，不騫不崩。』孔穎達疏：『天定其基業長久，且又堅固，如南山之壽。』後作爲人祝壽之詞。南朝陳張正見御幸樂游苑侍宴詩：『願薦南山壽，明明奉萬年。』唐李白春日行：『小臣拜獻南山壽，陛下萬古垂鴻名。』

〔五十一〕豈謂十枝墜景，遽淪悲谷之暉：『悲谷之暉』，四庫全書、全唐文作『懸晷之輝』。『十枝』，此處蓋指傳説中十日所停息之扶桑樹之十枝樹枝。太平御覽卷三亦引山海經曰：『大荒之中……有谷曰温源谷，湯谷上有扶木，一日方至，一日方出，皆載於烏。……又曰：湯谷上有扶桑，十日所浴……九日居下枝，一日居上枝。』故唐魏徵五郊樂章舒和云：『千里温風飄絳羽，十枝炎景剩朱干。』唐董思恭咏日詩：『滄海十枝暉，懸圃重輪慶。』『景』，指太陽。

晉陸機長安有狹邪行：『輕蓋承華景，騰步躡飛塵。』李善注：『華景，日也。』唐錢起過長孫宅與朗上人茶會詩：『岸幘看雲卷，含毫任景斜。』『墜景』，指落日，西下的夕陽。晉陸機答賈長淵詩：『王室之亂，靡邦不泯，如彼墜景，曾不可振。』李善注：『丁德禮寡婦賦曰：「日奄奄以西墜。」』『悲谷』，古代傳説中的山谷名。淮南子天文訓：『（日）至于悲谷，是謂餔時。』高誘注：『悲谷，西南方之大壑，言其深峻，臨其上令人悲思，故曰「悲谷」。』晉陸雲歲暮賦：『仰悲谷之方中兮，顧懸車而日昃。』『暉』，同『輝』。光輝；日光。易未濟：『君子之光，其暉吉也。』三國魏曹丕濟川賦：『美玉昭晰以曜輝，明珠灼灼而流光。』

（五十二）八柱傾天，奄落閶陽之構：『八柱』，古代神話傳説，地有八柱，用以承天。楚辭天問：『八柱何當？東南何虧？』王逸注：『言天有八山爲柱。』洪興祖補注：『河圖言，昆侖者，地之中也，地下有八柱，柱廣十萬里，有三千六百軸，互相牽制，名山大川，孔穴相通。』唐柳宗元天對：『完離不屬，焉恃夫八柱！』『奄』，忽然；驟然。晉陶潛五月旦作和戴主簿：『發歲始俯仰，星紀奄將中。』南朝梁任昉齊竟陵文宣王行狀：『天不憖遺，奄見薨落。』李善注引方言：『奄，遽也。』『閶陽』，太陽。樂府詩集郊廟歌辭五唐享昊天樂：『乾儀混成沖邃，天道下濟高明。閶陽晨披紫闕，太一曉降黃庭。』樂府詩集郊廟歌辭四唐祀圓丘樂章：『閶

陽播氣，甄耀垂明。』『構』，架構、間架結構。元元好問密公寶章小集：『撑腸文字五千卷，靈臺架構森鋪張。高陽苗裔襲衆芳，胡不置之貢玉堂。』清龔自珍干禄新書自序：『乃退自訟，著書自糾……論點畫波磔之病百有二十，論架構之病二十有二。』

（五十三）雲輿在御，仙路方遥：『雲輿』，神仙以雲爲車，故稱。三國魏曹植辨道論：『豈復欲覩神仙於瀛洲，求安期於邊海，釋金軺而顧雲輿，棄文六驥而美飛龍哉？』三國魏阮籍清思賦：『載雲輿之奄靄兮，乘夏后之兩龍。』『仙路』，登仙之路。唐李赤靈墟山詩：『丁令辭世人，拂衣向仙路。』

（五十四）攀號無再奉之期，摧殞深百身之痛：『百身』，四庫全書、全唐文作『百年』。『攀號』，攀龍髯而哭。謂哀悼帝喪。南史梁紀下論：『攀號之節，忍酷於逾年；定省之制，申情於木偶。』陳書後主紀：『上天降禍，大行皇帝奄棄萬國，攀號擗踴，無所追及。』『奉』，侍奉；侍候。孟子告子上：『爲宫室之美、妻妾之奉、所識窮乏者得我與？』南史裴松之傳：『唯以教誨爲本，子侄祗畏，若奉嚴君。』『百身』，謂一身死百次。一説，一百人的生命。語出詩秦風黄鳥：『如可贖兮，人百其身。』清姚椿題劍南集後五首柬書田：『它日，文公（朱熹）殁，翁（指陸游）祭文云：「某有捐百身起九原之心，傾長河注東海之泪。」其彼此傾倒如此。』

（五十五）鼎湖弓劍，逾增日遠之悲：『鼎湖』，地名。古代傳説黄帝在鼎湖乘龍升天。唐顧況相和歌辭短歌行：『軒轅皇帝初得仙，鼎湖一去三千年。』此處指帝王崩逝。周書靜帝紀：『先皇晏駕，萬國深鼎湖之痛，四海窮遏密之悲。』清孔尚任桃花扇設朝：『盼望，兵燹難消，松楸多恙，鼎湖弓劍無人葬；吾怎忍垂旒正冕，受賀當陽。』『弓劍』，傳説黄帝騎龍仙去，群臣攀附欲上，致墜帝弓。又黄帝葬橋山，山崩，棺空，唯劍存。見史記封禪書、漢劉向列仙傳黄帝。後因以『弓劍』爲對已故帝王寄托哀思之詞。魏書肅宗紀：『何圖一旦，弓劍莫追，國道中微，大行絶祀。』隋牛弘隋文帝頌：『慕深考妣，哀纏弓劍。』『日遠之悲』，此處『日』喻高宗皇帝。『日遠之悲』，謂高宗崩逝之悲。

（五十六）璇寢衣冠，空愴月游之感：『璇寢衣冠』，此指唐高宗所遺留的衣冠。『月游』，謂每月奉帝王衣冠出游。語本史記劉敬叔孫通列傳：『陛下何自築複道高寢，衣冠月出游高廟？』裴駰集解引應劭曰：『月出高帝衣冠，備法駕，名曰游衣冠。』清顧炎武恭謁孝陵詩：『衣冠天象遠，法駕月游新。』

（五十七）顧以虛菲，夙承乾蔭，既忝彰明之地：『菲』，謂『菲才』，淺薄的才能。多用作自謙之詞。明王鏊震澤長語夢兆：『余以菲才謬登政府，雖不久，秩一品。』『虛菲』，此處用以謙

稱。『乾蔭』，父親的庇蔭。北魏元靈耀墓志：『少傾乾蔭，孤苦自立。』梁書袁昂傳：『孤子夙以不天，幼傾乾蔭，資敬未奉，過庭莫承。』『彰明』，顯豁，明顯。唐元稹進田弘正碑文狀：『不隱實功，不爲溢美，文雖樸野，事頗彰明。』此處意爲忝處帝王之顯豁地位。

（五十八）薦螢燭以助光，引鶴露而添海：『薦』，進獻；送上。儀禮鄉飲酒禮：『主人阼階上拜送爵，賓少退，薦脯醢。』鄭玄注：『薦，進。』國語晋語三：『補乏薦饑，道也，不可以廢道於天下。』韋昭注：『薦，進也。』晋袁宏後漢紀桓帝紀下：『臣實懷愚，不憚瞽言，使身死名著，碎體糞土，薦肉狐鼠，猶生之年。』『螢燭』，螢火和蠟燭。謂微弱之光。亦喻微力。三國魏曹植求自試表：『螢燭末光，增輝日月。』晋葛洪抱朴子嘉遁：『宣尼任則少卯梟，猶震雷駭則鼙鼓堙，朝日出則螢燭幽也。』晋書劉頌傳：『臣受詔之日，喜懼交集，益思自竭，用忘其鄙，願以螢燭，增暉重光。』『鶴露』，白露以後的露水。南朝梁庾肩吾謝武陵王賚絹啓：『遂使鶴露宵凝，輕絺立變；雁風朝急，冶服成温。』清王賓祝英臺近秋思詞：『咽蟬風，飄鶴露，寂寞紅蘭渡。』

（五十九）侍奉話言：『話言』，四庫全書、全唐文作『語言』。

（六十）論道德則洞啓玄樞，語忠孝則廣通心極：『洞啓』，敞開。晋潘岳籍田賦：『閶闔洞

啓，參塗方駟。』南朝梁簡文帝請右將軍朱异奉述制旨易義表：『疑關永闢，逾弘農之洞啓；辭河既吐，邁龍門之已鑿。』『玄樞』，指把握道的奥義的樞紐。唐皎然寒栖子歌：『栖子妙今道已成，手把玄樞心運冥。』『心極』，佛學大辭典：『心者心髓也，極者至極也，言義理之心髓至極也。唯識述記一本曰：「囊括所遺并包心極。」』

〔六十一〕叙軒頊之淳化，積若神交；述堯禹之清風，宛成晤對：『軒頊』，傳説中的古代帝王軒轅和顓頊的并稱。梁書沈約傳：『既牢籠於嬀夏，又驅馳乎軒頊。』五代貫休壽春節進詩：『軒頊風重振，皇唐鼎創移。』『淳化』，敦厚的教化。漢張衡東京賦：『清風協於玄德，淳化通於自然。』薛綜注：『淳厚之化，通於神明也。』舊五代史唐書明宗紀四：『陛下自膺人望，歲時豐稔，亦淳化所致也。』『神交』，謂心意投合，深相結托而成忘形之交。三國志吴書諸葛瑾傳『子瑜之不負孤，猶孤之不負子瑜也』裴松之注引晉虞溥江表傳：『孤與子瑜，可謂神交，非外言所間也。』唐駱賓王秋日送尹大赴京詩序：『雖道術相望，協神交於靈府，而風烟懸隔，貴中心於翰林。』『清風』，清惠的風化。漢張衡東京賦：『清風協於玄德，淳化通於自然。』薛綜注：『清惠之風，同於天德。』晉袁宏三國名臣序贊：『喪亂備矣，勝塗未隆，先生標之，振起清風。』『晤對』，會面交談。宋王讜唐語林豪爽：『又有少年，勢似疏簡，自云：「辛氏郎君，來

謁丞相。」於晤對之間，未甚周至。』元張養浩山中拜除自和：『何時晤對安心竟，拂落菱花不用臺。』

〔六十二〕在位三十五載，功超七十二君：『在位三十五載』，指唐高宗在位三十五年，即自貞觀二十三年（六四九）至弘道元年（八六三）。『七十二』，古以爲天地陰陽五行之成數。此處用以表示數量多。史記封禪書：『古者封泰山禪梁父者七十二家，而夷吾所記者十有二焉。』玉臺新咏相逢狹路間：『入門時左顧，但見雙鴛鴦。鴛鴦七十二，羅列自成行。』

〔六十三〕極泉雲之才：『泉雲』，王子淵和揚子雲的并稱。王褒，字子淵；揚雄，字子雲。兩人皆爲漢代有名的文學家。唐張九齡集賢殿書院奉敕送學士張説上賜燕序：『學士右散騎常侍東海公等攝職在焉，或髙稷大賢，或泉雲諸彥。』按，泉，本作『淵』，唐人因避高祖李淵諱，故改。

〔六十四〕自賢猷厭俗，緹律亟移，禍變相仍，荒梗彌切：按，『賢猷』二字，諸本皆同。然全唐文於『猷』字下注『疑』。『猷』，謀略；計劃。書盤庚上：『各長于厥居，勉出乃力，聽予一人之作猷。』孔穎達疏：『聽從我遷徙之謀。』唐韓愈請復國子監生徒狀：『今聖道大明，儒風復振，恐須革正，以贊鴻猷。』『賢猷』，宋咸淳遺事卷上：『益壯賢猷，式慰仰成，彌深嘉嘆。』

翰苑新書續集卷五真西山賀盛察院：『某曩陪駿武，夙仰賢猷，切聽鳳鳴，深爲清時而喜，敢同燕賀獨司大夏之成。』宋呂陶净德集卷七龍圖閣待制權户部尚書錢勰可龍圖閣直學士權知開封府制敕：『具官某富通儒之學，而輔以强敏……尚賴賢猷，慎司民政。』明張居正答楚撫院王見峰書：『頃者，陵工告竣，仰仗鴻猷，費省工堅，功高賞薄，尚當有待也。』按，觀上引諸例，『賢猷』之義似可釋爲深遠之謀劃；亦以稱具有深謀遠慮者。今揣『自賢猷厭俗』句之『賢猷』，蓋用以稱唐高宗。而所謂『厭俗』，其意乃含蓄謂唐高宗因病而疏於國事之治理，如下文所引舊唐書高宗紀下所記載『（咸亨四年）八月辛丑，上痁疾，令太子受諸司啓事』『時帝風疹不能聽朝，政事皆決於天后』等。『緹律』，『緹』，乃橘紅色；淺絳色。周禮地官草人：『凡糞種，騂剛用牛，赤緹用羊。』史記滑稽列傳：『爲治齋宫河上，張緹絳帷，女居其中。』張守節正義引顧野王曰：『緹，黄赤色也。』唐韓愈陸渾山火和皇甫湜用其韻：『緹顔靺股豹兩鞬，霞車虹靷日轂轓。』又有『緹室』一詞，乃古代察候節氣之室。該室門户緊閉，密布緹縵，故名。後漢書律曆志上：『候氣之法，爲室三重，户閉，塗釁必周，密布緹縵。室中以木爲案，每律各一，内庳外高，從其方位，加律其上，以葭莩灰抑其内端，案曆而候之。氣至者灰動。』宋葛立方蝶戀花冬至席上作詞：『緹室群陰清曉散。灰動葭莩，漸覺微陽扇。』故『緹律』之義，或即謂節

氣、氣候之意。此處『緹律亟移』，蓋謂天象節氣之轉移變化。『禍變』，灾禍變故。漢王充論衡別通：『夫不通者，惡事也，故其禍變致不善。』宋范仲淹奏灾異後合行四事：『但盛德善政，及於天下，人不敢怨叛，則雖有灾異，而無禍變也。』『荒梗』，荒涼閉塞。晉書司馬羕傳：『詔與南頓王宗統流人以實中州，江西荒梗，復還。』唐温大雅大唐創業起居注卷三：『夷民紛雜，蠻陬荒梗。』按，『禍變相仍，荒梗彌切』句，蓋謂其時禍難相繼，唐高宗犯疾且病情加劇之狀況。舊唐書高宗紀下記其時前後情況有云：『（咸亨二年）秋九月，地震。司徒、潞州刺史、徐王元禮薨。』又『（咸亨二年）十一月甲午朔，日有蝕之』。又『（咸亨三年）八月壬子，特進、高陽郡公許敬宗卒。……十一月戊子朔，日有蝕之』。又『（咸亨四年）八月辛丑，上痁疾，令太子受諸司啓事。……（上元元年）三月辛亥朔，日有蝕之。……十二月，蔣王惲薨。（壬寅）虢王鳳薨。……二年春正月甲寅，熒惑犯房。……（上元二年）三月丁未，日色如赭。丁巳，天后親蠶於邙山之陽。時帝風疹不能聽朝，政事皆決於天后。自誅上官儀後，上每視朝，天后垂簾於御座後，政事大小皆預聞之，内外稱爲「二聖」。……夏四月……己亥，皇太子弘薨于合璧宮之綺雲殿。時帝幸合璧宮，是日還東都。……（上元三年）秋七月，彗起東井，指北河，漸東北，長三丈，掃中台，指文昌宮，五十八日方滅。八月乙未，吐蕃寇疊州。庚子，以星變，避殿，減膳，放

京城繫囚，令文武官各上封事言得失。壬寅……青、齊等州海泛溢，又大雨，漂溺居人五千家，遣使賑恤之。……（儀鳳）二年春正月乙亥，上躬籍田於東郊。庚辰，京師地震。……（八月）乙巳，太白犯軒轅。……九月丁巳，還京師。……癸亥，侍中張文瓘卒。丙寅，洮河道行軍大總管中書令李敬玄、左衛大將軍劉審禮等與吐蕃戰于青海之上，王師敗績，審禮被俘。上以蕃寇爲患，問計於侍臣中書舍人郭正一等，咸以備邊不深討爲上策。十月丙午，徐州刺史、密王元曉薨。閏十月戊寅，熒惑犯鈎鈐。十一月乙未，昏霧四塞，連夜不解。丙申，雨木冰。壬子，黄門侍郎、同中書門下三品來恒卒。十二月，詔停明年「通乾」之號，以反語不善故也。四年正月辛未，户部尚書、平恩縣公許圉師卒。己酉，幸東都。庚戌，尚書右僕射、道國公戴至德薨。二月壬戌，吐蕃贊普卒，遣使吊祭之。乙丑，東都饑，官出糙米以救饑人。夏四月戊午，熒惑入羽林星。……（永淳元年五月）自丙午連日澍雨，洛水溢，壞天津及中橋、立德、弘教、景行諸坊，溺居民千餘家。六月，關中初雨，麥苗澇損，後旱，京兆、岐、隴螟蝗食苗并盡，加以民多疫癘，死者枕藉於路，詔所在官司埋瘞。丁丑……京師人相食，寇盜縱横。秋七月……庚申，零陵王明薨。是秋，山東大水，民饑。吐蕃寇柘、松、翼等州。冬十月甲子，京師地震。……（永淳二年）秋七月……己巳，河水溢，壞河陽城，水面高於城内五尺，北至鹽坎，居人廬舍漂没皆盡，南北并壞。

庚戌，熒惑入輿鬼，犯質星。十一月，皇太子來朝。癸亥，幸奉天宮。時天后自封岱之後，勸上封中岳。每下詔草儀注，即歲饑、邊事警急而止。至是復行封中岳禮，上疾而止。上苦頭重不可忍，侍醫秦鳴鶴曰：「刺頭微出血，可愈。」天后帷中言曰：「此可斬，欲刺血於人主首耶！」上曰：「吾苦頭重，出血未必不佳。」即刺百會，上曰：「吾眼明矣。」戊戌……詔皇太子監國，裴炎、劉齊賢、郭正一等於東宫同平章事。丁未，自奉天宫還東都。上疾甚，宰臣已下并不得謁見。十二月己酉，詔改永淳二年爲弘道元年。將宣赦書，上欲親御則天門樓，氣逆不能上馬，遂召百姓於殿前宣之。禮畢，上問侍臣曰：「民庶喜否？」曰：「百姓蒙赦，無不感悦。」上曰：「蒼生雖喜，我命危篤。天地神祇若延吾一兩月之命，得還長安，死亦無恨。」是夕，帝崩於真觀殿，時年五十六』。

〔六十五〕正惟憑几之夕，爰及啓衾之際，神情湛正，顧托殷勤：『憑几』，書顧命：『皇后憑玉几，道揚末命。』後以『憑几』指帝后臨終付托。宋蘇軾答許狀元啓：『先皇帝未明求衣，久已格於至治；洮盥憑几，尚不忘於選賢。』明沈德符萬曆野獲編補遺内閣隆慶七相之去：『至穆宗憑几，僅高、張二公受遺。』『顧托』，猶囑托。晉袁宏三國名臣序贊：『及其臨終顧托，受遺作相，劉后授之無疑心，武侯處之無懼色。』南朝宋謝靈運折楊柳行：『還拊幼童子，顧托兄

與嫂。』

〔六十六〕痛遺音之既遠之：『遺音』，四庫全書作『道貌』，全唐文作『貌範』。

〔六十七〕强綜彝倫：『彝倫』，常理；常道。書洪範：『王乃言曰：「嗚呼，箕子！惟天陰騭下民，相協厥居，我不知其彝倫攸叙。」』蔡沈集傳：『彝，常也；倫，理也。』晉葛洪抱朴子名實：『放斧斤而欲雙巧於班墨，忽良才而欲彝倫之攸叙，不亦難乎！』

〔六十八〕瞻宸筵而永慕：『宸筵』，猶御座。陳書後主紀：『緬思前德，永慕昔辰，對軒闥而哽心，顧宸筵而慓氣。』『永慕』，長久思念。三國魏曹植洛神賦：『超長吟以永慕兮，聲哀厲而彌長。』南朝梁武帝旌沈崇傃詔：『方欲以永慕之晨，更爲再期之始。』

〔六十九〕今者龜謀既襲，蛩隧將臨：『龜謀』，謂龜卜。南朝梁任昉齊竟陵文宣王行狀：『今先遠戒期，龜謀襲吉。』李善注：『尚書曰：「謀及卜筮。」孔安國曰：「龜曰卜。」』南朝梁何遜哭吴興柳惲詩：『曲悟同神解，龜謀信有知。』唐楊炯從甥梁錡墓志銘：『從日月於龜謀，考圖書於馬鬣。』『襲』，穿衣加服。古喪禮中稱以衣斂尸。儀禮士喪禮：『主人襲反位。』鄭玄注：『襲，復衣也。』賈公彦疏：『云「襲，復衣也」者，以其鄉袒則露形，今云襲，是復著衣，故云「復衣」。』釋名釋喪制：『衣尸曰襲。襲，匝也，以衣周匝覆衣之也。』『蛩』，蟋蟀的別

名。南朝宋鮑照擬古詩之七：『秋蛩扶户吟，寒婦晨夜織。』一本作『蛬』。宋趙與時賓退録卷六：『（路德延孩兒詩）等鵲潛籬畔，聽蛩伏砌邊。』『隧』，墓道。周禮 春官 冢人：『及窆，以度爲丘隧，共喪之窆器。』鄭玄注：『隧，羨道也。』唐范傳正贈左拾遺翰林學士李公新墓碑：『猗歟琢石爲二碑，一藏幽隧一臨歧。』清王闓運李編修妻郭夫人墓志銘：『彷徨扃隧，誦習靈文。』『蛩隧』，蓋謂墓道、墓室。唐裴士淹肅宗大宣孝皇帝哀册文：『嗚呼哀哉！三光猶變，九丹非術，蛩隧蒼茫，鮒隅蕭瑟。』

〔七十〕冀叶大名之典：『冀』，適園叢書、明鈔本、甲庫本作『庶』。『叶』，同『協』。和洽；相合。後漢書 律曆志中：『（書）曰：「歲二月，東巡狩，至岱宗，柴，望秩于山川。遂覲東后，叶時月正日。」』宋陳亮酌古論一 曹公：『方騰遂不叶，求還京畿，此其勢易服矣。』『大名』，謂尊崇的名號。逸周書 謚法解：『是以大行受大名，細行受細名。行出於己，名生於人。』朱右曾校釋：『名謂號謚。』史記 陳涉世家：『且壯士不死即已，死即舉大名耳，王侯將相寧有種乎！』司馬貞索隱：『大名謂大名稱也。』

〔七十一〕謹按：自然覆育曰天，明一合道曰皇：『自然』，天然，非人爲的。老子：『人法地，地法天，天法道，道法自然。』後漢書 李固傳：『夫窮高則危，大滿則溢，月盈則缺，日中則

移。凡此四者，自然之數也。」「覆育」，撫養；養育。禮記樂記：「天地訢合，陰陽相得，煦嫗覆育萬物。」漢董仲舒春秋繁露王道通三：「天覆育萬物，既化而生之，有養而成之。」「合道」，謂合於自然或人事的道理。史記曹相國世家論：「參爲漢相國，清静極言合道。」三國志魏書華歆傳「帝嘆息」裴松之注引魏書：「歆性周密，舉動詳慎，常以爲人臣陳事，務以諷諫合道爲貴。」「皇」，大。詩大雅皇矣：「皇矣上帝，臨下有赫。」毛傳：「皇，大。」逸周書祭公解：「汝其皇敬哉！」孔晁注：「皇，大。」

德宗神武孝文皇帝謚議〔一〕

許孟容

皇莫大于羲軒，帝莫加于唐虞〔二〕，姒氏商鎬，亦績憲度，咸紀名謚，以揚昭光〔三〕。徵儒臣之議，所以本至公也；號全德之尊〔四〕，所以節一惠也。發揮茂曜，如揭日月。伏惟大行皇帝，文思睿哲，天縱神授〔五〕，大明繼聖，大孝尊親，服道稽古，洗心藏密〔六〕。巍巍易簡，赫赫難名〔七〕。嚴祖宗而上下昭假，仁億兆而飛沉表靈〔八〕。始者薊寇殘魂，戎旌未偃，方由雍邸，出總虞師〔九〕。刷讎耻而戴君父，超維城而升少海〔十〕，元良有問，曆數誕膺〔十一〕。同殷宗而心在諒陰，泣漢制而禮從權

令（十二）。然後諏咨對越，端拱而理（十三）。時丁祲沴，盗起洮烈（十四），宸算獨復，雲雷駿奔，浹旬底定，鯨燎殲洗（十五）。反己哀痛，大猷彌尊，阪泉威武，止殺吊人之志也（十六）。金方朔陲，玁狁昆夷，趦趄獷悍，不敢不率（十七）。丹穴南裔，扶桑東極，自古未化（十八），占風而至，鏡照廣及，無思不服之德也（十九）。大本達道，是爲中和，鼓而舞之，名我至樂（二十）。變革繁淫，以貞神人（二十一），奉聖順聖，元侯繼獻（二十二），九成八佾，聖作明述，垂衣脱劍，訢合猗那之奏也（二十三）。觀文化成，匠物研精，四始六義，動諧風雅（二十四）。洪音巨麗，焜燿皦繹（二十五），立言垂訓，丹書玄鳥之作也（二十六）。蠲疴保全，壽夭之門，方疏溥賜，目之廣利（二十七），札瘥不聞，長養推仁，施齊天地，如保赤子之誠也（二十八）。教由德禮，人乃耻格，古作訓夏，我箴政刑（二十九）。載弘哀敬，用息刀鋸，利見大人，循本愧心之旨也（三十）。躬信厚而偷薄以革，體清明而貪饕以懲（三十一），納匪躬之直，無毁校防川之誤（三十二），推輔弼之功，有輻輳并進之歡（三十三）。泥金方草，仙鼎忽成；汗漫無從，希夷永閟（三十四）。哀同軌之將會，仰鴻名之可易（三十五），鋪衍至賾，錫乎無窮（三十六）。謹按經義，参諸謚法曰：應物無方之謂神，保大定功之謂武（三十七），尊仁安義之謂孝，經天緯地之謂文（三十八）。大行皇帝變化

無窮，樞衡在握〔三十九〕，神莫過焉；整旅善師，豺狼擾馴，武莫盛焉〔四十〕；承休繼志，永錫不匱〔四十一〕，孝莫大焉；輝焯玉度，焕乎黼藻〔四十二〕，文莫逾焉。考墳史而徵德實〔四十三〕，請上尊謚曰『神武孝文皇帝』，廟號曰『德宗』。

校箋

〔一〕本文又見於文苑英華卷八百四十，文題爲德宗謚議，署名許孟容。亦見於全唐文卷四百七十九，署名亦爲許孟容。則本文乃許孟容所撰。又本文文末未署頒布時間。考舊唐書卷十三德宗紀下載：『永貞元年九月丁卯，群臣上謚曰神武孝文，廟號德宗。十月己酉，葬于崇陵，昭德皇后王氏祔焉。』唐會要卷一帝號上未記其上謚號時間，然記：『謚曰神武孝文皇帝，廟號德宗。哀册文（刑部侍郎許孟容撰）……謚議（闕）。』據上引舊唐書德宗紀下所載，群臣上德宗謚與廟號在永貞元年（八〇五）九月丁卯（一日），則是文之撰當在是時稍前。又，本文作者許孟容，傳見舊唐書卷一百五十四、新唐書卷一百六十二。舊唐書本傳載：『許孟容字公範，京兆長安人也。……孟容少以文詞知名，舉進士甲科，後究王氏易，登科授秘書省校書郎。趙贊爲

荆、襄等道黜陟使，表爲判官。貞元初，徐州節度使張建封辟爲從事，四遷侍御史。李納屯兵境上，揚言入寇。建封遣將吏數輩告諭，不聽。於是遣孟容單車詣納，爲陳逆順禍福之計，納即日發使追兵，因請修好。遂表孟容爲濠州刺史。無幾，德宗知其才，徵爲禮部員外郎。……遷本曹郎中。德宗降誕日，御麟德殿，命孟容等登座，與釋、老之徒講論。十四年，轉兵部郎中。未滿歲，遷給事中。……十九年夏旱，孟容上疏曰……孟容以諷諭太切，改太常少卿。元和初，遷刑部侍郎、尚書右丞。四年，拜京兆尹，賜紫。神策吏李昱假貸長安富人錢八千貫，滿三歲不償。孟容遣吏收捕械繫，剋日命還之，曰：「不及期當死。」自興元已後，禁軍有功，又中貴之尤有渥恩者，方得護軍。故軍士日益縱横，府縣不能制。孟容剛正不懼，以法繩之，一軍盡驚，冤訴於上。立命中使宣旨，令送本軍，孟容繫之不遣。中使再至，乃執奏曰：「臣誠知不奉詔當誅，然臣職司輦轂，合爲陛下彈抑豪强。錢未盡輸，昱不可得。」上以其守正，許之。自此豪右斂迹，威望大震。改兵部侍郎。俄以本官權知禮部貢舉，頗抑浮華，選擇才藝。出爲河南尹，亦有威名。俄知禮部選事，徵拜吏部侍郎。會十年六月，盜殺宰相武元衡，并傷議臣裴度。……是時盜賊竊發，人情甚惑，獨孟容詣中書雪涕而言曰……後數日，度果爲相，而下詔行誅。時孟容議論人物，有大臣風彩。由太常卿爲尚書左丞，奉詔宣慰汴宋、陳許、河陽行營諸軍，俄拜東都留守。元和十三年

四月卒，年七十六，贈太子少保，謚曰憲。孟容方勁，富有文學。其折衷禮法考詳訓典甚堅正，論者稱焉。而又好推轂，樂善拔士，士多歸之。」

〔二〕皇莫大于羲軒，帝莫加于唐虞：『皇莫大于羲軒』，文苑英華作『皇莫大夫羲軒』。『羲軒』，伏羲氏和軒轅氏（黄帝）的并稱。唐李白金陵鳳凰臺置酒詩：『明君越羲軒，天老坐三台。』清姚鼐乾隆庚寅科湖南鄉試策問：『接羲軒之統，探孔顔之藴。』『唐虞』，唐堯與虞舜的并稱。論語泰伯：『唐虞之際，於斯爲盛。』史記汲鄭列傳：『陛下内多欲而外施仁義，奈何欲效唐虞之治乎！』

〔三〕姒氏商鎬，亦績憲度，咸紀名謚，以揚昭光：『姒』，姓。史記夏本紀：『禹爲姒姓。』『姒氏』，此指夏禹、夏朝。『鎬』，鎬京。詩小雅魚藻：『王在在鎬，豈樂飲酒。』朱熹集傳：『王何在乎？在乎鎬京也。』逸周書作雒解：『武王既歸，乃歲十二月崩鎬，肂於岐周。』『商』，朝代名。公元前十六世紀商湯滅夏所建，都亳。中經幾次遷都，盤庚時遷殷（今河南安陽縣小屯），因亦稱殷。『商鎬』，此處謂商朝。『憲度』，法度。漢司馬相如封禪文：『憲度著明，易則也；垂統理順，易繼也。』宋司馬光論上元令婦人相撲狀：『宣德門者，國家之象魏，所以垂憲度、布號令也。』『昭光』，使光大；發揚。漢揚雄羽獵賦：『昭光振耀，蠁曶如

神。』漢書賈山傳：『今陛下念思祖考，術追厥功，圖所以昭光洪業休德。』

〔四〕號全德之尊：『全德』，道德上完美無缺。莊子天地：『天下之非譽，無益損焉，是謂全德之人哉。』後漢書桓榮傳論：『而佚廷議戚援，自居全德，意者以廉不足乎？』李賢注：『全德言無玷缺也。』

〔五〕文思睿哲，天縱神授：『睿』，文苑英華作『濬』。『睿哲』，聖明；明智。漢張衡東京賦：『睿哲玄覽，都茲洛宮。』晋陸雲大將軍宴會被命作詩：『睿哲惟晋，世有明聖。』『天縱』，亦作『天從』。天所放任，意謂上天賦予。後常用以諛美帝王。論語子罕：『固天縱之將聖，又多能也。』南朝梁沈約丞相長沙宣武王墓銘：『峨峨哲人，實惟天縱。』『神授』，謂神明所授與。南朝梁王僧孺從子永寧令謙誄：『若其孝親睦友，故非天墮地出，異才絶學，如有鬼告神授。』唐岑參過梁州奉贈張尚書大夫公詩：『英雄若神授，大材濟時危。』

〔六〕服道稽古，洗心藏密：『服道』，謂潛心修道。北魏楊衒之洛陽伽藍記景林寺：『静行之僧，繩坐其内，飧風服道，結跏數息。』唐陸龜蒙游楞伽精舍詩：『服道身可遺，乞閑心已諾。』『稽古』，考察古事。書堯典：『曰若稽古。帝堯曰放勛。』漢書武帝紀贊：『高祖撥亂反正，文景務在養民，至于稽古禮文之事，猶多闕焉。』『洗心』，洗滌心胸。比喻除去惡念或雜

念。易繫辭上：『聖人以此洗心。』藝文類聚卷三十引漢董仲舒士不遇賦：『退洗心而內訟，固亦未知其所從。』

〔七〕巍巍易簡，赫赫難名：『赫赫難名』，文苑英華、四庫全書、全唐文、明鈔本、甲庫本作『赫赫功造』。『易簡』，謂寬和，不固執。唐白居易范陽張公墓志銘并序：『在官寬重易簡，綽然有長吏體。』『難名』，難以稱述。明張居正謝賜粥米食品疏：『乃荷……綸旨温存，遣上醫而視診，寵頒稠疊，廑中使以光臨，切感難名。』清王士禛池北偶談談故四暹羅表：『巍巍莫測，蕩蕩難名。』

〔八〕嚴祖宗而上下昭假，仁億兆而飛沉表靈：『億兆』，原作『眹兆』，今據文苑英華、四庫全書、全唐文改。『飛沉』，原作『飛塵』，四庫全書作『飛躍』，今據文苑英華、全唐文、適園叢書、學林本改。『昭假』，向神禱告，昭示其誠敬之心以達於神。詩大雅雲漢：『大夫君子，昭假無贏。』毛傳：『假，至也。』馬瑞辰通釋：『言誠能昭假於天，其感應之理無有贏差者。』又周頌噫嘻：『噫嘻成王，既昭假爾。』一説，明告。高亨注：『昭，明也。假，讀爲嘏，告也。』『飛沉』，飛升和沉落。後漢書黨錮傳李膺：『願怡神無事，偃息衡門，任其飛沉，與時抑揚。』唐李商隱摇落詩：『水亭吟斷續，月幌夢飛沉。』此處應解釋爲飛沉之庶物。『表靈』，顯靈。南朝宋

謝靈運登江中孤嶼詩：『雲日相輝映，空水共澄鮮。表靈物莫賞，藴真誰爲傳。』南朝齊謝朓齊敬皇后哀策文：『清漢表靈，曾沙膺慶。』

〔九〕始者薊寇殘魂，戎旌未偃，方由雍邸，出總虞師：『薊寇殘魂』，指安禄山、史思明叛軍之餘孽史朝義。『雍邸』，唐德宗曾封爲雍王，雍邸即指其爲雍王時之府邸。『虞』，朝代名。帝舜有天下之號。此處『虞師』，指唐朝軍隊。按，此數句所謂舊唐書卷十二德宗紀上有載謂：『德宗神武孝文皇帝諱适，代宗長子……代宗即位之年五月，以上爲天下兵馬元帥，改封魯王。八月，改封雍王。時史朝義據東都，十月，遣上會諸軍於陝州，大舉討賊。十一月，破賊於洛陽，進收東都，河南平定。朝義走河北，分命諸將追之，俄而賊將李懷仙斬朝義首以獻，河北平。以元帥功拜尚書令，食實封二千户，與郭子儀等八人圖形凌烟閣。』

〔十〕刷鏦耻而戴君父，超維城而升少海：『戴』，尊奉，擁戴。書大禹謨：『衆非元后何戴，后非衆罔與守邦。』國語周語上：『庶民不忍，欣戴武王。』韋昭注：『戴，奉也。』唐韓愈衢州徐偃王廟碑：『偃王雖走死失國，民戴其嗣，爲君如初。』『維城』，此處借指皇子或皇室宗族。後漢書孝明八王傳贊：『孝明傳胤，維城八國。』唐無可送李長吉之任東井詩：『家世維城之後，官資宰邑初。』資治通鑑魏明帝景初三年：『孫盛論曰：「……然不思建德垂風，不固維城之

基，至使大權偏據，社稷無衛，悲夫！』』胡三省注：『此言帝猜忌宗室，以亡魏。』『少海』，比喻太子。唐杜甫壯游詩：『崆峒殺氣黑，少海旌旗黄。』宋葉廷珪海録碎事帝王：『天子比大海，太子比少海。』按，舊唐書德宗紀上載：德宗拜尚書令後，『廣德二年二月，立爲皇太子』。

（十一）元良有問，曆數誕膺：『元良』，太子的代稱。禮記文王世子：『一有元良，萬國以貞，世子之謂也。』南朝梁沈約立太子詔：『元良之寄，有國莫先，自昔哲后，降及近代，莫不立儲樹嫡，守器承祧。』『問』，通『聞』。聲譽。詩大雅文王：『宣昭義問。』朱熹集傳：『布明其善譽於天下。』唐韓愈唐故秘書少監贈絳州刺史獨孤府君墓志銘：『朋游益附，華問彌大。』此處『有問』，即同『有聞』『有令聞』，有好名聲，好聲譽。『曆數』，古謂帝王代天理民的順序。論語堯曰：『咨，爾舜，天之曆數在爾躬。』何晏集解：『曆數謂列次也。』邢昺疏：『孔注尚書云：謂天道。謂天曆運之數。帝王易姓而興，故言曆數謂天道。』北魏楊衒之洛陽伽藍記平等寺：『今天眷明德，民懷奥主，曆數允集，歌訟同臻。』『誕膺』，承受（天命或帝位）。書武成：『我文考文王，克成厥勛，誕膺天命，以撫方夏。』孔傳：『大當天命。』唐陸贄請許臺省長官舉薦屬吏狀：『陛下誕膺寶曆，思致理平。』

（十二）同殷宗而心在諒陰，泣漢制而禮從權令：『殷宗』，原作『商宗』，今據文苑英華

改。『殷宗』，謂殷代先王。指盤庚。漢班固東都賦：『遷都改邑，有殷宗中興之則焉。』『諒陰』，亦作『諒暗』。居喪時所住的房子。禮記喪服四制：『書曰：「高宗諒暗，三年不言。」善之也。』鄭玄注：『暗，謂廬也。』論語憲問引作『諒陰』。晉潘岳閑居賦：『今天子諒暗之際，領太傅主簿。』李善注：『諒暗，今謂凶廬裏寒凉幽暗之處，故曰諒暗。』『漢制』，此處指漢文帝所立下之薄葬制度，詳見本書卷第十一神堯遺詔校箋〔十〕。『權』，權宜，變通。古代常與『經』對言。易繫辭下：『井以辯義，巽以行權。』王弼注：『權，反經而合道，必合乎巽順，而後可以行權也。』漢桓寬鹽鐵論詔聖：『高皇帝時，天下初定，發德音，行一卒之令，權也，非撥亂反正之常也。』

〔十三〕然後諏咨對越，端拱而理：『諏咨』，咨詢。宋王安石祭高樞密若訥文：『謂且永年，左右諏咨，曷云其凶，弗耄弗期。』『對越』，猶對揚。答謝頌揚。詩周頌清廟：『濟濟多士，秉文之德；對越在天，駿奔在廟。』王引之經義述聞毛詩下：『「對越在天」與「駿奔在廟」相對爲文。「對越」猶對揚，言對揚文武在天之神也……揚、越一聲之轉。』宋蘇轍論明堂神位狀：『今者皇帝陛下對越天命，逾年即位。』『端拱』，指帝王莊嚴臨朝，清簡爲政。魏書辛雄傳：『端拱而四方安，刑措而兆民治。』唐歐陽詹珍祥論：『即虐如秦皇，雖車轍遍於宇内，不如

太宗端拱於堂上也。』

〔十四〕時丁祲沴，盜起泚烈：『祲沴』，犹祲氛。西京雜記卷五：『政多紕繆，則陰陽不調。風發屋，雨溢河，雪至牛目，雹殺驢馬，此皆陰陽相蕩而爲祲沴之妖也。』南朝梁沈約大赦詔：『門下王室多難，祲沴相仍。』『泚烈』，指朱泚和李希烈。『朱泚』，傳見舊唐書卷二百下、新唐書卷二百二十五中。李希烈，傳見舊唐書卷一百四十五、新唐書卷二百二十五中。舊唐書朱泚傳記其經歷以及反叛等事云：『朱泚，幽州昌平人。……泚以父資從軍，幼壯偉，腰帶十圍，騎射武藝亦不出人。外若寬和，中頗殘忍。然輕財好施，每征戰所得賞物，輒分與麾下將士，以是爲衆所推，故得濟其凶謀。初隸李懷仙爲部將，改經略副使。……（大曆）九年，就加檢校户部尚書，賜實封百户。……十一年八月，加拜同平章事。尋令出鎮奉天行營，復賜金銀繒彩并内庫弓箭以寵之。十二年，加檢校司空，代李抱玉爲隴右節度使，權知河西、澤潞行營兵馬事。德宗嗣位，加太子太師、鳳翔尹，實封至三百户。建中元年，涇州將劉文喜阻兵爲亂，加泚四鎮北庭行軍、涇原節度使，與諸軍討之。涇州平，加泚中書令，還鎮鳳翔，而以舒王謨遥領涇原節度。二年，加泚太尉。朱滔將反叛，陰使人與泚計議，以帛書納蠟丸中，置髮髻間。河東節度馬燧搜獲之，以聞，并送帛書及所遣使。泚惶懼，頓首乞歸罪有司。上勉之曰：「千里不同謀，

非卿之過。」三年四月，以張鎰代泚爲鳳翔隴右節度留後，留泚京師，加實封至一千户，與一子正員官，其幽州盧龍節度、太尉、中書令并如故。四年十月，涇原兵叛，鑾駕幸奉天。叛卒等以泚嘗統涇州，知其失權廢居，怏怏思亂，群寇無帥，幸泚政寬，乃相與謀曰：「朱太尉久因空宅，若迎而爲主，事必濟矣！」姚令言乃率百餘騎迎泚於晋昌里第，泚乘馬擁從北向，燭炬星羅，觀者萬計，入居含元殿。明日，移處白華殿，但稱太尉。朝官有謁泚者，悉勸奉迎鑾駕，既不合泚意，皆逡巡而退。源休至，遂屏人移時，言多悖逆。又盛陳成敗，稱述符命，勸其僭僞，泚甚悦之。又李忠臣、張光晟繼至，咸以官閑積憤，樂於禍亂。鳳翔涇原大將張廷芝、段誠諫以潰卒三千餘自襄城而至。賊泚自謂衆望所集，僭竊之心，自此而定。乃以源休爲京兆尹、判度支，李忠臣爲皇城使。段秀實久失兵柄，故推心委之。遂發鋭師三千，言奉迎乘輿，實陰有逆謀。……明日，聲言以親王權主社稷，士庶競往觀之。八日，源休、姚令言、李忠臣、張光晟等八人導泚自白華入宣政殿，僭即僞位，自稱大秦皇帝，號應天元年，愚智莫不憤心。侍衛皆卒伍，行列不過十餘人。下僞詔曰：「幽囚之中，神器自至，豈朕薄德所能經營。」彭偃之詞也。僞署姚令言爲侍中，李忠臣爲司空、兼侍中，源休爲中書侍郎、平章事、判度支，蔣鎮爲吏部侍郎，樊系爲禮部侍郎、禮儀使，許季常爲京兆尹，洪經綸爲太常少卿，彭偃爲中書舍人，裴揆、崔幼貞爲給事中，崔莫爲御

史中丞，張光晟、仇敬忠、敬釭、張寶、何望之、段誠諫、張庭芝、杜如江爲節度使，仍以其兄子遂爲太子，遥封弟滔爲冀王、太尉、尚書令，尋又號皇太弟。十日，泚自領兵侵逼奉天，竊威儀輦輅，闐溢道途，蟻聚之衆，軍勢頗盛。以姚令言爲元帥，張光晟爲副。以李忠臣爲京兆尹、皇城留守，居中書省。尋以蔣鎮爲門下侍郎，李子平爲諫議大夫兼平章事。泚軍合於城下，渾瑊、韓游瓌禦之，泚衆大敗，死者萬計。泚收軍於奉天東三里下營，大修攻具。明日，泚又分兵營於乾陵下瞰，城内大震。』又按，舊唐書李希烈傳記其經歷以及反叛等事云：『李希烈，遼西人。……希烈少從平盧軍，後隨李忠臣過海至河南。寶應初，忠臣爲淮西節度，署希烈爲偏裨，累授將軍、試光禄卿、殿中監。……忠臣奔赴朝廷。詔以忻王爲淮西節度副大使，授希烈蔡州刺史、兼御史中丞、淮西節度留後，令滑亳節度李勉兼領汴州。德宗即位後月餘，加御史大夫，充淮西節度支度營田觀察使，又改淮西節度淮寧軍以寵之。建中元年，又加檢校禮部尚書。會山南東道節度梁崇義拒捍朝命，迫脅使臣，二年六月，詔諸軍節度率兵討之，加希烈南平郡王，兼漢北都知諸兵馬招撫處置使。希烈破崇義衆，遂討平之。録希烈功，加檢校右僕射、同平章事，賜實封五百户。淄青節度李正己又謀不軌，三年秋，加希烈檢校司空，兼淄、青、兖、鄆、登、萊、齊等州節度支度營田，新羅、渤海兩蕃使，令討襲正己。希烈遂率所部三萬人移居許州，聲言遣使往青

州招諭李納，其實潛與交通，又移牒汴州令備供擬，將與納同爲亂。李勉以其道路合自陳留，乃除道具饌以待之，希烈不從，乃大慢駡。自是志意縱肆，言多悖慢，日遣使交通河北諸賊帥等。是歲長至日，朱滔、田悦、王武俊、李納各僭稱王，滔使至希烈，希烈亦僭稱建興王、天下都元帥。四年，希烈遣其將襲陷汝州，執李元平而去，東都大擾亂。朝廷猶爲含容，遣太子太師顔真卿往宣慰。……希烈既見真卿，但肆凶言，令左右慢駡，指斥朝廷。又遣逆党董待名、韓霜露、劉敬宗、陳質、翟暉等四人伺外，侵抄州縣，官軍皆爲其所敗，荆南節度張伯儀全軍覆没。……八月，希烈率衆二萬圍襄城……希烈凶逆既甚，帝乃命舒王爲荆襄、江西、沔鄂等道節度諸軍行營兵馬都元帥，大開幕府，文武僚屬之盛，前後出師，未有其比。又令涇原諸道出兵，皆赴襄城。軍未發，會涇州兵亂，車駕幸奉天。其日，希烈大破曜軍於襄城，曜遁歸東都，賊因乘勝攻陷汴州，李勉奔歸宋州。希烈性慘毒酷，每對戰陣殺人，流血盈前……其攻汴州，驅百姓，令運木土築壘道，又怒其未就，乃驅以填之，謂之濕梢。既入汴州，於是僭號曰武成，以孫廣、鄭賁、李綬、李元平爲宰相，以汴州爲大梁府，李清虚爲尹，署百官。』

〔十五〕宸算獨復，雲雷駿奔，浹旬底定，鯨燎殲洗：『宸算』，帝王的謀略。唐李德裕異域歸忠傳序：『制置大略，盡出宸算。』舊唐書田弘正傳：『若稍假天年，得奉宸算，兼弱攻昧，批

亢擣虚，竭鷹犬之資，展獲禽之用，導揚和氣，洗滌僞風，然後退歸田園，以避賢路。』『復』，謂實踐諾言。論語學而：『有子曰：「信近於義，言可復也。」』朱熹集注：『復，踐言也。』後漢唐柳宗元非國語上荀息：『不得中正而復其言，亂也，惡得爲信？』『駿奔』，急速奔走。後漢書章帝紀：『駿奔郊時，咸來助祭。』南朝梁任昉百辟勸進今上箋：『是以玉馬駿奔，表微子之去；金版出地，告龍逢之怨。』『浹旬』，一旬，十天。宋書武帝紀論：『（高祖）曾不浹旬，夷凶翦暴。』資治通鑒後漢隱帝乾祐三年：『比皇帝到闕，動涉浹旬，請太后臨朝聽政。』胡三省注：『十日爲浹旬。』『底定』，平定；安定。晋陸機辯亡論：『誅叛柔服，而江外底定。』南朝梁任昉宣德皇后令：『白羽一麾，黄鳥底定。』『鯨』，指大，巨大。北魏酈道元水經注沔水一：『漢水又東逕鱉池而爲鯨灘。鯨，大也。』宋劉克莊滿江紅詞：『鯨量減，駒陰急，芳事過，餘情惜。』『燎』，泛指延燒；燒。書盤庚上：『若火之燎于原，不可嚮邇。』晋葛洪抱朴子用刑：『乘衝飆而燎巨野，奮六羽以凌朝霞。』『鯨燎』，燎原大火。此處用以比喻朱泚、李希烈等反叛勢力。

〔十六〕反己哀痛，大猷彌尊，阪泉威武，止殺吊人之志也：『反己哀痛』，此處指唐德宗興元元年詔書中之反省責己之事。舊唐書德宗紀上載：『興元元年春正月癸酉朔，上在奉天行宫受

朝賀，詔曰：立政興化，必在推誠；忘己濟人，不吝改過。朕嗣服丕構，君臨萬邦，失守宗祧，越在草莽。不念率德，誠莫追於既往；永言思咎，期有復於將來。明徵其義，以示天下。小子懼德不嗣，罔敢怠荒。然以長於深宮之中，暗於經國之務，積習易溺，居安忘危，不知稼穡之艱難，不恤征戍之勞苦。致澤靡下究，情不上通，事既壅隔，人懷疑阻。猶昧省己，遂用興戎，徵師四方，轉餉千里。賦車籍馬，遠近騷然；行賫居送，衆庶勞止。力役不息，田萊多荒。暴令峻於誅求，疲民空於杼軸，轉死溝壑，離去鄉里，邑里丘墟，人烟斷絶。天譴于上而朕不寤，人怨于下而朕不知。馴致亂階，變起都邑，賊臣乘釁，肆逆滔天，曾莫愧畏，敢行凌逼。萬品失序，九廟震驚，上累於祖宗，下負於蒸庶。痛心靦面，罪實在予，永言愧悼，若墜泉谷。賴天地降祐，人祇協謀，將相竭誠，爪牙宣力，群盜斯屏，皇維載張。將弘遠圖，必布新令。朕晨興夕惕，惟省前非。乃者公卿百僚用加虛美，以「聖神文武」之號，被蒙暗寡昧之躬，固辭不獲，俯遂群議。昨因内省，良所瞿然。自今已後，中外書奏不得言「聖神文武」之號。……』『大猷』，謂治國大道。詩小雅巧言：『奕奕寢廟，君子作之；秩秩大猷，聖人莫之。』鄭玄箋：『猷，道也；大道，治國之禮法。』晉潘岳楊荆州誄：『奕世丕顯，允迪大猷。』『阪泉』，古地名。相傳黄帝與炎帝戰於阪泉之野。其地所在，有三説。左傳僖公二十五年：『遇黄帝戰于阪泉之兆。』史記五帝本紀：『教

熊羆貔貅貙虎，以與炎帝戰於阪泉之野。』『阪泉威武』，即以上述阪泉之戰比喻唐德宗討伐藩鎮之叛亂。『吊人』，即『伐罪吊民』。謂討伐有罪者，撫慰受難的百姓。梁書袁昂傳：『吾荷任前驅，掃除京邑，方撥亂反正，伐罪吊民。』元劉祁歸潛志卷十二：『及取宋，責其背約，名爲伐罪吊民。』亦作『伐罪吊人』。南史檀道濟傳：『道濟曰：「伐罪吊人，正在今日。」皆釋而遣之。』

（十七）金方朔陲，獫狁昆夷，趦趄獷悍，不敢不率：『金方』，四庫全書作『邊方』。『金方』，西方。唐王勃晚秋游武擔山寺序：『于時金方啓序，玉律驚秋。』清吴偉業西北風詩：『威加河朔金方整，地繞幽并殺氣多。』『朔陲』，北方邊地。舊唐書賈耽傳：『伏以洮湟舊墟，連接監牧，甘凉右地，控帶朔陲。』舊唐書杜希全傳：『鹽州地當衝要，遠介朔陲，東達銀夏，西援靈武。』『獫狁』，我國古代北方少數民族名。也寫作『玁狁』。史記匈奴列傳：『匈奴，其先祖夏后氏之苗裔也，曰淳維。唐虞以上有山戎、獫狁、葷粥，居於北蠻，隨畜牧而轉移。』『昆夷』，殷周時我國西北部族名。詩小雅采薇序：『文王之時，西有昆夷之患，北有玁狁之難。』鄭玄箋：『昆夷，西戎也。』此處蓋用以泛指西北方少數民族。唐李德裕扶風馬公神道碑銘：『帝欲昆夷即序，士馬無嘩。』宋沈括謝將士曲珍已下授官表：『念四牡之駕，行釋昆夷之憂；微一日之勞，遽蒙東山之閔。』『趦趄』，亦作『趦雎』『趦趣』。猶恣睢。狂妄、凶暴；放縱肆擾。晉書

華譚傳：『蜀人服化，無携貳之心，而吴人趦雎，屢作妖寇。』魏書 崔楷傳：『定州逆虜，趦趄北界；鄴下凶燼，蠶噬腹心。』魏書 樂志：『晋氏失政，中原紛蕩。劉石以一時奸雄，跋扈魏趙；苻姚以部帥强豪，趦趄關輔。』『獷悍』，粗野强悍；凶悍。晋書 李勢載記論：『（巴濮）資剽竊以全生，習獷悍而成俗。』清史稿 兵志四：『道光季年，張國樑募廣東潮州鄉兵追逐粤寇，轉戰東下，卒以獷悍不馴，遂至潰散。』『不率』，不服從，不遵循。左傳 宣公十二年：『今鄭不率，寡君使群臣問諸鄭，豈敢辱候人？』杜預注：『率，遵也。』南史 袁憲傳：『皇太子頗不率典訓，憲手表陳諫十條，皆援引古今，言辭切直。』

（十八）丹穴南裔，扶桑東極，自古未化：『丹穴』，山穴。吕氏春秋 貴生：『越人三世殺其君。王子搜患之，逃乎丹穴。越國無君，求王子搜而不得，從之丹穴。』高誘注：『淮南云：丹穴，山穴也。』『南裔』，南方邊境地區。晋陸機贈顧交趾公真詩：『發迹翼藩後，改授撫南裔。』唐劉知幾史通 雜説下：『交阯遠居南裔，越裳之俗也；敦煌僻處西域，昆戎之鄉也。』『扶桑』，東方古國名。後亦代稱日本。南齊書 東南夷傳贊：『東夷海外，碣石、扶桑。』梁書 諸夷傳 扶桑國：『扶桑在大漢國東二萬餘里，地在中國之東，其土多扶桑木，故以爲名。』宋王安石次韻平甫金山會宿寄親友：『飄然欲作乘桴計，一到扶桑恨未能。』『東極』，指中國東部邊境。史

記秦始皇本紀：『皇帝臨位……親巡遠方黎民，登茲泰山，周覽東極。』魏書百濟傳：『今中夏平一，宇內無虞，每欲陵威東極，懸旌域表。』

（十九）占風而至，鏡照廣及，無思不服之德也：『占風』，即『占風望氣』，察看風向雲氣。亦比喻看風使舵，隨機應變。明沈德符萬曆野獲編言事言官一言之失：『壬辰以外察原任去官，四君者……真實可惜；其他占風望氣，詈夷爲蹠，自棄名教者，固不可勝數矣。』清周亮工書影卷十：『其初亦有一二魁杰之士，出一奇，運一策，世競傳之；而占風望氣之徒，争相附和，群然國士自命矣。』『鏡照』，鑒察；明察。韓非子外儲説右下：『夫人主之所以鏡照者，諸侯之士徒也，今諸侯之士徒，皆私門之黨也。』漢揚雄劇秦美新：『臣伏惟陛下……作民父母，爲天下主，執粹清之道，鏡照四海，聽聆風俗。』

（二十）大本達道，是爲中和，鼓而舞之，名我至樂：『大本』，根本，事物的基礎。荀子强國：『故爲人上者，必將慎禮義務忠信然後可，此君人者之大本也。』漢書孔光傳：『平刑罰，薄賦斂，恩澤加於百姓，誠爲政之大本。』『達道』，實現理想或主張。漢荀悦申鑒政體：『治世所貴乎位者三：一曰達道於天下，二曰達惠於民，三曰達德於身。』宋蘇軾賜孫覺辭免恩命不允詔：『卿三居諫省，皆以直聞，蓋嘗遇事以建言，志在行義以達道。』『中和』，中庸之道的主要

内涵。儒家認爲能『致中和』，則天地萬物均能各得其所，達於和諧境界。禮記 中庸：『喜怒哀樂之未發謂之中，發而皆中節謂之和；中也者，天下之大本也，和也者，天下之達道也。致中和，天地位焉，萬物育焉。』『至樂』，最大的快樂。莊子 至樂：『至樂無樂，至譽無譽。』晉陸機招隱詩：『至樂非有假，安事澆醇樸。』

〔二十一〕變革繁淫，以貞神人：『變革繁淫』，文苑英華作『以變繁淫』。『貞』，操守堅定不移；忠貞不二。禮記 檀弓下：『昔者衛國凶饑，夫子爲粥與國之餓者，是不亦惠乎！昔者衛國有難，夫子以其死衛寡人，不亦貞乎！』南朝梁江淹詣建平王上書：『信而見疑，貞而爲戮。』『神人』，謂神和人。書 舜典：『八音克諧，無相奪倫，神人以和。』左傳 昭公元年：『爲晉正卿，以主諸侯，而儕於隸人，朝不謀夕，棄神人矣。』杜預注：『民爲神主，不恤民，故神人皆去。』

〔二十二〕奉聖順聖，元侯繼獻：『奉聖順聖』，原作『奉順聖』，今據文苑英華、全唐文、適園叢書補改。『元侯』，指重臣大吏。唐羊士諤送張郎中赴鳳翔府幕詩：『仙郎佐氏謀，廷議寵元侯。』唐杜牧中丞業深韜略志在功名詩：『八部元侯非不貴，萬人師長豈無權。』

〔二十三〕九成八佾，聖作明述，垂衣脱劍，訢合猗那之奏也：『九成』，猶九闋。樂曲終止

叫成。書益稷：『簫韶九成，鳳凰來儀。』孔穎達疏：『成猶終也，每曲一終，必變更奏。故經言九成，傳言九奏，周禮謂之九變，其實一也。』隋書音樂志中：『禮終三爵，樂奏九成。』『八佾』，亦作『八溢』『八羽』。古代天子用的一種樂舞。佾，舞列，縱横都是八人，共六十四人。論語八佾：『孔子謂季氏，八佾舞於庭，是可忍也，孰不可忍也！』朱熹集注：『佾，舞列也；天子八，諸侯六，大夫四，士二。』漢書禮樂志二：『千童羅舞成八溢。』顔師古注：『溢與佾同。佾，列也。』『聖作』，語本易乾：『聖人作而萬物睹。』舊時多爲稱頌帝王有所作爲之詞。唐李邕賀新殿鐘鳴表：『伏見昨宣示於新殿爲萬姓祈禱，神鐘自鳴，是知聖作升聞，天意下降，道開皇極，潤及生人。』『垂衣』，即『垂衣裳』，謂定衣服之制，示天下以禮。後用以稱頌帝王無爲而治。易繫辭下：『黄帝、堯、舜垂衣裳而天下治，蓋取諸乾坤。』韓康伯注：『垂衣裳以辨貴賤，乾尊坤卑之義也。』漢王逸機婦賦：『帝軒龍躍，庶業是昌。俯覃聖思，仰覽三光。惟彼織女，終日七襄。爰制布帛，始垂衣裳。』亦省作『垂衣』『垂裳』。南朝陳徐陵勸進元帝表：『無爲稱於華舄，至治表於垂衣。』『脱劍』，解下佩劍。比喻棄武修文。語出禮記樂記：『裨冕搢笏，而虎賁之士説劍也。』説，通『脱』。唐賈至閑居秋懷寄陽翟陸贊府封丘高少府詩：『憶昔皇運初，衆賓俱龍驤；解巾佐幕府，脱劍升明堂。』『訢合』，謂受感而動，和合融洽。禮記樂記：『是

故大人舉禮樂，則天地將爲昭焉。天地訢合，陰陽相得。』鄭玄注：『訢讀爲熹。熹猶蒸也。』孔穎達疏：『熹謂蒸動。言樂感動天地之氣，是使二氣蒸動，則天氣下降，地氣上騰。』清紀昀閱微草堂筆記如是我聞一：『夫雨爲天地之訢合。』『猗那』，柔美、盛美貌。詩商頌那：『猗與那與，置我鞉鼓。』馬瑞辰通釋：『猗、那二字疊韻，皆美盛之貌，通作「猗儺」（見檜風）、「阿難」（見小雅）。草木之美盛曰猗儺，樂之美盛曰猗那，其義一也。』孔叢子連叢子上楊柳賦：『（楊柳）巨本洪枝，條修遠揚，夭繞連枝，猗那其房，或拳勾以逮下土，或擢迹而接穹蒼。』

〔二十四〕觀文化成，匠物研精，四始六義，動諧風雅：『動諧風雅』，四庫全書、甲庫本作『勤諧風雅』，文苑英華作『動經風雅』，全唐文作『勤詣風雅』。『觀文』，觀賞文采。唐許敬宗奉和秋暮言志應制：『凝宸閱栖畝，觀文伫少微。』『化成』，教化成功。易恒：『聖人久於其道，而天下化成。』漢書賈誼傳：『故化成俗定，則爲人臣者主耳忘身，國耳忘家，公耳忘私。』『研精』，窮究精義。後漢書盧植傳：『少與鄭玄俱事馬融，能通古今學，好研精而不守章句。』晉張華勵志詩：『末伎之妙，動物應心。研精耽道，安有幽深。』『四始』，舊說詩經有四始，各家説法不一：（一）指『風』『小雅』『大雅』『頌』。詩大序：『一國之事，繫一人

之本，謂之「風」；言天下之事，形四方之風，謂之「雅」；「雅」者，正也，言王政之所由廢興也，政有大小，故有「小雅」焉，有「大雅」焉；「頌」者，美盛德之形容，以其成功告於神明者也。是謂四始，詩之至也。』孔穎達疏引鄭玄答張逸云：『四始，「風」也，「小雅」也，「大雅」也，「頌」也。此四者，人君行之則爲興，廢之則爲衰。』（二）指『風』『小雅』『大雅』『頌』的首篇。史記孔子世家：『關雎之亂以爲「風」始，鹿鳴爲「小雅」始，文王爲「大雅」始，清廟爲「頌」始。』（三）指『大雅』的大明，『小雅』的四牡、南有嘉魚、鴻雁。詩大序：『是謂四始。』孔穎達疏：『詩緯泛歷樞云：「大明在亥，水始也；四牡在寅，木始也；嘉魚在巳，火始也；鴻雁在申，金始也。」……緯文因金、木、水、火有四始之義，以詩文托之。』此處蓋指上述第一説。『六義』，亦稱『六詩』。詩大序：『詩有六義焉：一曰風，二曰賦，三曰比，四曰興，五曰雅，六曰頌。』孔穎達疏：『風、雅、頌者，詩篇之異體；賦、比、興者，詩文之異辭耳。大小不同而得并爲六義者，賦、比、興是詩之所用，風、雅、頌是詩之成形，用彼三事，成此三事，是故同稱爲義，非別有篇卷也。』近人認爲：風是各國的歌謠，雅是周王畿的歌曲，頌是廟堂祭祀的樂歌，是詩經的三種體制；賦是敷陳其事，比是指物譬喻，興是借物起興，是詩經的三種表現内容的方法。後指以詩經爲代表的文學創作的精神和原則。唐孟郊讀張碧集

詩：『天寶太白歿，六義已消歇。大哉國風本，喪而王澤竭。』唐羅隱廣陵李僕射借示近詩因投獻詩：『閑尋綺思千花麗，靜想高吟六義清。』『風雅』，教化規範。晉皇甫謐三都賦序：『至於戰國，王道陵遲，風雅寖頓。』李善注：『漢書曰：春秋之後，周道寖壞……而賢人失志。』唐李白贈常侍御詩：『大賢有卷舒，季葉輕風雅。』

〔二十五〕洪音巨麗，焜燿皦繹：『洪音巨麗』，四庫全書作『洪音麗制』。『巨麗』，極其美好的事物；極其美好。漢司馬相如上林賦：『君未睹夫巨麗也，獨不聞天子之上林乎？』三國魏吳質答東阿王書：『發函伸紙，是何文采之巨麗，而慰喻之綢繆乎！』『皦繹』，形容音節分明、延續不斷。語出論語 八佾：『樂其可知也：始作，翕如也；從之，純如也，皦如也，繹如也，以成。』宋蘇軾坤成節集英殿宴教坊詞 放女童隊：『八音間作，既成皦繹之文；萬舞畢陳，曲盡回翔之態。』『焜燿』，明照；照耀。左傳 昭公三年：『不腆之適，以備內宮，焜燿寡人之望。』陸德明釋文引服虔曰：『焜，明也；燿，明也。』唐柳宗元爲李京兆祭楊凝文：『冀茲競爽，焜燿儒林。』

〔二十六〕立言垂訓，丹書玄鳥之作也：『丹書』，原作『丹青』，然文苑英華、全唐文均作『丹書』，今即據改。又此校改之理由，亦請參本書本卷高宗謚議一文校箋〔三十〕。『垂

訓』，垂示教訓。晉夏侯湛東方朔畫贊：『傲世不可以垂訓也，故正諫以明節。』劉良注：『傲慢理不可以垂教後人。』三國魏嵇康答釋難宅無吉凶攝生論：『夫先王垂訓，開端中人。』『丹書』，指洛書。傳説夏禹治水時，洛水神龜負之而出，故稱洛書。淮南子俶真訓：『洛出丹書，河出緑圖。』『玄鳥』，相傳古代葛天氏樂八篇之一。吕氏春秋仲夏：『昔葛天氏之樂，三人操牛尾投足以歌八闋，一曰載民，二曰玄鳥……八曰總萬物之極。』高誘注：『上皆樂之八篇名也。』

〔二十七〕蠲疴保全，壽夭之門，方疏溥賜，目之廣利：『蠲疴』，原作『蠲疴』，今據文苑英華、全唐文、適園叢書改。『蠲疴』，治愈疾病。晉郭璞丹木贊：『爰有丹木，生彼淆盤，厥實如瓜，其味甘酸，蠲疴辟火，用奇桂蘭。』宋龔鼎臣東原録：『真廟朝，汝州進茯苓一顆，重三十斤，宣示宰臣而下，遂表謝。其表王沂公代爲之，有云：「事將符於難老，效豈止於蠲疴。」』『保全』，保護使不受損害。漢書賈捐之傳：『今陛下不忍悁悁之忿，欲驅士衆擠之大海之中，快心幽冥之地，非所以救助饑饉，保全元元也。』宋歐陽修歸田録卷一：『寇忠愍之貶，所素厚者九人，自盛文肅已下，皆坐斥逐，而楊大年與寇公尤善，丁晉公憐其才，曲保全之。』『方』，通『旁』。廣大；廣博。國語晉語一：『晉國之方，偏侯也。』韋昭注：『方，大也。』此處指遍及。北魏酈道元水經注沔水一：『自白馬迄此，則平川夾勢，水豐壤沃，利方三蜀矣。』『疏』，

分賜；分給。晏子春秋問上十九：『君裂地而封之，疏爵而貴之。』漢桓寬鹽鐵論毁學：『今人主張官立朝以治民，疏爵分禄以褒賢。』『溥』，普遍。宋司馬光祭晋祠文：『今嘉澤雖豐，沾潤未溥，神心無私，民靡不撫。』

〔二十八〕札瘥不聞，長養推仁，施齊天地，如保赤子之誠也：『推仁』，明鈔本作『惟仁』。『札瘥』，因疫癘、疾病而死。左傳昭公十九年：『鄭國不天，寡君之二三臣札瘥夭昏，今又喪我先大夫偃。』杜預注：『大死曰札，小疫曰瘥。』孔穎達疏：『（札、瘥、夭、昏）總説諸死，連言之耳。』晋書簡文三子傳贊：『帝子分封，嬰此鞠凶。札瘥繼及，禍難仍鍾。』舊唐書文宗紀下：『如聞諸道水旱害人，疾疫相繼，宵旰罪己，興寢疚懷。今長吏奏申，札瘥尤甚。』『長養』，撫育培養。荀子非十二子：『長養人民，兼利天下。』漢仲長統理亂篇：『安居樂業，長養子孫，天下晏然。』『赤子』，嬰兒。書康誥：『若保赤子，惟民其康乂。』孔穎達疏：『子生赤色，故言赤子。』漢書賈誼傳：『故自爲赤子而教固已行矣。』顔師古注：『赤子，言其新生未有眉髮，其色赤。』

〔二十九〕教由德禮，人乃耻格，古作訓夏，我箴政刑：『德禮』，道德與禮教。語本論語爲政：『道之以德，齊之以禮。』朱熹集注：『愚謂政者，爲治之具。刑者，輔治之法。德禮則所

以出治之本，而德又禮之本也。』唐韓愈潮州請置鄉校牒：『孔子曰：「道之以政，齊之以刑，則民免而無耻。」不如以德禮爲先，而輔以政刑也。』『耻格』，知羞耻而歸於正。語本論語爲政：『道之以德，齊之以禮，有耻且格。』邢昺疏：『民有愧耻而不犯禮且能自修而歸正也。』唐張九齡故襄州刺史靳公遺愛銘序：『夫然後人斯耻格，庭少諍訟。』『訓夏』，即指『訓暢夏禹贖刑之法』。尚書注疏卷十八：『王曰：嗚呼欽哉！……當長輔汝君於常法，此穆王庶幾欲蹈行常法。』此後注謂：『吕侯見命爲天子司寇，穆王訓夏贖刑。吕侯以穆王命作書，訓暢夏禹贖刑之法，更從輕以布告天下。』疏謂：『正義曰：吕侯得穆王之命爲天子司寇之卿，穆王於是用吕侯之言訓暢夏禹贖刑之法。吕侯稱王之命而布告天下，史録其事，作吕刑。……謂經言陳罰贖之事，不言何代之禮，故序言訓夏以明經，是夏法王者，代相革易。刑罰世輕世重，殷以變夏，周又改殷夏。法行於前代，廢已久矣。今復訓暢夏禹贖刑之法，以周法傷重，更從輕以布告天下，以其事合於當時。』『箴』，規諫；告戒。書盤庚上：『無或敢伏小人之攸箴。』陸德明釋文引馬融曰：『箴，諫也。』左傳宣公十二年：『箴之曰：「民生在勤，勤則不匱。」』杜預注：『箴，誡也。』國語周語上：『列士獻詩，瞽獻曲，史獻書，師箴。』『政刑』，政令和刑罰。左傳隱公十一年：『君子謂鄭莊公失政刑矣。政以治民，刑以正邪。』新唐書王縉傳：『大曆政刑，日以堙

陵，由緡與元載、杜鴻漸倡之也。」

（三十）載弘哀敬，用息刀鋸，利見大人，循本愧心之旨也：『循本』，文苑英華作『修本』。『哀敬』，憐恤，同情。書 呂刑：『哀敬折獄，明啓刑書胥占，咸庶中正。』孔傳：『當憐下人之犯法，敬斷獄之害人。』按尚書大傳卷二引作『哀矜哲獄』。『刀鋸』，刀和鋸。古代刑具。亦代指刑罰。國語 魯語上：『中刑用刀鋸。』韋昭注：『割劓用刀，斷截用鋸。』史記 范睢蔡澤列傳：『設刀鋸以禁奸邪，信賞罰以致治。』『利見』，易 乾：『飛龍在天，利見大人。』孔穎達疏：『若聖人有龍德飛騰而居天位，德備天下，爲萬物所瞻睹，故天下利見此居王位之大人。』後因稱得見君主爲『利見』。晋葛洪抱朴子 任命：『願先生委龍蛇之穴，升利見之塗。』南朝宋顔延之三月三日詔宴西池詩：『河岳曜圖，聖時利見。』『循本』，尋求其本源。語本莊子 秋水：『請循其本。』成玄英疏：『循，猶尋也。』南朝宋鄭道子神不滅論：『形神有源，請爲子循本而釋之。』『愧心』，羞慚之心。左傳 昭公二十年：『其祝史薦信，無愧心矣。』

（三十一）躬信厚而偷薄以革，體清明而貪饕以懲：『躬』，本身具有。漢書 刑法志：『聖人既躬明悊之性，必通天地之心。』顔師古注：『躬，謂身親有之。』宋曾鞏韓琦制：『躬閎廓之材，體純一之德。』『信厚』，誠實敦厚。詩 周南 麟之趾序：『關雎之化行，則天下無犯非禮，雖

衰世之公子，皆信厚如麟趾之時也。』三國志 吴書 陸遜傳『陸遜字伯言，吴郡吴人也。本名議，世江東大族』裴松之注：『陸氏世頌曰：「父駿，字季才，淳懿信厚，爲邦族所懷，官至九江都尉。」』『偷薄』，澆薄；不敦厚。後漢書 廉范傳：『建初中，遷蜀郡太守，其俗尚文辯，好相持短長，范每厲以淳厚，不受偷薄之説。』新唐書 韓琬傳：『貞觀、永徽之間，農不勸而耕者衆，法施而犯者寡，俗不偷薄，器不行窳。』『清明』，原指政治有法度，有條理。詩 大雅 大明：『肆伐大商，會朝清明。』毛傳：『不崇朝而天下清明。』漢書 禮樂志：『（世祖）即位三十年，四夷賓服，百姓家給，政教清明。』宋蘇軾司馬温公神道碑：『上即位之三年，朝廷清明，百揆時叙，民安其生，風俗一變。』此處則指清廉、光明正大。『貪饕』，貪得無厭。戰國策 燕策二：『今秦有貪饕之心，而欲不可足也。』漢王褒洞簫賦：『故貪饕者聽之而廉隅兮，狼戾者聞之而不懟。』

〔三十二〕納匪躬之直，無毁校防川之誤：『無毁校防川之誤』，四庫全書作『無毁校防川之謨』。『匪躬』，謂忠心耿耿，不顧自身。易 蹇：『王臣蹇蹇，匪躬之故。』孔穎達疏：『盡忠於君，匪以私身之故而不往濟君，故曰：匪躬之故。』晋葛洪抱朴子 博喻：『是以比干匪躬而剖心於精忠，田豐見微而夷戮於言直。』『校』，即『鄉校』，古代地方學校。周代特指六鄉州黨的學校。左傳 襄公三十一年：『鄭人游于鄉校，以論執政。』杜預注：『鄉校，鄉之學校……鄭國謂學

爲校。」晋袁宏後漢紀光武帝紀四：『更拜恂（寇恂）爲汝南太守。郡中無事，乃修鄉校，能爲左氏春秋者，親與學焉。』按，『無毁校防川之誤』乃用左傳襄公三十一年所載故事：『鄭人游于鄉校，以論執政。然明謂子産曰：「毁鄉校如何？」子産曰：「何爲？夫人朝夕退而游焉，以議執政之善否。其所善者，吾則行之；其所惡者，吾則改之，是吾師也。若之何毁之？我聞忠善以損怨，不聞作威以防怨。豈不遽止？然猶防川。大决所犯，傷人必多，吾不克救也。不如小决使道，不如吾聞而藥之也。」然明曰：「蔑也今而後知吾子之信可事也！小人實不才。若果行此，其鄭國實賴之，豈唯二三臣？」仲尼聞是語也，曰：「以是觀之，人謂子産不仁，吾不信也。」』

〔三十三〕推輔弼之功，有輻輳并進之歡：『輔弼』，文苑英華、全唐文作『輔理』。『有輻輳并進之歡』，文苑英華作『有輻輳并進之勤』，四庫全書、全唐文作『有輻輳并進之嘆』。『輔弼』，亦作『輔拂』。輔佐；輔助。國語吴語：『昔吾先王，世有輔弼之臣，以能遂疑計惡，以不陷於大難。』荀子臣道：『故正義之臣設，則朝廷不頗；諫争輔拂之人信，則君過不遠。』唐吴兢貞觀政要求諫：『太宗曰：「公言是也。人君必須忠良輔弼，乃得身安國寧。」』『輻輳』，亦作『輻凑』。集中；聚集。管子任法：『群臣修通輻凑以事其主，百姓輯睦聽令道法以從其事。』漢班固東都賦：『平夷洞達，萬方輻凑。』

〔三十四〕泥金方草，仙鼎忽成；汗漫無從，希夷永閟：「希夷永閟」，原作「希夷永閲」，今據文苑英華、全唐文改。「泥金」，古代帝王行封禪禮時所用的玉牒有玉檢、石檢，檢用金縷纏住，用水銀和金屑泥封。見後漢書祭祀志上。後因以借指封禪。「泥金方草」，此處用以指功成封禪之事剛完成。「仙鼎」，謂黄帝所得之寶鼎。史記封禪書載：「黄帝采首山銅，鑄鼎於荆山下。鼎既成，有龍垂胡髯下迎黄帝。黄帝上騎，群臣後宫從上者七十餘人，龍乃上去。餘小臣不得上，乃悉持龍髯，龍髯拔，墮黄帝之弓。百姓仰望黄帝既上天，乃抱其弓與胡髯號，故後世因名其處曰鼎湖，其弓曰烏號。」此處「仙鼎忽成」，乃喻指唐高宗崩逝。「汗漫」，廣大，漫無邊際。淮南子俶真訓：「至德之世，甘暝于溷澖之域而徙倚于汗漫之宇。」宋文天祥酹江月南康軍和東坡韻詞：「空翠晴嵐浮汗漫，還障天東半壁。」「希夷」，指虚寂玄妙的境界。唐韓愈順宗實録卷五：「臣聞上聖玄邈，獨超乎希夷；强名之極，猶存乎罔象。」唐錢起奉和聖制登會昌山應制詩：「睿想入希夷，真游到具茨。」「閟」，阻隔；斷絶。唐杜甫陪章留後惠義寺餞嘉州崔都督赴州詩：「出塵閟軌躅，畢景遺炎蒸。」五代齊己早鶯詩：「何處經年閟好音，暖風催出囀喬林。」

〔三十五〕哀同軌之將會，仰鴻名之可易：「同軌」，指古代華夏諸侯國。左傳隱公元年：「天子七月而葬，同軌畢至。」杜預注：「言同軌，以别四夷之國。」漢班固白虎通崩

薨：『天子七月而葬，同軌必至。』按，『同軌之將會』，乃謂諸侯國將來參加葬禮。『鴻名』，大名；盛名。史記司馬相如列傳：『前聖之所以永保鴻名而常爲稱首者用此，宜命掌故悉奏其義而覽焉。』唐蘇頲開元元年赦書：『鴻名不可以深拒，盛典不可以固違。』按，此處『鴻名之可易』，乃謂因將有謚號、廟號而改原大名。

（三十六）鋪衍至賾，錫乎無窮：『至賾』，原作『至頤』，明鈔本、甲庫本同。文苑英華、全唐文則作『至迹』，今據四庫全書、適園叢書、學林本改。『鋪衍』，廣爲傳布。漢揚雄劇秦美新：『登假皇穹，鋪衍下土。』劉良注：『鋪，布；衍，廣。』『至賾』，極其深奥微妙。亦指極深奥微妙的道理。易繫辭上：『言天下之至賾而不可惡也。』後漢書崔駰傳：『竫潛思於至賾兮，騁六經之奥府。』李賢注：『賾，深也。』『錫』，賜予。詩大雅崧高：『既成藐藐，王錫申伯。四牡蹻蹻，鈎膺濯濯。』鄭玄箋：『召公營位，築之已成，以形貌告於王，王乃賜申伯。』宋陸游過張王行廟詩：『善人錫之福，奸僞亦擊汝。』

（三十七）應物無方之謂神，保大定功之謂武：『應物無方』，文苑英華作『物妙無方』。『應物』，順應事物。莊子知北游：『邀於此者，四枝强，思慮恂達，耳目聰明，其用心不勞，其應物無方。』鍾泰發微：『「應物無方」，言不執滯也。』史記太史公自序：『與時遷移，

應物變化，立俗施事，無所不宜。』『無方』，没有方向、處所的限制。謂無所不至。易益：『天施地生，其益無方。』孔穎達疏：『其施化之益，無有方所。』晉陸雲南征賦：『悲國步之未夷，仰夙興而昧旦。括無方而大誥，集率土而貞觀。』『保大』，安穩地居於高位。三國志魏書陳留王奂傳：『昔聖帝明王，静亂濟世，保大定功，文武殊塗，勛烈同歸。』晉陸機漢高祖功臣頌：『元凶既夷，寵禄來假。保大全祚，非德孰可。』吕延濟注：『安於大位而能全福者，非德不可也。……保，安；祚，福。』『定功』，建立功業。左傳宣公十二年：『夫武，禁暴、戢兵、保大、定功、安民、和衆、豐財者也。』晉陸機漢高祖功臣頌：『奮戈東城，禽項定功。』晉干寶晉紀總論：『以三聖之智，伐獨夫之紂，猶正其名教，曰：「逆取順守，保大定功，安民和衆。」』

〔三十八〕經天緯地之謂文：『經天緯地』，國語周語下：『經之以天，緯之以地，經緯不爽，文之象也。』本指以天地爲法度。後以『經天緯地』『經緯天地』謂經營天下，治理國政。荀子解蔽：『經緯天地而材官萬物，制割大理，而宇宙裹（理）矣。』周書静帝紀：『藉祖考之休，憑宰輔之力，經天緯地，四海晏如。』

〔三十九〕樞衡在握：『樞衡』，中央行政機關的職權。亦指宰輔之位。北史序傳李沖：『僕射執我樞衡，總厘朝務，使我無後顧之憂。』唐張九齡酬宋使君見贈之作詩：『時來不自意，宿昔

謬樞衡。翊聖負明主，妨賢愧友生。」

〔四十〕整旅善師，豺狼擾馴，武莫盛焉：「整旅」，原作「金湯」，今據四庫全書改。「豺狼」，文苑英華作「豺豕」。「擾馴」，原作「馴擾」，適園叢書、明鈔本、學林本作「擾馭」，今據文苑英華、全唐文、四庫全書、甲庫本改。「武莫盛焉」，原作「武莫威焉」，今據文苑英華、適園叢書、明鈔本、甲庫本、學林本改。「整旅」，整治軍旅。詩大雅皇矣：「王赫斯怒，爰整其旅。」左傳昭公二十三年：「請先者去備薄威，後者敦陳整旅。」「擾馴」，馴服。漢王符潛夫論志氏姓：「其子伯翳，能議百姓以佐舜禹，擾馴鳥獸，舜賜姓嬴。」孔子家語五帝德：「（黄帝）服牛乘馬，擾馴猛獸，以與炎帝戰于阪泉之野。」宋蘇軾祭張文定公文之一：「道大如天，見存乎人……初如龍鳳，不可擾馴。」

〔四十一〕承休繼志，永錫不匱：「承休」，承受美善。史記封禪書：「今鼎至甘泉，光潤龍變，承休無疆。」「繼志」，繼續前人之志。通志總序：「大抵開基之人，不免草創，全屬繼志之士爲之彌縫。」宋史禮志一：「孝宗繼志，典章文物，有可稱述。」「不匱」，不竭；不缺乏。詩大雅既醉：「孝子不匱，永錫爾類。」毛傳：「匱，竭。」鄭玄箋：「孝子之行非有竭極之時。」國語魯語上：「民求不匱於財，而神求優裕於享者也。」

〔四十二〕輝焯玉度，焕乎黼藻：『輝焯』，原作『輝煌』，今據文苑英華、四庫全書、全唐文、明鈔本、甲庫本改。『玉度』，文苑英華、全唐文作『王度』。『玉度』，嫻雅優美的儀態、風度。南朝宋謝莊宋孝武宣貴妃誄：『誕發蘭儀，光啓玉度。』吕延濟注：『蘭，芳草；玉，重寶，皆喻容儀淑美也。』南朝梁簡文帝九日侍皇太子樂游苑詩：『副極儀天，金鏘玉度。』『焕』，光亮、鮮明。論語泰伯：『焕乎！其有文章。』明方孝孺贈郭士淵序：『施諸政事，秩乎其理也；發諸文章，焕乎其達也。』『黼藻』，南朝齊謝朓酬德賦：『有杞梓之貞心，協丹采之輝被；伊吾人之陋薄，雖黼藻之何置。』曹融南校注：『黼藻，謂華美之辭藻。』隋書經籍志四：『爰逮晋氏，見稱潘（潘岳）、陸（陸機），并黼藻相輝，宫商間起。』

〔四十三〕考墳史而徵德實：『墳史』，原作『文史』，適園叢書、學林本作『墳典』，今據文苑英華、四庫全書、全唐文改。『墳史』，指典籍史書。魏書裴延儁傳：『涉獵墳史，頗有才筆。』新唐書文藝傳中劉憲：『時玄宗在東宫，雅意墳史。』

順宗至德大聖大安孝皇帝謚議〔一〕

臣上稽太古皇帝之建尊謚也，咸揭盛德，以旌至公，備禮于郊，即天成命，易名

之典也〔一〕。故堯不稱巍巍成功〔二〕，而以傳聖爲盛德；禹不稱乃錫玄圭〔四〕，而以成功爲盛德，此乃五帝三王統天作謚之大範也〔五〕。伏惟大行太上皇，天作睿哲，生知大和〔六〕，揚九聖之耿光，開萬祀之休運〔七〕。雲行雨施，不俟終日；廣愛博教，克成浹旬〔八〕。澤萬物德大乎羲軒〔九〕，公天下道高乎堯舜。原夫君人之表，發於岐嶷〔十〕；造物之用，先乎蓍龜〔十一〕。在藩播爲善之樂，主器流作貞之慶〔十二〕，視膳有法文之孝，撫軍有戡羿之庸〔十三〕。毓全德於春闈，積大望於覆育〔十四〕，垂三十載矣。三善方躋乎聖敬，六氣遽嬰乎沉痼〔十五〕。德宗皇帝慮繼明之重〔十六〕，深唯疾之憂，積其不懌，至乎大漸〔十七〕。天崩地坼，當暝眩之辰；流沙漸海，有震動之懼〔十八〕。而大行太上皇明德動天，神化無眹，上虔九廟〔十九〕，下恤兆人，深冀翌日之瘳，大慶即端之祚〔二十〕，於是建冢嫡以發大號，赦天下以壯皇猷〔二十一〕，聖作明遠，周流灌注〔二十二〕。若乃奄岩穴以搜賢才，能官則哲之道也〔二十三〕；黜進獻以藝貢賦，籍田任土之利也〔二十四〕；滌疵瑕而復放竄，解網泣辜之仁也〔二十五〕；蠲逋責而惠困窮，寬大易簡之義也〔二十六〕。用能垂拱而神人交泰，玄默而動植究安〔二十七〕，巍巍蕩蕩，聖德如風烈雷迅，不崇朝而溢乎八紘矣〔二十八〕。猶以爲黎獻之富教未洽，陵寢之制度

未成〔二十九〕，深圖甘害於恬頤，力政不憚於增劇〔三十〕。既而同軌畢至，萬邦咸寧，奉先之孝克終〔三十一〕，傳聖之義斯舉，釋負寶位，栖神玉清，追姑射之高蹤，樂華胥之妙道〔三十二〕。大矣哉！與天地合其德，則不爲而成；與變化合其神，則不疾而速。聖造盤薄，玄風汪洋〔三十三〕，所謂天授，非人力也。方陋唐虞之異族，樂文武於同時〔三十四〕，振曜重光〔三十五〕，永清四海，孰謂初陽變候，素疾彌留〔三十六〕，徵秘術而俞扁必臻，走群望而圭璧斯罄〔三十七〕。何翠華之不駐，乘白雲而上仙，攀號弓劍，哀震寰區〔三十八〕。皇帝悼極憂以致養，痛大數之不延〔三十九〕，外遵易月之命，内茹終天之酷〔四十〕，詞不朽於禮謚，旌罔極於孝思〔四十一〕，敢揚聖德，垂鴻惇史〔四十二〕。謹按易曰：『天地之大德曰生，聖人之大寶曰位。』謚法曰：『寬裕和平曰安，敬慎所安曰孝〔四十三〕。』大行太上皇，乘運統天，端拱造物〔四十四〕，可謂至德；感神翊運，光明正位〔四十五〕，可謂大聖；永圖丕構，傳聖保和，可謂大安〔四十六〕；九族安之〔四十七〕，兆人賴之，可謂大孝。下采華夷之望，上合神祇之心，請上尊謚曰『至德大聖大安孝皇帝』，廟號曰『順宗』〔四十八〕。謹議。元和元年六月。

校箋

〔一〕此文又見於全唐文卷四百七十九，文題爲順宗至德大聖大安孝皇帝謚議，署名許孟容。唐會要卷一帝號上記唐順宗於元和元年『七月，葬豐陵。謚曰至德大聖大安孝皇帝，廟號順宗。哀册文（禮部侍郎趙宗儒撰），謚册文（禮部侍郎崔汾撰），謚議（太常寺少卿崔樞撰）』。按，此文唐大詔令集各本均未署撰人，而據上述唐會要、全唐文所記，此文之撰人有許孟容和太常寺少卿崔樞之異。此文究竟何人所撰，今未能明，俟考。又，此文文末署頒布時間爲元和元年六月。考舊唐書卷十四順宗紀元和元年載：『六月乙卯，皇帝率群臣上大行太上皇謚曰至德大聖大安孝皇帝，廟號順宗。秋七月壬申，葬于豐陵。』據此，上謚號時間爲元和元年（八〇六）六月乙卯（二十三日），則其撰寫時間當在此時稍前。

〔二〕易名之典也：此句四庫全書作『大易名之典也』，明鈔本、甲庫本作『夫易名之典也』。『易名』，指古時帝王、公卿、大夫死後朝廷爲之立謚號。禮記檀弓下：『公叔文子卒，其子戍請謚於君，曰：「日月有時，將葬矣，請所以易其名者。」』南朝梁任昉齊竟陵文宣王行

狀：『易名之典，請遵前烈。』

〔三〕堯不稱巍巍成功：『巍巍』，崇高偉大。論語 泰伯：『巍巍乎！舜、禹之有天下也而不與焉。』何晏集解：『巍巍，高大之稱。』漢董仲舒春秋繁露 奉本：『孔子曰：「唯天爲大，唯堯則之，則之者大也，巍巍乎其有成功也。」』

〔四〕禹不稱乃錫玄圭：『錫』，賜予。詩 大雅 崧高：『既成藐藐，王錫申伯：四牡蹻蹻，鉤膺濯濯。』鄭玄箋：『召公營位，築之已成，以形貌告於王，王乃賜申伯。』宋陸游過張王行廟詩：『善人錫之福，奸僞亦擊汝。』『玄圭』，亦作『玄珪』。一種黑色的玉器，上尖下方，古代用以賞賜建立特殊功績的人。書 禹貢：『禹錫玄圭，告厥成功。』孔傳：『玄，天色，禹功盡加于四海，故堯賜玄圭以彰顯之，言天功成。』漢書 王莽傳上：『伯禹錫玄圭，周公受郊祀，蓋以達天之使，不敢擅天之功也。』

〔五〕此乃五帝三王統天作謚之大範也：『此乃五帝三王』，四庫全書作『此則五帝三王』，全唐文作『此五帝三王』。『五帝』，上古傳説中的五位帝王，説法不一。（一）黃帝（軒轅）、顓頊（高陽）、帝嚳（高辛）、唐堯、虞舜；（二）太昊（伏羲）、炎帝（神農）、黃帝、少昊（摯）、顓頊；（三）少昊、顓頊、高辛、唐堯、虞舜；（四）伏羲、神農、黃帝、唐堯、虞

舜。『三王』，指夏、商、周三代之君。其具體所指亦有三説，即（一）夏禹、商湯、周武王；（二）夏禹、商湯、周文王；（三）商湯、周文王、周武王。『統天』，易乾：『大哉乾元，萬物資始，乃統天。』孔穎達疏：『乃統天者，以其至健而爲物始，以此乃能統領於天。』後用以指統領天下。後漢書寇榮傳：『陛下統天理物，爲萬國覆。』

（六）天作睿哲，生知大和：『天作』，猶天造，天生。謂自然形成。詩周頌天作：『天作高山，大王荒之。』毛傳：『作，生；荒，大也。天生萬物於高山，大王行道能安天之所作也。』唐韓愈燕喜亭記：『凡天作而地藏之，以遺其人乎？』

（七）揚九聖之耿光，開萬祀之休運：『萬祀』，四庫全書、全唐文作『萬紀』。『九聖』，指唐高祖、唐太宗、唐高宗、唐中宗、唐睿宗、唐玄宗、唐肅宗、唐代宗、唐德宗九位皇帝。『耿光』，光明；光輝；光榮。書立政：『以覲文王之耿光，以揚武王之大烈。』孔傳：『能使四夷賓服，所以見祖之光明，揚父之大業。』唐李白明堂賦：『遵先軌以繼作兮，揚列聖之耿光。』『休運』，猶言盛世。陳書文學傳阮卓論：『至如杜之偉之徒，值於休運，各展才用，之偉尤著美焉。』舊五代史唐書明宗紀四：『朕以眇躬，獲承丕構，襲三百年之休運，繼二十聖之耿光。』

（八）廣愛博教，克成浹旬：『浹旬』，原作『浹辰』，今據全唐文、適園叢書、學林本

改。『克成』，完成；實現。書 武成：『我文考文王，克成厥勛，誕膺天命，以撫方夏。』周書 文帝紀上：『然凡欲立大功，匡社稷，未有不因地勢，總英雄，而能克成者也。』『浹旬』，一旬，十天。隸釋 漢衛尉衡方碑：『受任浹旬，庵離寢疾，年六十有三。』宋書 武帝紀論：『（高祖）曾不浹旬，夷凶翦暴。』元陳應潤周易爻變易緼卷七：『古者行師用事皆以旬爲期，左傳謂浹旬之間楚克三都，言其速也。』

（九）澤萬物德大乎羲軒：『羲軒』，伏羲氏和軒轅氏（黄帝）的并稱。唐李白金陵鳳凰臺置酒詩：『明君越羲軒，天老坐三台。』

（十）發於岐嶷：『發』，原作『教』，今據適園叢書、明鈔本、學林本改。『岐嶷』，詩 大雅 生民：『誕實匍匐，克岐克嶷。』朱熹集傳：『岐嶷，峻茂之狀。』後多以『岐嶷』形容幼年聰慧。東觀漢記 馬客卿傳：『馬客卿幼而岐嶷，年六歲，能接應諸公，專對賓客。』北魏楊衒之洛陽伽藍記 追光寺：『略生而岐嶷，幼則老成，博洽群書。』

（十一）造物之用，先乎蓍龜：『蓍龜』，古人以蓍草與龜甲占卜吉凶，因以指占卜。易 繫辭上：『探賾索隱，鉤深致遠，以定天下之吉凶，成天下之亹亹者，莫大乎蓍龜。』史記 龜策列傳：『王者決定諸疑，參以卜筮，斷以蓍龜，不易之道也。』

〔十二〕在藩播爲善之樂，主器流作貞之慶：『在藩』，全唐文、適園叢書、學林本作『在宫』。『主器』，器，祭器。易序卦：『主器者莫若長子。』古代國君的長子主宗廟祭器，因以稱太子爲『主器』。南朝梁簡文帝蒙華林園戒詩：『執珪守藩國，主器作元貞。』南朝梁沈約齊故安陸昭王碑：『禁旅尊嚴，主器彌固。』『貞』，卜問；占卜。周禮春官天府：『季冬，陳玉，以貞來歲之媺惡。』鄭玄注：『問事之正曰貞。』初學記卷十四引三國魏韋誕皇后親蠶頌：『考時日於巫咸，詔太卜以獻貞。』按，此兩句所言乃記唐順宗在藩以及立爲太子時事。舊唐書順宗紀載：『順宗至德大聖大安孝皇帝諱誦，德宗長子，母昭德皇后王氏。上元二年正月生於長安之東内。大曆十四年六月，封宣王。建中元年正月丁卯，立爲皇太子。……史臣韓愈曰：順宗之爲太子也，留心藝術，善隸書。德宗工爲詩，每賜大臣方鎮詩制，必命書之。性寬仁有斷，禮重師傅，必先致拜。從幸奉天，賊泚逼迫，常身先禁旅，乘城拒戰，督勵將士，無不奮激。德宗在位歲久，稍不假權宰相。左右幸臣如裴延齡、李齊運、韋渠牟等，因間用事，刻下取功，而排陷陸贄、張滂輩，人不敢言，太子從容論爭，故卒不任延齡、渠牟爲相。嘗侍宴魚藻宫。張水嬉，彩艦雕靡，宫人引舟爲棹歌，絲竹間發，德宗歡甚，太子引詩人「好樂無荒」爲對。每於敷奏，未嘗以顔色假借宦官。居儲位二十年，天下陰受其賜。』新唐書順宗紀載：『順宗至德弘道大聖大安孝皇

帝諱誦，德宗長子也。母曰昭德皇后王氏。始封宣城郡王，大曆十四年六月，進封宣王。十二月乙卯，立爲皇太子。爲人寬仁，喜學藝，善隸書，禮重師傅，見輒先拜。從德宗幸奉天，常執弓矢居左右。郜國公主以蠱事得罪，太子妃，其女也，德宗疑之，幾廢者屢矣，賴李泌保護，乃免。後侍宴魚藻宮，張水嬉彩艦，宫人爲棹歌，衆樂間發，德宗歡甚，顧太子曰：「今日何如？」太子誦詩「好樂無荒」以爲對。及裴延齡、韋渠牟用事，世皆畏其爲相，太子每候顔色，陳其不可。故二人者卒不得用。』

〔十三〕視膳有法文之孝，撫軍有戡羿之庸：『視膳』，古代臣下侍奉君主或子女侍奉雙親進餐的一種禮節。語本禮記 文王世子：『食上，必在視寒暖之節；食下，問所膳。』史記 魯仲連鄒陽列傳：『天子巡狩，諸侯辟舍，納管籥，攝衽抱機，視膳於堂下，天子已食，乃退而聽朝也。』『法文之孝』，即效法周文王之孝。禮記 文王世子：『文王之爲世子，朝於王季日三。鷄初鳴而衣服，至於寢門外，問内豎之御者曰：「今日安否何如？」内豎曰：「安。」文王乃喜。乃日中又至，亦如之；及莫又至，亦如之。其有不安節，則内豎以告文王。文王色憂，行不能正履，王季復膳，然後亦復初。食上，必在視寒暖之節；食下，問所膳。』『撫軍』，謂太子從君出征。左傳 閔公二年：『大子奉冢祀社稷之粢盛，以朝夕視君膳者也，故曰冢子。君行則守，

有守則從，從曰撫軍，守曰監國，古之制也。』宋陳亮戊申再上孝宗皇帝書：『東宮居曰監國，行曰撫軍。』『戡』，平定。書西伯戡黎：『西伯既戡黎，祖伊恐。』新唐書郭子儀傳：『昔回紇涉萬里，戡大憝，助復二京。』『羿』，古代神話傳説中善射的人。銀雀山漢墓竹簡孫臏兵法勢備：『羿作弓弩，以勢象之。』孟子離婁下：『逢蒙學射於羿，盡羿之道，思天下惟羿爲愈己，於是殺羿。』淮南子本經訓：『堯乃使羿誅鑿齒於疇華之野，殺九嬰於凶水之上，繳大風於青邱之澤，上射十日而下殺猰貐。』『庸』，功勛。左傳昭公十三年：『告之以文辭，董之以武師，雖齊不許，君庸多矣。』杜預注：『庸，功也。』南朝齊王儉褚淵碑文：『雖無受脤出車之庸，亦有甘寢秉羽之績。』按，『視膳有法文之孝』，乃謂唐順宗之孝道。韓愈順宗實録卷一載：『建中元年，立爲皇太子。慈孝寬大，仁而善斷……上之爲太子，於父子間，慈孝交洽無嫌，每以天下爲憂。』又，『撫軍有戡羿之庸』，乃謂唐順宗爲太子時有如后羿平凶之功勛。此事舊唐書順宗紀載：『史臣韓愈曰：順宗之爲太子也……從幸奉天，賊泚逼迫，常身先禁旅，乘城拒戰，督勵將士，無不奮激。』又唐韓愈順宗實録卷一亦謂：『德宗之幸奉天，倉卒間，上常親執弓矢，率軍後先導衛，備嘗辛苦。』

〔十四〕毓全德於春闈，積大望於覆育：『毓』，繁殖；養育。周禮地官大司徒：『以蕃

鳥獸，以毓草木。」鄭玄注：「毓，古育字。」漢班固東都賦：「發蘋藻以潛魚，豐圃草以毓獸。」「全德」，道德上完美無缺。莊子 天地：「天下之非譽，無益損焉，是謂全德之人哉。」後漢書 桓榮傳論：「而佚廷議戚援，自居全德，意者以廉不足乎？」李賢注：「全德言無玷缺也。」「春闈」，猶春宮。太子居所。又稱東宮。亦指代太子。唐王勃釋迦佛賦：「寶殿之龍顔大悦，春闈之鳳德何虞。」舊唐書 姚珽傳：「臣以庸謏，叨侍春闈，職居獻替，豈敢緘默。」「望」，聲望；威望。詩 大雅 卷阿：「如珪如璋，令聞令望。」唐岑參送楊録事充潼關判官詩：「關西望第一，郡内政無雙。」「覆育」，撫養；養育。禮記 樂記：「天地訢合，陰陽相得，煦嫗覆育萬物。」漢董仲舒春秋繁露 王道通三：「天覆育萬物，既化而生之，有養而成之。」按，此兩句所言，唐韓愈順宗實録卷一所載順宗即位册文即云：「咨爾皇太子誦，睿哲温恭，寬仁慈惠。文武之道，秉自生知；孝友之誠，發於天性。自膺上嗣，毓德春闈，恪慎于厥躬，祗勤于大訓：必能誕敷至化，安勸庶邦。」

〔十五〕三善方躋乎聖敬，六氣遽嬰乎沉痼：「方躋」，四庫全書、明鈔本、甲庫本作「方齊」。「三善」，指臣事君、子事父、幼事長的三種道德規範。禮記 文王世子：「行一物而三善皆得者，唯世子而已……父子、君臣、長幼之道得而國治。」南朝梁沈約齊故安陸昭王碑文：「協隆

三善，仰敷四德。』張銑注：『三善，謂事君、事父、事長也。』『躋』，升登，達到。易震：『躋于九陵。』孔穎達疏：『躋，升也。』唐韓愈順宗實録卷五：『以皇帝天資仁孝，日躋聖敬。』『六氣』，中醫術語。或指寒、熱、燥、濕、風、火六種症候。素問至真要大論：『黄帝問曰：「五氣交合，盈虚更作，余知之矣。六氣分治，司天地者，其至如何？」……岐伯曰：「厥陰司天，其化以風；少陰司天，其化以熱；太陰司天，其化以濕；少陽司天，其化以火；陽明司天，其化以燥；太陽司天，其化以寒。」』『沉痼』，積久難治的病。漢劉楨贈五官中郎將詩之二：『余嬰沉痼疾，竄身清漳濱。』南齊書褚淵傳：『叨職未久，首歲便嬰疾篤，爾來沉痼，頻經危殆，彌深憂震。』

〔十六〕德宗皇帝慮繼明之重：『慮』，原作『虞』，今據四庫全書、全唐文、適園叢書、明鈔本、甲庫本、學林本改。『繼明』，原謂持續不斷的光明。唐劉禹錫武陵書懷五十韻：『繼明懸日月，出震統乾坤。』此處借指皇帝即位。唐韓愈皇帝即位降赦賀觀察使狀：『聖上以繼明之初，垂惟新之澤。』宋司馬光論西夏札子：『自是正旦生辰，乃至陛下繼明，皆不遣使入賀，其不臣大矣。』

〔十七〕積其不懌，至乎大漸：『至乎』，四庫全書、適園叢書作『至於』。『不懌』，不悦；

不歡愉。史記五帝本紀：『（堯）召舜曰：「女謀事至而言可績，三年矣，女登帝位。」舜讓於德不懌。』裴駰集解：『謂辭讓於德不堪，所以心意不悦懌也。』唐元稹鶯鶯傳：『然而君既不懌，無以奉寧。』『大漸』，謂病危。書顧命：『王曰：「嗚呼！疾大漸，惟幾。」』列子力命：『季梁得疾，七日大漸。』張湛注：『漸，劇也。』按，以上數句謂唐德宗因憂慮太子之病情而感疾病危，此事唐韓愈順宗實録卷一即載：『上自二十年九月得風疾，因不能言，使四面求醫藥，天下皆聞知。德宗憂戚，形於顔色，數自臨視。二十一年正月朔，含元殿受朝。還至別殿，諸王親屬進賀，獨皇太子疾不能朝，德宗爲之涕泣，悲傷嘆息，因感疾，恍惚日益甚。二十餘日，中外不通兩宫安否，朝臣咸憂懼，莫知所爲，雖翰林内臣亦無知者。』

〔十八〕天崩地坼，當瞑眩之辰；流沙漸海，有震動之懼：『地坼』，地裂。語出禮記月令：『仲冬之月……冰益壯，地始坼，鶡旦不鳴，虎始交。』淮南子詮言訓：『大寒地坼水凝，火弗爲衰其暑；大熱爍石流金，火弗爲益其烈。』『瞑眩』，指頭暈目眩。説郛卷三十一引宋無名氏致虚雜俎：『西域有獸如犬，含水噀馬目，則馬瞑眩欲死。』清和邦額夜譚隨録白萍：『林被酒瞑眩，極力支撑，竟不能敵。』『流沙』，指沖刷入江海中的細沙土。元宋無鯨背吟討水：『海波鹹苦帶流沙，島上清泉味最佳。』『漸』，流入；入。書禹貢：『東漸于海，西被于流沙。』孔

傳：『漸，入也。』清遁廬維新夢大同：『都尉啊，謝你漸海功高，補天技巧。』

（十九）神化無眹，上虔九廟：『無眹』，四庫全書、明鈔本、甲庫本作『無朕』，全唐文作『無爲』。按，『眹』，通『朕』。徵兆；迹象。列子黄帝：『向吾示之乙太冲莫眹，是殆見吾衡氣幾也。』莊子齊物論：『必有真宰，而特不得其眹。』陸德明釋文：『眹，除忍切，兆也。』晋葛洪抱朴子知止：『若龔勝之絶粒以殞命，李業煎蹙以吞酖，由乎迹之有眹、景之不滅也。』『九廟』，指帝王的宗廟。古時帝王立廟祭祀祖先，有太祖廟及三昭廟、三穆廟，共七廟。王莽增爲祖廟五、親廟四，共九廟。後歷朝皆沿此制。漢書王莽傳下：『取其材瓦，以起九廟。』晋潘岳西征賦：『由僞新之九廟，誇宗虞而祖黄。』

（二十）深冀翌日之瘳，大慶即端之祚：『翌日』，原作『翌月』，今據四庫全書、全唐文、適園叢書、明鈔本、甲庫本、學林本改。『大慶』，大可慶賀之事。晋王羲之十七帖：『足下今年政七十耶？知體氣常佳，此大慶也。』唐韓愈皇帝即位賀宰相啓：『相公翼亮聖明，大慶資始。』『端』，開始。禮記禮運：『故人者，天地之心也，五行之端也。』孔穎達疏：『端，猶首也。』孟子公孫丑上：『惻隱之心，仁之端也；羞惡之心，義之端也；辭讓之心，禮之端也；是非之心，智之端也。』『祚』，福；福運。國語周語下：『若能類善物，以混厚民人者，必有章譽蕃

育之祚。』漢班固西都賦：『歷十二之延祚，故窮泰而極侈。』

〔二十一〕於是建冢嫡以發大號，赦天下以壯皇猷：『冢嫡』，嫡長子。晉書呂纂載記：『臣雖年長，陛下國家之冢嫡，不可以私愛而亂大倫。』金王若虛論語辨惑三：『夫子糾、桓公，皆襄公之庶弟，而非冢嫡，各因畏禍而出奔。』『大號』，帝王的號令。易渙：『渙汗其大號。』孔穎達疏：『渙汗其大號者，人遇險厄驚怖而勞，則汗從體出，故以汗喻險厄也。九五處尊履正，在號令之中，能行號令以散險厄者也。』唐元稹郭釗等轉勛制：『越二月發大號於天下，延寵庶官，錫爾崇勛，無替嘉命。』『皇猷』，帝王的謀略或教化。南朝梁沈約齊太尉文憲王公墓志銘：『帝圖必舉，皇猷偕煥。』北史牛弘傳：『今皇猷遐闡，化覃海外。』按，此二句乃謂順宗册其嫡長子李純爲太子，并大赦天下。唐韓愈順宗實録卷四載此事云：『夏四月乙巳，上御宣政殿，册皇太子。册曰：「建儲貳者，必歸於冢嗣；固邦本者，允屬於元良。咨爾元子廣陵王某，幼挺岐嶷，長標洵淑；佩詩、禮之明訓，宣忠孝之弘規；居惟保和，動必循道；識達刑政，器合温文；愛敬奉於君親，仁德聞於士庶；神祇龜筮，罔不協從。是用命爾爲皇太子。……付爾以承祧之重，勵爾以主鬯之勤，以貞萬國之心，以揚三善之德。……可不慎歟！」……戊申，詔曰：「惟先王光有天下，必正我邦本，以立人極。建儲貳以承宗祧，所以啓迪大猷，安固洪業，斯前代之令

典也。……今册禮云畢，感慶交懷，思與萬方，同其惠澤。自貞元二十一年二月二十四日已後，至四月九日昧爽已前，天下應犯死罪者，特降從流；流已下遞減一等。文武常參并州府縣官子爲父後者，賜勛兩轉。……天下孝子順孫先旌表門閭者，委所管州縣各加存恤。」

〔二十二〕聖作明遠，周流灌注：『明遠』，四庫全書、全唐文作『明述』。『聖作』，帝王的作品。猶言御制。新唐書虞世南傳：『帝嘗作宫體詩，使賡和。世南曰：「聖作誠工，然體非雅正。」』『明遠』，透徹而深刻。晋書賈充傳：『雅量弘高，達見明遠，武有折衝之威，文懷經國之慮，信結人心，名震域外。』

〔二十三〕若乃奄岩穴以搜賢才，能官則哲之道也：『奄』，覆蓋。引申爲盡，包括。詩魯頌閟宫：『奄有下國，俾民稼穡。』鄭玄箋：『奄猶覆也。』淮南子修務訓：『萬物至衆，而知不足以奄之。』高誘注：『奄，蓋之也。』『岩穴』，山洞。莊子山木：『夫豐狐文豹，棲於山林，伏於岩穴，静也。』宋范仲淹上執政書：『至於岩穴草澤之士，或節義敦篤，或文章高古，宜崇聘召之禮，以厚澆競之風。』按，『奄岩穴以搜賢才』句，乃謂收羅盡所有隱逸於岩穴之賢士。『能官』，善於爲官；能幹的官。語出國語晋語四：『先且居之佐軍也善，軍伐有賞，善君有賞，能其官有賞。』唐岑參鳳翔府行軍送程使君赴成州詩：『拜命時人羡，能官聖主聞。』『則哲』，書皋

陶謨：『知人則哲，能官人。』後以『則哲』謂知人。後漢書 樂成靖王黨傳：『朕無「則哲」之明，致簡統失序，罔以尉承大姬，增懷永嘆。』南朝宋謝莊上搜才表：『故楚書以善人爲寶，虞典以則哲爲難。』按，此兩句所言唐韓愈順宗實録卷二記：貞元二十一年『二月甲子，上御丹鳳門，大赦天下。……諸色人中，有才行兼茂、明於理體者，經術精深、可爲師法者，達於吏理、可使從政者，宜委常參官各舉所知；其在外者，長吏精加訪擇，具名聞奏，仍優禮發遣』。

〔二十四〕黜進獻以藝貢賦，籍田任土之利也：『進獻』，進呈；呈獻。左傳 襄公二十五年：『子展執縶而見，再拜稽首，承飲而進獻。』唐白居易賀雨詩：『乃命罷進獻，乃命賑饑窮。』『藝』，區分。孔子家語 正論：『合諸侯而藝貢事，禮也。』王肅注：『藝，分別貢獻之事也。』『貢賦』，土貢和賦稅。國語 魯語下：『今我小侯也，處大國之間，繕貢賦以共從者，猶懼有討。』唐杜甫有感詩之三：『洛下舟車入，天中貢賦均。』『籍田』，古代天子、諸侯徵用民力耕種的田。相傳天子籍田千畝，諸侯百畝。每逢春耕前，由天子、諸侯執耒耜在籍田上三推或一撥，稱爲『籍禮』，以示對農業的重視。亦指天子示範性的耕作。詩 周頌 載芟序：『載芟，春籍田而祈社稷也。』鄭玄箋：『籍田，甸師氏所掌，王載耒耜所耕之田。天子千畝，諸侯百畝。籍之言借也，借民力治之，故謂之籍田。』史記 孝文本紀：『上曰：「農，天下之本，其開籍田，朕親

率耕，以給宗廟粢盛。」』裴駰集解：『應劭曰：「古者天子耕籍田千畝，爲天下先。籍者，帝王典籍之常。」韋昭曰：「籍，借也。借民力以治之，以奉宗廟，且以勸率天下，使務農也。」』『任土』，即『任土作貢』。依據土地的具體情況，制定貢賦的品種和數量。書禹貢序：『禹别九州，隨山濬川，任土作貢。』孔傳：『任其土地所有定其貢賦之差。』漢書地理志上：『水土既平，更制九州，列五服，任土作貢。』按，『黜進獻以藝貢賦』事，唐韓愈順宗實録卷二記：貞元二十一年二月『乙丑，停鹽鐵使進獻。舊鹽鐵錢物悉入正庫，一助經費。其後主此務者，稍以時市珍玩時新物充進獻，以求恩澤。其後益甚，歲進錢物，謂之「羡餘」；而經入益少。至貞元末，遂月有獻焉，謂之「月進」。至是乃罷』。

〔二十五〕滌疵瑕而復放竄，解網泣辜之仁也：『滌』，清除。書禹貢：『九山刊旅，九川滌源，九澤既陂。』孔傳：『九州之川已滌除，泉源無壅塞矣。』漢書路温舒傳：『滌煩文，除民疾。』『疵瑕』，毛病；缺點。漢王符潛夫論實貢：『虚張高譽，强蔽疵瑕，以相誑耀。』陳書新安王伯固傳：『叔陵在江州，心害其寵，陰求疵瑕，將中之以法。』『放竄』，即『放逐』，驅逐。書舜典：『流共工于幽州，放驩兜于崇山，竄三苗于三危，殛鯀于羽山，四罪而天下咸服。』孔穎達疏：『竄者，投棄之名。』新唐書韋安石傳：『昔張説被竄，匿陳氏以免。』宋蘇舜欽韓公行

狀：『獄成，杖伍伯及同奸，竄海島。』」『解網』，亦作『解罔』。解開羅網。比喻寬宥、仁德。典出史記殷本紀：『湯出，見野張網四面，祝曰：「自天下四方皆入吾網。」湯曰：「嘻，盡之矣！」乃去其三面，祝曰：「欲左，左。欲右，右。不用命，乃入吾網。」諸侯聞之，曰：「湯德至矣，及禽獸。」』南朝梁沈約漢東流詩：『至仁解網，窮鳥入懷。』『泣辜』，泛指帝王憐恤罪人。隋書于仲文傳：『伏願垂泣辜之恩，降雲雨之施，追草昧之始，録涓滴之功。』唐白居易答黄裳請上尊號表：『雖恤隱泣辜，未臻三五之化。』按，此『滌疵瑕』事乃指滌除當時『宫市』以及『五坊小兒』等弊病。唐韩愈順宗實録卷二記此等事云：『舊事：宫中有要市外物，令官吏主之，與人爲市，隨給其直。貞元末，以宦者爲使，抑買人物，稍不如本估。末年不復行文書，置「白望」數百人於兩市并要鬧坊，閲人所賣物，但稱「宫市」，即歛手付與，真僞不復可辨，無敢問所從來，其論價之高下者，率用百錢物買人直數千錢物，仍索進奉門户并脚價錢。將物詣市，至有空手而歸者。名爲「宫市」，而實奪之，嘗有農夫以驢負柴至城賣，遇宦者稱「宫市」取之，纔與絹數尺，又就索門户，仍邀以驢送至内。農夫涕泣，以所得絹付之，不肯受，曰：「須汝驢送柴至内。」農夫曰：「我有父母妻子，待此然後食。今以柴與汝，不取直而歸，汝尚不肯，我有死而已！」遂毆宦者。街吏擒以聞，詔黜此宦者，而賜農夫絹十匹；然「宫市」亦不爲之改易。諫官

御史數奏疏諫，不聽。上初登位，禁之；至大赦，又明禁。又貞元中，要乳母，皆令選寺觀婢以充之，而給與其直。例多不中選。寺觀次當出者，賣産業割與地買之，貴有姿貌者以進，其徒苦之。至是亦禁焉。貞元末，五坊小兒張捕鳥雀於閭里，皆爲暴横以取錢物。至有張羅網於門，不許人出入者。或有張井上者，使不得汲水，近之輒曰「汝驚供奉鳥雀」，痛毆之。出錢物求謝，乃去。或相聚飲食於肆，醉飽而去，賣者或不知，就索其直，多被毆罵。或時留蛇一囊爲質，曰：「此蛇所以致鳥雀而捕之者，今留付汝，幸善飼之，勿令飢渴。」賣者愧謝求哀，乃携而去。上在春宫時則知其弊，常欲奏禁之。至即位，遂推而行之。人情大悦。……三月庚午朔，出後宫三百人。……癸酉，出後宫并教坊女妓六百人，聽其親戚迎於九仙門。百姓相聚，歡呼大喜。』又，此處『復放竄』事，順宗實録卷二亦記之：貞元二十一年三月『壬申，以故相撫州别駕姜公輔爲吉州刺史。前户部侍郎判度支汀州别駕蘇弁爲忠州刺史。追故相忠州刺史陸贄、郴州别駕鄭餘慶、前京兆尹杭州刺史韓臯、前諫議大夫道州刺史陽城赴京師。德宗自貞元十年已後，不復有赦令。左降官雖有名德才望，以微過忤旨遣逐者，一去皆不復叙用。至是人情大悦。而陸贄、陽城皆未聞追詔而卒於遷所，士君子惜之』。

〔二十六〕 蠲逋責而惠困窮，寬大易簡之義也：『蠲』，除去；減免。漢荀悦申鑒政體：『四

患既蠲，五政既立，行之以誠，守之以固。』宋葉適故寶謨閣待制知平江府趙公墓銘：『比其去，餘七百萬，而諸路累積逋負猶四百萬，盡蠲之。』『逋責』，亦作『逋債』，猶欠債。三國志吴書諸葛恪傳：『恪更拜太傅，於是罷視聽，息校官，原逋責，除關税，事崇恩澤，衆莫不悦。』唐劉禹錫謝受恩放先貸斛斗表：『殊私忽降，逋責滌除。』『易簡』，謂寬和，不固執。唐白居易范陽張公墓志銘并序：『在官寬重易簡，綽然有長吏體。』

〔二十七〕用能垂拱而神人交泰，玄默而動植究安：『垂拱』，垂衣拱手。謂不親理事務。書武成：『惇信明義，崇德報功，垂拱而天下治。』孔穎達疏：『謂所任得人，人皆稱職，手無所營，下垂其拱。』後多用以稱頌帝王無爲而治。漢王褒聖主得賢臣頌：『雍容垂拱，永永萬年。』唐吴兢貞觀政要君道：『鳴琴垂拱，不言而化。』戈直注：『垂拱者，垂衣拱手，無爲而治也。』『交泰』，易泰：『天地交，泰。』王弼注：『泰者，物大通之時也。』言天地之氣融通，則萬物各遂其生，故謂之泰。後以『交泰』指天地之氣和祥，萬物通泰。漢王符潛夫論班禄：『是以天地交泰，陰陽和平。』『玄默』，謂清静無爲。漢揚雄長楊賦：『且人君以玄默爲神，澹泊爲德。』李周翰注：『玄默，無事也。』漢書刑法志：『及孝文即位，躬修玄默，勸趣農桑，減省租賦。』舊唐書文藝傳下劉蕡：『朕聞古先哲王之理也，玄默無爲，端拱思道。』『究』，周遍。吕

氏春秋孝行：『光耀加於百姓，究於四海。』漢書鼂錯傳：『盛德不及究於天下，以傳百世。』

〔二十八〕不崇朝而溢乎八紘矣：『崇朝』，終朝。從天亮到早飯時。有時喻時間短暫，猶言一個早晨。亦指整天。崇，通『終』。詩鄘風蝃蝀：『朝隮于西，崇朝而雨。』毛傳：『崇，終也。從旦至食時爲終朝。』後漢書蔡邕傳：『或畫一策而綰萬金，或談崇朝而錫瑞珪。』唐陳子昂暉上人房餞齊少府使入京府序：『嗟乎！朝廷子入，期富貴於崇朝；林嶺吾栖，學神仙而未畢。』『八紘』，八方極遠之地。淮南子墬形訓：『九州之外，乃有八殥……八殥之外，而有八紘，亦方千里。』高誘注：『紘，維也。維落天地而爲之表，故曰紘也。』漢劉楨贈徐幹詩：『兼燭八紘内，物類無偏頗。』亦泛指天下。舊唐書崔慎由傳：『早致萬乘歸京，以副八紘貇望。』宋范仲淹六官賦：『王者富有八紘，君臨萬國。』

〔二十九〕猶以爲黎獻之富教未洽，陵寢之制度未成：『黎獻』，黎民中的賢者。書益稷：『萬邦黎獻，共惟帝臣。』蔡沈集傳：『黎民之賢者也。』唐白居易洛川晴望賦：『是用步閭里，詢黎獻。』『富教』，論語子路：『冉有曰：「既庶矣，又何加焉？」曰：「富之。」曰：「既富矣，又何加焉？」曰：「教之。」』後以『富教』指富民和教民。謂使人民富裕，并加以教育。南朝宋謝靈運種桑詩：『常佩知方誡，愧微富教益。』陳書世祖紀：『朕哀矜黔庶，念康弊俗，

思俾阻饑，方存富教。』『洽』，周遍；廣博。孟子公孫丑上：『以文王之德，百年而後崩，猶未洽於天下。』晋郭璞方言序：『（方言）真洽見之奇書，不刊之碩記也。』『陵寢』，古代帝王陵墓的宫殿寢廟。借指帝王陵墓。後漢書祭祀志下：『殤帝生三百餘日而崩，鄧太后攝政，以尚嬰孩，故不列于廟，就陵寢祭之而已。』唐杜甫重經昭陵詩：『陵寢盤空曲，熊羆守翠微。』

〔三十〕深圖甘害於恬頤，力政不憚於增劇：『深圖』，即『深謀遠慮』，謂計劃周密，考慮深遠。漢賈誼過秦論上：『深謀遠慮，行軍用兵之道，非及曩時之士也。』唐楊炯百泉縣令李楚才神道碑：『辭殷而奉周，背楚而歸漢，深謀遠慮，即良平無以加也。』『恬』，安逸；舒適。唐韓愈王公神道碑銘：『人得其所，乃恬乃謳。』清方文與張季昭同寓贈此詩：『君醫我卜各垂簾，一樹雙栖意甚恬。』『頤』，保養。易頤：『觀頤，自求口實。』李鼎祚集解：『虞翻曰：「觀頤，觀其所養也。」鄭玄曰：「頤，養也。」』晋葛洪抱朴子道意：『養其心以無欲，頤其神以粹素。』『力政』，努力於政事。唐李汭高凉泉記：『矧沈之力政嗜學，實希曩哲。』『增劇』，加重；增多。

〔三十一〕既而同軌畢至，萬邦咸寧，奉先之孝克終：『奉先』，祭祀祖先。書太甲中：『奉先思孝，接下思恭。』舊唐書肅宗紀：『朕早承聖訓，嘗讀禮經，義切奉先，恐不克荷。』

〔三十二〕栖神玉清，追姑射之高踪，樂華胥之妙道：『栖神』，凝神專一。爲道家保其根

本，養其元神之術。淮南子泰族訓：『今夫道者，藏精於内，栖神於心，静漠恬淡，訟繆胸中。』晋書阮籍傳：『籍嘗於蘇門山遇孫登，與商略終古及栖神導氣之術。』『玉清』，道家三清境之一，爲元始天尊所居。亦以代稱元始天尊。南朝梁陶弘景水仙賦：『迎九玄于金闕，謁三素于玉清。』唐吴筠游仙詩之四：『使我齊浩劫，蕭蕭宴玉清。』亦指仙道。『姑射』，原爲山名。在山西省臨汾市西，即古石孔山，九孔相通。山海經東山經：『盧其之山……又南三百八十里，曰姑射之山，無草木，多水。』郝懿行箋疏：『莊子逍遥游篇云「藐姑射之山，汾水之陽」；隋書地理志云「臨汾有姑射山」。山在今山西平陽府西。』此處指神仙。莊子逍遥游：『藐姑射之山，有神人居焉，肌膚若冰雪，綽約若處子。』後詩文中以『姑射』爲神仙或美人代稱。『華胥』，列子黄帝：『（黄帝）晝寢，而夢游於華胥氏之國。華胥氏之國在弇州之西，台州之北，不知斯齊國幾千萬里。蓋非舟車足力之所及，神游而已。其國無帥長，自然而已；其民無嗜欲，自然而已……黄帝既寤，怡然自得。』此處用以指理想的安樂和平之境。清黄遵憲寄懷左子興領事詩：『十載勛名輔英蕩，一家安樂寄華胥。』按，此數句乃謂唐順宗傳位於唐憲宗，自爲太上皇。唐韩愈順宗實録卷五載唐憲宗率百僚册唐順宗爲太上皇之事謂：『永貞二年正月景戌朔，太上皇於興慶宫受朝賀，皇帝率百僚奉上尊號，曰應乾聖壽太上皇，册文曰：「維永貞二年，歲次景戌，

正月景戌朔，皇帝臣某稽首再拜奉册言：臣聞上聖玄邈，獨超乎希夷，强名之極，猶存乎罔象，豈足以表無爲之德，光不宰之功！然稱謂所施，簡册攸著，涵泳道德，感於精誠，仰奉洪徽，有以自竭。伏惟太上皇帝陛下，道繼玄元，業纘皇極，膺千載之休曆，承九聖之耿光，昭宣化源，發揚大號。政有敦本示儉，慶裕格天，恩翔春風，仁育群品；而功成不處，褰裳去之，付神器於冲人，想汾陽以高蹈，體堯之德，與神同符。其動也天，其静也地，巍巍事表，無得而言。

〔三十三〕聖造盤薄，玄風汪洋：『盤薄』，亦作『盤礴』。廣大，雄偉。漢書司馬相如傳上『瑉玉旁唐』顔師古注引晋郭璞曰：『旁唐言盤礴。』唐楊炯西陵峽詩：『絶壁聳萬仞，長波射千里，盤薄荆之門，滔滔南國紀。』『玄風』，天子清静無爲的教化。晋庾亮讓中書令表：『遂階親寵，累忝非服，弱冠濯纓，沐浴玄風。』吕延濟注：『沐浴天子道教。』宋書禮志一：『今皇恩遐震……將灑玄風於四區，導斯民於至德。』

〔三十四〕方陋唐虞之異族，樂文武於同時：『唐虞』，唐堯與虞舜的并稱。論語泰伯：『唐虞之際，於斯爲盛。』史記汲鄭列傳：『陛下内多欲而外施仁義，奈何欲效唐虞之治乎！』『文武』，周文王與周武王。詩大雅江漢：『文武受命，召公維翰。』禮記中庸：『仲尼祖述堯舜，憲章文武。』

〔三十五〕振曜重光：『振曜』，全唐文作『振耀』。『振耀』，亦作『振燿』。照耀；显耀。漢書揚雄傳上：『昭光振燿，蠁曶如神，仁聲惠於北狄，武義動於南鄰。』唐杜甫奉送魏六丈佑少府之交廣詩：『子孫不振耀，歷代皆有之。』『重光』，指日冕或日珥現象。古人以爲瑞應。漢書兒寬傳：『癸亥宗祀，日宣重光。』顔師古注引李奇曰：『太平之世，日抱重光，謂日有重日也。』晋陸機演連珠之二十三：『是以重光發藻，尋虚捕景。』李善注：『重光，日也。尚書五行傳曰：「明王踐位，則日儷其精，重光以見吉祥。」』

〔三十六〕孰謂初陽變候，素疾彌留：『初陽』，古謂冬至至立春以前的一段時間爲初陽。玉臺新咏爲焦仲卿妻作：『往昔初陽歲，謝家來貴門。』亦指初春。唐太宗正日臨朝詩：『條風開獻節，灰律動初陽。』『彌留』，久病不愈。書顧命：『病日臻，既彌留，恐不獲誓言嗣兹。』蔡沈集傳：『病日至，既彌甚而留連。』北周庾信謝滕王集序啓：『比年屙恙彌留，光陰視息。桑榆已逼，蒲柳方衰，不無秋氣之悲，實有途窮之恨。』按，此兩句謂唐順宗舊疾加重不愈。唐韩愈順宗實録卷五永貞元年八月庚子：『詔曰：「惟皇天祐命烈祖，誕受方國，九聖儲祉，萬方咸休，肆予一人，獲纘丕業，嚴恭守位，不遑暇逸。而天祐匪降，疾恙無瘳，將何以奉宗廟之靈，展郊禋之禮？」』又：『永貞元年八月辛丑，太上皇居興慶宮，誥曰：「有天下者，傳

歸於子，前王之制也。……朕獲奉宗廟，臨御萬方，降疾不瘳，庶政多闕。乃命元子，代予守邦，爰以令辰，光膺册禮。』

〔三十七〕徵秘術而俞扁必臻，走群望而圭璧斯罄：『俞扁』，俞跗、扁鵲兩位古代名醫的并稱。借指醫生、名醫。唐柳宗元與太學諸生喜詣闕留陽城司業書：『俞扁之門，不拒病夫。』『群望』，受祭於天子、諸侯的山川星辰。望，謂不能親到，望而遥祭。左傳 昭公十三年：『初，共王無冢適，有寵子五人，無適立焉，乃大有事于群望。』杜預注：『群望，星辰山川。』漢張衡東京賦：『元祀惟稱，群望咸秩。』薛綜注：『群岳衆神，望以祭祀之，皆有秩次。』『圭璧』，古代帝王、諸侯祭祀或朝聘時所用的一種玉器。詩 大雅 雲漢：『靡神不舉，靡愛斯牲。圭璧既卒，寧莫我聽。』朱熹集傳：『圭璧，禮神之玉也。』周禮 考工記 玉人：『圭璧五寸，以祀日月星辰。』

〔三十八〕何翠華之不駐，乘白雲而上仙，攀號刀劍，哀震寰區：『寰區』，適園叢書、明鈔本、甲庫本、學林本作『寰極』。『翠華』，天子儀仗中以翠羽爲飾的旗幟或車蓋。漢司馬相如上林賦：『建翠華之旗，樹靈鼉之鼓。』李善注：『翠華，以翠羽爲葆也。』南朝梁沈約九日侍宴樂游苑詩：『虹旌迢遞，翠華葳蕤。』此處爲御車或帝王的代稱。唐陳鴻長恨歌傳：『潼關不守，翠華南幸。』宋陸游曉嘆詩：『翠華東巡五十年，赤縣神州滿戎狄。』按，『翠華之不駐』，乃喻指

皇帝崩逝。『攀號』，攀龍髯而哭。謂哀悼帝喪。南史梁紀下論：『攀號之節，忍酷於逾年；定省之制，申情於木偶。』陳書後主紀：『上天降禍，大行皇帝奄棄萬國，攀號擗踴，無所迨及。』又『弓劍』，傳説黄帝鑄鼎於荆山下，鼎成，有龍下迎，黄帝乘之升天，群臣後宫從上者七十餘人。餘小臣不得上龍身，乃持龍髯，而龍髯拔落，并墮黄帝之弓。百姓遂抱其弓與龍髯而號哭。事見史記封禪書。此處用爲哀悼皇帝去世的典故。宋歐陽修辭特轉吏部侍郎表：『犬馬未報，但虞填壑之有時；弓劍忽遺，遽嘆攀髯之莫及。』『寰區』，天下；人世間。後漢書逸民傳序：『彼雖硜硜有類沽名者，然而蟬蜕囂埃之中，自致寰區之外，異夫飾智巧以逐浮利者乎！』唐杜甫解悶詩之八：『最傳秀句寰區滿，未絕風流相國能。』

〔三十九〕皇帝悼極憂以致養，痛大數之不延：按，此處『皇帝』指唐憲宗。『致養』，奉養親老。後漢書明帝紀：『昔曾閔奉親，竭歡致養。』晋陶潛天子孝傳贊：『至哉后德，聖敬自天，陶漁致養，菲薄饗先。』『大數』，指壽限，壽數。宋陳亮祭林聖材文：『胡不百年，終此大數！』金史阿疏傳：『吾大數亦將終。我死，汝等當念我。』

〔四十〕外遵易月之命，内茹終天之酷：『易月』，古喪禮，父母之喪，服喪三年，自漢文帝始以日易月，縮短喪期，謂之『易月』。晋書禮志中：『孝文權制三十六日之服，以日易月，

道有污隆，禮不得全，皇太子亦宜割情除服。』唐韓愈順宗實録卷一：『今遵遺詔，行易月之制。』『茹』，吃，吞咽。漢書董仲舒傳：『食於舍而茹葵。』顔師古注：『食菜曰茹。』宋司馬光玉城縣君楊氏墓志銘：『年三十九而喪韓公，三年不茹葷。』此處引申爲忍受。周書文帝紀上：『銜冤茹戚，志雪讎耻。』『終天』，終身。一般用於死喪永别等不幸的時候。晋陶潛祭程氏妹文：『如何一往，終天不返！』唐白居易病中哭金鑾子詩：『莫言三里地，此别是終天！』按，此處所謂『外遵易月之命』，乃指唐憲宗遵順宗之遺誥。順宗實録卷五載：『元和元年正月甲申，太上皇崩於興慶宫咸寧殿，年四十六。遺誥曰：「朕聞死生者，物之大歸。……朕自弱齡，即敦清静；逮乎近歲，又嬰沉痼；亹亦親政，益倦于勤。……今厥疾大漸，不寤不興，付托得人，顧復何恨？四海兆庶，亦奚所哀？但聖人大孝，在乎善繼，樞務之重，軍國之殷，纘而承之，不可暫闕。以日易月，抑惟舊章。皇帝宜三日而聽政，十三日小祥，二十五日大祥，二十七日釋服；方鎮岳牧不用離任赴哀。」』

〔四十一〕旌罔極於孝思：『孝思』，四庫全書、全唐文作『受恩』。『旌』，表彰。左傳莊公二十八年：『若使太子主曲沃，而重耳、夷吾主蒲與屈，則可以威民而懼戎，且旌君伐。』杜預注：『旌，章也。』三國魏曹操表論田疇功：『疇文武有效，節義可嘉，誠應寵賞，以旌

其美。」「罔極」，詩小雅蓼莪：「父兮生我，母兮鞠我……欲報之德，昊天罔極。」朱熹集傳：「言父母之恩，如天無窮，不知所以爲報也。」後因以「罔極」指父母恩德無窮。三國魏曹植求通親親表：「終懷蓼莪罔極之哀。」「孝思」，孝親之思。詩大雅下武：「永言孝思，孝思維則。」毛傳：「則其先人也。」魏書孝感傳趙琰：「年餘耳順，而孝思彌篤。」

〔四十二〕敢揚聖德，垂鴻惇史：「聖德」，適園叢書、明鈔本作「盛德」。「揚」，飛舉；稱揚；播揚。説文手部：「揚，飛舉也。」宋書武帝紀上：「其降承嘉策，對揚朕命。」南朝梁沈約恩倖傳論：「非論公侯之世，鼎食之資，明揚幽仄，唯才是與。」「惇史」，有德行之人的言行記録。禮記内則：「凡養老，五帝憲，三王有乞言。五帝憲，養氣體而不乞言，有善則記之爲惇史。」孔穎達疏：「言老人有善德行則紀録之，使衆人法則，爲惇厚之史。」唐李德裕幽州紀聖功碑銘：「聖上嘉其動而中禮，乃命宰臣采其元功，傳於惇史。」

〔四十三〕寬裕和平曰安，敬慎所安曰孝：「和平」，原作「平和」，今據四庫全書、全唐文改。「寬裕」，寬大；寬容。國語晋語四：「今君之德宇，何不寬裕也？」漢王褒聖主得賢臣頌：「是以嘔喻受之，開寬裕之路，以延天下之英俊也。」「敬慎」，恭敬謹慎。詩大雅抑：「敬慎威儀，維民之則。」唐元稹鎮圭賦：「盡舉凡而得一，故相傳而莫二。義存敬慎，道在底綏。」

〔四十四〕大行太上皇，乘運統天，端拱造物：『乘運』，趁着好的時運。晉陸機贈弟士龍詩之四：『王師乘運，席江卷湘。』唐李白古風之一：『群才屬休明，乘運共躍鱗。』『統天』，易乾：『大哉乾元，萬物資始，乃統天。』孔穎達疏：『乃統天者，以其至健而爲物始，以此乃能統領於天。』後用以指統領天下。後漢書寇榮傳：『陛下統天理物，爲萬國覆。』三國志蜀書後主傳：『蓋統天載物，以咸寧爲大，光宅天下，以時雍爲盛。』『端拱』，指帝王莊嚴臨朝，清簡爲政。魏書辛雄傳：『端拱而四方安，刑措而兆民治。』唐歐陽詹珍祥論：『即虐如秦皇，雖車轍遍於宇内，不如太宗端拱於堂上也。』

〔四十五〕感神翊運，光明正位：『感神』，原作『威神』，今據四庫全書、全唐文、明鈔本、甲庫本改。『翊運』，護衛國運。宋周密癸辛雜識張世杰忠死：『臣死罪，無以報國，不能翊運輔主，惟天鑒之。』明張四維雙烈記策封：『朕惟臣子乃國家揚武翊運之棟梁。』『正位』，謂正式登位、就職。後漢書皇后紀序：『后正位宫闈，同體天王。』三國演義第十七回：『吾欲應天順從，正位九五。』

〔四十六〕永圖丕構，傳聖保和，可謂大安：『永圖』，長久之計；長久打算。書太甲上：『慎乃儉德，惟懷永圖。』孔傳：『言當以儉爲德，思長世之謀。』南朝齊王融永明九年策秀

才文：『朕夤奉天命，恭惟永圖。』『丕構』，猶大業。新唐書劉蕡傳：『朕顧唯昧道，祇荷丕構，奉若謨訓，不敢怠荒。』資治通鑒唐德宗興元元年：『朕嗣服丕構，君臨萬邦，失守宗祧，越在草莽。』胡三省注：『丕，大也。構，立屋也。書大誥曰：「若考作室，既底法，厥子乃弗肯堂，矧肯構？」丕構之語本諸此。』『保和』，謂保持心志和順，身體安適。魏書崔浩傳：『願陛下遺諸憂虞，恬神保和，納御嘉福，無以暗昧之説，致損聖思。』唐韓愈順宗實録卷三：『居惟保和，動必循道。』『大安』，太平無事。荀子王霸：『國者，天下之制利用也……得道以持之，則大安也。』漢書高后紀：『萬民大安，莫不受休德。』

〔四十七〕九族安之：『九族』，以自己爲本位，上推至四世之高祖，下推至四世之玄孫爲九族。書堯典：『克明俊德，以親九族。』孔傳：『以睦高祖、玄孫之親。』一説父族四、母族三、妻族二爲九族，見孫星衍尚書今古文注疏引夏侯、歐陽等説。漢書高帝紀上：『置宗正官以序九族。』

〔四十八〕廟號曰『順宗』：『廟號』，四庫全書、全唐文、適園叢書、明鈔本、甲庫本、學林本均無『號』字。

憲宗聖神章武孝皇帝謚議（一）

王者崇高以配天，廣大以法地，章明以象日月（二），誠信以合四時，謂之令王，謚以全德（三），所以名盛烈，昭至公，堯舜禹湯文武成康是也（四）。伏惟大行皇帝，由疏封以繼明，自前星而受命（五），以四海爲養，以萬乘問安，稽古法天（六），自家刑國，穆穆峻德，煌煌大明（七），焕乎人神，塞乎天地。國家天寶之季，宿兵中原，强侯專地，往往而有，號令不一，朝廷包羞（八）。元和燀威，霆擊篲掃（九），戡夏翦蜀，擒潞殄吴（十），夷蔡取齊，朝滄納定（十一），應千載之期運，平六葉之梗俗（十二）。動也用軒轅之干戈，静也戢武王之弓矢（十三），聖神之道，其至矣乎。以無方之能，行不宰之用（十四），濟天下之務，施天下之仁。夷狄之情僞，遐邇之虚實（十五），揣其變化，權其後先，屈指前算，若合符契（十六）。多士濟濟，任其器略，文武俊杰，畢力致用，綱目張而萬化具（十七），斟酌明而百事宜。委庶務於廟堂之上，壽百姓於循良之府，開直言之路，庶無蔽聽（十八）；廣弘大之恩（十九），物無違性。宥恕刑獄，哀惠困窮，省薄徭役，尊禮耆老（二十），約己恭儉，推心平明（二十一）。公卿大夫，任德終始，近狎貴寵，畏忌守法，采

納詳正，聽斷精慎，忠直樹立，讒邪不行（二十二），巍巍成功，赫赫在上（二十三）。春秋左氏傳曰：武有七德：禁暴、戢兵、保大、定功、安人、和衆、豐財之謂也。殲夷奸宄，灾害訖息（二十四），禁暴也；淮河底定，大赦庇人，戢兵也（二十五）；歸馬於汝南漢南，散卒於齊梁淮楚，保大也（二十六）；封有勞，爵有德，定功也；寬天下之繭絲，舉域中之方正（二十七），安人也；赦生致之寇虜，爵拒命之戎將，和衆也（二十八）；乘輿服御，儉而有制，賜與供給，惠而中節，豐財也。神武不殺之德（二十九），其若是焉。不登軒年，不享舜壽（三十），百姓思慕，如喪考妣。同軌畢至，祖庭有時（三十一），敢奉官常，尊名稱德（三十二）。謹按謚法：兵禁殘暴曰聖，應變無方曰神，法度大明曰章（三十三），爲人除害曰武，慈惠愛親曰孝。戮鯨鯢而清四海，不曰聖乎？裁造作而刑一德（三十四），不曰神乎？洞明哲而貞百度（三十五），不曰章乎？推仁義而服萬物，不曰武乎？載尊親而諧五典（三十六），不曰孝乎？書曰：『惟天聰明，惟聖時憲。』憲，法也，敏也。謹酌之謚法，質諸六經（三十七），謹上尊謚曰『聖神章武孝皇帝』，廟號『憲宗』。謹議。

校箋

〔一〕本文又見於全唐文卷九百七十五，署『闕名』。本文文末未署頒布時間，然全唐文所録此文末署『元和十五年五月』。考舊唐書卷十六穆宗紀載：元和十五年五月『壬子，詔：「入景陵玄宮合供千味食，魚肉肥鮮，恐致薰穢，宜令尚藥局以香藥代食。」庚申，葬憲宗於景陵』。唐會要卷一帝號上記憲宗元和『十五年正月二十七日，崩于大明宫之中和殿（年四十三）。五月，葬景陵。……謚曰聖神章武孝皇帝，廟號憲宗。哀册文（門下侍郎令狐楚撰），謚册文（户部侍郎楊於陵撰），謚議（權知禮部侍郎李建撰）』。新唐書卷八穆宗紀元和十五年載：『五月庚申，葬聖神章武孝皇帝于景陵。』資治通鑑卷二百四十一元和十五年五月載：『庚申，葬聖神章武孝皇帝于景陵；廟號憲宗。』據上述典籍所載，可知憲宗之葬在元和十五年（八二〇）五月庚申（十九日），則此謚議之撰當在是時稍前。又知此謚議之撰人唐會要記爲權知禮部侍郎李建。李建，傳見舊唐書卷一百五十五、新唐書卷一百六十二。舊唐書本傳載李建：『元和六年，坐事罷職，降詹事府司直。高郢爲御史大夫，奏爲殿中侍御史，遷兵部郎中、知制誥。自以草詔思遲，不願司

文翰，改京兆尹。與宰相韋貫之友善，貫之罷相，建亦出爲澧州刺史。徵拜太常少卿，尋以本官知禮部貢舉。建取捨非其人，又惑於請托，故其年選士不精，坐罰俸料。明年，除禮部侍郎，竟以人情不洽，改爲刑部。」

〔二〕章明以象日月：『章明』，昭著；顯揚。管子 版法解：『使君德臣忠，父慈子孝，兄愛弟敬，禮義章明。』國語 越語下：『用力甚少，而名聲章明。』

〔三〕謂之令王，謚以全德：『令王』，賢明的天子。左傳 成公八年：『三代之令王，皆數百年保天之禄，夫豈無辟王，賴前哲以免也。』左傳 昭公元年：『自無令王，諸侯逐進，狎主齊盟，其又可壹乎？』『全德』，道德上完美無缺。莊子 天地：『天下之非譽，無益損焉，是謂全德之人哉。』後漢書 桓榮傳論：『而佚廷議戚援，自居全德，意者以廉不足乎？』李賢注：『全德言無玷缺也。』

〔四〕所以名盛烈，昭至公，堯舜禹湯文武成康是也：『盛烈』，盛大的功業。唐高適奉酬北海李太守詩：『盛烈播南史，雄詞豁東溟。』資治通鑑唐肅宗至德元載：『大將軍兵精氣肅，遠近莫敵，若以家國爲念，移據常山，與大夫首尾相應，即洪勛盛烈，孰與爲比。』『至公』，最公正；極公正。管子 形勢解：『風雨至公而無私，所行無常鄉。』吕氏春秋 慎大：『湯立爲天子，

夏民大説，如得慈親，朝不易位，農不去疇，商不變肆，親鄗如夏，此之謂至公。』『文武』，周文王與周武王。詩 大雅 江漢：『文武受命，召公維翰。』鄭玄箋：『昔文王、武王受命，召康公爲之楨干之臣以正天下。』禮記 中庸：『仲尼祖述堯舜，憲章文武。』『成康』，周成王與周康王的并稱。史稱其時天下安寧，刑措不用，故用以稱至治之世。詩 周頌 執競：『不顯成康，上帝是皇。』漢書 景帝紀贊：『周云成康，漢言文景，美矣。』

〔五〕由疏封以繼明，自前星而受命：『疏封』，分封。帝王把土地或爵位分賜給臣子。唐元稹追封王蟠母李氏等：『朕宅帝位，思弘大孝，乃詔執事，追用疏封。』唐白居易崔元備張惟素鄭覃陸瀍韋弘景賜爵制：『賞不敢忘，爵不敢愛，爾宜疏封，服命而揚之。』『繼明』，借指皇帝即位。唐韓愈皇帝即位降赦賀觀察使狀：『聖上以繼明之初，垂惟新之澤。』宋司馬光論西夏札子：『自是正旦生辰，乃至陛下繼明，皆不遣使入賀，其不臣大矣。』『前星』，漢書 五行志下之下：『心，大星，天王也。其前星，太子；後星，庶子也。』後因以『前星』指太子。南朝梁沈約胤雅：『前星比耀，克隆萬壽。』唐劉禹錫賀皇太子受册箋之一：『蒼震發前星之輝，黄離表重輪之瑞。』按，此兩句謂唐憲宗由封王、立爲太子而即皇帝位。舊唐書卷十四憲宗紀上載此事云：『憲宗聖神章武孝皇帝諱純，順宗長子也，母曰莊憲王太后。大曆十三年二月生于長安之東

內。六七歲時，德宗抱置膝上，問曰：「汝誰子，在吾懷？」對曰：「是第三天子。」德宗異而憐之。貞元四年六月，封廣陵王。順宗即位之年四月，册爲皇太子。七月乙未，權勾當軍國政事。八月丁酉朔，受内禪。乙巳，即皇帝位於宣政殿。」

〔六〕稽古法天：『稽古』，考察古事。書堯典：『曰若稽古。帝堯曰放勛。』漢書武帝紀贊：『高祖撥亂反正，文景務在養民，至於稽古禮文之事，猶多闕焉。』『法天』，效法自然和天道。莊子漁父：『愚者反此，不能法天而恤於人。』成玄英疏：『愚迷之人反於聖行，不能法自然而造適。』漢荀悦漢紀哀帝紀下：『臣聞王者立三公法三光，立九卿以法天。』

〔七〕穆穆峻德，煌煌大明：『峻德』，四庫全書、明鈔本、甲庫本作『俊德』。『穆穆』，儀容或言語和美。詩大雅文王：『穆穆文王，於緝熙敬止。』毛傳：『穆穆，美也。』荀子大略：『言語之美，穆穆皇皇。』晋書王澄傳：『澄嘗謂衍曰：「兄形似道，而神鋒太俊。」衍曰：「誠不如卿落落穆穆然也。」澄由是顯名。』『峻德』，大德。高尚的品德。禮記大學：『帝典曰：「克明峻德。」』鄭玄注：『峻，大也。』按，書堯典作『克明俊德』。五代王定保唐摭言公薦：『侍郎以峻德偉望，爲明天子選才俊。』『煌煌』，顯耀；盛美。漢書揚雄傳下：『明哲煌煌，旁燭之疆；遜於不虞，以保天命。』宋沈遘五言沈沔天隱樓：『煌煌全盛時，冠蓋充里

門。」「大明」，指君主。魏書張袞傳：「今大明臨朝，澤及行葦，國富兵强，能言率職。」

〔八〕宿兵中原，强侯專地，往往而有，號令不一，朝廷包羞：「宿兵」，駐扎軍隊。漢袁康越絶書外傳記吴地傳：「宿甲者，吴宿兵候外越也。」宋陳亮送吴恭父知縣序：「鄞并海，海盜出没，鬼神不可蹤迹，間來掠民家，輒去。朝廷雖宿兵，不能禁。」「專地」，謂擅自處置領地。公羊傳桓公元年：「有天子存，則諸侯不得專地也。」何休注：「地皆不得專。」漢書匡衡傳：「春秋之義，諸侯不得專地，所以壹統尊法制也。」漢荀悦申鑒時事：「大夫不專地。人買賣由己，是專地也。」此處引申爲割據。新唐書柳冕傳：「自安史亂常，始有專地；四方多故，始有不朝。」宋葉適兵總論二：「自唐至德以後，節度專地以抗上令，喜怒叛服在於晷刻，而藩鎮之禍，當時以爲大論矣。」「包羞」，忍受羞辱。易否：「六三，包羞。象曰：『包羞，位不當也。』」孔穎達疏：「位不當所包承之事，惟羞辱已。」唐陸龜蒙寒泉子對秦惠王：「大王出則奪氣，入則包羞。」

〔九〕元和燀威，霆擊篲掃：「篲掃」，適園叢書、學林本作「彗掃」。按，「篲掃」同「彗掃」。「燀威」，揚威，顯示威力。宋王安石上集賢相公啓：「淮西入命，晋公大宣慰之名；朔方燀威，子儀開幕府之盛。」「彗掃」，謂如彗星掃過。多形容兵鋒迅猛，殲除無餘。漢班固封燕

然山銘：『然後四校橫徂，星流彗掃，蕭條萬里，野無遺寇。』唐呂温道州觀野火詩：『過處若彗掃，來時如電激。』唐李德裕討回鶻制：『黠戛斯濳師彗掃，穹廬瓦解，種族盡膏於原野，區落遂至於荆榛。』按，『元和』，指唐憲宗元和年間（八〇六—八一九）。

〔十〕戡夏翦蜀，擒潞殄吴：按，『夏』指夏州。『戡夏』，指討伐夏綏銀節度使留後楊惠琳之反叛。據新唐書卷七憲宗紀，楊惠琳反叛在永貞元年十一月，元和元年三月『辛巳，楊惠琳伏誅』。舊唐書憲宗紀上元和元年三月亦載：『先是，韓全義入朝，令其甥楊惠琳知留後，俄有詔除李演爲節度，代全義。演赴任，惠琳據城叛，詔發河東、天德兵誅之。辛巳，夏州兵馬使張承金斬惠琳，傳首以獻。』又，『翦蜀』，指翦除劍南西川行軍司馬劉闢之叛。據新唐書憲宗紀，永貞元年八月『癸丑，劍南西川節度使韋臯卒，行軍司馬劉闢自稱留後。……元和元年正月丁卯，大赦，改元。……癸未，長武城使高崇文爲左神策行營節度使，率左右神策京西行營兵馬使李元奕、山南西道節度使嚴礪、劍南東川節度使李康以討劉闢。甲申，太上皇崩。劉闢陷梓州，執李康。三月丙子，高崇文克梓州。辛巳，楊惠琳伏誅。……九月丙午，嚴礪及劉闢戰于神泉，敗之。辛亥，高崇文克成都。十月甲子，減劍南東西川、山南西道今歲賦，釋脅從將吏。葬陣亡者，稟其家五歲。戊子，劉闢伏誅』。又，『擒潞殄吴』，『擒潞』，指擒潞州盧從史。新唐書

卷一百四十一其本傳載此事云：『盧從史，其先在元魏時爲盛族，後徙籍不常。……從史少好騎射，游澤、潞間，節度使李長榮署爲督將。……從史在潞，奸獪得士心，又善附迎中人，會長榮卒，即擢拜昭義節度副大使。既得志，浸恣不道，至奪部將妻，而能辯給粉澤其非。府屬孔戡等屢以直語爭刺，初唯唯，後益不從，皆引去。元和中，丁父喪未官，從史即獻計誅王承宗，陰向帝旨，繇是奪服，復領澤、潞。因詔討賊，而勒兵逗留，陰與承宗交，得其密號授軍中，又高芻粟直以售度支。既上書求兼宰相，且誣諸軍與賊通，兵未可進。憲宗患之。初，神策中尉吐突承璀與對壘，從史時過其營飲博，承璀多出寶帶、奇玩誇之。從史資沓猥，所玩悦必遺焉。從史喜，益狎不疑。帝用裴垍謀，敕承璀圖之。承璀伏壯士幕下，伺其來與語，士突起捽持出帳後，縛内車中。從者驚亂，斬數十人，諭以密詔，而大將烏重胤素忠果，部勒其衆，乃定。會夜，疾驅，未明出境，道路無知者。於是五年夏四月，有詔慰其軍，疏從史罪惡，貶驩州司馬，賜死。子繼宗等并徙嶺南。』又，舊唐書卷十四憲宗紀上元和五年四月載：『甲申，鎮州行營招討使吐突承璀執昭義節度使盧從史，載從史送京師。……（壬申）以河陽節度使孟元陽爲潞州長史、昭義軍節度、澤潞磁邢洺觀察使。戊戌，貶前昭義節度使盧從史爲驩州司馬。』又，『殄吴』，指平定鎮海軍節度使李錡之亂。舊唐書卷十四憲宗紀上元和二年記此事云：『十月己酉，以浙西節度使李錡爲左僕

射；以御史大夫李元素爲潤州刺史，鎮海軍、浙西節度使。庚申，李錡據潤州反，殺判官王澹、大將趙琦。時錡詐請入朝，署澹爲留後，因諷兵士亂，殺澹、琦，遂令蘇、常、杭、湖、睦五州戍將殺刺史，修石頭故城，謀欲僭逆。壬戌，詔：「李錡屬列宗枝，任居方伯，窮赫奕之貴，飽綢繆之恩。待以親賢，報之以逆節；授其師旅，用之以亂常。累獻表章，亟請朝會，初則詐疾，後乃縱兵。僚佐以獻規受屠，王臣以傳命見脅。朕切於含垢，未忍發明，累降中人，令遵前旨。無軺車之戒路，有沴氣之滔天。加以日逞淫刑，月興暴賦。朕爲人父母，聞甚憫然，顧惟紀綱，焉敢廢墜！李錡在身官爵，并宜削奪。」以淮南節度使王鍔充諸道行營招討使，内官薛尚衍爲監軍，率汴、徐、鄂、淮南、宣歙之師，取宣州路進討。……癸酉，潤州大將張子良、李奉仙等執李錡以獻。辛巳，錡從父弟宋州刺史銛、通事舍人銑坐貶嶺外。十一月甲申，斬李錡於獨柳樹下，削錡屬籍。」』

〔十一〕夷蔡取齊，朝滄納定：『齊』，原作『濟』，今據四庫全書、全唐文、適園叢書、明鈔本、甲庫本、學林本改。按『夷蔡』，指平定蔡州吴元濟之叛。新唐書 憲宗紀元和十二年載：『九月……甲寅，李愬及吴元濟戰于吴房，敗之。十月癸酉，克蔡州。……甲申，給復淮西二年，免旁州來歲夏税。葬戰士，禀其家五年。十一月丙戌，吴元濟伏誅。』又『取齊』，齊指齊

州，時爲平盧軍及淄青節度副大使，知節度使事李師道所管轄。舊唐書卷一百二十四李師道傳記李師道反叛、被殺等事有云：『自（李）正己至師道，竊有鄆、曹等十二州，六十年矣。懼衆不附己，皆用嚴法制之。大將持兵鎮于外者，皆質其妻子；或謀歸款於朝，事泄，其家無少長皆殺之。以故能劫其衆，父子兄弟相傳焉。（元和）五年七月，檢校尚書右僕射。十年，王師討蔡州，師道使賊燒河陰倉，斷建陵橋。……十三年七月，滄州節度使鄭權破淄青賊於齊州福城縣，斬首五百餘級。十月，徐州節度使李愬、兵馬使李祐於兗州魚臺縣破賊三千餘人。魏博節度使田弘正率本軍自陽劉渡河，距鄆州九十里下營，再接戰，破賊三萬餘衆，生擒三千人，收器械不可勝紀。陳許節度使李光顔於濮陽縣界破賊，收斗門城、杜莊栅。田弘正復於故東阿縣界破賊五萬。諸軍四合，累下城栅。師道使劉悟將兵當魏博軍，既敗，數令促戰。師未進，乃使奴召悟計事。悟知其來殺己，乃稱病不出，召將吏謀曰：「魏博兵强，乘勝出戰，必敗吾師，不出則死。今天子所誅，司空一人而已。悟與公等皆被驅逐就死地，何如轉禍爲福，殺其來使，以兵趣鄆州，立大功以求富貴。」衆皆曰：「善。」乃迎其使而斬之，遂賫師道追牒，以兵趣鄆州。及夜，至門，示以師道追牒，乃得入。兵士繼進，至球場，因圍其内城，以火攻之，擒師道而斬其首，送于魏博軍，元和十四年二月也。是月，弘正獻於京師，天子命左右軍如受馘儀，先獻于太廟郊社，憲宗御興

安門受之，百僚稱賀。』又『朝滄』，指橫海節度使程權以滄、景二州歸順朝廷。新唐書憲宗紀元和十三年三月載：『己酉，橫海軍節度使程權以滄、景二州歸于有司，權朝于京師。……六月癸丑朔，日有食之。癸亥，給復德、棣、滄、景四州一年。』資治通鑑卷二百四十元和十三年二月後亦記：『橫海節度使程權自以世襲滄景，與河朔三鎮無殊，内不自安。己酉，遣使上表，請舉族入朝，許之。橫海將士樂自擅，不聽權去，掌書記林藴諭以禍福，權乃得出。詔以藴爲禮部員外郎。』又『納定』，定指定州，唐時河北三鎮所轄州，此處代指元和時鎮州大都督府長使、成德軍節度、鎮冀深趙等州觀察使王承宗。新唐書卷二百一十一王武俊傳附王承宗傳記其反叛及歸順朝廷云：『河北三鎮自置副大使，常處嫡長，故承宗以御史大夫爲之。及總留事，憲宗久不報，伺其變。承宗數上疏自言。……帝乃詔京兆尹裴武慰撫，承宗奉詔恭甚，請上德、棣二州，遂以檢校工部尚書嗣領節度，而以德州刺史薛昌朝爲保信軍節度使，統德、棣。……及吴元濟反，承宗與李師道上書請宥，教其將尹少卿爲蔡游説，見宰相語不遜，武元衡怒，叱遣之。承宗怨甚，與師道謀，遣惡少年數十曹伏河陰，乘昏射吏，吏奔潰，因火漕院，人趣火所，鬥死者十餘輩，縣大發民捕盜，亡去不獲，凡敗錢三十萬緡、粟數萬斛。未幾，張晏等賊宰相元衡，京師大索，天子爲旰食。承宗嘗疏元衡過咎，留中。至是帝出表示群臣大議，咸請聲其罪伐之。詔乃絶承宗朝貢，

竄其弟承系、承迪、承榮於遠方，以博野、樂壽故范陽地，命歸劉總。而所遣盜處處竊發，斷建陵門戟，燔獻陵寢宮，伏甲欲反洛陽，不克。承宗數出兵掠鄰鄙，田弘正上言承宗宜誅，帝使率師壓境。承宗揣詔旨兵不即進，即肆剽滄、景、易、定間，人苦之。十一年，詔削爵……明年元濟平，承宗大恐，使牙將石泛奉二子至魏博，因田弘正求入侍，且請歸德、棣二州，入租賦，待天子署吏。弘正遣知感、知信詣闕下請命。前此，帝使尚書右丞崔從賜詔書許自新，承宗素服待罪。及是乃詔復官爵，以華州刺史鄭權爲横海節度使，統德、棣、滄、景等州，復承宗實封户三百，以所部飢，賜帛萬匹。李師道平，奉法益謹，表所領州録事、參軍、判司、縣主簿、令，皆丐王官。十五年死，贈侍中。』新唐書憲宗紀元和十三年亦記：『四月甲寅，王承宗獻德、棣二州。庚辰，赦承宗。』

〔十二〕應千載之期運，平六葉之梗俗：『應』，四庫全書作『光』，全唐文作『開』。『期運』，猶機運。漢蔡邕陳太丘碑：『含元精之和，膺期運之數。』南史蕭子恪傳：『夫天下之寶，本是公器，苟無期運，雖有項籍之力，終亦敗亡。』『葉』，世。代。詩商頌長發：『昔在中葉，有震有業。』毛傳：『葉，世也。』陳奂傳疏：『「中世」，湯之前世也。』後漢書郭躬傳：『三葉皆爲司隸，時稱其盛。』『六葉』，即六代、六世。此處指自唐玄宗、唐肅宗、唐代宗、唐德宗、

唐順宗至唐憲宗六代。『梗』，强硬；凶猛。楚辭九章橘頌：『淑離不淫，梗其有理兮。』王逸注：『梗，强也。』隋書西域傳吐谷渾：『高祖以弘州地曠人梗，因而廢之。』宋王讜唐語林言語：『高麗雖平，餘寇尚梗，西道經略，兵猶未停。』此處『梗俗』，蓋指自唐玄宗以來藩鎮軍閥割據反叛之桀驁不馴風氣。

〔十三〕動也用軒轅之干戈，静也戢武王之弓矢：『軒轅』，傳説中的古代帝王黄帝的名字。傳説姓公孫，居於軒轅之丘，故名曰軒轅。曾戰勝炎帝於阪泉，戰勝蚩尤於涿鹿，諸侯尊爲天子。『動也用軒轅之干戈』，史記卷一五帝本紀載：『黄帝者，少典之子，姓公孫，名曰軒轅。……軒轅之時，神農氏世衰。諸侯相侵伐，暴虐百姓，而神農氏弗能征。於是軒轅乃習用干戈，以征不享，諸侯咸來賓從。而蚩尤最爲暴，莫能伐。炎帝欲侵陵諸侯，諸侯咸歸軒轅。軒轅乃修德振兵，治五氣，藝五種，撫萬民，度四方，教熊羆貔貅貙虎，以與炎帝戰於阪泉之野。三戰，然後得其志。蚩尤作亂，不用帝命。於是黄帝乃徵師諸侯，與蚩尤戰於涿鹿之野，遂禽殺蚩尤。而諸侯咸尊軒轅爲天子，代神農氏，是爲黄帝。天下有不順者，黄帝從而征之，平者去之，披山通道，未嘗寧居。』『武王』，指周武王。『戢武王之弓矢』，乃用周武王滅商紂王後偃武修文之故事。書武成：『王來自商，至于豐，乃偃武修文，歸馬于華山之陽，放牛于桃林之野，示天下弗

服。』又史記卷四周本紀載武王：『營周居于雒邑而後去。縱馬於華山之陽，牧牛於桃林之虚；偃干戈，振兵釋旅：示天下不復用也。』

〔十四〕以無方之能，行不宰之用：『無方』，没有方向、處所的限制。謂無所不至。易益：『天施地生，其益無方。』孔穎達疏：『其施化之益，無有方所。』晋陸雲南征賦：『悲國步之未夷，仰夙興而昧旦。括無方而大誥，集率土而貞觀。』『不宰』，不主宰。老子：『爲而不恃，長而不宰。』唐杜審言和李大夫嗣真奉使存撫河東：『不宰神功運，無爲大象懸。』

〔十五〕夷狄之情僞，遐邇之虚實：『遐邇』，原作『遐裔』，今據全唐文、適園叢書、學林改。本『情僞』，真假；真誠與虚僞。易繫辭上：『聖人立象以盡意，設卦以盡情僞。』左傳僖公二十八年：『晋侯在外十九年矣……民之情僞，盡知之矣。』

〔十六〕若合符契：『符契』，猶符節。韓非子主道：『符契之所合，賞罰之所生也。』晋袁宏三國名臣序贊：『君臣相體，若合符契。』

〔十七〕綱目張而萬化具：『萬化』，萬事萬物；大自然。漢荀悦申鑒政體：『恕者仁之術也，正者義之要也，至哉，此謂道根，萬化存焉爾。』漢書京房傳：『房對曰：「古帝王以功舉賢，則萬化成，瑞應著。」』顏師古注：『萬化，萬機之事，施教化者也。一曰萬物之類也。』

〔十八〕庶無蔽聽：『庶』，原作『耳』，今據四庫全書、全唐文、甲庫本改。『聽』，適園叢書、明鈔本、學林本作『聰』。

〔十九〕廣弘大之恩：此句四庫全書作『施廣大之恩』，全唐文作『闕廣大之恩』。

〔二十〕哀惠困窮，省薄傜役，尊禮耆老：『哀惠困窮』，適園叢書、明鈔本、學林本作『哀惠困苦』。『省薄傜役』，全唐文作『省薄傜賦』。『尊禮耆老』，四庫全書作『尊禮老耆』，明鈔本、甲庫本作『尊禮老者』。『耆老』，老年人。禮記王制：『養耆老以致孝，恤孤獨以逮不足。』漢書朱博傳：『門下掾贛遂耆老大儒，教授數百人，拜起舒遲。』

〔二十一〕推心平明：平正明察。『推心』，以誠相待。漢劉向列女傳明德馬后：『時及政事，后推心以對，無不當理。』唐司空圖與臺丞書：『且自古推心，苟不望報於其人，則未有不堅於著效者。』『平明』，明白。三國蜀諸葛亮前出師表：『若有作奸犯科及爲忠善者，宜付有司論其刑賞，以昭陛下平明之理。』元曾瑞哨遍古鏡套曲：『據堅平明正清，非爲俺自專。』

〔二十二〕采納詳正，聽斷精慎，忠直樹立，讒邪不行：『讒邪不行』，原作『纔邪不行』，今據四庫全書、全唐文、適園叢書、明鈔本、甲庫本、學林本改。『詳正』，平正。南朝梁沈約崔慧景加侍中詔：『志氣淹通，識履詳正。』宋呂陶陳傳正退居類稿序：『故其文之典厚詳正，出於天

質之自然。』『聽斷』，聽取陳述而作出決定。常指聽訟斷獄。荀子 榮辱：『政令法，舉措時，聽斷公。』漢書 敘傳下：『中宗明明，夤用刑名，時舉傳納，聽斷惟精。』

〔二十三〕巍巍成功，赫赫在上：『巍巍』，崇高偉大。論語 泰伯：『巍巍乎！舜禹之有天下也而不與焉。』何晏集解：『巍巍，高大之稱。』漢董仲舒春秋繁露 奉本：『孔子曰：「唯天爲大，唯堯則之，則之者大也，巍巍乎其有成功也。」』『赫赫』，顯赫盛大貌；顯著貌。詩 小雅 節南山：『赫赫師尹，民具爾瞻。』國語 楚語上：『赫赫楚國，而君臨之。』韋昭注：『赫赫，顯盛也。』

〔二十四〕殲夷奸宄，灾害訖息：『殲夷』，誅滅。後漢書 崔駰傳：『豈無熊僚之微介兮？悼我生之殲夷。』唐陸龜蒙散人歌：『太宗基業甚牢固，小丑背叛當殲夷。』『奸宄』，亦作『奸軌』。違法作亂的事情。書 舜典：『蠻夷猾夏，寇賊奸宄。』孔傳：『在外曰奸，在內曰宄。』孔穎達疏：『又有强寇劫賊外奸内宄者爲害甚大。』左傳 成公十七年：『臣聞亂在外爲奸，在内爲軌。御奸以德，御軌以刑……德刑不立，奸軌并至。』陸德明釋文：『軌，本又作宄。』『訖息』，止息。漢書 谷永傳：『繼嗣蕃滋，灾異訖息。』顔師古注：『訖，止也。』宋宋祁代晏尚書亳州謝上表：『寧無越思之過，或有奇中之讒，大度相容，多言訖息。』

〔二十五〕淮河底定，大赦庇人，戢兵也：『底定』，達到平定。書禹貢：『三江既入，震澤底定。』蔡沈集傳：『底定者，言底於定而不震蕩也。』底，一本作『厎』。此處指平定；安定。周書尉遲運傳：『東夏底定，頗有力焉。』宋王禹偁平陽公主贊并序：『卒見削平多壘，底定京師。』『戢兵』，息兵；停止軍事行動。唐薛稷奉和送金城公主適西蕃應制：『天道寧殊俗，慈仁乃戢兵。』新唐書韋雲起傳：『臣愚以爲不若戢兵務農，須關中妥安，士氣餘飽，然後討伐，一舉可定。』按，『淮河底定，大赦庇人』句，指平定蔡州吴元濟之亂以及赦免淮西之戰俘。舊唐書憲宗紀下元和十二年十月載此事云：『己卯，隨唐節度使李愬率師入蔡州，執吴元濟以獻，淮西平。甲申，詔：「淮西立功將士，委韓弘、裴度條疏奏聞。淮西軍人，一切不問。宜準元敕給復二年。」十一月丙戌朔，御興安門受淮西之俘。以吴元濟徇兩市，斬於獨柳樹；妻沈氏，没入掖庭；弟二人、子三人，配流，尋誅之；判官劉協等七人處斬。』又資治通鑒卷二百四十元和十二年亦記此事謂：『（李）愬遣李進誠攻牙城，毁其外門，得甲庫，取器械。……門壞，元濟於城上請罪，進誠梯而下之。甲戌，愬以檻車送元濟詣京師，且告于裴度。是日，申、光二州及諸鎮兵二萬餘人相繼來降。自元濟就擒，愬不戮一人，凡元濟官吏、帳下、廚廄之卒，皆復其職，使之不疑，然後屯於鞠場以待裴度。……己卯，淮西行營奏獲吴元濟，光禄少卿楊元卿言於上曰：「淮西

大有珍寶，臣能知之，往取必得。」上曰：「朕討淮西，爲人除害，珍寶非所求也。」……裴度以蔡卒爲牙兵，或諫曰：「蔡人反仄者尚多，不可不備。」度笑曰：「吾爲彰義節度使，元惡既擒，蔡人則吾人也，又何疑焉！」蔡人聞之感泣。先是吴氏父子阻兵，禁人偶語於塗，夜不然燭，有以酒食相過從者罪死。度既視事，下令惟禁盗賊鬥殺，餘皆不問，往來者不限晝夜，蔡人始知有生民之樂。甲申，詔韓弘、裴度條列平蔡將士功狀及蔡之將士降者，皆差第以聞。……十一月，上御興安門受俘，遂以吴元濟獻廟社，斬于獨柳之下。」

〔二十六〕保大也：『保大』，安穩地居於高位。三國志魏書陳留王奂傳：『昔聖帝明王，静亂濟世，保大定功，文武殊塗，勛烈同歸。』晋陸機漢高祖功臣頌：『元凶既夷，寵禄來假。保大全祚，非德孰可。』吕延濟注：『安於大位而能全福者，非德不可也。……保，安；祚，福。』

〔二十七〕寛天下之繭絲，舉域中之方正：『繭絲』，四庫全書、全唐文作『蠶絲』。『方正』，指人行爲、品性正直無邪。管子形勢解：『人主身行方正……行發於身而爲天下法式者，人唯恐其不復行也。』舊唐書儒學傳上徐文遠：『文遠方正純厚，有儒者風。』按，『寛天下之繭絲』，乃指給復淮西州縣百姓以及免除旁州來歲夏税等措施。資治通鑑卷二百四十元和十二年載：『甲申，詔韓弘、裴度條列平蔡將士功狀及蔡之將士降者，皆差第以聞。淮西州縣百姓，給復

二年；近賊四州，免來年夏稅。官軍戰亡者，皆爲收葬，給其家衣糧五年；其因戰傷殘廢者，勿停衣糧。』新唐書憲宗紀元和十二年載：『十月癸酉，克蔡州。……甲申，給復淮西二年，免旁州來歲夏稅。葬戰士，稟其家五年。十一月丙戌，吳元濟伏誅。』

〔二十八〕赦生致之寇虜，爵拒命之戎將，和衆也：『生致』，活捉，活着新鮮地送到。史記李將軍列傳：『單于素聞廣賢，令曰：「得李廣必生致之。」』宋王讜唐語林雅量：『袁傪之破袁晁，擒其僞公卿數十人，州縣大具桎梏，謂必生致闕下。』『戎將』，猶戎帥。軍隊的主將。晋葛洪抱朴子地真：『而當復加之以思神守一，却惡衛身，常如人君之治國，戎將之待敵。』『和衆』，使百姓和順。唐黃滔多寶塔碑記：『至如戢兵保大，安民和衆之類，亦猶川陸之徂秦適洛焉。』清梅曾亮贈林侍郎序：『然後能勤民急公，豐財和衆，禮俗達而政教成。』按，『赦生致之寇虜，爵拒命之戎將』，乃謂唐憲宗以及裴度、李光顏、李愬等將帥寬待重用被俘虜之敵將。此事資治通鑒卷二百四十元和十二年頗有記之：『李愬謀襲蔡州，表請益兵……丁酉，愬遣十將馬少良將十餘騎巡邏，遇吳元濟捉生虞候丁士良，與戰，擒之。士良，元濟驍將，常爲東邊患，衆請刳其心，愬許之。既而召詰之，士良無懼色。愬曰：「真丈夫也！」命釋其縛。士良乃自言：「本非淮西士，貞元中隸安州，與吳氏戰，爲其所擒，自分死矣。……昨日力屈，復爲公所擒，

亦分死矣。今公又生之，請盡死以報德！」愬乃給其衣服器械，署爲捉生將。……丁士良言於李愬曰：「吴秀琳擁三千之衆，據文城柵，爲賊左臂，官軍不敢近者，有陳光洽爲之謀主也。光洽勇而輕，好自出戰，請爲公先擒光洽，則秀琳自降矣。」戊申，士良擒光洽以歸。……淮西被兵數年，竭倉廩以奉戰士，民多無食，采菱芡魚鱉鳥獸食之，亦盡，相帥歸官軍者前後五千餘户……庚申，敕置行縣以處之，爲擇縣令，使之撫養，并置兵以衛之。……（三月）吴秀琳以文城柵降于李愬。戊子，愬引兵至文城西五里，遣唐州刺史李進誠將甲士八千至城下，召秀琳，城中矢石如雨，衆不得前。進誠還報：「賊僞降，未可信也。」愬曰：「此待我至耳。」即前至城下，秀琳束兵投身馬足下，愬撫其背慰勞之，降其衆三千人。秀琳將李憲有材勇，愬更其名曰忠義而用之，悉遷婦女於唐州，入據其城。於是唐、鄧軍氣復振，人有欲戰之志。賊中降者相繼於道，隨其所便而置之。聞有父母者，給粟帛遣之，曰：「汝曹皆王人，勿棄親戚。」衆皆感泣。……吴元濟以蔡人董昌齡爲郾城令，質其母楊氏。楊氏謂昌齡曰：「順死賢於逆生，汝去逆而吾死，乃孝子也；從逆而吾生，是戮吾也。」會官軍圍青陵，絶郾城歸路，郾城守將鄧懷金謀於昌齡，昌齡勸之歸國。懷金乃請降於李光顔曰：「城人之父母妻子皆在蔡州，請公來攻城，吾舉烽求救，救兵至，公逆擊之，蔡兵必敗，然後吾降，則父母妻子庶免矣。」光顔從之。乙未，昌齡、懷金舉城降，光顔引

兵入據之。吴元濟聞郾城不守，甚懼。時董重質將騾軍守洄曲，元濟悉發親近及守城卒詣重質以拒之。……（五月）丁丑，李愬遣方城鎮遏使李榮宗擊青喜城，拔之。愬每得降卒，必親引問委曲，由是賊中險易遠近虛實盡知之。愬厚待吴秀琳，與之謀取蔡。秀琳曰：「公欲取蔡，非得李祐不可，秀琳無能爲也。」祐者，淮西騎將，有勇略，守興橋柵，常陵暴官軍。庚辰，祐帥士卒刈麥於張柴村，愬召厢虞候史用誠，戒之曰：「爾以三百騎伏彼林中，又使人摇幟於前，若將焚其麥積者。祐素易官軍，必輕騎來逐之，爾乃發騎掩之，必擒之。」用誠如言而往，生擒祐以歸。將士以祐向日多殺官軍，争請殺之；愬不許，釋縛，待以客禮。時愬欲襲蔡，而更密其謀，獨召祐及李忠義屏人語，或至夜分，他人莫得預聞。諸將恐祐爲變，多諫愬；愬待祐益厚。士卒亦不悦，諸軍日有牒稱祐爲賊内應，且言得賊諜者具言其事。愬恐謗先達於上，己不及救，乃持祐泣曰：「豈天不欲平此賊邪！何吾二人相知之深而不能勝衆口也。」因謂衆曰：「諸君既以祐爲疑，請令歸死於天子。」乃械祐送京師，先密表其狀，且曰：「若殺祐，則無以成功。」詔釋之，以還愬。愬見之喜，執其手曰：「爾之得全，社稷之靈也！」乃署散兵馬使，令佩刀巡警，出入帳中；或與之同宿，密語不寐達曙，有竊聽於帳外者，但聞祐感泣聲。時唐、隨牙隊三千人，號六院兵馬，皆山南東道之精鋭也。愬又以祐爲六院兵馬使。……吴元濟見其下數叛，兵勢日蹙，六月，壬戌，上表謝罪，願

束身自歸。上遣中使賜詔，許以不死；而爲左右及大將董重質所制，不得出。……八月，庚申，（裴）度赴淮西，上御通化門送之。……時董重質擁精兵萬餘人據洄曲。愬曰：「元濟所望者，重質之救耳。」乃訪重質家，厚撫之，遣其子傳道持書諭重質；重質遂單騎詣愬降。愬遣李進誠攻牙城，毀其外門，得甲庫，取器械。癸酉，復攻之，燒其南門，民爭負薪芻助之，城上矢如猬毛。晡時，門壞，元濟於城上請罪，進誠梯而下之。甲戌，愬以檻車送元濟詣京師，且告于裴度。是日，申、光二州及諸鎮兵二萬餘人相繼來降。自元濟就擒，愬不戮一人，凡元濟官吏、帳下、厨廄之卒，皆復其職，使之不疑，然後屯於鞠場以待裴度。……裴度以蔡卒爲牙兵，或諫曰：「蔡人反仄者尚多，不可不備。」度笑曰：「吾爲彰義節度使，元惡既擒，蔡人則吾人也，又何疑焉！」蔡人聞之感泣。先是吴氏父子阻兵，禁人偶語於塗，夜不然燭，有以酒食相過從者罪死。度既視事，下令惟禁盜賊，餘皆不問，往來者不限晝夜，蔡人始知有生民之樂。甲申，詔韓弘、裴度條列平蔡將士功狀及蔡之將士降者，皆差第以聞。淮西州縣百姓，給復二年；近賊四州，免來年夏税。官軍戰亡者，皆爲收葬，給其家衣糧五年；其因戰傷殘廢者，勿停衣糧。』

〔二十九〕神武不殺之德：『神武』，原謂以吉凶禍福威服天下而不用刑殺。易繫辭上：『古之聰明睿知，神武而不殺者夫。』孔穎達疏：『夫易道深遠，以吉凶禍福威服萬物，故古之聰明

睿知神武之君，謂伏犧等用此易道能威服天下，而不用刑殺而畏服之也。」後沿用爲英明威武之意，多用以稱頌帝王將相。漢書叙傳下：『皇矣漢祖，纂堯之緒，實天生德，聰明神武。』宋書武帝紀上：『若劉公自率衆至豫章，遣鋭師過嶺，雖復將軍神武，恐必不能當也。』『不殺』，不斷其命。穀梁傳僖公九年：『葵丘之會，陳牲而不殺。』楊士勛疏：『雖盟而不歃血謂之不殺。』宋曾鞏亳州謝到任表：『運獨斷之明，則天清水止；昭不殺之武，則雷厲風行。』

〔三十〕不登軒年，不享舜壽：『不登軒年』，四庫全書作『不登羲軒年』。『不享舜壽』，四庫全書、明鈔本、甲庫本作『不享堯舜壽』。按，『軒』指軒轅，即黄帝，『軒年』，指黄帝之年壽。據史記卷一五帝本紀『黄帝崩』句下注引集解：『皇甫謐曰：「在位百年而崩，年百一十一歲。」』又索隱按：『大戴禮：「宰我問孔子曰：『榮伊言黄帝三百年，請問黄帝何人也？……抑非人也？何以至三百年乎？』對曰：『生而人得其利百年，死而人畏其神百年，亡而人用其教百年。』」』則士安之説略可憑矣。」又『舜壽』，指舜之享年。據史記卷一五帝本紀：『舜年二十以孝聞，年三十堯舉之，年五十攝行天子事，年五十八堯崩，年六十一代堯踐帝位。踐帝位三十九年，南巡狩，崩於蒼梧之野。葬於江南九疑，是爲零陵。』又載：『虞舜者，名曰重華。』此句下集解引徐廣曰：『皇甫謐云：「舜以堯之二十一年甲子生，三十一年甲午徵用，七十九年壬午即

真，百歲癸卯崩。」」又舊唐書憲宗紀上載憲宗「大曆十三年二月生于長安之東内」，十五年正月庚子「是夕，上崩於大明宫之中和殿，享年四十三」。唐會要卷一帝號上記憲宗「大曆十三年戊午歲二月十四日，生于長安之東内……（元和）十五年正月二十七日，崩於大明宫之中和殿。年四十三」。

〔三十一〕同軌畢至，祖庭有時：「同軌」，指古代華夏諸侯國。左傳隱公元年：「天子七月而葬，同軌畢至。」杜預注：「言同軌，以别四夷之國。」漢班固白虎通崩薨：「天子七月而葬，同軌必至。」「祖庭」，語出禮記檀弓上：「小斂於户内，大斂於阼，殯於客位，祖於庭，葬於墓。」本謂祭奠於祖廟之中庭，後用「祖庭」猶言祖奠，謂送殯前舉行的祭奠。唐李端代宗挽歌：「祖庭三獻罷，嚴衛百靈朝。」

〔三十二〕敢奉官常，尊名稱德：「官常」，指典册。後漢書馬融傳：「亦方將刊禁臺之秘藏，發天府之官常，由質要之故業，率典刑之舊章。」李賢注：「天府掌祖廟之守藏，與其禁令，察群吏之理。」清龔自珍暮春以事詣圓明園趨公既罷因覽西郊形勝詩之五：「宸游兼武備，大典在官常。」「尊名」，指帝號。戰國策趙策四：「臣以齊致尊名於王，天下孰敢不致尊名於王。」「稱德」，衡量德行。管子君臣下：「稱德度功，勸其所能。」尹知章注：「既稱其德，又度

其功。』

〔三十三〕法度大明曰章：此句四庫全書、全唐文、甲庫本作『洪度大明曰章』。按，據明郭良翰明謚紀彙編卷一載：『法度大明曰章。』又清皇朝文獻通考卷一百八宗廟：『按謚法：法度大明，敬慎高明曰章。』則『洪度大明曰章』誤。

〔三十四〕裁造作而刑一德：『裁』，節制；制裁；約束。易繫辭上：『化而裁之謂之變。』孔穎達疏：『陰陽變化而相裁節之，謂之變也。』左傳襄公十八年：『苟捷有功，無作神羞，官臣偃無敢復濟，唯爾有神裁之！』『造作』，僞造。後漢書宦者傳呂强：『陛下不密其言，至令宣露，群邪項領，膏脣拭舌，競欲咀嚼，造作飛條。』唐寒山詩三百三首之二百四十二：『人面禽獸心，造作何時歇。』『刑』，典範。南朝梁劉勰文心雕龍奏啓：『必使理有典刑，辭有風軌。』『一德』，謂始終如一，永恒其德。易繫辭下：『恒以一德。』孔穎達疏：『恒能始終不移，是純一其德也。』舊唐書裴度傳：『外茂九功，内苞一德，器爲社稷之鎮，才實邦國之楨。』宋蘇軾司馬温公神道碑：『非至誠一德，其孰能使之？』

〔三十五〕洞明哲而貞百度：『洞』，通曉；悉知。淮南子原道訓：『遂兮洞兮，不虚動兮。』高誘注：『洞，達也。道動有所應，故曰不虚動也。』晋書郭璞傳：『由是遂洞五行、天

文、卜筮之術。』「明哲」，亦作「明喆」。明智；洞察事理。書說命上：「知之曰明哲，明哲實作則。」孔傳：「知事則爲明智，明智則能制作法則。」墨子天志中：「明哲維天，臨君下土。」「貞」，匡正；整肅。南朝宋謝靈運佛影銘：「曉爾長夢，貞爾沈詖。」唐歐陽詹泉州北樓記：「遠得有邦之本，近貞爲臣之節。」「百度」，百事；各種制度。書旅獒：「不役耳目，百度惟貞。」新唐書陳子昂傳：「今百度已備，但刑急罔密，非爲政之要。」

〔三十六〕載尊親而諧五典：「載」，行；施行。書皋陶謨：「亦言其人有德，乃言曰，載采采。」孔傳：「載，行；采，事也。」孔穎達疏：「載者，運行之義，故爲行也。」漢書曹參傳：「曹參代之，守而勿失。載其清靖，民以寧壹。」王先謙補注引王念孫曰：「載，行也，謂行其清靖之治也。」「尊親」，尊崇父母或祖先。孟子萬章上：「孝子之至，莫大乎尊親；尊親之至，莫之乎以天下養；爲天子父，尊之至也。」舊唐書禮儀志五：「大孝莫重於尊親……數盡四廟，非貴多之道；祀逮七世，得加隆之心。」「諧」，和合；協調。書舜典：「八音克諧，無相奪倫，神人以和。」清戴名世野香亭詩序：「而舉其所閱歷與睹記者，往往即事以徵情，取之於心而諧之於韻。」「五典」，古代的五種倫理道德。書舜典：「慎徽五典，五典克從。」孔傳：「五典，五常之教。父義、母慈、兄友、弟恭、子孝。」蔡沈集傳：「五典，五常也。父子有親，君臣有義，夫婦

有別，長幼有序，朋友有信是也。』

〔三十七〕質諸六經：『六經』，六部儒家經典。莊子天運：『孔子謂老聃曰：「丘治詩、書、禮、樂、易、春秋六經，自以爲久矣，孰知其故矣。」』漢書武帝紀贊：『孝武初立，卓然罷黜百家，表章六經。』顏師古注：『六經，謂易、詩、書、春秋、禮、樂也。』

穆宗睿聖文惠孝皇帝謚議〔一〕

臣祐議曰：總天人之盛美〔二〕，庖犧建其極〔三〕；含昊穹之正氣，金天侔其稱〔四〕，仁聖或異，號謚則殊。至於兼包二體，昭宣一德〔五〕，有自來矣。我今因之，爰徵克類，以騰茂實〔六〕。伏惟大行皇帝，睿鑒通微，神智周物〔七〕，早由藩邸，式踐儲闈〔八〕。誕膺眷命，用建皇極〔九〕，纘承丕緒，克紹洪勛〔十〕。允釐帝載，光被王度〔十一〕，以易簡凝庶績，以仁和壽蒸人〔十二〕，明遂事而虚受，進昌言而不咈〔十三〕。清廟嚴薦，中壼問安〔十四〕，彰愛以誠，因心則著〔十五〕。永言恭默，思致雍熙，敷祐庶氓，宗承古訓〔十六〕。徵特牲之盛禮，蘊祈穀之至誠，親率公卿，祗奉郊祀〔十七〕，爰升大輅，俯及端門，休祥告應，非烟在上〔十八〕，輪囷五色，回復半空，六轡時按，百辟稱

賀〔十九〕。洎圓丘展敬，天感樂和，柴燎告終，人神胥悦〔二十〕。於是雷雨作解，惠及萬方，布乘春之煦育，行惟新之頒賜〔二十一〕。詳延莊彦，敷納正辭，納哀敬之書〔二十二〕，用寬大之典。鮐背是恤，虐繆斯平，優賚困窮，矜蠲逋賦〔二十三〕。三光增耀，群物昭蘇，葳蕤汪濊之澤〔二十四〕，不可得而名也。東寇猖狂，在浚爲叛，有征之日，殲厥渠魁〔二十五〕，此所謂王者之師，不戰而剋也。昆夷恃衆，崆峒騁武，亟爲邊患，時漸睿謨〔二十六〕。煩戊己之戍，勞癸庚之備〔二十七〕。自我新命，咸歸舊封〔二十八〕，款叩旁午，求成修好〔二十九〕。俯從坎血之懇，猥加築館之榮〔三十〕。弓矢載櫜，亭障罷警，倚成輔弼，清一區宇〔三十一〕。無私之覆既均，不宰之功遽化〔三十二〕。矧乃優游乎文史之内，精窮乎草隸之源〔三十三〕，崇杖席而選文儒，設官司而尊侍從〔三十四〕。所以講求爲務，聽納居多〔三十五〕，遵三代之盛猷，垂億載之休烈〔三十六〕。雖疾留聖體，而慮發宸衷，每求衣夙興，與太陽俱出〔三十七〕。泥金是請，方事撝謙，憑玉俄聞，奄承末命〔三十八〕。年冀逾於堯壽，時忽促於軒鼎〔三十九〕，六龍飛蓋以上升，萬姓號天而靡及〔四十〕。今因山既卜，同軌將臻，爰究德威，式循典禮〔四十一〕。周書曰：『睿作聖。』又前儒云：『睿，聖也。』謹按謚法曰：敬禮祀享，施於爲人皆曰聖〔四十二〕。大行皇帝虔恭郊廟，軫念黎

元，教尚不嚴，化行無眹（四十三），不爲聖歟？又慈惠愛人，道德博聞皆曰文。赦三就之刑，采百氏之奧（四十四），仁恕育物，寬明致理（四十五），不爲文歟？又慈仁好與，柔質虛受皆曰惠（四十六）。溥錫貧寠，哀及鰥寡，開延納之路，容讜直之言，不爲惠歟（四十七）？又曰：秉德不回（四十八），慈惠愛親皆曰孝。文以繼明（四十九），聖資統御，服勤不替，就養無方（五十），不爲孝歟？考古謚而符德教（五十一），請上尊謚曰『睿聖文惠孝皇帝』，廟號曰『穆宗』。謹議。

校箋

〔一〕此文又見於全唐文卷九百七十五，撰人爲『闕名』。又本文文末未署頒布時間，然全唐文所録此文則署『長慶四年』。考舊唐書卷十六穆宗紀記：長慶四年正月『辛未，上大漸，詔皇太子監國。壬申，上崩於寢殿，時年三十。群臣上謚曰睿聖文惠孝皇帝，廟號穆宗。十一月庚申，葬于光陵』。唐會要卷一帝號上載：『穆宗睿聖文惠孝皇帝諱恒……（長慶）四年正月二十二日，崩於寢殿，年三十。十一月，葬光陵。……謚曰睿聖文惠孝皇帝，廟號穆宗。』新唐書卷八敬宗紀

載穆宗於長慶四年正月壬申崩，同年十一月『庚申，葬睿聖文惠孝皇帝于光陵』。又資治通鑑卷二百四十三長慶四年十一月載：『庚申，葬睿聖文惠孝皇帝于光陵；廟號穆宗。』按，據上述諸典籍所載，穆宗乃葬於長慶四年十一月庚申，而其『謚曰睿聖文惠孝皇帝，廟號穆宗』應在其葬日稍前，則此文之撰當在長慶四年（八二四）十一月庚申（十五日）之前。

〔二〕臣祐議曰：總天人之盛美：此句四庫全書作『臣祐議曰：臣聞紹天人之盛美』，全唐文作『臣祐議曰：夫垂天人之盛美』。按，此『臣祐』頗疑爲李祐。舊唐書穆宗紀載元和十五年六月『戊寅，以金吾將軍李祐檢校左散騎常侍，兼夏州刺史，充夏綏銀宥節度使，代李聽』。而舊唐書卷一百六十一李祐傳記其『竟以祐破蔡，擒元濟。以功授神武將軍，遷金吾將軍、檢校左散騎常侍、夏州刺史，御史大夫、夏綏銀宥節度使。寶曆初入爲右金吾大將軍』。據此，當唐穆宗將葬，有關諸大臣商議謚號時，李祐時在朝中爲金吾將軍，當可參與此謚議。『天人』，特指天子。晉書應貞傳：『順時貢職，入覲天人。』唐沈佺期夏日都門送司馬員外逸客孫員外佺北征詩：『廟略天人授，軍麾相國持。』『盛美』，美善。史記循吏列傳：『世俗盛美，政緩禁止，吏無奸邪，盜賊不起。』後漢書徐穉傳：『若使擢登三事，協亮天工，必能翼宣盛美，增光日月矣。』

〔三〕庖犧建其極：『庖犧』，即『庖犧氏』，即伏羲。唐司馬貞三皇本紀：『太皞庖犧氏，風

姓，代燧人氏繼天而王……養犧牲以庖厨，故曰庖犧。』亦省稱『庖犧』。北魏酈道元水經注渭水：『故瀆東逕成紀縣，故帝太皞庖犧所生之處也。』『極』，頂點；最高地位。易繫辭上：『六爻之動，三極之道也。』高亨注：『屋上最高之梁稱極，引申爲至高之義……天地人乃宇宙萬類之至高者。』史記禮書：『天者，高之極也；地者，下之極也；日月者，明之極也。』

〔四〕含昊穹之正氣，金天侔其稱：『昊穹』，猶蒼天。漢司馬相如封禪文：『伊上古之初肇，自昊穹兮生民。』李善注引張揖曰：『昊穹，春、夏天名。』唐李益大禮畢皇帝御丹鳳門改元建中大赦詩：『昊穹景命即已至，王事乃可酬乾坤。』『金天』，華岳神名。唐玄宗先天二年封華岳神爲金天王。唐玄宗西岳太華山碑銘：『加視王秩，進號金天。』唐王維華岳詩：『上帝佇昭告，金天思奉迎。』趙殿成箋注引杜氏通典：『先天二年，封華岳神爲金天王。』『侔』，齊等；相當。莊子外物：『大魚食之，牽巨鈎……海水震蕩，聲侔鬼神。』史記趙世家：『趙名晋卿，實專晋權，奉邑侔於諸侯。』

〔五〕至於兼包二體，昭宣一德：『二體』，指陰、陽。宋范仲淹水火不相入而相資賦：『雖天生之材，本四象而區別；蓋日用之利，合二體以交相。』『昭宣』，明宣。南朝宋謝靈運撰征賦：『降俊明以鏡鑒，迴風猷以昭宣。』明高攀龍高子遺書序：『忠孝節義神明也，有不昭宣，是

神明之冥頑不靈也。」

〔六〕以騰茂實：『茂實』，盛美的德業。漢司馬相如封禪文：『俾萬世得激清流，揚微波，蜚英聲，騰茂實。』南朝梁簡文帝上昭明太子集别傳表：『永彰茂實，式表洪徽。』

〔七〕睿鑒通微，神智周物：『睿鑒』，亦作『睿監』。御覽；聖鑒。唐劉禹錫夔州謝上表：『伏惟文武孝德皇帝陛下，垂衣穆清，睿鑒旁達，三統交泰，百神降祥。』唐蘇源明元包經傳太陰：『於戲！流於睿監，講於太學。』『通微』，通曉、洞察細微的事物。三國魏劉劭人物志九徵：『色平而暢者，謂之通微，通微也者，智之原也。』宋蘇軾杜處士傳：『吾自通微，預知子高良，故謾矜子，以短而欲亂子言。』『神智』，精神智慧；意識。晉陶潛感士不遇賦：『稟神智以藏照，秉三五而垂名。』北齊劉晝新論知人：『故明哲之相士，聽之於未聞，察之於未形，而鑒其神智，識其才能，可謂知人矣。』『周』，遍；遍及。易繫辭上：『知周乎萬物而道濟天下，故不過。』左傳隱公十一年：『瑕叔盈又以蝥弧登，周麾而呼曰：「君登矣。」』杜預注：『周，遍也。』『周物』，遍及於萬物。

〔八〕早由藩邸，式踐儲闈：『藩邸』，藩王之第宅。北齊書昭帝紀：『月餘，（高演）乃居藩邸，自是詔敕多不關帝。』唐鄭棨開天傳信記：『上於藩邸時，每戲游城南韋、杜之間。』『儲

闈』，太子所居之宮。南朝梁沈約奏彈王源：『父璿，升采儲闈，亦居清顯。』唐劉禹錫賀皇太子受册箋：『祗膺詔册，光啓儲闈。』此處借指太子。唐參寥子唐闕史盧相國指揮鎮州事：『乾符丁酉歲，因與同列廷諍機務，詞氣相高，朝廷兩解之，偕授賓翼儲闈。』新唐書房琯傳：『有朋黨不公之名，違臣子奉上之禮，何以儀刑王國，訓導儲闈？』按，此兩句謂穆宗先封爲藩王，後立爲太子。舊唐書卷十六穆宗紀載：『穆宗睿聖文惠孝皇帝諱恒，憲宗第三子……初名宥，封建安郡王。元和元年八月，進封遂王。五年三月，領彰義軍節度大使。七年十月，册爲皇太子，改今諱。』

（九）誕膺眷命，用建皇極：『誕膺』，承受（天命或帝位）。書武成：『我文考文王，克成厥勛，誕膺天命，以撫方夏。』孔傳：『大當天命。』唐陸贄請許臺省長官舉薦屬吏狀：『陛下誕膺寶曆，思致理平。』『眷命』，垂愛并賦予重任。書大禹謨：『皇天眷命，奄有四海，爲天下君。』北史文苑傳許善心：『保上天之眷命，膺下土之樂推。』舊唐書肅宗紀：『知皇靈眷命，不敢違而去之；知曆數之所歸，不獲已而當之。』『皇極』，指皇位。晋干寶晋紀總論：『至於世祖，遂享皇極。』資治通鑒晋簡文帝咸安元年：『於是宣太后令，廢帝爲東海王，以丞相録尚書事會稽王昱統承皇極。』按，此兩句謂穆宗受命爲天子。舊唐書穆宗紀載：『（元和）十五年正月

庚子，憲宗崩。丙午，即皇帝位於太極殿東序。』新唐書卷八穆宗紀載：元和『十五年正月庚子，憲宗崩，陳弘志殺吐突承璀及澧王。辛丑，遺詔皇太子即皇帝位于柩前，司空兼中書令韓弘攝冢宰。閏月丙午，皇太子即皇帝位于太極殿』。

（十）纘承丕緒，克紹洪勛：『纘承』，繼承。周書明帝紀：『今朕纘承大業，處萬乘之上。』宋蘇軾贈韓維祖保樞魯國公制：『逮兹纘承，繼用耆哲。』『丕緒』，指國家大業。陳書世祖紀：『朕以寡昧，嗣膺丕緒，永言勛烈，思弘典訓。』唐皮日休悼賈：『嗟大漢之丕緒兮，虬其賢於污瀆。』『克紹』，能够繼承。書冏命：『俾克紹先烈。』孔傳：『使能繼先王之功業。』宋孫光憲北夢瑣言卷二十：『有温顗者，乃飛卿之孫，憲之子。仕蜀，官至常侍。無它能，唯以隱僻繪事爲克紹也。』『洪勛』，卓著的功勛。漢蔡邕筆賦：『畫乾坤之陰陽，贊宓皇之洪勛。』晋葛洪抱朴子貴賢：『殷高、周文，乃夢想乎得賢者，建洪勛必須良佐也。』

（十一）允厘帝載，光被王度：『允厘』，謂治理得當。書堯典：『允厘百工，庶績咸熙。』孔傳：『允，信；厘，治。』唐白居易君子不器賦：『既居家而必達，亦在邦而允厘。』『帝載』，帝王的事業。書舜典：『咨四岳：有能奮庸熙帝之載，使宅百揆，亮采惠疇。』孔傳：『載，事也。』漢蔡邕光武濟陽宫碑：『匡復帝載，萬國以綏。』『光被』，遍及。書堯典：『光被四表，

格于上下。』清王引之經義述聞 尚書上：『光與廣通，皆充廓之義。方言曰「幅廣爲充」是也。故堯典言「光被四表」，而漢書 禮樂志曰「聖主廣被之資」。』漢班固典引：『神靈日燭，光被六幽。』『王度』，王者的德行器度。左傳 昭公十二年：『思我王度，式如玉，式如金。』孔穎達疏：『思使我王之德度，用如玉然，用如金然，使之堅而且重，可寶愛也。』南朝宋鮑照爲柳令讓驃騎表：『方之微臣，彼安足齒，齊此而歸，懼塵王度。』

〔十二〕以易簡凝庶績，以仁和壽蒸人：『易簡』，平易簡約。易 繫辭上：『易則易知，簡則易從……易簡而天下之理得矣。』清魏源復何竹薌同年論會計書：『至救時務之書，宜易簡不宜繁難。』『庶績』，各種事業。書 堯典：『允厘百工，庶績咸熙。』孔傳：『績，功也；言衆功皆廣。』舊唐書 薛登傳：『故堯資八元而庶績其理，周任十亂而天下和平。』『仁和』，仁愛溫和。禮記 儒行：『溫良者，仁之本也……歌樂者，仁之和也。』魏書 游明根傳：『明根歷官內外五十餘年，處身以仁和。』『蒸人』，民衆；百姓。後漢書 文苑傳上 杜篤：『濟蒸人於塗炭，成兆庶之亹亹。』唐顧況上古之什補亡訓傳 燕于巢詩：『惠此蒸人，毋廢爾事。』

〔十三〕明遂事而虛受，進昌言而不咈：『遂事』，成就事業；完成某事。鶡冠子 夜行：『成功遂事，莫知其狀，圖弗能載，名弗能舉。』晉書 王坦之傳：『成功遂事，百姓皆曰我自

然。』『虚受』，虚心接受。語本易咸：『山上有澤，咸。君子以虚受人。』孔穎達疏：『君子以虚受人者，君子法此咸卦，下山上澤，故能空虚其懷，不自有實，受納於物，無所棄遺。』南朝梁沈約爲南郡王侍皇太子釋奠宴詩之二：『義重師匡，業貴虚受。』『昌言』，謂直言不諱。後漢書馬融傳：『俾之昌言而宏議，軼越三家，馳騁五帝，悉覽休祥，總括群瑞。』唐高適三君咏狄梁公：『昌言太后朝，潛運儲君策。』『咈』，違背；違逆。書微子：『乃罔畏畏，咈其耇長舊有位人。』蔡沈集傳：『紂惟不畏其所當畏，故老成舊有位者，紂皆咈逆而棄逐之。』新唐書蕭復傳：『及爲相，臨事嚴方，數咈帝意，故居位亟解。』按，『明遂事而虚受，進昌言而不咈』事，舊唐書穆宗紀元和十五年七月載：『丙午，敕：乙巳詔書載誕受賀儀宜停。先是，左丞韋綬奏行之，宰臣以古無降誕受賀之禮，奏罷之。……（八月）辛未，兵部尚書楊於陵總百僚錢貨輕重之議，取天下兩税、榷酒、鹽利等，悉以布帛任土所産物充税，并不徵見錢，則物漸重，錢漸輕，農人見免賤賣匹段。請中書門下、御史臺諸司官長重議施行。從之。』又資治通鑑卷二百四十一元和十五年十月記：『壬午，群臣入閤。諫議大夫鄭覃、崔郾等五人進言：「陛下宴樂過多，畋游無度。今胡寇壓境，忽有急奏，不知乘輿所在。又晨夕與近習倡優狎昵，賜與過厚。夫金帛皆百姓膏血，非有功不可與。雖内藏有餘，願陛下愛之，萬一四方有事，不復使有司重斂百姓。」時久無

閣中論事者，上始甚訝之，謂宰相曰：「此輩何人？」對曰：「諫官。」上乃使人慰勞之，曰：「當依卿言。」宰相皆賀，然實不能用也。』又舊唐書穆宗紀長慶元年正月載：『己酉，以前檢校大理少卿、駙馬都尉劉士涇爲太僕卿。給事中韋弘景、薛存慶封還詔書，上諭之曰：「士涇父昌有邊功，久爲少列十餘年，又以尚雲安公主，朕欲加恩，制官敕下。」制命始行。翰林學士、司勛員外郎李德裕上疏曰：「臣見國朝故事，駙馬國之親密，不合與朝廷要官往來，開元中禁止尤切。近日駙馬多至宰相及要官宅，此輩無他才可以延接，唯是漏泄禁密、交通中外。伏望宣示駙馬等，今後有事任至中書見宰臣，此外不得至宰臣及臺省官私第。」從之。……二月……丙子，上觀雜伎樂於麟德殿，歡甚，顧謂給事中丁公著曰：「比聞外間公卿士庶時爲歡宴，蓋時和民安，甚慰予心。」公著對曰：「誠有此事。然臣之愚見，風俗如此，亦不足嘉。百司庶務，漸恐勞煩聖慮。」上曰：「何至於是？」對曰：「夫賓宴之禮，務達誠敬，不繼以淫。故詩人美『樂且有儀』，譏其屢舞。前代名士，良辰宴聚，或清談賦詩，投壺雅歌，以杯酌獻酬，不至於亂。國家自天寶已後，風俗奢靡，宴席以喧嘩沉湎爲樂。而居重位、秉大權者，優雜倨肆於公吏之間，曾無愧耻。公私相效，漸以成俗，由是物務多廢。獨聖心求理，安得不勞宸慮乎！陛下宜頒訓令，禁其過差，則天下幸甚。」時上荒于酒樂，公著因對諷之，頗深嘉納。』

〔十四〕清廟嚴薦，中壺問安：『清廟』，即太廟。古代帝王的宗廟。詩 周頌 清廟：『於穆清廟，肅雍顯相。』漢司馬相如上林賦：『登明堂，坐清廟。』郭璞注：『清廟，太廟也。』『嚴』，尊敬；尊重。詩 商頌 殷武：『天命降監，下民有嚴。』毛傳：『嚴，敬也。』禮記 學記：『凡學之道，嚴師爲難。』鄭玄注：『嚴，尊敬也。』『薦』，祭祀時獻牲。易 觀：『觀，盥而不薦，有孚顒若。』孔穎達疏：『既盥之後，陳薦籩豆之事。』左傳 隱公三年：『可薦於鬼神，可羞於王公。』『中壺』，猶中宮。皇后的住處。壺，宮内巷舍間道。新唐書 憲宗十八女傳：『禮始中壺，行天下，王化之美也。』元史 后妃傳一 順帝后伯顔忽都：『屬選賢於中壺，躬受命於慈闈。』唐陸贄誥册淑妃王氏爲皇后文：『中壺虛位，於今歷年。』按，『清廟嚴薦』事，舊唐書 穆宗紀元和十五年五月載：『壬子，詔：「入景陵玄宮合供千味食，魚肉肥鮮，恐致薰穢，宜令尚藥局以香藥代食。」』又『中壺問安』事，舊唐書 穆宗紀元和十五年六月記：『癸巳，皇太后移居興慶宮，皇帝與六宮侍從大合宴于南内，迴幸右軍，頒賜中尉等有差。自是凡三日一幸左右軍及御宸暉、九仙等門，觀角抵、雜戲。……（七月）乙巳，詔：「皇太后就安長樂，朝夕承顔，慈訓所加，慶感兼極。今月六日是朕載誕之辰，奉迎皇太后於宮中上壽。朕既深歡慰，欲與臣下同之。其日，百僚、命婦宜於光順門進名參賀，朕於光順門内殿與百僚相見，永爲常式。」非典也。』資治通鑑卷

二百四十一元和十五年六月亦載：『太后居興慶宮，每朔望，上帥百官詣宮上壽。上性侈，所以奉養太后尤爲華靡。』

〔十五〕彰愛以誠，因心則著：『彰』，顯揚；表彰。書盤庚上：『無有遠邇，用罪伐厥死，用德彰厥善。』孟子告子下：『尊賢育才，以彰有德。』『彰愛』，顯揚慈愛。『因心』，謂親善仁愛之心。詩大雅皇矣：『維此王季，因心則友。』毛傳：『因，親也。』陳奐傳疏：『因訓親，親心即仁心。』舊唐書孝友傳序：『善於兄弟，必能因心廣濟。』

〔十六〕永言恭默，思致雍熙，敷祐庶氓，宗承古訓：『永言』，長言；吟咏。書舜典：『詩言志，歌永言。』孔傳：『謂詩言志以導之，歌咏其義以長其言。』晉何劭雜詩：『勤思終遥夕，永言寫情慮。』『恭默』，莊敬而沉静寡言。書說命上：『恭默思道。』夏僎解：『恭敬淵默，沉思治道。』三國志蜀書劉巴傳：『又自以歸附非素，懼見猜嫌，恭默守静，退無私交，非公事不言。』『雍熙』，謂和樂升平。漢張衡東京賦：『百姓同於饒衍，上下共其雍熙。』薛綜注：『言富饒是同，上下咸悦，故能雍和而廣也。』五代貫休陽春曲：『歷數雍熙房與杜，魏公姚公宋開府。』『敷祐』，同『敷佑』。謂敷布德澤以佑助百姓。書金縢：『乃命于帝庭，敷佑四方。』孔傳：『汝元孫受命于天庭爲天子，布其德教，以佑助四方。』一説，猶遍有。周秉鈞易解：『敷，遍

也。佑，讀爲有……此言武王新見命於上帝，遍有四方。』晉傳玄晉四廂樂歌上壽酒歌：『敷佑四方，如日之升。自天降祚，元吉有徵。』『庶氓』，同『庶民』。衆民；平民。詩大雅靈臺：『庶民攻之，不日成之。』後漢書光武帝紀下：『（建武十一年八月）詔曰：「敢炙灼奴婢，論如律，免所炙灼者爲庶民。」』『宗承』，崇奉；趨承。魏書恩倖傳趙修：『初于后之入，修之力也。修死後，領軍于勁猶追感舊意，經恤其家。自餘朝士昔相宗承者，悉棄絶之，以示己之疏遠焉。』

〔十七〕徵特牲之盛禮，蘊祈穀之至誠，親率公卿，祗奉郊祀：『特牲』，祭禮或賓禮祗用一種牲畜。左傳襄公九年：『祈以幣更，賓以特牲。』楊伯峻注：『款待貴賓，祗用一種牲畜。一牲曰特。』國語楚語下：『大夫舉以特牲，祀以少牢。』韋昭注：『特牲，豕也。』禮記郊特牲唐陸德明題解：『郊者，祭天之名，用一牛，故曰特牲。』『祈穀』，古代祈求穀物豐熟的祭禮。禮記月令：『（孟春之月）天子乃以元日祈穀于上帝。』孔子家語郊問：『則又祈穀于上帝。』『祗奉』，敬奉。北齊書祖珽傳：『遂深自結納，曲相祗奉。』唐元稹授杜元穎户部侍郎依前翰林學士制：『爾亦祗奉顧命，諮授舊章，輔厘哀憂，俾克依據。』『郊祀』，古代於郊外祭祀天地，南郊祭天，北郊祭地。郊謂大祀，祀爲群祀。漢書郊祀志下：『帝王之事莫大乎承天之序，承天之序莫重於郊祀……祭天於南郊，就陽之義也；瘞地於北郊，即陰之象也。』南朝梁江淹雜體詩效鮑照

戎行：『孟冬郊祀月，殺氣起嚴霜。』

〔十八〕爰升大輅，俯及端門，休祥告應，非烟在上：『大輅』，亦作『大路』。玉輅。古時天子所乘之車。書顧命：『大輅在賓階面。』孔傳：『大輅，玉。』孔穎達疏：『周禮巾車掌王之五輅：玉輅、金輅、象輅、革輅、木輅，是爲五輅也……大輅，輅之最大，故知大輅玉輅也。』禮記樂記：『所謂大輅者天子之車也。』『端門』，宫殿的正南門。史記呂太后本紀：『代王即夕入未央宫，有謁者十人持戟衛端門，曰：「天子在也，足下何爲者而入？」』後漢書左雄傳：『請自今孝廉年不滿四十不得察舉，皆先詣公府，諸生試家法，文吏課牋奏，副之端門。』王先謙集解引胡三省曰：『宫之正南門曰端門。尚書於此受天下奏章，令舉者詣公府課試，以副本納之端門，尚書審核之。』『休祥』，吉祥。書泰誓中：『朕夢協朕卜，襲于休祥，戎商必克。』孔傳：『言我夢與卜俱合於美善。』北魏酈道元水經注洱水：『洋川者，漢戚夫人之所生處也……蠲復其鄉，更名曰縣，故又目其地爲祥川，用表夫人載誕之休祥也。』『非烟』，史記天官書：『若烟非烟，若雲非雲，鬱鬱紛紛，蕭索輪囷，是謂卿雲。卿雲，喜氣也。』後因以『非烟』指慶雲，五色祥雲。南朝梁元帝金樓子序：『夕望湯池，觀仰月之勢；朝瞻美氣，眺非烟之色。』

〔十九〕輪囷五色，回復半空，六轡時按，百辟稱賀：『輪囷』，盤曲貌。漢鄒陽獄中上書自

明：『蟠木根柢，輪囷離奇。』李善注引張晏曰：『輪囷離奇，委曲盤戾也。』宋王禹偁送光祿王寺丞通判徐方詩：『戲馬臺荒春寂寞，斬蛇鄉古樹輪囷。』『五色』，青、赤、白、黑、黄五種顔色。古代以此五者爲正色。書　益稷：『以五采彰施于五色，作服，汝明。』孫星衍疏：『五色，東方謂之青，南方謂之赤，西方謂之白，北方謂之黑，天謂之玄，地謂之黄，玄出於黑，故六者有黄無玄爲五也。』『六轡』，轡，繮繩。古一車四馬，馬各二轡，其兩邊驂馬之内轡繫於軾前，謂之軜，御者被執六轡。詩　秦風　小戎：『四牡孔阜，六轡在手。』孔穎達疏：『四馬八轡，而經傳皆言六轡，明有二轡當繫之。馬之有轡者，所以制馬之左右，令之隨逐人意。驂馬欲入，則偪於脅驅，内轡不須牽挽，故知納者，納驂内轡繫於軾前，其繫之處以白金爲觼也。』後以指稱車馬或駕馭車馬。漢書　韋玄成傳：『繹繹六轡，是列是理，威儀濟濟，朝享天子。』『百辟』，百官。宋書　孔琳之傳：『羨之（徐羨之）内居朝右，外司輦轂，位任隆重，百辟所瞻。』

（二十）洎圓丘展敬，天感樂和，柴燎告終，人神胥悦：『洎』，四庫全書、全唐文作『追』。『圓丘』，全唐文作『圜丘』。『圓丘』，同『圜丘』。古代祭天的圓形高壇。三輔黄圖　圓丘：『昆明故渠南，有漢故圓丘。今按，高二丈，周回百二十步。』唐楊炯少室山少姨廟碑：『若夫圓丘方澤，所以饗天神地祇；複廟重櫩，所以序文昭武穆。』宋曾鞏西京郊配：『太

祖開寶元年幸河南，定圓丘之位，以四月郊祀上帝。』『展敬』，祭拜；省候致敬。後漢書 鄭玄傳：『自非拜國君之命，問族親之憂，展敬墳墓，觀省野物，胡嘗扶杖出門乎！』五代王定保唐摭言 惡得及第：『廣明初，崔厚侍郎榜，貴主力取鼎甲。榜除之夕，爲設庭燎，仍爲宴具，以候同年展敬。』『樂和』，快樂和諧。後漢書 崔駰傳：『六合怡怡，比屋爲仁……家家有以樂和，人人有以自優。』『柴燎』，古代祭祀之一。燒柴祭天。晉潘岳閑居賦：『天子有事于柴燎，以郊祖而展義。』李善注：『爾雅曰：「祭天曰燔柴。」郭璞曰：「既祭，積薪燒之。」』梁書 范雲傳：『天監元年，高祖受禪，柴燎於南郊，雲以侍中參乘。』『胥』，皆，都。詩 小雅 角弓：『爾之遠矣，民胥然矣。』鄭玄箋：『胥，皆也。』漢書 揚雄傳上：『雲飛揚兮雨滂沛，於胥德兮麗萬世。』顔師古注：『胥，皆也。』按，『圓丘展敬』事，舊唐書 穆宗紀載：『長慶元年正月己亥朔，上親薦獻太清宮、太廟。是日，法駕赴南郊。日抱珥，宰臣賀於前。辛丑，祀昊天上帝於圓丘，即日還宮，御丹鳳樓，大赦天下。』

〔二十二〕於是雷雨作解，惠及萬方，布乘春之煦育，行惟新之頒賜：『作解』，謂解救百姓。唐包佶祀雨師樂章 迎神：『作解之功，樂惟有年。』唐劉禹錫代杜司徒謝追贈表：『陛下應乾御極，作解庇人。』『煦育』，撫育；養育。唐方干除夜詩：『煦育誠非遠，陽和又欲升。』唐司空圖

成均賦：『非簡節繁文之制，不用於明庭；非崇嚴煦育之姿，不傳於委巷。』『惟新』，更新。語出詩 大雅 文王：『周雖舊邦，其命維新。』毛傳：『乃新在文王也。』後漢書 楊修傳：『彪備漢三公，遭世傾亂，不能有所補益。耄年被病，豈可贊惟新之朝？』按，『布乘春之煦育，行惟新之頒賜』事，舊唐書 穆宗紀載：『長慶元年正月己亥朔，上親薦獻太清宮、太廟。……辛丑，祀昊天上帝於圓丘，即日還宮，御丹鳳樓，大赦天下。改元長慶。内外文武及致仕官三品已上賜爵一及，四品已下加一階，陪位白身人賜勛兩轉，應緣大禮移仗宿衛御樓兵仗將士，普恩之外，賜勛爵有差。仍準舊例，賜錢物二十萬四千九百六十端匹。禮畢，群臣於樓前稱賀。』

〔二十二〕詳延莊彦，敷納正辭，納哀敬之書：『詳延』，謂盡數延攬。漢書 武帝紀：『故詳延天下方聞之士，咸薦諸朝。』顔師古注：『詳，悉也。延，引也。』唐陸贄優恤畿内百姓并除十縣令詔：『昨者，詳延群彦，親訪嘉猷。』『莊彦』，『彦』，賢士；俊才。詩 鄭風 羔裘：『彼其之子，邦之彦兮。』毛傳：『彦，士之美稱。』唐杜甫贈李白詩：『李侯金閨彦，脱身事幽討。』『莊彦』，端正之賢士、俊才。『敷納』，謂臣下陳奏善策，天子擇善采納。書 益稷：『敷納以言，明庶以功，車服以庸。』孔穎達疏：『使陳布其言而納受之。』蔡沈集傳：『敷納者，下陳而上納也。』『正辭』，正直、嚴正的言辭。鶡冠子 能天：『聖人知其所極，正辭者惠物者也。』陸佃

注：『不詖、不淫、不邪、不遁，謂之正辭。』漢蔡邕上封事陳政要七事：『頃者，立朝之士，曾不以忠信見賞，恒被謗訕之誅。遂使群下結口，莫圖正辭。』『哀敬』，憐恤，同情。書呂刑：『哀敬折獄，明啓刑書胥占，咸庶中正。』孔傳：『當憐下人之犯法，敬斷獄之害人。』按尚書大傳卷二引作『哀矜哲獄』。

〔二十三〕鮐背是恤，虐繆斯平，優賚困窮，矜躅逋賦：『虐繆』，四庫全書作『繆獄』。『鮐背』，謂老人背上生斑如鮐魚之紋，爲高壽之徵。爾雅釋詁上：『鮐背、耇老，壽也。』郭璞注：『鮐背，背皮如鮐魚。』漢焦贛易林震之比：『耋老鮐背，齒牙動摇，近地遠天，下入黄泉。』此處代稱老人。宋李心傳建炎以來繫年要録建炎二年三月：『垂髫鮐背，山農野叟，咸以手加額，仰面謝天。』清曹寅集余園看梅同人限字賦詩追憶昔游有感而作詩：『鳩車竹馬曾經處，鮐背龐眉識此生。』『虐』，殘暴；凶殘。書泰誓上：『今商王受，弗敬上天，降灾下民，沉湎冒色，敢行暴虐。』孔傳：『沉湎嗜酒，冒亂女色，敢行酷暴，虐殺無辜。』左傳哀公二十六年：『君愎而虐，少待之，必毒於民。』『繆』，錯誤；乖誤。禮記仲尼燕居：『不能詩，於禮繆。』鄭玄注：『繆，誤也。』漢書梅福傳：『然其俊桀指世陳政，言成文章，質之先聖而不繆，施之當世合時務，若此者，亦亡幾人。』『優賚』，優厚的賞賜。清昭槤嘯亭雜録阿文成相度：『其優賚厚

寵，皆出自皇上體恤遠人之意。」『矜』，憐憫；同情。書泰誓上：『天矜于民。』孔傳：『矜，憐也。』論語子張：『嘉善而矜不能。』魏書序紀穆帝：『帝以琨（劉琨）忠義，矜而許之。』『蠲』，除去；減免。漢荀悦申鑒政體：『四患既蠲，五政既立，行之以誠，守之以固。』南朝梁劉勰文心雕龍議對：『何曾蠲出女之科，秦秀定賈充之謚。』『逋賦』，未交的賦税。漢書武帝紀：『行所巡至……民田租、逋賦貸，已除。』顏師古注：『逋賦，未出賦者也。』宋曾鞏本朝政要策賦税：『周世宗嘗患賦税之不均，詔長吏重定。潁州刺史王祚躬行部縣，均其輕重，補流民逋賦以萬數，增其舊籍。』按，『虐繆斯平，優賚困窮，矜蠲逋賦』事，舊唐書穆宗紀元和十五年八月有所記載，謂：『辛未，兵部尚書楊於陵總百僚錢貨輕重之議，取天下兩税、榷酒、鹽利等，悉以布帛任土所産物充税，并不徵見錢，則物漸重，錢漸輕，農人見免賤賣匹段。請中書門下、御史臺諸司官長重議施行。從之。……乙亥，賜教坊錢五千貫，充息利本錢。御勤政樓，問人疾苦。……京兆府户曹參軍韋正牧專知景陵工作，刻削厨料充私用，計贓八千七百貫文；石作專知官奉仙縣令于翬刻削，計贓一萬三千貫，并宜決重杖處死。』又資治通鑒卷二百四十二長慶二年四月載：『（户部侍郎、判度支張平叔）又奏徵遠年逋欠。江州刺史李渤上言：「度支徵當州貞元二年逃户所欠錢四千餘緡，當州今歲旱灾，田損什九。陛下奈何於大旱中徵三十六年前逋

負！」詔悉免之。」

〔二十四〕三光增耀，群物昭蘇，葳蕤汪濊之澤：「群物昭蘇」，原作「群物照蘇」，今據四庫全書、全唐文、適園叢書改。「三光」，日、月、星。莊子說劍：「上法圓天以順三光，下法方地以順四時，中和民意以安四鄉。」漢班固白虎通封公侯：「天有三光日月星，地有三形高下平。」「昭蘇」，蘇醒；恢復生機。禮記樂記：「蟄蟲昭蘇，羽者嫗伏。」鄭玄注：「昭，曉也；蟄蟲以發出爲曉，更息曰蘇。」三國魏曹植冬至獻襪履頌表：「四方交泰，萬物昭蘇。」「葳蕤」，草木茂盛枝葉下垂貌。漢東方朔七諫初放：「便娟之修竹兮，寄生乎江潭。上葳蕤而防露兮，下泠泠而來風。」南朝梁江洪咏薔薇：「當户種薔薇，枝葉太葳蕤。」「汪濊」，深廣。漢書司馬相如傳下：「威武紛雲，湛恩汪濊。」顏師古注：「汪濊，深廣也。」清唐孫華恭紀特恩蠲租次匪莪韻：「側席憂民賴聖謨，殊恩汪濊古今無。」

〔二十五〕東寇猖狂，在浚爲叛，有征之日，殲厥渠魁：「叛」，四庫全書、全唐文、適園叢書作「畔」。按，「叛」同「畔」。「浚」，古邑名。春秋衛地，在今河南省濮陽縣南。詩鄘風干旄：「孑孑干旄，在浚之郊。」毛傳：「浚，衛邑。」「渠魁」，大頭目；首領。書胤征：「殲厥渠魁，脅從罔治。」孔傳：「渠，大。魁，帥也。」孔穎達疏：「『殲厥渠魁』謂滅其元首，故以

「渠」爲大，「魁」爲帥。史傳因此謂賊之首領爲渠帥，本原出於此。』宋陸游董逃行：『渠魁赫赫起臨洮，僵尸自照臍中膏。』按，『東寇倡狂，在浚爲叛』等四句，乃謂宣武軍都押牙李齐叛亂，後被誅殺之事。資治通鑑卷二百四十二長慶二年記此事始末有云：『初，張弘靖爲宣武節度使，屢賞以悦軍士，府庫虚竭。李愿繼之，性奢侈，賞勞既薄于弘靖時，又峻威刑，軍士不悦，愿以其妻弟竇瑗典宿直兵，瑗驕貪；軍中惡之。牙將李臣則等作亂，秋，七月，壬辰夜，即帳中斬瑗頭，因大呼，府中響應。愿與一子逾城奔鄭州。亂兵殺其妻，推都押牙李齐爲留後。……戊戌，宣武監軍奏軍亂。庚子，李齐自奏已權知留後。乙巳，詔三省官與宰相議汴州事，皆以爲宜如河北故事，授李齐節。李逢吉曰：「河北之事，蓋非獲已。今若并汴州棄之，則是江、淮以南皆非國家有也。」杜元穎、張平叔争之曰：「奈何惜數尺之節，不愛一方之死乎！」議未決，會宋、亳、潁三州刺史各上奏，請别命帥。上大喜，以逢吉議爲然，遣中使詣三州宣慰。逢吉因請：「以將軍徵齐入朝，以義成節度使韓充鎮宣武。充，弘之弟，素寬厚得衆心。脱齐旅拒，則命徐、許兩軍攻其左右而滑軍蹙其北，充必得入矣。」上皆從之。丙午，貶李愿爲隨州刺史，以韓充爲宣武節度兼義成節度使。徵李齐爲右金吾將軍，齐不奉詔。宋州刺史高承簡斬其使者，齐遣兵二千攻之，陷寧陵、襄邑。宋州有三城，賊已陷其南城，承簡保北二城，與賊十餘戰。癸丑，忠武節度使

李光顔將兵二萬五千討李岕，屯尉氏。兖海節度使曹華聞岕作亂，不俟詔，即發兵討之。岕遣兵三千人攻宋州，適至城下，丙辰，華逆擊，破之。丁巳，李光顔敗宣武兵於尉氏，斬獲二千餘人。八月……甲子，韓充入汴境，軍于千塔。武寧節度使王智興與高承簡共破宣武兵，斬首千餘級，餘衆遁去。壬申，韓充敗宣武兵於郭橋，斬首千餘級，進軍萬勝。初，李岕既爲留後，以都知兵馬使李質爲腹心。及岕除將軍，不奉詔，質屢諫不聽。會岕疽發於首，遣李臣則等將兵拒李光顔於尉氏。既而官軍四集，兵屢敗，岕疾甚，悉以軍事屬李質，卧於家。丙子，質與監軍姚文壽擒岕，殺之；詐爲岕牒，追臣則等，至，皆斬之。執岕四子送京師。韓充未至，質權知軍務，時牙兵三千人，日給酒食，物力不能支。質曰：「若韓公始至而罷之，則人情大去矣！不可留此弊以遺吾帥。」即命罷給而後迎充。丁丑，充入汴。癸未，以韓充專爲宣武節度使，以曹華爲義成節度使，高承簡爲兖、海、沂、密節度使，加李光顔兼侍中，以李質爲右金吾將軍。韓充既視事，人心粗定，乃密籍軍中爲惡者千餘人，一朝，并父母妻子悉逐之，曰：「敢少留境内者斬。」於是軍政大治。』

〔二十六〕昆夷恃衆，崆峒騁武，亟爲邊患，時漸睿謨：『昆夷』，殷周時我國西北部族名。詩小雅采薇序：『文王之時，西有昆夷之患，北有玁狁之難。』鄭玄箋：『昆夷，西戎也。』此處

蓋指西北方之吐蕃、党項、回紇等。『崆峒』，山名。在今甘肅平涼市西。相傳是黄帝問道於廣成子之所。也稱空同、空桐。莊子在宥：『黄帝立爲天子，十九年，令行天下，聞廣成子在於空同之上，故往見之。』史記五帝本紀：『（黄帝）西至于空桐，登鷄頭。』又山西臨汾市南亦有崆峒山。山海經海内東經：『温水出崆峒山，在臨汾南。』『睿謨』，皇帝聖明的謀略。唐柳宗元爲王京兆賀雨表之二：『又慮宿麥無備，播種失時，出於宸衷，特令賑貸。睿謨潛運，甘雨遂周。』宋陸游嚴州到任謝表：『兹蓋伏遇皇帝陛下，睿謨冠古，英斷如神。』『漸』，流入；入。書禹貢：『東漸于海，西被于流沙。』孔傳：『漸，入也。』宋蘇轍龍川别志卷上：『自昔天僖之末，政漸宫闈，能協元臣，議尊儲極。』按，『昆夷恃衆，崆峒騁武，亟爲邊患』，乃謂吐蕃、党項、回紇等族侵犯邊境事。新唐書穆宗紀於穆宗即帝位後即多有記之：元和十五年二月『乙未，吐蕃寇靈州。……三月乙巳，杜叔良及吐蕃戰，敗之。……（十月）癸未，吐蕃寇涇州，右神策軍中尉梁守謙爲左右神策、京西、京北行營都監以禦之。丙戌，吐蕃遁。……（長慶元年六月）辛未，吐蕃寇青塞烽，鹽州刺史李文悦敗之。……（十月）辛卯，靈武節度使李進誠及吐蕃戰于大石山，敗之』。資治通鑑卷二百四十一亦載：『（元和十五年二月）吐蕃寇靈武。……（三月）吐蕃寇鹽州。……（十月）党項復引吐蕃寇涇州，連營五十里。……西川奏吐蕃寇雅州；辛卯，鹽州奏吐

蕃營于烏、白池，尋亦皆退。……十二月，己巳朔，鹽州奏：吐蕃千餘人圍烏、白池。……（長慶二年六月）党項寇靈州、渭北，掠官馬。……（壬申）吐蕃寇靈武。……壬午，吐蕃寇鹽州。』

（二十七）煩戊己之戍，勞癸庚之備：『勞癸庚之備』，四庫全書、全唐文作『勞癸庚之修』。『戊己』，即謂『戊己校尉』，原乃漢代官名。掌管西域屯田事務。漢書 百官公卿表上：『戊己校尉，元帝初元元年置。』顏師古注：『甲乙丙丁庚辛壬癸皆有正位，唯戊己寄治耳。今所置校尉亦無常居，故取戊己爲名也。有戊校尉，有己校尉。一説戊己居中，鎮覆四方，今所置校尉亦處西域之中撫諸國也。』漢書 西域傳上 康居國：『都護甘延壽、副校尉陳湯發戊己校尉。西域諸國兵至康居，誅滅郅支單于。』亦省稱『戊己』。梁書 諸夷傳 西北諸戎：『晉氏平吴以後，少獲寧息，徒置戊己之官，諸國亦未賓從也。』『癸庚』，語出左傳 哀公十三年：『（公孫有山氏）對曰：「粱則無矣，粗則有之。若登首山以呼曰『庚癸乎』，則諾。」』原是軍糧的隱語，也泛指口糧。清陶澂當新安吏詩：『邊境士易驕，脱巾呼癸庚。』清袁枚隨園詩話卷十一：『（荊州水灾，公（彝山尚書））有荊州述事詩十首……「大工重議築方城，免使蚩氓祝癸庚。」』

（二十八）自我新命，咸歸舊封：按，『自我新命』，指自唐穆宗即帝位以來。『咸歸舊封』，指當時入侵之外族均退歸原所居之地。

〔二十九〕款叩旁午，求成修好：『款叩』，原作『款歉』，四庫全書作『款塞』，今據全唐文、適園叢書、學林本改。『款叩』，誠心請教。宋蔡絛鐵圍山叢談卷二：『太史公天官書者，譬世六經，視他天文猶百家耳。款叩中美，中美曰：「他占類不足道，獨大觀四年彗星逆行，從閣道入紫宮，再歸帝座，此可畏者。」』『旁午』，亦作『旁迕』。交錯；紛繁。漢王褒洞簫賦：『氣旁迕以飛射兮，馳散涣以逫律。』漢書霍光傳：『受璽以來二十七日，使者旁午，持節詔諸官署徵發。』顔師古注：『一從一横爲旁午，猶言交横也。』按，此兩句所述事，資治通鑑卷二百四十一有所記載：『（元和十五年十月）癸未，涇州奏吐蕃進營距州三十里，告急求救；以右軍中尉梁守謙爲左、右神策京西、北行營都監，將兵四千人，并發八鎮全軍救之……以郯王府長史邵同爲太府少卿兼御史中丞，充答吐蕃請和好使。初，秘書少監田洎入吐蕃爲吊祭使，吐蕃請與唐盟於長武城下，洎恐吐蕃留之不得還，唯阿而已。既而吐蕃爲党項所引入寇，因以爲辭曰：「田洎許我將兵赴盟。」於是貶洎郴州司户。』又長慶二年六月『庚辰，鹽州奏党項都督拔跋萬誠請降。……』

〔三十〕俯從坎血之懇，猥加築館之榮：『坎』，盛酒器。爾雅釋器：『小罍謂之坎。』此處『坎血』同『歃血』，即古代盟會中的一種儀式。盟約宣讀後，參加者用口微吸所殺牲之血，

以示誠意。一説，以指蘸血，塗於口旁。穀梁傳莊公二十七年：『信其信，仁其仁，衣裳之會十有一，未嘗有歃血之盟也。』淮南子齊俗訓：『故胡人彈骨，越人契臂，中國歃血也。所由各異，其於信，一也。』『猥』，親昵；親近。三國志魏書明帝紀『詔驃騎將軍司馬宣王討之』裴松之注引三國魏魚豢魏略：『又王近出，乘小輦，執達（孟達）手……時衆臣或以爲待之太猥。』北齊顔之推顔氏家訓書證：『或以侍祠猥朝，侯非列侯，故曰小侯。』按，此兩句所述相關事，資治通鑑卷二百四十一長慶元年有所記載：『丙戌，册回鶻嗣君爲登囉羽録没密施句主毗伽崇德可汗。五月，丙申朔，回鶻遣都督、宰相等五百餘人來逆公主。……癸亥，以太和長公主嫁回鶻。公主，上之妹也。吐蕃聞唐與回鶻婚，六月，辛未，寇青寨堡；鹽州刺史李文悦擊却之。戊寅，回鶻奏：「以萬騎出北庭，萬騎出安西，拒吐蕃以迎公主。」……（七月）辛酉，太和公主發長安。……（十月）癸酉，命宰相及大臣凡十七人與吐蕃論訥羅盟于城西。遣劉元鼎與訥羅入吐蕃，亦與其宰相以下盟。』

〔三十一〕弓矢載櫜，亭障罷警，倚成輔弼，清一區宇：『區宇』，原作『寰區』，今據四庫全書、全唐文改。『櫜』，收藏弓矢、盔甲的袋子。左傳昭公元年：『伍舉知其有備也，請垂櫜而入。』杜預注：『櫜，弓衣也。』禮記少儀：『甲若有以前之，則執以將命；無以前之，則袒櫜

奉冑。」鄭玄注：「櫜，弢鎧衣也。」唐李德裕寒食日三殿侍宴奉進詩：「楛矢方來貢，雕弓已載櫜。」「弓矢載櫜」，即「櫜弓戢矢」，亦作「櫜弓戢戈」。詩 周頌 時邁：「載戢干戈，載櫜弓矢。」謂收藏干戈弓矢。後因以「櫜弓戢戈」謂停息戰事。後漢書 袁術傳：「是以未獲從命，櫜弓戢戈。」清夏燮中西紀事 剿撫異同：「比年各省用兵，勝負無常，得失互見，諸臣何不以事無把握爲慮，而亟欲櫜弓戢矢耶？」「亭障」，古代邊塞要地設置的堡壘。尉繚子 守權：「凡守者，進不郭圉，退不亭障以禦戰，非善者也。」史記 大宛列傳：「於是酒泉列亭障至玉門矣。」「輔弼」，亦作「輔拂」，輔佐；輔助。國語 吴語：「昔吾先王，世有輔弼之臣，以能遂疑計惡，以不陷於大難。」荀子 臣道：「故正義之臣設，則朝廷不頗；諫争輔拂之人信，則君過不遠。」「區宇」，境域；天下。唐元稹賀誅吴元濟表：「威動區宇，道光祖宗。」宋陳亮重建紫霄觀記：「本朝混一區宇，是觀因以不廢。」

〔三十二〕無私之覆既均，不宰之功遽化：「無私」，公正没有偏心；不自私。左傳 成公九年：「樂操土風，不忘舊也。稱大子，抑無私也。」清張錫祚月蝕詩：「吾聞皇天無私泰階平，二紀五緯誰相争。」「不宰」，不主宰。老子：「爲而不恃，長而不宰。」唐杜審言和李大夫嗣真奉使存撫河東：「不宰神功運，無爲大象懸。」

〔三十三〕矧乃優游乎文史之内，精窮乎草隸之源：『矧』，亦作『矤』，況且；而況。書大誥：『厥子乃弗肯堂，矧肯構？』孔傳：『子乃不肯爲堂基，況肯構立屋乎？』隱居通議古賦二引無名氏梅花賦：『山瘦兮月小，天空兮水光。落片景之冥鴻，照疏枝之夕陽，矤無人兮，霜封霧鎖，挺孤獨兮，瘦節貞香。』『優游』，謂悠閑地居其中。後漢書班固傳上：『則將軍養志和神，優游廟堂，光名宣於當世，遺烈著於無窮。』隋楊素贈薛播州詩之七：『栖遲茂陵下，優游滄海曲。』『精窮』，精心鑽研探求。唐末五代杜光庭天錫觀告封章真人詞：『早受靈書，精窮緯候，鈎深索隱，藏往知來。』元辛文房唐才子傳陳子昂：『後入鄉校感悔，即於州東南金華山觀讀書，痛自修飾，精窮墳典。』

〔三十四〕崇杖席而選文儒，設官司而尊侍從：『杖』，手杖；拐杖。禮記曲禮上：『大夫七十而致事，若不得謝，則必賜之几杖。』禮記曲禮上：『謀於長者，必操几杖以從之。』史記淮南衡山列傳：『元朔三年，上賜淮南王几杖，不朝。』『席』，坐卧鋪墊用具。由竹篾、葦篾或草編織成的平片狀物。詩邶風柏舟：『我心匪席，不可卷也。』史記孫子吴起列傳：『卧不設席，行不騎乘，親裹贏糧，與士卒分勞苦。』又謂布席而坐。左傳宣公十二年：『趙旃夜至於楚軍，席於軍門之外，使其徒入之。』杜預注：『席，布席坐。』禮記祭義：『七十杖於朝，君問則席。』鄭

玄注：『爲之布席於堂上而與之言。』此處『崇杖席』，意爲尊崇耆老。『文儒』，指講求禮樂教化的儒生。晉葛洪抱朴子 廣譬：『干戈興則武夫奮，韶、夏作則文儒起。』周書 賀拔勝傳：『乃招引文儒，討論義理。』『侍從』，隨從伺候之人。漢趙曄吴越春秋 勾踐陰謀外傳：『錡爲侍從，聽人主也。』武王伐紂平話卷上：『至晚，蘇護叫侍從與女子梳妝。』

（三十五）所以講求爲務，聽納居多：『所以講求爲務』，四庫全書作『所謂勤求爲務』。『講求』，修習研究。左傳 宣公十六年：『武子歸而講求典禮，以修晋國之法。』南朝宋何承天重答顏光禄：『凡講求至理，曾不析以聖言，多采譎怪，以相扶翼，得無似以水濟水邪？』『聽納』，聽從采納；聽諫納善。後漢書 桓譚傳：『臣譚伏聞陛下窮折方士黄白之術，甚爲明矣；而乃欲聽納讖記，又何誤也！』新唐書 李絳傳：『玄宗嘗歷試官守，知人之艱難，臨御初，任用姚崇、宋璟，勵精聽納，故左右前後皆正人也。』

（三十六）遵三代之盛猷，垂億載之休烈：『三代』，指夏、商、周。論語 衛靈公：『斯民也，三代之所以直道而行也。』邢昺疏：『三代，夏、殷、周也。』南朝梁劉勰文心雕龍 銘箴：『斯文之興，盛於三代。夏商二箴，餘句頗存。』『猷』，謀略；計劃。書 盤庚上：『各長于厥居，勉出乃力，聽予一人之作猷。』孔穎達疏：『聽從我遷徙之謀。』唐韓愈請復國子監生徒

狀：『今聖道大明，儒風復振，恐須革正，以贊鴻猷。』『休烈』，盛美的事業。史記 秦始皇本紀：『皇帝休烈，平一宇内，德惠修長。』漢書 宣帝紀：『朕未能章先帝休烈，協寧百姓。』顔師古注：『休，美也。烈，業也。』

〔三十七〕而慮發宸衷，每求衣夙興，與太陽俱出：『與太陽俱出』，原作『太陽俱出』，今據適園叢書、明鈔本、學林本增補。『宸衷』，帝王的心意。南朝梁沈約瑞石像銘：『泛彼遼碣，瑞我國東，有符皇德，乃眷宸衷，就言鷲室，栖誠梵宫。』舊唐書 楊發傳：『禮之疑者，决在宸衷。』『夙興』，早起。禮記 昏義：『夙興、婦沐浴以俟見。』孫希旦集解：『夙，早也，謂昏明日之早晨也。興，起也。』漢書 武帝紀：『今朕獲奉宗廟，夙興以求，夜寐以思，若涉淵水，未知所濟。』顔師古注：『夙興，早起也。』

〔三十八〕泥金是請，方事撝謙，憑玉俄聞，奄承末命：『泥金』，古代帝王行封禪禮時所用的玉牒有玉檢、石檢，檢用金縷纏住，用水銀和金屑泥封。見後漢書 祭祀志上。後因以借指封禪。南朝梁劉勰文心雕龍 封禪：『樹石九旻，泥金八幽。』舊唐書 后妃傳上 太宗賢妃徐氏：『齊桓小國之庸君，尚圖泥金之事。』『撝謙』，謂施行謙德。泛指謙遜。易 謙：『無不利，撝謙。』王弼注：『指撝皆謙，不違則也。』陳書 周弘正傳：『竊聞撝謙之象，起於羲軒爻畫；揖讓之

源，生於堯舜禪受。』『憑玉』，謂『憑玉几』『憑几』。書顧命：『皇后憑玉几，道揚末命。』後以『憑几』指帝后臨終付托。宋蘇軾答許狀元啓：『先皇帝未明求衣，久已格於至治，洮盥憑几，尚不忘於選賢。』明沈德符萬曆野獲編補遺內閣隆慶七相之去：『至穆宗憑几，僅高張二公受遺。』『奄』，忽然；驟然。晉陶潛五月旦作和戴主簿：『發歲始俯仰，星紀奄將中。』南朝梁任昉齊竟陵文宣王行狀：『天不憖遺，奄見薨落。』李善注引方言：『奄，遽也。』周書文帝紀上：『勛業未就，奄罹凶酷。』『末命』，帝王臨終時的遺命。書顧命：『皇后憑玉几，道揚末命，命汝嗣訓。』三國志魏書齊王芳傳：『大將軍、太尉奉受末命，夾輔朕躬。』

〔三十九〕年冀逾於堯壽，時忽促於軒鼎：『堯壽』，四庫全書、全唐文作『堯舜』。『堯壽』，堯之年壽。史記五帝本紀：『帝堯者，放勛。』集解：『徐廣曰：「號陶唐。」』皇甫謐曰：「堯以甲申歲生，甲辰即帝位，甲午徵舜，甲寅舜代行天子事，辛巳崩，年百一十八，在位九十八年。」』『軒鼎』，即『軒轅鼎』。古代傳説中黃帝製造的鼎。事見史記封禪書：『黃帝采首山銅，鑄鼎於荆山下。鼎既成，有龍垂胡髯，下迎黃帝。黃帝上騎，群臣後宮從上者七十餘人，龍乃上去。』宋王禹偁筵上狂歌送侍棋衣襖天使：『移典維揚日望還，軒轅鼎成飛上天。』按，此處『時忽促於軒鼎』，其意乃謂穆宗之年壽短於軒轅（即黃帝）。據史記卷一五帝本紀『黃帝

崩』句下注引集解：『皇甫謐曰：「在位百年而崩，年百一十一歲。」』又索引按：『大戴禮：「宰我問孔子曰：『榮伊言黄帝三百年，請問黄帝何人也？抑非人也？何以至三百年乎？』對曰：『生而人得其利百年，死而人畏其神百年，亡而人用其教百年。』」則士安之説略可憑矣。』據此知黄帝享年百一十一。穆宗之享年，舊唐書穆宗紀記：『上崩於寢殿，時年三十。』唐會要卷一帝號上載穆宗『年三十』。新唐書穆宗紀載：『皇帝崩于清思殿，年三十。』

（四十）六龍飛蓋以上升，萬姓號天而靡及：『六龍』，古代天子的車駕爲六馬，馬八尺稱龍，因以爲天子車駕的代稱。漢劉歆述初賦：『總六龍於駟房兮，奉華蓋於帝側。』唐李白上皇西巡南京歌之四：『誰道君王行路難，六龍西幸萬人歡。』『飛蓋』，高高的車篷。亦借指車。晋陸機挽歌詩：『素驂佇轜軒，玄駟騖飛蓋。』陳書徐陵傳：『高軒繼路，飛蓋相隨。』『號天』，對天號泣。言極其悲痛。莊子則陽：『至齊，見辜人焉，推而强之，解朝服而幕之，號天而哭之，曰：「子乎！子乎！天下有大菑，子獨先離之。」』唐韓愈祭鄭夫人文：『萬里故鄉，幼孤在前，相顧不歸，泣血號天。』『靡及』，趕不上；來不及。詩大雅烝民：『征夫捷捷，每懷靡及。』鄭玄箋：『每人懷其私而相稽留，將無所及於事。』宋岳柯桯史獻陵疏文：『從君以出，始慚晋國之亡臣……攀號靡及，摧殞何窮。』按，『萬姓號天而靡及』，乃謂百官子民哀號穆宗之崩。

〔四十一〕同軌將臻，爰究德威，式循典禮：『同軌』，指古代華夏諸侯國。詳參本卷德宗神武孝文皇帝謚議校箋〔三十五〕。『臻』，到；達到。詩邶風泉水：『遄臻于衛。』毛傳：『遄，疾；臻，至。』晉葛洪抱朴子審舉：『唐虞所以能臻巍巍之功者，實賴股肱之良也。』『德威』，謂以德行威。書呂刑：『德威惟畏。』孔穎達疏：『以德行其威罰，則民畏之而不敢爲非。』唐韓愈送區弘南歸詩：『況今天子鋪德威，蔽能者誅薦受禨。』『循』，遵守；遵從；遵循。書顧命：『臨君周邦，率循大卞。』孔傳：『率群臣，循大法。』玉臺新咏爲焦仲卿妻作：『奉事循公姥，進止敢自專？』晉陸機辨亡論：『勁利之器，易用也；先政之策，易循也。』『典禮』，制度禮儀。易繫辭上：『聖人有以見天下之動，而觀其會通，以行其典禮。』後漢書延篤傳：『朝則誦羲文之易，虞夏之書，歷公旦之典禮，覽仲尼之春秋。』

〔四十二〕敬禮祀享，施於爲人皆曰聖：『敬禮祀享』，原作『敬祀禮享』，今據四庫全書、全唐文改。『施於爲人』，四庫全書、全唐文、適園叢書、明鈔本、甲庫本、學林本均作『施爲於人』。『敬禮』，尊敬并以禮相待。呂氏春秋懷寵：『求其孤寡而振恤之，見其長老而敬禮之。』史記汲鄭列傳：『上嘗坐武帳中，黯前奏事，上不冠，望見黯，避帳中，使人可其奏。其見敬禮如此。』『祀享』，祭祀供獻。宋陸游老學庵筆記卷五：『吴武安玠葬德順軍隴干縣，今雖隔

在虜境，松楸甚盛，歲時祀享不輟，虜不敢問也。」『施於爲人』，宋葉夢得石林燕語卷一：『曾子固嘗著議以爲父没之通稱，施於爲人，後之義爲無嫌，此蓋附永叔之意。』清御定孝經衍義卷四十二：『然則稱之猶有可不可者乎？曰：以加皇號爲事，考之尊稱者，施於爲人，後之義是干正統，此求之於禮而不可者也。』

〔四十三〕大行皇帝虔恭郊廟，軫念黎元，教尚不嚴，化行無眹：『軫念』，四庫全書、全唐文作『軫志』。『無眹』，四庫全書、明鈔本、甲庫本作『無朕』。『虔恭』，誠敬。漢書敘傳下：『秺侯狄孥，虔恭忠信。』晋書袁瓌傳：『陛下以聖明臨朝，百官以虔恭莅事。』『郊廟』，古代天子祭天地與祖先。書舜典『汝作秩宗』孔傳：『秩，序；宗，尊也。主郊廟之官。』孔穎達疏：『郊謂祭天南郊，祭地北郊；廟謂祭先祖，即周禮所謂天神人鬼地祇之禮是也。』『軫念』，悲痛地思念。梁書沈約傳：『思幽人而軫念，望東皋而長想。』舊唐書忠義傳上王同皎：『陛下雖納隍軫念，亦罔能救此生靈。』『化行』，教化施行。漢書王莽傳上：『是以三年之間，化行如神。』北齊顔之推顔氏家訓勉學：『周宏正奉贊大猷，化行都邑，學徒千餘，實爲盛美。』『無眹』，亦作『無朕』。没有迹象或先兆。漢嚴遵道德指歸論用兵：『與敵相距，變運無形，奇出無眹，錯勝無窮。』唐元稹酬别致用詩：『神哉心相見，無眹安得離。』

〔四十四〕赦三就之刑，采百氏之奥：『采百氏之奥』，適園叢書、甲庫本、學林本作『采百世之奥』。『三就』，謂古時服死刑者，依照身份不同，分别三處就刑。書舜典：『五刑有服，五服三就。』孔傳：『行刑當就三處：大罪於原野，大夫於朝，士於市。』孔穎達疏：『行刑當就三處，惟謂大辟罪耳……惟死罪當分就處所，其墨、劓、剕、宫無常處可就也。』『百氏』，猶言諸子百家。漢書敘傳下：『緯六經，綴道綱，總百氏，贊篇章。』南朝梁江淹知己賦：『采圖辨緯，游機訪曆，潛志百氏，沈神六經。』

〔四十五〕仁恕育物，寬明致理：『仁恕』，仁愛寬容。漢書敘傳上：『寬明而仁恕。』世説新語政事『山遐去東陽』劉孝標注引江惇傳：『惇隱東陽，以仁恕懷物，遐感其德。』『致理』，猶致治。資治通鑑唐文宗開成五年：『致理之要，在於辨群臣之邪正。』唐路貫和元常侍除浙東留題：『謝安致理逾三載，黄霸清聲徹九重。』

〔四十六〕又慈仁好與，柔質虛受皆曰惠：『柔質虛受』，適園叢書、明鈔本作『柔質虛愛』，恐誤，不取。『柔質』，寬柔之質；柔媚之質。逸周書謚法解：『柔質慈民曰惠。』朱右曾校釋：『柔質，寬柔之質。』唐李中題柳詩：『群花豈無艷，柔質自多情。』『虛受』，虛心接受。語本易咸：『山上有澤，咸。君子以虛受人。』孔穎達疏：『君子以虛受人者，君子法此咸卦，下

山上澤，故能空虚其懷，不自有實，受納於物，無所棄遺。』南朝梁沈約爲南郡王侍皇太子釋奠宴詩之二：『義重師匡，業貴虚受。』

〔四十七〕溥錫貧寠，哀及鰥寡，開延納之路，容讜直之言：『溥錫』，四庫全書作『博錫』。『溥』，廣大；大。詩大雅公劉：『逝彼百泉，瞻彼溥原。』鄭玄箋：『溥，廣也。』漢張衡西京賦：『皇恩溥，洪德施。』『錫』，賜予。詩大雅崧高：『既成藐藐，王錫申伯：四牡蹻蹻，鉤膺濯濯。』鄭玄箋：『召公營位，築之已成，以形貌告於王，王乃賜申伯。』宋陸游過張王行廟詩：『善人錫之福，奸僞亦擊汝。』『溥錫』，廣賜。『貧寠』，亦作『貧寠』。貧乏，貧窮。荀子大略：『然故民不困財，貧寠者有所竄其手。』唐杜甫早發射洪縣南途中作詩：『將老憂貧寠，筋力豈能及。』剪燈新話富貴發迹志：『至正丙戌，泰州士人何友仁，爲貧寠所迫，不能聊生。』清方文贈白孟新仲調移居詩之二：『故友皆貧寠，誰能送酒錢？』亦指貧窮的人。管子五輔：『衣凍寒，食飢渴，匡貧寠，振罷露，資乏絶，此謂振其窮。』『鰥寡』，老而無妻或無夫的人。引申指老弱孤苦者。詩小雅鴻雁：『爰及矜人，哀此鰥寡。』毛傳：『老無妻曰鰥，偏喪曰寡。』唐韓愈請上尊號表：『哀天下之鰥寡，釋四海之鬱結。』『延納』，引見接納。後漢書北海靖王興傳：『睦少好學，博通書傳，光武愛之，數被延納。』舊唐書德宗紀上：『時猶多難，宜廣延納，

以達下情。」『讜直』，正直。亦指正直的人。魏書 肅宗紀：『賢良讜直，以時升進。』唐陸贄奉天請數對群臣兼許令論事狀：『有犯顔讜直者，奬而親之；有利口讒佞者，疏而斥之。』

〔四十八〕秉德不回：『秉德』，保持美德。書 君奭：『百姓王人，罔不秉德明恤。』楚辭 九章 橘頌：『秉德無私，參天地兮。』『不回』，正直，不行邪僻。詩 大雅 旱麓：『豈弟君子，求福不回。』高亨注：『回，邪僻。此言君子以正道求福。』後漢書 侯霸傳：『（霸）在位明察守正，奉公不回。』

〔四十九〕文以繼明：『繼明』，原指持續不斷的光明。唐劉禹錫武陵書懷五十韻：『繼明懸日月，出震統乾坤。』此處借指皇帝即位。唐韓愈皇帝即位降赦賀觀察使狀：『聖上以繼明之初，垂惟新之澤。』宋司馬光論西夏札子：『自是正旦生辰，乃至陛下繼明，皆不遣使入賀，其不臣大矣。』『統御』，統率；統領。孔叢子 儒服：『夫儒者居位行道，則有衮冕之服；統御師旅，則有介胄之服。』敦煌變文集 降魔變文：『朕爲一國之主，統御萬邦，卿須盡節存忠。』

〔五十〕服勤不替，就養無方：『不替』，原作『不贊』，今據四庫全書、全唐文改。『替』，鬆弛；怠惰。漢書 五行志中之上：『高仰，驕也；卑俯，替也。』顔師古注：『替，廢惰也。』唐白居易孔戣授尚書左丞制：『進無矜滿之色，居無惰替之容。』『就養』，侍奉父母。禮記 檀

弓上：『事親有隱而無犯，左右就養無方。』孫希旦集解：『就養者，近就而奉養之也。』唐楊炯唐昭武校尉曹君神道碑：『就養之方，兼申愛敬；慎終之道，不忘哀戚。』『無方』，没有方向、處所的限制。謂無所不至。易益：『天施地生，其益無方。』孔穎達疏：『其施化之益，無有方所。』晋陸雲南征賦：『悲國步之未夷，仰夙興而昧旦。括無方而大誥，集率土而貞觀。』

〔五十一〕考古謚而符德教：『古謚』，指古時的謚法。『德教』，道德教化。孟子離婁上：『巨室之所慕，一國慕之；一國之所慕，天下慕之，故沛然德教溢乎四海。』三國魏劉劭人物志材能：『夫人材不同，能各有異……有德教師人之能。』

敬宗睿武昭愍孝皇帝謚議〔一〕

賈餗

定尊號，考列聖，終古之重事〔二〕，有司宜用大者遠者。上質百王之明例，下開千載之成法〔三〕，參天人之意〔四〕，極臣下之誠，酌而舉之，以正大謚〔五〕。故稱天以誄，大莫加焉，微臣得議，公莫至焉。所謂大者遠者，蓋總夫一朝之治化，四海之惠澤，夷夏之率職，元元之受賜〔六〕，皇明所臨之遠近，睿斷所繫之巨小〔七〕，何如耳？其他苟不足以升降盛德者，固得略而不論〔八〕。伏惟大行皇帝，以英睿之資，紹膺丕曆〔九〕，

啓皇輝於磐石，浴聖德於少海（十），欽承册命，天下感悦。既即尊位，孝思逾顯（十一），列聖之道，率履無違（十二）。禮行乎郊禋（十三），敬達乎宗廟，富四海以致養，榮兩宫以問安（十四）。推恩廣愛，累霈鴻渥，發號施惠，洽于百靈（十五），而又天資嚴正，睿德沉毅（十六）。時海内承憲宗、穆宗威靈德澤之後，朝野無事，生人休息。初臨大寶，委政宰庭（十七），雖春秋至富，而遠蓄剛辯（十八）。既閲庶務，四聰益達（十九），英斷自己，任賢不疑，故卒能光啓誠明（二十），載安天下。横議或熾，聖衷逾堅，忠勛内外，叶贊雄略（二十一）。於是舉兵食之大計，示經營乎四方，而不庭之藩，首自夷殄（二十二），勵忠奮節，視師於朝（二十三），承風嚮化，遐邇聳動（二十四）。夫不怒而威，不戰而勝，王者之武也。推是大旨，引而伸之（二十五），則未形之用可見矣。惜乎道未光乎天地，澤未浸乎四海，而變生非慮，遐抱天關，生靈之惋憤，其可既乎（二十六）！七月將至，同軌既集（二十七），臣謹上稽國典，傍考物情（二十八），約以經義，合諸謚法，表功節惠，庶叶大中（二十九）。書曰：『睿作聖（三十）。』夫以睿哲之材，繼聖明之業（三十一），而祖宗成式，修舉罔墜（三十二），禮百神而親九族，尊儒術而容諫諍，鋪鴻闡號，聖德彰明（三十三），非睿而何？謚法：『威强睿德曰武。』制勝朝堂之上，而威棱遠馭，不俟車甲（三十四），

非武而何？昔漢昭帝之所以爲昭，知臣而已。謚法亦曰：『明德有功曰昭。』大行皇帝初雖謙讓（三十五），然終任其剛斷（三十六），以顯明德，非昭而何？夫愍者，臣下追惋之誠所深切者也。謚法：『在國逢難曰愍（三十七）。』聖朝既討讎戡亂，明告四方，有司所宜率億兆之心，極君親之義，薦誠旌感（三十八），非愍而何？謚法：慈惠愛親，叶時肇享皆曰孝。孚愛敬於率土，刑家邦之孝理（三十九），躬親嚴配之典，奔走職來之助（四十），廣慈至德，非孝而何？傳曰：『臨之以莊則敬（四十一）。』又記曰：『莊敬則嚴威（四十二）。』擬盛烈之形容，參歷古之訓典（四十三），謹上尊謚曰『睿武昭愍孝皇帝』，廟號曰『敬宗』（四十四）。謹議（四十五）。

校箋

〔一〕本文又見於文苑英華卷八百四十、全唐文卷七百三十一、御定淵鑒類函卷四十五，文題均作敬宗謚議，署名賈餗。本文文末未署頒布時間。考舊唐書卷十七上敬宗紀寶曆二年十二月辛丑記：『劉克明等同謀害帝，即時殂於室內，時年十八。群臣上謚曰睿武昭愍孝皇帝，廟

號敬宗。大和元年七月十三日，葬于莊陵。』唐會要卷一帝號上記：『寶曆元年四月，上尊號曰文武大聖廣孝皇帝。二年十二月八日。中官蘇佐明等作難，帝遇害，年十八。太和元年七月，葬莊陵。……謚曰睿武昭愍孝皇帝，廟號敬宗。』新唐書卷八文宗紀記：大和元年『七月癸酉，葬睿武昭愍孝皇帝于莊陵』。資治通鑑卷二百四十三大和元年記：『秋，七月，癸酉，葬睿武昭愍孝皇帝于莊陵；廟號敬宗。』據上述諸典籍所載，唐敬宗乃於大和元年七月癸酉葬於莊陵。按，此謚議應上於敬宗下葬前，亦即在大和元年七月癸酉（十三日）前。又檢本文謂『七月將至，同軌既集，臣謹上稽國典』云云，據此知此謚議乃上於大和元年七月前之六月，則此謚議之撰，當在大和元年（八二七）七月之前。又，本文作者賈餗，傳見舊唐書卷一百六十九、新唐書卷一百七十九。舊唐書本傳載：『賈餗字子美，河南人。祖渭，父寧。餗進士擢第，又登制策甲科，文史兼美，四遷至考功員外郎。長慶初，策召賢良，選當時名士考策，餗與白居易俱爲考策官，選文人以爲公。尋以本官知制誥，遷庫部郎中，充職。四年，爲張又新所構，出爲常州刺史。大和初，入爲太常少卿。二年，以本官知制誥。三年七月，拜中書舍人。四年九月，權知禮部貢舉。五年，榜出後，正拜禮部侍郎。凡典禮闈三歲，所選士七十五人，得其名人多至公卿者。七年五月，轉兵部侍郎。八年十一月，遷京兆尹、兼御史大夫。九年四月，檢校禮部尚書、潤州刺史、

浙西觀察使。制出未行，拜中書侍郎、同平章事，進金紫階，封姑臧男，食邑三百户。未幾，加集賢殿學士，監修國史。其年十一月，李訓事發，兵交殿廷，禁軍肆掠。餗易服步行出内，潛身人間。翌日，自投神策軍，與王涯等皆族誅。餗雖中立自持，然不能以身犯難，排斥奸纖，脂韋其間，遂至覆族。逢時多僻，死非其罪，世多冤之。」

〔二〕考列聖，終古之重事：『列聖』，原作『聖烈』，今據文苑英華、全唐文、御定淵鑒類函改。『列聖』，指歷代帝王；諸皇帝。晉左思魏都賦：『且魏地者……列聖之遺塵。』李善注：『魏地，畢昴之分野，虞舜及禹所都之地。』唐元稹顏峴右贊善大夫：『列聖念功，訪求太師之後。』『終古』，往昔，自古以來。楚辭九章哀郢：『去終古之所居兮，今逍遥而來東。』南朝梁劉勰文心雕龍時序：『終古雖遠，曠焉如面。』

〔三〕上質百王之明例，下開千載之成法：『明例』，文苑英華、全唐文作『明烈』。『質』，對質；驗證。禮記曲禮上：『夫人之諱，雖質君之前，臣不諱也。』鄭玄注：『質，猶對也。』漢書王陵傳：『面質吕須於平前。』顔師古注：『質，對也。』新五代史吴越世家錢鏐：『吾求其人者，非有所欲也，直欲質吾術爾。』『成法』，既定之法。鶡冠子道端：『賢君循成法，後世久長；惰君不從，當世滅亡。』宋曾鞏請令長貳自舉屬官札子：『所以周天下之務，蓋先王之成

法也。』

〔四〕參天人之意：原作『參之意』，今據文苑英華、四庫全書、全唐文、御定淵鑒類函增補。

〔五〕以正大謚：原作『以立大謚』，今據文苑英華、四庫全書、全唐文、適園叢書、明鈔本、御定淵鑒類函、甲庫本、學林本改。

〔六〕夷夏之率職，元元之受賜：『受賜』，適園叢書、明鈔本、甲庫本、學林本作『愛賜』。『率職』，奉行職事；盡職。梁書　蕭洽傳：『前後居之者皆致巨富，洽爲之，清身率職，饋遺一無所受，妻子不免饑寒。』唐韓愈平淮西碑：『群臣震慴，奔走率職。』『元元』，百姓；庶民。戰國策　秦策一：『制海内，子元元，臣諸侯，非兵不可！』高誘注：『元，善也，民之類善故稱元。』後漢書　光武帝紀上：『上當天地之心，下爲元元所歸。』李賢注：『元元，謂黎庶也。』

〔七〕皇明所臨之遠近，睿斷所繫之巨小：『皇明』，皇帝的聖明。封建時代臣下對皇帝的諛辭。漢班固西都賦：『天人合應，以發皇明。』南齊書　陸澄傳：『澄謏聞膚見，貽撓後昆，上掩皇明，下籠朝識。』唐杜甫能畫詩：『政化平如水，皇明斷若神。』『睿斷』，皇帝的決定。宋岳飛乞復襄陽札：『臣今已厲兵飭士，惟俟報可，指期北向。伏乞睿斷，速賜施行。』明沈德符野獲編　宮

闈孝烈祔廟：『二十六年，孝烈崩，上欲升祔太廟，久之，廷議不決。上自出睿斷，竟祧仁宗祔孝烈神主於廟。』

〔八〕其他茍不足以升降盛德者，固得略而不論：『升降盛德者』，適園叢書、明鈔本、甲庫本作『升降德者』。『固得略而不論』，原作『固可略而不論』，今據文苑英華、全唐文、御定淵鑒類函、適園叢書、學林本改。

〔九〕以英睿之資，紹膺丕曆：『以英睿之資』，原作『以英睿之姿』，今據文苑英華、全唐文、御定淵鑒類函改。『英睿』，猶明智。多用於頌揚人主。南朝梁劉孝標辨命論：『睹湯武之龍躍，謂龕亂在神功；聞孔、墨之挺生，謂英睿擅奇響。』宋王安石西帥詩：『吾君英睿超光武，良將西征捍隗囂。』『紹膺丕曆』，『紹』，承繼。漢書敘傳下：『漢紹堯運，以建帝業。』唐韓愈燕河南府秀才詩：『吾皇紹祖烈，天下再太平。』『膺』，承當；擔當。書武成：『誕膺天命。』孔傳：『大當天命。』隋書煬帝紀上：『學行優敏，堪膺時務。』『丕』，大。逸周書寶典解：『四曰敬，敬位丕哉！』孔晁注：『丕，大也。』後漢書張衡傳：『厥迹不朽，垂烈後昆，不亦丕歟！』『曆』，曆運。指帝業。南朝宋王融三月三日曲水詩序：『我大齊之握機創歷，誕命建家。』『紹膺丕曆』，即謂承擔皇帝大業。

〔十〕啓皇輝於磐石，浴聖德於少海：『皇輝』，同『皇暉』，謂皇帝的恩德如太陽的光輝。宋范仲淹謝轉給事中移知鄧州表：『此蓋伏蒙皇帝陛下，天造曲成，皇暉久照。』『磐石』，舊喻分封的宗室。史記 孝文本紀：『高帝封王子弟，地犬牙相制，此所謂磐石之宗也。』唐杜甫秋日荆南述懷詩之五：『磐石圭多翦，凶門轂少推。』『聖德』，猶言至高無上的道德。一般用於古之稱聖人者。也用以稱帝德。此處即謂帝德。史記 五帝本紀：『昌意娶蜀山氏女，曰昌僕，生高陽，高陽有聖德焉。』後漢書 李固傳：『四海欣然，歸服聖德。』『少海』，比喻太子。唐杜甫壯游詩：『崆峒殺氣黑，少海旌旗黄。』宋葉廷珪海録碎事 帝王：『天子比大海，太子比少海。』按，此兩句中之『磐石』『少海』，乃指唐敬宗曾爲藩王，後立爲皇太子。舊唐書卷十七上敬宗紀載：『長慶元年三月，封景王。二年十二月，立爲皇太子。』

〔十一〕孝思逾顯：『孝思』，四庫全書、適園叢書、明鈔本、甲庫本、學林本作『孝惠』。

〔十二〕率履無違：全唐文、御定淵鑒類函作『率履不違』。『率履』，遵循禮法。履，禮。詩 周頌 長發：『率履不越，遂視既發。』孔傳：『使其民循禮不得逾越。』唐梁肅祭獨孤常州文：『孔門四科，洪範三德，總於公躬，率履不忒。』

〔十三〕禮行乎郊禋：『郊禋』，古帝王升烟祭祀天地的大禮。漢揚雄甘泉賦：『徠祇郊禋，神

所依兮。』梁書元帝紀：『鸞輅龍章，蓋以郊禋而貴。』此句資治通鑑卷二百四十三敬宗寶曆元年載：『春，正月，辛亥，上祀南郊；還，御丹鳳樓，赦天下，改元。』

〔十四〕富四海以致養，榮兩宮以問安：『致養』，得到養育。易說卦：『坤也者，地也，萬物皆致養焉。』『兩宮』，指太后和皇帝或皇帝和皇后。亦指太上皇和皇帝或兩后。因其各居一宮，故稱兩宮。史記魏其武安侯列傳：『有如兩宮螫將軍，則妻子毋類矣。』裴駰集解引張晏曰：『兩宮，太后、景帝也。』漢書張延壽傳：『放取皇后弟平恩侯許嘉女，上爲放供張……兩宮使者，冠蓋不絶。』此處指唐敬宗之母親恭僖太后王氏以及祖母懿安皇太后郭氏。

〔十五〕累霈鴻渥，發號施惠，洽于百靈：『霈』，謂賜予恩澤。宋蘇舜欽杜公求退第二表：『垂閔螻蟻之誠，下霈雲霓之澤。』清史稿仁宗紀：『每直省報災，無不立霈恩施，多方賑恤。』『鴻渥』，鴻恩。『渥』，指恩澤。南朝宋謝惠連祭古冢文：『射聲垂仁，廣漢流渥。』唐杜甫覽柏中丞兼子侄數人除官制詞詩：『高名入竹帛，新渥照乾坤。』『百靈』，各種神靈。漢班固東都賦：『禮神祇，懷百靈。』李善注：『毛詩曰：「懷柔百神。」』唐李白天長節使鄂州刺史韋公德政碑：『今主上明聖，懷於百靈。』

〔十六〕而又天資嚴正，睿德沉毅：『天資』，原作『天姿』，今據文苑英華、全唐文、御定

淵鑒類函改。『天資』，天賦；資質。史記 商君列傳論：『商君，其天資刻薄人也。』朱子語類卷七十二：『明道天資高，又加以學。』『睿德』，皇帝的恩德。唐白居易中和節頌序：『由是文武百辟僉拜手稽首而颺言曰：「大哉睿德！合於玄造。」』明錢德震送白學士祭告孝陵及南岳詩：『睿德隆虞秩，崇僚肅楚征。』

〔十七〕初臨大寶，委政宰庭：『大寶』，易 繫辭下：『聖人之大寶曰位。』後因以『大寶』指帝位。北魏楊衒之洛陽伽藍記 永寧寺：『正以糠秕萬乘，錙銖大寶，非貪皇帝之尊，豈圖六合之富？』舊唐書 德宗紀下：『朕以寡德，祗膺大寶。』『委政』，付以政柄。左傳 襄公三十一年：『子皮以爲忠，故委政焉，子産是以能爲鄭國。』北齊顔之推顔氏家訓 慕賢：『齊文宣帝即位數年，便沉湎縱恣，略無綱紀，尚能委政尚書令楊遵彦，内外清謐，朝野晏如。』『宰庭』，猶朝廷。晋潘岳爲賈謐作贈陸機詩：『爰應旌招，撫翼宰庭。』李周翰注：『宰庭，天子之庭也。』按，此文所謂『初臨大寶，委政宰庭』事，察之於舊唐書 敬宗紀末史臣之語：『古人謂堯無子，舜無父，言其賢不肖之相遠也。以文惠驕誕之性，繼之以昭愍，固其宜也。而昭獻、昭肅，英特不群，文足以緯邦家，武足以平禍亂。三子之操行頓異，其可道哉？寶曆不君，國統幾絶，天未降喪，幸賴裴度，復任弼諧。彼狡童兮，夫何足議！』則可體察此兩句乃委婉之説辭，其實乃深

寓敬宗耽於游樂、懶於上朝理政之荒縱。此亦可於舊唐書敬宗紀之有關記載體味之：長慶『四年正月壬申，穆宗崩。癸酉，皇太子即位柩前，時年十六。甲戌，左僕射韓皋卒。丙子，群臣準遺詔奏皇帝寶册，禮畢，詔賞神策諸軍士人絹十匹、錢十千，畿内諸軍鎮絹十匹、錢五千，其餘軍鎮頒給有差。内出綾絹三百萬段以助賞給。穆宗初即位，在京軍士人獲五十千，在外軍鎮差降無幾。至是，宰臣奏議請量國力頒賞，故差减於先朝，物議是之。群臣五上章請聽政，從之。二月辛巳朔，上縗服見群臣於紫宸門外。壬午，渤海送備宿衛大聰睿等五十人入朝。癸未，貶户部侍郎李紳爲端州司馬。丙戌，貶翰林學士、駕部郎中、知制誥龐嚴爲信州刺史，翰林學士、司封員外郎、知制誥蔣防爲汀州刺史，皆紳之引用者。以右拾遺吴思爲殿中侍御史，充入蕃告哀使。李紳之貶，李逢吉受賀，群官至中書，而思獨不往，逢吉怒而斥爲遠使。戊子，河北告哀使、諫議大夫高允恭卒於東都。辛卯，敕没掖庭宫人、先配内園宫人，并宜放出，任其所適。己亥，册大行皇帝皇太后爲太皇太后。庚子，西川節度使杜元穎進罨畫打球衣五百事，非禮也。辛丑，上始御紫宸殿受朝。既退，幸飛龍院，厚賜内官等物有差。以米貴，出太倉粟四十萬石，於兩市賤糶，以惠貧民。……乙巳，上率群臣詣光順門册皇太后。丁未，御中和殿擊球，賜教坊樂官綾絹三千五百匹。戊申，擊球於飛龍院。己酉，大合樂於中和殿，極歡而罷，内官頒賜有差。三月庚戌朔，貶

司農少卿李彤吉州司馬，以前爲鄧州刺史，坐贓百萬，仍自刻德政碑故也。壬子，上御丹鳳樓，大赦天下。京畿夏青苗錢并放，秋青苗錢每貫放二百文。天下常貢之外不得進獻。六宅、十宅諸王女，宜令每年於選人中選擇降嫁。今後户帳田畝，五年一定税。是日，風且雨。甲寅，始於延英對宰臣』。此段記載謂『群臣五上章請聽政，從之。……甲寅，始於延英對宰臣。……辛丑，上始御紫宸殿受朝』，凡此可見敬宗久不上朝理政，朝政多出於宰臣。又資治通鑑卷二百四十三亦記敬宗耽於游樂、懶於上朝事有云：長慶四年二月『丁未，上幸中和殿擊球，自是數游宴、擊球、奏樂，賞賜宦官、樂人，不可悉紀。……甲寅，上始對宰相於延英殿。……上視朝每晏，戊辰，日絶高尚未坐，百官班於紫宸門外，老病者幾至僵踣。諫議大夫李渤白宰相曰：「昨日疏論坐晚，今晨愈甚，請出閤待罪於金吾仗。」既坐班退，左拾遺劉栖楚獨留，進言曰：「憲宗及先帝皆長君，四方猶多叛亂。陛下富於春秋，嗣位之初，當宵衣求理；而嗜寢樂色，日晏方起，梓宫在殯，鼓吹日喧，令聞未彰，惡聲遐布。臣恐福祚之不長，請碎首玉階以謝諫職之曠。」遂以額叩龍墀，見血不已，響聞閤外。……庚午，賜内教坊錢萬緡，以備行幸。……（四月）卜者蘇玄明與染坊供人張韶善，玄明謂韶曰：「我爲子卜，當升殿坐，與我共食。今主上晝夜球獵，多不在宫中，大事可圖也。」韶以爲然，乃與玄明謀結染工無賴者百餘人，丙申，匿兵於紫草，車載以入銀臺門，伺夜

作亂。……冬，十月，戊戌，翰林學士韋處厚諫上宴游曰：「先帝以酒色致疾損壽，臣是時不死諫者，以陛下年已十五故也。今皇子纔一歲，臣安敢畏死而不諫乎！」上感其言，賜錦彩百匹、銀器四。……（寶曆元年正月）中書侍郎、同平章事牛僧孺以上荒淫，嬖幸用事，又畏罪不敢言，但累表求出。……上游幸無常，昵比群小，視朝月不再三，大臣罕得進見。二月，壬午，浙西觀察使李德裕獻丹扆六箴：一曰宵衣，以諷視朝稀晚；二曰正服，以諷服御乖異；三曰罷獻，以諷徵求玩好；四曰納誨，以諷侮棄讜言；五曰辨邪，以諷信任群小；六曰防微，以諷輕出游幸。……（唐文宗即位後）敬宗之世，每月視朝不過一二，上（按，指唐文宗）始復舊制，每奇日未嘗不視朝』。

〔十八〕雖春秋至富，而遠蓄剛辯：『春秋』，年紀；年數。戰國策 楚策四：『今楚王之春秋高矣，而君之封地，不可不早定也。』北魏楊衒之洛陽伽藍記 永寧寺：『皇帝晏駕，春秋十九。』『剛辯』，猶雄辯。魏書 李彪傳：『彪雖宿非清第，本闕華資，然識性嚴聰，學博墳籍，剛辯之才，頗堪時用。』按，『春秋至富』，指唐敬宗年齡尚小。據舊唐書 敬宗紀，敬宗生於元和四年六月七日，長慶四年正月『癸酉，皇太子即位柩前，時年十六』。

〔十九〕既閲庶務，四聰益達：『益達』，原作『蓋達』，今據文苑英華、四庫全書、全唐文、

適園叢書、明鈔本、甲庫本、學林本改。『庶務』，各種政務；各種事務。晉陸機辯亡論：『百官苟合，庶務未遑。』宋史　司馬光傳：『躬親庶務，不舍晝夜。』『四聰』，能遠聞四方的聽覺。書　舜典：『明四目，達四聰。』孔穎達疏：『達四方之聰，使爲己遠聽四方也。』後漢書　列女傳　曹世叔妻：『闢四門而開四聰，采狂夫之瞽言，納芻蕘之謀慮。』

〔二十〕故卒能光啓誠明：『誠明』，原作『承明』，今據文苑英華、全唐文、御定淵鑒類函改。『光啓』，猶言擴大。左傳　襄公十年：『君若猶辱鎮撫宋國，而以偪陽光啓寡君，群臣安矣，其何貺如之。』楊伯峻注：『光啓寡君即使寡君擴大土宇。』漢應劭風俗通序：『顧惟述作之功，故聊光啓之耳。』『誠明』，至誠之心和完美的德性。語出禮記　中庸：『自誠明謂之性，自明誠謂之教，誠則明矣，明則誠矣。』鄭玄注：『由至誠而有明德，是聖人之性者也。』唐李翱復性書上：『不知者謂夫子之徒不足以窮性命之道，信之者皆是也。有問於我，我以吾之所知而傳焉，遂書於書，以開誠明之源。』

〔二十一〕横議或熾，聖衷逾堅，忠勛内外，叶贊雄略：『横議』，物議，非難。梁書　武帝紀中：『可於公車府謗木肺石傍各置一函。若肉食莫言，山阿欲有横議，投謗木函。』隋書　李德林傳：『蒙示議文，扶病省覽，荒情迷識，暫得發蒙。當世君子，必無横議，唯應閣筆贊成而

已。」『聖衷』，天子的心意。唐張九齡奉和聖制過王浚墓：『孤績淪千載，流名感聖衷。』清袁枚隨園詩話卷十三：『偶讀馮益都相公集，有吊明季楊左二公詩云：「忠魂莫再傷冤抑，今日猶能廑聖衷。」』『忠勛』，盡忠的勛績。亦指盡忠而有勛績的人。後漢書 桓帝紀：『斯誠社稷之祐，臣下之力，宜班慶賞，以酬忠勛。』南朝陳徐陵進武帝爲長城公詔：『思所以敬答忠勛，用申朝典，可進爵爲長城縣公。』『叶贊』，協同翊贊。晉書 元帝紀：『然晉室遘紛，皇輿播越，天命未改，人謀叶贊。』新五代史 裴迪傳：『太祖自岐還，將吏皆賜「迎鑾叶贊功臣」，將吏入見，太祖目迪曰：「叶贊之功，惟裴公有之，佗人不足當也。」』按，『橫議或熾，聖衷逾堅』句，雖出之以贊頌之語，然實亦寓春秋之筆，明眼者可意會敬宗之剛愎自用，拒諫飾非之内情事實。資治通鑒卷二百四十三所記數事即可見一斑：寶曆元年春，『中旨復以王播兼鹽鐵轉運使，諫官屢争之，上皆不納。……上既復繫崔發於獄，給事中李渤上言：「縣令不應曳中人，中人不應毆御囚，其罪一也。然縣令所犯在赦前，中人所犯在赦後。中人横暴，一至於此。若不早正刑書，臣恐四方藩鎮聞之，則慢易之心生矣。」諫議大夫張仲方上言，略曰：「鴻恩將布於天下而不行御前，霈澤遍被於昆蟲而獨遺崔發。」自餘諫官論奏甚衆，上皆不聽。……（七月）諫官言京兆尹崔元略以諸父事内常侍崔潭峻；丁卯，元略遷户部侍郎。……（十月）上欲幸驪山温湯，左僕射李絳、諫議

大夫張仲方等屢諫不聽，拾遺張權輿伏紫宸殿下，叩頭諫曰：「昔周幽王幸驪山，爲犬戎所殺；秦始皇葬驪山，國亡；玄宗宫驪山而禄山亂；先帝幸驪山，而享年不長。」上曰：「驪山若此之凶邪？我宜一往以驗彼言。」十一月，庚寅，幸温湯，即日還宫，謂左右曰：「彼叩頭者之言，安足信哉！」……（寶曆二年二月）上自即位以來，欲幸東都，宰相及朝臣諫者甚衆，上皆不聽，决意必行，已令度支員外郎盧貞按視，修東都宫闕及道中行宫』。

〔二十二〕而不庭之藩，首自夷殄：『不庭』，不朝於王庭者；不朝於王庭。左傳隱公十年：『以王命討不庭。』楊伯峻注：『庭，動詞，朝於朝庭也。九年傳云「宋公不王」，故此云以討不庭。此不庭爲名詞，義爲不庭之國。』漢書趙充國傳：『鬼方賓服，罔有不庭。』顔師古注：『庭，來帝庭也。』『夷殄』，誅滅。魏書崔鴻傳：『故戰國紛紜，年過十紀，而漢祖夷殄群豪，開四百之業。』隋書越王侗傳：『元凶巨猾，須早夷殄，翼戴朕躬，嗣守寶位。』

〔二十三〕勵忠奮節，視師於朝：『視師於朝』，原作『將帥於朝』，四庫全書、明鈔本作『待帥於朝』，適園叢書、甲庫本、學林本作『侍帥於朝』，今據文苑英華、全唐文、御定淵鑒類函改。『勵忠』，御定淵鑒類函作『勵志』。『奮節』，以英勇、壯烈行爲表現其節操。後漢書馮衍傳下：『李廣奮節於匈奴，見排於衛青，此忠臣之常所爲流涕也。』三國魏曹植七啓：『君子樂

奮節以顯義，烈士甘危軀以成仁。」『視師』，謂督率軍旅。國語晉語三：『公禦秦師，令韓簡視師。』唐柳宗元平淮夷雅皇武：『錫汝斧鉞，其往視師。』

〔二十四〕承風嚮化，遐邇聳動：『承風嚮化』，四庫全書作『祗承風化』，適園叢書、明鈔本、甲庫本、學林本作『口承風化』。『承風』，接受教化。楚辭遠游：『聞赤松之清塵兮，願承風乎遺則。』史記秦始皇本紀：『天下承風，蒙被休經。』『嚮化』，歸化；順服。唐劉禹錫爲淮南杜相公論西戎表：『陛下鏡歷代無益之端，修大君文德之教，遂得北狄深藏，五城晏閉，百蠻嚮化，四海無虞。』宋王禹偁北狄來朝頌：『遂使朔易之方，戎狄之衆，有見機之義，生嚮化之心。』『遐邇』，亦作『遐爾』。遠近。漢桓寬鹽鐵論備胡：『故人主得其道，則遐邇偕行而歸之，文王是也。』漢書韋玄成傳：『天子穆穆，是宗是師，四方遐爾，觀國之輝。』『聳動』，恐懼震動；使人震驚。聳，通『悚』。南史江夷傳：『每從游幸，與群僚相隨，見傳詔馳來，知當呼己，聳動愧恧，形於容貌。』宋周密齊東野語巴陵本末：『（潘甫）且稱見率精兵二十萬水陸并進，時皆聳動。』

〔二十五〕推是大旨，引而伸之：『大旨』，原作『大指』，今據文苑英華、全唐文改。按，『大指』義同『大旨』。『引而伸之』，適園叢書、明鈔本、甲庫本作『引而神之』。『大

旨』，亦作『大指』『大恉』。主要意思；大要。史記太史公自序：『齊、楚、秦、趙爲日者，各有俗所用。欲循觀其大旨，作日者列傳第六十七。』史記汲鄭列傳：『（黯）治官理民，好清靜，擇丞史而任之，其治責大指而已。』

〔二十六〕遐抱天關，生靈之惋憤，其可既乎：『遐抱天關，生靈之惋憤』，原作『遐邇抱天闕，生靈之惋憤』，四庫全書作『遐邇號天，於戲！生靈之憤』，今據文苑英華、全唐文、御定淵鑒類函改。『天關』，猶天門。北周庾信周祀圜丘歌雍樂：『迴日轡，動天關。』唐孟郊杏殤詩之七：『靈鳳不銜訴，誰爲叩天關。』『既』，窮盡；終盡。莊子應帝王：『吾與汝既其文，未既其實。』成玄英疏：『既，盡也。』淮南子原道訓：『富贍天下而不既，德施百姓而不費。』

〔二十七〕同軌既集：『同軌』，指古代華夏諸侯國。詳參本卷德宗神武孝文皇帝謚議校箋〔三十五〕。

〔二十八〕臣謹上稽國典，傍考物情：『國典』，國家的典章制度。國語魯語上：『夫祀，國之大節也；而節，政之所成也，故慎制祀，以爲國典。』唐陳子昂復讎議狀：『編之於令，永爲國典。』『物情』，物理人情，世情。三國魏嵇康釋私論：『情不繫於所欲，故能審貴賤而通物情。』唐孟浩然和張判官登萬山亭因贈洪府都督韓公詩：『物情多貴遠，賢俊豈遥今？』

〔二十九〕表功節惠，庶叶大中：『表功』，顯揚功德。漢班固白虎通號：『帝王者何？號也。號者，功之表也，所以表功明德號令臣下者也。』唐韋應物石鼓歌：『周宣大獵兮岐之陽，刻石表功兮煒煌煌。』『大中』，易大有：『大有，柔得尊位大中，而上下應之，曰大有。』王弼注：『處尊以柔，居中以大。』高亨注：『象大臣處於尊貴之位，守大正之道。』後以『大中』指無過與不及的中正之道。漢書孔光傳：『皇之不極，是爲大中不立。』

〔三十〕書曰：『睿作聖』：『睿作聖』，文苑英華、全唐文作『惟睿作聖』。今檢尚書，此句作『睿作聖』，無『惟』字。

〔三十一〕夫以睿哲之材，繼聖明之業：『睿哲』，文苑英華、全唐文作『濬哲』。『繼聖明之業』，原作『經聖明之業』，今據文苑英華、全唐文改。『睿哲』，聖明；明智。漢張衡東京賦：『睿哲玄覽，都兹洛宫。』晉陸雲大將軍宴會被命作詩：『睿哲惟晋，世有明聖。』『聖明』，封建時代對所謂『治世』『明時』的頌詞。唐孟浩然臨洞庭詩：『欲濟無舟楫，端居耻聖明。』敦煌曲子詞感皇恩：『休將舜日比堯年，人安泰，争似聖明天。』

〔三十二〕而祖宗成式，修舉罔墜：『成式』，舊有的法規。書畢命：『子孫訓其成式惟乂。』孔傳：『言後世子孫順公之成法惟以治。』唐白居易除裴武太府卿制：『以遵成式，無使

改易，謹而守之，斯爲稱職。』『修舉』，推行。宋王安石上富相公書：『某不肖，當朝廷選用才能、修舉法度之時，不以罪廢而蒙器使，此其幸固已多矣。』

〔三十三〕鋪鴻闡號，聖德彰明：『聖德彰明』，原作『德用章明』，今據文苑英華、全唐文改。『鋪鴻』，即『鋪鴻藻』。『鋪』，鋪叙。南朝梁劉勰文心雕龍風骨：『是以怊悵述情，必始乎風；沉吟鋪辭，莫先於骨。』『鴻藻』，雄文。漢班固東都賦：『鋪鴻藻，信景鑠，揚世廟，正雅樂。』唐常袞授張渭禮部侍郎制：『博涉群籍，通其源流，振起鴻藻，正其聲律。』『闡』，闡揚，闡明發揚；宣揚。晋書孫楚傳：『制禮作樂，闡揚道化。』明胡應麟少室山房筆叢史書占畢四：『伏惟褒録遺忠，闡揚大節，亟修廢墜，廣勵風猷。』『號』，號召；號令。書冏命：『發號施令，罔有不臧，下民祇若，萬邦咸休。』南朝梁劉勰文心雕龍詔策：『自魏晋詔策，職在中書，劉放、張華，互管斯任，施令發號，洋洋盈耳。』『聖德』，猶言至高無上的道德。一般用於古之稱聖人者。也用以稱帝德。後漢書李固傳：『四海欣然，歸服聖德。』唐杜甫哀王孫詩：『竊聞天子已傳位，聖德北服南單于。』『彰明』，顯豁，明顯。唐元稹進田弘正碑文狀：『不隱實功，不爲溢美，文雖樸野，事頗彰明。』

〔三十四〕而威棱遠馭，不俟車甲：『威棱』，原作『棱威』，今據文苑英華、全唐文改。『威

稜』，威力；威勢。漢書李廣傳：『是以名聲暴於夷貉，威稜憺乎鄰國。』王先謙補注：『説文：「棱，柧也。」一切經音義十八引通俗文：「木四方爲棱。」人有威，如有棱者然，故曰威棱。』梁書武帝紀上：『旍麾所指，威稜無外，龍驤虎步，并集建業。』『車甲』，兵車和鎧甲。禮記王制：『有發則命大司徒教士以車甲。』鄭玄注：『乘兵車衣甲之儀。』史記魯仲連鄒陽列傳：『車甲全而歸燕，燕王必喜。』此處指武力。

〔三十五〕大行皇帝初雖謙讓：原作『大行皇帝雖□謙讓』，今據文苑英華、全唐文改。

〔三十六〕然終任其剛斷：此句適園叢書、學林本作『然後任其剛斷』。

〔三十七〕在國逢難曰愍：此句適園叢書、明鈔本、甲庫本、學林本均作『佐國逢難曰愍』，然檢謚法，『佐』乃『在』之形誤。

〔三十八〕薦誠旌感：此句文苑英華、全唐文作『薦誠隆感』。

〔三十九〕孚愛敬於率土，刑家邦之孝理：『孚』，信服；信從。書君奭：『惟茲惟德稱，用乂厥辟。故一人有事于四方，若卜筮，罔不是孚。』孔傳：『一人，天子也。君臣務德，故有事於四方而天下化服，如卜筮，無不是而信之。』孔穎達疏：『事既有驗言，如是則人皆信之。』唐韓愈祭張給事文：『大厦之構，斧斤未操；府遷幽都，頑悖未孚。』『率土』，『率土之濱』之

省。謂境域之内。詩小雅北山：『率土之濱，莫非王臣。』王引之經義述聞毛詩中：『爾雅曰：「率，自也。自土之濱者，舉外以包内，猶言四海之内。」』漢班固明堂詩：『普天率土，各以其職。』『刑』，作爲典範。南朝梁劉勰文心雕龍奏啓：『必使理有典刑，辭有風軌。』

〔四十〕躬親嚴配之典，奔走職來之助：『嚴配』，謂祭天時以先祖配享。語本孝經聖治：『孝莫大於嚴父，嚴父莫大於配天。』隋書煬帝紀上：『朕獲奉祖宗，欽承景業，永惟嚴配，思隆大典。』『職來之助』，指來自擔任方伯群后之職者之助。宋蘇頌賜知大名府馮京進奉賀明堂禮畢馬詔敕書：『荷上神并貺之仁，繄群后職來之助。』宋周必大謝明堂加恩表：『而臣初乏禮官司存之勞，又匪方伯職來之助，猥預右樞之數，僅參前導之聯。』

〔四十一〕傳曰：『臨之以莊則敬』：按，此傳指禮記之傳。見宋衛湜禮記集説卷一二一。

〔四十二〕又記曰：『莊敬則嚴威』：按，此記指禮記。見禮記注疏卷三十九。

〔四十三〕擬盛烈之形容，參歷古之訓典：『盛烈』，盛大的功業。南朝宋顔延之赭白馬賦：『維宋二十有二載，盛烈光乎重葉。』唐高適奉酬北海李太守詩：『盛烈播南史，雄詞豁東溟。』『形容』，指盛德的表現；體現。詩大序：『頌者，美盛德之形容。』晋書蔡謨傳：『盜賊奔突，王都隳敗，而此堂塊然獨存，斯誠神靈保祚之徵，然未是大晋盛德之形容，歌頌之所先

也。」「訓典」，指先王典制之書。後泛指奉爲典則的書籍。左傳文公六年：「告之訓典，教之防利。」杜預注：「訓典，先王之書。」楊伯峻注：「楚語上『教之訓典，使知族類』，又下『又有左史倚相能道訓典以敘百物』，晉語八『緝訓典』，訓典蓋典章制度之書。」晉葛洪抱朴子君道：「樹訓典以示民極，審褒貶以彰勸沮。」

〔四十四〕廟號曰「敬宗」：此句原無「曰」字，今據文苑英華、全唐文增補。

〔四十五〕謹議：二字原無，今據文苑英華、全唐文增補。

卷第十四至卷二十四并闕文

棱』，威力；威勢。漢書李廣傳：『是以名聲暴於夷貉，威棱憺乎鄰國。』王先謙補注：『說文：「棱，柧也。」一切經音義十八引通俗文：「木四方爲棱。」人有威，如有棱者然，故曰威棱。』梁書武帝紀上：『旍麾所指，威棱無外，龍驤虎步，并集建業。』『車甲』，兵車和鎧甲。禮記王制：『有發則命大司徒教士以車甲。』鄭玄注：『乘兵車衣甲之儀。』史記魯仲連鄒陽列傳：『車甲全而歸燕，燕王必喜。』此處指武力。

〔三十五〕大行皇帝初雖謙讓：原作『大行皇帝雖□謙讓』，今據文苑英華、全唐文改。

〔三十六〕然終任其剛斷：此句適園叢書、學林本作『然後任其剛斷』。

〔三十七〕在國逢難曰愍：此句適園叢書、明鈔本、甲庫本、學林本均作『佐國逢難曰愍』，然檢謚法，『佐』乃『在』之形誤。

〔三十八〕薦誠旌感：此句文苑英華、全唐文作『薦誠隆感』。

〔三十九〕孚愛敬於率土，刑家邦之孝理：『孚』，信服；信從。書君奭：『惟茲惟德稱，用乂厥辟。故一人有事于四方，若卜筮，罔不是孚。』孔傳：『一人，天子也。君臣務德，故有事於四方而天下化服，如卜筮，無不是而信之。』孔穎達疏：『事既有驗言，如是則人皆信之。』唐韓愈祭張給事文：『大厦之構，斧斤未操；府遷幽都，頑悖未孚。』『率土』，『率土之濱』之

省。謂境域之內。詩小雅北山：『率土之濱，莫非王臣。』王引之經義述聞毛詩中：『爾雅曰：「率，自也。自土之濱者，舉外以包内，猶言四海之內。」』漢班固明堂詩：『普天率土，各以其職。』『刑』，作爲典範。南朝梁劉勰文心雕龍奏啓：『必使理有典刑，辭有風軌。』

（四十）躬親嚴配之典，奔走職來之助：『嚴配』，謂祭天時以先祖配享。語本孝經聖治：『孝莫大於嚴父，嚴父莫大於配天。』隋書煬帝紀上：『朕獲奉祖宗，欽承景業，永惟嚴配，思隆大典。』『職來之助』，指來自擔任方伯群后之職者之助。宋蘇頌賜知大名府馮京進奉賀明堂禮畢馬詔敕書：『荷上神并貺之仁，緊群后職來之助。』宋周必大謝明堂加恩表：『而臣初乏禮官司存之勞，又匪方伯職來之助，猥預右樞之數，僅參前導之聯。』

（四十一）傳曰：『臨之以莊則敬』：按，此傳指禮記之傳。見宋衛湜禮記集説卷二十二。

（四十二）又記曰：『莊敬則嚴威』：按，此記指禮記。見禮記注疏卷三十九。

（四十三）擬盛烈之形容，參歷古之訓典：『盛烈』，盛大的功業。南朝宋顔延之赭白馬賦：『維宋二十有二載，盛烈光乎重葉。』唐高適奉酬北海李太守詩：『盛烈播南史，雄詞豁東溟。』『形容』，指盛德的表現；體現。詩大序：『頌者，美盛德之形容。』晉書蔡謨傳：『盜賊奔突，王都隳敗，而此堂塊然獨存，斯誠神靈保祚之徵，然未是大晉盛德之形容，歌頌之所先

2021—2035年國家古籍工作規劃重點出版項目
國家出版基金資助項目
安徽省“十四五”重點圖書出版規劃項目

全國高校古委會古籍整理研究項目
厦門大學中文系古籍整理研究項目
安徽師範大學中國詩學研究中心學術叢書

04

第一輯

唐大詔令集繫年校箋

◉主編 吴在慶
◉本册校箋 陳瑶 高瑋

黄山書社

本册目録

卷第二十五

妃嬪

卷第二十六

帝王

追謚

卷第二十七

皇太子

卷第二十五

妃嬪

妃嬪

册楊恭道女爲婕妤文〔一〕

維貞觀某年月日，皇帝遣使某官某持節册命曰：於戲！惟爾前魏王府咨議參軍楊恭道第三女〔二〕，門襲鐘鼎，訓彰禮則〔三〕，幽閑表質，柔順爲心〔四〕。備職後庭，實惟通典〔五〕。是用命爾爲婕妤〔六〕。往欽哉，其光膺徽命〔七〕，可不慎歟！

校箋

〔一〕此文又見於全唐文卷九唐太宗集，署名唐太宗。本文未署頒布時間，然考文首云『維貞觀某年月日』，則該册文撰寫及頒布於貞觀年間。本文又云『惟爾前魏王府咨議參軍楊恭道第三女』，『前魏王』指唐太宗第四子李泰。按，諸史籍多載李泰册封爲魏王及降封事。舊唐書卷三太宗紀載：『（貞觀）十年春正月壬子……癸丑，徙封趙王元景爲荆王……越王泰爲魏王。』又，貞觀十七年『夏四月庚辰朔，皇太子有罪，廢爲庶人。……癸巳，魏王泰以罪降爵爲東萊郡

王』。舊唐書卷七十六太宗諸子傳：『濮王泰，字惠褒，太宗第四子也。……十年，徙封魏王，遥領相州都督，餘官如故。太宗以泰好士愛文學，特令就府别置文學館，任自引召學士。又以泰腰腹洪大，趨拜稍難，復令乘小輿至於朝所。其寵異如此。……時皇太子承乾有足疾，泰潛有奪嫡之意……十七年，承乾敗，太宗面加譴讓。承乾曰：「臣貴爲太子，更何所求？但爲泰所圖，特與朝臣謀自安之道。不逞之人，遂教臣爲不軌之事。今若以泰爲太子，所謂落其度内。」太宗因謂侍臣曰：「承乾言亦是。我若立泰，便是儲君之位可經求而得耳。泰立，承乾、晋王皆不存；晋王立，泰共承乾可無恙也。」乃幽泰於將作監，下詔曰：「……可解泰雍州牧、相州都督、左武候大將軍，降封東萊郡王。」』舊唐書卷四高宗紀上：『十七年，皇太子承乾廢，魏王泰亦以罪黜。』唐會要卷五：『十七年五月，上親謁太廟，以謝承乾之過。魏王泰以罪降爵爲東萊郡王。』新唐書亦有相近記載。詔敕李泰降封魏王之册文，見於唐大詔令集卷第三十九降魏王泰東萊郡王詔、全唐文卷七黜魏王泰詔，又録於舊唐書卷七十六太宗諸子傳、册府元龜卷二百九十七。據此知，貞觀十年（六三六）正月癸丑，也即是年正月二十二日，李泰受寵而徙封魏王。貞觀十七年（六四三）四月癸巳，也即是年四月十四日，李泰以寵子身份與皇太子李承乾争儲奪嫡失敗，最終以罪降爵爲東萊郡王。又檢舊唐書卷三太宗紀下載：『（貞觀）二十三年春正月辛亥……五月……

己巳，上崩於含風殿，年五十二。』舊唐書卷四高宗紀上曰：『（貞觀）二十三年五月己巳，太宗崩。』新唐書亦有相關記載。按，本文稱『前魏王』，因此之故，册文撰寫及頒布時間不應早於李泰奪嫡事敗降封之時，即貞觀十七年（六四三）四月十四日，且不晚於唐太宗駕崩之日，即貞觀二十三年（六四九）五月二十六日。

〔二〕惟爾前魏王府咨議參軍楊恭道第三女：『前魏王』，指唐太宗第四子李泰，前封爲魏王，後降封爲東萊郡王。『咨議參軍』，官職名，梁、隋、唐、宋王府皆置咨議參軍，掌咨保衆事。隋書百官志下：『國王、郡王、國公、郡公、縣公、侯、伯、子、男，凡九等。……長史、司馬、咨議參軍事，掾屬，各一人。』新唐書百官四下王府官：『咨議參軍事一人，正五品上。掌訏謀議事。』『楊恭道』，據新唐書卷七十一宰相世系表所録，隋弘農楊氏觀王楊雄共生七子，乃恭仁、綝、續、缜、綱、恭道、師道。恭道乃觀王楊雄之子、楊恭仁之弟、楊師道之兄。楊恭道生平事迹僅見於資治通鑑卷一百八十二載隋楊玄感作亂事，云：『觀王雄子恭道……四十餘人皆降於玄感。』『楊恭道第三女』，據史載，楊氏乃太宗第十四子曹王明之母妃。檢舊唐書卷七十六太宗諸子傳：『楊氏生曹王明……曹王明，太宗第十四子。……詔令繼巢剌王元吉後。』新唐書卷八十太宗諸子傳：『楊氏生明……曹王明，母本巢王妃，帝寵之，欲立爲后，魏徵諫曰：

「陛下不可以辰嬴自累。」乃止。……高宗詔出後巢王。』又楊氏本爲巢剌王李元吉之妃。貞觀年間李元吉追謚爲巢剌王，檢舊唐書卷六十四高祖二十二子傳：『巢王元吉，高祖第四子也。……太宗踐祚，追封元吉爲海陵郡王，謚曰剌，以禮改葬。貞觀十六年，又追封巢王，謚如故，復以曹王明爲元吉後。』新唐書卷七十九高祖諸子傳：『巢剌王元吉小字三胡。……貞觀初，改葬，追爵海陵郡王及謚。後改封巢，以曹王明嗣。』宋孔平仲珩璜新論卷二：『唐太宗寵巢王妃，生曹王明，欲立爲后，賴魏鄭公諫而止，是妻弟婦也。』又舊唐書卷六十二楊恭仁傳：『恭仁弟師道……從侄女爲巢剌王妃。』此處據新唐書卷七十一宰相世系表所録，楊恭道、楊師道爲同胞兄弟，『從侄女』恐爲『侄女』之誤。據此知，楊恭道之女楊氏，出身於弘農楊氏觀王房，先爲巢王李元吉之妃，復受寵於唐太宗，其子爲曹王明。

〔三〕門襲鐘鼎，訓彰禮則：『鐘鼎』，古時富貴官宦之家，鳴鐘列鼎而食。漢張衡西京賦：『擊鐘鼎食，連騎相過。』三國魏嵇康卜疑：『寧聚貨千億，擊鐘鼎食；枕藉芬芳，婉孌美色乎？』按，『門襲鐘鼎』句謂楊恭道之女出身於弘農楊氏觀王房，在隋、唐號稱望族，顯赫非常。史載楊氏兄弟楊恭仁、楊師道生平事迹，檢新唐書卷一百楊恭仁傳載：『楊恭仁，隋觀王雄子也。仁壽中，累遷甘州刺史……大業初，轉吏部侍郎。……高祖素知之，授黃門侍郎，封觀國公。尋爲

涼州總管。……召拜吏部尚書，兼中書令，檢校涼州諸軍事。遷左衛大將軍。武德末，拜雍州牧、揚州大都督府長史。遷洛州都督。太宗勞謂曰：「洛陽要重，朕子弟不爲少，恐非所任，故以委公。」恭仁性沖厚，以禮自閑衛，未嘗與物忤，時人方漢石慶。既貴，不以勢尚人，故譽望益重。病，乞骸骨，詔以特進歸第。卒，贈潭州都督，陪葬昭陵，謚曰孝。』新唐書卷一百楊師道傳：『師道字景猷，恭仁弟。清警有才思。……尚桂陽公主，除吏部侍郎。改太常卿，封安德郡公。貞觀十年，拜侍中，參豫朝政，親遇隆渥。……久之，遷中書令。……從征高麗，攝中書令。軍還，頗不職，改工部尚書，復爲太常卿。師道善草隸，工詩，每與有名士燕集，歌咏自適。帝見其詩，爲擿諷嗟賞。後賜宴，帝曰：「聞公每酣賞，捉筆賦詩，如宿構者，試爲朕爲之。」師道再拜，少選輒成，無所竄定，一坐嗟伏。卒，贈吏部尚書、并州都督，謚曰懿，陪葬昭陵，詔爲立碑。』又，舊唐書卷六十二楊恭仁傳：『恭仁弟師道尚桂陽公主，從侄女爲巢剌王妃，弟子思敬尚安平公主，連姻帝室，益見崇重。』新唐書卷六十二楊思玄傳：『始恭仁父雄在隋，以同姓寵貴；自武德之後，恭仁兄弟名位尤盛；則天時，又以外戚崇寵。一家之內，駙馬三人，王妃五人，贈皇后一人，三品已上官二十餘人，遂爲盛族。』

〔四〕幽閑表質，柔順爲心：『柔順爲心』，明鈔本作『爲順柔心』。『幽閑』，形容女子

性情柔順閑静。詩周南關雎：『窈窕淑女，君子好逑。』毛傳：『窈窕，幽閑也。』後漢書列女傳贊：『端操有踪，幽閑有容。』

〔五〕備職後庭，實惟通典：『實惟』，四庫全書作『實爲』。『後庭』，謂帝王的後宮。晋潘岳西征賦：『較面朝之煥炳，次後庭之猗靡。』唐韓愈順宗實録卷五：『良媛董氏，備位後庭。素稱淑慎，進升號位，禮亦宜之。』『通典』，共同遵守之法則。晋范寧春秋穀梁傳序：『信不易之宏軌，百王之通典也。』陳書高祖紀下：『罰不及嗣，自古通典。』

〔六〕是用命爾爲婕妤：『婕妤』，妃嬪之稱號。漢武帝時始置，僅次皇后，位視上卿，秩比列侯。西晋武帝置爲九嬪之一，位視九卿。隋煬帝時位九嬪下，世婦之首。唐初沿置，開元後不置。史記外戚世家：『武帝時幸夫人尹婕妤。……婕妤秩比列侯，常從婕妤遷爲皇后。』司馬貞索隱：『韋昭云：「婕，承；妤，助也。」……漢舊儀云：「皇后爲婕妤下輿，禮比丞相。」』舊唐書后妃傳上：『唐因隋制……婕妤九人，正三品。』

〔七〕光膺徽命：『光膺』，榮受。唐陸贄馬燧渾瑊副元帥招討河中制：『出納朕命，光膺具瞻。』唐韓愈賀册皇太后表：『皇太后光膺令典，受册宫闈。』『徽命』，大命，意謂詔命。南朝梁沈約爲長城公主謝表：『封妾爲長城縣公主，徽命降臨，慚腆妄置。』全唐文卷一秦王天策上將制：『鴻

勛盛績，朝野具瞻。申錫寵章，實允僉議，宜崇徽命。』

册崔弘道女爲才人文〔一〕

維貞觀某年月日，皇帝使某官某、副使某官某持節册命曰：於戲！惟爾兼徐州都督府司馬崔弘道長女〔二〕，門稱著姓，訓有義方〔三〕。婉順爲質，柔明表行〔四〕。宜升後庭，備兹内職〔五〕。是用命爾爲才人〔六〕。往欽哉，其光膺徽命〔七〕，可不慎歟！

校箋

〔一〕此文又見於全唐文卷九唐太宗集，署名唐太宗，篇名另題作册崔宏道女爲才人文。按，清嘉慶年間董誥撰全唐文，避清乾隆弘曆之名諱，改『弘』爲『宏』。本文未署頒布時間，僅見文首云『維貞觀某年月日』，據此知該册文撰寫及頒布於唐太宗在位之貞觀年間，至於其具體時間則無可考知。

〔二〕惟爾兼徐州都督府司馬崔弘道長女：『崔弘道』，據新唐書宰相世系表記載，崔弘道

出自崔氏清河青州房，官至濟州（疑爲『齊州』之誤）刺史。又據（道光）濟南府志卷二十三記載，崔弘道，清河人，任齊州刺史。此處謂其『兼任徐州都督府司馬』，當爲崔弘道於其女册爲才人時所任官職。

〔三〕門稱著姓，訓有義方：『著姓』，有聲望的族姓，高門望族。後漢書張衡傳：『張衡字平子，南陽西鄂人也，世爲著姓。』漢王符潛夫論卷九：『漢酈生爲使者，弟商爲將軍，今高陽諸酈爲著姓。』『義方』，爲人處事應該遵守的規範與道理，多喻家教或教養。大戴禮記文王官人：『省其居處，觀其義方。』左傳隱公三年：『石碏諫曰：「臣聞愛子教之以義方，弗納於邪。驕奢淫泆，所自邪也。」』

〔四〕婉順爲質，柔明表行：『婉順』，温順。漢書元后傳：『及壯大，婉順得婦人道。』初刻拍案驚奇卷二十五：『府判見他出語婉順，心下喜他。』『柔明』，柔順而聰明，古時稱頌婦德。南朝宋顔延之宋文皇帝元皇后哀策文：『昌暉在陰，柔明將進。』唐沈佺期金城公主册文：『咨爾金城公主，幼而敏惠，性質柔明。』

〔五〕宜升後庭，備兹内職：『内職』，指嬪妃等在宫中所盡的職守。禮記昏義：『天子聽外治，后聽内職。教順成俗，外内和順。』舊唐書后妃傳下順宗莊憲皇后王氏：『后性仁和恭遜，

深抑外戚，無絲毫假貸，訓厲内職，有母儀之風焉。』

〔六〕是用命爾爲才人：『才人』，後宫嬪妃的稱號，漢始置，晋代爵視千石以下，唐爲宫官正五品，後升正四品，歷代多曾沿置。通典職官后妃：『大唐内官有惠妃、麗妃、華妃三人……淑儀、德儀、賢儀、順儀、婉儀、芳儀六人……美人四人……才人七人……宫官有差。』新唐書百官志二内官：『才人七人，正四品，掌叙燕寢，理絲枲，以獻歲功。』

〔七〕其光膺徽命：『光膺』，箋注見本卷册楊恭道女爲婕妤文校箋〔七〕。『徽命』，箋注見本卷册楊恭道女爲婕妤文校箋〔七〕。

册蕭鏗女爲才人文〔一〕

維貞觀年月日云云：於戲！惟蕭鏗第二女〔二〕，幼習禮訓，夙表幽閑〔三〕。胄出鼎族，譽聞華閫〔四〕。宜遵舊章，授以内職〔五〕。是用命爾爲才人〔六〕，往欽哉！其光膺徽命〔七〕，可不慎歟！

校箋

〔一〕此文又見於全唐文卷九，署名唐太宗。本文未署頒布時間。按，據文首『維貞觀年月日云云』，可知册文撰寫及頒布於唐太宗在位之貞觀時期，具體時間待考。

〔二〕惟蕭鏗第二女：『蕭鏗』，其生平事迹無可考，當是隋唐時人。

〔三〕幼習禮訓，夙表幽閑：『禮訓』，有關禮儀之教化訓導。南朝梁任昉王文憲集序：『年始志學，家門禮訓，皆折衷於公。』隋書列女傳鄭善果母：『汝既年小而孤，吾寡婦耳，有慈無威，使汝不知禮訓，何可負荷忠臣之業乎？』『夙』，早也。詩召南采蘩：『被之僮僮，夙夜在公。』毛傳：『夙，早也。』明馬中錫中山狼傳：『策蹇驢，囊圖書，夙行失道，望塵驚悸。』『幽閑』，箋注見本卷册楊恭道女爲婕妤文校箋〔四〕。

〔四〕胄出鼎族，譽聞華閫：『胄』，泛指世系。宋葉適陳處士姚夫人墓志銘：『君俯而不肯，久乃言曰：「吾胄出太邱長寔，從嫯徙台，貽範、貽序，著名神宗朝。」』『鼎族』，古時貴族擊鐘列鼎而食，喻指顯赫之豪門貴族。南朝梁元帝討侯景檄：『諸君或世樹忠貞，身荷寵爵，羽儀鼎族，書勛王府。』北周庾信周車騎大將軍賀婁公神道碑：『公六郡良家，西河鼎族。』『華

閫』，乃謂華貴之閫第。『閫』，古代婦女居住的內室。後漢書皇后紀序：『明帝聿遵先旨，宮教頗修，登建嬪后，必先令德，內無出閫之言，權無私溺之授，可謂矯其敝矣。』

〔五〕宜遵舊章，授以內職：『舊章』，昔日之典章制度。書蔡仲之命：『無作聰明亂舊章。』孟子離婁上：『詩云：「不愆不忘，率由舊章。」遵先王之法而過者，未之有也。』『內職』，箋注見本卷册崔弘道女爲才人文校箋〔五〕。

〔六〕是用命爾爲才人：『才人』，四庫全書、甲庫本均作『美人』，其題亦均作册蕭鏗女爲美人文；明鈔本作『美人』，然其題作册蕭鏗女爲才人文。『才人』，箋注見本卷册崔弘道女爲才人文校箋〔六〕。

〔七〕其光膺徽命：『光膺』『徽命』，箋注均見本卷册楊恭道女爲婕妤文校箋〔七〕。

册蕭鑠女爲美人文〔一〕

維貞觀年月日云云：於戲！蕭鑠第二女〔二〕，稟訓冠族，著美家聲〔三〕。習禮流譽，鏡圖有則〔四〕。宜升後庭，允茲令典〔五〕。是用命爾爲美人〔六〕。往欽哉！其光膺徽命〔七〕，可不慎歟！

校箋

〔一〕此文又見於全唐文卷九，署名唐太宗。本文未署頒布時間。按，據文首『維貞觀年月日云云』，可知册文撰寫及頒布於唐太宗在位之貞觀年間，具體時間則難以考知。

〔二〕蕭鑠第二女：『蕭鑠』，按，此蕭氏與本書本卷册蕭鏗女爲才人文一文之『蕭鏗』情形類似，檢諸史籍，其生平、行狀未見記載。册文僅言『禀訓冠族』，則其爲顯貴豪門氏族之後，亦當是隋唐時人。

〔三〕禀訓冠族，著美家聲：『冠族』，冠蓋之族，富貴之官宦家族。宋書卷十四志第四禮一：『國子祭酒殷茂言之曰：「……臣聞舊制，國子生皆冠族華胄，比列皇儲。」』新唐書楊汝士傳：『楊氏自汝士後，貴赫爲冠族。』『家聲』，家族世傳的名聲美譽。史記李將軍列傳：『單于既得陵，素聞其家聲，及戰又壯，乃以其女妻陵而貴之。』新唐書狄兼謨傳：『卿，梁公後，當嗣家聲，不可不慎。』

〔四〕習禮流譽，鏡圖有則：『流譽』，美好聲譽得以廣爲流傳。史記淮南衡山列傳：『淮

南王安爲人好讀書鼓琴，不喜弋獵狗馬馳騁，亦欲以行陰德拊循百姓，流譽天下。』舊唐書良吏傳上李桐客：『貞觀初，累遷通、巴二州，所在清平流譽。』『鏡』，借鑒，監察。玉篇：『鏡，鑒也。』漢書杜鄴傳：『逮身所行，不自鏡見。』『圖』，按，此處疑指東晋顧愷之女史箴圖，表現女子德行操守，以教化訓誡爲目的，描繪『樊姬感莊』『衛女矯桓』『馮婕好當熊』『班婕好辭輦』『防微慮遠』『知飾其性』『出其言善』『靈監無象』『歡不可以瀆』『静恭自思』『女史司箴』諸故事主題。『則』，效法。詩小雅鹿鳴：『君子是則是效。』史記夏本紀：『皋陶於是敬禹之德，令民皆則禹。』漢書藝文志：『河出圖，雒出書，聖人則之。』

〔五〕宜升後庭，允兹令典：『後庭』，箋注見本卷册楊恭道女爲婕好文校箋〔五〕。『允』，符合。魏書太祖紀：『（陛下）躬履謙虚，退身後己，宸儀未彰，衮服未御，非所以上允皇天之意，下副樂推之心。』唐韓愈舉錢徽自代狀：『况時名年輩俱在臣前，擢以代臣，必允衆望。』『令典』，謂美好之典禮、儀式。宋秦觀代賀皇太妃受册表：『舉令典於宫闈，溢歡聲於方夏。』

〔六〕是用命爾爲美人：『美人』，妃嬪封號，東漢光武帝始置。按唐制，屬正三品，掌管内宫祭祀、迎納賓客諸事務。後漢書皇后紀序：『（光武中興）又置美人、宫人、采女三等，并無爵秩，歲時賞賜充給而已。』唐徐堅初學記中宫部妃嬪：『光武中興，并省前制，正嫡之外，

唯立貴人、美人、采女之號。』新唐書百官志二内官：『美人四人，正三品。掌率女官修祭祀、賓客之事。』

〔七〕光膺徽命：『光膺』，箋注見本卷册楊恭道女爲婕妤文校箋〔七〕。『徽命』，箋注見本卷册楊恭道女爲婕妤文校箋〔七〕。

起復上官氏爲婕妤制〔一〕

門下：易著鳴謙，禮稱辭貴，稱以崇讓，退而忌滿〔二〕，推心自得，其道彌光。前昭容上官氏〔三〕，相門積善，儒宗雅訓〔四〕，文學冠時，柔嘉順則〔五〕；内守恬淡，外防奢侈，發於少長，持以周旋〔六〕；纅無靡嫚，衣必浣濯，珠璣不珍，墳籍爲寶〔七〕。故能誠切一室，功宣兩朝〔八〕，讜議日聞，屢援楚筆〔九〕，忠規歲納，方輕漢輦〔十〕。惟此邦媛，欝爲宫師〔十一〕，遂能德綜十倫，孝高百行〔十二〕。頃罹創巨，爰命權奪，秩茂左嬪，思被光寵〔十三〕，志齊班女，懇陳撝挹〔十四〕。而賢明之業，經濟之才〔十五〕，素風逾邁，清輝益遠，不成厥美，將蔽斯言。今依表奏，以憲圖史〔十六〕。可起復婕妤。主者施行。景龍三年十一月二十九日〔十七〕。

校箋

〔一〕此文又見於全唐文卷十六。本文末署作者。按，此文收於全唐文中宗皇帝集中，則乃以唐中宗名義頒布。又，本册文文末署頒布時間爲景龍三年十一月二十九日，據此知，此詔乃頒布於唐中宗景龍三年（七〇九）十一月二十九日，則此文之撰寫當在是時稍前。又，上官氏，乃上官婉兒，舊唐書卷五十一后妃傳上、新唐書卷七十六后妃傳上、資治通鑑諸史籍多載其生平事迹。

〔二〕易著鳴謙，禮稱辭貴，稱以崇讓，退而忌滿：『稱以崇讓，退而忌滿』，全唐文、適園叢書作『以崇讓而退滿』，四庫全書作『所以崇讓而退滿』。『鳴謙』，謂謙德表著於外。易謙：『鳴謙，貞吉。』三國魏王弼注：『鳴者，聲名聞之謂也。得位居中，謙而正焉。』孔穎達疏：『鳴謙者，謂聲名也，處正得中，行謙廣遠，故曰鳴謙。』南朝陳徐陵勸進梁元帝表：『出震等於勛華，鳴謙同於旦奭。』『辭貴』，謂辭讓富貴。禮記坊記：『子云：「君子辭貴不辭賤。」』清孫希旦禮記集解：『人不甘於貧賤，而必求富貴，争亂之所由起也。富與貴，不以其道得之不處焉，貧與賤，不以其道得之不去焉，則退讓之道著，而争亂之禍息矣。』按，此四句謂上官氏

主動辭讓妃嬪封號之事。關於上官氏辭讓之史實，史載有二：一曰丁母憂，以其母鄭氏亡故，上官氏『請降秩行服』。檢新唐書卷七十六后妃傳上曰：『鄭卒，謚節義夫人。婉兒請降秩行服，詔起爲婕妤，俄還昭容。』二曰阻止韋皇后擾亂國政、安樂公主請封皇女，上官氏『請辭位而退』。二〇一三年陝西咸陽唐代墓葬出土大唐故昭容上官氏墓志，其志文大唐故婕妤上官氏墓志銘并序云：『以韋氏侮弄國權，遥動皇極。賊臣遞構，欲立愛女爲儲，愛女潛謀，欲以賊臣爲黨。昭容泣血極諫，扣心竭誠，乞降綸言，將除蔓草。先帝自存寬厚，爲掩瑕疵，昭容覺事不行，計無所出。上之，請擿伏而理，言且莫從；中之，請辭位而退，制未之許；次之，請落發而出，卒爲挫衂；下之，請飲鴆而死，幾至顛墜。先帝惜其才用，慜以堅貞，廣求入腠之醫，才救懸絲之命，屢移朏魄，始就痊平。表請退彰爲婕妤，再三方許。』總而觀之，本册文明言『遂能德綜十倫，孝高百行』，着眼於孝行，推而論之，則此處言上官氏因其母亡故而有辭讓妃位之舉。

〔三〕前昭容上官氏：『昭容』，本爲漢代舞樂名。漢書禮樂志：『高祖六年，又作昭容樂、禮容樂。昭容者，猶古之昭夏也，主出武德舞。』後爲妃嬪稱號，漢光武帝劉秀始置；依唐制，位次高於婕妤。宋書后妃傳序云：『昭儀，漢元帝所制。昭容，世祖所制。』舊唐書后妃傳序曰：『唐因隋制……昭儀、昭容、昭媛、修儀、修容、修媛、充儀、充容、充媛各一人，爲九嬪，

正二品。婕妤九人，正三品。』按，神龍元年（七〇五），上官氏於唐中宗即位後册封爲昭容。舊唐書卷五十一后妃傳上載：『中宗即位，又令專掌制命，深被信任。尋拜爲昭容，封其母鄭氏爲沛國夫人。』新唐書卷七十六后妃傳上曰：『帝即位，大被信任，進拜昭容，封鄭沛國夫人。』大唐故婕妤上官氏墓志銘并序云：『神龍元年，册爲昭容。』此册文之頒布時間爲景龍三年（七〇九）十一月二十九日，撰寫時間當在此稍前。又上官氏因丁母憂而辭讓妃嬪封號，檢新唐書卷七十六后妃傳上曰：『鄭卒，謚節義夫人。婉兒請降秩行服，詔起爲婕妤，俄還昭容。』唐會要卷三十八：『景龍三年……其年十一月，以前昭容上官氏，起復爲婕妤。』因此，此處稱上官氏爲『前昭容』。又，唐隆政變，上官氏卒，時爲婕妤，後於景雲二年（七一一）受贈追復昭容。檢唐會要卷八十：『惠文，贈昭容上官氏。景雲二年七月追謚。』資治通鑒卷二百一十『景雲二年』條記：『秋，七月，癸巳，追復上官昭容，謚曰惠文。』然，史傳所載稍有歧異。資治通鑒卷二百九『景龍二年十一月』條云：『以婕妤上官氏爲昭容。』景龍文館記卷一謂：『（景龍二年）十一月，婕妤上官氏爲昭容。』唐詩紀事卷九曰：『（景龍二年十一月）是月，以婕妤上官爲昭容。』全唐詩話卷一亦云：『（景龍二年十一月）是曰，以婕妤上官氏爲昭容。』按，經考證，以上四條所記景龍二年（七〇八）應爲景雲二年（七一一）之誤。

〔四〕相門積善，儒宗雅訓：『相門積善』，『相門』，謂上官氏出身於宰相之家，其祖父上官儀官至宰相，傳見舊唐書卷八十、新唐書卷一百五。舊唐書卷五十一后妃傳上曰：『中宗上官昭容，名婉兒，西臺侍郎儀之孫也。』新唐書卷七十六后妃傳謂：『上官昭容者，名婉兒，西臺侍郎儀之孫。父廷芝，與儀死武后時。母鄭，太常少卿休遠之姊。』上官儀，舊唐書卷八十本傳載：『上官儀，本陝州陝人也。父弘，隋江都宫副監，因家于江都。大業末，弘爲將軍陳稜所殺，儀時幼，藏匿獲免。因私度爲沙門，游情釋典，尤精三論，兼涉獵經史，善屬文。貞觀初，楊仁恭爲都督，深禮待之。舉進士。太宗聞其名，召授弘文館直學士，累遷秘書郎。時太宗雅好屬文，每遣儀視草，又多令繼和，凡有宴集，儀嘗預焉。俄又預撰晋書成，轉起居郎，加級賜帛。高宗嗣位，遷秘書少監。龍朔二年，加銀青光禄大夫、西臺侍郎、同東西臺三品，兼弘文館學士如故。本以詞彩自達，工於五言詩，好以綺錯婉媚爲本。儀既貴顯，故當時多有效其體者，時人謂爲上官體。儀頗恃才任勢，故爲當代所嫉。麟德元年，宦者王伏勝與梁王忠抵罪，許敬宗乃構儀與忠通謀，遂下獄而死，家口籍没。子庭芝，歷位周王府屬，與儀俱被殺。庭芝有女，中宗時爲昭容，每侍帝草制誥，以故追贈儀爲中書令、秦州都督、楚國公，庭芝黄門侍郎、岐州刺史、天水郡公，仍令以禮改葬。』『積善』，累積善行。易坤：『積善之家，必有餘慶；積不善之家，必有餘殃。』

漢書董仲舒傳：『積善在身，猶長日加益，而人不知也。』『雅訓』，雅正的教訓。漢劉歆與揚雄書從取方言：『歆雖不遘過庭，亦克識先君雅訓。』唐辯機大唐西域記卷十二記贊：『奉先師之雅訓，仰前哲之令德。』唐馬總意林正部：『言成雅訓，辭作典謨。』

〔五〕文學冠時，柔嘉順則：『文学冠時』，謂上官氏以文學才能著世，其詩秉承唐初詩壇其祖父上官儀首創『上官體』之詩風，盛名冠絶當時。按，此事諸多史籍均有記載，舊唐書卷五十一后妃傳上謂：『中宗上官昭容名婉兒……及長，有文詞，明習吏事。則天時，婉兒忤旨當誅，則天惜其才不殺，但黥其面而已。……婉兒常勸廣置昭文學士，盛引當朝詞學之臣，數賜游宴，賦詩唱和。婉兒每代帝及后，長寧、安樂二公主，數首并作，辭甚綺麗，時人咸諷誦之。』新唐書卷七十六后妃傳上：『天性韶警，善文章。年十四，武后召見，有所制作，若素構。自通天以來，内掌詔命，掞麗可觀。嘗忤旨當誅，后惜其才，止黥而不殺也。』又謂：『婉兒勸帝侈大書館，增學士員，引大臣名儒充選。數賜宴賦詩，君臣賡和，婉兒常代帝及后，長寧、安樂二主，衆篇并作，而采麗益新。又差第群臣所賦，賜金爵，故朝廷靡然成風。當時屬辭者，大抵雖浮靡，然所得皆有可觀，婉兒力也。』此外，太平廣記卷二百七十一引景龍文館記卷四上官婉兒傳、張説唐昭容上官氏文集序、資治通鑑卷二百九等，於其『文學冠時』之事迹均有所記載。

〔六〕發於少長，持以周旋：『發於少長』，『發』，奮起，興起。孟子告子下：『舜發于畎畝之間。』謂上官氏奮發興起於年少之時，早年即受賞識於武后而獲重用。檢新唐書卷七十六后妃傳上載：『天性韶警，善文章。年十四，武后召見，有所制作，若素構。』大唐故婕妤上官氏墓志銘并序曰：『年十三爲才人。』太平廣記卷二百七十一引景龍文館記卷四上官昭容傳云：『年十四，聰達敏識，才華無比。天后聞而試之，援筆立成，皆如宿構。』

〔七〕珠璣不珍，墳籍爲寶：『墳籍』，猶墳典，泛指古代典籍。『墳』，『三墳五典』之省稱。左傳昭公十二年楚靈王稱贊左史倚相：『是良史也，子善視之，是能讀三墳、五典、八索、九丘。』杜預注：『皆古書名。』孔穎達疏：『孔安國尚書序云：「伏羲、神農、黃帝之書謂之三墳，言大道也；少昊、顓頊、高辛、唐、虞之書謂之五典，言常道也。」』後漢書郭太傳：『就成皋屈伯彥學，三年業畢，博通墳籍。』

〔八〕故能誠切一室，功宣兩朝：『功宣兩朝』，謂上官氏於武后、唐中宗兩朝功高位重，均備受重用。檢舊唐書卷五十一后妃傳上：『自聖曆已後，百司表奏，多令參決。中宗即位，又令專掌制命，深被信任。』新唐書卷七十六后妃傳上：『自通天以來，内掌詔命，掞麗可觀。嘗忤旨當誅，后惜其才，止黥而不殺也。然群臣奏議及天下事皆與之。帝即位，大被信任，進拜昭容，

封鄭沛國夫人。』張説唐昭容上官氏文集序亦云：『古者有女史記功書過，復有女尚書決事宫闈，昭容兩朝專美。』

〔九〕讜議日聞，屢援楚筆：『讜議』，公正的議論，直言不諱的意見。晋書羊祜傳：『其嘉謀讜議，皆焚其草，故世莫聞。』清魏源默觚下治篇六：『國家有一讜議，則必有數庸議以持之。』『屢援楚筆』，韓詩外傳卷二：『叔敖治楚三年而楚國霸，楚史援筆而書之於策。』三國志魏書陳思王植傳：『時鄴銅爵臺新成，太祖悉將諸子登臺，使各爲賦。植援筆立成。』按，此兩句謂上官婉兒處理百司表奏，參决政務，掌管内廷與外朝之政令文告。檢舊唐書卷五十一后妃傳上云：『自聖曆已後，百司表奏，多令參决。中宗即位，又令專掌制命，深被信任。』舊唐書卷四十三職官志二曰：『翰林院……其待詔者，有詞學、經術、合煉、僧道、卜祝、術藝、書奕，各别院以廩之，日晚而退。其所重者詞學。……中宗時，上官昭容獨當書詔之任。』舊唐書卷八十上官儀傳：『庭芝有女，中宗時爲昭容，每侍帝草制誥。』景龍文館記卷四上官婉兒傳：『自通天後，逮景龍前，恒掌宸翰。其軍國謀猷，殺生大柄，多其决。』張説唐昭容上官氏文集序曰：『古者有女史記功書過，復有女尚書决事宫閣，昭容兩朝專美。一日萬機，顧問不遺，應接如響。』

〔十〕忠規歲納，方輕漢輦：『忠規』，忠言規諫。舊唐書儒學傳下邢文偉：『公潛申勗戒，

聿薦忠規，敬尋來請，良符宿志。』清王闓運巫山天岫峰詩序：『又考宋王賦，知高唐齊地，神女忠規，乃作山祠銘。』『方輕漢輦』，語出漢書外戚傳下：『成帝游於後庭，嘗欲與倢伃同輦載，倢伃辭曰：「觀古圖畫，聖賢之君皆有名臣在側，三代末主乃有嬖女，今欲同輦，得無近似之乎？」上善其言而止。』後因以『辭輦』爲稱頌后妃懿德之典實。

〔十一〕惟此邦媛，鬱爲宫師：『邦媛』，一國之中秀慧的淑女。詩鄘風君子偕老：『展如之人兮，邦之媛也。』『鬱』，原有出、高出之意。三國魏曹植贈徐幹：『文昌鬱雲興，迎風高中天。』李善注引廣雅：『鬱，出也。』張銑注：『言高如雲起，過在天中也。』此處引申爲特出貌，顯著貌，卓然。唐陸贄李叔明右僕射制：『稟粹挺生，鬱爲邦杰。』舊唐書王播傳：『播出自單門，以文辭自立，踐升華顯，鬱有能名。』

〔十二〕遂能德綜十倫，孝高百行：『十倫』，儒家主張之十種祭禮意義，藉以提倡十種倫理道德。禮記祭統：『夫祭有十倫焉。見事鬼神之道焉，見君臣之義焉，見父子之倫焉，見貴賤之等焉，見親疏之殺焉，見爵賞之施焉，見夫婦之別焉，見政事之均焉，見長幼之序焉，見上下之際焉，此之謂十倫。』鄭玄注：『倫，猶義也。』舊唐書杜佑傳：『夫孝經、尚書、毛詩、周易、三傳，皆父子君臣之要道，十倫五教之宏綱。』『百行』，意謂各種品行。詩衛風氓：『士之耽兮，

猶可説也。』鄭玄箋：『士有百行，可以功過相除。』三國魏嵇康與山巨源絶交書：『故君子百行，殊塗而同致。』

〔十三〕秩茂左嬪，思被光寵：『秩』，官職，品位。左傳文公六年：『委之常秩。』杜預注：『常秩，官司之常職。』唐韓愈雪後寄崔二十六丞公：『秩卑俸薄食口衆，豈有酒食開容顔？』『左嬪』，謂西晋享有盛名之才女左芬，乃晋武帝司馬炎之妃嬪，初拜修儀，後封貴嬪。晋書卷三十一后妃列傳云：『左貴嬪名芬，兄思，别有傳。芬少好學，善綴文，名亞于思。武帝聞而納之。泰始八年，拜修儀。受詔作愁思之文，因爲離思賦……後爲貴嬪，姿陋無寵，以才德見禮。體羸多患，常居薄室。帝每游華林，輒回輦過之。言及文義，辭對清華，左右侍聽，莫不稱美。及元楊皇后崩，芬獻誄曰……咸寧二年，納悼后，芬于座受詔作頌……及帝女萬年公主薨，帝痛悼不已。詔芬爲誄，其文甚麗。帝重芬詞藻，每有方物異寶，必詔爲賦頌，以是屢獲恩賜焉。答兄思詩、書及雜賦頌數十篇，并行于世。』張説唐昭容上官氏文集序：『雖漢稱班媛，晋譽左嬪，文章之道，不殊輔佐之功。』

〔十四〕志齊班女，綴陳攜挹：『班女』，史存兩説：一曰漢班昭，班固之妹，博學高才。班固著漢書未竟，昭續成之。入宫爲皇后、諸貴人師，著女誡等。傳見後漢書卷八十四列女傳。

二曰班婕妤，乃班况之女，班彪之姑，班固、班超、班昭之祖姑，漢成帝妃嬪，初爲少使，後封婕妤。善詩賦，有美德。今有怨歌行（又稱團扇歌）、自悼賦、搗素賦諸作品傳世，傳見漢書卷九十七下外戚傳。唐元稹鄭氏封才人制：『鄭氏山東令族，海内良家，每師班女之文，嘗慕樊姬之德。』本文此處應指班昭，其作女誡囊括卑弱、夫婦、敬順、婦行、專心、曲從與叔妹諸篇，標舉女子敬順守謙之德，與下文『愻陳撝挹』暗合。謙抑，謙讓。晉書桓彝傳：『彝上疏深自撝挹，内外之任并非所堪。』唐李延壽北史魏本紀：『丁亥，詔曰：「皇太后撝挹自居，稱號弗備，宜遵舊典。」』

（十五）賢明之業，經濟之才：『經濟之才』，經世濟民、治理國家之才能。晉書殷浩傳：『足下沉識淹長，思綜通練，起而明之，足以經濟。』宋梅堯臣汴渠詩：『我實山野人，不識經濟宜。』

（十六）今依表奏，以憲圖史：『憲』，效法，模範、典範。晉潘岳寡婦賦：『遵義方之明訓兮，憲女史之典戒。』『圖史』，圖書和史籍。南朝宋顔延之宋文皇帝元皇后哀策文：『進思才淑，傍綜圖史。』舊唐書宋璟傳：『且蒼梧之野，驪山之徒，善惡分區，圖史所載。』

（十七）景龍三年十一月二十九日：『景龍三年』，明鈔本作『景龍二年』，誤。

皇帝良娣董氏等貴妃誥〔一〕

關雎之始，化於國風〔二〕；貫魚之序，著於大易〔三〕。用能輔佐王道，叶宣陰教〔四〕。皇帝良娣董氏、良娣楊氏、良媛武氏等〔五〕，門襲鐘鼎，訓彰禮則。器識柔順，質性幽閑。美譽光於六寢，令範成於四教〔六〕。宜升徽號，穆兹朝典〔七〕。董氏可貴妃，楊氏可淑妃，武氏可賢妃〔八〕。延和元年十月。

校箋

〔一〕此文又見於全唐文卷十九，文題爲册封皇帝良娣董氏等誥，署名唐睿宗。按，此詔敕所册封妃嬪爲何人，難以遽下判斷。學界相關研究成果如柳夏雲唐代后妃一覽表、張萍萍唐前期妃嬪概況一覽表均將本册文所册封的董貴妃、楊淑妃和武賢妃列爲唐睿宗妃嬪。此册文又見於全唐文卷十九，册文内容相近，署名唐睿宗，但未署頒布時間。全唐文將册文著作權歸屬於唐睿宗。細考本册文文末所署時間爲延和元年（七一二）十月，但在此之前唐玄宗已即皇帝之位，故須進一步加以辨析。考唐玄宗之即位時間，諸史籍多有記載。舊唐書卷七睿宗紀：『（五月）辛未，

大赦天下，改元爲延和。……八月庚子，帝傳位於皇太子，自稱太上皇帝，五日一度受朝於太極殿，自稱曰朕，三品已上除授及大刑獄，并自決之，其處分事稱誥、令。皇帝每日受朝於武德殿，自稱曰予，三品已下除授及徒罪并令决之，其處分事稱制、敕。甲辰，大赦天下，改元爲先天。』又卷八玄宗紀上：『（延和元年）七月壬午……上始居武德殿視事，三品以下除授及徒罪皆自決之。』新唐書卷五玄宗紀：『（延和元年）七月壬辰，制皇太子宜即皇帝位……皇太子乃御武德殿，除三品以下官。八月庚子，即皇帝位。』唐會要卷一帝號上：『元宗至道大聖大明孝皇帝諱隆基。……延和元年七月五日，即位，年二十八。』唐大詔令集亦收録當時朝廷所發布的兩道詔敕，其中卷三十『皇太子』類的『傳位』詔敕所收録的睿宗命皇太子即位詔，其文末所署時間爲『延和元年七月』。據上考可知，本册文曰『皇帝』，此處應謂唐玄宗。因此，本册文之册封對象應屬於唐玄宗妃嬪更爲合理。又，據上引舊唐書所載唐玄宗即位後，太上皇唐睿宗發布公文多采用『誥』『令』，唐玄宗則稱『制』『敕』，本册文皇帝良娣董氏等貴妃誥篇題符合唐睿宗居太上皇之位時所頒布公文之命名原則。由此推之，此篇册文撰寫并頒布於唐玄宗即位之後，實際上由唐睿宗以太上皇之名義頒布，册封對象却是唐玄宗的妃嬪。考册文末所署時間爲『延和元年十月』，恐爲『延和元年七月』之誤。蓋『七』『十』

形近而易於致誤。據舊唐書卷八玄宗紀上所載，唐玄宗即皇帝位於延和元年（七一二）七月壬午（十五日）。本册文發布於唐玄宗即位之後，故其頒布時間應爲延和元年（七一二）七月十五日之後，撰寫時間則在頒布稍前。

〔二〕關雎之始，化於國風：按，此兩句謂關雎乃國風的首篇，爲詩四始之一。毛詩序：『關雎，后妃之德也。風之始也，所謂關雎之亂，以爲風始是也，蓋謂國風篇章之始，亦風化之所由始也。所以風天下而正夫婦也，故用之鄉人焉，用之邦國焉。』

〔三〕貫魚之序，著於大易：周易剥卦六五爻辭：『貫魚，以宫人寵，無不利。』王弼注：『貫魚，謂此衆陰也，駢頭相次，似貫魚也。』高亨注：『貫，穿也。貫魚者個個相次，不得相越，以喻人有排定之順序……爻辭言：統治者如貫魚之排定順序，用宫人而寵愛之，輪流當夕，則宫人不致争寵吃醋，相妒相軋，乃無不利。』後漢書楊賜傳：『宜絶慢慠之戲，念官人之重，割用板之恩，慎貫魚之次，無令醜女有四殆之嘆，遐邇有憤怨之聲。』按，此兩句喻指妃嬪以次進御，帝王不偏愛。此文同時册封良娣董氏、良娣楊氏、良媛武氏等三位妃嬪，故以貫魚承寵言之。

〔四〕用能輔佐王道，叶宣陰教：『陰教』，女子的教化。周禮天官内宰：『以陰禮教六宫，以陰禮教九嬪。』鄭玄注引鄭司農曰：『陰禮，婦人之禮。』後漢書皇后紀論：『所以能述宣陰化，

修成内則。』李善注引三國魏曹丕典論：『欲納二女，充備六宮，佐宣陰教，聿修古義。』

〔五〕皇帝良娣董氏、良娣楊氏、良媛武氏等：『良娣』，太子姬妾稱號，西漢始設，位次於妃，歷代沿置。唐置兩員，屬正三品。漢書外戚傳上：『太子有妃，有良娣，有孺子，妻妾凡三等。』唐六典卷二：『皇太子良娣二員，正三品。』『良媛』，太子姬妾稱謂，唐置六員，正四品，位次良娣。新唐書卷四十七百官志二：『太子内官良娣二人，正三品；良媛六人，正四品。』舊唐書卷十四順宗紀：『詔立良娣王氏爲太上皇后，良媛董氏爲太上皇德妃。』

〔六〕美譽光於六寢，令範成於四教：『六寢』，古時天子宮寢有六，路寢一，小寢五。周禮天官宮人：『掌王之六寢之修。』鄭玄注：『六寢者，路寢一，小寢五。玉藻曰：「君日出而視朝，退適路寢聽政，使人視大夫，大夫退，然後適小寢釋服。」是路寢以治事，小寢以時燕息焉。』宋王安石景靈宮修蓋英宗皇帝神御殿上梁文：『松茂獻兩宮之壽，椒繁占六寢之祥。』『令範』，謂可奉爲楷模之美德。南朝齊王融三月三日曲水詩序：『儲后睿哲在躬，妙善居質，内積和順，外發英華，斧藻至德，琢磨令範，言炳丹青，道潤金璧。』唐韓愈順宗實録卷五：『自服勤蘋藻，祇奉宗祧，令範益彰，母儀斯著。宜正長秋之位，以明繼體之尊。』『四教』，謂婦德、婦言、婦容、婦功，又稱四德。周禮天官九嬪：『九嬪掌婦學之法，以教九御婦德、婦言、婦容、

婦功。』鄭玄注：『婦德謂貞順，婦言謂辭令，婦容謂婉娩，婦功謂絲枲。』後漢書皇后紀論：『夫人坐論婦禮，九嬪掌教四德。』

〔七〕宜升徽號，穆茲朝典：『徽號』，褒揚贊美之稱號，此謂帝王封授之爵號美稱。舊唐書中宗紀：『皇帝、皇后親謁太廟，告受徽號之意，大赦天下，賜酺三日。』『朝典』，朝廷之禮儀制度。南朝宋劉義慶世説新語德行：『華歆遇子弟甚整，雖閑室之内，嚴若朝典。』宋王讜唐語林補遺二：『臣山野人，不識朝典，見陛下合稱臣否？』『穆茲朝典』，意謂合乎朝廷之禮儀制度。

〔八〕董氏可貴妃，楊氏可淑妃，武氏可賢妃：『淑妃』，妃嬪稱號，三國魏明帝置，晋爲九嬪之一，隋爲三夫人之一，正一品。唐沿置。三國志魏書后妃傳序：『明帝增淑妃、昭華、修儀，除順成官……淑妃位視相國，爵比諸侯王。』舊唐書后妃傳上：『唐因隋制，皇后之下，有貴妃、淑妃、德妃、賢妃各一人，爲夫人，正一品。』『賢妃』，新唐書百官志二：『唐因隋制，有貴妃、淑妃、德妃、賢妃，各一人，爲夫人，正一品。』宋高承事物紀原帝王后妃部賢妃：『唐百官志：「内官有賢妃，正一品。」注云：「因隋制有也。」而隋志及北史亦無其名，當疑唐有國初置也。續事始曰：「隋煬帝置德妃、賢妃。」』『董氏』，史傳失載，生平行狀無可考。『楊

氏』，疑爲唐玄宗元獻皇后楊氏，檢新唐書卷七十六后妃傳上載：『玄宗元獻皇后楊氏……帝在東宮，后以景雲初入宮爲良媛……帝即位，爲貴嬪。』『武氏』疑爲唐玄宗貞順皇后武氏，檢舊唐書卷五十一后妃傳上載：『玄宗貞順皇后武氏……上即位，漸承恩寵。及王庶人廢後，特賜號爲惠妃。』

睿宗貴妃豆盧氏等食實封制〔一〕

有德者位崇，有功者秩厚〔二〕。事本關於國體〔三〕，理無隔於邦媛，故周母有亂臣之名，漢嬪有比侯之爵〔四〕。睿宗貴妃豆盧氏、賢妃王氏〔五〕，性執陰禮，實毗内政〔六〕，訓行九御，譽滿六宮〔七〕，歲祀雖淹，徽庸未昧〔八〕。宜啓非常之命，特賜湯沐之邑〔九〕，可各食實封二百户〔十〕。

校箋

〔一〕此文又見於全唐文卷二十五，文題爲加貴妃豆盧氏等食實封制，署名爲唐元宗，即唐玄宗。

本册文末署頒布時間。然文中云『睿宗』，而『睿宗』乃廟號，其廟號爲李旦崩後所謚，故册文當撰寫於唐睿宗崩後。檢舊唐書卷七睿宗紀載：『開元四年夏六月甲子，太上皇帝崩于百福殿，時年五十五。秋七月己亥，上尊謚曰大聖貞皇帝，廟曰睿宗。冬十月庚午，葬于橋陵。』新唐書卷五玄宗紀亦云：『（開元四年）六月甲子，太上皇崩。……十月庚午，葬大聖真皇帝于橋陵。』又，册文末云：『特賜湯沐之邑，可各食實封二百户。』據一九九二年河南省洛陽市南郊唐睿宗貴妃豆盧氏墓出土唐故貴妃豆盧氏墓志，其志文唐睿宗大聖真皇帝故貴妃豆盧氏墓志銘并序云：『今上昔在幼年，太后棄代，妃在椒掖，時遇龍潛，累載左右，一心保輔。及大人貞觀，日月灑天。茅土增湯沐之邑，金帛盈服玩之用。』又，一九七六年八月陝西省蒲城縣出土大唐睿宗大聖真皇帝賢妃王氏（芳媚）墓志，其志文大唐睿宗大聖真皇帝賢妃王氏（芳媚）墓志銘并序曰：『開元四年，睿宗山陵事畢，薛王頻表懇請侍養，主上重違友愛，優詔許焉。乾坤再辟，初入增城之舍，日月其除，復下中山之邸，凡而器用財幣，盡歸王家，仍詔賜實封二百户，以供湯沐，每苑蘩珍鮮，遠近獻貢，中使遺賂，相望不絕。至於朝之大禮，國之行慶，必特加寵賜，以追尊厚意焉。』據此知，唐睿宗崩後葬畢，唐玄宗下詔賜封睿宗豆盧貴妃、王賢妃二妃，則册文撰寫及頒布時間應在開元四年（七一六）十月庚午（二十八日）之後，具體時間則難以確考。

〔二〕有德者位崇，有功者秩厚：『秩』，謂官吏的俸禄。周禮　宫伯：『行其秩叙。』郑玄注：『秩，禄廪也。』左傳　莊公十九年：『而收膳夫之秩。』杜預注：『秩，禄也。』荀子　强國：『士大夫益爵，官人益秩，庶人益禄。』按，此兩句謂睿宗貴妃豆盧氏、賢妃王氏撫育年幼唐玄宗兄弟有功。豆盧貴妃撫養唐玄宗及惠莊太子李撝事，唐睿宗大聖真皇帝故貴妃豆盧氏墓志銘并序云：『敕令妃養惠莊太子爲己子。惠莊孺稚始孩，覃訏在抱。幼撫長訓，不忝前人。施自得於均一，思無望於反哺。早代無嗣，悲夫！今上昔在幼年，太后棄代，妃在椒掖，時遇龍潛，累載左右，一心保輔。及大人貞觀，日月灑天。茅土增湯沐之邑，金帛盈服玩之用。優詔歲降，殊渥薦及，昭其德也。』王賢妃鞠養其伯姊王德妃所生之子惠宣太子李業事，舊唐書卷九十五睿宗諸子傳載：『初，業母早終，從母賢妃親鞠養之。至是，迎賢妃出就外宅，事之甚謹。』又，大唐睿宗大聖真皇帝賢妃王氏（芳媚）墓志銘并序曰：『初，妃伯姊以才淑選爲安國相王德妃，生薛王。……初，惠宣之生也，數歲而德妃薨。睿宗憐之，以賢妃慈愛，又其姨也，乃命母養。於是勤身苦體，盡心鞠育。惠宣亦至性過人，敬愛如子。始自藩國，洎乎没齒。履孝賢忠，將卅餘祀，而無纖介之失，蓋亦賢妃之慈訓助焉。』

〔三〕事本關於國體：『國體』，國家之典章制度，治國之法。漢書　成帝紀：『儒林之官，

四海淵原，宜皆明於古今，温故知新，通達國體，故謂之博士。』宋陸游謝臺諫啓：『望重朝綱，學通國體。』

〔四〕故周母有亂臣之名，漢嬪有比侯之爵：『亂臣』，善理國治世之能臣。書泰誓中：『王乃徇師而誓曰：「……予有亂臣十人，同心同德。」』孔穎達正義：『釋詁云：「亂，治也。」故謂我治理之臣有十人也。十人皆是上智，咸識周是殷非，故人數雖少而心能同，同佐武王，欲共滅紂也。論語引此云「予有亂臣十人」，而孔子論之「有一婦人焉」，則十人之内，其一是婦人，故先儒鄭玄等，皆以十人爲文母、周公、太公、召公、畢公、榮公、太顛、閎夭、散宜生、南宫括也。』三國魏何晏集解：『馬曰：亂，治也。治官者十人，謂周公旦、召公奭、太公望、畢公、榮公、太顛、閎夭、散宜生、南宫適，其一人謂文母。』『周母』，謂周文王之母。按，此句譬貴妃豆盧氏、賢妃王氏有輔佐治世之功。『漢嬪有比侯之爵』，漢武帝時始置妃嬪封號之婕妤，其位僅次於皇后，視若上卿，秩比列侯。史記外戚世家：『武帝時，幸夫人尹婕妤。……婕妤秩比列侯，常從婕妤遷爲皇后。』唐杜佑通典職官：『婕妤，武帝加置，視上卿，比列侯。』按，此句謂貴妃豆盧氏、賢妃王氏雖身爲後宫妃嬪，却兼有朝中爵侯之貴。

〔五〕睿宗貴妃豆盧氏、賢妃王氏：唐睿宗豆盧貴妃、王賢妃，史籍均無傳，然有墓志傳世。

貴妃豆盧氏，其生平行狀，略見唐睿宗大聖真皇帝故貴妃豆盧氏墓志銘并序：『貴妃姓豆盧氏，稽諸本系，受氏於燕，因山爲號，以冠易族。故在燕爲慕容氏，在魏爲豆盧氏。洎唐之崇，降生定公，定公即妃之烈曾也，皇禮部尚書、光禄大夫、贈特進、并州大都督諱寬。敬公，大父也，皇右武衛大將軍、贈太子少保諱仁業。汾州王，王考也，皇并州晋陽縣令、贈汾州刺史諱欽肅。惟定公挺忠肅之純粹，惟敬公禀河岳之閑氣，惟汾州蓄明哲之上智。累仁積慶，鍾秀於貴妃焉。妃幼而貞和，宗黨稱異。體仁以順族，由孝以安親。非禮勿言，非傳不出。慈惠秀發，敏鋭標舉。先帝，高宗之愛子也。時妃歲十五，以良家子入爲孺人。暨先帝嗣位，儲皇纂成丕業，乃册爲貴妃，增殊號也。恩榮稠叠，今古莫二。由是位超内職，器茂公宫。……開元廿八年夏四月，寢疾彌留。上用憂軫，御醫中使，相望不絶。執燭加衣，奄忽而逝。甲申薨於親仁里第，歲七十有九。上聞哀，輟朝三日，吊賵加等。詔官給喪事，靈舉還都。敕京兆少尹田賓庭監護焉。以其年七月己酉，葬於河南龍門鄉之原，禮也。』賢妃王氏，其生平事迹見大唐睿宗大聖真皇帝賢妃王氏（芳媚）墓志銘并序：『賢妃諱芳媚，太原祁人也。梁司徒、太尉、大司馬、永寧公諱僧辯之來孫，皇朝徵君諱珌之曾孫，國子司業、鄭州刺史諱思泰之孫，司封郎中、潤州刺史、贈益州大都督薛國公諱美暢之中女也。汾河南注，降展象於靈源；恒鎮東臨，積公侯之閑氣。人物百代，忠貞一

門，此之謂不朽。賢妃生於上善，育於中和，幼而聰明，長而仁柔。六歲能誦詩，十二通女則。門風姆訓，中外宗焉。初，妃伯姊以才淑選爲安國相王德妃，生薛王。光宅三載中，賢妃復有詔徵入。……唐隆元年，睿宗正位，六月廿八日，册爲賢妃。……天寶四載秋八月疾亟，闔門求醫……洎旬有八日而薨，春秋七十三。嗚呼哀哉！皇上哀軫，輟朝三日。中命京兆尹蕭炅監護，仍以惠宣第十五男尚舍奉御琇主喪祭，以寵終也。至其載十二月七日，陪葬於橋陵，禮也。』

〔六〕性執陰禮，實毗内政：『性執』，適園叢書、全唐文作『性質』。『陰禮』，謂女子應循守之禮儀。周禮天官内宰：『以陰禮教六宫。』鄭玄注引鄭司農曰：『陰禮，婦人之禮。』清劉大櫆李節婦傳：『信如斯言，則古陰禮所謂婦德，節婦其無愧矣。』『毗』，謂輔助，協助。詩小雅節南山：『四方是維，天子是毗。』鄭玄注：『毗，輔也。』南朝宋范曄後漢書明德馬皇后紀：『輒言及政事，多所毗補。』『内政』，後宫内的管理事務。周禮天官女史：『女史掌王后之禮職，掌内治之貳，以詔后治内政。』南史卷十四宋文帝諸子傳：『時六宫無主，潘專總内政。』

〔七〕訓行九御，譽滿六宫：『九御』，謂後宫女官掌女工及侍御之事，共八十一人，分九組輪流侍御。周禮天官内宰：『以陰禮教九嬪，以婦職之法教九御。使各有屬，以作二事。』

鄭玄注：『九御，女御也。九九而御於王，因以號焉。』賈公彦疏：『女御八十一人，九人爲一屬。屬猶聚也。九人同時御，又同爲絲枲之事。』國語周語中：『内官不過九御，外官不過九品。』三國吴韋昭注：『九御，九嬪也。九品，九卿。周禮：「内有九室，九嬪居之；外有九室，九卿朝焉。」』『六宫』，古謂皇后之寢宫，正寢一，燕寢五，合爲六宫，因以稱后妃或其所居之地。禮記昏義：『古者，天子後立六宫，三夫人、九嬪、二十七世婦、八十一御妻，以聽天下之内治，以明章婦順，故天下内和而家理。』鄭玄注：『天子六寢，而六宫在後，六官在前，所以承副施外内之政也。』周禮天官内宰：『上春，詔王后帥六宫之人，而生穜稑之種，而獻之於王。』鄭玄注：『六宫之人，夫人以下分居后之六宫者。』

〔八〕歲祀雖淹，徽庸未昧：『歲祀』，年，年代。唐李德裕次柳氏舊聞序：『臣伏念所臆授凡有十七事，歲祀久更，遺稿不傳。』宋吕祖謙重修釣臺記：『文正公没，郡人思之，遂侑食於右坐焉。歲祀浸遠，此意弗嗣。』『徽庸』，豐功偉績。漢張衡司空陳公誄：『纂禹之迹，導揚徽庸；致訓京畿，協和萬邦。』宋文帝劉義隆録長沙景王等詔：『銘徽庸於鼎彝，配祫祀於清廟。』

〔九〕宜啓非常之命，特賜湯沐之邑：『宜啓非常之命，特賜湯沐之邑』，明鈔本作『宜啓非常命之特加湯沐之邑』。『特賜』，適園叢書、學林本作『特加』。『湯沐之邑』，指國君、

皇后、公子等收取賦稅之私邑。戰國策楚策二：『秦王有愛女而美，又簡擇宮中佳玩麗好玩習音者，以歡從之，資之金玉寶器，奉以上庸六縣爲湯沐邑，欲因張儀内之楚王。』史記平準書第八：『自天子以至於封君湯沐邑，皆各爲私奉養焉，不領於天下之經費。』按，此兩句謂唐玄宗封賜豆盧貴妃、王賢妃收取賦稅之私邑。唐睿宗大聖真皇帝故貴妃豆盧氏墓志銘并序云：『今上昔在幼年，太后棄代，妃在椒掖，時遇龍潛，累載左右，一心保輔。及大人貞觀，日月灑天。茅土增湯沐之邑，金帛盈服玩之用。優詔歲降，殊渥薦及，昭其德也。』大唐睿宗大聖真皇帝賢妃王氏（芳媚）墓志銘并序亦云：『開元四年，睿宗山陵事畢……仍詔賜實封二百户，以供湯沐，每苑蘗珍鮮，遠近獻貢，中使遺賂，相望不絶。至於朝之大禮，國之行慶，必特加寵賜，以追尊厚意焉。』

（十）可各食實封二百户：『實封』，古代封建國家名義上封賜給功臣貴戚食邑之户數與實際封賞數往往不符，實際上賜與之封户乃實封。資治通鑑唐玄宗開元十年：『（開元十年）十一月乙未，初令宰相共食實封三百户。』胡三省注引唐會要曰：『舊制，凡有功之臣賜實封者，皆以課户先準户數，州縣與國官、邑官執帳，供其租調，各準配租調遠近，州縣官司收其脚直，然後付國邑官司。其丁準此，入國邑者收其庸。』宋高承事物紀原官爵封建部十八實封：『通典曰：唐封公侯無國土，其加實封者，則食其所封之户，分食諸郡，以租庸調給。沿革曰魏黄初間，爵

自關内侯不食邑，但虚封而已。故唐因之加實封。宋朝會要曰：唐制食實封者，户給縑帛，每賜爵遞加一級，唐末及五代始有特加邑户，而罷實封之給，今位爲虚名也。』

趙國夫人一品制〔一〕

門下：問君以禮，乃受齊封；免主於危，方延漢渥〔二〕。賢妃啓邑，萬古一時〔三〕。趙國夫人，義範端肅，操履堅正，四德聿修，六宫攸仰，承恩蘭掖，累變葭灰〔四〕。送往事居，備盡忠勤之節；利人益國，每陳匡贊之規〔五〕。頃屬二竪構凶，九重起亂，將危宗社，謀害聖躬〔六〕。屬申逐鳥之誠，克勵鷹鸇之志，方效節於松竹，宜寵錫於苴茅〔七〕。可一品。

校箋

〔一〕此文未署撰者及頒布時間，考本卷詔敕排列之順序，前文睿宗貴妃豆盧氏等食實封制所頒布時間爲『開元四年（七一六）十月庚午（二十八日）稍後』，按照排列先後順序，本文頒

布時間應在上文之後，也即在上文之頒布時間開元四年十月稍後。本文中之『頃屬二豎構凶，九重起亂，將危宗社，謀害聖躬』云云，應指先天二年（七一三）七月太平公主謀亂之事。檢舊唐書卷七睿宗紀載：『（先天二年）秋七月甲子，太平公主與僕射竇懷貞、侍中岑羲、中書令蕭至忠、左羽林大將軍常元楷等謀逆，事覺，皇帝率兵誅之。窮其黨與，太子少保薛稷，左散騎常侍賈膺福，右羽林將軍李慈、李欽，中書舍人李猷，中書令崔湜，尚書左丞盧藏用，太史令傅孝忠，僧惠範等皆誅之。兵部尚書郭元振從上御承天門樓，大赦天下，自大辟罪已下，無輕重咸赦除之。』又舊唐書卷八玄宗紀上：『先天二年七月三日，尚書左僕射竇懷貞，侍中岑羲，中書令蕭至忠、崔湜，雍州長史李晋，左羽林大將軍常元楷，右羽林將軍李慈等與太平公主同謀，期以其月四日以羽林軍作亂。上密知之，因以中旨告岐王範、薛王業、兵部尚書郭元振、將軍王毛仲，取閑厩馬及家人三百餘人，率太僕少卿李令問、王守一、内侍高力士、果毅李守德等親信十數人，出武德殿，入虔化門。梟常元楷、李慈於北闕。擒賈膺福、李猷於内客省以出。執蕭至忠、岑羲於朝，皆斬之。……上御承天門樓，下制曰：「……恭臨億兆，二載於兹。上禀聖謨，下凝庶績，八荒同軌，瀛海無波。不謂奸慝潛謀，蕭墻竊發。逆賊竇懷貞等并以庸妄，權齒朝廷，毫髪之效未申，丘山之釁乃積，共成梟獍，將肆奸回。太上皇聖斷宏通，英謀獨運，命朕率岐王範、薛王業等躬

事誅鋤。齊斧一麾，凶渠盡殪。」』據上知，趙國夫人有功於先天二年（七一三）七月太平公主謀亂之事，三年後，也即開元四年（七一六）十月之後受封，秩屬一品。本文撰寫及頒布時間蓋亦在開元四年十月之後，具體時間待考。

〔二〕問君以禮，乃受齊封；免主於危，方延漢渥：按，此兩句常作封賜婦人之典實。太平御覽卷二百二封建部五婦人封：『左傳成公上曰：晉敗齊師，齊侯遂自徐關入，見保者曰：「勉之！齊師敗矣，避女子。」女子曰：「君免乎？」曰：「免矣。」曰：「鋭司徒免乎？」曰：「免矣。」曰：「苟君與吾父免矣，可若何！」乃奔。齊侯以爲有禮，既而問之，壁司徒之妻也。予之石窌。陳留風俗傳曰：「高祖與項氏戰，厄於延鄉，有翟母者免其難。故以延鄉爲封丘縣，以封翟母焉。」』北周庾信庾子山集周趙國公夫人紇豆陵氏墓志銘：『武城二年，册拜趙國公夫人。昔漢王聞立義之婦，邑以延鄉；齊侯見有禮之妻，封之石窌。異代同榮，差無慚德。』文苑英華卷五百九十一常衮謝妻封弘農郡夫人表：『古者卿大夫之妻，咸曰命婦，亦曰内子，但有稱謂，皆無封邑。其後雖有石窌延鄉之錫，亦無夫人之號。』

〔三〕賢妃啓邑，萬古一時：『賢妃』，謂賢德之后妃。詩齊風鷄鳴序：『鷄鳴，思賢妃也。哀公荒淫怠慢，故陳賢妃貞女夙夜警戒相成之道焉。』後漢書列女傳序：『賢妃助國君之政，

哲婦隆家人之道。』『啓邑』，指郡國封號。唐元稹追封李遜母崔氏博陵郡太君制：『朕方推廣孝，豈吝加恩？并封啓邑之榮，咸慰循陔之念。』唐蔣伸封盛唐公主制：『門下：展親外館，則必待年。廣愛中闈，宜光啓邑。』『萬古一時』，猶萬世一時，萬世才有一個時機，形容機會難得。宋岳珂朱文公儲議帖贊：『道統之傳，洙泗濂伊。公於淳熙，萬古一時。』明郝敬禮記通解卷十九：『堯舜文武之際，萬古一時；唐虞成周之治，不再見于春秋，天所以玉成仲尼也。』

〔四〕趙國夫人，義範端肅，操履堅正，四德聿修，六宮攸仰，承恩蘭掖，累變葭灰：『端肅』，謂端正嚴肅。宋書范泰傳：『忱嗜酒，醉輒累旬。及醒，則嚴然端肅。』西游記第二十六回：『這行者……與大神到了紫竹林裏，參拜菩薩。』『操履』，謂操守。晉葛洪抱朴子博喻：『潔操履之拘苦者，所以全拔萃之業；納拂心之至言者，所以悟易方之惑也。』唐末五代杜光庭衙内宗夔本命醮詞：『雖側身思過，省己捫心，每虞操履之間，難免纖微之失。』『四德』，古代禮教規定婦女應具有四種德行，即婦德、婦言、婦容、婦功。周禮天官九嬪：『掌婦學之法，以教九御婦德、婦言、婦容、婦功。』鄭玄注：『婦德謂貞順，婦言謂辭令，婦容謂婉娩，婦功謂絲枲。』後漢書皇后紀論：『九嬪掌教四德。』李賢注：『四德謂婦德、婦言、婦容、婦功也。』『六宮』，箋注見本卷睿宗貴妃豆盧氏等食實封制校箋〔七〕。『攸』，迅疾貌。孟子萬章上：『攸

然而逝。』趙岐注：『攸然，迅走水趣深處也。』『蘭掖』，掖庭的美稱，謂後宫妃嬪所居之地。舊唐書 禮儀志三：『妾謬處椒闈，叨居蘭掖……罔極之思，載結於因心；祗肅之懷，實深於明祀。』唐郭正一奉和太子納妃太平公主出降：『桂宫初服冕，蘭掖早升笄。』『葭灰』，謂葭莩之灰。古人燒葦膜成灰，置於律管中，放密室内，以占氣候。某律管中葭灰飛出，示該節候已到。後漢書 律曆志上：『候氣之法，爲室三重，户閉，塗釁必周，密布緹縵。室中以木爲案，每律各一，内庳外高，從其方位，加律其上，以葭莩灰抑其内端，案曆而候之。氣至者灰動。』宋蘇軾内中御侍已下賀冬至詞語 皇太后：『伏以候氣葭灰，喜律筒之已應。』

〔五〕利人益國，每陳匡贊之規：『匡贊』，匡正輔佐。南朝齊王儉褚淵碑文：『深達先天之運，匡贊奉時之業。』南齊書 王晏傳：『隆昌以來，運集艱難，匡贊之功，頗有心力。』

〔六〕頃屬二豎構凶，九重起亂，將危宗社，謀害聖躬：『二豎』，原謂病魔，語出左傳 成公十年：『公夢疾爲二豎子，曰：「彼良醫也，懼傷我，焉逃之？」其一曰：「居肓之上，膏之下，若我何？」醫至，曰：「疾不可爲也，在肓之上，膏之下，攻之不可，達之不及，藥不至焉，不可爲也。」』後喻指危害國運的奸佞小人。唐張説贈户部尚書河東公楊君神道碑：『協心五王，戡剿二豎，奮飛北落，推戴中宗。』宋史 徐僑傳：『今女謁、閹宦相爲囊橐，誕爲二豎，以處

國膏肓。』『聖躬』，猶聖體，臣下稱皇帝的身體。亦代指皇帝。晉袁宏後漢紀順帝紀下：『恐左右忠孝，不欲屢勞聖躬，以爲親耕可廢。』後漢書班固傳下：『俯仰乎乾坤，參象乎聖躬。』李賢注：『聖躬，謂天子也。』按，此兩句謂先天二年（七一三）七月太平公主謀亂之事。

〔七〕屬申逐鳥之誡，克勵鷹鸇之志，方效節於松竹，宜寵錫於苴茅：『逐鳥』，驅趕飛鳥。語出晏子春秋諫上：『景公射鳥，野人駭之。公怒，令吏誅之。晏子曰：「野人不知也。臣聞賞無功謂之亂，罪不知謂之虐。兩者，先王之禁也；以飛鳥犯先王之禁，不可。今君不明先王之制，而無仁義之心，是以從欲而輕誅。夫鳥獸固人之養也，野人駭之，不亦宜乎！」公曰：「善。自今已後，弛鳥獸之禁，無以苛民也。」』後以此爲典實。唐蘇頲對投諸㚟寄判：『伺行父之逐鳥，豈殆庶乎；征楚子之奪牛，理固深也。』『鷹鸇』，謂鷹與鸇，比喻忠勇之人。語出左傳文公十八年：『見無禮於其君者，誅之，如鷹鸇之逐鳥雀也。』後漢書循吏列傳仇覽：『主簿聞陳元之過，不罪而化之，得無少鷹鸇之志邪？』『效節』，謂盡忠。三國魏吴質答魏太子箋：『自謂可終始相保，并騁材力，效節明主。』唐權德輿建除詩：『執心思報國，效節在忘軀。』『寵賜』，謂帝王之恩賜。唐白行簡李娃傳：『天子異之，寵錫加等。』宋曾鞏明州擬辭高麗送遺狀：『州郡當其道途所出，迎勞燕餞，所以宣達陛下寵錫待遇之意，此守臣之職分也。』『苴茅』，古時

帝王分封諸侯時，用該方顔色之泥土，覆以黄土，包以白茅，授予受封者，作爲分封土地之象徵。書禹貢：『厥貢惟土五色。』孔傳：『王者封五色土爲社。建諸侯則各割其方色土與之，使立社。燾以黄土，苴以白茅。茅取其潔，黄取王者覆四方。』唐陸德明釋文：『燾……覆也；苴……包裹也。』後漢書宦者列傳序：『苴茅分虎，南面臣人者，蓋以十數。』李賢注：『封諸侯各以其方色土，苴以白茅，而分銅虎符也。』

册元妃某氏弟爲貴妃文〔一〕

維年月日，皇帝若曰：易著六位，正天下者先齊于家；詩本二南，厚人倫者理成于國〔二〕。垂芒耀于帝極，符紀燦乎河圖〔三〕。蠲潔莊齊，祗奉織紝。膺是典册，宜歸淑明〔四〕。咨爾元妃某氏，浚源洪宗，靈派茂緒，植性懿哲，稟姿端柔〔五〕。竭奉兩宫，總理衆御〔六〕，弘古以行己，逮下以率人。循師傅之嚴，躬勤儉之訓〔七〕，色不恃貴，言無矜驕，和以能容，遜以自牧〔八〕。致兹蘭馥，洽于椒房，是宜首四星以居元，冠三妃以推德〔九〕。今遣使某官某、副使某持節册命爲貴妃。爾惟公乃視聽，底于聰明，聽靡有偏，視靡有忒〔十〕，言違而志必觀其誠，言順而心必觀其佞〔十一〕。婦順之化，資

汝而彰；陰教之端，資汝而正〔十二〕。敬之戒之，無替成式，可不慎歟〔十三〕！

校箋

〔一〕此文不見録於其他史籍，所册封嬪妃爲何人，亦不能遽下判斷。又，本文亦未署頒布時間，故撰者、所撰寫及頒布時間均待考。

〔二〕易著六位，正天下者先齊於家；詩本二南，厚人倫者理成於國：「著」，顯明，顯出。禮記中庸：「誠則形，形則著，著則明。」漢書朱雲傳：「此臣素著狂直於世。」「易著六位」，周易使陰爻之六位顯明突出，喻指尊重婦女。周易卦之畫曰爻，六十四卦中，每卦六畫，爻分陰陽，「⚊」爲陽爻，稱九；「⚋」爲陰爻，稱六。古人認爲男女分屬陽、陰二元對立，女性屬於陰，以陰爻表示，故稱六之位。乾、坤兩卦喻指男女或帝后，以坤爲女或后。易乾：「初九，潛龍勿用。」孔穎達疏：「八爲陰數而畫陰爻，今六爲老陰，不可復畫陰爻。故交其錢，避八而稱六。」高亨周易大傳今注：「此爻爲陽爻，是爲剛居尊位；此爻爲陰爻，是爲柔居尊位。」「正天下者先齊於家」，謂儒家修身、齊家、治國、平天下之理想，語出禮記大學：「古之欲明明德於天下者，

先治其國。欲治其國者，先齊其家。欲齊其家者，先修其身。欲修其身者，先正其心。……身修而後家齊，家齊而後國治，國治而後天下平。』按，此兩句謂周易顯現、突出后妃所居之陰爻而著稱六位，想要治平天下，必先治理家政。『詩本二南』，謂詩國風之周南與召南。晉書樂志上：『周始二南，風兼六代。』宋歐陽修王國風解：『周、召二南，至正之詩也。』鄭玄詩譜周南召南譜：『是故二國之詩，以后妃夫人之德爲首，終以麟趾、騶虞。言后妃夫人有斯德，興助其君子，皆可以成功，至於獲嘉瑞。』

〔三〕垂芒耀于帝極，符紀燦乎河圖：『垂芒』，明鈔本作『垂□』，適園叢書、學林本作『□□』。按，『□』爲空缺字，以上應屬分别脱佚『芒』字與『垂芒』二字。『垂芒』，焕發光芒。南朝梁任昉王文憲集序：『信乃昴宿垂芒，德精降祉。』張銑注：『漢相蕭何昴星之精；垂芒，謂發秀也。』『帝極』，猶宸極，北極星。明李夢陽漢京篇：『漢京臨帝極，復道衆星羅。』『河圖』，指儒家關於周易卦形來源的傳説。易系辭上：『河出圖，洛出書，聖人則之。』書顧命：『大玉、夷玉、天球、河圖，在東序。』孔傳：『伏羲王天下，龍馬出河，遂則其文以畫八卦，謂之河圖。』

〔四〕蠲潔莊齊，祇奉織紝。膺是典册，宜歸淑明：『蠲潔』，謂清潔。墨子尚同中：『其

事鬼神也，酒醴粢盛，不敢不蠲潔。』唐劉禹錫管城新驛：『勞迎展蠲潔之敬，餞別起登臨之思。』『莊齊』，義同『齊莊』，禮記祭義：『孝子將祭祀，必有齊莊之心以慮事。』唐柳宗元南岳雲峰和尚塔銘并序：『行峻潔兮貌齊莊，氣混溟兮德洋洋。』『織紝』，本義爲女子從事織作布帛，借喻古時女子尊從四種德行即婦德、婦言、婦容、婦功之一的婦功。墨子非攻下：『農夫不暇稼穡，婦人不暇紡績織紝。』禮記内則：『執麻枲，治絲繭，織紝組紃，學女事，以共衣服。』孔穎達疏：『紝爲繒帛。』周禮天官九嬪：『掌婦學之法，以教九御婦德、婦言、婦容、婦功。』鄭玄注：『婦德謂貞順，婦言謂辭令，婦容謂婉娩，婦功謂絲枲。』『膺』，接受。東漢班固東都賦：『天子受四海之圖籍，膺萬國之貢珍。』『淑明』，猶聰明。東漢張衡思玄賦：『處子懷春，精魂回移；如何淑明，忘我實多。』明方孝孺與鄭叔度八首之五：『吾兄天資淑明，所望者甚遠，比來進學，必愈絶人。』

〔五〕咨爾元妃某氏，浚源洪宗，靈派茂緒，植性懿哲，稟姿端柔：『元妃某氏』，按，本文題作册元妃某氏弟爲貴妃文，其『元妃某氏弟』，多『弟』字，疑『弟』乃衍字。『咨爾』，論語堯曰：『堯曰：「咨！爾舜，天之歷數在爾躬。」』邢昺疏：『咨，咨嗟；爾，女也……故先咨嗟，嘆而命之。』後常以『咨嗟』用於句首，表示贊嘆或祈使。晉潘岳爲賈謐作贈陸機：『長

離云誰？咨爾陸生。』『元妃』，謂君主或諸侯之嫡夫人。左傳隱公元年：『惠公元妃孟子，孟子卒，繼室以聲子。』杜預注：『言元妃，明始適夫人也。』後漢書皇后紀序：『晉獻升戎女爲元妃。』晉書禮志中：『前妻爲元妃，後婦爲繼室。』『浚源』，指極深之本源。唐張説宣皇帝室光大舞一章：『肅肅藝祖，滔滔浚源。有雄玉劍，作鎮金門。』唐權德輿祭故李處士文：『居易處厚，中明外寬。發於浚源，激爲清瀾。』『洪宗』，洪，大也。樂府詩集曹操步出夏門行：『洪波涌起。』宋蘇軾石鐘山記：『聲如洪鐘。』宗，宗族也，同族也。國語晉語：『其宗滅於絳。』王績在京思故園見鄉人問：『衰宗多弟侄，若個賞池臺？』『靈派』，指皇族，宗室。舊唐書后妃傳下憲宗懿安皇后郭氏：『導靈派於昭回，揖殊仁於氣母。』明屠隆彩毫記禄山謀逆：『磐石貴宗安，靈派天潢遠。』『緒』，世系也。陸游丞相率文武官僚賀壽皇正旦表：『系唐統，接漢緒。』按，此兩句謂出身於根基深厚之豪門望族，皇族宗室之世系。『植性』，謂生性，秉性。周書劉志傳：『志少好學，博涉群書，植性方重，兼有武略。』太平廣記卷二百六十七引唐張鷟朝野僉載麻秋：『後趙石勒將麻秋者，太原胡人也，植性虓險鴆毒。』舊五代史晉書孟承誨傳：『及少帝嗣位，以植性纖巧，善於希旨，復與權臣宦官密相表裏，凡朝廷恩澤美使，必承誨爲之。』『懿哲』，本義指賢明的人。唐吴筠覽古：『天道殃頑凶，神明佑懿哲。』『懿』，美好也，多指有

關女子之德行。爾雅：『懿，美也。』後漢書列女傳：『以就懿德。』『哲』，謂聰明，有智慧。爾雅：『哲，智也。』詩大雅下武：『世有哲王。』詩大雅瞻卬：『哲夫成城，哲婦傾城。』『稟姿』，謂天賦之資質。清孫枝蔚旅興：『稟姿無愚智，但貴有師承。』『端』，謂端正。明魏學洢核舟記：『其人視端容寂。』禮記祭義：『以端其位。』『柔』，温和、温順貌。禮記内則：『柔聲以諫。』公羊傳昭公二十五年：『且夫牛馬維婁，委己者也，而柔焉。』何休注：『柔，順也。』按，此兩句謂秉性美好而聰明，天質端莊而柔順。

〔六〕竭奉兩宮，總理衆御：『兩宮』，指太后和皇帝或皇帝和皇后，亦指太上皇和皇帝或兩后，因其各居一宮，故稱兩宮。史記魏其武安侯列傳：『有如兩宮螫將軍，則妻子毋類矣。』裴駰集解引張晏曰：『兩宮，太后、景帝也。』漢書張延壽傳：『放取皇后弟平恩侯許嘉女，上爲放供張……兩宮使者，冠蓋不絶。』『總理』，謂全面管理。宋李幼武名臣言行録后集卷三：『其總理庶務、酬酢事物，雖精練少年有不及。』明史張國維傳：『遷工部右侍郎兼右僉都御史，總理河道。』『衆御』，衆多與皇帝有關的事或物。『御』，指與皇帝有關的。清邵長蘅青門剩稿：『太祖御容。』三國演義第一回：『帝御温德殿。』

〔七〕弘古以行己，逮下以率人。循師傅之嚴，躬勤儉之訓：『弘』，擴大；光大。論語衛

靈公：『人能弘道，非道弘人。』三國蜀諸葛亮出師表：『以光先帝遺德，恢弘志士之氣。』『行己』，謂立身行事。論語公冶長：『子謂子産有君子之道四焉：其行己也恭，其事上也敬，其養民也惠，其使民也義。』清鈕琇觚剩續編簡公雪冤：『士人行己，貴乎立品，即小可以見大，即窮可以徵達。』『逮下』，謂恩惠及於下人。詩周南樛木毛詩序：『樛木，后妃逮下也，言能逮下而無嫉妒之心焉。』宋王讜唐語林補遺一：『貴能逮下，忠以導君。』『師傅』，謂老師。穀梁傳昭公十九年：『羈貫成童，不就師傅，父之罪也。』史記太史公自序：『孔氏述文，弟子興業，咸爲師傅，崇仁厲義。』

〔八〕色不恃貴，言無矜驕，和以能容，遜以自牧：『恃』，原作『侍』，今據四庫全書、明鈔本、甲庫本、適園叢書、學林本改。按，『色不恃貴，言無矜驕』，指接人待物的臉色與語言均不仰仗自己的地位而顯得貴驕。後漢書梁節王暢傳：『暢性聰惠，然少貴驕，頗不遵法度。』明李開先雪蓑道人傳：『士人以其喜施舍，疑爲貴驕公子。』『自牧』，謂自我修養。易謙：『謙謙君子，卑以自牧。』孔穎達疏：『恒以謙卑，自養其德也。』後漢書劉虞公孫瓚傳論：『劉虞守道慕名，以忠厚自牧。』

〔九〕致兹蘭馥，洽于椒房，是宜首四星以居元，冠三妃以推德：『蘭馥』，義近『蘭熏』，

蘭之馨香，喻人德行之美。南朝宋顔延之祭屈原文：『蘭薰而摧，玉縝則折。』南朝梁劉孝標廣絶交論：『顔冉龍翰鳳雛，曾史蘭薰雪白。』張銑注：『蘭薰雪白，喻芳潔。』『椒房』，本義指椒房殿，後爲后妃之代稱。漢書車千秋傳：『江充先治甘泉宫人，轉至未央椒房。』顔師古注：『椒房，殿名，皇后所居也。以椒和泥塗壁，取其温而芳也。』後漢書延篤傳：『大將軍椒房外家，而皇子有疾，必應陳進醫方，豈當使客千里求利乎？』『四星』，即蒼龍、白虎、朱雀、玄武四星宿。漢王充論衡物勢：『東方木也，其星蒼龍也；西方金也，其星白虎也；南方火也，其星朱鳥也；北方水也，其星玄武也。天有四星之精，降生四獸之體。』後因以喻四妃。通典卷三十四職官后妃：『昔帝嚳有四妃，以象后妃四星。其一明者爲正妃，餘三小者爲次妃。』舊唐書卷五十一后妃傳上：『開元中，玄宗以皇后之下立四妃，法帝嚳也，而后妃四星，一爲正后；今既立正后，復有四妃，非法典也，乃於皇后之下立惠妃、麗妃、華妃等三位，以代三夫人。』『三妃』，指後宫妃嬪之『三夫人』。古代天子後宫分主六宫之官。禮記昏義：『古者，天子後立六宫，三夫人、九嬪、二十七世婦、八十一御妻，以聽天下之内治，以明章婦順。』孔穎達疏：『六宫在王之六寢之後……其三夫人雖不分居六宫，亦分主六宫之事。或二宫則一人也，或猶如三公分主六卿之類也。』三夫人之號，代有更易。南史后妃傳序：『晋武帝采漢魏之制，置貴嬪、夫人、

貴人，是爲三夫人，位視三公……及孝武孝建三年，省夫人，置貴妃，位比相國；進貴嬪比丞相，貴人比三司，以爲三夫人。』

（十）爾惟公乃視聽，底于聰明，聽靡有偏，視靡有忒：『視靡有忒』，四庫全書、明鈔本、甲庫本作『視靡有惑』。『聰明』，本義指視聽靈敏，引申爲明察事理。荀子王霸：『聰明君子者，善服人者也。』史記五帝本紀：『（黃帝）長而敦敏，成而聰明。』張守節正義：『聰明，聞見明辯也。』『偏』，謂片面，側重於某一方面或某一部分。漢王符潛夫論明暗：『君之所以明者，兼聽也；所以暗者，偏信也。』資治通鑑唐太宗貞觀二年：『上（唐太宗）問魏徵曰：「人主何爲而明，何爲而暗？」對曰：「兼聽則明，偏信則暗。」』『忒』，本義謂誤差。廣雅釋詁四：『忒，差也。』詩魯頌閟宮：『春秋匪解，享祀不忒。』

（十一）言違而志必觀其誠，言順而心必觀其佞：『言違』，猶『違言』，謂因語言不合而失和。左傳隱公十一年：『鄭息有違言，息侯伐鄭。』杜預注：『以言語相違恨。』唐韓愈清河郡公房公墓碣銘：『客主違言，徵貳太僕。』『言順』，猶『順言』，謂附和對方之話。三國志魏書武帝紀：『吾順言許之，所以從其意，使自安而不爲備，因蓄士卒之力，一旦擊之，所謂疾雷不及掩耳，兵之變化，固非一道也。』

〔十二〕婦順之化，資汝而彰；陰教之端，資汝而正：『婦順』，謂婦女順從孝敬之美德。禮記昏義：『舅姑入室，婦以特豚饋，明婦順也……婦順者，順於舅姑，和於室人，而後當於夫，以成絲麻布帛之事，以審守委積蓋藏。』孔穎達疏：『明婦順也者，言所以特豚饋者，顯明其爲婦之孝順也。』『陰教』，箋注見本卷皇帝良娣董氏等貴妃詔校箋〔四〕。

〔十三〕敬之戒之，無替成式，可不慎歟：『成式』，舊有的法規。書畢命：『子孫訓其成式惟乂。』孔傳：『言後世子孫順公之成法惟以治。』唐白居易除裴武太府卿制：『以遵成式，無使改易，謹而守之，斯爲稱職。』

良娣楊氏等爲貴妃詔〔一〕

詔曰：六位時成，方祇所以載物；四始爰著，樛木於焉逮下〔二〕。故能風化聿定，肅雍昭被〔三〕。皇后虔恭粢盛，儀刑邦國〔四〕，咏螽斯而闡業，閱關雎而蹈禮〔五〕，邁樊姬而進善，逾鄧后之推賢〔六〕。去歲及兹，累陳表疏，以爲内職未備，有虧前代之禮〔七〕。朕祇奉靈命，君臨邦域〔八〕，居紫宸之重，若馭朽於秋駕；處黄屋之尊，猶履冰於春旭〔九〕。志崇簡約，性靡徵求〔十〕，絶良家之選，曠後庭之列，寧唯矯正百王，亦將垂鏡千祀〔十一〕。

皇后所陳甚切，理在難爲，式順徽音，敬依來請〔十二〕。良娣楊氏，良娣于氏，并家承鐘鼎，心標婉淑〔十三〕，夙侍儲闈，從升天禁，久淹歲月，先著恭勤〔十四〕，咸擬職上臺，分榮中壼〔十五〕。楊可貴妃，于可淑妃，于可德妃，良媛陳爲昭儀，良媛閻爲充儀，良媛陸爲充容，崔氏爲修儀〔十六〕。

校箋

〔一〕此文不見録於其他史籍，所册封嬪妃爲何人，亦不能遽下判斷。又，本文亦未署頒布時間。故撰者、所撰寫及頒布時間均待考。

〔二〕六位時成，方祇所以載物；四始爰著，樛木於焉逮下：「六位」，即易卦之六爻。易乾：「大明終始，六位時成。」孔穎達疏：「以所居上下言之，謂之六位也。」易説卦：「分陰分陽，迭用柔剛，故易六位而成章。」韓康伯注：「六位，爻所處之位也。」「方祇」，謂大地。南朝宋顏延之宋文皇帝元皇后哀策文：「圓精初鑠，方祇始凝。」吕延濟注：「圓精，謂天也；方祇，謂地也。」舊唐書后妃傳下代宗貞懿皇后獨孤氏：「忽歸清漢，言復方祇。」「四始」，

舊説詩有四始，各家説法不一，史存數説：其一，指『風』『小雅』『大雅』『頌』。詩大序：『一國之事，繫一人之本，謂之「風」；言天下之事，形四方之風，謂之「雅」；雅者，正也，言王政之所由廢興也，政有大小，故有「小雅」焉，有「大雅」焉；「頌」者，美盛德之形容，以其成功告於神明者也。是謂四始，詩之至也。』孔穎達疏引鄭玄答張逸云：『四始，「風」也，「小雅」也，「大雅」也，「頌」也。此四者，人君行之則爲興，廢之則爲衰。』其二，指『風』『小雅』『大雅』『頌』的首篇。史記孔子世家：『關雎之亂以爲「風」始，鹿鳴爲「小雅」始，文王爲「大雅」始，清廟爲「頌」始。』其三，指『大雅』的大明，『小雅』的四牡、南有嘉魚、鴻雁。詩大序：『是謂四始。』孔穎達疏：『詩緯泛曆樞云：「大明在亥，水始也。四牡在寅，木始也。嘉魚在巳，火始也。鴻雁在申，金始也。」與此不同。緯文因金、木、水、火有四始之義，以詩文托之。』『逮下』，箋注見本卷册元妃某氏弟爲貴妃文校箋〔七〕。

〔三〕故能風化聿定，肅雍昭被：『風化』，猶風教，風氣。後漢書第五倫傳：『光武承王莽之餘，頗以嚴猛爲政，後代因之，遂成風化。』宋陳亮酌古論孔明下：『權逼人主而上不疑，勢傾群臣而下不忌。厲精治蜀，風化肅然。』『聿』，通『遹』，輕疾貌。漢書揚雄傳上：『及至罕車飛揚，武騎聿皇。』顏師古注：『聿皇，疾貌。』『肅雍』，稱頌婦德之辭。詩召南何

彼襛矣：『曷不肅雝，王姬之車。』原指行車之貌。詩序：『何彼襛矣，美王姬也。雖則王姬，亦下嫁於諸侯，車服不繫其夫，下王后一等，猶執婦道以成肅雝之德也。』後因以『肅雝』爲稱頌婦德之辭。後漢書皇后紀論：『所以能述宣陰化，修成内則，閨房肅雝，險謁不行也。』『昭被』，謂光照，光耀。南朝梁沈約上宋書表：『拯世夷難之功，配天光宅之運，亦足以勒銘鐘鼎，昭被方策。』

〔四〕皇后虔恭粢盛，儀刑邦國：『虔恭』，謂誠敬。漢書叙傳下：『秺侯狄孥，虔恭忠信。』晋書袁瓌傳：『陛下以聖明臨朝，百官以虔恭莅事。』『粢盛』，古時盛于祭器内以供祭祀之穀物。公羊傳桓公十四年：『御廩者何？粢盛委之所藏也。』何休注：『黍稷曰粢，在器曰盛。』漢書文帝紀：『朕親率耕，以給宗廟粢盛。』『儀刑』，效法。詩大雅文王：『儀刑文王，萬邦作孚。』朱熹集傳：『儀，象。刑，法。』明高明琵琶記一門旌獎：『斯三人者，朕甚嘉之。使四海億兆，皆當儀刑斯人，垂範將來。』『邦國』，謂國家。詩大雅瞻卬：『人之云亡，邦國殄瘁。』晋劉琨勸進表：『或多難以固邦國，或殷憂以啓聖明。』

〔五〕咏螽斯而闡業，閱關雎而蹈禮：『螽斯』，詩篇名，後世喻指多子多福。詩周南螽斯序：『螽斯，后妃子孫衆多也。言若螽斯不妒忌，則子孫衆多也。』後用爲多子之典實。後漢書

皇后紀下順烈梁皇后：『夫陽以博施爲德，陰以不專爲義，螽斯則百，福之所由興也。』『關雎』，詩周南篇名，爲全書首篇，亦爲十五國風的首篇。詩周南關雎序：『關雎，后妃之德也。風之始也，所以風天下而正夫婦也。』後漢書皇后紀序：『故康王晚朝，關雎作諷。』

〔六〕邁樊姬而進善，逾鄧后之推賢：『樊姬』，春秋楚莊王之姬。樊姬曾諫止楚莊王狩獵，使勤於政事，又激楚相虞丘子辭位而進賢相孫叔敖，楚莊王賴以稱霸。事見漢劉向列女傳楚莊樊姬。唐元稹楚歌十首之四：『懼盈因鄧曼，罷獵爲樊姬。』唐周曇樊姬：『側影頻移未退朝，喜逢賢相日從高。當時不有樊姬問，令尹何由進叔敖。』『鄧后』，春秋時楚武王之夫人鄧曼，史載其屢次進諫。劉向列女傳：『楚武鄧曼，見事所興，謂瑕軍敗，知王將薨，識彼天道，盛而必衰，終如其言，君子揚稱。』續古文苑卷十三所録晋左芬荆武王夫人鄧曼贊：『天道惡盈，極數則微。邈哉鄧曼，心映禍幾。睹兆嘆亡，考德知衰。賢智卓殊，邈哉難追。』

〔七〕去歲及兹，累陳表疏，以爲内職未備，有虧前代之禮：『表疏』，泛指奏章。宋書袁顗傳：『顗反意已定，而糧仗未足，且欲奉表於太宗。顗子秘書丞戩曰：「一奉表疏，便爲彼臣，以臣伐君，於義不可。」顗從之。』舊唐書職官志二：『凡四夷來朝，臨軒則受其表疏，升於西階而奏。』『内職』，箋注見本卷册蕭鏗女爲才人文校箋〔五〕。

〔八〕朕祇奉靈命，君臨邦域：『邦域』，四庫全書作『庶邦』，甲庫本、明鈔本作『□域』。『靈命』謂天命，借指帝位。晋書儒林傳范弘之：『會上天降怒，奸惡自亡，社稷危而復安，靈命墜而復構。』舊唐書孝友傳宋興貴：『朕恭膺靈命，撫臨四海。』『邦域』，指疆土，国境。論語季氏：『夫顓臾，昔者先王以爲東蒙主，且在邦域之中矣，是社稷之臣也。』後漢書儒林傳論：『其服儒衣，稱先王，游庠序，聚横塾者，蓋布之於邦域矣。』

〔九〕居紫宸之重，若馭朽於秋駕；處黄屋之尊，猶履冰於春旭：『居』，原作『在』，明鈔本、甲庫本、適園叢書、學林本亦作『在』，據四庫全書改爲『居』，與下文『處黄屋之尊』之『處』對舉。『紫宸』，宫殿名，天子所居，唐宋時爲接見群臣及外國使者朝見慶賀之内朝正殿，在大明宫内。唐杜甫冬至：『杖藜雪後臨丹壑，鳴玉朝來散紫宸。』唐姚合酬田卿書齋即事見寄：『幽齋琴思静，晚下紫宸朝。』『秋駕』，謂法駕，帝王車馬。南朝齊王融三月三日曲水詩序：『念負重於春冰，懷御奔於秋駕。』李善注引司馬彪曰：『秋駕，法駕也。』唐太宗執契静三邊：『秋駕轉兢懷，春冰彌軫慮。』『馭朽』，『馭朽索』之省語，語出書五子之歌，後因以比喻帝王治國，艱險不易。書五子之歌：『予臨兆民，懔乎若朽索之馭六馬。』孔穎達疏：『我臨兆民之上，常畏人怨，懔懔乎危懼，若腐索之馭六馬。索絶則馬逸，言危懼之甚。』唐白居易辨興亡之由策：『安

人者，敬其下也，懍乎若馭朽索，猶懼其末也。』

〔十〕志崇簡約，性靡徵求：『徵求』，謂徵收，求索。穀梁傳桓公十五年：『古者諸侯時獻於天子，以其國之所有，故有辭讓而無徵求。』清薛福成庸盦筆記軼聞入相奇緣：『性貪黷無厭，徵求財貨，皇皇如不及。』

〔十一〕絶良家之選，曠後庭之列，寧唯矯正百王，亦將垂鏡千祀：『良家』，謂世家。後漢書陳蕃傳：『初，桓帝欲立所幸田貴人爲皇后。蕃以田氏卑微，竇族良家，争之甚固。』晋書后妃傳上武元楊皇后：『泰始中，帝博選良家以充後宮……名家盛族子女，多敗衣瘁貌以避之。』『後庭』，箋注見本卷册楊恭道女爲婕妤文校箋〔五〕。『百王』，指歷代帝王。荀子不苟：『百王之道，後王是也。』漢書董仲舒傳：『蓋聞五帝三王之道，改制作樂而天下洽和，百王同之。』『千祀』，謂千年。南朝宋謝瞻張子房詩：『惠心奮千祀，清埃播無疆。』唐柳宗元吊屈原文：『後先生蓋千祀兮，余再逐而浮湘。』

〔十二〕皇后所陳甚切，理在難違，式順徽音，敬依來請：『甚切』原作『□切』，明鈔本、甲庫本、適園叢書、學林本亦作『□切』，據四庫全書改爲『甚切』。『難違』，原作『難爲』，四庫全書另作『難辭』，今據明鈔本、甲庫本、適園叢書、學林本改作『難違』。『徽音』，猶

佳音，嘉訊。南朝宋謝靈運登臨海嶠初發疆中作與從弟惠連見羊何共和之：『儻遇浮丘公，長絶子徽音。』吕良注：『徽，美也。言我儻遇此仙公，長絶子美音信。』明王世貞過維揚有懷子相：『奈何各分離，徽音邈以修。』

〔十三〕良娣楊氏，良娣于氏，并家承鐘鼎，心標婉淑：『良娣』，箋注見本卷皇帝良娣董氏等貴妃誥校箋〔五〕。『鐘鼎』，箋注見本卷册楊恭道女爲婕妤文校箋〔三〕。『婉淑』，謂温順善良。明宋濂故陳夫人趙氏石表辭：『濂聞之，女教不行於天下，婉淑之道消而暴慢之風盛，孰有如趙夫人之賢者乎！』清顧炎武先妣王碩人行狀：『其他婉淑之行，世莫得聞。』

〔十四〕夙侍儲闈，從升天禁，久淹歲月，先著恭勤：『從升天禁』，四庫全書亦作『從升天禁』，明鈔本、甲庫本、適園叢書、學林本作『從外天禁』，誤。『儲闈』，本指太子所居之宫，借指太子。唐高彦休唐闕史盧相國指揮鎮州事：『乾符丁酉歲，因與同列廷諍機務，詞氣相高，朝廷兩解之，偕授賓翼儲闈。』『天禁』，指皇帝。漢胡廣上書駁左雄察舉議：『臣愚以爲可宣下百官，參其同異，然後覽擇勝否，詳采厥衷。敢以瞽言，冒干天禁，惟陛下納焉。』新唐書房琯傳：『有朋黨不公之名，違臣子奉上之體，何以儀刑王國，訓導儲闈？』『恭勤』，謂肅敬勤勉。北齊書趙郡王琛傳：『既居禁衛，恭勤慎密，率先左右。』唐司空圖華帥許國公德政碑：『王恭勤備至，

浣濯必親。』

〔十五〕咸擬職上臺，分榮中壺：『上臺』，指宫廷，朝廷。南史齊鄱陽王鏘傳：『鏘以上臺兵力既悉度東府，且慮難捷，意甚猶豫。』唐白居易病中辱張常侍題集賢院詩因以繼和：『騎省通中掖，龍樓隔上臺。』『中壺』，壺，古時宫内巷舍間道。謂中宫，皇后之住處，借指皇后。新唐書憲宗十八女傳：『禮始中壺，行天下，王化之美也。』唐陸贄册淑妃王氏爲皇后文：『中壺虚位，於今歷年。』

〔十六〕楊可貴妃，于可淑妃，于可德妃，良媛陳爲昭儀，良媛閻爲充儀，良媛陸爲充容，崔氏爲修儀：『崔氏』，學林本作『崔□』。『淑妃』，妃嬪稱號，三國魏明帝置，晋爲九嬪之一。隋爲三夫人之一，正一品，唐因之。三國志魏書后妃傳序：『明帝增淑妃、昭華、修儀，除順成官……淑妃位視相國，爵比諸侯王。』參閲南齊書皇后傳序、隋書后妃傳序、舊唐書后妃傳序。新唐書百官志二：『唐因隋制，有貴妃、淑妃、德妃、賢妃，各一人，爲夫人，正一品。』『德妃』，妃嬪稱號，北周始置，與貴妃、長貴妃合稱三夫人，後改稱三妃。隋煬帝時復以德妃爲三夫人之一，秩正一品。唐沿置，爲夫人之一，品秩與隋同。『良媛』，箋注見本卷皇

帝良娣董氏等貴妃誥校箋〔五〕。『昭儀』，妃嬪稱號，言昭顯女儀，以示隆重。西漢元帝始置，位視宰相，僅次皇后，爵比諸侯王。漢書外戚傳：『元帝加昭儀之號，凡十四等云。昭儀位視丞相，爵比諸侯王。』三國魏沿置，位在王后、夫人之下。三國志魏書后妃傳：『太祖建國，始命王后，其下五等：有夫人，有昭儀，有婕妤，有容華，有美人。文帝增貴嬪、淑媛、修容、順成、良人。明帝增淑妃、昭華、修儀，除順成官。太和中始復命夫人，登其位於淑妃之上。自夫人以下爵凡十二等：貴嬪、夫人，位次皇后，爵無所視，淑妃位視相國，爵比諸侯王；淑媛位視御史大夫，爵比縣公；昭儀比縣侯，昭華比鄉侯；修容比亭侯。』其後，歷代多沿置，地位有所下降。唐代昭儀爲九嬪之一，正二品，見舊唐書后妃傳。『充儀』，妃嬪稱號，隋煬帝始置，爲九嬪第七，正二品。唐朝沿置。新唐書后妃傳：『唐因隋制……昭儀、昭容、昭媛、修儀、修容、修媛、充儀、充容、充媛各一人爲九嬪，正二品。』『充容』，妃嬪稱號，隋煬帝所置九嬪之一，秩正二品，唐制同隋。『修儀』，妃嬪稱號，三國魏明帝置，太和中定其位比關内侯。西晉武帝定内官，置爲九嬪之一，位視九卿。南朝宋孝武帝省，泰始元年（四六五）復置，三年列位九嬪。南朝齊沿置，陳亦爲九嬪之一。隋煬帝沿置，正二品。唐與隋同，正二品。

册獨孤穎長女爲貴妃文〔一〕

維大曆三年，歲次戊申，月日〔二〕，皇帝遣使某官某册命曰：於戲！位亞長秋，坐論婦道〔三〕，聽天下之内治，序人倫之大端，御於邦家，式是風化〔四〕。惟爾贈禮部尚書獨孤穎長女〔五〕，祥會鼎族，行高邦媛，體仁則厚，履禮惟純〔六〕。有沖敏之識，不資姆訓；有淑慎之行，自成嬪則〔七〕。藴此貞懿，灼其方華，選躬之初，奉承先命〔八〕；肅恭之儀，克稱尊旨〔九〕。鑾輿北幸，侍從勤誠，祗事壽宫，備申哀敬，能盡其節，實同我心〔十〕。久奉椒塗，載揚惠問，勤於道藝，每鑒圖書，動有箴規，必脱簪珥〔十一〕。進賢才以輔佐，知臣下之勤勞，謙讓益勤，記功惟最〔十二〕。聲流彤管，道治紫庭，克副宫教，載修壼職〔十三〕，眷求賢淑，用峻等威，百辟抗辭，六宫歸美〔十四〕。宜崇禮册，俾舉彝章，是用册曰貴妃〔十五〕。往欽哉！無或居上而驕，無或處貴而逸；降情以逮下，誡事以防微〔十六〕；潔其粢盛，服其浣濯；敬循禮節，以率嬪御〔十七〕。膺兹嘉命，可不慎歟！〔十八〕

校　箋

〔一〕此文又見於全唐文卷四十九唐代宗集，署名唐代宗。本文所署頒布時間，考文首云『維大曆三年，歲次戊申，月日』，則該册文撰寫及頒布於唐代宗大曆三年，具體時間有待詳考。獨孤氏乃唐代宗貞懿皇后獨孤氏，其生平行狀及崩事，諸多史籍均有記載，詳見於舊唐書卷五十二后妃傳下、新唐書卷七十七后妃傳下。

〔二〕維大曆三年，歲次戊申，月日：『歲次』，猶年次，古時以歲星（木星）紀年。古人將天空赤道部位分作十二等分，每等分中以某些恒星爲標志。木星每年走一等分，十二年走一周。每年歲星（木星）所值星次與其干支稱爲歲次。南朝梁沈約宋書武帝紀：『高祖以晉哀帝興寧元年，歲次癸亥，三月壬寅夜生，及長，身長七尺六寸，風骨奇特，家貧，有大志。』釋慧皎高僧傳卷二：『至苻堅建元十三年，歲次丁丑，正月，太史奏云：「有星見於外國分野，當有大德智人入輔中國。」』

〔三〕位亞長秋，坐論婦道：『長秋』，本義指長秋宮，後亦用爲皇后之代稱。三輔黃圖漢宮：『有長定、長秋、永壽、永寧四殿。高帝居此宮，後太后常居之。』北史后妃傳上孝文廢皇后馮氏：『長

秋未建，六宫無主。」『婦道』，謂爲婦之道，舊多指貞節、孝敬、卑順、勤謹等。穀梁傳襄公三十年：『遂逮乎火而死，婦人以貞爲行者也，伯姬之婦道盡矣。』後漢書列女傳鮑宣妻：『修行婦道，鄉邦稱之。』

〔四〕聽天下之内治，序人倫之大端，御於邦家，式是風化：『内治』，古時指對婦女進行教育。禮記昏義：『古者，天子後立六宫、三夫人、九嬪……以聽天下之内治，以明章婦順，故天下内和而家理。』鄭玄注：『内治，婦學之法也。』孔穎達疏：『案九嬪職云「掌婦學之法」，故知内治是婦學也。』『大端』，謂事物的主要方面。後漢書隗囂傳：『新都侯王莽，慢侮天地，悖道逆理……今略舉大端，以喻吏民。』唐白居易三教論衡：『略録大端，不可具載。』『風化』，箋注見本卷良娣楊氏等爲貴妃詔校箋〔三〕。

〔五〕惟爾贈禮部尚書獨孤穎長女：『禮部』，四庫全書、明鈔本、甲庫本、適園叢書、全唐文亦作『禮部』，學林本作『吏部』。『贈』，古時皇帝賜死者以官爵或榮譽稱號。魏書韓子熙傳：『敕子熙爲侍講。尋卒，遺戒不求贈謚。』三國志吴書吴主傳：『步夫人卒，追贈皇后。』獨孤穎所受追贈之官職，史籍多有所載，檢舊唐書卷五十二后妃傳下：『代宗貞懿皇后獨孤氏，

父穎，左威衛録事參軍，以后貴，贈工部尚書。」又册府元龜卷三百三外戚部：「獨孤穎爲左威將軍録事參軍，卒，大曆三年，追贈工部尚書。穎，代宗貴妃之父也，將册貴妃，乃加寵焉。」據此可知，獨孤穎實際所受贈之官職乃工部尚書。

〔六〕祥會鼎族，行高邦媛，體仁則厚，履禮惟純：「鼎族」，箋注見本卷册蕭鏗女爲才人文校箋〔四〕。「邦媛」，箋注見本卷起復上官氏爲婕妤制校箋〔十一〕。「體仁」，謂躬行仁道。易乾：「君子體仁，足以長人。」孔穎達疏：「言君子之人，體包仁道，泛愛施生，足以尊長於人也。」清戴震孟子字義疏證原善卷下：「君子體仁以修身，則行修也。」

〔七〕有冲敏之識，不資姆訓；有淑慎之行，自成嬪則：「不資」，謂不可計數。續資治通鑒宋仁宗嘉祐七年：「凡人於絲毫之利，至相争奪；今皇子辭不資之富，已三百餘日不受命，其賢於人遠矣。」「姆訓」，指女師之訓誡。宋蘇軾與邁求親啓：「賢小娘子姆訓夙成，遠有萬石之家法。」「淑慎」，謂賢良謹慎。隸釋中常侍樊安碑：「制詔：中常侍樊安，宿衛歷年，恭恪淑慎。」宋曾鞏祖母陳氏追封蜀郡太夫人：「淑慎恭儉，化行閨門。」「嬪則」，謂爲婦之準則。南朝齊謝朓齊敬皇后哀策文：「思媚諸姑，貽我嬪則。」張銑注：「嬪則，爲婦之法則也。」

〔八〕藴此貞懿，灼其方華，選躬之初，奉承先命：「方華」，四庫全書、明鈔本、學林本、

全唐文作『芳華』。『貞懿』，貞潔懿美，多指婦德。唐符載犀浦縣令楊府君墓志銘：『夫人貞懿文淑，風度明茂，奉上撫下，閨門穆然。』初刻拍案驚奇卷二十三：『妻王氏夫人，乃是江西廉使王仲舒女，貞懿賢淑，行修敬之如賓。』『灼其方華』，猶『灼灼其華』，謂花開明艷而動人貌，喻女子婚嫁。語出詩周南桃夭：『桃之夭夭，灼灼其華。之子于歸，宜其室家。』以桃花起興，乃女子婚嫁之詩。毛傳：『桃有華之盛者，夭夭，其少壯也。』南宋朱熹詩集傳：『然則桃之有華，正婚姻之時也……文王之化，自家而國，男女以正，婚姻以時，故詩人因所見以起興，而嘆其女子之賢，知其必有以宜其室家也。』

〔九〕肅恭之儀，克稱尊旨：『肅恭』，端嚴恭敬貌。書微子之命：『恪慎克孝，肅恭神人。』史記魯周公世家：『肅恭明神，敬事耆老。』『克』，謂能够。爾雅：『克，能也。』詩齊風南山：『匪斧不克。』書洪範：『二曰剛克，三曰柔克。』鄭玄注：『克，能也。』資治通鑑漢紀五十七：『如其克諧，天下可定也。』『尊旨』，謂皇帝的命令、旨意。

〔十〕鑾輿北幸，侍從勤誠，祗事壽宫，備申哀敬，能盡其節，實同我心：『備申』，明鈔本作『備申』。『鑾輿』，本義爲鑾駕，天子車駕，後借指皇帝。舊唐書肅宗紀論：『故兩都再復於鑾輿，九廟復歆於黍稷。』『幸』，舊指皇帝親臨，後也泛指皇族親臨。史記孝文本紀：『辛卯，帝自

甘泉之高奴，因幸太原。』宋王讜唐語林政事：『會幸苑中。』按，『鑾輿北幸』，謂安史之亂，唐代宗隨其父唐肅宗北上治兵朔方。檢舊唐書卷十一代宗紀記載：『禄山之亂，京城陷賊，從肅宗蒐兵靈武，以上爲天下兵馬元帥。時朝廷草創，兵募寡弱，上推心示信，招懷流散，比至彭原，兵衆數萬。及肅宗回幸鳳翔，時房琯、郭子儀繼戰不利，賊鋒方鋭，屢來寇襲。上選求勇干，頻挫其鋒，聖慮遑寧，士心大振。及師進討，百官辭送，步出闕門，方始乘馬。回紇葉護王子率兵入助，勇冠諸蕃，上接以優恩，結爲兄弟，故香積之戰，賊徒大敗，遂委西京而遁。雖子儀、嗣業之奮命，由上恩信結於士心，故人思自效。既收京城，令行禁止，民庶按堵，秋毫不犯，耆老歡迎，對之歔欷。聞賊殘衆猶保陝郊，即日長驅，東趨虢洛。新店之役，一戰大捷，慶緒之黨，十殲七八。數旬之間，河南底定，兩都恢復，二聖回鑾，統率之功，推而不受。肅宗還京，大赦，改封楚王。』又舊唐書卷十肅宗紀曰：『（天寶）十四載十一月，禄山果叛……留上在後宣諭百姓……令力士口宣曰：「汝好去！百姓屬望，慎勿違之。莫以吾爲意。且西戎北狄，吾嘗厚之，今國步艱難，必得其用，汝其勉之！」上回至渭北……時從上惟廣平、建寧二王及四軍將士，才二千人。自奉天而北。……史臣曰：「……號令朔方，旬日而車徒雲合；旋師右輔，期月而關、隴砥平。故兩都再復於鑾輿。」』其時唐代宗李豫封廣平王。『勤誠』，謂勤勉忠誠。隋書煬帝紀下：『竭

力王役，致身戎身，咸由徇義，莫匪勤誠。』明史雲南土司傳一楚雄：『政初爲同知，永樂中來朝，時仁宗監國，嘉其勤誠，升知府。』『壽宮』，謂墓祠，又常指皇帝生前預築之陵墓。宋洪朋寄題胡公祠堂詩：『堂後壽宮閟日月，堂前荒草横古今。』明史方從哲傳：『又語及壽宮，從哲等以先帝山陵對。帝自指曰：「朕壽宮也。」諸臣皆泣。』按，此處應謂唐肅宗駕崩及玄宗、肅宗歸祔山陵事。檢舊唐書卷十一代宗紀記載：『（寶應元年四月）丁卯，肅宗崩，元振等始迎上於九仙門，見群臣，行監國之禮。己巳，即皇帝位於柩前。……辛卯，制曰：「三年之喪，天下達禮，苟或變革，何以教人？朕遘此閔凶，攀號罔極，公卿固請，俾聽朝務，斬焉縗絰，痛貫心靈，豈可便議公除，遽移諒暗。昨見所司儀注，今月十三日大祥，十五日從吉。仰憑遺制，又欲抑予，竊惟哀思，深謂未可。其百僚并以此釋服，朕將繼武丁之道，素冠之詩，恭默再周，不忍權奪。凡庶在位，宜悉哀懷。」宰臣苗晉卿等三上表請依遺制，方聽政。……六月己酉朔，百僚臨於西宮，上不視朝。自是每朔望皆如之，迄于山陵。凡人臣有事辭見，先臨西宮，然後詣朝。……（寶應二年三月丁未）玄宗、肅宗歸祔山陵。自三月一日廢朝，至於晦日，百僚素服詣延英門通名起居。』

〔十一〕久奉椒塗，載揚惠問，勤於道藝，每鑒圖書，動有箴規，必脱簪珥：『惠問』，明

鈔本、學林本、全唐文作『蕙問』。『椒塗』，謂皇后居住之宫室，因用椒和泥塗壁，故名。南朝宋顏延之宋文皇帝元皇后哀策文：『蘭殿長陰，椒塗弛衛，嗚呼哀哉！』吕向注：『蘭殿、椒塗，后妃所居也……椒塗，以椒塗室也。』南朝齊謝朓齊敬皇后哀策文：『痛椒塗之先廓，哀長信之莫臨。』『惠問』，謂美好之稱譽。南朝宋顏延之宋文皇帝元皇后哀策文：『惠問川流，芳猷淵塞。』劉良注：『惠問芳猷，皆美稱也。』『圖書』，謂書籍。韓非子大體：『豪杰不著名於圖書，不録功於盤盂。』唐鄭穀贈文士王雄：『圖書長在手，文學老於身。』『箴規』，勸戒規諫。漢王符潛夫論明暗：『過在於不納卿士之箴規，不受民氓之謠言。』『脱簪』，亦省作『脱簪』，謂取下簪珥等首飾，表示自責請罪。史記外戚世家：『帝譴責鈎弋夫人，夫人脱簪珥叩頭。』漢劉向列女傳周宣姜后：『宣王嘗早卧晏起，后夫人不出房，姜后脱簪珥，待罪於永巷。』

〔十二〕進賢才以輔佐，知臣下之勤勞，謙讓益勤，記功惟最：『記功』，記録功績。書洛誥：『今王即命曰：「記功，宗以功，作元祀。」』孔傳：『今王就行王命於洛邑曰：「當記人之功，尊人亦當用功大小爲序，有大功則列大祀。」』唐李翰難進論：『夫吉人之辭寡，躁人之辭多，頌德紀功，易以藻飾，閑邪介疾，或犯忌諱。』

〔十三〕聲流彤管，道洽紫庭，克副宫教，載修壼職：『彤管』，杆身漆朱之筆，古代女史

記事所用。詩邶風靜女：『靜女其孌，貽我彤管。』毛傳：『古者后夫人必有女史彤管之法，史不記過，其罪殺之。』鄭玄箋：『彤管，筆赤管也。』陳奐傳疏引董仲舒曰：『彤者，赤漆耳。』一説指樂器，見高亨詩經今注。一説指紅色管狀之初生植物，見余冠英詩經選譯。後漢書皇后紀序：『女史彤管，記功書過。』李賢注：『彤管，赤管筆也。』『紫庭』，謂帝王宮庭。後漢書皇甫規傳：『臣生長邊遠，希涉紫庭，怖慑失守，言不盡心。』晉左思悼離贈妹二首之二：『以蘭之芳，以膏之明，永去骨肉，内充紫庭。』續資治通鑑宋仁宗嘉祐八年：『今陛下已御正殿，臣謂何惜紫庭數步之地，使之稽首拜伏，瞻仰清光。』『克』，箋注見本文校箋〔九〕。『副』，相稱，符合。東漢李固與黄瓊書：『盛名之下，其實難副。』『宮教』，皇宮中之禮教。後漢書皇后紀序：『明帝聿遵先旨，宮教頗修。』『壼』，古時宮内巷舍間道。爾雅釋宮：『宮中弄謂之壼。』引申爲内宮。

〔十四〕眷求賢淑，用峻等威，百辟抗辭，六宮歸美：『賢淑』，本義謂女子賢能善良，借指德性善美之女子。宋蘇轍立皇后制書札子：『公選賢淑，下逮側微，明建中宮，以助内治。』明湯顯祖牡丹亭訓女：『看來古今賢淑，多曉詩書。』『峻』，謂嚴酷，嚴厲。新唐書李實傳：『乃峻責租調。』論衡非韓：『嚴刑峻法。』『等威』，謂與一定身份、地位相應之威儀。左傳文

公十五年：『伐鼓於朝，以昭事神，訓民事君，示有等威，古之道也。』杜預注：『等威，威儀之等差。』晉葛洪抱朴子仁明：『服牛馬以息負步，序等威以鎮禍亂。』『百辟』，謂百官。宋書孔琳之傳：『羨之内居朝右，外司輦轂，位任隆重，百辟所瞻。』唐白居易醉後走筆酬劉五主簿長句之贈兼簡張大賈二十四先輩昆季：『閶闔晨開朝百辟，冕旒不動香烟碧。』『抗辭』，猶嚴辭。漢應劭風俗通窮通孔子：『（孔子）復相定公，會於夾谷，昭舊以正其禮，抗辭以拒其侮。』清陳康祺郎潛紀聞卷四：『當和珅聲勢熏灼，舉朝無一人敢於糾劾，曹錫寶獨能抗辭執奏，不愧諍臣。』『六宫』，箋注見本卷睿宗貴妃豆盧氏等食實封制校箋（七）。『歸美』，謂稱許，贊美。晉書鄭冲傳：『昔漢祖以知人善任，克平宇宙。推述勛勞，歸美三俊。』宋書武帝紀中：『由是四海歸美，朝野推崇。』

（十五）宜崇禮册，俾舉彝章，是用册曰貴妃：『俾』，謂使，把。詩小雅天保：『俾爾單厚。』清方苞獄中雜記：『苟入獄，不問罪之有無……俾困苦不可忍。』『彝章』，謂常典，舊典。南朝梁任昉爲范尚書讓吏部封侯第一表：『矜臣所乞，特迴寵命，則彝章載穆，微物知免。』唐司空圖上考功：『共仰推公之志，敢忘效報之心，克振彝章，必光僉議。』

〔十六〕無或居上而驕，無或處貴而逸；降情以逮下，誡事以防微：『誡事』，原作『誠事』，明鈔本、適園叢書、學林本、全唐文均作『誡事』，今即據改。『無或』，謂不要。吕氏春秋 貴公：『故鴻範曰：「……無或作好，遵王之道；無或作惡，遵王之路。」』高誘注：『或，有也。』『降情』，猶虛懷，虛心。梁書 劉孝綽傳：『殿下降情白屋，存問相尋，食椹懷音，矧伊人矣。』『逮下』，箋注見本卷册元妃某氏弟爲貴妃文校箋〔七〕。『防微』，指在錯誤或壞事剛萌發時就加以制止。晋書 慕容垂載記：『垂爲三軍之統，卿爲謀垂之主，用兵制勝之權，防微杜貳之略，委之於卿，卿其勉之。』唐劉禹錫上杜司徒書：『常謂盡誠可以絶嫌猜，徇公可以弭讒訴。謂慎獨防微爲近隘，謂艱貞用晦爲廢忠。』

〔十七〕絜其粢盛，服其浣濯；敬循禮節，以率嬪御：『粢盛』，箋注見本卷良娣楊氏等爲貴妃詔校箋〔四〕。『嬪御』，謂帝王、諸侯之侍妾與宫女。左傳 哀公元年：『今聞夫差，次有臺榭陂池焉，宿有妃嬙嬪御焉。』杜預注：『妃嬙，貴者；嬪御，賤者，皆内官。』唐康駢劇談録 孟才人善歌：『孟才人善歌，有寵於武宗皇帝，嬪御之中莫與爲比。』

〔十八〕膺兹嘉命，可不慎歟：『膺』，承受，擔當重任。明馮夢龍警世通言：『臣有何德能，敢膺聖眷如此。』『嘉命』，稱朝廷授官賜爵之敕命。三國魏阮籍爲鄭冲勸晋王箋：『伏見嘉命

顯至，竊聞明公固讓。』南朝梁江淹雜體詩陸平原機宦：『儲后降嘉命，恩紀被微身。』唐韓愈除崔群户部侍郎制：『擇才均賦，自古尤難，往慎乃司，以服嘉命。』

許氏等爲美人等制〔一〕

敕：許氏、尹氏、段氏等〔二〕，素稱柔順，式禀惠和〔三〕。頗嫻閨壼之儀，早備組紃之訓〔四〕。服勤有素，寵秩宜優〔五〕。是嘉内範之良，并命中宫之職〔六〕。許氏可美人，尹氏、段氏并可才人〔六〕。

校箋

〔一〕此文不見録於其他史籍，所册封諸嬪妃爲何人，亦不能遽下判斷。又，本文亦未署頒布時間。故撰者、撰寫及頒布時間均待考。

〔二〕敕：許氏、尹氏、段氏等：『敕』，謂皇帝之詔命、詔令。唐白居易賣炭翁：『手把文書口稱敕，回車叱牛牽向北。』北史高元海傳：『今集文武，示以此敕。』

和，煦下以慈愛。』

〔三〕素稱柔順，式稟惠和：『惠和』，謂仁愛和順。後漢書皇后紀上和熹鄧皇后：『政非惠和，不圖於心；制非舊典，不訪於朝。』唐元稹夏陽縣令陸翰妻河南元氏墓志銘：『睦族以惠和，煦下以慈愛。』

〔四〕頗嫻閨壼之儀，早備組紃之訓：『頗嫻』，原作『頗閑』，今據四庫全書改。『嫻』，熟習。史記屈原賈生列傳：『博聞强志，明於治亂，嫻於辭令。』清卓爾堪昆陽王烈女擬焦仲卿妻古詩體：『阿母無教訓，阿翁不嫻禮。』『閨』，宫中的小門。爾雅釋宫：『宫中之門謂之闈，其小者謂之閨。』楚辭九思逢尤：『念靈閨兮隩重深。』『壼』，古时宫内巷舍間道。按，『閨壼』，喻指居住於後宫的妃嬪。『組紃』，古指婦女從事的女紅。唐白居易封太和長公主制：『第四妹端明成性，和順稟教。静無違禮，故組紃有常訓；動必中節，故環珮有常聲。』宋王禹偁平陽公主贊：『余觀文母之下，修蘋藻之禮、組紃之事者，世則有之，及其立命世之勛、與武臣之列者，未之見也。』

〔五〕服勤有素，寵秩宜優：『服勤』，謂服持職事勤勞。禮記檀弓上：『事親有隱而無犯，左右就養無方，服勤至死，致喪三年。』孔穎達疏：『言服勤者，謂服持勤苦勞辱之事。』晋干寶搜神記卷一：『永雖小人，必欲服勤致力，以報厚德。』『寵秩』，謂寵愛而授以官秩。左傳

昭公八年：『子旗曰：「子胡然，彼孺子也。吾誨之，猶懼其不濟，吾又寵秩之，其若先人何？」』資治通鑑晉簡文帝咸安二年：『彼慕容評者，蔽君專政，忌賢疾功，愚暗貪虐以喪其國。國亡不死，逃遁見擒。秦王堅不以爲誅首，又從而寵秩之，是愛一人而不愛一國之人也。』胡三省注：『寵秩，謂寵而序其官，使不失次也。』

〔六〕是嘉内範之良，并命中宫之職：『内範』，謂閨範，婦德。唐陸贄册淑妃王氏爲皇后文：『王教之端始於内範。風美關雎之化，雅詠思齊之德。』『中宫』，本義指皇后居住之所，因以借喻皇后。漢書 外戚傳下 孝成趙皇后：『常給我言從中宫來，即從中宫來，許美人兒何從生中？』顔師古注：『中宫，皇后所居。』周禮 天官 内宰：『以陰禮教六宫。』鄭玄注：『六宫，謂后也。若今稱皇后爲中宫矣。』

〔七〕許氏可美人，尹氏、段氏并可才人：『美人』，箋注見本卷册蕭鑠女爲美人文校箋〔六〕。『才人』，箋注見本卷册崔弘道女爲才人文校箋〔六〕。

鄭氏爲才人制〔一〕

敕：古者天子設六宫，以詔内理〔二〕，是以關雎樂得淑女，憂在進賢，將聽鷄鳴之詩，

豈唯魚貫之序〔三〕。鄭氏山東令族，海内良家〔四〕。每師班女之文，嘗慕樊姬之德〔五〕。桃姿焜燿，蘭行馨香〔六〕。爰用擇才，冀無傷善〔七〕。勉當選進之重，無忘平和之心。可才人〔八〕。

校　箋

〔一〕此文又見於全唐文卷六百四十七元稹集，題爲鄭氏封才人制，署名元稹。元稹元氏長慶集卷四十九亦録，文題作鄭氏封才人。此册文應乃元稹所擬詔。按，諸史籍多載元稹於唐穆宗朝曾任知制誥、翰林學士。檢舊唐書本傳載：『長慶初……即日轉祠部郎中、知制誥。朝廷以書命不由相府，甚鄙之。然辭誥所出，敻然與古爲侔，遂盛傳於代，由是極承恩顧。……居無何，召入翰林，爲中書舍人、承旨學士。……穆宗顧中外人情，乃罷稹内職，授工部侍郎。上恩顧未衰。長慶二年，拜平章事。』資治通鑑卷二百四十一載：『（元和十五年）夏，五月，庚戌，以稹爲祠部郎中、知制誥。』又，舊唐書卷十六穆宗紀載：『（長慶元年冬十月）壬午，河東節度使裴度三上章，論翰林學士元稹與中官知樞密魏弘簡交通，傾亂朝政。以稹爲工部侍郎，罷學士；

弘簡爲弓箭庫使。』由此可知，元稹參與朝廷草擬誥命制敕之時間，前後長達兩年之久，始於『元和十五年（八二〇）五月庚戌』，終於『長慶元年（八二一）冬十月壬午』。卞孝萱元稹年譜中『庚子至辛丑作其他制誥：鄭氏封才人制（文六四七）』亦將此冊文之作年繫於元和十五年（八二〇）至長慶元年（八二一）之間。又，此冊文屬於内命。檢元稹制誥序曰：『元和十五年，余始以祠部郎中、知制誥。……又明年，召入禁林，專掌内命。』翰苑群書卷二所載元稹承旨學士院記附題名亦云：『元稹，長慶元年二月十六日，自祠部郎中、知制誥，行中書舍人、翰林學士，仍賜紫金魚袋。其年十月十九日，拜工部侍郎，出院。』據上可知，元稹任翰林學士而專掌内命之時間始自『長慶元年（八二一）二月十六日』，至『長慶元年（八二一）十月十九日』結束，則此冊文當撰寫并頒布於此期間。

（二）敕：古者天子設六宮，以詔内理：『六宮』，箋注見本卷睿宗貴妃豆盧氏等食實封制校箋（七）。『詔』，教導，告誡。莊子盜跖：『夫爲人父者，必能詔其子。』呂氏春秋審分：『不知乘物，而自怙恃，奪其智能，多其教詔。』高誘注：『詔，亦教。』『内理』，内治。唐白居易大唐故賢妃京兆韋氏墓志銘：『妃先以采蘩之誠奉於上，故能致霜露之感薦於九廟……其餘坐論婦道，行贊内理。』

〔三〕是以關雎樂得淑女，憂在進賢，將聽鷄鳴之詩，豈唯魚貫之序：按，『關雎樂得淑女，憂在進賢』句，語出毛詩序。參見詩周南關雎：『關關雎鳩，在河之洲。窈窕淑女，君子好逑。』毛詩序：『關雎樂得淑女，以配君子，憂在進賢，不淫其色；哀窈窕，思賢才，而無傷善之心焉。是關雎之義也。』『鷄鳴之詩』，毛詩序稱其思賢婦。參見詩齊風鷄鳴：『鷄既鳴矣，朝既盈矣。匪鷄則鳴，蒼蠅之聲。東方明矣，朝既昌矣。匪東方則明，月出之光。』毛詩序：『鷄鳴，思賢妃也。哀公荒淫怠慢，故陳賢妃貞女，夙夜警戒，相成之道焉。』『魚貫之序』，猶『貫魚之序』，箋注見本卷皇帝良娣董氏等貴妃誥校箋〔三〕。

〔四〕鄭氏山東令族，海内良家：『令族』，指名門世族。晋陶潛贈長沙公族祖：『於穆令族，允構斯堂，諧氣冬暄，映懷圭璋。』唐王勃梓州玄武縣福會寺碑：『爰有縣令柳邊，河東令族，大業之年，來光上邑。』『良家』，箋注見本卷良娣楊氏等爲貴妃詔校箋〔十一〕。

〔五〕每師班女之文，嘗慕樊姬之德：『班女』，箋注見本卷起復上官氏爲婕好制校箋〔十四〕。『樊姬』，箋注見本卷良娣楊氏等爲貴妃詔校箋〔六〕。

〔六〕桃姿焜燿，蘭行馨香：『焜燿』，光輝，輝煌。唐獨孤及送陳兼應辟兼寄高適賈至：『賈生去洛陽，焜燿琳琅姿。』明方孝孺送徐思勉之山東按察司僉事詩序：『咏歌之士，必有敷揚焜

燿以照千古者矣。』『蘭行』，謂美好的品行。

〔七〕爰用擇才，冀無傷善：按，此句與上文『關雎樂得淑女，憂在進賢』句之文意相呼應。語出毛詩序：『關雎樂得淑女，以配君子，憂在進賢，不淫其色；哀窈窕，思賢才，而無傷善之心焉。是關雎之義也。』

〔八〕勉當選進之重，無忘平和之心。可才人：『平和』，謂寧静，温和，不偏激。禮記樂記：『感條暢之氣而滅平和之德……是以君子賤之也。』宋司馬光辭左僕射三札子：『酌寬猛之政，處小大之事，必平和允愜，曲盡其宜。』『才人』，箋注見本卷册崔弘道女爲才人文校箋〔六〕。

贈奶婆元氏潁川郡太夫人制〔一〕

古者緣情立禮，著慈母之制〔二〕。蓋聖人示德無不報之理，而漢宣帝亦追録掖庭郡邸〔三〕。嘗有阿保之勤，以功深淺，并授封賞，記于前典，歷代是之〔四〕。故奶婆元氏，朕在襁褓，賴其撫育，推燥就濕，慈愛特深，可謂仁人厚惠茂德者矣〔五〕。可贈潁川郡太夫人〔六〕。大曆八年六月。

校箋

〔一〕此文又見於全唐文卷四十八唐代宗集，署名唐代宗，題作贈奶婆元氏潁川郡太夫人敕。亦録于册府元龜卷三十八帝王部，無題名。本文文末所署頒布時間爲『大曆八年六月』，可知此册文撰寫於此時稍前。

〔二〕古者緣情立禮，著慈母之制：『緣情』，因循人情，順乎人情。唐張九齡上姚令公書：『曩之用才，非無知人之鑒，其所以失溺，在緣情之舉。』舊唐書文苑傳中賈曾：『曾奏議：「請於南郊方丘，設皇地祇及從祀等坐，則禮惟稽古，義得緣情。」』『慈母』，古謂父嚴母慈，故稱母爲慈母，亦稱撫育自己成長的庶母爲慈母。儀禮喪服：『慈母如母。傳曰：慈母者何也？傳曰：「妾之無子者，妾子之無母者，父命妾曰：女以爲子。命子曰：女以爲母。若是，則生養之，終其身如母，死則喪之三年如母。」』後漢書清河孝王慶傳：『蓋庶子慈母，尚有終身之恩，豈若嫡后事正義明哉！』

〔三〕蓋聖人示德無不報之理，而漢宣帝亦追録掖庭郡邸：『德無不報之理』，四庫全書作『德無不報之義』，册府元龜、全唐文作『德無不報之禮』。『郡邸』，四庫全書作『群侍』。『德

無不報』，對別人施與的恩德，一定要予以回報。語出詩大雅抑：『無言不讎，無德不報。』『掖庭』，宮中旁舍，妃嬪居住的地方。漢書孝宣許皇后傳：『時宣帝養於掖庭，號皇曾孫。』後漢書班固傳上：『後宮則有掖庭、椒房，后妃之室。』李賢注引漢官儀：『婕妤以下皆居掖庭。』『郡邸』，謂諸郡設在京師之辦事處。漢書宣帝紀：『邴吉爲廷尉監，治巫蠱於郡邸。』北史循吏傳柳儉：『拜弘化太守，儉清節愈勵。大業五年，入朝，郡國畢集。……帝賜儉帛二百匹，絢、肅各一百匹，令天下朝集使送至郡邸，以旌異焉，論者美之。』『漢宣帝亦追録掖庭郡邸』，此事見於漢書宣帝紀：『故人下至郡邸獄復作，嘗有阿保之功，皆受官禄田宅財物，各以恩深淺報之。』又册府元龜卷三十八帝王部尊乳保記載：『宣帝生數日，以武帝曾孫坐衞太子事，繫郡邸獄。故廷尉監丙吉知太子無事，實重哀曾孫無辜，擇謹厚女徒，令保養曾孫，置閒燥處。吉治巫蠱事，連歲不决。曾孫病幾不全者數焉，吉數敕保養乳母加致醫藥，視遇甚有恩惠。及帝即位，吉絶口不道前恩。地節三年，掖庭宫婢則令民夫上書，自陳有阿保之功，辭引吉。吉謂則曰：「汝嘗坐養皇曾孫不謹督笞，汝安得有功？獨渭城胡組、淮陽郭徵卿有恩耳。」分别奏組等供養勞苦狀。詔吉求組、徵卿，已死，有子孫，皆受厚賞。詔免則爲庶人，賜錢十萬。』

〔四〕嘗有阿保之勤，以功深淺，并授封賞，記于前典，歷代是之：『阿保』，謂保護養育。續資治通鑑元成宗大德十一年：『以阿保功，授莽賚（舊作明里）大司徒，封其妻爲順國夫人。』清蒲松齡聊齋志異金生色：『金匆病，自分必死。謂妻曰：「我死，子必嫁，勿守也！」妻聞之，甘詞厚誓，期以必死。金摇手，呼母曰：「我死，勞看阿保，勿令守也。」母哭應之。』

〔五〕故奶婆元氏，朕在襁褓，賴其撫育，推燥就濕，慈愛特深，可謂仁人厚惠茂德者矣：『推燥就濕』，册府元龜、全唐文作『推乾就濕』。『奶婆』，謂乳母，猶『奶母』。宋歐陽修歸田録卷一：『請者徐啓曰：「臣已告得侍中宅奶婆或其親信爲言之，許矣。」』清趙翼陔餘叢考奶婆：『俗稱乳母曰阿奶，亦曰奶婆。其不乳哺而但保抱者曰乾奶婆……是漢以前皆稱阿母也，至六朝始有奶婆之稱。』『襁褓』，本義指背負嬰兒用的寬帶和包裹嬰兒的被子，借喻嬰幼兒。漢賈誼新書數寧：『髮子曰：「至治之極，父無死子，兄無死弟，塗無襁褓之葬，各以其順終。」』宋黄庭堅寄耿令幾父過新堂邑作乃幾父舊治之地：『白頭晏起飯，襁褓語嘔啞。』『推燥就濕』，猶『推燥居濕』，意謂把乾燥處讓給幼兒，自己睡在幼兒便溺後的潮濕處，極言撫育幼兒的辛勞。孝經援神契：『母之於子也，鞠養殷勤，推燥居濕，絶少分甘。』後漢書獨行傳李善：『親自

哺養，乳爲生湩，推燥居濕，備嘗艱勤。」『茂德』，盛德。左傳宣公十五年：『狄有五罪……怙其俊才而不以茂德，茲益罪也。』晉陸機皇太子宴玄圃宣猷堂有令賦詩：『茂德淵沖，天姿玉裕。』

〔六〕可贈潁川郡太夫人：『太夫人』，依漢制，列侯之母稱太夫人。通典后妃：『始令列侯太夫人、夫人、諸侯王子及吏二千石無得擅徵捕。』顔師古注引如淳曰：『列侯之妻稱夫人。列侯死，子復爲列侯，乃得稱太夫人。子不爲列侯不得稱也。』後世官吏之母，不論存殁，亦稱太夫人。唐韓愈有祭左司李員外太夫人文。

婕妤王氏等爲淑妃制〔一〕

門下：禮重内朝，國有彝制〔二〕，德既備於宫壼，位宜峻其等威〔三〕。婕妤王氏、劉氏，并體坤順之德，循姆師之訓〔四〕，齊莊知禮，淑慎有儀〔五〕。揚懿軌於中闈，表柔明於内則〔六〕，惠流宸禁，芳藹椒塗〔七〕。慕辭輦之智，弘逮下之德〔八〕。宜極寵數，以彰徽猷〔九〕，必能重正閫儀，助修陰教〔十〕。無愧於女史之誡，國風之詩〔十一〕。王氏可淑妃，劉氏可賢妃，仍并令所司擇日備禮册命，主者施行〔十二〕。開成五年二月二十一日。

校箋

〔一〕此文又見於全唐文卷七十六唐武宗集，署名唐武宗，題作封婕妤王氏爲淑妃劉氏爲賢妃制。又，底本目録題作婕妤王氏爲淑妃劉氏爲賢妃制，然正文另題作婕妤王氏等爲淑妃制。本文所署時間爲『開成五年二月二十一日』。考開成五年正月唐文宗李昂駕崩，唐武宗李炎即位，次年改元會昌。檢舊唐書卷十八武宗紀：『（開成）五年正月二日，文宗暴疾……四日，文宗崩，宣遺詔：「皇太弟宜於柩前即皇帝位，宰相楊嗣復攝冢宰。」十四日，受册於正殿。……會昌元年正月壬寅朔，庚戌，有事於郊廟，禮畢，御丹鳳樓，大赦，改元。』由此可知，此册文須布於唐武宗年間，即開成五年（八四〇）二月二十一日，撰寫時間則稍前。

〔二〕禮重内朝，國有彝制：『内朝』，指中宮，皇后住處。後漢書皇后紀上和熹鄧皇后：『伏惟皇太后膺大聖之姿，體乾坤之德……正位内朝，流化四海。』李賢注：『易家人卦曰：「女正位乎内，正家而天下定矣。」』宋岳珂愧郯録孝明后制：『貽謀百世，正位六宮，可立爲皇后。爾其佐佑興運，恢張内朝。』『彝制』，謂常制，法制。唐薛廷珪授裴迪太僕卿元鎬京兆少尹盧玭國子司業等制：『天子擢侯府之彥，升諸周行，掄材奬勞，斯謂彝制。』宋岳飛再乞寢罷劉康

年僞乞恩澤札子：『國家封爵，自有彝制，豈可躐等超遷，有紊舊章。』

〔三〕德既備於宫壼，位宜峻其等威：『壼』，箋注見本卷良娣楊氏女爲貴妃文校箋〔十五〕。『峻』，箋注見本卷册獨孤穎長女爲貴妃文校箋〔十四〕。

〔四〕婕妤王氏、劉氏，并體坤順之德，循姆師之訓：『坤順之德』，適園叢書、明鈔本、學林本作『坤順之質』。『坤順』，易坤：『坤道其順乎！承天而時行。』孔穎達疏：『言坤道柔順，承奉於天，以量時而行。』後以『坤順』稱婦女温柔順從。明湯顯祖南柯記宫訓：『宫樹槐根隱隱，從地府學成坤順。』『姆師』，古時以婦道教女子的女師。唐韓愈順宗實録卷五：『良娣王氏，家承茂族，德冠中宫，雅修彤管之規，克佩姆師之訓。』清梁章鉅稱謂録女師：『呂温文：姆師教之，如琢美玉之易成。』

〔五〕齊莊知禮，淑慎有儀：『知禮』，四庫全書、甲庫本、全唐文作『之禮』，不辭，故不取。『齊莊』，箋注見本卷册元妃某氏弟爲貴妃文校箋〔四〕。『淑慎』，箋注見本卷册獨孤穎長女爲貴妃文校箋〔七〕。

〔六〕揚懿軌於中闈，表柔明於内則：『揚』，原作『楊』，今據四庫全書、明鈔本、甲庫本、

學林本、全唐文改。『懿』，美，美好。説文：『懿，專久而美也。』易小畜：『君子以懿文德。』唐王勃滕王閣序：『宇文新州之懿範，襜帷暫駐。』『軌』，本義指車輪間的距離，喻指秩序、規矩、法則或法度。漢書敘傳：『東平失軌。』顔師古注：『軌，法則也。』『中闈』，后妃所居之内宫。晋書后妃傳上左貴嬪：『昔有莘適殷，姜姒歸周，宣德中闈，徽音永流。』舊唐書后妃傳下肅宗章敬皇后吴氏：『顧史求箴，道先於壼則；撝謙率禮，教備於中闈。』『柔明』，箋注見本卷册崔弘道女爲才人文校箋〔四〕。『内則』，本乃禮記篇名。其内容爲婦女在家庭内必須遵守之規範、準則。禮記内則題注，孔穎達疏：『鄭玄目録云：「名曰内則者，以其記男女居室事父母舅姑之法。此於别録屬子法。以閨門之内，軌儀可則，故曰内則。」』後借指婦職、婦道。後漢書皇后紀序：『所以能述宣陰化，修成内則，閨房肅雍，險謁不行也。』

〔七〕惠流宸禁，芳藹椒塗：『宸』，北極星所居，借喻帝王之宫殿。唐陳子昂爲赤縣父老勸封禪表：『垂顯號以居宸，建明堂而治物。』唐王勃九成宫頌：『宸扉既辟，一宇宙而來王。』『禁』，本義爲禁止通行，因以爲帝王宫殿之代稱。史記秦始皇本紀：『二世常居禁中。』後漢書安思閻皇后紀：『探刺禁省，更爲唱和。』『芳藹』，芳香而繁盛。楚辭九辯：『離芳藹之方壯兮。』三國魏曹植洛神賦：『微幽蘭之芳藹兮，步踟躕於山隅。』『椒塗』，箋注見本卷册獨孤穎長女

爲貴妃文校箋〔十一〕。

〔八〕慕辭輦之智，弘逮下之德：『之智』，四庫全書、明鈔本、甲庫本亦作『之智』，適園叢書、學林本、全唐文作『之志』。『辭輦』，箋注見本卷起復上官氏爲婕妤制校箋〔十〕。『逮下』，箋注見本卷册元妃某氏弟爲貴妃文校箋〔七〕。

〔九〕宜極寵數，以彰徽猷：『寵數』，謂帝王所給予之禮數。周書皇后傳宣帝元皇后：『是用加兹寵數，式光踐禮。』唐錢珝爲集賢崔相公讓大學士表：『宸衷益注，寵數不移。』『徽猷』，美善之道。猷，道，指修養、本事等。詩小雅角弓：『君子有徽猷，小人與屬。』毛傳：『徽，美也。』鄭玄箋：『猷，道也。君子有美道以得聲譽，則小人亦樂與之而自連屬焉。』梁書文學傳下謝幾卿：『故得仰慕徽猷，永言前哲。』

〔十〕必能重正閫儀，助修陰教：『閫儀』，女子的容止。宋陳亮祭薛象先内子恭人文：『體地道之無成，致閫儀之靡失。』『陰教』，箋注見本卷皇帝良娣董氏等貴妃誥校箋〔四〕。

〔十一〕無愧於女史之誡，國風之詩：『女史』，全唐文作『女宗』。『誡』原作『誠』，據四庫全書、明鈔本、學林本、全唐文改作『誡』。『女史』，古代女官名。以知書婦女充任，掌管有關王后禮儀等事，或爲世婦下屬，掌管書寫文書等事。周禮天官女史：『女史，掌王后

之禮職，掌内治之貳，以詔后治内政。』漢書外戚傳下班倢伃：『陳女圖以鏡監兮，顧女史而問詩。』

〔十二〕王氏可淑妃，劉氏可賢妃，仍并令所司擇日備禮册命，主者施行：『淑妃』，箋注見本卷皇帝良娣董氏等貴妃誥校箋〔八〕。『賢妃』，箋注見本卷皇帝良娣董氏等貴妃誥校箋〔八〕。『備禮』，謂禮儀周備。詩小雅魚麗序：『美萬物盛多，能備禮也。』漢蔡邕郭有道碑：『州郡聞德，虚己備禮，莫之能致。』

吴氏等封昭儀制〔一〕

吴氏可封昭儀，張氏可封婕妤，晁氏、梁氏并可封美人，羅氏、史氏并可封才人，錢氏可封長城郡夫人，曹氏可封武威郡夫人〔二〕。

敕：位亞長秋，毗於内理；必資懿範，方被寵章〔三〕。吴氏等佩服禮經，周旋法度〔四〕，有柔婉之行，既表於天資；有恭儉之儀，可施於嬪則〔五〕。慕班氏之辭輦，偉馮媛之當熊，思在進賢，義高前史〔六〕。是用列於紫殿，冠彼後宫，俾洽彤管之榮，式俟金環之慶〔七〕。可依前件〔八〕。會昌六年五月二十三日。

校箋

〔一〕此文又見於全唐文卷七十九唐宣宗集，署名唐宣宗。本文文末所署頒布時間爲『會昌六年五月二十三日』。考會昌六年（八四六）三月，唐武宗李炎駕崩，唐宣宗李忱即位，次年改元大中。檢舊唐書卷十八宣宗紀：『會昌六年三月一日，武宗疾篤，遺詔立爲皇太叔，權勾當軍國政事。翌日，柩前即帝位。……（大中元年春正月）戊申，皇帝有事於郊廟，禮畢，御丹鳳門，大赦，改元。』該册文頒布於唐宣宗年間，即會昌六年（八四六）五月二十三日，撰寫時間則稍前。

〔二〕吴氏可封昭儀，張氏可封婕妤，晁氏、梁氏并可封美人，羅氏、史氏并可封才人，錢氏可封長城郡夫人，曹氏可封武威郡夫人：『昭儀』，箋注見本卷良娣楊氏等爲貴妃詔校箋〔十六〕。『婕妤』，箋注見本卷册楊恭道女爲婕妤文校箋〔六〕。『美人』，箋注見本卷册蕭鑠女爲美人文校箋〔六〕。『才人』，箋注見本卷册崔弘道女爲才人文校箋〔六〕。『夫人』，妃嬪封號。禮記曲禮下：『天子有后，有夫人，有世婦，有嬪，有妻，有妾。』南史后妃傳序：『晋武帝采漢魏之制，置貴嬪、夫人、貴人，是爲三夫人，位視三公。』按，此册文所封諸妃嬪，均

不見於史傳，史載僅存晁氏見封美人，乃宣宗元昭皇后晁氏。檢新唐書卷七十七后妃傳下載：『宣宗元昭皇后晁氏，不詳其世。少入邸，最見寵答。及即位，以爲美人。大中中薨，贈昭容，詔翰林學士蕭置銘其窆，具載生鄆王、萬壽公主。後夔、昭等五王居内院，而鄆獨出閤。及即位，是爲懿宗。外頗疑帝非長。置出銘辭以示外廷，乃解。帝追册昭容爲皇太后，上尊謚，詔后二等以上親悉官之，配主宣宗廟，自建陵曰慶陵，置宫寢。』

〔三〕位亞長秋，毗於内理；必資懿範，方被寵章：『位亞長秋』，甲庫本作『位亞遜秋長』。『毗於内理』，適園叢書、全唐文作『道毗内理』，明鈔本作『道毗於内理』。『長秋』，箋注見本卷册獨孤穎長女爲貴妃文校箋〔三〕。『毗』，箋注見本卷睿宗貴妃豆盧氏等食實封制校箋〔六〕。『内理』，箋注見本卷鄭氏爲才人制校箋〔二〕。『懿範』，專用以贊美女子的良好品德。唐沈佺期章懷太子靖妃挽詞：『彤史佳聲載，青宫懿範留。』宋朱熹挽董安人二首之一：『閨門傳懿範，湯沐盛恩私。』『寵章』，高官顯爵的章服。漢潘勖册魏公九錫文：『朕聞先王并建明德，胙之以土，分之以民，崇其寵章，備其禮物，所以蕃衛王室，左右厥世也。』李善注：『禮記曰：「以爲旗章，以别貴賤。」鄭玄曰：「章，識也。」』舊唐書鄭餘慶傳：『由是，在朝衣緑者甚少，郎官諫官有被紫垂金者。又丞郎中謝泊郎官出使，多賜章服，以示加恩，於是寵章尤濫，當時不

以服章爲貴。遂詔餘慶詳格令立制，條奏以聞。」

〔四〕吴氏等佩服禮經，周旋法度：『佩服』，猶言遵循。唐白居易祭李侍郎文：『代重名義，公能佩服。德潤行膻，温温鬱鬱。』宋朱熹朱子語類卷一百一十四：『久侍師席，今將告違。氣質偏蔽，不能自知。尚望賜以一言，使終身知所佩服。』『禮經』，古代講禮儀之經典，常指儀禮而言。漢書儒林傳孟喜：『父號孟卿，善爲禮、春秋……孟卿以禮經多，春秋煩雜，乃使喜從田王孫受易。』漢書藝文志：『禮古經五十六卷，經七十（按當作十七）篇。』按，所云禮、禮經、禮古經，即謂儀禮。『周旋』，謂追隨馳逐。左傳僖公二十三年：『若不獲命，其左執鞭弭，右屬櫜鞬，以與君周旋。』『法度』，規範，規矩。管子中匡：『今言仁義，則必以三王爲法度，不識其何故也？』唐韓愈柳子厚墓志銘：『其經承子厚口講指畫爲文詞者，悉有法度可觀。』

〔五〕有柔婉之行，既表於天資；有恭儉之儀，可施於嬪則：『柔婉』，謂女子性情柔順。周書皇后傳宣帝楊皇后：『后性柔婉，不妒忌。』唐張讀宣室志卷三：『劉氏初以柔婉聞，凡數年，其後忽獷烈，自恃不可禁。』『天資』，天賦，資質。史記商君列傳論：『商君，其天資刻薄人也。』宋朱熹朱子語類卷七十二：『明道天資高，又加以學。』『恭儉』，謂恭謹謙遜。

書 周官：『恭儉惟德，無載爾僞。』漢劉向列女傳 有虞二妃：『二女承事舜於畎畝之中，不以天子之女故而驕盈怠慢，猶謙謙恭儉，思盡婦道。』『嬪則』，箋注見本卷册獨孤穎長女爲貴妃文校箋〔七〕。

〔六〕慕班氏之辭輦，偉馮媛之當熊，思在進賢，義高前史：『辭輦』，箋注見本卷起復上官氏爲婕妤制校箋〔十〕。『馮媛之當熊』，漢建昭中，元帝率左右於後宮觀鬥獸，有熊逸出圈，攀攔欲上殿，馮婕妤直前當熊而立，保護元帝免遭傷害。事見漢書 外戚傳下 孝元馮昭儀。後因以『馮媛當熊』爲愛君之典。五代李瀚蒙求：『馮嫒當熊，班女辭輦。』清洪昇長生殿 定情：『須仿馮嬺當熊，班姬辭輦，永持彤管侍君傍。』『進賢』，謂進薦賢能之士。周禮 春官 大司馬：『進賢興功，以作邦國。』賈公彦疏：『進賢，諸臣舊在位有德行者，并草萊有德行未遇爵命者，進之，使稱才仕用。』晉葛洪抱朴子 臣節：『上蔽人主之明，下杜進賢之路。』

〔七〕是用列於紫殿，冠彼後宮，俾洽彤管之榮，式俟金環之慶：『紫殿』，帝王宮殿。三輔黄圖 漢宮：『武帝又起紫殿，雕文刻鏤黼黻，以玉飾之。』南朝齊謝朓直中書省詩：『紫殿肅陰陰，彤庭赫弘敞。』『俾』，箋注見本卷册獨孤穎長女爲貴妃文校箋〔十五〕。『彤管』，

箋注見本卷册獨孤穎長女爲貴妃文校箋〔十三〕。『式』，放在句首，無實義。詩邶風式微：『式微式微，胡不歸？』『俟』，等待。東漢王粲登樓賦：『惟日月之逾邁兮，俟河清其未極。』明宋濂送東陽馬生序：『俟其欣悦，則又請焉。』『金環』，金製之環，或作信物，或作飾品。詩邶風静女：『静女其孌，貽我彤管。』毛傳：『生子月辰，以金環退之，當御者以銀環進之，著於左手，既御，著於右手。』三國魏曹植美女篇：『攘袖見素手，皓腕約金環。』

〔八〕可依前件：『前件』，前已述及的人或事物。北魏賈思勰齊民要術槐柳楸梓梧柞：『凡爲家具者，前件木皆所宜種。』宋蘇軾喬執中兩浙運副張安上提刑制：『其謹視貪吏以無害我成法，可依前件。』

王氏爲才人制〔一〕

敕：王氏性禀惠和，行推柔順〔二〕，自備宫闈之選，頗彰令淑之才〔三〕，組紃獻繭館之功，圖史服椒庭之訓〔四〕。既嘉懿範，爰錫寵章〔五〕。宜修九御之教，以正三星之位〔六〕。可才人〔七〕。

校箋

〔一〕此文不見録於其他史籍，所册封嬪妃爲何人，亦無考。又，本文亦未署頒布時間。故撰者、撰寫及頒布時間均待考。

〔二〕王氏性稟惠和，行推柔順：『惠和』，箋注見本卷許氏等爲美人等制校箋〔三〕。『推』，推崇，贊許。晋書劉寔傳：『天下所共推，則天下士也。』北宋曾鞏墨池記：『其亦欲推其事，以勉學者邪？』『柔順』，箋注見本卷册楊恭道女爲婕妤文校箋〔四〕。

〔三〕自備宮闈之選，頗彰令淑之才：『宮闈』，謂后妃。唐李德裕次柳氏舊聞：『玄宗之在東宮，爲太平公主所忌，朝夕伺察，纖微聞於上。而宮闈左右，亦潛執兩端，以附太平之勢。』舊唐書后妃傳序：『歷觀前古邦家喪敗之由，多基於子弟召禍；子弟之亂，必始於宮闈不正。』『令淑』，謂德行善美。南朝宋劉義慶世説新語賞譽下：『林下諸賢，各有俊才子：籍子渾器量弘曠……秀子純、悌并令淑有清流。』宋王禹偁右衛將軍秦公墓志銘：『夫人陳氏封穎川縣君，以令淑聞於宗族，先公而亡。』

〔四〕組紃獻繭館之功，圖史服椒庭之訓：『椒庭』，適園叢書、學林本作『椒房』。『組

紃』，箋注見本卷許氏等爲美人等制校箋〔四〕。『繭館』，飼蠶之館。漢蔡邕交趾都尉胡府君夫人黄氏神誥：『采柔桑于蠶宫，手三盆于繭館者，蓋三十年。』宋梅堯臣和孫端叟蠶具繭館：『漢儀后親蠶，采桑來繭館。』『圖史』，箋注見本卷起復上官氏爲婕妤制校箋〔十六〕。『椒庭』，謂宫内。宋書后妃傳論：『自元嘉以降，内職稍繁，椒庭綺觀，千門萬户，而淫妝怪飾，變炫無窮。』周書皇后傳序：『恩之所加，莫限厮皂；榮之所及，無隔險詖。於是升蘭殿而正位，踐椒庭而齊體者，非一人焉。』

〔五〕既嘉懿範，爰錫寵章：『懿範』，適園叢書、學林本作『儀範』。『懿範』，箋注見本卷吴氏等封昭儀制校箋〔三〕。『寵章』，箋注見本卷吴氏等封昭儀制校箋〔三〕。

〔六〕宜修九御之教，以正三星之位：『九御』，箋注見本卷睿宗貴妃豆盧氏等食實封制校箋〔七〕。『三星』，謂天空中相鄰而幾乎成一條直線的三顆亮星，均專指一宿而言，參宿三星，心宿三星，河鼓三星。後因以指男女婚嫁之事。詩唐風綢繆：『三星在天。』毛傳：『三星，參也。』鄭玄箋：『三星，謂心星也。』據朱文鑫天文考古録研究，綢繆首章『綢繆束薪，三星在天』，指參宿三星；二章『綢繆束芻，三星在隅』，指心宿三星；末章『綢繆束楚，三星在户』，

指河鼓三星。詩唐風綢繆：『綢繆束薪，三星在天。今夕何夕，見此良人。』毛傳：『三星在天，可以嫁娶矣。』唐岑參送陝縣王主簿赴襄陽成親：『六月襄山道，三星漢水邊。』明梅鼎祚玉合記義姤：『吉日良宵，試看三星帶月。』

〔七〕可才人：『才人』，箋注見本卷册崔弘道女爲才人文校箋〔六〕。

卷第二十六

追謚

皇太子謚孝敬皇帝制
寧王謚讓皇帝制
靖德太子謚奉天皇帝制
齊王謚承天皇帝制

册謚文

册謚孝敬皇帝文
册謚殤皇帝文
册謚讓皇帝文
册謚恭皇后文
册謚承天皇帝文

哀册文

孝敬皇帝哀册文
哀皇后哀册文
讓皇帝哀册文
恭皇后哀册文
奉天皇帝哀册文
承天皇帝哀册文
承天皇后哀册文

追謚

皇太子謚孝敬皇帝制〔一〕

朕肅承鴻緒〔二〕，無忘御朽之懷〔三〕；虔奉聖謨〔四〕，每切臨深之懼〔五〕。幸以穹昊垂祐〔六〕，宗社降靈〔七〕，公卿盡叶贊之謀〔八〕，黎庶遂懷生之望〔九〕，故得乾坤交泰〔十〕，日月休徵〔十一〕，垂衣而晏九瀛〔十二〕，端拱而家六合〔十三〕。方將迴鑾峒岫，體高尚於軒皇〔十四〕；脱屣汾川，追逸軌於伊后〔十五〕。成功弗處〔十六〕，思遵象帝之規〔十七〕；守器斯傳〔十八〕，用申知子之授。皇太子弘〔十九〕，生知誕質〔二十〕，惟幾毓性〔二十一〕。直城趨駕〔二十二〕，肅敬著於三朝〔二十三〕；中寢問安〔二十四〕，仁孝聞於四海〔二十五〕。若使負荷宗廟〔二十六〕，寧濟邦家〔二十七〕，必能永保昌圖〔二十八〕，克延景曆〔二十九〕。豈謂遽嬰霧露〔三十〕，遂至彌留〔三十一〕。顧惟輝掌之珍〔三十二〕，特切鍾心之念〔三十三〕，庶其痊復〔三十四〕，以禪鴻名〔三十五〕；及腠理微和〔三十六〕，將遜于位。而弘天資仁厚〔三十七〕，孝心純確〔三十八〕，既承朕命，掩欷不言〔三十九〕；因兹感結〔四十〕，舊疾增甚。億兆攸係〔四十一〕，方崇下武

之基〔四十二〕；五福無徵〔四十三〕，俄遷上賓之駕〔四十四〕。昔周文至愛〔四十五〕，遂延慶于九齡〔四十六〕；朕之不慈，遽永訣于千古〔四十七〕。天性之重，追懷哽咽〔四十八〕，宜申往命，加以尊名〔四十九〕。夫謚者，行之迹也；號者，事之表也。慈惠愛親曰孝〔五十〕，死不忘君曰敬。可謚爲孝敬皇帝。仍遵故典〔五十一〕，式備徽章〔五十二〕，布告遐邇〔五十三〕，使知朕意。上元二年四月。

校箋

〔一〕此文部分段落又見於舊唐書卷八十六。册府元龜卷二百六十一儲宮部追謚亦録此文。全唐文卷十一亦録此文，文題爲賜謚皇太子宏孝敬皇帝制，署名唐高宗。明鈔本、四庫本、適園叢書、學林本此文文題均爲皇太子謚孝敬皇帝詔，適園叢書、學林本署名高宗。此文文末已標明頒布時間爲『上元二年四月』。考舊唐書卷八十六云：『上元二年，太子從幸合璧宮，尋薨，年二十四。制曰：「皇太子弘，生知誕質，惟幾毓性。」』册府元龜卷二百六十一云：『太子弘，高宗五子，初封代王，顯慶元年立爲皇太子。上元二年薨于合璧宮之綺雲殿，詔曰：「朕

肅承鴻緒，無忘馭朽之懷。」』又舊唐書高宗紀云：『（上元二年四月）己亥，皇太子弘薨于合璧宮之綺雲殿。時帝幸合璧宮，是日還東都。五月己亥，追謚太子弘爲孝敬皇帝。』新唐書高宗紀云：『（上元二年四月）己亥，天后殺皇太子。五月戊申，追號皇太子爲孝敬皇帝。』資治通鑑卷二百二亦載：『（上元二年四月）己亥，太子薨于合璧宮，時人以爲天后鴆之也。壬寅，車駕還洛陽宮。五月，戊申，下詔：「朕方欲禪位皇太子，而疾遽不起，宜申往命，加以尊名，可謚爲孝敬皇帝。」』據天干地支紀年法，上元二年五月無己亥日，故舊唐書所記當有誤。今姑依新唐書、資治通鑑所載，則此文頒布乃在上元二年（六七五）五月戊申（五日），此文文末所記時間應有誤。則撰寫此文當在是時稍前。

〔二〕朕肅承鴻緒：『鴻緒』，大統，王業。後漢書順帝紀：『陛下踐祚，奉遵鴻緒。』唐肅宗授彭王僅等節度大使制：『朕以薄德，纘承鴻緒。』

〔三〕無忘御朽之懷：『御』，册府元龜、四庫全書、全唐文、適園叢書、學林本均作『馭』。『御朽』，謂以朽索御馬，喻指危險。隋書房彥謙傳：『是以古之哲王，昧旦丕顯，履冰在念，御朽兢懷。』

〔四〕虔奉聖謨：『聖謨』，語出書伊訓：『聖謨洋洋，嘉言孔彰。』本謂聖人治天下的宏圖大略。後亦爲稱頌帝王謀略之詞。唐李白明堂賦：『雖暫勞而永固兮，始聖謨於我皇。』宋沈括夢溪筆

談自序：『聖謨國政及事近宮省，皆不敢私紀。』

〔五〕每切臨深之懼：『臨深』，甲庫本作『深臨』。

〔六〕幸以穹昊垂祐：此句明鈔本、甲庫本作『以穹昊垂祐』，四庫全書作『幸穹昊垂祐』。『祐』，學林本作『佑』。『穹昊』，猶穹蒼。南朝宋謝靈運宋武帝誄：『如何一旦，緬邈穹昊。』周書宣帝紀：『穹昊在上，聰明自下。』『垂祐』，賜予保佑。宋史樂志十：『皇靈垂祐，洪福彌隆。』明史聶豹傳：『寇雖有所掠，而我師斬獲過當，實上玄垂祐，陛下威靈所致。』

〔七〕宗社降靈：『宗社』，宗廟和社稷的合稱。漢蔡邕獨斷：『天子之宗社曰泰社，天子所爲群姓立社也。』南史虞寄傳：『朕不食言，誓之宗社。』

〔八〕公卿盡叶贊之謀：『叶』，四庫全書作『協』。『謀』，四庫全書作『謨』。『叶贊』，協同翊贊。晉書元帝紀：『然晋室遘紛，皇輿播越，天命未改，人謀叶贊。』新五代史裴迪傳：『太祖自岐還，將吏皆賜「迎鑾叶贊功臣」，將吏入見，太祖目迪曰：「叶贊之功，惟裴公有之，佗人不足當也。」』

〔九〕黎庶遂懷生之望：『黎庶』，黎民。史記孟子荀卿列傳：『騶衍睹有國者益淫侈，不能尚德，若大雅整之於身，施及黎庶矣。』宋范仲淹奏上時務書：『國侵則害加黎庶，德敗則禍起蕭墻。』『懷

生』，安於生計。左傳僖公二十七年：『子犯曰：「民未知義，未安其居。」於是乎出定襄王，入務利民，民懷生矣。』俞樾平議：『懷，安也。言民安其生也。』

（十）故得乾坤交泰：『乾坤』，稱天地。易說卦：『乾爲天……坤爲地。』漢班固典引：『經緯乾坤，出入三光。』『交泰』，易泰：『天地交，泰。』王弼注：『泰者，物大通之時也。』言天地之氣融通，則萬物各遂其生，故謂之泰。後以『交泰』指天地之氣和祥，萬物通泰。漢王符潛夫論班祿：『是以天地交泰，陰陽和平。』五代前蜀貫休上孫使君詩：『聖主得賢臣，天地方交泰。』

（十一）日月休徵：『休徵』，吉祥的徵兆。書洪範：『曰休徵。』孔傳：『叙美行之驗。』漢書終軍傳：『故周至成王，然後制定，而休徵之應見。』顔師古注：『休，美也。徵，證也。』

（十二）垂衣而晏九瀛：『垂衣』，即『垂衣裳』，謂定衣服之制，示天下以禮。後用以稱頌帝王無爲而治。易繫辭下：『黃帝、堯、舜垂衣裳而天下治，蓋取諸乾坤。』韓康伯注：『垂衣裳以辨貴賤，乾尊坤卑之義也。』漢王逸機婦賦：『帝軒龍躍，庶業是昌。俯覃聖恩，仰覽三光。……爰制布帛，始垂衣裳。』『九瀛』，指九州與環其外的瀛海。唐陳子昂薊丘覽古贈盧居士藏用七首鄒衍：『鄒子何寥廓，漫説九瀛垂。』

（十三）端拱而家六合：此句明鈔本作『端拱面而家六合』。『家』，甲庫本作『安』。『端拱』，

指帝王莊嚴臨朝，清簡爲政。魏書辛雄傳：『端拱而四方安，刑措而兆民治。』唐歐陽詹珍祥論：『即虐如秦皇，雖車轍遍於宇内，不如太宗端拱於堂上也。』『六合』，天下；人世間。漢賈誼過秦論：『吞二周而亡諸侯，履至尊而制六合，執捶拊以鞭笞天下，威振四海。』唐李白古風之三：『秦王掃六合，虎視何雄哉！』

〔十四〕方將迴鑾峒岫，體高尚於軒皇：『迴鑾』，舊時稱帝王及后妃的車駕爲『鑾駕』，因稱帝、后外出迴返爲『迴鑾』。南齊書樂志：『迴鑾轉翠，拂景翔宸。』唐太宗謁并州大興國寺詩：『迴鑾游福地，極目玩芳晨。』『峒岫』，此處應指崆峒山。『軒皇』，即黄帝軒轅氏。漢張衡同聲歌：『衆夫所希見，天姥教軒皇。』唐張説聖德頌：『稽諸瑞典，昔祚軒皇；而今表聖，土德以昌。』典見莊子在宥：『黄帝立爲天子十九年，令行天下，聞廣成子在於空同之山，故往見之，曰：「我聞吾子達於至道，敢問至道之精。吾欲取天地之精，以佐五穀，以養民人。吾又欲官陰陽，以遂群生，爲之奈何？」』

〔十五〕脱屣汾川，追逸軌於伊后：『脱屣』，比喻看得很輕，無所顧戀，猶如脱掉鞋子。漢書郊祀志上：『嗟乎！誠得如黄帝，吾視去妻子如脱屣耳！』顔師古注：『屣，小履。脱屣者，言其便易，無所顧也。』唐李頎緩歌行：『一沉一浮會有時，棄我翻然如脱屣。』『逸軌』，高

潔的軌範。晉潘岳秋興賦：『仰群俊之逸軌兮，攀雲漢以游騁。』宋劉子翬建康六感吳詩：『風雲競追逐，逸軌誰能遵。』『伊后』，此處應指堯。典見莊子逍遥游：『堯治天下之民，平海内之政，往見四子藐姑射之山，汾水之陽，窅然喪其天下焉。』

（十六）成功弗處：『弗』，四庫全書作『勿』。

（十七）思遵象帝之規：『象帝』，指老子。唐朝尊封老子爲太上玄元皇帝，故即用老子中語爲老子的别稱。唐韓愈杜相公太清宫十六韻紀事陳誠上李相公因和：『象帝威容大，仙宗寶曆賒。』孫汝聽注：『此言象帝者，即指玄元也。』宋邵雍不去吟：『用詩贈真宰，以酒勸象帝。』

（十八）守器斯傳：『守器』，封建時代太子主宗廟之器，因借指太子。南齊書文惠太子傳贊：『二象垂則，三星麗天。樹嫡惟長，義匪求賢。方爲守器，植命不延。』南史桂陽王寶貞傳：『守器之重，邦家所憑，觀文惠之在東儲，固已有虧令德，向令負荷斯集，猶當集於禍敗。』

（十九）皇太子弘：即唐高宗第五子李弘，傳見舊唐書卷八十六、新唐書卷八十一。舊唐書其本傳載：『孝敬皇帝弘，高宗第五子也。永徽四年，封代王。顯慶元年，立爲皇太子，大赦改元。……咸亨二年，駕幸東都，留太子於京師監國。時屬大旱，關中饑乏，令取廊下兵士糧視之，見有食榆皮蓬實者，乃令家令等各給米使足。是時戴至德、張文瓘兼左庶子，與右庶子蕭德昭同

爲輔弼，太子多疾病，庶政皆決於至德等。時義陽、宣城二公主以母得罪，幽于掖庭，太子見之驚惻，遽奏請令出降。又請以同州沙苑地分借貧人。詔并許之。又召詣東都，納右衛將軍裴居道女爲妃。所司奏以白雁爲贄，適會苑中獲白雁，高宗喜曰：「漢獲朱雁，遂爲樂府；今獲白雁，得爲婚贄。彼禮但成謠頌，此禮便首人倫，異代相望，我無慚德也。」裴氏甚有婦禮，高宗嘗謂侍臣曰：「東宮内政，吾無憂矣。」上元二年，太子從幸合璧宫，尋薨，年二十四。制曰：「皇太子弘，生知誕質，惟幾毓性。……謚爲孝敬皇帝。」其年，葬於緱氏縣景山之恭陵。制度一準天子之禮，百官從權制三十六日降服。高宗親爲製叡德紀，并自書之於石，樹於陵側。」

〔二十〕生知誕質：『生知』，謂不待學而知之。語本論語季氏：『生而知之者上也。』晋葛洪抱朴子勖學：『人理之曠，道德之遠，陰陽之變，鬼神之情，緬邈玄奥，誠難生知。』『誕質』，天生資質。全上古三代秦漢三國六朝文崔敬邕墓志銘：『曰周曰漢，榮光繼武。邁德傳輝，儒賢代舉。於穆睿考，誕質含靈。秉仁岳峻，動智淵明。』

〔二十一〕惟幾毓性：『毓』，生育，養育。廣雅：『毓，長也，稚也。』周禮大司徒：『以毓草木。』

〔二十二〕直城趨駕：原本無此句，今據舊唐書、全唐文增補。『直城』，漢京都城門名。

三輔黄圖 都城十二門：『長安城西，出第二門曰直城門。漢宫殿疏曰：「西出南頭第二門也。」亦曰故龍樓門。門上有銅龍，本名直門。王莽更曰直道門端路亭。』唐武元衡長安叙懷寄崔十五詩：『延首直城西，花飛緑草齊。』

（二十三）肅敬著於三朝：『朝』，册府元龜作『廟』。『肅敬』，猶恭敬。禮記 樂記：『廉直勁正莊誠之音作，而民肅敬。』史記 劉敬叔孫通列傳：『自諸侯王以下莫不振恐肅敬。』

（二十四）中寢問安：『中寢』，古代天子、諸侯常居治事的正室。亦泛指居屋的正室。魏書 高祖紀上：『十有一月乙卯，依古六寢，權制三室，以安昌殿爲内寢，皇信堂爲中寢，四下爲外寢。』新唐書 馬璘傳：『詔毁璘中寢及宦人劉忠翼第。』

（二十五）仁孝聞於四海：『仁孝』，仁愛孝順。史記 留侯世家：『竊聞太子爲人仁孝。』唐元稹有唐贈太子少保崔公墓志銘：『考公之所尚，仁孝友愛。』

（二十六）若使負荷宗廟：『宗廟』，朝廷和國家政權的代稱。墨子 非命下：『不顧其國家百姓之政，繁爲無用，暴逆百姓，遂失其宗廟。』後漢書 伏隆傳：『猾臣王莽，殺帝盜位。宗室興兵，除亂誅莽，故群下推立聖公，以主宗廟。』

（二十七）寧濟邦家：『邦家』，全唐文作『家邦』。『寧濟』，安定匡濟。後漢書 順帝紀：『朕

奉承大業，未能寧濟。』晉書樂志上：『皇皇顯祖，翼世佐時，寧濟六合，受命應期。』

〔二十八〕必能永保昌圖：『圖』，明鈔本、甲庫本作『國』。『昌圖』，預示永昌帝業的圖讖。古天子登祚，假托受命於天，故有膺簶受圖之説。南齊書樂志：『國猷遠藹，昌圖聿宣。』舊唐書音樂志三：『汜水初呈秘象，温洛薦表昌圖。』

〔二十九〕克延景曆：『景』，大的。白虎通封禪：『景星者，大星也。』唐魏徵諫太宗十思疏：『承天景命。』『曆』，年代、壽命。漢書卷十四諸侯王表：『周過其曆，秦不及期。』

〔三十〕豈謂遽嬰霧露：『霧露』，册府元龜作『露霧』。『嬰』，纏、絆。晉陸機赴洛中道作詩：『借問子何之？世網嬰我身。』新唐書卷一百六十七王播傳：『（王龜）州人號郎君穀，未始以人事自嬰。』『霧露』，史記淮南衡山列傳：『淮南王爲人剛，今暴摧折之，臣恐卒逢露霧病死。陛下爲有殺弟之名，奈何！』後用爲因冒霜露犯寒暑而死的典故。宋文天祥正氣歌：『一朝濛霧露，分作溝中瘠。』明歸有光諭祭提督福建等處軍務都察院右僉都御史塗澤民文：『方兹念功，遽聞奄逝，豈以山川之險，遂犯霧露之危？』

〔三十一〕遂至彌留：『彌留』，多指病重瀕死。南朝齊王儉褚淵碑文：『景命不永，大漸彌留。』宋王讜唐語林補遺一：『肅宗彌留，衆皆迭侍。』舊唐書『若使負荷宗廟……遂至彌留』數句作『自

琰圭在手，沉瘵嬰身』。

〔三十二〕顧惟輝掌之珍：『輝』，舊唐書作『耀』。

〔三十三〕特切鍾心之念：『特』，明鈔本作『持』。『鍾心』，鍾情，感情專注。陳書廢帝紀：『二后鍾心，三靈佇眷。』隋書煬帝紀下：『故得獻后鍾心，文皇革慮。』

〔三十四〕庶其痊復：『庶』，但願，希冀。左傳襄公二十六年：『（伍舉）懼而奔鄭，引領南望曰：「庶幾赦餘。」』『痊復』，痊愈康復。魏書盧昶傳：『今既痊復，宜遵前旨，秉戈揮鋭，殄寇爲懷。』南史孔奂傳：『陛下御膳違和，痊復非久，皇太子春秋鼎盛，聖德日躋，廢立之事，臣不敢聞。』

〔三十五〕以禪鴻名：『鴻名』，大名；盛名。史記司馬相如列傳：『前聖之所以永保鴻名而常爲稱首者用此，宜命掌故悉奏其義而覽焉。』唐蘇頲改元開元元年大赦天下制：『鴻名不可以深拒，盛典不可以固違。』

〔三十六〕及腠理微和：『腠理』，中醫指皮下肌肉之間的空隙和皮膚、肌肉的紋理。爲滲泄及氣血流通灌注之處。韓非子喻老：『君有疾在腠理，不治將恐深。』晉左思魏都賦：『膳夫有官，藥劑有司。肴醳順時，腠理則治。』

〔三十七〕而弘天資仁厚：『仁厚』，仁愛寬厚。荀子富國：『其仁厚足以安之。』漢書宣帝紀：『誠愛結于心，仁厚之至也。』

〔三十八〕孝心純確：『確』，堅定、堅決。易乾：『樂則行之，憂則違之，確乎其不可拔。』

〔三十九〕掩欷不言：『欷』，舊唐書作『欻』。『欷』，抽泣，悲嘆。説文解字欠部：『欷，歔也。』資治通鑑漢武帝建元三年：『上置酒，勝聞樂聲而泣。上問其故，對曰：「悲者不可爲累欷，思者不可爲嘆息。」』

〔四十〕因茲感結：『茲』，甲庫本作『慈』。『感結』，謂心情鬱結。漢王逸琴思楚歌：『憂懷感結重嘆噫，歲月已盡去奄忽。』梁書處士傳劉訏：『自傷早孤，人有誤觸其諱者，未嘗不感結流涕。』

〔四十一〕億兆攸係：『億兆』，指庶民百姓。猶言衆庶萬民。漢蔡邕太尉汝南李公碑：『憲天心以教育，沐垢濁以揚清，爲國有賞，蓋有億兆之心。』唐元稹訓别致用詩：『達則濟億兆，窮亦濟毫氂。』

〔四十二〕方崇下武之基：『下武』，謂有聖德能繼先王功業。詩大雅下武：『下武維周，世有哲王。』鄭玄箋：『下，猶後也……後人能繼先祖者，維有周家最大。』北周庾信賀新樂表：『伏

惟皇帝，以下武嗣興，中陽繼業。』

〔四十三〕五福無徵：『徵』，四庫全書作『臻』。『五福』，五種幸福。書洪範：『五福：一曰壽，二曰富，三曰康寧，四曰攸好德，五曰考終命。』漢桓譚新論：『五福：壽、富、貴、安樂、子孫衆多。』『無徵』，没有徵兆或迹象。法苑珠林卷一：『診候無徵，雩祈失效。』

〔四十四〕俄遷上賓之駕：『遷』，册府元龜、全唐文作『速』。『上賓』，謂作客於天帝之所。指帝王去世。逸周書太子晋解：『王子曰：「吾後三年，上賓於帝所，汝慎無言。」』孔晁注：『言死必爲賓於天帝之所。』宋蘇軾正旦於福寧殿作水陸道場資薦神宗皇帝齋文：『伏以棄黄屋以上賓，莫追風馭；抱烏號而永慕，再歷春朝。』

〔四十五〕昔周文至愛：『周文』，即周文王。後漢書桓帝紀：『今京師厮舍，死者相枕，郡縣阡陌，處處有之，甚違周文掩胔之義。』三國志魏書管寧傳：『周文啓龜，以卜良佐。』

〔四十六〕遂延慶于九齡：『延慶』，延續福祚。後漢書朱景王杜等傳論：『若夫數公者，則與參國議，分均休咎，其餘并優以寬科，完其封禄，莫不終以功名，延慶於後。』南朝梁簡文帝唱導文：『馮法致安，積善延慶。』『九齡』，指九十歲。語本禮記文王世子：『文王謂武王曰：「女何夢矣？」武王對曰：「夢帝與我九齡。」文王曰：「女以爲何也？」武王曰：「西方有九

國焉，君王其終撫諸？」文王曰：「非也！古者謂年齡，齒亦齡也。我百，爾九十，我與爾三焉。」文王九十七乃終，武王九十三而終。』鄭玄注：『九齡，九十年之祥也。』後引申爲長壽。唐殷寅玄元皇帝應見賀聖祚無疆詩：『言因六夢接，慶葉九齡傳。』宋范成大別擬太上皇帝挽歌詞六首：『如何千萬壽，不待九齡終。』

（四十七）遽永訣于千古：册府元龜、明鈔本、四庫全書、甲庫本、適園叢書、學林本均無『昔周文至愛……遽永訣于千古』數句。『永訣』，永別。指死別。晉潘岳楊仲武誄：『臨穴永訣，撫櫬盡哀。』宋葉適祭趙知宗文：『熒然一卮，於此永訣。』

（四十八）追懷哽咽：『追懷』，回憶；追念。後漢書列女傳董祀妻：『後感傷亂離，追懷悲憤，作詩二章。』宋蘇轍巫山賦：『追懷楚襄之放意肆志兮，泝江千里而遠來。』

（四十九）加以尊名：『尊名』，指帝號。戰國策趙策四：『臣以齊致尊名於王，天下孰敢不致尊名於王。』

（五十）慈惠愛親曰孝：『愛親』，四庫全書作『親愛』。『慈惠』，猶仁愛。左傳成公十二年：『於是乎有享宴之禮，享以訓共儉，宴以示慈惠。共儉以行禮，而慈惠以布政。』漢徐幹中論譴交：『鄉有大夫，必有聰明慈惠之人，使各掌其鄉之政教禁令。』『愛親』，愛父母、尊長。孝經天子：『愛

親者不敢惡於人，敬親者不敢慢於人。」

〔五十一〕仍遵故典：「故典」，册府元龜作「典故」。「故典」，謂舊的規章制度等。漢蔡邕陳政要七事疏：「自今齋制，宜如故典，庶答風霆灾妖之異。」宋曾鞏太祖皇帝總序：「不盡循故典，收納學士大夫，用之不求其備。」

〔五十二〕式備徽章：「徽章」，指褒崇封贈的策命。北周王褒太保吴武公尉遲綱碑銘：「司勳載其弘烈，典册備其徽章。」唐陸贄册淑妃王氏爲皇后文：「稱是徽章，聿歸全德。」

〔五十三〕布告遐邇：「布告」，遍告；宣告。史記呂太后本紀：「劉氏所立九王，呂氏所立三王，皆大臣之議，事已布告諸侯，諸侯皆以爲宜。」元史武宗紀：「詔整飭臺綱，布告中外。」「遐邇」，遠近。漢桓寬鹽鐵論備胡：「故人主得其道，則遐邇潛行而歸之，文王是也。」漢書韋玄成傳：「天子穆穆，是宗是師，四方遐爾，觀國之煇。」

寧王謚讓皇帝制〔一〕

敕：能以位讓，爲吴太伯〔二〕。存則用成其節，殁則當表其名〔三〕，非常之稱〔四〕，旌德斯在〔五〕。故太尉、寧王憲〔六〕，誕含粹靈〔七〕，允膺大雅〔八〕，孝悌之至〔九〕，本

乎中誠〔十〕；仁和之深〔十一〕，非因外奬〔十二〕。率由禮度〔十三〕，雅尚文儒〔十四〕，謙以自牧〔十五〕，樂於爲善〔十六〕，比兩獻而有光〔十七〕，與二南而合德〔十八〕。自出臨方鎮〔十九〕，入配台階〔二十〕，逾勵忠勤〔二十一〕，益聞周慎〔二十二〕。實謂永爲藩屏〔二十三〕，以輔邦家〔二十四〕。曾不憖遺〔二十五〕，奄焉殂殁〔二十六〕。友于之痛〔二十七〕，震慟良深〔二十八〕。惟王，朕之元昆〔二十九〕，合升上嗣〔三十〕，以朕奉先朝之睿略〔三十一〕，定宗社之阽危〔三十二〕，推而不居，請予主鬯〔三十三〕；又承慈旨〔三十四〕，焉敢固違？不然者，則宸極之尊〔三十五〕，豈歸於薄德？茂行若此〔三十六〕，易名是憑〔三十七〕，自非大號〔三十八〕，孰副休烈〔三十九〕？按謚法，推功尚德曰讓，德性寬柔曰讓〔四十〕。敬追謚曰讓皇帝〔四十一〕。宜令所司擇日備禮册命〔四十二〕。

開元二十九年十一月日。

校箋

〔一〕此文又見於舊唐書卷九十五、册府元龜卷二百九十六宗室部追封。全唐文卷二十四亦録此文，文題爲追謚寧王憲爲讓皇帝制，署名唐玄宗。此文文末已標明頒布時間爲『開元

二十九年十一月日』，四庫全書作『開元二十九年十一月』，學林本作『開元二十九年十一月□日』。考舊唐書卷九十五云：『（開元二十九年）十一月（寧王憲）薨，時年六十三。上聞之，號叫失聲，左右皆掩涕。翌日，下制曰：「能以位讓，爲吴太伯。」』册府元龜卷二百九十六云：『寧王憲，睿宗長子。天寶元年十一月制曰：「能以位讓，爲吴太伯。」』又考舊唐書玄宗紀云：『（開元二十九年十一月）辛未，太尉、寧王憲薨，謚爲讓皇帝，葬于惠陵。』新唐書玄宗紀云：『（開元二十九年十一月）辛未，寧王憲薨，追册爲皇帝，及其妃元氏爲皇后。』資治通鑑卷二百一十四亦載：『（開元二十九年十一月）辛未，太尉寧王憲薨。上哀惋特甚，曰：「天下，兄之天下也；兄固讓於我，爲唐太伯，常名不足以處之。」乃謚曰讓皇帝。』據兩唐書本紀及資治通鑑所載，寧王憲當於開元二十九年（七四一）十一月辛未（二十四日）薨逝并追謚，然據舊唐書卷九十五所載，則此文應頒布於次日，即二十五日。則撰寫此文當在是時稍前。

〔二〕能以位讓，爲吴太伯：『太』，明鈔本、適園叢書作『大』，全唐文作『泰』。典出論語泰伯：『子曰：「泰伯其可謂至德也已矣，三以天下讓，民無得而稱焉。」』『吴太伯』，傳見史記卷三十一吴太伯世家：『吴太伯，太伯弟仲雍，皆周太王之子，而王季歷之兄也。季歷賢，而有聖子昌，太王欲立季歷以及昌，於是太伯、仲雍二人乃奔荆蠻，文身斷髮，示不可用，

避季歷。季歷果立，是爲王季，而昌爲文王。』

〔三〕殁則當表其名：『名』，舊唐書作『賢』。

〔四〕非常之稱：『非常』，不同尋常。史記司馬相如列傳：『蓋世必有非常之人，然後有非常之事；有非常之事，然後有非常之功。非常者，固常之所異也。』三國演義第四十三回：『此人相貌非常，只可激，不可説。』

〔五〕旌德斯在：『旌德』，表彰有德之人。晋桓温薦譙元彦表：『旌德禮賢，化道之所先。』周書宇文廣傳：『旌德樹善，有國常規。』

〔六〕故太尉、寧王憲：即唐睿宗長子李憲，傳見舊唐書卷九十五、新唐書卷八十一。舊唐書其本傳載：『讓皇帝憲，本名成器，睿宗長子也。初封永平郡王。文明元年，立爲皇太子，時年六歲。及睿宗降爲皇嗣，則天册授成器爲皇孫，與諸弟同日出閣，開府置官屬。長壽二年，改封壽春郡王，仍却入閤。長安中，累轉左贊善大夫，加銀青光禄大夫。中宗即位，改封蔡王，遷宗正員外卿，加賜實封四百户，通舊爲七百户。成器固辭不敢當大國，依舊爲壽春郡王。唐隆元年，進封宋王。其月，睿宗踐祚，拜左衛大將軍。時將建儲貳，以成器嫡長，而玄宗有討平韋氏之功，意久不定。成器辭曰：「儲副者，天下之公器，時平則先嫡長，國難則歸有功。若失其宜，

海内失望，非社稷之福。臣今敢以死請。」累日涕泣固讓，言甚切至。時諸王、公卿亦言平王有社稷大功，合居儲位。睿宗嘉成器之意，乃許之。玄宗又以成器嫡長，再抗表固讓，睿宗不許。……其年（唐隆元年）十一月，拜尚書左僕射，尋遷司徒，其太師、都督并如故。明年，表讓司徒，拜太子賓客，兼揚州大都督如故。時太平公主陰有異圖，姚元之、宋璟等請出成器及申王成義爲刺史，以絶謀者之心，由是成器以司徒兼蒲州刺史。玄宗嘗製一大被長枕，將與成器等共申友悌之好，睿宗知而大悦，累加賞嘆。先天元年八月，進封司空。及玄宗討平蕭至忠、岑羲等，成器又進位太尉，依舊兼揚州大都督，加實封一千户。月餘，加授開府儀同三司，其太尉、揚州大都督并停。開元初，歷岐州刺史，開府如故。四年，避昭成皇后尊號，改名憲，封爲寧王，實封累至五千五百户。又歷澤、涇等州刺史。……憲，開元九年兼太常卿。十四年，停太常卿，依舊爲開府儀同三司。二十一年，復拜太尉。二十八年冬，憲寢疾，上令中使送醫藥及珍膳，相望於路。僧崇一療憲稍瘳，上大悦，特賜緋袍魚袋，以賞異崇一。時申王等皆先薨，唯憲獨在，上尤加恩貸。每年至憲生日，必幸其宅，移時宴樂。居常無日不賜酒酪及異饌等，尚食總監及四方有所進獻，食之稍甘，即皆分以賜之。憲嘗奏請年終録付史館，每年至數百紙。二十九年冬，京城寒甚，凝霜封樹，時學者以爲春秋「雨木冰」即此是，亦名樹介，言其象介胄也。憲見而嘆曰：「此俗謂

樹稼者也。諺曰：『樹稼，達官怕。』必有大臣當之，吾其死矣。」十一月薨，時年六十三。」

〔七〕誕含粹靈：『粹』，純美無雜。淮南子 說山：『貂裘而雜，不若狐裘而粹。』

〔八〕允膺大雅：『大雅』，稱德高而有大才的人。漢班固西都賦：『大雅宏達，於兹爲群。』李善注：『大雅，謂有大雅之才者。詩有大雅，故以立稱焉。』明蔣燦題杜少陵像詩：『大雅長往矣，遺容後代看。』

〔九〕孝悌之至：『孝悌』，孝順父母，敬愛兄長。論語 學而：『其爲人也孝弟，而好犯上者鮮矣。』朱熹集注：『善事父母爲孝，善事兄長爲弟。』孟子 梁惠王上：『謹庠序之教，申之以孝悌之義。』

〔十〕本乎中誠：『中誠』，内心的真情。漢班固白虎通 喪服：『故吉凶不同服，歌哭不同聲，所以表中誠也。』晉張華答何劭三首之二：『是用感嘉貺，寫心出中誠。』

〔十一〕仁和之深：『仁和』，仁愛温和。禮記 儒行：『温良者，仁之本也……歌樂者，仁之和也。』魏書 游明根傳：『明根歷官内外五十餘年，處身以仁和。』

〔十二〕非因外獎：『因』，册府元龜作『繇』。『外獎』，外來的獎勸、激勵。南朝宋謝靈運擬魏太子鄴中集詩 王粲：『整裝辭秦川，秣馬赴楚壤。沮漳自可美，客心非外獎。』李善注：『獎，勸也。』南朝梁江淹雜體詩 許徵君自敘：『去矣從所欲，得失非外獎。』張銑注：『言

去從所欲之至道，得失由心，非外物所能奬勸。』

（十三）率由禮度：『由』，册府元龜作『繇』。『率由』，遵循，沿用。書微子之命：『率由典常，以蕃王室。』三國魏曹植責躬詩：『萬邦既化，率由舊則。』『禮度』，猶禮法，禮儀法度。大戴禮記盛德：『禮度，德法也。所以御民之嗜欲好惡，以慎天法，以成德法也。』後漢書淳於恭傳：『舉動周旋，必由禮度。』

（十四）雅尚文儒：『雅尚』，極崇尚。南朝宋劉義慶世説新語規箴：『王夷甫雅尚玄遠，常嫉其婦貪濁，口未嘗言錢字。』清李漁奈何天慮婚：『花面衝場，正生避席。非關倒置梨園，祇爲從來雅尚。』『文儒』，指講求禮樂教化的儒生。晉葛洪抱朴子廣譬：『干戈興則武夫奮，韶、夏作則文儒起。』周書賀拔勝傳：『乃招引文儒，討論義理。』

（十五）謙以自牧：同『卑以自牧』。謂以謙卑自守。語出易謙：『謙謙君子，卑以自牧也。』王弼注：『牧，養也。』高亨注：『牧猶守也，卑以自牧謂以卑自守也。』

（十六）樂於爲善：『於』，舊唐書作『以』。

（十七）比兩獻而有光：『比』，册府元龜作『北』。『兩』，甲庫本作『有』。『兩獻』，西漢河間獻王劉德和東漢沛獻王劉輔的合稱。晉書文六王傳論：『齊王以兩獻之親，弘二南之

化。』宋書劉義慶傳：『王神謨獨運，靈武宏發……固已化被江漢，勛高微管，遠猷侔於二南，英雄邁于兩獻者矣。』

〔十八〕與二南而合德：『合』，册府元龜作『念』。『二南』，指周公、召公及其管轄的地區。晋潘岳西征賦：『兹土之舊也，固乃周、召之所分，二南之所交。』南朝梁任昉齊竟陵文宣王行狀：『諒以齊徽二南，同規往哲。』吕向注：『二南謂周公、召公也。』『合德』，猶同德。漢王充論衡讉告：『天人同道，大人與天合德。』唐黄滔御試良弓獻問賦：『乾坤與之而合德，夷夏有之而一貫。』

〔十九〕自出臨方鎮：『出臨』，舊指朝廷官員出任外職。三國魏曹植王仲宣誄：『入管機密，朝政以治；出臨朔岱，庶績咸熙。』宋陸游賀謝提舉啓：『追法宫之决事，付便郡以優賢，曾未逾年，已聞報政，入膺三接之寵，出臨千里之畿。』『方鎮』，指掌握兵權、鎮守一方的軍事長官。如晋持節都督，唐觀察使、節度使、經略等。遼金時皆有其職。吴廷燮著有歷代方鎮年表，可參閲。晋書范寧傳：『方鎮去官，皆割精兵器仗以爲送故，米布之屬不可稱計。』新唐書裴均傳：『德宗以均任方鎮，欲遂相之。』

〔二十〕入配台階：『階』，明鈔本誤作『皆』。『台階』，三台星亦名泰階，故稱台階。

古人以爲有三公之象，因以指三公之位或宰輔重臣。後漢書崔駰傳：『不以此時攀台階，窺紫闥，據高軒，望朱闕，夫欲千里，而咫尺未發，蒙竊惑焉。』李賢注：『三台謂之三階，三公之象也。』後漢書郎顗傳：『三公上應台階，下同元首。』

〔二十一〕逾勵忠勤：『逾』，通『愈』。更加。楚辭九章哀郢：『美超遠而逾邁。』淮南子：『亂乃逾甚。』『忠勤』，忠心勤勞。後漢書公孫瓚傳：『長沙太守孫堅，前領豫州刺史，遂能驅走董卓，埽除陵廟，忠勤王室，其功莫大。』晋書石苞傳：『苞在位，稱爲忠勤，帝每委任焉。』

〔二十二〕益聞周慎：『周慎』，周密謹慎。後漢書胡廣傳：『（胡廣）翼翼周慎，行靡玷漏。』唐李白上安州李長史書：『白少頗周慎，忝聞義方。』

〔二十三〕實謂永爲藩屏：『藩』，明鈔本、適園叢書作『蕃』。『藩屏』，比喻衛國的重臣。資治通鑑晋安帝義熙十年：『（尉賢政）曰：「受凉王厚恩，爲國藩屏。」』唐元稹論教本書：『選用賢良，樹爲藩屏。』

〔二十四〕以輔邦家：『邦家』，國家。詩小雅南山有臺：『樂只君子，邦家之基。』鄭玄箋：『人君既得賢者，置之於位，又尊敬以禮樂，樂則能爲國家之本。』後漢書皇甫規傳論：『故能功成于戎狄，身全於邦家也。』

〔二十五〕曾不憖遺：『不憖遺』，不願留。詩小雅十月之交：『不憖遺一老，俾守我王。』後用作對大臣逝世表示哀悼。漢蔡邕陳太丘碑文：『天不憖遺老，俾屏我王。』南朝梁任昉齊竟陵文宣王行狀：『天不憖遺，奄見薨落。』

〔二十六〕奄焉殂殁：『焉』，册府元龜作『爲』。『殂』，明鈔本、四庫全書、甲庫本、適園叢書、學林本均作『亡』。『殁』，册府元龜、全唐文作『没』。『奄』，突然地。馬融長笛賦：『奄忽滅没。』李善注：『方言：「奄，遽也。」』『殂殁』，死亡。三國志蜀書諸葛亮傳：『及備殂没，嗣子幼弱，事無巨細，亮皆專之。』晉葛洪抱朴子釋滯：『或復齊死生，謂無異以存活爲徭役，以殂殁爲休息，其去神仙，已千億里矣，豈足耽玩哉？』

〔二十七〕友于之痛：『友于』，語出書君陳：『惟孝友于兄弟。』後即以『友于』爲兄弟友愛之義。後漢書史弼傳：『陛下隆於友于，不忍遏絶。』魏書良吏傳宋世景：『世景友于之性，過絶於人，及道璵死，哭之哀切。』

〔二十八〕震慟良深：『慟』，册府元龜、明鈔本、四庫全書、甲庫本、適園叢書、學林本均作『動』。『震慟』，震驚悲痛。沈薹序：『沈薹之杖死於宛平也，余在獄震慟。』

〔二十九〕朕之元昆：『元昆』，長兄。唐蘇頲寒食宴于中舍别駕兄弟宅詩：『始睹元昆鏘玉至，

旋聞季子佩刀回。」宋蘇轍送魯有開詩：『白髮識公子，十載友元昆。』

〔三十〕合升上嗣：『上』，四庫全書作『主』，甲庫本作『之』。『上嗣』，君主的嫡長子。後指太子。禮記文王世子：『登餕獻受爵，則以上嗣。』鄭玄注：『上嗣，君之嫡長子。』晉書潘尼傳：『篤生上嗣，繼期挺秀。』

〔三十一〕以朕奉先朝之睿略：『睿略』，聖明的謀略。唐顧非熊武宗挽歌詞二首之一：『睿略皇威遠，英風帝業開。』宋王禹偁諭交趾文：『故一之二歲，藥庸蜀，餌湘潭；三之四歲，針廣越，砭吴楚。筋骸血脉，涣然小康，非王者神機睿略，疇能至於此乎！』

〔三十二〕定宗社之阽危：『宗社』，册府元龜、明鈔本、四庫全書、甲庫本、適園叢書、學林本均作『社稷』。『阽』，册府元龜作『玷』。『宗社』，借指國家。漢孔融論盛孝章書：『惟公匡復漢室，宗社將絶，又能正之。正之術，實須得賢。』新唐書諸夷蕃將傳李多祚：『將軍知感恩，則知所以報，今在東宫乃大帝子，而嬖豎擅朝，危逼宗社。國家廢興在將軍，將軍誠有意乎？』『阽危』，臨近危險。漢書食貨志第四上：『既聞耳矣，安有爲天下阽危者若是而上不驚者！』顔師古注：『阽危，欲墜之意也。』指玄宗討平韋氏一事。事見舊唐書玄宗紀：『至六月，中宗暴崩，韋后臨朝稱制。韋温、宗楚客、紀處訥等謀傾宗社，以睿宗介弟之重，先謀不利。

道士馮道力、處士劉承祖皆善於占兆，詣上布誠款。上所居里名隆慶，時人語訛以「隆」爲「龍」；韋庶人稱制，改元又爲唐隆，皆符御名。上益自負，乃與太平公主謀之，公主喜，以子崇簡從。上乃與崇簡、朝邑尉劉幽求、長上折衝麻嗣宗、押萬騎果毅葛福順李仙鳧、寶昌寺僧普潤等定策誅之。或曰：「先啓大王。」上曰：「我拯社稷之危，赴君父之急，事成福歸於宗社，不成身死於忠孝，安可先請，憂怖大王乎！若請而從，是王與危事；請而不從，則吾計失矣。」遂以庚子夜率幽求等數十人自苑南入，總監鍾紹京又率丁匠百餘以從。分遣萬騎往玄武門殺羽林將軍韋播、高嵩，持首而至，衆歡叫大集。攻白獸、玄德等門，斬關而進，左萬騎自左入，右萬騎自右入，合於凌烟閣前。時太極殿前有宿衛梓宮萬騎，聞噪聲，皆披甲應之。韋庶人惶惑走入飛騎營，爲亂兵所害。於是分遣誅韋氏之黨，比明，内外討捕，皆斬之。乃馳謁睿宗，謝不先啓請之罪。睿宗遽前抱上而泣曰：「宗社禍難，由汝安定，神祇萬姓，賴汝之力也。」拜殿中監、同中書門下三品，兼押左右萬騎，進封平王。』

〔三十三〕請予主鬯：『主鬯』，易震：『震驚百里，不喪匕鬯。』孔穎達疏：『震卦施之於人，又爲長子。長子則正體於上，將所傳重，出則撫軍，守則監國，威震驚於百里，可以奉承宗廟彝器粢盛，守而不失也。』後因稱太子爲『主鬯』。唐柳宗元賀踐祚表：『主鬯彰孝恭之美，撫軍

著神武之功。」舊唐書玄宗紀上：『平王有聖德，定天下，又聞成器已下咸有推讓，宜膺主鬯，以副群心。」

〔三十四〕又承慈旨：『慈旨』，仁惠的詔旨。魏書崔光傳：『檢訪四方，務加休息，爰發慈旨，撫賑貧瘼。」新唐書劉洎傳：『陛下降慈旨，假柔顔，虚心聽納，猶恐群臣惴縮不敢進。」

〔三十五〕則宸極之尊：『宸』，册府元龜作『震』。『宸極』，比喻帝位。晋劉琨勸進表：『宸極失御，登遐醜裔。」李善注：『宸極，喻帝位。」舊唐書忠義傳上蘇安恒：『今太子孝敬是崇，春秋既壯，若使統臨宸極，何異陛下之身。」

〔三十六〕茂行若此：『茂行』，盛德之行。戰國策東周策：『公獨修虚信爲茂行。』鮑彪注：『茂，盛美也。」楚辭離騒：『夫惟聖哲以茂行兮，苟得用此下土。」

〔三十七〕易名是憑：『易名』，指古時帝王、公卿、大夫死後朝廷爲之立謚號。禮記檀弓下：『公叔文子卒，其子戍請謚於君，曰：「日月有時，將葬矣，請所以易其名者。」」南朝梁任昉齊竟陵文宣王行狀：『易名之典，請遵前烈。」

〔三十八〕自非大號：『大號』，國號，帝號。陳書高祖紀上：『大同之末，邊政不修，李賁狂迷，竊我交、愛，敢稱大號，驕恣甚於尉他。」唐劉知幾史通本紀：『夫位終北面，一概人臣，

儻追加大號，止入傳限。」

（三十九）孰副休烈：『休』，明鈔本誤作『沐』。『休烈』，盛美的事業。史記秦始皇本紀：『皇帝休烈，平一宇內，德惠修長。』漢書宣帝紀：『朕未能章先帝休烈，協寧百姓。』顏師古注：『休，美也。烈，業也。』

（四十）推功尚德曰讓，德性寬柔曰讓：『推功』，册府元龜作『功推』。『德』，舊唐書、全唐文作『善』。『推功』，推讓功績。後漢書應奉傳：『奉勤設方略，賊破軍罷，緄推功於奉，薦爲司隸校尉。』晉葛洪抱朴子行品：『每居卑而推功，雖處泰而滋恭者，謙人也。』『寬柔』，寬緩和柔。逸周書官人解：『心氣寬柔者，其聲温和。』漢書哀帝紀：『至今有司執法，未得其中，或上暴虐，假勢獲名，温良寬柔，陷於亡滅。』宋蘇轍御試制策：『故夫寬柔敦厚者，大雅之風也；慷慨勁正者，小雅之文也。』

（四十一）敬追謚曰讓皇帝：『追謚』，死後追加謚號。漢書平帝紀：『追謚孔子曰褒成宣尼公。』漢荀悦漢紀孝哀皇帝紀上卷第二十八：『追謚滿父忠爲懷德侯。』

（四十二）宜令所司擇日備禮册命：『擇日』，册府元龜、明鈔本、四庫全書、甲庫本、適園叢書、學林本均無此二字。『備禮』，謂禮儀周備。詩小雅魚麗序：『美萬物盛多，能備禮也。』漢

蔡邕郭有道碑：『州郡聞德，虚己備禮，莫之能致。』

靖德太子謚奉天皇帝制〔一〕

門下〔二〕：聖人立號〔三〕，天下至公〔四〕，膺其美者必歸有德，有其德者或無其位。苟徽烈可紀〔五〕，則追崇之典行焉〔六〕，况義貴因心〔七〕，禮優加等。稽夫往策〔八〕，抑有前聞〔九〕，盛業鴻猷〔十〕，久不可替。故靖德太子琮〔十一〕，慶鍾霄極〔十二〕，親則朕兄，性與天通〔十三〕，行高時望〔十四〕，宣慈惠和〔十五〕，聰明睿哲〔十六〕，四科兼綜〔十七〕，一以貫之〔十八〕；而福壽不遐〔十九〕，既隨往運〔二十〕，緬惟友愛〔二十一〕，實軫于心〔二十二〕。朕昔踐儲宫〔二十三〕，顧誠非次〔二十四〕，於君父之命〔二十五〕，所不敢違；以長少而言〔二十六〕，豈忘其序？每思懇讓〔二十七〕，竟莫獲從，遽順聖慈〔二十八〕，守兹寶位〔二十九〕，安可不申夙志〔三十〕，有闕推恩〔三十一〕？宜加尊異之名〔三十二〕，載茂哀榮之典〔三十三〕，敬用追謚曰奉天皇帝〔三十四〕。妃竇氏曰恭應皇后〔三十五〕。宜委有司〔三十六〕，即擇日册命〔三十七〕，更以禮葬。仍令右僕射裴冕充使監護〔三十八〕，少府監竇履信爲副〔三十九〕。主者施行〔四十〕。

上元元年建寅月。

校箋

〔一〕此文又見於册府元龜卷二百九十六宗室部追封。全唐文卷四十三亦録此文，文題爲追謚靖德太子琮爲奉天皇帝詔，署名唐肅宗。甲庫本此文文題誤作端德太子謚奉天皇帝制。適園叢書、學林本此文文題與原文同，署名肅宗。此文文末已標明制文頒布時間爲『上元元年建寅月』，明鈔本所記時間爲『元年建寅月』，四庫全書、甲庫本誤作『九年建寅月』。考册府元龜卷二百九十六云：『慶王琮，玄宗長子，天寶十一載薨，贈靖德太子。後肅宗元年建寅月詔曰：聖人立號，天下至公。』又考舊唐書卷一百七云：『肅宗元年建寅月九日，詔追册（靖德太子琮）爲奉天皇帝，妃竇氏爲恭應皇后，備禮改葬於華清宫北齊陵，以尚書右僕射、冀國公裴冕爲其使。』新唐書肅宗紀云：『寶應元年建寅月甲申，追册靖德太子琮爲皇帝，妃竇氏爲皇后。』資治通鑒卷二百二十二亦載：『（寶應元年）建寅月，甲申，追尊靖德太子琮爲奉天皇帝，妃竇氏爲恭應皇后，丁酉，葬于齊陵。』按，考資治通鑒卷二百二十二云：『（上元二年九月）壬寅，制去尊號，但稱皇帝；去年號，但稱元年；以建子月爲歲首，月皆以所建爲數；因赦天下。』則肅宗

元年建寅月實爲寶應元年正月，故此文文末所記時間有誤，當以明鈔本爲準。據新唐書、資治通鑑所載，此謚文頒布應在肅宗元年（七六一）建寅月甲申（四日），舊唐書所載時間九日應爲册立之日。則撰寫此文當在是時稍前。

〔二〕門下：即門下省。官署名。後漢謂侍中寺。晉時因其掌管門下衆事，始稱門下省。南北朝因之，與中書省、尚書省并立，侍中爲長官。隋承其制。唐龍朔二年（六六二）改名東台，咸亨初復舊稱，武則天臨朝，改名鸞堂、鸞臺。神龍初復舊稱，開元元年改名黄門省，五年仍復舊稱。宋因之，元廢。門下省掌受天下之成事，審查詔令，駁正違失，受發通進奏狀，進請寶印等。其長官初名侍中，後又或稱左相、黄門監等。宋書王僧達傳：『僧達文旨抑揚，詔付門下。侍中何偃以其詞不遜，啓付南臺，又坐免官。』隋書百官志上：『門下省置侍中、給事黄門侍郎各四人，掌侍從左右，擯相威儀，盡規獻納，糾正違闕。』

〔三〕聖人立號：『聖人』，君主時代對帝王的尊稱。禮記大傳：『聖人南面而治天下，必自人道始矣。』韓非子外儲説右下：『是以聖人不親細民，明主不躬小事。』

〔四〕天下至公：『至公』，最公正；極公正。管子形勢解：『風雨至公而無私，所行無常鄉。』吕氏春秋慎大：『湯立爲天子，夏民大説，如得慈親，朝不易位，農不去疇，商不變肆，親郼如夏，

此之謂至公。」

〔五〕苟徽烈可紀：『徽烈』，宏業，偉業。三國魏應璩與王將軍書：『雀鼠雖愚，猶知徽烈。』南朝梁劉勰文心雕龍原道：『重以公旦多材，振其徽烈，剬詩緝頌，斧藻群言。』

〔六〕則追崇之典行焉：『追崇』，對死者追加封號。梁書侯景傳：『景又矯蕭棟詔，追崇其祖爲大將軍，考爲丞相。』唐劉知幾史通稱謂：『至如元氏起于邊朔，其君乃一部之酋長耳，道武追崇所及，凡二十八君。』

〔七〕況義貴因心：『貴』，册府元龜、明鈔本、四庫全書、全唐文、甲庫本均作『貫』。

〔八〕稽夫往策：『稽』，考核；核查。周禮宫正：『稽其功緒。』漢書司馬遷傳：『稽其成敗興壞之理。』

〔九〕抑有前聞：『抑』，明鈔本、甲庫本誤作『柳』。

〔十〕盛業鴻猷：『盛業』，盛大的功業。南朝梁劉孝標辯命論：『而商臣之惡，盛業光於後嗣。』唐杜甫上韋左相二十韻：『盛業今如此，傳經固絶倫。』『鴻猷』，鴻業；大業。南朝宋謝莊上搜才表：『臣生屬亨路，身漸鴻猷。』唐肅宗命有司舉行郊廟大禮詔：『朕獲嗣鴻猷，敢志虔敬。』

〔十一〕故靖德太子琮：『靖德太子琮』，原本作『端德太子琮』，今據册府元龜、明鈔本、

四庫全書、全唐文、適園叢書、學林本改。『靖德太子琮』，即唐玄宗長子李琮，傳見舊唐書卷一百七、新唐書卷八十二。舊唐書其本傳載：『奉天皇帝琮，玄宗長子也，本名嗣直。景雲元年九月，封許昌郡王。先天元年八月，進封郯王。開元四年正月，遥領安西大都護，仍充安撫河東、關內、隴右諸蕃大使。十三年，改封慶王，仍改名潭。十五年，遥領涼州都督，兼河西諸軍節度大使。二十一年，加太子太師，改名琮。二十四年，拜司徒。天寶元年，兼太原牧。十一載薨，贈靖德太子，葬於渭水之南細柳原，仍於啓夏門內置廟祔享焉。肅宗元年建寅月九日，詔追册爲奉天皇帝，妃竇氏爲恭應皇后，備禮改葬於華清宮北齊陵，以尚書右僕射、冀國公裴冕爲其使。』

（十二）慶鍾霄極：『慶』，福澤；有幸的事。國語周語：『有慶未嘗不怡。』『鍾』，積聚。唐杜甫望岳詩：『造化鍾神秀，陰陽割昏曉。』『霄極』，天空的最高處，高空。周書蕭察傳：『況托萼於霄極，寵渥流於無已。』宋范仲淹天驥呈才賦：『是何降靈霄極，薦夢中國。』

（十三）性與天通：『通』，册府元龜、全唐文作『道』。

（十四）行高時望：『行高』，品性高潔。後漢書孝安帝紀：『清白行高者五十人，出補令、長、丞、尉。』唐韓愈別趙子詩：『心平而行高，兩通詩與書。』

（十五）宣慈惠和：『宣慈』，本謂博聞慈愛。後泛指博愛衆人。左傳文公十八年：『高辛

氏有才子八人……忠肅共懿，宣慈惠和，天下之民謂之「八元」。』孔穎達疏：『宣者，遍也。應受多方，知思周遍也。慈者，愛也，愛出於心，恩被於物也。』漢蔡邕郡掾吏張玄祠堂碑銘：『掾天姿恭恪，宣慈惠和，允恭博敏，惻隱仁恕，正身履道。』『惠和』，仁愛和順。左傳昭公四年：『紂作淫虐，文王惠和，殷是以隕，周是以興，夫豈爭諸侯！』後漢書皇后紀上和熹鄧皇后：『政非惠和，不圖於心；制非舊典，不訪於朝。』

〔十六〕聰明睿哲：『睿哲』，聖明；明智。漢張衡東京賦：『睿哲玄覽，都茲洛宮。』晉陸雲大將軍宴會被命作詩：『睿哲惟晉，世有明聖。』

〔十七〕四科兼綜：『四科』，孔門四種科目。指德行、言語、政事、文學。論語先進：『德行：顏淵、閔子騫、冉伯牛、仲弓。言語：宰我、子貢。政事：冉有、季路。文學：子游、子夏。』邢炳疏：『夫子門徒三千，達者七十有二，而此四科唯舉十人者，但言其翹楚者耳。』後漢書鄭玄傳：『仲尼之門，考以四科。』

〔十八〕一以貫之：原指孔子的忠恕之道貫穿在一切事物中，後亦泛指一種思想或理論貫通始終。論語里仁：『吾道一以貫之。』漢書王莽傳上：『而公包其終始，一以貫之，可謂備矣。』

〔十九〕而福壽不遐：『遐』，長久，久遠。詩小雅天保：『降爾遐福，維日不足。』唐德

宗送徐州張建封還鎮：『入覲展遐戀，臨軒慰來思。』

〔二十〕既隨往運：『往』，亡去。管子權修：『無以蓄之則往而不可止也。』注：『謂亡去也。』

〔二十一〕緬惟友愛：『緬惟』，遥想。宋秦觀秋夜病起懷端叔作詩寄之：『緬惟情所親，佳辰誰與共。』明汪弘滏寄謝同門曹翼宸詩：『緬惟束髮初，南北鮮停騎。』『友愛』，友好親愛。後漢書第五倫傳：『近代光烈皇后，雖友愛天至，而卒使陰就歸國，徙廢陰興賓客。』宋歐陽修劉丞相挽詞二首之二：『平昔家庭敦友愛，可憐松檟亦連陰。』

〔二十二〕實軫于心：『軫』，明鈔本誤作『珍』。『于』，四庫全書、甲庫本作『予』。『軫』，悲痛。屈原九章：『出國門而軫懷兮。』

〔二十三〕朕昔踐儲宫：『儲宫』，借指太子。晉潘尼贈陸機出爲吴王郎中令詩：『乃漸上京，乃儀儲宫。』唐顔真卿金紫光禄大夫李公神道碑：『漢室以二傅羽翼儲宫。』

〔二十四〕顧誠非次：『誠』，全唐文作『誠』。『顧』，表示輕微的轉折，相當於『而』『不過』。漢司馬遷報任安書：『顧自以爲身殘處穢。』史記魏公子列傳：『如姬之欲爲公子死，無所辭，顧未有路耳。』『非次』，猶破格。指超遷官職。後漢書殤帝紀：『署用非次，選舉乖宜。』西晉羊祜讓開府表：『今臣身托外戚，事遭運會，誡在過寵，不患見遺。而猥降發中之詔，加非

次之榮。臣有何功可以堪之，何心可以安之？』吕延濟注：『非次，謂不依班次。』

〔二十五〕於君父之命：『父』，册府元龜、全唐文作『人』。『君父』，對父爲國君者的稱呼。左傳僖公五年：『重耳曰：「君父之命不校。」』國語晉語一：『孝、敬、忠、貞，君父之所安也。』

〔二十六〕以長少而言：『長少』，册府元龜、四庫全書、全唐文作『少長』。

〔二十七〕每思懇讓：『讓』，全唐文作『諫』。『懇讓』，懇切辭讓。新唐書奉天皇帝琮傳：『君父有命，不敢違，永言懇讓，不克如素。』宋王禹偁故商州團練使翟公墓志銘：『出爲成都管内十州都巡檢使，賜錢五百萬……公以錫賚優厚，懇讓不已。』

〔二十八〕遽順聖慈：『遽』，就，竟。吕氏春秋察今：『豈遽善游哉？』淮南子人間訓：『此何遽不能爲福乎？』『聖慈』，聖明慈祥。舊時對皇帝或皇太后的諛稱。後漢書孔融傳：『臣愚以爲諸在冲齔，聖慈哀悼，禮同成人，加以號謚者，宜稱上恩，祭祀禮畢，而後絶之。』唐楊巨源春日奉獻聖壽無疆詞十首之六：『造化膺神契，陽和沃聖慈。』

〔二十九〕守兹寶位：『守』，册府元龜、全唐文作『嗣』。『寶位』，語出易繫辭下：『聖人之大寶曰位。』後以『寶位』指帝位。晉書宣帝紀：『雖復道格區宇，德被蒼生，而天未啓時，寶位猶阻。非可以智競，不可以力争。』唐韓愈皇帝即位賀諸道狀：『伏見敕命，皇帝以閏正月

三日嗣臨寶位，海内惟新。』

〔三十〕安可不申夙志：『夙志』，平素的志願。南史陳紀上武帝：『永言夙志，能無慚德。』唐白居易祭崔常侍文：『夙志莫伸，幽憤何極！』

〔三十一〕有闕推恩：『推恩』，帝王對臣屬推廣封贈，以示恩典。唐白居易與王承宗詔：『在法雖有推恩，相時亦恐非便。』宋曾慥高齋漫録：『外家有合推恩，乞疏示姓名，即降處分。』

〔三十二〕宜加尊異之名：『尊異』，特别看待；格外重視。史記樊酈滕灌列傳：『乃賜嬰（夏侯嬰）縣北第第一，曰：「近我。」以尊異之。』三國志魏書荀攸傳：『攸曾病。世子問病，獨拜床下，其見尊異如此。』

〔三十三〕載茂哀榮之典：『哀榮』，特指死後的榮譽。隸釋廣漢屬國侯李翊碑：『終而有禮，哀榮兼殊。』魏書元澄傳：『（詔）謚曰文宣王……百官會赴千餘人，莫不歔欷。當時以爲哀榮之極。』

〔三十四〕敬用追謚曰奉天皇帝：『追謚』，死後追加謚號。漢書平帝紀：『追謚孔子曰褒成宣尼公。』漢荀悦漢紀孝哀皇帝紀卷上第二十八：『追謚滿父忠爲懷德侯。』

〔三十五〕妃竇氏曰恭應皇后：『竇氏』，李琮之妃。

〔三十六〕宜委有司：『有司』，官吏。古代設官分職，各有專司，故稱。書大禹謨：『好

生之德洽于民心，兹用不犯于有司。』漢桓寬鹽鐵論疾貪：『今一二則責之有司，有司豈能縛其手足而使之無爲非哉？』

〔三十七〕即擇日册命：『册命』，指册立或册封之事。文獻通考帝系四引晋穆帝册皇后文：『皇帝使使持節、兼太保、侍中、太宰、武陵王晞，册命故散騎侍郎女何氏爲皇后。』新唐書沈既濟傳：『且太后遺制，自去帝號，及孝和上謚，開元册命，而後之名不易。』

〔三十八〕仍令右僕射裴冕充使監護：『裴冕』，傳見舊唐書卷一百一十三、新唐書卷一百四十。舊唐書其本傳載：『裴冕，河東人也，爲河東冠族。天寶初，以門蔭再遷渭南縣尉，以吏道聞。御史中丞王鉷充京畿采訪使，表爲判官。遷監察御史，歷殿中侍御史。冕雖無學術，守職通明，果於臨事，鉷甚委之。及鉷得罪伏法，時宰臣李林甫方竊權柄，人咸懼之，鉷賓佐數百，不敢窺鉷門。冕獨收鉷尸，親自護喪，瘗于近郊，冕自是知名。河西節度使哥舒翰表爲行軍司馬，累遷員外郎中。玄宗幸蜀，至益昌郡，遥詔太子充天下兵馬元帥，以冕爲御史中丞兼左庶子，爲之副。是時，冕爲河西行軍司馬，授御史中丞，詔赴朝廷。遇太子於平凉，具陳事勢，勸之朔方，亟入靈武。……肅宗即位，以定策功，遷中書侍郎、同中書門下平章事，倚以爲政。冕性忠勤，悉心奉公，稍得人心。然不識大體，以聚人曰財，乃下令賣官鬻爵，度尼僧道士，以儲

積爲務。人不願者，科令就之，其價益賤，事轉爲弊。肅宗移幸鳳翔，罷冕知政事，遷右僕射。兩京平，以功封冀國公，食實封五百户。尋加御史大夫、成都尹，充劍南西川節度使。又入爲右僕射。」『監護』，監督；監領。後漢書班超傳：『是時于窴王廣德新攻破莎車，遂雄張南道，而匈奴遣使監護其國。』北魏酈道元水經注汾水：『拜鄧訓爲謁者，監護水功。』

〔三十九〕少府監竇履信爲副：『少府監』，册府元龜作『少府』。『竇履信』，傳散見舊唐書卷五十二、新唐書卷七十七。

〔四十〕主者施行：謂朝廷法令送交主管部門執行。後漢書黄瓊傳：『使中常侍以瓊奏屬主者施行。』後作公文常用語。唐元稹許劉總出家制：『宜賜法號大覺，仍賜僧臘五十夏。主者施行。』

齊王謚承天皇帝制〔一〕

敕：藩屏之謚〔二〕，古無鴻名〔三〕；先朝親親〔四〕，則有殊禮〔五〕。自我立制〔六〕，垂萬代法，嗣位以長〔七〕，天眷在予〔八〕，崇德報功〔九〕，固當升號〔十〕。况時逢多難〔十一〕，首建大册〔十二〕，進昌言以啓聖期〔十三〕，告成命以開皇運〔十四〕，易名之儀〔十五〕，特異常典〔十六〕。故齊王倓〔十七〕，承天祚之慶〔十八〕，保鴻名之光〔十九〕，降志

尊賢（二十），高才好學（二十一），藝文博洽（二十二），智略宏通（二十三），斷必知來（二十四），謀皆先事（二十五），識無不達（二十六），理至逾精（二十七）。乃者寇盜横流（二十八），鑾輿南幸（二十九），先聖以宸扆之戀（三十），將侍君親（三十一）。惟王以宗廟之重（三十二），誓寧家國（三十三），克叶朕志（三十四），載符天時（三十五）；立辯群議之非（三十六），同獻五原之計（三十七），中興之盛（三十八），實藉奇功（三十九）。景命不融（四十），早從原穸（四十一），天倫之愛（四十二），震慟良深（四十三）。流涕追封（四十四），胙于東海（四十五），頃加表飾（四十六），未極哀榮（四十七）。夫以參舊邦再造之勛（四十八），成天下一家之業，而存未峻其等（四十九），殁未尊其稱（五十），非所以旌徽烈，明至公也（五十一）。朕以眇身（五十二），纘膺大寶（五十三），不及讓王之禮（五十四），莫申太弟之嗣（五十五）；所懷靡殫（五十六），邈想逾切（五十七），非常之命（五十八），寵錫攸宜（五十九）。敬用追謚曰承天皇帝。與興信公主故弟十四女張氏冥婚，謚曰恭順皇后（六十）。有司準式（六十一），即擇日册命（六十二），改葬于順陵，仍祔于奉天皇帝廟，同殿異室焉（六十三）。

大曆三年五月七日。

校箋

〔一〕此文部分段落又見於舊唐書卷一百一十六、册府元龜卷二百九十六宗室部追封。全唐文卷四十七亦録此文部分段落，文題爲追謚齊王爲承天皇帝詔，署名唐代宗。此文文末已標明頒布時間爲『大曆三年五月七日』。考舊唐書卷一百一十六云：『及代宗即位，深思建寧之冤，追贈齊王。大曆三年五月，詔曰：「故齊王倓，承天祚之慶，保鴻名之光。」』册府元龜卷二百九十六云：『代宗即位，追贈齊王，大曆三年五月詔曰：故齊王倓，承天祚之慶，保鴻名之光。』又考舊唐書代宗紀云：『（大曆三年五月）乙卯，追謚故齊王倓爲承天皇帝，興信公主亡女張氏爲恭順皇后，祔葬。』新唐書代宗紀云：『（大曆三年）五月乙卯，追號齊王倓爲皇帝，興信公主女張氏爲皇后。』資治通鑑卷二百二十四亦載：『（大曆三年五月）乙卯制，追謚倓曰承天皇帝；庚申，葬順陵。』據上引典籍所載，此文頒布乃在大曆三年（七六八）五月乙卯（十二日），文末所記時間當有誤。然此時乃制文頒布之時，其撰寫此文當在是時稍前。

〔二〕藩屏之謚：『藩屏』，比喻衛國的重臣。資治通鑑晋安帝義熙十年：『（尉賢政）曰：「受涼王厚恩，爲國藩屏。」』唐元稹論教本書：『選用賢良，樹爲藩屏。』

〔三〕古無鴻名：『鴻名』，大名；盛名。史記司馬相如列傳：『前聖之所以永保鴻名而常爲稱首者用此，宜命掌故悉奏其義而覽焉。』唐蘇頲改元開元元年赦書：『鴻名不可以深拒，盛典不可以固違。』

〔四〕先朝親親：『親親』，愛自己的親屬。詩小雅伐木序：『親親以睦，友賢不棄，不遺故舊，則民德歸厚矣。』孔穎達疏：『既能内親其親以使和睦，又能外友其賢而不棄，不遺忘久故之恩舊而燕樂之。』漢書翼奉傳：『古者朝廷必有同姓以明親親，必有異姓以明賢賢，此聖王之所以大通天下也。』

〔五〕則有殊禮：『殊禮』，特别的禮遇。漢書王莽傳上：『高皇帝褒賞元功，相國蕭何邑户既倍，又蒙殊禮，奏事不名，入殿不趨。』魏書外戚傳下胡國珍：『葬以殊禮，給九旒鑾輅，虎賁、班劍百人，前後部羽葆鼓吹，轀輬車。』

〔六〕自我立制：『立制』，建立制度。漢班固東都賦：『體元立制，繼天而作。』三國魏劉劭人物志流業：『建法立制，强國富人，是謂法家，管仲、商鞅是也。』

〔七〕嗣位以長：『嗣位』，繼承君位。書舜典序：『虞舜側微，堯聞之聰明，將使嗣位。』孔傳：『嗣，繼也。』新唐書李石傳：『陛下嗣位，惟賢是咨，士皆在朝廷。』

〔八〕天眷在予：『天眷』，上天的眷顧。語出書大禹謨：『皇天眷命，奄有四海，爲天下君。』清陳康祺燕下鄉脞録卷一：『太宗諭曰：「朕仰承天眷，攻城必克。」』

〔九〕崇德報功：『報』，學林本作『極』。『崇德報功』，封拜賞賜有德有功的人。書武成：『惇信明義，崇德報功。』孔傳：『有德尊以爵，有功報以禄。』唐楊炯唐恒州刺史建昌公王公神道碑：『考於周典，崇德報功。稽於春秋，策勛舍爵。』

〔十〕固當升號：『升』，甲庫本作『得』。

〔十一〕况時逢多難：『多難』，猶多故；多患難。詩周頌小毖：『未堪家多難。』鄭玄箋：『我又會於辛苦，遇三監及淮夷之難也。』左傳昭公四年：『晋有三不殆，其何敵之有？國險而多馬，齊楚多難。』杜預注：『多篡弑之難。』

〔十二〕首建大册：『册』，適園叢書、學林本作『策』。

〔十三〕進昌言以啓聖期：『期』，四庫全書作『聰』。『昌言』，善言；正當的言論。書皋陶謨：『禹拜昌言曰：「俞！」』孔穎達疏：『禹乃拜受其當理之言。』漢書王莽傳中：『嘉新公國師以符命爲予四輔，明德侯劉龔、率禮侯劉嘉等凡三十二人皆知天命，或獻天符，或貢昌言，或捕告反虜，厥功茂焉。』顏師古注：『昌，當也。』『聖期』，當世的諛稱，猶聖時。南

史儒林傳顧越：『幸屬聖期，得奉昌運。』

（十四）告成命以開皇運：『成命』，既定的天命。詩周頌昊天有成命：『昊天有成命，二后受之。』晉陶潛感士不遇賦：『奉上天之成命，師聖人之遺書。』『皇運』，謂享有皇位的氣數。漢史岑出師頌：『皇運來授，萬寶增煥。』南朝梁徐陵爲貞陽侯與太尉王僧辯書：『皇運之初，彌承天德。』

（十五）易名之儀：『易名』，指古時帝王、公卿、大夫死後朝廷爲之立謚號。禮記檀弓下：『公叔文子卒，其子成請謚於君，曰：「日月有時，將葬矣，請所以易其名者。」』南朝梁任昉齊竟陵文宣王行狀：『易名之典，請遵前烈。』

（十六）特異常典：此句明鈔本、甲庫本作『特異革常典』。『常典』，常例；固定的法典、制度。漢蔡邕宗廟迭毁議：『正數世之所闕，爲無窮之常典。』後漢書楊終傳：『臣聞「善善及子孫，惡惡止其身」，百王常典，不易之道也。』

（十七）故齊王倓：『齊王倓』，唐肅宗第三子李倓。傳見舊唐書卷一百一十六、新唐書卷八十二。舊唐書其本傳載：『承天皇帝倓，肅宗第三子也。天寶中，封建寧郡王，授太常卿同正員。英毅有才略，善射。禄山之亂，玄宗幸蜀，倓兄弟典親兵扈從。車駕渡渭，百姓遮道乞留太子，

太子諭之曰：「至尊奔播，吾不忍違離左右，俟吾見上奏聞。」倓於行宫謂太子曰：『逆胡犯順，四海分崩，不因人情，何以興復？夫有國家者，大孝莫若存社稷。今從至尊入蜀，則散關已東，非皇家所有，何以維屬人情？殿下宜購募豪杰，暫往河西，收拾戎馬，點集防邊將卒，不下十萬人，光弼、子儀，全軍河朔，謀爲興復，計之上也。」廣平王亦贊成之，於是令李輔國奏聞。玄宗欣然聽納，乃分從官、士卒以遣之。時敗卒破，兵仗不完，太子既北上，渡渭，一日百戰。倓自選驍騎數百衛從，每蒼黄顛沛之際，血戰在前。太子或過時不得食，倓涕泗不自勝，上尤憐之，軍士屬目歸於倓。至靈武，太子即帝位。廣平既爲元子，欲以倓爲天下兵馬元帥。侍臣曰：「廣平王冢嗣，有君人之量。」上曰：「廣平地當儲貳，何假更爲元帥？」左右曰：「廣平今未册立，艱難時人尤屬望於元帥。況太子從曰撫軍，守曰監國。今之元帥，撫軍也，廣平爲宜。」遂以廣平爲元帥，倓典親軍，李輔國爲元帥府司馬。時張良娣有寵，倓性忠謇，因侍上屢言良娣頗自恣，輔國連結内外，欲傾動皇嗣。自是，日爲良娣、輔國所構，云：「建寧恨不得兵權，頗畜異志。」肅宗怒，賜倓死。既而省悟，悔之。……及代宗即位，深思建寧之冤，追贈齊王。大曆三年五月，詔曰：「故齊王倓，承天祚之慶，保鴻名之光……仍祔于奉天皇帝廟，同殿異室焉。」』

〔十八〕承天祚之慶：『天祚』，上天賜福。左傳宣公三年：『天祚明德，有所厎止。』唐

元稹青雲驛詩：『天祚樂未極，溟波浩無堤。』

（十九）保鴻名之光：『名』，明鈔本、甲庫本、適園叢書、學林本均作『明』。

（二十）降志尊賢：『降志』，猶降心。漢班固答賓戲：『伯夷抗行于首陽，柳惠降志于辱仕。』唐耿湋冬夜尋李永因書事贈之詩：『栖遑偏降志，疵賤倍修身。』『尊賢』，尊敬賢者。禮記中庸：『義者宜也，尊賢爲大。』孟子萬章下：『用下敬上，謂之貴貴；用上敬下，謂之尊賢。』

（二十一）高才好學：『高才』，才智過人。南朝梁劉孝標辯命論：『然則高才而無貴仕，饕餮而居大位，自古所嘆，焉獨公明而已哉！』

（二十二）藝文博洽：『藝文』，六藝群書之概稱。漢班固典引：『苞舉藝文，屢訪群儒。』南史隱逸傳上雷次宗：『時國子學未立，上留意藝文……凡四學并建。』『博洽』，通曉。元史儒學傳梁益：『博洽經史，而工于文辭。』清嚴有禧漱華隨筆制科議：『如前代制科之類，必兼通諸經，博洽子史詞賦，乃得預焉。』

（二十三）智略宏通：『智略』，才智與謀略。六韜上賢：『無智略權謀，而重賞尊爵之。』宋書王睿傳：『睿字元德……果敢有智略，武帝甚知之。』『宏通』，貫通；博大通徹。南朝梁釋慧皎高僧傳義解二晋長安五級寺釋道安：『安常注諸經，恐不合理，乃誓曰：「若所説不堪遠理，

願見瑞相。」乃夢見胡道人，頭白眉毛長，語安云：「君所注經，殊合道理。我不得入泥洹，住在西域，當相助弘通，可時時設食。」』清王先謙續古文辭類纂序：『曾文正公以雄直之氣，宏通之識，發爲文章，冠絶今古。』

〔二十四〕斷必知來：『斷』，判斷；裁決。宋蘇軾石鐘山記：『事不目見耳聞，而臆斷其有無，可乎？』『知來』，預知未來。

〔二十五〕謀皆先事：『先事』，猶事前。漢書張湯傳：『老臣耳妄聞，言之爲先事，不言情不達。』顔師古注：『事未施行而遽言之，故曰先事也。』唐韓愈送汴州監軍俱文珍序：『遇變出奇，先事獨運。』

〔二十六〕識無不達：『識』，明鈔本作『織』。按，作『織』當有誤。

〔二十七〕理至逾精：『精』，册府元龜作『情』。

〔二十八〕乃者寇盜横流：『乃者』，近時。漢荀悦漢紀孝哀皇帝紀卷上第二十八：『乃者河南潁川郡水汎處浸殺人民。』三國志蜀書秦宓傳：『乃者以來，海内察舉，率多英雋而遺舊齒。』

〔二十九〕鑾輿南幸：『鑾輿』，借指天子。舊唐書肅宗紀論：『故兩都再復於鑾輿，九廟復歆於黍稷。』指安史之亂玄宗幸蜀一事。事見舊唐書玄宗紀：『（天寶十五載六月）辛卯，

哥舒翰至潼關，爲其帳下火拔歸仁以左右數十騎執之降賊，關門不守，京師大駭，河東、華陰、上洛等郡皆委城而走。甲午，將謀幸蜀，乃下詔親征，仗下後，士庶恐駭，奔走于路。乙未，凌晨，自延秋門出，微雨沾濕，扈從惟宰相楊國忠、韋見素，内侍高力士及太子、親王，妃主、皇孫已下多從之不及。……（七月）庚辰，車駕至蜀郡，扈從官吏軍士到者一千三百人，宫女二十四人而已。』

〔三十〕先聖以宸扆之戀：『先聖』，此處應指肅宗。『宸扆』，借指帝廷、君位。扆，帝王座後的屏風。晋葛洪抱朴子博喻：『故縈抑淵洿，則遺慍悶之心；振耀宸扆，而無得意之色。三仕三已，則其人也。』北史祖珽傳：『臣位非輔弼，疏外之人，竭力盡忠，勸陛下禪位，使陛下尊爲太上，子居宸扆，於己及子，俱保休祚。』

〔三十一〕將侍君親：『君親』，君王與父母。亦特指君主。舊題漢李陵答蘇武書：『違棄君親之恩，長爲蠻夷之域，傷已。』晋葛洪抱朴子酒誡：『臣子失禮于君親之前，幼賤悖慢于耆宿之坐。』

〔三十二〕惟王以宗廟之重：『宗廟』，古代帝王、諸侯祭祀祖宗的廟宇。國語魯語上：『夫宗廟之有昭穆也，以次世之長幼，而等胄之親疏也。』史記魏公子列傳：『今秦攻魏，魏急而

公子不恤，使秦破大梁而夷先王之宗廟，公子當何面目立天下乎？』

〔三十三〕誓寧家國：『家國』，家與國。亦指國家。逸周書皇門解：『是人斯乃讒賊媢嫉，以不利於厥家國。』漢董仲舒春秋繁露竹林：『自是後，頃公恐懼，不聽聲樂，不飲酒食肉，內愛百姓，問疾吊喪；外敬諸侯，從會與盟，卒終其身，家國安寧。』

〔三十四〕克叶朕志：『叶』，册府元龜、全唐文作『協』。

〔三十五〕載符天時：『天時』，猶天命。漢書王莽傳下：『推是言之，亦天時，非人力之致矣。』

〔三十六〕立辯群議之非：『辯』，舊唐書、册府元龜、四庫全書、全唐文均作『辨』。『群議』，衆人的議論。後漢書馬援傳：『帝大喜，引入，具以群議質之。』唐劉禹錫唐故韋公集紀：『群議哄然，俟公一言而定。』

〔三十七〕同獻五原之計：『五原』，地名合稱。在今陝西省。唐杜甫喜聞官軍已臨賊境二十韻詩：『五原空壁壘，八水散風濤。』仇兆鰲注引長安志：『長安、萬年二縣之外，有畢原、白鹿原、少陵原、高陽原、細柳原，謂之五原。』

〔三十八〕中興之盛：『中興』，中途振興；轉衰爲盛。詩大雅烝民序：『任賢使能，周室

中興焉。』南朝梁鍾嶸詩品總論：『有晉太康中，三張二陸、兩潘一左，勃爾復興，踵武前王，風流未沫，亦文章之中興也。』

（三十九）實藉奇功：『奇功』，異常的功勞、功勛。漢書陳湯傳：『湯爲人沉勇有大慮，多策謀，喜奇功。』三國演義第七十回：『黃忠謂嚴顔曰：「你可見諸人動靜麽？他笑我二人年老，今可建奇功，以服衆心。」』

（四十）景命不融：『景命』，大命。指授予帝王之位的天命。詩大雅既醉：『君子萬年，景命有僕。』鄭玄箋：『天之大命。』唐元稹獻事表：『臣竊惟陛下以景命惟新之初，何如貞觀致理之後？』『不融』，不長久。漢蔡邕郭有道碑：『稟命不融，享年四十有二。』李善注：『毛萇詩傳曰：融，長也。』三國志蜀書先主甘皇后傳：『大行皇帝昔在上將，嬪妃作合，載育聖躬，大命不融。』

（四十一）早從原穸：『原』，舊唐書、册府元龜、四庫全書、全唐文均作『厚』。『穸』，墓穴。新唐書：『夫陵域宅神，神本静，今大興荒廢，罍役密邇，非幽穸所安，改之便。』

（四十二）天倫之愛：『天倫』，天然倫次。指兄弟。穀梁傳隱公元年：『兄弟，天倫也。』范寧注：『兄先弟後，天之倫次。』周書裴寬傳：『裴長寬兄弟，天倫篤睦，人之師表。』

〔四十三〕震慟良深：『慟』，舊唐書、册府元龜、全唐文作『惕』，四庫全書作『痛』。『震慟』，震驚悲痛。沈蓋序：『沈蓋之杖死于宛平也，余在獄震慟。』

〔四十四〕流涕追封：『追封』，死後封爵。漢趙曄吴越春秋吴太伯傳：『追謚古公爲大王，追封太伯于吴。』後漢書袁紹傳：『自立爲遼東侯、平州牧，追封父延爲建義侯。』

〔四十五〕胙于東海：『胙』，古代祭祀時供的肉。此處應代指祭祀。

〔四十六〕頃加表飾：『頃』，册府元龜作『傾』。

〔四十七〕未極哀榮：『哀榮』，特指死後的榮譽。

〔四十八〕夫以參舊邦再造之勛：『勛』，舊唐書、册府元龜、全唐文作『勤』。『舊邦』，歷史長久的國家；故國。詩大雅文王：『周雖舊邦，其命維新。』楚辭劉向九嘆逢紛：『聲哀哀而懷高丘兮，心愁愁而思舊邦。』王逸注：『心愁思者，念高丘之山，想歸故國也。』『再造』，重新創建。宋書武帝紀中：『天未絶晋，誕育英輔，振厥弛維，再造區宇，興亡繼絶，俾昏作明。』新唐書郭子儀傳：『入朝，帝遣具軍容迎灞上，勞之曰：「國家再造，卿力也。」』

〔四十九〕而存未峻其等：『峻』，升迁，高升。

〔五十〕殁未尊其稱：『殁』，册府元龜作『没』。

〔五十一〕非所以旌徽烈，明至公也：『徽烈』，宏業；偉業。『至公』，最公正；極公正。管子 形勢解：『風雨至公而無私，所行無常鄉。』呂氏春秋 慎大：『湯立爲天子，夏民大説，如得慈親，朝不易位，農不去疇，商不變肆，親郼如夏，此之謂至公。』

〔五十二〕朕以眇身：『眇』，學林本作『秒』。『眇身』，猶言微末之身。封建帝后自謙之詞。漢書 武帝紀：『朕以眇身承至尊，兢兢焉惟德菲薄，不明于禮樂，故用事八神。』北齊書 神武帝紀下：『以朕眇身，遇王武略，不勞尺刃，坐爲天子。』

〔五十三〕纘膺大寶：『纘膺』，承受。元史 武宗本紀：『逮朕嗣服丕圖，纘膺景命，遵承詒訓，恪慕洪規，祗惕畏懼，未知攸濟。』『大寶』，帝位。宋史 岳飛傳：『陛下已登大寶，社稷有主。』初刻拍案驚奇卷二十一：『（燕王）後來靖了内難，乃登大寶，酬他一個三品京職。』

〔五十四〕不及讓王之禮：『讓王』，辭讓王位。莊子有讓王篇，陳鼓應題解：『「讓王」，辭讓王位。篇中多借辭讓王位而寫生命的可貴，輕視利禄名位，取此意爲篇名。』唐崔曙潁陽東溪懷古詩：『昔時讓王者，此地閉玄關。』

〔五十五〕莫申太弟之嗣：『太弟』，皇帝尊其弟之稱。晋書 劉聰載記：『僭即皇帝位……尊元海妻單氏曰皇太后，其母張氏爲帝太后，乂爲皇太弟，領大單于、大司徒。』唐張説聖德頌：『處

儲闈，有尚元子之德；居藩邸，有辭太弟之高。」

〔五十六〕所懷靡殫：『殫』，册府元龜、明鈔本、四庫全書、適園叢書、學林本均作『從』。『殫』，竭盡。漢書杜欽傳：『殫天下之財以奉淫侈，匱萬姓之力以從耳目。』唐柳宗元捕蛇者説：『殫其地之出，竭其廬之入，號呼而轉徙，飢渴而頓踣。』

〔五十七〕邈想逾切：『邈』，册府元龜、明鈔本、適園叢書、學林本均作『追』。『邈想』，猶遥想。北魏酈道元水經注洣水：『覽其餘誦，依然息遠，匪直邈想霞踪。』

〔五十八〕非常之命：『常』，册府元龜作『嘗』。

〔五十九〕寵錫攸宜：『寵錫』，帝皇的恩賜。唐白行簡李娃傳：『天子異之，寵錫加等。』宋曾鞏明州擬辭高麗送遺狀：『州郡當其道途所出，迎勞燕餞，所以宣達陛下寵錫待遇之意，此守臣之職分也。』『攸』，放在動詞之前，構成名詞片語，相當於『所』。爾雅：『攸，所也。』易坤：『君子有攸往。』

〔六十〕與興信公主故弟十四女張氏冥婚，謚曰恭順皇后：『弟』，舊唐書、册府元龜、四庫全書、全唐文均作『第』。『冥』，册府元龜作『宜』。明鈔本此二句作『以興信公主故弟十四女張氏曰恭順皇后』，甲庫本作『以興信公主故第十四女張氏曰恭順皇后』，適園叢書、學林本作『與

興信公主故弟十四女張氏曰恭順皇后』。『興信公主』，唐玄宗第八女，傳見新唐書卷八十三。新唐書其本傳載：『齊國公主，始封興信，徙封寧親。下嫁張垍，又嫁裴潁，末嫁楊敷。薨貞元時。』

〔六十一〕有司準式：『有司』，官吏。古代設官分職，各有專司，故稱。書大禹謨：『好生之德，洽于民心，兹用不犯于有司。』漢桓寬鹽鐵論疾貪：『今一二則責之有司，有司豈能縛其手足而使之無爲非哉？』『準式』，依照準則或樣式。唐孫逖立忠王爲皇太子制：『宜膺擇嗣之舉，俾受升儲之命，可立爲皇太子，仍取來月内擇日册命，所司準式，主者施行。』清潘榮陛帝京歲時紀勝九月登高：『考真覺寺建于明成祖，因番僧版的達入貢金佛五軀、金剛寶座規式，封以國師，賜居此寺。憲宗九年，準式建寶座，累石台高五丈，藏級於壁，蝸旋而上。』

〔六十二〕即擇日册命：『册命』，指册立或册封之事。文獻通考帝系四引晉穆帝册皇后文：『皇帝使使持節、兼太保、侍中、太宰、武陵王晞，册命故散騎侍郎女何氏爲皇后。』新唐書沈既濟傳：『且太后遺制，自去帝號，及孝和上謚，開元册命，而后之名不易。』

〔六十三〕改葬于順陵，仍祔于奉天皇帝廟，同殿異室焉：此數句原本作『加以禮葬』，今據舊唐書、册府元龜、全唐文改。『祔』，祭名。原指古代帝王在宗廟内將後死者神位附於先祖旁而祭祀。儀禮既夕禮：『卒哭明日以其班祔。』

册謚文

册謚孝敬皇帝文〔一〕

維上元二年八月五日，天皇若曰〔二〕：於戲〔三〕！咨夫御圖篆者〔四〕，至聖荷提衡之業〔五〕；承宗廟者〔六〕，元良膺受命之期〔七〕。眇尋千古之外〔八〕，縱觀百王之表〔九〕，成功不處〔十〕，高讓之躅惟崇〔十一〕；在賢斯授，則哲之風逾遠〔十二〕。眷彼勛華〔十三〕，鼎祚傳於有德〔十四〕；洎夫湯武〔十五〕，寶曆歸於孟侯〔十六〕，揖前載之宏模〔十七〕，成後王之茂範者也〔十八〕。炎精失馭〔十九〕，巨猾梃灾〔二十〕，普天陷塗炭之危〔二十一〕，區寓墜豺狼之毒〔二十二〕。我高祖神堯皇帝〔二十三〕，應天御物〔二十四〕，撥亂反正〔二十五〕，斬白蛇而定天下〔二十六〕，誓蒼兕而會諸侯〔二十七〕，底綏萬邦〔二十八〕，乂寧六合〔二十九〕。太宗文武聖皇帝循機統極〔三十〕，出震開階〔三十一〕，練彩石而補乾綱〔三十二〕，拯横流而恢地絡〔三十三〕。遠穆邇肅〔三十四〕，時清頌平〔三十五〕。朕式纂昌基〔三十六〕，欽承睿緒〔三十七〕，

幸憑累聖之福（三十八），高居兆人之上（三十九），靈符叶贊（四十），天命允集（四十一）。是以昭報先功（四十二），鏤玉於升中之觀（四十三）；聿崇嚴配（四十四），禋珪於布政之宫（四十五）。俗阜歲豐（四十六），化淳刑措（四十七），幽明以之效祉（四十八），夷夏由其乂安（四十九）。馭朽逾兢（五十），寢繩多愧（五十一）。嘗以人之所寶者位，雖處位以思冲（五十二）；心之所存者道，希察道而求逸。是以載想褰迎（五十三），虚襟脱屣（五十四），凝神不宰（五十五），宣游汾水之陽（五十六）；滌慮無爲（五十七），訪道襄城之野（五十八）。咨爾故皇太子弘（五十九），克岐克嶷（六十），有德有行，事親以孝，愛敬極於寢門（六十一）；奉上以忠（六十二），恭慎形於馳道（六十三）。孝慈不犯（六十四），惠以及人，載隆三善之規（六十五），無俟八繁之誡（六十六）。發揮弦誦（六十七），遜業之道彌光（六十八）；黼藻温文（六十九），承祧之望攸重（七十）。撫軍監國（七十一），大闡良圖（七十二），百揆萬機（七十三），佇令居攝（七十四）。庶幾乾坤交泰（七十五），主鬯之業方新（七十六）；日月重光（七十七），繼昭之明斯遠（七十八）。頃炎氛戒節（七十九），屬爾沉痾（八十），實冀惟痊（八十一），釋余重負。粤因瘳降（八十二），告以斯懷。爾忠懇特深（八十三），孝情天至（八十四），聞言哽咽，感絶移時（八十五）。因此彌留（八十六），奄然長逝（八十七）。伊川可望，泣笙駕之無追（八十八）；瑶嶺難逢，

痛琴風之永絶（八十九）。循今念往（九十），震悼良深（九十一）。然事欲必行，禮雖崇而未極（九十二）；德惟可尚（九十三），身已謝而宜尊。加以隆名（九十四），允符心許（九十五），是用謚爾爲孝敬皇帝（九十六）。式昭典册（九十七），俾夫位光一德（九十八），叶帝載於將來（九十九）；名參四大（一百），播天聲於終古（一百一），明靈若存（一百二），享兹寶命（一百三）。嗚呼哀哉（一百四）！

校箋

〔一〕本文又見於全唐文卷十四，文題爲册謚孝敬皇帝文，署名唐高宗。本文首句標明頒布時間爲『上元二年八月五日』。考舊唐書高宗紀云：『（上元二年）四月……己亥，皇太子弘薨于合璧宫之綺雲殿。時帝幸合璧宫，是日還東都。五月己亥，追謚太子弘爲孝敬皇帝。……秋七月辛亥，洛州復置緱氏縣，以管孝敬皇帝恭陵。』舊唐書卷八十六載：『上元二年，太子從幸合璧宫，尋薨，年二十四。制曰：「皇太子弘，生知誕質，惟幾毓性。……天性之重，追懷哽咽，宜申往命，加以尊名。夫謚者，行之迹也；號者，事之表也。慈惠愛親曰孝，死不忘君曰敬，謚爲孝敬皇帝。」其年，葬於緱氏縣景山之恭陵。』新唐書高宗紀云：『（上元二年）四月……己亥，

天后殺皇太子。五月戊申，追號皇太子爲孝敬皇帝。……八月庚寅，葬孝敬皇帝于恭陵。』新唐書卷八十一云：『上元二年，從幸合璧宮，遇鴆薨，年二十四，天下莫不痛之。詔曰：「太子嬰沉瘵，朕須其痊復，將遜于位。弘性仁厚，既承命，因感結，疾日以加。宜申往命，謚爲孝敬皇帝。」葬緱氏，墓號恭陵，制度盡用天子禮，百官從權制三十六日釋服。』資治通鑑卷二百二載：『（上元二年）五月……己亥，太子薨於合璧宮，時人以爲天后鴆之也。壬寅，車駕還洛陽宮。五月，戊申，下詔：「朕方欲禪位皇太子，而疾遽不起，宜申往命，加以尊名，可謚爲孝敬皇帝。」……八月，庚寅，葬孝敬皇帝于恭陵。』按：新唐書、資治通鑑所載『上元二年五月戊申』應爲皇太子謚孝敬皇帝制頒布時間。故本册文頒布時間爲上元二年（六七五）八月丙子（五日），其撰寫時間當在此時稍前。

〔二〕天皇若曰：四庫全書作『皇帝若曰』。『天皇』，稱帝王。漢袁康越絶書外傳記吴王占夢：『夫越王句踐雖東僻，亦得繫於天皇之位。』新唐書高宗紀：『八月壬辰，皇帝稱天皇，皇后稱天后。』

〔三〕於戲：亦作『於熙』。猶於乎。感嘆詞。禮記大學：『詩云：「於戲！前王不忘。」君子賢其賢而親其親，小人樂其樂而利其利。』史記三王世家：『皇帝使御史大夫湯廟立子閎

爲齊王。曰：「於戲，小子閎，受茲青社！」」司馬貞索隱：『於戲，音嗚呼。戲，或音羲。』

〔四〕洛夫御圖箓者：『圖箓』，圖讖符命之書。後漢書方術傳序：『故王梁、孫咸，名應圖箓，越登槐鼎之任。』李賢注：『光武以赤伏符文拜梁爲大司空，又以讖文拜孫咸爲大司馬。』舊唐書儒學傳下柳沖：『唐公名應圖箓，動以信義，豪杰響應，天所贊也。』

〔五〕至聖荷提衡之業：『至聖』，指道德智能最高的人。禮記中庸：『唯天下至聖，爲能聰明睿知，足以有臨也。』墨子辭過：『天壤之情，陰陽之和，莫不有也，雖至聖不能更也。』『提衡』，亦作『提珩』。謂用秤稱物，以平輕重。引申爲抗衡。管子輕重乙：『則是寡人之國，五分而不能操其二，是有萬乘之號而無千乘之用也，以是與天子提衡争秩於諸侯，爲之有道乎？』漢桓寬鹽鐵論論功：『七國之時，皆據萬乘，南面稱王，提珩爲敵國累世。』

〔六〕承宗廟者：『宗廟』，朝廷和國家政權的代稱。墨子非命下：『不顧其國家百姓之政，繁爲無用，暴逆百姓，遂失其宗廟。』後漢書伏湛傳：『猾臣王莽，殺帝盜位。宗室興兵，除亂誅莽，故群下推立聖公，以主宗廟。』

〔七〕元良膺受命之期：『元良』，太子的代稱。禮記文王世子：『一有元良，萬國以貞，世子之謂也。』南朝梁沈約立太子詔：『元良之寄，有國莫先，自昔哲后，降及近代，莫不立儲

樹嫡，守器承祧。』『受命』，受天之命。古帝王自稱受命於天以鞏固其統治。書召誥：『惟王受命，無疆惟休，亦無疆惟恤。』史記日者列傳：『自古受命而王，王者之興何嘗不以卜筮決於天命哉！』

〔八〕眇尋千古之外：四庫全書、全唐文作『渺尋千古之外』。『千古』，久遠的年代。北魏酈道元水經注濰水四：『追芳昔娱，神游千古，故亦一時之盛事。』唐李白丁都護歌：『君看石芒碭，掩泪悲千古。』

〔九〕縱觀百王之表：『縱觀』，縱覽，博覽。宋蘇舜欽答范資政書：『日甚閑曠，得以縱觀書策。』清龔自珍擬進上蒙古圖志表文：『臣伏處下士之列，縱觀史册之盛。』『百王』，歷代帝王。荀子不苟：『百王之道，後王是也。』漢書董仲舒傳：『蓋聞五帝三王之道，改制作樂而天下洽和，百王同之。』

〔十〕成功不處：『成功』，成就功業或事業。書禹貢：『禹錫玄圭，告厥成功。』漢桓寬鹽鐵論結和：『黄帝以戰成功，湯武以伐成孝。』『不處』，不據有；不居。論語里仁：『富與貴，是人之所欲也；不以其道得之，不處也。』唐韓愈順宗實録卷五：『功成不處，褰裳去之。』

〔十一〕高讓之躅惟崇：『高讓』，拱手相讓。舊時表示推讓、辭讓，往往高拱其手，故稱。

晋陸雲盛德頌：『陛下猶復允執高讓，成功靡有。』晋書 鄭冲傳：『公屢以年高疾篤，致仕告退……高讓彌篤，至意難違。』『躅』，足迹；踪迹。比喻前賢的行爲、功績。宋蘇軾送頓起詩：『岱宗已在眼，一往繼前躅。』

〔十二〕則哲之風逾遠：『則哲』，書 臯陶謨：『知人則哲，能官人。』後以『則哲』謂知人。後漢書 樂成靖王黨傳：『朕無「則哲」之明，致簡統失序，罔以尉承大姬，增懷永嘆。』『逾遠』，猶遥遠。晋潘岳寡婦賦：『遥逝兮逾遠，緬邈兮長乖。』唐玄奘大唐西域記 摩揭陀國下：『昔有苾芻，勤勵心身，屏居修定，歲月逾遠，不證聖果。』

〔十三〕眷彼勛華：『眷』，回頭看。詩 小雅 大東：『眷言顧之，潸焉出涕。』鄭玄箋：『眷，反顧也。』『勛華』，堯、舜的并稱。勛，放勛，堯名；華，重華，舜名。漢馬融忠經序：『皇上含庖軒之姿，韞勛華之德。』宋范成大東宫壽詩：『并世勛華照古今，朱明彩服侍尊臨。』

〔十四〕鼎祚傳於有德：『鼎祚』，猶國祚，國運。晋書 汝南王亮等傳序：『光武雄略緯天，慷慨下國……休祉盛於兩京，鼎祚隆於四百。』周書 晋蕩公護傳：『臣所以勤勤懇懇，干觸天威者，但不負太祖之顧托，保安國家之鼎祚耳。』『有德』，指有德行的人。左傳 僖公二十八年：『有德不可敵。』禮記 禮器：『是故昔先王尚有德，尊有道，任有能。』孫希旦集解：『有德，謂

有德行者。」

（十五）洎夫湯武：『湯武』，商湯與周武王的并稱。易革：『湯武革命，順乎天而應乎人。』史記穰侯列傳：『以三十萬之衆守梁七仞之城，臣以爲湯武復生，不易攻也。』

（十六）寶曆歸於孟侯：『寶曆』，指國祚；皇位。樂府詩集燕射歌辭三晋朝饗樂章：『椒觴再獻，寶曆萬年。』梁書武帝紀上：『雖寶曆重升，明命有紹，而獨夫醜縱，方煽京邑。』『孟侯』，諸侯之長。書康誥：『王若曰：孟侯，朕其弟。』孔傳：『周公稱成王命，順康叔之德，命爲孟侯。孟，長也。五侯之長謂方伯，使康叔爲之。』孔穎達疏：『五侯之長，五等諸侯之長也。』吕氏春秋正名：『齊湣王，周室之孟侯。』

（十七）揖前載之宏模：明鈔本作『揖前載之宏摸』，全唐文、適園叢書、學林本作『揖前載之宏謨』。『前載』，前代的記載。晋劉琨勸進表：『臣每覽史籍，觀之前載，厄運之極，古今未有。』隋書音樂志上：『梁武帝本自諸生，博通前載。』

（十八）成後王之茂範者也：『後王』，繼承前輩王位的君主。書召誥：『越厥後王後民，兹服厥命。』孔穎達疏：『謂繼世之君及其時之人，皆服行其君之命。』唐韓愈祭鰐魚文：『及後王德薄，不能遠有，則江漢之間，尚皆棄之，以與蠻夷楚越。』『茂範』，儀刑；典範。魏書

鄭道昭傳：『樹舊經於帝京，播茂範於不朽。』唐長孫無忌進律疏議表：『昔周后登極，吕侯闡其茂範；虞帝納麓，皋陶創其彝章。』

〔十九〕炎精失馭：『炎精』，指應火運而興的王朝。東觀漢記 馮衍傳：『繼高祖之休烈，修文武之絶業，社稷復存，炎精更輝。』三國蜀諸葛亮爲後帝伐魏詔：『今賊效尤，天人所怨，奉時宜速，庶憑炎精祖宗威靈相助之福，所向必克。』『失馭』，亦作『失御』，失去駕馭。指喪失統治能力。晉陸機辯亡論：『昔漢氏失御，奸臣竊命。』李善注：『答賓戲曰：「王塗蕪穢，周失其御。」』舊唐書 任瓌傳：『隋氏失馭，天下沸騰。』

〔二十〕巨猾挺灾：四庫全書、全唐文作『巨猾挺突』。『巨猾』，大奸，極奸猾的人。漢張衡東京賦：『巨猾間釁，竊弄神器。』北齊書 文苑傳 顔之推：『嗣君聽於巨猾，每凛然而負芒。』『挺灾』，招引禍殃。唐李白天長節使鄂州刺史韋公德政碑：『孽胡挺灾，大人有作。雷霆發揚，欃槍有落。』宋陸游月夕幽居有感詩：『浮名本是挺灾物，謝事寧非得道因。』

〔二十一〕普天陷塗炭之危：『普天』，遍天下。亦指遍天下的人。三國志 吴書 胡綜傳：『上定洪業，使普天一統。』明沈德符萬曆野獲編 禮部二 孔廟廢塑像：『至嘉靖初，永嘉用事，而普天塑像被毁矣！』『塗炭』，比喻極困苦的境遇。書 仲虺之誥：『有夏昏德，民墜塗炭。』孔傳：『民

之危險，若陷泥墜火。」晉潘岳西征賦：『竭股肱於昏主，赴塗炭而不移。』

〔二十二〕區寓墜豺狼之毒：明鈔本、甲庫本作『罄寓豺狼之毒』，四庫全書作『萬姓遭豺狼之毒』。『區寓』，『寓』同『宇』，境域；天下。唐元稹賀誅吳元濟表：『威動區宇，道光祖宗。』宋陳亮重建紫霄觀記：『本朝混一區宇，是觀因以不廢。』『豺狼』，比喻凶殘的惡人。後漢書陽球傳：『願假臣一月，必令豺狼鴟梟，各服其辜。』唐李白古風之十九：『俯視洛陽川，茫茫走胡兵。流血塗野草，豺狼盡冠纓。』

〔二十三〕我高祖神堯皇帝：『神堯』，唐代對唐高祖李淵的尊稱。唐杜甫別李義詩：『神堯十八子，十七王其門。』仇兆鰲注：『通鑒天寶十三載二月，上高祖謚曰神堯大聖光孝皇帝。』『高祖神堯皇帝』，即唐高祖李淵。李淵，傳見舊唐書高祖紀、新唐書高祖紀。舊唐書其本紀云：『高祖神堯大聖大光孝皇帝姓李氏，諱淵。其先隴西狄道人，涼武昭王暠七代孫也。……高祖以周天和元年生於長安，七歲襲唐國公。及長，倜儻豁達，任性真率，寬仁容衆，無貴賤咸得其歡心。隋受禪，補千牛備身。文帝獨孤皇后，即高祖從母也，由是特見親愛，累轉譙、隴、岐三州刺史。有史世良者，善相人，謂高祖曰：「公骨法非常，必爲人主，願自愛，勿忘鄙言。」高祖頗以自負。……（大業）十三年，爲太原留守，郡丞王威、武牙郎將高君雅爲副。群賊蜂起，江都阻絕，

太宗與晉陽令劉文静首謀，勸舉義兵。俄而馬邑校尉劉武周據汾陽宫舉兵反，太宗與王威、高君雅將集兵討之。高祖乃命太宗與劉文静及門下客長孫順德、劉弘基各募兵，旬日間衆且一萬，密遣使召世子建成及元吉于河東。威、君雅見兵大集，恐高祖爲變，相與疑懼，請高祖祈雨於晉祠，將爲不利。晉陽鄉長劉世龍知之，以告高祖，高祖陰爲之備。五月甲子，高祖與威、君雅視事，太宗密嚴兵於外，以備非常。遣開陽府司馬劉政會告威等謀反，即斬之以徇，遂起義兵。……（十一月）癸亥，率百僚，備法駕，立代王侑爲天子，遥尊煬帝爲太上皇，大赦，改元爲義寧。甲子，隋帝詔加高祖假黄鉞、使持節、大都督内外諸軍事、大丞相，進封唐王，總録萬機。……（義寧二年五月）甲子，高祖即皇帝位於太極殿，命刑部尚書蕭造兼太尉，告於南郊，大赦天下，改隋義寧二年爲唐武德元年。」

〔二十四〕應天御物：『應天』，順應天命。漢董仲舒春秋繁露三代改制質文：『湯受命而正，應天變夏作殷號。』唐杜甫謁先主廟詩：『應天才不小，得士契無鄰。』『御物』，駕御萬物。晉干寶晉紀總論：『行任數以御物，而知人善采拔。』

〔二十五〕撥亂反正：治理混亂的局面，使恢復正常。語本公羊傳哀公十四年：『撥亂世，反諸正，莫近諸春秋。』何休注：『撥，猶治也。』漢書禮樂志：『漢興，撥亂反正，日不暇給，

猶命叔孫通制禮儀，以正君臣之位。』

〔二十六〕斬白蛇而定天下：明鈔本、甲庫本作『斬白蛇而定』。『斬白蛇』，典出史記高祖本紀。檢史記高祖本紀云：『高祖以亭長爲縣送徒酈山，徒多道亡。自度比至皆亡之，到豐西澤中，止飲，夜乃解縱所送徒，曰：「公等皆去，吾亦從此逝矣！」徒中壯士願從者十餘人。高祖被酒，夜徑澤中，令一人行前。行前者還報曰：「前有大蛇當徑，願還。」高祖醉，曰：「壯士行，何畏！」乃前，拔劍擊斬蛇。蛇遂分爲兩，徑開。行數里，醉，因卧。後人來至蛇所，有一老嫗夜哭。人問何哭，嫗曰：「人殺吾子，故哭之。」人曰：「嫗子何爲見殺？」嫗曰：「吾子，白帝子也，化爲蛇，當道，今爲赤帝子斬之，故哭。」人乃以嫗爲不誠，欲告之，嫗因忽不見。後人至，高祖覺。後人告高祖，高祖乃心獨喜，自負。諸從者日益畏之。』

〔二十七〕誓蒼兕而會諸侯：明鈔本作『誓蒼兕而會諸侯』。『蒼兕』，古代掌管舟楫的官。蒼兕，善奔突，能覆舟，故以此名官爲警。史記齊太公世家：『師尚父左杖黄鉞，右把白旄以誓，曰：「蒼兕蒼兕，總爾衆庶，與爾舟楫，後至者斬。」遂至盟津。』司馬貞索隱：『馬融曰：「蒼兕，主舟楫官名。」又王充曰：「蒼兕者，水獸，九頭。」今誓衆衆，令急濟，故言蒼兕以懼之。』晋郭璞山海經序：『鈞天之庭，豈伶人之所躡；無航之津，豈蒼兕之所涉。』

〔二十八〕底綏萬邦：『底綏』，安定；平定。書盤庚上：『天其永我命于兹新邑，紹復先王之大業，底綏四方。』蔡沈集傳：『天其將永我國家之命於殷，以繼復先王之大業，而致安四方乎！』『底』，一本作『厎』。晋書武帝紀：『底綏四國，用保天休。』『萬邦』，所有諸侯封國。後引申爲天下，全國。書堯典：『協和萬邦，黎民于變時雍。』詩大雅文王：『儀刑文王，萬邦作孚。』鄭玄箋：『儀法文王之事，則天下咸信而順之。』

〔二十九〕乂寧六合：此句原闕一字，作『□寧六合』，今據四庫全書、全唐文增補。明鈔本、適園叢書、學林本作『寧濟六合』。『乂寧』，安寧。漢張衡東京賦：『區宇乂寧，思和求中。』後漢書楊賜傳：『五登衮職，弭難乂寧。』『六合』，天下；人世間。漢賈誼過秦論：『吞二周而亡諸侯，履至尊而制六合，執捶拊以鞭笞天下，威振四海。』唐李白古風之三：『秦王掃六合，虎視何雄哉！』

〔三十〕太宗文武聖皇帝循機統極：『太宗文武聖皇帝』，即唐太宗李世民。李世民，傳見舊唐書太宗紀、新唐書太宗紀。舊唐書其本紀云：『太宗文武大聖大廣孝皇帝諱世民，高祖第二子也。母曰太穆順聖皇后竇氏。隋開皇十八年十二月戊午，生於武功之别館。時有二龍戲於館門之外，三日而去。高祖之臨岐州，太宗時年四歲。有書生自言善相，謁高祖曰：「公貴人也，

且有貴子。」見太宗，曰：「龍鳳之姿，天日之表，年將二十，必能濟世安民矣。」高祖懼其言泄，將殺之，忽失所在，因采「濟世安民」之義以爲名焉。太宗幼聰睿，玄鑒深遠，臨機果斷，不拘小節，時人莫能測也。……及高祖之守太原，太宗時年十八。有高陽賊帥魏刀兒，自號歷山飛。來攻太原，高祖擊之，深入賊陣。太宗以輕騎突圍而進，射之，所向皆披靡，拔高祖於萬衆之中。適會步兵至，高祖與太宗又奮擊，大破之。時隋祚已終，太宗潛圖義舉，每折節下士，推財養客，群盜大俠，莫不願效死力。及義兵起，乃率兵略徇西河，克之。拜右領大都督，右三軍皆隸焉，封敦煌郡公。……（武德）九年，皇太子建成、齊王元吉謀害太宗。六月四日，太宗率長孫無忌、尉遲敬德、房玄齡、杜如晦、宇文士及、高士廉、侯君集、程知節、秦叔寶、段志玄、屈突通、張士貴等於玄武門誅之。甲子，立爲皇太子，庶政皆斷决。太宗乃縱禁苑所養鷹犬，并停諸方所進珍異，政尚簡肅，天下大悦。又令百官各上封事，備陳安人理國之要。……八月癸亥，高祖傳位於皇太子，太宗即位於東宮顯德殿。」

〔三十一〕出震開階：『出震』，八卦中的『震』卦位應東方。出震，即出於東方。南朝陳徐陵勸進梁元帝表：『伏惟陛下出震等於勛華，嗚謙同於旦奭。握圖秉鉞，將在御天；玉勝珠衡，先彰元后。』唐劉禹錫武陵書懷五十韻：『繼明懸日月，出震統乾坤。』『開階』，舊指開創基業。

舊唐書辛替否傳：『撥亂反正，開階立極，得至理之體，設簡要之方。』

〔三十二〕鍊彩石而補乾綱：全唐文作『煉彩石而補乾綱』。『彩石』，即『五色石』，古代神話所説女媧煉的補天石。淮南子覽冥訓：『往古之時，四極廢，九州裂……於是女媧煉五色石以補蒼天，斷鰲足以立四極。』唐盧仝與馬異結交詩：『女媧本是伏羲婦，恐天怒，擣煉五色石，引日月之針，五星之縷把天補。』『乾綱』，天的綱維，天道。晉書華譚傳：『聖人之臨天下也。祖乾綱以流化，順谷風以興仁。』

〔三十三〕拯横流而恢地絡：『横流』，大水不循道而泛濫。孟子滕文公上：『當堯之時，天下猶未平，洪水横流，泛濫於天下。』漢孔融薦禰衡表：『洪水横流，帝思俾乂。』『地絡』，猶地脉。土地的脉絡。亦指疆界。後漢書隗囂傳：『分裂郡國，斷絶地絡。』李賢注：『絡猶經絡也。謂莽分拆郡縣，斷割疆界也。』唐李義府在巂州遥叙封禪詩：『飛聲總地絡，載化撫乾維。』

〔三十四〕遠穆邇肅：四庫全書作『遠穆近肅』。

〔三十五〕時清頌平：『時清』，時世清平。敦煌曲子詞獻忠心：『時清海宴定風波，恩光六塞，瑞氣遍山坡。』『頌平』，歌頌太平盛世。南朝陳徐陵陳元帝哀册文：『獸舞時豫，禽歌頌平。』

〔三十六〕朕式纂昌基：四庫全書作『朕式纘昌基』。『昌基』，昌盛的基業。宋書禮志：『故

以祥映昌基，繫發篆素。』舊唐書音樂志三：『堂堂聖祖興，赫赫昌基泰。』

（三十七）欽承睿緒：『欽承』，恭敬地繼承或承受。書說命下：『監於先王成憲，其永無愆，惟説式克欽承。』三國魏曹丕與鍾大理書：『嘉貺益腆，敢不欽承。』『睿緒』，謂神聖之事。南齊書樂志：『紛綸睿緒，庵蔚王風，明進厥始，浚哲文終。』

（三十八）幸憑累聖之福：『累聖』，稱歷代君主。宋王安石本朝百年無事札子：『蓋累聖相繼，仰畏天，俯畏人，寬人恭儉，忠恕誠慤，此其所以獲天助也。』宋王讜唐語林補遺二：『累聖知之而不能遠，慮之而不能去，睿旨如此，天下幸甚！』

（三十九）高居兆人之上：『兆人』，兆民。後漢書光武帝紀上：『漢遭王莽，宗廟廢絶，豪杰憤怒兆人塗炭。』唐柳宗元禮部賀皇太子册禮畢德音表：『建天下之本，宗廟以安；致萬國之貞，兆人攸賴。』

（四十）靈符叶贊：『靈符』，上天的符命。三國魏曹植鞞舞歌大魏篇：『大魏應靈符，天禄方甫始。』晋陸機吊魏武帝文：『信斯武之未喪，膺靈符而在兹。』『叶贊』，協同翊贊。晋書元帝紀：『然晋室遘紛，皇輿播越，天命未改，人謀叶贊。』新五代史裴迪傳：『太祖自岐還，將吏皆賜「迎鑾叶贊功臣」，將吏入見，太祖目迪曰：「叶贊之功，惟裴公有之，佗人不足當也。」』

〔四十一〕天命允集：『天命』，上天之意旨；由天主宰的命運。書盤庚上：『先王有服，恪謹天命。』楚辭天問：『天命反側，何罰何佑？』『允集』，聚集；會合。後漢書孝順帝紀贊：『孝順初立，時髦允集。』晉陸機漢高祖功臣頌：『三王從風，五侯允集。』

〔四十二〕是以昭報先功：『先功』，祖先的功業。楚辭九章惜往日：『奉先功以照下兮，明法度之嫌疑。』王逸注：『承宣祖業，以示民也。』漢書郊祀志下：『此鼎殆周之所以褒賜大臣，大臣子孫，刻銘其先功，臧之於宮廟也。』

〔四十三〕鏤玉於升中之觀：『升中』，古帝王祭天上告成功。禮記禮器：『是故因天事天，因地事地，因名山升中於天。』鄭玄注：『升，上也。中，猶成也。謂巡守至於方岳，燔柴祭天，告以諸侯之成功也。』後以『升中』指祭天。南朝梁陸倕石闕銘：『類帝禋宗，光有神器。升中以祀群望，攝袂而朝諸夏。』

〔四十四〕聿崇嚴配：『聿』，發語詞，用於句首或句中，無義。書湯誥：『聿求元聖，與之勠力。』後漢書文苑傳上傅毅傳：『二志靡成，聿勞我心。』『嚴配』，謂祭天時以先祖配享。語本孝經聖治：『孝莫大於嚴父，嚴父莫大於配天。』南朝梁王中頭陀寺碑文：『祖武宗文之德，昭升嚴配；格天光表之功，弘啓興服。』隋書煬帝紀上：『朕獲奉祖宗，欽承景業，永惟嚴配，

思隆大典。』

〔四十五〕禋珪於布政之宮：學林本作『禋圭於布政之宮』。『禋』，祭祀。書舜典：『肆類于上帝，禋于六宗。』國語周語上：『不禋於神而求福焉，神必禍之。』『布政』，施政。左傳成公二年：『詩曰：「布政優優，百禄是遒。」子實不優而棄百禄，諸侯何害焉！』史記孝文本紀：『人主不德，布政不均。』

〔四十六〕俗阜歲豐：『俗阜』，謂民衆富庶。唐崔鉉進宣宗收復河湟詩：『共遇聖明千載運，更觀俗阜與時和。』舊唐書音樂志：『遠安邇肅，俗阜時和。』『歲豐』，年穀豐收。漢劉向説苑君道：『宋人聞之，夙興夜寐，早朝晏退，吊死問疾，勠力宇内，三年歲豐。』南朝宋劉義康歲饑平糴議：『又緣淮歲豐，邑地沃壤，麥既已登，黍粟行就。』

〔四十七〕化淳刑措：『化淳』，教化淳厚。隋書音樂志下：『功高德重，政謐化淳。鴻休永播，久而彌新。』『刑措』，置刑法而不用。荀子議兵：『傳曰：「威厲而不試，刑錯而不用。」』史記周本紀：『故成康之際，天下安寧，刑錯四十餘年不用。』裴駰集解引應劭曰：『措，置也。民不犯法，無所置刑。』

〔四十八〕幽明以之效祉：明鈔本、甲庫本、適園叢書、學林本作『幽明以之效社』，四庫全書、

全唐文作『幽明以之郊社』。『效祉』，呈現福祉。南史梁紀上武帝上：『而晷緯呈祥，川岳效祉，代終之符既顯，革運之期已萃。』唐劉允濟天賦：『發星辰而效祉，雜烟雲以降祥。』『幽明』，指有形和無形的事物。易系辭上：『仰以觀於天文，俯以察於地理，是故知幽明之故。』韓康伯注：『幽明者，有形無形之象。』宋蘇軾與錢濟明三首之三：『神藥希代之寶，理貫幽明，未敢輕議。』

〔四十九〕夷夏由其乂安：『夷夏』，夷狄與華夏的并稱。古代常以指中國境内的各族人民。周書于翼傳：『翼又推誠布信，事存寬簡，夷夏感悦，比之大小馮君焉。』唐劉禹錫賀赦表：『用含弘光大之澤，副夷夏會同之心。』『乂安』，太平；安定。史記孝武本紀：『漢興已六十餘歲矣，天下乂安。』唐末五代杜光庭莫庭乂青城山本命醮詞：『眷屬乂安，公私和泰。』

〔五十〕馭朽逾兢：『馭朽』，即『馭朽索』，書五子之歌：『予臨兆民，懔乎若朽索之馭六馬。』孔穎達疏：『我臨兆民之上，常畏人怨，懔懔乎危懼，若腐索之馭六馬。索絶則馬逸，言危懼之甚。』後因以比喻帝王治國，艱險不易。唐白居易辨興亡之由策：『安人者，敬其下也，懔乎若馭朽索，猶懼其末也。』舊唐書代宗紀：『朕所以馭朽懸旌，坐而待曙，勞懷罪己之念，延想安人之策。』

〔五十一〕寢繩多愧：『寢繩』，躺卧時身直如繩。亦喻行事依照準則不逾矩。淮南子覽冥

訓：『於是女媧鍊五色石以補蒼天……蒼天補，四極正，淫水涸，冀州平，狡蟲死，顓民生，背方州，抱圓天，和春陽夏，殺秋約冬，枕方寢繩。』高誘注：『寢繩，直身而卧也。』唐駱賓王兵部奏姚州破賊設蒙儉等露布：『伏惟皇帝陛下，祥摛戴玉，拓地軸以登皇；道契寢繩，掩天紘而踐帝。』

〔五十二〕雖處位以思冲：『冲』，淡泊。晋書儒林傳杜夷：『夷清虚冲淡，與俗異軌。』舊唐書王徽傳：『徽性冲澹，遠勢利。』

〔五十三〕是以載想褰迎：四庫全書作『是以載想褰裳』。『褰』，提起、揭起。詩鄭風褰裳：『子惠思我，褰裳涉溱。』唐孟浩然題長安主人壁詩：『枕席琴書滿，褰帷遠岫連。』『褰迎』，猶『褰裳』，謂帝王讓位。典出竹書紀年卷上：『（十四年卿雲見，命禹代虞事）帝乃再歌曰：「日月有常，星辰有行……精華已竭，褰裳去之。」於是八風循通，慶雲叢聚，蟠龍奮迅於其藏，蛟魚踊躍於其淵。龜鱉咸出其穴，遷虞而事夏。舜乃設壇於河，依堯故事。』舊唐書忠義傳上蘇安恒：『豈不思虞舜褰裳，周公復辟，良以大禹至聖，成王既長，推位讓國，其道備焉。』

〔五十四〕虚襟脱屣：全唐文作『虚襟屣脱』。『虚襟』，虚懷，虚心。晋書姚興載記下：『太子詹事王周亦虚襟引士，樹黨東宫。』魏書高道悦傳：『是以置鼓設謗，爰自曩日；虚襟博聽，

義屬今辰。』『脱屣』，比喻看得很輕，無所顧戀，猶如脱掉鞋子。漢書郊祀志上：『嗟乎！誠得如黄帝，吾視去妻子如脱屣耳！』顔師古注：『屣，小履。脱屣者，言其便易，無所顧也。』唐李頎緩歌行：『一沉一浮會有時，棄我翻然如脱屣。』

〔五十五〕凝神不宰：四庫全書作『凝神不滓』。『凝神』，聚精會神。莊子達生：『孔子顧謂弟子曰：「用志不分，乃凝於神，其痀僂丈人之謂乎？」』南朝宋顔延之五君咏嵇中散：『形解驗默仙，吐論知凝神。』『不宰』，不主宰。老子：『爲而不恃，長而不宰。』唐杜審言和李大夫嗣真奉使存撫河東：『不宰神功運，無爲大象懸。』

〔五十六〕宣游汾水之陽：『宣游』，遍游，周游。漢張衡思玄賦：『逼區中之隘陋兮，將北而宣游。』楚辭王褒九懷通路：『宣游兮列宿，順極兮彷徉。』王逸注：『遍歷六合視衆星也。』『汾水之陽』，典見莊子逍遥游：『堯治天下之民，平海内之政，往見四子藐姑射之山，汾水之陽，窅然喪其天下焉』。

〔五十七〕滌慮無爲：全唐文作『滌厲無爲』。『滌慮』，清除煩擾，使思想清净。宋梅堯臣和吴沖卿學士石屏：『我歸滌慮反覆思，義雖不經聊解頤。』明劉基天壽節同諸寓臣拜于寶林教寺禮畢登槃翠軒分韻得稽字：『澄心映空曠，滌慮俯清泚。』『無爲』，道家主張清静虚無，

順應自然，稱爲『無爲』。老子：『道常無爲而無不爲，侯王若能守，萬物將自化。』淮南子原道訓：『無爲爲之而合於道，無爲言之，而通乎德。』

〔五十八〕訪道襄城之野：典出莊子徐無鬼：『黄帝將見大隗乎具茨之山，方明爲御，昌寓驂乘，張若、謵朋前馬，昆閽、滑稽後車；至於襄城之野，七聖皆迷，無所問塗。適遇牧馬童子，問塗焉，曰：「若知具茨之山乎？」曰：「然。」「若知大隗之所存乎？」曰：「然。」黄帝曰：「異哉小童！非徒知具茨之山，又知大隗之所存。請問爲天下。」小童曰：「夫爲天下者，亦若此而已矣，又奚事焉！予少而自游於六合之内，予適有瞀病，有長者教予曰：『若乘日之車而游於襄城之野。』今予病少痊，予又且復游於六合之外。夫爲天下亦若此而已。予又奚事焉！」黄帝曰：「夫爲天下者，則誠非吾子之事。雖然，請問爲天下。」小童辭。黄帝又問。小童曰：「夫爲天下者，亦奚以異乎牧馬者哉！亦去其害馬者而已矣！」黄帝再拜稽首，稱天師而退。』

〔五十九〕咨爾故皇太子弘：『咨爾』，論語堯曰：『堯曰：「咨，爾舜！天之曆數在爾躬。」』邢炳疏：『咨，咨嗟；爾，女也……故先咨嗟，嘆而命之。』後常以『咨爾』用於句首，表示贊嘆或祈使。晋潘岳爲賈謐作贈陸機詩：『長離云誰，咨爾陸生。』『皇太子弘』，即孝敬皇帝李弘，傳見舊唐書卷八十六、新唐書卷八十一。舊唐書其本傳云：『孝敬皇帝弘，高宗第五子也。

永徽四年，封代王。顯慶元年，立爲皇太子，大赦改元。……上元二年，太子從幸合璧宫，尋薨，年二十四。制曰：「皇太子弘，生知誕質，惟幾毓性。直城趨賀，肅敬著於三朝；中寢問安，仁孝聞於四海。自琰圭在手，沉瘵嬰身，顧惟耀掌之珍，特切鍾心之念，庶其痊復，以禪鴻名。及腠理微和，將遜於位，而弘天資仁厚，孝心純確，既承朕命，掩欷不言，因兹感結，舊疾增甚。億兆攸繫，方崇下武之基；五福無徵，俄遷上賓之駕。昔周文至愛，遂延慶於九齡；朕之不慈，遽永訣於千古。天性之重，追懷哽咽，宜申往命，加以尊名。夫謚者，行之迹也；號者，事之表也。慈惠愛親曰孝，死不忘君曰敬，謚爲孝敬皇帝。」其年，葬於緱氏縣景山之恭陵。制度一準天子之禮，百官從權制三十六日降服。高宗親爲製叡德紀，并自書之於石，樹於陵側。」

〔六十〕克岐克嶷：語出詩大雅生民：『誕實匍匐，克岐克嶷。』朱熹集傳：『岐嶷，峻茂之狀。』後多以『岐嶷』形容幼年聰慧。

〔六十一〕愛敬極於寢門：『愛敬』，親愛恭敬。孝經天下：『愛敬盡於事親，而德教加於百姓。』唐元稹唐故京兆府盩厔縣尉元君墓志銘：『奉兄恭恭然，若童子之愛敬。』『寢門』，古禮天子五門，諸侯三門，大夫二門。最内之門曰寢門，即路門。後泛指内室之門。儀禮士喪禮：『君使人吊，徹帷，主人迎於寢門外，見賓不哭。』鄭玄注：『寢門，内門也。』漢書元后傳：『兄

弟宗族所蒙不測，當殺身靡骨死輦轂下，不當以無益之故有離寢門之心。』

〔六十二〕奉上以忠：『奉上』，侍奉君主、上司。漢書游俠傳序：『於是背公死黨之議成，守職奉上之義廢矣。』南朝宋顏延之陽給事誄序：『奉上以誠，率下有方。』

〔六十三〕恭慎形於馳道：『恭慎』，謙恭謹慎。三國志魏書趙王幹傳：『初封諸侯，訓以恭慎之至言，輔以天下之端士。』新唐書隱逸傳李元愷：『性恭慎，未嘗敢語人。』『馳道』，古代供君王行駛車馬的道路。泛指供車馬馳行的大道。禮記曲禮下：『歲凶，年穀不登，君膳不祭肺，馬不食穀，馳道不除，祭事不縣。』孔穎達疏：『馳道，正道。如今御路也。是君馳走車馬之處，故曰馳道也。』史記秦始皇本紀：『二十七年……治馳道。』裴駰集解引應劭曰：『馳道，天子道也。道若今之中道然。』

〔六十四〕孝慈不犯：『孝慈』，對尊長孝敬，對下屬或後輩慈愛。論語爲政：『臨之以莊則敬，孝慈則忠。』朱熹集注：『孝於親，慈於衆，則民忠於己。』逸周書官人解：『父子之間，觀其孝慈；兄弟之間，觀其和友。』

〔六十五〕載隆三善之規：『三善』，指臣事君、子事父、幼事長的三種道德規範。禮記文王世子：『行一物而三善皆得者，唯世子而已……父子、君臣、長幼之道得而國治。』南朝梁沈

約齊故安陸昭王碑文：『協隆三善，仰敷四德。』張銑注：『三善，謂事君、事父、事長也。』

〔六十六〕無俟八繁之誡：『八繁之誡』，典見逸周書序：『文王唯庶邦之多難，論典以匡謬，作劉法。文王卿士諗發教禁戒，作文開。維美公命于文王，修身觀天以謀商難，作保開。文王訓乎武王以繁害之戒，作文繁。』

〔六十七〕發揮弦誦：『弦誦』，弦歌誦讀。禮記文王世子：『春誦，夏弦。』鄭玄注：『誦謂歌樂也，弦謂以絲播詩。』孔穎達疏：『誦謂歌樂者，謂口誦歌樂之篇章，不以琴瑟歌也。云弦謂以絲播詩者，謂以琴瑟播彼詩之音節，詩音則樂章也。』後亦以稱詩禮教化或學校教育。晋書儒林傳序：『雖尊儒勸學，亟降於綸言；東序西膠，未聞於弦誦。』

〔六十八〕遜業之道彌光：『遜業』，謂鑽研學業。宋書孔覬傳：『覬遜業之舉，無聞於鄉部；惰游之貶，有編於疲農。』清梁章鉅歸田瑣記常成二公：『閩中無儒家流，成公之始至也……歲終，博士以遜業之勤惰，覃思之精粗，告於公。斂其才者進其等，而貢之於宗伯。由是海濱榮之，以不學爲耻。』

〔六十九〕黼藻温文：『黼藻』，指華美的辭藻或文字。南朝齊謝朓酬德賦：『有杞梓之貞心，協丹采之輝被；伊吾人之陋薄，雖黼藻之何置。』曹融南校注：『黼藻，謂華美之辭藻。』隋書

經籍志四：『爰逮晋氏，見稱潘（潘岳）、陸（陸機），并黼藻相輝，宫商間起。』『温文』，温和而有禮貌。禮記文王世子：『禮樂交錯於中，發形於外，是故其成也懌，恭敬而温文。』孔穎達疏：『恭敬而温文者，謂内外有禮，貌恭心敬而温潤文章。』唐孫逖授殷彦方等王傅制：『教導之功，既聞於日就；温文之德，遂涉於春儲。』

〔七十〕承祧之望攸重：『承祧』，承繼奉祀祖先的宗廟。南朝梁沈約立太子詔：『自昔哲后，降及近代，莫不立儲樹嫡，守器承祧。』唐韓愈順宗實録卷三：『付爾以承祧之重，勵爾以主鬯之勤。』

〔七十一〕撫軍監國：『撫軍』，謂太子從君出征。左傳閔公二年：『大子奉冢祀，社稷之粢盛，以朝夕視君膳者也，故曰冢子。君行則守，有守則從，從曰撫軍，守曰監國，古之制也。』宋陳亮戊申再上孝宗皇帝書：『東宫居曰監國，行曰撫軍。』『監國』，監管國事。太子代君主管理國事稱『監國』。國語晋語一：『君行，太子居，以監國也。』舊唐書高宗紀：『上以服餌，令皇太子監國。』

〔七十二〕大闡良圖：『良圖』，妥善的謀劃。左傳昭公二十三年：『士彌牟謂韓宣子曰：「子弗良圖，而以叔孫與其讎，叔孫必死之。魯亡叔孫，必亡邾。」』唐陳子昂答韓使同在邊詩：『聞

詔安邊使，曾是故人謨。廢書悵懷古，負劍許良圖。」

〔七十三〕百揆萬機：『百揆』，指各種政務。後漢書張衡傳：『百揆允當，庶績咸熙。』舊唐書盧杞傳：『吉州長史盧杞，外矯儉簡，內藏奸邪，三年擅權，百揆失序，惡直醜正，亂國殄人。』『萬機』，指帝王日常處理的紛繁的政務。孔叢子論書：『孔子曰：「……堯既得舜，歷試諸難，已而納之於尊顯之官，使大録萬機之政。」』漢張衡東京賦：『乃羨公侯卿士，登自東除，訪萬機，詢朝政。』

〔七十四〕佇令居攝：『佇』，累積、聚集。晉孫綽游天台山賦：『惠風佇芳於陽林。』『居攝』，因皇帝年幼不能親政，由大臣代居其位處理政務，謂『居攝』。此處指太子理政。漢書食貨志上：『平帝崩，王莽居攝，遂篡位。』三國魏曹植周公贊：『成王即位，年尚幼稚，周公居攝，四海慕利。』

〔七十五〕庶幾乾坤交泰：『交泰』，易泰：『天地交，泰。』王弼注：『泰者，物大通之時也。』言天地之氣融通，則萬物各遂其生，故謂之泰。後以『交泰』指天地之氣和祥，萬物通泰。漢王符潛夫論班禄：『是以天地交泰，陰陽和平。』

〔七十六〕主鬯之業方新：『主鬯』，主掌宗廟祭祀。鬯，古代祭祀用的一種香酒。唐韓愈順宗實録卷三：『付爾以承祧之重，勵爾以主鬯之勤。』宋莊綽鷄肋編卷下：『逮余主鬯之日，

實乃秉鈞之秋。』

〔七十七〕日月重光：書顧命：『昔君文王、武王宣重光。』陸德明釋文引馬融曰：『重光，日月星也。太極上元十一月朔旦冬至日月如叠璧，五星如連珠，故曰重光。』孫星衍疏：『重光者……言文武化成之德比於日月也。』後以『日月重光』比喻經過動亂後，出現了穩定升平的新局面。宋書孝武帝紀：『皇家造宋，日月重光，璇璣得序，五星順命。』

〔七十八〕繼昭之明斯遠：四庫全書、全唐文作『繼照之明斯遠』。

〔七十九〕頃炎氛戒節：四庫全書、甲庫本、全唐文作『頃炎象戒節』。『炎氛』，熱氣；暑氣。漢張衡七辨：『桴弱水，越炎氛。』唐儲光羲行次田家澳梁作詩：『田家俯長道，邀我避炎氛。當暑日方晝，高天無片雲。』『戒節』，告知節候。謂當令。後漢書明帝紀：『十二月甲寅，詔曰：「方春戒節，人以耕桑，其敕有司務順時氣，使無煩擾。」』北周庾信羽調曲之五：『涼風迎時北狩，小暑戒節南巡。』

〔八十〕屬爾沉痾：『沉痾』，重病；久治不愈的病。南朝宋鮑照自礪山東望震澤：『以此藉沉痾，栖迹別人群。』唐權德輿卧病喜惠上人李煉師茅處士見訪以贈詩：『沉痾結繁慮，卧見書窗曙。』

〔八十一〕實冀惟痊：明鈔本、適園叢書、學林本作『實冀微痊』，全唐文作『實美惟痊』。

〔八十二〕粤因瘳降：明鈔本、甲庫本作「奥因廖降」，四庫全書作「恩因疾降」。「瘳」，病愈。書說命上：「若藥弗瞑眩，厥疾弗瘳。」三國志魏書方技傳吴普樊阿傳：「而阿針背入一二寸，巨闕胸藏針下五六寸，而病輒皆瘳。」

〔八十三〕爾忠懇特深：「忠懇」，忠貞誠懇。三國志吴書陸凱傳：「表疏皆指事不飾，忠懇内發。」資治通鑑唐憲宗元和十四年：「裴度、崔群爲言：『愈雖狂，發於忠懇，宜寬容以開言路。』」

〔八十四〕孝情天至：「孝情」，孝順父母的誠心。戰國策齊策四：「北宫之女嬰兒子無恙耶？徹其環瑱，至老不嫁，以養父母，是皆率民而出於孝情者也。」鮑彪注：「情，猶誠。」「天至」，出於天性，天生而成。後漢書皇后紀上明德馬皇后：「（肅宗）孝性淳篤，恩性天至，母子慈愛，始終無纖介之間。」梁書昭明太子統傳：「太子孝謹天至，每入朝，未五更便守城門開。」

〔八十五〕感絶移時：「移時」，經歷一段時間。後漢書吴祐傳：「祐越壇共小史雍丘、黄真歡語移時，與結友而别。」五代王周會嗆岑山人詩：「略坐移時又分别，片雲孤鶴一枝笻。」

〔八十六〕因此彌留：「彌留」，多指病重瀕死。南朝齊王儉褚淵碑文：「景命不永，大漸彌留。」

宋王讜唐語林補遺一：『肅宗彌留，衆皆迭侍。』

〔八十七〕奄然長逝：『奄然』，忽然。後漢書侯霸傳：『未及爵命，奄然而終。』晋干寶搜神記卷二：『徘徊良久，奄然不見。』『長逝』，謂逝世，去世。漢司馬遷報任少卿書：『僕終已不得舒憤懣以曉左右，則長逝者魂魄私恨無窮。』三國魏曹丕與朝歌令吴質書：『元瑜長逝，化爲異物。』

〔八十八〕伊川可望，泣笙駕之無追：典見漢劉向列仙傳王子喬：『王子喬者，周靈王太子晋也。好吹笙，作鳳鳴。游伊洛間，道士浮丘公接上嵩山。……告桓良曰：「告我家，七月七日待我緱氏山頭。」果乘白鶴駐山顛，望之不得到，舉手謝時人而去。』

〔八十九〕瑶嶺難逢，痛琴風之永絶：明鈔本、甲庫本作『瑶嶺空，痛琴風之永絶』，四庫全書作『瑶嶺難躋，痛琴風之永絶』。『瑶嶺』係指榣山，典見山海經大荒西經：『黄帝之孫曰始均，始均生北狄。有芒山。有桂山。有榣山，其上有人，號曰太子長琴。顓頊生老童，老童生祝融，祝融生太子長琴，是處榣山，始作樂風。』清吴任臣注曰：『任臣案：初學記引此作「瑶山」。』

〔九十〕循今念往：明鈔本、甲庫本作『循襟念往』。

〔九十一〕震悼良深：『震悼』，驚愕悲悼。楚辭九章抽思：『願承閑而自察兮，心震悼而不敢。』陳書徐陵傳：『奄然殞逝，震悼於懷。』

〔九十二〕禮雖崇而未極：四庫全書作『禮雖崇而徒設』，適園叢書作『禮雖崇而則□』。

〔九十三〕德惟可尚：明鈔本、甲庫本作『致德可尚』，適園叢書、學林本作『至德可尚』。

〔九十四〕加以隆名：明鈔本、四庫全書、甲庫本、全唐文作『加以尊名』。『隆名』，盛名。漢書高惠高后文功臣表：『是以内恕之君樂繼絶世，隆名之主安立亡國。』南朝宋何承天重答顔光禄：『或負鼎割烹，揚隆名於長世；或屠羊鼓刀，陵高志於浮雲。』

〔九十五〕允符心許：『允符』，符合。唐韓愈祭裴太常文：『兄皆指陳根源，斟酌通變，莫不允符天旨，克協神休。』明李贄王龍溪先生告文：『正欲人知而信兮，不以未信而懈也，允符乎不厭不倦之理。』『心許』，贊許；贊美。唐丘爲湖中寄王侍御詩：『晨趨玉階下，心許滄江流。』宋陸游先少師宣和初有贈晁公以道詩云奴愛才如蕭穎士婢知詩似鄭康成晁公大愛賞今逸全篇偶讀晁公文集泣而足之：『遠聞佳士輒心許，老見異書猶眼明。』

〔九十六〕是用謚爾爲孝敬皇帝：明鈔本、甲庫本作『是用謚爾爲孝恭皇帝』。

〔九十七〕式昭典册：『典册』，帝王的册命。南朝梁任昉到大司馬記室箋：『以今月令辰，

肅膺典册。』陳書高祖紀上：『今將授公典策，其敬聽朕命。』

〔九十八〕俾夫位光一德：『一德』，謂始終如一，永恒其德。易系辭下：『恒以一德。』孔穎達疏：『恒能終始不移，是純一其德也。』舊唐書裴度傳：『外茂九功，内苞一德，器爲社稷之鎮，才實邦國之楨。』

〔九十九〕叶帝載於將來：『帝載』，帝王的事業。書舜典：『咨四岳：有能奮庸熙帝之載，使宅百官揆，亮采惠疇。』孔傳：『載，事也。』漢蔡邕光武濟陽宫碑：『匡復帝載，萬國以綏。』

〔一百〕名參四大：『四大』，道家以道、天、地、人爲四大。老子：『道大，天大，地大，王大。域中有四大，而王居其一焉。人法地，地法天，天法道，道法自然。』按，王，當作『人』。説見朱謙之老子校釋及任繼愈老子新譯。

〔一百一〕播天聲於終古：明鈔本、甲庫本作『播天聲於然古』，四庫全書作『播芳聲於奕祀』，全唐文、適園叢書、學林本作『播天聲於無極』。『天聲』，比喻盛大的聲威。漢班固封燕然山銘：『下以安固後嗣，恢拓境宇，振大漢之天聲。』唐崔日用奉和聖制送張説巡邊：『暫勞期永逸，赫矣振天聲。』『終古』，久遠。楚辭離騷：『懷朕情而不發兮，余焉能忍而與此終古？』朱熹集注：『終古者，古之所終，謂來日之無窮也。』漢書溝洫志：『民歌之曰：「鄴有賢令

兮爲史公，決漳水兮灌鄴旁，終古舄鹵兮生稻粱。」』

〔一百二〕明靈若存：四庫全書作『爾惟明靈若存』。『明靈』，聖明神靈。漢揚雄趙充國頌：『明靈惟宣，戎有先零。』李周翰注：『聖明神靈，惟我宣帝。』亦指聖明的神靈。新唐書長孫無忌傳：『朕憑明靈之祐，賢佐之力，克剪多難，清宇内。』

〔一百三〕享兹寶命：『寶命』，指皇帝的詔令。孔穎達春秋正義序：『四時序則玉燭調於上，三才協則寶命昌於下。』

〔一百四〕嗚呼哀哉：表示悲痛之辭。常用以表示對死者的哀悼。左傳哀公十六年：『嗚呼哀哉！尼父，無自律。』隸釋小黄門譙敏碑：『嗚呼哀哉！國喪良佐，家隕棟梁。』

册謚殤皇帝文〔一〕

維開元二年歲次甲寅〔二〕，八月景辰朔日〔三〕，皇帝若曰：於戲〔四〕！咨爾襄王象月降靈〔五〕，自天生派，弱不好弄〔六〕，長而勤書。衣冠待明，有清河之畏慎〔七〕；狗馬不玩，得淮南之恭儉〔八〕。往以中宗宴駕〔九〕，嗣位登皇〔十〕，制于凶逆〔十一〕；是膺

虛器〔十二〕，懼深禍亂〔十三〕，躬爲掃除〔十四〕，推位太皇〔十五〕。誠請懇到至公〔十六〕，克遂雅懷〔十七〕，是宜其受兹多福〔十八〕，享彼遐齡〔十九〕。而膜理俄纏，膏肓不救〔二十〕。感念親懿〔二十一〕，用隱悼于厥心〔二十二〕。夫避德與能〔二十三〕，傳聖永祚〔二十四〕，成萬方之大福〔二十五〕，在三讓之高節〔二十六〕。周之太伯〔二十七〕，王則有焉。豈可禮均藩臣〔二十八〕，名上列國〔二十九〕，等昌邑之厭毒〔三十〕，同營陽之淪棄者哉〔三十一〕！是用超于舊典〔三十二〕，享以榮號，遠推仁慈之心〔三十三〕，特傷短折之壽〔三十四〕。可謚爲殤皇帝。仍遣某乙持節授册〔三十五〕，宜膺寵靈〔三十六〕，式慰泉壤〔三十七〕。嗚呼哀哉〔三十八〕！

校　箋

〔一〕本文又見於全唐文卷三十八，文題爲册謚殤皇帝文，署名唐玄宗。此文首句署明頒布時間爲開元二年八月朔日。考舊唐書玄宗紀云：『（開元二年）七月……辛未，光禄卿竇希瑊爲太子太傅。房州刺史、襄王重茂薨於梁州，謚曰殤帝。』按：開元二年七月無『辛未』，當爲『丁未』之訛。舊唐書卷八十六云：『開元二年，轉房州刺史。尋薨，時年十七，謚曰殤皇帝，葬於

武功西原。』新唐書玄宗紀云：『（開元二年）七月……丁未，襄王重茂薨，追册爲皇帝。』資治通鑑卷二百一十一載：『（開元二年）七月……丁未，房州刺史襄王重茂薨，輟朝三日，追謚曰殤皇帝。』據上述史籍記載，襄王李重茂薨於開元二年（七一四）七月丁未（二十二日）。本册文頒布時間爲開元二年（七一四）八月丙辰（一日），其撰寫時間當在此時稍前。

〔二〕維開元二年歲次甲寅：明鈔本作『維開元二年歲次戊寅』。

〔三〕八月景辰朔日：學林本作『八月丙辰朔日』。

〔四〕於戲：亦作『於熙』。猶於乎。感嘆詞。

〔五〕咨爾襄王象月降靈：『咨爾』，論語堯曰：『堯曰：「咨，爾舜！天之曆數在爾躬。」』邢炳疏：『咨，咨嗟；爾，女也……故先咨嗟，嘆而命之。』後常以『咨爾』用於句首，表示贊嘆或祈使。晉潘岳爲賈謐作贈陸機詩：『長離云誰，咨爾陸生。』『襄王』，即唐殤帝李重茂。李重茂，傳見舊唐書卷八十六。舊唐書其本傳云：『殤皇帝重茂，中宗第四子也。聖曆三年，封北海王。神龍初，進封温王，授右衛大將軍，兼遥領并州大都督，未出閤。景龍四年，中宗崩，韋庶人立重茂爲帝，而自臨朝稱制。及韋氏敗，重茂遂遜位，讓叔父相王，退居别所。景雲二年，改封襄王，遷於集州，令中郎將率兵五百人守衛。開元二年，轉房州刺史。尋薨，時年十七，謚

曰殤皇帝，葬於武功西原。』『降靈』，使神靈下降；召神。舊唐書卷九十七：『故開府儀同三司、尚書左丞相、集賢院學士知院事、上柱國、燕國公張説，辰象降靈，雲龍合契。』

〔六〕弱不好弄：幼年時不愛嬉戲。左傳僖公九年：『夷吾弱不好弄，能鬥不過，長亦不改，不知其他。』南朝宋顔延之陶徵士誄：『弱不好弄，長實素心。』

〔七〕衣冠待明，有清河之畏慎：『衣冠』，穿衣戴冠。漢劉向説苑修文：『孔子見子桑伯子，子桑伯子不衣冠而處。弟子曰：「夫子何爲見此人乎？」曰：「其質美而無文，吾欲説而文之。」』宋歐陽修歸田録卷二：『華原郡王，燕王子也，性好晝睡，每自旦酣寢，至暮始興，盥濯櫛漱，衣冠而出。』『清河』，指東漢清河孝王劉慶。劉慶，傳見後漢書卷五十五。後漢書其本傳云：『清河孝王慶，母宋貴人。……建初三年，大貴人生慶，明年立爲皇太子，徵楊爲議郎，褒賜甚渥。……慶出居承禄觀，數月，竇后諷掖庭令誣奏前事，請加驗實。七年，帝遂廢太子慶而立皇太子肇。肇，梁貴人子也。乃下詔曰：「皇太子有失惑無常之性，爰自孩乳，至今益章，恐襲其母凶惡之風，不可以奉宗廟，爲天下主。大義滅親，況降退乎！今廢慶爲清河王。皇子肇保育皇后，承訓懷衽，導達善性，將成其器。蓋庶子慈母，尚有終身之恩，豈若嫡后事正義明哉！今以肇爲皇太子。」遂出貴人姊妹置丙舍，使小黄門蔡倫考實之，皆承諷旨傅致其事，乃載送暴室。二貴人同時飲藥

自殺。帝猶傷之，敕掖庭令葬於樊濯聚。於是免楊歸本郡。郡縣因事復捕繫之，楊友人前懷令山陽張峻、左馮翊沛國劉均等奔走解釋，得以免罪。楊失志憔悴，卒于家。慶時雖幼，而知避嫌畏禍，言不敢及宋氏，帝更憐之，敕皇后令衣服與太子齊等。太子特親愛慶，入則共室，出則同輿。及太子即位，是爲和帝，待慶尤渥，諸王莫得爲比，常共議私事。』『畏慎』，戒惕謹慎。東觀漢記樊準傳：『（準）明習漢家舊事，周密畏慎。』北齊顔之推顔氏家訓教子：『父母威嚴而有慈，則子女畏慎而生孝矣。』『衣冠待明，有清河之畏慎』，典見後漢書卷五十五：『慶多被病，或時不安，帝朝夕問訊，進膳藥，所以垂意甚備。慶小心恭孝，自以廢黜，尤畏事慎法。每朝謁陵廟，常夜分嚴裝，衣冠待明；約敕官屬，不得與諸王車騎競驅。』

〔八〕狗馬不玩，得淮南之恭儉：『狗馬』，犬與馬。指游畋之物。唐韓愈四門博士周况妻韓氏墓志銘：『開封卓越豪縱，不治資業，喜酒色狗馬。』『淮南』，即西漢淮南王劉安。劉安，傳見史記卷一百一十八。史記其本傳云：『淮南王安爲人好讀書鼓琴，不喜弋獵狗馬馳騁，亦欲以行陰德拊循百姓，流譽天下。時時怨望厲王死，時欲畔逆，未有因也。及建元二年，淮南王入朝。素善武安侯，武安侯時爲太尉，乃逆王霸上，與王語曰：「方今上無太子，大王親高皇帝孫，行仁義，天下莫不聞。即宫車一日晏駕，非大王當誰立者！」淮南王大喜，厚遺武安侯金財物。

陰結賓客，拊循百姓，爲畔逆事。……於是廷尉以王孫建辭連淮南王太子遷聞。上遣廷尉監因拜淮南中尉，逮捕太子。至淮南，淮南王聞，與太子謀召相、二千石，欲殺而發兵。召相，相至；内史以出爲解。中尉曰：「臣受詔使，不得見王。」王念獨殺相而内史中尉不來，無益也，即罷相。王猶豫，計未决。太子念所坐者謀刺漢中尉，所與謀者已死，以爲口絶，乃謂王曰：「群臣可用者皆前繫，今無足與舉事者。王以非時發，恐無功，臣願會逮。」王亦偷欲休，即許太子。太子即自剄，不殊。伍被自詣吏，因告與淮南王謀反，反踪迹具如此。吏因捕太子、王后，圍王宫，盡求捕王所與謀反賓客在國中者，索得反具以聞。上下公卿治，所連引與淮南王謀反列侯二千石豪杰數千人，皆以罪輕重受誅。……丞相弘、廷尉湯等以聞，天子使宗正以符節治王。未至，淮南王安自剄殺。」『恭儉』，恭謹儉約。晏子春秋外篇上二十七：『景公奢，晏子事之以恭儉。』後漢書祭遵傳：『少好經書，家富給，而遵恭儉，惡衣服。』『狗馬不玩，得淮南之恭儉』，典見史記卷一百一十八：『淮南王安爲人好讀書鼓琴，不喜弋獵狗馬馳騁，亦欲以行陰德拊循百姓，流譽天下。』

〔九〕往以中宗宴駕：四庫全書、全唐文、適園叢書、學林本作『往以中宗晏駕』。中宗，即唐中宗李顯。李顯，傳見舊唐書中宗紀、新唐書中宗紀。舊唐書其本紀云：『中宗大和聖昭

孝皇帝諱顯，高宗第七子，母曰則天順聖皇后。顯慶元年十一月乙丑，生於長安。明年封周王，授洛州牧。儀鳳二年，徙封英王，改名哲，授雍州牧。永隆元年，章懷太子廢，其年立爲皇太子。弘道元年十二月，高宗崩，遺詔皇太子柩前即帝位。皇太后臨朝稱制，改元嗣聖。元年二月，皇太后廢帝爲廬陵王，幽於別所。其年五月，遷於均州，尋徙居房陵。聖曆元年，召還東都，立爲皇太子，依舊名顯。時張易之與弟昌宗潛圖逆亂。神龍元年正月，鳳閣侍郎張柬之、鸞臺侍郎崔玄暐、左羽林將軍敬暉、右羽林將軍桓彦範、司刑少卿袁恕己等定策率羽林兵誅易之、昌宗，迎皇太子監國，總司庶政。大赦天下。鳳閣侍郎韋承慶、正諫大夫房融、司禮卿崔神慶等下獄。甲辰，命地官侍郎樊忱往京師告廟陵。司刑少卿兼相王府司馬袁恕己爲鳳閣鸞臺平章事。乙巳，則天傳位於皇太子。丙午，即皇帝位於通天宫，大赦天下，唯易之黨與不在原限。爲周興、來俊臣所枉陷者，咸令雪免。内外文武官加兩階，三品已上加爵二等，入五品等特減四考。大酺五日。」「宴駕」，婉稱帝王之死。宴，通「晏」。唐陳鴻長恨歌傳：「皇心震悼，日日不豫。其年夏四月，南宫宴駕。」宋范成大吴船録卷上：「太祖已宴駕，太宗即位。」

〔十〕嗣位登皇：「嗣位」，繼承君位。書舜典序：「虞舜側微，堯聞之聰明，將使嗣位。」孔傳：「嗣，繼也。」新唐書李石傳：「陛下嗣位，惟賢是咨，士皆在朝廷。」

〔十一〕制于凶逆：『凶逆』，指凶惡悖逆的人。漢陳琳爲袁紹檄豫州：『幕府董統鷹揚，掃除凶逆。』後漢書伏湛傳：『臣隆奉使無狀，受執凶逆，雖在困厄，授命不顧。』此處係指韋庶人等。事見舊唐書卷八十六：『景龍四年，中宗崩，韋庶人立重茂爲帝，而自臨朝稱制。及韋氏敗，重茂遂遜位，讓叔父相王，退居别所。』

〔十二〕是膺虚器：『虚器』，言空有帝王的名位而無其實。後漢書皇后紀上和熹鄧皇后紀論：『鄧后稱制終身，號令自出……至使嗣主側目，斂衽於虚器，直生懷懣，懸書於象魏。』李賢注：『器謂神器，謫帝位也。』宋孫光憲北夢瑣言昭宗遇弑：『昭宗遷都至洛，左右并是汴人，雖有尊名，乃是虚器，如在籠檻，鬱鬱不樂。』

〔十三〕懼深禍亂：『禍亂』，禍害變亂。左傳襄公十一年：『救灾患，恤禍亂，同好惡。』史記龜策列傳：『天下禍亂，陰陽相錯。』

〔十四〕躬爲掃除：原闕一字，作『□爲掃除』，今據四庫全書增補。『掃除』，廓清；蕩滌。後漢書陳蕃傳：『（薛勤）謂蕃曰：「孺子何不灑掃以待賓客？」蕃曰：「大丈夫處世當掃除天下，安事一室乎？」勤知其有清世之志，甚奇之。』三國志蜀書先主傳：『掃除寇難，靖匡王室。』

〔十五〕推位太皇：『太皇』，即太上皇。唐韓愈永貞行：『君不見太皇亮陰未出令，小人

乘時偷國柄。』宋錢愐錢氏私志：『又奏啓聖親見之事，乞賜召見，上云：「待共太皇商量。」』

〔十六〕誠請懇到至公：全唐文作『誠請懇到』。猶懇至。後漢書獨行傳諒輔：『今郡太守改服責己，爲民祈福，精誠懇到，未有感徹。』南朝梁簡文帝唱導文：『今爲六道四生，三途八難，慈悲懇到。』

〔十七〕克遂雅懷：四庫全書作『克遂雅懷惟需』，適園叢書、學林本作『克遂雅懷坦率』。『雅懷』，高雅的胸懷。南朝宋劉義慶世説新語容止：『形貌既偉，雅懷有概。』唐李白春夜宴桃李園序：『不有佳作，何申雅懷？』

〔十八〕是宜其受茲多福：四庫全書、甲庫本、全唐文、適園叢書、學林本作『宜其受茲多福』。

〔十九〕享彼遐齡：明鈔本、甲庫本作『極彼遐齡』。『遐齡』，高齡；長壽。晋郭璞山海經圖贊下不死國：『有人爰處，員丘之上，赤泉駐年，神木養命，禀此遐齡，悠悠無竟。』宋蘇軾坤成節功德疏文七首之六：『臣子何知，佛老有歸誠之法，敢緣浄供，仰祝遐齡。』

〔二十〕而腠理俄纏，膏肓不救：明鈔本作『而腠理俄纏，膏首不救』。『腠理』，中醫指皮下肌肉之間的空隙和皮膚、肌肉的紋理，爲滲泄及氣血流通灌注之處。韓非子喻老：『君有疾在腠理，不治將恐深。』晋左思魏都賦：『膳夫有官，藥劑有司，肴醳順時，腠理則治。』『膏

肓』，古代醫學以心尖脂肪爲膏，心臟與膈膜之間爲肓。左傳成公十年：『疾不可爲也，在肓之上，膏之下，攻之不可，達之不及，藥不至焉，不可爲也。』杜預注：『肓，鬲也。心下爲膏。』後遂用以稱病之難治者。晉孫楚爲石仲容與孫皓書：『夫治膏肓者，必進苦口之藥；凈狐疑者，必告逆耳之言。』『腠理俄纏，膏肓不救』，典出韓非子喻老：『扁鵲見蔡桓公，立有間，扁鵲曰：「君有疾在腠理，不治將恐深。」桓侯曰：「寡人無。」扁鵲出，桓侯曰：「醫之好欲治不病以爲功！」居十日，扁鵲復見，曰：「君之病在肌膚，不治將益深。」桓侯不應。扁鵲出，桓侯又不悦。居十日，扁鵲復見，曰：「君之病在腸胃，不治將益深。」桓侯又不應。扁鵲出，桓侯又不悦。居十日，扁鵲望桓侯而還走。桓侯故使人問之，扁鵲曰：「疾在腠理，湯熨之所及；在肌膚，針石之所及也；在腸胃，火齊之所及也；在骨髓，司命之所屬，無奈何也。今在骨髓，臣是以無請。」居五日，桓侯體痛，使人索扁鵲，已逃秦矣。桓侯遂死。』

〔二十一〕感念親懿：『親懿』，猶至親。南朝宋謝莊月賦：『親懿莫從，羈孤遞進。』李善注：『親懿，懿親也。』呂向注：『親近懿戚。』李白淮陰書懷寄王宋城詩：『復此親懿會，而增交道榮。』

〔二十二〕用隱悼于厥心：『隱悼』，沉痛悼念。國語晉語二：『使寡君之紹續昆裔，隱悼播越，托在草莽，未有所依。』韋昭注：『隱，憂也。』唐元稹高允恭授尚書户部郎中判度支案制：『兹

用省於有司之獄，莫不伏念隱悼，周知物情。」

〔二十三〕夫避德與能：「避德與能」，此處指李重茂讓位叔父相王事。

〔二十四〕傳聖永祚：「聖」，古之王天下者。亦爲對帝王或太后的極稱。吕氏春秋 察今：「是故有天下七十一聖，其法皆不同。」「祚」，君位。史記 卷十六 秦楚之際月表：「撥亂誅暴，平定海内，卒踐帝祚，成於漢家。」漢班固東都賦：「往者王莽作逆，漢祚中缺。」

〔二十五〕成萬方之大福：甲庫本、全唐文作「承萬方之大福」。「萬方」，萬邦；各方諸侯。引申指天下各地；全國各地，漢書 張安世傳：「聖王褒有德以懷萬方，顯有功以勸百寮，是以朝廷尊榮，天下鄉風。」唐杜甫登樓詩：「花近高樓傷客心，萬方多難此登臨。」

〔二十六〕在三讓之高節：「三讓」，指周泰伯讓位於季歷事，後人稱爲盛德。論語 泰伯：「泰伯，其可謂至德也已矣！三以天下讓，民無得而稱焉。」邢炳疏引鄭玄注云：「泰伯，周太王之長子，次子仲雍，次子季歷。太王見季歷賢，又生文王，有聖人表，故欲立之。而未有命。太王疾，太伯因適吴越采藥，太王殁而不返。季歷爲喪主，一讓也；季歷赴之，不來奔喪，二讓也；免喪之後，遂斷髮文身，三讓也。」後漢書 列女傳 曹世叔妻：「太伯建邠，孔子稱爲三讓。」「高節」，高尚的節操。史記 魯仲連鄒陽列傳：「魯仲連者，齊人也。好奇偉俶儻之畫策，而不肯仕宦任職，

好持高節。』唐顧況哭從兄萇詩：『立身有高節，滿卷多好詩。』

〔二十七〕周之太伯：全唐文作『周之泰伯』。『太伯』，即吴太伯，傳見史記吴太伯世家。史記其本傳云：『吴太伯，太伯弟仲雍，皆周太王之子，而王季歷之兄也。季歷賢，而有聖子昌，太王欲立季歷以及昌，於是太伯、仲雍二人乃奔荆蠻，文身斷髮，示不可用，以避季歷。季歷果立，是爲王季，而昌爲文王。太伯之奔荆蠻，自號句吴。荆蠻義之，從而歸之千餘家，立爲吴太伯。』

〔二十八〕豈可禮均藩臣：『藩臣』，拱衛王室之臣。史記南越列傳：『（南越王尉佗）乃頓首謝，願長爲藩臣，奉貢職。』三國魏嵇康管蔡論：『故曠世不廢，名冠當時，列爲藩臣。』

〔二十九〕名上列國：四庫全書、全唐文作『名齊列國』。『列國』，泛指各國并存的某一時期或各個國家。唐劉禹錫唐故柳州刺史柳君集紀：『漢之文至列國而病，唐興復起。』

〔三十〕等昌邑之厭毒：『昌邑』，指漢廢帝劉賀。劉賀，傳見漢書卷六十三，檢其本傳略云：『昌邑哀王髆天漢四年立，十一年薨，子賀嗣。立十三年，昭帝崩，無嗣，大將軍霍光徵王賀典喪。璽書曰：「制詔昌邑王：『使行大鴻臚事少府樂成、宗正德、光禄大夫吉、中郎將利漢徵王，乘七乘傳詣長安邸。』」夜漏未盡一刻，以火發書。其日中，賀發，晡時至定陶，行百三十五里，侍從者馬死相望於道。郎中令龔遂諫王，令還郎謁者五十餘人。賀到濟陽，求長鳴鷄，道買積竹

杖。過弘農，使大奴善以衣車載女子。至湖，使者以讓相安樂。安樂告遂，遂入問賀，賀曰：「無有。」遂曰：「即無有，何愛一善以毀行義！請收屬吏，以湔洒大王。」即捽善，屬衛士長行法。賀到霸上，大鴻臚郊迎，騶奉乘輿車。王使僕壽成御，郎中令遂參乘。旦至廣明東都門，遂曰：「禮，奔喪望見國都哭。此長安東郭門也。」賀曰：「我嗌痛，不能哭。」至城門，遂復言，賀曰：「城門與郭門等耳。」且至未央宫東闕，遂曰：「昌邑帳在是闕外馳道北，未至帳所，有南北行道，馬足未至數步，大王宜下車，鄉闕西面伏。哭盡哀止。」王曰：「諾。」到，哭如儀。王受皇帝璽綬，襲尊號。即位二十七日，行淫亂。大將軍光與群臣議，白孝昭皇后，廢賀歸故國，賜湯沐邑二千户，故王家財物皆與賀。」『厭毒』，憎恨。後漢書陳蕃傳：『陛下雖厭毒臣言，凡人主有自勉强，敢以死陳。』北齊書李渾傳：『黑獺游魂關右，人神厭毒，連歲凶灾，百姓懷土。』

〔三十一〕同營陽之淪棄者哉：『營陽』，指南朝宋少帝劉義符。劉義符，傳見南史少帝紀。檢其本紀略云：『少帝諱義符，小字車兵，武帝長子也。母曰張夫人，晋義熙二年，生帝於京口。時武帝年逾不惑，尚未有男，及帝生，甚悦。年十歲，拜豫章公世子。帝膂力絶人，善騎射，解音律。宋臺建，拜宋世子。元熙元年，進爲宋太子。武帝受禪，立爲皇太子。永初三年五月癸亥，武帝崩，是日太子即皇帝位，大赦，制服三年，尊皇太后曰太皇太后。六月壬申，以尚書僕射傅亮爲

中書監、尚書令，司空徐羨之、領軍將軍謝晦及亮輔政。……（景平二年）夏五月乙酉，皇太后令暴帝過惡，廢爲營陽王。一依漢昌邑、晋海西故事。奉迎鎮西將軍宜都王義隆入纂皇統。』『淪棄』，猶言淪落被棄。唐王昌齡岳陽别李十七越賓詩：『具陳江波事，不異淪棄迹。』資治通鑑唐德宗建中元年：『士陷贜賄，則淪棄於時，名重於利，故士多清修。』

〔三十二〕是用超于舊典：『舊典』，舊時的制度、法則。書君牙：『君牙，乃惟由先正舊典時式。』孔穎達疏：『惟當奉用先世正官之法，諸臣所行故事舊典，於是法則之。』漢蔡邕太尉喬玄碑陰：『又值饉荒，諸郡饑餒，公開倉廪以貸，救其命。主者以舊典宜先請。』

〔三十三〕遠推仁慈之心：明鈔本、適園叢書、學林本作『遠推慈仁之心』，甲庫本作『遠惟仁慈之心』。

〔三十四〕特傷短折之壽：『短折』，夭折，早死。書洪範：『六極：一曰凶短折。』孔穎達疏：『鄭玄以爲凶短折皆是夭枉之名，未齔曰凶，未冠曰短，未婚曰折。』晋書愍懷太子傳：『遹不幸喪亡，傷其迷悖，又早短折，悲痛之懷，不能自已。』

〔三十五〕仍遣某乙持節授册：『某乙』，稱人的代詞。唐韓愈祭河南張員外文：『（韓愈）謹遣某乙以庶羞清酌之奠，祭於亡友故河南縣令張十二員外之靈。』『持節』，古代使臣奉命出

行，必執符節以爲憑證。史記張釋之馮唐列傳：『是日令馮唐持節赦魏尚，復以爲雲中守。』唐韓愈送殷員外序：『丞相其選宗室四品一人，持節往賜君長，告之朕意。』

〔三十六〕宜膺寵靈：『寵靈』，恩寵光耀；使得到恩寵福澤。左傳昭公七年：『今君若步玉趾，辱見寡君，寵靈楚國，以信蜀之役，致君之嘉惠，是寡君既受貺矣，何蜀之敢望！』孔穎達疏：『言開其恩寵賜以威靈以及楚國。』南朝梁江淹建平王之南徐州刺史辭闕表：『臣過承寵靈，閔默假日，徒抱皇慈，無充横草。』

〔三十七〕式慰泉壤：甲庫本作『式慰皇壤』。『泉壤』，猶泉下，地下。指墓穴。晉潘岳寡婦賦：『上瞻兮遺象，下臨兮泉壤。』晉書孫綽傳：『雖没泉壤，尸且不朽。』

〔三十八〕嗚呼哀哉：表示悲痛之辭。常用以表示對死者的哀悼。左傳哀公十六年：『嗚呼哀哉！尼父，無自律。』隷釋小黄門譙敏碑：『嗚呼哀哉！國喪良佐，家隕棟梁。』

册謚讓皇帝文〔一〕

維開元二十九年，歲次辛巳，十一月戊申朔，二十五日壬申，皇帝若曰：於戲〔二〕！古者崇德考行〔三〕，猶謚大名〔四〕，飾終追遠〔五〕，亦膺徽册〔六〕。况乃元昆之戚〔七〕，

天倫之重〔八〕，豈循恒典者哉〔九〕！咨爾故太尉、寧王憲〔十〕，純粹秉靈〔十一〕，冲和成量〔十二〕，孝友之性〔十三〕，發乎天然；仁義之道，彰乎日用〔十四〕。加以好學不倦〔十五〕，樂善有聞〔十六〕，休問掩於間平〔十七〕，清猷光於魯衛〔十八〕。實謂儀刑邦國〔十九〕，保乂藩維〔二十〕，景命不融〔二十一〕，奄從薨逝〔二十二〕，興言震慟〔二十三〕，哀疚纏懷〔二十四〕。惟王地居元子〔二十五〕，合膺主鬯〔二十六〕，昔朕上先訓，克清群凶〔二十七〕，遂固守撝謙〔二十八〕，懇讓儲副〔二十九〕。然則深仁厚德〔三十〕，茂行已表於生前〔三十一〕；寶位尊名〔三十二〕，盛禮寧忘於歿後〔三十三〕？是用謚王爲讓皇帝〔三十四〕。今遣使尚書左丞裴耀卿、副使太常卿韋縚等持節禮册〔三十五〕。因心之感〔三十六〕，備物飾情〔三十七〕，瞻典策而哀深〔三十八〕，想棣華而望絶〔三十九〕。所冀幽穸〔四十〕，嘉兹寵榮〔四十一〕。嗚呼哀哉〔四十二〕！

校箋

〔一〕本文又見於册府元龜卷二百九十六宗室部追封。全唐文卷三十八亦録此文，文題爲册謚讓皇帝文，署名唐玄宗。本文首句署明頒布時間爲開元二十九年十一月二十五日。册府元龜此

文與寧王謚讓皇帝詔一文并録，曰：『寧王憲，睿宗長子。天寶元年十一月，制曰：「能以位讓，爲吴太伯。存則用成其節，殁則當表其名。非常之稱，旌德斯在。故太尉、寧王憲誕含粹靈，允膺大雅，孝悌之至，本乎中誠；仁和之深，非繇外獎。率由禮度，雅尚文儒，謙以自牧，樂於爲善。北兩獻而有光，與二南而念德。自出臨方鎮，入配臺階，逾勵忠勤，益聞周慎。實謂永爲藩屏，以輔邦家。曾不慭遺，奄爲殂没。友于之痛，震動良深。惟王朕之元昆，合升上嗣。以朕奉先朝之睿略，定社稷之阽危，推而不居，請予主鬯，又承慈旨，焉敢固違？不然者，則震極之尊，豈歸於薄德。茂行若此，易名是憑，自非大號，孰副休烈。按謚法功推尚德曰讓，德性寬柔曰讓，敬追謚曰讓皇帝。宜令所司備禮册命。」册曰：「皇帝若曰：於戲！古者崇德考行，猶謚大名；飾終追遠，亦應徽册。」』考舊唐書玄宗紀云：『（開元二十九年）十一月……辛未，太尉、寧王憲薨，謚爲讓皇帝，葬于惠陵。』舊唐書卷九十五載：『（開元二十九年）十一月薨，時年六十三。上聞之，號叫失聲，左右皆掩涕。翌日，下制曰：「能以位讓，爲吴太伯。」』新唐書玄宗紀云：『（開元二十九年）十一月……辛未，寧王憲薨，追册爲皇帝，及其妃元氏爲皇后。』新唐書卷八十一載：『（憲）後有疾，護醫將膳，騎相望也。僧崇一者療之，少損，帝喜甚，賜緋袍、銀魚。已而疾寢劇，薨，年六十三。帝失聲號慟，左右皆泣下。帝以憲實推天下，有高世

之行，非大號不稱，乃追謚讓皇帝，遣尚書左丞相裴耀卿、太常卿韋縚持節奉册。其子璡表陳憲宿素退讓，不敢當大號。制不許。及斂，出天子服一稱，詔右監門大將軍高力士以手書置靈坐，贈妃元爲恭皇后，葬橋陵旁。及葬，敕中使諭璡等，送終之具，使衆見之，示以儉薄。所司請如諸陵，設千味食内壙中，監護使耀卿建言：「尚食料水陸千餘種及馬、牛、驢、犢、獐、鹿、鵝、鴨、魚、雁體節之味，并藥酒三十名，盛夏胎養，不可多殺，考求禮據，無所憑依。陛下每申讓帝之志，務存約素，請蠲省折衷。」詔可。既發引，大雨，有詔慶王潭等涉塗泥，步送十里，號其墓曰惠陵。』資治通鑑卷二百一十四載：『（開元二十九年）十一月……辛未，太尉寧王憲薨。上哀惋特甚，曰：「天下，兄之天下也；兄固讓於我，爲唐太伯，常名不足以處之。」乃謚曰讓皇帝。其子汝陽王璡，上表追述先志，謙冲不敢當帝號；上不許。斂日，内出服，以手書致於靈座，書稱「隆基白」；又名其墓曰惠陵。追謚其妃元氏曰恭皇后，祔葬焉。』據上述史籍所載，寧王李憲薨於開元二十九年（七四一）十一月辛未（二十四日）。本册文頒布時間爲開元二十九年（七四一）十一月壬申（二十五日），其撰寫時間當在此時稍前。

〔二〕於戲：亦作『於熙』。猶於乎。感嘆詞。

〔三〕古者崇德考行：『古者』，從前；過去的時代。詩小雅都人士序：『古者長民，衣服不貳，

從容有常。』毛傳：『古者，明王時也。』禮記曾子問：『古者天子練冠以燕居，公弗忍也。』孔穎達疏：『凡言古者，皆據今而道前代。』『考行』，考察行爲事迹。唐元稹贈于頔謚：『昔羽父爲無駭請謚於魯侯，而衛君亦自稱公叔文子之迹，則考行必在於有司，賜謚或行於君命久矣。』

〔四〕猶謚大名：四庫全書、甲庫本作『猶謙大名』。『大名』，謂尊崇的名號。逸周書謚法解：『是以大行受大名，細行受細名。行出於己，名生於人。』朱右曾校釋：『名謂號謚。』史記陳涉世家：『且壯士不死即已，死即舉大名耳，王侯將相寧有種乎！』司馬貞索隱：『大名謂大名稱也。』

〔五〕飾終追遠：『飾終』，謂人死時給予尊榮。荀子禮論：『送死，飾終也。』宋陸游王成之給事挽歌辭：『贈極文昌貴，君恩厚飾終。』『追遠』，祭祀盡虔誠，以追念先人。論語學而：『慎終追遠。』邢炳疏：『追遠者，遠謂親終既葬，日月已遠也，孝子感時念親，追而祭之，盡其敬也。』南史宋孝武昭路太后：『又詔述太后恩慈，特齊衰三月，以申追遠。』

〔六〕亦膺徽册：全唐文作『亦應徽册』。『徽册』，册書之美稱。宋書柳元景傳：『宜崇賁徽册，以旌忠懿。』南朝梁江淹蕭相國讓進爵爲王表：『重炳徽册，再晰光誥。』

〔七〕况乃元昆之戚：『况乃』，何况；况且；而且。後漢書王符傳：『以罪犯人，必加誅罰，况乃犯天，得無咎乎？』南朝宋謝靈運登臨海嶠初發疆中作與從弟惠連見羊何共和之：『茲情已

分慮，况乃協悲端。』『元昆』，長兄。唐蘇頲寒食宴於中舍別駕兄弟宅詩：『始睹元昆鏘玉至，旋聞季子佩刀回。』宋蘇轍送魯有開中大知洺州次子瞻韻詩：『白髮識公子，十載友元昆。』

〔八〕天倫之重：『天倫』，天然倫次。指兄弟。穀梁傳隱公元年：『兄弟，天倫也。』范寧注：『兄先弟後，天之倫次。』周書裴寬傳：『裴長寬兄弟，天倫篤睦，人之師表。』

〔九〕豈循恒典者哉：册府元龜、全唐文作『豈循常典者哉』。『恒典』，常典；常制。晉書東海王越傳：『有晉鬱興，載崇藩翰，分茅錫瑞，道光恒典。』宋書武帝紀：『夫量入爲出，邦有恒典。』

〔十〕咨爾故太尉、寧王憲：明鈔本作『啓爾故太尉、寧王憲』。『咨爾』，論語堯曰：『堯曰：「咨，爾舜！天之曆數在爾躬。」』邢炳疏：『咨，咨嗟；爾，女也……故先咨嗟，嘆而命之。』後常以『咨爾』用於句首，表示贊嘆或祈使。晉潘岳爲賈謐作贈陸機詩：『長離云誰，咨爾陸生。』『憲』，即讓皇帝李憲，傳見舊唐書卷九十五、新唐書卷八十一。舊唐書其本傳載：『讓皇帝憲，本名成器，睿宗長子也。初封永平郡王。文明元年，立爲皇太子，時年六歲。及睿宗降爲皇嗣，則天册授成器爲皇孫，與諸弟同日出閤，開府置官屬。長壽二年，改封壽春郡王，仍却入閤。長安中，累轉左贊善大夫，加銀青光禄大夫。中宗即位，改封蔡王，遷宗正員外卿，加賜

實封四百户，通舊爲七百户。成器固辭不敢當大國，依舊爲壽春郡王。唐隆元年，進封宋王。其月，睿宗踐祚，拜左衛大將軍。時將建儲貳，以成器嫡長，而玄宗有討平韋氏之功，意久不定。成器辭曰：「儲副者，天下之公器，時平則先嫡長，國難則歸有功。若失其宜，海内失望，非社稷之福。臣今敢以死請。」累日涕泣固讓，言甚切至。時諸王、公卿亦言平王有社稷大功，合居儲位。睿宗嘉成器之意，乃許之。玄宗又以成器嫡長，再抗表固讓，睿宗不許。……其年（唐隆元年）十一月，拜尚書左僕射，尋遷司徒，其太師、都督并如故。明年，表讓司徒，拜太子賓客，兼揚州大都督如故。時太平公主陰有異圖，姚元之、宋璟等請出成器及申王成義爲刺史，以絶謀者之心，由是成器以司徒兼蒲州刺史。玄宗嘗製一大被長枕，將與成器等共申友悌之好，睿宗知而大悦，累加賞嘆。先天元年八月，進封司空。及玄宗討平蕭至忠、岑羲等，成器又進位太尉，依舊兼揚州大都督，加實封一千户。月餘，加授開府儀同三司，其太尉、揚州大都督并停。開元初，歷岐州刺史，開府如故。四年，避昭成皇后尊號，改名憲，封爲寧王，實封累至五千五百户。又歷澤、涇等州刺史。……憲，開元九年兼太常卿。十四年，停太常卿，依舊爲開府儀同三司。二十一年，復拜太尉。二十八年冬，憲寢疾，上令中使送醫藥及珍膳，相望於路。僧崇一療憲稍瘳，上大悦，特賜緋袍魚袋，以賞異崇一。時申王等皆先薨，唯憲獨在，上尤加恩貸。每年至憲生日，必幸其宅，

移時宴樂。居常無日不賜酒酪及異饌等，尚食總監及四方有所進獻，食之稍甘，即皆分以賜之。憲嘗奏請年終録付史館，每年至數百紙。二十九年冬，京城寒甚，凝霜封樹，時學者以爲春秋「雨木冰」即此是，亦名樹介，言其象介冑也。憲見而嘆曰：「此俗謂樹稼者也。諺曰：『樹稼，達官怕。』必有大臣當之，吾其死矣。」十一月薨，時年六十三。」

〔十一〕純粹秉靈：全唐文作『純粹稟靈』。『純粹』，純正不雜；精純完美。易乾：『大哉乾乎，剛健中正，純粹精也。』孔穎達疏：『純粹不雜。』三國魏曹植大司馬曹休誄：『於穆公侯，魏之宗室。明德繼踵，奕世純粹。』『秉靈』，猶『稟靈』，秉受靈秀之氣。南朝宋顔延之赭白馬賦：『稟靈月駟，祖雲螭兮。』唐劉禹錫賀册皇太后表：『伏惟皇太后稟靈作配，誕聖表祥。』

〔十二〕冲和成量：全唐文作『冲和成象』。『冲和』，淡泊平和。晉袁宏後漢紀靈帝紀：『此子神氣冲和，言合規矩，高才妙識，罕見其倫。』南朝梁沈約雍雅三首之二：『屬厭無爽，冲和在御。』

〔十三〕孝友之性：『孝友』，事父母孝順、對兄弟友愛。詩小雅六月：『侯誰在矣，張仲孝友。』毛傳：『善父母爲孝，善兄弟爲友。』後漢書韓棱傳：『棱四歲而孤，養母弟以孝友稱。及壯，推先父餘財數百萬與從昆弟，鄉里益高之。』

〔十四〕彰乎日用：學林本作『彰乎日月』。『日用』，日常；平時。宋道原景德傳燈録：『問

日用事如何？師曰：「一念周沙界，日用萬般通。」』明張綸林泉隨筆：『姑以周子愛蓮之説論之，竊意夫日用彝倫之間，飲食男女之欲，同行而異情者，非出於淤而不染者乎？』

〔十五〕加以好學不倦：册府元龜作『加以好賢不倦』，明鈔本作『加以學不倦』。

〔十六〕樂善有聞：『樂善』，謂樂於行善。史記樂書論：『聞徵音，使人樂善而好施。』宋曾鞏與杜相公書：『伏以閣下樸厚清明，讜直之行，樂善好義，遠大之心，施於朝廷，而博見於天下。』

〔十七〕休問掩於間平：四庫全書作『休問揚於間平』。『休問』，好的聲譽。唐柳宗元送寧國范明府詩序：『有范氏傳真者，始來京師，近臣多言其美，宰相聞之，用以爲是職，在門下，甚獲休問。』『間平』，漢河間獻王劉德、東平憲王劉蒼的合稱。兩人皆有賢名。後因以『間平』指宗室藩王中之賢者。南史梁宗室傳論：『安成、南平、鄱陽、始興俱以名迹著美，蓋亦有梁之間平也。』唐王勃平臺秘略論褒客：『斯實藩邸之盛事，間平之用心也。』

〔十八〕清猷光於魯衛：『清猷』，清明的謀劃。南朝梁沈約齊安陸昭王碑文：『爰始濯纓，清猷浚發。』周書獨孤信傳：『睿哲居宗，清猷映世。』『魯衛』，語本論語子路：『魯衛之政，兄弟也。』後以『魯衛』代稱兄弟。唐玄宗過大哥宅探得歌字韻：『魯衛情先重，親賢愛轉多。』

〔十九〕實謂儀刑邦國：册府元龜作『實謂儀刑邦家』，全唐文作『實謂儀型邦家』，適園叢書、學林本作『實謂儀型邦國』。『儀刑』，爲法；作楷模。晋袁宏後漢紀桓帝紀：『德苟成，故能儀刑家室，化流天下；禮苟順，故能影響無遺，翼宣風化。』唐竇庠東都嘉量亭獻留守韓僕射詩：『卜築三川上，儀刑萬井中。』『邦國』，國家。詩大雅瞻卬：『人之云亡，邦國殄瘁。』晋劉琨勸進表：『或多難以固邦國，或殷憂以啓聖明。』

〔二十〕保乂藩維：册府元龜作『保祐藩維』。治理使之安定太平。書君奭：『率惟兹有陳，保乂有殷。』孔傳：『以安治有殷。』唐楊炯唐同州長史宇文公神道碑：『對揚天命，保乂王家。』『藩維』，詩大雅板：『价人維藩。』後以『藩維』指藩國。南朝梁沈約封授臨川等五王詔：『藩維廣樹，經朔攸屬。』

〔二十一〕景命不融：『景命』，大命。指授予帝王之位的天命。詩大雅既醉：『君子萬年，景命有僕。』鄭玄箋：『天之大命。』唐元稹獻事表：『臣竊惟陛下以景命惟新之初，何如貞觀致理之後？』『不融』，不長久。漢蔡邕郭有道碑：『禀命不融，享年四十有二。』李善注：『毛萇詩傳曰：融，長也。』三國志蜀書先主甘皇后傳：『大行皇帝昔在上將，嬪妃作合，載育聖躬，大命不融。』

〔二十二〕奄從薨逝：明鈔本作『奄從薨游』。『薨逝』，猶薨殂。清袁枚隨園詩話卷八：『余己未同年，多出任封疆，内調鼎鼐者，可謂盛矣。近都薨逝，惟余以奉母故，空山獨存。』

〔二十三〕興言震慟：册府元龜、全唐文作『興言震動』。『興言』，心有所感而發之於言。晋陸雲答兄平原詩：『銜思戀行邁，興言在臨觴。』明楊慎聖泉篇贈韓石溪詩：『荒塗欣良會，興言遂成篇。』『震慟』，震驚悲痛。宋書劉延孫列傳：『方燮和臺階，永毗國道，奄至薨殞，震慟兼深。』

〔二十四〕哀疚纏懷：『哀疚』，悲痛。多指居喪。晋陶潛悲從弟仲德詩：『慈母沉哀疚，二胤才數齡。』宋王安石與郭祥正太博書之二：『雖在哀疚，把玩不能自休。』

〔二十五〕惟王地居元子：『元子』，天子和諸侯的嫡長子。書微子之命：『王若曰：「猷，殷王元子。」』詩魯頌閟宫：『王曰叔父，建爾元子，俾侯於魯。』朱熹集傳：『叔父，周公也。元子，魯公伯禽也。』

〔二十六〕合膺主鬯：甲庫本作『令膺主鬯』。『主鬯』，主掌宗廟祭祀。鬯，古代祭祀用的一種香酒。

〔二十七〕克清群凶：明鈔本作『克清郡凶』。『克清』，征服；平定。北周庾信周柱國大

將軍長孫儉神道碑：『大丞相總十六軍，剋清河洛。』周書 李延孫傳：『延孫既荷重委，每以剋清伊、洛爲己任。』『群凶』，衆奸；衆凶逆。漢張衡東京賦：『欃槍旬始，群凶靡餘。區宇乂寧，思和求中。』三國志 魏書 文帝紀：『漢道陵遲，世失其序，降及朕躬，大亂兹昏，群凶肆逆，宇内顛覆。』

〔二十八〕遂固守撝謙：『撝謙』，謂施行謙德。泛指謙遜。易 謙：『無不利，撝謙。』王弼注：『指撝皆謙，不違則也。』陳書 周弘正傳：『竊聞撝謙之象，起於羲軒爻畫；揖讓之源，生於堯舜禪受。』

〔二十九〕懇讓儲副：『懇讓』，懇切辭讓。新唐書 奉天皇帝琮傳：『君父有命，不敢違，永言懇讓，不克如素。』宋王禹偁故商州團練使翟公墓志銘：『出爲成都管内十州都巡檢使，賜錢五百萬……公以錫賚優厚，懇讓不已。』『儲副』，國之副君。指太子。晉袁宏後漢紀 順帝紀：『太子，國之儲副。』南朝宋劉義慶世説新語 方正：『且明帝以聰亮英斷，益宜爲儲副。』

〔三十〕然則深仁厚德：『厚德』，猶大德。易 坤：『地勢坤，君子以厚德載物。』淮南子 泛論訓：『故人有厚德，無問其小節。』

〔三十一〕茂行已表於生前：『茂行』，盛德之行。戰國策 東周策：『公獨修虚信，爲茂行。』鮑彪注：『茂，盛美也。』楚辭 離騷：『夫惟聖哲以茂行兮，苟得用此下土。』

〔三十二〕寶位尊名：明鈔本、甲庫本作『寶仁尊名』，四庫全書作『一惠尊名』。『寶位』，語出易系辭下：『聖人之大寶曰位。』後以『寶位』指帝位。晉書宣帝紀：『雖復道格區宇，德被蒼生，而天未啓時，寶位猶阻。非可以智競，不可以力争。』唐韓愈皇帝即位賀諸道狀：『伏見敕命，皇帝以閏正月三日嗣臨寶位，海内惟新。』『尊名』，指帝號。戰國策趙策四：『臣以齊致尊名於王，天下孰敢不致尊名於王？』

〔三十三〕盛禮寧忘於歿後：『盛禮』，盛大的禮儀。晉劉琨勸進表：『臣等各忝守方任，職在遐外，不得陪列闕庭，共觀盛禮，踊躍之懷，南望罔極。』唐杜甫與嚴二郎奉禮别詩：『尚愧微軀在，遥聞盛禮新。』

〔三十四〕是用謚王爲讓皇帝：『是用』，因此。左傳襄公八年：『如匪行邁謀，是用不得於道。』漢張衡東京賦：『百姓弗能忍，是用息肩于大漢，而欣戴高祖。』

〔三十五〕今遣使尚書左丞裴耀卿、副使太常卿韋縚等持節禮册：册府元龜作『今遣使尚書左丞耀卿、副使太常卿韋縚等持節禮册』，全唐文作『今遣使尚書左丞相裴耀卿、副使太常卿韋縚等持節禮册』。裴耀卿，傳見舊唐書卷九十八、新唐書卷一百二十七。舊唐書其本傳云：『裴耀卿，贈户部尚書守真子也。少聰敏，數歲解屬文，童子舉。弱冠拜秘書正字，俄補相王府典籤。

時睿宗在蕃，甚重之，令與掾丘悅、文學韋利器更直府中，以備顧問，府中稱爲學直。及睿宗升極，拜國子主簿。開元初，累遷長安令。長安舊有配户和市之法，百姓苦之。耀卿到官，一切令出儲蓄之家，預給其直，遂無奸僦之弊，公私甚以爲便。在職二年，寬猛得中。及去官，縣人甚思咏之。十三年，爲濟州刺史。其年，車駕東巡，州當大路，道里綿長，而户口寡弱，耀卿躬自條理，科配得所。時大駕所歷凡十餘州，耀卿稱爲知頓之最。又歷宣、冀二州刺史，皆有善政，入爲户部侍郎。二十年，禮部尚書、信安王禕受詔討契丹，詔以耀卿爲副。俄又令耀卿賫絹二十萬匹分賜立功奚官，就部落以給之。耀卿謂人曰：「夷虜貪殘，見利忘義，今賫持財帛，深入寇境，不可不爲備也。」乃令先期而往，分道互進，一朝而給付并畢。時突厥及室韋果勒兵邀險，謀劫襲之，比至而耀卿已還。其冬，遷京兆尹。……尋拜黄門侍郎、同中書門下平章事，充轉運使，語在食貨志。凡三年，運七百萬石，省脚錢三十萬貫。或説耀卿請進所省脚錢，以明功利。耀卿曰：「此蓋公卿盈縮之利耳，不可以之求寵也。」乃奏充所司和市、和糴等錢。明年，遷侍中。（開元）二十四年，拜尚書左丞相，罷知政事，累封趙城侯。……天寶元年，改爲尚書右僕射，尋轉左僕射。一歲薨，年六十三，贈太子太傅，謚曰文獻。』」韋縚，生平事迹散見於舊唐書禮儀志、新唐書禮儀志等。舊唐書禮儀志一云：『開元十年，詔國子司業韋縚爲禮儀使，專掌五禮。……

開元十一年十一月，親享圜丘。時中書令張説爲禮儀使，衛尉少卿韋縚爲副，説建議請以高祖神堯皇帝配祭，始罷三祖同配之禮。』舊唐書禮儀志五云：『開元二十二年正月，制以籩、豆之薦，或未能備物，宜令禮官學士詳議具奏。太常卿韋縚請「宗廟之奠，每室籩、豆各加十二。又今之酌獻酒爵，制度全小，僅無一合，執持甚難，請稍令廣大。其郊祀奠獻，亦準此。仍望付尚書省集衆官詳議，務從折衷」。於是兵部侍郎張均及職方郎中韋述等建議曰……於是宰臣等具沔、述等議以奏。玄宗曰：「朕承祖宗休德，至於享祀粢盛，實思豐潔，禮物之具，諒在昭忠。其非芳潔不應法制者，亦不可用。」以是更令太常量加品味。韋縚又奏：「請每室加籩、豆各六，每四時異品，以當時新果及珍羞同薦。」制可之。又酌獻酒爵，玄宗令用龠升一升，合於古義，而多少適中。自是常依行焉。』舊唐書禮儀志四云：『開元二十六年，玄宗命太常卿韋縚每月進月令一篇。是後每孟月視日，玄宗御宣政殿，側置一榻，東面置案，命韋縚坐而讀之。諸司官長，亦升殿列座而聽焉。歲餘，罷之。』『持節』，古代使臣奉命出行，必執符節以爲憑證。史記張釋之馮唐列傳：『是日令馮唐持節赦魏尚，復以爲雲中守。』唐韓愈送殷員外序：『丞相其選宗室四品一人，持節往賜君長，告之朕意。』

〔三十六〕因心之感：『因心』，謂親善仁愛之心。詩大雅皇矣：『維此王季，因心則友。』

毛傳：『因，親也。』陳奂傳疏：『因訓親，親心即仁心。』舊唐書孝友傳序：『善於兄弟，必能因心廣濟。』

〔三十七〕備物飾情：『備物』，指儀衛、祭祀等所用的器物。左傳定公四年：『備物典策，官司彝器。』孔穎達疏引服虔云：『當謂國君威儀之物，若今伞扇之屬。』王引之經義述聞春秋左傳下『備物典策』：『備物即服物也。經傳多言「服物」……「服」與「備」古字通。』晋干寶晋紀總論：『始當非常之禮，終受備物之錫。』張銑注：『備物，謂祭器之物。』

〔三十八〕瞻典策而哀深：明鈔本作『瞻典榮而哀深』。『典策』，亦作『典册』，記載典章制度等的重要册籍。左傳定公四年：『備物、典策、官司、彝器。』楊伯峻注：『典策謂典籍簡册。』三國志魏書陳留王傳：『壬辰，晋太子炎紹封襲位，總攝百揆，備物典册，一皆如前。』

〔三十九〕想棣華而望絶：『棣華』，詩小雅常棣：『常棣之華，鄂不韡韡。凡今之人，莫如兄弟。』後因以『棣華』喻兄弟。晋書張載傳贊：『載協飛芳，棣華增映。』唐張説鄎國長公主神道碑銘：『恨棣華之半缺，悲瑶草之先化。』『望絶』，猶絶望。漢司馬相如長門賦：『日黄昏而望絶兮，悵獨托於空堂。』漢王充論衡指瑞：『望絶心感，故涕泣沾襟。』

〔四十〕所冀幽窆：『幽窆』，墓穴。唐元稹爲蕭相謝追贈祖父祖妣亡父表：『恩波下濟，

澤被窮泉，天眷旁臨，日聞幽穸。」宋曾鞏雍王顥乳母宋氏贈郡君制：『是用追命爾封進於列郡，以光幽穸，尚服寵章。』

（四十一）嘉兹寵榮：『寵榮』，猶尊榮。史記禮書：『德厚者位尊，禄重者寵榮。』晉庾亮讓中書表：『夫富貴寵榮，臣所不能忘也；刑罰貧賤，臣所不能甘也。』

（四十二）嗚呼哀哉：表示悲痛之辭。常用以表示對死者的哀悼。左傳哀公十六年：『嗚呼哀哉！尼父，無自律。』隸釋小黄門譙敏碑：『嗚呼哀哉！國喪良佐，家隕棟梁。』

册謚恭皇后文（一）

維開元二十九年，歲次辛巳，十一月戊申朔，二十五日壬申，皇帝若曰：於戲（二）！尊名備禮（三），所以悲友于也（四）；因親錫號（五），所以申悼往也。讓皇帝故妃元氏（六），門承華烈，代襲清猷（七），柔範夙著（八），徽音允穆（九）；自作儷天人（十），能修壼訓（十一），克茂詩箴之教（十二），載修圖史之規（十三）。豈謂福善無徵（十四），遽先殂逝（十五）！天倫有感（十六），追悼兼懷（十七）。福貴從尊，事資飾贈，有行梁苑（十八），早膺藩邸之榮（十九）；將祔壽原（二十），允叶椒房之位（二十一）。是用册妃爲恭皇后（二十二）。今遣使尚書左丞相

裴耀卿、副使韋紹持節禮册〔二十三〕。車服式陳〔二十四〕，典章攸備〔二十五〕，永惟神路〔二十六〕，嘉是哀榮〔二十七〕。

校箋

〔一〕本文又見於全唐文卷三十八，文題爲追册讓皇帝故妃元氏爲皇后文，署名唐玄宗。明鈔本此文題爲册謚恭皇帝后文。本文首句署明頒布時間爲開元二十九年十一月二十五日。考舊唐書玄宗紀云：『（開元二十九年）十一月……辛未，太尉、寧王憲薨，謚爲讓皇帝，葬于惠陵。』舊唐書卷九十五載：『（開元二十九年）十一月（寧王憲）薨，時年六十三。上聞之，號叫失聲，左右皆掩涕。翌日，下制曰……又制追贈憲妃元氏爲恭皇后，祔葬于橋陵之側。及將葬，上遣中使敕璡等務令儉約，送終之物，皆令衆見。所司請依諸陵舊例，壙内置千味食。監護使、左僕射裴耀卿奏曰：「尚食所料水陸等味一千餘種，每色瓶盛，安於藏内，皆是非時瓜果及馬牛驢犢獐鹿等肉，并諸藥酒三十餘色。儀注禮料，皆無所憑。臣據禮司所料，奠祭相次，事無不備，典制分明。天恩每申讓帝之志，務令儉約，禮外加數，竊恐不安。又非時之物，馬犢驢等并野味魚雁

鵝鴨之屬，所用銖兩，動皆宰殺，盛夏胎養，聖情所禁。又須造作什物，動逾千計，求徵市井，實謂煩勞。千味不供，禮無所闕。伏望依禮減省，以取折衷。」制從之。及發引，時屬大雨，上令慶王潭已下泥中步送十數里，制號其墓爲惠陵。』新唐書玄宗紀云：『（開元二十九年）十一月……辛未，寧王憲薨，追册爲皇帝，及其妃元氏爲皇后。』新唐書卷八十一載：『（憲）後有疾，護醫將膳，騎相望也。僧崇一者療之，少損，帝喜甚，賜緋袍、銀魚。已而疾寖劇，薨，年六十三。帝失聲號慟，左右皆泣下。帝以憲實推天下，有高世之行，非大號不稱，乃追謚讓皇帝，遣尚書左丞相裴耀卿、太常卿韋縚持節奉册。其子璡表陳憲宿素退讓，不敢當大號。制不許。及斂，出天子服一稱，詔右監門大將軍高力士以手書置靈坐，贈妃元爲恭皇后，葬橋陵旁。及葬，敕中使諭璡等，送終之具，使衆見之，示以儉薄。所司請如諸陵，設千味食内壙中，監護使耀卿建言：「尚食料水陸千餘種及馬、牛、驢、犢、獐、鹿、鵝、鴨、魚、雁體節之味，并藥酒三十名，盛夏胎養，不可多殺，考求禮據，無所憑依。陛下每申讓帝之志，務存約素，請蠲省折衷。」詔可。既發引，大雨，有詔慶王潭等涉塗泥，步送十里，號其墓曰惠陵。』資治通鑑卷二百一十四載：『（開元二十九年）十一月……辛未，太尉寧王憲薨。上哀惋特甚，曰：「天下，兄之天下也；兄固讓於我，爲唐太伯，常名不足以處之。」乃謚曰讓皇帝。其子汝陽王璡，上表追述先志，謙沖不敢當帝號；

上不許。斂日，内出服，以手書致於靈座，書稱「隆基白」；又名其墓曰惠陵，追謚其妃元氏曰恭皇后，祔葬焉。』據上述史籍所載，寧王李憲薨於開元二十九年（七四一）十一月辛未（二十四日）。本册文頒布時間爲開元二十九年（七四一）十一月壬申（二十五日），其撰寫時間當在此時稍前。

〔二〕於戲：亦作『於熙』。猶於乎。感嘆詞。

〔三〕尊名備禮：『尊名』，謂稱頌其聲譽。禮記表記：『先王謚以尊名，節以一惠，耻名之浮於行也。』鄭玄注：『先王論行以爲謚；以尊名者，使聲譽可得而尊言也。』『備禮』，謂禮儀周備。詩小雅魚麗序：『美萬物盛多，能備禮也。』漢蔡邕郭有道碑：『州郡聞德，虚己備禮，莫之能致。』

〔四〕所以悲友于也：『友于』，書君陳：『惟孝友于兄弟。』後以『友于』借指兄弟。三國魏曹植求通親親表：『今之否隔，友于同憂。』唐白居易東南行一百韻：『萬里抛朋侶，三年隔友于。』

〔五〕因親錫號：四庫全書作『因親襲號』，全唐文作『恩親襲號』，適園叢書作『恩親錫號』。『錫號』，賜予封號。史記三王世家：『使諸侯王封君得推私恩分子弟户邑，錫號尊建百有餘國。』

唐杜甫奉賀陽城郡王太夫人恩命加鄧國太夫人詩：『濟時瞻上將，錫號戴慈親。』

〔六〕讓皇帝故妃元氏：『讓皇帝』，即讓皇帝李憲，傳見舊唐書卷九十五、新唐書卷八十一。『元氏』，即讓皇帝妃元氏，生平事迹散見於舊唐書卷九十五、舊唐書卷一百七、新唐書卷八十一等。舊唐書卷九十五載：『（開元二十九年）十一月……又制追贈憲妃元氏爲恭皇后，祔葬于橋陵之側。』舊唐書卷一百七載：『壽王瑁，玄宗第十八子也，初名清。……及瑁之初生，讓帝妃元氏請瑁在於邸中收養，妃自乳之，名爲己子。』

〔七〕代襲清猷：『代襲』，謂子孫以先人功勛而承襲其官爵。宋王禹偁擬長孫無忌讓代襲刺史表：『伏奉詔旨，許臣等子代襲刺史者，恩覃延世，代襲專城，命雖己行，事則非次，苟無言而冒寵，則後嗣以罹殃。』『清猷』，清明的謀劃。南朝梁沈約齊安陸昭王碑文：『爰始濯纓，清猷浚發。』周書獨孤信傳：『睿哲居宗，清猷映世。』

〔八〕柔範夙著：『柔範』，猶閫範、閨範。晋書后妃傳序：『肅尊儀而修四德，體柔範而弘六義，陰教洽於宫闈，淑譽騰於區域。』南朝梁沈約梁武帝郗后謚議：『應祥月德，比載坤靈，柔範陰化，儀行自遠。』

〔九〕徽音允穆：『徽音』，猶德音。指令聞美譽。詩大雅思齊：『大姒嗣徽音，則百斯男。』

鄭玄箋：『徽，美也。』漢蔡邕太傅安樂侯胡公夫人靈表：『至德修於幾微，徽音暢於神明。』『允穆』，淳和。南朝齊謝朓齊敬皇后哀策文：『爰定厥祥，徽音允穆。』張銑注：『允，信；穆，和也。』

〔十〕自作儷天人：四庫全書、全唐文、適園叢書、學林本作『自伉儷天人』。『作儷』，作配偶，成婚。晉書后妃傳下孝武定王皇后：『是以塗山作儷，而夏族以熙；妊姒配周，而姬祚以昌。』遼蕭觀音絶命詞：『嗟薄祜兮多幸，羌作儷兮皇家。』

〔十一〕能修壼訓：『壼訓』，爲妻室者的言行儀範。唐陳子昂祭外姑宇文夫人文：『恭聞夫人有清穆之德，皓潔之行……崇嚴壼訓，芬鬱母儀，中饋柔嘉，娣姒有别。』

〔十二〕克茂詩箴之教：『箴』，文體名。以表達規勸性質爲主題。漢書揚雄傳下贊曰：『箴莫善於虞箴，作州箴。』南朝梁劉勰文心雕龍銘箴：『箴者……所以攻疾防患，喻針石也。』

〔十三〕載修圖史之規：四庫全書、全唐文作『載修圖史之文』。『圖史』，圖書和史籍。南朝宋顏延之宋文皇帝元皇后哀策文：『進思才淑，傍綜圖史。』舊唐書宋璟傳：『且蒼梧之野，驪山之徒，善惡分區，圖史所載。』

〔十四〕豈謂福善無徵：『福善』，賜福給善良的人。晉劉琨答盧諶詩：『禍淫莫驗，福善則虛。』

明吴承恩送郡伯古愚邵公擢山東憲副序：『懲惡以福善，無所顧慮也如公。』『無徵』，没有徵兆或迹象。法苑珠林卷三：『診候無徵，雩祈失效。』

（十五）遽先殂逝：明鈔本作『遽先殂游』。『殂逝』，逝世。漢蔡邕劉鎮南碑：『欲報之德，胡不億年！如何殂逝，孤棄萬民！』舊唐書魏徵傳：『今魏徵殂逝，遂亡一鏡矣。』

（十六）天倫有感：『天倫』，天然倫次。指兄弟。穀梁傳隱公元年：『兄弟，天倫也。』范寧注：『兄先弟後，天之倫次。』周書裴寬傳：『裴長寬兄弟，天倫篤睦，人之師表。』

（十七）追悼兼懷：『追悼』，追念死者表示哀悼。三國魏曹丕贈謚鄧哀侯詔：『追悼之懷，愴然攸傷。』唐劉肅大唐新語舉賢：『（薛收）爲記室參軍，未幾卒，太宗深追悼之。』

（十八）有行梁苑：『有行』，出嫁。詩邶風泉水：『女子有行，遠父母兄弟。』晋潘岳寡婦賦：『伊女子之有行兮，爰奉嬪於高族。』『梁苑』，西漢梁孝王所建的東苑。故址在今河南省開封市東南。園林規模宏大，方三百餘里，宫室相連屬，供游賞馳獵。梁孝王在其中廣納賓客，當時名士司馬相如、枚乘、鄒陽等均爲座上客。也稱兔園。事見史記梁孝王世家。南朝齊王融奉辭鎮西應教詩：『霤庭參辯奭，梁苑豫才鄒。』唐李白贈王判官時余歸隱廬山屏風叠詩：『荆門倒屈宋，梁苑傾鄒枚。若笑我詩誕，知音安在哉！』

〔十九〕早膺藩邸之榮：全唐文作『早膺藩幼之榮』。『藩邸』，藩王之第宅。北齊書昭帝紀：『月餘，〔高演〕乃居藩邸，自是詔敕多不關帝。』唐鄭棨開天傳信記：『上於藩邸時，每戲游城南韋杜之間。』

〔二十〕將祔壽原：『祔』，合葬。禮記檀弓上：『季武子曰：「周公蓋祔。」』

〔二十一〕允叶椒房之位：『允叶』，和洽。北史薛孝通傳：『奉以爲主，天人允叶。』『椒房』，后妃的代稱。後漢書延篤傳：『大將軍椒房外家，而皇子有疾，必應陳進醫方，豈當使客千里求利乎？』晋書胡奮傳：『奮既舊臣，兼有椒房之助，甚見寵待。』

〔二十二〕是用册妃爲恭皇后：『是用』，因此。左傳襄公八年：『如匪行邁謀，是用不得于道。』漢張衡東京賦：『百姓弗能忍，是用息肩於大漢，而欣戴高祖。』

〔二十三〕今遣使尚書左丞相裴耀卿、副使韋縚持節禮册：裴耀卿，傳見舊唐書卷九十八、新唐書卷一百二十七。韋縚，生平事迹散見於舊唐書禮儀志、新唐書禮儀志等。舊唐書禮儀志一云：『開元十年，詔國子司業韋縚爲禮儀使，專掌五禮。……開元十一年十一月，親享圓丘。時中書令張説爲禮儀使，衛尉少卿韋縚爲副，説建議請以高祖神堯皇帝配祭，始罷三祖同配之禮。』『持節』，古代使臣奉命出行，必執符節以爲憑證。

〔二十四〕車服式陳：四庫全書、全唐文作『章服式陳』。『車服』，車輿禮服。書舜典：『敷奏以言，明試以功，車服以庸。』孔傳：『功成則賜車服以表顯其能用。』孔穎達疏：『人以車服爲榮，故天子之賞諸侯，皆以車服賜之。』三國魏應璩百一詩之五：『出入承明廬，車服一何煥。』

〔二十五〕典章攸備：『典章』，制度法令等的統稱。後漢書順帝紀：『即位倉卒，典章多缺，請條案禮儀，分別具奏。』唐韓愈請復國子監生徒狀：『國家典章，崇重庠序，近日趨競，未復本源。』

〔二十六〕永惟神路：全唐文作『永惟神格』。『永惟』，深思；常念。漢書宣帝紀：『夙夜兢兢，靡有驕色，内省匪解，永惟罔極。』晉書武帝紀：『朕守遺業，永惟保乂皇基，思與萬國以無爲爲政。』『神路』，指亡靈所經的路徑。南朝宋顔延之宋文皇帝元皇后哀策文：『皇塗昭列，神路幽嚴。』李善注：『神路凶飾，故曰幽嚴。』

〔二十七〕嘉是哀榮：『哀榮』，特指死後的榮譽。隸釋廣漢屬國侯李翊碑：『終而有禮，哀榮兼殊。』魏書元澄傳：『（詔）謚曰文宣王……百官會赴千餘人，莫不歔欷。當時以爲哀榮之極。』

册謚承天皇帝文

常　袞

維大曆四年，歲次己酉，五月甲辰朔，十二日乙卯，皇帝遣使某官某乙持節册命曰〔二〕：於戲〔三〕！稽于古典〔四〕，考于謚法〔五〕，戚藩升號〔六〕，禮或闕文，爰自先朝〔七〕，特追尊稱〔八〕。蓋以長而教順〔九〕，豈私親而立制〔十〕。今之殊禮〔十一〕，允屬元勛〔十二〕，天下至公，不可廢也。爾故齊王某〔十三〕，慶禀霄極〔十四〕，氣陶元和〔十五〕，孝彰純行〔十六〕，忠表令德〔十七〕。學師申穆〔十八〕，文友徐陳〔十九〕，達東平之詔〔二十〕，尤推達禮〔二十一〕。辨南陽之牘〔二十二〕，可謂知微〔二十三〕；静而有謀，敏亦能斷。往以王室多故〔二十四〕，翠華南巡〔二十五〕，緬懷家邦〔二十六〕，首建大議〔二十七〕，上戴君父〔二十八〕，紹開中興〔二十九〕，會五原之兵車〔三十〕，復四海之疆宇〔三十一〕。懋此徽烈〔三十二〕，屈於流運〔三十三〕，愛深同氣〔三十四〕，痛結中腸〔三十五〕。頃雖褒錫〔三十六〕，猶未僉允〔三十七〕；言念經啓之功〔三十八〕，載加飾終之數〔三十九〕，爰革舊典〔四十〕，追崇大名〔四十一〕。是用册王曰承天皇帝〔四十二〕。改置園邑〔四十三〕，從饗清廟〔四十四〕，贈以黄屋左纛、龍旆九旒〔四十五〕，必備王者之儀〔四十六〕，用極送哀之禮。庶榮厚穸〔四十七〕，有感于懷〔四十八〕，嗚呼明靈〔四十九〕，尚服休命〔五十〕。

校箋

〔一〕本文又見於全唐文卷四百一十九，文題爲册謚承天皇帝文，署名常衮。本文首句署明頒布時間爲大曆四年五月『十二日乙卯』。按：大曆四年五月無『乙卯』，十二日當爲『己卯』。考舊唐書代宗紀云：『（大曆三年五月）乙卯，追謚故齊王倓爲承天皇帝，興信公主亡女張氏爲恭順皇后，祔葬。』舊唐書卷一百一十六云：『大曆三年五月，詔曰：「故齊王倓，承天祚之慶，保鴻名之光。……敬用追謚曰承天皇帝，與興信公主第十四女張氏冥婚，謚曰恭順皇后。有司準式，擇日册命，改葬于順陵，仍祔于奉天皇帝廟，同殿異室焉。」』新唐書代宗紀云：『（大曆三年）五月乙卯，追號齊王倓爲皇帝，興信公主女張氏爲皇后。』新唐書卷八十二云：『大曆三年，有詔以倓當艱難時，首定大謀，排衆議，於中興有功，乃進謚承天皇帝，以興信公主季女張爲恭順皇后，冥配焉，葬順陵，祔主奉天皇帝廟，同殿異室云。』資治通鑑卷二百二十四亦載：『（大曆三年五月）乙卯制，追謚倓曰承天皇帝；庚申，葬順陵。』據上述史籍所載，大曆三年（七六八）五月乙卯（十二日），齊王李倓追謚爲承天皇帝。此册文頒布時間應爲大曆四年（七六九）五

月己卯（十二日），其撰寫時間當在此時稍前。又，常衮，傳見舊唐書卷一百一十九、新唐書卷一百五十。舊唐書其本傳云：『常衮，京兆人也。父無爲，三原縣丞，以衮累贈僕射。衮，天寶末舉進士，歷太子正字，累授補闕、起居郎。寶應二年，選爲翰林學士、考功員外郎中、知制誥，依前翰林學士。永泰元年，遷中書舍人。衮文章俊拔，當時推重，與楊炎同爲舍人，時稱爲常楊。性清直孤，不妄交游。內侍魚朝恩恃權寵，兼領國子監事，衮上疏以爲不可。時朝廷多事，西北邊虜，連爲寇盜，衮累上章陳其利害，代宗甚顧遇之，加集賢院學士。大曆元年，遷禮部侍郎，仍爲學士。時中官劉忠翼權傾內外，涇原節度馬璘又累著功勛，恩寵莫二，各有親戚干貢部及求爲兩館生，衮皆執理，人皆畏之。元載之得罪，令衮與劉晏、李涵等鞫之，獄竟，拜衮門下侍郎、同平章事，太清、太微宮使，崇文、弘文館大學士，與楊綰同掌樞務。代宗尤信重綰。綰弘通多可，衮頗務苛細，求清儉之稱，與綰之道不同。先是，百官俸料寡薄，綰與衮奏請加之。時韓滉判度支，衮與滉各騁私懷，所加俸料，厚薄由己。時少列各定月俸爲三十五千，滉怒司業張參，唯止給三十千；衮惡少詹事趙惎，遂給二十五千。太子洗馬，實司經局長官，文學爲之貳，衮有親戚任文學者給十二千，而給洗馬十千。其輕重任情，不通時政，多如此類。無幾，楊綰卒，衮獨當政。故事，每日出內厨食以賜宰相，饌可食十數人，衮特請罷之，迄今便爲故事。又將故讓堂厨，

同列以爲不可而止。議者以爲厚禄重賜，所以優賢崇國政也，不能，當辭位，不宜辭禄食。政事堂有後門，蓋宰相時到中書舍人院，咨訪政事，以自廣也，衮又塞絶其門，以示尊大，不相往來。既懲元載爲政時公道梗澀，賄賂朋黨大行，不以財勢者無因入仕。衮一切杜絶之。中外百司奏請，皆執不與，權與匹夫等，尤排擯非文辭登科第者。雖窒賣官之路，政事大致壅滯。代宗既素重楊綰，欲以政事委之。綰尋卒，衮與綰志尚素異，嫉而怒之。有司議謚綰爲文貞，衮微諷比部郎中蘇端令駁之，毁綰過甚，端坐黜官。時既無中書侍郎，舍人崔祐甫領省事，衮以爲同中書門下平章事兼得總中書省，遂管綜中書胥吏、省事去就及其案牘，祐甫不能平之，累至忿競。遂令祐甫分知吏部選事，所擬官又多駁下。時衮散官尚朝議，又無封爵，郭子儀因入朝奏之，遂特加銀青光禄大夫，封河内郡公。及代宗崩，與祐甫争論喪服輕重，代相署奏。初换祐甫河南少尹，再貶爲潮州刺史。楊炎入相，素與衮善，建中元年，遷福建觀察使。四年正月卒，時年五十五。久之，贈左僕射。有文集六十卷。』

〔二〕皇帝遣使某官某乙持節册命曰：明鈔本作『皇帝某官某乙持節册命曰』。『某乙』，稱人的代詞。唐韓愈祭河南張員外文：『（韓愈）謹遣某乙以庶羞清酌之奠，祭於亡友故河南縣令張十二員外之靈。』『持節』，古代使臣奉命出行，必執符節以爲憑證。史記張釋之馮唐列傳：『是

日令馮唐持節赦魏尚，復以爲雲中守。』唐韓愈送殷員外序：『丞相其選宗室四品一人，持節往賜君長，告之朕意。』

〔三〕於戲：亦作『於熙』。猶於乎。感嘆詞。

〔四〕稽于古典：『古典』，古代的典章制度。漢書王莽傳中：『漢氏諸侯或稱王，至於四夷亦如之，違於古典，繆於一統。』隋書地理志上：『（漢高祖）掃清禍亂，矯秦皇之失策，封建王侯，并跨州連邑，有逾古典，而郡縣之制，無改於秦。』

〔五〕考于謚法：『謚法』，評定謚號的法則。上古有號無謚，周初始制謚法，至秦廢。漢復其舊，歷代因之，至清止。史記秦始皇本紀：『自今已來，除謚法。朕爲始皇帝。』

〔六〕戚藩升號：『戚藩』，亦作『戚蕃』。近親藩王。晉劉琨勸進表：『社稷時難，則戚藩定其傾；郊廟或替，則宗哲纂其祀。』南朝齊王儉褚淵碑文：『屬值三季在辰，戚蕃内侮。』李周翰注：『戚蕃，謂諸王也。』

〔七〕爰自先朝：『先朝』，指先帝。南史袁粲傳：『武帝詔曰：「袁粲、劉彦節并與先朝同奬宋室。」』宋蘇軾縣榜：『先朝值夷狄懷服，兵革浸息，而又體質恭儉，在位四十有二年。』此處指唐高宗追謚故太子李弘爲孝敬皇帝事。

〔八〕特追尊稱：全唐文作「特追尊謚」。

〔九〕蓋以長而教順：「教順」，教訓。順，通「訓」。禮記昏義：「教順成俗，外内和順。國家理治，此之謂盛。」淮南子修務訓：「教順施續，而知能流通。」

〔十〕豈私親而立制：「立制」，建立制度。漢班固東都賦：「體元立制，繼天而作。」三國魏劉劭人物志流業：「建法立制，强國富人，是謂法家，管仲、商鞅是也。」

〔十一〕今之殊禮：四庫全書、甲庫本、全唐文作「合之殊禮」。「殊禮」，特别的禮遇。漢書王莽傳上：「高皇帝褒賞元功，相國蕭何邑户既倍，又蒙殊禮，奏事不名，入殿不趨。」魏書外戚傳下胡國珍：「葬以殊禮，給九旒鑾輅，虎賁、班劍百人，前後部羽葆鼓吹，輼輬車。」

〔十二〕允屬元勛：「元勛」，有極大功績的人。三國志魏書高柔傳：「逮至漢初，蕭、曹之儔并以元勛代作心膂。」舊唐書郭子儀傳：「帝以子儀、光弼俱是元勛，難相統屬，故不立元帥，唯以中官魚朝恩爲觀軍容宣慰使。」

〔十三〕爾故齊王某：明鈔本、適園叢書、學林本作「咨爾故齊王某」。「齊王某」，即唐肅宗第三子李倓。李倓，傳見舊唐書卷一百一十六、新唐書卷八十二。舊唐書其本傳云：「承天皇帝倓，肅宗第三子也。天寶中，封建寧郡王，授太常卿同正員。英毅有才略，善射。禄山之亂，

玄宗幸蜀，倓兄弟典親兵扈從。車駕渡渭，百姓遮道乞留太子，太子諭之曰：「至尊奔播，吾不忍違離左右，俟吾見上奏聞。」倓於行宮謂太子曰：「逆胡犯順，四海分崩，不因人情，何以興復？夫有國家者，大孝莫若存社稷。今從至尊入蜀，則散關已東，非皇家所有，何以維屬人情？殿下宜購募豪杰，暫往河西，收拾戎馬，點集防邊將卒，不下十萬人，光弼、子儀，全軍河朔，謀爲興復，計之上也。」廣平王亦贊成之，於是令李輔國奏聞。玄宗欣然聽納，乃分從官、士卒以遣之。時敗卒膽破，兵仗不完，太子既北上，渡渭，一日百戰。倓自選驍騎數百衛從，每蒼黄顛沛之際，血戰在前。太子或過時不得食，倓涕泗不自勝，上尤憐之，軍士屬目歸於倓。至靈武，太子即帝位。廣平既爲元子，欲以倓爲天下兵馬元帥。侍臣曰：「廣平王冢嗣，有君人之量。」上曰：「廣平地當儲貳，何假更爲元帥？」左右曰：「廣平今未册立，艱難時人尤屬望於元帥。况太子從曰撫軍，守曰監國。今之元帥，撫軍也，廣平爲宜。」遂以廣平爲元帥，倓典親軍，李輔國爲元帥府司馬。時張良娣有寵，倓性忠謇，因侍上屢言良娣頗自恣，輔國連結内外，欲傾動皇嗣。自是，日爲良娣、輔國所構，云：「建寧恨不得兵權，頗畜異志。」肅宗怒，賜倓死。既而省悟，悔之。明年冬，廣平王收復兩京，遣判官李泌入朝獻捷。泌與上有東宫之舊，從容語及建寧事，肅宗改容謂泌曰：「倓於艱難時實得氣力，無故爲下人之所間，欲圖害其兄，朕以社稷大計，割愛而爲

之所也。」泌對曰：「爾時臣在河西，豈不知其故。廣平兄弟，天倫篤睦，至今廣平言及建寧，則嗚咽不已。陛下之言，出於讒口也。」帝因泣下曰：「事已及此，無如之何！」泌因奏曰：「臣幼稚時念黃臺瓜辭，陛下嘗聞其説乎？高宗大帝有八子，睿宗最幼。天后所生四子，自爲行第，故睿宗第四。長曰孝敬皇帝，爲太子監國，而仁明孝悌。天后方圖臨朝，乃鴆殺孝敬，立雍王賢爲太子。賢每日憂惕，知必不保全，與二弟同侍於父母之側，無由敢言。乃作黃臺瓜辭，令樂工歌之，冀天后聞之省悟，即生哀愍。辭云：『種瓜黃臺下，瓜熟子離離。一摘使瓜好，再摘令瓜稀。三摘猶尚可，四摘抱蔓歸。』而太子賢終爲天后所逐，死於黔中。陛下有今日運祚，已一摘矣，慎無再摘。」上愕然曰：「公安得有是言！」時廣平王立大功，亦爲張皇后所忌，潛構流言，泌因事諷動之。及代宗即位，深思建寧之冤，追贈齊王。大曆三年五月，詔曰：「故齊王倓，承天祚之慶，保鴻名之光。……敬用追謚曰承天皇帝，與興信公主第十四女張氏冥婚，謚曰恭順皇后。有司準式，擇日册命，改葬于順陵，仍祔于奉天皇帝廟，同殿異室焉。」」

〔十四〕慶稟霄極：『慶』，德、善。書吕刑：『一人有慶，兆民賴之。』孔安國傳：『天子有善，則兆民賴之。』『霄極』，天空的最高處，高空。周書蕭察傳：『況托萼於霄極，寵渥流於無已。』宋范仲淹天驥呈才賦：『是何降靈霄極，薦夢中國。』

〔十五〕氣陶元和：『元和』，同『太和』，天地間沖和之氣。易乾：『保合太和，乃利貞。』朱熹本義：『太和，陰陽會合沖和之氣也。』漢書敘傳上：『沐浴玄德，禀印太和。』

〔十六〕孝彰純行：『純行』，純正的品德。逸周書諡法解：『純行不二曰定。』唐韓愈楊燕奇碑文：『有男一人，女二人，咸有至性純行。』

〔十七〕忠表令德：『令德』，美德。左傳襄公二十四年：『子産寓書於子西，以告宣子曰：「子爲晋國，四鄰諸侯不聞令德，而聞重幣，僑也惑之。」』唐封演封氏聞見記定謚：『昔周公，文王之子，謚曰文公。苟有令德，不嫌同謚。』

〔十八〕學師申穆：『申穆』，申公與穆生的合稱。二人俱爲西漢楚元王劉交中大夫。『申』，即申公，傳見漢書卷八十八。檢其本傳云：『申公，魯人也。少與楚元王交俱事齊人浮丘伯受詩。漢興，高祖過魯，申公以弟子從師入見於魯南宫。吕太后時，浮丘伯在長安，楚元王遣子郢與申公俱卒學。元王薨，郢嗣立爲楚王，令申公傅太子戊。戊不好學，病申公。及戊立爲王，胥靡申公。申公愧之，歸魯退居家教，終身不出門。復謝賓客，獨王命召之乃往。弟子自遠方至受業者千餘人，申公獨以詩經爲訓故以教，亡傳，疑者則闕弗傳。蘭陵王臧既從受詩，已通，事景帝爲太子少傅，免去。武帝初即位，臧乃上書宿衛，累遷，一歲至郎中令。及代趙綰亦嘗受詩申公，爲御史大夫。

綰、臧請立明堂以朝諸侯，不能就其事，乃言師申公。於是上使使束帛加璧，安車以蒲裹輪，駕駟迎申公，弟子二人乘軺傳從。至，見上，上問治亂之事。申公時已八十餘，老，對曰：「爲治者不在多言，顧力行何如耳。」是時，上方好文辭，見申公對，默然。然已招致，即以爲太中大夫，舍魯邸，議明堂事。太皇竇太后喜老子言，不説儒術，得綰、臧之過，以讓上曰：「此欲復爲新垣平也！」上因廢明堂事，下綰、臧吏，皆自殺。申公亦病免歸，數年卒。弟子爲博士十餘人，孔安國至臨淮太守，周霸膠西内史，夏寬城陽内史，碭魯賜東海太守，蘭陵繆生長沙内史，徐偃膠西中尉，鄒人闕門慶忌膠東内史，其治官民皆有廉節稱。其學官弟子行雖不備，而至於大夫、郎、掌故以百數。中公卒以詩、春秋授，而瑕丘江公盡能傳之，徒衆最盛。及魯許生、免中徐公，皆守學教授。韋賢治詩，事博士大江公及許生，又治禮，至丞相。傳子玄成，以淮陽中尉論石渠，後亦至丞相。玄成及兄子賞以詩授哀帝，至大司馬車騎將軍，自有傳。由是魯詩有韋氏學。』『穆』，即穆生，亦稱『繆生』，係中公弟子。漢書卷八十八曰：『（申公）弟子爲博士十餘人……蘭陵繆生長沙内史。』生平事迹散見於漢書卷三十六、漢書卷八十八等。漢書卷三十六載：『楚元王交字游，高祖同父少弟也。好書，多材藝。少時嘗與魯穆生、白生、申公俱受詩於浮丘伯。……元王既至楚，以穆生、白生、申公爲中大夫。高后時，浮丘伯在長安，元王遣子郢客與申公俱卒

業。文帝時，聞申公爲詩最精，以爲博士。元王好詩，諸子皆讀詩，申公始爲詩傳，號魯詩。……初，元王敬禮申公等，穆生不耆酒，元王每置酒，常爲穆生設醴。及王戊即位，常設，後忘設焉。穆生退曰：「可以逝矣！醴酒不設，王之意怠，不去，楚人將鉗我於市。」稱疾卧。申公、白生强起之曰：「獨不念先王之德與？今王一旦失小禮，何足至此！」穆生曰：「易稱：『知幾其神乎！幾者動之微，吉凶之先見者也。君子見幾而作，不俟終日。』先王之所以禮吾三人者，爲道之存故也；今而忽之，是忘道也。忘道之人，胡可與久處！豈爲區區之禮哉？」遂謝病去。申公、白生獨留。』

〔十九〕文友徐陳：『徐陳』，漢徐幹和陳琳的并稱。南朝齊陸厥奉答内兄希叔詩：『離宫收杞梓，華屋富徐陳。』李善注：『魏志曰：「文帝爲五官郎將，北海徐幹，廣陵陳琳，并見友善。」』唐張説酬崔光禄冬日述懷贈答詩：『徐陳嘗并作，枚馬亦同時。』『徐』，即徐幹，傳見三國志卷二十一。其本傳云：『幹爲司空軍謀祭酒掾屬，五官將文學。』裴注引先賢行狀曰：『幹清玄體道，六行修備，聰識洽聞，操翰成章，輕官忽禄，不耽世榮。建安中，太祖特加旌命，以疾休息。後除上艾長，又以疾不行。』『陳』，即陳琳，傳見三國志卷二十一。其本傳云：『琳前爲何進主簿。進欲誅諸宦官，太后不聽，進乃召四方猛將，并使引兵向京城，欲以劫恐太后。琳諫進曰：

「易稱『即鹿無虞』，諺有『掩目捕雀』。夫微物尚不可欺以得志，况國之大事，其可以詐立乎？今將軍總皇威，握兵要，龍驤虎步，高下在心；以此行事，無異於鼓洪爐以燎毛髮。但當速發雷霆，行權立斷，違經合道，天人順之；而反釋其利器，更徵於他。大兵合聚，强者爲雄，所謂倒持干戈，授人以柄；功必不成，祇爲亂階。」進不納其言，竟以取禍。琳避難冀州，袁紹使典文章。袁氏敗，琳歸太祖。太祖謂曰：「卿昔爲本初移書，但可罪狀孤而已，惡惡止其身，何乃上及父祖邪？」琳謝罪，太祖愛其才而不咎。」

〔二十〕達東平之詔：四庫全書作『答東平之詔』。『東平』，即漢東平憲王劉蒼。劉蒼，傳見後漢書卷四十二。其本傳云：『東平憲王蒼，建武十五年封東平公，十七年進爵爲王。蒼少好經書，雅有智思，爲人美須髯，要帶八圍，顯宗甚愛重之。及即位，拜爲驃騎將軍，置長史掾史員四十人，位在三公上。永平元年，封蒼子二人爲縣侯。二年，以東郡之壽張、須昌，山陽之南平陽、橐、湖陵五縣益東平國。是時中興三十餘年，四方無虞，蒼以天下化平，宜修禮樂，乃與公卿共議定南北郊冠冕車服制度，及光武廟登歌八佾舞數，語在禮樂、輿服志。帝每巡狩，蒼常留鎮，侍衛皇太后。……蒼在朝數載，多所隆益，而自以至親輔政，聲望日重，意不自安，上疏歸職曰：……帝優詔不聽。其後數陳乞，辭甚懇切。五年，乃許還國，而不聽上將軍印綬。以驃

騎長史爲東平太傅，掾爲中大夫，令史爲王家郎。加賜錢五千萬，布十萬匹。六年冬，帝幸魯，徵蒼從還京師。明年，皇太后崩。既葬，蒼乃歸國，特賜宮人奴婢五百人，布二十五萬匹，及珍寶服御器物。十一年，蒼與諸王朝京師。月餘，還國。帝臨送歸宮，淒然懷思，乃遣使手詔國中傅曰：「辭别之後，獨坐不樂，因就車歸，伏軾而吟，瞻望永懷，實勞我心，誦及采菽，以增嘆息。日者問東平王處家何等最樂，王言爲善最樂，其言甚大，副是要腹矣。今送列侯印十九枚，諸王子年五歲已上能趨拜者，皆令帶之。」十五年春，行幸東平，賜蒼錢千五百萬，布四萬匹。帝以所作光武本紀示蒼，蒼因上光武受命中興頌。帝甚善之，以其文典雅，特令校書郎賈逵爲之訓詁。肅宗即位，尊重恩禮逾於前世，諸王莫與爲比。建初元年，地震，蒼上便宜，其事留中。……（建初六年）蒼還國，疾病，帝馳遣名醫，小黄門侍疾，使者冠蓋不絕於道。又置驛馬千里，傳問起居。明年正月薨，詔告中傅，封上蒼自建武以來章奏及所作書、記、賦、頌、七言、别字、歌詩，并集覽焉。遣大鴻臚持節，五官中郎將副監喪，及將作使者凡六人，令四姓小侯諸國王主悉會詣東平奔喪，賜錢前後一億，布九萬匹。」

（二十一）尤推達禮：『達禮』，通曉禮義。南朝梁任昉王文憲集序：『賀生達禮之宗，蔡公儒林之亞。』」李善注：『晉中興書曰：「賀循，字彥先，博覽群書，尤明三禮。」』

〔二十二〕辨南陽之牘：明鈔本、甲庫本、適園叢書、學林本作『辯南陽之牘』。『南陽』，漢末諸葛亮隱居之地。『辨南陽之牘』，謂能識辨隱居賢才文牘之微言。

〔二十三〕可謂知微：明鈔本誤作『可謂知徽』，甲庫本作『可謂可微』。『知微』，猶『知幾』，謂有預見，看出事物發生變化的隱微徵兆。易系辭下：『知幾其神乎。君子上交不諂，下交不瀆，其知幾乎？幾者，動之微，吉之先見者也。』國語晉語二：『繁敏且知禮，敬以知微。』

〔二十四〕往以王室多故：多變亂，多患難。國語鄭語：『桓公……問於史伯曰：「王室多故，余懼及焉，其何所可以逃死？」』韋昭注：『故，猶難也。』史記陳丞相世家論：『及吕后時，事多故矣，然平竟自脱，定宗廟，以榮名終，稱賢相，豈不善始善終哉！』

〔二十五〕翠華南巡：明鈔本作『翠華而巡』，四庫全書、全唐文、適園叢書、學林本作『翠華西巡』。『翠華』，爲御車或帝王的代稱。唐陳鴻長恨歌傳：『潼關不守，翠華南幸。』宋陸游曉嘆詩：『翠華東巡五十年，赤縣神州滿戎狄。』『翠華南巡』，此處指安史之亂玄宗入蜀之事。

〔二十六〕緬懷家邦：『緬懷』，遥想；追念。晉陶潛扇上畫贊：『緬懷千載，托契孤游。』宋葉紹翁四朝聞見録岳侯追封：『緬懷英概，申畀憫章。』『家邦』，本指家與國，亦泛指國家。詩大雅思齊：『刑于寡妻，至于兄弟，以御于家邦。』南朝梁任昉爲蕭揚州薦士表：『臣位任隆重，

義兼家邦，實欲使名實不違，徼幸路絶。」

〔二十七〕首建大議：四庫全書、全唐文作『首建大義』。『大議』，謂對國家大事的意見、建議。漢書酷吏傳田延年：『當發大議時，震動朝廷。』宋蘇軾司馬温公神道碑：『始發大議，乞立宗子爲後，以安宗廟。』

〔二十八〕上戴君父：『君父』，特稱天子。三國魏曹植求自試表：『昔耿弇不俟光武，亟擊張步，言不以賊遺於君父也。』唐元稹贈田弘正父庭玠等：『朕以眇身，欽承大寶，爲億兆人之君父，奉十一聖之宗祧。』

〔二十九〕紹開中興：四庫全書、甲庫本作『詔開中興』。『紹』，接續，繼承。書盤庚上：『紹復先王之大業，底綏四方。』『中興』，中途振興；轉衰爲盛。詩大雅烝民序：『任賢使能，周室中興焉。』南朝梁鍾嶸詩品總論：『太康中，三張二陸、兩潘一左，勃爾復興，踵武前王，風流未沫，亦文章之中興也。』

〔三十〕會五原之兵車：『五原』，地名合稱。在今陝西省。唐杜甫喜聞官軍已臨賊境詩：『五原空壁壘，八水散風濤。』仇兆鰲注引長安志：『長安、萬年二縣之外，有畢原、白鹿原、少陵原、高陽原、細柳原，謂之五原。』

〔三十一〕復四海之疆宇：明鈔本作『復四海之强宇』。『四海』，猶言天下，全國各處。書大禹謨：『文命敷于四海，祗承于帝。』史記高祖本紀：『大王起微細，誅暴逆，平定四海，有功者輒裂地而封王侯。』『疆宇』，疆域；領土。漢班固東都賦：『系唐統，接漢緒，茂育群生，恢復疆宇。』明李東陽西北備邊事宜狀：『漢唐疆宇雖廣，而和親歲幣所費不訾。』

〔三十二〕懋此徽烈：四庫全書作『懋此偉烈』，適園叢書作『惟此徽烈』，學林本作『惟比徽烈』。『懋』，通『茂』，大，盛大。書大禹謨：『予懋乃德，嘉乃丕績。』『徽烈』，宏業，偉業。三國魏應璩與王將軍書：『雀鼠雖愚，猶知徽烈。』南朝梁劉勰文心雕龍原道：『重以公旦多材，振其徽烈，剬詩緝頌，斧藻群言。』

〔三十三〕屈於流運：『流運』，猶『時運』。古人認爲人一生的吉凶遭際均由命運決定，并通過時間的運轉表現出來，稱爲時運。漢書王莽傳下：『其或順指，言「民驕黠當誅」，及言「時運適然，且滅不久」，莽説，輒遷之。』

〔三十四〕愛深同氣：『同氣』，有血統關係的親屬，指兄弟姊妹。後漢書東平憲王蒼傳：『凡匹夫一介，尚不忘簞食之惠，况臣居宰相之位，同氣之親哉！』三國魏曹植求自試表：『而臣敢陳聞於陛下者，誠與國分形同氣，憂患共之者也。』

〔三十五〕痛結中腸：『中腸』，猶内心。三國魏曹植送應氏詩：『愛至望苦深，豈不愧中腸。』唐元稹春月詩：『四鄰非舊識，無以話中腸。』

〔三十六〕頃雖褒錫：四庫全書、全唐文、適園叢書作『頃雖褒揚』。『褒錫』，同『褒賜』，褒揚賞賜。周書儒林傳樂遜：『遜以年在懸車，上表致仕，優詔不許。於是賜以粟帛及錢等，授湖州刺史……在任數載，頻被褒錫。』新唐書鄭王元懿傳：『喜經術，數斷大獄，務寬平，高宗嘉之，璽詔褒錫。』

〔三十七〕猶未僉允：『僉允』，公允。舊唐書長孫無忌傳：『違時易務，曲樹私恩，謀及庶僚，義非僉允。』明胡應麟詩藪六朝：『錯綜諸集，參伍群言，鍾所剖裁，似難僉允。』

〔三十八〕言念經啓之功：『言念』，想念。言，助詞。詩秦風小戎：『言念君子，温其如玉。』『經』，開始，起始。鬼谷子抵巇：『經起秋毫之末，周書李遠傳：『言念貞良，追增傷悼。』『經』，開始，起始。鬼谷子抵巇：『經起秋毫之末，揮之於太山之本。』

〔三十九〕載加飾終之數：『飾終』，謂人死時給予尊榮。荀子禮論：『送死，飾終也。』宋陸游王成之給事挽歌辭：『贈極文昌貴，君恩厚飾終。』

〔四十〕爰革舊典：『舊典』，舊時的制度、法則。書君牙：『君牙，乃惟由先正舊典時式。』

孔穎達疏：『惟當奉用先世正官之法，諸臣所行故事舊典，於是法則之。』漢蔡邕故太尉喬公廟碑：『值饉荒，諸郡饑餒，公開倉廩以貸，救其命。主者以舊典宜先請。』

（四十一）追崇大名：『追崇』，對死者追加封號。梁書侯景傳：『景又矯蕭棟詔，追崇其祖爲大將軍，考爲丞相。』唐劉知幾史通稱謂：『至如元氏起於邊朔，其君乃一部之酋長耳，道武追崇所及，凡二十八君。』『大名』，謂尊崇的名號。逸周書謚法解：『是以大行受大名，細行受細名。行出於己，名生於人。』朱右曾校釋：『名謂號謚。』史記陳涉世家：『且壯士不死則已，死即舉大名耳，王侯將相寧有種乎！』司馬貞索隱：『大名謂大名稱也。』

（四十二）是用册王曰承天皇帝：『是用』，因此。左傳襄公八年：『如匪行邁謀，是用不得於道。』漢張衡東京賦：『百姓弗能忍，是用息肩於大漢，而欣戴高祖。』

（四十三）改置園邑：『改置』，另行設置。周書武帝紀下：『（建德四年）十一月己亥，改置司内官員。』『園邑』，漢代爲守護帝王陵園所置的邑地。借指帝王陵墓所在地。漢班固西都賦：『與乎州郡之豪杰，五都之貨殖，三選七遷，充奉陵邑。』李善注：『元帝詔曰：「往者有司緣臣子之義，奏徙郡國人以奉園陵。自今所爲陵者，勿置縣邑。」然則元帝始不遷人陪陵。自元以上，正有七帝也。』南朝宋顔延之拜陵廟作：『衣冠終冥漠，陵邑轉葱青。』李善注引張

晏曰：『景帝作壽陵，起邑。』

〔四十四〕從饗清廟：『清廟』，即太廟。古代帝王的宗廟。詩周頌清廟：『於穆清廟，肅雍顯相。』左傳桓公二年：『是以清廟茅屋……昭具儉也。』

〔四十五〕贈以黄屋左纛、龍旆九旒：全唐文作『贈以黄屋左纛、龍旗九旒』。『黄屋』，古代帝王專用的黄繒車蓋。史記秦始皇本紀：『子嬰度次得嗣，冠玉冠，佩華紱，車黄屋。』裴駰集解引蔡邕曰：『黄屋者，蓋以黄爲裏。』『左纛』，古代皇帝乘輿上的飾物，以犛牛尾或雉尾制成，設在車衡左邊或左騑上。史記項羽本紀：『紀信乘黄屋，傳左纛。』裴駰集解：『李斐曰：「纛，毛羽幢也，在乘輿車衡左方上注之。」蔡邕曰：「以犛牛尾爲之，如斗，或在騑頭，或在衡。」』漢揚雄河東賦：『張耀日之玄旄，揚左纛，被雲梢。』『龍旆』，垂挂的龍旗。唐韓愈張籍會合聯句：『龍旆垂天衛，雲韶凝禁甬。』錢仲聯集釋引南朝梁沈約鐘山詩李善注：『旆，旒旗之垂者。』『九旒』，亦作『九游』，古代旒旗上的九條絲織垂飾。禮記樂記：『龍旗九旒，天子之旌也。』管子小匡：『賞服大路，龍旗九游，渠門赤旗。』

〔四十六〕必備王者之儀：『王者』，帝王，天子。公羊傳成公元年：『然則曷爲不言晋敗之？王者無敵，莫敢當也。』史記伯夷列傳：『示天下重器，王者大統，傳天下若斯之難也。』

〔四十七〕庶榮厚穸：『穸』，墓穴。新唐书韋彤傳：『夫陵域宅神，神本静，今大興荒廢，
嚣役密邇，非幽穸所安，改之便。』

〔四十八〕有感于懷：四庫全書作『有愴于懷』，全唐文作『有歎于懷』。

〔四十九〕嗚呼明靈：『明靈』，聖明神靈。漢揚雄趙充國頌：『明靈惟宣，戎有先零。』
李周翰注：『聖明神靈，惟我宣帝。』

〔五十〕尚服休命：『休命』，美善的命令。多指天子或神明的旨意。易大有：『君子以遏惡揚善，
順天休命。』書説命下：『敢對揚天子之休命。』

哀册文

孝敬皇帝哀册文〔一〕

薛元超

維上元二年，夏四月己亥，皇太子弘薨于合璧宫之綺雲殿〔二〕，年二十四。五月戊申，
詔追號謚爲孝敬皇帝〔三〕。八月庚寅，將遷葬於恭陵〔四〕。有司奏哀册文曰〔五〕：赫矣皇統〔六〕，

昭哉帝謨（七），光膺寶曆（八），大啓瑶圖（九），昌原緬鏡（十），隤阯不渝（十一）。欽惟妙質（十二），誕靈居震（十三），若木資芳（十四），咸池毓潤（十五）。韶襟日湛，英姿岳峻（十六），裕玉摛華（十七），鋪金協韻（十八）。肇外作翰（十九），爰歸養德（二十），衢室成規（二十一），軒庭稟則（二十二）。聖敬斯踐，温文匪忒（二十三），傍照四方（二十四），下貞四國（二十五）。虔誠問寢（二十六），嗚謙齒胄（二十七），洞掩儒城（二十八），横披禮囿（二十九），璧流揚彩（三十），環林搴秀（三十一），飛遁來儀（三十二），鴻生入授（三十三）。率性謂道，攸縱自天（三十四），明逾視牘（三十五），文冠題鞭（三十六），裁山聳仞（三十七），締席開筵（三十八），絶簡時繹（三十九），精義咸甄（四十）。豪飛紫露（四十一），言控驪泉（四十二），務殷監撫（四十三），寄深社稷（四十四）。鮑俎不陳（四十五），龍雋在側（四十六），聰達有裕（四十七），莊婉兼極（四十八）。瑜珮增輝（四十九），金華動色（五十），乾慈衍渥（五十一），乃眷儲皇（五十二）。惟天下之重器（五十三），將釋負於巖廊（五十四）。竭因心之孝（五十五），辭受終之禮（五十六）；蹐厚載以兢魂（五十七），跼層穹而擘涕（五十八）。冲旨逾邈（五十九），神鑒不留（六十）。少微告沴（六十一），大漸無瘳（六十二），方劭尊師之業（六十三），奄從賓帝之游（六十四）。嗚呼哀哉（六十五）！大象潛運（六十六），灰飛緹幕（六十七）。輕霜霣兮文梓寒（六十八），高飈起兮仙桂落（六十九），未戢歸庖之燕（七十），空對栖關之鶴。嗚呼哀哉！

玉靈獻兆（七十一），蜃隧合陰（七十二）。拖儀旌之委鬱（七十三），翊羽騎之森沉（七十四），轢湯渠而迴駕（七十五），指亳轍以遥臨（七十六）。楚挽鶩而疑斷（七十七），悲笳咽而復尋（七十八）。蕭索動風雲之氣（七十九），蒼茫感天地之心（八十）。嗚呼哀哉！流日黯以西傾，奔川淼而東度（八十一）。地擬橋山之曲（八十二），塋如畢陌之路（八十三）。攀宇宙而無追（八十四），仰音顔以纏慕（八十五）。嗚呼哀哉！瀛區有變（八十六），天柱終飛（八十七）。懷蒼梧而日遠（八十八），望白雲而不歸。沉沉隴樹（八十九），漠漠泉闈（九十），竭庸音而載筆（九十一），藹千祀而騰徽（九十二）。嗚呼哀哉！

校　箋

〔一〕本文又見於全唐文卷一百五十九，文題爲孝敬皇帝哀册文，署名薛元超。本文文首署明册文頒布時間爲上元二年八月庚寅。考舊唐書高宗紀云：『（上元二年）四月……己亥，皇太子弘薨于合璧宫之綺雲殿。時帝幸合璧宫，是日還東都。五月己亥，追謚太子弘爲孝敬皇帝。……秋七月辛亥，洛州復置緱氏縣，以管孝敬皇帝恭陵。』舊唐書卷八十六載：『上元二年，太子從

幸合璧宮，尋薨，年二十四。……其年，葬於緱氏縣景山之恭陵。』新唐書高宗紀云：『（上元二年）四月……己亥，天后殺皇太子。五月戊申，追號皇太子爲孝敬皇帝。……八月庚寅，葬孝敬皇帝于恭陵。』新唐書卷八十一云：『上元二年，從幸合璧宮，遇鴆薨，年二十四，天下莫不痛之。詔曰：「太子嬰沈瘵，朕須其痊復，將遜于位。弘性仁厚，既承命，因感結，疾日以加。宜申往命，謚爲孝敬皇帝。」葬緱氏，墓號恭陵，制度盡用天子禮，百官從權制三十六日釋服。』資治通鑑卷二百二載：『（上元二年）五月……己亥，太子薨於合璧宮，時人以爲天后鴆之也。壬寅，車駕還洛陽宮。五月，戊申，下詔：「朕方欲禪位皇太子，而疾遽不起，宜申往命，加以尊名，可謚爲孝敬皇帝。」……八月，庚寅，葬孝敬皇帝于恭陵。』據上述史籍所載，本文頒布時間應爲上元二年（六七五）八月庚寅（十九日），其撰寫時間當在此時稍前。又，薛元超，傳見舊唐書卷七十三、新唐書卷九十八。舊唐書其本傳云：『（薛）收子元超。元超早孤，九歲襲爵汾陰男。及長，好學善屬文。太宗甚重之，令尚巢刺王女和静縣主，累授太子舍人，預撰晋書。高宗即位，擢拜給事中，時年二十六。數上書陳君臣政體及時事得失，高宗皆嘉納之。俄轉中書舍人，加弘文館學士，兼修國史。中書省有一盤石，初，道衡爲内史侍郎，嘗踞而草制，元超每

元超既擅文辭，兼好引寒俊，嘗表薦任希古、高智周、郭正一、王義方、孟利貞等十餘人，由是時論稱美。後以疾出爲饒州刺史。三年，拜東臺侍郎。右相李義府以罪配流巂州，舊制流人禁乘馬，元超奏請給之，坐貶爲簡州刺史。歲餘，西臺侍郎上官儀伏誅，又坐與文章款密，配流巂州。上元初，遇赦還，拜正諫大夫。三年，遷中書侍郎，尋同中書門下三品。時高宗幸温泉校獵，諸蕃酋長亦持弓矢而從。元超以爲既非族類，深可爲虞，上疏切諫，帝納焉。時元超特承恩遇，常召入與諸王同預私讌。又重其文學政理之才，曾謂元超曰：「長得卿在中書，固不藉多人也。」永隆二年，拜中書令，兼太子左庶子。高宗幸東都，太子於京師監國，因留元超以侍太子。帝臨行謂元超曰：「朕之留卿，如去一臂。但吾子未閑庶務，關西之事，悉以委卿。所寄既深，不得默爾。」於是元超表薦鄭祖玄、鄧玄挺、崔融爲崇文館學士。又數上疏諫太子，高宗知而稱善，遣使慰諭，賜物百段。弘道元年，以疾乞骸，加金紫光禄大夫，聽致仕。其年冬卒，年六十二。贈光禄大夫、秦州都督，陪葬乾陵。文集四十卷。』

〔二〕皇太子弘薨于合璧宫之綺雲殿：『皇太子弘』，即孝敬皇帝李弘，傳見舊唐書卷

八十六、新唐書卷八十一。舊唐書其本傳云：『孝敬皇帝弘，高宗第五子也。永徽四年，封代王。顯慶元年，立爲皇太子，大赦改元。……上元二年，太子從幸合璧宮，尋薨，年二十四。制曰：「皇太子弘，生知誕質，惟幾毓性。直城趨駕，肅敬著於三朝；中寢問安，仁孝聞於四海。自琰圭在手，沉瘵嬰身，顧惟耀掌之珍，特切鍾心之念，庶其痊復，以禪鴻名。及腠理微和，將遜於位，而弘天資仁厚，孝心純確，既承朕命，掩欻不言，因茲感結，舊疾增甚。億兆攸繫，方崇下武之基；五福無徵，俄遷上賓之駕。昔周文至愛，遂延慶於九齡；朕之不慈，遽永訣於千古。天性之重，追懷哽咽，宜申往命，加以尊名。夫謚者，行之迹也；號者，事之表也。慈惠愛親曰孝，死不忘君曰敬，謚爲孝敬皇帝。」其年，葬於緱氏縣景山之恭陵。制度一準天子之禮，百官從權制三十六日降服。高宗親爲製叡德紀，并自書之於石，樹於陵側。』

〔三〕詔追號謚爲孝敬皇帝：『追號』，死後追加尊號。漢書鄭崇傳：『前追號皇太太后父爲崇祖侯。』晉皇甫謐高士傳：『潁陰令丘禎追號靖曰玄行先生。』

〔四〕將遷葬於恭陵：全唐文作『轉遷葬於恭陵』。

〔五〕有司奏哀册文曰：『有司』，官吏。古代設官分職，各有專司，故稱。書大禹謨：『好生之德，洽于民心，茲用不犯於有司。』漢桓寬鹽鐵論疾貪：『今一二則責之有司，有司豈能

縛其手足而使之無爲非哉？』『哀册』，同『哀策』。君主時代，帝后崩逝，頌揚其功德的文字，多用韻語寫成。唐楊炯中書令汾陰公薛振行狀：『孝敬崩，詔公爲哀册。』

〔六〕赫矣皇統：此句四庫全書作『嗚呼！赫矣皇統』。『皇統』，世代相傳的帝系。漢張衡東京賦：『忿奸慝之干命，怨皇統之見替。』後漢書鄧騭傳：『開日月之明，運獨斷之慮，援立皇統，奉承大宗。』

〔七〕昭哉帝謨：『帝謨』，帝王的謀略。唐薛能升平詞之七：『品物盡昭蘇，神功復帝謨。』

〔八〕光膺寶曆：『光膺』，榮受。唐陸贄馬燧渾瑊副元帥招討河中制：『出納朕命，光膺具瞻。』唐韓愈賀册皇太后表：『皇太后光膺令典，受册宫闈。』『寶曆』，指國祚；皇位。樂府詩集燕射歌辭三晉朝饗樂章：『椒觴再獻，寶曆萬年。』梁書武帝紀上：『雖寶曆重升，明命有紹，而獨夫醜縱，方煽京邑。』

〔九〕大啓瑶圖：『瑶圖』，圖籍；版圖。南朝齊王融贈族叔衛軍儉詩：『極睇金策，具覽瑶圖。』唐儲光羲敬酬陳掾秋夜有贈詩：『武皇授瑶圖，爵土封其新。』

〔十〕昌原緬鏡：『緬』，遠。後蜀毛熙震河滿子寂寞芳菲暗度詞：『緬想舊歡多少事，轉

添春思難平。』『鏡』，鑒誡。史記高祖功臣侯年表：『居今之世，志古之道，所以自鏡也。』漢書卷八十五谷永傳：『願陛下追觀夏、商、周、秦所以失之，以鏡考己行。』

〔十一〕隤阯不渝：『隤阯』，同『隤祉』，降福。漢書揚雄傳上：『因兹以勒崇垂鴻，發祥隤祉，欽若神明者，盛哉鑠乎，越不可載已！』顔師古注：『隤，降也。祉，福也。』

〔十二〕欽惟妙質：明鈔本、適園叢書、學林本作『欽惟妙哲』。『欽惟』，發語詞。猶言敬思。南朝梁武帝踐祚後與諸州郡敕：『欽惟邃古，爰及近代，雖禪代異時，而成功一揆。』『妙質』，美的資質、才德。漢禰衡鸚鵡賦：『體金精之妙質兮，合火德之明煇。』晋陸雲與陸典書書：『惟大人挺自然之妙質，禀淵姿之弘毅。』

〔十三〕誕靈居震：甲庫本作『誕靈居宸』。『誕靈』，佛教對高僧、佛祖誕生的敬稱。唐玄奘大唐西域記摩臘婆國：『始自誕靈，洎乎没齒，貌無瞋色，手不害生。』『居震』，謂居太子之位。語本易説卦：『震爲雷……爲長子。』舊唐書于志寧傳：『周誦升儲，見匡毛、畢；漢盈居震，取資黄、綺。』

〔十四〕若木資芳：『若木』，古代神話中的樹名。山海經大荒北經：『大荒之中，有衡石山、九陰山、洞野之山，上有赤樹，青葉，赤華，名曰若木。』郭璞注：『生昆侖西附西極，其華光

赤下照地。』一説，即扶桑（見清段玉裁説文木部『榑』字注）。楚辭離騒：『折若木以拂日兮，聊逍遥以相羊。』

（十五）咸池毓潤：『咸池』，神話中謂日浴之處。楚辭離騒：『飲余馬於咸池兮，總余轡乎扶桑。』王逸注：『咸池，日浴處也。』淮南子天文訓：『日出於旸谷，浴於咸池。』

（十六）英姿岳峻：『英姿』，卓越的天資、才華。周書文帝紀上：『竊觀宇文夏州，英姿不世，雄謨冠時。』宋洪邁容齋四筆李太白怖州佐：『予謂白以白衣入翰林，其蓋世英姿，能使高力士脱靴於殿上，豈拘拘然怖一州佐耶？』『岳峻』，如山岳般高峻。喻指人格高尚。晋潘岳司空密陵侯鄭袤碑：『弘操岳峻，宇量深廣。』

（十七）裕玉摛華：明鈔本作『裕玉擒華』。『摛華』，猶摛藻。晋葛洪抱朴子明本：『摛華騁艷，質直所不尚；攻蒙救惑，疇昔之所饜。』宋王禹偁爲宰臣謝御書錢樣表：『宸居多暇，書九府之錢刀；御筆摛華，奪三辰之文采。』

（十八）鋪金協韻：『協韻』，押韻，符合韻律。宋葉夢得避暑録話卷上：『安禄山亦好作詩，作櫻桃詩云：「櫻桃一籃子，半青一半黄。一半寄懷王，一半寄周贄。」或請以「一半寄周贄」句在上則協韻。』清俞樾茶香室三鈔蜀音押韻：『然則顧亭林謂毛詩有以方音協韻者。如小戎

之「參」與「中」。」

〔十九〕肇外作翰：明鈔本、適園叢書、學林本作『肇升作翰』。『作翰』，謂爲柱石重臣。翰，楨幹。唐劉禹錫慰王太尉薨表：『方膺作翰之寄，遽迫歸泉之期。』

〔二十〕爰歸養德：『養德』，修養無爲而治的德性。亦泛指修養德性。莊子天地：『堯曰：「多男子則多懼，富則多事，壽則多辱，是三者，非所以養德也，故辭。」』成玄英疏：『三者未足養無爲之德，適可以益有爲之累，所以并辭。』晋干寶搜神記卷三：『願府君安身養德，從容光大，勿以神奸污累天真。』

〔二十一〕衢室成規：『衢室』，泛指古代帝王聽政之所。南朝梁江淹蕭太尉上便宜表：『太祖文皇帝恭己明臺之上，聽政衢室之下，九官咸静，萬績惟凝。』唐德宗豐年多慶九日示懷詩：『芳樽滿衢室，繁吹凝烟空。』

〔二十二〕軒庭稟則：『軒庭』，軒轅帝的朝廷。指皇宫。亦泛指朝廷。周書皇后傳宣帝朱皇后：『軒庭列序，堯門表慶，嘉稱既降，盛典宜膺。』南齊書高帝紀上：『是以五光來儀於軒庭，九穗含芳於郊牧。』

〔二十三〕温文匪忒：『温文』，温和而有禮貌。禮記文王世子：『禮樂交錯於中，發形於外，

是故其成也懌，恭敬而温文。』孔穎達疏：『恭敬而温文者，謂内外有禮，貌恭心敬而温潤文章。』唐孫逖授殷彦方等王傅制：『教導之功，既聞於日就；温文之德，遂涉於春儲。』『忒』，差錯、失誤。易經豫卦象曰：『故日月不過，而四時不忒。』

〔二十四〕傍照四方：適園叢書作『旁照四方』。『傍照』，依照，參照。清顧炎武日知録檀弓：『傳云「父殁而爲祖後者服斬」，然而不見本經，未詳何據。但小記云「祖父卒，而後爲祖母後者三年」，可以傍照。』『四方』，天下；各處。淮南子原道訓：『泰古二皇，得道之柄，立於中央，神與化游，以撫四方。』高誘注：『撫，安也。四方，謂之天下也。』新唐书吐蕃傳上：『陛下平定四方，日月所照，并臣治之。』

〔二十五〕下貞四國：『四國』，四方鄰國。亦泛指四方，天下。詩大雅崧高：『揉此萬邦，聞於四國。』鄭玄箋：『四國，猶言四方也。』左傳襄公三十年：『子大叔曰：「若四國何？」子産曰：「非相違也，而相從也，四國何尤焉！」』

〔二十六〕虔誠問寢：『問寢』，問候尊長起居。唐李善上文選注表：『昭明太子業膺守器，譽貞問寢。』宋羅大經鶴林玉露卷十五：『聖人何以加孝，朕每懷問寢之思。』

〔二十七〕嗚謙齒胄：『齒胄』，指太子入學與公卿之子依年齡爲序。南朝齊王融三月三日

曲水詩序：『出龍樓而問豎，入虎闈而齒胄。』李周翰注：『公卿之子爲胄子。言太子入學，以年大小爲次，不以天子之子爲上，故云齒胄。齒，年也。』唐韓愈賀皇帝即位表：『爰自主鬯春宮，齒胄國學，孝友之美，實形四方。』

〔二十八〕洞掩儒城：『洞』，通曉、知悉。後漢書梁冀傳：『爲人鳶肩豺目，洞精矘眄，口吟舌言，裁能書計。』

〔二十九〕横披禮囿：『囿』，事物聚集的地方。漢司馬相如上林賦：『游於六藝之囿，馳鶩乎仁義之塗。』

〔三十〕璧流揚彩：明鈔本作『璧流揚彩』。『璧流』，璧池流水，借指施行教化。南朝梁江淹齊太祖高皇帝誄：『胄業既樹，璧流方啓。』胡之驥注：『璧流，璧池之流也。啓，開也。』晋書樂志上：『炎漢中興，明皇帝即位，表圭景而陳清廟，樹槐陰而疏璧流。』

〔三十一〕環林搴秀：『環林』，晋潘岳閑居賦：『其東則有明堂辟雍，清穆敞閑。環林縈映，圓海回泉。』李善注引仲長統昌言：『溝池自周，竹木自環。』後因用指明堂或太學。陳書儒林傳沈不害：『故東膠西序，事隆乎三代；環林璧水，業盛於兩京。』『搴』，拔取、采取。楚辭九歌湘君：『采薜荔兮水中，搴芙蓉兮木末。』漢書司馬遷傳：『攻城野戰，有斬將搴旗

之功。」

〔三十二〕飛遁來儀：「飛遁」，指飄然遠引者；隱士。晉陸機招隱二首之二：「駕言尋飛遁，山路鬱盤桓。」「來儀」，比喻杰出人物的降臨。漢劉楨贈從弟三首之三：「何時當來儀，將須聖明君。」晉干寶搜神記卷十六：「不悟陰陽運，哲人忽來儀。」

〔三十三〕鴻生入授：「鴻生」，鴻儒，博學之士。漢書揚雄傳上：「於兹虖鴻生鉅儒，俄軒冕，雜衣裳，修唐典，匡雅、頌，揖讓於前。」唐韓愈燕河南府秀才得生字詩：「乃選二十縣，試官得鴻生。」

〔三十四〕攸縱自天：四庫全書、甲庫本作「收縱自天」。

〔三十五〕明逾視犢：越過、超過。詩鄭風將仲子：「無逾我墻，無折我樹桑。」三國志魏書徐晃傳：「將軍之功，逾孫武、穰苴。」

〔三十六〕文冠題鞭：「題鞭」，同「題馬鞭」。隋于仲文答譙王詩：「武騎初摛翰，文學正題鞭。」宋韓維九日北園思臨渦之游：「題鞭古勝地，落帽秋佳節。」

〔三十七〕裁山聳仞：「仞」，山仞。唐楊炯西陵峽：「絶壁聳萬仞，長波射千里。」

〔三十八〕締席開筵：四庫全書、甲庫本、全唐文作「締席開延」。「筵」，古時席地而坐

時所鋪的席子。古人席地而坐，設席每每不止一層。緊靠地面的一層稱筵，筵上面的稱席。周禮鄭玄注：『筵亦席也。鋪陳曰筵，藉之曰席。』禮記投壺：『退反位，揖賓就筵。』

〔三十九〕絶簡時繹：『絶簡』，指殘缺不全的典籍。唐懷素自叙帖：『遺編絶簡，往往遇之，豁然心胸，略無疑滯。』『繹』，理出頭緒，推究事理。詩周頌賚：『敷時繹思，我徂維求定。』

〔四十〕精義咸甄：『精義』，精深微妙的義理。晋曹攄思友人詩：『精義測神奥，清機發妙理。』宋王安石詔進所著文字謝表：『紹明精義，允屬昌時。』

〔四十一〕豪飛紫露：『紫露』，典出吕氏春秋：『有揭雩之露，其色若紫，謂之紫露霞。』唐王勃乾元殿頌：『綺徼霞周，辟千門於紫露。』宋范成大次韻時叙賦樂先生新居：『紫露雙瓶春夜醉，黄雲一稜秋田租。』

〔四十二〕言控曬泉：『言泉』，如泉水般涌出的話語。唐褚亮金剛般若經注序：『詞鋒秀上，映鷲岳而相高；言泉激壯，赴龍宫而競遠。』

〔四十三〕務殷監撫：『監撫』，指監國、撫軍，爲太子的職責。南朝梁簡文帝昭明太子集序：『皇上垂拱岩廊，積成庶務，式總萬機，副是監撫。』唐王勃乾元殿頌：『彤闈問豎，禮崇監撫之威；黼席興賢，義極君親之愛。』

〔四十四〕寄深社稷：『寄深』，寄托重大的責任。南朝梁任昉齊竟陵文宣王行狀：『武皇晏駕，寄深負圖，公仰惟國典，俯遵遺托。』南朝梁任昉爲齊明帝讓宣城郡公第一表：『世祖武帝情等布衣，寄深同氣。』『社稷』，國家的代稱。禮記 檀弓下：『能執干戈以衛社稷。』銀雀山漢墓竹簡孫臏兵法 見威王：『戰不勝，則所以削地而危社稷也。』

〔四十五〕鮑俎不陳：『鮑』，鹽腌的鹹魚，味腥臭。史記 貨殖列傳：『鮐鮆千斤，鯫千石，鮑千鈞。』『俎』，割肉用的砧板。史記 項羽本紀：『如今人方爲刀俎，我爲魚肉，何辭爲？』

〔四十六〕龍雋在側：明鈔本、甲庫本作『龍雋在惻』。『龍』，喻不凡之士，豪杰之士。唐李白化城寺大鐘銘序：『丞尉等并衣冠之龜龍，人物之標準。』『雋』，同『俊』，才智出衆的人。孟子 公孫丑上：『尊賢使能，俊杰在位。』漢趙岐注：『俊，美才出衆者也。』

〔四十七〕聰達有裕：『聰達』，聰明而通達事理。漢書 淮陽憲王劉欽傳：『聰達有材，帝甚愛之。』漢王符潛夫論 贊學：『及使從師就學，按經而行，聰達之明，德義之理，亦庶矣。』

〔四十八〕莊婉兼極：四庫全書作『愉婉兼極』。

〔四十九〕瑜珮增輝：全唐文、適園叢書作『瑜佩增輝』。『瑜珮』，同『瑜佩』，玉佩。亦借指戴玉佩的人。唐裴守真奉和太子納妃太平公主出降三首之一：『瑜佩升青殿，穠華降紫微。』

〔五十〕金華動色：『金華』，金質的花飾。後漢書蔡邕傳：『公奉引車駕，乘金華青蓋，爪畫兩轓，遠近以爲非宜。』三國魏曹植七啓：『金華之舄，動趾遺光。』張銑注：『舄，履也，以金爲華而飾之趾足。』

〔五十一〕乾慈衍渥：『乾慈』，猶『天慈』，皇帝的慈愛。晉書紀瞻傳：『今以天慈，使官曠事滯。』北周庾信爲杞公讓宗師表：『天慈無濫，私願獲從。』『衍』，盛、多。漢杜篤論都賦：『國富人衍。』『渥』，深重、濃厚。漢賈誼上疏陳政事：『高皇帝以明聖威武即天子位，割膏腴之地以王諸公，多者百餘城，少者乃三四十縣，德至渥也。』

〔五十二〕乃眷儲皇：明鈔本作『乃倦儲皇』。『儲皇』，皇太子。晉潘岳爲賈謐作贈陸機詩：『儲皇之選，實簡惟良。』南朝宋謝瞻張子房詩：『爵仇建蕭宰，定都護儲皇。』

〔五十三〕惟天下之重器：『重器』，比喻天下，政權。史記伯夷列傳：『示天下重器，王者大統，傳天下若斯之難也。』司馬貞索隱：『言天下者是王者之重器。』隋書楊秀傳：『汝地居臣子……自言骨相非人臣，德業堪承重器。』

〔五十四〕將釋負於巖廊：『巖廊』，高峻的廊廡，借指朝廷。漢桓寬鹽鐵論憂邊：『今九州同域，天下一統，陛下優游巖廊，覽群臣極言。』唐元稹才識兼茂明於體用策一道：『端拱巖廊，高居

深視。以冕旒自蔽，而秋毫必察；以黈纊塞耳，而芥動必聞。』

〔五十五〕竭因心之孝：『因心』，謂親善仁愛之心。詩大雅皇矣：『維此王季，因心則友。』毛傳：『因，親也。』陳奐傳疏：『因訓親，親心即仁心。』舊唐書孝友傳序：『善於兄弟，必能因心廣濟。』

〔五十六〕辭受終之禮：『受終』，承受帝位。書舜典：『正月上日，受終於文祖。』孔穎達疏：『受終者，堯爲天子，於此事終而授與舜。故知終謂堯終帝位之事，終言堯終舜始也。』隋書地理志上：『高祖受終，惟新朝政，開皇三年，遂廢諸郡。』

〔五十七〕蹐厚載以兢魂：『蹐』，雙脚緊挨，小步行走。詩小雅正月：『謂地蓋厚，不敢不蹐。』漢仲長統昌言理亂：『當君子困賤之時，跼高天，蹐厚地，猶恐有鎮厭之禍也。』『厚載』，指地。南朝宋顏延之又釋何衡陽達性論：『然而遁世無悶，非厚載之目；君子乾乾，非蒼蒼之稱。』『兢魂』，猶驚魂。唐劉禹錫上淮南李相公啓：『咋舌兢魂，分終裔壤。』

〔五十八〕跼層穹而擘涕：學林本作『跼層穹而攬涕』。『跼』，彎曲不能伸展。廣韻入聲燭韻：『跼，曲也。』後漢書李固傳：『天高不敢不跼，地厚不敢不蹐。』『層穹』，高空。南朝梁沈約和劉雍州繪博山香爐：『蛟螭盤其下，驤首盼層穹。』唐李商隱今月二日輒復五言四十

韻：『將星臨迴夜，卿月麗層穹。』擥涕，亦作『攬涕』，揮淚。楚辭九章思美人：『思美人兮，攬涕而佇眙。』王夫之通釋：『攬涕，揮泪也。』三國魏曹植三良詩：『攬涕登君墓，臨穴仰天嘆。』

〔五十九〕冲旨逾邈：四庫全書作『冲旨但聞逾懇』，甲庫本、全唐文作『冲旨逾懇』。『冲旨』，猶聖旨。南朝齊王儉褚淵碑文：『暫遂冲旨，改授朝端。邇無異言，遠無異望。』隋書薛道衡傳：『天子爲而不恃，成而不居，冲旨凝邈，固辭弗許。』『逾邈』，相差較遠，遥遠。三國志吴書顧譚傳：『臣聞有國有家者，必明嫡庶之端，異尊卑之禮，使高下有差，階級逾邈，如此則骨肉之恩生，覬覦之望絶。』南朝梁劉昭後漢書注補志序：『而歲代逾邈，立言湮散，義存廣求，一隅未覩。』

〔六十〕神鑒不留：四庫全書作『神鑒曾不留』。『神鑒』，英明的鑒察力。晋葛洪抱朴子審舉：『人君雖明并日月，神鑒未兆，然萬機不可以獨統，曲碎不可以親總，必假目以遐覽，借耳以廣聽。』南朝宋釋慧通駁顧道士夷夏論：『然則聖人神鑒，靡所不通，智照寧有不周？』

〔六十一〕少微告沴：明鈔本、甲庫本作『少微告洂』，四庫全書作『少微告謝』。『沴』，惡氣、灾病。唐殷堯藩冬至酬劉使君詩：『漸喜一陽從地復，却憐群沴逐冰消。』宋文天祥正氣歌：『如此再寒暑，百沴自辟易。』

〔六十二〕大漸無瘳：『大漸』，謂病危。書顧命：『王曰：嗚呼！疾大漸，惟幾。』列子力命：『季梁得病，七日大漸。』張湛注：『漸，劇也。』『瘳』，病愈。書經説命上：『若藥弗瞑眩，厥疾弗瘳。』三國志魏書吴普樊阿傳：『而阿針背入一二寸，巨闕胸藏針下五六寸，而病輒皆瘳。』

〔六十三〕方劭尊師之業：『劭』，勉勵。漢書成帝紀：『先帝劭農，薄其租稅。』

〔六十四〕奄從賓帝之游：『賓帝』，語本逸周書太子晋：『吾後三年將上賓於帝。』孔晁注：『言死必爲賓於天帝之所。』後即以『賓帝』指先帝。唐沈佺期追册章懷太子張良娣文：『恩絶賓帝，七日無歸；義中從子，百齡先謝。』

〔六十五〕嗚呼哀哉：表示悲痛之辭。常用以表示對死者的哀悼。左傳哀公十六年：『嗚呼哀哉！尼父，無自律。』隸釋小黄門譙敏碑：『嗚呼哀哉！國喪良佐，家隕棟梁。』

〔六十六〕大象潛運：『大象』，猶天象。舊指日月星辰運行等天文現象，有時亦指氣象、現象。晋陸機應嘉賦：『寄冲氣於大象，解心累於世羅。』晋陶潛咏二疏：『大象轉四時，功成者自去。』『潛運』，悄悄運轉。南朝梁王中頭陀寺碑文：『一音稱物，宫商潛運。』

〔六十七〕灰飛緹幕：『灰飛』，謂節候更易。節氣至則葭灰飛動，冲開覆於律管口上之緹素。隋書律曆志上：『每其月氣至，與律冥符，則灰飛冲素，散出於外。』『緹幕』，橘紅色的帷幕。漢劉楨贈五官中郎將詩四首之四：『明月照緹幕，華燈散炎輝。』南朝梁任昉齊竟陵文宣王行狀：『清猿與壺人争旦，緹幕與素瀨交輝。』

〔六十八〕輕霜霣兮文梓寒：四庫全書作『經霜霣兮文梓寒』。『霣』，降落、墜落。韓非子內儲説上：『春秋之記曰：「冬十二月，霜，不殺菽。」』『文梓』，有文理的梓樹，爲良木美材。墨子公輸：『荆有長松、文梓、楩楠、豫章。』史記滑稽列傳：『臣請以雕玉爲棺，文梓爲椁。』

〔六十九〕高飈起兮仙桂落：『仙桂』，神話傳説月中有桂樹，稱之爲『仙桂』。語出唐段成式酉陽雜俎天咫：『舊言月中有桂、有蟾蜍，故異書言：月桂高五百丈，下有一人常斫之，樹創隨合。』宋無名氏大聖樂初夏詞：『輕紈舉，動團圓素月，仙桂婆娑。』

〔七十〕未戢歸庖之燕：四庫全書作『未戢歸巢之燕』。

〔七十一〕玉靈獻兆：全唐文作『玉露獻兆』。『玉靈』，指神龜。史記龜策列傳：『今日吉，謹以粱卵焍黄，祓去玉靈之不祥。』唐韋應物黿頭山神女歌：『紅蕖緑蘋芳意多，玉靈蕩漾凌清波。』

〔七十二〕蜃隧合陰：「蜃」，一種大的蛤蜊。國語晉語九：「雀入於海爲蛤，雉入於淮爲蜃。」三國吴韋昭注：「小曰蛤，大曰蜃。皆介物，蚌類。」

〔七十三〕拖儀旌之委鬱：「委鬱」，舒捲貌。南朝宋謝莊宋孝武宣貴妃誄：「旌委鬱於飛飛，龍透遲於步步。」

〔七十四〕翊羽騎之森沉：「羽騎」，羽林軍的騎兵。漢揚雄羽獵賦：「羽騎營營，昈分殊事。」張銑注：「羽騎，羽林之騎。」唐陳子昂送著作佐郎崔融等從梁王東征：「霓旄羽騎之殷，戈翻落日；突鬢蒙輪之勇，劍决浮雲。」「森沉」，指幽暗陰沉。南朝宋鮑照過銅山掘黄精詩：「銅溪晝森沉，乳竇夜涓滴。」宋張君房李蔚相國應夢天尊修觀驗：「巨殿森沉，飛甍烜赫。」

〔七十五〕轢湯渠而迴駕：明鈔本、四庫全書、甲庫本、全唐文、適園叢書、學林本作「轢湯渠而迴鶩」。「轢」，車輪碾過。説文解字車部：「轢，車所踐也。」漢張衡西京賦：「當足見碾，值轂被轢。」三國吴薛綜注：「足所蹈爲碾，車所加爲轢。」「迴駕」，謂車駕回行。漢張衡歸田賦：「感老氏之遺誡，將回駕乎蓬廬。」南朝齊王融回向門詩：「咄嗟失道爾回駕，沔彼流水趣東瀛。」

〔七十六〕指亳轍以遥臨：明鈔本、四庫全書作「指豪改以遥臨」，甲庫本作「指亳改以遥臨」，

適園叢書、學林本作『指毫輸以遥臨』。

（七十七）楚挽驚而疑斷：『楚挽』，指楚聲的挽歌。唐上官儀謝都督挽歌：『楚挽繞盧山，胡笳臨武庫。』清吴偉業思陵長公主挽詩：『秦簫吹斷續，楚挽哭滄浪。』靳榮藩注：『楚辭有招魂、大招二篇，「楚挽」言爲楚聲以挽也。』

（七十八）悲笳咽而復尋：『悲笳』，悲涼的笳聲。笳，古代軍中所用號角，其聲悲壯。三國魏曹丕與朝歌令吴質書：『清風夜起，悲笳微吟。』唐杜甫後出塞五首之二：『悲笳數聲動，壯士慘不驕。』

（七十九）蕭索動風雲之氣：『蕭索』，蕭條冷落，凄涼。晉陶潛自祭文：『天寒夜長，風氣蕭索，鴻雁於征，草木黄落。』宋劉過謁金門詞：『休道旅懷蕭索，生怕香濃灰薄。』

（八十）蒼茫感天地之心：『蒼茫』，廣闊無邊的樣子。晉潘岳哀永逝文：『視天日兮蒼茫，面邑里兮蕭散。』唐楊炯登秘書省閣詩序：『林野蒼茫，青天高而九州迥。』

（八十一）奔川淼而東度：學林本作『奔川渺而東度』。『淼』，水流廣大的樣子。楚辭九章哀郢：『當陵陽之焉至兮，淼南渡之焉如。』

（八十二）地擬橋山之曲：『橋山』，山名。在今陝西省黄陵縣西北，相傳爲黄帝葬處。沮

水穿山而過，山狀如橋，故名。史記五帝本紀：『黄帝崩，葬橋山。』裴駰集解引皇覽：『黄帝冢在上郡橋山。』後因以借指黄帝陵墓或帝王陵墓。唐楊炯李懷州墓志銘：『山陵之建也，以公檢校將作大匠。游衣漢寢之外，抱劍橋山之下。』

〔八十三〕塋如畢陌之路：甲庫本作『塋如畢陌之路』。『塋』，墳地、墓地。漢書哀帝紀：『太皇太后詔外家王氏田非冢塋，皆以賦貧民。』唐陳子昂爲義興公求拜掃表：『墳塋莫掃，松柏凋荒。』『畢陌』，古地名。在今陝西成陽原北部，又名畢原。係秦惠王、秦武王陵墓所在地。史記秦本紀裴駰集解引皇覽曰：『秦武王冢在扶風安陵縣西北，畢陌中大冢是也。』

〔八十四〕攀宇宙而無追：『宇宙』，天地。莊子讓王：『余立於宇宙之中，冬日衣皮毛，夏日衣葛絺；春耕種，形足以勞動；秋收斂，身足以休食；日出而作，日入而息，逍遥於大地之間。』淮南子原道訓：『横四維而含陰陽，紘宇宙而章三光。』高誘注：『四方上下曰宇，古往今來曰宙，以喻天地。』

〔八十五〕仰音顔以纏慕：四庫全書作『仰容顔以纏慕』。『音顔』，猶『音容』，聲音容貌。南朝宋謝靈運酬從弟惠連詩：『岩壑寓耳目，歡愛隔音容。』唐白居易長恨歌：『含情凝睇謝君王，一别音容兩渺茫。』『慕』，思念、想念。孟子萬章上：『大孝終身慕父母，五十而慕者，

予於大舜見之矣。』

（八十六）瀛區有變：『瀛』，大海。唐李白東海有勇婦詩：『舍罪警風俗，流芳播滄瀛。』

（八十七）天柱終飛：『天柱』，古代神話中的支天之柱。淮南子地形訓：『昔者共工與顓頊爭爲帝，怒而觸不周之山，天柱折，地維絶。』神異經中荒經：『崑崙之山有銅柱焉，其高入天，所謂天柱也，圍三千里周圓如削。』

（八十八）懷蒼梧而日遠：『蒼梧』，相傳爲埋葬舜之地。史記五帝本紀：『踐帝位三十九年，南巡狩，崩於蒼梧之野。葬於江南九疑，是爲零陵。』裴駰集解引皇覽：『舜冢在零陵營浦縣。其山九谿皆相似，故曰九疑。傳曰：「舜葬蒼梧，象爲之耕。」禮記曰：「舜葬蒼梧，二妃不從。」山海經曰：「蒼梧山，帝舜葬于陽，丹朱葬于陰。」』

（八十九）沉沉隴樹：『沉沉』，盛貌，茂盛貌。淮南子俶真訓：『不以曲故，是非相尤。茫茫沉沉，是謂大治。』高誘注：『茫茫沉沉，盛貌。』南朝齊謝朓始出尚書省詩：『衰柳尚沉沉，凝露方泥泥。』李善注：『沉沉，茂盛之貌也。』『隴樹』，墓地的樹木。唐劉長卿哭魏兼遂詩：『隴樹隨人古，山門對日曛。』

（九十）漠漠泉闈：『漠漠』，寂静無聲貌。荀子解蔽：『掩耳而聽者，聽漠漠而以爲哅哅。』

楊倞注：『漠漠，無聲也。』晉陶潛命子詩：『紛紛戰國，漠漠衰周。』逯欽立注：『漠漠，寂寞無聞。』『泉』，人死後所在的地方。漢王粲七哀詩三首之一：『悟彼下泉人，喟然傷心肝。』唐白居易十年三月三十日別微之於澧上詩：『往事渺茫都似夢，舊游流落半歸泉。』『闈』，宮中的旁門。左傳哀公十四年：『子我歸，屬徒攻闈與大門，皆不勝，乃出。』漢張衡西京賦：『天梁之宮，實開高闈。』

〔九十一〕竭庸音而載筆：四庫全書作『竭五音而載筆』。『庸音』，常音。喻指平庸的文辭和言論。晉陸機文賦：『故踸踔於短垣，放庸音以足曲。』唐駱賓王上吏部侍郎帝京篇：『至若資醜行以自媒，衒庸音而苟進，固立身之殊路，行己之外篇矣。』『載筆』，携帶文具以記録王事。禮記曲禮上：『史載筆，士載言。』鄭玄注：『筆，謂書具之屬。』孔穎達疏：『史，謂國史，書録王事者。王若舉動，史必書之；王若行往，則史載書具而從之也。』南朝齊謝朓始出尚書省詩：『趨事辭宮闕，載筆陪旌棨。』

〔九十二〕藹千祀而騰徽：『千祀』，千年。南朝宋謝瞻張子房詩：『惠心奮千祀，清埃播無疆。』唐柳宗元吊屈原文：『後先生蓋千祀兮，余再逐而浮湘。』

哀皇后哀册文（一）

宋温璩

維開元六年，歲次戊午，夏五月甲午朔，三日景申（二）。哀皇后裴氏梓宫（三），啓自先殯，將遷祔於恭陵之山塋（四），禮也。皇上御寰區而翼翼，纂洪緒而親親（五），感上仙於周嗣，痛未從於虞嬪（六）。攀鶴駕於終古，贈鸞輅而增新（七），時無遠而惟吉，物有容而必陳（八）。纂芳伫思，微幽寄神（九），載陽清懿之烈（十），爰屬有司之臣。其詞曰：月麗雲昇，靈叶爽馮，耆鄉茂族，晋邑丕承（十一）。土厚河廣，祥發慶膺（十二），公侯必復，紱冕攸興（十三）。良精兑象，室家化國（十四）；昌胄延和，榮門誕德（十五）。淑問不已，柔順允塞（十六）；素里揚英（十七），清閨仰則。一人元良，萬邦大本（十八），天作之合，興能列壼。家本楙於漢封，地先歸於晋衮（十九）。主饋旌善，賀酒騰歡（二十）；承暉養德，奉景訪安。摇金羽之頍頍，結環佩之珊珊（二十一）；賁日月之光色，妙靈象而無端（二十二）。含章握文，敬徽情獨（二十三）。崇法服於翬組，接懿筐於蠶蔟（二十四）；覿皇英而上親，祗霄燭而下睦（二十五）。庶無違於信順，期有馮於福靈（二十六）。忽虧光於輪月，奄落彩於前星（二十七），爽仁壽於偕老，遘夭禍而斯丁（二十八），瞻神宇之惟漠，感靈衣之靡形（二十九），

驚迴風於虛殿，宿衆鳥於空庭〔三十〕。顧長御以揮涕，甘自殉於山扃〔三十一〕。制歷時而遽終，情循節而恒苦〔三十二〕；草驕春而繞砌，蟲吟秋而入户〔三十三〕；限百刻之不延，調六脉其誰補〔三十四〕。嗚呼哀哉！殂謝緬其永久，氣節浸以流换〔三十五〕，感窀穸之幽偏，軫皇情以凄嘆〔三十六〕；稽舊章之典樂，崇新命之綸涣〔三十七〕；齊天地而德合〔三十八〕，綜神靈而道貫。嗚呼哀哉！日吉兮辰良，玉佩兮金章〔三十九〕。命騏校以進駕，翊龍輴而上驤〔四十〕。伐靈鞞於河鼓，建參旗於太常〔四十一〕，號宫女之嗷嗷，遣使臣之皇皇〔四十二〕。騰魚軒兮背北渚，亂鳳管兮越南崗〔四十三〕，當赫曦之畏日〔四十四〕，如徒靡之秋光，望曾城而不返，遵厚夜而何長〔四十五〕，嗚呼哀哉！神理惟昧〔四十六〕，萬物同宅；人生有終，駟馬過隙〔四十七〕。訊虞妃於前古，聞賓帝於在昔〔四十八〕，感伊洛之山川，懷靈仙之影迹〔四十九〕；彼霄形於天壤，云誰同兮金石〔五十〕，惟彤管之芳輝，與青史而無斁〔五十一〕。嗚呼哀哉！

校箋

〔一〕本文又見於文苑英華卷八百三十七，文題作哀皇后哀册文，文題後注『高宗太子弘追封孝敬皇帝之妃』，署名宋温璩。全唐文卷二百九十六亦録此文。明鈔本、甲庫本、適園叢書此文文題作哀皇后哀册文。本文文末未標明頒布時間，文首提到頒布時間爲開元六年五月三日。考舊唐書玄宗紀載：『（開元）六年夏五月乙未，孝敬哀皇后祔於恭陵。』故此册文頒布時間依原文所記，爲開元六年（七一八）五月三日。則撰寫時間當在是時稍前。又，作者宋温璩，全唐文卷二百九十六作者小傳僅載：『温璩，元宗時人。』

〔二〕維開元六年，歲次戊午，夏五月甲午朔，三日景申：『夏』，原本無此字，今據文苑英華、全唐文、適園叢書增補。『景申』，四庫全書、學林本作『丙申』。

〔三〕哀皇后裴氏梓宮：『哀皇后裴氏』，指唐高宗之子李弘之妻，宰相裴居道之女。舊唐書卷八十六李弘列傳載：『太子無子，長壽中，制令楚王諱繼其後。中宗踐祚，制祔于太廟，號曰義宗，又追贈妃裴氏爲哀皇后。』新唐書卷八十一裴居道傳載：『妃即裴居道女，有婦德。』『梓宮』，指皇帝、皇后的棺材。漢書霍光傳：『賜金錢、繒絮、綉被百領，衣五十篋，璧珠璣玉衣，

梓宫……皆如乘輿制度。』顔師古注：『服虔曰：「棺也。」以梓木爲之，親身之棺也。爲天子制，故亦稱梓宫。』唐陳子昂諫靈駕入京書：『梓宫將遷坐京師，鑾輿亦欲陪幸。』

〔四〕啓自先殯，將遷祔於恭陵之山塋：『啓殯』，出殯。晉陸機挽歌三首之一：『舍爵兩楹位，啓殯進靈轜。』續資治通鑑宋仁宗至和元年：『温成皇后啓殯，帝不御前後殿，百官進名奉慰。』

〔五〕皇上御寰區而翼翼，纂洪緒而親親：『纂』，四庫全書作『纘』。『寰區』，天下，人世間。後漢書逸民傳序：『彼雖硜硜有類沽名者，然而蟬蜕囂埃之中，自致寰區之外，異夫飾智巧以逐浮利者乎！』唐杜甫解悶十二首之八：『最傳秀句寰區滿，未絶風流相國能。』『翼翼』，恭敬謹慎貌。詩大雅大明：『惟此文王，小心翼翼。』鄭玄箋：『小心翼翼，恭慎貌。』漢書禮樂志：『王侯秉德，其鄰翼翼。』顔師古注：『翼翼，恭敬也。』『洪緒』，世代相傳的大業。多指帝業。三國志魏書管寧傳：『横蒙陛下纂承洪緒，德侔三皇，化溢有唐。』晉潘岳楊荆州誄：『篤生戴侯，茂德繼期。纂戎洪緒，克構堂基。』吕向注：『緒，業也。言厚生茂盛之德，繼百年之期，承汝祖父大業也。』『親親』，愛自己的親屬。詩小雅伐木序：『親親以睦友，友賢不棄，不遺故舊，則民德歸厚矣。』孔穎達疏：『既能内親其親以使和睦，又能外友其賢而不棄，不遺忘久故之恩舊而燕樂之。』漢書翼奉傳：『古者朝廷必有同姓以明親親，必有異姓以明賢賢，

此聖王之所以大通天下也。」

〔六〕感上仙於周嗣，痛未從於虞嬪：『嗣』，原作『副』，今據文苑英華、全唐文改。『未』，原作『末』，今據文苑英華、明鈔本、甲庫本、全唐文改。『上仙』，死亡的婉詞。多指帝王。舊唐書鄭顥傳：『不數日，宣宗不豫，廢朝會，及宫車上仙，方悟其事。』宋吴曾能改齋漫録神仙鬼怪：『仁宗不悦，即時回輦，翌日上仙，而英宗登極。』『虞嬪』，典出尚書虞書堯典：『釐降二女於嬀，嬪於虞。嬪，婦也。』此處指哀皇后裴氏。

〔七〕攀鶴駕於終古，贈鸞輅而增新：『鶴駕』，仙人的車駕。隋薛道衡老氏碑：『鍊形物表，卷迹方外，霓裳鶴駕，往來紫府。』宋蘇軾次韻韶倅李通直二首之二：『青山祇在古城隅，萬里歸來卜築初。會見四山朝鶴駕，更看三李跨鯨魚。』『終古』，往昔，自古以來。楚辭九章哀郢：『去終古之所居兮，今逍遥而來東。』南朝梁劉勰文心雕龍時序：『終古雖遠，曠焉如面。』『鸞輅』，天子王侯所乘之車。吕氏春秋孟春紀：『天子居青陽左个，乘鸞輅，駕蒼龍。』高誘注：『輅，車也。鸞鳥在衡，和在軾，鳴相應和。後世不能復致，鑄銅爲之，飾以金，謂之鸞輅也。』梁書長沙嗣王業傳：『天監元年，追崇丞相，封長沙郡王，謚宣武，給九旒、鸞輅、輼輬車。』

〔八〕時無遠而惟吉，物有容而必陳：『惟』，四庫全書、甲庫本作『推』。『物陳』，即『陳

物』，謂陳説事物的原理、規律。墨子明鬼下：『然而天下之陳物曰「先生者先死」，若是，則先死者非父則母，非兄而姒也。』孫詒讓間詁：『謂陳説事故。』

〔九〕纂芳伫思，微幽寄神：『微』，文苑英華、明鈔本、全唐文、適園叢書、學林本做『徵』。『伫思』，沉思，凝思。唐黄滔課虛責有賦：『推含毫伫思之道，得散樸成形之理。』五代王定保唐摭言敏捷：『公權略不伫思，而成一絶。』

〔十〕載陽清懿之烈：『載陽清懿』，原作『清載陽懿』，今據文苑英華、四庫全書、全唐文改。『清懿』，純潔美好的德行。宋范仲淹文鑒大師：『遠書加勤，願保清懿，以副所懷。』

〔十一〕邕鄉茂族，晋邑丕承：『丕承』，很好地繼承。舊謂帝王承天受命，常曰『丕承』。書君奭：『惟文王德丕承無疆之恤。』漢揚雄法言問明：『成湯，丕承也；文王，淵懿也。或問丕承，曰：「由小致大，不亦丕乎？革夏以天，不亦承乎？」』此句指哀皇后裴氏出自晋邑茂族。據舊唐書裴居道傳載：『裴居道，絳州聞喜人。』

〔十二〕祥發慶膺：『祥發』，即『發祥』，顯現吉利的徵象。詩商頌長發：『浚哲維商，長發其祥。』鄭玄箋：『深知乎維商家之德也，久發見其禎祥矣。』漢班固典引：『發祥流慶，對越天地者，舄奕乎千載。』『慶膺』，承受福澤。南朝宋顔延之宋文皇帝元皇后哀策文：『昭

哉世族，祥發慶膺。』李善注：『慶膺，猶膺慶也。』

〔十三〕紱冕攸興：『紱冕』，古時繫官印的絲帶及大夫以上的禮冠。引申爲官服、禮服，比喻高官。漢蔡邕太尉楊秉碑：『烈祖楊憙，佐命征伐，封赤泉侯。嗣子業，紱冕相繼。』唐杜甫贈王侍御四十韻：『不關輕紱冕，俱是避風塵。』

〔十四〕良精兑象，室家化國：『良』，原作『艮』，今據四庫全書、明鈔本、適園叢書、甲庫本、學林本改。『室』，文苑英華下注『疑作宜』，全唐文作『宜』。『良精』，同『精良』，精美完善。吕氏春秋簡選：『簡選精良，兵械銛利。』史記扁鵲倉公列傳：『臣意試其方，皆多驗，精良。』『兑象』，典出周易本義兑：『象曰：麗澤，兑。君子以朋友講習。』指兩澤并連，象徵欣悦。喻指孝敬皇帝皇后之情。『室家』，指夫婦。詩周南桃夭：『桃之夭夭，灼灼其華。之子于歸，宜其室家。』孔穎達疏：『左傳曰：「女有家，男有室。」室家，謂夫婦也。』朱熹集傳：『室謂夫婦所居，家謂一門之内。』漢書匡衡傳：『臣又聞室家之道修，則天下之理得，故詩始國風，禮本冠婚。』

〔十五〕昌胄延和，榮門誕德：『胄』，即『胄子』。古代稱帝王或貴族的長子。書舜典：『夔！命汝典樂，教胄子。』孔傳：『胄，長也，謂元子以下至卿大夫子弟。』孔穎達疏：『繼父世者，

惟長子耳，故以胄爲長也。』晋潘岳世祖武皇帝誄：『胄子入學，辟雍宗禮。』『誕德』，謂誕生賢德之人。宋書樂志二：『假樂聖后，實天誕德。』南朝梁沈約齊故安陸昭王碑文：『應期誕德，絶後光前。』劉良注：『謂應五百年之期而誕生賢德。』

〔十六〕淑問不已，柔順允塞：『順』，文苑英華、全唐文作『風』。『淑問』，美名。漢書匡衡傳：『道德弘於京師，淑問揚乎疆外。』顔師古注：『淑，善也；問，名也。』晋陸機答賈長淵詩：『東朝既建，淑問峨峨。』劉良注：『淑，美；問，聞也。』『允塞』，允滿，充實。書禹貢：『浚哲文明，温恭允塞。』孔穎達疏：『舜既有深遠之智，又有文明温恭之德，信能充實上下也。』詩大雅常武：『王猶允塞，徐方既來。』

〔十七〕素里揚英：『素里』，平常里巷。南朝宋謝莊宋孝武宣貴妃誄：『毓德素里，栖景宸軒。』南朝梁劉孝綽答湘東王書：『退居素里，却掃窮閈。』

〔十八〕一人元良，萬邦大本：『元良』，大善，至德。書太甲下：『一人元良，萬邦以貞。』孔傳：『天子有大善，則天下得其正。』書泰誓中：『剥喪元良，賊虐諫輔。』蔡沈集傳：『元良，微子也；諫輔，比干也。』

〔十九〕地先歸於晋袞：『歸於』，原作『歸于』，今據文苑英華、全唐文改。

〔二十〕主饋旌善，賀酒騰歡：「賀」，文苑英華作「駕」。「主饋」，舊時指婦女主持烹飪等家事。此處指裴氏主持中宫。唐權德輿叔父故朝散郎華州司士參軍府君墓志銘：「夫人陳郡殷氏……自執笄主饋，逮四十年，孝慈柔明，六姻是仰。」明宋濂故陳母林夫人墓志銘：「凡主饋非精鑿弗敢進。烝嘗賓燕，悉中條序，必潔必豐。」「旌善」，表彰美善。南朝宋傅亮爲宋公求加贈劉前軍表：「臣聞崇賢旌善，王教所先。」舊唐書高祖紀：「朕受命君臨，志存刷蕩，申冤旌善，無忘寤寐。」

〔二十一〕摇金羽之頻頻，結環佩之珊珊：「頻頻」，文苑英華、四庫全書作「頻頻」。「頻頻」，猶炯炯。光亮貌。漢王逸九思哀歲：「神光兮頻頻，鬼火兮熒熒。」樂府詩集相和歌辭三雞鳴：「黄金絡馬頭，頻頻何煌煌。」「環佩」，古人所繫的佩玉。後多指女子所佩的玉飾。禮記經解：「行步則有環佩之聲，升車則有鸞和之音。」鄭玄注：「環佩，佩環、佩玉也。」史記孔子世家：「夫人自帷中再拜，環佩玉聲璆然。」

〔二十二〕妙靈象而無端：「靈象」，上天所顯示的景象。多指日月星辰的運行狀態，古人常據以占吉凶。三國志魏書文帝紀：「君其祗順大禮，饗兹萬國，以肅承天命。」裴松之注引三國魏劉廙等曰：「靈象變於上，群瑞應於下。」晋張載秋詩：「靈象運天機，日月如激電。」「無

端』，没有起點，没有終點。管子幼官：『始乎無端，卒乎無窮；始乎無端，道也，卒乎無窮，德也。』漢書律曆志上：『圜而環之，令之肉倍好者，周旋無端，終而復始，無窮已也。』

〔二十三〕含章握文，敬徽情獨：四庫全書作『於是含章握文，因此敬徽情獨。』『文』，明鈔本、甲庫本、適園叢書作『之』，『徽』，全唐文作『微』。『含章』，包含美質。易坤：『六三，含章可貞。』孔穎達疏：『章，美也。』三國志魏書管寧傳：『含章素質，冰潔淵清。』

〔二十四〕崇法服於翬組，接懿筐於蠶蔟：『法服』，古代根據禮法規定的不同等級的服飾。孝經卿大夫：『非先王之法服不敢服。』唐玄宗注：『先王制五服，各有等差。』宋孟元老東京夢華録車駕宿大慶殿：『宰執百官，皆服法服，其頭冠各有品從。』『翬』，意同『翬翟』，指后妃的禮服。南朝宋謝莊宋孝武宣貴妃誄：『衡總滅容，翬翟毁衽。』唐駱賓王代李敬業討武氏檄：『踐元后於翬翟，陷吾君於聚麀。』按舊唐書輿服志載，皇后服有褘衣，『其衣以深青織成爲之，文爲翬翟之形』，故以『翬翟』指后妃之服。『懿筐』，深筐。詩豳風七月：『女執懿筐，遵彼微行，爰求柔桑。』毛傳：『懿筐，深筐也。』明孫仁孺東郭記井上有李：『俺可也女執懿筐，自躡芒鞋，飲食些須。』『蠶蔟』，供蠶吐絲作繭的用具。俗稱蠶山。多用竹、木、草等做成。晉書后妃傳上左貴嬪：『修成蠶蔟，分繭理絲。』宋陸游初夏閑居之二：『蠶蔟尚

寒憂藹薄，稻陂初滿喜秧青。」

〔二十五〕覲皇英而上親，祇霄燭而下睦：『皇英』，娥皇、女英的并稱。傳説中的堯女，舜妃。漢班婕妤自悼賦：『美皇英之女虞兮，榮任姒之母周。』三國魏曹植叙愁賦：『覩圖像之遺形，竊庶幾乎皇英。』『親』『睦』，親愛和睦，親近和諧。孟子滕文公上：『鄉田同井，出入相友，守望相助，疾病相扶持，則百姓親睦。』漢揚雄太玄親：『陽方仁愛，全真敦篤，物咸親睦。』

〔二十六〕庶無違於信順，期有馮於福靈：『馮』，全唐文作『憑』。『信順』，謂誠信不欺，順應物理。語出易繫辭上：『天之所助者，順也；人之所助者，信也。』後漢書袁術傳論：『天命符驗，可得而見，未可得而言也。然大致受大福者，歸於信順乎！』

〔二十七〕奄落彩於前星：『前星』，漢書五行志第七下之下：『心，大星，天王也。其前星，太子；後星，庶子也。』後因以前星指太子。南朝梁沈約胤雅：『前星比耀，克隆萬壽。』唐劉禹錫蘇州賀册皇太子箋：『蒼震發前星之輝，黄離表重輪之瑞。』

〔二十八〕遘天禍而斯丁：此句原作『遘天禍而期丁』，今據文苑英華、全唐文改。

〔二十九〕瞻神宇之惟漠，感靈衣之靡形：『神宇』，靈室。即祭堂。漢董仲舒春秋繁露求雨：『取三歲雄鷄與三歲猳猪，燔之四通神宇。』晉潘岳寡婦賦：『仰神宇之寥寥兮，瞻靈衣之披披。』

劉良注：『神宇，靈室也。』『靈衣』，劉良注：『靈衣，夫平生衣。』死者生前常穿的衣裳。南朝梁何遜哭吴興柳惲詩：『樽酒誰爲滿，靈衣空自披。』

〔三十〕驚迴風於虚殿，宿衆鳥於空庭：『虚殿』，文苑英華作『靈殿』。『空庭』，幽寂的庭院。南朝宋謝靈運齋中讀書詩：『虚館絶諍訟，空庭來鳥雀。』南朝宋鮑照秋夜二首之二：『荒徑馳野鼠，空庭聚山雀。』

〔三十一〕顧長御以揮涕，甘自殉於山扃：『御』，原作『禦』，今據文苑英華、明鈔本、四庫全書、全唐文、甲庫本改。『揮』，原作『擊』，今據文苑英華、全唐文改。『長御』，漢皇后宫内女官名。指宫女之長。漢書 武五子傳 戾太子劉據：『太子使舍人無且持節夜入未央宫殿長秋門，因長御倚華具白皇后。』顔師古注引如淳曰：『漢儀注女長御比侍中，皇后見婬娥以下，長御稱謝。』漢書 外戚傳下 孝成趙皇后：『宫長李南以詔書取兒去。』顔師古注引西晋晋灼曰：『漢儀注有女長御，比侍中。宫長豈此邪？』『山扃』，指山中。南朝齊孔稚圭北山移文：『雖情投於魏闕，或假步於山扃。』

〔三十二〕制歷時而遽終，情循節而恒苦：『歷』，原作『立』，今據文苑英華、明鈔本、全唐文、適園叢書、學林本改。『循』，文苑英華、全唐文作『徇』。

〔三十三〕蟲吟秋而入户：『吟』，原作『冷』，今據文苑英華、四庫全書、全唐文改。

〔三十四〕限百刻之不延，調六脉其誰補：『調』，原作『周』，今據文苑英華、四庫全書、全唐文改。『百刻』，古代用刻漏計時，一晝夜分百刻。唐李德裕懷山居邀松陽子同作詩：『晝夜百刻中，愁腸幾回絶。』明劉基夜坐二首：『銅壺管領催華髮，一夜應添百刻長。』『六脉』，中醫切脉的六個部位。人的左右手腕各分寸、關、尺三脉，合稱六脉。史記扁鵲倉公列傳：『不待切脉。』張守節正義引黄帝素問：『待切脉而知病。寸口六脉，三陰三陽，皆隨春秋冬夏觀其脉之變，則知病之逆順也。』宋司馬光醫官札子：『僧志緣本不曉醫，但以妖妄惑人於江淮之間，稱是診人六脉，能知灾福。』

〔三十五〕殂謝緬其永久，氣節浸以流换：『殂謝』，適園叢書、學林本作『徂謝』。『浸』，文苑英華、全唐文作『漫』。『殂謝』，去世。梁書文學傳下陸雲公：『奄然殂謝，良以惻然。』唐孟郊哭李觀詩：『顔子既殂謝，孔門無輝光。』『氣節』，節氣，節令。後漢書西域傳論：『若其境俗性智之優薄，産載物類之區品，川河領障之基源，氣節凉暑之通隔……莫不備寫情形，審求根實。』晋陶潛勸農詩：『氣節易過，和澤難久。』

〔三十六〕感窀穸之幽偏，軫皇情以凄嘆：『幽偏』，文苑英華、全唐文作『冥漠』。『窀穸』，

埋葬。左傳襄公十三年：『若以大夫之靈，獲保首領以殁於地，惟是春秋窀穸之事，所以從先君於禰廟者，請爲「靈」若「厲」，大夫擇焉。』杜預注：『窀，厚也；穸，夜也。厚夜猶長夜。春秋謂祭祀，長夜謂葬埋。』南朝宋謝惠連祭古冢文：『輪移北隍，窀穸東麓，壙即新營，棺仍舊木。』『皇情』，皇帝的情意。南朝宋顔延之應詔宴曲水作詔：『化際無間，皇情爰眷。』劉良注：『皇情，謂天子之情也。』南朝梁沈約齊故安陸昭王碑：『皇情眷眷，慮深求瘼。』

〔三十七〕稽舊章之典樂，崇新命之綸涣：『樂』，文苑英華、明鈔本、四庫全書、適園叢書、學林本作『禮』。『涣』，四庫全書作『焕』。『舊章』，昔日的典章。書蔡仲之命：『無作聰明亂舊章。』孔傳：『無敢爲小聰明，作異辯以變亂舊典文章。』史記秦始皇本紀：『秦聖臨國，始定刑名，顯陳舊章。』

〔三十八〕齊天地而德合：『齊』，文苑英華、全唐文作『濟』。

〔三十九〕玉佩兮金章：『佩』，明鈔本、甲庫本作『珮』。『金章』，金質的官印。一説，銅印。南朝宋鮑照建除詩：『開壤襲朱紱，左右佩金章。』錢振倫注引南朝齊孔稚圭北山移文注：『金章，銅印也。』唐杜甫陪柏中丞觀宴將士二首之一：『無私齊綺饌，久坐密金章。』仇兆鰲注：『金章，金印也。』

〔四十〕命騏校以進駕，翊龍輈而上驤：『騏校』，意同『騏驥』。指駿馬。楚辭離騷：『乘騏驥以馳騁兮，來吾道夫先路。』漢枚乘七發：『將爲太子馴騏驥之馬，駕飛軨之輿，乘牡駿之乘。』『龍輈』，端上刻作龍頭的車轅。借指天子之車。漢張衡東京賦：『龍輈華轙，金鋄鏤鍚。』薛綜注：『輈，車轅，轅端上刻作龍頭也。華，采畫也。』晉書輿服志：『五路皆有鍚鸞之飾，和鈴之響，鉤膺玉鑲，龍輈華轙。』

〔四十一〕伐靈鞉於河鼓，建參旗於太常：『靈鞉』，手摇的小鼓。周禮春官大司樂：『靈鼓、靈鼗。』鄭玄注：『靈鼓、靈鼗，六面。』參見『靈鼗』。『河鼓』，星名，屬牛宿，在牽牛之北。一説即牽牛。史記天官書：『牽牛爲犧牲。其北河鼓，河鼓大星，上將；左右，左右將。』司馬貞索隱引孫炎曰：『河鼓之旗十二星，在牽牛北。或名河鼓爲牽牛也。』漢張衡思玄賦：『觀壁壘於北落兮，伐河鼓之磅硠。』李善注：『爾雅曰：「河鼓謂之牽牛。」今荆人呼牽牛星爲檐鼓，檐者，荷也。』『參旗』，星名。屬畢宿，共九星，在參星西。又名『天旗』『天弓』。三國魏何晏景福殿賦：『參旗九旒，從風飄揚。』唐楊炯渾天賦：『大陵積尸之肅殺，參旗九斿之部伍。』『太常』，古代旌旗名。尚書周書君牙：『厥有成績，紀於太常。』孔傳：『王之旌旗畫日月曰太常。』漢張衡東京賦：『建辰旒之太常，紛焱悠以容裔。』薛綜注：『辰謂日月星也，畫之於旌旗，垂

十二旒，名曰太常。」

〔四十二〕號宫女之嗷嗷，遣使臣之皇皇：『嗷嗷』，文苑英華、全唐文、學林本作『噭噭』。哭聲。莊子至樂：『人且偃然寢於巨室，而我嗷嗷然隨而哭之。』晋潘岳楊仲武誄：『哀哀慈母，痛心疾首；嗷嗷同生，凄凄諸舅。』劉良注：『嗷嗷，哭聲。』『皇皇』，美盛貌，莊肅貌。詩魯頌泮水：『烝烝皇皇，不吴不揚。』毛傳：『皇皇，美也。』禮記曲禮下：『天子穆穆，諸侯皇皇。』孔穎達疏：『諸侯皇皇者，自莊盛也。』

〔四十三〕騰魚軒兮背北渚，亂鳳管兮越南崗：『魚軒』，古代貴族婦女所乘的車，用魚皮爲飾。左傳閔公二年：『歸夫人魚軒。』杜預注：『魚軒，夫人車，以魚皮爲飾。』唐王維故南陽夫人樊氏挽歌二首之一：『錦衣餘翟黻，綉轂罷魚軒。』『北渚』，北面的水涯。楚辭九歌湘君：『鼂騁騖兮江皋，夕弭節兮北渚。』王逸注：『渚，水涯也。』漢張衡南都賦：『爾乃撫輕舟兮浮清池，亂北渚兮揭南涯。』『鳳管』，笙簫或笙簫之樂的美稱。洞冥記：『（漢武帝）見雙白鵠集臺之上，倏忽變爲二神女舞於臺，握鳳管之簫。』南朝宋鮑照登廬山望石門詩：『傾聽鳳管賓，緬望釣龍子。』

〔四十四〕當赫曦之畏日：『赫曦』，炎暑熾盛貌。三國魏曹植誥咎文：『炎旱赫曦，飆風扇發。』晋潘岳在懷縣作二首之一：『初伏啓新節，隆暑方赫曦。』張銑注：『赫曦，炎盛貌。』『畏日』，

左傳文公七年：『趙衰，冬日之日也；趙盾，夏日之日也。』杜預注：『冬日可愛，夏日可畏。』後因稱夏天的太陽爲『畏日』，意爲炎熱可畏。唐杜甫過洞庭湖詩：『破浪南風正，回檣畏日斜。』

〔四十五〕望曾城而不返，遵厚夜而何長：『曾城』，文苑英華、全唐文、適園叢書、學林本作『層城』，傳説中的地名，亦泛指仙鄉。後漢書張衡傳：『登閬風之曾城兮，搆不死而爲床。』李賢注引淮南子：『崑崙山有曾城九重，高萬一千里，上有不死樹在其西。』梁書皇后傳高祖丁貴嬪：『皇帝傷璧臺之永閟，悼曾城之不踐。』『厚夜』，長夜。喻人死後永埋地下，處黑暗中，如漫漫長夜。左傳襄公十三年：『唯是春秋窀穸之事。』杜預注：『窀，厚也，穸，夜也，厚夜如長夜……長夜謂葬埋。』孔穎達疏：『長夜者，言夜不復明，死不復生，故長夜謂葬埋。』唐王縉元宗大明皇帝哀册文：『厚夜兮藏書，終天兮戢輝。』

〔四十六〕神理惟昧：『神理』，猶神道。謂冥冥之中具有無上威力，能顯示靈異，賜福降灾的神靈之道。南朝宋謝靈運從游京口北固應詔詩：『事爲名教用，道以神理超。』李善注：『周易曰：「聖人以神道設教，而天下服。」』南朝齊王融三月三日曲水詩序：『設神理以景俗，敷文化以柔遠。』李善注：『神理，猶神道也。』

〔四十七〕駟馬過隙：『過隙』，喻時間短暫，光陰易逝。禮記三年問：『三年之喪，

二十五月而畢，若駟之過隙。』唐竇常謁諸葛武侯廟詩：『人同過隙無留影，石在窮沙尚啓行。』

〔四十八〕訊虞妃於前古，聞賓帝於在昔：『前』，文苑英華作『千』。『聞』，原作『開』，今據文苑英華、明鈔本、全唐文、甲庫本改。『賓帝』，語本逸周書太子晉：『吾後三年將上賓於帝。』孔晁注：『言死必爲賓於天帝之所。』後即以『賓帝』指先帝。唐沈佺期追册章懷太子張良娣文：『恩絶賓帝，七日無歸；義申從子，百齡先謝。』

〔四十九〕感伊洛之山川，懷靈仙之影迹：『感伊洛之』，全唐文作『感伊洛於』。『影』，文苑英華、全唐文作『顯』。『伊洛』，伊水與洛水。兩水匯流，多連稱，亦指伊洛流域。國語周語上：『昔伊洛竭而夏亡，河竭而商亡。』韋昭注：『伊出熊耳，洛出冢嶺。禹都陽城，伊洛所近。』三國魏曹植贈白馬王彪詩：『伊洛廣且深，欲濟川無梁。』『靈仙』，神仙。晉孫綽游天台山賦：『涉海則有方丈、蓬萊，登陸則有四明、天台，皆玄聖之所游化，靈仙之所窟宅。』唐張説岳陽石門墨山二山相連有禪堂觀天下絶境詩：『藥妙靈仙寶，境華巖壑選。』

〔五十〕彼霄形於天壤，云誰同兮金石：『霄』，四庫全書作『銷』。『於』，文苑英華、全唐文作『兮』。『同』，文苑英華、全唐文作『固』。

〔五十一〕惟彤管之芳輝，與青史而無斁：『彤管』，桿身漆朱的筆。古代女史記事用。詩

邶風靜女：『靜女其變，貽我彤管。』毛傳：『古者后夫人必有女史彤管之法，史不記過，其罪殺之。』鄭玄箋：『彤管，筆赤管也。』陳奐傳疏引董仲舒曰：『彤者，赤漆耳。』『無斁』，不厭惡，不厭倦。詩周南葛覃：『爲絺爲綌，服之無斁。』鄭玄箋：『斁，厭也。』漢枚乘七發：『高歌陳唱，萬歲無斁。』唐吴筠廬山雲液泉賦序：『既飲既漱，永玩無斁。』

讓皇帝哀册文（一）

徐安貞

維開元二十九年，歲次辛巳，十一月戊申朔，二十四日辛未，寧王薨于西京之邸第，旋殯于正寢之西階（二）；翌日有制，册王爲讓皇帝。蓋景龍歲先帝即位，王嫡長，將立爲皇太子，讓大功於我皇（三）。洎薨落讓存，有追崇之義（四）。粤若天寶元年夏五月乙巳朔十七日辛酉（五），將遷座于惠陵（六），禮也。龜策先遠，龍輴此時（七）。嗚呼哀哉！皇帝遣金紫光禄大夫、守尚書左僕射、攝太尉、上柱國、許平縣開國侯耀卿（八），奉宵載奠祖筵（九），以申天倫之戚也。乃命詞臣，叙之典册（十）。其詞曰：昔真人之述作（十一），表高節於讓王；太伯聞乎有周，皇昆昭於聖唐（十二）。古往今來，身退業昌，没而不朽，揚乎耿光（十三）。玄祖錫慶，重熙累盛（十四），兹冢嗣之謙德，迨遺靈而受命（十五）。童

孺之辰，初王壽春〔十六〕；開國方大〔十七〕，進封于蔡；以委親賢，是兼中外；奄有于宋，復遷于寧。正疇庸於地理〔十八〕，配明德於天星，或建符節，言歸闕廷〔十九〕。既睦天愛，承歡帝樂，東扈温泉，西侍平樂〔二十〕，風雅屬和，論思辯博〔二十一〕。晨趨北上，謁紫殿於蓬萊〔二十二〕；夕息南歸，對瓊樓於花蕚〔二十三〕。莫匪恩遇，周爰咨度〔二十四〕；坐而論道，實惟三公〔二十五〕。登太尉，兼儀同，拜司徒，命司空，儀刑作孚，宣和國風〔二十六〕。稽以前事，緬懷逝者，五王同日，曜大君之一龍〔二十七〕；萬國來朝，無梁王之駟馬〔二十八〕。讓則有之，崇名可追〔二十九〕。逾周盟之禮，會七月之期。太史造時，遣奠於兹〔三十〕。自藩王之邸第，建天子之旍旗〔三十一〕；度春明而春盡〔三十二〕，下長樂而長辭。經灞川與渭川，慘容衛兮遲遲〔三十三〕；當苑門之宫觀，攀宇宙而難追，仰音顔以纏慕〔三十四〕，更吾君以望思〔三十五〕。嗚呼哀哉！瀛區有變，天柱終飛〔三十六〕，懷蒼梧而日遠〔三十七〕，望白雲而不歸。沉沉隴樹，漠漠泉闈，竭庸音而載筆，藹千祀而騰徽〔三十八〕。嗚呼哀哉！高寢林間，陰堂晝開〔三十九〕，代謝今昔，神之往還，列昭穆兮斯在，奉忠孝於橋山〔四十〕。嗚呼哀哉！

校箋

〔一〕本文又見於全唐文卷三百五，署名徐安貞。本文文末未標明頒布時間，文中提到頒布時間爲天寶元年五月十七日。考舊唐書玄宗紀載：『（開元）二十九年十一月辛未，太尉、寧王憲薨，謚爲讓皇帝，葬於惠陵。』新唐書玄宗紀載：『（開元）二十九年十一月庚戌，邠王守禮薨。』資治通鑒卷二百一十四載：『（開元二十九年十一月）辛未，太尉寧王憲薨。上哀惋特甚，曰：「天下，兄之天下也；兄固讓於我，爲唐太伯，常名不足以處之。」乃謚曰讓皇帝。其子汝陽王璡，上表追述先志，謙沖不敢當帝號；上不許。斂日，内出服，以手書致於靈座，書稱「隆基白」；又名其墓曰惠陵，追謚其妃元氏曰恭皇后，祔葬焉。』故讓皇帝去世時間爲開元二十九年十一月二十四日。又據天干地支紀年法，天寶元年五月十七日爲辛酉日，故原文所載『庚申』日爲誤，當依全唐文記爲『辛酉』日。此册文頒布時間依原文所記，爲天寶元年（七四二）五月十七日。則撰寫時間當在是時稍前。又，作者徐安貞，傳見舊唐書卷一百九十中載：『徐安貞者，信安龍丘人。尤善五言詩。嘗應制舉，一歲三擢甲科，人士稱之。開元中，爲中書舍人、集賢院學士。上每屬文及作手詔，多命安貞視草，甚承恩顧。累遷中書侍郎。天寶初卒。』

〔二〕寧王薨于西京之邸第，旋殯于正寢之西階：『正寢』，全唐文作『寢門』。『寧王』，謂宋王李憲，本名成器，傳見舊唐書卷九十五、新唐書卷八十一。舊唐書其本傳載：『讓皇帝憲，本名成器，睿宗長子也。初封永平郡王。文明元年，立爲皇太子，時年六歲。及睿宗降爲皇嗣，則天册授成器爲皇孫，與諸弟同日出閣，開府置官屬。長壽二年，改封壽春郡王，仍却入閣。長安中，累轉左贊善大夫，加銀青光禄大夫。中宗即位，改封蔡王，遷宗正員外卿，加賜實封四百户，通舊爲七百户。成器固辭不敢當大國，依舊爲壽春郡王。唐隆元年，進封宋王。其月，睿宗踐祚，拜左衛大將軍。時將建儲貳，以成器嫡長，而玄宗有討平韋氏之功，意久不定。成器辭曰：「儲副者，天下之公器，時平則先嫡長，國難則歸有功。若失其宜，海内失望，非社稷之福。臣今敢以死請。」累日涕泣固讓，言甚切至。時諸王、公卿亦言平王有社稷大功，合居儲位。睿宗嘉成器之意，乃許之。玄宗又以成器嫡長，再抗表固讓，睿宗不許。乃下制曰：「左衛大將軍、宋王成器，朕之元子，當踐副君。以隆基有社稷大功，人神僉屬，由是朕前懇讓，言在必行。天下至公，誠不可奪。爰符立季之典，庶協從人之願。成器可雍州牧、揚州大都督、太子太師，别加實封二千户。賜物五千段、細馬二十匹、奴婢十房、甲第一區、良田三十頃。」其年十一月，拜尚書左僕射，尋遷司徒，其太師、都督并如故。明年，表讓司徒，拜太子賓客，兼揚州大都督如故。

時太平公主陰有異圖，姚元之、宋璟等請出成器及申王成義爲刺史，以絶謀者之心，由是成器以司徒兼蒲州刺史。玄宗嘗製一大被長枕，將與成器等共申友悌之好，睿宗知而大悦，累加賞嘆。先天元年八月，進封司空。及玄宗討平蕭至忠、岑羲等，成器又進位太尉，依舊兼揚州大都督，加實封一千户。月餘，加授開府儀同三司，其太尉、揚州大都督并停。開元初，歷岐州刺史，開府如故。四年，避昭成皇后尊號，改名憲，封爲寧王，實封累至五千五百户。又歷澤、涇等州刺史。初，玄宗兄弟聖曆初出閤，列第於東都積善坊，五人分院同居，號「五王宅」。大足元年，從幸西京，賜宅於興慶坊，亦號「五王宅」。及先天之後，興慶是龍潛舊邸，因以爲宮。憲於勝業東南角賜宅，申王撝、岐王範於安興坊東南賜宅，薛王業於勝業西北角賜宅，邸第相望，環於宮側。玄宗於興慶宮西南置樓，西面題曰花萼相輝之樓，南面題曰勤政務本之樓。玄宗時登樓，聞諸王音樂之聲，咸召登樓同榻宴謔，或便幸其第，賜金分帛，厚其歡賞。諸王每日於側門朝見，歸宅之後，即奏樂縱飲，擊毬鬥鷄，或近郊從禽，或别墅追賞，不絶於歲月矣。游踐之所，中使相望，以爲天子友悌，近古無比，故人無間然。玄宗既篤於昆季，雖有讒言交搆其間，而友愛如初。憲尤恭謹畏慎，未曾干議時政及與人交結，玄宗尤加信重之。嘗與憲及岐王範等書曰：「昔魏文帝詩云：『西山一何高，高處殊無極。上有兩仙童，不飲亦不食。賜我一丸藥，光耀有五色。服藥

四五日，身輕生羽翼。』朕每思服藥而求羽翼，何如骨肉兄弟天生之羽翼乎！陳思有超代之才，堪佐經綸之務，絶其朝謁，卒令憂死。魏祚未終，遭司馬宣王之奪，豈神丸之效也！虞舜至聖，捨象傲之愆以親九族，九族既睦，平章百姓。此爲帝王之軌則，于今數千歲，天下歸善焉，朕未嘗不廢寢忘食欽嘆者也。頃因餘暇，妙選仙經，得此神方，古老云『服之必驗』。今分此藥，願與兄弟等同保長齡，永無限極。」憲，開元九年兼太常卿。『邸第』，達官貴族的府第。史記荆燕世家：『臣觀諸侯王邸第百餘，皆高祖一切功臣。』宋劉辰翁寶鼎現詞：『滉漾明光連邸第，簾影凍，散紅光成綺。』『正寢』，指王侯所住的宫室的正廳。唐水神霅溪夜宴詩屈大夫歌：『是知貪名徇禄而隨世磨滅者，雖正寢之死乎無得與吾儔。』宋陸游老學庵筆記卷十：『魯直亦習於近世，謂堂爲正寢。』『西階』，指堂西臺階，示尊禮之位。禮記曲禮上：『主人就東階，客就西階。客若降等，則就主人之階。』晉書康帝紀：『帝親奉奠于西階，既發引，徒步行至閶闔門，升素輿，至于陵所。』

〔三〕讓大功於我皇：『我皇』，指唐玄宗。

〔四〕有追崇之義：『追崇』，對死者追加封號。梁書侯景傳：『景又矯蕭棟詔，追崇其祖爲大將軍，考爲丞相。』唐劉知幾史通稱謂：『至如元氏起於邊朔，其君乃一部之酋長耳，道

武追崇所及，凡二十八君。」

〔五〕粤若天寶元年夏五月乙巳朔十七日辛酉：『辛酉』，原作『庚申』，今據全唐文改。箋注見本文校箋〔一〕。

〔六〕將遷座于惠陵：『座』，適園叢書作『葬』。『遷座』，遷移靈座，移柩安葬。宋韓琦仁宗皇帝哀册文：『粤十月戊辰朔，六日癸酉，遷座於永昭陵，禮也。』

〔七〕龜策先遠，龍輴此時：『龜策』，龜甲和蓍草，古代占卜之具。禮記月令：『〔孟冬之月〕命太史釁龜策，占兆，審卦吉凶。』楚辭卜居：『用君之心，行君之意，龜策誠不能知事。』『龍輴』，載天子棺柩的車，其車轅畫以龍。禮記檀弓上：『天子之殯也，菆塗龍輴以椁。』鄭玄注：『天子殯以輴車，畫轅爲龍。』舊唐書懿宗紀論：『佛骨纔入於應門，龍輴已泣於蒼野。』

〔八〕皇帝遣金紫光禄大夫、守尚書左僕射、攝太尉、上柱國、許平縣開國侯耀卿：『耀卿』，指裴耀卿，傳見舊唐書卷九十八、新唐書卷一百二十七。舊唐書其本傳載：『裴耀卿，贈户部尚書守真子也。少聰敏，數歲解屬文，童子舉。弱冠拜秘書正字，俄補相王府典籤。時睿宗在蕃，甚重之，令與掾丘悦、文學韋利器更直府中，以備顧問，府中稱爲學直。及睿宗升極，拜國子主簿。開元初，累遷長安令。長安舊有配户和市之法，百姓苦之。耀卿到官，一切令出儲蓄之家，

預給其直，遂無奸就之弊，公私甚以爲便。在職二年，寬猛得中，及去官，縣人甚思咏之。十三年，爲濟州刺史。其年，車駕東巡，州當大路，道里綿長，而户口寡弱，耀卿躬自條理，科配得所。時大駕所歷凡十餘州，耀卿稱爲知頓之最。又歷宣、冀二州刺史，皆有善政，入爲户部侍郎。二十年，禮部尚書、信安王禕受詔討契丹，詔以耀卿爲副。俄又令耀卿賚絹二十萬匹分賜立功奚官，就部落以給之。耀卿謂人曰：「夷虜貪殘，見利忘義，今賚持財帛，深入寇境，不可不爲備也。」乃令先期而往，分道互進，一朝而給付并畢。時突厥及室韋果勒兵邀險，謀劫襲之，比至而耀卿已還。其冬，遷京兆尹。明年秋，霖雨害稼，京城穀貴。上將幸東都，獨召耀卿問救人之術，耀卿對曰……上深然其言。尋拜黄門侍郎、同中書門下平章事，充轉運使，語在食貨志。凡三年，運七百萬石，省脚錢三十萬貫。或説耀卿請進所省脚錢，以明功利。耀卿曰：「此蓋公卿盈縮之利耳，不可以之求寵也。」乃奏充所司和市、和糴等錢。明年，遷侍中。二十四年，拜尚書左丞相，罷知政事，累封趙城侯。時夷州刺史楊濬犯贓處死，詔令杖六十，配流古州。耀卿上疏諫曰……俄而特進蓋嘉運破突騎施立功還，詔加河西、隴右兩節度使，仍令經略吐蕃。嘉運既承恩寵，日夕酣宴，不時赴軍。耀卿密上疏曰……疏奏，上乃促嘉運赴軍，竟以無功而還。天寶元年，改爲尚書右僕射，尋轉左僕射。一歲薨，年六十三，贈太子太傅，謚曰文獻。』

〔九〕奉宵載奠祖筵：『宵載』，謂夜晚將辭祖廟的喪車。南朝宋顏延之宋文皇帝元皇后哀策文：『皇帝親臨祖饋，躬瞻宵載。』李善注引白虎通：『始載於庭，輤車辭祖禰也。』李周翰注：『宵，夜也；載，謂始載於庭也。』『祖筵』，祭奠時的酒宴。宋黃庭堅祭周晉叔文：『問君何之，君不能語，祖筵一觴，其泪如雨。』

〔十〕叙之典册：『叙』，四庫全書、全唐文作『序』。『典册』，帝王的册命。南朝梁任昉到大司馬記室箋：『以今月令辰，肅膺典册。』陳書高祖紀上：『今將授公典策，其敬聽朕命。』

〔十一〕昔真人之述作：原無『之』字，今據四庫全書、全唐文補。

〔十二〕太伯聞乎有周，皇昆昭於聖唐：『太伯』，指吴太伯，亦作『吴大伯』。周古公亶父長子，仲雍、季歷之兄。太王欲傳位季歷及其子昌，太伯乃與仲雍出逃至荆蠻，號句吴。後因以稱出亡而讓君位與弟者。左傳閔公元年：『不如逃之，無使罪至，爲吴大伯，不亦可乎？』國語晉語一：『君得其欲，太子遠死，且有令名，爲吴太伯，不亦可乎？』韋昭注：『太伯讓季歷，遠適吴越，後武王追封爲吴伯，故曰吴太伯。』『皇昆』，皇家兄弟，此處指讓皇帝。

〔十三〕没而不朽，揚乎耿光：『没』，全唐文作『歿』。『耿光』，光明，光輝，光榮。書立政：『以覲文王之耿光，以揚武王之大烈。』孔傳：『能使四夷賓服，所以見祖之光明，揚父之大業。』

唐李白明堂賦：『遵先軌以繼作兮，揚列聖之耿光。』

〔十四〕玄祖錫慶，重熙累盛：『玄祖』，猶玄聖，指老子。宋孫光憲北夢瑣言卷一：『玄祖之道，用慈儉爲先；素王之風，以仁義是首。』『重熙累盛』，謂前後功績相繼，累世升平。舊唐書禮儀志六：『國家系本仙宗，業承聖祖，重熙累盛，既錫無疆之休，合享登神，思弘不易之典。』

〔十五〕兹冢嗣之謙德，迨遺靈而受命：『冢嗣』，嫡長子。國語晉語三：『十四年，君之冢嗣其替乎？』韋昭注：『冢嗣，太子也。』晉陸機吊魏武帝文序：『觀其所以顧命冢嗣，貽謀四子，經國之略既遠，隆家之訓亦弘。』『遺靈』，謂留下靈驗。晉夏侯湛東方朔畫贊：『昔在有德，罔不遺靈；天秩有禮，神監孔明。』『受命』，受天之命。古帝王自稱受命於天以鞏固其統治。書召誥：『惟王受命，無疆惟休，亦無疆惟恤。』史記日者列傳：『自古受命而王，王者之興何嘗不以卜筮決於天命哉！』

〔十六〕初王壽春：『壽春』，指壽春宫。

〔十七〕開國方大：『開國』，晉以後在五等封爵前所加的稱號。南朝齊王儉褚淵碑文：『封雩都縣開國伯，食邑五百户。』南朝梁任昉齊竟陵文宣王行狀：『封聞喜縣開國公，食邑千户。』

〔十八〕正疇庸於地理：『疇庸』，謂選賢任用。語出尚書堯典：『疇咨若時登庸。』孔傳：『疇，

誰；庸，用也。誰能咸熙庶績，順是事者，將登用之。』」唐張九齡謝中書侍郎狀：『此職擇才，十年虚位，以卿達識，所以疇庸。』」『地理』，區域，區劃。漢書王莽傳下：『莽好空言，慕古法，多封爵人，性實遴嗇，托以地理未定，故先賦茅土，用慰喜封者。』」晉張華博物志卷一：『地理廣大，四海八方，遐遠别域，略以難詳。』」

〔十九〕或建符節，言歸闕廷：『符節』，古代符信之一種。以金玉竹木等製成，上刻文字，分爲兩半，使用時以兩半相合爲驗。管子君臣上：『則又有符節印璽典法筴籍以相揆也。』」尹知章注：『符節印璽所以示其信也。』」周禮地官掌節：『門關用符節，貨賄用璽節，道路用旌節，皆有期以反節。』」『言歸』，回歸。言，助詞。詩周南葛覃：『言告師氏，言告言歸。』」一説爲我歸。毛傳：『言，我也。』」唐道宣續高僧傳譯經四玄奘：『奘少離桑梓，白首言歸，訪問親故，零落殆盡。』」『闕廷』，朝廷，亦借指京城。史記秦始皇本紀：『將閭曰：「闕廷之禮，吾未嘗敢不從賓贊也。」』」後漢書伏隆傳：『臣隆得生到闕廷，受誅有司，此其大願。』」

〔二十〕西侍平樂：『平樂』，漢代宫觀名。後泛指園林館閣。三國魏曹植名都篇：『歸來宴平樂，美酒斗十千。』」李善注：『平樂，觀名。』」唐韓翃贈張千牛詩：『急管晝催平樂酒，春衣夜宿杜陵花。』」

〔二十一〕風雅屬和，論思辯博：『辯』，四庫全書、全唐文作『辨』。『風雅』，指詩文之事。南朝梁蕭統文選序：『故風雅之道，粲然可觀。』五代齊己送僧游龍門香山寺詩：『且尋風雅主，細看樂天真。』『屬和』，指和别人的詩。舊唐書德宗紀下：『上賦詩一章，群臣屬和。』宋秦觀觀寶林塔張燈詩：『繼聽鈞天奏，尤知屬和難。』『論思』，議論、思考。特指皇帝與學士、臣子討論學問。漢班固兩都賦序：『朝夕論思，日月獻納。』唐李百藥安德山池宴集詩：『朝宰論思暇，高宴臨方塘。』『辯博』，博學，知識廣博。漢劉向説苑政理：『文侯曰：「子往矣！是無邑不有賢豪辯博者也，無邑不有好揚人之惡、蔽人之善者也。」』後漢書文苑傳下邊讓：『〔邊讓〕少辯博，能屬文。』

〔二十二〕晨趨北上，謁紫殿於蓬萊：『晨趨』，清早趨行，謂朝參。唐杜甫八哀詩故秘書少監武功蘇公源明：『晨趨閶闔内，足踏宿昔趼。』唐劉禹錫奉和吏部楊尚書太常李卿二相公策免後即事述懷贈答十韻：『九天開内殿，百辟看晨趨。』『紫殿』，帝王宫殿。三輔黄圖漢宫：『武帝又起紫殿，雕文刻鏤黼黻，以玉飾之。』南朝齊謝脁直中書省詩：『紫殿肅陰陰，彤庭赫弘敞。』

〔二十三〕對瓊樓於花萼：『瓊樓』，形容華美的建築物，像仙宫中的樓臺。南朝梁陸倕天光寺碑：『瑨陛凌虚，瓊樓郁起，可使龍城愧飾，雁塔慚珍。』唐皮日休臘後送内大德從勖游天

台詩：『夢入瓊樓寒有月，行過石樹凍無烟。』『花萼』，唐玄宗於興慶宫西南建花萼相輝之樓，簡稱花萼樓。舊唐書 讓皇帝憲傳：『玄宗於興慶宫西南置樓，西面題曰花萼相輝之樓……玄宗時登樓，聞諸王音樂之聲，咸召登樓，同榻宴謔，或便幸其第，賜金分帛，厚其歡賞。』唐劉禹錫楊柳枝詞八首之五：『花萼樓前初種時，美人樓上鬥腰肢。』

〔二十四〕莫匪恩遇，周爰咨度：『咨』原作『諮』，今據四庫全書、全唐文改。『莫匪』，同『莫非』，没有一個不是。詩 周頌 思文：『思文后稷，克配彼天。立我烝民，莫匪爾極。』朱熹集傳：『言后稷之德，真可配天，蓋使我烝民得以粒食者，莫非其德之至也。』『恩遇』，指天子的知遇。後漢書 賈復傳：『是時列侯，唯高密、固始、膠東三侯與公卿參議國家大事，恩遇甚厚。』唐高適燕歌行：『身當恩遇常輕敵，力盡關山未解圍。』『咨度』，咨詢，商酌。詩 小雅 皇皇者華：『載馳載驅，周爰咨度。』毛傳：『咨禮義所宜爲度。』左傳 襄公三十年：『晋未可偷也。有趙孟以爲大夫，有伯瑕以爲佐，有史趙、師曠而咨度焉。』楊伯峻注：『咨度猶今言顧問、咨詢。』

〔二十五〕坐而論道，實惟三公：『坐而論道』，古指王公大臣陪侍帝王議論政事。周禮 考工記序：『國有六職，百工與居一焉。或坐而論道，或作而行之……坐而論道，謂之王公；作而行之，謂之士大夫。』鄭玄注：『論道，謂謀慮治國之政令也。』南朝梁任昉齊竟陵文宣王行狀：『坐

而論道，動以觀德。』『三公』，古代中央三種最高官銜的合稱。唐宋沿東漢之制，以太尉、司徒、司空爲三公。

〔二十六〕儀刑作孚，宣和國風：『儀刑作孚』，典出詩大雅文王：『儀刑文王，萬邦作孚』。『儀刑』，效法。詩大雅文王：『儀刑文王，萬邦作孚。』朱熹集傳：『儀，象。刑，法。』晉陸機皇太子宴玄圃宣猷堂有令賦詩：『儀刑祖宗，妥綏天保。』『作孚』，信服、信從。詩大雅文王：『儀刑文王，萬邦作孚。』宋曾鞏王制二：『由家及國，罔不作孚。』『宣和』，疏通調和。三國魏嵇康琴賦序：『余少好音聲，長而玩之，以爲物有盛衰，而此無變，滋味有厭，而此不倦，可以導養神氣，宣和情志。處窮獨而不悶者，莫近於音聲也。』唐白居易爲人上宰相書一首：『如此，則相公得不匡輔其政，緝熙其令，宣和其風乎？然則，匡輔、緝熙、宣和之道，某雖不敏，嘗聞於師焉。』

〔二十七〕五王同日，曜大君之一龍：『五王』，指唐明皇兄弟讓皇帝憲、惠莊太子撝、惠文太子範、惠宣太子業、隋王隆悌。唐徐夕寅依御史温飛卿華清宫二十二韻：『五王更入帳，七貴迭封侯。』明高啓唐宫詩：『五王宴罷皆歸院，大被空閑一夜凉。』『大君』，天子。易師：『大君有命，開國承家。』孔穎達疏：『大君，謂天子也。』左傳襄公二十一年：『大君若不棄書之力，

亡臣猶有所逃。』杜預注：『大君，謂天王。』

〔二十八〕萬國來朝，無梁王之駟馬：『梁王駟馬』，典出史記梁孝王世家：『梁孝王入朝。景帝使使持節乘輿駟馬，迎梁王於關下。』裴駰集解：『瓚曰：稱乘輿駟馬，則車馬皆往，言不駕六馬耳。天子副車駕駟馬。』

〔二十九〕崇名可追：『崇名』，猶尊號。南朝陳徐陵陳文帝哀策文：『大寶崇名，無間改作；纂武升歷，遺愛實繁。』

〔三十〕太史造時，遣奠於兹：『太史』，官名。西周、春秋時太史掌記載史事、編寫史書、起草文書，兼管國家典籍和天文曆法等。秦漢曰太史令，漢屬太常，掌天時星曆。魏晋以後，修史之職歸著作郎，太史專掌曆法。隋改稱太史監，唐改爲太史局。『遣奠』，古代稱將葬時的祭奠。禮記檀弓下：『始死，脯醢之奠；將行，遣而行之，既葬而食之。』鄭玄注：『將行，將葬也。葬有遣奠。』宋司馬光咏史三首之二：『延陵腰利劍，上國使初通。待我周游遍，逢君遣奠終。』

〔三十一〕自藩王之邸第，建天子之旌旗：『建』，原作『見』，今據四庫全書、全唐文、適園叢書、學林本改。『藩王』，藩國之王。漢書哀帝紀贊：『孝哀自爲藩王及充太子之宫，文辭博敏，幼有令聞。』元劉祁歸潛志卷一：『金海陵庶人，讀書有文才，爲藩王時嘗書人扇云：

「大柄若在手，清風滿天下。」』『邸第』，達官貴族的府第。

〔三十二〕度春明而春盡：『春明』，即唐都長安春明門，因以指代京都。清吴祖修書梅村詩後詩：『夢回龍尾醒猶殘，重入春明興轉闌。』清顧炎武與蘇易公：『即至春明，料必上陳情之表。』

〔三十三〕慘容衛兮遲遲：『慘容』，謂容色凄慘。唐裴鉶傳奇孫恪：『女摘庭中之萱草，凝思久立，遂吟詩曰：「彼見是忘憂，此看同腐草。青山與白雲，方展我懷抱。」吟諷慘容。』『遲遲』，徐行貌。詩邶風谷風：『行道遲遲，中心有違。』毛傳：『遲遲，舒行貌。』楚辭劉向九嘆惜賢：『時遲遲其日進兮，年忽忽而日度。』王逸注：『遲遲，行貌。』洪興祖補注：『遲遲，來遲也。』

〔三十四〕攀宇宙而難追，仰音顔以纏慕：四庫全書無此二句。

〔三十五〕更吾君以望思：『更』，四庫全書作『使』。『以』，四庫全書、全唐文、適園叢書作『兮』。

〔三十六〕瀛區有變，天柱終飛：『瀛區』，同『瀛海』，指大海。漢王充論衡談天：『九州之外，更有瀛海。』宋賀鑄海月謡詞：『樓平叠巘。瞰瀛海、波三面。』『天柱』，古代神話中的支天之柱。淮南子地形訓：『昔者共工與顓頊争爲帝，怒而觸不周之山，天柱折，地維絶。』神異經中荒經：『崑崙之山有銅柱焉，其高入天，所謂天柱也，圍三千里周圓如削。』

〔三十七〕懷蒼梧而日遠：『蒼梧』，典出禮記檀弓上：『舜葬於蒼梧之野。』鄭玄注：『舜征有苗而死，因留葬焉。』

〔三十八〕沉沉隴樹，漠漠泉闈，竭庸音而載筆，藹千祀而騰徽：四庫全書無此數句。『隴樹』，墓地的樹木。唐劉長卿哭魏兼遂詩：『隴樹隨人古，山門對日曛。』『庸音』，常音，喻指平庸的文辭和言論。晉陸機文賦：『故踸踔於短垣，放庸音以足曲。』唐駱賓王上吏部侍郎帝京篇：『至若資醜行以自媒，衒庸音而苟進，固立身之殊路，行己之外篇矣。』此處是謙詞。

〔三十九〕高寢林間，陰堂晝開：『高寢』，古代最初受封君王的寢宮。左傳定公十五年：『壬申，公薨於高寢。』公羊傳莊公三十二年：『路寢者何？正寢也。』漢何休注：『天子諸侯皆有三寢：一曰高寢，二曰路寢，三曰小寢。父居高寢；子居路寢；孫從王父母，妻從夫寢；夫人居小寢。』『陰堂』，墓室，壙穴。太平御覽卷三百六十一引漢應劭風俗通：『往到於冢上，郎君沃酹，主簿俯伏在後，但見屠者弊衣蠡結，踞神坐，持刀割肉，有五時衣帶青墨綬數人，彷徨陰堂東西廂，不敢來前。』唐柳宗元萬年縣丞柳君墓志：『嗚呼！銘志之來古矣，是不可闕，遂勒玄石，措於陰堂。』童宗説注：『陰堂，壙中。』

〔四十〕列昭穆兮斯在，奉忠孝於橋山：『昭穆』，古代宗法制度，宗廟或宗廟中神主的排列次序，

始祖居中，以下父子（祖、父）遞爲昭穆，左爲昭，右爲穆。周禮春官小宗伯：『辨廟祧之昭穆。』鄭玄注：『父曰昭，子曰穆。』漢桓寬鹽鐵論憂邊：『魯定公序昭穆，順祖禰。』『橋山』，山名。在今陝西省黄陵縣西北，相傳爲黄帝葬處。沮水穿山而過，山狀如橋，故名。史記五帝本紀：『黄帝崩，葬橋山。』裴駰集解引皇覽：『黄帝冢在上郡橋山。』後因以借指黄帝陵墓或帝王陵墓。唐楊炯李懷州墓志銘：『山陵之建也，以公檢校將作大匠。游衣漢寢之外，抱劍橋山之下。』唐張祜憲宗皇帝挽歌詞：『橋山非遠地，雲去莫疑峰。』

恭皇后哀册文〔一〕

韋良嗣

維開元二十八年，歲次庚辰月朔日，寧王妃元氏薨于西京之第〔二〕，旋窆于某塋。天未忘釁，相次徂落〔三〕。其明歲十一月二十四日，王薨在殯，制册爲讓皇帝〔四〕；且有後命，追謚妃爲恭皇后〔五〕。蓋以王有讓統之實，而妃有恭德之美〔六〕，所以孝其行追崇，皆聖王天倫篤愛，有光於古先者也〔七〕。粤天寶元年五月乙巳朔，十七日庚申，將遷祔於惠陵。王薨及葬，凡爲七月〔八〕，天子之禮也。乃命侍臣，叙以册書〔九〕。其詞曰：皇矣有態，處乎玄宫〔十〕，衣冠所在，祉胤無窮〔十一〕。以武而興，復于土中〔十二〕；

以文始大，元氣比崇（十三）。禮侔周恪，慶漸柔風（十四），展我邦媛，倫昭有融（十五）。至静委和，如天克令（十六），莫莫中谷，夭夭作咏（十七）。黄繐導容，素紗增暎（十八），鑒圖閲史，陰儀壺政（十九）。帝寵元昆，妃承累命（二十）。降家人之禮，擬陰安之盛（二十一）。（漢書文紀陰安侯，高帝嫂（二十二））鵲巢行化（二十三），人倫以正，或幾望於終古，故守冲而益敬（二十四）。祥開寤兆，服媚蘭蓀（二十五）。女延湯邑，男受推恩（二十六）。緑車齊軫，彩戟盈門（二十七）。各禀柔訓（二十八），常貽話言。天授戬穀，無非審諦（二十九）。歸賵事凶，毁臺成沴（三十）。圓月忽蝕（三十一），朝雲亦霽。滅彩韶陽，收華邸第（三十二）。嗚呼哀哉！魯宫未考，津門遽哀。帝以讓而追謚（三十三），后從夫而永陪。褕翟暫舉，璋瓚誰開（三十四）。用小君之備物（三十五），怨吾王之不來。嗚呼哀哉！娥輪半上，蜃輅將移（三十六）。追雙旐兮遲遲，卷六衣兮披披（三十七）。青門一别兮不駐，素滻既濟兮相隨（三十八）。入長陵之松柏，顧漢苑兮參差（三十九）。司馬門兮纍纍（四十），恭后墳兮在斯。嗚呼哀哉！

校箋

〔一〕本文又見於全唐文卷三百六十二，署名爲韋良嗣。文苑英華卷八百三十八亦録此文，適園叢書本文作者署名爲韋良嗣。此文文末未署名頒布時間，文中有云「天寶元年五月乙巳朔，十七日庚申，將遷祔於惠陵」。按，恭皇后與讓皇帝同時遷祔於惠陵，故讓皇帝哀册文與本文應同時頒布，頒布時間依原文所記，均爲天寶元年（七四二）五月十七日。則撰寫時間當爲是時稍前。又，作者韋良嗣，全唐文卷三百六十二作者小傳載：「良嗣，天寶時人。」

〔二〕寧王妃元氏薨于西京之第：「元氏」，即讓皇帝李憲妃子。舊唐書卷九十五李憲本傳載：「又制追贈憲妃元氏爲恭皇后，祔葬于橋陵之側。」

〔三〕天未忘釁，相次徂落：「釁」，四庫全書作「也」。「徂落」，死亡。孟子萬章上：「堯典曰：『二十有八載，放勛乃徂落，百姓如喪考妣。』」趙岐注：「徂落，死也。」梁書文學傳下劉峻：「而官有微於侍郎，位不登於執戟，相繼徂落，宗祀無饗。」

〔四〕其明歲十一月二十四日，王薨在殯，制册爲讓皇帝：「王」，指李憲，傳見舊唐書卷九十五、新唐書卷八十一，詳見本卷讓皇帝哀册文校箋〔二〕。

〔五〕且有後命，追謚妃爲恭皇后：箋注見本卷册謚恭皇后文校箋〔一〕。

〔六〕而妃有恭德之美：『恭德』，謙恭的品德。國語晋語九：『昔先主文子少釁於難，從姬氏於公宫，有孝德以出在公族，有恭德以升在位。』

〔七〕所以孝其行追崇，皆聖王天倫篤愛，有光於古先者也：『其』，文苑英華無此字。『王』，文苑英華、全唐文作『皇』。『追崇』，對死者追加封號。梁書侯景傳：『景又矯蕭棟詔，追崇其祖爲大將軍，考爲丞相。』唐劉知幾史通稱謂：『至如元氏起於邊朔，其君乃一部之酋長耳，道武追崇所及，凡二十八君。』『古先』，謂祖先，祖宗。漢書王莽傳下：『江中劉信，執敵報怨，復續古先，四年當發軍。』宋陳亮祭樓德潤母夫人文：『惟靈守寡之操，有以參列婦於古先；撫孤之仁，有以見夫子於地下。』

〔八〕王薨及葬，凡爲七月：『及』，適園叢書、學林本作『乃』。『凡』，適園叢書、學林本作『期』。

〔九〕乃命侍臣，叙以册書：『乃』，文苑英華無此字。『册書』，文苑英華作『書册』。

〔十〕皇矣有熊，處乎玄宫：『乎』，文苑英華作『于』。『有熊』，黄帝的國號。史記五帝本紀：『自黄帝至舜禹，皆同姓而異其國號，以章明德。故黄帝爲有熊……帝禹爲夏后而别氏，姓似氏。』漢班固白虎通號：『黄帝有天下，號有熊。有熊者，獨宏大道德也。』『玄宫』，帝王的墳墓。

晉書 江逌傳：『昔康皇帝玄宮始用寶劍金舃，此蓋太妃罔已之情，實違先旨累世之法。』梁書 昭明太子傳：『即玄宮之冥漠，安神寢之清閟。』

〔十一〕衣冠所在，祉胤無窮：『祉』，全唐文、適園叢書、學林本作『祇』。『衣冠』，此處指衣冠冢。漢書 郊祀志上：『黄帝以仙上天，群臣葬其衣冠。』後因稱祇埋葬死者衣冠的墳墓爲衣冠冢。宋范致明岳陽風土記：『寶慈觀乃張真人煉丹飛升之所，弟子葬其衣冠，俗謂之衣冠冢。』『祉胤』，意同『祚胤』，福運及於後代子孫。詩 大雅 既醉：『君子萬年，永錫祚胤。』鄭玄箋：『長予女福祚，至於子孫。』晉杜預春秋經傳集解序：『言乎其位則列國，本乎其始，則周公之祚胤也。』

〔十二〕復于土中：『土中』，地下。晉書 庾亮傳：『亮將葬，何充會之，嘆曰：「埋玉樹於土中，使人情何能已。」』

〔十三〕元氣比崇：『元氣』，泛指宇宙自然之氣。楚辭王逸九思 守志：『食元氣兮長存。』原注：『元氣，天氣。』唐劉長卿岳陽館中望洞庭湖詩：『叠浪浮元氣，中流没太陽。』

〔十四〕慶漸柔風：『柔風』，和風，春風。管子 四時：『然則柔風甘雨乃至，百姓乃壽，百蟲乃蕃，此謂星德。』尹知章注：『柔，和也。』晉陸機園葵詩：『時逝柔風戢，歲暮商猋飛。』

吕延濟注：『柔風，春風也。』此處喻恭皇后之德行。

〔十五〕倫昭有融：『昭融』，謂光大發揚。語出詩大雅既醉：『昭明有融，高朗令終。』毛傳：『融，長。朗，明也。』高亨注：『融，長遠。』唐韓愈河中府連理木頌：『天子之光，庶德昭融，神斯降祥。』

〔十六〕至静委和，如天克令：『委和』，謂隨順自然。南朝梁劉勰文心雕龍養氣：『率志委和，則理融而情暢；鑽礪過分，則神疲而氣衰。』唐劉禹錫故荆南節度推官董府君墓志：『迷邦縱性，委和從化。』『克令』，謂有美德。南朝齊謝脁齊敬皇后哀策文：『肇惟淑聖，克柔克令。』

〔十七〕莫莫中谷，夭夭作咏：『莫莫』，肅敬貌。詩小雅楚茨：『君婦莫莫，爲豆孔庶，爲宾爲客，獻酬交錯。』朱熹集傳：『君婦，主婦也；莫莫，清静而敬至也。』『中谷』，谷中。詩周南葛覃：『葛之覃兮，施於中谷。』毛傳：『中谷，谷中也。』晋成公綏嘯賦：『飛廉鼓於幽隧，猛虎應於中谷。』吕向注：『中谷，謂谷中也。』喻女性之勤敬。『夭夭』，和舒貌，和睦貌。論語述而：『子之燕居，申申如也，夭夭如也。』何晏集解引馬融曰：『申申夭夭，和舒之貌。』漢書叙傳第七十下：『萬石温温，幼寤聖君，宜爾子孫，夭夭伸伸。』顏師古注：『此言萬石子孫既多，又皆和睦。』

〔十八〕黄繶導容，素紗增暎：「暎」，文苑英華、四庫全書、全唐文作「映」。「黄繶」，裝飾鞋的黄色絲帶。周禮 天官 屨人：「爲赤舃、黑舃、赤繶、黄繶。」鄭玄注：「黄繶者，王后玄舃之飾。」孫詒讓正義：「鄭司農云『赤繶黄繶，以赤黄之絲爲下緣』者，謂織赤黄之絲爲絳馴，以緣牙底相接之縫中。云下緣者，對繞之緣爲上緣也。」「素紗」，亦作「素沙」，白色縐紗。周禮 天官 内司服：「掌王后之六服：褘衣、揄狄、闕狄、鞠衣、展衣、緣衣、素沙。」鄭玄注：「素沙者，今之白縳也。」禮記 雜記上：「内子以鞠衣、褒衣、素沙。」鄭玄注：「素沙，若今紗縠之帛也。」

〔十九〕陰儀壼政：「陰儀」，指皇后。南朝齊謝朓齊敬皇后哀策文：「乾景外臨，陰儀内缺。」吕延濟注：「陰儀，謂皇后也。」「壼政」，宫内事務，家政。南朝宋顔延之宋文皇帝元皇后哀策文：「壼政穆宣，房樂韶理。」吕延濟注：「壼政穆宣，謂宫中之政明也。儀禮有房中樂，后夫人諷誦以事君子。穆，和；宣，明也。」明史 列女傳三 余氏：「壼政嚴肅，親屬莫敢窺其門。」

〔二十〕帝寵元昆：「元昆」，長兄。唐蘇頲寒食宴於中舍别駕兄弟宅詩：「始睹元昆鏘玉至，旋聞季子佩刀回。」宋蘇轍送魯有開詩：「白髮識公子，十載友元昆。」

〔二十一〕降家人之禮，擬陰安之盛：「降禮」，禮節低於常規定例。左傳 哀公二十七年：「季

康子卒。公吊焉，降禮。』杜預注：『禮不備也，言公之多妄。』楊伯峻注：『二十五年傳云「飲酒不樂，公與大夫始有惡」，則魯哀與季康子固已恨之矣；於其卒也，吊其喪減於常例，蓋合情理。』

〔二十二〕漢書文紀陰安侯，高帝嫂：此處爲原文下注，以漢高祖之嫂封陰安侯，喻指恭皇后之賢良。典出漢書文帝紀卷四：『臣謹請陰安侯。』三國魏蘇林注：『高帝兄伯妻，羹頡侯母，丘嫂也。』西晋晋灼注：『若蕭何夫人封爲酇侯也。』

〔二十三〕鵲巢行化：『行化』，文苑英華、全唐文作『化行』。『鵲巢』，詩召南篇名。詩召南鵲巢序：『鵲巢，夫人之德也。國君積行累功，以致爵位，夫人起家而居有之，德如鳲鳩，乃可以配焉。』後遂以『鵲巢』指婦人之德。唐陸贄册杞王妃文：『明章婦順，虔奉姆儀，克茂鵲巢之規，叶宣麟趾之美。』

〔二十四〕或幾望於終古，故守冲而益敬：『終古』，久遠。楚辭離騷：『懷朕情而不發兮，余焉能忍而與此終古。』朱熹集注：『終古者，古之所終，謂來日之無窮也。』漢書溝洫志：『民歌之曰：「鄴有賢令兮爲史公，決漳水兮灌鄴旁，終古舄鹵兮生稻粱。」』『守冲』，語出道德經：『致虚，恒也；守冲，篤也。』指守住冲而不盈的狀態。

〔二十五〕祥開寤兆，服媚蘭蓀：「寤」，文苑英華、四庫全書、全唐文、適園叢書作「夢」。「服媚」，謂喜愛佩戴。左傳宣公三年：「以蘭有國香，人服媚之如是。」杜預注：「媚，愛也。」楊伯峻注：「『服媚之』者，佩而愛之也。」南朝梁劉勰文心雕龍知音：「蓋聞蘭爲國香，服媚彌芬。」「蘭蓀」，即菖蒲，一種香草。南朝梁沈約和謝宣城：「昔賢侔時雨，今守馥蘭蓀。」劉良注：「蘭蓀，香草也。」宋沈括夢溪筆談辯證一：「香草之類，大率多異名，所謂蘭蓀，蓀即今菖蒲是也。」

〔二十六〕女延湯邑，男受推恩：「湯」，原作「陽」，今據文苑英華、四庫全書、全唐文改。「湯邑」，即「湯沐邑」，指國君、皇后、公主等收取賦税的私邑。戰國策楚策二：「秦王有愛女而美，又簡擇宫中佳玩麗好玩習音者，以歡從之；資之金玉寶器，奉以上庸六縣爲湯沐邑，欲因張儀内之楚王。」史記平準書：「自天子以至於封君湯沐邑，皆各爲私奉養焉。」「推恩」，廣施恩惠，移恩。孟子梁惠王上：「故推恩足以保四海，不推恩無以保妻子。」史記平津侯主父列傳：「願陛下令諸侯得推恩分子弟，以地侯之。」

〔二十七〕緑車齊軫，彩戟盈門：「緑車」，漢皇孫所乘車，又名皇孫車。漢書金安上傳：「上拜涉爲侍中，使侍幸緑車載送衛尉舍。」顔師古注：「如淳曰：『幸緑車常置左右以待召載皇孫，今遣涉歸，以皇孫車載之，寵之也。』晋灼曰：『漢注緑車名皇孫車，太子有子乘以從。』如、

晉二説是也。」太平御覽卷七百七十三引漢蔡邕獨斷：「緑車名曰皇孫車，天子孫乘以從。」後漢書輿服志上：「皇孫則緑車以從。皆左右騑，駕三。」

〔二十八〕各稟柔訓：「柔訓」，柔順慈和之訓。舊作女子閨範。舊唐書音樂志三：「坤元光至德，柔訓闡皇風。」

〔二十九〕天授戩穀，無非審諦：「戩穀」，福禄。詩小雅天保：「天保定爾，俾爾戩穀。」毛傳：「戩，福；穀，禄。」一説，猶盡善。朱熹集傳：「聞人氏曰：戩，與剪同，盡也；穀，善也。」後用爲吉祥之語。晉陸雲張二侯頌：「神之聽之，俾我戩穀。」「審諦」，慎密。尚書大傳卷五：「帝者任德設刑，以則象之，言其能行天道，舉錯審諦也。」

〔三十〕歸賵事凶，毀臺成沴：「賵」，指喪事。「事凶」，即「凶事」，指喪事。周禮春官司服：「凡凶事，服弁服。」鄭玄注：「弁服，喪冠也。」南史到溉傳：「凶事必存約儉，孫侄不得違言。」「沴」，惡氣、灾病。唐殷堯藩冬至酬劉使君詩：「漸喜一陽從地復，却憐群沴逐冰消。」宋文天祥正氣歌：「如此再寒暑，百沴自辟易。」

〔三十一〕圓月忽蝕：「圓」，原作「團」，今據文苑英華、全唐文、適園叢書改。

〔三十二〕滅彩韶陽，收華邸第：「滅彩」，四庫全書作「彩滅」。「韶陽」，謂明媚的春光。

唐皇甫冉東郊迎春詩：『律向韶陽變，人隨草木榮。』宋張孝祥訴衷情　牡丹詞：『花王自有標格，塵外鎖韶陽。』『收華』，謂花蕊凋零。喻早逝。南朝宋顏延之宋文皇帝元皇后哀策文：『太和既融，收華委世。』南朝宋謝莊宋孝武宣貴妃誄：『掩彩瑶光，收華紫禁。』『邸第』，達官貴族的府第。

〔三十三〕帝以讓而追謚：指李憲册爲讓皇帝事。

〔三十四〕褕翟暫舉，璋瓚誰開：『暫』，文苑英華、全唐文作『蹇』。『褕翟』，原作『翟褕』，文苑英華、全唐文作『褕翟』，今據改。指后妃禮服。畫翟者爲褘衣，畫鷂者爲褕翟。南朝宋顏延之宋文皇帝元皇后哀策文：『悲黼筵之移御，痛翟褕之重晦。』唐杜甫唐故德儀贈淑妃皇甫氏神道碑：『珩佩是加，翟褕克備，先德後色，累功居位。』仇兆鰲注：『畫鷂雉於王后之服曰翟褕。』『璋瓚』，古代祭祀時打鬯酒的玉器，以璋爲柄。禮記　祭統：『君執圭瓚祼尸，大宗執璋瓚亞祼。』鄭玄注：『圭瓚、璋瓚，祼器也，以圭璋爲柄。』南朝齊謝朓齊敬皇后哀策文：『璋瓚奚獻，褘褕罔設。』

〔三十五〕用小君之備物：『小君』，稱皇后。後漢書　皇后紀上　和熹鄧皇后：『至冬，立爲皇后。辭讓者三，然後即位。手書表謝，深陳德薄，不足以充小君之選。』『備物』，指儀衛、祭祀等所用的器物。左傳　定公四年：『備物典策，官司彝器。』孔穎達疏引服虔云：『當謂國君威儀之物，

若今傘扇之屬。』王引之經義述聞春秋左傳下備物典策：『備物即服物也。經傳多言服物……「服」與「備」古字通。』晉干寶晉紀總論：『始當非常之禮，終受備物之錫。』張銑注：『備物，謂祭器之物。』

〔三十六〕娥輪半上，蜃輅將移：『娥輪』，月亮。唐許敬宗奉和七夕宴懸圃應制二首之二：『婺閨期今夕，娥輪泛淺潢。』『蜃輅』，即蜃車。載棺的喪車。周禮地官遂師：『大喪，使帥其屬以幄帟先，道野役及窆，抱磨，共丘籠及蜃車之役。』鄭玄注：『蜃車，柩路也，柩路載柳，四輪迫地而行，有似於蜃，因取名焉。』南朝陳徐陵陳文帝哀册文：『擗蜃輅於丹陛，攀龍帷於紫庭。』梁書昭明太子統傳：『蜃輅俄軒，龍驂跼步；羽翿前驅，雲旗北御。』

〔三十七〕追雙旐兮遲遲，卷六衣兮披披：『旐』，指銘旌，導引靈柩的魂幡。南朝梁王筠昭明太子哀册文：『詔撰德于旌旐，永傳徽于舞綴。』隋煬帝秦孝王誄：『旌旐飄颻而從風，笳管酸嘶而響谷。』『六衣』，指王后的六種禮服。南朝齊謝朓齊敬皇后哀策文：『俎徹三獻，筵卷六衣。』

〔三十八〕青門一別兮不駐，素滻既濟兮相隨：『青門』，猶東郭，東郊，古時爲叢葬之處。語本孟子離婁下：『卒之東郭墦間，之祭者乞其餘。』因借指墓地。梁書昭明太子統傳：『五

月庚寅，葬安寧陵，詔司徒左長史王筠爲哀册，文曰……背絳闕以遠徂，轥青門而徐轉。』唐王渙悼亡詩：『今日青門葬君處，亂蟬衰草夕陽斜。』『素滻』，滻水的别名，關中八川之一。因水色素白，故稱。晋潘岳西征賦：『南有玄灞素滻，湯井温谷。』李善注：『玄、素，水色也。灞、滻，二水名也。』唐駱賓王疇昔篇：『我住青門外，家臨素滻濱。』

〔三十九〕入長陵之松柏，顧漢苑兮參差：此二句四庫全書作『入松柏顧遠兮參差』。

〔四十〕司馬門兮纍纍：『司馬門』，指帝王陵寢的外門。

奉天皇帝哀册文〔一〕

王　縉

維元年建寅月，二十六日，故靖德太子謚曰奉天皇帝〔二〕。妃竇氏謚曰恭應皇后〔三〕。啓自細柳，將遷座于新豐〔四〕。望黄山而入上苑，過紫極而出天門〔五〕。傍臨鳳闕，雙引龍輴〔六〕。乃詔左僕射冕祖饋於行宫〔七〕，禮也。今上孝悌，通於神明。追崇徽謚，用達皇情。陟岡目送，避殿涕盈〔八〕。爰命述者，以振休聲〔九〕。其詞曰：昔在高祖，文思武德，龍戰必勝〔十〕，海飛争息。威加八荒，奄有萬國，累業繼聖，惟天是則。昌運斯應，睿哲乃生，爰自弱歲，有如老成。稱象知小，測日言輕〔十二〕，率爾之對，

略而不行。問安内竪（十二），豈獨重明，深居邸第，亦稱維城（十三）。禮無不執，藝或可游，聯行魯衛，虚佇應劉（十四）。雁鶩非好，神仙不求，爲善自樂，俾躬處休。行成於内，聲聞於外，性實匪驕，迹能用晦（十五）。朝野多歡，兄弟高會，上客曳裾，閑園飛蓋（十六）。仁者當壽，天道何昧，小山未傾，盤石忽猝。嗚呼哀哉！天慈罔極（十七），寵命猶新，前星告位，少海遷神（十八）。黄公誰客，青宫自春（十九），空悲玉牒，獨有芳塵（二十）。正位乎内，進賢□美，肅肅令妃，幽公之子。家自漢室，代爲戚里（二十一），百兩比肩，四教盈耳（二十二）。不藝珩珮，能循沼沚（二十三），傳訓公宫，留箴女史（二十四）。旋稱未亡，自誓之死（二十五），柔質泯焉，徽音不已。嗚呼哀哉！帝念元昆，人無閑言，不及讓國，於是追尊。惟儲出震，惟儷居坤（二十六），備陳服御（二十七），更起陵園。來九重兮復去，動萬乘兮還静（二十八）；挽凄楚而凝哀，駕逶遲而轉影（二十九）。别青門之早春，背素滻之斜景（三十）。路已窮於咫尺，時不延於俄頃。嗚呼哀哉！神輝永戢，軒曜長扃（三十一），穸臺椒闥，泉户彤庭（三十二）。開壽宫兮寂寂，虚玉座兮冥冥（三十三）。賓上帝於窅眇，陪五后之明靈（三十四）。海爲田兮岸爲谷，德不朽兮名惟馨。嗚呼哀哉！

校箋

〔一〕本文又見於全唐文卷三百七十，署名爲王縉。此文文末未標明頒布時間，文中有云『維元年建寅月，二十六日，故靖德太子謚曰奉天皇帝』。按，舊唐書卷一百七靖德太子李琮其本傳載：『肅宗元年建寅月九日，詔追册爲奉天皇帝，妃竇氏爲恭應皇后，備禮改葬於華清宮北齊陵，以尚書右僕射、冀國公裴冕爲其使。』新唐書肅宗紀載：『寶應元年建寅月甲申，追册靖德太子琮爲皇帝，妃竇氏爲皇后。』新唐書卷八十二其本傳云：『肅宗立，詔曰：「靖德太子琮，親則朕兄，睿哲聰明，朕昔踐儲極，顧誠非次，君父有命，不敢違，永言懇讓，不克如素。宜進謚奉天皇帝，妃竇爲恭應皇后。」詔尚書右僕射裴冕持節改葬，群臣素服臨送達禮門，帝御門哭以過喪，墓號齊陵。』資治通鑒卷二百二十二載：『寶應元年建寅月，甲申，追贈靖德太子琮爲奉天皇帝，妃竇氏爲恭應皇后，丁酉，葬于齊陵。』則此哀册文頒布時間爲寶應元年（七六二）十一月丁酉（二十二）日，其撰寫時間當在是時稍前。又，王縉，傳見舊唐書卷一百一十八、新唐書卷一百五十八。舊唐書其本傳載：『王縉，字夏卿，河中人也。少好學，與兄維早以文翰著名。

縉連應草澤及文辭清麗舉，累授侍御史、武部員外。禄山之亂，選爲太原少尹，與李光弼同守太原，功效謀略，衆所推先，加憲部侍郎，兼本官。時兄維陷賊，受僞署，賊平，維付吏議，縉請以己官贖維之罪，特爲減等。縉尋入拜國子祭酒，改鳳翔尹、秦隴州防禦使，歷工部侍郎、左散騎常侍。撰玄宗哀册文，時稱爲工。改兵部侍郎。屬平殄史朝義，河朔未安，詔縉以本官河北宣慰，奉使稱旨。廣德二年，拜黄門侍郎、同平章事、太微宮使、弘文崇賢館大學士。』

〔二〕故靖德太子謚曰奉天皇帝：『靖德太子』，即玄宗長子李琮。傳見舊唐書卷一百七、新唐書卷八十二。舊唐書其本傳載：『奉天皇帝琮，玄宗長子也，本名嗣直。景雲元年九月，封許昌郡王。先天元年八月，進封郯王。開元四年正月，遥領安西大都護，仍充安撫河東、關內、隴右諸蕃大使。十三年，改封慶王，仍改名潭。十五年，遥領凉州都督，兼河西諸軍節度大使。二十一年，加太子太師，改名琮。二十四年，拜司徒。天寶元年，兼太原牧。十一載薨，贈靖德太子，葬於渭水之南細柳原，仍於啓夏門內置廟祔享焉。肅宗元年建寅月九日，詔追册爲奉天皇帝，妃竇氏爲恭應皇后，備禮改葬於華清宮北齊陵，以尚書右僕射、冀國公裴冕爲其使。』

〔三〕妃竇氏謚曰恭應皇后：『竇氏』，即李琮之妃。

〔四〕啓自細柳，將遷座于新豐：『細柳』，地名，在今陝西省咸陽市西南。南朝陳徐陵爲

始興王讓琅琊二郡太守表：『自甘泉通水，細柳屯兵，旁帶戎臣，頗同疆場。』唐李嘉祐送馬將軍奏事畢歸滑州使幕詩：『棠梨宫里瞻龍衮，細柳營前著豹裘。』『遷座』，遷移靈座，移柩安葬。宋韓琦仁宗皇帝哀册文：『粤十月戊辰朔，六日癸酉，遷座於永昭陵，禮也。』『新豐』，縣名。漢高祖七年置，唐廢，治所在今陝西省臨潼縣西北。南朝宋鮑照數名詩：『五侯相餞送，高會集新豐。』南朝陳後主長安道詩：『游蕩新豐里，戲馬渭橋傍。』

〔五〕望黄山而入上苑，過紫極而出天門：『上苑』，原作『土苑』，今據明鈔本、四庫全書、全唐文、甲庫本、適園叢書、學林本改。『過』，原作『遇』，今據四庫全書、全唐文、適園叢書改。『上苑』，皇家的園林。南朝梁鮑泉落日看還詩：『妖姬競早春，上苑逐名辰。』新唐書蘇良嗣傳：『帝遣宦者采怪竹江南，將蒔上苑。』『紫極』，星名。借指帝王的宫殿。晉潘岳西征賦：『厭紫極之閑敞，甘微行以游盤。』李善注：『紫極，星名，王者爲宫以象之。曹植上表曰：「情注於皇居，心在乎紫極。」』唐吴兢貞觀政要論納諫：『陛下高居紫極，寧濟蒼生。』『天門』，指皇宫之門。唐杜甫宣政殿退朝晚出左掖詩：『天門日射黄金榜，春殿晴曛赤羽旗。』

〔六〕傍臨鳳闕，雙引龍轀：『鳳闕』，皇宫、朝廷。晋王嘉拾遺記魏：『青槐夾道多塵埃，龍樓鳳闕望崔嵬。』唐楊炯從軍行：『牙璋辭鳳闕，鐵騎繞龍城。』『轀』，指轀輬車，古代的

臥車，亦用作喪車。史記李斯列傳：『李斯以爲上在外崩，無真太子，故秘之。置始皇居轀輬車中，百官奏事上食如故。』裴駰集解引孟康曰：『如衣車，有窗牖，閉之則温，開之則凉，故名之「轀輬車」也。』漢書霍光傳：『載光尸柩以轀輬車。』顔師古注：『轀輬本安車也，可以卧息。後因載喪，飾以柳翣，故遂爲喪車耳。轀者密閉。輬者旁開窗牖，各别一乘，隨事爲名。後人既專以載喪，又去其一，總爲藩飾，而合二名呼之耳。』

〔七〕乃詔左僕射冕祖饋於行宫：『冕』，即裴冕。傳見舊唐書卷一百一十三、新唐書卷一百四十。舊唐書其本傳載：『裴冕，河東人也，爲河東冠族。天寶初，以門蔭再遷渭南縣尉，以吏道聞。御史中丞王鉷充京畿采訪使，表爲判官。遷監察御史，歷殿中侍御史。冕雖無學術，守職通明，果於臨事，鉷甚委之。及鉷得罪伏法，時宰臣李林甫方竊權柄，人咸懼之，鉷賓佐數百，不敢窺鉷門。冕獨收鉷尸，親自護喪，瘞于近郊，冕自是知名。河西節度使哥舒翰表爲行軍司馬，累遷員外郎中。玄宗幸蜀，至益昌郡，遥詔太子充天下兵馬元帥，以冕爲御史中丞兼左庶子，爲之副。是時，冕爲河西行軍司馬，授御史中丞，詔赴朝廷。遇太子於平凉，具陳事勢，勸之朔方，亟入靈武。冕與杜鴻漸、崔漪等勸進曰：「主上厭勤大位，南幸蜀川，宗社神器，須有所歸，天意人事，不可固違。若逡巡退讓，失億兆心，則大事去矣！臣等猶知之，况賢智乎！」太子曰：

「南平寇逆，奉迎鑾輿，退居儲貳，侍膳左右，豈不樂哉！公等何言之過也？」冕與杜鴻漸又進曰：「殿下藉累聖之資，有天下之表。元貞萬國，二十餘年，殷憂啓聖，正在今日。所從殿下六軍將士，皆關輔百姓，日夜思歸。大軍一散，不可復集，不如因而撫之以從衆，臣等敢以死請。」凡勸進五上，乃依。肅宗即位，以定策功，遷中書侍郎、同中書門下平章事，倚以爲政。』『祖饋』，猶祖奠。指出殯前夕的行祖祭禮。南朝宋顏延之宋文皇帝元皇后哀策文：『皇帝親臨祖饋，躬瞻宵載。』『行宮』，古代京城以外供帝王出行時居住的宮室。晉左思吴都賦：『烏聞梁岷有陟方之館，行宮之基歟？』劉逵注：『天子行所立，名曰行宮。』南朝梁沈約光宅寺刹下銘：『光宅寺蓋上帝之故居，行宮之舊兆。』

〔八〕陟岡目送，避殿涕盈：『陟岡』，語出詩魏風陟岵：『陟彼岡兮，瞻望兄兮。』後因以『陟岡』爲懷念兄弟之典。唐白居易自江陵之徐州路上寄兄弟詩：『誰憐陟岡者，西楚望南荆。』『避殿涕盈』，新唐書卷八十二載：『群臣素服臨送達禮門，帝御門哭以過喪，墓號齊陵。』

〔九〕以振休聲：『休聲』，美好的名聲。唐韓愈除崔群户部侍郎制：『邁兹令德，藹然休聲。』舊唐書韓瑗傳：『冀欲聞逆耳之言，甘苦口之議，發揚大化，裨益洪猷，垂令譽於將來，播休聲於不朽者也。』

〔十〕龍戰必勝：『龍戰』，本謂陰陽二氣交戰。易坤：『上六，龍戰於野，其血玄黃。』後遂以喻群雄争奪天下。晉潘岳楊荆州誄：『天厭漢德，龍戰未分。』唐胡曾題周瑜將軍廟詩：『共説生前國步難，山川龍戰血漫漫。』

〔十一〕稱象知小，測日言輕：『稱象』，典出三國志魏書鄧哀王冲傳：『少聰察岐嶷，生五六歲，智意所及，有若成人之智。時孫權曾致巨象，太祖欲知其斤重，訪之群下，咸莫能出其理。冲曰：「置象大船之上，而刻其水痕所至，稱物以載之，則校可知矣。」太祖大悦，即施行焉。』『測日』，典出列子湯問：『孔子東游，見兩小兒辯鬥。問其故，一兒曰：「我以日始出時去人近，而日中時遠。」一兒曰：「我以日初出遠，而日中時近也。」一兒曰：「日初出，大如車蓋，及日中，則如盤盂。此不爲遠者小而近者大乎？」一兒曰：「日初出，滄滄涼涼；及其日中，如探湯：此不爲近者熱而遠者涼乎？」孔子不能决也。』謂李琮聰明早慧。

〔十二〕問安内豎：典出禮記文王世子：『文王之爲世子，朝於王季日三。鷄初鳴而衣服，至於寢門外，問内豎之御者曰：「今日安否何如？」内豎曰：「安。」文王乃喜。乃日中又至，亦如之；及莫又至，亦如之。其有不安節，則内豎以告文王。文王色憂，行不能正履，王季復膳，然後亦復初。食上，必在視寒暖之節；食下，問所膳。』後因以『問安視膳』爲兒子侍奉父母的

禮法，即每日必問安，每食必在側。資治通鑑唐文宗開成二年：『太子當鷄鳴而起，問安視膳。』清昭梿嘯亭雜録孝親：『后喜居暢春園，上於冬季入宫之後，遲數日必往問安視膳，以盡子職。』『内豎』，宫内小臣。周禮天官序官：『内豎倍寺人之數。』鄭玄注：『豎，未冠者之官名。』周禮天官内豎：『内豎掌内外之通令。』

〔十三〕亦稱維城：『維城』，借指皇子或皇室宗族。後漢書孝明八王傳贊：『孝明傳胤，維城八國。』唐無可送李長吉之任東井詩：『家世維城後，官資宰邑初。』

〔十四〕聯行魯衛，虚佇應劉：『魯衛』，語本論語子路：『魯衛之政，兄弟也。』後以『魯衛』代稱兄弟。唐玄宗過大哥宅探得歌字韻：『魯衛情先重，親賢愛轉多。』『應劉』，漢末建安文人應瑒、劉楨的并稱。二人均爲曹丕、曹植所禮遇，後亦用以泛稱賓客才人。唐張説唐故廣州都督甄公碑：『曰興曰比，階應劉之閫奥；或草或真，藏鍾張之筋骨。』宋范仲淹覽秀亭詩：『開樽揖明月，席上皆應劉。』

〔十五〕迹能用晦：『晦迹』，謂隱居匿迹。南朝梁沈約郊居賦：『僑栖仁於東里，鳳晦迹於西堂。』唐杜甫岳麓山道林二寺行詩：『昔遭衰世皆晦迹，今幸樂國養微軀。』

〔十六〕上客曳裾，閑園飛蓋：『上』，原作『主』，今據四庫全書、全唐文、甲庫本、適

園叢書、學林本改。『裾』，原作『倨』，今據明鈔本、四庫全書、全唐文、適園叢書、學林本改。『上客』，尊客，貴賓。禮記曲禮上：『食至起，上客起。』戰國策秦策五：『秦兵下趙，上客從趙來，趙事何如？』姚宏注：『上客，尊客。』『曳裾』，典出漢書鄒陽傳：『飾固陋之心，則何王之門不可曳長裾乎？』後以『曳裾王門』比喻在王侯權貴門下作食客。唐李白行路難三首之二：『彈劍作歌奏苦聲，曳裾王門不稱情。』唐杜甫又作此奉衛王詩：『推轂幾年惟鎮靜，曳裾終日盛文儒。』『閑園飛蓋』，語出三國魏曹植公宴詩：『清夜游西園，飛蓋相追隨。』『飛蓋』，馳車，驅車。南朝梁庾肩吾奉和春夜應令：『詎假西園宴，無勞飛蓋游。』喻君臣相得。

〔十七〕天慈罔極：『天慈』，皇帝的慈愛。晉書紀瞻傳：『今以天慈，使官曠事滯。』北周庾信爲杞公讓宗師驃騎表：『天慈無濫，私願獲從。』

〔十八〕前星告位，少海遷神：『前星』，漢書五行志第七下之下：『心，大星，天王也。其前星，太子；後星，庶子也。』後因以前星指太子。南朝梁沈約胤雅：『前星比耀，克隆萬壽。』唐劉禹錫蘇州賀册皇太子箋：『蒼震發前星之輝，黄離表重輪之瑞。』『少海』，比喻太子。唐杜甫壯游詩：『崆峒殺氣黑，少海旌旗黄。』宋葉廷圭海録碎事帝王：『天子比大海，太子比少海。』『遷神』，遷移靈柩或遺體。晉潘岳寡婦賦：『痛存亡之殊制兮，將遷神而安厝。』李周翰注：『遷

神安厝，謂遷柩歸葬也。』唐陸長源華陽三洞景昭大法師碑：『以貞元元年十一月癸卯，委蜕於紫陽之道場……以其月己酉，遷神於雷平山之西原玄静先生壽宫之左。』

〔十九〕黄公誰客，青宫自春：『黄公』，指夏黄公。商山四皓之一。唐杜甫寄李十二白詩：『蘇武先還漢，黄公豈事秦？』仇兆鰲注：『黄公，四皓之一。避秦入商山。』『青宫』，四庫全書、全唐文、甲庫本作『音容』，指太子所居東宫。東方屬木，於色爲青，故稱太子所居爲青宫。隋于仲文侍宴東宫應令詩：『青宫列紺幰，紫陌結朱輪。』唐白居易寄楊六詩：『青宫官冷静，赤縣事繁劇。』

〔二十〕空悲玉牒，獨有芳塵：『玉牒』，四庫全書、全唐文作『天牒』。古代帝王封禪、郊祀的玉簡文書。史記孝武本紀：『封泰山下東方，如郊祠泰一之禮。封廣丈二尺，高九尺，其下則有玉牒書，書秘。』唐劉肅大唐新語郊禪：『開元十三年，玄宗既封禪，問賀知章曰：「前代帝王何故秘玉牒之文？」知章對曰：「玉牒本通神明之意，前代帝王所求各異，或禱年算，或求神仙，其事微密，故外人莫知之。」』『芳塵』，指美好的風氣、聲譽。宋書謝靈運傳論：『屈平、宋玉導清源於前，賈誼、相如振芳塵於後。』唐韋應物送雲陽鄒儒立少府侍奉還京師詩：『甲科推令名，延閣播芳塵。』

〔二十一〕代爲戚里：『戚里』，借指外戚。後漢書鄭范陳賈張列傳：『霸貴知止，辭交戚里。』宋孟元老東京夢華録立秋：『中貴戚里，取索供賣。』

〔二十二〕百兩比肩，四教盈耳：『百兩』，古時車凡兩輪，故以兩計數。百兩，即百輛車，特指結婚時所用的車輛，亦泛言車輛多。詩召南鵲巢：『之子于歸，百兩御之。』毛傳：『百兩，百乘也，諸侯之子嫁於諸侯，送御者皆百乘。』唐楊巨源和呂舍人喜張員外自北番回至境上先寄：『百兩開戎壘，千蹄入御欄。』『四教』，指婦德、婦言、婦容、婦功。周禮天官九嬪：『九嬪掌婦學之法，以教九御，婦德、婦言、婦容、婦功。』晋干寶晋紀總論：『而其后妃，躬行四教，尊敬師傅，服澣濯之衣，修煩辱之事，化天下以婦道。』

〔二十三〕不藝珩珮，能循沼沚：『珮』，適園叢書、學林本作『佩』。『珩珮』，指雜佩，各種不同的佩玉。西京雜記卷二：『昭陽殿織珠爲簾，風至則鳴，如珩佩之聲。』南朝梁沈約俊雅詩之二：『珩佩流響，纓紱有容。』『沼沚』，池塘。晋葛洪抱朴子廣譬：『黄河雖混渾，不可以方沼沚之清澄。』南朝梁沈約郊居賦：『漸沼沚於霤垂，周塍陌於堂下。』喻賓氏之行清澄。

〔二十四〕傳訓公宮，留箴女史：『公宮』，君王的宮殿。左傳僖公二十四年：『呂、郤畏逼，將焚公宮而弒晋侯。』漢班固白虎通辟雍：『王制曰：小學在公宮南之左，大學在郊。』『女史』，

古代女官名，以知書婦女充任，掌管有關王后禮儀等事。或爲世婦下屬，掌管書寫文件等事。周禮天官女史：『女史掌王后之禮職，掌内治之貳，以詔后治内政。』漢書外戚傳下班倢伃：『陳女圖以鏡監兮，顧女史而問詩。』

〔二十五〕旋稱未亡，自誓之死：『自』，四庫全書、全唐文作『身』。『未亡』，舊時寡婦的自稱。左傳成公九年：『穆姜出於房，再拜曰：「大夫勤辱，不忘先君以及嗣君，施及未亡人。先君猶有望也！」』杜預注：『婦人夫死，自稱未亡人。』梁書武帝紀上：『宣德皇后令曰：「西詔至，帝憲章前代，敬禪神器于梁。明可臨軒遣使，恭授璽紱，未亡人便歸于别宫。」』

〔二十六〕惟儲出震，惟儷居坤：『出震』，八卦中的『震』卦位應東方。出震，即出於東方。南朝陳徐陵勸進梁元帝表：『伏惟陛下出震等於勛華，鳴謙同於旦奭。握圖執鉞，將在御天；玉勝珠衡，先彰元后。』唐劉禹錫武陵書懷五十韻：『繼明懸日月，出震統乾坤。』此句指封李琮及竇氏爲帝后之尊。

〔二十七〕備陳服御：『服御』，指服飾車馬器用之類。史記孝文本紀：『帝加惠：令諸侯毋入貢，弛山澤，減諸服御狗馬，損郎吏員，發倉庾以振貧民。』唐沈既濟枕中記：『衣裝服馭，日益鮮盛。』

〔二十八〕來九重兮復去，動萬乘兮還静：『九重』，同『九重城』，指皇城、宫禁。古制，

天子之居有門九重，故稱。楚辭九辯：『君之門以九重。』南唐徐鉉納後夕侍宴又三絶之一：『四海未知春色至，今宵先入九重城。』宋晏殊臨江仙詞：『待君歸覲九重城。帝辰思舊，朝夕奉皇明。』『萬乘』，指帝王，帝位。漢書蒯通傳：『隨廝養之役者，失萬乘之權；守儋石之禄者，闕卿相之位。』唐賈島上邠寧邢司徒詩：『馬走千蹄朝萬乘，地分三郡擁雙旌。』

〔二十九〕挽凄楚而凝哀，駕逶遲而轉影：『逶』，四庫全書作『迤』。『逶遲』，徐行貌，徘徊貌。南朝宋謝莊宋孝武宣貴妃誄：『旐委郁於飛飛，龍委遲於步步。』張銑注：『委遲，徐行貌。』南朝梁江淹別賦：『舟凝滯於水濱，車逶遲於山側。』

〔三十〕別青門之早春，背素滻之斜景：『青門』，猶東郭，東郊，古時爲叢葬之處。『素滻』，滻水的別名，關中八川之一，因水色素白，故稱。

〔三十一〕神輝永戢，軒曜長扃：『扃』，四庫全書、全唐文作『零』。『軒曜』，軒轅星的光耀，借指后妃。三國魏曹叡苦寒行：『光光我皇祖，軒曜同其榮。』南朝齊謝朓齊敬皇后哀策文：『化自公宮，遠被南國。軒曜懷光，素舒伫德。』李善注：『淮南子曰：「軒轅者，帝妃之舍。」高誘曰：「軒轅，星也。」』

〔三十二〕穸臺椒闥，泉户彤庭：『臺』，四庫全書、全唐文作『塏』。『穸臺』，墳墓。

唐王勃傷裴録事喪子詩：『蘭階霜候早，松路穸臺深。魄散珠胎没，芳銷玉樹沈。』『椒闈』，后妃所居住的宫室。梁書 皇后傳序：『太宗、世祖出自儲藩，而妃并先殂，又不建椒闈。』南史后妃傳序：『及簡文、元帝出自儲蕃，或迫在拘縶，或逼於寇亂，且妃并先殂，更不建椒闈。』『泉户』，墓門。唐包佶昭德泉后挽歌詞：『龜兆開泉户，禽巢閉畫梁。』唐白居易海州刺史裴君夫人李氏墓志銘：『勒名泉户，作範閨門。』『彤庭』，泛指皇宫。唐杜甫自京赴奉先縣咏懷五百字詩：『彤庭所分帛，本自寒女出。』宋蘇軾次韻答滿思復：『自甘茅屋老三間，豈意彤庭綴兩班。』

〔三十三〕開壽宫兮寂寂，虚玉座兮冥冥：『壽宫』，寢宫。吕氏春秋 知接：『公慨焉嘆，涕出，曰：「嗟乎，聖人之所見豈不遠哉！若死者有知，我將何面目以見仲父乎？」蒙衣袂而絶乎壽宫。』高誘注：『壽宫，寢堂也。』『玉座』，帝王的御座。南朝齊謝朓同謝諮議銅雀臺詩：『玉座猶寂寞，况乃妾身輕。』劉良注：『玉座，玉床也……言君王玉座尚自虚無若此，况群妾身至輕微，何以爲久長也。』唐白居易蠻子朝詩：『上心貴在懷遠蠻，引臨玉座近天顔。』

〔三十四〕賓上帝於窅眇，陪五后之明靈：『窅眇』，亦作『窅邈』，深遠，精微。南朝齊王融三月三日曲水詩序：『是以得一奉宸。逍遥襄城之域；體元則大，悵望姑射之阿。然窅眇寂寥，其獨適者已。』張銑注：『窅眇，深遠也。』清陳確與劉伯繩書：『若謂是皇降之本體，泛

指造化事説，虛無窅邈，使人從何處體驗。』『明靈』，聖明神靈。漢揚雄趙充國頌：『明靈惟宣，戎有先零。』李周翰注：『聖明神靈，惟我宣帝。』亦指聖明的神靈。新唐書長孫無忌傳：『朕憑明靈之祐，賢佐之力，克翦多難，清宇内。』

承天皇帝哀册文（一）

常衮

維大曆三年，歲在景午，四月丁未朔，六日壬子，故齊王謚曰承天皇帝（二）。興信公主季女謚曰恭順皇后（三）。初天寶十五載，會有國難（四），王首建大議，扈先帝於朔垂（五）。以其年八月薨于行在，某年某月追封齊王（六）。今上親親念切，册贈大號，以大曆三年六月遷座於咸陽（七）。銀棨傳曙，金根在馭（八），出仙禁兮逶迤，指横橋兮西去（九）。乃詔禮儀使工部尚書祖奠于行宫（十），禮也。聖慈友愛，痛結天倫，爰命作册，授之儒臣。其詞曰：天祚我唐，帝系其昌，鴻明皇皇，子孫保光（十一）。長發其祥（十二），倬生賢王，英華外揚，五色含章（十三）。聰敏明粹，孝友純至（十四），文麗春華，神清顥氣（十五）。所全者德（十六），不有其貴。昔在開元，錫羡其蕃（十七），儲后愛子，天皇弄孫（十八），勝衣趨拜，即啓東藩（十九）。山委慶賚，雲翔渥恩（二十）。紫殿丹臺兮相屬，臨洞窅窅兮

沉沉〔二十一〕。聯日光與金友，煒芳萼於瑶林〔二十二〕。甲觀宴兮承顔數，寢門侍兮鍾愛深〔二十三〕。既閑詳於占對，亦自守於冲退〔二十四〕。忘外事之嬰拂，服前言之箴誨〔二十五〕。謂歡娱之未央，何艱否之相會〔二十六〕。雲雷邅屯，闕洛揚塵〔二十七〕，乘輿南幸，定議北巡〔二十八〕。上戴君父，協于天人，中興之業，實賴經綸〔二十九〕。如何上玄，不假之年〔三十〕；丹誤金鼎，樽空玳筵〔三十一〕。軫于震慟，澤漏重泉〔三十二〕，東負蒼海〔三十三〕，錫其土田。顧謀始之言博，謂飾終之恩薄〔三十四〕，崇章大號〔三十五〕，自我天作。賜梁國之旌旗〔三十六〕，用魯侯之禮樂。備物宫庭，巍巍寵靈〔三十七〕，寶符玉牒〔三十八〕，照曜青熒。仙駕帝儀，上昇紫冥〔三十九〕。邦媛之姝，婦道不逾。遽辭金屋，久閉珠襦〔四十〕。錫以象服，合於鮒隅〔四十一〕。嗚呼哀哉！出國門兮蒼山轉，辭白日兮長安遠。驚飈落於桂宫，零露沾於蘭坂〔四十二〕。建翠鳳兮葳蕤，瞻輅馬兮遲遲〔四十三〕。壽宫閉兮與天畢，玉座深兮無曉時〔四十四〕，嬪嬙儼兮侍新寢，鳧雁游兮非故池〔四十五〕。戢神輝之杳靄〔四十六〕，結吾君之眷思；惟鴻勛之不泯，眇然終古兮同斯〔四十七〕。

校箋

〔一〕此文又見於全唐文卷四百十九，署名常衮。此文文末未標明頒布時間。考此文文中有云：『維大曆三年，歲在景午，四月丁未朔，六日壬子，故齊王謚曰承天皇帝。興信公主季女謚曰恭順皇后。……以大曆三年六月遷座於咸陽。』舊唐書代宗紀云：『（大曆三年）六月戊子，承天皇帝祔奉天皇帝廟，同殿異室。』新唐書代宗紀載：『（大曆三年）三月乙巳朔，日有食之。五月乙卯，追號齊王倓爲皇帝，興信公主女張氏爲皇后。』資治通鑑卷二百二十四載：『大曆三年（五月），上與泌語及齊王倓，欲厚加褒贈，泌請用岐、薛故事贈太子，上泣曰：「吾弟首建靈武之議，成中興之業，岐、薛豈有此功乎！竭誠忠孝，乃爲讒人所害。向使尚存，朕必以爲太弟。今當崇以帝號，成吾夙志。」乙卯制，追謚倓曰承天皇帝；庚申，葬順陵。』則此哀册文頒布時間當從原文與舊唐書代宗紀所記，爲大曆三年（七六八）六月戊子（十六日）遷座日，其撰寫此文當在是時稍前。又，作者常衮，傳見舊唐書卷一百一十九、新唐書卷一百五十。舊唐書常衮傳載：『常衮，京兆人也。父無爲，三原縣丞，以衮累贈僕射。衮，天寶末舉進士，歷太子

正字，累授補闕、起居郎。寶應二年，選爲翰林學士、考功員外郎中、知制誥，依前翰林學士。永泰元年，遷中書舍人。衮文章俊拔，當時推重，與楊炎同爲舍人，時稱爲常、楊。性清直孤潔，不妄交游。内侍魚朝恩恃權寵，兼領國子監事，衮上疏以爲不可。時朝廷多事，西北邊虜，連爲寇盜，衮累上章陳其利害，代宗甚顧遇之，加集賢院學士。大曆元年，遷禮部侍郎，仍爲學士。時中官劉忠翼權傾内外，涇原節度馬璘又累著功勛，恩寵莫二，各有親戚干貢部及求爲兩館生，衮皆執理，人皆畏之。元載之得罪，令衮與劉晏、李涵等鞫之，獄竟，拜衮門下侍郎、同平章事，太清、太微宫使，崇文、弘文館大學士，與楊綰同掌樞務。』

〔二〕維大曆三年，歲在景午，四月丁未朔，六日壬子，故齊王謚曰承天皇帝：按，據新唐書代宗紀與資治通鑑所載，追謚齊王爲承天皇帝時間應爲大曆三年五月乙卯。『齊王』，即唐肅宗第三子李倓。傳見舊唐書卷一百一十六、新唐書卷八十二。舊唐書其本傳載：『承天皇帝倓，肅宗第三子也。天寶中，封建寧郡王，授太常卿同正員。英毅有才略，善射。禄山之亂，玄宗幸蜀，倓兄弟典親兵扈從。車駕渡渭，百姓遮道乞留太子，太子諭之曰：「至尊奔播，吾不忍違離左右，俟吾見上奏聞。」倓於行宫謂太子曰：「逆胡犯順，四海分崩，不因人情，何以興復？夫有國家者，大孝莫若存社稷。今從至尊入蜀，則散關以東，非皇家所有，何以維屬人情？殿下宜購募豪杰，

暫往河西，收拾戎馬，點集防邊將卒，不下十萬人，光弼、子儀，全軍河朔，謀爲興復，計之上也。」廣平王亦贊成之，於是令李輔國奏聞。玄宗欣然聽納，乃分從官、士卒以遺之。時敗卒膽破，兵仗不完，太子既北上，渡渭，一日百戰。倓自選驍騎數百衛從，每蒼黄顛沛之際，血戰在前。太子或過時不得食，倓涕泗不自勝，上尤憐之，軍士屬目歸於倓。至靈武，太子即帝位。廣平既爲元子，欲以倓爲天下兵馬元帥。侍臣曰：「廣平王冢嗣，有君人之量。」上曰：「廣平地當儲貳，何假更爲元帥？」左右曰：「廣平今未册立，艱難時人尤屬望於元帥。况太子從曰撫軍，守曰監國。今之元帥，撫軍也，廣平爲宜。」遂以廣平爲元帥，倓典親軍，李輔國爲元帥府司馬。時張良娣有寵，倓性忠謇，因侍上屢言良娣頗自恣，輔國連結内外，欲傾動皇嗣。自是，日爲良娣、輔國所構，云：「建寧恨不得兵權，頗畜異志。」肅宗怒，賜倓死。既而省悟，悔之。……及代宗即位，深思建寧之冤，追贈齊王。大曆三年五月，詔曰：「故齊王倓，承天祚之慶，保鴻名之光……仍祔于奉天皇帝廟，同殿異室焉。」』

〔三〕興信公主季女謚曰恭順皇后：於舊唐書代宗紀載：『（大曆三年五月）乙卯，追謚故齊王倓爲承天皇帝，興信公主亡女張氏爲恭順皇后，祔葬。』新唐書代宗紀云：『（大曆三年）五月乙卯，追號齊王倓爲皇帝，興信公主女張氏爲皇后。』

〔四〕會有國難：『國難』，指安史之亂。

〔五〕王首建大議，扈先帝於朔垂：『朔垂』，四庫全書、全唐文、甲庫本、適園叢書、學林本作『朔陲』。『大議』，謂對國家大事的意見、建議。漢書 酷吏傳 田延年：『當發大議時，震動朝廷。』宋蘇軾司馬温公神道碑：『始發大議，乞立宗子爲後，以安宗廟。』『先帝』，指唐肅宗。『朔垂』，指甘肅靈武。

〔六〕以其年八月薨于行在，某年某月追封齊王：『齊王』，甲庫本無此二字。『行在』，指天子所在的地方。史記 衛將軍驃騎列傳：『右將軍蘇建盡亡其軍，獨以身得亡去，自歸大將軍……遂囚建詣行在所。』裴駰集解引蔡邕曰：『天子自謂所居曰「行在所」，言今雖在京師，行所至耳。』漢書 武帝紀：『諭三老孝弟以爲民師，舉獨行之君子，徵詣行在所。』顔師古注：『天子或在京師，或出巡狩，不可豫定，故言行在所耳，不得亦謂京師爲行在也。』事見舊唐書：『時張良娣有寵，倓性忠謇，因侍上屢言良娣頗自恣，輔國連結内外，欲傾動皇嗣。自是，日爲良娣、輔國所構，云：「建寧恨不得兵權，頗畜異志。」肅宗怒，賜倓死。既而省悟，悔之。……及代宗即位，深思建寧之冤，追贈齊王。』

〔七〕今上親親念切，册贈大號，以大曆三年六月遷座於咸陽：『親親』，愛自己的親屬。

詩小雅伐木序：『親親以睦，友賢不棄，不遺故舊，則民德歸厚矣。』孔穎達疏：『既能内親其親以使和睦，又能外友其賢而不棄，不遺忘久故之恩舊而燕樂之。』漢書翼奉傳：『古者朝廷必有同姓以明親親，必有異姓以明賢賢，此聖王之所以大通天下也。』『遷座』，遷移靈座，移柩安葬。宋韓琦仁宗哀册：『粤十月戊辰朔，六日癸酉，遷座於永昭陵，禮也。』

〔八〕銀桊傳曙，金根在馭：『銀桊』，古代出入宫闈、關津用的木製銀字符信。宋書王曇首傳：『元嘉四年，車駕出北堂，嘗使三更竟開廣莫門。南臺云：「應須白虎幡，銀字桊。」不肯開門。』北周王褒入朝守門開詩：『鐵符行警曙，銀桊未開闈。』『金根』，指金根車。以黄金爲飾的根車，帝王所乘。漢蔡邕獨斷卷下：『上所乘曰金根車，駕六馬，有五色安車、五色立車各一，皆駕四馬，是爲五時副車。』舊唐書輿服志：『金根車，朱質，紫油通幰，油畫絡帶，朱絲網，常行則供之。』

〔九〕出仙禁兮逶迤，指横橋兮西去：『指』，四庫全書作『泊』。『仙禁』，指皇宫。因禁衛森嚴，臣下不得任意出入，故稱。唐張九齡奉和聖製送尚書燕國公赴朔方：『寵錫從仙禁，光華出漢京。』宋柳永長壽樂詞：『便是仙禁春深，御爐香裊，臨軒親試。』『横橋』，古橋名。秦代建於長安附近渭水上。漢代於其兩側增建東西二橋，因又稱中渭橋。唐後毁。三輔黄圖咸

陽故城：『始皇窮極奢侈，築咸陽宮，因北陵營殿，端門四達，以則紫宮，象帝居。渭水貫都，以象天漢；横橋南度，以法牽牛。』晋潘岳西征賦：『鶩横橋而旋軫，歷敝邑之南垂。』李善注：『横音光。雍州圖曰：「在長安北二里，横門外也。」』

（十）乃詔禮儀使工部尚書祖奠于行宫：『祖奠』，出殯前一天晚上的祭奠。陳書陸繕傳：『太子以繕東宫舊臣，特賜祖奠。』宋司馬光翰林彭學士挽辭：『祖奠垂將撤，笳簫儼欲行。』

（十一）鴻明皇皇，子孫保光：『鴻明』，昌盛清明。漢書禮樂志：『皇皇鴻明，蕩侯休德，嘉承天和，伊樂厥福。』唐李德裕上尊號玉册文：『誠宜玉版温潤，鏤鴻明之德；神寶焜耀，薦萬斯之年。』『保光』，保持并發揚光大。三國志吴書賀邵傳：『自是之後，海内悼心，朝臣失圖，仕者以退爲幸，居者以出爲福，誠非所以保光洪緒，熙隆道化也。』

（十二）長發其祥：語出詩商頌長發。詩中歌頌商湯的祖先和建立商朝的成湯，謂自契以來已有受命的禎祥。後用作歌頌帝王祖先有明德、享國長久的典故。宋蘇軾興龍節集英殿宴教坊詞教坊致語：『屬誕彌之令旦，履長發之嘉祥。』

（十三）英華外揚，五色含章：『英華』，精英華彩。禮記樂記：『和順積中，而英華發外。』唐韓愈和崔舍人咏月二十韻：『浩蕩英華溢，瀟疏物象泠。』『五色』，指神色。『含章』，包

含美質。易坤：『六三，含章可貞。』孔穎達疏：『章，美也。』三國志魏書管寧傳：『含章素質，冰潔淵清。』

〔十四〕孝友純至：『孝友』，事父母孝順、對兄弟友愛。詩小雅六月：『侯誰在矣，張仲孝友。』毛傳：『善父母爲孝，善兄弟爲友。』後漢書韓棱傳：『棱四歲而孤，養母弟以孝友稱。及壯，推先父餘財數百萬與從昆弟，鄉里益高之。』

〔十五〕文麗春華，神清顥氣：『華』，明鈔本作『霞』。『顥氣』，清新潔白盛大之氣。漢班固西都賦：『軼埃壒之混濁，鮮顥氣之清英。』張銑注：『鮮，潔也；顥，白也。言過埃塵之上以承潔白清英之露。』唐白居易故饒州刺史吴府君神道碑銘：『每專氣入静，不粒食者累歲；顥氣充而丹田澤，飄然有出世心。』

〔十六〕所全者德：語出莊子天地：『執道者德全，德全者形全，形全者神全。』成玄英疏：『言執持道者則德行無虧，德全者則形不虧損，形全者則精神專一。』

〔十七〕錫羡其蕃：『錫羡』，謂神明多多賜福。唐李白明堂賦：『高宗紹興，佑統錫羡。』宋王安石賀生皇子表三：『神靈錫羡，果膺蕃衍之祥。』

〔十八〕天皇弄孫：『天皇』，指唐玄宗。

〔十九〕勝衣趨拜，即啓東藩：『趨』，原作『超』，今據明鈔本、全唐文、適園叢書、學林本改。『勝衣』，謂兒童稍長，能穿起成人的衣服。史記三王世家：『皇子賴天，能勝衣趨拜，至今無號位師傅官。』南朝梁鍾嶸詩品序：『才能勝衣，甫就小學，必甘心而馳騖焉。』『東藩』，東方的藩國。史記酈生陸賈列傳：『臣請得奉明詔説齊王，使爲漢而稱東藩。』三國魏曹植洛神賦：『余從京域，言歸東藩。』

〔二十〕山委慶賚，雲翔渥恩：『慶賚』，對賞賜的敬稱，指賞之以福禄。宋史樂志十五：『純禧霑品彙，慶賚浹窮荒。』宋史禮志三：『況祖宗以恩霈四方，慶賚將士，非三歲一行，則國力有限。』『渥恩』，深厚的恩澤。漢揚雄劇秦美新：『臣雄經術淺薄，行能無異，數蒙渥恩，拔擢倫比，與群賢并，愧無以稱職。』唐錢起和李員外扈駕幸温泉宫：『遥羡枚皋扈仙蹕，偏承霄漢渥恩濃。』

〔二十一〕紫殿丹臺兮相屬，臨洞窅窅兮沉沉：原作『臨洞音窅窅兮沉沉』，今據明鈔本、全唐文、甲庫本、適園叢書、學林本改。四庫全書作『臨洞音窅兮沉沉』。『紫殿』，帝王宫殿。三輔黄圖漢宫：『武帝又起紫殿，雕文刻鏤黼黻，以玉飾之。』南朝齊謝朓直中書省詩：『紫殿肅陰陰，彤庭赫弘敞。』『丹臺』，道教指神仙的居處。藝文類聚卷七十八引真人周君傳：『子名在丹臺

玉室之中，何憂不仙？』唐白居易酬趙秀才贈新登科諸先輩詩：『君看名在丹臺者，盡是人間修道人。』『窅窅』，隱晦貌，幽暗貌。鶡冠子 天則：『舉善不以窅窅，拾過不以冥冥。』陸佃注：『不以潛晦舉人之善。』唐戴叔倫贈徐山人詩：『針自指南天窅窅，星猶拱北夜漫漫。』

〔二十二〕聯日光與金友，煒芳蕚於瑶林：『聯日光與金友』，全唐文作『聯日光以金支』。『金友』，益友，良友。唐李端酬丘拱外甥覽余舊文見寄詩：『禮將金友等，情向玉人偏。』明許三階節俠記 遁荒：『交知阻隔，況撇五龍金友。一重怨做兩重迍邅。』『芳蕚』，同『花蕚』，語出詩 小雅 常棣：『常棣之華，鄂不韡韡。凡今之人，莫如兄弟。』華，蕚和花同生一枝，且有保護花瓣的作用，故後常以『花蕚』比喻兄弟或兄弟間和睦友愛的情誼。『瑶林』，比喻資質優異、品格高潔的人。宋陳師道送法寶禪師詩：『晚始識其子，瑶林一枝秀。』

〔二十三〕甲觀宴兮承顔數，寢門侍兮鍾愛深：『甲觀』，漢代樓觀名，猶言第一觀，爲皇太子所居。後泛指太子宮。漢書 成帝紀：『元帝在太子宮生甲觀畫堂，爲世嫡皇孫。』顔師古注：『如淳曰：「甲觀，觀名……三輔黄圖云太子宮有甲觀。」甲者，甲乙丙丁之次也。』北周庾信哀江南賦：『文詞高於甲觀，楷模盛於漳濱。』『承顔』，順承尊長的顔色。謂侍奉尊長。漢書 雋不疑傳：『聞暴公子威名舊矣，今乃承顔接辭。』晉書 孝友傳序：『柔色承顔，怡怡盡樂。』『寢

門』，古禮天子五門，諸侯三門，大夫二門。最内之門曰寢門，即路門。後泛指内室之門。儀禮士喪禮：『君使人吊，徹帷，主人迎于寢門外，見賓不哭。』鄭玄注：『寢門，内門也。』漢書元后傳：『兄弟宗族所蒙不測，當殺身靡骨死輦轂下，不當以無益之故有離寢門之心。』

〔二十四〕既閑詳於占對，亦自守於冲退：『閑詳』，（言語舉止）安閑周詳。世説新語言語：『嵇中散語趙景真』劉孝標注引晋嵇紹趙至叙：『至長七尺三寸，潔白黑髮，赤唇明目，鬢鬚不多，閑詳安諦，體若不勝衣。』『占對』，應對，對答。後漢書徐防傳：『防體貌矜嚴，占對可觀，顯宗異之。』舊唐書裴度傳：『度狀貌不逾中人，而風彩俊爽，占對雄辯，觀聽者爲之聳然。』『冲退』，謙讓。晋葛洪抱朴子行品：『士有含弘曠齊，虚己受物，藏疾匿瑕，温恭廉潔，勞謙冲退，救危全信。』唐柳宗元送嚴公貺下第歸興元覲省詩序：『吾子以冲退之志，端其趣向；以淬礪之誠，修其文雅。』

〔二十五〕忘外事之嬰拂，服前言之箴誨：『嬰拂』，同『攖拂』。觸犯，拂逆。宋葉適故運副龍圖侍郎孟公墓志銘：『良甫之學，以觀省察爲主，外所涉歷，皆切於心，身所覺知，皆反於性。凡情僞錯陳，横逆忽來，幾若無所攖拂。』宋李之彦東谷所見：『惟恐少有攖拂而取疏遠，故隨事苟徇而覬親密。』『箴誨』，規勸，教導。漢徐幹中論虚道：『先王之禮，左史記事，

右史記言，師瞽誦詩，庶僚箴誨，器用載銘，筵席書戒，月考其爲，歲會其行，所以自供正也。』後漢書崔寔傳：『或荒耽嗜欲，不恤萬機；或耳蔽箴誨，厭僞忽真。』

〔二十六〕謂歡娛之未央，何艱否之相會：『未央』，未盡，無已。楚辭離騷：『及年歲之未晏兮，時亦猶其未央。』王逸注：『央，盡也。』漢書禮樂志：『靈殷殷，爛揚光。延壽命，永未央。』『艱否』，困厄。唐司空圖答孫郃書：『矧當艱否之運，吾君吾相，方以爵秩來天下之賢材，將與之共拯，其可沽虛而自集耶！』唐末五代杜光庭羅天醮衆神詞：『運鐘艱否，時屬播遷，天數未寧，帝車未復，忠臣義士，皆懸報國之心。』

〔二十七〕雲雷邅屯，關洛揚塵：『雲雷』，原作『雷雲』，今據明鈔本、四庫全書、全唐文、適園叢書、學林本改。『雲雷邅屯』，典出易屯：『象曰：屯，剛柔始交而難生，動乎險中，大亨貞。』按，屯之卦象爲坎上震下，坎之象爲雲，震之象爲雷。因以『雲雷』喻險難環境。北周庾信周柱國大將軍長孫儉神道碑：『道鍾屯剥，世屬雲雷。』宋王禹偁刻石爲丘行恭贊序：『聖人創經綸之業，起草昧之時，雲雷方興，屯難必作，乃有忠果武勇之士以救之。』『關洛』，關中和洛陽一帶，泛指北方地區。晉書地理志上：『魏武定霸，三方鼎立，生靈版蕩，關洛荒蕪。』南朝齊王融永明十一年策秀才文：『所以關洛動南望之懷，獯夷遽北歸之念。』呂延濟注：『關，

秦也。洛，洛陽。南望，謂亂已平，齊都江南。』『揚塵』，喻征戰。北史高乾傳：『帝（魏莊帝）親送於河橋上，舉酒指水曰：「卿兄弟冀部豪杰，能令士卒致死。京城儻有變，可爲朕河上一揚塵。」』此指安史之亂。

〔二十八〕乘輿南幸，定議北巡：事見本文校箋〔二〕之『齊王』條。

〔二十九〕實賴經綸：『綸』，原作『論』，今據四庫全書、全唐文、適園叢書改。『經綸』，整理絲縷、理出絲緒和編絲成繩，統稱經綸。引申爲籌劃治理國家大事。易屯：『雲雷屯，君子以經綸。』孔穎達疏：『經謂經緯，綸謂綱綸，言君子法此屯象有爲之時，以經綸天下，約束於物。』禮記中庸：『唯天下至誠，爲能經綸天下之大經，立天下之大本，知天地之化育。』

〔三十〕如何上玄，不假之年：『上玄』，上天。漢揚雄甘泉賦：『惟漢十世，將郊上玄。』李善注：『上玄，天也。』周書王悦傳：『梁主内虧刑政，外闕藩籬，匹夫攘袂，舉國傾覆。非直下民離心，抑亦上玄所棄。』『假年』，給以歲月，指延長壽命。清錢謙益原任南京吏部稽勛清吏司主事安希範贈光禄寺少卿制：『方當召用，竟不假年。』清魏源詩古微序：『詩之道可盡於是乎？烏呼！以俟假年，以待來哲。』

〔三十一〕丹誤金鼎，樽空玳筵：『樽』，全唐文作『尊』。『金鼎』，特指道士煉丹之鼎爐。

南朝宋鮑照代淮南王詩：『琉璃藥碗牙作盤，金鼎玉匕合神丹。』唐聶夷中訪嵩陽道士不遇詩：『先生五岳游，文焰滅金鼎。』『玳筵』，玳瑁筵。隋江總今日樂相樂詩：『綺殿文雅遒，玳筵歡趣密。』宋朱熹鷓鴣天 江檻詞：『酒闌江月移雕檻，歌罷江風拂玳筵。』

〔三十二〕澤漏重泉：『重泉』，猶九泉，舊指死者所歸之處。南朝梁江淹潘黄門述哀：『美人歸重泉，凄愴無終畢。』宋蘇軾祭單君貺文：『云何不吊，銜痛重泉。』

〔三十三〕東負蒼海：『蒼』，明鈔本、適園叢書、學林本作『滄』。

〔三十四〕顧謀始之言博，謂飾終之恩薄：『博』，原作『慱』，今據全唐文、適園叢書、學林本改。『謀始』，謂開始時慎重考慮。易訟：『象曰：天與水違行，訟。君子以作事謀始。』王弼注：『無訟在於謀始，謀始在於作制。』孔穎達疏：『凡欲興作其事，必須謀慮其始。』後漢書鄧禹傳：『夫變通之世，君臣相擇，斯最作事謀始之幾也。』『飾終』，謂人死時給予尊榮。荀子禮論：『送死，飾終也。』宋陸游王成之給事挽歌辭：『贈極文昌貴，君恩厚飾終。』

〔三十五〕崇章大號：『大號』，帝王的號令。易渙：『渙汗其大號。』孔穎達疏：『渙汗其大號者，人遇險厄驚怖而勞，則汗從體出，故以汗喻險厄也。九五處尊履正，在號令之中，能行號令以散險厄者也。』唐元稹郭釗等轉勛制：『越二月，發大號於天下，延寵庶官，錫爾崇勛，

無替嘉命。」

〔三十六〕賜梁國之旌旗：「賜」，四庫全書作「錫」。

〔三十七〕備物宫庭，巍巍寵靈：「備物」，指儀衛、祭祀等所用的器物。左傳定公四年：「備物典策，官司彝器。」孔穎達疏引服虔云：「當謂國君威儀之物，若今傘扇之屬。」王引之經義述聞春秋左傳下備物典策：「備物即服物也。經傳多言服物……「服」與「備」古字通。」晋干寶晋紀總論：「始當非常之禮，終受備物之錫。」張銑注：「備物，謂祭器之物。」「寵靈」，恩寵光耀，使得到恩寵福澤。左傳昭公七年：「今君若步玉趾，辱見寡君，寵靈楚國，以信蜀之役，致君之嘉惠，是寡君既受貺矣，何蜀之敢望！」孔穎達疏：「言開其恩寵賜以威靈以及楚國。」南朝梁江淹建平王之南徐州刺史辭闕表：「臣過承寵靈，閲默假日，徒抱皇慈，無充横草。」

〔三十八〕寶符玉牒：「寶符」，寶璽和符命。新唐書肅宗紀：「上皇天帝御宣政殿，授皇帝傳國、受命寶符，册號曰光天文武大聖孝感皇帝。」「玉牒」，記載帝王譜系、曆數及政令因革之書。新唐書百官志三：「「宗正寺」知圖譜官一人，修玉牒官一人。」宋羅大經鶴林玉露卷三：「玉牒修書，始於大中祥符，至於政宣而極備……編年以紀帝系，而載其曆數及朝廷政令之因革者，爲玉牒。」

〔三十九〕仙駕帝儀，上昇紫冥：『仙駕』，仙人的車駕。南朝陳後主七夕宴重咏牛女各爲五韻詩：『明月照高臺，仙駕忽徘徊。』唐項斯病鶴詩：『縱使他年引仙駕，主人恩在亦應歸。』『紫冥』，天空。魏書高允傳：『發響九皋，翰飛紫冥。』唐李白與諸公送陳郎將歸衡陽詩：『衡山蒼蒼入紫冥，下看南極老人星。』

〔四十〕遽辭金屋，久閉珠襦：『金屋』，華美之屋。南朝梁柳惲長門怨詩：『無復金屋念，豈照長門心。』唐于鵠送宫人入道歸山詩：『自傷白髮辭金屋，許著黄衣向玉峰。』『珠襦』，貫珠爲飾的短衣，古代帝、后所服。漢書霍光傳：『太后被珠襦，盛服坐武帳中。』顔師古注引晋灼曰：『貫珠以爲襦，形若今革襦矣。』清錢士馨甲申三月紀事詩：『血濺珠襦迷斷篋，露零銀樹覆宫墻。』

〔四十一〕錫以象服，合於鮒隅：『象服』，古代后妃、貴夫人所穿的禮服，上面繪有各種物象作爲裝飾。詩鄘風君子偕老：『象服是宜。』毛傳：『象服，尊者所以爲飾。』陳奂傳疏：『象服未聞，疑此即褘衣也。象，古襐字，説文：「襐，飾也。」象服猶襐飾，服之以畫繪爲飾者。』唐錢起貞懿皇后挽詞：『有恩加象服，無日祀高禖。』『鮒隅』，即鮒魚山。南朝齊謝朓齊敬皇后哀策文：『陋蒼梧之不從兮，遵鮒隅以同壤。』李善注引山海經：『大荒之中，河水之間，鮒

隅之山，帝顓頊與九嬪葬焉。』劉良注：『舜葬蒼梧，二妃不從，故陋之；帝顓頊與九嬪葬於大荒之中河水之間鮒隅之山，故遵之。』三國魏阮籍東平賦：『懼從風而永去兮，托顓頊於鮒隅。』

〔四十二〕驚飈落於桂宮，零露沾於蘭坂：『露』，四庫全書作『落』。『桂宮』，指月宮。南朝梁沈約八咏詩登臺望秋月：『桂宮裊裊落桂枝，露寒淒淒凝白露。』清洪昇長生殿聞樂：『恰才奉姮娥口敕親傳點，請娘娘到桂宮中花下消炎。』『零露』，降落的露水。詩鄭風野有蔓草：『野有蔓草，零露溥兮。』鄭玄箋：『零，落也。』南朝宋鮑照代蒿里行：『馳波催永夜，零露逼短晨。』

〔四十三〕建翠鳳兮葳蕤，瞻輅馬兮遲遲：『翠鳳』，以翠羽製成的鳳形旗飾。秦李斯上秦始皇書：『建翠鳳之旗，樹靈鼉之鼓。』吕延濟注：『以翠羽爲鳳形而飾旗也。』『葳蕤』，羽毛飾物貌。漢書司馬相如傳上：『下摩蘭蕙，上拂羽蓋；錯翡翠之葳蕤，繆繞玉綏。』顏師古注：『葳蕤，羽飾貌。』南朝梁沈約九日侍宴樂游苑詩：『虹旍迢遞，翠華葳蕤。』『輅馬』，天子乘車之駕馬。後漢書張湛傳：『湛曰：「禮，下公門，軾輅馬。」』李賢注：『輅，大也。君所居曰路寢，車曰輅車，馬曰輅馬。』舊唐書薛登傳：『昭王錫輅馬以止譏，永固戮樊世以除譖。』

〔四十四〕壽宮閉兮與天畢，玉座深兮無曉時：『壽宮』，墓祠，又常指皇帝生前預築的陵墓。宋洪朋寄題胡公祠堂詩：『堂後壽宮閟日月，堂前荒草横古今。』明史方從哲傳：『又語及壽宮，

從哲等以先帝山陵對。帝自指曰：「朕壽宮也。」諸臣皆泣。』『玉座』，帝王的御座。

〔四十五〕嬪嬙儼兮侍新寢：『嬪嬙』，宮中女官，天子諸侯之姬妾。左傳昭公三年：『君若不棄敝邑，而辱使董振擇之，以備嬪嬙，寡人之望也。』杜預注：『嬪、嬙，婦官。』楊伯峻注：『嬪、嬙皆天子諸侯姬妾。』唐白居易策林一：『慮人之有愁苦也，則念損嬪嬙之數。』

〔四十六〕戢神輝之杳靄：『杳靄』，茂盛貌。漢陳琳柳賦：『蔚曇雲其杳藹，象翠蓋之葳蕤。』唐王昌齡山中別龐十：『瓊樹方杳靄，鳳兮保其貞。』

〔四十七〕惟鴻勛之不泯，眇然終古兮同斯：『眇』，四庫全書、全唐文作『渺』。『鴻勛』，偉大的功勛，宏大的事業。漢蔡邕楊公碑：『於是門人學徒，相與刊石樹碑，表勒鴻勛贊懿德。』宋司馬光相國魏忠獻韓公挽辭：『鴻勛柱石壯，勁節雪霜寒。』『終古』，久遠。楚辭離騷：『懷朕情而不發兮，余焉能忍而與此終古。』朱熹集注：『終古者，古之所終，謂來日之無窮也。』漢書溝洫志：『民歌之曰：「鄴有賢令兮爲史公，決漳水兮灌鄴旁，終古舄鹵兮生稻粱。」』

承天皇后哀册文〔一〕

楊炎

維大曆三年，歲次景午〔二〕，四月丁未朔〔三〕，六日壬子〔四〕，故齊王謚曰承天皇帝〔五〕。

妃張氏謚曰恭順皇后〔六〕。天寶末，賊臣構難〔七〕，王從二聖南幸成都〔八〕。自武功定策禁中〔九〕，扈先帝於靈武〔十〕，以是年八月薨于行在〔十一〕。今上録功追遠〔十二〕，詔謚鴻名〔十三〕，以大曆三年六月遷座于咸陽〔十四〕，禮也。雲翻宿懸〔十五〕，天鷄空響〔十六〕。建翠鳳以雙引〔十七〕，度蒼龍而長往〔十八〕。皇帝慟極天倫〔十九〕，齋于閑館〔二十〕。望桂嶼之蕭颯〔二十一〕，撫蘭臺之傷斷〔二十二〕。爰詔近臣〔二十三〕，遺音是纂〔二十四〕。其詞曰：

皇圖氛氳〔二十五〕，麗于天文〔二十六〕，本支百代〔二十七〕，聯華千載〔二十八〕。維王斯會〔二十九〕，其祥則大〔三十〕，祖武之烈，宗文之配〔三十一〕。令德純粹〔三十二〕，温恭慈愛〔三十三〕。和必有節〔三十四〕，動而無悔。持盈以沖〔三十五〕，明道若昧〔三十六〕。金玉是式，鼓鐘于外〔三十七〕。伊昔慶衍〔三十八〕，維皇握圖〔三十九〕，天孫載弄〔四十〕，甲觀晨趨〔四十一〕。善問居講，嚴師服儒〔四十二〕，瓊林秋實〔四十三〕，寶萼晴敷〔四十四〕。皇用錫土〔四十五〕，苴茅剖符〔四十六〕，大邦之翰，滄海之隅〔四十七〕。遥分朱邸〔四十八〕，近植青梧〔四十九〕，愛鍾嘉惠〔五十〕，寵被宸渥〔五十一〕。從侍寢門〔五十二〕，觀風大學〔五十三〕。禮聞齒讓〔五十四〕，聽辯聲樂〔五十五〕。曆運中否〔五十六〕，灾鯨構昏〔五十七〕。帝初避狄〔五十八〕，聖有昌言〔五十九〕，王叶群議〔六十〕，天迴乘轅〔六十一〕。適于硭碭之野〔六十二〕，進于閶闔之門〔六十三〕。雲趨北河〔六十四〕，電掃

中原（六十五），方從廟告（六十六），言守藩垣（六十七）。忽川逝于東海（六十八），怨夜長於西園（六十九）。嗚呼哀哉！志業見於屯蒙（七十），勛名留於天壤（七十一），成宗禋之有聖（七十二），悲歡愛之易喪。獨精聚而魂游，奉君親以長往（七十三）。展我邦媛，德容可仰（七十四），魯館而家（七十五），齊風是長（七十六）；翟拜三月，輧歸百兩（七十七），豈鳳吹以有歸（七十八），而虹銷之無像（七十九）？嗚呼哀哉！帝念伊始（八十），睟容生憂（八十一），傷桂色之幽蠹（八十二），望山河之林丘（八十三）。解劍龍而追慟（八十四），燭鴻徽以冥搜（八十五）。駕之輅旗（八十六），服以冕裘（八十七）。儼千官於天衢（八十八），將合祔而從周（八十九）。嗚呼哀哉！笳鼓宵陳（九十），河山曉發。地怏圠兮聲遠（九十一），天空同兮影没（九十二）。入幽隧之穹林（九十三），伏盤原之宫闕（九十四）。嗚呼哀哉！考至公與至性（九十五），見爲子兮爲臣，臨難不忘其社稷（九十六），感時思致其君親（九十七）。短而非病，逝豈同塵，惟德名與盛典（九十八），可觀法以求仁（九十九）。嗚呼哀哉！

校箋

〔一〕此文又見於文苑英華卷八百三十八，署名楊炎。全唐文卷四百二十二亦録此文，署名楊炎。此文文末未標明頒布時間。考此文文中有云：『今上録功追遠，詔謚鴻名，以大曆三年六月遷座于咸陽，禮也。』故此文頒布應在大曆三年六月遷葬之後。考舊唐書代宗紀云：『（大曆三年）六月戊子，承天皇帝祔奉天皇帝廟，同殿異室。』則此文頒布時間應與本卷承天皇帝哀册文頒布時間同，爲大曆三年（七六八）六月戊子（十六日）遷座日，則撰寫此文當在是時稍前。又，楊炎，傳見舊唐書卷一百一十八、新唐書卷一百四十五。舊唐書其本傳載：『楊炎字公南，鳳翔人。曾祖大寶，武德初爲龍門令，劉武周陷晋、絳，攻之不降，城破被害，褒贈全節侯。祖哲，以孝行有異，旌其門閭。父播，登進士第，隱居不仕，玄宗徵爲諫議大夫，棄官就養，亦以孝行禎祥，表其門閭。肅宗就加散騎常侍，賜號玄靖先生，名在逸人傳。炎美鬚眉，風骨峻峙，文藻雄麗，汧、隴之間，號爲小楊山人。釋褐，辟河西節度掌書記。……後副元帥李光弼奏爲判官，不應，徵拜起居舍人，辭禄就養岐下。丁憂，廬於墓前，號泣不絶聲，有紫芝白雀之祥，又表其門閭。孝著三代，門樹六闕，古未有也。服闋久之，起爲司勛員外郎，改兵部，轉禮部郎中、知制誥。遷中

書舍人，與常袞并掌綸誥，袞長於除書，炎善爲德音，自開元已來，言詔制之美者，時稱常、楊焉。炎樂賢下士，以汲引爲己任，人士歸之。嘗爲李楷洛碑，辭甚工，文士莫不成誦之。遷吏部侍郎，修國史。元載自作相，常選擢朝士有文學才望者一人厚遇之，將以代己。初，引禮部郎中劉單；單卒，引吏部侍郎薛邕；邕貶，又引炎。載親重炎，無與爲比。載敗，坐貶道州司馬。」

〔二〕歲次景午：『景午』，四庫全書作『戊申』，學林本作『丙午』。按，考是年歲次戊申，原文所記當有誤。

〔三〕四月丁未朔：『丁未』，文苑英華、全唐文作『乙未』。按，考是年四月爲乙亥。

〔四〕六日壬子：文苑英華、明鈔本、全唐文、甲庫本、適園叢書、學林本均作『五日庚子』。按，六日當爲庚辰日。

〔五〕故齊王謚曰承天皇帝：『齊王』，即唐肅宗第三子李倓。傳見舊唐書卷一百一十六、新唐書卷八十二。舊唐書其本傳載：『承天皇帝倓，肅宗第三子也。天寶中，封建寧郡王，授太常卿同正員。英毅有才略，善射。禄山之亂，玄宗幸蜀，倓兄弟典親兵扈從。車駕渡渭，百姓遮道乞留太子，太子諭之曰：「至尊奔播，吾不忍違離左右，俟吾見上奏聞。」倓於行宮謂太子曰：「逆胡犯順，四海分崩，不因人情，何以興復？夫有國家者，大孝莫若存社稷。今從至尊入蜀，

則散關已東，非皇家所有，何以維屬人情？殿下宜購募豪杰，暫往河西，收拾戎馬，點集防邊將卒，不下十萬人，光弼、子儀，全軍河朔，謀爲興復，計之上也。」廣平王亦贊成之，於是令李輔國奏聞。玄宗欣然聽納，乃分從官、士卒以遣之。時敗卒膽破，兵仗不完，太子既北上，渡渭，一日百戰。倓自選驍騎數百衛從，每蒼黄顛沛之際，血戰在前。太子或過時不得食，倓涕泗不自勝，上尤憐之，軍士屬目歸於倓。至靈武，太子即帝位。廣平既爲元子，欲以倓爲天下兵馬元帥。侍臣曰：「廣平王冢嗣，有君人之量。」上曰：「廣平地當儲貳，何假更爲元帥？」左右曰：「廣平今未册立，艱難時人尤屬望於元帥。况太子從曰撫軍，守曰監國。今之元帥，撫軍也，廣平爲宜。」遂以廣平爲元帥，倓典親軍，李輔國爲元帥府司馬。時張良娣有寵，倓性忠謇，因侍上屢言良娣頗自恣，輔國連結内外，欲傾動皇嗣。自是，日爲良娣、輔國所構，云：「建寧恨不得兵權，頗畜異志。」肅宗怒，賜倓死。既而省悟，悔之。……及代宗即位，深思建寧之冤，追贈齊王。大曆三年五月，詔曰：「故齊王倓，承天祚之慶，保鴻名之光……仍祔于奉天皇帝廟，同殿異室焉。」』

〔六〕妃張氏謚曰恭順皇后：舊唐書代宗紀云：『（大曆三年五月）乙卯，追謚故齊王倓爲承天皇帝，興信公主亡女張氏爲恭順皇后，祔葬。』新唐書代宗紀云：『（大曆三年）五月乙卯，

追號齊王倓爲皇帝，興信公主女張氏爲皇后。』資治通鑑卷二百二十四亦載：『（大曆三年五月）乙卯制，追謚倓曰承天皇帝；庚申，葬順陵。』故其追謚時間應在大曆三年（七六八）五月乙卯（十二日），此文文首所載時間當有誤。

〔七〕賊臣構難：『賊臣』，奸臣，亂臣。管子權修：『殺不辜而赦有罪，則國不免於賊臣矣。故夫爵服賤，禄賞輕，民閑其治，賊臣首難，此謂敗國之教也。』史記蒙恬列傳：『及王能治國，有賊臣言：「周公旦欲爲亂久矣，王若不備，必有大事。」』

〔八〕王從二聖南幸成都：『二聖』，此處指玄宗、肅宗。

〔九〕自武功定策禁中：此句四庫全書作『自以武功定策禁中』。『武功』，指武力。宋蘇軾書王奥所藏太宗御書後：『太宗皇帝以武功定禍亂，以文德致太平。』明唐順之條陳薊鎮練兵事宜：『臣竊觀高皇帝以武功定天下，深慮承平之後，武備浸弛，以啓戎心。』『定策』，决定方略或策略。晋陸機漢高祖功臣頌：『運籌固陵，定策東襲。』續資治通鑑宋高宗建炎三年：『庚午，帝還越州，遂定策航海，乃移四明。』『禁中』，指帝王所居宫内。史記秦始皇本紀：『於是二世常居禁中，與高决諸事。』漢書孔光傳：『上於是召丞相翟方進、御史大夫光……皆引入禁中，議中山、定陶王誰宜爲嗣者。』

（十）扈先帝於靈武：『扈』，隨從，護衛，後多指隨侍帝王。封氏聞見記：『百官從駕，謂之扈從，或曰護之借字。』事見舊唐書肅宗紀：『（至德元年）時從上惟廣平、建寧二王及四軍將士，纔二千人。……七月辛酉，上至靈武，時魏少游預備供帳，無不畢備。……是月甲子，上即皇帝位於靈武。』

（十一）以是年八月薨于行在：『行在』，專指天子巡行所到之地。晉書忠義傳嵇紹：『紹以天子蒙塵，承詔馳詣行在所。』宋李綱建炎制詔奏議表札集序：『某建炎初，自領開封府事，蒙恩除尚書右僕射兼中書侍郎，以六月一日至南京行在所供職。』按，考資治通鑑卷二百一十九載：『（至德二載正月）輔國外恭謹寡言而内狡險，見張良娣有寵，陰附會之，與相表裏。建寧王倓數於上前詆訐二人罪惡，二人譖之於上曰：「倓恨不得爲元帥，謀害廣平王。」上怒，賜倓死。』

（十二）今上録功追遠：『今上』，甲庫本作『上今』。『追遠』，追念前賢。漢班昭東征賦：『入匡郭而追遠兮，念夫子之厄勤。』宋書王僧達傳：『生平素念，顧閑衡廬，先朝追遠之恩，早見榮齒。』

（十三）詔謚鴻名：『鴻名』，大名，盛名。史記司馬相如列傳：『前聖之所以永保鴻名而常爲稱首者用此，宜命掌故悉奏其義而覽焉。』唐蘇頲開元元年赦書：『鴻名不可以深拒，盛典不可以固違。』

〔十四〕以大曆三年六月遷座于咸陽：『遷座』，遷移靈座，移柩安葬。宋韓琦仁宗皇帝哀册文：『粤十月戊辰朔，六日癸酉，遷座於永昭陵，禮也。』

〔十五〕雲翿宿懸：『雲』，甲庫本作『雷』。『翿』，四庫全書作『幡』。『翿』，古代羽舞或葬禮所用的旌旗，即羽葆幢。詩王風君子揚揚：『君子陶陶，左執翿，右招我由敖。』

〔十六〕天鷄空響：『空』，四庫全書作『切』，甲庫本作『初』。『天鷄』，神話中天上的鷄。南朝梁任昉述異記卷下：『東南有桃都山，上有大樹，名曰「桃都」，枝相去三千里。上有天鷄，日初出，照此木，天鷄則鳴，天下鷄皆隨之鳴。』唐李白夢游天姥吟留别詩：『半壁見海日，空中聞天鷄。』

〔十七〕建翠鳳以雙引：『翠鳳』，以翠羽製成的鳳形旗飾。秦李斯上秦始皇書：『建翠鳳之旗，樹靈鼉之鼓。』吕延濟注：『以翠羽爲鳳形而飾旗也。』『雙引』，分列兩旁導引。唐張説右羽林大將軍王公神道碑奉敕撰：『以十六年十月詔，葬於萬年縣見子之原，鹵薄齊列，方相雙引。』朱孝臧烏夜啼：『春雲深宿虚壇，磬初殘，步繞松陰，雙引出朱闌。』

〔十八〕度蒼龍而長往：『而』，文苑英華作『以』。『蒼龍』，傳説中的青龍。古傳青龍爲祥瑞之物。楚辭九辯：『左朱雀之茇茇兮，右蒼龍之躍躍。』京劇白蛇傳第六場：『你不知

蒼龍保平安，你不知家有蒼龍最吉祥。』『長往』，死亡的婉詞。南朝宋顏延之吊張茂度書：『豈謂中年，奄爲長往！』宋沈括夢溪筆談神奇：『俄頃，又舉頭顧希文曰：「亦無鬼神，亦無恐怖。」言訖遂長往。』

〔十九〕皇帝慟極天倫：『皇帝』，此處指代宗。『天倫』，天然倫次，指兄弟。穀梁傳隱西元年：『兄弟，天倫也。』范寧注：『兄先弟後，天之倫次。』周書裴寬傳：『裴長寬兄弟，天倫篤睦，人之師表。』

〔二十〕齋于閑館：『閑』，文苑英華作『開』。『閑館』，寬廣的館舍。漢司馬相如封禪文：『鬼神接靈圉，賓於閑館。』漢班固西都賦：『徇以離宫别寢，承以崇臺閑館。』

〔二十一〕望桂嶼之蕭颯：『嶼』，文苑英華作『輿』。『蕭』，文苑英華作『簫』。『蕭颯』，蕭條冷落。唐杜甫相從歌贈嚴二别駕：『成都亂罷氣蕭颯，浣花草堂亦何有。』宋王安石金陵懷古四首之三：『山水寂寥埋王氣，風烟蕭颯滿僧窗。』

〔二十二〕撫蘭臺之傷斷：『傷』，文苑英華作『腸』。

〔二十三〕爰詔近臣：『近臣』，指君主左右親近之臣。墨子親士：『臣下重其爵位而不言，近臣則喑，遠臣則吟。』唐韓愈天星送楊凝郎中賀正詩：『侍從近臣有虚位，公今此去歸何時？』

〔二十四〕遺音是纂：『遺音』，哀聲。易小過：『飛鳥遺之音。』孔穎達疏：『遺，失也。鳥之失聲，必是窮迫未得安處。論語曰：「鳥之將死，其鳴也哀。」故知遺音即哀聲也。』唐李商隱哭遂州蕭侍郎二十四韻：『遺音和蜀魄，易簀對巴猿。』

〔二十五〕皇圖氛氲：『圖』，文苑英華作『國』。『皇圖』，封建王朝的版圖，亦指封建王朝。唐李賀出城別張又新酬李漢詩：『皇圖跨四海，百姓拖長紳。』舊唐書哀帝紀論：『宇縣瓜分，皇圖瓦解。』『氛氲』，盛貌。南朝宋謝惠連雪賦：『霰淅瀝而先集，雪紛糅而遂多，其爲狀也，散漫交錯，氛氲蕭索。』李善注引王逸楚辭注：『氛氲，盛貌。』唐李嶠寶劍篇：『淬緑水，鑒紅雲，五采焰起光氛氲。』

〔二十六〕麗于天文：『麗』，附着。周易本義離：『離，麗也。日月麗乎天，百穀草木麗乎土。』後漢書卷五九張衡傳：『夫戰國交争，戎車競驅，君若綴旒，人無所麗。』『天文』，日月星辰等天體在宇宙間分布運行等現象。古人把風、雲、雨、露、霜、雪等地文現象也列入天文範圍。易賁：『觀乎天文，以察時變。』晉葛洪抱朴子博喻：『山鳩知晴雨於將來，不能明天文。』

〔二十七〕本支百代：『支』，文苑英華、全唐文作『枝』，明鈔本作『友』。按，作『友』當有誤。『本支百代』，同『本支百世』。謂子孫昌盛，百代不衰。詩大雅文王：『文王孫子，

本支百世。』」毛傳：『本，本宗也；支，支子也。』鄭玄箋：『其子孫適爲天子，庶爲諸侯，皆百世。』」東觀漢記杜林傳：『追觀往法，政皆神道設教，强幹弱枝，本支百世之要也。』

〔二十八〕聯華千載：『聯』，文苑英華、全唐文作『連』。『載』，明鈔本作『戴』。按，作『戴』當有誤。『聯華』，花開并蒂。南朝梁劉勰文心雕龍麗辭：『炳爍聯華，鏡静含態。』舊唐書姜皎傳：『銀青光禄大夫、殿中監、楚國公姜皎，簪紱聯華，圭璋特秀。』此處應喻指皇祚之繁榮。

〔二十九〕維王斯會：『會』，使協調一致，符合。南朝梁吴均續齊諧記：『音韻清暢，又深會女心。』

〔三十〕其祥則大：『大』，明鈔本、甲庫本無此字。

〔三十一〕祖武之烈，宗文之配：『宗文之配』，明鈔本、甲庫本作『宗文配』。『祖武』，即祖襲武王。『宗文』，即尊崇文王，謂尊崇祖先。南朝梁王中頭陀寺碑文：『惟齊繼五帝洪名，紐三王絶業，祖武宗文之德，昭升嚴配；格天光表之功，弘啓興復。』李善注：『禮記曰：「周人祖文王而宗武王。」尚書曰：「丕顯文武，昭升于上。」』劉良注：『言祖襲武王，尊嚴其父文王，以之配天。』『烈』，功業。漢書王莽傳上：『成王不能共事天地，修文、武之烈。』資

治通鑑漢孝獻皇帝庚建安十三年：『兼仗父兄之烈。』『配』，配享。孝經聖治：『孝莫大於嚴父，嚴父莫大於配天。』隋書煬帝紀上：『朕獲奉祖宗，欽承景業，永惟嚴配，思隆大典。』

〔三十二〕令德純粹：『令德』，美德。左傳襄公二十四年：『子産寓書於子西，以告宣子曰：「子爲晋國，四鄰諸侯不聞令德，而聞重幣，僑也惑之。」』唐封演封氏聞見記定謚：『昔周公，文王之子，謚曰文公。苟有令德，不嫌同謚。』

〔三十三〕温恭慈愛：『恭』，明鈔本作『茶』。按，作『茶』當有誤。『温恭』，温和恭敬。書舜典：『濬哲文明，温恭允塞。』孔穎達疏：『温和之色，恭遜之容。』詩商頌那：『自古在昔，先民有作。温恭朝夕，執事有恪。』『慈愛』，仁慈愛人。多指上對下或父母對子女的愛憐。國語楚語上：『明慈愛以導之仁，明昭利以導之文。』後漢書寇榮傳：『臣聞天地之於萬物也好生，帝王之於萬人也慈愛。』

〔三十四〕和必有節：『有節』，有節度；有節制。禮記檀弓上：『夫禮，爲可傳也，爲可繼也。故哭踊有節。』唐李德裕欹器賦：『表人道之隆替，明百事之有節。』

〔三十五〕持盈以冲：『冲』，四庫全書、甲庫本作『中』。『持盈』，保守成業。語本老子：『持而盈之，不如其已。』國語越語下：『夫國家之事，有持盈，有定傾，有節事。』韋昭注：『持，

守也；盈，滿也。』後漢書蔡邕傳：『心恬澹于守高，意無爲於持盈。』『冲』，淡泊。

〔三十六〕明道若昧：『昧』，全唐文、甲庫本作『昧』。

〔三十七〕金玉是式，鼓鐘于外：『式』，文苑英華作『飾』。『金玉是式』，意同『金相玉式』，亦即『金相玉質』。形容人或物外表和内質俱美。漢王逸楚辭章句序：『所謂金相玉質，百世無匹，名垂罔極，永不刊滅者矣。』周書蘇綽傳：『若刀筆之中而得志行，是則金相玉質，内外俱美，實爲人寶也。』『鼓鐘于外』，語出詩小雅白華：『鼓鐘于宫，聲聞于外。』原指内部有所作爲，風聲總會外傳，後亦喻指名聲在外。此處當爲形容承天皇帝倓頗有盛名。

〔三十八〕伊昔慶衍：『伊昔』，從前。晉陸機答賈長淵詩：『伊昔有皇，肇濟黎蒸。』李善注：『爾雅曰：「伊，惟也。」郭璞曰：「發語辭也。」』南朝梁江淹雜體詩王侍中粲懷德：『伊昔值世亂，秣馬辭帝京。』『慶』，福澤，有幸的事。國語周語：『有慶未嘗不怡。』『衍』，通『延』，綿延。周禮春官大祝：『二曰衍祭。』鄭玄注：『衍，當爲延。』管子白心：『無遷無衍，命乃長久。』

〔三十九〕維皇握圖：『皇』，明鈔本、四庫全書、甲庫本、適園叢書、學林本均作『黄』。『握圖』，猶握符。謂膺天命而有天下。南朝陳徐陵勸進梁元帝表：『伏惟陛下，出震等於勛華，鳴謙同於旦奭。握圖秉鉞，將在禦天。玉縢珠衡，先彰元后。』舊唐書玄宗紀贊：『開元握圖，永鑒前車。』

（四十）天孫載弄：『天孫』，皇帝的孫子。稱謂録卷十皇諸孫 天孫：『焦氏易林：「天孫帝子與日月處。」』『載弄』，詩 小雅 斯干：『乃生男子……載弄之璋……乃生女子……載弄之瓦。』後因以『載弄』謂誕生。唐員半千大唐宗聖觀主銀青光禄大夫天水尹尊師碑：『及載弄之始，目光炯然，眸子轉眄，若有所見。』

（四十一）甲觀晨趨：『甲觀』，漢代樓觀名，猶言第一觀，爲皇太子所居，後泛指太子宫。漢書 成帝紀：『元帝在太子宫生甲觀畫堂，爲世嫡皇孫。』顔師古注：『如淳曰：「甲觀，觀名……三輔黄圖云太子宫有甲觀。」甲者，甲乙丙丁之次也。』北周庾信哀江南賦：『文詞高於甲觀，楷模盛於漳濱。』『晨趨』，清早趨行。謂朝參。唐杜甫八哀詩 故秘書少監武功蘇公源明：『晨趨閶闔内，足踏宿昔趼。』唐劉禹錫奉和吏部楊尚書太常李卿二相公策免後即事述懷贈答：『九天開内殿，百辟看晨趨。』

（四十二）嚴師服儒：『嚴師』，尊敬老師。禮記 學記：『凡學之道，嚴師爲難。』鄭玄注：『嚴，尊敬也。』

（四十三）瓊林秋實：『瓊林』，猶『瓊樹』，比喻人的品格高潔。南朝宋劉義慶世説新語 賞譽：『王戎云：太尉神姿高徹，如瑶林瓊樹，自然是風塵外物。』唐李商隱安平公詩：『其弟

炳章猶兩丱，瑶林瓊樹含奇花。」「秋實」，比喻人的德行成就。三國志魏書邢顒傳：「采庶子之春華，忘家丞之秋實。」北齊顏之推顏氏家訓勉學：「夫學者猶種樹也，春玩其華，秋登其實，講論文章，春華也，修身勵行，秋實也。」

〔四十四〕寶萼晴敷：「萼」，明鈔本、四庫全書、甲庫本作「藻」。「寶萼」，即「花萼」，語出詩小雅常棣：「常棣之華，鄂不韡韡。凡今之人，莫如兄弟。」華，萼和花同生一枝，且有保護花瓣的作用，故後常以「花萼」比喻兄弟或兄弟間和睦友愛的情誼。

〔四十五〕皇用錫土：「錫土」，賜土封國。三國志魏書董昭傳「昭受恩非凡」裴松之注引獻帝春秋：「昔周旦、吕望……功勛若彼，猶受上爵，錫土開宇。」章炳麟訄書序種姓上：「錫土因生而各統其德者，父子則亦殊姓。」

〔四十六〕苴茅剖符：「苴茅」，明鈔本作「苣茅」，甲庫本作「苣茅」。「剖」，甲庫本作「部」。「苴茅」，古代帝王分封諸侯時，用該方顏色的泥土，覆以黄土，包以白茅，授予受封者，作爲分封土地的象徵。書禹貢「厥貢惟土五色」孔傳：「王者封五色土爲社。建諸侯則各割其方色土與之，使立社。燾以黄土，苴以白茅。茅取其潔，黄取王者覆四方。」陸德明釋文：「燾，覆也；苴，包裹也。」後漢書宦者傳序：「苴茅分虎，南面臣人者，蓋以十數。」李賢注：「封

諸侯各以其方色土，苴以白茅，而分銅虎符也。」『剖符』，猶剖竹。古代帝王分封諸侯、功臣時，以竹符爲信證，一剖爲二，君臣各執其一，後因以『剖符』『剖竹』爲分封、授官之稱。戰國策 秦策三：『穰侯使者操王之重，决裂諸侯，剖符于天下，征敵伐國，莫敢不聽。』史記 韓信盧綰列傳：『遂與剖符爲韓王，王潁川。』

〔四十七〕大邦之翰，滄海之隅：『翰』，文苑英華作『幹』。『大邦』，大國。書 武成：『大邦畏其力，小邦懷其德。』孔傳：『言天下諸侯，大者畏威，小者懷德。』詩 小雅 采芑：『蠢爾蠻荆，大邦爲讎。』鄭玄箋：『大邦，列國之大也。』『翰』，通『幹』。草木的莖稈，引申爲骨幹、維護者、支持者。詩 小雅 桑扈：『之屏之翰，百辟爲憲。』詩 大雅 文王有聲：『四方攸同，王后維翰。』『滄海』，我國古代對東海的别稱。三國魏曹操步出夏門行：『東臨碣石，以觀滄海。』初學記卷六引晋張華博物志：『東海之别有渤澥，故東海共稱渤海，又通謂之滄海。』『隅』，邊、旁。管子 弟子職：『昏將舉火，執燭隅坐，錯總之法，横子坐所。』樂府詩集 卷三十七 相和歌辭十二古辭 隴西行：『桂樹夾道生，青龍對道隅。』

〔四十八〕遥分朱邸：『分』，學林本作『兮』。此句明鈔本、甲庫本作『遥分邸』。『朱邸』，漢諸侯王第宅，以朱紅漆門，故稱朱邸。後泛指貴官府第。南朝齊謝朓拜中軍記室辭隋王箋：『唯

待青江可望，候歸艎於春渚；朱邸方開，效蓬心於秋實。」李善注引史記：「諸侯朝天子，於天子之所立舍曰邸，諸侯朱户，故曰朱邸。」世説新語言語「君自見其朱門」劉孝標注引高逸沙門傳：「司徒會稽王……與法師結殷勤之歡，師雖升履丹墀，出入朱邸，泯然曠達，不異蓬宇也。」

〔四十九〕近植青梧：「青梧」，梧桐。樹皮色青，故稱。舊題漢郭憲洞冥記卷一：「壇上列植垂龍之木，似青梧，高十丈。」南朝宋鮑照秋夕詩：「紫蘭花已歇，青梧葉方稀。」

〔五十〕愛鍾嘉惠：「惠」，全唐文作「會」。「嘉惠」，指施予恩惠。唐柳宗元唐故秘書少監陳公行狀：「天子加惠群臣而引慝焉，德至厚也。」清王先謙鄧湘皋船山遺書目録序：「舊刊之本類坊刻，且日久漫漶，顯鶴病之，嘗慨然發憤，思購求先生全書，精審鋟木，嘉惠來學。」

〔五十一〕寵被宸渥：「宸」，明鈔本、甲庫本、適園叢書、學林本均作「震」。「宸」，借指帝王。唐張説奉和同皇太子過慈恩寺應制二首之一：「翼翼宸恩永，煌煌福地開。」「渥」，深重、濃厚。漢賈誼上疏陳政事：「高皇帝以明聖威武即天子位，割膏腴之地以王諸公，多者百餘城，少者乃三四十縣，德至渥也。」晋李密陳情表：「過蒙拔擢，寵命優渥，豈敢盤桓，有所希冀？」此處應指深厚的恩德。

〔五十二〕從侍寢門：「寢門」，古禮天子五門，諸侯三門，大夫二門。最内之門曰寢門，即路門。

後泛指內室之門。

〔五十三〕觀風大學：『大』，文苑英華、全唐文、甲庫本作『太』。『大學』，太學。禮記 王制：『小學在公宮南之左，大學在郊。』大戴禮記 保傅：『束髮而就大學，學大藝焉，履大節焉。』盧辯注：『大學，王宮之東者。束髮，謂成童。』

〔五十四〕禮聞齒讓：『齒讓』，以年歲大小相讓，示長幼有序。禮記 文王世子：『故世子齒於學，國人觀之，曰：「將君我而與我齒讓，何也？」』明歸有光告昆山縣城隍神文：『吾邑人孝弟力田，鄉里齒讓。』

〔五十五〕聽辯聲樂：『辯』，文苑英華、四庫全書、全唐文作『辨』。『聲樂』，音樂。周禮 地官 鼓人：『鼓人掌教六鼓四金之音聲，以節聲樂，以和軍旅，以正田役。』晉潘岳西征賦：『隱王母之非命，縱聲樂以娱神。』

〔五十六〕曆運中否：『曆運』，天象運行所顯示的一個朝代的氣數、運勢。古代認爲朝代的興衰更迭與天象運行相應。漢書 哀帝紀：『漢家曆運中衰，當再受命，宜改元易號。』北史房彦謙傳：『産禄承母弟之基，不應曆運之兆，終無帝主之位。』『中否』，中道衰落。宋胡仔苕溪漁隱叢話 前集長短句引無名氏和東坡赤壁：『炎精中否，嘆人材委靡，都無英物。』

〔五十七〕灾鯨構昏：『灾鯨』，四庫全書作『鯨灾』。『鯨』，喻凶惡的人。

〔五十八〕帝初避狄：此句文苑英華、全唐文作『初避夷狄』，四庫全書作『帝從避狄』。

〔五十九〕聖有昌言：『昌言』，善言，正當的言論。書皋陶謨：『禹拜昌言曰：「俞！」』孔穎達疏：『禹乃拜受其當理之言。』漢書王莽傳中：『嘉新公國師以符命爲予四輔，明德侯劉龔、率禮侯劉嘉等凡三十二人皆知天命，或獻天符，或貢昌言，或捕告反虜，厥功茂焉。』顏師古注：『昌，當也。』

〔六十〕王叶群議：『群』，明鈔本作『郡』。按，作『郡』當有誤。

〔六十一〕天迴乘轅：『天』，學林本作『王』。

〔六十二〕適于硭碭之野：『硭碭』，當爲『芒碭』，形容廣闊無邊。唐韓愈苦寒詩：『芒碭大包内，生類恐盡殲。』

〔六十三〕進于閶閣之門：『閣』，文苑英華、四庫全書、全唐文作『闔』。『閶閣』，同『閶闔』，泛指宫門或京都城門。後漢書寇榮傳：『閶闔九重，陷阱步設，舉趾觸罘罝，動行絓羅網，無緣至萬乘之前。』南朝梁丘遲侍宴樂游苑送張徐州應詔詩：『詰旦閶闔開，馳道聞鳳吹。』

〔六十四〕雲趨北河：『北河』，四庫全書、全唐文作『河北』，甲庫本作『比河』。

〔六十五〕電掃中原：『電掃』，像閃電劃過，比喻迅速掃蕩净盡。唐元稹苦雨：『陰沴皆電掃，幽妖亦雷驅。』清鄭燮念奴嬌 金陵懷古十二首 周瑜宅詞：『八十萬軍飛一炬，風卷灘前黃葉。樓櫓雲崩，旌旗電掃，熛射江流血。』

〔六十六〕方從廟告：『廟』，古時用來祭祀祖宗的屋舍。此處應指肅宗即位。

〔六十七〕言守藩垣：『言守』，甲庫本作『守言』。『藩垣』，比喻藩國、藩鎮。唐劉禹錫賀雪鎮州表：『王承宗效順著明，復其官爵；所獻二郡，别置藩垣。』續資治通鑒宋高宗建炎四年：『甲子，詔曰：「周建侯邦，四國有藩垣之助；唐分藩鎮，北邊無强敵之虞。」』

〔六十八〕忽川逝于東海：『川逝』，河水流逝。語本論語 子罕：『子在川上曰：「逝者如斯夫！不舍晝夜。」』本喻時光流逝，此處應指承天皇帝倓逝世。

〔六十九〕怨夜長于西園：『西園』，園林名。在河北省臨漳縣鄴縣舊治北，傳爲曹操所建。三國魏曹植公宴詩：『清夜游西園，飛蓋相追隨。』南朝梁沈約應王中丞思遠咏月：『高樓切思婦，西園游上才。』唐吕向注：『西園謂魏氏鄴都之西園也。文帝每以月夜集文人才子共游於西園。』

〔七十〕志業見於屯蒙：『業』，四庫全書作『操』。『屯蒙』，四庫全書作『素履』。『志

業』，志向與事業。南朝梁沈約臨川王子晋南康侯子恪遷授詔：『門下侍中臨川王子晋，志業清敏，器尚夷通。』明沈德符萬曆野獲編 禮部一 董伯念：『伯念有才名，其志業不凡，不幸爲富貴所累，以致短折。惜哉！』『屯蒙』，易之屯卦和蒙卦的并稱，萬物初生稚弱貌。隋楊素贈薛播州詩：『在昔天地閉，品物屬屯蒙。』資治通鑒則天順聖皇后長壽元年：『自文明草昧，天地屯蒙。』胡三省注：『屯者物之始，蒙者物之稚，言後稱制之初，猶天地生物之始。』

〔七十一〕勛名留於天壤：『留』，四庫全書作『流』。『勛名』，功名。後漢書 張奂傳：『（張奂）及爲將帥，果有勛名。』宋蘇舜欽春日感懷詩：『望國勛名晚，傷時歲月飛。』『天壤』，天地，天地之間。管子 幼官：『修春秋冬夏之常祭，食天壤山川之故祀。』戰國策 齊策六：『故業與三王争流，與天壤相敝也。』

〔七十二〕成宗禋之有聖：『宗禋』，對祖先的祭祀。後漢書 宦者傳論：『自古喪大業絶宗禋者，其所漸有由矣。』南齊書 高帝紀上：『彝器已塵，宗禋誰主？綴旒之殆，未足爲譬，豈直小宛興刺，黍離作歌而已哉。』

〔七十三〕奉君親以長往：『以』，文苑英華作『吕』。『君親』，君王與父母，小特指君主。漢李陵答蘇武書：『違棄君親之恩，長爲蠻夷之域，傷已。』晋葛洪抱朴子 酒誡：『臣子失禮

於君親之前，幼賤悖慢於耆宿之坐。』

〔七十四〕德容可仰：『德容』，指女子的德行與容貌。清沈復浮生六記坎坷記愁：『願君另續德容兼備者以奉雙親。』

〔七十五〕魯館而家：『魯館』，春秋時，魯莊公主持周王姬的婚事，派大夫把王姬迎到魯國，在城外（一説在宮外）築館住下，然後送至齊國與齊侯成婚。後因以『魯館』稱貴族女子出嫁時外住之所。唐皇甫枚三水小牘王知古：『聆好音於魯館，逼佳氣於秦臺。』宋王禹偁慰公主薨表：『雲愁魯館，風咽秦簫。』

〔七十六〕齊風是長：『齊風』，此處應指詩國風齊風，其中半數以上是關於婚娶與愛情的詩歌。

〔七十七〕翟拜三月，軿歸百兩：『翟』，翟羽，古代樂舞所執雉羽。新唐書：『舞人十六，執羽翟，以四爲列。』古代貴族婦女所乘的一種車的車簾兩邊或車箱兩旁會以翟羽爲飾。『三月』，典出禮記：『此謂舅姑亡者，婦入三月之後，而於廟中以禮見於舅姑。其祝辭告神，稱來婦也。謂選擇吉日，婦親自執饌，以祭於禰廟，以成就婦人盥饋之義。』『軿』，有帷蓋的車子。説文解字：『軿，輜車也。』朱駿聲曰：『輜軿皆衣車，前後皆蔽曰輜，前有蔽曰軿。』字林：『軿，

車有衣蔽無後轅。」『百兩』，古時車凡兩輪，故以兩計數。百兩，即百輛車。特指結婚時所用的車輛，亦泛言車輛多。

〔七十八〕豈鳳吹以有歸：此句文苑英華、全唐文作『豈鳳吹之有行』。『鳳』，學林本作『風』。『鳳吹』，典出漢劉向列仙傳卷上王子喬：『王子喬，周靈王太子晋也。好吹笙，作鳳鳴。游伊洛間，道士浮丘公接上嵩高山。三十餘年後，求之於山上，見桓良曰：「告我家，七月七日待我於緱氏山巔。」至時，果乘白鶴駐山頭，望之不得到，舉手謝時人，數日而去。』

〔七十九〕而虹銷之無像：『虹』，甲庫本作『蝱』。『無像』，没有形迹，没有具體形象。管子幼官：『備具勝之原，無象勝之本。』趙守正注：『無象，指軍行隱蔽，使人們看不到形象。』三國魏曹植七啓：『譬若畫形於無象，造響於無聲。』

〔八十〕帝念伊始：『伊始』，初始，事情的開端。晋陸機皇太子宴玄圃宣猷堂有令賦詩：『匪願伊始，惟命之嘉。』宋周密齊東野語巴陵本末：『朕訪落伊始，首下詔求讜言。』

〔八十一〕睟容生憂：『睟』，文苑英華、四庫全書、全唐文作『晬』。『睟容』，温和慈祥的容貌。南朝齊王融三月三日曲水詩序：『睟容有穆，賓儀式序。』唐温庭筠元日詩：『雨暘春令煦，裘冕睟容尊。』

〔八十二〕傷桂色之幽蠹：『桂』，明鈔本作『挂』。按，作『挂』當有誤。『色』，文苑英華、全唐文、適園叢書、學林本均作『絆』。『幽蠹』，藏在樹身裏的蛀蟲。唐陳子昂感遇詩三十八首之十二：『招摇青桂樹，幽蠹亦成科。』

〔八十三〕望山河之林丘：『林丘』，樹木與土丘，泛指山林。南朝宋謝惠連西陵遇風獻康樂詩：『零雨潤墳澤，落雪灑林丘。』元薩都剌次張舉韻題皖山金氏綉野亭：『最喜園林動花竹，不妨城郭帶林丘。』

〔八十四〕解劍龍而追慟：『劍』，明鈔本、甲庫本作『釰』。『劍龍』，太平御覽卷三百四十三引世説：『王子喬墓在京陵，戰國時人有盗發之者，睹無所見，唯有一劍停在室中，欲進取之，劍作龍鳴虎吼，遂不敢近，俄而徑飛上天。』後詩文中用以爲典。唐李賀吕將軍歌：『北方逆氣污青天，劍龍夜叫將軍閑。』

〔八十五〕燭鴻徽以冥搜：『鴻徽』，大美，大善，多指極爲人稱譽的美德善行。南朝宋謝莊爲八座江夏王請封禪表：『鴻徽洽於海表，威棱震乎沙外。』唐閻隨侯西岳望幸賦：『邦國之鴻徽克播，帝王之盛事畢陳。』『冥搜』，盡力尋找，搜集。晉孫綽游天台山賦：『非夫遠寄冥搜，篤信通神者，何肯遥想而存之？』宋周密齊東野語書籍之厄：『吾家三世積累，先君子尤酷嗜，

至轝負郭之田以供筆札之用。冥搜極討，不憚勞費，凡有書四萬二千餘卷。」

〔八十六〕駕之輅旗：『輅』，車前的横木。説文解字車部：『輅，車輪前横木也。』史記劉敬叔孫通列傳：『婁敬脱挽輅，衣其羊裘。』

〔八十七〕服以冕裘：『裘』，全唐文作『表』。

〔八十八〕儼千官於天衢：『千』，甲庫本作『天』。『衢』，文苑英華、全唐文作『衛』。『天衢』，指京都的大路。唐李賀漢唐姬飲酒歌：『御服沾霜露，天衢長蓁棘。』五代王定保唐摭言無官受黜：『嘗跨驢張蓋，横截天衢，時秋風正厲，黄葉可掃。島（賈島）忽吟曰：「落葉滿長安。」』

〔八十九〕將合祔而從周：『合祔』，猶合葬。唐顧況有鄰公合祔挽歌。宋洪邁夷堅丙志王八郎：『女念其父之未歸骨，遣人迎喪，欲與母合祔。』

〔九十〕笳鼓宵陳：『笳』，明鈔本作『茄』。『宵』，明鈔本作『霄』。『笳鼓』，笳聲與鼓聲，借指軍樂。南史曹景宗傳：『時韻已盡，唯餘競、病二字。景宗便操筆，斯須而成，其辭曰：「去時兒女悲，歸來笳鼓競。借問行路人，何如霍去病。」帝嘆不已。』唐韓愈大行皇太后挽歌詞三首之一：『秋天笳鼓歇，松柏遍山鳴。』

〔九十一〕地怏圠兮聲遠：『怏圠』，文苑英華作『坱乾』，明鈔本作『坱北』，四庫全書、甲庫本作『缺北』，全唐文、適園叢書、學林本作『坱軋』。『怏圠』，同『坱軋』，漫無邊際貌。史記屈原賈生列傳：『大鈞槃物兮，坱軋無限。』裴駰集解引應劭曰：『其氣坱軋，非有限齊也。』三國魏曹植誥咎文：『遂乃沉陰坱圠，甘澤微微，雨我公田，爰暨於私。』

〔九十二〕天空同兮影没：『同』，四庫全書、甲庫本作『南』。『空同』，虚無渾茫。關尹子九藥：『昔之論道者，或曰凝寂，或曰邃深，或曰澄澈，或曰空同。』南朝梁江淹水上神女賦：『視空同而失貌，察倏忽而亡迹。』

〔九十三〕入幽隧之穹林：『穹林』，幽深的樹林。唐韓愈祭河南張員外文：『雲壁潭潭，穹林攸擢。』宋朱熹寄題咸清精舍清暉堂詩：『穹林擢遥景，回澗蕩秋氛。』

〔九十四〕伏盤原之宫闕：『宫』，全唐文作『官』。『宫闕』，古時帝王所居宫門前有雙闕，故稱宫殿爲宫闕。史記高祖本紀：『蕭丞相營作未央宫，立東闕、北闕、前殿、武庫、太倉。高祖還，見宫闕甚壯。』南朝齊謝朓始出尚書省詩：『趨事辭宫闕，載筆陪旌棨。』

〔九十五〕考至公與至性：『至公』，最公正，極公正。管子形勢解：『風雨至公而無私，所行無常鄉。』呂氏春秋慎大：『湯立爲天子，夏民大説，如得慈親，朝不易位，農不去疇，

商不變肆，親鄗如夏，此之謂至公。』『至性』，多指天賦卓絶的品性。後漢書東平憲王蒼傳：『陛下履有虞之至性，追祖禰之深思，然懼左右過議，以累聖心。』唐劉灣虹縣嚴孝子墓詩：『至性教不及，因心天所資。』

〔九十六〕臨難不忘其社稷：『臨難』，謂身當危難，常指面臨死亡。禮記曲禮上：『臨財毋苟得，臨難毋苟免。』吴子圖國：『民知君之愛其命，惜其死，若此之至，而與之臨難，則士以進死爲榮，退生爲辱矣。』

〔九十七〕感時思致其君親：『思致』，四庫全書作『致思』。『其』，文苑英華作『於』。『感時』，感慨時序的變遷或時勢的變化。漢王逸九思哀歲：『歲忽忽兮惟暮，余感時兮凄愴。』唐杜甫春望詩：『感時花濺泪，恨别鳥驚心。』

〔九十八〕惟德名與盛典：『德名』，四庫全書、全唐文、甲庫本作『芳名』。『盛典』，四庫全書、全唐文、甲庫本作『盛德』。『盛典』，盛大的典禮。隋書音樂志上：『盛典弗愆，群望咸秩。』宋蘇軾賀明堂赦書表二首之一：『宗祀告成，修累朝之盛典；端門肆眚，答萬宇之歡心。』

〔九十九〕可觀法以求仁：『觀』，明鈔本作『親』。

卷第二十七

皇太子

立太子

立太子

立秦王爲皇太子詔〔一〕

儲貳之重〔二〕，式固宗祧〔三〕。一人元良〔四〕，以貞萬國〔五〕。天册上將、太尉、尚書令、陝東道大行臺尚書令、益州道行臺尚書令、雍州牧、蒲州都督、領十二衛大將軍、中書令、上柱國、秦王某〔六〕，器質冲遠〔七〕，風猷昭茂〔八〕，宏圖昔著〔九〕，美業日隆〔十〕。孝惟德本〔十一〕，周於百行〔十二〕；仁惟任重〔十三〕，以安萬物〔十四〕。王迹初基〔十五〕，經營締構〔十六〕，戡剪多難〔十七〕，征討不庭〔十八〕。嘉謀獨舉〔十九〕，長筭必剋〔二十〕，敷政大邦〔二十一〕，宣風區奥〔二十二〕。功高四履〔二十三〕，道邁二南〔二十四〕，任總機衡〔二十五〕，庶績惟允〔二十六〕，職兼内外〔二十七〕，彝倫載穆〔二十八〕。遐邇屬意〔二十九〕，朝野具瞻〔三十〕，宜承鼎業〔三十一〕，允膺守器〔三十二〕。可立爲皇太子。所司具禮〔三十三〕，以時册命。武德九年六月。

校箋

〔一〕本文又見於册府元龜卷二百五十七。文苑英華卷四百四十三亦録此文，文題作立秦王爲太子詔，屬於王言會最。全唐文卷三亦録，文題作立秦王爲太子詔，署名唐高祖。本文文末標明頒布時間爲『武德九年六月』，考册府元龜此文文首謂：『（武德）九年六月癸亥，詔曰：儲貳之重，式固宗祧……』舊唐書高祖紀云：『（武德九年）六月庚申，秦王以皇太子建成與齊王元吉同謀害己，率兵誅之。詔立秦王爲皇太子，繼統萬極，大赦天下。』舊唐書太宗紀云：『（武德）九年，皇太子建成、齊王元吉謀害太宗。六月四日，太宗率長孫無忌、尉遲敬德、房玄齡、杜如晦、宇文士及、高士廉、侯君集、程知節、秦叔寶、段志玄、屈突通、張士貴等於玄武門誅之。甲子，立爲皇太子，庶政皆斷决。』新唐書高祖紀云：『（武德）九年……六月丁巳，太白經天。庚申，秦王世民殺皇太子建成、齊王元吉。大赦。復浮屠、老子法。癸亥，立秦王世民爲皇太子，聽政。』資治通鑑卷一百九十一載：『（武德）九年……六月……癸亥，立世民爲皇太子。又詔：「自今軍國庶事，無大小悉委太子處决，然後聞奏。」』據上述史籍所載，本詔書頒布時間應爲武德九年（六二六）六月癸亥（七日），其撰寫時間當在此時稍前。

〔二〕儲貳之重：文苑英華作『詔曰：儲貳之重』。『儲貳』，儲副，太子。晉葛洪抱朴子釋滯：『昔子晉舍視膳之役，棄儲貳之重，而靈王不責之以不孝。』唐元稹四皓廟詩：『如何一朝起，屈作儲貳賓。』

〔三〕式固宗祧：『宗祧』，宗廟。左傳襄公二十三年：『紇不佞，失守宗祧，敢告不吊。紇之罪，不及不祀。』杜預注：『遠祖廟爲祧。』孔子家語哀公問政：『聖人因物之精，制爲之極，明命鬼神，以爲民之則，而猶以是爲未足也。故築爲宫室，設爲宗祧。』

〔四〕一人元良：册府元龜、明鈔本、甲庫本、全唐文、適園叢書作『一有元良』。『元良』，大善，至德。書太甲下：『一人元良，萬邦以貞。』孔傳：『天子有大善，則天下得其正。』書泰誓中：『剥喪元良，賊虐諫輔。』蔡沈集傳：『元良，微子也；諫輔，比干也。』

〔五〕以貞萬國：『萬國』，萬邦，天下，各國。易乾：『首出庶物，萬國咸寧。』史記東越列傳：『今小國以窮困來告急天子，天子弗振，彼當安所告訴？又何以子萬國乎？』

〔六〕天册上將、太尉、尚書令、陝東道大行臺尚書令、益州道行臺尚書令、雍州牧、蒲州都督、領十二衛大將軍、中書令、上柱國、秦王某：文苑英華、適園叢書作『天策上將、太尉、尚書令、陝東道大行臺尚書令、益州道行臺尚書令、雍州牧、蒲州都督、領十二衛大將軍、中書令、上柱

國、秦王某』，冊府元龜作『天策上將、太尉、尚書令、陝東道大行臺尚書、益州道行臺尚書令、雍、蒲二州都督、領十二衛大將軍、中書令、上柱國、秦王世民』，全唐文作『天策上將、太尉、尚書令、陝東道大行臺尚書令、益州道行臺尚書令、雍州牧、蒲州都督、領十二衛大將軍、中書令、上柱國、秦王世民』。『秦王某』，即唐太宗李世民，傳見兩唐書其本紀。舊唐書其本紀云：『太宗文武大聖大廣孝皇帝諱世民，高祖第二子也。母曰太穆順聖皇后竇氏。隋開皇十八年十二月戊午，生於武功之別館。時有二龍戲於館門之外，三日而去。高祖之臨岐州，太宗時年四歲。有書生自言善相，謁高祖曰：「公貴人也，且有貴子。」見太宗，曰：「龍鳳之姿，天日之表，年將二十，必能濟世安民矣。」高祖懼其言泄，將殺之，忽失所在，因采「濟世安民」之義以爲名焉。太宗幼聰睿，玄鑒深遠，臨機果斷，不拘小節，時人莫能測也。……（武德）九年，皇太子建成、齊王元吉謀害太宗。六月四日，太宗率長孫無忌、尉遲敬德、房玄齡、杜如晦、宇文士及、高士廉、侯君集、程知節、秦叔寶、段志玄、屈突通、張士貴等於玄武門誅之。甲子，立爲皇太子，庶政皆斷決。太宗乃縱禁苑所養鷹犬，并停諸方所進珍異，政尚簡肅，天下大悅。又令百官各上封事，備陳安人理國之要。』

（七）器質冲遠：『器』，原作『氣』，今據文苑英華、冊府元龜、全唐文、適園叢書改。『器質』，

器局，資質，才識。宋書柳元景傳：『元景少便弓馬……寡言有器質。』唐韓愈舉錢徽自代狀：『錢徽器質端方，性懷恬淡，外和内敏，潔静精微。』『冲遠』，冲和高遠。宋書徐羡之傳：『詔旨冲遠，未垂聽納，三復屏營，伏增憂嘆。』唐趙璘因話録商上：『兵部員外郎約，汧公之子也。以近屬宰相子，而雅度玄機，蕭蕭冲遠，德行既優，又有山林之致。』

〔八〕風猷昭茂：明鈔本、四庫全書、甲庫本作『風猷韶茂』。『風猷』，指人的風采品格。南朝齊謝朓奉和隨王殿下之七：『風猷冠淄鄴，衽舄愧唐牧。』宋趙彦衛雲麓漫鈔卷八：『異時獲賜，今日先知；瞻望風猷，常在魂夢。』

〔九〕宏圖昔著：『昔著』，文苑英華、册府元龜、全唐文作『夙著』。

〔十〕美業日隆：『美業』，美好的事業。書洛誥：『汝惟冲子惟終。』孔傳：『汝惟童子嗣父祖之位，惟當終其美業。』後漢書陳忠傳：『三雍之序，備於顯宗；大臣終喪，成乎陛下。聖功美業，靡以尚兹。』

〔十一〕孝惟德本：『德本』，道德的根本。漢班固典引：『體行德本，正性也。』孝經開宗明義：『夫孝，德之本也。』唐玄宗注：『人之行，莫大於孝，故爲德本。』

〔十二〕周於百行：『百行』，各種品行。詩衛風氓『士之耽兮，猶可説也。』鄭玄箋：『士

有百行，可以功過相除。」三國魏嵇康與山巨源絶交書：『故君子百行，殊途而同致。』

〔十三〕仁惟任重：『任重』，册府元龜、全唐文作『重任』。

〔十四〕以安萬物：文苑英華作『加于萬物』，明鈔本、甲庫本作『加以萬物』。

〔十五〕王迹初基：『王迹』，帝王之功業。書武成：『至於大王，肇基王迹。』孔傳：『大王修德，以剪齊商人，始王業之肇迹。』史記秦楚之際月表：『然王迹之興，起於閭巷。』

〔十六〕經營締構：『締構』，猶締造，謂經營開創。晉左思魏都賦：『有魏開國之日，締構之初，萬邑譬焉，亦獨犨麋之與子都，培塿之與方壺也。』宋書徐羨之傳：『近思皇室締構之艱，時攬萬機，躬親朝政。』

〔十七〕戡剪多難：『戡剪』，平定剪除。新唐書魏知古傳：『自陛下戡剪凶逆，保定大器，蒼生顒顒，以謂朝有新政。』『多難』，衆多難成之事，很多困難。詩周頌訪落：『維予小子，未堪家多難。』鄭玄箋：『多，衆也。我小子耳，未任統理國家衆難成之事……難成之事，謂諸政有業未平者。』老子：『夫輕諾必寡信，多易必多難。』

〔十八〕征討不庭：『不庭』，不朝於王庭者，不朝於王庭。左傳隱公十年：『以王命討不庭。』杜預注：『下之事上皆成禮於庭中。』楊伯峻注：『庭，動詞，朝於朝庭也。九年傳云「宋公不王」

故此云以討不庭。此不庭爲名詞，義爲不庭之國。」漢書趙充國傳：「鬼方賓服，罔有不庭。」顏師古注：「庭，來帝庭也。」

〔十九〕嘉謀獨舉：「獨舉」，册府元龜、全唐文作「特舉」。「嘉謀」，高明的經國謀略。書君陳：「爾有嘉謀嘉猷，則入告爾后於内，爾乃順之於外。」漢書成帝紀：「冀聞切言嘉謀，匡朕之不逮。」

〔二十〕長算必剋：「長算」，長遠之計。三國志蜀書張嶷傳：「太傅離少主，履敵庭，恐非良計長算之術也。」晉陸機弔魏武帝文：「長算屈於短日，遠迹頓於促路。」

〔二十一〕敷政大邦：「敷政」，布政，施行教化。詩商頌長發：「不競不絿，不剛不柔，敷政優優，百禄是遒。」

〔二十二〕宣風區奥：「區奥」，册府元龜、全唐文作「區隩」。「宣風」，宣揚風教德化。後漢書隗囂傳：「今山東之兵二百餘萬，已平齊楚，下蜀漢，定宛洛，據敖倉，守函谷威名四布，宣風中岳。」周書齊煬王憲傳：「吾以不武，任總元戎，受命安邊，路指幽冀。列邑名藩，莫不屈膝，宣風導禮，皆荷來蘇。」

〔二十三〕功高四履：「四履」，四方。唐盧照鄰釋疾文粵若：「有太公兮，卷舒龍豹，奄

經營乎四履；有先生兮，乘騎日月，期汗漫乎九垓。』唐儲光羲觀范阳遞俘詩：『四履封元戎，百金酬勇夫。』

〔二十四〕道邁二南：『邁』，册府元龜、全唐文作『冠』，適園叢書、學林本作『邇』。『二南』，指周公、召公及其管轄的地區。晋潘岳西征賦：『兹土之舊也，固乃周、召之所分，二南之所交。』南朝梁任昉齊竟陵文宣王行狀：『諒以齊徽二南，同規往哲。』吕向注：『二南謂周公、召公也。』

〔二十五〕任總機衡：『機衡』，機要的官署或職位。劉歆遂初賦：『惟太階之侈闊兮，機衡爲之難運。』章樵注：『侈闊謂登進之塗，雜賢佞不分，故秉機衡爲之難運。機、衡，皆北斗星，比喻政之幾要。』北史恩幸傳序：『若乃心利錐刀，居臺鼎之任；智昏菽麥，當機衡之重。』

〔二十六〕庶績惟允：『庶績』，各種事業。書堯典：『允釐百工，庶績咸熙。』孔傳：『績，功也，言衆功皆廣。』舊唐書薛登傳：『故堯資八元而庶績其理，周任十亂而天下和平。』

〔二十七〕職兼内外：『内外』，指朝廷和地方。唐韓愈答魏博田僕射書：『僕射公忠賢，德爲内外所宗。』明史宦官傳二魏忠賢：『當此之時，内外大權一歸忠賢。』

〔二十八〕彝倫載穆：文苑英華、册府元龜作『彝章載穆』，全唐文作『彝章載叙』。『彝倫』，

謂成爲表率、成爲典範。魏書 彭城王勰傳：『自古統天位主，曷常不賴明師，仗賢輔，而後燮和陰陽，彝倫民物者哉？』唐楊炯庭菊賦：『鍾太傅之家聲，彝倫魏室，道合鹽梅，功成輔弼。』

〔二十九〕遐邇屬意：『遐邇』，遠近。漢桓寬鹽鐵論 備胡：『故人主得其道，則遐邇偕行而歸之，文王是也。』漢書 韋玄成傳：『天子穆穆，是宗是師，四方遐邇，觀國之輝。』『屬意』，歸心；着意。史記 夏本紀：『禹子啓賢，天下屬意焉。』晋劉琨答盧諶書：『不復屬意於文，二十餘年矣。』

〔三十〕朝野具瞻：『朝野』，朝廷與民間，亦指政府方面與非政府方面。後漢書 杜喬傳：『由是海内嘆息，朝野瞻望焉。』唐韓愈爲宰相賀雪表：『見天人之相應，知朝野之同歡。』『具瞻』，謂爲衆人所瞻望。語出詩 小雅 節南山：『赫赫師尹，民具爾瞻。』毛傳：『具，俱；瞻，視。』鄭玄箋：『此言尹氏汝居三公之位，天下之民俱視汝之所爲。』三國志 魏書 高柔傳：『今公輔之臣，皆國之棟梁，民所具瞻。』

〔三十一〕宜承鼎業：『鼎業』，帝王之大業。梁書 武帝紀上：『丙辰，齊帝禪位於梁王。詔曰：「……三光再沉，七廟如綴。鼎業幾移，含識知泯。」』周書 文閔明武宣諸子傳論：『是以齊晋帥禮，鼎業傾而復振；温陶釋位，王綱弛而更張。』

〔三十二〕允膺守器：『允膺』，猶承當。南朝梁沈約齊故安陸昭王碑文：『公以宗室羽儀，允膺嘉選。』南朝梁任昉爲褚諮議蓁讓代兄襲封表：『臣門籍勳蔭，光錫土宇，臣賁世載承家，允膺長德。』『守器』，守護國家的重器。器，指象徵君權的器物，如祭器、車服等。左傳成公二年：『唯器與名，不可以假人，君之所司也。名以出信，信以守器，器以藏禮，禮以行義，義以生利，利以平民，政之大節也。』杜預注：『名，爵號；器，車服。』

〔三十三〕所司具禮：『具禮』，備禮；安排儀式。史記淮陰侯列傳：『王必欲拜之，擇良日，齋戒，設壇場，具禮，乃可耳。』唐杜甫冬日洛城北謁玄元皇帝廟詩：『守祧嚴具禮，掌節鎮非常。』

立中山王爲皇太子詔〔一〕

尚書奏議〔二〕，以爲少陽作貳〔三〕，元良治本〔四〕，虔奉宗祏〔五〕，式固邦家〔六〕。中山王承乾〔七〕，地居嫡長〔八〕，天姿岐嶷〔九〕，仁孝純深〔十〕，業履韶茂〔十一〕。早聞睿哲〔十二〕，幼觀詩禮，允兹守器〔十三〕，養德春宮〔十四〕。朕欽承景業〔十五〕，嗣膺寶圖〔十六〕，憲則前王〔十七〕，思隆正緒〔十八〕。宜依衆請〔十九〕，以答僉望〔二十〕。可立承乾爲皇太子。

武德九年七月。

校箋

〔一〕本文又見於册府元龜卷二百五十七。全唐文卷四亦録此文，文題爲立中山王承乾爲皇太子詔，署名唐太宗。此文文末標明頒布時間爲『武德九年七月』，明鈔本、四庫全書、甲庫本、適園叢書、學林本均作『武德九年十月』。考册府元龜此文文首謂『太宗以武德九年八月甲子即位。十月癸亥，尚書八座奏請立儲貳。詔曰尚書奏議以爲少陽作貳』云云。舊唐書太宗紀云：『（武德）九年……冬十月丙辰朔，日有蝕之。癸亥，立中山王承乾爲皇太子。』新唐書太宗紀云：『（武德）九年……十月丙辰朔，日有食之。癸亥，立中山郡王承乾爲皇太子。』資治通鑑卷一百九十二載：『（武德九年）十月……癸亥，立皇子中山王承乾爲太子，生八年矣。』按：太宗於武德九年八月甲子即位，立皇太子應在此時之後，故唐大詔令所標『武德九年七月』之『七』當爲『十』之誤。據上述史籍所載，本詔書頒布時間爲武德九年（六二六）十月癸亥（八日），其撰寫時間當在此時稍前。

〔二〕尚書奏議：『奏議』，臣下向帝王上書言事，條議其是非，謂之奏議。東觀漢記光武

帝紀：『有司奏議曰：「追迹先代，無郊其五運之祖者。」』唐韓愈唐故江南西道觀察使中大夫洪州刺史兼御史中丞上柱國賜紫金魚袋贈左散騎常侍太原王公神道碑銘：『（王仲舒）在禮部奏議詳雅，省中伏其能。』

（三）以爲少陽作貳：『少陽』，東方，後以指太子。南朝梁王筠昭明太子哀册文：『式載明兩，實惟少陽；既稱上嗣，且曰元良。』舊唐書李密傳：『始暟明兩之暉，終干少陽之位。』

（四）元良治本：『元良』，太子的代稱。禮記文王世子：『一有元良，萬國以貞，世子之謂也。』南朝梁沈約立太子詔：『元良之寄，有國莫先，自昔哲後，降及近代，莫不立儲樹嫡，守器承祧。』

（五）虔奉宗祏：明鈔本作『乾奉宗祏』，四庫全書作『虔奉宗祧』，甲庫本作『乾奉宗祧』。『虔奉』，恭謹地承受。晉書武帝紀：『炎虔奉皇運，寅畏天威，敬簡元辰，升壇受禪。』舊唐書文苑傳下劉蕡：『虔奉典謨，克承丕構，終任賢之效，無旰食之憂。』『宗祏』，宗廟中藏神主的石室，亦借指宗廟，宗祠。左傳莊公十四年：『（原繁）對曰：「先君桓公，命我先人，典司宗祏。」』杜預注：『宗祏，宗廟中藏主石室。』孔穎達疏：『宗祏者，慮有非常火灾，於廟之北壁内爲石室以藏木主，有事則出而祭之，既祭納於石室。』南朝陳沈炯武帝哀策文：『銘功德於旗常，被徽音於鐘石，回天儀於清廟，附祖考而來格，播茂實與英聲，鬱氛氲於宗祏。』

〔六〕式固邦家：『邦家』，國家。詩小雅南山有臺：『樂只君子，邦家之基。』鄭玄箋：『人君既得賢者，置之於位，又尊敬以禮樂，樂則能爲國家之本。』後漢書皇甫規傳論：『故能功成於戎狄，身全於邦家也。』

〔七〕中山王承乾：承乾，即李承乾，傳見舊唐書卷七十六、新唐書卷八十。舊唐書其本傳云：『恒山王承乾，太宗長子也，生於承乾殿，因以名焉。武德三年，封恒山王。七年，徙封中山。太宗即位，爲皇太子。時年八歲，性聰敏，太宗甚愛之。太宗居諒暗，庶政皆令聽斷，頗識大體。自此太宗每行幸，常令居守監國。及長，好聲色，慢游無度，然懼太宗知之，不敢見其迹。每臨朝視事，必言忠孝之道，退朝後，便與群小褻狎。宫臣或欲進諫者，承乾必先揣其情，便危坐斂容，引咎自責。樞機辨給，智足飾非，群臣拜答不暇，故在位者初皆以爲明而莫之察也。承乾先患足，行甚艱難，而魏王泰有當時美譽，太宗漸愛重之。承乾恐有廢立，甚忌之。泰亦負其材能，潛懷奪嫡之計。於是各樹朋黨，遂成釁隙。有太常樂人年十餘歲，美姿容，善歌舞，承乾特加寵幸，號曰稱心。太宗知而大怒，收稱心殺之，坐稱心死者又數人。承乾意泰告訐其事，怨心逾甚。痛悼稱心不已，於宫中構室，立其形像，列偶人車馬於前，令宫人朝暮奠祭。承乾數夲其處，徘徊流涕。仍於宫中起冢而葬之，并贈官樹碑，以申哀悼。承乾自此托疾不朝參者輒逾數月。常命户

奴數十百人專習伎樂，學胡人椎髻，剪彩爲舞衣，尋橦跳劍，晝夜不絕，鼓角之聲，日聞於外。……貞觀十七年，齊王祐反於齊州。承乾謂紇干承基曰：「我西畔宮墻，去大内正可二十步來耳，此間大親近，豈可并齊王乎？」會承基亦外連齊王，繫獄當死，遂告其事。太宗召承乾幽之別室，命司徒長孫無忌、司空房玄齡、特進蕭瑀、兵部尚書李績、大理卿孫伏伽、中書侍郎岑文本、御史大夫馬周、諫議大夫褚遂良等參鞫之，事皆明驗。廢承乾爲庶人，徙黔州，元昌賜令自盡，侯君集等咸伏誅。其宮僚左庶子張玄素、右庶子趙弘智、令狐德棻、中書舍人蕭鈞，并以材選用，承乾既敗，太宗引大義以讓之，咸坐免。十九年，承乾卒於徙所，太宗爲之廢朝，葬以國公之禮。』

〔八〕地居嫡長：『嫡長』，嫡長子。正妻所生之長子。漢賈誼新書立後議：『疾死置後以嫡長子，如此則親戚相愛而兄弟不爭，此天下之至義也。』儀禮喪服：『父爲長子。』清胡培翬正義：『言長不言嫡者，亦以見父所爲三年者，止嫡長子一人，其餘嫡子不爲三年也。』

〔九〕天姿岐嶷：全唐文作『丰姿峻嶷』。『天姿』，天賦之資質，天然之材質。史記儒林列傳：『孝文帝時，徐生以容爲禮官大夫。傳子至孫徐延、徐襄。襄，其天姿善爲容，不能通禮經。』按，漢書儒林傳作『襄，其資性善爲頌』。漢馬融長笛賦：『唯笛因其天姿，不變其材。』『岐嶷』，詩大雅生民：『誕實匍匐，克岐克嶷。』朱熹集傳：『岐嶷，峻茂之狀。』後多以『岐嶷』

形容幼年聰慧。東觀漢記馬客卿傳：『馬客卿幼而岐嶷，年六歲，能接應諸公，專對賓客。』

〔十〕仁孝純深：『仁孝』，仁愛孝順。史記留侯世家：『竊聞太子爲人仁孝。』唐元稹有唐贈太子少保崔公墓志銘：『考公之所尚，仁孝友愛。』

〔十一〕業履韶茂：册府元龜、全唐文作『業履昭茂』。『業履』，謂操守，德行。宋蘇轍代張公安道答吕陶屯田啓：『某官學問該通，業履淳固，耻浮言之希世，依直道以干時。』宋秦觀三老堂詩：『堂堂三元老，業履冠儔匹。』『韶茂』，謂年輕有作爲。陳書宣帝紀：『皇太子叔寶繼體正嫡，年業韶茂，纂統洪基，社稷有主。』

〔十二〕早聞睿哲：『睿哲』，聖明，明智。漢張衡東京賦：『睿哲玄覽，都兹洛宫。』晋陸雲大將軍宴會被命作詩：『睿哲惟晋，世有明聖。』

〔十三〕允兹守器：『守器』，守護國家的重器。器，指象徵君權的器物，如祭器、車服等。左傳成公二年：『唯器與名，不可以假人，君之所司也。名以出信，信以守器，器以藏禮，禮以行義，義以生利，利以平民，政之大節也。』杜預注：『名，爵號；器，車服。』

〔十四〕養德春宫：明鈔本作『養春宫』，四庫全書、甲庫本、適園叢書、學林本作『育養春宫』。『養德』，修養無爲而治的德性，亦泛指修養德性。莊子天地：『堯曰：「多男子則多懼，富則多事，

壽則多辱，是三者，非所以養德也，故辭。」』成玄英疏：『三者未足養無爲之德，適可以益有爲之累，所以并辭。』晉干寶搜神記卷三：『願府君安身養德，從容光大，勿以神奸污累天真。』『春宮』，即東宮，太子宮。北周王褒皇太子箴：『秋坊通夢，春宮養德。』資治通鑑陳宣帝太建八年：『皇太子養德春宮，未聞有過。』胡三省注：『太子居東宮，東方主春，故亦曰春宮。』

（十五）朕欽承景業：『欽承』，恭敬地繼承或承受。書說命下：『監於先王成憲，其永無愆，惟說式克欽承。』三國魏曹丕與鍾大理書：『嘉貺益腆，敢不欽承。』『景業』，大業。宋書文帝紀：『今方隅乂寧，戎夏慕向，廣訓胄子，實維時務。便可式遵成規，闡揚景業。』南朝梁任昉齊竟陵文宣王行狀：『爰及贊契，協升景業。』

（十六）嗣膺寶圖：册府元龜作『嗣膺保位』，全唐文作『嗣膺寶位』。『嗣膺』，謂繼前人而當受。南齊書鬱林王紀：『朕以寡薄，嗣膺寶政。』陳書世祖紀：『宜奉大宗，嗣膺寶録，使七廟有奉，兆民寧晏。』『寶圖』，皇位，帝業。周書武帝紀上：『朕祗承寶圖，宜遵故實。』唐柳宗元禮部爲文武百僚請聽政第二表：『陛下以聰明睿聖，嗣守寶圖。』

（十七）憲則前王：『憲則』，法則。國語晉語八：『宜其德行，順其憲則，使越於諸侯。』漢王符潛夫論相列：『此亦賢人之所察，紀往以知來，而著爲憲則也。』『前王』，已故帝王，

先王。詩周頌烈文：『於戲前王不忘。』毛傳：『前王，武王也。』楚辭離騷：『忽奔走以先後兮，及前王之踵武。』朱熹集注：『欲其有以躡先王之遺迹也。』

（十八）思隆正緒：『正緒』，正統。金史太宗紀：『末，聽大臣計，傳位熙宗，使太祖世嗣不失正緒。』元袁桷觀真文忠公畫像詩：『生世我已後，正緒遺顓蒙。』

（十九）宜依衆請：明鈔本、適園叢書、學林本作『宜依衆』，四庫全書、甲庫本作『宜依衆議』。

（二十）以答僉望：『僉望』，衆望。南朝梁沈約爲齊帝作王亮王瑩加授詔：『時棟民譽，僉望所歸。』唐白居易除裴垍中書侍郎同平章事制：『宜登中樞，以副僉望。』

立晉王爲皇太子詔（一）

昔者哲王受圖（二），上聖垂範（三），建儲貳以奉宗廟（四），總監撫以寧邦國（五），既義在於至公（六），亦事兼於權道（七）。故以賢而立（八），則王季興周（九）；以貴而升，則明帝定漢（十）。詳諸方册（十一），豈不然乎？并州都督、右武候大將軍、晉王治（十二），地居茂親（十三），才惟明德（十四），至性仁孝（十五），淑哲惠和（十六），夙著夢日之祥（十七），早流樂善之譽（十八）。好禮無倦（十九），强學不怠（二十）。今承華虛位（二十一），率

土繫心〔二十二〕，疇咨文武〔二十三〕，咸所推戴〔二十四〕。古人云：知子莫若父，知臣莫若君。朕謂此子，實允衆望〔二十五〕，可以則天作貳〔二十六〕，可以守器承祧〔二十七〕，永固百世〔二十八〕，以貞萬國〔二十九〕。可立爲皇太子〔三十〕。所司備禮册命〔三十一〕。

貞觀十七年四月。

校箋

〔一〕本文又見於册府元龜卷二百五十七。文苑英華卷四百四十三亦録此文，文題同，屬於王言會最。全唐文卷七亦録此文，文題亦同，署名唐太宗。御定淵鑒類函卷五十九亦録此文。本文文末標明頒布時間爲『貞觀十七年四月』。考册府元龜卷二百五十七此文文首謂『（貞觀）十七年四月乙酉，廢太子承乾爲庶人。丙戌，詔曰昔者哲王受圖上聖垂範』云云。舊唐書太宗紀云：『（貞觀）十七年……夏四月庚辰朔，皇太子有罪，廢爲庶人。漢王元昌、吏部尚書侯君集并坐與連謀，伏誅。丙戌，立晋王治爲皇太子，大赦，賜酺三日。』新唐書太宗紀云：『（貞觀）十七年……四月乙酉，廢皇太子爲庶人，漢王元昌、侯君集等伏誅。丙戌，立晋王治爲皇太

子，大赦，賜文武官及五品以上子爲父後者爵一級，民八十以上粟帛，酺三日。』資治通鑑卷一百九十七載：『（貞觀十七年）四月……丙戌，詔立晋王治爲皇太子，御承天門樓，赦天下，酺三日。上謂侍臣曰：「我若立泰，則是太子之位可經營而得。自今太子失道，藩王窺伺者，皆兩棄之，傳諸子孫，永爲後法。且泰立，承乾與治皆不全；治立，則承乾與泰皆無恙矣。」』據上述史籍所載，本詔書頒布時間應爲貞觀十七年（六四三）四月丙戌（七日）。其撰寫時間當在此時稍前。

〔二〕昔者哲王受圖：文苑英華作『詔曰：昔者哲王受圖』。『昔者』，往日，從前。易說卦：『昔者聖人之作易也，幽贊於神明而生蓍。』孔穎達疏：『據今而稱上世，謂之昔者也。』唐韓愈贈崔立之詩：『昔者十日雨，子桑苦寒飢。』『哲王』，賢明的君主。書酒誥：『在昔殷先哲王，迪畏天顯小民，經德秉哲。』南朝梁釋慧皎高僧傳義解支遁：『是以哲王御世南面之重，莫不欽其風尚。』『受圖』，尚書中候載，河伯曾以河圖授大禹，後因稱帝王受命登位爲受圖。漢張衡東京賦：『高祖膺籙受圖，順天行誅。』

〔三〕上聖垂範：『上聖』，猶前聖。指前代的帝王與聖賢。晋書干寶傳：『宣皇帝廓定四海，武皇帝受禪於魏，至德大勛，等踪上聖。』舊唐書經籍志上：『先王有闕典，上聖有遺事。』『垂範』，

垂示範例。南朝梁劉勰文心雕龍詔策：「（漢武帝）策封三王，文同訓典；勸戒淵雅，垂範後代；及制誥嚴助，即云厭承明廬，蓋寵才之恩也。」唐韓愈寄盧仝詩：「假如不在陳力列，立言垂範亦足恃。」

〔四〕建儲貳以奉宗廟：「儲貳」，原作「儲兩」，今據文苑英華、御定淵鑒類函、四庫全書、甲庫本、全唐文、適園叢書、學林本改。「儲貳」，太子。晉葛洪抱朴子釋滯：「昔子晉舍視膳之役，棄儲貳之重，而靈王不責之以不孝。」唐元稹四皓廟詩：「如何一朝起，屈作儲貳賓。」「宗廟」，古代帝王、諸侯祭祀祖宗的廟宇。國語魯語上：「夫宗廟之有昭穆也，以次世之長幼，而等胄之親疏也。」史記魏公子列傳：「今秦攻魏，魏急而公子不恤，使秦破大梁而夷先王之宗廟，公子當何面目立天下乎？」

〔五〕總監撫以寧邦國：「邦國」，册府元龜作「國家」。「監撫」，指監國、撫軍，爲太子的職責。「邦國」，國家。詩大雅瞻卬：「人之云亡，邦國殄瘁。」晉劉琨勸進表：「或多難以固邦國，或殷憂以啓聖明。」

〔六〕既義在於至公：册府元龜作「既義出於至公」，明鈔本作「既乂在於王公」，四庫全書、甲庫本作「既議在於至公」，適園叢書作「既乂在於至公」。「至公」，最公正，極公正。箋注

詳見本卷承天皇后哀册文校箋（九十五）。

（七）亦事兼於權道：明鈔本、甲庫本作『事兼於權道』。『權道』，變通之道，臨時措施。北齊樊遜升中紀號對：『投鼠忌器之説，蓋是常談；文德懷遠之言，豈識權道？』舊唐書魏玄同傳：『如今選司所行者，非上皇之令典，乃近代之權道。』

（八）故以賢而立：明鈔本、四庫全書、甲庫本、適園叢書、學林本作『以賢而立』。

（九）則王季興周：『王季』，即季歷，傳見史記周本紀。史記其本傳云：『古公有長子曰太伯，次曰虞仲。太姜生少子季歷，季歷娶太任，皆賢婦人，生昌，有聖瑞。古公曰：「我世當有興者，其在昌乎？」長子太伯、虞仲知古公欲立季歷以傳昌，乃二人亡如荆蠻，文身斷髮，以讓季歷。古公卒，季歷立，是爲公季。公季修古公遺道，篤於行義，諸侯順之。』

（十）則明帝定漢：文苑英華、御定淵鑒類函作『則文帝定漢』，册府元龜作『朝明帝定漢』。明帝，即劉莊，傳見後漢書顯宗孝明帝紀。後漢書其本紀云：『顯宗孝明皇帝諱莊，光武第四子也。母陰皇后。帝生而豐下，十歲能通春秋，光武奇之。建武十五年封東海公，十七年進爵爲王，十九年立爲皇太子。師事博士桓榮，學通尚書。中元二年二月戊戌，即皇帝位，年三十。尊皇后曰皇太后。三月丁卯，葬光武皇帝於原陵。有司奏上尊廟曰世祖。……（永平十八年）秋八

月壬子，帝崩於東宫前殿，年四十八。遺詔無起寢廟，藏主於光烈皇后更衣别室。』

〔十一〕詳諸方册：『方册』，簡牘，典籍。漢蔡邕東鼎銘：『保乂帝家，勛在方册。』唐張九齡賀赦表：『臣聞古之王政，雖在方册，將崇舊典，必俟聖君。』

〔十二〕并州都督、右武候大將軍、晋王治：『治』，即李治，傳見舊唐書高宗紀、新唐書高宗紀。舊唐書其本紀云：『高宗天皇大聖大弘孝皇帝，諱治，太宗第九子也。母曰文德順聖長孫皇后。以貞觀二年六月，生於東宫之麗正殿。五年，封晋王。七年，遥授并州都督。幼而岐嶷端審，寬仁孝友。初授孝經於著作郎蕭德言，太宗問曰：「此書中何言爲要？」對曰：「夫孝，始於事親，中於事君，終於立身。君子之事上，進思盡忠，退思補過，將順其美，匡救其惡。」太宗大悦曰：「行此，足以事父兄，爲臣子矣。」及文德皇后崩，晋王時年九歲，哀慕感動左右，太宗屢加慰撫，由是特深寵異。尋拜右武候大將軍。十七年，皇太子承乾廢，魏王泰亦以罪黜，太宗與長孫無忌、房玄齡、李績等計議，立晋王爲皇太子。太宗每視朝，常令在側，觀决庶政，或令參議，太宗數稱其善。十八年，太宗將伐高麗，命太子留鎮定州。及駕發有期，悲啼累日，因請飛驛遞表起居，并遞敕垂報，并許之。飛表奏事，自此始也。及軍旋，太子從至并州。時太宗患癰，太子親吮之，扶輦步從數日。二十三年五月己巳，太宗崩。庚午，以禮部尚書、兼太子

少師、黎陽縣公于志寧爲侍中，太子少詹事、兼尚書左丞張行成爲兼侍中、檢校刑部尚書，太子右庶子、兼吏部侍郎、攝户部尚書高季輔爲兼中書令、檢校吏部尚書，太子左庶子、高陽縣男許敬宗兼禮部尚書。辛未，還京。六月甲戌朔，皇太子即皇帝位，時年二十二。』

〔十三〕地居茂親：『茂親』，古時多指皇室宗親。『茂』，言其美盛。魏書樂志：『自非懿望茂親，雅量淵遠，博識洽聞者其孰能識其得失。』南朝梁丘遲與陳伯之書：『中軍臨川殿下，明德茂親，總兹戎重。』

〔十四〕才惟明德：『明德』，文苑英華、御定淵鑒類函、全唐文作『明哲』。『明德』，光明之德，美德。逸周書本典：『今朕不知明德所則，政教所行，字民之道，禮樂所生，非不念而知，故問伯父。』史記五帝本紀：『天下明德皆自虞帝始。』

〔十五〕至性仁孝：『至性』，多指天賦的卓絶的品性。

〔十六〕淑哲惠和：文苑英華、册府元龜、御定淵鑒類函、全唐文作『淑質惠和』，明鈔本、甲庫本作『淑哲和惠』，四庫全書作『淑質和惠』。『淑哲』，貞静賢慧。後漢書皇后紀序：『所以明慎聘納，詳求淑哲。』元史后妃傳一仁宗后阿納失失里：『恭惟聖母，温慈惠和，淑哲端懿。』『惠和』，仁愛和順。左傳昭公四年：『紂作淫虐，文王惠和，殷是以隕，周是以興，夫豈争諸侯！』

後漢書 皇后紀上 和熹鄧皇后：『政非惠和，不圖於心；制非舊典，不訪於朝。』

（十七）夙著夢日之祥：『夢日』，古代迷信，謂夢日是生貴子的吉兆。漢書 外戚傳上 孝景王皇后：『王夫人夢日入其懷，以告太子，太子曰：「此貴徵也。」』晉干寶搜神記卷十：『孫堅夫人吴氏孕而夢月入懷而生策，及權在孕，又夢日入懷，以告堅曰：「妾昔懷策夢月入懷，今又夢日，何也？」堅曰：「日月者，陰陽之精，極貴之象，吾子孫其興乎！」』

（十八）早流樂善之譽：『樂善』，謂樂於行善。史記 樂書論：『聞徵音，使人樂善而好施。』宋曾鞏與杜相公書：『伏以閣下樸厚清明，讜直之行，樂善好義，遠大之心，施於朝廷，而博見於天下。』

（十九）好禮無倦：『無倦』，不懈怠，不厭煩。論語 顏淵：『居之無倦，行之以忠。』荀子 堯問：『忠信無倦，而天下自來。』楊倞注：『言精專不怠而天下自歸，不必致也。』

（二十）强學不怠：『强學』，勤勉地學習。禮記 儒行：『席上之珍以待聘，夙夜强學以待問，懷忠信以待舉，力行以待取。』唐玄奘大唐西域記 婆羅尼斯國：『人性温恭，俗重强學，多信外道，少敬佛法。』『不怠』，不懈怠，不放鬆。書 微子：『降監殷民，用乂讎斂，召敵讎不怠。』曾運乾正讀：『怠，懈也，緩也。』史記 樂毅列傳：『紂之時，箕子不用，犯諫不怠，以冀其聽。』

〔二十一〕今承華虛位：『承華』，指太子宮室或太子。梁書元帝紀：『嗣後升遐，龍輴未殯，承華掩曜，梓宮莫測。』唐黃滔寄陳侍御詩：『九級燕金滿樽酒，却愁隨詔謁承華。』

〔二十二〕率土繫心：『率土』，『率土之濱』之省，謂境域之内。詩小雅北山：『率土之濱，莫非王臣。』王引之經義述聞毛詩中：『爾雅曰：「率，自也。自土之濱者，舉外以包内，猶言四海之内。」』漢班固明堂詩：『普天率土，各以其職。』『繫心』，挂心，心有所寄托。史記屈原賈生列傳：『屈平既嫉之，雖放流，眷顧楚國，繫心懷王。』後漢書朱浮傳：『陛下雖興大業，海内未集，而獨逸豫，不顧北垂，百姓遑遑，無所繫心。』

〔二十三〕疇咨文武：『疇咨』，書堯典：『帝曰：「疇咨若時登庸。」』孔傳：『疇，誰；庸，用也。誰能咸熙庶績，順是事者，將登用之。』後以『疇咨』爲訪問、訪求之意。漢書武帝紀贊：『孝武初立……遂疇咨海内，舉其俊茂，與之立功。』

〔二十四〕咸所推戴：『咸』，文苑英華、御定淵鑒類函作『宜』。

〔二十五〕實允衆望：『實』，文苑英華、册府元龜作『寔』。

〔二十六〕可以則天作貳：『則天』，謂以天爲法，治理天下。語出論語泰伯：『巍巍乎唯天爲大，唯堯則之。』漢桓譚新論：『堯能則天者，貴其能臣舜、禹二聖。』

〔二十七〕可以守器承祧：『守器』，守護國家的重器。器，指象徵君權的器物，如祭器、車服等。左傳 成公二年：『唯器與名，不可以假人，君之所司也。名以出信，信以守器，器以藏禮，禮以行義，義以生利，利以平民，政之大節也。』杜預注：『名，爵號；器，車服。』『承祧』，承繼奉祀祖先的宗廟。南朝梁沈約立太子詔：『自昔哲后，降及近代，莫不立儲樹嫡，守器承祧。』唐韓愈順宗實録卷三：『付爾以承祧之重，勵爾以主鬯之勤。』

〔二十八〕永固百世：『百世』，世世代代。指久遠的歲月。詩 大雅 文王：『文王孫子，本支百世。』史記 平原君虞卿列傳：『此百世之怨而趙之所羞，而王弗知惡焉。』

〔二十九〕以貞萬國：册府元龜作『以言萬國』。『萬國』，萬邦；天下；各國。易 乾：『首出庶物，萬國咸寧。』史記 東越列傳：『今小國以窮困來告急天子，天子弗振，彼當安所告訴？又何以子萬國乎？』

〔三十〕可立爲皇太子：文苑英華、御定淵鑒類函作『宜立某爲皇太子』，册府元龜作『可立治爲皇太子』，全唐文作『宜立治爲皇太子』。

〔三十一〕所司備禮册命：文苑英華、御定淵鑒類函、全唐文作『可令所司備禮册命』。『所司』，有司。指主管的官吏。唐陳子昂上蜀川軍事：『陛下若以此奏非虛，或可采者，請勒臣付

所司對議得失。」清錢謙益南京吏部驗封清吏司主事譚性教授承德郎制：「爾在相城，蝗不爲害，所司曾上其狀。」「備禮」，謂禮儀周備。詩小雅魚麗序：「美萬物盛多，能備禮也。」漢蔡邕郭有道碑：「州郡聞德，虚己備禮，莫之能致。」

立代王爲皇太子詔（一）

洊雷揚祉（二），承祧之道爰著（三）；重離闡曜（四），守器之方斯存（五）。故能撫寧軍國（六），永保邦家（七），詳覽瑶圖（八），緬瞻遐册（九），繼業垂統（十），咸率兹典。代王弘（十一），道居嫡胤（十二），天縱英姿（十三），器質冲華（十四），神鑒昭遠（十五），恭謙表志（十六），仁孝居心（十七），夙章睿哲之風（十八），早通詩、書之業（十九）。朕以虚薄（二十），方啓無疆之祚（二十一），永傳不朽之基（二十二）。取則前王（二十三），思隆正緒（二十四），宜升上嗣（二十五），養德東宫（二十六）。可立爲皇太子。仍令所司擇日備禮册命。永徽七年正月。

校箋

〔一〕本文又見於文苑英華卷四百四十三，文題爲立代王爲皇太子詔，屬於王言會最。全唐文卷十二亦録此文，文題作立代王宏爲皇太子詔，署名唐高宗。本文文末標明頒布時間爲『永徽七年正月』。考舊唐書高宗紀云：『（永徽）七年春正月辛未，廢皇太子忠爲梁王，立代王弘爲皇太子。壬申，大赦，改元爲顯慶。』舊唐書卷八十六云：『孝敬皇帝弘，高宗第五子也。永徽四年，封代王。顯慶元年，立爲皇太子，大赦改元。』新唐書高宗紀云：『顯慶元年正月辛未，廢皇太子爲梁王，立代王弘爲皇太子。』新唐書卷八十一云：『孝敬皇帝弘，永徽六年始王代，與潞王同封。顯慶元年，立爲皇太子。』資治通鑑卷二百載：『（顯慶元年）春，正月，辛未，以皇太子忠爲梁王、梁州刺史；立皇后子代王弘爲皇太子，生四年矣。』按：永徽七年正月壬申（十九日），改年號爲顯慶，其時在立太子之後。故，據上述史籍所載，本詔令頒布時間應爲永徽七年（六五六）一月辛未（十八日）。其撰寫時間當在此時稍前。

〔二〕洊雷揚祉：文苑英華作『詔曰：洊雷揚祉』。『洊雷』，『洊』同『薦』，相繼而作的雷。易説卦以震卦象徵長子，因以『薦雷』比喻太子。北周庾信哀江南賦：『游薦雷之講肆，

齒明離之胄筵。』

〔三〕承祧之道爰著：『承祧』，承繼奉祀祖先的宗廟。南朝梁沈約立太子詔：『自昔哲后，降及近代，莫不立儲樹嫡，守器承祧。』唐韓愈順宗實録卷三：『付爾以承祧之重，勵爾以主鬯之勤。』

〔四〕重離闡曜：文苑英華作『重離闡耀』。『重離』，古以帝王喻日，因本易離之義，以『重離』指帝王或太子。南朝梁沈約謝立皇太子賜絹表：『重離在天，八紘之所共仰；明兩作貳，萬國所以咸寧。』隋書楊素傳：『伏惟陛下照重離之明，養繼天之德。』『闡曜』，發揚顯示。宋書武帝紀中：『公命世撫運，闡曜威靈，內研諸侯之慮，外致上天之罰。』魏書崔鴻傳：『世祖雄才睿略，闡曜威靈，農戰兼修，掃清氛穢。』

〔五〕守器之方斯存：『守器』，守護國家的重器。器，指象徵君權的器物，如祭器、車服等。左傳成公二年：『唯器與名，不可以假人，君之所司也。名以出信，信以守器，器以藏禮，禮以行義，義以生利，利以平民，政之大節也。』杜預注：『名，爵號；器，車服。』

〔六〕故能撫寧軍國：『撫寧』，安撫平定。漢韋孟諷諫詩：『彤弓斯征，撫寧遐荒，總齊群邦，以翼太商。』晉劉琨勸進表：『陛下撫寧江左，奄有舊吴。』

〔七〕永保邦家：文苑英華作『守固邦家』，明鈔本作『永保邦客』。『邦家』，國家。詩

小雅南山有臺：『樂只君子，邦家之基。』鄭玄箋：『人君既得賢者，置之於位，又尊敬以禮樂，樂則能爲國家之本。』後漢書皇甫規傳論：『故能功成於戎狄，身全於邦家也。』

〔八〕詳覽瑶圖：文苑英華作『詳覽遥圖』。『詳覽』，詳盡觀覽。漢王充論衡薄葬：『夫如是，世俗之人，可一詳覽。詳覽如斯，可一薄葬矣。』唐韋承慶上東宫啓：『伏願詳覽古今，以爲鑒誡。』『瑶圖』，圖籍；版圖。南朝齊王融贈族叔衛軍儉詩：『極睇金策，具覽瑶圖。』唐儲光義敬酬陳掾秋夜有贈詩：『武皇授瑶圖，爵土封其新。』

〔九〕緬瞻遐册：『緬』，盡貌。晋潘岳西征賦：『冀闕緬其堙盡。』『遐册』，猶史册。唐高宗禁酷刑及匿名書詔：『朕聞小大以情，義重前誥，哀矜勿喜，道光遐册。』

〔十〕繼業垂統：明鈔本、甲庫本作『業既垂統』。『繼業』，繼承先人之事業。三國志魏書鄧艾傳：『去卑功顯前朝，而子不繼業。』北周庾信賀新樂表：『下武嗣興，中陽繼業。』『垂統』，把基業留傳下去。多指皇位的承襲。孟子梁惠王下：『君子創業垂統，爲可繼也。』史記三王世家：『而家皇子爲列侯，則尊卑相逾，列位失序，不可以垂統於萬世。』

〔十一〕代王弘：弘，即李弘，傳見舊唐書卷八十六、新唐書卷八十一。舊唐書其本傳云：『孝敬皇帝弘，高宗第五子也。永徽四年，封代王。顯慶元年，立爲皇太子，大赦改元。……上元二

年，太子從幸合璧宮，尋薨，年二十四。制曰：「皇太子弘，生知誕質，惟幾毓性。直城趨駕，肅敬著於三朝；中寢問安，仁孝聞於四海。自琰圭在手，沉瘵嬰身，顧惟耀掌之珍，特切鐘心之念，庶其痊復，以禪鴻名。及腠理微和，將遜於位，而弘天資仁厚，孝心純確，既承朕命，掩欻不言，因兹感結，舊疾增甚。億兆攸繫，方崇下武之基；五福無徵，俄遷上賓之駕。昔周文至愛，遂延慶於九齡；朕之不慈，遽永訣於千古。天性之重，追懷哽咽，宜申往命，加以尊名。夫謚者，行之迹也；號者，事之表也。慈惠愛親曰『孝』，死不忘君曰『敬』，謚爲孝敬皇帝。」其年，葬於緱氏縣景山之恭陵。制度一準天子之禮，百官從權制三十六日降服。高宗親爲製叡德紀，并自書之於石，樹於陵側。」

（十二）道居嫡胤：文苑英華作『地居嫡胤』，甲庫本、全唐文作『道居嫡允』。『胤』，後代，後嗣。左傳僖公二十四年：『凡、蔣、邢、茅、胙、祭，周公之胤也。』梁書文學傳下劉峻傳：『餘禍同伯道，永無血胤，此二異也。』

（十三）天縱英姿：文苑英華、明鈔本、作『天縱英徽』。『天縱』，天所放任，意謂上天賦予。後常用以諛美帝王。論語子罕：『固天縱之將聖，又多能也。』南朝梁沈約丞相長沙宣武王墓銘：『峨峨哲人，實惟天縱。』『英姿』，卓越的天資、才華。周書文帝紀上：『竊觀宇文夏州，

英姿不世，雄謨冠時。」宋洪邁容齋四筆李太白怖州佐：「予謂白以白衣入翰林，其蓋世英姿，能使高力士脱靴於殿上，豈拘拘然怖一州佐耶？」

〔十四〕器質冲華：明鈔本、甲庫本作「器質徽華」。「器質」，器局；資質；才識。宋書柳元景傳：「元景少便弓馬……寡言有器質。」唐韓愈舉錢徽自代狀：「〔錢徽〕器質端方，性懷恬淡，外和内敏，潔静精微。」「冲華」，謂冲和美好之德。南朝宋謝莊宋孝武宣貴妃誄：「世覆冲華，國虚淵令。」吕延濟注：「冲華，至美也。」

〔十五〕神鑒昭遠：文苑英華作「神鑒韶遠」。「神鑒」，英明的鑒察力。晋葛洪抱朴子審舉：「人君雖明并日月，神鑒未兆，然萬機不可以獨統，曲碎不可以親總，必假目以遐覽，借耳以廣聽。」南朝宋釋慧通駁顧道士夷夏論：「然則聖人神鑒，靡所不通，智照寧有不周？」

〔十六〕恭謙表志：「恭謙」，猶恭遜。後漢書皇后紀上光武郭皇后：「況恭謙下士，頗得聲譽。」

〔十七〕仁孝居心：甲庫本作「仁孝居身」。「仁孝」，仁愛孝順。史記留侯世家：「竊聞太子爲人仁孝。」唐元稹有唐贈太子少保崔公墓志銘：「考公之所尚，仁孝友愛。」「居心」，心地；存心。南朝宋劉義慶世説新語言語：「卿居心不净，乃復强欲滓穢太清邪！」

〔十八〕夙章睿哲之風：文苑英華、四庫全書、全唐文作『夙彰睿哲之風』，明鈔本、適園叢書、學林本作『夙章睿哲之心』，甲庫本作『夙彰睿哲之心』。『睿哲』，聖明；明智。漢張衡東京賦：『睿哲玄覽，都兹洛宫。』晋陸雲大將軍宴會被命作詩：『睿哲惟晋，世有明聖。』

〔十九〕早通詩、書之業：文苑英華作『早通詩、禮之業』。

〔二十〕朕以虛薄：『虛薄』，空虛淺薄；浮淺。晋袁宏後漢紀光武帝紀五：『叔對曰：「始得明公辟，且喜且懼。何者？喜於爲明公所知，懼於虛薄不能宣益拾遺。」』南朝陳徐陵爲貞陽侯重答王太尉書：『忽荷不世之恩，仍致非常之舉，自惟虛薄，兢懼已深。』

〔二十一〕方啟無疆之祚：『無疆』，無窮；永遠。書大誥：『洪惟我幼沖人，嗣無疆大歷服。』孔傳：『言子孫承繼祖考無窮。』武都太守李翕天井道碑：『堅無臽潰，安無傾覆，四方賴之，民悦無彊。』

〔二十二〕永傳不朽之基：『不朽』，不磨滅，永存。左傳襄公二十四年：『大上有立德，其次有立功，其次有立言，雖久不廢，此之謂不朽。』後漢書李固傳：『明公踵伯成之高，全不朽之譽，豈與此外戚凡輩耽榮好位者同日而論哉！』

〔二十三〕取則前王：『取則』，取作準則、規範或榜樣。南朝梁任昉王文憲集序：『挂服捐駒，

前良取則。」李善注引趙岐三輔決録：「長安劉氏，唯有孟公，談者取則。」隋書經籍志四：「（摯虞）自詩賦下，各爲條貫，合而編之，謂爲流別。是後……屬辭之士，以爲覃奥，而取則焉。」「前王」，已故帝王；先王。詩周頌烈文：「於乎前王不忘。」毛傳：「前王，武王也。」楚辭離騷：「忽奔走以先後兮，及前王之踵武。」朱熹集注：「欲其有以躡先王之遺迹也。」

〔二十四〕思隆正緒：「正緒」，正統。金史太宗紀：「末，聽大臣計，傳位熙宗，使太祖世嗣不失正緒。」元袁桷觀真文忠公畫像詩：「生世我已後，正緒遺顓蒙。」

〔二十五〕宜升上嗣：「上嗣」，君主的嫡長子。後指太子。禮記文王世子：「其登餕獻受爵，則以上嗣。」鄭玄注：「上嗣，君之適長子。」晉書潘尼傳：「篤生上嗣，繼期挺秀。」

〔二十六〕養德東宫：「養德」，修養無爲而治的德性。亦泛指修養德性。莊子天地：「堯曰：『多男子則多懼，富則多事，壽則多辱。是三者，非所以養德也，故辭。』」成玄英疏：「三者未足養無爲之德，適可以益有爲之累，所以并辭。」晉干寶搜神記卷三：「願府君安身養德，從容光大，勿以神奸，污累天真。」「東宫」，太子所居之宫。唐賈島送董正字常州覲省詩：「春來歡侍阻，正字在東宫。」

立平王爲皇太子詔〔一〕

舜去四凶〔二〕，而功格天地〔三〕；武有七德〔四〕，而戡定黎人〔五〕。故知有大勛者〔六〕，受神明之福〔七〕；仗高義者〔八〕，爲匕鬯之主〔九〕。朕恭臨寶位〔十〕，亭育寰區〔十一〕，以萬物之心爲心〔十二〕，以兆人之命爲命〔十三〕。惟承繼之道〔十四〕，咸以冢嫡居尊〔十五〕；而無私之懷，必推功業爲首〔十六〕。然後可保安社稷〔十七〕，永奉宗祧〔十八〕。第三子、平王隆基〔十九〕，孝而克忠〔二十〕，義而能勇。比以朕居藩邸〔二十一〕，虔守國彝〔二十二〕，貴戚中人〔二十三〕，都無引接〔二十四〕。群邪害正，凶黨實繁〔二十五〕，利口巧言〔二十六〕，讒説罔極〔二十七〕。韋温、延秀〔二十八〕，朋黨競起〔二十九〕，晋卿、楚客〔三十〕，交構其間〔三十一〕。潛結回邪〔三十二〕，排擠端善〔三十三〕，居人集木〔三十四〕，君子阽危〔三十五〕。愒日視陰〔三十六〕，朝不保夕〔三十七〕。擁羽林萬騎〔三十八〕，率左右屯營〔三十九〕。先害朕躬〔四十〕，并及太平公主〔四十一〕。中外良士〔四十二〕，咸擬剿屠〔四十三〕。隆基密聞其期〔四十四〕，先難發奮〔四十五〕，挺身鞠旅〔四十六〕，衆應如歸，呼吸之間〔四十七〕，凶渠殄滅〔四十八〕。安七廟於幾墜〔四十九〕，濟群生於將隕〔五十〕。方舜之功過四，比武之德逾七。靈祇在望〔五十一〕，昆弟樂推〔五十二〕。一人元良〔五十三〕，

萬邦以定〔五十四〕。爲君副者〔五十五〕，非此而誰？可立爲皇太子〔五十六〕。有司擇日備儀注册命〔五十七〕。唐隆元年六月。

校箋

〔一〕本文又見於舊唐書玄宗紀。文苑英華卷四百四十三亦録此文，文題同，屬於王言會最。册府元龜卷二百五十七亦録此文。全唐文卷十八亦録，文題同，署名唐睿宗。本文文末標明頒布時間爲『唐隆元年六月』。考册府元龜卷二百五十七此文謂：『睿宗唐隆元年六月丁未，以平王隆基有安社稷之功，立爲皇太子。制曰……』舊唐書睿宗紀云：『（景龍四年）七月……己巳，册平王爲皇太子。大赦天下，改元爲景雲。』舊唐書玄宗紀云：『（景龍四年）六月……韋庶人稱制，改元又爲唐隆，皆符御名。……睿宗即位，與侍臣議立皇太子，僉曰：「除天下之禍者，享天下之福；拯天下之危者，受天下之安。平王有聖德，定天下，又聞成器已下咸有推讓，宜膺主鬯，以副群心。」睿宗從之。丙午，制曰……七月己巳，睿宗御承天門，皇太子詣朝堂受册。是日有景雲之瑞，改元爲景雲，大赦天下。』文苑英華此文文末標明頒布時間爲『唐隆元年六月

庚午』，按：唐隆元年六月無『庚午』，當爲『丙午』之訛。新唐書睿宗紀云：『（景雲）元年六月……丁未，立平王隆基爲皇太子。』新唐書玄宗紀云：『景龍四年……睿宗即位，立爲皇太子。』資治通鑑卷二百九載：『（景雲元年）六月……上將立太子，以宋王成器嫡長，而平王隆基有大功，疑不能决。成器辭曰：「國家安則先嫡長，國家危則先有功；苟違其宜，四海失望。臣死不敢居平王之上。」涕泣固請者累日。大臣亦多言平王功大宜立。劉幽求曰：「臣聞除天下之禍者，當享天下之福。平王拯社稷之危，救君親之難，論功莫大，語德最賢，無可疑者。」上從之。丁未，立平王隆基爲太子。』文下注曰：『考異曰：劉子玄先撰太上皇實録，盡傳位；後又撰睿宗實録，終橋陵；文字頗不同。睿宗録及舊紀皆云「丙午，立太子」。今從太上皇録。』又按：唐隆元年六月『丙午』爲二十六日，『丁未』爲二十七日，今從册府元龜、新唐書睿宗紀、資治通鑑。故據上述史籍所載，本詔令頒布時間應爲唐隆元年（七一〇）六月丁未（二十七日）。其撰寫時間當在此時稍前。

〔二〕舜去四凶：文苑英華、全唐文作『門下：舜去四凶』。『四凶』，相傳爲堯舜時代四個惡名昭彰的部族首領。左傳文公十八年：『舜臣堯，賓於四門，流四凶族渾敦、窮奇、梼杌、饕餮，投諸四裔，以禦螭魅。是以堯崩而天下如一，同心戴舜以爲天子，以其舉十六相，去四凶也。』

書舜典：『流共工於幽洲（州），放驩兜於崇山，竄三苗於三危，殛鯀於羽山。』蔡沈集傳：『春秋傳所記四凶之名與此不同，説者以窮奇爲共工，渾敦爲驩兜，饕餮爲三苗，梼杌爲鯀，不知其果然否也。』

〔三〕而功格天地：『格』，感通。書經説命下：『佑我烈祖，格于皇天。』南朝梁裴子野宋略樂志叙：『先王作樂崇德，以格神人。』

〔四〕武有七德：『七德』，指武功的七種德行。左傳宣公十二年：『夫武，禁暴、戢兵、保大、定功、安民、和衆、豐財者也。故使子孫無忘其章……武有七德，我無一焉，何以示子孫？』梁書武帝紀：『大司馬攸縱自天，體兹齊聖，文洽九功，武苞七德。』

〔五〕而戡定黎人：『黎人』，文苑英華、四庫全書作『黎元』，册府元龜作『黎民』，明鈔本、甲庫本作『人黎』。『戡定』，平定。隋書虞世基傳：『戡定艱難，平一區宇。』唐韓愈賀册尊號表：『經緯天地之謂文，戡定禍亂之謂武。』『黎人』，黎民。魏書天象志三：『自八年至十一年，黎人阻饑，且仍歲灾旱。』唐柳宗元貞符：『于穆敬德，黎人皇之。』

〔六〕故知有大勛者：册府元龜作『故知有太勛者』。『大勛』，大勛勞；大功業。書泰誓上：『皇天震怒，命我文考，肅將天威，大勛未集。』後漢書馮異傳：『璽書勞異曰：「赤眉破平，

士吏勞苦……方論功賞，以答大勛。」

〔七〕受神明之福：舊唐書、全唐文作『必受神明之福』，文苑英華作『受神明之副』。『神明』，天地間一切神靈的總稱。易繫辭下：『陰陽合德，而剛柔有體，以體天地之撰，以通神明之德。』孔穎達疏：『萬物變化，或生或成，是神明之德。』孝經感應：『天地明察，神明彰矣。』唐玄宗注：『事天地能明察，則神感至誠而降福佑，故曰彰也。』

〔八〕仗高義者：明鈔本作『杖高乂者』，甲庫本作『仗高人者』。『高義』，行爲高尚合於正義。戰國策齊策二：『夫救趙，高義也；却秦兵，顯名也。』宋蘇軾送呂行甫司門倅河陽詩：『子生公相家，高義久峥嶸。』

〔九〕爲匕鬯之主：舊唐書、全唐文作『必爲匕鬯之主』。『匕鬯』，易震：『震驚百里，不喪匕鬯。』王弼注：『匕，所以載鼎實；鬯，香酒。奉宗廟之盛也。』後因代指宗廟祭祀。南朝陳徐陵皇太子臨辟雍頌：『皇太子耀彼重離，光兹匕鬯，儀以天文，化成天下。』

〔十〕朕恭臨寶位：『寶位』，語出易繫辭下：『聖人之大寶曰位。』後以『寶位』指帝位。晉書宣帝紀：『雖復道格區宇，德被蒼生，而天未啓時，寶位猶阻。非可以智競，不可以力争。』唐韓愈皇帝即位賀諸道狀：『伏見敕命，皇帝以閏正月三日嗣臨寶位，海内惟新。』

〔十一〕亭育寰區：『亭育』，養育；培育。梁書武帝紀下：『思隨乾覆，布茲亭育。』隋江總勞酒賦：『顧曲私之亭育，遞寒暑而徂遷。』『寰區』，天下；人世間。後漢書逸民傳序：『彼雖硜硜有類沽名者，然而蟬蛻囂埃之中，自致寰區之外，異夫飾智巧以逐浮利者乎！』唐杜甫解悶十二首之八：『最傳秀句寰區滿，未絕風流相國能。』

〔十二〕以萬物之心爲心：文苑英華作『以萬姓之心爲心』，册府元龜作『以萬物之爲心』。『萬物』，猶衆人。宋書沈文秀傳：『（文秀）説慶之曰：「主上狂暴如此，土崩將至，而一門受其寵任，萬物皆謂與之同心。」』

〔十三〕以兆人之命爲命：册府元龜作『以兆人之爲命』。『兆人』，兆民。後漢書光武帝紀上：『漢遭王莽，宗廟廢絶……兆人塗炭。』唐柳宗元禮部賀皇太子册禮畢德音表：『建天下之本，宗廟以安；致萬國之貞，兆人攸賴。』

〔十四〕惟承繼之道：舊唐書、册府元龜、全唐文、適園叢書、學林本作『雖承繼之道』。『承繼』，繼承。孟子萬章上：『啓賢，能敬承繼禹之道。』後漢書百官志序：『漢之初興，承繼大亂，兵不及戢，法度草創，略依秦制。』

〔十五〕咸以冢嫡居尊：明鈔本作『咸以家嫡居尊』。『冢嫡』，嫡長子。晉書呂纂載記：『臣

雖年長，陛下國家之冢嫡，不可以私愛而亂大倫。』金王若虛論語辨惑三：『夫子糾、桓公，皆襄公之庶弟，而非冢嫡，各因畏禍而出奔。』

〔十六〕必推功業爲首：『功業』，功勛事業。易繫辭下：『爻象動乎内，吉凶見乎外，功業見乎變，聖人之情見乎辭。』晉劉琨重贈盧諶詩：『功業猶未建，夕陽忽西流。』

〔十七〕然後可保安社稷：『保安』，謂對人或事物加以保護，使之安全或穩定不亂。漢書王莽傳上：『輔翼漢室，保安孝平皇帝之幼嗣，遂寄托之義，隆治平之化。』三國志吳書董襲傳：『策薨，權年少，初統事，太妃憂之，引見張昭及襲等，問江東可保安否。』『社稷』，古代帝王、諸侯所祭的土神和穀神。舊時亦用爲國家的代稱。禮記檀弓下：『能執干戈以衛社稷。』銀雀山漢墓竹簡孫臏兵法見威王：『戰不勝，則所以削地而危社稷也。』

〔十八〕永奉宗祧：『宗祧』，宗廟。左傳襄公二十三年：『紇不佞，失守宗祧，敢告不弔。紇之罪，不及不祀。』杜預注：『遠祖廟爲祧。』孔子家語哀公問政：『聖人因物之精，制爲之極，明命鬼神，以爲民之則，而猶以是爲未足也。故築爲宫室，設爲宗祧。』

〔十九〕第三子、平王隆基：舊唐書作『第三子、平王基』。『隆基』，即李隆基，傳見舊唐書玄宗紀、新唐書玄宗紀。舊唐書其本紀云：『玄宗至道大聖大明孝皇帝諱隆基，睿宗第三

子也，母曰昭成順聖皇后竇氏。垂拱元年秋八月戊寅，生於東都。性英斷多藝，尤知音律，善八分書。儀範偉麗，有非常之表。三年閏七月丁卯，封楚王。天授三年十月戊戌，出閤，開府置官屬，年始七歲。朔望車騎至朝堂，金吾將軍武懿宗忌上嚴整，訶排儀仗，因欲折之。上叱之曰：「吾家朝堂，干汝何事？敢迫吾騎從！」則天聞而特加寵異之。尋却入閤。長壽二年臘月丁卯，改封臨淄郡王。聖曆元年，出閤，賜第於東都積善坊。大足元年，從幸西京，賜宅於興慶坊。長安中，歷右衛郎將、尚輦奉御。神龍元年，遷衛尉少卿。景龍二年四月，兼潞州別駕。十二月，加銀青光禄大夫。州境有黄龍白日昇天。嘗出畋，有紫雲在其上，後從者望而得之。前後符瑞凡一十九事。四年，中宗將祀南郊，來朝京師。將行，使術士韓禮筮之，蓍一莖孑然獨立。禮驚曰：「蓍立，奇瑞非常也，不可言。」屬中宗末年，王室多故，上常陰引材力之士以自助。上所居宅外有水池，浸溢頃餘，望氣者以爲龍氣。四年四月，中宗幸其第，因游其池，結彩爲樓船，令巨象踏之。至六月，中宗暴崩，韋后臨朝稱制。韋温、宗楚客、紀處訥等謀傾宗社，以睿宗介弟之重，先謀不利。道士馮道力、處士劉承祖皆善於占兆，詣上布誠款。上所居里名隆慶，時人語訛以「隆」爲「龍」；韋庶人稱制，改元又爲唐隆，皆符御名。上益自負，乃與太平公主謀之，公主喜，以子崇簡從。上乃與崇簡、朝邑尉劉幽求、長上折衝麻嗣宗、押萬騎果毅葛福順李仙鳧、寶昌寺僧普潤等定策

誅之。或曰：「先啓大王。」上曰：「我拯社稷之危，赴君父之急，事成福歸於宗社，不成身死於忠孝，安可先請，憂怖大王乎！若請而從，是王與危事；請而不從，則吾計失矣。」遂以庚子夜率幽求等數十人自苑南入，總監鍾紹京又率丁匠百餘以從。分遣萬騎往玄武門殺羽林將軍韋播、高嵩，持首而至，衆歡叫大集。攻白獸、玄德等門，斬關而進，左萬騎自左入，右萬騎自右入，合於凌烟閣前。時太極殿前有宿衛梓宮萬騎，聞譟聲，皆披甲應之。韋庶人惶惑走入飛騎營，爲亂兵所害。於是分遣誅韋氏之黨，比明，内外討捕，皆斬之。乃馳謁睿宗，謝不先啓請之罪。睿宗遽前抱上而泣曰：「宗社禍難，由汝安定，神祇萬姓，賴汝之力也。」拜殿中監、同中書門下三品，兼押左右萬騎，進封平王。睿宗即位，與侍臣議立皇太子，僉曰：「除天下之禍者，享天下之福；拯天下之危者，受天下之安。平王有聖德，定天下，又聞成器已下咸有推讓，宜膺主鬯，以副群心。」睿宗從之。丙午，制曰……七月己巳，睿宗御承天門，皇太子詣朝堂受册。是日有景雲之瑞，改元爲景雲，大赦天下。」

〔二十〕孝而克忠：『克忠』，謂事君能竭誠盡心。書伊訓：『居上克明，爲下克忠。』孔穎達疏：『事上竭誠。』蔡沈集傳：『言能盡事上之心。』

〔二十一〕比以朕居藩邸：甲庫本作『比以朕君藩邸』。『藩邸』，藩王之第宅。北齊書昭

帝紀：『月餘，（高演）乃居藩邸，自是詔敕多不關帝。』唐鄭綮開天傳信記：『上於藩邸時，每戲游城南韋、杜之間。』

〔二十二〕虔守國彝：『國彝』，猶國法。唐李嶠爲李景諶讓天官尚書表：『顧斯政本，實總國彝，豈臣庸愚，所堪尸忝？』

〔二十三〕貴戚中人：『貴戚』，帝王的親族。禮記月令：『（仲冬之月）雖有貴戚近習，毋有不禁。』鄭玄注：『貴戚，謂姑姊妹之屬。』史記魏其武安侯列傳：『灌夫爲人剛直使酒，不好面諛。貴戚諸有勢在己之右，不欲加禮，必陵之。』

〔二十四〕都無引接：『引接』，推薦提拔。唐趙璘因話録商下：『而韓、柳、皇甫、李公，皆以引接後學爲務。』

〔二十五〕凶黨實繁：文苑英華、册府元龜、明鈔本、甲庫本作『凶黨寔繁』。『凶黨』，叛黨；逆黨。後漢書皇甫規傳：『其常侍尤無狀者，亟便黜遣，披埽凶黨。』陳書世祖紀：『其衣冠士族，預在凶黨，悉皆原宥。』

〔二十六〕利口巧言：册府元龜、全唐文作『利口工言』。『利口』，能言善辯。書周官：『無以利口亂厥官。』史記張釋之馮唐列傳：『夫絳侯、東陽侯稱爲長者，此兩人言事曾不能出口，

豈斆此啬夫諜諜利口捷給哉！』『巧言』，表面上好聽而實際上虚僞的話。詩小雅雨無正：『哿矣能言，巧言如流，俾躬處休。』漢書東方朔傳：『二人皆僞詐，巧言利口以進其身。』

〔二十七〕讒説罔極：『讒説』，讒言。書舜典：『朕堲讒説殄行，震驚朕師。』孔穎達疏：『我憎疾人爲讒佞之説，絶君子之行而動驚我衆人。』南史何尚之傳：『曄事迹未彰，便豫相黜斥，萬姓將謂卿等不能容才，以我爲信受讒説。』『罔極』，無窮盡。詩小雅何人斯：『有靦面目，視人罔極。』鄭玄箋：『人相視無有極時，終必與女相見。』史記太史公自序：『受命於穆清，澤流罔極。』

〔二十八〕韋温、延秀：文苑英華作『韋爲温、孫秀』。韋温，傳見舊唐書卷一百八十三、新唐書卷二百六。舊唐書其本傳云：『韋温，中宗韋庶人從父兄也。父玄儼，高宗末官至許州刺史。玄儼弟玄貞，初爲普州參軍，以女爲皇太子妃，擢拜豫州刺史。中宗嗣位，妃爲后。及帝降爲廬陵王，玄貞配流欽州而死。后母崔氏，爲欽州首領甯承兄弟所殺。……温，神龍中累遷禮部尚書，封魯國公。弟湑，左羽林將軍，封曹國公。后妹夫陸頌爲國子祭酒，馮太和爲太常少卿，太和尋卒，又適嗣虢王邕。湑子捷，尚成安公主，温從祖弟濯，尚定安公主，皆拜駙馬都尉。景龍三年，温遷太子少保、同中書門下三品，仍遥授揚州大都督。温等既居榮要，熏灼朝野，時人比之武氏。

湑及陸頌相次病卒，賻贈甚厚。及中宗崩，后令温總知内外兵馬，守援宫掖。又引從子播，族弟璿，弟捷、濯等，分掌屯營及左右羽林軍。臨淄王討韋氏，温等皆坐斬，宗族無少長皆死，語在韋庶人傳。睿宗即位，仍令削平玄貞及洵等墳墓。』延秀，即武延秀，傳見舊唐書卷一百八十三、新唐書卷二百六。舊唐書其本傳云：『延秀，承嗣第二子也。則天時，突厥默啜上言有女請和親，制延秀與閻知微俱往突厥，將親迎默啜女爲妻。既而默啜執知微，入寇趙、定等州，故延秀久不得還。神龍初，默啜更請通和，先令延秀送款，始得歸，封桓國公，又授左衛中郎將。時武崇訓爲安樂公主婿，即延秀從父兄，數引至主第。延秀久在蕃中，解突厥語，常於主第，延秀唱突厥歌，作胡旋舞，有姿媚，主甚喜之。及崇訓死，延秀得幸，遂尚公主。主，韋后所生男女中最小。初，中宗遷於房州，欲達州境，生於路次。性惠敏，容質秀絶。中宗韋后愛寵日深，恣其所欲，奏請無不允許。恃寵横縱，權傾天下，自王侯宰相已下，除拜多出其門。所營第宅并造安樂佛寺，擬於宫掖，巧妙過之。令楊務廉於城西造定昆池於其莊，延袤數里。出降之時，以皇后仗發於宫中，中宗與韋后御安福門觀之，燈燭供擬，徹明如晝。延秀拜席日，授太常卿，兼右衛將軍、駙馬都尉，改封恒國公，實封五百户。廢休祥宅，於金城坊造宅，窮極壯麗，帑藏爲之空竭。崇訓子數歲，因加金紫光禄大夫、太常卿同正員、左衛將軍，封鎬國公，賜實封五百户，以嗣其父。公主産男

滿月，中宗、韋后幸其第，就第放赦，遣宰臣李嶠，文士宋之問、沈佺期、張説、閻朝隱等數百人賦詩美之。延秀既恃恩，放縱無所忌憚。又公主府倉曹符鳳知延秀有不臣之心，遂説曰：「今天下蒼生，猶以武氏爲念，大周必可再興。按讖書云『黑衣神孫披天裳』，駙馬即神皇之孫也。」每勸令著皂褉子以應之。及韋庶人敗，延秀與公主在内宅，格戰良久，皆斬之。後追貶爲悖逆庶人。』

〔二十九〕朋黨競起：册府元龜、全唐文作『朋徒競起』，明鈔本、甲庫本、適園叢書、學林本作『朋黨竟起』。『朋黨』，指同類的人以惡相濟而結成的集團。後指因政見不同而形成的相互傾軋的宗派。戰國策趙策二：『臣聞明王絶疑去讒，屏流言之迹，塞朋黨之門。』漢桓寬鹽鐵論復古：『令意總一鹽、鐵，非獨爲利入也，將以建本抑末，離朋黨，禁淫侈，絶并兼之路也。』

〔三十〕晉卿、楚客：『晉卿』，即宗晉卿，『楚客』，即宗楚客，傳見舊唐書卷九十二、新唐書卷一百九。舊唐書其本傳云：『宗楚客者，蒲州河東人，則天從父姊之子也。兄秦客，垂拱中潛勸則天革命稱帝，由是累遷内史。後與楚客及弟晉卿并以奸贓事發，配流嶺外。秦客死，楚客等尋復追還。楚客累遷夏官侍郎、同鳳閣鸞臺平章事。神龍初，爲太僕卿。武三思用事，引楚客爲兵部尚書、同中書門下三品，晉卿累遷將作大匠。節愍太子既殺武三思，兵敗，逃於鄠縣，楚客遣使追斬之，仍令以其首祭三思及崇訓喪柩。韋庶人及安樂公主尤加親信，未幾，遷中書令。

楚客雖迹附韋氏，而嘗別有異圖，與侍中紀處訥共爲朋黨，故時人呼爲宗、紀。景龍中，西突厥娑葛與阿史那忠節不和，屢相侵擾，西陲不安。安西都護郭元振奏請徙忠節於内地，楚客與晉卿、處訥等各納忠節重賂，奏請發兵以討娑葛，不納元振所奏。娑葛知而大怒，舉兵入寇，甚爲邊患。於是監察御史崔琬劾奏楚客等曰：「臣聞四牡項領，良御不乘；二心事君，明罰無捨。謹案宗楚客、紀處訥等，性惟險詖，志越溪壑，幸以遭逢聖主，累忝殊榮，承愷悌之恩，居弼諧之地。不能刻意砥操，憂國如家，微效涓塵，以裨川岳。遂乃專作威福，敢樹朋黨，有無君之心，闕大臣之節。潛通獫狁，納賄不貲；公引頑凶，受賂無限。醜問充斥，穢行昭彰。且境外之交，情狀難測，今娑葛反叛，邊鄙不寧，由此賊臣，取怨中國。論之者懼禍以結舌，語之者避罪以鉗口。但晉卿昔居榮職，素闕忠誠，屢抵嚴刑，皆由黷貨。今又叨忝，頻沐殊恩，厚祿重權，當朝莫比。曾無悛改，仍徇贓私，此而可容，孰不可恕？臣謬參直指，義在觸邪，請除巨蠹，用答天造。楚客、處訥、晉卿等驕恣跋扈，人神同疾，不加天誅，詎清王度。并請收禁，差三司推鞫。」舊制，大臣有被御史對仗劾彈者，即俯僂趨出，立於朝堂待罪。楚客更咤鰓作色而進，自言以執性忠鯁，被琬誣奏。中宗竟不能窮核其事，遽令琬與楚客等結爲義兄弟以和解之。韋氏敗，楚客與晉卿等皆伏誅。』

〔三十一〕交構其間：『交構』，勾結。後漢書陳蕃傳：『中常侍曹節、王甫等與共交構，

諂事太后。』三國志 吴書 諸葛恪聶友傳：『近漢之世，燕蓋交遘，有上官之變。』

〔三十二〕潛結回邪：『回邪』，指邪佞之人。舊唐書 僕固懷恩傳：『近聞追詔數人，并皆不至，實畏中官讒口，又懼陛下損傷。豈唯是臣不忠，只爲回邪在側。』

〔三十三〕排擠端善：『排擠』，利用勢力或手段使人失去地位或利益。史記 酷吏列傳：『已而湯爲廷尉，治淮南獄，排擠莊助。』宋陸游知嚴州謝王丞相啓：『睚眦見憎，本出一朝之忿；排擠盡力，幾如九世之仇。』

〔三十四〕居人集木：『居人』，居民。後漢書 光武帝紀下：『（建武二十二年）九月戊辰，地震裂……賜郡中居人壓死者棺錢，人三千。』舊唐書 食貨志上：『贊請税京師居人屋宅。』

〔三十五〕君子阽危：『阽危』，臨近危險。漢書 食貨志上：『既聞耳矣，安有爲天下阽危者若是而上不驚者！』顔師古注：『阽危，欲墜之意也。』

〔三十六〕愒日視陰：『愒日』，荒廢光陰。左傳 昭公元年：『主民，玩歲而愒日，其與幾何？』宋陳造即事詩：『問俗即今防愒日，來時撫事錯銷魂。』

〔三十七〕朝不保夕：早晨保不住晚上會發生變化。極言情况危急或境遇窘迫。南史 蕭昭胄傳：『自建武以來，高、武王侯，居常震怖，朝不保夕。』舊唐書 崔胤傳：『胤所悦者闒茸下輩，

所惡者正人君子，人人悚懼，朝不保夕。』

〔三十八〕擁羽林萬騎：『羽林』，禁衛軍名。漢武帝時選隴西、天水、安定、北地、上郡、西河等六郡良家子宿衛建章宫，稱建章營騎。後改名羽林騎，取『爲國羽翼，如林之盛』之意；一説象天文羽林星，主車騎。隋以左右屯衛所領兵爲羽林。唐置左右羽林軍。古詩源柏梁詩：『郡國士馬羽林材。』唐王建羽林行：『出來依舊屬羽林，立在殿前射飛禽。』

〔三十九〕率左右屯營：『屯營』，軍營。後漢書西域傳序：『永興元年，車師後王復反攻屯營。』晋左思吴都賦：『屯營櫛比，廨署棋布。』吕向注：『屯營，軍營。』

〔四十〕先害朕躬：『朕躬』，我，我身。多用於天子自稱。書湯誥：『爾有善，朕弗敢蔽；罪當朕躬，弗敢自赦。』漢潘勖册魏公九錫文：『曰惟祖惟父，股肱先正，其孰恤朕躬。』

〔四十一〕并及太平公主：『太平公主』，傳見舊唐書卷一百八十三、新唐書卷八十三。舊唐書其本傳云：『太平公主者，高宗少女也。以則天所生，特承恩寵。初，永隆年降駙馬薛紹，紹，垂拱中被誣告與諸王連謀伏誅，則天私殺攸暨之妻以配主焉。公主豐碩，方額廣頤，多權略，則天以爲類己，每預謀議，宫禁嚴峻，事不令泄。公主亦畏懼自檢，但崇飾邸第。二十餘年，天下獨有太平一公主，父爲帝，母爲后，夫爲親王，子爲郡王，貴盛無比。……景龍二年，公主男

崇簡、崇敏、崇行，同授三品，與漁陽王兄弟四人同制。時中宗仁善，韋后、上官昭容用事禁中，皆以爲智謀不及公主，甚憚之。公主日益豪横，進達朝士，多至大官，詞人後進造其門者，或有貧窘，則遺之金帛，士亦翕然稱之。及唐隆元年六月，韋后作逆稱制，僞尊温王。玄宗居臨淄邸，憤之，將清内難。公主又預其謀，令男崇簡從之。及立温王，數日，天下之心歸於相府，難爲其議。公主入啓幼主，以王室多故，資於長君，乃提下幼主，因與玄宗、大臣尊立睿宗。公主頻著大勛，益尊重，乃加實封五千户，通前滿一萬户。」

〔四十二〕中外良士：『中外』，宫内和宫外。管子君臣下：『是以中外不通，讒慝不生，婦言不及宫中之事，而諸臣子弟無宫中之交。』史記李斯列傳：『中外若一，事無表裏。』『良士』，賢士。書秦誓：『番番良士，旅力既愆，我尚有之。』三國志蜀書諸葛亮傳：『董令史，良士也。吾每與之言，思慎宜適。』

〔四十三〕居人集木，君子阽危……中外良士，咸擬剿屠：此段原作『潛貯兵甲，將害朕躬』，今據册府元龜、全唐文改。

〔四十四〕隆基密聞其期：舊唐書作『基密聞其期』，文苑英華作『隆基密邇其期』。

〔四十五〕先難發奮：『發奮』，振作起來；奮發。管子五行：『然則天無疾風，草木發奮，

鬱氣息，民不疾，而榮華蕃。』明張居正論時政疏：『頃者，陛下赫然發奮，激厲將士，雲中之戰，遂大克捷，此振作之效也。』

〔四十六〕挺身鞠旅：原作『挺身鞫旅』，今據舊唐書、文苑英華、四庫全書、全唐文、適園叢書、學林本改。舊唐書作『挺身鞠弭』。『鞠旅』，向軍隊發出出征號令。猶誓師。詩小雅采芑：『鉦人伐鼓，陳師鞠旅。』毛傳：『鞠，告也。』鄭玄箋：『二千五百人爲師，五百人爲旅。此言將戰之日，陳列其師旅，誓告之也。』後漢書皇甫嵩朱儁傳論：『值弱主蒙塵，獷賊放命，斯誠葉公投袂之幾，翟義鞠旅之日。』

〔四十七〕呼吸之間：册府元龜作『呼噏之間』。

〔四十八〕凶渠殄滅：『凶渠』，凶徒的首領；元凶。南朝梁陸倕石闕銘：『帝赫斯怒，秣馬訓兵。嚴鼓未通，凶渠泥首。』舊唐書段秀實傳：『誓碎凶渠之首，以敵君父之讎，視死如歸，履虎致咥。』『殄滅』，消滅；滅絶。書盤庚中：『乃有不吉不迪，顛越不恭，暫遇奸宄，我乃劓殄滅之，無遺育，無俾易種於茲新邑。』漢書王莽傳中：『今即墨士大夫復同心殄滅反虜，予甚嘉其忠者，憐其無辜。』

〔四十九〕安七廟於幾墜：文苑英華作『安七廟於幾隳』。『七廟』，王朝的代稱。漢賈誼

過秦論上：『一夫作難而七廟隳。』南朝陳徐陵司空徐州刺史侯安都德政碑：『七廟之基，於焉永固；萬邦之本，由此克寧。』

〔五十〕濟群生於將隕：舊唐書作『拯群臣於將隕』，文苑英華作『群臣拯於將隕』，明鈔本作『濟郡生於將隕』。『群生』，指百姓。國語周語下：『儀之於民，而度之於群生。』唐元結大唐中興頌：『邊將騁兵，毒亂國經，群生失寧。』

〔五十一〕靈祇在望：舊唐書、文苑英華作『靈祇望在』，册府元龜作『靈祇德』，明鈔本、四庫全書作『靈祇望在』，甲庫本作『靈祇在望』，全唐文、適園叢書、學林本作『靈祇望德』。『靈祇』，天地之神。亦泛指神明。漢書揚雄傳上：『靈祇既鄉，五位時叙。』漢張衡南都賦：『聖皇之所逍遥，靈祇之所保綏。』李善注：『靈祇，天地之神也。』

〔五十二〕昆弟樂推：『昆弟』，兄弟；哥哥和弟弟。爾雅釋親：『父之昆弟，先生爲世父，後生爲叔父。』宋田况儒林公議卷下：『械三嘏送虜主帳前，以其昆弟皆方委任，遂貸三嘏死。』『樂推』，樂意擁戴。老子：『是以聖人處上而民不重，處前而民不害，是以天下樂推而不厭。』宋書武帝紀中：『自非百姓樂推，天命攸集，豈伊在予，所得獨專。』

〔五十三〕一人元良：『元良』，大善，至德。書太甲下：『一人元良，萬邦以貞。』孔傳：『天

子有大善，則天下得其正。』書泰誓中：『剥喪元良，賊虐諫輔。』蔡沈集傳：『元良，微子也；諫輔，比干也。』

〔五十四〕萬邦以定：『萬邦』，所有諸侯封國。後引申爲天下，全國。書堯典：『協和萬邦，黎民於變時雍。』三國魏曹植上責躬應詔詩表：『君臨萬邦，萬邦既化。』

〔五十五〕爲君副者：舊唐書、册府元龜、全唐文作『爲副君者』。

〔五十六〕可立爲皇太子：明鈔本、四庫全書、甲庫本作『立爲皇太子』。

〔五十七〕有司擇日備儀注册命：舊唐書、全唐文作『有司擇日備禮册命』，文苑英華作『有司擇日備注册命』。『儀注』，制度；儀節。南朝梁沈約議乘輿升殿疏：『正會儀注，御出乘輿至太極殿前，納舄升階。』南史鄱陽王伯山傳：『武帝時，天下草創，諸王受封，儀注多闕。』

立郢王爲皇太子制〔一〕

樹之后王，所以輯寧黎獻〔二〕；承之儲副，所以安固宗祧〔三〕。故能崇四術之科，爲萬國之本〔四〕。長幼君臣之序，齒胄知歸〔五〕；温文恭敬之風，群生攸屬〔六〕。古之制也，其在兹乎。郢王嗣謙〔七〕，聰睿夙成，端莊特秀，三雍禮樂〔八〕，必也生知，

五官詞藻〔九〕，居然暗合。體道爲器，非假於學問〔十〕；資靈受德，自符於神解〔十一〕。夏弦春頌，地義天經〔十二〕；立人之道既彰，爲子之誠益著〔十三〕。今升平在運，中外咸寧〔十四〕，將有事於元良，固不逾於三善〔十五〕。宜光近日之敏，俾則前星之耀〔十六〕。宜以來年正月四日備禮册爲皇太子，所司准此〔十七〕。開元二年十二月十七日。

校箋

〔一〕此文又見於册府元龜卷二百五十七、文苑英華卷四百四十三翰林制詔。全唐文卷二十一亦録此文，文題作立郢王嗣謙爲皇太子制，署名唐玄宗。明鈔本、甲庫本、四庫全書此文文題作立郢王爲皇太子詔，文苑英華此文文題爲立鄂王爲皇太子制。册府元龜此文文首云：『玄宗開元二年（七一四）十二月辛未，立郢王嗣謙爲皇太子，制曰：樹之后王，所以輯寧黎獻……』又資治通鑑卷二百二十一載：『（開元二年）十二月，乙丑，立皇子嗣真爲鄫王，嗣初爲鄂王，嗣主爲鄄王。辛巳，立郢王嗣謙爲皇太子。嗣真，上之長子，母曰劉華妃。嗣謙，次子也，母曰趙麗妃；麗妃以倡進，有寵於上，故立之。』據上述典籍所載，姑依原文文末所記，此制文頒布

時間爲開元二年十二月十七日，則撰寫時間當在是時稍前。

〔二〕樹之后王，所以輯寧黎獻：『后王』，繼承前輩王位的君主。書召誥：『越厥后王后民，茲服厥命。』孔穎達疏：『謂繼世之君及其時之人，皆服行其君之命。』唐韓愈鰐魚文：『及后王德薄，不能遠有，則江漢之間，尚皆棄之，以與蠻夷楚越。』『輯寧』，安撫，安定。書湯誥：『俾予一人，輯寧爾邦家。』唐白居易除薛平鄭滑節度制：『爾宜式遏四封，輯寧百衆。』『黎獻』，黎民中的賢者。書益稷：『萬邦黎獻，共惟帝臣。』蔡沈集傳：『黎民之賢者也。』唐白居易洛川晴望賦：『是用步閭里，詢黎獻。』

〔三〕承之儲副，所以安固宗祧：『承之』，册府元龜作『前立』。『儲副』，文苑英華作『副兩』。『儲副』，國之副君。指太子。晋袁宏後漢紀順帝紀：『太子，國之儲副。』南朝宋劉義慶世説新語方正：『且明帝以聰亮英斷，益宜爲儲副。』『宗祧』，宗廟。左傳襄公二十三年：『紇不佞，失守宗祧，敢告不吊。紇之罪，不及不祀。』杜預注：『遠祖廟爲祧。』孔子家語哀公問政：『聖人因物之精，制爲之極，明命鬼神，以爲民之則，而猶以是爲未足也。故築爲宫室，設爲宗祧。』

〔四〕故能崇四術之科，爲萬國之本：『國』，適園叢書作『邦』。『四術』，詩、書、禮、樂四種經術。禮記王制：『樂正崇四術，立四教，順先王詩、書、禮、樂以造士，春秋教以禮、

樂，冬夏教以詩、書。』宋書文帝紀：『故詔以三德，崇以四術，用能納諸義方，致之軌度。』

〔五〕長幼君臣之序，齒胄知歸：『序』，文苑英華作『叙』。『齒胄』，指太子入學與公卿之子依年齡爲序。南朝齊王融三月三日曲水詩序：『出龍樓而問豎，入虎闈而齒胄。』李周翰注：『公卿之子爲胄子。言太子入學，以年大小爲次，不以天子之子爲上，故云齒胄。齒，年也。』唐韓愈賀皇帝即位表：『爰自主鬯春宮，齒胄國學，孝友之美，實形四方。』『知歸』，謂知所歸循、歸依。南朝梁陸倕石闕銘：『懸書有附，委篋知歸。』唐李彦芳樂德教胄子賦：『入於國學，習者由是知歸；祭於瞽宗，享者於焉報本。』

〔六〕群生攸屬：此句文苑英華作『生人攸仰』，文苑英華下注『一作郡佳攸居』。『群生』，指百姓。國語周語下：『儀之於民，而度之於群生。』唐元結大唐中興頌：『邊將騁兵，毒亂國經，群生失寧。』

〔七〕郢王嗣謙：『郢王』，文苑英華作『鄂王』。指唐玄宗第二子李瑛。傳見舊唐書卷一百七：『廢太子瑛，玄宗第二子也，本名嗣謙。景雲元年九月，封真定郡王。先天元年八月，進封郢王。開元三年正月，立爲皇太子。』新唐書卷八十二亦載：『太子瑛，始王真定，進王郢。開元三年，立爲皇太子。』

〔八〕三雍禮樂：『三雍』，亦稱『三雍宮』。漢時對辟雍、明堂、靈臺的總稱。漢書河間獻王傳：『武帝時，獻王來朝，獻雅樂，對三雍宮及詔策所問三十餘事。』顏師古注引應劭曰：『辟雍、明堂、靈臺也。雍，和也，言天地君臣人民皆和也。』後漢書儒林列傳上：『中元元年，初建三雍。明帝即位，親行其禮。』

〔九〕五官詞藻：『五官』，殷周時分掌政事的五個高級官職。禮記曲禮下：『天子之五官，曰司徒、司馬、司空、司士、司寇，典司五衆。』鄭玄注：『此亦殷時制也。』周禮春官小宗伯：『毛六牲，辨其名物，而頒之於五官，使共奉之。』此指司徒、宗伯、司馬、司寇、司空。商君書君臣：『聖人列貴賤，制爵位，立名號，以別君臣上下之義。地廣，民衆，萬物多，故分五官而守之。』

〔十〕體道爲器，非假於學問：『體道』，躬行正道。韓非子解老：『夫能有其國保其身者，必且體道。』陳奇猷集釋：『體亦履也。』唐韓愈除崔群户部侍郎制：『具官崔群，體道履仁，外和内敏。』『學問』，學習和詢問知識、技能等。語出易乾：『君子學以聚之，問以辯之。』孟子滕文公上：『吾他日未嘗學問，好馳馬試劍。』

〔十一〕資靈受德，自符於神解：『受』，文苑英華、全唐文作『授』。『資靈』，資質性靈。唐謝偃正名論：『禀氣冲和，資靈杰秀。』『神解』，悟性過人。南朝宋劉義慶世説新語術解：『荀

勛善解音聲，時論謂之暗解……阮咸妙賞，時謂神解。』南史張融傳：『融玄義無師法，而神解過人，高談鮮能抗拒。』

〔十二〕夏弦春頌，地義天經：『夏弦春頌』，文苑英華作『樂華禮葉』，亦作『春誦夏弦』。禮記文王世子：『春誦夏弦，大師詔之。』鄭玄注：『誦，謂歌樂也；弦，謂以絲播詩。』本謂應按季節而采用不同的學習方式，後亦以泛指學習咏誦。藝文類聚卷十六引南朝梁陸倕爲豫章王慶太子出宫表：『冬書秋記，夙表睿資；春誦夏弦，幼彰神度。』『地義天經』，同『天經地義』。天地間本當如此、不可更改的道理。語本左傳昭公二十五年：『夫禮，天之經也，地之義也。』孝經三才：『夫孝，天之經也，地之義也。』

〔十三〕爲子之誠益著：『益』，文苑英華、全唐文作『亦』。

〔十四〕今升平在運，中外咸寧：『中外』，册府元龜作『域中』。『升平』，太平。漢書梅福傳：『使孝武皇帝聽用其計，升平可致。』顔師古注引張晏曰：『民有三年之儲曰升平。』南朝梁沈約南郊恩詔之二：『仰尋先烈，思致升平。』『中外』，朝廷内外，中央和地方。漢書元帝紀：『以用度不足，民多復除，無以給中外繇役。』南朝宋劉義慶世説新語言語：『孔融被收，中外惶怖。』

〔十五〕將有事於元良，固不逾於三善：『三』，文苑英華作『樂』。『元良』，太子的代

稱。禮記文王世子：『一有元良，萬國以貞，世子之謂也。』南朝梁沈約立太子詔：『元良之寄，有國莫先，自昔哲后，降及近代，莫不立儲樹嫡，守器承祧。』『三善』，指臣事君，子事父，幼事長的三種道德規範。禮記文王世子：『行一物而三善皆得者，唯世子而已……父子、君臣、長幼之道得而國治。』南朝梁沈約齊故安陸昭王碑：『協隆三善，仰敷四德。』張銑注：『三善，謂事君、事父、事長也。』

〔十六〕宜光近日之敏，俾則前星之耀：『則』，原作『冠』，今據册府元龜、文苑英華、明鈔本、甲庫本、適園叢書、學林本改。『近日』，謂距離太陽近。史記天官書：『其庳近日曰明星，柔高遠日曰大囂。』此處指接近帝王。唐范攄雲溪友議卷十二：『孔生詩曰：「……尚書近日清如鏡，天子官銜不許行。」』『前星』，漢書五行志第七下之下：『心，大星，天王也。其前星，太子；后星，庶子也。』後因以前星指太子。南朝梁沈約胤雅：『前星比耀，克隆萬壽。』唐劉禹錫蘇州册賀皇太子箋：『蒼震發前星之輝，黄離表重輪之瑞。』

〔十七〕宜以來年正月四日備禮册爲皇太子，所司准此：『宜以』，册府元龜無此二字。『此』，册府元龜、文苑英華、全唐文作『式』。

立忠王爲皇太子制（一）

孫　逖

門下（二）：大寶曰位，實在乎丕承（三）；萬邦以貞，必建於明兩（四）。朕嗣守鴻業，祇嚴永圖（五），恭惟匕鬯之主，豈捨人神之望（六）。開府儀同三司、兼單于大都護、河北河東道行軍元帥、朔方軍節度大使、兼關内度支營田鹽池押諸蕃部落等大使、上柱國、忠王璵（七），天假聰明，生知仁孝（八），君親一致，孝悌二成（九）；温文之德，合於古訓，敬愛之風，聞於天下。嘗亦視其所以（十），察其所安，考言有章，詢事皆中（十一）。知子者父，允叶於元良（十二）；以長則順，且符於舊典。宜膺擇嗣之舉，俾受升儲之命。可立爲皇太子。仍取來月内擇日册命，所司準式（十三）。開元二十六年六月三日。

校箋

（一）此文又見於册府元龜卷二百五十七、文苑英華卷四百四十三。全唐文卷三百十亦録此文，文題同，署名孫逖。此文文末標明頒布時間爲開元二十六年六月三日，四庫全書作『開元四年十月十四日』。考册府元龜其文文首云：『（開元）二十六年六月庚子，制曰：太寶曰位，實在其

丕承……』舊唐書玄宗紀載：『（開元二十六年）六月庚子，立忠王璵爲皇太子。秋七月己巳，册皇太子，大赦天下，常赦所不免者咸赦除之。』新唐書玄宗紀記：『（開元二十六年）六月庚子，立忠王璵爲皇太子。七月己巳，大赦。』資治通鑑卷一百九十七亦記：『（開元二十六年）六月，庚子，立璵爲太子。秋，七月，己巳，上御宣政殿，册太子。』根據上述典籍所載，則四庫全書所載爲誤，此制文須布時間爲開元二十六年（七三八）六月庚子（三日），撰寫時間爲是時稍前。又，孫逖，傳見舊唐書卷一百九十中、新唐書卷二百二。舊唐書其本傳云：『孫逖，潞州涉縣人。……逖幼而英俊，文思敏速。始年十五，謁雍州長史崔日用。日用小之，令爲土火爐賦，逖握翰即成，詞理典贍。日用覽之駭然，遂爲忘年之交，以是價譽益重。開元初，應哲人奇士舉，授山陰尉。遷秘書正字。十年，應制登文藻宏麗科，拜左拾遺。張說尤重其才，逖日游其門，轉左補闕。黄門侍郎李暠出鎮太原，辟爲從事。暠在鎮，與蒲州刺史李尚隱游于伯樂川，逖爲之記，文士盛稱之。二十一年，入爲考功員外郎、集賢修撰。逖選貢士二年，多得俊才。初年則杜鴻漸至宰輔，顔真卿爲尚書。後年拔李華、蕭穎士、趙驊登上第，逖謂人曰：「此三人便堪掌綸誥。」二十四年，拜逖中書舍人。……丁父喪免。二十九年服闋，復爲中書舍人。其年充河東黜陟使。天寶三載，權判刑部侍郎。五載，以風病求散秩，改太子左庶子。逖掌誥八年，制敕所出，爲時流嘆服。

議者以爲自開元已來，蘇頲、齊澣、蘇晉、賈曾、韓休、許景先及逖，爲王言之最。逖尤善思，文理精練，加之謙退不伐，人多稱之。以疾沉廢累年，轉太子詹事。上元中卒。廣德二年，詔贈尚書右僕射，謚曰文。有集三十卷。」

〔二〕門下：册府元龜無此二字。

〔三〕大寶曰位，實在乎丕承：『乎』，册府元龜作『其』，文苑英華、全唐文作『於』。『大寶』，指皇帝之位。『丕承』，很好地繼承。舊謂帝王承天受命，常曰『丕承』。書君奭：『惟文王德丕承無疆之恤。』漢揚雄法言問明：『成湯，丕承也；文王，淵懿也。或問丕承，曰：「由小致大，不亦丕乎？革夏以天，不亦承乎？」』

〔四〕萬邦以貞，必建於明兩：『必』，文苑英華、全唐文作『由』。『萬邦』，所有諸侯封國。後引申爲天下，全國。書堯典：『協和萬邦，黎民於變時雍。』詩大雅文王：『儀刑文王，萬邦作孚。』鄭玄箋：『儀法文王之事，則天下咸信而順之。』『明兩』，借指帝王或太子。南朝宋謝瞻張子房詩：『明兩燭河陰，慶霄薄汾陽。』李善注：『明兩、慶霄，皆喻宋高祖（劉裕）。』南朝宋謝靈運擬魏太子鄴中集詩王粲：『不謂息肩願，一旦值明兩。』吕延濟注：「武帝既明，而太子又明，故謂太子爲明兩也。」

〔五〕朕嗣守鴻業，祇嚴永圖：『鴻業』，大業。多指王業。漢書成帝紀：『朕承太祖鴻業，奉宗廟二十五年。』唐玄宗并州置北都制：『守宗社之大寶，恢中原之鴻業。』『永圖』，長久之計；長久打算。書太甲上：『慎乃儉德，惟懷永圖。』孔傳：『言當以儉爲德，思長世之謀。』南朝齊王融永明九年策秀才文：『朕夤奉天命，恭惟永圖。』

〔六〕恭惟匕鬯之主，豈舍人神之望：『匕鬯』，易震：『震驚百里，不喪匕鬯。』王弼注：『匕，所以載鼎實；鬯，香酒。奉宗廟之盛也。』後因代指宗廟祭祀。南朝陳徐陵皇太子臨辟雍頌：『皇太子耀彼重離，光兹匕鬯，儀以天文，化成天下。』唐陳子昂大周受命頌：『臣聞天無二日，土無二王，皇帝嗣武，以主匕鬯，豈不宜乎！』『人神』，先祖的神靈。後漢書隗囂傳：『宜急立高廟，稱臣奉祠，所謂「神道設教」，求助人神者也。』南史宋武帝紀：『宗祀絶饗，人神無位。』

〔七〕開府儀同三司、兼單于大都護、河北河東道行軍元帥、朔方軍節度大使、兼關内度支營田鹽池押諸藩部落等大使、上柱國、忠王璵：『河北河東道』，原無『道』字，今據全唐文增補。『朔方軍節度大使』，原作『朔方節度使』，今據册府元龜、文苑英華、明鈔本、全唐文、適園叢書增補『軍』字，據文苑英華、全唐文增補『大』字。『忠王璵』，指唐肅宗李亨，傳見兩唐書其本紀。舊唐書肅宗紀載：『肅宗文明武德大聖大宣孝皇帝諱亨，玄宗第三子，母曰元獻皇后楊氏，

景雲二年乙亥生。初名嗣昇，二歲封陝王，五歲拜安西大都護、河西四鎮諸蕃落大使。上仁愛英悟，得之天然；及長，聰敏强記，屬辭典麗，耳目之所聽覽，不復遺忘。開元十五年正月，封忠王，改名浚。五月，領朔方大使、單于大都護。十八年，奚、契丹犯塞，以上爲河北道元帥，信安王禕爲副，帥御史大夫李朝隱、京兆尹裴伷先等八總管兵以討之。仍命百僚設次於光順門，與上相見。左丞相張説退謂學士孫逖、韋述曰：「嘗見太宗寫真圖，忠王英姿穎發，儀表非常，雅類聖祖，此社稷之福也。」二十年，諸將大破奚、契丹，以上遥統之功，加司徒。二十三年，改名璵。二十五年，皇太子瑛得罪。二十六年六月庚子，立上爲皇太子，改名紹。」

〔八〕生知仁孝：『生知』，謂不待學而知之。語本論語季氏：『生而知之者上也。』晋葛洪抱朴子勖學：『人理之曠，道德之遠，陰陽之變，鬼神之情，緬邈玄奥，誠難生知。』

〔九〕君親一致，孝悌二成：『孝』，原作『友』，今據四庫全書、明鈔本、全唐文、甲庫本、適園叢書改。『二』，原作『三』，今據册府元龜、明鈔本、甲庫本改。『君親』，君王與父母，漢李陵答蘇武書：『違棄君親之恩，長爲蠻夷之域，傷已。』晋葛洪抱朴子酒誡：『臣子失禮於君親之前，幼賤悖慢於耆宿之坐。』此處指皇帝皇后擔任了太子的君王與父母雙重身份，故太子盡孝也是盡忠，故孝悌二成。

〔十〕嘗亦視其所以：『亦』，册府元龜作『以』。

〔十一〕考言有章，詢事皆中：『考言詢事』，謂查詢、考核所做的事和所説的話。書舜典：『帝曰：「格！汝舜。詢事考言，乃言厎可績，三載。」』蔡沈集傳：『堯言詢舜所行之事而考其言。』清嚴有禧漱華隨筆夾帶懷挾：『古之用人者，詢事考言，是以功罪有徵。』

〔十二〕知子者父，允叶於元良：『知子者父』，甲庫本作『知子者若父』。『元良』，太子的代稱。禮記文王世子：『一有元良，萬國以貞，世子之謂也。』南朝梁沈約立太子詔：『元良之寄，有國莫先，自昔哲后，降及近代，莫不立儲樹嫡，守器承祧。』

〔十三〕所司準式：原作『所司准』，今據册府元龜、文苑英華、全唐文增補。『式』，四庫全書、甲庫本、適園叢書作『此』。文苑英華、全唐文此句後多『主者施行』。

立宣王爲皇太子制〔一〕

主器者莫若長子，繼明者必建儲兩〔二〕，既已傳重，亦以崇本〔三〕，則君親之大義，帝王之弘範，無先於此矣。朕以眇身，纘承丕緒〔四〕，夕惕祗畏，惟懷永圖〔五〕；承八葉之耿光，居四海而稱大〔六〕。則匕鬯之主，粢盛之重〔七〕，樹元貴嫡，有邦之先〔八〕。

宣王誦（九），生知古訓（十），既賢且長，聰敏明博，温恭孝友（十一）；不自滿假，率由憲章（十二），慶發高禖，兆由甲觀（十三）。爲子之道，惟父能知，審觀其志（十四），宜承大統；固能總戎監撫，載乎鼎實（十五），不絶馳道（十六），謙敬益崇。問安必自於因心，入學固知其讓齒（十七），昇茲上嗣（十八），庶貞萬國。可立爲皇太子。宜令所司擇日備禮册命。建中元年正月。

校箋

〔一〕此文又見於册府元龜卷二百五十七，全唐文卷五十亦録此文，文題爲立宣王爲皇太子詔，署名唐德宗。此文文末標明頒布時間爲建中元年正月。册府元龜其文文首載：『德宗以大曆十四年正月即位，十二月乙卯詔曰：主器者莫若長子……』其文後又載：『建中元年正月册皇太子。』舊唐書德宗紀載：『（大曆十四年十二月）乙卯，制：宣王某可立爲皇太子……建中元年春正月丁卯朔，御含元殿，改元建中，群臣上尊號曰聖神文武皇帝。』新唐書德宗紀載：『（大曆十四年）十二月乙卯，立宣王誦爲皇太子。建中元年正月丁卯，改元。群臣上尊號曰聖神文武皇帝。』資

治通鑑卷二百二十六載：『（大曆十四年）十二月，乙卯，立宣王誦爲皇太子。……（建中元年）春，正月，丁卯朔，改元。群臣上尊號曰聖神文武皇帝；赦天下。』根據上述典籍所載，可知此制文撰寫時間當爲大曆十四年（七七九）十二月乙卯（十九日），頒布時間當依原文所記爲建中元年（七八〇）正月。

〔二〕主器者莫若長子，繼明者必建儲兩：『儲兩』，四庫全書、甲庫本、適園叢書、學林本作『儲貳』。『主器者莫若長子』，語出易序卦。『器』，祭器。古代國君的長子主宗廟祭器，因以稱太子爲『主器』。南朝梁簡文帝蒙華林園戒詩：『執圭守藩國，主器作元貞。』南朝梁沈約齊故安陸昭王碑：『禁旅尊嚴，主器彌固。』『繼明』，持續不斷的光明。唐劉禹錫武陵書懷五十韻：『繼明懸日月，出震統乾坤。』此處借指皇帝即位。唐韓愈皇帝即位降赦賀觀察使狀：『聖上以繼明之初，垂惟新之澤。』『儲兩』，即儲貳。太子。魏書肅宗紀：『自潘充華有孕椒宮，冀誕儲兩，而熊羆無兆，維虺遂彰。』舊唐書張玄素傳：『殿下地居儲兩，當須廣樹嘉猷。』

〔三〕既已傳重，亦以崇本：『傳重』，古謂以喪祭及宗廟之重責傳之於孫。古代宗法嚴嫡庶之別，若嫡子殘疾死亡，或子庶而孫嫡，即以孫繼祖。由祖言之，謂之傳重，由孫言之，謂之承重。儀禮喪服：『傳曰何以三年也？正體於上，又乃將所傳重也。』漢應劭風俗通愆禮：『契闊中饋，

經理蠶織，垂統傳重，其爲恩篤勤至矣。』『崇本』，崇尚根本。漢董仲舒春秋繁露立元神：『夫爲國，其化莫大於崇本……何謂本？曰天、地、人，萬物之本也。』明徐渭奉督學宗師薛公：『至於崇本刊華，談道論學，信心胸而破耳目，先生至以全浙無一生可與語，獨庶幾於某焉。』

（四）朕以眇身，纘承丕緒：『眇身』，猶言微末之身。封建帝后自謙之詞。漢書武帝紀：『朕以眇身承至尊，兢兢焉惟德菲薄，不明於禮樂，故用事八神。』北齊書神武帝紀下：『以朕眇身，遇王武略，不勞尺刃，坐爲天子。』『纘承』，繼承。周書明帝紀：『今朕纘承大業，處萬乘之上。』宋蘇軾贈韓維祖保樞魯國公制：『逮茲纘承，繼用耆哲。』『丕緒』，指國家大業。陳書世祖紀：『朕以寡昧，嗣膺丕緒，永言勛烈，思弘典訓。』唐皮日休悼賈：『嗟大漢之丕緒兮，虬其賢於污瀆。』

（五）夕惕祇畏，惟懷永圖：『夕惕』，謂至夜晚仍懷憂懼，工作不懈。晉葛洪抱朴子吴失：『吴主不此之思，不加夕惕，佞諂凡庸，委以重任，危機急於彍弩，亡徵著於日月。』南朝梁沈約立太子赦詔：『夕惕寅畏，若置淵谷。』『永圖』，長久之計；長久打算。書太甲上：『慎乃儉德，惟懷永圖。』孔傳：『言當以儉爲德，思長世之謀。』南朝齊王融永明九年策秀才文：『朕寅奉天命，恭惟永圖。』

（六）承八葉之耿光，居四海而稱大：『八葉』，指從唐高祖至唐德宗的八位皇帝。『耿光』，

光明；光輝；光榮。書立政：『以覲文王之耿光，以揚武王之大烈。』孔傳：『能使四夷賓服，所以見祖之光明，揚父之大業。』唐李白明堂賦：『遵先軌以繼作兮，揚列聖之耿光。』『四海』，猶言天下，全國各處。書大禹謨：『文命敷於四海，祗承於帝。』史記高祖本紀：『大王起微細，誅暴逆，平定四海，有功者輒裂地而封王侯。』

〔七〕則匕鬯之主，粢盛之重：『匕鬯』，代指宗廟祭祀。易震：『震驚百里，不喪匕鬯。』王弼注：『匕，所以載鼎實；鬯，香酒。奉宗廟之盛也。』南朝陳徐陵皇太子臨辟雍頌：『皇太子耀彼重離，光茲匕鬯，儀以天文，化成天下。』『粢盛』，古代盛在祭器内以供祭祀的穀物。公羊傳桓公十四年：『御廩者何？粢盛委之所藏也。』何休注：『黍稷曰粢，在器曰盛。』漢書文帝紀：『朕親率耕，以給宗廟粢盛。』

〔八〕樹元貴嫡，有邦之先：『樹元貴嫡』，謂立嫡長子爲儲君。同『樹元立嫡』。南朝梁沈約立太子赦詔：『王公卿士，咸以爲樹元立嫡，有邦所先，守器傳統，於斯爲重。』『有邦』，指諸侯。亦泛指國家。書呂刑：『王曰：「籲！來，有邦有土，告爾祥刑。」』蔡沈集傳：『有邦，諸侯也。』宋蘇軾興龍節集英殿宴教坊詞致語口號：『臣聞帝武造周，已兆興王之迹；日符祚漢，實開受命之祥。非天私我有邦，惟聖乃作神主。』

〔九〕宣王誦：指唐順宗李誦。傳見兩唐書其本紀。舊唐書順宗紀載：『順宗至德大聖大安孝皇帝諱誦，德宗長子，母昭德皇后王氏。上元二年正月生於長安之東内。大曆十四年六月，封宣王。建中元年正月丁卯，立爲皇太子。』

〔十〕生知古訓：『訓』，册府元龜、全唐文作『制』。『古訓』，古代流傳下來的典籍或可以作爲準繩的話。詩大雅烝民：『古訓是式，威儀是力。』古，故；訓，道。鄭玄箋：『故訓，先王之遺典也。』漢孔臧與侍中從弟安國書：『舊章潛於壁室，正於紛擾之際，欻爾而見，俗儒結舌，古訓復申。』

〔十一〕聰敏明博，温恭孝友：『聰敏明博』，册府元龜、明鈔本、全唐文作『聰明敏博』。『温恭孝友』，四庫全書作『孝順恭友』。

〔十二〕不自滿假，率由憲章：『不自滿假』，不自滿，不自大。書大禹謨：『克勤於邦，克儉於家，不自滿假，惟汝賢。』孔傳：『滿謂盈實；假，大也言……不自盈大。』明吕坤答吏部趙乾所：『且聖人之心，只是不自滿假。』『憲章』，典章制度。後漢書袁紹傳：『觸情放慝，不顧憲章。』北齊顏之推顏氏家訓文章：『朝廷憲章，軍旅誓誥，敷顯仁義，發明功德，牧民建國，施用多途。』

〔十三〕慶發高禖，兆由甲觀：『高禖』，指媒神。高，通『郊』。王引之經義述聞 禮記上：『高者，郊之借字，古聲高與郊同，故借高爲郊……蓋古本月令本作郊禖也。』唐陳子昂爲豐國夫人慶皇太子誕表：『塗山之慶，既裕於夏臺；高禖之祠，未陪於殷薦。』『甲觀』，漢代樓觀名。猶言第一觀，爲皇太子所居。後泛指太子宮。漢書 成帝紀：『元帝在太子宮生甲觀畫堂，爲世嫡皇孫。』顔師古注：『如淳曰：「甲觀，觀名……三輔黃圖云太子宮有甲觀。」……甲者，甲乙丙丁之次也。』北周庾信哀江南賦：『文詞高於甲觀，楷模盛於漳濱。』

〔十四〕審觀其志：册府元龜、全唐文作『審其觀志』。

〔十五〕固能總戎監撫，載乎鼎實：『總戎』，統管軍事；統率軍隊。魏書 尉元傳：『臣以天安之初，奉律總戎，廓寧淮右，海内既平，仍忝徐岳。』周書 武帝紀下：『帝總戎北伐。』『監撫』，指監國、撫軍，爲太子的職責。南朝梁簡文帝昭明太子集序：『皇上垂拱巖廊，積成庶務，式總萬機，副是監撫。』唐王勃乾元殿頌：『彤闈問豎，禮崇監撫之威；黼席興賢，義極君親之愛。』『鼎實』，鼎中所盛之物。語出易 鼎：『九二，鼎有實。』漢賈誼新書 諭誠：『及智伯分吾以服衣，餡吾以鼎實，舉被而爲禮，是以國士遇我，我固國士報之。』晉潘岳金谷集作詩：『王生和鼎實，石子鎮海沂。』

（十六）不絶馳道：『不絶馳道』，典出漢書成帝紀：『元帝即位，帝爲太子。壯好經書，寬博謹慎。初居桂宮，上嘗急召，太子出龍樓門，不敢絶馳道，西至直城門，得絶乃度，還入作室門。上遲之，問其故，以狀對。上大説，乃著令，令太子得絶馳道云。』東漢應劭注：『馳道，天子所行道也，若今之中道。』唐顔師古注：『絶，横度也。』指太子對皇帝之恭敬。

（十七）問安必自於因心，入學固知其讓齒：『入學』，原作『立學』，今據册府元龜、全唐文、適園叢書、學林本改。『固』，全唐文作『因』。『問安』，典出禮記文王世子：『文王之爲世子，朝於王季日三。鷄初鳴而衣服，至於寢門外，問内豎之御者曰：「今日安否何如？」内豎曰：「安。」文王乃喜。及日中又至，亦如之；及莫又至，亦如之。其有不安節，則内豎以告文王。文王色憂，行不能正履，王季復膳，然後亦復初。食上，必在視寒暖之節；食下，問所膳。』後因以『問安視膳』爲兒子侍奉父母的禮法，即每日必問安，每食必在側。資治通鑑唐文宗開成二年：『太子當鷄鳴而起，問安視膳。』清昭槤嘯亭雜録孝親：『后喜居暢春園，上於冬季入宮之後，遲數日必往問安視膳，以盡子職。』『因心』，謂親善仁愛之心。詩大雅皇矣：『維此王季，因心則友。』毛傳：『因，親也。』陳奂傳疏：『因訓親，親心即仁心。』舊唐書孝友傳序：『善於兄弟，必能因心廣濟。』『入學』，謂學童初次進入學校讀書。周禮春官大胥：『春入學，

舍采合舞。』後漢書孝獻帝紀：『結童入學，白首空歸，長委農野，永絶榮望，朕甚愍焉。』『讓齒』，對年長者謙讓。齒，年齡。晋潘尼釋奠頌：『遵道讓齒，降心下問。』清顧炎武過李子德詩：『及門初拜母，讓齒忝爲兄。』

〔十八〕昇兹上嗣：『上嗣』，君主的嫡長子。後指太子。禮記文王世子：『其登餕獻受爵，則以上嗣。』鄭玄注：『上嗣，君之適長子。』晋書潘尼傳：『篤生上嗣，繼期挺秀。』

立廣陵郡王爲皇太子制〔一〕

鄭絪

萬國之本，屬在元良〔二〕，主器之重〔三〕，歸於長子，所以固社稷、正邦統，古之制也。廣陵郡王純〔四〕，孝友莊敬，慈仁忠恕，博厚以容物，寬明而愛人；祗服訓辭〔五〕，文皆合雅，講求典禮〔六〕，學必承師，居有令问〔七〕，動無違德。朕獲纘丕緒，祗若大猷〔八〕，惟懷永圖，用建儲貳〔九〕，以承宗廟，以奉粢盛〔十〕，爰舉舊章，仍俾茂典〔十一〕。宜册爲皇太子。改名純〔十二〕。仍令有司擇日備禮册命。貞元二十一年三月。

校箋

〔一〕此文又見於册府元龜卷二百五十七，全唐文卷五百十一亦録此文，文題作立廣陵郡王爲皇太子詔，署名鄭絪。四庫全書文題作立廣陵郡王爲皇太子詔。此文文末標明頒布時間爲貞元二十一年三月。四庫全書、明鈔本時間標明爲貞元二十一年二月。考册府元龜卷二百五十七，其文文首云：『順宗以貞元二十一年正月即位，三月癸巳詔曰：萬國之本，屬在元良，主器之重，歸于長子……』新唐書德宗紀載：『（貞元二十一年）三月，癸巳，立廣陵郡王純爲皇太子。』故此制文頒布時間當依原文所記，爲貞元二十一年（八〇五）三月癸巳（二十四日），則撰寫時間當在是時稍前。又作者鄭絪，原作『鄭姻』，據其他各本改。又，鄭絪，傳見舊唐書卷一百五十九、新唐書卷一百六十五。舊唐書其本傳云：『鄭絪，字文明。父羡，池州刺史。絪少有奇志，好學，善屬文。大曆中，有儒學高名，如張參、蔣乂、楊綰、常衮，皆相知重。絪擢進士第，登宏詞科，授秘書省校書郎、鄠縣尉。張延賞鎮西川，辟爲書記，入除補闕、起居郎，兼史職。無幾，擢爲翰林，轉司勳員外郎、知制誥。德宗朝，在内職十三年，小心兢謙，上遇之頗厚。貞元末，德宗晏駕，順宗初即位，遺詔不時宣下。絪與同列衛次公密申正論，中人不敢違。及王

伾、王叔文朋黨擅權之際，絪又能守道中立。』新唐書其本傳亦載：『鄭絪，字文明，餘慶從父行也。幼有奇志，善屬文，所交皆天下有名士。擢進士、宏辭高第。張延賞帥劍南，奏署掌書記。入爲起居郎、翰林學士，累遷中書舍人。德宗自興元還，置六軍統軍視六尚書，以處功臣，除制用白麻付外。又廢宣武軍益左右神策，以監軍爲中尉。竇文場恃功，陰諷宰相進擬如統軍比。絪當作制，奏言：「天子封建，或用宰相，以白麻署制，付中書、門下。今以命中尉，不識陛下特以寵文場邪？遂著爲令也？」帝悟，謂文場曰：「武德、貞觀時，中人止內侍，諸衛將軍同正賜緋者無幾。自魚朝恩以來，無復舊制。朕因用爾不謂私，若麻制宣告，天下謂爾脅我爲之。」文場叩頭謝。更命中書作詔，并罷統軍用麻矣。明日，帝見絪曰：「宰相不能拒中人，得卿言乃悟。」順宗病，不得語，王叔文與牛美人用事，權震中外，憚廣陵王雄睿，欲危之。帝召絪草立太子詔，絪不請輒書曰：「立嫡以長。」跪白之，帝頷乃定。憲宗即位，拜中書侍郎、同中書門下平章事，遷門下侍郎。』

〔二二〕屬在元良：『元良』，太子的代稱。禮記文王世子：『一有元良，萬國以貞，世子之謂也。』南朝梁沈約立太子詔：『元良之寄，有國莫先，自昔哲后，降及近代，莫不立儲樹嫡，守器承祧。』

〔二三〕主器之重：『主器』，器，祭器。易序卦：『主器者莫若長子。』古代國君的長子主

宗廟祭器，因以稱太子爲『主器』。南朝梁簡文帝蒙華林園戒詩：『執珪守藩國，主器作元貞。』南朝梁沈約齊故安陸昭王碑：『禁旅尊嚴，主器彌固。』

〔四〕廣陵郡王純：謂唐憲宗李純，傳見舊唐書憲宗紀：『憲宗聖神章武孝皇帝諱純，順宗長子也，母曰莊憲王太后。大曆十三年二月生於長安之東内。六七歲時，德宗抱置膝上，問曰：「汝誰子，在吾懷？」對曰：「是第三天子。」德宗異而憐之。貞元四年六月，封廣陵王。順宗即位之年四月，册爲皇太子。』新唐書憲宗紀載：『憲宗昭文章武大聖至神孝皇帝諱純，順宗長子也。母曰莊憲皇太后王氏。貞元四年六月己亥，封廣陵郡王。二十一年三月，立爲皇太子。永貞元年八月，順宗詔立爲皇帝。乙巳，即皇帝位於太極殿。』

〔五〕祇服訓辭：『辭』，册府元龜作『詞』。『祇服』，敬謹奉行。書康誥：『子弗祇服厥父事，大傷厥考心。』三國志蜀書後主傳：『公其祇服朕命，克廣德心，以終乃顯烈。』『訓辭』，訓教之言。左傳僖公七年：『君若綏之以德，加之以訓辭，而率諸侯以討鄭，鄭將覆亡之不暇，豈敢不懼？』晉書文苑傳李充：『然則聖人之在世，吐言則爲訓辭，莅事則爲物軌。』

〔六〕講求典禮：『典禮』，制度禮儀。易繫辭上：『聖人有以見天下之動，而觀其會通，以行其典禮。』後漢書延篤傳：『朝則誦羲文之易，虞夏之書，歷公旦之典禮，覽仲尼之春秋。』

〔七〕居有令问：『令問』，册府元龜、四庫全書、全唐文作『令聞』。問，通『聞』。令聞，美好的聲名。漢王符潛夫論贊學：『夫此四子者，耳目聰明，忠信廉勇，未必無儔也，而及其成名立績，德音令問不已，而有所以然，夫何故哉？』晉書隱逸傳魯褒：『是故忿争非錢不勝，幽滯非錢不拔，怨讎非錢不解，令問非錢不發。』

〔八〕朕獲纘丕緒，祇若大猷：『丕緒』，指國家大業。陳書世祖紀：『朕以寡昧，嗣膺丕緒，永言勛烈，思弘典訓。』唐皮日休悼賈：『嗟大漢之丕緒兮，虬其賢於污潢。』『大猷』，謂治國大道。詩小雅巧言：『奕奕寢廟，君子作之；秩秩大猷，聖人莫之。』鄭玄箋：『猷，道也；大道，治國之禮法。』晉潘岳楊荆州誄：『弈世丕顯，允迪大猷。』

〔九〕惟懷永圖，用建儲貳：『永圖』，長久之計；長久打算。書太甲上：『慎乃儉德，惟懷永圖。』孔傳：『言當以儉爲德，思長世之謀。』南朝齊王融永明九年策秀才文：『朕夤奉天命，恭惟永圖。』『儲貳』，儲副，太子。

〔十〕以奉粢盛：『粢盛』，古代盛在祭器内以供祭祀的穀物。公羊傳桓公十四年：『御廩者何？粢盛委之所藏也。』何休注：『黍稷曰粢，在器曰盛。』漢書文帝紀：『朕親率耕，以給宗廟粢盛。』

〔十一〕仍俾茂典：『仍俾』，册府元龜、全唐文作『俾膺』。『茂典』，盛美的典章、法則。

南朝宋顏延之三月三日曲水詩序：『選賢建戚，則擇之於茂典；施命發號，必酌之於故實。』張銑注：『茂，美；典，則也。』舊唐書肅宗紀：『至於漢武，飾以浮華，非前王之茂典，豈永代而作則。』

〔十二〕改名純：『純』，原作『統』，今據册府元龜、全唐文、四庫全書改。

立鄧王爲皇太子制〔一〕

門下〔二〕：朕聞君天下者纘承統業，何嘗不樹儲建貳、安固邦家〔三〕；況長子有主器之義，元良貞立國之本〔四〕，上以嚴宗社之重，下以順恒久之宜〔五〕，歷考前載，率由斯道。鄧王寧〔六〕，性與忠敬，生知孝友，秉寬明之度〔七〕，體慈愛之心；學師訓謩，詞尚經雅〔八〕，動皆中禮〔九〕，慮不違仁，稽以舊章，允膺上嗣〔十〕。朕獲纘丕緒，夙夜虔恭〔十一〕，常懼神明未歆、政理多闕〔十二〕，曠茲茂典，亟涉歲時〔十三〕。今屬方内甫寧，品物咸遂〔十四〕，覽皇王之制，詢卿士之謀〔十五〕，時瞻大猷，莫此爲甚〔十六〕。是用授之匕鬯，位以青宮〔十七〕，欽惟永圖，俾服休命〔十八〕。宜册爲皇太子，令有司擇日備禮册命〔十九〕。主者施行。元和四年四月。

校箋

〔一〕此文又見於册府元龜卷二百五十七、文苑英華卷四百四十三。全唐文卷六十亦録此文，文題作立鄧王爲皇太子詔，署名唐憲宗。四庫全書文題作立鄧王爲皇太子詔。此文文末標明頒布時間爲元和四年四月，册府元龜其文文首載：『憲宗元和四年閏三月丁卯詔曰：朕聞君天下者，緒承統業……』其文後載：『四月，令皇太子居少陽院。其年，有司將行册禮，以孟夏、孟秋再卜日，臨事皆以雨罷，至十月方就廷册。』又注：『六年太子薨。』新唐書憲宗紀載：『（元和四年閏三月）丁卯，立鄧王寧爲皇太子。』資治通鑑卷二百三十七載：『（元和四年三月）翰林學士李絳等奏曰：「陛下嗣膺大寶，四年于兹，而儲闈未立，典册不行，是開窺覦之端，乖重慎之義，非所以承宗廟、重社稷也。伏望抑撝謙之小節，行至公之大典。」丁卯，制立長子鄧王寧爲皇太子。寧，紀美人之子也。』故此制文頒布時間應爲元和四年（八〇九）閏三月丁卯（二十一日），則撰寫時間當在是時稍前。

〔二〕門下：册府元龜、全唐文無此二字。

〔三〕朕聞君天下者纘承統業，何嘗不樹儲建貳、安固邦家：『纘』，册府元龜、明鈔本、甲庫本作『緒』，文苑英華作『序』。『安固』，册府元龜、文苑英華作『固安』。『纘承』，繼承。周書明帝紀：『今朕纘承大業，處萬乘之上。』宋蘇軾贈韓維祖保樞魯國公制：『逮兹纘承，繼用耆哲。』『儲貳』，儲副，太子。『邦家』，國家。

〔四〕況長子有主器之義，元良貞立國之本：『貞』，文苑英華作『真』。『本』，册府元龜作『道』。『主器』，器，祭器。易序卦：『主器者莫若長子。』古代國君的長子主宗廟祭器，因以稱太子爲『主器』。南朝梁簡文帝蒙華林園戒詩：『執珪守藩國，主器作元貞。』南朝梁沈約齊故安陸昭王碑：『禁旅尊嚴，主器彌固。』『元良』，太子的代稱。禮記文王世子：『一有元良，萬國以貞，世子之謂也。』南朝梁沈約立太子詔：『元良之寄，有國莫先，自昔哲后，降及近代，莫不立儲樹嫡，守器承祧。』

〔五〕上以嚴宗社之重，下以順恒久之宜：『重』，册府元龜作『慶』，文苑英華作『奉』。『恒』，册府元龜作『長』。『宗社』，借指國家。漢孔融論盛孝章書：『惟公匡復漢室，宗社將絶，又能正之。正之之術，實須得賢。』新唐書諸夷蕃將傳李多祚：『將軍知感恩，則知所以報，今在東宫乃大帝子，而嬖竪擅朝，危逼宗社。國家廢興在將軍，將軍誠有意乎？』

〔六〕鄧王寧：即唐惠昭太子，舊唐書卷一百七十五其本傳云：『惠昭太子寧，憲宗長子也。母曰紀美人。貞元二十一年四月，封平原郡王。元和元年八月，進封鄧王。四年閏三月，立爲皇太子，改名宙，尋復今名。其年有司將行册禮，以孟夏、孟秋再卜日，臨事皆以雨罷，至十月方行册禮。』新唐書卷八十二其本傳云：『惠昭太子寧，貞元二十一年，始王平原，與同安、彭城、高密、文安四王同封。帝即位，進王鄧，與澧、深、洋、絳四王同封。於是國嗣未立，李絳等建言：「聖人以天下爲大器，知一人不可獨化，四海不可無本，故建太子以自副，然後人心定，宗祏安，有國不易之常道。陛下受命四年，而冢子未建，是開窺覦之端，乖慎重之義，非所以承列聖，示萬世。」帝曰：「善。」以寧爲皇太子，更名宙，前以制示絳等。未幾，復初名。册禮用孟夏，雨，不克，改用孟秋，亦雨，冬十月克行禮。』

〔七〕秉寬明之度：『寬明』，四庫全書、甲庫本作『寬洪』，適園叢書、學林本作『寬仁』。

〔八〕學師訓謩，詞尚經雅：『謩』，册府元龜、全唐文、適園叢書作『謨』。『尚』，明鈔本、甲庫本誤作『上』。『訓謩』，同『訓謨』。尚書六體中訓與謨的并稱。後亦用以泛指訓教謀劃之詞。宋范仲淹任官惟賢材賦：『大哉！考古典之訓謨，觀前王之取舍。』宋歐陽修論編學士院制詔札子：『政令改更，學士所作文書，皆繫朝廷大事。示於後世，則爲王者之訓謨；藏之有司，

乃是本朝之故實。」

（九）動皆中禮：「中禮」，適中、合度的禮儀。周禮春官大宗伯：「以天産作陰德，以中禮防之；以地産作陽德，以和樂防之。」賈公彦疏：「禮言中者，凡人奢則僭上，儉則逼下，禮所以制中，使不奢不逼，故以禮爲中也。」宋徐鉉奉和宮傅相公懷舊見寄四十韻詩：「師資稷契論中禮，依止山公典小銓。」

（十）稽以舊章，允膺上嗣：「舊章」，昔日的典章。書蔡仲之命：「無作聰明亂舊章。」孔傳：「無敢爲小聰明，作異辯以變亂舊典文章。」史記秦始皇本紀：「秦聖臨國，始定刑名，顯陳舊章。」「上嗣」，君主的嫡長子。後指太子。禮記文王世子：「其登餕獻受爵，則以上嗣。」鄭玄注：「上嗣，君之適長子。」晉書潘尼傳：「篤生上嗣，繼期挺秀。」

（十一）朕獲纘丕緒，夙夜虔恭：「虔恭」，明鈔本、甲庫本、適園叢書、學林本作「虔躬」。「丕緒」，指國家大業。陳書世祖紀：「朕以寡昧，嗣膺丕緒，永言勛烈，思弘典訓。」唐皮日休悼賈：「嗟大漢之丕緒兮，虬其賢於污瀆。」「虔恭」，誠敬。漢書叙傳下：「秺侯狄孥，虔恭忠信。」晉書袁瓌傳：「陛下以聖明臨朝，百官以虔恭莅事。」

（十二）常懼神明未歆、政理多闕：「明」，適園叢書、學林本作「祇」。「政理」，謂爲政之道。

鬼谷子本經陰符：『原人事之政理，不出户而知天下。』唐韓愈應所在典貼良人男女狀：『鞭笞役使，至死乃休。既乖律文，實虧政理。』

〔十三〕曠兹茂典，亟涉歲時：『茂典』，盛美的典章、法則。南朝宋顏延之三月三日曲水詩序：『選賢建戚，則擇之於茂典；施命發號，必酌之於故實。』張銑注：『茂，美；典，則也。』舊唐書肅宗紀：『至於漢武，飾以浮華，非前王之茂典，豈永代而作則。』『歲時』，每年一定的季節或時間。周禮地官：『若以歲時祭祀州社，則屬其民而讀法。』孫詒讓正義：『此云歲時，唯謂歲之二時春、秋耳。』唐元稹告贈皇祖祖妣文：『叔仲伯季、姊妹、諸姑，洎友婿彌孫，歲時與會集者，百有餘人。』

〔十四〕今屬方内甫寧，品物咸遂：『内』，册府元龜、全唐文作『隅』。『品物』，猶萬物。易乾：『雲行雨施，品物流形。』漢蔡邕太尉汝南李公碑：『惟清惟敏，品物以熙。』唐劉肅大唐新語釐革：『宜革前弊，庶上下交泰，品物咸通。』

〔十五〕覽皇王之制，詢卿士之謀：『覽』，原作『監』，今據明鈔本、四庫全書、全唐文、甲庫本、適園叢書、學林本改。『卿士』，指卿、大夫。後用以泛指官吏。書牧誓：『是信是使，是以爲大夫卿士。』孫星衍疏：『大夫卿士不云卿大夫士，蓋以此士，卿之屬也。』史記宋微

子世家：『殷既小大好草竊奸宄，卿士師師非度，皆有罪辜，乃無維獲，小民乃并興，相爲敵讎。』

〔十六〕時瞻大猷，莫此爲甚：『甚』，册府元龜、文苑英華、全唐文爲『重』。『大猷』，謂治國大道。詩小雅巧言：『奕奕寢廟，君子作之；秩秩大猷，聖人莫之。』鄭玄箋：『猷，道也；大道，治國之禮法。』晉潘岳楊荆州誄：『弈世丕顯，允迪大猷。』

〔十七〕是用授之匕鬯，位以青宫：『匕鬯』，易震：『震驚百里，不喪匕鬯。』王弼注：『匕，所以載鼎實；鬯，香酒。奉宗廟之盛也。』後因代指宗廟祭祀。南朝陳徐陵皇太子臨辟雍頌：『皇太子耀彼重離，光兹匕鬯，儀以天文，化成天下。』唐陳子昂大周受命頌：『臣聞天無二日，土無二王，皇帝嗣武，以主匕鬯，豈不宜乎！』『青宫』，太子居東宫。東方屬木，於色爲青，故稱太子所居爲青宫。隋于仲文侍宴東宫應令詩：『青宫列紺幰，紫陌結朱輪。』唐白居易寄楊六詩：『青宫官冷静，赤縣事繁劇。』

〔十八〕欽惟永圖，俾服休命：『惟』，原作『爲』，今據册府元龜、文苑英華、全唐文、適園叢書改。『服』，原作『奉』，今據册府元龜、文苑英華、全唐文改。『永圖』，長久之計；長久打算。書太甲上：『慎乃儉德，惟懷永圖。』孔傳：『言當以儉爲德，思長世之謀。』南朝齊王融永明九年策秀才文：『朕夤奉天命，恭惟永圖。』『休命』，美善的命令。多指天子或

神明的旨意。易大有：『君子以遏惡揚善，順天休命。』書説命下：『敢對揚天子之休命。』

〔十九〕仍令有司擇日備禮册命：原本無『仍』字，今據册府元龜、文苑英華、全唐文增補。

立遂王爲皇太子制〔一〕

門下：承廟祧之尊〔二〕，固邦國之本〔三〕，重其緒業〔四〕，貞以元良〔五〕，斯今古之通制也〔六〕。乃者春宫曠位〔七〕，已涉歲時〔八〕，祼獻闕主鬯之儀〔九〕，膠庠虚齒學之道〔十〕，其何以億寧方夏、彰示教源、稽諸往册、用舉彝典〔十一〕？遂王宥〔十二〕，孝敬忠肅〔十三〕，寬明惠和〔十四〕，遵保傅之言〔十五〕，佩經訓之旨〔十六〕；友於兄弟，睦於宗親〔十七〕，博愛而恕己以誠〔十八〕，慎行而飭躬以禮〔十九〕。載覩所履，克慎厥謀〔二十〕，宜升儲闈〔二十一〕，以對休命〔二十二〕。朕祇若成憲〔二十三〕，惟懷永圖〔二十四〕，法三王垂統之規〔二十五〕，紹十聖重光之烈〔二十六〕；致嚴禋配〔二十七〕，俾奉粢盛〔二十八〕，式昭上嗣之崇〔二十九〕，庶叶明離之吉〔三十〕。宜册爲皇太子，改名恒〔三十一〕。仍令有司擇日備禮册命。主者施行。元和七年十月。

校箋

（一）本文又見於文苑英華卷四百四十三，文題作立遂王爲皇太子制，屬於玉堂遺範，文末標明頒布時間爲『元和七年十月』。册府元龜卷二百五十七儲宫部建立二亦録此文，其文首云：『（元和）七年七月乙亥，制曰：「承廟祧之尊固邦國之本……」』全唐文卷六十亦録，文題作立遂王爲皇太子詔，署名唐憲宗。本文文末標明時間爲『元和七年十月』，考舊唐書憲宗紀載：『（元和七年）六月……乙亥，制立遂王宥爲皇太子，改名恒。』舊唐書穆宗紀載：『（元和）七年十月，册爲皇太子，改今諱。』新唐書憲宗紀載：『（元和七年）七月乙亥，立遂王宥爲皇太子。』新唐書穆宗紀載：『（元和七年）乃立遂王爲皇太子。』資治通鑑卷二百三十八唐紀五十四載：『（元和七年）秋，七月，乙亥，立遂王宥爲太子，更名恒。』按，元和七年六月無乙亥此日，立遂王爲皇太子時間爲元和七年七月乙亥，册其爲皇太子時間爲同年十月。故據上述典籍所載，此制文頒布時間應爲元和七年（八一二）七月乙亥（十九日），原文『十月』應爲『七月』之誤，其撰寫時間當在是時稍前。另，資治通鑑卷二百三十八亦載立儲之背景：『恒，郭貴妃之子也。諸姬子澧王寬，長於恒。上將立恒，命崔群爲寬草讓表。群曰：「凡推己之有以與人

謂之讓。遂王，嫡子也，寬何讓焉！」上乃止。」

〔二〕承廟祧之尊：『廟祧』，泛指祖廟。周禮春官小宗伯：『辨廟祧之昭穆。』漢張衡東京賦：『蒸蒸之心，感物曾思，躬追養於廟祧，奉蒸嘗與禴祠。』

〔三〕固邦國之本：『邦國』，全唐文、適園叢書作『邦家』。指國家。晉劉琨勸進表：『或多難以固邦國，或殷憂以啓聖明。』唐楊炯少室山少姨廟碑：『瑶臺美化，闡邦國之風猷；銀榜嘉聲，茂君親之典禮。』

〔四〕重其緒業：『緒業』，事業；遺業。管子宙合：『是以人之緒業不得不多端，名位不得不殊方。』史記周本紀：『武王即位，太公望爲師，周公旦爲輔，召公、畢公之徒左右王，師修文王緒業。』

〔五〕貞以元良：『元良』，大善，至德。書太甲下：『一人元良，萬邦以貞。』孔傳：『天子有大善，則天下得其正。』書泰誓中：『剥喪元良，賊虐諫輔。』蔡沈集傳：『元良，微子也；諫輔，比干也。』

〔六〕斯今古之通制也：『今』，明鈔本作『合』。甲庫本作『斯合古通之制也』。『通制』，共同的典制。後漢書張敏傳：『臣愚以爲天地之性，唯人爲貴，殺人者死，三代通制。』新五

代史晉家人傳論：『此萬世之通制，而天下之公行也。』

〔七〕乃者春宮曠位：『春宮』，即東宮，太子宮。北周王褒皇太子箴：『秋坊通夢，春宮養德。』資治通鑒陳宣帝太建八年：『皇太子養德春宮，未聞有過。』胡三省注：『太子居東宮，東方主春，故亦曰春宮。』『曠位』，空著名位。南史后妃傳序：『梁武撥亂反正，深鑒奢逸，配德早終，長秋曠位。』

〔八〕已涉歲時：『歲時』，歲月；時間。此處指東宮之位懸空已久。唐杜甫遭田父泥飲美嚴中丞詩：『名在飛騎籍，長番歲時久。』唐韓愈贈族侄詩：『歲時易遷次，身命多厄窮。』

〔九〕裸獻闕主鬯之儀：册府元龜作『將恐禆獻闕主鬯之儀』。『裸獻』，古代帝王、王后祭祀時，以香酒灌地、以腥熟之食獻神的禮儀。周禮天官內宰：『大祭祀，后裸獻則贊，瑶爵亦如之。』鄭玄注：『謂祭宗廟。王既裸而出迎牲，后乃從後裸也……獻，謂王薦腥薦孰，后亦從後獻也。』孫詒讓正義：『凡裸亦通謂之獻。故祭統以裸爲獻之屬。內宰亦云裸獻是也……此經於饗不云裸者，亦以裸獻通言不別也。』書洛誥：『王入太室裸。』孔穎達疏：『清廟，神之所在。故王入太室，裸獻鬯酒，以告神也。』『主鬯』，主掌宗廟祭祀。鬯，古代祭祀用的一種香酒。唐韓愈順宗實録卷三：『付爾以承祧之重，勵爾以主鬯之勤。』宋莊綽鷄肋編卷下：『逮余主鬯之日，實乃秉

鈞之秋。」

（十）膠庠虛齒學之道：「膠庠」，周代學校名。周時膠爲大學，庠爲小學。後世通稱學校爲「膠庠」。語本禮記王制：「周人養國老於東膠，養庶老於虞庠。」梁書裴子野傳：「且章句洽悉，訓故可傳，脱置之膠庠，以弘奬後進，庶一夔之辯可尋，三家之疑無謬矣。」「齒學」，語本禮記文王世子：「行一物而三善皆得者，唯世子而已，其齒於學之謂也。」因以「齒學」指太子入學，不敢居人之前，與公卿之子依年齡大小爲序，以示謙卑。唐吴兢貞觀政要尊敬師傅：「臣聞郊迎四方，孟侯所以成德；齒學三讓，元良由是作貞。」

（十一）其何以億寧方夏、彰示教源、稽諸往册、用舉彝典：「億寧」，册府元龜作「懷寧」。「彰示」，册府元龜作「章示」，明鈔本、甲庫本、適園叢書、學林本作「彰爾」。「億寧」，安寧。國語晉語四：「億寧百神，而柔和萬民。」韋昭注：「億，安也。」唐皇甫湜醉賦：「偶四體以合莫，歸一元而億寧。」「方夏」，指中國，華夏。與「四夷」相對。書武成：「誕膺天命，以撫方夏。」後漢書董卓傳贊：「方夏崩沸，皇京烟埃。」李賢注：「方，四方；夏，華夏也。」「彝典」，常典。南朝梁江淹蕭相國拜齊王表：「業不題於宗器，聲靡記於彝典。」北周庾信爲閻大將軍乞致仕表：「尸禄素餐，久紊彝典；負乘致寇，徒煩有司。」

（十二）遂王宥：指唐穆宗李恒。傳見舊唐書穆宗紀、新唐書穆宗紀。舊唐書本紀載：『穆宗睿聖文惠孝皇帝諱恒，憲宗第三子，母曰懿安皇后郭氏。貞元十一年七月，生於大明宮之別殿。初名宥，封建安郡王，元和元年八月，進封遂王。五年三月，領彰義軍節度大使。七年十月，册爲皇太子，改今諱。』

（十三）孝敬忠肅：『忠肅』，忠誠恭敬。左傳文公十八年：『高辛氏有才子八人……忠肅恭懿，宣慈惠和，天下之民謂之「八元」。』孔穎達疏：『忠者，與人無隱，盡心奉上也。肅者，敬也，應機敏達，臨事恪勤也。』三國志吴書吴主傳：『忠肅内發，款誠外昭。』

（十四）寬明惠和：『寬明』，寬厚賢明；寬大清明。漢班彪王命論：『四曰寬明而仁恕，五曰知人善任使。』後漢書馮衍傳：『今衍幸逢寬明之日，將值危言之時，豈敢拱默避罪，而不竭其誠哉！』『惠和』，仁愛和順。左傳昭公四年：『紂作淫虐，文王惠和，殷是以隕，周是以興，夫豈爭諸侯！』後漢書和熹鄧皇后：『政非惠和，不圖於心；制非舊典，不訪於朝。』

（十五）遵保傅之言：『保傅』，古代保育、教導太子等貴族子弟及未成年帝王、諸侯的男女官員。戰國策秦策三：『居深宫之中，不離保傅之手。』漢賈誼治安策：『及太子既冠成人，免於保傅之嚴，則有記過之史，徹膳之宰。』

〔十六〕佩經訓之旨：『旨』，明鈔本作『主』。『佩』，敬佩，敬仰。素問四氣調神大論：『聖人行之，愚者佩之。』『經訓』，經籍義理的解説。漢蔡邕上封事陳政要七事：『諸生競利，作者鼎沸，其高者頗引經訓風喻之言，下則連偶俗語，有類俳優。』後漢書鄭玄傳論：『王父豫章君每考先儒經訓，而長於玄，常以爲仲尼之門不能過也。』

〔十七〕睦於宗親：『宗親』，同宗的親屬。吕氏春秋大樂：『故能以一聽政者，樂君臣，和遠近，説黔首，合宗親。』晋書何攀傳：『攀固讓所封户及絹之半，餘所受者，分給中外宗親，略不入己。』唐韓愈袁氏先廟碑：『袁公滋，既成廟，明歲二月，自荆南以旌節朝京師，留六日，得壬子春分，率宗親子屬，用少牢於三室。』

〔十八〕博愛而恕己以誠：『恕己』，謂擴充自己的仁愛之心。漢書成帝紀：『崇寬大，長和睦，凡事恕己，毋行苛刻。』晋葛洪抱朴子行品：『垂惻隱於有生，恒恕己以接物者，仁人也。』

〔十九〕慎行而飭躬以禮：『慎行』，行爲謹慎檢點。孝經感應：『宗廟致敬，不忘親也。修身慎行，恐辱先也。』唐孟郊送鄭僕射出節山南詩：『惜命非所報，慎行誠獨艱。』『飭躬』，猶飭身，警飭己身，使自己的思想言行謹嚴合禮。漢書宣帝紀：『朕之不明，震於珍物，飭躬齋精，祈爲百姓。』明唐順之答俞教諭：『若使有獨爲君子之心，則雖從事於飭躬勵行以退處，未嘗不

爲利塗也。』

（二十）克愼厥謀：文苑英華、册府元龜、全唐文作『克茂厥猷』。

（二十一）宜升儲闈：『宜升』，甲庫本作『而外』，明鈔本作『而升』。『儲闈』，借指太子。唐參寥子唐闕史盧相國指揮鎮州事：『乾符丁酉歲，因與同列廷諍機務，詞氣相高，朝廷兩解之，俾授賓翼儲闈。』新唐書房琯傳：『有朋黨不公之名，違臣子奉上之體，何以儀刑王國，訓導儲闈？』

（二十二）以對休命：『休命』，美善的命令。多指天子或神明的旨意。易大有：『君子以遏惡揚善，順天休命。』書說命下：『敢對揚天子之休命。』

（二十三）朕祗若成憲：『祗若』，敬順。書說命上：『疇敢不祗若王之休命。』孔傳：『言王如此，誰敢不敬順王之美命而諫者乎？』『成憲』，原有的法律、規章制度。書說命下：『監於先王成憲，其永無愆。』宋王安石廟議札子：『求之前載，雖或有然，考合於經，乃無成憲，因情制禮，實在聖時。』

（二十四）惟懷永圖：『永圖』，長久之計；長久打算。書太甲上：『愼乃儉德，惟懷永圖。』孔傳：『言當以儉爲德，思長世之謀。』南朝齊王融永明九年策秀才文：『朕夤奉天命，恭惟永圖。』

（二十五）法三王垂統之規：『三王』，册府元龜作『二王』。指夏、商、周三代之君。夏

禹、商湯、周武王。穀梁傳隱公八年：『盟詛不及三王。』范寧注：『三王，謂夏、殷、周也。夏后有鈞臺之享，商湯有景亳之命，周武有盟津之會。』『垂統』，把基業留傳下去，多指皇位的承襲。孟子梁惠王下：『君子創業垂統，爲可繼也。』史記三王世家：『而家皇子爲列侯，則尊卑相踰，列位失序，不可以垂統於萬世。』『規』，册府元龜作『秩』。

〔二十六〕紹十聖重光之烈：『十聖』，指唐朝太宗、高宗、中宗、睿宗、玄宗、肅宗、代宗、德宗、順宗等十位皇帝。『重光』，比喻累世盛德，輝光相承。書顧命：『昔君文王、武王，宣重光。』孔傳：『言昔先君文武，布其重光累聖之德。』漢班固典引：『宣二祖之重光，襲四宗之緝熙。』

〔二十七〕致嚴禋配：『禋』，祭祀。説文：『禋，潔祀也。一曰精意以享爲禋。』國語周語：『精意以享禋也。』

〔二十八〕俾奉粢盛：『俾』，使。詩小雅天保：『俾爾單厚。』『粢盛』，古代盛在祭器内以供祭祀的穀物。公羊傳桓公十四年：『御廪者何？粢盛委之所藏也。』何休注：『黍稷曰粢，在器曰盛。』漢書文帝紀：『朕親率耕，以給宗廟粢盛。』

〔二十九〕式昭上嗣之崇：『崇』，册府元龜作『宗』。『式昭』，用以光大。後漢書張衡傳：『朝有所聞，則夕行之。立功立事，式昭德音。』李賢注：『逸詩曰：「祈招之愔愔，式昭德音。」』式，

用也；昭，明也。』唐玄奘大唐西域記羯若鞠闍國：『罄捨國珍，奉爲先王，建此伽藍，式昭勝業。寡德無祐，有斯災異！咎徵若此，何用生爲！』『上嗣』，君主的嫡長子。後指太子。禮記文王世子：『其登餕獻受爵，則以上嗣。』鄭玄注：『上嗣，君之適長子。』晋書潘尼傳：『篤生上嗣，繼期挺秀。』

〔三十〕庶叶明離之吉：『明離』，指太子。南朝梁簡文帝上昭明太子集别傳等表：『臣以不肖，忝作明離。』唐徐九皋咏史：『聖主稱三杰，明離保四賢。』

〔三十一〕改名恒：『恒』，册府元龜作『常』，指唐穆宗。

立景王爲皇太子制〔一〕

門下〔二〕：朕聞王者敬承廟祧〔三〕，欽若天命〔四〕，必建元子〔五〕，用寧邦家〔六〕，所以光叶繼明〔七〕，嚴當主鬯〔八〕。朕纂承聖緒〔九〕，夤奉丕圖〔十〕，惟懷國本之安〔十一〕，爰在皇儲之重〔十二〕，而青宫久曠〔十三〕，望苑未開〔十四〕，則何以表式元良，昭宣鴻業，稽於往册，用舉彝章〔十五〕？長男景王湛〔十六〕，孝愛恭和〔十七〕，忠敬誠肅〔十八〕，慈惠特禀〔十九〕，寬仁夙彰〔二十〕；言通典謨〔二十一〕，動合儀矩〔二十二〕，睦友宗屬〔二十三〕，遵承傅道〔二十四〕；

克修令問〔二十五〕，日茂佳猷〔二十六〕，宜踐儲闈〔二十七〕，以承休命〔二十八〕；君尊父嚴〔二十九〕，每推乾道〔三十〕，聞詩學禮，用首人倫〔三十一〕，嘉翼翼於誠心〔三十二〕，睹蒸蒸於孝敬〔三十三〕。古稱知子〔三十四〕，無讓前修〔三十五〕，俾奉粢盛〔三十六〕，式昭元嗣〔三十七〕。宜册爲皇太子〔三十八〕。有司擇日備禮册命〔三十九〕。主者施行〔四十〕。長慶二年十二月七日。

校　箋

〔一〕此文又見於文苑英華卷四百四十三，文題爲立景王爲太子制，屬於王言會最。册府元龜卷二百五十七儲宫部建立第二亦録此文。全唐文卷六十四亦録此文，署名唐穆宗。四庫全書此文文題爲立景王爲皇太子詔。此文文末已標明頒布時間爲『長慶二年十二月七日』。考册府元龜卷二百五十七此文文首云：『穆宗長慶二年十二月癸巳制曰：朕聞王者敬承宗祧，欽若天命，必建元子……』又舊唐書穆宗紀云：『（長慶二年十二月）癸巳，詔景王爲皇太子。』新唐書穆宗紀云：『（長慶二年十二月）癸巳，立景王湛爲皇太子。』資治通鑒卷二百四十二亦載：『（長慶二年十二月）癸巳，詔立景王湛爲皇太子。』據上引典籍所載，則此制文頒布乃在長慶二年

〔八二二〕十二月癸巳（七日），與本文文末所記時間相符。然此時乃制文頒布之時，其撰寫此文當在是時稍前。

〔二〕門下：册府元龜、全唐文無此二字。

〔三〕朕聞王者敬承廟祧：『廟』，册府元龜、全唐文、適園叢書作『宗』。『廟祧』，泛指祖廟。周禮春官小宗伯：『辨廟祧之昭穆。』漢張衡東京賦：『蒸蒸之心，感物曾思。躬追養於廟祧，奉蒸嘗與禴祠。』

〔四〕欽若天命：『欽若』，敬順。書堯典：『乃命羲和，欽若昊天，曆象日月星辰，敬授人時。』陳書高祖紀下：『梁氏以圮剥薦臻，曆運有極，欽若天應，以命於霸先。』『天命』，上天之意旨；由上天主宰的命運。書盤庚上：『先王有服，恪謹天命。』楚辭天問：『天命反側，何罰何佑？』

〔五〕必建元子：『元子』，天子和諸侯的嫡長子。書微子之命：『王若曰：猷，殷王元子。』詩魯頌閟宫：『王曰叔父，建爾元子，俾侯于魯。』朱熹集傳：『叔父，周公也。元子，魯公伯禽也。』

〔六〕用寧邦家：『邦家』，國家。詩小雅南山有臺：『樂只君子，邦家之基。』鄭玄箋：『人君既得賢者，置之於位，又尊敬以禮樂，樂則能爲國家之本。』後漢書皇甫規傳論：『故能功

成於戎狄，身全於邦家也。」

（七）所以光叶繼明：『繼明』，借指皇帝即位。唐韓愈皇帝即位降赦賀觀察使狀：『聖上以繼明之初，垂惟新之澤。』宋司馬光論西夏札子：『自是正旦，生辰乃至陛下繼明，皆不遣使入賀，其不臣大矣。』

（八）嚴當主鬯：『主鬯』，易震：『震驚百里，不喪匕鬯。』孔穎達疏：『震卦施之於人，又爲長子。長子則正體於上，將所傳重，出則撫軍，守則監國，威震驚於百里，可以奉承宗廟彝器粢盛，守而不失也。』後因稱太子爲『主鬯』。唐柳宗元賀踐祚表：『主鬯彰孝恭之美，撫軍著神武之功。』舊唐書玄宗紀上：『平王有聖德，定天下，又聞成器已下咸有推讓，宜膺主鬯，以副群心。』

（九）朕纂承聖緒：『纂』，册府元龜、全唐文、適園叢書、學林本均作『纘』。『承』，明鈔本、甲庫本作『成』。『纂承』，繼承。後漢書樂恢傳：『陛下富於春秋，纂承大業，諸舅不宜幹正王室，以示天下之私。』唐劉禹錫唐故相國李公集紀：『後王纂承，多以國柄付文士。』『聖緒』，稱帝王的統緒。史記三王世家：『陛下奉承天統，明開聖緒，尊賢顯功，興滅繼絶。』漢書元帝紀：『朕承先帝之聖緒，獲奉宗廟，戰戰兢兢。』

〔十〕夤奉丕圖：『夤』，恭敬。説文：『夤，敬惕也。從夕，寅聲。』『丕圖』，猶大業，宏圖。唐白居易答黄裳請上尊號表：『朕以薄德，嗣守丕圖，不敢荒寧，以弘理道。』宋史禮志十一：『非臣否德，肇此丕圖，實賴先正儲休，上玄降鑒。』

〔十一〕惟懷國本之安：『惟懷』，册府元龜、全唐文作『永惟』。『國本』，古代特指確定皇位繼承人，建立太子爲國本。唐大詔令集册遂王爲皇太子文：『建立儲嗣，崇嚴國本。』宋史理宗紀：『景獻太子薨，甯宗以國本未立，選太祖十世孫年十五以上者教育。』

〔十二〕爰在皇儲之重：『皇儲』，皇太子。晉陸機祖道畢雍孫劉邊仲潘正叔詩：『皇儲延髦俊，多士出幽遐。』南史后妃傳下梁武丁貴嬪：『既盡禮皇儲，則所生不容無敬。』

〔十三〕而青宫久曠：文苑英華無『而』字。『曠』，册府元龜作『闕』。『青宫』，太子居東宫。東方屬木，於色爲青，故稱太子所居爲青宫。隋于仲文侍宴東宫應令詩：『青宫列紺幰，紫陌結朱輪。』唐白居易寄楊六詩：『青宫官冷静，赤縣事繁劇。』

〔十四〕望苑未開：『開』，明鈔本、甲庫本作『闓』。『望苑』，即博望苑。漢武帝爲戾太子立，使交接賓客之處。故址在今陝西省西安市。事見漢書戾太子劉據傳、三輔黄圖苑囿。南朝梁庾肩吾咏桂樹：『新叢入望苑，舊幹别層城。』後多借指太子之宫。唐杜甫寄李十四員外布十二韻：『名

參漢望苑，職述景題輿。」仇兆鰲注：『漢書：戾太子冠，武帝爲立博望苑，使通賓客。唐制，司議郎，東宮官屬，故用之。」舊唐書文苑傳上徐齊聃：『今乃使氈裘之子，解辮而侍春闈；冒頓之苗，削衽而陪望苑。」

〔十五〕則何以表式元良，昭宣鴻業，稽於往册，用舉彝章：『則何以表式元良』，文苑英華作『則何以式表元良』，册府元龜、全唐文、適園叢書、學林本均作『何以表式元良』，明鈔本、甲庫本作『何則以表式元良』。『用舉彝章』，甲庫本作『用舉宜章』。『表式』，表率，楷模。詩大雅崧高：『文武是憲。』鄭玄箋：『憲，表也。言爲文武之表式。』孔穎達疏：『言申伯有文有武，可爲人之表式也。』漢蔡邕翟先生碑：『國失元博，學失表式，凡百搢紳，哀矣泣血。』『元良』，大善，至德。書太甲下：『一人元良，萬邦以貞。』孔傳：『天子有大善，則天下得其正。』書泰誓中：『剥喪元良，賊虐諫輔。』蔡沈集傳：『元良，微子也；諫輔，比干也。』『昭宣』，明宣。南朝宋謝靈運撰征賦：『降俊明以鏡鑒，回風猷以昭宣。』明高攀龍高子遺書序：『忠孝節義神明也，有不昭宣，是神明之冥頑不靈也。』『鴻業』，大業。多指王業。漢書成帝紀：『朕承太祖鴻業，奉宗廟二十五年。』唐玄宗并州置北都制：『守宗社之大寶，恢中原之鴻業。』『彝章』，常典；舊典。南朝梁任昉爲范尚書讓吏部封侯第一表：『矜臣所乞，特迴寵命，則彝章載穆，微物知免。』

唐司空圖上考功狀：『共仰推公之志，敢忘效報之心，克振彝章，必光僉議。』

（十六）長男景王湛：即唐敬宗李湛。傳見舊唐書 敬宗紀、新唐書 敬宗紀。舊唐書 敬宗紀載：『敬宗睿武昭愍孝皇帝諱湛，穆宗長子，母曰恭僖太后王氏。元和四年六月七日，生於東内之別殿。長慶元年三月，封景王。二年十二月，立爲皇太子。』

（十七）孝愛恭和：此句明鈔本作『孝愛恭惟』，甲庫本作『孝恭惟』。『孝愛』，孝敬愛重。禮記 文王世子：『戰則守於公禰，孝愛之深也。』孔穎達疏：『載主將行，示不自專，是孝也，使守而尊之，是愛也，乃是孝愛之深也。』『恭和』，謙恭温和。南史 宋竟陵王誕傳：『誕性恭和，得士庶之心，頗有勇略。』明方孝孺與舒君書：『公待人雖極恭和，苟非其材，一言不加許。』

（十八）忠敬誠肅：『肅』，文苑英華、四庫全書作『懿』。明鈔本、甲庫本作『穀』。『忠敬』，忠誠恭敬。禮記 祭統：『致其誠信，與其忠敬，奉之以物……明薦之而已矣。』晉潘岳楊荆州誄：『伊君臨終，不忘忠敬，寢伏床蓐，念在朝廷。』

（十九）慈惠特禀：『慈惠』，猶仁愛。左傳 成公十二年：『於是乎有享宴之禮，享以訓共儉，宴以示慈惠。共儉以行禮，而慈惠以布政。』漢徐幹中論 譴交：『鄉有大夫，必有聰明慈惠之人，使各掌其鄉之政教禁令。』

〔二十〕寬仁夙彰：『寬仁』，寬厚仁慈。書仲虺之誥：『克寬克仁，彰信兆民。』孔傳：『言湯寬仁之德明信於天下。』漢書韓王信傳：『陛下寬仁，諸侯雖有叛亡，而後歸，輒復故位號，不誅也。』

〔二十一〕言通典謨：『典謨』，尚書中堯典、舜典和大禹謨、皋陶謨等篇的并稱。書序：『典謨、訓、誥、誓、命之文凡百篇，所以恢弘至道，示人主以軌範也。』漢書揚雄傳下：『典謨之篇，雅頌之聲，不温純深潤，則不足以揚鴻烈而章緝熙。』

〔二十二〕動合儀矩：『合』，册府元龜、全唐文作『協』。『儀矩』，儀法規矩。秦李斯碣石刻石：『群臣誦烈，請刻此石，垂著儀矩。』三國魏曹植鶡賦：『甘沉隕而重辱，有節士之儀矩。』

〔二十三〕睦友宗屬：『宗屬』，宗室成員。史記太史公自序：『惠景之間，維申功臣宗屬爵邑，作惠景間侯者年表第七。』唐劉禹錫爲京兆李尹降誕日進衣狀：『臣地居宗屬，職忝尹京，慶賀之誠，倍萬常品。』

〔二十四〕遵承傳道：『傳道』，文苑英華作『傳導』，明鈔本、四庫全書、甲庫本、適園叢書、學林本作『傳道』。『遵承』，猶遵照，遵從。後漢書東平憲王蒼傳：『惟陛下審覽虞帝優養母弟，

遵承舊典，終卒厚恩。』宋曾鞏謝熙寧七年曆日表：『惟竭遵承之力，庶符欽順之心。』

〔二十五〕克修令問：『問』，文苑英華、四庫全書、甲庫本作『聞』。『令問』，令聞，美好的聲名。問，通『聞』。漢王符潛夫論贊學：『夫此四子者，耳目聰明，忠信廉勇，未必無儔也，而及其成名立績，德音令問不已，而有所以然，夫何故哉？』晉書隱逸傳魯褒：『是故忿爭非錢不勝，幽滯非錢不拔，怨讎非錢不解，令問非錢不發。』

〔二十六〕日茂佳猷：『佳』，文苑英華、册府元龜、全唐文作『嘉』。『佳猷』，同『嘉猷』，治國的好規劃。書君陳：『爾有嘉謀嘉猷，則入告爾后於内，爾乃順之於外。』孔傳：『汝有善謀善道則入告汝君於内。』蔡沈集傳：『言切於事謂之謀，言合於道謂之猷。』南朝齊王融永明九年策秀才文：『寤寐嘉猷，延佇忠實。』李周翰注：『嘉，善；猷，道也。』

〔二十七〕宜踐儲闈：『儲闈』，借指太子。唐參寥子唐闕史盧相國指揮鎮州事：『乾符丁酉歲，因與同列廷諍機務，詞氣相高，朝廷兩解之，偕授賓翼儲闈。』新唐書房琯傳：『有朋黨不公之名，違臣子奉上之體，何以儀刑王國，訓導儲闈？』

〔二十八〕以承休命：『休命』，美善的命令。多指天子或神明的旨意。易大有：『君子以遏惡揚善，順天休命。』書説命下：『敢對揚天子之休命。』

〔二十九〕君尊父嚴：此句文苑英華、册府元龜、全唐文作『朕以君尊父嚴』。

〔三十〕每推乾道：『乾道』，天道，陽剛之道。易乾：『乾道變化，各正性命。』南朝梁簡文帝馬寶頌：『乾道應，坤馬來，度玉關，升玉臺。』

〔三十一〕用首人倫：『人倫』，封建禮教所規定的人與人之間的關係。特指尊卑長幼之間的等級關係。管子八觀：『背人倫而禽獸行，十年而滅。』孟子滕文公上：『人之有道也，飽食暖衣，逸居而無教，則近於禽獸，聖人（舜）有憂之，使契爲司徒，教以人倫：父子有親，君臣有義，夫婦有别，長幼有叙，朋友有信。』

〔三十二〕嘉翼翼於誠心：此句明鈔本、甲庫本作『嘉翼於誠心』。『翼翼』，恭敬謹慎貌。詩大雅大明：『惟此文王，小心翼翼。』鄭玄箋：『小心翼翼，恭慎貌。』漢書禮樂志：『王侯秉德，其鄰翼翼。』顔師古注：『翼翼，恭敬也。』

〔三十三〕睹烝烝於孝敬：『睹』，文苑英華作『都』，下注『詔令作睹』。此句册府元龜、全唐文作『睹烝烝於孝敬』，明鈔本作『睹蒸於孝敬』，甲庫本作『睹蒸嘗於孝敬』。『蒸蒸』，孝順。漢張衡東京賦：『蒸蒸之心，感物曾思。』薛綜注：『廣雅曰：蒸蒸，孝也。』唐柳宗元饒娥碑：『纖葛絺紵，克供以修，蒸蒸在家，其父世漁。』

〔三十四〕古稱知子：『古』，册府元龜、全唐文作『克』。

〔三十五〕無讓前修：『讓』，文苑英華作『議』。『前修』，猶前賢。楚辭離騷：『謇吾法夫前修兮，非世俗之所服。』後漢書劉愷傳：『今愷景仰前修，有伯夷之節，宜蒙矜宥，全其先功，以增聖朝尚德之美。』

〔三十六〕俾奉粢盛：『粢盛』，古代盛在祭器内以供祭祀的穀物。公羊傳桓公十四年：『御廩者何？粢盛委之所藏也。』何休注：『黍稷曰粢，在器曰盛。』漢書文帝紀：『朕親率耕，以給宗廟粢盛。』

〔三十七〕式昭元嗣：『式』，通『試』。使用。詩小雅小明：『神之聽之，式穀以女。』鄭玄箋：『式，用；穀，善也。其用善人，則必用女。女，通「汝」。』左傳成公二年：『蠻夷戎狄，不式王命。』『元嗣』，謂太子。續資治通鑑宋英宗治平三年：『皇子潁王，天質卓茂，姻媾及期。方陛下即位之初，而元嗣克家之日，推之於禮，莫重於斯。』

〔三十八〕宜册爲皇太子：『册』，文苑英華作『立』。册府元龜此句下注『即敬宗也』。

〔三十九〕有司擇日備禮册命：此句文苑英華作『宜令有司擇日備禮册命』，册府元龜、全唐文作『仍令有司擇日備禮册命』。『有司』，官吏。古代設官分職，各有專司，故稱。書大

禹謨：『好生之德，洽于民心，兹用不犯于有司。』漢桓寬鹽鐵論疾貪：『今一二則責之有司，有司豈能縛其手足而使之無爲非哉？』『備禮』，謂禮儀周備。詩小雅魚麗序：『美萬物盛多，能備禮也。』漢蔡邕郭有道碑：『州郡聞德，虚己備禮，莫之能致。』

〔四十〕主者施行：册府元龜無此句。

立魯王爲皇太子制〔一〕

禮重承祧〔二〕，義承繼體〔三〕，思崇守器〔四〕，必務建儲〔五〕，王者所以固大本而貞萬國也〔六〕。魯王永〔七〕，温仁寬明〔八〕，聰敏孝敬〔九〕，動合至性〔十〕，居无放心〔十一〕；樂善承顔〔十二〕，曠度容衆〔十三〕，恭勤詩書之教〔十四〕，率由忠厚之風〔十五〕。懿兹猷徽〔十六〕，光我胤嗣〔十七〕。朕纂承寶位〔十八〕，丕寧永圖〔十九〕，欽若舊章〔二十〕，用建儲貳〔二十一〕，爰俾主鬯〔二十二〕，以率問安〔二十三〕，統正龍樓之榮〔二十四〕，昭宣甲觀之兆〔二十五〕，宜膺茂典〔二十六〕，允屬元良〔二十七〕。宜册爲皇太子〔二十八〕。宜令所司擇日備禮册命〔二十九〕。

太和七年八月。

校　箋

〔一〕此文又見於册府元龜卷二百五十七儲宫部建立第二。全唐文卷七十二亦録此文，文題爲立魯王永爲皇太子詔，署名唐文宗。四庫全書此文文題爲立魯王爲皇太子詔。此文文末已標明頒布時間爲『太和七年八月』，考册府元龜此文文首云：『文宗太和六年十月甲子詔曰：禮重承祧，義存繼體……』又舊唐書文宗紀云：『（大和六年）冬十月庚子朔。甲子，詔魯王永宜册爲皇太子。……（七年）八月甲申朔，御宣政殿，册皇太子永。』新唐書文宗紀云：『（大和六年）十一月甲子，立魯王永爲皇太子。』資治通鑑卷二百四十四亦載：『（太和六年）冬，十月，甲子，立魯王永爲太子。……（七年）八月，庚寅，册命太子，因下制：諸王自今以次出閤，授緊、望州刺史、上佐；十六宅縣主，以時出適；進士停試詩賦。』又考唐大詔令集卷二十八册魯王爲皇太子文文首云：『維太和七年，歲次癸丑，八月甲申朔，七日庚寅，皇帝若曰……』則據此文及舊唐書、資治通鑑可知，太和七年八月乃册命太子時間，立魯王爲皇太子當在此時之前。故此文文末所記時間當有誤。今依册府元龜、舊唐書、資治通鑑所載，此文頒布應在太和六年（八三二）十月甲子（五日），新唐書所記時間亦誤。然此時乃制文頒布之時，其撰寫此文當在是時稍前。

〔二〕禮重承祧：『承祧』，承繼奉祀祖先的宗廟。南朝梁沈約立太子詔：『自昔哲后，降及近代，莫不立儲樹嫡，守器承祧。』唐韓愈順宗實録卷三：『付爾以承祧之重，勵爾以主鬯之勤。』

〔三〕義承繼體：『承』，册府元龜、全唐文作『存』。『繼體』，甲庫本作『體繼』。『繼體』，嫡子繼承帝位。史記外戚世家：『自古受命帝王及繼體守文之君，非獨内德茂也，蓋亦有外戚之助焉。』司馬貞索隱：『繼體謂非創業之主，而是嫡子繼先帝之正體而立者也。』

〔四〕思崇守器：『思』，明鈔本、適園叢書、學林本作『恩』。『守』，明鈔本誤作『可』。『守器』，封建時代太子主宗廟之器，因借指太子。南齊書文惠太子傳贊：『二象垂則，三星麗天。樹嫡惟長，義匪求賢。方爲守器，植命不延。』南史齊武帝諸子等傳論：『守器之重，邦家所馮，觀文惠之在東儲，固已有虧令德，向令負荷斯集，猶當集於禍敗。』

〔五〕必務建儲：『建儲』，立皇太子。穀梁傳隱公四年：『春秋之義，諸侯與正而不與賢也。』范寧注：『雍曰：正，謂嫡長也……建儲非以私親，所以定名分。』宋蘇軾范景仁墓志銘：『公在仁宗朝，首開建儲之議。』

〔六〕王者所以固大本而貞萬國也：『萬』，明鈔本、甲庫本作『勵』。『大本』，根本，事物的基礎。荀子强國：『故爲人上者，必將慎禮義務忠信然後可，此君人者之大本也。』漢

書孔光傳：『平刑罰，薄賦斂，恩澤加於百姓，誠爲政之大本。』『貞』，假借爲『正』『定』。端方正直。禮記文王世子：『萬國以貞』。書太甲下：『一人元良，萬邦以貞。』『萬國』，萬邦；天下；各國。易乾：『首出庶物，萬國咸寧。』史記東越列傳：『今小國以窮困來告急天子，天子弗振，彼當安所告訴？又何以子萬國乎？』

〔七〕魯王永：原本作『魯王允』，今據册府元龜、全唐文改。『魯王永』，即唐文宗長子李永。傳見舊唐書卷一百七十五、新唐書卷八十二。舊唐書其本傳載：『莊恪太子永，文宗長子也。母曰王德妃。大和四年正月，封魯王。六年，上以王年幼，思得賢傅輔導之。時王傅和元亮，因待制召問，元亮出於卒吏，不知書，一不能對。後宰相延英奏事，上從容曰：「魯王質性可教，宜擇賢士大夫爲官屬，不可復用和元亮之輩。」因以户部侍郎庾敬休守本官，兼魯王傅；太常卿鄭肅守本官，兼王府長史；户部郎中李踐方守本官，兼王府司馬。其年十月，降詔册爲皇太子。』

〔八〕温仁寬明：『温仁』，温厚仁愛。漢書河間獻王劉德傳：『王身端行治，温仁恭儉，篤敬愛下。』唐盧照鄰樂府雜詩序：『動息無格于温仁，顛沛安由乎正義。』『寬明』，寬厚賢明；寬大清明。漢班彪王命論：『四曰寬明而仁恕，五曰知人善任使。』後漢書馮衍傳：『今衍幸逢寬明之日，將值危言之時，豈敢拱默避罪，而不竭其誠哉！』

（九）聰敏孝敬：『敬』，册府元龜、明鈔本、四庫全書、全唐文、甲庫本均作『愛』。

（十）動合至性：『合』，明鈔本、四庫全書、甲庫本作『若』。『至性』，多指天賦的卓絶的品性。後漢書東平憲王蒼傳：『陛下履有虞之至性，追祖禰之深思，然懼左右過議，以累聖心。』唐劉灣虹縣嚴孝子墓詩：『至性教不及，天然得所資。』

（十一）居无放心：『放心』，放縱之心。書畢命：『雖收放心，閑之惟艱。』宋司馬光答范景仁論養生及樂書：『朝夕出入起居，未嘗不在禮樂之間，以收其放心，檢其慢志，此禮樂之所以爲用也。』

（十二）樂善承顔：『承顔』，順承尊長的顔色。謂侍奉尊長。漢書雋不疑傳：『聞暴公子威名舊矣，今乃承顔接辭。』晋書孝友傳序：『柔色承顔，怡怡盡樂。』

（十三）曠度容衆：『曠度』，猶大度。晋夏侯湛東方朔畫贊：『遠心曠度，贍智宏材。』宋陳師道送張支使詩：『曠度逢知晚，高才處下難。』

（十四）恭勤詩、書之教：『恭勤』，肅敬勤勉。北齊書趙郡王琛傳：『既居禁衛，恭勤慎密，率先左右。』唐司空圖華帥許國公德政碑：『王恭勤備至，浣濯必親。』

（十五）率由忠厚之風：『厚』，册府元龜、全唐文作『愿』。

美善之道。猷，道。指修養、本事等。詩小雅角弓：『君子有徽猷，小人與屬。』毛傳：『徽，美也。』鄭玄箋：『猷，道也。君子有美道以得聲譽，則小人亦樂與之而自連屬焉。』梁書文學傳下謝幾卿：『故得仰慕徽猷，永言前哲。』

（十七）光我胤嗣：『胤』，册府元龜、全唐文作『上』，甲庫本作『允』。『胤嗣』，後嗣，後代。漢書杜周傳：『后妃有貞淑之行，則胤嗣有賢聖之君。』唐李復言續幽怪録訂婚店：『固少孤，常願早娶，以廣胤嗣。』

（十八）朕纂承寶位：『承』，册府元龜、全唐文作『奉』。『纂承』，繼承。後漢書樂恢傳：『陛下富於春秋，纂承大業，諸舅不宜幹正王室，以示天下之私。』唐劉禹錫唐故相國李公集紀：『后王纂承，多以國柄付文士。』『寶位』，語出易繫辭下：『聖人之大寶曰位。』後以『寶位』指帝位。晉書宣帝紀：『雖復道格區宇，德被蒼生，而天未啓時，寶位猶阻。非可以智競，不可以力爭。』唐韓愈皇帝即位賀諸道狀：『伏見敕命，皇帝以閏正月三日嗣臨寶位，海内惟新。』

（十九）丕寧永圖：『丕』，遵奉、秉持。漢班固典引：『汪汪乎丕天之大律，其疇能亘之哉！』『永』，册府元龜、全唐文作『聖』。『永圖』，長久之計；長久打算。書太甲上：『慎

乃儉德，惟懷永圖。』孔傳：『言當以儉爲德，思長世之謀。』南朝齊王融永明九年策秀才文：『朕夤奉天命，恭惟永圖。』

〔二十〕欽若舊章：『舊』，明鈔本作『建』，四庫全書、甲庫本作『典』。『欽若』，敬順。書堯典：『乃命羲和，欽若昊天，曆象日月星辰，敬授人時。』陳書高祖紀下：『梁氏以圮剥薦臻，曆運有極，欽若天應，以命於霸先。』『舊章』，昔日的典章。書蔡仲之命：『無作聰明亂舊章。』孔傳：『無敢爲小聰明，作異辯以變亂舊典文章。』史記秦始皇本紀：『秦聖臨國，始定刑名，顯陳舊章。』

〔二十一〕用建儲貳：『用』，册府元龜作『同』。『儲貳』，儲副，太子。晉葛洪抱朴子釋滯：『昔子晋舍視膳之役，棄儲貳之重，而靈王不責之以不孝。』唐元稹四皓廟詩：『如何一朝起，屈作儲貳賓。』

〔二十二〕爰俾主鬯：『主鬯』，易震：『震驚百里，不喪匕鬯。』孔穎達疏：『震卦施之於人，又爲長子。長子則正體於上，將所傳重，出則撫軍，守則監國，威震驚於百里，可以奉承宗廟彝器粢盛，守而不失也。』後因稱太子爲『主鬯』。唐柳宗元賀踐祚表：『主鬯彰孝恭之美，撫軍著神武之功。』舊唐書玄宗紀上：『平王有聖德，定天下，又聞成器已下咸有推讓，宜膺主鬯，

以副群心。』

〔二十三〕以率問安：『問安』，問候尊長起居；問好。唐元稹七女封公主制：『朕以四海奉皇太后於南宮，問安之時，諸女侍側。』宋梅堯臣送河東轉運劉察院詩：『行臺知不遠，能使問安頻。』

〔二十四〕統正龍樓之榮：『龍樓』，借指太子所居之宮。南朝齊王融三月三日曲水詩序：『出龍樓而問豎，入虎闈而齒胄。』李周翰注：『龍樓，漢太子門名也。』唐吴兢貞觀政要論忠義：『臣等昔受命太上，委質東宮，出入龍樓，垂將一紀。』

〔二十五〕昭宣甲觀之兆：『甲觀』，漢代樓觀名。猶言第一觀。爲皇太子所居。後泛指太子宮。漢書成帝紀：『元帝在太子宮生甲觀畫堂，爲世嫡皇孫。』顔師古注：『如淳曰：「甲觀，觀名……三輔黄圖云太子宮有甲觀。」甲者，甲乙丙丁之次也。』北周庾信哀江南賦：『文詞高於甲觀，楷模盛於漳濱。』

〔二十六〕宜膺茂典：『膺』，擔當，接受重任。書武成：『誕膺天命，以撫方夏。』『茂典』，盛美的典章、法則。南朝宋顔延之三月三日曲水詩序：『選賢建戚，則擇之於茂典；施命發號，必酌之於故實。』張銑注：『茂，美；典，則也。』舊唐書肅宗紀：『至於漢武，飾以浮華，

非前王之茂典，豈永代而作則。』

〔二十七〕允屬元良：『元良』，太子的代稱。禮記文王世子：『一有元良，萬國以貞，世子之謂也。』南朝梁沈約立太子詔：『元良之寄，有國莫先，自昔哲后，降及近代，莫不立儲樹嫡，守器承祧。』

〔二十八〕宜册爲皇太子：『宜』，全唐文作『可』。

〔二十九〕宜令所司擇日備禮册命：『宜』，册府元龜、全唐文作『仍』。『所司』，有司。指主管的官吏。唐陳子昂上蜀川軍事：『陛下若以此奏非虚，或可采者，請勒臣付所司對議得失。』清錢謙益南京吏部驗封清吏司主事譚性教授承德郎制：『爾在相城，蝗不爲害，所司曾上其狀。』『備禮』，謂禮儀周備。詩小雅魚麗序：『美萬物盛多，能備禮也。』漢蔡邕郭有道碑：『州郡聞德，虚己備禮，莫之能致。』

立陳王爲皇太子制〔一〕

門下〔二〕：古先哲王之有天下也〔三〕，何嘗不正國本而承天序〔四〕，建儲貳而主重器〔五〕。朕以寡昧〔六〕，祇荷丕圖〔七〕，虔恭寅畏〔八〕，思固鴻業〔九〕，慎擇令懿〔十〕，

曠于旬時（十一）；而卿士獻謀（十二），龜筮告吉（十三），以爲少陽虛位（十四），願舉盛儀（十五）。列聖垂休（十六），俾合予志（十七），選賢而立，式表無私。敬宗皇帝第六男陳王成美（十八），天假忠孝，日新道德，温文合雅（十九），謙敬保和（二十），裕端明之體度（二十一），尚詩、書之辭訓（二十二），言皆中禮（二十三），行不違仁，是以順考舊章（二十四），欽若成命（二十五），授之匕鬯（二十六），以奉粢盛（二十七）。宜回朱邸之榮（二十八），俾踐青宮之重（二十九）。可立爲皇太子（三十）。宜令所司擇日備禮册命（三十一）。開成四年十月十四日。

校箋

〔一〕此文又見於舊唐書卷一百七十五、文苑英華卷四百四十三、册府元龜卷二百五十七儲宮部建立第二。全唐文卷七十亦録此文，文題爲立陳王成美爲皇太子制，署名唐文宗。四庫全書此文文題爲立陳王爲皇太子詔。此文文末已標明頒布時間爲『開成四年十月十四日』，文苑英華誤作『開元四年十月十四日』。考舊唐書卷一百七十五云：『陳王成美與紀王言揚同時受封。開成四年十月詔曰：古先哲王之有天下也，何嘗不正國本而承天序，建儲貳而主重離……』册府

元龜卷二百五十七此文文首云：『開成四年十月制曰：古先哲王之有天下也，何嘗不正國本而承天序……』又考舊唐書文宗紀云：『（開成四年十月）丙寅，制以敬宗第六男陳王成美爲皇太子。』新唐書文宗紀云：『（開成四年）十月丙寅，立陳王成美爲皇太子。』資治通鑑卷二百四十六亦載：『（開成四年十月）丙寅，立敬宗少子陳王成美爲皇太子。』據兩唐書及資治通鑑所載，此文頒布時間乃在開成四年（八三九）十月丙寅（十八日），其撰寫時間當在是時稍前。

〔二〕門下：舊唐書、册府元龜無此二字。

〔三〕古先哲王之有天下也：『古』，明鈔本作『居』。『先』，四庫全書作『昔』。『古先』，往昔；古代。書康誥：『別求聞由古先哲王，用康保民。』漢王充論衡齊世：『和氣不獨在古先，則聖人何故獨優？』『哲王』，賢明的君主。書酒誥：『在昔殷先哲王，迪畏天顯小民，經德秉哲。』南朝梁釋慧皎高僧傳義解支遁：『是以哲王御世，南面之重，莫不欽其風尚。』

〔四〕何嘗不正國本而承天序：『承』，册府元龜作『成』。『國本』，古代特指確定皇位繼承人，册立太子爲國本。唐大詔令集册遂王爲皇太子文：『建立儲嗣，崇嚴國本。』宋史理宗紀：『景獻太子薨，寧宗以國本未立，選太祖十世孫年十五以上者教育。』『天序』，帝王的世系。漢武帝元狩六年封齊王策：『朕承天序，惟稽古建爾國家，封於東土，世爲漢藩輔。』漢書成帝紀：『定

陶王欣於朕爲子，慈仁孝順，可以承天序，繼祭祀。其立欣爲皇太子。」

〔五〕建儲貳而主重器：『貳』，文苑英華、册府元龜、明鈔本作『兩』。『器』，舊唐書作『離』。『儲貳』，儲副，太子。晉葛洪抱朴子釋滯：『昔子晉舍視膳之役，棄儲貳之重，而靈王不責之以不孝。』唐元稹四皓廟詩：『如何一朝起，屈作儲貳賓。』『重器』，比喻天下，政權。史記伯夷列傳：『示天下重器，王者大統，傳天下若斯之難也。』司馬貞索隱：『言天下者是王者之重器。』隋書楊秀傳：『汝地居臣子……自言骨相非人臣，德業堪承重器。』

〔六〕朕以寡昧：『寡昧』，謂知識淺陋，不明事理。北魏楊衒之洛陽伽藍記平等寺：『臣既寡昧，識無光遠，景命雖降，不敢仰承，乞收成旨，以允愚衷。』宣和遺事後集：『蓋以寡昧之資，藉盈成之業，言路壅蔽，導諛日聞，恩幸持權，貪饕得志。』

〔七〕祇荷丕圖：『丕圖』，猶大業，宏圖。唐白居易答黄裳請上尊號表制：『朕以薄德，嗣守丕圖，不敢荒寧，以弘理道。』宋史禮志十一：『非臣否德，肇此丕圖，實賴先正儲休，上玄降鑒。』

〔八〕虔恭寅畏：『虔』，明鈔本、甲庫本作『度』，適園叢書、學林本作『嚴』。『虔恭』，誠敬。漢書叙傳下：『秺侯狄孥，虔恭忠信。』晉書袁瓌傳：『陛下以聖明臨朝，百官以虔恭

莅事。』『寅畏』，敬畏；恭敬戒懼。書無逸：『嚴恭寅畏，天命自度。』蔡沈集傳：『寅則欽肅，畏則戒懼。』唐白居易畫大羅天尊贊文：『皇帝孝敬寅畏，憂勤勞謙。』

〔九〕思固鴻業：『鴻』，明鈔本、四庫全書、甲庫本、適園叢書、學林本均作『洪』。『鴻業』，大業。多指王業。漢書成帝紀：『朕承太祖鴻業，奉宗廟二十五年。』唐玄宗并州置北都制：『守宗社之大寶，恢中原之鴻業。』

〔十〕慎擇令懿：『令』，舊唐書、册府元龜、明鈔本、甲庫本均作『全』。

〔十一〕曠于旬時：『旬時』，旬日。十天。書康誥：『要囚，服念五六日，至於旬時。』孔傳：『既得其辭，服膺思念五六日，至於十日。』三國魏吴質答東阿王書：『自旋之初，伏念五六日，至於旬時，精散思越，惘若有失。』

〔十二〕而卿士獻謀：『卿士』，指卿、大夫。後用以泛指官吏。書牧誓：『是信是使，是以爲大夫卿士。』孫星衍疏：『大夫卿士不云卿大夫士，蓋以此士，卿之屬也。』史記宋微子世家：『殷既小大好草竊奸宄，卿士師師非度，皆有罪辜，乃無維獲，小民乃并興，相爲敵讎。』

〔十三〕龜筮告吉：『龜筮』，占卦。古時占卜用龜，筮用蓍，視其象與數以定吉凶。亦指占卦的人。書大禹謨：『鬼神其依，龜筮協從。』蔡沈集傳：『龜，卜；筮，蓍。』漢陳琳大荒賦：『假

龜筮以貞吉，問神諗以休祥。』

〔十四〕以爲少陽虛位：『少陽』，後以指太子。南朝梁王筠昭明太子哀册文：『式載明兩，實惟少陽；既稱上嗣，且曰元良。』舊唐書李密傳：『始曈明兩之暉，終干少陽之位。』

〔十五〕願舉盛儀：『儀』，明鈔本、甲庫本作『時』。隆重的儀式。明文徵明賜長壽采縷詩：『重慚潦倒隨恩澤，還忝班行睹盛儀。』

〔十六〕列聖垂休：『列聖』，指歷代帝王；諸皇帝。晉左思魏都賦：『且魏地者……列聖之遺塵。』李善注：『魏地，畢昴之分野，虞舜及禹所都之地。』唐元稹顔峴右贊善大夫：『列聖念功，訪求太師之後。』『垂休』，顯示祥瑞；降福。唐元稹辨日旁瑞氣狀：『此皆陛下禮行郊廟，誠達神祇……近臣興感，上帝垂休，克呈捧日之祥，以表動天之德。』宋司馬光乞開言路札子：『公私兩困，盜賊已繁，猶賴上帝垂休，歲不大饑。』

〔十七〕俾合予志：明鈔本作『俾予合志』。

〔十八〕敬宗皇帝第六男陳王成美：『第』，原本作『弟』，今據舊唐書、文苑英華、册府元龜、四庫全書、全唐文、適園叢書、學林本改。『敬宗皇帝第六男陳王成美』，即唐敬宗第六子李成美。傳見舊唐書卷一百七十五、新唐書卷八十二。新唐書其本傳載：『陳王成美。初，文宗以莊恪薨，

大臣數請建東宮，開成四年，帝乃立成美爲皇太子，典册未具而帝崩，仇士良立武宗，殺之於邸。」

〔十九〕温文合雅：『合雅』，明鈔本、甲庫本作『雅合』。

〔二十〕謙敬保和：『保和』，文苑英華作『和祜』。『保和』，謂保持心志和順，身體安適。

〔二十一〕裕端明之體度：『裕』，文苑英華作『藴』。『端明』，正直聰明。南朝齊王儉褚淵碑文：『宋文帝端明臨朝，鑒賞無昧。』唐元結吕公表：『故名不異俗，迹不矯時，内含端明，外與常規，其大雅君子全於始終者邪。』『體度』，猶體制，格局。晉葛洪抱朴子行品：『據體度以動静，每清詳而無悔者，重人也。』南朝宋顔延之請立渾天儀表：『尚書「璇璣玉衡，以齊七政」，崔瑗所謂「數術窮天地，制作侔造化」，經志所云，圖憲所本，故體度不渝。』

〔二十二〕尚詩、書之辭訓：此句册府元龜作『尚書之訓辭』。『詩、書』，明鈔本、甲庫本作『書、詩』。『辭訓』，四庫全書作『訓辭』。『辭訓』，文辭的訓釋。後漢書鄭玄傳：『玄質於辭訓，通人頗譏其繁。』

〔二十三〕言皆中禮：『中禮』，合乎禮儀。禮記射義：『射者，進退周還必中禮。』宋王讜唐語林容止：『（盧鈞）稱賀上前，舉止中禮。』

〔二十四〕是以順考舊章：此句舊唐書、全唐文作『是可以訓考舊章』，文苑英華作『是可

順考舊章』，册府元龜作『是可以順考舊章』。『順考』，謂考校古事，擇善而行。書堯典：『曰若稽古帝堯。』孔傳：『能順考古道而行之者，帝堯。』孔穎達疏：『言順考古道者，古人之道，非無得失，施之當時，又有可否，考其事之是非，知其宜於今世，乃順而行之。』宋王禹偁上太保侍中書：『後代帝王因而設諫官，闢諫垣，蓋所以順考古道而樂聞己過也。』『舊章』，昔日的典章。書蔡仲之命：『無作聰明亂舊章。』孔傳：『無敢爲小聰明，作異辯以變亂舊典文章。』史記秦始皇本紀：『秦聖臨國，始定刑名，顯陳舊章。』

〔二十五〕欽若成命：『成』，甲庫本作『承』。『欽若』，敬順。書堯典：『乃命羲和，欽若昊天，曆象日月星辰，敬授人時。』陳書高祖紀下：『梁氏以圮剥薦臻，曆運有極，欽若天應，以命於霸先。』『成命』，既定的天命。詩周頌昊天有成命：『昊天有成命，二后受之。』晋陶潛感士不遇賦：『奉上天之成命，師聖人之遺書。』

〔二十六〕授之匕鬯：『授』，甲庫本作『受』。『匕鬯』，易震：『震驚百里，不喪匕鬯。』王弼注：『匕，所以載鼎實；鬯，香酒。奉宗廟之盛也。』後因代指宗廟祭祀。南朝陳徐陵皇太子臨辟雍頌：『皇太子耀彼重離，光兹匕鬯。儀以天文，化成天下。』唐陳子昂大周受命頌：『臣聞天無二日，土無二王，皇帝嗣武，以主匕鬯，豈不宜乎！』

〔二十七〕以奉粢盛：『粢盛』，古代盛在祭器内以供祭祀的穀物。公羊傳桓公十四年『御廩者何？粢盛委之所藏也。』何休注：『黍稷曰粢，在器曰盛。』漢書文帝紀：『朕親率耕，以給宗廟粢盛。』

〔二十八〕宜回朱邸之榮：『朱邸』，漢諸侯王第宅，以朱紅漆門，故稱朱邸。後泛指貴官府第。南朝齊謝脁拜中軍記室辭隋王箋：『唯待青江可望，候歸艎於春渚；朱邸方開，效蓬心於秋實。』李善注引史記：『諸侯朝天子，于天子之所立舍曰邸，諸侯朱户，故曰朱邸。』世説新語言語：『君自見其朱門。』劉孝標注引高逸沙門傳：『司徒會稽王……與法師結殷勤之歡，師雖升履丹墀，出入朱邸，泯然曠達，不異蓬宇也。』

〔二十九〕俾踐青宮之重：『踐』，明鈔本、甲庫本誤作『賤』。『青宮』，借指太子。唐白居易初授贊善大夫早朝寄李二十助教詩：『病身初謁青宮日，衰貌新垂白髮年。』宋葉紹翁四朝聞見録寧皇登位：『玉册之命未布，而青宮之席尚虛。』

〔三十〕可立爲皇太子：『立』，册府元龜作『以』。

〔三十一〕宜令所司擇日備禮册命：『宜』，文苑英華作『仍』。『備禮』，謂禮儀周備。詩小雅魚麗序：『美萬物盛多，能備禮也。』漢蔡邕郭有道碑：『州郡聞德，虛己備禮，莫之

能致。』

立德王爲皇太子制〔一〕

我國家上法夏殷〔二〕，遠遵漢魏〔三〕，爰設儲貳〔四〕，式固宗祧〔五〕。既明兩而作離〔六〕，在立嫡而惟長，矧茲沖眇〔七〕，獲嗣丕基〔八〕，將弘永圖〔九〕，宜舉令典〔十〕。德王佑〔十一〕，朕之元子〔十二〕，孝敬日躋，早茂温文〔十三〕，克彰岐嶷〔十四〕。屬者朝廷多故〔十五〕，兵革尚興〔十六〕，懷柔方務於舞干〔十七〕，典禮未行於主器〔十八〕；而忠臣獻議〔十九〕，百辟上言〔二十〕，請建元良〔二十一〕，至于三四。以奉祖宗之彝教〔二十二〕，必在前星〔二十三〕；係億兆之人心〔二十四〕，宜崇嗣體〔二十五〕。由是考彼史册，詢于蓍龜〔二十六〕，厥惟舊章〔二十七〕，乃建嘉命〔二十八〕。爾其嚴奉師傅〔二十九〕，敬慎威儀〔三十〕，必使流慶萬邦〔三十一〕，垂芳三善〔三十二〕；稟教諭之道〔三十三〕，作圖牒之祥〔三十四〕，勿怠令猷〔三十五〕，克光帝載〔三十六〕，服我明訓〔三十七〕，永孚于休〔三十八〕。可册爲皇太子。仍改名裕。令所司擇日備禮册命。

乾寧四年正月。

校箋

〔一〕此文又見於全唐文卷九十，署名唐昭宗。四庫全書此文文題爲立德王爲皇太子詔。此文文末已標明頒布時間爲『乾寧四年正月』。考資治通鑑卷二百六十一載：『（乾寧四年正月）丁亥，詔立德王祐爲太子，仍更名裕。』則此文頒布時間爲乾寧四年（八九七）正月丁亥（十一日）。撰寫此文當在是時稍前。

〔二〕我國家上法夏殷：『上』，四庫全書、全唐文作『尚』。

〔三〕遠遵漢魏：『遠遵』，原本作『遵遠』，今據四庫全書、全唐文、適園叢書、學林本改。

〔四〕爰設儲貳：『儲貳』，儲副，太子。晋葛洪抱朴子釋滯：『昔子晋捨視膳之役，棄儲貳之重，而靈王不責之以不孝。』唐元稹四皓廟詩：『如何一朝起，屈作儲貳賓。』

〔五〕式固宗祧：『宗祧』，宗廟。左傳襄公二十三年：『紇不佞，失守宗祧，敢告不吊。紇之罪，不及不祀。』杜預注：『遠祖廟爲祧。』孔子家語哀公問政：『聖人因物之精，制爲之極，明命鬼神，以爲民之則，而猶以是爲未足也。故築爲宫室，設爲宗祧。』

〔六〕既明兩而作離：『明兩而作離』，易離：『明兩作離，大人以繼明照于四方。』孔穎

達疏：『明兩作離者，離爲日，日爲明。今有上下二體，故云明兩作離也。』本謂離卦離下離上，爲兩明前後相續之象。後以『明兩』借指帝王或太子。南朝宋謝瞻張子房詩：『明兩燭河陰，慶霄薄汾陽。』李善注：『明兩、慶霄，皆喻宋高祖（劉裕）。』南朝宋謝靈運擬魏太子鄴中集詩八首王粲：『不謂息肩願，一旦值明兩。』吕延濟注：『武帝既明，而太子又明，故謂太子爲明兩也。』

〔七〕矧兹冲眇：『眇』，甲庫本作『耿』。『矧』，另外，况且，何况。唐柳宗元敵戒：『矧今之人，曾不是思。』『冲眇』，幼小。晋書后妃傳論：『昔者高宗諒暗，總百官於元老；成王冲眇，托萬機於上公。』宋蘇軾孫覺可給事中制：『朕以冲眇丕承祖宗，未堪多難之憂。』

〔八〕獲嗣丕基：『丕基』，巨大的基業。唐張紹冲佑觀詩：『赫赫烈祖，再造丕基。』舊五代史晋書少帝紀：『朕虔承顧命，獲嗣丕基，常懼顛危，不克負荷。』

〔九〕將弘永圖：『永圖』，長久之計；長久打算。書太甲上：『慎乃儉德，惟懷永圖。』孔傳：『言當以儉爲德，思長世之謀。』南朝齊王融永明九年策秀才文：『朕夤奉天命，恭惟永圖。』

〔十〕宜舉令典：『令典』，指美好的典禮、儀式。宋秦觀代賀皇太妃受册表：『舉令典於宫闈，溢歡聲於方夏。』

〔十一〕德王佑：『佑』，全唐文、適園叢書作『祐』。『德王佑』，後改名李裕，唐昭宗長子。

傳見舊唐書卷一百七十五、新唐書卷八十二。舊唐書其本傳載：『德王裕，昭宗長子也。大順二年六月二十八日封，乾寧四年二月十四日册爲皇太子。時駕在華州，韓建畏諸王主兵，誘防城卒張行思、花重武相次告通王以下欲殺建。建他日又造訛言云：諸王欲劫遷車駕，別幸藩鎮。諸王懼，詣建自陳。建乃延入卧内，密遣人奏云：「今日睦王、濟王、韶王、通王、彭王、韓王、儀王、陳王等八人到臣理所，不測事由。臣竊量事體，不合與諸王相見，兼恐久在臣所，於事非宜。忽然及門，意不可測。」又上疏抗請歸十六宅，如是者數四，帝不允。建懼爲諸王所圖，乃以精甲數千圍行宮，請誅定州護駕軍都將李筠。帝懼甚，詔斬筠於大雲橋。其三都軍士，尋放還本道。殿後都亦與三都元繞行宮扈蹕。至是，并急詔散之。罷諸王兵柄。建慮上不悦，乃上表請立德王爲皇太子。』

〔十二〕朕之元子：『元子』，天子和諸侯的嫡長子。書微子之命：『王若曰：猷，殷王元子。』詩魯頌閟宫：『王曰叔父，建爾元子，俾侯于魯。』朱熹集傳：『叔父，周公也。元子，魯公伯禽也。』

〔十三〕早茂温文：『早茂』，謂年幼時便才華出衆。後漢書桓帝紀：『孝質皇帝聰敏早茂，冀心懷忌畏，私行殺毒。』

（十四）克彰岐嶷：『彰』，四庫全書、全唐文、甲庫本作『將』。『岐嶷』，詩大雅生民：『誕實匍匐，克岐克嶷。』朱熹集傳：『岐嶷，峻茂之狀。』後多以『岐嶷』形容幼年聰慧。東觀漢記馬客卿傳：『馬客卿幼而岐嶷，年六歲，能接應諸公，專對賓客。』北魏楊衒之洛陽伽藍記追先寺：『略生而岐嶷，幼則老成，博洽群書。』

（十五）屬者朝廷多故：『屬者』，近時，近來。漢書李尋傳：『故屬者頗有變改，小貶邪猾。』顔師古注：『屬者，謂近時也。』宋黄庭堅謝公定和二范秋懷五首邀予同作詩之四：『屬者缺諫垣，時論或未許。』『多故』，多變亂，多患難。國語鄭語：『桓公……問於史伯曰：「王室多故，余懼及焉，其何所可以逃死？」』韋昭注：『故，猶難也。』史記陳丞相世家：『及吕后時，事多故矣，然平竟自脱，定宗廟，以榮名終，稱賢相，豈不善始善終哉！』

（十六）兵革尚興：『兵革』，指戰争。詩鄭風野有蔓草序：『君之澤不下流，民窮於兵革。』陳書虞寄傳：『且兵革已後，民皆厭亂。』

（十七）懷柔方務於舞干：『懷柔』，語本禮記中庸：『送往迎來，嘉善而矜不能，所以柔遠人也。繼絶世，舉廢國，治亂持危，朝聘以時，厚往而薄來，所以懷諸侯也。』後因以稱籠絡安撫外國或國内少數民族等爲『懷柔』。漢賈誼新書無蓄：『懷柔附遠，何招而不至？』三國志吴書吴

主傳：『宣導休風，懷柔百越。』『舞干』，書大禹謨：『帝乃誕敷文德，舞干羽于兩階，七旬，有苗格。』後遂以『舞干』指文德感化。唐元稹論討賊表：『及夫舞干而適至，因壘而來歸，此又物之可化者也。』舊唐書文苑傳下劉蕡：『元凱之所先，不若唐虞之考績；叔子之所務，不若重華之舞干。』

（十八）典禮未行於主器：『主器』，器，祭器。易序卦：『主器者莫若長子。』古代國君的長子主宗廟祭器，因以稱太子爲『主器』。南朝梁簡文帝蒙華林園戒詩：『執圭守藩國，主器作元貞。』南朝梁沈約齊故安陸昭王碑：『禁旅尊嚴，主器彌固。』

（十九）而忠臣獻議：『忠』，四庫全書作『群』，甲庫本作『恩』。

（二十）百辟上言：『百辟』，百官。宋書孔琳之傳：『羨之（徐羨之）内居朝右，外司輦轂，位任隆重，百辟所瞻。』唐白居易醉後走筆酬劉五主簿長句之贈兼簡張大賈二十四先輩昆季詩：『閶闔晨開朝百辟，冕旒不動香烟碧。』

（二十一）請建元良：『元良』，太子的代稱。禮記文王世子：『一有元良，萬國以貞，世子之謂也。』南朝梁沈約立太子詔：『元良之寄，有國莫先，自昔哲后，降及近代，莫不立儲樹嫡，守器承祧。』

〔二十二〕以奉祖宗之彝教：此句明鈔本、四庫全書、甲庫本作『以奉祖宗之教』。『彝教』，常教，永久不變的教化。書君奭：『無能往來，兹迪彝教。』蔡沈集傳：『于此導迪其常教。』明李東陽户部尚書王公之南京詩序：『夫外本内末，舍彝教而任法律，失古之意。而徇時之見，則户與刑者，非特不能相通，亦并其所專務者而失之矣。』

〔二十三〕必在前星：『前星』，漢書五行志第七下之下：『心，大星，天王也。其前星，太子；後星，庶子也。』後因以前星指太子。南朝梁沈約胤雅：『前星比耀，克隆萬壽。』唐劉禹錫蘇州賀册皇太子箋：『蒼震發前星之輝，黄離表重輪之瑞。』

〔二十四〕係億兆之人心：此句四庫全書作『係億兆之心』。『億兆』，指庶民百姓。猶言衆庶萬民。漢蔡邕太尉汝南李公碑：『憲天心以教育，沐垢濁以揚清，爲國有賞，蓋有億兆之心。』唐元稹酬别致用詩：『達則濟億兆，窮亦濟毫氂。』

〔二十五〕宜崇嗣體：『嗣體』，承嗣之人。後漢書郎顗傳：『今陛下多積宫人，以違天意，故皇胤多夭，嗣體莫寄。』

〔二十六〕詢于蓍龜：『蓍龜』，古人以蓍草與龜甲占卜凶吉，因以指占卜。易繫辭上：『探頤索隱，鈎深致遠，以定天下之吉凶，成天下之亹亹者，莫大乎蓍龜。』史記龜策列傳：『王

者決定諸疑，參以卜筮，斷以蓍龜，不易之道也。』

〔二十七〕厥惟舊章：『惟』，聽從，隨從。劉獻廷廣陽雜記：『大國苟不以爲然也，則亦惟命耳。』『舊章』，昔日的典章。書蔡仲之命：『無作聰明亂舊章。』孔傳：『無敢爲小聰明，作異辯以變亂舊典文章。』史記秦始皇本紀：『秦聖臨國，始定刑名，顯陳舊章。』

〔二十八〕乃建嘉命：『嘉命』，稱朝廷授官賜爵的敕命。三國魏阮籍爲鄭沖勸晋王箋：『伏見嘉命顯至，竊聞明公固讓。』南朝梁江淹雜體詩陸平原羈宦：『儲后降嘉命，恩紀被微身。』

〔二十九〕爾其嚴奉師傅：『爾其』，連詞。表承接。辭賦中常用作更端之詞。猶言至於，至如。漢張衡南都賦：『爾其地勢，則武闕關其西，桐柏揭其東。』南朝梁劉勰文心雕龍史傳：『爾其實録無隱之旨，博雅宏辯之才，愛奇反經之尤，條例舛落之失，叔皮論之詳矣。』

〔三十〕敬慎威儀：『敬慎』，恭敬謹慎。詩大雅抑：『敬慎威儀，維民之則。』南朝梁劉勰文心雕龍頌贊：『原夫頌惟典雅，辭必清鑠，敷寫似賦，而不入華侈之區；敬慎如銘，而異乎規戒之域。』『威儀』，莊重的儀容舉止。書顧命：『思夫人自亂于威儀。』孔傳：『有威可畏，有儀可象。』漢書薛宣傳：『宣爲人好威儀，進止雍容，甚可觀也。』

〔三十一〕必使流慶萬邦：『慶』，福澤。有幸的事。國語周語：『有慶未嘗不怡。』『萬邦』，

所有諸侯封國。後引申爲天下，全國。書堯典：『協和萬邦，黎民於變時雍。』詩大雅文王：『儀刑文王，萬邦作孚。』鄭玄箋：『儀法文王之事，則天下咸信而順之。』

〔三十二〕垂芳三善：『三善』，指臣事君、子事父、幼事長的三種道德規範。禮記文王世子：『行一物而三善皆得者，唯世子而已……父子、君臣、長幼之道得而國治。』南朝梁沈約齊故安陸昭王碑文：『協隆三善，仰敷四德。』張銑注：『三善，謂事君、事父、事長也。』

〔三十三〕禀教諭之道：『教諭』，教導。唐張九齡論教皇太子狀：『若親近細人，不聞教諭，縱欲行善，猶未知所適。』宋司馬光和韓秉國招范景仁飲：『每煩教諭累百紙，頑如鐵石不可鐫。』

〔三十四〕作圖牒之祥：『牒』，明鈔本、甲庫本作『諜』。『圖牒』，亦作『圖諜』。指圖讖。北齊書文宣帝紀：『圖諜潛蘊，千祀彰明，嘉禎幽秘，一朝紛委，以表代德之期，用啓興邦之迹。』舊唐書唐儉傳：『明公日角龍庭，李氏又在圖牒，天下屬望，非在今朝。』

〔三十五〕勿怠令猷：『勿怠』，明鈔本作『匆迫』，甲庫本作『匆怠』。『令猷』，遠大的志向、抱負。南朝宋謝瞻於安城答靈運詩：『量己畏友朋，勇退不敢進。行矣勵令猷，寫誠酬來訊。』唐白居易除閻巨源充邠甯節度使制：『十聯之帥，可以觀政；萬夫之長，可以樹勛。勉弘令猷，副我休命。』

〔三十六〕克光帝載：『帝載』，帝王的事業。書舜典：『咨，四岳！有能奮庸熙帝之載，使宅百揆，亮采惠疇。』孔傳：『載，事也。』漢蔡邕光武濟陽宮碑：『匡復帝載，萬國以綏。』

〔三十七〕服我明訓：『明訓』，明確的訓誡。國語晉語八：『圖在明訓，明訓在威權。』韋昭注：『言既有明教，當有威權以行之。』唐韓愈順宗實録卷三：『佩詩禮之明訓，宣忠孝之弘規。』

〔三十八〕永孚于休：『休』，原作『體』，今據明鈔本、四庫全書、全唐文、甲庫本、適園叢書、學林本改。

2021—2035年國家古籍工作規劃重點出版項目
國家出版基金資助項目
安徽省“十四五”重點圖書出版規劃項目

全國高校古委會古籍整理研究項目
厦門大學中文系古籍整理研究項目
安徽師範大學中國詩學研究中心學術叢書

05

第一輯

唐大詔令集繫年校箋

◉主　編　吴在慶
◉本册校箋　鄧瑩輝

黄山書社

本册目録

卷第二十八

皇太子

册文

卷第二十九

皇太子

册太子赦

加冠

改名

齒胄

卷第三十

皇太子

監國

傳位

卷第二十八

皇太子

册文

册文

册晋王爲皇太子文（一）

維貞觀十七年，歲次癸卯，四月丙戌日（二）。於戲（三）！惟爾并州都督、右武候大將軍、晋王治（四），忠肅恭懿，宣慈惠和（五），仁孝出於自然（六），信義備於成德（七），禎祥夙著（八），睿哲日新（九），永言少陽（十），匕鬯是寄（十一），疇咨朝列，卿士協從（十二）。是用命爾爲皇太子。往欽哉！爾其思王道之艱難，遵聖人之炯戒（十三），勤修六德（十四），勉行三善（十五）。無或舉非法度（十六），忘恭儉而好驕奢；無或理乖彝倫（十七），遠忠良而近邪佞。非履道無以彰名（十八），非任賢無以成德。爾身爲善，國家以安；爾身爲惡，天下以殆。睦九族而禮庶僚（十九），懷萬邦而憂遐裔（二十），兢兢業業，无怠无荒。克念爾祖宗，以寧我宗社（二十一）。可不慎歟（二十二）！

校箋

〔一〕此文又見於文苑英華卷四百四十三，文題爲晉王爲皇太子册文，全唐文卷九亦録此文，署名唐太宗。此文文末原未標明頒布時間。考本文文首原作：『維貞觀十七年，歲次甲辰，四月某朔日。』又檢舊唐書高宗紀載：『（貞觀）十七年，皇太子承乾廢，魏王泰亦以罪黜，太宗與長孫無忌、房玄齡、李勣等計議，立晉王爲皇太子。』新唐書高宗紀記：『（貞觀）十七年，太子承乾廢，而魏王泰次當立，亦以罪黜，乃立子治爲皇太子。』唐會要卷一載：『高宗天皇大聖大弘孝皇帝諱治。……（貞觀）十七年四月七日，册爲皇太子。』資治通鑑卷一百九十七貞觀十七年亦記：『（四月）丙戌，詔令晉王治爲皇太子，御承天門樓，赦天下，酺三日。』則此册文頒布時間應爲貞觀十七年（六四三）四月丙戌（七日）。故此文之撰寫時間當在此時稍前。

〔二〕維貞觀十七年，歲次癸卯，四月丙戌日：原作『維貞觀十七年，歲次甲辰，四月某朔日』，今據唐會要、資治通鑑改。詳見注〔一〕。

〔三〕於戲：全唐文作『皇帝若曰：於戲！』

〔四〕惟爾并州都督、右武候大將軍、晉王治：謂唐高宗李治，傳見兩唐書其本紀。舊唐書

高宗紀載：『高宗天皇大聖大弘孝皇帝，諱治，太宗第九子也，母曰文德順聖長孫皇后。以貞觀二年六月，生於東宮之麗正殿。五年，封晋王。七年，遥授并州都督。幼而岐嶷端審，寬仁孝友。初授孝經於著作郎蕭德言，太宗問曰：「此書中何言爲要？」對曰：「夫孝，始於事親，中於事君，終於立身。君子之事上，進思盡忠，退思補過，將順其美，匡救其惡。」太宗大悦曰：「行此，足以事父兄，爲臣子矣。」及文德皇后崩，晋王時年九歲，哀慕感動左右，太宗屢加慰撫，由是特深寵異。尋拜右武候大將軍。十七年，皇太子承乾廢，魏王泰亦以罪黜，太宗與長孫無忌、房玄齡、李勣等計議，立晋王爲皇太子。』新唐書高宗紀亦載：『高宗天皇大聖大弘孝皇帝諱治，字爲善，太宗第九子也。母曰文德皇后長孫氏。始封晋王，貞觀七年，遥領并州都督。十七年，太子承乾廢，而魏王泰次當立，亦以罪黜，乃立子治爲皇太子。』

〔五〕宣慈惠和：『惠和』，仁愛和順。左傳昭公四年：『紂作淫虐，文王惠和，殷是以隕，周是以興，夫豈争諸侯！』後漢書皇后紀上和熹鄧皇后：『政非惠和，不圖於心；制非舊典，不訪於朝。』

〔六〕仁孝出於自然：文苑英華作『仁孝發於自然』。

〔七〕信義備於成德：『成德』，成年人應有的品德。儀禮士冠禮：『始加祝曰：令月吉

日，始加元服，棄爾幼志，順爾成德，壽考惟祺，介爾景福。』鄭玄注：『既冠爲成德。』賈公彦疏：『案冠義，既冠，責以父子君臣長幼之禮，皆成人之德。』

〔八〕禎祥夙著：『禎祥』，吉祥的徵兆。禮記中庸：『國家將興，必有禎祥；國家將亡，必有妖孽。』孔穎達疏：『禎祥，吉之萌兆。祥，善也。言國家之將興，必有嘉慶善祥也。』漢王充論衡吉驗：『凡人稟貴命於天，必有吉驗見於地。見於地，故有天命也。驗見非一，或以人物，或以禎祥，或以光氣。』

〔九〕睿哲日新：『睿哲』，聖明；明智。漢張衡東京賦：『睿哲玄覽，都兹洛宫。』晋陸雲大將軍宴會被命作詩：『睿哲惟晋，世有明聖。』

〔十〕永言少陽：『少陽』，東宫。太子所居。南朝宋顔延之三月三日曲水詩序：『正體毓德於少陽。』李善注：『正體，太子也……少陽，東宫也。』南朝梁王筠昭明太子哀册文：『式載明兩，實惟少陽；既稱上嗣，且曰元良。』

〔十一〕匕鬯是寄：『匕鬯』；代指宗廟祭祀。易震：『震驚百里，不喪匕鬯。』王弼注：『匕，所以載鼎實；鬯，香酒。奉宗廟之盛也。』南朝陳徐陵皇太子臨辟雍頌：『皇太子耀彼重離，光兹匕鬯，儀以天文，化成天下。』

〔十二〕疇咨朝列，卿士協從：「疇咨」，原作「畸咨」，今據文苑英華、四庫全書、全唐文、適園叢書改。明鈔本、甲庫本作「疇兹」。「疇咨」，訪問、訪求之意。漢書武帝紀贊：「孝武初立……遂疇咨海内，舉其俊茂，與之立功。」晉書司馬彪傳：「若朝之大事，廢興損益，每輒疇諮。」「卿士」，指卿、大夫。後用以泛指官吏。書牧誓：「是信是使，是以爲大夫卿士。」孫星衍疏：「大夫卿士不云卿大夫士，蓋以此士，卿之屬也。」史記宋微子世家：「殷既小大好草竊奸宄，卿士師師非度，皆有罪辜，乃無維獲，小民乃并興，相爲敵讎。」

〔十三〕遵聖人之炯戒：「炯戒」，明顯的鑒戒或警戒。漢班固幽通賦：「既訊爾以吉象兮，又申之以炯戒。」三國志吴書賀邵傳：「此當世之明鑒，目前之炯戒也。」

〔十四〕勤修六德：「六德」，謂人的六種美德。書皋陶謨：「日嚴祗敬六德，亮采有邦。」按，「六德」即「九德」「寬而栗，柔而立，願而恭，亂而敬，擾而毅，直而温，簡而廉，剛而塞，强而義」中的六種。南朝梁劉勰文心雕龍才略：「虞夏文章，則有皋陶六德。」

〔十五〕勉行三善：「三善」，指臣事君、子事父、幼事長的三種道德規範。禮記文王世子：「行一物而三善皆得者，唯世子而已……父子、君臣、長幼之道得而國治。」南朝梁沈約齊故安隆昭王碑文：「協隆三善，仰敷四德。」張銑注：「三善，謂事君、事父、事長也。」

〔十六〕無或舉非法度：『無或』，不要。呂氏春秋貴公：『故鴻範曰：「……無或作好，遵王之道；無或作惡，遵王之路。」』高誘注：『或，有也。』

〔十七〕無或理乖彝倫：『彝倫』，常理；常道。書洪範：『王乃言曰：「嗚呼，箕子！惟天陰騭下民，相協厥居，我不知其彝倫攸叙。」』蔡沈集傳：『彝，常也；倫，理也。』晉葛洪抱朴子名實：『放斧斤而欲雙巧於班墨，忽良才而欲彝倫之攸叙，不亦難乎！』

〔十八〕非履道無以彰名：『彰名』，文苑英華作『揚名』。

〔十九〕睦九族而禮庶僚：明鈔本、甲庫本原本均作『穆九族』，今據文苑英華、四庫全書、全唐文、適園叢書改。

〔二十〕懷萬邦而憂遐裔：『萬邦』，文苑英華作『萬姓』。『遐裔』，四庫全書作『遐邇』。『遐裔』，遠方；邊遠之地。三國志魏書管寧傳：『司徒華歆舉寧應選，公車特徵，振翼遐裔，翻然來翔。』晉張華鷦鷯賦：『鶡鷄竄於幽險，孔翠生乎遐裔。』

〔二十一〕以寧我宗社：文苑英華、四庫全書作『以寧我社稷』。『宗社』，宗廟和社稷的合稱。漢蔡邕獨斷卷上：『天子之宗社曰泰社，天子所爲群姓立社也。』南史虞寄傳：『朕不食言，誓之宗社。』

〔二十二〕可不慎歟：『可不』，甲庫本一作『可以』。

册代王爲皇太子文〔一〕

維永徽七年，歲次景辰，正月景寅朔，六日辛未。於戲〔二〕！夫明兩載象，道貫三才〔三〕，元良表德〔四〕，業隆千古。是以夏啓作貳，光闡高猷〔五〕，姬誦升儲，發揮王道〔六〕。詳求典册，式瞻匕鬯〔七〕，固本垂統，允歸正緒〔八〕。惟爾代王弘〔九〕，猗蘭毓祉〔十〕，喬桂凝華，岐嶷表於天姿，符瑞彰於神授〔十一〕；器業英遠，風鑒昭朗〔十二〕，踐嘉義而總深仁，捨幼志而標成德〔十三〕。爰資玉裕〔十四〕，早振金聲〔十五〕。朕虔奉靈圖〔十六〕，夙膺丕業〔十七〕，仰惟七廟之重〔十八〕，思隆萬葉之慶〔十九〕，疇咨列辟〔二十〕，欽若前修〔二十一〕。是用命爾爲皇太子，往欽哉！爾其祇奉憲章〔二十二〕，率由軌度〔二十三〕，盡謙恭於齒胄，審方俗於迎郊〔二十四〕。春禮冬詩，趨庭靡懈〔二十五〕，三善六德，勖志無愆〔二十六〕。絶驕奢之心，納忠良之訓〔二十七〕，播徽猷於外宇，申敬奉於中闈〔二十八〕。允睦周親，務殷堯族〔二十九〕，永隆四術，式寧萬類〔三十〕。無荒無怠，固保我宗基〔三十一〕。可不慎歟！

校箋

〔一〕此文又見於文苑英華卷四百四十三翰林制誥二十四，乃屬於王言會最。全唐文卷十四亦録此文，文題作册代王宏爲皇太子文，署名唐高宗。此文文末原未標明頒布時間。考本文文首云：『維永徽七年，歲次景辰，正月景寅朔，六日辛未。』又檢舊唐書高宗紀載：『（永徽）七年春正月辛未，廢皇太子忠爲梁王，立代王弘爲皇太子。』又新唐書高宗紀亦載：『顯慶元年正月辛未，廢皇太子爲梁王，立代王弘爲皇太子。』資治通鑑卷二百顯慶元年亦記：『春，正月，辛未，以皇太子忠爲梁王、梁州刺史；立皇后子代王弘爲皇太子，生四年矣。』據上引典籍所載，則此册文頒布時間應爲永徽七年（六五六）正月辛未（六日）。故此册文之撰寫時間當在此時稍前。

〔二〕於戲：亦作『於熙』。猶嗚呼，感嘆詞。禮記大學：『詩云：「於戲！前王不忘。」君子賢其賢而親其親，小人樂其樂而利其利。』史記三王世家：『皇帝使御史大夫湯廟立子閎爲齊王。曰：「於戲，小子閎，受茲青社！」』司馬貞索隱：『於戲，音嗚呼。戲，或音羲。』

〔三〕夫明兩載象，道貫三才：『明兩』，易離：『明兩作離，大人以繼明照於四方。』

孔穎達疏：『明兩作離者，離爲日，日爲明。今有上下二體，故云明兩作離也。』本謂離卦離下離上，爲兩明前後相續之象。後以『明兩』指太陽。晉陶潛五月旦作和戴主簿：『明兩萃時物，北林榮且豐。』劉師培駢文讀本序：『惟是音泮輕軒，象昭明兩，比物醜類之規，切響浮聲之畛，後賢斯闓，古或未昭。』『三才』，天、地、人。易說卦：『是以立天之道曰陰與陽，立地之道曰柔與剛，立人之道曰仁與義。兼三才而兩之，故易六畫而成卦。』漢王符潛夫論本訓：『是故天本諸陽，地本諸陰，人本中和。三才異務，相待而成。』

〔四〕元良表德：『元良』，大善，至德。書太甲下：『一人元良，萬邦以貞。』孔傳：『天子有大善，則天下得其正。』書泰誓中：『剝喪元良，賊虐諫輔。』蔡沈集傳：『元良，微子也；諫輔，比干也。』

〔五〕夏啓作貳，光闡高猷：『夏啓』，姒姓，禹之子。相傳禹命伯益繼位爲王，禹死後，伯益推讓，退隱箕山，啓遂繼王位，在位九年。墨子耕柱：『昔者夏后開使蜚廉折金於山川。』孫詒讓閒詁：『蘇云：「開即啓也，漢人避〔景帝〕諱而改之。」』史記夏本紀：『夏后帝啓崩。』裴駰集解引晉徐廣曰：『皇甫謐曰：夏啓元年甲辰，十年癸丑崩。』『光闡』，發揚光大。晉書赫連勃勃載記：『哲王繼軌，光闡徽風。』『高猷』，遠大的謀略。晉書樂志

下：『高猷遠暢，朝有遺芳。』

〔六〕姬誦升儲，發揮王道：『姬誦』，指周成王。『升儲』，升爲太子。南朝梁劉勰文心雕龍 時序：『升儲御極，孳孳講蓺。』周振甫注：『升儲，升爲太子。』『王道』，儒家提出的一種以仁義治天下的政治主張，與霸道相對。書 洪範：『無偏無黨，王道蕩蕩。』史記 十二諸侯年表：『孔子明王道，干七十餘君，莫能用。』事見史記 周本紀：『周公行政七年，成王長，周公反政成王，北面就群臣之位。……成王自奄歸，在宗周，作多方。既絀殷命，襲淮夷，歸在豐，作周官。興正禮樂，度制於是改，而民和睦，頌聲興。』

〔七〕式瞻匕鬯：『匕鬯』，易 震：『震驚百里，不喪匕鬯。』王弼注：『匕，所以載鼎實；鬯，香酒。奉宗廟之盛也。』後因代指宗廟祭祀。南朝陳徐陵皇太子臨辟雍頌：『皇太子耀彼重離，光茲匕鬯，儀以天文，化成天下。』唐陳子昂大周受命頌：『臣聞天無二日，土無二王，皇帝嗣武，以主匕鬯，豈不宜乎！』

〔八〕允歸正緒：『歸』，文苑英華作『推』。

〔九〕惟爾代王弘：『代王弘』，謂唐高宗第五子李弘。傳見舊唐書卷八十六：『孝敬皇帝弘，高宗第五子也。永徽四年，封代王。顯慶元年，立爲皇太子，大赦改元。』新唐書卷八十一

載：『孝敬皇帝弘，永徽六年始王代，與潞王同封。顯慶元年，立爲皇太子。』

〔十〕猗蘭毓祉：『猗蘭』，漢宮殿名。相傳漢武帝誕生前，父景帝夢赤彘從雲中而下，入崇蘭閣，因改閣名爲猗蘭殿。後武帝生於此殿。見舊題漢郭憲洞冥記。唐楊炯幽蘭賦：『楚襄王蘭臺之宮，零落無叢；漢武帝猗蘭之殿，荒凉幾變。』借指帝業。唐杜甫冬日洛城北謁玄元皇帝廟詩：『仙李蟠根大，猗蘭奕葉光。』楊倫箋注：『漢武故事：「帝以七月七日旦，生於猗蘭殿。」』『毓』，生育，養育。周禮太宰：『園圃毓草木。』『祉』，謂福慶也。漢書王莽傳：『維祉冠存已。』後漢書宋宏傳：『用錫爾祉。』

〔十一〕岐嶷表於天姿，符瑞彰於神授：『瑞』，文苑英華作『彩』。『授』，適園叢書作『受』。『岐嶷』，詩大雅生民：『誕實匍匐，克岐克嶷。』朱熹集傳：『岐嶷，峻茂之狀。』後多以『岐嶷』形容幼年聰慧。東觀漢記馬客卿傳：『馬客卿幼而岐嶷，年六歲，能接應諸公，專對賓客。』北魏楊衒之洛陽伽藍記追光寺：『略生而岐嶷，幼則老成，博洽群書。』『符瑞』，吉祥的徵兆。多指帝王受命的徵兆。管子水地：『是以人主貴之，藏以爲寶，剖以爲符瑞。』漢司馬相如封禪文：『符瑞臻兹，猶以爲德薄，不敢道封禪。』

〔十二〕器業英遠，風鑒昭朗：『英遠』，四庫全書作『宏遠』。『昭朗』，明鈔本、甲庫

本作『韶朗』。『器業』，才能學識。晉葛洪抱朴子知止：『夫器業不異而有抑有揚者，無知己也。』宋范仲淹答手詔條陳十事：『又國家開文館，延天下英才，使之直秘庭，覽群書，以待顧問，以養器業，爲大用之備。』『風鑒』，即風度和鑒識。晉書陸機陸雲傳論：『風鑒澄爽，神情俊邁，文藻宏麗，獨步當時。』金元好問感懷呈賈明府詩：『兵家世不乏小杜，風鑒今誰如老龐。』『昭朗』，猶明朗。唐高宗册代王宏爲皇太子文：『器業英遠，風鑒昭朗。』唐末五代杜光庭太子爲皇帝醮太乙及點金籙燈詞：『三光昭朗，四序均調。』

〔十三〕捨幼志而標成德：『成德』，盛德。易乾：『君子以成德爲行。』左傳成公十三年：『不穀惡其無成德，是用宣之，以懲不一。』

〔十四〕爰資玉裕：『資』，甲庫本作『兹』。『玉裕』，美玉似的姿容。常用以形容皇太子。晉陸機皇太子宴玄圃宣猷堂有令賦詩：『茂德淵冲，天姿玉裕。』李善注引廣雅：『裕，容也。』張銑注：『天然之姿容如玉也。』南朝梁元帝皇太子講學碑：『轉金路而下辟雍，晬玉裕而經槐市。』

〔十五〕早振金聲：『金聲』，比喻美好的聲譽。晉劉琨勸進表：『玉質幼彰，金聲夙振。』唐盧綸送黎燧尉陽翟詩：『玉貌承嚴訓，金聲稱上才。』

〔十六〕朕虔奉靈圖：『靈圖』，指河圖。漢代讖緯家以爲王者受命之瑞。晉成公綏大河賦：『靈圖授籙于羲皇。』借指君權。南朝齊王融三月三日曲水詩序：『秉靈圖而非泰，涉孟門其何險。』吕向注：『靈圖，天子位也。』

〔十七〕夙膺丕業：『夙膺』，文苑英華、四庫全書、全唐文作『肅膺』。『丕業』，大業。史記司馬相如列傳：『皇皇哉斯事，天下之壯觀，王者之丕業，不可貶也！』宋周煇清波雜志卷三：『朕荷天右序，承列聖之丕業，思所以垂裕于後。』

〔十八〕仰惟七廟之重：『重』，文苑英華作『隆』。『七廟』，禮記王制：『天子七廟，三昭三穆，與太祖之廟而七。』此指四親廟(父、祖、曾祖、高祖)、二祧(遠祖)和始祖廟。後以『七廟』泛指帝王供奉祖先的宗廟。唐楊炯盂蘭盆賦：『上可以薦元符於七廟，下可以納群動於三車。』

〔十九〕思隆萬葉之慶：『隆』，文苑英華作『高』。『萬葉』，萬世；萬代。晉書武帝紀：『見土地之廣，謂萬葉而無虞；睹天下之安，謂千年而永治。』宋書武帝紀中：『作範振古，垂風萬葉。』

〔二十〕疇咨列辟：書堯典：『帝曰：「疇咨若時登庸。」』孔傳：『疇，誰；庸，用

也。誰能咸熙庶績，順是事者，將登用之。』後以『疇咨』爲訪問、訪求之意。漢書 武帝紀贊：『孝武初立……遂疇咨海内，舉其俊茂，與之立功。』晋書 司馬彪傳：『若朝之大事，廢興損益，每輒疇諮。』『列辟』，指公卿諸官。唐王維京兆尹張公德政碑：『天子猶日省三揖列辟，日聽萬方輿頌。』趙殿成箋注：『漢班固典引：「德臣列辟，功君百王。」李周翰注：「列辟，百官也。」』

〔二十一〕欽若前修：『欽若』，敬順。書 堯典：『乃命羲和，欽若昊天，曆象日月星辰，敬授民時。』陳書 高祖紀下：『梁氏以圮剥薦臻，歷運有極，欽若天應，以命於霸先。』『前修』，猶前賢。楚辭 離騷：『謇吾法夫前修兮，非世俗之所服。』後漢書 劉愷傳：『今愷景仰前修，有伯夷之節，宜蒙矜宥，全其先功，以增聖朝尚德之美。』李賢注：『前修，前賢也。』

〔二十二〕爾其祇奉憲章：『爾』，明鈔本、甲庫本無此字。『祇奉』，敬奉。北齊書 祖珽傳：『遂深自結納，曲相祇奉。』唐元稹授杜元穎户部侍郎依前翰林學士制：『爾亦祇奉顧命，咨授舊章，輔鼇哀憂，俾克依據。』『憲章』，典章制度。後漢書 袁紹傳：『觸情放慝，不顧憲章。』北齊顏之推顏氏家訓 文章：『朝廷憲章，軍旅誓誥，敷顯仁義，發明功德，牧民建國，施用多途。』

〔二十三〕率由軌度：『軌度』，明鈔本作『執度』，指規範法度。吕氏春秋 古樂：『不用軌度，天下患之。』晋袁宏三國名臣序贊：『恂恂德心，汪汪軌度。』

〔二十四〕盡謙恭於齒胄，審方俗於迎郊：『迎郊』，甲庫本作『名郊』。『齒胄』，指太子入學與公卿之子依年齡爲序。南朝齊王融三月三日曲水詩序：『出龍樓而問竪，入虎闈而齒胄。』李周翰注：『公卿之子爲胄子。言太子入學，以年大小爲次，不以天子之子爲上，故云齒胄。齒，年也。』唐韓愈賀皇帝即位表：『爰自主鬯春宫，齒胄國學，孝友之美，實形四方。』『方俗』，地方風俗。漢武故事：『天祭長八尺，擎日月，祭以牛。上依方俗禮之，方士皆以爲夷狄鬼神，不宜在中國，乃止。』北魏酈道元水經注 濕水：『祁夷水西有隨山，山上有神廟，謂之女郎祠，方俗所祠也。』『迎郊』，即『迎氣五郊』。上古於立春日祭青帝，立夏日祭赤帝，立秋日祭白帝，立冬日祭黑帝；後漢除祭四帝外，又於立秋前十八日祭黄帝。用以迎接四季，祈求豐年，謂之『迎氣』。後漢書 明帝紀：『（永平二年）始迎氣於五郊。』隋書 禮儀志二：『後齊五郊迎氣，爲壇各於四郊，又爲黄壇於未地。』

〔二十五〕春禮冬詩，趨庭靡懈：『靡』，全唐文作『匪』。禮，指禮記。詩，指詩經。典出禮記 王制：『春秋教以禮、樂，冬夏教以詩、書。』『趨庭』，論語 季氏：『（孔子）嘗獨

立，鯉趨而過庭。曰：「學詩乎？」對曰：「未也。」「不學詩，無以言。」鯉退而學詩。他日，又獨立，鯉趨而過庭。曰：「學禮乎？」對曰：「未也。」「不學禮，無以立。」鯉退而學禮。』鯉，孔子之子伯魚。後因以『趨庭』謂子承父教。唐王勃滕王閣序：『他日趨庭，叨陪鯉對；今晨捧袂，喜託龍門。』

〔二十六〕三善六德，勖志無愆：『無愆』，明鈔本、甲庫本作『無騫』。『三善』，指臣事君、子事父、幼事長的三種道德規範。禮記文王世子：『行一物而三善皆得者，唯世子而已……父子、君臣、長幼之道得而國治。』南朝梁沈約齊故安隆昭王碑文：『協隆三善，仰敷四德。』張銑注：『三善，謂事君、事父、事長也。』『六德』，謂人的六種美德。書皋陶謨：『日嚴祇敬六德，亮采有邦。』按，『六德』即『九德』『寬而栗，柔而立，願而恭，亂而敬，擾而毅，直而温，簡而廉，剛而塞，强而義』中的六種。南朝梁劉勰文心雕龍才略：『虞夏文章，則有皋陶六德。』『勖』，勉力，勉勵。書牧誓：『夫子勖哉。』詩邶風燕燕：『以勖寡人。』『無愆』，没有過失。書説命下：『監于先王成憲，其永無愆。』漢蔡邕太傅胡公碑：『〔公〕彌綸古訓，貫萬品，研精微，用補前臣之所闕，十年而無愆。』

〔二十七〕納忠良之訓：『忠良』，甲庫本作『明臣』。『訓』，四庫全書作『諫』。

〔二十八〕播徽猷於外宇，申敬奉於中闈：『徽猷』，美善之道。『猷』，道。指修養、本事等。詩小雅角弓：『君子有徽猷，小人與屬。』毛傳：『徽，美也。』鄭玄箋：『猷，道也。君子有美道以得聲譽，則小人亦樂與之而自連屬焉。』梁書文學傳下謝幾卿：『故得仰慕徽猷，永言前哲。』『外宇』，亦作『外寓』。猶外域，外方。漢書叙傳下：『攸攸外寓，閩越、東甌。』按，晋左思吴都賦：『篙工楫師，選自閩禺。』劉逵注引漢班固述兩越傳作『悠悠外宇』。『中闈』，后妃所居的内宫。晋書后妃傳上左貴嬪：『昔有莘適殷，姜姒歸周，宣德中闈，徽音永流。』舊唐書后妃傳下肅宗章敬皇后吴氏：『顧史求箴，道先於壼則；撝謙率禮，教備於中闈。』

〔二十九〕允睦周親，務殷堯族：『周親』，至親。書泰誓中：『雖有周親，不如仁人。』孔傳：『周，至也。言紂至親雖多，不如周家之少仁人。』二刻拍案驚奇卷二：『周親忍去騙孤孀，到此良心已盡亡。』『堯族』，即皇族。

〔三十〕永隆四術，無荒無怠：『無荒無怠』，四庫全書、全唐文作『無怠無荒』。『四術』，詩、書、禮、樂四種經術。禮記王制：『樂正崇四術，立四教，順先王詩、書、禮、樂以造士，春秋教以禮、樂，冬夏教以詩、書。』宋書文帝紀：『故詔以三德，崇以四術，用能

納諸義方，致之軌度。』

〔三十一〕固保我宗基：四庫全書作『保我宗基』。

册平王爲皇太子文〔一〕

維唐隆元年，歲次庚戌，七月庚戌朔，二十日己巳，皇帝若曰：天有丕命，集寶位于朕躬〔二〕，所以奉若天道，建兹元嗣〔三〕，其明聽朕言。咨爾平王隆基〔四〕，幼而聰允，長而寬博，有夙成之量焉〔五〕。夫禮以修外，樂以修内者，是務於文也〔六〕；春夏學干戈，秋冬學羽籥者〔七〕，是兼於武也；繫於百姓，聞於天下者，是由於仁也〔八〕；一日三朝，嘗藥侍膳者，是資於孝也〔九〕。爾有文武仁孝之德，以知父子君臣之道〔十〕，朕甚休之。間者賊臣構逆，窺竊神器〔十一〕，則我有唐之祚，危若綴旒〔十二〕。爾義寧家邦〔十三〕，忠衛社稷，誅其凶惡〔十四〕，以之康濟〔十五〕，主匕鬯者〔十六〕，非爾而誰？是用命爾爲皇太子。古人有言曰：爾身克正，罔敢不正；民心罔中，惟爾之中〔十七〕。昭昭臨下〔十八〕，不可不畏。慎簡乃僚〔十九〕，允迪端士〔二十〕，恭儉惟德〔二十一〕，遠於憸人〔二十二〕，則萬邦以貞，答揚我四聖之鴻烈〔二十三〕。敬之哉！

校箋

〔一〕此文又見於文苑英華卷四百四十三，文題爲册平王爲皇太子文。全唐文卷十九亦録此文，署名唐睿宗。此文文末原未標明撰寫時間。考本文文首云：『維唐隆元年，歲次庚戌七月庚戌朔，二十日己巳。』又檢唐會要卷一載：『玄宗至道大聖大明孝皇帝諱隆基……唐隆元年……七月二十六日，册爲皇太子。』舊唐書睿宗紀載：『（景龍四年七月）己巳，册平王爲皇太子。』卷八玄宗紀載：『七月己巳，睿宗御承天門，皇太子詣朝堂受册。是日有景雲之瑞，改元爲景雲，大赦天下。』新唐書睿宗紀記：『（景雲元年六月）丁未，立平王隆基爲皇太子。』玄宗紀記：『睿宗即位，立爲皇太子。』資治通鑑卷二百九睿宗景雲元年亦記：『（六月）丁未，立平王隆基爲太子。』考異曰：劉子玄先撰太上皇實録，盡傳位；後又撰睿宗實録，終橋陵；文字頗不同。睿宗録及舊紀皆云「丙午，立太子」。今從太上皇録。』檢舊唐書記載時間較早，且與原册文同，故從此説，則此册文頒布時間應爲唐隆元年（七一〇）七月己巳（二十日）。故此制之撰寫時間當在此時稍前。

〔二〕集寶位于朕躬：『寶位』，語出易繫辭下：『聖人之大寶曰位。』後以『寶位』指

帝位。晉書宣帝紀：『雖復道格區宇，德被蒼生，而天未啓時，寶位猶阻。非可以智競，不可以力争。』唐韓愈皇帝即位賀諸道狀：『伏見敕命，皇帝以閏正月三日嗣臨寶位，海内惟新。』『朕躬』，我身。多用於天子自稱。書湯誥：『爾有善，朕弗敢蔽；罪當朕躬，弗敢自赦。』漢潘勖册魏公九錫文：『曰惟祖惟父，股肱先正，其孰恤朕躬。』

〔三〕建茲元嗣：『元嗣』，謂太子。續資治通鑑宋英宗治平三年：『皇子潁王，天資早茂，婣媾及期。方陛下即位之初，而元嗣克家之日，推之於禮，莫重於斯。』

〔四〕平王隆基：即唐玄宗李隆基，傳見兩唐書其本紀。舊唐書玄宗紀載：『玄宗至道大聖大明孝皇帝諱隆基，睿宗第三子也，母曰昭成順聖皇后竇氏。垂拱元年秋八月戊寅，生於東都。性英斷多藝，尤知音律，善八分書。儀範偉麗，有非常之表。三年閏七月丁卯，封楚王。天授三年十月戊戌，出閤，開府置官屬，年始七歲。朔望車騎至朝堂，金吾將軍武懿宗忌上嚴整，訶排儀仗，因欲折之。上叱之曰：「吾家朝堂，干汝何事？敢迫吾騎從！」則天聞而特加寵異之。尋却入閤。長壽二年臘月丁卯，改封臨淄郡王。聖曆元年，出閤，賜第於東都積善坊。大足元年，從幸西京，賜宅於興慶坊。長安中，歷右衛郎將、尚輦奉御。神龍元年，遷衛尉少卿。景龍二年四月，兼潞州别駕。十二月，加銀青光禄大夫。州境有黄龍白日昇天。嘗出畋，有紫雲在其

上，後從者望而得之。前後符瑞凡一十九事。四年，中宗將祀南郊，來朝京師。將行，使術士韓禮筮之，蓍一莖孑然獨立。禮驚曰：「蓍立，奇瑞非常也，不可言。」屬中宗末年，王室多故，上常陰引材力之士以自助。上所居宅外有水池，浸溢頃餘，望氣者以爲龍氣。四年四月，中宗幸其第，因游其池，結彩爲樓船，令巨象踏之。至六月，中宗暴崩，韋后臨朝稱制。韋温、宗楚客、紀處訥等謀傾宗社，以睿宗介弟之重，先謀不利。道士馮道力、處士劉承祖皆善於占兆，詣上布誠款。上所居里名隆慶，時人語訛以「隆」爲「龍」；韋庶人稱制，改元又爲唐隆，皆符御名。上益自負，乃與太平公主謀之，公主喜，以子崇簡從。上乃與崇簡、朝邑尉劉幽求、長上折衝麻嗣宗、押萬騎果毅葛福順李仙鳧、寶昌寺僧普潤等定策誅之。或曰：「先啓大王。」上曰：「我拯社稷之危，赴君父之急，事成福歸於宗社，不成身死於忠孝，安可先請，憂怖大王乎！若請而從，是王與危事；請而不從，則吾計失矣。」遂以庚子夜率幽求等數十人自苑南入，總監鍾紹京又率丁匠百餘以從。分遣萬騎往玄武門殺羽林將軍韋播、高嵩，持首而至，衆歡叫大集。攻白獸、玄德等門，斬關而進，左萬騎自左入，右萬騎自右入，合於凌烟閣前。時太極殿前有宿衛梓宮萬騎，聞譟聲，皆披甲應之。韋庶人惶惑走入飛騎營，爲亂兵所害。於是分遣誅韋氏之黨，比明，内外討捕，皆斬之。乃馳謁睿宗，謝不先啓請之罪。睿宗遽前抱上而泣曰：「宗社禍難，

由汝安定，神祇萬姓，賴汝之力也。」拜殿中監，同中書門下三品，兼押左右萬騎，進封平王。睿宗即位，與侍臣議立皇太子，僉曰：「除天下之禍者，享天下之福；拯天下之危者，受天下之安。平王有聖德，定天下，又聞成器已下咸有推讓，宜膺主鬯，以副群心。」睿宗從之。丙午，制曰：「舜去四凶而功格天地，武有七德而戡定黎人，故知有大勛者必受神明之福，仗高義者必爲匕鬯之主。朕恭臨寶位，亭育寰區，以萬物之心爲心，以兆人之命爲命。雖承繼之道，咸以冢嫡居尊；而無私之懷，必推功業爲首。然後可保安社稷，永奉宗祧。第三子平王基孝而克忠，義而能勇。比以朕居藩邸，虔守國彝，貴戚中人，都無引接。群邪害正，凶黨實繁，利口巧言，讒説罔極。韋温、延秀，朋黨競起；晉卿、楚客，交構其間。潛結回邪，排擠端善，潛貯兵甲，將害朕躬。基密聞其期，先難奮發，推身鞠弭，衆應如歸，呼吸之間，凶渠殄滅。安七廟於幾墜，拯群臣於將殞。方舜之功過四，比武之德逾七。靈祇望在，昆弟樂推。一人元良，萬邦以定。爲副君者，非此而誰？可立爲皇太子。有司擇日，備禮册命。七月己巳，睿宗御承天門，皇太子詣朝堂受册。是日有景雲之瑞，改元爲景雲，大赦天下。」

〔五〕有夙成之量焉：『夙成』，早成，早熟。後漢書袁術傳：『又聞幼主明智聰敏，有夙成之德，天下雖未被其恩，咸歸心焉。』北史周東平公神舉傳：『神舉早孤，有夙成之量。』

〔六〕是務於文也：甲庫本作『是務之於文也』。

〔七〕春夏學干戈，秋冬學羽籥者：『學羽籥者』，甲庫本作『學羽籥』。『干戈』，古代武舞。禮記文王世子：『春夏學干戈，秋冬學羽籥，皆於東序。』孫希旦集解：『干戈，武舞。』宋曾鞏相國寺維摩院聽琴序：『然習其射御於禮，習其干戈於樂。』『羽籥』，代祭祀或宴饗時舞者所持的舞具和樂器。『羽』，指雉羽。『籥』，一種編組多管樂器。周禮春官籥師：『祭祀，則鼓羽籥之舞。賓客饗食，則亦如之。』鄭玄注：『文舞有持羽吹籥者，所謂籥舞也。』禮記文王世子：『春夏學干戈，秋冬學羽籥。』朱彬訓纂：『干戈，萬舞，象武也，用動作之時學之；羽籥，籥舞，象文也，用安静之時學之。』

〔八〕聞於天下者，是由於仁也：『聞於』，明鈔本、甲庫本作『由於』。『是由』，甲庫本作『由是』。

〔九〕嘗藥侍膳者，是資於孝也：『侍膳』，文苑英華、適園叢書作『視膳』。『是資於孝也』，甲庫本原作『是資之於孝也』，今據文苑英華、四庫全書、全唐文、適園叢書改。『侍膳』，陪從尊長用膳。舊唐書肅宗紀：『俟平寇逆，奉迎鑾輿，從容儲闈，侍膳左右。』唐劉禹錫送太常蕭博士詩：『侍膳曾調鼎，循陔更握蘭。』

〔十〕以知父子君臣之道：『父子君臣』，文苑英華、適園叢書作『君臣父子』。

〔十一〕窺竊神器：『窺竊』，文苑英華、明鈔本、甲庫本作『窺窬』。『窺竊』，伺機竊取。唐駱賓王代李敬業以武后臨朝移諸郡縣檄：『神人之所共嫉，天地之所不容，猶復包藏禍心，窺竊神器。』清史稿允禩傳：『就兩人心術而論，覬覦窺竊，誠所不免。』『神器』，代表國家政權的實物，如玉璽、寶鼎之類。借指帝位、政權。漢書敘傳上：『世俗見高祖興於布衣，不達其故，以爲適遭暴亂，得奮其劍，游説之士至比天下於逐鹿，幸捷而得之，不知神器有命，不可以智力求也。』顏師古注引劉德曰：『神器，璽也。』晉左思魏都賦：『劉宗委馭，巽其神器。』吕延濟注：『神器，帝位。』

〔十二〕危若綴旒：『綴旒』，比喻國勢垂危。三國魏潘勖册魏公九錫文：『當此之時，若綴旒然。』張銑注：『旒，冠上垂珠，而綴於冠者，言帝室之危如旒之懸。然，辭也。』魏書肅宗紀：『祖宗盛業，危若綴旒，社稷鴻基，殆將淪墜。』

〔十三〕爾義寧家邦：文苑英華作『爾義刑邦家』。四庫全書作『爾乂寧邦家』。

〔十四〕誅其凶惡：適園叢書作『誅其凶殘』。事詳見注〔四〕。

〔十五〕以之康濟：『康濟』，指安民濟世。北齊書武帝紀：『君有康濟才，終不徒然。』

〔十六〕主匕鬯者：『匕鬯』，易震：『震驚百里，不喪匕鬯。』王弼注：『匕，所以載鼎

實；鬯，香酒。奉宗廟之盛也。』後因代指宗廟祭祀。南朝陳徐陵皇太子臨辟雍頌：『皇太子耀彼重離，光茲匕鬯，儀以天文，化成天下。』唐陳子昂大周受命頌：『臣聞天無二日，土無二王，皇帝嗣武，以主匕鬯，豈不宜乎！』

〔十七〕爾身克正，罔敢不正；民心罔中，惟爾之中：原作『爾罔不忠，惟爾之忠』，今據文苑英華、四庫全書改。語出書君牙：『爾身克正，罔敢弗正；民心罔中，惟爾之中。』指自身具有正直的標準，則百姓自會跟從。

〔十八〕昭昭臨下：『昭昭』，不安貌。荀子富國：『墨子之言，昭昭然爲天下憂不足。』章詩同注：『昭昭然，同耿耿然，不安的樣子。』『臨下』，指治理下屬。漢蔡邕陳太丘碑：『不徼訐以干時，不遷貳以臨下。』南朝梁沈約齊故安陸昭王碑文：『在上哀矜，臨下莊敬。』

〔十九〕慎簡乃僚：『慎簡』，謹慎簡選。書冏命：『慎簡乃僚，無以巧言令色。』孔傳：『當謹慎簡選汝僚屬侍臣。』唐元稹授崔蕆等檢校都官員外郎兼侍御史制：『慎簡其屬，毗于厥政。』

〔二十〕允迪端士：『允迪』，認真履踐或遵循。書皋陶謨：『允迪厥德，謨明弼諧。』孔傳：『言人君當信蹈行古人之德。』漢蔡邕墳前石碑：『彌綸典術，允迪聖矩。』

〔二十一〕恭儉惟德：『恭儉』，恭謹謙遜。書周官：『恭儉惟德，無載爾僞。』漢劉向列

女傳有虞二妃：『二女承事舜於畎畝之中，不以天子之女故而驕盈怠嫚，猶謙謙恭儉，思盡婦道。』

〔二十二〕遠於憸人：『憸人』，小人，奸佞的人。書冏命：『爾無昵于憸人，充耳目之官。』北堂書鈔卷一百一十三引三國蜀諸葛亮兵要：『枝葉强大，比居同勢，各結朋黨，競進憸人，有此不去，是謂敗徵。』

〔二十三〕答揚我四聖之鴻烈：『答揚』，對揚，承受而稱揚之。宋曾鞏節相制：『答揚祖宗之訓，予冀爲衆得人；夾輔邦家之基，爾尚爲時宣力。』『四聖』，四位聖明的統治者。指顓頊、帝嚳、帝堯、帝舜。史記太史公自序：『維昔黄帝，法天則地，四聖遵序，各成法度。』裴駰集解引徐廣曰：『顓頊、帝嚳、堯、舜。』『鴻烈』，大功業。漢書揚雄傳下：『典、謨之篇，雅、頌之聲，不温純深潤，則不足以揚鴻烈而章緝熙。』後漢書朱祐景丹等傳論：『故光武鑒前事之違，存矯枉之志，雖寇鄧之高勛，耿賈之鴻烈，分土不過大縣數四，所加特進、朝請而已。』

册郢王爲皇太子文〔一〕

維開元三年，歲次乙卯，正月甲申朔，四日丁亥，皇帝若曰：於戲〔二〕！書不

云乎？一人元良，萬邦以貞〔三〕；易不云乎？黄離元吉，得中道也〔四〕。將以守監從撫，主器承祧〔五〕，執經陳東序之容〔六〕，端冕見南郊之禮〔七〕，本支百世〔八〕，宜哉福禄〔九〕。咨爾郢王嗣謙〔十〕，忠肅恭懿，元亨利貞〔十一〕，遵在鎬之惠慈〔十二〕，稟生譙之祥應〔十三〕。學能知道，孝乃因心，書及春卿〔十四〕，懸推早秀〔十五〕；言窮淑譽〔十六〕，遠愧生知〔十七〕。當試象之年〔十八〕，備成人之敏，九玄贊命〔十九〕，百姓與能〔二十〕，正位少陽〔二十一〕，欽惟大典〔二十二〕。是用命爾爲皇太子，其在靖恭爾位〔二十三〕，聿修厥德〔二十四〕，詩書禮樂，敦悦爲本〔二十五〕，父子君臣，威儀罔忒〔二十六〕；寢門問豎〔二十七〕，必視寒暄，望苑招賢〔二十八〕，用資端直。使三靈合契〔二十九〕，四海係心，延我累聖之業，積爾重輝之慶。必敬必戒，無怠無荒。往欽哉〔三十〕，可不慎歟！

校　箋

〔一〕此文又見於文苑英華卷四百四十三。全唐文卷三十八亦録此文，署名唐玄宗。此文文末原未標明頒布時間。考本文文首云『維開元三年，歲次乙卯，正月甲申朔，四日丁亥』，又

檢舊唐書 玄宗紀載：『（開元）三年春正月丁亥，立郢王嗣謙爲皇太子，降死罪已下，大酺三日。』新唐書 玄宗紀記：『（開元）三年正月丁亥，立郢王嗣謙爲皇太子。降死罪，流以下原之。賜酺三日。』則此册文頒布時間應爲開元三年（七一五）正月丁亥（四日）。故其撰寫時間當在此時稍前。

〔二〕於戲：文苑英華作『於呼』。

〔三〕一人元良，萬邦以貞：語出書 太甲下。『元良』，大善，至德。書 太甲下：『一人元良，萬邦以貞。』孔傳：『天子有大善，則天下得其正。』書 泰誓中：『剥喪元良，賊虐諫輔。』蔡沈集傳：『元良，微子也；諫輔，比干也。』

〔四〕黄離元吉，得中道也：語出周易 離卦。『黄離』，日旁之雲彩。因其受日光照射，色多赤黄，故稱。易 離：『六二：黄離，元吉。』聞一多古典新義 周易義證類纂：『「黄離」者，漢書 天文志曰「日月無光曰薄」，史記 天官書集解引京房易傳又曰「日赤黄爲薄」，「黄離」蓋即薄。天官書説歲星曰「星色赤黄而沉，所居野大穰」。説填星曰「五星色……黄圜則吉」；説太白曰「黄圜和角……有年」；説星辰曰「黄爲五穀熟」。占星多以黄爲吉；疑占日亦然，故曰：「黄離元吉。」』『元吉』，大吉；洪福。易 坤：『黄裳元吉。』孔穎達

疏：『元，大也。以其德能如此，故得大吉也。』漢張衡東京賦：『神歆馨而顧德，祚靈主以元吉。』薛綜注：『元，大也；吉，福也。』『中道』，黄道。史記天官書：『月行中道，安寧和平。』漢書天文志：『日有中道，月有九行。中道者，黄道，一曰光道。』

〔五〕主器承祧：『主器』，器，祭器。易序卦：『主器者莫若長子。』古代國君的長子主宗廟祭器，因以稱太子爲『主器』。南朝梁簡文帝蒙華林園戒詩：『執珪守藩國，主器作元貞。』『承祧』，承繼奉祀祖先的宗廟。南朝梁沈約立太子詔：『自昔哲后，降及近代，莫不立儲樹嫡，守器承祧。』唐韓愈順宗實録卷三：『付爾以承祧之重，勵爾以主鬯之勤。』

〔六〕執經陳東序之容：『執經』，手持經書。謂從師受業。漢書于定國傳：『定國乃迎師學春秋，身執經，北面備弟子禮。』唐韓愈答殷侍御書：『八月益涼，時得休假，儻矜其拘綴不得走請，務道之傳而賜辱臨，執經座下，獲卒所聞，是爲大幸。』『東序』，相傳爲夏代的大學。也是國老養老之所。禮記王制：『夏后氏養國老於東序。』鄭玄注：『東序、東膠亦大學，在國中王宫之東。』孔穎達疏：『文王世子云：學干戈羽籥於東序。以此約之，故知皆學名也。養老必在學者，以學教孝悌之處，故於中養老。』

〔七〕端冕見南郊之禮：『端冕』，玄衣和大冠。古代帝王、貴族的禮服。禮記樂記：『吾

端冕而聽古樂，則唯恐卧；聽鄭衛之音，則不知倦。』鄭玄注：『端，玄衣也。』孔穎達疏：『云「端，玄衣也」者，謂玄冕也。凡冕服，皆其制正幅，袂二尺二寸，祛尺二寸，故稱端也。』國語 楚語下：『聖王正端冕，以其不違心，帥其群臣精物以臨監享祀，無有苛慝於神者，謂之一純。』韋昭注：『端，玄端之服。冕，大冠也。』『南郊』，古代天子在京都南面的郊外築圜丘以祭天的地方。禮記 月令：『（孟夏之月）立夏之日，天子親帥三公、九卿、大夫，以迎夏於南郊。』穀梁傳 僖公三十一年：『免牲者爲之緇衣熏裳，有司玄端奉送，至於南郊。』

〔八〕本支百世：『百世』原作『百代』，今據四庫全書改。『本支百世』，謂子孫昌盛，百代不衰。語出詩 大雅 文王：『文王孫子，本支百世。』毛傳：『本，本宗也；支，支子也。』鄭玄箋：『其子孫適爲天子，庶爲諸侯，皆百世。』東觀漢記 杜林傳：『追觀往法，政皆神道設教，强幹弱枝，本支百世之要也。』

〔九〕宜哉福禄：文苑英華作『宜哉福祉』。

〔十〕郢王嗣謙：指唐玄宗第二子李瑛。傳見舊唐書卷一百七：『廢太子瑛，玄宗第二子也，本名嗣謙。景雲元年九月，封真定郡王。先天元年八月，進封郢王。開元三年正月，立爲皇

太子。』新唐書卷八十二亦載：『太子瑛，始王真定，進王郢。開元三年，立爲皇太子。』

〔十一〕元亨利貞：『元亨』，明鈔本、甲庫本作『元良』。『元亨利貞』，指周易乾卦之四德。易乾：『乾：元亨利貞。』孔穎達疏：『元亨利貞者，是乾之四德也。子夏傳云：「元，始也；亨，通也；利，和也；貞，正也。」』宋程頤程氏易傳卷一：『元亨利貞，謂之四德。元者，萬物之始；亨者，萬物之長；利者，萬物之遂；貞者，萬物之成。』

〔十二〕遵在鎬之惠慈：『在鎬』，典出詩經 小雅 魚藻：『王在在鎬，豈樂飲酒。』東漢鄭玄箋：『豈，亦樂也。天下平安，萬物得其性，武王何所處乎？處於鎬京，樂八音之樂，與群臣飲酒而已。』

〔十三〕稟生譙之祥應：指魏文帝曹丕出生現祥兆之事。典出三國志 魏書 文帝紀：『文皇帝諱丕，字子桓，武帝太子也。中平四年冬，生于譙。』裴松之注：『魏書曰：帝生時，有雲氣青色而圜如車蓋當其上，終日，望氣者以爲至貴之證，非人臣之氣。』

〔十四〕書及春卿：『春卿』，周春官爲六卿之一，掌邦禮。後因稱禮部長官爲春卿。唐耿湋奉送蔣尚書兼御史大夫東都留守詩：『副相威名重，春卿禮樂崇。』唐柳宗元送元秀才下第東歸序：『獻藝春卿，當三黜之辱，可謂屈抑矣。』

〔十五〕懸推早秀：文苑英華作『懸知』。『懸推』，意同『懸知』。料想；預知。北周庾信和趙王看伎：『懸知曲不誤，無事畏周郎。』太平廣記卷七十一引玄門靈妙記：『法之效驗，未敢懸知。』

〔十六〕言窮淑譽：『淑譽』原作『叔譽』，今據文苑英華、四庫全書改。『淑譽』，美好的聲譽。晉書后妃傳序：『陰教洽於宮闈，淑譽騰於區域。』唐楊炯盈川集：『某官之女，柔風淑譽，習禮聞詩。』

〔十七〕遠愧生知：『生知』，謂不待學而知之。語本論語季氏：『生而知之者上也。』晉葛洪抱朴子勖學：『人理之曠，道德之遠，陰陽之變，鬼神之情，緬邈玄奥，誠難生知。』

〔十八〕試象之年：應即『成象之年』之意。古代男子十五至二十歲時期的稱謂，是成童的代名詞。原本是古武舞名。語出禮記內則：『成童，舞象，學射御。』疏曰：『成童，謂十五以上；舞象，謂舞武也。熊氏云：「謂用干戈之小舞也。」』

〔十九〕九玄贊命：『贊命』，文苑英華作『有命』。『九玄』，九天。指天空最高處。晉葛洪抱朴子任命：『不能凌扶摇以高竦，揚清耀於九玄。』舊唐書音樂志三：『九玄著象，七曜甄明。』『贊命』，謂受天命輔佐天子。漢書儒林傳張山拊：『大司空朱邑、右扶風翁歸德

茂夭年，孝宣皇帝啟册厚賜，贊命之臣靡不激揚。』

〔二十〕百姓與能：『與能』，推薦有才能的人。與，通『舉』。易繫辭下：『人謀鬼謀，百姓與能。』孔穎達疏：『天下百姓親與能人，樂推爲王也。』禮記禮運：『大道之行也，天下爲公，選賢與能。』王引之經義述聞禮記中：『與，當讀爲舉。大戴禮王言篇：「選賢舉能。」是也。舉、與古字通。』

〔二十一〕正位少陽：『正位』，謂正式登位、就職。後漢書皇后紀序：『后正位宮闈，同體天王。』宋王讜唐語林補遺三：『昇州上元縣前有古浮圖，嘗有僧指云：「爲此，無縣丞正位。」』『少陽』，東宮。太子所居。南朝宋顔延之三月三日曲水詩序：『正體毓德於少陽。』李善注：『正體，太子也……少陽，東宮也。』

〔二十二〕欽惟大典：『欽惟』，發語詞，猶言敬思。南朝梁武帝踐祚後與諸州郡敕：『欽惟邃古，爰及近代，雖禪代異時，而成功一揆。』清李煦山東等處豐收并報兩淮煎鹽不善稽察摺：『奴才跪讀之下，欽惟我皇萬歲，洪福齊天，所以有如此之豐年，從來罕見。』

〔二十三〕其在靖恭爾位：『靖恭』，恭謹地奉守；静肅恭謹。詩小雅小明：『靖共爾位，正直是與。』高亨注：『靖，猶敬也。共，奉也。』漢班昭東征賦：『修短之運，愚智同兮。靖

恭委命，唯吉凶兮。』劉良注：『靖思恭敬。』

〔二十四〕聿修厥德：出自詩 大雅 文王：『無念爾祖，聿修厥德。永言配命，自求多福。』毛傳：『聿，述。』聿本助詞，後多訓爲『述』，因以『聿修』謂繼承發揚先人的德業。

〔二十五〕敦悦爲本：『敦悦』，尊崇愛好。語出左傳 僖公二十七年：『趙衰曰：「郤縠可。臣亟聞其言矣，説禮、樂而敦詩、書。」』後漢書 鄭興傳：『竊見河南鄭興，執義堅固，敦悦詩、書。』

〔二十六〕威儀罔忒：『罔忒』，没有差錯。『罔』，無，没有。爾雅 釋言：『罔，無也。』楚辭 九章 惜誦：『君罔謂汝何之。』『忒』，差錯。廣雅：『忒，差也。』易 豫：『故日月不過，而四時不忒。』詩 魯頌 閟宫：『春秋匪解，享祀不忒。』

〔二十七〕寢門問豎：『寢門』，古禮天子五門，諸侯三門，大夫二門。最内之門曰寢門，即路門。後泛指内室之門。儀禮 士喪禮：『君使人吊，徹帷，主人迎于寢門外，見賓不哭。』鄭玄注：『寢門，内門也。』漢書 元后傳：『兄弟宗族所蒙不測，當殺身靡骨死輦轂下，不當以無益之故有離寢門之心。』

〔二十八〕望苑招賢：『望苑』，即博望苑。漢武帝爲戾太子立，使交接賓客之處。故址在

今陝西省西安市。事見漢書 戾太子劉據傳、三輔黄圖 苑囿。南朝梁庾肩吾咏桂樹：『新叢入望苑，舊幹别層城。』後多借指太子之宫。唐杜甫寄李十四員外布十二韻：『名參漢望苑，職述景題輿。』仇兆鰲注：『漢書：戾太子冠，武帝爲立博望苑，使通賓客。唐制，司議郎，東宫官屬，故用之。』

〔二十九〕三靈合契：『三靈』，指天、地、人。漢班固典引：『答三靈之蕃祉，展放唐之明文。』李善注：『三靈，天、地、人也。』魏書 孫紹傳：『事恢三靈，仁洽九服。』『合契』，相符合；相一致。後漢書 張衡傳：『驗之以事，合契若神。』南朝梁劉勰文心雕龍 論説：『陳政，則與議説合契。』

〔三十〕往欽哉：文苑英華作『往惟欽哉』。

册忠王爲皇太子文〔一〕

維開元二十六年，歲次戊寅，七月戊寅朔，二日己巳〔二〕，皇帝若曰：於戲〔三〕！受天命者，皇王之業大；爲國本者，儲副之位崇〔四〕。所以上承宗祧〔五〕，下固黎獻〔六〕。咨爾開府儀同三司、單于大都護、河東河北道行軍元帥、朔方軍節度大使、兼

關内度支營田鹽池押諸蕃部落等使、上柱國、忠王璵（七），幼而夙成（八），長有宏量，佩服仁義，周旋禮樂（九）；忠孝極於君親，友愛聞于兄弟，正以率下，謙以持盈（十）；識動於微，知周於物（十一），通刑政之大體，負文武之殊能（十二）。果於積德，樂於爲善（十三）。凡此數德（十四），嘗試皆能。豈矜知子之明，諒曰至公之義（十五）。況復仰稽天道，俯察人心，立長則順，天所助也；議才則賢，人之望焉（十六）。是用命爾爲皇太子。往欽哉！爾其敬膺典策，無忘誡慎（十七），思創業之多難，知守器之爲重（十八）。作貞萬國，允協重明（十九），以揚列祖之耿光（二十），永貽後嗣之承式（二十一）。可不慎歟！

校箋

〔一〕本文又見於文苑英華卷四百四十三。全唐文卷三十八亦録此文，署名唐玄宗。此文文末原未標明頒布時間。考本文文首原云：『維開元二十六年，歲次戊寅，七月戊寅朔，二日己卯。』又檢舊唐書玄宗紀載：『（開元二十六年）六月庚子，立忠王璵爲皇太子。秋七月己巳，册皇太子，大赦天下，常赦所不免者咸赦除之。』新唐書玄宗紀記：『（開元二十六年）六月庚子，立忠王璵爲皇太子。七月己巳，大赦。』資治通鑑卷一百九十七亦記：『（開元

二十六年）六月，庚子，立瑛爲太子。秋，七月己巳，上御宣政殿，册太子。』則此册文頒布時間應爲開元二十六年（七三八）七月己巳（二日）。故此制之撰寫時間當在此時稍前。

〔二〕二日己巳：『己巳』，原作『己卯』，考干支紀年，開元二十六年七月二日應爲『己巳』，故據文苑英華改。

〔三〕於戲：文苑英華作『於乎』。『於戲』，亦作『於熙』。猶於乎，感嘆詞。禮記大學：『詩云：「於戲！前王不忘。」君子賢其賢而親其親，小人樂其樂而利其利。』史記三王世家：『皇帝使御史大夫湯廟立子閎爲齊王。曰：「於戲，小子閎，受茲青社！」』司馬貞索隱：『於戲，音嗚呼。戲，或音羲。』

〔四〕儲副之位崇：『儲副』，國之副君。指太子。晋袁宏後漢紀順帝紀：『太子，國之儲副。』南朝宋劉義慶世説新語方正：『且明帝以聰亮英斷，益宜爲儲副。』

〔五〕所以上承宗祧：『宗祧』，宗廟。左傳襄公二十三年：『紇不佞，失守宗祧，敢告不吊。紇之罪，不及不祀。』杜預注：『遠祖廟爲祧。』孔子家語哀公問政：『聖人因物之精，制爲之極，明命鬼神，以爲民之則，而猶以是爲未足也。故築爲宫室，設爲宗祧。』

〔六〕下固黎獻：『黎獻』，黎民中的賢者。書益稷：『萬邦黎獻，共惟帝臣。』蔡沈集

傳：『黎民之賢者也。』唐白居易洛川晴望賦：『是用步閭里，詢黎獻。』

〔七〕諮爾開府儀同三司、單于大都護、河東河北道行軍元帥、朔方軍節度大使、兼關內度支營田鹽池押諸蕃部落等使、上柱國、忠王璵：『忠王璵』，指唐肅宗李亨，傳見兩唐書其本紀。舊唐書肅宗紀載：『肅宗文明武德大聖大宣孝皇帝諱亨，玄宗第三子，母曰元獻皇后楊氏，景雲二年乙亥生。初名嗣昇，二歲封陝王，五歲拜安西大都護、河西四鎮諸蕃落大使。上仁愛英悟，得之天然；及長，聰敏强記，屬辭典麗，耳目之所聽覽，不復遺忘。開元十五年正月，封忠王，改名浚。五月，領朔方大使、單于大都護。十八年，奚、契丹犯塞，以上爲河北道元帥，信安王禕爲副，帥御史大夫李朝隱、京兆尹裴伷先等八總管兵以討之。仍命百僚設次於光順門，與上相見。左丞相張説退謂學士孫逖、韋述曰：「嘗見太宗寫真圖，忠王英姿穎發，儀表非常，雅類聖祖，此社稷之福也。」二十年，諸將大破奚、契丹，以上遥統之功，加司徒。二十三年，改名璵。二十五年，皇太子瑛得罪。二十六年六月庚子，立上爲皇太子，改名紹。』

〔八〕幼而夙成：『夙成』，早成，早熟。後漢書袁術傳：『又聞幼主明智聰敏，有夙成之德，天下雖未被其恩，咸歸心焉。』北史周東平公神舉傳：『神舉早孤，有夙成之量。』

〔九〕佩服仁義，周旋禮樂：『佩服』，猶言遵循。唐白居易祭李侍郎文：『代重名義，

公能佩服。德潤行朣，温温郁郁。』宋朱熹朱子語類卷一百一十四：『久侍師席，今將告違。氣質偏蔽，不能自知。尚望賜以一言，使終身知所佩服。』『周旋』，古代行禮時進退揖讓的動作。禮記樂記：『升降上下，周還裼襲，禮之文也。』陸德明釋文：『還，音旋。』孔穎達疏：『周謂行禮周曲迴旋也。』孟子盡心下：『動容周旋中禮者，盛德之至也。』

（十）正以率下，謙以持盈：『率下』，作下屬表率。書畢命：『惟公懋德，克勤小物，弼亮四世，正色率下。』三國志魏書司馬朗傳：『雖在軍旅，常麤衣惡食，儉以率下。』『持盈』，保守成業。語本老子：『持而盈之，不如其已。』國語越語下：『夫國家之事，有持盈，有定傾，有節事。』韋昭注：『持，守也。盈，滿也。』後漢書蔡邕傳：『心恬淡於守高，意無爲於持盈。』

（十一）識動於微，知周於物：『知周』，文苑英華、全唐文作『智周』。『動微』，洞察精微。陳書虞荔傳：『將軍運動微之鑒，折從衡之辯，策名委質，自託宗盟，此將軍之妙筭遠圖，發於衷誠者也。』『知周』，謂於萬物無所不知。語本易繫辭上：『知周乎萬物而道濟天下。』韓康伯注：『知周萬物則能以道濟天下。』孔穎達疏：『聖人無物不知，是知周於萬物。』南朝宋何承天達性論：『情綜古今，智周萬物。』

（十二）負文武之殊能：『負』，文苑英華、全唐文作『備』。『殊能』，特殊的才能。六韜王翼：『將有股肱羽翼七十二人……殊能異技，萬事畢矣。』晉書王戎傳：『戎在職雖無殊能，而庶績修理。』

（十三）樂於爲善：『於』，明鈔本、甲庫本作『而』。

（十四）凡此數德：『數德』，文苑英華、全唐文作『數美』。

（十五）豈矜知子之明，諒曰至公之義：『豈矜知子之明』，文苑英華、明鈔本、四庫全書、甲庫本作『然豈矜知子之明』。『知子之明』，文苑英華作『自知子之明』。『至公』，最公正；極公正。管子形勢解：『風雨至公而無私，所行無常鄉。』呂氏春秋慎大：『湯立爲天子，夏民大説，如得慈親，朝不易位，農不去疇，商不變肆，親郼如夏，此之謂至公。』

（十六）人之望焉：文苑英華作『人之望也』。

（十七）爾其敬膺典策，無忘誡慎：『典策』，文苑英華、全唐文作『典册』。『誡慎』，文苑英華、四庫全書、全唐文作『戒慎』。『誡慎』，警惕謹慎。禮記中庸：『是故君子戒慎乎其所不睹，恐懼乎其所不聞。』南史循吏傳王沈：『清廉戒慎，身恒居禄而居處日貧。』

（十八）思創業之多難，知守器之爲重：『多難』，文苑英華、全唐文作『艱難』。『守

器』，守護國家的重器。器，指象徵君權的器物，如祭器、車服等。左傳成公二年：『唯器與名，不可以假人，君之所司也。名以出信，信以守器，器以藏禮，禮以行義，義以生利，利以平民，政之大節也。』杜預注：『名，爵號；器，車服。』

〔十九〕允協重明：『允協』，確實符合。書說命：『王忱不艱，允協于先王成德。』孔傳：『王心誠不以行之爲難，則信合於先王成德。』後漢書方術傳謝夷吾：『殷周雖有高宗、昌、發之君，猶賴傅說、呂望之策，故能克崇其業，允協大中。』『重明』，兩重光明。謂光明相繼不已。離爲火、爲日；重卦離爲下離上離。故稱。易離：『重明以麗乎正，乃化成天下……明兩作，離，大人以繼明照于四方。』高亨注：『大人觀此卦象，從而以相繼不已之光明，照於四方。』後因以喻儲君、太子。梁書昭明太子等傳論：『處重明之位，居正體之尊。』

〔二十〕以揚列祖之耿光：『列祖』，文苑英華、明鈔本、全唐文作『烈祖』。『耿光』，光明，光輝，光榮。書立政：『以覲文王之耿光，以揚武王之大烈。』孔傳：『能使四夷賓服，所以見祖之光明，揚父之大業。』唐李白明堂賦：『遵先軌以繼作兮，揚列聖之耿光。』

〔二十一〕永貽後嗣之承式：『後嗣』，原作『多嗣』，今據文苑英華、全唐文改。『承

式』，文苑英華、全唐文作『成式』。

册成王爲皇太子文（一）

維乾元元年，歲次戊戌，十月庚子朔，五日甲辰，皇帝若曰：於戲（二）！自昔聖王，咸建儲貳（三），蓋將嗣守神器（四），虔奉宗禋（五）。是以禮經著元貞之德，易象載重明之義（六）。朕纂服鴻緒（七），丕承前烈（八），爰升匕鬯之賢（九），是符當璧之命（十）。咨爾太尉（十一）、成王俶（十二），道備文武，生資睿哲，温文彰於日就，孝友稟於天成。往以凶醜亂華，干戈集事，是能出陪戎駕，入奉廟謨（十三），克符丹水之師（十四），實剪緑林之盜，所謂功定社稷，義寧君親。今萬邦以貞，三善斯屬（十五），宜膺上嗣之典（十六），俾踐少陽之位（十七）。是用命爾爲皇太子，以副朕躬。爾其思王業之艱難，遵聖人之炯戒（十八），非尊賢無以成德，非廣孝無以承親（十九）。遠斥便佞（二十），詢謀正直，兢兢業業，庶保於大猷（二十一）。然後無忝爾祖宗（二十二），克寧我邦國（二十三）。往欽哉！丕膺景命（二十四），可不慎歟！

校箋

〔一〕此文又見於文苑英華卷四百四十三。全唐文卷四十四亦録此文，署名唐肅宗。此文文末原未標明頒布時間。考本文文首云：『維乾元元年，歲次戊戌，十月庚子朔，五日甲辰。』又檢唐會要卷一載：『代宗睿文孝武皇帝諱豫。……（乾元元年）五月十九日，册爲皇太子；十月五日，改名豫。』舊唐書代宗紀載：『肅宗還京，大赦，改封楚王。乾元元年三月，改封成王，四月庚寅，立爲皇太子，改名豫。』新唐書肅宗紀記：『（乾元元年）十月甲辰，立成王俶爲皇太子。』新唐書代宗紀則云：『乾元元年三月，徙封成王。四月，立爲皇太子。』資治通鑑卷二百二十肅宗乾元元年亦記：『（五月）庚寅，立成王俶爲皇太子。』按，上述舊唐書代宗紀所記立太子時間誤，蓋據天干地支紀年法考，乾元元年四月無庚寅日，而是年五月十九日方是庚寅日。新唐書代宗紀所記蓋沿其誤。則此册文頒布時間爲乾元元年（七五八）十月甲辰（五日），此制之撰寫時間當在此時稍前。

〔二〕於戲：亦作『於熙』。猶於乎，感嘆詞。禮記大學：『詩云：「於戲！前王不忘。」君子賢其賢而親其親，小人樂其樂而利其利。』史記三王世家：『皇帝使御史大夫湯廟立子閎爲齊王。曰：「於戲，小子閎，受茲青社！」』司馬貞索隱：『於戲，音嗚呼。戲，或音羲。』

〔三〕咸建儲貳：『儲貳』，亦作『儲二』。儲副，太子。晉葛洪抱朴子釋滯：『昔子晉舍視膳之役，棄儲貳之重，而靈王不責之以不孝。』唐元稹四皓廟詩：『如何一朝起，屈作儲貳賓。』

〔四〕蓋將嗣守神器：『神器』，代表國家政權的實物，如玉璽、寶鼎之類。借指帝位、政權。漢書敘傳上：『世俗見高祖興於布衣，不達其故，以爲適遭暴亂，得奮其劍，游説之士至比天下於逐鹿，幸捷而得之，不知神器有命，不可以智力求也。』顔師古注引劉德曰：『神器，璽也。』晉左思魏都賦：『劉宗委馭，巽其神器。』吕延濟注：『神器，帝位。』

〔五〕虔奉宗禋：『宗禋』，對祖先的祭祀。後漢書宦者傳論：『自古喪大業絶宗禋者，其所漸有由矣。』南齊書高帝紀上：『彝器已塵，宗禋誰主，綴旒之殆，未足爲譬，豈直小宛興刺，黍離作歌而已哉！』

〔六〕是以禮經著元貞之德，易象載重明之義：『元貞』，即『元亨利貞』的簡稱，乃易經乾之四德。李鼎祚周易集解云：『言乾稟純陽之性，故能首出庶物……是以君子法乾而行四德。』『重明』，兩重光明。謂光明相繼不已。離爲火、爲日；重卦離爲下離上離。故稱。易離：『重明以麗乎正，乃化成天下……明兩作，離，大人以繼明照於四方。』高亨注：『大

人觀此卦象，從而以相繼不已之光明，照於四方。」後因以喻儲君、太子。梁書昭明太子等傳論：『處重明之位，居正體之尊。』

〔七〕朕纂服鴻緒：『纂服』，繼承職務。唐劉禹錫唐故相國贈司空令狐公集紀：『文宗纂服，三年冬，上表以大臣未識天子，願朝正月。制曰：「可。」』宋洪咨夔洪氏春秋説：『魯君纂服，皆不告于天。』『鴻緒』，大統；王業。後漢書順帝紀：『陛下踐祚，奉遵鴻緒。』唐肅宗授彭王僅等節度大使制：『朕以薄德，纘承鴻緒。』

〔八〕丕承前烈：『丕承』，很好地繼承。舊謂帝王承天受命，常曰『丕承』。書君奭：『惟文王德丕承無疆之恤。』漢揚雄法言問明：『成湯，丕承也；文王，淵懿也。或問丕承，曰：「由小致大，不亦丕乎？革夏以天，不亦承乎？」』『前烈』，前人的功業。書武成：『公劉克篤前烈。』唐司空圖蒲帥燕國太夫人石氏墓志：『允集大勛，以光前烈。』

〔九〕爰升匕鬯之賢：『匕鬯』，文苑英華、全唐文作『主鬯』。『匕鬯』，易震：『震驚百里，不喪匕鬯。』王弼注：『匕，所以載鼎實；鬯，香酒。奉宗廟之盛也。』後因代指宗廟祭祀。南朝陳徐陵皇太子臨辟雍頌：『皇太子耀彼重離，光兹匕鬯，儀以天文，化成天下。』唐陳子昂大周受命頌：『臣聞天無二日，土無二王，皇帝嗣武，以主匕鬯，豈不宜乎！』

〔十〕是符當璧之命：全唐文作『實符當璧之命』。『當璧』，左傳昭公十三年：『初，共王無冢適，有寵子五人，無適立焉。乃大有事於群望，而祈曰：「請神擇於五人者，使主社稷。」乃遍以璧見於群望，曰：「當璧而拜者，神所立也，誰敢違之？」既，乃與巴姬密埋璧於大室之庭，使五人齊，而長入拜……平王弱，抱而入，再拜，皆厭紐。』楊伯峻注：『厭同壓。壓紐即當璧。』後以『當璧』喻立爲國君之兆。魏書肅宗紀：『皇曾孫故臨洮王寶暉世子釗，體自高祖，天表卓異，大行平日養愛特深，義齊若子，事符當璧。』

〔十一〕咨爾太尉：『咨爾』，用於句首，表示贊嘆或祈使。論語堯曰：『堯曰：「咨，爾舜！天之曆數在爾躬。」』邢昺疏：『咨，咨嗟；爾，女也……故先咨嗟，嘆而命之。』晋潘岳爲賈謐作贈陸機詩：『長離云誰，咨爾陸生。』

〔十二〕成王俶：謂唐代宗。傳見舊唐書代宗紀云：『代宗睿文孝武皇帝諱豫，肅宗長子，母曰章敬皇太后吴氏。以開元十四年十二月十三日生于東都上陽宫。初名俶，年十五封廣平王。玄宗諸孫百餘，上爲嫡皇孫。宇量弘深，寬而能斷。喜懼不形於色。仁孝温恭，動必由禮。幼而好學，尤專禮、易，玄宗鍾愛之。禄山之亂，京城陷賊，從肅宗蒐兵靈武，以上爲天下兵馬元帥。時朝廷草創，兵募寡弱，上推心示信，招懷流散，比至彭原，兵衆數萬。及肅宗迴幸鳳

翔，時房琯、郭子儀繼戰不利，賊鋒方鋭，屢來寇襲。上選求勇幹，頻挫其鋒，聖慮遑寧，士心大振。及帥進討，百官辭送，步出闕門，方始乘馬。回紇葉護王子率兵入助，勇冠諸蕃，上接以優恩，結爲兄弟，故香積之戰，賊徒大敗，遂委西京而遁。雖子儀、嗣業之奮命，由上恩信結於士心，故人思自效。既收京城，令行禁止，民庶按堵，秋毫不犯，耆老歡迎，對之歔欷。聞賊殘衆猶保陝郊，即日長驅，東趨虢洛。新店之役，一戰大捷，慶緒之黨，十殲七八。數旬之間，河南底定，兩都恢復，二聖迴鑾，統率之功，推而不受。肅宗還京，大赦，改封楚王。乾元元年三月，改封成王。四月庚寅，立爲皇太子，改名豫。』新唐書代宗紀云：『代宗睿文孝武皇帝諱豫，肅宗長子也。母曰章敬皇后吴氏。玄宗諸孫百餘人，代宗最長，爲嫡皇孫。聰明寬厚，喜愠不形於色，而好學强記，通易象。初名俶，封廣平郡王。安禄山反，玄宗幸蜀，肅宗留討賊，代宗常從於兵間。肅宗已即位，郭子儀等兵討安慶緒，未克。肅宗在岐，至德二載九月，以廣平郡王爲天下兵馬元帥，率朔方、安西、回紇、南蠻、大食等兵二十萬以進討，百官送于朝堂，過闕而下，步出木馬門，然後復騎。以安西、北庭行營節度使李嗣業爲前軍，朔方、河西、隴右節度使郭子儀爲中軍，關内行營節度使王思禮爲後軍，屯于香積寺。敗賊將安守忠，斬首六萬級。賊將張通儒守長安，聞守忠敗，棄城走，遂克京城，乃留思禮屯于苑中，代宗率大軍以東。安慶緒

遣其將嚴莊拒于陜州，代宗及子儀、嗣業戰陜西，大敗之，慶緒奔于河北，遂克東都。肅宗還京師。十二月，進封楚王。乾元元年三月，徙封成王。四月，立爲皇太子。初，太子生之歲，豫州獻嘉禾，於是以爲祥，乃更名豫。』

〔十三〕入奉廟謨：文苑英華、全唐文、適園叢書作『入奉廟謀』；明鈔本、四庫全書、甲庫本作『入奉廟朝』。『廟謨』，猶廟謀。朝廷或帝王對戰事進行的謀劃。後漢書光武帝紀贊：『明明廟謨，赳赳雄斷。』按，謨，文選作『謀』。宋岳飛措置襄漢乞兵狀：『恭奉聖旨，恢復襄漢，仰遵廟謨，今已克平五郡。』『廟朝』，專指朝廷。君主聽政的地方。戰國策秦策三：『臣今見王獨立於廟朝矣。』唐韓愈送李愿歸盤谷序：『坐於廟朝，進退百官，而佐天子出令。』

〔十四〕克符丹水之師：指唐代宗『新店之役，一戰大捷』之事。詳見本文校箋〔十二〕。

〔十五〕三善斯屬：『三善』，指臣事君、子事父、幼事長的三種道德規範。禮記文王世子：『行一物而三善皆得者，唯世子而已……父子、君臣、長幼之道得而國治。』南朝梁沈約齊故安隆昭王碑文：『協隆三善，仰敷四德。』張銑注：『三善，謂事君、事父、事長也。』

〔十六〕宜膺上嗣之典：『上嗣』，君主的嫡長子。後指太子。禮記文王世子：『其登餕

獻受爵，則以上嗣。』鄭玄注：『上嗣，君之適長子。』晉書 潘尼傳：『篤生上嗣，繼期挺秀。』

（十七）俾踐少陽之位：『少陽』，東宮。太子所居。南朝宋顏延之三月三日曲水詩序：『正體毓德於少陽。』李善注：『正體，太子也……少陽，東宮也。』後以指太子。南朝梁王筠昭明太子哀册文：『式載明兩，實惟少陽；既稱上嗣，且曰元良。』

（十八）遵聖人之炯戒：『炯戒』，亦作『炯誡』。明顯的鑒戒或警戒。漢班固幽通賦：『既訊爾以吉象兮，又申之以炯戒。』三國志 吴書 賀邵傳：『此當世之明鑒，目前之炯戒也。』

（十九）非廣孝無以承親：『承親』，明鈔本、甲庫本作『成親』。『廣孝』，謂將孝親之心推及他人。禮記 坊記：『於父之執，可以乘其車，不可以衣其衣，君子以廣孝也。』唐元稹祭翰林白學士太夫人文：『用至於二門之童孺，莫不達廣孝之深情。』

（二十）遠斥便佞：『便佞』，巧言善辯，阿諛逢迎。論語 季氏：『友便辟，友善柔，友便佞，損矣。』何晏集解引鄭玄注：『便，辯也。謂佞而辨。』漢王符潛夫論 務本：『今多奸諛以取媚，撓法以便佞。』

〔二十一〕庶保於大猷：『大猷』，謂治國大道。詩小雅巧言：『奕奕寢廟，君子作之；秩秩大猷，聖人莫之。』鄭玄箋：『猷，道也；大道，治國之禮法。』晉潘岳楊荆州誄：『弈世丕顯，允迪大猷。』

〔二十二〕然後無忝爾祖宗：『無忝』，不玷辱；不羞愧。書君牙：『今命爾予翼，作股肱心膂，纘乃舊服，無忝祖考。』孔傳：『無辱累祖考之道。』漢書韋玄成傳：『於戲後人，惟肅惟栗。無忝顯祖，以蕃漢室。』

〔二十三〕克寧我邦國：『邦國』，文苑英華、全唐文作『邦家』。『克寧』，安定，平定。晉孫楚爲石仲容與孫皓書：『征討暴亂，克寧區夏。』南朝齊王儉褚淵碑文：『勠力盡規，克寧禍亂。』

〔二十四〕丕膺景命：『景命』，大命。指授予帝王之位的天命。詩大雅既醉：『君子萬年，景命有僕。』鄭玄箋：『天之大命。』唐元稹獻事表：『臣竊惟陛下以景命惟新之初，何如貞觀致理之後？』

册雍王爲皇太子文〔一〕

潘　炎

維廣德二年，歲次甲辰，三月戊辰朔，二日己巳〔二〕，皇帝若曰：昔者哲王〔三〕，

必建元子，上以奉宗廟，下以係生人〔三〕。固本乃安，立長乃順，經明者是稱其兩，樂善者不止于三〔四〕，資于君父之間，運在神明之側〔五〕。稽古承式，肆予命汝。天下兵馬元師、尚書令、雍王适〔六〕，智崇天錫〔七〕，德茂日新，文實治經〔八〕，武兼講藝。孝深於性，尤切於問安〔九〕；識藴其明，更精於簡牘〔十〕。奉辭伐叛，禀命成師，積稔逋誅，一戎底定〔十一〕；業著于内，功加于時，萬方以貞〔十二〕，朕志允定。用是命爾爲皇太子〔十三〕，以踐于儲宫。往欽哉！無以不副忘其恭，無以不會易其度，觀圖書之得失，思締構之艱難〔十四〕。夙夜惟寅，主茲匕鬯〔十五〕。永懷我高祖、太宗之丕命。可不慎歟〔十六〕！

校箋

〔一〕此文又見於全唐文卷四百四十二，署名潘炎。此文文末原未標明頒布時間。考本文文首原云：『維廣德二年，歲次甲辰，三月戊辰朔，二日己巳。』又檢唐會要載：『（廣德）三年，册爲皇太子。』舊唐書代宗紀云：『（廣德二年）二月己巳朔，册天下兵馬元帥、尚書令、雍王适爲皇太子。』舊唐書德宗紀載：『广德二年二月，立爲皇太子。』新唐書代宗紀

立爲皇太子。』按，原册文所記立太子時間有誤，蓋據天干地支紀年法考，廣德二年三月戊戌朔非戊辰朔，二日也非己巳日，但廣德二年四月則戊辰朔二日己巳時間相合，原作記爲四月，誤。舊唐書代宗紀則似將己巳日誤記爲己巳朔。故此册文頒布時間應爲廣德二年（七六四）四月二日。故此制之撰寫時間當在此時稍前。又，潘炎，傳見新唐書卷一百六十列傳第八十五『潘孟陽』條：『潘孟陽，史亡何所人。父炎，大曆末官右庶子，爲元載所惡，久不遷。載誅，進禮部侍郎，以病免。方劉晏任權，炎乃其婿，雖書疏報答，未嘗輒開，時稱有古人節。晏得罪，坐貶澧州司馬，時輿疾上道，不自言。于卲高其介，申救，不見聽。』全唐文卷四百四十二其小傳記：『炎，史亡何所人，大曆末官右庶子，進禮部侍郎，貶澧州司馬。』又據中國文學家大辭典唐五代卷載：『潘炎，生卒年不詳，信都（今河北冀縣）人。至德二載陷相州安史亂軍中。乾元、上元間以右驍衛兵曹充翰林學士，遷駕部郎中。廣德中進中書舍人，出守本官。大曆中官右庶子，爲宰相元載所惡，久不遷。十二年元載誅，進禮部侍郎，知十三年、十四年貢舉，以病免。建中元年其岳父劉晏得罪，坐貶澧州司馬，未幾卒。』

〔二〕『三月戊辰朔，二月己巳朔』：應作『四月戊辰朔，二日己巳』，詳見（一）條校箋。

〔三〕昔者哲王：原作『昔在哲王』，今據四庫全書、全唐文改。『哲王』，賢明的君主。書酒誥：『在昔殷先哲王，迪畏天顯小民，經德秉哲。』南朝梁慧皎高僧傳義解支遁：『是以哲王御世，南面之重，莫不欽其風尚。』

〔三〕上以奉宗廟，下以係生民：『奉』，明鈔本、甲庫本作『本』。『生民』，原作『生人』，今據四庫全書改。此句全唐文作『下以係民生』。『生民』，人民。書畢命：『道洽政治，澤潤生民。』漢末曹操蒿里行：『生民百遺一，念之斷人腸。』

〔四〕樂善者不止于三：語出孟子告子上：『仁義忠信，樂善不倦，此天爵也。』

〔五〕資于君父之間，運在神明之側：原作『資于君父之運，間在神明之側』，今據四庫全書、全唐文改。

〔六〕天下兵馬元帥、尚書令、雍王适：此指唐德宗李适，傳見舊唐書德宗本紀：『德宗神武孝文皇帝諱适，代宗長子，母曰睿真皇后沈氏。天寶元年四月癸巳，生於長安大内之東宫。其年十二月，拜特進，封奉節郡王。代宗即位之年五月，以上爲天下兵馬元帥，改封魯王。八月，改封雍王。時史朝義據東都，十月，遣上會諸軍於陜州，大舉討賊。十一月，破賊於洛陽，進收

東都，河南平定。朝義走河北。分命諸將追之，俄而賊將李懷仙斬朝義首以獻，河北平。以元帥功拜尚書令，食實封二千户，與郭子儀等八人圖形凌烟閣。廣德二年二月，立爲皇太子。』新唐書德宗紀記：『德宗神武聖文皇帝諱适，代宗長子也。母曰睿真皇太后沈氏。初，沈氏以開元末選入代宗宫。安禄山之亂，玄宗避賊于蜀，諸王妃妾不及從者，皆爲賊所得，拘之東都之掖廷。代宗克東都，得沈氏，留之宫中；史思明再陷東都，遂失所在。肅宗元年建丑月，封德宗奉節郡王。代宗即位，史朝義據東都，乃以德宗爲天下兵馬元帥，進封魯王。八月，徙封雍王。寶應元年十月，屯于陜州，諸將進擊史朝義，敗之，朝義走河北，遂克東都。十一月，史朝義死幽州，守將李懷仙斬其首來獻，河北平。以功兼尚書令，與功臣郭子儀、李光弼等皆賜鐵券，圖形凌烟閣。廣德二年二月，立爲皇太子。』

〔七〕智崇天錫：『天錫』，上天賜予。宋史韓世忠傳：『世忠先得賊軍號，隨聲應之，周覽以出，喜曰：「此天錫也。」』清王士禛池北偶談談故四土魯番表文：『皇上睿知天錫，如日升之無不照。』

〔八〕文實治經：『治經』，原作『志經』，今據適園叢書改。『治經』，研究經學。晋書食貨志：『天之所貴者人也，明之所求者學也，治經入官，則君子之道焉。』宋蘇軾謝制科啓之

一：『治經獨傳於家學，爲文不願於世知。』

〔九〕孝深於性，尤切於問安：『孝深於性』，甲庫本作『孝性於深』。『問安』，典出禮記文王世子：『文王之爲世子，朝於王季日三。鷄初鳴而衣服，至於寢門外，問内豎之御者曰：「今日安否何如？」内豎曰：「安。」文王乃喜。乃日中又至，亦如之；及莫又至，亦如之。其有不安節，則内豎以告文王。文王色憂，行不能正履，王季復膳，然後亦復初。食上，必在視寒暖之節；食下，問所膳。』後因以『問安視膳』爲兒子侍奉父母的禮法，即每日必問安，每食必在側。

〔十〕識藴其明，更精於簡牘：『識藴』，佛教用語，指對境了别、識知事物，爲心之本體。『簡牘』，指文書；書籍；書簡。南朝梁蕭統文選序：『若斯之流，又亦繁博，雖傳之簡牘，而事異篇章，今之所集，亦所不取。』北齊顔之推顔氏家訓慕賢：『及西臺陷殁，簡牘湮散，丁亦尋卒於揚州。』

〔十一〕積稔逋誅，一戎底定：『積稔』，猶積年。晋書羊祜傳：『履謙積稔，晚節不遂，此遠近所以爲之感痛者也。』用書晋蕩公護傳：『今大齊聖德遠被，特降鴻慈，既許歸吾於汝，又聽先致音耗，積稔長悲，豁然獲展。』『逋誅』，逃避誅罰。陳書衡陽獻王昌傳：『王

琳逆命，逋誅歲久。』宋岳飛奏乞本軍進討劉豫札子：『賊豫逋誅，尚穴中土。』『底定』，達到平定。書禹貢：『三江既入，震澤底定。』蔡沈集傳：『底定者，言底於定而不震蕩也。』

〔十二〕萬方以貞：『萬方』，明鈔本、適園叢書作『萬邦』。

〔十三〕用是命爾爲皇太子：全唐文、適園叢書、甲庫本作『是用命爾爲皇太子』。『用是』，因此。漢書趙充國傳：『車騎將軍張安世始嘗不快上，上欲誅之，卬家將軍以爲安世本持橐簪筆事孝武帝數十年，見謂忠謹，宜全度之。安世用是得免。』唐柳宗元答吴武陵非國語書：『恒恐後世之知言者，用是詬病。』

〔十四〕觀圖書之得失，思締構之艱難：『圖書』，圖籍。指疆域版圖與户籍等簿册。史記蕭相國世家：『沛公至咸陽，諸將皆爭走金帛財物之府分之，何獨先入收秦丞相御史律令圖書藏之……漢王所以具知天下阸塞，户口多少，强弱之處，民所疾苦者，以何具得秦圖書也。』晋書宣帝紀：『經日，乃行其營壘，觀其遺事，獲其圖書、糧穀甚衆。』『締構』，猶締造。謂經營開創。晋左思魏都賦：『有魏開國之日，締構之初，萬邑譬焉，亦獨犨麋之與子都，培塿之與方壺也。』宋書徐羨之傳：『近思皇室締構之艱，時攬萬機，躬親朝政。』

〔十五〕夙夜惟寅，主玆匕鬯：『夙夜惟寅』，日夜恭敬謹慎地對待職事。表示極其盡

職。語出書舜典：『夙夜惟寅，直哉惟清。』孔穎達疏：『夙，早。早夜敬服其職，謂侵早已起，深夜乃卧，謹敬其職事也。』魏書肅宗紀：『神龜二年春正月丁亥詔曰：「朕以冲眇，纂承寶位，夙夜惟寅，若涉淵海。」』『匕鬯』，語出易震：『震驚百里，不喪匕鬯。』王弼注：『匕，所以載鼎實；鬯，香酒。奉宗廟之盛也。』後因代指宗廟祭祀。南朝陳徐陵皇太子臨辟雍頌：『皇太子耀彼重離，光兹匕鬯，儀以天文，化成天下。』

〔十六〕可不慎歟：適園叢書作『可不慎哉』。

册廣陵郡王爲皇太子文〔一〕

維貞元二十一年，歲次乙酉，三月庚午朔，六日乙亥〔二〕，皇帝若曰：建儲貳者必歸於上嗣〔二〕，固邦本者允屬于元良〔三〕。咨爾元子、廣陵郡王純〔四〕，幼挺岐嶷〔五〕，長標恂淑〔六〕，佩詩禮之明訓，禀忠孝之弘規〔七〕；居常保謙，動必循道，識達刑政，器含温文〔八〕；愛敬奉於君親，仁德聞於兆庶，神祇龜筮〔九〕，罔不協從〔十〕。是用命爾爲皇太子。於戲！維我烈祖之有天下也〔十一〕，功格于上帝，祚流於無窮，光纘洪緒〔十二〕，逮予十葉，虔恭寅畏〔十三〕，日慎一日。付爾以承祧之重，

勵爾以主鬯之勤〔十四〕，以貞萬國之心，以揚三善之德。爾其尊師重傅，親賢遠佞，非道勿履，非禮勿行〔十五〕，對越天地之耿光，丕承祖宗之休烈〔十六〕。可不慎歟！

校箋

〔一〕此文又見於文苑英華卷四百四十三翰林制誥二十四，文題作册廣陵王爲皇太子文，乃屬於王言會最。全唐文卷五十五亦録此文，署名唐順宗。此文文末原未標明頒布時間。本文文首原作『維貞元二十一年，歲次乙酉，四月庚午朔，六日乙亥。』文苑英華作『維貞元二十一年，歲次乙酉，四月庚午朔，五日甲申』；全唐文、適園叢書作『維貞元二十一年，歲次乙酉，四月庚子朔，九日戊申』；明鈔本、甲庫本作『維貞元二十一年，歲次乙酉，四月庚午朔，七日乙巳』。考舊唐書順宗紀載：『（三月）癸巳，詔册廣陵郡王淳爲皇太子，改名純。』舊唐書憲宗紀載：『順宗即位之年四月，册爲皇太子。』又新唐書順宗紀載：『（貞元二十一年三月）癸巳，立廣陵郡王純爲皇太子。』新唐書憲宗紀云：『二十一年三月，立爲皇太子。』資治通鑑卷二百三十六永貞元年云：『（四月）乙巳，上御宣政殿，册太子。』按，據天干地支紀年法，貞元二十一年四月乃庚子朔，五日甲辰，六日乙巳。故原作及文苑英華、明鈔本、甲庫本等

所謂『四月庚午朔』『五日甲申』『六日乙亥』『七日乙巳』均誤，然與貞元二十一年三月庚子朔，六日乙亥相合，當爲將三月記爲四月之誤。又檢册府元龜卷八十九載：『（貞元二十一年）四月戊申詔曰……皇太子純，體仁秉哲，恭敬温文，德叶元良，禮當上嗣。朕奉若丕訓，憲章古式，永惟社稷之重，載考春秋之義，授之匕鬯，以奉粢盛，爰以令辰，俾膺茂典。今册禮云畢，慶感交懷，思與萬方同其惠澤。自貞元二十一年二月二十四日已後，至四月九日昧爽已前，天下應犯死罪者，特降從流；流罪已下各減一等……』故册太子一事當在貞元二十一年四月戊申（九日）之前，故全唐文、適園叢書時間亦不取。則此册文的頒布時間應爲貞元二十一年（八〇五）三月庚午朔，六日乙亥。此册文之撰寫時間當在此時稍前。

〔一〕三月庚午朔，六日乙亥：原作『四月庚午朔，六日乙亥』，今據改。詳見上注。

〔二〕建儲貳者必歸於上嗣：『歸』，文苑英華作『賢』。『上嗣』，君主的嫡長子。後指太子。禮記 文王世子：『其登餕獻受爵，則以上嗣。』鄭玄注：『上嗣，君之適長子。』晋書潘尼傳：『篤生上嗣，繼期挺秀。』

〔三〕固邦本者允屬于元良：『元良』，太子的代稱。禮記 文王世子：『一有元良，萬國以貞，世子之謂也。』南朝梁沈約立太子詔：『元良之寄，有國莫先，自昔哲后，降及近代，莫不

立儲樹嫡，守器承祧。』

〔四〕咨爾元子、廣陵郡王純：『純』，明鈔本、甲庫本作『某』。『元子』，天子和諸侯的嫡長子。書 微子之命：『王若曰：猷，殷王元子。』詩 魯頌 閟宫：『王曰叔父，建爾元子，俾侯於魯。』朱熹集傳：『叔父，周公也。元子，魯公伯禽也。』『廣陵郡王純』，謂唐憲宗李純。傳見舊唐書 憲宗紀載：『憲宗聖神章武孝皇帝諱純，順宗長子也，母曰莊憲王太后。大曆十三年二月生于長安之東内。六七歲時，德宗抱置膝上，問曰：「汝誰子，在吾懷？」對曰：「是第三天子。」德宗異而憐之。貞元四年六月，封廣陵王。順宗即位之年四月，册爲皇太子。』新唐書 憲宗紀載：『憲宗昭文章武大聖至神孝皇帝諱純，順宗長子也。母曰莊憲皇太后王氏。貞元四年六月己亥，封廣陵郡王。二十一年三月，立爲皇太子。永貞元年八月，順宗詔立爲皇帝。乙巳，即皇帝位於太極殿。』

〔五〕幼挺岐嶷：『挺』，文苑英華作『而』。詩 大雅 生民：『誕實匍匐，克岐克嶷。』朱熹集傳：『岐嶷，峻茂之狀。』後多以『岐嶷』形容幼年聰慧。東觀漢記 馬客卿傳：『馬客卿幼而岐嶷，年六歲，能接應諸公，專對賓客。』北魏楊衒之洛陽伽藍記 追光寺：『略生而岐嶷，幼則老成，博洽群書。』

〔六〕長摽恂淑：『摽』，文苑英華、四庫全書、適園叢書作『標』。『恂』，明鈔本、文苑英華、四庫全書作『洵』。

〔七〕稟忠孝之弘規：『弘規』，甲庫本作『鴻規』。『弘規』，宏謨，宏謀，宏大深遠的謀略。三國志 吴書 陸遜傳：『夫峻法嚴刑，非帝王之隆業；有罰無恕，非懷遠之弘規。』南齊書 皇后傳贊：『文安廢主，百憂已離，中興秉制，揖讓弘規。』

〔八〕識達刑政，器含温文：『刑政』，刑法政令。國語 周語下：『出令不信，刑政放紛。』唐柳宗元封建論：『告之以直而不改，必痛之而後畏，由是君長刑政生焉。』『温文』，温和而有禮貌。禮記 文王世子：『禮樂交錯於中，發形於外，是故其成也懌，恭敬而温文。』孔穎達疏：『恭敬而温文者，謂内外有禮，貌恭心敬而温潤文章。』唐孫逖授殷彦方等王傅制：『教導之功，既聞於日就；温文之德，遂涉於春儲。』

〔九〕神祇龜筮：『祇』，文苑英華、明鈔本、甲庫本、四庫全書、適園叢書作『祗』。『神祇』，天神與地神。書 湯誥：『爾萬方百姓，罹其凶害，弗忍荼毒，并告無辜於上下神祇。』孔傳：『并告無罪稱寃訴天地。』史記 宋微子世家：『今殷民乃陋淫神祇之祀。』裴駰集解引馬融曰：『天曰神，地曰祇。』

〔十〕罔不協從：『協』，文苑英華作『叶』。

〔十一〕惟我烈祖之有天下也：『惟』原作『維』，今據文苑英華、四庫全書、全唐文改。『烈』，四庫全書作『列』。『烈祖』，指建立功業的祖先。古多稱開基創業的帝王。書伊訓：『伊尹乃明言烈祖之成德，以訓於王。』孔傳：『湯，有功烈之祖，故稱焉。』詩小雅賓之初筵：『籥舞笙歌，樂既和奏。烝衎烈祖，以洽百禮。』

〔十二〕光纘洪緒：『洪緒』，世代相傳的大業。多指帝業。三國志魏書管寧傳：『横蒙陛下纂承洪緒，德侔三皇，化溢有唐。』晉潘岳楊荆州誄：『篤生戴侯，茂德繼期。纂戎洪緒，克構堂基。』吕向注：『緒，業也。言厚生茂盛之德，繼百年之期，承汝祖父大業也。』

〔十三〕虔恭寅畏：『虔恭』，誠敬。漢書叙傳下：『秺侯狄孥，虔恭忠信。』晉書袁瓌傳：『陛下以聖明臨朝，百官以虔恭莅事。』『寅畏』，敬畏；恭敬戒懼。書無逸：『嚴恭寅畏，天命自度。』蔡沈集傳：『寅則欽肅，畏則戒懼。』唐白居易畫大羅天尊贊文：『皇帝孝敬寅畏，憂勤勞謙。』

〔十四〕付爾以承祧之重，勵爾以主鬯之勤：『主』，文苑英華作『圭』。『承祧』，承繼奉祀祖先的宗廟。南朝梁沈約立太子詔：『自昔哲后，降及近代，莫不立儲樹嫡，守器承祧。』

唐韓愈順宗實録卷三：『付爾以承祧之重，勵爾以主鬯之勤。』『主鬯』，主掌宗廟祭祀。鬯，古代祭祀用的一種香酒。宋莊綽鷄肋編卷下：『逮余主鬯之日，實乃秉鈞之秋。』

〔十五〕非道勿履，非禮勿行：文苑英華作『非禮勿踐，非義勿行』。語出易經雷天大壯卦象辭：『象曰：雷在天上，大壯；君子以非禮勿履。』

〔十八〕對越天地之耿光，丕承祖宗之休烈：『耿光』，光明；光輝；光榮。書立政：『以覲文王之耿光，以揚武王之大烈。』孔傳：『能使四夷賓服，所以見祖之光明，揚父之大業。』唐李白明堂賦：『遵先軌以繼作兮，揚列聖之耿光。』

册鄧王爲皇太子文〔一〕

維元和四年，歲次己丑，十月癸酉朔，十八日庚寅。皇帝若曰：於戲！昔禹有聖子，克承父業，故三王代襲，以天下爲家。我唐受天明命，垂二百年〔二〕。欽惟十聖，虔嗣寶曆〔三〕，亦罔敢越于丕子〔四〕，傳叙相受〔五〕，以及予一人，獲奉珪幣〔六〕；事上帝，承宗廟，夙夜祗懼〔七〕，不敢荒寧；永惟負荷，思建儲貳〔八〕，須假五載，相時一德〔九〕。允屬于爾元子、鄧王寧〔十〕。惟爾兩曜分輝，五行總秀〔十一〕，體資上

哲〔十二〕，性被至仁〔十三〕；粤在幼冲〔十四〕，挺然岐嶷〔十五〕，寬厚之量，匪由師訓。温文之德〔十六〕，稟自生知，爰撫藩封，式崇盤石〔十七〕。河間之泉懿，決策不窮〔十八〕；東海之開明，視牘能辨〔十九〕。陪享宗祀〔二十〕，贊獻郊禋〔二十一〕，展禮克誠，執事惟敬；勤襲子道〔二十二〕，左右朕志〔二十三〕，旋觀表識〔二十四〕，宜踐青宫〔二十五〕。訊于蓍龜，靈命不二〔二十六〕，謀及卿士〔二十七〕，人心協同。尚膺匕鬯〔二十八〕，允事監撫〔二十九〕。是用命爾爲皇太子。往欽哉！莫尊匪君，爾爲之臣；莫親匪父〔三十〕，爾爲之子。愛敬誠矣，忠孝并焉！爾其虚受以下賢〔三十一〕，齋肅以成德〔三十二〕，無以崇廣處己，無以怠忽臨人〔三十三〕。繼明四方，作貞萬國〔三十四〕，永言配命〔三十五〕。可不慎歟！

校箋

〔一〕此文又見於全唐文卷六十三，署名唐憲宗。此文文末原未標明頒布時間。考本文文首云：『維元和四年，歲次己丑，十月癸酉朔，十八日庚寅』，又檢舊唐書憲宗紀載：『（元和四年）冬十月癸酉朔，庚寅，册鄧王寧爲皇太子。』舊唐書卷一百七十五其本傳云：『惠昭太子

寧……元和元年八月，進封鄧王。四年閏三月，立爲皇太子，改名宙，尋復今名。其年有司將行册禮，以孟夏、孟秋再卜日，臨事皆以雨罷，至十月方行册禮。』新唐書憲宗紀記：『（元和四年）閏三月丁卯，立鄧王寧爲皇太子。』新唐書卷八十二其本傳云：『以寧爲皇太子，更名宙，前以制示絳等。未幾，復初名。册禮用孟夏，雨，不克，改用孟秋，亦雨，冬十月克行禮。』資治通鑑卷二百三十七亦載：『（元和四年三月）翰林學士李绛等奏曰：「陛下嗣膺大寶，四年于兹，而儲闈未立，典册不行，是開窺覦之端，乖慎重之義，非所以承宗廟、重社稷也。伏望抑撝謙之小節，行至公之大典。」丁卯，制立長子鄧王寧爲太子。寧，紀美人之子也。』按，兩唐書述鄧王册皇太子一事甚詳，是爲前已確立，至十月方行册禮，故以原作時間爲是。則此册文頒布時間應爲元和四年（八〇九）十月庚寅（十八日）。故此制之撰寫時間當在此時稍前。

〔二〕我唐受天明命，垂二百年：『受天明命』，甲庫本作『受命天命』。

〔三〕欽惟十聖，虔嗣寶曆：『欽惟』，發語詞。猶言敬思。南朝梁武帝踐祚後與諸州郡敕：『欽惟邃古，爰及近代，雖禪代異時，而成功一揆。』清李煦山東等處豐收并報兩淮煎鹽不善稽察摺：『奴才跪讀之下，欽惟我皇萬歲，洪福齊天，所以有如此之豐年，從來罕見。』『十

聖』，唐朝皇帝尊奉『老子李耳』爲大唐王朝的『唐聖祖玄元天皇大帝』，故唐朝皇帝用『道家謚法』來評價自己的功過，道家謚法之中『大聖』謚號最高級，故用『大聖』來追尊唐朝的歷代皇帝，其中獲得『大聖』謚號的有：唐高祖李淵、唐太宗李世民、唐高宗李治、則天大聖皇后武曌、唐中宗李顯、唐睿宗李旦、唐玄宗李隆基、唐肅宗李亨、唐順宗李誦、唐憲宗李純。『寶曆』，指國祚；皇位。樂府詩集 燕射歌辭三 晋朝饗樂章：『椒觴再獻，寶曆萬年。』梁書 武帝紀上：『雖寶曆重升，明命有紹，而獨夫醜縱，方煽京邑。』

〔四〕亦罔敢越于丕子：全唐文、適園叢書作『亦罔敢越丕子之責』。『罔敢』，不敢。『罔』，爾雅 釋言：『罔，無也。』，楚辭 九章 惜誦：『君罔謂汝何之。』『丕』，説文：『丕，大也。』漢書 匡衡傳：『未丕揚先帝之盛功。』左傳 昭公三年：『昧旦丕顯。』

〔五〕傳叙相受：『傳叙』，四庫全書、全唐文作『傳序』。『傳叙』，此處同『傳序』，謂父死子繼，世代相傳。左傳 昭公七年：『日我先君共王引領北望，日月以冀，傳序相授，於今四王矣。』唐元稹贈烏重胤父承玼等：『肆我高祖武皇帝傳序累聖，逮予冲人。』

〔六〕獲奉珪幣：『珪幣』，祭祀用的玉帛。漢書 文帝紀：『其廣增諸祀壇場珪幣。』顔師古注：『幣，祭神之帛。』舊唐書 音樂志三：『誠備祝嘏，禮殫珪幣。』

〔七〕夙夜祇懼：「祇懼」，敬懼，小心謹慎。書泰誓上：「予小子夙夜祇懼。」漢書劉輔傳：「君臣祇懼，動色相戒。」

〔八〕永惟負荷，思建儲貳：「負荷」，甲庫本作「負恩」。「負荷」，指繼承。後漢書班超梁慬傳論：「慬亦抗憤，勇乃負荷。」李賢注：「言勇能繼超之功業。」三國志吴書張昭傳：「夫爲人後者，貴能負荷先軌，克昌堂構，以成勛業也。」「儲貳」，儲副，太子。晋葛洪抱朴子釋滯：「昔子晋舍視膳之役，棄儲貳之重，而靈王不責之以不孝。」唐元稹四皓廟詩：「如何一朝起，屈作儲貳賓。」

〔九〕須假五載，相時一德：「五載」，指鄧王從封王至立太子近五年時間。「相時」，觀察時機。漢賈誼新書立后議：「夫帝王者，莫不相時而立儀，度務而制事，以馴其時也。」明劉基春秋明經築郿大無麥禾臧孫辰告糴於齊新延厩：「夫國以民爲本，而民以食爲本，可不相時而輕用其力也哉？」「一德」，謂始終如一，永恒其德。易繫辭下：「恒以一德。」孔穎達疏：「恒能始終不移，是純一其德也。」舊唐書裴度傳：「外茂九功，内苞一德，器爲社稷之鎮，才實邦國之楨。」

〔十〕允屬于爾元子、鄧王寧：「元子」，天子和諸侯的嫡長子。書微子之命：「王若曰：

猷，殷王元子。』詩魯頌閟宮：『王曰叔父，建爾元子，俾侯於魯。』朱熹集傳：『叔父，周公也。元子，魯公伯禽也。』『鄧王寧』，即唐惠昭太子，傳見舊唐書卷一百七十五其本傳云：『惠昭太子寧，憲宗長子也。母曰紀美人。貞元二十一年四月，封平原郡王。元和元年八月，進封鄧王。四年閏三月，立爲皇太子，改名宙，尋復今名。其年有司將行册禮，以孟夏、孟秋再卜日，臨事皆以雨罷，至十月方行册禮。』新唐書卷八十二其本傳云：『惠昭太子寧，貞元二十一年，始王平原，與同安、彭城、高密、文安四王同封。帝即位，進王鄧，與澧、深、洋、絳四王同封。於是國嗣未立，李絳等建言：「聖人以天下爲大器，知一人不可獨化，四海不可無本，故建太子以自副，然後人心定，宗祏安，有國不易之常道。陛下受命四年，而冢子未建，是開窺覦之端，乖慎重之義，非所以承列聖，示萬世。」帝曰：「善。」以寧爲皇太子，更名宙，前以制示絳等。未幾，復初名。册禮用孟夏，雨，不克，改用孟秋，亦雨，冬十月克行禮。』

〔十一〕惟爾兩曜分輝，五行總秀：『兩曜』，指日、月。南朝梁任昉爲齊宣德皇后重敦勸梁王令：『四時等契，兩曜齊明。』舊唐書張廷珪傳：『則和氣上通於天，雖五星連珠，兩曜合璧，未足多也。』『五行』，五種行爲。禮記鄉飲酒義：『貴賤明，隆殺辨，和樂而不流，弟長而無遺，安燕而不亂，此五行者，足以正身安國矣。』

〔十二〕體資上哲：「體資」，天性；稟賦。漢蔡邕漢太尉楊公碑：「公體資明哲，長於知見。」北史房彦謙傳：「體資文雅，深達政務，有識者咸以遠大許之。」「上哲」，具有超凡的道德、才智的人。後漢書崔駰傳：「固將因天質之自然，誦上哲之高訓。」南朝梁劉勰文心雕龍程器：「人稟五材，修短殊用，自非上哲，難以求備。」

〔十三〕性被至仁：「至仁」，最大的仁德。莊子天運：「曰：『謂問至仁？』莊子曰：『至仁無親。』」孔子家語屈節解：「躬敦厚，明親親，尚篤敬，施至仁，加懇誠，致忠信，百姓化之。」

〔十四〕粤在幼冲：「幼冲」，謂年齡幼小。書大誥：「洪惟我幼冲人，嗣無疆大曆服。」漢書循吏傳序：「孝昭幼冲，霍光秉政。」

〔十五〕挺然岐嶷：「挺然」，挺拔特立貌。南史柳世隆傳：「挺然自立，不與衆同。」唐杜甫課伐木詩序：「維條伊枚，正直挺然。」「岐嶷」，詩大雅生民：「誕實匍匐，克岐克嶷。」朱熹集傳：「岐嶷，峻茂之狀。」後多以「岐嶷」形容幼年聰慧。東觀漢記馬客卿傳：「馬客卿幼而岐嶷，年六歲，能接應諸公，專對賓客。」

〔十六〕温文之德：全唐文作「温恭之德」。

〔十七〕式崇盤石：『盤石』，全唐文、適園叢書作『磐石』。『盤石』，指封藩宗室。三國魏曹冏六代論：『漢鑒秦之失，封植子弟，及諸吕擅權，圖危劉氏，而天下所以不能傾動，百姓所以不易心者，徒以諸侯强大，盤石膠固。』北魏楊衒之洛陽伽藍記追先寺：『昔劉蒼好善，利建東平，曹植能文，大啓陳國，是用聲彪盤石，義鬱維城。』

〔十八〕河間之泉懿，決策不窮：指漢河間獻王劉德獻雅樂對策問之事。漢書卷五十三其本傳云：『武帝時，獻王來朝，獻雅樂，對三雍宫及詔策所問三十餘事。其對推道術而言，得事之中，文約指明。』喻太子李寧睿智。

〔十九〕東海之開明，視牘能辨：指漢東海王劉莊通經之事，後漢書卷二其本紀云：『顯宗孝明皇帝諱莊，光武第四子也。母陰皇后。帝生而豐下，十歲能通春秋，光武奇之。建武十五年封東海公，十七年進爵爲王，十九年立爲皇太子。師事博士桓榮，學通尚書。』喻太子李寧博學。

〔二十〕陪享宗祀：全唐文作『陪厚宗祀』。

〔二十一〕贊獻郊禋：『贊獻』，謂進獻祭品。新唐書百官志二：『大祭祀則從；盥則奉巾，既帨，奠巾；奉匏爵贊獻。』『郊禋』，古帝王升烟祭祀天地的大禮。漢揚雄甘泉賦：『徠祇郊禋，神所依兮。』梁書元帝紀：『鸞輅龍章，蓋以郊禋而貴。』

〔二十二〕勤龔子道：四庫全書作『勤供子道』。

〔二十三〕左右朕志：『左右』，幫助；輔佐。易泰：『輔相天地之宜，以左右民。』孔穎達疏：『左右，助也，以助養其人也。』國語晋語四：『此三人者，實左右之。』

〔二十四〕旋觀表識：『表識』，亦作『表幟』。標記；標幟。漢書王莽傳下：『初，京師聞青、徐賊衆數十萬人，訖無文號旌旗表識，咸怪異之。』三國志吴書周魴傳：『并乞請幢麾數十，以爲表幟，使山兵吏民，目瞻見之。』

〔二十五〕宜踐青宫：『青宫』，太子居東宫。東方屬木，於色爲青，故稱太子所居爲青宫。隋于仲文侍宴東宫應令詩：『青宫列紺幰，紫陌結朱輪。』唐白居易寄楊六詩：『青宫官冷静，赤縣事繁劇。』

〔二十六〕訊于蓍龜，靈命不二：『蓍龜』，古人以蓍草與龜甲占卜凶吉，因以指占卜。易繫辭上：『探頤索隱，鈎深致遠，以定天下之吉凶，成天下之亹亹者，莫大乎蓍龜。』史記龜策列傳：『王者决定諸疑，參以卜筮，斷以蓍龜，不易之道也。』『靈命』，猶天命。借指帝位。晋書儒林傳范弘之：『會上天降怒，奸惡自亡，社稷危而復安，靈命墜而復構。』舊唐書孝友傳宋興貴：『朕恭膺靈命，撫臨四海。』

〔二十七〕謀及卿士：『卿士』，指卿、大夫。後用以泛指官吏。書牧誓：『是信是使，

是以爲大夫卿士。』孫星衍疏：『大夫卿士不云卿大夫士，蓋以此士，卿之屬也。』史記 宋微子世家：『殷既小大好草竊奸宄，卿士師師非度，皆有罪辜，乃無維獲，小民乃并興，相爲敵讎。』

〔二十八〕尚膺匕鬯：『匕鬯』，易 震：『震驚百里，不喪匕鬯。』王弼注：『匕，所以載鼎實；鬯，香酒。奉宗廟之盛也。』後因代指宗廟祭祀。南朝陳徐陵皇太子臨辟雍頌：『皇太子耀彼重離，光兹匕鬯，儀以天文，化成天下。』

〔二十九〕允事監撫：『監撫』，指監國、撫軍，爲太子的職責。南朝梁簡文帝昭明太子集序：『皇上垂拱巖廊，積成庶務，式總萬機，副是監撫。』唐王勃乾元殿頌序：『彤闈問豎，禮崇監撫之威；黼席興賢，義極君親之愛。』

〔三十〕莫親匪父：『匪父』，原作『爾父』，今據四庫全書、全唐文改。

〔三十一〕爾其虛受以下賢：此句原無『虛』字，今據明鈔本、甲庫本增補。『虛受』，虛心接受。語本易 咸：『山上有澤，咸。君子以虛受人。』孔穎達疏：『君子以虛受人者，君子法此咸卦，下山上澤，故能空虛其懷，不自有實，受納於物，無所棄遺。』南朝梁沈約爲南郡王侍皇太子釋奠宴詩之二：『義重師匡，業貴虛受。』『下賢』，屈己以尊賢。禮記 表記：『彰人之善而美人之功，以求下賢，是故君子雖自卑而民敬尊之。』新唐書 舒元輿傳：『古貢士未有輕

於此者，且宰相公卿繇此出，夫宰相公卿非賢不在選，而有司以隸人待之，誠非所以下賢意。』

〔三十二〕齋肅以成德：『齋肅』，莊重敬慎。漢班固白虎通姓名：『大子生，舉之以禮：使士負之，有司齋肅端綏，之郊，見於天。』清史稿樂志四：『齋肅恭敬柔雍彰，金鈎緑籩懿筥筐。』

〔三十三〕無以崇廣處己，無以怠忽臨人：『崇廣處己』，明鈔本作『崇高廣己』。『怠忽』，怠惰玩忽。書周官：『蓄疑敗謀，怠忽荒政。』孔傳：『怠惰忽略，必亂其政。』晉葛洪抱朴子詰鮑：『夫戰兢則彝倫叙，怠忽則奸宄作，豈况無君，能無亂乎？』『臨人』，謂選拔人才。後漢書崔寔傳：『蓋孔子對葉公以來遠，哀公以臨人，景公以節禮，非其不同，所急異務也。』李賢注：『韓子曰，葉公問政於仲尼。仲尼曰：「政在悦近而來遠。」魯哀公問政於仲尼。仲尼曰：「政在選賢。」齊景公問政於仲尼，仲尼曰：「政在節財。」此云「臨人」「節禮」，文不同也。』明歸有光送童子鳴序：『無怪乎其内不知修己之道，外不知臨人之術。紛紛然日競於榮利，以成流俗，而天下常有乏材之患也。』

〔三十四〕以貞萬國：原作『作貞萬國』，今據全唐文改。

〔三十五〕永言配命：『配命』，配合天命。詩大雅文王：『永言配命，自求多福。』鄭玄箋：『常言當配天命而行。』朱熹集傳：『使其所行，無不合於天理。』一説，天所給予之命。

册遂王爲皇太子文（一）

維元和七年，歲次壬辰，十月景戌朔，十七日壬寅，皇帝若曰：於戲！建立儲嗣（二），崇嚴國本（三），所以承祧守器（四），所以繼文統業（五）。欽若前訓，時爲典常（六），越我祖宗，克享天禄（七）。奄宅九有（八），貽慶億齡（九），肆予一人，序承丕構（十）。纂武烈祖（十一），延洪本枝（十二），受无疆之休（十三），亦无疆惟恤；負荷斯重，祇勤若厲（十四），永懷嗣訓（十五），當副君臨（十六）。咨爾遂王恒（十七），體乾降靈（十八），襲聖生德，教深藴瑟，氣叶吹銅（十九）；早集大成，不屑幼志，温文得於天縱，孝友因於自然；符采昭融（二十），器業英遠，爰膺錫社（二十一），實寄維城（二十二）。懿河間之不群（二十三），慕東平之最樂（二十四）。自頃離明輟曜（二十五），震位虚宮（二十六），地德可尊（二十七），人神攸屬，式稽令典，載焕徽章。是用册爾爲皇太子。往欽哉！有國而家，有君而父，義兼二極（二十八），重繫萬邦。何好非賢，何惡非佞，何行非道，何敬非刑；居上勿驕（二十九），從諫勿咈，懋茲乃德（二十九），惟懷永圖。用陪貳朕躬，以對揚休命（三十）。可不慎歟！

校箋

〔一〕此文又見於文苑英華卷四百四十三翰林制誥二十四，乃屬於王言會最。全唐文卷六十三亦録，署名唐憲宗。此文文末原未標明頒布時間。考本文文首原云：『維元和七年，歲次壬辰。十月景戌朔，十七日壬寅。』又檢舊唐書穆宗紀載：『（元和）七年十月，册爲皇太子，改今諱。』新唐書憲宗紀載：『（元和七年）七月乙亥，立遂王宥爲皇太子。』新唐書穆宗紀載：『元和七年……乃立遂王爲皇太子。』資治通鑑卷二百三十八記：『（元和七年）秋，七月，乙亥，立遂王宥爲太子，更名恒。』據上引典籍所載，舊唐書時間較早，且與原作記録時間一致，故從其説，則此册文頒布時間應爲元和七年（八一二）十月壬寅（十七日）。故此册文之撰寫時間當在此時稍前。另，資治通鑑卷二百三十八亦載立儲之背景：『恒，郭貴妃之子也。諸姬子澧王寬，長於恒。上將立恒，命崔群爲寬草讓表。群曰：「凡推己之有以與人謂之讓。遂王，嫡子也，寬何讓焉！」上乃止。』

〔二〕建立儲嗣：『儲嗣』，儲君，太子。東觀漢記下邳惠王衍傳：『太子，國之儲嗣，可不慎與？』宋蘇軾富鄭公神道碑：『其父堯臣嘗與文彦博、劉沆及公同决大策，乞立儲嗣，仁宗許之。』

〔三〕崇嚴國本：『崇嚴』，崇敬。漢班固典引：『以崇嚴祖考，殷薦宗配帝。』呂向注：『言所以崇敬祖考，厚進馨香，尊配享於上天也。』南史臧燾傳：『古先哲王莫不致肅恭之誠心，盡崇嚴乎祖考。』『國本』，指確立皇位繼承人，建立太子。

〔四〕所以承祧守器：『承祧』，承繼奉祀祖先的宗廟。南朝梁沈約立太子詔：『自昔哲后，降及近代，莫不立儲樹嫡，守器承祧。』唐韓愈順宗實録卷三：『付爾以承祧之重，勵爾以主鬯之勤。』『守器』，古代太子主宗廟之器，因借指太子。南齊書文惠太子傳贊：『二象垂則，三星麗天。樹嫡惟長，義匪求賢。方爲守器，植命不延。』南史齊武帝諸子等傳論：『守器之重，邦家所馮，觀文惠之在東儲，固已有虧令德，向令負荷斯集，猶當集於禍敗。』

〔五〕所以繼文統業：『統業』，指帝王之業。史記太史公自序：『維我漢繼五帝末流，接三代統業。』漢書董仲舒傳：『〔舜〕因堯之輔佐，繼其統業，是以垂拱無爲而天下治。』

〔六〕時爲典常：『典常』，常道，常法。易繫辭下：『初率其辭而揆其方，既有典常；苟非其人，道不虛行。』韓康伯注：『能循其辭以度其義，原其初以要其終，則唯變所適，是其常典也。』書周官：『其爾典常作之師，無以利口亂厥官。』

〔七〕克享天禄：『天禄』，天賜的福禄。書大禹謨：『四海困窮，天禄永終。』後常指帝

位。後漢書桓帝紀贊：『桓自宗支，越躋天禄。』

〔八〕奄宅九有：『奄宅』，撫定。謂統治。晋陸機答賈謐詩：『赫矣隆晋，奄宅率土。』唐元稹册文武孝德皇帝赦文：『昔我高祖太宗化隋爲唐，奄宅區夏，包舉四海。』『九有』，九州。詩商頌玄鳥：『方命厥後，奄有九有。』毛傳：『九有，九州也。』三國志蜀書郤正傳：『今三方鼎跱，九有未乂，悠悠四海，嬰丁禍敗。』

〔九〕貽慶億齡：『億齡』，億年。魏書衛操傳：『永垂於後，没有餘靈。長存不朽，延於億齡。』宋史樂志八：『天子億齡，飲神之胙。』

〔十〕序承丕構：『丕構』，猶大業。新唐書劉蕡傳：『朕顧唯昧道，祗荷丕構，奉若謨訓，不敢怠荒。』舊五代史唐書末帝紀上：『鄂王輕捨宗祧，不克負荷，洪基大寶，危若綴旒，須立長君，以紹丕構。』

〔十一〕纂武烈祖：『纂武』，文苑英華作『纘武』。『烈祖』，指建立功業的祖先。古多稱開基創業的帝王。書伊訓：『伊尹乃明言烈祖之成德，以訓於王。』孔傳：『湯，有功烈之祖，故稱焉。』詩小雅賓之初筵：『籥舞笙歌，樂既和奏。烝衎烈祖，以洽百禮。』

〔十二〕延洪本枝：『洪』，文苑英華作『鴻』。『枝』，四庫全書、全唐文

作『支』。『本枝』，亦作『本支』。同一家族的嫡系和庶出子孫。漢書 韋玄成傳：『子孫本支，陳錫無疆。』南朝宋顔延之赭白馬賦：『效足中黄，殉驅馳兮；願終惠養，蔭本枝兮。』

（十三）受无疆之休：『之』，文苑英華、四庫全書作『惟』。『无疆』，無窮；永遠。書大誥：『洪惟我幼冲人，嗣無疆大曆服。』孔傳：『言子孫承繼祖考無窮。』隸續 漢武都太守李翕天井道碑：『堅無臽潰，安無傾覆，四方賴之，民悦無强。』唐歐陽詹王者宜日中賦：『燭生生於有晦，暖物物於無疆。』

（十四）祇勤若厲：『祇勤』，敬慎勤勞。後漢書 文苑傳上 黄香：『香亦祇勤物務，憂公如家。』舊唐書 德宗紀下：『小大之務，莫不祇勤。』

（十五）永懷嗣訓：『嗣』，文苑英華作『詞』。『嗣訓』，謂繼承先王之道。書顧命：『皇后憑玉幾，道揚末命，命汝嗣訓。』孔傳：『命汝繼嗣其道。』宋王安石馮京改起居舍人加上騎都尉制誥：『先帝以盛德成功，克終天禄。眇然在疚，永念嗣訓，非左右之良，孰與濟此哉？』

（十六）當副君臨：『君臨』，爲君而主宰。左傳 襄公十三年：『赫赫楚國，而君臨之。』三國魏曹植責躬詩：『受禪於漢，君臨萬邦。』

〔十七〕洛爾遂王恒：『遂王恒』，謂唐穆宗李恒，傳見舊唐書穆宗紀載：『穆宗睿聖文惠孝皇帝諱恒，憲宗第三子，母曰懿安皇后郭氏。貞元十一年七月，生於大明宫之别殿。初名宥，封建安郡王。元和元年八月，進封遂王。五年三月，領彰義軍節度大使。七年十月，册爲皇太子，改今諱。』新唐書穆宗紀載：『穆宗睿聖文惠孝皇帝諱恒，憲宗第三子也。母曰懿安皇太后郭氏。始封建安郡王，進封遂王，遥領彰義軍節度使。元和七年，惠昭太子薨，左神策軍中尉吐突承璀欲立澧王惲，而惲母賤不當立，乃立遂王爲皇太子。』

〔十八〕體乾降靈：『體乾』，履行天命。南朝梁沈約胤雅詩：『上天乃眷，大梁既受。灼灼重明，仰承元首。體乾作貳，命服期九。』樂府詩集燕射歌辭三隋元會大饗歌：『惟熙帝載，式固王猷，體乾建本，是曰孟侯。』

〔十九〕氣叶吹銅：『吹銅』，吹律管。古代，太子初生時，太師吹律管以辨其哭聲，從而測定其心性。大戴禮記保傅：『古者胎教，王后腹之七月，太師持銅而御户左……太子生而泣，太師吹銅曰：「聲中某律。」』王聘珍解詁：『銅者，律管也。太師職曰：「掌六律六同，以合陰陽之聲。」鄭注典同云：「故書同作銅。」六律六同皆以銅爲之。』孔廣森補注：『泣聲剛柔清濁，以律辨之，知其性術焉。』

〔二十〕符采昭融：『符采』，指文藝才華。南朝梁劉勰文心雕龍風骨：『才鋒峻立，符采克炳。』唐楊炯送東海孫尉詩序：『東川孫尉，文章動俗，符彩射人。』『昭融』，謂光大發揚。語出詩大雅既醉：『昭明有融，高朗令終。』毛傳：『融，長。朗，明也。』高亨注：『融，長遠。』唐韓愈河中府連理木頌：『天子之光，庶德昭融，神斯降祥。』

〔二十一〕爰膺錫社：『社』，四庫全書作『社』。『錫社』，猶錫土。北史房彦謙傳：『錫社分珪，大成規矩。』

〔二十二〕實寄維城：『維城』，借指皇子或皇室宗族。後漢書孝明八王傳贊：『孝明傳胤，維城八國。』唐無可送李長吉之任東井詩：『家世維城後，官資宰邑初。』

〔二十三〕懿河間之不群：『河間』，指漢河間獻王劉德。南朝梁任昉齊竟陵文宣王行狀：『陳農所未究，河間所未輯。』南朝梁劉勰文心雕龍樂府：『河間薦雅而罕御，故汲黯致譏於天馬也。』

〔二十四〕慕東平之最樂：『東平』，指漢劉蒼。因其封東平王，故稱。南朝梁任昉齊竟陵文宣王行狀：『昔沛獻訪對於雲臺，東平齊聲於楊史。』南朝梁劉勰文心雕龍時序：『東平擅其懿文，沛王振其通論。』

（二十五）自頃離明輟曜：「曜」，文苑英華作「耀」。「離明」，日；日光。語本易離：「離爲火，爲日。」孔穎達疏：「離爲火，取南方之行也；爲日，取其日是火精也。」南朝梁江淹麗色賦：「故氣炎日永，離明火中，槿榮任露，蓮花勝風。」

（二十六）震位虚宫：「震位」，東宫，太子之宫。隋于仲文侍宴東宫應令詩：「銅樓充震位，銀榜集嘉賓。」元白珽西湖賦：「致坤宫之孝養，據震位以生蕃。」

（二十七）地德可尊：「地德」，大地的本性；大地的德化恩澤。管子問：「理國之道，地德爲首。君臣之禮，父子之親，覆育萬人，官府之藏，强兵保國，城郭之險，外應四極，具取之地。」尹知章注：「法地以爲政，故曰地德爲首。」國語魯語下：「是故天子大采朝日，與三公、九卿祖識地德。」韋昭注引虞翻曰：「地德所以廣生。」

（二十八）義兼二極：「二極」，指天子與父母。南朝梁任昉齊竟陵文宣王行狀：「公二極一致，愛敬同歸。」吕向注：「二極，謂君、親也。」

（二十九）居上勿驕：語出禮記中庸：「居上不驕，爲下不倍。」指身居高位不驕傲跋扈，身居低位不自暴自棄。

（二十九）懋兹乃德：「兹」，文苑英華、四庫全書作「昭」。

〔三十〕以對揚休命：「揚」，文苑英華作「越」。「對揚」，古代常語，屢見於金文。凡臣受君賜時多用之，兼有答謝、頌揚之意。書説命下：「敢對揚天子之休命。」孔傳：「對，答也。答受美命而稱揚之。」詩大雅江漢：「虎拜稽首，對揚王休，作召公考，天子萬壽。」朱熹集傳：「言穆公既受賜，遂答稱天子之美命，作康公之廟器，而勒策王命之辭以考其成，且祝天子以萬壽也。」「休命」，美善的命令。多指天子或神明的旨意。易大有：「君子以遏惡揚善，順天休命。」書説命下：「敢對揚天子之休命。」

册景王爲皇太子文〔一〕

維長慶二年，歲次壬寅，十二月丁亥朔，二十日景午〔二〕，皇帝若曰：於戲〔三〕！惟辟奉天〔四〕，必建儲位〔五〕，率命上嗣〔六〕，以立人極〔七〕，所以大一統而貞萬邦也。粤我祖宗，乃聖乃神，繼體垂休〔八〕，奄宅四海〔九〕。洎予寡昧〔十〕，祗荷丕叙〔十一〕，夙夜兢勵，深惟永圖〔十二〕。用稽古命嗣〔十三〕，以承無疆之慶〔十四〕。諮爾元子、景王湛〔十五〕，粹哲自天，温文在躬，夙成厚德，弗形幼志〔十六〕；爰表茅社〔十七〕，克彰孝恭，敏事居敬〔十八〕，日新其度〔十九〕。用是命爾爲皇太子。爾其欽

哉！主善勿懈，由禮勿違〔二十〕，勉以入德，勤以聚學〔二十一〕，修志罔怠，自誠而明，則可以刑於邦家〔二十二〕，對於上下，用光我烈祖之休命〔二十三〕。可不慎歟！

校箋

〔一〕本文又見於全唐文卷六十七，署名唐穆宗。此文原未標明撰寫時間。考本文文首云：『維長慶二年，歲次壬寅，十月丁亥朔，二十日景午。』檢舊唐書穆宗紀云：『（長慶二年）十二月丁亥朔……癸巳，詔景王爲皇太子。』舊唐書敬宗紀云：『（長慶）二年十二月，立爲皇太子。』新唐書穆宗紀云：『（長慶二年）十二月，癸巳，立景王湛爲皇太子。』新唐書敬宗紀云：『長慶二年十二月，穆宗因擊球暴得疾，不見群臣者三日。左僕射裴度三上疏，請立皇太子，而翰林學士、兩省官相次皆以爲言。居數日，穆宗疾少間，宰相李逢吉請立景王爲皇太子。』資治通鑑唐紀五十八亦載：『（長慶二年）十二月，庚辰，上與宦者擊球於禁中，有宦者墜馬，上驚，因得風疾，不能履地，自是人不聞上起居；宰相屢乞入見，不報。裴度三上疏請立太子，且請入見。十二月，辛卯，上見群臣於紫宸殿，御大繩牀，悉去左右衛官，獨宦者十餘人侍側，人情稍安。李逢吉進言：「景王已長，請立爲太子。」裴度請速下詔，副天下望。

既而兩省官亦繼有請立太子者。癸巳，詔立景王湛爲皇太子。上疾浸瘳。』據上引典籍所載，另據天干地支紀年法，十月爲戊午朔或（閏十月）戊子朔，十二月爲丁亥朔，故詔立太子時間爲長慶二年（八二二）十二月癸巳（七日），册立之時當爲長慶二年（八二二）十二月二十日。故此册文之撰寫時間當在此時稍前。

〔二〕十二月丁亥朔，二十日景午：原作『十月丁亥朔』，今據改，詳見上注。

〔三〕於戲：亦作『於熙』。猶於乎，感嘆詞。禮記大學：『詩云：「於戲！前王不忘。」君子賢其賢而親其親，小人樂其樂而利其利。』

〔四〕惟辟奉天：『奉天』，奉行天命。書泰誓中：『惟天惠民，惟辟奉天。』漢董仲舒春秋繁露三代改制質文：『作宫邑於下洛之陽，名相官曰尹。作濩樂，制質禮以奉天。』

〔五〕必建儲位：『儲位』，太子之位。南史梁滑懷太子方矩傳：『承聖元年十一月丙子，立爲皇太子。及升儲位，昵狎群下，好著微服。』宋葉紹翁四朝聞見録孝異：『宰臣留正等入奏，乞早正嘉王儲位，以安人心。』

〔六〕率命上嗣：『上嗣』，君主的嫡長子。後指太子。禮記文王世子：『其登餕獻受爵，則以上嗣。』鄭玄注：『上嗣，君之適長子。』晉書潘尼傳：『篤生上嗣，繼期挺秀。』

〔七〕以立人極：『人極』，綱紀，綱常，社會的準則。南朝梁沈約梁明堂登歌歌黑帝：『祚我無疆，永隆人極。』唐白居易立制度策：『夫制度者，先王所以下均地財、中立人極、上法天道者也。』

〔八〕繼體垂休：『繼體』，嫡子繼承帝位。史記外戚世家：『自古受命帝王及繼體守文之君，非獨内德茂也，蓋亦有外戚之助焉。』司馬貞索隱：『繼體謂非創業之主，而是嫡子繼先帝之正體而立者也。』『垂休』，顯示祥瑞；降福。唐元稹辨日旁瑞氣狀：『此皆陛下禮行郊廟，誠達神祇……近臣興感，上帝垂休，克呈捧日之祥，以表動天之德。』宋司馬光乞開言路札子：『公私兩困，盜賊已繁，猶賴上帝垂休，歲不大飢。』

〔九〕奄宅四海：『奄宅』，撫定。謂統治。晋陸機答賈謐詩：『赫矣隆晋，奄宅率土。』唐元稹册文武孝德皇帝赦文：『昔我高祖太宗化隋爲唐，奄宅區夏，包舉四海。』『四海』，猶言天下，全國各處。書大禹謨：『文命敷於四海，祗承於帝。』史記高祖本紀：『大王起微細，誅暴逆，平定四海，有功者輒裂地而封王侯。』

〔十〕洎予寡昧：『予』，原作『于』，今據四庫全書改。『寡昧』，謂知識淺陋，不明事理。北魏楊衒之洛陽伽藍記平等寺：『臣既寡昧，識無光遠，景命雖降，不敢仰承，乞收成

旨，以允愚衷。』宣和遺事後集：『蓋以寡昧之資，藉盈成之業，言路壅蔽，導諛日聞，恩幸持權，貪饕得志。』

（十一）祇荷丕叙：『叙』，四庫全書、全唐文、適園叢書作『緒』。

（十二）深惟永圖：『永圖』，長久之計；長久打算。書 太甲上：『慎乃儉德，惟懷永圖。』孔傳：『言當以儉爲德，思長世之謀。』南朝齊王融永明九年策秀才文：『朕竊奉天命，恭惟永圖。』

（十三）用稽古命嗣：『稽古』，考察古事。書 堯典：『曰若稽古。帝堯曰放勛。』漢書 武帝紀贊：『高祖撥亂反正，文、景務在養民，至於稽古禮文之事，猶多闕焉。』

（十四）以承無疆之慶：『無疆』，無窮；永遠。書 大誥：『洪惟我幼冲人，嗣無疆大曆服。』孔傳：『言子孫承繼祖考無窮。』隸續 漢武都太守李翕天井道碑：『堅無臽潰，安無傾覆，四方賴之，民悅無疆。』

（十五）諮爾元子、景王湛：指唐敬宗李湛。李湛，傳見舊唐書 敬宗本紀載：『敬宗睿武昭愍孝皇帝諱湛，穆宗長子，母曰恭僖太后王氏。元和四年六月七日，生於東内之別殿。長慶元年三月，封景王。二年十二月，立爲皇太子。』新唐書 敬宗紀載：『敬宗睿武昭愍孝皇帝諱湛，

穆宗長子也。母曰恭僖皇太后王氏。始封鄂王，徙封景王。長慶二年十二月，穆宗因擊球暴得疾，不見群臣者三日。左僕射裴度三上疏，請立皇太子，而翰林學士、兩省官相次皆以爲言。居數日，穆宗疾少間，宰相李逢吉請立景王爲皇太子。』

〔十六〕弗形幼志：『弗』，四庫全書作『勿』。『幼志』，幼年時的志向。儀禮　士冠禮：『始加元服，棄爾幼志。』楚辭　九章　橘頌：『嗟爾幼志，有以異兮。』朱熹集注：『幼志，言自幼而已有此志，蓋其本性然也。』

〔十七〕爰表茅社：原作『爰謀表社』，今據明鈔本改。『茅社』，古天子分封諸侯，授之茅土使歸國立社，稱作茅社。書　禹貢：『厥貢惟土五色。』孔傳：『王者封五色土爲社。建諸侯，則各割其方色土與之使立社，燾以黄土，苴以白茅，茅取其潔，黄取王者覆四方。』晋書汝南王亮等傳序：『功臣無立錐之地，子弟君不使之人。徒分茅社，實傳虚爵。』

〔十八〕敏事居敬：『居敬』，謂持身恭敬。論語　雍也：『居敬而行簡，以臨其民，不亦可乎？』何晏集解引孔安國曰：『居身敬肅。』明李贄答周柳塘：『古人一修敬而百姓安，一居敬而南面可，是果魯橋之敬乎？』

〔十九〕日新其度：『日新』，日日更新。易　繫辭上：『富有之謂大業，日新之謂盛德。』

孔穎達疏：『其德日日增新。』禮記大學：『湯之盤銘曰：「苟日新，日日新，又日新。」』

〔二十〕由禮勿違：『由禮』，遵循禮教。書畢命：『世禄之家，鮮克由禮，以蕩陵德，實悖天道。』禮記經解：『是故隆禮由禮，謂之有方之士；不隆禮不由禮，謂之無方之民。』孫希旦集解：『由，謂踐履之。』

〔二十一〕勤以聚學：『聚學』，四庫全書、全唐文作『聚業』。

〔二十二〕則可以刑於邦家：『邦家』，國家。詩小雅南山有臺：『樂只君子，邦家之基。』鄭玄箋：『人君既得賢者，置之於位，又尊敬以禮樂，樂則能爲國家之本。』後漢書皇甫規傳論：『故能功成於戎狄，身全於邦家也。』

〔二十三〕用光我烈祖之休命：『烈祖』，指建立功業的祖先。古多稱開基創業的帝王。書伊訓：『伊尹乃明言烈祖之成德，以訓於王。』孔傳：『湯，有功烈之祖，故稱焉。』詩小雅賓之初筵：『籥舞笙歌，樂既和奏。烝衎烈祖，以洽百禮。』『休命』，美善的命令。多指天子或神明的旨意。易大有：『君子以遏惡揚善，順天休命。』書説命下：『敢對揚天子之休命。』

册魯王爲皇太子文〔一〕

維大和七年，歲次癸丑，八月甲申朔，七日庚寅，皇帝若曰：王者欽若天道〔二〕，

君臨萬方，必崇上嗣〔三〕，以固邦本，所以尊守器而重承祧也〔四〕。我祖宗受天明命，光宅區夏〔五〕，玄光被于生靈〔六〕，利澤霈于遐荒〔七〕。逮予寡昧〔八〕，繼纘洪緒〔九〕，虔畏寅懼〔十〕，不克負荷；思崇大典，用建元良〔十一〕，俾膺主鬯之重〔十二〕，式叶奉先之慶〔十三〕。咨爾元子、魯王永〔十四〕，惟哲淑莊明〔十五〕，温文粹和〔十六〕，夙表岐嶷〔十七〕，生知孝敬；洎茅苴分社〔十八〕，磐石啓藩〔十九〕，藴東平樂善之心〔二十〕，慕河間大雅之操〔二十一〕；天縱宏量，日新令猷〔二十二〕，人神協志，蓍龜獻兆。是用册命爾爲皇太子〔二十三〕。往惟欽哉！修己有度，敬事無違；居必思義，動必率禮。講道勵學，親師尚賢，則可以正耀於前星，配德於重海〔二十四〕。以承列祖，以奉粢盛〔二十五〕；恢弘懿圖〔二十六〕，無忝丕命〔二十七〕。可不慎歟！

校箋

〔一〕此文又見於全唐文卷七十五，署名唐文宗。此文文末原未標明頒布時間。考本文文首原云：『維大和七年，歲次癸丑，八月甲申朔，七日庚寅。』又檢舊唐書文宗紀載：『（大和六年），冬十月庚子朔。甲子，詔魯王永宜册爲皇太子。……（大和七年）八月甲申朔，御宣政

殿，册皇太子永。』新唐書文宗紀記：『（大和六年）十一月甲子，立魯王永爲皇太子。……（大和七年）八月庚寅，降死罪以下。賜文武及州府長官子爲父後者勛兩轉。』資治通鑑卷二百四十四亦載：『（文宗大和六年）冬，十月，甲子，立魯王永爲太子。初，上以晉王普，敬宗長子，性謹愿，欲以爲嗣；會薨，上痛惜之，故久不議建儲，至是始行之。……（文宗大和七年）八月，庚寅，册命太子。』據上述典籍所載，又據天干地支紀年法，大和六年十一月無甲子日，則新唐書之説誤。故從舊唐書與資治通鑑之説，則此册文頒布時間應爲大和七年（八三三）八月七日。故此制之撰寫時間當在此時稍前。

〔二〕王者欽若天道：四庫全書無『王者』，作『欽若天道』。『欽若』，敬順。書堯典：『乃命羲和，欽若昊天，曆象日月星辰，敬授民時。』陳書高祖紀下：『梁氏以圮剥薦臻，曆運有極，欽若天應，以命于霸先。』

〔三〕必崇上嗣：『上嗣』，君主的嫡長子。後指太子。禮記文王世子：『其登餕獻受爵，則以上嗣。』鄭玄注：『上嗣，君之適長子。』晉書潘尼傳：『篤生上嗣，繼期挺秀。』

〔四〕所以尊守器而重承祧也：『守器』，封建時代太子主宗廟之器，因借指太子。南齊書文惠太子傳贊：『二象垂則，三星麗天。樹嫡惟長，義匪求賢。方爲守器，植命不延。』南史

齊武帝諸子等傳論：『守器之重，邦家所馮，觀文惠之在東儲，固已有虧令德，向令負荷斯集，猶當集於禍敗。』『承祧』，承繼奉祀祖先的宗廟。南朝梁沈約立太子詔：『自昔哲后，降及近代，莫不立儲樹嫡，守器承祧。』唐韓愈順宗實録卷三：『付爾以承祧之重，勵爾以主鬯之勤。』

〔五〕光宅區夏：『光宅』，廣有。書堯典序：『昔在帝堯，聰明文思，光宅天下。』曾運乾正讀：『光，猶廣也。宅，宅而有之也。』南齊書高帝紀下：『猥以寡德，光宅四海。』『區夏』，諸夏之地，指華夏、中國。書康誥：『用肇造我區夏。』孔傳：『始爲政於我區域諸夏。』唐賈至燕歌行：『我唐區夏餘十紀，軍容武備赫萬祀。』

〔六〕玄光被于生靈：『玄光』，内在的、天賦的穎慧。淮南子俶真訓：『外内無符，而欲與物接，弊其玄光而求知之於耳目，是釋其炤炤，而道之冥冥也。』高誘注：『玄光，内明也。一曰：玄，天也。』『生靈』，人民，百姓。晋書慕容盛載記：『生靈仰其德，四海歸其仁。』唐杜荀鶴再經胡城縣詩：『今來縣宰加朱紱，便是生靈血染成。』

〔七〕利澤霈于遐荒：『利澤』，利益恩澤。莊子天運：『利澤施於萬世，天下莫知也。』成玄英疏：『有利益恩澤，惠潤群生。』漢書景帝紀：『德厚侔天地，利澤施四海。』『遐荒』，邊遠荒僻之地。漢韋孟諷諫詩：『彤弓斯征，撫寧遐荒。』元辛文房唐才子傳王昌

齡：『奈何晚途不矜小節，謗議騰沸，兩竄遐荒，使知音者喟然長嘆。』

〔八〕逮予寡昧：『寡昧』，謂知識淺陋，不明事理。北魏楊衒之洛陽伽藍記 平等寺：『臣既寡昧，識無光遠，景命雖降，不敢仰承，乞收成旨，以允愚衷。』宣和遺事 後集：『蓋以寡昧之資，藉盈成之業，言路壅蔽，導諛日聞，恩幸持權，貪饕得志。』

〔九〕繼纘洪緒：全唐文作『繼纘鴻緒』。『繼纘』，繼承。舊唐書 僕固懷恩傳：『幸遇陛下龍躍天衢，繼纘鴻業。』明劉嵩送楊公望詩：『茂名最樹立，令緒慎繼纘。』『洪緒』，世代相傳的大業。多指帝業。三國志 魏書 管寧傳：『横蒙陛下纂承洪緒，德侔三皇，化溢有唐。』晋潘岳楊荆州誄：『篤生戴侯，茂德繼期。纂戎洪緒，克構堂基。』吕向注：『緒，業也。言厚生茂盛之德，繼百年之期，承汝祖父大業也。』

〔十〕虔畏寅懼：原作『虔寅畏懼』，今據四庫全書、全唐文、適園叢書改。『寅懼』，恭謹戒懼。隋書 后妃傳 煬帝蕭皇后：『乃夙夜而匪懈，實寅懼於玄冥。』

〔十一〕用建元良：『元良』，太子的代稱。禮記 文王世子：『一有元良，萬國以貞，世子之謂也。』南朝梁沈約立太子詔：『元良之寄，有國莫先，自昔哲后，降及近代，莫不立儲樹嫡，守器承祧。』

〔十二〕俾膺主鬯之重：「主鬯」，主掌宗廟祭祀。鬯，古代祭祀用的一種香酒。唐韓愈順宗實録卷三：「付爾以承祧之重，勵爾以主鬯之勤。」宋莊綽雞肋編卷下：「逮余主鬯之日，實乃秉鈞之秋。」

〔十三〕式叶奉先之慶：「奉先」，祭祀祖先。書太甲中：「奉先思孝，接下思恭。」舊唐書肅宗紀：「朕早承聖訓，嘗讀禮經，義切奉先，恐不克荷。」

〔十四〕咨爾元子、魯王永：即莊恪太子李永。傳見舊唐書卷一百七十五其本傳云：「莊恪太子永，文宗長子也。母曰王德妃。大和四年正月，封魯王。六年，上以王年幼，思得賢傅輔導之。時王傅和元亮，因待制召問。元亮出於卒吏，不知書，一不能對。後宰相延英奏事，上從容曰：『魯王質性可教，宜擇賢士大夫爲官屬，不可復用和元亮之輩。』因以户部侍郎庾敬休守本官，兼魯王傅；太常卿鄭肅守本官，兼王府長史；户部郎中李踐方守本官，兼王府司馬。其年十月，降詔册爲皇太子。上自即位，承敬宗盤游荒怠之後，恭儉惕慎，以安天下。以晉王謹願，且欲建爲儲貳。未幾，晉王薨，上哀悼甚，不復言東宫事久之。今有是命，中外慶悦。」新唐書卷八十二列傳第七載：「莊恪太子永，大和四年始王魯。帝以王幼，宜得賢輔，因召見傅和元亮。元亮以卒史進，有所問，不能答。帝責謂宰相：『王可教，官屬應任士大夫賢者，寧元亮比

邪！」於是劇選户部侍郎庾敬休兼王傅，太常卿鄭肅兼長史，户部郎中李踐方兼司馬。六年，遂立爲皇太子。帝承寶曆荒怠，身勤儉率天下，謂晋王生謹敏，欲以爲嗣，會蚤夭，故久不議東宫事。及太子立，天下屬心焉。」

〔十五〕惟哲淑莊明：四庫全書、全唐文作「惟哲淑聰明」。

〔十六〕温文粹和：「粹和」，精純和美。唐陸龜蒙讀襄陽耆舊傳因作五百言寄皮襲美詩：「不知粹和氣，有得方大受。」唐司空圖解縣新城碑：「此府自大曆、貞元之隆，郭公、渾公繼臨，雖博厚粹和，本朝實賴，而儉德異政，舊史闕然。」

〔十七〕夙表岐嶷：「岐嶷」，詩大雅生民：「誕實匍匐，克岐克嶷。」朱熹集傳：「岐嶷，峻茂之狀。」後多以「岐嶷」形容幼年聰慧。東觀漢記馬客卿傳：「馬客卿幼而岐嶷，年六歲，能接應諸公，專對賓客。」北魏楊衒之洛陽伽藍記追光寺：「略生而岐嶷，幼則老成，博洽群書。」

〔十八〕洎茅苴分社：全唐文作「苴茅分社」。「茅苴」，同「苴茅」，古代帝王分封諸侯時，用該方顔色的泥土，覆以黄土，包以白茅，授予受封者，作爲分封土地的象徵。書禹貢：「厥貢惟土五色。」孔傳：「王者封五色土爲社。建諸侯則各割其方色土與之，使立社。燾

以黄土，苴以白茅。茅取其潔，黄取王者覆四方。』陸德明釋文：『燾，覆也；苴，包裹也。』後漢書宦者傳序：『苴茅分虎，南面臣人者，蓋以十數。』李賢注：『封諸侯各以其方色土，苴以白茅，而分銅虎符也。』

〔十八〕磐石啓藩：『磐石』，舊喻分封的宗室。史記孝文本紀：『高帝封王子弟，地犬牙相制，此所謂磐石之宗也。』唐杜甫秋日荆南述懷詩之五：『磐石圭多翦，凶門轂少推。』『啓藩』，謂開拓使繁榮。南朝宋傅亮爲宋公修楚元王墓教：『楚元王積仁基德，啓蕃斯境，素風道業，作範後昆。』

〔二十〕藴東平樂善之心：『東平』，指漢劉蒼。因其封東平王，故稱。南朝梁任昉齊竟陵文宣王行狀：『昔沛獻訪對於雲臺，東平齊聲於楊史。』南朝梁劉勰文心雕龍時序：『東平擅其懿文，沛王振其通論。』典出後漢書卷四十二光武十王傳東平憲王蒼傳：『東平憲王蒼，建武十五年封東平公，十七年進爵爲王。……十一年，蒼與諸王朝京師。月餘，還國。帝臨送歸宫，淒然懷思，乃遣使手詔國中傅曰：「辭别之後，獨坐不樂，因就車歸，伏軾而吟，瞻望永懷，實勞我心，誦及采菽，以增嘆息。日者問東平王處家何等最樂，王言爲善最樂，其言甚大，副是要腹矣。今送列侯印十九枚，諸王子年五歲已上能趨拜者，皆令帶之。」』

〔二十一〕慕河間大雅之操：『河間』，指漢河間獻王劉德。南朝梁任昉齊竟陵文宣王行狀：『陳農所未究，河間所未輯。』南朝梁劉勰文心雕龍樂府：『河間薦雅而罕御，故汲黯致譏於天馬也。』典出漢書卷五十三景十三王列傳河間獻王劉德：『河間獻王德以孝景前二年立，修學好古，實事求是。從民得善書，必爲好寫與之，留其真，加金帛賜以招之。繇是四方道術之人不遠千里，或有先祖舊書，多奉以奏獻王者，故得書多，與漢朝等。是時，淮南王安亦好書，所招致率多浮辯。獻王所得書皆古文先秦舊書，周官、尚書、禮、禮記、孟子、老子之屬，皆經傳説記，七十子之徒所論。其學舉六藝，立毛氏詩、左氏春秋博士。修禮樂，被服儒術，造次必於儒者。山東諸儒多從而游。武帝時，獻王來朝，獻雅樂，對三雍宮及詔策所問三十餘事。其對推道術而言，得事之中，文約指明。』

〔二十二〕日新令猷：『令猷』，遠大的志向、抱負。南朝宋謝瞻於安城答靈運詩：『量己畏友朋，勇退不敢進。行矣勵令猷，寫誠訓來訊。』唐白居易除闞巨源充邠寧節度使制：『十聯之帥，可以觀政；萬夫之長，可以樹勛。勉弘令猷，副我休命。』

〔二十三〕是用册命爾爲皇太子：四庫全書、全唐文作『是用命爾爲皇太子』。

〔二十四〕則可以正耀於前星，配德於重海：『前星』，漢書五行志下之下：『心，大星，

天王也。其前星，太子；後星，庶子也。」後因以前星指太子。南朝梁沈約胤雅：「前星比耀，克隆萬壽。」唐劉禹錫賀皇太子受册箋之一：「蒼震發前星之輝，黄離表重輪之瑞。」「配德」，布施恩德。國語晋語二：「公子勉之，亡人無狷潔，狷潔不行，重賂配德，公子盡之，無愛財。」韋昭注：「以重賂配己之德。」「重海」，據晋崔豹古今注：「漢明帝爲太子，樂人作歌詩四章，曰：日重光，月重輪，星重輝，海重潤。」以喻太子。

〔二十五〕以奉粢盛：「粢盛」，古代盛在祭器内以供祭祀的穀物。公羊傳桓公十四年：「御廪者何？粢盛委之所藏也。」何休注：「黍稷曰粢，在器曰盛。」漢書文帝紀：「親率耕，以給宗廟粢盛。」

〔二十六〕恢弘懿圖：「恢弘」，全唐文、甲庫本作「恢宏」。

〔二十七〕無忝丕命：「無忝」，不玷辱；不羞愧。書君牙：「今命爾予翼，作股肱心膂，纘乃舊服，無忝祖考。」孔傳：「無辱累祖考之道。」漢書韋玄成傳：「於戲後人，惟肅惟栗。無忝顯祖，以蕃漢室。」

册德王爲皇太子文〔一〕

薛庭珪

維乾寧四年，歲次丁巳，二月丙午朔，十四日己未〔二〕，皇帝若曰：夫立愛惟

明〔三〕，建善則固〔四〕，先王盛躅〔五〕，有國丕圖〔六〕。承祧仰鏡於前星〔七〕，守器適當乎長子〔八〕。遐瞻載籍〔九〕，眇覿洪荒〔十〕，雖步驟隨時〔十一〕，質文異制〔十二〕，逮於傳序〔十三〕，罔不率循。國家高視百王，同符三代〔十四〕，平一區宇〔十五〕，統和人神，垂三百年，歷十八葉〔十六〕。暨朕寡昧，祇荷景靈，屬天步艱難〔十七〕，代宗牢落〔十八〕，燕人未乂〔十九〕，舊典爰曠，庶尹卿士〔二十〕，藩輔元僚，思正儲闈〔二十一〕，式固鴻業。咨爾長子、德王裕〔二十二〕，象叶肯構，明啓少陽〔二十三〕，温文在躬，睦友成性。博聞强識，无愧於老成；學禮讀書，庶資乎師訓。乃輯群議，爰咨舊章〔二十四〕，是用命爾爲皇太子。嘻！毓問承華，重輝望苑〔二十五〕，永貞萬國，明詔四方〔二十六〕；入則有師，出則有保，无怠三善〔二十七〕，往崇四術〔二十八〕；務親正人，誡近邪僻〔二十九〕，淑慎爾止〔三十〕，峻防所岐〔三十一〕。勉爾厥猷〔三十二〕，罔墜丕訓〔三十三〕。

校箋

〔一〕此文亦見於文苑英華卷四百四十三，文題爲册德王爲皇太子文。全唐文卷八百三十八亦録此文，署名薛廷珪。此文文末原未標明撰寫年月。考本文文首云：『維乾元四年，歲次丁

制巳，三月癸卯朔，十四日己未。』檢舊唐書昭宗紀載：『（乾寧四年）二月丙午朔。己未，制德王裕宜册爲皇太子。』舊唐書卷一百七十五其本傳云：『德王裕，昭宗長子也。大順二年六月二十八日封，乾寧四年二月十四日册爲皇太子。』新唐書昭宗紀所記：『（乾寧四年二月）己未，立德王裕爲皇太子，太赦，饗于行廟。』新唐書卷八十二其本傳云：『德王裕，大順二年始王。帝幸華州，韓建已奪諸王兵，不自安，乃請王皇子之未王者，既又殺諸王，因請立裕爲皇太子，釋言於四方，時乾寧四年也。』資治通鑑卷二百六十一載：『乾寧四年，正月，丁亥，詔立德王祐爲皇太子，仍更名裕。』按，兩唐書記載時間一致，且與原册文『十四日己未』時間相合，故從其説。則此册文頒布時間應爲乾寧四年（八九七）二月己未（十四日）。故此制之撰寫時間當在此時稍前。

〔二〕維乾寧四年，歲次丁巳，二月丙午朔，十四日己未：原作『維乾元四年，歲次丁巳，三月癸卯朔，十四日己未』，今据舊唐書、新唐書改。

〔三〕夫立愛惟明：文苑英華作『粤夫立愛惟明』。

〔四〕建善則固：文苑英華作『建善惟長』。

〔五〕先王盛躅：文苑英華、全唐文、適園叢書作『先王茂躅』。『盛躅』，猶盛迹。指盛大的功業。唐司空圖太尉瑯琊王公河中生祠碑：『丞相仁杰之撫疲羸，僕射元振之安夷夏，皆留

盛躅，孰繼美談。』

〔六〕有國丕圖：『丕圖』，猶大業，宏圖。唐白居易答黃裳請上尊號表制：『朕以薄德，嗣守丕圖，不敢荒寧，以弘理道。』宋史禮志十一：『非臣否德，肇此丕圖，實賴先正儲休，上玄降鑒。』

〔七〕承祧仰鏡於前星：『承祧』，承繼奉祀祖先的宗廟。南朝梁沈約立太子詔：『自昔哲后，降及近代，莫不立儲樹嫡，守器承祧。』唐韓愈順宗實録卷三：『付爾以承祧之重，勵爾以主鬯之勤。』『前星』，漢書五行志下：『心，大星，天王也。其前星，太子；後星，庶子也。』後因以前星指太子。南朝梁沈約胤雅：『前星比耀，克隆萬壽。』

〔八〕守器適當乎長子：文苑英華、全唐文作『守器式當乎長子』。『守器』，封建時代太子主宗廟之器，因借指太子。南齊書文惠太子傳贊：『二象垂則，三星麗天。樹嫡惟長，義匪求賢。方爲守器，植命不延。』南史齊武帝諸子等傳論：『守器之重，邦家所凴，觀文惠之在東儲，固已有虧令德，向令負荷斯集，猶當集於禍敗。』

〔九〕遐瞻載籍：『遐瞻』，遠望；遠眺。唐蘇綰家僮視天判：『庭際遐瞻，寧用圭而測景；樓中仰視，徒以管而窺天。』宋蘇軾五月十日與呂仲甫等同泛湖游北山詩：『臨風一揮手，悵焉起遐瞻。』『載籍』，書籍；典籍。史記伯夷列傳：『夫學者載籍極博，猶考信於六

藝。』南朝梁劉勰文心雕龍事類：『夫經典沈深，載籍浩瀚。』

〔十〕眇覿洪荒：『眇覿』，遠觀。宋王明清揮麈三録卷一：『及長，式觀史氏，眇覿昔人，特立獨行以自著見者甚衆，然靡不有初，鮮克有終。』『洪荒』，混沌、蒙昧的狀態。借指遠古時代。南朝陳徐陵在北齊與楊僕射書：『凡自洪荒，終乎幽厲。』宋楊萬里漢文帝有聖賢之風論：『洪荒之世，人與禽之未别。』

〔十一〕雖步驟隨時：文苑英華作『雖步驟殊時』。『步驟』，事情進行的程序、次第。後漢書崔寔傳：『故聖人執權，遭時定制，步驟之差，各有云設。』隋薛道衡老氏碑：『皇王有步驟之殊，民俗有淳醨之變。』『隨時』，順應時勢；切合時宜。易隨：『大亨貞，無咎，而天下隨時，隨時之義大矣哉。』王弼注：『得時，則天下隨之矣。隨之所施，唯在於時也；時異而不隨，否之道也。』國語越語下：『夫聖人隨時以行，是爲守時。』韋昭注：『隨時：時行則行，時止則止。』

〔十二〕質文異制：『異制』，不同制度。史記三王世家：『昔五帝異制，周爵五等，春秋三等，皆因時而序尊卑。』漢書魏相傳：『相明易經，有師法，好觀漢故事及便宜章奏，以爲古今異制。』

〔十三〕逮於傳序：文苑英華作『逮乎傳序』。『傳序』，謂父死子繼，世代相傳。左傳昭

公七年：『曰我先君共王引領北望，日月以冀，傳序相授，於今四王矣。』唐元稹贈烏重胤父承玼等：『肆我高祖武皇帝傳序累聖，逮予沖人。』

（十四）國家高視百王，同符三代：『高視』，傲視，小看。三國魏曹植與楊德祖書：『德璉發迹於此魏，足下高視於上京。』唐張九齡奉敕送學士張説上賜燕序：『文王多士，周室以寧；武帝得人，漢家爲盛。而高視前古，獨不在於今乎？』『百王』，歷代帝王。荀子不苟：『百王之道，後王是也。』漢書董仲舒傳：『蓋聞五帝三王之道，改制作樂而天下洽和，百王同之。』『同符』，與……相合；相合。漢揚雄甘泉賦：『同符三皇，録功五帝。』李善注引文穎曰：『符，合也。』東觀漢記馬援傳：『今見陛下恢廓大度，同符高祖，乃知帝王自有真也。』

（十五）平一區宇：文苑英華作『平一區夏』。『區宇』，境域；天下。唐元稹賀誅吴元濟表：『威動區宇，道光祖宗。』宋陳亮重建紫霄觀記：『本朝混一區宇，是觀因以不廢。』

（十六）垂三百年，歷十八葉：指唐朝自建立至昭宗時，享國三百年，經歷了自高祖至昭宗十八位皇帝。

（十七）屬天步艱難：『天步』，天之行步。指時運、國運等。詩小雅白華：『天步艱難，之子不猶。』朱熹集傳：『步，行也。天步，猶言時運也。』南朝宋劉義慶世説新語言

語：『陽消陰息，故天步屯蹇；否剥成象，豈足多譏？』

〔十八〕代宗牢落：文苑英華、四庫全書、全唐文作『岱宗牢落』。『代宗』，即岱宗。泰山的别稱。漢董仲舒春秋繁露三代改制質文：『故雖絶地廟位，祝牲猶列於郊號，宗於代宗。』牢落，猶寥落。稀疏零落貌；零落荒蕪貌。漢司馬相如上林賦：『牢落陸離，爛熳遠遷。』李善注：『牢落陸離，群奔走也。牢落，猶遼落也。』晋左思魏都賦：『伊洛榛曠，崤函荒蕪，臨菑牢落，鄢郢丘墟。』

〔十九〕蒸人未乂：『蒸人』，民衆；百姓。後漢書文藝傳上杜篤：『濟蒸人於塗炭，成兆庶之亹亹。』唐顧况上古之什補亡訓傳燕幹巢詩：『惠此蒸人，毋廢爾事。』宋范仲淹君以民爲體賦：『蒸人有罪，諒責己之情深。』

〔二十〕庶尹卿士：『庶尹』，指百官。晋陸機辨亡論：『庶尹盡規於上，四民展業於下。』吕延濟注：『庶尹，百官也。』

〔二十一〕思正儲闈：『儲闈』，借指太子。唐參寥子唐闕史盧相國指揮鎮州事：『乾符丁酉歲，因與同列廷諍機務，詞氣相高，朝廷兩解之，偕授賓翼儲闈。』新唐書房琯傳：『有朋黨不公之名，違臣子奉上之禮，何以儀刑王國，訓導儲闈？』

〔二十二〕德王裕：唐昭宗長子，德王李裕。傳見舊唐書卷一百七十五，其本傳載：『德王

裕，昭宗長子也。大順二年六月二十八日封，乾寧四年二月十四日册爲皇太子。時駕在華州，韓建畏諸王主兵，誘防城卒張行思、花重武相次告通王以下欲殺建。建他日又造訛言云：諸王欲劫遷車駕，别幸藩鎮。諸王懼，詣建自陳。建乃延入卧内，密遣人奏云：「今日睦王、濟王、韶王、通王、彭王、韓王、儀王、陳王等八人到臣理所，不測事由。臣竊量事體，不合與諸王相見，兼恐久在臣所，於事非宜。忽然及門，意不可測。」又上疏抗請歸十六宅。如是者數四，帝不允。建懼爲諸王所圖，乃以精甲數千圍行宫，請誅定州護駕軍都將李筠。帝懼甚，詔斬筠於大雲橋。其三都軍士，尋放還本道。殿後都亦與三都元繞行宫扈蹕。至是，并急詔散之。罷諸王兵柄。建慮上不悦，乃上表請立德王爲皇太子。』新唐書卷八十二德王列傳記：『德王裕，大順二年始王。帝幸華州，韓建已奪諸王兵，不自安，乃請王皇子之未王者，既又殺諸王，因請立裕爲皇太子，釋言於四方，時乾寧四年也。』

〔二十三〕象叶肯構，明啓少陽：『肯構』，原作『會構』，明鈔本、甲庫本作『曾構』。今据四庫全書改。『肯構』，語出書大誥：『若考作室，既底法，厥子乃弗肯堂，矧肯構？』原謂建造房屋，後亦用以指營繕。歸潛志卷十四引元薛玄肯構詩：『肯構茅堂養道真，滿前俗事罷紛紜。』『少陽』，東方。史記司馬相如列傳：『邪絶少陽而登太陰兮，與真人乎相求。』

裴駰集解引漢書音義：『少陽，東極。』晉張華博物志卷一：『東方少陽，日月所出。』

〔二十四〕爰咨舊章：文苑英華作『爰資舊章』。

〔二十五〕毓問承華，重輝望苑：『承華』，指太子宫室或太子。梁書元帝紀：『嗣後升遐，龍輴未殯，承華掩曜，梓宫莫測。』唐黄滔寄陳侍御詩：『九級燕金滿樽酒，却愁隨詔謁承華。』『望苑』，即博望苑。漢武帝爲戾太子立，使交接賓客之處。故址在今陝西省西安市。事見漢書戾太子劉據傳、三輔黄圖苑囿。南朝梁庾肩吾咏桂樹：『新叢入望苑，舊幹别層城。』後多借指太子之宫。唐杜甫寄李十四員外布十二韻：『名參漢望苑，職述景題輿。』仇兆鰲注：『漢書：戾太子冠，武帝爲立博望苑，使通賓客。唐制，司議郎，東宫官屬，故用之。』

〔二十六〕明詔四方：文苑英華、四庫全書、全唐文作『明照四方』。

〔二十七〕无怠三善：『三善』，指臣事君、子事父、幼事長的三種道德規範。禮記文王世子：『行一物而三善皆得者，唯世子而已……父子、君臣、長幼之道得而國治。』南朝梁沈約齊故安隆昭王碑文：『協隆三善，仰敷四德。』張銑注：『三善，謂事君、事父、事長也。』

〔二十八〕往崇四術：『四術』，詩、書、禮、樂四種經術。禮記王制：『樂正崇四術，立四教，順先王詩、書、禮、樂以造士，春秋教以禮、樂，冬夏教以詩、書。』宋書文帝紀：『故詔以三德，崇以四術，用能納諸義方，致之軌度。』

〔二十九〕誡近邪僻：文苑英華作『誡近群邪』。『邪僻』，品行不端的人。晏子春秋諫上七：『故明所愛而賢良衆，明所惡而邪僻滅，是以天下治平，百姓和集。』周書皇后傳序：『至於邪僻既進，法度莫修，冶容迷其主心，私謁蠹其朝政，則風化凌替，而宗社不守矣。』

〔三十〕淑慎爾止：文苑英華作『淑慎爾德』。『淑慎』，使和善謹慎。詩邶風燕燕：『終温且惠，淑慎其身。』鄭玄箋：『淑，善也。』孔穎達疏：『又終當顔色温和，且能恭順，善自謹慎其身。』儀禮士冠禮：『敬爾威儀，淑慎爾德。』東觀漢記梁冀傳：『大將軍夫人，躬先率禮，淑慎其身。』

〔三十一〕峻防所岐：文苑英華、明鈔本、全唐文、適園叢書作『峻防所攻』。

〔三十二〕勉爾厥猷：文苑英華、全唐文作『勉植厥猷』。『猷』，功業，功績。三國志吴書陸遜傳：『聖化所綏，萬里草偃，方蕩平華夏，總一大猷。』清孔尚任桃花扇迎駕：『新主中興，拜舞龍樓，將今日勞苦功酬，遷舊秩，壯新猷。』

〔三十三〕罔墜丕訓：『丕訓』，重大的訓導。書君陳：『爾惟弘周公丕訓。』孔傳：『當闡大周公之大訓。』唐韓愈順宗實録卷三：『朕奉若丕訓，憲章前式。』

卷第二十九

皇太子

册太子赦

景雲元年册皇太子赦
開元三年册皇太子赦
開元二十六年册皇太子赦
立成王爲皇太子德音
貞元二十一年册皇太子赦
元和四年册皇太子赦
元和七年册皇太子赦
長慶二年册皇太子德音
大和七年册皇太子德音

加冠

皇太子加元服制

皇太子加元服宴百官詔

改名

皇太子諸王改名敕

齒胄

皇太子國子監釋奠詔

皇太子詣太學詔

册太子赦

景雲元年册皇太子赦（一）

門下（二）：天下公器（三），非上聖无以運其機；域中大業，非元良無以固其本（四）。朕欽若靈命（五），寅奉神宗（六），屈己順人，用安四海，承祧主鬯（七），實貞萬國。頃者家臻大憫，在疚爲憂（八），梟獍滿朝（九），豺狼塞路。武職戎政（十），必任凶徒，國要時權，咸畀逆黨（十一）。社稷之守，望絶包桑（十二），忠義之懷，誰期艾棘（十三）？階禍稔惡，伺隙乘間（十四），煩言碎辭，所不勝述。皇太子諱（十五），正氣凝姿，端命毓德（十六），自家刑國，英徽日湛（十七），移孝爲忠，雄謀電發（十八）。北軍馳入，掃欃槍於紫衢（十九）；南宮反正，開日月於黃道（二十）。平亂寧夏，翼戴朕躬（二十一）。一旅不勞，功逾復禹；百神咸舉，事邈興周（二十二），聲應吹銅（二十三），望歸當璧（二十四）。今遣司空讀册命（二十五），侍中授璽，實由立義（二十六），豈曰尚親？承華肇開（二十七），元嗣以建（二十八），方流樂風之緒（二十九），宜申洊雷之澤（三十），仍紀景

雲之瑞〔三十一〕。朕爰初踐極〔三十二〕，喜氣呈祥，天人叶心〔三十三〕，象緯昭晛〔三十四〕，官名有紀，年號用憑〔三十五〕，可大赦天下。改唐隆元年爲景雲元年。自七月二十日昧爽〔三十六〕，以前大辟罪已下，咸赦除之。其犯十惡、常赦所不免者，不在赦限。内外文武官九品已上，子爲父後者〔三十七〕，賜勛一轉。公卿各舉孝友忠正堪任東宫官一人。自神龍以來直諫枉遭非命，咸令封植其墓〔三十八〕。

校箋

〔一〕此文又見於文苑英華卷四二〇翰林待詔，文題爲睿宗受禪制，署名蘇頲。册府元龜卷八十四帝王部赦宥第三，全唐文卷二百五十三亦録此文，文題爲睿宗受禪制，署名蘇頲。此文原未標明撰寫年月。檢舊唐書睿宗紀載：『（景龍四年秋七月）己巳，册平王爲皇太子。大赦天下，改元爲景雲。内外文武官九品已上及子爲父後者，各加勛一轉。』舊唐書玄宗紀記：『七月己巳，睿宗御承天門，皇太子詣朝堂受册。是日有景雲之瑞，改元爲景雲，大赦天下。』新唐書睿宗紀載：『（景雲元年六月），丁未，立平王隆基爲皇太子。……（七月）己

巳，大赦，改元，賜内外官及子爲父後者勛一轉。』新唐書玄宗紀記：『（景龍四年）睿宗即位，立爲皇太子。』册府元龜卷八四帝王部赦宥亦記『景雲元年七月七日，平王爲皇太子，大赦天下，制曰：天下公器』云云，資治通鑑卷二百九亦記：『（景雲元年六月）丁未，立平王隆基爲太子。……秋，七月，庚戌朔……己巳，赦天下，改元；凡韋氏餘黨未施行者，咸赦之。』則此册文頒布時間應爲景雲元年（七一〇）七月己巳（二十日）。故此制之撰寫時間當在此時稍前。又，作者蘇頲，傳見舊唐書卷八十八、新唐書卷一百二十五。舊唐書本傳載：『（蘇）瓌子頲，少有俊才，一覽千言。弱冠舉進士，授烏程尉，累遷左臺監察御史。長安中，詔頲按覆來俊臣等舊獄，頲皆申明其枉，由此雪冤者甚衆。神龍中，累遷給事中，加修文館學士，俄拜中書舍人。尋而頲父同中書門下三品，父子同掌樞密，時以爲榮。機事填委，文誥皆出頲手。中書令李嶠嘆曰：「舍人思如湧泉，嶠所不及也。」俄遷太常少卿。景雲中，瓌薨，詔頲起復爲工部侍郎，加銀青光禄大夫。頲抗表固辭，辭理懇切，詔許其終制。服闋就職，襲父爵許國公。玄宗謂宰臣曰：「有從工部侍郎得中書侍郎否？」對曰：「任賢用能，非臣等所及。」玄宗曰：「蘇頲可中書侍郎，仍供政事食。」明日，加知制誥。有政事食，自頲始也。……時李乂爲紫微侍郎，與頲對掌文誥。他日，上謂頲曰：「前朝有李嶠、蘇味道，謂之蘇、李；今有卿及李乂，亦不讓

之。卿所制文誥，可録一本封進，題云『臣某撰』，朕要留中披覽。」其禮遇如此。』

〔二〕門下：原本無，今據文苑英華、全唐文增補。

〔三〕天下公器：文苑英華、全唐文作『天下神器』。『公器』，共用之器。多用於比喻。舊唐書 張九齡傳：『官爵者，天下之公器，德望爲先，勞舊次焉。』唐王維獻始興公詩：『所不賣公器，動爲蒼生謀。賤子跪自陳，可爲帳下不？』此喻太子之位、官爵。

〔四〕非元良無以固其本：『元良』，大善，至德。書 太甲下：『一人元良，萬邦以貞。』孔傳：『天子有大善，則天下得其正。』書 泰誓中：『剥喪元良，賊虐諫輔。』蔡沈集傳：『元良，微子也；諫輔，比干也。』

〔五〕朕欽若靈命：『欽若』，敬順。書 堯典：『乃命羲和，欽若昊天，曆象日月星辰，敬授民時。』陳書 高祖紀下：『梁氏以圮剥蕩臻，曆運有極，欽若天應，以命於霸先。』『靈命』，上天或神靈的意志。南朝宋鮑照從過舊宫詩：『靈命藴川瀆，帝寶伏篇圖。』唐王勃益州夫子廟碑：『杳杳靈命，茫茫天秩，吾道難行，斯文易失。』

〔六〕寅奉神宗：『寅』，敬也，以賓禮接之。書 堯典：『寅賓出日。』『夙夜惟寅。』『神宗』，古代指堯廟。一説指堯太祖文祖之宗廟。書 大禹謨：『正月朔旦，受命于神

宗。』孔傳：『神宗，文祖之宗廟。言神，尊之。』蔡沈集傳：『神宗，堯廟也。蘇氏（蘇軾）曰：「堯之所從受天下者曰文祖，舜之所從受天下者曰神宗。受天下於人，必告於其人之所從受者。」禮曰『有虞氏禘黄帝而郊嚳，祖顓頊而宗堯』，則神宗爲堯明矣」。』

（七）承祧主鬯：『承祧』，承繼奉祀祖先的宗廟。南朝梁沈約立太子詔：『自昔哲后，降及近代，莫不立儲树嫡，守器承祧。』唐韓愈順宗實録卷三：『付爾以承祧之重，勵爾以主鬯之勤。』『主鬯』，主掌宗廟祭祀。鬯，古代祭祀用的一種香酒。唐韓愈順宗實録卷三：『付爾以承祧之重，勵爾以主鬯之勤。』宋莊綽鷄肋編卷下：『逮余主鬯之日，實乃秉鈞之秋。』

（八）在疚爲憂：文苑英華、全唐文、册府元龜作『在疚惟憂』。『在疚』，在憂病中。詩周頌閔予小子：『遭家不造，嬛嬛在疚。』毛傳：『疚，病也。』鄭玄箋：『在憂病之中。』左傳哀公十六年：『旻天不吊，不慭遺一老，俾屏余一人以在位，煢煢余在疚。』

（九）梟獍滿朝：『滿朝』，文苑英華、全唐文作『滿衢』。『梟獍』，亦作『梟鏡』。舊説梟爲惡鳥，生而食母；獍爲惡獸，生而食父。比喻忘恩負義之徒或狠毒的人。北魏楊衒之洛陽伽藍記永寧寺：『若兆者蜂目豺聲，行窮梟獍，阻兵安忍，賊害君親。』范祥雍校釋：『漢書二十五郊祀志：「祠黄帝用一梟破鏡。」孟康注：「梟，鳥名，食母；破鏡，獸名，食父。」破

鏡即是獍。此以比喻狠戾忘恩之人。」此處指韋氏諸黨專權之事，詳見本文注〔十五〕。

〔十〕武職戎政：「戎政」，軍政；軍旅之事。晉潘岳西征賦：「掩細柳而撫劍，快孝文之命帥，周受命以忘身，明戎政之果毅。」南朝齊王儉褚淵碑文：「兼授衛軍，戎政輯睦。」

〔十一〕國要時權，咸畀逆黨：「國要」，國政的樞要。韓非子三守：「人臣有大臣之尊，外操國要，以資群臣，使内外之事非己不得行。」「畀」，指給與。詩鄘風干旄：「彼姝者子，何以畀之。」左傳僖公二十八年：「分曹、衛之田以畀宋人。」

〔十二〕望絶包桑：「包桑」，明鈔本、甲庫本作「苞桑」。「包桑」，同「苞桑」。原指桑樹之本，語出易否：「其亡其亡，繫於苞桑。」孔穎達疏：「苞，本也。凡物繫於桑之苞本，則牢固也。」比喻根基穩固。後漢書吴蓋陳臧傳論：「光武審黄石，存包桑，閉玉門以謝西域之質，卑詞幣以禮匈奴之使。」李賢注：「包，本也。繫於桑本，言其固也。」宋黄庭堅和謝公定征南謡：「謀臣異時坐致寇，守臣今日愧包桑。」

〔十三〕誰期艾棘：原作「誰其艾棘」，今據文苑英華改。

〔十四〕階禍稔惡，伺隙乘間：「階禍」，召致禍患；惹禍。三國志蜀書先主傳：「董卓首難，蕩覆京畿。曹操階禍，竊執天衡。」新唐書宦者傳上楊復光：「後天子寤威階禍，罷之，

以兵與復光，乃進禽徐唐莒。」『稔惡』，醜惡；罪惡深重。舊唐書憲宗紀上：『而承宗象恭懷奸，肖貌稔惡，欺裴武於得位之後，因昌朝於授命之中。』宋洪邁夷堅甲志陳大録：『秀州華亭縣吏陳生者爲録事，冒賄稔惡，常帶一便袋，凡所謀事，皆書納其中。』『伺隙乘間』，指利用機會；趁空子。漢書趙充國傳：『内不損威武之重，外不令虜得乘間之勢。』後漢書蘇竟傳：『王氏雖乘間偷篡，而終嬰大戮。』

〔十五〕皇太子諱：文苑英華、全唐文作『皇太子隆基』；册府元龜作『皇太子』。『皇太子』，即唐玄宗李隆基。傳見舊唐書玄宗紀載：『玄宗至道大聖大明孝皇帝諱隆基，睿宗第三子也，母曰昭成順聖皇后竇氏。垂拱元年秋八月戊寅，生於東都。性英斷多藝，尤知音律，善八分書。儀範偉麗，有非常之表。三年閏七月丁卯，封楚王。天授三年十月戊戌，出閤，開府置官屬，年始七歲。朔望車騎至朝堂，金吾將軍武懿宗忌上嚴整，訶排儀仗，因欲折之。上叱之曰：「吾家朝堂，干汝何事？敢迫吾騎從！」則天聞而特加寵異之。尋却入閤。長壽二年臘月丁卯，改封臨淄郡王。聖曆元年，出閤，賜第於東都積善坊。大足元年，從幸西京，賜宅於興慶坊。長安中，歷右衛郎將、尚輦奉御。神龍元年，遷衛尉少卿。景龍二年四月，兼潞州别駕。十二月，加銀青光禄大夫。州境有黄龍白日昇天。嘗出畋，有紫雲在其上，後從者望而得之。前後符瑞

凡一十九事。四年，中宗將祀南郊，來朝京師。將行，使術士韓禮筮之，著一莖孑然獨立。禮驚曰：「蓍立，奇瑞非常也，不可言。」屬中宗末年，王室多故，上常陰引材力之士以自助。上所居宅外有水池，浸溢頃餘，望氣者以爲龍氣。四年四月，中宗幸其第，因游其池，結彩爲樓船，令巨象踏之。至六月，中宗暴崩，韋后臨朝稱制。韋温、宗楚客、紀處訥等謀傾宗社，以睿宗介弟之重，先謀不利。道士馮道力、處士劉承祖皆善於占兆，詣上布誠款。上所居里名隆慶，時人語訛以「隆」爲「龍」；韋庶人稱制，改元又爲唐隆，皆符御名。上益自負，乃與太平公主謀之，公主喜，以子崇簡從。上乃與崇簡、朝邑尉劉幽求、長上折衝麻嗣宗、押萬騎果毅葛福順李仙鳧、寶昌寺僧普潤等定策誅之。或曰：「先啓大王。」上曰：「我拯社稷之危，赴君父之急，事成福歸於宗社，不成身死於忠孝，安可先請，憂怖大王乎！若請而從，是王與危事；請而不從，則吾計失矣。」遂以庚子夜率幽求等數十人自苑南入，總監鍾紹京又率丁匠百餘以從。分遣萬騎往玄武門殺羽林將軍韋播、高嵩，持首而至，衆歡叫大集。攻白獸、玄德等門，斬關而進，左萬騎自左入，右萬騎自右入，合於凌烟閣前。時太極殿前有宿衛梓宮萬騎，聞譟聲，皆披甲應之。韋庶人惶惑走入飛騎營，爲亂兵所害。於是分遣誅韋氏之黨，比明，内外討捕，皆斬之。乃馳謁睿宗，謝不先啓請之罪。睿宗遽前抱上而泣曰：「宗社禍難，由汝安定，神祇萬姓，賴汝之

力也。」拜殿中監、同中書門下三品，兼押左右萬騎，進封平王。睿宗即位，與侍臣議立皇太子，僉曰：「除天下之禍者，享天下之福；拯天下之危者，受天下之安。平王有聖德，定天下，又聞成器已下咸有推讓，宜膺主鬯，以副群心。」睿宗從之。丙午，制曰：舜去四凶而功格天地，武有七德而戡定黎人，故知有大勛者必受神明之福，仗高義者必爲匕鬯之主。朕恭臨寶位，亭育寰區，以萬物之心爲心，以兆人之命爲命。雖承繼之道，咸以冢嫡居尊；而無私之懷，必推功業爲首。然後可保安社稷，永奉宗祧。第三子平王基孝而克忠，義而能勇。比以朕居藩邸，虔守國彝，貴戚中人，都無引接。群邪害正，凶黨實繁，利口巧言，讒説罔極。韋温、延秀，朋黨競起；晋卿、楚客，交構其間。潛結回邪，排擠端善，潛貯兵甲，將害朕躬。基密聞其期，先難奮發，推身鞠弭，衆應如歸，呼吸之間，凶渠殄滅。安七廟於幾墜，拯群臣於將殞。方舜之功過四，比武之德逾七。靈祇望在，昆弟樂推。一人元良，萬邦以定。爲副君者，非此而誰？可立爲皇太子。有司擇日，備禮册命。七月己巳，睿宗御承天門，皇太子詣朝堂受册。是日有景雲之瑞，改元爲景雲，大赦天下。』新唐書玄宗紀亦記：『玄宗至道大聖大明孝皇帝諱隆基，睿宗第三子也。母曰昭成皇后竇氏。性英武，善騎射，通音律、曆象之學。始封楚王，後爲臨淄郡王。累遷衛尉少卿、潞州别駕。景龍四年，朝于京師，遂留不遣。庶人韋氏已弑中宗，矯詔稱

制。玄宗乃與太平公主子薛崇簡、尚衣奉御王崇曄、公主府典籤王師虔、朝邑尉劉幽求、苑總監鍾紹京、長上折衝麻嗣宗、押萬騎果毅葛福順李仙鳧、道士馮處澄、僧普潤定策討亂。或請先啓相王，玄宗曰：「請而從，是王與危事；不從，則吾計失矣。」乃夜率幽求等入苑中，福順、仙鳧以萬騎兵攻玄武門，斬左羽林將軍韋播、中郎將高嵩以徇。左萬騎由左入，右萬騎由右入，玄宗率總監羽林兵會兩儀殿，梓宮宿衛兵皆起應之，遂誅韋氏。黎明，馳謁相王，謝不先啓。相王泣曰：「賴汝以免，不然，吾且及難。」乃拜玄宗殿中監，兼知内外閑厩、檢校隴右群牧大使，押左右萬騎，進封平王，同中書門下三品。睿宗即位，立爲皇太子。」

〔十六〕端命毓德：『毓德』，修養德性。南朝宋顏延之皇太子釋奠會作詩：『稟道毓德，講藝立言。』南朝梁劉孝標辨命論：『皆毓德於衡門，并馳聲於天地。』

〔十七〕自家刑國，英徽日湛：『英徽日湛』，文苑英華、全唐文作『英徽日甚』。『刑』，通『型』，法式，典範，榜樣。孟子梁惠王上：『刑於寡妻。』詩周頌我將：『儀式刑文王之典，日靖四方。』

〔十八〕移孝爲忠，雄謀電發：『移孝爲忠』，謂把孝順父母之心轉爲效忠君主。語出孝經廣揚名：『君子之事親孝，故忠可移於君。』唐張説鄭國夫人神道碑奉敕撰：『傳云：去食存

信，信而有徵。經云：移孝爲忠，孝則不匱。」亦省作『移忠』。『電發』，雷電發作。比喻行動迅速或聲勢猛烈。漢劉向九嘆遠游：『雷動電發，馺高舉兮。』周書武帝紀論：『及英威電發，朝政惟新，内難既除，外略方始。』

（十九）北軍馳入，掃欃槍於紫衢：『紫衢』，全唐文作『紫微』。『北軍』，指唐代皇帝的北衙禁軍。唐張説潁川郡太夫人陳氏神道碑：『神龍三年七月五日，北軍作難，西華失守，騎入宫壺，兵纏御樓。公孤劍凌鋒，群凶奪氣，倉促之際，安危是屬。』唐韓愈順宗實録卷四：『自叔文歸第，伾日詣中人并杜佑，請起叔文爲相，且總北軍。』『欃槍』，喻邪恶势力。漢张衡东京赋：『欃槍旬始，群凶靡餘。』李善注：『欃槍，星名也。謂王莽在位如妖氣之在天。』唐杜甫奉送郭中丞兼太僕卿充隴右節度使三十韻：『幾時迴節鉞，勠力掃欃槍。』

（二十）南宫反正，開日月於黄道：『南宫』，南面的住室或宫殿。儀禮喪服：『子不私其父，則不成爲子。故有東宫，有西宫，有南宫、有北宫，異居而同財。』北周庾信道士步虚詞之八：『北闕臨玄水，南宫生絳雲。』『反正』，由邪歸正。詩衛風氓序：『宣公之時，禮義消亡……故序其事以風焉。美反正，刺淫泆也。』漢書息夫躬傳：『天之見異，所以敕戒人君，欲令覺悟反正，推誠行善。』『黄道』，太陽移動的路綫叫作黄道。它是天球上假設的一個大圓圈，即地球軌道在天球上的投影。黄道和天球赤道相交於北半球的春分點和秋分點。漢書天文

志：『日有中道，月有九行。中道者，黄道，一曰光道。』」宋沈括夢溪筆談象數二：『日之所由，謂之黄道。』

〔二十一〕平亂寧夏，翼戴朕躬：『夏』，文苑英華、全唐文作『国』。『翼戴』，輔佐擁戴。左傳昭公九年：『文之伯也，豈能改物？翼戴天子，而加之以共。』漢書晁錯傳：『輔天子之闕，而翼戴漢宗也。』

〔二十二〕百神咸舉，事邈興周：『百神』，文苑英華、全唐文、適園叢書作『七德』。『邈』，指超越、勝過。

〔二十三〕聲應吹銅：『吹銅』，吹律管。古代，太子初生時，太師吹律管以辨其哭聲，從而測定其心性。大戴禮記保傅：『古者胎教，王后腹之七月，太師持銅而御户左……太子生而泣，太師吹銅曰：「聲中某律。」』王聘珍解詁：『銅者，律管也。太師職曰：「掌六律六同，以合陰陽之聲。」鄭注典同云：「故書同作銅。」六律六同皆以銅爲之。』孔廣森補注：『泣聲剛柔清濁，以律辨之，知其性術焉。』

〔二十四〕望歸當璧：『歸』，册府元龜作『惟』。『當璧』，左傳昭公十三年：『初，共王無冢適，有寵子五人，無適立焉。乃大有事於群望，而祈曰：「請神擇於五人者，使主社稷。」乃遍以璧見於群望，曰：「當璧而拜者，神所立也，誰敢違之？」既，乃與巴姬密埋璧於

大室之庭，使五人齊，而長入拜……平王弱，抱而入，再拜，皆厭紐。』楊伯峻注：『厭同壓。壓紐即當璧。』後以『當璧』喻立爲國君之兆。魏書 肅宗紀：『皇曾孫故臨洮王寶暉世子釗，體自高祖，天表卓異，大行平日養愛特深，義齊若子，事符當璧。』北齊書 幼主紀：『文宣因累世之資，膺樂推之會，地居當璧，遂遷魏鼎。』

〔二十五〕今遣司空讀册命：全唐文作『今遣司空讀册』；文苑英華作『今司空讀册』。

〔二十六〕實由立義：『立義』，奉行大義。禮記 儒行：『其行本方，立義，同而進，不同而退，其交友有如此者。』孔穎達疏：『所立必存義也。』國語 晉語九：『方臣之少也，進秉筆，贊爲名命，稱於前世，立義於諸侯。』

〔二十七〕承華肇開：『承華』，太子宫門名。晉陸機贈馮文羆遷斥丘令：『閶闔既闢，承華再建。』李善注引洛陽記：『太子宫在太宫東薄室門外，中有承華門。』陳書 王瑒傳：『世祖顧謂沖曰：「所以久留瑒於承華，政欲使太子微有瑒風法耳。」』

〔二十八〕元嗣以建：『元嗣』，謂太子。續資治通鑒宋英宗治平三年：『皇子潁王，天資早茂，孀媾及期。方陛下即位之初，而元嗣克家之日，推之於禮，莫重於斯。』

〔二十九〕方流樂風之緒：原本無此句，今據文苑英華、全唐文增補。『樂風』，指歌曲。山海經 大荒西經：『祝融生太子長琴，是處榣山，始作樂風。』郭璞注：『創製樂風曲也。』

淮南子說山訓：『欲學歌謳者必先徵羽樂風，欲美和者必先始於陽阿、采菱。』

〔三十〕宜申洊雷之澤：語出易震：『洊雷震，君子以恐懼修省。』孔穎達疏：『洊者，重也。因，仍也。雷相因仍，乃爲威震也。』易説卦以震卦象徵長子，因以『洊雷』比喻太子。北周庾信哀江南賦：『游洊雷之講肆，齒明離之胄筵。』

〔三十一〕仍紀景雲之瑞：『景雲』，祥雲；瑞雲。淮南子天文訓：『虎嘯而谷風生，龍舉而景雲屬。』晉應貞晉武帝華林園集詩：『鳳鳴朝陽，龍翔景雲。』李善注：『孝經援神契曰：「王者德至山陵則景雲出。」孫柔之曰：「一名慶雲。」文子曰：「景雲光潤。」』

〔三十二〕朕爰初踐極：『踐極』，登極；即位。南朝宋鮑照河清頌序：『聖上天飛踐極，迄兹二十有四載。』唐陳子昂爲將軍程處弼謝放流表：『自陛下踐極，謬荷恩私，冒寵叨榮，超絶時輩。』

〔三十三〕天人叶心：『叶心』，同心。唐柳宗元爲文武百僚請復尊號表之三：『今者君臣同德，上下叶心。』唐劉肅大唐新語匡贊：『二人執性不同，同歸於道，叶心翼贊，以致刑措焉。』

〔三十四〕象緯昭晛：『象緯』，象數讖緯。亦指星象經緯，謂日月五星。晉王嘉拾遺記殷湯：『師延者，殷之樂人也。設樂以來，世遵此職。至師延，精述陰陽，曉明象緯，莫測其爲

人。』齊治平注：『象緯，象數讖緯。象數謂龜筮之類；讖緯謂讖録圖緯、占驗術數之書。』唐杜甫游龍門奉先寺詩：『天闕象緯逼，雲卧衣裳冷。』仇兆鰲注：『象緯，星象經緯也。』

〔三十五〕年號用憑：自『朕爰初踐極』至此句，原本無。今據全唐文、文苑英華增補。

〔三十六〕自七月二十日昧爽：『昧爽』，拂曉；黎明。書牧誓：『時甲子昧爽，王朝至於商郊牧野。』孔子家語五儀：『昧爽夙興，正其衣冠。』

〔三十七〕内外文武官九品已上子爲父後者：原本作『内外官子爲父後者』，今據册府元龜增補。

〔三十七〕自神龍以來直諫枉遭非命，咸令封植其墓：此句原本無，今據册府元龜增補。『封植』，堆土爲墳，植樹爲飾。宋王觀國學林本封窆：『所謂壤植，乃封植也。封者，封土爲墳也；植者，植木爲飾也。』宋陳師道宋魏府君墓表：『後人之薄祭而厚葬，既封殖之而又識之。』

開元三年册皇太子赦〔一〕

黄門：朕聞王者神器〔二〕，天之大業，震百里而崇孟侯，昭四方而建元子〔三〕，其所由來尚矣。我國家參天貳地〔四〕，濟以豐功，祖武宗文，承於密命。顧循菲德，寅畏

鴻名〔五〕。太上皇命朕以位〔六〕，卿大夫補朕之闕，僉率先自邇〔七〕，稽古爲新〔八〕。國本之大，不可以不務；皇儲之重，不可以不立〔九〕。故宵衣當宁〔十〕，聞義是將，朝服昇階〔十一〕，擇賢而舉。皇太子嗣謙〔十二〕，生知禮樂，性成仁孝。子孫之愛，則敬不絶馳〔十三〕；問竪之安，則恭而至寢〔十四〕。觀其言精視牘，思敏題鞭〔十五〕，固以覈東序之討論，契南山之調護〔十六〕。今少陽踐位，獻歲發春〔十七〕，草樹自榮，乾坤交泰。副君之榜〔十八〕，已別其宫；太史之書，更藏於府。帝圖斯永〔十九〕，人望所歸。庶符知子之明，豈獨在予之慶，用施寬弘〔二十〕，光于政理。今望苑初開〔二十一〕，端僚是切〔二十二〕，天下有高才懋德，碩學純儒，比迹春卿〔二十三〕，齊名夏綺〔二十四〕，具以徵辟。正月。

校箋

〔一〕此文又見於文苑英華卷四百四十三翰林制詔，文題爲册皇太子制，乃屬於内制。全唐文卷二十一亦録此文，文題爲命徵辟東宫官屬制，署名唐玄宗。此文文末標明撰寫时间爲正月。考本文文題爲開元三年，又檢舊唐書卷八玄宗紀上載：『（開元）三年春正月丁亥，立郢王嗣謙

爲皇太子，降死罪已下，大酺三日。』新唐書卷五玄宗紀記：『（開元）三年正月丁亥，立郢王嗣謙爲皇太子。降死罪，流以下原之。賜酺三日。』則此册文頒布時間應爲開元三年（七一五）正月丁亥（四日），故此制之撰寫時間當在此時稍前。

〔二〕朕聞王者神器：『神器』，代表國家政權的實物，如玉璽、寶鼎之類。借指帝位、政權。漢書叙傳上：『世俗見高祖興於布衣，不達其故，以爲適遭暴亂，得奮其劍，游説之士至比天下於逐鹿，幸捷而得之，不知神器有命，不可以智力求也。』顔師古注引劉德曰：『神器，璽也。』晋左思魏都賦：『劉宗委馭，巽其神器。』吕延濟注：『神器，帝位。』

〔三〕震百里而崇孟侯，昭四方而建元子：『昭』，文苑英華、全唐文作『照』。『孟侯』，諸侯之長。書康誥：『王若曰：孟侯，朕其弟。』孔傳：『周公稱成王命，順康叔之德，命爲孟侯。孟，長也。五侯之長謂方伯，使康叔爲之。』孔穎達疏：『五侯之長，五等諸侯之長也。』吕氏春秋正名：『齊湣王，周室之孟侯。』『元子』，天子和諸侯的嫡長子。書微子之命：『王若曰：猷，殷王元子。』詩魯頌閟宫：『王曰叔父，建爾元子，俾侯于魯。』朱熹集傳：『叔父，周公也。元子，魯公伯禽也。』

〔四〕我國家參天貳地：『參天貳地』，本爲易卦立數之義。語出易説卦：『參天兩地而倚

數。』孔穎達疏：『倚，立也。既用蓍求卦，其揲蓍所得，取奇數於天，取耦數於地。』後引申爲人之德可與天地相比。史記司馬相如列傳：『故馳騖乎兼容并包，而勤思乎參天貳地。』司馬貞索隱：『天子比德於地，是貳地也。與己并天爲三，是參天也。』

〔五〕顧循菲德，寅畏鴻名：『寅畏』，原作『夤畏』，今據文苑英華、四庫全書、全唐文、適園叢書改。『菲德』，薄德。常用爲自謙之詞。梁書武帝紀中：『朕以菲德，君此兆民。』明陸采懷香記青瑣相窺：『深慚菲德，繆望長生。』『寅畏』，敬畏；恭敬戒懼。書無逸：『嚴恭寅畏，天命自度。』蔡沈集傳：『寅則欽肅，畏則戒懼。』唐白居易畫大羅天尊贊文：『皇帝孝敬寅畏，憂勤勞謙。』『鴻名』，大名；盛名。史記司馬相如列傳：『前聖之所以永保鴻名而常爲稱首者用此，宜命掌故悉奏其義而覽焉。』唐蘇頲開元元年赦書：『鴻名不可以深拒，盛典不可以固違。』

〔六〕太上皇命朕以位：『朕』，明鈔本、甲庫本作『服』。

〔七〕僉率先自邇：文苑英華作『僉謂率先自爾』；全唐文作『僉謂率先自邇』；四庫全書作『僉率先自述』。

〔八〕稽古爲新：『爲新』，文苑英華作『惟新』；全唐文作『維新』。『稽古』，考察古

事。書　堯典：『曰若稽古。帝堯曰放勛。』漢書　武帝紀贊：『高祖撥亂反正，文景務在養民，至於稽古禮文之事，猶多闕焉。』

〔九〕國本之大不可以不務，皇儲之重不可以不立：原本作『國本不可以不立』，今據文苑英華、全唐文增補。

〔十〕故宵衣當宁：『宵衣』，天不亮就穿衣起身。舊時多用以稱頌帝王勤於政事。南朝陳徐陵陳文皇帝哀册文：『勤民聽政，昃食宵衣。』唐許渾秋日早朝詩：『宵衣應待絶更籌，環珮鏘鏘月下樓。』『當宁』，本義爲處在門屏之間。『宁』，古代宫室門内屏外之地。君主在此接受諸侯的朝見。禮記　曲禮下：『天子當宁而立，諸公東面，諸侯西面，曰朝。』孔穎達疏：『天子當宁而立者，此爲春夏受朝時也。宁者，爾雅云：「門屏之間謂之宁。」郭注云：「人君視朝所宁立處。」』後以『當宁』指皇帝臨朝聽政。南朝陳徐陵陳公九錫文：『酬庸報德，寂爾無聞，朕所以垂拱當宁，載慚懷悸者也。』唐張説開元正曆握乾符頌：『〔聖上〕受禪當宁，而光大前烈；垂統拜璧，而慎宁後嗣。』

〔十一〕朝服昇階：『昇階』，即『升階』，自堂下拾級而上。南朝陳張正見置酒高殿上詩：『容與升階玉，差池曳履珠。』唐韓愈寄崔二十六立之詩：『升階揖侍郎，歸舍日未欹。』

〔十二〕皇太子嗣謙：即李瑛。傳見舊唐書卷一百七其本傳云：『廢太子瑛，玄宗第二子也，本名嗣謙。景雲元年九月，封真定郡王。先天元年八月，進封郢王。開元三年正月，立爲皇太子。』新唐書卷八十二其本傳云：『太子瑛，始王真定，進王郢。開元三年，立爲皇太子。』

〔十三〕則敬不絶馳：『絶馳』，典出漢書卷十成帝紀：『元帝即位，帝爲太子。壯好經書，寬博謹慎。初居桂宫，上嘗急召，太子出龍樓門，不敢絶馳道，西至直城門，得絶乃度，還入作室門。上遲之，問其故，以狀對。上大説，乃著令，令太子得絶馳道云。』東漢應劭注：『馳道，天子所行道也，若今之中道。』唐顔師古注：『絶，横度也。』指太子對皇帝之恭敬。

〔十四〕問豎之安，則恭而至寢：典出禮記文王世子：『文王之爲世子，朝於王季，日三。鷄初鳴而衣服，至於寢門外，問内豎之御者曰：「今日安否何如？」内豎曰：「安。」文王乃喜。及日中，又至，亦如之。及莫，又至，亦如之。』喻孝敬。

〔十五〕觀其言精視牘，思敏題鞭：『視牘』，指漢東海王劉莊通經之事，後漢書卷二其本紀云：『顯宗孝明皇帝諱莊，光武第四子也。母陰皇后。帝生而豐下，十歲能通春秋，光武奇之。建武十五年封東海公，十七年進爵爲王，十九年立爲皇太子。師事博士桓榮，學通尚書。』

喻太子博學。『題鞭』，即『題馬鞭』，典出初學記卷二十二引三國魏曹丕臨渦賦：『建安十八年，從上拜墳墓，遂乘馬游觀東固，遵渦水，駐馬書鞭，爲臨渦賦。』後用爲咏文采的典故，形容才思敏捷。北周庾信傷王司徒褒：『辯足觀秋水，文堪題馬鞭。』隋于仲文答譙王詩：『武騎初摛翰，文學正題鞭。』

〔十六〕固以核東序之討論，契南山之調護：『覈』，檢驗、查覈。漢張衡東京賦：『其以温故知新，研核是非。』南朝梁劉勰文心雕龍辨騷：『將核其論，必徵言焉。』『東序』，相傳爲夏代的大學。也是國老養老之所。禮記王制：『夏后氏養國老於東序。』鄭玄注：『東序、東膠亦大學，在國中王宮之東。』孔穎達疏：『文王世子云：學干戈羽籥于東序。以此約之，故知皆學名也。養老必在學者，以學教孝悌之處，故於中養老。』後亦爲國學的通稱。三國志魏書管寧傳：『誠宜束帛加璧，備禮徵聘，仍授几杖，延登東序，敷陳墳素，坐而論道。』南朝梁沈約俊雅詩之二：『義兼東序，事美西雍。』『南山』，詩小雅南山有臺之簡稱。此處喻賢才。宋蘇軾鹿鳴宴詩：『他日曾陪探禹穴，白頭重見賦南山。』馮應榴合注：『詩序：「南山有臺，樂得賢也。得賢則能爲邦家立太平之基矣。」』『調護』，調教輔佐。史記留侯世家：『上曰：「煩公幸卒調護太子。」』裴駰集解引如淳曰：『調護猶營護也。』新唐書裴炎

傳：『高宗幸東都，留皇太子京師，以炎調護。』

（十七）今少陽踐位，獻歲發春：『少陽』，指太子。南朝梁王筠昭明太子哀册文：『式載明兩，實惟少陽；既稱上嗣，且曰元良。』舊唐書 李密傳：『始噎明兩之暉，終干少陽之位。』『獻歲』，進入新的一年；歲首正月。楚辭 招魂：『獻歲發春兮，汩吾南征。』王逸注：『獻，進；征，行也。言歲始來進，春氣奮揚，萬物皆感氣而生。』初學記卷三引南朝梁元帝纂要：『正月孟春，亦曰……獻歲。』

（十八）副君之榜：『副君』，太子。漢荀悦漢紀 宣帝紀：『太子，國儲副君，官屬師友必取天下英俊。』南朝梁劉勰文心雕龍 時序：『文帝以副君之重，妙善辭賦。』

（十九）帝圖斯永：『帝圖』，引申爲帝業。唐李白大庭庫詩：『帝圖終冥没，嘆息滿山川。』舊唐書 敬暉傳：『屬以帝圖伊始，務静狴牢，所以久以含容，未能暴諸遐邇。』

（二十）用施寬弘：四庫全書作『用施寬詔』；文苑英華作『用施寬惠』。

（二十一）今望苑初開：『望苑』，即博望苑。漢武帝爲戾太子立，使交接賓客之處。故址在今陝西省西安市。事見漢書 戾太子劉據傳、三輔黄圖 苑囿。南朝梁庾肩吾咏桂樹：『新叢入望苑，舊幹别層城。』後多借指太子之宫。唐杜甫寄李十四員外布十二韻：『名參漢望苑，職述

景題輿。』仇兆鰲注：『漢書：戾太子冠，武帝爲立博望苑，使通賓客。唐制，司議郎，東宫官屬，故用之。』舊唐書文苑傳上徐齊聃：『今乃使氈裘之子，解辮而侍春闈；冒頓之苗，削衽而陪望苑。』

〔二一二〕端僚是切：『端僚』，舊稱幕僚之居首位者。清梁章鉅稱謂録同知：『端僚，事文類聚：「清就端僚之列。」案，謂長史也。』

〔二十三〕比迹春卿：『比迹』，齊步；并駕。謂彼此相當。後漢書皇后紀上和熹鄧皇后：『齊踪虞妃，比迹任姒。』唐劉知幾史通疑古：『蓋欲比迹堯舜，襲其高名者乎？』『春卿』，周春官爲六卿之一，掌邦禮。後因稱禮部長官爲春卿。唐耿湋奉送蔣尚書兼御史大夫東都留守詩：『副相威名重，春卿禮樂崇。』唐柳宗元送元秀才下第東歸序：『獻藝春卿，當三黜之辱，可謂屈抑矣。』

〔二十四〕齊名夏綺：『夏綺』，典出史記留侯世家中記載的漢初商山的四個道家隱士，即『商山四皓』。史記載：『四人從太子，年皆八十有餘，須眉皓白，衣冠甚偉。上怪之，問曰：「彼何爲者？」四人前對，各言名姓，曰東園公，角里先生，綺里季，夏黄公。上乃大驚，曰：「吾求公數歲，公辟逃我，今公何自從吾兒游乎？」四人皆曰：「陛下輕士善駡，臣等義

不受辱，故恐而亡匿。竊聞太子爲人仁孝，恭敬愛士，天下莫不延頸欲爲太子死者，故臣等來耳。」上曰：「煩公幸卒調護太子。」』

開元二十六年册皇太子赦（一）

制曰：自昔聖人，恭有神器，必立儲兩（二），崇其繼明（三），所以尊宗廟而重社稷也（四）。朕獲纘休運（五），丕承寶曆（六），五聖之業（七），敢不克勤！萬邦之本，期諸永固。是以式遵彝訓，乃擇元良（八）。太子璵（九），植性温恭（十），因心孝友，文武之道既著，君親之義以弘。有命之初，咸聞慶躍，興言士庶（十一），能叶朕心。是用擇以吉辰，申之册命，思惠率土，以暢休期（十二）。可大赦天下。自開元二十六年七月二日昧爽以前（十三），大辟罪已下（十四），罪無輕重，已發覺、未發覺、已結正、未結正、繫囚見徒、常赦所不免者，咸赦除之。比年以來（十五），十道采訪使道官人惡狀，以其微瑕，爲終身之累，豈得永無甄叙（十六）？許以自新。宜令御史臺及刑部、大理寺，參詳所犯輕重，類例條奏（十七）。内外文武職事官，九品以上，各賜勳一轉；五品以上，子爲父後者，亦賜勳一轉。其忠王府官及侍讀、侍文、侍書，除賜之外，二品以

上（十八），賜爵一級；四品以下，各加一階，仍并即與改轉（十九）。緣册命行禮官，各賜物有差（二十）。今月番見上飛騎萬騎、監門直長、三衛引駕、細引、執扇黄衣長上等，各賜勛一轉；彍騎番兵各放免一番。天下侍老（二十一），八十已上，各賜粟三石、帛三段；百歲已上，賜粟五石、帛五段，并加版命（二十二）。至如磧西行人，途路遥遠，往復勞弊，頗異諸軍，其中願長往者，已别有處分，訖年鎮向滿，應合放還（二十三）。未到之間，稍宜優假（二十四）。其家内諸色差科（二十五），并宜放免。如有營農不自辦者，州縣量事借助（二十六），各使存濟。京畿近輔百役所出，雖庶務簡省，終異於諸州，其百姓等，應單貧下户者（二十七），特放今年半租。率土之内，賜酺三日。

校箋

〔一〕本文又見於册府元龜卷八十五帝王部赦宥第四。此文文末原未標明作年，文中提到『自開元二十六年七月二日昧爽以前』云云。考册府元龜此文文首云『（開元二十六年）七月己巳，册皇太子是日，大赦天下制曰……』云云。又檢舊唐書玄宗紀云：『開元二十六年六月庚子，立忠王璵爲皇太子。秋七月己巳，册皇太子，大赦天下，常赦所不免者咸赦除之。』新

唐書玄宗紀亦載：『六月庚子，立忠王璵爲皇太子。七月己巳，大赦。賜文武九品以上及五品以上子爲父後者勛一轉，侍老粟帛，加版授。免京畿下户今歲租之半。賜民酺三日。』資治通鑑卷二百一十四亦記：『（開元二十六年）秋，七月，己巳，上御宣政殿，册太子。故事，太子乘輅至殿門。至是，太子不就輅，自其宫步入。是日，赦天下。』據上引典籍所載，此次大赦天下乃在開元二十六年（七三八）七月己巳。考是年七月戊辰朔，己巳乃七月二日。此日期與本文所言『自開元二十六年七月二日昧爽以前，大辟罪已下』云云符合。則頒布赦文時間爲開元二十六年（七三八）七月己巳（二日），其撰寫此文當在此時稍前。

〔二〕必立儲兩：『儲兩』，即儲貳，太子。魏書肅宗紀：『自潘充華有孕椒宫，冀誕儲兩，而熊羆無兆，維虺遂彰。』舊唐書張玄素傳：『殿下地居儲兩，當須廣樹嘉猷。』

〔三〕崇其繼明：『繼明』，借指皇帝即位。唐韓愈皇帝即位降赦賀觀察使狀：『聖上以繼明之初，垂惟新之澤。』宋司馬光論西夏札子：『自是正旦生辰，乃至陛下繼明，皆不遣使入賀，其不臣大矣。』

〔四〕所以尊宗廟而重社稷也：册府元龜作『所以尊宗廟重社稷也』。

〔五〕朕獲纘休運：原作『朕獲纘丕運』，今據册府元龜、四庫全書、適園叢書改。『休

運』，猶言盛世。陳書文學傳阮卓論：『至如杜之偉之徒，值於休運，各展才用，之偉尤著美焉。』唐劉禹錫代謝端午日賜物表：『臣幸逢休運，獲守外藩。』

〔六〕丕承寶曆：『寶曆』，適園叢書作『寶器』。『寶曆』，亦作『寶歷』。指國祚；皇位。樂府詩集燕射歌辭三晉朝饗樂章：『椒觴再獻，寶歷萬年。』梁書武帝紀上：『雖寶歷重升，明命有紹，而獨夫醜縱，方煽京邑。』魏書世宗紀：『朕幼承寶歷，艱憂在疚，庶事不親，風化未洽。』

〔七〕五聖之業：『五聖』，指唐高祖、太宗、高宗、中宗、睿宗。唐杜甫冬日洛城北謁玄元皇帝廟詩：『五聖聯龍衮，千官列雁行。』唐康駢劇談録老君廟畫：『壁有吴道玄畫五聖真容及老子化胡經事。』

〔八〕乃擇元良：『元良』，太子的代稱。禮記文王世子：『一有元良，萬國以貞，世子之謂也。』南朝梁沈約立太子詔：『元良之寄，有國莫先，自昔哲后，降及近代，莫不立儲樹嫡，守器承祧。』

〔九〕太子璵：乃指唐肅宗。傳見舊唐書肅宗紀載：『肅宗文明武德大聖大宣孝皇帝諱亨，玄宗第三子，母曰元獻皇后楊氏，景雲二年乙亥生。初名嗣昇，二歲封陝王，五歲拜安西大都

護、河西四鎮諸蕃落大使。上仁愛英悟，得之天然；及長，聰敏强記，屬辭典麗，耳目之所聽覽，不復遺忘。開元十五年正月，封忠王，改名浚。五月，領朔方大使、單于大都護。十八年，奚、契丹犯塞，以上爲河北道元帥，信安王褘爲副，帥御史大夫李朝隱、京兆尹裴伷先等八總管兵以討之。仍命百僚設次於光順門，與上相見。左丞相張説退謂學士孫逖、韋述曰：「嘗見太宗寫真圖，忠王英姿穎發，儀表非常，雅類聖祖，此社稷之福也。」二十年，諸將大破奚、契丹，以上遥統之功，加司徒。二十三年，改名璵。二十五年，皇太子瑛得罪。二十六年六月庚子，立上爲皇太子，改名紹。』新唐書肅宗紀云：『肅宗文明武德大聖大宣孝皇帝諱亨，玄宗第三子也。母曰元獻皇后楊氏。初名嗣昇，封陝王。開元四年，爲安西大都護。性仁孝，好學，玄宗尤愛之，遣賀知章、潘肅、吕向、皇甫彬、邢璹等侍讀左右。十五年，更名浚，徙封忠王，爲朔方節度大使、單于大都護。十八年，奚、契丹寇邊，乃以肅宗爲河北道行軍元帥，遣御史大夫李朝隱等八總管兵十萬以伐之。居二歲，朝隱等敗奚、契丹於范陽北，肅宗以統帥功遷司徒。二十三年，又更名璵。二十五年，皇太子瑛廢死，明年，立爲皇太子。』

〔十〕植性温恭：『植性』，生性；禀性。周書劉志傳：『志少好學，博涉群書，植性方重，兼有武略。』太平廣記卷二百六十七引唐張鷟朝野僉載麻秋：『後趙石勒將麻秋者，太原

胡人也，植性㩀險鴆毒。』

（十一）興言士庶：『興言』，指告諭。晋左思魏都賦：『聖武興言，將曜威靈。』南朝宋顔延之赭白馬賦：『王於興言，闡肆威棱。』

（十二）以暢休期：『休期』，美好的時期。南朝陳徐陵陳公九錫詔：『昔在休期，早隆朝寄。』宋曾鞏謝賜唐六典表：『伏遇皇帝陛下接五聖之休期，振千齡之絶業。』

（十三）自開元二十六年七月二日昧爽以前：『昧爽』，拂曉；黎明。書牧誓：『時甲子昧爽，王朝至於商郊牧野。』孔子家語五儀：『昧爽夙興，正其衣冠。』

（十四）大辟罪已下：『大辟』，古五刑之一，謂死刑。書吕刑：『大辟疑赦，其罰千鍰。』孔傳：『死刑也。』孔穎達疏：『釋詁云：辟，罪也。死是罪之大者，故謂死刑爲大辟。』漢書禮樂志：『自京師有悖逆不順之子孫，至於陷大辟受刑戮者不絶，繇不習五常之道也。』

（十五）比年以來：『比年』，每年；連年。禮記王制：『諸侯之於天子也，比年一小聘。』鄭玄注：『比年，每歲也。』漢書谷永傳：『比年喪稼，時過無宿麥。』顔師古注：『比，頻也。』

（十六）豈得永無甄叙：『甄叙』，經甄别而加以提升或任用。唐陸贄平朱泚後車駕還京大

敕制：『將士等俱以純誠，奮其勇節……其已經甄叙者，更與超三資進改。』續資治通鑑宋太祖乾德二年：『〔選人〕取歷任中多課績而無闕失者，當與量材甄叙。』

〔十七〕類例條奏：『條奏』，逐條上奏。漢書元帝紀：『有可蠲除減省以便萬姓者，條奏，毋有所諱。』後漢書侯霸傳：『霸明習故事，收録遺文，條奏前世善政法度有益於時者，皆施行之。』

〔十八〕二品以上：『二品』，册府元龜作『三品』。

〔十九〕仍并即與改轉：『改轉』，謂遷調官職。多指提升。唐陸贄奉天論擬與翰林學士改轉狀：『又聞初到奉天，已頒詔命，應是扈從將吏，一例并加兩階，今若翰林之中，獨蒙改轉，乃是行賞不類，命官以私。録微勞，則臣等遷位過優；勸來者，則從官加階太薄。』

〔二十〕各賜物有差：『有差』，不一，有區別。後漢書張敏傳：『今托義者得減，妄殺者有差，使執憲之吏得設巧詐。』唐鄭棨開天傳信記：『路之父老，負擔壺漿，遠近迎謁。上皆親加存問。受其獻饋，錫賚有差。』

〔二十一〕天下侍老：『侍老』，四庫全書、適園叢書作『耆老』。

〔二十二〕并加版命：『版命』，册府元龜、適園叢書作『版授』。

〔二十三〕應合放還：『應合』，原作『應令』，今據册府元龜、明鈔本、甲庫本、四庫全書改。

〔二十四〕稍宜優假：『優假』，寬容；寬待。後漢書 劉愷傳：『〔愷〕以當襲般爵，讓與弟憲，遁逃避封。久之，章和中，有司奏請絶愷國，肅宗美其義，特優假之。』宋歐陽修論逐路取人札子：『西北之士，學業不及東南，當發解時，又十倍優假之，蓋其初選已濫矣。』

〔二十五〕其家内諸色差科：『差科』，指差役和賦税。唐杜甫遭田父泥飲美嚴中丞詩：『差科死則已，誓不舉家走。』宋陸游岳池農家詩：『緑秧分時風日美，時平未有差科起。』

〔二十六〕州縣量事借助：册府元龜作『州縣量事助借』。

〔二十七〕應單貧下户者：『單貧』，孤貧。三國志 吴書 陸瑁傳：『〔陳國、陳融等〕皆單貧有志，就瑁游處。』南齊書 高帝紀下：『單貧及孤老不能自存者，即聽番籍，郡縣押領。』『下户』，貧民；貧苦之家。史記 酷吏列傳：『即下户羸弱，時口言，雖文致法，上財察。』宋王安石與孟逸秘校手書之七：『惟下户所得亦不多，又誠可哀。』

立成王爲皇太子德音〔一〕

守器爲重〔二〕，擇賢而立。萬國由其永貞〔三〕，百王以之垂範〔四〕，蓋以重社稷

而奉粢盛也（五）。朕纘承洪緒，惟懷永圖（六）。丕膺皇極（七），既符域中之大；茂建元儲（八），用崇天下之本。皇太子俶（九），植性恭懿（十），因心孝友（十一）。文武之德，克聞於日躋；君親之誠，實表於天性（十二）。時屬艱阻（十三），義扶宗社（十四），故能外清玄祲（十五），内復皇圖（十六）。由是肇啓承華（十七），懋昭嘉緒（十八）。今撰辰斯及，册命攸行，宜承繼明之慶（十九），俾廣洊雷之澤（二十）。可大赦天下。頃者頻興大典（二十一），累洽殊私（二十二），率土之間（二十三），屢經蕩滌，猶慮近有抵犯（二十四），或滯狴牢（二十五）。其天下見禁囚徒以上罪，一切放免。内外文武官，三品以上（二十六），賜爵一級；四品以上，各賜加一階（二十七）；五品以上官，子爲父後者，賜勛兩轉。頃緣國用不足（二十八），頒賜未周，今所鑄新錢，數盈於萬。其京官文武五品已上，及常參官（二十九）、六軍將士、東北京留守及諸道節度將士等，各賜有差。其唐元功臣、成都元從（三十），及朕元從功臣等，普恩之外，更賜一爵；四品以下，更加兩階。其在靈州，及寧州，至鳳翔者，仰所司類例，更遞加一等。皇親及諸色陪位人，各賜勛兩轉（三十一）。其鴻臚蕃客（三十二），共賜絹一千匹（三十三）。天下義夫節婦，孝子順孫，旌表門閭（三十四），終身不事。京官五品已上，各舉忠正孝友、文儒周慎、堪任東

宫官者，務取實才，不得虚薦〔三十五〕。今餘寇未殄，有脅在賊中未歸順者，一切不以爲罪。其有受賊節制，能以兵降者，酬其封爵。且爲政之要，求賢是急。比令中外薦舉，多非實才，所以詢事考言，登科蓋寡〔三十六〕，猶慮巖穴之内，尚有沉淪。宜令所在州縣，更加搜擇，其懷才抱器〔三十七〕、隱遁丘園，并以禮徵送〔三十八〕。如或不赴，具以名聞。凡與前詔科目相當，一切委内外文武五品以上有所知者〔三十九〕，不限人數，任各薦聞。如自舉者，亦聽於所在投狀〔四十〕，有堪任用，不限常資。其行人家及羸老單貧、鰥寡煢獨，已頻有處分，宜令州縣長官，倍加優恤。應緣册禮職掌要重者，及撰册書舁寶官、禮官等，普恩之外賜勛兩轉。其禮儀使特賜一階，副使普恩之外賜爵一級。敕文有不該者，所司類例奏聞。乾元元年十月。

校箋

〔一〕此文又見於全唐文卷四十四，署名唐肅宗。此文文末標注頒布時間爲『乾元元年十月』。考舊唐書肅宗紀載：『（乾元元年）五月壬申朔，庚寅，立成王俶爲皇太子。』舊唐書代宗紀載：『肅宗還京，大赦，改封楚王。乾元元年三月，改封成王，四月庚寅，立爲皇太子，

改名豫。』新唐書肅宗紀云：『十月甲辰，立成王俶爲皇太子。大赦。賜文武官階、爵，五品以上子爲父後者勛兩轉。舉忠正孝友堪東宮官者。』新唐書代宗紀則云：『乾元元年三月，徙封成王。四月，立爲皇太子。』又檢資治通鑒卷二百二十載：『（乾元元年）五月，張后生興王佋，纔數歲，欲以爲嗣。上疑未決，從容謂考功郎中、知制誥李揆曰：「成王長，且有功，朕欲立爲太子，卿意何如？」揆再拜賀曰：「此社稷之福，臣不勝大慶！」上喜曰：「朕意決矣。」庚寅，立成王俶爲皇太子。……冬，十月，甲辰，册太子，更名曰豫。自中興以來，群下無復賜物，至是，始有新鑄大錢，百官、六軍沾賚有差。』按，上述舊唐書代宗紀所記立太子時間誤，蓋據天干地支紀年法考，乾元元年四月無庚寅日，而是年五月十九日方是庚寅日。新唐書代宗紀所記蓋沿其誤。今覈上述所有典籍所載，唯本册文與新唐書代宗紀所記爲確。則此册文頒布時間爲乾元元年（七五八）十月甲辰（五日），此制之撰寫時間當在此時稍前。

〔二〕守器爲重：『守器』，封建時代太子主宗廟之器，因借指太子。南齊書文惠太子傳贊：『二象垂則，三星麗天。樹嫡惟長，義匪求賢。方爲守器，植命不延。』南史齊武帝諸子等傳論：『守器之重，邦家所馮，觀文惠之在東儲，固已有虧令德，向令負荷斯集，猶當集於禍敗。』

〔三〕萬國由其永貞：『永貞』，謂長享正命。易坤：『用六，利永貞。』孔穎達

疏：『永，長也，貞，正也，言長能貞正也。』周禮 春官 大祝：『大祝掌六祝之辭，以事鬼神，示祈福祥，求永貞。』鄭玄注：『永，長也，貞，正也，求多福，歷年得正命也。』

〔四〕百王以之垂範：『百王』，歷代帝王。荀子 不苟：『百王之道，後王是也。』漢書 董仲舒傳：『蓋聞五帝三王之道，改制作樂而天下洽和，百王同之。』

〔五〕蓋以重社稷而奉粢盛也：『粢盛』，古代盛在祭器内以供祭祀的穀物。公羊傳 桓公十四年：『御廩者何？粢盛委之所藏也。』何休注：『黍稷曰粢，在器曰盛。』漢書 文帝紀：『親率耕，以給宗廟粢盛。』

〔六〕朕纘承洪緒：『洪』，四庫全書作『鴻』。『纘承』，繼承。周書 明帝紀：『今朕纘承大業，處萬乘之上。』宋蘇軾韓維祖保樞魯國公制：『逮兹纘承，繼用耆哲。』『洪緒』，世代相傳的大業。多指帝業。三國志 魏書 管寧傳：『横蒙陛下纂承洪緒，德侔三皇，化溢有唐。』晉潘岳楊荆州誄：『篤生戴侯，茂德繼期。纂戎洪緒，克構堂基。』吕向注：『緒，業也。言厚生茂盛之德，繼百年之期，承汝祖父大業也。』

〔七〕丕膺皇極：『皇極』，指皇位。晉干寶晉紀總論：『至於世祖，遂享皇極。』舊唐書 外戚傳 武承嗣：『皇極者，域中之大寶，必順乎天命。』

〔八〕茂建元儲：『元儲』，儲君。謂太子。晉葛洪抱朴子崇教：『蓋聞帝之元儲必入太學、承師問道……然後可以爲君。』陳書宣帝紀：『自元儲紹國，正位君臨，無道非幾，佇聞刑措。』

〔九〕皇太子俶：指唐代宗李俶。傳見舊唐書代宗紀云：『代宗睿文孝武皇帝諱豫，肅宗長子，母曰章敬皇太后吳氏。以開元十四年十二月十三日生于東都上陽宫。初名俶，年十五封廣平王。玄宗諸孫百餘，上爲嫡皇孫。宇量弘深，寬而能斷。喜懼不形於色。仁孝温恭，動必由禮。幼而好學，尤專禮、易，玄宗鍾愛之。禄山之亂，京城陷賊，從肅宗蒐兵靈武，以上爲天下兵馬元帥。時朝廷草創，兵募寡弱，上推心示信，招懷流散，比至彭原，兵衆數萬。及肅宗迴幸鳳翔，時房琯、郭子儀繼戰不利，賊鋒方鋭，屢來寇襲。上選求勇幹，頻挫其鋒，聖慮遑寧，士心大振。及師進討，百官辭送，步出闕門，方始乘馬。回紇葉護王子率兵入助，勇冠諸蕃，上接以優恩，結爲兄弟，故香積之戰，賊徒大敗，遂委西京而遁。雖子儀、嗣業之奮命，由上恩信結於士心，故人思自效。既收京城，令行禁止，民庶按堵，秋毫不犯，耆老歡迎，對之歔欷。聞賊殘衆猶保陜郊，即日長驅，東趨虢洛。新店之役，一戰大捷，慶緒之黨，十殲七八。數旬之間，河南底定，兩都恢復，二聖迴鑾，統率之功，推而不受。肅宗還京，大赦，改封楚王。乾元元年三

月，改封成王。四月庚寅，立爲皇太子，改名豫。』新唐書代宗紀云：『代宗睿文孝武皇帝諱豫，肅宗長子也。母曰章敬皇后吴氏。玄宗諸孫百餘人，代宗最長，爲嫡皇孫。聰明寬厚，喜愠不形於色，而好學强記，通易象。初名俶，封廣平郡王。安禄山反，玄宗幸蜀，肅宗留討賊，代宗常從於兵間。肅宗已即位，郭子儀等兵討安慶緒，未克。肅宗在岐，至德二載九月，以廣平郡王爲天下兵馬元帥，率朔方、安西、回紇、南蠻、大食等兵二十萬以進討，百官送于朝堂，過闕而下，步出木馬門，然後復騎。以安西、北庭行營節度使李嗣業爲前軍，朔方、河西、隴右節度使郭子儀爲中軍，關内行營節度使王思禮爲後軍，屯于香積寺。敗賊將安守忠，斬首六萬級。賊將張通儒守長安，聞守忠敗，棄城走，遂克京城，乃留思禮屯於苑中，代宗率大軍以東。安慶緒遣其將嚴莊拒於陜州，代宗及子儀、嗣業戰陜西，大敗之，慶緒奔於河北，遂克東都。肅宗還京師。十二月，進封楚王。乾元元年三月，徙封成王。四月，立爲皇太子。初，太子生之歲，豫州獻嘉禾，於是以爲祥，乃更名豫。』

〔十〕植性恭懿：『植性』，生性；稟性。周書劉志傳：『志少好學，博涉群書，植性方重，兼有武略。』太平廣記卷二百六十七引唐張鷟朝野僉載麻秋：『後趙石勒將麻秋者，太原胡人也，植性虓險鴆毒。』

〔十一〕因心孝友：『因心』，謂親善仁愛之心。詩大雅皇矣：『維此王季，因心則友。』毛傳：『因，親也。』陳奂傳疏：『因訓親，親心即仁心。』舊唐書孝友傳序：『善於兄弟，必能因心廣濟。』『孝友』，事父母孝順、對兄弟友愛。詩小雅六月：『侯誰在矣，張仲孝友。』毛傳：『善父母爲孝，善兄弟爲友。』後漢書韓棱傳：『棱四歲而孤，養母弟以孝友稱。及壯，推先父餘財數百萬與從昆弟，鄉里益高之。』

〔十二〕實表於天性：『表』，全唐文作『原』。

〔十三〕時屬艱阻：全唐文作『往以時屬艱阻』。

〔十四〕義扶宗社：『宗社』，宗廟和社稷的合稱。漢蔡邕獨斷卷上：『天子之宗社曰泰社，天子所爲群姓立社也。』南史虞寄傳：『朕不食言，誓之宗社。』

〔十五〕故能外清玄祲，内復皇圖：『玄』，四庫全書作『氛』。『氛祲』，比喻戰亂，叛亂。南朝梁沈約王亮王瑩加授詔：『内外允諧，逆徒從慝，躬衛時難，氛祲既澄，并宜光贊緝熙，穆兹景化。』唐駱賓王兵部奏姚州道破逆賊諾没弄楊虔柳露布：『飛塵埃而匝地，白日爲之晝昏；掃氛祲以稽天，滄溟爲之晦色。』

〔十六〕内復皇圖：『皇圖』，封建王朝的版圖。亦指封建王朝。唐李賀出城别張又新酬李

漢詩：『皇圖跨四海，百姓拖長紳。』舊唐書哀帝紀論：『宇縣瓜分，皇圖瓦解。』

〔十七〕由是肇啓承華：『肇啓』，初創；開始。晉張華正旦大會行禮詩之三：『肇啓晉宇，遂登皇基。』南朝梁沈約爲南郡王讓中軍表：『皇衢肇啓，鼎運始資。』『承華』，太子宫門名。晉陸機贈馮文羆遷斥丘令：『閶闔既闢，承華再建。』李善注引洛陽記：『太子宫在太宫東薄室門外，中有承華門。』陳書王瑒傳：『世祖顧謂冲曰：「所以久留瑒於承華，政欲使太子微有瑒風法耳。」』

〔十八〕懋昭嘉緒：『懋昭』，勉力宣明。書仲虺之誥：『王懋昭大德，建中于民。』孔傳：『欲王自勉明大德。』國語周語中：『叔父其懋昭明德，物將自至。』

〔十九〕宜承繼明之慶：『繼明』，借指皇帝即位。唐韓愈皇帝即位降赦賀觀察使狀：『聖上以繼明之初，垂惟新之澤。』宋司馬光論西夏札子：『自是正旦生辰，乃至陛下繼明，皆不遣使入賀，其不臣大矣。』

〔二十〕俾廣洊雷之澤：『洊雷』，易説卦以震卦象徵長子，因以『洊雷』比喻太子。北周庾信哀江南賦：『游洊雷之講肆，齒明離之胄筵。』

〔二十一〕頃者頻興大典：『大典』，國家重要的典章、法令。南朝梁任昉王文憲集

序：『至於軍國遠圖，刑政大典，既道在廊廟，則理擅民宗。』清薛福成庸盦筆記軼聞戊午科場之案：『肅順等力言取士大典關係至重，亟宜執法以懲積習。』

〔二十二〕累洽殊私：『累洽』，謂太平相承。漢班固東都賦：『至於永平之際，重熙而累洽。』張銑注：『熙，光明也；洽，合也。言光武既明而明帝繼之，故曰重熙累洽也。』宋文天祥明堂慶成恭進詩：『中嚴外辨三千禮，累洽重熙四十年。』『殊私』，謂帝王對臣下的特別恩寵。北史姚僧垣傳：『（宣帝）謂曰：「嘗聞先帝呼公爲姚公，有之？」對曰：「臣曲荷殊私，實如聖旨。」』唐白居易謝恩賜文服狀：『臣自入禁司，纔經旬月，未陳薄效，累受殊私。』

〔二十三〕率土之間：『率土』，『率土之濱』之省。謂境域之内。詩小雅北山：『率土之濱，莫非王臣。』王引之經義述聞毛詩中：『爾雅曰：「率，自也。自土之濱者，舉外以包内，猶言四海之内。」』

〔二十四〕猶慮近有抵犯：『抵犯』，全唐文作『冒法』。『抵犯』，觸犯。漢王充論衡辯祟：『故世人無愚智賢不肖，人君布衣皆畏懼信向，不敢抵犯。』舊唐書代宗紀：『乃者刑政不修，惠化未洽，既盡財力，良多抵犯。』

〔二十五〕或滯狴牢：『狴牢』，牢獄。漢焦贛易林 比之否：『失意懷憂，如幽狴牢。』舊唐書 劉瞻傳：『兩家宗族，枝蔓盡捕三百餘人，狴牢皆滿。』

〔二十六〕三品以上：『以上』，全唐文作『已上者』。

〔二十七〕各賜加一階：適園叢書作『各加一階』。

〔二十八〕頃緣國用不足：『緣』，全唐文作『因』。『國用』，國家的費用或經費。禮記 王制：『冢宰制國用，必於歲之杪，五穀皆入，然後制國用。』鄭玄注：『如今度支經用。』後漢書 袁安傳：『無故勞師遠涉，損費國用。』

〔二十九〕其京官文武五品已上及常參官：『常參官』，日常參朝的官吏。新唐書 百官志三：『文官五品以上及兩省供奉官、監察御史、員外郎、太常博士，日參，號常參官。』唐張籍酬秘書王丞見寄詩：『今體詩中偏出格，常參官裏每同班。』

〔三十〕成都元從：『元從』，自始即相隨從的人。魏書 李栗傳：『初隨太祖幸賀蘭部，在元從二十一人中。』唐韓愈鳳翔隴州節度使李公墓志銘：『及幸還，録功，封武安郡王，號元從功臣。』

〔三十一〕皇親及諸色陪位人各賜勛兩轉：『陪位』，陪席，陪同。史記 滑稽列傳：『齊趙

陪位於前，韓魏翼衛其後。』三國志 魏書 高貴鄉公髦傳：『其日即皇帝位於太極前殿，百僚陪位者欣欣焉。』

〔三十二〕其鴻臚蕃客：『蕃』，四庫全書作『番』。『蕃客』，古代對外國商旅的泛稱。蕃，通『番』。隋書 禮儀志四：『梁元會之禮……群臣及諸蕃客并集，各從其班而拜。』新唐書 百官志一：『凡蕃客至，鴻臚訊其國山川、風土，爲圖奏之，副上於職方。』

〔三十三〕共賜絹一千匹：『共賜絹』，全唐文作『賜絹』。

〔三十四〕旌表門閭：『旌表』，表彰。後多指官府爲忠孝節義的人立牌坊賜匾額，以示表彰。晉書 荀崧傳：『今承大弊之後，淳風頹散，苟有一介之善，宜在旌表之例。』明高明琵琶記 散髮歸林：『一門忠孝如此，理當保奏，請行旌表。』

〔三十五〕不得虛薦：『虛』，四庫全書作『濫』。

〔三十六〕所以詢事考言：『詢事考言』，謂查詢、考核所做的事和所說的話。書 舜典：『帝曰：「格！汝舜。詢事考言，乃言厎可績，三載。」』蔡沈集傳：『堯言詢舜所行之事而考其言。』清嚴有禧漱華隨筆 夾帶懷挾：『古之用人者，詢事考言，是以功罪有徵。』

〔三十七〕其懷才抱器：『懷才抱器』，猶言德才兼備。才，才能。器，器度。唐封演封

氏聞見記 匭使：『則天垂拱元年，初置匭使之制……東曰延恩匭，懷材抱器，希於聞達者投之。』宋范仲淹舉張問孫復狀：『右臣伏睹赦書節文：應天下懷材抱器，或淹下位，或滯草萊，委逐處具事由聞奏。』

〔三十八〕并以禮徵送：『并以禮』，全唐文作『以禮』。『徵送』，適園叢書作『徵』。

〔三十九〕一切委内外文武五品以上有所知者：『以上』，全唐文作『已上官』。

〔四十〕亦聽於所在投狀：『投狀』，呈遞文狀。梁書 武帝紀上：『必須畫刺投狀，然後彈冠。』宋王應麟困學紀聞 評詩：『建隆初，詔五代時命官投狀叙理，復命之。』

貞元二十一年册皇太子赦〔一〕

鄭　絪

門下：惟先哲王〔二〕，光有天下，必正邦本以立人極，必建儲貳以承宗祧〔三〕。所以啓迪大猷〔四〕，安固鴻業〔五〕，斯前代之令典也。皇太子純〔六〕，繼體秉哲〔七〕，恭敬温文，德協元良〔八〕，禮當上嗣。朕奉若丕訓〔九〕，憲章成式〔十〕，永惟社稷之重，載考春秋之義，授之匕鬯〔十一〕，以奉粢盛〔十二〕，爰以令辰〔十三〕，俾膺茂典〔十四〕。今册禮云畢，慶感交懷，思與萬方同其惠澤，可大赦天下。自貞元二十一年二月二十四

日以後，至四月九日昧爽以前，天下應犯死罪者〔十五〕，特降從流；流罪已下遞減一等〔十六〕。文武常參官〔十七〕，并州縣府官〔十八〕，子爲父後者，賜勛兩轉。古之所以教太子，必茂選師傅以翼輔之〔十九〕，俾法於訓詞而行其典禮〔二十〕，左右前後〔二十一〕，罔非正人，是以教諭而成德也。給事中陸質、中書舍人崔樞〔二十二〕，積學懿文〔二十三〕，守經據古，夙夜講習〔二十四〕，庶叶于中。可充皇太子侍讀。天下孝子順孫，先旌表門閭者，委所管州縣，各加存恤〔二十五〕；五岳四瀆，名山大川，委所在長吏，量加祭祀〔二十六〕。

校箋

〔一〕此文又見於册府元龜卷八十九帝王部赦宥第八。全唐文卷五百十一亦録，文題名册皇太子赦詔，作者鄭絪。此文文末原未標明作年。考册府元龜此文文首云『四月戊申詔曰惟先格王光有天下……』云云，又舊唐書順宗紀載：『戊申，詔以册太子禮畢，赦京城繫囚，大辟降從流，流以下減一等。』新唐書順宗本紀亦載：『戊申，以册皇太子，降死罪以下，賜文武官子爲父後者勛兩轉。』資治通鑑卷二百三十六永貞元年四月亦記：『戊申，以給事中陸淳爲太子侍讀，仍更名質。韋執誼自以專權，恐太子不悦，故以質爲侍讀，使潛伺太子意，且解之。及質

發言，太子怒曰：「陛下令先生爲寡人講經義耳，何爲預他事！」質惶懼而出。』據上引典籍所載，則此赦文頒布時間應爲貞元二十一年（八〇五）四月戊申（九日），故此赦文之撰寫時間當在此時稍前。又，鄭絪，傳見舊唐書卷一百五十九云：『鄭絪，字文明。父羨，池州刺史。絪少有奇志，好學，善屬文。大曆中，有儒學高名，如張參、蔣乂、楊綰、常衮，皆相知重。絪擢進士第，登宏詞科，授秘書省校書郎、鄠縣尉。張延賞鎮西川，辟爲書記，入除補闕、起居郎，兼史職。無幾，擢爲翰林，轉司勛員外郎、知制誥。德宗朝，在内職十三年，小心兢謙，上遇之頗厚。貞元末，德宗晏駕，順宗初即位，遺詔不時宣下。絪與同列衛次公密申正論，中人不敢違。及王伾、王叔文朋黨擅權之際，絪又能守道中立。憲宗監國，遷中書舍人，依前學士，俄拜中書侍郎、平章事，加集賢殿大學士，轉門下侍郎、宏文館大學士。憲宗初，勵精求理，絪與杜黄裳同當國柄。黄裳多所關决，首建議誅惠琳、斬劉闢及他制置。絪謙默多無所事，由是貶秩爲太子賓客。出爲嶺南節度觀察等使、廣州刺史、檢校禮部尚書，以廉政稱。爲工部尚書，轉太常卿，又爲同州刺史、長春宫使，改東都留守。入歷兵部尚書，旋爲河中節度使。大和二年，入爲御史大夫、檢校左僕射、兼太子少保。絪以文學進，恬澹，踐歷華顯，出入中外者逾四十年。所居雖無赫奕之稱，而守道敦篤，耽悦墳典，與當時博聞好古之士，爲講論名理之游，時人皆仰其耆德焉。及文宗即位，以年力衰耄，累表陳乞，遂以太子太傅致仕。三年十月卒，年七十八，贈司

空，謚曰宣。』新唐書卷一百六十五載：『鄭絪，字文明，餘慶從父行也。幼有奇志，善屬文，所交皆天下有名士。擢進士、宏辭高第。張延賞帥劍南，奏署掌書記。入爲起居郎、翰林學士，累遷中書舍人。德宗自興元還，置六軍統軍視六尚書，以處功臣，除制用白麻付外。又廢宣武軍，益左右神策，以監軍爲中尉。竇文場恃功，陰諷宰相進擬如統軍比。絪當作制，奏言：「天子封建，或用宰相，以白麻署制，付中書、門下。今以命中尉，不識陛下特以寵文場邪？遂著爲令也？」帝悟，謂文場曰：「武德、貞觀時，中人止內侍，諸衞將軍同正賜緋者無幾。自魚朝恩以來，無復舊制。朕因用爾不謂私，若麻制宣告，天下謂爾脅我爲之。」文場叩頭謝。更命中書作詔，并罷統軍用麻矣。明日，帝見絪曰：「宰相不能拒中人，得卿言乃悟。」順宗病，不得語，王叔文與牛美人用事，權震中外，憚廣陵王雄睿，欲危之。帝召絪草立太子詔，絪不請輒書曰：「立嫡以長。」跪白之，帝頷乃定。憲宗即位，拜中書侍郎、同中書門下平章事，遷門下侍郎。始，盧從史陰與王承宗連和，有詔歸潞，從史辭潞乏糧，請留軍山東。李吉甫密譖絪漏言於從史，帝怒，坐浴堂殿，召學士李絳語其故，且曰：「若何而處？」絳曰：「誠如是，罪當族。然誰以聞陛下者？」曰：「吉甫爲我言。」絳曰：「絪任宰相，識名節，不當如犬彘梟獍與奸臣外通。恐吉甫勢軋內忌，造爲醜辭以怒陛下。」帝良久曰：「幾誤我！」先是，杜黃裳方爲帝夷削節度，强王室，建議裁可，不關决於絪，絪常默默。居位四年，罷爲太子賓客。久乃檢校禮部

尚書，出爲嶺南節度使，後累遷河中節度。入爲御史大夫，檢校尚書左僕射，兼太子少保。文宗大和中，年老乞骸骨，以太子太傅致仕。卒，年七十八，贈司空，謚曰宣。絪本以儒術進，守道寡欲，所居不爲烜赫事，以篤實稱。善名理學，世以耆德推之。」

〔二〕惟先哲王：『哲王』，册府元龜、明鈔本、甲庫本作『格王』。『哲王』，賢明的君主。書 酒誥：『在昔殷先哲王，迪畏天顯小民，經德秉哲。』南朝梁慧皎高僧傳 義解 支遁：『是以哲王御世，南面之重，莫不欽其風尚。』

〔三〕必建儲貳以承宗祧：『儲貳』，亦作『儲二』。儲副，太子。晉葛洪抱朴子 釋滯：『昔子晉舍視膳之役，棄儲貳之重，而靈王不責之以不孝。』唐元稹四皓廟詩：『如何一朝起，屈作儲貳賓。』『宗祧』，宗廟。左傳 襄公二十三年：『紇不佞，失守宗祧，敢告不吊。紇之罪，不及不祀。』杜預注：『遠祖廟爲祧。』孔子家語 哀公問政：『聖人因物之精，制爲之極，明命鬼神，以爲民之則，而猶以是爲未足也。故築爲宫室，設爲宗祧。』

〔四〕所以啓迪大猷：『大猷』，謂治國大道。詩 小雅 巧言：『奕奕寢廟，君子作之；秩秩大猷，聖人莫之。』鄭玄箋：『猷，道也；大道，治國之禮法。』晉潘岳楊荆州誄：『弈世丕顯，允迪大猷。』

〔五〕安固鴻業：『鴻業』，册府元龜、全唐文作『洪業』。

〔六〕皇太子純：『皇太子純』，謂唐憲宗李純，傳見舊唐書憲宗紀載：『憲宗聖神章武孝皇帝諱純，順宗長子也，母曰莊憲王太后。大曆十三年二月生于長安之東内。六七歲時，德宗抱置膝上，問曰：「汝誰子，在吾懷？」對曰：「是第三天子。」德宗異而憐之。貞元四年六月，封廣陵王。順宗即位之年四月，册爲皇太子。』新唐書憲宗紀載：『憲宗昭文章武大聖至神孝皇帝諱純，順宗長子也。母曰莊憲皇太后王氏。貞元四年六月己亥，封廣陵郡王。二十一年三月，立爲皇太子。永貞元年八月，順宗詔立爲皇帝。乙巳，即皇帝位於太極殿。』

〔七〕繼體秉哲：『繼體』，册府元龜、全唐文作『體仁』。

〔八〕德協元良：『元良』，太子的代稱。禮記文王世子：『一有元良，萬國以貞，世子之謂也。』南朝梁沈約立太子詔：『元良之寄，有國莫先，自昔哲后，降及近代，莫不立儲樹嫡，守器承祧。』

〔九〕朕奉若丕訓：四庫全書作『朕奉丕訓』。『丕訓』，重大的訓導。書君陳：『爾惟弘周公丕訓。』孔傳：『當闡大周公之大訓。』唐韓愈順宗實録卷三：『朕奉若丕訓，憲章前式。』

〔十〕憲章成式：『成式』，册府元龜、全唐文作『古式』。

〔十一〕授之匕鬯：『匕鬯』，易震：『震驚百里，不喪匕鬯。』王弼注：『匕，所以載鼎實；鬯，香酒。奉宗廟之盛也。』後因代指宗廟祭祀。南朝陳徐陵皇太子臨辟雍頌：『皇太子耀

彼重離，光茲匕鬯，儀以天文，化成天下。」

（十二）以奉粢盛：『粢盛』，古代盛在祭器内以供祭祀的穀物。公羊傳 桓公十四年：『御廪者何？粢盛委之所藏也。』何休注：『黍稷曰粢，在器曰盛。』漢書 文帝紀：『親率耕，以給宗廟粢盛。』

（十三）爰以令辰：『令辰』，指吉日。儀禮 士冠禮：『吉月令辰，乃申爾服，敬爾威儀，淑慎爾德，眉壽萬年，永受胡服。』南朝梁沈約湘州枳園寺刹下石記：『齊之永明六年，六月三日，蓋木運將啓之令辰，上帝步天之嘉日，乃抗崇表於蒼雲，植重扃於玄壤。』

（十四）俾膺茂典：『茂典』，盛美的典章、法則。南朝宋顔延之三月三日曲水詩序：『選賢建戚，則擇之於茂典；施命發號，必酌之於故實。』張銑注：『茂，美；典，則也。』舊唐書 肅宗紀：『至於漢武，飾以浮華，非前王之茂典，豈永代而作則。』

（十五）天下應犯死罪者：此句原無『者』字，今據册府元龜、全唐文增補。

（十六）流罪已下遞減一等：此句原無『罪』字，今據册府元龜、全唐文增補。『遞減』，册府元龜、全唐文作『各減』。

（十七）文武常參官：册府元龜、全唐文作『文武官常參官』。

（十八）并州縣府官：册府元龜、全唐文作『及諸州府長官』。

〔十九〕必茂選師傅以翼輔之：『師傅』，册府元龜、全唐文、適園叢書作『師友』。『翼輔』，册府元龜、全唐文作『輔翼』。

〔二十〕俾法於訓詞而行其典禮：『訓詞』，四庫全書作『訓辭』。

〔二十一〕左右前後：『左右』，册府元龜作『右左』。

〔二十二〕給事中陸質、中書舍人崔樞：『給事中陸質』，傳見舊唐書卷一百八十九、新唐書卷一百五十七。舊唐書本傳記其事迹云：『陸質，吴郡人，本名淳，避憲宗名改之。……順宗即位，質素與韋執誼善，由是徵爲給事中、皇太子侍讀，仍改賜名質。時執誼得幸，順帝寢疾，與王叔文等竊弄權柄。上在春宫，執誼懼，質已用事，故令質入侍，而潛伺上意，因用解。及質發言，上果怒曰：「陛下令先生與寡人講義，何得言他？」質惶懼而出。未幾病卒。質著集注春秋二十卷、類禮二十卷、君臣圖翼二十五卷，并行于代。貞元二十一年卒。』新唐書本傳：『陸質，字伯冲。七代祖澄，仕梁爲名儒。世居吴。……質素善韋執誼，方執誼附叔文竊威柄，用其力召爲給事中。憲宗爲太子，詔侍讀。質本名淳，避太子名，故改。時執誼懼太子怒己專，故以質侍東宫，陰伺意解釋左右之。質伺間有所言，太子輒怒曰：「陛下命先生爲寡人講學，何可及它？」質惶懼出。執誼未敗時，質病甚，太子已即位，爲臨問加禮。卒，門人以質能文聖人書，通於後世，私共謚曰文通先生。所著書甚多，行於世。』『中書舍人崔樞』，事迹見中國文學家

大辭典唐五代卷。中國文學家大辭典記：『崔樞（生卒年不詳）郡望清河（今屬河北）。早年客居汴州半歲，與海賈同止。賈臨終，遺以珠。及葬，崔樞置珠柩中。後賈婦發柩得珠，以此知名。次年登進士第。貞元末爲中書舍人。順宗即位，與給事中陸質并爲皇太子李純侍讀。元和五年，遷禮部侍郎，知貢舉。歷刑部、吏部二侍郎。終秘書監。全唐詩卷三百一十九録其詩二首。事迹散見于唐國史補卷中、因話録卷三商部下、唐語林卷一及卷八、唐摭言卷十一、舊唐書卷十四順宗紀、唐詩紀事卷五十等。』

〔二十三〕積學懿文：『懿文』，華美的文章。唐白居易除孔戣等官制：『吏部員外郎王涯，端明精實，加之以敏；懿文茂學，尤推於時。』宋曾鞏賀蹇周輔授館職：『富華國之懿文，抱據經之宿學。』

〔二十四〕夙夜講習：册府元龜、全唐文作『以參講習』。

〔二十五〕各加存恤：『存恤』，册府元龜、全唐文作『恤』。

〔二十六〕量加祭祀：『祭祀』，册府元龜、全唐文作『祭禮』。

元和四年册皇太子赦〔一〕

門下〔二〕：朕丕承寶圖〔三〕，撫有方夏〔四〕，夙夜寅畏〔五〕，不敢荒寧〔六〕。

永惟祖宗之鴻業〔七〕，歷考前王之令典〔八〕，思所以垂統立極〔九〕，事神保人，推明至公〔十〕，安固大本。尊廟祧而主匕鬯〔十一〕，嚴社稷而奉粢盛〔十二〕，俾開春闈〔十三〕，乃命元子〔十四〕，斯古今之通誼也〔十五〕。皇太子寧〔十六〕，清明體仁，莊敬好禮，服典謨之誼〔十七〕，挺忠孝之節〔十八〕，一君親之誠〔十九〕。允諧詢謀〔二十〕，用建儲貳〔二十一〕，爰以吉日，册于明庭〔二十二〕。鼓鐘載和，文物大備，盛禮云畢，慶感良深。是宜布澤申恩〔二十三〕，自中達外。厥有前躅〔二十四〕，舉而行之，可大赦天下〔二十五〕。自元和四年十月十八日昧爽以前，天下應犯死罪非殺人者，降從流〔二十六〕；流罪已下，遞減一等。左降官未經量移者〔二十七〕，即與量移〔二十八〕。文武常參官〔二十九〕，及諸州府長官，子爲父後者，賜勛兩轉；應緣册禮行事官，賜階及勛爵有差；鄧王府官，量與進改〔三十〕。夫輔翼元良〔三十一〕，教諭成德，使目睹正事〔三十二〕，耳聞正言〔三十三〕，形于施爲〔三十四〕，漸于心術〔三十五〕。非齋莊忠慤之士〔三十六〕，不在兹選。工部侍郎歸登、給事中吕元膺〔三十七〕，并踐履端方〔三十八〕，行義修潔〔三十九〕，通於經訓而得其要，達於教化而蹈其中；侍講承華〔四十〕，師範磐石〔四十一〕，訪乃公議〔四十二〕，副予精求〔四十三〕，并可充皇太子諸王侍讀。登宜加一階，

元膺宜賜紫金魚袋。天下孝子順孫，先旌表門閭者（四十四），委所管州縣各加存恤。五岳四瀆（四十五），名山大川，委所在長吏，量加祭祀。

校箋

〔一〕此文又見於册府元龜卷八十九帝王部赦宥第八。亦見文苑英華卷四百三十二翰林制詔，文題爲册太子禮畢赦文，乃屬於玉堂遺範。全唐文卷六十三亦録，文題作册皇太子赦文，作者唐憲宗。本文文末原未標明撰寫時間。考册府元龜此文首云『憲宗元和元年正月丁卯，御含元殿受朝賀，禮畢，御丹……四年十月庚寅，册皇太子。癸巳，制曰：朕丕承寶圖，撫有方夏……』云云，所頒布即此文。又檢舊唐書卷十四憲宗本紀載：『（元和四年）冬十月癸酉朔，庚寅，册鄧王寧爲皇太子。』舊唐書卷一百七十五其本傳云：『惠昭太子寧……元和元年八月，進封鄧王。四年閏三月，立爲皇太子，改名宙，尋復今名。其年有司將行册禮，以孟夏、孟秋再卜日，臨事皆以雨罷，至十月方行册禮。』新唐書卷七憲宗本紀記：『（元和四年）閏三月丁卯，立鄧王寧爲皇太子。』新唐書卷八十二其本傳云：『以寧爲皇太子，更名宙，前以制示絳等。未幾，復初名。册禮用孟夏，雨，不克，改用孟秋，亦雨，冬十月克行禮。』資治通鑑卷

二百三十七亦載：『（元和四年三月）翰林學士李绛等奏曰：「陛下嗣膺大寶，四年于兹，而儲闈未立，典册不行，是開窺覦之端，乖慎重之義，非所以承宗廟、重社稷也。伏望抑撝謙之小節，行至公之大典。」丁卯，制立長子鄧王寧爲太子。寧，紀美人之子也。』按，兩唐書述鄧王册皇太子一事甚詳，是爲前已確立，至十月方行册禮，故以原作時間爲是。則此册文頒布時間應爲元和四年（八〇九）十月庚寅（十八日）。故此制之撰寫時間當在此時稍前。

（二）門下：原無此二字，今據文苑英華、全唐文增補。

（三）朕丕承寶圖：『丕承』，很好地繼承。舊謂帝王承天受命，常曰『丕承』。書君奭：『惟文王德丕承無疆之恤。』漢揚雄法言問明：『成湯，丕承也；文王，淵懿也。或問丕承，曰：「由小致大，不亦丕乎？革夏以天，不亦承乎？」』『寶圖』，皇位；帝業。周書武帝紀上：『朕祗承寶圖，宜遵故實。』唐柳宗元禮部爲文武百僚請聽政表之二：『陛下以聰明睿聖，嗣守寶圖。』

（四）撫有方夏：『方夏』，指中國，華夏。與『四夷』相對。書武成：『誕膺天命，以撫方夏。』後漢書董卓傳贊：『方夏崩沸，皇京烟埃。』李賢注：『方，四方；夏，華夏也。』

（五）夙夜寅畏：『寅畏』，敬畏；恭敬戒懼。書無逸：『嚴恭寅畏，天命自度。』蔡沈集

傳：『寅則欽肅，畏則戒懼。』唐白居易畫大羅天尊贊文：『皇帝孝敬寅畏，憂勤勞謙。』

〔六〕不敢荒寧：『荒寧』，荒廢懈怠，貪圖安逸。書 無逸：『治民祇懼，不敢荒寧。』孔傳：『爲政敬身畏懼，不敢荒怠自安。』漢書 元帝紀：『朕戰戰栗栗，夙夜思過失，不敢荒寧。』

〔七〕永惟祖宗之鴻業：『鴻業』，册府元龜、文苑英華作『洪業』。『永惟』，深思；常念。漢書 宣帝紀：『夙夜兢兢，靡有驕色，内省匪解，永惟罔極。』晉書 武帝紀：『朕守遺業，永惟保乂皇基，思與萬國以無爲爲政。』

〔八〕歷考前王之令典：『前王』，册府元龜、文苑英華作『皇王』。

〔九〕思所以垂統立極：『垂統』，把基業流傳下去。多指皇位的承襲。孟子 梁惠王下：『君子創業垂統，爲可繼也。』史記 三王世家：『而家皇子爲列侯，則尊卑相逾，列位失序，不可以垂統於萬世。』

〔十〕推明至公：『推明』，闡明；究明。新唐書 柳冕傳：『自以久疏斥，又性躁狷，不能無恨，乃上表乞代，且推明朝覲之意。』宋葉適奉議郎鄭公墓志銘：『著仁義、禮樂、扶中、截流等篇，推明聖人之道。』

〔十一〕尊廟祧而主匕鬯：『廟祧』，泛指祖廟。周禮 春官 小宗伯：『辨廟祧之昭穆。』漢張衡東京賦：『蒸蒸之心，感物曾思，躬追養於廟祧，奉蒸嘗與禴祠。』『匕鬯』，易震：『震驚百里，不喪匕鬯。』王弼注：『匕，所以載鼎實；鬯，香酒。奉宗廟之盛也。』後因代指宗廟祭祀。南朝陳徐陵皇太子臨辟雍頌：『皇太子耀彼重離，光兹匕鬯，儀以天文，化成天下。』

〔十二〕嚴社稷而奉粢盛：『社稷』，古代帝王、諸侯所祭的土神和穀神。社，土神；稷，穀神。書 太甲上：『先王顧諟天之明命，以承上下神祇，社稷宗廟罔不祗肅。』孟子 盡心下：『民爲貴，社稷次之，君爲輕。』『粢盛』，古代盛在祭器内以供祭祀的穀物。公羊傳 桓公十四年：『御廩者何？粢盛委之所藏也。』何休注：『黍稷曰粢，在器曰盛。』漢書 文帝紀：『親率耕，以給宗廟粢盛。』

〔十三〕俾開春闈：『春闈』，唐宋禮部試士和明清京城會試，均在春季舉行，故稱春闈。猶春試。唐李中送相里秀才之匡山國子監詩：『業成早赴春闈約，要使嘉名海内聞。』金董解元西廂記諸宫調卷一：『平日春闈較才藝，策名屢獲科甲。』

〔十四〕乃命元子：『元子』，天子和諸侯的嫡長子。書 微子之命：『王若曰：猷，殷王元

子。』詩魯頌閟宮：『王曰叔父，建爾元子，俾侯於魯。』後泛指長子。唐元稹夏陽縣令陸翰妻河南元氏墓志銘：『翰，國朝左侍極兼宰相信之玄孫，臨汝令秘之元子，魏出也。』

〔十五〕斯古今之通誼也：『古今』，文苑英華作『古人』。『通誼』，猶通義。戰國策趙策二：『子不反親，臣不逆主，先王之通誼。』漢書董仲舒傳：『春秋大一統者，天地之常經，古今之通誼也。』

〔十六〕皇太子寧：鄧王寧，即唐惠昭太子李寧，傳見舊唐書卷一百七十五，其本傳云：『惠昭太子寧，憲宗長子也。母曰紀美人。貞元二十一年四月，封平原郡王。元和元年八月，進封鄧王。四年閏三月，立爲皇太子，改名宙，尋復今名。其年有司將行册禮，以孟夏、孟秋再卜日，臨事皆以雨罷，至十月方行册禮。』新唐書卷八十二其本傳云：『惠昭太子寧，貞元二十一年，始王平原，與同安、彭城、高密、文安四王同封。帝即位，進王鄧，與澧、深、洋、絳四王同封。於是國嗣未立，李絳等建言：「聖人以天下爲大器，知一人不可獨化，四海不可無本，故建太子以自副，然後人心定，宗祏安，有國不易之常道。陛下受命四年，而冢子未建，是開窺覦之端，乖慎重之義，非所以承列聖，示萬世。」帝曰：「善。」以寧爲皇太子，更名宙，前以制示絳等。未幾，復初名。册禮用孟夏，雨，不克，改用孟秋，亦雨，冬十月克行禮。』

（十七）服典謨之誼：『典謨』，書中堯典、舜典和大禹謨、皋陶謨等篇的并稱。書序：『典謨訓誥誓命之文凡百篇，所以恢弘至道，示人主以軌範也。』漢書揚雄傳下：『典謨之篇，雅頌之聲，不温純深潤，則不足以揚鴻烈而章緝熙。』

（十八）挺忠孝之節：原本無此句，今據册府元龜增補。

（十九）一君親之誠：『君親之誠』前原本闕一字，今據册府元龜、文苑英華、四庫全書、適園叢書增補。

（二十）允諧詢謀：『允諧』，和諧一致。書益稷：『庶尹允諧。』孔穎達疏：『信皆和諧，言職事修理也。』

（二十一）用建儲貳：『儲貳』，亦作『儲二』。儲副，太子。晉葛洪抱朴子釋滯：『昔子晉舍視膳之役，棄儲貳之重，而靈王不責之以不孝。』唐元稹四皓廟詩：『如何一朝起，屈作儲貳賓。』

（二十二）册于明庭：『明庭』，古代帝王祭祀神靈之地。南朝齊謝朓鼓吹曲鈞天曲：『已慶明庭樂，誰想南風彈。』北周庾信周五聲調曲徵調曲三：『衆仙就朝於瑶水，群帝受享於明庭。』參見『明廷』。

〔二十三〕是宜布澤申恩：『申恩』，册府元龜作『施恩』。

〔二十四〕厥有前躅：『前躅』，前人的遺範。南朝宋謝靈運撰征賦：『欽仲舒之睟容，遵縫掖於前躅。』唐劉禹錫登司馬錯故城詩：『登臨值蕭辰，周覽壯前躅。』

〔二十五〕可大赦天下：原本無此句，今據文苑英華增補。

〔二十六〕降從流：『從流』，按流放之罪處理。周書宣帝紀：『見囚死罪并降從流，流罪從徒，五歲刑已下悉皆原宥。』

〔二十七〕左降官未經量移者：『量移』，多指官吏因罪遠謫，遇赦酌情調遷近處任職。唐白居易自題詩：『一旦失恩先左降，三年隨例未量移。』舊唐書玄宗紀上：『〔開元二十年〕大赦天下，左降官量移近處。』

〔二十八〕即與量移：原無『即』字，今據全唐文、適園叢書增補。

〔二十九〕文武常參官：原無『官』字，今據册府元龜、文苑英華增補。

〔三十〕量與進改：『進改』，猶升遷。太平廣記卷二百一引唐胡璩譚賓録李邕：『〔李邕〕復爲人陰中，竟不得進改。』續資治通鑑宋真宗大中祥符二年：『詔「自今諸路轉運使、副、提點刑獄所舉官，如進改後，五年無過有勞幹者，并舉主特加酬奬。」』

〔三十一〕夫輔翼元良：『元良』，太子的代稱。禮記 文王世子：『一有元良，萬國以貞，世子之謂也。』南朝梁沈約立太子詔：『元良之寄，有國莫先，自昔哲后，降及近代，莫不立儲樹嫡，守器承祧。』

〔三十二〕使目睹正事：『正事』，合乎正道之事；正經事。漢賈誼上疏陳政事：『太子乃生而見正事，聞正言，行正道，左右前後，皆正人也。』

〔三十三〕耳聞正言：『正言』，正面的話；合於正道的話。老子：『故聖人云：受國之垢，是謂社稷之主；受國不祥，是謂天下之主，正言若反。』河上公注：『此乃正直之言，世人不知，以爲反言。』漢桓寬鹽鐵論 能言：『藥酒，病之利也；正言，治之藥也。』

〔三十四〕形于施爲：『施爲』，作爲。列子 周穆王：『儒生欣然告其子曰：「疾可已也。然吾之方密，傳世不以告人。試屏左右，獨與居室七日。」從之。莫知其所施爲也，而積年之疾一朝都除。』唐韓愈愛直贈李君房別：『南陽公舉措施爲，不失其宜。』

〔三十五〕漸于心術：『心術』，指人認識事物的方法和途徑。管子 七法：『實也，誠也，厚也，施也，度也，恕也，謂之心術。』莊子 天道：『此五末者，須精神之運，心術之動，然後從者也。』成玄英疏：『術，能也。心之所能，謂之心術也。』

〔三十六〕非齋莊忠愨之士：『齋莊』，嚴肅誠敬。史記秦始皇本紀：『遂登會稽宣省習俗，黔首齋莊，群臣誦功。』唐末五代杜光庭羅天醮衆神祠：『黍稷馨香，必虔於蠲潔；蘋蘩蕰藻，克展於齋莊。』『忠愨』，忠誠樸實。魏書羅結傳：『世祖以其忠愨，甚見信待。』舊唐書屈突通傳：『通性剛毅，志尚忠愨，檢身清正。』

〔三十七〕工部侍郎歸登、給事中吕元膺：『歸登』，傳見舊唐書卷一百四十九、新唐書卷一百六十四。舊唐書本傳載：『登，字冲之。雅實弘厚，事繼母以孝稱。大曆七年，舉孝廉高第，補四門助教。貞元初，復登賢良科，自美原尉拜右拾遺。時裴延齡以奸佞有恩，欲爲相，諫議大夫陽城上疏切直，德宗赫怒。右補闕熊執易等亦以危言忤旨。初執易草疏成，示登，登愕然曰：「願寄一名。雷電之下，安忍令足下獨當！」自是同列切諫。登每聯署其奏，無所迴避，時人稱重。轉右補闕、起居舍人，三任十五年。同列嘗出其下者，多以馳騖至顯官，而登與右拾遺蔣武，退然自守，不以淹速介意。後遷兵部員外郎，充皇子侍讀，尋加史館修撰。順宗初，以東朝舊恩，超拜給事中，旋賜金紫，仍錫衫笏焉。遷工部侍郎。與孟簡、劉伯芻、蕭俛受詔同翻譯大乘本生心地觀經。又爲東宮及諸王侍讀，獻龍樓箴以諷。久之，改左散騎常侍。因中謝，憲宗問時所切，登以納諫爲對，時論美之。轉兵部侍郎，兼判國子祭酒事，遷工部尚書。』『吕元膺』，傳見舊唐書卷一百五十四、新唐書卷一百七十五。舊唐書本傳載：『吕元膺字景夫，鄆州

東平人。曾祖紹宗，右拾遺。祖霈，殿中侍御史。父長卿，右衛倉曹參軍，以元膺贈秘書監。元膺質度瓌偉，有公侯之器。建中初，策賢良對問第，授同州安邑尉。同州刺史侯鐈聞其名，辟爲長春宮判官。屬蒲賊侵軼，鐈失所，元膺遂潛迹不務進取。貞元初，論惟明節制渭北，延在賓席，自是名達於朝廷。惟明卒，王栖曜代領其鎮。德宗俾栖曜留署使職，咨以軍政。累轉殿中侍御史，徵入真拜本官，轉侍御史。丁繼母憂，服闋，除右司員外郎。出爲蘄州刺史，頗著恩信。嘗歲終閱郡獄囚，囚有自告者曰：「某有父母在，明日元正不得相見。」因泣下。元膺憫焉，盡脱其械縱之，與爲期。守吏曰：「賊不可縱。」元膺曰：「吾以忠信待之。」及期，無後到者，由是群盗感義，相引而去。元和初，徵拜右司郎中、兼侍御史知雜事，遷諫議大夫、給事中。規諫駁議，大舉其職。及鎮州王承宗之叛，憲宗將以吐突丞璀爲招討處置使。元膺與給事中穆質、孟簡，兵部侍郎許孟容等八人，抗論不可，且曰：「承璀雖貴寵，然内臣也。若爲帥總兵，恐不爲諸將所伏。」指論明切，憲宗納之，爲改使號，然猶專戎柄，無功而還。出爲同州刺史，及中謝，上問時政得失，元膺論奏，辭氣激切，上嘉之。翌日謂宰相曰：「元膺有讜言直氣，宜留在左右，使言得失，卿等以爲何如？」李藩、裴垍賀曰：「陛下納諫，超冠百王，乃宗社無疆之休。臣等不能廣求端士，又不能數進忠言，孤負聖心，合當罪戾。請留元膺給事左右。」尋兼皇太子侍讀，賜以金紫。』

〔三十八〕并踐履端方：「方」，四庫全書作「正」。「端方」，莊重正直。宋書王敬弘傳：「敬弘形狀短小，而坐起端方，桓玄謂之『彈棊八勢』。」舊唐書鄭朗傳：「植操端方，禀氣莊重。」

〔三十九〕行義修潔：「修潔」，指操行高潔的人。荀子賦篇：「臣愚不識，願問其名，曰：此夫安寬平而危險隘者邪？修潔之爲親而雜污之爲狄者邪？」

〔四十〕侍講承華：「侍講」，爲皇帝或太子講學。後漢書桓郁傳：「和帝即位，富於春秋，侍中竇憲自以外戚之重，欲令少主頗涉經學……由是遷長樂少府，復入侍講。」後漢書桓榮傳：「榮嘗寢病，太子朝夕遣中傅問病……後病愈，復入侍講。」「承華」，指太子宫室或太子。梁書元帝紀：「嗣後升遐，龍輴未殯，承華掩曜，梓宫莫測。」唐黄滔寄陳侍御詩：「九級燕金滿樽酒，却愁隨詔謁承華。」

〔四十一〕師範磬石：師範，師法；效法。南朝梁劉勰文心雕龍通變：「今才穎之士，刻意學文，多略漢篇，師範宋集。」唐劉知幾史通雜説下：「或師範五經，或規模三史。」「磬石」，比喻能負重任的人材。五代前蜀韋莊江南送李明府入關詩：「正是中興磬石重，莫將顦顇入都門。」清黄遵憲述聞詩：「風輪壞劫天難補，磐石無人陸竟沈。」

〔四十二〕訪乃公議：「公議」，按公利標準而議論；公衆共同評論。韓非子説疑：「彼又

使譎詐之士……使諸侯淫説其主，微挾私而公議。』宋司馬光劉道原十國紀年序：『道原公議其得失無所隱，惡之者側目，愛之者寒心。』

〔四十三〕副予精求：『予』，文苑英華作『于』。

〔四十四〕先旌表門閭者：『門閭』，家門；家庭；門庭。北齊書 楊愔傳：『愔兒童時，口若不能言，而風度深敏，出入門閭，未嘗戲弄。』宋王安石祭呂望之母郡太文：『賢矣夫人，善持門閭。』

〔四十五〕五岳四瀆：『四瀆』，長江、黄河、淮河、濟水的合稱。爾雅 釋水：『江、河、淮、濟爲四瀆。四瀆者，發原注海者也。』禮記 王制：『天子祭天下名山大川，五岳視三公，四瀆視諸侯。』

元和七年册皇太子赦〔一〕

崔　群

王者司牧黎元〔二〕，紹膺統緒〔三〕，必建儲貳，以貞家邦〔四〕。故春秋垂冢祀之文〔五〕，易象著震方之位〔六〕。朕屬承景運，嗣守丕圖，稽前王之令謨〔七〕，奉列聖之彝訓〔八〕，上以嚴宗祧之顧，下以繫億兆之心。無疆之休〔九〕，用崇主鬯，祇荷成

憲（十），敢怠于懷。皇太子恒（十一），忠孝温文，率義由禮（十二），寬粹莊重，自誠而明。慶靈所積（十三），姿器夙茂，能辨南陽之牘（十四），允符東海之貴（十五）。承華載啓（十六），命以居之，撰吉展儀（十七），神人允洽（十八）。舉是典册，授之軒墀，百辟在庭（十九），四方來賀。以言承序，所感則深，永惟固本（二十），爲慶滋大。宜弘欽恤之令，亦覃命賜之恩，與衆共之，無遠不被。可大赦天下（二十一）。自元和七年十月十七日昧爽以前（二十二），天下應犯死罪非殺人者，遞減一等。左降官、流人，并與量移。如因流貶所亡歿（二十三），以及得罪之人（二十四），并任歸葬。文武常參官，及諸州府長官，子爲父後者，賜勛兩轉。應緣册皇太子行事官，加階賜勛爵有差；文武常參官及陪位官，并宗子諸親（二十五），賜勛一轉。遂至王府，量與進官（二十六）。春闈毓德（二十七），肇錫嘉名，磐石聯華（二十八），義深敦序（二十九）。澧王寬宜改名惲，深王察宜改名悰，洋王寰改名忻（三十），絳王寮改名悟，建王密改名恪（三十一）。夫習近遷性，聖賢所慎。詳觀古昔，輔正元良，必惟其人，朝夕講訓，然後明君臣父子之道，通禮樂教化之情。自非學究宗源，行可師範，則無以應兹茂選，式是儀刑（三十二）。其皇太子及諸王侍讀，宜委中書門下精擇，二人具名奏聞。天下孝子順孫，先旌表門閭者，及

高年廢疾者，委所管州縣，各加存恤〔三十三〕；五岳四瀆〔三十四〕，名山大川，委所在長吏量加祭祀。布告遐邇，咸使聞知〔三十五〕。

校箋

〔一〕此文又見册府元龜卷八十九帝王部赦宥第八。文苑英華卷四百三十二赦書十三、全唐文卷六百十二亦録此文。文苑英華、全唐文文題均爲册太子禮畢赦文，署名崔群。本文文末原未標明撰寫时间。按，本文文題作元和七年，考册府元龜本文文首載『（元和）七年十月庚戌制曰：王者司牧黎元紹膺統緒』云云，舊唐書卷十五憲宗本紀下載：『（元和七年）六月丁亥朔……乙亥，制立遂王宥爲皇太子，改名恒。』新唐書卷七憲宗本紀記：『（元和七年）七月乙亥，立遂王宥爲皇太子。』資治通鑑卷二百三十八唐紀五十四載：『憲宗元和七年秋，七月，乙亥，立遂王宥爲太子，更名恒。』考册府元龜時間爲十月庚戌（二十五日），與此赦文所言『自元和七年十月十七日（一作七日）昧爽以前』時間不合，故不予采信。另據天干地支紀年法，舊唐書所載元和七年六月爲丁亥朔，無乙亥日，應爲漏記七月。新唐書、資治通鑑時間爲元和七年七月乙亥（十九日），與此赦文所言『自元和七年十月十七日（一作七日）昧爽以前』之時日

合。則此赦文乃頒布於元和七年（八一二）七月十九日，其撰寫時間當在是時稍前。又，此詔書乃崔群代唐憲宗所撰寫，其撰寫背景見舊唐書卷一百五十九其本傳云：『元和七年，惠昭太子薨，穆宗時爲遂王，憲宗以澧王居長，又多内助，將建儲貳，命群與澧王作讓表。群上言曰：「大凡己合當之，則有陳讓之儀；己不合當，因何遽有讓表？今遂王嫡長，所宜正位青宫。」竟從其奏。』新唐書卷一百六十五其本傳亦記：『惠昭太子薨，是時，遂王嫡，而澧王長，多内助。帝將建東宫，詔群爲澧王作讓。群奏：「大凡己當得則讓，不當得之，烏用讓？今遂王嫡，宜爲太子。」帝從其議。』資治通鑒卷二百三十八亦載：『秋，七月，乙亥，立遂王宥爲太子，更名恒。恒，郭貴妃之子也。諸姬子澧王寬，長於恒。上將立恒，命崔群爲寬草讓表。群曰：「凡推己之有以與人謂之讓。遂王，嫡子也，寬何讓焉！」上乃止。』

〔二〕門下：王者司牧黎元：原無『門下』二字，今據文苑英華、全唐文增補。

〔三〕紹膺統緒：『統緒』，頭緒；系統。南朝梁劉勰文心雕龍附會：『若統緒失宗，辭味必亂。』明宋濂麗水黄府君墓志銘：『習「五經」約知其説，尤深於易，旁通諸家言，目別匯分，咸得其統緒。』

〔四〕以貞家邦：册府元龜作『以稱家邦』。

〔五〕故春秋垂冢祀之文：『冢祀』，古代天子在宗廟裏舉行的大祭禮。左傳閔公二年：『大子奉冢祀社稷之粢盛，以朝夕視君膳者也。』杜預注：『冢，大也。』

〔六〕易象著震方之位：『震方』，東方。梁書武帝紀下：『前代因襲，有乖禮制，可於震方，簡求沃野。』唐劉禹錫元日樂天見過因舉酒爲賀詩：『震方天籟動，寅位帝車回。』

〔七〕稽前王之令謨：『令謨』，原作『令模』，今據册府元龜、文苑英華改。『令謨』，猶嘉謀，善策。北史樊子蓋傳：『十年，駕還東都，帝謂子蓋曰：「玄感之反，神明故以彰公赤心耳。析珪進爵，宜有令謨。」是日進爵爲濟公。』

〔八〕奉列聖之彝訓：『彝訓』，日常的訓誡。書酒誥：『聰聽祖考之彝訓。』孔傳：『言子孫皆聰聽父祖之常教。』南朝梁劉勰文心雕龍宗經：『三極彝訓，其書言經。』范文瀾注：『彝訓猶言常訓。』

〔九〕無疆之休：『無疆』，亦作『無强』。無窮；永遠。書大誥：『洪惟我幼冲人，嗣無疆大曆服。』孔傳：『言子孫承繼祖考無窮。』隸續漢武都太守李翕天井道碑：『堅無臽潰，安無傾覆，四方賴之，民悦無强。』

〔十〕祇荷成憲：『成憲』，原有的法律、規章制度。書説命下：『監於先王成憲，其永無

愆。』宋王安石廟議：『求之前載，雖或有然，考合於經，乃無成憲，因情制禮，實在聖時。』

〔十一〕皇太子恒：即唐穆宗李恒。傳見舊唐書穆宗紀載：『穆宗睿聖文惠孝皇帝諱恒，憲宗第三子，母曰懿安皇后郭氏。貞元十一年七月，生於大明宫之别殿。初名宥，元和元年八月，進封遂王。五年三月，領彰義軍節度大使。七年十月，册爲皇太子，改今諱。十五年正月庚子，憲宗崩。丙午，即皇帝位于太極殿東序。』新唐書穆宗紀云：『穆宗睿聖文惠孝皇帝諱恒，憲宗第三子也。母曰懿安皇太后郭氏。始封建安郡王，進封遂王，遥領彰義軍節度使。元和七年，惠昭太子甍，左神策軍中尉吐突承璀欲立澧王惲，而惲母賤不當立，乃立遂王爲皇太子。十五年正月庚子，憲宗崩，陳弘志殺吐突承璀及澧王。辛丑，遺詔皇太子即皇帝位于柩前，司空兼中書令韓弘攝冢宰。閏月丙午，皇太子即皇帝位于太極殿。』

〔十二〕率義由禮：『率義』，行義。左傳哀公十六年：『葉公曰：周仁之謂信，率義之謂勇。』杜預注：『率，行也。』『由禮』，遵循禮教。書畢命：『世禄之家，鮮克由禮，以蕩陵德，實悖天道。』禮記經解：『是故隆禮由禮，謂之有方之士；不隆禮不由禮，謂之無方之民。』孫希旦集解：『由，謂踐履之。』

〔十三〕慶靈所積：『慶靈』，古謂先人的積善與福蔭。南朝宋謝靈運歸途賦：『承百世之

慶靈，遇千載之優渥。』北齊書元韶傳贊：『元氏蕃熾，憑兹慶靈，道隨終運，命偶淫刑。』

（十四）能辨南陽之牘：『南陽』，似指『南陽氣』。東漢光武帝劉秀，南陽人，起兵春陵，望氣術士蘇伯阿受王莽派遣到南陽，遥望春陵，曰：『氣佳哉！鬱鬱葱葱然。』後用以稱帝王之氣。唐杜甫自京竄至鳳翔喜達行在所詩之二：『司隸章初睹，南陽氣已新。』宋曾鞏英宗皇帝挽詞之一：『已應南陽氣，猶遲代邸來。』『辨牘』，指西漢河間王聰慧好學，事見漢書卷五十三其本傳載：『河間獻王德以孝景前二年立，修學好古，實事求是。從民得善書，必爲好寫與之，留其真，加金帛賜以招之。繇是四方道術之人不遠千里，或有先祖舊書，多奉以奏獻王者，故得書多，與漢朝等。是時，淮南王安亦好書，所招致率多浮辯。獻王所得書皆古文先秦舊書，周官、尚書、禮、禮記、孟子、老子之屬，皆經傳説記，七十子之徒所論。其學舉六藝，立毛氏詩、左氏春秋博士。修禮樂，被服儒術，造次必於儒者。山東諸儒多從而游。武帝時，獻王來朝，獻雅樂，對三雍宫及詔策所問三十餘事。其對推道術而言，得事之中，文約指明。』

（十五）允符東海之貴：『東海』，指光武帝劉秀第四子，漢明帝劉莊。事見後漢書載：『（建武十九年）六月戊申，詔曰：「春秋之義，立子以貴。東海王陽，皇后之子，宜承大統。皇太子彊，崇執謙退，願備藩國。父子之情，重久違之。其以彊爲東海王，立陽爲皇太子，

改名莊。」』

〔十六〕承華載啓：『承華』，太子宫門名。晋陸機贈馮文羆遷斥丘令：『閶闔既闢，承華再建。』李善注引洛陽記：『太子宫在太宫東薄室門外，中有承華門。』陳書王瑒傳：『世祖顧謂冲曰：「所以久留瑒於承華，政欲使太子微有瑒風法耳。」』

〔十七〕撰吉展儀：『撰吉』，四庫全書作『選吉』。『展儀』，謂申其禮儀。唐李商隱爲安平公華州進賀皇躬痊復物狀：『將稱慶於天朝，必展儀於土貢。』舊唐書音樂志四：『展儀宗祖，重誠孝孫。』

〔十八〕神人允洽：『允洽』，協調；協和。漢班固東都賦：『人神之和允洽，群臣之序既肅。』晋劉琨勸進表：『天人之際既交，華裔之情允洽。』

〔十九〕百辟在庭：『百辟』，百官。宋書孔琳之傳：『羡之（徐羡之）内居朝右，外司輦轂，位任隆重，百辟所瞻。』唐白居易醉後走筆酬劉五主簿長句之贈詩：『閶闔晨開朝百辟，冕旒不動香烟碧。』

〔二十〕永惟固本：册府元龜作『永爲固本』；文苑英華、全唐文作『永惟國本』。

〔二十一〕無遠不被，可大赦天下：原作『無思』，今據文苑英華、全唐文改，并據文苑英

華、全唐文增補。

（二十二）自元和七年十月十七日昧爽以前：文苑英華、全唐文作『十月七日昧爽以前』。

（二十三）如因流貶所亡歿：原作『如因流貶亡歿』，今據文苑英華、册府元龜、四庫全書、全唐文增補。

（二十四）及得罪之人：『及』，原作『以及』，今據册府元龜、文苑英華、四庫全書、全唐文改。

（二十五）并宗子諸親：『宗子』，甲庫本、四庫全書作『宗主』。

（二十六）遂至王府，量與進官：原作『遂王府官，量與進改』，今據册府元龜、文苑英華、四庫全書、全唐文、適園叢書等改。

（二十七）春闈毓德：『春闈』，猶春宮。太子居所。又稱東宫。亦指代太子。唐王勃釋迦佛賦：『寶殿之龍顔大悦，春闈之鳳德何虞。』唐白居易除趙昌檢校吏部尚書兼太子賓客制：『夫望優四皓，然後能調護春闈；才冠六卿，然後能紀綱會府。』『毓德』，修養德性。南朝宋顔延之皇太子釋奠會作詩：『稟道毓德，講藝立言。』南朝梁劉孝標辨命論：『皆毓德于衡門，并馳聲于天地。』

〔二十八〕磐石聯華：『磐石』，舊喻分封的宗室。史記孝文本紀：『高帝封王子弟，地犬牙相制，此所謂磐石之宗也。』唐杜甫秋日荆南述懷詩之五：『磐石圭多翦，凶門轂少推。』

〔二十九〕義深敦序：『敦叙』，原作『敷序』，今據文苑英華、四庫全書、全唐文改。『敦序』，亦作『敦叙』。史記夏本紀：『敦序九族，衆明高翼。』裴駰集解引鄭玄曰：『次序九族而親之。』今本書皋陶謨作『惇叙』。謂使九族親厚而有序。後謂親睦和順。三國志蜀書先主傳：『今臣群僚以爲在昔虞書敦叙九族，庶明勵翼，五帝損益，此道不廢。』

〔三十〕洋王寰改名忻：四庫全書作『洋王寰宜改名忻』。

〔三十一〕澧王寬宜改名惲、深王察宜改名悰、洋王寰改名忻、絳王寮改名悟、建王密改名恪：傳見舊唐書卷一百七十五其本傳云：『澧王惲，憲宗第二子也，本名寬。貞元二十一年，封同安郡王。元和元年，進封澧王。七年，改今名。時吐突承璀恩寵特異，惠昭太子薨，議立儲副，承璀獨排群議，屬澧王，欲以威權自樹，賴憲宗明斷不惑。上將册拜太子，詔翰林學士崔群代澧王作讓表一章。群奏曰：「凡事己合當之而不爲，則有退讓焉。」上深納之。及憲宗晏駕，承璀死，王亦薨於其夕。以元和十五年四月丁丑發喪，廢朝三日。……深王悰，本名察，憲宗第四子也。貞元二十一年，封彭城郡王。元和元年，進封深王，改今名。長子潭，河内郡王。次

子淑，吴興郡王。洋王忻，本名寰，憲宗第五子也。貞元二十一年，封爲高密郡王。元和元年，進封洋王。七年，改今名。大和二年薨。長子沛，大和八年，封潁川郡王。絳王悟，本名寮，憲宗第六子也。貞元二十一年，封文安郡王。元和元年，進封絳王。七年，改今名。寶曆二年冬遇害。……建王恪，本名審，憲宗第十子也。元和元年八月，淄青節度李師古卒，其弟師道擅領軍務，以邀符節。朝廷方興討罰之師，不欲分兵兩地，乃封審爲建王。間一日，授開府儀同三司、鄆州大都督，充平盧軍淄青等州節度營田觀察處置、陸運海運、押新羅渤海兩蕃等使，而以師道爲節度留後。不出閤。七年，改今名。長慶元年薨。』新唐書卷八十二其本傳亦載：『澧王惲，始王同安，後進王。惠昭之喪，吐突承璀議復立儲副，意屬惲，帝自以穆宗爲太子。帝崩之夕，承璀死，王被殺，秘不發喪，久之以告，廢朝三日。……初，惲名寬，深王察，洋王寰，絳王寮，建王審，元和七年，并改今名。深王悰，始王彭城郡，進王深。子潭王河内，淑吴興。洋王忻，始王高密，進王洋。大和二年薨。子沛王潁川郡。絳王悟，始王文安，進王。敬宗崩，蘇佐明等矯詔以王領軍國事。王守澄等立文宗，王見殺。二子：洙王新安，滂高平。建王恪，元和元年始封。時淄青節度使李師古死，其弟師道丐符節，故詔恪爲鄆州大都督、平盧軍淄青等州節度大使，以師道爲留後，然不出閤。長慶元年薨，無嗣。』

〔三十二〕則無以應茲茂選，式是儀刑：『應茲』，明鈔本、甲庫本作『膺茲』。『茂選』，擇優選取。唐韓愈順宗實録卷三：『古之所以教太子，必茂選師傅，以翼輔之。』『儀刑』，楷模；典範。北齊書陳元康傳：『王教訓世子，自有禮法，儀刑式瞻，豈宜至是。』明方孝孺陳野翁字説：『余違古人亦已久矣，持其身以行乎今之世，心恒惴惴然恐爲淺薄之歸，而不獲聞故老之儀刑，何幸乃得先生乎！』

〔三十三〕委所管州縣各加存恤：『所管州縣』，四庫全書作『所在州縣』。

〔三十四〕五岳四瀆：『五岳』，指東岳泰山、南岳衡山、西岳華山、北岳恒山、中岳嵩山。周禮春官大宗伯：『以血祭祭社稷、五祀、五岳。』鄭玄注：『五岳，東曰岱宗、南曰衡山、西曰華山、北曰恒山、中曰嵩山。』史記封禪書、漢書郊祀志説同。『四瀆』，長江、黄河、淮河、濟水的合稱。爾雅釋水：『江、河、淮、濟爲四瀆。四瀆者，發原注海者也。』禮記王制：『天子祭天下名山大川，五岳視三公，四瀆視諸侯。』

〔三十五〕咸使聞知：册府元龜作『咸使知聞』。

長慶二年册皇太子德音〔一〕

朕上奉廟祧〔二〕，下寧邦國〔三〕，承烈祖垂鴻之慶，當累聖奕葉之尊〔四〕，祇膺

寶圖，敬守丕業（五），體明離立象之重，表青宮建嗣之崇（六）。元良以貞（七），國本斯固。皇太子湛（八），恭孝温文，生知夙禀（九）。日者春闈尚曠，東序未興（十）。朕常訓以義方（十一），舉明嚴敬，匪資調護（十二），已達詩、書。克保承休，爰當主鬯（十三），膺兹典禮，慶感良深。夫踐位少陽，允孚明命（十四），用弘惠澤，庶洽兆人（十五）。自長慶二年十二月二十日昧爽已前，天下應罪合死，除犯贓，降從流（十六）；流罪已下，遞減一等；左降官及流人并與量移（十七），亡殁者任歸葬。文武常參官，及諸州府長官，子爲父後者，賜勛兩轉。緣册太子攝太尉稱賀、攝侍中承旨宣制（十八），進中嚴外辦（十九）。攝中書令讀册、授册，各賜爵一級。其行事職掌官及書寶、宣册、舁舉册寶禮儀使、禮官等（二十），三品已上，賜爵一級；四品以下，加一階（二十一）。撰册文官，特加一階，仍并賜物有差。導引官各加一階；鎸造册寶及禮生等（二十二），賜勛有差，文武常參官、及陪位并宗子諸親（二十三），賜勛一轉。景王府官，量與進改（二十四）。夫師資友善（二十五），庶發清明，習近性遷，必資弘道（二十六），所以慎簡師傅（二十七），用保元良。其太子侍讀，宜委中書門下，精擇二人，具名聞奏。

校　箋

〔一〕本文又見於全唐文卷六十七，文題爲册立皇太子德音，署名唐穆宗。册府元龜卷九十帝王部赦宥第九亦録此文，其文文首云：『（長慶）二年十二月乙未，帝以疾痊，平赦在京諸司疏放繫囚，癸丑制曰：朕上奉宗祧……』本文原未標明頒布時間。考舊唐書穆宗紀云：『（長慶二年）十二月丁亥朔，詔五坊鷹隼并解放，獵具皆毁之……丙午，上御宣政殿册皇太子……癸丑，以太子册禮畢，宣制赦囚徒。』又新唐書穆宗紀亦載：『（長慶）二年……十二月丁亥，不豫，放五坊鷹隼及供獵狐兔。癸巳，立景王湛爲皇太子。癸丑，降死罪以下，賜文武常參及州府長官子爲父後者勛兩轉，宗子諸親一轉。』據上引典籍所載，則此赦文頒布時間爲長慶二年（八二二）十二月癸丑（二十七日），撰寫時間當在是時稍前。

〔二〕朕上奉廟祧：『廟』，册府元龜作『宗』。『廟祧』，泛指祖廟。周禮春官小宗伯：『辨廟祧之昭穆。』漢張衡東京賦：『蒸蒸之心，感物曾思，躬追養于廟祧，奉蒸嘗與禴祠。』

〔三〕下寧邦國：『寧』，册府元龜、全唐文、適園叢書均作『臨』。

〔四〕承烈祖垂鴻之慶，當累聖奕葉之尊：『烈』，四庫全書作『列』。『奕葉』，甲庫本

作『弈葉』。『烈祖』，指建立功業的祖先。古多稱開基創業的帝王。書 伊訓：『伊尹乃明言烈祖之成德，以訓於王。』孔傳：『湯，有功烈之祖，故稱焉。』詩 小雅 賓之初筵：『籥舞笙歌，樂既和奏。烝衎烈祖，以洽百禮。』『奕葉』，累世，代代。漢蔡邕琅邪王傅蔡郎碑：『奕葉載德，常歷宮尹，以建於茲。』隋書 志第七：『宣尼制法，云行夏之時，乘殷之輅。奕葉共遵，理無可革。』

〔五〕祇膺寶圖，敬守丕業：『祇膺』，敬受。唐劉禹錫賀皇太子受册箋之二：『祇膺詔册，光啓儲闈。』舊唐書 睿宗紀：『在臣虛薄，不敢祇膺。』『寶圖』，皇位；帝業。周書 武帝紀上：『朕祇承寶圖，宜遵故實。』唐柳宗元禮部爲文武百僚請聽政表之二：『陛下以聰明睿聖，嗣守寶圖。』『丕業』，大業。史記 司馬相如列傳：『皇皇哉斯事，天下之壯觀，王者之丕業，不可貶也！』宋周煇清波雜志卷三：『朕荷天右，序承列聖之丕業，思所以垂裕於後。』

〔六〕體明離立象之重，表青宮建嗣之崇：『明離』，指太子。南朝梁簡文帝上昭明太子集別傳表：『臣以不肖，妄作明離。』唐徐九皋咏史：『聖主稱三杰，明離保四賢。』『立象』，取法萬物形象。易 繫辭上：『聖人立象以盡意，設卦以盡情僞。』後漢書 曹褒傳：『帝命驗曰：「順堯考德，題期立象。」』李賢注引宋均曰：『堯巡省於河洛，得龜龍之圖書。舜受禪後

習堯禮，得之演以爲考河命，題五德之期，立將起之象，凡三篇，在中候也。』『青宫』，借指太子。唐白居易初授贊善大夫早朝寄李二十助教詩：『病身初謁青宫日，衰貌新垂白髮年。』宋葉紹翁四朝聞見録寧皇登位：『玉册之命未布，而青宫之席尚虚。』

〔七〕元良以貞：『元良』，太子的代稱。禮記文王世子：『一有元良，萬國以貞，世子之謂也。』南朝梁沈約立太子詔：『元良之寄，有國莫先，自昔哲后，降及近代，莫不立儲樹嫡，守器承祧。』

〔八〕皇太子湛：『湛』，原本作『諱』，今據册府元龜、全唐文、適園叢書改。『湛』，指唐敬宗李湛。傳見舊唐書敬宗紀、新唐書敬宗紀。舊唐書敬宗紀略云：『敬宗睿武昭愍孝皇帝諱湛，穆宗長子，母曰恭僖太后王氏。元和四年六月七日，生於東内之别殿。長慶元年三月，封景王。二年十二月，立爲皇太子。四年正月壬申，穆宗崩。癸酉，皇太子即位柩前，時年十六。甲戌，左僕射韓皋卒。丙子，群臣準遺詔奏皇帝寶册，禮畢，詔賞神策諸軍士人絹十匹、錢十千、畿内諸軍鎮絹十匹、錢五千，其餘軍鎮頒給有差。内出綾絹三百萬段以助賞給。』新唐書敬宗本紀略云：『敬宗睿武昭愍孝皇帝諱湛，穆宗長子也。母曰恭僖皇太后王氏。始封鄂王，徙封景王。長慶二年十二月，穆宗因擊球暴得疾，不見群臣者三日。左僕射裴度三上疏，請立皇太子，而翰林學士、兩省官相次皆以爲言。居數日，穆宗疾少閑，宰相李逢吉請立景王爲皇

太子。四年正月，穆宗崩。癸酉，門下侍郎、平章事李逢吉攝冢宰。丙子，皇太子即皇帝位于太極殿。』」

〔九〕生知夙禀：『夙禀』，早歲秉承；天然具有。唐皮日休九諷見逐：『嗟予夙秉於大訓兮，涵漬骨之忠貞。既貿者之莫余容兮，向重蒼而自盟。』宋陳巖肖庚溪詩話卷上：『當今皇太子，夙禀岐嶷之資，篤日就月將之道。』

〔十〕日者春闈尚曠，東序未興：『日者』，近日。後漢書光武帝紀下：『九月戊辰，地震裂。制詔曰：「日者地震，南陽尤甚。」』金史仆散揆傳：『以汝宣獻皇后之親，故令尚主，謂當以忠孝自勵。日者乃與外人竊議，汝腹中事朕不能測，其能歸田里。』『春闈』，唐宋禮部試士和明清京城會試，均在春季舉行，故稱春闈。猶春試。唐李中送相里秀才之匡山國子監詩：『業成早赴春闈約，要使嘉名海内聞。』金董解元西廂記諸宮調卷一：『平日春闈較才藝，策名屢獲科甲。』『東序』，相傳爲夏代的大學。也是國老養老之所。禮記王制：『夏后氏養國老於東序。』鄭玄注：『東序、東膠亦大學，在國中王宮之東。』孔穎達疏：『文王世子云：學干戈羽籥於東序。以此約之，故知皆學名也。養老必在學者，以學教孝悌之處，故於中養老。』清昭槤嘯亭續録千叟宴：『百餘年間，聖祖神孫三舉盛典，使黄髮鮐背者歡飲殿庭，

視古虞庠東序養老之典，有過之無不及者。』後亦爲國學的通稱。三國志 魏書 管寧傳：『誠宜束帛加璧，備禮徵聘，仍授几杖，延登東序，敷陳墳素，坐而論道。』南朝梁沈約俊雅詩之二：『義兼東序，事美西雍。』

〔十一〕朕常訓以義方：『常』，全唐文作『嘗』。『義方』，行事應該遵守的規範和道理。逸周書 官人：『省其居處，觀其義方。』左傳 隱公三年：『石碏諫曰：「臣聞愛子教之以義方，弗納於邪。」』後因多指教子的正道，或曰『家教』。

〔十二〕舉明嚴敬，匪資調護：『嚴敬』，尊敬；敬重。漢書 五行志上：『王者即位，必郊祀天地……慎其齊戒，致其嚴敬。』舊唐書 孝友傳 裴守真：『甄陶化育，莫匪神功，豈於樂舞，別申嚴敬。』『調護』，調教輔佐。史記 留侯世家：『上曰：「煩公幸卒調護太子。」』裴駰集解引如淳曰：『調護猶營護也。』新唐書 裴炎傳：『高宗幸東都，留皇太子京師，以炎調護。』

〔十三〕克保承休，爰當主鬯：『承休』，承受美善。史記 封禪書：『今鼎至甘泉，光潤龍變，承休無疆。』『主鬯』，易 震：『震驚百里，不喪匕鬯。』孔穎達疏：『震卦施之於人，又爲長子。長子則正體於上，將所傳重，出則撫軍，守則監國，威震驚於百里，可以奉承宗廟彝器粢盛，守而不失也。』後因稱太子爲『主鬯』。唐柳宗元賀踐祚表：『主鬯彰孝恭之美，撫

軍著神武之功。』舊唐書玄宗紀上：『平王有聖德，定天下，又聞成器已下咸有推讓，宜膺主鬯，以副群心。』

（十四）夫踐位少陽，允孚明命：『夫踐位少陽』，册府元龜、全唐文作『踐位少陽』。『少陽』，指太子。南朝梁王筠昭明太子哀册文：『式載明兩，實惟少陽；既稱上嗣，且曰元良。』舊唐書李密傳：『始噎明兩之暉，終干少陽之位。』『允孚』，謂得人心，使人信服。清陳康祺燕下鄉脞録卷二：『機祥之感召，容或適然，而鄉望允孚，必非幸致。』清惲敬資政大夫葉公祠堂碑銘：『自宋以後，在朝列者祠堂皆祀及四世，資政公祠堂如之；允孚於今之人，勿違替於古昔，禮之盛也。』『明命』，聖明的命令。禮記大學：『太甲：「顧諟天之明命。」帝典曰：「克明峻德。」皆自明也。』明史懷獻太子見濟傳：『陛下膺天明命，中興邦家，統緒之傳宜歸聖子。』

（十五）用弘惠澤，庶洽兆人：『惠澤』，猶恩澤。漢書鄭崇傳：『朕幼而孤，皇太太后躬自養育，免於襁褓，教道以禮，至於成人，惠澤茂焉。』晉葛洪抱朴子漢過：『其所用也，不越於妻妾之戚屬；其惠澤也，不出乎近習之庸瑣。』『兆人』，兆民。後漢書光武帝紀上：『漢遭王莽，宗廟廢絶，兆人塗炭。』唐柳宗元禮部賀皇太子册禮畢德音表：『建天下之本，宗廟以安；致萬國之貞，兆人攸賴。』

〔十六〕除犯贜，降從流：『犯贜』，猶貪贜。宋書 劉湛傳：『（湛）爲人剛嚴用法，奸吏犯贜百錢以上，皆殺之，自下莫不震肅。』唐吴兢貞觀政要 政體：『在京流外有犯贜者，皆遣執奏，隨其所犯，置以重法。』『從流』，按流放之罪處理。周書 宣帝紀：『見囚死罪并降從流，流罪從徒，五歲刑已下悉皆原宥。』

〔十七〕左降官及流人并與量移：『流人』，被流放的人。莊子 徐無鬼：『子不聞夫越之流人乎？去國數日，見其所知而喜。』宋葉適故贈右諫議大夫龔公謚節肅議：『蓋元符之末，建中靖國之初，既昭雪流人，生死蒙澤，天下望盡復元祐政事。』『量移』，多指官吏因罪遠謫，遇赦酌情調遷近處任職。唐白居易自題詩：『一旦失恩先左降，三年隨例未量移。』舊唐書 玄宗紀上：『（開元二十年）大赦天下，左降官量移近處。』

〔十八〕緣册太子攝太尉稱賀、攝侍中承旨宣制：『攝侍中』，四庫全書作『侍中』。

〔十九〕中嚴外辦：『中嚴』，謂中庭戒備。古代帝王元旦朝會或郊祀等大典的儀節之一。隋書 禮儀志四：『梁元會之禮，未明，庭燎設，文物充庭……侍中奏中嚴，王公卿尹各執珪璧入拜。』唐鄭谷丞相孟夏祇薦南郊紀獻十韻：『外肅通班序，中嚴錫慶優。』『外辦』，警衛宫禁。亦指警衛宫禁的官員。晋書 禮志下：『漏未盡五刻，謁者、僕射、大鴻臚各奏群臣就位定。漏盡，侍中奏外辦。皇帝出，鐘鼓作，百官皆拜伏。』新唐書 肅宗紀：『有司行册禮，其

儀有中嚴、外辦，其服絳紗。太子曰：「此天子禮也。」乃下公卿議。太師蕭嵩、左丞相裴耀卿請改「外辦」爲「外備」。」

〔二十〕其行事職掌官及書寶、宣册、舁舉册寶禮儀使、禮官等：『宣』，册府元龜作『弘』。此句四庫全書無『宣册』二字。

〔二十一〕加一階：適園叢書作『各加一階』。

〔二十二〕鎸造册寶及禮生等：『寶』，全唐文作『文』。『禮生』，司禮者。舊時常以稱祭祀時在旁提唱起、跪、叩首之儀者。梁書 劉轂傳：『（劉轂）自國子禮生射策高第，爲寧海令。』元典章 禮部一 迎送：『元日外路拜表。拜表日，質明，望闕置香案并設官屬褥位。叙班立定，禮生贊拜，在位官皆再拜。』

〔二十三〕文武常參官及陪位并宗子諸親：『常參官』，册府元龜、全唐文、適園叢書均作『常參』。『陪位』，册府元龜、全唐文、適園叢書均作『陪位官』。『陪位』，陪席，陪同。史記 滑稽列傳：『齊趙陪位於前，韓魏翼衛其後。』三國志 魏書 高貴鄉公髦傳：『其日即皇帝位於太極前殿，百僚陪位者欣欣焉。』『宗子』，古代宗法制度稱大宗的嫡長子。詩 大雅 板：『懷德維寧，宗子維城。無俾城壞，無獨斯畏。』鄭玄箋：『宗子，謂王之適子。』禮記 大傳：『别子爲祖，繼别爲宗。』漢鄭玄注：『别子謂公子若始來在此國者，後世以爲祖

也。别子之世適也，族人尊之爲大宗，是宗子也。」

〔二十四〕量與進改：「改」，全唐文、適園叢書作「秩」。「進改」，猶升遷。太平廣記卷第二百一引唐胡璩譚賓録李邕：「（李邕）復爲人陰中，竟不得進改。」續資治通鑑宋真宗大中祥符二年：「詔「自今諸路轉運使、副、提點刑獄所舉官，如進改後，五年無過有勞幹者，并舉主特加酬獎。」」

〔二十五〕夫師資友善：「資」，册府元龜、全唐文作「賢」；甲庫本作「諸」。

〔二十六〕必資弘道：「弘道」，大道；正理。三國魏何晏景福殿賦：「上則崇稽古之弘道，下則闡長世之善經。」晉陸機皇太子宴玄圃宣猷堂有令賦詩：「皇上繼隆，經教弘道。」

〔二十七〕所以慎簡師傅：「慎簡」，謹慎簡選。書冏命：「慎簡乃僚，無以巧言令色。」孔傳：「當謹慎簡選汝僚屬侍臣。」唐元稹崔莀檢校都官員外郎兼侍御史制：「慎簡其屬，毗於厥政。」

大和七年册皇太子德音〔一〕

門下：帝者承天地，貞邦國，法明離之象〔二〕，固鴻業之本〔三〕，必命元子，以

備儲闈〔四〕。斯皇王之令謨〔五〕，古今之丕典。朕祇受眷祐，虔恭寶圖〔六〕，欽若彝章，光修聖緒〔七〕。皇太子永〔八〕，幼禀仁智，生知孝愛，體温文以立德，資敏哲以保躬，寬裕有常，貞慎無怠。爰膺盛禮，俾奉青宫〔九〕，嚴宗廟主鬯之儀，遵朝夕視膳之節〔十〕。册命云畢，感悦良深，問安既慶於寢門〔十一〕，布澤宜覃於天下。可大赦天下〔十二〕。自大和七年八月七日昧爽以前，天下應犯死罪，降從流；流以下罪〔十三〕，遞減一等。唯官典犯贓及故殺人〔十四〕、劫獄奪囚、持仗强盗者〔十五〕，不在此限。左降官、流人，并與量移〔十六〕。如因流貶及諸色得罪人〔十七〕，所在亡歿〔十八〕，并任歸葬〔十九〕。宗周之盛，實在於維城〔二十〕；二漢之隆，亦由於磐石〔二十一〕。自開元以後，累聖子孫，皆長於深宫〔二十二〕，罔知稼穡，并不得習詩、書以修禮樂〔二十三〕，交氣類以叙人倫〔二十四〕。雖有間、平之才〔二十五〕，莫施魯衛之政〔二十六〕，永言淪廢〔二十七〕，深疚朕懷〔二十八〕。諸王等宜以今年已後，相次出閣〔二十九〕，且授緊望已上州刺史上佐〔三十〕，觀其才能，續有叙用〔三十一〕。人倫所先，婚禮爲重；笄年許嫁，别有明文〔三十二〕。其十六宅諸縣主等〔三十三〕，亦宜選擇良偶〔三十四〕，以時出適〔三十五〕。仍委吏部於諸色選人中取情願者，擇揀具名聞奏〔三十六〕，亦當别加優奬，令其就禮〔三十七〕。

漢代用人皆由儒術，故能風俗深厚，教化興行。近日苟尚浮華，莫修經藝，先聖之道堙鬱不傳〔三十八〕。況進士之科，尤要釐革。雖鄉舉里選，不可復行，然務實抑華，必有良術。既當甚弊，思有改張〔三十九〕。今寰宇乂寧〔四十〕，干戈已戢，皇太子方從師傅，傳授五經〔四十一〕；一二年之後，當令齒胄國庠〔四十二〕，以興墜典〔四十三〕。宜令國子監於諸道搜訪名儒，置五經博士各一人〔四十四〕。其公卿士族子弟〔四十五〕，明年已後，不先入國學習業，不在應明經、進士之限〔四十五〕。其進士學宜先試帖經〔四十六〕，并略問大義，取經義精通者；次試議論各一首〔四十七〕，文理高者，便與及第。其所試詩賦并停。其試帖經官便以國子監學官充，禮部不得別更奏請。弘文、崇文兩館生、齋郎〔四十八〕，并依令式試經畢；仍差都省郎官二人覆試〔四十九〕，須責保任，不得輒許替代〔五十〕，苟涉情故，必加罪責。卿大夫者，群下之所視〔五十一〕，遠方之所傚。若非恭儉克己，廉貞化人，而望其服從，固不可得。況朕不寶珠玉，不御纖華，逮于六宮，皆務儉薄，卿大夫得不叶朕此志〔五十二〕，率先兆人？比年所頒制度〔五十三〕，皆約國家令式〔五十四〕，去其甚者，稍謂得中〔五十五〕；而士大夫苟自便身，安於習俗，因循未革，以至于今。百官士族，起今年十月、服冬裘已後，其衣服、輿馬，并宜準

大和六年六月十七日敕處分（五十六）。如固違制度，九品已上量加黜責；其布衣五年不得舉選。百姓軍人，各委州府長吏漸施教化，使自遵行；不要便爲禁制，令其驚擾。惠養疲人（五十七），本於廉吏，阜其生殖（五十八），在絶貪求。其諸道方鎮刺史等有聚斂貨財、潛行饋遺者（五十九），委御史臺糾察以聞，仍委度支鹽鐵分巡院同爲訪察，不得容蔽（六十）。親人之官，切在守長（六十一），久於其道，政乃可成（六十二）。其方鎮刺史，三考已下者（六十三），不得輒議替換。如理有異等，委中書門下訪察，就加寵奬；如灼然可録者，別與甄升。其或政理有乖，害及百姓者，即不在滿三考限。易議豐蔀（六十四），傳美卑宮（六十五），雕刻磨礱（六十六），先賢有戒（六十七）。近者，官纔升於郎署（六十八），位始至於郡符（六十九），莫不高其閈閎（七十），廣以池榭，非唯僭侈逾制（七十一），實亦耗蠹傷財。其百官第宅已造成者，并許仍舊；今日已後，如更有創立新宅及屋宇高大者（七十二），并委御史臺彈糾（七十三），必嚴加黜責。御史臺所置六察，分糾百司，比來因循（七十四），鮮能舉職（七十五）。起今已後，諸司如有身名僞濫，隱盗官錢及違法等事（七十六），他時發覺者，監察御史并當貶斥（七十七）。考課之法（七十八），前王所重，蓋以綜核吏理（七十九），勵精政途；名實苟違，將何勸激（八十）？

百姓困窮，弊由奸吏，政苟不擾，民皆自安。其司農寺供宫内及諸司廚冬藏菜，并委本寺自供；其菜價仍委京兆府約每年時價支付〔八十三〕，更不得配京兆府和市〔八十四〕。其諸陵守當夫，宜委京兆府以價直送陵司，令自雇召，并不得差配百姓。寒食杏仁、鷄子，月進土蘇、白麥、樹栽、選場棘針、修橋梁木等〔八十五〕，便於本户稅錢内剋折，不得更令和市。天下諸州縣應義倉及諸色斛斗〔八十六〕，除準式每斗二合耗外〔八十七〕，切宜禁斷〔八十八〕；仍委度支鹽鐵分巡院及出使郎官御史切加訪察。如聞今歲所在豐稔〔八十九〕，其義倉斛斗，先有借用處，委户部勾當〔九十〕，并須及時填足。文武常參官及諸州府長官，子爲父後者，賜勛兩轉；緣册太子攝太尉稱賀、攝侍中承旨宣制，進中嚴外辦；攝中書令讀册、授册，各賜爵一級；其行事職掌官及書寶、引册寶、舁舉册寶禮儀使、禮官等三品已上，賜爵一級；四品以下，加一階；撰册文官特加一階；仍并賜物有差。導引官各加一階；造册寶、填金字、裝寶人，賜勛兩轉；行事流外及禮生等，各賜勛一轉；文武常參官及陪位官并宗子諸親，各賜勛一轉。魯王府官未經進改者，量與進改。其皇太子侍讀，宜委中書門下精擇二人〔九十一〕，具名聞奏。天下

孝子順孫，先經旌表門閭者〔九十二〕，及年高廢疾者，委所管州縣各加存恤〔九十三〕。五岳四瀆〔九十四〕，名山大川，委所在長吏量加祭祀。布告遐邇，咸使聞知。

校箋

〔一〕此文又見於册府元龜卷九十帝王部赦宥第八。文苑英華卷四百三十二赦書十三，文題爲大和七年八月七日册皇太子德音。全唐文卷七十四亦録，文題爲册立皇太子德音，署名唐文宗。本文文末原未標明撰寫時間。考本文文題爲大和七年；考册府元龜本文文首載『（大和）七年八月庚寅册皇太子禮畢，制曰：帝者承天地貞邦國』云云。舊唐書文宗紀載：『（大和七年）八月甲申朔，御宣政殿，册皇太子永。是日降詔：「應犯死降從流，流已下遞減一等。諸王自今後相次出閤，授緊望已上州刺史佐。其十六宅諸縣主，委吏部於選人中簡擇配匹，具以名聞。皇太子方從師傅傳授六經，一二年後，當令齒冑國庠，以興墜典。宜令國子選名儒，置五經博士各一人。其公卿士族子弟，明年已後，不先入國學習業，不在應明經進士限。其進士舉宜先試帖經，并略問大義，取經義精通者放及第。卿大夫者，下人之所視，遠方之所仿，若非恭儉克己，廉直任人，而望其服從，固不可得。况朕不寶珠玉，不御纖華，逮于六宮，皆務儉薄。卿大夫得

不叶朕此志，率先兆人？比年所頒制度，皆約國家令式，去其甚者，稍謂得中。而士大夫苟自便身，安於習俗，因循未革，以至于今。百官士族，起今年十月，其衣服輿馬，并宜準大和六年十月七日敕，如有固違，重加黜責。文武常參官及諸州府長官子爲父後者，賜勛兩轉。」』新唐書卷八文宗本紀記：『（大和七年）八月庚寅，降死罪以下。賜文武及州府長官子爲父後者勛兩轉。』資治通鑒卷二百四十四載：『文宗大和七年，八月，庚寅，册命太子，因下制：諸王自今以次出閣，授緊望州刺史、上佐；十六宅縣主，以時出適；進士停試詩賦。諸王出閣，竟以議所除官不決而罷。』則此赦文乃頒布於大和七年（八三三）八月庚寅（十二）日，其撰寫時間當在是時稍前。又，此詔令撰寫背景亦見資治通鑒卷二百四十四所載：『（文宗大和七年）上患近世文士不通經術，李德裕請依楊綰議，進士試論議，不試詩賦。德裕又言：「昔玄宗以臨淄王定内難，自是疑忌宗室，不令出閣；天下議皆以爲幽閉骨肉，虧傷人倫。曏使天寶之末、建中之初，宗室散處方州，雖未能安定王室，尚可各全其生；所以悉爲安禄山、朱泚所魚肉者，由聚於一宫故也。陛下誠因册太子，制書聽宗室年高屬疏者出閣，且除諸州上佐，使携其男女出外婚嫁。此則百年弊法，一旦因陛下去之，海内孰不欣悦！」上曰：「兹事朕久知其不可，方今諸王豈無賢才，無所施耳！」八月，庚寅，册命太子，因下制……』

〔二〕法明離之象：『明離』，出自易離：『明兩作離，大人以繼明照于四方。』孔穎達

疏：『明兩作離者，離爲日，日爲明。今有上下二體，故云明兩作離也。』後因以『明離』指太陽。南朝梁簡文帝昭明太子集序：『昭明太子縣明離之極照，履得一之休徵。』

〔三〕固鴻業之本：『鴻業』，文苑英華作『鴻基』。

〔四〕以備儲闈：『儲闈』，借指太子。唐參寥子唐闕史盧相國指揮鎮州事：『乾符丁酉歲，因與同列廷諍機務，詞氣相高，朝廷兩解之，偕授賓翼儲闈。』新唐書房琯傳：『有朋黨不公之名，違臣子奉上之禮，何以儀刑王國，訓導儲闈？』

〔五〕斯皇王之令謨：『令謨』，猶嘉謀，善策。北史樊子蓋傳：『十年，駕還東都，帝謂子蓋曰：「玄感之反，神明故以彰公赤心耳。析珪進爵，宜有令謨。」是日進爵爲濟公。』

〔六〕虔恭寶圖：『寶圖』，皇位；帝業。周書武帝紀上：『朕祇承寶圖，宜遵故實。』唐柳宗元禮部爲文武百僚請聽政表之二：『陛下以聰明睿聖，嗣守寶圖。』

〔七〕欽若彝章，光修聖緒：『聖緒』，全唐文、適園叢書作『前緒』。『欽若』，敬順。書堯典：『乃命羲和，欽若昊天，曆象日月星辰，敬授民時。』『聖緒』，稱帝王的統緒。史記三王世家：『陛下奉承天統，明開聖緒，尊賢顯功，興滅繼絶。』漢書元帝紀：『朕承先帝之聖緒，獲奉宗廟，戰戰兢兢。』後漢書馮異傳：『昔我光武受命中興，恢弘聖緒，橫被四表，昭假上下，光

耀萬世，祉祚流衍，垂於罔極。』

〔八〕皇太子永：即莊恪太子李永，傳見舊唐書卷一百七十五、新唐書卷八十二。舊唐書其本傳載：『莊恪太子永，文宗長子也。母曰王德妃。大和四年正月，封魯王。六年，上以王年幼，思得賢傅輔導之。時王傅和元亮，因待制召問，元亮出於卒吏，不知書，一不能對。後宰相延英奏事，上從容曰：「魯王質性可教，宜擇賢士大夫爲官屬，不可復用和元亮之輩。」因以户部侍郎庾敬休守本官，兼魯王傅；太常卿鄭肅守本官，兼王府長史；户部郎中李踐方守本官，兼王府司馬。其年十月，降詔册爲皇太子。上自即位，承敬宗盤游荒怠之後，恭儉惕慎，以安天下。以晋王謹願，且欲建爲儲貳。未幾，晋王薨，上哀悼甚，不復言東宫事久之。今有是命，中外慶悦。後以王起、陳夷行爲侍讀。』新唐書其本傳亦載：『莊恪太子永，大和四年始王魯。帝以王幼，宜得賢輔，因召見傅和元亮。元亮以卒史進，有所問，不能答。帝責謂宰相：「王可教，官屬應任士大夫賢者，寧元亮比邪！」於是劇選户部侍郎庾敬休兼王傅，太常卿鄭肅兼長史，户部郎中李踐方兼司馬。六年，遂立爲皇太子。帝承寶歷荒怠，身勤儉率天下，謂晋王生謹敏，欲引爲嗣，會蚤夭，故久不議東宫事。及太子立，天下屬心焉。』

〔九〕俾奉青宫：『青宫』，太子居東宫。東方屬木，於色爲青，故稱太子所居爲青宫。隋于仲文侍宴東宫應令詩：『青宫列紺幰，紫陌結朱輪。』唐白居易寄楊六詩：『青宫官冷静，赤

縣事繁劇。』

〔十〕嚴宗廟主鬯之儀，遵朝夕視膳之節：『主鬯』，語出易 震：『震驚百里，不喪匕鬯。』孔穎達疏：『震卦施之於人，又爲長子。長子則正體於上，將所傳重，出則撫軍，守則監國，威震驚於百里，可以奉承宗廟彝器粢盛，守而不失也。』後因稱太子爲『主鬯』。『視膳』，古代臣下侍奉君主或子女侍奉雙親進餐的一種禮節。語本禮記 文王世子：『食上，必在視寒暖之節；食下，問所膳。』史記 魯仲連鄒陽列傳：『天子巡狩，諸侯辟舍，納筦籥，攝衽抱機，視膳於堂下，天子已食，乃退而聽朝也。』

〔十一〕問安既慶於寢門：『問安』，典出禮記 文王世子：『文王之爲世子，朝於王季日三。鷄初鳴而衣服，至於寢門外，問内竪之御者曰：「今日安否何如？」内竪曰：「安。」文王乃喜。乃日中又至，亦如之；及莫又至，亦如之。其有不安節，則内竪以告文王。文王色憂，行不能正履。王季復膳，然後亦復初。食上，必在視寒暖之節；食下，問所膳。』後因以『問安視膳』爲兒子侍奉父母的禮法，即每日必問安，每食必在側。資治通鑒唐文宗開成二年：『太子當鷄鳴而起，問安視膳。』清昭槤嘯亭雜録 孝親：『后喜居暢春園，上於冬季入宫之後，遲數日必往問安視膳，以盡子職。』『寢門』，古禮天子五門，諸侯三門，大夫二門。最内之門曰寢門，即路門。後泛指内室之門。儀禮 士喪禮：『君使人吊，徹帷，主人迎於寢門外，見賓

不哭。』鄭玄注：『寢門，内門也。』漢書元后傳：『兄弟宗族所蒙不測，當殺身靡骨死輦轂下，不當以無益之故有離寢門之心。』

〔十二〕布澤宜覃於天下，可大赦天下：原無『可大赦天下』，今據文苑英華增補。

〔十三〕流以下罪：册府元龜、舊唐書作『流以下』。

〔十四〕惟官典犯贓及故殺人：『官典』，指低級官吏。唐韓愈論變鹽法事宜狀：『臣今計此用錢已多，其餘官典及巡察手力所由等糧課，仍不在此數。通計所給，每歲不下十萬貫。』『犯贓』，猶貪贓。宋書劉湛傳：『（湛）爲人剛嚴用法，奸吏犯贓百錢以上，皆殺之，自下莫不震肅。』唐吴兢貞觀政要政體：『在京流外有犯贓者，皆遣執奏，隨其所犯，置以重法。』

〔十五〕持仗强盗者：『强盗』，文苑英華、册府元龜作『强劫』。『持仗』，手執武器。唐律疏議賊盗强盗：『其持仗者，雖不得財，流三千里。』宋程大昌演繁露饑民强盗人穀米：『天聖三年詔陝西州軍持仗劫人倉廪非傷主者，減死刺配。』

〔十六〕并與量移：『量移』，多指官吏因罪遠謫，遇赦酌情調遷近處任職。唐白居易自題詩：『一旦失恩先左降，三年隨例未量移。』舊唐書玄宗紀上：『（開元二十年）大赦天下，左降官量移近處。』

〔十七〕如因流貶及諸色得罪人：『如因』，文苑英華、全唐文、適園叢書作『如應』；四庫全書作『如因貶及諸色得罪人』。

〔十八〕所在亡殁：全唐文作『所在亡没』。

〔十九〕并任歸葬：『并任』，册府元龜作『并許』。『歸葬』，原作『婦葬』，今據文苑英華、册府元龜、四庫全書、全唐文、適園叢書改。

〔二十〕實在於維城：『維城』，連城以衛國。詩大雅板：『懷德維寧，宗子維城。』後漢書劉虞公孫瓚陶謙傳贊：『襄賁勵德，維城燕北。仁能洽下，忠以衛國。』

〔二十一〕亦由於磐石：『磐石』，舊喻分封的宗室。史記孝文本紀：『高帝封王子弟，地犬牙相制，此所謂磐石之宗也。』唐杜甫秋日荆南述懷詩之五：『磐石圭多剪，凶門轂少推。』

〔二十二〕自開元以後，累聖子孫，皆長於深宫：指玄宗即位後，采取了一系列措施改革皇子出閤制度，不令出閤。事見唐會要諸王載：『先天之後，皇子幼則居内，東封後，以年漸長成，乃於安國寺東附苑城爲大宅，分院居之，名爲「十王宅」。令中官押之。於夾城中起居，每日家令進膳。又引詞學工書之士入教，謂之侍讀。』資治通鑑卷二百一十二載：『（開元八年）冬，十月……上禁約諸王，不使與群臣交結。光禄少卿駙馬都尉裴虚己與岐王範游宴，仍私挾讖緯；戊子，流虚己於新州，離其公主。萬年尉劉庭琦、太祝張諤數與範飲酒賦詩，貶庭琦雅州司

户，謼山茌丞。……（開元十年）秋，八月……己亥，敕：「宗室、外戚、駙馬，非至親毋得往還；其卜相占候之人，皆不得出入百官之家。」」

〔二十三〕并不得習詩、書以修禮樂：『并不得』，文苑英華、册府元龜、四庫全書作『曾不得』。原文無『書』字，今據文苑英華、册府元龜、四庫全書、適園叢書增補。

〔二十四〕交氣類以叙人倫：『氣類』，意氣相投者。語本易乾：『同聲相應，同氣相求……則各從其類也。』三國魏曹植求通親親表：『至於臣者，人道絶緒，禁固明時，臣竊自傷也，不敢乃望交氣類，修人事，叙人倫。』

〔二十五〕雖有間、平之才：『間平』，全唐文作『閑平』。指漢河間獻王劉德、東平憲王劉蒼的合稱。兩人皆有賢名。後因以『間平』指宗室藩王中之賢者。南史梁宗室傳論：『安成、南平、鄱陽、始興俱以名迹著美，蓋亦有梁之間、平也。』唐王勃平臺秘略論褒客：『斯實藩邸之盛事，間、平之用心也。』

〔二十六〕莫施魯衛之政：『魯衛』，甲庫本作『衛魯』。『魯衛之政』，語出論語子路：『魯衛之政，兄弟也。』魯是周朝周公的封國，衛是周公之弟康叔的封國，兩國的政治情況也像兄弟一樣差不多。因以比喻情況相同或相似。南朝梁劉勰文心雕龍才略：『孟陽、景陽，才綺而相埒，可謂魯衛之政，兄弟之文也。』唐劉知幾史通雜説上：『若必方於左氏也，非唯

不可爲魯衛之政，差肩雁行，亦有雲泥路阻，君臣禮隔者矣。」

〔二十七〕永言淪廢：「永言」，長言；吟咏。書舜典：「詩言志，歌永言。」孔傳：「謂詩言志以導之歌，咏其義以長其言。」晉何敬祖雜詩：「勤思終遥夕，永言寫情慮。」「淪廢」，廢棄。宋書禮志一：「萬世宗匠，忽焉淪廢。」隋書經籍志一：「昔成周微弱，典章淪廢。」

〔二十八〕深疚朕懷：「深疚」，文苑英華作「深軫」。

〔二十九〕相次出閤：「出閤」，册府元龜、全唐文作「出閣」。皇子出就封國。南齊書江謐傳：「諸皇子出閤用文武主帥，皆以委謐。」宋史職官志二：「太平興國八年，諸王出閤，楚王府置諮議參軍二員，翊善一員。」

〔三十〕且授緊望已上州刺史上佐：册府元龜作「宜授緊望已上刺史上佐」；舊唐書作「授緊望已上州刺史佐」。「且授」，全唐文作「具授」。「上佐」，部下屬官的通稱。晉書王舒傳：「明帝之爲東中郎將，妙選上佐，以舒爲司馬。」通典職官十五：「大唐州府佐吏與隋制同，有别駕，長史、司馬一人。」原注：「大都督府司馬，有左右二員，凡别駕、長史、司馬通謂之上佐。」

〔三十一〕續有叙用：「叙用」，原作「序用」，今據册府元龜改。「叙用」，分等級進用。三國志魏書文昭甄皇后傳：「〔明帝〕又嘗夢見后，於是差次舅氏親疏高下，叙用各有差，

賞賜累鉅萬。』唐元稹才識兼茂明於體用策：『若此，則叙用之式恒，而尺寸之才無所棄矣。』

〔三十二〕別有明文：『別』，文苑英華作『則』。

〔三十三〕其十六宅諸縣主等：原本無『等』字，今據册府元龜增補。『縣主』，皇族女子的封號。東漢帝女皆封縣公主；隋唐以來，諸王之女，亦封縣主。宋王辟之澠水燕談録官制：『趙普以元勛諸女封郡主，高懷德二女特封縣主。』明胡侍真珠船公主翁主：『今制：親王女曰郡主，郡王女曰縣主。』

〔三十四〕亦宜選擇良偶：文苑英華作『宜擇選良偶』。

〔三十五〕以時出適：『出適』，出嫁。太平廣記卷第三百二十四引晉戴祚甄異録秦樹：『承未出適，我亦未婚，欲結大義，能相顧否？』宋范仲淹與中舍書：『得書，知尊侯萬福，兼知九姐出適，深喜深喜。』

〔三十六〕擇揀具名聞奏：『擇揀』，四庫全書、全唐文、適園叢書、明鈔本、甲庫本作『揀擇』；文苑英華作『揀選』。

〔三十七〕仍委吏部於諸色選人中取情願者，擇揀具名聞奏，亦當別加優奬，令其就禮：册府元龜作『於諸色人中選簡，令具名聞奏』。

〔三十八〕先聖之道堙鬱不傳：『堙鬱』，册府元龜作『堙蕪』。

〔三十九〕思有改張：『有』，册府元龜作『其』。

〔四十〕今寰宇乂寧：『乂寧』，安寧。漢張衡東京賦：『區宇乂寧，思和求中。』後漢書楊賜傳：『五登袞職，弭難乂寧。』

〔四十一〕傳授五經：册府元龜作『授五經』，四庫全書作『授六經』，全唐文作『授傳六經』，原作『傳授六經』，今據册府元龜改。按，六經中的樂經秦已亡佚，故應爲『五經』。

〔四十二〕當令齒胄國庠：『齒胄』，指太子入學與公卿之子依年齡爲序。南朝齊王融三月三日曲水詩序：『出龍樓而問豎，入虎闈而齒胄。』李周翰注：『公卿之子爲胄子。言太子入學，以年大小爲次，不以天子之子爲上，故云齒胄。齒，年也。』唐韓愈賀皇帝即位表：『爰自主鬯春宮，齒胄國學，孝友之美，實形四方。』『國庠』，國家開設的學校。舊唐書文宗紀下：『皇太子方從師傅傳授六經，一二年後，當令齒胄國庠，以興墜典。』宋王讜唐語林補遺二：『吴君不附國庠，名第在於榜末。』

〔四十三〕以興墜典：『墜典』，指已廢亡的典章制度。南朝梁沈約侍皇太子釋奠宴詩：『墜典必修，闕祀咸薦。』唐韓愈賀赦表：『罪人悉原，墜典咸舉，生恩既及於四海，和氣遂充於八紘。』

〔四十四〕置五經博士各一人：『五經博士』，教授五經的學官。漢武帝始置。漢荀悦漢紀

武帝紀一：『（建元五年春正月）初置五經博士。博士，本秦官，掌通古今，員至數十人，漢置五經而已。』新唐書百官志三：『五經博士各二人，正五品上。掌以其經之學教國學。』

（四十五）不在應明經、進士之限：隋煬帝置明經、進士二科，以經義取者爲明經，以詩賦取者爲進士。唐代沿襲此制，常設明經、進士二科。明經科主要考試儒家經典，考試是先帖文，然後口試，經問大義十條，答時務策三道。

（四十六）其進士學宜先試帖經：『其進士學』，册府元龜作『其進士舉』。

（四十七）次試議論各一首：『各一首』，册府元龜作『各一道』。

（四十八）齋郎：掌宗廟社稷祭祀的小吏。魏始置，屬太常。唐宋亦皆置之。唐韓愈省試學生代齋郎議：『齋郎職奉宗廟社稷之小事，蓋士之賤者也。』宋史選舉志四：『紹興初，嘗以兵革經用不足，有司請募民入貲補官，帝難之。參知政事張守曰：「祖宗時，授以齋郎，今之將仕郎是也。」』

（四十九）仍差都省郎官二人覆試：『都省郎官』，原作『都省郎中』，今據文苑英華、册府元龜改。『二人』，文苑英華、册府元龜作『兩人』。

（五十）不得輒許替代：『替代』，文苑英華作『代替』。

（五十一）群下之所視：册府元龜作『下人之所視』。

〔五十二〕卿大夫得不叶朕此志：『此志』，文苑英華作『此心』。

〔五十三〕比年所頒制度：『比年』，每年；連年。禮記王制：『諸侯之於天子也，比年一小聘。』鄭玄注：『比年，每歲也。』漢書谷永傳：『比年喪稼，時過無宿麥。』顔師古注：『比，頻也。』

〔五十四〕皆約國家令式：『令式』，章程；程式。北史儒林傳下房暉遠：『諸儒莫不推其通博，皆自以爲不能測也。尋奉詔預修令式。』唐陸贄論嶺南請於安南置市舶中使狀：『嶺南、安南莫非王土，中使、外使悉是王臣，若緣軍國所須，皆有令式恒制，人思奉職，孰敢闕供？』

〔五十五〕稍謂得中：『稍謂』，文苑英華作『稍爲』。『得中』，適當，適宜。後漢書黨錮傳杜密：『今志義力行之賢而密達之，違道失節之士而密糾之，使明府賞刑得中，令問休揚，不亦萬分之一乎？』三國魏曹植洛神賦：『穠纖得中，修短合度，肩若削成，腰如約素。』

〔五十六〕并宜準大和六年六月十七日敕處分：指原本卷一百九中禁公私車服逾侈敕，詳見該敕文注（一）。

〔五十七〕惠養疲人：『疲人』，疲困之民。晋潘岳西征賦：『俄命予以末班，牧疲人於西夏。』唐元稹彈奏劍南東川節度使狀：『伏乞聖慈，勒本道長史及諸州刺史，招緝疲人，一切却還産業，庶使孤窮有托，編户再安。』

〔五十八〕阜其生殖：『生殖』，四庫全書作『生植』。『生殖』，種植；生産。通典 食貨八：『夫生殖衆則國富而人安，農桑寡則人貧而國危。』金史 唐括安禮傳：『彼地土肥饒，可以生殖。』

〔五十九〕其諸道方鎮刺史等有聚斂貨財、潛行饋遺者：『潛行』，秘密行走。韓非子 十過：『臣請試潛行而出，見韓魏之君。』唐杜甫哀江頭詩：『少陵野老吞聲哭，春日潛行曲江曲。』

〔六十〕不得容蔽：『容蔽』，文苑英華作『容放』。

〔六十一〕切在守長：『守長』，郡守縣令等地方長官的統稱。後漢書 吴漢傳：『時鬲縣五姓共逐守長，據城而反。』晉書 王渾傳：『可令中書指宣明詔，問方土異同，賢才秀異，風俗好尚，農桑本務，刑獄得無寬濫，守長得無侵虐。』

〔六十二〕政乃可成：全唐文作『政乃有成』。

〔六十三〕其方鎮刺史，三考已下者：原作『方鎮刺史，三考已下』，今據册府元龜增補。

〔六十四〕易譏豐蔀：『豐蔀』，語出易 豐：『六二，豐其蔀，日中見鬥。』王弼注：『蔀，覆曖障光明之物也。』後即用『豐蔀』謂遮蔽。唐獨孤郁上禮部權侍郎書：『或諭之曰：「今子之道尚光，子之道豐蔀也。」』

〔六十五〕傳美卑宫：『卑宫』，謂使宫室簡陋。舊時用以稱美朝廷自奉節儉的功德。語出論語 泰伯：『禹，吾無間然矣！菲飲食，而致孝乎鬼神；惡衣服，而致美乎黻冕；卑宫室，而盡力乎溝洫。』晋陸機辯亡論：『卑宫菲食，以豐功臣之賞；披懷虚己，以納謨士之筭。』

〔六十六〕雕刻磨礱：『磨礱』，册府元龜作『礱磨』。磨治鍛煉。鶡冠子 天則：『若礱磨不用，賜物雖詘，有不效者矣。』唐韓愈上兵部李侍郎書：『沈潛乎訓義，反復乎句讀，礱磨乎事業，而奮發乎文章。』

〔六十七〕先賢有戒：『有戒』，文苑英華、册府元龜、適園叢書作『所戒』。

〔六十八〕官纔升於郎署：『官纔』，即官才。或官材。按照才能授予官職；任用有才能的人爲官。禮記 王制：『司馬辨論官材，論進士之賢者，以告於王，而定其論。論定，然後官之。』鄭玄注：『辨其論，官其材，觀其所長。』孔穎達疏：『觀其材能高下，知其堪任何官，是準擬其官以其材，故云官材也。』漢潘勖册魏公九錫文：『官才任賢，群善必舉。』

〔六十九〕位始至於郡符：『郡符』，文苑英華作『都府』。『郡符』，郡太守的符璽。亦借指郡太守。唐韓愈祭馬僕射文：『於泉於虔，始執郡符，遂殿交州，抗節番禺。』唐白居易東南行一百韻：『翻身落霄漢，失脚到泥塗。博望移門籍，潯陽佐郡符。』自注：『予自太子贊善大夫出爲江州司馬。』

〔七十〕莫不高其閈閎：『閈閎』，里巷的大門。左傳 襄公三十一年：『高其閈閎，厚其牆垣。』晉左思魏都賦：『瑋豐樓之閈閎，起建安而首立。』

〔七十一〕非惟僭侈逾制：『僭侈』，猶僭奢。漢桓寬鹽鐵論 授時：『故民饒則僭侈，富則驕奢，坐而委蛇，起而爲非，未見其仁也。』南史 荀伯玉傳：『時武帝在東宫，自以年長，與高帝同創大業，朝事大小悉皆專斷，多違制度，左右張景真偏見任遇，又多僭侈。』

〔七十二〕如更有創立新宅及屋宇高大者：『屋宇』，册府元龜作『屋室』。

〔七十三〕并委御史臺彈糾：『彈糾』，册府元龜、全唐文作『糾彈』。『彈糾』，猶彈劾。漢應劭風俗通 十反 安守太定汝南胡伊：『時公袁隗意亦非之，然不彈糾。自是之後，彌以滋甚。』世説新語 自新：『處遂改勵。』劉孝標注引晉孫盛晉陽秋：『處仕晉爲御史中丞，多所彈糾。』

〔七十四〕比來因循：『比來』，近來；近時。三國志 魏書 徐邈傳：『比來天下奢靡，轉相仿效，而徐公雅尚自若，不與俗同。』唐韓愈與華州李尚書書：『比來不審尊體動止何似？』

〔七十五〕鮮能舉職：『舉職』，盡職；稱職。舊唐書 牛僧孺傳：『會宰相請廣諫員。宣宗曰：「諫臣惟能舉職爲可，奚用衆耶？」』清曾國藩復陳虎臣書：『久處劇任，殊以不能舉職爲愧。』

〔七十六〕隱盜官錢及違法等事：原作『盜官錢及違法等事』，今據册府元龜、文苑英華增補。

〔七十七〕監察御史并當貶斥：『監察御史』，原本作『本察御史』，今據册府元龜改。『并當貶斥』，原作『各并當貶斥』，今據文苑英華、册府元龜、適園叢書改。

〔七十八〕考課之法：『考課』，按一定標準考覈官吏優劣，分别等差，決定升降賞罰，謂之『考課』。東觀漢記 張酺傳：『〔刺史〕考課衆職。』三國志 魏書 夏侯玄傳：『自長以上，考課遷用，轉以能升。』舊唐書 職官志二：『凡考課之法，有四善：一曰德義有聞；二曰清慎明著；三曰公平可稱；四曰恪勤匪懈。善狀之外，有二十七最。』

〔七十九〕蓋以綜核吏理：『綜核』，全唐文作『總核』。謂聚總而考覈之。世説新語 賞譽：『劉慶孫長才。』劉孝標注引八王故事：『劉輿才長綜核。』舊唐書 代宗紀：『至於領録天下之綱，綜覈萬事之要，邦國善否，出納之由，莫不處正於會府也。』

〔八十〕將何勸激：册府元龜作『將何沮勸』。

〔八十一〕故事：先例，舊日的典章制度。漢書 劉向傳：『宣帝循武帝故事，招名儒俊材置左右。』宋胡銓戊午上高宗封事：『檜乃厲聲曰：「侍郎知故事，我獨不知！」』

〔八十二〕署内外知考使、兼令中書舍人、給事中各一人監考：文苑英華、册府元龜作『置内外知考使』云云。

〔八十三〕其菜價仍委京兆府約每年時價支付：『約』，文苑英華、四庫全書作『納』。

〔八十四〕更不得配京兆府和市：『和市』，古代指官府按價向民間購買實物的制度。宋書武帝紀下：『臺府所須，皆別遣主帥與民和市，即時裨直，不復責租民求辦。』新唐書韓琬傳：『今和市顓刻剥，名爲和而實奪之。』

〔八十五〕月進土蘇、白麥、樹栽、選場棘針、修橋梁木等：『樹栽』，原作『樹裁』，今據文苑英華、全唐文、四庫全書改。『棘針』，原作『棘斜』，適園叢書作『棘墀』，今據文苑英華、四庫全書改。『修橋梁木等』，原作『修橋梁等』，今據文苑英華、四庫全書、全唐文、適園叢書改。『月進』，唐德宗時地方官吏爲買寵而逐月進獻財物。稱爲月進。唐韓愈順宗實録卷二：『至貞元末，遂月有獻焉，謂之月進。』新唐書食貨志二：『初，德宗居奉天，儲畜空窘…… 朱泚既平，於是帝屬意聚斂，常賦之外，進奉不息。劍南西川節度使韋皋有日進，江西觀察使李兼有月進。』

〔八十六〕義倉及諸色斛斗：『斛斗』，原作『斛㪷』，今據文苑英華、全唐文、適園叢書改。『義倉』，隋以後各地爲備荒而設置的糧倉。隋書長孫平傳：『平見天下州縣多罹水旱，百姓不給，奏令民間每秋家出粟麥一石已下，貧富差等，儲之閭巷，以備凶年，名曰義倉。』宋曾鞏本朝政要策義倉：『使歲穰，輸其餘；歲凶，受而食之：故義倉之法自此始。長孫平修之，隋以富足。』『斛斗』，指代糧食。唐元稹論當州朝邑等三縣代納夏陽韓城兩縣率錢

狀：『臣今所徵斛斗并請成合，草并請成分，錢并請成文。』

（八十七）除準式每斗二合耗外：『準式』，作爲標準模式。明史周忱傳：『又請敕工部頒鐵斛，下諸縣準式，革糧長之大入小出者。』

（八十八）切宜禁斷：『切宜』，全唐文作『切加』。

（八十九）如聞今歲所在豐稔：『豐稔』，原作『農稔』，今據文苑英華，全唐文、適園叢書改。『豐稔』，猶豐熟。後漢書法雄傳：『在郡數歲，歲常豐稔。』李賢注：『稔，熟也。』唐吳兢貞觀政要君道：『年穀豐稔，百姓安樂。』

（九十）委户部勾當：『勾當』，適園叢書作『句當』。主管；料理。北史叙傳：『事無大小，士彦一委仲舉，推尋勾當，絲髮無遺，於軍用甚有助焉。』唐元稹趙真長户部郎中兼侍御史等制：『應可某官，充户部巡官，勾當河南、淮南等道兩税，餘如故。』

（九十一）宜委中書門下精擇二人：『精擇』，册府元龜作『精選』。

（九十二）天下孝子順孫先經旌表門閭者：此句原本作『天下孝子順孫先旌表門閭者』，四庫全書作『旌其門閭者』。今據全唐文、適園叢書增補。

（九十三）委所管州縣各加存恤：『存恤』，慰撫；救濟。史記楚世家：『平王以詐弑兩王而自立，恐國人及諸侯叛之，乃施惠百姓。復陳蔡之地而立其後如故，歸鄭之侵地。存恤國中，

修政教。』漢書谷永傳：『立春，遣使者循行風俗，宣布聖德，存恤孤寡，問民所苦。』（九十四）五岳四瀆：『五岳』，指東岳泰山、南岳衡山、西岳華山、北岳恒山、中岳嵩山。周禮春官大宗伯：『以血祭祭社稷、五祀、五岳。』鄭玄注：『五岳，東曰岱宗、南曰衡山、西曰華山、北曰恒山、中曰嵩高山。』史記封禪書、漢書郊祀志説同。初學記卷五引纂要：『嵩、泰、衡、華、恒，謂之五岳。』『四瀆』，長江、黄河、淮河、濟水的合稱。爾雅釋水：『江、河、淮、濟爲四瀆。四瀆者，發原注海者也。』禮記王制：『天子祭天下名山大川，五岳視三公，四瀆視諸侯。』

加冠

皇太子加元服制〔一〕

元良所以主匕鬯，奉社稷，貞于萬國，祝以三加〔二〕。皇太子居長德之地〔三〕，務親仁之道，爰就師保，克修志業。寢門問安而資敬，太學齒胄而徽善〔四〕。大猷且酌〔五〕，元服宜申〔六〕。史稱周誦之年〔七〕，傳記魯襄之禮〔八〕。粤若敬始〔九〕，謂之成

人，逮兹建正，式展嘉事〔十〕。可以來年正月加元服。所司擇日奏聞。禮官博士詳考故實，允符令典。開元七年十二月。

校箋

〔一〕此文又見於册府元龜卷二五七儲宫部建立第二。全唐文卷二十二亦録此文，文題爲皇太子加元服制，署名唐玄宗。本文文末標注頒布時間爲『開元七年十二月』。考册府元龜此文文首云『（開元）七年十一月，皇太子將加元服，下制曰：元良所以主匕鬯、奉社稷，貞于萬國……』云云，後又載：『（開元）八年正月甲子，皇太子加元服。』又檢舊唐書玄宗紀載：『（開元七年）冬十月……戊寅，皇太子詣國學行齒胄禮，陪位官及學生賜物有差。……八年春正月甲子朔，皇太子加元服。』舊唐書其本傳云：『廢太子瑛，玄宗第二子也，……開元三年正月，立爲皇太子。七年正月，加元服。其年，玄宗又令太子詣國子學行齒胄之禮，仍敕右散騎常侍褚無量升筵講論，學官及文武百官節級加賜。』新唐書玄宗紀載：『（開元七年）十一月乙亥，皇太子入學齒胄，賜陪位官及學生帛。』新唐書其本傳云：『太子瑛，始王真定，進王郢。開元三年，立爲皇太子。七年，詔太子、諸王入國學行齒胄禮，太常擇日謁孔子，太子獻。

詔右散騎常侍褚無量執經，群臣、學官、諸生以差賜帛。明年，瑛加元服，見太廟。』另據本文：『可以來年正月加元服。』根據上述典籍所載，因皇太子詣國學行齒胄禮應在加元服之前，故舊唐書本傳時間爲誤，不取。開元八年正月爲皇太子加元服時間，故此制文頒布時間爲開元七年（七一九）十二月，撰寫時間當在是時稍前。

〔二〕祝以三加：『三加』，古代男子行加冠禮，初加緇布冠，次加皮弁，次加爵弁，稱爲三加。禮記冠義：『故冠於阼，以著代也。醮於客位，三加彌尊，加有成也。』鄭玄注：『冠者，初加緇布冠，次加皮弁，次加爵弁，每加益尊，所以益成也。』梁書處士傳阮孝緒：『十五，冠而見其父，彦之誡曰：「三加彌尊，人倫之始。宜思自勖，以庇爾躬。」』

〔三〕皇太子居長德之地：『皇太子』，即李瑛。傳見舊唐書卷一百七、新唐書卷八十二。舊唐書其本傳載：『廢太子瑛，玄宗第二子也，本名嗣謙。景雲元年九月，封真定郡王。先天元年八月，進封郢王。開元三年正月，立爲皇太子。七年正月，加元服。其年，玄宗又令太子詣國子學行齒胄之禮，仍敕右散騎常侍褚無量升筵講論，學官及文武百官節級加賜。』新唐書其本傳亦載：『太子瑛，始王真定，進王郢。開元三年，立爲皇太子。七年，詔太子、諸王入國學行齒胄禮，太常擇日謁孔子，太子獻。詔右散騎常侍褚無量執經，群臣、學官、諸生以差賜帛。

明年，瑛加元服，見太廟。』『長德』，謂修養德行。管子中匡：『公曰：「請問爲身。」對曰：「道血氣以求長年、長心、長德，此爲身也。」』郭沫若等集校引于省吾曰：『「長」宜讀爲養……「長心長德」即養心養德。』

〔四〕寢門問安而資敬，太學齒胄而徽善：『寢門』，古禮天子五門，諸侯三門，大夫二門。最内之門曰寢門，即路門。後泛指内室之門。儀禮士喪禮：『君使人吊，徹帷，主人迎於寢門外，見賓不哭。』鄭玄注：『寢門，内門也。』漢書元后傳：『兄弟宗族所蒙不測，當殺身靡骨死輦轂下，不當以無益之故有離寢門之心。』『齒胄』，指太子入學與公卿之子依年齡爲序。南朝齊王融三月三日曲水詩序：『出龍樓而問豎，入虎闈而齒胄。』李周翰注：『公卿之子爲胄子。言太子入學，以年大小爲次，不以天子之子爲上，故云齒胄。齒，年也。』唐韓愈賀皇帝即位表：『爰自主鬯春宫，齒胄國學，孝友之美，實形四方。』

〔五〕大猷且酌：『大猷』，謂治國大道。詩小雅巧言：『奕奕寢廟，君子作之；秩秩大猷，聖人莫之。』鄭玄箋：『猷，道也；大道，治國之禮法。』晉潘岳楊荆州誄：『弈世丕顯，允迪大猷。』

〔六〕元服宜申：『元服』，指冠。古稱行冠禮爲加元服。儀禮士冠禮：『令月吉日，始加

元服。』漢書昭帝紀：『〔元鳳〕四年春正月丁亥，帝加元服。』顏師古注：『元，首也。冠者，首之所著，故曰元服。』

〔七〕史稱周誦之年：『周誦之年』，典出史記周本紀：『武王有瘳。後而崩，太子誦代立，是爲成王。』

〔八〕傳記魯襄之禮：『記』，册府元龜、全唐文、適園叢書作『紀』。『魯襄之禮』，典出史記魯周公世家：『九年，與晉伐鄭。晉悼公冠襄公於衛。』集解：左傳曰：『冠於成公之廟，假鐘磬焉，禮也。』

〔九〕粤若敬始：『粤若』，發語詞。用於句首以起下文。漢王延壽魯靈光殿賦：『粤若稽古，帝漢祖宗，濬哲欽明。』唐殷璠河岳英靈集叙：『粤若王維、王昌齡、儲光羲等二十四人，皆河岳英靈也。』『敬始』，謂行事一開始要謹慎。左傳昭公五年：『敬始而終，終無不復。』漢王粲贈文叔良詩：『君子敬始，慎爾所主。』吕延濟注：『敬慎其所行。』

〔十〕式展嘉事：『嘉事』，指嘉禮。古代五禮之一。禮記冠義：『故聖王重禮，故曰冠者，禮之始也，嘉事之重者也。』鄭玄注：『嘉事，嘉禮也。宗伯掌五禮：有吉禮、有凶禮、有賓禮、有軍禮、有嘉禮。』

皇太子加元服宴百官詔〔一〕

皇太子以守器之重〔二〕，有成人之量，屬陽和肇歲〔三〕，甲子惟日，加乃元服〔四〕，循於舊章。慶因雷洊〔五〕，歡洎雲上〔六〕。王公卿士，中外寀寮，布以慈惠，廣兹頒賜。應在會官一品一百匹，二品九十匹，三品八十匹，四品六十匹，五品五十匹，六品五十匹，七品四十匹，八品三十段，九品二十段〔七〕。諸州都護、都督、刺史、上佐，諸軍及副使〔八〕，亦同在會例，宜以當處物給。開元八年正月。

校箋

〔一〕此文又見於全唐文卷二十八，文題爲皇太子加元服慶賜詔，署名唐玄宗。册府元龜卷八十帝王部慶賜第二亦録此文，文首云『（開元）八年正月甲子朔，皇太子加元服，丙寅宴百官於太極殿，詔曰：皇太子以守器之重，有成人之量』云云。此文文末標明頒布時間爲開元八年正月。又檢舊唐書玄宗紀載：『（開元）八年春正月甲子朔，皇太子加元服。』新唐書其本傳云：『太子瑛，始王真定，進王郢。開元三年，立爲皇太子。七年，詔太子、諸王入國學行齒冑

禮，太常擇日謁孔子，太子獻。詔右散騎常侍褚無量執經，群臣、學官、諸生以差賜帛。明年，瑛加元服，見太廟。』故此詔書頒布時間爲開元八年（七二〇）正月丙寅（十三日），則撰寫時間當在是時稍前。

〔二〕皇太子以守器之重：『皇太子』，即李瑛。傳見舊唐書卷一百七、新唐書卷八十二。舊唐書其本傳載：『廢太子瑛，玄宗第二子也，本名嗣謙。景雲元年九月，封真定郡王。先天元年八月，進封郢王。開元三年正月，立爲皇太子。七年正月，加元服。其年，玄宗又令太子詣國子學行齒胄之禮，仍敕右散騎常侍褚無量升筵講論，學官及文武百官節級加賜。』新唐書其本傳亦載：『太子瑛，始王真定，進王郢。開元三年，立爲皇太子。七年，詔太子、諸王入國學行齒胄禮，太常擇日謁孔子，太子獻。詔右散騎常侍褚無量執經，群臣、學官、諸生以差賜帛。明年，瑛加元服，見太廟。』『守器』，守護國家的重器。器，指象徵君權的器物，如祭器、車服等。左傳 成公二年：『唯器與名，不可以假人，君之所司也。名以出信，信以守器，器以藏禮，禮以行義，義以生利，利以平民，政之大節也。』杜預注：『名，爵號；器，車服。』

〔三〕屬陽和肇歲：『陽和』，借指春天。南朝宋劉義慶世說新語 方正：『雖陽和布氣，鷹化爲鳩，至於識者，猶憎其眼。』舊唐書 于志寧傳：『今時屬陽和，萬物生育，而特行刑罰，

此謂傷春。』『肇歲』，一年之始。舊指陰曆正月。初學記卷三引南朝梁元帝纂要：『正月：孟春，亦曰孟陽、孟陬、上春……肇歲。』

〔四〕加乃元服：『元服』，指冠。古稱行冠禮爲加元服。儀禮士冠禮：『令月吉日，始加元服。』漢書昭帝紀：『〔元鳳〕四年春正月丁亥，帝加元服。』顏師古注：『元，首也。冠者，首之所著，故曰元服。』

〔五〕慶因雷洊：『雷洊』，易説卦以震卦象徵長子，因以『洊雷』比喻太子。北周庾信哀江南賦：『游洊雷之講肆，齒明離之胄筵。』

〔六〕歡洎雲上：『雲上』，易需：『雲上於天，需，君子以飲食宴樂。』孔穎達疏：『若言雲上於天，是天之欲雨，待時而落，所以明需大惠將施而盛德又亨，故君子於此之時以飲食宴樂。』後以『雲上』謂天子施惠賜宴。唐韋抗奉和聖制送張説上集賢學士賜宴賦得西字：『壺觴接雲上，經術引關西。』

〔七〕應在會官一品一百匹，二品九十匹，三品八十匹，四品六十匹，五品五十匹，六品五十匹，七品四十匹，八品三十段，九品二十段：『應在會官』，原作『在會官』，今據册府元龜、四庫全書、全唐文補。『六品五十匹，七品四十匹，八品三十段，九品二十段』，文苑英

華、册府元龜、適園叢書作『六品五十段，七品四十段，八品三十段，九品二十段』；明鈔本作『六品五十匹，七品四十段，八品三十段，九品二十段』；四庫全書作『六品五十匹，七品四十匹，八品三十匹，九品二十匹』。

〔八〕諸州都護、都督、刺史、上佐：全唐文作『州都督、刺史、上佐』。『上佐』，部下屬官的通稱。晉書王舒傳：『明帝之爲東中郎將，妙選上佐，以舒爲司馬。』通典職官十五：『大唐州府佐吏與隋制同，有別駕，長史、司馬一人。』原注：『大都督府司馬，有左右二員，凡別駕、長史、司馬通謂之上佐。』

改名

皇太子諸王改名敕〔一〕

敕：古之名子，必由象類〔二〕；人道之大〔三〕，可無慎乎！皇太子鴻及慶王潭以下，往所製名，或亦未愜〔四〕；今以德命，悉宜更之。太子鴻爲瑛，慶王潭爲琮，忠王浚爲璵，棣王洽爲琰，鄂王涓爲瑤，榮王滉爲琬〔五〕，光王涺爲琚，儀王濰爲璲，潁王

澐爲璬，永王澤爲璘，壽王清爲瑁，延王洄爲琦〔六〕，盛王沐爲琦〔七〕，濟王溢爲環，信王沔爲理〔八〕，義王泚爲玼，陳王漼爲珪，豐王澄爲珙，恒王澺爲瑱〔九〕，凉王淀爲璿〔十〕，汴王滔爲璥；及寧王惠文太子、惠宣太子之子〔十一〕，皆改從玉。開元二十三年二月。

校箋

〔一〕此文又見於全唐文卷三十五，文題爲皇太子諸王改名敕，署名唐玄宗。本文文末標明撰寫時間爲開元二十三年二月，考舊唐書玄宗紀載：『（開元二十三年）秋七月丙子，皇太子鴻改名瑛，慶王直已下十四王并改名。』舊唐書卷一百七玄宗諸子列傳記：『奉天皇帝琮……（開元）二十一年，加太子太師，改名琮。……廢太子瑛……（開元）二十五年七月，改名瑛。……棣王琰……（開元）二十四年，改名琰。……鄂王瑶……（開元）二十三年，改名瑶。……靖恭太子琬……（開元）二十五年，改名琬。……儀王璲……（開元）二十三年，加開府儀同三司，兼河南牧，其年改名璲。……潁王璬……（開元）二十三年，加開府儀同三司，改名璬。……永王璘……（開元）二十年七月，加開府儀同三司，改名璘。……壽王瑁……（開元）

二十三年，加開府儀同三司，改名琄。……延王玢……（開元）二十三年七月，加開府儀同三司，餘如故，改名玢……盛王琦……（開元）二十年，加開府儀同三司，餘如故，改名琦。……濟王環……（開元）二十三年七月，授開府儀同三司，其月改名環。……信王瑝……（開元）二十三年七月，授開府儀同三司，仍改名瑝。……義王玼……（開元）二十三年七月，授開府儀同三司，仍改名玼。……陳王珪……（開元）二十四年三月改名珪。……豐王珙……（開元）二十四年二月改名珙。……恒王瑱……名瑱。……汴哀王璥……（開元）二十四年二月，改名璥，以其月薨。』新唐書卷八十二玄宗諸子列傳記：『開元十三年，更名曰潭，曰鴻，曰洽，曰涓，曰滉。後十年改今名。……光王琚……初，琚名涺，儀王濰，潁王澐，永王澤，壽王清，延王洄，盛王沐，濟王溢，信王沔，義王漼，陳王沚，豐王澄，恒王滱，凉王漎，汴王滔，至（開元）二十三年，詔悉改今名。』資治通鑑卷二百一十四記：『（開元二十四年）二月，庚午，更皇子名：鴻曰瑛，潭曰琮，浚曰璵，洽曰琰，涓曰瑶，滉曰琬，涺曰琚，濰曰璲，澐曰璬，澤曰璘，清曰瑁，洄曰玢，沐曰琦，溢曰環，沔曰理，沚曰玼，漼曰珪，澄曰珙，滱曰瑱，漎曰璿，滔曰璥。』司馬光文下注：『考異曰：舊紀、唐曆：「二十三年，七月，景子，皇太子、諸王皆改名。」今從實録。』根據上述典籍，今從資治通鑑之説，原文所注時間當爲『開元二十四年』

之誤。則此册文頒布時間應爲開元二十四年（七三六）二月，撰寫時間當在是時稍前。又，諸王傳見舊唐書卷一百七列傳第五十七，新唐書卷八十二列傳第七。舊唐書其本傳云：『奉天皇帝琮，玄宗長子也，本名嗣直。景雲元年九月，封許昌郡王。先天元年八月，進封郯王。開元四年正月，遥領安西大都護，仍充安撫河東、關内、隴右諸蕃大使。十三年，改封慶王，仍改名潭。十五年，遥領涼州都督，兼河西諸軍節度大使。二十一年，加太子太師，改名琮。……廢太子瑛，玄宗第二子也，本名嗣謙。景雲元年九月，封真定郡王。先天元年八月，進封郢王。開元三年正月，立爲皇太子。七年正月，加元服。其年，玄宗又令太子詣國子學行齒胄之禮，仍敕右散騎常侍褚無量升筵講論，學官及文武百官節級加賜。十三年，改名鴻，納妃薛氏，禮畢，曲赦京城之内，侍講潘肅等并加級改職，中書令蕭嵩親迎，特封徐國公。二十五年七月，改名瑛。……棣王琰，玄宗第四子也，初名嗣真。開元二年十二月，封爲鄫王。十二年三月，改封棣王，仍改名洽。十五年，遥領太原牧、太原已北諸軍節度大使。二十二年，加太子太傅，餘如故。二十四年，改名琰。……鄂王瑶，玄宗第五子也，初名嗣初。開元二年五月，封爲鄂王。十二年，改名涺，遥領幽州都督、河北道節度大使。二十一年四月，加太子太保，兼幽州都督，餘如故。二十三年，改名瑶。……靖恭太子琬，玄宗第六子也，初名嗣玄。開元二年三月，封爲甄王。

十二年三月，改名滉，封爲榮王。十五年，授京兆牧，又遥領隴右節度大使。二十三年，加開府儀同三司，餘如故。二十五年，改名琬。……光王琚，玄宗第八子也。開元十二年，封爲光王。十五年，遥領廣州都督、五府經略大使。二十三年七月，光王琚、儀王濰、潁王澐、壽王清、延王泗、盛王沐、信王沔、義王漼等十王，并授開府儀同三司；皇子珪封爲陳王，澄封爲翌王，滉封爲恒王，滔封爲汴王。陳王已下第四王，幼未授官，并置府官僚屬。其日，光、儀等十人同於東宫尚書省上，詔宰臣及文武百僚送，儀注甚盛。俄除十五王府元僚，并未有府幕，同於禮院上，亦無精選。其時，琚兼廣州都督，餘如故。琚與鄂王瑶，皇子中有學尚才識，同居内宅，最相愛狎。琚有才力，善騎射。初封甚善，玄宗愛之。……儀王璲，玄宗第十二子也，初名濰。開元十三年五月，封爲儀王。十五年，授河南牧。二十三年，加開府儀同三司，兼河南牧，其年改名璲……潁王璬，玄宗第十三子也。讀書有文詞。初名澐。開元十三年，封潁王。十五年，遥領安東都護、平盧軍節度大使。二十三年，加開府儀同三司，改名璬。……永王璘，玄宗第十六子也。母曰郭順儀，劍南節度尚書虚己之妹。璘數歲失母，肅宗收養，夜自抱眠之。少聰敏好學，貌陋，視物不正。開元十三年三月，封爲永王。十五年五月，遥領荆州大都督。二十年七月，加開府儀同三司，改名璘。……壽王瑁，玄宗第十八子也，初名清。初，瑁母武惠妃，開元元年見

幸，寵傾後宮，頻産夏悼王、懷哀王、上仙公主，皆端麗，襁褓不育。及瑁之初生，讓帝妃元氏請瑁在於邸中收養，妃自乳之，名爲己子。十餘年在寧邸，故封建之事晚於諸王。宮中常呼爲十八郎。十三年三月，封爲壽王，始入宮中。十五年，遥領益州大都督、劍南節度大使。二十三年，加開府儀同三司，改名瑁。……延王玢，玄宗第二十子也，初名洄。玢母即尚書右丞柳範孫也，最爲名家，玄宗深重之。玢亦仁愛，有學問。開元十三年，封爲延王。十五年，遥領安西大都護、磧西節度大使。二十三年七月，加開府儀同三司，餘如故，改名玢。……盛王琦，玄宗第二十一子也。壽王母弟，初名沐。十三年三月，封爲盛王。十五年，領揚州大都督。二十年，加開府儀同三司，餘如故，改名琦。……濟王環，玄宗第二十二子也，初名溢。開元十三年三月，封濟王。二十三年七月，授開府儀同三司，其月改名環。……信王瑝，玄宗第二十三子也，初名沔。開元十三年三月，封爲信王。二十三年七月，授開府儀同三司，仍改名瑝。……義王玭，玄宗第二十四子也，初名漼。開元十三年三月，封爲義王。二十三年七月，授開府儀同三司，仍改名玭。……陳王珪，玄宗第二十五子也，初名渙。開元二十三年七月，封爲陳王。二十四年三月改名珪。……豐王珙，玄宗第二十六子也，初名澄。開元二十三年七月，封爲豐王。二十四年二月改名珙。……恒王瑱，玄宗第二十七子也，初名漗。開元二十三年七月，封爲恒王。性好

道，常服道士衣。授右衛大將軍，加開府儀同三司。二十四年二月改名瑱。……涼王璿，玄宗第二十九子也，初名漎。母武賢儀，則天時高平王重規女也，開元中入宮中，號爲「小武妃」。二十三年七月，封爲涼王。二十四年二月，改名璿。……汴哀王璥，玄宗第三十子也，初名滔。開元二十五年七月，封爲汴王。二十四年二月，改名璥，以其月薨。』

〔二〕必由象類：『象類』，相象，比擬。漢王充論衡紀妖：『直夢者夢見甲，夢見君，明日見甲與君，此直也。如問甲與君，甲與君則不見也。甲與君不見，所夢見甲與君者，象類之也。』漢書魏相丙吉傳贊：『古之制名，必繇象類，遠取諸物，近取諸身。故經謂君爲元首，臣爲股肱，明其一體，相待而成也。』漢王延壽魯靈光殿賦：『圖畫天地，品類群生。雜物奇怪，山神海靈。寫載其狀，托之丹青。千變萬化，事各繆形。隨色象類，曲得其情。』

〔三〕人道之大：『人道』，猶言人倫。指社會的倫理等級關係。禮記喪服小記：『親親、尊尊、長長，男女之有别，人道之大者也。』宋李如篪東園叢説瞽瞍底豫：『夫夫婦婦，父父子子，兄兄弟弟，各得其所，而人道極矣。』

〔四〕或亦未愜：『未愜』，四庫全書作『未協』，全唐文作『未當』。未愜，猶不滿意。隋書禮儀志一：『帝既受周禪，恐黎民未愜，多説符瑞以耀之。』

〔五〕榮王滉爲琬：四庫全書作『榮王涣爲琬』。今據舊唐書、新唐書、資治通鑑改。

〔六〕延王泂爲玢：原本作『延王洞爲琦』，今據舊唐書、新唐書、資治通鑑、全唐文、適園叢書增補。

〔七〕盛王沐爲琦：原本無此句，今据舊唐書、新唐書、資治通鑑、全唐文、適園叢書增補。

〔八〕信王沔爲理：全唐文、適園叢書作『信王沔爲瑝』。

〔九〕恒王�爲瑱：『恒王』，原本作『坦王』，今據舊唐書、新唐書、全唐文、適園叢書改。

〔十〕凉王漎爲璿：『凉王漎』，原本作『凉王淀』，今據新唐書、資治通鑑、全唐文、適園叢書改。

〔十一〕及寧王惠文太子、惠宣太子之子：『寧王惠文太子』，指李範，傳見舊唐書卷九十五列傳四十五，新唐書卷八十一列傳第六。舊唐書其本傳云：『惠文太子範，睿宗第四子也。本名隆範，後避玄宗連名，改單稱範。初封鄭王，尋改封爲衛王。長壽二年，隨例却入閣，徙封巴陵郡王，累授尚食奉御。神龍元年，遷太府員外少卿，加賜實封二百户，通前五百户。景龍年，兼隴州别駕，加銀青光禄大夫。睿宗踐祚，進封岐王，又加實封五百户，拜太常卿，兼左羽林大將軍。先天二年，從上討竇懷貞、蕭至忠等，以功加賜實封滿五千户，下制褒美。開元初，拜太子少師，帶本官，歷絳、鄭、岐三州刺史。八年，遷太子太傅。範好學工書，雅愛文章

之士，士無貴賤，皆盡禮接待。與閻朝隱、劉庭琦、張諤、鄭繇篇題唱和，又多聚書畫古迹，爲時所稱。時上禁約王公，不令與外人交結。駙馬都尉裴虚己坐與範游讌，兼私挾讖緯之書，配徙嶺外。萬年尉劉庭琦、太祝張諤皆坐與範飲酒賦詩，黜庭琦爲雅州司户，諤爲山茌丞。然上未嘗間範，恩情如初，謂左右曰：「我兄弟友愛天至，必無異意，祇是趨競之輩，强相托附耳。我終不以纖芥之故責及兄弟也。」一時王毛仲等本起微賤，皆崇貴傾於朝廷，諸王每相見，假立引待，獨範見之色莊。十四年，病薨。上哭之甚慟，輟朝三日，爲之追福，手寫老子經，徹膳累旬，百僚上表勸喻，然後復常。開元十四年，命工部尚書、攝太尉盧從愿册贈王爲惠文太子，陪葬橋陵。一子瑾，封河東郡王，官至太僕卿。冒于酒色，竟暴卒，贈太子少師。』則改名之子應爲李瑾。『惠宣太子』，指李業，傳見舊唐書卷九十五列傳四十五，新唐書卷八十一列傳第六。舊唐書其本傳云：『惠宣太子業，睿宗第五子也。本名隆業，後單名業。垂拱三年，封趙王，開府置官屬。長壽二年，隨例却入閤，改封中山郡王，累授都水使者，尋又改封彭城郡王。神龍元年，加賜實封二百户，通前五百户。景龍二年，兼陳州别駕。銀青光禄大夫、太僕少卿，别駕如故。睿宗即位，進封薛王，加封滿一千户，拜秘書監，兼右羽林大將軍。俄轉宗正卿。睿宗以業好學而授秘書監。及玄宗誅蕭至忠、岑羲等，業以翊從之功，加實封通舊爲五千户。開元初，歷太子

少保、同涇豳衛虢等州刺史。八年，遷太子太保。初，業母早終，從母賢妃親鞠養之，至是，迎賢妃出就外宅，事之甚謹。業同母妹淮陽、凉國二公主亦早卒，業撫愛其子，逾於己子。上以業孝友，特加親愛。業嘗疾病，上親爲祈禱，及愈，車駕幸其第，置酒讌樂，更爲初生之歡。玄宗賦詩曰：「昔見漳濱卧，言將人事違。今逢誕慶日，猶謂學仙歸。棠棣花重滿，鴒原鳥再飛。」其恩意如此。十三年，上嘗不豫，業妃弟内直郎韋賓與殿中監皇甫恂私議休咎。事發，玄宗令杖殺韋賓，左遷皇甫恂爲錦州刺史。妃惶懼，降服待罪，業亦不敢入謁。上遽令召之，業至階下，逡巡請罪。上降階就執其手曰：「吾若有心猜阻兄弟者，天地神明，所共咎罪。」乃歡讌久之。仍慰諭妃，令復其位。二十一年，業進拜司徒。二十二年正月，薨，册贈惠宣太子，陪葬橋陵。有子十一人。瑗樂安郡王，瑒宗正卿、滎陽郡王，琄封嗣薛王，珍嗣岐王。琄爲金紫光禄大夫、鴻臚卿同正員。天寶五載，坐舅刑部尚書韋堅爲右相李林甫所構，貶夷陵郡别駕長任。母隨琄，竟以憂死。七載，琄於夜郎安置，後移南浦郡。十四載，安禄山反，赴于西京。』改名之子應爲『有子十一人』。

齒胄

皇太子國子監釋奠詔〔一〕

庠序之興，教自元子〔二〕；禮經之最，奠始先師。中古迄今，斯道無替。皇太子隆基〔三〕，天資聖敬，日就文明〔四〕，弦誦之業已高，元良之德斯茂〔五〕。；自升儲博望〔六〕，主器承華〔七〕，執經之問雖勤，用幣之儀未展〔八〕。今仲丁獻吉〔九〕，有事兩塾〔十〕，備禮三尊〔十一〕，宜遵舊章，俾緝徽典〔十二〕。景雲二年八月。

校　箋

〔一〕本文又見於全唐文卷十八，文題作命皇太子釋奠太學詔，署名唐睿宗。册府元龜卷二百六十儲宫部亦録此文，其文首云『睿宗景雲二年八月詔皇太子詣國子監行釋奠之禮。詔曰：庠序之興，教自元子……』云云。此文文末標注頒布時間爲『景雲二年八月』。又檢舊唐書睿宗紀載：『（景雲二年）八月，丁巳，皇太子釋奠於太學。』新唐書睿宗紀云：『（景

雲二年）八月，丁巳，皇太子釋奠於國學。』據上引典籍所載，則此詔書頒布時間爲景雲二年（七一一）八月丁巳（十五日），撰寫時間當在是時稍前。

〔二〕庠序之興，教自元子：『庠序』，古代的地方學校。後亦泛稱學校。孟子梁惠王上：『謹庠序之教，申之以孝弟之義。』漢書董仲舒傳：『立大學以教於國，設庠序以化於邑。』『元子』，天子和諸侯的嫡長子。書微子之命：『王若曰：猷，殷王元子。』詩魯頌閟宫：『王曰叔父，建爾元子，俾侯于魯。』朱熹集傳：『叔父，周公也。元子，魯公伯禽也。』

〔三〕皇太子隆基：册府元龜、全唐文無『隆基』二字。『皇太子隆基』，指唐玄宗李隆基。傳見舊唐書玄宗紀、新唐書玄宗紀。舊唐書其本紀載：『玄宗至道大聖大明孝皇帝諱隆基，睿宗第三子也，母曰昭成順聖皇后竇氏。垂拱元年秋八月戊寅，生於東都。性英斷多藝，尤知音律，善八分書。儀範偉麗，有非常之表。三年閏七月丁卯，封楚王。天授三年十月戊戌，出閣，開府置官屬，年始七歲……長壽二年臘月丁卯，改封臨淄郡王。聖曆元年，出閣，賜第於東都積善坊。大足元年，從幸西京，賜宅於興慶坊。長安中，歷右衛郎將、尚輦奉御。神龍元年，遷衛尉少卿。景龍二年四月，兼潞州別駕。十二月，加銀青光禄大夫。州境有黄龍白日升天。嘗出畋，有紫雲在其上，後從者望而得之。前後符瑞凡一十九事……睿宗即位，與侍臣議立皇太

子……七月己巳，睿宗御承天門，皇太子詣朝堂受册。是日有景雲之瑞，改元爲景雲，大赦天下。二年，又制曰：「惟天生烝人，牧以元后……」延和元年六月，凶黨因術人聞睿宗曰：「據玄象，帝座及前星有災，皇太子合作天子，不合更居東宫矣。」睿宗曰：「傳德避災，吾意決矣。」七月壬午，制曰：「朕以寡昧，虔奉鴻休……」上意惶懼，馳見叩頭，請所以傳位之旨。睿宗曰：「吾因汝功業得宗社。今帝座有眚，思欲遜避，唯聖德大勛，始轉禍爲福。易位於汝，吾知晚矣。」上始居武德殿視事，三品以下除授及徒罪皆自決之。』

（四）日就文明：『文明』，謂文德輝耀。書舜典：『濬哲文明，温恭允塞。』孔穎達疏：『經天緯地曰文，照臨四方曰明。』宋書律曆志上：『是以君子反情以和志，廣樂以成教，故能情深而文明，氣盛而化神。』

（五）弦誦之業已高，元良之德斯茂：『弦』，四庫全書、適園叢書作『弦』。『弦誦』，弦歌誦讀。禮記文王世子：『春誦，夏弦。』鄭玄注：『誦謂歌樂也，弦謂以絲播詩。』孔穎達疏：『誦謂歌樂者，謂口誦歌樂之篇章，不以琴瑟歌也。云弦謂以絲播詩者，謂以琴瑟播彼詩之音節，詩音則樂章也。』後亦以稱詩禮教化或學校教育。晉書儒林傳序：『雖尊儒勸學，亟降於綸言；東序西膠，未聞於弦誦。』『元良』，大善；至德。書太甲下：『一人元良，萬邦

以貞。』」孔傳：『天子有大善，則天下得其正。』」書泰誓中：『剥喪元良，賊虐諫輔。』」蔡沈集傳：『元良，微子也；諫輔，比干也。』」

〔六〕自升儲博望：『升』，册府元龜、全唐文作『昇』。『升儲』，升爲太子。南朝梁劉勰文心雕龍時序：『升儲御極，孳孳講蓺。』」周振甫注：『升儲，升爲太子。』」

〔七〕主器承華：『主器』，器，祭器。易序卦：『主器者莫若長子。』」古代國君的長子主宗廟祭器，因以稱太子爲『主器』。南朝梁簡文帝蒙華林園戒詩：『執珪守藩國，主器作元貞。』」南朝梁沈約齊故安陸昭王碑：『禁旅尊嚴，主器彌固。』」『承華』，太子宫門名。晉陸機贈馮文羆遷斥丘令：『閶闔既闢，承華再建。』」李善注引洛陽記：『太子宫在太宫東薄室門外，中有承華門。』」陳書王瑒傳：『世祖顧謂冲曰：「所以久留瑒於承華，政欲使太子微有瑒風法耳。」』

〔八〕執經之問雖勤，用幣之儀未展：『儀』，册府元龜、全唐文均作『意』。『執經』，手持經書，謂從師受業。漢書于定國傳：『定國乃迎師學春秋，身執經，北面備弟子禮。』」唐韓愈答殷侍御書：『八月益凉，時得休假，儻矜其拘綴不得走請，務道之傳而賜辱臨，執經座下，獲卒所聞，是爲大幸。』」『用幣之儀』，即『幣儀』，指進獻的禮品。清黄六鴻福惠全書

教養學規：『州邑具啓及幣儀，登門敦請。』

（九）今仲丁獻吉：『吉』，四庫全書作『告』。『仲丁獻吉』，是古代皇帝在仲春或仲秋爲皇太子即位舉行的釋奠先師禮儀。南宋許及之酬鄭千之：『勉傳衣鉢窮年計，入學元非一仲丁。』明林光己未秋上丁祭：『仲丁祀甫臨，感兹歲律更。』

（十）有事兩塾：『兩塾』，巷門兩側的房屋，古時庶民學舍所在。宋王應麟小學紺珠制度兩塾：『門側之堂謂之塾。古者二十五家爲閭，同共一巷，巷首有門，門邊有塾。里中之老有道德者爲左右師，坐於兩塾。民在家之時，朝夕出入，受教於塾。』

（十一）備禮三尊：『三尊』，三種最受尊敬的人。指君、父、師。漢班固白虎通封公侯：『人有三尊：君、父、師。』

（十二）俾緝徽典：『徽典』，美好的典常。語出書舜典：『慎徽五典。』孔傳：『徽，美也；五典，五常之教。』唐杜甫朝獻太清宫賦：『惟累聖之徽典，恭淑慎以允緝。』

皇太子詣太學詔（一）

儒道爲百王之政（二），元良乃萬國之貞。屬太學舉賢，賓庭貢士（三），當其謁講，

故行齒奠。所以弘風闡教，尚德尊師〔四〕，宜有頒錫，以成光寵〔五〕。陪位官一品宜賜五十匹，二品三品四十匹，四品五品三十匹，六品七品二十匹，八品九品十五匹。緣行禮及别職掌者各遞加一等〔六〕，六品已下五匹爲等，五品已上十匹爲等〔七〕。座主加二等〔八〕，學生賜物三匹。得舉者及諸方貢人〔九〕，各賜五匹。開元七年十二月。

校箋

〔一〕此文又見于全唐文卷二十八，文題爲皇太子入學慶賜詔，署名唐玄宗。册府元龜卷八十帝王部慶賜第二亦録此文，其文文首云『（開元）七年十一月乙亥，皇太子入國學，行齒胄禮。丙子詔曰：儒道惟百王之政……』云云。本文文末標明頒布時間爲開元七年十二月。又檢舊唐書玄宗紀載：『（開元七年）冬十月……戊寅，皇太子詣國學行齒胄禮，陪位官及學生賜物有差。』舊唐書本傳載：『廢太子瑛，玄宗第二子也……七年正月，加元服。其年，玄宗又令太子詣國子學行齒胄之禮，仍敕右散騎常侍褚無量升筵講論，學官及文武百官節級加賜。』新唐書玄宗紀載：『（開元七年）十一月乙亥，皇太子入學齒胄，賜陪位官及學生帛。』新唐書本

傳云：『太子瑛，始王真定，進王郢。開元三年，立爲皇太子。七年，詔太子、諸王入國學行齒胄禮，太常擇日謁孔子，太子獻。詔右散騎常侍褚無量執經，群臣、學官、諸生以差賜帛。』據天干地支紀年法，開元七年十月爲乙酉朔，無戊寅日，故舊唐書玄宗紀時間誤，不取。據上引典籍所載，此文頒布時間當從册府元龜之説，係開元七年（七一九）十一月丙子（二十二日）。其文撰寫時間當爲是時稍前。

〔二〕儒道爲百王之政：『爲』，册府元龜、全唐文作『惟』；四庫全書作『有』。

〔三〕賓庭貢士：『貢士』，舊指地方向朝廷薦舉人才。禮記射義：『諸侯歲獻，貢士於天子。』孔穎達疏：『諸侯三年一貢士於天子也。』後漢書王符傳：『其貢士者，不復依其質幹，準其才行，但虚造聲譽，妄生羽毛。』

〔四〕尚德尊師：四庫全書作『尚德尊賢』。

〔五〕以成光寵：全唐文作『以承光寵』。

〔六〕緣行禮及别職掌者各遞加一等：全唐文無『别』字。

〔七〕五品以上十匹爲等：四庫全書作『三品以下十匹爲等』。

〔八〕座主加二等：册府元龜、全唐文作『坐主加二等』。『座主』，唐宋時進士稱主試官

爲座主。至明清，舉人、進士亦稱其本科主考官或總裁官爲座主。或稱師座。唐李肇唐國史補卷下：『〔進士〕互相推敬謂之先輩。俱捷謂之同年。有司謂之座主。』舊唐書令狐峘傳：『衢州刺史田敦，峘知舉時進士門生也。初峘當貢部，放榜日貶逐，與敦不相面。敦聞峘來，喜曰：「始見座主。」迎謁之禮甚厚。』

〔九〕待舉者及諸方貢人：『待舉』，原作『得舉』，今據册府元龜、全唐文、適園叢書改。

卷第三十

皇太子

監國

武宗立光王爲皇太叔勾當軍國敕
宣宗立鄆王爲皇太子勾當軍國敕
懿宗立晋王爲皇太子勾當軍國詔
僖宗立壽王爲皇太弟知軍國詔
昭宗命皇太子監國制
何皇后立輝王爲皇太子監軍國令

傳位

神堯傳位皇太子詔
神堯命皇帝正位詔
睿宗命皇太子即位詔
睿宗令明皇總軍國刑政詔
明皇令肅宗即位詔
肅宗命皇太子即位詔
順宗命皇太子即位詔
順宗傳位皇太子改元誥
何皇后命皇太子即位令

監國

神堯命皇太子決斷庶政詔〔一〕

朕君臨率土〔二〕，劬勞庶政〔三〕，昧旦求衣〔四〕，思弘至道。而萬機繁委，成務殷積，當宸日昃〔五〕，實疲聽覽。皇太子世民，夙禀生知〔六〕，識量明允〔七〕，文德武功，平一海内〔八〕，九功惟叙〔九〕，四門以穆〔十〕。朕付托得人，義同釋負，遐邇寧泰，嘉慰良深。自今以後，軍機時務，兵仗倉糧〔十一〕，凡厥庶政，事無大小，悉委皇太子決斷〔十二〕，然後奏聞〔十三〕。既溥天同慶，宜加惠澤：爲父後者，若有封爵，皆令襲繼；諸赤牒擬授職事官見任者〔十四〕，并即爲真。其已得替者，參選之日，聽依階叙；亡官失爵者，量加擢用。逋租宿賦及先負官錢物，悉從蠲免。文武官人，節級頒賜，務存優洽，稱朕意焉。武德九年六月。

校　箋

〔一〕此文又見於全唐文卷三，文題爲令皇太子斷決機務詔，署名唐高祖。册府元龜、四庫

全書亦録此文。此文文末原署頒布時間爲『武德九年六月』。檢舊唐書高祖紀載：『（武德九年）六月庚申，秦王以皇太子建成與齊王元吉同謀害己，率兵誅之。詔立秦王爲皇太子，繼統萬機，大赦天下。』舊唐書太宗紀載：『（武德）九年，皇太子建成、齊王元吉謀害太宗。六月四日，太宗率長孫無忌、尉遲敬德、房玄齡、杜如晦、宇文士及、高士廉、侯君集、程知節、秦叔寶、段志玄、屈突通、張士貴等於玄武門誅之。甲子，立爲皇太子，庶政皆斷決。』新唐書高祖紀亦載：『（武德九年）六月丁巳，太白經天。庚申，秦王世民殺皇太子建成、齊王元吉。大赦。復浮屠、老子法。癸亥，立秦王世民爲皇太子，聽政。賜爲父後者襲勛、爵，赤牒官得爲真，免民逋租宿賦。』資治通鑑卷一百九十一亦記：『（六月）癸亥，立世民爲皇太子。又詔：「自今軍國庶事，無大小悉委太子處決，然後聞奏。」』據上述典籍所載，故六月癸亥（七日）爲立皇太子日，此册文應在李世民被册立爲皇太子之後所頒布，應以舊唐書所説爲是，則此册文頒布時間應爲武德九年（六二六）六月甲子（八日）。故此制之撰寫時間當在此時稍前。

〔二〕朕君臨率土：册府元龜作『君臨率土』。

〔三〕劬勞庶政：『劬勞』，勞累；勞苦。詩小雅蓼莪：『哀哀父母，生我劬勞。』後漢書胡廣傳：『臣等竊以爲廣在尚書，劬勞日久。』

〔四〕昧旦求衣：『昧旦』，天將明未明之時；破曉。詩 鄭風 女曰鷄鳴：『女曰鷄鳴，士曰昧旦。』北魏賈思協齊民要術 笨麯并酒：『向曉昧旦，日未出時，下釀。』『求衣』，索衣。謂起牀。漢書 鄒陽傳：『始孝文皇帝據關入立，寒心銷志，不明求衣。』顔師古注引臣瓚曰：『文帝入關而立，以天下多難，故乃寒心戰慄，未明而起。』宋書 孝武帝紀：『朕雖勠力宇内，未明求衣，而識狹前王，務廣昔代，永言菲德，其愧良深。』

〔五〕當扆日昃：『當扆』，亦作『當依』。扆，古代廟堂户牖之間綉有斧形的屏風。禮記 曲禮下：『天子當依而立，諸侯北面而見天子，曰覲。』孔穎達疏：『天子當依而立者，依，狀如屏風，以絳爲質，高八尺，東西當户牖之間，綉爲斧文也。亦曰斧依……設依於廟堂户牖之間，天子見諸侯則依而立，負之而南面以對諸侯也。』陸德明釋文：『依，本又作扆，同，於豈反。』後以『當扆』指天子監朝聽政。南朝梁武帝祠南郊恩詔：『朕當扆思治，政道未明。』『日昃』，太陽偏西，下午二時左右。易 離：『日昃之離，何可久也？』三國魏曹植雜詩之三：『西北有織婦，綺縞何繽紛！明晨秉機杼，日昃不成文。』

〔六〕夙禀生知：『生知』，謂不待學而知之。語本論語 季氏：『生而知之者上也。』晋葛洪抱朴子 勖學：『人理之曠，道德之遠，陰陽之變，鬼神之情，緬邈玄奥，誠難生知。』

〔七〕識量明允：『明允』，明察而誠信。左傳文公十八年：『昔高陽氏有才子八人……齊聖廣淵，明允篤誠，天下之民謂之「八愷」。』唐元稹贈鄭餘慶太保：『追書保養之榮，用彰明允之德。』

〔八〕平一海内：册府元龜、全唐文作『平一宇内』。

〔九〕九功惟叙：『九功』，册府元龜、四庫全書、全唐文、適園叢書作『九官』。『惟叙』，册府元龜作『惟序』。『九功』，古謂六府三事爲九功。左傳文公七年：『六府、三事，謂之九功。水、火、金、木、土、穀，謂之六府。正德、利用、厚生，謂之三事。』梁書武帝紀上：『文洽九功，武苞七德。』

〔十〕四門以穆：『四門』，指明堂四方的門。書舜典：『賓於四門，四門穆穆。』後漢書列女傳曹世叔妻：『闢四門而開四聰。』

〔十一〕軍機時務，兵仗倉糧：全唐文作『軍機兵仗倉糧』；册府元龜作『軍機兵伏倉糧』。『時務』，按時應做的事情，多指農事。國語楚語上：『民不廢時務，官不易朝常。』晋陶潛癸卯歲始春懷古田舍詩之二：『秉耒歡時務，解顔勸農人。』

〔十二〕悉委皇太子決斷：『決斷』，册府元龜、全唐文作『斷決』。

〔十三〕然後奏聞：『奏聞』，册府元龜、全唐文作『聞奏』。

〔十四〕諸赤牒擬授職事官見任者：『赤牒』，唐代臨時授官的一種文書。新唐書劉仁軌傳：『武德初，河南道安撫大使任瓌上疏有所論奏。仁軌見其稿，爲竄定數言。瓌驚異，赤牒補息州參軍。』資治通鑑唐太宗貞觀元年：『唐初，士大夫以亂離之後，不樂仕進，官員不充。省符下諸州差人赴選，州府及詔使多以赤牒補官。』

太上皇崩命皇太子承乾知軍國事詔〔一〕

朕以不天〔二〕，夙罹偏罰〔三〕，假息旦暮〔四〕，分沉苫壤〔五〕。仰賴先皇慈恩鞠育〔六〕，爰自幼年，至於成家，未及弱冠，仍屬亂離。翼奉義旗〔七〕，身當矢石〔八〕，克平多難，任居藩屏〔九〕。遂復委以萬機〔十〕，膺茲景命〔十一〕。祇懼虛薄，弗克負荷，日夜兢兢，不遑寧晏〔十二〕。加以氣患，屢幸九成〔十三〕，晨昏定省〔十四〕，廢於朝夕。今歲停行，盡其養禮〔十五〕，不謂殃罰深重；大行崩背〔十六〕，號天叩地，無所逮及，伏奉遺詔，追迹漢文；以日易月，降其常期〔十七〕，顧命之旨〔十八〕，誠不可違。然三年之喪，自天子達。殷周以來，罔弗遵用，漢文變古，有乖前式。但慈顏日

遠（十九），忻謁無由（二十），俯就之文，理即遵奉。然朕之情切，不同前昔（二十一），荼毒之心（二十二），何可堪忍？皇太子承乾年過志學（二十三），識性聰敏（二十四），頻年治國，理務允諧。今欲於東宫平决（二十五），朕得盡哀廬室（二十六），終其喪紀（二十七）。望群公卿士，股肱王室。興言及此，唯增哽絶，朝多君子，恕朕哀心。貞觀九年五月。

校箋

（一）此文亦見於全唐文卷五，文題爲命皇太子權知軍國事詔，署名唐太宗。此文文末標注頒布時間爲『貞觀九年五月』。考舊唐書卷三太宗本紀貞觀九年載：『五月……庚子，太上皇崩於大安宫。』新唐書卷二太宗本紀記：『（貞觀）九年……五月，長孫無忌起復。庚子，太上皇崩，皇太子聽政。』又資治通鑑卷一百九十四太宗貞觀九年記：『五月……乙巳，詔太子承乾於東宫平决庶政。』據上引典籍所載，此文頒布時間應在貞觀九年（六三五）五月庚子（六日），即高祖崩之後，故從資治通鑑所説，繫於貞觀九年（六三五）五月乙巳（十一日），故此詔書之撰寫時間當在此時稍前。

〔二〕朕以不天：『不天』，不爲天所護佑。左傳 宣公十二年：『鄭伯肉袒牽羊以逆，曰：「孤不天，不能事君，使君懷怒，以及敝邑，孤之罪也。」』杜預注：『不天，不爲天所佑。』晋書 王羲之傳：『羲之不天，夙遭閔凶，不蒙過庭之訓。』

〔三〕夙罹偏罰：『偏罰』，指喪母。唐駱賓王靈泉頌序：『幼丁偏罰，早喪慈親。』唐楊炯瀘州都督王湛神道碑：『公幼鍾偏罰，毁瘠過人。八歲讀書，至「無母何恃」，廢書慟哭，毆血數升。』

〔四〕假息旦暮：『假息』，苟延殘喘。後漢書 方術傳 謝夷吾：『竊以占候，知長當死。近三十日，遠不過六十日，游魂假息，非刑所加，故不收之。』唐牛肅紀聞 吴保安：『吾爲囚俘，假息偷生。』

〔五〕分沉苫壤：『苫壤』，苫席與土塊。指居親喪中。

〔六〕仰賴先皇慈恩鞠育：『鞠育』，撫養；養育。語本詩 小雅 蓼莪：『父兮生我，母兮鞠我，拊我畜我，長我育我。』毛傳：『鞠，養也。』鄭玄箋：『育，覆育也。』漢蔡邕議朗胡公夫人哀贊：『嚴考殞没，我在齒年。母氏鞠育，載矜載憐。』

〔七〕翼奉義旗：『翼奉』，猶擁戴。南史 侯安都傳：『還軍至南皖，而武帝崩，安都隨文

帝還朝，乃與群臣議，翼奉文帝。』『義旗』，爲正義而戰的或起義的軍隊旗幟。周書 賀拔岳傳：『若首舉義旗，伐叛匡主，何往而不尅，何向而不摧！』

〔八〕身當矢石：形容親自抵擋敵人進攻。晋書 王鑒傳：『昔漢高、光武二帝，征無遠近，敵無大小，必手振金鼓，身當矢石，櫛風沐雨，壺漿不贍，馳騖四方。』陳書 世祖紀：『世祖激厲將士，身當矢石，相持數旬，泰（杜泰）乃退走。』

〔九〕任居藩屏：『藩屏』，捍衛。左傳 定公四年：『選建明德，以藩屏周。』漢書 燕剌王劉旦傳：『昔高皇帝王天下，建立子弟以藩屏社稷。』

〔十〕遂復委以萬機：『萬機』，四庫全書作『萬幾』。『萬機』，同『萬幾』。孔叢子 論書：『孔子曰：「……堯既得舜，歷試諸難，已而納之於尊顯之官，使大録萬機之政。」』漢張衡東京賦：『乃羨公侯卿士，登自東除，訪萬機，詢朝政。』唐柳宗元禮部爲文武百寮請聽政表之一：『一日萬機，不可暫闕。』

〔十一〕膺兹景命：『景命』，大命。指授予帝王之位的天命。詩 大雅 既醉：『君子萬年，景命有僕。』鄭玄箋：『天之大命。』唐元積獻事表：『臣竊惟陛下以景命惟新之初，何如貞觀致理之後？』

〔十二〕不遑寧晏：『寧晏』，安定；平靜。晋陸雲祖考頌：『咸黜凶丑，區域寧晏。』北魏酈道元水經注 漸江水：『山中有三精舍，高甍凌虚，垂檐帶空，俯眺平林，烟杳在下，水陸寧晏，足爲避地之鄉矣。』

〔十三〕屢幸九成：『九成』，即九成宫，唐代宫名，在陝西省麟游縣西。本爲隋仁壽宫，係皇帝避暑處。唐太宗貞觀五年重修，以所在山有九重，改名九成。永徽二年九月改名萬年。乾封二年，復爲九成。宫垣周千八百步，中有碧城殿、排雲殿，并置禁苑及府庫官寺等。唐王勃有九成宫頌，杜甫、李商隱均有九成宫詩。

〔十四〕晨昏定省：『晨昏定省』，同『昏定晨省』。舊時指朝夕服侍慰問雙親。宋陸游上殿札子：『所謂悦親之道，非薦旨甘，奉輕暖也；非晨昏定省，冬夏温凊也。』紅樓夢第三六回：『不但將親戚朋友一概杜絶了，而且連家中晨昏定省亦一發都隨他的便了。』

〔十五〕盡其養禮：『盡其』，四庫全書、全唐文作『盡行』。

〔十六〕大行崩背：『大行』，四庫全書作『太行』。古代稱剛死而尚未定謚號的皇帝、皇后。此处指唐高祖。史記 李斯列傳：『胡亥喟然嘆曰：「今大行未發，喪禮未終，豈宜以此事干丞相哉！」』後漢書 安帝紀：『孝和皇帝懿德巍巍，光於四海；大行皇帝不永天年。』李賢

注引韋昭曰：『大行者，不反之辭也。天子崩，未有謚，故稱大行也。』『崩背』，猶崩殂。指帝王之死。晉書傅咸傳：『夏侯長容奉使爲先帝請命，祈禱無感；先帝崩背，宜自咎責，而反求請命之勞。』

〔十七〕降其常期：『常期』，一定的期限。後漢書趙咨傳：『夫含氣之倫，有生必終，蓋天地之常期，自然之至數。』三國魏曹丕典論論文：『年壽有時而盡，榮樂止乎其身，二者必至之常期，未若文章之無窮。』

〔十八〕顧命之旨：『顧命』，書顧命：『成王將崩，命召公、畢公率諸侯相康王，作顧命。』孔傳：『臨終之命曰顧命。』孔穎達疏：『顧是將去之意，此言臨終之命曰顧命，言臨將死去迴顧而爲語也。』後因以『顧命』謂臨終遺命，多用以稱帝王遺詔。後漢書陰興傳：『帝風眩疾甚，後以興領侍中，受顧命於雲臺廣室。』南史褚彦回傳：『明帝崩，遺詔以爲中書令、護軍將軍，與尚書令袁粲受顧命，輔幼主。』

〔十九〕但慈顔日遠：全唐文、適園叢書作『且慈顔日遠』。

〔二十〕忻謁無由：『忻謁』，原作『所謁』，今據明鈔本、甲庫本、四庫全書、全唐文、適園叢書改。『忻』，心喜。

〔二十一〕然朕之情切，不同前昔：四庫全書作『然朕之情切不可抑』；全唐文、適園叢書作『然朕之情切，不可循前』。

〔二十二〕荼毒之心：『荼毒』，悲痛。隋書越王侗傳：『奉諱之日，五情崩隕，攀號荼毒，不能自勝。』新唐書呂才傳：『世之人爲葬巫所欺，忘擗踴荼毒，以期僥幸。』

〔二十三〕皇太子承乾年過志學：『皇太子承乾』，謂皇太子李承乾。傳見舊唐書卷七十六其本傳云：『恒山王承乾，太宗長子也，生於承乾殿，因以名焉。武德三年，封恒山王。七年，徙封中山。太宗即位，爲皇太子。時年八歲，性聰敏，太宗甚愛之。太宗居諒闇，庶政皆令聽斷，頗識大體。自此太宗每行幸，常令居守監國。』新唐書卷八十其本傳云：『常山湣王承乾字高明，生承乾殿，即以命之。武德三年，始王常山郡，與長沙、宜都二王同封。俄徙中山。太宗即位，立爲皇太子。甫八歲，特敏惠，帝愛之。在諒暗，使裁決庶政，有大體，後每行幸，則令監國。』『志學』，語本論語爲政：『吾十有五而志於學。』借指十五歲。三國魏曹植武帝誄：『年在志學，謀過老成。』

〔二十四〕識性聰敏：『識性』，四庫全書、全唐文作『秉性』。

〔二十五〕今欲於東宮平決：『平決』，判斷處理。漢書王莽傳上：『平決朝事，常以皇帝

之詔稱制，以奉順皇天之心。』南史 袁湛傳：『時粲與齊高帝、褚彦回、劉彦節遞日入直，平決萬機。』

（二十六）朕得盡哀廬室：『廬室』，房舍。墨子 迎敵祠：『城之内，薪蒸廬室，矢之所遝，皆爲之塗菌。』漢書 蓋寬饒傳：『躬案行士卒廬室，視其飲食居處。』

（二十七）終其喪紀：『喪紀』，喪事。周禮 天官 大府：『山澤之賦，以待喪紀。』禮記 文王世子：『喪紀以服之輕重爲序，不奪人親也。』鄭玄注：『紀，猶事也。』左傳 僖公二十七年：『夏，齊孝公卒。有齊怨，不廢喪紀，禮也。』

太宗征遼命皇太子監國詔（一）

朕以寡薄，君臨區夏（二），奉神祇之永命，當億兆之重責（三）。宵衣旰食（四），憂六官之未安（五）；寒心銷志（六），懼一物之失所。獩貊僻遠（七），豺狼縱毒，元惡尚稽乎天罰（八），遺黎久陷於坑穽（九）。朕是以發自瀍澗（十），言巡遼碣（十一），命元戎以先驅（十二），播凱澤於遐裔（十三）。省方之務（十四），既勞於躬親（十五）；監國之重，允屬於儲貳（十六）。皇太子治（十七），温文表德，睿哲日躋。仁孝之誠，彰於温清（十八）；弦誦

之美〔十九〕，著於膠庠〔二十〕。禮義既茂，徽猷彌遠〔二十一〕。委以賞罰之權，任以軍國之政。詳諸前載，實惟令典，發定州巡遼左之後，宜令太子治監國〔二十二〕。其宗廟社稷百神，咸令主祭；軍國事務，并取決斷〔二十三〕。貞觀十九年正月。

校　箋

〔一〕此文亦見於全唐文卷七，文題作命皇太子監國詔，署名唐太宗。此詔書後半部分自『省方之物』至文末又見於册府元龜卷二百五十九儲宫部。此文文末標注頒布時間爲『貞觀十九年正月』。考册府元龜其文文首云『（貞觀）十九年二月，太宗親征高麗，詔曰：省方之物……』云云。舊唐書　太宗紀載：『（貞觀）十九年春二月庚戌，上親統六軍發洛陽。乙卯，詔皇太子留定州監國。』新唐書　太宗紀記：『（貞觀）十九年二月庚戌，如洛陽宫，以伐高麗。癸丑，射虎於武德北山。乙卯，皇太子監國於定州。』又資治通鑑卷一百九十七太宗貞觀十九年記：『春……二月，庚子，詔朝集使臨觀而戮之。庚戌，上自將諸將軍發洛陽，以特進蕭瑀爲洛陽宫留守。乙卯，詔：「朕發定州後，宜令皇太子監國。」』據上所考，則此詔書頒布時間應爲貞觀十九年（六四五）二月乙卯（十七日），則此詔書之撰當在是時稍前。

〔二〕君臨區夏：『區夏』，諸夏之地，指華夏、中國。書康誥：『用肇造我區夏。』孔傳：『始爲政於我區域諸夏。』唐賈至燕歌行：『我唐區夏餘十紀，軍容武備赫萬祀。』

〔三〕奉神祇之永命，當億兆之重責：『永命』，明鈔本作『成命』；甲庫本作『承命』。『永命』，長命。書召誥：『王其德之用，祈天永命。』孔傳：『言王當其德之用，求天長命以歷年。』後漢書郅惲傳：『劉氏享天永命，陛下順節盛衰，取之以天，還之以天，可謂知命矣。』『億兆』，指庶民百姓。猶言衆庶萬民。漢蔡邕太尉汝南李公碑：『憲天心以教育，沐垢濁以揚清，爲國有賞，蓋有億兆之心。』唐元稹訓别致用詩：『達則濟億兆，窮亦濟毫氂。』

〔四〕宵衣旰食：指天不亮就穿衣起身，天黑了纔吃飯。形容非常勤勞，多用以稱頌帝王勤於政事。唐陸贄論兩河及淮西利害狀：『今師興三年，可謂久矣；稅及百物，可謂繁矣，陛下爲之宵衣旰食，可謂憂勤矣。』宋司馬光論横山疏：『虜騎大至，覆軍殺將，邊城晝閉，朝廷乃爲之宵衣旰食，焦心勞思，興兵運財，以救其急。』

〔五〕憂六官之未安：『六官』，隋唐後中央政權置吏、户、禮、兵、刑、工六部，六部之尚書總稱六官。唐楊炯唐右將軍魏哲神道碑：『導之以德，齊之以刑，威振六官，風揚五部。』

〔六〕寒心銷志：『寒心』，戒懼，擔心。逸周書 史記：『刑始於親，遠者寒心。』新唐書 王琚傳：『今天下已定，太平專思立功，左右大臣多爲其用，天子以元妹，能忍其過，臣竊爲殿下寒心。』

〔七〕獩貊僻遠：全唐文作『濊貊僻遠』；明鈔本、適園叢書作『況獩貊僻遠』。『獩貊』，亦作『濊貉』。我國古代東北地區少數民族名。漢書 匈奴傳上：『是時漢東拔濊貉、朝鮮以爲郡。』後漢書 文苑傳上 杜篤：『東攡烏桓，蹂轔濊貊。』李賢注：『濊貊，東夷號也。』

〔八〕元惡尚稽乎天罰：『元惡』，全唐文作『元凶』。

〔九〕遺黎久陷於坑穽：『坑穽』，用以捕獸或擒敵的陷阱。常比喻害人的圈套。漢陳琳爲袁紹檄豫州：『罾繳充蹊，坑穽塞路；舉手挂網羅，動足觸機陷。』北齊顔之推顔氏家訓 省事：『微染風塵，便乖肅正，坑穽殊深，瘡痏未復，縱得免死，莫不破家。』

〔十〕朕是以發自瀍澗：『瀍澗』，瀍水和澗水的并稱。東周以來的古都洛陽(今河南省洛陽市東)，瀍水直穿城中，澗水環其西，故多以二水連稱謂其地。唐孟浩然題李四十莊兼贈綦毋校書詩：『左右瀍澗水，門庭緱氏山。』明夏完淳燕問：『磽瘠險阻，古爲戰區，不足以榮華瀍澗，附麗皇極也。』

〔十一〕言巡遼碣：『遼碣』，遼東和碣石都臨近渤海，故并稱。宋書 索虜傳：『聖朝承王業之資，奮神武之略，遠定三秦，西及蔥嶺，東平遼碣，海隅服從。』唐太宗遼城望月詩：『玄兔月初明，澄輝照遼碣。』

〔十二〕命元戎以先驅：『元戎』，大軍。史記 三王世家：『虚御府之藏以賞元戎，開禁倉以振貧窮。』漢書 董賢傳：『統辟元戎，折衝綏遠。』顔師古注：『元戎，大衆也。』

〔十三〕播凱澤於遐裔：『凱澤』，恩澤。宋書 孝武帝紀：『加國慶民和，獨隔凱澤，益以慚焉。可詳所原宥。』唐温大雅大唐創業起居注卷二：『遐邇叶和，内外禔福。凱澤洋溢，休祥紹至。』『遐裔』，遠方；邊遠之地。三國志 魏書 管寧傳：『司徒華歆舉寧應選，公車特徵，振翼遐裔，翻然來翔。』晉張華鷦鷯賦：『鶡鷄竄於幽險，孔翠生乎遐裔。』

〔十四〕省方之務：『務』，册府元龜作『物』。『省方』，巡視四方。易 觀：『先王以省方觀民設教。』孔穎達疏：『省視萬方，觀看民之風俗。』漢班固東都賦：『乃動大輅，遵皇衢，省方巡狩。』

〔十五〕既勞於躬親：『躬親』，親自；親身從事。語本詩 小雅 節南山：『弗躬弗親，庶民弗信。』漢董仲舒春秋繁露 爲人者天：『躬親職此於上，而萬民聽生善於下矣。』

〔十六〕允屬於儲貳：『儲貳』，亦作『儲二』。儲副，太子。晉葛洪抱朴子釋滯：『昔子晉舍視膳之役，棄儲貳之重，而靈王不責之以不孝。』唐元稹四皓廟詩：『如何一朝起，屈作儲貳賓。』

〔十七〕皇太子治：即唐高宗李治，傳見舊唐書高宗紀載：『高宗天皇大聖大弘孝皇帝，諱治，太宗第九子也，母曰文德順聖長孫皇后。以貞觀二年六月，生於東宮之麗正殿。五年，封晉王。七年，遥授并州都督。幼而岐嶷端審，寬仁孝友。初授孝經於著作郎蕭德言，太宗問曰：「此書中何言爲要？」對曰：「夫孝，始於事親，中於事君，終於立身。君子之事上，進思盡忠，退思補過，將順其美，匡救其惡。」太宗大悦曰：「行此，足以事父兄，爲臣子矣。」及文德皇后崩，晉王時年九歲，哀慕感動左右，太宗屢加慰撫，由是特深寵異。尋拜右武候大將軍。十七年，皇太子承乾廢，魏王泰亦以罪黜，太宗與長孫無忌、房玄齡、李勣等計議，立晉王爲皇太子。太宗每視朝，常令在側，觀決庶政，或令參議，太宗數稱其善。十八年，太宗將伐高麗，命太子留鎮定州。』新唐書高宗紀亦載：『高宗天皇大聖大弘孝皇帝諱治，字爲善，太宗第九子也。母曰文德皇后長孫氏。始封晉王，貞觀七年，遥領并州都督。十七年，太子承乾廢，而魏王泰次當立，亦以罪黜，乃立子治爲皇太子。太宗嘗命皇太子游觀習射，太子辭以非所好，願得

奉至尊，居膝下。太宗大喜，乃營寢殿側爲别院，使太子居之。太宗每視朝，皇太子常侍，觀决庶政。」

〔十八〕彰於温凊：「温凊」，冬温夏凊的省稱。冬天温被使暖，夏天扇席使凉。侍奉父母之禮。唐皇甫冉劉侍御朝命許停官歸侍詩：「幸遂温凊願，其甘稼穡難。」清王筠蕓友臆說：「忠孝是大德，定省温凊，奔走先後，是小德。」

〔十九〕弦誦之美：「弦誦」，古代授詩、學詩，配弦樂而歌者爲弦歌，無樂而朗讀者爲誦，合稱「弦誦」。後即用以泛指授業、誦讀之事。禮記文王世子：「春誦、夏弦。」鄭玄注：「誦，謂歌樂也；弦，謂以絲播詩。」孔穎達疏：「誦謂歌樂者，謂口誦歌樂之篇章，不以琴瑟歌也；云弦謂以絲播詩者，謂以琴瑟播彼詩之音節，詩音則樂章也。」舊唐書音樂志一：「三五之代，世有厥官，故虞廷振幹羽之容，周人立弦誦之教。」宋蘇軾潘推官母李氏挽詞：「杯盤慣作陶家客，弦誦嘗叨孟母鄰。」

〔二十〕著於膠庠：「膠庠」，周代學校名。周時膠爲大學，庠爲小學。後世通稱學校爲「膠庠」。語本禮記王制：「周人養國老於東膠，養庶老於虞庠。」梁書裴子野傳：「且章句洽悉，訓故可傳，脱置之膠庠，以弘獎後進，庶一夔之辯可尋，三豕之疑無謬矣。」

〔二十一〕徽猷彌遠：『彌遠』，明鈔本、甲庫本作『微遠』。『徽猷』，美善之道。『猷』，道。指修養、本事等。詩小雅角弓：『君子有徽猷，小人與屬。』毛傳：『徽，美也。』鄭玄箋：『猷，道也。君子有美道以得聲譽，則小人亦樂與之而自連屬焉。』梁書文學傳下謝幾卿：『故得仰慕徽猷，永言前哲。』

〔二十二〕宜令太子治監國：册府元龜此句無『太子』二字。

〔二十三〕并取決斷：『決斷』，册府元龜作『斷絶』。

太宗破高麗回怡攝命皇太子斷決機務詔〔一〕

朕粤在妙年〔二〕，時逢道喪，懷生之類〔三〕，盡塗原野。是用疚心疾首〔四〕，攘袂救焚〔五〕，以戰場爲俎豆〔六〕，以干戈爲章服〔七〕。夕不遑息，寧濟四方〔八〕；飢不及餐，推移一紀〔九〕。幸賴上玄幽贊〔十〕，下土宅心〔十一〕，忝承嗣曆〔十二〕，厲精求政〔十三〕，蠲百王之積弊，振千紀之頽綱〔十四〕，旰食宵衣〔十五〕，百齡行半。洎乎至道方泰，荼毒遽侵〔十六〕，自九年以來，極罹哀恤〔十七〕。又屬高麗逆亂，毒被韓夷〔十八〕，微物不安〔十九〕，無忘隱惻，遂復躬行吊伐〔二十〕，遠涉遐荒，時歷暄寒，體

親風雨。雖復澄氛海外〔二十一〕，有慰深衷；久倦征途〔二十二〕，乃多虛弊。方今兆庶殷阜〔二十三〕，六合廓清〔二十四〕，垂拱無爲，允在茲日。而皇太子某，令德遠彰〔二十五〕，所有機務，可令斷决〔二十六〕；百辟卿士，咸宜受其節度。朕當親調五藥〔二十七〕，暫屏萬機，三兩月間〔二十八〕，且自怡攝。貞觀二十年三月。

校箋

〔一〕此文亦見於全唐文卷八，文題作命皇太子斷决機務詔，署名唐太宗。此文文末標注頒布時間爲『貞觀二十年三月』。册府元龜卷二百五十九儲宫部四監國亦録此文，文首云『（開元）二十二年三月庚午，詔曰：朕粤自渺年，時逢道喪』云云。又考新唐書太宗紀記：『（貞觀）二十年三月己巳，至自高麗。庚午，不豫，皇太子聽政。』資治通鑑卷一百九十八太宗貞觀二十年記：『三月……上疾未全平，欲專保養，庚午，詔軍國機務并委皇太子處决。於是太子間日聽政於東宫，既罷，則入侍藥膳，不離左右。上命太子暫出游觀，太子辭不願出；上乃置别院於寢殿側，使太子居之。褚遂良請遣太子旬日一還東宫，與師傅講道義。從之。』據上所考，則此詔書頒布時間應爲貞觀二十年（六四六）三月庚午（八日），此文之撰當在是時稍前。

（二）朕粤在妙年：『粤在』，今據册府元龜、全唐文作『粤自』。『妙年』，册府元龜、四庫全書作『渺年』；全唐文作『眇年』。『妙年』，指少壯之年。三國志 魏書 陳思王植傳：『終軍以妙年使越。』唐杜甫奉贈嚴八閣老詩：『扈聖登黄閣，明公獨妙年。』

（三）懷生之類：『懷生』，謂有生命之物。史記 司馬相如列傳：『懷生之類，沾濡浸潤。』隋書 音樂志下：『罝罘斤斧，順時令。懷生熙熙，皆得性。』

（四）是用疚心疾首：『疚心』，册府元龜、全唐文、適園叢書作『痛心』。

（五）攘袂救焚：『攘袂』，捋上衣袖。常形容奮起貌。漢書 鄒陽傳：『臣竊料之，能歷西山，徑長樂，抵未央，攘袂而正議者，獨大王耳。』明張居正暮宿田家詩：『攘袂再三起，向我誇耕桑。』『救焚』，言救人於水火之中。漢王充論衡 自紀：『救火拯溺，義不得好，辯論是非，言不得巧。』舊唐書 李靖傳：『今新定荆郢，宜弘寬大，以慰遠近之心，降而籍之，恐非救焚拯溺之義。』

（六）以戰場爲俎豆：『俎豆』，謂祭祀，奉祀。論語 衛靈公：『俎豆之事則嘗聞之矣，軍旅之事未之學也。』莊子 庚桑楚：『今以畏壘之細民，而竊竊焉欲俎豆予於賢人之間，我其杓之人邪！』

〔七〕以干戈爲章服：『干戈』，明鈔本、甲庫本、四庫全書作『戎戈』。指戰争。史記儒林列傳序：『然尚有干戈，平定四海，亦未暇遑庠序之事也。』晋葛洪抱朴子廣譬：『干戈興則武夫奮，韶、夏作則文儒起。』『章服』，綉有日月、星辰等圖案的古代禮服。每圖爲一章，天子十二章，群臣按品級以九、七、五、三章遞降。韓非子亡徵：『父兄大臣，禄秩過功，章服侵等，宫室供養太侈。』三國魏嵇康與山巨源絶交書：『而當裹以章服，揖拜上官，三不堪也。』

〔八〕夕不遑息，寧濟四方：甲庫本作『夕不遑寧，息濟四方』；四庫全書作『夕不遑寧，思濟四方』。

〔九〕推移一紀：『一紀』，歲星（木星）繞地球一周約需十二年，故古稱十二年爲一紀。國語晋語四：『文公在狄十二年，狐偃曰：「蓄力一紀，可以遠矣。」』韋昭注：『十二年，歲星一周爲一紀。』南朝梁劉勰文心雕龍神思：『張衡研京以十年，左思練都以一紀。』

〔十〕幸賴上玄幽贊：『上玄』，上天。漢揚雄甘泉賦：『惟漢十世，將郊上玄。』李善注：『上玄，天也。』周書王悦傳：『梁主内虧刑政，外闕藩籬，匹夫攘袂，舉國傾覆。非直下民離心，抑亦上玄所棄。』『幽贊』，謂暗中受神明佐助。語出易説卦：『昔者聖人之作易也，幽贊於神明而生蓍。』高亨注：『言聖人作易，暗中受神明之贊助，故生蓍草，以爲占筮之

用。』隋書音樂志下：『降景福，憑幽贊。』

〔十一〕下土宅心：『下土』，四方；天下。書舜典：『帝釐下土，方設居方。』孔傳：『言舜理四方，諸侯各設其官居其方。』國語吴語：『余心豈忘憂恤，不惟下土之康靖。』韋昭注：『不但憂四方，乃憂王室也。』『宅心』，歸心。心悦誠服而歸附。漢書叙傳下：『項氏畔换，黜我巴漢，西土宅心，戰士憤怨。』顔師古注引晉灼曰：『西土，關西也。高祖入關，約法三章，秦民大悦，皆宅心高祖。』晉葛洪抱朴子博喻：『德盛業廣，則宅心者衆。』

〔十二〕忝承嗣曆：册府元龜、全唐文作『承天嗣歷』。『嗣曆』，指帝王繼承的次序。古代説法，認爲帝位相承和天象運行次序相應。論語堯曰：『堯曰：「咨！爾舜，天之曆數在爾躬。」』漢蔡邕光武濟陽宫碑：『曆數在帝，踐祚允宜。』

〔十三〕厲精求政：『厲精』，册府元龜、四庫全書作『勵精』。振奮精神。漢書平帝紀：『令士厲精鄉進，不以小疵妨大材。』唐王勃續書序：『是用厲精激憤，宵吟晝咏，庶幾乎學而知之者，其修身慎行恐辱先也。』

〔十四〕振千紀之頽綱：『千紀』，册府元龜作『千祀』。『頽綱』，衰敗的綱紀。晉陸雲大將軍宴會被命作此詩之四：『頽綱既振，品物咸秩。』劉良注：『振，整也。言頽落綱紀既

整，品物皆有次序。」

（十五）旰食宵衣：天已晚纔吃飯，天不亮就穿衣起來。形容勤於政務。南朝陳徐陵陳文帝哀策文：「勤民聽政，旰食宵衣。」唐陳鴻長恨歌傳：「玄宗在位歲久，倦於旰食宵衣，政無大小，始委於右丞相。」

（十六）荼毒遽侵：「荼毒」，全唐文作「荼蓼」。毒害；殘害。書湯誥：「爾萬方百姓，罹其凶害，弗忍荼毒。」三國魏嵇康太師箴：「秦皇荼毒，禍流四海。」

（十七）自九年以來，極罹哀恤：「極罹」，册府元龜、全唐文作「亟罹」。據舊唐書太宗紀載：「（貞觀九年）庚子，太上皇崩於大安宮。」「極罹哀恤」應指此事。

（十八）又屬高麗逆亂，毒被韓夷：「韓夷」，即指高麗。典出後漢書東夷列傳，曰三韓之地「皆古之辰國也」。

（十九）微物不安：「微物」，細小的東西；小的生物。韓非子外儲説左上：「臣爲削者也，諸微物必以削削之，而所削必大於削。」南朝梁陸倕新刻漏銘：「昔嘉量微物，盤盂小器，猶其昭德記功，載在銘典。」

（二十）遂復躬行吊伐：「躬行」，親身實行。論語述而：「躬行君子，則吾未之有得。」

史記滑稽列傳：『太公躬行仁義七十二年。』『吊伐』，亦作『吊民伐罪』。指慰問受害的百姓，討伐有罪的人。宋書索虜傳：『興雲散雨，慰大旱之思；吊民伐罪，積後己之情。』後蜀何光遠鑑誡録陪臣諫：『臣伏聞自古帝王，省方巡狩，吊民伐罪。』事指舊唐書太宗紀所載：『（貞觀）十八年，十一月壬寅，車駕至洛陽宫。庚子，命太子詹事、英國公李勣爲遼東道行軍總管，出柳城，禮部尚書、江夏郡王道宗副之；刑部尚書、鄖國公張亮爲平壤道行軍總管，以舟師出萊州，左領軍常何、瀘州都督左難當副之。發天下甲士，召募十萬，并趣平壤，以伐高麗。十九年春二月庚戌，上親統六軍發洛陽……三月壬辰，上發定州，以司徒、太子太師兼檢校侍中、趙國公長孫無忌，中書令岑文本、楊師道從。夏四月癸卯，誓師於幽州城南，因大饗六軍以遣之。丁未，中書令岑文本卒于師。癸亥，遼東道行軍大總管、英國公李勣攻蓋牟城，破之。五月丁丑，車駕渡遼。甲申，上親率鐵騎與李勣會圍遼東城，因烈風發火弩，斯須城上屋及樓皆盡，麾戰士令登，乃拔之。六月丙辰，師至安市城。丁巳，高麗別將高延壽、高惠真帥兵十五萬來援安市，以拒王師。李勣率兵奮擊，上自高峰引軍臨之，高麗大潰，殺獲不可勝紀。延壽等以其衆降，因名所幸山爲駐蹕山，刻石紀功焉。賜天下大酺二日。秋七月，李勣進軍攻安市城，至九月不克，乃班師。冬十月丙辰，入臨渝關，皇太子自定州迎謁。戊午，次漢武臺，刻石以紀功德。』

〔二十一〕雖復澄氛海外：『澄氛』，四庫全書作『靖氛』。

〔二十二〕久倦征途：『征途』，四庫全書作『征遼』；適園叢書作『征遐』。

〔二十三〕方今兆庶殷阜：『殷阜』，富足。漢張衡西京賦：『地沃野豐，百物殷阜。』北魏酈道元水經注 泿水：『睹巨海之浩茫，觀原藪之殷阜，乃曰：斯誠海島膏腴之地，宜爲都邑。』

〔二十四〕六合廓清：『六合』，天地四方；整個宇宙的巨大空間。莊子 齊物論：『六合之外，聖人存而不論；六合之内，聖人論而不議。』成玄英疏：『六合者，謂天地四方也。』晋葛洪抱朴子 地真：『其大不可以六合階，其小不可以毫芒比也。』

〔二十五〕而皇太子某，令德遠彰：『皇太子某』，指李治。傳見兩唐書 高宗紀。

〔二十六〕可令斷決：『可令』，四庫全書、明鈔本、甲庫本作『并可』。

〔二十七〕朕當親調五藥：『五藥』，五類藥物。周禮 天官 疾醫：『以五味、五穀、五藥養其病。』鄭玄注：『五藥，草、木、蟲、石、穀也。』南朝梁沈約鍾山詩應西陽王教：『淹留訪五藥，顧步佇三芝。』

〔二十八〕三兩月間：『三兩』，册府元龜、全唐文作『三數』。

大帝命皇太子領諸司啓事詔〔一〕

東臺〔二〕：貳極之基，道光於上嗣〔三〕；貞國之本，事表於元良〔四〕。故能創北極之風〔五〕，敬東序之業〔六〕，均少海而逾潤〔七〕，浮前曜而增華〔八〕。皇太子弘〔九〕，寢門標美，壽街騰懿〔十〕。三善夙茂〔十一〕，瑜珮以之含鏘〔十二〕；四學早優〔十三〕，斑翰以之凝映〔十四〕。正以年在冲丱〔十五〕，未從監撫，雖調護方勤，助琢磨之器；而穡稼靡喻，爽德教之途。然爲政之方〔十六〕，義資素習。宜令皇太子弘每五日於光順門内坐，諸司有奏，事小者并啓皇太子。主者施行。

校箋

〔一〕此文亦見於全唐文卷十三，文題作命皇太子領諸司啓事詔，署名唐高宗。四庫全書所收文題作高宗命皇太子領諸司啓事詔。此文文末原未標明頒布時間。考新唐書高宗紀載：『（龍朔三年）十月辛巳，詔皇太子五日一至光順門，監諸司奏事，小事决之。』資治通鑑卷二百一高宗龍朔三年載：『冬，十月，辛巳朔，詔太子每五日於光順門内視諸司奏事，其事之

小者，皆委太子决之。』則此詔書頒布時間應爲龍朔三年（六六三）十月辛巳（一日）。故此制之撰寫時間當在此時稍前。

（二）東臺：即門下省。唐高宗時曾改門下省爲東臺，後因以沿稱門下省。新唐書百官志二：『龍朔二年，改門下省曰東臺。』新唐書張文瓘傳：『乾封二年，遷東臺侍郎、同東西臺三品，遂與勣同爲宰相。』

（三）道光於上嗣：『道光』，高尚的道德、正確的主張得到發揚和傳頌。晉書汝南王亮等傳論：『分茅錫瑞，道光恒典。』元孟祺賀平宋表：『欽惟皇帝陛下，道光五葉。』『上嗣』，君主的嫡長子。後指太子。禮記文王世子：『其登餕獻受爵，則以上嗣。』鄭玄注：『上嗣，君之適長子。』晉書潘尼傳：『篤生上嗣，繼期挺秀。』

（四）事表於元良：『元良』，太子的代稱。禮記文王世子：『一有元良，萬國以貞，世子之謂也。』南朝梁沈約立太子詔：『元良之寄，有國莫先，自昔哲后，降及近代，莫不立儲樹嫡，守器承祧。』

（五）故能創北極之風：『北極』，明鈔本、四庫全書、甲庫本作『北摇』。晉書天文志上：『北極，北辰最尊者也……天運無窮，三光叠耀，而極星不移，故曰「居其所而衆星共

之」。』後因以喻帝王。唐韓愈奉和庫部盧四兄曹長元日朝回：『戎服上趨承北極，儒冠列侍映東曹。』

〔六〕敬東序之業：『東序』，相傳爲夏代的大學。也是國老養老之所。禮記 王制：『夏后氏養國老於東序。』鄭玄注：『東序、東膠亦大學，在國中王宮之東。』孔穎達疏：『文王世子云：學干戈羽籥于東序。以此約之，故知皆學名也。養老必在學者，以學教孝悌之處，故於中養老。』清昭槤嘯亭續録 千叟宴：『百餘年間，聖祖神孫三舉盛典，使黄髮鮐背者歡飲殿庭，視古虞庠東序養老之典，有過之無不及者。』後亦爲國學的通稱。三國志 魏書 管寧傳：『誠宜束帛加璧，備禮徵聘，仍授几杖，延登東序，敷陳墳素，坐而論道。』南朝梁沈約俊雅詩之二：『義兼東序，事美西雍。』

〔七〕均少海而逾潤：四庫全書、全唐文作『功少海而逾潤』。『少海』，比喻太子。唐杜甫壯游詩：『崆峒殺氣黑，少海旌旗黄。』宋葉廷珪海録碎事帝王：『天子比大海，太子比少海。』

〔八〕浮前曜而增華：全唐文作『孚前曜而增華』。

〔九〕皇太子弘：謂孝敬皇帝李弘。即唐高宗第五子李弘。傳見舊唐書卷八十六其本傳載：『孝敬皇帝弘，高宗第五子也。永徽四年，封代王。顯慶元年，立爲皇太子，大赦改元。弘

嘗受春秋左氏傳於率更令郭瑜，至楚子商臣之事，廢卷而嘆曰：「此事臣子所不忍聞，經籍聖人垂訓，何故書此？」瑜對曰：「孔子修春秋，義存褒貶，故善惡必書。褒善以示代，貶惡以誡後，故使商臣之惡，顯於千載。」太子曰：「非唯口不可道，故亦耳不忍聞，請改讀餘書。」瑜再拜賀曰：「里名勝母，曾子不入；邑號朝歌，墨子迴車。殿下誠孝冥資，睿情天發，凶悖之迹，黜於視聽。循奉德音，實深慶躍。臣聞安上理人，莫善於禮，非禮無以事天地之神，非禮無以辨君臣之位，故先王重焉。孔子曰：『不學禮，無以立。』請停春秋而讀禮記。」太子從之。龍朔元年，命中書令、太子賓客許敬宗，侍中兼太子右庶子許圉師，中書侍郎上官儀，太子中舍人楊思儉等於文思殿博采古今文集，摘其英詞麗句，以類相從，勒成五百卷，名曰瑤山玉彩，表上之。制賜物三萬段，敬宗已下加級、賜帛有差。』新唐書卷八十一其本傳載：『孝敬皇帝弘，永徽六年始王代，與潞王同封。顯慶元年，立爲皇太子。受春秋左氏於率更令郭瑜，至楚世子商臣弑其君，喟而廢卷曰：「聖人垂訓，何書此邪？」瑜曰：「孔子作春秋，善惡必書，褒善以勸，貶惡以誡，故商臣之罪雖千載猶不得滅。」弘曰：「然所不忍聞，願讀它書。」瑜拜曰：「里名勝母，曾子不入。殿下睿孝天資，黜凶悖之迹，不存視聽。臣聞安上治民，莫善於禮，故孔子稱『不學禮，無以立』。請改受禮。」太子曰：「善。」四年，加元服。又命賓客許敬宗、

右庶子許圉師、中書侍郎上官儀、中舍人楊思儉即文思殿摘采古今文章，號瑶山玉彩，凡五百篇。書奏，帝賜物三萬段，餘臣賜有差。又詔五日一赴光順門决事。」

〔十〕寢門標美，壽街騰懿：『寢門』，古禮天子五門，諸侯三門，大夫二門。最内之門曰寢門，即路門。後泛指内室之門。儀禮士喪禮：『君使人吊，徹帷，主人迎於寢門外，見賓不哭。』鄭玄注：『寢門，内門也。』漢書元后傳：『兄弟宗族所蒙不測，當殺身靡骨死輦轂下，不當以無益之故有離寢門之心。』『壽街騰懿』，典出後漢書劉隆傳：『是時，天下墾田多不以實，又户口年紀互有增減。十五年，詔下州郡檢覈其事，而刺史、太守多不平均，或優饒豪右，侵刻羸弱，百姓嗟怨，遮道號呼。時，諸郡各遣使奏事，帝見陳留吏牘上有書，視之，云：「潁川、弘農可問，河南、南陽不可問。」帝詰吏由趣，吏不肯服，抵言於長壽街上得之。帝怒。時，顯宗爲東海公，年十二，在幄後言曰：「吏受郡敕，當欲以墾田相方耳。」帝曰：「即如此，何故言河南、南陽不可問？」對曰：「河南帝城，多近臣，南陽帝鄉，多近親，田宅逾制，不可爲凖。」帝令虎賁將詰問吏，吏乃實首服，如顯宗對。於是遣謁者考實，具知奸狀。』喻太子李弘之聰穎。

〔十一〕三善夙茂：『三善』，指臣事君、子事父、幼事長的三種道德規範。禮記文王世

子：『行一物而三善皆得者，唯世子而已……父子、君臣、長幼之道得而國治。』南朝梁沈約齊故安隆昭王碑文：『協隆三善，仰敷四德。』張銑注：『三善，謂事君、事父、事長也。』

（十二）瑜珮以之含鏘：『瑜珮』，適園叢書作『瑜佩』。玉珮。亦借指戴玉珮的人。唐裴守真奉和太子納妃太平公主出降：『瑜珮升青殿，穠華降紫微。』

（十三）四學早優：『四學』，指周分設於四郊的學校。禮記祭義：『天子設四學。』鄭玄注：『四學，謂周四郊之虞庠也。』一説指周、殷、夏、虞四代之學。孔穎達疏：『天子設四學者，謂設四代之學，周學也，殷學也，夏學也，虞學也。』

（十四）斑翰以之凝映：『斑翰』，四庫全書、全唐文、適園叢書作『班翰』。

（十五）正以年在冲丱：『冲丱』，四庫全書作『冲幼』；全唐文作『幼冲』。

（十六）然爲政之方：『爲政之方』，全唐文作『爲教之方』。

則天太后命皇太子監國制（一）

鸞臺（二）：多難興王，殷憂啓聖（三），蕭墻之禍（四），自古有之。朕以虚寡，宿承先顧，社稷宗廟（五），寄在朕躬。親理萬機，年逾二紀（六），幸得九玄垂祐（七），四

海乂安（八），何嘗不日昃忘食，夜分輟寢（九）？戰戰而臨寶位，虔虔而握聖圖（十），
憂百姓之不寧，懼一物之失所。但以久親庶政（十一），勤倦成勞，頃日以來，微加風
疢（十二）。逆豎張易之、昌宗兄弟（十三），比緣薄解調鍊（十四），久在園苑驅馳，錫以殊
恩，加其顯秩（十五）。不謂豺狼之性，潛起梟獍之心（十四），積日包藏，一朝發露。皇太
子顯（十五），元良守器，純孝奉親（十六），知此釁萌，奔衛宸極（十七），與北軍諸將，勠
力齊心（十八），剿撲凶渠（十九），咸就梟斬（二十）。斯乃天地之大德（二十一），而幽明之所
贊叶者乎（二十二）！豈惟朕躬之幸，抑亦兆庶之福（二十三）！朕方資藥餌，冀保痊和，機
務既繁（二十四），有妨攝理，監臨之寄，屬在元良（二十五）。宜令皇太子顯監國，百官總
已以聽（二十六）。朕當養閑高枕，庶獲延齡。可大赦天下。神龍元年正月。

校箋

〔一〕本文又見於全唐文卷九十六，文題作命皇太子監國制，署名高宗武皇后。此文文末標注頒布時間爲『神龍元年正月』。考舊唐書則天皇后紀云：『神龍元年春正月，大赦，改元。上不豫，制自文明元年已後得罪人，除揚、豫、博三州及諸逆魁首，咸赦除之。癸亥，麟

臺監張易之與弟司僕卿昌宗反，皇太子率左右羽林軍桓彥範、敬暉等，以羽林兵入禁中誅之。甲辰，皇太子監國，總統萬機，大赦天下。』又考舊唐書中宗紀云：『神龍元年正月，鳳閣侍郎張柬之、鸞臺侍郎崔玄暐、左羽林將軍敬暉、右羽林將軍桓彥範、司刑少卿袁恕己等定策率羽林兵誅易之、昌宗，迎皇太子監國，總司庶政。大赦天下。』又考新唐書中宗紀云：『神龍元年正月，張柬之等以羽林兵討亂。甲辰，皇太子監國，大赦，改元。』又資治通鑑唐紀二十三亦載：『（神龍元年正月）甲辰，制太子監國，赦天下。』據上引典籍所載，則神龍元年（七〇五）正月甲辰（二十三日）乃頒布制文時间，其撰寫此文當在此時稍前。

（二）鸞臺：唐時門下省的別名。後借指朝廷高級政務機構。新唐書百官志二：『垂拱元年改門下省曰鸞臺。』宋梅堯臣永叔寄澄心堂紙二幅詩：『幅狹不堪作詔命，聊備麤使供鸞臺。』

（三）殷憂啓聖：『殷憂』，憂傷。三國魏阮籍詠懷之十四：『感物懷殷憂，悄悄令心悲。』南朝宋謝靈運歲暮詩：『殷憂不能寐，苦此夜難頽。』

（四）蕭墻之禍：蕭墻借指内部。韓非子用人：『不謹蕭墻之患，而固金城於遠境。』後漢書劉虞傳：『明公不先告曉使得改行，而兵起蕭墻，非國之利。』蕭墻之禍謂禍患起於内部。蕭墻，古代宮室内當門的小墻，比喻内部。秦并六國平話卷下：『祖舜宗堯致太平，秦皇何事苦

蒼生？不知禍起蕭墻内，虚築防胡萬里城。』

〔五〕社稷宗廟：『宗廟』，朝廷和國家政權的代稱。墨子 非命下：『不顧其國家百姓之政，繁爲無用，暴逆百姓，遂失其宗廟。』後漢書 伏湛傳：『猾臣王莽，殺帝盗位。宗室興兵，除亂誅莽，故群下推立聖公，以主宗廟。』

〔六〕親理萬機，年逾二紀：『機』，四庫全書、全唐文作『幾』。『二紀』，約指二十餘年。唐李敬方太和公主還宮詩：『二紀烟塵外，凄凉轉戰歸。』初刻拍案驚奇卷二五：『吾本天上司書仙人，偶以一念情愛，謫居人間二紀。』王古魯注：『一紀爲十二年，此處二紀泛指二十餘歲之意。』

〔七〕幸得九玄垂祐：『九玄』，九天。指天空最高處。晉葛洪抱朴子 任命：『不能淩扶摇以高竦，揚清耀於九玄。』舊唐書 音樂志三：『九玄著象，七曜甄明。』

〔八〕四海乂安：『乂安』，太平；安定。史記 孝武本紀：『漢興已六十餘歲矣，天下乂安。』唐末五代杜光庭莫庭乂青城山本命醮詞：『眷屬乂安，公私和泰。』

〔九〕何嘗不日昃忘食，夜分輟寢：『日昃忘食』，太陽已偏西還顧不上吃飯。形容專心致志，勤勉不懈。晉書 張駿傳：『寡君以乃祖乃父世濟忠良，未能雪天人之大耻，解衆庶之倒

懸，日昃忘食，枕戈待旦。」魏書 鹿悆傳：「然高墉峻堞，非可易登；廣涘深隍，實爲難踐。是用日昃忘食、中宵憤惋者也。」「夜分」，夜半。韓非子 十過：「昔者衛靈公將之晉，至濮水之上，税車而放馬，設舍以宿，夜分而聞鼓新聲者而説之，使人問左右，盡報弗聞。」後漢書 光武帝紀下：「（帝）數引公、卿、郎、將講論經理，夜分乃寐。」李賢注：「分猶半也。」

〔十〕虔虔而握聖圖：「虔虔」，全唐文作「乾乾」。恭敬貌。逸周書 祭公：「王若曰：『祖祭公次予小子，虔虔在位。昊天疾威，予多時溥愆。』」南朝宋謝惠連祭禹廟文：「身勞五岳，形疲九州，呱呱弗顧，虔虔是欽。」「聖圖」，天子的宏圖。唐杜甫重經昭陵詩：「聖圖天廣大，宗祀日光輝。」舊唐書 徐堅傳：「陛下誕膺靈命，中興聖圖，將弘羲軒之風，以光史策之美。」

〔十一〕但以久親庶政：四庫全書無「但以」二字。「庶政」，各種政務。易 賁：「山下有火，賁。君子以明庶政，無敢折獄。」新唐書 高宗紀：「太宗每視朝，皇太子常侍，觀決庶政。」

〔十二〕微加風疢：「疢」，煩熱；疾病。説文：「疢，熱病也。亦作疹。」左傳 成公六年：「美疢不如惡石。」

〔十三〕逆豎張易之、昌宗兄弟：「逆豎」，對叛逆者的憎稱。宋書 沈文秀傳：「何故背國

負恩，遠同逆豎。』南朝陳徐陵爲護軍長史王質移文：『醜徒濟岸來攻郢城，逆豎浮舟同趣夏浦。』張易之、張昌宗，傳見舊唐書卷七十八、新唐書卷一百四。舊唐書其本傳載：『易之父希臧，雍州司户。易之初以門蔭，累遷爲尚乘奉御，年二十餘，白皙美姿容，善音律歌詞。則天臨朝，通天二年，太平公主薦易之弟昌宗入侍禁中，既而昌宗啓天后曰：「臣兄易之器用過臣，兼工合鍊。」即令召見，甚悦。由是兄弟俱侍宫中，皆傅粉施朱，衣錦綉服，俱承辟陽之寵。俄以昌宗爲雲麾將軍，行左千牛中郎將；易之爲司衛少卿。賜第一區、物五百段、奴婢駝馬等。信宿，加昌宗銀青光禄大夫，賜防閤，同京官朔望朝參。仍贈希臧襄州刺史，母韋氏阿臧封太夫人，使尚宫至宅問訊，仍詔尚書李迥秀私侍阿臧。武承嗣、三思、懿宗、宗楚客、宗晋卿候其門庭，争執鞭轡，呼易之爲五郎，昌宗爲六郎。俄加昌宗左散騎常侍。聖曆二年，置控鶴府官員，以易之爲控鶴監内供奉，餘官如故。久視元年，改控鶴府爲奉宸府，又以易之爲奉宸令，引辭人閻朝隱、薛稷、員半千并爲奉宸供奉。每因宴集，則令嘲戲公卿以爲笑樂。若内殿曲宴，則二張、諸武侍坐，樗蒲笑謔，賜與無算。時諛佞者奏云，昌宗是王子晋後身。乃令被羽衣，吹簫，乘木鶴，奏樂於庭，如子晋乘空。辭人皆賦詩以美之，崔融爲其絶唱，其句有「昔遇浮丘伯，今同丁令威」。中郎才貌是，藏史姓名非。」天后令選美少年爲左右奉宸供奉，右補闕朱敬則諫曰：

「臣聞志不可滿，樂不可極。嗜欲之情，愚智皆同，賢者能節之不使過度，則前聖格言也。陛下內寵，已有薛懷義、張易之、昌宗，固應足矣。近聞尚舍奉御柳模自言子良賓潔白美鬚眉，左監門衛長史侯祥云陽道壯偉，過於薛懷義，專欲自進堪奉宸內供奉。無禮無儀，溢於朝聽。臣愚職在諫諍，不敢不奏。」則天勞之曰：「非卿直言，朕不知此。」賜彩百段。以昌宗醜聲聞于外，欲以美事掩其迹，乃詔昌宗撰三教珠英於內。乃引文學之士李嶠、閻朝隱、徐彦伯、張説、宋之問、崔湜、富嘉謨等二十六人，分門撰集。成一千三百卷，上之。加昌宗司僕卿，封鄴國公，易之爲麟臺監，封恒國公，各實封三百户。俄改昌宗爲春官侍郎。易之、昌宗皆粗能屬文，如應詔和詩，則宋之問、閻朝隱爲之代作。則天春秋高，政事多委易之兄弟。中宗爲皇太子，太子男邵王重潤及女弟永泰郡主竊言二張專政。易之訴於則天，付太子自鞫問處置，太子并自縊殺之。又御史大夫魏元忠嘗奏二張之罪，易之懼不自安，乃誣奏元忠與司禮丞高戩云：「天子老矣，當挾太子爲耐久朋。」則天曰：「汝何以知之？」易之曰：「鳳閣舍人張説爲證。」翌日，則天召元忠及説廷詰之，皆妄。則天尚以二張之故，逐元忠爲高要尉，張説長流欽州。長安二年，易之贓賂事發，爲御史臺所劾下獄，兄司府少卿昌儀、司禮少卿同休皆貶黜。及則天卧疾長生院，宰臣希得進見，唯易之兄弟侍側，恐禍變及己，乃引用朋黨，陰爲之備。人有榜其事于路，左臺御史

中丞宋璟請按之。則天陽許，尋敕宋璟使幽州按都督屈突仲翔，令司禮卿崔神慶鞫之。神慶希旨，雪昌宗兄弟。神龍元年正月，則天病甚。是月二十日，宰臣崔玄暐、張柬之等起羽林兵迎太子，至玄武門，斬關而入，誅易之、昌宗於迎仙院，并梟首於天津橋南。則天遜居上陽宫。易之兄昌期，歷岐、汝二州刺史，所在苛猛暴横，是日亦同梟首。朝官房融、崔神慶、崔融、李嶠、宋之問、杜審言、沈佺期、閻朝隱等皆坐二張竄逐，凡數十人。」

〔十四〕比緣薄解調錬：『調錬』，調養鍛煉。宋王禹偁送柴侍御赴闕序：『且見其佐佑一人，進退百執，調錬和氣，簸揚淳風，煦而爲陽春，散而爲霖雨。』

〔十五〕加其顯秩：『其』，四庫全書、全唐文、甲庫本作『以』。『顯秩』，顯赫的官位。晋潘岳楊荆州誄：『用錫土宇，膺兹顯秩。』明陳汝元金蓮記 挖代：『想蘇軾自負奇才，覬臻顯秩，今置外郡，中多觖望耳。』

〔十六〕不謂豺狼之性，潛起梟獍之心：『豺狼』，比喻凶殘的惡人。東觀漢記 陽球傳：『願假臣一月，必令豺狼、鴟梟悉伏其辜。』唐李白古風之十九：『俯視洛陽川，茫茫走胡兵。流血塗野草，豺狼盡冠纓。』『梟獍』，亦作『梟鏡』。舊説梟爲惡鳥，生而食母；獍爲惡獸，生而食父。比喻忘恩負義之徒或狠毒的人。北魏楊衒之洛陽伽藍記 永寧寺：『若兆者蜂目

豺聲，行窮梟獍，阻兵安忍，賊害君親。』范祥雍校釋：『漢書二十五郊祀志：「祠黄帝用一梟破鏡。」孟康注：「梟，鳥名，食母；破鏡，獸名，食父。」破鏡即是獍。此以比喻狠戾忘恩之人。』魏書恩幸傳侯剛：『曾無犬馬識主之誠，方懷梟鏡返噬之志。』

〔十五〕皇太子顯：指唐中宗李顯。李顯，傳見舊唐書中宗紀云：『中宗大和聖昭孝皇帝諱顯，高宗第七子，母曰則天順聖皇后，顯慶元年十一月乙丑，生於長安。明年封周王，授洛州牧。儀鳳二年，徙封英王，改名哲，授雍州牧。永隆元年，章懷太子廢，其年立爲皇太子。弘道元年十二月，高宗崩，遺詔皇太子柩前即帝位。皇太后臨朝稱制，改元嗣聖。元年二月，皇太后廢帝爲廬陵王，幽於別所。其年五月，遷於均州，尋徙居房陵。聖曆元年，召還東都，立爲皇太子，依舊名顯。時張易之與弟昌宗潛圖逆亂。神龍元年正月，鳳閣侍郎張柬之、鸞臺侍郎崔玄暐、左羽林將軍敬暉、右羽林將軍桓彦範、司刑少卿袁恕己等定策率羽林兵誅易之、昌宗，迎皇太子監國，總司庶政。大赦天下。』新唐書中宗紀云：『中宗大和大聖大昭孝皇帝諱顯，高宗第七子也。母曰則天順聖皇后武氏。高宗崩，以皇太子即皇帝位，而皇太后臨朝稱制。嗣聖元年正月，廢居于均州，又遷于房州。聖曆二年，復爲皇太子。太后老且病。神龍元年正月，張柬之等以羽林兵討亂。甲辰，皇太子監國，大赦，改元。』

〔十六〕元良守器，純孝奉親：『元良』，大善；至德。書 太甲下：『一人元良，萬邦以貞。』孔傳：『天子有大善，則天下得其正。』書 泰誓中：『剥喪元良，賊虐諫輔。』蔡沈集傳：『元良，微子也；諫輔，比干也。』『守器』，謂保持本來的器質。三國魏嵇康四言詩：『思友山林，抱樸山嵋，守器殉業，不能奮飛。』

〔十七〕奔衛宸極：『宸極』，借指帝王。南朝陳徐陵爲陳武帝作相時與北齊廣陵城主書：『日月所鑒，天地所明，豈敢虚言欺妄宸極。』宋張世南游宦紀聞卷四：『風馬雲車，儷百順鈎陳之衛；金枝玉葉，拱萬齡宸極之尊。』

〔十八〕與北軍諸將勠力齊心：『齊』，全唐文作『同』。『北軍』，指唐代皇帝的北衙禁軍。唐張説潁川郡太夫人陳氏神道碑：『神龍三年七月五日，北軍作難，西華失守，騎入宫壼，兵纏御樓。公孤劍凌鋒，群凶奪氣，倉促之際，安危是屬。』唐韓愈順宗實録卷四：『自叔文歸第，伾日詣中人并杜佑，請起叔文爲相，且總北軍。』

〔十九〕剿撲凶渠：『凶渠』，凶徒的首領；元凶。南朝梁陸倕石闕銘：『帝赫斯怒，秣馬訓兵。嚴鼓未通，凶渠泥首。』舊唐書 段秀實傳：『誓碎凶渠之首，以敵君父之讎，視死如歸，履虎致咥。』

（二十）咸就梟斬：『梟斬』，斬首；梟首。晉書濟南惠王遂傳：『（司馬勛）爲政暴酷，至於治中別駕及州之豪右，言語忤意，即於坐梟斬之，或引弓自射。』唐李翱疏絶進獻：『今吴元濟、李師道皆梟斬矣，中原無虞，而蓄兵如故，以耗百姓，臣以爲非是也。』

（二十一）斯乃天地之大德：此句原無『斯』字，今據四庫全書、全唐文、適園叢書增補。

（二十二）而幽明之所贊叶者乎：此句甲庫本、全唐文、適園叢書、四庫全書均作『幽明所贊叶者乎』。『幽明』，人與鬼神。唐李白溧陽瀨水貞義女碑銘：『皇唐葉有六聖，再造八極，鏡照萬方，幽明咸熙。』宋王安石全椒張公有詩在北山西庵僧者墁之悵然有感：『幽明永隔休炊黍，真俗相妨久絶弦。』

（二十三）抑亦兆庶之福：『兆庶』，猶言兆民。後漢書崔駰傳：『濟此兆庶，出於平易之路。』唐元結二風詩至勞：『嗚呼勞王，功亦何大！去爾兆庶，洪湮灾害。』

（二十四）機務既繁：『機』，四庫全書作『幾』。『機務』，機要事務。多指機密的軍國大事。三國魏嵇康與山巨源絶交書：『心不耐煩，而官事鞅掌，機務纏其心，世故繁其慮，七不堪也。』宋蘇軾圜丘合祭六議札子：『至於後世，海内爲一，四方萬里，皆聽命於上，機務之繁，億萬倍於古。』

〔二十五〕監臨之寄，屬在元良：『監臨』，監督。史記張耳陳餘列傳：『且夫監臨天下諸將，不爲王不可，願將軍立爲楚王也。』唐趙璘因話録徵：『至於藩鎮，經管内支郡，則俱是古南面諸侯，但以使職監臨，如臺省之官，至外地耳。』『元良』，太子的代稱。禮記文王世子：『一有元良，萬國以貞，世子之謂也。』南朝梁沈約立太子詔：『元良之寄，有國莫先，自昔哲后，降及近代，莫不立儲樹嫡，守器承祧。』

〔二十六〕百官總己以聽：『總己』，謂總攝己職。書伊訓：『百官總己以聽冢宰。』孔傳：『伊尹制百官，以三公攝冢宰。』論語憲問：『君薨，百官總己以聽於冢宰三年。』朱熹集注：『總己，謂總攝己職。』

睿宗命皇太子監國制〔一〕

張説

維天生蒸人〔二〕，牧以元后〔三〕，維皇立國，貳以儲君〔四〕，將以保綏家邦，安固後嗣者也。朕纂承鴻業〔五〕，欽奉寶圖〔六〕，夜分不寐〔七〕，日昃忘倦〔八〕。茫茫四海，懼一心之未周〔九〕；蒸蒸萬方，恐一物之失所。雖卿士竭誠，守宰宣化〔十〕，緬懷庶域〔十一〕，仍未小康。是以求下人之變風，遵先朝之故事〔十二〕。皇太子隆基〔十三〕，

仁孝因心（十四），温恭成德，深達理體（十五），能辨皇猷（十六）。宜令監國，俾爾爲政。其六品以下授官及徒罪以下，并取處分（十七）。景雲二年二月。

校箋

（一）此文又見於舊唐書玄宗紀。全唐文卷十八亦録此文，文題作命皇太子監國制，署名唐睿宗。此文原標明作者爲張説，故應爲張説代睿宗撰寫。此文文末標注頒布時間爲『景雲二年二月』。按，册府元龜卷二百五十九載：『睿宗景雲二年二月，有術者上言：五日内有急兵入宫，睿宗顧問侍臣，莫有對者。張説進曰：「此是讒人欲動摇東宫耳，陛下若使太子監國，則君臣分定，自然窺窬路絶，灾難不生。」睿宗大悦，乃下制曰：維天生人，牧以元后……』檢新唐書睿宗本紀記：『二月丁丑，皇太子監國。』資治通鑑卷二百一十景雲二年亦記：『丁丑，命太子監國，六品以下除官及徒罪以下，并取太子處分。』則此册文頒布時間應爲景雲二年（七一一）二月丁丑（二日）。故此制之撰寫時間當在此時稍前。

（二）維天生蒸人：册府元龜、四庫全書、全唐文作『維天生人』。『蒸人』，民衆；百姓。後漢書文藝傳上杜篤：『濟蒸人於塗炭，成兆庶之亹亹。』唐顧况上古之什補亡訓傳燕幹

巢詩：『惠此蒸人，毋廢爾事。』

〔三〕牧以元后：『元后』，天子。書大禹謨：『天之曆數在汝躬，汝終陟元后。』孔傳：『言天道在汝身，汝終當升爲天子。』漢劉楨贈五官中郎將詩之一：『昔我從元后，整駕至南鄉。』

〔四〕貳以儲君：『貳』，舊唐書、全唐文作『副』。

〔五〕朕纂承鴻業：『鴻業』，舊唐書、全唐文作『洪業』。

〔六〕欽奉寶圖：『欽奉』，四庫全書作『欽若』。『寶圖』，皇位；帝業。周書武帝紀上：『朕祇承寶圖，宜遵故實。』唐柳宗元禮部爲文武百僚請聽政表之二：『陛下以聰明睿聖，嗣守寶圖。』

〔七〕夜分不寐：『寐』，册府元龜作『寢』。

〔八〕日昃忘倦：『日昃』，太陽偏西，下午二時左右。易離：『日昃之離，何可久也？』三國魏曹植雜詩之三：『西北有織婦，綺縞何繽紛！明晨秉機杼，日昃不成文。』

〔九〕懼一心之未周：『一心』，舊唐書作『一人』。

〔十〕守宰宣化：『守宰』，指地方長官。後漢書朱浮傳：『守宰數見換易，迎新相代，疲勞道路。』北齊顔之推顔氏家訓省事：『拜守宰者，印組光華，車騎輝赫，榮兼九族，取貴一時。』

〔十一〕緬懷庶域：『庶域』，四方，各地。漢裴駰司徒箴：『芒芒庶域，率土祁祁。』

〔十二〕是以求下人之變風，遵先朝之故事：原本無此句，今據舊唐書、全唐文增補。

〔十三〕皇太子隆基：『皇太子隆基』，舊唐書作『皇太子基』。即唐玄宗李隆基，傳見舊唐書玄宗紀載：『玄宗至道大聖大明孝皇帝諱隆基，睿宗第三子也，母曰昭成順聖皇后竇氏。垂拱元年秋八月戊寅，生於東都。性英斷多藝，尤知音律，善八分書。儀範偉麗，有非常之表。三年閏七月丁卯，封楚王。天授三年十月戊戌，出閤，開府置官屬，年始七歲。朔望車騎至朝堂，金吾將軍武懿宗忌上嚴整，訶排儀仗，因欲折之。上叱之曰：「吾家朝堂，干汝何事？敢迫吾騎從！」則天聞而特加寵異之。尋却入閤。長壽二年臘月丁卯，改封臨淄郡王。聖曆元年，出閤，賜第於東都積善坊。大足元年，從幸西京，賜宅於興慶坊。長安中，歷右衛郎將、尚輦奉御。神龍元年，遷衛尉少卿。景龍二年四月，兼潞州別駕。十二月，加銀青光禄大夫。州境有黄龍白日昇天。嘗出畋，有紫雲在其上，後從者望而得之。前後符瑞凡一十九事。四年，中宗將祀南郊，來朝京師。將行，使術士韓禮筮之，蓍一莖孑然獨立。禮驚曰：「蓍立，奇瑞非常也，不可言。」屬中宗末年，王室多故，上常陰引材力之士以自助。上所居宅外有水池，浸溢頃餘，望氣者以爲龍氣。四年四月，中宗幸其第，因游其池，結彩爲樓船，令巨象踏之。至六月，中宗暴崩，韋后臨朝稱制。韋温、宗楚客、紀處訥等謀傾宗社，以睿宗介弟之重，先謀不利。道士馮道

力、處士劉承祖皆善於占兆，詣上布誠款。上所居里名隆慶，時人語訛，以「隆」爲「龍」；韋庶人稱制，改元又爲唐隆，皆符御名。上益自負，乃與太平公主謀之，公主喜，以子崇簡從。上乃與崇簡、朝邑尉劉幽求、長上折衝麻嗣宗、押萬騎果毅葛福順李仙鳧、寶昌寺僧普潤等定策誅之。或曰：「先啓大王。」上曰：「我拯社稷之危，赴君父之急，事成福歸於宗社，不成身死於忠孝，安可先請，憂怖大王乎！若請而從，是王與危事；請而不從，則吾計失矣。」遂以庚子夜率幽求等數十人自苑南入，總監鍾紹京又率丁匠百餘以從。分遣萬騎往玄武門殺羽林將軍韋播、高嵩，持首而至，衆歡叫大集。攻白獸、玄德等門，斬關而進，左萬騎自左入，右萬騎自右入，合於凌烟閣前。時太極殿前有宿衛梓宫萬騎，聞譟聲，皆披甲應之。韋庶人惶惑走入飛騎營，爲亂兵所害。於是分遣誅韋氏之黨，比明，内外討捕，皆斬之。乃馳謁睿宗，謝不先啓請之罪。睿宗遽前抱上而泣曰：「宗社禍難，由汝安定，神祇萬姓，賴汝之力也。」拜殿中監、同中書門下三品，兼押左右萬騎，進封平王。睿宗即位，與侍臣議立皇太子，僉曰：「除天下之禍者，享天下之福；拯天下之危者，受天下之安。平王有聖德，定天下，又聞成器已下咸有推讓，宜膺主鬯，以副群心。」睿宗從之。丙午，制曰：舜去四凶而功格天地，武有七德而戡定黎人，故知有大勛者必受神明之福，仗高義者必爲匕鬯之主。朕恭臨寶位，亭育寰區，以萬物之心爲心，以兆人之命爲命。雖承繼之道，咸以冢嫡居尊；而無私之懷，必推功業爲首。然後可保安社稷，永奉

宗祧。第三子平王基孝而克忠，義而能勇。比以朕居藩邸，虔守國彝，貴戚中人，都無引接。群邪害正，凶黨實繁，利口巧言，讒説罔極。韋温、延秀，朋黨競起；晋卿、楚客，交構其間。潛結回邪，排擠端善，潛貯兵甲，將害朕躬。基密聞其期，先難奮發，推身鞠弭，衆應如歸，呼吸之間，凶渠殄滅。安七廟於幾墜，拯群臣於將殞。方舜之功過四，比武之德逾七。靈祇望在，昆弟樂推。一人元良，萬邦以定。爲副君者，非此而誰？可立爲皇太子。有司擇日，備禮册命。七月己巳，睿宗御承天門，皇太子詣朝堂受册。是日有景雲之瑞，改元爲景雲，大赦天下。二年，又制曰：惟天生蒸人，牧以元后……』新唐書玄宗紀記：『玄宗至道大聖大明孝皇帝諱隆基，睿宗第三子也。母曰昭成皇后竇氏。性英武，善騎射，通音律、曆象之學。始封楚王，後爲臨淄郡王。累遷衛尉少卿、潞州别駕。景龍四年，朝于京師，遂留不遣。庶人韋氏已弑中宗，矯詔稱制。玄宗乃與太平公主子薛崇簡、尚衣奉御王崇曄、公主府典籤王師虔、朝邑尉劉幽求、苑總監鍾紹京、長上折衝麻嗣宗、押萬騎果毅葛福順李仙鳧、道士馮處澄、僧普潤定策討亂。或請先啓相王，玄宗曰：「請而從，是王與危事；不從，則吾計失矣。」乃夜率幽求等入苑中，福順、仙鳧以萬騎兵攻玄武門，斬左羽林將軍韋播、中郎將高嵩以徇。左萬騎由左入，右萬騎由右入，玄宗率總監羽林兵會兩儀殿，梓宮宿衛兵皆起應之，遂誅韋氏。黎明，馳謁相王，謝不先啓。相王泣曰：「賴汝以免，不然，吾且及難。」乃拜玄宗殿中監，兼知内外閑廐、檢校隴右群牧大使，

押左右萬騎，進封平王，同中書門下三品。睿宗即位，立爲皇太子。景雲二年，監國，聽除六品以下官。」

〔十四〕仁孝因心：「仁孝」，明鈔本、甲庫本、四庫全書作「仁智」。「因心」，謂親善仁愛之心。詩大雅皇矣：「維此王季，因心則友。」毛傳：「因，親也。」陳奂傳疏：「因訓親，親心即仁心。」舊唐書孝友傳序：「善於兄弟，必能因心廣濟。」

〔十五〕深達理體：「理體」，舊唐書作「禮體」。治政之體要。北齊書源彪傳：「度支尚書元修伯，魏文成皇帝之後，清素寡欲，明識理體。」舊唐書辛替否傳：「若以造寺必爲其理體，養人不足以經邦，則殷周已往皆暗亂，漢魏已降皆聖明。」

〔十六〕能辨皇猷：「皇猷」，帝王的谋略或教化。南朝梁沈約齊太尉文宪王公墓銘：「帝圖必舉，皇猷諧煥。」北史牛弘傳：「今皇猷遐闡，化覃海外。」

〔十七〕其六品以下授官及徒罪以下，并取處分：「授官」，舊唐書、全唐文作「除授」。「并取處分」，舊唐書作「并取基處分」；册府元龜、全唐文作「并取太子處分」。

允皇太子奏讓政事詔〔一〕

朕恭臨宸極〔二〕，嗣守丕圖〔三〕，承九服之康寧〔四〕，當二儀之交泰〔五〕。窅然汾

水（六），願遂放勛之游（七）。皇太子諱（八），孝德茂於周儲（九），恭慎超於兩漢（十），翼宣景化（十一），光輔朕躬（十二）。頃以宇宙事殷，宗社事重，委以機務（十三），叶贊謀猷（十四）。志切承師，情殷問道，夏弦春誦（十五），心存養德（十六）。威刑慶賞，固不當仁（十七）；循省奏章（十八），嘉而不奪。景雲二年四月。

校箋

〔一〕此文文末標明頒布時間爲『景雲二年四月』。資治通鑒卷二百一十睿宗景雲二年載：『夏，四月……上召群臣三品以上，謂曰：「朕素懷淡泊，不以萬乘爲貴，曩爲皇嗣，又爲皇太弟，皆辭不處。今欲傳位太子，何如？」群臣莫對。太子使右庶子李景伯固辭，不許。殿中侍御史和逢堯附太平公主，言於上曰：「陛下春秋未高，方爲四海所依仰，豈得遽爾！」上乃止。戊子，制：「凡政事皆取太子處分。其軍旅死刑及五品已上除授，皆先與太子議之，然後以聞。」戊子，制：「凡政事皆取太子處分。」』則此文頒布時間爲景雲二年（七一一）四月，其撰寫此文時間當在是時稍前。

〔二〕朕恭臨宸極：『宸極』，比喻帝位。晉劉琨勸進表：『宸極失御，登遐醜裔。』李善

注：『宸極，喻帝位。』舊唐書忠義傳上蘇安恒：『今太子孝敬是崇，春秋既壯，若使統臨宸極，何異陛下之身！』

〔三〕嗣守丕圖：『丕圖』，猶大業，宏圖。唐白居易答黄裳請上尊號表制：『朕以薄德，嗣守丕圖，不敢荒寧，以弘理道。』宋史禮志十一：『非臣否德，肇此丕圖，實賴先正儲休，上玄降鑒。』

〔四〕承九服之康寧：『康寧』，明鈔本、適園叢書作『寧康』。『九服』，指全國各地區。南朝梁沈約法王寺碑：『濟横流而臣九服，握乾綱而子萬姓。』周書文帝紀下：『俾九服寧謐，誠賴翊贊之功。』

〔五〕當二儀之交泰：『二儀』，指天地。三國魏曹植惟漢行：『太極定二儀，清濁始以形。』周書武帝紀上：『二儀創闢，玄象著明。』『交泰』，易泰：『天地交，泰。』王弼注：『泰者，物大通之時也。』言天地之氣融通，則萬物各遂其生，故謂之泰。後以『交泰』指天地之氣和祥，萬物通泰。漢王符潛夫論班禄：『是以天地交泰，陰陽和平。』

〔六〕窅然汾水：『窅然』，猶悵然。莊子逍遥游：『堯治天下之民，平海内之政，往見四子藐姑射之山，汾水之陽，窅然喪其天下焉。』陸德明釋文：『窅然，猶悵然。』南史梁紀上

武帝：『一駕汾陽，便有窅然之志；暫適箕嶺，即動讓王之心。』

〔七〕願遂放勛之游：『放勛』，帝堯名。書堯典：『曰若稽古，帝堯曰放勛。』陸德明釋文引馬融云：『放勛，堯名。』蔡沈集傳：『放，至也……勛，功也。言堯之功大而無所不至也。』史記五帝本紀：『帝堯者，放勛。其仁如天，其知如神。』

〔八〕皇太子諱：『皇太子』，即唐玄宗李隆基，傳見舊唐書玄宗紀載：『玄宗至道大聖大明孝皇帝諱隆基，睿宗第三子也，母曰昭成順聖皇后竇氏。垂拱元年秋八月戊寅，生於東都。性英斷多藝，尤知音律，善八分書。儀範偉麗，有非常之表。三年閏七月丁卯，封楚王。天授三年十月戊戌，出閤，開府置官屬，年始七歲。朔望車騎至朝堂，金吾將軍武懿宗忌上嚴整，訶排儀仗，因欲折之。上叱之曰：「吾家朝堂，干汝何事？敢迫吾騎從！」則天聞而特加寵異之。尋却入閤。長壽二年臘月丁卯，改封臨淄郡王。聖曆元年，出閤，賜第於東都積善坊。大足元年，從幸西京，賜宅於興慶坊。長安中，歷右衛郎將、尚輦奉御。神龍元年，遷衛尉少卿。景龍二年四月，兼潞州別駕。十二月，加銀青光禄大夫。州境有黄龍白日昇天。嘗出畋，有紫雲在其上，後從者望而得之。前後符瑞凡一十九事。四年，中宗將祀南郊，來朝京師。將行，使術士韓禮筮之，蓍一莖孑然獨立。禮驚曰：「蓍立，奇瑞非常也，不可言。」屬中宗末年，王室多故，上

常陰引材力之士以自助。上所居宅外有水池，浸溢頃餘，望氣者以爲龍氣。四年四月，中宗幸其第，因游其池，結彩爲樓船，令巨象踏之。至六月，中宗暴崩，韋后臨朝稱制。韋温、宗楚客、紀處訥等謀傾宗社，以睿宗介弟之重，先謀不利。道士馮道力、處士劉承祖皆善於占兆，詣上布誠款。上所居里名隆慶，時人語訛，以「隆」爲「龍」；韋庶人稱制，改元又爲唐隆，皆符御名。上益自負，乃與太平公主謀之，公主喜，以子崇簡從。上乃與崇簡、朝邑尉劉幽求、長上折衝麻嗣宗、押萬騎果毅葛福順李仙鳧、寶昌寺僧普潤等定策誅之。或曰：「先啓大王。」上曰：「我拯社稷之危，赴君父之急，事成福歸於宗社，不成身死於忠孝，安可先請，憂怖大王乎！若請而從，是王與危事；請而不從，則吾計失矣。」遂以庚子夜率幽求等數十人自苑南入，總監鍾紹京又率丁匠百餘以從。分遣萬騎往玄武門殺羽林將軍韋播、高嵩，持首而至，衆歡叫大集。攻白獸、玄德等門，斬關而進，左萬騎自左入，右萬騎自右入，合於凌烟閣前。時太極殿前有宿衛梓宮萬騎，聞譟聲，皆披甲應之。韋庶人惶惑走入飛騎營，爲亂兵所害。於是分遣誅韋氏之黨，比明，内外討捕，皆斬之。乃馳謁睿宗，謝不先啓請之罪。睿宗遽前抱上而泣曰：「宗社禍難，由汝安定，神祇萬姓，賴汝之力也。」拜殿中監、同中書門下三品，兼押左右萬騎，進封平王。睿宗即位，與侍臣議立皇太子，僉曰：「除天下之禍者，享天下之福；拯天下之危者，受天下之

安。平王有聖德，定天下，又聞成器已下咸有推讓，宜膺主鬯，以副群心。」睿宗從之。丙午，制曰：舜去四凶而功格天地，武有七德而戡定黎人，故知有大勛者必受神明之福，仗高義者必爲匕鬯之主。朕恭臨寶位，亭育寰區，以萬物之心爲心，以兆人之命爲命。雖承繼之道，咸以冢嫡居尊；而無私之懷，必推功業爲首。然後可保安社稷，永奉宗祧。第三子平王基孝而克忠，義而能勇。比以朕居藩邸，虔守國彝，貴戚中人，都無引接。群邪害正，凶黨實繁，利口巧言，讒説罔極。韋温、延秀，朋黨競起；晋卿、楚客，交構其間。潛結回邪，排擠端善，潛貯兵甲，將害朕躬。基密聞其期，先難奮發，推身鞠弭，衆應如歸，呼吸之間，凶渠殄滅。安七廟於幾墜，拯群臣於將殞。方舜之功過四，比武之德逾七。靈祇望在，昆弟樂推。一人元良，萬邦以定。爲副君者，非此而誰？可立爲皇太子。有司擇日，備禮册命。七月己巳，睿宗御承天門，皇太子詣朝堂受册。是日有景雲之瑞，改元爲景雲，大赦天下。二年，又制曰：惟天生蒸人，牧以元后……』新唐書玄宗紀記：『玄宗至道大聖大明孝皇帝諱隆基，睿宗第三子也。母曰昭成皇后竇氏。性英武，善騎射，通音律、曆象之學。始封楚王，後爲臨淄郡王。累遷衛尉少卿、潞州別駕。景龍四年，朝于京師，遂留不遣。庶人韋氏已弑中宗，矯詔稱制。玄宗乃與太平公主子薛崇簡、尚衣奉御王崇曄、公主府典籤王師虔、朝邑尉劉幽求、苑總監鍾紹京、長上折衝麻嗣宗、押

萬騎果毅葛福順李仙鳬、道士馮處澄、僧普潤定策討亂。或請先啓相王，玄宗曰：「請而從，是王與危事；不從，則吾計失矣。」乃夜率幽求等入苑中，福順、仙鳬以萬騎兵攻玄武門，斬左羽林將軍韋播、中郎將高嵩以徇。左萬騎由左入，右萬騎由右入，玄宗率總監羽林兵會兩儀殿，梓宫宿衛兵皆起應之，遂誅韋氏。黎明，馳謁相王，謝不先啓。相王泣曰：「賴汝以免，不然，吾且及難。」乃拜玄宗殿中監，兼知内外閑廄、檢校隴右群牧大使，押左右萬騎，進封平王，同中書門下三品。睿宗即位，立爲皇太子。景雲二年，監國，聽除六品以下官。」

〔九〕孝德茂於周儲：『周儲』，周室的儲君。南朝宋顔延之皇太子釋奠會作詩：『伊昔周儲，聿光往記。思皇世哲，體元作嗣。』李周翰注：『周儲，謂文王爲太子時。』

〔十〕恭慎超於兩漢：原作『漢兩』，今據四庫全書改。

〔十一〕翼宣景化：『翼宣』，輔佐宣揚。漢潘勖册魏公九錫文：『君翼宣風化，爰發四方。』三國志 吴書 華覈傳：『臣以愚蔽，誤忝近署，不能翼宣仁澤以威靈祇。』『景化』，猶敬仰。後漢書 劉愷傳：『景化前修。』李賢注：『景，慕也。』化，一本作『仰』。南朝梁沈約王亮王瑩加授詔：『并宜光贊緝熙，穆兹景化。』

〔十二〕光輔朕躬：『光輔』，多方面輔佐。左傳 昭公二十年：『神人無怨，宜夫子之光輔

五君，以爲諸侯主也。』北齊書段榮傳：『韶光輔七君，克隆門業。』

（十三）委以機務：『機務』，四庫全書作『幾務』。『機務』，同『幾務』，機要的事務。多指軍國大事。南朝梁劉勰文心雕龍情采：『心纏幾務，而虚述人外。』清王士禛池北偶談談藝三黑猿圖：『廣西守臣都督山雲，以猿來進。朕既一覽而足，間因幾務之暇，偶繪爲圖，以資宴玩。』

（十四）叶贊謀猷：『叶贊』，協同翊贊。晋書元帝紀：『然晋室遘紛，皇輿播越，天命未改，人謀叶贊。』新五代史裴迪傳：『太祖自岐還，將吏皆賜「迎鑾叶贊功臣」，將吏入見，太祖目迪曰：「叶贊之功，惟裴公有之，佗人不足當也。」』『謀猷』，計謀；謀略。書文侯之命：『亦惟先正克左右昭事厥辟，越小大謀猷，罔不率從，肆先祖懷在位。』宋書劉穆之傳：『故尚書左僕射、前將軍臣穆之，爰自布衣，協佐義始，内端謀猷，外勤庶政。』

（十五）夏弦春誦：亦作『春誦夏弦』。禮記文王世子：『春誦夏弦，大師詔之。』鄭玄注：『誦，謂歌樂也；弦，謂以絲播詩。』本謂應按季節而采用不同的學習方式，後亦以泛指學習咏誦。藝文類聚卷十六引南朝梁陸倕爲豫章王慶太子出宫表：『冬書秋記，夙表睿資；春誦夏弦，幼彰神度。』

〔十六〕心存養德：『養德』，四庫全書作『德藝』。『養德』，修養無爲而治的德性。亦泛指修養德性。莊子天地：『堯曰：「多男子則多懼，富則多事，壽則多辱，是三者，非所以養德也，故辭。」』成玄英疏：『三者未足養無爲之德，適可以益有爲之累，所以并辭。』晋干寶搜神記卷三：『願府君安身養德，從容光大，勿以神奸，污累天真。』

〔十七〕固不當仁：四庫全書作『罔不當仁』。『當仁』，謂勇爲不辭。唐王勃益州德陽縣善寂寺碑：『群公以道之存矣，思傳記德之書；下官以文在兹手，願展當仁之筆。』宋王禹偁擬拜屈突通爲兵部尚書制：『我之所重，汝則當仁。』

〔十八〕循省奏章：『循省』，檢查；省察。唐韓愈潮州謝孔大夫狀：『欲致辭爲讓，則乖伏屬之禮；承命苟貪，又非循省之道。』宋葉夢得石林燕語卷九：『今臣自循省，一無可取，乃與之同被選擢，比肩并進，豈不玷朝廷之舉，爲士大夫所羞哉！』

明皇命皇太子監國親總師徒東討詔〔一〕

詔曰：通三立極〔二〕，正維之業大；明兩作離〔三〕，繼照之功博。是以貞我萬國，必在元良〔四〕，弼予一人，歸之上嗣〔五〕。將寄丈人之律〔六〕，實資長子之師，亦既戒

巖，當除群慝〔七〕。皇太子亨〔八〕，仁明植性〔九〕，孝友因心，禀上德之粹靈，宅中和之正氣。恭敬之虔，豈伊橋梓〔十〕。剛柔之適，無取韋弦〔十一〕。韞公忠而事君，總文武而行己〔十二〕，既有絶馳之美，可稱問膳之勤〔十三〕。以三善之明〔十四〕，助百揆之務〔十五〕。邇安遠肅，天平地成〔十六〕。屬凶險負恩，稱兵向闕，人神同憤。命爾撫軍，將徼福於宗祧〔十七〕，以保安於社稷。憑天之德，何嚮不濟？順人之心，所戰必剋，庶清彼氛沴〔十八〕，以寧我國家〔十九〕。宜令太子監國。仍即親總師徒〔二十〕，以誅叛逆。咸取今月二十三日先發〔二十一〕，所司準式，務從省便，無使勞煩。布告遐邇〔二十二〕，咸令知悉。天寶十四載十二月。

校箋

〔一〕此文又見於全唐文卷三十三，文題爲命皇太子監國仍親總師徒東討詔，署名唐玄宗。本文文末標明頒布時間爲『天寶十四載十二月』，適園叢書作『天寶十四載二月』。考舊唐書玄宗紀載：『（天寶十四載）十二月丙戌朔，禄山於靈昌郡渡河。辛卯，陷陳留郡，殺張介然。甲午，陷滎陽郡，殺太守崔無詖。丙申，封常清與賊戰於成皋罌子谷，官軍敗績，常清奔於陝

郡。丁酉，禄山陷東京，殺留守李憕、中丞盧奕、判官蔣清。時高仙芝鎮陜郡，棄城西保潼關。常山太守顔杲卿與長史袁履謙、賈深等殺賊將李欽湊，執賊將何千年、高邈送京師。辛丑，詔皇太子統兵東討。』舊唐書肅宗紀載：『（天寶十四載）十二月丁未，陷東京。辛丑，制太子監國，仍遣上親總諸軍進討。』資治通鑑卷二百一十七載：『（天寶十四年）十二月，上議親征，辛丑，制太子監國，謂宰相曰：「朕在位垂五十載，倦于憂勤，去秋已欲傳位太子；值水旱相仍，不欲以餘灾遺子孫，淹留俟稍豐。不意逆胡横發，朕當親征，且使之監國。事平之日，朕將高枕無爲矣。」楊國忠大懼，退謂韓、虢、秦三夫人曰：「太子素惡吾家專横久矣，若一旦得天下，吾與姊妹并命在旦暮矣！」相與聚哭，使三夫人説貴妃，銜土請命於上；事遂寢。』據上述典籍所載，則此詔書頒布時間當爲天寶十四載（七五五）十二月辛丑（十六日），撰寫時間當在是時稍前。

〔二〕通三立極：『通三』，説文：『王天下所歸往也。董仲舒曰：古之造文者，三畫而連其中，謂之王。三者，天、地、人也。而參通之者，王也。』『立極』，登帝位；秉國政。宋文天祥逐鹿詩：『軒轅此立極，玉帛朝諸侯。』四游記玉帝起賽寶通明會：『上帝傳下玉旨云：「朕立極以來，未會卿等，今立此會，名曰三界通明會。」』

〔三〕明兩作離：典出易離：『明兩作離，大人以繼明照於四方。』孔穎達疏：『明兩作離者，離爲日，日爲明。今有上下二體，故云明兩作離也。』本謂離卦離下離上，爲兩明前後相續之象。後以『明兩』指太陽。晉陶潛五月旦作和戴主簿：『明兩萃時物，北林榮且豐。』此處借指帝王或太子。南朝宋謝瞻張子房詩：『明兩燭河陰，慶霄薄汾陽。』李善注：『明兩、慶霄，皆喻宋高祖（劉裕）。』南朝宋謝靈運擬魏太子鄴中集詩王粲：『不謂息肩願，一旦值明兩。』呂延濟注：『武帝既明，而太子又明，故謂太子爲明兩也。』

〔四〕必在元良：『元良』，太子的代稱。禮記文王世子：『一有元良，萬國以貞，世子之謂也。』南朝梁沈約立太子詔：『元良之寄，有國莫先，自昔哲后，降及近代，莫不立儲樹嫡，守器承祧。』

〔五〕歸之上嗣：『上嗣』，君主的嫡長子。後指太子。禮記文王世子：『其登餕獻受爵，則以上嗣。』鄭玄注：『上嗣，君之適長子。』晉書潘尼傳：『篤生上嗣，繼期挺秀。』

〔六〕將寄丈人之律：『丈人』，古時對老人的尊稱。易師：『貞，丈人，吉。』孔穎達疏：『丈人，謂嚴莊尊重之人。』論語微子：『子路從而後，遇丈人以杖荷蓧。』何晏集解引包咸曰：『丈人，老人也。』

〔七〕當除群慝：『群慝』，群奸，群小。漢書禮樂志：『行樂交逆，簫勺群慝。』顏師古注：『言制定新樂，教化流行，則逆亂之徒盡交歡也。慝，惡也。』唐劉禹錫唐故相國李公集紀：『惟唐以神武定天下，群慝既讐，驟示以文。』

〔八〕皇太子亨：即李亨，唐肅宗。傳見兩唐書肅宗紀，舊唐書其本紀載：『肅宗文明武德大聖大宣孝皇帝諱亨，玄宗第三子，母曰元獻皇后楊氏，景雲二年乙亥生。初名嗣昇，二歲封陝王，五歲拜安西大都護、河西四鎮諸蕃落大使。上仁愛英悟，得之天然；及長，聰敏强記，屬辭典麗，耳目之所聽覽，不復遺忘。開元十五年正月，封忠王，改名浚。五月，領朔方大使、單于大都護。十八年，奚、契丹犯塞，以上爲河北道元帥，信安王禕爲副，帥御史大夫李朝隱、京兆尹裴伷先等八總管兵以討之。仍命百僚設次於光順門，與上相見。左丞相張説退謂學士孫逖、韋述曰：「嘗見太宗寫真圖，忠王英姿穎發，儀表非常，雅類聖祖，此社稷之福也。」二十年，諸將大破奚、契丹，以上遥統之功，加司徒。二十三年，改名璵。二十五年，皇太子瑛得罪。二十六年六月庚子，立上爲皇太子，改名紹。後有言事者云：紹與宋太子名同，改今名。初，太子瑛得罪，上召李林甫議立儲貳，時壽王瑁母武惠妃方承恩寵，林甫希旨，以瑁對。及立上爲太子，林甫懼不利己，乃起韋堅、柳勣之獄，上幾危者數四。後又楊國忠依倚妃家，恣爲褻穢，懼

上英武，潛謀不利，爲患久之。天寶十三載正月，安禄山來朝，上嘗密奏，云禄山有反相。玄宗不聽。十四載十一月，禄山果叛，稱兵詣闕。十二月丁未，陷東京。辛丑，制太子監國，仍遣上親總諸軍進討。』

〔九〕仁明植性：『植性』，生性；秉性。周書劉志傳：『志少好學，博涉群書，植性方重，兼有武略。』太平廣記卷第二百六十七引唐張鷟朝野僉載麻秋：『後趙石勒將麻秋者，太原胡人也，植性虓險鴆毒。』

〔十〕豈伊橋梓：『橋梓』，典出南朝梁任昉王文憲集序李善注引尚書大傳：『伯禽與康叔朝於成王，見乎周公，三見而三笞之。二子有駭色，乃問於商子曰：「吾二子見於周公，三見而三笞之，何也？」商子曰：「南山之陽有木名橋，南山之陰有木名梓，二子盍往觀焉！」於是二子如其言而往觀之，見橋木高而仰，梓木晋而俯。反以告商子。商子曰：「橋者，父道也；梓者，子道也。」』後因稱父子爲『橋梓』。南朝梁任昉王文憲集序：『孝友之性，豈伊橋梓；夷雅之體，無待韋弦。』唐張説右羽林大將軍王氏神道碑：『禮義形於橋梓，哀戚過於縗麻。』

〔十一〕無取韋弦：『韋弦』，韓非子觀行：『西門豹之性急，故佩韋以自緩；董安于之性緩，故佩弦以自急。故以有餘補不足，以長續短之謂明主。』後因以『韋弦』比喻外界的啓迪和

教益。用以警戒、規勸。南朝梁任昉王文憲集序：『夷雅之體，無待韋弦。』李善注：『韋，皮繩，喻緩也；弦，弓弦，喻急也……言王公平雅之性，無待此韋弦以成也。』唐楊炯後周宇文彪神道碑：『公爲中正，佩以韋弦。』

〔十二〕總文武而行己：『行己』，謂立身行事。論語公冶長：『子謂子産有君子之道四焉：其行己也恭，其事上也敬，其養民也惠，其使民也義。』清鈕琇觚賸續編簡公雪冤：『士人行己，貴乎立品，即小可以見大，即窮可以徵達。』

〔十三〕既有絶馳之美，可稱問膳之勤：『問膳之勤』，明鈔本、甲庫本作『問膳之勤心』。『絶馳』，典出漢書成帝紀：『孝成皇帝，元帝太子也。……元帝即位，帝爲太子。壯好經書，寬博謹慎。初居桂宫，上嘗急召，太子出龍樓門，不敢絶馳道，西至直城門，得絶乃度，還入作室門。上遲之，問其故，以狀對。上大説，乃著令，令太子得絶馳道云。』『問膳』，古禮，父母進食，人子侍側，問膳食如何。語本禮記文王世子：『食上，必在視寒煖之節；食下，問所膳。』鄭玄注：『問所食者。』唐王維恭懿太子挽歌之二：『鷄鳴常問膳，今恨玉京留。』

〔十四〕以三善之明：四庫全書作『心以三善之明』。『三善』，指臣事君、子事父、幼事

長的三種道德規範。禮記 文王世子：『行一物而三善皆得者，唯世子而已……父子、君臣、長幼之道得而國治。』南朝梁沈約齊故安隆昭王碑文：『協隆三善，仰敷四德。』張銑注：『三善，謂事君、事父、事長也。』

〔十五〕助百揆之務：『百揆』，百官。南朝宋劉義慶世説新語 賞譽：『桓公（桓温）語嘉賓（郗超）：「阿源（殷浩）有德有言，向使作令僕，足以儀刑百揆，朝廷用違其才耳！」』新唐書 高祖紀：『戊辰，隋帝（楊侑）進唐王（李淵）位相國，總百揆，備九錫。』

〔十六〕天平地成：謂萬事安排妥當，天下太平。南朝陳徐陵勸進元帝表：『其文昭武穆，跗萼也如彼；天平地成，功業也如此。』

〔十七〕將徼福於宗祧：『徼福』，同『僥福』，祈福，求福。左傳 成公十三年：『君亦悔禍之延，而欲僥福於先君獻穆。』唐白居易戒藥詩：『朝吞太陽精，夕吸秋石髓；僥福反成灾，藥誤者多矣。』『宗祧』，宗廟。左傳 襄公二十三年：『紇不佞，失守宗祧，敢告不吊。紇之罪，不及不祀。』杜預注：『遠祖廟爲祧。』孔子家語 哀公問政：『聖人因物之精，制爲之極，明命鬼神，以爲民之則，而猶以是爲未足也。故築爲宫室，設爲宗祧。』

〔十八〕庶清彼氛沴：『氛沴』，喻寇亂。南齊書 高帝紀上：『静九江之洪波，卷海沂之氛

沴，放斥凶昧，存我宗祀。』舊唐書張廷珪傳：『陛下神武超代，精誠動天，再掃氛沴，六合清朗。』

〔十九〕以寧我國家：明鈔本、適園叢書作『以寧我家國』。

〔二十〕仍即親總師徒：『師徒』，士卒。亦借指軍隊。左傳成公二年：『畏君之震，師徒撓敗。』唐張九齡敕平盧諸將士書：『近日安禄山無謀，率爾輕敵，馳突不顧，遂損師徒。』

〔二十一〕取今月二十三日先發：『先發』，四庫全書作『先務』。

〔二十二〕無使勞煩布告遐邇：『邇遐』，四庫全書、全唐文、適園叢書作『遐邇』。

肅宗命皇太子監國制〔一〕

門下：天下之本，屬於元良，四方之明〔二〕，資其繼照〔三〕。是有傳歸之義，必膺監撫之重，克廣前烈，與人守邦〔四〕。非君父之獨親，俾生靈之同戴〔五〕。朕號慕弓劍，寢居縗絰〔六〕。頃以疾苦，未能康寧。殘寇猶虞，中原多壘，軍國大務，理須參決。乃眷匕鬯，共承宗祧〔七〕。皇太子豫〔八〕，天縱聰明，日躋德業〔九〕，中興締構，已有大功〔十〕。問安内寢〔十一〕，知九國之夢〔十二〕；制勝戎閫〔十三〕，高五官

之才（十四）。時方艱難，禮在諒闇（十五）。其以庶政，委之元子，宜令權監國。又以上天降寶，獻自楚州，神明告曆數之符，金璧定妖灾之氣（十六），總集瑞命（十七），祇承鴻休（十八），因以體元（十九），叶乎五紀（二十）。其元年宜改爲寶應元年（二十一），建巳月改爲四月（二十二），其餘月并依常數（二十三）。仍舊以正月一日爲歲首（二十四）。受兹福應（二十五），伫以升平，因日月之重光，布雲雷之渥澤，可大赦（二十六）。其天下見禁囚徒，罪無輕重，并已發覺、未發覺，已結正、未結正（二十七），四月十五日昧爽以前，一切放免；左降官宜即量移近處（二十八）；流人即一切放回。有司更不得輒有類例條件（二十九）。其楚州刺史并出寶縣官及進寶官等，量與進改（三十）；隨進寶官典傔等（三十一），各量與一官（三十二）。宣示中外（三十三），咸知朕意（三十四）。主者施行。

司徒、兼中書令（三十五）户部侍郎、同中書門下平章事、兼知中書事臣元載（三十六）宣德郎、檢校中書舍人臣楊綰奉行（三十七）特進、行侍中、上柱國、韓國公臣晉卿（三十八）

銀青光禄大夫、行黄門侍郎、同中書門下平章事臣遵慶（三十九），朝請大夫、守給事中臣液等言（四十）：臣聞明兩作離（四十一），所以照天下；洊雷爲震（四十二），所以貞萬邦。故書美元良，易昭匕鬯（四十三）。伏惟皇帝陛下，玄德

廣被，仁風大洽，匡復宗社，弘濟艱難；孝道純深，聖懷罔極，居憂致毁，恭默何言。伏惟皇太子（四十四），承累聖之資，禀自天之訓。問安有禮，無闕三朝（四十五）；保大成功，已申七德（四十六）。是命守邦之重，允彰知子之明。况神其告符，天不秘寶，克昌景命，必静妖氛（四十七）。豈謝金縢啓翌日之期、玄符告彝倫之叙（四十八）？是故紀元立極（四十九），復舊維新，因瑞以表年，順人而定嗣。宥過無大，囹圄皆空，俾人遷善（五十），遐荒必被（五十一）。休徵昭其靈貺，官吏沐其鴻私（五十二）。臣等叨侍軒墀，恭承典禮，感戴之極，倍萬恒情（五十三）。無任懇款之至，請奉制付外施行。謹言。

校箋

（一）此文又見於文苑英華卷四百三十二，文題作寶應元年皇太子監國頒天下赦文。舊唐書卷十、册府元龜卷十五帝王部 年號、卷八十七帝王部 赦宥六、太平御覽卷一百一十二亦節録此文。全唐文卷四十三、四十五分篇節録此文，文題分别爲命皇太子監國詔及改元寶應赦文，署名唐肅宗。此文文末原未標明頒布時間。按，太平御覽卷一百一十二唐肅宗宣皇帝載：『（上元二年）建巳月庚戌朔……乙丑，詔皇太子監國，下又曰：「上天降寶，獻自楚州……」』册

府元龜卷十五帝王部 年號載『寶應元年四月詔曰：上天降寶，獻自楚州』云云。册府元龜卷八十七帝王部 赦宥六記『寶應元年四月乙丑詔曰：上天降寶，獻自楚州』云云。考舊唐書 肅宗紀載：『（寶應元年）建巳月庚戌朔。壬子，楚州刺史崔侁獻定國寶玉十三枚：一曰玄黄天符，如笏，長八寸，闊三寸，上圓下方，近圓有孔，黄玉也；二曰玉鷄，毛文悉備，白玉也；三曰穀璧，白玉也，徑可五六寸，其文粟粒無雕鎸之迹；四曰西王母白環，二枚，白玉也，徑六七寸；五曰碧色寶，圓而有光；六曰如意寶珠，形圓如鷄卵，光如月；七曰紅靺鞨，大如巨栗，赤如櫻桃；八曰琅玕珠，二枚，長一寸二分；九曰玉玦，形如玉環，四分缺一；十曰玉印，大如半手，斜長，理如鹿形，陷入印中，以印物則鹿形著焉；十一曰皇后采桑鉤，長五六寸，細如箸，屈其末，似真金，又似銀；十二曰雷公石斧，長四寸，闊二寸，無孔，細緻如青玉。十三寶置于日中，皆白氣連天。侁表云：「楚州寺尼真如者，恍惚上升，見天帝。帝授以十三寶，曰：『中國有灾，宜以第二寶鎮之。』」……乙丑，詔皇太子監國。又曰：「上天降寶，獻自楚州，因以體元，叶乎五紀。其元年宜改爲寶應，建巳月爲四月，餘月并依常數，仍依舊以正月一日爲歲首。」』新唐書 肅宗紀亦載：『（寶應元年）建巳月，壬子，楚州獻定國寶玉十有三。甲寅，聖皇天帝崩。乙丑，皇太子監國。大赦，改元年爲寶應元年，復以正月爲歲首，建巳月爲

有尼真如，恍惚登天，見上帝，賜以寶玉十三枚，云：「中國有灾，以此鎮之。」群臣表賀。……丙辰，命苗晋卿攝冢宰。上自仲春寢疾，聞上皇登遐，哀慕，疾轉劇，乃命皇太子監國。甲子，制改元；復以建寅爲正月，月數皆如其舊；赦天下。』故此詔書的頒布時間，應以舊唐書、太平御覽、册府元龜、新唐書所載爲是，即寶應元年（七六二）建巳月（四月）乙丑（十六日）。則此詔書之撰寫時間當在是時稍前。另，據唐研究第二十五卷馬俊杰『謙牧堂本』唐大詔令集研究，『謙牧堂本』此文『文末有户部侍郎同中書門下平章事兼知中書事元載、宣德郎檢校中書舍人楊琯等官員的簽署』。

〔二〕四方之明：文苑英華作『四方之民』。『四方』，天下；各處。易姤：『后以施命誥四方。』淮南子原道訓：『泰古二皇，得道之柄，立於中央，神與化游，以撫四方。』高誘注：『撫，安也。四方，謂之天下也。』

〔三〕資其繼照：『繼照』，全唐文作『冢嗣』。

〔四〕與人守邦：『守邦』，全唐文作『守器』。

〔五〕俾生靈之同戴：文苑英華作『俾生靈以同戴』；全唐文作『俾生靈之同載』。

〔六〕寢居縗絰：『縗絰』，喪服。亦指服喪。晉葛洪抱朴子論仙：『夫有道者視爵位如湯鑊，見印綬如縗絰。』唐李冗獨異志卷下：『陸雲有笑癖……嘗自服縗絰上船，見水中影，笑而墮水。』

〔七〕共承宗祧：『共承』，全唐文作『恭承』。恭敬地承奉。共，通『恭』。史記張釋之馮唐列傳：『非吾所以共承宗廟意也。』漢書孔光傳：『丞相者，朕之股肱，所與共承宗廟，統理海内，輔朕之不逮以治天下也。』顔師古注：『共讀曰恭。』

〔八〕皇太子豫：即唐代宗李豫，傳見舊唐書代宗紀卷十一、新唐書代宗紀卷六。舊唐書其本紀載：『代宗睿文孝武皇帝諱豫，肅宗長子。母曰章敬皇太后吴氏，以開元十四年十二月十三日生于東都上陽宫。初名俶，年十五封廣平王。玄宗諸孫百餘，上爲嫡皇孫。宇量弘深，寬而能斷，喜懼不形於色。仁孝温恭，動必由禮。幼而好學，尤專禮、易，玄宗鍾愛之。禄山之亂，京城陷賊，從肅宗蒐兵靈武，以上爲天下兵馬元帥。時朝廷草創，兵募寡弱，上推心示信，招懷流散，比至彭原，兵衆數萬。及肅宗迴幸鳳翔，時房琯、郭子儀繼戰不利，賊鋒方鋭，屢來寇襲。上選求勇幹，頻挫其鋒，聖慮遑寧，士心大振。及師進討，百官辭送，步出閼門，方始乘馬。回紇葉護王子率兵入助，勇冠諸蕃，上接以優恩，結爲兄弟，故香積之戰，賊徒大敗，遂委西京而

遁。雖子儀、嗣業之奮命，由上恩信結於士心，故人思自效。既收京城，令行禁止，民庶按堵，秋毫不犯，耆老歡迎，對之歔欷。聞賊殘衆猶保陝郊，即日長驅，東趨虢洛。新店之役，一戰大捷，慶緒之黨，十殲七八。數旬之間，河南底定，兩都恢復，二聖迴鑾，統率之功，推而不受。肅宗還京，大赦，改封楚王。乾元元年三月，改封成王。四月庚寅，立爲皇太子，改名豫。上元末年，兩宫不豫，太子往來侍疾，躬嘗藥膳，衣不解帶者久之，及承監國之命，流涕從之。寶應元年四月，肅宗大漸，所幸張皇后無子，后懼上功高難制，陰引越王係於宫中，將圖廢立。乙丑，皇后矯詔召太子。中官李輔國、程元振素知之，乃勒兵於淩霄門，俟太子至，即衛從太子入飛龍廐以俟其變。是夕，勒兵於三殿，收捕越王係及内官朱光輝、馬英俊等禁錮之，幽皇后於別殿。丁卯，肅宗崩，元振等始迎上於九仙門，見群臣，行監國之禮。』

（九）日躋德業：『德業』，適園叢書作『聖德』。

（十）中興締構，已有大功：『締構』，文苑英華作『丕構』；四庫全書作『締構』；全唐文作『宸構』。『締構』，猶締造。謂經營開創。晉左思魏都賦：『有魏開國之日，締構之初，萬邑譬焉，亦猶犫麇之與子都，培塿之與方壺也。』宋書徐羨之傳：『近思皇室締構之艱，時攬萬機，躬親朝政。』『已有大功』，指李郁助肅宗參與平叛事，詳見注（八）。

〔十一〕問安内寢：『内寢』，文苑英華、全唐文作『寢門』。

〔十二〕知九國之夢：四庫全書作『占九國之夢』。典出禮記：『文王謂武王曰：「女何夢矣？」武王對曰：「夢帝與我九齡。」文王曰：「女以爲何也？」武王曰：「西方有九國焉，咀茎其終撫諸？」文王曰：「非也。古者謂年齡，齒亦齡也。我百爾九十。吾與爾三焉。」文王九十七乃終，武王九十三而終。」』。此二句喻肅宗孝道天成。

〔十三〕制勝戎闌：『戎闌』，猶帥府。唐白居易與師道詔：『卿業重相門，位崇戎闌。』唐薛能冬日寫懷詩：『幕府盡平蠻，客留戎闌間。』

〔十四〕高五官之才：『五官』，殷周時分掌政事的五個高級官職。禮記曲禮下：『天子之五官，曰司徒、司馬、司空、司士、司寇，典司五衆。』鄭玄注：『此亦殷時制也。』周禮春官小宗伯：『毛六牲，辨其名物，而頒之於五官，使共奉之。』按：此指司徒、宗伯、司馬、司寇、司空。

〔十五〕時方艱難，禮在諒闇：『諒闇』，居喪時所住的房子。借指居喪，多用於皇帝。晉潘岳閑居賦：『今天子諒闇之際，領太傅主簿。』李善注：『諒闇，今謂凶廬裏寒涼幽闇之處，故曰諒闇。』晉書：『生雖在諒闇，游飲自若。』此處指玄宗駕崩事，舊唐書肅宗紀載：『甲

寅，太上至道聖皇天帝崩於西内神龍殿。上自仲春不豫，聞上皇登遐，不勝哀悸，因兹大漸。乙丑，詔皇太子監國。」

〔十六〕金璧定妖灾之氣：『金璧』，四庫全書作『奎璧』；册府元龜、全唐文作『合璧』。『妖灾』，原作『祅灾』，今據文苑英華、册府元龜卷十五、八十七、四庫全書、全唐文、適園叢書改。

〔十七〕總集瑞命：『瑞命』，册府元龜卷十五作『瑞氣』。顯示天命的瑞應。漢班彪游居賦：『謀人神以動作，享烏魚之瑞命。』漢張衡東京賦：『總集瑞命，備致嘉祥。』

〔十八〕祇承鴻休：『鴻休』，鴻業；大統。北齊書文宣帝紀：『朕入纂鴻休，將承世祀，籍援立之厚，延宗社之算。』唐肅宗改元寶應赦文：『總集瑞命，祇承鴻休。』

〔十九〕因以體元：『體元』，謂以天地之元氣爲本。漢班固東都賦：『體元立制，繼天而作。』南朝齊王融三月三日曲水詩序：『體元則大，悵望姑射之阿。』

〔二十〕叶于五紀：舊唐書、册府元龜、全唐文作『叶乎五紀』。

〔二十一〕其元年宜改爲寶應元年：舊唐書、太平御覽作『其元年宜改爲寶應』；册府元龜卷十五作『其元年改爲寶應元年』；全唐文、唐大詔令集補編作『其元年應改爲寶應元年』。

〔二十二〕建巳月改爲四月：舊唐書、太平御覽、册府元龜作「建巳月爲四月」。

〔二十三〕其餘月并依常數：舊唐書、太平御覽作「餘月并依常數」；册府元龜卷八十七、全唐文、唐大詔令集補編作「其餘月并爲常數」。

〔二十四〕仍舊以正月一日爲歲首：「仍舊」，舊唐書、册府元龜作「依舊」；太平御覽作「乃依舊」；文苑英華作「仍依舊」。

〔二十五〕受茲福應：「福應」，指預示幸福吉祥的徵兆。漢班固兩都賦序：「是以衆庶悦豫，福應尤盛。」南朝宋顏延之又釋何衡陽達性論：「福應非他，氣數所生，若滅福應，即無氣數矣。」

〔二十六〕布雲雷之渥澤，可大赦：此句原本無「可大赦」，今據文苑英華增補。「雲雷」，册府元龜卷八十七作「雨雲」；明鈔本、四庫全書、甲庫本作「雲雨」；唐大詔令集補編作「雨露」。「渥澤」，指恩惠。後漢書 鄧騭傳：「托日月之末光，被雲雨之渥澤，并統列位，光昭當世。」唐李白鄂州刺史韋公德政碑：「雲滂洋，雨汪濊，澡渥澤，除瑕纇。」

〔二十七〕已結正、未結正：「結正」，定案判决。三國志 魏書 陳矯傳：「曲周民父病，以牛禱，縣結正棄市。」唐劉禹錫賀德音表：「非同謀者一切不問，未結正者三宥從寬。」

〔二十八〕左降官宜即量移近處：文苑英華作『左降官已量移者宜即更與量移近處』。『量移』，多指官吏因罪遠謫，遇赦酌情調遷近處任職。唐白居易自題詩：『一旦失恩先左降，三年隨例未量移。』舊唐書玄宗紀上：『（開元二十年）大赦天下，左降官量移近處。』

〔二十九〕有司更不得輒有類例條件：『輒有』，四庫全書、甲庫本作『輕有』。

〔三十〕量與進改：『進改』，猶升遷。太平廣記卷二〇一引唐胡璩譚賓録李邕：『（李邕）復爲人陰中，竟不得進改。』續資治通鑑宋真宗大中祥符二年：『詔「自今諸路轉運使、副、提點刑獄所舉官，如進改後，五年無過有勞幹者，并舉主特加酬奬」。』

〔三十一〕隨進寶官典傔等：文苑英華作『隨進寶官與傔等』；四庫全書、甲庫本作『隨進寶官等典傔』。

〔三十二〕各量與一官：册府元龜卷八十七、全唐文作『各量與一子官』。

〔三十三〕宣示中外：『宣示』，文苑英華作『宣布』。

〔三十四〕咸知朕意：册府元龜卷八十七、全唐文作『宜知朕意』。

〔三十五〕下缺：應是『郭子儀』。據舊唐書代宗紀載：『（寶應二年春正月）丁卯，司徒、兼中書令郭子儀充河東副元帥、河中等處觀察……』

〔三十六〕户部侍郎、同中書門下平章事、兼知中書事臣元載：『元載』，傳見舊唐書卷一百一十八，新唐書卷一百四十五。舊唐書其本傳云：『元載，鳳翔岐山人也，家本寒微。父景昇，任員外官，不理産業，常居岐州。載母携載適景昇，冒姓元氏。載自幼嗜學，好屬文，性敏惠，博覽子史，尤學道書。家貧，徒步隨鄉賦，累上不升第。天寶初，玄宗崇奉道教，下詔求明莊、老、文、列四子之學者。載策入高科，授邠州新平尉。監察御史韋鎰充使監選黔中，引載爲判官，載名稍著，遷大理評事。東都留守苗晋卿又引爲判官，遷大理司直。肅宗即位，急於軍務，諸道廉使隨才擢用。時載避地江左，蘇州刺史、江東采訪使李希言表載爲副，拜祠部員外郎，遷洪州刺史。兩京平，入爲度支郎中。載智性敏悟，善奏對，肅宗嘉之，委以國計，俾充使江、淮，都領漕輓之任，尋加御史中丞。數月徵入，遷户部侍郎、度支使并諸道轉運使。既至朝廷，會肅宗寢疾。載與幸臣李輔國善。輔國妻元氏，載之諸宗，因是相昵狎。時輔國權傾海内，舉無違者，會選京尹，輔國乃以載兼京兆尹。載意屬國柄，詣輔國懇辭京尹，輔國識其意，然之。翌日拜載同中書門下平章事，度支轉運使如故。旬日，肅宗晏駕，代宗即位，輔國勢愈重，稱載於上前。載能伺上意，頗承恩遇，遷中書侍郎、同中書門下平章事，加集賢殿大學士，修國史。又加銀青光禄大夫，封許昌縣子。』

〔三十七〕宣德郎、檢校中書舍人臣楊綰奉行：『楊綰』，舊唐書卷一百一十九，新唐書卷一百四十二。舊唐書其本傳云：『楊綰字公權，華州華陰人也。祖温玉，則天朝爲户部侍郎、國子祭酒。父侃，開元中醴泉令，皆以儒行稱。綰生聰惠，年四歲，處群從之中，敏識過人。嘗夜宴親賓，各舉坐中物以四聲呼之，諸賓未言，綰應聲指鐵燈樹曰：「燈盞柄曲。」衆咸異之。及長，好學不倦，博通經史，九流七略，無不該覽，尤工文辭，藻思清贍。而宗尚玄理，沉靜寡欲，常獨處一室，左右經書，凝塵滿席，澹如也。含光晦用，不欲名彰，每屬文，恥於自白，非知己不可得而見。早孤家貧，養母以孝聞，甘旨或闕，憂見于色。親友諷令干禄，舉進士。調補太子正字。天寶十三年，玄宗御勤政樓，試博通墳典、洞曉玄經、辭藻宏麗、軍謀出衆等舉人，命有司供食，既暮而罷。取辭藻宏麗外，别試詩賦各一首。制舉試詩賦，自此始也。時登科者三人，綰爲之首，超授右拾遺。天寶末，安禄山反，肅宗即位於靈武。綰自賊中冒難，披榛求食，以赴行在。時朝廷方急賢，及綰至，衆心咸悦，拜起居舍人、知制誥。歷司勛員外郎、職方郎中，掌誥如故。遷中書舍人，兼修國史。』

〔三十八〕特進、行侍中、上柱國、韓國公臣晋卿：『晋卿』，指苗晋卿，傳見舊唐書卷一百一十三，新唐書卷一百四十。舊唐書其本傳云：『苗晋卿，上黨壺關人。世以儒素稱。祖

夔，高道不仕，追贈禮部尚書。父殆庶，官至絳州龍門縣丞，早卒，以晉卿贈太子少保。晉卿幼好學，善屬文，進士擢第。初授懷州修武縣尉，歷奉先縣尉，坐累貶徐州司户參軍。秩滿隨調，判入高等，授萬年縣尉。遷侍御史，歷度支、兵、吏部三員外郎。開元二十三年，遷吏部郎中。二十四年，與吏部郎中孫逖并拜中書舍人。二十七年，以本官權知吏部選事。晉卿性謙柔，選人有訴訟索好官者，雖至數千言，或聲色甚厲者，晉卿必含容之，略無愠色。二十九年，拜吏部侍郎。前後典選五年，政既寬弛，胥吏多因緣爲奸，賄賂大行。時天下承平，每年赴選常萬餘人。李林甫爲尚書，專任廟堂，銓事唯委晉卿及同列侍郎宋遥主之。選人既多，每年兼命他官有識者同考定書判，務求其實。天寶二年春，御史中丞張倚男奭參選，晉卿與遥以倚初承恩，欲悦附之，考選人判等凡六十四人，分甲乙丙科，奭在其首。衆知奭不讀書，論議紛然。有蘇孝愠者，嘗爲范陽薊令，事安禄山，具其事告之。禄山恩寵特異，謁見不常，因而奏之。玄宗大集登科人，御花萼樓親試，登第者十無一二；而奭手持試紙，竟日不下一字，時謂之「曳白」。上怒，晉卿貶爲安康郡太守，遥爲武當郡太守，張倚爲淮陽太守。敕曰：「門庭之間，不能訓子；選調之際，仍以托人。」時士子皆以爲戲笑。天寶三載閏二月，轉魏郡太守，充河北采訪處置使，居職三年，政化洽聞。會入計，因上表請歸鄉里。既至壺關，望縣門而步。小吏進曰：「太守位

高德重，不宜自輕。」晉卿曰：「禮：『下公門，式路馬。』况父母之邦，所宜尊敬。汝何言哉！」大會鄉黨，歡飲累日而去。又出俸錢三萬爲鄉學本，以教授子弟。尋改河東太守、河東采訪使，入爲尚書、東京留守，徵爲憲部尚書。屬禄山叛逆，楊國忠以晉卿有時望，將抑之，乃奏云：「宜以大臣鎮遏東道。」遂出爲陝州刺史、陝虢兩州防禦使。及入對，固辭老病，由是忤旨，改憲部尚書致仕。及朝廷失守，衣冠流離道路，多爲逆黨所脅，自陳希烈、張均已下數十人盡赴洛陽，晉卿潛遁山谷，南投金州。會肅宗至鳳翔，手詔追晉卿赴行在，即日拜爲左相，軍國大務悉以咨之。既收兩京，以功封韓國公，食實封五百户，改爲侍中。後以賊寇漸除，屢乞骸骨，優詔許之，罷知政事，爲太子太傅。明年，帝思舊臣，復拜爲侍中。』

〔三十九〕銀青光禄大夫、行黄門侍郎、同中書門下平章事臣遵慶：『遵慶』，指裴遵慶。傳見舊唐書卷一百一十三，新唐書卷一百四十。舊唐書其本傳云：『裴遵慶，絳州聞喜人也。代襲冠冕，爲河東著族。遵慶志氣深厚，機鑒敏達，自幼强學，博涉載籍，謹身晦迹，不干當世之務。以門蔭累授潞府司法參軍，時年已老，未爲人所知。隨調吏部，授大理寺丞，剖斷刑獄，舉正綱條，理行始著。遷司門員外、吏部員外郎，專判南曹。天寶中，海内無事，九流輻輳會府，每歲吏部選人，動盈萬數。遵慶敏識强記，精覈文簿，詳而不滯，時稱吏事第一，由是大知名。天寶末，楊國忠當國，出不附己者例爲外官，遵慶亦出爲郡守。肅宗即位，徵拜給事中、尚書右

丞、吏部侍郎，恭儉克己，遲重謹密，頗有時望。上元中，蕭華輔政，素知遵慶，每奏見，累稱之，遷黄門侍郎、同中書門下平章事。』

〔四十〕朝請大夫、守給事中臣液：『液』，應指孫液，孫逷弟。傳見舊唐書卷七十四『孫逷』條，其本傳云：『液尤工五言之作，逷常嘆伏之曰：「海子，我家之𩣺也。」海子即液小名，官至殿中侍御史，坐兄配流，逃匿於郢州人胡履虚之家。作幽征賦以見意，辭甚典麗。遇赦還，道病卒。友人裴耀卿纂其遺文爲集十卷。』

〔四十一〕臣聞明兩作離：『明兩作離』，典出易離：『明兩作離，大人以繼明照於四方。』孔穎達疏：『明兩作離者，離爲日，日爲明。今有上下二體，故云明兩作離也。』本謂離卦離下離上，爲兩明前後相續之象。此處借指太子。南朝宋謝靈運擬魏太子鄴中集詩王粲：『不謂息肩願，一旦值明兩。』吕延濟注：『武帝既明，而太子又明，故謂太子爲明兩也。』唐李白商山四皓詩：『一行佐明兩，欻起生羽翼。』

〔四十二〕洊雷爲震：典出易震：『洊雷震。君子以恐懼修省。』孔穎達疏：『洊者，重也，因仍也。雷相因仍，乃爲威震也。』易説卦以震卦象徵長子，因以『洊雷』比喻太子。北周庾信哀江南賦：『游洊雷之講肆，齒明離之胄筵。』

〔四十三〕故書美元良，易昭匕鬯：『元良』，太子的代稱。禮記文王世子：『一有元

良，萬國以貞，世子之謂也。』南朝梁沈約立太子詔：『元良之寄，有國莫先，自昔哲后，降及近代，莫不立儲樹嫡，守器承祧。』『匕鬯』，易震：『震驚百里，不喪匕鬯。』王弼注：『匕，所以載鼎實；鬯，香酒。奉宗廟之盛也。』後因代指宗廟祭祀。南朝陳徐陵皇太子臨辟雍頌：『皇太子耀彼重離，光兹匕鬯，儀以天文，化成天下。』

〔四十四〕伏惟皇太子：『皇太子』，即唐代宗李豫，傳見舊唐書卷十一代宗紀、新唐書卷六代宗紀。詳見上注〔八〕。

〔四十五〕無闕三朝：『三朝』，漢書孔光傳：『歲之朝，曰三朝。』顏師古注：『歲之朝，月之朝，日之朝，故曰三朝。』唐耿湋元日早朝詩：『九陌朝臣滿，三朝候鼓賒。』

〔四十六〕保大成功，已申七德：『保大』，安穩地居於高位。三國志魏書陳留王奐傳：『昔聖帝明王，静亂濟世，保大定功，文武殊塗，勛烈同歸。』晋陸機漢高祖功臣頌：『元凶既夷，寵禄來假。保大全祚，非德孰可。』呂延濟注：『安於大位而能全福者，非德不可也。……保，安；祚，福。』『七德』，指武功的七種德行。左傳宣公十二年：『夫武，禁暴、戢兵、保大、定功、安民、和衆、豐財者也。故使子孫無忘其章……武有七德，我無一焉，何以示子孫？』梁書武帝紀：『大司馬攸縱自天，體兹齊聖，文洽九功，武苞七德。』

〔四十七〕必静妖氛：『妖氛』，原作『祅氛』，今據四庫全書、適園叢書改。『妖氛』，

不祥的雲氣。多喻指凶災、禍亂。左傳 昭公十五年：『吾見赤黑之祲。』晋杜預注：『祲，妖氛也。』三國魏曹植魏德論：『神戈退指，則妖雰順制。』

〔四十八〕豈謝金縢啓翌日之期、玄符告彝倫之叙：『金縢』，指收藏書契的櫃。三國魏曹植怨歌行：『素服開金縢，感悟求其端。』晋左思魏都賦：『窺玉策於金縢，案圖籙於石室。』吕向注：『金縢，金匱也。所謂玉版金匱石室，藏秘書之所，帝王圖籍於此藏也。』『玄符』，天符，符命。謂上天顯示的瑞徵。漢揚雄劇秦美新：『玄符靈契，黄瑞湧出。』李善注：『玄符，天符也。』北魏楊衒之洛陽伽藍記 龍華寺：『魏籙仰天，玄符握鏡，璽運會昌，龍圖受命。』范祥雍校注：『玄符謂符命。』

〔四十九〕是故紀元立極：『紀元』，甲庫本作『統元』。

〔五十〕俾人遷善：『遷善』，去惡爲善；改過向善。孟子 盡心上：『殺之而不怨，利之而不庸，民日遷善而不知爲之者。』漢揚雄法言 學行：『是以君子貴遷善，遷善也者聖人之徒與！』

〔五十一〕遐荒必被：『遐荒』，邊遠荒僻之地。漢韋孟諷諫詩：『彤弓斯征，撫寧遐荒。』元辛文房唐才子傳 王昌齡：『奈何晚途不矜小節，謗議騰沸，兩竄遐荒，使知音者喟然長嘆。』

〔五十二〕休徵昭其靈貺，官吏沐其鴻私：『休徵』，吉祥的徵兆。書洪範：『曰休徵。』孔傳：『叙美行之驗。』漢書終軍傳：『故周至成王，然後制定，而休徵之應見。』顔師古注：『休，美也。徵，證也。』『靈貺』，神靈賜福。南朝宋范曄後漢書光武紀贊：『世祖誕命，靈貺自甄。』李周翰注：『言光武大受寶命，神靈賜福祚而自成也。』唐李紳登禹廟回降雪詩：『瑞彰知有感，靈貺表無災。』『鴻私』，猶鴻恩。南朝梁江淹蕭領軍讓司空并敦勸啓：『且皇華之命，居上之鴻私；鳳舉之招，爲下之殊榮。』唐杜審言和李大夫嗣真奉使存撫河東：『雨霈鴻私滌，風行睿旨宣。』

〔五十三〕倍萬恒情：『倍萬』，萬倍。唐白居易臘日謝恩賜口蠟狀：『感躍之誠，倍萬恒品。』唐劉禹錫代京兆李尹降誕日進衣狀：『慶賀之誠，倍萬常品。』『恒情』，常情。南朝宋顔延之重釋何衡陽：『況復道絶恒情，理隔常照。』明張居正壽陳松谷相公：『其爲慶幸，萬倍恒情也。』

順宗命皇太子勾當軍國敕〔一〕

敕：朕承九聖之烈〔二〕，荷萬邦之重，顧以寡德〔三〕，涉道未明，虔恭寅畏，懼不克荷〔四〕。常恐上墜祖宗之訓〔五〕，下貽卿士之憂，夙夜祗勤〔六〕，如臨于谷〔七〕，

而積疹未復（八），至于經時（九）。怡神保和，常所不暇。永惟四方之大（十），萬務之殷（十一），不躬不親，慮有曠廢（十二）。加以山陵有日，霖潦逾旬（十三），是用警于朕心（十四），思答天戒（十五）。其軍國政事，宜權令皇太子純勾當（十六）。百辟群后（十七），中外庶寮（十八），悉心輔翼，同底于理。宣布朕意，咸使聞知（十九）。貞元二十一年七月。

校箋

（一）本文又見於册府元龜卷二百五十九儲宫部監國、舊唐書順宗紀。全唐文卷五十五亦録此文，文題爲命皇太子攝位詔，署名唐順宗。此文文末標注頒布時間爲『貞元二十一年七月』。考册府元龜其文首云：『順宗貞元二十一年正月即位，七月己未詔曰「朕承九重之烈，荷萬邦之重」。』舊唐書順宗紀載：『（貞元二十一年）七月戊辰朔……乙未，詔：朕承九聖之烈，荷萬邦之重……。』舊唐書憲宗紀載：『順宗即位之年四月，册爲皇太子。七月乙未，權勾當軍國政事。』新唐書順宗紀云：『（貞元）二十一年……七月，乙未，皇太子權句當軍國政事。』新唐書憲宗紀載：『（貞元二十一年）七月，乙未，皇太子權句當軍國政事。』又，資

治通鑑卷二百三十六亦載：『（永貞元年）秋，七月，乙未，制以「積疢未復，其軍國政事，權令皇太子純句當」。』按，貞元二十一年七月爲戊辰朔，無己未日，故册府元龜之『己未』當爲『乙未』之誤，不取。據上引典籍所載，此文頒布時間應爲貞元二十一年（八〇五）七月乙未（二十八日），其撰寫此文當在此時稍前。

〔二〕朕承九聖之烈：『聖』，册府元龜作『重』。『九聖』，九個皇帝。此處指唐高祖、太宗、中宗、則天皇后、睿宗、玄宗、肅宗、代宗、德宗等九位先聖。

〔三〕顧以寡德：『寡德』，謂缺少德行。國語 晉語一：『今晉寡德而安俘女，又增其寵，雖當三季之王，不亦可乎？』三國志 魏書 高貴鄉公髦傳：『朕以寡德，不能式遏寇虐。』

〔四〕虔恭寅畏，懼不克荷：册府元龜、全唐文作『虔恭畏懼，不克祗荷』。『虔恭』，誠敬。漢書 叙傳下：『秺侯狄孥，虔恭忠信。』晉書 袁瓌傳：『陛下以聖明臨朝，百官以虔恭莅事。』『寅畏』，敬畏；恭敬戒懼。書 無逸：『嚴恭寅畏，天命自度。』蔡沈集傳：『寅則欽肅，畏則戒懼。』唐白居易畫大羅天尊贊文：『皇帝孝敬寅畏，憂勤勞謙。』

〔五〕常恐上墜祖宗之訓：舊唐書此句無『上』字。

〔六〕夙夜祗勤：『祗勤』，敬慎勤勞。後漢書 文苑傳上 黄香：『香亦祗勤物務，憂公如

家。』舊唐書德宗紀下：『小大之務，莫不祗勤。』

〔七〕如臨于谷：册府元龜作『以臨于呇』。『臨谷』，身臨深谷。喻危險恐懼。語出詩小雅小宛：『惴惴小心，如臨于谷。』毛傳：『恐隕也。』晉潘岳寡婦賦：『懼身輕而施重兮，若履冰而臨谷。』

〔八〕而積疹未復：『疹』，舊唐書作『疾』；册府元龜、四庫全書、全唐文作『疢』。『積疹』，久病。唐馬戴寄遠詩：『坐想親愛遠，行嗟天地闊。積疹甘毁顔，沈憂更銷骨。』

〔九〕至于經時：『經時』，歷久。漢蔡邕述行賦：『余有行於京洛兮，遘淫雨之經時。』晉葛洪抱朴子省煩：『晝夜修習，廢寢與食，經時學之，一日試之。』

〔十〕永惟四方之大：『惟』，册府元龜作『懼』。『永惟』，深思；常念。漢書宣帝紀：『夙夜兢兢，靡有驕色，内省匪解，永惟罔極。』晉書武帝紀：『朕守遺業，永惟保乂皇基，思與萬國以無爲爲政。』

〔十一〕萬務之殷：『萬務』，册府元龜、全唐文作『萬物』。

〔十二〕慮有曠廢：『曠廢』，廢弛；荒廢。漢書孔光傳：『百官群職曠廢，奸軌放縱，盜

賊并起。』宋葉適與趙丞相書：『他日之法令事功，疏拙曠廢，將有面墻之羞，以辜朝廷器使之意。』

〔十三〕霖潦逾旬：『霖潦』，淫雨。亦指雨後的積水。晉曹攄思友人詩：『密雲翳陽景，霖潦掩庭除。』唐杜甫承沈八丈東美除膳部員外郎阻雨未遂馳賀奉寄此詩：『貧賤人事略，經過霖潦妨。』仇兆鰲注：『霖潦，爲淫雨所阻。』

〔十四〕是用警于朕心：『警』，舊唐書、册府元龜、全唐文作『儆』。

〔十五〕思答天戒：『思』，舊唐書作『以』。『天戒』，謂上天給予的儆戒。書胤征：『先王克謹天戒，臣人克有常憲，百官修輔，厥後惟明明。』後漢書天文志上：『言其時星辰之變，表象之應，以顯天戒，明王事焉。』

〔十六〕宜權令皇太子純勾當：舊唐書作『宜令皇太子勾當』。『勾當』，適園叢書作『句當』。『皇太子純』，指唐憲宗李純。李純，傳見舊唐書憲宗紀、新唐書憲宗紀。舊唐書憲宗紀略云：『憲宗聖神章武孝皇帝諱純，順宗長子也，母曰莊憲王太后。大曆十三年二月生于長安之東内。六七歲時，德宗抱置膝上，問曰：「汝誰子，在吾懷？」對曰：「是第三天子。」德宗異而憐之。貞元四年六月，封廣陵王。順宗即位之年四月，册爲皇太子。七月乙未，權勾當軍國

政事。』『勾當』，主管；料理。北史叙傳：『事無大小，士彦一委仲舉，推尋勾當，絲髮無遺，於軍用甚有助焉。』唐元稹趙真長户部郎中兼侍御史等制：『應可某官，充户部巡官，勾當河南、淮南等道兩税，餘如故。』

〔十七〕百辟群后：『百辟』，百官。宋書孔琳之傳：『羨之（徐羨之）内居朝右，外司輦轂，位任隆重，百辟所瞻。』唐白居易醉後走筆酬劉五主簿長句之贈詩：『閶闔晨開朝百辟，冕旒不動香烟碧。』『群后』，泛指公卿。漢張衡東京賦：『於是孟春元日，群后旁戾。』李善注：『群后，公卿之徒也。』宋書文帝紀：『群后百司，某各獻讜言。』

〔十八〕中外庶寮：『寮』，册府元龜、四庫全書、全唐文作『僚』。『庶寮』，百官。漢張衡思玄賦：『戒庶寮以夙會兮，僉恭職而并迓。』南朝梁沈約齊太尉文憲王公墓志銘：『微言永謝，庶寮誰仰？』

〔十九〕咸使聞知：『聞知』，册府元龜、全唐文作『知聞』。

穆宗命皇太子檢校軍國敕〔一〕

敕：朕獲嗣祖宗，祇荷重器〔二〕，常恐失墜，若蹈泉谷。而萬務所繫，憂勤是

切，宿疹在體〔三〕，不遑自安〔四〕。陽氣歊蒸〔五〕，沉恙復作，不能日臨庶政，親領萬機〔六〕。皇太子湛〔七〕，睿哲温文，孝敬明敏，其軍國政事，宜權令檢校〔八〕。百辟卿士〔九〕，中外臣寮，宜竭乃心，輔我元子〔十〕，同底于道，以寧邦家。宣布朕意，庶使知悉。長慶四年正月。

校　箋

〔一〕此文又見於全唐文卷六十六，文題爲命皇太子檢校軍國敕，署名唐穆宗。此文文末標明頒布時間爲長慶四年正月。檢舊唐書穆宗紀載：『長慶四年正月辛亥朔……辛未，上大漸，詔皇太子監國。』新唐書穆宗紀載：『（長慶四年）正月，辛未，以皇太子權句當軍國政事。』資治通鑒卷二百四十三年亦記：『（長慶四年）正月，庚午，上疾復作。壬申，大漸，命皇太子監國。』此册文頒布時間應爲長慶四年（八二四）正月壬申（二十二日）。故此制之撰寫時間爲其年正月辛未（二十一日）。

〔二〕祇荷重器：『重器』，指國家的寶器。孟子梁惠王下：『毀其宗廟，遷其重器。』焦循正義：『復遷徙其國中之寶器。』國語晉語九：『先主爲重器也，爲國家之難也。』韋昭

注：『重器，圭璧鐘鼎之屬。』

〔三〕宿疹在體：『宿疹』，舊病。疹，通『疢』。宋曾鞏福州謝到任表：『惟皓首之慈闈，抱累年之宿疹，牽衣辭訣，泣涕分馳。』

〔四〕不遑自安：『不遑』，無暇，没有閑暇。詩小雅四牡：『王事靡盬，不遑啓處。』舊唐書裴度傳：『度受命之日，蒐兵補卒，不遑寢息。』

〔五〕陽氣歊蒸：『歊蒸』，氣升騰貌。漢書揚雄傳下：『泰山之高不嶕嶢，則不能浡滃雲而散歊烝。』顔師古注：『歊烝，氣上出也。』漢陳琳大暑賦：『土潤溽以歊烝，時澒涊以混濁。』此處指身體陰陽失調。

〔六〕親領萬機：『萬機』，四庫全書、全唐文作『萬幾』。

〔七〕皇太子湛：指唐敬宗李湛。傳見舊唐書敬宗紀、新唐書敬宗紀。舊唐書敬宗紀載：『敬宗睿武昭愍孝皇帝諱湛，穆宗長子，母曰恭僖太后王氏。元和四年六月七日，生於東内之别殿。長慶元年三月，封景王。二年十二月，立爲皇太子。四年正月壬申，穆宗崩。癸酉，皇太子即位柩前，時年十六。』

〔八〕宜權令檢校：『檢校』，查覈察看。晋葛洪抱朴子祛惑：『倉卒聞之，不能清澄檢校

之者，鮮覺其僞也。』宋辛棄疾沁園春靈山齊庵賦時築偃湖未成詞：『老合投閑，天教多事，檢校長身十萬松。』

〔九〕百辟卿士：『百辟』，百官。宋書孔琳之傳：『羨之内居朝右，外司輦轂，位任隆重，百辟所瞻。』唐白居易醉後走筆酬劉五主簿長句之贈詩：『閶闔晨開朝百辟，冕旒不動香烟碧。』

〔十〕輔我元子：『元子』，天子和諸侯的嫡長子。書微子之命：『王若曰：猷，殷王元子。』詩魯頌閟宫：『王曰叔父，建爾元子，俾侯於魯。』朱熹集傳：『叔父，周公也。元子，魯公伯禽也。』

文宗立潁王爲皇太弟勾當軍國敕〔一〕

敕：朕顧以眇身〔二〕，獲承丕構〔三〕，嚴恭寅畏〔四〕，十有五年。列聖鴻猷〔五〕，朕豈能荷！涉冰匪懼，馭朽非難。雖宇内小康〔六〕，而大道猶鬱，方自砥礪〔七〕，期臻洽平〔八〕。而天不祐予〔九〕，夙嬰疾疹，政慮多闕〔十〕，心靡遑安〔十一〕。近者凝沍所侵〔十二〕，久而寖劇。臣僚愛我〔十三〕，内外一心，禱祀畢爲，藥石備至。亟换旬

朔（十四），有加無瘳，懼不能躬總萬機（十五），日釐庶政。稽于古訓（十六），謀及大臣，用建親賢，以貳神器。親弟潁王瀍（十七），朕昔在藩邸（十八），常同師訓（十九），動成儀矩，性稟寬仁，俾奉昌圖（二十），必諧人欲。可立爲皇太弟，應軍國政事，便令權勾當（二十一）。百辟卿士，中外庶臣，宜竭乃心（二十二），輔成予志。陳王成美先立爲皇太子（二十三），以其年尚沖幼（二十四），未漸師資，比每念重難（二十五），不行册命（二十六），迴踐朱邸，允叶至公（二十七），可依前復封爲陳王。嗚呼！萬務不可以久曠，萬方不可以乏統。惟義所在，朕不敢私。宣布中外，咸令知悉。開成五年正月二日。

校箋

〔一〕此文又見於册府元龜卷二百五十七。全唐文卷七十三亦録此文，文題爲立潁王爲皇太弟勾當軍國詔，署名唐文宗。本文文末標明頒布時間爲『開成五年正月二日』。考册府元龜此文首云『（開成）五年正月乙卯制曰：朕顧眇身，穫承丕構。』舊唐書文宗紀載：『（開成）五年春正月戊寅朔，上不康，不受朝賀。己卯，詔立親弟潁王瀍爲皇太弟，權勾當軍國事。皇太子成美復爲陳王。』新唐書文宗紀載：『（開成）五年正月戊寅，不豫。己卯，左右神策軍護軍

中尉魚弘志、仇士良立潁王瀍爲皇太弟，權句當軍國事，廢皇太子成美爲陳王。』資治通鑑卷二百四十六唐紀六十二開成五年載：『春，正月，己卯，詔立潁王瀍爲皇太弟，應軍國事權令句當。且言太子成美年尚冲幼，未漸師資，可復封陳王。』據上述典籍所載，頒布敕文時間乃在開成五年（八四〇）春正月己卯（二日），其撰寫此文時間當在是時稍前。

又，此詔令撰寫背景亦見於資治通鑑卷二百四十六開成四年載：『（十一月）乙亥，上疾少間，坐思政殿，召當直學士周墀，賜之酒，因問曰：「朕可方前代何主？」對曰：「陛下堯、舜之主也。」上曰：「朕豈敢比堯、舜！所以問卿者，何如周赧、漢獻耳？」墀驚曰：「彼亡國之主，豈可比聖德！」上曰：「赧、獻受制於强諸侯，今朕受制於家奴，以此言之，朕殆不如！」因泣下沾襟，墀伏地流涕，自是不復視朝。』可知當時宦官專權程度之深。另，資治通鑑卷二百四十六開成五年載：『春，正月，己卯，詔立潁王瀍爲皇太弟，應軍國事權令句當。且言太子成美年尚冲幼，未漸師資，可復封陳王。時上疾甚，命知樞密劉弘逸、薛季棱引楊嗣復、李珏至禁中，欲奉太子監國。中尉仇士良、魚弘志以太子之立，功不在己，乃言太子幼，且有疾，更議所立。李珏曰：「太子位已定，豈得中變！」士良、弘志遂矯詔立瀍爲太弟。是日，士良、弘志將兵詣十六宅，迎潁王至少陽院，百官謁見於思賢殿。瀍沈毅有斷，喜愠不形於色。與安王溶

皆素爲上所厚，異於諸王。辛巳，上崩於太和殿。以楊嗣復攝冢宰。癸未，仇士良説太弟賜楊賢妃、安王溶、陳王成美死。敕大行以十四日殯，成服。諫議大夫裴夷直上言期日太遠，不聽。時仇士良等追怨文宗，凡樂工及内侍得幸於文宗者，誅貶相繼。夷直復上言：「陛下自藩維繼統，是宜儼然在疚，以哀慕爲心，速行喪禮，早議大政，以慰天下。而未及數日，屢誅戮先帝近臣，驚率土之視聽，傷先帝之神靈，人情何瞻！國體至重，若使此輩無罪，固不可刑；若其有罪，彼已在天網之内，無所逃伏，旬日之外行之何晚！」不聽。辛卯，文宗始大斂。武宗即位。』則此詔書實爲宦官仇士良、魚弘志所作，矯以唐文宗之名。

〔二〕朕顧以眇身：『眇身』，猶言微末之身。封建帝后自謙之詞。漢書武帝紀：『朕以眇身承至尊，兢兢焉惟德菲薄，不明於禮樂，故用事八神。』北齊書神武帝紀下：『以朕眇身，遇王武略，不勞尺刃，坐爲天子。』

〔三〕獲承丕構：『丕構』，猶大業。新唐書劉蕡傳：『朕顧唯昧道，祗荷丕構，奉若謨訓，不敢怠荒。』舊五代史唐書末帝紀上：『鄂王輕捨宗祧，不克負荷，洪基大寶，危若綴旒，須立長君，以紹丕構。』

〔四〕嚴恭寅畏：『嚴恭』，亦作『嚴龔』。莊嚴恭敬。書無逸：『昔在殷王中宗，嚴恭

寅畏天命。』孔傳：『言太戊嚴恪恭敬，畏天命。』亢倉子訓道：『君后所愛，雖小物，必嚴龔。』『寅畏』，敬畏；恭敬戒懼。書無逸：『嚴恭寅畏，天命自度。』蔡沈集傳：『寅則欽肅，畏則戒懼。』唐白居易畫大羅天尊贊文：『皇帝孝敬寅畏，憂勤勞謙。』

〔五〕列聖鴻猷：『鴻猷』，鴻業；大業。南朝宋謝莊求賢表：『臣生屬亨路，身漸鴻猷。』唐肅宗命有司舉行郊廟大禮詔：『朕獲嗣鴻猷，敢志虔敬。』

〔六〕雖宇内小康：『宇内』，原作『寓内』，今據册府元龜、四庫全書、全唐文、適園叢書改。

〔七〕方自砥礪：『方自』，册府元龜作『方思』。『砥礪』，磨練；鍛煉。墨子節葬下：『此皆砥礪其卒伍，以攻伐并兼爲政於天下。』後漢書竇融傳：『融乃與五郡太守共砥厲兵馬。』

〔八〕期臻洽平：『洽平』，册府元龜作『治平』；全唐文、適園叢書作『理平』。謂協和安定，天下太平。漢書蕭望之傳：『將軍以功德輔幼主，將以流大化，致於洽平。』顔師古注：『令太平之化通洽四方也。』

〔九〕而天不祐予：原作『天不祐予』，據册府元龜增補。『祐予』，四庫全書作『祐予』。

〔十〕政慮多闕：册府元龜作『政既多闕』。

〔十一〕心靡遑安：册府元龜作『心不自安』。『遑安』，安閑；安逸。晋束晳補亡詩南陔：『眷戀庭闈，心不遑安。』唐末五代杜光庭衆補修三會醮詞：『臣等數年以來，於下會之日，共申祈醮，以罄焚修，昨日迫於塵緣，偶過佳節，中心憂惕，不敢遑安。』

〔十二〕近者凝沍所侵：『凝沍』，結冰；凍結。晋潘岳懷舊賦：『轍含冰以滅軌，水漸軔以凝沍。』宋蘇轍墨竹賦：『凄風號怒乎隙穴，飛雪凝沍乎陂池。』

〔十三〕臣僚愛我：『臣僚』，册府元龜、適園叢書作『臣寮』。

〔十四〕亟换旬朔：考舊唐書卷十七下文宗本紀下載：『（開成四年）十二月己酉朔。……辛酉（十三日），上不康，百僚赴延英起居。』至開成五年春正月己卯，不足一月。『旬朔』：十天或一個月。亦泛指不長的時日。藝文類聚卷三五引三國魏應璩與尚書諸郎書：『壁立之室，無旬朔之資。』晋曹攄思友人詩：『自我别旬朔，微言絶於耳。』劉良注：『十日爲旬，月初爲朔。』

〔十五〕懼不能躬總萬機：『萬機』，四庫全書、全唐文作『萬幾』。『萬機』，同『萬幾』，語出書皋陶謨：『無教逸欲有邦，兢兢業業，壹日二日萬幾。』孔傳：『幾，微也，言當戒懼萬事之微。』後以『萬幾』指帝王日常處理的紛繁的政務。晋葛洪抱朴子論仙：『（帝王）思勞於萬幾，神馳於宇宙。』

〔十六〕稽于古訓：『古訓』，舊唐書作『謨訓』。

〔十七〕親弟潁王瀍：『瀍』，明鈔本、甲庫本作『諱』。『潁王瀍』，即唐武宗。傳見舊唐書卷十八上武宗本紀載：『武宗至道昭肅孝皇帝諱炎，穆宗第五子，母曰宣懿皇后韋氏。元和九年六月十二日，生於東宫。長慶元年三月，封潁王，本名瀍。開成中加開府儀同三司、檢校吏部尚書，依百官例，逐月給俸料。初，文宗追悔莊恪太子殂不由道，乃以敬宗子陳王成美爲皇太子，開成四年冬十月宣制，未遑册禮。五年正月二日，文宗暴疾，宰相李珏、知樞密劉弘逸奉密旨，以皇太子監國。兩軍中尉仇士良、魚弘志矯詔迎潁王於十六宅，曰：「朕自嬰疾疹，有加無瘳，懼不能躬總萬機，日釐庶政。稽於謨訓，謀及大臣，用建親賢，以貳神器。親弟潁王瀍昔在藩邸，與朕常同師訓，動成儀矩，性禀寬仁。俾奉昌圖，必諧人欲。可立爲皇太弟，應軍國政事，便令權勾當。百辟卿士，中外庶臣，宜竭乃心，輔成予志。陳王成美先立爲皇太子，以其年尚冲幼，未漸師資，比日重難，不遑册命，迴踐朱邸，式協至公，可復封陳王。」是夜，士良統兵士於十六宅迎太弟赴少陽院，百官謁見於東宫思賢殿。三日，仇士良收捕仙韶院副使尉遲璋殺之，屠其家。四日，文宗崩，宣遺詔：皇太弟宜於柩前即皇帝位，宰相楊嗣復攝冢宰。十四日，受册於正殿，時年二十七。』

〔十八〕朕昔在藩邸：『藩邸』，藩王之第宅。北齊書昭帝紀：『月餘，〔高演〕乃居藩邸，自是詔敕多不關帝。』唐鄭棨開天傳信記：『上於藩邸時，每戲游城南韋杜之間。』

（十九）常同師訓：册府元龜作『與同師訓』。

（二十）俾奉昌圖：『昌圖』，預示永昌帝業的圖讖。古天子登祚，假托受命於天，故有膺簶受圖之説。南齊書 樂志：『國猷遠藹，昌圖聿宣。』舊唐書 音樂志三：『汜水初呈秘象，温洛薦表昌圖。』

（二十一）便令權勾當：『勾當』，適園叢書作『句當』。

（二十二）宜竭乃心：『乃心』，典出書 康誥：『雖爾身在外，乃心罔不在王室。』孔傳：『汝心常當忠篤，無不在王室。』後稱盡忠於朝廷爲『乃心王室』。三國志 魏書 高柔傳：『知卿忠允，乃心王室。』

（二十三）陳王成美先立爲皇太子：『陳王成美』，即唐敬宗之子李成美，傳見舊唐書卷一百七十五、新唐書卷八十二。舊唐書其本傳云：『陳王成美與紀王言揚同時受封。開成四年十月，詔曰：「古先哲王之有天下也，何嘗不正國本而承天序，建儲貳而主重離？朕以寡昧，祗荷丕圖。虔恭寅畏，思固鴻業，慎擇全懿，曠于旬時。而卿士獻謀，龜筮告吉，以爲少陽虚位，願舉盛儀，列聖垂休，俾合予志，選賢而立，式表無私。敬宗皇帝第六男陳王成美，天假忠孝，日新道德，温文合雅，謙敬保和。裕端明之體度，尚詩、書之辭訓，言皆中禮，行不違仁。是可以訓考舊章，欽若成命，授之匕鬯，以奉粢盛。宜迴朱邸之榮，俾踐青宮之重，可立爲皇太子。宜

令所司擇日備禮册命。」自莊恪太子薨，將相大臣洎職言者，拜章面陳凡累月，上遂命立陳王。未行册禮，復降仍舊，其年殂於藩邸。」

〔二十四〕以其年尚沖幼：「沖幼」，年幼。南朝宋劉義慶世説新語方正：「成帝初崩，於時嗣君未定，何欲立嗣子，庾及朝議以外寇方强，嗣子沖幼，乃立康帝。」周書李賢傳：「朕昔沖幼，爰寓此州。」

〔二十五〕比每念重難：舊唐書作「比日重難」。「重難」，嚴重困難。漢書五行志上：「董仲舒對曰……陛下正當大敝之後，又遭重難之時，甚可憂也。」

〔二十六〕不行册命：舊唐書作「不遑册命」。

〔二十七〕允叶至公：「允叶」，原作「式叶」，今據四庫全書、全唐文改。「允叶」，和洽。北史薛孝通傳：「奉以爲主，天人允叶。」「至公」，最公正；極公正。管子形勢解：「風雨至公而無私，所行無常鄉。」吕氏春秋慎大：「湯立爲天子，夏民大説，如得慈親，朝不易位，農不去疇，商不變肆，親郼如夏，此之謂至公。」

武宗立光王爲皇太叔勾當軍國敕〔一〕

敕：朕以微眇，獲守宗祧，祇荷鴻休〔二〕，懼不克濟〔三〕，乾乾夕惕〔四〕，若涉春

冰（五）。旰昃忘疲（六），宵分假寐（七）。而陽和布候，固陰交争，寒暑所侵（八），乖於攝理。忽嬰疾疹（九），倏已經時（十），漸覺衰羸，藥餌未效。臣寮愛我（十一），中外叶心，禱祀畢爲（十二），針石備至（十三）。皇子冲幼（十四），未經師資，軍國事重，須選賢德。稽於訓典，謀及大臣，用建明哲，以貳神器。親叔光王怡，宜改爲忱（十五）；植性忠孝（十六），翼翼小心，禮樂生知，聰明天縱，温文敏裕，博厚寬仁。言必依經，雅符於詩禮；動不違矩，式合於典謨。俾奉丕圖（十七），必愜人欲。可立爲皇太叔，應軍國政事，便令權勾當。百辟卿士、中外庶官，宜竭乃心，輔成予志。嗚呼（十八）！萬機不可以久曠，兆人不可以乏統（十九）。惟義是守，朕不敢私。宣布中外，咸令知悉。會昌六年三月二十一日。

校箋

〔一〕此文又見於全唐文卷七十七，文題爲立光王爲皇太叔勾當軍國敕，署名唐武宗。此文文末標注頒布時間爲『會昌六年三月二十一日』。考舊唐書武宗紀載：『（會昌六年）三月壬寅，上不豫，制改御名炎。帝重方士，頗服食修攝，親受法籙。至是藥躁，喜怒失常，疾既篤，

旬日不能言。宰相李德裕等請見，不許。中外莫知安否，人情危懼。是月二十三日，宣遺詔以皇太叔光工柩前即位。』舊唐書宣宗紀載：『會昌六年三月一日，武宗疾篤，遺詔立爲皇太叔，權勾當軍國政事。』新唐書武宗紀記：『（會昌六年）三月壬戌，不豫。左神策軍護軍中尉馬元贄立光王怡爲皇太叔，權句當軍國政事。』資治通鑑卷二百四十八會昌六年亦記：『及上疾篤，旬日不能言。諸宦官密於禁中定策，辛酉，下詔稱：「皇子沖幼，須選賢德，光王怡可立爲皇太叔，更名忱，應軍國政事令權句當。」太叔見百官，哀戚滿容；裁決庶務，咸當於理，人始知有隱德焉。』下注：『考異曰：舊紀：「三月一日，立爲皇太叔。」武宗實録云「壬戌」。宣宗實録云「辛酉」。按，獻替記云「自正月十三日後至三月二十日更不開延英」，蓋二十一日則宣宗見百寮也。今從宣宗實録。』根據上述典籍所載，應從司馬光之説。此詔書頒布時間爲會昌六年（八四六）三月二十一日，則此詔書撰寫時間爲會昌六年（八四六）三月二十日（辛酉）。

〔二〕祗荷鴻休：『鴻休』，鴻業；大統。北齊書文宣帝紀：『朕入纂鴻休，將承世祀，籍援立之厚，延宗社之算。』唐肅宗改元寶應赦文：『總集瑞命，祗承鴻休。』

〔三〕懼不克濟：『克濟』，謂能成就。後漢書杜詩傳：『陛下亮成天工，克濟大業。』周

書蘇綽傳：『昔民殷事廣，尚能克濟；況今户口減耗，依員而置，猶以爲少。』

〔四〕乾乾夕愓：『乾乾』，自强不息貌。易乾：『君子終日乾乾，夕愓若厲，無咎。』孔穎達疏：『言每恒終竟此日，健健自强，勉力不有止息。』宋司馬光初見白髮慨然感懷詩：『留爲鑒中銘，晨夕思乾乾。』『夕愓』，謂至夜晚仍懷憂懼，工作不懈。晉葛洪抱朴子吴失：『吴主不此之思，不加夕愓，佞諂凡庸，委以重任，危機急於彍弩，亡徵著於日月。』南朝梁沈約立太子詔：『夕愓寅畏，若置淵谷。』

〔五〕若涉春冰：『春冰』，春天的冰。因其薄而易裂，多喻指危險的境地或容易消失的事物。書君牙：『心之憂危，若蹈虎尾，涉於春冰。』孔傳：『春冰畏陷。』南朝齊王融三月三日曲水詩序：『念負重於春冰，懷御奔於秋駕。』

〔六〕旰昃忘疲：『旰昃』，天晚。多用於頌揚帝王勤於政事。南齊書明帝紀：『永言古昔，無忘旰昃。』舊唐書僖宗紀：『旰昃勞懷，寢興思理，涉道猶淺，導化未孚。』

〔七〕宵分假寐：『宵分』，夜半。魏書崔楷傳：『亮由君之勤恤，臣用劬勞，日昃忘餐，宵分廢寢。』唐李群玉中秋越臺看月詩：『宵分憑檻望，應合見蓬萊。』

〔八〕寒暑所侵：原作『寒署所侵』，今據四庫全書、全唐文、適園叢書改。

〔九〕忽嬰疾疹：「疾疹」，四庫全書、全唐文作「疾疢」。

〔十〕倏已經時：「倏」，四庫全書作「羸」；全唐文作「兹」。「經時」，歷久。漢蔡邕述行賦：「余有行於京洛兮，遘淫雨之經時。」晋葛洪抱朴子省煩：「晝夜修習，廢寢與食，經時學之，一日試之。」

〔十一〕臣寮愛我：「臣寮」，四庫全書、全唐文作「臣僚」。

〔十二〕禱祀畢爲：「禱祀」，四庫全書作「禱祝」。

〔十三〕針石備至：「针石」，用砭石制成的石針。古代針灸用石針，後世用金針。韓非子喻老：「疾在腠理，湯熨之所及；在肌膚，針石之所及。」晋葛洪抱朴子廣譬：「和鵲雖不長生，而針石不可謂非濟命之器也。」

〔十四〕皇子冲幼：「皇子」，指武宗五子。見舊唐書卷一百七十五載：「杞王峻，開成五年封；益王峴、兖王岐、德王嶧、昌王嵯，皆會昌二年封。」

〔十五〕親叔光王怡宜改爲忱：「爲」，全唐文、適園叢書作「名」。「光王怡」，即唐宣宗李忱。傳見舊唐書宣宗紀、新唐書宣宗紀。舊唐書其本紀載：「宣宗聖武獻文孝皇帝諱忱，憲宗第十三子，母曰孝明皇后鄭氏。元和五年六月二十二日，生於大明宮。長慶元年三月，封光

王，名怡。會昌六年三月一日，武宗疾篤，遺詔立爲皇太叔，權勾當軍國政事。」

〔十六〕植性忠孝：『植性』，生性；禀性。周書劉志傳：『志少好學，博涉群書，植性方重，兼有武略。』太平廣記卷二六七引唐張鷟朝野僉載麻秋：『後趙石勒將麻秋者，太原胡人也，植性虓險鴆毒。』

〔十七〕俾奉丕圖：『丕圖』，猶大業，宏圖。唐白居易答黄裳請上尊號表制：『朕以薄德，嗣守丕圖，不敢荒寧，以弘理道。』宋史禮志十一：『非臣否德，肇此丕圖，實賴先正儲休，上玄降鑒。』

〔十八〕嗚呼：全唐文作『於戲』。

〔十九〕萬機不可以久曠，兆人不可以乏統：『萬機』，四庫全書、全唐文作『萬幾』。『兆人』，兆民。後漢書光武帝紀上：『漢遭王莽，宗廟廢絶，兆人塗炭。』唐柳宗元禮部賀皇太子册禮畢德音表：『建天下之本，宗廟以安；致萬國之貞，兆人攸賴。』

宣宗立鄆王爲皇太子勾當軍國敕〔一〕

敕：朕以寡昧〔二〕，獲承丕構〔三〕，潔誠以奉九廟〔四〕，恭己以臨兆人〔五〕，宵

旰在懷，罔敢暇逸。而憂勞所迫，蒸暑或加（六），疾恙未瘳，既逾旬朔（七），萬機繁重（八），不能躬親。詢於大臣，稽以古訓，永惟負荷之重，思建儲貳之賢（九）。用舉徽章，式固大本（十）。長子鄆王温，宜改名漼（十一），濬哲天縱（十二），孝敬日躋，秉德不回（十三），出言可法，英姿齊聖（十四），粹厚而恭。道叶繼明（十五），義符立長，可以貳于神器（十六），增輝前星（十七）。宜立爲皇太子，權勾當軍國政事（十八）。咨爾三事百辟、内外臣僚（十九），宜協乃心，敬輔元子（二十），罔違于道，俾致時雍（二十一）。布告遐邇，咸令知悉。大中十三年八月九日。

校　箋

（一）本文又見於全唐文卷八十一，文題作立鄆王爲皇太子勾當軍國敕，署名唐宣宗。此文文末標注頒布時間爲『大中十三年八月九日』。考舊唐書卷十八宣宗本紀云：『（大中十三年）八月七日，宣遺詔立鄆王爲皇太子，勾當軍國事。』又考新唐書卷八宣宗本紀云：『（大中）十三年……八月壬辰，左神策軍護軍中尉王宗實立鄆王温爲皇太子，權句當軍國政事。』又資治通鑑卷二百四十九亦載：『初，上長子鄆王温，無寵，居十六宅，餘子皆居禁中。夔王滋，第三子

也，上愛之，欲以爲嗣，爲其非次，故久不建東宮。上餌醫官李玄伯、道士虞紫芝、山人王樂藥，疽發於背。（大中十三年）八月，疽甚，宰相及朝臣皆不得見。上密以夔王屬樞密使王歸長、馬公儒、宣徽南院使王居方，使立之。三人及右軍中尉王茂玄，皆上平日所厚也。獨左軍中尉王宗實素不同心，三人相與謀，出宗實爲淮南監軍；宗實已受敕於宣化門外，將自銀臺門出，左軍副使亓元實謂宗實曰：「聖人不豫逾月，中尉止隔門起居；今日除改，未可辨也。何不見聖人而出？」宗實感寤，復入，諸門已踵故事增人守捉矣。亓元實翼導宗實直至寢殿，上已崩，東首環泣矣。宗實叱歸長等，責以矯詔；皆捧足乞命。乃遣宣徽北院使齊元簡迎鄆王。壬辰，下詔立鄆王爲皇太子，權句當軍國政事，仍更名漼。』據新唐書與資治通鑑載，此敕文頒布時間應在大中十三年八月壬辰。考是年八月甲申朔，則壬辰乃八月九日，與原文文末標注時間相符，故不取舊唐書所記時間。則此敕文頒布時間爲大中十三年（八五九）八月壬辰（九日），其撰寫此文當在此時稍前。則此詔書實爲宣宗崩後王宗實所作，矯以唐宣宗之名。

（二）朕以寡昧：『寡昧』，謂知識淺陋，不明事理。北魏楊衒之洛陽伽藍記 平等寺：『臣既寡昧，識無光遠，景命雖降，不敢仰承，乞收成旨，以允愚衷。』宣和遺事後集：『蓋以寡昧之資，藉盈成之業，言路壅蔽，導諛日聞，恩幸持權，貪饕得志。』

〔三〕獲承丕構：『丕構』，猶大業。新唐書劉蕡傳：『朕顧唯昧道，祇荷丕構，奉若謨訓，不敢怠荒。』舊五代史唐書末帝紀上：『鄂王輕捨宗祧，不克負荷，洪基大寶，危若綴旒，須立長君，以紹丕構。』

〔四〕潔誠以奉九廟：『誠』，四庫全書作『已』。『潔誠』，態度真誠。南朝宋鮑照代白紵舞歌詞之四：『思君厚德委如山，潔誠洗志期暮年。』元楊維楨秬鬯賦：『美潔誠兮孚於上下，通三靈兮思昔公旦。』『九廟』，指帝王的宗廟。古時帝王立廟祭祀祖先，有太祖廟及三昭廟、三穆廟，共七廟。王莽增爲祖廟五、親廟四，共九廟。後歷朝皆沿此制。漢書王莽傳下：『取其材瓦，以起九廟。』晉潘岳西征賦：『由僞新之九廟，誇宗虞而祖黃。』

〔五〕恭己以臨兆人：『兆人』，兆民。後漢書光武帝紀上：『漢遭王莽，宗廟廢絶，兆人塗炭。』唐柳宗元禮部賀皇太子册禮畢德音表：『建天下之本，宗廟以安；致萬國之貞，兆人攸賴。』

〔六〕蒸暑或加：『蒸暑』，形容盛暑天氣悶熱。漢王粲公讌詩：『凉風撤蒸暑，清雲却炎暉。』魏書崔浩傳：『又南土下濕，夏月蒸暑，水潦方多，草木深邃，疾疫必起，非行師之時。』

〔七〕既逾旬朔：『旬朔』，十天或一個月。亦泛指不長的時日。藝文類聚卷三五引三國魏應璩與尚書諸郎書：『壁立之室，無旬朔之資。』晉曹攄思友人詩：『自我别旬朔，微言絶於

耳。』劉良注：『十日爲旬，月初爲朔。』

〔八〕萬機繁重：『機』，四庫全書、全唐文作『幾』。

〔九〕永惟負荷之重，思建儲貳之賢：『永惟』，深思；常念。漢書 宣帝紀：『夙夜兢兢，靡有驕色，内省匪解，永惟罔極。』晋書 武帝紀：『朕守遺業，永惟保乂皇基，思與萬國以無爲爲政。』『儲貳』，亦作『儲二』。儲副，太子。晋葛洪抱朴子 釋滯：『昔子晋舍視膳之役，棄儲貳之重，而靈王不責之以不孝。』唐元稹四皓廟詩：『如何一朝起，屈作儲貳賓。』

〔十〕用舉徽章，式固大本：『徽章』，指褒崇封贈的策命。北周王褒周太保尉遲綱墓碑：『司勛載其弘烈，典册備其徽章。』唐陸贄册淑妃王氏爲皇后文：『稱是徽章，聿歸全德。』『大本』，根本，事物的基礎。荀子 强國：『故爲人上者，必將慎禮義，務忠信然後可，此君人者之大本也。』漢書 孔光傳：『平刑罰，薄賦斂，恩澤加於百姓，誠爲政之大本。』

〔十一〕長子鄆王温，宜改名漼：『漼』，指唐懿宗李漼，傳見舊唐書 懿宗紀、新唐書 懿宗紀。舊唐書 懿宗紀載：『懿宗昭聖恭惠孝皇帝諱漼，宣宗長子，母曰元昭皇太后晁氏。大和七年十一月十四日，生於藩邸。會昌六年十月，封鄆王，本名温。大中十三年八月七日，宣遺詔立爲皇太子監國，改今名。十三日，柩前即帝位，年二十七。』

〔十二〕濬哲天縱：「濬哲」，深邃的智慧。一説明智。南朝梁沈約王亮王瑩加授詔：「尚書左僕射亮，濬哲淵深，道風清邈。」宋范成大東宫壽詩：「中興歸濬哲，重慶啓元良。」

〔十三〕秉德不回：「秉德」，保持美德。書君奭：「百姓王人，罔不秉德明慎。」楚辭九章橘頌：「秉德無私，參天地兮。」

〔十四〕出言可法，英姿齊聖：「可法」，甲庫本作「可决」。「齊聖」，聰明睿智；聰明聖哲。齊，通「齋」。詩小雅小宛：「人之齊聖，飲酒温克。」毛傳：「齊，正也。」左傳文公二年：「子雖齊聖，不先父食久矣。」杜預注：「齊，肅也。」

〔十五〕道叶繼明：「繼明」，借指皇帝即位。唐韓愈皇帝即位降赦賀觀察使狀：「聖上以繼明之初，垂惟新之澤。」宋司馬光論西夏札子：「自是正旦生辰，乃至陛下繼明，皆不遣使入賀，其不臣大矣。」

〔十六〕可以貳于神器：「神器」，代表國家政權的實物，如玉璽、寶鼎之類。借指帝位、政權。漢書叙傳上：「世俗見高祖興於布衣，不達其故，以爲適遭暴亂，得奮其劍，游説之士至比天下於逐鹿，幸捷而得之，不知神器有命，不可以智力求也。」顔師古注引劉德曰：「神器，璽也。」晋左思魏都賦：「劉宗委馭，巽其神器。」吕延濟注：「神器，帝位。」

〔十七〕增輝前星：『前星』，漢書 五行志下之下：『心，大星，天王也。其前星，太子；後星，庶子也。』後因以前星指太子。南朝梁沈約胤雅：『前星比耀，克隆萬壽。』

〔十八〕權勾當軍國政事：『勾』，適園叢書作『句』。『勾當』，主管；料理。北史 叙傳：『事無大小，士彦一委仲舉，推尋勾當，絲髮無遺，於軍用甚有助焉。』唐元稹趙真長户部郎中兼侍御史等制：『應可某官，充户部巡官，勾當河南、淮南等道兩税，餘如故。』

〔十九〕咨爾三事百辟、内外臣僚：『三事』，指三公。詩 小雅 雨無正：『三事大夫，莫肯夙夜。』孔穎達疏：『三事大夫爲三公耳。』漢書 韋賢傳：『天子我監，登我三事。』顔師古注：『三事，三公之位，謂丞相也。』『百辟』，百官。宋書 孔琳之傳：『羡之（徐羡之）内居朝右，外司輦轂，位任隆重，百辟所瞻。』唐白居易醉後走筆酬劉五主簿長句之贈詩：『閶闔晨開朝百辟，冕旒不動香烟碧。』『臣僚』，群臣百官。後漢書 宦者傳論：『和帝即祚幼弱，而竇憲兄弟專總權威，内外臣僚，莫由親接，與所居者，唯閹宦而已。』晉陸雲大將軍宴會被命作詩：『祁祁臣僚，有來雍雍。薄言載考，承顔下風。』

〔二十〕敬輔元子：『元子』，天子和諸侯的嫡長子。書 微子之命：『王若曰：猷，殷王元子。』詩 魯頌 閟宫：『王曰叔父，建爾元子，俾侯于魯。』朱熹集傳：『叔父，周公也。元

子，魯公伯禽也。」

〔二一一〕俾致時雍：『時雍』，亦作『時邕』。亦作『時雍』。亦作『時廱』。猶和熙。書堯典：『百姓昭明，協和萬邦，黎民於變時雍。』孔傳：『時，是；雍，和也。』隸釋漢張平子碑：『出相河間，則黎民時雍。』

懿宗立晉王爲皇太子勾當軍國詔〔一〕

敕曰：朕守大器之重〔二〕，居兆人之上〔三〕，日慎一日〔四〕，如履如臨，旰昃勞懷〔五〕，寢興思理〔六〕，涉道猶淺，導化未弘〔七〕。而攝養乖方〔八〕，寒暑嬰厲〔九〕，實有慮於闕政〔十〕，且無暇於怡神〔十一〕，竟未少瘳〔十二〕，日以寢劇〔十三〕。萬務繁綜〔十四〕，須有主張。考之舊章〔十五〕，謀於列辟〔十六〕，思闡鴻業〔十七〕，式建皇儲。第五男普王儼，宜改名儇〔十八〕；孝敬温恭，寬和博厚，日新令德，天假英姿〔十九〕，言皆中規，動必由禮。俾崇邦本，允洽人心〔二十〕。宜立爲皇太子，權勾當軍國政事〔二十一〕。咨爾中外卿士〔二十二〕，洎于腹心之臣〔二十三〕，敬保胤子〔二十四〕，輔成予志，各竭乃心，以安黎庶〔二十五〕。布告中外，知朕意焉。咸通十四年七月十七日。

校箋

〔一〕此文又見於全唐文卷八十三，文題作立普王儇爲皇太子勾當軍國制，署名唐懿宗。舊唐書僖宗紀、太平御覽卷一百十六、册府元龜卷十一帝王部繼統部三亦録此文；太平御覽卷一百四十九録此文之大概。太平御覽卷一百十六所録其文首『唐書曰：僖宗恭定皇帝諱儇，懿宗第五子，母曰惠安皇后王氏，咸通三年五月生於東宫，初封普王名儼，十四年十月，懿宗疾大漸，其月十八日制曰「朕守大器之重，居兆人之上」』云云。册府元龜所録其文首云：『僖宗皇帝，懿宗第五子，初封普王，咸通十四年七月十八日制曰：朕守大器之重，居兆人之上……』此文文末注明頒布時間爲咸通十四年七月十七日。唐會要卷二載：『僖宗……咸通十四年癸巳七月，立爲皇太子，改名儇。』舊唐書懿宗紀載：『（咸通）十四年七月癸亥朔。戊寅，疾大漸。庚午，制立普王儼爲皇太子，權勾當軍國政事。』舊唐書僖宗紀載『（咸通）十四年七月，懿宗大漸。其月十八日，制曰「朕守大器之重，居兆人之上」』云云。資治通鑑卷二百五十二記：『咸通十四年，秋，七月，戊寅，上疾大漸，左軍中尉劉行深、右軍中尉韓文約立少子普王儼。庚辰，制：「立儼爲皇太子，權句當軍國政事。」辛巳，上崩於咸寧殿。』考天

干地支紀年法，咸通十四年七月庚辰爲十八日，册府元龜、舊唐書 僖宗紀、資治通鑑所記載時間一致。舊唐書 懿宗紀所記『庚午（八日）』制立皇太子一事在『戊寅（十六日）』懿宗大漸事之前，於理不合，應爲『庚辰』之誤，故不取。太平御覽所録時間源自舊唐書，『十年』應爲『七年』之誤。故此詔書頒布時間係咸通十四年（八七三）七月庚辰（十八日），則撰寫時間當在是時稍前。另，此詔書原文題作懿宗立晋王爲皇太子勾當軍國詔，『晋王』，今據適園叢書及諸史料記載改爲『普王』。

（二）朕守大器之重：『大器』，以大器比喻國家、帝位。莊子 讓王：『故天下，大器也，而不以易生，此有道者之所以異乎俗者也。』成玄英疏：『夫帝王之位，重大之器也，而不以此貴易奪其生，自非有道，孰能如是！』宋歐陽修英宗遺制：『朕蒙先帝之遺休，荷高穹之眷命，獲主大器，於兹五年。』

（三）居兆人之上：『兆人』，兆民。後漢書 光武帝紀上：『漢遭王莽，宗廟廢絶，兆人塗炭。』唐柳宗元禮部賀皇太子册禮畢德音表：『建天下之本，宗廟以安；致萬國之貞，兆人攸賴。』

（四）日慎一日：『慎』，太平御覽卷一百十六作『懼』。

（五）旰昃勞懷：『旰昃』，天晚。多用於頌揚帝王勤於政事。南齊書 明帝紀：『永言古

昔，無忘旰昃。』宋蘇舜欽詣匭疏：『臣竊觀國史，見祖宗逐日視朝，旰昃方罷。』

〔六〕寢興思理：『寢興』，睡下和起牀。泛指日夜或起居。晉潘岳悼亡詩之二：『寢興目存形，遺音猶在耳。』舊唐書王承宗傳：『朕念此方，亦猶赤子，一物失所，寢興靡寧。』

〔七〕導化未弘：『導』，册府元龜作『德』；太平御覽卷一百十六作『道』；甲庫本、四庫全書作『至』。『弘』，舊唐書作『孚』。

〔八〕而攝養乖方：『攝養』，養生；調養。南朝宋劉義慶世説新語夙惠：『陛下晝過冷，夜過熱，恐非攝養之術。』舊唐書方伎傳葉法善：『自曾祖三代爲道士，皆有攝養占卜之術。』『乖方』，違背法度；失當。南朝梁陸倕新刻漏銘：『世道交喪，禮術銷亡……擊刀舛次，聚木乖方。』宋蘇軾論高麗買書利害札子：『其乖方作弊官吏，并不蒙都省略取問。』

〔九〕寒暑嬰癘：『癘』，原作『厲』，今據全唐文改。『嬰癘』，舊唐書、册府元龜作『成癘』。

〔十一〕實有慮於闕政：『闕政』，有缺陷或弊病的政治措施。漢書嚴助傳：『朝有闕政，遺王之憂。』顔師古注：『言朝政有闕，乃使王有憂也。』唐司空圖唐宣州王公行狀：『中外之議，謂公不司文柄，爲朝廷闕政。』

〔十一〕且無暇於怡神：『於』，太平御覽卷一百四十九作『而』。

〔十二〕竟未少瘳：『竟』，舊唐書、四庫全書、適園叢書作『恙』。

〔十三〕日以浸劇：『日以』，太平御覽卷一百十六、册府元龜、全唐文作『日加』。『浸』，原作『寖』，今據舊唐書、全唐文改。『浸劇』，謂疾病逐漸嚴重。唐郭彖睽車志卷五：『〔靳瑶〕妻遽得心痛，浸劇不省人，輿歸即死。』明宋濂故陳夫人趙氏石表辭：『趙氏懼貽予憂，不敢以疾告，已而疾浸劇。』

〔十四〕萬務繁綜：『繁綜』，舊唐書作『凡總』；太平御覽卷一百十六作『煩總』；册府元龜作『繁揔』；全唐文作『緐綜』。

〔十五〕考之舊章：『考之』，太平御覽卷一百十六作『爰考』；太平御覽卷一百四十九作『考兹』；册府元龜作『考思』。『舊章』，昔日的典章。書蔡仲之命：『無作聰明亂舊章。』孔傳：『無敢爲小聰明，作異辯以變亂舊典文章。』史記秦始皇本紀：『秦聖臨國，始定刑名，顯陳舊章。』

〔十六〕謀於列辟：『列辟』，舊唐書、太平御覽卷一百十六、卷一百四十九、册府元龜作『卿士』。『列辟』，指公卿諸官。唐王維京兆尹張公德政碑：『天子猶日省三揖列辟，日聽

萬方輿頌。』趙殿成箋注：『漢班固典引：「德臣列辟，功君百王。」李周翰注：「列辟，百官也。」』

〔十七〕思闡鴻業：『鴻』，適園叢書作『洪』。『鴻業』，大業。多指王業。漢書成帝紀：『朕承太祖鴻業，奉宗廟二十五年。』唐玄宗并州置北都制：『守宗社之大寶，恢中原之鴻業。』

〔十八〕第五男普王儼，宜改名儇：『普』，原作『晋』，今據太平御覽卷一百十六、册府元龜、四庫全書、全唐文、適園叢書改。『儼』，原作『嚴』，今據太平御覽卷一百十六、册府元龜、四庫全書、全唐文、適園叢書改。『普王』，即唐僖宗李儇，傳見舊唐書僖宗紀、新唐書僖宗紀。舊唐書其本紀載：『僖宗惠聖恭定孝皇帝諱儇，懿宗第五子，母曰惠安皇后王氏。咸通三年五月八日生於東内。初封普王，名儼。十四年七月，懿宗大漸。其月十八日，制曰：「朕守大器之重，居兆人之上，日慎一日，如履如臨。旰昃勞懷，寢興思理，涉道猶淺，導化未孚。而攝養乖方，寒暑成癘，實有慮於闕政，且無暇於怡神。恙未少瘳，日加浸劇，萬務凡總，須有主張。考思舊章，謀于卿士，思闡鴻業，式建皇儲。第五男普王儼改名儇，孝敬温恭，寬和博厚，日新令德，天假英姿，言皆中規，動必由禮。俾崇邦本，允協人心，宜立爲皇太子，權勾當軍國政事。咨爾中外卿士，洎于腹心之臣，敬保予胤，輔成予志，各竭乃心，以安黎庶。布告

中外，知朕意焉。」是日，懿宗崩。二十日，即皇帝位於柩前，時年十二。左軍中尉劉行深、右軍中尉韓文約居中執政，并封國公。」

〔十九〕天假英姿：「假」，四庫全書作「縱」。「天假」，上天授與。北周庾信周上柱國齊王憲神道碑銘：「公之挺生，實惟天假。翠微神降，文昌星下。」唐高仲武中興間氣集皇甫冉：「使前賢失步，後輩却立，自非天假，何以逮斯。」

〔二十〕允洽人心：「允洽」，太平御覽卷一百十六、卷一百四十九、册府元龜作「允叶」；全唐文作「允協」。「允洽」，協調；協和。漢班固東都賦：「人神之和允洽，群臣之序既肅。」晋劉琨勸進表：「天人之際既交，華裔之情允洽。」

〔二十一〕權勾當軍國政事：「勾當」，適園叢書作「句當」。「勾當」，主管；料理。北史敘傳：「事無大小，士彦一委仲舉，推尋勾當，絲髮無遺，於軍用甚有助焉。」唐元稹趙真長户部郎中兼侍御史等制：「應可某官，充户部巡官，勾當河南、淮南等道兩税，餘如故。」

〔二十二〕諮爾中外卿士：「中外」，太平御覽卷一百十六作「群公」。「中外」，朝廷内外，中央和地方。漢書元帝紀：「以用度不足，民多復除，無以給中外繇役。」南朝宋劉義慶世説新語言語：「孔融被收，中外惶怖。」

〔二十三〕洎於腹心之臣：『洎』，太平御覽卷一百四十九作『暨』。

〔二十四〕敬保胤子：『胤子』，太平御覽卷一百十六作『元子』；册府元龜作『裔子』；全唐文作『予子』。『胤子』，子嗣；嗣子。舊題漢李陵答蘇武書：『足下胤子無恙，勿以爲念。』後漢書明帝紀：『而胤子無成康之質，群臣無吕旦之謀。』

〔二十五〕以安黎庶：『黎庶』，册府元龜作『黎元』；太平御覽卷一百四十九作『永安黎獻』。

僖宗立壽王爲皇太弟知軍國詔〔一〕

門下：朕幼荷丕構〔二〕，夙夜不遑，蓋以三百年之鴻基，十七聖之大業〔三〕，守文重事，偃武貞期〔四〕。惟懼冲人〔五〕，不克負荷，果致干戈四處，寇盜連年，再省藩維，兩違陵廟〔六〕。上愧高祖、太宗之締構，下慚中外群后之匡扶。既積殷憂，俄成疾疹，而上天降祐，中道獲痊。萬乘還宮，六龍税駕〔七〕，御端門而賜赦〔八〕，閱諸夏而駿奔〔九〕。雖有愧中興，而克全舊物〔十〕，緊爾中外，方俟報功〔十一〕。寧期瘥疾未瘳〔十二〕，尚嬰沉痼〔十三〕，徒思勿藥，詎報有徵？腠理是加，連綿莫療。永惟八方之大，萬務之殷，既不躬親，固當壅滞。朕親弟壽王杰〔十四〕，天資穎悟，生禀温文，孝

友通于神明，仁愛格乎上下〔十五〕。必能體我憂惕〔十六〕，濟我艱難，用叶和平，得就頤養。宜册爲皇太弟，知軍國政事。咨爾内外大臣，群方庶尹，悉宜聽監國處分，盡心輔戴，寧國安人，酌變從宜，同底于理。布告天下，咸使聞知。光啓四年三月六日。

校箋

〔一〕此文又見於全唐文卷八十八，文題爲立壽王杰爲皇太弟知軍國事詔，署名唐僖宗。本文文末標明頒布時間爲光啓四年（即文德元年）三月六日。考舊唐書僖宗紀載：『（文德元年）三月戊戌朔，正殿受册。庚子，上暴疾。壬寅，大漸。癸卯，宣制立弟壽王杰爲皇太弟，勾當軍國事。』新唐書僖宗紀載：『（文德元年）三月戊戌朔，日有食之，既。壬寅，疾大漸，立壽王杰爲皇太弟，知軍國事。癸卯，皇帝崩於武德殿，年二十七。』資治通鑑卷二百五十七文德元年（即光啓四年）載：『三月，戊戌朔，日有食之，既。己亥，上疾復作，壬寅，大漸。皇弟吉王保，長而賢，群臣屬望。十軍觀軍容使楊復恭請立其弟壽王杰；是日，下詔，立杰爲皇太弟，監軍國事。右軍中尉劉季述遣兵迎杰於六王宅，入居少陽院，宰相以下就見之。癸卯，上崩

於靈符殿。」據上述典籍所載，此詔文頒布時間乃爲光啓四年（八八八）三月癸卯（六日），撰寫此文時間當爲三月壬寅（五日）。

〔二〕朕幼荷丕構：「丕構」，猶大業。新唐書劉蕡傳：「朕顧唯昧道，祇荷丕構，奉若謨訓，不敢怠荒。」舊五代史唐書末帝紀上：「鄂王輕捨宗祧，不克負荷，洪基大寶，危若綴旒，須立長君，以紹丕構。」

〔三〕蓋以三百年之鴻基，十七聖之大業：指自唐朝建國以來，歷經三百年，十七位皇帝。「十七聖」，即唐高祖李淵、唐太宗李世民、唐高宗李治、唐中宗李顯、唐睿宗李旦、唐玄宗李隆基、唐肅宗李亨、唐代宗李豫、唐德宗李适、唐順宗李誦、唐憲宗李純、唐穆宗李恒、唐敬宗李湛、唐文宗李昂、唐武宗李炎、唐宣宗李忱、唐懿宗李漼十七位皇帝。

〔四〕偃武貞期：「偃武」，停息武備。唐獨孤及賀袁傪破賊表：「陛下方鋭志於偃武，不得已而用兵，乃命將受略，使先勝後戰。」晚清文學叢鈔説唱文學卷上學生相和歌：「世無文弱國，今非偃武時。」「貞期」，政治清明的時代。後漢書周燮黄憲等傳贊：「琛寶可懷，貞期難對。」李賢注：「琛寶喻道德也，貞期謂明時也。」

〔五〕惟懼冲人：「惟」，原作「唯」，今據四庫全書、全唐文、適園叢書改。「冲人」，

年幼的人。多爲古代帝王自稱的謙辭。書盤庚下：『肆予冲人，非廢厥謀。』孔傳：『冲，童。』孔穎達疏：『冲、童，聲相近，皆是幼小之名。自稱童人，言己幼小無知，故爲謙也。』漢焦贛易林需之無妄：『戴璧秉珪，請命於河，周公作誓，冲人瘳愈。』

〔六〕兩違陵廟：指僖宗兩度離開長安避難之事。第一次爲黄巢起義時離開長安逃亡四川，事見舊唐書僖宗紀載：『（廣明元年）十一月辛亥朔。己巳，賊陷東都，留守劉允章率分司官屬迎謁之，賊供頓而去，坊市晏然。壬申，陷虢州。丙子，攻潼關，守關諸將望風自潰。十二月庚辰朔。辛巳，賊據潼關。時左軍中尉田令孜專政，宰相盧携曲事之，相與誤謀，以至傾敗。令孜恐衆罪加己，請貶携官，命學士王徽、裴徹爲相。甲申，宣制以户部侍郎、翰林學士王徽、裴徹本官同平章事。貶右僕射、門下侍郎、平章事盧携爲太子賓客。携聞賊至，仰藥而死。是日，上與諸王、妃、后數百騎，自子城由含光殿金光門出幸山南，文武百官僚不之知，并無從行者，京城晏然。』第二次爲節度使紛争，進逼長安，致使僖宗再次出逃。事見舊唐書僖宗紀載：『（光啓）二年春正月辛巳朔，車駕在鳳翔。李克用旋師河中，與朱玫、王重榮同上表，請駕駐蹕鳳翔，仍數田令孜之罪。乃以飛龍使楊復恭復知内樞密事。戊子，田令孜迫乘輿請幸興元。庚寅，車駕次寶鷄。』

〔七〕六龍稅駕：『六龍』，古代天子的車駕爲六馬，馬八尺稱龍，因以爲天子車駕的代稱。漢劉歆述初賦：『總六龍於駟房兮，奉華蓋於帝側。』唐李白上皇西巡南京歌之四：『誰道君王行路難，六龍西幸萬人歡。』『稅駕』，猶解駕，停車。謂休息或歸宿。稅，通『挩』『脱』。史記李斯列傳：『物極則衰，吾未知所稅駕也。』司馬貞索隱：『稅駕，猶解駕，言休息也。李斯言己今日富貴已極，然未知向後吉凶，正泊在何處也。』三國魏曹植洛神賦：『爾乃稅駕乎蘅皋，秣駟乎芝田。』

〔八〕御端門而賜赦：『賜赦』，明鈔本、四庫全書、全唐文、適園叢書作『肆赦』。『端門』，宮殿的正南門。史記呂太后本紀：『代王即夕入未央宮，有謁者十人持戟衛端門，曰：「天子在也，足下何爲者而入？」』後漢書左雄傳：『請自今孝廉年不滿四十不得察舉，皆先詣公府，諸生試家法，文吏課箋奏，副之端門。』王先謙集解引胡三省曰：『宮之正南門曰端門。尚書於此受天下奏章，令舉者詣公府課試，以副本納之端門，尚書審覈之。』

〔九〕閱諸夏而駿奔：『諸夏』，周代分封的中原各個諸侯國。泛指中原地區。左傳閔公元年：『諸夏親昵，不可棄也。』漢董仲舒春秋繁露觀德：『滅國十五有餘，獨先諸夏，魯晋俱諸夏也。』『駿奔』，亦作『駿犇』。急速奔走。後漢書章帝紀：『駿奔郊畤，咸來助祭。』

南朝梁任昉百辟對進今上箋：『是以玉馬駿犇，表微子之云；金版出地，告龍逢之怨。』

〔十〕而克全舊物：『舊物』，指舊日的典章制度。左傳 哀公元年：『祀夏配天，不失舊物。』漢潘勖册魏公九錫文：『設官兆祀，不失舊物。』

〔十一〕方俟報功：『報功』，酬報有功者；報答功德。書 武成：『崇德報功。』孔傳：『有德尊以爵，有功報以禄。』漢王充論衡祭意：『凡祭祀之義有二：一曰報功，二曰修先。』

〔十二〕寧期瘥疾未瘳：原作『寧期□疾未瘥』，今據四庫全書、全唐文、適園叢書改。『疾瘳』，病愈。左傳 文公十六年『公有疾……請俟君間』，晋杜預注：『間，疾瘳。』唐韓愈鄠人對：『鄠有以孝爲旌門者，乃本其自於鄠人曰：彼自剔股以奉母疾瘳。』故『瘥疾未瘳』指病未痊愈。

〔十三〕尚嬰沉痼：『沉痼』，積久難治的病。漢劉楨贈五官中郎將之二：『余嬰沈痼疾，竄身清漳濱。』南齊書 褚淵傳：『叨職未久，首歲便嬰疾篤，爾來沈痼，頻經危殆，彌深憂震。』

〔十四〕朕親弟壽王杰：『壽王杰』，即唐昭宗李曄，傳見舊唐書 昭宗紀、新唐書 昭宗紀。舊唐書 昭宗紀載：『昭宗聖穆景文孝皇帝諱曄，懿宗第七子，母曰惠安太后王氏。以咸通八年二月二十二日生於東内。十三年四月，封壽王，名杰。乾符四年，授開府儀同三司、幽州大都

督、幽州盧龍等軍節度、押奚契丹、管内觀察處置等使。帝於僖宗，母弟也，尤相親睦。自艱難播越，嘗隨侍左右，握兵中要，皆奇而愛之。文德元年二月，僖宗暴不豫。時初復宮闈，人心傾矚，遽聞被疾，軍民駭愕。及大漸之夕，而未知所立。群臣以吉王最賢，又在壽王之上，將立之，唯軍容楊復恭請以壽王監國。三月六日，宣遺詔立爲皇太弟。」

〔十五〕仁愛格乎上下：『格乎上下』，四庫全書、全唐文、適園叢書作『格於上下』。

〔十六〕必能體我憂惕：『體我憂惕』，四庫全書作『體朕憂傷』。『我』，甲庫本作『予』。

昭宗命皇太子監國制〔一〕

門下：朕以眇身〔二〕，祗膺大寶，十有三載〔三〕，懼不克勝。上荷祖宗之靈，託於兆人之上〔四〕，虚受謙益，每勵於恭勤，示儉守文〔五〕，靡忘其宵旰〔六〕。而乃兩經播越〔七〕，薦興兵革〔八〕，生類莫躋於仁壽〔九〕，理道未致於洽平〔十〕。尚賴左右大臣，尊奬侯伯，共戡多難，歸復神州〔十一〕。豈我眇冲〔十二〕，拯此艱運？恭念高祖、睿宗、玄宗、順宗，或經多難，或苦沉疴〔十三〕，遂厭萬機〔十四〕，授于令嗣。是使進退無爽，

孝慈兩全，人心盡服其至公，天性克彰於具美。近者忽嬰疾疹，旦夕未瘳。雖思養襟靈〔十五〕，而亦循典故〔十六〕。皇太子裕〔十七〕，温恭有立，和粹積中〔十八〕。藴孝悌以生知〔十九〕，禀聰明而夙賦〔二十〕。動惟樂義，進則思賢，必能廣繼絶之心〔二十一〕，副傳歸之命〔二十二〕。萬機至重〔二十三〕，不可暫闕。宜令皇太子裕監軍國事。咨爾中外臣弼將相、卿士，輔朕元子〔二十四〕，永孚于休〔二十五〕。凡關庶務〔二十六〕，悉宜聽監國處分。布告遐邇〔二十七〕，當體朕意。主者施行〔二十八〕。光化三年十一月六日。

校箋

〔一〕此文又見於全唐文卷九十，文題爲命皇太子監國制，署名昭宗皇帝。本文文末標明頒布時間爲『光化三年十一月六日』。考，舊唐書昭宗紀載：『（光化三年）十一月乙酉朔。庚寅，左右軍中尉劉季述、王仲先廢昭宗，幽於東内問安宫，請皇太子裕監國。時昭宗委崔胤以執政，胤恃全忠之助，稍抑宦官。而帝自華還宫後，頗以禽酒肆志，喜怒不常，自宋道弼等得罪，黄門尤懼。至是，上獵苑中，醉甚，是夜，手殺黄門、侍女數人。庚寅，日及辰巳，内門不開。劉季述詣中書謂宰相崔胤曰：「宫中必有不測之事，人臣安得坐觀？我等内臣也，可以便宜從

「主上所爲如此，非社稷之主也。廢昏立明，具有故事，國家大計，非逆亂也。」即召百官署狀，崔胤等不獲已署之。左右軍將士齊唱萬歲聲，季述、仲先與汴州進奏官程巖等十三人請對，對訖，季述上殿待罪次。季遂突入宣化門，行至思政殿，便行殺戮，徑至乞巧樓下。帝遽見兵士，驚墮牀下，起而將去，季述、仲先掖而令坐。何皇后遽出拜曰：「軍容長官護官家，勿至驚恐，有事取軍容商量。」季述即出百官合同狀，曰：「陛下倦臨寶位，中外群情，願太子監國，請陛下頤養於東宮。」帝曰：「吾昨與卿等歡飲，不覺太過，何至此耶！」皇后曰：「聖人依他軍容語。」即於御前取國寶付季述，即時帝與皇后共一輦，并常所侍從十餘內人赴東宮。入後，季述手自扃鎖院門，日於窗中通食器。是日，迎皇太子監國，矯宣昭宗命稱上皇。』新唐書昭宗紀載：『（光化三年）十一月己丑，左右神策軍中尉劉季述王仲先、內樞密使王彥範、薛齊偓作亂，皇帝居于少陽院。辛卯，季述以皇太子裕爲皇帝。』資治通鑑卷二百六十二載：『（光化三年）十一月，上獵苑中，因置酒，夜，醉歸，手殺黃門、侍女數人。明旦，日加辰巳，宮門不開。季述詣中書白崔胤曰：「宮中必有變，我內臣也，得以便宜從事，請入視之。」乃帥禁兵千人破門而入，訪問，具得其狀。出，謂胤曰：「主上所爲如是，豈可理天下！廢昏立明，自古有之，爲社稷大計，非不順

也。」胤畏死，不敢違。庚寅，季述召百官，陳兵殿庭，作胤等連名狀，請太子監國，以示之，使署名；胤及百官不得已皆署之。上在乞巧樓，季述、仲先伏將士千人於門外，與宣武進奏官程巖等十餘人入請對。季述、仲先甫登殿，將士大呼，突入宣化門，至思政殿前，逢宫人，輒殺之。上見兵入，驚墮牀下，起，將走，季述、仲先掖之令坐。宫人走白皇后，后趨至，拜請曰：「軍容勿驚宅家，有事取軍容商量。」季述等乃出百官狀白上，曰：「陛下厭倦大寶，中外群情，願太子監國，請陛下保頤東宫。」上曰：「昨與卿曹樂飲，不覺太過，何至於是！」對曰：「此非臣等所爲，皆南司衆情，不可遏也。願陛下且之東宫，待事小定，復迎歸大内耳。」后曰：「宅家趣依軍容語！」即取傳國寶以授季述，宦官扶上與后同輦，嬪御侍從者纔十餘人，適少陽院。季述以銀檛畫地數上曰：「某時某事，汝不從我言，其罪一也。」如此數十不止。乃手鎖其門，熔鐵錮之，遣左軍副使李師虔將兵圍之，上動静輒白季述，穴墻以通飲食，凡兵器針刀皆不得入，上求錢帛俱不得，求紙筆亦不與。時大寒，嬪御公主無衣衾，號哭聞於外。季述等矯詔令太子監國，迎太子入宫。』據上述典籍所載，則此制文頒布時間爲光化三年（九〇〇）十一月庚寅（六日），撰寫時間當在是時稍前。另，此制文作者應爲劉季述，矯昭宗之名。

〔二〕朕以眇身：『眇身』，猶言微末之身。古代帝后自謙之詞。漢書 武帝紀：『朕以眇身

『以朕眇身，遇承至尊，兢兢焉惟德菲薄，不明於禮樂，故用事八神。』北齊書神武帝紀下：『以朕眇身，遇王武略，不勞尺刃，坐爲天子。』

〔三〕十有三載：指昭宗在帝位時間自文德元年（八八八）至光化三年（九〇〇）已有十三個年頭。

〔四〕託於兆人之上：『託』，四庫全書、全唐文作『托』。『兆人』，兆民。後漢書光武帝紀上：『漢遭王莽，宗廟廢絶，兆人塗炭。』唐柳宗元禮部賀皇太子册禮畢德音表：『建天下之本，宗廟以安；致萬國之貞，兆人攸賴。』

〔五〕示儉守文：『守文』，本謂遵循文王法度。後泛指遵循先王法度。公羊傳文公九年：『繼文王之體，守文王之法度。』史記外戚世家：『自古受命帝王及繼體守文之君，非獨内德茂也，蓋亦有外戚之助也。』司馬貞索隱：『守文猶守法也，謂非受命創制之君，但守先帝法度爲之主耳。』

〔六〕靡忘其宵旰：『宵旰』，指『宵衣旰食』。天不亮就穿衣起身，天黑了纔吃飯。形容非常勤勞，多用以稱頌帝王勤於政事。唐陸贄論兩河及淮西利害狀：『今師興三年，可謂久矣；税及百物，可謂繁矣；陛下爲之宵衣旰食，可謂憂勤矣。』宋司馬光論横山疏：『虜騎大至，覆

軍殺將，邊城晝閉，朝廷乃爲之宵衣旰食，焦心勞思，興兵運財，以救其急。』

〔七〕而乃兩經播越：『播越』，逃亡；流離失所。左傳 昭公二十六年：『茲不穀震蕩播越，竄在荆蠻。』後漢書 袁術傳：『天子播越，宮廟焚毁。』李賢注：『播，遷也；越，逸也；言失所居。』事見舊唐書 昭宗紀載：『（乾寧三年）秋七月庚辰朔。壬辰，岐軍逼京師，諸王率禁兵奉車駕將幸太原。癸巳，次渭北。華州韓建遣子充奉表起居，請駐蹕華州，乃授建京畿都指揮、安撫制置、催促諸道綱運等使。詔謂建曰：「啓途之行，已在河東，今且幸鄜畤。」甲午，次富平。韓建來朝，泣奏曰：「藩臣倔强，非止茂貞。雖太原勤王，無宜巡幸。臣之鎮守，控扼關畿，兵力雖微，足以自固。陛下若輕捨近畿，遠巡極塞，去園陵宗廟，寧不痛心？失魏闕金湯，又非良算。若輿駕渡河，必難再復，謀苟不臧，悔之寧及？願陛下且駐三峰，以圖恢復。」上亦泣下曰：「朕難奈茂貞，忿不思難。卿言是也。」乙未，次下邽。丙申，駐蹕華州，以衙城爲行宮。時岐軍犯京師，宫室廛閭，鞠爲灰燼，自中和已來葺構之功，掃地盡矣。』

〔八〕薦興兵革：『薦興』，全唐文作『屢興』。

〔九〕生類莫躋於仁壽：『生類』，泛指一切有生命之物。列子 説符：『天地萬物與我并生類也，類無貴賤。』漢張衡東京賦：『方其用財取物，常畏生類之殄也。』薛綜注：『生類，謂天下萬物之類也。』

〔十〕理道未致於洽平：『洽平』，適園叢書作『治平』。『洽平』，謂協和安定，天下太平。漢書 蕭望之傳：『將軍以功德輔幼主，將以流大化，致於洽平。』顔師古注：『令太平之化通洽四方也。』

〔十一〕歸復神州：事見舊唐書 昭宗紀載：『八月戊戌朔。己未，車駕自華還京師。甲子，御端門，大赦，改元光化。』

〔十二〕豈我眇冲：『眇冲』，幼小的人。帝王自稱之詞。宋邵伯温聞見前録卷二：『章懿太后丕擁慶羡，實生眇冲；顧復之恩深，保綏之念重。』

〔十三〕或苦沉痾：『沉痾』，亦作『沈痾』。重病；久治不愈的病。南朝宋鮑照自礪山東望震澤：『以此藉沈痾，栖迹別人群。』唐權德輿卧病喜惠上人李煉師茅處士見訪以贈詩：『沈痾結繁慮，卧見書窗曙。』

〔十四〕遂厭萬機：『萬機』，全唐文作『萬幾』。『萬機』，同『萬幾』。指帝王日常處理的紛繁的政務。孔叢子 論書：『孔子曰：「……堯既得舜，歷試諸難，已而納之於尊顯之官，使大録萬機之政。」』漢張衡東京賦：『乃羡公侯卿士，登自東除，訪萬機，詢朝政。』

〔十五〕雖思養襟靈：『襟靈』，指藴藏在胸中的聰明才智。舊唐書 李德裕傳論：『觀其禁掖彌綸，巖廊啓奏，料敵制勝，襟靈獨斷，如由基命中，罔有虚發，實奇才也。』宋曾鞏授中書

舍人謝啓：『如犖者識慮少通，襟靈多蔽。徒恐隳於先緒，頗能味於經言。』

〔十六〕而亦循典故：『典故』，典制和成例。故，故事，成例。後漢書　東平憲王蒼傳：『親屈至尊，降禮下臣，每賜讌見，輒興席改容，中宮親拜，事過典故。』北史　高隆之傳：『隆之性好小巧，至於公家羽儀，百戲服制，時有改易，不循典故，時論非之。』

〔十七〕皇太子裕：『皇太子裕』，昭宗長子。傳見舊唐書卷一百七十五、新唐書卷八十二。舊唐書其本傳云：『德王裕，昭宗長子也。大順二年六月二十八日封，乾寧四年二月十四日册爲皇太子。時駕在華州，韓建畏諸王主兵，誘防城卒張行思、花重武相次告通王以下欲殺建。建他日又造訛言云：諸王欲劫遷車駕，别幸藩鎮。諸王懼，詣建自陳。建乃延入卧内，密遣人奏云：「今日睦王、濟王、韶王、通王、彭王、韓王、儀王、陳王等八人到臣理所，不測事由。臣竊量事體，不合與諸王相見，兼恐久在臣所，於事非宜。忽然及門，意不可測。」又上疏抗請歸十六宅。如是者數四，帝不允。建懼爲諸王所圖，乃以精甲數千圍行宫，請誅定州護駕軍都將李筠。帝懼甚，詔斬筠於大雲橋。其三都軍士，尋放還本道。殿後都亦與三都元繞行宫扈蹕。至是，并急詔散之。罷諸王兵柄。建慮上不悦，乃上表請立德王爲皇太子。其年八月，嗣延王戒丕自太原還，詔與通王已下八王并賜死于石堤谷。光化末，樞密使劉季述、王仲先等幽昭宗於東門内，册裕爲帝，及天復初誅季述、仲先，與寺人藏於右軍。群臣請殺之，昭宗曰：「太子

冲幼，爲賊輩所立。」依舊令歸少陽院。」

〔十八〕和粹積中：『和粹』，平和純樸；純粹。三國魏嵇康答難養生論：『棄世不群，志氣和粹。』舊唐書穆質傳：『質兄弟俱有令譽而和粹，世以「滋味」目之。』『積中』，謂蘊積於心中。禮記樂記：『是故情深而文明，氣盛而化神，和順積中而英華發外，唯樂不可以爲僞。』舊唐書令狐彰傳：『今有忠烈之臣彰，剛直形外，純和積中，本於孝敬，輔以才略，統制藩閫，服勞王家。』

〔十九〕蘊孝悌以生知：『生知』，四庫全書作『性成』。『生知』，謂不待學而知之。語本論語季氏：『生而知之者上也。』晋葛洪抱朴子勖學：『人理之曠，道德之遠，陰陽之變，鬼神之情，緬邈玄奥，誠難生知。』

〔二十〕禀聰明而夙賦：『夙賦』，四庫全書作『夙慧』。

〔二十一〕必能廣繼絶之心：『繼絶』，繼絶世的略語。謂恢復已滅絶的宗祀，承續已斷絶的後代。論語堯曰：『興滅國，繼絶世。』邢昺疏：『賢者當世祀，爲人非理絶之者，則求其子孫使復繼之。』漢書燕王劉澤傳：『哀帝時繼絶世，乃封敬王澤玄孫之孫無終公士歸生爲營陵侯。』

〔二十二〕副傳歸之命：『副傳』，甲庫本作『傳副』。

〔二十三〕萬機至重：『機』，四庫全書、適園叢書作『幾』。

〔二十四〕輔朕元子：『元子』，天子和諸侯的嫡長子。書微子之命：『王若曰：猷，殷王元子。』詩魯頌閟宮：『王曰叔父，建爾元子，俾侯於魯。』朱熹集傳：『叔父，周公也。元子，魯公伯禽也。』

〔二十五〕永孚于休：『孚』，爾雅釋曰：『孚，信也。』『休』，美好，美善。易大有：『順天休命。』鄭注：『美也。』詩豳風斧：『亦孔之休。』

〔二十六〕凡關庶務：『關』，四庫全書作『闕』；全唐文作『有』。

〔二十七〕布告遐邇：『遐邇』，遠近。漢桓寬鹽鐵論備胡：『故人主得其道，則遐邇潛行而歸之，文王是也。』漢書韋玄成傳：『天子穆穆，是宗是師，四方遐爾，觀國之煇。』

〔二十八〕主者施行：『主者施行』，謂朝廷法令送交主管部門執行。後漢書黃瓊傳：『使中常侍以瓊奏屬主者施行。』後作公文常用語。唐元稹許劉總出家制：『宜賜法號大覺，仍賜僧臘五十夏。主者施行。』

何皇后立輝王爲皇太子監軍國令〔一〕

門下：我國家化隋爲唐，奄有天下，三百年之盛業，十八帝之耿光〔二〕。聖上自

纂丕圖（三），垂將二紀（四）。雖恭勤無怠，屬運數多艱，致寰宇之未康（五），睹兵戈之屢起。賴勛賢叶力（六），宗社再安。豈意宫闈之中（七），禍亂忽作，昭儀李漸榮、河東郡夫人裴貞一等（八），潛爲逆節（九），輒肆凶謀（十）。傷痕既深（十一），已及膚革（十二）。萬機不可以久曠（十三），四海不可以乏君，神鼎所歸（十四），須有纂紹（十五）。輝王祚（十六），幼彰岐嶷（十七），長實端貞（十八），裒然不群（十九），予所鍾愛，必能克奉丕訓（二十），以安兆人（二十一）。宜立爲皇太子，仍改名柷，監軍國事。於戲！孝愛可以承九廟（二十二），恭儉可以安萬邦，無樂逸游，用寧寰宇（二十三）。百辟卿士（二十四），佑兹冲人（二十五），再揚我太宗之休烈（二十六）。主者施行。天祐元年八月。

校箋

（一）此文又見於全唐文卷九十一，文題爲遺詔，署名唐昭宗。舊唐書卷二十亦録此文。原文文末注明頒布時間爲『天祐元年八月』。考唐會要卷二載，『天祐元年甲子八月，梁王密令蔣玄暉等弑（昭宗）于東都椒殿。……昭宗崩。……翌日，蔣玄暉矯遺詔，以帝即位，改今名。』舊唐書哀帝紀載：『天祐元年八月十二日，昭宗遇弑。翌日，蔣玄暉矯宣遺詔，曰：我

國家化隋爲唐，奄有天下。』新唐書哀帝紀云：『（天祐元年）八月壬寅……是夕，皇帝崩，年三十八。……昭宣光烈孝皇帝諱柷，昭宗第九子也。母曰皇太后何氏。始封輝王。朱全忠已弒昭宗，矯詔立爲皇太子，監軍國事。』資治通鑑卷二百六十五載：『（天祐元年）八月，壬寅，帝在椒殿，玄暉選龍武牙官史太等百人夜叩宮門，言軍前有急奏，欲面見帝。夫人裴貞一開門見兵，曰：「急奏何以兵爲？」史太殺之。玄暉問：「至尊安在？」昭儀李漸榮臨軒呼曰：「寧殺我曹，勿傷大家！」帝方醉，遽起，單衣繞柱走，史太追而弒之。漸榮以身蔽帝，太亦殺之。又欲殺何后，后求哀於玄暉，乃釋之。癸卯，蔣玄暉矯詔稱李漸榮、裴貞一弒逆，宜立輝王祚爲皇太子，更名柷，監軍國事。又矯皇后令，太子於柩前即位。宮中恐懼，不敢出聲哭。丙午，昭宣帝即位，時年十三。』按，據天干地支紀年法，天祐元年八月爲壬辰朔，無甲子日，故唐會要之說不可取。則據唐書及資治通鑑所載，此令文頒布時間當爲天祐元年（九〇四）八月甲辰（十三日），則此文撰寫時間當爲是年八月癸卯（十二日）。又，據上述典籍所載，此令文爲蔣玄暉矯昭宗詔。蔣玄暉，傳見新唐書卷二百二十三下奸臣傳：『玄暉者，少賤，不得其系著。事朱全忠爲腹心。昭宗東遷，玄暉爲樞密使。帝駐陝州，術家言星緯不常，且有大變，宜須冬幸洛。帝度全忠必篡，命衛官高瓌持帛詔賜王建，告以脅遷，且言：「全忠以兵二萬治洛陽，將盡去我左

右，君宜與茂貞、克用、行密同盟，傳檄襄、魏、幽、鎮，使各以軍迎我還京師。」又詔全忠：「后方娠，須十月乃東。」全忠知帝有謀，遣寇彦卿趣迫，天子不得已，遂行。抵穀水，全忠盡殺左右黄門、内園小兒五百人，悉以汴兵爲衛。初，全忠至鳳翔，侵邠州，節度使楊崇本降，質其家。崇本妻美，全忠與亂，故崇本怒。至是遣使者會克用、茂貞，南告趙匡凝及建，同舉兵問劫遷狀，全忠大懼。帝自出關，畏不測，常默坐流涕。玄暉與張廷範内詗，必以告全忠。全忠恨帝無傳禪意，乃謀弑以絶人望，因令其屬李振諭玄暉。玄暉與龍武統軍朱友恭、氏叔琮夜選勇士百人叩行在，言有急奏，請見帝。宫門開，門留十士以守。至椒蘭院中，夫人裴貞一啓關，殺之，乃趨殿下。玄暉曰：「上安在？」昭儀李漸榮曰：「院使毋傷宅家，寧殺我！」士持劍入，帝聞，遽單衣走，環柱，遂弑之。漸榮以身蔽帝，亦死。復執后，后求哀。玄暉以全忠所弑者帝也，乃釋后。明日，宰相請對，日晏不出。玄暉矯遺詔，言帝夜與昭儀博，爲貞一、漸榮所弑，出二人首。全忠自河中來朝，振曰：「晋文帝殺高貴鄉公，歸罪成濟。今宜誅友恭等，解天下謗。」全忠趨西内臨，對嗣天子自言弑逆非本謀，皆友恭等罪，因泣下，請討罪人。是時洛城旱，米斗直錢六百，軍有掠糴者，都人怨，故因以悦衆，執友恭、叔琮斬之。全忠邀九錫，玄暉自持詔趨汴言之。還洛不淹日，全忠矯詔收付有司車裂之，貶爲凶逆百姓，焚尸都門外。』

又，『何皇后』，傳見舊唐書卷五十二、新唐書卷七十七。舊唐書其本傳云：『昭宗積善皇后何氏，東蜀人。入侍壽王邸，婉麗多智，特承恩顧，生德王、輝王。昭宗即位，立爲淑妃。乾寧中，車駕在華州，册爲皇后。國家自乾符已後，盜滿天下，妖生九重，宫廟榛蕪，奔播不暇。景福之際，奸臣内侮，后於蒙塵薄狩之中，嘗膳禦侮，不離左右。左閹、右輔之幸，時事危迫，后消息撫御，終獲保全。自岐下還京，崔胤盡誅黄門宦官，每宣諭宰臣，但令宫嬪來往。是時國命奪於朱氏，左右前後，皆是汴人，宫中動息，雖纖芥必聞於朱全忠。宫人常懷惴慄，帝后垂泣相視。天祐初，全忠逼遷輿駕，東幸洛陽。其年八月，昭宗遇弑。翌日，宰相柳璨、獨孤損等詐宣皇后令云：「帝爲宫人害，輝王祚宜昇帝位。」仍尊后爲皇太后。』

〔二〕十八帝之耿光：舊唐書、全唐文作『十八業之耿光』。『十八帝』，指歷代唐帝：唐高祖、唐太宗、唐高宗、唐中宗、唐睿宗、唐玄宗、唐肅宗、唐代宗、唐德宗、唐順宗、唐憲宗、唐穆宗、唐敬宗、唐文宗、唐武宗、唐宣宗、唐懿宗、唐僖宗等共十八位皇帝。『耿光』，光明；光輝；光榮。書立政：『以覲文王之耿光，以揚武王之大烈。』孔傳：『能使四夷賓服，所以見祖之光明，揚父之大業。』唐李白明堂賦：『遵先軌以繼作兮，揚列聖之耿光。』

〔三〕聖上自纂丕圖：舊唐書、全唐文作『朕自纘丕圖』。『丕圖』，猶大業，宏圖。

唐白居易答黄裳請上尊號表制：『朕以薄德，嗣守丕圖，不敢荒寧，以弘理道。』宋史禮志十一：『非臣否德，肇此丕圖，實賴先正儲休，上玄降鑒。』

〔四〕垂將二紀：『二紀』，約指二十餘年。唐李敬方太和公主還宫詩：『二紀烟塵外，凄凉轉戰歸。』初刻拍案驚奇卷二五：『吾本天上司書仙人，偶以一念情愛，謫居人間二紀。』王古魯注：『一紀爲十二年，此處二紀泛指二十餘歲之意。』

〔五〕致寰宇之未康：舊唐書、全唐文作『致寰宇之未寧』。

〔六〕賴勛賢叶力：『叶力』，舊唐書、全唐文作『協力』。『叶力』，指協力；合力。唐白居易僧正明遠大師塔碑銘序：『師與徐州節度使王侍中有緣，遂合願叶力再造寺宇。』新五代史朱友文傳：『朕艱難創業，逾三十年。托於人上，忽焉六載，中外叶力，期於小康。』

〔七〕豈意宫闈之中：『中』，舊唐書、全唐文作『間』。

〔八〕昭儀李漸榮、河東郡夫人裴貞一等：舊唐書、全唐文作『昭儀李漸榮、河東夫人裴貞一』。二人事迹見本文注〔一〕。

〔九〕潛爲逆節：舊唐書、全唐文作『潛懷逆節』。『逆節』，猶叛逆。後漢書朱浮傳：『今彭寵反畔，張豐逆節，以爲陛下必棄捐它事，以時滅之。』新唐書外戚傳武三

思：『睿宗立，以父子皆逆節，斲棺暴屍，夷其墓。』

（十）輒肆凶謀：『凶謀』，舊唐書、全唐文作『狂謀』。

（十一）傷痕既深：『傷痕』，四庫全書作『傷疢』；適園叢書作『傷痏』；舊唐書、全唐文作『傷痏』。

（十二）已及膚革：明鈔本、甲庫本作『已久及膚革』；四庫全書作『久及膚革』；舊唐書、全唐文作『已及危革』。

（十三）萬機不可以久曠：『萬機』，四庫全書、適園叢書作『萬幾』。

（十四）神鼎所歸：『神鼎』，鼎的美稱。上古帝王建立王朝時必鑄新鼎作爲立國的重器。史記 封禪書：『聞昔泰帝興神鼎一，一者一統，天地萬物所繫終也。』漢焦贛易林 漸之臨：『禹作神鼎，伯益銜指。斧斤既折，撞立獨倚。』後世因以『神鼎』喻指皇位。宋書 袁顗傳：『神鼎將淪，宗稷幾泯。』

（十五）須有纂紹：『纂紹』，舊唐書、全唐文作『纘繼』。纂紹，繼承。宋司馬光不以卑臨尊議：『武王纂紹前迹，登隆基緒，追尊先世，告成王業。』宋史 外國傳七 渤海國：『朕纂紹丕構，奄有四海，普天之下，罔不率俾。』

〔十六〕輝王祚：『祚』，即唐哀帝李柷，傳見舊唐書哀帝紀、新唐書哀帝紀。舊唐書其本紀載：『哀皇帝諱柷，昭宗第九子，母曰積善太后何氏。景福元年九月三日，生於大内。乾寧四年二月，封輝王，名祚。天復三年二月，拜開府儀同三司，充諸道兵馬元帥。天祐元年八月十二日，昭宗遇弑。翌日，蔣玄暉矯宣遺詔，曰我國家化隋爲唐，奄有天下云云，是日遷神柩于西宫，文武百僚班慰於延和門外。』

〔十七〕幼彰岐嶷：『岐嶷』，詩大雅生民：『誕實匍匐，克岐克嶷。』朱熹集傳：『岐嶷，峻茂之狀。』後多以『岐嶷』形容幼年聰慧。東觀漢記馬客卿傳：『馬客卿幼而岐嶷，年六歲，能接應諸公，專對賓客。』北魏楊衒之洛陽伽藍記追光寺：『略生而岐嶷，幼則老成，博洽群書。』

〔十八〕長實端貞：『端貞』，舊唐書、全唐文作『端良』。

〔十九〕裒然不群：原作『褒然不群』，今据舊唐書、全唐文改。『裒然』，指出衆的樣子。唐皎然妙喜寺達公禪齋寄李司直公孫房都曹德裕……四十二韻：『四子遭明盛，裒然皆秀杰。』宋宋祁送蔡元翰賢良昆仲：『美箭出東南，之子裒然秀。』

〔二十〕必能克奉丕訓：『丕訓』，重大的訓導。書君陳：『爾惟弘周丕訓。』孔傳：『當

闡大周公之大訓。』唐韓愈順宗實録卷三：『朕奉若丕訓，憲章前式。』

〔二十一〕以安兆人：『兆人』，兆民。後漢書光武帝紀上：『漢遭王莽，宗廟廢絶，兆人塗炭。』唐柳宗元禮部賀皇太子册禮畢德音表：『建天下之本，宗廟以安；致萬國之貞，兆人攸賴。』

〔二十二〕孝愛可以承九廟：『九廟』，指帝王的宗廟。古時帝王立廟祭祀祖先，有太祖廟及三昭廟、三穆廟，共七廟。王莽增爲祖廟五、親廟四，共九廟。後歷朝皆沿此制。漢書王莽傳下：『取其材瓦，以起九廟。』晋潘岳西征賦：『由僞新之九廟，誇宗虞而祖黄。』

〔二十三〕無樂逸游，用寧寰宇：『用寧寰宇』，舊唐書、全唐文作『志康寰宇』。『逸游』，放縱游樂。漢韋孟諷諫詩：『邦事是廢，逸游是娱。』漢書五行志上：『天戒若曰：去貴近逸游不正之臣，將害忠良。』

〔二十四〕百辟卿士：『百辟』，百官。宋書孔琳之傳：『羡之（徐羡之）内居朝右，外司輦轂，位任隆重，百辟所瞻。』唐白居易醉後走筆酬劉五主簿長句之贈詩：『閶闔晨開朝百辟，冕旒不動香烟碧。』

〔二十五〕佑兹冲人：四庫全書作『佐兹冲人』；適園叢書作『祐兹冲人』。『冲人』，

年幼的人。多爲古代帝王自稱的謙辭。此處指幼小的皇帝。書盤庚下：『肆予冲人，非廢厥謀。』孔傳：『冲，童。』孔穎達疏：『冲、童，聲相近，皆是幼小之名。自稱童人，言己幼小無知，故爲謙也。』漢焦贛易林需之無妄：『戴璧秉珪，請命於河，周公作誓，冲人瘳愈。』南朝陳徐陵陳公九錫詔：『强臣致命，黜我冲人。』

〔二十六〕再揚我太宗之休烈：舊唐書、全唐文作『載揚我高祖、太宗之休烈。』『休烈』，盛美的事業。史記秦始皇本紀：『皇帝休烈，平一宇内，德惠修長。』漢書宣帝紀：『朕未能章先帝休烈，協寧百姓。』顔師古注：『休，美也。烈，業也。』

傳位

神堯傳位皇太子詔〔一〕

乾道統天〔二〕，文明於是馭曆〔三〕；大寶曰位，宸極所以居尊〔四〕。昔在勛華〔五〕，不昌厥緒，揖讓之禮〔六〕，旁求歷試〔七〕。三代以降，天下爲家，繼體承基〔八〕，胤嗣相襲〔九〕。故能孝饗宗廟，卜世長遠〔十〕，貽慶後昆，克隆鼎祚〔十一〕。

朕膺期受命〔十二〕，握圖闡極〔十三〕，大拯横流〔十四〕，載寧區夏〔十五〕。然而昧旦丕顯，日昃坐朝〔十六〕，馭朽兢懷〔十七〕，履冰在念，憂勞庶政〔十八〕，九載於兹。今精華已竭〔十九〕，耄期倦勤〔二十〕，久懷物表〔二十一〕，高蹈風雲。釋累遺塵〔二十二〕，有同脱屣〔二十三〕；深求閑逸，用保休和〔二十四〕。皇太子世民〔二十五〕，早叶禎符〔二十六〕，夙彰奇表，天縱神武，智藴深機〔二十七〕。自雲雷締構〔二十八〕，霸業伊始，義旗之舉〔二十九〕，首創成規，京邑克平，莫非其力〔三十〕。及皇極已建，天步猶艱〔三十一〕，内發謀猷，外清氛祲〔三十二〕，英圖冠世，妙算窮神，伐暴夷凶〔三十三〕，無思不服。薛舉負西戎之衆〔三十四〕，武周引北狄之兵〔三十五〕。猬起蜂飛〔三十六〕，假名竊號，元戎所指〔三十七〕，折首傾巢〔三十八〕。王世充藉府庫之資〔三十九〕，憑山河之固，信臣精卒，承間守險〔四十〕。建德因之〔四十一〕，同惡相濟。金鼓纔振，一縱兩擒〔四十二〕。師不逾時，戎衣大定〔四十三〕，夷劉闥於趙魏〔四十四〕，覆徐朗於譙兖〔四十五〕。功格穹蒼，德孚宇宙，雄才宏略，振古莫儔〔四十六〕。造成大唐〔四十七〕，繄其是賴。既而居中作相，任隆群后〔四十八〕，百揆時總，三階以平〔四十九〕。地居元良〔五十〕，實惟國本，萬邦咸正，庶兆樂推〔五十一〕。晷緯呈象，休禎允集〔五十二〕，華夏載佇，謳訟知歸〔五十三〕。今傳皇帝位於

世民。所司備禮，以時册授。公卿百官，四方岳牧〔五十四〕，爰及長吏，下至士民，宜悉祇奉〔五十五〕，以稱朕意。夫政惟通變，禮貴從宜〔五十六〕，利在因民，義存適要。條章法度，不便於時者，隨事改易〔五十七〕，勿有疑滯〔五十八〕。昔漢祖撥亂，身定大功，群臣推奉，光宅帝位〔五十九〕。而事父資敬，五日一朝，備禮尊崇，稱號太上〔六十〕。朕方游心恬淡，安神玄默〔六十一〕，無爲拱揖，憲章往古〔六十二〕。稱謂之儀，一準漢代。庶宗社之固，申錫無疆〔六十三〕，天禄之期，永安勿替〔六十四〕。布告天下，咸使知悉〔六十五〕。　武德九年八月。

校箋

〔一〕本文又見於册府元龜卷十帝王部繼統二。全唐文卷三亦録此文，文題作禪位皇太子詔，署名唐高祖。此文文末標注頒布時間爲『武德九年八月』。考册府元龜此文文首『唐太宗文皇帝，高祖第二子，武德元年封秦王，九年六月癸亥立爲太子，軍機兵仗倉糧凡厥庶政事，無大小悉委皇太子斷决，然後聞奏。是月壬申，高祖手詔司空裴寂等曰：「朕當加尊號爲太上皇，有司擇日宜速聞奏。」八月癸亥高祖詔曰：「乾道統天文明，於是馭曆……」』云云。又檢舊唐書

高祖紀云：『（武德九年）八月癸亥，詔傳位於皇太子。尊帝爲太上皇，徙居弘義宮，改名太安宮。』舊唐書卷二太宗本紀上云：『（武德九年）八月癸亥，高祖傳位於皇太子，太宗即位於東宮顯德殿。』又資治通鑑唐紀七亦載：『（武德九年）八月，癸亥，制傳位於太子。太子固辭，不許。甲子，太宗即皇帝位於東宮顯德殿，赦天下；關内及蒲、芮、虞、泰、陝、鼎六州免二年租調，自餘給復一年。』據上引典籍所載，此文頒布時間乃在武德九年（六二六）八月癸亥（八日），其撰寫此文時間當在此時稍前。又，『神堯』，即唐高祖。舊唐書其本紀載：『（高宗）上元元年八月，改上尊號曰神堯皇帝。天寶十三載二月，上尊號神堯大聖大光孝皇帝。』

（二）乾道統天：『乾道』，天道，陽剛之道。易乾：『乾道變化，各正性命。』南朝梁簡文帝馬寶頌：『乾道應，坤馬來。度玉關，升玉臺。』

（三）文明於是馭曆：『馭』，原文作『敘』，今據册府元龜、全唐文、適園叢書、四庫全書改。『馭曆』，指君主統治天下。樂府詩集燕射歌辭二北齊元會大饗歌：『大人馭曆，重規沓矩。』樂府詩集燕射歌辭三隋宴群臣登歌：『皇明馭曆，仁深海縣。』

（四）宸極所以居尊：『宸極』，借指帝王。南朝陳徐陵爲陳武帝作相時與北齊廣陵城主書：『日月所鑒，天地所明，豈敢虚言，欺妄宸極。』宋張世南游宦紀聞卷四：『風馬雲車，儷

百順鈎陳之衛；金枝玉葉，拱萬齡宸極之尊。』

〔五〕昔在勛華：『昔在』，册府元龜、全唐文均作『在昔』。

〔六〕揖讓之禮：『揖讓』，册府元龜、全唐文作『揖遜』。

〔七〕旁求歷試：『歷試』，屢試，多次考驗或考察。孔叢子論書：『堯既得舜，歷試諸難。』晉葛洪抱朴子接疏：『以長才而遇深識，則不待歷試，而相知之情已審矣。』

〔八〕繼體承基：『繼體』，嫡子繼承帝位。史記外戚世家：『自古受命帝王及繼體守文之君，非獨内德茂也，蓋亦有外戚之助焉。』司馬貞索隱：『繼體謂非創業之主，而是嫡子繼先帝之正體而立者也。』

〔九〕胤嗣相襲：『胤嗣』，明鈔本、甲庫本作『流嗣』；册府元龜、全唐文、適園叢書作『裔嗣』。『胤嗣相襲』，四庫全書作『流朔相襲』。『胤嗣』，後嗣，後代。漢書杜周傳：『后妃有貞淑之行，則胤嗣有賢聖之君。』唐李復言續幽怪録定婚店：『固少孤，常願早娶，以廣胤嗣。』

〔十〕故能孝饗宗廟，卜世長遠：『孝饗』，同『孝享』。樂府詩集郊廟歌辭十太和舞：『廣樂既備，嘉薦既新，述先惟德，孝饗惟親。』北史隋紀下煬帝：『聿追孝饗，德莫至

焉。』『卜世』，占卜預測傳國的世數。亦泛指國運。左傳 宣公三年：『成王定鼎於郟鄏，卜世三十，卜年七百，天所命也。』南史 宋武帝紀：『晉以卜世告終，歷數有歸，欽若景運，以命於裕。』

〔十一〕貽慶後昆，克隆鼎祚：『後昆』，亦作『後緄』。後嗣；子孫。書 仲虺之誥：『垂裕後昆。』隸釋 漢綏民校尉熊君碑：『追羡遺績，紀述前勛，於是刊碑，以示後緄。』『克隆』，興隆，昌盛。南齊書 褚淵王儉傳贊：『民譽不爽，家稱克隆。』北史 周紀下論：『嗚呼！以文皇之經啓鴻基，武皇之克隆景業，未逾二紀，不祀忽諸。』『鼎祚』，猶國祚，國運。周書 晉蕩公護傳：『臣所以勤勤懇懇，干觸天威者，但不負太祖之顧托，保安國家之鼎祚耳。』晉書 汝南王亮等傳序：『光武雄略緯天，慷慨下國……休祉盛於兩京，鼎祚隆於四百。』

〔十二〕朕膺期受命：『膺期受命』，甲庫本作『膺期受理』；四庫全書作『膺圖受理』。『膺期』，承受期運。指受天命爲帝王。南朝梁沈約齊故安陸昭王碑文：『膺期誕德，絶後光前。』唐劉禹錫蘇州謝恩賜加章服表：『伏遇陛下膺期御宇，大振滯淹。』

〔十三〕握圖闡極：『圖』，甲庫本、四庫全書作『國』。『握圖』，猶握符。謂膺天命而有天下。南朝陳徐陵勸進梁元帝表：『伏惟陛下，出震等於勛華，嗚謙同於旦奭。握圖秉鉞，將

在御天。玉縢珠衡，先彰元后。』舊唐書玄宗紀贊：『開元握圖，永鑒前車。』

〔十四〕大拯横流：『横流』，比喻動亂，灾禍。南朝宋謝靈運述祖德詩之二：『中原昔喪亂，喪亂豈解已？……萬邦咸震懾，横流賴君子。』李善注引南朝宋謝靈運山居賦自注：『余祖車騎，建大功，淮肥左右，得免横流之禍。』唐王維謝除太子中允表：『孝德動天，聖功冠古。復宗社於墜地，救塗炭於横流。』

〔十五〕載寧區夏：『區夏』，諸夏之地，指華夏、中國。書康誥：『用肇造我區夏。』孔傳：『始爲政於我區域諸夏。』唐賈至燕歌行：『我唐區夏餘十紀，軍容武備赫萬祀。』

〔十六〕然而昧旦丕顯，日昃坐朝：『昧旦』，天將明未明之時；破曉。詩鄭風女曰鷄鳴：『女曰鷄鳴，士曰昧旦。』北魏賈思勰齊民要術笨麯并酒：『向曉昧旦，日未出時，下釀。』『日昃』，太陽偏西，約下午二時左右。易離：『日昃之離，何可久也？』三國魏曹植雜詩之三：『西北有織婦，綺縞何繽紛！明晨秉機杼，日昃不成文。』

〔十七〕馭朽兢懷：『馭朽』，即『馭朽索』。書五子之歌：『予臨兆民，懔乎若朽索之馭六馬。』孔穎達疏：『我臨兆民之上，常畏人怨，懔懔乎危懼，若腐索之馭六馬。索絶則馬逸，言危懼之甚。』後因以比喻帝王治國，艱險不易。唐白居易辨興亡之由策：『安人者，敬其下

也，懔乎若馭朽索，猶懼其末也。」

〔十八〕憂勞庶政：「勞」，册府元龜、全唐文作「勤」。「庶政」，各種政務。易賁：「山下有火，賁。君子以明庶政，無敢折獄。」新唐書高宗紀：「太宗每視朝，皇太子常侍，觀决庶政。」

〔十九〕今精華已竭：「精華」，册府元龜、全唐文作「英華」。

〔二十〕耄期倦勤：「耄期」，高年。書大禹謨：「朕宅帝位，三十有三載，耄期倦於勤。」孔傳：「八十、九十曰耄，百年曰期頤。言己年老，厭倦萬機。」孔子家語觀鄉射：「好學不倦，好禮不變，耄期稱道不亂者，在此位也。」

〔二十一〕久懷物表：「物表」，物外，世俗之外。南朝齊孔稚珪北山移文：「若其亭亭物表，皎皎霞外，芥千金而不盼，屣萬乘其如脱。」張銑注：「表，外也。物表、霞外，言志高遠也。」唐孟郊游韋七洞庭别業詩：「物表易淹留，人間重離析。」

〔二十二〕釋累遺塵：「釋累」，謂消除貪欲。後漢書東平憲王蒼傳論：「遠隙以全忠，釋累以成孝。」後漢書西域傳論：「詳其清心釋累之訓，空有兼遣之宗，道書之流也。」李賢注：「釋累，謂去貪欲也。」「遺塵」，謂遺棄塵俗；拋棄塵念。唐張喬題玄哲禪師影堂

詩：『吾師視化身，一念即遺塵。』明屠隆彩毫記仙官列奏：『蕩景神宇澄，遺塵太霄迥。』

〔二十三〕有同脱屣：『脱屣』，比喻看得很輕，無所顧戀，猶如脱掉鞋子。漢書郊祀志上：『嗟乎！誠得如黄帝，吾視去妻子如脱屣耳！』顔師古注：『屣，小履。脱屣者，言其便易，無所顧也。』唐李頎緩歌行：『一沈一浮會有時，棄我翻然如脱屣。』

〔二十四〕用保休和：『休和』，安定和平。左傳襄公九年：『若能休和，遠人將至。』漢蔡邕協和婚賦：『唯休和之盛代，男女得乎年齒。』

〔二十五〕皇太子世民：指唐太宗李世民，傳見舊唐書太宗紀、新唐書太宗紀。舊唐書其本紀載：『太宗文武大聖大廣孝皇帝諱世民，高祖第二子也。母曰太穆順聖皇后竇氏。隋開皇十八年十二月戊午，生於武功之別館。時有二龍戲於館門之外，三日而去。高祖之臨岐州，太宗時年四歲。有書生自言善相，謁高祖曰：「公貴人也，且有貴子。」見太宗，曰：「龍鳳之姿，天日之表，年將二十，必能濟世安民矣。」高祖懼其言泄，將殺之，忽失所在，因采「濟世安民」之義以爲名焉。太宗幼聰睿，玄鑒深遠，臨機果斷，不拘小節，時人莫能測也。』

〔二十六〕早叶禎符：册府元龜、全唐文作『久叶祥符』；四庫全書作『早契禎符』；適園叢書作『早叶祥符』。『禎符』，祥瑞；吉兆。南史宋紀中文帝：『徐羨之、傅亮等以禎符所

集，備法駕奉迎。』唐崔璐覽皮先輩盛制作十韻以寄用伸款仰：『在人爲英杰，與國作禎符。』

（二十七）智藴深機：册府元龜、全唐文作『智韞機深』。

（二十八）自雲雷締構：『雲雷』，易屯：『象曰：雲雷，屯，君子以經綸。』屯之卦象是爲雲雷聚，雲行於上，雷動於下。按象傳以雨比恩澤，以雷比刑。謂君子觀此卦象和卦名，則善於兼用恩澤與刑罰，以經緯國家。南史張弘策樂藹等傳論：『藹雖異帷幄之勛，亦贊雲雷之業，其當官任事，寵秩不亦宜乎？』『締構』，猶締造。謂經營開創。晋左思魏都賦：『有魏開國之日，締構之初，萬邑譬焉，亦獨犨麋之與子都，培塿之與方壺也。』宋書徐羨之傳：『近思皇室締構之艱，時攬萬機，躬親朝政。』南史張弘策庾域等傳論：『庾域、鄭紹叔、吕僧珍等，或忠誠亮藎，或恪勤匪懈，締構王業，皆有力焉。』

（二十九）義旗之舉：『義旗』，爲正義而戰的或起義的軍隊的旗幟。周書賀拔岳傳：『若首舉義旗，伐叛匡主，何往而不尅，何向而不摧！』唐駱賓王代李敬業以武后臨朝移諸郡縣檄：『爰舉義旗，以清妖孽。』

（三十）首創成規，京邑克平，莫非其力：按，此數語乃謂唐太宗早年於隋末所立下之功績及其謀略。舊唐書太宗紀云：『及高祖之守太原，太宗時年十八。有高陽賊帥魏刀兒，自號歷

山飛，來攻太原，高祖擊之，深入賊陣。太宗以輕騎突圍而進，射之，所向皆披靡，拔高祖於萬衆之中。適會步兵至，高祖與太宗又奮擊，大破之。時隋祚已終，太宗潛圖義舉，每折節下士，推財養客，群盜大俠，莫不願效死力。及義兵起，乃率兵略徇西河，克之。……大軍西上賈胡堡，隋將宋老生率精兵二萬屯霍邑，以拒義師。會久雨糧盡，高祖與裴寂議，且還太原，以圖後舉。太宗曰：「本興大義以救蒼生，當須先入咸陽，號令天下；遇小敵即班師，將恐從義之徒一朝解體。還守太原一城之地，此爲賊耳，何以自全！」高祖不納，促令引發。太宗遂號泣於外，聲聞帳中。高祖召問其故，對曰：「今兵以義動，進戰則必克，退還則必散。衆散於前，敵乘於後，死亡須臾而至，是以悲耳。」高祖乃悟而止。八月己卯，雨霽，高祖引師趣霍邑。太宗恐老生不出戰，乃將數騎先詣其城下，舉鞭指麾，若將圍城者，以激怒之。老生果怒，開門出兵，背城而陣。高祖與建成合陣於城東，太宗及柴紹陣於城南。老生麾兵疾進，先薄高祖，而建成墜馬，老生乘之，高祖與建成軍咸却。太宗自南原率二騎馳下峻阪，衝斷其軍，引兵奮擊，賊衆大敗，各捨仗而走。懸門發，老生引繩欲上，遂斬之，平霍邑。」

〔三十二〕天步猶艱：『天步』，天之行步。指時運、國運等。詩小雅白華：『天步艱難，之子不猶。』朱熹集傳：『步，行也。天步，猶言時運也。』南朝宋劉義慶世説新語言

語：『陽消陰息，故天步屯蹇；否剥成象，豈足多譏？』

〔三十二〕内發謀猷，外清氛祲：『謀猷』，計謀；謀略。書文侯之命：『亦惟先正克左右昭事厥辟，越小大謀猷，罔不率從，肆先祖懷在位。』宋書劉穆之傳：『故尚書左僕射、前將軍臣穆之，爰自布衣，協佐義始，内端謀猷，外勤庶政。』『氛祲』，比喻戰亂，叛亂。南朝梁沈約王亮王瑩加授詔：『内外允諧，逆徒從慝，躬衛時難，氛祲既澄，并宜光贊緝熙，穆兹景化。』唐駱賓王兵部奏姚州道破逆賊諾没弄楊虔柳露布：『飛塵埃而匝地，白日爲之晝昏；掃氛祲以稽天，滄溟爲之晦色。』

〔三十三〕伐暴夷凶：『夷凶』，册府元龜、全唐文作『除凶』。

〔三十四〕薛舉負西戎之衆：『薛舉』，傳見舊唐書卷五十五、新唐書卷八十六。舊唐書其本傳略云：『薛舉，河東汾陰人也。其父汪，徙居金城。舉容貌瓌偉，凶悍善射，驍武絶倫，家産鉅萬，交結豪猾，雄於邊朔。初，爲金城府校尉。大業末，隴西群盗蜂起，百姓飢餒，金城令郝瑗募得數千人，使舉討捕。授甲於郡中，吏人咸集，置酒以饗士。舉與其子仁杲及同謀者十三人，於座中劫瑗，矯稱收捕反者，因發兵囚郡縣官，開倉以賑貧乏。自稱西秦霸王，建元爲秦興，封仁杲爲齊公，少子仁越爲晋公。有宗羅睺者，先聚黨爲群盗，至是帥衆會之，封爲義興

公，餘皆以次封拜。掠官收馬，招集群盜，兵鋒甚鋭，所至皆下。……十三年秋七月，舉僭號於蘭州，以妻鞠氏爲皇后，母爲皇太后，起墳塋，置陵邑，立廟於城南。……舉勢益張，軍號三十萬，將圖京師。會義兵定關中，遂留攻扶風。太宗帥師討敗之，斬首數千級，追奔至隴坻而還。……武德元年，豐州總管張長遜進擊宗羅睺，舉悉衆來援，軍屯高墌，縱兵虜掠，至於豳、岐之地。太宗又率衆擊之，軍次高墌城，度其糧少，意在速戰，乃命深溝堅壁，以老其師。未及與戰，會太宗不豫，行軍長史劉文靜、殷開山請觀兵於高墌西南，恃衆不設備，爲舉兵掩乘其後。太宗聞之，知其必敗，遽與書責之。未至，兩軍合戰，竟爲舉所敗，死者十五六，大將慕容羅睺、李安遠、劉弘基皆陷於陣。太宗歸於京師，舉軍取高墌，又遣仁杲進圍寧州。郝瑗言於舉曰：「今唐兵新破，將帥并擒，京師騷動，可乘勝直取長安。」舉然之。臨發而舉疾，召巫視之，巫言唐兵爲祟，舉惡之，未幾而死。……』『西戎』，古代西北戎族的總稱。書禹貢指織皮、昆侖、析支、渠搜。史記匈奴列傳指綿諸、緄戎、翟獂、義渠、大荔、烏氏、朐衍等。最早分布在黄河上游及甘肅西北部，以後逐漸東遷，春秋時分屬秦晋等國。

〔三十五〕武周引北狄之兵：『武周』，指劉武周，傳見舊唐書卷五十五、新唐書卷八十六。舊唐書其本傳云：『劉武周，河間景城人。……武周因去家入洛，爲太僕楊義臣帳内，

募征遼東，以軍功授建節校尉。還家，爲鷹揚府校尉。太守王仁恭以其州里之雄，甚見親遇，每令率虞候屯於閤下。……與同郡張萬歲等十餘人候仁恭視事，武周上謁，萬歲自後而入，斬仁恭於郡廳，持其首出徇郡中，無敢動者。於是開廩以賑窮乏，馳檄境内，其屬城皆歸之，得兵萬餘人。武周自稱太守，遣使附于突厥。……兵威益振。乃攻陷定襄，復歸于馬邑。突厥立武周爲定楊可汗，遺以狼頭纛。因僭稱皇帝，以妻沮氏爲皇后，建元爲天興。以衛士楊伏念爲左僕射，妹婿同縣人苑君璋爲内史令。……武周授金剛西南道大行臺，令率兵二萬人侵并州，軍黄虵鎮。又引突厥之衆，兵鋒甚盛，襲破榆次縣，進陷介州。高祖遣太常少卿李仲文率衆討之，爲賊所執，一軍全没。仲文後得逃還。復遣右僕射裴寂拒之，戰又敗績。武周進逼，總管齊王元吉委城遁走，武周遂據太原。遣金剛進攻晋州，六日城陷，右驍衛大將軍劉弘基没於賊。進取澮州，屬縣悉下。夏縣人吕崇茂殺縣令，自號魏王，以應賊。河東賊帥王行本又密與金剛連和，關中大駭。高祖命太宗益兵進討，屯于柏壁，相持者久之。又命永安王孝基、陜州總管于筠、工部尚書獨孤懷恩、内史侍郎唐儉進取夏縣，不能克，軍于城南。崇茂與賊將尉遲敬德襲破孝基營，諸軍并陷，四將俱没。敬德還澮州，太宗邀擊於美良川，大破之。敬德與賊將尋相又援王行本於蒲州，太宗復破之於蒲州。高祖親幸蒲津關，太宗自柏壁輕騎謁高祖於行在所。宋金剛遂圍絳州。及太

宗還，金剛懼而引退。武周復攻李仲文於浩州，頻戰皆敗，又饋運不屬，賊衆大餒，於是金剛遂遁。太宗復追及金剛于雀鼠谷，一日八戰，皆破之，俘斬數萬人，獲輜重千餘兩。金剛走入介州，王師逼之。金剛尚有衆二萬，出其西門，背城而陣，太宗與諸將力戰破之，金剛輕騎遁走。其驍將尉遲敬德、尋相、張萬歲收其精兵，舉介州及永安來降。武周大懼，率五百騎棄并州北走，自乾燭谷亡奔突厥。金剛復收其亡散以拒官軍，人莫之從，與百餘騎復奔突厥。太宗進平并州，悉復故地。未幾，金剛背突厥而亡，將還上谷，爲追騎所獲，腰斬之。武周又欲謀歸馬邑，事泄，爲突厥所殺。武周自初起至死，凡六載。……』『北狄』，原指古代的狄族。因其主要居住於北方，故稱。後用爲對北方各少數民族的泛稱。孟子 梁惠王下：『東面而征西夷怨，南面而征北狄怨。』五朝名臣言行録卷二引宋歐陽修歸田録：『其後，北狄講和，西戎納款。』

〔三十六〕猬起蜂飛：『猬』，册府元龜作『蝟』。『猬起』，漢賈誼新書 益壤：『高皇帝瓜分天下，以王功臣，反者如猬毛而起。』後因以『猬起』比喻紛然而起。隋書 高勱傳：『自昔晋氏失馭，天網絶維，群凶於焉猬起，三方因而鼎立。』唐李咸用題王處士山居詩：『干戈猬起能高卧，只個逍遥是謫仙。』『蜂飛』，比喻紛然并起。隋書 高祖紀上：『安陸作釁，南通吴越，蜂飛蠆聚，江漢騷然。』唐玄奘大唐西域記 摩揭陀國上：『自慧日潛暉，傳燈寂照，外

道蟻聚，異學蜂飛，故我今者，將摧彼論。』

〔三十七〕元戎所指：『元戎』，大軍。史記三王世家：『虛御府之藏以賞元戎，開禁倉以振貧窮。』漢書董賢傳：『統辟元戎，折衝綏遠。』顔師古注：『元戎，大衆也。』

〔三十八〕折首傾巢：『折首』，猶俯首。喻折服或投降。唐韓翃送王誕渤海使赴李太守行營詩：『渤海名王曾折首，漢家諸將盡傾心。』『傾巢』，傾覆巢穴。謂覆滅。唐駱賓王又破設蒙儉露布：『惟賊帥誇幹，未悟傾巢之兆，敢懷拒轍之心，獨率馬軍，平川轉鬭。』清陳鑾重刻張太岳先生全集序：『然而彈章滿公車，謗議騰中外，馬鬣未封，遂有傾巢覆卵之禍。』

〔三十九〕王世充藉府庫之資：『王世充』，傳見舊唐書卷五十四，新唐書卷八十五。舊唐書其本傳云：『王世充，字行滿，本姓支，西域胡人也。……大業中，累遷江都丞，兼領江都宮監。……煬帝以世充有將帥才略，復遣領兵討諸小盜，所向盡平。十一年，突厥圍煬帝於雁門。世充盡發江都人將往赴難，在軍中蓬首垢面，悲泣無度，曉夜不解甲，藉草而卧。煬帝聞之，以爲忠，益信任之。……俄而宇文化及作難，太府卿元文都、武衛將軍皇甫無逸、右司郎中盧楚奉越王侗嗣位於東都，拜世充爲吏部尚書，封鄭國公。……二年三月，遂策授相國，總百揆，封鄭王，加九錫備物。……四月，假爲侗詔策禪位，遣兄世惲廢侗於含涼殿，世充僭即皇帝位，建元

曰開明，國號鄭。……七月，秦王率兵攻之，師至新安，世充鎮堡相次來降。八月，秦王陳兵於青城宫，世充悉兵來拒，隔澗而言曰：「隋末喪亂，天下分崩，長安、洛陽，各有分地，世充唯願自守，不敢西侵。計熊、穀二州，相去非遠，若欲取之，豈非度内？既敦鄰好，所以不然。王乃盛相侵軼，遠入吾地，三崤之道，千里饋糧，以此出師，未見其可。」太宗謂曰：「四海之内，皆承正朔，唯公執迷，獨阻聲教。東都士庶，亟請王師，關中義勇，感恩致力。至尊重違衆願，有斯吊伐。若轉禍來降，則富貴可保；如欲相抗，無假多言。」世充無以報。太宗分遣諸將攻其城鎮，所至輒下。九月，王君廓攻拔世充之轘轅縣，東徇地至管城而還，於是河南州縣相次降附。竇建德自侵殷州之後，與世充遂結深隙，信使斷絶。十一月，竇建德又遣人結好，并陳救援之意。世充乃遣其兄子琬及内史令長孫安世報聘，且乞師。四年二月，世充率兵出方諸門，與王師相抗，世充軍敗。因乘勝追之，屯其城門。世充步卒不得入，驚散南走，追斬數千級，虜五千餘人。世充從此不復敢出，但嬰城自守，以待建德之援。三月，秦王擒建德并王琬、長孫安世等於武牢，迴至東都城下以示之，且遣安世入城，使言敗狀。世充惶惑，不知所爲，將潰圍而出，南走襄陽，謀於諸將，皆不答，乃率其將吏詣軍門請降。於是收其府庫，頒賜將士。世充黄門侍郎薛德音以文檄不遜，先誅之。次收世充黨與段達、楊汪、單雄信、陽公卿、郭士衡、郭什

柱、董濬、張童仁、朱粲等十餘人，皆戮於洛渚之上。秦王以世充至長安，高祖數其罪，世充對曰：「計臣之罪，誠不容誅，但陛下愛子秦王許臣不死。」高祖乃釋之。與兄芮、妻、子同徙于蜀，將行，爲讎人定州刺史獨孤修所殺。子玄應及兄世偉等在路謀叛，伏誅。世充自篡位，凡三年而滅。』

〔四十〕承間守險：『承間』，趁機會。楚辭 九章 抽思：『願承間而自察兮，心震悼而不敢。』三國魏嵇康琴賦：『王昭楚妃，千里别鶴，猶有一切，承間簉乏，亦有可觀者焉。』『守險』，據守險要之地。左傳 襄公十八年：『不能戰，莫如守險。』三國志 魏書 裴潛傳：『太祖問潛曰：「卿與劉備俱在荆州，卿以備才略何如？」潛曰：「使居中國，能亂人而不能爲治也。若乘間守險，足以爲一方主。」』按，事見舊唐書 太宗紀載：『四年二月，又進屯青城宫。營壘未立，世充衆二萬自方諸門臨穀水而陣。太宗以精騎陣於北邙山，令屈突通率步卒五千渡水以擊之，因誡通曰：「待兵交即放烟，吾當率騎軍南下。」兵纔接，太宗以騎衝之，挺身先進，與通表裏相應。賊衆殊死戰，散而復合者數焉。自辰及午，賊衆始退。縱兵乘之，俘斬八千人，於是進營城下。世充不敢復出，但嬰城自守，以待建德之援。』

〔四十一〕建德因之：『建德』，指竇建德，傳見舊唐書卷五十五、新唐書卷八十五。舊唐書其本傳云：『竇建德，貝州漳南人也。……大業七年，募人討高麗，本郡選勇敢尤異者以充小

帥，遂補建德爲二百人長。……是歲，山東大饑……建德招誘逃兵及無産業者，得數百人，令安祖率之，入泊中爲群盜，安祖自稱將軍。鄃人張金稱亦結聚得百人，在河阻中。蓨人高士達又起兵得千餘人，在清河界中。時諸盜往來漳南者，所過皆殺掠居人，焚燒舍宅，獨不入建德之閭。由是郡縣意建德與賊徒交結，收繫家屬，無少長皆殺之。建德聞其家被屠滅，率麾下二百人亡歸士達，士達自稱東海公，以建德爲司兵。後安祖爲張金稱所殺，其兵數千人又盡歸于建德。自此漸盛，兵至萬餘人，猶往來高鷄泊中……建德僞遣人遺絢書請降，願爲前驅，破士達以自效。絢信之，即引兵從建德至長河界，期與爲盟，共圖士達。絢兵益懈而不備，建德襲之，大破絢軍，殺略數千人，獲馬千餘匹，絢以數十騎遁走，遣將追及於平原，斬其首以獻士達。由是建德之勢益振。……初，群盜得隋官及山東士子皆殺之，唯建德每獲士人，必加恩遇。初得饒陽縣長宋正本，引爲上客，與參謀議。此後隋郡長吏稍以城降之，軍容益盛，勝兵十餘萬人。十三年正月，築壇場於河間樂壽界中，自稱長樂王，年號丁丑，署置官屬。……即日引兵討化及，連戰大破之。化及保聊城，建德縱撞車抛石，機巧絶妙，四面攻城，陷之。建德入城，先謁隋蕭皇后，與語稱臣。悉收弑煬帝元謀者宇文智及、楊士覽、元武達、許弘仁、孟景，集隋文武官對而斬之，梟首轅門之外。化及并其二子同載以檻車，至大陸縣斬之。……既與突厥相連，兵鋒益盛。九月，南侵相州，河北大使淮安王神通不能拒，退奔黎陽。相州陷，殺刺史吕珉。又進攻衛州，

陷黎陽，左武衛大將軍李世勣、皇妹同安長公主及神通并爲所虜。滑州刺史王軌爲奴所殺，携其首以奔建德，曰：「奴殺主爲大逆，我何可納之！」命立斬奴，而返軌首於滑州。吏人感之，即日而降。齊、濟二州及兖州賊帥徐圓朗皆聞風而下。……高祖遣使與之連和，建德即遣公主與使俱歸。……九月，建德自帥師圍幽州，藝出兵與戰，大破之，斬首千二百級。藝兵頻勝而驕，進襲其營，建德列陣於營中，填塹而出，擊藝敗之。建德薄其城，不克，遂歸洺州。其納言宋正本好直諫，建德又聽讒言殺之。是後人以爲誡，無復進言者，由此政教益衰。……時秦王攻王世充於洛陽，建德中書舍人劉斌説建德曰：「今唐有關内，鄭有河南，夏居河北，此鼎足相持之勢也。聞唐兵悉衆攻鄭，首尾二年，鄭勢日蹙而唐兵不解。唐强鄭弱，其勢必破鄭，鄭破則夏有齒寒之憂。爲大王計者，莫若救鄭，鄭拒其内，夏攻其外，破之必矣。若却唐全鄭，此常保三分之勢也。若唐軍破後而鄭可圖，則因而滅之，總二國之衆，乘唐軍之敗，長驅西入，京師可得而有，此太平之基也。」建德大悦曰：「此良策矣。」……三月，秦王入武牢，進薄其營，多所傷殺，并擒其將殷秋、石瓚。時世充弟世辨爲徐州行臺，遣其將郭士衡領兵數千人從之，合衆十餘萬，號爲三十萬，軍次成皋，築宫于板渚，以示必戰。又遣間使約世充共爲表裏。經二月，迫於武牢，不得進。秦王遣將軍王君廓領輕騎千餘抄其糧運，獲其大將張青特，虜獲甚衆。建德數不利，人情危駭，將帥已下破孟海公，皆有所獲，思歸洺州。……及建德結陣於汜水，秦王遣騎挑

之，建德進軍而戰，竇抗當之。建德少却，秦王馳騎深入，反覆四五合，然後大破之。建德中槍，竄於牛口渚，車騎將軍白士讓、楊武威生獲之。先是，軍中有童謡曰：「豆入牛口，勢不得久。」建德行至牛口渚，甚惡之，果敗於此地。建德所領兵衆，一時奔潰，妻曹氏及其左僕射齊善行將數百騎遁于洺州。餘黨欲立建德養子爲主，善行曰：「夏王平定河朔，士馬精强，一朝被擒如此，豈非天命有所歸也？不如委心請命，無爲塗炭生人。」遂以府庫財物悉分士卒，各令散去。善行乃與建德右僕射裴矩、行臺曹旦及建德妻率僞官屬舉山東之地，奉傳國等八璽來降。七月，秦王俘建德至京師，斬於長安市，年四十九。自起軍至滅，凡六歲，河北悉平。」

〔四十二〕金鼓纔振，一縱兩擒：『振』，册府元龜作『震』。『金鼓』，鉦。漢書司馬相如傳上：『摐金鼓，吹鳴籟。』顔師古注：『金鼓謂鉦也。』王先謙補注：『鉦，鐃也。其形似鼓，故名金鼓。』『一縱兩擒』，事見舊唐書太宗紀載：『九月，太宗以五百騎先觀戰地，卒與世充萬餘人相遇，會戰，復破之，斬首三千餘級，獲大將陳智略，世充僅以身免。其所署筠州總管楊慶遣使請降，遣李世勣率師出轘轅道安撫其衆。滎、汴、洧、豫九州相繼來降。世充遂求救於竇建德。四年二月，又進屯青城宫。營壘未立，世充衆二萬自方諸門臨穀水而陣。太宗以精騎陣於北邙山，令屈突通率步卒五千渡水以擊之，因誡通曰：「待兵交即放烟，吾當率騎軍南下。」兵纔接，太宗以騎衝之，挺身先進，與通表裏相應。賊衆殊死戰，散而復合者數焉。自

辰及午，賊衆始退。縱兵乘之，俘斬八千人，於是進營城下。世充不敢復出，但嬰城自守，以待建德之援。太宗遣諸軍掘塹，匝布長圍以守之。吴王杜伏威遣其將陳正通、徐召宗率精兵二千來會於軍所。僞鄭州司馬沈悦以武牢降，將軍王君廓應之，擒其僞荆王王行本。會竇建德以兵十餘萬來援世充，至于酸棗。蕭瑀、屈突通、封德彝皆以腹背受敵，恐非萬全，請退師穀州以觀之。太宗曰：「世充糧盡，内外離心，我當不勞攻擊，坐收其敝。建德新破孟海公，將驕卒惰，吾當進據武牢，扼其襟要。賊若冒險與我争鋒，破之必矣。如其不戰，旬日間世充當自潰。若不速進，賊入武牢，諸城新附，必不能守。二賊并力，將若之何？」通又請解圍就險以候其變，太宗不許。於是留通輔齊王元吉以圍世充，親率步騎三千五百人趣武牢。建德自滎陽西上，築壘於板渚，太宗屯武牢，相持二十餘日。諜者曰：「建德伺官軍芻盡，候牧馬於河北，因將襲武牢。」太宗知其謀，遂牧馬河北以誘之。詰朝，建德果悉衆而至，陳兵汜水，世充將郭士衡陣於其南，綿亘數里，鼓譟，諸將大懼。太宗將數騎升高丘以望之，謂諸將曰：「賊起山東，未見大敵。今度險而囂，是無政令；逼城而陣，有輕我心。我按兵不出，彼乃氣衰，陣久卒饑，必將自退，追而擊之，無往不克。吾與公等約，必以午時後破之。」建德列陣，自辰至午，兵士饑倦，皆坐列，又争飲水，逡巡斂退。太宗曰：「可擊矣！」親率輕騎追而誘之，衆繼至。建德迴師而陣，未及整列，太宗先登擊之，所向皆靡。俄而衆軍合戰，囂塵四起。太宗率史大奈、程咬金、秦叔

竇、宇文歆等揮幡而入，直突出其陣後，張我旗幟。賊顧見之，大潰。追奔三十里，斬首三千餘級，虜其衆五萬，生擒建德於陣。太宗數之曰：「我以干戈問罪，本在王世充，得失存亡，不預汝事，何故越境，犯我兵鋒？」建德股慄而言曰：「今若不來，恐勞遠取。」高祖聞而大悦，手詔曰：「隋氏分崩，崤函隔絶。兩雄合勢，一朝清蕩。兵既克捷，更無死傷。無愧爲臣，不憂其父，并汝功也。」乃將建德至東都城下。世充懼，率其官屬二千餘人詣軍門請降，山東悉平。』

〔四十三〕戎衣大定：『戎衣』，指軍旅之事；兵事。唐李涉送孫堯夫赴舉詩：『自説軒皇息戰威，萬方無復事戎衣。』

〔四十四〕夷劉闥於趙魏：『劉闥』，指劉黑闥，傳見舊唐書卷五十五、新唐書卷八十六。舊唐書其本傳載：『劉黑闥，貝州漳南人。無賴，嗜酒，好博弈，不治産業，父兄患之。與竇建德少相友善，家貧無以自給，建德每資之。隋末亡命，從郝孝德爲群盜，後歸李密爲裨將。密敗，爲王世充所虜。世充素聞其勇，以爲騎將。見世充所爲而竊笑之，乃亡歸建德，建德署爲將軍，封漢東郡公，令將奇兵東西掩襲。黑闥既遍游諸賊，善觀時變，素驍勇，多奸詐。建德有所經略，必令專知斥候，常間入敵中覘視虛實，或出其不意，乘機奮擊，多所克獲，軍中號爲神勇。及建德敗，黑闥自匿於漳南，杜門不出。會高祖征建德故將范願、董康買、曹湛、高雅賢等將赴長安，願等相與謀曰：「王世充以洛陽降，其下驍將楊公卿、單雄信之徒皆被夷滅，我輩若

至長安，必無保全之理。且夏王往日擒獲淮安王，全其性命，遣送還之。唐家今得夏王，即加殺害，我輩殘命，若不起兵報讎，實亦恥見天下人物。」於是相率復謀反叛。卜以劉氏爲主吉……遂往詣黑闥，以告其意。黑闥大悦，殺牛會衆，舉兵得百餘人，襲破漳南縣。貝州刺史戴元詳、魏州刺史權威合兵擊之，并爲黑闥所敗，元詳及威皆没于陣。黑闥盡收其器械及餘衆千餘人，於是范願、高雅賢等宿舊左右漸來歸附，衆至二千人。武德四年七月，設壇於漳南，祭建德，告以舉兵之意，自稱大將軍。淮安王神通、將軍秦武通、王行敏前後討之，皆爲所敗。於是移書趙、魏，其建德將士往往殺官吏以應。黑闥北連懷戎賊帥高開道，兵鋒甚鋭，進至宗城，有衆數萬。黎州總管李世勣不能拒，棄城走保洺州。黑闥追擊破之，步卒五千人，皆殁於陣，世勣與武通僅以身免。黑闥又徵王琮爲中書令，劉斌爲中書侍郎，以掌文翰。遣使北連突厥，頡利可汗遣俟斤宋耶那率胡騎從之。黑闥軍大振，進陷相州。半歲悉復建德故地。兖州賊帥徐圓朗舉齊、兖之地以附于黑闥，其勢益張。五年正月，黑闥至相州，僭稱漢東王，建元爲天造。以范願爲左僕射，董康買爲兵部尚書，高雅賢爲右領軍，又引建德時文武悉復本位，都於洺州。其設法行政，皆師建德而攻戰勇決過之。於是太宗又自請統兵討之，師次衛州，黑闥數以兵挑戰，輒爲官軍所挫。黑闥懼，委相州，而退保於列人營。時洺水縣人請爲内應，太宗遣總管羅士信入城據守，黑闥又攻陷其城，士信死之，遂據洺州。三月，太宗阻洺水列營以逼之，分遣奇兵，斷其糧道。黑闥又

數挑戰，太宗堅壁不應，以挫其鋒。黑闥城中糧盡，太宗度其必來決戰，預擁洺水上流，謂守堤吏曰：「我擊賊之日，候賊半度而決堰。」黑闥果率步騎二萬渡洺水而陣，與官軍大戰，賊衆大潰，水又大至，黑闥衆不得渡，斬首萬餘級，溺死者數千人。黑闥與范願等以千餘人奔于突厥，山東悉定。太宗遂引軍於河南以討徐圓朗。六月，黑闥復借兵於突厥，來寇山東。七月，至定州，其舊將曹湛、董康買先亡在鮮虞，復聚兵以應黑闥。高祖遣淮陽王道玄、原國公史萬寶討之，戰于下博，王師敗績，道玄死于陣，萬寶輕騎逃還。由是河北諸州盡叛，又降于黑闥，旬日間悉復故城，復都洺州。十一月，高祖遣齊王元吉擊之，遲留不進。又令隱太子建成督兵進討，頻戰大捷。六年二月，又大破之于館陶，黑闥引軍北走。建成與元吉合千餘騎屯於永濟渠，縱騎擊之，黑闥敗走，命騎將劉弘基追之。黑闥爲王師所躡，不得休息，道遠兵疲，比至饒陽，從者纔百餘人，衆皆餒，入城求食。黑闥所署饒州刺史葛德威出門迎拜，延之入城。黑闥初不許，德威謬爲誠敬，涕泣固請。黑闥乃進至城傍，德威勒兵執之，送于建成，斬於洺州，山東復定。』

〔四十五〕覆徐朗於譙兗：『徐朗』，指徐圓朗，傳見舊唐書卷五十五、新唐書卷八十六。舊唐書其本傳載：『徐圓朗者，兗州人也。隋末，亡命爲群盜，據本郡，縱兵略地，自瑯邪已西，北至東平，盡有之，勝兵二萬餘人。初附於李密，密敗，歸王世充。及洛陽平，歸國，拜兗州總管，封魯郡公。高祖令葛國公盛彦師安輯河南，行至任城。會劉黑闥作亂，潛結於圓朗，

因執彦師舉兵應黑闥，自稱魯王。黑闥以圓朗爲大行臺元帥，兖、鄆、陳、杞、伊、洛、曹、戴等八州豪猾皆殺其長吏以應之。太宗平黑闥，進師曹州，遣淮安王神通及李世勣攻之。圓朗數出戰，不利，城内百姓争逾城降。圓朗窮蹙，與數騎棄城夜遁，爲野人所殺，其地悉平。」

〔四十六〕振古莫儔：「振古」，遠古；往昔。詩周頌載芟：「匪今斯今，振古如兹。」朱熹集傳：「振，極也……蓋自極古以來已如此矣。」晋葛洪抱朴子名實：「歷覽振古，多同此疾。」

〔四十七〕造成大唐：「成」，册府元龜、全唐文作「我」。

〔四十八〕既而居中作相，任隆群后：「群后」，册府元龜、全唐文作「列辟」。「居中」，謂居官朝中。史記吕太后本紀：「及諸吕皆入宫，居中用事，如此則太后心安。」周禮春官内史：「掌王之八枋之法以詔王治。」漢鄭玄注：「内史又居中貳之。」孫詒讓正義：「居中謂居宫中。」「群后」，泛指公卿。漢張衡東京賦：「於是孟春元日，群后旁戾。」李善注：「群后，公卿之徒也。」宋書文帝紀：「群后百司，其各獻讜言。」

〔四十九〕百揆時總，三階以平：「百揆」，百官。南朝宋劉義慶世説新語賞譽：「桓公（桓温）語嘉賓（郗超）：「阿源（殷浩）有德有言，向使作令僕，足以儀刑百揆，朝廷用違其才耳！」」新唐書高祖紀：「戊辰，隋帝（楊侑）進唐王（李淵）位相國，總百揆，備九錫。」「三階」，星名。即三台星。漢書東方朔傳：「願陳泰階六符。」顔師古注引应劭

曰：『黄帝泰階六符經曰：泰階者，天之三階也。上階爲天子，中階爲諸侯、公卿、大夫，下階爲士庶人……三階平，則陰陽和，風雨時，社稷神祇，咸獲其宜，天下大安，是爲太平。』唐杜甫建都十二韻：『雖倚三階正，終愁萬國翻。』

〔五十〕地居元良：『居』，册府元龜、全唐文均作『屬』。『惟』，全唐文作『維』。『元良』，太子的代稱。禮記文王世子：『一有元良，萬國以貞，世子之謂也。』南朝梁沈約立太子詔：『元良之寄，有國莫先，自昔哲后，降及近代，莫不立儲樹嫡，守器承祧。』

〔五十一〕庶兆樂推：『庶兆』，册府元龜、適園叢書作『兆庶』。

〔五十二〕晷緯呈象，休禎允集：『禎』，册府元龜、全唐文作『徵』。『晷緯』，日與星。南朝宋顏延之三月三日曲水詩序：『晷緯昭應，山瀆效靈。』李周翰注：『晷，日；緯，星也。』梁書武帝紀中：『晷緯呈祥，川岳效祉。』『休禎』，吉祥的徵兆。後漢書陳番傳：『如是天和於上，地洽於下，休禎符瑞，豈遠乎哉！』唐劉禹錫送李策兼簡衡州吕八郎中詩：『聖功奠遠服，神物擁休禎。』

〔五十三〕謳訟知歸：『訟』，册府元龜、全唐文均作『頌』。『謳訟』，孟子萬章上：『訟獄者，不之堯之子而之舜；謳歌者，不謳歌堯之子而謳歌舜。』後因以『謳訟』指謳歌者與訟獄者。周書孝閔帝紀：『故玄象徵見於上，謳訟奔走於下，天之曆數，用實在焉。』

〔五十四〕四方岳牧：『岳牧』，傳説爲堯舜時四岳十二牧的省稱。語本書 周官：『曰唐虞稽古，建官惟百，内有百揆四岳，外有州牧侯伯。』史記 伯夷列傳：『堯將遜位，讓於虞舜，舜禹之間，岳牧咸薦，乃試之於位，典職數十年。』後用『岳牧』泛稱封疆大吏。後漢書 班彪傳：『於是三事岳牧之僚，僉爾而進。』晋書 王敦傳：『敦既得志，暴慢愈甚……將相岳牧，悉出其門。』

〔五十五〕宜悉祇奉：『祇奉』，敬奉。北齊書 祖珽傳：『遂深自結納，曲相祇奉。』唐元稹授杜元穎户部侍郎依前翰林學士制：『爾亦祇奉顧命，洛授舊章，輔釐哀憂，俾克依據。』

〔五十六〕禮貴從宜：『從宜』，采取適宜的做法；怎麼適宜便怎麼做。禮記 曲禮上：『禮從宜，使從俗。』漢書 朱博傳：『博治郡，常令屬縣各用其豪桀以爲大吏，文武從宜。』顔師古注：『各因其材而任之。』

〔五十七〕隨事改易：『事』，册府元龜作『時』。

〔五十八〕勿有疑滯：『疑』，四庫全書作『凝』。『疑滯』，遲疑不决；猶豫不定。東漢末年曹操與荀彧書追傷郭嘉：『又以其通達，見世事無所疑滯，欲以後事屬之。』宋陸游朝議大夫張公墓志銘：『臨事前見逆决，若燭照龜卜，無秋毫疑滯。』

〔五十九〕光宅帝位：『光宅』，廣有。書 堯典序：『昔在帝堯，聰明文思，光宅天下。』

曾運乾正讀：『光，猶廣也。宅，宅而有之也。』南齊書高帝紀下：『猥以寡德，光宅四海。』

〔六十〕稱號太上：『稱號』，原文作『號稱』，今據四庫全書改。『太上』，太上皇。晋干寶晋紀總論：『至乃易天子以太上之號，而有免官之謡。』唐吴兢貞觀政要論忠義：『臣等昔受命太上，委質東宮。』

〔六十一〕安神玄默：『玄默』，謂清静無爲。漢揚雄長楊賦：『且人君以玄默爲神，淡泊爲德。』李周翰注：『玄默，無事也。』漢書刑法志：『及孝文即位，躬修玄默，勸趣農桑，減省租賦。』

〔六十二〕憲章往古：『往古』，甲庫本作『往令』。『憲章』，效法。禮記中庸：『仲尼祖述堯舜，憲章文武。』宋蘇軾集英殿春宴教坊詞教坊致語：『憲章六聖之典謨，斟酌百王之禮樂。』『往古』，古昔；從前。韓非子難言：『時稱詩書，道法往古，則見以爲誦。』史記外戚世家：『往古國家所以亂也，由主少母壯也。』

〔六十三〕庶宗社之固，申錫無疆：『宗社』，借指國家。漢孔融論盛孝章書：『惟公匡復漢室，宗社將絶，又能正之。正之術，實須得賢。』新唐書諸夷蕃將傳李多祚：『將軍知感恩，則知所以報，今在東宮乃大帝子，而嬖竪擅朝，危逼宗社。國家廢興在將軍，將軍誠有意乎？』『申錫』，厚賜。詩商頌烈祖：『申錫無疆，及爾斯所。』毛傳：『申，重。』鄭玄

箋：『天又重賜之以無竟界之期。』高亨注：『錫，賜。』唐張九齡奉和聖制幸晉陽宫：『聖朝將申錫，王業成艱難。』

〔六十四〕天禄之期，永安勿替：『天禄』，天賜的福禄。書大禹謨：『四海困窮，天禄永終。』後常指帝位。後漢書桓帝紀贊：『桓自宗支，越躋天禄。』『永安』，長久穩固。漢王延壽魯靈光殿賦：『然其規矩制度，上應星宿，亦所以永安也。』

〔六十五〕咸使知悉：『知悉』，册府元龜、全唐文均作『知聞』。

神堯命皇帝正位詔〔一〕

書曰：知人則哲，惟帝難之〔二〕；易曰，變通則久，使民不倦〔三〕。故太伯端委，周道以隆〔四〕；東海就國，漢祚方永〔五〕。立權致治，不其然乎〔六〕！朕世濟緇衣〔七〕，家傳鼎鼐〔八〕，佐魏匡周，勤勞王室〔九〕。有隋御曆〔十〕，地居戚里〔十一〕，常以補天在慮，納揆爲心〔十二〕。大業道喪，皇極如燬，傾維折柱，天下分崩〔十三〕，塗炭納隍〔十四〕，黔黎殆盡。顧兹九有〔十五〕，鋒鏑縱横〔十六〕，静念一匡〔十七〕，計無所出。世民幼懷大度〔十八〕，性合天道，藴經緯之奇才，苞湯武之弘略〔十九〕。深謀秘策，

沃朕拯溺之心；壯志雄圖，起予救焚之志（二十）。因其感激，許以經綸（二十一），糾合義師，投袂而起（二十二）。車及於平陽之郊，劍及于孟津之會（二十三）。元戎所指，冰銷霧捲（二十四），曾未浹旬，廓清京邑（二十五）。定非常之業，建不世之功，亘古以來（二十六），未之聞也。朱旗西指，則仁杲喪元（二十七）；白羽東臨，則世充泥首。摧武周如拉朽，收建德若拾遺（二十八）。至於黑闥逋誅，圓朗小醜，三捷七擒，不可勝計（二十九）。一人之力，冠今超古。暴之遐邇，豈待昌言！往以建成嫡長（三十），冀其養德日就。不謂匿怨友于，忌能毀善，讒言屢發，殆至鑠金（三十一）。賴天啓朕心，宗社降福，密悟凶邪，指麾殲殄（三十二）。朕愧受浸潤，深念元功，乃敬授帝圖，先天傳政。懼其溢滿驕上，未稱三靈之心（三十三）；縱欲肆情，不恤萬方之重。朕故仍居紫極，處之肅清（三十四），察其復禮（三十五），觀其齊政，露往霜來，四載於茲矣。比聞思我王度，克難克艱，昧旦丕顯，去奢去泰（三十六）。朝夕視膳，蒸蒸之性日嚴；昃景憂民，翼翼之情日慎（三十七）。南越驟水，北狄款關，四海宴然，五兵偃戢（三十八）。招君璋之黨，止用尺書；屠師都之城，無虧寸刃（三十九）。公卿輯睦（四十），遠邇乂安（四十一）。金鼓絶於疆埸，玉鏡懸於億兆（四十二）。盡善盡美，吾無間然。匪天祐之，孰能至此？今令

月吉辰（四十三），風調雨順。朕俯觀人事，仰鑒穹旻（四十四），自當養性别宫，使其正居宸極（四十五）。宜令有司具禮，務在周備。朕得脱屣高蹈，擬迹於軒轅（四十六）。授曆傳璽，爰屬於□啓（四十七）。大寶既固，卜年惟永（四十八），付托有所，何樂如之！百辟卿士等，或晉陽從我（四十九），同披荆棘；或秦邸故吏，早預腹心（五十）。并以德舉言揚，進忠顯孝（五十一），保乂社稷（五十二），天平地成。惟當帶礪山河（五十三），與國休戚。可以悉心匡弼（五十四），無黨無偏，罔或隳哉，替爾丕績（五十五），善事元首（五十六），稱朕意焉。武德九年八月。

校箋

〔一〕此文又見於册府元龜卷十帝王部繼統二。全唐文卷三亦録此文，文題名徙居大安宫詔，署名唐高祖。此文文末標明頒布時間爲『武德九年八月』。考册府元龜其文文首云：『貞觀三年四月，高祖以弘義宫有山林勝地，乃徙居焉，改名大安宫。詔曰：書云「知人則哲，唯帝難之」。』文後亦記：『太宗奉表陳讓曰：「臣聞至敬無文，至誠不飾，地居臣子，不以小忠撓志；情兼家國，不以細行嬰心。臣蒙獎厲，擢居天策。戰必以死，實深愍於黎庶；奮不顧命，願

無忝於宗社。規摹指麾，皆禀聖算，人心神誘，遂得成功。安敢貪天，自稱己力？前以聖人大寶濫鍾愚懦，臣謂肅成理務、禮通監撫，日慎一日，不敢推辭。今奉茲詔，更垂獎予以四海乂安，褰裳紫極，歸尊軒轅，天下幸甚。令臣自當啓誦，不覺厚顏。頃者陰陽尚愆，嘉穀未稔，政治有虧，刑典不措。恐眇身多罪，以及萬方伏願，天慈仍安，太極待民，知堯力玉燭順序，網開湯祝，金科削編，然後降輦西宮，於事非晚，付臣宣室，亦敢當仁，臣志在忘私，冒陳丹款。」高祖手詔曰：「君之於臣，尚須探察。父之審子，豈可同當？汝夙懷忠孝，吾愛汝亦過於諸子。況立功德具如前詔，所恨吾受讒言，幾至投杼。上玄降福，神罷安寧，此乃宗廟有靈，非獨吾之幸也。比察汝布政，聽汝德音，洋洋盈耳，副吾所望。昔齊有秕政而致小白，晋有艱難而獲重耳。今天下慶賴在汝一人，頃者寒暑不調，水旱乖節，止是吾之與汝安處未得其位，乃致承乾所居，非少陽之體。吾今往西宮，方思萬代之福，汝何勞撝抑，頻此言請？且深思大道，永保社稷，善始令終，無或懈怠，奉行吾詔。勿以小讓爲懷，至公之言，彼宮此室，勢何殊也？異姓賢者，尚欲權之，今汝已克負荷，應茲當璧，極慰吾意，宜絶嘗辭也。」太宗不敢忤意，乃止。乙亥，太上皇居於大安宮，太宗親侍鑾輦，百僚陪從，置酒高會，極歡而罷。甲午，太宗正位於太極殿。』舊唐書高祖紀載：『（武德九年）八月癸亥，詔傳位于皇太子。尊帝爲太上皇，徙居弘

義宫，改名太安宫。』舊唐書太宗紀載：『（貞觀三年）夏四月辛巳，太上皇徙居大安宫。甲子，太宗始於太極殿聽政。』新唐書高祖紀載：『貞觀三年，太上皇徙居大安宫。』新唐書太宗紀載：『（貞觀三年）四月乙亥，太上皇徙居於大安宫。甲午，始御太極殿。』資治通鑒卷一百九十三載：『（貞觀三年）夏，四月，乙亥，上皇徙居弘義宫，更名大安宫。上始御太極殿。』按，據天干地支紀年法，貞觀三年四月爲壬申朔，無甲子日，故舊唐書太宗紀所載『甲子』説爲誤，今不取，以册府元龜、新唐書太宗紀、資治通鑒所説爲是。故該詔書頒布時間應爲貞觀三年（六二九）四月乙亥（四日），則撰寫時間當在是時稍前。

〔二〕知人則哲，惟帝難之：『哲』，明智。『帝』，指唐堯。語出書皋陶謨：『皋陶曰：「都，在知人，在安民。」禹曰：「吁，咸若時，惟帝其難之。知人則哲，能官人。」』後多引作『知人則哲，惟帝難之』。

〔三〕變通則久，使民不倦：『變通則久』，甲庫本作『通變則久』；册府元龜、全唐文作『通其變』。語出周易繫辭下：『神農氏没，黄帝、堯、舜氏作，通其變，使民不倦，神而化之，使民宜之。易窮則變，變則通，通則久。』

〔四〕故太伯端委，周道以隆：『太伯』，亦作『吴大伯』。周古公亶父（太王）長子，仲

雍、季歷之兄。太王欲傳位季歷及其子昌(即周文王)，太伯乃與仲雍出逃至荆蠻，號勾吴。後因以稱出亡而讓君位與弟者。左傳閔公元年：『不如逃之，無使罪至，爲吴大伯，不亦可乎？』國語晉語一：『君得其欲，太子遠死，且有令名，爲吴太伯，不亦可乎？』韋昭注：『太伯讓季歷，遠適吴越，後武王追封爲吴伯，故曰吴太伯。』『端委』，古代禮服。左傳昭公元年：『吾與子弁冕端委，以治民臨諸侯。』杜預注：『端委，禮衣。』孔穎達疏引服虔曰：『禮衣端正無殺，故曰端；文德之衣尚褒長，故曰委。』南朝宋劉義慶世説新語品藻：『明帝問謝鯤：「君自謂何如庾亮？」答曰：「端委廟堂，使百僚準則，則臣不如亮；一丘一壑，自謂過之。」』引申指禮制。『周道』，周代治國之道。荀子非相：『欲觀千歲，則數今日；欲知億萬，則審一二；欲知上世，則審周道。』三國魏李康運命論：『故自幽厲之間，周道大壞，二霸之後，禮樂陵遲。』

〔五〕東海就國，漢祚方永：『漢祚』，册府元龜、全唐文作『漢基』。『東海』，指光武帝劉秀第四子、漢明帝劉莊。『東海就國』，事見後漢書載：『（建武十九年）六月戊申，詔曰：「春秋之義，立子以貴。東海王陽，皇后之子，宜承大統。皇太子强，崇執謙退，願備藩國。父子之情，重久違之。其以强爲東海王，立陽爲皇太子，改名莊。」』『漢祚』，指漢朝的

皇位和國統。漢班固東都賦：『往者王莽作逆，漢祚中缺。』三國魏鍾會檄蜀文：『往者漢祚衰微，率土分崩，生民之命，幾於泯滅。』

〔六〕不其然乎：『不其然乎』，明鈔本、甲庫本作『可不然乎』；四庫全書作『可不其然乎』。

〔七〕朕世濟緇衣：『世濟』，册府元龜、全唐文作『世襲』。『世濟』，指世代繼承。周書文帝紀上：『其州鎮郡縣，率土人黎，或州鄉冠冕，或勛庸世濟，并宜捨逆歸順，立效軍門。』宋史樂志八：『格哉休應，世濟皇明。』『緇衣』，古代用黑色帛做的朝服。詩鄭風緇衣：『緇衣之宜兮，敝予又改爲兮。』毛傳：『緇，黑也，卿士聽朝之正服也。』

〔八〕家傳鼎鼐：『鼎鼐』，册府元龜、全唐文作『鼐業』。『鼎鼐』，喻指宰相等執政大臣。唐蘇頲唐紫微侍郎贈黄門監李乂神道碑：『鼎鼐遞襲，簪纓相望。』元汪元亨雁兒落過得勝令歸隱曲：『慚居鼎鼐官，笑領烟霞伴。』

〔九〕佐魏匡周，勤勞王室：『匡』，册府元龜、全唐文作『及』。事見舊唐書高祖紀載：『高祖神堯大聖大光孝皇帝姓李氏，諱淵。其先隴西狄道人，凉武昭王暠七代孫也。暠生歆。歆生重耳，仕魏爲弘農太守。重耳生熙，爲金門鎮將，領豪杰鎮武川，因家焉。儀鳳中，追

尊宣皇帝。熙生天錫，仕魏爲幢主。大統中，贈司空。儀鳳中，追尊光皇帝。皇祖諱虎，後魏左僕射，封隴西郡公，與周文帝及太保李弼、大司馬獨孤信等以功參佐命，當時稱爲「八柱國家」，仍賜姓大野氏。周受禪，追封唐國公，謚曰襄。』

〔十〕有隋御曆：『御曆』，四庫全書、全唐文作『御歷』。『御曆』，指皇帝登位，君臨天下。隋書 牛弘傳：『武王問黄帝、顓頊之道，太公曰：「在丹書。」是知握符御曆，有國有家者，曷嘗不以詩、書而爲教，因禮、樂而成功也？』唐杜審言大酺詩：『聖后乘乾日，皇明御曆辰。』

〔十一〕地居戚里：『戚里』，帝王外戚聚居的地方。史記 萬石張叔列傳：『於是高祖召其姊爲美人，以奮爲中涓，受書謁，徙其家長安中戚里。』司馬貞索隱引顔師古曰：『於上有姻戚者皆居之，故名其里爲戚里。』晋左思魏都賦：『亦有戚里，置宫之東。』吕延濟注：『戚里，外戚所居之里。』

〔十二〕常以補天在慮，納揆爲心：『常』，册府元龜、全唐文作『嘗』。『補天』，古代神話傳説，女媧煉石補天。淮南子 覽冥訓：『往古之時，四極廢，九州裂，天不兼覆，地不周載……於是女媧鍊五色石以補蒼天，斷鰲足以立四極。』後遂用作典故。亦常以喻挽回世運。

南朝梁陸倕新漏刻銘：『高祖縮地補天，重張區宇，反魂肉骨，再造生靈。』『納揆』，任用百官。語出書舜典：『納於百揆，百揆時叙。』宋書恩幸傳徐爰：『天飛雖王德所至，終陟固有資田躍，神宗始於俾乂，上日兆於納揆。』舊唐書音樂志一：『業類補天，功均柱地。』

〔十三〕天下分崩：『分崩』，册府元龜、全唐文作『分離』。

〔十四〕塗炭納隍：『塗炭』，比喻極困苦的境遇。書仲虺之誥：『有夏昏德，民墜塗炭。』孔傳：『民之危險，若陷泥墜火。』晉潘岳西征賦：『竭股肱於昏主，赴塗炭而不移。』『納隍』，漢張衡東京賦：『人或不得其所，若己納之於隍。』謂推入城池中。按，孟子萬章下稱伊尹『思天下之民，匹夫匹婦，有不與被堯舜之澤者，若己納之溝中。』張賦本此意。後以『納隍』指出民於水火的迫切心情。宋書王僧達傳：『民有咨瘼之聲，君表納隍之志。』唐陸贄論淮西管内水損處請同諸道遣宣慰使狀：『儻宏善救之心，當軫納隍之慮。』

〔十五〕顧兹九有：『九有』，九州。詩商頌玄鳥：『方命厥後，奄有九有。』毛傳：『九有，九州也。』三國志蜀書郤正傳：『今三方鼎跱，九有未乂，悠悠四海，嬰丁禍敗。』

〔十六〕鋒鏑縱横：『鋒鏑』，刀刃和箭鏃。借指兵器。史記秦漢之際月表：『墮壞名城，銷鋒鏑，鉏豪桀，維萬世之安。』唐張説贈上柱國郭君碑：『命公統隴右之騎，濟河曲之師，鋒

鏑争先，玉石俱碎。」

〔十七〕静念一匡：册府元龜、全唐文作『静念持扶』。

〔十八〕世民幼懷大度：『世民』，指唐太宗李世民。傳見舊唐書卷二太宗紀、新唐書卷二太宗紀。舊唐書太宗紀云：『太宗文武大聖大廣孝皇帝諱世民，高祖第二子也。母曰太穆順聖皇后竇氏。隋開皇十八年十二月戊午，生於武功之别館。時有二龍戲於館門之外，三日而去。高祖之臨岐州，太宗時年四歲。有書生自言善相，謁高祖曰：「公貴人也，且有貴子。」見太宗，曰：「龍鳳之姿，天日之表，年將二十，必能濟世安民矣。」高祖懼其言泄，將殺之，忽失所在，因采「濟世安民」之義以爲名焉。太宗幼聰睿，玄鑒深遠，臨機果斷，不拘小節，時人莫能測也。』

〔十九〕藴經緯之奇才，苞湯武之弘略：『藴』，册府元龜、全唐文作『韞』。『奇才』，册府元龜、全唐文作『奇文』。『苞』，册府元龜、全唐文作『包』；四庫全書作『抱』。『湯武』，商湯與周武王的并稱。易革：『湯武革命，順乎天而應乎人。』史記穰侯列傳：『以三十萬之衆守梁七仞之城，臣以爲湯武復生，不易攻也。』

〔二十〕深謀秘策，沃朕拯溺之心；壯志雄圖，起予救焚之志：『拯溺』，册府元龜作『救

溺』。『壯志』，册府元龜、全唐文作『壯思』。『予』，册府元龜作『朕』。事見舊唐書 太宗紀：『時隋祚已終，太宗潛圖義舉，每折節下士，推財養客，群盜大俠，莫不願效死力。』

〔二十一〕許以經綸：四庫全書作『益廣經綸』。『經綸』，整理絲縷、理出絲緒和編絲成繩，統稱經綸。引申爲籌劃治理國家大事。易 屯：『雲雷屯，君子以經綸。』孔穎達疏：『經謂經緯，綸謂綱綸，言君子法此屯象有爲之時，以經綸天下，約束於物。』禮記 中庸：『唯天下至誠，爲能經綸天下之大經，立天下之大本，知天地之化育。』

〔二十二〕投袂而起：『投袂』，甩袖。形容激動奮發。左傳 宣公十四年：『楚子聞之，投袂而起。』後漢書 朱浮傳：『昔楚宋列國，俱爲諸侯。莊王以宋執其使，遂有投袂之師。』李賢注：『投袂，奮袂也，言其怒也。』

〔二十三〕車及於平陽之郊，劍及於孟津之會：『車及於』，册府元龜、全唐文作『車次於』；四庫全書作『車反於』。『孟津』，古黄河津渡名。在今河南省洛陽孟津區東北、孟縣西南。相傳周武王在此盟會諸侯并渡河，故一名盟津。一説本作盟津，後訛作孟津。爲歷代兵家争戰要地。書 禹貢：『導河積石，至於龍門，南至於華陰，東至厎柱，又東至於孟津。』漢史岑出師頌：『昔在孟津，惟師尚父。』

〔二十四〕冰銷霧捲：『捲』，甲庫本、四庫全書作『卷』。

〔二十五〕曾未浹旬，廓清京邑：『浹旬』，一旬，十天。隸釋漢衛尉衡方碑：『受任浹旬，庵離寢疾，年六十有三。』宋書武帝紀論：『〔高祖〕曾不浹旬，夷凶翦暴。』事見舊唐書太宗紀：『太宗以前軍濟河，先定渭北。三輔吏民及諸豪猾詣軍門請自效者日以千計，扶老携幼，滿於麾下。收納英俊，以備僚列，遠近聞者，咸自托焉。師次於涇陽，勝兵九萬，破胡賊劉鷂子，并其衆。留殷開山、劉弘基屯長安故城。太宗自趣司竹，賊帥李仲文、何潘仁、向善志等皆來會，頓于阿城，獲兵十三萬。長安父老賫牛酒詣旌門者不可勝紀，勞而遣之，一無所受。軍令嚴肅，秋毫無所犯。尋與大軍平京城。』

〔二十六〕亘古以來：『亘古』，册府元龜、明鈔本、甲庫本、四庫全書、全唐文作『三古』。

〔二十七〕朱旗西指，則仁杲喪元：『朱旗』，紅旗。多指戰旗。漢劉向九嘆遠逝：『杖玉華與朱旗兮，垂明月之玄珠。』三國魏曹植東征賦：『揮朱旗以東指兮，横大江而莫禦。』『仁杲』，即薛仁杲，傳見舊唐書卷五十五、新唐書卷八十六。舊唐書其本傳載：『仁杲，舉長子也，多力善騎射，軍中號爲萬人敵。然所至多殺人，納其妻妾。獲庾信子立，怒其不降，磔於

猛火之上，漸割以啗軍士。初，拔秦州，悉召富人倒懸之，以醋灌鼻，或杙其下竅，以求金寶。舉每誡之曰：「汝智略縱横，足辦我家事，而傷於苛虐，與物無恩，終當覆我宗社。」舉死，仁杲立於折墌城，與諸將帥素多有隙，及嗣位，衆咸猜懼。郝瑗哭舉悲思，因病不起，自此兵勢日衰。自劉文静爲舉所敗後，高祖命太宗率諸軍以擊仁杲，師次高墌，而堅壁不動。諸將咸請戰，太宗曰：「我士卒新敗，鋭氣猶少。賊以勝自驕，必輕敵好鬥，故且閉壁以折之。待其氣衰而後奮擊，可一戰而破，此萬全計也。」乃令軍中曰：「敢言戰者斬。」相持者久之。仁杲勇而無謀，兼糧饋不屬，將士稍離，其内史令翟長孫以其衆來降，仁杲妹夫僞左僕射鍾俱仇以河州歸國。太宗知其可擊，遣將軍龐玉擊賊將宗羅睺於淺水原。兩軍酣戰，太宗以勁兵出賊不意，奮擊大破之。乘勝進薄其折墌城，仁杲窮蹙，率僞百官開門降，太宗納之。王師振旅，以仁杲歸於京師，及其首帥數十人皆斬之。舉父子相繼僞位至滅，凡五年，隴西平。」「喪元」，掉頭顱。亦泛指獻出生命。孟子滕文公下：「志士不忘在溝壑，勇士不忘喪其元。」趙岐注：「元，首也。」三國魏曹植雜詩之六：「國讎亮不塞，甘心思喪元。」

〔二十八〕白羽東臨，則世充泥首，摧武周如拉朽，收建德若拾遺：「白羽」，古代軍中主帥所執的指揮旗。又稱「白旄」。亦泛指軍旗。呂氏春秋不苟：「武王左釋白羽，右釋黄

鉞，勉而自爲係。』書牧誓作『白旄』。孔子家語致思：『子路進曰：由願得白羽若月，赤
羽若日，鐘鼓之音上震於天，旍旗繽紛下蟠於地。由當一隊而敵之，必也攘地千里，搴旗執
聝。』『世充』，即王世充。傳見舊唐書卷五十四，新唐書卷八十五。舊唐書其本傳云：『王世
充，字行滿，本姓支，西域胡人也。……大業中，累遷江都丞，兼領江都宫監。……煬帝以世
充有將帥才略，復遣領兵討諸小盜，所向盡平。十一年，突厥圍煬帝於雁門。世充盡發江都人
將往赴難，在軍中蓬首垢面，悲泣無度，曉夜不解甲，藉草而卧。煬帝聞之，以爲忠，益信任
之。……俄而宇文化及作難，太府卿元文都、武衛將軍皇甫無逸、右司郎中盧楚奉越王侗嗣位於
東都，拜世充爲吏部尚書，封鄭國公。……二年三月，遂策授相國，總百揆，封鄭王，加九錫備
物。……四月，假爲侗詔策禪位，遣兄世惲廢侗於含涼殿，世充僭即皇帝位，建元曰開明，國號
鄭。……七月，秦王率兵攻之，師至新安，世充鎮堡相次來降。八月，秦王陳兵於青城宫，世充
悉兵來拒，隔澗而言曰：「隋末喪亂，天下分崩，長安、洛陽，各有分地，世充唯願自守，不
敢西侵。計熊、穀二州，相去非遠，若欲取之，豈非度内？既敦鄰好，所以不然。王乃盛相侵
軼，遠入吾地，三崤之道，千里饋糧，以此出師，未見其可。」太宗謂曰：「四海之内，皆承
正朔，唯公執迷，獨阻聲教。東都士庶，亟請王師，關中義勇，感恩致力。至尊重違衆願，有

斯吊伐。若轉禍來降，則富貴可保，如欲相抗，無假多言。」世充無以報。太宗分遣諸將攻其城鎮，所至輒下。九月，王君廓攻拔世充之轘轅縣，東徇地至管城而還，於是河南州縣相次降附。竇建德自侵殷州之後，與世充遂結深隙，信使斷絶。十一月，竇建德又遣人結好，并陳救援之意。世充乃遣其兄子琬及内史令長孫安世報聘，且乞師。四年二月，世充率兵出方諸門，與王師相抗，世充軍敗。因乘勝追之，屯其城門。世充步卒不得入，驚散南走，追斬數千級，虜五千餘人。世充從此不復敢出，但嬰城自守，以待建德之援。三月，秦王擒建德并王琬、長孫安世等于武牢，迴至東都城下以示之，且遣安世入城，使言敗狀。世充惶惑，不知所爲，將潰圍而出，南走襄陽，謀於諸將，皆不答，乃率其將吏詣軍門請降。於是收其府庫，頒賜將士。世充黄門侍郎薛德音以文檄不遜，先誅之。次收世充黨與段達、楊汪、單雄信、陽公卿、郭什柱、董濬、張童仁、朱粲等十餘人，皆戮於洛渚之上。秦王以世充至長安，高祖數其罪，世充對曰：「計臣之罪，誠不容誅，但陛下愛子秦王許臣不死。」高祖乃釋之。與兄芮、妻、子同徙于蜀，將行，爲讎人定州刺史獨孤修所殺。子玄應及兄世偉等在路謀叛，伏誅。世充自篡位，凡三年而滅。」『泥首』，以泥塗首，表示自辱服罪。後指頓首至地。後漢書隗囂公孫述傳論：『及其謝臣屬，審廢興之命，與夫泥首銜玉者異日談也。』南朝梁任昉爲范尚書讓吏部封

侯第一表：『泥首在顔，輿棺未毁。』『武周』，指劉武周，傳見舊唐書卷五十五、新唐書卷八十六。舊唐書其本傳云：『劉武周，河間景城人。……武周因去家入洛，爲太僕楊義臣帳内，募征遼東，以軍功授建節校尉。還家，爲鷹揚府校尉。太守王仁恭以其州里之雄，甚見親遇，每令率虞候屯於閤下。……與同郡張萬歲等十餘人候仁恭視事，武周上謁，萬歲自後而入，斬仁恭於郡廳，持其首出徇郡中，無敢動者。於是開廩以賑窮乏，馳檄境内，其屬城皆歸之，得兵萬餘人。武周自稱太守，遣使附于突厥。……兵威益振。乃攻陷定襄，復歸于馬邑。突厥立武周爲定楊可汗，遺以狼頭纛。因僭稱皇帝，以妻沮氏爲皇后，建元爲天興。以衛士楊伏念爲左僕射，妹婿同縣人苑君璋爲内史令。……武周授金剛西南道大行臺，令率兵二萬人侵并州，軍黄虵鎮。又引突厥之衆，兵鋒甚盛，襲破榆次縣，進陷介州。高祖遣太常少卿李仲文率衆討之，爲賊所執，一軍全没。仲文後得逃還。復遣右僕射裴寂拒之，戰又敗績。武周進逼，總管齊王元吉委城遁走，武周遂據太原。遣金剛進攻晋州，六日城陷，右驍衛大將軍劉弘基没于賊。進取澮州，屬縣悉下。夏縣人吕崇茂殺縣令，自號魏王，以應賊。河東賊帥王行本又密與金剛連和，關中大駭。高祖命太宗益兵進討，屯于柏壁，相持者久之。又命永安王孝基、陝州總管于筠、工部尚書獨孤懷恩、内史侍郎唐儉進取夏縣，不能克，軍于城南。崇茂與賊將尉遲敬德襲破孝基營，諸軍并

陷，四將俱没。敬德還澮州，太宗邀擊於美良川，大破之。敬德與賊將尋相又援王行本於蒲州，太宗復破之於蒲州。高祖親幸蒲津關，太宗自柏壁輕騎謁高祖於行在所。宋金剛遂圍絳州。及太宗還，金剛懼而引退。武周復攻李仲文于浩州，頻戰皆敗，又饋運不屬，賊衆大餒，於是金剛遂遁。太宗復追及金剛于雀鼠谷，一日八戰，皆破之，俘斬數萬人，獲輜重千餘兩。金剛走入介州，王師逼之。金剛尚有衆二萬，出其西門，背城而陣，太宗與諸將力戰破之，金剛輕騎遁走。其驍將尉遲敬德、尋相、張萬歲收其精兵，舉介州及永安來降。武周大懼，率五百騎棄并州北走，自乾燭谷亡奔突厥。金剛復收其亡散以拒官軍，人莫之從，與百餘騎復奔突厥。太宗進平并州，悉復故地。未幾，金剛背突厥而亡，將還上谷，爲追騎所獲，腰斬之。武周又欲謀歸馬邑，事泄，爲突厥所殺。武周自初起至死，凡六載。……』『拉朽』，摧折朽木。喻不費力氣。晋書劉毅諸葛長民等傳論：『建大功若轉圜，翦群凶如拉朽。』宋梅堯臣次韻答黄介夫七十韻：『破敵必拉朽，不見堅陣横。』『建德』，指竇建德，傳見舊唐書卷五十五、新唐書卷八十五。舊唐書其本傳云：『竇建德，貝州漳南人也。……大業七年，募人討高麗，本郡選勇敢尤異者以充小帥，遂補建德爲二百人長。……是歲，山東大饑……建德招誘逃兵及無産業者，得數百人，令安祖率之，入泊中爲群盜，安祖自稱將軍。鄃人張金稱亦結聚得百人，在河阻中。蓨人高士達

又起兵得千餘人，在清河界中。時諸盜往來漳南者，所過皆殺掠居人，焚燒舍宅，獨不入建德之閭。由是郡縣意建德與賊徒交結，收繫家屬，無少長皆殺之。建德聞其家被屠滅，率麾下二百人亡歸士達，士達自稱東海公，以建德爲司兵。後安祖爲張金稱所殺，其兵數千人又盡歸于建德。自此漸盛，兵至萬餘人，猶往來高鷄泊中……建德僞遣人遺絢書請降，願爲前驅，破士達以自效。絢信之，即引兵從建德至長河界，期與爲盟，共圖士達。絢兵益懈而不備，建德襲之，大破絢軍，殺略數千人，獲馬千餘匹，絢以數十騎遁走，遣將追及於平原，斬其首以獻士達。由是建德之勢益振。……初，群盜得隋官及山東士子皆殺之，唯建德每獲士人，必加恩遇。初得饒陽縣長宋正本，引爲上客，與參謀議。此後隋郡長吏稍以城降之，軍容益盛，勝兵十餘萬人。十三年正月，築壇場於河間樂壽界中，自稱長樂王，年號丁丑，署置官屬。……即日引兵討化及，連戰大破之。化及保聊城，建德縱撞車抛石，機巧絶妙，四面攻城，陷之。建德入城，先謁隋蕭皇后，與語稱臣。悉收弑煬帝元謀者宇文智及、楊士覽、元武達、許弘仁、孟景，集隋文武官對而斬之，梟首轅門之外。化及并其二子同載以檻車，至大陸縣斬之。……既與突厥相連，兵鋒益盛。九月，南侵相州，河北大使淮安王神通不能拒，退奔黎陽。相州陷，殺刺史呂珉。又進攻衛州，陷黎陽，左武衛大將軍李世勣、皇妹同安長公主及神通并爲所虜。滑州刺史王軌爲奴所殺，

携其首以奔建德，曰：「奴殺主爲大逆，我何可納之！」命立斬奴，而返軌首於滑州。吏人感之，即日而降。齊、濟二州及兗州賊帥徐圓朗皆聞風而下。……高祖遣使與之連和，建德即遣公主與使俱歸。……九月，建德自帥師圍幽州，藝出兵與戰，大破之，斬首千二百級。藝兵頻勝而驕，進襲其營，建德列陣於營中，填塹而出，擊藝敗之。建德薄其城，不克，遂歸洺州。其納言宋正本好直諫，建德又聽讒言殺之。是後人以爲誡，無復進言者，由此政教益衰。……時秦王攻王世充於洛陽，建德中書舍人劉斌説建德曰：「今唐有關内，鄭有河南，夏居河北，此鼎足相持之勢也。聞唐兵悉衆攻鄭，首尾二年，鄭勢日蹙而唐兵不解。唐强鄭弱，其勢必破鄭，鄭破則夏有齒寒之憂。爲大王計者，莫若救鄭，鄭拒其内，夏攻其外，破之必矣。若却唐全鄭，此常保三分之勢也。若唐軍破後而鄭可圖，則因而滅之，總二國之衆，乘唐軍之敗，長驅西入，京師可得而有，此太平之基也。」建德大悦曰：「此良策矣。」……三月，秦王入武牢，進薄其營，多所傷殺，并擒其將殷秋、石瓚。時世充弟世辨爲徐州行臺，遣其將郭士衡領兵數千人從之，合衆十餘萬，號爲三十萬，軍次成皋，築宫于板渚，以示必戰。又遣間使約世充共爲表裏。經二月，迫於武牢，不得進。秦王遣將軍王君廓領輕騎千餘抄其糧運，獲其大將張青特，虜獲甚衆。建德數不利，人情危駭，將帥已下破孟海公，皆有所獲，思歸洺州。……及建德結陣於汜水，秦王遣騎

挑之，建德進軍而戰，竇抗當之。建德少却，秦王馳騎深入，反覆四五合，然後大破之。建德中槍，竄於牛口渚，車騎將軍白士讓、楊武威生獲之。先是，軍中有童謡曰：「豆入牛口，勢不得久。」建德行至牛口渚，甚惡之，果敗於此地。建德所領兵衆，一時奔潰，妻曹氏及其左僕射齊善行將數百騎遁于洺州。餘黨欲立建德養子爲主，善行曰：「夏王平定河朔，士馬精强，一朝被擒如此，豈非天命有所歸也？不如委心請命，無爲塗炭生人。」遂以府庫財物悉分士卒，各令散去。善行乃與建德右僕射裴矩、行臺曹旦及建德妻率僞官屬舉山東之地，奉傳國等八璽來降。七月，秦王俘建德至京師，斬於長安市，年四十九。自起軍至滅，凡六歲，河北悉平。』『拾遺』，比喻輕而易舉。漢書梅福傳：『合天下之知，并天下之威，是以舉秦如鴻毛，取楚若拾遺，此高明所以亡敵於天下也。』顔師古注：『拾遺，言其易也。』唐陳子昂爲喬補闕論突厥表：『聖人修備以待時，是以正天下如拾遺。』

〔二十九〕至於黑闥逋誅，圓朗小醜，三捷七擒，不可勝計：『至於』，册府元龜、全唐文作『至若』。『黑闥』，指劉黑闥，傳見舊唐書卷五十五、新唐書卷八十六。舊唐書其本傳載：『劉黑闥，貝州漳南人。無賴，嗜酒，好博弈，不治産業，父兄患之。與竇建德少相友善，家貧無以自給，建德每資之。隋末亡命，從郝孝德爲群盜，後歸李密爲裨將。密敗，爲王世充所

虜。世充素聞其勇，以爲騎將。見世充所爲而竊笑之，乃亡歸建德，建德署爲將軍，封漢東郡公，令將奇兵東西掩襲。黑闥既遍游諸賊，善觀時變，素驍勇，多奸詐。建德有所經略，必令專知斥候，常間入敵中覘視虛實，或出其不意，乘機奮擊，多所克獲，軍中號爲神勇。及建德敗，黑闥自匿於漳南，杜門不出。會高祖征建德故將范願、董康買、曹湛、高雅賢等將赴長安，願等相與謀曰：「王世充以洛陽降，其下驍將楊公卿、單雄信之徒皆被夷滅，我輩若至長安，必無保全之理。且夏王往日擒獲淮安王，全其性命，遣送還之。唐家今得夏王，即加殺害，我輩殘命，若不起兵報讎，實亦恥見天下人物。」於是相率復謀反叛。卜以劉氏爲主吉……遂往詣黑闥，以告其意。黑闥大悦，殺牛會衆，舉兵得百餘人，襲破漳南縣。貝州刺史戴元詳、魏州刺史權威合兵擊之，并爲黑闥所敗，元詳及威皆没于陣。黑闥盡收其器械及餘衆千餘人，於是范願、高雅賢等宿舊左右漸來歸附，衆至二千人。武德四年七月，設壇於漳南，祭建德，告以舉兵之意，自稱大將軍。淮安王神通、將軍秦武通、王行敏前後討之，皆爲所敗。於是移書趙、魏，其建德將士往往殺官吏以應。黑闥北連懷戎賊帥高開道，兵鋒甚鋭，進至宗城，有衆數萬。黎州總管李世勣不能拒，棄城走保洺州。黑闥追擊破之，步卒五千人，皆殁於陣，世勣與武通僅以身免。黑闥又徵王琮爲中書令，劉斌爲中書侍郎，以掌文翰。遣使北連突厥，頡利可汗遣俟斤宋耶那率胡騎從

之。黑闥軍大振，進陷相州。半歲悉復建德故地。兗州賊帥徐圓朗舉齊、兗之地以附于黑闥，其勢益張。五年正月，黑闥至相州，僭稱漢東王，建元爲天造。以范願爲左僕射，董康買爲兵部尚書，高雅賢爲右領軍，又引建德時文武悉復本位，都於洺州。其設法行政，皆師建德而攻戰勇決過之。於是太宗又自請統兵討之，師次衛州，黑闥數以兵挑戰，輒爲官軍所挫。黑闥懼，委相州，而退保於列人營。時洺水縣人請爲内應，太宗遣總管羅士信入城據守，黑闥又攻陷其城，士信死之，遂據洺州。三月，太宗阻洺水列營以逼之，分遣奇兵，斷其糧道。黑闥又數挑戰，太宗堅壁不應，以挫其鋒。黑闥城中糧盡，太宗度其必來決戰，預擁洺水上流，謂守堤吏曰：「我擊賊之日，候賊半度而決堰。」黑闥果率步騎二萬渡洺水而陣，與官軍大戰，賊衆大潰，水又大至，黑闥衆不得渡，斬首萬餘級，溺死者數千人。黑闥與范願等以千餘人奔于突厥，山東悉定。太宗遂引軍於河南以討徐圓朗。六月，黑闥復借兵於突厥，來寇山東。七月，至定州，其舊將曹湛、董康買先亡在鮮虞，復聚兵以應黑闥。高祖遣淮陽王道玄、原國公史萬寶討之，戰于下博，王師敗績，道玄死于陣，萬寶輕騎逃還。由是河北諸州盡叛，又降于黑闥，旬日間悉復故城，復都洺州。十一月，高祖遣齊王元吉擊之，遲留不進。又令隱太子建成督兵進討，頻戰大捷。六年二月，又大破之于館陶，黑闥引軍北走。建成與元吉合千餘騎屯於永濟渠，縱騎擊之，黑闥敗

走，命騎將劉弘基追之。黑闥爲王師所蹙，不得休息，道遠兵疲，比至饒陽，從者纔百餘人，衆皆餒，入城求食。黑闥所署饒州刺史葛德威出門迎拜，延之入城。黑闥初不許，德威謬爲誠敬，涕泣固請。黑闥乃進至城傍，德威勒兵執之，送于建成，斬於洺州，山東復定。』『逋誅』，逃避誅罰。陳書衡陽獻王昌傳：『王琳逆命，逋誅歲久。』宋岳飛奏乞本軍進討劉豫札子：『賊豫逋誅，尚穴中土。』『圓朗』，指徐圓朗，傳見舊唐書卷五十五、新唐書卷八十六。舊唐書其本傳載：『徐圓朗者，兗州人也。隋末，亡命爲群盜，據本郡，縱兵略地，自瑯邪已西，北至東平，盡有之，勝兵二萬餘人。初附於李密，密敗，歸王世充。及洛陽平，歸國，拜兗州總管，封魯郡公。高祖令葛國公盛彦師安輯河南，行至任城，會劉黑闥作亂，潛結於圓朗，因執彦師舉兵應黑闥，自稱魯王。黑闥以圓朗爲大行臺元帥，兗、鄆、陳、杞、伊、洛、曹、戴等八州豪猾皆殺其長吏以應之。太宗平黑闥，進師曹州，遣淮安王神通及李世勣攻之。圓朗數出戰，不利，城内百姓争逾城降。圓朗窮蹙，與數騎棄城夜遁，爲野人所殺，其地悉平。』『小醜』，微賤之輩。國語周語上：『衆以美物歸汝，而何德以堪之。王猶不堪，况爾小醜乎？』韋昭注：『醜，類也。王者至尊，猶且不堪，况爾小人之類乎？』後漢書蓋勛傳：『董卓廢少帝，殺何太后，勛與書曰：「昔伊尹、霍光，權以立功，猶可寒心，足下小醜，何以終此？」』『三

捷』，典出詩經小雅采薇：『豈敢定居，一月三捷。』『七擒』，典出三國志蜀書諸葛亮傳：『亮至南中，所在戰捷。聞孟獲者，爲夷、漢所服，募生致之。既得，使觀於營陳之間，問曰：「此軍何如？」獲對曰：「向者不知虛實，故敗。今蒙賜觀看營陳，若祇如此，即定易勝耳。」亮笑，縱使更戰，七縱七禽，而亮猶遣獲。獲止不去，曰：「公，天威也，南人不復反矣。」』

〔三十〕往以建成嫡長：『往』，原無此字，今據册府元龜、全唐文補。『建成』，即李建成。傳見舊唐書卷六十四、新唐書卷七十九。舊唐書其本傳云：『隱太子建成，高祖長子也。大業末，高祖捕賊汾、晋，建成携家屬寄於河東。義旗初建，遣使密召之，建成與巢王元吉間行赴太原。建成至，高祖大喜，拜左領軍大都督，封隴西郡公。引兵略西河郡，從平長安。義寧元年冬，隋恭帝拜唐國世子，開府，置僚屬。二年，授撫軍大將軍、東討元帥，將兵十萬徇洛陽。及還，恭帝授尚書令。武德元年，立爲皇太子。』

〔三十一〕不謂匿怨友于，忌能毀善，讒言屢發，殆至鑠金：『匿怨』，四庫全書作『罔思』。『殆至』，四庫全書作『始至』。『不謂』，不意，不料。漢蔡琰胡笳十八拍：『不謂殘生兮却得旋歸，撫抱胡兒兮泣下沾衣。』唐杜甫贈韋左丞丈濟詩：『不謂矜餘力，還來謁大

巫。」『匿怨』，對人懷恨在心而不表現出來。論語　公冶長：『匿怨而友其人，左丘明恥之，丘亦恥之。』南史　劉穆之傳：『本不匿怨，無所致憂。』『友于』，書　君陳：『惟孝友于兄弟。』後即以『友于』爲兄弟友愛之義。後漢書　史弼傳：『陛下隆於友于，不忍遏絶。』『鑠金』，謂傷人的讒言。楚辭　九章：『故衆口其鑠金兮，初若是而逢殆。』王逸注：『言衆口所論，萬人所言，金性堅剛，尚爲銷鑠，以喻讒言多，使君亂惑也。』事見舊唐書卷六十四李建成本傳載：『時太宗功業日盛，高祖私許立爲太子，建成密知之，乃與齊王元吉潛謀作亂。及劉黑闥重反，王珪、魏徵謂建成曰：「殿下但以地居嫡長，爰踐元良，功績既無可稱，仁聲又未遐布。而秦王勛業克隆，威震四海，人心所向，殿下何以自安？今黑闥率破亡之餘，衆不盈萬，加以糧運限絶，瘡痍未瘳，若大軍一臨，可不戰而擒也。願請討之，且以立功，深自封植，因結山東英俊。」建成從其計，遂請討劉黑闥，擒之而旋。……自武德初，高祖令太宗居西宫之承乾殿，元吉居武德殿後院，與上臺、東宫晝夜并通，更無限隔。皇太子及二王出入上臺，皆乘馬携弓刀雜用之物，相遇則如家人之禮。由是皇太子令及秦、齊二王教與詔敕并行，百姓惶惑，莫知準的。建成、元吉又外結小人，内連嬖幸，高祖所寵張婕妤、尹德妃皆與之淫亂。復與諸公主及六宫親戚驕恣縱横，并兼田宅，侵奪犬馬。同惡相濟，掩蔽聰明，苟行己志，惟以甘言諛辭承候

顏色。建成乃私召四方驍勇，并募長安惡少年二千餘人，畜爲宫甲，分屯左、右長林門，號爲長林兵。……後又與元吉謀行鴆毒，引太宗入宫夜宴，既而太宗心中暴痛，吐血數升，淮安王神通狼狽扶還西宫。……是後，日夜陰與元吉連結後宫，譖訴愈切，高祖惑之。太宗懼，不知所爲。……九年，突厥犯邊，詔元吉率師拒之，元吉因兵集，將與建成剋期舉事。』

〔三十二〕密悟凶邪，指麾殲殄：『殲殄』，消滅；滅絶。晋書張軌傳：『主簿謝艾，兼資文武，明識兵略，若授以斧鉞，委以專征，必能折衝禦侮，殲殄凶類。』唐元稹鼓吹曲辭芳樹：『非無殲殄法，念爾有生涯。』事見舊唐書卷六十四李建成本傳載：『六月三日，密奏建成、元吉淫亂後宫，因自陳曰：「臣於兄弟無絲毫所負，今欲殺臣，似爲世充、建德報讎。臣今枉死，永違君親，魂歸地下，實亦恥見諸賊。」高祖省之愕然，報曰：「明日當勘問，汝宜早參。」四日，太宗將左右九人至玄武門自衛。高祖已召裴寂、蕭瑀、陳叔達、封倫、宇文士及、竇誕、顔師古等，欲令窮覈其事。建成、元吉行至臨湖殿，覺變，即迴馬，將東歸宫府。太宗隨而呼之，元吉馬上張弓，再三不彀。太宗乃射之，建成應弦而斃，元吉中流矢而走，尉遲敬德殺之。俄而東宫及齊府精兵二千人結陣馳攻玄武門，守門兵仗拒之，不得入，良久接戰，流矢及于内殿。太宗左右數百騎來赴難，建成等兵遂敗散。高祖大驚，謂裴寂等曰：「今日之事如何？」

蕭瑀、陳叔達進曰：「臣聞内外無限，父子不親，當斷不斷，反受其亂。建成、元吉，義旗草創之際，并不預謀，建立已來，又無功德，常自懷憂，相濟爲惡，釁起蕭墻，遂有今日之事。秦王功蓋天下，率土歸心，若處以元良，委之國務，陛下如釋重負，蒼生自然乂安。」高祖曰：「善！此亦吾之夙志也。」乃命召太宗而撫之曰：「近日已來，幾有投杼之惑。」太宗哀號久之。建成死時年三十八。』

〔三十三〕未稱三靈之心：『三靈』，指天、地、人。漢班固典引：『答三靈之蕃祉，展放唐之明文。』李善注：『三靈，天、地、人也。』魏書孫紹傳：『事恢三靈，仁洽九服。』

〔三十四〕處之肅清：『肅清』，原作『肅成』，今據明鈔本、甲庫本改。『肅清』，謂完全削平。晋孫楚爲石仲容與孫皓書：『師不逾時，梁益肅清；使竊號之雄，稽顙降闕。』北齊書王纮傳：『天下皆當肅清，豈直僞陳而已。』

〔三十五〕察其復禮：明鈔本、甲庫本作『或察其復禮』。

〔三十六〕去奢去泰：『去泰』，去其過甚。謂事宜適中。語本老子：『天下神器不可爲也。爲者敗之，執者失之……是以聖人去甚、去奢、去泰。』

〔三十七〕朝夕視膳，蒸蒸之性日嚴；昃景憂民，翼翼之情日慎：『日慎』，原無日字，今

據冊府元龜、全唐文補；四庫全書作『愈篤』。『視膳』，古代臣下侍奉君主或子女侍奉雙親進餐的一種禮節。語本禮記 文王世子：『食上，必在視寒暖之節；食下，問所膳。』史記 魯仲連鄒陽列傳：『天子巡狩，諸侯辟舍，納筦籥，攝衽抱機，視膳於堂下，天子已食，乃退而聽朝也。』『蒸蒸』，純一寬厚貌。漢書 酷吏傳序：『而吏治蒸蒸，不至於奸，黎民艾安。』顏師古注：『蒸蒸，純一之貌也。』『昃景』，謂日影西斜。景，日影。唐楊炯原州百泉縣令李君神道碑：『猶復中宵不寐，殷勤多士之林；昃景忘疲，涣汗非常之辟。』『翼翼』，恭敬謹慎貌。詩 大雅 大明：『惟此文王，小心翼翼。』鄭玄箋：『小心翼翼，恭慎貌。』漢書 禮樂志：『王侯秉德，其鄰翼翼。』顏師古注：『翼翼，恭敬也。』

〔三十八〕南越騾水，北狄款關，四海宴然，五兵偃戢：『騾水』，四庫全書作『獻贐』；冊府元龜作『稽首』。『宴然』，全唐文、冊府元龜作『晏然』。『南越』，古地名，今廣東廣西一帶。莊子 山木：『南越有邑焉，名爲建德之國。』通典 州郡 古南越：『自嶺而南，當唐虞三代，爲蠻夷之國，是百越之地，亦謂之南越。古謂之雕題，非禹貢九州之域，又非周禮職方之限。』『騾水』，迅疾之水。晋左思三都賦：『綿綿迴塗，騾山騾水。襁負贐贄，重譯貢篚。』『北狄』，原指古代的狄族，因其主要居住於北方，故稱。後用爲對北方各少數民族

的泛稱。孟子梁惠王下：『東面而征西夷怨，南面而征北狄怨。』五朝名臣言行録卷二引宋歐陽修歸田録：『其後，北狄講和，西戎納款。』『款關』，猶款塞。南齊書高帝紀上：『遐方款關而慕義，荒服重譯而來庭。』明張居正遼東大捷辭免加恩疏：『西虜驚心，益謹款關之約。』『宴然』，安定貌；平安貌。漢荀悦漢紀高后紀贊：『高后女主制政，不出房闥而天下宴然。』唐薛用弱集異記丁巖：『自是，旬朔之内，群虎屏迹，而山野宴然矣。』『五兵』，指戰争。南朝梁劉孝標金華山栖志序：「可免洪水五兵，可合神丹九轉。」」唐末五代杜光庭晋公太白狼星醮詞：『弓弢戢偃，雨順風調，百穀有年，五兵永息。』『偃戢』，停息。唐末五代杜光庭皇帝本命醮詞：『俾五兵偃戢，百穀滋豐，中外和寧，生靈舒泰。』

〔三十九〕招君璋之黨，止用尺書；屠師都之城，無虧寸刃：『君璋』，原作『君章』，今據册府元龜、全唐文改。『之黨』，册府元龜、全唐文作『之衆』。『止』，册府元龜、全唐文作『只』。『君璋』，指苑君璋，事見舊唐書卷五十五其本傳云：『君璋復見頡利政亂，竟率所部來降，拜安州都督，封芮國公，賜實封五百户。』『師都』，指梁師都，事見舊唐書卷五十六其本傳云：『貞觀二年，太宗遣右衛大將軍柴紹、殿中少監薛萬均討之，又使劉旻、劉蘭率勁卒

直據朔方東城以逼之。頡利可汗遣兵來援師都，紹逆擊破之，進屯城下。師都兵勢日蹙，其從父弟洛仁斬師都，詣紹降，拜洛仁爲右驍衛將軍，封朔方郡公。」

〔四十〕公卿輯睦：『輯睦』，和睦。管子五輔：『和協輯睦，以備寇戎。』周書齊煬王憲傳：『卿宜規以正道，勸以義方，輯睦我君臣，協和我骨肉。』

〔四十一〕遠邇乂安：『乂安』，太平；安定。史記孝武本紀：『漢興已六十餘歲矣，天下乂安。』唐末五代杜光庭莫庭乂青城山本命醮詞：『眷屬乂安，公私和泰。』

〔四十二〕玉鏡懸於億兆：『玉鏡』，比喻清明之道。尚書帝命驗：『桀央玉鏡，用其噬虎。』鄭玄注：『玉鏡喻清明之道。』南朝梁簡文帝奉請上開講啓：『玉鏡宸居，金輪馭世。』

〔四十三〕今令月吉辰：『今』，册府元龜、四庫全書、全唐文無此字。『令月』，吉月。儀禮士冠禮：『令月吉日，始加元服，棄爾幼志，順爾成德，壽考惟祺，介爾景福。』鄭玄注：『令、吉，皆善也。』後漢書明帝紀：『二年春正月辛未……使尚書令持節詔驃騎將軍、三公曰：「今令月吉日，宗祀光武皇帝於明堂，以配五帝。」』

〔四十四〕仰鑒穹旻：『穹旻』，四庫全書、甲庫本作『穹昊』。『穹旻』，猶穹蒼。南朝陳徐陵陳文帝哀策：『億兆何辠，穹旻遽傾。』吴兆宜箋注：『爾雅：穹蒼，蒼天也。又：秋爲

旻天。』隋書音樂志上：『朱光啓耀，兆發穹旻。』

〔四十五〕自當養性別宫，使其正居宸極：『自』，册府元龜、全唐文無此字。『宸極』，比喻帝位。晉劉琨勸進表：『宸極失御，登遐醜裔。』李善注：『宸極，喻帝位。』舊唐書忠義傳上蘇安恒：『今太子孝敬是崇，春秋既壯，若使統臨宸極，何異陛下之身。』

〔四十六〕朕得脱屣高蹈，擬迹於軒轅：『脱屣』，比喻看得很輕，無所顧戀，猶如脱掉鞋子。漢書郊祀志上：『嗟乎！誠得如黄帝，吾視去妻子如脱屣耳！』顔師古注：『屣，小履。脱屣者，言其便易，無所顧也。』唐李頎緩歌行：『一沈一浮會有時，棄我翻然如脱屣。』『高蹈』，指隱居。三國魏鍾會檄蜀文：『誠能深鑒成敗，邈然高蹈，投迹微子之踪，措身陳平之軌，則福同古人，慶流來裔，百姓士民，安堵樂業。』梁書止足傳序：『雖禍敗危亡，陳乎耳目，而輕舉高蹈，寡乎前史。』

〔四十七〕授曆傳璽，爰屬於□啓：『授曆』，四庫全書、全唐文作『授歷』。『□啓』，册府元龜、全唐文作『啓誦』；四庫全書作『夏啓』。『授曆』，頒布曆法。南朝陳徐陵玉臺新咏序：『亦有嶺上仙童，分丸魏帝；腰中寶鳳，授曆軒轅。』宋胡琦耕禄藁代良耜謝表：『茲蓋恭遇皇帝陛下，授曆析因，分田友助，即功以知稼穡，靡或遑寧；親耕以給粢盛，昭然示

勸。』

〔四十八〕卜年惟永：『卜年』，指國運之年數。左傳宣公三年：『成王定鼎於郟鄏，卜世三十，卜年七百，天所命也。』晉劉琨勸進表：『三葉重光，四聖繼軌。惠澤侔於有虞，卜年過於周氏。』

〔四十九〕或晉陽從我：『從我』，四庫全書作『徒御』。

〔五十〕或秦邸故吏，早預腹心：『秦邸』，四庫全書作『幕邸』。『腹心』，四庫全書作『艱難』。

〔五十一〕并以德舉言揚，進忠顯孝：『并』，四庫全書作『至』；原作『顯效』。今據册府元龜、全唐文改。

〔五十二〕保乂社稷：『保乂』，亦作『保艾』。治理使之安定太平。書君奭：『率惟兹有陳，保乂有殷。』孔傳：『以安治有殷。』唐楊炯唐同州長史宇文公神道碑：『對揚天命，保乂王家。』

〔五十三〕惟當帶礪山河：『帶礪山河』，封爵之誓詞。極言國基堅固，國祚長久。語出史記高祖功臣侯者年表序：『封爵之誓曰：「使河如帶，泰山若厲。國以永寧，爰及苗裔。」始

未嘗不欲固其根本，而枝葉稍陵夷衰微也。』裴駰集解引應劭曰：『封爵之誓，國家欲使功臣傳祚無窮。帶，衣帶也。厲，砥石也。河當何時如衣帶，山當何時如厲石，言如帶厲，國乃絶耳。』按，『厲』同『礪』。唐陸贄賜李納王武俊等鐵券文：『功載鼎彝，名藏王府，子孫代代，爲國勋臣，河山帶礪，傳祚無絶。』

〔五十四〕可以悉心匡弼：『匡弼』，册府元龜、全唐文作『輔弼』。

〔五十五〕替爾丕績：『丕績』，大功業。書大禹謨：『予懋乃德，嘉乃丕績。』唐顔真卿天下放生池碑銘：『道冠巍巍，威深虩虩，遘兹多難，克廣丕績。』

〔五十六〕善事元首：『元首』，君主。書益稷：『股肱喜哉，元首起哉，百工熙哉！』孔傳：『元首，君也。』三國魏曹丕災異免策三公詔：『災異之作，以譴元首，而歸過股肱，豈禹湯罪己之義乎？』

睿宗命皇太子即位詔〔一〕

賈曾

朕聞宇宙者〔二〕，至公之器，不獲已而臨之〔三〕；帝王者，因時之運，非有待而居之。蓋在於拯俗濟人，功成名遂而已〔四〕。朕以寡昧，虔奉鴻休〔五〕，本殊王季之

賢〔六〕，早達延州之節〔七〕。昔在聖曆，已讓皇嗣之尊〔八〕；爰暨神龍，終辭太弟之授〔九〕。豈惟衣冠所睹〔十〕，抑亦兆庶咸知〔十一〕。頃屬國步未夷〔十二〕，時艱主幼，大業有綴旒之懼〔十三〕，寶位深墜地之憂。議迫公卿，遂司契象〔十四〕，日慎一日，已至于今〔十五〕。一紀之勞，勤亦至矣；萬方之俗〔十六〕，化漸行矣。將成宿願，脱屣寰區〔十七〕。昔堯之禪舜，惟能是與；禹以命啓，匪私其親。神器之重，允歸公授。皇太子某有大功於天地，定阽危於社稷〔十八〕，温文既習，聖敬日躋〔十九〕。委之監撫〔二十〕，已逾年歲〔二十一〕，時政益明，庶工惟序〔二十二〕。朕之知子，庶不負時；曆數在躬〔二十三〕，宜陟元后。可令即皇帝位，有司擇日授册〔二十四〕。朕方比迹洪古〔二十五〕，希風太皇〔二十六〕，神與化游，思與道合，無爲無事，豈不美歟！王公百僚〔二十七〕，宜識朕意。延和元年七月。

校箋

〔一〕此文又見於舊唐書卷八玄宗紀、册府元龜卷十一、唐文粹卷三十一、全唐文卷二百七十七、御定淵鑒類函卷四十二帝王部三帝王總載六等，然其題目亦與今存各本有所不

一，全唐文文題爲命皇太子即位制，署名賈曾。唐文粹文題爲唐册玄宗明皇帝文。御定淵鑒類函卷四十二帝王部三　帝王總載六記『唐賈曾玄宗即位册文曰：朕以寡昧』云云。本文文末標明頒布時間爲延和元年七月。考舊唐書　玄宗紀載：『延和元年六月，凶黨因術人聞睿宗曰：「據玄象，帝座及前星有災，皇太子合作天子，不合更居東宮矣。」睿宗曰：「傳德避災，吾意決矣。」七月壬午，制曰：朕以寡昧……上意惶懼，馳見叩頭，請所以傳位之旨。睿宗曰：「吾因汝功業得宗社。今帝座有眚，思欲遜避，唯聖德大勛，始轉禍爲福。易位於汝，吾知晚矣。」上始居武德殿視事，三品以下除授及徒罪皆自決之。』新唐書　玄宗紀亦記：『延和元年，星官言：「帝坐前星有變。」睿宗曰：「傳德避災，吾意決矣。」七月壬辰，制皇太子宜即皇帝位。太子惶懼入請，睿宗曰：「此吾所以答天戒也。」皇太子乃御武德殿，除三品以下官。』册府元龜卷十一帝王部　繼統三亦載『延和元年七月壬辰，睿宗傳位於皇太子，制曰：朕聞宇宙者』云云。資治通鑒卷二百一十玄宗先天元年載：『秋，七月，彗星出西方，經軒轅入太微，至于大角。有相者謂同中書門下三品竇懷貞曰：「公有刑厄。」懷貞懼，請解官爲安國寺奴；敕聽解官。乙亥，復以懷貞爲左僕射兼御史大夫、平章軍國重事。太平公主使術者言於上曰：「彗所以除舊布新，又帝座及心前星皆有變，皇太子當爲天子。」上曰：「傳德避災，吾志決矣！」太平公主及其黨皆力諫，以爲不可，上曰：「中宗之時，群奸用事，天變屢臻。朕時請中宗擇賢子立

之以應灾異，中宗不悦，朕憂恐數日不食。豈可在彼則能勸之，在己則不能邪！」太子聞之，馳入見，自投於地，叩頭請曰：「臣以微功，不次爲嗣，懼不克堪，未審陛下遽以大位傳之何也？」上曰：「社稷所以再安，吾之所以得天下，皆汝力也。今帝座有灾，故以授汝，轉禍爲福，汝何疑邪！」太子固辭。上曰：「汝爲孝子，何必待柩前然後即位邪！」太子流涕而出。壬辰，制傳位於太子，太子上表固辭。太平公主勸上雖傳位，猶宜自總大政。上乃謂太子曰：「汝以天下事重，欲朕兼理之邪？昔舜禪禹，猶親巡狩。朕雖傳位，豈忘家國！其軍國大事，當兼省之。」」』據上述典籍所載，除舊唐書繫爲『七月壬午（十五日）』，其餘各典籍均繫爲『七月壬辰』，則此赦文頒布時間應爲延和元年（七一二）七月壬辰（二十五日），其撰寫此文時間當在是時稍前。册府元龜卷十一帝王部繼統三亦載此詔令頒布背景：『先是，彗星從西方經軒轅入太微，至于大角，數日乃滅。睿宗以爲革舊布新之政。又太子仁愛日聞，故順天傳位。乃謂太平公主曰：「昔中宗之朝，悖逆驕縱，擅權侈靡，天變屢臻，我當時極諫，請擇賢子立之以應灾異，中宗不悦，我憂惶數日不食。豈在彼能諫，於己不行？」是日，將軍龐承宗、左拾遺韓朝宗諫曰：「自頃國家多難，賴陛下聖德保存社稷，綏撫四方。今日忽有此讓，臣等不知所出。皇太子雖聖明，且應養德春宫，依前監撫，未宜即位。」睿宗不聽。皇太子自東宫馳入請見，自投於地叩頭曰：「臣以微功非次見擢，偏守儲貳，日夜兢惶。不知陛下何以傳位於臣？」睿宗曰：

「往以韋氏弒逆，社稷殆危，汝以弱年，夷凶静亂，安我宗廟，爾之力也。今天意人事，汝合當之。」太子固辭，睿宗曰：「不有此讓，何以禳灾？汝若行孝，豈宜於柩前即位邪？」於是太子流涕而出。』又，賈曾，傳見舊唐書卷一百九十中，新唐書卷一百一十九。舊唐書其本傳云：『曾少知名。景雲中，爲吏部員外郎。玄宗在東宫，盛擇宫僚，拜曾爲太子舍人。時太子頻遣使訪召女樂，命宫臣就率更署閲樂，多奏女妓。曾啓諫曰「臣聞作樂崇德，以感人神」云云，太子手令答曰：「比嘗聞公正直，信亦不虚。寡人近日頗尋典籍，至於政化，偏所留心，女樂之徒，亦擬禁斷。公之所言，雅符本意。」俄特授曾中書舍人。曾以父名忠，固辭，乃拜諫議大夫、知制誥。……開元初，復拜中書舍人，曾又固辭，議者以爲中書是曹司名，又與曾父音同字别，於禮無嫌，曾乃就職。與蘇晋同掌制誥，皆以詞學見知，時人稱爲蘇賈。』

〔二〕朕聞宇宙者：『宇宙』，猶言天下，國家。南朝梁沈約游沈道士館詩：『秦皇御宇宙，漢帝恢武功。』隋書煬帝紀上：『方今宇宙平一，文軌攸同，十步之内，必有芳草，四海之中，豈無奇秀！』

〔三〕不獲已而臨之：『不獲已』，不得已。後漢書獨行傳嚴授：『〔張顯〕覽令進，授不獲已，前戰，伏兵發，授身被十創，歿於陣。』新唐書沈既濟傳：『四方形勢，兵未可去，資費雖廣，不獲已爲之。』

〔四〕朕聞宇宙者，至公之器，不獲已而臨之；帝王者，因時之運，非有待而居之，蓋在於拯俗濟人，功成名遂而已：原本、舊唐書、唐文粹、御定淵鑒類函均無此段，今據册府元龜、全唐文增補。

〔五〕虔奉鴻休：『鴻休』，鴻業；大統。北齊書 文宣帝紀：『朕入纂鴻休，將承世祀，籍援立之厚，延宗社之算。』唐肅宗改元寶應赦文：『總集瑞命，祗承鴻休。』

〔六〕本殊王季之賢：『王季』，事見史記 周本紀：『古公有長子曰太伯，次曰虞仲。太姜生少子季歷，季歷娶太任，皆賢婦人，生昌，有聖瑞。古公曰：「我世當有興者，其在昌乎？」長子太伯、虞仲知古公欲立季歷以傳昌，乃二人亡如荆蠻，文身斷髮，以讓季歷。古公卒，季歷立，是爲公季。公季修古公遺道，篤於行義，諸侯順之。』

〔七〕早達延州之節：『延州』，册府元龜、舊唐書、全唐文作『延陵』。『延州之節』，原作『延州之德』，今據舊唐書、册府元龜、四庫全書、全唐文、御定淵鑒類函、適園叢書改。『早達』，年少顯達。南朝陳徐陵與王吴郡僧智書：『鄧仲華服衮之年，荀令則擁麾之日，徒云早達，未可同功。』梁書 張纘傳：『纘時年二十三……俄爲長史兼侍中，時人以爲早達。』『延州』，春秋時吴公子季札本封延陵，復封州來，後因以『延州』借指季札。南朝宋謝靈運廬陵王墓下作詩：『延州協心許，楚老惜蘭芳。』李善注引新序：『延陵季子將西聘晉，帶

寶劍以過徐君，徐君不言而色欲之。季子爲有上國之事，未獻也，然心許之矣。使於晋，顧反，則徐君死。於是以劍帶徐君墓樹而去。』南朝梁江淹雜體詩之二五：『共秉延州信，無慚仲路諾。』李善注：『延州信，謂挂劍也。』

〔八〕昔在聖曆，已讓皇嗣之尊：『皇嗣』，四庫全書作『皇儲』。事見舊唐書睿宗紀載：『及革命，改國號爲周，降帝爲皇嗣，令依舊名輪，徙居東宫，其具儀一比皇太子。聖曆元年，中宗自房陵還。帝數稱疾不朝，請讓位於中宗。則天遂立中宗爲皇太子，封帝爲相王，又改名旦，授太子右衛率。』

〔九〕爰曁神龍，終辭太弟之授：『爰曁』，册府元龜、全唐文作『爰洎』。此事見舊唐書睿宗紀載：『自則天初臨朝及革命之際，王室屢有變故，帝每恭儉退讓，竟免於禍。神龍元年，以誅張易之昆弟功，進號安國相王，遷太尉，加實封。其年立爲皇太弟，固辭不受。』

〔十〕豈惟衣冠所睹：『衣冠』，代稱縉紳、士大夫。漢書杜欽傳：『茂陵杜鄴與欽同姓字，俱以材能稱京師，故衣冠謂欽爲「盲杜子夏」以相别。』顔師古注：『衣冠謂士大夫也。』唐李白登金陵鳳凰臺詩：『吴宫花草埋幽徑，晋代衣冠成古丘。』

〔十一〕抑亦兆庶咸知：『兆庶』，猶言兆民。後漢書崔駰傳：『濟此兆庶，出於平易之路。』唐元結二風詩至勞：『嗚呼勞王，功亦何大！去爾兆庶，洪湮灾害。』

〔十二〕頃屬國步未夷：『未夷』，原作『不夷』，今據全唐文、唐文粹、御定淵鑒類函改。『國步』，國家的命運。步，時運。詩 大雅 桑柔：『於乎有哀，國步斯頻。』毛傳：『步，行；頻，急也。』高亨注：『國步，猶國運。』南朝宋謝莊宋孝武帝哀策文：『王室多故，國步方蹇。』

〔十三〕大業有綴旒之懼：『綴旒』，比喻國勢垂危。三國魏潘勖册魏公九錫文：『當此之時，若綴旒然。』張銑注：『旒，冠上垂珠，而綴於冠者，言帝室之危如旒之懸。然，辭也。』魏書 肅宗紀：『祖宗盛業，危若綴旒，社稷鴻基，殆將淪墜。』

〔十四〕議迫公卿，遂司契象：『契象』，舊唐書作『契篆』。『遂司契象』，册府元龜、全唐文作『遂登皇極』。事見舊唐書 睿宗紀載：『景龍四年夏六月，中宗崩，韋庶人臨朝，引用其黨，分握政柄，忌帝望實素高，潛謀危害。庚子夜，臨淄王諱與太平公主子薛崇簡、前朝邑尉劉幽求、長上果毅麻嗣宗、苑總監鍾紹京等率兵入北軍，誅韋温、紀處訥、宗楚客、武延秀、馬秦客、葉静能、趙履温、楊均等，諸韋、武黨與皆誅之。辛丑，帝挾少帝御安福門樓慰諭百姓，大赦天下，見繫囚徒常赦所不免者咸赦除之……其日，王公百僚上表，咸以國家多難，宜立長君，以帝衆望所歸，請即尊位。』

〔十五〕以至于今：『以』，原作『已』，今據舊唐書、册府元龜、唐文粹、御定淵鑒類

函、全唐文改。

〔十六〕萬方之俗：『萬方』，唐文粹、御定淵鑒類函作『萬邦』。

〔十七〕脱屣寰區：『脱屣』，比喻看得很輕，無所顧戀，猶如脱掉鞋子。漢書　郊祀志上：『嗟乎！誠得如黄帝，吾視去妻子如脱屣耳！』顔師古注：『屣，小履。脱屣者，言其便易，無所顧也。』唐李頎緩歌行：『一沈一浮會有時，棄我翻然如脱屣。』『寰區』，天下；人世間。後漢書　逸民傳序：『彼雖硜硜有類沽名者，然而蟬蜕囂埃之中，自致寰區之外，異夫飾智巧以逐浮利者乎！』唐杜甫解悶詩之八：『最傳秀句寰區滿，未絶風流相國能。』

〔十八〕皇太子某有大功於天地，定阽危於社稷：『皇太子某』，舊唐書、册府元龜作『皇太子基』；全唐文作『皇太子隆基』。『阽危』，臨近危險。漢書　食貨志上：『既聞耳矣，安有爲天下阽危者若是而上不驚者！』顔師古注：『阽危，欲墜之意也。』事見舊唐書　玄宗紀載：『（景雲元年）至六月，中宗暴崩，韋后臨朝稱制。韋温、宗楚客、紀處訥等謀傾宗社，以睿宗介弟之重，先謀不利。道士馮道力、處士劉承祖皆善於占兆，詣上布誠款。上所居里名隆慶，時人語訛以「隆」爲「龍」；韋庶人稱制，改元又爲唐隆，皆符御名。上益自負，乃與太平公主謀之，公主喜，以子崇簡從。上乃與崇簡、朝邑尉劉幽求、長上折衝麻嗣宗、押萬騎果毅葛福順李仙鳧、寶昌寺僧普潤等定策誅之。或曰：「先啓大王。」上曰：「我拯社稷之危，赴君父

之急，事成福歸於宗社，不成身死於忠孝，安可先請，憂怖大王乎！若請而從，是王與危事；請而不從，則吾計失矣。」遂以庚子夜率幽求等數十人自苑南入，總監鍾紹京又率丁匠百餘以從。分遣萬騎往玄武門殺羽林將軍韋播、高嵩，持首而至，衆歡叫大集。攻白獸、玄德等門，斬關而進，左萬騎自左入，右萬騎自右入，合於凌烟閣前。時太極殿前有宿衛梓宮萬騎，聞譟聲，皆披甲應之。韋庶人惶惑走入飛騎營，爲亂兵所害。於是分遣誅韋氏之黨，比明，内外討捕，皆斬之。乃馳謁睿宗，謝不先啓請之罪。睿宗遽前抱上而泣曰：「宗社禍難，由汝安定，神祇萬姓，賴汝之力也。」』

〔十九〕聖敬日躋：『日躋』，原作『克躋』。今據唐文粹、御定淵鑒類函改。

〔二十〕委之監撫：『監撫』，舊唐書作『監國』。

〔二十一〕已逾年歲：舊唐書、全唐文作『已移歲年』；唐文粹、御定淵鑒類函作『已移年歲』。

〔二十二〕庶工惟序：『庶工』，册府元龜作『庶官』。『惟序』，四庫全書作『惟叙』。『庶工』，百官。南朝梁蕭子雲俊雅之一：『訓迪庶工，位以德序。』舊唐書玄宗紀上：『時政益明，庶工惟序。』

〔二十三〕曆數在躬：『曆數』，唐文粹、適園叢書、御定淵鑒類函作『歷數』。『曆數』，古謂帝王代天理民的順序。論語堯曰：『咨，爾舜，天之曆數在爾躬。』何晏集

解：『曆數謂列次也。』邢昺疏：『孔注尚書云：謂天道。謂天曆運之數。帝王易姓而興，故言曆數謂天道。』北魏楊衒之洛陽伽藍記 平等寺：『今天眷明德，民懷奧主，曆數允集，歌訟同臻。』

〔二十三〕有司擇日授册：『授册』，舊唐書、册府元龜、全唐文作『册授』。

〔二十四〕朕方比迹洪古：『比迹』，齊步；并駕。謂彼此相當。後漢書 皇后紀上 和熹鄧皇后：『齊踪虞妃，比迹任姒。』唐劉知幾史通 疑古：『蓋欲比迹堯舜，襲其高名者乎？』

〔二十五〕希風太皇：『希風』，指企慕，效法。晋書 王羲之傳：『常依陸賈、班嗣、楊王孫之處世，甚欲希風數子，老夫志願盡於此也。』清龔自珍明良論一：『今士大夫，無論希風古哲，志所不屬，雖下劣如矜翰墨，召觴咏，我知其必不暇爲也。』

〔二十六〕王公百僚：『百僚』，御定淵鑒類函作『百寮』。

睿宗令明皇總軍國刑政詔〔一〕

大寶之尊，諒非於爲己〔二〕；神器之重〔三〕，必在於與能〔四〕。自昔興王〔五〕，率由兹道〔六〕。我國家運光五聖〔七〕，業盛百齡，大賚洽於人心〔八〕，淳風偃於區外〔九〕。而道不恒泰〔十〕，時更小屯〔十一〕。朕以菲薄，屬兹多難，抑讓王之宿

志〔十二〕，順公議於群情。丕業既康，天保斯定。皇帝神武攸縱，睿哲克躋，安宗社於綴旒〔十三〕，拯生人於在溺。用遵内禪〔十四〕，令總朕師〔十五〕，夙夜在勤，刑政益理〔十六〕。昨者，奸臣構釁〔十七〕，竊犯禁闈〔十八〕，凶黨布於蕭墻〔十九〕，飛變聞於帷扆〔二十〕。朕慮深倉卒，爰命討除〔二十一〕。皇帝遂與岐王範、薛王業等，勵兹孝心〔二十二〕，率彼義勇，戮鯨鯢於闕下〔二十三〕，掃欃槍於天路〔二十四〕。元惡大憝〔二十五〕，罔不伏誅。人神用康，功業彌廣。信可總璿衡之大政〔二十六〕，守家國之鴻緒〔二十七〕。能事備矣，朕又何憂？自今已後，軍國政刑一事已上，并取皇帝處分〔二十八〕。其岐王範、薛王業，宜各實封一千户〔二十九〕。朕方高居大庭〔三十〕，緬懷汾水〔三十一〕，無爲養志，以遂素心。凡百卿士，洎于黎庶〔三十二〕，宜體朕懷，各盡臣節〔三十三〕。布告遐邇，咸使聞知。先天二年七月

校箋

〔一〕此文又見於全唐文卷十九，文題作命皇帝處分軍國政刑誥，署名唐睿宗。册府元龜卷十一亦録此文，其文首云『（先天二年七月）丙寅，太上皇誥曰：大寶之尊，諒非爲己。』

原文文末注明頒布時間爲光天二年七月，今據四庫全書改爲先天二年七月。考，舊唐書睿宗紀載：『（先天二年）秋七月甲子，太平公主與僕射竇懷貞、侍中岑羲、中書令蕭至忠、左羽林大將軍常元楷等謀逆，事覺，皇帝率兵誅之。窮其黨與，太子少保薛稷、左散騎常侍賈膺福、右羽林將軍李慈李欽、中書舍人李猷、中書令崔湜、尚書左丞盧藏用、太史令傅孝忠、僧惠範等皆誅之。兵部尚書郭元振從上御承天門樓，大赦天下，自大辟罪已下，無輕重咸赦除之。翌日，太上皇誥曰：「朕將高居無爲，自今後軍國刑政一事以上，并取皇帝處分。」』舊唐書玄宗紀載：『先天二年七月三日，尚書左僕射竇懷貞、侍中岑羲、中書令蕭至忠崔湜、雍州長史李晉、左羽林大將軍常元楷、右羽林將軍李慈等與太平公主同謀，期以其月四日以羽林軍作亂。上密知之，因以中旨告岐王範、薛王業、兵部尚書郭元振、將軍王毛仲，取閑廐馬及家人三百餘人，率太僕少卿李令問、王守一、内侍高力士、果毅李守德等親信十數人，出武德殿，入虔化門。梟常元楷、李慈於北闕。擒賈膺福、李猷於内客省以出。執蕭至忠、岑羲於朝，皆斬之。睿宗明日下詔曰：「朕將高居無爲，自今軍國政刑一事已上，并取皇帝處分。」』新唐書睿宗紀載：『（先天二年）七月，乙丑，誥歸政于皇帝。』新唐書玄宗紀載：『（開元元年）七月甲子，太平公主及岑羲、蕭至忠、竇懷貞謀反，伏誅。乙丑，始聽政。』資治通鑑卷二百一十亦

記：『（先天二年）秋，七月，魏知古告公主欲以是月四日作亂，令元楷、慈以羽林兵突入武德殿，懷貞、至忠、義等於南牙舉兵應之。上乃與岐王範、薛王業、郭元振及龍武將軍王毛仲、殿中少監姜皎、太僕少卿李令問、尚乘奉御王守一、内給事高力士、果毅李守德等定計誅之。皎，謩之曾孫；令問，靖弟客師之孫；守一，仁皎之子；力士，潘州人也。甲子，上因王毛仲取閑厩馬及兵三百餘人，自武德殿入虔化門，召元楷、慈，先斬之，擒膺福、猷於内客省以出，執至忠、義於朝堂，皆斬之。懷貞逃入溝中，自縊死，戮其尸，改姓曰毒。上皇聞變，登承天門樓。郭元振奏，皇帝前奉誥誅竇懷貞等，無他也。上尋至樓上，上皇乃下誥罪狀懷貞等，因赦天下，惟逆人親黨不赦。薛稷賜死於萬年獄。乙丑，上皇誥：「自今軍國政刑，一皆取皇帝處分。朕方無爲養志，以遂素心。」是日，徙居百福殿。』據上述典籍所載，則此詔書頒布時間應爲先天二年（七一三）七月乙丑（四日），撰寫時間當在是時稍前。

〔二〕諒非於爲己：册府元龜、全唐文作『諒非爲己』；四庫全書作『諒殊於爲己』。

〔三〕神器之重：『神器』，代表國家政權的實物，如玉璽、寶鼎之類。借指帝位、政權。漢書叙傳上：『世俗見高祖興於布衣，不達其故，以爲適遭暴亂，得奮其劍，游説之士至比天下於逐鹿，幸捷而得之，不知神器有命，不可以智力求也。』顔師古注引劉德曰：『神器。璽

也。』晋左思魏都賦：『劉宗委馭，巽其神器。』吕延濟注：『神器，帝位。』

〔四〕必在於與能：册府元龜、全唐文作『必在與能』。『與能』，推薦有才能的人。與，通『舉』。易繫辭下：『人謀鬼謀，百姓與能。』孔穎達疏：『天下百姓親與能人，樂推爲王也。』禮記禮運：『大道之行也，天下爲公，選賢與能。』王引之經義述聞禮記中：『「與，當讀爲舉。大戴禮王言篇：「選賢舉能。」是也。舉、與古字通。』

〔五〕自昔興王：『興王』，指開創基業的君主。後漢書翟酺傳：『願陛下親自勞恤……心存亡國所以失之，覽觀興王所以得之，庶灾害可息，豐年可招矣。』隋書李德林傳：『皇帝載誕之初，神光滿室，具興王之表，韞大聖之能。』

〔六〕率由兹道：册府元龜、全唐文作『率繇兹道』；四庫全書作『率由斯道』。

〔七〕我國家運光五聖：『五聖』，五個聖人。指唐高祖、太宗、高宗、中宗、睿宗。唐杜甫冬日洛城北謁玄元皇帝廟詩：『五聖聯龍衮，千官列雁行。』唐康駢劇談録老君廟畫：『壁有吴道玄畫五聖真容及老子化胡經事。』

〔八〕大賚洽於人心：四庫全書作『大賚合於人心』；甲庫本作『大賢合於人心』。『大賚』，猶重賞。書湯誓：『爾尚輔予一人，致天之罰，予其大賚汝。』孔傳：『女庶幾輔成

我，我大與汝爵賞。』南朝宋傅亮爲宋公求加贈劉前軍表：『俾忠貞之烈，不泯於身後；大賚所及，永秩於善人。』

〔九〕淳風偃於區外：『區外』，域外；遠方。晉潘岳籍田賦：『笥篋𧰼以軒翥兮，洪鐘越乎區外。』

〔十〕而道不恒泰：册府元龜作『而道不嘗泰』；全唐文作『而道不常泰』。

〔十一〕時更小屯：『小屯』，出『屯卦』，喻指雷雨交加，險象叢生，環境惡劣。

〔十二〕抑讓王之宿志：『抑』，原作『仰』，今據四庫全書、適園叢書改。

〔十三〕安宗社於綴旒：『綴旒』，比喻國勢垂危。三國魏潘勖册魏公九錫文：『當此之時，若綴旒然。』張銑注：『旒，冠上垂珠，而綴於冠者，言帝室之危如旒之懸。然，辭也。』魏書肅宗紀：『祖宗盛業，危若綴旒，社稷鴻基，殆將淪墜。』

〔十四〕用遵内禪：四庫全書作『用遵舊典』。『内禪』，古代帝王傳位給内定的繼承人稱『内禪』。晉干寶晉紀總論晉武帝革命：『堯舜内禪，體文德也；漢魏外禪，順大名也。』後多指帝王身在而傳位於子弟。唐顔真卿天下放生池碑銘：『歷選内禪，生人以來，振古及隋，未有如我皇帝者也。』

（十五）令總朕師：『朕師』，我衆。書 舜典：『帝曰：「龍，朕堲讒説殄行，震驚朕師。命汝作納言，夙夜出納朕命。」』書 大禹謨：『汝惟不怠，總朕師。』

（十六）刑政益理：全唐文作『政刑益理』。『刑政』，刑法政令。國語 周語下：『出令不信，刑政放紛。』唐柳宗元封建論：『告之以直而不改，必痛之而後畏，由是君長刑政生焉。』

（十七）奸臣構釁：『構釁』，製造争端。南史 梁武陵王紀傳：『圓照字明周……帝特愛紀，故遣以副紀。紀之構釁，悉其謀也。』初刻拍案驚奇卷十：『金聲、程元、趙孝構釁無端，各行杖警。』

（十八）竊犯禁闈：册府元龜、全唐文作『潛發禁闈』。

（十九）凶黨布於蕭墻：『蕭墻』，借指内部。韓非子 用人：『不謹蕭墻之患，而固金城於遠境。』後漢書 劉虞傳：『明公不先告曉使得改行，而兵起蕭墻，非國之利。』

（二十）飛變聞於帷扆：『扆』，古代的一種屏風，此處指宫廷之内。

（二十一）爰命討除：册府元龜、全唐文作『受命討除』。此數句事見舊唐書 玄宗紀載：『（景雲元年）至六月，中宗暴崩，韋后臨朝稱制。韋温、宗楚客、紀處訥等謀傾宗社，以睿宗介弟之重，先謀不利。道士馮道力、處士劉承祖皆善於占兆，詣上布誠款。上所居里名隆

慶，時人語訛以「隆」爲「龍」；韋庶人稱制，改元又爲唐隆，皆符御名。上益自負，乃與太平公主謀之，公主喜，以子崇簡從。上乃與崇簡、朝邑尉劉幽求、長上折衝麻嗣宗、押萬騎果毅葛福順李仙凫、寶昌寺僧普潤等定策誅之。或曰：「先啓大王。」上曰：「我拯社稷之危，赴君父之急，事成福歸於宗社，不成身死於忠孝，安可先請，憂怖大王乎！若請而從，是王與危事；請而不從，則吾計失矣。」遂以庚子夜率幽求等數十人自苑南入，總監鍾紹京又率丁匠百餘以從。分遣萬騎往玄武門殺羽林將軍韋播、高嵩，持首而至，衆歡叫大集。攻白獸、玄德等門，斬關而進，左萬騎自左入，右萬騎自右入，合於凌烟閣前。時太極殿前有宿衛梓宮萬騎，聞譟聲，皆披甲應之。韋庶人惶惑走入飛騎營，爲亂兵所害。於是分遣誅韋氏之黨，比明，内外討捕，皆斬之。乃馳謁睿宗，謝不先啓請之罪。睿宗遽前抱上而泣曰：「宗社禍難，由汝安定，神祇萬姓，賴汝之力也。」』

〔二十二〕皇帝遂與岐王範、薛王業等勵兹孝心：『岐王範』，傳見舊唐書卷九十五、新唐書卷八十一。舊唐書其本傳云：『惠文太子範，睿宗第四子也。本名隆範，後避玄宗連名，改單稱範。初封鄭王，尋改封衛王。長壽二年，隨例却入閤，徙封巴陵郡王，累授尚食奉御。神龍元年，遷太府員外少卿，加賜實封二百户，通前五百户。景龍年，兼隴州別駕，加銀青光禄大夫。

睿宗踐祚，進封岐王，又加實封五百户，拜太常卿，兼左羽林大將軍。先天二年，從上討竇懷貞、蕭至忠等，以功加賜實封滿五千户，下制褒美。開元初，拜太子少師，帶本官，歷絳、鄭、岐三州刺史。八年，遷太子太傅。』『薛王業』，傳見舊唐書卷九十五、新唐書卷八十一。舊唐書其本傳云：『惠宣太子業，睿宗第五子也。本名隆業，後單名業。垂拱三年，封趙王，開府置官屬。長壽二年，隨例却入閤，改封中山郡王，累授都水使者，尋又改封彭城郡王。神龍元年，加賜實封二百户，通前五百户。景龍二年，兼陳州別駕。銀青光禄大夫、太僕少卿，別駕如故。睿宗即位，進封薛王，加封滿一千户，拜秘書監，兼右羽林大將軍。俄轉宗正卿。睿宗以業好學而授秘書監。及玄宗誅蕭至忠、岑羲等，業以翊從之功，加實封通舊爲五千户。開元初，歷太子少保、同涇豳衛虢等州刺史。八年，遷太子太保。』

〔二十三〕戮鯨鯢於闕下：『鯨鯢』，比喻凶惡的敵人。左傳 宣公十二年：『古者明王伐不敬，取其鯨鯢而封之，以爲大戮。』杜預注：『鯨鯢，大魚名，以喻不義之人吞食小國。』晋書湣帝紀：『掃除鯨鯢，奉迎梓宫。』『闕下』，宫闕之下。借指帝王所居的宫廷。史記 梁孝王世家：『於是梁王伏斧質於闕下，謝罪，然後太后、景帝大喜，相泣，復如故。』後漢書 南蠻傳：『〔帝〕下令之後，槃瓠遂銜人頭造闕下。』

〔二十四〕掃欃槍於天路：『欃槍』：喻邪惡勢力。漢張衡東京賦：『欃槍旬始，群凶靡餘。』李善注：『欃槍，星名也。謂王莽在位如妖氣之在天。』唐杜甫奉送郭中丞兼太仆卿充隴右節度使三十韻：『幾時迴節鉞，勠力掃欃槍。』

〔二十五〕元惡大憝：『大憝』，指極奸惡的人，首惡之人。晉潘岳西征賦：『愠韓馬之大憝，阻關谷以稱亂。』唐劉禹錫天平軍節度使廳壁記：『天寶末，大憝起於幽都。』

〔二十六〕信可總璿衡之大政：册府元龜、全唐文作『信可總璇衡之大政』。『璿衡』，亦作『璇衡』，借指朝政大權。舊唐書中宗紀論：『洎滌除金虎，再握璿衡，不能罪己以謝萬方，而更漫游以隳八政。』

〔二十七〕守家國之鴻緒：册府元龜、全唐文作『守國家之鴻緒』。『鴻緒』，大統；王業。後漢書順帝紀：『陛下踐祚，奉遵鴻緒。』唐肅宗授彭王僅等節度大使制：『朕以薄德，纘承鴻緒。』

〔二十八〕并取皇帝處分：册府元龜、全唐文作『宜并取皇帝處分』。

〔二十九〕宜各實封一千户：全唐文、適園叢書作『宜各加實封一千户』。

〔三十〕朕方高居大庭：『高居』，全唐文作『閑居』。『大庭』，外朝之廷。逸周書大

匡：『王乃召冢卿、三老、三吏、大夫百執事之人，朝於大庭。』朱右曾校釋：『庭當作廷。大廷，外朝之廷，在庫門内雉門外。』韓非子解老：『故議於大庭而後言則立，權議之士知之矣。』

〔三十一〕緬懷汾水：『汾水』，典出莊子逍遥游：『堯治天下之民，平海内之政，往見四子藐姑射之山，汾水之陽，窅然喪其天下焉。』後以『汾水游』形容超然物外的處世態度。南朝宋謝靈運從游京口北固應詔詩：『昔聞汾水游，今見塵外鑣。』

〔三十二〕洎于黎庶：『洎于』，册府元龜、全唐文作『以洎』。

〔三十三〕各盡臣節：『臣節』：册府元龜、全唐文作『誠節』。

明皇令肅宗即位詔〔一〕

賈　至

敕：帝王受命，必膺圖録，上叶天道，下順人心，不可以智求，不可以力取，是故我國家之有區夏也〔二〕，乾符叠委〔三〕，人瑞洊臻〔四〕，土應其德，山呼其祚〔五〕。高祖當寶運，太宗定鴻業，高宗寧蒸人，中宗復舊績，睿宗弘至理。朕承五聖之謨訓〔六〕，師三代之淳樸。常以道德爲念，不以富貴爲心。爰自弱齡，即尚玄默〔七〕。屬

神龍之際，邦家中否，是用憤發，掃除欃槍（八）。翼戴先皇（九），再正宸極（十）。蓋宗廟是爲，豈私朕躬哉！先帝以朕有戡難之功，命朕當主鬯之任（十一）。辭不獲已（十二），遂踐皇極，聿來臨御，垂五十載。嘗師我烈祖玄元之道（十三），保其清靜之宗，伊萬方事殷，或昃不暇食（十四）。昔堯厭勤倦（十五），尚以禪舜，高居汾陽。況我元子，其睿哲聰明，恪慎克孝，才備文武，量吞海岳，付之神器，不曰宜然（十六）！今宗社未安，國家多難，某英勇雄毅（十七），總戎專征（十八），代朕憂勤，斯爲克荷（十九）。宜即皇帝位。仍令所司擇日，宰相持節，往宣朕命。其諸禮儀，皆準故事。有如神祇簡册中令須及者，朕稱誥焉；衣冠表疏禮數須及者，朕稱太上皇焉。且天下兵權，制在中夏（二十），朕處巴蜀，應卒則難（二十一）。其四海軍郡，先奏取皇帝進止（二十二），仍奏朕知；皇帝處分訖，仍量事奏報。寇難未定，朕實同憂，誥制所行，須相知悉。皇帝未至長安已來，其有與此便近；去皇帝路遠，奏報難通之處，朕且以誥旨隨事處置，仍令所司奏報皇帝。待克復上京已後，朕將凝神靜慮，偃息大庭（二十三），踪姑射之人（二十四），紹鼎湖之事（二十五）。於戲！禪讓之禮，聖賢高躅，前代明主，非不慕之，皆享祚短促而不暇也（二十六）。惟唐虞靈長（二十七），能擅厥美；俱革命易姓（二十八），宗廟

失尊。非一其心萬古不易之道也。朕之傳位，有異虞典〔二十九〕，不改舊物〔三十〕，其命維新〔三十一〕，奉禋祀於祖宗，繼雍熙於宇宙〔三十二〕。布告億兆〔三十三〕，咸使聞知。至德元年八月十六日。

校箋

〔一〕此文又見册府元龜卷十一。册府元龜節録此文云：『元子亨，睿哲聰明，恪慎克孝，才備文武，量吞海岳，付之神器，不曰宜然？今宗社未安，國家多難，宜令即皇帝位，朕稱太上皇。且天下兵權宜制在中夏，朕據巴蜀，應卒則難。其四海軍權，先取皇帝處分，然後奏朕知。待克復上京，朕將凝神静慮，偃息大庭也。』其文文首云：『天寶十五載六月，安禄山犯長安，玄宗幸蜀，將發馬嵬，百姓數百人遮道攀附，玄宗遲留久之，乃令皇太子後殿宣慰，百姓因請皇太子留曰：願得勠力，以從却收長安。今者主上殿下皆入蜀川，則宗社誰主？萬姓何歸？殿下不納臣言，臣等皆死於此矣。宦者高力士馳以告玄宗，玄宗曰：是天啓也。乃命後軍及飛龍廄馬與東宫，内人等留太子。因宣口敕謂將士曰：太子仁孝，可奉宗廟，汝等善輔導之。又語太子曰：汝好去，百姓屬望，慎勿違之，莫以吾爲意。又西戎北狄，吾昔厚之，今聞難必得其用。汝勉之哉！皇太子既至靈武，群臣稱馬嵬傳言之命勸進，以七月甲子即位，改元爲至德元年。道路

險澀，表疏未達，八月丁亥，北使至蜀，具陳群臣懇請太子辭避之旨。玄宗乃下詔曰……是月，命宰相韋見素、崔涣、房琯持節賫玉册赴靈武宣傳位之命，親語見素等曰：皇帝自幼聰明，與諸子有異，朕豈不知大限？往十三載冬已有傳位之意，屬水旱年饑，左右勸朕，且俟豐歲。二載便屬禄山構逆，方隅震擾，未遂此心。昨者馬嵬亦潛有處分，今皇帝受命，慰朕之心，如釋負擔，勞卿等去以輔佐之，多難興王，自古皆有，卿等乃心在王室，以宗社爲念，早定中原，朕之望也。九月丙子，見素等至順化郡，奉册書及傳國寶，帝不敢受。』全唐文卷三十三亦節録此文，文題爲命皇太子即皇帝位詔。全文曰：『元子亨，睿哲聰明，恪慎克孝，才備文武，量吞海岳。付之神器，僉曰宜然。今宗社未安，國家多難，宜令即皇帝位，朕稱太上皇。且天下兵權，宜制在中夏，朕據巴蜀，應卒則難。其四海軍權，先取皇帝處分，然後奏朕知。待克復上京，朕將凝神静慮，偃息大庭也。』舊唐書　玄宗紀載：『八月癸未朔……癸巳，靈武使至，始知皇太子即位。丁酉，上用靈武册稱上皇，詔稱誥。己亥，上皇臨軒册肅宗，命宰臣韋見素、房琯使靈武，册命曰：「朕稱太上皇，軍國大事先取皇帝處分，後奏朕知。候克復兩京，朕當怡神姑射，偃息大庭。」』舊唐書　肅宗紀載：『（八月）丁酉，上皇遜位稱誥，遣左相韋見素、文部尚書房琯、門下侍郎崔涣等奉册書赴靈武。』新唐書　玄宗紀載：『（八月）庚子，上皇天帝誥遣韋見素、房琯、崔涣奉皇帝册於靈武。』資治通鑑卷二百一十八載：『（八月）癸巳，靈武使

者至蜀，上皇喜曰：「吾兒應天順人，吾復何憂！」丁酉，制：「自今改制敕爲誥，表疏稱太上皇。四海軍國事，皆先取皇帝進止，仍奏朕知；俟克復上京，朕不復預事。」己亥，上皇臨軒，命韋見素、房琯、崔涣奉傳國寶玉册詣靈武傳位。』原文文末注明詔書頒布時間爲『至德元年八月十六日』。按，據天干地支紀年法，至德元年八月爲壬午朔，故舊唐書玄宗紀時間有誤，不取。應從舊唐書肅宗紀、資治通鑑之説，此詔書頒布時間爲至德元年（七五六）八月丁酉（十六日），則撰寫時間當在是時稍前。又，作者賈至，傳見舊唐書卷一百九十，新唐書卷一百一十九。舊唐書其本傳載：『至，天寶末爲中書舍人。禄山之亂，從上皇幸蜀。時肅宗即位於靈武，上皇遣至爲傳位册文。上皇覽之嘆曰：「昔先帝遜位於朕，册文則卿之先父所爲。今朕以神器大寶付儲君，卿又當演誥。累朝盛典，出卿父子之手，可謂難矣。」』至伏於御前，嗚咽感涕。」

〔二〕是故我國家之有區夏也：『區夏』，諸夏之地，指華夏、中國。書康誥：『用肇造我區夏。』孔傳：『始爲政於我區域諸夏。』唐賈至燕歌行：『我唐區夏餘十紀，軍容武備赫萬祀。』

〔三〕乾符疊委：『乾符』，舊指帝王受命於天的吉祥徵兆。晋書慕容儁載記：『寡君今已握乾符，類上帝，四海懸諸掌，大業集於身。』唐韓愈賀册尊號表：『陛下仰稽乾符，俯順人志。』

〔四〕人瑞洊臻：『洊臻』，甲庫本、四庫全書、適園叢書作『薦臻』。『人瑞』，人事

方面的吉祥徵兆。亦指有德行的人或年壽特高者。漢王褒四子講德論：『今海内樂業，朝廷淑清。天符既章，人瑞又明。』唐白居易祭微之文：『惟公家積善慶，天鍾粹和。生爲國楨，出爲人瑞。』『洊臻』，再次來到，接連來到。南朝陳徐陵爲陳武帝作相時與嶺南酋豪書：『自天數云否，朝禍洊臻，東夏崩騰，西京蕩覆。』宋王讜唐語林補遺四：『唐自安史以來，兵難洊臻。』

〔五〕山呼其祚：『山呼』，古代對皇帝的祝頌儀式，叩頭高呼『萬歲』三次。唐盧綸皇帝感詞詩：『山呼一萬歲，直入九重城。』元關漢卿玉鏡臺第四折：『山呼，共謝得當今主。』

〔六〕朕承五聖之謨訓：『承』，明鈔本、甲庫本、四庫全書作『恭』。『五聖』，指唐高祖、太宗、高宗、中宗、睿宗。唐杜甫冬日洛城北謁玄元皇帝廟詩：『五聖聯龍衮，千官列雁行。』唐康駢劇談録老君廟畫：『壁有吴道玄畫五聖真容及老子化胡經事。』『謨訓』，謀略和訓誨。書胤徵：『聖有謨訓，明徵定保。』孔傳：『聖人所謀之教訓，爲世明證，所以定國安家。』唐權德輿唐故尚書兵部郎中楊君文集序：『協書命於謨訓，薦聲詩於郊廟。』

〔七〕即尚玄默：『玄默』，謂清静無爲。漢揚雄長楊賦：『且人君以玄默爲神，淡泊爲德。』李周翰注：『玄默，無事也。』漢書刑法志：『及孝文即位，躬修玄默，勸趣農桑，減省租賦。』

〔八〕屬神龍之際，邦家中否，是用憤發，掃除欃槍：此數句事見舊唐書玄宗紀載：『（景

雲元年）至六月，中宗暴崩，韋后臨朝稱制。韋温、宗楚客、紀處訥等謀傾宗社，以睿宗介弟之重，先謀不利。道士馮道力、處士劉承祖皆善於占兆，詣上布誠款。上所居里名隆慶，時人語訛，以「隆」爲「龍」；韋庶人稱制，改元又爲唐隆，皆符御名。上益自負，乃與太平公主謀之，公主喜，以子崇簡從。上乃與崇簡、朝邑尉劉幽求、長上折衝麻嗣宗、押萬騎果毅葛福順李仙鳧、寶昌寺僧普潤等定策誅之。或曰：「先啓大王。」上曰：「我拯社稷之危，赴君父之急，事成福歸於宗社，不成身死於忠孝，安可先請，憂怖大王乎！若請而從，是王與危事；請而不從，則吾計失矣。」遂以庚子夜率幽求等數十人自苑南入，總監鍾紹京又率丁匠百餘以從。分遣萬騎往玄武門殺羽林將軍韋播、高嵩，持首而至，衆歡叫大集。攻白獸、玄德等門，斬關而進，左萬騎自左入，右萬騎自右入，合於凌烟閣前。時太極殿前有宿衛梓宮萬騎，聞譟聲，皆披甲應之。韋庶人惶惑走入飛騎營，爲亂兵所害。於是分遣誅韋氏之黨，比明，内外討捕，皆斬之。乃馳謁睿宗，謝不先啓請之罪。睿宗遽前抱上而泣曰：「宗社禍難，由汝安定，神祇萬姓，賴汝之力也。」」

〔九〕翼戴先皇：「翼戴」，輔佐擁戴。左傳昭公九年：「文之伯也，豈能改物？翼戴天子，而加之以共。」漢書晁錯傳：「輔天子之闕，而翼戴漢宗也。」

〔十〕再正宸極：「宸極」，比喻帝位。晉劉琨勸進表：「宸極失御，登遐醜裔。」李善

注：『宸極，喻帝位。』舊唐書忠義傳上蘇安恒：『今太子孝敬是崇，春秋既壯，若使統臨宸極，何異陛下之身？』

（十一）命朕當主鬯之任：『當』，四庫全書作『掌』。『主鬯』，易震：『震驚百里，不喪匕鬯。』孔穎達疏：『震卦施之於人，又爲長子。長子則正體於上，將所傳重，出則撫軍，守則監國，威震驚於百里，可以奉承宗廟彝器粢盛，守而不失也。』後因稱太子爲『主鬯』。唐柳宗元賀踐祚表：『主鬯彰孝恭之美，撫軍著神武之功。』

（十二）辭不獲已：『不獲已』，不得已。後漢書獨行傳嚴授：『（張顯）蹙令進，授不獲已，前戰，伏兵發，授身被十創，歿於陣。』新唐書沈既濟傳：『四方形勢，兵未可去，資費雖廣，不獲已爲之。』

（十三）嘗師我烈祖玄元之道：『嘗師』，四庫全書作『常思』。『玄元』，四庫全書作『玄天』。『玄元』，指老子。唐初追號老子爲『太上玄元皇帝』，簡稱『玄元』。唐韓愈順宗實録卷五：『伏惟太上皇帝陛下，道繼玄元，業纘皇極。』元史九敬先莊周夢第二折：『若能參透詩中意，盡在玄元一卷書。』

（十四）或昃不暇食：明鈔本、甲庫本、四庫全書作『或日昃不暇食』。『昃』時，太陽偏西，下午二時左右。『昃不暇食』，指勤政操勞。

〔十五〕昔堯厭勤倦：『勤倦』，四庫全書作『倦勤』。『勤倦』，謂帝王厭倦於政事的辛勞。語出書大禹謨：『朕宅帝位，三十有三載，耄期倦於勤。』孔傳：『言已年老，厭倦萬機。』宋周密齊東野語黄德潤先見：『上將内禪，一日朝退，留二府賜坐，從容諭及倦勤之意。』

〔十六〕不曰宜然：『不曰』，四庫全書作『不亦』。

〔十七〕某英勇雄毅：『某』，四庫全書作『其』。『某』，指唐肅宗。

〔十八〕總戎專征：『總戎』，四庫全書作『摠戎』。『總戎』，統管軍事；統率軍隊。魏書尉元傳：『臣以天安之初，奉律總戎，廓寧淮右，海内既平，仍忝徐岳。』周書武帝紀下：『帝總戎北伐。』『專征』，受命自主征伐。漢班固白虎通考黜：『好惡無私，執義不傾，賜以弓矢，使得專征。』晉陶潛命子詩：『桓桓長沙，伊勛伊德，天子疇我，專征南國。』

〔十九〕斯爲克荷：『克荷』，能够承當。陳書程文季傳：『故散騎常侍、前重安縣開國公文季，纂承門緒，克荷家聲。』宋王禹偁濟州衆等寺新修大殿碑并序：『天不遺憖，師之云亡，徒弟五人，今院主大德無相，克荷先願，用伸孝思。』

〔二十〕制在中夏：『中夏』，指中原地區。晉陸機辨亡論：『魏人據中夏，漢氏有岷益，吴制荆揚而奄交廣。』南朝宋劉義慶世説新語賢媛：『李平陽，秦州子，中夏名士。』

〔二十一〕應卒則難：『應卒』，亦作『應猝』。猶應急。墨子七患：『心無備慮，不可以

應卒。』銀雀山漢墓竹簡孫臏兵法陳忌問壘：『用此者，所以應猝窘處隘塞死地之中也。』東觀漢記馮衍傳：『備不豫具，難以應卒。』

〔二十二〕先奏取皇帝進止：『進止』，意旨；命令。北齊書文苑傳顏之推：『帝時有取索，恒令中使傳旨，之推稟承宣告，館中皆受進止。』唐溫大雅大唐創業起居注卷一：『突厥之報帝書也，謂使人曰：「唐公若從我語，即宜急報，我遣大達官往取進止。」』

〔二十三〕偃息大庭：『大庭』，外朝之廷。逸周書大匡：『王乃召冢卿、三老、三吏、大夫百執事之人，朝於大庭。』朱右曾校釋：『庭當作廷。大廷，外朝之廷，在庫門內雉門外。』韓非子解老：『故議於大庭而後言則立，權議之士知之矣。』

〔二十四〕踪姑射之人：『踪』，四庫全書作『蹤』。『姑射』，莊子逍遥游：『藐姑射之山，有神人居焉，肌膚若冰雪，綽約若處子。』後詩文中以『姑射』爲神仙或美人代稱。五代王周大石嶺驛梅花詩：『仙中姑射接瑶姬，成陣清香擁路岐。』

〔二十五〕紹鼎湖之事：『鼎湖之事』，典出史記封禪書：『黄帝采首山銅，鑄鼎於荆山下。鼎既成，有龍垂胡髯下迎黄帝。黄帝上騎，群臣後宫從上者七十餘人，龍乃上去。餘小臣不得上，乃悉持龍髯，龍髯拔，墮，墮黄帝之弓。百姓仰望黄帝既上天，乃抱其弓與胡髯號，故後世因名其處曰鼎湖，其弓曰烏號。』此處喻指退隱。

〔二十六〕皆享祚短促而不暇也：『享祚』，猶享國。指帝王在位的年數。列子　楊朱：『昔者堯舜僞以天下讓許由、善卷，而不失天下，享祚百年。』

〔二十七〕惟唐虞靈長：『唐虞』，唐堯與虞舜的并稱。亦指堯與舜的時代，古人以爲太平盛世。論語　泰伯：『唐虞之際，於斯爲盛。』史記　汲鄭列傳：『陛下内多欲而外施仁義，奈何欲效唐虞之治乎！』『靈長』，廣遠綿長。晋袁宏後漢紀　獻帝紀一：『夫天地靈長，不能無否泰之變；父子自然，不能無天絶之異。』南朝宋劉義慶世説新語　黜免：『若晋室靈長，明公便宜奉行此詔。』

〔二十八〕俱革命易姓：『革命』，謂實施變革以應天命。古代認爲王者受命於天，改朝換代是天命變更，因稱『革命』。易　革：『天地革而四時成，湯武革命，順乎天而應乎人。』孔穎達疏：『夏桀、殷紂，凶狂無度，天既震怒，人亦叛主，殷湯、周武，聰明睿智，上順天命，下應人心，放桀鳴條，誅紂牧野，革其王命，改其惡俗，故曰湯武革命，順乎天而應乎人。』三國志　吴書　吴主傳：『朕以不德，承運革命，君臨萬國，秉統天機。』『易姓』，古代帝王把國家視爲一姓之家業，故稱改朝换代爲『易姓』。史記　曆書：『王者易姓受命，必慎始初。』漢書　谷永傳：『如使危亡之言輒上聞，則商周不易姓而叠興。』

〔二十九〕有異虞典：『虞典』，指書　虞書。後漢書　郎顗傳：『「節彼南山」，咏自周詩；

「股肱良哉」，著於虞典。』南朝梁劉勰文心雕龍封禪：『大舜巡岳，顯乎虞典。』

〔三十〕不改舊物：『舊物』，指舊日的典章制度。左傳哀公元年：『祀夏配天，不失舊物。』三國魏潘勖册魏公九錫文：『設官兆祀，不失舊物。』唐柳宗元貞符：『其後有賢帝曰光武，克綏天下，復承舊物。』

〔三十一〕其命維新：『維』，適園叢書作『惟』。

〔三十二〕繼雍熙於宇宙：『雍熙』，謂和樂昇平。漢張衡東京賦：『百姓同於饒衍，上下共其雍熙。』薛綜注：『言富饒是同，上下咸悦，故能雍和而廣也。』五代前蜀貫休陽春曲：『曆數雍熙房與杜，魏公姚公宋開府。』

〔三十三〕布告億兆：『億兆』，指庶民百姓。猶言衆庶萬民。漢蔡邕太尉汝南李公碑：『憲天心以教育，沐垢濁以揚清，爲國有賞，蓋有億兆之心。』唐元稹訓别致用詩：『達則濟億兆，窮亦濟毫氂。』

肅宗命皇太子即位詔〔一〕

楊綰

於戲！奉天地者，是稱大寶；承宗廟者，必在元良。吾以薄德，纂承丕緒〔二〕。今

以憂勞所積，遘疾彌留，用申顧命〔三〕，誡爾元子。爾性稟生知〔四〕，幼有明德。蒸蒸之孝，言必因心；温恭睿哲，允文允武。往在西土，爰討凶渠〔五〕，命爾總戎〔六〕，克宣王略，收復中夏，惟爾之功〔七〕。遂升以儲闈，將守我鴻業。爾有令問〔八〕，萬方宅心〔九〕。吾大漸之後〔十〕，即宜膺寶位。夫天下至廣，神器所重，丕承累聖之德，虔奉大中之道〔十一〕。必當任賢勿貳，去邪勿疑，以慈惠爲心，開諫諍之路。兢兢業業，無怠無荒。嗚呼戒之，無替厥命！

校箋

〔一〕此文又見於全唐文卷四十四，文題作命皇太子即位詔，署名唐肅宗。此文文末原未標明頒布時間。舊唐書肅宗紀載：『（寶應元年四月）丁卯，宣遺詔。』舊唐書代宗紀記：『寶應元年四月，肅宗大漸，所幸張皇后無子，后懼上功高難制，陰引越王係於宫中，將圖廢立。乙丑，皇后矯詔召太子。中官李輔國、程元振素知之，乃勒兵於凌霄門，俟太子至，即衛從太子入飛龍厩以俟其變。是夕，勒兵於三殿，收捕越王係及内官朱光輝、馬英俊等禁錮之，幽皇后於别殿。丁卯，肅宗崩，元振等始迎上於九仙門，見群臣，行監國之禮。己巳，即皇帝位於柩前。』

新唐書肅宗紀載：『（寶應元年四月）乙丑，皇太子監國。大赦，改元年爲寶應元年，復以正月爲歲首，建巳月爲四月。丙寅，閑廄使李輔國、飛龍廄副使程元振遷皇后于别殿，殺越王係、兗王僴。是夜，皇帝崩于長生殿，年五十二。』新唐書代宗紀記：『肅宗張皇后惡李輔國，欲圖之，召問太子，太子不許，乃與越王係謀之。肅宗疾革。四月丁卯，皇后與係將召太子入宫，飛龍副使程元振得其謀，以告輔國。輔國止太子無入，率兵入，殺係及兗王僴，幽皇后于别殿。是夕，肅宗崩，乃迎太子見群臣於九仙門。明日，發喪。己巳，即皇帝位于柩前。』資治通鑑載：『（寶應元年四月）上自仲春寢疾，聞上皇登遐，哀慕，疾轉劇，乃命太子監國。甲子，制改元；復以建寅爲正月，月數皆如其舊；赦天下。初，張后與李輔國相表裏，專權用事，晚年，更有隙。内射生使三原程元振黨於輔國。上疾篤，后召太子謂曰：「李輔國久典禁兵，制敕皆從之出，擅逼遷聖皇，其罪甚大，所忌者吾與太子。今主上彌留，輔國陰與程元振謀作亂，不可不誅。」太子泣曰：「陛下疾甚危，二人皆陛下勳舊之臣，一旦不告而誅之，必致震驚，恐不能堪也。」后曰：「然則太子姑歸，吾更徐思之。」太子出，后召越王係謂曰：「太子仁弱，不能誅賊臣，汝能之乎？」對曰：「能。」係乃命内謁者監段恒俊選宦官有勇力者二百餘人，授甲於長生殿後。乙丑，后以上命召太子。元振知其謀，密告輔國，伏兵於凌霄門以俟之。太子至，以難

告。太子曰：「必無是事，主上疾亟召我，我豈可畏死而不赴乎！」元振曰：「社稷事大，太子必不可入。」乃以兵送太子於飛龍廐，且以甲卒守之。是夜，輔國、元振勒兵三殿，收捕越王係、段恒俊及知内侍省事朱光輝等百餘人，繫之。以太子之命遷后於別殿。時上在長生殿，使者逼后下殿，并左右數十人幽於後宫，宦官宫人皆驚駭逃散。丁卯，上崩。輔國等殺后并係及兖王僩。是日，輔國始引太子素服於九仙門與宰相相見，叙上皇晏駕，拜哭，始行監國之令。戊辰，發大行皇帝喪於兩儀殿，宣遺詔。己巳，代宗即位。』按，司馬光考異曰：『肅宗實録曰：「張后因太子監國，謀誅輔國。程元振知之，密告輔國。其日，使人以上命召太子，語之，太子不可。乙丑，后矯上命將喚太子，程元振知之，密告輔國。景寅，元振與輔國夜勒兵於三殿前，使人收捕越王及同謀内侍朱光輝、段恒俊等百餘人，繫之，移皇后於別殿。其夜，六宫内人、中官等驚駭奔走。及明，上崩。」代宗實録曰：「乙丑，皇后召上。既夜，輔國、元振勒兵捕係，幽后。丁卯，肅宗崩。」舊係傳：「乙丑，后召太子。景寅夜，元振、輔國勒兵捕係，幽后。是日，俱爲輔國所害。」舊肅宗紀：「丁卯，宣遺詔。是日，上崩。」代宗紀：「乙丑，皇后矯詔召太子。輔國、元振衛從太子入飛龍廐以俟變。是夕，勒兵於三殿，收係及朱光輝、馬英俊等。丁卯、肅宗崩。」新本紀：「丙寅、閑廐使李輔國、飛龍廐副使程元振遷皇后于別殿，殺越王係、兖王僩。是夜，皇帝

崩。」代宗録、唐曆、統紀、係傳皆以段恒俊爲馬英俊。按張后以乙丑日召太子，迨夜不至，必知有變矣，輔國等安能待至來夜，然後勒兵收係等乎？蓋收係等在乙丑之夜也。今從代宗實録、舊代宗紀。新、舊傳皆云兖王僴寶應元年薨。而代宗實録群臣議係、僴之罪，云：「二王同惡，共扇奸謀。」蓋僴亦預謀也。今從之。』」故以司馬光説爲是，此詔書頒布時間爲寶應元年（七六二）四月戊辰（十九日），撰寫時間爲是月丁卯（十八日）。又，本文原文署名作者爲楊綰。傳見舊唐書卷一百一十九，新唐書卷一百四十二。舊唐書其本傳云：『楊綰字公權，華州華陰人也。祖温玉，則天朝爲户部侍郎、國子祭酒。父侃，開元中醴泉令，皆以儒行稱。綰生聰惠，年四歲，處群從之中，敏識過人。甞夜宴親賓，各舉坐中物以四聲呼之，諸賓未言，綰應聲指鐵燈樹曰：「燈盞柄曲。」衆咸異之。及長，好學不倦，博通經史，九流七略，無不該覽，尤工文辭，藻思清贍。而宗尚玄理，沈静寡欲，常獨處一室，左右經書，凝塵滿席，澹如也。含光晦用，不欲名彰，每屬文，恥於自白，非知己不可得而見。早孤家貧，養母以孝聞，甘旨或闕，憂見于色。親友諷令干禄，舉進士，調補太子正字。天寶十三年，玄宗御勤政樓，試博通墳典、洞曉玄經、辭藻宏麗、軍謀出衆等舉人，命有司供食，既暮而罷。取辭藻宏麗外，别試詩賦各一首。制舉試詩賦，自此始也。時登科者三人，綰爲之首，超授右拾遺。天寶末，安禄山反，肅宗

即位於靈武。綰自賊中冒難，披榛求食，以赴行在。時朝廷方急賢，及綰至，衆心咸悦，拜起居舍人、知制誥。歷司勛員外郎、職方郎中，掌誥如故。遷中書舍人，兼修國史。故事，舍人年深者謂之「閣老」，公廨雜料，歸閣老者五之四。綰以爲品秩同列，給受宜均，悉平分之，甚爲時論歸美。』

〔二〕纂承丕緒：『丕緒』，指國家大業。陳書 世祖紀：『朕以寡昧，嗣膺丕緒，永言勛烈，思弘典訓。』唐皮日休悼賈：『嗟大漢之丕緒兮，虬其賢於污瀆。』

〔三〕用申顧命：『顧命』，書 顧命：『成王將崩，命召公、畢公率諸侯相康王，作顧命。』孔傳：『臨終之命曰顧命。』孔穎達疏：『顧是將去之意，此言臨終之命曰顧命，言臨將死去迴顧而爲語也。』後因以『顧命』謂臨終遺命，多用以稱帝王遺詔。後漢書 陰興傳：『帝風眩疾甚，後以興領侍中，受顧命於雲臺廣室。』南史 褚彦回傳：『明帝崩，遺詔以爲中書令、護軍將軍，與尚書令袁粲受顧命，輔幼主。』

〔四〕爾性禀生知：『生知』，謂不待學而知之。語本論語 季氏：『生而知之者上也。』晋葛洪抱朴子 勖學：『人理之曠，道德之遠，陰陽之變，鬼神之情，緬邈玄奥，誠難生知。』

〔五〕爰討凶渠：『凶渠』，凶徒的首領；元凶。南朝梁陸倕石闕銘：『帝赫斯怒，秣馬訓兵。嚴鼓未通，凶渠泥首。』舊唐書 段秀實傳：『誓碎凶渠之首，以敵君父之讎，視死如歸，

履虎致咥。』

〔六〕命爾總戎：『總戎』，統管軍事；統率軍隊。魏書尉元傳：『臣以天安之初，奉律總戎，廓寧淮右，海内既平，仍忝徐岳。』周書武帝紀下：『帝總戎北伐。』

〔七〕惟爾之功：『惟』，四庫全書、全唐文作『唯』。此數句『往在西土，爰討凶渠，命爾總戎，克宣王略，收復中夏，惟爾之功』所言，事見舊唐書代宗本紀載：『禄山之亂，京城陷賊，從肅宗蒐兵靈武，以上爲天下兵馬元帥。時朝廷草創，兵募寡弱，上推心示信，招懷流散，比至彭原，兵衆數萬。及肅宗迴幸鳳翔，時房琯、郭子儀繼戰不利，賊鋒方鋭，屢來寇襲。上選求勇幹，頻挫其鋒，聖慮遑寧，士心大振。及師進討，百官辭送，步出闕門，方始乘馬。回紇葉護王子率兵入助，勇冠諸蕃，上接以優恩，結爲兄弟，故香積之戰，賊徒大敗，遂委西京而遁。雖子儀、嗣業之奮命，由上恩信結於士心，故人思自效。既收京城，令行禁止，民庶按堵，秋毫不犯，耆老歡迎，對之歔欷。聞賊殘衆猶保陝郊，即日長驅，東趨虢洛。新店之役，一戰大捷，慶緒之黨，十殲七八。數旬之間，河南底定，兩都恢復，二聖迴鑾。統率之功，推而不受。』

〔八〕爾有令問：『令問』，四庫全書、全唐文作『令聞』。問，通『聞』。令聞，美好的聲名。漢王符潛夫論贊學：『夫此四子者，耳目聰明，忠信廉勇，未必無儔也，而及其成名立

績，德音令問不已，而有所以然，夫何故哉？』晉書隱逸傳魯褒：『是故忿争非錢不勝，幽滯非錢不拔，怨讎非錢不解，令問非錢不發。』

〔九〕萬方宅心：『宅心』，歸心。心悦誠服而歸附。漢書敘傳下：『項氏畔换，黜我巴漢，西土宅心，戰士憤怨。』顔師古注引晉灼曰：『西土，關西也。高祖入關，約法三章，秦民大悦，皆宅心高祖。』晉葛洪抱朴子博喻：『德盛業廣，則宅心者衆。』

〔十〕吾大漸之後：『大漸』，謂病危。書顧命：『王曰：嗚呼！疾大漸，惟幾。』列子力命：『季梁得病，七日大漸。』張湛注：『漸，劇也。』

〔十一〕虔奉大中之道：『大中』，易大有：『大有，柔得尊位大中，而上下應之，曰大有。』王弼注：『處尊以柔，居中以大。』高亨注：『象大臣處於尊貴之位，守大正之道。』後以『大中』指無過與不及的中正之道。漢書孔光傳：『皇之不極，是爲大中不立。』唐柳宗元與吕道州温論非國語書：『近世之言理道者衆矣，率由大中而出者咸無焉。』

順宗命皇太子即位詔〔一〕

鄭絪

敕：惟皇天祐命烈祖〔二〕，誕受萬國〔三〕；九聖儲祉〔四〕，萬邦咸休〔五〕。肆予

一人，獲纘丕業〔六〕，嚴恭守位〔七〕，不遑暇逸。而天祐不降〔八〕，疾恙不瘳〔九〕，將何以奉宗廟之靈，展郊禋之禮〔十〕！疇咨庶尹，對越上玄〔十一〕，内愧于朕心，上畏于天命〔十二〕。夙夜祗慄，深惟永圖〔十三〕。一日萬幾〔十四〕，不可以久曠；天工人代〔十五〕，不可以久違。皇太子純〔十六〕，睿哲温文，寬和慈惠〔十七〕，孝友之德，仁愛之誠〔十八〕，通于神明〔十九〕，格于上下。是用舉皇王至公之道，遵父子傳歸之制〔二十〕，付之重器，以撫兆人〔二十一〕。必能宣祖宗之重光，荷天地之休命〔二十二〕，奉若成憲〔二十三〕，永綏四方。宜令皇太子即皇帝位。朕稱太上皇，居興慶宫，制敕稱誥。所司擇日册禮〔二十四〕，布告中外，令知朕意。

貞元二十一年八月。

校箋

〔一〕本文又見於太平御覽卷一百一十三皇王部三十八，册府元龜卷十一帝王部繼統部三。全唐文卷五百六十韓愈順宗實録五亦録此文。此文文末標注頒布時間爲『貞元二十一年八月』。考太平御覽載：『（貞元二十一年）八月庚子詔曰：惟皇天祐命烈祖……』册府元龜此文文首

云：『憲宗，順宗長子，貞元四年封廣陵郡王。二十一年順宗即位立爲皇太子。七月乙未詔權令皇太子勾當軍國政事，八月庚子詔曰：惟皇天佑命烈祖……』舊唐書順宗紀云：『（貞元二十一年）八月丁酉朔。庚子，詔：「惟皇天佑命烈祖……」』新唐書順宗紀云：『永貞元年八月庚子，立皇太子爲皇帝，自稱曰太上皇。』新唐書憲宗紀亦載：『永貞元年八月，順宗詔立爲皇帝。』資治通鑑唐紀五十二云：『（貞元二十一年）八月，庚子，制：「令太子即皇帝位，朕稱太上皇，制敕稱誥。」』全唐文此文文首云：『八月庚子詔曰：惟皇天祐命烈祖……』據上述典籍所載，此文頒布時間爲貞元二十一年（八〇六）八月庚子（四日）。則此文撰寫時間當在是時稍前。又，鄭絪，傳見舊唐書卷一百五十九，新唐書卷一百六十五，舊唐書其本傳載：『鄭絪字文明。父羨，池州刺史。絪少有奇志，好學，善屬文。大曆中，有儒學高名，如張參、蔣乂、楊綰、常衮，皆相知重。絪擢進士第，登宏詞科，授秘書省校書郎、鄠縣尉。張延賞鎮西川，辟爲書記，入除補闕、起居郎，兼史職。無幾，擢爲翰林，轉司勛員外郎、知制誥。德宗朝，在内職十三年，小心兢謙，上遇之頗厚。貞元末，德宗晏駕，順宗初即位，遺詔不時宣下。絪與同列衛次公密申正論，中人不敢違。』新唐書其本傳亦載：『鄭絪字文明，餘慶從父行也。幼有奇志，善屬文，所交皆天下有名士。擢進士、宏辭高第。張延賞帥劍南，奏署掌書記。

入爲起居郎、翰林學士，累遷中書舍人。德宗自興元還，置六軍統軍視六尚書，以處功臣，除制用白麻付外。又廢宣威軍，益左右神策，以監軍爲中尉。竇文場恃功，陰諷宰相進擬如統軍比。絪當作制，奏言：「天子封建，或用宰相，以白麻署制，付中書、門下。今以命中尉，不識陛下特以寵文場邪？遂著爲令也？」帝悟，謂文場曰：「武德、貞觀時，中人止内侍，諸衛將軍同正賜緋者無幾。自魚朝恩以來，無復舊制。朕今用爾不謂私，若麻制宣告，天下謂爾脅我爲之。」文場叩頭謝。更命中書作詔，并罷統軍用麻矣。明日，帝見絪曰：「宰相不能拒中人，得卿言乃悟。」順宗病，不得語，王叔文與牛美人用事，權震中外，憚廣陵王雄睿，欲危之。帝召絪草立太子詔，絪不請輒書曰：「立嫡以長。」跪白之，帝頷乃定。」

〔二〕惟皇天祐命烈祖：『祐』，舊唐書、册府元龜作『佑』。『烈祖』，指建立功業的祖先。古多稱開基創業的帝王。書伊訓：『伊尹乃明言烈祖之成德，以訓於王。』孔傳：『湯，有功烈之祖，故稱焉。』詩小雅賓之初筵：『籥舞笙歌，樂既和奏。烝衎烈祖，以洽百禮。』

〔三〕誕受萬國：『萬國』，舊唐書、太平御覽、册府元龜、全唐文作『方國』。

〔四〕九聖儲祉：『九聖』，指唐高祖、太宗、中宗、睿宗、玄宗、肅宗、代宗、德宗、順宗，凡九帝。』『儲祉』，指積福。唐白居易淮南節度使李公家廟碑銘并序：『郫縣洎晉陵府

君，咸善積於躬，道屈於位，儲祉流慶，而僕射生矣。』

〔五〕萬邦咸休：『萬邦』，全唐文作『萬方』。

〔六〕獲纘丕業：『獲纘』，太平御覽作『獲繼』。『丕業』，大業。史記司馬相如列傳：『皇皇哉斯事，天下之壯觀，王者之丕業，不可貶也！』宋周煇清波雜志卷三：『朕荷天右，序承列聖之丕業，思所以垂裕於後。』

〔七〕嚴恭守位：『嚴恭』，亦作『嚴龔』。莊嚴恭敬。書無逸：『昔在殷王中宗，嚴恭寅畏天命。』孔傳：『言太戊嚴恪恭敬，畏天命。』南朝梁劉勰文心雕龍祝盟：『所以寅虔於神祇，嚴恭於宗廟也。』『守位』，保持地位或職位。易繫辭下：『聖人之大寶曰位，何以守位？曰仁。』孔穎達疏：『聖人何以保守其位，必信仁愛，故言曰仁也。』漢馬融忠經百工：『有國之建，百工惟才，守位謹常，非忠之道。』

〔八〕而天祐不降：『祐』，舊唐書作『佑』；四庫全書作『祜』。『不』，册府元龜作『弗』；全唐文作『匪』。

〔九〕疾恙不瘳：『不』，舊唐書、太平御覽、全唐文作『無』；册府元龜作『弗』。

〔十〕將何以奉宗廟之靈、展郊禋之禮：『郊禋』，册府元龜作『禋祀』。『郊禋』，古

帝王升烟祭祀天地的大禮。漢揚雄甘泉賦：『徠祇郊禋，神所依兮。』梁書元帝紀：『鑾輅龍章，蓋以郊禋而貴。』

〔十一〕疇咨庶尹，對越上玄：『上玄』，太平御覽作『上帝』；甲庫本、四庫全書作『上天』。書堯典：『帝曰：「疇咨若時登庸。」』孔傳：『疇，誰；庸，用也。誰能咸熙庶績，順是事者，將登用之。』後以『疇咨』爲訪問、訪求之意。漢書武帝紀贊：『孝武初立……遂疇咨海内，舉其俊茂，與之立功。』晋書司馬彪傳：『若朝之大事，廢興損益，每輒疇諮。』『庶尹』，指百官。晋陸機辨亡論：『庶尹盡規於上，四民展業於下。』吕延濟注：『庶尹，百官也。』『對越』，指帝王祭祀天地神靈。晋劉琨勸進表：『臣聞天生蒸人，樹之以君，所以對越天地，司牧黎元。』宋史禮志二：『當愁惨之際，行對越之儀，臣等實慮上帝之弗歆。』『上玄』，上天。漢揚雄甘泉賦：『惟漢十世，將郊上玄。』李善注：『上玄，天也。』周書王悦傳：『梁主内虧刑政，外闕藩籬，匹夫攘袂，舉國傾覆。非直下民離心，抑亦上玄所棄。』

〔十二〕上畏于天命：『于』，册府元龜作『乎』。

〔十三〕夙夜祇慄，深惟永圖：『祇』，太平御覽作『祗』。『祇慄』，敬慎恐懼。漢書匡衡傳：『蓋欽翼祇粟，事天之容也。』舊唐書順宗紀：『夙夜祇慄，深惟永圖。』『深惟永

圖』，四庫全書作『深維永圖』；全唐文作『惟懷永圖』。『深惟』，深思，深入考慮。戰國策韓策一：『此安危之要，國家之大事也。臣請深惟而苦思之。』史記太史公自序：『太史公遭李陵之禍，幽於縲紲……退而深惟曰：「夫詩、書隱約者，欲遂其志之思也。」』『永圖』，長久之計；長久打算。書太甲上：『慎乃儉德，惟懷永圖。』孔傳：『言當以儉爲德，思長世之謀。』南朝齊王融永明九年策秀才文：『朕夤奉天命，恭惟永圖。』

（十四）一日萬幾：『萬幾』，舊唐書、册府元龜、全唐文作『萬機』。『萬幾』，書皋陶謨：『無教逸欲有邦，兢兢業業，一日二日萬幾。』孔傳：『幾，微也，言當戒懼萬事之微。』後以『萬幾』指帝王日常處理的紛繁的政務。晋葛洪抱朴子論仙：『（帝王）思勞於萬幾，神馳於宇宙。』唐劉禹錫唐故朝散大夫崔公神道碑：『建中初，德宗始親萬幾。』

（十五）天工人代：謂天的職司由人代替執行。語出書皋陶謨：『無曠庶官，天工人其代之。』唐吴兢貞觀政要論擇官：『且選衆授能，非才莫舉，天工人代，焉可妄加？』

（十六）皇太子純：指唐憲宗李純，傳見舊唐書憲宗紀、新唐書憲宗紀。舊唐書其本紀載：『憲宗聖神章武孝皇帝諱純，順宗長子也，母曰莊憲王太后。大曆十三年二月生于長安之東内。六七歲時，德宗抱置膝上，問曰：「汝誰子，在吾懷？」對曰：「是第三天子。」德宗異而

憐之。貞元四年六月，封廣陵王。順宗即位之年四月，册爲皇太子。七月乙未，權勾當軍國政事。八月丁酉朔，受内禪。乙巳，即皇帝位於宣政殿。』

〔十七〕寬和慈惠：『慈惠』，舊唐書作『仁惠』。

〔十八〕仁愛之誠：『仁愛』，舊唐書、太平御覽、全唐文作『愛敬』。

〔十九〕通于神明：『于』，舊唐書、太平御覽、册府元龜作『乎』；四庫全書、全唐文、適園叢書作『於』。

〔二十〕是用舉皇王至公之道，遵父子傳歸之制：『舉』，舊唐書、太平御覽作『法』；册府元龜、全唐文作『推』。『歸』，太平御覽作『國』。

〔二十一〕付之重器，以撫兆人：『重器』，比喻天下、政權。史記伯夷列傳：『示天下重器，王者大統，傳天下若斯之難也。』司馬貞索隱：『言天下者是王者之重器。』隋書楊秀傳：『汝地居臣子……自言骨相非人臣，德業堪承重器。』『兆人』，兆民。後漢書光武帝紀上：『漢遭王莽，宗廟廢絶，兆人塗炭。』唐柳宗元禮部賀皇太子册禮畢德音表：『建天下之本，宗廟以安；致萬國之貞，兆人攸賴。』

〔二十二〕必能宣祖宗之重光，荷天地之休命：『重光』，比喻累世盛德，輝光相承。書顧

命：『昔君文王、武王，宣重光。』孔傳：『言昔先君文武，布其重光累聖之德。』漢班固典引：『宣二祖之重光，襲四宗之緝熙。』『休命』，美善的命令。多指天子或神明的旨意。易大有：『君子以遏惡揚善，順天休命。』書説命下：『敢對揚天子之休命。』

〔二十三〕奉若成憲：『成憲』，原有的法律、規章制度。書説命下：『監於先王成憲，其永無愆。』宋王安石廟議：『求之前載，雖或有然，考合於經，乃無成憲，因情制禮，實在聖時。』

〔二十四〕所司擇日册禮：『册禮』，册府元龜、全唐文作『行册禮』。

順宗傳位皇太子改元誥〔一〕

鄭絪

門下：有天下者，傳歸於子，前王之制也。欽若大典〔二〕，斯爲至公，式揚耿光〔三〕，用體文德。朕獲奉宗廟，臨御萬方，降疾不瘳〔四〕，庶政多闕。乃命元子〔五〕，代予守邦，爰以令辰〔六〕，光膺册禮。宜令今月九日〔七〕，册皇帝於宣政殿，仍令檢校司徒、平章事杜佑充册使〔八〕；門下侍郎、平章事杜黄裳充副使〔九〕。國有大命〔十〕，恩俾惟新，宜因紀元之慶，用覃在宥之澤〔十一〕。宜改貞元二十一年爲永貞元

年。自永貞元年八月五日昧爽已前〔十二〕，天下應犯死罪，特降從流；流罪已下〔十三〕，各減一等〔十四〕。布告中外，咸使聞知。

校箋

〔一〕此文又見於全唐文卷五百六十韓愈著順宗實録五，中云『永貞元年八月辛丑，太上皇居興慶宮，誥曰：有天下者，傳歸於子』云云。舊唐書順宗紀録其文之大要。太平御覽卷一百十三、册府元龜卷八十九帝王部赦宥八亦録此文，册府元龜其文首云：『永貞元年八月辛丑，傳位於皇太子，帝稱太上皇，居興慶宮。下詔曰：「有天下者，傳歸於子，前王之制也。」』原文中亦提及『自永貞元年八月五日昧爽已前』，考舊唐書順宗紀載：『（上元二十一年）八月，辛丑，誥：「有天下傳歸於子，前王之制也。」』新唐書順宗紀載『（永貞元年八月）辛丑，改元。降死罪以下。』資治通鑑卷二百三十六亦記：『（永貞元年）八月，辛丑，太上皇徙居興慶宮，誥改元永貞，立良娣王氏爲太上皇后。』據上述典籍所載，則此誥文頒布時間爲永貞元年（八〇五）八月辛丑（五日），撰寫時間當在是時稍前。又，原文注明作者爲

鄭絪。鄭絪，傳見舊唐書卷一百五十九，新唐書卷第一百六十五。舊唐書其本傳云：『鄭絪字文明。父羡，池州刺史。絪少有奇志，好學，善屬文。大曆中，有儒學高名，如張參、蔣乂、楊綰、常衮，皆相知重。絪擢進士第，登宏詞科，授秘書省校書郎、鄠縣尉。張延賞鎮西川，辟爲書記，入除補闕、起居郎，兼史職。無幾，擢爲翰林，轉司勛員外郎、知制誥。德宗朝，在内職十三年，小心兢謙，上遇之頗厚。貞元末，德宗晏駕，順宗初即位，遺詔不時宣下。絪與同列衛次公密申止論，中人不敢違。』

〔二〕欽若大典：『欽若』，敬順。書 堯典：『乃命羲和，欽若昊天，歷象日月星辰，敬授民時。』陳書 高祖紀下：『梁氏以圮剥薦臻，曆運有極，欽若天應，以命於霸先。』

〔三〕式揚耿光：『耿光』，光明；光輝；光榮。書 立政：『以覲文王之耿光，以揚武王之大烈。』孔傳：『能使四夷賓服，所以見祖之光明，揚父之大業。』唐李白明堂賦：『遵先軌以繼作兮，揚列聖之耿光。』

〔四〕降疾不瘳：『不瘳』，疾病不愈。詩 鄭風 風雨：『風雨瀟瀟，鷄鳴膠膠，既見君子，胡云不瘳。』朱熹注：『瘳，病愈。』清王韜淞隱漫録 吴瓊仙：『女父……疾以弗起，女奉侍湯藥，晝夜不解帶，籲天刲臂肉以進，迄不瘳。』

〔五〕元子：此處指唐憲宗，傳見兩唐書本紀。

〔六〕爰以令辰：『令辰』，指吉日。儀禮士冠禮：『吉月令辰，乃申爾服，敬爾威儀，淑慎爾德，眉壽萬年，永受胡服。』南朝梁沈約湘州枳園寺刹下石記：『齊之永明六年，六月三日，蓋木運將啓之令辰，上帝步天之嘉日，乃抗崇表於蒼雲，植重扃於玄壤。』

〔七〕宜令今月九日：册府元龜作『以今月九日』；舊唐書、全唐文作『宜以今月九日』。

〔八〕仍令檢校司徒、平章事杜佑充册使：册府元龜作『乃命簡校司徒、平章事杜佑充册使』；全唐文作『仍令檢校司徒杜佑充册使』。『杜佑』，傳見舊唐書卷一百四十七、新唐書卷一百六十六。舊唐書其本傳載：『杜佑，字君卿，京兆萬年人。曾祖行敏，荆、益二州都督府長史、南陽郡公。祖慤，右司員外郎、詳正學士。父希望，歷鴻臚卿、恒州刺史、西河太守，贈右僕射。佑以蔭入仕，補濟南郡參軍、剡縣丞。時潤州刺史韋元甫嘗受恩於希望，佑謁見，元甫未之知，以故人子待之。他日，元甫視事，有疑獄不能決，佑時在旁，元甫試訊於佑；佑口對響應，皆得其要。元甫奇之，乃奏爲司法參軍。元甫爲浙西觀察、淮南節度，皆辟爲從事，深所委信。累官至檢校主客員外郎，入爲工部郎中，充江西青苗使，轉撫州刺史。改御史中丞，充容管經略使。楊炎入相，徵入朝，歷工部、金部二郎中，并充水陸轉運使，改度支郎中，兼和糴等

使。時方軍興，饋運之務，悉委於佑；遷户部侍郎、判度支。爲盧杞所惡，出爲蘇州刺史。佑母在，杞以蘇州憂闕授之，佑不行，俄換饒州刺史。未幾，兼御史大夫，充嶺南節度使。時德宗在興元。朝廷故事，執政往往遺脱；舊嶺南節度，常兼五管經略使，佑獨不兼。故五管不屬嶺南，自佑始也。貞元三年，徵爲尚書左丞，又出爲陝州觀察使，遷檢校禮部尚書、揚州大都督府長史，充淮南節度使。丁母憂，特詔起復，累轉刑部尚書、檢校右僕射。十六年，徐州節度使張建封卒，其子愔爲三軍所立，詔佑以淮南節制檢校左僕射、同平章事，兼徐泗節度使，委以討伐。佑乃大具舟艦，遣將孟準先當之。準渡淮而敗，佑杖之，固境不敢進。及詔以徐州授愔，而加佑兼濠、泗等州觀察使。在揚州開設營壘三十餘所，士馬修葺。然於賓僚間依阿無制，判官南宫僔、李亞、鄭元均争權，頗紊軍政，德宗知之，并竄於嶺外。十九年入朝，拜檢校司空、同平章事，充太清宫使。德宗崩，佑攝冢宰，尋進位檢校司徒，充度支鹽鐵等使，依前平章事。旋又加弘文館大學士。時王叔文爲副使，佑雖總統，而權歸叔文。叔文敗，又奏李巽爲副使，頗有所立。順宗崩，佑復攝冢宰，尋讓金穀之務，引李巽自代。」

〔九〕門下侍郎、平章事杜黄裳充副使：册府元龜作「門下侍郎、平章事杜黄裳爲副使」；全唐文作「門下侍郎杜黄裳充副使」。「杜黄裳」，傳見舊唐書卷一百四十七、新唐書卷

一百六十九。舊唐書其本傳載：『杜黄裳字遵素，京兆杜陵人也。登進士第、宏辭科，杜鴻漸深器重之。爲郭子儀朔方從事，子儀入朝，令黄裳主留務于朔方。邠將李懷光與監軍陰謀代子儀，乃爲僞詔書，欲誅大將温儒雅等。黄裳立辨其僞，以詰懷光，懷光流汗伏罪。諸將有難制者，黄裳矯子儀命盡出之，數月而亂不作。後入爲臺省官，爲裴延齡所惡，十年不遷。貞元末，爲太常卿。王叔文之竊權，黄裳終不造其門。嘗語其子婿韋執誼，令率百官請皇太子監國，執誼遽曰：「丈人纔得一官，可復開口議禁中事耶！」黄裳勃然曰：「黄裳受恩三朝，豈可以一官見買！」即拂衣而出。』

〔十〕大命：天命。書太甲上：『天監厥德，用集大命，撫綏萬方。』孔傳：『天視湯德，集王命於其身。』晉陸機弔魏武帝文：『當建安之三八，實大命之所艱。』李善注：『大命，謂天命也。』

〔十一〕宜因紀元之慶，用覃在宥之澤：『在宥』，莊子在宥：『聞在宥天下，不聞治天下也。』郭象注：『宥使自在則治，治之則亂也。』成玄英疏：『宥，寬也。在，自在也……寓言云，聞諸賢聖任物自在寬宥，即天下清謐。』後因以『在宥』指任物自在，無爲而化。多用以贊美帝王的『仁政』『德化』。南朝宋謝靈運九日從宋公戲馬臺集送孔令詩：『在宥天下理，吹萬

群方悦。』

〔十二〕自永貞元年八月五日昧爽已前：舊唐書作『自貞元二十一年八月五日已前』。

〔十三〕天下應犯死罪，特降從流；流罪已下：太平御覽作『天下死罪，降徒流已下』；全唐文作『天下應犯死罪，特降從流，流已下』。

〔十四〕各減一等：太平御覽、全唐文作『遞減一等』；册府元龜作『各降一等』。

何皇后命皇太子即位令〔一〕

予遭家不造〔二〕，急變爰臻，禍生女職之徒，事起宫奚之輩〔三〕。皇帝自罹鋒刃，以至彌留，不及顧遺，號慟徒切。定大計哉安社稷〔四〕，纂丕圖者擇賢明〔五〕，議屬未亡人〔六〕，須示建長策〔七〕。承高祖之寶運，緊元勛之忠規，仗爾股肱，以匡冲昧〔八〕。皇太子柷，宜於柩前即皇帝位〔九〕。其哀制并依祖宗故事〔十〕，中書門下準前處分。於戲！送往事居〔十一〕，古人之令範〔十二〕；行今報舊，前哲之格言〔十三〕。抆泪布宣〔十四〕，言不能喻。天祐元年八月。

校箋

〔一〕此文又見於全唐文卷九十八，文題爲命皇太子即位令，署名昭宗何皇后。舊唐書哀帝紀亦録此文。此文文末標注頒布時間爲『天祐元年八月』。考舊唐書哀帝紀載：『哀皇帝諱柷，昭宗第九子，母曰積善太后何氏。景福元年九月三日，生於大内。乾寧四年二月，封輝王，名祚。天復三年二月，拜開府儀同三司，充諸道兵馬元帥。天祐元年八月十二日，昭宗遇弑。翌日，蔣玄暉矯宣遺詔曰……是日遷神柩于西宫，文武百僚班慰於延和門外。其日午時，又矯宣皇太后令曰：「予遭家不造……」帝時年十三，乞且監國，柩前即位，宜差太常卿王溥充禮儀使，又令太子家令李能告哀於十六宅。』新唐書昭宗紀亦載：『天祐元年八月丙午，即皇帝位於柩前。』資治通鑑卷二百六十五昭宗天祐元年亦記：『癸卯，蔣玄暉稱李漸榮、裴貞一弑逆，宜立輝王祚爲皇太子，更名柷，監軍國事。又矯皇后令，太子於柩前即位。』以舊唐書哀帝紀之説爲是。故此詔書頒布時間應爲天祐元年（九〇四）八月甲辰（十三日），其撰寫此文時間當在是時稍前。另，此詔書作者應爲蔣玄暉。傳見新唐書卷二百二十三，其本傳云：『玄暉者，少賤，不得其系著。事朱全忠爲腹心。昭宗東遷，玄暉爲樞密使。帝駐陜州，術家言星緯不常，且有大

變，宜須冬幸洛。帝度全忠必篡，命衛官高瓌持帛詔賜王建，告以脅遷，且言：「全忠以兵二萬治洛陽，將盡去我左右，君宜與茂貞、克用、行密同盟，傳檄襄、魏、幽、鎮，使各以軍迎我還京師。」又詔全忠：「后方娠，須十月乃東。」全忠知帝有謀，遣寇彦卿趣迫，天子不得已，遂行。抵穀水，全忠盡殺左右黄門、内園小兒五百人，悉以汴兵爲衛。初，全忠至鳳翔，侵邠州，節度使楊崇本降，質其家。崇本妻美，全忠與亂，故崇本怒。至是遣使者會克用、茂貞，南告趙匡凝及建，同舉兵問劫遷狀，全忠大懼。帝自出關，畏不測，常默坐流涕。玄暉與張廷範内詗，必以告全忠。全忠恨帝無傳禪意，乃謀弑以絶人望，因令其屬李振諭玄暉。玄暉與龍武統軍朱友恭、氏叔琮夜選勇士百人叩行在，言有急奏，請見帝。宫門開，門留十士以守。至椒蘭院中，夫人裴貞一啓關，殺之，乃趨殿下。玄暉曰：「上安在？」昭儀李漸榮曰：「院使毋傷宅家，寧殺我！」士持劍入，帝聞，遽單衣走，環柱，遂弑之。漸榮以身蔽帝，亦死。復執后，后求哀。玄暉以全忠所弑者帝也，乃釋后。明日，宰相請對，日晏不出。玄暉矯遺詔，言帝夜與昭儀博，爲貞一、漸榮所弑，出二人首。全忠自河中來朝，振曰：「晋文帝殺高貴鄉公，歸罪成濟。今宜誅友恭等，解天下謗。」全忠趨西内臨，對嗣天子自言弑逆非本謀，皆友恭等罪，因泣下，請討罪人。是時洛城旱，米斗直錢六百，軍有掠糴者，都人怨，故因以悦衆，執友恭、叔琮斬之。全忠

邀九錫，玄暉自持詔趨汴言之。還洛不淹日，全忠矯詔收付有司車裂之，貶爲凶逆百姓，焚尸都門外。」

〔二〕予遭家不造：『遭家不造』，語出詩周頌閔予小子：『閔予小子，遭家不造，嬛嬛在疚。』鄭玄箋：『閔，悼傷之言也；造，猶成也。可悼傷乎，我小子耳！遭武王崩，家道未成。』孔穎達疏：『往日遭此家道之不爲，言先王既崩，家事無人爲之。』本爲周成王居父喪時自哀之辭，後用以泛指家中遭遇不幸。舊唐書昭宗紀上：『朕遭家不造，布德不明，十載已來，三罹播越。』清程麟此中人語梅州隱士：『聞隱士遭家不造，因繼母不能相容，遂飄零琴劍。』

〔三〕禍生女職之徒，事起宮奚之輩：『宮奚』，指皇宮中的奴僕。按，此謂蔣玄暉矯詔，故有此説。事見資治通鑑卷二百六十五昭宗天祐元年載：『癸卯，蔣玄暉稱李漸榮、裴貞一弑逆，宜立輝王祚爲皇太子，更名柷，監軍國事。又矯皇后令，太子於柩前即位。』然其史實亦見前載云：『八月，壬寅，帝在椒殿，玄暉選龍武牙官史太等百人夜叩宮門，言軍前有急奏，欲面見帝。夫人裴貞一開門見兵，曰：「急奏何以兵爲？」史太殺之。玄暉問：「至尊安在？」昭儀李漸榮臨軒呼曰：「寧殺我曹，勿傷大家！」帝方醉，遽起，單衣繞柱走，史太追而弑之。漸榮

以身蔽帝，太亦殺之。又欲殺何后，后求哀於玄暉，乃釋之。」

〔四〕定大計哉安社稷：『定大計哉』，舊唐書、四庫全書、全唐文、適園叢書作『定大計者』。

〔五〕纂丕圖者擇賢明：『丕圖』，猶大業，宏圖。唐白居易答黄裳請上尊號表制：『朕以薄德，嗣守丕圖，不敢荒寧，以弘理道。』宋史禮志十一：『非臣否德，肇此丕圖，實賴先正儲休，上玄降鑒。』

〔六〕議屬未亡人：『未亡人』，舊時寡婦的自稱。左傳成公九年：『穆姜出於房，再拜曰：「大夫勤辱，不忘先君以及嗣君，施及未亡人。先君猶有望也！」』杜預注：『婦人夫死，自稱未亡人。』梁書武帝紀上：『宣德皇后令曰：「西詔至，帝憲章前代，敬禪神器於梁。明可臨軒遣使，恭授璽紱，未亡人便歸於别宫。」』

〔七〕須示建長策：『示建』，原作『爾建』，今據舊唐書、全唐文、適園叢書改。『長策』，長的鞭。常比喻威勢。漢賈誼過秦論上：『及至始皇，奮六世之餘烈，振長策而御宇内，吞二周而亡諸侯。』唐高適送董判官詩：『長策須當用，男兒莫顧身。』

〔八〕以匡冲昧：『冲昧』，年幼愚昧。宋書後廢帝紀：『朕以冲昧，嗣膺寶業。』魏書高

祖紀上：『昔四代養老，問道乞言。朕雖冲昧，每尚其美。』

〔九〕皇太子柷，宜於柩前即皇帝位：『皇太子柷』，即唐哀帝李柷。傳見舊唐書哀帝紀，新唐書哀帝紀。舊唐書其本紀載：『哀皇帝諱柷，昭宗第九子，母曰積善太后何氏。景福元年九月三日，生於大内。乾寧四年二月，封輝王，名祚。天復三年二月，拜開府儀同三司，充諸道兵馬元帥。天祐元年八月十二日，昭宗遇弑。翌日，蔣玄暉矯宣遺詔……是日遷神柩于西宮，文武百僚班慰於延和門外。其日午時，又矯宣皇太后令曰……帝時年十三，乞且監國，柩前即位，宜差太常卿王溥充禮儀使，又令太子家令李能告哀於十六宅。丙午，大行皇帝大殮，皇太子柩前即皇帝位。』

〔十〕其哀制并依祖宗故事：『故事』，先例，舊日的典章制度。漢書劉向傳：『宣帝循武帝故事，招名儒俊材置左右。』宋胡銓戊午上高宗封事：『檜乃厲聲曰：「侍郎知故事，我獨不知！」』

〔十一〕送往事居：謂禮葬死者，奉事生者。左傳僖公九年：『送往事居，耦俱無猜，貞也。』杜預注：『往，死者；居，生者；耦，兩也。送死事生，兩無疑恨，所謂正也。』

〔十二〕古人之令範：舊唐書、全唐文作『古人令範』。『令範』，可爲楷模的美德。南朝

齊王融三月三日曲水詩序：『儲后睿哲在躬，妙善居質，内積和順，外發英華，斧藻至德，琢磨令範，言炳丹青，道潤金璧。』唐韓愈順宗實録卷五：『自服勤蘋藻，祇奉宗祧，令範益彰，母儀斯著，宜正長秋之位，以明繼體之尊。』

〔十三〕前哲之格言：舊唐書、全唐文作『前哲格言』。

〔十四〕拉泪布宣：四庫全書作『收泪布宣』；舊唐書、全唐文作『拉泪敷宣』；甲庫本作『拉泪宣布』。『拉泪』，擦眼泪。楚辭九章悲回風：『孤子唫而拉泪兮，放子出而不還。』洪興祖補注：『拉，音吻，拭也。』漢王褒洞簫賦：『故聞其悲聲，則莫不愴然累欷，擎涕拉泪。』

2021—2035年國家古籍工作規劃重點出版項目
國家出版基金資助項目
安徽省“十四五”重點圖書出版規劃項目

全國高校古委會古籍整理研究項目
厦門大學中文系古籍整理研究項目
安徽師範大學中國詩學研究中心學術叢書

06

第一輯

唐大詔令集繫年校箋

◉主　編　吴在慶
◉本册校箋　鄧瑩輝

黄山書社

本册目録

卷第三十一

皇太子

納妃

册妃嬪

退讓

廢黜

追復

卷第三十二

皇太子

卷第三十三

諸王

卷第三十一

皇太子

納妃

册妃嬪

退讓

降太子忠爲梁王詔

廢黜

廢皇太子承乾爲庶人詔

廢皇太子瑛爲庶人制

追復

息隱王追復皇太子詔

贈廢太子承乾恒山愍王制

贈重俊皇太子制

納妃

納蘇亶女爲皇太子妃詔〔一〕

配德元良〔二〕，必俟邦媛；作儷儲貳〔三〕，允歸冠族〔四〕。秘書丞蘇亶長女〔五〕，門襲軒冕〔六〕，家傳義方〔七〕，柔順表質，幽閑成性，訓彰圖史〔八〕，譽流邦國。正位儲闈〔九〕，實惟朝典〔十〕。可皇太子妃。所司備禮册命，主者施行。貞觀□年。

校箋

〔一〕此文又見於初學記卷十儲宫部。御定淵鑒類函卷五十九録此文，文題作唐太宗册蘇亶女爲太子妃；卷一百七十七亦録此文，題爲唐太宗册太子妃。全唐文卷九亦録此文，文題作册蘇亶女爲皇太子妃詔，署名唐太宗。此文文末原標注頒布時間爲貞觀某年。考册府元龜卷八十帝王部慶賜第二載：『（貞觀）九年正月甲申，皇太子承乾納妃蘇氏，宴群臣，賜帛各有差。』則此詔書頒布時間應爲貞觀九年（六三五）正月甲申（十七日）之前，其撰寫時間亦在是時稍前。

〔二〕配德元良：『元良』，太子的代稱。禮記文王世子：『一有元良，萬國以貞，世子之謂也。』南朝梁沈約立太子詔：『元良之寄，有國莫先，自昔哲后，降及近代，莫不立儲樹嫡，守器承祧。』

〔三〕作儷儲貳：『作儷』，作配偶，成婚。晉書后妃傳下孝武定王皇后：『昰以塗山作儷，而夏族以熙；妊姒配周，而姬祚以昌。』遼蕭觀音絶命詞：『嗟薄祐兮多幸，羌作儷兮皇家。』

〔四〕允歸冠族：『冠族』，顯貴的豪門世族。三國志魏書曹爽傳：『於是收爽、羲……範、當等，皆伏誅，夷三族。』裴松之注引三國魏魚豢魏略：『桓範字元則，世爲冠族。』

〔五〕秘書丞蘇亶長女：『蘇亶』，傳見舊唐書卷八十八載：『蘇瓌……父亶，貞觀中台州刺史。』

〔六〕門襲軒冕：『軒冕』，指國君或顯貴者。管子輕重甲：『故軒冕立於朝，爵禄不隨，臣不爲忠。』後漢書崔駰傳：『臨雍泮以恢儒，疏軒冕以崇賢。』

〔七〕家傳義方：『義方』，行事應該遵守的規範和道理。逸周書官人解：『省其居處，觀其義方。』左傳隱公三年：『石碏諫曰：「臣聞愛子教之以義方，弗納於邪。」』後多指教子的正道，或曰家教。晉葛洪抱朴子崇教：『愛子欲教之義方，雕琢切磋，弗納於邪僞。』

〔八〕訓彰圖史：『圖史』，初學記、御定淵鑒類函卷五十九作『國史』。『圖史』，圖書和史籍。

南朝宋顔延之宋文皇帝元皇后哀策文：『進思才淑，傍綜圖史。』舊唐書宋璟傳：『且蒼梧之野，驪山之徒，善惡分區，圖史所載。』

〔九〕正位儲闈：『儲闈』，太子所居之宫。南朝梁沈約奏彈王源：『父璿，升采儲闈，亦居清顯。』唐劉禹錫賀皇太子箋：『祇膺詔册，光啓儲闈。』

〔十〕實惟朝典：『朝典』，朝廷的禮儀制度。南朝宋劉義慶世説新語德行：『華歆遇子弟甚整，雖閑室之内，嚴若朝典。』宋王讜唐語林補遺二：『臣山野人，不識朝典，見陛下合稱臣否？』

開元十九年皇太子納妃制（一）

龍樓内範（二），輔成元良之德（三）；鳳邸中闈（四），克諧樂善之美（五）。自非門第兼茂（六），容則聿修（七），何以式副好逑（八），允兹華選（九）？薛紹第六女（十），竇希瑊第四女（十一），戚里承休（十二），渭陽傳慶（十三），婉順成性，柔閑有容，言必圖史之規（十四），動遵珩珮之節（十五）。惠問蘭郁（十六），清心玉映（十七），足以儷青宫之寵（十八），伉朱邸之義（十九）。式昭閫訓（二十），用光嬪則（二十一）。緡女可皇太子妃；瑊女可慶王妃。仍令所司備禮至都册命。開元十九年十月。

校箋

〔一〕此文又見於全唐文卷二十二，文題爲皇子納妃制，署名唐玄宗。此文文末標注頒布時間爲『開元十九年十月』。考開元十九年皇太子爲李嗣謙，即李瑛。傳見舊唐書卷一百七玄宗諸子傳載：『廢太子瑛，玄宗第二子也，本名嗣謙。……十三年，改名鴻，納妃薛氏，禮畢，曲赦京城之内，侍講潘肅等并加級改職，中書令蕭嵩親迎，特封徐國公。』新唐書卷八十二玄宗諸子傳亦載：『太子瑛，始王真定，進王郢。開元三年，立爲皇太子。……十六年，詔九品官息女可配太子者，有司采閲待進止，以太常少卿薛縚女爲妃。』資治通鑒卷二百一十二玄宗開元十三年載：『三月，甲午，太子嗣謙更名鴻。』故此制文頒布時間應爲開元十九年（七三一）十月，則此文撰寫時間當在是時稍前。

〔二〕龍樓内範：『龍樓』，借指太子所居之宫。南朝齊王融三月三日曲水詩序：『出龍樓而問豎，入虎闈而齒胄。』李周翰注：『龍樓，漢太子門名也。』唐吴兢貞觀政要忠義：『臣等昔受命太上，委質東宫，出入龍樓，垂將一紀。』『内範』，閨範，婦德。唐陸贄册淑妃王氏爲皇后文：『王

教之端始於内範。風美關雎之化，雅咏思齊之德。』

〔三〕輔成元良之德：『元良』，太子的代稱。參見上篇校箋〔二〕。

〔四〕鳳邸中闈：『鳳邸』，帝王即位前所居的府第。南朝陳徐陵與王僧辯書：『未有膺龍圖以建國，御鳳邸以承家。』唐許敬宗唐并州都督鄂國公尉遲恭碑：『太宗俯離鳳邸，親御龍韜。』『中闈』，后妃所居的内宫。晋書后妃傳上左貴嬪：『昔有莘適殷，姜姒歸周，宣德中闈，徽音永流。』舊唐書后妃傳下肅宗章敬皇后吴氏：『顧史求箴，道先於壼則；撝謙率禮，教備於中闈。』

〔五〕克諧樂善之美：『克諧』，能和諧。書舜典：『八音克諧，無相奪倫，神人以和。』唐李景亮李章武傳：『既而兩心克諧，情好彌切。』『樂善』，語出孟子告子上：『仁義忠信，樂善不倦，此天爵也。』

〔六〕自非門第兼茂：『門第』，明鈔本、甲庫本、四庫全書、全唐文、適園叢書作『門地』。

〔七〕容則聿修：『容則』，猶容典，禮容之典則。『聿修』，詩大雅文王：『無念爾祖，聿修厥德。永言配命，自求多福。』毛傳：『聿，述。』『聿』本是助詞，後多訓爲『述』，因以『聿

修』謂繼承發揚先人的德業。晉干寶晉紀總論：『聿修祖宗之志，思輯戰國之苦。』吕向注：『聿，循；修，治也。』

〔八〕式副好逑：『好逑』，好配偶。詩周南關雎：『窈窕淑女，君子好逑。』陸德明釋文：『逑音求，毛云「匹也」。本亦作仇，音同。』唐元稹有鳥二十章詩之四：『飛飛漸上高高閣，百鳥不猜稱好逑。』

〔九〕允兹華選：『華選』，顯貴的職位。宋書孔覬傳：『常侍華選，職任俟才，新除臨海太守孔覬意業閑素……并任爲散騎常侍。』宋曾鞏代翰林侍讀學士錢藻遺表：『文辭、講説、制策之科，衆稱華選。』

〔十〕薛紹第六女：『薛紹』，事見舊唐書卷一百八十七下：『薛愿，河東汾陰人。父紹，禮部郎中。』新唐書卷一百九十三載：『愿，汾陰人。父紹，太常卿。兄崇一，娶惠宣太子女，其女弟爲太子瑛妃。瑛廢，貶愿嶺外，久乃得還。』

〔十一〕竇希瑊第四女：『竇希瑊』，事見舊唐書卷一百八十三：『希瑊累遷太子少傅、豳國公，尋卒。』

〔十二〕戚里承休：『戚里』，帝王外戚聚居的地方。史記萬石張叔列傳：『於是高祖召其

姊爲美人，以奮爲中涓，受書謁，徙其家長安中戚里。』司馬貞索隱引顔師古曰：『於上有姻戚者皆居之，故名其里爲戚里。』晉左思魏都賦：『亦有戚里，置宮之東。』吕延濟注：『戚里，外戚所居之里。』『承休』，承受美善。史記封禪書：『今鼎至甘泉，光潤龍變，承休無疆。』

（十三）渭陽傳慶：『渭陽』，詩秦風渭陽：『我送舅氏，曰至渭陽。』朱熹集傳：『舅氏，秦康公之舅，晉公子重耳也。出亡在外，穆公召而納之。時康公爲太子，送之渭陽而作此詩。』後因以『渭陽』爲表示甥舅情誼之典。唐杜甫奉送卿二翁統節度鎮軍還江陵詩：『寒空巫峽曙，落日渭陽情。』

（十四）言必圖史之規：『圖史』，圖書和史籍。參見上篇校箋（八）。

（十五）動遵珩珮之節：『珩珮』，指雜佩。各種不同的佩玉。西京雜記卷二：『昭陽殿織珠爲簾，風至則鳴，如珩珮之聲。』南朝梁沈約俊雅詩之二：『珩珮流響，纓紱有容。』

（十六）惠問蘭郁：『惠問』，美好的稱譽。南朝宋顔延之宋文皇帝元皇后哀策文：『惠問川流，芳猷淵塞。』劉良注：『惠問，美稱也。』

（十七）清心玉映：『清心』，甲庫本、四庫全書作『心清』。

（十八）足以儷青宮之寵：『青宮』，原作『清宮』，今據四庫全書、全唐文、適園叢書改。

〔十九〕伉朱邸之義：『朱邸』，漢諸侯王第宅，以朱紅漆門，故稱朱邸。後泛指貴官府第。南朝齊謝朓拜中軍記室辭隋王箋：『唯待青江可望，候歸艎於春渚；朱邸方開，效蓬心於秋實。』李善注引史記：『諸侯朝天子，於天子之所立舍曰邸，諸侯朱户，故曰朱邸。』世説新語言語『君自見其朱門』，劉孝標注引高逸沙門傳：『司徒會稽王……與法師結殷勤之歡，師雖升履丹墀，出入朱邸，泯然曠達，不異蓬宇也。』

〔二十〕式昭閫訓：『式昭』，用以光大。後漢書張衡傳：『朝有所聞，則夕行之。立功立事，式昭德音。』李賢注：『逸詩曰：「祈招之愔愔，式昭德音。」式，用也；昭，明也。』唐玄奘大唐西域記羯若鞠闍國：『罄捨國珍，奉爲先王建此伽藍，式昭勝業。寡德無祐，有斯灾異！咎徵若此，何用生爲！』『閫』，内室，借指婦女。

〔二十一〕用光嬪則：『嬪則』，爲婦的準則。南朝齊謝朓齊敬皇后哀册文：『思媚諸姑，貽我嬪則。』張銑注：『嬪則，爲婦之法則也。』

開元二十一年皇太子納妃敕〔一〕

張九齡

敕：禮有謹於初，義亦重其本。凡是姻媾，且猶正於人倫〔二〕。况在元良〔三〕，更

將承於宗祀。皇太子鴻（四），儲副是屬，仁孝自然，爰從吉辰，式備嘉禮。上事下繼（五），君子重之；言告言歸（六），朕豈無慰。非獨在子之慶（七），宜申與衆之澤。天下囚徒（八），死罪特宜免死（九），配流嶺南遠處；流罪降至徒；徒以下罪并宜釋放。其造僞頭首、勾合知情、受僞人等罪，雖徒、流，仍便隸爲百姓（十），至彼勿許東西。諸道征行人家及鰥寡煢獨（十一），委州縣官長檢校（十二），於放差科（十三），使安其業。中間有不支濟者，量事賑給，仍量助其營種（十四）。長安、萬年兩縣百姓，及今月當上彍騎、衛士、雜匠、掌閑、幕士、駕士、工人、樂人、供膳、官馬、主角手（十五），并免其家今年地税（十六）。三衛細引、飛騎、監門長上及禮生有職掌者，各減一年勞。在京文武官九品已上見在外官（十七）、因公使及當上（十八）、在京新除五品已上外官未辭，并致仕官朝朔望者（十九），各賜勛一轉（二十）。東宮官九品已上，及諸司緣禮會祇供官等，更加勛一轉。五禮使、兵部尚書兼中書令蕭嵩（二十一），特封徐國公。禮會使、黄門侍郎、同中書門下平章事韓休（二十二），特與三品（二十三）。妃禮會使、少府監馮紹正（二十四），賜紫金魚袋。諸副使及判官更加勛一轉。禮官儐者、夾侍官、及孔目官使典主旍節等（二十五），擇日優與處分（二十六）。仗内馬家内侍省級教坊音聲人（二十七）、緣太子禮會祇供者，各賜勛一轉。皇

太子舅尚輦奉御趙迥遵，特與三品，仍改與三品官。前右威衛騎曹趙迥進〔二十八〕，特與五品，仍改與五品官〔二十九〕。皇太子侍讀、侍書等，各加一階〔三十〕。其太子諭德潘肅〔三十一〕，特與五品。太子妃兄、通事舍人薛愿〔三十二〕，特與五品，仍改與五品官〔三十三〕。兄吏部常選岱與五品〔三十四〕，仍與五品官。今日應預會官等〔三十五〕，各節級賜物〔三十六〕，即宜領取。晏慰者〔三十七〕，所以宣其情；頒錫者〔三十八〕，所以將其意。公卿百辟〔三十九〕，庶知朕心。開元二十一年五月二十一日。

校　箋

〔一〕本文又見於册府元龜卷八十五帝王部赦宥第四。文苑英華卷四百四十，文題作皇太子納妃德音，署名張九齡。全唐文卷二百八十三亦録，文題作敕皇太子納妃，署名張九齡。本文文末標明時間爲『開元二十一年五月二十一日』。考文苑英華卷四百四十其文末注明頒布時間爲『開元二十一年五月二十一日』。舊唐書玄宗紀載：『（開元）二十一年……五月甲申（十八日），皇太子納妃薛氏。制天下死罪降從流，流已下釋放。京文武官賜勛一轉。』新唐書玄宗

紀載：『（開元）二十一年……五月戊子（二十二日），以皇太子納妃，降死罪，流以下原之。』舊唐書卷一百七玄宗諸子傳：『廢太子瑛，玄宗第二子也，本名嗣謙。……十三年，改名鴻，納妃薛氏，禮畢，曲赦京城之内，侍講潘肅等并加級改職，中書令蕭嵩親迎，特封徐國公。』新唐書卷八十二玄宗諸子傳：『太子瑛，始王真定，進王郢。開元三年，立爲皇太子。……十六年，詔九品官息女可配太子者，有司采閱待進止，以太常少卿薛縚女爲妃。』據上述典籍所載，舊唐書玄宗紀所載『五月甲申』，應係干支紀年法序號抄録所誤（序號二十一爲甲申日），故以原文及文苑英華所説爲是，此敕文頒布時間爲開元二十一年（七三三）五月二十一日，則撰寫時間當在是時稍前。

（二）且猶正於人倫：文苑英華作『且宜正於人倫』。

（三）況在元良：『元良』，太子的代稱。參見本卷納蘇亶女爲皇太子妃詔校箋（二）。

（四）皇太子鴻：即李瑛。傳見舊唐書卷一百七、新唐書卷八十二。舊唐書其本傳載：『廢太子瑛，玄宗第二子也，本名嗣謙。景雲元年九月，封真定郡王。先天元年八月，進封郢王。開元三年正月，立爲皇太子。七年正月，加元服。其年，玄宗又令太子詣國子學行齒胄之禮，仍敕右散騎常侍褚無量升筵講論，學官及文武百官節級加賜。十三年，改名鴻，納妃薛氏，禮畢，曲

赦京城之內，侍講潘肅等并加級改職，中書令蕭嵩親迎，特封徐國公。』

〔五〕上事下繼：文苑英華作『上祀下繼』。

〔六〕言告言歸：意謂新婦告辭公婆回娘家探親。語出詩周南葛覃：『言告師氏，言告言歸。』

〔七〕非獨在子之慶：文苑英華、册府元龜、四庫全書、全唐文作『非獨在予之慶』。

〔八〕天下囚徒：文苑英華、全唐文、適園叢書作『應天下囚徒』，册府元龜作『囚徒』。

〔九〕死罪特宜免死：册府元龜作『死罪特宜免罪』。

〔十〕仍便隸爲百姓：文苑英華作『仍使隸於百姓』。

〔十一〕諸道征行人家及鰥寡煢獨：『征行』，遠行，旅行。國語晉語四：『夙夜征行，不遑啓處，猶懼無及。』宋蘇軾張寺丞益齋詩：『譬如遠游客，日夜事征行。』

〔十二〕委州縣官長檢校：册府元龜作『委州縣長官檢校』。『檢校』，查覈，察看。晉葛洪抱朴子祛惑：『倉卒聞之，不能清澄檢校之者，鮮覺其僞也。』宋辛棄疾沁園春靈山齊庵賦時築偃湖未成詞：『老合投閑，天教多事，檢校長身十萬松。』

〔十三〕於放差科：文苑英華、册府元龜、四庫全書、全唐文作『矜放差科』。『差科』，指差役和賦稅。唐杜甫遭田父泥飲美嚴中丞詩：『差科死則已，誓不舉家走。』宋陸游岳池農家

詩：『緑秧分時風日美，時平未有差科起。』

〔十四〕仍量助其營種：『營種』，種植。漢趙曄吴越春秋吴太伯傳：『堯聘棄使教民山居，隨地造區，研營種之術。』通典食貨七：『五十畝以上爲私田，任其自營種。』

〔十五〕及今月當上彍騎、衛士、雜匠、掌閑、幕士、駕士、工人、樂人、供膳、官馬、主角手：册府元龜作『及今月當番人等』。『當上』，猶值班。北史崔彭傳：『性謹密，在省闥二十餘年，當上，在仗危坐終日，未嘗有墮容。上每謂曰：「卿當上日，我寢處自安。」』『彍騎』，唐代宿衛兵名。玄宗時因宿衛京師的府兵大量逃亡，開元十一年（七二三）采納宰相張説的建議，以招募方式選京兆、蒲、同、岐、華等州府兵和白丁，每年宿衛兩個月，免除出征、鎮守負擔，稱長從宿衛。開元十三年改稱彍騎。天寶後，僅存虚名。新唐書兵志：『蓋唐有天下二百餘年，而兵之大勢三變，其始盛時有府兵，府兵後廢而爲彍騎，彍騎又廢，而方鎮之兵盛矣。』文獻通考兵考三：『自高祖、武后時，天下久不用兵，府兵之法浸壞，番役更代多不以時，衛士稍稍亡匿，至是益耗散，宿衛不能給。宰相張説乃請一切募士宿衛。十一年，取京兆、蒲、同、岐、華府兵及白丁，而益以潞州長從兵，共十二萬，號「長從宿衛」，歲一番，命尚書左丞蕭嵩與州吏共選之。明年更號曰「彍騎」。』後亦指驍勇慓悍、長於騎射之兵。『衛士』，負責警衛的兵士。穀梁傳

僖公十年：『麗姬欲爲亂，故謂君曰：「吾夜者夢夫人趨而來。」曰：「吾苦畏，胡不使大夫將衛士而衛冢乎！」』漢荀悅漢紀惠帝紀：『衛尉掌宮門衛士，屯兵諸侯。』『幕士』，宮廷衛士。魏書崔光傳：『厨兵幕士，衣履敗穿。』唐陳鴻東城老父傳：『父忠，長九尺，力能倒曳牛，以材官爲中宮幕士。』『駕士』，導引帝王車駕之士。唐于志寧諫太子承乾引突厥達哥支入宮書：『善則率土沾其恩，惡則海内罹其禍。近聞僕寺、司馭，爰及駕士、獸醫，始自春初，迄於夏晚，恒居内役，不放分番。』宋史輿服志二：『禮制局言「……所有駕士衣服，尚循舊六引之制，宜行改正。」』『工人』，指從事各種技藝的勞動者。荀子儒效：『設規矩，陳繩墨，便備用，君子不如工人。』唐韓愈錢重物輕狀：『夫五穀布帛，農人之所能出也，工人之所能爲也。』『樂人』，古代指掌管音樂的官吏。儀禮燕禮：『膳宰具官饌於寢東，樂人縣。』胡培翬正義：『是縣樂諸官皆有其事，故總稱樂人。』禮記少儀：『問大夫之子長幼，長，則曰「能從樂人之事矣」；幼，則曰「能正於樂人。」』鄭玄注：『正，樂政也。』孔穎達疏：『鄭恐經「正」是樂正之官，故讀爲「政令」之「政」，謂年幼受政於樂人也。』『供膳』，宮廷中掌管御膳者。北齊書方技傳皇甫玉：『顯祖既即位，試玉相術，故以帛巾襪其眼，而使歷摸諸人……至供膳，曰：「正得好飲食而已。」』新唐書車服志：『平巾綠幘者……太官署、食官署供膳、奉觶之服也。』『主

角手』：文苑英華作『主食弓手』；四庫全書、全唐文作『主食弓等』。

〔十六〕并免其家今年地税：『地税』，册府元龜作『地稼』。

〔十七〕在京文武官九品已上見在外官：原本無『在』字，今據文苑英華、四庫全書、甲庫本、全唐文增補。文苑英華、全唐文作『在京文武官九品已上見在京外官』；四庫全書、甲庫本作『在京文武官九品已上見在外官』。

〔十八〕及當上：文苑英華作『及堂上』。

〔十九〕并致仕官朝朔望者：明鈔本作『并致仕官朝朔望日者』。『致仕官』，因年老或衰病而辭去職務的官員。通典職官十五：『諸執事官，七十聽致仕……其五品以上，籍年雖少、形容衰老者，亦聽致仕。開元五年十月敕，致仕官三品以上，并聽朝朔望。』宋張世南游宦紀聞卷八：『滎陽吕公嘗言：「京洛致仕官與人相接，皆以閑居野服爲禮。」』

〔二十〕各賜勛一轉：原作自『三衛細引、飛騎、監門長上及禮生有職掌者，各減一年勞。』至此句處，册府元龜作『京文武官九品已上各賜勛一轉』。

〔二十一〕五禮使、兵部尚書兼中書令蕭嵩：『蕭嵩』，傳見舊唐書卷九十九，其本傳載：『蕭嵩，貞觀初左僕射、宋國公瑀之曾侄孫。祖鈞，中書舍人，有名於時。嵩美鬚髯，儀形偉麗。初，

娶會稽賀晦女，與吴郡陸象先爲僚婿。象先時爲洛陽尉，宰相子，門望甚高；嵩尚未入仕。宣州人夏榮稱有相術，謂象先曰：「陸郎十年内位極人臣，然不及蕭郎一門盡貴，官位高而有壽。」時人未之許。神龍元年，嵩調補洺州參軍。尋而侍中、扶陽王桓彦範出爲洺州刺史，見之推重，待以殊禮。景雲元年，爲醴泉尉。時陸象先已爲中書侍郎，引爲監察御史。及象先知政事，嵩又驟遷殿中侍御史。開元初，爲中書舍人，與崔琳、王丘、齊澣同列，皆以嵩寡學術，未異之，而紫微令姚崇許其致遠，眷之特深。歷宋州刺史，三遷爲尚書左丞、兵部侍郎。十五年，凉州刺史、河西節度王君㚟恃衆每歲攻擊吐蕃。吐蕃大將悉諾邏恭禄及燭龍莽布支攻陷瓜州城，執刺史田元獻及君㚟父壽，盡取城中軍資及倉糧，仍毁其城而去。又攻玉門軍及常樂縣，縣令賈師順嬰城固守，賊遂引退。無何，君㚟又爲回紇諸部殺之於鞏筆驛，河、隴震駭。玄宗以君㚟勇將無謀，果及於難，擇堪邊任者，乃以嵩爲兵部尚書、河西節度使，判凉州事。嵩乃請以裴寬、郭虚己、牛仙客在其幕下，又請以建康軍使、左金吾將軍張守珪爲瓜州刺史，修築州城，招輯百姓，令其復業。又加嵩銀青光禄大夫。時悉諾邏恭禄威名甚振，嵩乃縱反間於吐蕃，言其與中國潛通，贊普遂召而誅之。明年秋，吐蕃大下，悉末朗復率衆攻瓜州，守珪出兵擊走之。隴右節度使、鄯州都督張志亮引兵至青海西南渴波谷，與吐蕃接戰，大破之。八月，嵩又遣副將杜賓客率弩手四千人，與

吐蕃戰於祁連城下，自晨至暮，散而復合，賊徒大潰，臨陣斬其副將一人，散走山谷，哭聲四合。露布至，玄宗大悦，乃加嵩同中書門下三品，恩顧莫比。十七年，授宇文融、裴光庭宰相，又加嵩兼中書令。自十四年燕國公張説罷中書令後，缺此位四年，而嵩居之。常帶河西節度，遥領之。加集賢殿學士、知院事，兼修國史，進位金紫光禄大夫。子衡，尚新昌公主，嵩夫人賀氏入覲拜席，玄宗呼爲親家母，禮儀甚盛。尋又進封徐國公。二十一年二月，侍中裴光庭卒。光庭與嵩同位數年，情頗不協，及是，玄宗遣嵩擇相，嵩以右丞韓休長者，舉之。及休入相，嵩舉事，休峭直，輒不相假，互於玄宗前論曲直，因讓位。玄宗眷嵩厚，乃許嵩授尚書右丞相，令罷相，以休爲工部尚書。尋又以嵩子華爲給事中。』

〔二十二〕禮會使、黄門侍郎、同中書門下平章事韓休：『韓休』，傳見舊唐書卷九十八，其本傳載：『韓休，京兆長安人。伯父大敏，則天初爲鳳閣舍人。時梁州都督李行褒爲部人誣告，云有逆謀，則天令大敏就州推究。或謂大敏曰：「行褒諸李近屬，太后意欲除之，匆若失旨，禍將不細，不可不爲身謀也。」大敏曰：「豈有求身之安而陷人非罪！」竟奏雪之。則天俄又命御史重覆，遂構成其罪，大敏坐推反失情，與知反不告同罪，賜死於家。父大智，官至洛州司功。休早有詞學，初應制舉，累授桃林丞。又舉賢良，玄宗時在春宫，親問國政，休對策與校書郎趙

冬曦并爲乙第，擢授左補闕。尋判主爵員外郎，歷遷中書舍人、禮部侍郎，兼知制誥，出爲虢州刺史。時虢州以地在兩京之間，駕在京及東都，并爲近州，常被支税草以納閑廐。休奏請均配餘州，中書令張説駁之曰：「若獨免虢州，即當移向他郡，牧守欲爲私惠，國體固不可依。」又下符不許之。休復將執奏，僚吏曰：「更奏必忤執政之意。」休曰：「爲刺史不能救百姓之弊，何以爲政！必以忤上得罪，所甘心也。」竟執奏獲免。歲餘，以母艱去職，固陳誠乞終禮，制許之。服闋，除工部侍郎，仍知制誥，遷尚書右丞。開元二十一年，侍中裴光庭卒，上令蕭嵩舉朝賢以代光庭者，嵩盛稱休志行，遂拜黄門侍郎、同中書門下平章事。休性方直，不務進趨，及拜，甚允當時之望。俄有萬年尉李美玉得罪，上特令流之嶺外，休進曰：「美玉卑位，所犯又非巨害，今朝廷有大奸，尚不能去，豈得捨大而取小也！臣竊見金吾大將軍程伯獻，依恃恩寵，所在貪冒，第宅輿馬，僭擬過縱。臣請先出伯獻而後罪美玉。」上初不許之，休固争曰：「美玉微細猶不容，伯獻巨猾豈得不問！陛下若不出伯獻，臣即不敢奉詔流美玉。」上以其切直，從之。初，蕭嵩以休柔和易制，故薦引之。休既知政事，多折正嵩，遂與休不叶。宋璟聞之曰：「不謂韓休乃能如是，仁者之勇也。」』

〔二十三〕特與三品：四庫全書作『特與三品階』。

〔二十四〕妃禮會使、少府監馮紹正：四庫全書作『禮會使、少府監馮紹正』。『馮紹正』，亦作『馮紹政』，元和姓纂卷一、唐朝名畫録卷六、圖繪寶鑒卷二等有傳。

〔二十五〕禮官儐者、夾侍官、及孔目官使典主旌節等：『典主』，掌管，統理。三國志吴書吕範傳：『初策使範典主財計。權時年少，私從有求，範必關白，不敢專許，當時以此見望。』晋虞溥江表傳：『今使典主糧穀，糧穀軍之要最，僕雖在遠，竊用不安。』

〔二十六〕擇日優與處分：明鈔本、文苑英華、全唐文、適園叢書作『選日優與處分』。

〔二十七〕仗内馬家内侍省級教坊音聲人：文苑英華、甲庫本、全唐文作『仗内馬家内侍省給使教坊音聲人』。『教坊』，古時管理宫廷音樂的官署，專管雅樂以外的音樂、舞蹈、百戲的教習、排練、演出等事務。唐武德後在禁中設内教坊，其官隸屬太常；武則天改稱爲『雲韶府』，神龍年間恢復舊稱。玄宗開元二年置内教坊於蓬萊宫側，洛陽、長安又各設左、右教坊二所，以中官爲教坊使，從此不隸屬太常。南唐李煜破陣子詞：『最是倉皇辭廟日，教坊猶奏别離歌，垂泪對宫娥。』元白樸梧桐雨第二折：『囑付你仙音院莫怠慢，道與你教坊司要叠辦，把個太真妃扶在翠盤間。』『音聲人』，唐代對官府樂人的總稱。新唐書禮樂志十二：『唐之盛時，凡樂人、音聲人、太常雜户子弟，隸太常及鼓吹署，皆番上，總號音聲人，至數萬人。』宋葉廷珪海録碎

事音樂：『唐每歲閱司農户容儀正者歸太樂，與前代樂户總名音聲人。』

〔二十八〕前右威衛騎曹趙迥進：『趙迥進』，原作『趙迥遵』，今據册府元龜等改。文苑英華作『前右武衛騎曹趙迥進』；全唐文作『前右武衛騎曹趙某』。

〔二十九〕仍改與五品官：『與五品官』，册府元龜作『及五品官』。

〔三十〕各加一階：册府元龜作『各加一等階』。

〔三十一〕其太子諭德潘肅：文苑英華、全唐文作『皇太子諭德潘蕭』。

〔三十二〕太子妃兄、通事舍人薛愿：『薛愿』，傳見舊唐書卷一百八十七下，新唐書卷一百九十三。舊唐書其本傳載：『薛愿，河東汾陰人。父縚，禮部郎中。兄崇一，尚惠宣太子女宜君縣主。女弟爲廢太子瑛妃。愿坐宫廢貶官。禄山之亂，南陽節度使魯炅奏用愿爲潁川太守、本郡防禦使。時賊已陷陳留、滎陽、汝南等郡，方圍南陽。潁川當其來往之路，愿與防禦副使龐堅同力固守，城中儲蓄無素，兵卒單寡。自至德元年正月至十一月，賊晝夜攻之不息，距城百里，廬舍墳墓林樹開發斬徹殆盡，而外救無至。賊將阿史那承慶悉以鋭卒并攻，爲木驢木鵝，雲梯衝棚，四面雲合，鼓譟如雷，矢石如雨，力攻十餘日，城中守備皆竭，賊夜半乘梯而入。愿、堅俱被執，送於東都，將支解之，或説禄山曰：「薛愿、龐堅，義士也。人各爲其主，屠之不祥。」乃繫於

洛水之濱，屬苦寒，一夕凍死。』

〔三十三〕仍改與五品官：『與五品官』，册府元龜作『及五品官』。

〔三十四〕兄吏部常選忖與五品：全唐文作『兄吏部常選薛某特與五品』。

〔三十五〕今日應預會官等：『預會』，參加集會。周書武帝紀上：『辛巳，露寢成，幸之。令群臣賦古詩，京邑耆老并預會焉，頒賜各有差。』

〔三十六〕各節級賜物：文苑英華、全唐文作『各節級給賜物』。

〔三十七〕晏慰者：册府元龜作『安慰者』；全唐文作『宴會者』。

〔三十八〕頒錫者：文苑英華、四庫全書作『頒賜者』。

〔三十九〕公卿百辟：『百辟』，百官。宋書孔琳之傳：『羨之（徐羨之）內居朝右，外司輦轂，位任隆重，百辟所瞻。』唐白居易醉後走筆酬劉五主簿長句之贈兼簡張大賈二十四先輩昆季詩：『閶闔晨開朝百辟，冕旒不動香烟碧。』

令兩京選皇太子妃敕〔一〕

冢嗣其良，家國之慶〔二〕，人倫之始，宜娶元妃〔三〕。雖吉事尚須待年〔四〕，而嘉

耦宜深善教〔五〕。志於先定，冀及義方〔六〕，屬在德門〔七〕，遂成好合。在東京委裴度、西京委宰臣〔八〕，各申旨論。令本宗家長舉言十歲已來嫡女〔九〕，及妹、侄孫女，兩月内送中書門下。務令宜稱〔十〕，無有不盡。開元元年八月。

校箋

〔一〕本文又見於唐會要卷四。全唐文卷七十四亦録此文，文題作選皇太子妃敕，署名唐文宗。此文原文末標注頒布時間爲『開元元年八月』。然『開元』乃唐玄宗時期年號，其時玄宗尚未立太子，故原文時間誤。又考唐會要載：『開成元年五月中書門下奏：「臣等累奉德音，令與皇太子於甲族選妃家。今商量於兩都及側近精擇甲族，可以選尚者。」敕：「冢嗣元良，家國之慶……」』又四庫全書此文文末標注時間爲『開成元年八月』，故此敕文頒布時間應爲唐文宗開成元年（八三六）八月，撰寫時間當在此時稍前。

〔二〕冢嗣其良，家國之慶：『其』，唐會要、全唐文、適園叢書作『元』。『之慶』，明鈔本作『良慶』。『冢嗣』，嫡長子。國語晋語三：『十四年，君之冢嗣其替乎？』韋昭注：『冢嗣，太子也。』

晋陸機弔魏武帝文：『觀其所以顧命家嗣，貽謀四子，經國之略既遠，隆家之訓亦弘。』

〔三〕宜娶元妃：『宜』，唐會要、全唐文作『在』。『元妃』，國君或諸侯的嫡妻。左傳隱公元年：『惠公元妃孟子。』杜預注：『言元妃，明始適夫人也。』後漢書 皇后紀序：『晋獻升戎女爲元妃。』

〔四〕雖吉事尚須待年：『尚須』，唐會要作『尚更于』，全唐文作『尚更於』。『待年』，謂女子待年長而聘。後漢書 皇后紀下 獻穆曹皇后：『操進三女憲、節、華爲夫人，聘以束帛玄纁五萬匹，小者待年於國。』李賢注：『留住於國，以待年長。』後因以稱女子待嫁。南朝宋顔延之宋文皇帝元皇后哀策文：『爰自待年，金聲夙振。』

〔五〕而嘉耦宜深善教：『耦』，唐會要、全唐文作『偶』。『宜深善教』，唐會要作『宜深于善教』，全唐文作『宜深於善教』。『嘉耦』，好配偶，美姻緣。左傳 桓公二年：『嘉耦曰妃，怨耦曰仇，古之命也。』楊伯峻注：『美好姻緣謂之妃。』宋洪邁夷堅丁志 孫五哥：『鄭人孫愈，王氏甥也，年十八九歲時到外家，與舅女真真者，憑闌相視，有嘉耦之約。』

〔六〕冀及義方：『及』，唐會要、全唐文作『選』。『義方』，行事應該遵守的規範和道理。參見本卷納蘇亶女爲皇太子妃詔校箋〔七〕。

〔七〕屬在德門：『德門』，有德之家。晋陸機爲陸思遠婦作詩：『潔己入德門，終遠母與兄。』南史謝靈運傳論：『然謝氏自晋以降，雅道相傳，景恒、景仁以德素傳美，景懋、景先以節義流譽……可謂德門者矣。』

〔八〕在東京委裴度、西京委宰臣：『裴度』，傳見舊唐書卷一百七十、新唐書卷一百七十三。舊唐書其本傳載：『裴度，字中立，河東聞喜人。祖有鄰，濮州濮陽令。父漵，河南府澠池丞。度，貞元五年進士擢第，登宏辭科。應制舉賢良方正、能直言極諫科，對策高等，授河陰縣尉。遷監察御史，密疏論權幸，語切忤旨，出爲河南府功曹。遷起居舍人。元和六年，以司封員外郎知制誥，尋轉本司郎中。……（元和十三年）二月，詔加度金紫光禄大夫、弘文館大學士，賜勛上柱國，封晋國公，食邑三千户，復知政事……自是，中官用事，衣冠道喪。度以年及懸輿，王綱版蕩，不復以出處爲意。東都立第於集賢里，築山穿池，竹木叢萃，有風亭水榭，梯橋架閣，島嶼迴環，極都城之勝概。又於午橋創別墅，花木萬株，中起凉臺暑館，名曰緑野堂。引甘水貫其中，釃引脉分，映帶左右。度視事之隙，與詩人白居易、劉禹錫酣宴終日，高歌放言，以詩酒琴書自樂，當時名士，皆從之游。每有人士自都還京，文宗必先問之曰：「卿見裴度否？」』

〔九〕令本宗家長舉言十歲已來嫡女：『家長』，一家之主。墨子天志上：『若處家得罪於家長，

猶有鄰家所避逃之。』詩周頌載芟：『侯主侯伯。』毛傳：『主，家長也。』孔穎達疏：『坊記云：家無二主，主是一家之尊，故知「主，家長」也。』

〔十〕務令宜稱：『宜稱』，適當（的狀態），合適，相宜。漢賈誼新書容經：『故身之倨佝，手之高下，顏色聲氣，各有宜稱，所以明尊卑，别疏戚也。』漢書文帝紀：『丞相平等皆曰：「臣伏計之，大王奉高祖宗廟最宜稱。」』

册妃嬪

册皇太子蘇妃文〔一〕

維貞觀年月日云云。於戲！惟爾秘書丞蘇亶長女，族茂冠冕，慶成禮訓〔二〕，貞順自然，言容有則，作合春宫〔三〕，實協三善〔四〕。曰嬪守器〔五〕，式隆萬葉〔六〕，備兹令典，抑惟國章〔七〕。是用命爾爲皇太子妃〔八〕。往欽哉〔九〕！其光膺徽命〔十〕，可不慎歟！

校箋

〔一〕此文又見於古儷府卷三，文題作唐太宗册太子妃文。御定淵鑒類函卷五十九、卷一百七十七亦録此文，文題與古儷府同。全唐文卷九亦録此文，文題作册蘇亶長女爲皇太子妃文，署名唐太宗。此文原未標明作年，文首云『貞觀年月日』。考册府元龜卷八十帝王部慶賜第二載：『（貞觀）九年正月甲申，皇太子承乾納妃蘇氏，宴群臣，賜帛各有差。』則此詔書頒布時間應爲貞觀九年（六三五）正月甲申（十七日），其撰寫時間當在是時稍前。

〔二〕慶成禮訓：『禮訓』，有關禮儀的教育訓導。南朝梁任昉王文憲集序：『年始志學，家門禮訓，皆折衷於公。』隋書列女傳鄭善果母：『汝既年小而孤，吾寡婦耳，有慈無威，使汝不知禮訓，何可負荷忠臣之業乎？』

〔三〕作合春宫：『春宫』，即東宫。太子宫。北周王褒皇太子箴：『秋坊通夢，春宫養德。』資治通鑒宣帝太建八年：『皇太子養德春宫，未聞有過。』胡三省注：『太子居東宫，東方主春，故亦曰春宫。』

〔四〕實協三善：『三善』，指臣事君、子事父、幼事長的三種道德規範。禮記文王世子：『行

一物而三善皆得者，唯世子而已……父子、君臣、長幼之道得而國治。』南朝梁沈約齊故安陸昭王碑文：『協隆三善，仰敷四德。』張銑注：『三善，謂事君、事父、事長也。』

〔五〕曰嬪守器：『守器』，守護國家的重器。器，指象徵君權的器物，如祭器、車服等。左傳 成公二年：『唯器與名，不可以假人，君之所司也。名以出信，信以守器，器以藏禮，禮以行義，義以生利，利以平民，政之大節也。』杜預注：『名，爵號；器，車服。』

〔六〕式隆萬葉：御定淵鑒類函卷五十九、卷一百七十七作『式昌萬乘』；全唐文作『式昌萬葉』。『萬葉』，萬世，萬代。晉書 武帝紀：『見土地之廣，謂萬葉而無虞；睹天下之安，謂千年而永治。』宋書 武帝紀中：『作範振古，垂風萬葉。』

〔七〕抑惟國章：『國章』，國之禮儀典章。南朝宋顏延之赭白馬賦：『振民隱，修國章。』呂延濟注：『國章，國之禮儀也。』唐高適信安王幕府詩：『國章榮印綬，公服貴貂蟬。』

〔八〕是用命爾爲皇太子妃：御定淵鑒類函卷五十九作『是用命立爲皇太子妃』。

〔九〕往欽哉：御定淵鑒類函卷五十九、卷一百七十七作『惟欽哉』。

〔十〕其光膺徽命：御定淵鑒類函卷五十九、卷一百七十七作『其光膺命』。

册皇太子韋妃文〔一〕

維開元二十六年，歲次戊寅，七月戊辰朔，十二日己卯，皇帝若曰：於戲〔二〕！天下之本，實在於元良〔三〕；人倫之端，是先於内則〔四〕。咨爾忠王妃韋氏〔五〕，門承鼎盛，質禀賢和，動中環珮之節，言成圖史之訓〔六〕。克明女憲，無假於師氏〔七〕；能勤婦道，自合於國風〔八〕。固可以齊體儲位，正位妃壼〔九〕，佇聞六行之美，以引三善之德〔十〕。是用册爾爲皇太子妃。往欽哉！爾其祇服寵章，光膺茂典〔十一〕，協和以逮下〔十二〕，恭儉以率先。式昭徽猷，永保祚胤〔十三〕，可不慎歟！

校　箋

〔一〕此文文末未署頒布時間，文首云『維開元二十六年，歲次戊寅，七月戊辰朔，十二日己卯』。考資治通鑑唐紀三十云：『（開元二十六年）秋，七月，己巳，上御宣政殿，册太子。故事，太子乘輅至殿門。至是，太子不就輅，自其宫步入。是日，赦天下。己卯，册忠王妃韋氏爲太子妃。』則此文頒布時間爲開元二十六年（七三八）七月十二日，撰寫時間當在此時稍前。

〔二〕於戲：亦作『於熙』，猶於乎，感嘆詞。禮記大學：『詩云：「於戲！前王不忘。」君子賢其賢而親其親，小人樂其樂而利其利。』史記三王世家：『皇帝使御史大夫湯廟立子閎爲齊王。曰：「於戲，小子閎，受茲青社！」』司馬貞索隱：『於戲，音嗚呼。戲，或音羲。』

〔三〕實在於元良：『元良』，太子的代稱。參見本卷納蘇亶女爲皇太子妃詔校箋〔二〕。

〔四〕是先於内則：『内則』，借指婦職、婦道。後漢書皇后紀序：『所以能述宣陰化，修成内則，閨房肅雍，險謁不行也。』唐皮日休九夏歌王夏之四：『出有嘉謀，入有内則。』

〔五〕咨爾忠王妃韋氏：『忠王妃韋氏』，指唐肅宗韋妃。傳見舊唐書卷五十二、新唐書卷七十七。舊唐書其本傳云：『肅宗韋妃，父元珪，兖州都督。肅宗爲忠王時，納爲孺人，及升儲位，爲太子妃，生兖王僩、絳王佺、永和公主、永穆公主。天寶中，宰相李林甫不利於太子，妃兄堅爲刑部尚書，林甫羅織，起柳勣之獄，堅連坐得罪，兄弟并賜死。太子懼，上表自理，言與妃情義不睦，請離婚，玄宗慰撫之，聽離。妃遂削髮被尼服，居禁中佛舍。西京失守，妃亦陷賊。至德二年薨於京城。』

〔六〕動中環珮之節，言成圖史之訓：『珮』，適園叢書作『佩』。『環珮』，借指美女。三國魏阮籍咏懷之四：『二妃游江濱，逍遥順風翔。交甫懷環珮，婉孌有芬芳。』唐杜甫咏懷古

迹之三：『畫圖省識春風面，環珮空歸月夜魂。』『圖史』，圖書和史籍。參見本卷納蘇亶女爲皇太子妃詔校箋〔八〕。

〔七〕克明女憲，無假於師氏：『克明』，能明。書堯典：『克明俊德，以親九族。』孔傳：『能明俊德之士任用之，以睦高祖玄孫之親。』『師氏』，女師，指撫育古代貴族女子并教授其女德者。詩周南葛覃：『言告師氏，言告言歸。』毛傳：『師，女師也。』孔穎達疏：『女師者，教女之師，以婦人爲之……婦人五十無子出而不復嫁，能以婦道教人者，若今時乳母矣。』

〔八〕自合於國風：『國風』，國家的風俗。史記殷本紀：『帝武丁即位，思復興殷，而未得其佐。三年不言，政事决定於冢宰，以觀國風。』唐高適別韋參軍詩：『國風冲融邁三五，朝廷歡樂彌寰宇。』

〔九〕固可以齊體儲位，正位妃壼：『齊體』，匹配，結合。漢班固白虎通嫁娶：『妻者，齊也，與夫齊體，自天子下至庶人，其義一也。』晉書后妃傳序：『若乃作配皇極，齊體紫宸，象玉牀之連後星，喻金波之合義璧。』『正位』，謂正式登位、就職。後漢書皇后紀序：『后正位宮闈，同體天王。』宋王讜唐語林補遺三：『昇州上元縣前有古浮圖，嘗有僧指云：「爲此，無縣丞正位。」』

（十）伫聞六行之美，以引三善之德：『伫聞』，肅立恭聽，敬聞。用爲敬詞。南朝梁任昉天監三年策秀才文之一：『斯理何從，伫聞良説。』唐岑參送顔評事入京詩：『伫聞明主用，豈負青雲姿。』『六行』，六種善行。周禮 地官 大司徒：『六行：孝、友、睦、婣、任、恤。』晋陸雲晋故散騎常侍陸府君誄：『六言六行，匪君不肅。』『三善』，指臣事君、子事父、幼事長的三種道德規範。參見上篇校箋（四）。

（十一）爾其祇服寵章，光膺茂典：『祇服』，敬謹奉行。書 康誥：『子弗祇服厥父事，大傷厥考心。』三國志 蜀書 后主傳：『公其祇服朕命，克廣德心，以終乃顯烈。』『寵章』，封建時代表示高官顯爵的章服。漢潘勖册魏公九錫文：『朕聞先王并建明德，胙之以土，分之以民，崇其寵章，備其禮物，所以蕃衛王室，左右厥世也。』李善注：『禮記曰：「以爲旗章，以别貴賤。」鄭玄曰：「章，識也。」』『光膺』，榮受。唐陸贄馬燧渾瑊副元帥招討河中制：『出納朕命，光膺具瞻。』唐韓愈賀册皇太后表：『皇太后光膺令典，受册宫闈。』『茂典』，盛美的典章、法則。南朝宋顔延之三月三日曲水詩序：『選賢建戚，則擇之於茂典；施命發號，必酌之於故實。』張銑注：『茂，美；典，則也。』舊唐書 肅宗紀：『至於漢武，飾以浮華，非前王之茂典，豈永代而作則。』

〔十二〕協和以逮下：『協和』，和睦，融洽。書 堯典：『百姓昭明，協和萬邦。』孔穎達疏：『能使九族敦睦，百姓顯明，萬邦和睦。』周書 齊煬王憲傳：『輯睦我君臣，協和我骨肉。』『逮下』，謂恩惠及於下人。詩 周南 樛木序：『樛木，后妃逮下也，言能逮下而無嫉妒之心焉。』宋王讜唐語林 補遺一：『貴能逮下，忠以導君。』

〔十三〕式昭徽猷，永保祚胤：『式昭』，用以光大。參見本卷開元十九年皇太子納妃制校箋〔二十〕。『徽猷』，美善之道。猷，道，指修養、本事等。詩 小雅 角弓：『君子有徽猷，小人與屬。』毛傳：『徽，美也。』鄭玄箋：『猷，道也。君子有美道以得聲譽，則小人亦樂與之而自連屬焉。』梁書 文學傳下 謝幾卿：『故得仰慕徽猷，永言前哲。』『祚胤』，泛指後代子孫。史記 三皇本紀：『蓋聖人德澤廣大，故其祚胤繁昌久長。』唐玄奘大唐西域記 瞿薩旦那國：『王甚驍武，敬重佛法，自云毗沙門天之祚胤也。』

册章懷太子張良娣文〔一〕

沈佺期

維景雲二年，歲次辛亥，十月壬寅朔，十日辛亥，皇帝若曰：於戲！咨爾故章懷太子良娣張氏〔二〕，家承峻閥〔三〕，代襲徽猷〔四〕，法度有章，言容克備。始應良選，

入奉元儲，柔規緝於上下，淑問揚於中國〔五〕。恩絶賓帝〔六〕，七日無歸〔七〕，義申從子〔八〕，百齡先謝〔九〕。言念窀穸〔十〕，憫悼良深，追崇徽號〔十一〕，典故斯在〔十二〕。是用命某官某乙册爾爲章懷太子良娣〔十三〕。魂而有靈，膺兹寵數。

校箋

〔一〕此文又見於全唐文卷二百三十五，文題爲追册章懷太子張良娣文，署名沈佺期。考沈佺期宋之問集校注中所録沈佺期宋之問簡譜載：『景雲二年辛亥……沈佺期爲中書舍人，充昭文館學士。』本文文末未標明頒布時間。文首所載景雲二年（七一一）十月辛亥（十日）爲頒布赦文時間，其撰寫時間當在是時稍前。又，沈佺期，傳見舊唐書卷一百九十中，新唐書卷二百二。舊唐書其本傳云：『沈佺期，相州内黄人也。進士舉。長安中，累遷通事舍人，預修三教珠英。佺期善屬文，尤長七言之作，與宋之問齊名，時人稱爲沈宋。再轉考功員外郎，坐贜配流嶺表。神龍中，授起居郎，加修文館直學士。後歷中書舍人、太子詹事。開元初卒。有文集十卷。』

〔二〕咨爾故章懷太子良娣張氏：『章懷太子』，指李賢。『良娣』，新唐書百官志二：『太

子內官，良娣二人，正三品。』『張氏』，兩唐書無傳，生平見全唐文卷二百五十七蘇頲章懷太子良娣張氏神道碑，茲録相關文字如下：『……我唐章懷太子有良娣曰南陽張氏之子也，邠王守禮之母也。初章懷封於雍，良娣選以入，後章懷謫於巴，良娣隨而邁。邠王錫元社，建黃扉，良娣坐華茵，驅香轂：雖逶迤失於偕老，而契闊存乎與成。始十四奉吾夫，逮笄年而轉茂；終六十四違吾子，當卦數而同極：非婉娩淑慎之則，含章尚柔之令，孰臻於此矣？若乃畫堂清兮羅幕薰，匱照曜兮結氛氳，杲杲之日，英英之雲，蓋良娣之才之美，是效是則。潔素罔捐於篋，煒彤益昭於管，嫮顔不競，徽範自持，處獨藹如，顧儔芬若。施於積善，睹從梁駟馬之藩；貽厥累仁，傳相漢七貂之緒。隋上儀同甘泉府别將嚴之曾孫，侍御史睦州刺史詳之孫，朝議郎行桂州都督府始安縣令明之女也。曾構鬱起，昌瀾遠激，去遷南國，儼西鄂之豐碑；來應東朝，署西京之戚里。不然，何謂厘爾女士，從以孫子，而允爲褘袂之良乎？及母儀可宗，臣軌伊勵，師以儉約，戒於盈蕩，洛濱無祓除之事，涇上無粲美之物。衣錦褧裳，寧吾所好，擊鐘鼎食，唯爾之兢，俾吾王忠肅恭懿，既明且哲，志於道者，本於教也。粤景龍二載孟夏之月，遘疾棄養於京延康第之寢。洎景雲光華，春雨自葉，睦於我則先受九族，慈於王則每深十起，永其錫類，衆悦以人，禮物朝遺，使臣廷命。金紫光禄大夫行鴻臚卿趙承恩、銀青光禄大夫尚書左丞元暕持節册贈曰章懷

皇太子良娣，祔於陵邑，禮也。嗚呼！山疑鶴駕，地即烏號，太子賓帝之餘，高宗在天之所，衣冠道德，密近屬於陪乘；光表闕塋，殊遠嫌於好内。又典地司空邠王守禮，幼承法度，長被暉光，九仞之堂，咸曾氏而逾蹙。萬家之域，小韓王之不綱：所以傍雕翠炎，伏奏丹墀。天子孝理之風，已周於品物；孝思之德，况及於兄弟，乃敕禮部尚書蘇頲采詢爲言。由是稽舊聞，討前訓：位不之易，禄不之重，而莫顧者，鄭滕之足稱也；信不負心，義不虚事，而竟死者，越嬪之可徵也。或彰君之隱過，或徇己之微直，曷如有始有卒，知柔知剛，艱虞則持操服勤，富貴則謁誠循禮。夫詮一行者，尚紀圖書；具三從者，豈遺刊刻？其銘曰……』

〔三〕家承峻閥：『峻閥』，指高貴的門第。

〔四〕代襲徽猷：『代襲』，甲庫本作『世襲』。『徽猷』，美善之道。猷，道，指修養、本事等。參見上篇校箋〔十三〕。

〔五〕淑問揚於中國：『中國』，明鈔本、適園叢書作『中外』。『淑問』，美名。漢書匡衡傳：『道德弘於京師，淑問揚乎疆外。』顔師古注：『淑，善也；問，名也。』晋陸機答賈長淵詩：『東朝既建，淑問峨峨。』劉良注：『淑，美；問，聞也。』『中國』，猶國家，朝廷。禮記檀弓上：『今之大夫，交政於中國，雖欲勿哭，焉得而弗哭。』漢書西南夷傳：『即以爲不毛之地，亡用之民，

聖王不以勞中國，宜罷郡，放棄其民，絶其王侯勿復通。』

〔六〕恩絶賓帝：『賓帝』，語本逸周書太子晋解：『吾後三年，上賓於帝所。』孔晁注：『言死必爲賓於天帝之所。』後即以『賓帝』指先帝，即李賢。

〔七〕七日無歸：『七日』，指陽氣自剥盡至復來共七天。易復：『反復其道，七日來復，天行也。』王弼注：『陽氣始剥盡，至來復時，凡七日也。』孔穎達疏：『天之陽氣絶滅之後，不過七日，陽氣復生，此乃天之自然之理，故曰天行也。』一説『七日』指『七月』。宋孫奕履齋示兒編經説七日來復：『「七日來復」者，昔之計月，非其正歲，則以日數之，即豳詩「一之日」「二之日」是也。』宋朱熹近思録卷一：『七日來復。』清茅星來注：『日即月也，猶詩言「一之日」「二之日」也。以卦配月，則自五月陽始消而爲姤，至十一月陽生而爲復，凡七月也。』

〔八〕義申從子：『從子』，此處指章懷太子與張良娣之子李守禮，傳見舊唐書卷八十六列傳第三十六，新唐書卷八十一列傳第六。

〔九〕百齡先謝：『百齡』，猶百年。指長久的歲月，亦指人的一生。漢蔡邕翠鳥詩：『馴心托君素，雌雄保百齡。』南朝梁劉勰文心雕龍徵聖：『百齡影徂，千載心在。』

〔十〕言念窀穸：『窀穸』，埋葬。左傳襄公十三年：『若以大夫之靈，獲保首領以殁於地，

唯是春秋窀穸之事，所以從先君於禰廟者，請爲「靈」若「厲」，大夫擇焉。』晉杜預注：『窀，厚也；穸，夜也。厚夜猶長夜。春秋謂祭祀，長夜謂葬埋。』南朝宋謝惠連祭古冢文：『輪移北隍，窀穸東麓，壙即新營，棺仍舊木。』

〔十一〕追崇徽號：『徽號』，褒揚贊美的稱號。舊時專指加給帝王及皇后的尊號。每逢慶典，可以屢次加上，每次通常加兩個字，爲贊頌之詞。唐封演封氏聞見記尊號：『秦漢以來，天子但稱皇帝，無别徽號，則天垂拱四年，得瑞石於洛水，文曰：「聖母臨人，永昌帝業。」號其石爲「寶圖」，於是群臣上尊號，請稱「聖母神皇」。』宋沈括夢溪筆談故事二：『熙寧中，因上皇帝尊號，宰相率同列面請三四，上終不允，曰：「徽號正如卿等功臣，何補名實？」』

〔十二〕典故斯在：『典故』，典制和成例。故，故事，成例。後漢書東平憲王蒼傳：『親屈至尊，降禮下臣，每賜宴見，輒興席改容，中宫親拜，事過典故。』北史高隆之傳：『隆之性好小巧，至於公家羽儀，百戲服制，時有改易，不循典故，時論非之。』

〔十三〕是用命某官某乙册爾爲章懷太子良娣：『命某官』，甲庫本作『命爾某官』。

退讓

降太子忠爲梁王詔〔一〕

詔曰：昔泰伯高讓〔二〕，載昌姬宗；東海之藩，克隆漢祚〔三〕。故能業傳端委〔四〕，胙錫龜蒙〔五〕，飛茂實於前英〔六〕，播清塵於遠葉〔七〕。皇太子忠〔八〕，分景扶木〔九〕，禀慶天津〔十〕，早加寵樹〔十一〕，禮絶群后〔十二〕。比因朝見〔十三〕，屢陳撝挹〔十四〕，論嫡庶之分，辨貴賤之禮〔十五〕，以貴則皇后有子，以賢則不敢當仁。前後數四〔十六〕，情辭懇惻〔十七〕，義高曠古〔十八〕，道邁前修〔十九〕。宜遂雅懷〔二十〕，以成厥美。可封梁王，食邑二萬户；使持節、都督梁洋集壁四州諸軍事、梁州刺史，仍别食二千户〔二十一〕；賜物二萬段，甲第一區〔二十二〕。梁州仍置都督府。顯慶元年正月。

校箋

〔一〕本文又見於全唐文卷十二，文題作降太子忠爲梁王詔，署名唐高宗。本文文末標明時間『顯

慶元年正月』。據舊唐書高宗紀載：『（永徽）七年春正月辛未（六日），廢皇太子忠爲梁王，立代王弘爲皇太子。壬申，大赦，改元爲顯慶。』舊唐書卷八十六其本傳載：『燕王忠，字正本，高宗長子也。……顯慶元年，廢忠爲梁王，授梁州都督，賜實封二千户，物二萬段，甲第一區。』新唐書高宗紀載：『顯慶元年正月辛未，廢皇太子爲梁王，立代王弘爲皇太子。』考册府元龜卷二百八十一宗室部領鎮第四載：『燕王忠，高宗長子，永徽元年拜雍州牧，顯慶元年廢爲梁王。』資治通鑑卷二百載：『（顯慶元年）春，正月，辛未，以皇太子忠爲梁王、梁州刺史，立皇后子代王弘爲皇太子，生四年矣。忠既廢，官屬皆懼罪亡匿，無敢見者；右庶子李安仁獨候忠，泣涕拜辭而去。安仁，綱之孫也。』據上述典籍所載，則該詔書頒布時間爲顯慶元年（六五六）正月辛未（六日），撰寫時間當在是時稍前。

〔二〕昔泰伯高讓：『泰伯』，傳見中國歷代人名大辭典，亦作『太伯』。商代人。姬姓。周太王古公亶父長子，季歷之長兄。古公亶父欲傳位於季歷，泰伯乃與弟仲雍避至江南，自號『句吴』。從當地習俗，傳耕作築城之術，衆歸之，建立吴國。一説建國於虞。『高讓』，拱手相讓。舊時表示推讓、辭讓，往往高拱其手，故稱。晋陸雲盛德頌序：『陛下猶復允執高讓，成功靡有。』晋書鄭冲傳：『公屢以年高疾篤，致仕告退……高讓彌篤，至意難違。』

〔三〕克隆漢祚：『克隆』，興隆，昌盛。南齊書 褚淵王儉傳贊：『民譽不爽，家稱克隆。』北史 周本紀下論：『嗚呼！以文皇之經啓鴻基，武皇之克隆景業，未逾二紀，不祀忽諸。』『漢祚』，指漢朝的皇位和國統。漢班固東都賦：『往者王莽作逆，漢祚中缺。』三國魏鍾會檄蜀文：『往者漢祚衰微，率土分崩，生民之命，幾於泯滅。』

〔四〕故能業傳端委：『端委』，古代禮服。左傳 昭公元年：『吾與子弁冕端委，以治民臨諸侯。』杜預注：『端委，禮衣。』孔穎達疏引服虔曰：『禮衣端正無殺，故曰端；文德之衣尚褒長，故曰委。』南朝宋劉義慶世説新語 品藻：『明帝問謝鯤：「君自謂何如庾亮？」答曰：「端委廟堂，使百僚準則，則臣不如亮；一丘一壑，自謂過之。」』

〔五〕胙錫龜蒙：『胙』，甲庫本、四庫全書作『作』；適園叢書作『祚』。『龜蒙』，龜山和蒙山的并稱。均在山東省境内。二山連續，長八十餘里，其西北一段名龜山，東南一段名蒙山。詩 魯頌 閟宮：『奄有龜蒙。』毛傳：『龜，山也；蒙，山也。』北周庾信周兗州刺史廣饒公宇文公神道碑：『建旟濟漯，擁節龜蒙。』

〔六〕飛茂實於前英：『茂實』，盛美的德業。漢司馬相如封禪文：『俾萬世得激清流，揚微波，蜚英聲，騰茂實。』南朝梁簡文帝上昭明太子集别傳表：『永彰茂實，式表洪徽。』

〔七〕播清塵於遠葉：『塵』，四庫全書、全唐文作『虛』。『清塵』，車後揚起的塵埃，亦用作對尊貴者的敬稱。清，敬詞。漢書司馬相如傳下：『犯屬車之清塵。』顔師古注：『塵，謂行而起塵也。言清者，尊貴之意也。』三國魏繁欽定情詩：『我出東門游，邂逅承清塵。』

〔八〕皇太子忠：傳見舊唐書卷八十六，新唐書卷八十一。舊唐書其本傳云：『燕王忠，字正本，高宗長子也。高宗初入東宮而生忠，宴宮僚於弘教殿。太宗幸宮，顧謂宮臣曰：「頃來王業稍可，非無酒食，而唐突卿等宴會者，朕初有此孫，故相就爲樂耳。」太宗酒酣起舞，以屬群臣，在位於是遍舞，盡日而罷，賜物有差。貞觀二十年，封爲陳王。永徽元年，拜雍州牧。時王皇后無子，其舅中書令柳奭説后謀立忠爲皇太子，以忠母賤，冀其親己，后然之。奭與尚書右僕射褚遂良、侍中韓瑗諷太尉長孫無忌、右僕射于志寧等，固請立忠爲儲后，高宗許之。三年，立忠爲皇太子，大赦天下，五品已上子爲父後者賜勛一級。六年，加元服，制大辟罪已下并降一等，大酺三日。其年王皇后被廢，武昭儀所生皇子弘年三歲，禮部尚書許敬宗希旨上疏曰：「伏惟陛下憲章千古，含育萬邦，爰立聖慈，母儀天下。既而皇后生子，合處少陽。出自塗山，是謂吾君之胤；夙聞胎教，宜展問豎之心。乃復爲孽奪宗，降居藩邸，是使前星匿彩，瑶岳韜峰。臣以愚誠，竊所未喻。且今之守器，素非皇嫡，永徽爰始，國本未生，權引彗星，越升明兩。近者元妃載誕，正胤降神，

重光日融，爝暉宜息。安可以兹傍統，叨據温文？國有諍臣，孰逃其責！竊惟息姑克讓，可以思齊；劉强守藩，宜遵往軌。追踪太伯，不亦休哉；踵武延陵，故常安矣。寧可反植枝幹，久易位於天庭；倒襲裳衣，使違方於震位？蠢爾黎庶，云誰係心？垂裕後昆，將何播美？」高宗從之。顯慶元年，廢忠爲梁王，授梁州都督，賜實封二千户，物二萬段，甲第一區。其年，轉房州刺史。忠年漸長大，常恐不自安，或私衣婦人之服，以備刺客。又數有妖夢，常自占卜。事發，五年，廢爲庶人，徙居黔州，因於承乾之故宅。麟德元年，又誣忠與西臺侍郎上官儀、宦者王伏勝謀反，賜死於流所，年二十二，無子。儀等伏誅。明年，皇太子弘表請收葬，許之。神龍初，追封燕王，贈太尉、揚州大都督。」

〔九〕分景扶木：『扶木』，扶桑，日出處，亦指太陽。漢劉楨大暑賦：『羲和總駕發扶木，太陽爲輿達炎燭。』南朝宋謝靈運順東西門行：『出西門，眺雲間，揮斤扶木墜虞泉。』

〔十〕禀慶天津：『天津』，星名，位於北方七宿中的女宿之北，凡九星。在銀河分支處，故稱。晋書天文志上：『天津九星，横河中，一曰天漢，一曰天江。』喻指太子忠與諸皇子一同生養於尊貴帝王家。

〔十一〕早加寵樹：『寵樹』，加恩扶植。後漢書鄧騭傳：『大司農朱寵痛騭無罪遇禍，乃

肉袒輿櫬，上疏追訟騖曰：「……一門七人，并不以命，尸骸流離，怨魂不反，逆天感人，率土喪氣。宜收還冢次，寵樹遺孤，奉承血祀，以謝亡靈。」』陳書虞寄傳：『方今藩維尚少，皇子幼冲，凡預宗枝，皆蒙寵樹。』

〔十二〕禮絶群后：『禮絶』，謂居百官之首，地位尊榮，至於極點。宋司馬光涑水記聞卷十五：『辛相，自唐以來謂之禮絶百僚，見者無長幼皆拜。』明屠隆彩毫記禄山謀逆：『殿下，今上愛子，地尊禮絶，有志大業，禄山願佐下風。』『群后』，泛指公卿。漢張衡東京賦：『於是孟春元日，群后旁戾。』李善注：『群后，公卿之徒也。』宋書文帝紀：『群后百司，其各獻讜言。』

〔十三〕比因朝見：『朝見』，臣下上朝參見君王。史記秦始皇本紀：『高恐二世怒，誅及其身，乃謝病不朝見。』宋曾鞏授滄州乞朝見狀：『今將至京師，伏望聖慈，許臣朝見。』

〔十四〕屢陳撝挹：『撝挹』，亦作『撝抑』，謙抑，謙讓。晉書桓彝傳：『彝上疏深自撝挹，内外之任并非所堪。』南朝齊王儉褚淵碑文：『功成弗有，固秉撝挹。』

〔十五〕辨貴賤之禮：『辨』，明鈔本、甲庫本作『績』，四庫全書作『守』。

〔十六〕前後數四：『數四』，猶言再三再四，多次。東觀漢記張純傳：『時舊典多闕，每有疑義，

輒爲訪純，自郊廟婚冠喪紀禮儀，多所正定，一日或數四引見。』唐李邕謝敕書及彩綾表：『生臣存臣，至於數四；寵及問及，彌於再三。』

〔十七〕情辭懇惻：『情辭』，甲庫本作『辭情』。『懇惻』，誠懇痛切。漢蔡邕上封事陳政要七事：『又元和故事，復申先典，前後制書，推心懇惻。』三國魏曹操手書答朱靈：『來書懇惻，多引咎過，未必如所云也。』

〔十八〕義高曠古：『曠古』，空前，從古至今。北齊書趙彦深傳：『彦深小心恭慎，曠古絶倫。』唐陳子昂爲程處弼慶拜洛表：『陛下郊祭昊天，總受群瑞，神靈慶戴，萬福攸宜。斯實曠古莫聞，於今始見。』

〔十九〕道邁前修：『前修』，猶前賢。楚辭離騷：『謇吾法夫前修兮，非世俗之所服。』後漢書劉愷傳：『今愷景仰前修，有伯夷之節，宜蒙矜宥，全其先功，以增聖朝尚德之美。』李賢注：『前修，前賢也。』

〔二十〕宜遂雅懷：『雅懷』，高雅的胸懷。南朝宋劉義慶世説新語容止：『形貌既偉，雅懷有概。』唐李白春夜宴桃李園序：『不有佳咏，何伸雅懷。』

〔二十一〕仍别食二千户：『别食』，另享封禄。北史于翼傳：『及尉遲迥據相州舉兵，以書招翼。

翼執其使，并書送之。時隋文帝執政，賜翼雜繒一千五百段，并珍寶服玩等。進位上柱國，封任國公，增邑通前五千户，别食任城縣一千户，收其租賦。』

〔二十二〕甲第一區：『甲第』，舊時豪門貴族的宅第。史記孝武本紀：『賜列侯甲第，僮千人。』裴駰集解引漢書音義：『有甲乙第次，故曰第。』

廢黜

廢皇太子承乾爲庶人詔〔一〕

詔曰：肇有皇王，司牧黎庶，咸立上嗣，以守宗祧。固本忘其私愛，繼世存乎公道。故封季歷而樹姬發，隆周享七百之期〔二〕；黜臨江而罪戾園，炎漢定兩京之業〔三〕。是知儲副之寄，社稷繫以安危；廢立之規，鼎命中其輕重。詳觀歷代，安可非其人哉！皇太子承乾〔四〕，地惟長嫡，位居明兩〔五〕，訓以詩書，教以禮樂，庶弘日新之德，以永無疆之祚〔六〕。而邪僻是蹈〔七〕，仁義蔑聞，疏遠正人，親昵群小。善無微而不背，惡無大而不及。酒色極於沉荒，土木備於奢侈。倡優之伎，晝夜不息，狗馬之娱，盤

游無度。金帛散於奸慝，捶楚遍於僕妾〔八〕，前後愆過〔九〕，日月滋甚。朕永鑒前載，無忘正嫡，恕其瑕釁〔十〕，倍加訓誘。選名德以爲師保〔十一〕，擇端士以任宫僚。猶冀中人之性，可以上下；蟠木之質，可以爲容〔十二〕。愚心不悛，凶德彌著。自以久嬰沉痼，妄憂廢黜〔十三〕，納邪説而違朕命，懷異端而疑諸弟〔十四〕。恩寵雖厚，猜懼愈深，引奸回以爲腹心，聚儓隸而同游宴〔十五〕。鄭聲淫樂，好之不離左右；兵凶戰危，習之以爲戲樂〔十六〕。既懷殘忍，遂行殺害。然其所愛小人，往者已從顯戮〔十七〕；謂能因兹改悔，翻乃更有悲傷。行哭承華，制服博望〔十八〕。立遺形於高殿，日有祭祀；營窀穸於禁苑，將加改厝〔十九〕。贈官以表愚情，勒碑以紀凶迹，既傷敗於典禮，亦驚駭於視聽〔二十〕。桀跖不足比其惡行〔二十一〕，竹帛不能載其罪名。豈可守器纂統，承七廟之重〔二十二〕；入監出撫〔二十三〕，當四海之寄？承乾宜廢爲庶人。朕受命上帝〔二十四〕，爲人父母〔二十五〕，凡在蒼生，皆存撫育，况乎冢嗣，寧不鍾心〔二十六〕？一旦至此，深增慚嘆〔二十七〕。貞觀十七年四月。

校箋

〔一〕此文又見於全唐文卷七，文題同，署名唐太宗。此文文末標注頒布時間爲『貞觀十七年四月』。檢舊唐書太宗紀載：『（貞觀十七年）夏四月庚辰朔，皇太子有罪，廢爲庶人。漢王元昌、吏部尚書侯君集并坐與連謀，伏誅。』舊唐書其本傳載：『貞觀十七年，齊王祐反於齊州。承乾謂紇干承基曰：「我西畔宫墻，去大内正可二十步來耳，此間大親近，豈可并齊王乎？」會承基亦外連齊王，繫獄當死，遂告其事。太宗召承乾幽之别室，命司徒長孫無忌、司空房玄齡、特進蕭瑀、兵部尚書李勣、大理卿孫伏伽、中書侍郎岑文本、御史大夫馬周、諫議大夫褚遂良等參鞫之，事皆明驗。廢承乾爲庶人，徙黔州，元昌賜令自盡，侯君集等咸伏誅。』唐會要卷四儲君載：『貞觀十七年四月六日，廢爲庶人，居黔州。』新唐書太宗紀載：『（貞觀十七年）四月乙酉，廢皇太子爲庶人，漢王元昌、侯君集等伏誅。』又資治通鑒卷一百九十七太宗貞觀十七年載：『夏，四月，庚辰朔，承基上變，告太子謀反。敕長孫無忌、房玄齡、蕭瑀、李世勣與大理、中書、門下參鞫之，反形已具。上謂侍臣：「將何以處承乾？」群臣莫敢對，通事舍人來濟進曰：「陛下不失爲慈父，太子得盡天年，則善矣！」上從之。濟，護兒之子也。乙酉，詔廢太子承乾

爲庶人，幽於右領軍府。』按上述典籍所載，故此詔書的頒布時間爲貞觀十七年（六四三）四月乙酉（六日）。此詔書之撰寫時間當在是時稍前。

〔二〕故封季歷而樹姬發，隆周享七百之期：『封』，四庫全書作『傳』，全唐文、適園叢書作『立』。『季歷』，即王季。商末人。周太王古公亶父幼子，文王父。事見史記周本紀：『古公有長子曰太伯，次曰虞仲。太姜生少子季歷，季歷娶太任，皆賢婦人，生昌，有聖瑞。古公曰：「我世當有興者，其在昌乎？」長子太伯、虞仲知古公欲立季歷以傳昌，乃二人亡如荆蠻，文身斷髮，以讓季歷。古公卒，季歷立，是爲公季。公季修古公遺道，篤於行義，諸侯順之。』『姬發』，即周武王。文王次子。『封季歷』『樹姬發』，均指古代賢明君主以德行爲重，未立長子之事。『隆周』，强盛的周朝。漢書揚雄傳上：『樂往昔之遺風兮，喜虞氏之所耕，瞰帝唐之嵩高兮，脈隆周之大寧。』顔師古注：『詩大雅云：「濟濟多士，文王以寧。」』南朝宋王僧達和琅邪王依古：『隆周爲藪澤；皇漢成山樊。』吕向注：『言周漢之居，盡成藪澤。』

〔三〕黜臨江而罪戾園，炎漢定兩京之業：『臨江』，指漢景帝之長子劉榮。傳見漢書卷五十三，其本傳云：『臨江閔王榮以孝景前四年爲皇太子，四歲廢爲臨江王。三歲，坐侵廟壖地爲宫，上徵榮。榮行，祖於江陵北門，既上車，軸折車廢。江陵父老流涕竊言曰：「吾王不反矣！」榮至，

詣中尉府對簿。中尉郅都簿責訊王，王恐，自殺。葬藍田，燕數萬銜土置冢上。百姓憐之。榮最長，亡子，國除。』『戾園』，戾太子的陵園。此處指戾太子，即漢武帝長子劉據。漢書戾太子劉據傳：『故皇太子謚曰戾……以湖閿鄉邪里聚爲戾園。』後漢書張晧傳：『昔賊臣江充，造構讒逆，至令戾園興兵，終及禍難。』劉據傳見漢書卷六十三，其本傳略云：『戾太子據，元狩元年立爲皇太子，年七歲矣。初，上年二十九乃得太子，甚喜，爲立禖，使東方朔、枚皋作禖祝。少壯，詔受公羊春秋，又從瑕丘江公受穀梁。及冠就宫，上爲立博望苑，使通賓客，從其所好，故多以異端進者。元鼎四年，納史良娣，産子男進，號曰史皇孫。武帝末，衛后寵衰，江充用事，充與太子及衛氏有隙，恐上晏駕後爲太子所誅，會巫蠱事起，充因此爲姦。是時，上春秋高，意多所惡，以爲左右皆爲蠱道祝詛，窮治其事。丞相公孫賀父子，陽石、諸邑公主，及皇后弟子長平侯衛伉皆坐誅。語在公孫賀、江充傳。充典治巫蠱，既知上意，白言宫中有蠱氣，入宫至省中，壞御座掘地。上使按道侯韓説、御史章贛、黄門蘇文等助充。充遂至太子宫掘蠱，得桐木人。時上疾，辟暑甘泉宫，獨皇后、太子在。太子召問少傅石德，德懼爲師傅并誅，因謂太子曰：「前丞相父子、兩公主及衛氏皆坐此，今巫與使者掘地得徵驗，不知巫置之邪，將實有也，無以自明，可矯以節收捕充等繫獄，窮治其姦詐。且上疾在甘泉，皇后及家吏請問皆不報，上存亡未可知，而姦臣如

此，太子將不念秦扶蘇事耶？」太子急，然德言。征和二年七月壬午，乃使客爲使者收捕充等。按道侯説疑使者有詐，不肯受詔，客格殺説。御史章贛被創突亡，自歸甘泉。太子使舍人無且持節夜入未央宫殿長秋門，因長御倚華具白皇后，發中廐車載射士，出武庫兵，發長樂宫衛，告令百官曰江充反。乃斬充以徇，炙胡巫上林中。遂部賓客爲將率，與丞相劉屈氂等戰。長安中擾亂，言太子反，以故衆不肯附。太子兵敗，亡，不得……太子之亡也，東至湖，藏匿泉鳩里。主人家貧，常賣屨以給太子。太子有故人在湖，聞其富贍，使人呼之而發覺。吏圍捕太子，太子自度不得脱，即入室距户自經。山陽男子張富昌爲卒，足蹋開户，新安令史李壽趨抱解太子，主人公遂格鬬死，皇孫二人皆并遇害……太子有遺孫一人，史皇孫子，王夫人男，年十八即尊位，是爲孝宣帝。帝初即位，詔曰：「故皇太子在湖，未有號謚，歲時祠，其議謚，置園邑。」有司奏請：「禮『爲人後者，爲之子也』，故降其父母不得祭，尊祖之義也。陛下爲孝昭帝後，承祖宗之祀，制禮不逾閑。謹行視孝昭帝所爲故皇太子起位在湖，史良娣冢在博望苑北，親史皇孫位在廣明郭北。謚法曰：『謚者，行之迹也。』愚以爲親謚宜曰悼，母曰悼后，比諸侯王園，置奉邑三百家。故皇太子謚曰戾，置奉邑二百家。史良娣曰戾夫人，置守冢三十家。園置長丞，周衛奉守如法。」以湖閿鄉邪里聚爲戾園，長安白亭東爲戾后園，廣明成鄉爲悼園。皆改葬焉。後八歲，有司復言：

「禮『父爲士，子爲天子，祭以天子』。悼園宜稱尊號曰皇考，立廟，因園爲寢，以時薦享焉。益奉園民滿千六百家，以爲奉明縣。尊戾夫人曰戾后，置園奉邑，及益戾園各滿三百家。」』『炎漢』，漢自稱以火德王，故稱炎漢。三國魏曹植徙封雍邱王朝京師上疏：『篤生我皇，奕世載聰……受禪炎漢，臨君萬邦。』南朝梁蕭統文選序：『自炎漢中葉，厥塗漸異。』李周翰注：『漢火德，故稱炎。』

〔四〕皇太子承乾：謂皇太子李承乾。傳見舊唐書卷七十六，新唐書卷八十。舊唐書其本傳載：『恒山王承乾，太宗長子也，生於承乾殿，因以名焉。武德三年，封恒山王。七年，徙封中山。太宗即位，爲皇太子，時年八歲，性聰敏，太宗甚愛之。太宗居諒闇，庶政皆令聽斷，頗識大體。自此太宗每行幸，常令居守監國。及長，好聲色，慢游無度，然懼太宗知之，不敢見其迹。每臨朝視事，必言忠孝之道，退朝後，便與群小褻狎。宮臣或欲進諫者，承乾必先揣其情，便危坐斂容，引咎自責。樞機辨給，智足飾非，群臣拜答不暇，故在位者初皆以爲明而莫之察也。承乾先患足，行甚艱難，而魏王泰有當時美譽，太宗漸愛重之。承乾恐有廢立，甚忌之。泰亦負其材能，潛懷奪嫡之計。於是各樹朋黨，遂成釁隙。有太常樂人年十餘歲，美姿容，善歌舞，承乾特加寵幸，號曰「稱心」。太宗知而大怒，收稱心殺之，坐稱心死者又數人。承乾意泰告訐其事，怨心逾甚。

痛悼稱心不已，於宫中構室，立其形像，列偶人車馬於前，令宫人朝暮奠祭，承乾數至其處，徘徊流涕。仍於宫中起冢而葬之，并贈官樹碑，以申哀悼。承乾自此托疾不朝參者輒逾數月。常命户奴數十百人專習伎樂，學胡人椎髻，翦彩爲舞衣，尋橦跳劍，晝夜不絶，鼓角之聲，日聞於外。時左庶子于志寧、右庶子孔穎達受詔輔導，志寧撰諫苑二十卷諷之，穎達又多所規奏。太宗并嘉之，二人各賜帛百匹、黄金十斤，以勵承乾之意，仍遷志寧爲詹事。未幾，志寧以母憂去職，承乾侈縱日甚。太宗復起志寧爲詹事，志寧與左庶子張玄素數上書切諫，承乾并不納。又嘗召壯士左衛副率封師進及刺客張師政、紇干承基，深禮賜之，令殺魏王泰，不克而止。尋與漢王元昌、兵部尚書侯君集、左屯衛中郎將李安儼、洋州刺史趙節、駙馬都尉杜荷等謀反，將縱兵入西宫。貞觀十七年，齊王祐反於齊州。承乾謂紇干承基曰：「我西畔宫墻，去大内正可二十步來耳，此間大親近，豈可并齊王乎？」會承基亦外連齊王，繫獄當死，遂告其事。太宗召承乾幽之别室，命司徒長孫無忌、司空房玄齡、特進蕭瑀、兵部尚書李勣、大理卿孫伏伽、中書侍郎岑文本、御史大夫馬周、諫議大夫褚遂良等參鞫之，事皆明驗。廢太子承乾爲庶人，徙黔州，元昌賜令自盡，侯君集等咸伏誅。其宫僚左庶子張玄素，右庶子趙弘智、令狐德棻，中書舍人蕭鈞，并以材選用，承乾既敗，太宗引大義以讓之，咸坐免。十九年，承乾卒於徙所，太宗爲之廢朝，葬以國公之禮。』

〔五〕地惟長嫡，位居明兩：「長嫡」，明鈔本作「良嫡」。「明兩」，借指帝王或太子。南朝宋謝瞻張子房詩：「明兩燭河陰，慶霄薄汾陽。」李善注：「明兩、慶霄，皆喻宋高祖（劉裕）。」南朝宋謝靈運擬魏太子鄴中集詩王粲：「不謂息肩願，一旦值明兩。」呂延濟注：「武帝既明，而太子又明，故謂太子爲明兩也。」

〔六〕永無疆之祚：「無疆」，無窮，永遠。書大誥：「洪惟我幼冲人，嗣無疆大歷服。」孔傳：「言子孫承繼祖考無窮。」隸續武都太守李翕天井道碑：「堅無臽潰，安無傾覆，四方賴之，民悦無疆。」

〔七〕而邪僻是蹈：「邪僻」，適園叢書作「邪辟」，指乖謬不正。管子正世：「夫民貪行躁，而誅罰輕，罪過不發，則是長淫亂而便邪僻也。」漢賈誼新書容經：「諺曰：『君子重襲，小人無由入；正人十倍，邪辟無由來。』」

〔八〕捶楚遍於僕妾：「捶楚」，杖擊，鞭打。亦爲古代刑罰之一。北齊顔之推顔氏家訓涉務：「纖微過失，又惜行捶楚；所以處於清高，益護其短也。」唐韓愈八月十五夜贈張功曹詩：「判司卑官不堪説，未免捶楚塵埃間。」

〔九〕前後愆過：「愆過」，罪惡，罪過。後漢書樂成靖王黨傳：「萇到國數月，驕淫不法，愆過累積。」唐段成式劍俠傳虬須叟：「呂用之屠割生民……實愆過已盈，神人共怒。」

（十）恕其瑕釁：『瑕釁』，指罪過，過失。後漢書第五倫傳：『然諸出入貴戚者，類多瑕釁、禁錮之人，尤少守約安貧之節。』北史蘇威傳：『威自陳精誠不能上感，瑕釁屢彰，罪當萬死。』

（十一）選名德以爲師保：『名德』，指有名望德行的人。舊唐書昭宗紀：『關東藩鎮，請除用朝廷名德爲節度觀察使。』明何良俊四友齋叢説雜抄經：『先生但問吳中舊事與吳中昔日名德，絶口不及講學。』『師保』，古時輔弼帝王和教導王室子弟的官，有師有保，統稱『師保』。易繫辭下：『無有師保，如臨父母。』書太甲中：『既往背師保之訓，弗克于厥初，尚賴匡救之德，圖惟厥終。』

（十二）蟠木之質，可以爲容：『蟠木』，指盤曲而難以爲器的樹木。漢鄒陽獄中上書自明：『蟠木根柢，輪囷離奇，而爲萬乘器者，何則？以左右先爲之容也。』唐孟郊山老吟：『蟠木爲我身，始得全天年。』

（十三）妄憂廢黜：『妄憂』，四庫全書、全唐文、適園叢書作『心憂』。

（十四）懷異端而疑諸弟：『疑諸弟』，適園叢書作『凌諸弟』。此句所言情况，舊唐書卷七十六其本傳有載：『（李承乾）又嘗召壯士左衛副率封師進及刺客張師政、紇干承基，深禮賜之，令殺魏王泰，不克而止。』

（十五）聚儓隸而同游宴：『儓隸』，四庫全書、全唐文作『臺隸』。『游宴』，四庫全書作『游晏』。

（十六）鄭聲淫樂，好之不離左右；兵凶戰危，習之以爲戲樂：此句所言，兩唐書其本傳俱有載。新唐書卷八十其本傳云：『（李承乾）又使户奴數十百人習音聲，學胡人椎髻，剪彩爲舞衣，尋橦跳劍，鼓鞞聲通晝夜不絶。造大銅爐、六熟鼎，招亡奴盜取人牛馬，親視烹燖，召所幸廝養共食之。又好突厥言及所服，選貌類胡者，被以羊裘，辮髮，五人建一落，張氈舍，造五狼頭纛，分戟爲陣，繫幡旗，設穹廬自居，使諸部斂羊以烹，抽佩刀割肉相啗。承乾身作可汗死，使衆號哭剺面，奔馬環臨之。忽復起曰：「使我有天下，將數萬騎到金城，然後解髮，委身思摩，當一設，顧不快邪！」左右私相語，以爲妖。又襞氈爲鎧，列丹幟，勒部陣，與漢王元昌分統，大呼擊刺爲樂。不用命者，披樹抶之，或至死，輕者輒腐之。嘗曰：「我作天子，當肆吾欲；有諫者，我殺之，殺五百人，豈不定？」』

（十七）然其所愛小人，往者已從顯戮：『小人』，此處指李承乾之男寵稱心。『顯戮』，泛指處死，加罪而死。晋潘岳西征賦：『加顯戮於儲貳，絶肌膚而不顧。』北魏酈道元水經注溱水：『君奴不謹，盜銀三餅，即日顯戮，以銀相償，覺視，則奴死銀在矣。』

（十八）行哭承華，制服博望：『行哭』，放聲哭，且行且哭。南朝梁沈約齊故安陸昭王碑文：『齊隕晏平，行哭致禮。』南史張融傳：『吾生平之風調，何至使婦人行哭失聲。』『承華』，太子宮門名。晉陸機贈馮文羆遷斥丘令：『閶闔既闢，承華再建。』李善注引洛陽記：『太子宮在太宮東薄室門外，中有承華門。』陳書王瑒傳：『世祖顧謂冲曰：「所以久留瑒於承華，政欲使太子微有瑒風法耳。」』『制服』，指喪服。後漢書袁閎傳：『及母歿，不爲制服設位，時莫能名，或以爲狂生。』南史張暢傳：『佩之被誅，暢馳出奔赴，制服盡哀，爲論者所美。』『博望』，博望苑，漢宮苑名。故址在今陝西省西安市。漢武帝爲戾太子建，以供其交接賓客。漢書戾太子劉據傳：『及冠就宮，上爲立博望苑，使通賓客。』顔師古注：『取其廣博觀望也。』三輔黄圖苑囿：『博望苑，武帝立子據爲太子，爲太子開博望苑以通賓客……博望苑在長安城南，杜門外五里有遺址。』

（十九）立遺形於高殿，日有祭祀；營窀穸於禁苑，將加改厝：『將加改厝』，四庫全書作『將加改葬』；全唐文作『將議加崇』。事指舊唐書卷七十六其本傳所載：『痛悼稱心不已，於宮中構室，立其形像，列偶人車馬於前，令宮人朝暮奠祭，承乾數至其處，徘徊流涕。仍於宮中起冢而葬之，并贈官樹碑，以申哀悼。』事即指此。『窀穸』，墓穴。隸釋漢泰山都尉孔宙碑：『窀

穸不華，明器不設。』後漢書趙咨傳：『玩好窮於糞土，伎巧費於窀穸。』
〔二十〕贈官以表愚情，勒碑以紀凶迹，既傷敗於典禮，亦驚駭於視聽：事指舊唐書卷七十六其本傳所載：『仍於宮中起冢而葬之，并贈官樹碑，以申哀悼。』
〔二十一〕桀跖不足比其惡行：『桀跖』，夏桀和柳下跖的并稱。泛指凶惡殘暴的人。荀子榮辱：『可以爲堯禹，可以爲桀跖。』淮南子説山訓：『壞塘以取龜，發屋而求狸，掘室而求鼠，割脣而治齲，桀跖之徒，君子不與。』
〔二十二〕承七廟之重：『七廟』，禮記王制：『天子七廟，三昭三穆，與太祖之廟而七。』此指四親廟（父、祖、曾祖、高祖）、二祧（遠祖）和始祖廟。後以『七廟』泛指帝王供奉祖先的宗廟。唐楊炯盂蘭盆賦：『上可以薦元符於七廟，下可以納群動於三車。』
〔二十三〕入監出撫：『監』『撫』，分别指監國、撫軍，爲太子的職責。南朝梁簡文帝昭明太子集序：『皇上垂拱巖廊，積成庶務，式總萬機，副是監撫。』唐王勃乾元殿頌：『彤闈問豎，禮崇監撫之威；黼席興賢，義極君親之愛。』
〔二十四〕朕受命上帝：甲庫本、四庫全書作『朕受上命爲帝』。
〔二十五〕爲人父母：四庫全書作『作人父母』。

〔二十六〕況乎冢嗣，寧不鍾心：『冢嗣』，嫡長子。參見本卷令兩京選皇太子妃敕校箋〔二〕。『鍾心』，鍾情，感情專注。陳書廢帝紀：『二后鍾心，三靈佇眷。』隋書煬帝紀下：『故得獻后鍾心，文皇革慮。』

〔二十七〕深增慚嘆：『慚嘆』，慚愧感嘆。後漢書趙咨傳：『盜嘗夜往劫之，咨恐母驚懼，乃先至門迎盜……盜皆慚嘆。』南朝宋顔延之秋胡詩：『美人望昏至，慚嘆前相持。』

廢皇太子瑛爲庶人制〔一〕

朕恭承天命，嗣守先業〔二〕，不敢失墜，將裕後昆〔三〕。所以擇元良、策守器〔四〕，爲國之本，豈不謂然！太子瑛幼而鍾愛〔五〕，爰加訓誘，親範之師〔六〕，所望日新。年既長成，與之婚冠〔七〕。而妃之昆弟，潛構異端〔八〕，頃在東都，頗聞疑議。所以妃兄薛愿，流謫海隅〔九〕，導之誨之，謂其遷善〔十〕。駙馬都尉薛鏽，亦妃之兄也，今又扇惑〔十一〕，謀陷弟兄。朕之形言〔十二〕，愧於天下，教之不改，其如之何！蓋不獲已，歸諸大義〔十三〕。瑛可廢爲庶人。鄂王瑶、光王琚等〔十四〕，自幼及長，爰加撫育，爲擇師資，欲其恭順。而不率訓典〔十五〕，潛起異端，及與太子瑛構彼凶人〔十六〕，同惡相濟，亦既彰露。咸引

其咎，孽由己作，義在滅私〔十七〕，并降爲庶人。駙馬都尉薛鏽，離間骨肉，惑亂君親〔十八〕，潛通宫禁〔十九〕，引進朋黨，陷元良於不友，誤二子於不義，險薄之行，遂成門風〔二十〕。皆惡迹自彰，凶慝昭露〔二十一〕，據其所犯，合置嚴誅〔二十二〕。言念瑣姻，用申寬典〔二十三〕，捨其兩觀之罰，俾就三危之竄〔二十四〕，可長流瀼州百姓〔二十五〕。開元二十五年四月。

校箋

〔一〕本文又見於全唐文卷二十三，署名唐玄宗。此文文末標注頒布時間爲『開元二十五年四月』。四庫全書此文文末標注時間爲『開元二十五年七月』。考舊唐書玄宗紀云：『（開元二十五年）夏四月……乙丑，皇太子瑛、鄂王瑶、光王琚并廢爲庶人。』又考新唐書玄宗紀云：『（開元）二十五年……四月……乙丑，廢皇太子瑛及鄂王瑶、光王琚爲庶人，皆殺之。』又資治通鑑卷二百一十四亦載：『夏，四月……楊洄又奏太子瑛、鄂王瑶、光王琚，云與太子妃兄駙馬薛鏽潛構異謀，上召宰相謀之。李林甫對曰：「此陛下家事，非臣等所宜豫。」上意乃決。乙丑，使宦者宣制於宫中，廢瑛、瑶、琚爲庶人，流鏽於瀼州。瑛、瑶、琚尋賜死城東驛，鏽賜死於藍田。

瑤、琚皆好學，有才識，死不以罪，人皆惜之。丙寅，瑛舅家趙氏、妃家薛氏、瑤舅家皇甫氏，坐流貶者數十人，惟瑤妃家韋氏以妃賢得免。」據上引典籍所載，則四庫全書標注時間誤，此文頒布時間乃在開元二十五年（七三七）四月乙丑（二十一日），其撰寫時間當在是時稍前。

（二）朕恭承天命，嗣守先業：「恭」，全唐文作「躬」。「恭承」，敬奉。漢賈誼弔屈原賦：「恭承嘉惠兮，俟罪長沙。」南朝宋謝靈運初去郡詩：「恭承古人意，促裝返柴荆。」「嗣守」，繼承并遵守和保持。書顧命：「在後之侗，敬迓天威，嗣守文武大訓，無敢昏逾。」晉書慕容超載記：「今陛下嗣守社稷，不宜以私親之故而降統天之尊。」

（三）不敢失墜，將裕後昆：「失墜」，亦作「失隊」，喪失。左傳文公十八年：「先大夫臧文仲教行父事君之禮，行父奉以周旋，弗敢失隊。」後漢書袁安傳：「孝明皇帝奉承先意，不敢失墜，赫然命將，爰伐塞北。」「後昆」，亦作「後緄」，後嗣，子孫。書仲虺之誥：「垂裕後昆。」隸釋綏民校尉熊君碑：「追羡遺績，紀述前勛，於是刊碑，以示後緄。」

（四）所以擇元良、策守器：「守」，原文作「奇」，今據四庫全書改。「元良」，太子的代稱。禮記文王世子：「一有元良，萬國以貞，世子之謂也。」南朝梁沈約立太子詔：「元良之寄，有國莫先，自昔哲后，降及近代，莫不立儲樹嫡，守器承祧。」「守器」，封建時代太子主宗廟之器，

因借指太子。南齊書文惠太子傳贊：『二象垂則，三星麗天。樹嫡惟長，義匪求賢。方爲守器，植命不延。』南史齊武帝諸子等傳論：『守器之重，邦家所凴，觀文惠之在東儲，固已有虧令德，向令負荷斯集，猶當及於禍敗。』

〔五〕太子瑛幼而鍾愛：『太子瑛』，指唐玄宗第二子李瑛，傳見舊唐書卷一百七、新唐書卷八十二。舊唐書其本傳云：『廢太子瑛，玄宗第二子也，本名嗣謙。景雲元年九月，封真定郡王。先天元年八月，進封郢王。開元三年正月，立爲皇太子。七年正月，加元服。其年，玄宗又令太子詣國子學行齒胄之禮，仍敕右散騎常侍褚無量升筵講論，學官及文武百官節級加賜。十三年，改名鴻，納妃薛氏，禮畢，曲赦京城之内，侍講潘肅等并加級改職，中書令蕭嵩親迎，特封徐國公。二十五年七月，改名瑛。瑛母趙麗妃，本伎人，有才貌，善歌舞，玄宗在潞州得幸。及景雲升儲之後，其父元禮、兄常奴擢爲京職，開元初皆至大官。及武惠妃寵幸，麗妃恩乃漸弛。時鄂王瑶母皇甫德儀、光王琚母劉才人，皆玄宗在臨淄邸以容色見顧，出子朗秀而母加愛焉。及惠妃承恩，鄂、光之母亦漸疏薄，惠妃之子壽王瑁，鍾愛非諸子所比。瑛於内第與鄂、光王等自謂母氏失職，嘗有怨望。惠妃女咸宜公主出降於楊洄，洄希惠妃之旨，規利於己，日求其短，譖於惠妃。妃泣訴於玄宗，以太子結黨，將害於妾母子，亦指斥於至尊。玄宗惑其言，震怒，謀於宰相，意將廢黜。

中書張九齡奏曰：「陛下纂嗣鴻業，將三十年，太子已下，常不離深宫，日受聖訓。今天下之人，皆慶陛下享國日久，子孫蕃育，不聞有過，陛下奈何以一日之間廢棄三子？伏惟陛下思之。且太子國本，難於動摇。昔晋獻公惑寵嬖之言，太子申生憂死，國乃大亂。漢武威加六合，受江充巫蠱之事，將禍及太子，遂至城中流血。晋惠帝有賢子爲太子，容賈后之譖，以至喪亡。隋文帝取寵婦之言，廢太子勇而立晋王廣，遂失天下。由此而論之，不可不慎。今太子既長無過，二王又賢，臣待罪左右，敢不詳悉。」玄宗默然，事且寢。其年，駕幸西京，以李林甫代張九齡爲中書令，希惠妃之旨，托意於中貴人，揚壽王瑁之美，惠妃深德之。二十五年四月，楊洄又構於惠妃，言瑛兄弟三人與太子妃兄駙馬薛鏽常構異謀。玄宗遽召宰相籌之，林甫曰：「此蓋陛下家事，臣不合參知。」玄宗意乃决矣。使中官宣詔於宫中，并廢爲庶人，鏽配流，俄賜死於城東驛。天下之人不見其過，咸惜之。其年，武惠妃數見三庶人爲祟，怖而成疾，巫者祈請彌月，不痊而殞。」

〔六〕爰加訓誘，親範之師：『親範之師』，明鈔本、全唐文、適園叢書作『親之師範』，四庫全書作『親師之範』。『訓誘』，教誨，誘導。晋書孝友傳王延：『農蠶之暇，訓誘宗族，侃侃不倦。』唐賈至議楊綰條奏貢舉疏：『今欲依古制鄉舉里選，猶恐取士之未盡也，請兼廣學校，以弘訓誘。』

〔七〕與之婚冠：『婚冠』，婚禮和冠禮。藝文類聚卷二十引南朝齊宗躬孝子傳：『華寶八歲，義熙中，父從軍，語寶曰：「吾還，當營婚冠。」』

〔八〕而妃之昆弟，潛構異端：『昆弟』，兄弟。左傳僖公二十四年：『我請昆弟仕焉。』唐陳鴻長恨歌傳：『叔父昆弟皆列位清貴，爵爲通侯。』『異端』，猶異志，離心。宋書武帝紀中：『既知毅不能居下，終爲異端，密圖之。』南齊書謝超宗傳：『（超宗）協附奸邪，疑間勛烈，構扇異端，譏議時政。』

〔九〕所以妃兄薛愿，流謫海隅：『薛愿』，傳見舊唐書卷一百八十七下，新唐書卷一百九十三。舊唐書其本傳云：『薛愿，河東汾陰人。父縚，禮部郎中。兄崇一，尚惠宣太子女宜君縣主。女弟爲廢太子瑛妃。愿坐宮廢貶官……』『海隅』，亦作『海嵎』，海角，海邊，常指僻遠的地方。書君奭：『我咸成文王功于不怠，丕冒海隅出日，罔不率俾。』孔傳：『今我周家皆成文王功于不懈怠，則德教大覆冒海隅日所出之地，無不循化而使之。』南朝宋謝靈運九日從宋公戲馬臺集送孔令詩：『歸客遂海嵎，脱冠謝朝列。』

〔十〕謂其遷善：『遷善』，去惡爲善，改過向善。孟子盡心上：『殺之而不怨，利之而不庸，民日遷善而不知爲之者。』漢揚雄法言學行：『是以君子貴遷善，遷善者聖人之徒與！』

〔十一〕今又扇惑：『扇』，四庫全書、全唐文均作『煽』。『扇惑』，煽動蠱惑。晉書郭璞傳：『小人愚嶮，共相扇惑。』舊唐書田承嗣傳：『承嗣使親黨扇惑相州將吏謀亂。』

〔十二〕朕之形言：『形言』，表現在言辭上。南朝齊王儉褚淵碑文：『深識臧否，不以毁譽形言。』唐許敬宗奉和聖製登三壹言志應制：『形言防處逸，粹藻發嘉猷。』

〔十三〕蓋不獲已，歸諸大義：『不獲已』，不得已。後漢書獨行傳嚴授：『（張顯）蹙令進，授不獲已，前戰，伏兵發，授身被十創，殁於陣。』新唐書沈既濟傳：『四方形勢，兵未可去，資費雖廣，不獲已爲之。』『大義』，正道，大道理。易家人：『彖曰：女正位乎内，男正位乎外。男女正，天地之大義也。』舊唐書李晟傳：『晟亦同勞苦，每以大義奮激士心，卒無叛離者。』

〔十四〕鄂王瑶、光王琚等：『鄂王瑶』，指唐玄宗第五子李瑶。傳見舊唐書卷一百七、新唐書卷八十二。舊唐書其本傳云：『鄂王瑶，玄宗第五子也，初名嗣初。開元二年五月，封爲鄂王。十二年，改名涓，遥領幽州都督、河北道節度大使。二十一年四月，加太子太保，兼幽州都督，餘如故。二十三年，改名瑶。二十五年，得罪廢。寶應元年五月追復。』『光王琚』，指唐玄宗第八子李琚。傳見舊唐書卷一百七、新唐書卷八十二。舊唐書其本傳云：『光王琚，玄宗第八子也。開元十二年，封爲光王。十五年，遥領廣州都督、五府經略大使。二十三年七月，光王琚、儀王濰、

潁王澐、壽王清、延王泂、盛王沐、信王沔、義王漼等十王，并授開府儀同三司；皇子珪封爲陳王，澄封爲翌王，潓封爲恒王，滔封爲汴王。陳王已下第四王，幼未授官，并置府官僚屬。其日，光、儀等十人同於東宮尚書省上，詔宰臣及文武百僚送，儀注甚盛。俄除十五王府元僚，并未有府幕，同於禮院上，亦無精選。其時，琚兼廣州都督，餘如故。琚與鄂王瑶，皇子中有學尚才識，同居内宅，最相愛狎。琚有才力，善騎射。初封甚善，玄宗愛之。以母見疏薄，嘗有怨言，爲人所構得罪，人用憐之。寶應元年五月，追復官爵。無子。』

〔十五〕而不率訓典：『訓典』，指先王典制之書。後泛指奉爲典則的書籍。左傳文公六年：『告之訓典，教之防利。』杜預注：『訓典，先王之書。』楊伯峻注：『楚語上「教之訓典，使知族類」，又下「又有左史倚相能道訓典以叙百物」，晋語八「緝訓典」，訓典蓋典章制度之書。』晋葛洪抱朴子君道：『樹訓典以示民極，審褒貶以彰勸沮。』

〔十六〕及與太子瑛構彼凶人：『凶人』，惡人，凶惡之人。書泰誓中：『我聞吉人爲善，惟日不足；凶人爲不善，亦惟日不足。』史記五帝本紀：『舜賓於四門，乃流四凶族，遷於四裔，以禦螭魅，於是四門辟，言毋凶人也。』

〔十七〕義在滅私：『滅私』，四庫全書、全唐文、適園叢書均作『滅親』。

（十八）駙馬都尉薛鏽，離間骨肉，惑亂君親：『薛鏽』，人物資料見舊唐書卷一百七太子李瑛本傳載：『二十五年四月，楊洄又構於惠妃，言瑛兄弟三人與太子妃兄駙馬薛鏽常構異謀。』新唐書諸帝公主傳：『唐昌公主，下嫁薛鏽。』『君親』，君王與父母。亦特指君主。舊題漢李陵答蘇武書：『違棄君親之恩，長爲蠻夷之域，傷已。』晉葛洪抱朴子酒誡：『臣子失禮於君親之前，幼賤悖慢於耆宿之坐。』

（十九）潛通宮禁：『宮禁』，漢以後指稱皇帝居住、視政的地方。宮中禁衛森嚴，臣下不得任意出入，故稱。後漢書皇后紀上和熹鄧皇后：『宮禁至重，而使外舍久在內省……誠不願也。』宋書殷景仁傳：『密邇宮禁，故其計不行。』

（二十）險薄之行，遂成門風：『險薄』，輕薄無行。北齊書任延敬傳：『房子遠、鄭仲禮等并險薄無賴。』唐劉肅大唐新語剛正：『張易之、昌宗，方貴寵用事，潛相者言其當王，險薄者多附會之。』

（二十一）凶慝昭露：『凶慝』，猶凶惡，亦指凶惡的人。史記五帝本紀：『昔帝鴻氏有不才子，掩義隱賊，好行凶慝，天下謂之渾沌。』晉書景帝紀：『奸臣李豐等靖譖庸回，陰構凶慝。』

（二十二）合置嚴誅：『嚴誅』，嚴厲責罰。管子小問：『君欲勝民，則使有司疏獄，而謁

有罪者償。數省而嚴誅，若此，則民勝矣。』尹知章注：『嚴其誅罪。』宋王禹偁求致仕第一表：『尚慮陛下過存念舊，便斷來章，雖犯嚴誅，當期必遂。』

〔二十三〕用申寬典：『寬典』，寬大的法令。唐劉禹錫謝上連州刺史表：『亦緣臣有微才，所以嫉臣者衆，競生口語，廣肆加誣，伏賴陛下至仁，特從寬典。』舊唐書刑法志：『其後雖存寬典，而犯者漸少。』

〔二十四〕捨其兩觀之罰，俾就三危之竄：『兩觀』，借指行刑正法之所。宋李綱上淵聖皇帝實封言事奏狀：『罪實比於四凶，誅宜行於兩觀。』『三危』，古代西部邊疆山名。此處指流放地。書禹貢：『三危既宅。』孔傳：『三危爲西裔之山也。』孟子萬章上：『舜流共工於幽州，放驩兜於崇山，殺三苗於三危，殛鯀於羽山，四罪而天下咸服，誅不仁也。』關於三危的位置，説法不一：一説今甘肅敦煌三危山即古三危；一説在甘肅岷山之西南；一説在雲南。

〔二十五〕可長流瀼州百姓：原文作『可長瀼州百姓』，今據四庫全書、全唐文、適園叢書增補。

追復

息隱王追復皇太子詔〔一〕

詔曰：昔戾園敗德〔二〕，西都表其號謚〔三〕；楚英干紀〔四〕，東漢錫其湯沐〔五〕。斯皆屈邦國之禁，申骨肉之恩也。故息隱王地乃居長，守器運初〔六〕。自貽伊戚〔七〕，陷於禍難。日月逾邁，松檟成行〔八〕。朕嗣守鴻基，緬尋遺烈，何嘗不陟彼崗而靡覿〔九〕，瞻同體而疚懷〔十〕！思備哀榮，式加禮命。可追復皇太子。謚仍依前〔十一〕，陵曰隱陵，置陵令以下官〔十二〕，并加户守衛。貞觀十六年六月。

校　箋

〔一〕此文又見於全唐文卷六，文題爲追復息隱王皇太子禮詔，署名唐太宗。本文文末標明頒布時間爲『貞觀十六年六月』。考舊唐書　太宗紀載：『（貞觀十六年）夏六月辛卯，詔復隱王建成曰隱太子。』資治通鑒卷一百九十六載：『（貞觀十六年）六月，庚寅，詔息隱王可追復

皇太子，海陵刺王元吉追封巢王，謚并依舊。』冊府元龜卷二百六十一儲宮部追謚亦記：『唐隱太子建成，高祖長子，武德九年以謀害太宗伏誅，貞觀元年追封息王，謚曰隱。十六年詔曰：昔戾園敗德……』據上述典籍所載，貞觀十六年六月辛卯（七日）或庚寅（六日）乃頒布詔文時間，其撰寫時間當在是時稍前。又，『息隱王』即唐高祖長子李建成。傳見舊唐書卷六十四、新唐書卷七十九。資治通鑑卷一百九十一亦録此事。舊唐書其本傳載：『隱太子建成，高祖長子也。……時太宗功業日盛，高祖私許立爲太子，建成密知之，乃與齊王元吉潛謀作亂。……自武德初，高祖令太宗居西宮之承乾殿，元吉居武德殿後院，與上臺、東宮晝夜并通，更無限隔。皇太子及二王出入上臺，皆乘馬携弓刀雜用之物，相遇則如家人之禮。由是皇太子令及秦、齊二王教與詔敕并行，百姓惶惑，莫知準的。建成、元吉又外結小人，内連嬖幸，高祖所寵張婕妤、尹德妃皆與之淫亂。復與諸公主及六宮親戚驕恣縱横，并兼田宅，侵奪犬馬。同惡相濟，掩蔽聰明，苟行己志，惟以甘言諛辭承候顔色。建成乃私召四方驍勇，并募長安惡少年二千餘人，畜爲宮甲，分屯左、右長林門，號爲長林兵。及高祖幸仁智宮，留建成居守，建成先令慶州總管楊文幹募健兒送京師，欲以爲變。又遣郎將爾朱煥、校尉橋公山齎甲以賜文幹，令起兵共相應接。公山、煥等行至豳鄉，懼罪馳告其事。高祖托以他事，手詔追建成詣行在所。既至，高祖大怒，建成叩頭謝罪，奮身自

投於地，幾至於絶。其夜，置之幕中，令殿中監陳萬福防禦，而文幹遂舉兵反。高祖馳使召太宗以謀之，太宗曰：「文幹小竪，狂悖起兵，州府官司已應擒剿。縱其假息時刻，但須遣一將耳。」高祖曰：「文幹事連建成，恐應之者衆，汝宜自行，還，立汝爲太子。吾不能效隋文帝誅殺骨肉，廢建成封作蜀王，地既僻小易制。若不能事汝，亦易取耳。」太宗既行，元吉及四妃更爲建成内請，封倫又外爲游説，高祖意便頓改，遂寢不行，復令建成還京居守。惟責以兄弟不能相容，歸罪於中允王珪、左衛率韋挺及天策兵曹杜淹等，并流之巂州。後又與元吉謀行鴆毒，引太宗入宫夜宴，既而太宗心中暴痛，吐血數升，淮安王神通狼狽扶還西宫。高祖幸第問疾，因敕建成：「秦王素不能飲，更勿夜聚。」乃謂太宗曰：「發迹晋陽，本是汝計；克平宇内，是汝大功。欲升儲位，汝固讓不受，以成汝美志。建成自居東宫，多歷年所，今復不忍奪之。觀汝兄弟，終是不和，同在京邑，必有忿競。汝還行臺，居於洛陽，自陝已東，悉宜主之。仍令汝建天子旌旗，如梁孝王故事。」太宗泣而奏曰：「今日之授，實非所願，不能遠離膝下。」言訖嗚咽，悲不自勝。高祖曰：「昔陸賈漢臣，尚有遞過之事，况吾四方之主，天下爲家。東西兩宫，塗路咫尺，憶汝即往，無勞悲也。」及將行，建成、元吉相與謀曰：「秦王今往洛陽，既得土地甲兵，必爲後患。留在京師制之，一匹夫耳。」密令數人上封事曰：「秦王左右多是東人，聞往洛陽，非常欣躍，觀其情

狀，自今一去，不作來意。」高祖於是遂停。是後，日夜陰與元吉連結後宮，譖訴愈切，高祖惑之。太宗懼，不知所爲。李靖、李勣等數言：「大王以功高被疑，靖等請申犬馬之力。」封倫亦潛勸太宗圖之，并不許。倫反言於高祖曰：「秦王恃有大勛，不服居太子之下。若不立之，願早爲之所。」又説建成作亂曰：「夫爲四海者，不顧其親。漢高乞羹，此之謂矣。」九年，突厥犯邊，詔元吉率師拒之，元吉因兵集，將與建成剋期舉事。長孫無忌、房玄齡、杜如晦、尉遲敬德、侯君集等日夜固爭曰：「事急矣！若不行權道，社稷必危。周公聖人，豈無情於骨肉？爲存社稷，大義滅親。今大王臨機不斷，坐受屠戮，於義何成？若不見聽，無忌等將竄身草澤，不得居王左右。」太宗然其計。六月三日，密奏建成、元吉淫亂後宮，因自陳曰：「臣於兄弟無絲毫所負，今欲殺臣，似爲世充、建德報讎。臣今枉死，永違君親，魂歸地下，實亦恥見諸賊。」高祖省之愕然，報曰：「明日當勘問，汝宜早參。」四日，太宗將左右九人至玄武門自衛。高祖已召裴寂、蕭瑀、陳叔達、封倫、宇文士及、竇誕、顏師古等，欲令窮覆其事。建成、元吉行至臨湖殿，覺變，即迴馬，將東歸宮府。太宗隨而呼之，元吉馬上張弓，再三不彀。太宗乃射之，建成應弦而斃。元吉中流矢而走，尉遲敬德殺之。俄而東宮及齊府精兵二千人結陣馳攻玄武門，守門兵仗拒之，不得入，良久接戰，流矢及於内殿。太宗左右數百騎來赴難，建成等兵遂敗散。高祖大驚，謂裴寂

等曰：「今日之事如何？」蕭瑀、陳叔達進曰：「臣聞内外無限，父子不親，當斷不斷，反受其亂。建成、元吉，義旗草創之際，并不預謀，建立已來，又無功德，常自懷憂，相濟爲惡，釁起蕭墻，遂有今日之事。秦王功蓋天下，率土歸心，若處以元良，委之國務，陛下如釋重負，蒼生自然乂安。」高祖曰：「善！此亦吾之夙志也。」乃命召太宗而撫之曰：「近日已來，幾有投杼之惑。」太宗哀號久之。建成死時年三十八。長子太原王承宗早卒。次子安陸王承道、河東王承德、武安王承訓、汝南王承明、鉅鹿王承義并坐誅。太宗即位，追封建成爲息王，謚曰隱，以禮改葬。葬日，太宗於宜秋門哭之甚哀，仍以皇子趙王福爲建成嗣。十六年五月，又追贈皇太子，謚仍依舊。」

〔二〕昔戾園敗德：『戾園』，戾太子的陵園。亦借指戾太子劉據。漢書戾太子劉據傳：『故皇太子謚曰戾……以湖閿鄉邪里聚爲戾園。』後漢書張晧傳：『昔賊臣江充，造構讒逆，至令戾園興兵，終及禍難。』此處指李建成。

〔三〕西都表其號謚：『西都』，指長安。『號謚』，四庫全書作『謚號』。

〔四〕楚英干紀：『楚英』，指東漢光武帝之子劉英，傳見後漢書卷四十二。『干紀』，違犯法紀。語出左傳襄公二十三年：『干國之紀，犯門斬關。』漢潘勖册魏公九錫文：『犯關干紀，莫不誅殛。』後漢書楚王英傳云：『十三年，男子燕廣告英與漁陽王平、顔忠等造作圖書，有逆謀，事下案驗。

有司奏英招聚奸猾，造作圖讖，擅相官秩，置諸侯王公將軍二千石，大逆不道，請誅之。帝以親親不忍，乃廢英，徙丹陽涇縣，賜湯沐邑五百户。』

〔五〕東漢錫其湯沐：『湯沐』，指湯沐邑。後漢書 班彪傳：『又舊制，太子食湯沐十縣。』唐張説鄎國長公主神道碑銘：『邸第立官，湯沐建封。』

〔六〕守器運初：『守器』，太子主宗廟之器，因借指太子。參見上篇校箋〔四〕。

〔七〕自貽伊戚：亦作『自詒伊戚』。自尋煩惱，自招災殃。詩 小雅 小明：『心之憂矣，自詒伊戚。』左傳 宣公二年：『烏呼，我之懷矣，自詒伊戚，其我之謂矣。』

〔八〕松檟成行：『松檟』，松、檟二樹常被栽植墓前，亦作墓地的代稱。北史 隋紀上 文帝紀論：『墳土未乾，子孫繼踵爲戮；松檟纔列，天下已非隋有。』唐張説贈吏部尚書蕭公神道碑：『松檟雖幽，音徽不昧。』

〔九〕何嘗不陟彼崗而靡覲：『靡覲』，册府元龜、全唐文作『靡觀』。此句出自詩 卷耳：『陟彼高岡，我馬玄黄。我姑酌彼兕觥，維以不永傷。』比喻唐太宗懷人之憂傷心情。

〔十〕瞻同體而疚懷：『同體』，指同胞兄弟。晋書 陶瞻傳：『夏至，殺斌。庾亮上疏曰：「斌雖醜惡，罪在難忍，然王憲有制；骨肉至親，親運刀鋸以刑同體，傷父母之恩，無惻隱之心，應

加放黜，以懲暴虐。」』此處指李建成。

〔十一〕謚仍依前：即舊唐書卷六十四載：『太宗即位，追封建成爲息王，謚曰隱，以禮改葬。』亦見於新唐書卷七十九載：『太宗立，追封建成爲息王，謚曰隱，以禮改葬，詔東宮舊臣皆會，帝於宜秋門哭之，以子福爲後。』

〔十二〕陵曰隱陵，置陵令以下官：『隱陵』，甲庫本作『隱』。『陵令』，守護天子陵墓的長官。後漢書城陽恭王祉傳：『建武二年，以皇祖、皇考墓爲昌陵，置陵令守視。』新唐書禮樂志四：『皇帝至行宮，即齋室。陵令以玉册進署。』

贈廢太子承乾恒山愍王制〔一〕

孫逖

門下：理天下者，必弘於在宥〔二〕；厚仁德者，莫尚於追遠〔三〕。故廢太子承乾〔四〕，昔在先朝，嘗陷深過〔五〕，因是殛竄，至於淪没。雖臣子之罪，義則不私；而骨肉之親，情則無絶。况年代浸遠，典憲宜寛〔六〕。言念往時，已申公葬；將崇後命，是錫王章〔七〕。式遵仍舊之封，更表易名之謚。可贈恒山愍王。

校箋

〔一〕本文又見於全唐文卷三百一十，作者署名爲孫逖。本文文末未標明頒布時間。四庫全書此文文末標注時間爲『開元二十四年』。資治通鑑卷二百一十四載：『（開元二十四年）秋，八月……甲戌，追贈承乾恒山愍王。』舊唐書卷九十九李適之傳云：『李適之，一名昌，恒山王承乾之孫也。父象，官至懷州別駕。適之神龍初起家拜左衛郎將。開元中，累遷通州刺史，以强幹見稱。時給事中韓朝宗爲按察使，特表薦之，擢拜秦州都督。俄轉陝州刺史，入爲河南尹。適之性簡率，不務苛細，人吏便之。歲餘，拜御史大夫。開元二十七年，兼幽州大都督府長史，知節度事。適之以祖得罪見廢，父又遭則天所黜，葬禮有闕，上疏請歸葬昭陵之闕内。於是下詔追贈承乾爲恒山愍王，象爲越州都督、郇國公，伯父厥及亡兄數人并有褒贈。』舊唐書所述爲追贈背景。應從四庫全書、資治通鑑所載，此文頒布時間爲開元二十四年八月甲戌（二十七日），其撰寫時間當在此時稍前。又，孫逖，傳見舊唐書卷一百九十，新唐書卷二百二。舊唐書其本傳云：『孫逖，潞州涉縣人……逖幼而英俊，文思敏速。始年十五，謁雍州長史崔日用。日用小之，令爲土火爐賦，逖握翰即成，詞理典贍。日用覽之駭然，遂爲忘年之交，以是價譽益重。開元初，應哲

人奇士舉，授山陰尉。遷秘書正字。十年，應制登文藻宏麗科，拜左拾遺。張説尤重其才，逖日游其門，轉左補闕。黄門侍郎李暠出鎮太原，辟爲從事。暠在鎮，與蒲州刺史李尚隱游於伯樂川，逖爲之記，文士盛稱之。二十一年，入爲考功員外郎、集賢修撰。逖選貢士二年，多得俊才。初年則杜鴻漸至宰輔，顔真卿爲尚書。後年拔李華、蕭穎士、趙驊登上第，逖謂人曰：「此三人便堪掌綸誥。」二十四年，拜逖中書舍人。……丁父喪免。二十九年服闋，復爲中書舍人。其年充河東黜陟使。天寶三載，權判刑部侍郎。五載，以風病求散秩，改太子左庶子。逖掌誥八年，制敕所出，爲時流嘆服。議者以爲自開元已來，蘇頲、齊澣、蘇晋、賈曾、韓休、許景先及逖，爲王言之最。逖尤善思，文理精練，加之謙退不伐，人多稱之。以疾沉廢累年，轉太子詹事。上元中卒。廣德二年，詔贈尚書右僕射，謚曰文。有集三十卷。」

〔二〕必弘於在宥：『在宥』，莊子在宥：『聞在宥天下，不聞治天下也。』郭象注：『宥使自在則治，治之則亂也。』成玄英疏：『宥，寬也。在，自在也……寓言云：「聞諸賢聖任物，自在寬宥，即天下清謐。」』後因以『在宥』指任物自在，無爲而化。多用以贊美帝王的『仁政』『德化』。南朝宋謝靈運九日從宋公戲馬臺集送孔令詩：『在宥天下理，吹萬群方悦。』舊唐書代宗紀：『今將大振綱維，益明懲勸，肇舉改元之典，弘敷在宥之澤，可大赦天下，改廣德三年爲永泰元年。』

〔三〕厚仁德者，莫尚於追遠：『仁』，明鈔本、適園叢書作『人』。『追遠』，祭祀盡虔誠，以追念先人。論語學而：『慎終追遠。』邢昺疏：『追遠者，遠謂親終既葬，日月已遠也，孝子感時念親，追而祭之，盡其敬也。』南史后妃傳上孝武昭路太后：『又詔述太后恩慈，特齊衰三月，以申追遠。』

〔四〕故廢太子承乾：『廢太子承乾』，指唐太宗長子李承乾。李承乾，傳見舊唐書卷七十六、新唐書卷八十。參見本卷廢皇太子承乾爲庶人詔校箋〔四〕。

〔五〕嘗陷深過：『嘗』，全唐文作『長』。

〔六〕典憲宜寬：四庫全書作『典廢宜追』。『典憲』，全唐文作『興廢』。『典憲』，法典，典章。後漢書應劭傳：『逆臣董卓，蕩覆王室，典憲焚燎，靡有孑遺，開辟以來，莫或茲酷。』三國魏曹植聖皇篇詩：『沉吟有愛戀，不忍聽可之。迫有官典憲，不得顧恩私。』

〔七〕將崇後命，是錫王章：『後命』，指續發的命令。左傳僖公九年：『齊侯將下拜，孔曰：「且有後命。」』宋趙彥衛雲麓漫鈔卷九：『始聞後命，方在浙東，即欲便道省覲。』『王章』，猶王禮，天子的禮儀。左傳僖公二十五年：『（晉侯）請隧，弗許，曰：「王章也。」』孔穎達疏：『隧爲王之葬禮，諸侯皆縣柩而下，故不得用隧。晉侯請隧者，欲請以王禮葬也。』

贈重俊皇太子制〔一〕

蘇　頲

門下：朕聞曾氏之孝也，慈親惑於疑聽〔二〕；趙虜之族也，明王哀而望思〔三〕。歷考前聞，率由舊典。重俊〔四〕，大行之子，元良守器〔五〕，往罹構間〔六〕，困於讒嫉。莫顧鈇鉞〔七〕，輕盜甲兵，有此誅夷，無不悲惋。今四凶咸服〔八〕，十起何追〔九〕，方申赤暈之冤〔十〕，以紓黄泉之痛。可贈皇太子。主者施行。唐隆元年六月二十五日。

校箋

〔一〕本文又見於舊唐書卷八十六李重俊傳。全唐文卷二百五十三亦録此文，署名蘇頲。本文文末已標注頒布時間『唐隆元年六月二十五日』。考舊唐書此文文首云：『睿宗即位，下制曰：「朕聞曾氏之孝也……」』舊唐書 睿宗紀云：『（景雲元年）秋七月癸丑，兵部侍郎兼知雍州長史崔日用爲黄門侍郎，參知機務。丙辰，則天大聖皇后依舊號爲天后。追謚雍王賢爲章懷太子，庶人重俊曰節愍太子。』資治通鑒卷二百九載：『（景雲元年）六月……丁未，立平王隆基爲太子……則天大聖皇后復舊號爲天后。追謚雍王賢曰章懷太子。戊申，以宋王成器爲雍州牧、揚州大都督、

太子太師。置温王重茂於内宅……追削武三思、武崇訓爵謚，斲棺暴尸，平其墳墓……秋，七月，庚戌朔，贈韋月將宣州刺史。癸丑，以兵部侍郎崔日用爲黄門侍郎，參知機務。追復故太子重俊位號；雪敬暉、桓彦範、崔玄暐、張柬之、袁恕己、成王千里、李多祚等罪，復其官爵。丁巳，以洛州長史宋璟檢校吏部尚書、同中書門下三品。』按，上述典籍均載追復故太子重俊位號之事，而以資治通鑑所記較爲具體詳悉，今即依資治通鑑所記之景雲元年（七一〇）七月癸丑日（四日）爲追復故太子重俊位號之時間。故此文之頒布時間，應爲景雲元年七月癸丑日（四日），撰寫時間當在是時稍前。又，蘇頲，傳見舊唐書卷八十八、新唐書卷一百二十五。舊唐書本傳載：『（蘇）瓌子頲，少有俊才，一覽千言。弱冠舉進士，授烏程尉，累遷左臺監察御史。長安中，詔頲按覆來俊臣等舊獄，頲皆申明其枉，由此雪冤者甚衆。神龍中，累遷給事中，加修文館學士，俄拜中書舍人。尋而頲父同中書門下三品，父子同掌樞密，時以爲榮。機事填委，文誥皆出頲手。中書令李嶠嘆曰：「舍人思如湧泉，嶠所不及也。」俄遷太常少卿。景雲中，瓌薨，詔頲起復爲工部侍郎，加銀青光禄大夫。頲抗表固辭，辭理懇切，詔許其終制。服闋就職，襲父爵許國公。玄宗謂宰臣曰：「有從工部侍郎得中書侍郎否？」對曰：「任賢用能，非臣等所及。」玄宗曰：「蘇頲可中書侍郎，仍供政事食。」明日，加知制誥。有政事食，自頲始也……時李乂爲紫微侍郎，

與頲對掌文誥。他日，上謂頲曰：「前朝有李嶠、蘇味道，謂之蘇李；今有卿及李乂，亦不讓之。卿所制文誥，可録一本封進，題云『臣某撰』，朕要留中披覽。」其禮遇如此。玄宗欲於靖陵建碑，頲諫曰：「帝王及后，無神道碑，且事不師古，動皆不法。若靖陵獨建，陛下祖宗之陵皆須追造。」玄宗從其言而止。開元四年，遷紫微侍郎、同紫微黃門平章事，與侍中宋璟同知政事。」

（二）朕聞曾氏之孝也，慈親惑於疑聽：『曾氏』，指曾參。『慈親』，謂曾參之母。戰國策 秦策二：『昔者曾子處費，費人有與曾子同名族者而殺人。人告曾子母曰：「曾參殺人。」曾子之母曰：「吾子不殺人。」織自若。有頃焉，人又曰：「曾參殺人。」其母尚織自若也。頃之，一人又告之曰：「曾參殺人。」其母懼，投杼逾墻而走。夫以曾參之賢與母之信也，而三人疑之，則慈母不能信也。』

（三）趙虜之族也，明王哀而望思：『明王』，明鈔本作『明主』。『趙虜』，指趙國人江充。『明王』，指漢武帝。典出漢書卷六十三。漢武帝之子劉據本傳略云：『戾太子據，元狩元年立爲皇太子，年七歲矣。初，上年二十九乃得太子，甚喜，爲立禖，使東方朔、枚皋作禖祝。少壯，詔受公羊春秋，又從瑕丘江公受穀梁。及冠就宮，上爲立博望苑，使通賓客，從其所好，故多以異端進者。元鼎四年，納史良娣，產子男進，號曰史皇孫。武帝末，衛后寵衰，江充用事，充與太

子及衛氏有隙，恐上晏駕後爲太子所誅，會巫蠱事起，充因此爲奸。是時，上春秋高，意多所惡，以爲左右皆爲蠱道祝詛，窮治其事。丞相公孫賀父子，陽石、諸邑公主，及皇后弟子長平侯衛伉皆坐誅。語在公孫賀、江充傳。充典治巫蠱，既知上意，白言宫中有蠱氣，入宫至省中，壞御座掘地。上使按道侯韓說、御史章贛、黄門蘇文等助充。充遂至太子宫掘蠱，得桐木人。時上疾，辟暑甘泉宫，獨皇后、太子在。太子召問少傅石德，德懼爲師傅并誅，因謂太子曰：「前丞相父子、兩公主及衛氏皆坐此，今巫與使者掘地得徵驗，不知巫置之邪，將實有也，無以自明，可矯以節收捕充等繫獄，窮治其奸詐。且上疾在甘泉，皇后及家吏請問皆不報，上存亡未可知，而奸臣如此，太子將不念秦扶蘇事耶？」太子急，然德言。征和二年七月壬午，乃使客爲使者收捕充等。按道侯説疑使者有詐，不肯受詔，客格殺説。御史章贛被創突亡，自歸甘泉。太子使舍人無且持節夜入未央宫殿長秋門，因長御倚華具白皇后，發中廐車載射士，出武庫兵，發長樂宫衛，告令百官曰江充反。乃斬充以徇，炙胡巫上林中。遂部賓客爲將率，與丞相劉屈氂等戰。長安中擾亂，言太子反，以故衆不肯附。太子兵敗，亡，不得……太子之亡也，東至湖，藏匿泉鳩里。主人家貧，常賣屨以給太子。太子有故人在湖，聞其富贍，使人呼之而發覺。吏圍捕太子，太子自度不得脱，即入室距户自經。山陽男子張富昌爲卒，足蹋開户，新安令史李壽趨抱解太子，主人公遂格鬭死，

皇孫二人皆并遇害……久之，巫蠱事多不信。上知太子惶恐無他意，而車千秋復訟太子冤，上遂擢千秋爲丞相，而族滅江充家，焚蘇文於横橋上，及泉鳩里加兵刃於太子者，初爲北地太守，後族。上憐太子無辜，乃作思子宫，爲歸來望思之臺於湖。天下聞而悲之。』

〔四〕重俊：指唐中宗第三子李重俊。傳見舊唐書卷八十六、新唐書卷八十一。舊唐書其本傳云：『節愍太子重俊，中宗第三子也。聖曆元年，封義興郡王。長安中，累授衛尉員外少卿。神龍初，封衛王，拜洛州牧，賜實封千户，尋遷左衛大將軍，兼遥授揚州大都督。二年秋，立爲皇太子。重俊性雖明果，未有賢師傅，舉事多不法。俄以秘書監楊璬、太常卿武崇訓并爲太子賓客，璬等皆主婿年少，唯以蹴鞠猥戲取狎於重俊，竟無調護之意。左庶子姚珽數上疏諫諍，右庶子平貞慎又獻孝經議、養德傳以諷，重俊皆優納焉。時武三思得幸中宫，深忌重俊。三思子崇訓尚安樂公主，常教公主凌忽重俊，以其非韋氏所生，常呼之爲奴。或勸公主請廢重俊爲王，自立爲皇太女，重俊不勝忿恨。三年七月，率左羽林大將軍李多祚、右羽林將軍李思冲、李承况、獨孤禕之、沙吒忠義等，矯制發左右羽林兵及千騎三百餘人，殺三思及崇訓於其第，并殺黨與十餘人。又令左金吾大將軍成王千里分兵守宫城諸門，自率兵趨肅章門，斬關而入，求韋庶人及安樂

公主所在。又以昭容上官氏素與三思奸通，扣閤索之。韋庶人及公主遽擁帝馳赴玄武門樓，召左羽林將軍劉仁景等，令率留軍飛騎及百餘人於樓下列守。俄而多祚等兵至，欲突玄武門樓，宿衛者拒之，不得進。帝據檻呼多祚等所將千騎，謂曰：「汝并是我爪牙，何故作逆？若能歸順，斬多祚等，與汝富貴。」於是千騎王歡喜等倒戈，斬多祚及李承況、獨孤禕之、沙吒忠義等於樓下，餘黨遂潰散。重俊既敗，率其屬百餘騎趨肅章門，奔終南山，帝令長上果毅趙思慎率輕騎追之。重俊至鄠縣西十餘里，騎不能屬，唯從奴數人。會日暮憩林下，爲左右所殺。制令梟首於朝，又獻之於太廟，并以祭三思、崇訓尸柩。睿宗即位……謚曰節愍，陪葬定陵。』

〔五〕大行之子，元良守器：『大行』，指大行皇帝，對剛去世皇帝的敬稱，此處指唐中宗。『元良』，太子的代稱。『守器』，封建時代太子主宗廟之器，因借指太子。參見本卷廢皇太子瑛爲庶人制校箋〔四〕。

〔六〕往罹構間：『構間』，挑撥離間。宋書顔竣傳：『前冬母亡，詔賜還葬，事畢不去，盤桓經時，方構間勛貴，造立同異。』新唐書長孫無忌傳：『后既立，以無忌受賜而不助己，銜之。敬宗揣后指，陰使洛陽人李奉節上無忌變事……帝驚曰：「將妄人構間，殆不其然。」』

〔七〕莫顧鈇鉞：『鈇鉞』，泛指刑戮。南史何尚之傳：『（范曄）宜出爲廣州，若在内釁成，

不得不加以鈇鉞。』西游記第二十五回：『徒弟，這和尚是出家人，不可用刀槍，不可加鈇鉞。』

〔八〕今四凶咸服：『四凶』，相傳爲堯舜時代四個惡名昭彰的部族首領。後世多用以比喻凶狠貪婪的朝臣。晉葛洪抱朴子百里：『若秉國之鈞，出納王命者，審良樂之顧眄，不令跛蹇厕騏騄……則何患庶績之不康，何憂四凶之不退！』舊唐書文苑傳下劉蕡：『元凱在下，雖微必舉；四凶在朝，雖强必誅。』此處指諸韋親黨。舊唐書睿宗紀載：『景龍四年夏六月，中宗崩，韋庶人臨朝，引用其黨，分握政柄，忌帝望實素高，潛謀危害。庚子夜，臨淄王諱與太平公主子薛崇簡、前朝邑尉劉幽求、長上果毅麻嗣宗、苑總監鍾紹京等率兵入北軍，誅韋温、紀處訥、宗楚客、武延秀、馬秦客、葉静能、趙履温、楊均等，諸韋、武黨與皆誅之。』

〔九〕十起何追：『十起』，明鈔本、甲庫本作『十處』。『起』爲治愈、病愈之謂。吕氏春秋察賢：『今有良醫於此，治十人而起九人，所以求之萬也。』唐杜甫大雲寺贊公房詩之一：『湯休起我病，微笑索題詩。』金王若虚太一三代度師蕭公墓表：『内人賈病逾年，諸醫莫療，上曰：「此非藥餌所及，前禳蝗王某，殆是異人，或能起之。」』

〔十〕方申赤暈之冤：『暈』，謂『暈蝕』『暈適』，指出現日暈或月暈的變異天象。史記

天官書：『夫常星之變希見，而三光之占亟用，日月暈適，雲風。』唐侯圭割鴻溝賦：『兩曜而寧休暈蝕，重霄而未落欃槍。』文獻通考卷二百八十四載：『乾道元年六月丁未，日生格氣，占「格鬬之象」……（三年）五月戊戌，日赤暈周匝，在畢，占「邊兵動」。』此處『赤暈之冤』，用以謂太子李重俊所蒙受被殺之冤。

卷第三十二

皇太子

追贈

邵王贈皇太子制
申王贈惠莊太子制
岐王贈惠文太子制
慶王贈靖德太子制
興王贈恭懿太子制
齊王贈懷懿太子制
晋王贈悼懷太子制

册贈

節愍太子謚册文
惠莊太子册文
惠文太子册文
恭懿太子册文

哀册文

罷祭

追贈

邵王贈皇太子制〔一〕

門下：悼往興哀，事極於人理〔二〕，義飾終追遠〔三〕，禮著於國經〔四〕。故邵王重潤〔五〕，漸履雲霄〔六〕，分輝日月，體謙恭之質，藴忠順之誠，愛敬盡於宫闈，仁孝聞於區寓〔七〕。地居長嫡，允膺崇樹〔八〕，天不憗留〔九〕，奄隨運往。朕丕膺寶命〔十〕，乃眷承祧〔十一〕，瞰朱邸而無從〔十二〕，傃青方而結欷〔十三〕。宜加贈典，正位元儲〔十四〕。可贈皇太子。所司備禮改葬。主者施行。神龍元年二月九日。

校　箋

〔一〕此文又見於全唐文卷十六，文題作邵王贈皇太子制，署名唐中宗。本文文末注明頒布時間爲『神龍元年二月九日』。按，唐會要卷四載：『中宗即位，追贈皇太子，謚曰懿德，陪葬乾陵。』舊唐書中宗紀記：『（神龍元年）夏四月……戊寅，追贈邵王重潤爲懿德太子。』舊唐

書卷八十六列傳三十六載：『重潤風神俊朗，早以孝友知名，既死非其罪，大爲當時所悼惜。中宗即位，追贈皇太子，謚曰懿德，陪葬乾陵。』新唐書卷八十一列傳第六記：『神龍初，追贈皇太子及謚，陪葬乾陵。』資治通鑑卷二百八載：『（神龍元年四月）戊寅，追贈故邵王重潤爲懿德太子。』按，舊唐書中宗紀與資治通鑑所載時間較其他典籍所記更爲確切。另據天干地支紀年法，神龍元年四月戊寅爲七〇五年二十九日，原文文末所署時間二月九日當爲抄録之誤。故此文頒布時間應爲神龍元年（七〇五）四月戊寅（二十九日），則此文撰寫時間當在是時稍前。

（二）事極於人理：『事極』，事之究竟。韓非子解老：『不見其事極者，爲能保其身，有其國。』『人理』，甲庫本作『理人』，做人的道德規範。莊子漁父：『其用於人理也，事親則慈孝，事君則忠貞。』後漢書仲長統傳：『夫如此，然後可以用天性，究人理，興頓廢，屬斷絶。』

（三）義飾終追遠：原作『飾終追遠』，今據四庫全書、全唐文增補。『飾終』，謂人死時給予尊榮。荀子禮論：『送死，飾終也。』宋陸游王成之給事挽歌辭：『贈極文昌貴，君恩厚飾終。』『追遠』，追念前賢。漢班昭東征賦：『入匡郭而追遠兮，念夫子之厄勤。』宋書王僧達傳：『生平素念，願閑衡廬，先朝追遠之恩，早見榮齒。』

（四）禮著於國經：『國經』，四庫全書、全唐文作『經國』。『國經』，國家的綱紀。三

國魏曹植責躬詩：『伊爾小子，恃寵驕盈。舉挂時綱，動亂國經。』南朝陳徐陵太極殿銘：『況復皇寢，宜昭國經。方流典訓，永樹天庭。』

〔五〕故邵王重潤：『邵王重潤』，指唐中宗之子李重潤。傳見舊唐書卷八十六、新唐書卷八十一。舊唐書卷八十六其本傳載：『懿德太子重潤，中宗長子也。本名重照，以避則天諱，故改焉。開耀二年，中宗爲皇太子，生重潤於東宫内殿，高宗甚悦。及月滿，大赦天下，改元爲永淳。是歲，立爲皇太孫，開府置官屬。及中宗遷於房州，其府坐廢。聖曆初，中宗爲皇太子，封爲邵王。大足元年，爲人所構，與其妹永泰郡主、婿魏王武延基等竊議張易之兄弟何得恣入宫中，則天令杖殺，時年十九。重潤風神俊朗，早以孝友知名，既死非其罪，大爲當時所悼惜。中宗即位，追贈皇太子，謚曰懿德，陪葬乾陵。仍爲聘國子監丞裴粹亡女爲冥婚，與之合葬。又贈永泰郡主爲公主，令備禮改葬，仍號其墓爲陵焉。』

〔六〕漸履雲霄：『雲霄』，喻指高位。晋陸雲晋故豫章内史夏府君誄：『明明皇儲，睿哲時招。奮厥河滸，矯足雲霄。』唐杜甫奉贈鮮于京兆詩：『雲霄今已逼，臺衮更誰親？』

〔七〕仁孝聞於區寓：『區寓』，謂廣闊的區域或範圍。明董説西游補序：『十倍正覺，流浪幻化，彌因彌極，浸淫而別具情想，別轉人身，別换區寓，一彈指間事。』

〔八〕允膺崇樹：『允膺』，猶承當。南朝梁沈約齊故安陸昭王碑文：『公以宗室羽儀，允膺嘉選。』南朝梁任昉爲褚咨議蓁讓代兄襲封表：『臣門籍勛蔭，光錫土宇，臣賁世載承家，允膺長德。』『崇樹』，尊奉封立。南齊書江謐傳：『皆云誥誓乖禮，崇樹失宜，仰指天，俯畫地，希幸灾故，以申積憤。』北齊書唐邕傳：『遂留晋陽，與莫多婁敬顯等崇樹安德王爲帝。』

〔九〕天不憖留：『憖留』，亦作『憖遺』。願意留下。詩小雅十月之交：『不憖遺一老，俾守我王。』左傳哀公十六年：『孔丘卒，公誄之曰：「旻天不吊，不憖遺一老，俾屏余一人以在位。」』後以『憖遺』或『天不憖遺』作爲哀悼老臣之辭。

〔十〕朕丕膺寶命：『寶命』，對天命的美稱。書金縢：『無墜天之降寶命，我先王亦永有依歸。』宋蔡沈集傳：『寶命，即帝庭之命也。謂之寶者，重其事也。』南朝梁沈約賀齊明帝登祚啓：『運堯心以臨億兆，敷舜烈以膺寶命。』

〔十一〕乃眷承祧：『乃眷』，詩大雅皇矣：『乃眷西顧。』鄭玄箋：『乃眷然運視西顧。』後以『乃眷』喻關懷。宋書武帝紀：『暢朝廷乃眷之旨，宣下民壅隔之情。』『承祧』，承繼奉祀祖先的宗廟。南朝梁沈約立太子詔：『自昔哲后，降及近代，莫不立儲樹嫡，守器承祧。』唐韓愈順宗實録三：『付爾以承祧之重，勵爾以主鬯之勤。』

〔十二〕瞰朱邸而無從：『朱邸』，漢諸侯王第宅，以朱紅漆門，故稱朱邸。後泛指貴官府第。南朝齊謝朓拜中軍記室辭隋王箋：『唯待青江可望，候歸艎於春渚；朱邸方開，效蓬心於秋實。』李善注引史記：『諸侯朝天子，於天子之所立舍曰邸，諸侯朱户，故曰朱邸。』『無從』，指無隨從之物。謂無外物以副其内誠。禮記檀弓上：『予鄉者入而哭之，遇於一哀而出涕，予惡夫涕之無從也。』朱彬訓纂：『從者，以外物副其内誠之謂。有哀涕而無賻物，是涕之無從也。』宋陳師道觀兖文忠公六一堂圖書詩：『黄絹兩大字，一覽涕無從。』

〔十三〕俵青方而結欷：『青方』，指東方。宋書符瑞志上：『有景雲之瑞，有赤方氣與青方氣相連，赤方中有兩星，青方中有一星。』唐楊炯老人星賦：『青方半月，東井連珠；辰極之齊七政，泰階之平六符。』

〔十四〕正位元儲：『元儲』，儲君。謂太子。晋葛洪抱朴子崇教：『蓋聞帝之元儲必入太學、承師問道……然後可以爲君。』陳書宣帝紀：『自元儲紹國，正位君臨，無道非幾，伫聞刑措。』

申王贈惠莊太子制〔一〕

德盛者，必享休名〔二〕；道高者，必膺殊典〔三〕。况人倫之重，義切因心，天屬之深〔四〕，

情殷追遠（五）。故司徒申王撝（六），睿哲聰明，本乎天性，温恭孝友，挺自生知。樂善好書，清猷過於兩獻（七）；深仁厚義，美化侔於二南（八）。可謂具瞻百寮（九），儀刑列辟（十）。朕將永康兆庶（十一），方自友于（十二），天不憖遺（十三），奄從薨逝。永惟仁範（十四），哀慟纏懷，用表非常之榮，少寄天倫之戚。可追贈惠莊太子。宜令所司備禮，就加册命，陪葬橋陵（十五）。開元十二年十一月。

校箋

〔一〕此文又見於全唐文卷二十二，文題爲追贈申王撝爲惠莊太子制，署名唐玄宗。本文文末標明頒布時間爲『開元十二年十一月』。考舊唐書卷九十五列傳第四十五載：『開元十二年，病薨，册贈惠莊太子，陪葬橋陵。』資治通鑒卷二百一十二開元十二年載：『十一月，辛巳，司徒申王撝薨，贈謚惠莊太子。』册府元龜卷二百九十六帝王部追贈亦記：『申王撝，睿宗子，開元十二年薨。制曰：德盛者，必享休名……』據上述典籍所載，開元十二年（七二四）十一月辛巳（二十五日）乃頒布制文時間，則撰寫時間當在是時稍前。

〔二〕必享休名：『休名』，美好的名聲。三國魏劉劭人物志八觀：『是故骨直氣清，則休名生焉。』劉昞注：『骨氣相應，名是以美。』隋書孝義傳序：『匹夫匹婦行之於閭閻，則播徽烈於當年，揚休名於千載。』

〔三〕必膺殊典：『殊典』，指帝王對臣下的特別恩典。後漢書梁冀傳：『帝以冀有援立之功，欲崇殊典，乃大會公卿，共議其禮。』初刻拍案驚奇卷二十：『仁宗看了表章，龍顏大喜，驚嘆劉弘敬盛德……特以李彥青之官封之，以彰殊典。』

〔四〕天屬之深：『天屬』，天性相連。莊子山木：『或曰：「……棄千金之璧，負赤子而趨，何也？」林回曰：「彼以利合，此以天屬也。」』後因稱父子、兄弟、姊妹等有血緣關系之親屬爲『天屬』。漢蔡琰悲憤詩：『天屬綴人心，念別無會期。』

〔五〕情殷追遠：『追遠』，祭祀盡虔誠，以追念先人。論語學而：『慎終追遠。』邢昺疏：『追遠者，遠謂親終既葬，日月已遠也，孝子感時念親，追而祭之，盡其敬也。』南史后妃傳上孝武昭路太后：『又詔述太后恩慈，特齊衰三月，以申追遠。』

〔六〕故司徒申王撝：『撝』即李撝，傳見舊唐書卷九十五、新唐書卷八十一。舊唐書其本傳載：『惠莊太子撝，睿宗第二子也。本名成義。母柳氏，掖庭宮人。撝之初生，則天嘗以示僧

萬迴。萬迴曰：「此兒是西域大樹之精，養之宜兄弟。」則天甚悦，始令列於兄弟之次。垂拱三年，封恒王。尋却入閤，改封衡陽郡王，累授尚衣奉御。神龍元年，加賜實封二百户，通前五百户，遷司農少卿，加銀青光禄大夫。睿宗踐祚，進封申王，遷右衛大將軍。景雲元年七月，遷殿中監，兼檢校右衛大將軍。二年，轉光禄卿、右金吾衛大將軍。先天元年七月，加實封一千户。八月，行司徒，兼益州大都督。開元二年，帶司徒兼幽州刺史。俄避昭成太后之稱，改名撝。歷鄧、虢、絳三州刺史。八年，因入朝，停刺史，依舊爲司徒。性弘裕，儀形瓌偉，善於飲啖。十二年，病薨，册贈惠莊太子，陪葬橋陵。無子。初養讓帝子琄，封同安郡王，先卒。天寶三載，又以讓帝子璹爲嗣申王，授鴻臚員外卿。」

〔七〕清猷過於兩獻：「過於」，册府元龜、全唐文、甲庫本、適園叢書作「邁於」。「清猷」，清明的謀劃。南朝梁沈約齊故安陸昭王碑文：「爰始濯纓，清猷浚發。」周書獨孤信傳：「睿哲居宗，清猷映世。」「兩獻」，西漢河間獻王劉德和東漢沛獻王劉輔的合稱。晉書文六王傳論：「齊王以兩獻之親，弘二南之化。」宋書臨川烈武王劉道規傳：「王神謨獨運，靈武宏發……固已化被江漢，勛高微管，遠猷侔於二南，英雄邁於兩獻者矣。」

〔八〕美化侔於二南：「美化」，美好的教化。詩周南漢廣序：「文王之道，被于南國，美

化行乎江漢之域，無思犯禮，求而不可得也。』南史宋紀上武帝：『淳風美化，盈塞區宇。』『二南』，指詩的周南和召南。晉書樂志上：『周始二南，風兼六代。』南朝梁劉勰文心雕龍明詩：『興發皇世，風流二南。』

〔九〕可謂具瞻百寮：『百寮』，全唐文、適園叢書作『百僚』。『具瞻』，謂爲衆人所瞻望。語出詩小雅節南山：『赫赫師尹，民具爾瞻。』毛傳：『具，俱；瞻，視。』鄭玄箋：『此言尹氏汝居三公之位，天下之民俱視汝之所爲。』三國志魏書高柔傳：『今公輔之臣，皆國之棟梁，民所具瞻。』『百寮』，亦作『百僚』，百官。書皋陶謨：『百僚師師，百工惟時。』孔傳：『僚、工，皆官也。』後漢書鄧彪傳：『彪在位清白，爲百僚式。』

〔十〕儀刑列辟：『儀刑』，爲法，做楷模。晉袁宏後漢紀桓帝紀一：『德苟成，故能儀刑家室，化流天下；禮苟順，故能影響無遺，翼宣風化。』唐竇庠東都嘉量亭獻留守韓僕射詩：『卜築三川上，儀刑萬井中。』『列辟』，指公卿諸官。唐王維京兆尹張公德政碑：『天子猶日省三揖列辟，日聽萬方輿頌。』趙殿成箋注：『班固典引：「德臣列辟，功君百王。」李周翰注：「列辟，百官也。」』

〔十一〕朕將永康兆庶：『永康』，永久平安。書周官：『永康兆民，萬邦惟無斁。』晉張

華博物志卷一：『進用忠直，社稷永康。』『兆庶』，猶言兆民。後漢書 崔駰傳：『濟兹兆庶，出於平易之路。』唐元結二風詩 至勞：『於戲勞王，功亦何大！去爾兆庶，洪湮灾害。』

（十二）方自友于：『友于』，書 君陳：『惟孝友于兄弟。』後即以『友于』爲兄弟友愛之義。後漢書 史弼傳：『陛下隆於友于，不忍遏絶。』魏書 良吏傳 宋世景：『世景友于之性，過絶於人，及道璵死，哭之哀切。』

（十三）天不憖遺：『憖遺』，願意留下。詩 小雅 十月之交：『不憖遺一老，俾守我王。』左傳 哀公十六年：『孔丘卒，公誄之曰：「旻天不吊，不憖遺一老，俾屏余一人以在位。」』後以『憖遺』或『天不憖遺』作爲哀悼老臣之辭。

（十四）永惟仁範：『永惟』，深思，常念。漢書 宣帝紀：『夙夜兢兢，靡有驕色，内省匪解，永惟罔極。』晉書 武帝紀：『朕守遺業，永惟保乂皇基，思與萬國以無爲爲政。』

（十五）陪葬橋陵：『橋陵』，唐睿宗李旦陵。在陝西省蒲城縣北豐山。舊唐書 玄宗紀上：『庚午，葬睿宗大聖貞皇帝於橋陵。』唐張説鄎國長公主神道碑銘：『恩旨陪葬於橋陵，不祔不從，古之道也。』

岐王贈惠文太子制〔一〕

褒崇名器〔二〕，所以尊德也；光昭典禮，所以飾終也〔三〕。况天倫之愛，親親之至乎！故太子太傅、上柱國岐王範〔四〕，特禀聰明，率由孝友〔五〕，好書不倦，樂善無忘。固已作則列藩，儀刑百辟〔六〕，方憑魯衛之政〔七〕，率流雍穆之風〔八〕。豈圖輔德愆期〔九〕，殲良奄及〔十〕，想同氣而遂遠〔十一〕，望驂駕而何追？言念平生，情深震慟〔十二〕，宜加殊禮之命，用寄孔懷之哀〔十三〕。可追贈惠文太子。所司備禮，就加册命。開元十四年四月。

校箋

〔一〕此文又見於全唐文卷二十二，文題作追贈岐王範爲惠文太子制，署名唐玄宗。此文文末標注頒布時間爲『開元十四年四月』。考舊唐書玄宗紀載：『（開元十四年）夏四月……丁卯，太子少師、岐王範薨，册贈惠文太子。』新唐書玄宗紀亦載：『（開元）十四年……四月……丁卯，岐王範薨。』資治通鑑卷二百一十三載：『（開元十四年四月）丁卯，太子太傅岐王範薨，贈謚惠文太子。上爲之撤膳累旬，百官上表固請，然後復常。』據上引典籍所載，則此文頒布時間應

爲開元十四年（七二六）四月丁卯（十九日），故此文撰寫時間當在此時稍前。

〔二〕褒崇名器：『名器』，名號與車服儀制。奴隸社會與封建社會用以區別尊卑貴賤等級。語本左傳成公二年：『唯器與名，不可以假人，君之所司也。』杜預注：『器，車服；名，爵號。』後漢書來歙傳：『愚聞爲國者慎器與名，爲家者畏怨重禍，俱慎名器，則下服其命；輕用怨禍，則家受其殃。』

〔三〕所以飾終也：『飾終』，謂人死時給予尊榮。荀子禮論：『送死，飾終也。』宋陸游王成之給事挽歌辭：『贈極文昌貴，君恩厚飾終。』

〔四〕故太子太傅、上柱國岐王範：謂惠文太子李範。傳見舊唐書卷九十五、新唐書卷八十一。舊唐書其本傳云：『惠文太子範，睿宗第四子也。本名隆範，後避玄宗連名，改單稱範。初封鄭王，尋改封衛王。長壽二年，隨例却入閤，徙封巴陵郡王，累授尚食奉御。神龍元年，遷太府員外少卿，加賜實封二百户，通前五百户。景龍年，兼隴州別駕，加銀青光禄大夫。睿宗踐祚，進封岐王，又加實封五百户，拜太常卿，兼左羽林大將軍。先天二年，從上討竇懷貞、蕭至忠等，以功加賜實封滿五千户，下制褒美。開元初，拜太子少師，帶本官，歷絳、鄭、岐三州刺史。八年，遷太子太傅。範好學工書，雅愛文章之士，士無貴賤，皆盡禮接待。與閻朝隱、劉庭琦、張諤、

鄭繇篇題唱和，又多聚書畫古迹，爲時所稱。時上禁約王公，不令與外人交結。駙馬都尉裴虚己坐與範游宴，兼私挾讖緯之書，配徙嶺外。萬年尉劉庭琦、太祝張諤皆坐與範飲酒賦詩，黜庭琦爲雅州司户，諤爲山茌丞。然上未嘗間範，恩情如初，謂左右曰：「我兄弟友愛天至，必無異意，祇是趨競之輩，强相托附耳。我終不以纖芥之故責及兄弟也。」時王毛仲等本起微賤，皆崇貴傾於朝廷，諸王每相見，假立引待，獨範見之色莊。十四年，病薨。上哭之甚慟，輟朝三日，爲之追福，手寫老子經，徹膳累旬，百僚上表勸喻，然後復常。開元十四年，命工部尚書、攝太尉盧從愿册贈王爲惠文太子，陪葬橋陵。」

〔五〕率由孝友：『率由』，册府元龜作『率繇』。

〔六〕儀刑百辟：『儀刑』，四庫全書、全唐文作『儀型』。『儀刑』，爲法，做楷模。參見上篇校箋〔十〕。『百辟』，百官。宋書孔琳之傳：『羨之（徐羨之）内居朝右，外司輦轂，位任隆重，百辟所瞻。』唐白居易醉後走筆酬劉五主簿長句之贈兼簡張大賈二十四先輩昆季詩：『閶闔晨開朝百辟，冕旒不動香烟碧。』

〔七〕方憑魯衛之政：『魯衛之政』，語出論語子路：『魯衛之政，兄弟也。』魯是周朝周公的封國，衛是周公之弟康叔的封國，兩國的政治情況也像兄弟一樣差不多。因以比喻情況相同

或相似。南朝梁劉勰文心雕龍才略：『孟陽、景陽，才綺而相埒，可謂魯衛之政，兄弟之文也。』唐劉知幾史通雜說上：『若必方於左氏也，非唯不可爲魯衛之政，差肩雁行，亦有雲泥路阻，君臣禮隔者矣。』

〔八〕率流雍穆之風：『雍穆』，四庫全書作『雍睦』。『雍穆』，和睦，融洽。漢揚雄羽獵賦：『乃祇莊雍穆之徒，立君臣之節，崇賢聖之業，未皇苑囿之麗，游獵之靡也。』三國志魏書陳矯傳：『夫閨門雍穆，有德有行，吾敬陳元方兄弟。』

〔九〕豈圖輔德愆期：『豈圖』，册府元龜作『豈徒』。『愆期』，誤期，失期。易歸妹：『歸妹愆期，遲歸有待。』詩衛風氓：『匪我愆期，子無良媒。』

〔十〕殲良奄及：『殲良』，誅殺好人。語出詩秦風黄鳥：『彼蒼者天，殲我良人。』唐孔紹安傷顧學士詩：『與善成空説，殲良信在兹。』

〔十一〕想同氣而遂遠：『遂遠』，册府元龜、四庫全書、全唐文作『莫遂』。『同氣』，有血統關系的親屬，指兄弟姊妹。後漢書東平憲王蒼傳：『凡匹夫一介，尚不忘簞食之惠，况臣居宰相之位，同氣之親哉！』三國魏曹植求自試表：『而臣敢陳聞於陛下者，誠與國分形同氣，憂患共之者也。』

〔十二〕情深震慟：『震慟』，册府元龜、全唐文作『震動』。

〔十三〕用寄孔懷之哀：『孔懷』，原謂甚相思念。詩小雅常棣：『死喪之威，兄弟孔懷。』鄭玄箋：『維兄弟之親，甚相思念。』隸釋慎令劉修碑：『建寧四年五月甲戌卒，二弟龍純，孿哀孔懷。』後用爲兄弟的代稱。三國志魏書管輅傳：『明年二月卒，年四十八。』裴松之注引管輅别傳叙：『辰不以闇淺，得因孔懷之親，數與輅有所咨論。』管辰，管輅之弟。晋書熊遠傳：『堯取舜於仄陋，舜拔賢於巖穴，姬公不曲繩於天倫，叔向不虧法於孔懷。』

慶王贈靖德太子制〔一〕

追終悼往，諒著於國章〔二〕；考行易名〔三〕，匪私於天屬〔四〕。故司徒、兼太原牧、持節充河東道諸軍節度大使、度支營田等使、上柱國、慶王琮〔五〕，地居長嫡，道茂中和，爰在幼冲〔六〕，克光撝挹〔七〕。既著讓賢之美，逾聞樂善之風〔八〕，加之雕琢文藝，周旋禮樂，固力行以近仁，亦因心而爲孝。自析珪胙土〔九〕，藩翰載崇〔十〕，授鉞分符〔十一〕，權略斯遠。年方在壯，未虞夭喪，疾瘵不救，憫惜良深。宜循加贈之典，式寵元儲之位。可贈靖德太子。應緣喪葬一事已上，宜并官供。仍令太子少師韋縚充

監護使，京兆尹裴士淹充副〔十二〕。天寶十一年五月。

校箋

〔一〕此文又見於全唐文卷二十五，文題爲贈慶王琮靖德太子制，署名唐玄宗。本文文末標明頒布時間爲『天寶十一年五月』。考舊唐書卷一百七列傳第五十七載：『（天寶）十一載薨，贈靖德太子，葬於渭水之南細柳原，仍於啓夏門内置廟祔享焉。』新唐書卷八十二列傳第七載：『（天寶）十載薨，贈太子，謚靖德。』資治通鑒卷二百一十六亦記：『（天寶十一載）五月，戊申，慶王琮薨，贈靖德太子。』據上述典籍所載，此制文頒布時間乃爲天寶十一載（七五二）五月戊申（三日），則撰寫時間當在是時稍前。

〔二〕諒著於國章：『諒著』，四庫全書作『久著』。『國章』，國之禮儀典章。南朝宋顔延之赭白馬賦：『振民隱，修國章。』吕延濟注：『國章，國之禮儀也。』唐高適信安王幕府詩：『國章榮印綬，公服貴貂蟬。』

〔三〕考行易名：『考行』，考察行爲事迹。唐元稹贈于頔謚：『昔羽父爲無駭請謚於魯侯，

而衛君亦自稱公叔文子之迹，則考行必在於有司，賜謚或行於君命久矣。」

〔四〕匪私於天屬：『天屬』，天性相連。參見本卷申王贈惠莊太子制校箋〔四〕。

〔五〕故司徒、兼太原牧、持節充河東道諸軍節度大使、度支營田等使、上柱國、慶王琮：『太原牧』，原作『太原尹』，今據明鈔本改。『慶王琮』，即唐玄宗長子李琮。傳見舊唐書卷一百七、新唐書卷八十二。舊唐書其本傳載：『奉天皇帝琮，玄宗長子也，本名嗣直。景雲元年九月，封許昌郡王。先天元年八月，進封郯王。開元四年正月，遥領安西大都護，仍充安撫河東、關内、隴右諸蕃大使。十三年，改封慶王，仍改名潭。十五年，遥領涼州都督，兼河西諸軍節度大使。二十一年，加太子太師，改名琮。二十四年，拜司徒。天寶元年，兼太原牧。十一載薨，贈靖德太子，葬於渭水之南細柳原，仍於啓夏門内置廟祔享焉。』

〔六〕爰在幼冲：『幼冲』，謂年齡幼小。書大誥：『洪惟我幼冲人，嗣無疆大歷服。』漢書循吏傳序：『孝昭幼冲，霍光秉政。』

〔七〕克光撝挹：『撝挹』，謙抑，謙讓。晋書桓彝傳：『彝上疏深自撝挹，内外之任并非所堪。』南朝齊王儉褚淵碑文：『功成弗有，固秉撝挹。』

〔八〕逾聞樂善之風：『樂善之風』，明鈔本、四庫全書、全唐文、適園叢書作『禮樂之風』。『樂

善』，語出孟子告子上：『仁義忠信，樂善不倦，此天爵也。』

〔九〕自析珪胙土：『胙土』，四庫全書作『祚土』。『析珪』，古代帝王按爵位高低分頒玉圭。漢書司馬相如傳下：『故有剖符之封，析圭而爵。』圭，一本作『珪』，顔師古注引如淳曰：『析，中分也。白藏天子，青在諸侯。』王先謙補注：『周禮大宗伯：「以玉作六瑞，以等邦國：王執鎮圭，公執桓圭，侯執信圭，伯執躬圭。」析圭而爵，言分圭而爵之也。』『胙土』，指帝王將土地賜封功臣宗室，以酬其勛勞。左傳隱公八年：『天子建德，因生以賜姓，胙之土而命之氏。』孔穎達疏：『胙，訓報也。有德之人，必有美報。報之以土，謂封之以國。』南朝宋謝靈運謝封康樂侯表：『亡祖奉國威靈，董符戎重，盡心所事，剋黜禍亂，功參盤鼎，胙土南服。』

〔十〕藩翰載崇：『載崇』，四庫全書作『士崇』，全唐文作『式崇』。『藩翰』，出自詩大雅板：『价人維藩，大師維垣，大邦維屏，大宗維翰。』毛傳：『藩，屏也……翰，幹也。』後因以『藩翰』喻捍衛王室的重臣。三國志蜀書先主傳：『宗子藩翰，心存國家，念在弭亂。』

〔十一〕授鉞分符：『授鉞』，古代大將出征，君主授以斧鉞，表示授以兵權。漢張衡東京賦：『授鉞四七，共工是除。』薛綜注引六韜：『凡國有難，君召將以授斧鉞。』三國志吴書陸抗傳：『紂作淫虐，而周武授鉞。』『分符』，猶剖符。謂帝王封官授爵時，分與符節的一半作爲信物。唐

孟浩然送韓使君除洪州都曹詩：『述職撫荆衡，分符襲寵榮。』明張鳳翼紅拂記傳奇大意：『到海上坐展雄圖，功成日同歸完聚，列土分符。』

〔十二〕仍令太子少師韋縚充監護使，京兆尹裴士淹充副：『韋縚』，傳見舊唐書卷一百八十九下『韋叔夏』條：『子縚，太常卿。』新唐書卷一百二十二載：『（韋）縚，開元時歷集賢修撰、光禄卿，遷太常。』『裴士淹』，據載於天宝十一載任京兆尹。中國文學家大辭典唐五代卷，又記其生平云：『裴士淹，（生卒年不詳）河東（今山西永濟）人。開元天寶之交，歷仕司封員外郎、司勛郎中（段成式酉陽雜俎卷一九）。天寶十四載，任給事中，巡撫河南、河北、淮南諸道。十五載，隨玄宗幸蜀，以本官充翰林學士、知制誥。擢禮部侍郎，典至德二載、三載貢舉（唐語林卷八）。永泰二年，任檢校禮部尚書，八月，充禮儀使。大曆初，正拜禮部尚書。五年，坐魚朝恩黨，貶饒州刺史（金石萃編卷七九華岳題名）。徙温州刺史，卒官（顧况祭裴尚書）。今存詩僅一首，載全唐詩卷一二四，全唐詩補編補逸卷五補詩一首；存文五篇，載全唐文卷四〇九。生平事迹見舊唐書卷九玄宗紀、卷一一代宗紀，新唐書卷七一上宰相世系表，丁居晦重修承旨學士壁記。』

興王贈恭懿太子制〔一〕

門下：厚禮所以飾終〔二〕，易名所以表行〔三〕。况情鍾天屬〔四〕，寵及褒封〔五〕，載疇加等之美，式備元儲之贈〔六〕，永懷軫念〔七〕，有惻彝章〔八〕。第十二子、故興王佋〔九〕，毓慶璿源〔十〕，分華若木〔十一〕，天資純孝〔十二〕，神假聰明。河間聚書〔十三〕，幼聞樂善之旨；延陵聽樂〔十四〕，早得知音之妙。頃以暫嬰沉瘵〔十五〕，殆積旬時〔十六〕，而資敬益彰〔十七〕，穎悟逾爽。愛親之戀，言不間於斯須；告訣之辭〔十八〕，事先符於夢寐。顧惟至性〔十九〕，實切深哀〔二十〕。將胙土析珪〔二十一〕，載崇藩翰〔二十二〕，聞詩對易，爰就琢磨〔二十三〕。方冀成立，豈期夭喪〔二十四〕。瑶英始茂〔二十五〕，遽摧落於當春；隙駟俄遷〔二十六〕，忽沉淪於厚夜〔二十七〕。興言痛悼〔二十八〕，憫惜良深〔二十九〕，宜賁寵於青宫〔三十〕，俾哀榮於玄穸〔三十一〕。可贈太子，謚曰恭懿。應緣喪葬，所司準式。仍令兼京兆尹劉晏充監護使，少尹陶鋭爲副〔三十二〕。主者施行。上元元年八月。

校箋

〔一〕此文又見於全唐文卷四十三，文題作追贈興王佋爲恭懿太子詔，署名唐肅宗。舊唐書卷一百一十六列傳六十六、册府元龜卷二百九十六宗室部追封亦録此文。此文文末標明頒布時間爲『上元元年八月』。考舊唐書卷一百一十六列傳六十六此文文首云：『恭懿太子佋，肅宗第十二子。至德二載封興王。上元元年六月薨。佋，皇后張氏所生，上尤鍾愛。后屢危太子，欲以興王爲儲貳，會薨而止。七月丁亥，詔曰：厚禮所以飾終，易名所以表行……』舊唐書肅宗紀載：『（上元元年）八月，丁亥，贈故興王佋爲恭懿太子。』新唐書卷八十二列傳第七記：『恭懿太子佋，始封興王。上元元年薨。佋生，后方專愛，帝最憐之。后數撼儲嫡，欲以佋嗣，會薨，計塞。是夕，帝及后夢佋辭決流涕去，帝鯁悵，故册贈皇太子。』册府元龜此文文首云：『恭懿太子佋，肅宗第十二子，至德二年封興王，上元元年薨。詔曰：厚禮所以飾終，易名所以表行，况情鍾天屬，寵及褒哀榮封……』資治通鑑卷二百二十一載：『上元元年……八月……丁亥，贈謚興王佋曰恭懿太子。』據天干地支紀年法，上元元年七月爲己丑朔，無丁亥日。故舊唐書恭懿太子本傳所載爲誤，今從舊唐書肅宗紀、資治通鑑之説，故本制文頒布時間應爲上元元年（七六〇）八月丁亥（三十日），

則撰寫時間當在是時稍前。

〔二〕厚禮所以飾終：『飾終』，謂人死時給予尊榮。荀子禮論：『送死，飾終也。』宋陸游王成之給事挽歌辭：『贈極文昌貴，君恩厚飾終。』

〔三〕易名所以表行：『易名』，指古時帝王、公卿、大夫死後朝廷爲之立謚號。禮記檀弓下：『公叔文子卒，其子戍請謚於君，曰：「日月有時，將葬矣，請所以易其名者。」』南朝梁任昉齊竟陵文宣王行狀：『易名之典，請遵前烈。』

〔四〕況情鍾天屬：『情鍾』，情之所聚。語本南朝宋劉義慶世説新語傷逝：『王戎喪兒萬子，山簡往省之。王悲不自勝。簡曰：「孩抱中物，何至於此！」王曰：「聖人忘情，最下不及情；情之所鍾，正在我輩。」』宋王安石題永慶壁有雱遺墨數行詩：『殘骸豈久人間世，故有情鍾未可忘。』『天屬』，天性相連。參見本卷申王贈惠莊太子制校箋〔四〕。

〔五〕寵及褒封：册府元龜作『寵及褒哀榮封』；明鈔本、甲庫本作『寵及哀封』。

〔六〕式備元儲之贈：『元儲』，儲君。謂太子。參見本卷邵王贈皇太子制校箋〔十四〕。

〔七〕永懷軫念：『軫念』，悲痛地思念。梁書沈約傳：『思幽人而軫念，望東皋而長想。』舊唐書忠義傳上蘇安恒：『陛下雖納隍軫念，亦罔能救此生靈。』

〔八〕有惻彝章：『彝章』，常典，舊典。南朝梁任昉爲范尚書讓吏部封侯第一表：『矜臣所乞，特迴寵命，則彝章載穆，微物知免。』唐司空圖上考功狀：『共仰推公之志，敢忘效報之心，克振彝章，必光僉議。』

〔九〕第十二子、故興王佋：『佋』，肅宗子李佋，傳見舊唐書卷一百一十六、新唐書卷八十二。舊唐書其本傳云：『恭懿太子佋，肅宗第十二子。至德二載封興王。上元元年六月薨。佋，皇后張氏所生，上尤鍾愛。后屢危太子，欲以興王爲儲貳，會薨而止。七月丁亥，詔曰：厚禮所以飾終，易名所以表行。況情鍾天屬，寵及褒封，載疇加等之美，式備元儲之贈，永懷軫念……詔宰臣李揆持節册命。十一月，葬於高陽原。其哀册曰：……佋薨時年八歲。既薨之夕，肅宗、張后俱夢佋有如平昔，拜辭流涕而去。帝方寢疾，追念過深，故特以儲闈之贈寵之。上疾累月方平。』

〔十〕毓慶濬源：『濬源』，原作『璿源』，今據册府元龜改。『濬源』，極深的本源。唐張説享太廟樂章光大舞：『肅肅藝祖，滔滔濬源。有雄玉劍，作鎮金門。』唐權德輿祭李處士文：『居易處厚，中明外寬。發於濬源，激爲清瀾。』

〔十一〕分華若木：册府元龜作『汾華若水』。『若木』，古代神話中的樹名。山海經大荒北經：『大荒之中，有衡石山、九陰山、洞野之山，上有赤樹，青葉，赤華，名曰若木。』郭璞

注：『生昆侖西附西極，其華光赤下照地。』一説，即扶桑（見清段玉裁説文木部『榑』字注）。楚辭離騷：『折若木以拂日兮，聊逍遥以相羊。』

〔十二〕天資純孝：『純孝』，四庫全書作『仁孝』。

〔十三〕河間聚書：典出漢書卷五十三景十三王列傳河間獻王劉德：『河間獻王德以孝景前二年立，修學好古，實事求是。從民得善書，必爲好寫與之，留其真，加金帛賜以招之。繇是四方道術之人不遠千里，或有先祖舊書，多奉以奏獻王者，故得書多，與漢朝等。是時，淮南王安亦好書，所招致率多浮辯。獻王所得書皆古文先秦舊書，周官、尚書、禮、禮記、孟子、老子之屬，皆經傳説記，七十子之徒所論。其學舉六藝，立毛氏詩、左氏春秋博士。修禮樂，被服儒術，造次必於儒者。山東諸儒多從而游。武帝時，獻王來朝，獻雅樂，對三雍宫及詔策所問三十餘事。其對推道術而言，得事之中，文約指明。』此處喻指恭懿太子李侶修學好古。

〔十四〕延陵聽樂：『延陵』，指春秋時期吴王壽夢第四子季札。典出春秋左傳季札觀樂：『吴公子札來聘……請觀於周樂。使工爲之歌周南、召南，曰：「美哉！始基之矣，猶未也，然勤而不怨矣。」爲之歌邶、鄘、衛，曰：「美哉淵乎！憂而不困者也。吾聞衛康叔、武公之德如是，是其衛風乎？」爲之歌王，曰：「美哉！思而不懼，其周之東乎！」爲之歌鄭，曰：「美哉！其

細已甚，民弗堪也。是其先亡乎！」爲之歌齊，曰：「美哉，泱泱乎！大風也哉！表東海者，其大公乎？國未可量也。」爲之歌豳，曰：「美哉，蕩乎！樂而不淫，其周公之東乎？」爲之歌秦，曰：「此之謂夏聲。夫能夏則大，大之至也，其周之舊乎！」爲之歌魏，曰：「美哉，渢渢乎！大而婉，險而易行，以德輔此，則明主也！」爲之歌唐，曰：「思深哉！其有陶唐氏之遺民乎？不然，何其憂之遠也？非令德之後，誰能若是？」爲之歌陳，曰：「國無主，其能久乎！自鄶以下無譏焉！」爲之歌小雅，曰：「美哉！思而不貳，怨而不言，其周德之衰乎？猶有先王之遺民焉！」爲之歌大雅，曰：「廣哉！熙熙乎！曲而有直體，其文王之德乎？」爲之歌頌，曰：「至矣哉！直而不倨，曲而不屈；邇而不逼，遠而不携；遷而不淫，復而不厭；哀而不愁，樂而不荒；用而不匱，廣而不宣；施而不費，取而不貪；處而不底，行而不流。五聲和，八風平；節有度，守有序，盛德之所同也。」見舞象箾、南籥者，曰：「美哉！猶有憾。」見舞大武者，曰：「美哉！周之盛也，其若此乎！」見舞韶濩者，曰：「聖人之弘也，而猶有慚德，聖人之難也。」見舞大夏者，曰：「美哉！勤而不德。非禹，其誰能修之！」見舞韶箾者，曰：「德至矣哉，大矣！如天之無不幬也，如地之無不載也！雖甚盛德，其蔑以加於此矣。觀止矣！若有他樂，吾不敢請已。」」』此處喻指恭懿太子李佋深得禮樂教化之精妙。

〔十五〕頃以暫嬰沉瘵：『沉瘵』，沉痾，積久難治的病。新唐書孝敬皇帝弘傳：『太子嬰沉瘵，朕須其痊復，將遜於位。』

〔十六〕殆積旬時：『旬時』，旬日，十天。書康誥：『要囚，服念五六日，至于旬時。』孔傳：『既得其辭，服膺思念五六日，至於十日。』三國魏吴質答東阿王書：『自旋之初，伏念五六日，至於旬時，精散思越，惘若有失。』

〔十七〕而資敬益彰：『資敬』，語出孝經士：『資於事父以事君，而敬同。』謂用尊敬父親的態度尊敬君王。宋書武帝紀上：『公命世英縱，藏器待時，因心資敬，誓雪國恥，慨憤陵夷，誠發宵寐。』

〔十八〕告訣之辭：『告訣』，原作『苦訣』，今據舊唐書、册府元龜、全唐文、適園叢書改。『辭』，册府元龜作『詞』。

〔十九〕顧惟至性：『至性』，多指天賦卓絕的品性。後漢書東平憲王蒼傳：『陛下履有虞之至性，追祖禰之深思，然懼左右過議，以累聖心。』唐劉灣虹縣嚴孝子墓詩：『至性教不及，天然得所資。』

〔二十〕實切深哀：『深哀』，册府元龜、四庫全書作『深衷』。

（二十一）將胙土析珪：『胙土』，册府元龜作『分土』；甲庫本、四庫全書作『祚土』。『胙土』，指帝王將土地賜封功臣宗室，以酬其勛勞。左傳隱公八年：『天子建德，因生以賜姓，胙之土而命之氏。』孔穎達疏：『胙，訓報也。有德之人，必有美報。報之以土，謂封之以國。』南朝宋謝靈運謝封康樂侯表：『亡祖奉國威靈，董符戎重，盡心所事，剋黜禍亂，功參盤鼎，胙土南服。』『析珪』，泛指封王、封官。唐李乂夏日送司馬員外孫員外北征詩：『析珪行仗節，持印且分麾。』明高啓咏隱逸武攸緒：『孽後移寶鼎，同姓咸析珪。獨去謝親寵，龍門事宜栖。』

（二十二）載崇藩翰：『藩翰』，詩大雅板：『价人維藩，大師維垣，大邦維屏，大宗維翰。』毛傳：『藩，屏也……翰，幹也。』後因以『藩翰』喻捍衛王室的重臣。三國志蜀書先主傳：『宗子藩翰，心存國家，念在弭亂。』

（二十三）爰就琢磨：『琢磨』，比喻修養德業，研討義理，修飾詩文等。南朝齊王融三月三日曲水詩序：『斧藻至德，琢磨令範。』宋王安石送石賡歸寧詩：『稍出平生言，道藝相琢磨。』

（二十四）豈期夭喪：册府元龜作『未虞夭喪』。

（二十五）瑶英始茂：『瑶英』，亦作『瑶瑛』。玉的精華。晉張協七命：『錯以瑶英，鏤以金華。』元吴全節獲玉印詩：『瑶瑛篆刻鎮華陽，猶帶宣和雨露香。』

〔二十六〕隙駟俄遷：『隙駟』，比喻易逝的光陰。禮記 三年問：『則三年之喪，二十五月而畢，若駟之過隙。』鄭玄注：『駟之過隙，喻疾也。』孔穎達疏：『駟謂駟馬，隙謂空隙。駟馬駿疾，空隙狹小，以駿疾而過狹小，言急速之甚。』

〔二十七〕忽沉淪於厚夜：『沉淪』，指死。三國志 魏書 高堂隆傳：『臣百疾所鍾，氣力稍微，輒自輿出，歸還里舍，若遂沉淪，魂而有知，結草以報。』『厚夜』，長夜。喻人死後永埋地下，處黑暗中，如漫漫長夜。左傳 襄公十三年：『唯是春秋窀穸之事。』晋杜預注：『窀，厚也；穸，夜也，厚夜猶長夜……長夜謂葬埋。』孔穎達疏：『長夜者，言夜不復明，死不復生，故長夜謂葬埋也。』唐王縉元宗大明皇帝哀册文：『厚夜兮藏晝，終天兮戢輝。』

〔二十八〕興言痛悼：『興言』，語助詞。詩 小雅 小明：『念彼共人，興言出宿。』馬瑞辰通釋：『興言猶云薄言，皆語詞也。』隋書 高祖紀下：『但四海百姓，衣食不豐，教化政刑，猶未盡善，興言念此，唯以留恨。』

〔二十九〕憫惜良深：『憫』，舊唐書作『閔』。

〔三十〕宜賁寵於青宫：『賁寵』，原作『寵賁』，今據舊唐書、册府元龜、全唐文、適園叢書改。『賁寵』，謂光耀恩寵。唐白居易杜式方可贈禮部尚書制：『俾趨榮於八座，用賁寵於九原。』宋徐

鉉大宋故天雄軍節度行軍司馬易府君神道碑：『君恩賁寵，樂石刊銘。』『青宫』，借指太子。唐白居易初授贊善大夫早朝寄李二十助教詩：『病身初謁青宫日，衰貌新垂白髮年。』宋葉紹翁四朝聞見録寧皇登位：『玉册之命未布，而青宫之席尚虚。』

〔三十一〕俾哀榮於玄穸：『玄穸』，四庫全書作『窀穸』。『玄穸』，指墳墓。舊唐書恭懿太子佋傳：『宜賁寵於青宫，俾哀榮於玄穸。』

〔三十二〕仍令兼京兆尹劉晏充監護使，少尹陶鋭爲副：『劉晏』，傳見舊唐書卷一百二十三、新唐書卷一百四十九。舊唐書其本傳云：『劉晏，字士安，曹州南華人。年七歲，舉神童，授秘書省正字。累授夏縣令，有能名。歷殿中侍御史，遷度支郎中，杭、隴、華三州刺史，尋遷河南尹。時史朝義盗據東都，寄理長水。入爲京兆尹，頃之，加户部侍郎、兼御史中丞，判度支，委府事於司録張群、杜亞，綜大體，議論號爲稱職。無何，爲酷吏敬羽所構，貶通州刺史。復入爲京兆尹、户部侍郎，判度支。』『陶鋭』，據本文所載，則其貞元元年任京兆少尹一職。

齊王贈懷懿太子制〔一〕

夫褒善飾終〔二〕，王者常典。况我友于之愛〔三〕，手足之親，永言痛悼之懷，用錫

元良之命〔四〕。故齊王湊〔五〕，孕靈天宇，擢秀本枝〔六〕，孝敬知於孩提，惠和洽於親愛〔七〕。將固磐石，遂分茅社〔八〕。學探蟻術之精，智有象舟之妙〔九〕。好書樂善，造次不失其清規〔十〕；置醴尊師，風雨不忘其至敬〔十一〕。方期台耇，以保怡怡〔十二〕，天胡不仁，殲我同氣〔十三〕。念周宣好愛之分，長慟莫追〔十四〕；覽魏文榮樂之言，軫懷無已〔十五〕。繇是稽諸前典，式展追崇〔十六〕，特峻徽章〔十七〕，表恩泉壤〔十八〕。雖禮命之儀則爾〔十九〕，而天倫之恨何攄？遐想幽魂，宜膺寵數〔二十〕。可贈懷懿太子。仍命有司擇日備禮追册〔二十一〕。開成三年正月。

校箋

〔一〕此文又見於舊唐書卷一百七十五。全唐文卷七十亦録此文，文題作贈故齊王湊爲懷懿太子制，署名唐文宗。原文文末標明頒布時間爲『開成三年正月』，考舊唐書文宗紀載：『（開成三年）春正月庚申朔……丁卯，詔故齊王湊贈懷懿太子。』舊唐書卷一百七十五列傳第一百二十五載：『帝思湊被陷而心傷之，開成三年正月制曰：褒善飾終，王者常典……』新唐書

卷八十二列傳第七載：『懷懿太子湊……帝哀湊被讒死不自明，開成三年追贈。』資治通鑑卷二百四十六載：『（開成三年），春，正月……丁卯，追贈故齊王湊爲懷懿太子。』據上述典籍所載，此制文頒布時間爲開成三年（八三八）正月丁卯（八日），則撰寫時間當在是時稍前。

〔二〕夫褒善飾終：『飾終』，謂人死時給予尊榮。荀子禮論：『送死，飾終也。』宋陸游王成之給事挽歌辭：『贈極文昌貴，君恩厚飾終。』

〔三〕況我友于之愛：『友于』，書君陳：『惟孝友于兄弟。』後即以『友于』爲兄弟友愛之義。後漢書史弼傳：『陛下隆於友于，不忍遏絶。』魏書良吏傳宋世景：『世景友于之性，過絶於人，及道璵死，哭之哀切。』

〔四〕用錫元良之命：『元良』，太子的代稱。參見本卷廢皇太子瑛爲庶人制校箋〔四〕。

〔五〕故齊王湊：即唐穆宗第六子李湊。傳見舊唐書卷一百七十五、新唐書卷八十二。舊唐書其本傳載：『懷懿太子湊，穆宗第六子。少寬和温雅，齊莊有度。長慶初，封漳王。文宗以王守澄恃權，深怒閹官，欲盡誅之，密令宰相宋申錫與外臣謀畫其計。守澄門人鄭注伺知其事，欲先事誅申錫。以漳王賢而有望，乃令神策虞候豆盧著告變，言：「十六宅宫市典晏敬則、朱訓與申錫親事王師文同謀不軌，朱訓與王師文言聖上多病，太子年小，若立兄弟，次是漳王，要先結托，

乃於師文處得銀五鋌、絹八百匹；又晏敬則於十六宅將出漳王吴綾汗衫一領、熟線綾一匹，以答申錫。」其事皆鄭注憑虚結構，而擒朱訓等於黄門獄，鍛鍊僞成其款。居三四日，朝臣方悟其誣構。諫官崔玄亮等閣中極諫，叩頭出血，請出申錫獄付外勘鞫。鄭注輩恐其僞迹敗露，乃請行貶黜。制曰：「王者教先入愛，義不遺親。豈於同氣之中，可致異詞之間。如或慎修不至，詿誤有聞，構爲厲階，犯我邦紀，未加殛竄，尚屈彝章。漳王凑手足之親，盤石是固，居崇寵秩，列在戚藩。頃多克順之心，亦有尚賢之志。而滿盈生患，敗覆是圖，奸凶會同，謀議聯及。污我皇化，彰於外朝，初駭予衷，再驚群聽。尚以未具獄詞，猶資審慎，建侯之命，姑務從寬。可降封巢縣公。」制下，上令中使賫巢縣官告，就十宅賜凑。言國法須此，爾宜寬勉。八年薨，贈封齊王。鄭注伏誅。帝思凑被陷而心傷之，開成三年正月制曰：襃善飾終……」

〔六〕擢秀本枝：『擢秀』，形容人才之出衆。晋趙至與嵇茂齊書：『吾子植根芳苑，擢秀清流。』南朝梁江淹傷愛子賦：『覬三靈之降福，佇弱子之擢秀。』『本枝』，同一家族的嫡系和庶出子孫。漢書韋玄成傳：『子孫本枝，陳錫無疆。』南朝宋顔延之赭白馬賦：『效足中黄，殉驅馳兮；願終惠養，蔭本枝兮。』

〔七〕惠和洽於親愛：『惠和』，甲庫本、四庫全書、適園叢書作『惠懷』。『惠和』，仁愛和順。

左傳 昭公四年：『紂作淫虐，文王惠和，殷是以隕，周是以興，夫豈爭諸侯！』後漢書 皇后紀上和熹鄧皇后：『政非惠和，不圖於心；制非舊典，不訪於朝。』

〔八〕將固磐石，遂分茅社：『磐石』，舊喻分封的宗室。史記 孝文本紀：『高帝封王子弟，地犬牙相制，此所謂磐石之宗也。』唐杜甫秋日荆南述懷詩之五：『磐石圭多翦，凶門轂少推。』『茅社』，亦作『茆社』。古天子分封諸侯，授之茅土使歸國立社，稱作茅社。書 禹貢：『厥貢惟土五色。』孔傳：『王者封五色土爲社。建諸侯，則各割其方色土與之使立社，燾以黄土，苴以白茅，茅取其潔，黄取王者覆四方。』晋書 汝南王亮等傳序：『功臣無立錐之地，子弟君不使之人。徒分茅社，實傳虛爵。』

〔九〕學探蟻術之精，智有象舟之妙：『蟻術』，比喻勤學。語本禮記 學記：『蛾子時術之。』陳澔集説：『蛾子，蟲之微者亦時時述學銜土之事而成大垤，比喻學者由積學而成大道也。』朱彬訓纂：『蛾，魚起切，古蟻字。』唐李嶠授崔挹成均司業制：『虎門齒胄，蟻術横經。』『象舟』，比喻智巧。典出莊子 列禦寇：『巧者勞而知者憂，無能者無所求，飽食而遨游，泛若不繫之舟，虛而遨游者也。』

〔十〕造次不失其清規：『造次』，須臾，片刻。後漢書 寇恂傳：『且耿府君在上谷，久爲

吏人所親，今易之，得賢則造次未安，不賢則秖更生亂。』魏書禮志四：『治身不得以造次忘，治國庸可而須臾匆也。』『清規』，謂供人遵循的規範。梁書謝朏傳：『且文宗儒肆，互居其長；清規雅裁，兼擅其美。』唐杜甫偶題詩：『後賢兼舊制，歷代各清規。』

〔十一〕置醴尊師，風雨不忘其至敬：『置醴』，西漢楚元王劉交敬禮申公、白生、穆生等。穆生不嗜酒，每有宴集，楚元王皆特爲穆生置醴。醴，甜酒。見漢書楚元王劉交傳。後以『置醴』爲崇道尊賢的典實。唐杜甫八哀詩贈太子太師汝陽郡王璡：『晚年務置醴，門引申白賓。』『至敬』，極尊敬。禮記禮器：『有以素爲貴者，至敬無文。』陳澔集説：『敬之至者，不以文爲美。』

〔十二〕方期台耇，以保怡怡：『台耇』，原作『鮐耇』，今據舊唐書改。『台耇』，指長壽。明倪岳青溪漫稿：『矧夫天下之士顒望於公者，眉壽台耇，爲國蓍龜，猶足以佐朝廷而福天下者將無窮焉。』明莊昶定山集：『堯、舜、孔子爾，何人哉！不至不已。由是而台耇，由是而耄耋，從容於仁義，酣熙於天理。壽愈高而道愈高，年愈尊而德愈尊也。』『怡怡』，和順貌；安適自得貌。論語子路：『切切偲偲，怡怡如也，可謂士矣。』何晏集解引馬融曰：『怡怡，和順之貌。』後漢書崔駰傳：『六合怡怡，比屋爲仁。』

〔十三〕殲我同氣：『同氣』，有血統關系的親屬，指兄弟姊妹。後漢書東平憲王蒼傳：『凡

匹夫一介，尚不忘簞食之惠，况臣居宰相之位，同氣之親哉！』三國魏曹植求自試表：『而臣敢陳聞於陛下者，誠與國分形同氣，憂患共之者也。』此處指李湊。

〔十四〕念周宣好愛之分，長慟莫追：『長慟』，四庫全書作『長痛』。『周宣』，即周宣王。典出史記魯周公世家第三：『武公九年春，武公與長子括，少子戲，西朝周宣王。宣王愛戲，欲立戲爲魯太子。周之樊仲山父諫宣王曰：「廢長立少，不順；不順，必犯王命；犯王命，必誅之：故出令不可不順也。令之不行，政之不立；行而不順，民將棄上。夫下事上，少事長，所以爲順。今天子建諸侯，立其少，是教民逆也。若魯從之，諸侯效之，王命將有所壅；若弗從而誅之，是自誅王命也。誅之亦失，不誅亦失，王其圖之。」宣王弗聽，卒立戲爲魯太子。夏，武公歸而卒，戲立，是爲懿公。懿公九年，懿公兄括之子伯御與魯人攻弒懿公，而立伯御爲君。伯御即位十一年，周宣王伐魯，殺其君伯御。』

〔十五〕覽魏文榮樂之言，軫懷無已：『魏文』，指魏文帝曹丕。『榮樂之言』，語出曹丕典論論文：『蓋文章，經國之大業，不朽之盛事。年壽有時而盡，榮樂止乎其身，二者必至之常期，未若文章之無窮。是以古之作者，寄身於翰墨，見意於篇籍，不假良史之辭，不托飛馳之勢，而聲名自傳於後。』『軫懷』，痛念。楚辭九章哀郢：『出國門而軫懷兮，甲之鼂吾以行。』王逸注：『軫，

痛也。懷，思也。』舊唐書代宗紀：『今則編户流亡，而墾田減税，計量入之數，甚倍征之法，納隍之懼，當寧軫懷。』

〔十六〕繇是稽諸前典，式展追崇：『稽』，明鈔本、甲庫本作『啓』。『追崇』，爲死者追加恩崇。北齊書楊愔傳：『追崇之盛，古今未之有也。』唐元稹贈烏重胤父承玭等制誥：『永錫追榮，用章彝訓。』

〔十七〕特峻徽章：『徽章』，舊唐書、全唐文、適園叢書作『彝章』。『徽章』，指褒崇封贈的策命。北周王褒周太保尉遲綱墓碑：『司勛載其弘烈，典册備其徽章。』唐陸贄册淑妃王氏爲皇后文：『稱是徽章，聿歸全德。』

〔十八〕表恩泉壤：『泉壤』，猶泉下，地下。指墓穴。晉潘岳寡婦賦：『上瞻兮遺象，下臨兮泉壤。』晉書孫綽傳：『雖没泉壤，尸且不朽。』

〔十九〕雖禮命之儀則爾：『禮命』，指國家的禮籍和君王的策命。周禮天官小宰：『五曰聽禄位以禮命。』王安石新義：『聽禄位以禮命者，禮有數，命有等，禄位視此制之故也。』孫詒讓正義：『禮命，謂國之禮籍，王之策命。』

〔二十〕宜膺寵數：『寵數』，帝王給予的禮數。周書皇后傳宣帝元皇后：『是用加兹寵數，

式光踐禮。』唐錢珝爲集賢崔相公讓大學士第三表：『宸衷益注，寵數不移。』

〔二十一〕仍命有司擇日備禮追册：舊唐書、全唐文作『有司擇日册命』。

晉王贈悼懷太子制〔一〕

王者重統，紀尊儲副〔二〕，所以上嚴國本，祗叶禮經〔三〕，睦人倫以正邦典，崇丕基而昭彝式〔四〕。其或德契元良，恩當追命〔五〕，道雖間於存殁，義有表於哀榮〔六〕。抑惟舊章〔七〕，用攄憫志。故開府儀同三司、晉王普〔八〕，先帝冢胤，間氣夙鍾〔九〕，孝敬發於岐嶷，温仁形於襁褓〔十〕。剪珪分社，光祝策於參墟〔十一〕；錫土啓藩，假威尊於上黨〔十二〕。朕頃戡内難，謬屬與能〔十三〕，以王齒在嬰提〔十四〕，事絶推讓，方期就傅，謂致修齡〔十五〕；既因猶子之義，俾膺主鬯之選〔十六〕，天不憖遺，殲我本枝〔十七〕，泣悼永往，空餘典禮。嗟樂善而莫報，顧十起而何追〔十八〕？銜悲長慟，此誠無極。是用稽諸前訓〔十九〕，申我宿愛，布曩懷於兹日，告如在於幽靈〔二十〕。式愴虚儀〔二十一〕，曷瘳深痛！可贈悼懷太子。仍令有司擇日備禮追册。大和二年六月。

校　箋

〔一〕本文又見於册府元龜卷二百九十六宗室部追封。全唐文卷七十一亦録此文，文題作追贈晋王普爲悼懷太子詔，署名唐文宗。此文文末已標注頒布時間爲『大和二年六月』，甲庫本、四庫全書此文文末標注頒布時間爲『大和三年六月』。考舊唐書文宗紀載：『（大和二年）六月乙卯朔，晋王普薨，贈爲悼懷太子。』册府元龜此文文首云：『晋王普，敬宗長子。大和二年詔曰：王者重統……』資治通鑑卷二百四十三亦載：『（大和二年）夏，六月，晋王普薨。辛酉，悼懷太子。』據上引典籍所載，則甲庫本、四庫全書所注時間有誤，此文頒布時間爲大和二年（八二八）六月辛酉（七日），撰寫時間當在此時稍前。

〔二〕紀尊儲副：『儲副』，册府元龜作『儲用』；全唐文、適園叢書作『儲两』。『儲副』，國之副君。指太子。晋袁宏後漢紀順帝紀：『太子，國之儲副。』南朝宋劉義慶世説新語方正：『且明帝以聰亮英斷，益宜爲儲副。』

〔三〕所以上嚴國本，祇叶禮經：『國本』，古代特指確定皇位繼承人，建立太子爲國本。唐大詔令集册遂王爲皇太子文：『建立儲嗣，崇嚴國本。』宋史理宗紀：『景獻太子薨，寧宗

以國本未立，選太祖十世孫年十五以上者教育。」『禮經』，古代講禮節的經典，常指儀禮而言。漢書 儒林傳 孟喜：『父號孟卿，善爲禮、春秋……孟卿以禮經多，春秋煩雜，乃使喜從田王孫受易。』漢書 藝文志：『禮古經五十六卷，經七十（按：當作「十七」）篇。』所云禮、禮經、禮古經，即謂儀禮。

〔四〕睦人倫以正邦典，崇丕基而昭彝式：『邦典』，本指治理邦國的六典。後泛指國家法典。周禮 秋官 大司寇：『凡諸侯之獄訟，以邦典定之。』鄭玄注：『邦典，六典也。』唐孫逖送趙評事攝御史監軍嶺南詩：『議獄持邦典，臨戎假憲威。』『丕基』，巨大的基業。唐張紹沖佑觀詩：『赫赫烈祖，再造丕基。』舊五代史 晉書 少帝紀：『朕虔承顧命，獲嗣丕基，常懼顛危，不克負荷。』『彝式』，常規，定式。隸釋 漢泰山都尉孔宙碑：『乃共陟名山，采嘉石，勒銘示後，俾有彝式。』魏書 崔光傳：『但帝族方衍，勛貴增遷，祇請遂多，將成彝式。』

〔五〕其或德契元良，恩當追命：『恩』，四庫全書作『思』。『元良』，太子的代稱。『追命』，舊指身後由朝廷授予某種封賜。左傳 昭公七年：『衛齊惡告喪於周，且請命。王使郕簡公如衛吊，且追命襄公。』唐白居易李愬贈太尉制：『欽我追命，可贈太尉。』

〔六〕道雖間於存歿，義有表於哀榮：『存歿』，原作『存没』，今據册府元龜、四庫全書、

全唐文改。『哀榮』，特指死後的榮譽。隸釋漢廣漢屬國侯李翊碑：『終而有禮，哀榮兼殊。』魏書元澄傳：『（詔）謚曰文宣王……百官會赴千餘人，莫不歔欷。當時以爲哀榮之極。』

（七）抑惟舊章：『舊章』，昔日的典章。書蔡仲之命：『無作聰明亂舊章。』孔傳：『無敢爲小聰明，作異辯以變亂舊典文章。』史記秦始皇本紀：『秦聖臨國，始定刑名，顯陳舊章。』

（八）故開府儀同三司、晉王普：『晉王普』，指唐敬宗長子李普。傳見舊唐書卷一百七十五、新唐書卷八十二。舊唐書其本傳云：『悼懷太子普，敬宗長子也。母曰郭妃。寶曆元年，封晉王。大和二年薨，年五歲。上撫念之甚厚，册贈悼懷太子。』新唐書其本傳云：『悼懷太子普，姿性韶悟。寶曆元年始王晉。文宗愛之若己子，嘗欲爲嗣。大和二年薨，帝惻念不能已，故贈恤加焉。』

（九）先帝冢胤，間氣夙鍾：『冢胤』，册府元龜、全唐文作『冢嗣』。『間氣』，舊謂英雄偉人，上應星象，禀天地特殊之氣，間世而出，故稱。太平御覽卷三百六十引春秋演孔圖：『正氣爲帝，間氣爲臣，宮商爲姓，秀氣爲人。』宋均注：『間氣則不苞一行，各受一星以生。』唐曹唐勛劍詩：『垂情不用將間氣，惱亂司空犯斗牛。』

（十）孝敬發於岐嶷，温仁形於襁褓：『褓』，全唐文作『緥』。『岐嶷』，詩大雅生民：『誕

實匍匐，克岐克嶷。』朱熹集傳：『岐嶷，峻茂之狀。』後多以『岐嶷』形容幼年聰慧。東觀漢記馬客卿傳：『馬客卿幼而岐嶷，年六歲，能接應諸公，專對賓客。』

（十一）剪珪分社，光祝策於參墟：『剪』，册府元龜、四庫全書、全唐文、適園叢書作『翦』。『策』，册府元龜、全唐文作『册』。『剪珪』，指周成王削桐葉爲珪封叔虞之事。史記晉世家載：『成王與叔虞戲，削桐葉爲珪以與叔虞，曰：「以此封若。」史佚因請擇日立叔虞。成王曰：「吾與之戲耳。」史佚曰：「天子無戲言。言則史書之，禮成之，樂歌之。」於是遂封叔虞於唐。』『祝策』，即『祝册』。書洛誥：『王命作册，逸祝册。』孔穎達疏：『王命有司作策書，乃使史官名逸者祝讀此策。』後因稱帝王祭祀用的文書爲『祝册』。唐韓愈南海神廟碑：『祝册自京師至，吏以時告，公乃齋祓視册。』『參墟』，參星的分野。當在今山西、河南一帶。左傳昭公十五年：『唐叔受之，以處參虚。』杜預注：『參虚，實沉之次，晋之分野。』孔穎達疏：『實沉之次，晋之分野，上繫參之虚域，故云參虚。』漢焦贛易林泰之未濟：『實沉參墟，以義討尤。』

（十二）錫土啓藩，假威尊於上黨：『錫土』，賜土封國。三國志魏書董昭傳：『昭受恩非凡。』裴松之注引獻帝春秋：『昔周旦、呂望……功勛若彼，猶受上爵，錫土開宇。』章炳麟訄書序種姓上：『錫土因生而各統其德者，父子則亦殊姓。』『啓藩』，謂開拓使繁榮。南朝宋傅亮爲

宋公修楚元王墓教：『楚元王積仁基德，啓蕃斯境，素風道業，作範後昆。』此句指李普爲晋王，分封山西諸地之事。

（十三）朕頃戡内難，謬屬與能：『内難』，内亂。一般指國家内部的變亂。易明夷：『内難而能正其志，箕子以之。』舊唐書韋處厚傳：『寶曆季年，急變中起，文宗底綏内難，詔命將降，未有所定。』『與能』，推薦有才能的人。與，通『舉』。易繫辭下：『人謀鬼謀，百姓與能。』孔穎達疏：『天下百姓親與能人，樂推爲王也。』禮記禮運：『大道之行也，天下爲公，選賢與能。』此句指唐敬宗被謀害，文宗平亂一事，事見舊唐書文宗紀：『寶曆二年十二月八日，敬宗遇害，賊蘇佐明等矯制立絳王勾當軍國事。樞密使王守澄、中尉梁守謙率禁軍討賊，誅絳王，迎上於江邸。癸卯，見宰臣於閣内，下教處分軍國事。甲辰，僧惟真、齊賢、正簡，道士趙歸真，并配流嶺南，擊球軍將于登等六人令本軍處置。宰臣百僚三上表勸進。乙巳，即位於宣政殿。丙午，上赴西宫成服。丁未，宰臣百僚上表請聽政，三表，許之。道士紀處玄、楊冲虚，伎術人李元戢、王信等，并配流嶺南。』

（十四）以王齒在嬰提：『嬰提』，猶孩提，幼兒。唐韋莊信州西仙人城下月巖詩：『群峰若侍從，衆阜如嬰提。』

〔十五〕方期就傅，謂致修齡：『謂』，甲庫本作『興』。『就傅』，從師。語出禮記 內則：『十年，出就外傅，居宿於外，學書記。』鄭玄注：『外傅，教學之師也。』唐楊炯王勃集序：『器業之敏，先乎就傅。』『修齡』，長壽。三國魏阮籍詠懷之六十九：『修齡適余願，光寵非己威。』明張居正答劉白川：『咒師能乘算於宜絶，而不能使修齡轉促。』

〔十六〕既因猶子之義，俾膺主鬯之選：『猶子』，謂如同兒子。論語 先進：『回也視予猶父也，予不得視猶子也。』晉潘岳楊仲武誄：『爾休爾戚，如實在己，視予猶父，不得猶子。』『主鬯』，易震：『震驚百里，不喪匕鬯。』孔穎達疏：『震卦施之於人，又爲長子。長子則正體於上，將所傳重，出則撫軍，守則監國，威震驚於百里，可以奉承宗廟彝器粢盛，守而不失也。』後因稱太子爲『主鬯』。唐柳宗元賀踐祚表：『主鬯彰孝恭之美，撫軍著神武之功。』舊唐書 玄宗紀上：『平王有聖德，定天下，又聞成器已下咸有推讓，宜膺主鬯，以副群心。』

〔十七〕天不憖遺，殲我本枝：『不憖遺』，不願留。詩 小雅 十月之交：『不憖遺一老，俾守我王。』此處作對李普逝世表示哀悼之辭。漢蔡邕陳太丘碑文：『天不憖遺老，俾屏我王。』『本枝』，同一家族的嫡系和庶出子孫。漢書 韋玄成傳：『子孫本枝，陳錫無疆。』南朝宋顏延之赭白馬賦：『效足中黄，殉驅馳兮；願終惠養，蔭本枝兮。』

〔十八〕顧十起而何追：『起』爲治愈、病愈之謂。呂氏春秋 察賢：『今有良醫於此，治十人而起九人，所以求之萬也。』唐杜甫大雲寺贊公房詩之一：『湯休起我病，微笑索題詩。』金王若虛太一三代度師蕭公墓表：『内人賈病逾年，諸醫莫療，上曰：「此非藥餌所及，前禳蝗王某，殆是異人，或能起之。」』

〔十九〕是用稽諸前訓：『前訓』，先君的教誨。國語 晋語四：『臣聞之，親有天，用前訓，禮兄弟，資窮困，天所福也。』韋昭注：『前訓，先君之教。』後漢書 胡廣傳：『國有大政，必議之於前訓，咨之於故老，是以慮無失策，舉無過事。』

〔二十〕布囊懷於兹日，告如在於幽靈：『兹』，册府元龜、全唐文作『此』。『於』，册府元龜作『于』。『幽靈』，幽魂。謂人死後的靈魂。亦泛指鬼神。南朝宋謝惠連祭古冢文：『酒以兩壺，牲以特豚，幽靈仿佛，歆我犧樽。』宋歐陽修賀九龍廟求雪有應詩：『真宰調神化，幽靈應不言。』

〔二十一〕式愴虚儀：『愴』，册府元龜、全唐文、適園叢書作『備』。

册贈

節愍太子謚册文〔一〕

維景雲元年，歲次庚戌，十月戊寅朔，二十九日景午，皇帝若曰：咨爾故皇太子重俊〔二〕，業隆繼體〔三〕，才膺守器〔四〕，辨日高視晋儲〔五〕，防年遐吞漢兩〔六〕。撫軍監國〔七〕，皇基攸固〔八〕，齒胄問安〔九〕，聖圖惟永〔十〕。頃以讒邪浸潤〔十一〕，恩禮疏薄〔十二〕，外迫伊戾之謀〔十三〕，中啓驪姬之譖〔十四〕。彼則凶計斯甚，摇動元良〔十五〕。爾乃誠心密運，掃除悖德。興晋陽之甲，以罪荀寅〔十六〕；擁漢闕之兵，而誅趙虜〔十七〕。嗚呼！逆首雖殄〔十八〕，釁黨未清〔十九〕，屬投杼生疑〔二十〕，亂兵旋及。朕代天理物，推亡固存〔二十一〕，近剿四凶〔二十二〕，緬懷三善〔二十三〕；言徵備禮〔二十四〕，以慰冥魂，銀榜山門〔二十五〕，畫堂泉室〔二十六〕。三年遂遠〔二十七〕，上賓之馭不留〔二十八〕；千載猶生，全節之名長在。存著徽烈〔二十九〕，殁有餘裕，志業若此，痛悼良深。宜加寵號，用旌不朽。今册謚爾曰『節愍太子』〔三十〕。魂而有靈，嘉兹茂典〔三十一〕。嗚呼哀哉！

校箋

〔一〕此文又見於全唐文卷十九，文題爲節愍太子謚册文，署名唐睿宗。本文文末未標明頒布時間，文首標明頒布時間爲景雲元年十月二十九日，四庫全書作景雲元年十月丙申（十九日）。考舊唐書睿宗紀載：『（景雲元年）秋七月……丙辰，則天大聖皇后依舊號爲天后。追謚雍王賢爲章懷太子，庶人重俊曰節愍太子。復敬暉、桓彦範、崔玄暐、張柬之、袁恕己、成王千里、李多祚等官爵。』資治通鑑卷二百一十載：『（景雲元年）冬，十月，己亥，制戒諭中外，以息浮議……謚故太子重俊曰節愍。』據上述典籍所載，資治通鑑所載較詳，原文『二十九日』在資治通鑑所記載時間『己亥』之後，合乎情理，四庫全書『丙申』（十九日）應爲『二十九日』之誤，故此文頒布時間應從資治通鑑及原文所説，爲景雲元年（七一〇）十月二十九日，其撰寫時間當在是時稍前。另，沈佺期宋之問集校注卷五亦録此文，作者爲沈佺期。按，據沈佺期宋之問集校注所附沈佺期宋之問年譜『景雲元年—二年』條考，沈佺期時任中書舍人，掌詔敕，代草王言。故此文作者應爲沈佺期。沈佺期，傳見舊唐書卷一百九十中，新唐書卷二百二。舊唐書其本

傳載：『沈佺期，相州内黄人也。進士舉。長安中，累遷通事舍人，預修三教珠英。佺期善屬文，尤長七言之作，與宋之問齊名，時人稱爲沈宋。再轉考功員外郎，坐贓配流嶺表。神龍中，授起居郎，加修文館直學士。後歷中書舍人、太子詹事。開元初卒。有文集十卷。』又，資治通鑑卷二百一十載：『謚故太子重俊曰節愍。太府少卿萬年韋湊上書，以爲：「賞罰所不加者，則考行立謚以褒貶之。故太子重俊，與李多祚等稱兵入宫，中宗登玄武門以避之，太子據鞍督兵自若；及其徒倒戈，多祚等死，太子方逃竄。曏使宿衛不守，其爲禍也，胡可忍言！明日，中宗雨泣，謂供奉官曰：『幾不與卿等相見。』其危如此。今聖朝禮葬，謚爲節愍，臣竊惑之。夫臣子之禮，過廟必下，過位必趨。漢成帝之爲太子，不敢絶馳道。而重俊稱兵宫内，跨馬御前，無禮甚矣。若以其誅武三思父子而嘉之，則興兵以誅奸臣而尊君父可也；今欲自取之，是與三思競爲逆也，又足嘉乎！若以其欲廢韋氏而嘉之，則韋氏於時逆狀未彰，大義未絶，苟無中宗之命而廢之，是脅父廢母也，庸可乎！漢戾太子困於江充之讒，發忿殺充，雖興兵交戰，非圍逼君父也；兵敗而死，及其孫爲天子，始得改葬，猶謚曰戾。况重俊可謚之曰節愍乎！臣恐後之亂臣賊子，得引以爲比，開悖逆之原，非所以彰善癉惡也，請改其謚。多祚等從重俊興兵，不爲無罪。陛下今宥之可也，名之爲雪，亦所未安。」上甚然其言，而執政以爲制命已行，不爲追改，但停多祚等贈官而已。』

故可知此謚號頒布後亦引起朝廷争議。

（二）咨爾故皇太子重俊：「重俊」，即唐中宗之子李重俊。傳見舊唐書卷八十六，新唐書卷八十一。舊唐書其本傳載：「節愍太子重俊，中宗第三子也。聖曆元年，封義興郡王。長安中，累授衛尉員外少卿。神龍初，封衛王，拜洛州牧，賜實封千户，尋遷左衛大將軍，兼遥授揚州大都督。二年秋，立爲皇太子。重俊性雖明果，未有賢師傅，舉事多不法。俄以秘書監楊璬、太常卿武崇訓并爲太子賓客，璬等皆主婿年少，唯以蹴鞠猥戲取狎於重俊，竟無調護之意。左庶子姚珽數上疏諫諍，右庶子平貞慎又獻孝經議、養德傳以諷，重俊皆優納焉。時武三思得幸中宫，深忌重俊。三思子崇訓尚安樂公主，常教公主凌忽重俊，以其非韋氏所生，常呼之爲奴。或勸公主請廢重俊爲王，自立爲皇太女，重俊不勝忿恨。三年七月，率左羽林大將軍李多祚、右羽林將軍李思冲、李承况、獨孤禕之、沙吒忠義等，矯制發左右羽林兵及千騎三百餘人，殺三思及崇訓於其第，并殺黨與十餘人。又令左金吾大將軍成王千里分兵守宫城諸門，自率兵趨肅章門，斬關而入，求韋庶人及安樂公主所在。又以昭容上官氏素與三思奸通，扣閤索之。韋庶人及公主遽擁帝馳赴玄武門樓，召左羽林將軍劉仁景等，令率留軍飛騎及百餘人於樓下列守。俄而多祚等兵至，欲突玄武門樓，宿衛者拒之，不得進。帝據檻呼多祚等所將千騎，謂曰：「汝并是我爪牙，何故

作逆？若能歸順，斬多祚等，與汝富貴。」於是千騎王歡喜等倒戈，斬多祚及李承況、獨孤禕之、沙吒忠義等於樓下，餘黨遂潰散。重俊既敗，率其屬百餘騎趨肅章門，奔終南山，帝令長上果毅趙思慎率輕騎追之。重俊至鄠縣西十餘里，騎不能屬，唯從奴數人，會日暮憩林下，爲左右所殺。制令梟首於朝，又獻之於太廟，并以祭三思、崇訓尸柩。睿宗即位，下制曰……謚曰節愍，陪葬定陵。」

〔三〕業隆繼體：『繼體』，泛指繼位。漢書師丹傳：『先帝暴棄天下而陛下繼體，四海安寧，百姓不懼。』續資治通鑑宋英宗治平元年：『仁宗繼體保成，致天下於大安者四十二年，功德可謂極矣。』

〔四〕才膺守器：『才膺』，甲庫本作『膺才』。『守器』，封建時代太子主宗廟之器，因借指太子。南齊書文惠太子傳贊：『二象垂則，三星麗天。樹嫡惟長，義匪求賢。方爲守器，植命不延。』南史齊武帝諸子等傳論：『守器之重，邦家所馮，覩文惠之在東儲，固已有虧令德，向令負荷斯集，猶當及於禍敗。』

〔五〕辨日高視晉儲：沈佺期宋之問集校注作『神機辨日，高視晉儲』。『辨日』，典出列子湯問：『孔子東游，見兩小兒辯鬬。問其故，一兒曰：「我以日始出時去人近，而日中時遠。」

一兒曰：「我以日初出遠，而日中時近也。」一兒曰：「日初出，大如車蓋；及日中，則如盤盂：此不爲遠者小而近者大乎？」一兒曰：「日初出，滄滄涼涼；及其日中，如探湯：此不爲近者熱而遠者涼乎？」孔子不能决也。』後因以『辨日炎涼』謂兒童的聰明早慧。『高视』，傲視，小看。三國魏曹植與楊德祖書：『德璉發迹於此魏，足下高視於上京。』唐張九齡奉敕送學士張説上賜燕序：『文王多士，周室以寧；武帝得人，漢家爲盛。而高視前古，獨不在於今乎？』『晋儲』，指晋明帝司馬紹，元帝長子。晋書 明帝紀載：『明皇帝諱紹，字道畿，元皇帝長子也。幼而聰哲，爲元帝所寵異。年數歲，嘗坐置膝前，屬長安使來，因問帝曰：「汝謂日與長安孰遠？」對曰：「長安近。不聞人從日邊來，居然可知也。」元帝異之。明日，宴群僚，又問之。對曰：「日近。」元帝失色，曰：「何乃異間者之言乎？」對曰：「舉目則見日，不見長安。」由是益奇之。』

〔六〕防年遐吞漢兩：沈佺期宋之問集校注作『精議防年，遐吞漢兩』。『防年』，西漢人，傳見後漢書 儒林列傳第六十九：『防年十六，仕郡小吏。世祖巡狩汝南，召掾史試經，防尤能誦讀，拜爲守丞。防以未冠，謁去。師事徐州刺史蓋豫，受古文尚書。經明，舉孝廉，拜郎中。撰尚書雜記三十二篇，四十萬言。太尉張禹薦補博士，稍遷陳留太守，坐法免。年七十八，卒於家。』其中『坐法免』事見通典 卷一百六十六載：『漢景帝時，廷尉上因防年繼母陳論殺防年父，

防年因殺陳，依律，殺母以大逆論。帝疑之。武帝時年十二，爲太子，在旁，帝遂問之。太子答曰：「夫『繼母如母』，明不及母，緣父之故，比之於母。今繼母無狀，手殺其父，則下手之日，母恩絶矣。宜與殺人者同，不宜與大逆論。」從之。』用此事以比李重俊神龍三年事變索韋后等，見前注〔二〕。

〔七〕撫軍監國：『撫軍』，謂太子從君出征。左傳 閔公二年：『大子奉冢祀社稷之粢盛，以朝夕視君膳者也，故曰冢子。君行則守，有守則從，從曰撫軍，守曰監國，古之制也。』宋陳亮戊申再上孝宗皇帝書：『東宫居曰監國，行曰撫軍。』

〔八〕皇基攸固：『皇基』，帝王的基業。漢班固西都賦：『圖皇基於億載，度宏規而大起。』三國志 吴書 胡綜傳：『黄農創代，拓定皇基。』

〔九〕齒冑問安：『齒冑』，指太子入學與公卿之子依年齡爲序。南朝齊王融三月三日曲水詩序：『出龍樓而問豎，入虎闈而齒冑。』李周翰注：『公卿之子爲冑子。言太子入學，以年大小爲次，不以天子之子爲上，故云齒冑。齒，年也。』唐韓愈賀皇帝即位表：『爰自主鬯春宫，齒冑國學，孝友之美，實形四方。』

〔十〕聖圖惟永：『聖圖』，天子的宏圖。唐杜甫重經昭陵詩：『聖圖天廣大，宗祀日光輝。』

舊唐書徐堅傳：『陛下誕膺靈命，中興聖圖，將弘羲軒之風，以光史策之美。』

（十一）頃以讒邪浸潤：『讒邪』，讒佞奸邪的人。漢董仲舒春秋繁露五行相勝：『火者，司馬也。司馬爲讒，反言易辭以譖愬人，内離骨肉之親，外疏忠臣，賢聖旋亡，讒邪日昌，魯上大夫季孫是也。』唐黄滔代鄭郎中上興道鄭相啓：『扇澆薄爲淳風，激讒邪歸直道。』

（十二）恩禮疏薄：『恩禮』，舊謂尊上對下的禮遇。後漢書魯恭傳：『數召宴見，問以得失，賞賜恩禮寵異焉。』宋歐陽修歸田録卷一：『真宗好文，初待大年眷顧無比，晚年恩禮漸衰。』

（十三）外迫伊戾之謀：『伊戾』，傳見春秋左傳襄公二十六年載：『寺人惠墻伊戾爲大子内師而無寵。秋，楚客聘於晋，過宋。大子知之，請野享之。公使往，伊戾請從之。公曰：「夫不惡女乎？」對曰：「小人之事君子也，惡之不敢遠，好之不敢近。敬以待命，敢有貳心乎？縱有共其外，莫共其内，臣請往也。」遣之。至，則□欠歃，用牲，加書，徵之，而騁告公曰：「大子將爲亂，既與楚客盟矣。」公曰：「爲我子，又何求？」對曰：「欲速。」公使視之，則信有焉。問諸夫人與左師，則皆曰：「固聞之。」公囚大子。大子曰：「唯佐也能免我。」召而使請，曰：「日中不來，吾知死矣。」左師聞之，聒而與之語。過期，乃縊而死。佐爲大子。公徐聞其無罪也，乃亨伊戾。』

〔十四〕中啓驪姬之譖：『驪姬』，春秋時驪戎國君之女。晉獻公伐驪戎，獲姬歸，立爲夫人。左傳僖公四年：『初，晉獻公欲以驪姬爲夫人，卜之不吉，筮之吉。』明梁辰魚浣紗記論俠：『晉獻公有子三人，長曰申生，次曰重耳，次曰夷吾。獻公聽驪姬之譖，申生自殺，重耳奔翟國，夷吾守屈城。』此段均喻指李重俊當年之亂系受人挑唆，詳見前注〔二〕。

〔十五〕摇動元良：『摇動』，沈佺期宋之問集校注作『動摇』。『元良』，太子的代稱。禮記文王世子：『一有元良，萬國以貞，世子之謂也。』南朝梁沈約立太子詔：『元良之寄，有國莫先，自昔哲后，降及近代，莫不立儲樹嫡，守器承祧。』

〔十六〕興晉陽之甲，以罪荀寅：『荀寅』，即中行寅，晉卿。事見史記晉世家載：『〔定公〕十五年，趙鞅使邯鄲大夫午，不信，欲殺午，午與中行寅、范吉射親攻趙鞅，鞅走保晉陽。定公圍晉陽。荀櫟、韓不信、魏侈與范、中行爲仇，乃移兵伐范、中行。范、中行反，晉君擊之，敗范、中行。范、中行走朝歌，保之。韓、魏爲趙鞅謝晉君，乃赦趙鞅，復位。二十二年，晉敗范、中行氏，二子奔齊。』

〔十七〕擁漢闕之兵，而誅趙虜：『趙虜』，當指西漢吕禄，吕后兄釋之子，封趙王。事見漢書外戚傳上：『太后持天下八年，病犬禍而崩，語在五行志。病困，以趙王禄爲上將軍居北軍，

梁王産爲相國居南軍，戒産、禄曰：「高祖與大臣約，非劉氏王者天下共擊之。今王呂氏，大臣不平。我即崩，恐其爲變，必據兵衛宫，慎毋送喪，爲人所制。」太后崩，太尉周勃、丞相陳平、朱虚侯劉章等共誅産、禄，悉捕諸呂男女，無少長皆斬之。』此以荀寅、呂禄比武三思父子。

〔十八〕逆首雖殄：『逆首』，謂武三思、武崇訓父子。

〔十九〕孽黨未清：『孽黨』，四庫全書作『餘黨』；全唐文、適園叢書作『凶黨』；沈佺期宋之問集校注作『舋黨』。『未清』，四庫全書作『未靖』。『孽黨』，罪黨，指韋、武集團韋后、安樂公主、宗楚客等，後被唐玄宗及太平公主所誅殺。事見資治通鑑卷二百九所載：『六月，壬午，中宗崩於神龍殿。韋后秘不發喪，自總庶政……庚子，晡時，隆基微服與幽求等入苑中，會鍾紹京廨舍；紹京悔，欲拒之，其妻許氏曰：「忘身徇國，神必助之。且同謀素定，今雖不行，庸得免乎！」紹京乃趨出拜謁，隆基執其手與坐。時羽林將士皆屯玄武門，逮夜，葛福順、李仙鳧皆至隆基所，請號而行。向二鼓，天星散落如雪，劉幽求曰：「天意如此，時不可失！」福順拔劍直入羽林營，斬韋璿、韋播、高嵩以徇，曰：「韋后鴆殺先帝，謀危社稷，今夕當共誅諸韋，馬鞭以上皆斬之；立相王以安天下。敢有懷兩端助逆黨者，罪及三族。」羽林之士皆欣然聽命。乃送璿等首於隆基，隆基取火視之，遂與幽求等出苑南門，紹京帥丁匠二百餘人，執斧鋸以從。

使福順將左萬騎攻玄德門，仙鳧將右萬騎攻白獸門，約會於淩烟閣前，即大譟，福順等共殺守門將，斬關而入。隆基勒兵玄武門外，三鼓，聞譟聲，帥總監及羽林兵而入，諸衛兵在太極殿宿衛梓宫者，聞噪聲，皆被甲應之。韋后惶惑走入飛騎營，有飛騎斬其首獻於隆基。安樂公主方照鏡畫眉，軍士斬之。斬武延秀於肅章門外，斬内將軍賀婁氏於太極殿西……』

〔二十〕屬投杼生疑：『投杼生疑』，典出戰國策秦策二：『昔者曾子處費，費人有曾參者，與曾子同名族，殺人。人告曾子之母曰：「曾參殺人。」曾子之母曰：「吾子不殺人也。」織自若。有頃，人又曰：「曾參殺人。」其母尚織自若。頃之，一人又告之曰：「曾參殺人。」其母懼，投杼逾墻而走。夫以曾子之賢，與母之信，而三人疑之，雖慈母不能信也。』後以『投杼』比喻因謠言衆多，動摇了對最親近者的信心。史記樗里子甘茂列傳：『今臣之賢不若曾參，王之信臣又不如曾參之母信曾參也，疑臣者非特三人，臣恐大王之投杼也。』北齊書文襄帝紀：『當是不逞之人，曲爲無端之説，遂懷市虎之疑，乃致投杼之惑。』此謂謡傳李重俊起兵造反，故中宗生疑。

〔二十一〕推亡固存：推翻行亡道之國，鞏固行存道之邦。書仲虺之誥：『兼弱攻昧，取亂侮亡，推亡固存，邦乃其昌。』孔傳：『有亡道則推而亡之，有存道則輔而固之。』左傳襄公十四年：『亡

者侮之，亂者取之。推亡固存，國之道也。」

〔二十二〕近剿四凶：『四凶』，相傳爲堯舜時代四個惡名昭彰的部族首領。左傳文公十八年：『舜臣堯，賓於四門，流四凶族渾敦、窮奇、檮杌、饕餮，投諸四裔，以禦魑魅。是以堯崩而天下如一，同心戴舜以爲天子，以其舉十六相，去四凶也。』書舜典：『流共工于幽洲（州），放驩兜于崇山，竄三苗于三危，殛鯀于羽山。』宋蔡沈集傳：『春秋傳所記四凶之名與此不同，説者以窮奇爲共工，渾敦爲驩兜，饕餮爲三苗，檮杌爲鯀，不知其果然否也。』後世多用以比喻凶狠貪婪的朝臣。此指韋、武集團中人。

〔二十三〕緬懷三善：『三善』，指臣事君、子事父、幼事長的三種道德規範。禮記文王世子：『行一物而三善皆得者，唯世子而已……父子、君臣、長幼之道得而國治。』南朝梁沈約齊故安陸昭王碑文：『協隆三善，仰敷四德。』張銑注：『三善，謂事君、事父、事長也。』

〔二十四〕言徵備禮：『備禮』，謂禮儀周備。詩小雅魚麗序：『美萬物盛多，能備禮也。』漢蔡邕郭有道碑：『州郡聞德，虚己備禮，莫之能致。』

〔二十五〕銀榜山門：『銀榜』，宫殿或廟宇門端所懸的輝煌華麗的匾額。神異經中荒經：『東方有宫，青石爲墻，高三仞，左右闕高百尺，畫以五色，門有銀榜。』唐杜甫樂游園歌：『閶闔

晴開詄蕩蕩，曲江翠幕排銀榜。』蕭滌非注：『銀榜，宫殿門端所懸金碧輝煌的匾額。』『山門』，指墓門。宋書袁顗傳：『奈何毁擲先基，自蹈凶戾。山門蕭瑟，松庭誰掃？』

〔二十六〕畫堂泉室：『泉室』，神話中的水下居室，指墳墓。

〔二十七〕三年遂遠：『三年』，指李重俊事發之年（七〇七）距詔書發布之時（七一〇）已過去三年。

〔二十八〕上賓之馭不留：『上賓』，謂作客於天帝之所。指帝王去世。逸周書太子晉解：『王子曰：「吾後三年，上賓於帝所，汝慎無言。」』孔晁注：『言死必爲賓於天帝之所。』宋蘇軾正旦於福寧殿作水陸道場資薦神宗皇帝齋文：『伏以棄黄屋以上賓，莫追風馭；抱烏號而永慕，再歷春朝。』

〔二十九〕存著徽烈：『存著』，沈佺期宋之問集校注作『夫存著』。『徽烈』，宏業，偉業。三國魏應璩與王將軍書：『雀鼠雖愚，猶知徽烈。』南朝梁劉勰文心雕龍原道：『重以公旦多材，振其徽烈，剬詩緝頌，斧藻群言。』

〔三十〕今册謚爾曰『節愍太子』：『節愍太子』，沈佺期宋之問集校注作『節愍皇太子』。

〔三十一〕嘉兹茂典：『茂典』，盛美的典章、法則。南朝宋顔延之三月三日曲水詩序：『選

賢建戚，則擇之於茂典；施命發號，必酌之於故實。』張銑注：『茂，美；典，則也。』舊唐書肅宗紀：『至於漢武，飾以浮華，非前王之茂典，豈永代而作則。』

惠莊太子册文（一）

維開元十二年，十一月甲申，皇帝若曰：於戲！夫縟禮所以飾情，崇名所以表德，義存追遠，愛洽因親。故司徒、申王撝（二），璇極稟靈（三），邦家維翰（四），體孝友以成性，用淳和而合道。沛獻受易，率以鳴謙（五），河間聚書，時其好學（六）。加以出爲方伯，弘宣六條；入登司徒，大敷五教（七）。天則不慭（八），奄薨於行，留邸無期，同輿遂遠。興言哀痛，震動於厥心（九）。夫先王演親親之恩，春秋著加等之義（十），上嗣之位，飾終斯在（十一）。今遣攝太尉、侍中源乾曜（十二），持節册贈王爲惠莊太子。宜率茂典，以永徽猷（十三），魂而有靈，式昭哀贈。嗚呼哀哉！

校箋

〔一〕此文又見於冊府元龜卷二百九十六宗室部追封。全唐文卷三十八亦録此文，署名唐玄宗。本文文首云：『維開元十二年，十一月甲申。』考舊唐書玄宗紀載：『（開元十二年）冬十一月……庚辰，司徒、申王撝薨，追謚曰惠莊太子。』新唐書玄宗紀：『（開元）十二年……十一月……辛巳，申王撝薨。』資治通鑒卷二百一十二記：『（開元十二年）十一月……辛巳，司徒申王撝薨，贈謚惠莊太子。』據上引諸史籍所載，則申王撝薨逝時間爲開元十二年十一月辛巳（二十五日），此冊文頒布時間爲當月甲申（二十八日），其撰寫時間當在辛巳之後甲申之前。

〔二〕故司徒、申王撝：冊府元龜、全唐文作『惟故司徒、申王撝』。『申王撝』，即李撝，唐睿宗之子，傳見舊唐書卷九十五、新唐書卷八十一。舊唐書卷九十五其本傳云：『惠莊太子撝，睿宗第二子也。本名成義。母柳氏，掖庭宮人。撝之初生，則天嘗以示僧萬迴。萬迴曰：「此兒是西域大樹之精，養之宜兄弟。」則天甚悦，始令列於兄弟之次。垂拱三年，封恒王。尋却入閤，改封衡陽郡王，累授尚衣奉御。神龍元年，加賜實封二百户，通前五百户，遷司農少卿，加銀青光禄大夫。睿宗踐祚，進封申王，遷右衛大將軍。景雲元年七月，遷殿中監，兼檢校右衛大將軍。

二年，轉光禄卿、右金吾衛大將軍。先天元年七月，加實封一千户。八月，行司徒，兼益州大都督。開元二年，帶司徒兼幽州刺史。俄避昭成太后之稱，改名撝。歷鄧、虢、絳三州刺史。八年，因入朝，停刺史，依舊爲司徒。性弘裕，儀形瓌偉，善於飲啖。十二年，病薨，册贈惠莊太子，陪葬橋陵。」

〔三〕璇極稟靈：『璇極』，亦作『璿極』。指天子之位或皇室。南朝梁江淹爲建平王慶少帝登祚章：『肇嗣天震，雲飛璿極，戎夏歸服，民靈以戴。』宋書東平王子嗣傳：『故東平冲王休倩托荄璿極，岐嶷夙表，降年弗永，遺胤莫傳。』『稟靈』，秉受靈秀之氣。南朝宋顔延之赭白馬賦：『稟靈月駟，祖雲螭兮。』唐劉禹錫賀册皇太后表：『伏惟皇太后稟靈作配，誕聖表祥。』

〔四〕邦家維翰：『邦家』，國家。詩小雅南山有臺：『樂只君子，邦家之基。』鄭玄箋：『人君既得賢者，置之於位，又尊敬以禮樂樂之，則能爲國家之本。』後漢書皇甫規傳論：『故能功成於戎狄，身全於邦家也。』『維翰』，詩大雅文王有聲：『四方攸同，王后維翰。』毛傳：『翰，幹也。』鄭玄箋：『王后爲之幹者，正其政教，定其法度。』後因以『維翰』喻捍衛。亦指保衛國家的重臣。晉書宗室八王傳序：『始則韓彭葅醢，次乃吴楚稱亂。然雖克滅權偪，猶足維翰王畿。』

〔五〕沛獻受易，率以鳴謙：『沛獻』，即漢沛獻王劉輔，范曄後漢書卷四十二其本傳載：『輔

矜嚴有法度，好經書。善説京氏易、孝經、論語傳及圖讖，作五經論。時號之曰沛土通論。在國謹節，終始如一，稱爲賢王。顯宗敬重，數加賞賜。』『鳴謙』，謂謙德表著於外。易謙：『鳴謙，貞吉。』王弼注：『鳴者，聲名聞之謂也。得位居中，謙而正焉。』孔穎達疏：『鳴謙者謂聲名也，處正得中，行謙廣遠，故曰鳴謙。』南朝陳徐陵勸進元帝表：『出震等於勛華，鳴謙同於旦奭。』

〔六〕河間聚書，時其好學：『河間』指西漢河間獻王劉德。事見漢書卷五十三其本傳載：『河間獻王德以孝景前二年立，修學好古，實事求是。從民得善書，必爲好寫與之，留其真，加金帛賜以招之。繇是四方道術之人不遠千里，或有先祖舊書，多奉以奏獻王者，故得書多，與漢朝等。是時，淮南王安亦好書，所招致率多浮辯。獻王所得書皆古文先秦舊書，周官、尚書、禮、禮記、孟子、老子之屬，皆經傳説記，七十子之徒所論。其學舉六藝，立毛氏詩、左氏春秋博士。修禮樂，被服儒術，造次必於儒者。山東諸儒多從而游。武帝時，獻王來朝，獻雅樂，對三雍宮及詔策所問三十餘事。其對推道術而言，得事之中，文約指明。』

〔七〕加以出爲方伯，弘宣六條；入登司徒，大敷五教：『方伯』，殷、周時代一方諸侯之長。後泛稱地方長官。漢以來之刺史，唐之采訪使、觀察使，明清之布政使均稱『方伯』。禮記王制：『天子百里之内以共官，千里之内以爲御，千里之外設方伯。』唐韓愈送許使君刺郢州序：『於公身

居方伯之尊，蓄不世之材，而能與卑鄙庸陋相應答如影響。」『六條』，漢制，刺史頒行六條詔書，以考察官吏。漢書百官公卿表上：『武帝元封五年初置部刺史。』舊唐書哀帝紀：『左僕射裴樞、右僕射崔遠……須離八座之榮，尚付六條之政，勉思咎己，無至尤人。』『五教』，五常之教。指父義、母慈、兄友、弟恭、子孝五種倫理道德的教育。書舜典：『汝作司徒，敬敷五教。』孔傳：『布五常之教。』左傳文公十八年：『舉八元，使布五教於四方，父義、母慈、兄友、弟共、子孝。』

〔八〕天則不憖：『天則不憖』，册府元龜、全唐文作『而天則不憖』。『不憖』，即『不憖遺』，不願留。詩小雅十月之交：『不憖遺一老，俾守我王。』後用作對大臣逝世表示哀悼之辭。南朝梁任昉齊竟陵文宣王行狀：『天不憖遺，奄見薨落。』

〔九〕震動於厥心：適園叢書作『震動厥心』。

〔十〕夫先王演親親之恩，春秋著加等之義：『親親』，愛自己的親屬。詩小雅伐木序：『親親以睦友，友賢不棄，不遺故舊，則民德歸厚矣。』孔穎達疏：『既能内親其親以使和睦，又能外友其賢而不棄，不遺忘久故之恩舊而燕樂之。』漢書翼奉傳：『古者朝廷必有同姓以明親親，必有異姓以明賢賢，此聖王之所以大通天下也。』

〔十一〕上嗣之位，飾終斯在：『斯在』，全唐文作『在期』。『上嗣』，君主的嫡長子。

後指太子。禮記文王世子：『其登餕獻受爵，則以上嗣。』鄭玄注：『上嗣，君之適長子。』晋書潘尼傳：『篤生上嗣，繼期挺秀。』『飾終』，謂人死時給予尊榮。荀子禮論：『送死，飾終也。』宋陸游王成之給事挽歌辭：『贈極文昌貴，君恩厚飾終。』

〔十二〕今遣攝太尉、侍中源乾曜：『源乾曜』，傳見舊唐書卷九十八，新唐書卷一百二十七。舊唐書其本傳載：『源乾曜，相州臨漳人。隋比部侍郎師之孫也。父直心，高宗時爲司刑太常伯，坐事配流嶺南而卒。乾曜舉進士，景雲中，累遷諫議大夫。時久廢公卿百官三九射禮，乾曜上疏曰……乾曜尋出爲梁州都督。開元初，邠王府僚吏有犯法者，上令左右求堪爲王府長史者，太常卿姜皎薦乾曜公清有吏幹，因召見與語。乾曜神氣清爽，對答皆有倫序，上甚悦之，乃拜少府少監，兼邠王府長史。尋遷户部侍郎、兼御史中丞。無幾，轉尚書左丞。四年冬，擢拜黄門侍郎、同紫微黄門平章事。旬日，與姚元之俱罷知政事。時行幸東都，以乾曜爲京兆尹，仍京師留守。乾曜政存寬簡，不嚴而理。嘗有仗内白鷹，因縱遂失所在，上令京兆切捕之。俄於野外獲之，其鷹挂於叢棘而死，官吏懼得罪，相顧失色。乾曜徐曰：「事有邂逅，死亦常理，主上仁明，當不以此置罪。必其獲戾，吾自當之，不須懼也。」遂入自請失旨之罪，上一切不問之，衆咸伏乾曜臨事不慴，而能引過在己也。在京兆三年，政令如一。八年春，復爲黄門侍郎、同中

書門下三品，尋加銀青光祿大夫，遷侍中。久之，上疏曰：「臣竊見形要之家并求京職，俊乂之士多任外官，王道平分，不合如此。臣三男俱是京任，望出二人與外官，以叶均平之道。」上從之，於是改其子河南府參軍弼爲絳州司功，太祝絜爲鄭尉。因下制曰……因令文武百僚父子兄弟三人并任京司者，任自通容，依資次處分，由是公卿子弟京官出外者百餘人。俄又有上書者，以爲「國之執政，同其休戚，若不稍加崇寵，何以責其盡心？」十年十一月，敕中書門下共食實封三百户，自乾曜及張嘉貞始也。乾曜後扈從東封，拜尚書左丞相，仍兼侍中。乾曜在政事十年，時張嘉貞、張説相次爲中書令，乾曜不敢與之爭權，每事皆推讓之。及李元紘、杜暹知政事，乾曜遂無所參議，但唯諾署名而已。」

〔十三〕宜率茂典，以永徽猷：『茂典』，盛美的典章、法則。參見上篇校箋〔三十一〕。『徽猷』，美善之道。猷，道。指修養、本事等。詩小雅角弓：『君子有徽猷，小人與屬。』毛傳：『徽，美也。』鄭玄箋：『猷，道也。君子有美道以得聲譽，則小人亦樂與之而自連屬焉。』梁書文學傳下謝幾卿：『故得仰慕徽猷，永言前哲。』

惠文太子册文〔一〕

維開元十四年四月二十二日，皇帝若曰：於戲〔二〕！帝室之幹〔三〕，曷降年不永〔四〕；天倫之戚，而因心有加〔五〕。飾以徽章，孔懷之義也〔六〕。咨爾太子太傅、上柱國岐王範〔七〕，孝友至性，聰達多才，樂善爲詞，言行俱敏，好學流譽〔八〕，經傳悉通〔九〕。德既訓於東宮，化且行於南國〔十〕。而輔仁或爽〔十一〕，倚福無稽，奄忽遷殂〔十二〕，震悼何及！夫禮以情爲體，欲增追遠之數；行以名而尊，是圖褒德之軌〔十三〕。故擇茲茂典〔十四〕，崇以上嗣〔十五〕，言念逝者，用申友于〔十六〕。今遣工部尚書、攝太尉盧從愿〔十七〕，持節册王爲惠文太子。魂而有靈，昭是哀贈。

校箋

〔一〕此文又見於册府元龜卷二百九十六。全唐文卷三十八亦録此文，文題作册惠文太子文，署名唐玄宗。此文文末原未標明頒布時間。考本文文首云：『維開元十四年四月二十二日，皇帝若曰……』又檢舊唐書玄宗紀載：『（開元十四年）夏四月……丁卯，太子少師、岐王範薨，

册贈惠文太子。』新唐書玄宗紀亦載：『（開元）十四年……四月……丁卯，岐王範薨。』資治通鑑卷二百一十三載：『（四月）丁卯，太子太傅岐王範薨，贈謚惠文太子。上爲之撤膳累旬，百官上表固請，然後復常。』據上引典籍所載，惠文太子李範應薨於開元十四年四月丁卯（十九日），故本文的頒布時間應爲本文文首所云開元十四年四月二十二日。而此文之撰寫時間當在此時稍前、十九日之後。

〔二〕於戲：全唐文作『嗚呼』。

〔三〕帝室之幹：四庫全書作『帝室之榦』。

〔四〕曷降年不永：『降年』，謂上天賜予人的年齡，壽命。書高宗肜日：『降年有永有不永，非天夭民，民中絶命。』孔傳：『言天之下年與民，有義者長，無義者不長。』漢蔡邕郭有道碑文：『降年不永，民斯悲悼。』

〔五〕而因心有加：『因心』，謂親善仁愛之心。詩大雅皇矣：『維此王季，因心則友。』毛傳：『因，親也。』陳奂傳疏：『因訓親，親心即仁心。』舊唐書孝友傳序：『善於兄弟，必能因心廣濟。』

〔六〕孔懷之義也：『孔懷之義』，適園叢書作『孔懷之意』。『孔懷』，原謂甚相思念。

詩小雅常棣：『死喪之威，兄弟孔懷。』鄭玄箋：『維兄弟之親，甚相思念。』隸釋漢慎令劉修碑：『建寧四年五月甲戌卒，二弟龍純，孿哀孔懷。』後用爲兄弟的代稱。三國志魏書管輅傳：『明年二月卒，年四十八。』裴松之注引管輅別傳叙：『辰不以闇淺，得因孔懷之親，數與輅有所咨論。』管辰，管輅之弟。晋書熊遠傳：『堯取舜於仄陋，舜拔賢於巖穴，姬公不曲繩於天倫，叔向不虧法於孔懷。』

〔七〕咨爾太子太傅、上柱國岐王範：『太子太傅、上柱國岐王範』，謂惠文太子李範。傳見舊唐書卷九十五、新唐書卷八十一。舊唐書其本傳云：『惠文太子範，睿宗第四子也。本名隆範，後避玄宗連名，改單稱範。初封鄭王，尋改封衛王。長壽二年，隨例却入閤，徙封巴陵郡王，累授尚食奉御。神龍元年，遷太府員外少卿，加賜實封二百户，通前五百户。景龍年，兼隴州別駕，加銀青光禄大夫。睿宗踐祚，進封岐王，又加實封五百户，拜太常卿，兼左羽林大將軍。先天二年，從上討竇懷貞、蕭至忠等，以功加賜實封滿五千户，下制褒美。開元初，拜太子少師，帶本官，歷絳、鄭、岐三州刺史。八年，遷太子太傅。範好學工書，雅愛文章之士，士無貴賤，皆盡禮接待。與閻朝隱、劉庭琦、張諤、鄭繇篇題唱和，又多聚書畫古迹，爲時所稱。時上禁約王公，不令與外人交結。駙馬都尉裴虚己坐與範游宴，兼私挾讖緯之書，配徙嶺外。萬年尉劉庭琦、太祝張諤

皆坐與範飲酒賦詩，黜庭琦爲雅州司户，謌爲山茌丞。然上未嘗間範，恩情如初，謂左右曰：「我兄弟友愛天至，必無異意，祇是趨競之輩，强相托附耳。我終不以纖芥之故責及兄弟也。」時王毛仲等本起微賤，皆崇貴傾於朝廷，諸王每相見，假立引待，獨範見之色莊。十四年，病薨。上哭之甚慟，輟朝三日，爲之追福，手寫老子經，徹膳累旬，百僚上表勸喻，然後復常。開元十四年，命工部尚書、攝太尉盧從愿册贈王爲惠文太子，陪葬橋陵。」

〔八〕好學流譽：『流譽』，傳播聲譽。史記淮南衡山列傳：『淮南王安爲人好讀書鼓琴，不喜弋獵狗馬馳騁，亦欲以行陰德拊循百姓，流譽天下。』舊唐書良吏傳上李桐客：『貞觀初，累遷通、巴二州，所在清平流譽。』

〔九〕經傳悉通：此句所言情况，舊唐書卷九十五其本傳有載，參本篇校箋〔七〕。

〔十〕化且行於南國：指其本傳所云，參本篇校箋〔七〕。『南國』，此處當指巴陵郡，南朝宋元嘉十六年置。治所在巴陵（今湖南岳陽）。隋開皇九年廢。唐天寶元年復置。

〔十一〕而輔仁或爽：『輔仁』，謂培養仁德。論語顏淵：『曾子曰：「君子以文會友，以友輔仁。」』何晏集解引孔安國曰：『友相切磋之道，所以輔成己之仁。』晋葛洪抱朴子交際：『良友結則輔仁之道弘矣，達者知其然也。』

〔十二〕奄忽遷殂：『遷殂』，猶去世。唐顏真卿右武衛將軍臧公神道碑銘：『操行愈謹，勞效未酬，不幸遷殂，良增追悼。』

〔十三〕是圖褒德之軌：『褒德』，頌揚德行。漢書武帝紀：『夫本仁祖義，褒德禄賢，勸善刑暴，五帝三王所繇昌也。』唐白居易李愬等咸賜爵一級制：『封爵之設，在乎賞勸，有以褒德，有以序勤：聳善興功，實由茲道。』

〔十四〕故擇茲茂典：『茂典』，盛美的典章、法則。參見本卷節愍太子謚册文校箋〔三十一〕。

〔十五〕崇以上嗣：『上嗣』，君主的嫡長子。後指太子。禮記文王世子：『其登餕獻受爵，則以上嗣。』鄭玄注：『上嗣，君之適長子。』晉書潘尼傳：『篤生上嗣，繼期挺秀。』

〔十六〕用申友于：『友于』，書君陳：『惟孝友于兄弟。』後即以『友于』爲兄弟友愛之義。後漢書史弼傳：『陛下隆於友于，不忍遏絶。』魏書良吏傳宋世景：『世景友于之性，過絶於人，及道璵死，哭之哀切。』

〔十七〕今遣工部尚書、攝太尉盧從愿：『盧從愿』，傳見舊唐書卷一百、新唐書卷一百二十九。舊唐書其本傳云：『盧從愿，相州臨漳人，後魏度支尚書昶六代孫也。自范陽徙家焉，世爲山東著姓。弱冠明經舉，授絳州夏縣尉，又應制舉，拜右拾遺。俄遷右肅政監察御史，

充山南道黜陟巡撫使，奉使稱旨，拜殿中侍御史。累遷中書舍人。中宗之後，選司頗失綱紀，從愿精心條理，大稱平允。其有冒名僞選及虛增功狀之類，皆能擿發其事。典選六年，前後無及之者。上嘉之，特與一子太子通事舍人。從愿上疏乞迴恩贈父，乃贈其父吉陽丞敬一爲鄭州長史。初，高宗時裴行儉、馬載爲吏部，最爲稱職。及是，從愿與李朝隱同時典選，亦有美譽。時人稱曰：「吏部前有馬、裴，後有盧、李。」開元四年，上盡召新授縣令，一時於殿庭策試，考入下第者，一切放歸學問。從愿以注擬非才，左遷豫州刺史。爲政嚴簡，按察使奏課爲天下第一，降璽書勞問，賜絹百匹。無幾，入爲工部侍郎，轉尚書左丞。又與楊滔及吏部侍郎裴漼、禮部侍郎王丘、中書舍人劉令植删定開元後格，遷中書侍郎。十一年，拜工部尚書，加銀青光禄大夫，仍令東都留守。十三年，從升泰山，又加金紫光禄大夫，代韋抗爲刑部尚書。』

恭懿太子册文〔一〕

維上元元年，歲次庚子，冬十月戊午朔，四日辛酉，皇帝若曰：於戲〔二〕！夫睦親加等，有國之彝訓〔三〕；悼往申恩，因心之所切〔四〕。是以增其縟禮，漢藩追鸞輅之榮〔五〕；備以徽章，魏屏飾龍旗之贈〔六〕。興言故典〔七〕，感惻良深。第十二子、故興

王佋〔八〕，慶襲紫庭，憑華丹極〔九〕，温良資其性本，孝友禀於天成〔十〕，加以神假聰哲〔十一〕，身周藝美。故六變之樂，聆音以洞微〔十二〕；百家之書，經目而成誦〔十三〕。年雖在於髫齔，學已該於典墳〔十四〕。自位列三珪，胙班五土〔十五〕，緑車爰錫〔十六〕，亟承疏邸之榮；青社云封，實屬維城之望〔十七〕。豈謂藏舟易往，過隙難留〔十八〕，顧蘭坂而如昨，痛梧宫之遂掩〔十九〕。况幼有至性，實由生知〔二十〕，心惟愛親，殁不忘孝，幽夢克申於告訣，至懇能貫於存亡，言念淪喪，尤深憫惜〔二十一〕。是用叶兹純德，贈以元儲〔二十二〕。夫恭者行之先，懿者文之美，易曰表稱，俾永徽猷〔二十三〕。今遣銀青光禄大夫、行中書侍郎、同中書門下平章事、集賢殿崇文館大學士、修國史、上柱國、姑臧縣開國伯李揆〔二十四〕，持節册命爲『恭懿太子』。中予至感，賁爾寵光〔二十五〕。雖倚門之懷，永銜酸於碣館〔二十六〕，而告柩之禮，庶延渥於泉扃〔二十七〕。魂而有靈，昭此哀贈。嗚呼哀哉！

校箋

〔一〕本文文末原未標注頒布時間。考本文文首云：『維上元元年，歲次庚子，冬十月戊午朔，

四日辛酉，皇帝若曰……』考舊唐書肅宗紀載：『（上元元年）八月，丁亥，贈故興王佋爲恭懿太子。』舊唐書卷一百一十六李佋傳云：『恭懿太子佋，肅宗第十二子。至德二載封興王。上元元年六月薨……七月丁亥，詔曰：「厚禮所以飾終，易名所以表行……可贈太子，謚曰恭懿。應緣喪葬，所司準式，仍令京兆尹劉晏充監護使。」……詔宰臣李揆持節册命。十一月，葬於高陽原。』新唐書卷八十二李佋傳載：『恭懿太子佋，始封興王。上元元年薨。佋生，后方專愛，帝最憐之。后數撼儲嫡，欲以佋嗣，會薨，計塞。是夕，帝及后夢佋辭決流涕去，帝鯁悵，故册贈皇太子。』資治通鑑卷二百二十一載：『（上元元年六月）甲申，興王佋薨……八月，庚午，以伯玉爲神策軍節度使。丁亥，贈謚興王佋曰恭懿太子。』故知李佋薨於上元元年六月甲申，於十一月下葬。故此册文頒布時間爲上元元年（七六〇）十月辛酉（四日），其撰寫時間當在是時稍前。

（二）於戲：猶於乎。感嘆詞。禮記大學：『詩云：「於戲！前王不忘。」君子賢其賢而親其親，小人樂其樂而利其利。』史記三王世家：『皇帝使御史大夫湯廟立子閎爲齊王。曰：「於戲，小子青社！」』司馬貞索隱：『於戲，音嗚呼。戲，或音羲。』

（三）有國之彝訓：『彝訓』，日常的訓誡。書酒誥：『聰聽祖考之彝訓。』孔傳：『言子孫皆聰聽父祖之常教。』南朝梁劉勰文心雕龍宗經：『三極彝訓，其書言經。』范文瀾注：『彝

訓猶言常訓。』

〔四〕悼往申恩，因心之所切：『往』，四庫全書作『亡』。『因』，四庫全書作『中』。

〔五〕是以增其縟禮，漢藩追鸞輅之榮：『縟禮』，繁復的禮儀。唐李德裕贈陳夷行司徒制：『以茲縟禮，用慰幽魂。』宋史忠義傳一李若水：『（高俅）得全首領以没，尚當追削官秩，示與衆棄，而有司循常習故，欲加縟禮，非所以靖公議也。』『鸞輅』，天子王侯所乘之車。吕氏春秋孟春紀：『天子居青陽左个。乘鸞輅，駕蒼龍。』高誘注：『輅，車也。鸞鳥在衡，和在軾，鳴相應和。後世不能復致，鑄銅爲之，飾以金，謂之鸞輅也。』梁書長沙嗣王業傳：『天監元年，追崇丞相，封長沙郡王，謚宣武，給九旒、鸞輅、轀輬車。』

〔六〕備以徽章，魏屏飾龍旗之贈：『徽章』，指褒崇封贈的策命。北周王褒周太保尉遲綱墓碑：『司勛載其弘烈，典册備其徽章。』唐陸贄册淑妃王氏爲皇后文：『稱是徽章，聿歸全德。』『龍旗』，畫有兩龍蟠結的旗幟。天子儀仗之一。周禮考工記輈人：『龍旂九斿，以象大火也。』鄭玄注：『交龍爲旂，諸侯之所建也。』賈公彦疏：『九斿，正謂天子龍旂。』後漢書明帝紀：『東海王强薨，遣司空馮魴持節視喪事，賜升龍旄頭、鑾輅、龍旂。』李賢注：『交龍爲旂，唯天子用之，今特賜以葬。』

〔七〕興言故典：『興言』，心有所感，而發之於言。晉陸雲答兄機詩：『銜思戀行邁，興言在臨觴。』明楊慎聖泉篇贈韓石溪詩：『荒塗欣良會，興言遂成篇。』『故典』，謂舊的規章制度等。漢蔡邕陳政要七事疏：『自今齋制，宜如故典，庶答風霆灾妖之異。』宋曾鞏太祖皇帝總序：『不盡循故典，收納學士大夫，用之不求其備。』

〔八〕第十二子、故興王佋：指唐肅宗第十二子李佋。傳見舊唐書卷一百一十六、新唐書卷八十二。舊唐書其本傳云：『恭懿太子佋，肅宗第十二子。至德二載封興王。上元元年六月薨。佋，皇后張氏所生，上尤鍾愛。后屢危太子，欲以興王爲儲貳，會薨而止……佋薨時年八歲。既薨之夕，肅宗、張后俱夢佋有如平昔，拜辭流涕而去。帝方寢疾，追念過深，故特以儲闈之贈寵之。上疾累月方平。』

〔九〕慶襲紫庭，憑華丹極：『慶襲』，明鈔本、適園叢書作『襲慶』。『紫庭』，帝王宫庭。後漢書皇甫規傳：『臣生長邊遠，希涉紫庭，怖慑失守，言不盡心。』晉左思悼離贈妹詩之二：『以蘭之芳，以膏之明，永去骨肉，内充紫庭。』『丹極』，宫殿中的紅色棟宇。唐杜甫别蔡十四著作詩：『流涕灑丹極，萬乘爲酸辛。』宋朱熹孝宗皇帝挽歌詞：『遽移丹極仗，便上白雲鄉。』

〔十〕温良資其性本，孝友禀於天成：『資』，四庫全書作『質』。『孝友』，事父母孝順、

對兄弟友愛。詩 小雅 六月：『侯誰在矣，張仲孝友。』毛傳：『善父母爲孝，善兄弟爲友。』後漢書 韓棱傳：『棱四歲而孤，養母弟以孝友稱。及壯，推先父餘財數百萬與從昆弟，鄉里益高之。』

〔十一〕加以神假聰哲：『聰哲』，聰慧明智。漢班昭女誡：『雖以賢女之行，聰哲之性，其能備乎！』三國志 魏書 崔琰傳：『琰謂朗曰：「子之弟，聰哲明允，剛斷英特，殆非子之所及也。」』

〔十二〕故六變之樂，聆音以洞微：『聆』，四庫全書、甲庫本作『眇』。『六變』，謂樂章改變六次。古代祭百神，樂章變六次祭典始成。晉陸雲移書太常府薦張贍：『廣樂九奏，必登昊天之庭；韶、夏六變，必饗上帝之祀矣。』宋歐陽修明堂慶成詩：『九筵嚴太室，六變導和聲。』

〔十三〕經目而成誦：『目』，四庫全書作『月』。

〔十四〕年雖在於髫齔，學已該於典墳：『齔』，適園叢書作『齡』。『典墳』，適園叢書作『墳典』。『髫齔』，謂幼年。後漢書 文苑傳下 邊讓：『髫齔夙孤，不盡家訓。』晉書 司馬遹傳：『既表髫齔，高明逸秀。』『典墳』，亦作『典賁』。三墳五典的省稱。指各種古代文籍。淮南子 齊俗訓：『衣足以覆形，從典墳，虛循撓便身體，適行步。』隸續 漢郎中王政碑：『研典賁。』洪適釋：『碑以「賁」爲「墳」。』

〔十五〕自位列三珪，胙班五土：『胙』，四庫全書作『祚』。『三珪』，三種玉圭，借指公、侯、伯。後亦指高官重臣。楚辭大招：『三圭重侯，聽類神只。』王逸注：『謂公、侯、伯也。公執桓圭，侯執信圭，伯執躬圭，故言三圭也。』莊子讓王：『〔楚昭王〕謂司馬子綦曰：「屠羊説居處卑賤而陳義甚高，子綦爲我延之以三旌之位。」』陸德明釋文：『三旌，三公位也。司馬本作「三珪」云。謂諸侯之三卿皆執珪也。』『五土』，指青、赤、白、黑、黄五色土。古代帝王鋪填社壇分封諸侯儀式所用之土。唐王維大唐大安國寺故大德浄覺禪師碑銘：『詰朝而五土開國，信宿而駟馬朝天。』趙殿成注：『蔡邕獨斷：「天子太社，以五色土爲壇。皇子封爲王者，受天子之社土，以所封之方色，東方受青，南方受赤，他如其方色，苴以白茅，授之各以其所封之色，歸國以立社，故謂之受茅土。」』

〔十六〕緑車爰錫：『緑車』，漢皇孫所乘車，又名皇孫車。漢書金安上傳：『上拜涉爲侍中，使待幸緑車載送衛尉舍。』顔師古注：『如淳曰：「幸緑車常置左右以待召載皇孫，今遣涉歸，以皇孫車載之，寵之也。」晋灼曰：「漢注緑車名皇孫車，太子有子乘以從。」如晋二説是也。』太平御覽卷七七三引漢蔡邕獨斷：『緑車名曰皇孫車，天子孫乘以從。』

〔十七〕青社云封，實屬維城之望：『青社』，祀東方土神處。借指東方之地。史記三王世

家：『維六年四月乙巳，皇帝使御史大夫湯廟立子閎爲齊王。曰：「於戲，小子閎，受茲青社！」』司馬貞索隱：『蔡邕獨斷云：「皇子封爲王，受天子太社之土，若封東方諸侯，則割青土，藉以白茅，授之以立社，謂之茅土。」齊在東方，故云青社。』晋潘岳揚荊州誄：『君以兼資，參戎作弼，用錫土宇，膺茲顯秩。青社白茅，亦朱其紱。』『維城』，借指皇子或皇室宗族。後漢書孝明八王傳贊：『孝明傳胤，維城八國。』唐無可送李長吉之任東井詩：『家世維城後，官資宰邑初。』

（十八）豈謂藏舟易往，過隙難留：『藏舟』，莊子大宗師：『夫藏舟於壑，藏山於澤，謂之固矣，然而夜半有力者負之而走，昧者不知也。』王先謙集解：『舟可負，山可移。宣云：「造化默運，而藏者猶謂在其故處。」』後用以比喻事物不斷變化，不可固守。唐駱賓王樂大夫挽詞之二：『居然同物化，何處欲藏舟。』唐岑參韓員外夫人清河縣君崔氏挽歌之二：『遽聞傷別劍，匆復嘆藏舟。』『過隙』，喻時間短暫，光陰易逝。禮記三年問：『三年之喪，二十五月而畢，若駟之過隙。』唐竇常謁諸葛武侯廟詩：『人同過隙無留影，石在窮沙尚啓行。』

（十九）顧蘭坂而如昨，痛梧宫之遂掩：『坂』，適園叢書作『阪』。『蘭坂』，指長滿蘭草的坡地。唐駱賓王在江南贈宋五之問：『露金熏菊岸，風佩摇蘭坂。』『梧宫』，借指皇宫或

寢宫。樂府詩集郊廟歌辭十二唐韋氏褒德廟樂章：『道赫梧宫，悲盈蒿里。』清陳維嵩寶鼎現題定武蘭亭初拓和蘧庵先生原韻詞：『一自賺入梧宫閉，伴寶衣，長殉幽翳。』

〔二十〕况幼有至性，實由生知：『至性』，多指天賦卓絶的品性。後漢書東平憲王蒼傳：『陛下履有虞之至性，追祖禰之深思，然懼左右過議，以累聖心。』唐劉灣虹縣嚴孝子墓詩：『至性教不及，天然得所資。』『生知』，謂不待學而知之。語本論語季氏：『生而知之者上也。』晋葛洪抱朴子勖學：『人理之曠，道德之遠，陰陽之變，鬼神之情，緬邈玄奥，誠難生知。』

〔二十一〕心惟愛親，殁不忘孝，幽夢克申於告訣，至懇能貫於存亡，言念淪喪，尤深憫惜：此句所言，事見新唐書卷八十二李佋傳載：『恭懿太子佋，始封興王。上元元年薨。佋生，后方專愛，帝最憐之。后數撼儲嫡，欲以佋嗣，會薨，計塞。是夕，帝及后夢佋辭决流涕去，帝鯁悵，故册贈皇太子。』

〔二十二〕是用叶兹純德，贈以元儲：『純德』，純粹的德行。國語鄭語：『建九紀以立純德，合十數以訓百體。』韋昭注：『純，純一不駁也。』淮南子原道訓：『穆忞隱閔，純德獨存。』高誘注：『純，不雜糅也。』『元儲』，儲君。謂太子。晋葛洪抱朴子崇教：『蓋聞帝之元儲必入太學、承師問道……然後可以爲君。』陳書宣帝紀：『自元儲紹國，正位君臨，無道非幾，

佇聞刑措。』

〔二十三〕易曰表稱，俾永徽猷：『曰』，四庫全書作『名』。『表稱』，猶顯揚。北魏酈道元水經注泗水：『昔衛大夫公叔文子升於瑕丘，蘧伯玉從。文子曰：「樂哉斯丘，死則我欲葬焉。」伯玉曰：「吾子樂之，則瑗請前刺其欲害民良田也。」瑕丘之名，蓋因斯以表稱矣。』『徽猷』，美善之道。猷，道。指修養、本事等。參見本卷惠莊太子册文校箋〔十三〕。

〔二十四〕今遣銀青光禄大夫、行中書侍郎、同中書門下平章事、集賢殿崇文館大學士、修國史、上柱國、姑臧縣開國伯李揆：『李揆』，傳見舊唐書卷一百二十六、新唐書卷一百五十。舊唐書其本傳云：『李揆字端卿，隴西成紀人，而家於鄭州，代爲冠族。秦府學士、給事中玄道玄孫，秘書監、贈吏部尚書成裕之子。少聰敏好學，善屬文。開元末，舉進士，補陳留尉，獻書闕下，詔中書試文章，擢拜右拾遺。改右補闕、起居郎，知宗子表疏。遷司勛員外郎、考功郎中，并知制誥。扈從劍南，拜中書舍人。乾元初，兼禮部侍郎。揆嘗以主司取士，多不考實，徒峻其堤防，索其書策，殊未知藝不至者，文史之囿亦不能擒詞，深昧求賢之意也。其試進士文章，請於庭中設五經、諸史及切韻本於牀，而引貢士謂之曰：「大國選士，但務得才，經籍在此，請恣尋檢。」由是數月之間，美聲上聞，未及畢事，遷中書侍郎、平章事、集賢殿崇文館大學士、修國史。揆

美風儀，善奏對，每有敷陳，皆符獻替。肅宗賞嘆之，嘗謂揆曰：「卿門地、人物、文章，皆當代所推。」故時人稱爲三絶。其爲舍人也，宗室請加張皇后「翊聖」之號，肅宗召揆問之，對曰：「臣觀往古后妃，終則有謚。生加尊號，未之前聞。景龍失政，韋氏專恣，加號翊聖，今若加皇后之號，與韋氏同。陛下明聖，動遵典禮，豈可踪景龍故事哉！」肅宗驚曰：「凡才幾誤我家事。」遂止。時代宗自廣平王改封成王，張皇后有子數歲，陰有奪宗之議。揆因對見，肅宗從容曰：「成王嫡長有功，今當命嗣，卿意何如？」揆拜賀曰：「陛下言及於此，社稷之福，天下幸甚，臣不勝大慶。」肅宗喜曰：「朕計決矣。」自此頗承恩遇，遂蒙大用。』

〔二十五〕申予至感，賁爾寵光：『至感』，極誠摯的情感。南史梁紀上武帝：『公永言惟孝，至感通神。』宋史樂志十：『至感祥開，洪輝物睹。』『寵光』，謂恩寵光耀。左傳昭公十二年：『夏，宋華定來聘，通嗣君也。享之，爲賦蓼蕭，弗知，又不答賦。昭子曰：「必亡。宴語之不懷，寵光之不宣，令德之不知，同福之不受，將何以在？」』宋葉適祭陳同甫文：『心事難平，寵光易滿，萬世之長，一朝之短。』

〔二十六〕雖倚門之懷，永銜酸於碣館：『倚門』，戰國策齊策六：『王孫賈年十五，事閔王。王出走，失王之處。其母曰：「女朝出而晚來，則吾倚門而望；女暮出而不還，則吾倚閭而

望。」』後因以『倚門』或『倚閭』謂父母望子歸來之心殷切。唐張説岳州别姚司馬紹之制許歸侍詩：『天從扇枕願，人遂倚門情。』宋曾鞏移明州乞至京迎侍赴任狀：『竊計臣老母之心，聞臣而來，倚門之望，固已深切。』『碣館』，借指王侯府第。唐張彦遠歷代名畫記漢王元昌：『（漢王）天人之姿，博綜伎藝，頗得風韻，自然超舉，碣館深崇，遺迹罕見。』漢王李元昌系唐高祖第七子。

〔二十七〕庶延渥於泉扃：『泉扃』，墓門。亦指陰曹地府。南朝梁江淹蕭太傅謝追贈父祖表：『寵煇泉扃，恩凝松石。』宋陸游傅正議墓志銘：『抱才不試歸泉扃，二妙山立尚典刑。』

哀册文

懿德太子哀册文〔一〕

李　嶠

維神龍二年，歲次景午，夏四月甲戌朔，二十三日景申，懿德太子梓宫啓自洛邑〔二〕，將陪窆於乾陵〔三〕，禮也。廞衣夕陳，祖奠朝設，蜃輅俄軫，龍旗按節〔四〕。皇帝嗟蟻庭之寢龠，惜鳳渚之韜簧，撫萬乘而懷國本，綏六姻而悼乾將〔五〕。情無輟哀，禮有加數，

刻純懿乎金版〔六〕，播聲芳於玉輅〔七〕。其詞曰：靈命將興〔八〕，元符是膺〔九〕，皇基茂立，帝武丕承〔十〕。祥集畫堂〔十一〕，慶流朱邸〔十二〕，棘矢延貺〔十三〕，桐圭備禮〔十四〕。實惟天族〔十五〕，載挺人英，川寶岳秀〔十六〕，虹暉電精〔十七〕。舞象得玄〔十八〕，佩觿聞道〔十九〕，刻舟敏遽，牽衣慧早〔二十〕。幾神闇體，理識宣資〔二十一〕，心韜鐘律，情含蔡蓍〔二十二〕。曰仁曰孝，非訓非師，寬惠深博，温良肅祗〔二十三〕。苞舉六文〔二十四〕，網羅群籍，詩接楚彦，賦延梁客〔二十五〕，淮國傳騷，雲臺對易〔二十六〕。樂善超輩，多才掩昔。乃崇匡衛，實屏實藩〔二十七〕；乃列朝請，爲鴻爲鵷〔二十八〕。揚聲北路，振彩西園；儀表姬戚，光輝舜門〔二十九〕；恭事閫闈，歡迎黨族〔三十〕。怡色玉潤，温詞蘭馥。中外克諧〔三十一〕，親疏允睦。常德有裕，間言無讟〔三十二〕。榮深出幸，寵茂留中〔三十三〕。婉孌群辟，綢繆二宮〔三十四〕。陪輿澤厚，錫馬恩隆〔三十五〕。西蜀欽義，南山向風〔三十六〕。禮縟天孫，望高元嗣。重海闕象，前星虛位〔三十七〕。方輟頒彝，行膺主器〔三十八〕。奄喪門軸，俄催隙駟〔三十九〕。嗚呼哀哉！鳳下朝陽，龍收暝光〔四十〕。瓊田滅彩，桂苑淪芳〔四十一〕。國軫傾翰〔四十二〕，朝悲壞梁。惟靈徵之寂寂〔四十三〕，怨天道之茫茫。嗚呼哀哉！玄聖登期，恩榮下賁〔四十四〕。爰命典册，式昭名謚〔四十五〕。匕鬯雖崇，粢盛不莅〔四十六〕。闔壤同戚，

具寮增欷（四十七）。嗚呼哀哉！築思臺兮竟不旋，還作室兮復何年（四十八）？訪來人兮傷對日，瞻去鶴兮感升天（四十九）。惜明離之虚蹤，悵風樂之徒懸（五十）。懟銀榜之留月，泣銅樓之送烟（五十一）。嗚呼哀哉！司兆獻占，掌圖辨域（五十二）。挽鐸初警，帷帨既飭（五十三）。引文衛之逶迤，度繁笳之凄惻（五十四），纏永慕於青府，結餘酸於紫極（五十五）。嗚呼哀哉！辭交風之近甸（五十六），出避雨之層巒，望八水而遥集，懷三川而顧嘆（五十七）。麥枯兮夏旱（五十八），花落兮春殘。林野晦而天無色，烟雲愁而景欲寒。嗚呼哀哉！税駕昭塗，即宫下土（五十九）。執斧供事，揚麾按部（六十）。藏日兮山門，埋燈兮地户（六十一）。痛平生兮冥漠（六十二），哀倏匆兮今古。視不見兮聽不聞（六十三），天無曉兮夜無分。同變化兮光陰盡，配陽秋兮蘭菊芬（六十四）。嗚呼哀哉！

校　箋

〔一〕此文又見於文苑英華卷八百三十九謚哀册文五，文題作唐懿德太子哀册文。全唐文卷二百四十九亦録此文，署名李嶠。此文文末原未標明頒布時間。考本文文首云：『維神龍二年，

歲次景午，夏四月甲戌朔，二十三日景申。』另李重潤追贈太子時間見本卷邵王贈皇太子制校注一所考，系爲神龍元年（七〇五）四月戊寅（二十九日），則此哀册文的頒布時間應從本文文首所載，系爲神龍二年（七〇六）四月丙申（二十三日），撰寫時間當在是時稍前。又，作者李嶠，傳見舊唐書卷九十四，新唐書卷一百二十三。舊唐書其本傳云：『李嶠，趙州贊皇人，隋内史侍郎元操從曾孫也。代爲著姓，父鎮惡，襄城令。嶠早孤，事母以孝聞。爲兒童時，夢有神人遺之雙筆，自是漸有學業。弱冠舉進士，累轉監察御史。時嶺南邕、嚴二州首領反叛，發兵討擊，高宗令嶠往監軍事。嶠乃宣朝旨，特赦其罪，親入獠洞以招諭之。叛者盡降，因罷兵而還，高宗甚嘉之。累遷給事中。時酷吏來俊臣構陷狄仁杰、李嗣真、裴宣禮等三家，奏請誅之，則天使嶠與大理少卿張德裕、侍御史劉憲覆其獄。德裕等雖知其枉，懼罪，并從俊臣所奏，嶠曰：「豈有知其枉濫而不爲申明哉！孔子曰：見義不爲，無勇也。」乃與德裕等列其枉狀，由是忤旨，出爲潤州司馬。詔入，轉鳳閣舍人。則天深加接待，朝廷每有大手筆，皆特令嶠爲之。時初置右御史臺，巡按天下，嶠上疏陳其得失曰：……則天善之。乃下制分天下爲二十道，簡擇堪爲使者。會有沮議者，竟不行。尋知天官侍郎事，遷麟臺少監。聖曆初，與姚崇偕遷同鳳閣鸞臺平章事，俄轉鸞臺侍郎，依舊平章事，兼修國史。久視元年，嶠舅天官侍郎張錫入知政事，嶠轉成均祭酒，罷知

政事及修史，舅甥相繼在相位，時人榮之。嶠尋檢校文昌左丞、東都留守。長安三年，嶠復以本官平章事，尋知納言事。明年，遷内史。嶠後固辭煩劇，復拜成均祭酒，平章事如故。長安末，則天將建大像於白司馬阪，嶠上疏諫之，其略曰：……疏奏不納。中宗即位，嶠以附會張易之兄弟，出爲豫州刺史。未行，又貶爲通州刺史。數月，徵拜吏部侍郎，封贊皇縣男。無幾，遷吏部尚書，進封縣公。神龍二年，代韋安石爲中書令。』

〔二〕懿德太子梓宫啓自洛邑：『懿德太子』，指唐中宗之子李重潤。傳見舊唐書卷八十六、新唐書卷八十一。舊唐書其本傳載：『懿德太子重潤，中宗長子也。本名重照，以避則天諱，故改焉。開耀二年，中宗爲皇太子，生重潤於東宫内殿，高宗甚悦。及月滿，大赦天下，改元爲永淳。是歲，立爲皇太孫，開府置官屬。及中宗遷於房州，其府坐廢。聖曆初，中宗爲皇太子，封爲邵王。大足元年，爲人所構，與其妹永泰郡主、婿魏王武延基等竊議張易之兄弟何得恣入宫中，則天令杖殺，時年十九。重潤風神俊朗，早以孝友知名，既死非其罪，大爲當時所悼惜。中宗即位，追贈皇太子，謚曰懿德，陪葬乾陵。仍爲聘國子監丞裴粹亡女爲冥婚，與之合葬。又贈永泰郡主爲公主，令備禮改葬，仍號其墓爲陵焉。』『梓宫』，指棺材。漢書霍光傳：『賜金錢、繒絮、綉被百領，衣五十篋，璧珠璣玉衣，梓宫……皆如乘輿制度。』顔師古注：『服虔

曰：「棺也。」以梓木爲之，親身之棺也。爲天子制，故亦稱梓宮。』唐陳子昂請靈駕入京書：『梓宮將遷坐京師，鑾輿亦欲陪幸。』『洛邑』，指洛陽。

〔三〕將陪窆於乾陵：『窆』，墓穴。唐陸龜蒙次幽獨君韻：『如何孤窆裏，猶自讀「三墳」。』新唐書藩鎮傳劉稹：『望氣者言：「其地當三世爲都頭異姓……然窆不過二丈，不利。」』『乾陵』，唐高宗與武則天的合葬墓，在陝西乾縣梁山。

〔四〕廞衣夕陳，祖奠朝設，蜃輅俄軫，龍旗按節：『廞衣』，即喪服、凶服。周禮春官宗伯：『大喪，共其復衣服、斂衣服、奠衣服、廞衣服，皆掌其陳序。』唐權德輿大行皇太后輓歌詞三首：『殿帳金根出，廞衣玉座空。』『祖奠』，出殯前一天晚上的祭奠。陳書陸繕傳：『太子以繕東宮舊臣，特賜祖奠。』宋司馬光翰林彭學士挽辭：『祖奠垂將撤，笳簫儼欲行。』『蜃輅』，即蜃車。南朝陳徐陵陳文帝哀册文：『擗蜃輅於丹陛，攀龍帷於紫庭。』梁書昭明太子統傳：『蜃輅俄軒，龍驂跼步；羽翻前驅，雲旂北禦。』『龍旗』，畫有兩龍蟠結的旗幟。天子儀仗之一。周禮考工記輈人：『龍旂九斿，以象大火也。』鄭玄注：『交龍爲旂，諸侯之所建也。』賈公彦疏：『九斿，正謂天子龍旂。』後漢書明帝紀：『東海王彊薨，遣司空馮魴持節視喪事，賜升龍旄頭、鑾輅、龍旂。』李賢注：『交龍爲旂，唯天子用之，今特賜以葬。』『按節』，停

揮馬鞭。表示徐行或停留。漢書五行志下之下：『南逝度犯大角、攝提，至天市而按節徐行。』顔師古注引服虔曰：『謂行遲。』南朝梁劉勰文心雕龍通變：『然後拓衢路，置關鍵，長轡遠馭，從容按節。』

〔五〕皇帝嗟蟻庭之寢籥，惜鳳渚之韜簧，撫萬乘而懷國本，綏六姻而悼乾將：『蟻庭』，指小小的宫廷，内廷。『寢籥』，指宫廷樂舞散場。『籥』，古管樂器。詩邶風簡兮：『左手執籥。』詩小雅賓之初筵：『籥舞笙鼓。』『鳳渚』，即鳳凰栖居之地，指太子居所。元王惲蝶戀花：『淇水當年麟鳳渚。回首飛翔，落落風雲舉。』『韜』，掩藏。唐杜牧感懷詩一首：『韜舌辱壯心，叫閽無助聲。』『簧』，指笙、竽等樂器。正字通：『簧，笙、竽皆謂之簧。』詩王風揚之水：『左執簧。』『萬乘』，指帝王、帝位。漢書蒯通傳：『隨廝養之役者，失萬乘之權；守儋石之禄者，闕卿相之位。』唐賈島上邠寧邢司徒詩：『馬走千蹄朝萬乘，地分三郡擁雙旌。』『國本』，古代特指確定皇位繼承人，建立太子爲國本。唐大詔令集册遂王爲皇太子文：『建立儲嗣，崇嚴國本。』宋史理宗紀：『景獻太子薨，寧宗以國本未立，選太祖十世孫年十五以上者教育。』『六姻』，猶六親。北史楊椿傳：『故六姻朋友無憾焉。』唐劉長卿别李氏女子詩：『臨歧方教誨，所貴和六姻。』『乾將』，帶兵的男子。『乾』，代表男性。此處指李重潤。

〔六〕刻純懿乎金版：『刻純懿』，明鈔本、適園叢書作『克純懿』。『純懿』，高尚完美。漢張衡東京賦：『今捨純懿而論爽德，以春秋所諱而爲美談。』李善注：『純，大；懿，美也。』周書武帝紀上：『民生而静，純懿之性本均。』『金版』，天子祭告上帝鏤刻告詞的金屬版。亦用以銘記大事，使不磨滅。周禮秋官職金：『旅於上帝，則共其金版。』鄭玄注：『鉼金謂之版。』南朝梁劉孝標廣絶交論：『聖賢以此鏤金版而鐫盤盂。』

〔七〕播聲芳於玉輅：『玉輅』，明鈔本、甲庫本作『玉裕』；四庫全書作『玉牒』。『玉輅』，古代帝王所乘之車，以玉爲飾。淮南子俶真訓：『目觀玉輅琬象之狀，耳聽白雪清角之聲，不能以亂其神。』高誘注：『玉輅，王者所乘，有琬琰象牙之飾。』北齊顔之推顔氏家訓書證：『良馬，天子以駕玉輅。』

〔八〕靈命將興：『靈命』，上天或神靈的意志。南朝宋鮑照從過舊宫詩：『靈命藴川瀆，帝寶伏篇圖。』唐王勃益州夫子廟碑：『杳杳靈命，茫茫天秩，吾道難行，斯文易失。』

〔九〕元符是膺：『元符』，大的祥瑞。漢揚雄長楊賦：『方將俟元符，以禪梁甫之基，增泰山之高。』李善注引晋灼曰：『元符，大瑞也。』南朝梁劉勰文心雕龍封禪：『表權輿，序皇王，炳元符，鏡鴻業……歌之以禎瑞，贊之以介丘。』

〔十〕皇基茂立，帝武丕承：『皇基』，帝王的基業。漢班固西都賦：『圖皇基於億載，度宏規而大起。』三國志吴書胡綜傳：『黄農創代，拓定皇基。』『丕承』，很好地繼承。舊謂帝王承天受命，常曰『丕承』。書君奭：『惟文王德丕承無疆之恤。』漢揚雄法言問明：『成湯，丕承也；文王，淵懿也。或問丕承，曰：「由小致大，不亦丕乎？革夏以天，不亦承乎？」』

〔十一〕祥集畫堂：『畫堂』，古代宫中有彩繪的殿堂。漢書成帝紀：『孝成皇帝，元帝太子也。母曰王皇后，元帝在太子宫生甲觀畫堂，爲世嫡皇孫。』顔師古注：『畫堂，但畫飾耳……霍光止畫室中，是則宫殿中通有彩畫之堂室。』

〔十二〕慶流朱邸：指福澤祐及太子府第。『慶流』，晋陸雲答兄平原詩：『仍世上司，芳流慶雲。』南朝沈約梁北郊登歌：『德表成物，慶流皇代。』『朱邸』，漢諸侯王第宅，以朱紅漆門，故稱朱邸。後泛指貴官府第。南朝齊謝朓拜中軍記室辭隋王箋：『唯待青江可望，候歸艎於春渚；朱邸方開，效蓬心於秋實。』李善注引史記：『諸侯朝天子，於天子之所立舍曰邸，諸侯朱户，故曰朱邸。』世説新語言語：『君自見其朱門。』劉孝標注引高逸沙門傳：『司徒會稽王……與法師結殷勤之歡，師雖升履丹墀，出入朱邸，泯然曠達，不異蓬宇也。』

〔十三〕棘矢延貺：『棘矢』，用棘枝做的箭。左傳昭公十二年：『昔我先王熊繹，辟在荆山……

跋涉山林，以事天子。唯是桃弧、棘矢，以共禦王事。』杜預注：『桃弧，棘矢，以禦不祥。言楚在山林，少所出有。』晋葛洪抱朴子名實：『彍棘矢而望高手於渠廣，策疲駑而求繼軌於周穆。』『貺』，賜給，賜與。國語魯語下：『君之所以貺使臣，臣敢不拜貺。』韋昭注：『貺，賜也。』南朝宋鮑照擬古詩之三：『羞當白璧貺，恥受聊城功。』

〔十四〕桐圭備禮：『桐圭』，史記晋世家：『成王與叔虞戲，削桐葉爲珪以與叔虞，曰：「以此封若。」……於是遂封叔虞於唐。』後以『桐珪』指帝王封拜的符信。唐王勃乾元殿頌：『桐珪作瑞，鳳毛曜丹穴之英；茅壤分維，麟距冠元邱之俊。』唐許孟容享文恭太子廟樂章：『桐珪早貴，象輅追設。』

〔十五〕實惟天族：『實惟』，文苑英華作『寔惟』。『天族』，甲庫本作『天旌』。『天族』，指皇族。晋書慕容超載記：『向見北海王子，天資弘雅，神爽高邁，始知天族多奇，玉林皆寶。』宋周煇清波雜志卷十一：『高宗曰：「天族之貴，溺於燕安，往往自陷非法。」』

〔十六〕載挺人英，川寶岳秀：『挺』，杰出。唐杜甫奉贈韋左丞丈二十二韻：『自謂頗挺出，立登要路津。』『人英』，俊杰，英杰。文子上禮：『明於天地之道，通於人情之理，大足以容衆，惠足以懷遠，智足以知權，人英也。』唐王維送韋大夫東京留守詩：『天工寄人英，龍衮瞻君臨。』『岳

秀』，山岳秀麗。多用以比喻人物翹秀。晉陸雲吴故丞相陸公誄：『山林岳秀，天光乃照。』南朝梁沈約齊臨川王行狀：『雲虚景曖，岳秀川渟；桂蘭不逾其質，珪璋未究其美。』

（十七）虹暉電精：『虹暉』，全唐文作『虹輝』。『電精』，四庫全書作『霓精』。

（十八）舞象得玄：『舞象』，學象舞。象舞，武舞。古代成童所學。禮記内則：『十有三年，學樂，誦詩，舞勺；成童，舞象，學射御。』鄭玄注：『先學勺，後學象，文武之次也。成童，十五以上。』孔穎達疏：『舞象，謂舞武也。熊氏云：「謂用干戈之小舞也。」』後以指成童之年。唐邢璹周易略例序：『臣舞象之年，鼓篋鱣序，漁獵墳典，遍習周易，研窮耽玩，無舍寸陰。』明張煌言奇零草序：『余自舞象，輒好爲詩歌。』

（十九）佩觿聞道：『佩觿』，佩戴牙錐。觿，象骨制成的解繩結的角錐。亦作爲飾物。佩觿，表示已成年，具有才幹。詩衛風芄蘭：『芄蘭之支，童子佩觿。』毛傳：『觿所以解結，成人之佩也。』漢劉向説苑修文：『能治煩决亂者佩觿，能射御者佩韘。』

（二十）刻舟敏遽，牽衣慧早：『刻舟敏遽』，典出三國志魏書曹冲傳：『（冲）少聰察岐嶷，生五六歲，智意所及，有若成人之智。時孫權曾致巨象，太祖欲知其斤重，訪之群下，咸莫能出其理。冲曰：「置象大船之上，而刻其水痕所至，稱物以載之，則校可知矣。」太祖大悦，即施

行焉。」『牽衣』，三國魏文帝曹丕要從冀州遷十萬户到河南去，群臣上諫，不聽。辛毗再去諫，曹丕不答而入内，辛毗牽住他的衣裾。後來終於減去五萬户。見三國志魏書辛毗傳。後以『牽裾』『牽衣』『牽裳』指直言極諫。北齊書孫騰傳：『孫騰牽裾之誠，有足稱美。』唐杜甫建都十二韻：『牽裾恨不死，漏網辱殊恩。』此句喻指懿德太子之早慧聰穎。

〔二十一〕幾神闇體，理識宣資：『幾神』，精微神妙。南朝梁劉勰文心雕龍論説：『次及宋岱、郭象，鋭思於幾神之區。』『理識』，爲政之見識、見解。晋書周馥傳：『馥理識清正，兼有才幹，主定九品，檢括精詳。』世説新語德行：『遂焚之。』南朝梁劉孝標注引阮光禄别傳：『裕淹通，有理識，累遷侍中。』

〔二十二〕心韜鐘律，情含蔡蓍：『鐘律』，音律。漢蔡邕彈琴賦：『爰制雅器，協之鐘律。』宋蘇轍祭范蜀公景仁文：『顧惟平生，篤志鐘律。』『蔡』，占卜用的大龜。左傳襄公二十三年：『且致大蔡焉。』杜預注：『大蔡，大龜。』漢書食貨志下：『元龜爲蔡，非四民所得居，有者，入大卜受直。』『蓍』，草名。多年生草木植物，一本多莖，可入藥。我國古代常用它的莖占卜。易系辭上：『是故蓍之德，圓而神；卦之德，方以知。』詩曹風下泉：『洌彼下泉，浸彼苞蓍。』

〔二十三〕温良肅祇：『肅祇』，猶恭敬。漢司馬相如封禪文：『是以湯武至尊嚴，不失肅祇。』

史記封禪書：『陛下肅祇郊祀，上帝報享，錫一角獸，蓋麟雲。』

〔二十四〕苞舉六文：『六文』，文苑英華、全唐文、適園叢書作『六爻』。『六文』，六種文字，即古文、奇字、篆書、隸書、繆篆、鳥書。南朝宋鮑照飛白書勢銘：『超工八法，盡奇六文。』南史顔協傳：『時又有會稽謝善勛能爲八體六文，方寸千言。』『苞舉』，同『包舉』。統括，全部占有。苞，通『包』。漢賈誼過秦論：『君臣固守，以窺周室，有席卷天下、包舉宇內、囊括四海之意，并吞八荒之心。』『苞』，一本作『包』。唐劉知幾史通敘事：『如魏收代史、吴均齊録，或牢籠一世，或包舉一家，自可申不刊之格言，弘至公之正説。』

〔二十五〕詩接楚彥，賦延梁客：『詩接楚彥』，事見漢書卷三十六楚元王列傳云：『楚元王交字游，高祖同父少弟也。好書，多材藝。少時嘗與魯穆生、白生、申公俱受詩於浮丘伯。伯者，孫卿門人也。及秦焚書，各别去……元王既至楚，以穆生、白生、申公爲中大夫。高后時，浮丘伯在長安，元王遣子郢客與申公俱卒業。文帝時，聞申公爲詩最精，以爲博士。元王好詩，諸子皆讀詩，申公始爲詩傳，號魯詩。元王亦次之詩傳，號曰元王詩，世或有之。』『賦延梁客』，指西漢梁孝王建東苑，在其中廣納賓客，當時名士司馬相如、枚乘、鄒陽等均爲座上客。事見史記梁孝王世家：『孝王，竇太后少子也，愛之，賞賜不可勝道。於是孝王築東苑……大治宫室……

招延四方豪杰，自山以東游説之士莫不畢至。齊人羊勝、公孫詭、鄒陽之屬。」

〔二十六〕淮國傳騷，雲臺對易：『淮國傳騷』，指西漢淮南王劉安著離騷傳獻漢武帝。事見漢書淮南衡山濟北王傳：『初，安入朝，獻所作内篇，新出，上愛秘之。使爲離騷傳，旦受詔，日食時上。』『雲臺』，文苑英華作『雲夢』。『雲臺對易』，指東漢沛獻王劉輔善易經之事。事見東觀漢記卷七：『沛獻王輔，善京氏易。永平五年秋，京師少雨，上御雲臺，召尚席取卦具自卦，以周易卦林占之，其繇曰：「蟻封穴户，大雨將集。」明日大雨。上即以詔書問輔曰：「道豈有是耶？」輔上書曰：「按易卦震之蹇，蟻封穴户，大雨將集。蹇，艮下坎上，艮爲山，坎爲水。山出雲爲雨，蟻穴居而知雨，將雲雨，蟻封穴，故以蟻爲興文。」詔報曰：「善哉！」王次序之。』

〔二十七〕乃崇匡衛，實屏實藩：『匡衛』，扶持護衛，環繞護衛。漢書天文志：『中宫天極星，其一明者，泰一之常居也，旁三星三公，或曰子屬。後句四星，末大星正妃，餘三星後宫之屬也。環之匡衛十二星，藩臣。皆曰紫宫。』南朝宋劉義慶世説新語言語：『身不能以道匡衛，思患預防，愧嘆之深，言何能喻。』『屏』『藩』，屏風和藩籬。詩大雅板：『价人維藩，大師維垣。大邦維屏，大宗維翰。』鄭玄箋：『王當用公卿諸侯及宗室之貴者爲屏藩垣翰，爲輔弼，無疏遠之。』

〔二十八〕乃列朝請，爲鴻爲鵷：『朝請』，漢律，諸侯春天朝見皇帝叫朝，秋天朝見皇帝

叫請。泛指朝見皇帝。史記魏其武安侯列傳：『太后除竇嬰門籍，不得入朝請。』裴駰集解：『律：諸侯春朝天子曰朝，秋曰請。』宋蔡絛鐵圍山叢談卷二：『圍子（指上文賜「馬前圍子二百人」）者，凡朝請，使但止於皇城門外，蓋懼小人之疑謗，時多公之得體也。』『鵷鴻』，鵷雛、鴻雁飛行有序，比喻朝官班行。南朝梁庾肩吾九日侍宴樂游苑應令詩：『雕材濫杞梓，花綬接鵷鴻。』唐高適途中酬李少府贈别之作：『鵷鴻列霄漢，燕雀何翩翩。』

（二十九）揚聲北路，振彩西園；儀表姬戚，光輝舜門：『北路』，北方之路。南朝宋謝靈運撰征賦：『眷北路以興思，看東山而怡目。』『西園』，園林名。在河北省臨漳縣鄴城鎮舊治北，傳爲曹操所建。三國魏曹植公宴詩：『清夜游西園，飛蓋相追隨。』唐張説鄴都引：『城郭爲墟人代改，但見西園明月在。』『儀表』，準則，法式，楷模。管子形勢：『法度者，萬民之儀表也；禮義者，尊卑之儀表也。』漢王逸離騷叙：『終没以來，名儒博達之士，著造詞賦，莫不擬則其儀表，祖式其模範。』『姬』，指黄帝，黄帝姬姓。『舜門』，即舜帝之門。此處指重潤太子如舊唐書其本傳所言『風神俊朗，早以孝友知名』。

（三十）恭事闈闈，歡迎黨族：『闈闈』，古時婦女所居内室。多指内宫。漢班固述成紀：『孝成煌煌，臨朝有光，威儀之盛，如圭如璋。闈闈恣趙，朝政在王，炎炎燎火，亦允不陽。』李善

注：『閫闈，閫門之内也。』北齊書神武婁后傳：『神武既有澄清之志，傾産以結英豪，密謀秘策，后恒參預。及拜渤海王妃，閫闈之事悉決焉。』『黨族』，黨與和親族。漢董仲舒春秋繁露立元神：『釋其讎怨，視其所争。差其黨族，所依爲臬。據位治人，用何爲名。累日積久，何功不成？』

〔三十一〕中外克諧：『中外』，宫内和宫外。管子君臣下：『是以中外不通，讒慝不生，婦言不及宫中之事，而諸臣子弟無宫中之交。』史記李斯列傳：『中外若一，事無表裏。』『克諧』，能和諧。書舜典：『八音克諧，無相奪倫，神人以和。』唐李景亮李章武傳：『既而兩心克諧，情好彌切。』

〔三十二〕常德有裕，間言無讟：『常德』，文苑英華、全唐文作『恒德』。『間言』，亦作『閑言』，非議，異議。南朝齊王儉褚淵碑文：『孝敬淳深，率由斯至，盡歡朝夕，人無閑言。』宋司馬光故處士贈尚書都官郎中司馬君行狀：『夫人爲人，慈柔勤儉，中外宗族，咸慕仰之，始終一無間言。』『讟』，怨恨。漢張衡思玄賦：『旦獲讟於群弟兮，啓金縢而乃信。』梁書邵陵携王綸傳：『豈得自違物望，致招群讟！』

〔三十三〕榮深出幸，寵茂留中：『出幸』，謂帝王出外所至。後漢書楊賜傳：『又聞數微行出幸苑囿，觀鷹犬之埶，極槃游之荒，政事日墮，大化陵遲。』『留中』，指留在朝中任職。

唐戴叔倫奉天酬别鄭諫議詩：『拜闕奏良圖，留中沃聖謨。』宋岳珂程史吴畏齋謝贊啓：『吴畏齋自鄂召，過京口……既而留中爲大蓬，未幾，遂以秘撰帥荆。』

〔三十四〕婉孌群辟，綢繆二宫：『婉孌』，依戀貌。晋陸機漢高祖功臣頌：『盧綰自微，婉孌我皇。』南朝梁江淹思北歸賦：『夫以雄才不世之主，猶儲精於沛鄉；奇略獨出之君，尚婉戀於樊陽。』『群辟』，謂四方諸侯，亦統指王侯、公卿、大夫、士。書周官：『六服群辟，罔不承德。』孔傳：『六服諸侯，奉承周德。』漢張衡西京賦：『正殿路寢，用朝群辟。』薛綜注：『群辟，謂王侯、公卿、大夫、士也。』『綢繆』，情意殷切。漢李陵與蘇武詩之二：『獨有盈觴酒，與子結綢繆。』三國魏吴質答東阿王書：『奉所惠貺，發函伸紙，是何文采之巨麗，而慰喻之綢繆乎！』吕延濟注：『綢繆，謂殷勤之意也。』『二宫』，指帝與太子。北齊顔之推顔氏家訓風操：『江左朝臣子孫初釋服，朝見二宫，皆當涕泣，二宫爲之改容。』南朝梁沈約齊故安陸昭王碑文：『二宫軫痛，遐邇同哀。』吕向注：『二宫，天子、太子也。』

〔三十五〕陪輿澤厚，錫馬恩隆：『陪輿』，謂隨從護駕。唐李嶠和曲典設扈從東郊憶弟：『玉關方叱馭，桂苑正陪輿。桓嶺嗟分翼，姜川限饋魚。』『錫馬』，文苑英華、全唐文作『賜馬』。『錫馬』，典出周易注疏卷四晋：『康侯用錫馬蕃庶，晝日三接。象曰：晋，進也，明出地上。順而

麗乎大明，柔進而上行，是以「康侯用錫馬蕃庶，晝日三接」也。』孔穎達疏：『晉者，卦名也。晉之爲義，進長之名。此卦明臣之升進，故謂之晉。康者美之名也，侯謂升進之臣也。臣既柔進，天子美之，賜以車馬，蕃多而衆庶，故曰「康侯用錫馬蕃庶」也。晝日三接者，言非惟蒙賜蕃多，又被親寵頻數，一晝之間三度接見也。』

〔三十六〕南山向風：典出毛詩正義國風召南甘棠：『毛詩序：甘棠，美召伯也。召伯之教，明於南國。』『向風』，歸依，仰慕。宋蘇軾御試制科策：『今陛下處積安之時，乘不拔之勢，拱手垂裳而天下向風。』

〔三十七〕重海闕象，前星虛位：『重海』，據晉崔豹古今注：『漢明帝爲太子，樂人作歌詩四章，曰：日重光，月重輪，星重輝，海重潤。』以喻太子。『前星』，漢書五行志下之下：『心，大星，天王也。其前星，太子；後星，庶子也。』後因以前星指太子。南朝梁沈約胤雅：『前星比耀，克隆萬壽。』唐劉禹錫蘇州賀册皇太子箋：『蒼震發前星之輝，黄離表重輪之瑞。』

〔三十八〕方輟須彝，行膺主器：『須彝』，甲庫本、四庫全書作『須尋』。『彝』，古代祭祀常用禮器的總稱。左傳：『官司彝器』。『主器』，器，祭器。易序卦：『主器者莫若長子。』古代國君的長子主宗廟祭器，因以稱太子爲『主器』。南朝梁簡文帝蒙華林園戒詩：『執珪守藩

國，主器作元貞。』南朝梁沈約齊故安陸昭王碑文：『禁旅尊嚴，主器彌固。』

〔三十九〕奄喪門軸，俄催隙駟：『奄喪門軸』，典出漢書景十三王傳：『上征榮（漢景帝之子劉榮）。榮行，祖於江陵北門，既上車，軸折車廢。江陵父老流涕竊言曰：「吾王不反矣！」榮至，詣中尉府對簿。中尉郅都簿責訊王，王恐，自殺。葬藍田，燕數萬銜土置冢上。百姓憐之。』『俄催』，四庫全書作『俄摧』。『隙駟』，禮記注疏卷五十八三年問：『將由夫修飾之君子與？則三年之喪，二十五月而畢，若駟馬之過隙。』東漢鄭玄注：『駟之過隙，喻疾也。』孔穎達疏：『駟謂駟馬，隙謂空隙。駟馬駿疾，空隙狹小，以駿疾而過狹小，言急速之甚。』

〔四十〕龍收瞑光：原作『龍牧』，今據文苑英華、四庫全書、適園叢書改。『瞑光』，指夜色。明王世貞和徐荊州覆水歌：『真珠錯落瞑光破，老鮫無聲泪潛墮。』

〔四十一〕瓊田滅彩，桂苑淪芳：『瓊田』，傳説中能生靈草的田。十洲記祖洲：『鬼谷先生云：「此草是東海祖洲上，有不死之草，生瓊田中，或名爲養神芝。其葉似菰，苗叢生，一株可活一人。」』北周庾信周趙國公夫人紇豆陵氏墓志銘：『胡香四兩，嗟西域之使稀；靈草一枝，恨瓊田之路絶。』唐顧况朝上清歌：『瓊田瑶草，壽無涯些。』『桂苑』，栽有桂樹的林園。南朝宋謝莊月賦：『乃清蘭路，肅桂苑。』李善注：『桂苑，有桂之苑。』北周庾信咏畫屏風之四：『逍

遥游桂苑，寂絶到桃源。」

〔四十二〕國軫傾翰：『軫』，悲痛。楚辭九章懷沙：『鬱結紆軫兮，離慜而長鞠。』朱熹集注：『軫，痛也。』『翰』，通『幹』，草木的莖幹，引申爲骨幹、維護者、支持者。詩小雅桑扈：『之屏之翰，百辟爲憲。』詩大雅板：『大邦維屏，大宗維翰。』

〔四十三〕惟靈徵之寂寂：『靈徵』，祥瑞的徵兆。晋王嘉拾遺記魏：『父老云：「當秦末，二石相去百餘步，蕪没無有蹊徑。及魏帝之始，稍覺相近，如雙闕。」土石陰類，魏爲土德，斯爲靈徵。』

〔四十四〕玄聖登期，恩榮下賁：『玄聖』，指有大德而無爵位的聖人。莊子天道：『以此處上，帝王天子之德也；以此處下，玄聖素王之道也。』南朝梁劉勰文心雕龍原道：『玄聖創典，素王述訓。』『下賁』，敬語，下降，降臨。語出詩小雅白駒：『賁然來思。』『賁然』，盛飾光采之貌。宋周密齊東野語蜜章密章：『王崇述神道碑云：没代流慶，密章下賁。』

〔四十五〕式昭名謚：『式昭』，用以光大。後漢書張衡傳：『朝有所聞，則夕行之。立功立事，式昭德音。』李賢注：『逸詩曰：「祈招之愔愔，式昭德音。」式，用也；昭，明也。』唐玄奘大唐西域記羯若鞠闍國：『罄捨國珍，奉爲先王建此伽藍，式昭勝業。寡德無祐，有斯灾異！

咎徵若此，何用生爲！』

（四十六）匕鬯雖崇，粢盛不莅：『不莅』，明鈔本、適園叢書作『下莅』。『匕鬯』，文苑英華作『謚鬯』。『匕鬯』，易震：『震驚百里，不喪匕鬯。』王弼注：『匕，所以載鼎實；鬯，香酒。奉宗廟之盛也。』後代指宗廟祭祀。南朝陳徐陵皇太子臨辟雍頌：『皇太子耀彼重離，光茲匕鬯，儀以天文，化成天下。』唐陳子昂大周受命頌：『臣聞天無二日，土無二王，皇帝嗣武，以主匕鬯，豈不宜乎！』『粢盛』，古代盛在祭器内以供祭祀的穀物。漢書文帝紀：『親率耕，以給宗廟粢盛。』宋吴自牧夢粱録明堂差五使執事官：『而其總務官，職任甚繁……如擦祭器，滌濯無垢，以奉粢盛。』

（四十七）具寮增欷：『具寮』，亦作『具僚』，官員，百官。南朝梁沈約梁雅歌誠雅之一：『出杳冥，隆無象，皇情肅，具僚仰。』北史楊尚希傳：『或地無百里，數縣并置；或户不滿千，二郡分領。具僚以衆，資費日多。』『增欷』，更加悲傷。楚辭九辯：『憯凄增欷兮，薄寒之中人。』漢司馬相如長門賦：『舒息悒而增欷兮，蹤履起而彷徨。』

（四十八）築思臺兮竟不旋，還作室兮復何年：『築思臺』，典出漢書戾太子劉據傳：『戾太子據……武帝末，衛后寵衰，江充用事，充與太子及衛氏有隙，恐上晏駕後爲太子所誅，會巫

蠱事起，充因此爲奸。是時，上春秋高，意多所惡，以爲左右皆爲蠱道祝詛，窮治其事。丞相公孫賀父子，陽石、諸邑公主，及皇后弟子長平侯衛伉皆坐誅。語在公孫賀、江充傳。充典治巫蠱，既知上意，白言宫中有蠱氣，入宫至省中，壞御座掘地。上使按道侯韓説、御史章贛、黄門蘇文等助充。充遂至太子宫掘蠱，得桐木人。時上疾，辟暑甘泉宫，獨皇后、太子在。太子召問少傅石德，德懼爲師傅并誅，因謂太子曰：「前丞相父子、兩公主及衛氏皆坐此，今巫與使者掘地得徵驗，不知巫置之邪，將實有也，無以自明，可矯以節收捕充等繫獄，窮治其奸詐。且上疾在甘泉，皇后及家吏請問皆不報，上存亡未可知，而奸臣如此，太子將不念秦扶蘇事耶？」太子急，然德言。征和二年七月壬午，乃使客爲使者收捕充等。按道侯説疑使者有詐，不肯受詔，客格殺説。御史章贛被創突亡，自歸甘泉。太子使舍人無且持節夜入未央宫殿長秋門，因長御倚華具白皇后，發中廄車載射士，出武庫兵，發長樂宫衛，告令百官曰江充反。乃斬充以徇，炙胡巫上林中。遂部賓客爲將率，與丞相劉屈氂等戰。長安中擾亂，言太子反，以故衆不肯附。太子兵敗，亡，不得……太子之亡也，東至湖，藏匿泉鳩里。主人家貧，常賣屨以給太子。太子有故人在湖，聞其富贍，使人呼之而發覺。吏圍捕太子，太子自度不得脱，即入室距户自經。山陽男子張富昌爲卒，足蹋開户，新安令史李壽趨抱解太子，主人公遂格鬭死，皇孫二人皆并遇害……久之，巫

蠱事多不信。上知太子惶恐無他意，而車千秋復訟太子寃，上遂擢千秋爲丞相，而族滅江充家，焚蘇文於横橋上，及泉鳩里加兵刃於太子者，初爲北地太守，後族。上憐太子無辜，乃作思子宫，爲歸來望思之臺於湖。天下聞而悲之。」『作室』，語出書周書梓材：『若作室家，既勤垣墉，惟其塗墍茨。』指治國之才。

〔四十九〕訪來人兮傷對日，瞻去鶴兮感升天：『去鶴』，四庫全書作『雲鶴』。『訪來人』句，典出南朝宋劉義慶世説新語夙惠：『晋明帝數歲，坐元帝膝上，有人從長安來……因問明帝：「汝意謂長安何如日遠？」答曰：「日遠。不聞人從日邊來，居然可知。」元帝異之。明日，集群臣宴會，告以此意，更重問之。乃答曰：「日近。」元帝失色曰：「爾何故異昨日之言邪？」答曰：「舉目見日，不見長安。」』後因以『對日』爲形容幼年聰慧之典。北周庾信傷王司徒褒詩：『青衿已對日，童子即論天。』唐王維恭懿太子挽歌：『舼天王子去，對日聖君憐。』『瞻去』句，典出漢劉向列仙傳卷上王子喬：『王子喬，周靈王太子晋也。好吹笙，作鳳鳴。游伊洛間，道士浮丘公接上嵩山。十餘年後，來於山上，告桓良曰：「告我家，七月七日待我緱氏山頭。」果乘白鶴駐山顛，望之不得到，舉手謝時人而去。』

〔五十〕惜明離之虚懸，悵風樂之徒懸：『風樂』，文苑英華、四庫全書作『鳳樂』。『明

離』，易離：『明兩作離，大人以繼明照於四方。』孔穎達疏：『明兩作離者，離爲日，日爲明。今有上下二體，故云明兩作離也。』後因以『明離』指太陽。南朝梁簡文帝昭明太子集序：『昭明太子懸明離之極照，履得一之休徵。』『風樂』，猶音樂。唐虞世南和鑾輿頓戲下：『瑤山盛風樂，抽簡薦徒謠。』

〔五十一〕懟銀榜之留月，泣銅樓之送烟：『懟銀榜』，文苑英華作『對銀榜』。『銀榜』，宮殿或廟宇門端所懸的輝煌華麗的匾額。神異經中荒經：『東方有宮，青石爲墻，高三仞，左右闕高百尺，畫以五色，門有銀榜。』唐杜甫樂游園歌：『閶闔晴開詄蕩蕩，曲江翠幕排銀榜。』蕭滌非注：『銀榜，宮殿門端所懸金碧輝煌的匾額。』『銅樓』，漢書成帝紀載：『上嘗急召，太子出龍樓門，不敢絶馳道，西至直城門，得絶乃度，還入作室門。』三國魏張晏注：『門樓上有銅龍，若白鶴、飛廉之爲名也。』

〔五十二〕司兆獻占，掌圖辨域：『兆占』，龜卜，占卜。漢書王莽傳上：『陛下奉天洪範，心合寶龜，膺受元命，豫知成敗，咸應兆占。』後漢書桓帝紀：『永惟大宗之重，深思嗣續之福；詢謀臺輔，稽之兆占。』『辨域』，語出周禮春官保章氏：『保章氏掌天星，以志星辰、日月之變動，以觀天下之遷，辨其吉凶。以星土辨九州之地，所封封域，皆有分星，以觀妖祥。』

〔五十三〕挽鐸初警，帷幌既飭：『挽鐸』，文苑英華作『輓鐸』。『初警』，全唐文作『初驚』。『帷帨』，文苑英華、適園叢書作『帷幌』；四庫全書作『帷幌』。『鐸』，鈴鐺。説文：『鐸，大鈴也。軍法五人爲伍，五伍爲兩，兩司馬執鐸。』周禮小宰：『徇以木鐸。』『帷帨』，同『帷幌』，室内的帷幔。南朝梁何遜七召：『聞疾雷於階枒，美奔星於帷幌。』南朝梁任昉述異記：『帷幌之間，有紫烟飄飖，風吹近人，其香非常。』

〔五十四〕引文衛之逶迤，度繁笳之淒惻：『逶迤』，四庫全書作『邐迤』。『文衛』，儀仗警衛。唐許敬宗奉和元日應制：『武帳臨光宅，文衛象鈎陳。』唐楊思玄奉和聖制過温湯：『風威肅文衛，日彩鏡雕輿。』『淒惻』，文苑英華作『淒慘』。

〔五十五〕結餘酸於紫極：『酸』，悲痛。北齊朱敬範朱岱林墓志銘：『日磾觀狀，益增酸哽。』三國魏阮籍咏懷：『對酒不能言，淒愴懷酸辛。』『紫極』，星名。借指帝王的宫殿。晋潘岳西征賦：『厭紫極之閑敞，甘微行以游盤。』李善注：『紫極，星名，王者爲宫以象之。曹植上表曰：「情注於皇居，心在乎紫極。」』唐吴兢貞觀政要論納諫：『陛下高居紫極，寧濟蒼生。』

〔五十六〕辭交風之近甸：『交』，交叉，交錯，錯雜。莊子天地：『交臂歷指。』詩秦風小戎：『交韔二弓。』『近甸』，指都城近郊。晋書食貨志：『此又三魏近甸，歲當復入數十

萬斛穀。』舊唐書崔慎由傳：『或以京都紛擾，委制置於中朝；或以鑾輅播遷，俾奉迎於近甸。』

〔五十七〕望八水而遥集，懷三川而顧嘆：『遥集』，四庫全書作『摇集』。『八水』，八川。初學記卷六引晉戴祚西征記：『關内八水：一涇，二渭，三灞，四滻，五澇，六潏，七灃，八滈。』唐駱賓王帝京篇詩：『五緯連影集星躔，八水分流横地軸。』亦用來借指關中地區。唐韋莊和鄭拾遺秋日感事一百韻：『盜據三秦地，兵纏八水鄉。』『遥集』，謂從遠處聚集。漢揚雄劇秦美新：『遥集乎文雅之囿，翺翔乎禮樂之場。』南朝宋顔延之陶徵士誄：『嗟乎若士，望古遥集。』『三川』，指洛陽。南朝宋顔延之北使洛陽詩：『前登陽城路，日夕望三川。』唐王維送韋大夫東京留守詩：『雲旗蔽三川，畫角發龍吟。』趙殿成注：『史記索隱：三川，今洛陽也。』

〔五十八〕麥枯兮夏旱：『麥枯』，甲庫本、四庫全書作『菱枯』。

〔五十九〕税駕昭塗，即宫下士：『昭塗』，文苑英華、全唐文作『昭途』。『税駕』，猶解駕，停車。謂休息或歸宿。『税』，通『挩』『脱』。史記李斯列傳：『物極則衰，吾未知所税駕也。』司馬貞索隱：『税駕，猶解駕，言休息也。李斯言己今日富貴已極，然未知向後吉凶，止泊在何處也。』三國魏曹植洛神賦：『爾乃税駕乎蘅皋，秣駟乎芝田。』『昭塗』，『昭』，古時宗法制度，宗廟次序，始祖居中，二世、四世、六世位於始祖之左方，稱『昭』；三世、五世、七世，

位於右方，稱『穆』。又墳地葬位的左右次序也按此規定排列。南朝齊謝朓奉和隨王殿下詩其六：『歸興憑大造，昭塗良易筌。』南朝梁王僧孺從子永寧令謙誄：『昭塗長已，大夜斯安。』『下土』，低窪之地。書禹貢：『厥土惟壤，下土墳壚。』孔傳：『高者壤，下者壚。』此處指入土埋葬。

〔六十〕執斧供事，揚麾按部：『供事』，奉事，履行職責。漢韋玄成戒子孫詩：『我既茲恤，惟夙惟夜；畏忌是申，供事靡惰。』『按部』，帶領部屬。東觀漢記祭遵傳：『將軍連年拒難，衆兵即却，復獨按部，功勞爛然。』

〔六十一〕藏日兮山門，埋燈兮地户：『埋燈』，文苑英華、全唐文、適園叢書作『埋鐙』。『兮』，四庫全書作『於』。『山門』，墓門。宋書袁顗傳：『奈何毀擲先基，自蹈凶戾。山門蕭瑟，松庭誰掃？』『地户』，泛指大地。唐王勃彭州九隴縣龍懷寺碑：『粤若真元混沌，抱一氣於天門；象化童蒙，構三靈於地户。』

〔六十二〕痛平生兮冥漠：『冥漠』，全唐文作『冥寞』，指空無所有。晉陸機弔魏武帝文：『悼繐帳之冥漠，怨西陵之茫茫。』南朝宋顔延之拜陵有作：『衣冠終冥漠，陵邑轉葱青。』劉良注：『冥漠，虚無也。』

〔六十三〕視不見兮聽不聞：『聽不聞』，文苑英華、全唐文作『呼不聞』。

〔六十四〕配陽秋兮蘭菊芬：『陽』，顏色鮮明。呂氏春秋：『得時之麻，必芒以長，疏節而色陽。』『蘭菊』，文苑英華作『菊蘭』。

節愍太子哀册文〔一〕

李乂

維景雲元年，十月朔日，節愍太子梓宮啓自鄠杜〔二〕。粵某日，將陪窆於定陵〔三〕，禮也。儼衛初引，鳳仙將遠，閱少海而不留，赴窮泉而莫返〔四〕。皇帝懷副君之大義，降猶子之深慈〔五〕，飾忠烈於逝者，備哀榮以送之。漢幄虛侍，周墻肅事，思臺空築，幽埏永閟〔六〕。金相兮玉裕，揆行兮旌能，峻節兮無泯，芳聲兮有恒〔七〕。其詞曰：素雲流祉，白水呈祥〔八〕，祀及百代，威加萬方。勃焉家國，赫矣皇王，帝子攸降，乾男以將〔九〕。邁德誕靈，懷文抱質，漢臺占雨，秦京近日〔十〕。敏對不群，能言罕匹，藝該百變，詞含六律〔十一〕。朝霞自舉，夜月嘗游〔十二〕，醴薦推穆，書成重鄒〔十三〕。典戎仙衛，作牧神州，是謂元子，光膺孟侯〔十四〕。少陽正位，太學知道〔十五〕，春誦夏弦〔十六〕，尊師敬老。榮承玉匕，寵殷瑜珮〔十七〕，三善不忘，四章旋逮〔十八〕。過闕則下〔十九〕，入廟斯趨，曰仁與孝，終始不渝。聖敬日躋〔二十〕，温文歲廣，望高周副，才優魏兩〔二十一〕。

用事有倫〔二十二〕，出言無黨，政成中外，聲溢天壤〔二十三〕。邪臣作蠱，匹夫知愧，不顧身尤，將夷國難〔二十四〕。忠義期杖，謀猷是斷，獲戾宫朝，歸魂霄漢〔二十五〕。白駒過隙，蒼蠅止藩，水逝西沼，霜雕北園〔二十六〕。鶴闕誰馭，鳩里徒冤，暝目於此，傷心詎論〔二十七〕？嗚呼哀哉！重日淪輝，前星墜彩，形神溘謝，德音如在〔二十八〕。物是人非，年移運改，聖明延鑒，徽章有待〔二十九〕。聖明伊何，慶逢開闢；延鑒伊何，恩降典册〔三十〕。即鳴鳳之崗嶺，啓占烏之墜宅〔三十一〕，人辭中壘之桑，烏思平陵之柏〔三十二〕。地如伊水，山連地市〔三十三〕，嗟委化於仙期〔三十四〕，欲問安於神里。五營成列，萬國銜酸，挽鐸朝喝，旌麾曉寒〔三十五〕。指牽牛以南渡，乘飲龍而北傃〔三十六〕，顧青舍兮非春，掩玄扉兮大暮〔三十七〕。昔之來矣，銀榜銅樓〔三十八〕；今之往矣，曠野荒丘。冉冉兮辰促，蒼蒼兮道悠，惟聲華與純懿，比金石而恒留〔三十九〕。嗚呼哀哉！

校箋

〔一〕本文又見於文苑英華卷八百三十九，作者爲李乂。全唐文卷二百六十六亦録此文，作

者與文苑英華同。此文文首標明時間爲『景雲元年，十月朔日』。考舊唐書卷八十六高宗中宗諸子列傳載：『謚曰節愍，陪葬定陵。』卷七睿宗紀載：『十一月己酉，葬孝和皇帝於定陵。』新唐書卷八十一三宗諸子列傳亦載：『睿宗立，加贈謚，陪葬定陵。』又，資治通鑒卷二百一十景雲元年亦記：『（十一月）己酉，葬孝和皇帝於定陵，廟號中宗。』據上引諸史籍所載，節愍太子下葬時間爲景雲元年十一月己酉，而此文頒布時間從本文文首所記，爲景雲元年（七一〇）十月朔日（一日），其撰寫時間當在是時稍前。又，作者李乂，傳見舊唐書卷一百一，新唐書卷一百一十九。舊唐書其本傳云：『李乂，本名尚真，趙州房子人也。少與兄尚一、尚貞俱以文章見稱，舉進士。景龍中，累遷中書舍人。時中宗遣使江南分道贖生，以所在官物充直。乂上疏曰……乂知制誥凡數載。景雲元年，遷吏部侍郎，與宋璟、盧從愿同時典選，銓叙平允，甚爲當時所稱。』

〔二〕節愍太子梓宫啓自鄠杜：明鈔本、甲庫本、四庫全書作『子節愍太子梓宫啓自鄠杜』；適園叢書作『節愍太子梓宫自鄠杜』。『節愍太子』，指唐中宗之子李重俊。傳見舊唐書卷八十六、新唐書卷八十一。舊唐書其本傳云：『節愍太子重俊，中宗第三子也。聖曆元年，封義興郡王。長安中，累授衛尉員外少卿。神龍初，封衛王，拜洛州牧，賜實封千户，尋遷左衛大將軍，兼遥授揚州大都督。二年秋，立爲皇太子。重俊性雖明果，未有賢師傅，舉事多不法。俄以

秘書監楊璬、太常卿武崇訓并爲太子賓客。璬等皆主婿年少，唯以蹴鞠猥戲取狎於重俊，竟無調護之意。左庶子姚珽數上疏諫諍，右庶子平貞慎又獻孝經議、養德傳以諷，重俊皆優納焉。時武三思得幸中宮，深忌重俊。三思子崇訓尚安樂公主，常教公主凌忽重俊，以其非韋氏所生，常呼之爲奴。或勸公主請廢重俊爲王，自立爲皇太女，重俊不勝忿恨。三年七月，率左羽林大將軍李多祚、右羽林將軍李思沖、李承況、獨孤禕之、沙吒忠義等，矯制發左右羽林兵及千騎三百餘人，殺三思及崇訓於其第，并殺黨與十餘人。又令左金吾大將軍成王千里分兵守宮城諸門，自率兵趨肅章門，斬關而入，求韋庶人及安樂公主所在。又以昭容上官氏素與三思奸通，扣閤索之。韋庶人及公主遽擁帝馳赴玄武門樓，召左羽林將軍劉仁景等，令率留軍飛騎及百餘人於樓下列守。俄而多祚等兵至，欲突玄武門樓，宿衛者拒之，不得進。帝據檻呼多祚等所將千騎，謂曰：「汝并是我爪牙，何故作逆？若能歸順，斬多祚等，與汝富貴。」於是千騎王歡喜等倒戈，斬多祚及李承況、獨孤禕之、沙吒忠義等於樓下，餘黨遂潰散。重俊既敗，率其屬百餘騎趨肅章門，奔終南山。帝令長上果毅趙思慎率輕騎追之。重俊至鄠縣西十餘里，騎不能屬，唯從奴數人。會日暮憩林下，爲左右所殺。制令梟首於朝，又獻之於太廟，并以祭三思、崇訓尸柩。睿宗即位，下制曰：「朕聞曾氏之孝也，慈親惑於疑聽；趙虜之族也，明主哀而望思。歷考前聞，率由舊典。重俊，

大行之子，元良守器。往罹構間，困於讒嫉。莫顧鈇鉞，輕盜甲兵，有此誅夷，無不悲惋。今四凶咸服，十起何追，方申赤軍之冤，以紓黃泉之痛。可贈皇太子。」謚曰節愍，陪葬定陵。」『梓宫』，皇帝、皇后的棺材。漢書霍光傳：『賜金錢、繒絮、綉被百領，衣五十篋，璧珠璣玉衣，梓宫……皆如乘輿制度。』顔師古注：『服虔曰：「棺也。」以梓木爲之，親身之棺也。爲天子制，故亦稱梓宫。』唐陳子昂請靈駕入京書：『梓宫將遷坐京師，鑾輿亦欲陪幸。』『鄠杜』，鄠縣（今鄠邑区）與杜陵。杜陵，漢宣帝陵墓。靠近長安，爲勝地。漢班固西都賦：『商洛緣其隈，鄠杜濱其足。』唐許渾别劉秀才詩：『孤帆夜别瀟湘雨，廣陌春期鄠杜花。』

〔三〕將陪窆於定陵：『窆』，將棺木葬入墓穴。説文：『窆，葬下棺也。』儀禮鄉師：『乃窆。』『定陵』，唐中宗李顯的陵寢，位於陝西省富平縣北十二公里的宫里鎮三鳳村北的鳳凰山。

〔四〕蜃衛初引，鳳仙將遠，閲少海而不留，赴窮泉而莫返：『蜃衛初引』，文苑英華作『蜃衛初列』。『蜃衛』，即蜃車。南朝齊謝朓齊敬皇后哀策文序：『懷蜃衛而延首，想鷖輅而撫心。』張銑注：『蜃衛，蜃車也。』明王志堅表異録凶喪：『文選「蜃衛」「鷖輅」，皆天子柩車也。』『鳳仙』，借指仙女。唐趙嘏贈仙女詩：『水思雲情小鳳仙，月含花態語如弦。』『少海』，指渤海。也稱幼海。山海經東山經：『南望幼海。』晉郭璞注：『即少海也。』韓非子外儲説左上：『齊

景公游少海。」後比喻太子。唐杜甫壯游詩：『崆峒殺氣黑，少海旌旗黄。』『窮泉』，猶九泉，指墓中。晉潘岳哀永逝文：『委蘭房兮繁華，襲窮泉兮朽壤。』吕延濟注：『窮泉，墓中也。』唐白居易李白墓詩：『可憐荒隴窮泉骨，曾有驚天動地文。』

〔五〕皇帝懷副君之大義，降猶子之深慈：『副君』，太子。漢荀悦漢紀宣帝紀一：『太子，國儲副君，官屬師友必取天下英俊。』南朝梁劉勰文心雕龍時序：『文帝以副君之重，妙善辭賦。』『猶子』，指侄子。禮記檀弓上：『喪服，兄弟之子，猶子也，蓋引而進之也。』本指喪服而言，謂爲己之子期，兄弟之子亦爲期。後因稱兄弟之子爲猶子。漢人稱爲從子。南朝梁任昉爲齊明帝讓宣城郡公第一表：『太祖高皇帝篤猶子之愛，降家人之慈；世祖武帝情等布衣，寄深同氣。』

〔六〕漢幄虛侍，周墻肅事，思臺空築，幽埏永閟：『漢幄』句，以漢明帝劉莊之典喻節愍太子之年少聰慧。典出後漢書劉隆傳：『是時，天下墾田多不以實，又户口年紀互有增減。十五年，詔下州郡檢覈其事，而刺史、太守多不平均，或優饒豪右，侵刻羸弱，百姓嗟怨，遮道號呼。時，諸郡各遣使奏事，帝見陳留吏牘上有書，視之，云：「潁川、弘農可問，河南、南陽不可問。」帝詰吏由趣，吏不肯服，抵言於長壽街上得之。帝怒。時，顯宗爲東海公，年十二，在幄後言曰：「吏

受郡敕，當欲以墾田相方耳。」帝曰：「即如此，何故言河南、南陽不可問？」對曰：「河南帝城，多近臣，南陽帝鄉，多近親，田宅逾制，不可爲準。」帝令虎賁將詰問吏，吏乃實首服，如顯宗對。於是遣謁者考實，具知奸狀。」『周墻』，指宫廷園林中的圍墻。語出西漢班固西都賦：『陂池連乎蜀漢，繚以周墻，四百餘里。』『思臺』，典出漢書戾太子劉據傳，參見上篇校箋〔四十八〕。『幽埏』，墓道。梁書昭明太子統傳：『幽埏夙啓，玄宫獻成。』唐駱賓王祭趙郎將文：『異域幽埏，但有新栽松柏；他鄉古木，非復舊邑枌榆。』

〔七〕金相兮玉裕，揆行兮旌能，峻節兮無泯，芳聲兮有恒：『金相兮玉裕』，同『金相玉質』，形容人或物外表和内質俱美。漢王逸離騷序：『所謂金相玉質，百世無匹，名垂罔極，永不刊滅者矣。』周書蘇綽傳：『若刀筆之中而得志行，是則金相玉質，内外俱美，實爲人寶也。』『揆』，揆度，大致估量現實狀況。楚辭離騷：『皇覽揆予初度兮，肇錫予以嘉名。』論衡實知：『凡聖人見禍福也，亦揆端推類。』『峻節』，高尚的節操。南朝宋顔延之秋胡詩：『峻節貫秋霜，明艷侔朝日。』唐羅隱寄鍾常侍詩：『峻節不由人學得，遠途終是自將來。』『芳聲』，美好的聲譽。漢禰衡鸚鵡賦：『於是羡芳聲之遠暢，偉靈表之可嘉。』唐韓愈梁國惠康公主挽歌之一：『定謚芳聲遠，移封大國新。』

〔八〕素雲流祉，白水呈祥：『呈祥』，文苑英華、全唐文作『貞祥』；適園叢書作『顏祥』。『素雲』，指各色雲烟。唐李商隱和韓録事送宮人入道詩：『九枝燈下朝金殿，三素雲中侍玉樓。』『流祉』，流布的福澤。漢蔡邕王子喬碑：『匡流祉，熙帝庭，祐邦國，相黔民。』宋曾鞏中大夫尚書左丞蒲宗孟母陳氏追封潁川郡太夫人制：『錫羡流祉，在爾後人。』『白水』，水名。源出湖北省棗陽市東大阜山，相傳漢光武帝舊宅在此。漢張衡東京賦：『乃龍飛白水，鳳翔參墟。』薛綜注：『白水，謂南陽白水縣也，世祖所起之處也。』南朝梁劉勰文心雕龍麗辭：『孟陽七哀云：「漢祖想枌榆，光武思白水。」此正對之類也。』

〔九〕帝子攸降，乾男以將：『帝子』，帝王之子。唐王勃滕王閣詩：『閣中帝子今何在，檻外長江空自流。』唐呂巖敲爻歌：『且饒帝子共王孫，須去繁華銼鋭分。』『乾男』，指太子。唐楊炯崇文館宴集詩序：『皇家以中樞北極，清都有天子之宮；儲后以大火前星，蒼震有乾男之位。』

〔十〕邁德誕靈，懷文抱質，漢臺占雨，秦京近日：『秦京』，册府元龜作『秦宮』。『邁德』，語出書大禹謨：『皋陶邁種德。』謂勉力樹德。三國魏吴質在元城與魏太子箋：『邁德種恩，樹之風聲。』『誕靈』，佛教對高僧、佛祖誕生的敬稱。此處指太子的誕生。唐玄奘大唐西域記

摩臘婆國：『始自誕靈，洎乎没齒，貌無瞋色，手不害生。』『文質』，文華與質樸。晋杜預春秋經傳集解序：『史有文質，辭有詳略。』孔穎達疏：『史文則辭華，史質則辭直，華則多詳，直則多略。』舊唐書文苑傳序：『殊不知世代有文質，風俗有淳醨。』『漢臺占雨』，典出太平御覽十，又七百二十七引東觀漢記：『沛獻王輔善京氏易。永平五年，京師少雨，上御雲臺，自爲卦，以周易林占之。其繇曰：「蟻封穴户，大雨時至。」上以問輔，輔上書。』『秦京』，此處指唐都長安。『秦京近日』，指晋明帝司馬紹幼時聰慧，典出晋書明帝紀：『明皇帝諱紹，字道畿，元皇帝長子也。幼而聰哲，爲元帝所寵異。年數歲，嘗坐置膝前，屬長安使來，因問帝曰：「汝謂日與長安孰遠？」對曰：「長安近。不聞人從日邊來，居然可知也。」元帝異之。明日，宴群僚，又問之。對曰：「日近。」元帝失色，曰：「何乃異間者之言乎？」對曰：「舉目則見日，不見長安。」由是益奇之。』

〔十二〕敏對不群，能言罕匹，藝該百變，詞含六律：『敏對』，謂應對敏捷。藝文類聚卷二二引漢應瑒文質論：『夫諫則無義以陳，問則服汗沾濡，豈若陳平敏對，叔孫據書，言辨國典，辭定皇居。』北齊顔之推顔氏家訓風操：『梁武帝嘗問一中土人曰：「卿北人，何故不知有族？」答云：「骨肉易疏，不忍言族耳。」當時雖爲敏對，於禮未通。』『不群』，不平凡，高出於同

輩。楚辭九章惜誦：『行不群以顛越兮，又衆兆之所咍也。』晋左思咏史詩之三：『功成不受賞，高節卓不群。』『該』，包容，包括。楚辭天問：『該秉季德。』注：『包也。』漢揚雄太玄雲圖：『旁該終始。』注：『兼也。』『六律』，古代樂音標準名。相傳黄帝時伶倫截竹爲管，以管之長短分别聲音的高低清濁，樂器的音調皆以此爲準。樂律有十二，陰陽各六，陽爲律，陰爲吕。六律即黄鐘、大蔟、姑洗、蕤賓、夷則、無射。書益稷：『予欲聞六律、五聲、八音，在治忽，以出納五言，汝聽。』史記律書：『王者制事立法，物度軌則，一禀於六律，六律爲萬事根本焉。』司馬貞索隱：『古律用竹，又用玉，漢末以銅爲之。』

〔十二〕朝霞自舉，夜月嘗游：『嘗游』，四庫全書作『常游』。『霞舉』，風度軒昂貌。晋支遁釋迦文佛像贊：『人欽其哲，孰識其冥，望之霞舉，即亦雲津。』唐段成式酉陽雜俎語資：『李白名播海内，玄宗於便殿召見，神氣高朗，軒軒然若霞舉。』『月游』，謂每月奉帝王衣冠出游。語本史記劉敬叔孫通列傳：『陛下何自築復道高寢，衣冠月出游高廟？』裴駰集解引應劭曰：『月出高帝衣冠，備法駕，名曰游衣冠。』清顧炎武恭謁孝陵詩：『衣冠天象遠，法駕月游新。』

〔十三〕醴薦推穆，書成重鄰：『醴薦』，指以甜酒祭祀。『穆』，指穆叔，典出春秋左傳襄公四年：『穆叔如晋，報知武子之聘也。晋侯享之，金奏肆夏之三。不拜，工歌文王之三，又

不拜，歌鹿鳴之三，三拜。韓獻子使行人子員問之，曰：「子以君命辱於敝邑，先君之禮，藉之以樂，以辱吾子，吾子舍其大而重，拜其細，敢問何禮也？」對曰：「三夏，天子所以享元侯也。使臣弗敢與聞。文王，兩君相見之樂也，臣不敢及。鹿鳴，君所以嘉寡君也，敢不拜嘉。」』晉杜預注：『晉以叔孫爲嘉賓，故歌鹿鳴之詩，取其「我有嘉賓」，叔孫奉君命而來，嘉叔孫，乃所以嘉魯君。』『書』，指鄒陽著上吴王書。喻太子重賢才。『鄒』，指西漢文學家鄒陽。

〔十四〕典戎仙衛，作牧神州，是謂元子，光膺孟侯：『典戎』，統率軍隊。晉書王渾傳：『今陛下出攸之國，假以都督虚號，而無典戎幹方之實，去離天朝，不預王政……懼非陛下追述先帝、文明太后待攸之宿意也。』『仙衛』，指護送皇帝或其靈車的儀衛。唐王翰蛾眉怨詩：『宫車晚出向南山，仙衛逶迤去不還。』明陳汝元金蓮記覲聖：『拂旦鷄鳴仙衛陳，高憑龍首帝城春。』『作牧』，泛指擔任州郡地方長官。南朝梁沈約齊故安陸昭王碑文：『建麾作牧，明德攸在。』唐李頻送侯郎中任新定詩之一：『爲郎非白頭，作牧授滄洲。』『元子』，天子和諸侯的嫡長子。書微子之命：『王若曰：猷，殷王元子。』詩魯頌閟宫：『王曰叔父，建爾元子，俾侯于魯。』朱熹集傳：『叔父，周公也。元子，魯公伯禽也。』『光膺』，榮受。唐陸贄馬燧渾瑊副元帥招討河中制：『出納朕命，光膺具瞻。』唐韓愈賀册皇太后表：『皇太后光膺令典，受册宫闈。』『孟

侯』，諸侯之長。書康誥：『王若曰：孟侯，朕其弟。』孔傳：『周公稱成王命，順康叔之德，命爲孟侯。孟，長也。五侯之長謂方伯，使康叔爲之。』孔穎達疏：『五侯之長，五等諸侯之長也。』呂氏春秋正名：『齊湣王，周室之孟侯。』

（十五）少陽正位，太學知道：『少陽』，後以指太子。南朝梁王筠昭明太子哀册文：『式載明兩，實惟少陽；既稱上嗣，且曰元良。』舊唐書李密傳：『始曀明兩之暉，終干少陽之位。』『知道』，謂通曉天地之道，深明人世之理。管子戒：『聞一言以貫萬物，謂之知道。』銀雀山漢墓竹簡孫臏兵法八陣：『知道者，上知天之道，下知地之理，内得其民之心，外知敵之情。』

（十六）春誦夏弦：禮記文王世子：『春誦夏弦，大師詔之。』鄭玄注：『誦，謂歌樂也；弦，謂以絲播詩。』本謂應按季節而采用不同的學習方式，後亦以泛指學習咏誦。藝文類聚卷十六引南朝梁陸倕爲豫章王慶太子出宫表：『冬書秋記，夙表睿資；春誦夏弦，幼彰神度。』

（十七）榮承玉匕，寵殷瑜珮：『玉匕』，文苑英華作『玉玉』；四庫全書作『圭玉』。玉制的湯匙。南朝宋鮑照代淮南王詩：『琉璃作盌牙作盤，金鼎玉匕合神丹。』『瑜珮』，玉珮，亦借指戴玉珮的人。唐裴守真奉和太子納妃太平公主出降：『瑜珮升青殿，穠華降紫微。』

（十八）三善不忘，四章旋逮：『逮』，明鈔本、甲庫本作『建』。『三善』，指臣事君、子事父、

幼事長的三種道德規範。禮記文王世子：『行一物而三善皆得者，唯世子而已……父子、君臣、長幼之道得而國治。』南朝梁沈約齊故安陸昭王碑文：『協隆三善，仰敷四德。』張銑注：『三善，謂事君、事父、事長也。』『四章』，指易『乾』卦元、亨、利、貞四德。易乾：『文言曰：元者，善之長也；亨者，嘉之會也；利者，義之和也；貞者，事之幹也。君子體仁足以長人，嘉會足以合禮，利物足以和義，貞固足以幹事。君子行此四德者，故曰「乾：元亨利貞」。』

〔十九〕過闕則下：『闕』，指宮門闕。詩鄭風子衿：『挑兮達兮，在城闕兮。』史記高祖紀：『蕭丞相營作未央宮，立東闕、北闕、前殿、武庫、太倉。』

〔二十〕聖敬日躋：『日躋』，原作『曰躋』，今據文苑英華、四庫全書、全唐文、適園叢書改。

〔二十一〕望高周副，才優魏兩：『周副』，疑指周公。『魏兩』，魏太子。亦特指曹丕。兩，貳，副。南朝齊謝朓侍宴華光殿曲水奉敕爲皇太子作詩：『漢貳稱敏，魏兩垂芳。』南朝梁沈約謝賜軫調絹等啓：『昔劉氏歸國，未聞漢儲之禮；曹植還蕃，非降魏兩之賜。』

〔二十二〕用事有倫：『用事』，全唐文作『周事』。指執政，當權。戰國策秦策三：『今秦，太后、穰侯用事，高陵、涇陽佐之。』晉葛洪抱朴子審舉：『靈、獻之世，閹宦用事，群奸秉權。』『有倫』，有理，有序。書康誥：『外事，汝陳時臬司師，茲殷罰有倫。』孔傳：『殷家刑罰有倫理。』

孫星衍疏：『言殷刑之允當也。』莊子齊物論：『有左、有右，有倫、有義，有分、有辯，有競、有争，此之謂八德。』郭象注：『物物有理，事事有宜。』成玄英疏：『倫，理也。』

〔二十三〕聲溢天壤：『天壤』，天地，天地之間。管子幼官：『修春秋冬夏之常祭，食天壤山川之故祀。』戰國策齊策六：『故業與三王争流，而名與天壤相敝也。』

〔二十四〕邪臣作蠱，匹夫知惋，不顧身尤，將夷國難：『身尤』，自身的過錯。南朝梁劉孝威蜀道難詩：『斂轡懼身尤，叱馭奉王猷。』此數句事見舊唐書卷八十六節愍太子本傳載：『率左羽林大將軍李多祚、右羽林將軍李思冲、李承况、獨孤禕之、沙吒忠義等，矯制發左右羽林兵及千騎三百餘人，殺三思及崇訓於其第，并殺黨與十餘人。又令左金吾大將軍成王千里分兵守宫城諸門，自率兵趨肅章門，斬關而入，求韋庶人及安樂公主所在。又以昭容上官氏素與三思奸通，扣閤索之。』

〔二十五〕忠義期杖，謀猷是斷，獲戾宫朝，歸魂霄漢：『期杖』，文苑英華、全唐文作『斯仗』。『謀猷』，四庫全書作『猷謀』。『謀猷』，計謀，謀略。書文侯之命：『亦惟先正克左右昭事厥辟，越小大謀猷，罔不率從，肆先祖懷在位。』宋書劉穆之傳：『故尚書左僕射、前將軍臣穆之，爰自布衣，協佐義始，内端謀猷，外勤庶政。』『獲戾』，得罪，獲咎。書湯誥：『兹

朕未知獲戾于上下。』孔傳：『此伐桀未知得罪于天地，謙以求衆心。』晉郗超奉法要：『况乎仁德未至，而名浮於實，獲戾幽冥，固必然矣！』

〔二十六〕白駒過隙，蒼蠅止藩，水逝西沼，霜雕北園：『雕』，四庫全書作『凋』。『白駒過隙』，謂日影如白色的駿馬飛快地馳過縫隙。形容時間過得極快。莊子知北游：『人生天地之間，若白駒之過郤，忽然而已。』成玄英疏：『白駒，駿馬也，亦言日也。』陸德明釋文：『郤，本亦作隙。隙，孔也。』史記留侯世家：『吕后德留侯，乃强食之，曰：「人生一世間，如白駒過隙，何至自苦如此乎！」』『蒼蠅止藩』，語出後漢書楊震傳：『而青蠅點素，同茲在藩。』『蒼蠅』，即『青蠅』。三國志吴書虞翻傳：『又爲老子、論語、國語訓注，皆傳於世。』裴松之注引虞翻别傳：『自恨疏節，骨體不媚，犯上獲罪，當長没海隅，生無可與語，死以青蠅爲吊客，使天下一人知己者，足以不恨。』後因以『青蠅』爲生罕知己、死無吊客之典。唐劉禹錫遥傷丘中丞詩：『何人爲吊客？唯是有青蠅。』清紀昀閲微草堂筆記灤陽消夏録六：『只今一瞑無餘事，未要青蠅作吊忙。』『藩』，即藩籬屏障。説文：『藩，屏也。』左傳哀公十二年：『吴人藩，衛侯之舍。』『西沼』，西邊的池沼。宋劉貴翁滿庭芳萍：『笑東家西沼，到處依依。』元王冕重過戴氏居其二：『西沼芙蓉美，南熏穲稏香。』『北園』，在北面的園林或園圃。詩秦風駟驖：『游于北園，四馬既閑。』

漢司馬相如上林賦：『羅乎後宮，列乎北園。』

〔二十七〕鶴闕誰馭，鳩里徒冤，瞑目於此，傷心詎論：『詎』，文苑英華作『誰』。『鶴闕』，猶鶴禁，太子所居之處。唐王勃九成宮頌序：『鳳闈宵静，陰靈宣玉闕之華；鶴禁朝趨，離象峻銅樓之景。』明宋訥壬子秋過故宮詩：『端本有書遺鶴禁，宣文無客進龍韜。』『鳩里』，漢戾太子劉據遇難處。漢書戾太子傳：『太子之亡也，東至湖，臧匿泉鳩里。』

〔二十八〕重日淪輝，前星墜彩，形神溘謝，德音如在：『重』，文苑英華、全唐文作『去』。『重日』，據晋崔豹古今注：『漢明帝爲太子，樂人作歌詩四章，曰：日重光，月重輪，星重輝，海重潤。』以喻太子。『前星』，漢書五行志下之下：『心，大星，天王也。其前星，太子；後星，庶子也。』後因以前星指太子。南朝梁沈約胤雅：『前星比耀，克隆萬壽。』『德音』，好名聲。詩豳風狼跋：『公孫碩膚，德音不瑕。』朱熹集傳：『德音，猶令聞也。』詩小雅南山有臺：『樂只君子，德音不已。』

〔二十九〕徽章有待：『徽章』，指褒崇封贈的策命。北周王褒周太保尉遲綱墓碑：『司勛載其弘烈，典册備其徽章。』唐陸贄册淑妃王氏爲皇后文：『稱是徽章，聿歸全德。』

〔三十〕聖明伊何，慶逢開闢；延鑒伊何，恩降典册：『聖明』，文苑英華、四庫全書、全唐文作『有

侍』。『恩降』，文苑英華、四庫全書、全唐文作『恩隆』。『伊何』，如何，怎樣。三國魏阮籍詠懷詩之三：『我心伊何，其芳若蘭。』南朝宋鮑照代空城雀詩：『辛傷伊何言，怵迫良已多。』『開闢』，此處指唐睿宗即位。

〔三十一〕即鳴鳳之崗嶺，啓占烏之墜宅：『崗嶺』，文苑英華、四庫全書、全唐文、適園叢書作『岡嶺』。『墜宅』，甲庫本作『遂宅』。『鳴鳳』，詩大雅卷阿：『鳳皇鳴矣，于彼高岡。梧桐生矣，于彼朝陽。』鄭玄箋：『鳳皇鳴于山脊之上者，居高視下，觀可集止，喻賢者待禮乃行，翔而後集。』後即以『鳴鳳』比喻賢者。唐李白贈宣城宇文太守兼呈崔侍御詩：『鳴鳳托高梧，凌風何翩翩。』

〔三十二〕人辭中壘之桑，鳥思平陵之柏：『中壘之桑』，典出晋陸機桑賦：『皇太子便坐，蓋本將軍直廬也。初世祖武皇帝爲中壘將軍，植桑一株，世更二代，年漸三紀，扶疏豐衍，抑有瓌異焉。』『平陵之柏』，語出漢佚名平陵東：『平陵東，松柏桐，不知何人劫義公。』

〔三十三〕地如伊水，山連地市：『地市』，原作『紀市』，唐文粹誤作『地肺』，今據全唐文改。『伊水』，伊河。在河南省西部，源出欒川縣伏牛山北麓，東北流，在偃師區楊村附近入洛河。山海經中山經：『又西二百里，曰蔓渠之山，其上多金玉，其下多竹箭。伊水出焉，而東流注於洛。』北魏酈道元水經注伊水：『伊水出南陽魯陽縣西蔓渠山……又東北至洛陽縣南，北入於洛。』

南朝陳徐陵新亭送別應令詩：『風吹臨伊水，時駕出河梁。』『地市』，地下城市。指秦始皇墓。魏書高允傳：『秦始皇作爲地市，下錮三泉，金玉寶貨不可計數。死不旋踵，尸焚墓掘。』北周庾信哀江南賦：『渭水貫於天門，驪山迴於地市。』

〔三十四〕嗟委化於仙期：『委化』，引申爲死的婉詞。唐權德輿唐故洪州開元寺石門道一禪師塔銘：『〔道一〕忽謂入室弟子曰：「吾至二月當還，爾其識之。」及是委化，如合符節。』宋蘇轍逍遥聽禪師塔碑：『予自高安移宰績溪，未幾而全委化。』『仙期』，仙逝之期，死期的婉辭。宋無名氏顯仁皇后上仙發引導引詞：『長樂晚，彩戲萊衣。奄忽夢、報仙期。帝鄉渺渺乘鸞去，啼紅嬪御不勝悲。』

〔三十五〕五營成列，萬國銜酸，挽鐸朝喝，旌麾曉寒：『銜』，文苑英華、全唐文作『咸』。『喝』，原作『暍』，今據文苑英華、全唐文改。『五營』，泛指諸軍營。唐高適信安王幕府詩：『雷霆七校發，旌旆五營連。』宋劉克莊鵲橋仙鄉守趙計院生日詞：『四民香火，五營笳吹，來獻一杯壽水。』『萬國』，萬邦，天下，各國。易乾：『首出庶物，萬國咸寧。』史記東越列傳：『今小國以窮困來告急天子，天子弗振，彼當安所告愬？又何以子萬國乎？』『銜酸』，同『含酸』，指懷着痛苦悲傷。南朝宋謝靈運登臨海嶠詩：『與子別山阿，含酸赴修軫。』唐李遠聞明上人逝

寄友人詩：『他時若更相隨去，祇是含酸對影堂。』『挽鐸』，追悼死者時敲響的大鈴。宋虞儔挽余丞相：『挽鐸春風咽，銘旌夕照低。』宋强至石太保挽詞：『挽鐸摇秋露，銘旌卷暮雲。』『旌麾』，泛指旗幟。舊唐書封常清傳：『常清所以不死者，不忍污國家旌麾。』宋王安石送李才元校理知邛州：『關吏相呼迎印綬，里兒争出望旌麾。』此處應指送葬引魂幡。

〔三十六〕指牽牛以南渡，乘飲龍而北傣：『牽牛南渡』，典出北魏酈道元水經注卷十九渭水：『水上有梁，謂之渭橋，秦制也，亦曰横門橋。秦始皇作離宮於渭水南北，以象天宮。故三輔黄圖曰：渭水貫都以象天漢，横橋南渡以法牽牛。南有長樂宮，北有咸陽宮，欲通二宮之間，故造此橋。』『飲龍』，典出北魏酈道元水經注卷二十五沂水：『沂水又西徑圜丘北，丘高四丈餘。沂水又西流，昔韓雉射龍於斯水之上。尸子曰：韓雉見申羊於魯，有龍飲於沂。』『北傣』，即向北。

〔三十七〕顧青舍兮非春，掩玄扉兮大暮：『大暮』，原作『天暮』，今據文苑英華、四庫全書、全唐文、適園叢書改。『大暮』，猶長夜，喻死。晋陸機嘆逝賦：『寤大暮之同寐，何矜晚以怨早。』李善注：『大暮，猶長夜也。』南朝宋謝靈運感時賦：『雖發嘆之早晏，諒大暮之同科。』『玄扉』，謂墓室。

〔三十八〕銀榜銅樓：『銀榜』，宮殿或廟宇門端所懸的輝煌華麗的匾額。神異經中荒經：『東方有宮，青石爲墻，高三仞，左右闕高百尺，畫以五色，門有銀榜。』唐杜甫樂游園歌：『閶闔晴開詄蕩蕩，曲江翠幕排銀榜。』蕭滌非注：『銀榜，宮殿門端所懸金碧輝煌的匾額。』『銅樓』，飾有銅龍的門樓。借指太子宮室。亦借指帝王宮闕。唐李白酬坊州王司馬與閻正字對雪見贈：『價重銅龍樓，聲高重門側。』唐王勃九成宮頌：『鳳闈宵静，陰靈宣王闈之華；鶴禁朝趨，離象峻銅樓之景。』蔣清翊注：『銅樓即「龍樓門」之「龍樓」。』

〔三十九〕惟聲華與純懿，比金石而恒留：『聲華』，猶言聲譽榮耀。淮南子俶真訓：『今夫積惠重厚，累愛襲恩，以聲華嘔符嫗掩萬民百姓，使知之訢訢然人樂其性者，仁也。』唐白居易晏坐閑吟：『昔爲京洛聲華客，今作江湖老倒翁。』『純懿』，高尚完美。漢張衡東京賦：『今捨純懿而論爽德，以春秋所諱而爲美談。』李善注：『純，大；懿，美也。』周書武帝紀上：『民生而静，純懿之性本均。』『金石』，指古代鐫刻文字、頌功紀事的鐘鼎碑碣之屬。墨子兼愛下：『以其所書於竹帛，鏤於金石，琢於槃盂，傳遺後世子孫者知之。』孫詒讓間詁：『呂氏春秋求人云：「功績銘乎金石，著於槃盂。」高注云：「金，鐘鼎也；石，豐碑也。」』唐韓愈平淮西碑：『既還奏，群臣請紀聖功，被之金石。』

惠莊太子哀册文（一）

張九齡

維開元十二年，歲次甲子，十一月丁巳朔，二十四日庚辰，司徒申王薨於行在所，册謚惠莊太子（二），旋殯於寢。粤閏二月二十七日壬午，將陪葬於橋陵之柏城（三），禮也。黼幕宵布，羽纛宿設（四），西序啓攢，南省成列（五）。皇帝深天倫之感（六），崇后儲之禮（七），擬容衛於青宮，申孔懷於朱邸（八）。爰命史氏，於稽令則（九），無俾直書，不彰遺德（十）。其詞曰：昊天有命，先后受之（十一），分王子弟，藩衛京師。克荷成憲，罔不肅祇（十二），懿哉明哲，誕惟神粹（十三）。宣慈日聞，孝友天至（十四），道則聰合（十五），迹無自異。性實生知，學兼時習（十六），易微書遠，詩言禮立（十七）。德必有鄰，善如不及，貴而能損，量固難挹（十八）。方伯出鎮，邵南取斯（十九），司徒入掌，鄭武其宜（二十）。義之所在，政乃克施（二十一），物留遺愛（二十二），事著成規。西夏息人，東征叶卜（二十三），韡韡同輦，皇皇改服（二十四）。疾遘中路，凶傳左轂（二十五），寧不憖遺（二十六），奄鍾斯酷。嗚呼哀哉！昔在冲眇（二十七），具惟兄弟，四國并封，五王均體（二十八）。游必連騎，居則同邸，各承愛於含飴，俱受經於置醴（二十九）。既荏苒而云邁，屬殷憂之將啓（三十），實定禍於蕭墻，

遂繼明於雲陛〔三十一〕。雖隔深宫之衛，常洽家人之禮，曷殂謝以痛心〔三十二〕，感平生而流涕。嗚呼哀哉！爰擇茂典，將崇上嗣〔三十三〕，表先聖之元良，申友于之褒異〔三十四〕。紛鹵簿以徒設，儼文物而空備〔三十五〕，彼神儀之如在〔三十六〕，乃群悲之所萃。周禮從祔，漢塋是陪，先遠日而撰吉〔三十七〕，會同盟以送哀。夜漏盡兮暗室啓，庭燎殘兮曉挽催〔三十八〕，節三按而徐進〔三十九〕，將一去而不迴。嗚呼哀哉！背朱門兮遲遲，驅白驥兮騤騤〔四十〕，野蒼茫而助慘，風蕭飋而增悲〔四十一〕。翩翩兮素蓋，寂寂兮晝帷〔四十二〕，遵舊途而何有，覽陳迹以如疑。面都邑兮不入，待陵寢兮有期〔四十三〕，惟光儀之永閟，與昭代而長辭〔四十四〕。嗚呼哀哉！潛清輝於幽穸，昭鴻名於美迹〔四十五〕，將在皇儲之史，豈伊諸侯之册〔四十六〕！播遺芬於蘭桂，傳不朽於金石〔四十七〕，諒紀言之在兹，嘉德音之無斁〔四十八〕。嗚呼哀哉！

校箋

〔一〕此文又見於文苑英華卷八百三十九。全唐文卷二百九十三亦録此文，作者爲張九齡。

本文文末原未標明頒布時間。考此文文首云：『維開元十二年，歲次甲子，十一月丁巳朔，二十四日庚辰，司徒申王薨於行在所，册謚惠莊太子，旋殯於寢。粤閏二月二十七日壬午，將陪葬於橋陵之柏城，禮也。』按，『十一月丁巳朔』，全唐文作『十二月丁巳朔』。『粤閏二月二十七日壬午』，文苑英華、四庫全書、全唐文均作『粤閏十二月二十七日壬午』。考舊唐書卷九十五李撝傳云：『（開元）十二年，病薨，册贈惠莊太子，陪葬橋陵。』資治通鑑卷二百一十二亦載：『（開元十二年）十一月，庚午，上幸東都；戊寅，至東都。辛巳，司徒申王總薨，贈謚惠莊太子。』據天干地支紀年法，則惠莊太子薨於開元十二年十一月，是年閏十二月乃丙辰朔，壬午即二十七日，故以文苑英華、四庫全書、全唐文之説爲是，故此文頒布時間應爲開元十二年（七二四）閏十二月二十七日。其撰寫時間當在此時稍前。又，張九齡，傳見舊唐書卷九十九、新唐書卷一百二十六。舊唐書其本傳載：『張九齡，字子壽，一名博物。曾祖君政，韶州别駕，因家於始興，今爲曲江人。父弘愈，以九齡貴，贈廣州刺史。九齡幼聰敏，善屬文。年十三，以書干廣州刺史王方慶，大嗟賞之，曰：「此子必能致遠。」登進士第，應舉登乙第，拜校書郎。玄宗在東宮，舉天下文藻之士，親加策問，九齡對策高第，遷右拾遺。時帝未行親郊之禮，九齡上疏曰：……九齡以才鑒見推，當時吏部試拔萃選人及應舉者，咸令九齡與右拾遺趙冬

曦考其等第，前後數四，每稱平允。開元十年，三遷司勛員外郎。時張説爲中書令，與九齡同姓，叙爲昭穆，尤親重之，常謂人曰：「後來詞人稱首也。」九齡既欣知己，亦依附焉。十一年，拜中書舍人。』

〔二〕司徒申王蕜於行在所，册謚惠莊太子：『司徒申王』，指唐睿宗第二子李撝。傳見舊唐書卷九十五、新唐書卷八十一。考舊唐書其本傳云：『惠莊太子撝，睿宗第二子也。本名成義。母柳氏，掖庭宫人。撝之初生，則天嘗以示僧萬迴。萬迴曰：「此兒是西域大樹之精，養之宜兄弟。」則天甚悦，始令列於兄弟之次。垂拱三年，封恒王。尋却入閣，改封衡陽郡王，累授尚衣奉御。神龍元年，加賜實封二百户，通前五百户，遷司農少卿，加銀青光禄大夫。睿宗踐祚，進封申王，遷右衛大將軍。景雲元年七月，遷殿中監，兼檢校右衛大將軍。二年，轉光禄卿、右金吾衛大將軍。先天元年七月，加實封一千户。八月，行司徒，兼益州大都督。開元二年，帶司徒兼幽州刺史。俄避昭成太后之稱，改名撝。歷鄧、虢、絳三州刺史。八年，因入朝，停刺史，依舊爲司徒。性弘裕，儀形瓌偉，善於飲啖。十二年，病蕜，册贈惠莊太子，陪葬橋陵。無子。初養讓帝子珣，封同安郡王，先卒。天寶三載，又以讓帝子璹爲嗣申王，授鴻臚員外卿。』『行在所』，指天子所在的地方。史記衛將軍驃騎列傳：『右將軍蘇建盡亡其軍，獨以身得亡去，自歸大將軍……

遂因建詣行在所。』裴駰集解引蔡邕曰：『天子自謂所居曰「行在所」，言今雖在京師，行所至耳。』漢書武帝紀：『諭三老孝弟以爲民師，舉獨行之君子，徵詣行在所。』顔師古注：『天子或在京師，或出巡狩，不可豫定，故言行在所耳，不得亦謂京師爲行在也。』

〔三〕將陪葬於橋陵之柏城：『橋陵』，唐睿宗李旦陵。在陝西省蒲城縣北豐山。舊唐書玄宗紀上：『庚午，葬睿宗大聖貞皇帝於橋陵。』唐張説鄎國長公主神道碑銘：『恩旨陪葬於橋陵，不祔不從，古之道也。』『柏城』，指皇陵。古代帝、后陵寢周圍築墻，列植柏樹，故稱。唐白居易開成大行皇帝挽歌詞奉敕撰進詩之四：『月低儀仗辭蘭路，風引笳簫入柏城。』資治通鑑唐德宗建中四年：『漠谷道險狹，恐爲賊所邀。不若自乾陵北過，附柏城而行。』胡三省注：『山陵樹柏成行，以遮迾陵寢，故謂之柏城。』

〔四〕黼幕宵布，羽纛宿設：『黼』，古代禮服上綉的半黑半白的花紋。漢書賈誼傳：『美者黼綉，是古天子之服。』荀子哀公：『黼衣黻裳不茹葷。』『羽纛』，古代軍隊或儀仗隊中以羽爲飾的大旗。宋曾鞏上人詩：『烟沙轣轆高軒過，路上千人瞻羽纛。』

〔五〕西序啓攢，南省成列：『西序』，原作『西亭』，今據文苑英華、四庫全書、全唐文、適園叢書改。『省』，文苑英華、全唐文作『首』。『西序』，古代宮室的西廂。書顧命：『西

序東嚮。』蔡沈集傳：『此旦夕聽事之坐也。東西廂謂之序。』宋史真宗紀一：『戊戌，始見群臣於崇政殿西序。』『啓攢』，猶出葬。停放棺木，暫時不葬謂攢。清史稿禮志十一：『二十六年，慟世祖母博爾濟吉特氏崩……及梓宫啓攢夕，攀慕不勝，左右固請升輦，堅不就駕，斷去車靷，慟哭步送。』『南省』，特指隸屬尚書省的禮部。警世通言李謫仙醉草嚇蠻書：『今春南省試官，正是楊貴妃兄楊國忠太師。』清厲荃事物異名録宫室官廨：『事文類聚：禮部稱「南省」，又曰「禮闈」，又曰「容臺」，又曰「春臺」。』

〔六〕皇帝深天倫之感：『感』，明鈔本、四庫全書作『蹙』；全唐文、適園叢書作『戚』。

〔七〕崇后儲之禮：『后儲』，亦作『儲后』。儲君，太子。宋書禮志一：『今儲后崇聘，禮先訓遠，皮玉之美，宜盡暉備。』南朝齊王儉褚淵碑文：『明皇不豫，儲后幼冲。』

〔八〕擬容衛於青宫，中孔懷於朱邸：『容衛』，古代的儀仗、侍衛。隋煬帝獻歲宴宫臣詩：『三元建上京，六佾宴吴城。朱庭容衛肅，青天春氣明。』唐李嶠汾陰行：『河東太守親掃除，奉迎至尊導鑾輿。五營將校列容衛，三河縱觀空里閭。』『青宫』，太子居東宫。東方屬木，於色爲青，故稱太子所居爲青宫。隋于仲文侍宴東宫應令詩：『青宫列紺幰，紫陌結朱輪。』唐白居易寄楊六詩：『青宫官冷静，赤縣事繁劇。』『孔懷』，原謂甚相思念。詩小雅常棣：『死喪之威，

兄弟孔懷。」鄭玄箋：「維兄弟之親，甚相思念。」隸釋漢慎令劉修碑：「建寧四年五月甲戌卒，二弟龍純，攣哀孔懷。」後用爲兄弟的代稱。「朱邸」，漢諸侯王第宅，以朱紅漆門，故稱朱邸。後泛指貴官府第。南朝齊謝朓拜中軍記室辭隋王箋：「唯待青江可望，候歸艎於春渚；朱邸方開，效蓬心於秋實。」李善注引史記：「諸侯朝天子，於天子之所立舍曰邸，諸侯朱户，故曰朱邸。」

〔九〕爰命史氏，於稽令則：「於稽」，文苑英華、全唐文作「稽於」。「史氏」，史家，史官。唐韓愈答劉秀才論史書：「史氏褒貶大法，春秋已備之矣。」金王若虚史記辨惑一：「夫三篇之書，雖曰伊尹作，然自始至終，皆史氏所録。」「令則」，指美好而合於禮法規範的品德。唐劉禹錫代慰義陽公主薨表：「伏以公主妍姿令則，冠絶天人。禀教皇宫，已挺柔嘉之德；降嬪卿族，益彰貞粹之儀。」

〔十〕無俾直書，不彰遺德：「書」，甲庫本、四庫全書作「言」。「直書」，據實書寫。晋杜預春秋經傳集解序：「盡而不污，直書其事。」唐元稹進田弘正碑文狀：「臣所以效馬遷史體，叙事直書，約李斯碑文，勒銘稱制。」「遺德」，指前人留下的德澤。莊子盜跖：「今長大美好，人見而悦之者，此吾父母之遺德也。」史記孝文本紀：「朕既不敏，常畏過行，以羞先帝之遺德。」

〔十一〕昊天有命，先后受之：「后」，原文爲「後」，今據文苑英華、四庫全書、全唐文改。「昊

天』，蒼天。昊，元氣博大貌。書堯典：『乃命羲和，欽若昊天，曆象日月星辰，敬授人時。』南朝梁劉勰文心雕龍正緯：『原夫圖籙之見，乃昊天休命。』『先后』，先世君王。書盤庚中：『我先后綏乃祖乃父。』孔傳：『言我先王安汝父祖之忠。』漢書韋賢傳：『我既此登，望我舊階，先后茲度，漣漣孔懷。』顏師古注：『先后，即先君也。』

〔十二〕克荷成憲，罔不肅祇：『不』，全唐文作『弗』。『祇』，全唐文作『祗』。『成憲』，原有的法律、規章制度。書說命下：『監于先王成憲，其永無愆。』宋王安石廟議：『求之前載，雖或有然，考合於經，乃無成憲，因情制禮，實在聖時。』『肅祇』，猶恭敬。漢司馬相如封禪文：『是以湯武至尊嚴，不失肅祇。』史記封禪書：『陛下肅祇郊祀，上帝報享，錫一角獸，蓋麟雲。』

〔十三〕懿哉明哲，誕惟神粹：『神粹』，明鈔本作『神精』，四庫全書作『純粹』。『明哲』，指明智睿哲的人。晉葛洪抱朴子君道：『明哲宣力於攸莅，黔庶讓畔於藪澤。』唐元稹祭淮瀆文：『明哲用興，凶戾潛殛。』『神粹』，精神純粹專一。宋范仲淹龍圖閣直學士工部郎中段君墓表：『予知君之深者，故表其墓云：「希逸之生，神粹而明，朝端正色，天下公聲。」』

〔十四〕宣慈日聞，孝友天至：『宣慈』，本謂博聞慈愛。後泛指博愛衆人。左傳文公十八年：『高辛氏有才子八人……忠肅共懿，宣慈惠和，天下之民謂之「八元」。』孔穎達疏：『宣者，遍也。

應受多方，知思周遍也。慈者，愛也，愛出於心，恩被於物也。』漢蔡邕郡掾吏張玄祠堂碑銘：『掾天姿恭恪，宣慈惠和，允恭博敏，惻隱仁恕，正身履道。』『孝友』，事父母孝順、對兄弟友愛。詩小雅六月：『侯誰在矣，張仲孝友。』毛傳：『善父母爲孝，善兄弟爲友。』後漢書韓棱傳：『棱四歲而孤，養母弟以孝友稱。及壯，推先父餘財數百萬與從昆弟，鄉里益高之。』『天至』，出於天性，天生而成。後漢書皇后紀上明德馬皇后：『（肅宗）孝性淳篤，恩性天至，母子慈愛，始終無纖介之間。』梁書昭明太子統傳：『太子孝謹天至，每入朝，未五更便守城門開。』

（十五）道則聰合：『聰』，文苑英華、四庫全書、全唐文作『吻』。

（十六）性實生知，學兼時習：『實』，四庫全書、全唐文作『則』。『生知』，謂不待學而知之。語本論語季氏：『生而知之者上也。』晉葛洪抱朴子勖學：『人理之曠，道德之遠，陰陽之變，鬼神之情，緬邈玄奧，誠難生知。』『時習』，經常温習。語出論語學而：『學而時習之，不亦説乎。』一説，按時温習。見楊伯峻譯注。唐白居易省試性習相遠近賦：『是以君子稽古於時習之初，辯惑於成性之所。』

（十七）易微書遠，詩言禮立：『言』，甲庫本、四庫全書作『興』。『易』，指易經。『書』，指尚書。『詩』，指詩經。『禮』，指禮記。

〔十八〕德必有鄰，善如不及，貴而能損，量固難挹：『量』，甲庫本作『重』。『德必有鄰』，語出論語里仁：『德不孤，必有鄰。』『善如不及』，語出論語季氏篇：『見善如不及，見不善如探湯。』『貴而能損，量固難挹』，語出漢劉向説苑：『滿則覆，中則正，虚則欹，孔子喟然嘆曰：「嗚呼！惡有滿而不覆者哉！」子路曰：「敢問持滿有道乎？」孔子曰：「持滿之道，挹而損之。」子路曰：「損之有道乎？」孔子曰：「高而能下，滿而能虚，富而能儉，貴而能卑，智而能愚，勇而能怯，辯而能訥，博而能淺，明而能闇；是謂損而不極，能行此道，唯至德者及之。」』

〔十九〕方伯出鎮，邵南取斯：『邵』，四庫全書、全唐文、適園叢書均作『召』。『方伯』，殷周時代一方諸侯之長。後泛稱地方長官。漢以來之刺史，唐之采訪使、觀察使，明清之布政使均稱『方伯』。禮記王制：『天子百里之内以共官，千里之内以爲御，千里之外設方伯。』史記周本紀：『周室衰微，諸侯强并弱，齊、楚、秦、晋始大，政由方伯。』裴駰集解引鄭司農曰：『長諸侯爲方伯。』『邵南』，即召南。詩十五國風之一。召在岐山之南，爲周初召公奭之封地。晋陶潛閑情賦：『尤蔓草之爲會，誦邵南之餘歌。』世説新語言語：『王中郎令伏玄度、習鑿齒論青楚人物。』南朝梁劉孝標注：『鑿齒以神農生於黔中，邵南咏其美化，春秋稱其多才。』

此處指舊唐書本傳載惠莊太子之經歷：『垂拱三年，封恒王。尋却入閤，改封衡陽郡王，累授尚衣奉御。神龍元年，加賜實封二百户，通前五百户，遷司農少卿，加銀青光禄大夫。睿宗踐祚，進封申王，遷右衛大將軍。景雲元年七月，遷殿中監，兼檢校右衛大將軍。二年，轉光禄卿、右金吾衛大將軍。先天元年七月，加實封一千户。』

〔二十〕司徒入掌，鄭武其宜：『鄭』，指鄭重、慎重。廣雅：『鄭，重也。』漢書王莽傳：『非皇天所以鄭重降符命之意。』此處指舊唐書本傳載惠莊太子之經歷：『開元二年，帶司徒兼幽州刺史。俄避昭成太后之稱，改名撝。歷鄧、虢、絳三州刺史。』

〔二十一〕政乃克施：『乃』，四庫全書作『務』。

〔二十二〕物留遺愛：『遺愛』，指留於後世而被人追懷的德行、恩惠、貢獻等。後漢書西南夷傳邛都：『天子以張翕有遺愛，乃拜其子湍爲太守。』晋陶潛影答形詩：『立善有遺愛，胡可不自竭。』

〔二十三〕西夏息人，東征叶卜：『息人』，猶息民。謂使人民得到休養生息。後漢書臧宫傳：『誠能舉天下之半以滅大寇，豈非至願；苟非其時，不如息人。』唐陸贄賜吐蕃將書：『息人繼好，固是常規。』『叶卜』，指順應占卜的結果。

〔二十四〕韡韡同輦，皇皇改服：『韡韡』，全唐文作『煒煒』。『輦』，文苑英華作『軒』。『韡韡』，光明華美貌。詩小雅常棣：『常棣之華，鄂不韡韡。』毛傳：『韡韡，光明也。』鄭玄箋：『鄂不得華之光明，則韡韡然盛。』三國魏曹植芙蓉賦：『芙蓉蹇産，菡萏星屬……焜焜韡韡，爛若龍燭。』『同輦』，指與天子同車。輦，天子之車。漢書梁孝王劉武傳：『入則侍帝同輦，出則同車游獵上林中。』漢書外戚傳下孝成班婕妤：『〔成帝〕嘗欲與婕妤同輦載，婕妤辭曰：「觀古圖畫，賢聖之君皆有名臣在側，三代末主乃有嬖女，今欲同輦，得無近似之乎？」』『皇皇』，美盛貌，莊肅貌。詩魯頌泮水：『烝烝皇皇，不吴不揚。』毛傳：『皇皇，美也。』禮記曲禮下：『天子穆穆，諸侯皇皇。』孔穎達疏：『諸侯皇皇者，自莊盛也。』『改服』，更换衣服。禮記曾子問：『曾子問曰：「父母之喪既引，及塗，聞君薨，如之何？」孔子曰：「遂，既封，改服而往。」』宋書羊欣傳：『欣嘗詣領軍將軍謝混，混拂席改服，然後見之。』

〔二十五〕疾邅中路，凶傳左轂：『邅』，文苑英華作『道』。『中路』，半路。楚辭九辯：『然中路而迷惑兮，自壓按而學誦。』三國魏阮籍咏懷之十：『黄鵠游四海，中路將安歸。』『凶傳左轂』，義近『復於左轂』。語本禮記雜記上：『諸侯行而死於館，則其復如於其國；如於道，則升其乘車之左轂，以其綏復……大夫士死於道，則升其乘車之左轂，以其綏復。』孔穎達疏：『如，

若也；道，路也。謂若諸侯在道路死，則復魄與本國異也。乘車，其所自乘之車也。其復魄，則俱升其所乘車左邊轂上而復魄也。此車以南面爲正，則左在東也，升車左轂，象在家升屋東榮也。』後因以『復於左轂』謂大官死於旅途。

〔二十六〕寧不慭遺：『慭遺』，願意留下。詩小雅十月之交：『不慭遺一老，俾守我王。』左傳哀公十六年：『孔丘卒，公誄之曰：「旻天不弔，不慭遺一老，俾屏余一人以在位。」』

〔二十七〕昔在沖眇：『眇』，文苑英華、甲庫本、四庫全書作『妙』。『沖眇』，幼小。晉書后妃傳論：『昔者高宗諒闇，總百官於老成；成王沖眇，托萬機於上公。』宋蘇軾孫覺可給事中制：『朕以沖眇丕承祖宗，未堪多難之憂。』

〔二十八〕四國并封，五王均體：『四國』，指四方諸侯國。周禮天官司會：『以周知四國之治，以詔王及冢宰廢置。』賈公彥疏：『四國，謂四方諸侯之國。』左傳僖公二十八年：『王謂叔父，敬服王命，以綏四國，糾逖王慝。』『五王』，指唐明皇兄弟讓皇帝憲、惠莊太子撝、惠文太子範、惠宣太子業、隋王隆悌。唐徐夤依御史温飛卿華清宫二十二韻：『五王更入帳，七貴迭封侯。』明高啓唐宫詩：『五王宴罷皆歸院，大被空閑一夜凉。』

〔二十九〕各承愛於含飴，俱受經於置醴：『愛』，四庫全書作『命』。『含飴』，謂哺育

幼兒。形容親子之情。清吴偉業題錢黍谷畫蘭詩之二：『北堂萱草戀王孫，膝下含飴阿母恩。錯認清郎貪卧雪，生兒强比魏蘭根。』『受經』，漢儒重師法，研習經學，師弟相傳。從師學經，稱受經。漢書夏侯勝傳：『勝霸既久繫，霸欲從勝受經，勝辭以罪死。霸曰：「朝聞道，夕死可矣。」勝賢其言，遂授之。』『置醴』，西漢楚元王劉交敬禮申公、白生、穆生等。穆生不嗜酒，每有宴集，楚元王皆特爲穆生置醴。醴，甜酒。見漢書楚元王劉交傳。後以『置醴』爲崇道尊賢的典實。唐杜甫八哀詩贈太子太師汝陽郡王璡：『晚年務置醴，門引申白賓。』

〔三十〕既荏苒而云邁，屬殷憂之將啓：『之』，甲庫本、四庫全書、適園叢書均作『於』。『荏苒』，（時間）漸漸過去。常形容時光易逝。漢丁廙妻寡婦賦：『時荏苒而不留，將遷靈以大行。』晋陶潛雜詩之五：『荏苒歲月頹，此心稍已去。』『殷憂』，憂傷。三國魏阮籍咏懷之十四：『感物懷殷憂，悄悄令心悲。』南朝宋謝靈運歲暮詩：『殷憂不能寐，苦此夜難頹。』

〔三十一〕實定禍於蕭墻，遂繼明於雲陛：『蕭墻』，蕭，通『肅』。借指内部。韓非子用人：『不謹蕭墻之患，而固金城於遠境。』後漢書劉虞傳：『明公不先告曉使得改行，而兵起蕭墻，非國之利。』『繼明』，借指皇帝即位。唐韓愈皇帝即位降赦賀觀察使狀：『聖上以繼明之初，垂惟新之澤。』宋司馬光論西夏札子：『自是正旦生辰，乃至陛下繼明，皆不遣使入賀，其不臣

大矣。』『雲陛』，借指朝廷、天子。南朝齊謝朓始出尚書省詩：『惟昔逢休明，十載朝雲陛。』唐劉禹錫賀除虔王等表：『不獲仰謝雲陛，陳露血誠。』

〔三十二〕奄殂謝以痛心：『殂』，四庫全書作『徂』。『殂謝』，去世。梁書文學傳下陸雲公：『奄然殂謝，良以惻然。』唐孟郊哭李觀詩：『顔子既殂謝，孔門無輝光。』

〔三十三〕爰擇茂典，將崇上嗣：『將』，全唐文作『追』。『茂典』，盛美的典章、法則。南朝宋顔延之三月三日曲水詩序：『選賢建戚，則擇之於茂典；施命發號，必酌之於故實。』張銑注：『茂，美；典，則也。』舊唐書肅宗紀：『至於漢武，飾以浮華，非前王之茂典，豈永代而作則。』『上嗣』，君主的嫡長子。後指太子。禮記文王世子：『其登餕獻受爵，則以上嗣。』鄭玄注：『上嗣，君之適長子。』晉書潘尼傳：『篤生上嗣，繼期挺秀。』

〔三十四〕表先聖之元良，申友于之褒異：『元良』，大善，至德。書太甲下：『一人元良，萬邦以貞。』孔傳：『天子有大善，則天下得其正。』書泰誓中：『剥喪元良，賊虐諫輔。』蔡沈集傳：『元良，微子也；諫輔，比干也。』『友于』，書君陳：『惟孝友于兄弟。』後即以『友于』爲兄弟友愛之義。後漢書史弼傳：『陛下隆於友于，不忍遏絶。』魏書良吏傳宋世景：『世景友于之性，過絶於人，及道璵死，哭之哀切。』『褒異』，謂特殊的褒揚嘉獎。後漢書皇后

紀上明德馬皇后：『黄門舅旦夕供養且一年，既無褒異，又不録勤勞，無乃過乎！』春秋文公九年：『楚子使椒來聘。』孔穎達疏：『若有褒異，則或稱官。』

〔三十五〕紛鹵簿以徒設，儼文物而空備：『鹵簿』，古代帝王駕出時扈從的儀仗隊。出行之目的不同，儀式亦各别。自漢以後亦用於后妃、太子、王公大臣。唐制四品以上皆給鹵簿。漢蔡邕獨斷：『天子出，車駕次第謂之鹵簿。』晋書趙王倫傳：『惠帝乘雲母車，鹵簿數百人。』『文物』，指車服旌旗儀仗之類。南朝宋謝莊宋孝武帝哀策文：『文物空嚴，鑾和虚衛。』南史齊豫章王嶷傳：『嶷身長七尺八寸，善持容範，文物衛從，禮冠百僚。』

〔三十六〕彼神儀之如在：『神儀』，指遺像，神像。南朝齊王儉高帝哀策文：『感容臺之罷御，哀恭館之不臨，仰神儀而邈絶，視區物而增陰。』

〔三十七〕周禮從祔，漢塋是陪，先遠日而撰吉：『撰』，全唐文作『選』。『周禮』，周代的禮制。左傳閔公元年：『魯不棄周禮，未可動也。』漢書文帝紀：『以下，服大紅十五日，小紅十四日，纖七日，釋服。』顔師古注：『此喪制者，文帝自率己意創而爲之，非有取於周禮也。』『遠日』，謂一旬以外的日子。儀禮特牲饋食禮：『若不吉，則筮遠日，如初儀。』鄭玄注：『遠日，旬外之日。』賈公彦疏：『遠日，旬外之日者，謂上旬不吉，更於上旬外筮，中旬爲旬之外

日。」隋書禮儀志三：『掌凶禮嚴植之定儀注，以亡月遇閏，後年中祥，疑所附月。帝曰：「……祥逢閏則宜取遠日。」』

〔三十八〕夜漏盡兮暗室啓，庭燎殘兮曉挽催：『挽』，文苑英華作『晚』。『夜漏』，夜間的時刻。漏，古代滴水記時的器具。周禮春官雞人：『大祭祀，夜呼旦以叫百官。』漢鄭玄注：『夜漏未盡，雞鳴時也，呼旦以警起百官，使夙興。』唐韋應物驪山行：『禁仗圍山曉霜切，離宮積翠夜漏長。』『庭燎』，古代庭中照明的火炬。詩小雅庭燎：『夜如何其，夜未央，庭燎之光。』周禮秋官司烜氏：『凡邦之大事，共墳燭庭燎。』鄭玄注：『墳，大也。樹於門外曰大燭，於門內曰庭燎，皆所以照衆爲明。』

〔三十九〕節三按而徐進：『節』，原爲闕字，今據適園叢書補。『節三按而徐進』，文苑英華、全唐文作『按三校而徐進』；四庫全書作『既三接而徐進』；甲庫本作『按三接而徐進』；適園叢書作『按三節而徐進』。『按節』，停揮馬鞭。表示徐行或停留。漢書五行志下之下：『南逝度犯大角、攝提，至天市而按節徐行。』顏師古注引服虔曰：『謂行遲。』南朝梁劉勰文心雕龍通變：『然後拓衢路，置關鍵，長轡遠馭，從容按節。』

〔四十〕背朱門兮遲遲，驅白驥兮騤騤：『驅』，文苑英華、四庫全書、全唐文均作『馳』。『朱門』，

紅漆大門。指貴族豪富之家。晋葛洪抱朴子嘉遁：『背朝華於朱門，保恬寂乎蓬户。』唐杜甫自京赴奉先縣咏懷五百字：『朱門酒肉臭，路有凍死骨。』『遲遲』，徐行貌。詩邶風谷風：『行道遲遲，中心有違。』毛傳：『遲遲，舒行貌。』漢劉向九嘆惜賢：『時遲遲其日進兮，年忽忽而日度。』王逸注：『遲遲，行貌。』洪興祖補注：『遲遲，來遲也。』『白驥』，白馬。多用於哀辭。三國魏曹植王仲宣誄：『靈輀迴軌，白驥悲鳴。』晋書后妃傳上左貴嬪：『輓童引歌，白驥鳴轅。』『騤騤』，馬行雄壯貌。詩小雅采薇：『駕彼四牡，四牡騤騤。』晋摯虞太康頌：『龍馬騤騤，風於華陽。』

（四十一）野蒼茫而助慘，風蕭颸而增悲：『蒼茫』，廣闊無邊的樣子。晋潘岳哀永逝文：『視天日兮蒼茫，面邑里兮蕭散。』唐楊炯登秘書省閣詩序：『林野蒼茫，青天高而九州迥。』

（四十二）翩翩兮素蓋，寂寂兮畫帷：『畫帷』，有畫飾的帷幕。禮記喪大記：『大夫畫帷，二池，不振容。』孔穎達疏：『大夫畫帷者，不得爲龍，畫爲雲氣。』宋史輿服志二：『（皇后車輿之制）青絲絡網二，紫羅畫帷一。』

（四十三）面都邑兮不入，待陵寢兮有期：『兮』，四庫全書作『於』。『待』，文苑英華、四庫全書、甲庫本、適園叢書均作『侍』。『都邑』，城市。商君書算地：『故爲國任地者，山

林居什一，藪澤居什一，溪谷流水居什一，都邑蹊道居什四，此先王之正律也。』晉袁宏後漢紀獻帝紀二：『疇謂其父老曰：「諸君不以疇不肖，遠來相就。衆成都邑，而莫相統一，恐非久安之道。」』『陵寢』，古代帝王陵墓的宮殿寢廟。借指帝王陵墓。後漢書祭祀志下：『殤帝生三百餘日而崩，鄧太后攝政，以尚嬰孩，故不列於廟，就陵寢祭之而已。』唐杜甫重經昭陵詩：『陵寢盤空曲，熊羆守翠微。』

〔四十四〕惟光儀之永閟，與昭代而長辭：『光儀』，光彩的儀容。稱人容貌的敬詞，猶言尊顔。漢禰衡鸚鵡賦：『背蠻夷之下國，侍君子之光儀。』南朝宋宗炳明佛論：『若諸佛見存，一切洞徹，而威神之力，諸法自在，何爲不曜光儀於當今？』『昭代』，政治清明的時代。常用以稱頌本朝或當今時代。唐崔塗問蔔詩：『不擬逢昭代，悠悠過此生。』宋陸游朝饑示子聿詩：『生逢昭代雖虚過，死見先親幸有辭。』

〔四十五〕潛清輝於幽穸，昭鴻名於美迹：『輝』，文苑英華、全唐文作『暉』。『昭』，全唐文作『召』。『清輝』，清光。多指日月的光輝。晉葛洪抱朴子博喻：『否終則承之以泰，晦極則清輝晨耀。』唐杜甫月圓詩：『故園松桂發，萬里共清輝。』『幽穸』，墓穴。唐元稹爲蕭相謝追贈祖父祖妣亡父表：『恩波下濟，澤被窮泉，天眷旁臨，日聞幽穸。』宋曾鞏雍王顥乳

母宋氏贈郡君制：『是用追命爾封進於列郡，以光幽穸，尚服寵章。』『鴻名』，大名，盛名。史記司馬相如列傳：『前聖之所以永保鴻名而常爲稱首者用此，宜命掌故悉奏其義而覽焉。』唐蘇頲開元元年赦書：『鴻名不可以深拒，盛典不可以固違。』

〔四十六〕將在皇儲之史，豈伊諸侯之册：『册』，文苑英華、全唐文作『策』。『皇儲』，皇太子。晉陸機祖道畢雍孫劉邊仲潘正叔詩：『皇儲延髦俊，多士出幽遐。』南史后妃傳下梁武丁貴嬪：『既盡禮皇儲，則所生不容無敬。』

〔四十七〕播遺芬於蘭桂，傳不朽於金石：『芬』，全唐文作『芳』。『遺芬』，比喻前人留下的盛德美名。唐沈佺期神龍初廢逐南荒途出郴口北望蘇耽山詩：『不才予竄迹，羽化子遺芬。』宋梅堯臣葉大卿挽辭之二：『豐碑幾當立，籍甚著遺芬。』『金石』，指古代鐫刻文字、頌功紀事的鐘鼎碑碣之屬。墨子兼愛下：『以其所書於竹帛，鏤於金石，琢於槃盂，傳遺後世子孫者知之。』孫詒讓閒詁：『呂氏春秋求人云：「功績銘乎金石，著於槃盂。」高注云：「金，鐘鼎也；石，豐碑也。」』

〔四十八〕嘉德音之無斁：『嘉』，四庫全書作『庶』。『德音』，用以指帝王的詔書。至唐宋，詔敕之外，別有德音一體，用於施惠寬恤之事，猶言恩詔。漢桓寬鹽鐵論詔聖：『高皇帝時，

天下初定，發德音，行一切之令，權也，非撥亂反正之常也。』唐白居易杜陵叟詩：『白麻紙上書德音，京畿盡放今年税。』『無斁』，不厭惡，不厭倦。詩周南葛覃：『爲絺爲綌，服之無斁。』鄭玄箋：『斁，厭也。』漢枚乘七發：『高歌陳唱，萬歲無斁。』唐吴筠廬山雲液泉賦序：『既飲既漱，永玩無斁。』

惠文太子哀册文（一）

蘇　頲

維開元十四年，太歲景寅（二），四月己酉朔（三），十九日丁卯（四），太傅岐王薨於洛（五），册謚惠文太子，殯於正寢之西階（六）。仲夏景申，將祔於橋陵（七），禮也。曉風北清，魄月西照（八），列鐸挽以嚴鼓（九），出軒除而滅燎（十）。皇帝戚深天倫（十一），寵異天人（十二），追遺奠於將遠（十三），動哀懷其若新（十四）。震以貞位，文以光謚（十五），爰詔司存（十六），乃甄遺懿（十七）。其詞曰：重玄之門（十八），唐系居尊，五色之土，岐封效古（十九）。瑶圖正位（二十），兄一弟二；寶萼承庇（二十一），帝三王四。嘗急難兮，特詢以事，竞扶翼兮，能竭其志（二十二）。其志伊何，程才則多（二十三），武以之靖，文以之和（二十四），勇超東牟（二十五），思奪東阿（二十六）。是曰具爾（二十七），曷云其他！覃訏守成，忠肅鍾美（二十八），

克順克比（二十九），爲臣爲子。河書聚學，沛易窮理（三十），毫使露濡，賦令雲起（三十一）。出咨岳政，入慎邦紀（三十二），魯衛則侔，武桓斯擬（三十三）。傳於元嗣（三十四），欽若端士（三十五），往錫朱旂，來朝紫微（三十六）。家人輯穆（三十七），藩后增輝（三十八），甘旨不同而不膳（三十九），珍華不共而不衣（四十）。楚謀或隱，梁籍寧違（四十一），屬巡岱以封還（四十二），侍升天而慶歸（四十三）。猗那兮揚名於後（四十四），於鑠兮修業可久（四十五），富貴兮於何不有，闇忽兮曾莫之壽（四十六）。嗚呼哀哉！宵欲分漏，革傳於奏（四十七），天初辨時，慮切乎思（四十八）；駿馬連踊而交使，近臣駢命而挾醫（四十九），望君王兮何遲遲（五十），俯檽檻兮猶若期（五十一）。至不至兮欻長辭（五十二），悲莫悲兮惟此思（五十三），外皆罷輟兮（五十四），内獨漣洏（五十五），豈吾季之在哉，崇后儲以謚之（五十六）。孝依喬岳，仁本京師（五十七），莊泊文兮，疇能忍茲（五十八）。靈輴稍發（五十九），清道徐按（六十），埶承華之鹵簿（六十一），瞻德陽之宮觀（六十二），樹陰陰於國門（六十三），橋耿耿於天漢（六十四），盈舊戀以迴復（六十五），畜新哀以聚散（六十六）。煢然嗣王（六十七），若不勝喪，慘天地之何心，愁關心之已長（六十八）。夫儉爲之德，謙固其則，存歿是膺（六十九），惠文是徵；存也高臺（七十），深池之不競（七十一），歿也備物（七十二），重器之不矜（七十三）。嗚呼哀哉！典册之有凴（七十四），惠文之有稱，故

奉先皇之松柏，成太子之園陵。嗚呼哀哉！

校箋

〔一〕此文又見於文苑英華卷八百三十九。全唐文卷二百五十八亦録此文，署名蘇頲。此文文末原未標明頒布時間。考本文文首云：『維開元十四年，太歲景寅，四月己酉朔，十九日丁卯。』又檢舊唐書玄宗紀載：『（開元十四年）夏四月……丁卯，太子少師、岐王範薨，册贈惠文太子。』舊唐書卷九十五列傳四十五記：『（開元）十四年，（岐王範）病薨。上哭之甚慟，輟朝三日，爲之追福，手寫老子經，徹膳累旬，百僚上表勸喻，然後復常。開元十四年，命工部尚書、攝太尉盧從愿册贈王爲惠文太子，陪葬橋陵。』新唐書玄宗紀亦載：『（開元）十四年四月……丁卯，岐王範薨。』新唐書卷八十一列傳第六亦記：『惠文太子範，始名隆範……開元十四年薨，册書贈太子及謚，陪葬橋陵。帝哭之慟，徹常膳至累旬，群臣勉請乃復。』資治通鑑卷二百一十三載：『（開元十四年）……四月丁卯，太子太傅岐王範薨，贈謚惠文太子。上爲之撤膳累旬，百官上表固請，然後復常。』據上引典籍所載，故本文的頒布時間應爲開元十四年（七二六）四月二十二日，

其撰寫時間當在此時稍前。又，蘇頲，傳見舊唐書卷八十八、新唐書卷一百二十五。舊唐書本傳載：『（蘇）瓌子頲，少有俊才，一覽千言。弱冠舉進士，授烏程尉，累遷左臺監察御史。長安中，詔頲按覆來俊臣等舊獄，頲皆申明其枉，由此雪冤者甚衆。神龍中，累遷給事中，加修文館學士，俄拜中書舍人。尋而頲父同中書門下三品，父子同掌樞密，時以爲榮。機事填委，文誥皆出頲手。中書令李嶠嘆曰：「舍人思如湧泉，嶠所不及也。」俄遷太常少卿。景雲中，瓌薨，詔頲起復爲工部侍郎，加銀青光禄大夫。頲抗表固辭，辭理懇切，詔許其終制。服闋就職，襲父爵許國公。玄宗謂宰臣曰：「有從工部侍郎得中書侍郎否？」對曰：「任賢用能，非臣等所及。」玄宗曰：「蘇頲可中書侍郎，仍供政事食。」明日，加知制誥。有政事食，自頲始也……時李乂爲紫微侍郎，與頲對掌文誥。他日，上謂頲曰：「前朝有李嶠、蘇味道，謂之蘇李；今有卿及李乂，亦不讓之。卿所制文誥，可録一本封進，題云『臣某撰』，朕要留中披覽。」其禮遇如此。玄宗欲於靖陵建碑，頲諫曰：「帝王及后，無神道碑，且事不師古，動皆不法。若靖陵獨建，陛下祖宗之陵皆須追造。」玄宗從其言而止。開元四年，遷紫微侍郎、同紫微黃門平章事，與侍中宋璟同知政事。』

〔二〕太歲景寅：文苑英華、全唐文、適園叢書作『歲次景寅』。

〔三〕四月己酉朔：四庫全書作『四月乙酉朔』。

〔四〕十九日丁卯：四庫全書作『十九日癸卯』。

〔五〕太傅岐王薨於洛：『岐王』，傳見舊唐書卷九十五、新唐書卷八十一。舊唐書其本傳載：『惠文太子範，睿宗第四子也。本名隆範，後避玄宗連名，改單稱範。初封鄭王，尋改封衛王。長壽二年，隨例却入閤，徙封巴陵郡王，累授尚食奉御。神龍元年，遷太府員外少卿，加賜實封二百户，通前五百户。景龍年，兼隴州别駕，加銀青光禄大夫。睿宗踐祚，進封岐王，又加實封五百户，拜太常卿，兼左羽林大將軍。先天二年，從上討竇懷貞、蕭至忠等，以功加賜實封滿五千户，下制褒美。開元初，拜太子少師，帶本官，歷絳、鄭、岐三州刺史。八年，遷太子太傅。範好學工書，雅愛文章之士，士無貴賤，皆盡禮接待。與閻朝隱、劉庭琦、張諤、鄭繇篇題唱和，又多聚書畫古迹，爲時所稱。時上禁約王公，不令與外人交結。駙馬都尉裴虚己坐與範游宴，兼私挾讖緯之書，配徙嶺外。萬年尉劉庭琦、太祝張諤皆坐與範飲酒賦詩，黜庭琦爲雅州司户，諤爲山茌丞。然上未嘗間範，恩情如初，謂左右曰：「我兄弟友愛天至，必無異意，祇是趨競之輩，强相托附耳。我終不以纖芥之故責及兄弟也。」時王毛仲等本起微賤，皆崇貴傾於朝廷，諸王每相見，假立引待，獨範見之色莊。十四年，病薨。上哭之甚慟，輟朝三日，爲之追福，手寫老子經，徹膳累旬，百

僚上表勸喻，然後復常。開元十四年，命工部尚書、攝太尉盧從愿册贈王爲惠文太子，陪葬橋陵。」

〔六〕殯於正寢之西階：『殯於正寢』，四庫全書、適園叢書作『殯正寢』。『正寢』，即路寢。古代帝王諸侯治事的宫室。公羊傳莊公三十二年：『公薨於路寢。路寢者何？正寢也。』『西階』，指堂西臺階，示尊禮之位。禮記曲禮上：『主人就東階，客就西階。客若降等，則就主人之階。』晉書康帝紀：『帝親奉奠於西階，既發引，徒行至閶闔門，升素輿，至於陵所。』

〔七〕將祔於橋陵：『橋陵』，指唐睿宗之陵墓，位於陝西省渭南市蒲城縣城西北的豐山（唐時稱爲『橋山』，又稱『蘇愚山』）西南。

〔八〕曉風北清，魄月西照：『曉風北清』，明鈔本、甲庫本、四庫全書、適園叢書作『曉陰北清』。『風清』，謂風輕柔而涼爽。南朝梁元帝鐘山飛流寺碑：『雲聚峰高，風清鐘徹。』唐戴叔倫泊湘口詩：『露重猿聲絶，風清月色多。』『月魄』，指月初生或圓而始缺時不明亮的部分。亦泛指月亮、月光。漢武帝内傳：『致日精得陽光之珠，求月魄獲黄水之華。』唐李商隱街西池館詩：『疏簾留月魄，珍簟接烟波。』

〔九〕列鐸挽以嚴鼓：『嚴鼓』，急鼓，急促的鼓聲。漢書史丹傳：『天子自臨軒檻上，隤銅丸以擿鼓，聲中嚴鼓之節。』顔師古注引晉灼曰：『疾擊之鼓也。』漢張衡東京賦：『總輕武

於後陳，奏嚴鼓之嘈囐。』三國魏曹操步戰令：『嚴鼓一通，步騎士悉裝。』

（十）出軒除而滅燎：『滅燎』，四庫全書作『减燎』。『軒除』，指房室。唐岑參行軍雪後月夜宴王卿家詩：『酒香薰枕席，爐氣煖軒除。』

（十一）皇帝戚深天倫：『天倫』，泛指父子等天然的親屬關系。南朝宋鮑照謝假啓之二：『天倫同氣，實惟一妹。』兒女英雄傳第十二回：『他父子才得説一番無限離情，叙一番天倫樂事。』

（十二）寵異天人：『寵異』，指帝王給以特殊的尊崇或寵愛。漢書叙傳上：『班侍中本大將軍所舉，宜寵異之。』唐鄭綮開天傳信記：『上至廟，見神橐鞬俯伏庭東南大柏樹下……自書制碑文以寵異之。』

（十三）追遣奠於將遠：『遣奠』，古代稱將葬時的祭奠。禮記檀弓下：『始死，脯醢之奠；將行，遣而行之；既葬而食之。』漢鄭玄注：『將行，將葬也。葬有遣奠。』宋司馬光詠史之二：『延陵腰利劍，上國使初通。待我周游遍，逢君遣奠終。』

（十四）動哀懷其若新：文苑英華、全唐文、適園叢書作『慟哀懷其若新』。

（十五）震以貞位，文以光謚：『震以貞位』，文苑英華作『人以貞位』。『震位』，東宮，太子之宮。隋于仲文侍宴東宫應令詩：『銅樓充震位，銀牓集嘉賓。』元白珽西湖賦：『致坤宫

之孝養，據震位以生蕃。』此句指太子謚號『文』。

〔十六〕爰詔司存：四庫全書作『爰召司存』。『司存』，有司，官吏。南朝陳沈炯爲周弘正讓太常表：『儻九賓闕相，封禪失儀，責以司存，云誰之咎。』唐温大雅大唐創業起居注卷二：『自餘常事，請付司存，巨細以聞，恐疲神思。』

〔十七〕乃甄遺懿：『遺懿』，指死者遺下的美德。唐柳宗元虞鳴鶴誄：『既克葬於高陽原，二三友生皆至於墓，哀其行之不昭於世，追烈遺懿，求諸后土。』唐權德輿唐故鄜州伏陸縣令贈左散騎常侍王府君神道碑銘：『金石繫辭，式昭遺懿。』

〔十八〕重玄之門：『玄門』，老子：『玄之又玄，衆妙之門。』後因以『玄門』指道教。魏書禮志一：『世宗優游在上，致意玄門，儒業文風，顧有未洽。』後蜀何光遠鑒戒録䠶釋道：『李德裕相公性好玄門，往往冠褐，修彭祖房中之術，求茅君點化之功。』

〔十九〕五色之土，岐封效古：『五色之土』，古代帝王鋪填社壇用的五種不同顔色的土。分封諸侯時，王者按封地所在方位取壇上一色土授之，供在封國内立社之用。書禹貢：『厥貢惟土五色。』孔傳：『王者封五色土爲社，建諸侯，則各割其方色土與之使立社。』孔穎達疏：『韓詩外傳云：天子社廣五丈，東方青，南方赤，西方白，北方黑，上冒以黄土。』漢蔡邕獨斷：『天

子太社，以五色土爲壇。皇子封爲王者，受天子之社土，以所封之方色。』『岐封』，指周朝分封興盛之事。國語 周語上：『周之興也，鸑鷟鳴於岐山。』

〔二十〕瑶圖正位：『瑶圖』，指帝王世系，帝王族譜。宋柳永送征衣詞：『瑶圖纘慶，玉葉騰芳。』清龔自珍皇朝碩輔頌序：『若夫璿牒親藩，瑶圖上爵，同姓大功，逾朱虛、東牟之至親；文子武弟，有周公、康叔之明德。』

〔二十一〕寶萼承庇：『寶萼』，同『瓊萼』，指皇親宗室。晋書 簡文三子傳論：『瑶枝瓊萼，隨鋒鏑而消亡；朱芾緑車，與波塵而殄瘁。』

〔二十二〕嘗急難兮，特詢以事，竞扶翼兮，能竭其志：『嘗急難兮』，文苑英華、全唐文作『常急難兮』。『扶翼』，輔佐，扶助。後漢書 順帝紀：『近臣建策，左右扶翼。』南朝梁沈約齊故安陸昭王碑文：『蕭曹扶翼漢祖，滅秦項以寧亂。』事指舊唐書其本傳所載：『先天二年，從上討竇懷貞、蕭至忠等，以功加賜實封滿五千户，下制褒美。』

〔二十三〕其志伊何，程才則多：『伊何』，如何，怎樣。三國魏阮籍咏懷之三：『我心伊何，其芳若蘭。』南朝宋鮑照代空城雀詩：『辛傷伊何言，怵迫良已多。』『程才』，呈現才能。晋陸機文賦：『辭程才以效伎，意司契而爲匠。』漢張衡西京賦：『侲僮程材，上下翩翻。』薛綜

注：『程，猶見也；材，伎能也。』

〔二十四〕武以之靖，文以之和：全唐文作『武之以靖，文之以和』。

〔二十五〕勇超東牟：『勇超』，明鈔本、甲庫本、適園叢書作『勇起』。『東牟』，指『東牟侯』劉興居，漢高帝之孫，曾與其兄朱虛侯劉章一起參與平定諸呂之亂。傳見漢書卷三十八其本傳：『濟北王興居，初以東牟侯，與大臣共立文帝於代邸，曰：「誅呂氏，臣無功，請與太僕滕公俱入清宮。」遂將少帝出，迎皇帝入宮。』

〔二十六〕思奪東阿：『東阿』，指三國魏曹植。植曾被封爲東阿王，故稱。晉左思魏都賦：『勇若任城，才若東阿，抗旍則威噞秋霜，摛翰則華縱春葩。』劉逵注：『彰後爲任城王，植爲東阿王。』清趙執信海鷗小譜夜合花：『東阿才費，文園渴劇，端爲卿卿。』

〔二十七〕是曰具爾：『具爾』，文苑英華、全唐文作『且爾』，四庫全書、適園叢書作『其爾』。『具爾』，詩大雅行葦：『戚戚兄弟，莫遠具爾。』具，猶俱。爾，通『邇』。本爲都很親近之意，因上有『兄弟』二字，後遂以爲兄弟的代稱。晉陸機嘆逝賦：『痛靈根之夙隕，怨具爾之多喪。』李善注：『具爾，兄弟也。』唐盧照鄰宴鳳泉石翁神祠詩序：『心灰兩寂，長無具爾之歡；形木雙枯，將有終焉之志。』

〔二十八〕覃訏守成，忠肅鍾美：『覃訏』，原作『覃訐』，今據四庫全書改。『鍾美』，甲庫本作『忠美』。『覃訏』，詩大雅生民：『實覃實訏，厥聲載路。』毛傳：『覃，長；訏，大。』後以『覃訏』指年歲長大。唐李儼道因法師碑：『覃訏之歲，粹采多奇；髫齔之辰，殊姿獨茂。』宋曾鞏册立皇太子制：『咨爾某生材之卓，絶倫拔類，覃訏岐嶷，成於自然。』『守成』，保持前人的成就和業績。詩大雅鳧鷖序：『鳧鷖，守成也。太平之君子，能持盈守成，神祇祖考安樂之也。』孔穎達疏：『言保守成功，不使失墜也。』唐吴兢貞觀政要君道：『太宗謂侍臣曰：「帝王之業，草創與守成孰難？」』『鍾美』，集美。左傳昭公二十八年：『子貉早死，無後，而天鍾美於是，將必以是大有敗也。』南朝梁劉勰文心雕龍才略：『潘岳敏給，辭自和暢，鍾美於西征，賈餘於哀誄。』

〔二十九〕克順克比：『順比』，順附，不抵觸。莊子徐無鬼：『遭時有所用，不能無爲也。此皆順比於歲，不物於易者也。』荀子禮論：『若夫斷之繼之，博之淺之，益之損之，類之盡之，盛之美之，使本末終始，莫不順比，足以爲萬世則，則是禮也。』

〔三十〕河書聚學，沛易窮理：『河書聚學』，指西漢河間獻王劉德故事，見漢書卷五十三其本傳載：『河間獻王德以孝景前二年立，修學好古，實事求是。從民得善書，必爲好寫與之，

留其真，加金帛賜以招之。繇是四方道術之人不遠千里，或有先祖舊書，多奉以奏獻王者，故得書多，與漢朝等。是時，淮南王安亦好書，所招致率多浮辯。獻王所得書皆古文先秦舊書，周官、尚書、禮、禮記、孟子、老子之屬，皆經傳説記，七十子之徒所論。其學舉六藝，立毛氏詩、左氏春秋博士。修禮樂，被服儒術，造次必於儒者。山東諸儒多從而游。武帝時，獻王來朝，獻雅樂，對三雍宮及詔策所問三十餘事。其對推道術而言，得事之中，文約指明。』「沛易」，即漢沛獻王劉輔之事，范曄後漢書卷四十二其本傳載：『輔矜嚴有法度，好經書。善説京氏易、孝經、論語傳及圖讖，作五經論。時號之曰沛王通論。在國謹節，終始如一，稱爲賢王。顯宗敬重，數加賞賜。』

〔三十一〕毫使露濡，賦令雲起：『濡毫』，濡筆。謂蘸筆書寫或繪畫。唐韋應物酬劉侍郎使君詩：『濡毫意僶俛，一用寫悁勤。』『賦令雲起』，意同『落紙烟雲』，筆墨落到紙上如同雲烟一樣變幻多姿。形容書法或詩文高超玄妙，變化多姿。晋潘岳楊荆州誄：『草隸兼善，尺牘必珍。足不輟行，手不釋文。翰動若飛，紙落如雲。』宋陸游致語口號：『落紙烟雲紛態度，照人冰玉峙高寒。』

〔三十二〕出洛岳政，入慎邦紀：『岳政』，四庫全書作『岳牧』。『岳』，指方岳、州郡。『邦

紀』，國家大法。宋史樂志九：『赫赫英皇，總提邦紀。』

〔三十三〕魯衛則侔，武桓斯擬：『魯衛』，語本論語子路：『魯衛之政，兄弟也。』魯是周朝周公的封國，衛是周公之弟康叔的封國，兩國的政治情況也像兄弟一樣差不多。因以比喻情況相同或相似。南朝梁劉勰文心雕龍才略：『孟陽、景陽，才綺而相埒，可謂魯衛之政，兄弟之文也。』唐劉知幾史通雜說上：『若必方於左氏也，非唯不可爲魯衛之政，差肩雁行，亦有雲泥路阻，君臣禮隔者矣。』『武桓』，指詩經周頌篇目中的武與桓，皆爲贊頌周武王的功績。此處喻指惠文太子之政治軍事才能。

〔三十四〕傳於元嗣：『元嗣』，謂太子。續資治通鑑宋英宗治平三年：『皇子潁王，天質早茂，媚嫭及期。方陛下即位之初，而元嗣克家之日，推之於禮，莫重於斯。』

〔三十五〕欽若端士：『欽若』，敬順。書堯典：『乃命羲和，欽若昊天，曆象日月星辰，敬授人時。』陳書高祖紀下：『梁氏以圮剥薦臻，曆運有極，欽若天應，以命於霸先。』『端士』，猶端人，正直的人，大戴禮記保傅：『於是比選天下端士、孝悌閑博有道術者以輔翼之，使之與太子居處出入，故太子乃目見正事，聞正言，行正道，左視右視、前後皆正人。夫習與正人居，不能不正也。』三國志魏書趙王幹傳：『訓以恭慎之至言，輔以天下之端士。』

〔三十六〕往錫朱旂，來朝紫微：『朱旂』，即『朱旗』，紅旗。多指戰旗。漢劉向九嘆 遠逝：『杖玉華與朱旗兮，垂明月之玄珠。』三國魏曹植東征賦：『揮朱旗以東指兮，橫大江而莫御。』『紫微』，指帝王宫殿。漢王延壽魯靈光殿賦：『乃立靈光之秘殿，配紫微而爲輔。』張載注：『紫微，至尊宫，斥京師也。』唐李白宫中行樂詞之一：『小小生金屋，盈盈在紫微。』

〔三十七〕家人輯穆：『輯穆』，和睦。晉劉琨勸進表：『故曰喪君有君，群臣輯穆，好我者勸，惡我者懼。』晉書 謝安傳：『安與坦之盡忠匡翼，終能輯穆。』

〔三十八〕藩后增輝：『增輝』，文苑英華、全唐文作『增暉』。『藩后』，猶藩王。漢羊勝屏風賦：『藩后宜之，壽考無疆。』唐李紓亞獻終獻詩：『孝感藩后，相維辟公。』『增輝』，增添光輝。晉陸機演連珠之十九：『是以淮月稟水，不能加凉；晞日引火，不必增輝。』唐張説咏塵詩：『禪山期益峻，照日幸增輝。』

〔三十九〕甘旨不同而不膳：『甘旨』，美味的食物。南朝梁元帝金樓子 立言：『甘旨百品，月祭日祀。』清蒲松齡聊齋志異 九山王：『俄而行酒薦饌，備極甘旨。』

〔四十〕珍華不共而不衣：『不共』，四庫全書作『不供』。『珍華』，珍貴華麗。後漢書皇后紀下 桓帝懿獻梁皇后：『宫幄雕麗，服御珍華，巧飾制度，兼倍前世。』唐李復言續玄怪

録楊恭政：『箱中有奇服，非綺非羅，制若道人之衣；珍華香潔，不可名狀。』

〔四十一〕楚謀或隱，梁籍寧違：『梁籍寧違』，四庫全書作『梁藉寧遺』。『梁籍』，指項梁、項羽。漢書叙傳：『故雖遭罹戹會，竊其權柄，勇如信、布，强如梁、籍，成如王莽，然卒潤鑊伏質，亨醢分裂，又况幺麽，尚不及數子，而欲闇奸天位者虖！』

〔四十二〕屬巡岱以封還：『封還』，緘封退還。多指封還詔敕。漢書王嘉傳：『（哀帝）益封董賢二千户……嘉封還詔書，因奏封事。』

〔四十三〕侍升天而慶歸：『侍』，原作『待』，今據文苑英華、全唐文、適園叢書改。

〔四十四〕猗那兮揚名於後：『猗那』，表示贊美之辭。漢班固典引：『亦猶於穆猗那，翕純皦繹，以崇嚴祖考，殷薦宗祀配帝。』李周翰注：『於穆、猗那皆美也。』

〔四十五〕於鑠兮修業可久：『於鑠』，文苑英華作『懿錦』；全唐文作『懿鑠』。『修業』，明鈔本、甲庫本、適園叢書作『循業』。『於鑠』，嘆詞，表贊美。詩周頌酌：『於鑠王師，遵養時晦。』陸德明釋文：『於，音烏。』三國魏曹操度關山詩：『於鑠賢聖，總統邦域。』

〔四十六〕闇忽兮曾莫之壽：『闇忽』，忽然。六韜王翼：『闇忽往來，出入若神。』漢揚雄劇秦美新：『道極數殫，闇忽不還。』李善注：『言天道既極，歷數又殫，故闇忽而滅，不能

自還也。』

〔四十七〕宵欲分漏，革傳於奏：『宵欲』，四庫全書作『宵半』。『宵漏』，指代夜間。漏，古計時器。梁書武帝紀下：『朕負扆君臨，百年將半。宵漏未分，躬勞政事；白日西浮，不遑飧飯。』元林坤誠齋雜記卷下：『幽恨從來無早暮，不知宵漏向人長。』『傳奏』，轉達奏聞。宋周煇清波別志卷中：『一巡檢使臣敢以札子直達御前，固已可駭；在當時，通進司亦何敢傳奏。』

〔四十八〕天初辨時，慮切乎思：『慮切乎思』，文苑英華、全唐文作『憲切乎思』。『天時』，天道運行的規律。易乾：『先天而天弗違，後天而奉天時。』『慮思』，思慮，考慮。三國魏曹植贈白馬王彪詩：『苦辛何慮思，天命信可疑。』

〔四十九〕駿馬連蹠而交使，近臣駢命而挾醫：『蹠』，指馬踏踩的痕迹。『近臣』，指君主左右親近之臣。墨子親士：『臣下重其爵位而不言，近臣則喑，遠臣則唫。』唐韓愈天星送楊凝郎中賀正詩：『侍從近臣有虛位，公今此去歸何時？』『駢』，指駕二馬。

〔五十〕望君王兮何遲遲：『遲遲』，眷念貌，依戀貌。關尹子三極：『人之善琴者，有悲心則聲凄凄焉，有思心則聲遲遲然。』漢班昭東征賦：『明發曙而不寐兮，心遲遲而有違。』

〔五十一〕俯櫺檻兮猶若期：『櫺檻』，欄杆。漢班固西都賦：『攀井幹而未半，目眴轉而意迷，

舍櫺檻而却倚，若顛墜而復稽。』漢張衡西京賦：『伏櫺檻而頫聽，聞雷霆之相激。』

〔五十二〕至不至兮欻長辭：四庫全書作『至不至兮款長辭』。『長辭』，死亡的婉辭。唐李白擬恨賦：『一朝長辭，天下縞素。』

〔五十三〕悲莫悲兮惟此思：明鈔本、甲庫本、文苑英華作『悲莫悲兮惟此悲』；四庫全書作『莫悲兮惟此悲』；全唐文作『悲莫悲兮唯此悲』。

〔五十四〕外皆罷輟兮：『罷輟』，文苑英華、全唐文作『罷惙』。事指舊唐書惠文太子本傳載：『上哭之甚慟，輟朝三日，爲之追福，手寫老子經，徹膳累旬，百僚上表勸喻，然後復常。』

〔五十五〕内獨漣洏：『漣洏』，亦作『漣而』。泪流貌。漢王粲贈蔡子篤詩：『中心孔悼，涕泪漣洏。』南朝宋謝惠連祭古冢文：『捨畚凄愴，縱鍤漣而。』

〔五十六〕豈吾季之在哉，崇后儲以謚之：『吾季』，原作『我季』，今據明鈔本、甲庫本、文苑英華、四庫全書、全唐文、適園叢書改。『后儲』，即『儲后』，儲君，太子。宋書禮志一：『今儲后崇聘，禮先訓遠，皮玉之美，宜盡暉備。』南朝齊王儉褚淵碑文：『明皇不豫，儲后幼冲。』

〔五十七〕孝依喬岳，仁本京師：『喬岳』，明鈔本、甲庫本、文苑英華、全唐文、適園叢書作『橋岳』。高山。本指泰山，後成泛稱。詩周頌時邁：『懷柔百神，及河喬岳。』毛傳：『喬，高也。

高岳，岱宗也。」三國魏曹植七啓：『河濱無洗耳之士，喬岳無巢居之民。』『京師』，指朝廷。史記吴王濞列傳：『京師知其以子故稱病不朝，驗問實不病，諸吴使來，輒繫責治之。』

〔五十八〕莊洎文兮，疇能忍兹：『莊』，指惠莊太子，『文』，指惠文太子。

〔五十九〕靈輴稍發：『靈輴』，運靈柩的車子。晋潘岳哀永逝文：『盡余哀兮祖之晨，揚明燎兮援靈輴。』李善注：『禮記注曰：輴，殯車也。』唐張説爲鄭虛己作祭舅文：『仁舅捐館，靈輴祖庭。』

〔六十〕清道徐按：『清道』，又稱净街，指清除道路，驅散行人。舊時常於帝王、官員出行時行之。尉繚子將會：『將軍入營，即閉門清道。有敢行者，誅。』史記司馬相如列傳：『且夫清道而後行，中路而後馳，猶時有銜橛之變。』

〔六十一〕埶承華之鹵簿：『埶』，文苑英華、四庫全書、全唐文、適園叢書作『整』。『承華』，指太子宫室或太子。梁書元帝紀：『嗣后升遐，龍輴未殯，承華掩曜，梓宫莫測。』唐黄滔寄陳侍御詩：『九級燕金滿樽酒，却愁隨詔謁承華。』『鹵簿』，古代帝王駕出時扈從的儀仗隊。出行之目的不同，儀式亦各别。自漢以後亦用於后妃、太子、王公大臣。唐制四品以上皆給鹵簿。漢蔡邕獨斷：『天子出，車駕次第謂之鹵簿。』晋書趙王倫傳：『惠帝乘雲母車，鹵簿數百人。』

宋葉夢得石林燕語卷四：『唐人謂鹵，櫓也，甲楯之别名。凡兵衛以甲楯居外爲前導，捍蔽其先後，皆著之簿籍，故曰「鹵簿」。因舉南朝御史中丞、建康令皆有「鹵簿」，爲君臣通稱，二字别無義，此説爲差近。』

〔六十二〕瞻德陽之宫觀：文苑英華、全唐文作『昭德陽之宫觀』，四庫全書作『憺德陽之宫觀』。

〔六十三〕樹陰陰於國門：『國門』，國都的城門。周禮 地官 司門：『司門掌授管鍵，以啓閉國門。』宋吴幵優古堂詩話 手滑：『富公自河北還，及國門，不許入，未測朝廷意。』

〔六十四〕橋耿耿於天漢：『耿耿』，明亮貌。南朝齊謝朓暫使下都夜發新林至京邑贈西府同僚詩：『秋河曙耿耿，寒渚夜蒼蒼。』李善注：『耿耿，光也。』唐韓愈利劍詩：『利劍光耿耿，佩之使我無邪心。』『天漢』，天河。詩 小雅 大東：『維天有漢，監亦有光。』毛傳：『漢，天河也。』三國魏曹丕雜體詩：『天漢迴西流，三五正縱横。』

〔六十五〕盈舊戀以迴復：四庫全書作『盈舊悲以迴復』。『迴復』，迴旋反復，迂迴曲折。漢書 禮樂志：『玄氣之精，迴復此都。』顔師古注：『言天氣之精，迴旋反復於此雲陽之都。』晋陶潛五月旦作和戴主簿：『虚舟縱逸棹，迴復遂無窮。』

〔六十六〕畜新哀以聚散：文苑英華、四庫全書、全唐文作『蓄新哀以聚散』。

〔六十七〕煢然嗣王：『煢然』，孤單貌。宋梅堯臣吊唐俞詩：『一稚纔能語，煢然寄遠邦。』明李贄又與周友山書：『但念我既無眷屬之樂，又無朋友之樂，煢然孤獨，無與晤語。』『嗣王』，繼位之王。書伊訓：『伊尹祠于先王，奉嗣王祗見厥祖。』禮記曲禮下：『踐阼，臨祭祀，内事曰孝王某，外事曰嗣王某。』孔穎達疏：『云嗣王某，言此王繼嗣前王而立也。』

〔六十八〕愁關心之已長：明鈔本、甲庫本、文苑英華、全唐文、適園叢書作『怨關山之已長』，四庫全書作『怨關心之已長』。

〔六十九〕存歿是膺：文苑英華、全唐文作『存沒是膺』；明鈔本、適園叢書作『存歿是因』。

〔七十〕存也高臺：『高臺』，高的樓臺。晋左思吴都賦：『造姑蘇之高臺，臨四遠而特建。』明王世貞登岱詩：『軒轅黄帝有高臺，鞭石千秋輦道開。』

〔七十一〕深池之不競：適園叢書作『深池之不竟』。『深池』，指深的護城河。荀子議兵：『故堅甲利兵，不足以爲勝；高城深池，不足以爲固。』『不競』，不争逐。管子大匡：『（桓公）謂管仲曰：「吾士既練，吾兵既多，寡人欲服魯。」管仲喟然嘆曰：「齊國危矣！君不競於德而競於兵。」』

〔七十二〕歿也備物：『備物』，指儀衛、祭祀等所用的器物。左傳定公四年：『備物典策，

官司彝器。』孔穎達疏引服虔云：『當謂國君威儀之物，若今繖扇之屬。』王引之經義述聞春秋左傳下『備物典策』：『備物即服物也。經傳多言服物……「服」與「備」古字通。』晉干寶晉紀總論：『始當非常之禮，終受備物之錫。』張銑注：『備物，謂祭器之物。』

〔七十三〕重器之不矜：『重器』，猶大器。比喻能任大事的人。漢書梅福傳：『士者，國之重器；得士則重，失士則輕。』三國志蜀書諸葛瞻傳：『瞻今已八歲，聰慧可愛，嫌其早成，恐不爲重器耳。』『不矜』，不驕傲，不誇耀。書大禹謨：『汝惟不矜，天下莫與汝爭能。』孔傳：『自賢曰矜。』後漢書胡廣傳：『不矜其能，不伐其勞。』

〔七十四〕典册之有馮：文苑英華、四庫全書、全唐文作『典册之有憑』。『典册』，帝王的册命。南朝梁任昉到大司馬記室箋：『以今月令辰，肅膺典册。』陳書高祖紀上：『今將授公典策，其敬聽朕命。』

惠宣太子哀册文〔一〕

韓休

維開元二十二年，歲次甲戌，七月庚申朔，十日己巳故〔二〕，司徒薛王薨於洛〔三〕，册謚惠宣太子，翌日殯於正寢之西階〔四〕。粤八月二日庚寅，將陪葬於橋陵〔五〕，禮也。

凉陰戒秋，白露凝夜〔六〕，傃哀挽於郊道〔七〕，儼虚容於池榭〔八〕。皇帝痛棣華之既凋〔九〕，矚蘭坂而增欷〔十〕，撫徹奠以無及〔十一〕，恨潛泉之永閟〔十二〕。光於典册〔十三〕，升彼儲嗣〔十四〕，爰命史臣〔十五〕，颺言其懿〔十六〕。其詞曰：於昭帝系〔十七〕，濬發玄裔〔十八〕，建堯升唐，自薛而王〔十九〕。粤有成德〔二十〕，遂荒東國〔二十一〕，大啓土宇〔二十二〕，聿崇典則〔二十三〕。夫其秉靈在初，迪哲惟濬〔二十四〕，惇敏秀鑠〔二十五〕，淳龐淑慎〔二十六〕。謀謨以成〔二十七〕，蹈道而順〔二十八〕，文英獨越〔二十九〕，武烈惟振〔三十〕。百辟式瞻〔三十一〕，五常以訓〔三十二〕，惟兹大賢〔三十三〕，克楙天秩〔三十四〕。爲藩爲屏，是輔是弼，保厘我邦家〔三十五〕，左右我王室〔三十六〕。沛獻演易〔三十七〕，楚元説詩〔三十八〕，藝無不綜，學罔有遺。分以寶玉，建其旌旗〔三十九〕，出弘聲政〔四十〕，入贊雍熙〔四十一〕。咨爾公族〔四十二〕，是惟敦睦〔四十三〕，王曰介弟〔四十四〕，寵其車服〔四十五〕。俾侯於京，怡怡弟兄〔四十六〕，穆以家人之禮，崇其藩后之榮〔四十七〕。曷常不樂彼同輿〔四十八〕？却東平之歸奏〔四十九〕，詢其異政〔五十〕，欽少海之能名〔五十一〕。將以天倫之愛〔五十二〕，可以昭於載籍〔五十三〕；友于之道〔五十四〕，可以貫於神明〔五十五〕。宜其善有其慶〔五十六〕，禍無其胎，享此眉壽〔五十七〕，祐其多才〔五十八〕。胡勿藥以爲疾，逮彌旬而成灾〔五十九〕？躬爲禱兮無不至〔六十〕，誠以

精兮無不備〔六十一〕。走群祀以累祈〔六十二〕，徵上醫而畢洎〔六十三〕，蒼黄而晦明未隔〔六十四〕，闇忽而古今斯異〔六十五〕。嗚呼哀哉！神理無昧〔六十六〕，人寰已非〔六十七〕。想河洛其猶在〔六十八〕，望淮仙而不歸〔六十九〕。悲由中而自切，情限禮而相違〔七十〕，悵丙舍之云遠〔七十一〕，飾承華以增暉〔七十二〕。嗚呼哀哉！靈龜肇吉〔七十三〕，服馬先路〔七十四〕，悼津門之永違〔七十五〕，遵河橋以直度〔七十六〕；笳哀洛陽之道〔七十七〕，旐靡咸京之樹〔七十八〕，換憂歡於今昔，變風景於新故。嗚呼哀哉！夫行以謚尊，恩由禮盛。申備物以增飾〔七十九〕，緬貞徽而獨映〔八十〕，俾重爲善之名〔八十一〕，以彰有後之慶〔八十二〕。嗚呼哀哉！庭樹槭以驚秋〔八十三〕，川波咽而不流。歷神皋兮望國寢〔八十四〕，背華宇兮歸山丘〔八十五〕，流塵滿兮虚榭暗〔八十六〕，緑苔生兮行徑幽〔八十七〕。惟盛德與鴻烈〔八十八〕，亦天長而地悠。嗚呼哀哉！

校箋

〔一〕本文又見於文苑英華卷八百三十九。全唐文卷二百九十五亦録此文，文題作惠宣太子哀册文，署名韓休。此文文末原未標明頒布時間。考本文文首云：『維開元二十二年，歲次甲戌，

七月庚申朔，十日己巳，司徒薛王蕢於洛。』又檢舊唐書玄宗紀載：『（開元）二十二年……七月己巳，司徒、薛王業薨，追謚爲惠宣太子。』舊唐書卷九十五列傳第四十五載：『惠宣太子業，睿宗第五子也。本名隆業，後單名業……（開元）二十二年正月，薨，册贈惠宣太子，陪葬橋陵。』新唐書玄宗紀亦載：『（開元）二十二年……七月己巳，薛王業薨。』新唐書卷八十一列傳第六記：『惠宣太子業，始王趙，降封中山，授都水使者……（開元）二十二年，業有疾，帝憂之，一昔容髮爲變，因假寢，夢獲方，寤而業少閑，邠王守禮等請以事付史官。及薨，帝悲不能食，册書加贈及謚，陪葬橋陵。』資治通鑑卷二百一十四亦載：『（開元）二十二年……六月……薛王業疾病，上憂之，容髮爲變。七月，己巳，薨，贈謚惠宣太子。』據上引典籍所載，故本文的頒布時間爲開元二十二年（七三四）七月十日，此文撰寫時間當在是時稍前。又，韓休，傳見舊唐書卷九十八、新唐書卷一百二十六。舊唐書其本傳載：『韓休，京兆長安人……休早有詞學，初應制舉，累授桃林丞。又舉賢良。玄宗時在春宫，親問國政，休對策與校書郎趙冬曦并爲乙第，擢授左補闕。尋判主爵員外郎，歷遷中書舍人、禮部侍郎，兼知制誥，出爲虢州刺史。時虢州以地在兩京之間，駕在京及東都，并爲近州，常被支税草以納閑廐。休奏請均配餘州，中書令張説駁之曰：「若獨免虢州，即當移向他郡，牧守欲爲私惠，國體固不可依。」又下符不許之。休復

將執奏，僚吏曰：「更奏必忤執政之意。」休曰：「爲刺史不能救百姓之弊，何以爲政！必以忤上得罪，所甘心也。」竟執奏獲免。歲餘，以母艱去職，固陳誠乞終禮，制許之。服闋，除工部侍郎，仍知制誥，遷尚書右丞。開元二十一年，侍中裴光庭卒，上令蕭嵩舉朝賢以代光庭者，嵩盛稱休志行，遂拜黄門侍郎、同中書門下平章事。休性方直，不務進趨，及拜，甚允當時之望。俄有萬年尉李美玉得罪，上特令流之嶺外，休進曰：「美玉卑位，所犯又非巨害，今朝廷有大奸，尚不能去，豈得捨大而取小也！臣竊見金吾大將軍程伯獻，依恃恩寵，所在貪冒，第宅輿馬，僭擬過縱。臣請先出伯獻而後罪美玉。」上初不許之，休固争曰：「美玉微細猶不容，伯獻巨猾豈得不問！陛下若不出伯獻，臣即不敢奉詔流美玉。」上以其切直，從之。初，蕭嵩以休柔和易制，故薦引之。休既知政事，多折正嵩，遂與休不叶。宋璟聞之曰：「不謂韓休乃能如是，仁者之勇也。」其年夏，加銀青光禄大夫。十二月，轉工部尚書，罷知政事。二十四年，遷太子少師，封宜陽子。二十七年病卒，年六十八，贈揚州大都督，謚曰「文忠」。寶應元年，重贈太子太師。」

〔二〕十日己巳故：原作『十日己巳』，今據四庫全書增補。

〔三〕司徒薛王蘁於洛：『司徒』，甲庫本作『故司徒』。『薛王』，即李業，唐睿宗第五子。傳見舊唐書卷九十五、新唐書卷八十一。舊唐書其本傳載：『惠宣太子業，睿宗第五子也。本名隆業，

後單名業。垂拱三年，封趙王，開府置官屬。長壽二年，隨例却入閤，改封中山郡王，累授都水使者，尋又改封彭城郡王。神龍元年，加賜實封二百户，通前五百户。景龍二年，兼陳州别駕。銀青光禄大夫、太僕少卿，别駕如故。睿宗即位，進封薛王，加封滿一千户，拜秘書監，兼右羽林大將軍。俄轉宗正卿。睿宗以業好學而授秘書監。及玄宗誅蕭至忠、岑羲等，業以翊從之功，加實封通舊爲五千户。開元初，歷太子少保、同涇、豳、衛、虢等州刺史。八年，遷太子太保。初，業母早終，從母賢妃親鞠養之。至是，迎賢妃出就外宅，事之甚謹。業同母妹淮陽、凉國二公主亦早卒，業撫愛其子，逾於己子。上以業孝友，特加親愛。業嘗疾病，上親爲祈禱，及愈，車駕幸其第，置酒宴樂，更爲初生之歡。玄宗賦詩曰：「昔見漳濱卧，言將人事違。今逢誕慶日，猶謂學仙歸。棠棣花重滿，鴒原鳥再飛。」其恩意如此。十三年，上嘗不豫，業妃弟内直郎韋賓與殿中監皇甫恂私議休咎。事發，玄宗令杖殺韋賓，左遷皇甫恂爲錦州刺史。妃惶懼，降服待罪，業亦不敢入謁。上遽令召之，業至階下，逡巡請罪。上降階就執其手曰：「吾若有心猜阻兄弟者，天地神明，所共咎罪。」乃歡宴久之。仍慰諭妃，令復其位。二十一年，業進拜司徒。二十二年正月，薨，册贈惠宣太子，陪葬橋陵。有子十一人。』

〔四〕翌日殯於正寢之西階：『寢』，文苑英華作『殿』。『正寢』，即路寢。古代帝王諸

侯治事的宮室。公羊傳莊公三十二年：『公薨於路寢。路寢者何？正寢也。』『西階』，指堂西臺階。示尊禮之位。禮記曲禮上：『主人就東階，客就西階。客若降等，則就主人之階。』晋書康帝紀：『帝親奉奠於西階，既發引，徒步行至閶闔門，升素輿，至於陵所。』

〔五〕將陪葬於橋陵：『陪葬』，古代指臣子或妻妾的靈柩葬在帝王或丈夫的墓旁。魏書外戚傳上姚黄眉：『（姚黄眉）卒，贈雍州刺史，隴西王，謚曰獻，陪葬金陵。』北史魏任城王雲傳：『大和五年，薨於州，遺令薄葬，勿受贈襚，諸子奉遵其旨，謚曰康，陪葬雲中之金陵。』『橋陵』，唐睿宗李旦陵。在陝西省蒲城縣北豐山。舊唐書玄宗紀上：『庚午，葬睿宗大聖貞皇帝於橋陵。』唐張説鄎國長公主神道碑銘：『恩旨陪葬於橋陵，不祔不從，古之道也。』

〔六〕凉陰戒秋，白露凝夜：『凉陰』，亦作『凉闇』。古代國君居喪之稱。一説爲居喪之所，即喪廬。漢書五行志中之下：『劉向以爲殷道既衰，高宗承敝而起，盡凉陰之哀。』顔師古注：『凉，信也；陰，默也。言居喪信默，三年不言也。凉讀曰諒，一説，凉陰謂居喪之廬也。謂三年處於廬中不言。』公羊傳文公九年：『則三年不忍當也。』漢何休注：『子張曰：書云，高宗凉闇三年不言。』『白露』，秋天的露水。詩秦風蒹葭：『蒹葭蒼蒼，白露爲霜。』南朝梁江淹清思詩：『白露滋金瑟，清風蕩玉琴。』

〔七〕縗哀挽於郊道：『挽』，文苑英華作『輓』。『哀挽』，悲痛地挽着喪車。唐杜甫故武衛將軍挽詞之三：『哀挽青門去，新阡絳水遥。』仇兆鰲注：『哀挽，挽喪車而哀慟也。』唐劉言史北原情詩：『城中人不絶，哀挽相次行。』

〔八〕儼虚容於池榭：『池榭』，池苑臺榭。六韜上賢：『臣有大作宫室池榭游觀倡樂者，傷王之德。』唐劉禹錫酬樂天晚夏閑居欲相訪先以詩見貽詩：『池榭堪臨泛，翛然散鬱陶。』

〔九〕皇帝痛棣華之既凋：『皇帝』，指唐玄宗。『棣華』，詩小雅常棣：『常棣之華，鄂不韡韡。凡今之人，莫如兄弟。』後因以『棣華』喻兄弟。晋書張載傳贊：『載協飛芳，棣華增映。』唐張説鄎國長公主神道碑銘：『恨棣華之半缺，悲瑶草之先化。』

〔十〕矚蘭坂而增欷：『矚』，四庫全書作『睹』；適園叢書作『儲』。『蘭坂』，長滿蘭花的斜坡。唐李敬玄奉和别越王：『飛蓋回蘭坂，宸襟伫柏梁。』宋錢惟演秋夕池上：『朱華接蘭坂，緑荇溢魚防。』『增欷』，更加悲傷。楚辭九辯：『憯凄增欷兮，薄寒之中人。』漢司馬相如長門賦：『舒息悒而增欷兮，蹝履起而彷徨。』

〔十一〕撫徹奠以無及：『徹奠』，指祀死者的祭品。『無及』，來不及。左傳哀公六年：『作而後悔，亦無及也。』宋蘇軾代張方平諫用兵書：『帝雖悔悟自克，而殁身之恨，已無及矣。』

〔十二〕恨潛泉之永閟：『潛泉』，即黄泉，指人死後埋葬的地方。

〔十三〕光於典册：『典册』，帝王的册命。南朝梁任昉到大司馬記室箋：『以今月令辰，肅膺典册。』陳書高祖紀上：『今將授公典策，其敬聽朕命。』

〔十四〕升彼儲嗣：『儲嗣』，儲君，太子。東觀漢記下邳惠王衍傳：『太子，國之儲嗣，可不慎與？』宋蘇軾富鄭公神道碑：『其父堯臣嘗與文彦博、劉沆及公同决大策，乞立儲嗣，仁宗許之。』

〔十五〕爰命史臣：『史臣』，史官。晋潘岳馬汧督誄序：『亦命史臣班固而爲之誄。』唐杜甫八哀詩故司徒李公光弼：『直筆在史臣，將來洗筐篋。』

〔十六〕颺言其懿：『颺言』，猶言大力宣揚。南朝梁劉勰文心雕龍頌贊：『并颺言以明事，嗟嘆以助辭也。』章炳麟訄書官統上：『及夫箕子所颺言，則以五行爲臬檝，斯大古夏殷之成憲，而周時毁棄久矣。』

〔十七〕於昭帝系：『帝系』，指皇家譜系。

〔十八〕濬發玄裔：『濬發』，從深處發出。唐柳宗元祭楊憑詹事文：『實期濬發，再光文陛。誰謂昊天，遽兹降厲。』清劉大櫆程府君墓志銘：『其深愛之情，藹然濬發於一室獨知之地，而

其家人咸被其風而化焉。』『玄裔』，指有可通神明傳承的後裔。

（十九）建堯升唐，自薛而王：『建堯』，文苑英華作『逮堯』。事指舊唐書惠宣太子其本傳云：『睿宗即位，進封薛王，加封滿一千户，拜秘書監，兼右羽林大將軍。俄轉宗正卿。』

（二十）粤有成德：『成德』，盛德。易乾：『君子以成德爲行。』左傳成公十三年：『不穀惡其無成德，是用宣之，以懲不一。』

（二十一）遂荒東國：『東國』，指東都洛陽。國，都城。書康誥：『周公初基，作新大邑于東國洛。』三國魏曹植怨歌行：『待罪居東國，泫涕常流連。』

（二十二）大啓土宇：『土宇』，疆土，國土。後漢書荀彧傳：『公前屠鄴城，海内震駭，各懼不得保其土宇，守其兵衆。』唐劉知幾史通雜述：『九州土宇，萬國山川，物産殊宜，風化異俗。』事指舊唐書惠宣太子其本傳云：『開元初，歷太子少保，同涇、豳、衛、虢等州刺史。』

（二十三）聿崇典則：『典則』，典章法則，準則。書五子之歌：『有典有則，貽厥子孫。』孔傳：『典，謂經籍；則，法。』南齊書東昏侯紀贊：『乃黷典則，乃棄彝倫，玩習兵火，終用焚身。』

（二十四）迪哲惟濬：『迪哲』，亦作『迪喆』，蹈智。謂蹈行聖明之道。書無逸：『周公曰：「嗚呼！自殷王中宗、及高宗、及祖甲、及我周文王，兹四人迪哲。」』孔傳：『言此四人皆蹈

智明德以臨下。』孔穎達疏：『此四人者皆蹈明智之道以臨下民。』漢班固典引：『故先命玄聖，使綴學立制，宏亮洪業，表相祖宗，贊揚迪哲，備哉粲爛，真神明之式也。』蔡邕注：『言仲尼之作，亦顯助祖宗，揚明其蹈哲之德。』

〔二十五〕惇敏秀鑠：『惇敏』，敦厚聰敏。南齊書王融傳：『母臨川太守謝惠宣女，惇敏婦人也。』

〔二十六〕淳龐淑慎：『淳龐』，亦作『湻龐』，猶淳厚。宋文天祥跋劉父老季文畫像：『予觀其田里淳龐之狀，山林樸茂之氣，得壽於世，非曰偶然。』明高攀龍慮得集序：『讀茲集者，觀其湻龐敦樸之意，可以知其源與根矣。』

〔二十七〕謀謨以成：『謨』，甲庫本、文苑英華、四庫全書作『謩』。『謀謨』，謀劃，制定謀略。管子四稱：『昔者有道之臣……居處則思義，語言則謀謨，動作則事，居國則富。』東觀漢記明帝紀：『數問以政議，應對敏達，謀謨甚深。』

〔二十八〕蹈道而順：『蹈道』，履行正道。穀梁傳隱公元年：『若隱者，可謂輕千乘之國，蹈道，則未也。』范寧注：『未履居正之道。』陸德明釋文：『蹈，履行之名也。』唐韓愈閔己賦：『雖舉足以蹈道兮，哀與我者爲誰？』

〔二十九〕文英獨越：『文英』，文才出衆的人。宋丁謂大蒐賦：『博搜聖書，廣召文英。』

〔三十〕武烈惟振：『武烈』，國語周語下：『成王能明文昭，能定武烈者也。』韋昭注：『烈，威也。言能明其文，使之昭；定其武，使之威也。』後以『武烈』謂武功。後漢書桓譚馮衍傳上：『衍上書陳八事：其一曰顯文德，二曰褒武烈……』

〔三十一〕百辟式瞻：『百辟』，百官。宋書孔琳之傳：『羨之（徐羨之）内居朝右，外司輦轂，位任隆重，百辟所瞻。』唐白居易醉後走筆酬劉五主簿長句之贈兼簡張大賈二十四先輩昆季詩：『閶闔晨開朝百辟，冕旒不動香烟碧。』『式瞻』，敬仰，景慕。北齊書王昕傳：『（昕）對曰：「元景位望微劣，不足使殿下式瞻儀形，安敢以親王僚寀，從厮養之役。」』宋司馬光祭觀文丁尚書文：『老成之德，中外式瞻。』

〔三十二〕五常以訓：『五常』，文苑英華、全唐文作『五宗』；明鈔本、甲庫本、四庫全書、適園叢書作『五帝』。『五常』，謂仁、義、禮、智、信。漢董仲舒賢良策一：『夫仁、義、禮、智、信五常之道，王者所當修飭也。』唐柳宗元時令論下：『聖人之爲教，立中道以示於後，曰仁、曰義、曰禮、曰智、曰信，謂之五常，言可以常行之也。』

〔三十三〕惟兹大賢：『大賢』，才德超群的人。孟子離婁上：『天下有道，小德役大德，

小賢役大賢。』三國魏李康運命論：『雖仲尼至聖、顏冉大賢……不能遏其端。』

〔三十四〕克楙天秩：『克楙』，文苑英華、四庫全書、全唐文作『克懋』。『秩』，文苑英華作『叙』。『天秩』，上天規定的品秩等級。謂禮法制度。書皋陶謨：『天秩有禮。』孔穎達疏：『天又次叙爵命，使有禮法。』後漢書胡廣傳：『「五服五章」，天秩所作，是以臣竭其忠，君豐其寵，舉不失德，不忘其死。』

〔三十五〕保厘我邦家：『厘』，文苑英華、四庫全書、全唐文、適園叢書作『釐』。『保厘』，治理百姓，保護扶持使之安定。書畢命：『越三日壬申，王朝步自宗周，至于豐，以成周之衆，命畢公保厘東郊。』孔傳：『用成周之民衆，命畢公使安理治正成周東郊，令得所。』唐王維送韋大夫東京留守：『名器苟不假，保厘固其任。』『邦家』，國家。詩小雅南山有臺：『樂只君子，邦家之基。』鄭玄箋：『人君既得賢者，置之於位，又尊敬以禮樂樂之，則能爲國家之本。』後漢書皇甫規傳論：『故能功成於戎狄，身全於邦家也。』

〔三十六〕左右我王室：『左右』，幫助，輔佐。易泰：『輔相天地之宜，以左右民。』孔穎達疏：『左右，助也，以助養其人也。』國語晋語四：『此三人者，實左右之。』

〔三十七〕沛獻演易：即漢沛獻王劉輔之事，范曄後漢書卷四十二其本傳載：『輔矜嚴有法度，

好經書。善説京氏易、孝經、論語傳及圖讖，作五經論。時號之曰沛王通論。在國謹節，終始如一，稱爲賢王。顯宗敬重，數加賞賜。』『演易』，指周文王困羑里時推演易之八卦爲六十四卦之事。漢司馬遷報任少卿書：『蓋文王拘而演周易，仲尼厄而作春秋。』唐黄滔與王雄書：『閣下能揭元次山、韓退之之風，故天所以否其道，窒其數；使若作騷演易，皆出於窮愁也。』

〔三十八〕楚元説詩：『楚元』，即楚元王劉交。事見漢書卷三十六，其列傳云：『楚元王交字游，高祖同父少弟也。好書，多材藝。少時嘗與魯穆生、白生、申公俱受詩於浮丘伯。伯者，孫卿門人也。及秦焚書，各别去……元王既至楚，以穆生、白生、申公爲中大夫。高后時，浮丘伯在長安，元王遣子郢客與申公俱卒業。文帝時，聞申公爲詩最精，以爲博士。元王好詩，諸子皆讀詩，申公始爲詩傳，號魯詩。元王亦次之詩傳，號曰元王詩，世或有之。』

〔三十九〕建其旍旗：『旍旗』，旗幟的總稱。周禮 春官 司常：『凡軍事，建旍旗。』漢應瑒弈勢：『旍旗既列，權慮蜂起。』漢枚乘七發：『旍旗偃蹇，羽毛肅紛。』

〔四十一〕入贊雍熙：『雍熙』，謂和樂升平。漢張衡東京賦：『百姓同於饒衍，上下共其雍熙。』薛綜注：『言富饒是同，上下咸悦，故能雍和而廣也。』唐貫休陽春曲：『歷數雍熙房與杜，魏公姚公宋開府。』

〔四十二〕咨爾公族：『咨爾』，論語 堯曰：『堯曰：「咨，爾舜！天之歷數在爾躬。」』邢昺疏：『咨，咨嗟；爾，女也……故先咨嗟，嘆而命之。』後常以『咨爾』用於句首，表示贊嘆或祈使。晉潘岳爲賈謐作贈陸機詩：『長離云誰，咨爾陸生。』『公族』，諸侯或君王的同族。詩 魏風 汾沮洳：『殊異乎公族。』毛傳：『公族，公屬。』鄭玄箋：『公族，主君同姓昭穆也。』漢書 劉歆傳：『排擯宗室，孤弱公族，其有智能者，尤非毁而不進。』

〔四十三〕是惟敦睦：『敦睦』，親厚和睦。後漢書 獨行傳 繆肜：『弟及諸婦聞之，悉叩頭謝罪，遂更爲敦睦之行。』明方孝孺友于堂銘序：『以友于名堂，蓋有志乎敦睦者。』

〔四十四〕王曰介弟：『介』，文苑英華作『命』。『介弟』，對他人之弟的敬稱，或對自己弟弟的愛稱。左傳 襄公二十六年：『夫子爲王子圍，寡君之貴介弟也。』南朝梁沈約封授臨川等五王詔：『西中郎將護軍宏，朕之介弟，早富德譽。』

〔四十五〕寵其車服：『車服』，車輿禮服。書 舜典：『敷奏以言，明試以功，車服以庸。』孔傳：『功成則賜車服以表顯其能用。』孔穎達疏：『人以車服爲榮，故天子之賞諸侯，皆以車服賜之。』三國魏應璩百一詩之五：『出入承明廬，車服一何煥。』

〔四十六〕怡怡弟兄：『怡怡』，特指兄弟和睦的樣子。語本論語 子路：『朋友切切偲偲，

兄弟怡怡。』三國魏曹植求通親親表：『願陛下沛然垂詔，使諸國慶問，四節得展，以叙骨肉之歡恩，全怡怡之篤義。』

〔四十七〕崇其藩后之榮：『藩后』，猶藩王。漢羊勝屏風賦：『藩后宜之，壽考無疆。』唐李紓亞獻終獻詩：『孝感藩后，相維辟公。』

〔四十八〕曷常不樂彼同輿：『同輿』，亦作『同轝』，同車。形容親密無間。漢書叙傳上：『自大將軍薨後，富平、定陵侯張放、淳于長等始愛幸，出爲微行，行則同輿執轡。』漢應劭風俗通愆禮南陽張伯大：『凡兄弟相愛，尚同輿而出，同牀而寢。』

〔四十九〕却東平之歸奏：『東平』，指漢劉蒼。因其封東平王，故稱。南朝梁任昉齊竟陵文宣王行狀：『昔沛獻訪對於雲臺，東平齊聲於楊史。』南朝梁劉勰文心雕龍時序：『東平擅其懿文，沛王振其通論。』參見『東平獻頌』。後漢書東平憲王蒼傳：『（漢明帝永平）十五年春行幸東平……帝以所作光武本紀示蒼，蒼因上光武受命中興頌，帝甚善之。』後因以『東平獻頌』爲宗室歌頌帝德的典實。

〔五十〕詢其異政：『異政』，優異的政績。孔叢子執節：『賢者所在，必興化致治。今子相衛，未聞異政。』北史劉權傳：『及至南海，甚有異政。』

〔五十一〕欽少海之能名：「少海」，原作「北海」，今據文苑英華、全唐文改。「少海」，比喻太子。唐杜甫壯游詩：「崆峒殺氣黑，少海旌旗黃。」宋葉廷珪海録碎事帝王：「天子比大海，太子比少海。」

〔五十二〕將以天倫之愛：「天倫」，天然倫次。指兄弟。穀梁傳隱公元年：「兄弟，天倫也。」范寧注：「兄先弟後，天之倫次。」周書裴寬傳：「裴長寬兄弟，天倫篤睦，人之師表。」

〔五十三〕可以昭於載籍：「載籍」，書籍，典籍。史記伯夷列傳：「夫學者載籍極博，猶考信於六藝。」南朝梁劉勰文心雕龍事類：「夫經典沉深，載籍浩瀚。」

〔五十四〕友于之道：「道」，四庫全書作「誼」，甲庫本作「籍」。「友于」，書君陳：「惟孝友于兄弟。」後即以「友于」爲兄弟友愛之義。後漢書史弼傳：「陛下隆於友于，不忍遏絕。」

〔五十五〕可以貫於神明：「神明」，天地間一切神靈的總稱。易繫辭下：「陰陽合德，而剛柔有體，以體天地之變，以通神明之德。」孔穎達疏：「萬物變化，或生或成，是神明之德。」孝經感應：「天地明察，神明彰矣。」唐玄宗注：「事天地能明察，則神感至誠而降福佑，故曰彰也。」

〔五十六〕宜其善有其慶：原本無「宜其」二字，今據明鈔本、甲庫本、文苑英華、四庫全書、

全唐文增補。

〔五十七〕亨此眉壽：『眉壽』，長壽。詩豳風七月：『爲此春酒，以介眉壽。』毛傳：『眉壽，豪眉也。』孔穎達疏：『人年老者必有豪眉秀出者。』高亨注：『眉壽，長壽也。』南朝梁沈約桐柏山詩：『納寒場，爲春酒，昭景福，介眉壽。』

〔五十八〕祐其多才：『多才』，謂富於才智。唐杜甫戲贈閿鄉秦少公短歌：『昨夜邀歡樂更無，多才依舊能潦倒。』唐韓愈酬裴十六功曹巡府西驛塗中見寄詩：『多才自勞苦，無用祇因循。』

〔五十九〕逮彌旬而成灾：『彌旬』，滿十天。南朝梁何遜和劉咨議守風：『彌旬苦淩亂，揆景候阡陌。』唐杜甫贈王二十四侍御契四十韻：『追隨不覺晚，款曲動彌旬。』

〔六十〕躬爲禱兮無不至：『無』，四庫全書作『靡』。

〔六十一〕誠以精兮無不備：『精』，文苑英華、全唐文作『請』。『無不』，明鈔本、甲庫本作『不無』。

〔六十二〕走群祀以累祈：『群祀』，古代大祀、中祀以下列在祀典的祭祀。左傳襄公十一年：『名山名川，群神群祀。』杜預注：『群祀，在祀典者。』後漢書祭祀志中：『山川百神應祀者未盡，其議增修群祀宜享祀者。』

〔六十三〕徵上醫而畢洎：『上醫』，比喻賢能的政治家。國語晉語八：『文子曰：「醫及國家乎？」對曰：「上醫醫國，其次疾人，固醫官也。」』漢王符潛夫論思賢：『上醫醫國；其次下醫醫疾。』

〔六十四〕蒼黄而晦明未隔：『蒼黄』，以之比喻事物變化不定，反復無常。墨子所染：『見染絲者而嘆曰：「染於蒼則蒼，染於黄則黄，所入者變，其色亦變。」』南朝齊孔稚圭北山移文：『終始參差，蒼黄翻覆。』『晦明』，易明夷：『利艱貞，晦其明也。』孔穎達疏：『既處明夷之世，外晦其明，恐陷於邪道，故利在艱固其貞，不失其正。』後遂以『晦明』謂韜晦隱迹。南朝梁任昉宣德皇后令：『在昔晦明，隱鱗戢翼。』

〔六十五〕闇忽而古今斯異：『闇』，四庫全書作『門』。『闇忽』，昏昧不明。孔子家語五帝德：『宰我曰：「上世之傳，隱微之説，卒采之辯，闇忽之意，非君子之道者，則予之問也固矣。」』王肅注：『闇忽，久遠不明。』

〔六十六〕神理無昧：『神理』，猶神道。謂冥冥之中具有無上威力，能顯示靈異，賜福降灾的神靈之道。南朝宋謝靈運從游京口北固應詔詩：『事爲名教用，道以神理超。』李善注：『周易曰：「聖人以神道設教，而天下服。」』

〔六十七〕人寰已非：『已』，文苑英華、四庫全書作『巳』。『人寰』，人間，人世。南朝宋鮑照舞鶴賦：『去帝鄉之岑寂，歸人寰之喧卑。』唐白居易長恨歌：『迴頭下望人寰處，不見長安見塵霧。』

〔六十八〕想河洛其猶在：『洛』，文苑英華、全唐文作『樂』。『河洛』，黄河與洛水的并稱。史記鄭世家：『和集周民，周民皆説，河洛之間，人便思之。』漢班昭東征賦：『望河洛之交流兮，看成皋之旋門。』

〔六十九〕望淮仙而不歸：『不歸』，不返家。詩豳風東山：『我徂東山，慆慆不歸。』清蒲松齡司文郎：『又聞次年再行鄉試，遂不歸，止而受教。』

〔七十〕情限禮而相違：『限』，明鈔本、適園叢書作『恨』。『相違』，彼此違背。晉陶潛歸去來兮辭：『世與我而相違，復駕言兮焉求？』宋蘇軾戲題巫山縣用杜子美韻：『直知難共語，不是故相違。』

〔七十一〕悵丙舍之云遠：『之』，文苑英華作『而』。『云』，甲庫本、四庫全書作『去』。『丙舍』，後漢宮中正室兩邊的房屋，以甲乙丙爲次，其第三等舍稱丙舍。後漢書清河孝王慶傳：『遂出貴人姊妹置丙舍。』王先謙集解引胡三省曰：『丙舍，宮中之室，以甲乙丙丁爲次也。』唐温

庭筠走馬樓三更曲：『簾間清唱報寒點，丙舍無人遺燼香。』

〔七十二〕飾承華以增暉：『增』，明鈔本、適園叢書作『贈』。『暉』，全唐文作『輝』。『承華』，指太子宮室或太子。梁書元帝紀：『嗣后升遐，龍輴未殯，承華掩曜，梓宮莫測。』唐黃滔寄陳侍御詩：『九級燕金滿樽酒，却愁隨詔謁承華。』『增暉』，增添光輝。晉陸機演連珠之十九：『是以淮月稟水，不能加凉；晞日引火，不必增暉。』唐張説咏塵詩：『禅山期益峻，照日幸增暉。』

〔七十三〕靈龜肇吉：『靈龜』，有靈應的龜兆。易頤：『舍爾靈龜，觀我朶頤。』孔穎達疏：『靈龜，謂神靈明鑒之龜兆。』

〔七十四〕服馬先路：『服馬』，古代一車四馬，當中夾轅二馬稱『服馬』。釋名釋車：『游環在服馬背上，驂馬之外。』南朝宋顔延之陽給事誄：『配服驂衡。』唐李善注：『服，服馬也。』『先路』，亦作『先輅』。天子或諸侯使用的一種用象牙裝飾的正車。書顧命：『先輅在左塾之前，次輅在右塾之前。』孔傳：『先輅，象；次輅，木。金、玉、象皆以飾車，木則無飾。』一説即木輅。蔡沈集傳：『先輅，木輅也。』左傳襄公二十六年：『鄭伯賞入陳之功，三月甲寅朔，享子展，賜之先路，三命之服，先八邑。』

〔七十五〕悼津門之永違：『津門』，在渡口設置的關門。三國志魏書曹爽傳：『皆伏誅，夷三族。』裴松之注引晉郭頒世語：『初，爽出，司馬魯芝留在府，聞有事，將營騎斫津門出赴爽。』

〔七十六〕遵河橋以直度：『河橋』，橋梁。北周庾信李陵蘇武別贊：『河橋兩岸，臨路凄然。』唐杜牧代人寄遠詩之一：『河橋酒旆風軟，候館梅花雪嬌。』

〔七十七〕笳哀洛陽之道：『笳哀』，即『哀笳』，悲凉的胡笳聲。北周庾信奉報趙王出師在道賜詩：『哀笳關塞曲，嘶馬別離聲。』明顧有孝感興詩：『哀笳不與魂俱斷，清漏偏將恨此長。』

〔七十八〕旐靡咸京之樹：『咸京』，原指秦代京城咸陽。後人常用以借指長安。唐李乂餞唐永昌詩：『田郎才貌出咸京，潘子文華向洛城。』宋文天祥平原詩：『賊聞失色分兵還，不敢長驅入咸京。』

〔七十九〕申備物以增飾：『備物』，指儀衛、祭祀等所用的器物。左傳定公四年：『備物典策，官司彝器。』孔穎達疏引服虔云：『當謂國君威儀之物，若今繖扇之屬。』王引之經義述聞春秋左傳下『備物典策』：『備物即服物也。經傳多言服物……「服」與「備」古字通。』『增飾』，增補修飾。三國魏曹植魏德論：『憲度增飾，日曜月明。』宋曾鞏自福州召判太常寺上殿札子：『臺卑囿小，無所增飾。』

〔八十〕緬貞徽而獨映：『貞徽』，貞潔美善。唐韓滉昭德皇后哀册文：『坤厚載物，乾道由儀；成象大矣，貞徽纂之。』

〔八十一〕俾重爲善之名：『爲善』，猶行善。書泰誓中：『我聞吉人爲善，惟日不足。』國語齊語：『夫是，故民皆勉爲善。』

〔八十二〕以彰有後之慶：『有後』，有後嗣。左傳桓公二年：『臧孫達其有後於魯乎！君違，不忘諫之以德。』唐韓愈河南少尹裴君墓志銘：『何壽之不遐，而禄之不多，謂必有後，其又信然耶！』

〔八十三〕庭樹槭以驚秋：『樹槭』，全唐文作『樹戚』。『驚秋』，秋令驀地來到。唐韋應物府舍月游詩：『横河俱半落，泛露忽驚秋。』唐無名氏落葉賦：『見一葉之已落，感四序之驚秋。』

〔八十四〕歷神皋兮望國寢：『神皋』，神明所聚之地。漢張衡西京賦：『爾乃廣衍沃野，厥田上上，寔爲地之奥區神皋。』李善注：『謂神明之界局也。』

〔八十五〕背華宇兮歸山丘：『丘』，全唐文作『邱』。『山丘』，墳墓。三國魏曹植箜篌引：『生存華屋處，零落歸山丘。』宋曾鞏南軒詩：『聖賢雖山丘，相望心或庶。』

〔八十六〕流塵滿兮虚榭暗：『滿』，文苑英華作『蒲』。『流塵』，飛揚的塵土。三國魏曹植仲雍哀辭：『流塵飄蕩魂安歸。』明高明琵琶記臨妝感嘆：『一旦遠别離，鏡匣掩青光，流塵暗綺疏，青苔生洞房。』

〔八十七〕緑苔生兮行徑幽：『行徑』，亦作『行逕』。通行的小路。三國魏曹植送應氏詩之一：『側足無行逕，荒疇不復田。』唐韓愈山石詩：『山石犖確行徑微，黄昏到寺蝙蝠飛。』

〔八十八〕惟盛德與鴻烈：『盛德』，品德高尚，高尚的品德。易繫辭上：『日新之謂盛德。』史記老子韓非列傳：『良賈深藏若虚，君子盛德，容貌若愚。』『鴻烈』，大功業。漢書揚雄傳下：『典、謨之篇，雅、頌之聲，不温純深潤，則不足以揚鴻烈而章緝熙。』後漢書朱祐景丹等傳論：『故光武鑒前事之違，存矯枉之志，雖寇鄧之高勳，耿賈之鴻烈，分土不過大縣數四，所加特進、朝請而已。』

恭懿太子哀册文〔一〕

李揆

維上元元年，太歲庚子，六月己未朔，二十六日甲申，皇帝第十二子、持節鳳翔等四州節度觀察大使、興王佋〔二〕，薨於中京之内邸，殯於正寢之西階〔三〕。粤八月丁亥，

册贈皇太子，廟號恭懿（四）。冬十有一月庚寅（五），詔葬於長安之高陽原，禮也。燕隊開封，龍轀進轍（六），陳祖載而就位（七），儼塗芻而成列（八）。皇帝哀玉林之閟景（九），憫瑤萼而罹霜（十），瞻蜃綍而增思（十一），懷雁池而永傷（十二）。考謚惟古，褒崇有式，爰詔史臣，恭宣懿德（十三）。其詞曰（十四）：維天祚唐，累葉重光（十五），中興景運（十六），再紐乾綱（十七）。本枝建國（十八），磐石疏疆（十九），克開聖胤（二十），實曰賢王（二十一）。驪源孕彩（二十二），日干騰芳（二十三），深仁廣孝（二十四），蘊藝含章（二十五）。秀發童年（二十六），惠彰髫齒（二十七），蹈禮知方（二十八），尊賢叶旨（二十九）。對日流辨（三十），占風擅美（三十一），魯、衛後塵（三十二），間、平絶軌（三十三）。胡孽初構，王師未班，爰從襁褓，載歷險艱（三十四）。愛備中掖（三十五），名崇懿藩（三十六），居常稟訓（三十七），動不違顔。禮及佩觿（三十八），朝加分器（三十九），胙土延渥（四十），登壇受帥。璇室金箱，文經武緯，樂善爲寶，崇儒是貴，濬哲外朗，温文内深（四十一）。閲書成誦，觀樂表音。五經在口（四十二），六律諧心（四十三），才優藝洽，絶古超今。蛇豕猶梗（四十四），寰區求乂（四十五），滌慮祈真，焚香演偈。食去葷血，心依定慧（四十六），庶福邦家，俾清凶穢。霜露嬰疾（四十七），聰明害神，沉痾始遘，彌曠盈旬（四十八）。正慮無擾，發言有倫（四十九），在膏方亟，問膳逾勤（五十）。雲物告徵（五十一），

星辰變象（五十二），楚藥無救，秦醫莫付（五十三）。靈儀杳而上賓（五十四），徽音邈其長往（五十五），違舊邸於青社（五十六），即幽陵於黃壤（五十七）。嗚呼哀哉！魂氣奪兮去何之，精靈在兮孝有思（五十八）。痛君親之永隔（五十九），托夢寐而來辭。延桂宮而震悼（六十），貫椒壺而纏悲（六十一）。旌遺芳於碣館（六十二），賁新命於儲闈（六十三）。嗚呼哀哉！先遠戒候（六十四），占龜獻吉，指鶉野而西臨，背鳳城而右出（六十五）。天慘慘而苦霧（六十六），山蒼蒼而翳日（六十七）。揚薤挽之哀凄（六十八），盼松埏之蕭瑟（六十九），羅烏伏以禮峻（七十），掩黃腸而□密（七十一），望馳道而長辭（七十二），赴幽途而永畢。嗚呼哀哉！生爲寵王兮宸愛所鍾，殁追上嗣兮朝典斯崇（七十三）。升玉笙於洞府（七十四），閟銀棨於泉宮（七十五）。金石惟固兮人生有終（七十六），簡册攸記兮德音無窮（七十七），敢直詞以纂美（七十八），庶永代而承風（七十九）。嗚呼哀哉！

校箋

（一）此文又見於文苑英華卷八百三十九，舊唐書卷一百一十六。全唐文卷三百七十一亦録此文。本文文末原未標明頒布時間。考原文文首云：『維上元元年，太歲庚子……冬十有一月庚

寅，詔葬於長安之高陽原，禮也。』考舊唐書肅宗紀載：『（上元元年）八月，丁亥，贈故興王佋爲恭懿太子。』舊唐書卷一百一十六李佋傳云：『恭懿太子佋，肅宗第十二子。至德二載封興王。上元元年六月薨……七月丁亥，詔曰：「厚禮所以飾終，易名所以表行……可贈太子，謚曰恭懿。應緣喪葬，所司準式，仍令京兆尹劉晏充監護使。」……詔宰臣李揆持節册命。十一月，葬於高陽原。』新唐書卷八十二李佋傳載：『恭懿太子佋，始封興王。上元元年薨。佋生，后方專愛，帝最憐之。后數撼儲嫡，欲以佋嗣，會薨，計塞。是夕，帝及后夢佋辭決流涕去，帝鯁悵，故册贈皇太子。』資治通鑑卷二百二十一載：『（上元元年六月）甲申，興王佋薨……八月，庚午，以伯玉爲神策軍節度使。丁亥，贈謚興王佋曰恭懿太子。』故知李佋薨於上元元年六月甲申，於十一月下葬。故此文頒布時間乃在上元元年（六七四）十一月庚寅（四日），其撰寫時間當在是時稍前。又，本文作者李揆，傳見舊唐書卷一百二十六、新唐書卷一百五十。舊唐書其本傳云：『李揆字端卿，隴西成紀人，而家於鄭州，代爲冠族。秦府學士、給事中玄道玄孫，秘書監、贈吏部尚書成裕之子。少聰敏好學，善屬文。開元末，舉進士，補陳留尉，獻書闕下，詔中書試文章，擢拜右拾遺。改右補闕、起居郎，知宗子表疏。遷司勳員外郎、考功郎中，并知制誥。扈從劍南，拜中書舍人。乾元初，兼禮部侍郎。揆嘗以主司取士，多不考實，徒峻其堤防，索其書策，殊未

知藝不至者，文史之囿亦不能摛詞，深昧求賢之意也。其試進士文章，請於庭中設五經、諸史及切韻本於牀，而引貢士謂之曰：「大國選士，但務得才，經籍在此，請恣尋檢。」由是數月之間，美聲上聞，未及畢事，遷中書侍郎、平章事、集賢殿崇文館大學士，修國史。揆美風儀，善奏對，每有敷陳，皆符獻替。肅宗賞嘆之，嘗謂揆曰：「卿門地、人物、文章，皆當代所推。」故時人稱爲「三絶」。其爲舍人也，宗室請加張皇后「翊聖」之號，肅宗召揆問之，對曰：「臣觀往古后妃，終則有謚。生加尊號，未之前聞。景龍失政，韋氏專恣，加號「翊聖」，今若加皇后之號，與韋氏同。陛下明聖，動遵典禮，豈可踪景龍故事哉！」肅宗驚曰：「凡才幾誤我家事。」遂止。時代宗自廣平王改封成王，張皇后有子數歲，陰有奪宗之議。揆因對見，肅宗從容曰：「成王嫡長有功，今當命嗣，卿意何如？」揆拜賀曰：「陛下言及於此，社稷之福，天下幸甚，臣不勝大慶。」肅宗喜曰：「朕計决矣。」自此頗承恩遇，遂蒙大用。』

〔二〕皇帝第十二子、持節鳳翔等四州節度觀察大使、興王佋：『皇帝第十二子』，舊唐書、四庫全書作『皇第十二子』；甲庫本作『皇帝十二子』。『佋』，指李佋，傳見舊唐書卷一百一十六、新唐書卷八十二。舊唐書其本傳載：『恭懿太子佋，肅宗第十二子。至德二載封興王。上元元年六月薨。佋，皇后張氏所生，上尤鍾愛。后屢危太子，欲以興王爲儲貳，會薨而止。

七月丁亥，詔曰：「厚禮所以飾終……」詔宰臣李揆持節册命。十一月，葬於高陽原。其哀册曰：「維上元元年，太歲庚子……」佋薨時年八歲。既薨之夕，肅宗、張后俱夢佋有如平昔，拜辭流涕而去。帝方寢疾，追念過深，故特以儲闈之贈寵之。上疾累月方平。」

〔三〕薨於中京之内邸，殯於正寢之西階：原作『薨於中京之内邸，殯於寢之西階』，今據舊唐書、文苑英華、全唐文、四庫全書、適園叢書等改。『中京』，古代都城名。唐李白天長節使鄂州刺史韋公德政碑序：『中京重睹於漢儀，列郡還聞於舜樂。』此指長安。『内邸』，貴族高官府第的内宅。唐常袞故開府儀同三司上柱國贈太傅信王墓志：『乃命中貴人襄事於内邸，宗室屬籍哭於外次。』唐白居易會王墓志銘：『唐元和五年冬十一月四日，會王寢疾薨於内邸。』『正寢』，泛指房屋的正廳或正屋。唐水神霅溪夜宴詩屈大夫歌：『是知貪名徇禄而隨世磨滅者，雖正寢之死乎無得與吾儔。』宋陸游老學庵筆記卷十：『魯直亦習於近世，謂堂爲正寢。』『西階』，指堂西臺階。示尊禮之位。禮記曲禮上：『主人就東階，客就西階。客若降等，則就主人之階。』晉書康帝紀：『帝親奉奠於西階，既發引，徒步行至閶闔門，升素輿，至於陵所。』

〔四〕粤八月丁亥，册贈皇太子，廟號恭懿：此事亦見於資治通鑑卷二百二十一載：『（八月）丁亥，贈謚興王佋曰恭懿太子。』

〔五〕冬十有一月庚寅：舊唐書作『冬十一月庚寅』。

〔六〕龍輼進轍：『龍輼』，文苑英華、全唐文作『龍輴』。『輼』，指輼輬車。古代的卧車。亦用做喪車。史記李斯列傳：『李斯以爲上在外崩，無真太子，故秘之。置始皇居輼輬車中，百官奏事上食如故。』裴駰集解引孟康曰：『如衣車，有窗牖，閉之則温，開之則凉，故名之「輼輬車」也。』漢書霍光傳：『載光尸柩以輼輬車。』顔師古注：『輼輬本安車也，可以卧息。後因載喪，飾以柳翣，故遂爲喪車耳。輼者密閉。輬者旁開窗牖，各别一乘，隨事爲名。後人既專以載喪，又去其一，總爲藩飾。而合二名呼之耳。』

〔七〕陳祖載而就位：『祖載』，將葬之際，以柩載車上行祖祭之禮。漢班固白虎通崩薨：『祖者，始也，始載於庭也，乘軸車，辭祖禰，故名爲祖載也。』後漢書蔡邕傳：『桓思皇后祖載之時，東郡有盜人妻者亡在孝中。』李賢注：『周禮曰：「喪祝掌大喪，及祖飾棺乃載，遂御之。」鄭玄注云：「祖謂將葬祖祭於庭，載謂升柩於車也。」』

〔八〕儼塗芻而成列：舊唐書作『儼塗芻以成列』。『儼』，甲庫本作『嚴』。『塗芻』，指塗車與芻靈，皆古代送葬之物。禮記檀弓下：『塗車芻靈，自古有之，明器之道也。』唐王維故西河郡杜太守挽歌之三：『塗芻去國門，秘器出東園。』

〔九〕皇帝哀玉林之閟景：『玉林』，仙境中的森林。晉書慕容超載記：『始知天族多奇，玉林皆寶。』唐曹唐小游仙詩之七：『宫闕重重閉玉林，昆侖高闢彩雲深。』此處喻指人死升天後的美景。『閟景』，指墓中幽深之景。

〔十〕惘璿蕚而罹霜：舊唐書作『惘璿蕚之罹霜』。『璿蕚』，亦作『琁蕚』。喻皇族子孫。晉書庾亮傳論：『璿蕚見誅，物議稱其拔本；牙尺垂訓，帝念深於負芒。』南朝齊蕭嶷上齊武帝表：『雖輟胤蕃條，歸體琁蕚，循執之念不移，傅訓之憐何已。』

〔十一〕瞻蜃綍而增思：『蜃綍』，即蜃車，載棺的喪車。隋書元德太子昭傳：『蜃綍宵載，鶴關曉闢，肅文物以具陳，儼賓從其如昔。』明王志堅表異録凶喪：『望蜃綍而攀標，拜龍蔽而慟絶。』

〔十二〕懷雁池而永傷：『雁池』，漢梁孝王劉武所築兔園中的池沼名。三輔黄圖甘泉宫：『梁孝王好營宫苑囿之樂，作曜華宫，築兔園，園中有百靈山……又有雁池，池間有鶴洲、鳧渚，其諸宫觀相連，延亘數十里，奇果異樹，珍禽怪獸畢有。』意將李佋喻爲梁孝王。

〔十三〕恭宣懿德：『懿德』，美德。詩大雅烝民：『天生烝民，有物有則。民之秉彝，好是懿德。』唐吴兢貞觀政要論崇儒學：『禮云：「玉不琢不成器，人不學不知道。」所以古人

勤於學問，謂之懿德。」

〔十四〕其詞曰：舊唐書作「其辭曰」。

〔十五〕累葉重光：「累葉」，猶累世。後漢書耿弇傳論：「三世爲將，道家所忌，而耿氏累葉以功名自終。」晉左思吴都賦：「雖累葉百疊，而富强相繼。」「重光」，比喻累世盛德，輝光相承。書顧命：「昔君文王、武王，宣重光。」孔傳：「言昔先君文武，布其重光累聖之德。」漢班固典引：「宣二祖之重光，襲四宗之緝熙。」

〔十六〕中興景運：舊唐書作「中興宸景」。「景運」，好時運。周書獨孤信傳：「今景運初開，椒闈肅建。」宋陳巖肖庚溪詩話卷上：「景祐元年所賜詩末句曰：「寒儒逢景運，報國合如何？」」

〔十七〕再紐乾綱：「再紐」，文苑英華作「再紹」。「乾綱」，朝綱，君權。晉范寧春秋穀梁傳序：「昔周道衰陵，乾綱絶紐。」明史王用汲傳：「夫威福者，陛下所當自出；乾綱者，陛下所當獨攬。」

〔十八〕本枝建國：「本枝」，同一家族的嫡系和庶出子孫。漢書韋玄成傳：「子孫本枝，陳錫無疆。」南朝宋顔延之赭白馬賦：「效足中黄，殉驅馳兮；願終惠養，蔭本枝兮。」

〔十九〕磐石疏疆：「磐石」，文苑英華作「盤石」。「磐石」，舊喻分封的宗室。史記孝

文本紀：『高帝封王子弟，地犬牙相制，此所謂磐石之宗也。』唐杜甫秋日荆南述懷詩之五：『磐石圭多剪，凶門轂少推。』

〔二十〕克開聖胤：『聖胤』，甲庫本作『聖嗣』，舊唐書作『龍胤』。『聖胤』，指皇帝後嗣。

〔二十一〕實曰賢王：『實曰』，文苑英華作『寔曰』。『賢王』，有德行的君王。孟子盡心上：『古之賢王好善而忘勢。』新唐書陸贄傳：『周宣中興賢王也，吉甫文武賢臣也。』

〔二十二〕驪源孕彩：典出晋葛洪抱朴子祛惑：『凡探明珠，不於合浦之淵，不得驪龍之夜光也。』指恭懿太子之天賦如同驪珠閃耀華彩。『驪珠』，傳説出自驪龍頷下，故名。莊子列禦寇：『夫千金之珠，必在九重之淵，而驪龍頷下。』唐温庭筠蓮浦謡：『荷心有露似驪珠，不是真圓亦摇蕩。』

〔二十三〕日干騰芳：紀日的十干。清史稿時憲志四：『日干，甲、乙、丙、丁、戊、己、庚、辛、壬、癸。』

〔二十四〕深仁廣孝：『廣孝』，謂將孝親之心推及他人。禮記坊記：『於父之執，可以乘其車，不可衣其衣，君子以廣孝也。』唐元稹祭翰林白學士太夫人文：『用至於二門之童孺，莫不達廣孝之深情。』

〔二十五〕藴藝含章：『含章』，包含美質。易坤：『六三，含章可貞。』孔穎達疏：『章，

美也。』三國志魏書管寧傳：『含章素質，冰絜淵清。』唐柳宗元唐故衡州刺史東平吕君誄：『進於禮司，奮藻含章。』

〔二十六〕秀發童年：『童年』，文苑英華、全唐文作『孩笑』。『秀發』，指人神采焕發，才華出衆。晉陸機辨亡論：『長沙桓王逸才命世，弱冠秀發。』南朝梁劉勰文心雕龍時序：『今聖曆方興，文思光被，海岳降神，才英秀發。』

〔二十七〕惠彰髫齒：『髫齒』，舊唐書作『齔齒』。『髫齒』，指幼年。

〔二十八〕蹈禮知方：『蹈禮』，遵循禮法。北齊書文宣紀：『以王踐律蹈禮，軌物蒼生。』『知方』，謂知道正確的行爲方嚮。荀子君道：『尚賢使能，則民知方。』王先謙集解：『知方，皆知所嚮。』

〔二十九〕尊賢叶旨：『尊賢』，舊唐書作『承尊』。『叶旨』，和洽旨意。

〔三十〕對日流辨：『流辨』，舊唐書、文苑英華、全唐文作『流辯』。典出南朝宋劉義慶世説新語夙惠：『晉明帝數歲，坐元帝膝上，有人從長安來……因問明帝：「汝意謂長安何如日遠？」答曰：「日遠。不聞人從日邊來，居然可知。」元帝異之。明日，集群臣宴會，告以此意，更重問之。乃答曰：「日近。」元帝失色曰：「爾何故異昨日之言邪？」答曰：「舉目見日，不見長安。」』後因以『對日』爲形容幼年聰慧之典。北周庾信傷王司徒褒詩：『青衿已對日，

童子即論天。』唐王維恭懿太子挽歌：『翀天王子去，對日聖君憐。』

〔三十一〕占風擅美：『占風』，舊唐書作『占鳳』，文苑英華作『占封』。『擅美』，原本、明鈔本、甲庫本作『繼美』，今據舊唐書改。『擅美』，專美，獨享美名。漢張衡南都賦：『皇祖歆而降福，彌萬祀而無衰。帝王臧其擅美，咏南音以顧懷。』宋書謝靈運傳論：『相如巧爲形似之言，班固長於情理之説，子建仲宣以氣質爲體，并標能擅美，獨映當年。』

〔三十二〕魯、衛後塵：『魯衛』，語本論語子路：『魯衛之政，兄弟也。』後以『魯衛』代稱兄弟。唐玄宗過大哥宅探得歌字韻：『魯衛情先重，親賢愛轉多。』『後塵』，比喻在他人之後。晉張協七命：『余雖不敏，請尋後塵。』唐杜甫戲爲六絶句之五：『竊攀屈宋宜方駕，恐與齊梁作後塵。』

〔三十三〕間、平絶軌：『間平』，全唐文、適園叢書作『閒平』。『間平』，漢河間獻王劉德、東平憲王劉蒼的合稱。兩人皆有賢名。後因以『間平』指宗室藩王中之賢者。南史梁宗室傳論：『安成、南平、鄱陽、始興俱以名迹著美，蓋亦有梁之間、平也。』唐王勃平臺秘略論褒客：『斯實藩邸之盛事，間平之用心也。』『絶軌』，猶遠迹。指先賢的事迹。漢蔡邕郭有道碑文：『將蹈鴻涯之遐迹，紹巢許之絶軌。』李周翰注：『絶，遠也；軌，亦迹也。』隋書文學傳潘徽：『加

以佃漁六學，網羅百氏，繼稷下之絶軌，弘泗上之淪風。」

〔三十四〕胡孽初構，王師未班，爰從襁褓，載歷險艱：「胡孽」，四庫全書作「寇孽」。「險艱」，四庫全書作「難艱」。指安史之亂後的平叛過程。

〔三十五〕愛備中掖：「中掖」，泛指宫廷。唐宋璟奉和御制賜詩一首應制：「太常陳禮樂，中掖降簪裾。」唐白居易病中辱張常侍題集賢院詩：「騎省通中掖，龍樓隔上臺。」

〔三十六〕名崇懿藩：「名崇」，適園叢書作「崇名」。

〔三十七〕居常禀訓：「居常」，遵常例，守常道。左傳昭公十三年：「芈姓有亂，必季實立，楚之常也。獲神，一也。有民，二也。令德，三也。寵貴，四也。居常，五也。」南朝宋謝靈運登石門最高頂詩：「居常以待終，處順故安排。」吕向注：「居常道以待終天年。」

〔三十八〕禮及佩觿：「佩觿」，佩戴牙錐。觿，象骨制成的解繩結的角錐。亦用爲飾物。佩觿，表示已成年，具有才幹。詩衛風芄蘭：「芄蘭之支，童子佩觿。」毛傳：「觿所以解結，成人之佩也。」漢劉向説苑修文：「能治煩決亂者佩觿，能射御者佩韘。」

〔三十九〕朝加分器：「分器」，古代天子把宗廟所藏的寶器分與諸侯和宗室爲世守之物，謂之「分器」。亦指分得的寶器等。左傳定公九年：「得寶玉大弓。」晋杜預注：「弓玉，國之

分器，得之足以爲榮，失之足以爲辱。』明史周定王橚傳：『諸宗皆没，府中分器寶藏盡淪於巨浸。』

〔四十〕胙土延渥：『胙土』，文苑英華、甲庫本、適園叢書作『祚土』。『延渥』，文苑英華、全唐文作『延壤』。『胙土』，指帝王將土地賜封功臣宗室，以酬其勛勞。左傳隱公八年：『天子建德，因生以賜姓，胙之土而命之氏。』孔穎達疏：『胙，訓報也。有德之人，必有美報。報之以土，謂封之以國。』南朝宋謝靈運謝封康樂侯表：『亡祖奉國威靈，董符戎重，盡心所事，剋黜禍亂，功參盤鼎，胙土南服。』

〔四十一〕璇室金箱，文經武緯，樂善爲寶，崇儒是貴，濬哲外朗，温文内深：原文無此段，今據舊唐書、四庫全書、全唐文增補。『璇室金箱』，舊唐書作『玉質金聲』。『璇室』，文苑英華作『玉軾』。『璇室』，玉飾的宫室。一説能旋轉的宫室。淮南子本經訓：『晚世之時，帝有桀、紂，爲琁室、瑶臺、象廊、玉牀。』高誘注：『琁、瑶，石之似玉，以飾室臺也……琁或作旋，瑶或作摇，言室施機關，可轉旋也，臺可摇動，極土木之巧也。』唐謝偃惟皇誡德賦：『夏桀以瑶臺瓊室爲麗，而不悟鳴條、南巢之禍。』『金箱』，金制的箱。用以珍藏寶物。太平廣記：『河東功曹李友，入上黨抱犢山采藥，於巖室中得此經，盛以金箱。』南朝陳徐陵玉臺新咏序：『麗

以金箱，裝之寶軸。」『外朗』，謂聰明外露。三國志魏書荀彧傳：『〔彧〕叔父爽，司空。』裴松之注引晋皇甫謐逸士傳：『或問許子將，靖與爽孰賢？子將曰：「二人皆玉也，慈明外朗，叔慈内潤。」』南齊書衡陽王道度傳：『宣帝問二兒學業。次宗答曰：「其兄外朗，其弟内潤，皆良璞也。」』

〔四十二〕五經在口：『五經』，五部儒家經典，即詩、書、易、禮、春秋。其稱始於漢武帝建元五年。其中禮，漢時指儀禮，後世指禮記；春秋，後世并左傳而言。漢班固白虎通五經：『五經何謂？謂易、尚書、詩、禮、春秋也。』新唐書百官志三：『周易、尚書、毛詩、左氏春秋、禮記爲五經。』

〔四十三〕六律諧心：『六律』，古代樂音標準名。相傳黄帝時伶倫截竹爲管，以管之長短分别聲音的高低清濁，樂器的音調皆以此爲準。樂律有十二，陰陽各六，陽爲律，陰爲吕。六律即黄鐘、大蔟、姑洗、蕤賓、夷則、無射。書益稷：『予欲聞六律、五聲、八音，在治忽，以出納五言，汝聽。』史記律書：『王者制事立法，物度軌則，一稟於六律，六律爲萬事根本焉。』司馬貞索隱：『古律用竹，又用玉，漢末以銅爲之。』

〔四十四〕蛇豕猶梗：『蛇』，原文作『虵』，今據舊唐書、四庫全書改。『蛇豕』，長蛇封豕。

比喻貪殘害人者。語出左傳定公四年：『吳爲封豕長蛇，以薦食上國。』晉杜預注：『言吳貪害如蛇豕。』晉書樂志上：『蛇豕放命，皇斯平之。』唐李咸用題陳正字林亭詩：『豕林蛇豕方群起，宮沼黿龍未有期。』

〔四十五〕寰區求乂：『求乂』，舊唐書、四庫全書作『未乂』；文苑英華、全唐文作『未泰』。『寰區』，天下，人世間。後漢書逸民傳序：『彼雖硜硜有類沽名者，然而蟬蜕囂埃之中，自致寰區之外，異夫飾智巧以逐浮利者乎！』唐杜甫解悶詩之八：『最傳秀句寰區滿，未絶風流相國能。』

〔四十六〕心依定慧：『心依』，文苑英華、全唐文作『心從』。『定慧』，定學與慧學的并稱。定，禪定。慧，智慧。法華經序品：『佛子定慧具足。』唐劉長卿送薛據宰涉縣詩：『既將慕幽絶，兼欲看定慧。』

〔四十七〕霜露嬰疾：『嬰疾』，纏綿疾病，患病。後漢書黨錮傳李膺：『道近路夷，當即聘問，無狀嬰疾，闕於所仰。』南朝宋謝靈運曇隆法師誄：『同學嬰疾，振錫萬里相救。』

〔四十八〕彌曠盈旬：『彌曠』，猶言久别。漢劉楨贈五官中郎將詩之二：『余嬰沉痼疾，竄身清漳濱。自夏涉玄冬，彌曠十餘旬。』李善注：『杜預左氏傳注曰：「彌，遠也。」蒼頡篇曰：「曠，疏曠也。」』李周翰注：『言卧疾從夏至冬，相與遠疏已十餘旬也。』唐宋之問入崖口五

渡寄李適詩：『彌曠十餘載，今來宛仍前。』

〔四十九〕發言有倫：『有倫』，有理，有序。書康誥：『外事，汝陳時臬司師，茲殷罰有倫。』孔傳：『殷家刑罰有倫理。』孫星衍疏：『言殷刑之允當也。』莊子齊物論：『有左、有右，有倫、有義，有分、有辯，有競、有爭，此之謂八德。』郭象注：『物物有理，事事有宜。』成玄英疏：『倫，理也。』晉張華女史箴：『家道以正，王猷有倫。』

〔五十〕問膳逾勤：『問膳』，原作『問善』，今據舊唐書、文苑英華、四庫全書、全唐文改。『逾勤』，四庫全書作『愈勤』。『問膳』，古禮，父母進食，人子侍側，問膳食如何。語本禮記文王世子：『食上，必在視寒煖之節；食下，問所膳。』鄭玄注：『問所食者。』唐王維恭懿太子挽歌之二：『鷄鳴常問膳，今恨玉京留。』

〔五十一〕雲物告徵：『雲物』，雲的色彩。周禮春官保章氏：『以五雲之物，辨吉凶、水旱降豐荒之祲象。』鄭玄注：『物，色也。視日旁雲氣之色……鄭司農云：「以二至二分觀雲色，青爲蟲，白爲喪，赤爲兵荒，黑爲水，黄爲豐。」』左傳僖公五年：『公既視朔，遂登觀臺以望，而書，禮也。凡分、至、啓、閉，必書雲物，爲備故也。』杜預注：『雲物，氣色災變也。』

〔五十二〕星辰變象：『變象』，變異的自然現象。漢書杜欽傳：『變感以類相應，人事失

於下，變象見於上。』後漢書李固傳：『陛下宜開石室，陳圖書，招會群儒，引問得失，指擿變象，以求天意。』

〔五十三〕秦醫莫仗：『秦醫』，指扁鵲。此處泛指古之良醫。尸子治天下：『弱子有疾，慈母之見秦醫也，不争禮貌。』韓非子説林下：『秦醫雖善除，不能自彈也。』

〔五十四〕靈儀杳而上賓：『杳』，原作『香』，今據文苑英華、四庫全書、全唐文、適園叢書改。舊唐書作『窅』。『靈儀』，出殯時的儀仗。唐權德輿大行皇太后挽歌詞之二：『配禮歸清廟，靈儀出直城。』『上賓』，謂作客於天帝之所。指帝王去世。逸周書太子晋解：『王子曰：「吾後三年，上賓於帝所，汝慎無言。」』孔晁注：『言死必爲賓於天帝之所。』宋蘇軾正旦於福寧殿作水陸道場資薦神宗皇帝齋文：『伏以棄黄屋以上賓，莫追風馭；抱烏號而永慕，再歷春朝。』

〔五十五〕徽音邈其長往：『徽音』，猶德音。指令聞美譽。詩大雅思齊：『大姒嗣徽音，則百斯男。』鄭玄箋：『徽，美也。』漢蔡邕太傅胡公夫人靈表：『至德修於幾微，徽音暢於神明。』『長往』，死亡的婉詞。南朝宋顔延之吊張茂度書：『豈謂中年，奄爲長往！』宋沈括夢溪筆談神奇：『俄頃，又舉頭顧希文曰：「亦無鬼神，亦無恐怖。」言訖遂長往。』

〔五十六〕違舊邸於青社：『青社』，祀東方土神處。借指東方之地。史記三王世家：『維

六年四月乙巳，皇帝使御史大夫湯廟立子閎爲齊王。曰：「於戲，小子閎，受茲青社！」』司馬貞索隱：『蔡邕獨斷云：「皇子封爲王，受天子太社之土，若封東方諸侯，則割青土，藉以白茅，授之以立社，謂之茅土。」齊在東方，故云青社。』晋潘岳揚荆州誄：『君以兼資，參戎作弼，用錫土宇，膺茲顯秩。青社白茅，亦朱其紱。』李善注引尚書緯：『天子社，東方青。』

〔五十七〕既幽陵於黄壤：『黄壤』，猶黄泉。三國志 吴書 孫晧傳：『以濟元元。』裴松之注引晋虞溥江表傳：『天匪亡吴，孤所招也。瞑目黄壤，當復何顔見四帝乎！』唐杜牧池州李使君殁後十一日處州新命始到後見歸妓感而成詩：『黄壤不知新雨露，粉書空换舊銘旌。』

〔五十八〕精靈在兮孝有思：『在兮』，舊唐書作『存兮』。『精靈』，指靈魂。晋左芬萬年公主誄：『况我公主，形滅體訛，精靈遷逝，幽此中阿。』唐李華咏史之一：『身死名不滅，寒風吹墓田；精靈如有在，幽憤滿松烟。』

〔五十九〕痛君親之永隔：舊唐書作『念君親之永隔』。『君親』，君王與父母。亦特指君主。舊題漢李陵答蘇武書：『違棄君親之恩，長爲蠻夷之域，傷已。』晋葛洪抱朴子 酒誡：『臣子失禮於君親之前，幼賤悖慢於耆宿之坐。』

〔六十〕延桂宫而震悼：『桂宫』，指皇宫，朝廷。唐張籍雜曲歌辭 少年行：『遥聞虜到平陵下，

不待詔書行上馬。斬得名王獻桂宮，封侯起第一日中。』

〔六十一〕貫椒壺而纏悲：『椒壺』，后妃居住的地方。舊唐書哀帝紀：『曹操請刑於椒壺，蓋迫陰謀；馬昭拒命於凌雲，窘於見討。』

〔六十二〕旌遺芳於碣館：『遺芳』，比喻前人留下的盛德美名。晉葛洪抱朴子正郭：『林宗存爲一世之所式，没則遺芳永播。』唐李商隱題道靖院詩：『獨坐遺芳成故事，褰帷舊貌似元君。』『碣館』，借指王侯府第。唐張彦遠歷代名畫記漢王元昌：『（漢王）天人之姿，博綜伎藝，頗得風韻，自然超舉，碣館深崇，遺迹罕見。』

〔六十三〕賁新命於儲闈：『新命』，全唐文作『新令』。『儲闈』，太子所居之宫。南朝梁沈約奏彈王源：『父璿，升采儲闈，亦居清顯。』唐劉禹錫賀皇太子箋：『祗膺詔册，光啓儲闈。』

〔六十四〕先遠戒候：『先遠』，典出禮記曲禮上：『喪事先遠日。』孔穎達疏：『卜先從遠日而起，示不宜急僥，伸孝心也。』左傳宣公八年：『禮，卜葬先遠日，辟不懷也。』楊伯峻注：『卜葬者，卜葬日也。先遠日者，此月下旬先卜來月下旬，不吉則卜中旬，又不吉則卜上旬，由遠日而及近日。蓋古人以爲父母既葬，其哀漸奪，非孝子之所欲，由於不得已而爲，故卜葬期先遠日，

表示不急於求葬，微伸孝心耳。』後以『先遠』指葬日。南朝梁任昉齊竟陵文宣王行狀：『今先遠戒期，龜謀襲吉。』吕延濟注：『先遠戒期謂葬日也。』唐孫樵唐故倉部郎中康公墓志銘：『今先遠有期，其孤徵志於子，子其無讓。』

〔六十五〕指鶉野而西臨，背鳳城而右出：『鶉野』，指秦地。唐駱賓王上吏部侍郎帝京篇：『皇居帝里崤函谷，鶉野龍山侯甸服。』唐石貫觀農賦：『曉出鳳城，疲道路之攸往；回瞻鶉野，知耕鑿之斯崇。』『鳳城』，京都的美稱。唐沈佺期奉和立春游苑迎春：『歌吹銜恩歸路晚，栖烏半下鳳城來。』唐杜甫夜詩：『步檐倚杖看牛鬥，銀漢遥應接鳳城。』仇兆鰲注引趙次公曰：『秦穆公女吹簫，鳳降其城，因號丹鳳城。其後言京城曰鳳城。』

〔六十六〕天慘慘而苦霧：『苦霧』，原作『若霧』，今據舊唐書、文苑英華、全唐文改。『苦霧』，濃霧。南朝宋鮑照舞鶴賦：『凉沙振野，箕風動天，嚴嚴苦霧，皎皎悲泉。』宋朱熹梅詩：『年年一笑相逢處，長在愁烟苦霧中。』

〔六十七〕山蒼蒼而翳日：『翳日』，舊唐書作『曀日』。

〔六十八〕揚薤挽之哀凄：『薤挽』，指挽歌薤露。樂府相和曲名，是古代的挽歌。戰國楚宋玉對楚王問：『其爲陽阿、薤露，國中屬而和者數百人。』晉崔豹古今注卷中：『薤露、蒿里，

并喪歌也。出田横門人，横自殺，門人傷之，爲之悲歌，言人命如薤上之露，易晞滅也，亦謂人死，魂魄歸乎蒿里……至孝武時，李延年乃分爲二曲，薤露送王公貴人，蒿里送士大夫庶人，使挽柩者歌之，世呼爲挽歌。』

〔六十九〕盻松埏之蕭瑟：『松埏』，指長滿松樹的墓道。

〔七十〕羅烏伏以禮峻：『羅烏』，原作『羅鳥』，今據文苑英華、四庫全書、全唐文、適園叢書改。

〔七十一〕掩黄腸而□密：『黄腸』，漢時帝王陵寢椁室四周用柏木枋堆壘成的框形結構。黄腸本謂柏木之心。柏木心黄，故稱。漢書霍光傳：『光薨……賜金錢、繒絮，綉被百領，衣五十篋，璧珠璣玉衣，梓宫、便房、黄腸題湊各一具。樅木外臧椁十五具。東園温明，皆如乘輿制度。』顔師古注引蘇林曰：『以柏木黄心致累棺外，故曰黄腸。』唐吴兢貞觀政要儉約：『黄腸再開，同暴骸於中野。』

〔七十二〕望馳道而長辭：『馳道』，古代供君王行駛車馬的道路。泛指供車馬馳行的大道。典出漢書成帝紀：『元帝即位，帝爲太子。壯好經書，寬博謹慎。初居桂宫，上嘗急召，太子出龍樓門，不敢絶馳道，西至直城門，得絶乃度，還入作室門。上遲之，問其故，以狀對。上大説，

乃著令，令太子得絶馳道云。』東漢應劭注：『馳道，天子所行道也，若今之中道。』

〔七十三〕殁追上嗣兮朝典斯崇：『上嗣』，君主的嫡長子。後指太子。禮記 文王世子：『其登餕獻受爵，則以上嗣。』鄭玄注：『上嗣，君之適長子。』晋書 潘尼傳：『篤生上嗣，繼期挺秀。』『朝典』，朝廷的禮儀制度。南朝宋劉義慶世説新語 德行：『華歆遇子弟甚整，雖閑室之内，嚴若朝典。』宋王讜唐語林 補遺二：『臣山野人，不識朝典，見陛下合稱臣否？』

〔七十四〕升玉笙於洞府：典出漢劉向列仙傳：『王子喬，周靈王太子晋也。好吹笙，作鳳鳴。游伊洛間，道士浮丘公接上嵩山。十餘年後，來於山上，告桓良曰：「告我家，七月七日待我緱氏山頭。」果乘白鶴駐山顛，望之不得到，舉手謝時人而去。』喻指李佋仙去之事。

〔七十五〕閟銀桊於泉宫：『閟銀桊』，舊唐書、文苑英華作『閟銀桊』。『銀桊』，古代出入宫闈、關津用的木制銀字符信。宋書 王曇首傳：『元嘉四年，車駕出北堂，嘗使三更竟開廣莫門。南臺云：「應須白虎幡，銀字桊。」不肯開門。』北周王褒入朝守門開詩：『鐵符行警曙，銀桊未開闈。』『泉宫』，指墓室。宋梅堯臣端明李侍郎挽歌之一：『今日泉宫啓，師臣禮秩增。』宋沈遘祭蜀國太夫人：『寵靈光渥，畢於泉宫。』

〔七十六〕金石惟固兮人生有終：『惟固』，原作『誰固』，今據四庫全書改。『金石』，

指古代鐫刻文字、頌功紀事的鐘鼎碑碣之屬。墨子兼愛下：『以其所書於竹帛，鏤於金石，琢於槃盂，傳遺後世子孫者知之。』孫詒讓間詁：『呂氏春秋求人云：「功績銘乎金石，著於槃盂。」高注云：「金，鐘鼎也；石，豐碑也。」』唐韓愈平淮西碑：『既還奏，群臣請紀聖功，被之金石。』此處指墓碑志文。

〔七十七〕簡册攸記兮德音無窮：『攸記』，文苑英華作『猶記』。『簡册』，册書。唐李德裕早入中書行公主册禮事畢登集賢閣成咏：『簡册自中來，貂黄忝宣授。』唐韓愈順宗實録五載應乾聖壽太上皇册文：『然稱謂所施，簡册攸著，涵泳道德，感於精誠。』此處指此文。『德音』，好名聲。詩豳風狼跋：『公孫碩膚，德音不瑕。』朱熹集傳：『德音，猶令聞也。』詩小雅南山有臺：『樂只君子，德音不已。』

〔七十八〕敢直詞以篆美：『直詞』，四庫全書作『陳詞』。

〔七十九〕庶永代而承風：『永代』，文苑英華作『末代』。『承風』，舊唐書作『成風』。『永代』，世世代代。舊唐書鄭覃傳：『請召宿儒奥學，校定六籍，準後漢故事，勒石於大學，永代作則，以正其闕。』『承風』，接受教化。楚辭遠游：『聞赤松之清塵兮，願承風乎遺則。』史記秦始皇本紀：『天下承風，蒙被休經。』

昭靖太子哀册文（一）

蕭　昕

維大曆八年，歲次癸丑，五月乙亥朔，十七日辛卯，開府儀同三司、元帥、鄭王薨（二），旋殯於内侍省。二十七日甲午，册謚曰昭靖太子。洎十年，歲在乙卯，十二月庚申朔，二十六日乙酉，遷窆於萬年縣細柳之北原，乃詔京兆尹黎幹監護喪事（三），展飾終之義（四），禮也。嗚呼哀哉！窮陰肅冽（五），煞景凝冱（六），蜃輅方申，龍驂在御（七）。設庭燎以終夕（八），啓攢塗而即路（九）。皇帝悼賢王之不淑，念愛子之云亡（十），齊彭殤以理遣（十一），顧形影而神傷。録舊勛於藩邸（十二），議新謚於太常（十三），眷承家於匕鬯（十四），追嗣位於元良（十五）。爰命侍臣，式纂遺芳（十六）。其詞曰：維昔啓土（十七），膺兹册命，錫爵爲王，建封於鄭（十八）。梁國寵異，魯邦禮盛（十九），明哲在躬，温良成性。國步艱難，遘兹師旅，克生才藝，允是文武。乃拜元戎，俾殲醜虜（二十），職思靖亂，功期禦侮，守師律以殿邦，振威聲而先舉（二十一）。問安内豎，視膳寢門（二十二），隨肩明兩，順色晨昏（二十三）。光輝棣萼，友愛鴒原（二十四），率禮不違，人無間言。招賢南楚，愛客西園（二十五），宗子維城（二十六），王室以藩。樂善未終，沉疴斯起（二十七），群望并走（二十八），衆醫咸理，有加無瘳，蘭銷

玉毁。馳光度隙，逝川閲水〔二十九〕，軫皇慈之怛化，嗟國人之罷市〔三十〕。嗚呼哀哉！疇庸未紀〔三十一〕，度德則優，崇以徽號，闡其謀猷〔三十二〕。善則可旌，禮無不酬，吉凶同域，神理難求〔三十三〕。列前星之儲位，昭甲觀之虚慶〔三十四〕，撰日月以有時〔三十五〕，備塗芻之將命〔三十六〕。卜窀從吉，辨方居正〔三十七〕，堇原霜若〔三十八〕，松阡雪映〔三十九〕，起寢廟之崇嚴，制園陵之尊盛〔四十〕。嗚呼哀哉！輼車發軔，緹騎前旌〔四十一〕，祖載奠撤，簫笳哀鳴〔四十二〕，挽出離宫，路迴直城〔四十三〕，羽儀以列，徒馭不驚〔四十四〕。越素滻以東指，背黄山而北征〔四十五〕，聯崗走以迴抱〔四十六〕，遠樹靡而低傾。對驪宫以立表，依細柳以開塋〔四十七〕，閟重扃於穸壤，悲執紼於桓楹〔四十八〕。川杳杳以暝色，野稍稍以寒聲〔四十九〕。仰清芬之不泯，實昭晰於鴻名〔五十〕。嗚呼哀哉！

校箋

〔一〕此文又見於文苑英華卷八百三十九。全唐文卷三百五十五亦録此文，文題亦爲昭靖太子哀册文，署名蕭昕。考本文文首云：『維大曆八年，歲次癸丑，五月乙亥朔，十七日辛卯，開

府儀同三司、元帥、鄭王藐，旋殯於內侍省。二十七日甲午，册謚曰昭靖太子。洎十年，歲在乙卯，十二月庚申朔，二十六日乙酉……』又考，舊唐書代宗紀載：『（大曆八年）五月……辛卯，鄭王邈薨，贈昭静太子。』舊唐書卷一百一十六昭靖太子本傳載：『昭靖太子邈，代宗第二子。寶應元年，封鄭王。大曆初，代皇太子爲天下兵馬元帥。王好讀書，以儒行聞。大曆九年薨，廢朝三日，由是罷元帥之職。上惜其才早夭，册贈昭靖太子，葬於萬年縣界。』新唐書代宗紀載：『（大曆八年）五月辛卯，鄭王邈薨。壬辰，赦京師。癸卯，降死罪，流以下原之。』新唐書卷八十二其本傳載：『大曆初，代皇太子爲天下兵馬元帥。八年薨，遂罷元帥府。』資治通鑑卷二百二十四亦記：『（大曆八年）五月……辛卯，鄭王邈薨，贈昭靖太子。』各典籍所載大都與本文文首所述同，故從本文之説，此哀册文的頒布時間應爲大曆八年（七七三）十二月乙酉（二十六日），撰寫時間當在是時稍前。又，蕭昕，傳見舊唐書卷一百四十六、新唐書卷一百五十九。舊唐書其本傳載：『蕭昕，河南人。少補崇文進士。開元十九年，首舉博學宏辭，授陽武縣主簿。天寶初，復舉宏辭，授壽安尉，再遷左拾遺。昕嘗與布衣張鎬友善，館而禮之，表薦之曰：「如鎬者，用之則爲王者師，不用則幽谷一叟爾。」玄宗擢鎬拾遺，不數年，出入將相。及安禄山反，昕舉贊善大夫來瑱堪任將帥；思明之亂，瑱功居多。累遷憲部員外郎，爲副元帥哥

舒翰掌書記。潼關敗，間道入蜀，遷司門郎中。尋兼安陸長史，爲河南等道都統判官。遷中書舍人，兼揚府司馬，佐軍仍舊，入拜本官，累遷秘書監。代宗幸陜，昕出武關詣行在，轉國子祭酒。大曆初，持節吊回鶻。時回鶻恃功，廷詰昕曰：「禄山、思明之亂，非我無以平定，唐國奈何市馬而失信，不時歸價？」衆皆失色。昕答曰：「國家自平寇難，賞功無絲毫之遺，况鄰國乎！且僕固懷恩，我之叛臣，乃者爾助爲亂，聯西戎而犯郊畿；及吐蕃敗走，回紇悔懼，啓顙乞和。非大唐存念舊功，則當匹馬不得出塞矣！是回紇自絶，非我失信。」回紇慚退，加禮以歸，爲常侍。十二年。朱泚之亂，徒步出城，泚急求之，亡竄山谷間。至奉天，遷太子少傅。貞元初，兼禮部尚書，尋復知貢舉。五年，致仕。七年，卒於家，年九十，廢朝，謚曰懿。』

〔二〕開府儀同三司、元帥、鄭王薨：『開府儀同三司、元帥、鄭王』，謂昭靖太子李邈，傳見舊唐書卷一百一十六、新唐書卷八十二。舊唐書其本傳載：『昭靖太子邈，代宗第二子。寶應元年，封鄭王。大曆初，代皇太子爲天下兵馬元帥。王好讀書，以儒行聞。大曆九年薨，廢朝三日，由是罷元帥之職。上惜其才早夭，册贈昭靖太子，葬於萬年縣界。』

〔三〕乃詔京兆尹黎幹監護喪事：『京兆尹黎幹』，傳見舊唐書卷一百一十八、新唐書卷一百四十五。舊唐書其本傳載：『黎幹者，戎州人。始以善星緯數術進，待詔翰林，累官至諫議

大夫。尋遷京兆尹，以嚴肅爲理，人頗便之，而因緣附會，與時上下。大曆二年，改刑部侍郎。魚朝恩伏誅，坐交通出爲桂州刺史、本管觀察使。至江陵，丁母憂。久之，會京兆尹缺，人頗思幹。八年，復拜京兆尹、兼御史大夫。幹自以得志，無心爲理，貪暴益甚，徇於財色。十三年，除兵部侍郎。性險，挾左道，結中貴，以希主恩，代宗甚惑之。時中官劉忠翼寵任方盛，幹結之素厚，嘗通其奸謀。及德宗初即位，幹猶以詭道求進，密居輿中詣忠翼第。事發，詔曰：「兵部侍郎黎幹，害若豺狼，特進劉忠翼，掩義隱賊，并除名長流。」即行，市里兒童數千人噪聚，懷瓦礫投擊之，捕賊尉不能止，遂皆賜死於藍田驛。」

〔四〕展飾終之義：『飾終之義』，文苑英華、四庫全書、全唐文作『飾終之儀』。『飾終』，謂人死時給予尊榮。荀子禮論：『送死，飾終也。』宋陸游王成之給事挽歌辭：『贈極文昌貴，君恩厚飾終。』

〔五〕窮陰肅冽：『窮陰』，指冬盡年終之時。南朝宋鮑照舞鶴賦：『於是窮陰殺節，急景雕年。』李善注：『禮記曰：「季冬之月，日窮於次。」神農本草經曰：「秋冬爲陰。」』

〔六〕煞景凝沍：『煞景』，文苑英華、全唐文作『殺景』。『凝沍』，結冰，凍結。晉潘岳懷舊賦：『轍含冰以滅軌，水漸軔以凝沍。』宋蘇轍墨竹賦：『凄風號怒乎隙穴，飛雪凝沍乎

陂池。」

〔七〕扆輅方中，龍驂在御：「方中」，文苑英華、明鈔本、四庫全書、甲庫本、全唐文、適園叢書作「方巾」。「扆輅」，即扆車。南朝陳徐陵陳文帝哀册文：「擗扆輅於丹陛，攀龍帷於紫庭。」梁書昭明太子統傳：「扆輅俄軒，龍驂跼步；羽翻前驅，雲旂北禦。」「龍驂」，指皇帝的車駕。魏書李平傳：「鳳服龍驂，匈駕近日。」南朝梁沈約侍宴樂游苑餞徐州刺史應詔詩：「沃若動龍驂，參差凝鳳管。」

〔八〕設庭燎以終夕：「終夕」，甲庫本作「朝夕」。「庭燎」，古代庭中照明的火炬。詩小雅庭燎：「夜如何其，夜未央，庭燎之光。」周禮秋官司烜氏：「凡邦之大事，共墳燭庭燎。」鄭玄注：「墳，大也。樹於門外曰大燭，於門内曰庭燎，皆所以照衆爲明。」

〔九〕啓攢塗而即路：「攢塗」，四庫全書作「攢途」。指古代停殯禮儀的一種。聚木於棺的四周，以泥塗之，謂之「攢塗」。語本禮記喪服大記：「君殯用輴，攢至於上，畢塗屋。」陳澔集説：「攢，猶叢也；叢木於輴之四面，至於棺上。畢，盡也；以泥盡塗之。」陳書廢帝紀：「遺誥綢繆，義深垣屏，而攢塗未御，翌日無淹。」

〔十〕皇帝悼賢王之不淑，念愛子之云亡：「皇帝」，謂唐代宗李豫。「不淑」，吊問之詞。

猶言不幸。逸周書度邑解：『王乃升汾之阜以望商邑，永嘆曰：「嗚呼不淑！」』禮記雜記上：『寡君使某，如何不淑。』陳澔集説：『如何不淑，慰問之辭，言何爲而罹此凶禍也。』『云亡』，死亡。南朝齊王儉褚淵碑文：『子産云亡，宣尼泣其遺愛。』李善注引左傳：『子産卒，仲尼聞之，出涕曰：「古之遺愛也。」』唐杜甫殿中楊監見示張旭草書圖詩：『斯人已云亡，草聖秘難得。』

〔十一〕齊彭殤以理遣：『理遣』，文苑英華作『理遺』。『彭殤』，猶言壽夭。彭，彭祖，指高壽。殤，未成年而死。語本莊子齊物論：『莫壽於殤子，而彭祖爲夭。』晋王羲之蘭亭集序：『固知一死生爲虛誕，齊彭殤爲妄作。』唐楊炯原州百泉縣令李君神道碑：『情均榮辱，則萬象同歸；迹混彭殤，則百齡俱盡。』『理遣』，從事理上得到寬解。南朝梁簡文帝昭明太子文集序：『玉科歸理遣之恩，金條垂好生之德。』宋李之彦東谷所見寒暑：『矧得喪利害不能理遣，而心火熾盛；妻孥累重支吾不暇，而家火逼迫。』

〔十二〕録舊勛於藩邸：『舊勛』，文苑英華、全唐文作『舊功』。『舊勛』，昔日的功勛。左傳成公十三年：『我襄公未忘君之舊勛，而懼社稷之隕，是以有殽之師。』漢蔡邕陳留太守胡碩碑：『奕世載德，不替舊勛。』『藩邸』，藩王之第宅。北齊書昭帝紀：『月餘，（高演）乃居藩邸，自是詔敕多不關帝。』唐鄭棨開天傳信記：『上於藩邸時，每戲游城南韋杜之間。』

〔十三〕議新謚於太常：是句所言情況，舊唐書卷一百一十六其本傳有載：『上惜其才早夭，册贈昭靖太子，葬於萬年縣界。』『太常』，官名。秦置奉常，漢景帝六年更名太常，掌宗廟禮儀，兼掌選試博士。歷代因之，則爲專掌祭祀禮樂之官。北魏稱太常卿，北齊稱太常寺卿，北周稱大宗伯，隋至清皆稱太常寺卿。

〔十四〕眷承家於匕鬯：『承家』，承繼家業。易師：『開國承家，小人勿用。』南朝陳徐陵與王僧辯書：『未有膺龍圖以建國，御鳳邸以承家。』『匕鬯』，易震：『震驚百里，不喪匕鬯。』王弼注：『匕，所以載鼎實；鬯，香酒。奉宗廟之盛也。』後代指宗廟祭祀。南朝陳徐陵皇太子臨辟雍頌：『皇太子耀彼重離，光茲匕鬯，儀以天文，化成天下。』唐陳子昂大周受命頌：『臣聞天無二日，土無二王，皇帝嗣武，以主匕鬯，豈不宜乎！』

〔十五〕追嗣位於元良：『嗣位』，繼承君位。書舜典序：『虞舜側微，堯聞之聰明，將使嗣位。』孔傳：『嗣，繼也。』新唐書李石傳：『陛下嗣位，惟賢是咨，士皆在朝廷。』『元良』，太子的代稱。禮記文王世子：『一有元良，萬國以貞，世子之謂也。』南朝梁沈約立太子詔：『元良之寄，有國莫先，自昔哲后，降及近代，莫不立儲樹嫡，守器承祧。』

〔十六〕式纂遺芳：『遺芳』，比喻前人留下的盛德美名。晋葛洪抱朴子正郭：『林宗存爲

一世之所式，没則遺芳永播。』唐李商隱題道靖院詩：『獨坐遺芳成故事，褰帷舊貌似元君。』

〔十七〕維昔啓土：『土』，明鈔本作『王』。『啓土』，分土，分封土地。漢史岑出師頌：『今我將軍，啓土上郡。』張銑注：『啓，開也。上郡謂鷺所封也。』南朝梁沈約常僧景等封侯詔：『宜命爵啓土，以獎厥勞。』

〔十八〕錫爵爲王，建封於鄭：『錫爵』，文苑英華、全唐文作『賜爵』。是句所言情況，舊唐書卷一百一十六其本傳有載：『寶應元年，封鄭王。』

〔十九〕梁國寵異，魯邦禮盛：『梁國』句，典出史記梁孝王世家：『（孝王）筑東苑……招延四方豪杰，自山以東游説之士，莫不畢至。』『魯邦』，原指魯國，周朝所封的諸侯國。後用以指魯地，素以重禮著稱。詩魯頌閟宫：『泰山巖巖，魯邦所詹。』唐韓愈奉酬天平馬十二僕射詩：『威令加徐土，儒風被魯邦。』皆謂昭靖太子治理屬地有方，文質彬彬。

〔二十〕乃拜元戎，俾殲醜虜：『元戎』，主將，統帥。南朝陳徐陵移齊王：『我之元戎上將，協力同心，承禀朝謨，致行明罰。』唐柳宗元故連州員外司馬凌君權厝志：『以謀畫佐元戎，常有大功。』『醜虜』，對敵人的蔑稱。詩大雅常武：『鋪敦淮濆，仍執醜虜。』鄭玄箋：『醜，衆也……就執其衆之降服者也。』後漢書和帝紀：『匈奴背叛，爲害久遠。賴祖宗之靈，師克有捷，

醜虜破碎，遂掃厥庭。』事見舊唐書卷一百一十六其本傳載：『大曆初，代皇太子爲天下兵馬元帥。』

（二十一）守師律以殿邦，振威聲而先舉：『師律』，易師：『象曰：「師出以律，失律，凶也。」』後以指軍隊的紀律。南史徐勉傳：『軍旅不以禮，則致亂於師律。』『殿邦』，安邦定國。唐陸贄李納檢校司空制：『以殿邦之勛，參論道之職。』宋宋敏求春明退朝録卷上：『奕世荷殿邦之德，舉宗聯命氏之榮。』『威聲』，威名。晉陸雲答兄平原詩：『紫庭既穆，威聲爰振。』周書齊煬王憲傳：『齊人夙聞威聲，無不憚其勇略。』

（二十二）問安内竪，視膳寢門：典出禮記文王世子：『文王之爲世子，朝於王季日三。鷄初鳴而衣服，至於寢門外，問内竪之御者曰：「今日安否何如？」内竪曰：「安。」文王乃喜。乃日中又至，亦如之；及莫又至，亦如之。其有不安節，則内竪以告文王。文王色憂，行不能正履，王季復膳，然後亦復初。食上，必在視寒煖之節；食下，問所膳。』後因以『問安視膳』爲兒子侍奉父母的禮法，即每日必問安，每食必在側。資治通鑑唐文宗開成二年：『太子當鷄鳴而起，問安視膳。』清昭槤嘯亭雜録孝親：『后喜居暢春園，上於冬季入宮之後，遲數日必往問安視膳，以盡子職。』『内竪』，宮内小臣。周禮天官序官：『内竪倍寺人之數。』鄭玄注：『竪，未冠者之官名。』周禮天官内竪：『内竪掌内外之通令。』『寢門』，古禮天子五門，諸侯三

門，大夫二門。最内之門曰寢門，即路門。後泛指内室之門。儀禮士喪禮：『君使人吊，徹帷，主人迎於寢門外，見賓不哭。』鄭玄注：『寢門，内門也。』漢書元后傳：『兄弟宗族所蒙不測，當殺身靡骨死輦轂下，不當以無益之故有離寢門之心。』

〔二十三〕隨肩明兩，順色晨昏：『隨肩』，禮記曲禮上：『十年以長，則兄事之；五年以長，則肩隨之。』鄭玄注：『肩隨者，與之并行差退。』後用『隨肩』表示追隨左右，形影不離。南朝梁蕭統七契：『陶嘉月而結交游，藉芳辰而宴朋友。望宜春以隨肩，入長楊以携手。』唐杜甫寄岳州賈司馬六丈巴州嚴八使君兩閣老五十韻：『恩榮同拜手，出入最隨肩。』『明兩』，借指帝王或太子。南朝宋謝瞻張子房詩：『明兩燭河陰，慶霄薄汾陽。』李善注：『明兩、慶霄，皆喻宋高祖（劉裕）。』南朝宋謝靈運擬魏太子鄴中集詩：『不謂息肩願，一旦值明兩。』吕延濟注：『武帝既明，而太子又明，故謂太子爲明兩也。』『晨昏』，『晨昏定省』之略語。謂朝夕慰問奉侍。南朝梁任昉啓蕭太傅固辭奪禮：『饑寒無甘旨之資，限役廢晨昏之半。』唐孟郊殺氣不在邊詩：『况余隔晨昏，去家成阻修。』

〔二十四〕光輝棣萼，友愛鶺原：『棣萼』，詩小雅常棣：『常棣之華，鄂不韡韡。凡今之人，莫如兄弟。』東漢鄭玄箋：『承華者曰鄂，不，當作拊。拊，鄂足也。鄂足得華之光明則韡

韡然盛興者，喻弟以敬事兄，兄以榮覆弟，恩義之顯亦韡韡然。」比喻兄弟。晋書孝友傳序：「夫天倫之重，共氣分形，心睽則葉領荆枝，性合則華承棣萼。」唐杜甫至後詩：「梅花一開不自覺，棣萼一别永相望。」仇兆鰲注：「棣萼，以比兄弟也。」「鴒原」，詩小雅常棣：「脊令在原，兄弟急難。」鄭玄箋：「水鳥，而今在原，失其常處，則飛則鳴，求其類，天性也。猶兄弟之於急難。」「脊令」，也寫作「鶺鴒」。後因以「鴒原」謂兄弟友愛。唐杜甫贈韋左丞丈濟詩：「鴒原荒宿草，鳳沼接亨衢。」宋范成大新館詩：「鴒原定相念，因風報無恙。」

〔二十五〕招賢南楚，愛客西園：「南楚」，古地區名。春秋戰國時，楚國在中原南面，後世稱南楚，爲三楚之一。北起淮漢，南至江南，約包括今安徽中部、西南部，河南東南部，湖南、湖北東部及江西等地區。戰國楚宋玉登徒子好色賦序：「且夫南楚窮巷之妾，焉足爲大王言乎？」史記貨殖列傳：「衡山、九江、江南、豫章、長沙，是南楚也，其俗大類西楚。」「西園」，昭明文選卷二十詩甲公宴公宴詩：「公子敬愛客，終宴不知疲。清夜游西園，飛蓋相追隨。明月澄清景，列宿正參差。秋蘭被長阪，朱華冒緑池。潛魚躍清波，好鳥鳴高枝。神飆接丹轂，輕輦隨風移。飄颻放志意，千秋長若斯。」昭明文選卷三十、南朝梁沈約應王中丞思遠咏月：「高樓切思婦，西園游上才。」唐吕向注：「西園謂魏氏鄴都之西園也。文帝每以月夜集文人才子共

游於西園。」

〔二十六〕宗子維城：『維城』，連城以衛國。毛詩正義卷十七之四大雅生民之什板：『懷德維寧，宗子維城。無俾城壞，無獨斯畏。』東漢鄭玄箋：『和女德，無行酷虐之政，以安女國，以是爲宗子之城，使免於難；遂行酷虐，則禍及宗子，是謂城壞。城壞則乖離，而女獨居而畏矣。宗子謂王之適子。』後漢書劉虞公孫瓚陶謙傳贊：『襄賁勵德，維城燕北。仁能洽下，忠以衛國。』晋干寶晋紀總論：『宗子無維城之助，而閼伯、實沈之郤歲構。』張銑注：『維，連也，言宗子連城封之，以助京室也。』

〔二十七〕沉疴斯起：『沉疴』，重病，久治不愈的病。南朝宋鮑照自礪山東望震澤：『以此藉沉疴，栖迹别人群。』明歸有光與吴三泉書之八：『彌年沉疴，無一日强健。』

〔二十八〕群望并走：『群望』，受祭於天子、諸侯的山川星辰。望，謂不能親到，望而遥祭。左傳昭公十三年：『初，共王無冢適，有寵子五人，無適立焉，乃大有事於群望。』杜預注：『群望，星辰山川。』漢張衡東京賦：『元祀惟稱，群望咸秩。』薛綜注：『群岳衆神，望以祭祀之，皆有秩次。』

〔二十九〕馳光度隙，逝川閱水：『度隙』，典出禮記注疏卷五十八三年問：『將由夫修飾

之君子與？則三年之喪，二十五月而畢，若駟馬之過隙。』東漢鄭玄注：『駟之過隙，喻疾也。』孔穎達疏：『駟謂駟馬，隙謂空隙。駟馬駿疾，空隙狹小，以駿疾而過狹小，言急速之甚。』喻時光飛逝。『逝川』，比喻流逝的光陰。南朝齊謝朓王撫軍庾西陽集别時爲豫章太守庾被徵還東詩：『離會雖相親，逝川豈往復。』唐吴融子規詩：『舉國繁華委逝川，羽毛漂蕩一年年。』『閱水』，流水。南朝宋顏延之三月三日曲水詩序：『閱水環階，引池分席。』劉良注：『閱，流也。』唐李紳移九江詩：『四時嗟閱水，一紀换流年。』

〔三十〕軫皇慈之怛化，嗟國人之罷市：『怛化』，四庫全書、明鈔本作『恒化』；適園叢書作『恒光』。『怛化』，莊子大宗師：『俄而子來有病，喘喘然將死，其妻子環而泣之。子犁往問之，曰：「叱！避，無怛化！」』郭象注：『夫死生猶寤寐耳，於理當寐，不願人驚之，將化而死，亦宜無爲怛之也。』意謂人之死乃自然變化，不要驚動他。後謂人死爲『怛化』。唐冉元壹薛剛墓志：『而積善無徵，俄驚怛化。』『罷市』，市上停止買賣以表示悼念。晋書羊祜傳：『南州人征市日聞祜喪，莫不號慟罷市。』宋蘇軾司馬温公神道碑：『其後公薨，京師之民罷市而往吊。』

〔三十一〕疇庸未紀：『疇庸』，酬報功勞。疇，通『酬』。南朝梁任昉爲范尚書讓吏部封侯第一表：『五侯外戚，且非舊章，而臣之所附，唯在恩澤。既義異疇庸，實榮乖儒者。』李周

翰注：『疇，酬；庸，功也。』梁書孔休源傳：『慎終追遠，歷代通規，褒德疇庸，先王令典。』

〔三十二〕崇以徽號，闡其謀猷：『徽號』，褒揚贊美的稱號。舊時專指加給帝王及皇后的尊號。每逢慶典，可以屢次加上。唐封演封氏聞見記尊號：『秦漢以來，天子但稱皇帝，無别徽號，則天垂拱四年，得瑞石於洛水，文曰：「聖母臨人，永昌帝業。」號其石爲「寶圖」，於是群臣上尊號，請稱「聖母神皇」。』宋沈括夢溪筆談故事二：『熙寧中，因上皇帝尊號，宰相率同列面請三四，上終不允，曰：「徽號正如卿等功臣，何補名實？」』『謀猷』，計謀，謀略。書文侯之命：『亦惟先正克左右昭事厥辟，越小大謀猷，罔不率從，肆先祖懷在位。』宋書劉穆之傳：『故尚書左僕射、前將軍臣穆之，爰自布衣，協佐義始，内端謀猷，外勤庶政。』

〔三十三〕神理難求：『神理』，猶神道。謂冥冥之中具有無上威力，能顯示靈異，賜福降灾的神靈之道。南朝宋謝靈運從游京口北固應詔詩：『事爲名教用，道以神理超。』李善注：『周易曰：「聖人以神道設教，而天下服。」』南朝齊王融三月三日曲水詩序：『設神理以景俗，敷文化以柔遠。』李善注：『神理，猶神道也。』

〔三十四〕列前星之儲位，昭甲觀之虚慶：『昭甲觀』，四庫全書作『招甲觀』，甲庫本作『昭中觀』。『虚慶』，文苑英華、明鈔本、甲庫本作『靈慶』，四庫全書作『靈斿』。『前星』，

漢書五行志下之下：『心，大星，天王也。其前星，太子；後星，庶子也。』後因以前星指太子。南朝梁沈約胤雅：『前星比耀，克隆萬壽。』唐劉禹錫蘇州賀册皇太子箋：『蒼震發前星之輝，黄離表重輪之瑞。』『甲觀』，漢代樓觀名，猶言第一觀，爲皇太子所居。後泛指太子宮。漢書成帝紀：『元帝在太子宮生甲觀畫堂，爲世嫡皇孫。』顔師古注：『如淳曰：「甲觀，觀名……三輔黄圖云太子宮有甲觀。」師古曰：「甲者，甲乙丙丁之次也。」』

〔三十五〕撰日月以有時：『撰日月』，文苑英華作『選日月』。

〔三十六〕備塗芻之將命：全唐文作『備塗芻以將命』。『塗芻』，指塗車與芻靈，皆古代送葬之物。禮記檀弓下：『塗車芻靈，自古有之，明器之道也。』唐王維故西河郡杜太守挽歌之三：『塗芻去國門，秘器出東園。』

〔三十七〕卜窀從吉，辨方居正：『窀』，墓穴。周禮夏官量人：『掌喪祭、奠窀之俎實。』賈公彦疏：『窀是壙内。』北魏酈道元水經注濟水一：『時有群燕數千，銜土投於丁姬窀中。今其墳冢，巍然尚秀。』『辨方』，辨别四方。周禮天官序官：『惟王建國，辨方正位。』鄭玄注：『辨，别也。鄭司農云：「别四方，正君臣之位。」』晋成公綏天地賦：『辨方正土，經界建邦。』

〔三十八〕堇原霜若：『霜若』，文苑英華、全唐文作『霜苦』。

〔三十九〕松阡雪映：『松阡』，四庫全書作『松從』，甲庫本作『從阡』。

〔四十〕制園陵之尊盛：『尊盛』，文苑英華、全唐文作『尊敬』。

〔四十一〕轀車發軔，緹騎前旌：『緹騎』，文苑英華、全唐文作『緹綺』。『轀車』，古代的一種卧車。亦用作喪車。韓非子内儲説上：『戴驩，宋太宰，夜使人曰：「吾聞數夜有乘轀車至李史門者，謹爲我伺之。」』陳奇猷集釋引尹桐陽曰：『説文：「轀，卧車也。」後以載喪，因爲喪車之稱。』史記秦始皇本紀：『會暑，上轀車臭，乃詔從官令車載一石鮑魚，以亂其臭。』『發軔』，拿掉支住車輪的木頭，使車前進。借指出發、起程。楚辭離騷：『朝發軔於蒼梧兮，夕余至乎縣圃。』朱熹集注：『軔，搘車木也，將行則發之。』淮南子兵略訓：『故得道之兵，車不發軔，騎不被鞍。』『緹騎』，穿紅色軍服的騎士。泛稱貴官的隨從衛隊。漢執金吾下有緹騎二百人。後漢書百官志四：『執金吾一人，中二千石……丞一人，比千石。緹騎二百人。』王先謙集解引李祖楙曰：『説文：「緹，帛丹黄色。」蓋執金吾騎以此帛爲服，故名。』唐劉禹錫送李尚書鎮滑州詩：『黄河一曲當城下，緹騎千重照路傍。』『前旌』，帝王官吏儀仗中前行的旗幟。北周庾信三月三日華林園馬射賦：『行漏抱刻，前旌載鳶。』唐孟浩然送韓使君除洪州都曹詩：『衣冠列祖道，耆舊擁前旌。』

〔四十二〕祖載奠撤，簫笳哀鳴：『奠撤』，全唐文作『奠徹』。『簫笳』，原作『蕭笳』，四庫全書作『嘯笳』，今據全唐文改。『祖載』，將葬之際，以柩載車上行祖祭之禮。漢班固白虎通崩薨：『祖者，始也，始載於庭也，乘軸車，辭祖禰，故名爲祖載也。』後漢書蔡邕傳：『桓思皇后祖載之時，東郡有盗人妻者亡在孝中。』李賢注：『周禮曰：「喪祝掌大喪，及祖飾棺乃載，遂御之。」鄭玄注云：「祖謂將葬祖祭於庭，載謂升柩於車也。」』

〔四十三〕挽出離宫，路迴直城：『離宫』，指太子居住的宫室。南朝齊陸厥奉答内兄希叔詩：『離宫收杞梓，華屋富徐陳。』張銑注：『離宫華屋皆太子宫館也。』『直城』，指京城。原漢京都城門名。三輔黄圖都城十二門：『長安城西，出第二門曰直城門。漢宫殿疏曰：「西出南頭第二門也。亦曰故龍樓門。門上有銅龍，本名直門，王莽更曰直道門，端路亭。」』唐武元衡長安叙懷寄崔十五詩：『延首直城西，花飛緑草齊。』

〔四十四〕羽儀以列，徒馭不驚：『羽儀』，儀仗中以羽毛裝飾的旌旗之類。南齊書東昏侯紀：『帝烏帽褲褶，備羽儀，登南掖門臨望。』周書皇后傳武帝阿史那皇后：『純等設行殿，列羽儀，奉之以歸。』『徒馭』，徒御。唐皇甫曾遇風雨作：『傳呼戒徒馭，振轡轉林麓。』唐韓愈燕河南府秀才詩：『勉哉戒徒馭，家國遲子榮。』

〔四十五〕越素滻以東指，背黄山而北征：「素滻」，滻水的别名。關中八川之一。因水色素白，故稱。晋潘岳西征賦：『南有玄灞素滻，湯井温谷。』李善注：『玄、素，水色也。灞、滻，二水名也。』唐駱賓王疇昔篇：『我住青門外，家臨素滻濱。』「黄山」，漢宫名。漢惠帝所建，在陝西省興平市境内。漢揚雄羽獵賦序：『北繞黄山，濱渭而東，周袤數百里。』李善注：『漢書曰：「槐里有黄山之宫。」』唐杜甫洞房詩：『萬里黄山北，園陵白露中。』仇兆鰲注引晋灼曰：『黄山，宫名，在槐里。』「北征」，北行，北上。楚辭九歌湘君：『駕飛龍兮北征，邅吾道兮洞庭。』漢張衡南都賦：『穢長沙之無樂，歷江湘而北征。』

〔四十六〕聯崗走以迴抱：「崗走」，四庫全書、全唐文、適園叢書作「岡走」。

〔四十七〕對驪宫以立表，依細柳以開塋：「開塋」，甲庫本作「開甲营」。「驪宫」，指華清宫。因其建在驪山之上，故稱。唐王勃乾元殿頌：『兼山配極，照鸞闕於霞標；薦水涵元，湛驪宫於霧壑。』唐白居易長恨歌：『驪宫高處入青雲，仙樂風飄處處聞。』「表」，指設在陵墓前的華表。古代設在橋梁、宫殿、城垣或陵墓等前兼作裝飾用的巨大柱子。設在陵墓前的又名「墓表」。一般爲石造，柱身往往雕有紋飾。北周庾信燕歌行：『定取金丹作幾服，能令華表得千年。』唐杜甫陪李七司馬皂江上觀造竹橋詩：『天寒白鶴歸華表，日落青龍見水中。』

〔四十八〕閟重扃於窆壤，悲執紼於桓楹：『重扃』，全唐文作『重局』。『桓楹』，文苑英華作『栢楹』。『重扃』，特指墓門。南朝宋謝莊宋孝武宣貴妃誄：『重扃閟兮燈已黯，中泉寂兮此夜深。』張銑注：『重扃，謂墓門重關閉也。』明何景明悼往詩：『重扃一以閉，千秋寧復開。』『窆』，墓穴。新唐書：『夫陵域宅神，神本静，今大興荒廢，罿役密迩，非幽窆所安，改之便。』『執紼』，謂喪葬時手執牽引靈柩的大繩以助行進。禮記曲禮上：『助葬必執紼。』鄭玄注：『葬，喪之大事。紼，引車索。』後漢書獨行傳范式：『式因執紼而引，柩於是乃前。』『桓楹』，古代天子、諸侯葬時下棺所植的大柱子。柱上有孔，穿索懸棺以入墓穴。禮記檀弓下：『公室視豐碑，三家視桓楹。』孔穎達疏：『桓，大也。楹，柱也。』宋王讜唐語林補遺四：『桓楹，天子、諸侯葬時下棺之柱，其上有孔，以穿繂索，懸棺而下，取其安審，事畢即閉壙中。』

〔四十九〕川杳杳以暝色，野稍稍以寒聲：『稍稍』，文苑英華、全唐文作『梢梢』。『暝色』，暮色，夜色。南朝宋謝靈運石壁精舍還湖中作詩：『林壑斂暝色，雲霞收夕霏。』唐杜甫光禄阪行：『樹枝有鳥亂鳴時，暝色無人獨歸客。』『寒聲』，凄凉的聲音。唐皎然隴頭水詩之一：『隴頭水欲絶，隴水不堪聞。碎影摇槍壘，寒聲咽幔軍。』唐高適燕歌行：『殺氣三時作陣雲，寒聲一夜傳刁鬥。』

〔五十〕仰清芬之不泯，實昭晰於鴻名：『清芬』，喻高潔的德行。晉陸機文賦：『咏世德之駿烈，誦先人之清芬。』唐黃滔書懷寄友人詩：『常思揚子雲，五藏曾離身，寂寞一生中，千載空清芬。』『昭晰』，光亮，光耀。三國魏曹丕濟川賦：『美玉昭晰以曜暉，明珠灼灼而流光。』唐駱賓王上齊州張司馬啓：『固以紛綸國牒，昭晰家聲。』『鴻名』，大名，盛名。史記司馬相如列傳：『前聖之所以永保鴻名而常爲稱首者用此，宜命掌故悉奏其義而覽焉。』唐蘇頲開元元年赦書：『鴻名不可以深拒，盛典不可以固違。』

莊恪太子哀册文〔一〕

王　起

維大唐開成三年，歲次戊午，十月乙酉朔，十六日庚子，皇太子薨於少陽院〔二〕。十七日辛丑，遷座於大吉殿〔三〕。十一月乙卯朔，二十四日戊寅，命册使太子太師、兼右僕射、門下侍郎、國子祭酒、平章事鄭覃〔四〕，副使中書侍郎、平章事楊嗣復〔五〕，持節册謚曰『莊恪』。十二月乙酉朔，十二日景申〔六〕，葬於驪山之北原莊恪陵，禮也。玉琯歲窮〔七〕，金壺漏盡〔八〕，祖奠告徹〔九〕，哀笳將引〔十〕。庭燎滅而月寒〔十一〕，路摇旍而風緊〔十二〕。皇帝念主鬯之缺位〔十三〕，悼佩觿之夭年〔十四〕。銅樓已閉〔十五〕，銀

榜徒懸（十六）。方追思於對日（十七），遽冥寞而賓天（十八）。典册具舉，文物咸備（十九），爰詔侍臣，顯揚上嗣（二十）。其詞曰：皇矣帝緒（二十一），肇基綿古（二十二），種德尊道，宗文祖武。上聖開成（二十三），天下和平，儲祉發祥（二十四），是主元良（二十五）。覃訏之初（二十六），岐嶷用彰（二十七），藴才游藝，玉裕金相（二十八）。既免孩提，是加封殖（二十九），俾維城於東魯，錫介珪於上國（三十）。辭榮朱邸（三十一），正位青宫（三十二），尊師重傅（三十三），養德含聰。畏馳道而不絶（三十四），問寢門而益恭（三十五）。招賢警戒，齒胄謙冲（三十六），冀日躋於三善（三十七），奉天慈於九重（三十八）。漢莊好學（三十九），既顯於外；魏丕能文（四十），方循於内。美不貳於顔過（四十一），嘉得三於鯉退（四十二）。焜耀甲觀（四十三），鏗鏘瑜珮。方積善於爲山（四十四），何反真而游岱（四十五）？嗚呼哀哉！憂兢損壽，沉痾始遘（四十六），群望并走（四十七），百靈宜祐。吴客之問徒爲，越人之方靡救（四十八）。占前星之掩曜（四十九），知東朝之降咎（五十）。天垂象而則然（五十一），人由己而何有？嗚乎哀哉！税駕承華兮即宫夜臺（五十二），鳳笙長絶兮蜃輅徐來（五十三）。啓青宫而右出（五十四），歷玄灞而左迴（五十五），度凋林兮魂斷，入曠野兮心摧。水助挽而幽咽，雲帶翣而徘徊。悲佳城之已掩（五十六），見新廟之方開。嗚呼哀哉！授經兮曷期（五十七）？執紼兮增欷（五十八）。九原作兮何嗟及（五十九），

七日還兮安可希！有少海之波逝，無西園之蓋飛（六十）。商山之羽翼已散，望苑之賓客咸歸（六十一）。瑟彼玉簡（六十二），閟於泉扉（六十三）。用傳信於文字，願不泯於音徽（六十四）。嗚呼哀哉！

校箋

（一）本文又見於舊唐書卷一百七十五列傳一百二十五。全唐文卷六百四十三亦録此文，署名王起。考本文文首云：『維大唐開成三年，歲次戊午，十月乙酉朔，十六日庚子，皇太子薨於少陽院。十七日辛丑，遷座於大吉殿。十一月乙卯朔，二十四日戊寅，命册使太子太師、兼右僕射、門下侍郎、國子祭酒、平章事鄭覃，副使中書侍郎、平章事楊嗣復，持節册謚曰「莊恪」。』又檢唐會要卷四：『莊恪太子永，文宗長子。大和四年正月，封魯王。六年十月，立爲皇太子。開成三年十月薨，謚曰莊恪。』舊唐書文宗紀載：『開成三年……冬十月乙酉朔，庚子，皇太子薨於少陽院，謚曰莊恪。』舊唐書卷一百七十五列傳一百二十五記：『其年（開成三年）薨，敕兵部尚書王起撰哀册文曰：維大唐開成三年……』新唐書文宗紀載：『（開成）三年，十月，

庚子，皇太子薨。』新唐書卷八十二列傳第七：『然太子終不能自白其讒，而行己亦不加修也。是年（開成三年）暴薨，帝悔之。』考資治通鑑卷二百四十六唐紀六十二：『開成三年……冬，十月……太子永猶不悛，庚子，暴薨，謚曰莊恪。』據上述典籍所載，魯王永薨逝時間爲開成三年十月庚子，此文頒布時間爲開成三年（八三八）十一月二十四日。其撰寫時間當在是時稍前。

又，王起，傳見舊唐書卷一百六十四，新唐書卷一百六十七。舊唐書其本傳載：『起，字舉之，貞元十四年擢進士第，釋褐集賢校理，登制策直言極諫科，授藍田尉。宰相李吉甫鎮淮南，以監察充掌書記。入朝爲殿中，遷起居郎、司勛員外郎、直史館。元和十四年，以比部郎中知制誥。穆宗即位，拜中書舍人。長慶元年，遷禮部侍郎。其年，錢徽掌貢士，爲朝臣請托，人以爲濫。詔起與同職白居易覆試，覆落者多。徽貶官，起遂代徽爲禮部侍郎。掌貢二年，得士尤精。先是，貢舉猥濫，勢門子弟，交相酬酢；寒門俊造，十棄六七。及元稹、李紳在翰林，深怒其事，故有覆試之科。及起考貢士，奏當司所選進士，據所考雜文，先送中書，令宰臣閱視可否，然後下當司放榜。從之。議者以爲起雖避是非，失貢職也，故出爲河南尹。入爲吏部侍郎。文宗即位，加集賢學士、判院事。以兄播爲僕射輔政，不欲典選部，改兵部侍郎。大和二年，出爲陝虢觀察使、兼御史大夫。四年，入拜尚書左丞。居播之喪，號毀過禮，友悌尤至。遷户部尚書、判度支。以

西北邊備，歲有和市以給軍，勞人饋挽，奏於靈武，邠寧起營田。六年，檢校吏部尚書、河中尹、河中晉絳節度使。時屬蝗旱，粟價暴踴，豪門閉糴，以邀善價。起嚴誡儲蓄之家，出粟於市，隱者致之於法，由是民獲濟焉。七年，入爲兵部尚書。八年，檢校右僕射、襄州刺史，充山南東道節度。江、漢水田，前政撓法，塘堰缺壞。起下車，命從事李業行屬郡，檢視而補繕，特爲水法，民無凶年。九年，就加銀青光禄大夫。時李訓用事，訓即起貢舉門生也，欲援起爲相。八月，詔拜兵部侍郎，判户部事。其冬，訓敗，起以儒素長者，人不以爲累，但罷判户部事。文宗好文，尤尚古學。鄭覃長於經義，起長於博洽，俱引翰林，講論經史。起僻於嗜學，雖官位崇重，耽玩無篸；夙夜孜孜，殆忘寢食，書無不覽，經目靡遺。轉兵部尚書。以莊恪太子登儲，欲令儒者授經，乃兼太子侍讀，判太常卿，充禮儀詳定使，創造禮神九玉，奏議曰：邦國之禮，祀爲大事……從之。爲太子廣五運圖及文場秀句等獻之。三年，以本官充翰林侍講學士。莊恪太子薨，詔起爲哀册文，辭情婉麗。』

〔二〕皇太子薨於少陽院：『皇太子』，四庫全書、甲庫本、適園叢書作『皇子起』。『少陽院』，四庫全書作『少陽苑』。『皇太子』，即莊恪太子李永。傳見舊唐書卷一百七十五、新唐書卷八十二。舊唐書其本傳載：『莊恪太子永，文宗長子也。母曰王德妃。大和四年正月，封

魯王。六年，上以王年幼，思得賢傅輔導之。時王傅和元亮，因待制召問。元亮出於卒吏，不知書，一不能對。後宰相延英奏事，上從容曰：「魯王質性可教，宜擇賢士大夫爲官屬，不可復用和元亮之輩。」因以户部侍郎庾敬休守本官，兼魯王傅；太常卿鄭肅守本官，兼王府長史；户部郎中李踐方守本官，兼王府司馬。其年十月，降詔册爲皇太子。上自即位，承敬宗盤游荒怠之後，恭儉惕慎，以安天下。以晉王謹願，且欲建爲儲貳。未幾，晉王薨，上哀悼甚，不復言東宫事久之。今有是命，中外慶悦。後以王起、陳夷行爲侍讀。開成三年，上以皇太子宴游敗度，不可教導，將議廢黜。特開延英，召宰臣及兩省御史臺五品已上、南班四品已上官對。宰臣及衆官以爲儲后年小，可俟改過，國本至重，愿寬宥。御史中丞狄兼暮上前雪涕以諫，詞理懇切。翌日，翰林學士六人洎神策六軍軍使十六人又進表陳論，上意稍解。其日一更，太子歸少陽院，以中人張克己、柏常心充少陽院使；如京使王少華、判官袁載和及品官、白身、内園小兒、官人等數十人，連坐至死及剥色、流竄。尋詔侍讀竇宗直、周敬慎依前隔日入少陽院。其年薨，敕兵部尚書王起撰哀册文曰：……』

〔三〕遷座於大吉殿：『遷座』，遷移靈座，移柩安葬。宋韓琦仁宗皇帝哀册文：『粤十月戊辰朔，六日癸酉，遷座於永昭陵，禮也。』

〔四〕命册使太子太師、兼右僕射、門下侍郎、國子祭酒、平章事鄭覃：『鄭覃』，傳見舊唐書卷一百七十三、新唐書卷一百六十五。舊唐書其本傳載：『鄭覃，故相珣瑜之子。以父蔭補弘文校理，歷拾遺、補闕、考功員外郎、刑部郎中。元和十四年二月，遷諫議大夫。……長慶元年十一月，轉給事中。四年，遷御史中丞，十一月，權知工部侍郎。寶曆元年，拜京兆尹。文宗即位，改左散騎常侍。三年，以本官充翰林侍講學士。四年四月，拜工部侍郎。……五年，李宗閔、牛僧孺輔政。宗閔以覃與李德裕相善，薄之。時德裕自浙西入朝，復爲閔、孺所排，出鎮蜀川。宗閔惡覃禁中言事，奏爲工部尚書，罷侍講學士。文宗好經義，心頗思之。六年二月，復召爲侍講學士。七年春，德裕作相。五月，以覃爲御史大夫。文宗嘗於延英謂宰相曰：「殷侑通經學，爲人頗似鄭覃。」宗閔曰：「覃、侑誠有經學，於議論不足聽覽。」李德裕對曰：「殷、鄭之言，他人不欲聞，唯陛下切欲聞之。」覃嘗嫉人朋黨，爲宗閔所薄故也。八年，遷户部尚書。其年，德裕罷相，宗閔復知政，與李訓、鄭注同排斥李德裕、李紳。二人貶黜，覃亦左授秘書監。九年六月，楊虞卿、李宗閔得罪長流，復以覃爲刑部尚書。十月，遷尚書右僕射，兼判國子祭酒。訓、注伏誅，召覃入禁中草制敕。明日以本官同平章事，封滎陽郡公，食邑二千户。……覃以宰相兼判國子祭酒，奏太學置五經博士各一人，緣無職田，請依王府官例，賜禄粟。從之。又進石壁九經一百六十卷。……三年，楊嗣復自西川入拜平章事，與覃尤相矛盾；加之以固言、李珏，入對

之際，是非蜂起。二月，覃進位太子太師。……其年十二月，三上章求罷，詔落太子太師，餘如故。仍三五日一入中書，商量政事。四年五月，罷相，守左僕射。』

〔五〕副使中書侍郎、平章事楊嗣復：『楊嗣復』，傳見舊唐書一百七十六、新唐書卷一百七十四。舊唐書其本傳載：『楊嗣復，字繼之，僕射於陵子也。……嗣復七八歲時已能秉筆爲文。年二十，進士擢第。二十一，又登博學宏詞科，釋褐秘書省校書郎。遷右拾遺，直史館。以嗣復深於禮學，改太常博士。元和十年，累遷至刑部員外郎。鄭余慶爲詳定禮儀使，奏爲判官，改禮部員外郎。……再遷兵部郎中。長慶元年十月，以庫部郎中知制誥，正拜中書舍人。嗣復與牛僧孺、李宗閔皆權德輿貢舉門生，情義相得，進退取舍，多與之同。四年，僧孺作相，欲薦拔大用，又以於陵爲東都留守。未歷相位，乃令嗣復權知禮部侍郎。寶曆年元二月，選貢士六十八人，後多至達官。文宗即位，拜户部侍郎。以父於陵太子少傅致仕，年高多疾，懇辭侍養，不之許。大和四年，丁父憂免。七年三月，起爲尚書左丞。其年宗閔罷相，德裕輔政。七月，以嗣復檢校禮部尚書、梓州刺史、劍南東川節度觀察等使。九年，宗閔復知政事。三月，以嗣復檢校户部尚書、成都尹、劍南西川節度副大使知節度事、觀察處置等使。開成二年十月，入爲户部侍郎，領諸道鹽鐵轉運使。三年正月，與同列李珏并以本官同平章事，領使如故，進階金紫，弘農伯，

食邑七百户。』

〔六〕十二日景申：『景申』，適園叢書作『丙申』。

〔七〕玉琯歲窮：『玉琯』，適園叢書作『玉棺』。傳説中玉制的棺。後漢書方術傳上王喬：『天下玉棺於堂前，吏人推排，終不摇動。喬曰：「天帝獨召我耶？」乃沐浴服飾，寢其中，蓋便立覆……或云此古仙人王子喬也。』後用爲升仙之典實。唐杜甫昔游詩：『玉棺已上天，白日亦寂寞。』

〔八〕金壺漏盡：『金壺』，銅壺的美稱。晉陸機漏刻賦：『挈金壺以南羅，藏幽水而北戢。』唐崔液蹋歌詞：『金壺催夜盡，羅袖舞寒輕。』後蜀毛熙震更漏子詞：『烟月寒，秋夜静。漏轉金壺初永。』『漏盡』，刻漏已盡。謂夜深或天將曉。漢蔡邕獨斷：『夜漏盡，鼓鳴則起；晝漏盡，鐘鳴則息也。』資治通鑒漢元帝建昭二年：『恐後漏盡宫門閉，請使詔吏開門。』

〔九〕祖奠告徹：『告徹』，四庫全書、適園叢書作『告撤』。『祖奠』，出殯前一天晚上的祭奠。陳書陸繕傳：『太子以繕東宫舊臣，特賜祖奠。』宋司馬光翰林彭學士挽辭：『祖奠垂將撤，笳簫儼欲行。』

〔十〕哀笳將引：『哀笳』，悲凉的胡笳聲。北周庾信奉報趙王出師在道賜詩：『哀笳關塞曲，嘶馬别離聲。』明顧有孝感興詩：『哀笳不與魂俱斷，清漏偏將恨此長。』

〔十一〕庭燎滅而月寒：『庭燎滅』，四庫全書、全唐文作『庭滅燎』；適園叢書作『庭燎』。『庭燎』，古代庭中照明的火炬。詩小雅庭燎：『夜如何其，夜未央，庭燎之光。』周禮秋官司烜氏：『凡邦之大事，共墳燭庭燎。』鄭玄注：『墳，大也。樹於門外曰大燭，於門内曰庭燎，皆所以照衆爲明。』

〔十二〕路摇旍而風緊：『摇旍』，適園叢書作『遥旍』。飄蕩的旍旗。喻心神不定。語本戰國策楚策一：『寡人卧不安席，食不甘味，心摇摇如懸旌，而無所終。』唐白居易江州赴忠州至江陵以來舟中示舍弟五十韻：『年光同激箭，鄉思極摇旌。』

〔十三〕皇帝念主鬯之缺位：『主鬯』，易震：『震驚百里，不喪匕鬯。』孔穎達疏：『震卦施之於人，又爲長子。長子則正體於上，將所傳重，出則撫軍，守則監國，威震驚於百里，可以奉承宗廟彝器粢盛，守而不失也。』後因稱太子爲『主鬯』。唐柳宗元賀踐祚表：『主鬯彰孝恭之美，撫軍著神武之功。』舊唐書玄宗紀上：『平王有聖德，定天下，又聞成器已下咸有推讓，宜膺主鬯，以副群心。』

〔十四〕悼佩觿之夭年：『佩觿』，指佩戴牙錐。『觿』，象骨制成的解繩結的角錐。亦用爲飾物。佩觿，表示已成年，具有才幹。詩衛風芄蘭：『芄蘭之支，童子佩觿。』毛傳：『觿所以解結，

成人之佩也。』」漢劉向說苑修文：「能治煩決亂者佩觿，能射御者佩韘。」「夭年」，猶盛年。漢書王莽傳下：「夭年隕命，嗚呼哀哉！」

〔十五〕銅樓已閉：「銅樓」，亦作「銅龍樓」，飾有銅龍的門樓。借指太子宮室。亦借指帝王宮闕。唐李白酬坊州王司馬與閻正字對雪見贈：「價重銅龍樓，聲高重門側。」唐王勃九成宮頌：「鳳闈宵静，陰靈宣王闔之華；鶴禁朝趨，離象峻銅樓之景。」蔣清翊注：「銅樓即『龍樓門』之『龍樓』。」

〔十六〕銀牓徒懸：「銀牓」，宫殿或廟宇門端所懸的輝煌華麗的匾額。神異經中荒經：「東方有宫，青石爲墻，高三仞，左右闕高百尺，畫以五色，門有銀牓。」唐杜甫樂游園歌：「閶闔晴開詄蕩蕩，曲江翠幕排銀牓。」蕭滌非注：「銀牓，宫殿門端所懸金碧輝煌的匾額。」

〔十七〕方追思於對日：「對日」，典出南朝宋劉義慶世説新語夙惠：「晉明帝數歲，坐元帝膝上，有人從長安來……因問明帝：『汝意謂長安何如日遠？』答曰：『日遠。不聞人從日邊來，居然可知。』元帝異之。明日，集群臣宴會，告以此意，更重問之。乃答曰：『日近。』元帝失色曰：『爾何故異昨日之言邪？』答曰：『舉目見日，不見長安。』」後因以「對日」爲形容幼年聰慧之典。北周庾信傷王司徒褒詩：「青衿已對日，童子即論天。」唐王維恭懿太子挽歌：「髫

天王子去，對日聖君憐。』

（十八）遽冥寞而賓天：『冥寞』，謂死亡。唐杜甫追酬故高蜀州人日見寄之三：『錦里春光空爛熳，瑶墀侍臣已冥寞。』唐白居易過敷水詩：『秦氏雙蛾久冥寞，蘇臺五馬尚蜘蟵。』

（十九）文物咸備：『文物』，指車服旌旗儀仗之類。南朝宋謝莊宋孝武帝哀策文：『文物空嚴，鑾和虛衛。』南史齊豫章王嶷傳：『嶷身長七尺八寸，善持容範，文物衛從，禮冠百僚。』

（二十）顯揚上嗣：『上嗣』，君主的嫡長子。後指太子。禮記文王世子：『其登餕獻受爵，則以上嗣。』鄭玄注：『上嗣，君之適長子。』晋書潘尼傳：『篤生上嗣，繼期挺秀。』

（二十一）皇矣帝緒：『帝緒』，猶帝業。漢王褒四子講德論：『秦穆有王由五羖，攘却西戎，始開帝緒。』吕延濟注：『緒，業也。』南齊書樂志：『假我帝緒，懿我皇維。』

（二十二）肇基綿古：『肇基』，謂始創基業。書武成：『至于大王，肇基王迹。』晋劉琨勸進表：『伏惟高祖宣皇帝肇基景命，世祖武皇帝遂造區夏，三葉重光，四聖繼軌。』

（二十三）上聖開成：『上聖』，猶前聖。指前代的帝王與聖賢。晋書干寶傳：『宣皇帝廓定四海，武皇帝受禪於魏，至德大勛，等踪上聖。』舊唐書經籍志上：『先王有闕典，上聖有遺事。』

（二十四）儲祉發祥：『儲祉』，猶言積福。唐韓愈順宗實録五：『八月庚子，詔曰：「惟

皇天祐命烈祖，誕受方國，九聖儲祉，萬方咸休，肆予一人，獲纘丕業。」』唐白居易淮南節度使李公家廟碑銘并序：『郫縣洎晉陵府君，咸善積於躬，道屈於位，儲祉流慶，而僕射生矣。』『發祥』，顯現吉利的徵象。詩商頌長發：『濬哲維商，長發其祥。』鄭玄箋：『深知乎維商家之德也，久發見其禎祥矣。』漢班固典引：『發祥流慶，對越天地者，舄奕乎千載。』

〔二十五〕是主元良：『是主』，明鈔本、甲庫本、四庫全書作『是先』，全唐文、適園叢書作『是生』。『元良』，太子的代稱。參見本卷昭靖太子哀册文校箋〔十五〕。

〔二十六〕覃訏之初：『覃訏』，詩大雅生民：『實覃實訏，厥聲載路。』毛傳：『覃，長；訏，大。』後以『覃訏』指年歲長大。唐李儼道因法師碑：『覃訏之歲，粹采多奇；髫齔之辰，殊姿獨茂。』宋曾鞏册立皇太子制：『咨爾某生材之卓，絶倫拔類，覃訏岐嶷，成於自然。』

〔二十七〕岐嶷用彰：『岐嶷』，出自詩大雅生民：『誕實匍匐，克岐克嶷。』朱熹集傳：『岐嶷，峻茂之狀。』後多以『岐嶷』形容幼年聰慧。東觀漢記馬客卿傳：『馬客卿幼而岐嶷，年六歲，能接應諸公，專對賓客。』北魏楊衒之洛陽伽藍記追光寺：『略生而岐嶷，幼則老成，博洽群書。』

〔二十八〕玉裕金相：『玉裕』，美玉似的姿容。常用以形容皇太子。晉陸機皇太子宴玄圃宣猷堂有令賦詩：『茂德淵冲，天姿玉裕。』李善注引廣雅：『裕，容也。』張銑注：『天然之

姿容如玉也。』南朝梁元帝皇太子講學碑：『轉金路而下辟雍，晬玉裕而經槐市。』同『玉質金相』，形容人表裏俱美。南朝梁劉孝標辯命論：『昔之玉質金相，英髦秀達，皆擯斥於當年。』宋蘇軾送張龍公祝文：『公顧聽之，如與我言。玉質金相，其重千鈞。』

〔二十九〕既免孩提，是加封殖：『孩提』，幼小，幼年。孟子盡心上：『孩提之童，無不知愛其親也。』趙岐注：『孩提，二三歲之間，在襁褓知孩笑，可提抱者也。』漢書王莽傳上：『百歲之母，孩提之子，同時斷斬，懸頭竿杪。』『封殖』，堆土爲墳，植樹爲飾。宋王觀國學林本封窆：『所謂壤植，乃封植也。封者，封土爲墳也；植者，植木爲飾也。』宋陳師道宋魏府君墓表：『後人之薄祭而厚葬，既封殖之而又識之。』

〔三十〕俾維城於東魯，錫介珪於上國：『俾維城於東魯』，四庫全書作『伊維城於東魯』。『介珪』，明鈔本、甲庫本作『分珪』。『維城』，連城以衛國。詩大雅板：『懷德維寧，宗子維城。』後漢書劉虞公孫瓚陶謙傳贊：『襄賁勵德，維城燕北。仁能洽下，忠以衛國。』晉干寶晉紀總論：『宗子無維城之助，而閼伯、實沈之郤歲構。』張銑注：『維，連也，言宗子連城封之，以助京室也。』此處指李永封爲魯王一事。『介珪』，亦作『介圭』。大圭。圭，上尖下方的一種玉。書顧命：『太保承介圭。』孔傳：『大圭尺二寸，天子守之。』詩大雅崧高：『錫爾介圭，以作爾寶。』鄭玄箋：『圭

長尺二寸謂之介。非諸侯之圭。』『上國』，指京師。南朝梁江淹四時賦：『憶上國之綺樹，想金陵之蕙枝。』資治通鑒唐德宗建中二年：『今海内無事，自上國來者，皆言天子聰明英武，志欲致太平，深不欲諸侯子孫專地。』胡三省注：『時藩鎮竊據，自比古諸侯，謂京師爲上國。』

〔三十一〕辭榮朱邸：『朱邸』，漢諸侯王第宅，以朱紅漆門，故稱朱邸。後泛指貴官府第。南朝齊謝朓拜中軍記室辭隋王箋：『唯待青江可望，候歸艎於春渚；朱邸方開，效蓬心於秋實。』李善注引史記：『諸侯朝天子，於天子之所立舍曰邸，諸侯朱户，故曰朱邸。』

〔三十二〕正位青宫：『青宫』，借指太子。唐白居易初授贊善大夫早朝寄李二十助教詩：『病身初謁青宫日，衰貌新垂白髮年。』宋葉紹翁四朝聞見録寧皇登位：『玉册之命未布，而青宫之席尚虚。』

〔三十三〕尊師重傅：明鈔本、甲庫本、適園叢書作『尊師重保』。

〔三十四〕畏馳道而不絶：典出漢書成帝紀：『孝成皇帝，元帝太子也。……元帝即位，帝爲太子。壯好經書，寬博謹慎。初居桂宫，上嘗急召，太子出龍樓門，不敢絶馳道，西至直城門，得絶乃度，還入作室門。上遲之，問其故，以狀對。上大説，乃著令，令太子得絶馳道云。』

〔三十五〕問寢門而益恭：典出禮記文王世子：『文王之爲世子，朝於王季日三。鷄初鳴而

衣服，至於寢門外，問内豎之御者曰：「今日安否何如？」内豎曰：「安。」文王乃喜。乃日中又至，亦如之；及莫又至，亦如之。其有不安節，則内豎以告文王。文王色憂，行不能正履，王季復膳，然後亦復初。食上，必在視寒煖之節；食下，問所膳。』後因以『問安視膳』爲兒子侍奉父母的禮法，即每日必問安，每食必在側。資治通鑑唐文宗開成二年：『太子當鷄鳴而起，問安視膳。』清昭槤嘯亭雜録孝親：『后喜居暢春園，上於冬季入宮之後，遲數日必往問安視膳，以盡子職。』亦作『問寢視膳』『問安視寢』。唐吴兢貞觀政要尊敬師傅：『綱爲太子陳君臣父子之道，問寢視膳之方，理順辭直，聽者忘倦。』

〔三十六〕齒胄謙冲：『齒胄』，指太子入學與公卿之子依年齡爲序。南朝齊王融三月三日曲水詩序：『出龍樓而問豎，入虎闈而齒胄。』李周翰注：『公卿之子爲胄子。言太子入學，以年大小爲次，不以天子之子爲上，故云齒胄。齒，年也。』唐韓愈賀皇帝即位表：『爰自主鬯春宮，齒胄國學，孝友之美，實形四方。』

〔三十七〕冀日躋於三善：『三善』，指臣事君、子事父、幼事長的三種道德規範。禮記文王世子：『行一物而三善皆得者，唯世子而已……父子、君臣、長幼之道得而國治。』南朝梁沈約齊故安陸昭王碑文：『協隆三善，仰敷四德。』張銑注：『三善，謂事君、事父、事長也。』

（三十八）奉天慈於九重：『天慈』，皇帝的慈愛。晉書紀瞻傳：『今以天慈，使官曠事滯。』北周庾信爲杞公讓宗師驃騎表：『天慈無濫，私願獲從。』『九重』，指宮禁、朝廷。唐盧綸秋夜即事詩：『九重深鎖禁城秋，月過南宮漸映樓。』

（三十九）漢莊好學：『漢莊』，四庫全書作『漢明』。指漢明帝劉莊，事見後漢書卷二其本紀載：『帝生而豐下，十歲能通春秋，光武奇之。建武十五年封東海公，十七年進爵爲王，十九年立爲皇太子。師事博士桓榮，學通尚書。』此處喻李永好學。

（四十）魏丕能文：『魏丕』，指魏文帝曹丕，事見三國志卷二其本紀載：『（丕）年八歲，能屬文。有逸才，遂博貫古今經傳諸子百家之書。』此處喻李永有文才。

（四十一）美不貳於顏過：『顏』，指顏回。語出論語雍也：『孔子對曰：「有顏回者好學，不遷怒，不貳過。不幸短命死矣，今也則亡，未聞好學者也。」』

（四十二）嘉得三於鯉退：『鯉』，指孔鯉。語出論語季氏：『陳亢問於伯魚曰：「子亦有異聞乎？」對曰：「未也。嘗獨立，鯉趨而過庭。曰：「學詩乎？」對曰：「未也。」「不學詩，無以言。」鯉退而學詩。他日又獨立，鯉趨而過庭。曰：「學禮乎？」對曰：「未也。」「不學禮，無以立。」鯉退而學禮。聞斯二者。陳亢退而喜曰：「問一得三，聞詩，聞禮，又聞君子之遠其

子也。」』

（四十三）焜耀甲觀：『焜耀』，明鈔本、甲庫本、四庫全書、適園叢書作『焜燿』。『焜耀』，指明照，照耀。左傳昭公三年：『不腆之適，以備內宮，焜耀寡人之望。』陸德明釋文引服虔曰：『焜，明也；耀，明也。』唐柳宗元爲李京兆祭楊凝文：『冀茲競爽，焜耀儒林。』『甲觀』，漢代樓觀名。猶言第一觀。爲皇太子所居。後泛指太子宮。漢書成帝紀：『元帝在太子宮生甲觀畫堂，爲世嫡皇孫。』顏師古注：『如淳曰：「甲觀，觀名……三輔黃圖云太子宮有甲觀。」師古曰：「甲者，甲乙丙丁之次也。」』

（四十四）方積善於爲山：『爲山』，喻建立功業。晋陶潛悲從弟仲德詩：『在數竟不免，爲山不及成。』

（四十五）何反真而游岱：『反真』，謂人死歸於自然。莊子大宗師：『嗟來桑户乎！嗟來桑户乎！而已反其真，而我猶爲人猗！』陳啓天注：『「真」謂道，或自然。』晋慧遠沙門不敬王者論形盡神不滅：『又以生爲人羈，死爲反真。此所謂知生爲大患，以無生爲反本者也。』『游岱』，岱即泰山。晋張華博物志卷一：『泰山，一曰天孫，言爲天帝孫也，主召人魂魄。』後因以『游岱』作死的婉稱。漢劉楨贈五官中郎將詩：『常恐游岱宗，不復見故人。』

（四十六）沉疴始遘：『沉疴』，重病，久治不愈的病。南朝宋鮑照自礪山東望震澤：『以此藉沉疴，栖迹別人群。』唐權德輿卧病喜惠上人李煉師茅處士見訪以贈詩：『沉疴結繁慮，卧見書窗曙。』

（四十七）群望并走：『群望』，受祭於天子、諸侯的山川星辰。望，謂不能親到，望而遥祭。左傳昭公十三年：『初，共王無冢適，有寵子五人，無適立焉，乃大有事於群望。』杜預注：『群望，星辰山川。』漢張衡東京賦：『元祀惟稱，群望咸秩。』薛綜注：『群岳衆神，望以祭祀之，皆有秩次。』

（四十八）吴客之問徒爲，越人之方靡救：『越人之方』，甲庫本作『越人之兮』，四庫全書作『越人之醫』。『吴客』，指枚乘七發中向太子問疾之人。『越人』，戰國時名醫扁鵲名。史記 扁鵲倉公列傳：『扁鵲……姓秦氏，名越人。』晋葛洪抱朴子 廣譬：『故越人見齊桓不振之徵於未覺之疾，箕子識殷人鹿臺之禍於象箸之初。』

（四十九）占前星之掩曜：『掩曜』，甲庫本、四庫全書、適園叢書作『掩耀』。『前星』，漢書 五行志下之下：『心，大星，天王也。其前星，太子；後星，庶子也。』後因以前星指太子。南朝梁沈約胤雅：『前星比耀，克隆萬壽。』唐劉禹錫蘇州賀册皇太子箋：『蒼震發前星之輝，

黄離表重輪之瑞。』

〔五十〕知東朝之降咎：『東朝』，借指太子。晉陸機答賈長淵詩：『東朝既建，淑問峨峨。』李善注：『謂愍懷太子也。』北周庾信周太子太保步陸逞神道碑：『天子以大臣之喪，躬輟聽訟；東朝以師傅之尊，親臨攢祭。』倪璠注：『東朝，謂太子也。』

〔五十一〕天垂象而則然：『則然』，明鈔本、甲庫本、適園叢書作『則言』。『垂象』，顯示徵兆。古人迷信，把某些自然現象附會人事，認爲是預示人間禍福吉凶的迹象。易繫辭上：『天垂象，見吉凶，聖人象之。』唐丁澤龜負圖詩：『天意將垂象，神龜出負圖。』

〔五十二〕税駕承華兮即宫夜臺：『承華』，原作『乘華』，今據四庫全書、全唐文、適園叢書改。『税駕』，猶解駕、停車。謂休息或歸宿。税，通『挩』『脱』。史記李斯列傳：『物極則衰，吾未知所税駕也。』司馬貞索隱：『税駕，猶解駕，言休息也。李斯言已今日富貴已極，然未知向後吉凶，止泊在何處也。』三國魏曹植洛神賦：『爾乃税駕乎蘅皋，秣駟乎芝田。』『承華』，指太子宫室或太子。梁書元帝紀：『嗣后升遐，龍輴未殯，承華掩曜，梓宫莫測。』唐黄滔寄陳侍御詩：『九級燕金滿樽酒，却愁隨詔謁承華。』『夜臺』，墳墓。亦借指陰間。南朝梁沈約傷美人賦：『曾未申其巧笑，匆淪軀於夜臺。』唐劉禹錫酬樂天見寄詩：『華屋坐來能幾

日？夜臺歸去便千秋。」

（五十三）鳳笙長絶兮蜃輅徐來：『鳳笙』，漢應劭風俗通聲音笙：「世本：『隨作笙。』長四寸、十二簧、像鳳之身，正月之音也。」後因稱笙爲『鳳笙』。北魏酈道元水經注洛水：『昔王子晋好吹鳳笙，招延道士與浮丘同游伊洛之浦。』『蜃輅』，即蜃車。南朝陳徐陵陳文帝哀册文：『擗蜃輅於丹陛，攀龍帷於紫庭。』梁書昭明太子統傳：『蜃輅俄軒，龍驂跼步；羽翻前驅，雲旂北禦。』

（五十四）啓青宮而右出：『青宮』，原作『青門』，今據全唐文改。『右出』，明鈔本、甲庫本作『東出』。『青宮』，太子居東宮。東方屬木，於色爲青，故稱太子所居爲青宮。隋于仲文侍宴東宮應令詩：『青宮列紺幰，紫陌結朱輪。』唐白居易寄楊六詩：『青宮官冷靜，赤縣事繁劇。』

（五十五）歷玄灞而左迴：四庫全書作『歷元霸而左迴』；全唐文作『歷元灞而左迴』；明鈔本、甲庫本、適園叢書作『歷玄湘之左迴』。『玄灞』，指灞水。

（五十六）悲佳城之已掩：『佳城』，喻指墓地。西京雜記卷四：『滕公駕至東都門，馬鳴跼不肯前，以足跑地久之。滕公使士卒掘馬所跑地，入三尺所，得石椁。滕公以燭照之，有銘焉……

曰：「佳城鬱鬱，三千年見白日。籲嗟滕公居此室！」滕公曰：「嗟乎天也！吾死其即安此乎？」死遂葬焉。』南朝梁沈約冬節後至丞相第詣世子車中作詩：『誰當九原上，鬱鬱望佳城。』李周翰注：『佳城，墓之塋域也。』

（五十七）授經兮曷期：『授』，明鈔本、甲庫本作『援』。『授經』，講授經書。唐韓愈進士策問之十二：『由漢氏已來，師道日微，然猶時有授經傳業者。』新唐書選舉志上：『及太宗即位，益崇儒術……雖七營飛騎，亦置生，遣博士爲授經。』

（五十八）執紼兮增欷：『執紼』，謂喪葬時手執牽引靈柩的大繩以助行進。禮記曲禮上：『助葬必執紼。』鄭玄注：『葬，喪之大事。紼，引車索。』後漢書獨行傳范式：『式因執紼而引，柩於是乃前。』

（五十九）九原作兮何嗟及：『九原』，泛指墓地。唐皎然短歌行：『蕭蕭烟雨九原上，白楊青松葬者誰？』唐韋莊感情詩：『四海故人盡，九原新塚多。』

（六十）有少海之波逝，無西園之蓋飛：『少海』，比喻太子。唐杜甫壯游詩：『崆峒殺氣黑，少海旌旗黃。』宋葉廷珪海録碎事帝王：『天子比大海，太子比少海。』『西園』，指三國魏鄴都的西園，魏文帝曹丕集文學侍從之臣游宴之地。三國魏曹植公宴詩：『清夜游西園，飛蓋相

追隨。』

〔六十一〕商山之羽翼已散，望苑之賓客咸歸：『商山之羽翼』，指商山四皓。秦末東園公、綺里季、夏黄公、甪里先生，避秦亂，隱商山，年皆八十有餘，須眉皓白，時稱『商山四皓』。高祖召，不應。後高祖欲廢太子，吕后用留侯計，迎四皓，輔太子，遂使高祖輟廢太子之議。見史記留侯世家。『望苑』，即博望苑。漢武帝爲戾太子立，使交接賓客之處。故址在今陝西省西安市境内。事見漢書戾太子劉據傳、三輔黄圖苑囿。南朝梁庾肩吾咏桂樹：『新叢入望苑，舊榦别層城。』後多借指太子之宫。

〔六十二〕瑟彼玉簡：『玉簡』，玉質的簡札。帝王封禪、詔誥用的文書。南朝宋劉義恭失題詩：『金牒封梁父，玉簡禪岱山。』宋梅堯臣喜謝師厚及第詩：『風從天門來，吹下玉簡名。』

〔六十三〕閟於泉扉：『泉扉』，墓門，亦指陰間。唐姚合莊恪太子挽詞之二：『薤露歌連哭，泉扉夜作晨。』明高明琵琶記感格墳成：『祇見松柏森森繞四圍，孤墳新土掩泉扉。』

〔六十四〕願不泯於音徽：全唐文作『願不昧於音徽』。『音徽』，美音，德音。南朝齊王儉褚淵碑文：『風儀與秋月齊明，音徽與春雲等潤。』李善注：『音徽，即徽音也。』張銑注：『徽，美也。』

罷祭

停官祭贈太子敕〔一〕

敕：諸贈太子，頃年官爲立廟，并致享祀〔二〕，雖禮欲歸厚，而情且未安〔三〕。烝嘗之時，子孫不預〔四〕，若專令官祭，是以疏間親〔五〕，遂此爲常，豈云教孝〔六〕？其諸贈太子有後者，但官爲置廟〔七〕，各令子孫自主祭〔八〕。其祭署及官悉停〔九〕。若無後者，宜依舊〔十〕。開元二十二年七月。

校箋

〔一〕此文又見於通典卷四十七、唐會要卷十九、文獻通考卷九十五宗廟考五。四庫全書此文文題作停官祭太子敕。全唐文卷二百八十四亦録，文題作敕停官祭贈太子，署名張九齡。此文文末標注頒布時間爲『開元二十二年七月』。考通典卷四十七此文文首云：『開元二十二年七月

敕……』唐會要此文文首云：『開元二十二年七月二十六日敕……』文獻通考此文文首云：『（開元）二十二年敕：贈太子……』故此文頒布時間應在開元二十二年（七三四）七月二十六日。其撰寫時間當在此時稍前。又，作者張九齡，傳見舊唐書卷九十九、新唐書卷一百二十六。舊唐書其本傳載：『張九齡，字子壽，一名博物。曾祖君政，韶州別駕，因家於始興，今爲曲江人。父弘愈，以九齡貴，贈廣州刺史。九齡幼聰敏，善屬文。年十三，以書干廣州刺史王方慶，大嗟賞之，曰：「此子必能致遠。」登進士第，應舉登乙第，拜校書郎。玄宗在東宮，舉天下文藻之士，親加策問，九齡對策高第，遷右拾遺。……九齡以才鑒見推，當時吏部試拔萃選人及應舉者，咸令九齡與右拾遺趙冬曦考其等第，前後數四，每稱平允。開元十年，三遷司勛員外郎。……十一年，拜中書舍人。十三年，車駕東巡，行封禪之禮。説自定侍從升中之官，多引兩省録事主書及己之所親攝官而上，遂加特進階，超授五品。初，令九齡草詔，九齡言於説曰：「官爵者，天下之公器，德望爲先，勞舊次焉。若顛倒衣裳，則譏謗起矣。今登封霈澤，千載一遇。清流高品，不沐殊恩。胥吏末班，先加章紱。但恐制出之後，四方失望。今進草之際，事猶可改，唯令公審籌之，無貽後悔也。」説曰：「事已決矣，悠悠之談，何足慮也！」竟不從。及制出，内外甚咎於説。……初，張説知集賢院事，常薦九齡堪爲學士，以備顧問。説卒後，上思其言，召拜九齡爲秘書少監、集

賢院學士，副知院事。再遷中書侍郎。常密有陳奏，多見納用。尋丁母喪歸鄉里。二十一年十二月，起復拜中書侍郎、同中書門下平章事。明年，遷中書令，兼修國史。』

〔二〕頃年官爲立廟，并致享祀：『頃年』，往年。魏書廣陵王羽傳：『朕頃年以其人識見可取，故簡司獄官，小優劣不足爲差。』續資治通鑑宋真宗大中祥符八年：『時李永錫亦在舉中，旦等言：「永錫即頃年妄陳封事被黜者。」』『享祀』，祭祀。易困：『困於酒食，朱紱方來，利用享祀。』南朝宋鮑照擬行路難之十一：『君不見亡靈蒙享祀，何時傾杯竭壺罌？』

〔三〕雖禮欲歸厚，而情且未安：『雖禮欲歸厚』，通典、唐會要、文獻通考、全唐文作『雖欲歸厚』。『情』，文獻通考作『親』。『歸厚』，歸於忠厚。論語學而：『慎終追遠，民德歸厚矣。』晉書嵇含傳：『家在鞏縣亳丘，自號「亳丘子」，門曰「歸厚之門」，室曰「慎終之室」。』

〔四〕烝嘗之時，子孫不預：『烝』，原文作『蒸』，今據通典、唐會要、文獻通考改。『預』，唐會要、文獻通考作『及』。『烝嘗』，本指秋、冬二祭。後亦泛稱祭祀。詩小雅楚茨：『絜爾牛羊，以往烝嘗。』鄭玄箋：『冬祭曰烝，秋祭曰嘗。』漢蔡邕文範先生陳仲弓銘：『立廟舊邑，四時烝嘗，歡哀承祀，其如祖禰。』

〔五〕是以疏間親：『以疏間親』，左傳隱公三年：『遠間親。』孔穎達疏：『齊東郭偃、

棠無咎專崔氏之政，而侮崔成、崔强，是疏遠而間親戚也。』後以『以疏間親』表示關系疏遠的人離間關系親近的人。

〔六〕遂此爲常，豈云教孝：『遂』，原文作『逐』，今據通典、唐會要、文獻通考、四庫全書、全唐文、適園叢書改。『云』，唐會要作『爲』。『教』，唐會要作『敦』，文獻通考作『敬』。

〔七〕但官爲置廟：通典、唐會要、文獻通考作『但官置廟』。『置』，全唐文作『致』。

〔八〕各令子孫自主祭：『主祭』，主持祭祀。孟子萬章上：『使之主祭而百神享之。』三國志魏書東夷傳：『國邑各立一人主祭天神，名之天君。』

〔九〕其祭署及官悉停：『其祭署』，通典、唐會要、文獻通考作『其署』。

〔十〕若無後者，宜依舊：全唐文作『若無後，宜令依舊』。

卷第三十三

諸王

封建

封魯王永制

封梁王休履等制

封蔣王宗儉制

封棣王惼制

封鄂王潤制

封衛王灌等制

封蘄王緝等制

封棣王翃等制

封景王祕等制

封雅王禛等制

封建

封周王顯制〔一〕

詔曰：昔周武垂則〔二〕，汾邑啓維城之固〔三〕；漢文承統〔四〕，睢陽樹磐石之基〔五〕。所以作鎮邦家〔六〕，克隆景業〔七〕。第七子顯〔八〕，毓粹雲峰〔九〕，分輝日觀〔十〕，風儀秀舉〔十一〕，神識冲和〔十二〕。挺玉質而含章〔十三〕，振金聲而發彩〔十四〕，夙遵教於詩禮〔十五〕，方導德於間平〔十六〕。既表岐嶷之姿〔十七〕，宜申珪社之貺〔十八〕。可封周王，食邑一萬户〔十九〕。

顯慶二年二月。

校箋

〔一〕此文又見於文苑英華卷四百四十四，文題爲封周王詔，乃屬於王言會最。全唐文卷十一亦録此文，文題作封周王顯制，署名唐高宗。此文文末標明頒布時間爲『顯慶二年二月』。考舊唐書高宗紀云：『（顯慶）二年……二月……庚午，封皇第七子顯爲周王，徙封許王素節

爲郇王。』舊唐書中宗紀載：『顯慶元年十一月乙丑，生於長安。明年封周王，授洛州牧。』新唐書高宗紀載：『（顯慶）二年……二月……庚午，封子顯爲周王。壬申，徙封素節爲郇王。』資治通鑒卷二百顯慶二年亦記：『二月……庚午，立皇子顯爲周王。壬申，徙雍王素節爲郇王。』據上述史籍所載，則此制文頒布時間應爲顯慶二年（六五七）二月庚午（十二日）。故此制之撰寫時間當在是時稍前。

（二）詔曰：昔周武垂則：原本無『詔曰』二字，今據文苑英華增補。『周武』，指周武王。『垂則』，垂示法則。漢書外戚傳下孝成許皇后：『垂則列妾，使有法焉。』顔師古注：『言垂法於後宫，使皆遵行也。』後漢書李固傳：『明將軍望尊位顯，當以天下爲憂，崇尚謙省，垂則萬方。』指周武王始行分封之制，事見史記周本紀：『於是（武王）封功臣謀士，而師尚父爲首封。封尚父於營丘，曰齊。封弟周公旦於曲阜，曰魯。封召公奭於燕。封弟叔鮮於管，弟叔度於蔡。餘各以次受封。』

（三）汾邑啓維城之固：『維城』，借指皇子或皇室宗族。後漢書孝明八王傳贊：『孝明傳胤，維城八國。』唐無可送李長吉之任東井詩：『家世維城後，官資宰邑初。』此句指周成王封叔虞於河、汾之地，典出史記晉世家：『晉唐叔虞者，周武王子而成王弟……武王崩，成王立，唐有亂，

周公誅滅唐。成王與叔虞戲，削桐葉爲珪以與叔虞，曰：「以此封若。」史佚因請擇日立叔虞。成王曰：「吾與之戲耳。」史佚曰：「天子無戲言。言則史書之，禮成之，樂歌之。」於是遂封叔虞於唐。唐在河、汾之東，方百里，故曰唐叔虞。」

〔四〕漢文承統：『漢文』，指漢文帝。『承統』，繼承帝位。漢書公孫弘等傳贊：『孝宣承統，纂修洪業。』後漢書殤帝紀：『皇帝幼沖，承統鴻業。』

〔五〕睢陽樹磐石之基：『樹』，適園叢書作『封』。『睢陽』，西漢時梁國的首都。事見漢書文帝紀：『（文帝三年）三月，有司請立皇子爲諸侯王。詔曰：「前趙幽王幽死，朕甚憐之，已立其太子遂爲趙王。遂弟辟彊及齊悼惠王子朱虛侯章、東牟侯興居有功，可王。」乃立辟彊爲河間王，章爲城陽王，興居爲濟北王。因立皇子武爲代王，參爲太原王，揖爲梁王。」『磐石』，舊喻分封的宗室。史記孝文本紀：『高帝封王子弟，地犬牙相制，此所謂磐石之宗也。』唐杜甫秋日荆南述懷詩之五：『磐石圭多翦，凶門轂少推。』此句指漢朝分封之制。

〔六〕所以作鎮邦家：『作鎮』，鎮守一方。漢張衡西京賦：『澶漫靡迤，作鎮於近。』劉良注：『澶漫靡迤，寬長貌。言此原陵爲國之近鎮。』晋潘岳爲賈謐作贈陸機詩：『藩岳作鎮，輔我京室。』『邦家』，國家。詩小雅南山有臺：『樂只君子，邦家之基。』鄭玄箋：『人君既得賢者，置之於位，

又尊敬以禮樂樂之，則能爲國家之本。』後漢書皇甫規傳論：『故能功成於戎狄，身全於邦家也。』

〔七〕克隆景業：文苑英華作『早分茅土』。『克隆』，興隆，昌盛。南齊書褚淵王儉傳贊：『民譽不爽，家稱克隆。』北史周本紀下論：『嗚呼！以文皇之經啓鴻基，武皇之克隆景業，未逾二紀，不祀忽諸。』『景業』，大業。宋書文帝紀：『今方隅乂寧，戎夏慕嚮，廣訓胄子，實維時務。便可式遵成規，闡揚景業。』南朝梁任昉齊竟陵文宣王行狀：『爰及贊契，協升景業。』

〔八〕第七子顯：謂唐中宗李顯。傳見兩唐書其本紀。舊唐書中宗紀云：『中宗大和聖昭孝皇帝諱顯，高宗第七子，母曰則天順聖皇后。顯慶元年十一月乙丑，生於長安。明年封周王，授洛州牧。』

〔九〕毓粹雲峰：文苑英華作『折派天潢』。『毓粹』，猶毓精，孕育精華。唐張説唐昭容上官氏文集序：『非夫元黄毓粹，貞明助思，衆妙扶識，群靈挾志，誕異人之寶，授興王之瑞，其孰能臻斯懿乎？』『雲峰』，狀如山峰的雲。唐太宗餞中書侍郎來濟詩：『雲峰衣結千重葉，雪岫花開幾樹妝。』唐杜甫對雨書懷走邀許主簿詩：『東岳雲峰起，溶溶滿太虚。』

〔十〕分輝日觀：『分輝』，文苑英華作『疏封』。『日觀』，泰山峰名。爲著名的觀日出之處。北魏酈道元水經注汶水引漢應劭漢官儀：『泰山東南山頂名曰日觀。日觀者，鷄一鳴時，

見日始欲出，長三丈許，故以名焉。』南朝宋顏延之車駕幸京口侍游蒜山作詩：『元天高北列，日觀臨東溟。』

（十一）風儀秀舉：『風儀』，風度，儀容。晉書 簡文帝紀：『帝少有風儀，善容止。』南朝宋劉義慶世説新語 雅量：『庾太尉風儀偉長，不輕舉止，時人皆以爲假。』『秀舉』，俊美超逸，秀美峻拔。南朝梁沈約齊故安陸昭王碑文：『惟公少而英明，長而弘潤，風標秀舉，清暉映世。』北魏酈道元水經注 漾水：『漢水北連山秀舉，羅峰競峙。』

（十二）神識沖和：『神識』，器局識見，精神智慧。晉書 謝安傳：『神識沉敏，風宇條暢。』北史 裴矩傳：『世父讓之謂曰：「觀汝神識，足成才士，欲求宦達，當資幹世之務。」』『沖和』，淡泊平和。晉袁宏後漢紀 靈帝紀：『此子神氣沖和，言合規矩，高才妙識，罕見其倫。』南朝梁沈約雍雅之二：『屬厭無爽，沖和在御。』

（十三）挺玉質而含章：『挺』，明鈔本、甲庫本作『極』。『玉質』，形容質美如玉。南朝梁沈約與沈淵薦沈驎士表：『（沈）玉質逾潔，霜操日嚴。』宋蘇軾十二琴銘：『有蔚者桐，偃於下陽之庭，奏刀而玉質，成器而金聲。』『含章』，包含美質。易 坤：『六三，含章可貞。』孔穎達疏：『章，美也。』三國志 魏書 管寧傳：『含章素質，冰絜淵清。』

〔十四〕振金聲而發彩：『金聲』，比喻美好的聲譽。晉劉琨勸進表：『玉質幼彰，金聲夙振。』唐盧綸送黎燧尉陽翟詩：『玉貌承嚴訓，金聲稱上才。』『發彩』，放出光彩。晉潘岳夏侯常侍誄：『如彼隋和，發彩流潤。』南朝齊謝朓杜若賦：『夕舒榮於溽露，旦發彩於春風。』

〔十五〕夙遵教於詩禮：『遵教』，遵守教導。史記萬石張叔列傳：『上時賜食於家，必稽首，俯伏而食之，如在上前。其執喪，哀戚甚悼。子孫遵教，亦如之。』『詩禮』，指詩經和三禮。泛指儒家經典。莊子外物：『儒以詩、禮發冢。』唐王建送於丹移家洺州詩：『詩、禮不外學，兄弟相攻研。』

〔十六〕方導德於間平：『間平』原作『閑平』，今據甲庫本改。『間平』，漢河間獻王劉德、東平憲王劉蒼的合稱。兩人皆有賢名。後因以『間平』指宗室藩王中之賢者。南史梁宗室傳論：『安成、南平、鄱陽、始興俱以名迹著美，蓋亦有梁之間、平也。』唐王勃平臺秘略論褒客：『斯實藩邸之盛事，間平之用心也。』

〔十七〕既表岐嶷之姿：『姿』，文苑英華作『資』。『岐嶷』，詩大雅生民：『誕實匍匐，克岐克嶷。』朱熹集傳：『岐嶷，峻茂之狀。』後多以『岐嶷』形容幼年聰慧。東觀漢記馬客卿傳：『馬客卿幼而岐嶷，年六歲，能接應諸公，專對賓客。』

（十八）宜申珪社之貺：『珪社』，明鈔本、甲庫本作『珪祀』。指官爵和封地。南朝梁江淹封江冠軍等詔：『宜各分珪社，以酬厥勞謐。』陳書始興王伯茂傳：『雖珪社是膺，而戎章未襲。』

（十九）食邑一萬户：『食邑』，唐宋時作爲一種賜予宗室和高級官員的榮譽性加銜。清袁枚隨園隨筆勛階封號食邑實封之分：『其食邑與實封有別者，如余襄公食邑二千六百户，實對二百户是也。』參閲宋史職官志十。

封申王成義等制（一）

蘇頲

門下：古者帝王受命（二），以臨萬國，子弟建封，用尊五等（三），其所由來尚矣。右衛大將軍、衡陽郡王成義等（四），敦詩執禮（五），本仁祖義。名教之樂，自得幾深（六）；温良之容，發於忠孝。晨趨魏闕，則望掩軒霞（七）；夕賦曹園，則思含澄景（八）。朕祇奉歷數（九），旁稽載籍（十），克輔王室，所謂通邑大都（十一），俾爲唐藩。故能帶河礪岳（十二），分應往命（十三）。咨爾諸王（十四），可依前件，仍各食實封一千户（十五）。餘并如故，主者施行（十六）。唐隆元年六月二十七日。

校箋

〔一〕此文又見於全唐文卷二百五十三，文題作封衡陽郡王成義爲申王等制，署名蘇頲。文苑英華卷四百四十四、文章辨體彙選卷十五、御定淵鑒類函卷六十亦録此文。文苑英華、文章辨體彙選文題爲封衡陽郡王成義爲申王等制。甲庫本、四庫全書、適園叢書文題作封申王等制。此文文末標明頒布時間乃『唐隆元年六月二十七日』。考舊唐書睿宗紀云：『（景龍）四年夏六月……戊申，蕭至忠、韋嗣立、趙彦昭、崔湜并停刺史。衡陽王成義封申王，巴陵王隆範封岐王，彭城王隆業封薛王。』新唐書睿宗紀云：『（景雲）元年……七月庚戌，進封衡陽郡王成義爲申王，巴陵郡王隆範岐王，彭城郡王隆業薛王。』資治通鑑唐紀二十五亦載：『（景雲）元年……六月……己酉，立衡陽王成義爲申王，巴陵王隆範爲岐王，彭城王隆業爲薛王；加太平公主實封滿萬户。』則此文頒布時間在唐隆元年（七一〇）六月二十七日，其撰寫時間當在是時稍前。又，蘇頲，傳見舊唐書卷八十八、新唐書卷一百二十五。舊唐書其本傳載：『（蘇）瓌子頲，少有俊才，一覽千言。弱冠舉進士，授烏程尉，累遷左臺監察御史。長安中，詔頲按覆來俊臣等舊獄，頲皆申明其枉，由此雪冤者甚衆。神龍中，累遷給事中，加修文館學士，俄拜中書舍人。尋而頲父同中書

門下三品，父子同掌樞密，時以爲榮。機事填委，文誥皆出頲手。中書令李嶠嘆曰：「舍人思如湧泉，嶠所不及也。」俄遷太常少卿。景雲中，瓌薨，詔頲起復爲工部侍郎，加銀青光禄大夫。頲抗表固辭，辭理懇切，詔許其終制。服闋就職，襲父爵許國公。玄宗謂宰臣曰：「有從工部侍郎得中書侍郎否？」對曰：「任賢用能，非臣等所及。」玄宗曰：「蘇頲可中書侍郎，仍供政事食。」明日，加知制誥。有政事食，自頲始也。……時李乂爲紫微侍郎，與頲對掌文誥。他日，上謂頲曰：「前朝有李嶠、蘇味道，謂之蘇李；今有卿及李乂，亦不讓之。卿所制度文誥，可録一本封進，題云『臣某撰』，朕要留中披覽。」其禮遇如此。玄宗欲於靖陵建碑，頲諫曰：「帝王及后，無神道碑，且事不師古，動皆不法。若靖陵獨建，陛下祖宗之陵皆須追造。」玄宗從其言而止。開元四年，遷紫微侍郎、同紫微黄門平章事，與侍中宋璟同知政事。』

〔二〕古者帝王受命：『受命』，受天之命。古帝王自稱受命於天以鞏固其統治。書召誥：『惟王受命，無疆惟休，亦無疆惟恤。』史記日者列傳：『自古受命而王，王者之興何嘗不以卜筮決於天命哉！』

〔三〕用尊五等：『五等』，五個等級。禮記王制：『王者之制禄爵，公、侯、伯、子、男五等。』孟子萬章下：『天子一位、公一位、侯一位、伯一位、子男同一位，凡五等也。』孫奭疏：『孟

子所言周制，王制所言夏商之制也。」

〔四〕右衛大將軍、衡陽郡王成義等：文章辨體彙選作『具官成義等』。『右衛大將軍』，文苑英華、御定淵鑒類函、全唐文均作『尚書右衛大將軍』。『成義』，指睿宗第二子李撝，本名李成義。傳見舊唐書卷九十五、新唐書卷八十一。檢舊唐書其本傳云：『惠莊太子撝，睿宗第二子也。本名成義。母柳氏，掖庭宮人。撝之初生，則天嘗以示僧萬迴。萬迴曰：「此兒是西域大樹之精，養之宜兄弟。」則天甚悦，始令列於兄弟之次。垂拱三年，封恒王。尋却入閤，改封衡陽郡王，累授尚衣奉御。神龍元年，加賜實封二百户，通前五百户，遷司農少卿，加銀青光禄大夫。睿宗踐祚，進封申王，遷右衛大將軍。景雲元年七月，遷殿中監，兼檢校右衛大將軍。二年，轉光禄卿、右金吾衛大將軍。先天元年七月，加實封一千户。』

〔五〕敦詩執禮：『敦』，原作『惇』，今據文苑英華、文章辨體彙選、御定淵鑒類函、四庫全書、全唐文改。

〔六〕名教之樂，自得幾深：『自得幾深』，文苑英華、文章辨體彙選、御定淵鑒類函、全唐文均作『得自幾深』。『名教』，指以正名定分爲主的封建禮教。晋袁宏後漢紀獻帝紀：『夫君臣父子，名教之本也。』三國魏嵇康釋私論：『矜尚不存乎心，故能越名教而任自然。』『幾

深』，精微。隋書禮儀志一：『辨幽賾而洞幾深，通百神而節萬事。』

〔七〕晨趨魏闕，則望掩軒霞：『魏闕』，古代宮門外兩邊高聳的樓觀。樓觀下常爲懸布法令之所。亦借指朝廷。莊子讓王：『身在江海之上，心居乎魏闕之下。』唐元稹酬友封話舊叙懷十二韻：『魏闕何由到，荆州且共依。』『望掩軒霞』，典出南朝劉義慶世説新語：『海西時，諸公每朝，朝堂猶暗，唯會稽王來，軒軒如朝霞舉。』此處形容申王之氣韻風度。

〔八〕夕賦曹園，則思含澄景：語出曹植公宴詩：『公子敬愛客，終宴不知疲。清夜游西園，飛蓋相追隨。明月澄清景，列宿正參差。秋蘭被長阪，朱華冒緑池。』喻申王之才思。

〔九〕朕祇奉歷數：『祇奉』，文章辨體彙選作『祇奉』。『祇奉』，敬奉。北齊書祖珽傳：『遂深自結納，曲相祇奉。』唐元稹授杜元穎户部侍郎依前翰林學士制：『爾亦祇奉顧命，咨授舊章，輔厘哀憂，俾克依據。』『歷數』，指帝王繼承的次序。論語堯曰：『咨，爾舜，天之歷數在爾躬。』何晏集解：『歷數謂列次也。』邢昺疏：『孔注尚書云：謂天道。謂天歷運之數。帝王易姓而興，故言歷數謂天道。』北魏楊衒之洛陽伽藍記平等寺：『今天眷明德，民懷奥主，歷數允集，歌訟同臻。』

〔十〕旁稽載籍：『旁稽』，多方參證。宋史儒林傳四吕祖謙：『祖謙學以關洛爲宗，而旁

稽載籍，不見涯涘。』『載籍』，書籍，典籍。史記伯夷列傳：『夫學者載籍極博，猶考信於六藝。』南朝梁劉勰文心雕龍事類：『夫經典沉深，載籍浩瀚。』

〔十一〕所謂通邑大都：『大都』，明鈔本作『大郡』。『通邑大都』，同『通都大邑』。漢司馬遷報任少卿書：『僕誠以著此書藏諸名山，傳之其人，通邑大都。』宋曾鞏移滄州過闕上殿札子：『自通邑大都至於荒陬海聚，無變容動色之慮。』

〔十二〕故能帶河礪岳：『帶河礪岳』，意同『礪帶河山』。史記高祖功臣侯者年表序：『封爵之誓曰：「使河如帶，泰山若礪，國以永寧，爰及苗裔。」』後因以『礪帶河山』比喻封爵與國共存，傳之無窮。明唐順之皇陵行：『已聞帝王自有真，更説南陽多貴人，戈矛貔虎三千士，礪帶河山十八臣。』

〔十三〕分應往命：『應』，文苑英華、文章辨體彙選、御定淵鑒類函、四庫全書、全唐文均作『膺』。

〔十四〕咨爾諸王：文苑英華、文章辨體彙選、四庫全書作『咨爾眷欤』；御定淵鑒類函作『咨爾眷與』；適園叢書、全唐文作『咨爾慎歟』，且『咨爾』後闕一字。『咨爾』，論語堯曰：『堯曰：「咨，爾舜！天之歷數在爾躬。」』邢昺疏：『咨，咨嗟；爾，女也……故先咨嗟，嘆而命之。』後常以『咨爾』用於句首，表示贊嘆或祈使。晋潘岳爲賈謐作贈陸機詩：『長離云誰？咨

爾陸生。』宋葉適毋自欺室銘：『咨爾弟昆，敬事一心。』

〔十五〕仍各食實封一千户：文苑英華、御定淵鑑類函、全唐文作『仍各實封一千户』。『食實封』，謂受封爵并可實際享用其封户租賦。資治通鑑唐中宗景龍三年：『於時食實封者凡一百四十餘家。』胡三省注：『唐制：食實封者，得真户，户皆三丁以上，一分入國。開元定制，以三丁爲限，租賦全入封家。』宋史職官志十：『食實封：一千户、八百户、五百户、四百户、三百户、二百户、一百户……親王、重臣有特加至數千户者。』

〔十六〕餘并如故，主者施行：原本無此句，今據文苑英華、御定淵鑑類函、全唐文增補。『主者施行』，謂朝廷法令送交主管部門執行。後漢書黄瓊傳：『使中常侍以瓊奏屬主者施行。』後作公文常用語。唐元稹許劉總出家制：『宜賜法號大覺，仍賜僧臘五十夏。主者施行。』

封鄚王嗣直郢王嗣謙制〔一〕

誥：昔在姬劉〔二〕，分王子弟，用能本枝碩茂，算祀遐長〔三〕。皇帝元子嗣直、嗣謙等〔四〕，若木分暉，咸池疏派〔五〕。孝愛成性，佩服天經〔六〕，岐嶷誕靈，風儀遐舉〔七〕。奉聞詩之寶訓，資樂善之芳規〔八〕。錫命惟崇，已申緑車之寵〔九〕；登庸在運〔十〕，宜

開朱邸之藩（十一）。嗣直可封爲郯王，嗣謙可封作郢王（十二）。先天元年八月

校箋

（一）此文又見於全唐文卷十九，文題作封郯王鄂王誥，署名唐睿宗。甲庫本、四庫全書、適園叢書文題作封郯王郢王誥。此文文末標注頒布時間爲『先天元年八月』。考舊唐書睿宗紀載：『（先天元年）八月戊申，皇帝子許昌王嗣直改封郯王，真定王嗣謙爲郢王。』舊唐書卷一百七載：『奉天皇帝琮，玄宗長子也，本名嗣直……先天元年八月，進封郯王……廢太子瑛，玄宗第二子也，本名嗣謙……先天元年八月，進封郢王。』新唐書睿宗紀載：『（先天元年八月）戊申，封皇帝子嗣直爲剡王，嗣謙郢王。』新唐書卷八十二載：『奉天皇帝琮……先天元年，進王郯，與郢王同封。』資治通鑑卷二百一十載：『（先天元年八月）戊申，立皇子許昌王嗣直爲郯王，真定王嗣謙爲郢王。』據上述典籍所載，此制文頒布時間應爲先天元年（七一二）八月戊申（十一日）。故此制文之撰寫時間當在是時稍前。

（二）昔在姬劉：『姬劉』，指周朝和漢朝。周，姬姓，漢，劉姓，故稱。周書文閔明武宣

諸子傳論：『向使宣皇采姬劉之制，覽聖哲之術，分命賢戚，布於内外……雖使臥赤子，朝委裘，社稷固以久安，億兆可以無患矣。』

（三）用能本枝碩茂，算祀遐長：『本枝』，同一家族的嫡系和庶出子孫。漢書韋玄成傳：『子孫本枝，陳錫無疆。』南朝宋顔延之赭白馬賦：『效足中黄，殉驅馳兮；願終惠養，蔭本枝兮。』『算』，指計謀、謀劃。列子力命：『自長非所增，自短非所損，算之所亡，若何？』後漢書崔駰傳：『薦勛祖廟，享號中宗。算計見效，優於孝文。』

（四）皇帝元子嗣直、嗣謙等：『嗣直』，即唐玄宗之子李琮，初名嗣直，傳見舊唐書卷一百七、新唐書卷八十二。舊唐書其本傳載：『奉天皇帝琮，玄宗長子也，本名嗣直。景雲元年九月，封許昌郡王。先天元年八月，進封郯王。』『嗣謙』，即唐玄宗之子李瑛，初名嗣謙，傳見舊唐書卷一百七、新唐書卷八十二。舊唐書其本傳載：『廢太子瑛，玄宗第二子也，本名嗣謙。景雲元年九月，封真定郡王。先天元年八月，進封郢王。』

（五）若木分暉，咸池疏派：『分暉』，全唐文作『分輝』。『若木』，古代神話中的樹名。山海經大荒北經：『大荒之中，有衡石山、九陰山、洞野之山，上有赤樹，青葉，赤華，名曰若木。』郭璞注：『生昆侖西附西極，其華光赤下照地。』一説，即扶桑（見清段玉裁説文木部『榑』字注）。

日浴處也。』淮南子天文訓：『日出於暘谷，浴於咸池。』

楚辭離騷：『折若木以拂日兮，聊逍遥以相羊。』唐李嶠日詩：『旦出扶桑路，遥升若木枝。』『咸池』，神話中謂日浴之處。楚辭離騷：『飲余馬於咸池兮，總余轡乎扶桑。』王逸注：『咸池，

〔六〕佩服天經：『佩服』，猶言遵循。唐白居易祭李侍郎文：『代重名義，公能佩服。德潤行膻，温温郁郁。』宋朱熹朱子語類卷一一四：『久侍師席，今將告違。氣質偏蔽，不能自知。尚望賜以一言，使終身知所佩服。』『天經』，天之常道。唐李白獻從叔當塗宰陽冰詩：『金鏡霾六國，亡新亂天經。』漢班固典引：『躬奉天經，惇睦辨章之化洽。』

〔七〕岐嶷誕靈，風儀遐舉：『岐嶷』，詩大雅生民：『誕實匍匐，克岐克嶷。』朱熹集傳：『岐嶷，峻茂之狀。』後多以『岐嶷』形容幼年聰慧。東觀漢記馬客卿傳：『馬客卿幼而岐嶷，年六歲，能接應諸公，專對賓客。』北魏楊衒之洛陽伽藍記追光寺：『略生而岐嶷，幼則老成，博洽群書。』『風儀』，風度，儀容。晋書簡文帝紀：『帝少有風儀，善容止。』南朝宋劉義慶世説新語雅量：『庾太尉風儀偉長，不輕舉止，時人皆以爲假。』『遐舉』，高飛。喻高潔的舉動。唐白居易送王處士詩：『王生獨拂衣，遐舉如雲鵠。』宋史文苑傳一朱昂：『雲無心兮遐舉，蘿倚幹兮叢滋。』

〔八〕資樂善之芳規：『樂善』，語出孟子告子上：『仁義忠信，樂善不倦，此天爵也。』『芳

規』，前賢的遺規。史記樂毅列傳：『唐司馬貞述贊：間、乘繼將，芳規不渝。』

〔九〕錫命惟崇，已申緑車之寵：『錫命』，天子有所賜予的詔命。易師：『王三錫命。』孔穎達疏：『三錫命者，以其有功，故王三加錫命。』唐張九齡恩賜樂游園宴應制詩：『寶筵延錫命，供帳序群公。』『緑車』，漢皇孫所乘車，又名皇孫車。漢書金安上傳：『上拜涉爲侍中，使待幸緑車載送衛尉舍。』顏師古注：『如淳曰：「幸緑車常置左右以待召載皇孫，今遣涉歸，以皇孫車載之，寵之也。」晉灼曰：「漢注緑車名皇孫車，太子有子乘以從。」如晉二説是也。』太平御覽卷七七三引漢蔡邕獨斷：『緑車名曰皇孫車，天子孫乘以從。』

〔十〕登庸在運：『登庸』，選拔任用。書堯典：『帝曰：疇咨若時登庸。』孔傳：『疇，誰。庸，用也。誰能咸熙庶績，順是事者，將登用之。』晉應貞晉武帝華林園集詩：『登庸以德，明試以功。』

〔十一〕宜開朱邸之藩：『朱邸之藩』，四庫全書、甲庫本作『朱邸之蕃』。『朱邸』，漢諸侯王第宅，以朱紅漆門，故稱朱邸。後泛指貴官府第。參見卷三十二莊恪太子哀册文校箋〔三十一〕。

〔十二〕嗣謙可封作郢王：『可封作郢王』，四庫全書作『可封爲郢王』。

封陝王嗣昇制〔一〕

詔：皇孫之寵〔二〕，禮絶於諸侯〔三〕；帝子之封〔四〕，制殊於列國〔五〕。爰自前代，茲義存焉。皇子第三子嗣昇〔六〕，岐嶷夙成〔七〕，聰明天假〔八〕。東海壽街之對〔九〕，昔未云奇；瑯琊日遠之談〔十〕，今可連類〔十一〕。允宜胙茲茅土〔十二〕，光被磐石〔十三〕，永固鴻業〔十四〕，式繼維寧。可封爲陝王。先天元年九月

校箋

〔一〕本文又見於全唐文卷十九，文題作封陝王誥，署名唐睿宗。明鈔本文題作封陝王嗣昇誥，甲庫本文題作封陝王誥。此文文末標明頒布時間爲『先天元年九月』。考唐會要卷一載：『景雲三年九月三日，（肅宗）生於東宮之别殿。初名嗣昇。先天元年九月，封陝王。』舊唐書睿宗紀云：『（先天元年）九月……甲申，封皇帝子嗣昇爲陝王。』舊唐書肅宗紀云：『景雲二年乙亥生。

初名嗣昇，二歲封陝王。』新唐書睿宗紀亦載：『（先天）元年……九月……甲午，封皇帝子嗣昇爲陝王。』冊府元龜卷十一載：『肅宗文明武德大聖大宣孝皇帝，玄宗第三子。先天元年，封陝王。』資治通鑑卷二百一十載：『（先天）元年……九月……辛卯，立皇子嗣昇爲陝王。』下注曰：『考異曰：睿宗實録作「甲申」，太上皇録作「甲午」。今從玄宗實録。』今從資治通鑑，則此制文頒布時間應爲先天元年（七一二）九月辛卯（二十五日），其撰寫時間當在是時稍前。

（二）皇孫之寵：『皇孫』，泛指皇帝的兒子或曾孫。漢書五行志中之上：『燕飛來，啄皇孫；皇孫死，燕啄矢。』唐杜甫赤霄行：『皇孫猶曾蓮勺困，衛莊見貶傷其足。』仇兆鰲注引漢宣帝紀：『帝初爲皇曾孫，喜游俠，常困於蓮勺鹵中。』

（三）禮絶於諸侯：『禮絶』，謂居百官之首，地位尊榮，至於極點。宋司馬光涑水記聞卷十五：『宰相，自唐以來謂之禮絶百僚，見者無長幼皆拜。』明屠隆彩毫記禄山謀逆：『殿下，今上愛子，地尊禮絶，有志大業，禄山願佐下風。』『諸侯』，喻指掌握軍政大權的地方長官。三國蜀諸葛亮前出師表：『臣本布衣，躬耕於南陽，苟全性命於亂世，不求聞達於諸侯。』南史循吏傳序：『前史亦云，今之郡守，古之諸侯也。』

（四）帝子之封：『子』，四庫全書、全唐文作『王』。『封』，四庫全書、全唐文作『制』。

〔五〕制殊於列國：『制』，四庫全書、全唐文作『封』。『列國』，指春秋戰國時的諸侯國。左傳莊公十一年：『列國有凶稱孤，禮也。』史記貨殖列傳：『管氏亦有三歸，位在陪臣，富於列國之君。』此處指各分封之地。

〔六〕皇子第三子嗣昇：『子』，甲庫本、四庫全書、全唐文作『帝』。『第三子嗣昇』，指唐肅宗。傳見兩唐書肅宗紀。舊唐書肅宗紀載：『肅宗文明武德大聖大宣孝皇帝諱亨，玄宗第三子，母曰元獻皇后楊氏。景雲二年乙亥生。初名嗣昇，二歲封陝王，五歲拜安西大都護、河西四鎮諸蕃落大使。』

〔七〕岐嶷夙成：『岐嶷』，詩大雅生民：『誕實匍匐，克岐克嶷。』朱熹集傳：『岐嶷，峻茂之狀。』後多以『岐嶷』形容幼年聰慧。東觀漢記馬客卿傳：『馬客卿幼而岐嶷，年六歲，能接應諸公，專對賓客。』『夙成』，早成，早熟。後漢書袁術傳：『又聞幼主明智聰敏，有夙成之德，天下雖未被其恩，咸歸心焉。』

〔八〕聰明天假：『聰明』，智力强，天資高。後漢書應奉傳：『奉少聰明，自爲兒童及長，凡所經履，莫不暗記。』梁書沈約傳：『約左目重瞳子，腰有紫志，聰明過人。』『天假』，上天授與。北周庾信周上柱國齊王憲神道碑銘：『公之挺生，實惟天假，翠微神降，文昌星下。』

唐高仲武中興間氣集皇甫冉：『使前賢失步，後輩却立，自非天假，何以逮斯。』

〔九〕東海壽街之對：『東海』，指東漢東海公劉隆。『壽街之對』，典出後漢書劉隆傳：『是時，天下墾田多不以實，又户口年紀互有增減。十五年，詔下州郡檢覈其事，而刺史、太守多不平均，或優饒豪右，侵刻羸弱，百姓嗟怨，遮道號呼。時，諸郡各遣使奏事，帝見陳留吏牘上有書，視之，云：「潁川、弘農可問，河南、南陽不可問。」帝詰吏由趣，吏不肯服，抵言於長壽街上得之。帝怒。時，顯宗爲東海公，年十二，在幄後言曰：「吏受郡敕，當欲以墾田相方耳。」帝曰：「即如此，何故言河南、南陽不可問？」對曰：「河南帝城，多近臣，南陽帝鄉，多近親，田宅逾制，不可爲準。」帝令虎賁將詰問吏，吏乃實首服，如顯宗對。於是遣謁者考實，具知奸狀。』

〔十〕瑯琊日遠之談：『瑯琊』，指生於瑯琊國的晉明帝。『日遠之談』，典出南朝宋劉義慶世説新語夙惠：『晉明帝數歲，坐元帝膝上，有人從長安來……因問明帝：「汝意謂長安何如日遠？」答曰：「日遠。不聞人從日邊來，居然可知。」元帝異之。明日，集群臣宴會，告以此意，更重問之。乃答曰：「日近。」元帝失色曰：「爾何故異昨日之言邪？」答曰：「舉目見日，不見長安。」」』此兩句均喻指唐肅宗年少聰慧。

〔十一〕今可連類：『連類』，連綴同類事物。漢枚乘七發：『比物屬事，離辭連類。』李善注：『韓

子曰：多言繁稱，連類比物也。』唐韓愈送權秀才序：『權生之貌，固若常人耳；其之辭引物連類，窮情盡變，宮商相宜，金石諧和。』

〔十二〕允宜胙兹茅土：『允宜』，合宜。漢蔡邕光武濟陽宫碑：『歷數在帝，踐祚允宜。』明吾邱瑞運甓記官誥榮封：『鶴鳴子和，好爵自縻，琴調瑟奏，家室允宜。』『茅土』，指王、侯的封爵。古天子分封王、侯時，用代表方位的五色土築壇，按封地所在方嚮取一色土，包以白茅而授之，作爲受封者得以有國建社的表徵。漢李陵答蘇武書：『陵謂足下當享茅土之薦，受千乘之賞。』李善注：『尚書緯曰：「天子社，東方青，南方赤，西方白，北方黑，上冒以黄土，將封諸侯，各取方土，苴以白茅，以爲社。」』

〔十三〕光被磐石：『被』，原作『彼』，今據全唐文、適園叢書改。『光被』，遍及。書堯典：『光被四表，格于上下。』王引之經義述聞尚書上：『光與廣通，皆充廓之義。方言曰「幅廣爲充」是也。故堯典言「光被四表」，而漢書禮樂志曰「聖主廣被之資」。』『磐石』，舊喻分封的宗室。史記孝文本紀：『高帝封王子弟，地犬牙相制，此所謂磐石之宗也。』唐杜甫秋日荆南述懷詩之五：『磐石圭多翦，凶門轂少推。』

〔十四〕永固鴻業：『鴻業』，大業。多指王業。漢書成帝紀：『朕承太祖鴻業，奉宗廟二十五年。』

唐玄宗并州置北都制：『守宗社之大寶，恢中原之鴻業。』

改封寧王憲制[一]

爰分寶玉[二]，載錫綏章[三]，必在親賢[四]，致之侯甸[五]。開府儀同三司、兼涇州刺史、上柱國、宋王憲[六]，儀表碩望[七]，忠肅令名[八]，藝總經書，才推禮樂[九]，列上公之位[十]，兼大藩之寵[十一]。瞻彼竹園[十二]，舊稱茅邑，孰如北地[十三]，今邇西都[十四]。宜考良日之封，用弘景風之命[十五]。可改封寧王，食邑三千户。餘如故。

開元七年九月。

校　箋

〔一〕本文又見於全唐文卷二十二，文題作改封宋王憲爲寧王制，署名唐玄宗。甲庫本、四庫全書、適園叢書此文文題作改封寧王制。此文文末標明頒布時間爲『開元七年九月』。考舊唐書玄宗紀云：『（開元）七年……九月甲子，改昭文館依舊爲弘文館。宋王憲徙封寧王。』舊

唐書卷九十五云：『（開元）四年，避昭成皇后尊號，改名憲，封爲寧王，實封累至五千五百户。』新唐書玄宗紀云：『（開元）七年……九月甲戌，徙封宋王憲爲寧王。』資治通鑑卷二百一十二載：『（開元）七年……九月，甲寅，徙宋王憲爲寧王。』考是年九月丙辰朔，則舊唐書所記甲子乃九月九日，新唐書所記乃九月十九日。據天干地支紀年法，是年九月丙辰朔，無甲寅日，故不取資治通鑑所記時間。則此制文頒布時間應爲開元七年（七一九）九月甲戌（十九日）。故此制之撰寫時間當在是時稍前。

（二）爰分寶玉：『寶玉』，珍貴的玉。春秋定公八年：『盜竊寶玉大弓。』孔穎達疏：『此寶玉大弓，必是國之重寶，歷世掌之。』韓非子和氏：『悲夫寶玉而題之以石，貞士而名之以誑。』

（三）載錫綏章：『綏章』，古代旗竿頂端所飾的染色的鳥羽或旄牛尾，用以別貴賤。綏，通『緌』。詩大雅韓奕：『王錫韓侯，淑旂綏章。』朱熹集傳：『綏章，染鳥羽或旄牛尾爲之，注於旂竿之首，爲表章者也。』王引之經義述聞毛詩下：『所畫於旂，交龍日月之章，綏然有文，故曰綏章，綏章與淑旂文正相對也。』一説『綏章』爲引以登車的彩索。

（四）必在親賢：『親賢』，親戚與賢臣。南朝梁任昉齊竟陵文宣王行狀：『地尊禮絶，親賢莫貳。』呂向注：『位居尊重之地，與百官禮儀隔絶，則親戚賢臣皆無有二心也。』南史宋宗室及諸王

傳上論：『自古帝王之興，雖係之於歷數，至於經啓多難，莫不兼藉親賢。』

〔五〕致之侯甸：『侯甸』，侯服與甸服。古代王畿外圍千里以内的區域。書伊訓：『伊尹祠于先王，奉嗣王祇見厥祖，侯甸群后咸在。』後漢書王暢傳：『郡爲舊都侯甸之國，園廟出於章陵，三后生自新野。』李賢注：『五百里甸服，千里侯服。』

〔六〕開府儀同三司、兼涇州刺史、上柱國、宋王憲：即李憲。傳見舊唐書卷九十五、新唐書卷八十一中。舊唐書其本傳載：『讓皇帝憲，本名成器，睿宗長子也。初封永平郡王。文明元年，立爲皇太子，時年六歲。及睿宗降爲皇嗣，則天册授成器爲皇孫，與諸弟同日出閤，開府置官屬。長壽二年，改封壽春郡王，仍却入閤。長安中，累轉左贊善大夫。加銀青光禄大夫。中宗即位，改封蔡王，遷宗正員外卿，加賜實封四百户，通舊爲七百户。成器固辭不敢當大國，依舊爲壽春郡王。唐隆元年，進封宋王。其月，睿宗踐祚，拜左衛大將軍。時將建儲貳，以成器嫡長，而玄宗有討平韋氏之功，意久不定。成器辭曰：「儲副者，天下之公器，時平則先嫡長，國難則歸有功。若失其宜，海内失望，非社稷之福。臣今敢以死請。」累日涕泣固讓，言甚切至。時諸王、公卿亦言平王有社稷大功，合居儲位。睿宗嘉成器之意，乃許之。玄宗又以成器嫡長，再抗表固讓，睿宗不許。乃下制曰：「左衛大將軍、宋王成器，朕之元子，當踐副君。以隆基有社稷大功，

人神僉屬，由是朕前懇讓，言在必行。天下至公，誠不可奪。爰符立季之典，庶協從人之願。成器可雍州牧、揚州大都督、太子太師，别加實封二千户。賜物五千段、細馬二十匹、奴婢十房、甲第一區、良田三十頃。」其年十一月，拜尚書左僕射，尋遷司徒，其太師、都督并如故。明年，表讓司徒，拜太子賓客，兼揚州大都督如故。時太平公主陰有異圖，姚元之、宋璟等請出成器及申王成義爲刺史，以絶謀者之心，由是成器以司徒兼蒲州刺史。玄宗嘗制一大被長枕，將與成器等共申友悌之好，睿宗知而大悦，累加賞嘆。先天元年八月，進封司空。及玄宗討平蕭至忠、岑羲等，成器又進位太尉，依舊兼揚州大都督，加實封一千户。月餘，加授開府儀同三司，其太尉、揚州大都督并停。開元初，歷岐州刺史，開府如故。四年，避昭成皇后尊號，改名憲，封爲寧王，實封累至五千五百户。又歷澤、涇等州刺史。」

〔七〕儀表碩望：『儀表』，準則，法式，楷模。管子形勢：『法度者，萬民之儀表也；禮義者，尊卑之儀表也。』漢王逸離騷叙：『終没以來，名儒博達之士，著造詞賦，莫不擬則其儀表，祖式其模範。』『碩望』，重望，高名。亦指有重望的人。唐李德裕授石雄晋絳行營節度使制：『朕以彦佐，早升大將之壇，久服上公之冕；資其碩望，任以指蹤。』宋史趙普傳：『自輔弼兩朝，周旋三紀；茂巖廊之碩望，分屏翰之劇權。』

〔八〕忠肅令名：『忠肅』，忠誠恭敬。左傳文公十八年：『高辛氏有才子八人……忠肅共懿，宣慈惠和，天下之民謂之「八元」。』孔穎達疏：『忠者，與人無隱，盡心奉上也。肅者，敬也，應機敏達，臨事恪勤也。』三國志吴書吴主傳：『忠肅内發，款誠外昭。』『令名』，美好的聲譽。左傳襄公二十四年：『僑聞君子長國家者，非無賄之患，而無令名之難。』南朝宋鮑照行京口至竹里詩：『君子樹令名，細人效命力；不見長河水，清濁俱不息。』

〔九〕才推禮樂：『禮樂』，禮節和音樂。古代帝王常用興禮樂爲手段以求達到尊卑有序遠近和合的統治目的。禮記樂記：『樂也者，情之不可變者也；禮也者，理之不可易者也。樂統同，禮辨異。禮樂之説，管乎人情矣。』孔穎達疏：『樂主和同，則遠近皆合；禮主恭敬，則貴賤有序。』吕氏春秋孟夏：『乃命樂師習合禮樂。』高誘注：『禮所以經國家，定社稷，利人民；樂所以移風易俗，蕩人之邪，存人之正性。』

〔十〕列上公之位：『上公』，公爵的尊稱，亦泛指高官顯爵。唐李華寄趙七侍御詩：『屬詞慕孔門，入仕希上公。』明何景明玉岡黔國地種竹詩：『上公勛不忘，君子名詎朽。』

〔十一〕兼大藩之寵：『大藩』，古代指比較重要的州郡一級的行政區。梁書明山賓傳：『明祭酒雖出撫大藩，擁旄推轂，珥金拖紫，而恒事屢空。』舊唐書盧祖尚傳：『交州大藩，去京甚遠，

須賢牧撫之。』

〔十二〕瞻彼竹園：『竹園』，四庫全書、全唐文作『行園』。『瞻彼竹園』，語出詩經衛風：『瞻彼淇奧，緑竹猗猗。』以竹贊美君子。

〔十三〕孰如北地：『北地』，此處應指岐州。事見舊唐書其本傳：『開元初，歷岐州刺史，開府如故。』

〔十四〕今邇西都：『西都』，唐顯慶二年（六五七）以洛陽爲東都，因稱長安爲西都。

〔十五〕用弘景風之命：四庫全書作『用弘景命之及』。『景風』，明鈔本作『景封』。

封濟王溢等制〔一〕

王者之制〔二〕，疇庸展親〔三〕，古之道也。乃眷諸子〔四〕，非曰私之。第二十二男溢等〔五〕，籍慶昌源，兹致繁祉〔六〕，始自内保，漸乎外傅〔七〕。四方六甲〔八〕，辨志離經〔九〕，可以識君臣之義，可以接朝廷之禮。宜建以方社〔十〕，錫之分器〔十一〕，肆予有命〔十二〕，克慎厥猷〔十三〕。其封溢爲濟王〔十四〕，沔爲信王〔十五〕，泚爲義王〔十六〕，漼爲陳王〔十七〕，澄爲豐王〔十八〕，潓爲恒王〔十九〕，淀爲凉王〔二十〕，滔爲涇王〔二十一〕。開元二十一年九月。

校　箋

〔一〕本文文末標明頒布時間爲『開元二十一年九月』。甲庫本此文文題作封濟王等制。考舊唐書玄宗紀云：『（開元）二十一年……九月壬午，封皇子溢爲濟王，沔爲信王，泚爲義王，漼爲陳王，澄爲豐王，潓爲恒王，漎爲涼王，滔爲深王。』舊唐書卷一百七載：『濟王環，玄宗第二十二子也，初名溢。開元十三年三月，封濟王……信王瑝，玄宗第二十三子也，初名沔。開元十三年三月，封爲信王……義王玼，玄宗第二十四子也，初名漼。開元十三年三月，封爲義王……陳王珪，玄宗第二十五子也，初名渙。開元二十三年七月，封爲陳王……豐王珙，玄宗第二十六子也，初名澄。開元二十三年七月，封爲豐王……恒王瑱，玄宗第二十七子也，初名潓。開元二十三年七月，封爲恒王……涼王璿，玄宗第二十九子也，初名漎……（開元）二十三年七月，封爲涼王……汴哀王璥，玄宗第三十子也，初名滔。開元二十五年七月，封爲汴王。』新唐書玄宗紀云：『（開元）二十一年……九月壬午，封子沔爲信王，泚義王，漼陳王，澄豐王，潓恒王，漎涼王，滔深王。』資治通鑑卷二百一十三載：『（開元）二十一年……九月，壬午，

立皇子沔爲信王，泚爲義王，漼爲陳王，澄爲豐王，潓爲恒王，漎爲梁王，滔爲汴王。』則此制文頒布時間應爲開元二十一年（七三三）九月壬午（十八日）。其撰寫時間當在是時稍前。

〔二〕王者之制：『王者』，帝王，天子。公羊傳成公元年：『然則曷爲不言晉敗之？王者無敵，莫敢當也。』史記伯夷列傳：『示天下重器，王者大統，傳天下若斯之難也。』

〔三〕疇庸展親：『疇庸』，謂選賢任用。語出書堯典：『疇咨若時登庸。』孔傳：『疇，誰；庸，用也。誰能咸熙庶績，順是事者，將登用之。』唐張九齡謝中書侍郎狀：『此職擇才，十年虛位，以卿達識，所以疇庸。』『展親』，謂重視親族的情分。書旅獒：『分寶玉于伯叔之國，時庸展親。』孔穎達疏：『言用寶以表誠心，使彼知王親愛之也。』國語魯語上：『古者分同姓以珍玉，展親也。』韋昭注：『展，重也。』

〔四〕乃眷諸子：『乃眷』，詩大雅皇矣：『乃眷西顧。』鄭玄箋：『乃眷然運視西顧。』後以『乃眷』喻關懷。宋書武帝紀：『暢朝廷乃眷之旨，宣下民壅隔之情。』

〔五〕第二十二男溢等：『第二十二男溢』，指唐玄宗之子李環，初名溢。傳見舊唐書卷一百七、新唐書卷八十二。舊唐書其本傳載：『濟王環，玄宗第二十二子也，初名溢。開元十三年三月，封濟王。二十三年七月，授開府儀同三司，其月改名環。天寶末有子封爲王者二人，傣

爲永嘉郡王、衛尉卿同正員，俛爲平樂郡王、光祿卿同正員。」

〔六〕兹致繁祉：『兹』，原闕字，今據四庫全書增補。『繁祉』，多福。詩周頌雍：『綏我眉壽，介以繁祉。』鄭玄箋：『繁，多也。』漢蔡邕漢交趾都尉胡府君夫人黄氏神誥：『誕膺繁祉：廣歷五卿七公再封之祿，康亦由孝廉宰牧二城。九鼎之義，夫人是享。』

〔七〕漸乎外傅：『外傅』，古代貴族子弟至一定年齡，出外就學，所從之師稱外傅。與内傅相對。禮記内則：『十年，出就外傅，居宿於外，學書記。』鄭玄注：『外傅，教學之師也。』魏書禮志三：『將謂童子時甫稚齡，未就外傅。』

〔八〕四方六甲：『四方』，指四方之神。禮記曲禮下：『天子祭天地，祭四方，祭山川，祭五祀，歲遍。』鄭玄注：『祭四方，謂祭五官之神於四郊也。句芒在東，祝融、后土在南，蓐收在西，玄冥在北。』禮記祭法：『四坎壇，祭四方也。』鄭玄注：『四方，即謂山林、川谷、丘陵之神也。祭山林、丘陵於壇，川谷於坎。』『六甲』，道教神名，供天帝驅使的陽神；道士可用符籙召請以祈禳驅鬼。唐張説大唐祀封禪頌：『天老練日，雨師灑道，六甲按隊，八陣警蹕。』宋史律曆志四：『六甲，天之使，行風雹，筴鬼神。』

〔九〕辨志離經：『辨志』，辨明志嚮。明高攀龍三時記：『余則以大學格致，即中庸明善，

所以使學者辨志定業，絶利一源，分剖爲己爲人之界，精研義利是非之極。」「離經」，猶言離經辨志。唐黄滔贈懷光上人詩：『過午休齋慣，離經吐論高。』分析經籍義理，讀斷文句，辨别學習之意嚮。禮記學記：『一年視離經辨志，三年視敬業樂群。』鄭玄注：『離經，斷句絶也；辨志，謂别其心意所趣鄉也。』孔穎達疏：『離經，謂離析經理，使章句斷絶也；辨志，謂辨其志意趨向習學何經矣。』

〔十〕宜建以方社：『方社』，明鈔本作『方祉』。指四方之神和土地神。詩大雅雲漢：『祈年孔夙，方社不莫。』鄭玄箋：『我祈豐年甚早，祭四方與社又不晚。』唐劉禹錫奏記丞相府論學事：『至二十年，許敬宗等奏，乃遣天下諸州縣置三獻官，其他如方社。』

〔十一〕錫之分器：古代天子把宗廟所藏的寶器分與諸侯和宗室爲世守之物，謂之『分器』。亦指分得的寶器等。左傳定公九年：『得寶玉大弓。』晉杜預注：『弓玉，國之分器，得之足以爲榮，失之足以爲辱。』明史周定王橚傳：『諸宗皆没，府中分器寶藏盡淪於巨浸。』

〔十二〕肆予有命：『有命』，天命所歸之人。古代稱天子。書伊訓：『于其子孫弗率，皇天降灾，假手于我有命。』孔穎達疏：『天不能自誅於桀，故借手於我有命之人，謂成湯也。』書咸有一德：『皇天不保，監于萬方，啓迪有命。』孔傳：『有天命者開道之。』

〔十三〕克慎厥猷：『猷』，功績，功業。書君陳：『爾有嘉謀嘉猷，則入告爾后于內。』

〔十四〕其封溢爲濟王：『溢』，指唐玄宗之子李環，初名溢。傳見舊唐書卷一百七、新唐書卷八十二。舊唐書其本傳載：『濟王環，玄宗第二十二子也，初名溢。開元十三年三月，封濟王。二十三年七月，授開府儀同三司，其月改名環。天寶末有子封爲王者二人，僚爲永嘉郡王、衛尉卿同正員，俛爲平樂郡王、光禄卿同正員。』

〔十五〕沔爲信王：『沔』，指唐玄宗之子李瑝，初名沔。傳見舊唐書卷一百七、新唐書卷八十二。舊唐書其本傳載：『信王瑝，玄宗第二十三子也，初名沔。開元十三年三月，封爲信王。二十三年七月，授開府儀同三司，仍改名瑝。天寶末有子封爲王者二人：佟爲新安郡王、太常卿同正員，倜爲晋陵郡王、光禄卿同正員。』

〔十六〕泚爲義王：『泚』，指唐玄宗之子李玼，初名泚。傳見舊唐書卷一百七、新唐書卷八十二。舊唐書其本傳載：『義王玼，玄宗第二十四子也，初名漼。開元十三年三月，封爲義王。二十三年七月，授開府儀同三司，仍改名玼。天寶末有子封爲王者二人：儀爲舞陽郡王、太僕卿同正員，僇爲高密郡王、宗正卿同正員。』

〔十七〕漼爲陳王：『漼』，指唐玄宗之子李珪，初名渙。傳見舊唐書卷一百七、新唐書卷

八十二。舊唐書其本傳載：『陳王珪，玄宗第二十五子也，初名漎。開元二十三年七月，封爲陳王。二十四年三月改名珪。天寶末男女二十一人，封爲王者二人：佗爲臨淮郡王、太常卿同正員，佼爲安陽王、殿中監同正員。』

〔十八〕澄爲豐王：『澄』，指唐玄宗之子李珙，初名澄。傳見舊唐書卷一百七、新唐書卷八十二。舊唐書其本傳載：『豐王珙，玄宗第二十六子也，初名澄。開元二十三年七月，封爲豐王。二十四年二月改名珙。』

〔十九〕潓爲恒王：『潓』，指唐玄宗之子李瑱，初名潓。傳見舊唐書卷一百七、新唐書卷八十二。舊唐書其本傳載：『恒王瑱，玄宗第二十七子也，初名潓。開元二十三年七月，封爲恒王。性好道，常服道士衣。授右衛大將軍，加開府儀同三司。二十四年二月改名瑱。天寶十五載，從幸巴蜀，不復衣道士衣矣。』

〔二十〕淀爲涼王：『涼』，四庫全書作『京』。『淀』，指唐玄宗之子李璿，初名淀，舊唐書中初名漎。傳見舊唐書卷一百七、新唐書卷八十二。舊唐書其本傳載：『涼王璿，玄宗第二十九子也，初名漎。母武賢儀，則天時高平王重規女也，開元中入宮中，號爲「小武妃」。二十三年七月，封爲涼王。二十四年二月，改名璿。』

〔二十一〕滔爲涇王：『涇王』，舊唐書、新唐書載封爲汴王。『滔』，指唐玄宗之子李璬，初名滔。傳見舊唐書卷一百七、新唐書卷八十二。舊唐書其本傳載：『汴哀王璬，玄宗第三十子也，初名滔。開元二十五年七月，封爲汴王。二十四年二月，改名璬，以其月薨。』

廣平王進封楚王制〔一〕

自寇戎奸宄〔二〕，王師未振，瞻言境邑〔三〕，尚聚犬羊〔四〕。廣平王俶〔五〕，修學好古〔六〕，令德孝恭，志安邦家，誓雪讎恥〔七〕。爰鞠其旅〔八〕，克復二京〔九〕。可封楚王〔十〕，食實封二千户〔十一〕。寶應元年三月。

校箋

〔一〕此文又見於册府元龜卷八十七帝王部赦宥第六，其文文首云：『（至德）二年十二月戊午，御丹鳳樓門，下詔曰：軒轅有版泉之戰……』册府元龜卷一百二十八帝王部明賞第二亦節録此文，文首云：『肅宗至德二年十二月大赦天下，詔曰：乘輿幸蜀……』此文節録自唐大詔令集卷

一百二十三至德二年收復兩京大赦一文。全唐文卷四十四收復兩京大赦文中亦節録，署名唐肅宗。本文文末標注頒布時間爲寶應元年三月，甲庫本標注頒布時間爲寶應元年二月。考，舊唐書肅宗紀載：『（至德二載）十二月戊午朔，上御丹鳳門，下制大赦……廣平王俶封楚王，加實封二千户。』新唐書肅宗紀載：『（至德二載）十二月……戊午，大赦……廣平郡王俶爲太尉，進封楚王。』資治通鑑卷二百二十亦載：『（至德二載）十二月，戊午，上御丹鳳樓，赦天下，惟與安禄山同反及李林甫、王鉷、楊國忠子孫不在免例。立廣平王俶爲楚王。』故此制頒布時間應爲至德二載（七五七）十二月戊午（十五日），則撰寫時間當在是時稍前。

〔二〕自寇戎奸宄：『寇戎』，册府元龜卷八十七、全唐文作『寇賊』。『奸宄』，指違法作亂的人。史記吴王濞列傳：『絶先帝功臣，進任奸宄，詿亂天下，欲危社稷。』三國志魏書武帝紀：『禁斷淫祀，奸宄逃竄，郡界肅然。』此處皆指安史之亂的亂軍。

〔三〕瞻言境邑：『境邑』，册府元龜卷八十七、卷一百二十八，全唐文均作『京國』。

〔四〕尚聚犬羊：『犬羊』，對外敵的蔑稱。漢陳琳爲袁紹檄豫州：『爾乃大軍過蕩西山，屠各左校，皆束手奉質，争爲前登，犬羊殘醜，消淪山谷。』宋陸游涉白馬渡慨然有懷詩：『太行之下吹虜塵，燕南趙北空無人。袁曹百戰相持處，犬羊堂堂自來去。』

〔五〕廣平王俶：指唐代宗李豫，初名俶，封廣平郡王。傳見兩唐書代宗紀。舊唐書其本紀載：『代宗睿文孝武皇帝諱豫，肅宗長子，母曰章敬皇太后吴氏。以開元十四年十二月十三日生於東都上陽宫。初名俶，年十五封廣平王。玄宗諸孫百餘，上爲嫡皇孫。宇量弘深，寬而能斷。喜懼不形於色。仁孝温恭，動必由禮。幼而好學，尤專禮、易，玄宗鍾愛之。禄山之亂，京城陷賊，從肅宗搜兵靈武，以上爲天下兵馬元帥。時朝廷草創，兵募寡弱，上推心示信，招懷流散，比至彭原，兵衆數萬。及肅宗回幸鳳翔，時房琯、郭子儀繼戰不利，賊鋒方鋭，屢來寇襲。上選求勇干，頻挫其鋒，聖慮遑寧，士心大振。及師進討，百官辭送，步出闕門，方始乘馬。回紇葉護王子率兵入助，勇冠諸蕃，上接以優恩，結爲兄弟，故香積之戰，賊徒大敗，遂委西京而遁。雖子儀、嗣業之奮命，由上恩信結於士心，故人思自效。既收京城，令行禁止，民庶按堵，秋毫不犯，耆老歡迎，對之歔欷。聞賊殘衆猶保陝郊，即日長驅，東趨虢洛。新店之役，一戰大捷，慶緒之黨，十殲七八。數旬之間，河南底定，兩都恢復，二聖回鑾，統率之功，推而不受。肅宗還京，大赦，改封楚王。』

〔六〕修學好古：『修學』，册府元龜卷八十七、全唐文作『循學』。典出漢書卷五十三：『河間獻王德以孝景前二年立，修學好古，實事求是。』

〔七〕誓雪讎恥：『讎』，甲庫本作『昔』。

〔八〕爰鞠其旅：『鞠旅』，向軍隊發出出征號令。猶誓師。詩小雅采芑：『鉦人伐鼓，陳師鞠旅。』毛傳：『鞠，告也。』鄭玄箋：『二千五百人爲師，五百人爲旅。此言將戰之日，陳列其師旅，誓告之也。』後漢書皇甫嵩朱儁傳論：『值弱主蒙塵，獷賊放命，斯誠葉公投袂之幾，翟義鞠旅之日。』

〔九〕克復二京：册府元龜卷八十七、卷一百二十八，全唐文均作『元戎啓行』。『二京』，指西都長安與東都洛陽。事見舊唐書其本紀載：『數旬之間，河南底定，兩都恢復，二聖回鑾，統率之功，推而不受。』

〔十〕可封楚王：『可封』，册府元龜卷八十七、卷一百二十八作『可封爲』。

〔十一〕食實封二千户：册府元龜卷八十七、全唐文均作『實封二千户』。

改封雍王适制〔一〕

錫瑞創封，義先藩屏〔二〕。離疆畫野，禮叙推恩〔三〕，必因時以命拜，協天性以爲輔。天下兵馬元帥、特進、上柱國、魯王适〔四〕，識度明敏，執心仁恕〔五〕，智侔對日〔六〕，

位偶前星〔七〕。修禮檢身，流謹自牧，元良有裕，忠孝可嘉。且禮標內舉之文，父存故子之道。頃以俾侯於魯，兼掌戎車〔八〕。眷彼龜蒙〔九〕，僻居東夏〔十〕，乃惟沂雍〔十一〕，近接西周。宜改邑於京闕，列維城於上國〔十二〕。可改封雍王，食邑一萬户。依前充天下兵馬元帥，本官勛如故。寶應元年八月。

校箋

〔一〕四庫全書、甲庫本本文題作改封雍王制。此文文末標注頒布時間爲『寶應元年八月』。考舊唐書代宗紀載：『（寶應元年）九月丁丑朔，魯王适改封雍王。』舊唐書德宗紀載：『代宗即位之年（寶應元年）五月，以上爲天下兵馬元帥，改封魯王。八月，改封雍王。』新唐書肅宗紀載：『（寶應元年）八月……乙亥，徙封適爲雍王。』新唐書德宗紀載：『代宗即位（寶應元年），史朝義據東都，乃以德宗爲天下兵馬元帥，進封魯王。八月，徙封雍王。』資治通鑑卷二百二十二載：『（寶應元年）八月……乙亥，徙魯王适爲雍王』。據上引典籍所載，則此制的頒布時間應爲寶應元年（七六二）八月乙亥（二十九日）。故此制之撰寫時間當在是時稍前。

〔二〕錫瑞創封，義先藩屏：『創封』，四庫全書作『剖珪』。『藩屏』，捍衛。左傳定公四年：『選建明德，以藩屏周。』漢書燕刺王劉旦傳：『昔高皇帝王天下，建立子弟以藩屏社稷。』

〔三〕離疆畫野，禮叙推恩：『離疆』，四庫全書、甲庫本作『籬疆』。『離疆畫野』，同『畫野分疆』。指劃分疆域而治。周書杜杲傳：『仍請畫野分疆，永敦鄰好。』通典職官十三：『愚以爲當今之要，莫如量其遠近，分置王國，均其産邑，强弱相濟，畫野分疆，不得過大。』『推恩』，廣施恩惠，移恩。孟子梁惠王上：『故推恩足以保四海，不推恩無以保妻子。』史記平津侯主父列傳：『願陛下令諸侯得推恩分子弟，以地侯之。』

〔四〕天下兵馬元帥、特進、上柱國、魯王适：即唐德宗李适。傳見兩唐書德宗紀。舊唐書其本紀載：『德宗神武孝文皇帝諱适，代宗長子，母曰睿真皇后沈氏。天寶元年四月癸巳，生於長安大内之東宫。其年十二月，拜特進，封奉節郡王。代宗即位之年五月，以上爲天下兵馬元帥，改封魯王。八月，改封雍王。』

〔五〕識度明敏，執心仁恕：『識度』，識見與器度。晋袁宏後漢紀明帝紀上：『蒼體貌長大，進止有禮，好古多聞，儒雅有識度。』宋蘇軾答喬舍人啓：『某聞人才以智術爲後，而以識度爲先。』『執心』，猶秉性。漢劉向列女傳趙將括母：『父子不同，執心各異。』北史趙肅傳：『肅

久在理官，執心平允，凡所處斷，咸得其情。』

〔六〕智侔對日：『對日』，典出南朝宋劉義慶世説新語夙惠：『晋明帝數歲，坐元帝膝上，有人從長安來……因問明帝：「汝意謂長安何如日遠？」答曰：「日遠。不聞人從日邊來，居然可知。」元帝異之。明日，集群臣宴會，告以此意，更重問之。乃答曰：「日近。」元帝失色曰：「爾何故異昨日之言邪？」答曰：「舉目見日，不見長安。」』後因以『對日』爲形容幼年聰慧之典。北周庾信傷王司徒褒詩：『青衿已對日，童子即論天。』唐王維恭懿太子挽歌：『髫天王子去，對日聖君憐。』

〔七〕位偶前星：『前星』，漢書五行志下之下：『心，大星，天王也。其前星，太子；後星，庶子也。』後因以前星指太子。南朝梁沈約胤雅：『前星比耀，克隆萬壽。』唐劉禹錫蘇州賀册皇太子箋：『蒼震發前星之輝，黄離表重輪之瑞。』

〔八〕修禮檢身，流謹自牧，元良有裕，忠孝可嘉。且禮標内舉之文，父存故子之道。頃以俾侯於魯，兼掌戎車：此數句四庫全書作『頃以俾侯於魯，兼掌戎車。修禮檢身，流謙自牧，元良有裕，忠孝可嘉。且傳稱知子之道，禮擅内舉之文。』『流謹』，明鈔本、甲庫本、適園叢書作『流謙』。『故子』，適園叢書作『知子』。『修禮』，施行禮教。漢桓寬鹽鐵論誅秦：『周

室修禮長文，然國翦弱，不能自存。』南朝齊王融永明十一年策秀才文：『故選將開邊，勞來安集，加以納款通和，布德修禮。』『自牧』，自我修養。易謙：『謙謙君子，卑以自牧。』孔穎達疏：『恒以謙卑自養其德也。』後漢書劉虞公孫瓚傳論：『劉虞守道慕名，以忠厚自牧。』『元良』，大善，至德。書太甲下：『一人元良，萬邦以貞。』孔傳：『天子有大善，則天下得其正。』書泰誓中：『剥喪元良，賊虐諫輔。』『内舉』，薦舉親故。左傳襄公二十一年：『祁大夫外舉不棄讎，内舉不失親。』舊唐書代宗紀：『故求諸必當，用制於中權；存乎至公，豈慚於内舉。』『戎車』，兵車。書牧誓：『武王戎車三百兩，虎賁三百人。』詩小雅采薇：『戎車既駕，四牡業業。』後漢書張衡傳：『夫戰國交争，戎車競驅。』引申指戰事。唐元稹范季睦授尚書倉部員外郎制：『而況於戎車未息，飛輓猶勤，新熟之時，豈宜無備。』清錢謙益順義縣知縣張國綱授文林郎制：『頃者，東方多故，戎車未寧。』是句所言情況，舊唐書代宗紀有載：『（寶應元年四月）甲戌，詔：「國之大事，戎馬爲先，朝有舊章，親賢是屬。故求諸必當，用制於中權；存乎至公，豈慚於内舉。特進、奉節郡王适可天下兵馬元帥。」……（寶應元年五月）丙戌，嗣魯王宇改封鄒王，奉節郡王适進封魯王，李光弼進封臨淮王。』新唐書代宗紀亦載：『（寶應元年四月）甲戌，奉節郡王适爲天下兵馬元帥，郭子儀罷副元帥。乙亥，進封适爲魯王。』

〔九〕眷彼龜蒙：『龜蒙』，龜山和蒙山的并稱。均在山東省境内。二山連續，長八十餘里，其西北一段名龜山，東南一段名蒙山。詩魯頌閟宫：『奄有龜蒙。』毛傳：『龜，山也；蒙，山也。』北周庾信周兗州刺史廣饒公宇文公神道碑：『建旟濟漯，擁節龜蒙。』

〔十〕僻居東夏：『東夏』，古代泛指中國東部。書微子之命：『上帝時歆，下民祇協，庸建爾于上公，尹兹東夏。』孔傳：『正此東方華夏之國。宋在京師東。』後漢書吴祐傳：『祐每行園，常聞諷誦之音，奇而厚之，亦與爲友，卒成儒宗，知名東夏。』

〔十一〕乃惟沂雍：『沂雍』，四庫全書作『洛雍』。

〔十二〕宜改邑於京闕，列維城於上國：『維城』，明鈔本、適園叢書作『城維』。『京闕』，京都。南朝梁江淹横吹賦：『故函夏以爲寶飾，京闕以爲戎儲。』宋秦觀滿庭芳咏茶詞：『北苑研膏，方圭圓璧，萬里名動京闕。』『維城』，借指皇子或皇室宗族。後漢書孝明八王傳贊：『孝明傳胤，維城八國。』唐無可送李長吉之任東井詩：『家世維城後，官資宰邑初。』『上國』，指京師。南朝梁江淹四時賦：『憶上國之綺樹，想金陵之蕙枝。』資治通鑒唐德宗建中二年：『今海内無事，自上國來者，皆言天子聰明英武，志欲致太平，深不欲諸侯子孫專地。』胡三省注：『時藩鎮竊據，自比古諸侯，謂京師爲上國。』

封睦王述等制〔一〕

虞夏之制，諸子疏封〔二〕；漢魏以還，十連授律〔三〕。是用錫珪班瑞，磐石開疆〔四〕，信通邑之紀綱，爲中都之屏翰〔五〕。然則旄鉞之寄，推擇攸難〔六〕，因親之任，各膺其命。第四子述〔七〕、第五子逾〔八〕、第六子連〔九〕、第七子迥〔十〕、第八子遘〔十一〕、第十二子造〔十二〕、第十四子暹〔十三〕、第十五子運〔十四〕、第十六子遇〔十五〕、第十七子遹〔十六〕、第十八子通〔十七〕、第十九子逵〔十八〕、第二十子逸等〔十九〕，并敏茂純懿〔二十〕，禀於衷誠，温良孝恭，形於進退〔二十一〕，動皆合義，居必有常〔二十二〕。可以理衆靖人，撫封宣化〔二十三〕，而總列城之賦，繕分閫之謀〔二十四〕，克勤公家〔二十五〕，允輔王室。今則均茅社之寵〔二十六〕，盛槐庭之儀〔二十七〕，授鉞登車〔二十八〕，副兹朝典〔二十九〕，維城之固，爾其懋哉！述可封睦王，充嶺南節度度支營田五府經略觀察處置等大使〔三十〕；逾可封郴王，充渭北鄜坊等州節度大使；連可封恩王；韓王迥可封汴宋等州節度觀察處置等大使；遘可封鄘王；造可封忻王，充昭義軍節度觀察處置等大使；暹可封韶王；運可封嘉王；遇可封端王；遹可封循王；通可封恭王；逵可封原王；逸可封雅王，仍并可開府儀同三司。大曆十年二月。

校箋

〔一〕本文又見於舊唐書卷一百一十六。全唐文卷四十七亦録此文，文題作分封諸王子詔，署名唐代宗。甲庫本此文文題作封睦王等制。本文文末標明頒布時間爲『大曆十年二月』。考舊唐書代宗紀載：『（大曆十年二月）辛未，制第四子述封睦王，充嶺南節度度支營田、五府經略觀察處置等大使。第五子逾可封郴王，充渭北鄜坊等州節度大使。第六子連封恩王。第七子韓王迥可充汴宋節度大使。第八子遘可封鄜王。第十三子造封忻王，充昭義節度大使。第十四子暹封韶王。十五子運封嘉王。十六子遇封端王。十七子遹封循王。十八子通封恭王。十九子達封原王。二十子逸封雅王。并可開府儀同三司，不出閤。』舊唐書卷一百一十六此文文首謂：『（大曆）十年二月，詔曰……』新唐書代宗紀亦載：『（大曆十年）二月……辛未，封子述爲睦王，逾郴王，連恩王，遘鄜王，造忻王，暹韶王，運嘉王，遇端王，遹循王，通恭王，逵原王，逸雅王。』新唐書卷八十二載：『大曆十年，田承嗣不臣，而昭靖夭，無疆王，帝乃悉王諸子，領諸鎮軍，威天下。於是以述爲睦王，領嶺南節度，逾郴王、渭北鄜坊節度，迥韓王、汴宋節度，造忻王、

昭義節度，皆爲大使；連爲恩王，遘爲鄜王，暹爲韶王，遇爲端王，遹爲循王，通爲恭王，逵爲原王，逸爲雅王，并開府儀同三司，然不出閤。』又，資治通鑒卷二百二十五亦記：『（大曆十年）二月……辛未，立皇子述爲睦王，逾爲郴王，連爲恩王，遘爲鄜王，迅爲隨王，造爲忻王，暹爲韶王，運爲嘉王，遇爲端王，遹爲循王，通爲恭王，達爲原王，逸爲雅王。』據上引諸史籍所載，知此制文乃頒布於大曆十年（七七五）二月辛未（七日），其撰寫時間當在是時稍前。

〔二〕虞夏之制，諸子疏封：『虞夏』，指有虞氏之世和夏代。禮記表記：『虞夏之質，殷周之文，至矣。』國語周語上：『昔我先王世后稷，以服事虞夏。』『疏封』，分封。帝王把土地或爵位分賜給臣子。唐元稹追封王蟠母李氏等：『朕宅帝位，思弘大孝，乃詔執事，追用疏封。』唐白居易崔元備張惟素鄭覃陸瀍韋弘景賜爵制：『賞不敢忘，爵不敢愛，爾宜疏封，服命而揚之。』

〔三〕漢魏以還，十連授律：『以還』，猶云以後、以來。唐元稹唐故工部員外郎杜君墓系銘序：『秦漢以還，采詩之官既廢，天下妖謠民謳、歌頌諷賦、曲度嬉戲之詞，亦隨時間作。』清陳確死節論：『若由是推，則三代以還，死不失節者，蓋亦鮮矣。』『十連』，猶言十個州郡。十，約數。唐劉禹錫代謝濠泗兩州割屬淮南表：『臣謬承寵光，作鎮淮海，位均九伯，權總十連。』

〔四〕是用錫珪班瑞，磐石開疆：『錫』，明鈔本、甲庫本作『折』。四庫全書作『析』。『錫珪』，亦作『錫圭』。珪，古代諸侯朝聘時所執的玉制禮器。帝王封爵授土時，賜珪以爲信物。後泛指授以高官重爵。南朝梁沈約劉領軍封侯詔：『宜錫圭裂壤，允副僉屬，可封開國縣侯，食邑二千户。』梁書元帝紀：『以錫珪之功，既歸有道；當璧之禮，允屬聖明。』『班瑞』，頒還瑞玉。書舜典：『輯五瑞，既月，乃日覲四岳群牧，班瑞于群后。』蔡沈集傳：『班還其瑞，以與天下正始也。』史記五帝本紀引此文，裴駰集解引馬融曰：『五瑞，公侯伯子男所執，以爲瑞信也。堯將禪舜，使群牧斂之，使舜親往班之。』『磐石』，指封藩宗室。三國魏曹冏六代論：『漢鑒秦之失，封植子弟，及諸吕擅權，圖危劉氏，而天下所以不能傾動，百姓所以不易心者，徒以諸侯强大，磐石膠固。』北魏楊衒之洛陽伽藍記追光寺：『昔劉蒼好善，利建東平，曹植能文，大啓陳國，是用聲彪磐石，義鬱維城。』

〔五〕信通邑之紀綱，爲中都之屏翰：『通邑』，交通便利的城市。唐温庭筠登盧氏臺詩：『勝地當通邑，前山有故居。』『中都』，京都。史記平準書：『漕轉山東粟，以給中都官。』司馬貞索隱：『中都，猶都内也。』宋書索虜傳：『使中都有鳴鑾之響，荒餘懷來蘇之德。』『屏翰』，詩大雅板：『价人維藩，大師維垣。大邦維屏，大宗維翰。』後因以『屏翰』比喻國家

重臣。唐韓愈楚國夫人墓志銘：『公居河東，子在鄜時，爲王屏翰，有壤千里。』

〔六〕然則旄鉞之寄，推擇攸難：『旄』，舊唐書、全唐文作『旌』。『推』，四庫全書作『惟』。『旄鉞』，白旄和黄鉞。借指軍權。語本書牧誓：『王左杖黄鉞，右秉白旄以麾。』蔡沈集傳：『鉞，斧也，以黄金爲飾……旄，軍中指麾，白則見遠。』三國志蜀書諸葛亮傳：『臣以弱才，叨竊非據，親秉旄鉞以厲三軍。』『推擇』，推舉選拔。史記淮陰侯列傳：『始爲布衣時，貧無行，不得推擇爲吏。』南朝宋鮑照謝永安令解禁止啓：『遨世逢辰，謬及推擇，恩成曲積，榮秩兼過。』

〔七〕第四子述：『第』，原作『弟』，今據舊唐書、四庫全書、全唐文、適園叢書改。下文『第』均同。『述』，即睦王李述，代宗第四子。傳見舊唐書卷一百一十六、新唐書卷八十二。舊唐書其本傳載：『睦王述，代宗第四子。大曆九年冬，田承嗣謀亂河朔，時鄭王居長，典兵師，不幸薨落，諸王皆幼，多未封建。大臣奏議請封親王，分領戎師，以威天下。』

〔八〕第五子逾：即郴王李逾，代宗第五子。其傳見舊唐書卷一百一十六、新唐書卷八十二。舊唐書其本傳載：『大曆十年，封郴王，領渭北鄜坊節度大使。』

〔九〕第六子連：即恩王李連，代宗第六子。其傳見舊唐書卷一百一十六、新唐書卷八十二。舊唐書其本傳載：『恩王連，代宗第六子。大曆十年封，元和十二年薨。』

〔十〕第七子迥：明鈔本、甲庫本、四庫全書作『韓王迥』。『第七子迥』，即韓王李迥，代宗第七子。其傳見舊唐書卷一百一十六、新唐書卷八十二。舊唐書其本傳載：『以母寵，既生而受封，雖沖幼，恩在鄭王之亞。寶應元年，封韓王。』

〔十一〕第八子遘：即鄜王李遘，代宗第八子。其傳見舊唐書卷一百一十六、新唐書卷八十二。舊唐書其本傳載：『大曆十年，封鄜王，建中四年，改封簡王。』

〔十二〕第十三子造：即忻王李造，代宗第十三子。其傳見舊唐書卷一百一十六、新唐書卷八十二。舊唐書其本傳載：『忻王造，代宗第十三子。大曆十年封，仍領昭義軍節度觀察大使。元和六年薨。』

〔十三〕第十四子暹：即韶王李暹，代宗第十四子。其傳見舊唐書卷一百一十六、新唐書卷八十二。舊唐書其本傳載：『韶王暹，代宗第十四子。大曆十年封，貞元十二年薨。』

〔十四〕第十五子運：即嘉王李運，代宗第十五子。其傳見舊唐書卷一百一十六、新唐書卷八十二。舊唐書其本傳載：『嘉王運，代宗第十五子。大曆十年封，貞元十七年薨。』

〔十五〕第十六子遇：即端王李遇，代宗第十六子。其傳見舊唐書卷一百一十六、新唐書卷

八十二。舊唐書其本傳載：『端王遇，代宗第十六子。大曆十年封，貞元七年薨。』

〔十六〕第十七子遹：即循王李遹，代宗第十七子。其傳見舊唐書卷一百一十六、新唐書卷八十二。舊唐書其本傳載：『循王遹，代宗第十七子。大曆十年封。』

〔十七〕第十八子通：即恭王李通，代宗第十八子。其傳見舊唐書卷一百一十六、新唐書卷八十二。舊唐書其本傳載：『恭王通，代宗第十八子。大曆十年封。』

〔十八〕第十九子逵：即原王李逵，代宗第十九子。其傳見舊唐書卷一百一十六、新唐書卷八十二。舊唐書其本傳載：『原王逵，代宗第十九子。大曆十年封。大和六年薨。』

〔十九〕第二十子逸：即雅王李逸，代宗第二十子。其傳見舊唐書卷一百一十六、新唐書卷八十二。舊唐書其本傳載：『雅王逸，代宗第二十子。大曆十年封，貞元十五年薨。』

〔二十〕并敏茂純懿：四庫全書作『敏茂純懿』。『敏茂』，謂敏捷多才。宋曾鞏御史知雜制：『某敏茂直清，通於學問，輟自右史，往踐厥司。』『純懿』，高尚完美。漢張衡東京賦：『今捨純懿而論爽德，以春秋所諱而爲美談。』李善注：『純，大；懿，美也。』周書武帝紀上：『民生而静，純懿之性本均。』

〔二十一〕形於進退：『退』，舊唐書、明鈔本、四庫全書、甲庫本作『對』。『進退』，

舉止行動。後漢書陳蕃傳：『人君者，攝天地之政，秉四海之維，舉動不可以違聖法，進退不可以離道規。』清紀昀閱微草堂筆記如是我聞一：『見上官，進退應對，無不顛倒。』

〔二十二〕居必有常：『常』，明鈔本、四庫全書、甲庫本、適園叢書作『恒』。

〔二十三〕可以理衆靖人，撫封宣化：『理』，明鈔本、四庫全書、甲庫本作『附』。『撫封』，據有封地。左傳成公十一年：『昔周克商，使諸侯撫封。』杜預注：『各撫有其封内之地。』『宣化』，傳布君命，教化百姓。漢書宣帝紀：『今吏或以不禁奸邪爲寬大，縱釋有罪爲不苛，或以酷惡爲賢，皆失其中，奉詔宣化如此，豈不謬哉！』唐皮日休秦穆謚繆論：『夫重耳之賢也，天下知之，又其從者足以相人國。如先立之，必能誅亂公子，去暴大夫，翼德於成周，宣化於汾晉。』

〔二十四〕繕分閫之謀：『繕』，四庫全書、甲庫本作『擅』。『分閫』，指出任將帥或封疆大吏。南朝梁劉勰文心雕龍檄移：『故分閫推轂，奉辭伐罪，非唯致果爲毅，亦且厲辭爲武。』唐元稹李愬妻韋氏封魏國夫人制：『愬當分閫之際終無内顧之憂者，由此婦也。』

〔二十五〕克勤公家：『克』，四庫全書作『允』。

〔二十六〕今則均茅社之寵：『茅社』，亦作『茆社』。古天子分封諸侯，授之茅土使歸國立社，稱作茅社。書禹貢：『厥貢惟土五色。』孔傳：『王者封五色土爲社。建諸侯，則各割其方色

土與之使立社，燾以黄土，苴以白茅，茅取其潔，黄取王者覆四方。』晋書汝南王亮等傳序：『功臣無立錐之地，子弟君不使之人。徒分茅社，實傳虚爵。』

〔二十七〕盛槐庭之儀：『槐庭』，三公之位。亦指三公。晋書王戎王衍傳論：『濬沖善發談端，夷甫仰希方外，登槐庭之顯列，顧漆園而高視。』南朝齊王儉褚淵碑文：『出參太宰軍事，入爲太子洗馬，俄遷秘書丞，贊道槐庭，司文天閣。』

〔二十八〕授鉞登車：『授鉞』，古代大將出征，君主授以斧鉞，表示授以兵權。漢張衡東京賦：『授鉞四七，共工是除。』薛綜注引六韜：『凡國有難，君召將以授斧鉞。』三國志吴書陸抗傳：『紂作淫虐，而周武授鉞。』

〔二十九〕副茲朝典：『副』，舊唐書作『嗣』。『朝典』，朝廷的禮儀制度。南朝宋劉義慶世説新語德行：『華歆遇子弟甚整，雖閑室之内，嚴若朝典。』宋王讜唐語林補遺二：『臣山野人，不識朝典，見陛下合稱臣否？』

〔三十〕充嶺南節度度支營田五府經略觀察處置等大使：『度支』，舊唐書、甲庫本作『支度』。

封欽王諤等制（一）

王者之制，子弟畢封，所以固藩輔而重社稷（二），古今之通義也。第十弟諤等（三），寬簡忠厚，生知孝敬，行皆由禮，志不違仁，樂善本於性情，好賢宗於師傅。朕承天之序，稽古展親（四），宜舉徽章，俾開土宇（五）。第十弟諤封欽王（六）；第十一弟誠封珍王（七）；男建康郡王渙封郯王，改名經（八）；洋川郡王沔封均王，改名緯（九）；臨淮郡王洵封溆王，改名縱（十）；弘農郡王浼封莒王，改名紓（十一）；漢東郡王泳封密王，改名綢（十二）；晉陵郡王湜封郇王，改名總（十三）；高平郡王淑封邵王，改名約（十四）；雲安郡王滋封宋王，改名結（十五）；宣城郡王淮封集王，改名緗（十六）；德陽郡王湑封冀王，改名綵（十七）；河東郡王浥封和王，改名綺（十八）；第十七男絢封衡王（十九）；十九男纁封會王（二十）；二十男綰封福王（二十一）；二十二男紘封撫王（二十二）；二十三男緄封岳王（二十三）；二十四男紳封袁王（二十四）；二十五男綸封桂王（二十五）；二十七男綽封翼王（二十六）。貞元二十一年四月。

校箋

〔一〕此文又見於全唐文卷五十五，署名唐順宗。四庫全書、甲庫本、適園叢書此文題爲封欽王等制。此文文末標注頒布時間爲『貞元二十一年四月』。考舊唐書順宗紀云：『（貞元二十一年）夏四月壬寅，制：第十弟諤封欽王，第十一弟諴封珍王。男建康郡王涣封郯王，改名經；洋川郡王沔封均王，改名緯；臨淮郡王洵封溆王，改名縱；弘農王浼封莒王，改名紓；漢東郡王泳封密王，改名綢；晉陵郡王湜封郇王，改名總；高平郡王溆封邵王，改名約；雲安郡王滋封宋王，改名結；宣城郡王淮封集王，改名緗；德陽郡王湑封冀王，改名綵；河東郡王浥封和王，改名綺。十七男絢封衡王，十九男纁封會王，二十男綰封福王，二十一男紘封撫王，二十三男緄封岳王，二十四男紳封袁王，二十五男綸封桂王，二十七男繟封翼王。彌臣國嗣王道勿禮封彌臣國王。』舊唐書卷一百五十云：『（郯王經）貞元二十一年進封。……（均王緯）貞元二十一年進封。……（溆王縱）貞元二十一年進封。……（莒王紓）貞元二十一年進封。……（密王綢）貞元二十一年進封。……（郇王綜）貞元二十一年進封。……（邵王約）貞元二十一年進封。……（宋王結）貞元二十一年進封。……集王緗，貞元二十一年封。……（冀王綵）貞元二十一年進封……

（和王綺）貞元二十一年進封。……（衡王絢）貞元二十一年封。……（會王纁）貞元二十一年進封。……（福王綰）貞元二十一年進封。……（撫王紘）貞元二十一年封。……（岳王緄）貞元二十一年封。……（袁王紳）貞元二十一年封。……（桂王綸）貞元二十一年封。……（翼王綽）貞元二十一年封。』又考新唐書順宗紀云：『（貞元二十一年）四月壬寅，封弟諤爲欽王，諴珍王；進封子建康郡王經郯王，洋川郡王緯均王，臨淮郡王縱溆王，弘農郡王紓莒王，漢東郡王綢密王，晋陵郡王總郇王，高平郡王約邵王，雲安郡王結宋王，宣城郡王緗集王，德陽郡王綵冀王，河東郡王綺和王；封子絢爲衡王，纁會王，綰福王，紘撫王，緄岳王，紳袁王，綸桂王，繟翼王。』新唐書卷八十二載：『郯王經……二十一年，又與均、溆、莒、密、郇、邵、宋、集、冀、和、衡、欽、會、珍、福、撫、岳、袁、桂、翼二十王皆進王。』又資治通鑑唐紀五十二亦載：『（貞元二十一年）夏，四月，壬寅，立皇弟諤爲欽王，諴爲珍王；子經爲郯王，緯爲均王，縱爲溆王，紓爲莒王，綢爲密王，總爲郇王，約爲邵王，結爲宋王，緗爲集王，綵爲冀王，綺爲和王，絢爲衡王，纁爲會王，綰爲福王，紘爲撫王，緄爲岳王，紳爲袁王，綸爲桂王，繟爲翼王。』據上引典籍所載，此制頒布時間乃在貞元二十一年（八〇五）四月壬寅（三日），其撰寫時間當在是時稍前。

〔二〕所以固藩輔而重社稷：『藩輔』，喻指藩國、藩鎮。史記太史公自序：『天下未集，賈澤以族，爲漢藩輔。』新唐書南蠻傳上南詔上：『使者奏異牟尋請歸天子，爲唐藩輔。』

〔三〕第十弟諤等：『第十弟諤』，指唐德宗第十子李諤。傳見舊唐書卷一百五十、新唐書卷八十二。舊唐書其本傳載：『欽王諤，德宗第十子。順宗即位，詔曰：「王者之制，子弟畢封，所以固藩輔而重社稷，古今之通義也。第十弟諤等，寬簡忠厚，生知孝敬，行皆由禮，志不違仁。樂善本於性情，好賢宗於師傅。纘修六藝，達人倫風化之源；博習群言，知惠和睦友之道。温恭朝夕，允茂厥猷，克有嘉聞，宜封土宇。諤可封欽王。第十一弟可封珍王。」』

〔四〕稽古展親：『稽古』，考察古事。書堯典：『曰若稽古。帝堯曰放勛。』漢書武帝紀贊：『高祖撥亂反正，文景務在養民，至於稽古禮文之事，猶多闕焉。』『展親』，謂重視親族的情分。書旅獒：『分寶玉于伯叔之國，時庸展親。』孔穎達疏：『言用寶以表誠心，使彼知王親愛之也。』國語魯語上：『古者分同姓以珍玉，展親也。』韋昭注：『展，重也。』

〔五〕俾開土宇：『土宇』，疆土，國土。後漢書荀彧傳：『公前屠鄴城，海内震駭，各懼不得保其土宇，守其兵衆。』唐劉知幾史通雜述：『九州土宇，萬國山川，物産殊宜，風化異俗。』

〔六〕第十弟諤封欽王：原無『諤』字，今據明鈔本、四庫全書、全唐文、適園叢書增補。

〔七〕第十一弟誠封珍王：『誠』，應作『諴』。指唐德宗第十一子李諴。傳見舊唐書卷一百五十、新唐書卷八十二。舊唐書其本傳載：『珍王諴，德宗第十一子，與欽王同制封。』

〔八〕男建康郡王涣封郯王，改名經：指唐順宗次子李經，本名李涣。傳見舊唐書卷一百五十、新唐書卷八十二。舊唐書其本傳載：『郯王經，本名涣，順宗次子。始封建康郡王，貞元二十一年進封。大和八年薨。』

〔九〕洋川郡王沔封均王，改名緯：指唐順宗第三子李緯，本名李沔。傳見舊唐書卷一百五十、新唐書卷八十二。舊唐書其本傳載：『均王緯，本名沔，順宗第三子。始封洋川郡王，貞元二十一年進封。』

〔十〕臨淮郡王洵封溆王，改名縱：『淮』，四庫全書作『海』。『溆』，全唐文作『淑』。『縱』指唐順宗第四子李縱，本名李洵。傳見舊唐書卷一百五十、新唐書卷八十二。舊唐書其本傳載：『溆王縱，本名洵，順宗第四子。初授殿中監，封臨淮郡王，貞元二十一年進封。』

〔十一〕弘農郡王浼封莒王，改名紓：『紓』，原文作『紵』，今據全唐文、適園叢書改。『紓』，指唐順宗第五子李紓，本名李浼。傳見舊唐書卷一百五十、新唐書卷八十二。舊唐書其本傳載：『莒王紓，本名浼，順宗第五子。初授秘書監，封弘農郡王。貞元二十一年進封。大和八年薨。』

〔十二〕漢東郡王泳封密王，改名綢：「泳」，原文作「浼」，今據四庫全書、全唐文、適園叢書改。「綢」，指唐順宗第六子李綢，本名李泳。傳見舊唐書卷一百五十、新唐書卷八十二。舊唐書其本傳載：「密王綢，本名泳，順宗第六子。始封漢東郡王，貞元二十一年進封。元和二年九月薨。」

〔十三〕晉陵郡王湜封郇王，改名總：「陵」，原文作「陽」，今據全唐文、適園叢書改。「總」，指唐順宗第七子李總，本名李湜。傳見舊唐書卷一百五十、新唐書卷八十二。舊唐書其本傳載：「郇王綜，本名湜，順宗第七子。初授少府監，封晉陵郡王，貞元二十一年進封。元和三年四月薨。」

〔十四〕高平郡王淑封邵王，改名約：「約」，指唐順宗第八子李約，本名李淑。傳見舊唐書卷一百五十、新唐書卷八十二。舊唐書其本傳載：「邵王約，本名淑，順宗第八子。初授國子祭酒，封高平郡王，貞元二十一年進封。」

〔十五〕雲安郡王滋封宋王，改名結：「結」，指唐順宗第九子李結，本名李滋。傳見舊唐書卷一百五十、新唐書卷八十二。舊唐書其本傳載：「宋王結，本名滋，順宗第九子。始封雲安郡王，貞元二十一年進封。」

〔十六〕宣城郡王淮封集王，改名緗：『緗』，指唐順宗之子李緗，本名李淮。傳見舊唐書卷一百五十、新唐書卷八十二。舊唐書其本傳載：『集王緗，貞元二十一年封。長慶二年薨。』

〔十七〕德陽郡王湑封冀王，改名絿：『絿』，指唐順宗之子李絿，本名李湑。傳見舊唐書卷一百五十、新唐書卷八十二。舊唐書其本傳載：『冀王絿，本名淮，順宗第十子。初授太常卿，封宣城郡王，貞元二十一年進封。大和九年薨。』

〔十八〕河東郡王浥封和王，改名綺：『綺』，指唐順宗之子李綺，本名李浥。傳見舊唐書卷一百五十、新唐書卷八十二。舊唐書其本傳載：『和王綺，本名湑，順宗第十一子。始封德陽郡王，貞元二十一年進封。大和七年薨。』

〔十九〕第十七男絢封衡王：『十七』，全唐文、適園叢書作『十三』。『絢』，指唐順宗之子李絢。傳見舊唐書卷一百五十、新唐書卷八十二。舊唐書其本傳載：『衡王絢，順宗第十二子。貞元二十一年封。寶曆二年薨。』

〔二十〕十九男纁封會王：『十九』，全唐文、適園叢書作『十四』。『纁』，指唐順宗之子李纁。傳見舊唐書卷一百五十、新唐書卷八十二。舊唐書其本傳載：『會王纁，順宗第十四子。貞元二十一年封。元和五年十一月薨。』

〔二十一〕二十男綰封福王：「綰」，指唐順宗之子李綰。傳見舊唐書卷一百五十、新唐書卷八十二。舊唐書其本傳載：「福王綰，本名滻，順宗第十五子。母莊憲王皇后，憲宗同出。初授光祿卿，封河東郡王，貞元二十一年進封。咸通元年，特册拜司空。明年薨。」

〔二十二〕二十二男紘封撫王：「二十二」，全唐文、適園叢書作「十七」。「紘」，指唐順宗之子李紘。傳見舊唐書卷一百五十、新唐書卷八十二。舊唐書其本傳載：「撫王紘，順宗第十七子。貞元二十一年封。咸通四年，特册拜司空。五年，册司徒。乾符三年，册太尉。其年薨。」

〔二十三〕二十三男緄封岳王：「二十三」，全唐文、適園叢書作「十八」。「緄」，指唐順宗之子李緄。傳見舊唐書卷一百五十、新唐書卷八十二。舊唐書其本傳載：「岳王緄，順宗第十八子。貞元二十一年封。大和二年薨。」

〔二十四〕二十四男紳封袁王：「二十四」，全唐文、適園叢書作「十九」。「紳」，指唐順宗之子李紳。傳見舊唐書卷一百五十、新唐書卷八十二。舊唐書其本傳載：「袁王紳，順宗第十九子。貞元二十一年封。大和十四年薨。」

〔二十五〕二十五男綸封桂王：「二十五」，全唐文、適園叢書作「二十」。「綸」，指唐順宗之子李綸。傳見舊唐書卷一百五十、新唐書卷八十二。舊唐書其本傳載：「桂王綸，順宗第

二十子。貞元二十一年封。大和九年薨。』

〔二十六〕二十七男綍封翼王：『二十七』，全唐文、適園叢書作『二十一』。『綍』，指唐順宗之子李綍。傳見舊唐書卷一百五十、新唐書卷八十二。舊唐書其本傳載：『翼王綍，順宗第二十一子。貞元二十一年封。咸通二年薨。』

封鄧王寧等制〔一〕

門下：昔周室制法〔二〕，備建宗盟〔三〕；漢氏垂統〔四〕，畢封子弟〔五〕。其盛也二南教化〔六〕，首在國風〔七〕；其詳也九國土疆〔八〕，載於侯表〔九〕。朕嗣守丕業〔十〕，恭惟令圖〔十一〕，永言磐石之固〔十二〕，宜本介人之重〔十三〕。男平原郡王寧等〔十四〕，孝友忠敬〔十五〕，温文惠和〔十六〕，禀其樂善之姿，强於好古之學〔十七〕。君親之教〔十八〕，罔敢失墜〔十九〕；保傅之言〔二十〕，亦惟佩服〔二十一〕。由是寡悔〔二十二〕，至於通方〔二十三〕，庶可膺兹典章〔二十四〕，列是藩屏〔二十五〕，疏爵以冠於侯伯〔二十六〕，分茅以錫其山川〔二十七〕。用明至公〔二十八〕，且叶前訓〔二十九〕。男平原郡王寧可封鄧王〔三十〕；同安郡王寬可封澧王〔三十一〕；延安郡王宥可封遂王〔三十二〕；彭城郡王察可封深王〔三十三〕；高密郡王寰可封

洋王〔三十四〕；文安郡王寮可封絳王〔三十五〕；十男審可封建王〔三十六〕。宜令所司，擇日備禮册命〔三十七〕。主者施行。元和元年八月七日。

校箋

〔一〕本文又見於文苑英華卷四百四十四，乃屬於王言會最。御定淵鑒類函卷一百七十七亦録此文。全唐文卷五十六亦録，署名唐憲宗。文苑英華、甲庫本、四庫全書、全唐文、適園叢書本文文題爲封鄧王等制。此文文末標明頒布時間爲『元和元年八月七日』。考舊唐書憲宗紀云：『（元和）元年……八月……丁卯，封王子平原郡王寧爲鄧王，同安郡王寬爲澧王，建安郡王宥爲遂王，彭城郡王察爲深王，高密郡王寰爲洋王，文安郡王寮爲絳王，第十男審爲建王。己巳，以建王審爲鄆州大都督、平盧淄青節度使；以節度副使李師道權知鄆州事，充節度留後。』舊唐書穆宗紀云：『貞元十一年七月，（穆宗）生於大明宫之别殿。初名宥，封建安郡王。元和元年八月，進封遂王。』舊唐書卷一百七十五載：『惠昭太子寧，憲宗長子也。……元和元年八月，進封鄧王。……澧王惲，憲宗第二子也，本名寬。貞元二十一年，封同安郡王。元和元年，

進封澧王……深王悰，本名察，憲宗第四子也。貞元二十一年，封彭城郡王。元和元年，進封深王，改今名……洋王忻，本名寰，憲宗第五子也。貞元二十一年，封爲高密郡王。元和元年，進封洋王。……絳王悟，本名寮，憲宗第六子也。貞元二十一年，封文安郡王。元和元年，進封絳王……建王恪，本名審，憲宗第十子也。元和元年八月，淄青節度李師古卒，其弟師道擅領軍務，以邀符節。朝廷方興討罰之師，不欲分兵兩地，乃封審爲建王。』新唐書憲宗紀云：『（元和）元年……八月丁卯，進封子平原郡王寧爲鄧王，同安郡王寬澧王，延安郡王宥遂王，彭城郡王察深王，高密郡王寰洋王，文安郡王寮絳王；封子審爲建王。』新唐書卷八十二載：『建王恪，元和元年始封。』資治通鑑卷二百三十七載：『（元和）元年……八月……丁卯，立皇子寧爲鄧王，寬爲澧王，宥爲遂王，察爲深王，寰爲洋王，寮爲絳王，審爲建王。』唐會要卷一載：『（貞元）二十一年四月，（穆宗）封爲建安郡王。名宥。元和元年八月，進封遂王。』册府元龜卷二百六十五宗室部封建第四載：『澧王惲，本名寬。憲宗第二子。貞元二十一年封同安郡王。元和元年進封。深王悰，本名察。憲宗第四子。貞元二十一年封彭城郡王。元和元年進封。洋王忻，本名寰。憲宗第五子。貞元二十一年封高密郡王。元和元年進封。絳王悟，本名寮。憲宗第六子。貞元二十一年封文安。元和元年進封。建王恪，本名審。憲宗第七子。元和元年封。』御定淵鑒類函此文首謂：『增制

唐元和元年封鄧王等制曰……』據上述史籍所載，則此制文頒布時間應爲元和元年（八〇六）八月丁卯（七日）。故此制之撰寫時間當在是時稍前。

〔二〕門下：昔周室制法：御定淵鑒類函作『增制唐元和元年封鄧王等制曰：「昔周室制法。」』『周室』，周王朝。左傳僖公四年：『五侯九伯，女實征之，以夾輔周室。』唐杜甫冬日洛城北謁玄元皇帝廟詩：『身退卑周室，經傳拱漢皇。』

〔三〕備建宗盟：『宗盟』，同宗，同姓。唐駱賓王代徐敬業傳檄天下文：『君之愛子，幽之於別宮；賊之宗盟，委之以重任。』舊唐書李密傳：『宗盟之長，屬籍見容；復封於唐，斯榮足矣！』

〔四〕漢氏垂統：『漢氏』，指漢代。漢揚雄劇秦美新：『往時司馬相如作封禪一篇，以彰漢氏之休。』漢張衡西京賦：『漢氏初都，在渭之涘。』『垂統』，把基業留傳下去。多指皇位的承襲。孟子梁惠王下：『君子創業垂統，爲可繼也。』史記三王世家：『而家皇子爲列侯，則尊卑相逾，列位失序，不可以垂統於萬世。』

〔五〕畢封子弟：『子弟』，子與弟。對父兄而言。亦泛指子侄輩。左傳襄公八年：『民死亡者，非其父兄，即其子弟。』孟子梁惠王下：『今燕虐其民，王往而征之。民以爲將拯己於水火之中也，

簞食壺漿以迎王師。若殺其父兄，係累其子弟，毀其宗廟，遷其重器，如之何其可也？』

〔六〕其盛也二南教化：『二南』，指詩的周南和召南。晋書樂志上：『周始二南，風兼六代。』南朝梁劉勰文心雕龍明詩：『興發皇世，風流二南。』

〔七〕首在國風：『國風』，適園叢書作『國封』。詩的一部分。大抵是周初至春秋間各諸侯國的民間詩歌。包括周南、召南和邶風、鄘風、衛風、王風、鄭風、齊風、魏風、唐風、秦風、陳風、檜風、曹風、豳風，也稱爲『十五國風』，共一百六十篇。

〔八〕其詳也九國土疆：『土疆』，領土，疆界。詩大雅崧高：『王命召伯，徹申伯土疆。』

〔九〕載於侯表：御定淵鑒類函作『載在侯表』。

三國魏曹植漢武帝贊：『威振百蠻，恢拓土疆。』

〔十〕朕嗣守丕業：『嗣守』，繼承并遵守和保持。書顧命：『在後之侗，敬迓天威，嗣守文武大訓，無敢昏逾。』晋書慕容超載記：『今陛下嗣守社稷，不宜以私親之故而降統天之尊。』『丕業』，大業。史記司馬相如列傳：『皇皇哉斯事，天下之壯觀，王者之丕業，不可貶也！』宋周煇清波雜志卷三：『朕荷天右，序承列聖之丕業，思所以垂裕於後。』

〔十一〕恭惟令圖：文苑英華、御定淵鑒類函、全唐文作『惟懷遠圖』。『令圖』，善謀，

遠大的謀略。左傳昭公元年：『臣聞君子能知其過，必有令圖。令圖，天所贊也。』隋書梁睿傳：『睿上疏曰：「竊以遠撫長駕，王者令圖；易俗移風，有國恒典。」』唐韓愈順宗實録五：『人倫之本，王化之先，爰舉令圖，允資内輔，式表后妃之德，俾形邦國之風，兹禮經之大典也。』

〔十二〕永言磐石之固：『磐石』，文苑英華作『盤石』。『永言』，長言，吟咏。書舜典：『詩言志，歌永言。』孔傳：『謂詩言志以導之歌，咏其義以長其言。』晋何敬祖雜詩：『勤思終遥夕，永言寫情慮。』『磐石』，厚而大的石頭。比喻穩定堅固。戰國楚宋玉高唐賦：『磐石險峻，傾崎崖隤。巖嶇參差，從横相追。』玉臺新咏古詩爲焦仲卿妻作：『君當作磐石，妾當作蒲葦。蒲葦紉如絲，磐石無轉移。』

〔十三〕宜本介人之重：御定淵鑒類函作『宜秉价人之中』，全唐文作『宜本价人之重』。『介人』，善人。指有才德之士。荀子君道：『故君人者，愛民而安，好士而榮，兩者無一焉而亡。詩曰：「介人維藩，大師維垣。」此之謂也。』爾雅釋詁：『介，善也。』郭璞注引詩：『介人維藩。』今本詩大雅板作『價人』。

〔十四〕男平原郡王寧等：『平原郡王寧』，即李寧，唐憲宗之子。傳見舊唐書卷一百七十五、新唐書卷八十二。舊唐書其本傳載：『惠昭太子寧，憲宗長子也。母曰紀美人。貞元二十一年四

月，封平原郡王。元和元年八月，進封鄧王。』

〔十五〕孝友忠敬：『孝友』，事父母孝順、對兄弟友愛。詩 小雅 六月：『侯誰在矣，張仲孝友。』毛傳：『善父母爲孝，善兄弟爲友。』後漢書 韓棱傳：『棱四歲而孤，養母弟以孝友稱。及壯，推先父餘財數百萬與從昆弟，鄉里益高之。』

〔十六〕温文惠和：『惠和』，仁愛和順。左傳 昭公四年：『紂作淫虐，文王惠和，殷是以隕，周是以興，夫豈争諸侯！』後漢書 皇后紀上 和熹鄧皇后：『政非惠和，不圖於心；制非舊典，不訪於朝。』

〔十七〕强於好古之學：『於』，甲庫本作『游』。『好古』，謂喜愛古代的事物。論語 述而：『我非生而知之者，好古，敏以求之者也。』南朝宋顏延之陶徵士誄：『畏榮好古，薄身厚志。』

〔十八〕君親之教：『君親』，君王與父母。亦特指君主。舊題漢李陵答蘇武書：『違棄君親之恩，長爲蠻夷之域，傷已。』晉葛洪抱朴子 酒誡：『臣子失禮於君親之前，幼賤悖慢於耆宿之坐。』

〔十九〕罔敢失墜：『失墜』，喪失。左傳 文公十八年：『先大夫臧文仲教行父事君之禮，行父奉以周旋，弗敢失墜。』後漢書 袁安傳：『孝明皇帝奉承先意，不敢失墜，赫然命將，爰伐塞北。』

〔二十〕保傅之言：『保傅』，古代保育、教導太子等貴族子弟及未成年帝王、諸侯的男女官員。戰國策秦策三：『居深宫之中，不離保傅之手。』漢賈誼治安策：『及太子既冠成人，免於保傅之嚴，則有記過之史，徹膳之宰。』

〔二十一〕亦惟佩服：『佩服』，銘記，牢記。南朝梁劉孝威謝晋安王賜婚錢啓：『曲降隆慈，俯垂珍錫……佩服寵靈，殞越非報。』宋朱熹答吕伯恭書：『人各有偏，非見徹克盡所不能免。此誠至論，佩服不敢忘也。』

〔二十二〕由是寡悔：『寡悔』，少懊悔。論語爲政：『子曰：「多見闕殆，慎行其餘，則寡悔。」』何晏集解引包氏曰：『殆，危也，所見危者，闕而不行，則少悔。』

〔二十三〕至於通方：『通方』，指通曉爲政之道。宋葉適定山瓜步石跋三堡塢狀：『伏乞朝廷速賜選擇總練通方老於智謀之士，前來建康，糾剔某妄作疏漏之失。』

〔二十四〕庶可膺兹典章：『典章』，制度法令等的統稱。後漢書順帝紀：『即位倉卒，典章多缺，請條案禮儀，分别具奏。』唐韓愈請復國子監生徒狀：『國家典章，崇重庠序，近日趨競，未復本源。』

〔二十五〕列是藩屏：『藩屏』，比喻邊防重鎮。漢書敘傳下：『建設藩屏，以强守圉。』

宋蘇舜欽上杜侍郎啓：『閣下爲世標矩，人所仰屬，坐鎮藩屏。』

（二十六）疏爵以冠於侯伯：『侯伯』，泛指諸侯。漢班固答賓戲：『曩者王塗蕪穢，周失其馭，侯伯方軌，戰國横騖。』周禮文閔明武宣諸子傳論：『且夫列封疆，建侯伯，擇賢能，置牧守，循名雖曰異軌，責實抑亦同歸。』

（二十七）分茅以錫其山川：『錫其』，文苑英華、御定淵鑒類函作『賜於』，全唐文作『錫於』。『分茅』，分封王侯。古代分封諸侯，用白茅裹着泥土授予被封者，象徵授予土地和權力。晋書八王傳贊：『有晋鬱興，載崇藩翰，分茅錫瑞，道光恒典。』唐楊巨源重送胡大夫赴振武詩：『向年擢桂儒生業，今日分茅聖主恩。』

（二十八）用明至公：『至公』，最公正，極公正。管子形勢解：『風雨至公而無私，所行無常鄉。』吕氏春秋慎大：『湯立爲天子，夏民大説，如得慈親，朝不易位，農不去疇，商不變肆，親郼如夏，此之謂至公。』

（二十九）且叶前訓：『且叶』，御定淵鑒類函作『且協』。『前訓』，先君的教誨。國語晋語四：『臣聞之，親有天，用前訓，禮兄弟，資窮困，天所福也。』韋昭注：『前訓，先君之教。』後漢書胡廣傳：『國有大政，必議之於前訓，咨之於故老，是以慮無失策，舉無過事。』

〔三十〕男平原郡王寧可封鄧王：文苑英華作『男平郡王寧可封鄧王』；全唐文作『平原郡王寧可封鄧王』。

〔三十一〕同安郡王寬可封澧王：『澧王』，四庫全書作『涇王』。『寬』，指唐憲宗之子李惲，初名寬。傳見舊唐書卷一百七十五、新唐書卷八十二。舊唐書其本傳載：『澧王惲，憲宗第二子也，本名寬。貞元二十一年，封同安郡王。元和元年，進封澧王。七年，改今名。』

〔三十二〕延安郡王宥可封遂王：『宥』，即唐穆宗李恒，初名宥。傳見舊唐書穆宗紀、新唐書穆宗紀。舊唐書穆宗紀載：『穆宗睿聖文惠孝皇帝諱恒，憲宗第三子，母曰懿安皇后郭氏。貞元十一年七月，生於大明宮之別殿。初名宥，封建安郡王。元和元年八月，進封遂王。五年三月，領彰義軍節度大使。七年十月，册爲皇太子，改今諱。』

〔三十三〕彭城郡王察可封深王：『察』，指唐憲宗之子李悰，初名察。傳見舊唐書卷一百七十五、新唐書卷八十二。舊唐書其本傳載：『深王悰，本名察，憲宗第四子也。貞元二十一年，封彭城郡王。元和元年，進封深王，改今名。』

〔三十四〕高密郡王寰可封洋王：『寰』，指唐憲宗之子李忻，初名寰。傳見舊唐書卷一百七十五、新唐書卷八十二。舊唐書其本傳載：『洋王忻，本名寰，憲宗第五子也。貞元二十一年，

封爲高密郡王。元和元年，進封洋王。七年，改今名。」

〔三十五〕文安郡王寮可封絳王：『文安郡王』，四庫全書作『文安王』。指唐憲宗之子李悟，初名寮。傳見舊唐書卷一百七十五、新唐書卷八十二。舊唐書其本傳載：『絳王悟，本名寮，憲宗第六子也。貞元二十一年，封文安郡王。元和元年，進封絳王。七年，改今名。』

〔三十六〕十男審可封建王：『十男審』，文苑英華、全唐文作『第十男審』。指唐憲宗之子李恪，初名審。傳見舊唐書卷一百七十五、新唐書卷八十二。舊唐書其本傳載：『建王恪，本名審，憲宗第十子也。元和元年八月，淄青節度李師古卒，其弟師道擅領軍務，以邀符節。朝廷方興討罰之師，不欲分兵兩地，乃封審爲建王。間一日，授開府儀同三司、鄆州大都督，充平盧軍淄青等州節度營田觀察處置、陸運海運、押新羅渤海兩蕃等使，而以師道爲節度留後。不出閤。七年，改今名。長慶元年薨。」

〔三十七〕宜令所司，擇日備禮册命：『所司』，文苑英華、御定淵鑑類函、全唐文作『有司』。

封沔王恂等制〔一〕

門下：朕獲承天序，欽若前訓〔二〕，用建藩翰〔三〕，以明親賢，斯古先哲王之令典也。

弟憬等〔四〕，孝友寬厚，温文肅敬，行有枝葉，道無緇磷〔五〕。踐君子之中庸，究賢人之義理，情惟樂善〔六〕，志不近名。纂間平之令德〔七〕，希曾閔之至行〔八〕。是用宜分建茅土〔九〕，衛我邦家，叶於展親〔十〕，永固磐石〔十一〕。是用舉其成命，錫其徽章〔十二〕。第十弟憬可封鄜王；第九弟悦可封瓊王〔十三〕；第十弟恂可封沔王〔十四〕；第十一弟懌可封婺王〔十五〕；第十二弟愔可封茂王〔十六〕；第十三弟怡可封光王〔十七〕；第十四弟恊可封淄王〔十八〕；第十五弟憺可封衡王〔十九〕；第十六弟悦可封澶王〔二十〕；長男湛可封鄂王〔二十一〕；第二男涵可封江王〔二十二〕；第五男瀍可封潁王〔二十三〕。宜令有司，備禮擇日册命〔二十四〕。主者施行。長慶元年三月。

校　箋

〔一〕此文又見於文苑英華卷四百四十四翰林制詔二十五，文題作封諸王制，乃屬於王言會最。全唐文卷六十四亦録此文，文題與文苑英華所録相同，署名唐穆宗。甲庫本此文文題作封沔王等制。此文文末標注頒布時間爲『長慶元年三月』。考舊唐書穆宗紀載：『（長慶元年三月）戊午，

封皇弟憬爲鄜王，悦爲瓊王，恂爲沔王，懌爲婺王，愔爲茂王，怡爲光王，協爲淄王，憺爲衢王，忼爲澶王；皇子湛爲景王，涵爲江王，湊爲漳王，溶爲安王，瀍爲潁王。』新唐書穆宗紀載：『（長慶元年三月）戊午，封弟憬爲鄜王，悦瓊王，恂沔王，懌婺王，愔茂王，怡光王，協淄王，憺衢王，忼澶王；子湛爲鄂王，涵江王，湊漳王，溶安王，瀍潁王。是月，徙封湛爲景王。』資治通鑑卷二百四十一載：『（長慶元年三月）戊午，立皇弟憬爲鄜王，悦爲瓊王，惸爲沔王，懌爲婺王，愔爲茂王，怡爲光王，協爲淄王，憺爲衢王，惋爲澶王；皇子湛爲景王，涵爲江王，湊爲漳王，溶爲安王，瀍爲潁王。』據上引典籍所載，則此制的頒布時間應爲長慶元年（八二一）三月戊午（二十七日）。其撰寫時間當在是時稍前。

（二）朕獲承天序，欽若前訓：『天序』，帝王的世系。漢武帝元狩六年封齊王策：『朕承天序，惟稽古建爾國家，封於東土，世爲漢蕃輔。』漢書成帝紀：『定陶王欣於朕爲子，慈仁孝順，可以承天序，繼祭祀。其立欣爲皇太子。』『欽若』，敬順。書堯典：『乃命羲和，欽若昊天，曆象日月星辰，敬授人時。』陳書高祖紀下：『梁氏以圮剥薦臻，曆運有極，欽若天應，以命於霸先。』『前訓』，先君的教誨。國語晉語四：『臣聞之，親有天，用前訓，禮兄弟，資窮困，天所福也。』韋昭注：『前訓，先君之教。』後漢書胡廣傳：『國有大政，必議之於前訓，

咨之於故老，是以慮無失策，舉無過事。」

〔三〕用建藩翰：『藩翰』，文苑英華、甲庫本、四庫全書、全唐文、適園叢書作『藩輔』。『藩翰』，喻指藩國。晉書張方傳：『晉氏之禍難洊臻，實始藩翰。』唐吴兢貞觀政要安邊：『且光武居河南單于於内郡，以爲漢藩翰，終於一代，不有叛逆。』

〔四〕弟憬等：此句文苑英華作『弟景等』。『憬』，謂鄜王李憬，傳見舊唐書卷一百七十五、新唐書卷八十二。舊唐書其本傳載：『鄜王憬，長慶元年封，開成四年七月薨。』

〔五〕道無緇磷：『緇磷』，論語陽貨：『不曰堅乎？磨而不磷；不曰白乎？涅而不緇。』何晏集解：『孔曰：磷，薄也；涅，可以染皂。言至堅者，磨之而不薄；至白者，染之於涅而不黑。喻君子雖在濁亂，濁亂不能污。』後亦以『緇磷』喻操守不堅貞。南朝宋謝靈運過始寧墅詩：『緇磷謝清曠，疲薾慚貞堅。』唐韋應物寄令狐侍郎詩：『寵辱良未定，君子豈緇磷。』

〔六〕情惟樂善：『樂善』，四庫全書作『樂古』。語出孟子告子上：『仁義忠信，樂善不倦，此天爵也』。

〔七〕纂間平之令德：『纂』，文苑英華作『慕』。『間平』，全唐文、適園叢書作『閑平』。『間平』，漢河間獻王劉德、東平憲王劉蒼的合稱。兩人皆有賢名。後因以『間平』指宗室藩王中之

賢者。南史梁宗室傳論：『安成、南平、鄱陽、始興俱以名迹著美，蓋亦有梁之間、平也。』

唐王勃平臺秘略論褒客：『斯實藩邸之盛事，間平之用心也。』

〔八〕希曾閔之至行：『曾閔』，曾參與閔損（閔子騫）的并稱。皆孔子弟子，以有孝行著稱。漢蔡邕陳留太守胡公碑：『孝於二親，養色寧意，蒸蒸雍雍，雖曾、閔、顏、萊，無以尚也。』唐元稹陽城驛詩：『昔公孝父母，行與曾閔儔。』『至行』，卓絶的品行。晉書朱冲傳：『少有至行，閑静寡欲，好學而貧，常以耕藝爲事。』南史沈顗傳：『顗字處默，幼清静有至行。』

〔九〕是用宜分建茅土：此句原無『用』字，今據文苑英華增補。『茅土』，指王、侯的封爵。古天子分封王、侯時，用代表方位的五色土築壇，按封地所在方嚮取一色土，包以白茅而授之，作爲受封者得以有國建社的表徵。漢李陵答蘇武書：『陵謂足下當享茅土之薦，受千乘之賞。』李善注：『尚書緯曰：「天子社，東方青，南方赤，西方白，北方黑，上冒以黄土，將封諸侯，各取方土，苴以白茅，以爲社。」』漢蔡邕獨斷：『天子太社，以五色土爲壇，皇子封爲王者受天子之社土，以所封之方色，東方受青，南方受赤，他如其方色，苴以白茅，授之各以其所封之色，歸國以立社，故謂之受茅土。』

〔十〕叶於展親：『展親』，謂重視親族的情分。書旅獒：『分寶玉于伯叔之國，時庸展親。』

孔穎達疏：『言用寶以表誠心，使彼知王親愛之也。』國語魯語上：『古者分同姓以珍玉，展親也。』韋昭注：『展，重也。』

（十一）永固磐石：『磐石』，文苑英華作『盤石』。

（十二）錫其徽章：『錫其』，全唐文作『錫以』。『徽章』，指褒崇封贈的策命。北周王褒周太保尉遲綱墓碑：『司勛載其弘烈，典册備其徽章。』唐陸贄册淑妃王氏爲皇后文：『稱是徽章，聿歸全德。』

（十三）第八弟憬可封鄜王；第九弟悦可封瓊王：此數句原本無，今據全唐文增補。此句文苑英華作『弟景可封鄜王，第九弟悦可封瓊王』。『第九弟悦』，謂瓊王李悦，傳見舊唐書卷一百七十五、新唐書卷八十二。舊唐書其本傳載：『瓊王悦，長慶元年封。第二子津，河間郡王。』

（十四）第十弟恂可封沔王：『第十弟恂』，謂沔王李恂，傳見舊唐書卷一百七十五、新唐書卷八十二。舊唐書其本傳載：『沔王恂，長慶元年封。』

（十五）第十一弟懌可封婺王：『第十一弟懌』，謂婺王李懌，傳見舊唐書卷一百七十五、新唐書卷八十二。舊唐書其本傳載：『婺王懌，長慶元年封。』

（十六）第十二弟愔可封茂王：『第十二弟愔』，原作『第十二弟惜』，今據文苑英華、全唐文作改。『第十二弟愔』，謂茂王李愔，傳見舊唐書卷一百七十五、新唐書卷八十二。舊唐書

其本傳載：『茂王愔，長慶元年封。』

〔十七〕第十三弟怡可封光王：『第十三弟怡』，謂唐宣宗李怡，傳見舊唐書卷十八、新唐書卷八。舊唐書其本傳載：『宣宗聖武獻文孝皇帝諱忱，憲宗第十三子，母曰孝明皇后鄭氏。元和五年六月二十二日，生於大明宮。長慶元年三月，封光王，名怡。』

〔十八〕第十四弟協可封淄王：『第十四弟協』，謂淄王李協，傳見舊唐書卷一百七十五、新唐書卷八十二。舊唐書其本傳載：『淄王協，憲宗第十四子也。長慶元年封，開成元年薨。』

〔十九〕第十五弟憺可封衡王：『衡王』，舊唐書卷十六、新唐書卷八十二、資治通鑑卷二百四十一所載爲『衢王』。舊唐書卷一百七十五所載爲『衡王』。『第十五弟憺』，謂衡王李憺，傳見舊唐書卷一百七十五、新唐書卷八十二。舊唐書其本傳載：『衡王憺，長慶元年封。』

〔二十〕第十六弟悦可封澶王：『第十六弟悦』，全唐文作『第十六弟恱』。『第十六弟悦』，謂澶王李恱，傳見舊唐書卷一百七十五、新唐書卷八十二。舊唐書其本傳載：『澶王恱，長慶元年封。』

〔二十一〕長男湛可封鄂王：『鄂王』，全唐文、舊唐書卷十七、新唐書卷八作『景王』。『長男湛』，謂唐敬宗李湛，傳見舊唐書卷十七、新唐書卷八。舊唐書其本傳載：『敬宗睿武昭愍孝

皇帝諱湛，穆宗長子，母曰恭僖太后王氏。元和四年六月七日，生於東内之别殿。長慶元年三月，封景王。二年十二月，立爲皇太子。』

〔二十二〕第二男涵可封江王：『第二男涵』，謂唐文宗李涵，傳見舊唐書文宗紀、新唐書文宗紀。舊唐書文宗紀載：『文宗元聖昭獻孝皇帝諱昂，穆宗第二子，母曰貞獻皇后蕭氏。元和四年十月十日生。長慶元年封江王。初名涵。』

〔二十三〕第五男瀍可封潁王：『第五男瀍』，謂唐武宗李瀍，傳見舊唐書武宗紀、新唐書武宗紀。舊唐書武宗紀載：『武宗至道昭肅孝皇帝諱炎，穆宗第五子，母曰宣懿皇后韋氏。元和九年六月十二日生於東宮。長慶元年三月，封潁王，本名瀍。開成中加開府儀同三司、檢校吏部尚書，依百官例，逐月給俸料。』

〔二十四〕宜令有司，備禮擇日册命：『備禮擇日』，文苑英華、全唐文作『擇日備禮』。

封晋王普制〔一〕

門下：昔周室之興也〔二〕，藩戚并建〔三〕，式資於維城〔四〕；漢氏之制也〔五〕，皇子畢封，用固於磐石。斯所以載弘丕緒，惟懷永圖〔六〕，宜茂德於本枝，遂推恩於後嗣〔七〕。况

祇荷眷祐，屬當長賢〔八〕，宜承寵章，允膺舊典〔九〕。長男普〔十〕，幼禀異質，夙膺嘉祥〔十一〕，既表岐嶷之姿，日茂恭良之性〔十二〕。朕以寡昧，虔奉宗祧〔十三〕，庶明父子之親，以及君臣之義。命以樂國，錫其介圭〔十四〕，用敷可久之基，爰叶至公之道。可封晋王。宜令有司，擇日備儀册命〔十五〕。主者施行。寶曆元年十一月。

校箋

〔一〕本文又見於文苑英華卷四百四十四，文題作封晋王制。全唐文卷六十八亦録此文，文題作封皇子普爲晋王制，署名唐敬宗。甲庫本、四庫全書、適園叢書此文題亦爲封晋王制。此文文末已標明頒布時間爲『寶曆元年十一月』。考舊唐書卷一百七十五云：『寶曆元年，封晋王。』新唐書卷八十二云：『寶曆元年始王晋。』又資治通鑑唐紀五十九亦載：『（寶曆元年）十一月，庚寅，幸温湯，即日還宫……丙申，立皇子普爲晋王。』據上引典籍所載，此制文頒布應在寶曆元年（八二五）十一月丙申（二十七日），其撰寫時間當在是時稍前。

〔二〕昔周室之興也：『周室』，周王朝。左傳僖公四年：『五侯九伯，女實征之，以夾輔周室。』

唐杜甫冬日洛城北謁玄元皇帝廟詩：『身退卑周室，經傳拱漢皇。』

〔三〕藩戚并建：『藩戚』，稱天子親戚中封爲侯王或出任一方重臣的人。南史虞寄傳：『今將軍以藩戚之重，擁東南之衆，盡忠奉上，勠力勤王，豈不勛高竇融，寵過吴芮。』唐蘇味道和武三思於天中寺尋復禮上人之作：『藩戚三雍暇，禪居二室隈。』

〔四〕式資於維城：『維城』，連城以衛國。詩大雅板：『懷德維寧，宗子維城。』後漢書劉虞公孫瓚陶謙傳贊：『襄賁勵德，維城燕北。仁能洽下，忠以衛國。』

〔五〕漢氏之制也：『制』，四庫全書作『興』。『漢氏』，指漢代。漢揚雄劇秦美新：『往時司馬相如作封禪一篇，以彰漢氏之休。』漢張衡西京賦：『漢氏初都，在渭之涘。』

〔六〕斯所以載弘丕緒，惟懷永圖：『弘』，文苑英華、全唐文作『宏』。『丕緒』，指國家大業。陳書世祖紀：『朕以寡昧，嗣膺丕緒，永言勛烈，思弘典訓。』唐皮日休悼賈：『嗟大漢之丕緒兮，虬其賢於污瀆。』『永圖』，長久之計，長久打算。書太甲上：『慎乃儉德，惟懷永圖。』孔傳：『言當以儉爲德，思長世之謀。』南朝齊王融永明九年策秀才文：『朕夤奉天命，恭惟永圖。』

〔七〕宜茂德於本枝，遂推恩於後嗣：『宜』，文苑英華、明鈔本、甲庫本、四庫全書、全唐文均作『且』。『枝』，文苑英華、全唐文作『支』。『後嗣』，文苑英華、全唐文作『嗣息』。『茂德』，

盛德。左傳宣公十五年：『狄有五罪……怙其儁才而不以茂德，兹益罪也。』晉陸機皇太子宴玄圃宣猷堂有令賦詩：『茂德淵冲，天姿玉裕。』『本枝』，同一家族的嫡系和庶出子孫。漢書韋玄成傳：『子孫本枝，陳錫無疆。』南朝宋顔延之赭白馬賦：『效足中黄，殉驅馳兮；願終惠養，蔭本枝兮。』『推恩』，廣施恩惠，移恩。孟子梁惠王上：『故推恩足以保四海，不推恩無以保妻子。』史記平津侯主父列傳：『願陛下令諸侯得推恩分子弟，以地侯之。』

〔八〕况祇荷眷祐，屬當長賢：『况祇荷眷祐』，文苑英華作『况某祇荷眷祐』。『眷祐』，眷顧佑助。書太甲中：『皇天眷佑有商，俾嗣王克終厥德。』唐元稹論教本書：『豈不以皇天眷祐，祚我唐德。』『屬當』，適逢、正當。左傳成公二年：『下臣不幸，屬當戎行。』杜預注：『屬，適也。』後漢書明帝紀：『眇眇小子，屬當聖業。』

〔九〕宜承寵章，允膺舊典：『寵』，四庫全書作『龍』。『寵章』，封建時代表示高官顯爵的章服。漢潘勖册魏公九錫文：『朕聞先王并建明德，胙之以土，分之以民，崇其寵章，備其禮物，所以蕃衛王室，左右厥世也。』李善注：『禮記曰：「以爲旗章，以别貴賤。」鄭玄曰：「章，識也。」』舊唐書鄭餘慶傳：『由是，在朝衣緑者甚少，郎官諫官有被紫垂金者。又丞郎中謝洎郎官出使，多賜章服，以示加恩，於是寵章尤濫，當時不以服章爲貴。遂詔餘慶詳格令

立制，條奏以聞。」『舊典』，舊時的制度、法則。書君牙：『君牙，乃惟由先正舊典時式。』孔穎達疏：『惟當奉用先世正官之法，諸臣所行故事舊典，於是法則之。』漢蔡邕故太尉喬公廟碑：『值饉荒，諸郡饑餒，公開倉廩以貸，救其命。主者以舊典宜先請。』

（十）長男普：指唐敬宗長子李普。傳見舊唐書卷一百七十五、新唐書卷八十二。舊唐書其本傳載：『悼懷太子普，敬宗長子也。母曰郭妃。寶曆元年，封晋王。大和二年薨，年五歲。上撫念之甚厚，册贈悼懷太子。』

（十一）幼禀異質，夙膺嘉祥：『膺』，文苑英華、全唐文作『應』。『異質』，特異的資質、禀賦。三國志魏書武帝紀：『以軍師華歆爲御史大夫。』裴松之注引晋王沈魏書：『文俗之吏，高才異質，或堪爲將守。』『嘉祥』，猶祥瑞。漢班固東都賦：『啓靈篇兮披瑞圖，獲白雉兮效素烏，嘉祥阜兮集皇都。』唐陳子昂諫政理書：『灾害之所以不生，嘉祥之所以遂作，則觀象於天，察法於地。』

（十二）既表岐嶷之姿，日茂恭良之性：『姿』，文苑英華、全唐文作『資』。『茂』，文苑英華、四庫全書、全唐文作『慕』。『岐嶷』，詩大雅生民：『誕實匍匐，克岐克嶷。』朱熹集傳：『岐嶷，峻茂之狀。』後多以『岐嶷』形容幼年聰慧。東觀漢記馬客卿傳：『馬客卿幼而岐嶷，年六歲，

能接應諸公，專對賓客。』北魏楊衒之洛陽伽藍記追光寺：『略生而岐嶷，幼則老成，博洽群書。』

〔十三〕朕以寡昧，虔奉宗祧：『寡昧』，謂知識淺陋，不明事理。北魏楊衒之洛陽伽藍記平等寺：『臣既寡昧，識無光遠，景命雖降，不敢仰承，乞收成旨，以允愚衷。』宣和遺事後集：『蓋以寡昧之資，藉盈成之業，言路壅蔽，導諛日聞，恩幸持權，貪饕得志。』『宗祧』，宗廟。左傳襄公二十三年：『紇不佞，失守宗祧，敢告不吊。紇之罪，不及不祀。』杜預注：『遠祖廟爲祧。』孔子家語哀公問政：『聖人因物之精，制爲之極，明命鬼神，以爲民之則，而猶以是爲未足也。故築爲宮室，設爲宗祧。』

〔十四〕命以樂國，錫其介圭：『介』，四庫全書、甲庫本作『分』。『圭』，文苑英華、全唐文作『珪』。『樂國』，猶樂土。詩魏風碩鼠：『逝將去女，適彼樂國。樂國樂國，爰得我直。』漢馬融長笛賦：『皆反中和，以美風俗。屈平適樂國，介推還受禄。』『介圭』，大圭。圭，上尖下方的一種玉。書顧命：『太保承介圭。』孔傳：『大圭尺二寸，天子守之。』詩大雅崧高：『錫爾介圭，以作爾寶。』鄭玄箋：『圭長尺二寸謂之介。非諸侯之圭。』

〔十五〕宜令有司，擇日備儀册命：『儀』，適園叢書作『禮』。

封魯王永制(一)

朕恭承寶位(二)，欽若璿衡(三)，兢業戒懷(四)，懼忝洪構。今皇嗣誕秀(五)，既流慶於天枝(六)，白茅啓封(七)，宜分王於土宇(八)；用崇大典(九)，式固丕圖(十)。長男永(十一)，植性端莊(十二)，禀靈聰哲(十三)，神氣挺於岐嶷(十四)，和粹精於儀刑(十五)；姿範藹然(十六)，是用嘉慰(十七)，將奉聞詩之教，冀彰樂善之風。俾洽寵恩，允膺錫命(十八)，庶表祥於麟趾(十九)，爰建社於龜蒙(二十)。敬哉戒哉，無忝我列聖之休德(二十一)。可封魯王。仍令所司，擇日備禮册命(二十二)。大和四年正月。

校箋

(一)此文亦見於全唐文卷六十九，文題爲封皇子永爲魯王制，署名唐文宗。甲庫本此文文題作封魯王制。本文文末已標明頒布時間爲『大和四年正月』。考舊唐書文宗紀曰：『(大和)四年春正月……戊子，詔封長男永爲魯王。』舊唐書卷一百七十五載：『莊恪太子永，文宗長子也。母曰王德妃。大和四年正月，封魯王。』唐會要卷四載：『莊恪太子永，文宗長子。大和四年正月，

封魯王。六年十月，立爲皇太子。開成三年十月薨，謚曰莊恪。』新唐書文宗紀曰：『（大和）四年正月戊子，封子永爲魯王。』新唐書卷八十二載：『莊恪太子永，大和四年始王魯。』資治通鑑卷二百四十四載：『（大和）四年……春，正月……戊子，立子永爲魯王。』據上述史籍所載，則此制文頒布時間應爲大和四年（八三〇）正月戊子（十三日）。其撰寫時間當在是時稍前。

〔二〕朕恭承寶位：『恭承』，敬奉。漢賈誼吊屈原賦：『恭承嘉惠兮，俟罪長沙。』南朝宋謝靈運初去郡詩：『恭承古人意，促裝返柴荆。』『寶位』，語出易繫辭下：『聖人之大寶曰位。』後以『寶位』指帝位。晉書宣帝紀：『雖復道格區宇，德被蒼生，而天未啓時，寶位猶阻。非可以智競，不可以力争。』

〔三〕欽若璿衡：『欽若』，敬順。書堯典：『乃命羲和，欽若昊天，曆象日月星辰，敬授人時。』陳書高祖紀下：『梁氏以圮剥薦臻，曆運有極，欽若天應，以命於霸先。』『璿衡』，亦作『璇衡』。天璇與玉衡的并稱。泛指星象。陳書世祖紀：『不能仰協璿衡，用調玉燭，傍慰蒼生，以安黔首。』

〔四〕兢業戒懷：『兢業』，謹慎戒懼。『兢兢業業』的省語。陳書宣帝紀：『今便肅奉天策，欽承介圭。若據滄溟，逾增兢業。』明劉基甘露頌并序：『深惟上天付畀之重，夙夜兢業，思與群臣庶民咸躋雍熙，以承天眷。』

〔五〕今皇嗣誕秀：『誕秀』，誕生才能優異的人。南朝陳徐陵梁禪陳璽書：『惟王應期誕秀，開籙握圖。』唐楊炯遂州長江縣先聖孔子廟堂碑：『出忠入孝，誕秀興賢。』

〔六〕既流慶於天枝：『天枝』，皇族後裔。唐李白化城寺大鐘銘：『公名有則，系玄元之英蕤，茂列聖之天枝。生於公族，貴而秀出。』清顧炎武感事詩：『日角膺符早，天枝主鬯臨。』

〔七〕白茅啓封：『白茅』，亦作『白茆』。植物名。多年生草本，花穗上密生白色柔毛，故名。古代常用以包裹祭品及分封諸侯，象徵土地所在方位之土。易大過：『初六，藉用白茅，無咎。』孔穎達疏：『潔白之茅。』詩召南野有死麕：『野有死麕，白茅包之。』高亨注：『白茅，一種草，潔白柔滑，古人常用它包裹肉類。』『啓封』，古代天子把土地分封給宗親或有功的大臣。唐劉禹錫上門下裴相公啓：『君臣相遇，播於樂章；山河啓封，載在盟府。』唐白居易薛從可右清道率府倉曹制：『惟汝父平，守吾藩鎮，能以忠力，殄寇安人。疇庸既以啓封，延賞亦宜及嗣。』

〔八〕宜分王於土宇：『土宇』，疆土，國土。後漢書荀彧傳：『公前屠鄴城，海内震駭，各懼不得保其土宇，守其兵衆。』唐劉知幾史通雜述：『九州土宇，萬國山川，物産殊宜，風化異俗。』

〔九〕用崇大典：『大典』，盛大隆重的典禮。南齊書王儉傳：『時大典將行，儉爲佐命，

禮儀詔策，皆出於儉。』清沈初清西筆記卷二：『凡遇大典，恭進詩册，各衙門分函匯進。』

〔十〕式固丕圖：『丕圖』，猶大業、宏圖。唐白居易答黄裳請上尊號表制：『朕以薄德，嗣守丕圖，不敢荒寧，以弘理道。』宋史禮志十一：『非臣否德，肇此丕圖，實賴先正儲休，上玄降鑒。』

〔十一〕長男永：指文宗長子永。傳見舊唐書卷一百七十五、新唐書卷八十二。舊唐書其本傳載：『莊恪太子永，文宗長子也。母曰王德妃。大和四年正月，封魯王。』

〔十二〕植性端莊：『植性』，生性，秉性。周書劉志傳：『志少好學，博涉群書，植性方重，兼有武略。』太平廣記卷二六七引唐張鷟朝野僉載麻秋：『後趙石勒將麻秋者，太原胡人也，植性虓險鴆毒。』

〔十三〕稟靈聰哲：『稟靈』，秉受靈秀之氣。南朝宋顔延之赭白馬賦：『稟靈月駟，祖雲螭兮。』唐劉禹錫賀册皇太后表：『伏惟皇太后稟靈作配，誕聖表祥。』『聰哲』，聰慧明智。漢班昭女誡：『雖以賢女之行，聰哲之性，其能備乎！』三國志魏書崔琰傳：『琰謂朗曰：「子之弟，聰哲明允，剛斷英特，殆非子之所及也。」』

〔十四〕神氣挺於岐嶷：『神氣』，精神氣息。漢仲長統昌言下：『和神氣，懲思慮，避風濕，

節飲食，適嗜欲，此壽考之方也。』宋王讜唐語林補遺一：『（悍馬）數日而神氣一小變，逾月而大變。志性如君子，步驟如俊乂，嘶如龍，顧如鳳，乃天下之駿乘也。』『岐嶷』，詩大雅生民：『誕實匍匐，克岐克嶷。』朱熹集傳：『岐嶷，峻茂之狀。』後多以『岐嶷』形容幼年聰慧。東觀漢記馬客卿傳：『馬客卿幼而岐嶷，年六歲，能接應諸公，專對賓客。』

（十五）和粹精於儀刑：『刑』，四庫全書、全唐文、適園叢書作『形』。『和粹』，平和純樸，純粹。三國魏嵇康答難養生論：『棄世不群，志氣和粹。』舊唐書穆質傳：『質兄弟俱有令譽而和粹，世以「滋味」目之。』『儀刑』，爲法，做楷模。晉袁宏後漢紀桓帝紀一：『德苟成，故能儀刑家室，化流天下；禮苟順，故能影響無遺，翼宣風化。』唐竇庠東都嘉量亭獻留守韓僕射詩：『卜築三川上，儀刑萬井中。』

（十六）姿範藹然：『藹然』，温和、和善貌。管子侈靡：『藹然若夏之静雲，乃及人之體。』宋施彦執北窗炙輠録卷上：『伯淳既見，和氣藹然見眉宇間。』

（十七）是用嘉慰：『嘉慰』，欣慰。清曾國藩復鮑春霆：『頃接惠書，具見虚懷若谷，能受箴言，至爲嘉慰。』

（十八）允膺錫命：『允膺』，明鈔本、甲庫本作『光膺』。『允膺』，猶承當。南朝梁沈

約齊故安陸昭王碑文：『公以宗室羽儀，允膺嘉選。』南朝梁任昉爲褚咨議蓁讓代兄襲封表：『臣門籍勛蔭，光錫土宇，臣賁世載承家，允膺長德。』『錫命』，天子有所賜予的詔命。易師：『王三錫命。』孔穎達疏：『三錫命者，以其有功，故王三加錫命。』唐張九齡恩賜樂游園宴應制詩：『寶筵延錫命，供帳序群公。』

〔十九〕庶表祥於麟趾：『麟趾』，詩周南麟之趾：『麟之趾，振振公子。』鄭玄箋：『喻今公子亦信厚，與禮相應，有似於麟。』後以『麟趾』喻有仁德、有才智的賢人。晉陸雲答孫顯世詩之七：『志擬龍潛，德配麟趾。』唐陸贄册杞王妃文：『克茂鵲巢之規，叶宣麟趾之美。』

〔二十〕爰建社於龜蒙：『龜蒙』，龜山和蒙山的并稱。均在山東省境内。二山連續，長八十餘里，其西北一段名龜山，東南一段名蒙山。詩魯頌閟宫：『奄有龜蒙。』毛傳：『龜，山也；蒙，山也。』北周庾信周兖州刺史廣饒公宇文公神道碑：『建旟濟漯，擁節龜蒙。』

〔二十一〕無忝我列聖之休德：『無忝』，不玷辱，不羞愧。書君牙：『今命爾予翼，作股肱心膂，纘乃舊服，無忝祖考。』孔傳：『無辱累祖考之道。』漢書韋玄成傳：『於戲後人，惟肅惟栗。無忝顯祖，以蕃漢室。』『休德』，美德。國語齊語：『有人居我官，有功休德。』韋昭注：『休，美也。』漢司馬相如難蜀父老：『夫拯民於沉溺，奉至尊之休德，反衰世之陵夷，繼周氏之絶業，

天子之亟務也。』

〔二十二〕仍令所司，擇日備禮册命：『所司』，有司。指主管的官吏。唐陳子昂上蜀川軍事：『陛下若以此奏非虛，或可采者，請勒臣付所司對議得失。』清錢謙益南京吏部驗封清吏司主事譚性教授承德郎制：『爾在相城，蝗不爲害，所司曾上其狀。』『備禮』，謂禮儀周備。詩小雅魚麗序：『美萬物盛多，能備禮也。』漢蔡邕郭有道碑：『州郡聞德，虛己備禮，莫之能致。』『册命』，古代帝王封立繼承人、后妃及諸王大臣的命令。書顧命：『太史秉書，由賓階隮，御王册命。』孔穎達疏引鄭玄曰：『太史東面，於殯西南而讀策書，以命王嗣位之事。』

封梁王休履等制〔一〕

王者胙土畫疆〔二〕，封建子弟〔三〕，所以承衛帝室〔四〕，蕃茂本枝〔五〕。祖宗成式〔六〕，朕曷敢廢？況天付正性〔七〕，夙奉至訓〔八〕，尊賢好善〔九〕，體仁由禮〔十〕。是可舉建侯之命〔十一〕，應分社之榮〔十二〕，親親賢賢〔十三〕，於是乎在。敬宗皇帝第二子休復、第三子執中、第四子言揚、第六子成美〔十四〕，皆氣藴冲和〔十五〕，行推敬慎〔十六〕，游泳墳索〔十七〕，佩服師言〔十八〕。宜開土宇之封〔十九〕，用申睦族之典〔二十〕。休復可封

梁王，執中可封襄王，言揚可封杞王〔二十一〕，成美可封陳王。宜令有司，擇日備禮册命。

開成二年八月。

校箋

〔一〕本文又見於舊唐書卷一百七十五。全唐文卷七十亦録此文，文題作封梁王休復等制，署名唐文宗。甲庫本、四庫全書、適園叢書此文題爲封梁王等制。此文文題誤，應據全唐文改，作封梁王休復等制。此文文末標明頒布時間爲『開成二年八月』。考舊唐書文宗紀曰：『（開成）二年……八月……庚戌，詔昭儀王氏册爲德妃，昭容楊氏册爲賢妃。又詔：「敬宗皇帝第二子休復、第三子執中、第四子言揚、第六子成美等，宜開列土之封，用申睦族之典。休復可封梁王，執中可封襄王，言揚可封紀王，成美可封陳王。皇第二男宗儉可封蔣王。」』舊唐書卷一百七十五此文文首謂：『梁王休復。開成二年八月詔曰……』新唐書文宗紀曰：『（開成）二年……八月庚戌，封兄子休復爲梁王，執中襄王，言揚杞王，成美陳王。』新唐書卷八十二載：『敬宗第二子休復，文宗開成二年封梁王，第三子執中爲襄王，第四子言揚爲紀王，第五子成美爲陳王。執中子宷爲

樂平郡王。』册府元龜卷二百六十五載：『梁王休復，敬宗第二子。開成二年封。』資治通鑑卷二百四十五載：『（開成）二年……八月，庚戌，以昭儀王氏爲德妃，昭容楊氏爲賢妃。立敬宗之子休復爲梁王，執中爲襄王，言揚爲杞王，成美爲成王。』據上述史籍所載，則此制文頒布時間爲開成二年（八三七）八月庚戌（十九日），撰寫時間當在是時稍前。

（二）王者胙土畫疆：『胙土』，指帝王將土地賜封功臣宗室，以酬其勛勞。左傳隱公八年：『天子建德，因生以賜姓，胙之土而命之氏。』孔穎達疏：『胙，訓報也。有德之人，必有美報。報之以土，謂封之以國。』南朝宋謝靈運謝封康樂侯表：『亡祖奉國威靈，董符戎重，盡心所事，尅黜禍亂，功參盤鼎，胙土南服。』

（三）封建子弟：『封建』，封邦建國。古代帝王把爵位、土地分賜親戚或功臣，使之在各區域内建立邦國。相傳黄帝爲封建之始，至周制度始備。禮記王制：『王者之制禄爵，公、侯、伯、子、男凡五等……天子之田方千里，公、侯田方百里，伯七十里，子、男五十里。』左傳僖公二十四年：『昔周公吊二叔之不咸，故封建親戚，以蕃屏周。』孔穎達疏：『故封立親戚爲諸侯之君，以爲蕃籬，屏蔽周室。』

（四）承衛帝室：『承衛』，猶言拱衛。史記漢興以來諸侯王年表：『廣强庶孽，以鎮撫四海，

用承衛天子也。』『帝室』，皇室，皇族。漢書翟方進傳：『天降威明，用寧帝室。』唐末五代杜光庭虬髯客傳：『公爲帝室重臣，須以收羅豪杰爲心，不宜踞見賓客。』

〔五〕蕃茂本枝：『蕃茂』，四庫全書、甲庫本作『藩茂』。『蕃茂』，使繁茂。漢書王莽傳中：『平治水土，掌名山川，衆殖鳥獸，蕃茂草木。』宋蘇軾地黄詩：『移栽附沃壤，蕃茂争新春。』『本枝』，同一家族的嫡系和庶出子孫。漢書韋玄成傳：『子孫本枝，陳錫無疆。』南朝宋顔延之赭白馬賦：『效足中黄，殉驅馳兮；願終惠養，蔭本枝兮。』

〔六〕祖宗成式：『成式』，舊有的法規。書畢命：『子孫訓其成式惟乂。』孔傳：『言後世子孫順公之成法惟以治。』

〔七〕况天付正性：『正性』，自然的禀性，純正的禀性。漢書律曆志上：『所以作樂者，諧八音，蕩（滌）人之邪意，全其正性，移風易俗。』三國魏孟康薦崔林：『（崔林）禀自然之正性，體高雅之弘量。』

〔八〕夙奉至訓：『至訓』，甲庫本作『丕訓』。『至訓』，指對尊長教誨的敬稱。南朝宋顔延之陽給事誄：『末臣蒙固，側聞至訓。』

〔九〕尊賢好善：『尊賢』，高貴賢能。南朝宋鮑照行樂至城東橋詩：『尊賢永照灼，孤賤

長隱淪。』北史房彥謙傳：『故疏賤之人，有善必賞；尊賢之戚，犯惡必刑。』『好善』，樂於爲善。左傳昭公二十六年：『子西長而好善。』明成化說唱詞話叢刊包龍圖公案斷歪烏盆傳：『且說耿婆心好善，早間念佛夜看經。』

〔十〕體仁由禮：『體仁』，躬行仁道。易乾：『君子體仁，足以長人。』孔穎達疏：『言君子之人，體包仁道，泛愛施生，足以尊長於人也。』宋曾鞏到任謝職司諸官員狀：『伏遇某官體仁爲任，充美在躬。』『由禮』，遵循禮教。書畢命：『世祿之家，鮮克由禮，以蕩陵德，實悖天道。』禮記經解：『是故隆禮由禮，謂之有方之士；不隆禮不由禮，謂之無方之民。』孫希旦集解：『由，謂踐履之。』

〔十一〕是可舉建侯之命：『建侯』，封立諸侯，封侯建國，立功封侯。易豫：『利建侯、行師。』漢韋孟諷諫詩：『乃命厥弟，建侯於楚。』

〔十二〕應分社之榮：四庫全書、全唐文作『膺分社之榮』。

〔十三〕親親賢賢：『親親』，愛自己的親屬。詩小雅伐木序：『親親以睦，友賢不棄，不遺故舊，則民德歸厚矣。』孔穎達疏：『既能内親其親以使和睦，又能外友其賢而不棄，不遺忘久故之恩舊而燕樂之。』漢書翼奉傳：『古者朝廷必有同姓以明親親，必有異姓以明賢賢，此

聖王之所以大通天下也。』

〔十四〕敬宗皇帝第二子休復、第三子執中、第四子言揚、第六子成美：『休復』，傳見舊唐書卷一百七十五、新唐書卷八十二。舊唐書其本傳載：『梁王休復。開成二年八月詔曰：「王者胙土畫疆，封建子弟，所以承衛帝室，蕃茂本枝，祖宗成式，朕曷敢廢？况天付正性，夙奉至訓，尊賢好善，體仁由禮，是可舉建侯之命，膺分社之榮。親親賢賢，於是乎在。敬宗皇帝第二子休復、第三子執中、第四子言揚、第六子成美，皆氣藴冲和，行推敬慎，游泳墳、索，佩服師言。宜開土宇之封，用申睦族之典。休復可封梁王，執中可封襄王，言揚可封紀王，成美可封陳王。宜令有司，擇日備禮册命。」』『執中』，傳見舊唐書卷一百七十五、新唐書卷八十二。舊唐書其本傳載：『襄王執中與梁王同時受封。第三男寀，樂平郡王。』『言揚』，傳見舊唐書卷一百七十五、新唐書卷八十二。舊唐書其本傳載：『紀王與襄王同時受封。』『成美』，傳見舊唐書卷一百七十五、新唐書卷八十二。舊唐書其本傳載：『陳王成美與紀王言揚同時受封。開成四年十月詔曰：「古先哲王之有天下也，何嘗不正國本而承天序，建儲貳而主重離？朕以寡昧，祗荷丕圖。虔恭寅畏，思固鴻業，慎擇全懿，曠于旬時。而卿士獻謀，龜筮告吉，以爲少陽虚位，願舉盛儀。列聖垂休，俾合予志，選賢而立，式表無私。敬宗皇帝第六男陳王成美，天假忠孝，

日新道德，温文合雅，謙敬保和。裕端明之體度，尚詩、書之辭訓，言皆中禮，行不違仁。是可以訓考舊章，欽若成命，授之匕鬯，以奉粢盛。宜迴朱邸之榮，俾踐青宫之重，可立爲皇太子。宜令所司，擇日備禮册命。」自莊恪太子薨，將相大臣洎職言者，拜章面陳凡累月，上遂命立陳王。未行册禮，復降仍舊，其年殂於藩邸。」

〔十五〕皆氣藴沖和：『沖和』，淡泊平和。晉袁宏後漢紀靈帝紀：『此子神氣沖和，言合規矩，高才妙識，罕見其倫。』南朝梁沈約雍雅之二：『屬厭無爽，沖和在御。』

〔十六〕行推敬慎：『敬慎』，恭敬謹慎。詩大雅抑：『敬慎威儀，維民之則。』南朝梁劉勰文心雕龍頌贊：『原夫頌惟典雅，辭必清鑠，敷寫似賦，而不入華侈之區；敬慎如銘，而異乎規戒之域。』

〔十七〕游泳墳索：『游泳』，涵濡，浸潤。唐柳宗元爲長安等縣耆壽詣相府乞奏復尊號狀：『某等伏以生長明時，游泳皇澤，鼓腹且知於帝力，食毛敢忘於君恩。』清王棨與友人書：『杜甫氏知其然也，故其爲詩也，導源於風、雅，游泳乎離騷，浸淫乎漢魏，泛濫於六朝，而以己之爲海焉。』『墳索』，三墳、八索的并稱。亦泛指古代典籍。晉葛洪抱朴子逸民：『窮覽墳索，著述粲然，可謂立言矣。』周書庾信傳論：『若乃墳索所紀，莫得而云，典、暮以降，遺風可述。』

〔十八〕佩服師言：『佩服』，猶言遵循。唐白居易祭李侍郎文：『代重名義，公能佩服。德潤行膻，温温郁郁。』宋朱熹朱子語類卷一一四：『久侍師席，今將告違。氣質偏蔽，不能自知。尚望賜以一言，使終身知所佩服。』『師言』，老師之言。漢何休春秋公羊傳序：『是以講誦師言，至於百萬，猶有不解。』北齊顔之推顔氏家訓勉學：『空守章句，但誦師言，施之世務，殆無一可。』

〔十九〕宜開土宇之封：『土宇』，疆土，國土。後漢書荀彧傳：『公前屠鄴城，海内震駭，各懼不得保其土宇，守其兵衆。』唐劉知幾史通雜述：『九州土宇，萬國山川，物産殊宜，風化異俗。』

〔二十〕用申睦族之典：『睦族』，和睦親族。語出書堯典：『克明俊德，以親九族，九族既睦，平章百姓。』唐元稹代李中丞謝官表：『雖牽絲入仕，或因瑣碎之文，而執簡當朝，實由睦族而致。』

〔二十一〕言揚可封杞王：『杞王』，舊唐書作『紀王』。

封蔣王宗儉制〔一〕

周宅土中〔二〕，藩衛并建；漢有天下，子弟畢封。朕承列聖之鴻構，托於兆人之上〔三〕，順考古道，用保乂于皇家〔四〕。第二男宗儉〔五〕，孝友齋莊〔六〕，恭肅明懿〔七〕，蹈師

氏之典訓〔八〕，佩古人之格言。動必有程，雅不好弄〔九〕，遵道誠資於積習，樂善實本於生知〔十〕，洪量不矜，芳猷自穆〔十一〕。是宜光分茅社〔十二〕，作我藩翰〔十三〕。式發麟趾之祥〔十四〕，欽若犬牙之制〔十五〕。爰舉成命，錫其寵章〔十六〕。可封蔣王。仍令有司，備禮册命。開成二年八月。

校　箋

〔一〕此文又見於全唐文卷七十，文題作封皇第二男宗儉爲蔣王制，署名唐文宗。甲庫本、適園叢書本文題作封蔣王制。此文文末標注頒布時間爲『開成二年八月』。考舊唐書文宗紀載：『（開成二年）八月壬辰朔。庚戌，詔昭儀王氏册爲德妃，昭容楊氏册爲賢妃。又詔：「敬宗皇帝第二子休復、第三子執中、第四子言揚、第六子成美等，宜開列土之封，用中睦族之典。休復可封梁王，執中可封襄王，言揚可封紀王，成美可封陳王。皇第二男宗儉可封蔣王。」』舊唐書卷一百七十五載：『蔣王宗儉，文宗第二子，開成二年封。』新唐書文宗紀載：『（開成二年）八月庚戌，封兄子休復爲梁王，執中襄王，言揚杞王，成美陳王。癸丑，封子宗儉爲蔣王。』資

治通鑑卷二百四十五載：『（開成二年）八月，庚戌，以昭儀王氏爲德妃，昭容楊氏爲賢妃。立敬宗之子休復爲梁王，執中爲襄王，言揚爲杞王，成美爲陳王。癸丑，立皇子宗儉爲蔣王。』據上引典籍所載，則此制的頒布時間應爲開成二年（八三七）八月癸丑（二十二日）。故撰寫時間當在是時稍前。

（二）周宅土中：『土中』，四方的中心地區。書召誥：『王來紹上帝，自服于土中。』孔傳：『言王今來居洛邑，繼天爲治，躬自服行教化於地勢正中。』孫星衍疏：『土中謂王城於天下爲中也。』漢書禮樂志：『世祖受命中興，撥亂反正，改定京師於土中。』顏師古注：『謂都洛陽。』

（三）朕承列聖之鴻構，托於兆人之上：『鴻構』，全唐文作『鴻搆』。『列聖』，指歷代帝王，諸皇帝。晋左思魏都賦：『且魏地者……列聖之遺塵。』李善注：『魏地，畢昴之分野，虞舜及禹所都之地。』唐元稹顏峴右贊善大夫：『列聖念功，訪求太師之後。』『兆人』，兆民。後漢書光武帝紀上：『漢遭王莽，宗廟廢絶，兆人塗炭。』唐柳宗元禮部賀皇太子册禮畢德音表：『建天下之本，宗廟以安；致萬國之貞，兆人攸賴。』

（四）用保乂于皇家：『保乂』，亦作『保艾』。治理使之安定太平。書君奭：『率惟茲有陳，保乂有殷。』孔傳：『以安治有殷。』唐楊炯唐同州長史宇文公神道碑：『對揚天命，保乂王家。』

（五）第二男宗儉：謂蔣王李宗儉，傳見舊唐書卷一百七十五、新唐書卷八十二。舊唐書其本傳載：「蔣王宗儉，文宗第二子，開成二年封。」

（六）孝友齋莊：「齋莊」，四庫全書、全唐文作「齊莊」。「齋莊」，嚴肅誠敬。史記秦始皇本紀：「遂登會稽宣省習俗，黔首齋莊，群臣誦功。」唐末五代杜光庭羅天醮衆神祠：「黍稷馨香，必虔於蠲潔；蘋蘩蘊藻，克展於齋莊。」

（七）恭肅明懿：「明懿」，明達有美德。南朝宋顏延之家傳銘：「葛嶧明懿，平陽聰理。或薦公庭，或登宰士。」唐司空圖唐宣州王公行狀：「惟公博厚深宏，端潔明懿，極天人之儀品，不陷於浮；挺文學之宗師，不炫其價。」

（八）蹈師氏之典訓：「師氏」，指學官或教師。唐陳子昂爲人陳情表：「老母憫臣孤蒙，恐不負荷教誨，師氏訓以義方。」宋蘇軾又謝兼侍讀表：「而師氏之官，職在論説。」「典訓」，書中堯典、伊訓等篇的并稱。指經典或書。後漢書桓榮傳：「莊以童蒙，學道九載，而典訓不明，無所曉識。夫五經廣大，聖言幽遠，非天下之至精，豈能與於此！」南朝梁劉勰文心雕龍才略：「準的所擬，志乎典訓，户牖雖異，而筆彩略同。」

（九）雅不好弄：「好弄」，愛好游戲。宋史文苑傳五黄伯思：「自幼警敏，不好弄，日誦

書千餘言。」

〔十〕遵道誠資於積習，樂善實本於生知：『樂善實本』，四庫全書作『樂善寔本』。『積習』，長期形成的習慣。漢董仲舒春秋繁露天道施：『積習漸靡，物之微者也。其入人不知，習忘乃爲，常然若性，不可不察也。』唐劉知幾史通書志：『大抵志之爲篇，其流十五六家而已，其間則有妄入編次，虛張部帙，而積習已久，不悟其非。』『樂善』，語出孟子告子上：『仁義忠信，樂善不倦，此天爵也。』『生知』，謂不待學而知之。語本論語季氏：『生而知之者上也。』晉葛洪抱朴子勖學：『人理之曠，道德之遠，陰陽之變，鬼神之情，緬邈玄奥，誠難生知。』

〔十一〕洪量不矜，芳猷自穆：『洪量』，寬宏的氣量。北史高允傳：『夫喜怒者，有生所不能無也。而前史載卓公寬中，文饒洪量，褊心者或之弗信。余與高子游處四十餘年，未見是非慍喜之色，不亦信哉。』清王士禛池北偶談談藝九韋蘇州：『早聞閣下清節玉立，洪量海納。』『芳猷』，猶美德。南朝宋顏延之應詔宴曲水作詩：『柔中淵映，芳猷蘭秘。』唐白居易祭咸安公主文：『承渥澤於三朝，播芳猷於九姓。』

〔十二〕是宜光分茅社：『茅社』，亦作『茆社』。古天子分封諸侯，授之茅土使歸國立社，稱作茅社。書禹貢：『厥貢惟土五色。』孔傳：『王者封五色土爲社。建諸侯，則各割其方色

土與之使立社，燾以黄土，苴以白茅，茅取其潔，黄取王者覆四方。』晋書汝南王亮等傳序：『功臣無立錐之地，子弟君不使之人。徒分茅社，實傳虚爵。』

〔十三〕作我藩翰：『藩翰』，喻指藩國。晋書張方傳：『晋氏之禍難洊臻，實始藩翰。』唐吴兢貞觀政要安邊：『且光武居河南單于於内郡，以爲漢藩翰，終於一代，不有叛逆。』

〔十四〕式發麟趾之祥：『麟趾』，麟足。漢書武帝紀：『詔曰：「有司議曰，往者朕郊見上帝，西登隴首，獲白麟以饋宗廟，渥窪水出天馬，泰山見黄金，宜改故名。今更黄金爲麟趾褭蹏以協瑞焉。」』顔師古注：『應劭曰：「獲白麟，有馬瑞，故改鑄黄金如麟趾褭蹏以協嘉祉也……」武帝欲表祥瑞，故普改鑄爲麟足馬蹏之形以易舊法耳。』

〔十五〕欽若犬牙之制：『欽若』，敬順。書堯典：『乃命羲和，欽若昊天，曆象日月星辰，敬授人時。』陳書高祖紀下：『梁氏以圮剥薦臻，曆運有極，欽若天應，以命於霸先。』『犬牙』，像犬牙般交錯。多指地形、地勢。墨子備城門：『靈丁，三丈一，犬牙施之。』岑仲勉簡注：『犬牙，交錯也。』史記孝文本紀：『高帝封王子弟，地犬牙相制，此所謂盤石之宗也，天下服其强，二矣。漢興，除秦苛政，約法令，施德惠，人人自安，難動摇，三矣。』

〔十六〕錫其寵章：『寵章』，封建時代表示高官顯爵的章服。參見本卷封晋王普制校箋〔九〕。

封棣王惴制〔一〕

沈　詢

門下：朕聞王者建植子弟，胙以茅土〔二〕，將欲蕃昌磐石，深固本根〔三〕。周漢之降，率由此道〔四〕。及我列聖，每用舊章〔五〕，所以撫安生靈，保佑中外〔六〕。朕恭承天序，敢柔前規〔七〕，爰加立愛之恩，庶廣推公之義。憲宗第十八子惴〔八〕，生則温柔，性惟聰達，神邁氣朗，聞禮知方〔九〕，藴積中之粹和，資奉上之孝敬〔十〕，必能副予友愛，始終令圖〔十一〕，以耀金枝〔十二〕，以輔王室。是命俾開朱邸，盛建戚藩〔十三〕，載啓唐虞之風，用崇麟趾之慶〔十四〕。嗚呼〔十五〕！惟兹盛典，用別親賢，必思繼美二南，紹休五等〔十六〕。佩維城之重，思外屏之尊〔十七〕，無怠無荒，服我丕命〔十八〕。可封棣王。仍令擇日備禮册命。大中六年十一月。

校　箋

〔一〕本文又見於文苑英華卷四百四十五。全唐文卷七百六十七亦録此文，署名沈詢。甲庫本、四庫全書、適園叢書此文題爲封棣王制。此文文末注明頒布時間爲『大中六年十一月』。考舊唐

書卷一百七十五云：『棣王惴，大中六年封。』新唐書卷八十二云：『棣王惴，大中六年始王，與彭、信二王同封。』資治通鑑唐紀六十五亦載：『（大中六年）十一月，立憲宗子惴爲棣王。』據上引典籍所載，此文頒布應在大中六年（八五二）十一月，其撰寫時間當在是時稍前。又，作者沈詢，傳見舊唐書卷一百四十九、新唐書卷一百三十二中。舊唐書其本傳載：『（沈）詢歷清顯，中書舍人、翰林學士、禮部侍郎。咸通中，檢校户部尚書、潞州長史、昭義節度使。爲政簡易，性本恬和。奴歸秦者，通詢侍者，詢將戮之未果；奴結牙將爲亂，夜攻府第，詢舉家遇害。』

〔二〕朕聞王者建植子弟，胙以茅土：『植』，四庫全書作『極』。『茅土』，指王、侯的封爵。古天子分封王、侯時，用代表方位的五色土築壇，按封地所在方嚮取一色土，包以白茅而授之，作爲受封者得以有國建社的表徵。漢李陵答蘇武書：『陵謂足下當享茅土之薦，受千乘之賞。』李善注：『尚書緯曰：「天子社，東方青，南方赤，西方白，北方黑，上冒以黄土，將封諸侯，各取方土，苴以白茅，以爲社。」』漢蔡邕獨斷：『天子太社，以五色土爲壇，皇子封爲王者受天子之社土，以所封之方色，東方受青，南方受赤，他如其方色，苴以白茅，授之各以其所封之色，歸國以立社，故謂之受茅土。』

〔三〕將欲蕃昌磐石，深固本根：『欲』，四庫全書作『以』。『蕃』，四庫全書、甲庫本作『藩』。『蕃昌』，蕃衍昌盛。左傳閔公元年：『屯固、比入，吉孰大焉？其必蕃昌。』漢王符潛夫論忠貴：『竊

亢龍之極貴者，未嘗不破亡也；成天地之大功者，未嘗不蕃昌也。」「磐石」，舊喻分封的宗室。史記孝文本紀：「高帝封王子弟，地犬牙相制，此所謂磐石之宗也。」唐杜甫秋日荆南述懷詩之五：「磐石圭多剪，凶門轂少推。」「本根」，根本。指事物的最重要部分。莊子知北游：「惛然若亡而存，油然不形而神，萬物畜而不知，此之謂本根。」成玄英疏：「亭毒群生，畜養萬物，而玄功潛被，日用不知，此之真力，是至道一根本也。」宋司馬光贈邵興宗詩：「君子固無愧，立身明本根。」

〔四〕周漢之降，率由此道：「降」，文苑英華、四庫全書、甲庫本、全唐文、適園叢書均作「隆」。「此」，文苑英華、全唐文作「斯」。

〔五〕每用舊章：「舊章」，昔日的典章。書蔡仲之命：「無作聰明亂舊章。」孔傳：「無敢爲小聰明，作異辯以變亂舊典文章。」史記秦始皇本紀：「秦聖臨國，始定刑名，顯陳舊章。」

〔六〕保佑中外：「佑」，文苑英華、全唐文作「祐」。「中外」，朝廷內外，中央和地方。漢書元帝紀：「以用度不足，民多復除，無以給中外繇役。」南朝宋劉義慶世説新語言語：「孔融被收，中外惶怖。」

〔七〕朕恭承天序，敢紊前規：「天序」，帝王的世系。漢武帝元狩六年封齊王策：「朕承

天序，惟稽古建爾國家，封於東土，世爲漢蕃輔。」漢書成帝紀：『定陶王欣於朕爲子，慈仁孝順，可以承天序，繼祭祀。其立欣爲皇太子。』『前規』，前人的規範、規矩。晋書慕容垂載記：『宜述修前規。終忠貞之節。』宋梅堯臣依韻和刁經臣讀李衛公平泉山居詩碑有感：『當時植珍木，豈是昧前規。廢宅長春草，故山存舊碑。』

〔八〕憲宗第十八子惴：指唐憲宗第十八子李惴。李惴，傳見舊唐書卷一百七十五、新唐書卷八十二。舊唐書其本傳載：『棣王惴，大中六年封，咸通三年薨。』

〔九〕聞禮知方：『聞』，文苑英華作『閱』。『知方』，知禮法。語本論語先進：『可使有勇，且知方也。』劉寶楠正義引鄭玄曰：『方，禮法也。』後漢書桓譚傳：『天下知方，而獄無怨濫矣。』

〔十〕藴積中之粹和，資奉上之孝敬：『積中』，謂藴積於心中。禮記樂記：『是故情深而文明，氣盛而化神，和順積中而英華發外，唯樂不可以爲僞。』舊唐書令狐彰傳：『今有忠烈之臣彰，剛直形外，純和積中，本於孝敬，輔以才略，統制藩閫，服勞王家。』『粹和』，指純和之氣。宋王禹偁罔極賦：『後周廣順，太歲甲寅，季秋戊子，實生吾身，禀粹和於兩儀，荷鞠育於二親。』『奉上』，侍奉君主、上司。漢書游俠傳：『於是背公死黨之議成，守職奉上之義廢矣。』南朝宋顔延之陽給事誄序：『奉上以誠，率下有方。』

〔十一〕必能副予友愛，始終令圖：『副予』，文苑英華作『副予之』。『予』，四庫全書、甲庫本作『於』。『令圖』，善謀，遠大的謀略。左傳 昭公元年：『臣聞君子能知其過，必有令圖。令圖，天所贊也。』隋書 梁睿傳：『睿上疏曰：「竊以遠撫長駕，王者令圖；易俗移風，有國恒典。」』

〔十二〕以耀金枝：『金枝』，帝王子孫的貴稱。逸周書 武儆解：『惟十有二祀四月，王告夢，丙辰出金枝。』舊唐書 僖宗紀：『臣以爲煴（嗣襄王李煴）胤係金枝，名標玉牒。』

〔十三〕是命俾開朱邸，盛建戚藩：『朱邸』，漢諸侯王第宅，以朱紅漆門，故稱朱邸。後泛指貴官府第。南朝齊謝朓拜中軍記室辭隋王箋：『唯待青江可望，候歸艎於春渚；朱邸方開，效蓬心於秋實。』李善注引史記：『諸侯朝天子，於天子之所立舍曰邸，諸侯朱户，故曰朱邸。』世説新語 言語：『君自見其朱門。』『戚藩』，亦作『戚蕃』。近親藩王。晉劉琨勸進表：『社稷時難，則戚藩定其傾；郊廟或替，則宗哲纂其祀。』南朝齊王儉褚淵碑文：『屬值三季在辰，戚蕃内侮。』李周翰注：『戚蕃，謂諸王也。』

〔十四〕載啓唐虞之風，用崇麟趾之慶：『唐虞』，唐堯與虞舜的并稱。亦指堯與舜的時代，古人以爲太平盛世。論語 泰伯：『唐虞之際，於斯爲盛。』史記 汲鄭列傳：『陛下内多欲而外施仁義，奈何欲效唐虞之治乎！』『麟趾』，詩 周南 麟之趾：『麟之趾，振振公子。』鄭玄箋：『喻

今公子亦信厚，與禮相應，有似於麟。』後以『麟趾』喻有仁德、有才智的賢人。晉陸雲答孫顯世詩之七：『志擬龍潛，德配麟趾。』唐陸贄册杞王妃文：『克茂鵲巢之規，叶宣麟趾之美。』

〔十五〕嗚呼：四庫全書作『於戲』。

〔十六〕必思繼美二南，紹休五等：『繼美』，承繼前人之美德。唐岑參苗侍中挽歌之二：『平生門下客，繼美廟堂中。』舊唐書于志寧傳：『陛下嗣膺寶位，臨統萬方，理宜繼美羲軒，齊芳湯禹。』『二南』，指詩的周南和召南。晉書樂志上：『周始二南，風兼六代。』南朝梁劉勰文心雕龍明詩：『興發皇世，風流二南。』『休』，指福禄。左傳襄公二十八年：『以禮承天之休』。『五等』，五個等級。禮記王制：『王者之制禄爵，公、侯、伯、子、男五等。』孟子萬章下：『天子一位、公一位、侯一位、伯一位、子男同一位，凡五等也。』

〔十七〕佩維城之重，思外屏之尊：『維城』，連城以衛國。詩大雅板：『懷德維寧，宗子維城。』後漢書劉虞公孫瓚陶謙傳贊：『襄賁勵德，維城燕北。仁能洽下，忠以衛國。』晉干寶晉紀總論：『宗子無維城之助，而閼伯、實沈之郤歲構。』張銑注：『維，連也，言宗子連城封之，以助京室也。』『外屏』，天子的門屏。屏，對着門的小墻，後稱照壁。與内屏相對。荀子大略：『天子外屏，諸侯内屏，禮也。』淮南子主術訓：『天子外屏，所以自障。』高誘注：『屏，樹垣也，

門内之垣謂之樹。論語曰「國君樹塞門」，諸侯在内，天子在外，故曰「所以自障也」。」

〔十八〕無怠無荒，服我丕命：『無荒』，謂不廢亂（政事）。詩唐風蟋蟀：『好樂無荒，良士瞿瞿。』鄭玄箋：『荒，廢亂也。良，義也。君之好義，不當至於廢亂政事。』晉陸機短歌行：『短歌有咏，長夜無荒。』李周翰注：『言雖歌咏樂飲，無得廢於政事。』『丕命』，大命，皇帝之命令。北史蘇綽傳：『朕將丕命，女以厥官。』

封鄂王潤制〔一〕

蔣伸

門下：周家受命，諸子疏封〔二〕；漢氏造邦〔三〕，五等垂制〔四〕。式崇藩屏〔五〕，思固本根。逮於國朝，必稽典憲〔六〕。太宗創久長之業〔七〕，乃建親親〔八〕；列聖遵繼守之文，廣分土宇〔九〕。朕獲承丕構〔十〕，敢廢彝章〔十一〕？非惟永保於皇基〔十二〕，蓋亦無忘於天下。第六男潤〔十三〕，生而聰敏，性則温恭，孝敬夙彰，誠明自至〔十四〕，能服詩書之教，居然禮義之姿。雖在幼年，動由義訓〔十五〕，周旋知爲善之樂〔十六〕，謙和無自伐之心〔十七〕。是可以膺犬牙之封〔十八〕，厚麟趾之慶〔十九〕，授以茅社〔二十〕，錫其桐珪〔二十一〕，俾爲戚藩〔二十二〕，以輔王室；亦宜繼二南之慶躅〔二十三〕，習三雍之舊儀〔二十四〕。

敬服斯言〔二十五〕，用光禮命〔二十六〕。可封鄂王。令所司備禮册命。大中五年六月。

校箋

〔一〕本文又見於文苑英華卷四百五十，文題作封鄂王制，作者蔣伸。全唐文卷七百八十八亦録此文，文題作封鄂王制，署名蔣伸。甲庫本此文文題作封鄂王制。此文文末標明頒布時間爲『大中五年六月』。考舊唐書宣宗紀云：『大中元年……二月丁卯，制：憲宗第十七子惕封彭王，第十八子惴爲棣王；皇第五子澤爲濮王，第六子潤爲鄂王。敕修百福殿。』舊唐書卷一百七十五載：『鄂王潤，（宣宗）第六子也。大中五年封，乾符三年薨。』新唐書宣宗紀云：『（大中）五年……六月，封子潤爲鄂王。』新唐書卷八十二載：『鄂王潤，大中五年始王。乾符三年薨。』資治通鑑卷二百四十九載：『（大中）五年……六月，立皇子潤爲鄂王。』册府元龜卷二百六十五宗室部封建第四載：『鄂王潤，宣宗第六子。大中五年封。』考新唐書卷一百三十二云：『大中二年，（蔣伸）以右補闕爲史館修撰，轉駕部郎中，知制誥。』全唐文卷七百八十八：『（蔣伸）大中二年入爲右補闕史館修撰，轉駕部郎中，知制誥。』故此文撰寫時

間當在大中二年以後，則不取舊唐書宣宗紀所載『大中元年……二月丁卯』。據上述史籍所載，則此制文頒布時間爲大中五年（八五一）六月，其撰寫時間當在是時稍前。又，蔣伸，傳見舊唐書卷一百四十九、新唐書卷一百三十二、全唐文卷七百八十八中。舊唐書其本傳載：『（蔣）伸，登進士第，歷佐使府。大中初入朝，右補闕、史館修撰，轉中書舍人，召入翰林爲學士。自員外郎中至户部侍郎、學士承旨，轉兵部侍郎。大中末，中書侍郎、平章事。』

〔二〕周家受命，諸子疏封：『疏封』，分封。帝王把土地或爵位分賜給臣子。唐元稹追封王蟠母李氏等：『朕宅帝位，思弘大孝，乃詔執事，追用疏封。』唐白居易崔元備張惟素鄭覃陸瀍韋弘景賜爵制：『賞不敢忘，爵不敢愛，爾宜疏封，服命而揚之。』指周武王始行分封之制，事見史記周本紀：『於是（武王）封功臣謀士，而師尚父爲首封。封尚父於營丘，曰齊。封弟周公旦於曲阜，曰魯。封召公奭於燕。封弟叔鮮於管，弟叔度於蔡。餘各以次受封。』

〔三〕漢氏造邦：『造邦』，甲庫本作『造封』。『造邦』，創立國家。明方孝孺憫知賦哀葉廷振：『昔洙泗之啓聖兮，異才森其并出。大或優於造邦兮，小猶易夫千室。』明王錡寓圃雜記卷第五：『時太祖帝造邦，法制嚴峻，友復堅阻之。』

〔四〕五等垂制：『五』，文苑英華、明鈔本、四庫全書、甲庫本、全唐文、適園叢書均作『二』。『垂

制』，四庫全書作『垂訓』。『五等』，五個等級。禮記王制：『王者之制禄爵，公、侯、伯、子、男五等。』孟子萬章下：『天子一位、公一位、侯一位、伯一位、子男同一位，凡五等也。』孫奭疏：『孟子所言周制，王制所言夏商之制也。』指漢高祖封爵之事。事見漢書高帝紀：『帝乃西都洛陽。夏五月，兵皆罷歸家。詔曰：「諸侯子在關中者，復之十二歲，其歸者半之。民前或相聚保山澤，不書名數，今天下已定，令各歸其縣，復故爵田宅，吏以文法教訓辨告，勿笞辱。民以饑餓自賣爲人奴婢者，皆免爲庶人。軍吏卒會赦，其亡罪而亡爵及不滿大夫者，皆賜爵爲大夫。故大夫以上，賜爵各一級。其七大夫以上，皆令食邑；非七大夫以下，皆復其身及户，勿事。」又曰：「七大夫、公乘以上，皆高爵也。諸侯子及從軍歸者，甚多高爵，吾數詔吏先與田宅，及所當求於吏者，亟與。爵或人君，上所尊禮，久立吏前，曾不爲決，甚亡謂也。異日秦民爵公大夫以上，令丞與亢禮。今吾於爵非輕也，吏獨安取此！且法以有功勞行田宅，今小吏未嘗從軍者多滿，而有功者顧不得，背公立私，守尉長吏教訓甚不善。其令諸吏善遇高爵，稱吾意。且廉問，有不如吾詔者，以重論之。」……甲申，始剖符封功臣曹參等爲通侯。詔曰：「齊，古之建國也，今爲郡縣，其復以爲諸侯。將軍劉賈數有大功，及擇寬惠修絜者，王齊、荆地。」春正月丙午，韓王信等奏請以故東陽郡、鄣郡、吴郡五十三縣立劉賈爲荆王；以碭郡、薛郡、郯郡三十六縣立

弟文信君交爲楚王。壬子，以雲中、雁門、代郡五十三縣立兄宜信侯喜爲代王；以膠東、膠西、臨淄、濟北、博陽、城陽郡七十三縣立子肥爲齊王；以太原郡三十一縣爲韓國，徙韓王信都晉陽。』

〔五〕式崇藩屏：『藩屏』，屏障。語本詩大雅板：『价人維藩，大師維垣，大邦維屏，大宗維翰。』唐劉禹錫游桃源一百韻：『重巖是藩屏，馴鹿受羈靮。』

〔六〕必稽典憲：『典憲』，法典，典章。後漢書應劭傳：『逆臣董卓，蕩覆王室，典憲焚燎，靡有孑遺，開辟以來，莫或茲酷。』三國魏曹植聖皇篇詩：『沉吟有愛戀，不忍聽可之。迫有官典憲，不得顧恩私。』

〔七〕太宗創久長之業：『久長』，甲庫本作『九重』。『太宗』，即唐太宗，傳見舊唐書太宗紀、新唐書太宗紀。

〔八〕乃建親親：『親親』，文苑英華、四庫全書、全唐文均作『親賢』。『親親』，愛自己的親屬。詩小雅伐木序：『親親以睦，友賢不棄，不遺故舊，則民德歸厚矣。』孔穎達疏：『既能內親其親以使和睦，又能外友其賢而不棄，不遺忘久故之恩舊而燕樂之。』漢書翼奉傳：『古者朝廷必有同姓以明親親，必有異姓以明賢賢，此聖王之所以大通天下也。』

〔九〕廣分土宇：『土宇』，疆土，國土。後漢書荀彧傳：『公前屠鄴城，海內震駭，各懼

不得保其土宇，守其兵衆。』唐劉知幾史通雜述：『九州土宇，萬國山川，物産殊宜，風化異俗。』

（十）朕獲承丕構：『丕構』，猶大業。新唐書劉蕡傳：『朕顧唯昧道，祇荷丕構，奉若謨訓，不敢怠荒。』舊五代史唐書末帝紀上：『鄂王輕捨宗祧，不克負荷，洪基大寶，危若綴旒，須立長君，以紹丕構。』

（十一）敢廢彝章：『彝』，四庫全書作『舊』。『彝章』，常典，舊典。南朝梁任昉爲范尚書讓吏部封侯第一表：『矜臣所乞，特迴寵命，則彝章載穆，微物知免。』唐司空圖上考功狀：『共仰推公之志，敢忘效報之心，克振彝章，必光僉議。』

（十二）非惟永保於皇基：『惟』，文苑英華作『唯』。『皇基』，帝王的基業。漢班固西都賦：『圖皇基於億載，度宏規而大起。』三國志吴書胡綜傳：『黄農創代，拓定皇基。』

（十三）第六男潤：即唐宣宗之子李潤，傳見舊唐書卷一百七十五、新唐書卷八十二。舊唐書其本傳載：『鄂王潤，（宣宗）第六子也。大中五年封，乾符三年薨。』

（十四）誠明自至：『自』，文苑英華、全唐文作『日』。『誠明』，至誠之心和完美的德性。語出禮記中庸：『自誠明謂之性，自明誠謂之教，誠則明矣，明則誠矣。』鄭玄注：『由至誠而有明德，是聖人之性者也。』唐李翺復性書上：『不知者謂夫子之徒不足以窮性命之道，信之

者皆是也。有問於我，我以吾之所知而傳焉，遂書於書，以開誠明之源。』
（十五）動由義訓：『義訓』，大義的垂訓。晋杜預春秋經傳集解序：『曲從義訓，以示大順。』泛指教誨。宋曾鞏代皇太子免延安郡王第一表：『而況皇帝陛下處父子之間，常先義訓，君臣之際，每徇公言。』元郝經渾源劉先生哀辭序：『格言義訓，雖屢得聞，而頑鈍椎魯之資，桿棘而不入。』
（十六）周旋知爲善之樂：『周旋』，古代行禮時進退揖讓的動作。禮記樂記：『升降上下，周還裼襲，禮之文也。』陸德明釋文：『還，音旋。』孔穎達疏：『周謂行禮周曲迴旋也。』孟子盡心下：『動容周旋中禮者，盛德之至也。』引申爲交往；交際應酬。三國魏曹操與荀彧追傷郭嘉書：『郭奉孝年不滿四十，相與周旋十一年，險阻艱難，皆共罹之。』朱子語類卷一三六：『王導爲相，只周旋人過一生。嘗有坐客二十餘人，逐一稱贊。』
（十七）謙和無自伐之心：『自伐』，自誇，自誇其功。老子：『自伐者無功，自矜者不長。』漢賈誼新書先醒：『昔者虢君驕恣自伐，諂諛親貴。』
（十八）是可以膺犬牙之封：『犬牙』，像犬牙般交錯。多指地形、地勢。墨子備城門：『靈丁，三丈一，犬牙施之。』岑仲勉簡注：『犬牙，交錯也。』後漢書魯恭傳：『建初七年，郡國螟傷稼，犬牙緣界，不入中牟。』

〔十九〕厚麟趾之慶：『麟趾』，麟足。漢書武帝紀：『詔曰：「有司議曰，往者朕郊見上帝，西登隴首，獲白麟以饋宗廟，渥洼水出天馬，泰山見黄金，宜改故名。今更黄金爲麟趾褭蹏以協瑞焉。」』顔師古注：『應劭曰：「獲白麟，有馬瑞，故改鑄黄金如麟趾褭蹏以協嘉祉也……」武帝欲表祥瑞，故普改鑄爲麟足馬蹏之形以易舊法耳。』後以之爲金錠的名稱。清龔自珍己亥雜詩之一一八：『麟趾褭蹏式可尋，何須番舶獻其琛？』

〔二十〕授以茅社：『茅社』，亦作『茆社』。古天子分封諸侯，授之茅土使歸國立社，稱作茅社。書禹貢：『厥貢惟土五色。』孔傳：『王者封五色土爲社。建諸侯，則各割其方色土與之使立社，燾以黄土，苴以白茅，茅取其潔，黄取王者覆四方。』晋書汝南王亮等傳序：『功臣無立錐之地，子弟君不使之人。徒分茅社，實傳虚爵。』

〔二十一〕錫其桐珪：『桐珪』，亦作『桐圭』。史記晋世家：『成王與叔虞戲，削桐葉爲珪以與叔虞，曰：「以此封若。」……於是遂封叔虞於唐。』後以『桐珪』指帝王封拜的符信。唐王勃乾元殿頌：『桐珪作瑞，鳳毛曜丹穴之英；茅壤分維，麟距冠元邱之俊。』

〔二十二〕俾爲戚藩：『戚藩』，亦作『戚蕃』。近親藩王。晋劉琨勸進表：『社稷時難，則戚藩定其傾；郊廟或替，則宗哲纂其祀。』南朝齊王儉褚淵碑文：『屬值三季在辰，戚蕃内侮。』

李周翰注：『戚蕃，謂諸王也。』

〔二十三〕亦宜繼二南之慶躅：『亦』，文苑英華、全唐文作『爾』。『慶』，文苑英華作『美』。『二南』，指詩的周南和召南。晉書樂志上：『周始二南，風兼六代。』南朝梁劉勰文心雕龍明詩：『興發皇世，風流二南。』『躅』，足迹，行迹。爾雅序：『企望塵躅。』南朝齊孔稚珪北山移文：『塵游躅於蕙路。』

〔二十四〕習三雍之舊儀：『三雍』，亦稱『三雍宮』。漢時對辟雍、明堂、靈臺的總稱。漢書河間獻王傳：『武帝時，獻王來朝，獻雅樂，對三雍宮及詔策所問三十餘事。』顔師古注引應劭曰：『辟雍、明堂、靈臺也。雍，和也，言天地君臣人民皆和也。』後漢書儒林傳上：『中元元年，初建三雍。明帝即位，親行其禮。』

〔二十五〕敬服斯言：『敬服』，敬重信服，尊重佩服。後漢書霍諝傳：『（霍諝）性明達篤厚，能以恩信化誘殊俗，甚爲羌胡所敬服。』三國志蜀書秦宓傳：『答問如響，應聲而出，於是温大敬服。』

〔二十六〕用光禮命：『禮命』，指國家的禮籍和君王的策命。周禮天官小宰：『五曰聽禄位以禮命。』王安石新義：『聽禄位以禮命者，禮有數，命有等，禄位視此制之故也。』孫詒讓

正義：『禮命，謂國之禮籍，王之策命。』

封衛王灌等制〔一〕

門下：朕聞先王建萬國〔二〕、親諸侯也。周漢建藩樹屏〔三〕，我國家以錫土分茅〔四〕，沖人敢易彝制〔五〕，爰稽典禮〔六〕，式固家邦〔七〕。第三男灌等〔八〕，生則岐嶷〔九〕，幼而徇齊〔十〕，忠厚實見其天資〔十一〕，才識若符於神授〔十二〕。敦詩聞禮，不假其師嚴〔十三〕；踐義由仁，同勞於庭訓〔十四〕，術通六藝之妙〔十五〕，學奧百氏之書〔十六〕。是宜邀桐葉之榮〔十七〕，舉梓材之誥〔十八〕，胙以土宇〔十九〕，誓之河山〔二十〕。我圖爾居，以謹王度〔二十一〕，無懈其位，永孚於守〔二十二〕。第三男灌可封衛王，第十一男濰可封廣王〔二十三〕。宜令有司，擇日備禮册命〔二十四〕。主者施行〔二十五〕。大中十一年六月二十八日。

校箋

〔一〕本文又見於全唐文卷七十九，署名唐宣宗。此文文末標明頒布時間爲『人中十一年六

月二十八日』，考舊唐書宣宗紀云：『（大中）十一年……六月……制：皇第三男灌封衛王，第十一男瀰封廣王。』舊唐書卷一百七十五載：『衛王灌，大中十一年封，十四年薨。』『廣王瀰，大中十一年封。』新唐書宣宗紀云：『（大中）十年……九月，封子灌爲衛王……（大中）十一年……八月，封子瀰爲廣王。』新唐書卷八十二載：『廣王瀰，大中十一年始王，與衛王同封。衛王灌，大中十四年薨。』資治通鑑卷二百四十九載：『（大中）十一年……六月……甲午，立皇子灌爲衛王，瀰爲廣王。』册府元龜卷二百六十五載：『衛王灌，宣宗子。大中十一年封。廣王瀰，宣宗子。大中十一年封。』據上述史籍所載，此制文頒布時間爲大中十一年（八五七）六月甲午（二十八日）。其撰寫時間當在是時稍前。

（二）朕聞先王建萬國：『萬國』，萬邦，天下，各國。易乾：『首出庶物，萬國咸寧。』史記東越列傳：『今小國以窮困來告急天子，天子弗振，彼當安所告愬，又何以子萬國乎？』

（三）周漢建藩樹屏：『建』，四庫全書、甲庫本作『封』。『周漢』，指周朝和漢朝。『樹屏』，建立藩屏。書康王之誥：『乃命建侯樹屏，在我後之人。』孔穎達疏：『封立賢臣爲諸侯者，樹之以爲藩屏。』舊唐書德宗順宗諸子傳論：『洎乎周漢，始以子弟建侯樹屏，以作維城。』

（四）我國家以錫土分茅：『錫土』，賜土封國。三國志魏書董昭傳：『昭受恩非凡。』裴

松之注引獻帝春秋：『昔周旦、吕望……功勳若彼，猶受上爵，錫土開宇。』『分茅』，分封王侯。古代分封諸侯，用白茅裹着泥土授予被封者，象徵授予土地和權力。晉書八王傳贊：『有晉鬱興，載崇藩翰，分茅錫瑞，道光恒典。』唐楊巨源重送胡大夫赴振武詩：『向年擢桂儒生業，今日分茅聖主恩。』

〔五〕冲人敢易彝制：『冲人』，年幼的人。多爲古代帝王自稱的謙辭。書盤庚下：『肆予冲人，非廢厥謀。』孔傳：『冲，童。』孔穎達疏：『冲、童，聲相近，皆是幼小之名。自稱童人，言己幼小無知，故爲謙也。』漢焦贛易林需之無妄：『戴璧秉珪，請命於河，周公作誓，冲人瘳愈。』『彝制』，常制，一定的法制。唐薛廷珪授裴迪太僕卿元鎬京兆少尹盧玭國子司業等制：『天子擢侯府之彦，升諸周行，掄材獎勞，斯謂彝制。』宋岳飛再乞寢罷劉康年僞乞恩澤札子：『國家封爵，自有彝制，豈可躐等超遷，有紊舊章。』

〔六〕爰稽典禮：『典禮』，制度禮儀。易繫辭上：『聖人有以見天下之動，而觀其會通，以行其典禮。』後漢書延篤傳：『朝則誦義文之易，虞夏之書，歷公旦之典禮，覽仲尼之春秋。』

〔七〕式固家邦：『家邦』，明鈔本、全唐文作『邦家』。『家邦』，本指家與國，亦泛指國家。詩大雅思齊：『刑于寡妻，至于兄弟，以御于家邦。』南朝梁任昉爲蕭揚州薦士表：『臣位任隆重，

義兼家邦，實欲使名實不違，僥幸路絶。」

〔八〕第三男灌等：『第三男灌』，即唐武宗之子李灌，傳見舊唐書卷一百七十五、新唐書卷八十二。舊唐書其本傳載：『衛王灌，大中十一年封，十四年薨。』

〔九〕生則岐嶷：『岐嶷』，詩大雅生民：『誕實匍匐，克岐克嶷。』朱熹集傳：『岐嶷，峻茂之狀。』後多以『岐嶷』形容幼年聰慧。東觀漢記馬客卿傳：『馬客卿幼而岐嶷，年六歲，能接應諸公，專對賓客。』

〔十〕幼而徇齊：『徇齊』，疾速。引申爲敏慧。史記五帝本紀：『弱而能言，幼而徇齊。』裴駰集解：『徇，疾；齊，速也。言聖德幼而疾速也。』唐陳子昂諫靈駕入京書：『陛下以徇齊之聖，承宗廟之重。』

〔十一〕忠厚實見其天資：『忠厚』，忠實厚道。荀子禮論：『禮者謹於治生死者也……故事生不忠厚，不敬文，謂之野；送死不忠厚，不敬文，謂之瘠。』楊倞注：『忠厚，忠心篤實。』史記鄭世家：『子産者，鄭成公少子也。爲人仁愛人，事君忠厚。』

〔十二〕才識若符於神授：『才識』，才能識見。晋葛洪抱朴子遐覽：『既才識短淺，又年尚少壯，意思不專，俗情未盡。』唐韓愈謝許受王用男人事物狀：『臣才識淺薄，詞藝荒蕪，所撰碑文，

大材濟時危。」

故非天墮地出，異才絶學，如有鬼告神授。」唐岑參過梁州奉贈張尚書大夫公詩：『英雄若神授，

不能備盡事迹。」『神授』，謂神明所授與。南朝梁王僧孺從子永寧令謙誄：『若其孝親睦友，

〔十三〕敦詩聞禮，不假其師嚴：『聞禮』，明鈔本、甲庫本作『閲禮』。『不假』，不借用。

三國魏嵇康與山巨源絶交書：『仲尼不假蓋於子夏，護其短也。』隋王通中説王道：『子之家

六經畢備，朝服祭器不假。』阮逸注：『不假借。』

〔十四〕同勞於庭訓：『同』，四庫全書、全唐文、適園叢書作『罔』。『庭訓』，論語季

氏記孔子在庭，其子伯魚趨而過之，孔子教以學詩、禮。後因稱父教爲『庭訓』。舊唐書劉贊傳：『贊

久爲廉察，厚斂殖貨，務貢奉以希恩。子弟皆虧庭訓，雖童年稚齒，便能侮易驕人，人士鄙之。』

〔十五〕術通六藝之妙：『六藝』，亦作『六蓺』。指儒家的『六經』，即禮、樂、書、詩、易、

春秋。史記滑稽列傳：『孔子曰：「六藝於治一也。禮以節人，樂以發和，書以道事，詩以達意，

易以神化，春秋以義。」』晋葛洪抱朴子安貧：『六藝備研，八索必該，斯則富矣。』

〔十六〕學奥百氏之書：『氏』，甲庫本、四庫全書、全唐文作『代』。『百氏』，猶言諸子百家。

漢書叙傳下：『緯六經，綴道綱，總百氏，贊篇章。』南朝梁江淹知己賦：『采圖辨緯，游機訪曆，

潛志百氏，沉神六經。』

〔十七〕是宜邀桐葉之榮：『邀』，明鈔本、甲庫本、四庫全書、全唐文、適園叢書作『敷』。『榮』，全唐文、適園叢書作『策』。『桐葉』，典出史記晋世家：『成王與叔虞戲，削桐葉爲珪以與叔虞，曰：「以此封若。」……於是遂封叔虞於唐。』後以『桐珪』指帝王封拜的符信。唐王勃乾元殿頌：『桐珪作瑞，鳳毛曜丹穴之英；茅壤分維，麟距冠元邱之俊。』此處『桐葉』與『桐珪』意同。

〔十八〕舉梓材之誥：『梓材』，指優質的木材。書梓材：『若作梓材，既勤樸斲，惟其塗丹雘。』蔡沈集傳：『梓，良材，可爲器者。』周秉鈞易解：『梓材，材之美者。』晋張華勵志詩：『如彼梓材，弗勤丹漆，雖勞樸斲，終負素質。』喻指二王才器之美。

〔十九〕胙以土宇：『宇』，全唐文作『守』。『土宇』，疆土，國土。後漢書荀彧傳：『公前屠鄴城，海内震駭，各懼不得保其土宇，守其兵衆。』唐劉知幾史通雜述：『九州土宇，萬國山川，物産殊宜，風化異俗。』

〔二十〕誓之河山：『之』，四庫全書、全唐文、適園叢書作『以』。『河山』，疆域，國土。史記趙世家：『燕秦謀王之河山，間三百里而通矣。』

（二十一）以謹王度：『王度』，先王的法度。漢張衡東京賦：『奢未及侈，儉而不陋。規遵王度，動中得趣。』薛綜注：『度，先王之法度，舉動合禮之意也。』宋司馬光讀潁公清風集詩之一：『伊臯垂訓皆王度，周召陳詩盡國風。』

（二十二）永孚於守：『守』，明鈔本、四庫全書、甲庫本、全唐文、適園叢書作『休』。

（二十三）第十一男瀍可封廣王：『第十一男瀍』，即唐武宗之子李瀍，傳見舊唐書卷一百七十五、新唐書卷八十二。舊唐書其本傳載：『廣王瀍，大中十一年封。』

（二十四）宜令有司，擇日備禮册命：『有司』，官吏。古代設官分職，各有專司，故稱。書大禹謨：『好生之德，洽于民心，兹用不犯于有司。』漢桓寬鹽鐵論疾貪：『今一二則責之有司，有司豈能縛其手足而使之無爲非哉？』『備禮』，謂禮儀周備。詩小雅魚麗序：『美萬物盛多，能備禮也。』漢蔡邕郭有道碑：『州郡聞德，虚己備禮，莫之能致。』『册命』，古代帝王封立繼承人、后妃及諸王大臣的命令。書顧命：『太史秉書，由賓階隮，御王册命。』孔穎達疏引鄭玄曰：『太史東面，於殯西南而讀策書，以命王嗣位之事。』

（二十五）主者施行：謂朝廷法令送交主管部門執行。後漢書黃瓊傳：『使中常侍以瓊奏屬主者施行。』後作公文常用語。唐元稹許劉總出家制：『宜賜法號大覺，仍賜僧臘五十夏。主者

施行。』

封蘄王緝等制〔一〕

門下：朕祇承祖業〔二〕，獲奉寶圖〔三〕，常欲茂枝葉於千齡〔四〕，壯根本於九族〔五〕。所以建茲茅社〔六〕，分命親賢〔七〕，參酌令儀〔八〕，用垂嘉稱〔九〕。順宗皇帝第二十八子緝〔十〕，憲宗皇帝第二十子憒〔十一〕，瑶源挺秀〔十二〕，朱邸傳芳〔十三〕，生於宮壼之中〔十四〕，雅得詩書之奧〔十五〕。加以温恭成性〔十六〕，孝敬日聞，不勞保傅之嚴〔十七〕，已彰間平之德〔十八〕。是宜疏封大國〔十九〕，屏衛本朝〔二十〕，錫介圭於明廷〔二十一〕，固磐石於清廟〔二十二〕。於戲！謹爾侯度〔二十三〕，敬我典章〔二十四〕，無怠無荒〔二十五〕，往承休命〔二十六〕。緝可蘄王，憒可榮王。仍令所司，擇日備禮册命。咸通二年十一月。

校箋

〔一〕四庫全書、適園叢書本文題作封蘄王等制。此文文末標明頒布時間爲『咸通二年十一

月』。考册府元龜卷二百六十五宗室部封建第四載：『鄄王緝，順宗第二十三子。咸通八年封。』文末王欽若注曰：『臣欽若等按：順宗永貞至懿宗咸通，凡六十一歲始受，史臣之誤也。』又載：『榮王憒，憲宗子。咸通三年封。』舊唐書卷一百七十五云：『榮王憒，咸通三年封，廣明元年八月十九日，授開府儀同三司，守司空，其年十月九日薨。』新唐書懿宗紀云：『（咸通）三年……十一月，封叔祖緝爲蘄王，叔憒榮王。雲南蠻寇安南。』新唐書卷八十二載：『蘄王緝，王六年，咸通八年薨。』新唐書卷八十二又載：『榮王憒，咸通三年始王。』資治通鑑卷二百五十載：『（咸通）三年……冬，十月，丙申朔，立皇子佾爲魏王，侹爲涼王，佶爲蜀王。十一月，立順宗子緝爲蘄王，憲宗子憒爲榮王。』據上述史籍所載，原文『咸通二年』當爲『咸通三年』之誤。則此制文頒布時間應爲咸通三年（八六二）十一月。其撰寫時間當在是時稍前。

〔二〕朕祇承祖業：適園叢書作『朕承祖業』。『祇承』，猶祇奉、敬奉。書大禹謨：『文命敷于四海，祇承于帝。』唐沈亞之秦夢記：『侍女祇承，分立左右者數百人。』

〔三〕獲奉寶圖：『寶圖』，皇位，帝業。周書武帝紀上：『朕祇承寶圖，宜遵故實。』唐柳宗元禮部爲文武百僚請聽政表之二：『陛下以聰明睿聖，嗣守寶圖。』

〔四〕常欲茂枝葉於千齡：『枝葉』，喻同宗的旁支。左傳文公七年：『公族，公室之枝葉也；

若去之，則本根無所庇蔭矣。』周書元偉傳：『雖天厭魏德，鼎命已遷，枝葉榮茂，足以逾於前代矣。』

〔五〕壯根本於九族：『九族』，以自己爲本位，上推至四世之高祖，下推至四世之玄孫。書堯典：『克明俊德，以親九族。』孔傳：『以睦高祖、玄孫之親。』一説父族四、母族三、妻族二爲九族，見孫星衍尚書今古文注疏引夏侯歐陽等説。漢書高帝紀上：『置宗正官以序九族。』

〔六〕所以建茲茅社：『茅社』，亦作『茆社』。古天子分封諸侯，授之茅土使歸國立社，稱作茅社。書禹貢：『厥貢惟土五色。』孔傳：『王者封五色土爲社。建諸侯，則各割其方色土與之使立社，燾以黄土，苴以白茅，茅取其潔，黄取王者覆四方。』晉書汝南王亮等傳序：『功臣無立錐之地，子弟君不使之人。徒分茅社，實傳虚爵。』

〔七〕分命親賢：『親賢』，親戚與賢臣。南朝梁任昉齊竟陵文宣王行狀：『地尊禮絶，親賢莫貳。』呂向注：『位居尊重之地，與百官禮儀隔絶，則親戚賢臣皆無有二心也。』南史宋宗室及諸王傳上論：『自古帝王之興，雖係之於歷數，至於經啓多難，莫不兼藉親賢。』

〔八〕參酌令儀：『參酌』，猶商討。資治通鑒唐僖宗乾符四年：『（宋威）迹狀如此，不應復典兵權，願與内大臣參酌，早行罷黜。』明唐順之條陳海防經略事疏：『以所見所聞，會同督撫胡宗憲等參酌議論。』『令儀』，盛美的典禮。樂府詩集燕射歌辭三周朝饗樂章：『衣冠

濟濟，鐘磬洋洋，令儀克盛，嘉會有章。』

〔九〕用垂嘉稱：『嘉稱』，美稱。晋張載酃酒賦：『垂嘉稱於百代，信人神之所悦。』北魏酈道元水經注 汝水：『汝水又東爲周公渡，藉承休之徽號，而有周公之嘉稱也。』

〔十〕順宗皇帝第二十八子緝：順宗子李緝，傳見舊唐書卷一百五十、新唐書卷八十二。舊唐書其本傳載：『蘄王緝，順宗第二十二子。咸通八年薨。』

〔十一〕憲宗皇帝第二十子憤：憲宗子李憤，傳見舊唐書卷一百七十五、新唐書卷八十二。舊唐書其本傳載：『榮王憤，咸通三年封，廣明元年八月十九日，授開府儀同三司，守司空，其年十月九日薨。其子令平嗣王。』

〔十二〕瑶源挺秀：『瑶源』，帝王的族系。泛指家世不凡的人。樂府詩集 郊廟歌辭九 北齊享廟樂辭：『瑶源瀰瀉，瓊根愈秀。』南朝梁江淹宋故銀青光禄大夫孫敻墓志文：『碧葉獨秀，瑶源自清。』『挺秀』，秀異出衆，挺拔秀麗。晋潘尼釋奠頌：『篤生上嗣，繼期挺秀。』明無名氏鳴鳳記 秋夜女工：『人豪挺秀，邈焉寡儔，定應荆楚旋歌奏。』

〔十三〕朱邸傳芳：『朱邸』，漢諸侯王第宅，以朱紅漆門，故稱朱邸。後泛指貴官府第。參見本卷封棣王惴制校箋〔十三〕。

〔十四〕生於宮壺之中：『宮壺』，猶言帝王後宮。南史后妃傳論：『文宣宮壺，無聞於喪德；後主嗣業，實敗於椒房，既曰牝晨，亦唯家之索也。』唐張説潁川夫人陳氏碑：『神龍三年六月五日，北軍作難，西華失守，騎入宮壺，兵纏御樓。』

〔十五〕雅得詩書之奧：『詩書』，泛指書籍。唐杜甫聞官軍收河南河北詩：『却看妻子愁何在？漫卷詩書喜欲狂。』醒世恒言兩縣令競義婚孤女：『那潘華自恃家富，不習詩書，不務生理，專一嫖賭爲事。』

〔十六〕加以温恭成性：『温恭』，温和恭敬。書舜典：『濬哲文明，温恭允塞。』孔穎達疏：『温和之色，恭遜之容。』詩商頌那：『自古在昔，先民有作。温恭朝夕，執事有恪。』

〔十七〕不勞保傅之嚴：『不勞』，四庫全書作『不假』。『保傅』，古代保育、教導太子等貴族子弟及未成年帝王、諸侯的男女官員。戰國策秦策三：『居深宮之中，不離保傅之手。』漢賈誼治安策：『及太子既冠成人，免於保傅之嚴，則有記過之史，徹膳之宰。』

〔十八〕已彰間平之德：『間平』，漢河間獻王劉德、東平憲王劉蒼的合稱。兩人皆有賢名。後因以『間平』指宗室藩王中之賢者。南史梁宗室傳論：『安成、南平、鄱陽、始興俱以名迹著美，蓋亦有梁之間、平也。』唐王勃平臺秘略論褒客：『斯實藩邸之盛事，間平之用心也。』

〔十九〕是宜疏封大國：『是』，明鈔本作『南』。『疏封』，分封。帝王把土地或爵位分賜給臣子。唐元稹追封王蟠母李氏等：『朕宅帝位，思弘大孝，乃詔執事，追用疏封。』唐白居易崔元備張惟素鄭覃陸灃韋弘景賜爵制：『賞不敢忘，爵不敢愛，爾宜疏封，服命而揚之。』

〔二十〕屏衛本朝：『本朝』，明鈔本作『大朝』。『屏衛』，猶護衛。明史肅莊王楧傳：『臣祖莊王受封邊境，操練征戍，屏衛天家。』

〔二十一〕錫介圭於明廷：『介圭』，亦作『介珪』。大圭。圭，上尖下方的一種玉。書顧命：『太保承介圭。』孔傳：『大圭尺二寸，天子守之。』詩大雅崧高：『錫爾介圭，以作爾寶。』鄭玄箋：『圭長尺二寸謂之介。非諸侯之圭。』

〔二十二〕固磐石於清廟：『磐石』，厚而大的石頭。比喻穩定堅固。戰國楚宋玉高唐賦：『磐石險峻，傾崎崕隤。巖嶇參差，從横相追。』玉臺新咏古詩爲焦仲卿妻作：『君當作磐石，妾當作蒲葦。蒲葦紉如絲，磐石無轉移。』『清廟』，即太廟。古代帝王的宗廟。詩周頌清廟：『于穆清廟，肅雍顯相。』左傳桓公二年：『是以清廟茅屋……昭具儉也。』

〔二十三〕謹爾侯度：『侯度』，爲君之法度。詩大雅抑：『質爾人民，謹爾侯度，用戒不虞。』鄭玄箋：『侯，君也。……故又戒鄉邑之大夫及邦國之君平女萬民之事，慎女爲君之法度，

用備不億度而至之事。』晉陸雲贈顧驃騎有皇詩：『敬子侯度，慎徽百辟。』

〔二十四〕敬我典章：『典章』，制度法令等的統稱。後漢書順帝紀：『即位倉卒，典章多缺，請條案禮儀，分別具奏。』唐韓愈請復國子監生徒狀：『國家典章，崇重庠序，近日趨競，未復本源。』

〔二十五〕無怠無荒：明鈔本作『無忌荒恣』，甲庫本作『無怠荒恣』。

〔二十六〕往承休命：『休命』，美善的命令。多指天子或神明的旨意。易大有：『君子以遏惡揚善，順天休命。』書説命下：『敢對揚天子之休命。』唐韓愈順宗實録五：『必能宣祖宗之重光，荷天地之休命。』

封棣王祤等制〔一〕

陸扆

門下：我國家奄宅中區，光啓祖業〔二〕，析珪胙土〔三〕，惟賢與親〔四〕。故本根茂而枝葉榮，王室尊而藩屏壯〔五〕。肆予眇末〔六〕，叨獲纂承〔七〕，賴至道之玄慈〔八〕，鍾列聖之餘慶。顧兹胤嗣〔九〕，實謂蕃昌〔十〕，爰稽典謨〔十一〕，用建邦土。第三男祤〔十二〕，星辰毓粹〔十三〕，岳瀆降靈〔十四〕，早彰岐嶷之姿〔十五〕，克稟徇齊之度〔十六〕。第五男禊〔十七〕，

龜龍應瑞，雕鶚淩空〔十八〕，温恭自得於天和，穎悟實由於神賦。第六男禋〔十九〕，璆琳挺秀〔二十〕，鸑鷟呈祥〔二十一〕，爰當好弄之年，雅號夙成之器〔二十二〕。第七男禕〔二十三〕，珠璣耀彩，箘簵含貞〔二十四〕，風神潛茂於端莊，質性已彰於敏惠〔二十五〕。而皆生知孝敬，志樂文儒，問安靡曠於晨昏，稟訓每由於詩、禮〔二十六〕，智有刻舟之妙，辨多對日之奇〔二十七〕。是宜分以白茅，錫其朱邸〔二十八〕，叶犬牙於漢制，光麟趾於周詩〔二十九〕。厥次名邦，境連於齊魯〔三十〕；南康奥壤，土接於荆吴〔三十一〕。琅琊敦儒素之風，遂寧實阜殷之俗〔三十二〕，咸稱重地，各服徽章〔三十三〕。於戲！器以琢成，道由學顯。勉稟君親之教，敬承友傅之規，勿追平樂之歡〔三十四〕，無好任城之勇〔三十五〕。懋建厥德〔三十六〕，永孚於休〔三十七〕。祤可封棣王，禊可封虔王，禋可封沂王，禕可封遂王〔三十八〕。仍令所司，擇日備禮册命。主者施行。熙寧元年十月。

校　箋

〔一〕此文又見於文苑英華卷四百四十五翰林制誥，文題作封棣王虔王沂王遂王制，作者陸扆。

御定淵鑒類函卷六十、卷一百七十七，全唐文亦録此文，御定淵鑒類函卷六十、明鈔本、甲庫本、全唐文此文文題與作者均同文苑英華。此文文末標注頒布時間爲『熙寧元年十月』，文苑英華、四庫全書、適園叢書標注時間爲『乾寧元年十月』。『熙寧』爲北宋神宗年號，當爲『乾寧』之誤。考舊唐書昭宗紀載：『（乾寧二年）十二月甲申朔，昭宗御延喜門受俘馘，百僚樓前稱賀。制以李克用守太師、中書令，進封晋王，食邑九千户，改賜「忠貞平難功臣」。是月，克用班師太原。制：皇第三子祤封棣王，第五子禊封虔王，第六子禋封沂王，第七子禕封遂王。』舊唐書卷一百七十五載：『棣王祤，乾寧元年十月八日封。虔王禊、沂王禋、遂王禕，并與棣王同時封册。』新唐書昭宗紀載：『（乾寧元年）十月丁酉，封子祤爲棣王，禊虔王，禋沂王，禕遂王。』新唐書卷八十二載：『棣王祤，乾寧元年始王，與虔、沂、遂三王同封。虔王禊，沂王禋，遂王禕。』資治通鑒卷二百五十九載：『（乾寧元年）冬，十月，封皇子祤爲棣王，禊爲虔王，禋爲沂王，禕爲遂王。』據上引典籍所載，則此制的頒布時間應爲乾寧元年（八九四）十月丁酉（八日），其撰寫時間當在是時稍前。又，陸扆，傳見舊唐書卷一百七十九、新唐書卷一百八十三中。舊唐書其本傳云：『陸扆字祥文，本名允迪，吴郡人。徙家於陝，今爲陝州人。曾祖澧，位終殿中侍御史。祖師德，淮南觀察支使。父鄯，陝州法曹參軍。扆，光啓二年登進士第，其年從僖宗

幸興元。九月，宰相韋昭度領鹽鐵，奏爲巡官。明年，宰相孔緯奏直史館，得校書郎，尋丁母憂免。龍紀元年冬，召授藍田尉，直弘文館，遷左拾遺，兼集賢學士。中丞柳玭奏改監察御史。大順二年三月，召充翰林學士，改屯田員外郎，賜緋。景福元年，加祠部郎中、知制誥。二年元日朝賀，面賜金紫之服。五月，拜中書舍人。扆文思敏速，初無思慮，揮翰如飛，文理俱愜，同舍服其能。天子顧待特異。嘗金鑾作賦，命學士和，扆先成。帝覽而嗟挹之，曰：「朕聞貞元時有陸贄、吴通玄兄弟，能作内庭文書，後來絶不相繼。今吾得卿，斯文不墜矣。」乾寧初，轉户部侍郎。二年，改兵部，進階銀青光禄大夫、嘉興男、三百户。三年正月，宣授學士承旨，尋改左丞。其年七月，改户部侍郎、同平章事。」

〔二〕我國家奄宅中區，光啓祖業：『奄宅』，撫定。謂統治。晋陸機答賈謐詩：『赫矣隆晋，奄宅率土。』唐元稹册文武孝德皇帝赦文：『昔我高祖太宗化隋爲唐，奄宅區夏，包舉四海。』『中區』，區中，人世間。漢蔡邕釋誨：『納玄策於聖德，宣太平於中區。』晋陸機文賦：『佇中區以玄覽，頤情志於典墳。』李善注：『中區，區中也。』『光啓』，猶言擴大。左傳襄公十年：『君若猶辱鎮撫宋國，而以偪陽光啓寡君，群臣安矣，其何貺如之。』楊伯峻注：『光啓寡君即使寡君擴大土宇。』漢應劭風俗通序：『顧惟述作之功，故聊光啓之耳。』『祖業』，祖先的功業。

常指帝王祖宗的功業。漢書終軍傳：『必待明聖潤色，祖業傳於無窮。』晉杜預春秋經傳集解序：『隱公能弘宣祖業，光啓王室。』

〔三〕析珪胙土：『析珪』，御定淵鑒類函卷一百七十七作『析圭』。『析珪』，古代帝王按爵位高低分頒玉圭。漢書司馬相如傳下：『故有剖符之封，析圭而爵。』圭，一本作『珪』。顏師古注引如淳曰：『析，中分也。白藏天子，青在諸侯。』王先謙補注：『周禮大宗伯：「以玉作六瑞，以等邦國：王執鎮圭，公執桓圭，侯執信圭，伯執躬圭。」析圭而爵，言分圭而爵之也。此蓋古語。析，即分頒之義，非中分爲二。疑如（如淳）説誤。』『胙土』，指帝王將土地賜封功臣宗室，以酬其勛勞。左傳隱公八年：『天子建德，因生以賜姓，胙之土而命之氏。』孔穎達疏：『胙，訓報也。有德之人，必有美報。報之以土，謂封之以國。』南朝宋謝靈運謝封康樂侯表：『亡祖奉國威靈，董符戎重，盡心所事，剋黜禍亂，功參盤鼎，胙土南服。』

〔四〕惟親與賢：原作『惟賢與親』，今據御定淵鑒類函卷六十改。御定淵鑒類函卷一百七十七、全唐文作『唯親與賢』。『親賢』，親戚與賢臣。南朝梁任昉齊竟陵文宣王行狀：『地尊禮絶，親賢莫貳。』呂向注：『位居尊重之地，與百官禮儀隔絶，則親戚賢臣皆無有二心也。』南史宋宗室及諸王傳上論：『自古帝王之興，雖係之於歷數，至於經啓多難，莫不兼藉親賢。』

（五）王室尊而藩屏壯：『藩屏』，屏障。語本詩大雅板：『价人維藩，大師維垣，大邦維屏，大宗維翰。』唐劉禹錫游桃源一百韻：『重巖是藩屏，馴鹿受羈靮。』

（六）肆予眇末：『肆予』，甲庫本、四庫全書作『逮予』。『眇末』，微末。古代帝王自謙之詞。後漢書和帝紀：『（永元六年三月）丙寅，詔曰：「朕以眇末，承奉鴻烈。」』南朝宋顏延之庭誥：『雖爾眇末，猶扁庸保之上；事思反己，動類念物，則其情得而人心塞矣。』

（七）叨獲纂承：『叨獲』，甲庫本、四庫全書作『罔獲』。『纂承』，繼承。後漢書樂恢傳：『陛下富於春秋，纂承大業，諸舅不宜干正王室，以示天下之私。』唐劉禹錫唐故相國李公集紀：『後王纂承，多以國柄付文士。』

（八）賴至道之玄慈：『賴至道』，四庫全書作『願至道』。『玄慈』，御定淵鑒類函卷一百七十七、全唐文作『元慈』。

（九）顧茲胤嗣：『胤嗣』，全唐文作『允嗣』。『胤嗣』，後嗣，後代。漢書杜周傳：『后妃有貞淑之行，則胤嗣有賢聖之君。』唐李復言續幽怪録定婚店：『固少孤，常願早娶，以廣胤嗣。』

（十）實謂蕃昌：『蕃昌』，適園叢書作『藩昌』。『蕃昌』，蕃衍昌盛。左傳閔公元年：『屯固、比入，吉孰大焉？其必蕃昌。』漢王符潛夫論忠貴：『竊亢龍之極貴者，未嘗不破亡也；

成天地之大功者，未嘗不蕃昌也。」

〔十一〕爰稽典謨：「典謨」，書中堯典、舜典和大禹謨、皋陶謨等篇的并稱。書序：「典謨訓誥誓命之文凡百篇，所以恢弘至道，示人主以軌範也。」漢書揚雄傳下：「典、謨之篇，雅、頌之聲，不温純深潤，則不足以揚鴻烈而章緝熙。」

〔十二〕第三男裍：謂棣王李裍，傳見舊唐書卷一百七十五、新唐書卷八十二。舊唐書其本傳載：「棣王裍，乾寧元年十月八日封。虔王禊、沂王禋、遂王褘，并與棣王同時封册。」

〔十三〕星辰毓粹：「毓粹」，御定淵鑒類函卷六十作「毓瑞」。「毓粹」，猶毓精。唐張説唐昭容上官氏文集序：「非夫元黄毓粹，貞明助思，衆妙扶識，群靈挾志，誕異人之寶，授興王之瑞，其孰能臻斯懿乎？」

〔十四〕岳瀆降靈：「岳瀆」，五岳和四瀆的并稱。漢蔡邕陳太丘碑文：「徵士陳君稟岳瀆之精，苞靈曜之純。」李善注引孝經援神契：「五岳之精雄聖，四瀆之精仁明。」後漢書順帝紀：「京師旱。庚辛，敕郡國二千石各禱名山岳瀆。」

〔十五〕早彰岐嶷之姿：「岐嶷」，詩大雅生民：「誕實匍匐，克岐克嶷。」朱熹集傳：「岐嶷，峻茂之狀。」後多以「岐嶷」形容幼年聰慧。東觀漢記馬客卿傳：「馬客卿幼而岐嶷，年六歲，

能接應諸公，專對賓客。』北魏楊衒之洛陽伽藍記追光寺：『略生而岐嶷，幼則老成，博洽群書。』

〔十六〕克稟徇齊之度：『徇齊』，疾速。引申爲敏慧。史記五帝本紀：『弱而能言，幼而徇齊。』裴駰集解：『徇，疾；齊，速也。言聖德幼而疾速也。』唐陳子昂諫靈駕入京書：『陛下以徇齊之聖，承宗廟之重。』

〔十七〕第五男禊：謂虔王李禊，傳見舊唐書卷一百七十五、新唐書卷八十二。舊唐書其本傳載：『棣王祤，乾寧元年十月八日封。虔王禊、沂王禋、遂王褘，并與棣王同時封册。』

〔十八〕雕鶚凌空：『雕鶚』，原作『雕鴞』，今據御定淵鑒類函卷六十、全唐文、適園叢書改。比指雕與鶚。猛禽。語出戰國楚宋玉高唐賦：『虎豹豺兕，失氣恐喙；雕鶚鷹鷂，飛揚伏竄。』比喻才望超群者。唐杜甫奉贈嚴八閣老詩：『蛟龍得雲雨，雕鶚在秋天。』仇兆鰲注：『唐書：韋思謙爲御史大夫，見王公未嘗屈禮，曰：「耳目之官，固當特立，雕鶚鷹鸇，豈衆禽之偶。」』

〔十九〕第六男禋：謂沂王李禋，傳見舊唐書卷一百七十五、新唐書卷八十二。舊唐書其本傳載：『棣王祤，乾寧元年十月八日封。虔王禊、沂王禋、遂王褘，并與棣王同時封册。』

〔二十〕璆琳挺秀：『璆琳』，泛指美玉。爾雅釋地：『西北之美者，有昆侖虛之璆琳、瑯玕焉。』郭璞注：『璆琳，美玉名。』魏書西域傳大秦：『其土宜五穀桑麻，人務蠶田，多璆琳、瑯玕、

神龜、白馬朱鬣、明珠、夜光璧。』『挺秀』，秀異出衆；挺拔秀麗。晉潘尼釋奠頌：『篤生上嗣，繼期挺秀。』明無名氏鳴鳳記秋夜女工：『人豪挺秀，邈焉寡儔，定應荆楚旋歌奏。』

〔二十一〕鸑鷟呈祥：『鸑鷟』，鳳屬。國語周語上：『周之興也，鸑鷟鳴于岐山。』韋昭注：『三君云：鸑鷟，鳳之别名也。詩云：「鳳皇鳴矣，于彼高岡。」其在岐山之脊乎？』新編分門古今類事夢兆門中：『鳳鳥有五，色赤文章者，鳳也；青者，鸞也；黄者，鵷鶵也；紫者，鸑鷟也。』

〔二十二〕爰當好弄之年，雅號夙成之器：『好弄』，愛好游戲。宋史文苑傳五黄伯思：『自幼警敏，不好弄，日誦書千餘言。』『好弄之年』，指幼年。『夙成』，早成，早熟。後漢書袁術傳：『又聞幼主明智聰敏，有夙成之德，天下雖未被其恩，咸歸心焉。』北史周東平公神舉傳：『神舉早孤，有夙成之量。』

〔二十三〕第七男禕：謂遂王李禕，傳見舊唐書卷一百七十五、新唐書卷八十二。舊唐書其本傳載：『棣王祤，乾寧元年十月八日封。虔王禊、沂王禋、遂王禕，并與棣王同時封册。』

〔二十四〕箘簵含貞：『箘簵』，同『箘簬』，亦同『箟簬』，竹名。細而長，無節，可爲矢。嚴忌哀時命：『箟簬雜於廢蒸兮，機蓬矢以射革。』王逸注：『箟，竹也；一作菎蕗。』楚辭東方朔七諫謬諫：『菎蕗雜於廢蒸兮。』漢王逸注：『一作箟簬。』洪興祖補注：『箟與箘同，箘，

簬也。』

〔二十五〕質性已彰於敏惠：『敏惠』，文苑英華、明鈔本、御定淵鑒類函卷六十、全唐文、適園叢書作『惠敏』。

〔二十六〕問安靡曠於晨昏，禀訓每由於詩、禮：『問安』句，典出禮記文王世子：『文王之爲世子，朝於王季日三。鷄初鳴而衣服，至於寢門外，問内竪之御者曰：「今日安否何如？」内竪曰：「安。」文王乃喜。乃日中又至，亦如之；及莫又至，亦如之。其有不安節，則内竪以告文王。文王色憂，行不能正履，王季復膳，然後亦復初。食上，必在視寒煖之節；食下，問所膳。』後因以『問安視膳』爲兒子侍奉父母的禮法，即每日必問安，每食必在側。資治通鑑唐文宗開成二年：『太子當鷄鳴而起，問安視膳。』清昭槤嘯亭雜録孝親：『后喜居暢春園，上於冬季入宫之後，遲數日必往問安視膳，以盡子職。』『禀訓』句，典出論語季氏：『嘗獨立，鯉趨而過庭。曰：「學詩乎？」對曰：「未也。」「不學詩，無以言。」鯉退而學詩。他日，又獨立，鯉趨而過庭。曰：「學禮乎？」對曰：「未也。」「不學禮，無以立。」鯉退而學禮。』後以『詩禮之訓』謂子承父教。宋胡繼宗書言故事父母：『子承父教，云詩禮之訓。』

〔二十七〕智有刻舟之妙，辨多對日之奇：『辨多』，文苑英華、御定淵鑒類函卷六十、全

唐文作『辯多』。『刻舟之妙』，典出三國志魏書曹沖傳：『（沖）少聰察岐嶷，生五六歲，智意所及，有若成人之智。時孫權曾致巨象，太祖欲知其斤重，訪之群下，咸莫能出其理。沖曰：「置象大船之上，而刻其水痕所至，稱物以載之，則校可知矣。」太祖大悦，即施行焉。』喻指少年聰慧。『對日』，典出南朝宋劉義慶世説新語夙惠：『晉明帝數歲，坐元帝膝上，有人從長安來……因問明帝：「汝意謂長安何如日遠？」答曰：「日遠。不聞人從日邊來，居然可知。」元帝異之。明日，集群臣宴會，告以此意，更重問之。乃答曰：「日近。」元帝失色曰：「爾何故異昨日之言邪？」答曰：「舉目見日，不見長安。」』後因以『對日』爲形容幼年聰慧之典。北周庾信傷王司徒褒詩：『青衿已對日，童子即論天。』唐王維恭懿太子挽歌：『搿天王子去，對日聖君憐。』

〔二十八〕是宜分以白茅，錫其朱邸：『白茅』，亦作『白茆』。植物名。多年生草本，花穗上密生白色柔毛，故名。古代常用以包裹祭品及分封諸侯，象徵土地所在方位之土。易大過：『初六，藉用白茅，無咎。』孔穎達疏：『潔白之茅。』詩召南野有死麕：『野有死麕，白茅包之。』高亨注：『白茅，一種草，潔白柔滑，古人常用它包裹肉類。』『朱邸』，漢諸侯王第宅，以朱紅漆門，故稱朱邸。後泛指貴官府第。參見本卷封棣王惴制校箋〔十三〕。

〔二十九〕叶犬牙於漢制，光麟趾於周詩：『犬牙』句，典出史記孝文本紀：『（漢）高帝

封王子弟，地犬牙相制，此所謂盤石之宗也，天下服其彊，二矣。』司馬貞索隱：『言封子弟境土交接，若犬之牙不正相當而相銜入也。』謂地界接連如犬牙交錯，借以互相牽制。『麟趾』句，語出詩周南麟之趾：『麟之趾，振振公子。』鄭玄箋：『喻今公子亦信厚，與禮相應，有似於麟。』後以『麟趾』喻子孫昌盛。南朝齊王融三月三日曲水詩序：『族茂麟趾，宗固盤石。』宋蘇軾賜彰化軍節度使開府儀同三司判大宗正事宗晟上表乞還職事不允詔：『朕方慶瓜瓞之茂，而欲觀麟趾之應。』

〔三十〕厭次名邦，境連於齊魯：『厭次』，今山東陵城區境内。『名邦』，著名的地區。南朝齊謝朓酬德賦：『君紓組於名邦，貽話言於川渚。』清李漁與某郡伯書：『貴治之繁劇，甲於海内諸名邦。』『齊魯』，指今山東地區。

〔三十一〕南康奥壤，土接於荆吴：『奥壤』，文苑英華、御定淵鑒類函卷六十作『粤壤』。『土接』，文苑英華、御定淵鑒類函卷六十、全唐文作『上接』。『南康』，今江西省贛州市境内。『奥壤』，猶沃壤。唐陳子昂上西蕃邊州安危事：『甘州諸屯，皆因水利，濁河灌溉，良沃不待天時，四十餘屯，并爲奥壤。故每收獲，常不減二十萬。』明徐弘祖徐霞客游記滇游日記三：『嵩明中環海子，田澤沃美，其西之邵甸，南之楊林，皆奥壤也。』『荆吴』，春秋時的楚國與吴國，後泛指長江中下游地區。漢司馬相如上林賦：『荆吴鄭衛之聲，韶、濩、武、象之樂。』晉陸機辯亡論：『（孫

權）謀無遺謪，舉不失策，故遂割據山川，跨制荆吴，而與天下争衡矣。」

〔三十二〕琅琊敦儒素之風，遂寧實阜殷之俗：「琅琊」，原作「瑯琊」，今據文苑英華改。御定淵鑒類函卷六十作「琅邪」。「敦儒素之風」，文苑英華、御定淵鑒類函卷六十作「廓儒素之風」。「琅琊」，即今山東省臨沂市舊稱。「儒素」，儒者的素質，謂符合儒家思想的品格德行。三國志魏書袁渙傳：「霸弟徽，以儒素稱。」世説新語德行：「見者以爲真孝子。」劉孝標注引南朝宋檀道鸞續晉陽秋：「少而孤貧，能善樹節，以儒素見稱。」「遂寧」，即今四川遂寧，位於四川盆地中部腹心。「阜殷」，即「殷阜」。指富足。漢張衡西京賦：「地沃野豐，百物殷阜。」北魏酈道元水經注浿水：「睹巨海之浩茫，觀原藪之殷阜，乃曰：「斯誠海島膏腴之地，宜爲都邑。」」

〔三十三〕各服徽章：「徽章」，指褒崇封贈的策命。北周王褒周太保尉遲綱墓碑：「司勛載其弘烈，典册備其徽章。」唐陸贄册淑妃王氏爲皇后文：「稱是徽章，聿歸全德。」

〔三十四〕勿追平樂之歡：「平樂」，漢代宫觀名。後泛指園林館閣。三國魏曹植名都篇：「我歸宴平樂，美酒鬥十千。」李善注：「平樂，觀名。」唐韓翃贈張千牛詩：「急管晝催平樂酒，春衣夜宿杜陵花。」

〔三十五〕無好任城之勇：『任城』，指三國魏任城威王曹彰。晉左思魏都賦：『勇若任城，才若東阿。』張載注引蔡邕述行賦：『彰後爲任城王，植爲東阿王。』

〔三十六〕懋建厥德：『建德』，謂立有德者爲諸侯。左傳隱公八年：『天子建德，因生以賜姓，胙之土而命之氏。』杜預注：『立有德以爲諸侯。』

〔三十七〕永孚於休：此句文苑英華、御定淵鑒類函卷六十作『永享於休』，四庫全書作『無怠無荒』。『孚』，爲人所信服，使信任。左傳莊公十年：『小信未孚，神弗福也。』『休』，美好，美善。易大有：『順天休命。』鄭注：『美也。』詩豳風斧：『亦孔之休。』

〔三十八〕祤可封棣王，褉可封虔王，禋可封沂王，禕可封遂王：四庫全書作『祤可棣王，褉可虔王，禋可沂王，禕可遂王』。

封景王祕等制〔一〕

鄭　璘

門下：昔明王臨御之理〔二〕，立德於至道，茂緒於惟親〔三〕。朕嗣守丕圖，祗若鴻訓〔四〕，未嘗不稽古以建邦家，厲精以奉宗祖〔五〕。况洎漢而還，封册之重，抑有前典，焕乎彝章〔六〕。當知子之敢私，亦内舉之良愧。第八男祕〔七〕，粹和色美，謹厚自居〔八〕，踐禮樂之德文，

佩詩、書之義府〔九〕；第九男祚〔十〕，生而向善，夙賦好謙，克明教導之風，蔚有端莊之質；第十男祺〔十一〕，後星增潤，甲觀呈祥〔十二〕，妙彰岐嶷之姿〔十三〕，雅得聰明之性。又并標嘉器，皆禀温文〔十四〕，慰沃且多，寵數宜舉〔十五〕。爰擇重地，式崇其名。於戲〔十六〕！恭乃修持〔十七〕，服諸訓順，俾成磐石之固〔十八〕，允膺典禮之榮〔十九〕。勉堅令徽〔二十〕，各欽休命〔二十一〕。祕可封景王；祚可封輝王；祺可封祁王。乾寧四年十月。

校箋

〔一〕此文又見於文苑英華卷四百四十五，文題作皇帝第八男祕第九男祚第十男祺封王制。全唐文卷八百二十一亦録此文，文題同文苑英華，署名鄭璘。明鈔本、四庫全書、甲庫本、適園叢書此文題爲封景王輝王祁王制。本文文末已標明頒布時間爲『乾寧四年十月』。考舊唐書卷一百七十五云：『景王祕，乾寧四年十月二十二日封。』新唐書昭宗紀云：『（乾寧四年）十月壬子，遂州刺史侯紹叛附於王建。乙卯，合州刺史王仁威叛附於建。庚申，建陷梓州，劍南東川節度使顧彦暉死之。甲子，封子祕爲景王，祚輝王，祺祁王。』新唐書卷八十二云：『景王祕，

乾寧四年始王，與祁王同封。」資治通鑑卷二百六十一亦載：『（乾寧四年）十月……甲子，立皇子祕爲景王，祚爲輝王，祺爲祁王。」據上引典籍所載，此文頒布時間應在乾寧四年（八九七）十月甲子（二十二日）。其撰寫時間當在是時稍前。又，鄭璘，傳見全唐文卷八百二十一作者小傳：『璘字華聖，宰相從讜子。黄巢之亂，依泉州刺史王審邽。』

（二）昔明王臨御之理：『昔』，文苑英華、全唐文作『昔者』。『臨御』，謂君臨天下，治理國政。晋書后妃傳下康獻褚皇后：『當陽親覽，臨御萬國。』南朝陳徐陵陳公九錫文：『折衝四表，臨御八荒。』

（三）立德於至道，茂緒於惟親：『至道』，指最好的學説、道德或政治制度。禮記學記：『雖有嘉肴，弗食，不知其旨也；雖有至道，弗學，不知其善也。』禮記表記：『道有至，義有考。至道以王，義道以霸，考道以爲無失。』鄭玄注：『此讀當言「道有至，有義，有考」，字脱一有耳。』『茂緒』，盛業。南朝宋顔延之陽給事誄：『光昭茂緒，旌録舊勛。』唐王維與魏居士書：『足下崇德茂緒，清節冠世。』

（四）朕嗣守丕圖，祇若鴻訓：『祇』，適園叢書作『祇』。『嗣守』，繼承并遵守和保持。書顧命：『在後之侗，敬迓天威，嗣守文武大訓，無敢昬逾。』晋書慕容超載記：『今陛下嗣

守社稷，不宜以私親之故而降統天之尊。』『丕圖』，猶大業，宏圖。唐白居易答黄裳請上尊號表制：『朕以薄德，嗣守丕圖，不敢荒寧，以弘理道。』宋史 禮志十一：『非臣否德，肇此丕圖，實賴先正儲休，上玄降鑒。』『祇若』，敬順。書 說命上：『疇敢不祇若王之休命。』孔傳：『言王如此，誰敢不敬順王之美命而諫者乎？』

〔五〕未嘗不稽古以建邦家，厲精以奉宗祖：『以建邦家』，文苑英華、明鈔本、甲庫本、全唐文作『以建於邦家』，四庫全書作『建於邦家』。『厲』，全唐文作『勵』。『宗祖』，文苑英華、全唐文作『奉我皇唐之宗祖』。『稽古』，考察古事。書 堯典：『曰若稽古。帝堯曰放勛。』漢書 武帝紀贊：『高祖撥亂反正，文景務在養民，至於稽古禮文之事，猶多闕焉。』『邦家』，國家。詩 小雅 南山有臺：『樂只君子，邦家之基。』鄭玄箋：『人君既得賢者，置之於位，又尊敬以禮樂樂之，則能爲國家之本。』後漢書 皇甫規傳論：『故能功成於戎狄，身全於邦家也。』『厲精』，振奮精神。漢書 平帝紀：『令士厲精鄉進，不以小疵妨大材。』唐王勃續書序：『是用厲精激憤，宵吟晝咏，庶幾乎學而知之者，其修身慎行恐辱先也。』『宗祖』，即祖宗、先祖。禮記 祭法：『七代之所更立者，禘郊宗祖，其餘不變也。』唐韓愈元和聖德詩：『正月元日，初見宗祖。躬執百禮，登降拜俯。』

〔六〕抑有前典，焕乎彝章：『前典』，前代的典則。後漢書郎顗傳：『今陛下聖德中興，宜遵前典，惟節惟約，天下幸甚。』宋書禮志四：『魏明帝有愛女曰淑涉，三月而夭，帝痛之甚，追封謚爲平原懿公主。葬於南陵，立廟京師。無前典，非禮也。』『彝章』，常典，舊典。南朝梁任昉爲范尚書讓吏部封侯第一表：『矜臣所乞，特迴寵命，則彝章載穆，微物知免。』唐司空圖上考功狀：『共仰推公之志，敢忘效報之心，克振彝章，必光僉議。』

〔七〕第八男祕：指唐昭宗第八子李祕。傳見舊唐書卷一百七十五、新唐書卷八十二。舊唐書其本傳載：『景王祕，乾寧四年十月二十二日封。』

〔八〕粹和色美，謹厚自居：『粹和』，精純和美。唐陸龜蒙讀襄陽耆舊傳因作五百言寄皮襲美詩：『不知粹和氣，有得方大受。』唐司空圖解縣新城碑：『此府自大曆、貞元之隆，郭公、渾公繼臨，雖博厚粹和，本朝實賴，而儉德異政，舊史闕然。』『謹厚』，謹慎篤厚。墨子節用中：『彼其愛民謹忠，利民謹厚，忠信相連，又示之以利，是以終身不饜，殁世而不卷。』後漢書趙孝傳：『賊見譚似謹厚，獨令主爨，暮輒執縛。』

〔九〕佩詩、書之義府：『佩』，全唐文作『備』。『義府』，義理之府藏。常指詩、書而言。左傳僖公二十七年：『詩、書，義之府也。』南朝梁元帝侍中吴平光侯墓志：『學兼義府，談均理窟。』

〔十〕第九男祚：指唐哀帝李祚。李祚，傳見舊唐書哀帝紀、新唐書哀帝紀。舊唐書哀帝紀云：『哀皇帝諱柷，昭宗第九子，母曰積善太后何氏。景福元年九月三日，生於大内。乾寧四年二月，封輝王，名祚。』

〔十一〕第十男祺：指唐昭宗之子李祺。李祺，傳見舊唐書卷一百七十五、新唐書卷八十二。舊唐書其本傳載：『祁王祺與景王同時封册。』新唐書其本傳載：『景王祕，乾寧四年始王，與祁王同封。祁王祺。』

〔十二〕後星增潤，甲觀呈祥：『增』，文苑英華、全唐文作『表』。『甲觀』，漢代樓觀名。猶言第一觀。爲皇太子所居。後泛指太子宫。漢書成帝紀：『元帝在太子宫生甲觀畫堂，爲世嫡皇孫。』顔師古注：『如淳曰：「甲觀，觀名……三輔黄圖云太子宫有甲觀。」師古曰：「甲者，甲乙丙丁之次也。」』北周庾信哀江南賦：『文詞高於甲觀，楷模盛於漳濱。』

〔十三〕妙彰岐嶷之姿：『岐嶷』，詩大雅生民：『誕實匍匐，克岐克嶷。』朱熹集傳：『岐嶷，峻茂之狀。』後多以『岐嶷』形容幼年聰慧。東觀漢記馬客卿傳：『馬客卿幼而岐嶷，年六歲，能接應諸公，專對賓客。』北魏楊衒之洛陽伽藍記追光寺：『略生而岐嶷，幼則老成，博洽群書。』

〔十四〕又并標嘉器，皆稟温文：『又』，文苑英華、全唐文作『而又』。『温文』，温和

而有禮貌。禮記文王世子：『禮樂交錯於中，發形於外，是故其成也懌，恭敬而温文。』孔穎達疏：『恭敬而温文者，謂内外有禮，貌恭心敬而温潤文章。』唐孫逖授殷彦方等王傅制：『教導之功，既聞於日就；温文之德，遂涉於春儲。』

〔十五〕寵數宜舉：『寵數』，帝王給予的禮數。周書皇后傳宣帝元皇后：『是用加兹寵數，式光踐禮。』唐錢珝爲集賢崔相公讓大學士第三表：『宸衷益注，寵數不移。』

〔十六〕於戲：亦作『於熙』，猶於乎，感嘆詞。禮記大學：『詩云：「於戲！前王不忘。」君子賢其賢而親其親，小人樂其樂而利其利。』史記三王世家：『皇帝使御史大夫湯廟立子閎爲齊王。曰：「於戲，小子閎，受兹青社！」』司馬貞索隱：『於戲，音嗚呼。戲，或音羲。』

〔十七〕恭乃修持：『修持』，修身守道。唐方干寄于少監詩：『修持清苦振佳聲，衆鳥那知一鶚情。』

〔十八〕俾成磐石之固：『成』，明鈔本、甲庫本、四庫全書作『盛』。『磐石』，舊喻分封的宗室。史記孝文本紀：『高帝封王子弟，地犬牙相制，此所謂磐石之宗也。』唐杜甫秋日荆南述懷詩之五：『磐石圭多翦，凶門轂少推。』

〔十九〕允膺典禮之榮：『榮』，四庫全書作『崇』。『典禮』，制度、禮儀。易繫辭上：『聖

人有以見天下之動，而觀其會通，以行其典禮。』後漢書延篤傳：『朝則誦羲文之易，虞夏之書，歷公旦之典禮，覽仲尼之春秋。』

〔二十〕勉堅令徽：『堅』，文苑英華、四庫全書、全唐文均作『樹』。

〔二十一〕各欽休命：『休命』，美善的命令。多指天子或神明的旨意。易大有：『君子以遏惡揚善，順天休命。』書說命下：『敢對揚天子之休命。』

封雅王禛等制〔一〕

張玄晏

門下：成周之建藩翰也〔二〕，本以宗盟〔三〕；大漢之分茅社也〔四〕，先諸子弟。承强幹弱枝之義，遵自家刑國之文〔五〕，用能夾輔公朝〔六〕，尊獎王室。朕上承宗廟〔七〕，下撫黎元，固安萬邦，惠綏群品〔八〕，事必在於師古〔九〕，理寧繫於徇私〔十〕，爰舉舊章，式爲令典〔十一〕。第十一男禛〔十二〕，忠肅挺志〔十三〕，清明在躬〔十四〕，孝敬本於生知，端粹資乎神授，藴題鞭之妙思〔十五〕，纂置醴之前規〔十六〕；第十二男祥〔十七〕，美秀呈姿，温文毓德〔十八〕，體寬雅以成性〔十九〕，持愿恭而立身〔二十〕，踵爲善之懿圖，繼好學之休譽〔二十一〕。咸在齠齔〔二十二〕，克守義方〔二十三〕，必當益茂清徽，俱爲令器〔二十四〕。是

用各分圭瑞〔二十五〕，并列封疆，申以渥恩〔二十六〕，委之善地。於戲！當綺紈之歲〔二十七〕，膺茅土之榮〔二十八〕，雁序聯芳〔二十九〕，犬牙錫壤〔三十〕。爾宜簡以莅衆〔三十一〕，儉而在公〔三十二〕，善友應徐〔三十三〕，敬師申白〔三十四〕，交修魯衛之政〔三十五〕，俾成虞芮之風〔三十六〕。往惟欽哉！服我丕訓〔三十七〕，禛可封雅王；祥可封瓊王。仍令所司，擇日備禮册命。主者施行。

光化元年十一月。

校箋

〔一〕此文又見於文苑英華卷四百四十五，文題作皇第十一男禛封雅王第十二男祥封瓊王制。全唐文卷八百十八亦録此文，文題爲皇第十一男禛封雅王第十二男祥封瓊王制，署名張元晏（即張玄晏）。明鈔本、甲庫本、四庫全書、適園叢書文題作封雅王瓊王制。本文文末標明頒布時間爲『光化元年十一月』。考舊唐書昭宗紀載：『（乾寧）四年二月丙午朔。辛酉，制：第八男祕可封景王，第九男祚可封輝王，第十男祺可封祁王，第十一男禛可封雅王，第十二男祥可封瓊王。』舊唐書卷一百七十五載：『雅王禛、瓊王祥，并光化元年十一月九日封。』新唐書昭宗紀載：『（光

化元年）十一月……甲寅，封子禎爲雅王，祥瓊王。』資治通鑑卷二百六十一載：『（光化元年）十一月，甲寅，立皇子禎爲雅王，祥爲瓊王。』據上述典籍所載，此文頒布時間應在光化元年（八九八）十一月甲寅（十九日），其撰寫時間或爲十一月九日。又，張元晏，傳見全唐文卷八百十八作者小傳。全唐文其小傳云：『元晏，字寅節。昭宗朝翰林學士。』

（二）成周之建藩翰也：『藩翰』，喻指藩國。晉書張方傳：『晉氏之禍難洊臻，實始藩翰。』唐吳兢貞觀政要安邊：『且光武居河南單于於內郡，以爲漢藩翰，終於一代，不有叛逆。』

（三）本以宗盟：『宗盟』，天子與諸侯的盟會。左傳隱公十一年：『周之宗盟，異姓爲後。』楊伯峻注：『宗盟者，猶言會盟也。』三國魏曹冏六代論：『內無深根不拔之固，外無盤石宗盟之助，非所以安社稷，爲萬世之業也。』此二句指周武王始行分封之制，事見史記周本紀：『於是（武王）封功臣謀士，而師尚父爲首封。封尚父於營丘，曰齊。封弟周公旦於曲阜，曰魯。封召公奭於燕。封弟叔鮮於管，弟叔度於蔡。餘各以次受封。』

（四）大漢之分茅社也：『茅社』，亦作『茆社』。古天子分封諸侯，授之茅土使歸國立社，稱作茅社。書禹貢：『厥貢惟土五色。』孔傳：『王者封五色土爲社。建諸侯，則各割其方色土與之使立社，燾以黃土，苴以白茅，茅取其潔，黃取王者覆四方。』晉書汝南王亮等傳序：『功

臣無立錐之地，子弟君不使之人。徒分茅社，實傳虛爵。』事見漢書文帝紀：『（文帝三年）三月，有司請立皇子爲諸侯王。詔曰：「前趙幽王幽死，朕甚憐之，已立其太子遂爲趙王。遂弟辟彊及齊悼惠王子朱虛侯章、東牟侯興居有功，可王。」乃立辟彊爲河間王，章爲城陽王，興居爲濟北王。因立皇子武爲代王，參爲太原王，揖爲梁王。』

（五）承强幹弱枝之義，遵自家刑國之文：『承强幹』，文苑英華、四庫全書、全唐文作『推强幹』。『刑國』，甲庫本作『形國』，全唐文作『型國』。『强幹弱枝』，加强本幹，削弱枝葉。喻加强中央的力量，削弱地方的勢力。語本史記漢興以來諸侯年表序：『而漢郡八九十，形錯諸侯間，犬牙相臨，秉其阸塞地利，强本幹、弱枝葉之勢，尊卑明而萬事各得其所矣。』後漢書班固傳：『與乎州郡之豪杰，五都之貨殖，三選七遷，充奉陵邑，蓋以强幹弱枝，隆上都而觀萬國也。』『刑』，指法式、典範、榜樣。孟子梁惠王上：『刑於寡妻。』詩周頌我將：『儀式刑文王之典，日靖四方。』

（六）用能夾輔公朝：『夾輔』，輔佐。左傳僖公四年：『五侯九伯，女實征之，以夾輔周室。』三國志魏書齊王芳傳：『大將軍、太尉奉受末命，夾輔朕躬。』『公朝』，古代官吏在朝廷的治事之所，借指朝廷。莊子達生：『當是時也，無公朝，其巧專而外骨消。』成玄英疏：『既

無意於公私，豈有懷於朝廷哉。』南齊書武帝紀：『并可擬則公朝，方樏供設，合巹之禮無虧，寧儉之義斯在。』

〔七〕朕上承宗廟：『宗廟』，甲庫本作『宗祖』。

〔八〕惠綏群品：『群品』，萬事萬物。孔穎達周易正義序：『聖人有以仰觀俯察，象天地而育群品。』唐李商隱井泥四十韻：『茫茫此群品，不定輪與蹄。』

〔九〕事必在於師古：『師古』，效法古代。書說命下：『事不師古，以克永世，匪說攸聞。』宋書禮志一：『師古而不適用，王莽所以身滅。』

〔十〕理寧繫於徇私：『徇私』，曲從私情。漢桓寬鹽鐵論刺復：『富者買爵販官，免刑除罪，公用彌多而爲者徇私。』宋蘇軾論每事降詔約束狀：『若受賄徇私，罪名重者，自從重。』

〔十一〕式爲令典：『令典』，好的典章法度。左傳宣公十二年：『蔿敖爲宰，擇楚國之令典。』楊伯峻注：『令典謂禮法政令之善者。』南朝齊王儉褚淵碑文：『擇皇齊之令典，致聲化於雍熙。』

〔十二〕第十一男禛：原作『十一男』，今據文苑英華、全唐文增補。指李禛，昭宗子。傳見舊唐書卷一百七十五、新唐書卷八十二。舊唐書其本傳載：『雅王禛、瓊王祥，并光化元年十一月九日封。』

（十三）忠肅挺志：『挺志』，文苑英華、全唐文作『挺秀』。『忠肅』，忠誠恭敬。左傳文公十八年：『高辛氏有才子八人……忠肅共懿，宣慈惠和，天下之民謂之「八元」。』孔穎達疏：『忠者，與人無隱，盡心奉上也。肅者，敬也，應機敏達，臨事恪勤也。』三國志吴書吴主傳：『忠肅内發，款誠外昭。』

（十四）清明在躬：『清明』，神志清晰，清察明審。禮記玉藻：『色容厲肅，視容清明。』鄭玄注：『察於事也。』淮南子主術訓：『夫人主之聽治也，清明而不闇，虚心而弱志，是故群臣輻湊并進，無愚智賢不肖，莫不盡其能。』『躬』，自身，親自。詩衛風氓：『静言思之，躬自悼之。』史記孝文本紀：『百官之非，宜由朕躬。』

（十五）蘊題鞭之妙思：『題鞭』，即『題馬鞭』，典出初學記卷二二引三國魏曹丕臨渦賦：『建安十八年，從上拜墳墓，遂乘馬游觀東固，遵渦水，駐馬書鞭，爲臨渦賦。』後用爲咏文采的典故，形容才思敏捷。北周庾信傷王司徒褒：『辯足觀秋水，文堪題馬鞭。』隋于仲文答譙王詩：『武騎初擒翰，文學正題鞭。』

（十六）纂置醴之前規：文苑英華、全唐文作『慕置醴之前規』。『置醴』，西漢楚元王劉交敬禮申公、白生、穆生等。穆生不嗜酒，每有宴集，楚元王皆特爲穆生置醴。醴，甜酒。見漢

書楚元王劉交傳。後以『置醴』爲崇道尊賢的典實。唐杜甫八哀詩贈太子太師汝陽郡王璡：『晚年務置醴，門引申白賓。』

（十七）第十二男祥：即李祥，昭宗子。傳見舊唐書卷一百七十五、新唐書卷八十二。舊唐書其本傳載：『雅王禛、瓊王祥，并光化元年十一月九日封。』

（十八）温文毓德：文苑英華、全唐文作『温良毓德』。『毓德』，修養德性。南朝宋顏延之皇太子釋奠會作詩：『稟道毓德，講藝立言。』南朝梁劉孝標辨命論：『皆毓德於衡門，并馳聲於天地。』

（十九）體寬雅以成性：『寬雅』，謂寬大能容。雅，酒器。喻容積。後漢書袁紹傳：『紹外寬雅有局度，憂喜不形於色。』宋書劉義真傳：『義真無子，太祖以第五子紹字休胤爲嗣。元嘉九年，襲封廬陵王。少而寬雅，太祖甚愛之。』

（二十）持愿恭而立身：『愿恭』，恭謹。宋王安石贈左屯衛大將軍李公神道銘：『公幼而愿恭，長而敏武。』

（二十一）繼好學之休譽：『休譽』，美好的聲譽。漢荀悅漢紀元帝紀：『將軍以親戚輔政，貴於天下無二，然衆庶議論，休譽不專在將軍，何也？』三國志蜀書郤正傳：『寧曳尾於塗中，

穢濁世之休譽。』

〔二十二〕咸在齠齔：『齠齔』，垂髫换齒之時。指童年。齠，通『髫』。東觀漢記伏湛傳：『齠齔勵志，白首不衰。』唐白居易觀兒戲詩：『齠齔七八歲，綺紈三四兒。』

〔二十三〕克守義方：『義方』，行事應該遵守的規範和道理。逸周書官人解：『省其居處，觀其義方。』左傳隱公三年：『石碏諫曰：「臣聞愛子教之以義方，弗納於邪。」』後多指教子的正道，或曰家教。

〔二十四〕俱爲令器：『爲』，甲庫本作『成』。『令器』，優秀的人才。三國志吴書張嚴程闞薛傳論：『張紘文理意正，爲世令器，孫策待之亞於張昭，誠有以也。』唐封演封氏聞見記貢舉：『師旦曰：「此輩誠有詞華，然其體輕薄，文章浮艷，必不成令器，臣懼之，恐後生仿效，有變陛下風俗。」』

〔二十五〕是用各分圭瑞：『圭瑞』，玉制符信。儀禮聘禮：『賓襲執圭。』唐賈公彦疏：『以其圭瑞以行禮，故爲盛禮也。』

〔二十六〕申以渥恩：『渥恩』，深厚的恩澤。漢揚雄劇秦美新：『臣雄經術淺薄，行能無異，數蒙渥恩，拔擢倫比，與群賢并，愧無以稱職。』唐錢起和李員外扈駕幸温泉宫：『遥羨枚皋扈

仙蹕，偏承霄漢渥恩濃。』

〔二十七〕當綺紈之歲：『綺紈之歲』，指少年時代。北周庾信慕容寧神道碑：『岐嶷表羈貫之年，通禮稱綺紈之歲。』

〔二十八〕膺茅土之榮：『茅土』，指王、侯的封爵。古天子分封王、侯時，用代表方位的五色土築壇，按封地所在方嚮取一色土，包以白茅而授之，作爲受封者得以有國建社的表徵。漢李陵答蘇武書：『陵謂足下當享茅土之薦，受千乘之賞。』李善注：『尚書緯曰：「天子社，東方青，南方赤，西方白，北方黑，上冒以黄土，將封諸侯，各取方土，苴以白茅，以爲社。」』漢蔡邕獨斷：『天子太社，以五色土爲壇，皇子封爲王者受天子之社土，以所封之方色，東方受青，南方受赤，他如其方色，苴以白茅，授之各以其所封之色，歸國以立社，故謂之受茅土。』

〔二十九〕雁序聯芳：『雁序』，比喻兄弟、兄弟輩。唐高適酬秘書弟兼寄幕下諸公詩序：『族弟秘書，雁序之白眉者，風塵一别，俱東西南北之人。』宋樓鑰祭叔父郴州文：『雁序雕零，門户亦替。』『聯芳』，比喻兄弟均貴顯榮耀。唐王維謝弟縉新授左散騎常侍狀：『不材之木，跗萼聯芳。斷行之雁，飛鳴接翼。』

〔三十〕犬牙錫壤：『犬牙』，像犬牙般交錯。多指地形、地勢。墨子備城門：『靈丁，三丈一，

犬牙施之。』岑仲勉簡注：『犬牙，交錯也。』後漢書魯恭傳：『建初七年，郡國螟傷稼，犬牙緣界，不入中牟。』『錫壤』，指分封的土地。漢王褒聖主得賢臣頌：『剖符錫壤而光祖考，傳之子孫，以資説士。』北史魏安定王休傳：『謹惟州居李潤堡，雖是少梁舊地，晋芮錫壤，然胡夷内附，遂爲戎落。』

〔三十一〕爾宜簡以莅衆：『莅衆』，語出周易明夷象：『君子以莅衆，用晦而明。』『莅』即臨，『衆』即衆人。意即臨於衆人。

〔三十二〕檢而在公：文苑英華、四庫全書、全唐文、適園叢書作『儉而在公』。『在公』，謂辦理公事。詩召南小星：『夙夜在公，寔命不同。』

〔三十三〕善友應徐：『善友』，友善，引爲友好。三國志魏書管輅傳：『安平趙孔曜，薦輅於冀州刺史裴徽……徽於是辟爲文學從事，引與相見，大善友之。』『應徐』，漢應瑒、徐幹的并稱。二人以詩文著名，爲曹丕、曹植所禮遇。後亦用以泛稱有才華的賓客。唐張説扈從幸韋嗣立山莊應制詩之一：『菲才叨侍從，連藻愧應徐。』唐高適苦雨寄房四昆季詩：『兄弟方荀陳，才華冠應徐。』

〔三十四〕敬師申白：『申白』，申公和白生的并稱。申公、白生，魯人，皆受詩於荀子門

人浮丘伯，爲楚元王中大夫。見漢書楚元王劉交傳。後借指賢才。宋書自序傳沈璞：『吾遠慚楚元，門盈申白之賓；近愧梁孝，庭列枚馬之客。』唐羅隱岐王宅詩：『申白賓朋傳道義，應劉文彩寄音徽。』

〔三十五〕交修魯衛之政：『魯衛之政』，語出論語子路：『魯衛之政，兄弟也。』魯是周朝周公的封國，衛是周公之弟康叔的封國，兩國的政治情况也像兄弟一樣差不多。因以比喻情况相同或相似。南朝梁劉勰文心雕龍才略：『孟陽、景陽，才綺而相埒，可謂魯衛之政，兄弟之文也。』唐劉知幾史通雜説上：『若必方於左氏也，非唯不可爲魯衛之政，差肩雁行，亦有雲泥路阻，君臣禮隔者矣。』

〔三十六〕俾成虞芮之風：『芮』，文苑英華作『内』。『虞芮』，周初兩國名。相傳兩國有人曾因争地興訟，到周求西伯姬昌平斷。詩大典綿：『虞芮質厥成，文王蹶厥生。』史記周本紀：『於是虞芮之人有獄不能决，乃如周。入界，耕者皆讓畔，民俗皆讓長。虞芮之人未見西伯，皆慚，相謂曰：「吾所争，周人所恥，何往爲？祇取辱耳。」遂還，俱讓而去。』後因以『虞芮』指能謙讓息訟者。晉葛洪抱朴子用刑：『但當先令而後誅，得情而勿喜，使伯氏無怨於失邑，虞芮知恥而無訟耳。』

〔三十七〕服我丕訓：『訓』，四庫全書作『謀』。『丕訓』，重大的訓導。書君陳：『爾惟弘周公丕訓。』孔傳：『當闡大周公之大訓。』唐韓愈順宗實録三：『朕奉若丕訓，憲章前式。』

2021—2035年國家古籍工作規劃重點出版項目
國家出版基金資助項目
安徽省“十四五”重點圖書出版規劃項目

全國高校古委會古籍整理研究項目
厦門大學中文系古籍整理研究項目
安徽師範大學中國詩學研究中心學術叢書

07

第一輯

唐大詔令集繫年校箋

◉主　編　吴在慶
◉本册校箋　鄧瑩輝

黄山書社

本册目録

卷第三十四

諸王

册文

卷第三十五

諸王

除親王官上

卷第三十六

諸王

除親王官下

卷第三十四

諸王

册文

冊汴王邕文

冊魯王永文

冊魏王佾文

冊涼王侹文

冊蜀王佶文

冊景王祕文

冊輝王祚文

冊祁王祺文

冊雅王禛文

冊瓊王祥文

册文

册梁州都督漢王元昌文（一）

岑文本

維貞觀十二年，四月己卯，皇帝使某副使某持節册命曰（二）：於戲！夫易陳利建（三），道貫三才（四）；傳稱夾輔（五），業隆百世（六）。是以周之魯衛（七），式固維城（八）；漢之梁趙（九），克隆磐石（十）。惟爾使持節都督梁洋集壁四州諸軍事、梁州刺史、漢王元昌（十一），幼聞教義，器識聰敏（十二），早開土宇（十三），禮數優崇（十四）；遏矣南郊（十五），襟帶西蜀（十六），按部之重（十七），茂親是寄（十八），持民之譽，期月有聞（十九）。是用錫以茅賦（二十），備兹典册，爰誓山河，永作藩屏（二十一）。朕聞之曰（二十二）：事君盡禮，資於孝敬；爲政以德，始於仁厚。故士無貴賤，由之者揚名；時無古今，背之者殄行。往欽哉（二十三）！爾其執心於忠孝（二十四），踐行於儉約，無好逸豫（二十五），以犯非禮；無縱嗜欲，以邇宵人（二十六）。明率舊章（二十七），永保疆土。可不慎歟！

校箋

〔一〕此文又見於文苑英華卷四百四十四。全唐文卷一百五十亦録此文，文題爲册漢王元昌文，署名岑文本。本文文首標明頒布時間爲貞觀十二年四月己卯，文苑英華作『貞觀元年十二月己卯』。考舊唐書太宗紀云：『（貞觀）十年春正月……癸丑……（徙封）魯王元昌爲漢王。』舊唐書卷六十四列傳第十四云：『（貞觀）十年，改封漢王。』新唐書太宗紀云：『（貞觀）十年正月……癸丑……（徙封）元昌漢王……三月癸丑，出諸王爲都督。』資治通鑑卷一百九十四載：『（貞觀）十年……春，正月癸丑……（徙）魯王元昌爲漢王……二月乙丑……（以）元昌爲梁州都督。三月癸丑，諸王之藩，上與之别曰：「兄弟之情，豈不欲常共處邪！但以天下之重，不得不爾。諸子尚可復有，兄弟不可復得。」因流涕嗚咽不能止。』册府元龜卷二百六十五宗室部封建四載：『漢王元昌，高祖第七子。武德三年封爲魯王，貞觀十年改封。』據上述史籍所載，從資治通鑑之説，則此册文頒布時間應爲貞觀十年（六三六）二月乙丑（四日）。其撰寫時間當在是時稍前。又，岑文本，傳見舊唐書卷七十、新唐書卷一百一十五。舊唐書其本傳載：『岑文本字景仁，南陽棘陽人。祖善方，仕蕭察吏部尚書。父之象，隋末爲邯鄲令，嘗被人所訟，理不得申。文本性沈敏，

有姿儀，博考經史，多所貫綜，美談論，善屬文。時年十四，詣司隸稱寃，辭情慨切，召對明辯，衆頗異之。試令作蓮花賦，下筆便成，屬意甚佳，合臺莫不嘆賞。其父寃雪，由是知名。其後，郡舉秀才，以時亂不應。蕭銑僭號於荆州，召署中書侍郎，專典文翰。及河間王孝恭定荆州，軍中將士咸欲大掠，文本進説孝恭曰：「自隋室無道，群雄鼎沸，四海延頸以望真主。今蕭氏君臣、江陵父老，决計歸降者，實望去危就安耳。王必欲縱兵虜掠，誠非郢州來蘇之意，亦恐江、嶺以南，向化之心沮矣。」孝恭稱善，遂止之。署文本荆州别駕。孝恭進擊輔公祏，召典軍書，復署行臺考功郎中。貞觀元年，除秘書郎，兼直中書省。遇太宗行藉田之禮，文本上藉田頌。及元日臨軒宴百僚，文本復上三元頌，其辭甚美。文本才名既著，李靖復稱薦之，擢拜中書舍人，漸蒙親顧。初，武德中詔誥及軍國大事，文皆出於顔師古。至是，文本所草詔誥，或衆務繁湊，即命書僮六七人隨口并寫，須臾悉成，亦殆盡其妙。時中書侍郎顔師古以譴免職，頃之，温彦博奏曰：「師古諳練時事，長於文法，時無及者，冀蒙復用。」太宗曰：「我自舉一人，公勿憂也。」於是以文本爲中書侍郎，專典機密。又先與令狐德棻撰周史，其史論多出於文本。至十年史成，封江陵縣子。』

〔二〕皇帝使某副使某持畢節册命曰：『使某副使持節册命』，原作『使某副使某持節册命』，

今據甲庫本、適園叢書改。

〔三〕夫易陳利建：『利建』，易屯：『元亨利貞。勿用有攸往，利建侯。』後因以『利建』謂封土建侯。隋書于宣敏傳：『若使利建合宜，封樹得所，巨猾息其非望，奸臣杜其邪謀。』魏書咸陽王禧傳：『利建雖古，未必今宜；經野由君，理非下請。邑采之封，自有别式。』

〔四〕道貫三才：原作『道貫三』，今據文苑英華、四庫全書、適園叢書增補。『三才』，天、地、人。易説卦：『是以立天之道曰陰與陽，立地之道曰柔與剛，立人之道曰仁與義。兼三才而兩之，故易六畫而成卦。』漢王符潛夫論本訓：『是故天本諸陽，地本諸陰，人本中和。三才異務，相待而成。』

〔五〕傳稱夾輔：『夾輔』，輔佐。左傳僖公四年：『五侯九伯，女實征之，以夾輔周室』三國志魏書齊王芳傳：『大將軍、太尉奉受末命，夾輔朕躬。』

〔六〕業隆百世：『百世』，全唐文作『百代』。

〔七〕是以周之魯衛：『魯衛』，語本論語子路：『魯衛之政，兄弟也。』後以『魯衛』代稱兄弟。唐玄宗過大哥宅探得歌字韻：『魯衛情先重，親賢愛轉多。』

〔八〕式固維城：『維城』，典出詩大雅板：『懷德維寧，宗子維城。』後借指皇子或皇室宗族。

後漢書孝明八王列傳贊：『孝明傳胤，維城八國。』唐無可送李長吉之任東井詩：『家世維城後，官資宰邑初。』

〔九〕漢之梁趙：指漢代分封之梁王、趙王。事見漢書文帝紀：『文帝三年，三月，有司請立皇子爲諸侯王。詔曰：「前趙幽王幽死，朕甚憐之，已立其太子遂爲趙王。遂弟辟强及齊悼惠王子朱虛侯章、東牟侯興居有功，可王。」乃遂立辟强爲河間王，章爲城陽王，興居爲濟北王。因立皇子武爲代王，參爲太原王，揖爲梁王。』

〔十〕克隆磐石：『克隆』，興隆，昌盛。南齊書褚淵王儉傳贊：『民譽不爽，家稱克隆。』北史周紀下論：『嗚呼！以文皇之經啓鴻基，武皇之克隆景業，未逾二紀，不祀忽諸。』『磐石』，舊喻分封的宗室。史記孝文本紀：『高帝封王子弟，地犬牙相制，此所謂盤石之宗也。』唐杜甫秋日荆南述懷三十韻詩之五：『磐石圭多翦，凶門轂少推。』

〔十一〕惟爾使持節都督梁洋集璧四州諸軍事、梁州刺史、漢王元昌：『漢王元昌』，即李元昌，唐高祖第七子。傳見舊唐書卷六十四、新唐書卷七十九。舊唐書其本傳載：『漢王元昌，高祖第七子也。少好學，善隸書。武德三年，封爲魯王。貞觀五年，授華州刺史，轉梁州都督。十年，改封漢王。元昌在州，頗違憲法，太宗手敕責之。初不自咎，更懷怨望。知太子承乾嫉魏王泰之

寵，乃相附托，圖爲不軌。十六年，元昌來朝京師，承乾頻召入東宮夜宿，因謂承乾曰：「願殿下早爲天子。近見御側，有一宮人，善彈琵琶，事平之後，當望垂賜。」承乾許諾。又刻臂出血，以帛拭之，燒作灰，和酒同飲，共爲信誓，潛伺間隙。十七年，事發，太宗弗忍加誅，特赦免死。大臣高士廉、李世勣等奏言：「王者以四海爲家，以萬姓爲子，公行天下，情無獨親。元昌苞藏凶惡，圖謀逆亂，觀其指趣，察其心府，罪深燕旦，釁甚楚英。天地之所不容，人臣之所切齒，五刑不足申其罰，九死無以當其愆。而陛下情屈至公，恩加梟獍，欲開疏網，漏此鯨鯢。臣等有司，期不奉制，伏願敦師憲典，誅此凶慝。順群臣之願，奪鷹鸇之心，則吴、楚七君不幽嘆於往漢，管、蔡二叔不沉恨於有周。」太宗事不獲已，乃賜元昌自盡於家，妻子籍没，國除。』新唐書亦載：『漢王元昌，初王魯，累遷梁州都督，後徙封漢。有勇力，善騎射。數觸軌憲，太宗手詔誨督，乃怨望，附太子承乾，通饋謝。來朝京師，宿東宮，嘗有醜語；又見帝側有宫人善琵琶，乃曰：「事成幸賜我。」承乾許之，割臂血盟。事敗，帝弗忍誅，欲免死，高士廉、李勣等固争不奉詔，乃賜死，國除。』

〔十二〕幼聞教義，器識聰敏：『教義』，甲庫本作『孝義』。『器識』，器局與見識。晋陸機薦賀循郭訥表：『前蒸陽令郭訥風度簡曠，器識朗拔，通濟敏悟，才足幹事。』新唐書裴

行儉傳：『行儉曰：「士之致遠，先器識，後文藝。」』

（十三）早開土宇：『土宇』，疆土；國土。後漢書荀彧傳：『公前屠鄴城，海內震駭，各懼不得保其土宇，守其兵衆。』唐劉知幾史通雜述：『九州土宇，萬國山川，物産殊宜，風化異俗。』

（十四）禮數優崇：『優崇』，文苑英華、全唐文作『優隆』。『禮數』，古代按名位而分的禮儀等級制度，亦指官階品級。左傳莊公十八年：『王命諸侯，名位不同，禮亦異數。』晉葛洪抱朴子譏惑：『制禮數以異等威之品。』唐韓愈桃源圖詩：『争持酒食來相饋，禮數不同樽俎異。』『優崇』，優待而尊崇之。三國志魏書王肅傳：『公之奉魏，不敢不盡節。魏之待公，優崇而不臣。』晉書淮南忠壯王允傳：『轉爲太尉，外示優崇，實奪其兵也。』

（十五）逷矣南郊：『逷矣』，原作『遏矣』，今據文苑英華、全唐文改。『逷』，同『逖』。爾雅釋詁上：『逷，遠也。』説文辵部：『逖，遠也。逷，古文逖。』詩大雅抑：『用戒戎作，用逷蠻方。』毛傳：『逷，遠也。』『南郊』，都邑南面的地區。書甘誓：『啓與有扈戰于甘之野。』孔穎達疏引漢馬融云：『甘，有扈南郊地名。』唐李庾西都賦：『隋苑廣袤，罝籠南山，占地萬頃，不爲人間，齊門失耕，禽游獸閑，代謝物移，繚垣不完。此南郊之事也。』

（十六）襟帶西蜀：『襟帶』，代稱防衛或監察之事。漢蔡邕故太尉橋公廟碑：『循王悝，

桓帝同産，以懷逆謀，黜封癭陶王。以公長於襟帶，拜鉅鹿太守。悝畏怖明憲，檢於静息。』指漢王事。舊唐書其本傳載：『貞觀五年……轉梁州都督。』

〔十七〕按部之重：『按部』，帶領部屬。東觀漢記祭遵傳：『將軍連年距難，衆兵即却，復獨按部，功勞爛然。』

〔十八〕茂親是寄：『茂親』，古時多指皇室宗親。茂，言其美盛。魏書樂志：『自非懿望茂親，雅量淵遠、博識洽聞者，其孰能識其得失？』南朝梁丘遲與陳伯之書：『中軍臨川殿下，明德茂親、總兹戎重。』

〔十九〕期月有聞：『期月』，一整年。論語子路：『子曰：「苟有用我者，期月而已可也，三年有成。」』邢昺疏：『期月，周月也，謂周一年之十二月也。』後漢書左雄傳：『觀政於亭傳，責成於期月。』李賢注：『期，匝也。謂一歲。』

〔二十〕是用錫以茅賦：『錫』，通『賜』，給予；賜給。詩商頌烈祖：『申錫無疆，及爾斯所。』莊子列禦寇：『人有見宋王者，錫車十乘。』『茅賦』，指封土及其賦斂。北史裴叔業等傳論：『舉地而來，功誠兩茂，其以大啓茅賦，兼列旍旗，固其宜矣。』陳書高祖紀下：『茅賦所加，宜遵舊典。』

〔二十一〕永作藩屏：『永作』，文苑英華作『允作』。『藩屏』，屏障。語本詩大雅板：『价
人維藩，大師維垣，大邦維屏，大宗維翰。』唐劉禹錫游桃源一百韻：『重巖是藩屏，馴鹿受羈靮。』
〔二十二〕朕聞之曰：文苑英華、明鈔本、四庫全書、甲庫本、全唐文作『朕聞曰』。
〔二十三〕往欽哉：四庫全書、適園叢書作『欽哉』。
〔二十四〕爾其執心於忠孝：『執心』，謂心志專一堅定。晋袁宏後漢紀光武帝紀一：『彭
爲郡吏，執心堅守，是其節也。』唐顧况瑶草春詩：『執心輕子都，信節冠秋胡。』
〔二十五〕無好逸豫：『逸豫』，猶安樂。詩小雅白駒：『爾公爾侯，逸豫無期。』余冠英
注：『逸豫，安樂也。』三國魏曹植臨觀賦：『樂時物之逸豫，悲予志之長違。』
〔二十六〕以邇宵人：『宵人』，小人；壞人。莊子列禦寇：『宵人之離外刑者，金木訊之；
離内刑者，陰陽食之。』郭象注：『不由明坦之塗者，謂之宵人。』史記三王世家：『於戲！悉爾心，
戰戰兢兢，乃惠乃順，毋侗好軼，毋邇宵人，維法維則。』司馬貞索隱引褚先生解云：『宵人，
小人也。』
〔二十七〕明率舊章：完全依循舊規辦事。詩大雅假樂：『不愆不忘，率由舊章。』後漢書
朱穆傳：『建武以來，乃悉用宦者……愚臣以爲可悉罷省，遵復往初，率由舊章，更選海内清淳

之士，明達國體者，以補其處。』

册徐州都督徐王元禮文（一）

於戲！惟王建邦（二），惟聖垂範（三）。安兆民者（四），實敦親戚（五）；固鴻業者（六），必樹藩衛（七）。惟爾使持節都督徐譙泗三州諸軍事、徐州刺史、徐王元禮（八），器能明敏（九），業履祥和（十）。幼聞《詩》、《禮》（十一），早膺車服（十二），海岱及淮（十三），俗兼齊魯，胙土按部（十四），僉曰爾諧。是用斟酌前代（十五），率由令典（十六），俾屏乃辟，傳爾後昆（十七）。朕聞曰：友于兄弟，施於有政（十八），弗學面墻（十九），莅事無煩（二十），緬求大訓（二十一），兹爲要道（二十二）。往欽哉！爾其執心於忠孝（二十三），踐行於儉約（二十四），無好逸豫（二十五），以犯非禮（二十六）。無縱嗜欲（二十七），以邇宵人（二十八）；明率舊章（二十九），永保爾疆土（三十）。可不慎歟！

校箋

〔一〕本文又見於全唐文卷九，文題作册徐州都督徐王元禮文，署名唐太宗。本文文末未標明頒布時間。考舊唐書太宗紀云：『（貞觀）十年春正月……癸丑，徙封……鄭王元禮爲徐王。』舊唐書卷六十四徐王列傳載：『貞觀六年，賜實封七百户，授鄭州刺史，徙封徐王，遷徐州都督。』新唐書太宗紀云：『（貞觀）十年正月……癸丑……（徙封）元禮徐王……三月癸丑，出諸王爲都督。』資治通鑑卷一百九十四載：『（貞觀）十年春，正月……癸丑……（徙）鄭王元禮爲徐王……二月，乙丑……（以）元禮爲徐州都督。』册府元龜卷二百六十五宗室部封建四載：『徐王元禮，高祖第十子。武德四年封鄭王，貞觀六年賜實封七百户，徙封。』據上述史籍所載，則此敕文頒布時間應爲貞觀十年（六三六）二月乙丑（四日）。其撰寫時間當在是時稍前。

〔二〕惟王建邦：『建邦』，四庫全書、全唐文作『建都』。

〔三〕惟聖垂範：『垂範』，垂示範例。南朝梁劉勰文心雕龍詔策：『（漢武帝）策封三王，文同訓典；勸戒淵雅，垂範後代；及制詔嚴助，即云厭承明廬，蓋寵才之恩也。』唐韓愈寄盧仝詩：『假如不在陳力列，立言垂範亦足恃。』

〔四〕安兆民者：『兆民』，古稱天子之民，後泛指衆民，百姓。書呂刑：『一人有慶，兆民賴之。』禮記月令：『（孟春之月）命相布德和令，行慶施惠，下及兆民。』鄭玄注：『天子曰兆民。』

〔五〕實敦親戚：『親戚』，親愛；親近。三國魏阮籍鳩賦：『何依恃以育養，賴兄弟之親戚。』續資治通鑒宋孝宗乾道元年：『朕念兄弟無幾，於汝尤爲親戚；汝亦自知之，何爲而懷此心？』

〔六〕固鴻業者：『鴻業』，大業，多指王業。漢書成帝紀：『朕承太祖鴻業，奉宗廟二十五年。』唐玄宗并州置北都制：『守宗社之大寶，恢中原之鴻業。』

〔七〕必樹藩衛：『藩衛』，屏障。後漢書傅燮傳：『今凉州天下要衝，國家藩衛。』明李贄四勿説：『無藩衛可守，無界量可限。』

〔八〕徐王元禮：指唐高祖李淵之子李元禮。傳見舊唐書卷六十四、新唐書卷七十九。舊唐書其本傳載：『徐王元禮，高祖第十子也。少恭謹，善騎射。武德四年，封鄭王。貞觀六年，賜實封七百户，授鄭州刺史，徙封徐王，遷徐州都督。十七年，轉絳州刺史，以善政聞，太宗降璽書勞勉，賜以錦彩。二十三年，加實封千户。永徽四年，加授司徒，兼潞州刺史。咸亨三年薨，贈太尉、冀州大都督，陪葬獻陵。』

〔九〕器能明敏：『器能』，猶才能。後漢書龐參傳：『尚書僕射虞詡薦參有宰相器能，以爲太尉，

録尚書事。」三國志蜀書諸葛亮傳：「亮之器能政理，抑亦管蕭之亞匹也。」「明敏」，聰明機敏。北齊書文宣帝紀：「（文宣）内雖明敏，貌若不足，世宗每嗤之。」宋歐陽修歸田録卷二：「（趙志忠）自幼陷虜，爲人明敏。」

（十）業履祥和：「業履」，謂操守，德行。宋蘇轍張公安道答吕陶屯田啓：「某官學問該通，業履淳固，恥浮言之希世，依直道以干時。」宋秦觀三老堂詩：「堂堂三元老，業履冠儔匹。」

（十一）幼聞詩、禮：「詩、禮」，指詩經和三禮。泛指儒家經典。莊子外物：「儒以詩、禮發冢。」唐王建送于丹移家洺州詩：「詩、禮不外學，兄弟相攻研。」

（十二）早膺車服：「車服」，車輿禮服。書舜典：「敷奏以言，明試以功，車服以庸。」孔傳：「功成則賜車服以表顯其能用。」孔穎達疏：「人以車服爲榮，故天子之賞諸侯，皆以車服賜之。」三國魏應璩百一詩之五：「出入承明廬，車服一何焕。」

（十三）海岱及淮：指今山東省渤海至泰山之間的地帶。海，渤海；岱，泰山。書禹貢：「海岱惟青州。」孔傳：「東北據海，西南距岱。」唐杜甫登兖州城樓：「浮雲連海岱，平野入青徐。」

（十四）胙土按部：「胙土」，指帝王將土地賜封功臣宗室，以酬其勛勞。左傳隱公八年：「天子建德，因生以賜姓，胙之土而命之氏。」孔穎達疏：「胙，訓報也。有德之人，必有美報。報

之以土，謂封之以國。』南朝宋謝靈運謝封康樂侯表：『亡祖奉國威靈，董符戎重，盡心所事，剋黜禍亂，功參盤鼎，胙土南服。』

〔十五〕是用斟酌前代：『是用』，因此。左傳襄公八年：『如匪行邁謀，是用不得于道。』漢張衡東京賦：『百姓弗能忍，是用息肩於大漢，而欣戴高祖。』『斟酌』，倒酒不滿曰斟，太過曰酌，貴適其中。故凡事反復考慮、擇善而定，亦稱斟酌。荀子富國：『故明主必謹養其和，節其流，開其源，而時斟酌焉。』三國志蜀書諸葛亮傳：『至於斟酌損益，進盡忠言，則攸之、禕、允之任也。』

〔十六〕率由令典：『令典』，泛指憲章法令。三國志魏書文帝紀：『自今，其敢設非祀之祭，巫祝之言，皆以執左道論，著于令典。』唐劉禹錫汴州刺史廳壁記：『凡曲防苛禁不情乖體者，悉劃之，壹出乎令典。』

〔十七〕傳爾後昆：『後昆』，後嗣；子孫。書仲虺之誥：『垂裕後昆。』隸釋漢綏民校尉熊君碑：『追羨遺績，紀述前勛，於是刊碑，以示後緄。』

〔十八〕施於有政：『有政』，政事；政治。有，助詞。書君陳：『惟孝，友于兄弟，克施有政。』

〔十九〕弗學面墻：『面墻』，書周官：『不學墻面，莅事惟煩。』孔傳：『人而不學，其

猶正墻面而立，臨政事必煩。』孔穎達疏：『人而不學，如面向墻無所睹見，以此臨事，則惟煩亂不能治理。』後因以『面墻』比喻不學而識見淺薄。漢蔡邕表太尉董公可相國：『（邕）新來入朝，不更郎署，攝省文書，其猶面墻。』後漢書左雄傳：『郡國孝廉，古之貢士，出則宰民，宣協風教。若其面墻，則無所施用。』

（二十）蒞事無煩：『無煩』，四庫全書作『維煩』；全唐文作『惟煩』。『無煩』，不需煩勞；不用。左傳昭公元年：『莒之疆事，楚勿與知，諸侯無煩，不亦可乎？』唐韋渠牟步虚詞之十八：『無煩騎白鹿，不用駕青牛。』

（二十一）緬求大訓：『緬求』，遠求。晉陶潛與子儼等疏：『緬求在昔，眇然如何。』梁書元帝紀：『緬求前古，其可得歟？』『大訓』，先王聖哲的教言。書顧命：『嗣守文武大訓，無敢昏逾。』孔傳：『言奉順繼守文武大教，無敢昏亂逾越。』

（二十二）兹爲要道：『要道』，重要的道理、方法。孝經開宗明義：『先王有至德要道，以順天下，民用和睦，上下無怨。』三國魏曹植桂之樹行：『人咸來會講仙，教爾服食日精。要道甚省不煩，淡泊無爲自然。』

（二十三）爾其執心於忠孝：『執心』，猶秉性。漢劉向列女傳趙將括母：『父子不同，

執心各異。』北史趙肅傳：『肅久在理官，執心平允，凡所處斷，咸得其情。』『忠孝』，忠於君國，孝於父母。孝經開宗明義『終於立身』，漢鄭玄注：『忠孝道著，乃能揚名榮親，故曰終於立身也。』

〔二十四〕踐行於儉約：『踐行』，實踐；實行。唐韓愈唐故秘書少監贈絳州刺史獨孤府君墓志銘：『憲公躬孝踐行，篤實而辯於文。』宋曾鞏擬代廷試進士策問之三：『故小大之事……側身踐行，兢兢業業，不敢自逸，爲天下先，而俗未加厚。』

〔二十五〕無好逸豫：『逸豫』，猶安樂。詩小雅白駒：『爾公爾侯，逸豫無期。』余冠英注：『逸豫，安樂也。』三國魏曹植臨觀賦：『樂時物之逸豫，悲予志之長違。』

〔二十六〕以犯非禮：『非禮』，不合禮儀制度。論語顏淵：『非禮勿視，非禮勿聽，非禮勿言，非禮勿動。』五代王定保唐摭言知己：『越石父免於羈束，未旋踵而責以非禮，善窺其合而已矣。』

〔二十七〕無縱嗜欲：『嗜欲』，嗜好與欲望。多指貪圖身體感官方面享受的欲望。荀子性惡：『妻子具而孝衰於親，嗜欲得而信衰於友，爵禄盈而忠衰於君。』南史沈約傳：『約性不飲酒，少嗜欲，雖時遇隆重，而居處儉素。』

〔二十八〕以邇宵人：『宵人』，小人；壞人。莊子列禦寇：『宵人之離外刑者，金木訊之；

離内刑者，陰陽食之。』郭象注：『不由明坦之塗者，謂之宵人。』史記三王世家：『於戲！悉爾心，戰戰兢兢，乃惠乃順，毋侗好軼，毋邇宵人，維法維則。』司馬貞索隱引褚先生解云：『宵人，小人也。』

〔二十九〕明率舊章：『舊章』，昔日的典章。書蔡仲之命：『無作聰明亂舊章。』孔傳：『無敢爲小聰明，作異辯以變亂舊典文章。』史記秦始皇本紀：『秦聖臨國，始定刑名，顯陳舊章。』

〔三十〕永保爾疆土：四庫全書作『以保爾疆土』；全唐文作『以保疆土』。

册荊州都督荊王元景文〔一〕

夫建官之道〔二〕，實資明德〔三〕，列爵之義〔四〕，必俟茂親〔五〕。故晉鄭佐周，功宣於寅亮〔六〕；間平輔漢〔七〕，業崇於藩屏〔八〕。惟爾業尚忠肅〔九〕，器懷恭懿〔十〕，幼禀庭訓〔十一〕，早膺朝寵，仁恕聞於封畿〔十二〕，廉平著在方策〔十三〕。荊衡作鎮〔十四〕，江漢爲紀〔十五〕，包括巴漢之域〔十六〕，跨躡吴越之郊〔十七〕，褰帷爾諧〔十八〕，分珪僉屬〔十九〕。是用備兹令典〔二十〕，錫以休命〔二十一〕，奄有楚甸〔二十二〕，代爲唐輔。可不慎歟！

校箋

〔一〕此文又見於全唐文卷九，文題爲册荆州都督荆王元景詔，御定淵鑒類函卷一百七十七亦録此文。本文文末未標明頒布時間。考舊唐書太宗紀云：『（貞觀）十年春正月……癸丑，徙封趙王元景爲荆王。』舊唐書卷六十四亦載：『荆王元景……十年，徙封荆王，授荆州都督。』新唐書太宗紀云：『（貞觀）十年正月……癸丑，徙封元景爲荆王……三月癸丑，出諸王爲都督。』新唐書卷七十九載：『荆王元景……十年，徙封荆。』資治通鑒卷一百九十四載：『（貞觀）十年……春，正月……癸丑，徙趙王元景爲荆王……二月，乙丑，以元景爲荆州都督。』册府元龜卷二百六十五宗室部封建四載：『荆王元景，高祖第六子。武德三年封趙王，貞觀十年徙封。』據上述史籍所載，則此敕文頒布時間應爲貞觀十年（六三六）二月乙丑（四日）。其撰寫時間當在是時稍前。

〔二〕夫建官之道：『建官』，設置官職。書周官：『唐虞稽古，建官惟百。』宋曾鞏乞賜唐六典狀：『其事至衆而舉之有條，其體至大而統之有要，可謂得建官制理之方。』

〔三〕實資明德：『明德』，同『昭德』，美德。國語鄭語：『唯荆實有昭德，若周衰，其必興矣。』

漢劉向説苑善説：『天昭有德，寶鼎自至。』

〔四〕列爵之義：『爵』，四庫全書作『尊』。『列爵』，指爵位。商君書錯法：『列爵祿賞不道其門，則民不以死爭位矣。』唐元稹贈韋審規父漸等制：『守尚書左司郎中韋審規父大理卿漸等，生有列爵，殁有懿行。』

〔五〕必俟茂親：『茂親』，古時多指皇室宗親。茂，言其美盛。魏書樂志：『自非懿望茂親，雅量淵遠，博識洽聞者，其孰能識其得失？』南朝梁丘遲與陳伯之書：『中軍臨川殿下，明德茂親，總兹戎重。』

〔六〕功宣於寅亮：『寅亮』，恭敬信奉。書周官：『貳公弘化，寅亮天地，弼予一人。』孔傳：『敬信天地之教，以輔我一人之治。』漢班固封燕然山銘：『寅亮聖明，登翼王室。』

〔七〕間平輔漢：『間』，適園叢書作『閑』。『間平』，漢河間獻王劉德、東平憲王劉蒼的合稱，兩人皆有賢名。後因以『間平』指宗室藩王中賢者。南史梁宗室傳論：『安成、南平、鄱陽、始興俱以名迹著美，蓋亦有梁之間、平也。』唐王勃平臺秘略論褒客：『斯實蕃邸之盛事，間、平之用心也。』

〔八〕業崇於藩屏：『藩屏』，比喻衛國的重臣。資治通鑒晉安帝義熙十年：『〔尉賢政〕曰：

「受凉王厚恩，爲國藩屏。」』唐元稹論教本書：『選用賢良，樹爲藩屏。』

〔九〕惟爾業尚忠肅：『忠』，四庫全書作『雍』。『忠肅』，忠誠恭敬。左傳文公十八年：『高辛氏有才子八人……忠肅共懿，宣慈惠和，天下之民謂之「八元」。』孔穎達疏：『忠者，與人無隱，盡心奉上也。肅者，敬也，應機敏達，臨事恪勤也。』

〔十〕器懷恭懿：『器懷』，胸懷；度量。南朝梁江淹王僕射爲左僕射詔：『〔儉〕器懷明亮，風情峻遠。』魏書李冲傳：『尚書冲器懷淵博，經度明遠，可領將作大匠。』

〔十一〕幼稟庭訓：『庭訓』，論語季氏記孔子在庭，其子伯魚趨而過之，孔子教以學詩、禮。後因稱父教爲庭訓。舊唐書劉贊傳：『贊久爲廉察，厚斂殖貨，務貢奉以希恩。子弟皆虧庭訓，雖童年稚齒，便能侮易驕人，人士鄙之。』

〔十二〕仁恕聞於封畿：『仁恕』，仁愛寬容。漢書敘傳上：『寬明而仁恕。』世説新語政事：『山遐去東陽。』劉孝標注引江惇傳：『惇隱東陽，以仁恕懷物，遐感其德。』『封畿』，古指王都周圍地區。史記孝文本紀：『封畿之内，勤勞不處。』漢班固西都賦：『封畿之内，厥土千里。』

〔十三〕廉平著在方策：『在』，明鈔本、甲庫本、御定淵鑒類函、四庫全書、全唐文、適園叢書作『於』。『方策』，原本作『方岳』，今據御定淵鑒類函、全唐文改。『廉平』，清廉

公平。史記孝文本紀：『妾父爲吏，齊中皆稱其廉平。』宋蘇轍三論分別邪正子：『諸葛亮治蜀，行法廉平，則廖立、李嚴雖流徙邊郡，終身無怨。』『方策』，亦作『方筴』。即方册，簡册，典籍。後亦指史册。禮記中庸：『哀公問政。子曰：「文武之政，布在方策，其人存，則其政舉；其人亡，則其政息。」』鄭玄注：『方，版也。策，簡也。』孔穎達疏：『言文王、武王爲政之道皆布列在於方牘簡策。』策，陸德明釋文作『筴』。南朝宋顔延之三月三日曲水詩序：『夫方策既載，皇王之迹已殊；鐘石畢陳，舞之情不一。』

（十四）荆衡作鎮：『荆衡』，指荆山、衡山。此處指荆州地區。『作鎮』，鎮守一方。漢張衡西京賦：『澶漫靡迤，作鎮於近。』劉良注：『澶漫靡迤，寬長貌。言此原陵爲國之近鎮。』晋潘岳爲賈謐作贈陸機詩：『藩岳作鎮，輔我京室。』

（十五）江漢爲紀：『江漢』，指長江與漢水之間及其附近的一些地區。古巴蜀之地，今四川省的東部地區。唐杜甫枯棕詩：『嗟尔江漢人，生成復何有？』仇兆鰲注：『江漢，指巴蜀。』

（十六）包括巴漢之域：『巴漢』，古巴郡、漢中地區。在今川東、陝南、鄂西北一帶。史記刺客列傳：『南有涇、渭之沃，擅巴、漢之饒。』宋王安石諸葛武侯詩：『崎嶇巴漢間，屢以弱攻强。』

（十七）跨躡吴越之郊：『跨躡』，跨越。南朝梁何遜七召：『跨躡溪澗，電舉陵阪。』唐李白大鵬賦：『吾右翼掩乎西極，左翼蔽乎東荒，跨躡地絡，周旋天綱。』『吴越』，指春秋吴越故地（今江浙一帶）。三國魏曹植責躬詩：『甘赴江湘，奮戈吴越。』唐李白夢游天姥吟留別：『我欲因之夢吴越，一夜飛度鏡湖月。』

（十八）褰帷爾諧：『爾』，全唐文作『永』。『諧』，御定淵鑒類函作『永諧』。『褰帷』，典出後漢書賈琮傳：『琮爲冀州刺史。舊典，傳車驂駕，垂赤帷裳，迎於州界。及琮之部，升車言曰：「刺史當遠視廣聽，糾察美惡，何有反垂帷裳以自掩塞乎？」乃命御者褰之。』後因以『褰帷』爲官吏接近百姓、實施廉政之典。梁書劉孝綽傳：『方且褰帷自厲，求瘼不休。』

（十九）分珪僉屬：『分珪』，帝王以圭分授於受封者，後泛指帝王封賜官爵。南朝梁江淹爲蕭太尉三讓揚州表：『古之馭教，當有道焉。量能而受賞，撰智而錫位。深乃裂組，遠故分珪。』北史房彦謙傳：『伏惟皇帝望雲就日，仁孝夙彰，錫社分圭。』『僉屬』，猶衆望。南朝梁沈約王茂加侍中詔：『顯命載加，允副僉屬。』唐陸贄奏論除裴延齡度支使：『庶諧僉屬，不紊朝經。』

（二十）是用備兹令典：『令典』，泛指憲章法令。三國志魏書文帝紀：『自今，其敢設非祀之祭，巫祝之言，皆以執左道論，著于令典。』唐劉禹錫汴州刺史廳壁記：『凡曲防苛禁不情

乖體者，悉劃之，壹出乎令典。」

〔二十一〕錫以休命：「休命」，美善的命令。多指天子或神明的旨意。易大有：「君子以遏惡揚善，順天休命。」書說命下：「敢對揚天子之休命。」唐韓愈順宗實録五：「必能宣祖宗之重光，荷天地之休命。」

〔二十二〕奄有楚甸：「有」，四庫全書作「於」。「奄有」，全部占有。多用於疆土。詩商頌玄鳥：「方命厥后，奄有九有。」古今小説臨安里錢婆留發迹：「天下英雄皆有割據一方之意。若吞并董昌，奄有杭越，此霸王之業也。」「楚甸」，猶楚地。甸，古代指郊外的地方。唐劉希夷江南曲：「潮平見楚甸，天際望維揚。」宋周邦彦渡江雲春詞：「晴嵐低楚甸，暖迴雁翼，陣勢起平沙。」

册潞州都督韓王元嘉文〔一〕

岑文本

維貞觀十二年四月己卯，皇帝使某官某持節册命曰〔二〕：於戲！肇自黄唐〔三〕，洎乎漢晋，莫不敦穆親戚〔四〕，任用賢能〔五〕，咸胙疆土〔六〕，世爲藩翰。惟爾使持節潞沁韓澤四州諸軍事、潞州刺史、韓王元嘉〔七〕，識量沉厚，德業尚修〔八〕，夙禀趨庭之訓〔九〕，

早膺析珪之寵（十）。上黨奥壤（十一），地連秦晋，開國之典攸歸（十二），按部之譽允穆（十三）。是用率由故實（十四），光備典章（十五），式固維城（十六），傳之永世。朕聞曰（十七）：詩、書、禮、樂，仁義之府也；孝友忠信，人倫之基也。是以河間之賢（十八），在於修學；東平之譽（十九），成於爲善。往欽哉！爾其覽載籍之旨（二十），求聖賢之訓，戒兹邪僻，以仁厚爲心。勖彼怠荒（二十一），以慎重爲德（二十二），明乃服命（二十三），勿替敬典。可不慎歟！

校　箋

〔一〕此文又見於全唐文卷一百五十。本文文首署明頒布時間爲『貞觀十二年四月己卯』。考舊唐書太宗紀云：『（貞觀）十年春正月……癸丑……（徙封）徐王元嘉爲韓王。』舊唐書卷六十四載：『十年，改封韓王，授潞州都督。』新唐書太宗紀云：『（貞觀）十年正月……癸丑……（徙封）元嘉韓王。』資治通鑑卷一百九十四載：『（貞觀）十年春，正月……癸丑……（徙）徐王元嘉爲韓王……二月，乙丑……（以）元嘉爲潞州都督。』册府元龜卷二百六十五宗室部封建四載：『韓王元嘉，高祖第十一子。武德四年封宋王，五年徙封徐王，貞觀六年賜實封七百户，

十年改封。』據上述史籍所載，則此册文頒布時間應爲貞觀十年（六三六）二月乙丑（四日）。其撰寫時間當在是時稍前。

（二）維貞觀十二年四月己卯，皇帝使某官某持節册命曰：此句原無『四月己卯，皇帝使某官某持節册命曰』，今據文苑英華、全唐文增補。

（三）肇自黄唐：『黄唐』，黄帝與唐堯的并稱。漢班固答賓戲：『基隆於羲農，規廣於黄唐。』南朝梁劉勰文心雕龍通變：『搉而論之，則黄唐淳而質，虞夏質而辨。』

（四）莫不敦穆親戚：『敦穆』，文苑英華、全唐文作『敦睦』。『敦穆』，指親厚和睦。後漢書獨行傳繆肜：『弟及諸婦聞之，悉叩頭謝罪，遂更爲敦睦之行。』明方孝孺友于堂銘序：『以友于名堂，蓋有志乎敦睦者。』

（五）任用賢能：『賢能』，甲庫本、四庫全書作『能賢』。

（六）咸胙疆土：『咸胙』，文苑英華、全唐文作『咸作』。

（七）惟爾使持節潞沁韓澤四州諸軍事、潞州刺史、韓王元嘉：『元嘉』，謂韓王李元嘉，傳見舊唐書卷六十四、新唐書卷七十九。舊唐書其本傳云：『韓王元嘉，高祖第十一子也。母宇文昭儀，隋左武衛大將軍述之女也。早有寵於高祖，高祖初即位，便欲立爲皇后，固辭不受。元

嘉少以母寵，特爲高祖所愛，自登極晚生皇子無及之者。武德四年，封宋王，徙封徐王。貞觀六年，賜實封七百户，授潞州刺史，時年十五。在州聞太妃有疾，便涕泣不食。及京師發喪，哀毁過禮，太宗嗟其至性，屢慰勉之。九年，授右領軍大將軍。十年，改封韓王，授潞州都督。二十三年，加實封滿千户。元嘉少好學，聚書至萬卷，又采碑文古迹，多得異本。閨門修整，有類寒素士大夫。與其弟靈夔甚相友愛，兄弟集見如布衣之禮。其修身潔己，内外如一，當代諸王莫能及者，唯霍王元軌抑其次焉。高宗末，元嘉轉澤州刺史。及天后臨朝攝政，欲順物情，乃進授元嘉爲太尉，定州刺史、霍王元軌爲司徒，青州刺史、舒王元名爲司空，隆州刺史、魯王靈夔爲太子太師，蘇州刺史、越王貞爲太子太傅，安州都督、紀王慎爲太子太保，并外示尊崇，實無所綜理。其後漸將誅戮宗室諸王不附己者，元嘉大懼，與其子通州刺史、黄公撰及越王貞父子謀起兵，於是皇宗國戚内外相連者甚廣。遣使報貞及貞子琅邪王冲曰：「四面同來，事無不濟。」冲與諸道計料未審而先發兵，倉卒唯貞應之，諸道莫有赴者，故其事不成。元嘉坐誅。撰少以文才見知，諸王子中與琅邪王冲爲一時之秀，凡所交結皆當代名士。時天下犯罪籍没者甚衆，唯冲與撰父子書籍最多，皆文句詳定，秘閣所不及。神龍初，追復元嘉爵土，并封其第五子訥爲嗣韓王，官至員外祭酒。開元十七年卒。元嘉長子訓，高祖時封潁川王，早卒。次子誼，封武陵王，官至濮州刺史。

開元中，封訥子叔璩爲嗣韓王、國子員外司業。』

（八）德業尚修：文苑英華作『業尚修整』。

（九）夙禀趨庭之訓：『趨庭之訓』，典出論語季氏：『嘗獨立，鯉趨而過庭。曰：「學詩乎？」對曰：「未也。」「不學詩，無以言。」鯉退而學詩。他日，又獨立，鯉趨而過庭。曰：「學禮乎？」對曰：「未也。」「不學禮，無以立。」鯉退而學禮。』後以『詩禮之訓』謂子承父教。宋胡繼宗書言故事父母：『子承父教，云詩禮之訓。』

（十）早膺析珪之寵：『析珪』，四庫全書作『錫珪』。『析珪』，古代帝王按爵位高低分頒玉圭。漢書司馬相如傳下：『故有剖符之封，析圭而爵。』圭，一本作『珪』，顔師古注引如淳曰：『析，中分也。白藏天子，青在諸侯。』王先謙補注：『周禮大宗伯：「以玉作六瑞，以等邦國：王執鎮圭，公執桓圭，侯執信圭，伯執躬圭。」析圭而爵，言分圭而爵之也。此蓋古語。析，即分頒之義，非中分爲二。疑如（如淳）説誤。』

（十一）上黨奥壤：『上黨』，山西東南部古地名。『奥壤』，猶沃壤。唐陳子昂上西蕃邊州安危事：『甘州諸屯，皆因水利，濁河灌溉，良沃不待天時，四十餘屯，并爲奥壤。故每收獲，常不減二十萬。』

〔十二〕開國之典攸歸：『攸歸』，文苑英華作『攸居』。

〔十三〕按部之譽允穆：『按部』，帶領部屬。東觀漢記 祭遵傳：『將軍連年距難，衆兵即却，復獨按部，功勞爛然。』

〔十四〕是用率由故實：『故實』，有參考或借鑒意義的舊事。國語 周語上：『賦事行刑，必問於遺訓而咨於故實。』韋昭注：『故實，故事之是者。』唐皎然奉同顏使君真卿開元寺經藏院會觀樹文殊碑詩：『故實刊周典，新聲播魯詩。』

〔十五〕光備典章：『典章』，文苑英華、全唐文作『寵章』。

〔十六〕式固維城：『維城』，連城以衛國。詩 大雅 板：『懷德維寧，宗子維城。』後漢書 劉虞公孫瓚陶謙傳贊：『襄賁勵德，維城燕北。仁能洽下，忠以衛國。』

〔十七〕朕聞曰：原本無『曰』字，今據文苑英華、適園叢書增補。

〔十八〕是以河間之賢：『河間』，指漢河間獻王劉德。南朝梁任昉齊竟陵文宣王行狀：『陳農所未究，河間所未輯。』南朝梁劉勰文心雕龍 樂府：『河間薦雅而罕御，故汲黯致譏於天馬也。』

〔十九〕東平之譽：『東平』，指漢劉蒼。因其封東平王，故稱。南朝梁任昉齊竟陵文宣王行狀：『昔沛獻訪對於雲臺，東平齊聲於楊史。』南朝梁劉勰文心雕龍 時序：『東平擅其懿文，

沛王振其通論。』參見『東平獻頌』。

〔二十〕爾其覽載籍之旨：『載籍』，書籍；典籍。史記伯夷列傳：『夫學者載籍極博，猶考信於六藝。』南朝梁劉勰文心雕龍事類：『夫經典沉深，載籍浩瀚。』

〔二十一〕勖彼怠荒：『勖彼』，四庫全書作『儆彼』；適園叢書作『勖彼』。『怠荒』，懶惰放蕩。禮記曲禮上：『毋側聽，毋噭應，毋淫視，毋怠荒。』鄭玄注：『怠荒，放散身體也。』孔穎達疏：『謂身體放縱，不自拘斂也。』周書明帝紀：『作民父母，弗敢怠荒。』

〔二十二〕以慎重爲德：『慎重』，明鈔本、甲庫本、文苑英華、四庫全書、全唐文作『重慎』。

〔二十三〕明乃服命：此句文苑英華、全唐文作『乃服明命』。『服命』，章服與命數，指天子所賜之爵禄服飾。書微子之命：『往敷乃訓，慎乃服命。』孔穎達疏：『傳言慎汝祖服命數，謂祭湯廟得用天子之禮服，其殷之本服，命則上公九命，當慎之，無使乖禮制。』南朝梁任昉齊竟陵文宣王行狀：『可追崇假黄鉞……具九錫服命之禮。』

册遂州都督彭王元則文〔一〕

岑文本

於戲〔二〕！蓋五等肇於帝軒，殷周不改其制〔三〕；六條創於有漢，魏晋必循其道〔四〕。

是知選賢建戚，莫先於藩衛〔五〕；經邦致治，允資於刺舉〔六〕。惟爾使持節遂普果合四州諸軍事、遂州刺史、彭王元則〔七〕，幼稱岐嶷，夙稟義方〔八〕，褰帷汝潁之地，聲績可紀〔九〕；建旟巴蜀之境，民俗以康〔十〕。是用率由令典，錫茲寵命〔十一〕，傳爾子孫，長爲唐輔。朕聞爲臣子者，踐行繼於忠孝〔十二〕；處富貴者，貽戚在於驕奢〔十三〕。故能播美當時，垂芳後裔〔十四〕。往欽哉！爾其鑒於經籍，詢於蓍龜〔十五〕，見善如不及，見惡如探湯〔十六〕，無違禮以害身，無縱欲以敗俗。夙夜匪懈，罔有後羞。可不慎歟！

校箋

〔一〕此文又見於文苑英華卷四百四十四。全唐文卷一百五十亦録此文，文題作册彭王元則文。本文文末未標明頒布時間。考舊唐書太宗紀云：『（貞觀）十年春正月……癸丑……（徙封）荆王元則爲彭王。』舊唐書卷六十四李元則傳云：『（貞觀）十年，改封彭王，除遂州都督，尋坐章服奢僭免官。』新唐書太宗紀云：『（貞觀）十年正月……癸丑……（徙封）元則彭王。……三月癸丑，出諸王爲都督。』新唐書卷七十九李元則傳云：『貞觀十年徙王，爲遂州都督，以冠

服奢僭免。』資治通鑑卷一百九十四載：『（貞觀）十年春，正月……癸丑……（徙）荆王元則爲彭王。……二月，乙丑……(以)元則爲遂州都督。』册府元龜卷二百六十五宗室部封建四載：『彭王元則，高祖第十二子。武德四年封荆王，貞觀十年改封。』據上述史籍所載，則此册文頒布時間爲貞觀十年（六三六）二月乙丑（四日）。其撰寫時間當在是時稍前。又，岑文本，傳見舊唐書卷七十、新唐書卷一百一十五。舊唐書其本傳載：『岑文本字景仁，南陽棘陽人。祖善方，仕蕭詧吏部尚書。父之象，隋末爲邯鄲令，嘗被人所訟，理不得申。文本性沈敏，有姿儀，博考經史，多所貫綜，美談論，善屬文。時年十四，詣司隸稱冤，辭情慨切，召對明辯，衆頗異之。試令作蓮花賦，下筆便成，屬意甚佳，合臺莫不嘆賞。其父冤雪，由是知名。其後，郡舉秀才，以時亂不應。蕭銑僭號於荆州，召署中書侍郎，專典文翰。及河間王孝恭定荆州，軍中將士咸欲大掠，文本進説孝恭曰：「自隋室無道，群雄鼎沸，四海延頸以望真主。今蕭氏君臣、江陵父老，決計歸降者，實望去危就安耳。王必欲縱兵虜掠，誠非鄙州來蘇之意，亦恐江、嶺以南，向化之心沮矣。」孝恭稱善，遂止之。署文本荆州别駕。孝恭進擊輔公祏，召典軍書，復署行臺考功郎中。貞觀元年，除秘書郎，兼直中書省。遇太宗行藉田之禮，文本上藉田頌。及元日臨軒宴百僚，文本復上三元頌，其辭甚美。文本才名既著，李靖復稱薦之，擢拜中書舍人，漸蒙親顧。初，武

德中詔誥及軍國大事，文皆出於顔師古。至是，文本所草詔誥，或衆務繁湊，即命書僮六七人隨口并寫，須臾悉成，亦殆盡其妙。時中書侍郎顔師古以譴免職，頃之，温彦博奏曰：「師古諳練時事，長於文法，時無及者，冀蒙復用。」太宗曰：「我自舉一人，公勿憂也。」於是以文本爲中書侍郎，專典機密。又先與令狐德棻撰周史，其史論多出於文本。至十年史成，封江陵縣子。』

〔二〕於戲：文苑英華作『於乎』。感嘆詞。禮記大學：『詩云：「於戲！前王不忘。」君子賢其賢而親其親，小人樂其樂而利其利。』史記三王世家：『皇帝使御使大夫湯廟立子閎爲齊王。曰：「於戲，小子閎，受茲青社！」』司馬貞索隱：『於戲，音嗚呼。戲，或音羲。』

〔三〕蓋五等肇於帝軒，殷周不改其制：『於』，四庫全書作『自』。『殷周』，文苑英華作『周殷』。『五等』，五個等級。禮記王制：『王者之制禄爵，公、侯、伯、子、男五等。』孟子萬章下：『天子一位、公一位、侯一位、伯一位、子男同一位，凡五等也。』孫奭疏：『孟子所言周制，王制所言夏商之制也。』『帝軒』，指黄帝軒轅氏。南朝宋顔延之赭白馬賦：『昔帝軒陟位，飛黄服皁。』隋書音樂志上：『帝軒百祀，人思未忘。』

〔四〕六條創於有漢，魏晋必循其道：『六條創於有漢』，適園叢書作『諸子封於有漢』。『循』，文苑英華、全唐文作『修』。『六條』，漢制，刺史頒行六條詔書，以考察官吏。漢書百官公卿表上：『武

帝元封五年初置部刺史。』顔師古注引漢官典職儀云：『刺史班宣，周行郡國，省察治狀，黜陟能否，斷治寃獄，以六條問事，非條所問，即不省。一條，强宗豪右田宅逾制，以强淩弱，以衆暴寡。二條，二千石不奉詔書遵承典制，倍公向私，旁詔守利，侵漁百姓，聚斂爲奸。三條，二千石不恤疑獄，風厲殺人，怒則任刑，喜則淫賞，煩擾刻暴，剥截黎元，爲百姓所疾，山崩石裂，祅祥訛言。四條，二千石選署不平，苟阿所愛，蔽賢寵頑。五條，二千石子弟恃怙榮勢，請托所監。六條，二千（石）違公下比，阿附豪强，通行貨賂，割損正令也。』西晋北周也有六條詔書。後因以指考察官吏的職務和職權。南史宋江夏文獻王刘義恭傳：『義恭既至，勸孝武即位。授太尉、録尚書六條事，假黄鉞。』

〔五〕是知選賢建戚，莫先於藩衛：『選賢』，選用賢能的人。管子戒：『三年教人，四年選賢以爲長。』漢劉向説苑君道：『王者何以選賢？夫王者得賢材以自輔，然後治也。』『藩衛』，捍衛。三國志魏書武帝紀：『所以藩衛王室，左右厥世也。』資治通鑒晋安帝隆安二年：『今方鎮强盛，宰相權輕，宜密樹腹心於外以自藩衛。』

〔六〕經邦致治，允資於刺舉：『刺』，四庫全書作『愴』。『致治』，使國家在政治上安定清平。史記范雎蔡澤列傳：『公孫鞅之事孝公也……設刀鋸以禁奸邪，信賞罰以致治。』資治通鑒晋安

帝義熙七年：『隨時任才，皆能致治。』『剌舉』，檢舉。史記田叔列傳：『天下郡太守多爲奸利，三河尤甚，臣請先剌舉三河。』資治通鑑晋明帝太寧元年：『汜公糟粕書生，剌舉小才，不思國家大計。』胡三省注：『剌者，以直傷人；舉者，招人之過。』

〔七〕惟爾使持節遂普果合四州諸軍事、遂州刺史、彭王元則：『惟爾使持節遂普果合四州諸軍事』，文苑英華作『惟爾使持節督遂普果合四州諸軍事』；全唐文作『惟爾使持節都督遂普果合四州諸軍事』。『彭王元則』，指唐高祖第十二子李元則。傳見舊唐書卷六十四、新唐書卷七十九。舊唐書其本傳云：『彭王元則，高祖第十二子也。武德四年，封荆王。貞觀七年，授豫州刺史。十年，改封彭王，除遂州都督，尋坐章服奢僭免官。十七年，拜澧州刺史，更折節勵行，頗著聲譽。永徽二年薨，高宗爲之廢朝三日，贈司徒、荆州都督，陪葬獻陵，謚曰思。發引之日，高宗登望春宫望其靈車，哭之甚慟。無子，以霍王元軌子絢嗣，龍朔中封南昌王。子志暕，神龍初封嗣彭王。景龍初，加銀青光禄大夫。開元中，宗正卿同正員，卒。』

〔八〕幼稱岐嶷，夙禀義方：『岐嶷』，詩大雅生民：『誕實匍匐，克岐克嶷。』朱熹集傳：『岐嶷，峻茂之狀。』後多以『岐嶷』形容幼年聰慧。『義方』，行事應該遵守的規範和道理。逸周書官人：『省其居處，觀其義方。』左傳隱公三年：『石碏諫曰：「臣聞愛子教之以義方，弗

納於邪。」』後因多指教子的正道，或曰家教。

〔九〕褰帷汝潁之地，聲績可紀：『褰帷』，後漢書賈琮傳：『琮爲冀州刺史。舊典，傳車驂駕，垂赤帷裳，迎於州界。及琮之部，升車言曰：「刺史當遠視廣聽，糾察美惡，何有反垂帷裳以自掩塞乎？」乃命御者褰之。』後因以『褰帷』爲官吏接近百姓，實施廉政之典。梁書劉孝綽傳：『方且褰帷自厲，求瘼不休。』『汝潁』，指當時汝州潁州一帶，今河南省汝南縣以及安徽阜陽一帶。『聲績』，聲譽功績。晋書胡奮傳：『奮家世將門，晚乃好學，有刀筆之用，所在有聲績，居邊特有威惠。』唐劉禹錫代請朝覲表：『臣伏受國恩，忝承門蔭，脱巾筮仕，敢期榮名，陳力效官，靡樹聲績。』

〔十〕建旟巴蜀之境，民俗以康：『民』，文苑英華、全唐文均作『風』。『建旟』，指大將出鎮。晋書良吏傳論：『魯芝等建旟剖竹，布政宣條，存樹威恩，没留遺愛，咸見知明主，流譽當年。』唐楊炯唐右將軍魏哲神道碑：『每建旟推轂，三令五申，躬擐甲胄，親當矢石。』

〔十一〕是用率由令典，錫兹寵命：『率由』，遵循，沿用。書微子之命：『率由典常，以蕃王室。』三國魏曹植責躬詩：『萬邦既化，率由舊則。』『令典』，泛指憲章法令。三國志魏書文帝紀：『自今，其敢設非祀之祭，巫祝之言，皆以執左道論，著于令典。』唐劉禹錫汴州刺史廳壁記：『凡

曲防苛禁不情乖體者，悉剗之，壹出乎令典。』『寵命』，加恩特賜的任命。封建社會中對上司任命的敬辭。晉李密陳情事表：『今臣亡國賤俘，至微至陋，過蒙拔擢，寵命優渥。』唐韓愈送石處士序：『無昧於諂言，惟先生是聽，以能有成功，保天子之寵命。』

〔十二〕朕聞爲臣子者，踐行繼於忠孝：『朕聞爲臣子者』，甲庫本、適園叢書無『爲』字。『繼』，全唐文作『冀』。

〔十三〕處富貴者，貽戚在於驕奢：『戚』，原文作『式』，今據文苑英華改。『貽戚』，詩小雅小明：『心之憂矣，自詒伊戚。』玉篇言部引字書：『詒，或爲貽字。』後以『貽戚』指留下煩惱。

〔十四〕故能播美當時，垂芳後裔：『美』，文苑英華作『名』。『時』，適園叢書作『是』。『垂芳』，留下芳香。比喻流傳美名。漢蔡邕劉鎮南碑：『昭示來世，垂芳後昆。』晉陸機謝平原内史表：『猥辱大命，顯授符虎，使春枯之條，更與秋蘭垂芳。』

〔十五〕爾其鑒於經籍，詢於蓍龜：『蓍龜』，古人以蓍草與龜甲占卜凶吉，因以指占卜。易繫辭上：『探賾索隱，鉤深致遠，以定天下之吉凶，成天下之亹亹者，莫大乎蓍龜。』史記龜策列傳：『王者決定諸疑，參以卜筮，斷以蓍龜，不易之道也。』

（十六）見善如不及，見惡如探湯：語出論語季氏。『探湯』，探試沸水。形容戒懼。漢張衡同聲歌：『情好新交接，恐慄若探湯。』晉傅玄和班氏詩：『秋胡見此婦，惕然懷探湯。』

册雍州牧左武候大將軍越王泰改封魏王文（一）

維貞觀某年月某日甲子，皇帝若曰（二）：於戲！在昔哲后（三），受命君臨（四），并建茂親（五），以爲藩衛（六）。然則古之列國，今之按部，循名或異，立政則同（七）。皆所以共治黎元，俱獎王室，克隆鼎祚，咸悉由之（八）。惟爾雍州牧、左武候大將軍、越王泰（九），生而韶敏，幼而好學，樂善不倦，才藝日新（十），地則維城（十一），禮優分器（十二）。惟彼三魏，實號五都（十三），非親勿居，夾輔攸屬（十四）。是用命爾爲使持節都督相衛黎魏洺邢貝七州諸軍事、相州刺史，改封魏王，傳之子孫，長爲藩翰（十五）。古人有言：皇天無親，惟德是輔；民心無常，惟惠之懷（十六）。往欽哉！爾其鑒茲格言（十七），無自驕奢，無邇邪佞，兢兢業業，以保爾茅土（十八）。可不慎歟！

校箋

〔一〕本文又見於文苑英華卷四百四十四。全唐文卷一百五十亦録此文，文題作册越王泰改封魏王文。此文文末未標明頒布時間。考舊唐書太宗紀云：『（貞觀）十年春正月……癸丑……（徙封）越王泰爲魏王。』舊唐書卷七十六載：『（貞觀）十年，徙封魏王，遥領相州都督，餘官如故。』新唐書太宗紀云：『（貞觀）十年正月……癸丑……（徙封）泰魏王。』資治通鑑卷一百九十四載：『（貞觀）十年……正月……癸丑……（徙）越王泰爲魏王。……二月，乙丑……（以）泰爲相州都督。』册府元龜卷二百六十五宗室部封建四載：『濮王泰，太宗第四子。武德三年封宜都郡王，四年進封衛王，貞觀二年改封越王，十年徙封魏王，十七年降封東萊郡王，尋改封爲順陽王，二十一年進封濮王。』據上述史籍所載，則此册文頒布時間爲貞觀十年（六三六）二月乙丑（四日）。其撰寫時間當在是時稍前。

〔二〕皇帝若曰：文苑英華作『皇帝曰』。

〔三〕在昔哲后：『在昔』，文苑英華、全唐文作『昔在』。『在昔』，從前；往昔。書洪範：『我聞在昔，鯀堙洪水，汩陳其五行。』漢班固東都賦：『勛兼乎在昔，事勤乎三五。』『哲后』，

贤明的君主。后，君主。晋袁宏三國名臣序贊：『绸繆哲后，无妄惟時。』唐李白答高山人兼呈權顧二侯詩：『虹霓掩天光，哲后起康濟。』

〔四〕受命君臨：『君臨』，爲君而主宰。左傳襄公十三年：『赫赫楚國，而君臨之。』舊唐書高祖紀：『朕受命君臨，志存刷蕩。』

〔五〕并建茂親：『茂親』，古時多指皇室宗親。茂，言其美盛。魏書樂志：『自非懿望茂親，雅量淵遠，博識洽聞者，其孰能識其得失？』南朝梁丘遲與陳伯之書：『中軍臨川殿下，明德茂親，總茲戎重。』

〔六〕以爲藩衛：『藩衛』，屏障。後漢書傅燮傳：『今涼州天下要冲，國家藩衛。』

〔七〕立政則同：『則同』，文苑英華、全唐文作『實同』。

〔八〕克隆鼎祚，咸悉由之：『咸悉』，四庫全書作『爲必』。『鼎祚』，猶國祚，國運。晋書汝南王亮等傳序：『光武雄略緯天，慷慨下國……休祉盛於兩京，鼎祚隆於四百。』周書晋蕩公護傳：『臣所以勤勤懇懇，干觸天威者，但不負太祖之顧托，保安國家之鼎祚耳。』

〔九〕惟爾雍州牧、左武候大將軍、越王泰：即李泰。傳見舊唐書卷七十六、新唐書卷八十。舊唐書其本傳載：『濮王泰，字惠褒，太宗第四子也。少善屬文。武德三年，封宜都王。

四年，進封衛王，以繼衛懷王霸後。貞觀二年，改封越王，授揚州大都督。五年，兼領左武候、大都督，并不之官。八年，除雍州牧、左武候大將軍。七年，轉鄜州大都督。十年，徙封魏王，遥領相州都督，餘官如故。太宗以泰好士愛文學，特令就府别置文學館，任自引召學士。又以泰腰腹洪大，趨拜稍難，復令乘小輿至於朝所。其寵異如此。」

〔十〕才藝日新：「才藝」，文苑英華、全唐文作「才德」。

〔十一〕地則維城：「地」，適園叢書作「位」。「維城」，借指皇子或皇室宗族。後漢書孝明八王傳贊：「孝明傳胤，維城八國。」唐無可送李長吉之任東井詩：「家世維城後，官資宰邑初。」

〔十二〕禮優分器：「分器」，古代天子把宗廟所藏的寶器分與諸侯和宗室爲世守之物，謂之「分器」，亦指分得的寶器等。左傳定公九年「得寶玉大弓」，晋杜預注：「弓玉，國之分器，得之足以爲榮，失之足以爲辱。」

〔十三〕惟彼三魏，實號五都：「實」，文苑英華、四庫全書作「寔」。「五都」，三國魏以長安、譙、許昌、鄴、洛陽爲五都。三國志魏書文帝紀「改許縣爲許昌縣」，裴松之注引魏略：「改長安、譙、許昌、鄴、洛陽爲五都。」

〔十四〕夾輔攸屬：『夾輔』，輔佐。左傳僖公四年：『五侯九伯，女實征之，以夾輔周室。』三國志魏書齊王芳傳：『大將軍、太尉奉受末命，夾輔朕躬。』

〔十五〕長爲藩翰：『藩翰』，詩大雅板：『价人維藩，大師維垣，大邦維屏，大宗維翰。』毛傳：『藩，屏也；翰，幹也。』後因以『藩翰』喻捍衛王室的重臣。三國志蜀書先主傳：『宗子藩翰，心存國家，念在弭亂。』

〔十六〕皇天無親，惟德是輔；民心無常，惟惠之懷：語出尚書蔡仲之命。指上天對人没有親疏遠近，只要品德高尚的就輔佐他；民心并不永遠屬於一個君主，只有對自己有恩惠的，才歸附他。

〔十七〕爾其鑑兹格言：『兹』，文苑英華、全唐文作『此』。『格言』，四庫全書作『無格言』。

〔十八〕以保爾茅土：『茅土』，指王、侯的封爵。古天子分封王、侯時，用代表方位的五色土築壇，按封地所在方向取一色土，包以白茅而授之，作爲受封者得以有國建社的表徵。漢李陵答蘇武書：『陵謂足下當享茅土之薦，受千乘之賞。』李善注：『尚書緯曰：「天子社，東方青，南方赤，西方白，北方黑，上冒以黄土，將封諸侯，各取方土，苴以白茅，以爲社。」』

册洛州刺史郯王惲改封蔣王文〔一〕

岑文本

於戲！朕光膺寶圖〔二〕，欽若前典〔三〕，崇穆親之義〔四〕，固維城之業〔五〕。并錫之以土地，授之以刺史〔六〕，爰明誓山河，永作藩翰〔七〕。惟爾洛州刺史、郯王惲〔八〕，幼稱岐嶷〔九〕，早聞詩、禮〔十〕，式開土宇〔十一〕，光備車服〔十二〕。惟彼漢湘〔十三〕，地兼舊楚，作鎮之重〔十四〕，僉議攸歸〔十五〕。是用命爾爲使持節襄州諸軍事、襄州刺史，改封蔣王，傳之子孫，長爲唐輔。朕聞立身之基，曰忠與孝；爲政之本，曰禮與德。行之則成名，違之則喪道。詳求大訓〔十六〕，莫此爲先。往欽哉！爾其祇服朕詔〔十七〕，敦悦禮經〔十八〕，無奢侈以乖節儉，無逸豫以虧謹肅〔十九〕。聿修厥德，垂徽永世〔二十〕。可不慎歟！

校箋

〔一〕本文又見於文苑英華卷四百四十四。全唐文卷一百五十亦録此文，文題作册郯王惲改封蔣王文，署名岑文本。此文文末未標明頒布時間。考舊唐書太宗紀云：『（貞觀）十年春正

月……癸丑，徙封……郯王惲爲蔣王。』舊唐書卷七十六列傳第二十六云：『（貞觀）十年，改封蔣王、安州都督，賜實封八百户。』新唐書太宗紀云：『（貞觀）十年正月……癸丑，徙封……惲蔣王。』資治通鑑卷一百九十四載：『（貞觀）十年春，正月……癸丑，徙……郯王惲爲蔣王。』册府元龜卷二百六十五宗室部封建四載：『蔣王惲，太宗第七子。貞觀五年封郯王，十年改封。』據上述史籍所載，則此册文頒布時間應爲貞觀十年（六三六）正月癸丑（二十二日）。其撰寫時間當在是時稍前。

〔二〕朕光膺寶圖：『光膺』，榮受。唐陸贄馬燧渾瑊副元帥招討河中制：『出納朕命，光膺具瞻。』唐韓愈賀册皇太后表：『皇太后光膺令典，受册宫闈。』『寶圖』，皇位；帝業。周書武帝紀上：『朕祇承寶圖，宜遵故實。』唐柳宗元禮部爲文武百寮請聽政表之二：『陛下以聰明睿聖，嗣守寶圖。』

〔三〕欽若前典：『欽若』，敬順。書堯典：『乃命羲和，欽若昊天，曆象日月星辰，敬授人時。』陳書高祖紀下：『梁氏以圮剥薦臻，曆運有極，欽若天應，以命於霸先。』『前典』，前代的典則。後漢書郎顗傳：『今陛下聖德中興，宜遵前典，惟節惟約，天下幸甚。』宋書禮志四：『魏明帝有愛女曰淑涉，三月而夭，帝痛之甚，追封謚爲平原懿公主。葬於南陵，立廟京師。無前典，非禮也。』

〔四〕崇穆親之義：『穆親』，文苑英華、全唐文作『睦親』。『穆親』，和睦相親。晉書陸機傳：『篤聖穆親，如彼之懿，大德至忠，如此之盛。』

〔五〕固維城之業：『維城』，文苑英華作『惟城』。『維城』，連城以衛國。詩大雅板：『懷德維寧，宗子維城。』後漢書劉虞公孫瓚陶謙傳贊：『襄賁勵德，維城燕北。仁能洽下，忠以衛國。』晉干寶晉紀總論：『宗子無維城之助，而閼伯、實沈之郤歲構。』張銑注：『維，連也，言宗子連城封之，以助京室也。』

〔六〕授之以刺史：甲庫本無『以』字。『刺史』，原作『刺舉』，今據四庫全書改。

〔七〕永作藩翰：『藩翰』，語出詩大雅板：『价人維藩，大師維垣，大邦維屏，大宗維翰。』毛傳：『藩，屏也；翰，幹也。』後因以『藩翰』喻捍衛王室的重臣。三國志蜀書先主傳：『宗子藩翰，心存國家，念在弭亂。』

〔八〕惟爾洺州刺史、郯王惲：『惲』，指李惲，唐太宗第七子。傳見舊唐書卷七十六、新唐書卷九十三。舊唐書其本傳云：『蔣王惲，太宗第七子也。貞觀五年，封郯王。八年，授洺州刺史。十年，改封蔣王、安州都督，賜實封八百户。二十三年，加實封滿千户。永徽三年，除梁州都督。惲在安州，多造器用服玩，及將行，有遞車四百兩。州縣不堪其勞，爲有司所劾，帝特

宥之。後歷遂、相二州刺史。上元年，有人詣闕誣告惲謀反，惶懼自殺，贈司空、荆州大都督，陪葬昭陵。子煒嗣，歷沂州刺史，垂拱中爲則天所害。子銑早卒。神龍初，封銑子紹宗爲嗣蔣王。景龍二年，加銀青光禄大夫。開元初，爲太子家令同正員卒。子欽福嗣，爲率更令同正員。天寶初削官，於錦州安置。十二載，爲南郡長史同正。惲子煌，蔡國公。煌孫之芳，幼有令譽，頗善五言詩，宗室推之。開元末爲駕部員外郎。天寶十三載，安禄山奏爲范陽司馬。及禄山起逆，自拔歸西京，授右司郎中，歷工部侍郎、太子右庶子。廣德元年，兵革未清，吐蕃又犯邊，侵軼原、會。乃遣之芳兼御史大夫，使吐蕃，被留境上二年而歸。除禮部尚書，尋改太子賓客。惲子休道。道子琚，本名思順。中興封嗣趙王，加銀青光禄大夫。開元十二年改封中山郡王、右領軍將軍。」

〔九〕幼稱岐嶷：『岐嶷』，詩大雅生民：『誕實匍匐，克岐克嶷。』朱熹集傳：『岐嶷，峻茂之狀。』後多以『岐嶷』形容幼年聰慧。東觀漢記馬客卿傳：『馬客卿幼而岐嶷，年六歲，能應接諸公，專對賓客。』

〔十〕早聞詩、禮：『早聞』，四庫全書作『蚤聞』。『詩、禮』，指詩經和三禮。泛指儒家經典。莊子外物：『儒以詩、禮發冢。』唐王建送于丹移家洺州詩：『詩、禮不外學，兄弟相攻研。』

〔十一〕式開土宇：『土宇』，疆土；國土。後漢書荀彧傳：『公前屠鄴城，海内震駭，各

懼不得保其土宇，守其兵衆。』唐劉知幾史通雜述：『九州土宇，萬國山川，物産殊宜，風化異俗。』

（十二）光備車服：『光備』，文苑英華、四庫全書、甲庫本、全唐文、適園叢書作『允備』。『光備』，兼備，全面具備。三國魏曹植武帝誄：『九德光備，萬國作師。』宋書臨川烈武王道規傳：『睿哲自天，孝友光備。』『車服』，車輿禮服。書舜典：『敷奏以言，明試以功，車服以庸。』孔傳：『功成則賜車服以表顯其能用。』孔穎達疏：『人以車服爲榮，故天子之賞諸侯，皆以車服賜之。』

（十三）惟彼漢湘：『漢湘』，文苑英華、全唐文作『漢地』；明鈔本作『漢池』。三國魏應璩百一詩之五：『出入承明廬，車服一何焕。』

（十四）作鎮之重：『作鎮』，鎮守一方。漢張衡西京賦：『澶漫靡迤，作鎮於近。』劉良注：『澶漫靡迤，寬長貌。言此原陵爲國之近鎮。』晋潘岳爲賈謐作贈陸機詩：『藩岳作鎮，輔我京室。』

（十五）僉議攸歸：『僉議』，衆人的意見。多用於群臣百官。南朝梁沈約授蕭惠休右僕射詔：『入副朝端，僉議斯在。』唐白居易中書舍人韋貫之授禮部侍郎制：『儀曹之選，僉議所歸。』

（十六）詳求大訓：『詳求』，審慎尋求。後漢書皇后紀序：『所以明慎聘納，詳求淑哲。』宋史選舉志六：『國家詳求幹事之吏，外分主計之司，雖曰轉輸，得兼按察，總覽郡國，職任尤重。』『大訓』，先王聖哲的教言。書顧命：『嗣守文武大訓，無敢昏逾。』孔傳：『言奉

順繼守文武大教，無敢昏亂逾越。』唐韓愈順宗實録一：『恪慎於厥躬，祇勤於大訓。』

〔十七〕爾其祇服朕詔：四庫全書、甲庫本作『爾其祇承詔命』。

〔十八〕敦悦禮經：『禮經』，文苑英華作『經典』，明鈔本、四庫全書、甲庫本、全唐文作『典經』。『敦悦』，尊崇愛好。語出左傳僖公二十七年：『趙衰曰：「郤穀可。臣亟聞其言矣，説禮樂而敦詩、書。」』後漢書鄭興傳：『竊見河南鄭興，執義堅固，敦悦詩、書。』『禮經』，古代講禮節的經典，常指儀禮。漢書儒林傳孟喜：『父號孟卿，善爲禮、春秋……孟卿以禮經多，春秋煩雜，乃使喜從田王孫受易。』漢書藝文志：『禮古經五十六卷，經七十（按當作「十七」篇）。』按，所云禮、禮經、禮古經，即謂儀禮。

〔十九〕無逸豫以虧謹肅：『逸豫』，猶安樂。詩小雅白駒：『爾公爾侯，逸豫無期。』余冠英注：『逸豫，安樂也。』三國魏曹植臨觀賦：『樂時物之逸豫，悲予志之長違。』

〔二十〕聿修厥德，垂徽永世：『垂徽永世』，明鈔本作『垂救永世』；文苑英華、全唐文作『垂徽於永世』。『聿修厥德』，語出詩大雅文王：『無念爾祖，聿修厥德，永言配命，自求多福。』毛傳：『聿，述。』聿本助詞，後多訓爲『述』，因以『聿修』謂繼承發揚先人的德業。晉干寶晉紀總論：『聿修祖宗之志，思輯戰國之苦。』吕向注：『聿，循；修，治也。』北史周紀下宣帝：『朕

以眇身，祇承寶運，雖庶幾聿修之志，敢忘燕翼之心？」

册岐州刺史許王元祥改封江王文（一）

岑文本

於戲！蓋王者受命（二），聖人作則（三），垂法度以經邦（四），選賢戚以布政（五）。作屏王室（六），莫先於胙土（七）；共治天下，實寄於班條（八）。惟爾岐州刺史、許王元祥（九），幼禀義方（十），早有志尚（十一），地惟邢晋（十二），禮優河楚（十三），姑蘇奥壤（十四），舊吴是宅，既建作牧（十五），必俟懿親（十六）。是用命爾爲使持節蘇州諸軍事、蘇州刺史，改封江王，傳之子孫，世爲唐輔。朕聞孝敬忠貞（十七），人之美行也（十八）；禮讓仁恕（十九），政之善經也（二十）。是以奉上者戒於邪僻（二十一），御下者勖於驕傲（二十二），然後能保其疆土，育其民人（二十三）。往欽哉！爾其鑒持身之規（二十四），求爲邦之道，尊五美而屏四惡（二十五），近君子而遠小人。祇畏兢兢（二十六），無替朕訓（二十七）。可不慎歟！

校箋

〔一〕本文又見於文苑英華卷四百四十四。全唐文卷一百五十亦録此文，文題作册許王元祥改封江王文，署名岑文本。此文文末未標明頒布時間。考舊唐書太宗紀云：『（貞觀十一年）六月……己巳，改封許王元祥爲江王。』舊唐書卷六十四載：『（貞觀）十一年，徙封江王，授蘇州刺史，賜實封八百户。』新唐書太宗紀云：『（貞觀十一年）六月……己巳，徙封元祥爲江王。』資治通鑑卷一百九十五載：『（貞觀十一年）六月……己巳，徙許王元祥爲江王。』册府元龜卷二百六十五宗室部封建四載：『江王元祥，高祖第二十子也。貞觀五年封許王，十一年徙封。』據上述史籍所載，則此册文頒布時間應爲貞觀十一年（六三七）六月己巳（十六日）。其撰寫此文時間當在是時稍前。

〔二〕蓋王者受命：『受命』，受天之命。古帝王自稱受命於天以鞏固其統治。書召誥：『惟王受命，無疆惟休，亦無疆惟恤。』史記日者列傳：『自古受命而王，王者之興何嘗不以卜筮決於天命哉！』

〔三〕聖人作則：『作則』，禮記哀公問：『君子過言則民作辭，過動則民作則。』鄭玄注：『君

之行雖過，民猶以爲法。』本謂統治者的言行爲百姓所效法。後指做榜樣。宋曾鞏門下中書侍郎尚書左右丞制：『以稱朕所以作則垂法，始今行後之意。』宋曾鞏移滄州過闕上殿札子：『作則垂憲，克紹克類。』

〔四〕垂法度以經邦：『法度』，法令制度。書大禹謨：『儆戒無虞，罔失法度。』漢賈誼過秦論上：『内立法度，務耕織，修守戰之具。』宋吳曾能改齋漫録記事一：『仁宗皇帝守成，皆遵先朝法度。』

〔五〕選賢戚以布政：『布政』，施政。左傳成公二年：『詩曰：「布政優優，百禄是遒。」子實不優，而棄百禄，諸侯何害焉！』史記孝文本紀：『人主不德，布政不均。』

〔六〕作屏王室：『王室』，王朝；朝廷。書康王之誥：『雖爾身在外，乃心罔不在王室。』東觀漢記袁安傳：『袁安爲司徒，每朝會，憂念王室，未嘗不流涕也。』

〔七〕莫先於胙土：『胙土』，指帝王將土地賜封功臣宗室，以酬其勛勞。左傳隱公八年：『天子建德，因生以賜姓，胙之土而命之氏。』孔穎達疏：『胙，訓報也。有德之人，必有美報。報之以土，謂封之以國。』南朝宋謝靈運謝封康樂侯表：『亡祖奉國威靈，董符戎重，盡心所事，剋黜禍亂，功參盤鼎，胙土南服。』

〔八〕實寄於班條：文苑英華作『寔寄於頒條』；四庫全書作『寔寄於班條』。『班條』，同『頒條』，發布律條。唐崔善爲答王無功冬夜載酒鄉館詩：『頒條忝貴郡，懸榻久相望。』新唐書劉蕡傳：『列郡在乎頒條，而干禁或未絶；百工在乎按度，而淫巧或未息。』

〔九〕惟爾岐州刺史、許王元祥：『元祥』，指唐高祖之子李元祥，傳見舊唐書卷六十四、新唐書卷九十二。舊唐書其本傳載：『江王元祥，高祖第二十子也。貞觀五年，封許王。十一年，徙封江王，授蘇州刺史，賜實封八百户。二十三年，加實封滿千户。高宗時，又歷金、鄜、鄭三州刺史。性貪鄙，多聚金寶，營求無厭，爲人吏所患。時滕王元嬰、蔣王惲、虢王鳳亦稱貪暴，有授得其府官者，以比嶺南惡處，爲之語曰：「寧向儋、崖、振、白，不事江、滕、蔣、虢。」元祥體質洪大，腰帶十圍，飲啖亦兼數人，其時韓王元嘉、虢王鳳、魏王泰狀貌亦偉，不逮於元祥。又眇一目。永隆元年薨，贈司徒、并州大都督，陪葬獻陵，謚曰安。子永嘉王晫，永隆中，爲復州刺史。以禽獸其行，賜死於家。中興初，元祥子鉅鹿郡公晃子欽嗣江王。景龍四年，加銀青光禄大夫，娶王仁皎女，至千牛將軍，卒。』

〔十〕幼禀義方：『義方』，行事應該遵守的規範和道理。逸周書官人解：『省其居處，觀其義方。』左傳隱公三年：『石碏諫曰：「臣聞愛子教之以義方，弗納於邪。」』後多指教子

的正道，或曰家教。晉葛洪抱朴子崇教：『愛子欲教之義方，雕琢切磋，弗納於邪僞。』

〔十一〕早有志尚：『志尚』，理想。晉葛洪抱朴子金丹：『聊書其心，示將來之同志尚者云。』隋書藝術傳庾質：『庾質字行修，少而明敏，早有志尚。』

〔十二〕地惟邢晉：『地惟』，原作『他惟』，今據文苑英華、四庫全書、全唐文改。

〔十三〕禮優河楚：文苑英華、明鈔本、四庫全書、甲庫本、全唐文、適園叢書作『禮優河裴』。

〔十四〕姑蘇奥壤：『奥壤』，猶沃壤。唐陳子昂上西蕃邊州安危事：『甘州諸屯，皆因水利，濁河灌溉，良沃不待天時，四十餘屯，并爲奥壤。故每收獲，常不減二十萬。』此句指舊唐書其本傳云：『十一年，徙封江王，授蘇州刺史，賜實封八百户。』

〔十五〕舊吴是宅，既建作牧：『是宅』，甲庫本作『見宅』。『既建作牧』，四庫全書、甲庫本作『既作建牧』。『作牧』，泛指擔任州郡地方長官。南朝梁沈約齊故安陸昭王碑文：『建麾作牧，明德攸在。』唐李頻送侯郎中任新定詩之一：『爲郎非白頭，作牧授滄州。』

〔十六〕必俟懿親：『必俟』，文苑英華作『必侯』。『懿親』，特指皇室宗親、外戚。三國魏曹植求通親親表：『昔周公吊管蔡之不咸，廣封懿親，以藩屏王室。』舊唐書牛仙客傳：『時有監察御史周子諒竊言於御史大夫李適之曰：「牛仙客不才，濫登相位，大夫國之懿親，豈得坐

觀其事？」』

〔十七〕朕聞孝敬忠貞：文苑英華、全唐文作『朕聞曰孝敬忠貞』。

〔十八〕人之美行也：『美行』，高尚的操行。荀子宥坐：『今夫子累德積義，懷美行之日久矣。』三國魏阮籍大人先生傳：『此誠士君子之高致，古今不易之美行也。』

〔十九〕禮讓仁恕：『禮讓』，守禮謙讓。論語里仁：『能以禮讓爲國乎何有？不能以禮讓爲國，如禮何？』邢昺疏：『禮節民心，讓則不争。』晉葛洪抱朴子詰鮑：『衣食既足，禮讓以興。』『仁恕』，仁愛寬容。漢書叙傳上：『寬明而仁恕。』世説新語政事『山遐去東陽』，劉孝標注引江惇傳：『惇隱東陽，以仁恕懷物，遐感其德。』

〔二十〕政之善經也：『善經』，好的法則。左傳宣公十二年：『兼弱攻昧，武之善經也。』杜預注：『經，法也。』三國魏何晏景福殿賦：『上則崇稽古之弘道，下則闡長世之善經。』

〔二十一〕是以奉上者戒於邪僻：『戒於』，明鈔本、適園叢書作『蓋於』。『奉上』，侍奉君主、上司。漢書游俠傳序：『於是背公死黨之議成，守職奉上之義廢矣。』南朝宋顔延之陽給事誄序：『奉上以誠，率下有方。』南朝梁沈約齊故安陸昭王碑文：『至公以奉上，鳴謙以接下。』

〔二十二〕御下者勖於驕傲：『勖於』，文苑英華、四庫全書、全唐文作『儆於』。

〔二十三〕育其民人：明鈔本作『如其民人』；文苑英華、四庫全書作『和其民人』；全唐文作『和其人民』。

〔二十四〕爾其鑒持身之規：『持身』，立身；修身。列子說符：『子列子學於壺丘子林。壺丘子林曰：「子知持後，則可言持身矣。」』漢劉向說苑雜言：『怵於待祿，慎於持身。』

〔二十五〕尊五美而屏四惡：『尊五美』，適園叢書作『遵五美』。『五美』，五種美德。左傳襄公二十八年：『大適小有五美，宥其罪戾，赦其過失，救其災患，賞其德刑，教其不及。』論語堯曰：『子張曰：「何謂五美？」子曰：「君子惠而不費，勞而不怨，欲而不貪，泰而不驕，威而不猛。」』『四惡』，指虐、暴、賊、有司，四種惡事。論語堯曰：『子張曰：「何謂四惡？」子曰：「不教而殺謂之虐；不戒視成謂之暴；慢令致期謂之賊；猶之與人也，出納之吝謂之有司。」』太平天国洪仁玕資政新篇：『一上所議，是以法法之之法，多是尊五美、屏四惡之法，誠能上下凜遵，則刑具可免矣。』

〔二十六〕祇畏兢兢：『祇畏』，敬畏。書金縢：『用能定爾子孫於下地，四方之民，罔不祇畏。』漢書匡衡傳：『陛下祇畏天戒，哀閔元元，大自減損。』『兢兢』，小心謹慎貌。詩小雅小旻：『戰戰兢兢，如臨深淵，如履薄冰。』毛傳：『兢兢，戒也。』唐陳子昂爲張著作謝父官表：『夙夜

兢兢，祗惕若厲。』

〔二十七〕無替朕訓：甲庫本作『無替丕訓』；四庫全書作『無替乃訓』。無替，不廢；無盡。書旅獒：『王乃昭德之致於異姓之邦，無替厥服。』孔傳：『使無廢其職。』北史羊祉傳：『詔册褒美，無替倫望。』

册揚州都督沛王賢文〔一〕

維龍朔元年，歲次辛酉，十月癸亥朔，十七日己卯，皇帝若曰〔二〕：於戲〔三〕！夫翦商統歷〔四〕，建侯以崇藩衛〔五〕；纂堯開運，分土以光震聞〔六〕。故乃族茂麟趾〔七〕，經國之令圖〔八〕；地利犬牙〔九〕，裁化之明準〔十〕。惟爾雍州牧、幽州都督、上柱國、潞王賢〔十一〕，擢穎玄樞〔十二〕，抽榮紫極〔十三〕，姿儀暎徹〔十四〕，占對淹凝〔十五〕，機悟韶敏〔十六〕，風徽簡令〔十七〕。雕鎔信義〔十八〕，振英挺於觿年〔十九〕；苑囿文詞〔二十〕，標秀發於髫日〔二十一〕。藝優楚沛，道駕天人〔二十二〕，縣蟻層臺〔二十三〕，舞鶴懸鏡〔二十四〕，湛清襟於篁沼〔二十五〕，鼓芳譽於蘋風〔二十六〕。是用命爾爲沛王，使持節都督揚和滁潤常宣歙等七州諸軍事、揚州刺史、兼左武候大將軍，牧及勛官并如故。而徐方奥壤〔二十七〕，

泗水名區〔二十八〕，榮耀虞珪〔二十九〕，賞延漢礪〔三十〕。加以作牧淮海〔三十一〕，式道京畿〔三十二〕，申大雅而厘風〔三十三〕，資樂善而揚德。必宜靖恭乃位〔三十四〕，克懋聲猷〔三十五〕，光被寵章〔三十六〕。可不祇慎〔三十七〕！

校箋

〔一〕此文又見於全唐文卷十四，文題作册潞王賢爲揚州都督仍徙封沛王文，署名唐高宗。本文文首標明頒布時間爲『龍朔元年，歲次辛酉，十月癸亥朔，十七日己卯』。考舊唐書高宗紀云：『（龍朔）元年……九月……壬子，徙封潞王賢爲沛王。……是日，敕中書門下五品已上諸司長官、尚書省侍郎并諸親三等已上，并詣沛王宅設宴禮，奏九部樂。禮畢，賜帛雜彩等各有差。』舊唐書卷八十六列傳第三十六載：『龍朔元年，徙封沛王，加揚州都督，兼左武衛大將軍，雍州牧如故。』新唐書高宗紀云：『（龍朔）元年……九月……壬子，徙封賢爲沛王。』資治通鑑卷二百載：『（龍朔）元年……九月……壬子，徙潞王賢爲沛王。』據上述史籍所載，則徙封沛王。又，新、舊唐書與資治通鑑所記『徙封賢爲沛王』之時間均同，然均與本詔令所記時間不同。

本詔令所記干支時間無誤，所記當可信。今本詔令頒布時間姑依原文所記，即龍朔元年（六六一）十月十七日。則此文撰寫時間，當在是時稍前。

〔二〕皇帝若曰：『皇帝』，指唐高宗。

〔三〕於戲：亦作『於熙』，猶於乎。感嘆詞。禮記大學：『詩云：「於戲！前王不忘。」君子賢其賢而親其親，小人樂其樂而利其利。』史記三王世家：『皇帝使御使大夫湯廟立子閎爲齊王。曰：「於戲，小子閎，受茲青社！」』司馬貞索隱：『於戲，音嗚呼。戲，或音羲。』

〔四〕夫翦商統歷：『翦商』，謂剪滅商紂。借指剿滅無道，建立王業。詩魯頌閟宮：『后稷之孫，實維大王。居岐之陽，實始翦商。』唐長孫無忌進律疏議表：『朱旗乃舉，東城高滅楚之功；黄鉞裁麾，西土建翦商之業。』

〔五〕建侯以崇藩衛：『建侯』，封立諸侯；封侯建國；立功封侯。易豫：『利建侯、行師。』漢韋孟諷諫詩：『乃命厥弟，建侯於楚。』『藩衛』，指諸侯。後漢書章帝紀：『東后蕃衛，伯父伯兄。』李賢注：『諸侯爲天子藩屏，故曰藩衛。』明史肅王楧傳：『非所以崇本支，厚藩衛也。』

〔六〕分土以光震聞：明鈔本作『分王以光震門』。『分土』，猶分野。後漢書陳蕃傳：『夫諸侯上象四七，垂燿在天；下應分土，藩屏上國。』李賢注：『上象四七，謂二十八宿。各主諸

侯之分野，故曰下應分土，言皆以輔王室也。』

〔七〕故乃族茂麟趾：『麟趾』，詩周南麟之趾：『麟之趾，振振公子。』鄭玄箋：『喻今公子亦信厚，與禮相應，有似於麟。』後以『麟趾』作喻，比喻子孫昌盛。南朝齊王融三月三日曲水詩序：『族茂麟趾，宗固磐石。』宋蘇軾賜彰化軍節度使開府儀同三司判大宗正事宗晟上表乞還職事不允詔：『朕方慶瓜瓞之茂，而欲觀麟趾之應。』

〔八〕經國之令圖：『經國』，治理國家。國語周語下：『將民之與處而離之，將灾是備禦而召之，則何以經國？』三國魏曹丕典論論文：『蓋文章經國之大業，不朽之盛事。』『令圖』，善謀；遠大的謀略。左傳昭公元年：『臣聞君子能知其過，必有令圖。令圖，天所贊也。』隋書梁睿傳：『睿上疏曰：「竊以遠撫長駕，王者令圖；易俗移風，有國恒典。」』

〔九〕地利犬牙：『地利』，地理優勢。孟子公孫丑下：『天時不如地利，地利不如人和。』趙岐注：『地利，險阻。城池之固也。』史記楚世家：『處既形便，勢有地利，奮翼鼓翅，方三千里，則秦未可得獨招而夜射也。』『犬牙』，像犬牙般交錯。多指地形、地勢。墨子備城門：『靈丁，三丈一，犬牙施之。』岑仲勉簡注：『犬牙，交錯也。』後漢書魯恭傳：『建初七年，郡國螟傷稼，犬牙緣界，不入中牟。』

〔十〕裁化之明準：『明準』，明確的準則、規矩。宋書禮志四：『晉世祖宗祠顯宗、烈宗、肅祖，并是晉帝之伯，今朝明準，而初無有司行事之禮。愚謂主上親執孝武皇帝觴爵，有愜情敬。昭皇太后君母之貴……請且依舊，三公行事。』

〔十一〕惟爾雍州牧、幽州都督、上柱國、潞王賢：『潞王賢』，傳見舊唐書卷八十六、新唐書卷九十二。舊唐書其本傳云：『章懷太子賢，字明允，高宗第六子也。永徽六年，封潞王。顯慶元年，遷授岐州刺史。其年，加雍州牧、幽州都督。時始出閤，容止端雅，深爲高宗所嗟賞。高宗嘗謂司空李勣曰：「此兒已讀得尚書、禮記、論語，誦古詩賦復十餘篇，暫經領覽，遂即不忘。我曾遣讀論語，至『賢賢易色』，遂再三覆誦。我問何爲如此，乃言性愛此言。方知夙成聰敏，出自天性。」龍朔元年，徙封沛王，加揚州都督，兼左武衛大將軍，雍州牧如故。二年，加揚州大都督。麟德二年，加右衛大將軍。咸亨三年，改名德，徙封雍王，授涼州大都督，雍州牧、右衛大將軍如故，食實封一千户。上元元年，又依舊名賢。』

〔十二〕擢穎玄樞：『擢穎』，全唐文作『穎擢』。『擢穎』，猶言脱穎而出。晉庾闡弔賈生文：『飛榮洛汭，擢穎山東。』北史高允傳：『崔、宋二賢，誕性英偉，擢穎閭閻，聞名象魏。』『玄樞』，天樞，北斗第一星。亦泛指北斗星。唐王勃乾元殿頌序：『玄樞上運，卜年開累聖之符；丹竈升

遐，遺範敞謀孫之畫。』

〔十三〕抽榮紫極：『抽』，四庫全書、全唐文作『軸』。『紫極』，星名。借指帝王的宮殿。晉潘岳西征賦：『厭紫極之閑敞，甘微行以游盤。』李善注：『紫極，星名，王者爲宫以象之。曹植上表曰：「情注於皇居，心在乎紫極。」』唐吴兢貞觀政要論納諫：『陛下高居紫極，寧濟蒼生。』

〔十四〕姿儀暎徹：『姿儀』，謂美好的儀態。三國志魏書公孫瓚傳：『（瓚）有姿儀，大音聲，侯太守器之，以女妻焉。』新唐書岑文本傳：『（文本）性沈敏，有姿儀。』『暎徹』，照臨。南朝宋劉義慶世説新語賞譽：『桓玄問仲文：「卿家仲堪，定是何似人？」仲文曰：「雖不能休明一世，足以映徹九泉。」』

〔十五〕占對淹凝：『占對』，應對，對答。後漢書徐防傳：『防體貌矜嚴，占對可觀，顯宗異之。』舊唐書裴度傳：『度狀貌不逾中人，而風彩俊爽，占對雄辯，觀聽者爲之聳然。』『淹凝』，指淵博貞肅。

〔十六〕機悟韶敏：『機悟』，機敏穎悟。南朝宋劉義慶世説新語捷悟：『王導須臾至，徒跣下地，謝曰：「天威在顔，遂使温嶠不容得謝。」嶠於是下謝，帝乃釋然。諸公共嘆王機悟名言。』隋

書 牛弘傳：『吏部侍郎高孝基，鑒賞機晤，清慎絶倫。』『韶敏』，美麗機敏。宋王讜唐語林補遺一：『（和政公主）幼而聰惠，長而韶敏。穠華秀整，令德芬馨。』

（十七）風徽簡令：『風徽』，風範，美德。南朝宋謝瞻於安城答靈運詩：『綢繆結風徽，烟熅吐芳訊。』『簡令』，端莊美好。南朝宋劉義慶世説新語 品藻：『撫軍問孫興公：「劉真長何如？」曰：「清蔚簡令。」』

（十八）雕鎔信義：『信義』，信用和道義。三國志 蜀書 諸葛亮傳：『將軍既帝室之胄，信義著於四海，總攬英雄，思賢如渴。』唐韓愈唐故贈絳州刺史馬府君行狀：『君在家，行孝友，待賓客朋友有信義。』

（十九）振英挺於觽年：『觽』，全唐文作『觿』。『觽年』，亦作『觽年』。語本詩 衛風 芄蘭：『芄蘭之支，童子佩觽。』後因以『觽年』爲童年。唐駱賓王上兗州崔長史啓：『偉龍章之秀質，騰孔雀於觽年。』

（二十）苑囿文詞：『詞』，全唐文作『辭』。『苑囿』，掌握，駕馭。南朝梁劉勰文心雕龍 雜文：『苑囿文情，故日新殊致。』

（二十一）標秀發於髫日：『標秀』，指出類拔萃的人才。晉書 陽裕載記：『此兒非惟吾門

之標秀，乃佐時之良器也。』宋書二凶傳劉劭：『徐僕射、江尚書、袁左率，皆當世標秀，一時忠貞。』『髫曰』，即垂髫時，指兒童或童年。髫，兒童垂下的頭髮。三國志魏書毛玠傳：『臣垂髫執簡，累勤取官。』晉陶潛桃花源記：『黄髮垂髫，并怡然自樂。』

〔二十二〕道駕天人：『道駕』，神人之車駕。唐沈佺期嵩山石淙侍宴應制詩：『仙人六膳調神鼎，玉女三漿捧帝壺。自惜汾陽紆道駕，無如太室覽真圖。』

〔二十三〕蹊𧊒層臺：『層臺』，重臺；高臺。楚辭招魂：『層臺累榭，臨高山些。』王逸注：『層、累，皆重也。』北魏酈道元水經注河水五：『東門側有層臺，秀出雲表。』

〔二十四〕舞鶴懸鏡：『懸鏡』，比喻肝膽相照，坦誠相見。唐張九齡祭張燕公文：『坦高軌以明道，謹大節而立誠。懸鏡待人，虚舟濟物。』宋史陳良翰傳：『第公此心如虚堂懸鏡耳。』

〔二十五〕湛清襟於篁沼：『清襟』，潔凈的衣襟。引申爲高潔的胸懷。南朝梁任昉王文憲集序：『粲答詩曰：「老夫亦何寄，之子照清襟。」』唐杜甫移居公安敬贈衛大郎鈞詩：『雅量涵高遠，清襟照等夷。』『篁沼』，即竹子。

〔二十六〕鼓芳譽於蘋風：『蘋風』，掠過蘋草之風；微風。唐玄宗同玉真公主過大哥山池：『桂

月先秋冷，蘋風向晚清。』宋宋祁集江瀆池詩：『蘋風如有意，盈袵借浮涼。』

〔二十七〕而徐方奥壤：『徐方』，指徐州。漢陳琳爲袁紹檄豫州：『故躬破於徐方，地奪於吕布。』唐楊炯李懷州墓志銘：『或全齊歷下之軍，或大禹徐方之地。』『奥壤』，謂腹地。晉書孝武帝紀：『三吴奥壤，股肱望郡，而水旱并臻，百姓失業。』南朝梁沈約齊故安陸昭王碑文：『姑蘇奥壤，任切關河。』李善注：『奥壤，猶奥區也。』

〔二十八〕泗水名區：『泗水』，指今江蘇省沛縣東，毗鄰徐州。

〔二十九〕榮耀虞珪：『榮耀』，富貴顯耀。三國魏曹植封二子爲鄉公謝恩章：『竊位列侯，榮曜當世。』唐李公佐南柯太守傳：『生自爾情義日洽，榮曜日盛，出入車服，游宴賓御，次於王者。』『虞珪』，典出史記晋世家：『晋唐叔虞者，周武王子而成王弟。……武王崩，成王立，唐有亂，周公誅滅唐。成王與叔虞戲，削桐葉爲珪以與叔虞，曰：「以此封若。」史佚因請擇日立叔虞。成王曰：「吾與之戲耳。」史佚曰：「天子無戲言。言則史書之，禮成之，樂歌之。」於是遂封叔虞於唐。』指分封事。

〔三十〕賞延漢礪：『賞延』，賞賜延及後代。意謂恩蔭官員的後嗣。語本書大禹謨：『罰弗及嗣，賞延于世。』孔傳：『延，及也。』南朝宋謝靈運辭禄賦：『荷賞延之渥恩，在弱齡而覃惠。』『漢

礪』，意同『帶礪』，典出史記高祖功臣侯者年表：『封爵之誓曰：「使黄河如帶，泰山若礪。國以永寧，爰及苗裔。」』裴駰集解引漢應劭曰：『封爵之誓，國家欲使功臣傳祚無窮。帶，衣帶也；厲，砥石也。河當何時如衣帶，山當何時如厲石，言如帶厲，國乃絶耳。』後因以『帶礪』爲受皇家恩寵，與國同休之典。晋書汝南王亮等傳序：『漢祖勃興，爰革斯弊，於是分王子弟，列建功臣，錫之山川，誓以帶礪。』

〔三十一〕加以作牧淮海：『作牧』，泛指擔任州郡地方長官。南朝梁沈約齊故安陸昭王碑文：『建麾作牧，明德攸在。』唐李頻送侯郎中任新定詩之一：『爲郎非白頭，作牧授滄洲。』

〔三十二〕式道京畿：『京畿』，國都及其行政官署所轄地區。漢潘勖册魏公九錫文：『遂建許都，造我京畿，設官兆祀，不失舊物。』北齊書封述傳：『遷世宗大將軍府從事中郎，監京畿事。』

〔三十三〕申大雅而厘風：『大雅』，稱德高而有大才的人。漢班固西都賦：『大雅宏達，於兹爲群。』李善注：『大雅，謂有大雅之才者。詩有大雅，故以立稱焉。』『厘』，福也。漢揚雄甘泉賦：『感動天地，逆厘三神者。』

〔三十四〕必宜靖恭乃位：『靖恭』，恭謹地奉守；静肅恭謹。詩小雅小明：『靖共爾位，正直是與。』高亨注：『靖，猶敬也。共，奉也。』漢班昭東征賦：『修短之運，愚智同兮。靖

恭委命，唯吉凶兮。』劉良注：『靖思恭敬。』

〔三十五〕克懋聲猷：『聲猷』，聲譽和業績。周書蕭詧傳論：『密邇寇讎，則威略具舉；朝宗上國，則聲猷遠振。』宋王禹偁月波樓咏懷：『自甘成潦倒，無復事聲猷。』

〔三十六〕光被寵章：『章』，全唐文作『重』。『光被』，遍及。書堯典：『光被四表，格于上下。』王引之經義述聞尚書上：『光與廣通，皆充廓之義。』『寵章』，封建時代表示高官顯爵的章服。漢潘勖册魏公九錫文：『朕聞先王并建明德，胙之以土，分之以民，崇其寵章，備其禮物，所以蕃衛王室，左右厥世也。』李善注：『禮記曰：「以爲旗章，以別貴賤。」鄭玄曰：「章，識也。」』

〔三十七〕可不祗慎：『祗慎』，適園叢書作『慎敕』。『祗慎』，敬慎。南朝宋顔延之赭白馬賦：『故祗慎乎所常忽，敬防乎所未防。』宋曾鞏自福州召判太常寺上殿札子：『則念慮先於兆朕，祗慎盡於纖芥。』

册殷王旭輪文〔一〕

上官儀

維龍朔二年，歲次壬戌，十二月景戌朔，六日辛卯，皇帝若曰：於戲！夫握鏡黄道〔二〕，

經邦盛於建侯；司契紫宸〔三〕，體國昭於宗翰〔四〕。故乃祚延郟鼎之業〔五〕，歷峻豐社之基。惟爾第四子旭輪〔六〕，疏景星躔〔七〕，導源天漢〔八〕，要重離而接耀〔九〕，承少海而分瀾〔十〕。秀實瑶華〔十一〕，芳聲金潤〔十二〕，天人之望，夙彰髫綺。大雅之規，遽形襁絡〔十三〕，幼智該於玄表〔十四〕，潛識冠於黄中〔十五〕。舟象垂風，方懾性與；封蟻宣譽，終謝生知。是用命爾爲殷王、上柱國。往欽哉！將用齊衡兩獻〔十六〕，比迹二南〔十七〕，彫藻珪璋〔十八〕，粉澤仁義，竹池逾浚，棣屏增華〔十九〕。受兹茅土，可不祇慎〔二十〕！

校　箋

〔一〕本文又見於文苑英華卷四百四十四，文題作册詔殷王旭輪文。全唐文卷一百五十四亦録此文。此文文首標明頒布時間爲『龍朔二年，歲次壬戌，十二月景戌朔，六日辛卯』。考舊唐書高宗紀云：『（龍朔）二年……十一月……癸酉，封皇第四子旭輪爲殷王。』舊唐書睿宗紀亦云：『龍朔二年……其年封殷王，遥領冀州大都督、單于大都護、右金吾衛大將軍。』新唐書高宗紀云：『（龍朔）二年……十一月……癸酉，封子旭輪爲殷王。』資治通鑑卷二百一云：『龍

朔二年……十月……癸酉，立皇子旭輪爲殷王。』據天干地支紀年法，龍朔二年十月爲丁亥朔，無癸酉日，故資治通鑒所載時間誤。又兩唐書所記『封旭輪爲殷王』之時間均同，然均與本詔令所記時間不同。本詔令所記干支時間無誤，所記當可信。今本詔令頒布時間姑依其所記，即龍朔二年（六六二）十二月六日。則此文撰寫時間，當在是時稍前。又，上官儀，傳見舊唐書卷八十、新唐書卷一百五。舊唐書本傳載：『上官儀，本陝州陝人也。父弘，隋江都宫副監，因家于江都。大業末，弘爲將軍陳稜所殺，儀時幼，藏匿獲免。因私度爲沙門，游情釋典，尤精三論，兼涉獵經史，善屬文。貞觀初，楊仁恭爲都督，深禮待之。舉進士。太宗聞其名，召授弘文館直學士，累遷秘書郎。時太宗雅好屬文，每遣儀視草，又多令繼和，凡有宴集，儀嘗預焉。俄又預撰晋書成，轉起居郎，加級賜帛。高宗嗣位，遷秘書少監。龍朔二年，加銀青光禄大夫、西臺侍郎、同東西臺三品，兼弘文館學士如故。本以詞彩自達，工於五言詩，好以綺錯婉媚爲本。儀既貴顯，故當時多有效其體者，時人謂爲上官體。儀頗恃才任勢，故爲當代所嫉。麟德元年，宦者王伏勝與梁王忠抵罪，許敬宗乃構儀與忠通謀，遂下獄而死，家口籍没。子庭芝，歷位周王府屬。與儀俱被殺。庭芝有女，中宗時爲昭容，每侍帝草制誥，以故追贈儀爲中書令、秦州都督、楚國公，庭芝黄門侍郎、岐州刺史、天水郡公，仍令以禮改葬。』

〔二〕夫握鏡黄道：『握鏡』，執持明鏡。喻帝王受天命，懷明道。南朝梁劉孝標廣絶交論：『蓋聖人握金鏡，闡風烈。龍驤蠖屈，從道汚隆。』李善注：『春秋孔録法曰：「有人卯金刀，握天鏡。」雒書曰：「秦失金鏡。」鄭玄曰：「金鏡，喻明道也。」』南朝梁元帝玄覽賦：『惟天惟大，惟堯則之。惟地惟厚，惟王國之。粤我皇之握鏡，實乃神而乃聖。』『黄道』，指黄道吉日。古時信星命之説，謂青龍、明堂、金匱、天德、玉堂、司命等六辰是吉神，六辰值日之時，諸事皆宜，不避凶忌，稱爲『黄道吉日』。泛指宜於辦事的好日子。明葉憲祖素梅玉蟾第三折：『今日黄道大吉，我是揀了來的，小賤人也來插嘴，好打。』

〔三〕司契紫宸：『司契』，掌管法規。晋左思魏都賦：『上垂拱而司契，下緣督而自勸。』李周翰注：『上則垂衣拱手，執法契以御天下。』新唐書劉蕡傳：『朕聞古先哲王之治也，玄默無爲，端拱司契。』『紫宸』，借指帝王、帝位。晋書后妃傳序：『若乃作配皇極，齊體紫宸，象玉牀之連後星，喻金波之合羲璧。』梁書元帝紀：『紫宸曠位，赤縣無主，百靈聳動，萬國回皇。』

〔四〕體國昭於宗翰：『體國』，創建或治理國家。晋陸機漢高祖功臣頌：『體國垂制，上穆下親。』南朝梁劉勰文心雕龍奏啓：『劉頌殷勤於時務，温嶠懇惻於費役，并體國之忠規矣。』

〔五〕故乃祚延鄏鼎之業：『祚延鄏鼎之業』，文苑英華作『作延郟鼎之業』；全唐文作『祚

延邸鼎之業』；適園叢書作『作延鄏鼎之業』。『鄏』，指洛陽。

〔六〕惟爾第四子旭輪：『第四子旭輪』，謂唐睿宗李旦。傳見舊唐書睿宗紀、新唐書睿宗紀。檢舊唐書睿宗紀云：『睿宗玄真大聖大興孝皇帝諱旦，高宗第八子，中宗母弟，龍朔二年六月己未，生於長安。其年封殷王，遥領冀州大都督、單于大都護、右金吾衛大將軍。』

〔七〕疏景星躔：『疏景』，文苑英華作『毓景』；明鈔本、全唐文、適園叢書作『流景』。『星躔』，文苑英華作『星纏』。『星躔』，日月星辰運行的度次。南朝梁武帝閶闔篇：『長旗掃月窟，鳳迹輾星躔。』舊唐書文宗紀：『德有所未至，信有所未孚，灾氣上騰，天文謫見，再周期月，重擾星躔。』

〔八〕導源天漢：『導源』，文苑英華、全唐文作『遵源』。『天漢』，天河。詩小雅大東：『維天有漢，監亦有光。』毛傳：『漢，天河也。』三國魏曹丕雜體詩：『天漢迴西流，三五正縱横。』

〔九〕要重離而接耀：『要重離』，文苑英華、明鈔本、全唐文、適園叢書作『亞重離』，四庫全書作『繼重離』。『重離』，古以帝王喻日，因本易離之義，以『重離』指帝王或太子。南朝梁沈約謝立皇太子賜絹表：『重離在天，八紘之所共仰；明兩作貳，萬國所以咸寧。』隋書楊素傳：『伏惟陛下照重離之明，養繼天之德。』

（十）承少海而分瀾：『少海』，比喻太子。唐杜甫壯游詩：『崆峒殺氣黑，少海旌旗黃。』宋葉廷圭海録碎事帝王：『天子比大海，太子比少海。』

（十一）秀實瑶華：『秀實』，文苑英華、四庫全書、全唐文作『秀質』。『瑶華』，文苑英華、全唐文作『挺華』；明鈔本作『旋華』；適園叢書作『璇華』。『秀實』，論語子罕：『苗而不秀者有矣夫！秀而不實者有矣夫！』後因以『秀實』謂人成年。晉書陸機陸雲傳論：『觀夫陸機、陸雲，實荆衡之杞梓，挺珪璋於秀實，馳英華於早年，風鑒澄爽，神情俊邁。』『瑶華』，比喻詩文的珍美，亦用以對人詩文的美稱。唐儲光羲酬李處士山中見贈詩：『引領遲芳信，果枉瑶華篇。』唐岑參敬酬杜華淇上見贈詩：『賴蒙瑶華贈，諷咏慰懷抱。』

（十二）芳聲金潤：『芳聲』，美好的聲譽。漢禰衡鸚鵡賦：『于是羨芳聲之遠暢，偉靈表之可嘉。』唐韓愈梁國惠康公主挽歌之一：『定謚芳聲遠，移封大國新。』

（十三）遽形襁絡：『襁絡』，文苑英華作『襁褓』；四庫全書作『襁褓』。

（十四）幼智該於玄表：『玄表』，神妙深奥的外表。

（十五）潛識冠於黄中：『潛識』，見識深刻；深識；高見。三國志蜀書譙周傳：『性推誠不飾，無造次辯論之才，然潛識内敏。』三國志吴書顧邵傳：『禮（殷禮）零陵太守。』裴松

之注引晉殷基通語：『禮字德嗣，弱不好弄，潛識過人。』『黃中』，心臟；内德。古代以五色配五行五方，土居中，故以黃爲中央正色。心居五臟之中，故稱黃中。易坤：『君子黃中通理，正位居體，美在其中，而暢於四支，發於事業，美之至也。』漢蔡邕司空楊秉碑：『非黃中純白，窮達一致，其惡能立功立事？』

〔十六〕將用齊衡兩獻：『齊衡』，等同；不相上下。南朝梁沈約齊司空柳世隆行狀：『固可以齊衡八凱，方駕五臣。』舊唐書儒學傳下盧粲：『今與列國諸侯齊衡入封，豈所謂憲章在昔，垂法將來者也？』『兩獻』，西漢河間獻王劉德和東漢沛獻王劉輔的合稱。晉書文六王傳論：『齊王以兩獻之親，弘二南之化。』宋書臨川烈武王劉道規傳：『王神謨獨運，靈武宏發……固已化被江漢，勛高微管，遠猷侔於二南，英雄邁於兩獻者矣。』

〔十七〕比迹二南：『二南』，指詩的周南和召南。晉書樂志上：『周始二南，風兼六代。』南朝梁劉勰文心雕龍明詩：『興發皇世，風流二南。』

〔十八〕彫藻珪璋：『珪璋』，比喻高尚的人品。後漢書黨錮傳劉儒：『郭林宗常謂儒口訥心辯，有珪璋之質。』南朝齊王儉褚淵碑文：『公稟川岳之靈暉，含珪璋而挺曜。』

〔十九〕棣屏增華：『增華』，文苑英華、全唐文作『增輝』。語出詩小雅棠棣：『棠棣之華，鄂不韡韡，凡今之人，莫如兄弟。』喻指皇室兄弟親愛。

〔二十〕可不祇慎：此句文苑英華作『可不慎歟』；全唐文作『可不祇慎』。

册冀王輪文〔一〕

維總章二年，歲次己巳，十二月景午朔〔二〕，二十二日丁卯，皇帝使銀青光禄大夫〔三〕、守司戎太常伯、上騎都尉崔餘慶〔四〕，副使中御大監、上柱國、靈丘縣開國侯万俟肅〔五〕，持節册命〔六〕，曰：於戲！夫天垂景宿，上躔帝子之宫〔七〕；地載兼山，下列乾男之域〔八〕。是以聖人之興，瓜綿棣韡；哲王之立，建侯樹屏〔九〕，莫不啓磐石於周親，樹良翰於宗懿〔十〕。故黄神命社，降若木以疏封〔十一〕；蒼精建侯，奄中都而錫壤〔十二〕。用能克久寳祚，式固鴻基〔十三〕，茂緒藹乎龍圖，盛業光於麟趾〔十四〕。惟爾冀州大都督、單于大都督、右金吾衛大將軍、上柱國、豫王輪〔十五〕，層漢毓靈，上枝摛景〔十六〕。瑶光甫薦，允標墜燕之祥〔十七〕；玉檢初開，遽叶占熊之兆〔十八〕。中和在己，仁義爲資〔十九〕。洽藝通玄，驗賁駒之入隙〔二十〕；潛幾應物，見巨象之浮舟〔二十一〕。識茂髫辰，

神清綺歲（二十二）。趨庭承訓，孝敬極於觀喬（二十三）；金殿傳經，敏學逾於括羽（二十四）。擅三雍之雅對，韞七步之閎才（二十五），足以道架河書，聲芬鄴頌（二十六）。暨龍荒北鎮，鴛水東臨（二十七）。海食之渠，禀稜威而革暴（二十八）；鳴弦之俗，感惠化以遷訛（二十九）。製杼垂風，舍棠流咏（三十）。若乃兩河之地，實曰奥區（三十一）。就曰分封，郊唐虞之舊國（三十二）；均霜闢野，總虞夏之餘萌（三十三）。我圖爾居，形勝斯在（三十四）。是用命爾爲冀王，餘官勛如故（三十五）。往欽哉！爾其勞謙勉志，樂善居心（三十六），膺丹黻之徽章，崇緑車之寵秩（三十七）。受兹中壤，用保大藩（三十八），允迪前修，無或僭度（三十九）。維城之寄，可不慎歟（四十）！

校箋

（一）此文又見於全唐文卷十四，文題作册冀王輪，署名唐高宗。此文文首標明頒布時間爲『總章二年，歲次己巳，十二月景午朔，二十二日丁卯』。考舊唐書高宗紀云：『（總章）二年……十一月……丁亥，徙封豫王旭輪爲冀王，仍令單名輪。』舊唐書睿宗紀云：『總章二年，徙封冀王。』

新唐書高宗紀云：『（總章）二年……十一月丁亥，徙封旭輪爲冀王，改名輪。』資治通鑑卷二百一載：『（總章）二年……十一月，丁亥，徙豫王旭輪爲冀王，更名輪。』全唐文此文文首謂：『維總章二年，歲次己巳，十一月景午朔，二十二日丁卯。』按，上述全唐文所記『十一月景午朔』有誤，應爲『十二月景午朔』。又兩唐書與資治通鑑所記『徙封旭輪爲冀王』之時間均同，然均與本詔令所記時間不同。本詔令所記干支時間無誤，所記當可信。今本詔令頒布時間即姑依其所記，即總章二年（六六九）十二月二十二日。則此文撰寫時間當在是時稍前。

〔二〕十二月景午朔：『十二月』，全唐文作『十一月』。按，『十一月』當爲『十二月』之誤。

〔三〕皇帝使銀青光禄大夫：『皇帝使』，全唐文作『皇帝特使』。

〔四〕守司戎太常伯、上騎都尉崔餘慶：『都尉』，四庫全書、全唐文作『都府』。『崔餘慶』，傳見舊唐書卷八十一、新唐書卷一百六。舊唐書其父崔敦禮本傳中有載：『子餘慶，官至兵部尚書。』

〔五〕副使中御大監、上柱國、靈丘縣開國侯万俟肅：『開國侯』，四庫全書、全唐文作『開國男』。『万俟肅』，兩唐書無傳，傳見新出土墓志。唐薛元超所撰唐故殿中監万俟府君墓志：『公諱肅，字子敬，河南洛陽人也。……貞觀六年，年九歲，以父功授游擊將軍。十六年，襲封靈丘侯，食邑七百户。……十八年，授宜昌府果毅都尉，俄遷右衛翊一府郎將。……廿二年，除右衛勛一

府郎將。……二年，加上柱國。三年，授右衛勛二府中郎將。顯慶二年，加明威將軍，本官如故……三年，授虢州刺史。四年，轉黔州都督，尋拜靈州都督。……麟德元年，授右奉宸衛將軍、兼檢校金吾將軍。……乾封元年，拜左衛將軍。二年，遷中御府大監。』

〔六〕持節册命：『持節』，古代使臣奉命出行，必執符節以爲憑證。史記張釋之馮唐列傳：『是日令馮唐持節赦魏尚，復以爲雲中守。』唐韓愈送殷員外序：『丞相其選宗室四品一人，持節往賜君長，告之朕意。』

〔七〕夫天垂景宿，上躔帝子之宫：『景宿』，列星。晋左思吴都賦：『夫上圖景宿，辨於天文者也；下料物土，析於地理者也。』陳書宣帝紀：『上符景宿，下叶人謀。』『帝子』，帝王之子。唐王勃滕王閣詩：『閣中帝子今何在？檻外長江空自流。』唐吕巖敲爻歌：『且饒帝子共王孫，須去繁華銼鋭分。』

〔八〕地載兼山，下列乾男之域：『兼山』，明鈔本作『兼上』。『兼山』，兩山重疊。形容静止，比喻應安於所處的地位。語出易艮：『兼山，艮，君子以思不出其位。』孔穎達疏：『兩山重疊，止義彌大，故曰兼山，艮也……止之爲義，各止其所，故君子於此之時，思慮所及不出其己位也。』南朝宋謝靈運富春渚詩：『洊至宜便習，兼山貴止托。』『乾男』，指太子。唐楊炯崇文館宴集

詩序：『皇家以中樞北極，清都有天子之宫；儲后以大火前星，蒼震有乾男之位。』

〔九〕是以聖人之興，瓜綿棣韡；哲王之立，建侯樹屏：此數句明鈔本、四庫全書、甲庫本作『聖人之登閟則大，哲王之立遂開階』；全唐文作『聖人之登閟則大，哲王之立道開階』。『瓜綿』，詩大雅綿：『綿綿瓜瓞，民之初生，自土沮漆。』朱熹集傳：『大曰瓜，小曰瓞。瓜之近本初生者常小，其蔓不絶，至末而後大。以比周人始生於漆沮之上，而古公之時其國甚小，至文王而後大也。』後以『瓜綿』喻子孫昌盛。『哲王』，賢明的君主。書酒誥：『在昔殷先哲王，迪畏天顯小民，經德秉哲。』南朝梁慧皎高僧傳義解支遁：『是以哲王御世，南面之重，莫不欽其風尚。』『樹屏』，建立藩屏。書康王之誥：『乃命建侯樹屏，在我後之人。』孔穎達疏：『封立賢臣爲諸侯者，樹之以爲藩屏。』舊唐書德宗順宗諸子傳論：『洎乎周漢，始以子弟建侯樹屏，以作維城。』

〔十〕莫不啓磐石於周親，樹良翰於宗懿：『啓』，全唐文作『奠』。『周親』，至親。書泰誓中：『雖有周親，不如仁人。』孔傳：『周，至也。言紂至親雖多，不如周家之少仁人。』『良翰』，賢良的輔佐。詩大雅崧高：『周邦咸喜，戎有良翰。』鄭玄箋：『翰，幹也。』周書史寧權景宣等傳論：『總戎薄伐，著剋敵之功；布政莅民，垂稱職之譽。若此者，豈非有國之良翰歟？』

（十一）故黃神命社，降若木以疏封：「若木」，四庫全書、甲庫本、全唐文、適園叢書均作「若水」。「黃神」，黃帝。淮南子覽冥訓：「西老折勝，黃神嘯吟。」高誘注：「黃帝之神，傷道之衰，故嘯吟而長嘆也。」「若木」，古代神話中的樹名。山海經大荒北經：「大荒之中，有衡石山、九陰山、泂野之山，上有赤樹，青葉，赤華，名曰若木。」郭璞注：「生昆侖西附西極，其華光赤下照地。」一説，即扶桑（見清段玉裁説文木部「榑」字注）。楚辭離騷：「折若木以拂日兮，聊逍遥以相羊。」「疏封」，分封。帝王把土地或爵位分賜給臣子。唐元稹追封王蟠母李氏等：「朕宅帝位，思弘大孝，乃詔執事，追用疏封。」唐白居易崔元備張惟素鄭覃陸灃韋弘景賜爵制：「賞不敢忘，爵不敢愛，爾宜疏封，服命而揚之。」

（十二）蒼精建侯，奄中都而錫壤：「蒼精」，指周文王。易緯乾鑿度鄭玄注：「伏羲、文王，皆蒼精也。」「中都」，京都。史記平準書：「漕轉山東粟，以給中都官。」司馬貞索隱：「中都，猶都内也。」宋書索虜傳：「使中都有鳴鑾之響，荒餘懷來蘇之德。」「錫壤」，分封土地。漢王褒聖主得賢臣頌：「剖符錫壤而光祖考，傳之子孫，以資説士。」

（十三）用能克久寶祚，式固鴻基：「克久」，明鈔本作「克乂」。「寶祚」，國運；帝位。宋書恩倖傳論：「民忘宋德，雖非一塗，寶祚夙傾，實由於此。」周書宣帝紀：「朕以眇身，

祇承寶祚。』『鴻基』，偉大的基業。多指王業。三國蜀劉禪策丞相諸葛亮詔：『朕以幼冲，繼承鴻基。』宋范仲淹聖人大寶曰位賦：『固此鴻基，方君臨於萬國。』

（十四）茂緒藹乎龍圖，盛業光於麟趾：『茂緒』，盛業。南朝宋顔延之陽給事誄：『光昭茂緒，旌録舊勛。』唐王維與魏居士書：『足下崇德茂緒，清節冠世。』『龍圖』，即河圖。漢應劭風俗通山澤四瀆：『河者，播也，播爲九流，出龍圖也。』南朝陳徐陵勸進梁元帝表：『卦起龍圖，文因鳥迹。』借指神授的君權。南朝梁江淹爲建平王慶明帝疾和表：『故丹陵之君，款金泥而謝賢；嬀墟之后，眷龍圖而慚德。』唐張説大和舞詩：『龍圖友及，駿命恭膺。』『麟趾』，詩周南麟之趾：『麟之趾，振振公子。』鄭玄箋：『喻今公子亦信厚，與禮相應，有似於麟。』後以『麟趾』作喻。比喻子孫昌盛。南朝齊王融三月三日曲水詩序：『族茂麟趾，宗固盤石。』宋蘇軾賜彰化軍節度使開府儀同三司判大宗正事宗晟上表乞還職事不允詔：『朕方慶瓜瓞之茂，而欲觀麟趾之應。』

（十五）惟爾冀州大都督、單于大都督、右金吾衛大將軍、上柱國、豫王輪：『單于大都督』，明鈔本、甲庫本、適園叢書作『單于大都護』；四庫全書、全唐文無此句。『豫』，全唐文作『冀』。『豫王輪』，指唐睿宗李旦。傳見舊唐書睿宗紀、新唐書睿宗紀。檢舊唐書睿宗紀略云：『睿宗玄

真大聖大興孝皇帝諱旦，高宗第八子，中宗母弟，龍朔二年六月己未，生於長安。其年封殷王，遥領冀州大都督、單于大都護、右金吾衛大將軍。及長，謙恭孝友，好學，工草隸，尤愛文字訓詁之書。乾封元年，徙封豫王。總章二年，徙封冀王。上初名旭輪，至是去「旭」字。』

〔十六〕層漢毓靈，上枝摛景：『層漢』，高空。南朝梁王僧孺侍宴景陽樓詩：『妙舞駐行雲，清歌入層漢。』唐唐彦謙中秋夜玩月詩：『只留皎月當層漢，并送浮雲出四維。』『上枝』，在上之枝。山海經海外東經：『水中有大木，九日居下枝，一日居上枝。』唐杜甫枯柟：『上枝摩蒼天，下根蟠厚地。』『摛景』，放射光芒。晋葛洪抱朴子辭義：『或曰：乾坤方圓，非規矩之功；三辰摛景，非瑩磨之力。』

〔十七〕瑶光甫薦，允標墜燕之祥：『瑶光』，全唐文作『摇光』；明鈔本作『瑶筐』。『瑶光』，北斗七星的第七星名。古代以爲象徵祥瑞。淮南子本經訓：『瑶光者，資糧萬物者也。』高誘注：『瑶光，謂北斗杓第七星也……一説，瑶光，和氣之見者也。』漢張衡西京賦：『上飛闥而遠眺，正睹瑶光與玉繩。』『墜燕』，語出詩經邶風燕燕：『燕燕于飛，差池其羽。』指睿宗父母婚姻之吉祥。

〔十八〕玉檢初開，遽叶占熊之兆：『玉檢』，明鈔本、甲庫本作『祥玉』；四庫全書作『玉

牒』；全唐文作『玉兔』。『玉檢』，玉牒書的封篋。漢書武帝紀：『登封泰山。』顏師古注引三國魏孟康曰：『玉者功成治定，告成功於天……刻石紀號，有金策石函，金泥玉檢之封焉。』唐李商隱贈華陽宋真人兼寄清都劉先生：『玉檢賜書迷鳳篆，金華歸駕冷龍鱗。』『占熊』，詩小雅斯干：『君子攸寧，下莞上簟。乃安斯寢，乃寢乃興。乃占我夢，吉夢維何。維熊維羆，維虺維蛇。大人占之：維熊維羆，男子之祥；維虺維蛇，女子之祥。乃生男子，載寢之牀。載衣之裳，載弄之璋。其泣喤喤，朱芾斯皇，室家君王。乃生女子，載寢之地。載衣之裼，載弄之瓦。無非無儀，唯酒食是議，無父母詒罹。』指吉兆。

〔十九〕中和在己，仁義爲資：『中和』，中正平和。荀子王制：『公平者職之衡也，中和者聽之繩也。』楊倞注：『中和謂寬猛得中也。』『仁義』，亦作『仁誼』。仁愛和正義；寬惠正直。禮記曲禮上：『道德仁義，非禮不成。』孔穎達疏：『仁是施恩及物，義是裁斷合宜。』禮記喪服四制：『恩者仁也，理者義也，節者禮也，權者知也，仁義禮知，人道具矣。』

〔二十〕洽藝通玄，驗賁駒之入隙：『賁駒』，原作『奔駒』，今據明鈔本、四庫全書、甲庫本、全唐文、適園叢書改。『入隙』，明鈔本、甲庫本作『入谿』。『通玄』，通曉玄妙之理。漢張衡東巡誥：『皇皇者鳳，通玄知時。』唐戴叔倫暉上人獨坐亭詩：『性空長入定，心悟自通

玄。」』『賁駒』，即『玄駒』，亦作『玄蚼』。蟻的別名。方言第十一：『蚍蜉，齊魯之間謂之蚼蟓，西南梁益之間謂之玄蚼，燕謂之蛾蛘。』大戴禮記夏小正：『玄駒賁。玄駒也者，螘也。賁者何也，走於地中也。』晉崔豹古今注問答釋義：『牛亨問曰：「蟻名玄駒者何也？」答曰：「河内人并河而見人馬數千萬，皆如黍米，游動往來，從旦至暮，家人以火燒之，人皆是蚊蚋，馬皆是大蟻，故今人呼蚊蚋曰黍民，名蟻曰玄駒也。」』

〔二十一〕潛幾應物，見巨象之浮舟：『潛幾』，全唐文作『潛機』。『應物』，順應事物。莊子知北游：『邀於此者，四枝强，思慮恂達，耳目聰明，其用心不勞，其應物無方。』鍾泰發微：『「應物無方」，言不執滯也。』史記太史公自序：『與時遷移，應物變化，立俗施事，無所不宜。』『巨象之浮舟』，典出三國志魏書曹冲傳：『冲少聰察，生五六歲，智意所及，有若成人之智。時孫權曾致巨象，太祖欲知其斤重，訪之群下，咸莫能出其理。冲曰：「置象大船之上，而刻其水痕所至，稱物以載之，則校可知矣。」太祖大悦，即施行焉。』喻指少年聰慧。

〔二十二〕識茂髫辰，神清綺歲：『髫辰』，同『垂髫』，指兒童或童年。三國志魏書毛玠傳：『臣垂髫執簡，累勤取官。』晉陶潛桃花源記：『黃髮垂髫，并怡然自樂。』『綺歲』，青春；少年。南齊書蕭穎胄傳：『食葉之徵，著於弱年；當璧之祥，兆乎綺歲。』明陸完學長

安客話序：『大抵仲舒綺歲，雅志編摩，壯歷周流，學益弘博。』

〔二十三〕趨庭承訓，孝敬極於觀喬：『觀喬』，甲庫本作『觀橋』。『趨庭』，論語季氏：『（孔子）嘗獨立，鯉趨而過庭。曰：「學詩乎？」對曰：「未也。」「不學詩，無以言。」鯉退而學詩。他日，又獨立，鯉趨而過庭。曰：「學禮乎？」對曰：「未也。」「不學禮，無以立。」鯉退而學禮。』鯉，孔子之子伯魚。後因以『趨庭』謂子承父教。唐王勃滕王閣序：『他日趨庭，叨陪鯉對；今晨捧袂，喜托龍門。』宋王禹偁恩賜宰臣一子可尚書水部員外郎制：『惟爾嚴父，爲予大臣。嘉其調鼎之功，命及趨庭之子，俾升華省，仍列清曹。』『觀喬』，尚書大傳卷四釋『梓材』條云：『商子曰：「南山之陽有木焉，名喬。」二三子往觀之，見喬實高高然而上，反以告商子。商子曰：「喬者，父道也。南山之陰有木焉，名梓。」二三子復往觀焉，見梓實晋晋然而俯。反以告商子，商子曰：「梓者，子道也。」』後用以比喻父子。唐吴兢貞觀政要卷四：『上聖天縱，皇儲固本居正，機悟宏遠，神姿凝映。顧三善而必弘，祇四德而爲行。每趨庭而聞禮，常問寢而資敬。奉聖訓以周旋，諟天文之明命。邁觀喬而望梓，即元龜與明鏡。』下注云：『商子曰：喬仰，父道也。梓俯，子道也。』

〔二十四〕金殿傳經，敏學逾於括羽：『金殿』，指宫殿。南朝齊謝朓奉和隨王殿下之

十三：『端儀穆金殿，敷教藻瓊筵。』金董解元西廂記諸宮調卷七：『金殿拜皇恩，面對丹墀下。』『括羽』，箭末羽毛。亦喻修學益智，增進才力。括，通『栝』。語本孔子家語子路初見：『子路曰：「南山有竹，不柔自直。斬而用之，達於犀革。以此言之，何學之有？」孔子曰：「括而羽之，鏃而礪之，其入之不亦深乎！」』南朝梁簡文帝徵君何先生墓志：『括羽儒囿，舟輿席珍。』南朝梁劉孝溉儀賢堂監策秀才詩：『碩學類括羽，奇文若錦繢。』

〔二十五〕擅三雍之雅對，韞七步之閎才：『三雍』，亦稱『三雍宮』。漢時對辟雍、明堂、靈臺的總稱。漢書河間獻王傳：『武帝時，獻王來朝，獻雅樂，對三雍宮及詔策所問三十餘事。』顔師古注引應劭曰：『辟雍、明堂、靈臺也。雍，和也，言天地君臣人民皆和也。』後漢書儒林傳上：『中元元年，初建三雍。明帝即位，親行其禮。』『七步』，相傳三國魏曹植七步成詩，後常以『七步』形容才思敏捷。南朝梁任昉齊竟陵文宣王行狀：『淮南取貴於食時，陳思見稱於七步，方斯蔑如也。』

〔二十六〕足以道架河書，聲芬鄴頌：『河書』，指西漢河間獻王劉德修學好書一事。事見漢書卷五十三其本傳載：『河間獻王德以孝景前二年立，修學好古，實事求是。從民得善書，必爲好寫與之，留其真，加金帛賜以招之。繇是四方道術之人不遠千里，或有先祖舊書，多奉以奏

獻王者，故得書多，與漢朝等。是時，淮南王安亦好書，所招致率多浮辯。獻王所得書皆古文先秦舊書，周官、尚書、禮、禮記、孟子、老子之屬，皆經傳説記，七十子之徒所論。其學舉六藝，立毛氏詩、左氏春秋博士。修禮樂，被服儒術，造次必於儒者。山東諸儒多從而游。武帝時，獻王來朝，獻雅樂，對三雍宮及詔策所問三十餘事。其對推道術而言，得事之中，文約指明。』『鄴頌』，指三曹身邊『鄴下才子』的美好聲名。即建安七子。東漢建安中的孔融、陳琳、王粲、徐幹、阮瑀、應瑒、劉楨以文學齊名，同居鄴中，故稱。

〔二十七〕暨龍荒北鎮，鷄水東臨：『龍荒』，漠北。龍，指匈奴祭天處龍城；荒，謂荒服。漢書敘傳下：『龍荒幕朔，莫不來庭。』後泛指荒漠之地或處於荒漠之地的少數民族國家。晋書郭璞傳：『嗟乎！黔黎將湮於異類，桑梓其翦爲龍荒乎！』按，此處『龍荒北鎮』，應讀如『北鎮龍荒』，其意乃如新唐書睿宗紀所記睿宗早年曾『始封殷王，領冀州大都督、單于大都護』事。『鷄水』，據二零一三年第六期中原文物任乃宏論文『鷄水』考——唐代楊賁墓志校釋，考定『鷄水』乃唐代對漳、滏合流之處地貌的一種通俗描述。按，『鷄水』，流經河南。『鷄水東臨』，應讀如『東臨鷄水』，其意乃如新唐書睿宗紀所記睿宗早年『長而温恭好學……徙封豫王』事。

〔二十八〕海食之渠，稟稜威而革暴：『海』，全唐文作『侮』。按，『侮食』爲古代東越國名，

與睿宗經歷不合，當誤。『海』，古人認爲陸地四周皆爲海，故用以指僻遠地區。爾雅釋地：『九夷、八狄、七戎、六蠻謂之四海。』周禮校人：『凡將事於四海山川。』鄭玄注：『四海，猶四方也。』『食』，按，唐對阿拉伯帝國稱爲『大食』，近安西都護府。『渠』，大。亦指首領。元揭傒斯故贈奉訓大夫滕州知州飛騎尉追封滕縣男文君墓志銘：『在昌國獲海寇數十。其渠言奉化州尚十餘人，具言某人居某所，歷歷可畫。』清魏源聖武記卷一：『長沙守將徐勇以兵三千當敵數萬，礮沉賊舟，斃其渠數人。』『稜威』，威嚴；威勢。三國志魏書武帝紀：『蘄陽之役，橋蕤授首，稜威南邁，術以隕潰。』晉書宣帝紀：『文以纘治，武以稜威。』按，此句言少數民族地區的首領，因睿宗之威嚴而革除暴力。與舊唐書睿宗紀其『單于大都護』經歷相合。

〔二十九〕鳴弦之俗，感惠化以遷訛：『鳴弦之俗』，『弦』，此處指弓弦。唐李白秋獵孟諸夜歸詩：『駿發跨名駒，雕弓控鳴弦。』『鳴弦之俗』，此處指古代中國西北方游牧民族之風俗。『惠化』，舊謂地方官爲人所稱道的政績和教化。三國志魏書盧毓傳：『遷安平、廣平太守，所在有惠化。』唐李白贈徐安宜詩：『清風動百里，惠化聞京師。』『遷訛』，謂時間遷流變化。宋書恩倖傳序：『歲月遷訛，斯風漸篤，凡厥衣冠，莫非二品，自此以還，遂成卑庶。』『遷訛』，感化；改變。『訛』，通『吪』。詩小雅節南山：『式訛爾心，以蓄萬邦。』鄭玄箋：『訛，化。』

式訛是觀。』

陳奐傳疏：『訛，當作吪。』宋曾鞏曾氏女墓志銘：『孰訛爾質，而伐其成，尚千萬年，爾室之寧。』通志選舉二：『歲月遷訛，斯風漸篤。』元戴良求諸己齋箴：『古人已遠，此學罔傳，我作銘詩，

〔三十〕製杼垂風，舍棠流詠：『舍棠』，四庫全書、甲庫本、全唐文作『舍唐』。『製杼』，意同『自出機杼』，比喻作文章能創造出一種新的風格和體裁。魏書祖瑩傳：『文章須自出機杼，成一家風骨。』清趙翼甌北詩話陸放翁詩：『放翁詩凡三變。宗派本出於杜，中年以後，則益自出機杼，盡其才而後止。』按，舊唐書睿宗紀載：『（睿宗）及長，謙恭孝友，好學，工草隸，尤愛文字訓詁之書。』故此句當指睿宗在當地以文學創作的方式，垂行風教。『舍棠』，乃用召公於棠樹下決獄政事之故事。史記燕召公世家：『召公巡行鄉邑，有棠樹，決獄政事其下，自侯伯至庶人各得其所，無失職者。召公卒，而民人思召公之政，懷棠樹不敢伐，歌咏之，作甘棠之詩。』後因以『棠樹』喻惠政。唐劉禹錫寄陝州姚中丞詩：『相思望棠樹，一寄商聲謳。』唐黄滔鄘畤李相公詩：『游子不緣貪獻賦，永依棠樹托蓬根。』

〔三十一〕若乃兩河之地，實曰奥區：『兩河』，四庫全書、全唐文作『西河』。『實』，四庫全書作『寔』。『兩河』，戰國秦漢時，黄河自今河南武陟縣以下東北流，經山東省西北隅

北折至河北滄縣東北入海，略呈南北流向，與上游今晉陝間的北南流向一段東西相對，當時合稱『兩河』。吕氏春秋有始：『兩河之間爲冀州，晉也。』唐孔穎達毛詩正義序：『晉宋二蕭之世，其道大行；齊魏兩河之間，兹風不墜。』『奥區』，腹地。後漢書班固傳上：『防禦之阻，則天下之奥區焉。』李善注：『奥，深也。言秦地險固，爲天下深奥之區域。』宋劉炎邇言：『或曰：淮堧千里，濱接魯鄧，昔爲奥區，今爲極邊。』

〔三十二〕就曰分封，郊唐虞之舊國：『郊』，四庫全書作『莅』。『唐虞』，唐堯與虞舜的并稱。亦指堯與舜的時代，古人以爲太平盛世。論語泰伯：『唐虞之際，於斯爲盛。』史記汲鄭列傳：『陛下内多欲而外施仁義，奈何欲效唐虞之治乎！』『唐虞之舊國』，指此次分封的冀州地區，即前注之兩河區域。

〔三十三〕均霜闢野，總虞夏之餘萌：『萌』，四庫全書、甲庫本、全唐文均作『盟』。『均霜』，指霜露均沾，喻氣候宜人。唐武則天以鄭汴等州爲王畿制：『五方入貢，兼水陸之駿奔；六氣運行，均霜露而調序。』唐姚崇奉和聖制夏日游石淙山：『二室三塗光地險，均霜揆日處天中。』『闢野』，指開闊的田野。『闢』，同『辟』，開闊；寬廣。明徐霞客游記：『不若從爐塘道，稍迂而路辟。』『虞夏』，指有虞氏之世和夏代。禮記表記：『虞夏之質，殷周之文，至矣。』國語周語上：『昔

我先王世后稷，以服事虞夏。』『萌』，通『民』『氓』。指人民。史記三王世家：『奸巧邊萌。』管子山國軌：『軌謂高田之萌曰……』按，此句謂冀王此次分封之地天時地利人和。

〔三十四〕我圖爾居，形勝斯在：『我』，四庫全書作『式』。『形勝』，謂地理位置優越，地勢險要。荀子强國：『其固塞險，形埶便，山林川谷美，天材之利多，是形勝也。』史記高祖本紀：『秦，形勝之國，帶河山之險，縣隔千里。』

〔三十五〕餘官勛如故：明鈔本此句作『餘官并如故』。『餘』，四庫全書作『其餘』。

〔三十六〕爾其勞謙勉志，樂善居心：『勞謙』，勤勞謙恭。易謙：『勞謙，君子有終，吉。』後漢書公孫述傳：『使西州豪杰咸居心於山東，發閑使，招攜貳，則五分而有其四。』『居心』，指安心。晉袁宏後漢紀桓帝紀下：『往者孝文勞謙自約，行過乎儉。』

〔三十七〕膺丹黻之徽章，崇緑車之寵秩：原作『□丹黻之徽章』，今據四庫全書增補。『丹黻』，赤色的蔽膝。古時諸侯之服。南朝宋范曄樂游應詔詩：『探已謝丹黻，感事懷長林。』李善注：『毛詩曰：「赤芾在股。」毛萇曰：「諸侯赤芾。」鄭玄曰：「芾，太古蔽膝之象。」黻與芾古字通。』南朝梁裴子野上朝值雪詩：『集霰渝丹黻，流雲飄綉柱。』『徽章』，指褒崇封贈的策命。北周王褒周太保尉遲綱墓碑：『司勛載其弘烈，典册備其徽章。』唐陸贄册淑妃王氏

爲皇后文：『稱是徽章，聿歸全德。』『緑車』，漢皇孫所乘車，又名皇孫車。漢書金安上傳：『上拜涉爲侍中，使侍幸緑車載送衛尉舍。』顏師古注：『如淳曰：「幸緑車常置左右以待召載皇孫，今遣涉歸，以皇孫車載之，寵之也。」晋灼曰：「漢注緑車名皇孫車，太子有子乘以從。」如、晋二説是也。』太平御覽卷七七三引漢蔡邕獨斷：『緑車名曰皇孫車，天子孫乘以從。』『寵秩』，指尊貴的官秩。唐元稹代李中丞謝官表：『伏奉今月二十九日制，授臣御使中丞。寵秩逾涯，心魂戰越。』宋曾敏行獨醒雜志卷八：『（楊邦毅）綽有張御史之風，無愧顏常山之節，肆頒恩典，庸慰忠魂……并推寵秩以及遺孤，非止居住之榮，實是臣工之勸。』

〔三十八〕受茲中壤，用保大藩：『中壤』，泛指中原地區。晋書裴嶷載記：『慕容龍驤將軍越在遐表，乃心王室，慷慨之誠，義感天地，方掃平中壤，奉迎皇輿。』『大藩』，古代指比較重要的州郡一級的行政區。梁書明山賓傳：『明祭酒雖出撫大藩，擁旄推轂，珥金拖紫，而恒事屢空。』舊唐書盧祖尚傳：『交州大藩，去京甚遠，須賢牧撫之。』

〔三十九〕允迪前修，無或僭度：『前修』，猶前賢。楚辭離騷：『謇吾法夫前修兮，非世俗之所服。』後漢書劉愷傳：『今愷景仰前修，有伯夷之節，宜蒙矜宥，全其先功，以增聖朝尚德之美。』李賢注：『前修，前賢也。』『僭度』，逾越法度。漢荀悦漢紀武帝紀一：『是

以君子犯禮，小人犯法，奔走馳騁，越職僭度。』資治通鑒漢宣帝甘露二年：『望之欲待以不臣之禮，加之王公之上，僭度失序，以亂天常，非禮也！』

〔四十〕維城之寄，可不慎歟：『維城』，連城以衛國。詩大雅板：『懷德維寧，宗子維城。』後漢書劉虞公孫瓚陶謙傳贊：『襄賁勵德，維城燕北。仁能洽下，忠以衛國。』

册汴王邕文〔一〕

蘇頲

維景龍四年，歲次庚戌，五月辛亥朔，二十八日戊寅，應天神龍皇帝若云〔二〕：易不云乎，義崇於利建〔三〕；書不云乎，道尚於敦睦〔四〕。故知樹藩屏者〔五〕，以奉先王之言；强宗室者，乃歸諸父之胤〔六〕。咨爾光禄大夫〔七〕、行秘書監、檢校太尉、殿中監〔八〕、知隴右三使、仗内諸閑廐、上柱國、嗣虢王邕〔九〕，爾門膺魯邦，地冠虞封〔十〕，本以忠孝仁義之規，成乎宣慈惠和之業〔十一〕。恩窮沾雨，沛經不測其精〔十二〕；詞高賦月，陳詩莫逾其麗〔十三〕。匪惟政修中夏〔十四〕，稱於虢叔〔十五〕，固以姻連外戚，寵則吾姨〔十六〕，遂能在位不驕，鳴謙自牧〔十七〕。造次何者〔十八〕，寧忘服儒〔十九〕，從容謂之，最樂爲善〔二十〕。加以望隆才位，聲軼典司，動則有常〔二十一〕，静而無撓〔二十二〕。載刊三豖，嚌委於殺青〔二十三〕；

爰捧六龍，廐慎於伏皁〔二十四〕。故可以榮絶乎四履〔二十五〕，位徼乎九就〔二十六〕。夫陳留者〔二十七〕，從梁之邑〔二十八〕，在浚之郊〔二十九〕，井邑遂割於鴻溝〔三十〕，舳艫遠通於巨壑〔三十一〕。雖帝堯遺俗，國中承重厚之風〔三十二〕；而王武舊邦，天下擅膏腴之地〔三十三〕。親既賢矣，我圖爾居。是用命爲汴王。於戲！爾其敏厥行，祇厥典〔三十四〕，思不怠，畏不法。取則前鑒，罔貽後羞，作我唐藩〔三十五〕，以惠于汴。王慎之哉〔三十六〕，其保朕之休命〔三十七〕！

校箋

〔一〕此文又見於文苑英華卷四百四十四。全唐文卷二百五十四亦録此文。此文文首標明頒布時間爲『景龍四年，歲次庚戌，五月辛亥朔，二十八日戊寅』。考舊唐書中宗紀云：『（景龍）四年……五月辛酉，秘書監、賜號王邕改封汴王。』新唐書中宗紀云：『（景龍）四年……五月辛酉，封嗣號王邕爲汴王。』又兩唐書所記『封嗣號王邕爲汴王』之時間均同，然均與本詔令所記時間不同。本詔令所記干支時間無誤，所記當可信。今本詔令頒布時間即姑依其所記，即景龍四年（七一〇）五月戊寅（二十八日）。則此文撰寫時間，當在是時稍前。又，蘇頲，傳見

舊唐書卷八十八、新唐書卷一百二十五。舊唐書本傳載：『（蘇）瓌子頲，少有俊才，一覽千言。弱冠舉進士，授烏程尉，累遷左臺監察御史。長安中，詔頲按覆來俊臣等舊獄，頲皆申明其枉，由此雪冤者甚衆。神龍中，累遷給事中，加修文館學士，俄拜中書舍人。尋而頲父同中書門下三品，父子同掌樞密，時以爲榮。機事填委，文誥皆出頲手。中書令李嶠嘆曰：「舍人思如湧泉，嶠所不及也。」俄遷太常少卿。景雲中，瓌薨，詔頲起復爲工部侍郎，加銀青光禄大夫。頲抗表固辭，辭理懇切，詔許其終制。服闋就職，襲父爵許國公。玄宗謂宰臣曰：「有從工部侍郎得中書侍郎否？」對曰：「任賢用能，非臣等所及。」玄宗曰：「蘇頲可中書侍郎，仍供政事食。」明日，加知制誥。有政事食，自頲始也。……時李乂爲紫微侍郎，與頲對掌文誥。他日，上謂頲曰：「前朝有李嶠、蘇味道，謂之蘇、李；今有卿及李乂，亦不讓之。卿所製文誥，可録一本封進，題云『臣某撰』，朕要留中披覽。」其禮遇如此。玄宗欲於靖陵建碑，頲諫曰：「帝王及后，無神道碑，且事不師古，動皆不法。若靖陵獨建，陛下祖宗之陵皆須追造。」玄宗從其言而止。開元四年，遷紫微侍郎、同紫微黄門平章事，與侍中宋璟同知政事。』

〔二〕應天神龍皇帝若云：『若云』，文苑英華、四庫全書、全唐文作『若曰』。『應天神龍皇帝』，即唐中宗李顯。

〔三〕義崇於利建：『利建』，出自易屯：『元亨利貞。勿用有攸往，利建侯。』後因以『利建』謂封土建侯。隋書于宣敏傳：『若使利建合宜，封樹得所，巨猾息其非望，奸臣杜其邪謀。』魏書咸陽王禧傳：『利建雖古，未必今宜；經野由君，理非下請。邑采之封，自有別式。』

〔四〕道尚於敦睦：『敦睦』，親厚和睦。後漢書獨行傳繆肜：『弟及諸婦聞之，悉叩頭謝罪，遂更爲敦睦之行。』

〔五〕故知樹藩屏者：『藩屏』，語本詩大雅板：『价人維藩，大師維垣，大邦維屏，大宗維翰。』後比喻邊防重鎮。漢書叙傳下：『建設藩屏，以强守圉。』

〔六〕乃歸諸父之胤：『諸父』，古代天子對同姓諸侯、諸侯對同姓大夫，皆尊稱爲『父』，多數就稱爲『諸父』。詩小雅伐木：『既有肥羜，以速諸父。』管子四稱：『獠獵畢弋，暴遇諸父，馳騁無度，戲樂笑語。』『胤』，子孫，後裔，子嗣，後嗣。左傳僖公二十四年：『周公之胤。』詩大雅既醉：『永錫祚胤。』

〔七〕咨爾光禄大夫：原本作『光禄大夫』，今據文苑英華、全唐文、適園叢書增補。明鈔本作『金紫光禄大夫』。

〔八〕檢校太尉、殿中監：原作『檢校殿中監』，今據文苑英華、全唐文增補。

〔九〕嗣虢王邕：即李邕，唐高祖李淵曾孫，虢莊王李鳳孫，曹州刺史李宏之子。傳見舊唐書卷六十四、新唐書卷七十九。舊唐書其本傳云：『神龍初，封鳳嫡孫邕爲嗣虢王。邕娶韋庶人妹爲妻，由是中宗時特承寵異，轉秘書監，俄又改封汴王，開府置僚屬。月餘而韋氏敗，邕揮刃截其妻首，以至於朝，深爲物議所鄙。貶沁州刺史，不知州事，削封邑。景雲二年，復嗣虢王，還封二百户。累遷衛尉卿。開元十五年卒。』

〔十〕爾門膺魯邦，地冠虞封：『魯邦』，指魯國。周朝所封的諸侯國。後用以指魯地。詩魯頌閟宫：『泰山巖巖，魯邦所詹。』唐韓愈奉酬天平馬十二仆射詩：『威令加徐土，儒風被魯邦。』按，李邕爲曹州刺史李宏之子，曹州，今屬山東菏澤，屬魯地，故有此説。『虞封』，典出吕氏春秋覽部卷十八審應覽重言：『成王與唐叔虞燕居，援梧葉以爲珪，而授唐叔虞曰：「余以此封女。」叔虞喜，以告周公。周公以請曰：「天子其封虞邪？」成王曰：「余一人與虞戲也。」周公對曰：「臣聞之，天子無戲言。天子言，則史書之，工誦之，士稱之。」於是遂封叔虞于晉。周公旦可謂善説矣，一稱而令成王益重言，明愛弟之義，有輔王室之固。』

〔十一〕成乎宣慈惠和之業：『宣慈』，本謂博聞慈愛。後泛指博愛衆人。左傳文公十八年：『高辛氏有才子八人……忠肅共懿，宣慈惠和，天下之民謂之「八元」。』孔穎達疏：『宣者，遍也。

應受多方，知思周遍也。慈者，愛也，愛出於心，恩被於物也。』漢蔡邕郡掾吏張玄祠堂碑銘：『掾天姿恭恪，宣慈惠和，允恭博敏，惻隱仁恕，正身履道。』『惠和』，仁愛和順。左傳昭公四年：『紂作淫虐，文王惠和，殷是以隕，周是以興，夫豈争諸侯！』後漢書皇后紀上和熹鄧皇后：『政非惠和，不圖於心；制非舊典，不訪於朝。』

〔十二〕恩窮沾雨，沛經不測其精：即漢沛獻王刘辅之事。典出太平御覽十，又七百二十七引東觀漢記：『沛獻王輔善京氏易。永平五年，京師少雨，上御雲臺，自爲卦，以周易林占之。其繇曰：「蟻封穴户，大雨時至。」上以問輔，輔上書。』范曄後漢書卷四十二其本傳載：『輔矜嚴有法度，好經書。善説京氏易、孝經、論語傳及圖讖，作五經論。時號之曰沛王通論。在國謹節，終始如一，稱爲賢王。顯宗敬重，數加賞賜。』

〔十三〕詞高賦月，陳詩莫逾其麗：『莫逾其麗』，明鈔本、四庫全書、甲庫本作『莫逾於麗』。此句指陳思王曹植七哀詩云：『明月照高樓，流光正徘徊。』詩陳風有月出一詩，故借此贊美李邕之文辭華麗。

〔十四〕匪惟政修中夏：『中夏』，指中原地區。晉陸機辨亡論：『魏人據中夏，漢氏有岷益，吴制荆揚而奄交廣。』南朝宋劉義慶世説新語賢媛：『李平陽，秦州子，中夏名士。』

〔十五〕稱於虢叔：『虢叔』，中國歷代人名大辭典：『西周王族，字叔。文王弟。封於虢。東虢開國國君。爲王卿士，有功於王室。』

〔十六〕寵則吾姨：『吾姨』，應指唐玄宗所寵楊貴妃之姊妹。舊唐書后妃傳上玄宗楊貴妃：『〔貴妃〕有姊三人，皆有才貌，玄宗并封國夫人之號：長曰大姨，封韓國；三姨，封虢國；八姨，封秦國。并承恩澤，出入宫掖，勢傾天下。』宋蘇軾虢國夫人夜游圖詩：『坐中八姨真貴人，走馬來看不動塵。』

〔十七〕鳴謙自牧：『鳴謙』，謂謙德表著於外。易謙：『鳴謙，貞吉。』王弼注：『鳴者，聲名聞之謂也。得位居中，謙而正焉。』孔穎達疏：『鳴謙者謂聲名也，處正得中，行謙廣遠，故曰鳴謙。』南朝陳徐陵勸進元帝表：『出震等於勛華，鳴謙同於旦奭。』『自牧』，自我修養。易謙：『謙謙君子，卑以自牧。』孔穎達疏：『恒以謙卑自養其德也。』後漢書劉虞公孫瓚傳論：『劉虞守道慕名，以忠厚自牧。』

〔十八〕造次何者：『造次』，倉猝；匆忙。論語里仁：『君子無終食之間違仁，造次必於是，顛沛必於是。』後漢書吴漢傳：『漢爲人質厚少文，造次不能以辭自達。』『何者』，爲什麽。用於設問。公羊傳桓公二年：『然則爲取可以爲其有乎？曰：否。何者？若楚王之妻娼，無時

焉可也。』何休注：『何者，將設事類之辭。』史記儒林列傳：『黃生曰：「冠雖敝，必加於首；履雖新，必關於足。何者？上下之分也。」』

（十九）寧忘服儒：『服儒』，即『被服儒術』，指親身體會實行儒術。漢書河間獻王傳：『修禮樂，被服儒術。』

（二十）最樂爲善：『最樂』，甲庫本作『晏樂』。謂行善是最大的樂事。典出後漢書東平憲王蒼傳：『日者問東平王處家何等最樂，王言爲善最樂。其言甚大，副是要腹矣。』此處以東平王比李邕。

（二十一）動則有常：『有常』，文苑英華、全唐文作『有恒』。

（二十二）静而無撓：『無撓』，四庫全書作『能曉』。『無撓』，不彎曲。藝文類聚卷六八引晉傅玄相風賦：『體正直而無撓，度徑高而不傾。』

（二十三）載刊三豕，廚委於殺青：『三豕』，典出吕氏春秋察傳：『子夏之晉，過衛，有讀史記者曰：「晉師三豕涉河。」子夏曰：「非也，是己亥也。夫己與三相近，豕與亥相似。」至於晉而問之，則曰晉師己亥涉河也。』孔子家語七十二弟子解作『三豕渡河』。後多以喻文字的訛誤。漢蔡邕月令問答：『書有轉誤，三豕渡河之類也。』南朝梁劉勰文心雕龍練字：『晉

之史記，三豕渡河，文變之謬也。』『殺青』，古人校書，初書於竹簡上，改定後再書於絹帛。後因泛稱繕成定本或校刻付印爲『殺青』。南朝梁武帝撰孔子正言竟述懷詩：『删次起實沈，殺青在建酉。』唐劉知幾史通敘事：『夫班馬執簡，既五經之罪人，而晋宋殺青，又三史之不若。』

〔二十四〕爰捧六龍，戚慎於伏皁：『六龍』，古代天子的車駕爲六馬，馬八尺稱龍，因以爲天子車駕的代稱。漢劉歆述初賦：『總六龍於駟房兮，奉華蓋於帝側。』唐李白上皇西巡南京歌之四：『誰道君王行路難，六龍西幸萬人歡。』『皁』，餵食牛馬的食槽。宋文天祥正氣歌：『牛驥同一皁，鷄栖鳳凰食。』此處喻指李邕謙遜謹慎。

〔二十五〕榮絶乎四履：『四履』，謂四境的界限。語本左傳僖公四年：『五侯九伯，女實征之，以夾輔周室。賜我先君履：東至于海，西至于河，南至于穆陵，北至于無棣。』杜預注：『履，所踐履之界。』南朝梁任昉宣德皇后令：『元功茂勛，若斯之盛，地狹乎四履，勢卑乎九伯，帝有恧焉。』

〔二十六〕位徼乎九就：『九就』，典出周禮夏官弁師：『諸侯之繅斿九就，瑉玉三采。』据周禮注疏云：『謂王之五冕，繅則有十二，有九，有七，有五，有三，其玉旒皆十二，故繅不言皆。有不皆者，則九旒已下是也。』喻指高位。

〔二十七〕夫陳留者：『陳留』，屬於今河南開封地界。唐代屬汴州。

〔二十八〕從梁之邑：文苑英華、全唐文作『徙梁之邑』。指陳留在隋大業初屬梁郡。

〔二十九〕在浚之郊：典出詩鄘風干旄：『孑孑干旄，在浚之郊。』喻指尊貴的諸侯。『浚』，即浚縣，今河南省鶴壁市境内。唐代曾在此設黎州總管府，貞觀六年，罷黎州總管府，黎州屬相州都督府。汴州位於相州北側，故有此説。

〔三十〕井邑遂割於鴻溝：『井邑』，城鎮；鄉村。語本周禮地官小司徒：『九夫爲井，四井爲邑。』晉陸雲答張士然詩：『修路無窮迹，井邑自相循。』唐杜甫題忠州龍興寺所居院壁詩：『忠州三峽内，井邑聚雲根。』『鴻溝』，古運河名。在今河南省。楚漢相争時曾劃鴻溝爲界。史記項羽本紀：『項王乃與漢約，中分天下，割鴻溝以西者爲漢，鴻溝而東者爲楚。』後亦借指疆土的分界。北周庾信擬咏懷之八：『長阪初垂翼，鴻溝遂倒戈。』倪璠注：『謂元帝即位，纔及三年，魏軍至襄陽，梁王察率衆會之，遂至於敗也。時梁、魏地分南北，有若鴻溝。察本梁朝宗室，助魏自伐，故云「倒戈」矣。』

〔三十一〕舳艫遠通於巨壑：『舳艫』，船頭和船尾的并稱。多泛指前後首尾相接的船。漢書武帝紀：『自尋陽浮江，親射蛟江中，獲之。舳艫千里，薄樅陽而出。』顏師古注引李

斐曰：『艫，船後持柂處也。艫，船前頭刺櫂處也。言其船多，前後相銜，千里不絶也。』晉郭璞江賦：『舳艫相屬，萬里連檣。』『巨壑』，指大海。三國魏曹植與吴季重書：『食若填巨壑，飲若灌漏巵。』北齊祖珽望海詩：『登高臨巨壑，不知千萬里。』

〔三十二〕國中承重厚之風：『國中』，指王城之内。周禮 地官 小司徒：『小司徒之職，掌建邦之教法，以稽國中。』孫詒讓正義：『凡經言「國中」，并謂王城之中。』

〔三十三〕天下擅膏腴之地：『膏腴』，謂（土地）肥沃。戰國策 趙策四：『今媪尊長安君之位，而封之以膏腴之地。』晉左思吴都賦：『其四野則畛畷無數，膏腴兼倍。』

〔三十四〕爾其敏厥行，祇厥典：『敏行』，指勉力修身。語本論語 里仁：『君子欲訥於言而敏於行。』漢書 東方朔傳：『此士所以日夜孳孳，敏行而不敢怠也。』『祇典』，指敬順典籍。

〔三十五〕作我唐藩：文苑英華、全唐文作『行作我唐藩』。

〔三十六〕王慎之哉：文苑英華作『王眷之哉』。

〔三十七〕其保朕之休命：『休命』，美善的命令。多指天子或神明的旨意。易 大有：『君子以遏惡揚善，順天休命。』書 説命下：『敢對揚天子之休命。』唐韓愈順宗實録五：『必能宣祖宗之重光，荷天地之休命。』

册魯王永文〔一〕

維大和四年，歲次庚戌，二月景午朔，十二日丁巳，皇帝若曰：咨爾元子〔二〕，其敬聽朕命。我國家累葉重光〔三〕，紹休昌運〔四〕，奄有區宇〔五〕，垂二百年〔六〕。良以親親無私〔七〕，建立子弟，克固磐石，作藩王家。洎予踐位〔八〕，敢忘丕訓〔九〕？是用酌於舊典〔十〕，謀及台臣〔十一〕，撰兹吉日，錫以青社〔十二〕。惟爾道扶正性〔十三〕，天假令儀〔十四〕，已彰岐嶷之名〔十五〕，載嘉信厚之器〔十六〕。持大公之道〔十七〕，且不愧於知子；舉守藩之命〔十八〕，亦將教其事君〔十九〕。爰擇樂郊〔二十〕，俾王曲阜，環以沂水，遂荒海邦〔二十一〕。今用命使兵部尚書、平章事牛僧孺〔二十二〕，副使左散騎常侍吴士矩〔二十三〕，持節册爾爲魯王〔二十四〕。於戲！爾宜守正閑邪〔二十五〕，去奢昭儉，害於德者不作，逆於耳者必聽。無昵宵人〔二十六〕，無遠端士〔二十七〕，纂東平之樂善〔二十八〕，師河間之好古〔二十九〕。日慎一日，行之爲難，敬爾有國，無墜我休命〔三十〕。

校箋

〔一〕本文又見於全唐文卷七十五，文題作册魯王永文，署名唐文宗。此文文首標明頒布時間爲『大和四年，歲次庚戌，二月景午朔，十二日丁巳』。考舊唐書文宗紀云：『大和四年春正月……戊子，詔封長男永爲魯王。』舊唐書卷一百七十五其本傳云：『莊恪太子永……大和四年正月，封魯王。』新唐書文宗紀云：『（大和）四年正月戊子，封子永爲魯王。』新唐書卷八十二其本傳云：『莊恪太子永，大和四年始王魯。』資治通鑒卷二百四十四載：『（大和）四年……春，正月……戊子，立子永爲魯王。』又兩唐書與資治通鑒所記『封魯王』之時間均同，且與唐大詔令集卷三十三封魯王永制頒布時間『大和四年正月』相合，與本詔令所記時間不同。本詔令所記干支時間無誤，所記當可信。今本詔令頒布時間即姑依其所記，即大和四年（八三〇）二月十二日。則此文撰寫時間當在是時稍前。

〔二〕咨爾元子：『元子』，天子和諸侯的嫡長子。書微子之命：『王若曰：猷，殷王元子。』詩魯頌閟宫：『王曰叔父，建爾元子，俾侯于魯。』朱熹集傳：『叔父，周公也。元子，魯公伯禽也。』

〔三〕我國家累葉重光：『累葉』，猶累世。後漢書耿弇傳論：『三世爲將，道家所忌，而耿氏累葉以功名自終。』晉左思吴都賦：『雖累葉百疊，而富强相繼。』『重光』，比喻累世盛德，輝光相承。書顧命：『昔君文王、武王，宣重光。』孔傳：『言昔先君文武，布其重光累聖之德。』漢班固典引：『宣二祖之重光，襲四宗之緝熙。』

〔四〕紹休昌運：『紹』，全唐文作『詔』。『紹』，繼也。詩周頌訪落：『紹庭上下。』國語晉語：『使寡君之紹續昆裔。』『昌運』，興隆的國運。南朝宋顔延之拜陵廟作詩：『敕躬慚積素，復與昌運并。』唐韓愈賀皇帝即位表：『伏維皇帝陛下，承列聖之丕績，當中興之昌運。』

〔五〕奄有區宇：『區宇』，境域；天下。唐元稹賀誅吴元濟表：『威動區宇，道光祖宗。』宋陳亮重建紫霄觀記：『本朝混一區宇，是觀因以不廢。』

〔六〕垂二百年：『垂』，將近、快要。『二百年』，指從唐朝建立（六一八）到此詔令頒布時大和四年（八三〇），二百來年。

〔七〕良以親親無私：『親親』，愛自己的親屬。詩小雅伐木序：『親親以睦友，友賢不棄，不遺故舊，則民德歸厚矣。』孔穎達疏：『既能内親其親以使和睦，又能外友其賢而不棄，不遺忘久故之恩舊而燕樂之。』漢書翼奉傳：『古者朝廷必有同姓以明親親，必有異姓以明賢賢，

此聖王之所以大通天下也。」

〔八〕洎予踐位：『踐位』，登基；即位。管子小問：『桓公踐位，令釁社塞禱。』宋書謝莊傳：『陛下踐位，親臨聽訟。』指唐文宗即位。

〔九〕敢忘丕訓：『丕訓』，重大的訓導。書君陳：『爾惟弘周公丕訓。』孔傳：『當闡大周公之大訓。』唐韓愈順宗實録三：『朕奉若丕訓，憲章前式。』

〔十〕是用酌於舊典：『舊典』，舊時的制度、法則。書君牙：『君牙，乃惟由先正舊典時式。』孔穎達疏：『惟當奉用先世正官之法，諸臣所行故事舊典，於是法則之。』漢蔡邕故太尉喬公廟碑：『值饉荒，諸郡飢餒，公開倉廩以貸，救其命。主者以舊典宜先請。』

〔十一〕謀及台臣：『台臣』，指宰輔重臣。唐玄宗集賢書院成送張説上集賢學士賜宴得珍字詩：『集賢招衮職，論道命台臣。』唐韓愈順宗實録五：『是以台臣庶官文武之列抗疏於内，方伯藩守億兆之衆同詞於外。』

〔十二〕錫以青社：『青社』，祀東方土神處。借指東方之地。史記三王世家：『維六年四月乙巳，皇帝使御使大夫湯廟立子閎爲齊王。曰：於戲，小子閎，受茲青社！』司馬貞索隱：『蔡邕獨斷云：「皇子封爲王，受天子太社之土，若封東方諸侯，則割青土，藉以白茅，授之以立社，謂之

茅土。」齊在東方，故云青社。』晉潘岳揚荆州誄：『君以兼資，參戎作弼，用錫土宇，膺茲顯秩。青社白茅，亦朱其紱。』李善注引尚書緯：『天子社，東方青。』

（十三）惟爾道扶正性：『正性』，自然的稟性；純正的稟性。漢書律曆志上：『所以作樂者，諧八音，蕩（滌）人之邪意，全其正性，移風易俗也。』三國魏孟康薦崔林：『（崔林）稟自然之正性，體高雅之弘量。』

（十四）天假令儀：『令儀』，謂整肅威儀。詩小雅湛露：『其桐其椅，其實離離。豈弟君子，莫不令儀。』孔穎達疏：『雖得王之燕禮，飲酒不至於醉。莫不善其威儀，令可觀望也。』

（十五）已彰岐嶷之名：『岐嶷』，詩大雅生民：『誕實匍匐，克岐克嶷。』朱熹集傳：『岐嶷，峻茂之狀。』後多以『岐嶷』形容幼年聰慧。東觀漢記馬客卿傳：『馬客卿幼而岐嶷，年六歲，能接應諸公，專對賓客。』

（十六）載嘉信厚之器：『信厚』，誠實敦厚。詩周南麟之趾序：『關雎之化行，則天下無犯非禮，雖衰世之公子，皆信厚如麟趾之時也。』三國志吳書陸遜傳：『陸遜字伯言，吳郡吳人也。本名議，世江東大族。』裴松之注：『陸氏世頌曰：「父駿，字季才，淳懿信厚，爲邦族所懷，官至九江都尉。」』

〔十七〕持大公之道：『大公』，謂以天下爲公。漢劉向説苑至公：『古有行大公者，帝堯是也……得舜而傳之，不私於其子孫也。』

〔十八〕舉守藩之命：『守藩』，指王侯駐守其封地。亦指受封爲王侯。漢書淮陽憲王劉欽傳：『奉藩無狀，遇惡暴列，陛下不忍致法，加大恩，遣使者申諭道術守藩之義。』後漢書濟北惠王次傳：『濟北王次以幼年守藩，躬履孝道，父没哀慟，焦毁過禮，草廬土席，衰杖在身，頭不枇沐，體生瘡腫。』

〔十九〕亦將教其事君：『教其』，明鈔本、甲庫本、全唐文作『教於』。

〔二十〕爰擇樂郊：『樂郊』，猶樂土。詩魏風碩鼠：『逝將去女，適彼樂郊。樂郊樂郊，誰之永號。』唐韓愈祭馬仆射文：『始誅鄆戎，厥墟腥臊。公往滌之，兹惟樂郊。』

〔二十一〕遂荒海邦：『海邦』，古指近海邦國。詩魯頌閟宫：『遂荒大東，至于海邦。』鄭玄箋：『海邦，近海之國也。』晉陸雲祖考頌：『光宅海邦，大造江漢。』

〔二十二〕今用命使兵部尚書、平章事牛僧孺：『牛僧孺』，傳見舊唐書卷一百七十二、新唐書卷一百七十四。舊唐書其本傳云：『牛僧孺字思黯，隋僕射奇章公弘之後。祖紹，父幼簡，官卑。僧孺進士擢第，登賢良方正制科，釋褐伊闕尉，遷監察御史，轉殿中，歷禮部員外郎。元

和中，改都官，知臺雜，尋換考功員外郎，充集賢直學士。穆宗即位，以庫部郎中知制誥。其年十一月，改御史中丞。以州府刑獄淹滯，人多冤抑，僧孺條疏奏請，按劾相繼，中外肅然……大和三年，李宗閔輔政，屢薦僧孺有才，不宜居外。四年正月，召還，守兵部尚書、同平章事。』

〔二十三〕副使左散騎常侍吴士矩：『吴士矩』，傳見新唐書卷一百五十九。其本傳載：『溆子士矩，文學蚤就，喜與豪英游，故人人助爲談説。開成初，爲江西觀察使，饗宴侈縱，一日費凡十數萬。初至，庫錢二十七萬緡，晚年纔九萬，軍用單匱，無所仰。事聞，中外共申解，得以親議，文宗弗窮治也，貶蔡州别駕。諫官執處其罪，不納。於是御史中丞狄兼謩建言：「陛下擢任士矩，非私也；士矩負陛下而治之，亦非私也。請遣御史至江西即訊，使杜江淮它鎮循習意。」帝聽，乃流端州。』

〔二十四〕魯王：即李永。傳見舊唐書卷一百七十五、新唐書卷八十二。舊唐書其本傳云：『莊恪太子永，文宗長子也。母曰王德妃。大和四年正月，封魯王。六年，上以王年幼，思得賢傅輔導之。時王傅和元亮，因待制召問，元亮出於卒吏，不知書，一不能對。後宰相延英奏事，上從容曰：「魯王質性可教，宜擇賢士大夫爲官屬，不可復用和元亮之輩。」因以户部侍郎庾敬休守本官，兼魯王傅；太常卿鄭肅守本官，兼王府長史；户部郎中李踐方守本官，兼王府司馬。其年

十月，降詔册爲皇太子。上自即位，承敬宗盤游荒怠之後，恭儉惕慎，以安天下，以晋王謹愿，且欲建爲儲貳。未幾，晋王薨，上哀悼甚，不復言東宫事久之。今有是命，中外慶悦。後以王起、陳夷行爲侍讀。開成三年，上以皇太子宴游敗度，不可教導，將議廢黜。特開延英，召宰臣及兩省御史臺五品已上、南班四品已上官對。宰臣及衆官以爲儲后年小，可俟改過，國本至重，願寬宥。御史中丞狄兼謩上前雪涕以諫，詞理懇切。翌日，翰林學士六人洎神策六軍軍使十六人又進表陳論，上意稍解。其日一更，太子歸少陽院，以中人張克己、柏常心充少陽院使；如京使王少華、判官袁載和及品官、白身、内園小兒、官人等數十人，連坐至死及剠色、流竄。尋詔侍讀竇宗直、周敬慎依前隔日入少陽院。其年薨，勑兵部尚書王起撰哀册文曰：維大唐開成三年，歲次戊午，十月乙酉朔，十六日庚子，皇太子薨於少陽院。十七日辛丑，遷座於大吉殿。十一月乙卯朔，二十四日戊寅，命册使太子太師兼右僕射、門下侍郎、國子祭酒、平章事鄭覃，副使中書侍郎、平章事楊嗣復，持節册謚曰莊恪。十二月乙酉朔，十二日丙申，葬於驪山之北原莊恪陵，禮也。……初，上以太子稍長，不循法度，昵近小人，欲加廢黜。迫於公卿之請乃止。太子終不悛改，至是暴薨。時傳云：太子德妃之出也，晚年寵衰。賢妃楊氏，恩渥方深。懼太子他日不利於己，故日加誣譖，太子終不能自辨明也。太子既薨，上意追悔。』

〔二十五〕爾宜守正閑邪：四庫全書作『閉邪』。『閑邪』，防止邪惡。易乾：『閑邪存其誠。』李鼎祚集解引宋衷曰：『閑，防也。』唐司空圖成均諷：『緬推傷化之源，克裕閑邪之範。』

〔二十六〕無昵宵人：『宵人』，小人；壞人。莊子列禦寇：『宵人之離外刑者，金木訊之；離内刑者，陰陽食之。』郭象注：『不由明坦之塗者，謂之宵人。』史記三王世家：『於戲！悉爾心，戰戰兢兢，乃惠乃順，毋侗好軼，毋邇宵人，維法維則。』司馬貞索隱引褚先生解云：『宵人，小人也。』

〔二十七〕無遠端士：『端士』，猶端人。大戴禮記保傅：『於是比選天下端士，孝悌閑博有道術者以輔翼之，使之與太子居處出入，故太子乃目見正事，聞正言，行正道，左視右視前後皆正人，夫習與正人居，不能不正也。』三國志魏書趙王幹傳：『訓以恭順之至言，輔以天下之端士。』

〔二十八〕纂東平之樂善：『東平』，指漢劉蒼。因其封東平王，故稱。南朝梁任昉齊竟陵文宣王行狀：『昔沛獻訪對於雲臺，東平齊聲於楊史。』南朝梁劉勰文心雕龍時序：『東平擅其懿文，沛王振其通論。』

〔二十九〕師河間之好古：『河間』，指漢河間獻王劉德。南朝梁任昉齊竟陵文宣王行狀：『陳

農所未究，河間所未輯。』南朝梁劉勰文心雕龍樂府：『河間薦雅而罕御，故汲黯致譏於天馬也。』

〔三十〕無墜我休命：『休命』，美善的命令。多指天子或神明的旨意。易大有：『君子以遏惡揚善，順天休命。』書説命下：『敢對揚天子之休命。』

册魏王佾文〔一〕

維咸通三年〔二〕，皇帝若曰：夫翦珪分器〔三〕，事炳周經〔四〕；裂地疏封〔五〕，道光漢册〔六〕。莫不克隆磐石〔七〕，作固本枝〔八〕，并建親賢〔九〕，以崇藩翰〔十〕。朝有定制〔十一〕，朕安得私？爰稽盛時〔十二〕，俾榮錫社〔十三〕。咨爾長男佾〔十四〕，通暉日月〔十五〕，稟慶霄漢〔十六〕，蔭若木之凝華〔十七〕，派璿源之積潤〔十八〕。天姿岐嶷〔十九〕，神授聰明〔二十〕，早彰樂善之規，夙有辨牘之智〔二十一〕。卓爾器度〔二十二〕，藹然徽猷〔二十三〕，宜荷寵章〔二十四〕，以開土宇〔二十五〕。今遣使門下侍郎、兼吏部尚書、平章事杜悰〔二十六〕，副使、左散騎常侍趙格等〔二十七〕，持節册爾爲魏王〔二十八〕。於戲！河外名都〔二十九〕，漳滏奥宅〔三十〕。爾其竭奉上之孝敬〔三十一〕，慎臨下之儀刑〔三十二〕。守道宜鑒於遠名〔三十三〕，尊賢無忘於置醴〔三十四〕，用親魯衛之政〔三十五〕，以紹間平之德〔三十六〕。服我休命〔三十七〕，可不慎歟！

校箋

〔一〕本文又見於全唐文卷八十五，文題作册魏王佾文，署名唐懿宗。文苑英華卷四百四十五翰林制詔亦録此文，文題作册魏王文。此文文末未標明頒布時間，其文首云：『咸通三年。』考舊唐書卷一百七十五其本傳云：『魏王佾，咸通三年封。凉王健，咸通三年封，乾符六年薨。蜀王佶，咸通三年封。』新唐書懿宗紀云：『（咸通）三年……十月丙申，封子佾爲魏王，侹凉王，佶蜀王。』新唐書卷八十二其本傳云：『魏王佾，咸通三年始王，與凉、蜀二王同封。』册府元龜卷二百六十五宗室部封建四載：『魏王佾，懿宗子。咸通三年封。』御定淵鑒類函卷一百七十七載『咸通三年，册魏王文曰：夫翦珪分器』云云。册府元龜卷二百六十五宗室部封建四載：『魏王（人眷），懿宗子。咸通三年封。』據上述史籍所載，則此册文頒布時間應爲咸通三年（八六二）十月丙申（二日）。其撰寫時間當在是時稍前。

〔二〕維咸通三年：文苑英華、全唐文作『維咸通三年歲次月日』。

〔三〕夫翦珪分器：『翦珪』，典出吕氏春秋覽部卷十八審應覽重言：『成王與唐叔虞燕居，

援梧葉以爲圭，而授唐叔虞曰：「余以此封女。」叔虞喜，以告周公。周公以請曰：「天子其封虞邪？」成王曰：「余一人與虞戲也。」周公對曰：「臣聞之，天子無戲言。天子言，則史書之，工誦之，士稱之。」於是遂封叔虞於晉。周公旦可謂善説矣，一稱而令成王益重言，明愛弟之義，有輔王室之固。』『分器』，古代天子把宗廟所藏的寶器分與諸侯和宗室爲世守之物，謂之『分器』。亦指分得的寶器等。左傳定公九年：『得寶玉大弓。』晉杜預注：『弓玉，國之分器，得之足以爲榮，失之足以爲辱。』指周朝分封之事。

〔四〕事炳周經：四庫全書作『事著周經』。『周經』，指先秦儒家的經籍。魏書高祖孝文帝紀下：『六職備於周經，九列炳於漢晋，務必有恒，人守其職。』南朝梁簡文帝唱導文：『變和内化，事炳周經；贊德含章，訓高惇史。』

〔五〕裂地疏封：裂地，劃分土地。晏子春秋問上十九：『裂地而封之，疏爵而貴之。』漢書黥布傳：『臣請與大王杖劍而歸漢王，漢王必裂地而分大王，又况淮南，必大王有也。』唐元稹出門行：『在楚裂地封，入趙連城貴。』

〔六〕道光漢册：『道光』，高尚的道德、正確的主張得到發揚和傳頌。晋書汝南王亮等傳論：『分茅錫瑞，道光恒典。』此二句指漢代分封之事，見漢書文帝紀：『文帝二年，三月，

有司請立皇子爲諸侯王。詔曰：「前趙幽王幽死，朕甚憐之，已立其太子遂爲趙王。遂弟辟强及齊悼惠王子朱虚侯章、東牟侯興居有功，可王。」乃立辟强爲河間王，章爲城陽王，興居爲濟北王。因立皇子武爲代王，參爲太原王，揖爲梁王。』

〔七〕莫不克隆磐石：『克隆』，興隆，昌盛。南齊書 褚淵王儉傳贊：『民譽不爽，家稱克隆。』北史 周紀下論：『嗚呼！以文皇之經啓鴻基，武皇之克隆景業，未逾二紀，不祀忽諸。』『磐石』，喻分封的宗室。史記 孝文本紀：『高帝封王子弟，地犬牙相制，此所謂磐石之宗也。』唐杜甫秋日荆南述懷詩之五：『磐石圭多翦，凶門轂少推。』

〔八〕作固本枝：『本枝』，同一家族的嫡系和庶出子孫。漢書 韋玄成傳：『子孫本枝，陳錫無疆。』南朝宋顔延之赭白馬賦：『效足中黄，殉驅馳兮；願終惠養，蔭本枝兮。』

〔九〕并建親賢：『親賢』，親戚與賢臣。南朝梁任昉齊竟陵文宣王行狀：『地尊禮絶，親賢莫貳。』吕向注：『位居尊重之地，與百官禮儀隔絶，則親戚賢臣皆無有二心也。』南史 宋宗室及諸王傳上論：『自古帝王之興，雖係之於歷數，至於經啓多難，莫不兼藉親賢。』

〔十〕以崇藩翰：『藩翰』，詩 大雅 板：『价人維藩，大師維垣，大邦維屏，大宗維翰。』毛傳：『藩，屏也；翰，幹也。』後因以『藩翰』喻捍衛王室的重臣。三國志 蜀書 先主傳：『宗

子藩翰，心存國家，念在弭亂。』

〔十一〕朝有定制：『定制』，確定的制度、規則。後漢書應劭傳：『殺人者死，傷人者刑，此百王之定制，有法之成科。』宋歐陽修歸田録卷二：『諸王宫教授入謝祖宗時，偶因便殿不御袍帶見之，至今教授入謝，必俟上入内解袍帶，復出見之。有司皆以爲定制也。』

〔十二〕爰稽盛時：『盛時』，猶盛世。史記劉敬叔孫通列傳：『及周之盛時，天下和洽，四夷鄉風。』漢朱浮爲幽州牧與彭寵書：『方今天下適定，海内願安，士無賢不肖，皆樂立名於世。而伯通獨中風狂走，自捐盛時。』

〔十三〕俾榮錫社：『錫社』，猶錫土，賜土封國。北史房彦謙傳：『錫社分珪，大成規矩。』

〔十四〕咨爾長男佾：『長男佾』，唐懿宗之子李佾。傳見舊唐書卷一百七十五、新唐書卷八十二。舊唐書其本傳云：『魏王佾，咸通三年封。』

〔十五〕通暉日月：文苑英華、御定淵鑒類函作『通輝日月』。

〔十六〕稟慶霄漢：『霄漢』，原作『霄漢』，今據文苑英華、御定淵鑒類函、全唐文改。『霄漢』，天河。亦借指天空。後漢書仲長統傳：『不受當時之責，永保性命之期。如是，則可以陵霄漢，出宇宙之外矣。』宋張孝祥踏莎行詞：『趁此秋風，乘槎霄漢。』

〔十七〕蔭若木之凝華：『若木』，古代神話中的樹名。山海經大荒北經：『大荒之中，有衡石山、九陰山、洞野之山，上有赤樹，青葉，赤華，名曰若木。』郭璞注：『生昆侖西附西極，其華光赤下照地。』楚辭離騷：『折若木以拂日兮，聊逍遥以相羊。』

〔十八〕派璿源之積潤：『璿源』，同『璇源』，産珠的水流。南朝宋顔延之贈王太常詩：『玉水記方流，璇源載圓折。』李善注引尸子：『凡水，其方折者有玉，其圓折者有珠也。』後指皇族。舊唐書恭懿太子佋傳：『第十二子故興王佋，毓慶璿源，分華若木，天資純孝，神假聰明。』『積潤』，積久濕潤。文苑英華卷五六一引唐常衮中書門下賀雪表：『重陰益固，應水澤腹堅之時；積潤潛通，迎土膏脉起之候。』唐温庭筠和友人溪居別業：『積潤初銷碧草新，鳳陽晴日帶雕輪。』

〔十九〕天姿岐嶷：『天姿』，天賦之資質；天然之材質。史記儒林列傳：『孝文帝時，徐生以容爲禮官大夫。傳子至孫徐延、徐襄。襄，其天姿善爲容，不能通禮經。』按，漢書儒林傳作『襄，其資性善爲頌』。漢馬融長笛賦：『唯笛因其天姿，不變其材。』『岐嶷』，詩大雅生民：『誕實匍匐，克岐克嶷。』朱熹集傳：『岐嶷，峻茂之狀。』後多以『岐嶷』形容幼年聰慧。東觀漢記馬客卿傳：『馬客卿幼而岐嶷，年六歲，能接應諸公，專對賓客。』北魏楊衒之洛陽伽藍記追光寺：『略生而岐嶷，幼則老成，博洽群書。』

〔二十〕神授聰明：『神授』，明鈔本、甲庫本作『神侍』；文苑英華、四庫全書作『神質』。『神授』，謂神明所授與。南朝梁王僧孺從子永寧令謙誄：『若其孝親睦友，故非天墮地出，異才絶學，如有鬼告神授。』唐岑參過梁州奉贈張尚書大夫公詩：『英雄若神授，大材濟時危。』

〔二十一〕夙有辨牘之智：『智』，文苑英華作『和』。『辨牘』，指西漢河間王聰慧好學，事見漢書卷五十三其本傳載：『河間獻王德以孝景前二年立，修學好古，實事求是。從民得善書，必爲好寫與之，留其真，加金帛賜以招之。繇是四方道術之人不遠千里，或有先祖舊書，多奉以奏獻王者，故得書多，與漢朝等。是時，淮南王安亦好書，所招致率多浮辯。獻王所得書皆古文先秦舊書，周官、尚書、禮、禮記、孟子、老子之屬，皆經傳説記，七十子之徒所論。其學舉六藝，立毛氏詩、左氏春秋博士。修禮樂，被服儒術，造次必於儒者。山東諸儒多從而游。武帝時，獻王來朝，獻雅樂，對三雍宮及詔策所問三十餘事。其對推道術而言，得事之中，文約指明。』

〔二十二〕卓爾器度：『卓爾』，形容超群出衆。論語子罕：『既竭吾才，如有所立卓爾。』漢書淮陽憲王欽傳：『博得謁見，承間進問五帝三王究竟要道，卓爾非世俗之所知。』顔師古注：『卓爾，高遠貌也。』

〔二十三〕藹然徽猷：『藹然』，温和、和善貌。管子侈靡：『藹然若夏之静雲，乃及人之體。』

宋施彦執北窗炙輠卷上：『伯淳既見，和氣藹然見眉宇間。』「徽猷」，美善之道。猷，道。指修養、本事等。詩小雅角弓：『君子有徽猷，小人與屬。』毛傳：『徽，美也。』鄭玄箋：『猷，道也。君子有美道以得聲譽，則小人亦樂與之而自連屬焉。』梁書文學傳下謝幾卿：『故得仰慕徽猷，永言前哲。』

〔二十四〕宜荷寵章：『寵章』，封建時代表示高官顯爵的章服。漢潘勖册魏公九錫文：『朕聞先王并建明德，胙之以土，分之以民，崇其寵章，備其禮物，所以蕃衛王室，左右厥世也。』李善注：『禮記曰：「以爲旗章，以別貴賤。」鄭玄曰：「章，識也。」』

〔二十五〕以開土宇：『土宇』，疆土；國土。後漢書荀彧傳：『公前屠鄴城，海内震駭，各懼不得保其土宇，守其兵衆。』唐劉知幾史通雜述：『九州土宇，萬國山川，物産殊宜，風化異俗。』

〔二十六〕今遣使門下侍郎、兼吏部尚書、平章事杜悰：『杜悰』，傳見舊唐書卷一百四十七、新唐書卷一百六十六。舊唐書其本傳載：『悰，以蔭三遷太子司議郎。元和九年，選尚公主，召見於麟德殿。尋尚岐陽公主，加銀青光禄大夫、殿中少監、駙馬都尉。岐陽，憲宗長女，郭妃之所生。自頃選尚，多於貴戚或武臣節將之家。於時翰林學士獨孤郁，權德輿之女婿，

時德輿作相，郁避嫌辭内職。上頗重學士，不獲已許之，且嘆德輿有佳婿，遂令宰臣於卿士家選尚文雅之士可居清列者。初於文學後進中選擇，皆辭疾不應，唯悰願焉。累遷至司農卿。大和六年，轉京兆尹。七年，檢校刑部尚書，出爲鳳翔尹、鳳翔隴右節度。丁内艱，八年，起復授忠武軍節度使、陳許蔡觀察等使，就加兵部尚書。開成初，入爲工部尚書、判度支。屬岐陽公主薨，久而未謝。文宗怪之，問左右。户部侍郎李珏對曰：「近日駙馬爲公主服斬衰三年，所以士族之家不願爲國戚者，半爲此也。杜悰未謝，拘此服紀也。」上愕然曰：「予初不知。」乃詔曰：「制服輕重，必由典禮。如聞往者駙馬爲公主服三年，緣情之義，殊非故實，違經之制，今乃聞知。宜令行杖周，永爲通制。」三年，改户部尚書，兼判户部度支事。會昌中，拜中書侍郎、同中書門下平章事，尋加左僕射。」

〔二十七〕副使、左散騎常侍趙格等：「趙格」，傳見唐郎官石柱題名考卷五十二，唐方鎮年表卷四十八。據此詔令可知咸通三年其任副使、左散騎常侍。

〔二十八〕持節册爾爲魏王：文苑英華作「持節命爾爲魏王」。「册」，原作「策」，今據全唐文改。「持節」，古代使臣奉命出行，必執符節以爲憑證。史記張釋之馮唐列傳：「是日令馮唐持節赦魏尚，復以爲雲中守。」唐韓愈送殷員外序：「丞相其選宗室四品一人，持節往賜

君長，告之朕意。』

〔二十九〕河外名都：『河外』，春秋晋人稱河西與河南爲河外。左傳僖公十五年：『〔晋〕賂秦伯以河外列城五。』楊伯峻注：『河外，指河西與河南，黄河自龍門至華陰，自北而南，晋都於絳，故以河西與河南爲外，包慎言河外考以河西爲外，杜注以河外爲河南，皆僅得其一偏。』戰國魏人仍襲用此稱。史記秦本紀：『魏將無忌率五國兵擊秦，秦却於河外。』張守節正義：『河外，陝華二州也。』『名都』，著名的都城。漢班固西都賦：『若乃觀其四郊，浮游近縣，則南望杜霸，北眺五陵。名都對郭，邑居相承。』三國魏曹植名都篇詩：『名都多妖女，京洛出少年。』唐皇甫湜送丘儒序：『懷貝玉以之名都之肆，未有而不售者也。』

〔三十〕漳滏奥宅：『漳滏』，漳水、滏水的并稱。三國魏曹植節游賦：『仰西岳之崧岑，臨漳滏之清渠。』晋左思魏都賦：『南瞻淇澳，則緑竹純茂；北臨漳滏，則冬夏異沼。』『奥宅』，同『奥區』，腹地。後漢書班固傳上：『防禦之阻，則天下之奥區焉。』李善注：『奥，深也。言秦地險固，爲天下深奥之區域。』宋劉炎邇言：『或曰：淮堧千里，濱接魯鄧，昔爲奥區，今爲極邊。』此二句指分封魏地之情況。

〔三十一〕爾其竭奉上之孝敬：『奉上』，侍奉君主、上司。漢書游俠傳序：『於是背公死

黨之議成，守職奉上之義廢矣。』南朝宋顔延之陽給事誄序：『奉上以誠，率下有方。』

〔三十二〕愼臨下之儀刑：『臨下』，指治理下屬。漢蔡邕陳太丘碑：『不徼訐以干時，不遷貳以臨下。』南朝梁沈約齊故安陸昭王碑文：『在上哀矜，臨下莊敬。』北齊書 幼主紀論：『綱羅俊乂，明察臨下，文武名臣，盡其力用。』『儀刑』，儀容，風範。唐鄭萬鈞大唐故代國長公主碑：『乃數月後，偵其儀刑，稍稍顲頳。』宋蘇軾坤成節集英殿宴教坊詞 小兒致語：『慈儉之化，無德而能名；保佑之功，如天之難報。惟流傳於歌舞，庶髣髴其儀刑。』

〔三十三〕守道宜鑒於遠名：『遠名』，不追求聲名。宋宋祁馮侍講行狀：『公一無建白者，其遠名若此。』

〔三十四〕尊賢無忘於置醴：『尊賢』，尊敬賢者。禮記 中庸：『義者宜也，尊賢爲大。』孟子 萬章下：『用下敬上，謂之貴貴；用上敬下，謂之尊賢。』『醴』，甜酒。見漢書 楚元王劉交傳。後以『置醴』爲崇道尊賢的典實。唐杜甫八哀詩贈太子太師汝陽郡王璡：『晚年務置醴，門引申白賓。』

〔三十五〕用親魯衛之政：『用親』，文苑英華、御定淵鑒類函、四庫全書、適園叢書作『用新』。『魯衛之政』，語出論語 子路：『魯衛之政，兄弟也。』魯是周朝周公的封國，衛是周公之弟康叔

的封國，兩國的政治情況也像兄弟一樣，差不多。因以比喻情況相同或相似。南朝梁劉勰文心雕龍才略：『孟陽、景陽，才綺而相埒，可謂魯衛之政，兄弟之文也。』唐劉知幾史通雜說上：『若必方於左氏也，非唯不可爲魯衛之政，差肩雁行，亦有雲泥路阻，君臣禮隔者矣。』

〔三十六〕以紹間平之德：文苑英華、御定淵鑑類函作『以昭間平之德』；全唐文作『以昭閑平之德』。『間平』，漢河間獻王劉德、東平憲王劉蒼的合稱。兩人皆有賢名。後因以『間平』指宗室藩王中之賢者。南史梁宗室傳論：『安成、南平、鄱陽、始興俱以名迹著美，蓋亦有梁之間平也。』唐王勃平臺秘略論褒客：『斯實藩邸之盛事，間平之用心也。』

〔三十七〕服我休命：『休命』，美善的命令。多指天子或神明的旨意。易大有：『君子以遏惡揚善，順天休命。』書說命下：『敢對揚天子之休命。』唐韓愈順宗實録五：『必能宣祖宗之重光，荷天地之休命。』

册涼王侹文〔一〕

維某年月日〔二〕，皇帝若曰：夫維城作捍〔三〕，實隆定鼎之業〔四〕；犬牙列國〔五〕，以盛建瓴之功〔六〕。故廣樹戚藩〔七〕，畢王子弟，歷朝茂典〔八〕，列聖宏規〔九〕，舉而行之，

朕不敢廢。咨爾第二男侹〔十〕，分暉紫極〔十一〕，托質丹宫〔十二〕，器度沈詳〔十三〕，姿容端粹〔十四〕。藹有成人之量〔十五〕，形乎佩韘之年〔十六〕，志玩楚詩，情通沛易〔十七〕。不勞師傅之訓，動形忠孝之規，爰嘉令猷〔十八〕，俾建侯社〔十九〕。今遣使門下侍郎、兼吏部尚書、平章事杜悰，副使、左散騎常侍趙格等〔二十〕，持節策爾爲涼王〔二十一〕。爾其奄長洪河〔二十二〕，大啓西土〔二十三〕，紹於前烈〔二十四〕，恢我舊疆〔二十五〕。敬慎於朱邸之間〔二十六〕，謹睦於玳筵之上〔二十七〕。靖恭其位〔二十八〕，克廣厥心〔二十九〕，無從非彝〔三十〕，服我休命〔三十一〕。

校箋

〔一〕此文又見於文苑英華卷四百四十五翰林制詔，文題册涼王侹文，出自玉堂遺範。又見於全唐文卷八十五，署名唐懿宗。此文文末未標明頒布時間。考舊唐書卷一百七十五其本傳云：『魏王佾，咸通三年封。涼王健，咸通三年封，乾符六年薨。』新唐書懿宗紀云：『（咸通）三年……十月丙申，封子佾爲魏王，侹涼王，佶蜀王。』新唐書卷八十二其本傳云：『魏王佾，咸通三年

始王，與涼、蜀二王同封。涼王侹，乾符六年薨。蜀王佶。』册府元龜卷二百六十五宗室部封建四載：『涼王侹，懿宗子。咸通三年封。』册府元龜卷二百六十五宗室部封建四載：『涼王侹，懿宗子。咸通三年封。』據上述史籍所載，則此册文頒布時間應爲咸通三年（八六二）十月丙申（一日）。其撰寫時間當在是時稍前。

〔二〕維某年月日：原作無此句，今據文苑英華、全唐文增補。

〔三〕夫維城作捍：『維城』，借指皇子或皇室宗族。後漢書孝明八王傳贊：『孝明傳胤，維城八國。』唐無可送李長吉之任東井詩：『家世維城後，官資宰邑初。』『捍』，文苑英華作『扞』。

〔四〕實隆定鼎之業：『實』，明鈔本、文苑英華作『寔』。『定鼎』，指建立王朝。南朝宋顏延之三月三日曲水詩序：『高祖以聖武定鼎，規同造物。』唐魏徵十漸不克終疏：『臣觀自古帝王受圖定鼎，皆欲傳之萬代，貽厥孫謀。』

〔五〕犬牙列國：『犬牙』，像犬牙般交錯。多指地形、地勢。墨子備城門：『靈丁，三丈一，犬牙施之。』岑仲勉簡注：『犬牙，交錯也。』後漢書魯恭傳：『建初七年，郡國螟傷稼，犬牙緣界，不入中牟。』『列國』，泛指各國并存的某一時期或各個國家。唐劉禹錫唐故柳州刺史柳君集紀：『漢之文至列國而病，唐興復起。』

〔六〕以盛建瓴之功：『建瓴』，語本史記高祖本紀：『譬猶居高屋之上建瓴水也。』建瓴，即『建瓴水』之省略，謂傾倒瓶中之水，形容居高臨下、難以阻擋的形勢。周書韋孝寬傳：『竊以大周土宇，跨據關河，蓄席卷之威，持建瓴之勢。』唐陸贄誥普王荆襄江西道兵馬都元帥制：『江、漢上游，建瓴制寇。』

〔七〕故廣樹戚藩：『藩』，文苑英華作『蕃』。『戚藩』，亦作『戚蕃』。近親藩王。晋劉琨勸進表：『社稷時難，則戚藩定其傾；郊廟或替，則宗哲纂其祀。』南朝齊王儉褚淵碑文：『屬值三季在辰，戚蕃内侮。』李周翰注：『戚蕃，謂諸王也。』

〔八〕畢王子弟，歷朝茂典：『畢』，全部，都。西漢虞初秋聲詩自序：『衆妙畢備。』西漢刘向戰國策齊策：『責（債）畢收。』『茂典』，盛美的典章、法則。南朝宋顏延之三月三日曲水詩序：『選賢建戚，則擇之於茂典；施命發號，必酌之於故實。』張銑注：『茂，美；典，則也。』舊唐書肅宗紀：『至於漢武，飾以浮華，非前王之茂典，豈永代而作則？』

〔九〕列聖宏規：『列聖』，指歷代帝王；諸皇帝。晋左思魏都賦：『且魏地者……列聖之遺塵。』李善注：『魏地，畢昴之分野，虞舜及禹所都之地。』唐元稹顏峴右贊善大夫：『列聖念功，訪求太師之後。』『宏規』，偉大的典範。後漢書左周黄傳論：『吴祐、蘇章、種暠、欒巴，

牧民之良幹，龐參、虞詡，將帥之宏規。』唐末五代杜光庭謝恩奉宣每遇朝賀不隨二教獨引對表：『今者降九天之明命，垂萬世之宏規。』

（十）咨爾第二男侹：『侹』，傳見舊唐書卷一百七十五、新唐書卷八十二。舊唐書其本傳云：『涼王健（按應作侹），咸通三年封，乾符六年薨。』新唐書本傳亦載：『涼王侹，乾符六年薨。』

（十一）分暉紫極：『紫極』，星名。借指帝王的宮殿。晉潘岳西征賦：『厭紫極之閑敞，甘微行以游盤。』李善注：『紫極，星名，王者爲宮以象之。曹植上表曰：「情注於皇居，心在乎紫極。」』唐吳兢貞觀政要論納諫：『陛下高居紫極，寧濟蒼生。』

（十二）托質丹宮：『托』，原作『挺』，今據文苑英華、全唐文改。『托質』，寄身；托體。唐袁不約胡越同舟賦：『殊方何遠，合志何深，因托質於刳木，遂忘言於斷金。』五代前蜀韋莊又和薛先輩見寄初秋寓懷即事之作二十韻：『趨時慚藝薄，托質仰恩深。』『丹宮』，帝王的宮殿。南朝宋顔延之直東宮答鄭尚書詩：『流雲藹青闕，皓月鑒丹宮。』唐杜甫解悶詩之十二：『側生野岸及江蒲，不熟丹宮滿玉壺。』

（十三）器度沈詳：『器度』，才具風度。北史楊津傳：『（楊津）少端謹，以器度見稱。』五代前蜀韋莊題安定張使君詩：『器度風標合出塵，桂宮何負一枝新。』『沈』，原作『沉』，

今據全唐文、適園叢書改。『沈詳』，沈静安詳。戰國楚宋玉神女賦：『淡清静其愔嫕兮，性沈詳而不煩。』

〔十四〕姿容端粹：『端粹』，正直純粹。鄭觀應盛世危言訓俗：『至中外宣講之人，固須品學端粹，亦必辯才無礙，始足動人聽聞。』

〔十五〕藹有成人之量：『成人』，德才兼備的人。猶完人。論語憲問：『子路問成人，子曰：「若臧武仲之知，公綽之不欲，卞莊子之勇，冉求之藝，文之以禮樂，亦可以爲成人矣。」』唐元稹崔適翊麾校尉守左千牛備身制：『爾等閥閲甚崇，教誨斯至，事我猶事父，畏法猶畏師。勿惰勿佻，以期無誨，斯可與成人并行於朝廷矣。』

〔十六〕形乎佩韘之年：『佩韘』，佩戴牙玦或玉玦。韘，射箭時戴在右手拇指上用以鉤弦的工具。以象骨、玉石制成。又叫『玦』，俗名『扳指』。爲古代成人所佩之物。『佩韘』表示已成年。詩衛風芄蘭：『芄蘭之葉，童子佩韘。』毛傳：『韘，玦也。能射御則佩韘。』

〔十七〕志玩楚詩：『志玩楚詩』，喻凉王好書。事見漢書卷三十六，其列傳云：『楚元王交字游，高祖同父少弟也。好書，多材藝。少時嘗與魯穆生、白生、申公俱受詩於浮丘伯。伯者，孫卿門人也。及秦焚書，各别去。……元王既至楚，以穆生、白生、申公爲中大夫。高后時，

浮丘伯在長安，元王遣子郢客與申公俱卒業。文帝時，聞申公爲詩最精，以爲博士。元王好詩，諸子皆讀詩，申公始爲詩傳，號「魯詩」。元王亦次之詩傳，號曰「元王詩」，世或有之。』『情通沛易』，即漢沛獻王刘辅之事，范曄後漢書卷四十二其本傳載：『輔矜嚴有法度，好經書。善説京氏易、孝經、論語傳及圖讖，作五經論。時號之曰「沛王通論」。在國謹節，終始如一，稱爲賢王。顯宗敬重，數加賞賜。』

〔十八〕爰嘉令猷：『令猷』，遠大的志向、抱負。南朝宋謝瞻於安城答靈運詩：『量己畏友朋，勇退不敢進，行矣勵令猷，寫誠酬來訊。』唐白居易除閻巨源充邠寧節度使制：『十聯之帥，可以觀政；萬夫之長，可以樹勛。勉弘令猷，副我休命。』

〔十九〕俾建侯社：『侯社』，諸侯爲己所立的祀社神之所。禮記祭法：『諸侯爲百姓立社曰國社，諸侯自爲立社曰侯社。』孔穎達疏：『其諸侯國社亦在公宫之右，侯社在藉田。』

〔二十〕今遣使門下侍郎、兼吏部尚書、平章事杜悰，副使、左散騎常侍趙格等：『杜悰』，傳見舊唐書卷一百四十七、新唐書卷一百六十六。舊唐書其本傳載：『悰，以蔭三遷太子司議郎。元和九年，選尚公主，召見於麟德殿。尋尚岐陽公主，加銀青光禄大夫、殿中少監、駙馬都尉。……累遷至司農卿。大和六年，轉京兆尹。七年，檢校刑部尚書，出爲鳳翔尹、鳳翔隴右節度。丁内艱，

八年，起復授忠武軍節度使、陳許蔡觀察等使，就加兵部尚書。開成初，入爲工部尚書、判度支……三年，改户部尚書，兼判户部度支事。會昌中，拜中書侍郎、同中書門下平章事，尋加左僕射。……俄復入相，加司空，繼加司徒，歷鎮重藩。至是加太傅、邠國公。悰無他才，常延接寒素，甘食竊位而已。」『趙格』，傳見中國歷代人名大辭典：『唐秦州天水人。趙棁弟。兄弟五人，聯登進士。宣宗大中中，歷户部員外郎、郎中。出爲桂州刺史、桂管觀察使。懿宗咸通三年，册封魏、涼、蜀諸王，格爲右散騎常侍，充册禮副使。』

〔二十一〕持節策爾爲涼王：甲庫本、四庫全書作『持節：榮絶乎四履，位繳乎九就，策爾爲涼王』。『策』，文苑英華、四庫全書、適園叢書作『册』。

〔二十二〕爾其奄長洪河：『爾其』，連詞，表承接。辭賦中常用作更端之詞。猶言至於、至如。漢張衡南都賦：『爾其地勢則武闕關其西，桐栢揭其東。』南朝梁劉勰文心雕龍史傳：『爾其實録無隱之旨，博雅弘辯之才，愛奇反經之尤，條例踳落之失，叔皮論之詳矣。』『洪河』，大河。古時多指黄河。漢班固西都賦：『右界褒斜、隴首之險，帶以洪河、涇、渭之川，衆流之隈，汧湧其西。』唐李白爲宋中丞請都金陵表：『雖平嵩丘、填伊洛，不足以掩宫城之骸骨；决洪河、灑秦雍，不足以蕩犬羊之膻臊。』

〔二十三〕大啓西土：『西土』，指長安。漢班固西都賦序：『西土耆老，咸懷怨思。』李善注：『長安在西，故曰西土。』

〔二十四〕紹於前烈：『於』，文苑英華作『于』。『前烈』，祖先；前輩。漢班固幽通賦：『懿前烈之純淑兮，窮與達其必濟。』唐王維同盧拾遺韋給事東山別業二十韻：『盛德啓前烈，大賢鍾後昆。』

〔二十五〕恢我舊疆：『恢』，四庫全書作『扶』。『恢我舊疆』，應指新唐書懿宗紀載：『（咸通三年）三月戊寅，歸義軍節度使張義潮克涼州。七月，武寧軍亂，逐其節度使温璋。劍南西川節度使夏侯孜爲尚書左僕射，兼門下侍郎、同中書門下平章事。九月，嶺南西道軍亂，逐其節度使蔡京。』也即當時封王之背景。

〔二十六〕敬慎於朱邸之間：『敬慎』，恭敬謹慎。詩大雅抑：『敬慎威儀，維民之則。』南朝梁劉勰文心雕龍頌贊：『原夫頌惟典雅，辭必清鑠，敷寫似賦，而不入華侈之區；敬慎如銘，而異乎規戒之域。』『朱邸』，漢諸侯王第宅，以朱紅漆門，故稱朱邸。後泛指貴官府第。南朝齊謝朓拜中軍記室辭隋王箋：『唯待青江可望，候歸艎於春渚；朱邸方開，效蓬心於秋實。』李善注引史記：『諸侯朝天子，於天子之所立宅舍曰邸，諸侯朱户，故曰朱邸。』

〔二十七〕謹睦於玳筵之上：『玳筵』，玳瑁筵。隋江總今日樂相樂詩：『綺殿文雅遒，玳筵歡趣密。』宋朱熹鷓鴣天 江檻詞：『酒闌江月移雕檻，歌罷江風拂玳筵。』

〔二十八〕靖恭其位：『靖恭』，恭謹地奉守；靜肅恭謹。詩 小雅 小明：『靖共爾位，正直是與。』高亨注：『靖，猶敬也。共，奉也。』漢班昭東征賦：『修短之運，愚智同兮。靖恭委命，唯吉凶兮。』劉良注：『靖思恭敬。』

〔二十九〕克廣厥心：『厥』，明鈔本、甲庫本、全唐文作『其』。

〔三十〕無從非彝：『非』，文苑英華、全唐文作『匪』。『非彝』，亦作『非夷』。不合常規的法度。書 康誥：『勿用非謀非彝。』孔傳：『勿用非善謀、非常法。』孫星衍疏：『勿用非道之謀，非典之法，以蔽是誠心。』逸周書 皇門：『至於厥後嗣，弗見先王之明刑，維時及胥學於非夷。』孔晁注：『相學與非常也。』

〔三十一〕服我休命：『休命』，美善的命令。多指天子或神明的旨意。易 大有：『君子以遏惡揚善，順天休命。』書 説命下：『敢對揚天子之休命。』

册蜀王佶文（一）

維某年月日，皇帝若曰（二）：夫堯序九族，周列五等（三）；事高維翰，道在睦親（四）。況居帝子之尊（五），宜荷封王之典，用彰慶美，以固鴻基（六）。咨爾第三男佶（七），符彩昭融，姿容朗悟（八），騰英日域，儲秀星樞（九）。已多秤象之能，纔是勝衣之歲（十），靜不好弄（十一），言必成文。曾無紈綺之心，每服詩、禮之訓（十二），嘉其幼智，錫以大封。今遣使門下侍郎、兼吏部尚書、平章事杜悰（十三），副使、左散騎常侍趙格等（十四），持節册爾爲蜀王。爾其宅於坤維，建茲赤社（十五）；疏以江漢，鎮以岷嶓（十六）。列爲侯王，邇我宮禁，以謹恭而接下，秉忠孝以律身。服是寵光（十七），終于戒慎。

校箋

（一）本文又見於文苑英華卷四百四十五，文題作册蜀王文，出自玉堂遺範。全唐文卷八十五亦録此文，署名唐懿宗。御定淵鑒類函卷一百七十七亦録此文。此文文末未標明頒布時間。考舊唐書卷一百七十五其本傳云：『蜀王佶，咸通三年封。』新唐書懿宗紀云：『（咸通）三年……

十月丙申，封子佾爲魏王，侹涼王，佶蜀王。』新唐書卷八十二其本傳云：『魏王佾，咸通三年始王，與涼、蜀二王同封。涼王侹，乾符六年薨。蜀王佶。』册府元龜卷二百六十五宗室部封建四載：『魏王佾，懿宗子。咸通三年封。涼王侹，懿宗子。咸通三年封。蜀王佶，懿宗子。咸通三年封。』據上述史籍所載，則此册文頒布時間應爲咸通三年（八六二）十月丙申（一日）。其撰寫時間當在是時稍前。

〔二〕維某年月日，皇帝若曰：此句原無『維某年月日』，今據文苑英華、全唐文增補。

〔三〕夫堯序九族，周列五等：『堯序九族』，典出史記五帝本紀：『能明馴德，以親九族。九族既睦，便章百姓。』『五等』，五個等級。禮記王制：『王者之制禄爵，公、侯、伯、子、男五等。』孟子萬章下：『天子一位、公一位、侯一位、伯一位、子男同一位，凡五等也。』孫奭疏：『孟子所言周制，王制所言夏商之制也。』國語周語上：『昔我先王之有天下也，規方千里以爲甸服。其餘以均分公、侯、伯、子、男，使各有寧宇。』逸周書職方氏説：『凡國，公、侯、伯、子、男，以周知天下。凡邦國大小相維，王設其牧，制其職各以其所能，制其貢各以其所有。』

〔四〕事高維翰，道在睦親：『維翰』，文苑英華下注或作『維幹』。『維翰』，詩大雅文

王有聲：『四方攸同，王后維翰。』毛傳：『翰，幹也。』鄭玄箋：『王后爲之幹者，正其政教，定其法度。』後因以『維翰』喻捍衛。亦指保衛國家的重臣。晋書宗室八王傳序：『始則韓彭葅醢，次乃吴楚稱亂。然雖克滅權偪，猶足維翰王畿。』南朝梁江淹蕭冠軍進號征虜詔：『門下維翰之重，實資名品。』『睦親』，對宗族和睦，對外親友好。漢王粲酒賦：『糾骨肉之睦親，成朋友之歡好。』南朝宋顔延之陶徵士誄：『睦親之行，至自非敦。』

〔五〕况居帝子之尊：『帝子』，帝王之子。唐王勃滕王閣詩：『閣中帝子今何在？檻外長江空自流。』唐吕巖敲爻歌：『且饒帝子共王孫，須去繁華銼鋭分。』

〔六〕用彰慶美，以固鴻基：『慶美』，文苑英華、明鈔本、甲庫本、御定淵鑒類函、全唐文作『慶羡』。『鴻基』，文苑英華、御定淵鑒類函、全唐文作『洪基』。『鴻基』，偉大的基業。多指王業。三國蜀劉禪策丞相諸葛亮詔：『朕以幼冲，繼承鴻基。』宋范仲淹聖人大寶曰位賦：『固此鴻基，方君臨於萬國。』

〔七〕咨爾第三男佶：『佶』，謂蜀王李佶。傳見舊唐書卷一百七十五，新唐書卷八十二。舊唐書其本傳載：『蜀王佶，咸通三年封。』

〔八〕符彩昭融，姿容朗悟：『符彩』，比喻人的外表儀容。唐王勃采蓮賦：『乃有貴子王孫，

乘閑縱觀，何平叔之符彩，潘安仁之藻翰。」宋司馬光答河陽李夷白秘校書：「以是得瞻見符采，承接餘論，其爲幸已大。」『昭融』，謂光大發揚。語出詩大雅既醉：「昭明有融，高朗令終。」毛傳：「融，長。朗，明也。」高亨注：「融，長遠。」唐韓愈河中府連理木頌：「天子之光，庶德昭融，神斯降祥。」『姿容』，文苑英華作『咨容』。『朗悟』，亦作『朗寤』。穎悟；敏悟。晉書温羨傳：「羨少以朗寤見稱，齊王攸辟爲掾，遷尚書郎。」北齊顏之推顏氏家訓省事：「近世有兩人，朗悟士也。」

〔九〕騰英日域，儲秀星樞：『騰英』，謂美聲傳揚。唐皮日休文中子碑：「百氏黜迹，六藝騰英。」『日域』，日照之處。猶天下。魏書李孝伯傳：「伏惟世祖太武皇帝英叡自天，籠罩日域，東清遼海，西定玉門，凌滅漠北，飲馬江水。」宋梅堯臣隨州錢相公挽歌之一：「文章留日域，忠孝在王門。」『儲秀』，明鈔本、四庫全書、甲庫本作『漸秀』。

〔十〕已多秤象之能，纔是勝衣之歲：『秤象』，稱象的體重。三國志魏書鄧哀王冲傳：「時孫權曾致巨象，太祖欲知其斤重，訪之群下，咸莫能出其理。冲曰：「致象大船之上，而刻其水痕所至，稱物以載之，則校可知矣。」太祖大悦，即施行焉。」後因以『秤象』爲少年聰慧的典故。唐王維恭懿太子挽歌之三：「射熊今夢帝，秤象問何人？」元方回次韻張仲實見贈：「物我重輕

了了事，可能秤象待蒼舒。」蒼舒，曹冲字。『勝衣』，謂兒童稍長，能穿起成人的衣服。史記三王世家：『皇子賴天，能勝衣趨拜，至今無號位師傅官。』南朝梁鍾嶸詩品序：『纔能勝衣，甫就小學，必甘心而馳騖焉。』

〔十一〕静不好弄：『好弄』，愛好游戲。宋史文苑傳五黄伯思：『自幼警敏，不好弄，日誦書千餘言。』

〔十二〕曾無紈綺之心，每服詩、禮之訓：『詩、禮』，文苑英華、御定淵鑒類函、全唐文作『詩、書』。『紈綺』，精美的絲織品。晉潘岳秋興賦：『珥蟬冕而襲紈綺之士，此焉游處。』唐韋元甫木蘭詩：『易却紈綺裳，洗却鉛粉妝。』引申爲富貴安樂。

〔十三〕今遣使門下侍郎、兼吏部尚書、平章事杜悰：『杜悰』，傳見舊唐書卷一百四十七、新唐書卷一百六十六。舊唐書其本傳載：『悰，以蔭三遷太子司議郎。元和九年，選尚公主，召見於麟德殿。尋尚岐陽公主，加銀青光禄大夫、殿中少監、駙馬都尉。……累遷至司農卿。大和六年，轉京兆尹。七年，檢校刑部尚書，出爲鳳翔尹、鳳翔隴右節度。丁内艱，八年，起復授忠武軍節度使、陳許蔡觀察等使，就加兵部尚書。開成初，入爲工部尚書、判度支……三年，改户部尚書，兼判户部度支事。會昌中，拜中書侍郎、同中書門下平章事，尋加左僕射。……俄復入相，

加司空，繼加司徒，歷鎮重藩。至是加太傅、邠國公。悰無他才，常延接寒素，甘食竊位而已。」

〔十四〕副使、左散騎常侍趙格等：『趙格』，傳見中國歷代人名大辭典：『唐秦州天水人。趙梲弟。兄弟五人，聯登進士。宣宗大中中，歷户部員外郎、郎中。出爲桂州刺史、桂管觀察使。懿宗咸通三年，册封魏、凉、蜀諸王，格爲右散騎常侍，充册禮副使。」

〔十五〕爾其宅於坤維，建兹赤社：『宅於』，甲庫本作『宅爲』。『建兹赤社』，文苑英華、御定淵鑒類函作『建諸赤社』。『坤維』，指西南方。因易坤有『西南得朋』之語，故以坤指西南。晉張協雜詩之二：『大火流坤維，白日馳西陸。』李善注：『毛詩曰：「七月流火。」毛萇曰：「火，大火也。」淮南子曰：「坤維在西南。」』宋范仲淹宋故乾州刺史張公神道碑：『初蜀師之役，中軍云侯有終，辟公以行，如左右手。平定坤維，公有力焉。』『赤社』，指赤色的社土。古代天子封土立社，以五色土象徵四方及中央。赤色象南方，因以赤社分賜南方諸侯，使歸而立社建國。史記三王世家：『皇帝使御使大夫湯廟立子胥爲廣陵王。曰：「於戲，小子胥，受兹赤社！朕承祖考，維稽古建爾國家，封於南土，世爲漢藩輔。」』後用作出任南方封疆大吏之典。南朝齊王融贈族叔衛軍詩：『建兹赤社，俾侯南昌。』

〔十六〕疏以江漢，鎮以岷嶓：『江漢』，指長江與漢水之間及其附近的一些地區。古荆楚之地，

在今湖北省境内。晋陸機演連珠之四十：『江漢之君，悲其墜屨；少原之婦，哭其亡簪。』後漢書荀彧傳：『紹既新敗，衆懼人擾，今不因而定之，而欲遠兵江漢，若紹收離糾散，乘虚以出，則公之事去矣。』『岷嶓』，岷山與嶓冢山的并稱。書禹貢：『岷嶓既藝，沱潛既道。』孔傳：『岷山、嶓冢，皆山名。』晋張載劍閣銘：『遠屬荆衡，近綴岷嶓。』指蜀王封地轄區。

〔十七〕服是寵光：『寵光』，謂恩寵光耀。左傳昭公十二年：『夏，宋華定來聘，通嗣君也。享之，爲賦蓼蕭，弗知，又不答賦。昭子曰：「必亡。宴語之不懷，寵光之不宣，令德之不知，同福之不受，將何以在？」』宋葉適祭陳同甫文：『心事難平，寵光易滿，萬世之長，一朝之短。』

册景王祕文〔一〕

錢　珝

維年月日，皇帝若曰：周官八統，其一親親〔二〕。昔制皇子爲王，得使立社於國〔三〕，固本之大，哲后皆然〔四〕。咨爾第八男秘〔五〕，當保抱之間，有敏惠之性〔六〕，亦既總角，遂能勝衣〔七〕。默識天經〔八〕，潛資日就；未嘗玩物，可以疏封〔九〕。乃告守龜，且聞叶吉〔十〕；來受兹典，永爲東藩〔十一〕。今遣某官某乙持節册爾爲景王〔十二〕。於戲〔十三〕！見不賢而能思賢〔十四〕，爾則必賢矣；知可逸而能無逸〔十五〕，爾則常逸矣。是宜廣洪緒，

承丕休〔十六〕，敬而聽之，罔失厥度〔十七〕。

校　箋

〔一〕此文又見於文苑英華卷四百四十五翰林制誥，文題作册景王文，署名錢珝。四庫全書此文文題作册景王秘文。全唐文卷八百三十三亦録此文。本文文末未標明頒布時間。考舊唐書昭宗紀云：『（乾寧）四年……二月……甲寅，華州防城將花重武告睦王已下八王欲謀殺韓建，移車駕幸河中。帝聞之駭然，召韓建諭之，建辭疾不敢行。帝即令通王已下詣建治所自陳。建奏曰：「今日未時，睦王、濟王、韶王、通王、彭王、韓王、儀王、陳王等八人到臣治所，不測事由。臣酌量事體，不合與諸王相見，兼恐久在臣所，於事非宜。况睦王等與臣中外事殊，尊卑禮隔，至於事柄，未有相侵，忽然及門，意不可測。」又引晋室八王撓亂天下事，「請依舊制，令諸王在十六宅，不合典兵。其殿後捧日、扈蹕等軍人，皆坊市無賴之徒，不堪侍衛，伏乞放散，以寧衆心」。昭宗不得已，皆從之。是日，囚八王於別第，殿後侍衛四軍二萬餘人皆放散，殺捧日都頭李筠於大雲橋下，自是天子之衛士盡矣。丙辰，韓建上表，請封拜皇太子、親王，以爲維城之計。

己未，制：德王裕宜册爲皇太子。辛酉，制：第八男秘可封景王，第九男祚可封輝王，第十男祺可封祁王，第十一男禛可封雅王，第十二男祥可封瓊王。』舊唐書卷一百七十五其本傳云：『景王秘，乾寧四年十月二十二日封。祁王祺與景王同時封册。』新唐書昭宗紀云：『（乾寧）四年……十月……甲子，封子秘爲景王，祚爲輝王，祺爲祁王。』新唐書卷八十二其本傳云：『景王秘，乾寧四年始王，與祁王同封。祁王祺。』資治通鑑卷二百六十一載：『（乾寧）四年……十月……甲子，立皇子秘爲景王，祚爲輝王，祺爲祁王。』册府元龜卷二百六十五宗室部封建四載：『景王秘，昭宗第八子。乾寧四年封。祁王祺，昭宗第十子。乾寧四年封。』據上述史籍所載，則此册文頒布時間應爲乾寧四年（八九七）十月甲子（二十二日）。其撰寫時間當在是時稍前。又，作者錢珝，傳見新唐書卷一百七十七、全唐文卷八百三十一作者小傳。新唐書本傳載：『（錢徽）子珝，字瑞文，善文辭，宰相王摶薦知制誥，進中書舍人。摶得罪，珝貶撫州司馬。』全唐文卷八百三十一其小傳載：『（錢）珝，字瑞文，徽之子，起之孫。唐末官知制誥，進中書舍人。梁開平初貶撫州司馬，卒。』

（二）周官八統，其一親親：『八統』，統治民衆的八種方法。周禮天官大宰：『以八統詔王馭萬民，一曰親親，二曰敬故，三曰進賢，四曰使能，五曰保庸，六曰尊貴，七曰達吏，八曰

禮賓。』鄭玄注：『統，所以合牽以等物也。』『親親』，愛自己的親屬。詩小雅伐木序：『親親以睦友，友賢不棄，不遺故舊，則民德歸厚矣。』孔穎達疏：『既能内親其親以使和睦，又能外友其賢而不棄，不遺忘久故之恩舊而燕樂之。』漢書翼奉傳：『古者朝廷必有同姓以明親親，必有異姓以明賢賢，此聖王之所以大通天下也。』

〔三〕昔制皇子爲王，得使立社於國：『昔』，文苑英華、全唐文作『漢』；四庫全書無此字。『立社』，建造生祠。史記季布欒布列傳：『燕齊之間皆爲欒布立社，號曰欒公社。』

〔四〕哲后皆然：『哲后』，賢明的君主。后，君主。晋袁宏三國名臣序贊：『綢繆哲后，無妄惟時。』唐李白答高山人兼呈權顧二侯詩：『虹霓掩天光，哲后起康濟。』

〔五〕咨爾第八男秘：『第八男秘』，指唐昭宗第八子李秘。李秘，傳見舊唐書卷一百七十五、新唐書卷八十二。舊唐書其本傳載：『景王秘，乾寧四年十月二十二日封。』

〔六〕當保抱之間，有敏惠之性：『保抱』，文苑英華作『襁褓』。『敏惠』，聰明。後漢書皇后紀上明帝馬皇后：『伏波將軍援之小女也。少喪父母。兄客卿敏惠早夭。』北齊書廢帝紀：『（高殷）性敏慧。』

〔七〕亦既總角，遂能勝衣：『總角』，古時兒童束髮爲兩結，向上分開，形狀如角，故稱總角。

詩齊風甫田：『婉兮孌兮，總角丱兮。』鄭玄箋：『總角，聚兩髦也。』孔穎達疏：『總角聚兩髦，言總聚其髦以爲兩角也。』借指童年。晉陶潛榮木詩序：『總角聞道，白首無成。』南朝宋劉義慶世説新語識鑒：『夷甫時總角，姿才秀異。』『勝衣』，謂兒童稍長，能穿起成人的衣服。史記三王世家：『皇子賴天，能勝衣趨拜，至今無號位師傅官。』南朝梁鍾嶸詩品序：『纔能勝衣，甫就小學，必甘心而馳騖焉。』

（八）默識天經：『天經』，天之常道。漢班固典引：『躬奉天經，惇睦辨章之化洽。』唐李白獻從叔當塗宰陽冰詩：『金鏡霾六國，亡新亂天經。』

（九）未嘗玩物，可以疏封：『玩物』，即『玩物喪志』。謂沉迷於所愛好的事物，而喪失遠大的理想。書旅獒：『玩人喪德，玩物喪志。』孔傳：『以器物爲戲弄則喪其志。』宋朱熹近思録卷二：『明道先生以記誦博識爲玩物喪志。』『疏封』，分封。帝王把土地或爵位分賜給臣子。唐元稹追封王蟠母李氏等：『朕宅帝位，思弘大孝，乃詔執事，追用疏封。』唐白居易崔元備張惟素鄭覃陸瀍韋弘景賜爵制：『賞不敢忘，爵不敢愛，爾宜疏封，服命而揚之。』

（十）乃告守龜，且聞叶吉：『守龜』，天子諸侯占卜用的龜甲。據周禮，此龜甲由專人（稱龜人）掌守，故稱。左傳昭公五年：『寡君聞君將治兵於敝邑，卜之以守龜，曰，余亟使人犒師，

請行以觀王怒之疾徐，而爲之備，尚克知之。』」管子小匡：「庶神不格，守龜不兆，握粟而筮者屢中。』『叶吉』，和協吉祥。宋歐陽修英宗皇帝靈駕發引祭文：『今者因山爲陵，卜萬世而叶吉。』

〔十一〕永爲東藩：『東藩』，東方的藩國。史記酈生陸賈列傳：『臣請得奉明詔説齊王，使爲漢而稱東藩。』三國魏曹植洛神賦：『余從京域，言歸東藩。』

〔十二〕今遣某官某乙持節册爾爲景王：『某乙』，稱人的代詞。唐韓愈祭河南張員外文：『〔韓愈〕謹遣某乙以庶羞清酌之奠，祭於亡友故河南縣令張十二員外之靈。』太平廣記卷一五三引唐谷神子博異志趙昌時：『聞將家點閲兵姓名聲，呼「某乙」，即聞唱「唯」應聲。』

〔十三〕於戲：文苑英華作『嗚呼』；四庫全書無此二字。

〔十四〕見不賢而能思賢：『不』，文苑英華作『厥』。典出論語里仁：『子曰：「見賢思齊焉，見不賢而内自省也。」』孔穎達疏：『見彼賢則思與之齊等。』

〔十五〕知可逸而能無逸：『知可』，明鈔本作『可知』。『無逸』，不貪圖安樂。書無逸：『嗚呼，君子所其無逸。』南朝梁江淹雜體詩效盧諶感交：『自顧非杞梓，勉力在無逸。』

〔十六〕是宜廣洪緒，承丕休：『洪』，文苑英華作『王』。『承』，全唐文作『永』。『洪緒』，

世代相傳的大業。多指帝業。三國志魏書管寧傳：『横蒙陛下纂承洪緒，德侔三皇，化溢有唐。』晋潘岳楊荆州誄：『篤生戴侯，茂德繼期。纂戎洪緒，克構堂基。』吕向注：『緒，業也。言厚生茂盛之德，繼百年之期，承汝祖父大業也。』『丕休』，謂極其美善。宋范仲淹明堂賦：『須金玉之宏度，集神人之丕休。』

〔十七〕罔失厥度：『失度』，謂失去分寸。管子内業：『忿怒之失度，乃爲之圖。』尹知章注：『若忿怒過度，則常圖而去之。』宋文瑩玉壺清話卷八：『古之誡者，但恐湎淫失度爾。』

册輝王祚文〔一〕

錢珝

維年月日，皇帝若曰：古君子篤於其親者〔二〕，使天下皆興於仁也〔三〕。故二王五子之封〔四〕，非獨立愛而已。咨爾第九男祚〔五〕，克岐之質，見善欲遷〔六〕，禀訓道而必開，故戲言而不受〔七〕。一隅已達，四術可陳〔八〕，乃申胙土之章，俾奉成人之禮〔九〕。今遣某官乙持節册爾爲輝王〔十〕。於戲！爲臣爲子，皆在爾躬〔十一〕；有器有名，敢私國典〔十二〕。錫類則非孝不可，遠恥則非恭不能〔十三〕，無替聿修〔十四〕，以光利建〔十五〕。白茅金璽〔十六〕，昭物具焉。爾其夙夜循思，用稱休命〔十七〕。

校箋

〔一〕本文又見於文苑英華卷四百四十五，文題作册輝王文，署名錢珝。全唐文卷八百三十三亦録此文，署名錢珝。文苑英華此文文末所記時間爲『乾寧四年十月』，本文文末未標明頒布時間。考舊唐書昭宗紀云：『（乾寧）四年……二月……甲寅，華州防城將花重武告睦王已下八王欲謀殺韓建，移車駕幸河中。帝聞之駭然，召韓建諭之，建辭疾不敢行。帝即令通王已下詣建治所自陳。建奏曰：「今日未時，睦王、濟王、韶王、通王、彭王、韓王、儀王、陳王等八人到臣治所，不測事由。臣酌量事體，不合與諸王相見，兼恐久在臣所，於事非宜。况睦王等與臣中外事殊，尊卑禮隔，至於事柄，未有相侵，匆然及門，意不可測。」又引晋室八王撓亂天下事，「請依舊制，令諸王在十六宅，不合典兵。其殿後捧日、扈蹕等軍人，皆坊市無賴之徒，不堪侍衛，伏乞放散，以寧衆心」。昭宗不得已，皆從之。是日，因八王於别第，殿後侍衛四軍二萬餘人皆放散，殺捧日都頭李筠於大雲橋下，自是天子之衛士盡矣。丙辰，韓建上表，請封拜皇太子、親王，以爲維城之計。己未，制德王裕宜册爲皇太子。辛酉，制第八男秘可封景王，

第九男祚可封輝王，第十男祺可封祁王，第十一男禛可封雅王，第十二男祥可封瓊王。』舊唐書哀帝紀云：『哀皇帝諱柷，昭宗第九子，母曰積善太后何氏。景福元年九月三日，生於大內。乾寧四年二月，封輝王，名祚。』新唐書昭宗紀云：『（乾寧）四年……十月……甲子，封子秘爲景王，祚爲輝王，祺爲祁王。』資治通鑒卷二百六十一載：『（乾寧）四年……十月……甲子，立皇子秘爲景王，祚爲輝王，祺爲祁王。』據上述史籍所載，又，本文文中提及『故二王五子之封』，則封王時間應在册文時間之前，故此册文頒布時間應爲乾寧四年（八九七）十月甲子（二十二日）。其撰寫時間當在是時稍前。

（二）古君子篤於其親者：文苑英華作『古君子篤於親者』。

（三）使天下皆興於仁也：文苑英華作『使天下興於仁也』。

（四）故二王五子之封：『二王』，指舊唐書昭宗紀載：『（乾寧四年二月）己未，制：德王裕宜册爲皇太子……三月，戊寅，制：韓建進封昌黎郡王，改賜「資忠靖國功臣」。』『五子』，指舊唐書昭宗紀載：『（乾寧四年二月）辛酉，制：第八男秘可封景王，第九男祚可封輝王，第十男祺可封祁王，第十一男禛可封雅王，第十二男祥可封瓊王。』

（五）咨爾第九男祚：『第九男祚』，指唐哀帝李祚。傳見舊唐書卷二十、新唐書卷十。檢

舊唐書哀帝紀略云：『哀皇帝諱柷，昭宗第九子，母曰積善太后何氏。景福元年九月三日，生於大内。乾寧四年二月，封輝王，名祚。』

〔六〕克岐之質，見善欲遷：『克岐』，同『岐嶷』。語出詩大雅生民：『誕實匍匐，克岐克嶷。』朱熹集傳：『岐嶷，峻茂之狀。』後多以『岐嶷』形容幼年聰慧。東觀漢記馬客卿傳：『馬客卿幼而岐嶷，年六歲，能接應諸公，專對賓客。』北魏楊衒之洛陽伽藍記追光寺：『略生而岐嶷，幼則老成，博洽群書。』『見善欲遷』，語出易益卦：『風雷，益；君子以見善則遷，有過則改。』唐陸贄奉天請罷瓊林大盈二庫狀：『以陛下天姿英聖，儻加之見善必遷，是將化蓄怨銜恩，反過差爲至當。』

〔七〕禀訓道而必開，故戲言而不受：『訓道』，明鈔本、文苑英華作『訓導』。『訓道』，教誨開導。漢書刑法志：『故夫訓道不純而愚民陷焉。』顔師古注：『道，讀曰導。』新唐書高儉傳：『太子令曰：「寡人資公訓道，而比聽政，據案對公，情所未安，所司宜別設案奉太傅。」』『戲言』，開玩笑的話。吕氏春秋重言：『周公對曰：「臣聞之，天子無戲言。」』魏書夏侯道遷傳：『少有志操，年十七，父母爲結婚韋氏，道遷云：「欲懷四方之志，不願取婦。」家人咸謂戲言。』

〔八〕一隅已達，四術可陳：『四術』，甲庫本作『四衛』。『一隅』，指一個角落。亦泛

指事物的一個方面。論語述而：『舉一隅不以三隅反，則不復也。』呂氏春秋士容：『故火燭一隅，則室偏無光。』『四術』，詩、書、禮、樂四種經術。禮記王制：『樂正崇四術，立四教，順先王詩、書、禮、樂以造士，春秋教以禮、樂，冬夏教以詩、書。』宋書文帝紀：『故詔以三德，崇以四術，用能納諸義方，致之軌度。』

（九）乃申胙土之章，俾奉成人之禮：『成人之禮』，四庫全書、甲庫本作『成人之祀』。『胙土』，指帝王將土地賜封功臣宗室，以酬其勛勞。左傳隱公八年：『天子建德，因生以賜姓，胙之土而命之氏。』孔穎達疏：『胙，訓報也。有德之人，必有美報。報之以土，謂封之以國。』南朝宋謝靈運謝封康樂侯表：『亡祖奉國威靈，董符戎重，盡心所事，剋黜禍亂，功參盤鼎，胙土南服。』

（十）今遣某官乙持節册爾爲輝王：『乙』，甲庫本作『某乙』。

（十一）皆在爾躬：『皆』，明鈔本、甲庫本作『偕』。

（十二）有器有名，敢私國典：『名器』，名號與車服儀制。奴隸社會與封建社會用以別尊卑貴賤的等級。語本左傳成公二年：『唯器與名，不可以假人，君之所司也。』杜預注：『器，車服；名，爵號。』後漢書來歙傳：『愚聞爲國者慎器與名，爲家者畏怨重禍，俱慎名器，則

下服其命；輕用怨禍，則家受其殃。』唐元稹論諫職表：『陛下若以爲臣等無所裨補，不足參侍從，固不當假以名器，立之於朝。』『國典』，國家的典章制度。國語魯語上：『夫祀，國之大節也；而節，政之所成也，故慎制祀，以爲國典。』唐陳子昂復讎議狀：『編之於令，永爲國典。』

〔十三〕錫類則非孝不可，遠恥則非恭不能：『錫類』，語出詩大雅既醉：『孝子不匱，永錫爾類。』毛傳：『類，善也。』鄭玄箋：『孝子之行非有竭極之時，長以與女之族類，謂廣之以教導天下也。』謂以善施及衆人。南朝梁任昉啓蕭太傅固辭奪禮：『是知孝治所被，爰至無心；錫類所及，匪徒教義。』唐獨孤及酬梁二十宋中所贈兼留别梁少府詩：『奕赫連絲衣，榮養能錫類。』『遠恥』句語出論語學而：『信近於義，言可復也；恭近於禮，遠恥辱也；因不失其親，亦可宗也。』

〔十四〕無替聿修：『聿修』，詩大雅文王：『無念爾祖，聿修厥德，永言配命，自求多福。』毛傳：『聿，述。』聿本助詞，後多訓爲『述』，因以『聿修』謂繼承發揚先人的德業。晋干寶晋紀總論：『聿修祖宗之志，思輯戰國之苦。』吕向注：『聿，循；修，治也。』北史周紀下宣帝：『朕以眇身，祗承寶運，雖庶幾聿修之志，敢忘燕翼之心。』

〔十五〕以光利建：『利建』，易屯：『元亨利貞。勿用有攸往，利建侯。』後因以『利建』

謂封土建侯。隋書于宣敏傳：『若使利建合宜，封樹得所，巨猾息其非望，巨奸杜其邪謀。』

〔十六〕白茅金璽：『白茅』，亦作『白茆』。植物名。多年生草本，花穗上密生白色柔毛，故名。古代常用以包裹祭品及分封諸侯，象徵土地所在方位之土。漢潘勖册魏公九錫文：『錫君玄土，苴以白茅。』唐岑參至大梁却寄匡城主人詩：『長風吹白茆，野火燒枯桑。』『金璽』，金制成的印璽。漢書百官公卿表上：『諸侯王，高帝初置，金璽盭綬，掌治其國。』三國魏曹植上責躬應詔詩表：『仰齒金璽，俯執聖策。』

〔十七〕用稱休命：『休命』，美善的命令。多指天子或神明的旨意。易大有：『君子以遏惡揚善，順天休命。』書説命下：『敢對揚天子之休命。』

册祁王祺文〔一〕

錢珝

維年月日，皇帝若曰：廟立之重，天序可承〔二〕，將茂本枝〔三〕，式遵成法〔四〕。爰就至公之體，諒非吝子之心〔五〕。咨爾第十男祺〔六〕，禀性惟和〔七〕，挺材亦秀〔八〕，飾躬罔念於紈素〔九〕，樂善欲忘於鐘鼓〔十〕。析壤之休〔十一〕，自天而啓；臨軒之命〔十二〕，秉禮則安。今遣某官某乙持節册爾爲祁王。於戲〔十三〕！保在深宫，鮮知正範〔十四〕，任

之作傳〔十五〕，我必擇人。苟有如韋孟之諷諭〔十六〕，安國之輔導者，爾當俯聽其言，勤行其教，使我公家之訓〔十七〕，克彰於萬邦〔十八〕，而固爾建社之寵，不其大哉！

校　箋

〔一〕此文又見於文苑英華卷四百四十五，文題作册祁王文。全唐文卷八百三十三亦録此文，署名錢珝。本文文末未標明頒布時間。考舊唐書昭宗紀云：『（乾寧）四年……二月……甲寅，華州防城將花重武告睦王已下八王欲謀殺韓建，移車駕幸河中。帝聞之駭然，召韓建諭之，建辭疾不敢行。帝即令通王已下詣建治所自陳。建奏曰：「今日未時，睦王、濟王、韶王、通王、彭王、韓王、儀王、陳王等八人到臣治所，不測事由。臣酌量事體，不合與諸王相見，兼恐久在臣所，於事非宜。况睦王等與臣中外事殊，尊卑禮隔，至於事柄，未有相侵，忽然及門，意不可測。」又引晋室八王撓亂天下事，「請依舊制，令諸王在十六宅，不合典兵。其殿後捧日、扈蹕等軍人，皆坊市無賴之徒，不堪侍衛，伏乞放散，以寧衆心」。昭宗不得已，皆從之。是日，囚八王於别第，殿後侍衛四軍二萬餘人皆放散，殺捧日都頭李筠於大雲橋下，自是天子之衛士盡矣。丙辰，

韓建上表，請封拜皇太子、親王，以爲維城之計。己未，制德王裕宜册爲皇太子。辛酉，制第八男秘可封景王，第九男祚可封輝王，第十男祺可封祁王，第十一男禛可封雅王，第十二男祥可封瓊王。』舊唐書卷一百七十五其本傳云：『景王秘，乾寧四年十月二十二日封。祁王祺與景王同時封册。』新唐書昭宗紀云：『（乾寧）四年……十月……甲子，封子秘爲景王，祚爲輝王，祺爲祁王。』新唐書卷八十二其本傳云：『景王秘，乾寧四年始王，與祁王同封。祁王祺。』資治通鑑卷二百六十一載：『（乾寧）四年……十月……甲子，立皇子秘爲景王，祚爲輝王，祺爲祁王。』文苑英華此文文末所記時間爲『乾寧四年十月』。册府元龜卷二百六十五宗室部封建四載：『景王秘，昭宗第八子。乾寧四年封。祁王祺，昭宗第十子。乾寧四年封。』據上述史籍所載，則此册文頒布時間應爲乾寧四年（八九七）十月甲子（二十二日）。其撰寫時間當在是時稍前。

〔二〕天序可承：『天序』，帝王的世系。漢武帝元狩六年封齊王策：『朕承天序，惟稽古建爾國家，封於東土，世爲漢藩輔。』漢書成帝紀：『定陶王欣於朕爲子，慈仁孝順，可以承天序，繼祭祀。其立欣爲皇太子。』

〔三〕將茂本枝：『本枝』，同一家族的嫡系和庶出子孫。漢書韋玄成傳：『子孫本枝，陳錫無疆。』南朝宋顔延之赭白馬賦：『效足中黃，殉驅馳兮。願終惠養，蔭本枝兮。』

〔四〕式遵成法：『成法』，文苑英華、明鈔本、四庫全書、甲庫本、全唐文作『懸法』。『成法』，既定之法。鶡冠子道端：『賢君循成法，後世久長；惰君不從，當世滅亡。』宋曾鞏請令長貳自舉屬官札子：『所以周天下之務，蓋先王之成法也。』

〔五〕爰就至公之體，諒非吝子之心：『爰就』，文苑英華、全唐文作『庸就』。『至公』，最公正；極公正。管子形勢解：『風雨至公而無私，所行無常鄉。』吕氏春秋慎大：『湯立爲天子，夏民大説，如得慈親，朝不易位，農不去疇，商不變肆，親郼如夏，此之謂至公。』『吝子』，『吝』，愛惜過分。袁枚黄生借書説：『惟予之公書，與張氏之吝書若不相類。』論語堯曰：『猶之與人也，出納之吝謂之有司。』

〔六〕咨爾第十男祺：『祺』，即李祺，唐昭宗第七子。傳見舊唐書卷一百七十五、新唐書卷八十二。舊唐書其本傳載：『景王秘，乾寧四年十月二十二日封。祁王祺與景王同時封册。』

〔七〕禀性惟和：甲庫本作『禀惟性和』；文苑英華作『植性惟貞』；四庫全書作『賦性惟和』。

〔八〕挺材亦秀：『挺材』，文苑英華作『挺才』。『挺秀』，秀異出衆；挺拔秀麗。晋潘尼釋奠頌：『篤生上嗣，繼期挺秀。』明無名氏鳴鳳記秋夜女工：『人豪挺秀，邈焉寡儔，定應荆楚旋歌奏。』

（九）飾躬罔念於紈素：『飾躬』，文苑英華、全唐文作『飭躬』。『飾躬』，即『飭躬』，猶飭身。漢書宣帝紀：『朕之不明，震於珍物，飭躬齋精，祈爲百姓。』『罔念』，謂不思爲善。書多方：『惟聖罔念作狂，惟狂克念作聖。』孔傳：『惟聖人無念於善則爲狂人，惟狂人能念於善則爲聖人。』唐吴兢貞觀政要君道：『若惟聖罔念，不慎厥終，忘締構之艱難，謂天命之可恃……人不見德，而勞役是聞，斯爲下矣。』

（十）樂善欲忘於鐘鼓：『鐘鼓』，文苑英華、全唐文作『鼓鐘』。『樂善』，語出孟子告子上：『仁義忠信，樂善不倦，此天爵也。』『鐘鼓』，古代禮樂器。詩周南關雎：『窈窕淑女，鐘鼓樂之。』國語晉語五：『是故伐備鐘鼓，聲其罪也。』

（十一）析壤之休：『析』，分開，分散。書堯典：『厥民析。』傳：『其民老壯分析也。』宋張令范子嚴墓志：『逮歸，季孟已有析烟之議。』『休』，福禄。

（十二）臨軒之命：『臨軒』，皇帝不坐正殿而御前殿。殿前堂陛之間近檐處兩邊有檻楯，如車之軒，故稱。指皇帝的命令。後漢書黨錮傳李膺：『讓訴冤於帝，詔膺入殿，御親臨軒，詰以不先請便加誅辟之意。』唐王維少年行之四：『天子臨軒賜侯印，將軍佩出明光宫。』

（十三）於戲：亦作『於熙』。猶於乎。感嘆詞。禮記大學：『詩云：「於戲！前王不忘。」』

君子賢其賢而親其親，小人樂其樂而利其利。』史記三王世家：『皇帝使御史大夫湯廟立子閎爲齊王。曰：「於戲，小子閎，受茲青社！」』司馬貞索隱：『於戲，音嗚呼。戲，或音羲。』

〔十四〕鮮知正範：『正範』，文苑英華作『政範』。

〔十五〕任之作傅：文苑英華、明鈔本、甲庫本作『在之作傅』。

〔十六〕苟有如韋孟之諷諭：『韋孟』，傳見漢書卷七十三韋賢傳第四十三載：『韋賢字長孺。魯國鄒人也。其先韋孟，家本彭城，爲楚元王傅，傅子夷王及孫王戊。戊荒淫不遵道，孟作詩風諫。後遂去位，徙家於鄒，又作一篇。其諫詩曰……其在鄒詩曰……孟卒於鄒。或曰其子孫好事，述先人之志而作是詩也。』

〔十七〕使我公家之訓：『公家』，文苑英華、全唐文作『自家』。『公家』，此處指朝廷、國家。漢書食貨志下：『〔商賈〕財或累萬金，而不佐公家之急，黎民重困。』三國志魏書毛玠傳：『公家無經歲之儲，百姓無安固之志，難以持久。』

〔十八〕克彰於萬邦：文苑英華作『刑于萬邦』。『萬邦』，甲庫本作『萬年』。

册雅王禛文（一）

錢珝

維年月日，皇帝若曰：周王之嗣，分茅土者十五國（二）；漢景之代，書簡册者十三王（三）。朕以寡昧之資，奉神靈之統，每顧諸子，實惟天休（四）。期訓導之將成，諒封建而可享（五）。咨爾第十一男禛（六），方當稚齒，復在深宫（七），有知憂知懼之心，見學禮學詩之性（八）。自然而禀，最樂不渝（九），遂詔有司，往申舊典（十）。今遣某官某乙持節册爾爲雅王（十一）。於戲（十二）！受册之命，重屬汝躬；列聖在天（十三），百辟在位（十四）。在天必聽，在位必觀，罔怠文修（十五），用承多祐（十六）。

校箋

（一）本文又見於全唐文卷八百三十三，署名錢珝。文苑英華卷四百四十五亦録此文，文題作册雅王文，署名錢珝。御定淵鑒類函卷一百七十七亦録此文。適園叢書此文，署名錢珝。本文文末未標明頒布時間。考舊唐書昭宗紀云：『（乾寧）四年……二月……甲寅，華州防城將花重武告睦王已下八王欲謀殺韓建，移車駕幸河中。帝聞之駭然，召韓建諭之，建辭疾不敢行。帝

即令通王已下詣建治所自陳。建奏曰：「今日未時，睦王、濟王、韶王、通王、彭王、韓王、儀王、陳王等八人到臣治所，不測事由。臣酌量事體，不合與諸王相見，兼恐久在臣所，於事非宜。況睦王等與臣中外事殊，尊卑禮隔，至於事柄，未有相侵，忽然及門，意不可測。」又引晋室八王撓亂天下事，「請依舊制，令諸王在十六宅，不合典兵。其殿後捧日、扈蹕等軍人，皆坊市無賴之徒，不堪侍衛，伏乞放散，以寧衆心」。昭宗不得已，皆從之。是日，囚八王於别第，殿後侍衛四軍二萬餘人皆放散，殺捧日都頭李筠於大雲橋下，自是天子之衛士盡矣。丙辰，韓建上表，請封拜皇太子、親王，以爲維城之計。己未，制：德王裕宜册爲皇太子。辛酉，制：第八男秘可封景王，第九男祚可封輝王，第十男祺可封祁王，第十一男禛可封雅王，第十二男祥可封瓊王。』舊唐書卷一百七十五其本傳云：『雅王禛、瓊王祥，并光化元年十一月九日封。』新唐書昭宗紀載：『（光化）元年……十一月……甲寅，封子禛爲雅王，祥瓊王。』新唐書卷八十二其本傳云：『雅王禛，光化元年始王，與瓊王同封。瓊王祥。』資治通鑒卷二百六十一載：『（光化）元年……十一月，甲寅，立皇子禎爲雅王，祥爲瓊王。』文苑英華此文末標明頒布時間爲『光化元年十一月』。册府元龜卷二百六十五宗室部封建四載：『雅王禛，昭宗第十一子。乾寧四年封。瓊王祥，昭宗第十二子。乾寧四年封。』據上述史籍所載，從資治通鑒之説，本册文頒布時間應

爲光化元年（八九八）十一月甲寅（十九日），其撰寫時間當在是時稍前。又，錢珝，傳見新唐書卷一百七十七、全唐文卷八百三十一。

〔二〕周王之嗣，分茅土者十五國：『周王』，全唐文作『周家』。『茅土』，指王、侯的封爵。古天子分封王、侯時，用代表方位的五色土築壇，按封地所在方向取一色土，包以白茅而授之，作爲受封者得以有國建社的表徵。漢李陵答蘇武書：『陵謂足下當享茅土之薦，受千乘之賞。』李善注：『尚書緯曰：「天子社，東方青，南方赤，西方白，北方黑，上冒以黃土，將封諸侯，各取方土，苴以白茅，以爲社。」』『十五國』，指詩經國風中的十五國。此句喻周朝分封制度。

〔三〕漢景之代，書簡册者十三王：『漢景』，指漢景帝。『簡册』，册書。唐李德裕早入中書行公主册禮事畢登集賢閣成咏：『簡册自中來，貂黃忝宣授。』唐韓愈順宗實録五載應乾聖壽太上皇册文：『然稱謂所施，簡册攸著，涵泳道德，感於精誠。』『十三王』，指漢書景十三王傳，漢景帝十三位皇子的事迹入傳。此句指漢代分封制度。

〔四〕實惟天休：四庫全書作『寔惟天休』。『惟』，甲庫本作『爲』。『天休』，天賜福佑。書湯誥：『凡我造邦，無以匪彝，無即慆淫，各守爾典，以承天休。』左傳宣公三年：『故民入川澤山林，不逢不若。螭魅罔兩，莫能逢之。用能協於上下，以承天休。』杜預注：『民無灾害，

則上下和而受天祐。』

〔五〕諒封建而可享：『封建』，封邦建國。古代帝王把爵位、土地分賜親戚或功臣，使之在各个區域内建立邦國。相傳黄帝爲封建之始，至周制度始備。禮記王制：『王者之制禄爵，公、侯、伯、子、男凡五等……天子之田方千里，公、侯田方百里，伯七十里，子、男五十里。』左傳僖公二十四年：『昔周公吊二叔之不咸，故封建親戚，以蕃屏周。』孔穎達疏：『故封立親戚爲諸侯之君，以爲蕃籬，屏蔽周室。』秦統一中國，廢封建立郡縣。漢自景帝平七國之亂後，雖行封王侯建邦國之制，但集權於中央。

〔六〕咨爾第十一男禛：『禛』，文苑英華、御定淵鑒類函作『祺』。『第十一男禛』，適園叢書作『第十一男禎』。『禛』，即唐昭宗李曄之子李禛，傳見舊唐書卷一百七十五、新唐書卷八十二。舊唐書雅王列傳云：『雅王禛、瓊王祥，并光化元年十一月九日封。』

〔七〕方當稚齒，復在深宫：『稚齒』，亦作『穉齒』。年少；少年；兒童。列子楊朱：『穆之後庭，比房數十，皆擇稚齒婑媠者以盈之。』後漢書郎顗傳：『子奇穉齒，化阿有聲。』李賢注引説苑：『子奇，齊人，年十八爲阿邑宰，出倉廩以振貧乏，邑内大化。』北史隋紀下煬帝：『回面内向，各懷性命之圖；黄髮稚齒，咸興酷毒之嘆。』『深宫』，宫禁之中，帝王居住處。戰國

楚宋玉風賦：『故其清涼雄風，則飄舉升降，乘凌高城，入於深宮。』唐梁鍠長門怨詩：『空殿看人入，深宮羨鳥飛。』

〔八〕有知憂知懼之心，見學禮學詩之性：『見學禮學詩之性』，文苑英華作『見聞禮聞詩之性』；御定淵鑒類函作『見聞禮聞詩之志』。『憂懼』，憂愁恐懼。韓非子奸劫弑臣：『故劫殺死亡之君，此其心之憂懼、形之苦痛也，必甚於厲矣。』晉葛洪抱朴子刺驕：『樂天知命，憂懼不能入。』

〔九〕最樂不渝：『不渝』，不改變。詩鄭風羔裘：『彼其之子，舍命不渝。』毛傳：『渝，變也。』南朝梁劉孝標廣絶交論：『風雨急而不輟其音，霜雪零而不渝其色。』

〔十〕往中舊典：『舊典』，舊時的制度、法則。書君牙：『君牙，乃惟由先正舊典時式。』孔穎達疏：『惟當奉用先世正官之法，諸臣所行故事舊典，於是法則之。』漢蔡邕故太尉喬公廟碑：『值饉荒，諸郡飢餒，公開倉廩以貸，救其命。主者以舊典宜先請。』

〔十一〕今遣某官某乙持節册爾爲雅王：御定淵鑒類函作『今遣某官持節册爾爲雅王』。『持節』，古代使臣奉命出行，必執符節以爲憑證。史記張釋之馮唐列傳：『是日令馮唐持節赦魏尚，復以爲雲中守。』唐韓愈送殷員外序：『丞相其選宗室四品一人，持節往賜君長，告之朕意。』

〔十二〕於戲：亦作『於熙』。猶於乎。感嘆詞。禮記大學：『詩云：「於戲！前王不忘。」』

君子賢其賢而親其親，小人樂其樂而利其利。』史記三王世家：『皇帝使御史大夫湯廟立子閎爲齊王。曰：「於戲，小子閎，受兹青社！」』司馬貞索隱：『於戲，音嗚呼。戲，或音羲。』

〔十三〕列聖在天：文苑英華作『列聖在宫』。『列聖』，指歷代帝王；諸皇帝。晉左思魏都賦：『且魏地者……列聖之遺塵。』李善注：『魏地，畢昴之分野，虞舜及禹所都之地。』唐元稹顔峴右贊善大夫：『列聖念功，訪求太師之後。』

〔十四〕百辟在位：『百辟』，百官。宋書孔琳之傳：『羡之（徐羡之）内居朝右，外司輦轂，位任隆重，百辟所瞻。』唐白居易醉後走筆酬劉五主簿長句之贈詩：『閶闔晨開朝百辟，冕旒不動香烟碧。』宋蘇軾代普寧王賀冬表：『臣猥以暗弱，仰荷誨憐，敢先百辟之朝，以祝萬年之壽。』

〔十五〕罔怠交修：『交修』，語出書説命下：『爾交修予，罔予棄，予惟克邁乃訓。』孔傳：『交，非一之義。』孔穎達疏：『令其交更修治己也。』後用爲天子要求臣下匡助之詞。宋王安石批答文武百寮曾公亮已下上尊號第一表不允：『朕以薄德，嗣膺基緒，繼天理物，常懼弗任。方賴交修，以熙衆治。』

〔十六〕用承多祜：『多祜』，文苑英華、御定淵鑒類函、全唐文作『多祐』。

册瓊王祥文〔一〕

維某年月日〔二〕，皇帝若曰：不廢懿親〔三〕，大封同姓〔四〕，吾嘗觀於經籍矣〔五〕。然而歷代賢君，正名用典〔六〕，必擇材行〔七〕，使之光昭〔八〕。其可以子弟之私恩，冒先王之成憲〔九〕？朕雖不德，必慎有爲〔十〕。咨爾第十二男祥〔十一〕，於兒戲之間〔十二〕，多幼敏之智〔十三〕，謂之材也，不曰近乎？處昆弟之間〔十四〕，有推讓之性〔十五〕，言其行也，不曰類乎？是宜疏封〔十六〕，且命申誥〔十七〕。今遣某官某乙持節册爾爲瓊王。噫！作德日休，爾則逸；作僞日拙，爾則勞〔十八〕。擇利而行，令名斯至〔十九〕。

校箋

〔一〕本文又見於文苑英華卷四百四十五，文題爲册瓊王文，署名錢珝。全唐文卷八百三十三亦録此文，署名錢珝。此文文末未標明頒布時間。考舊唐書昭宗紀云：『（乾寧）四年……二月……甲寅，華州防城將花重武告睦王已下八王欲謀殺韓建，移車駕幸河中。帝聞之駭然，召韓建諭之，建辭疾不敢行。帝即令通王已下詣建治所自陳。建奏曰：「今日未時，睦王、

濟王、韶王、通王、彭王、韓王、儀王、陳王等八人到臣治所，不測事由。臣酌量事體，不合與諸王相見，兼恐久在臣所，於事非宜。況睦王等與臣中外事殊，尊卑禮隔，至於事柄，未有相侵，匆然及門，意不可測。」又引晉室八王撓亂天下事，「請依舊制，令諸王在十六宅，不合典兵。其殿後捧日、扈蹕等軍人，皆坊市無賴之徒，不堪侍衛，伏乞放散，以寧衆心」。昭宗不得已，皆從之。是日，囚八王於别第，殿後侍衛四軍二萬餘人皆放散，殺捧日都頭李筠於大雲橋下，自是天子之衛士盡矣。丙辰，韓建上表，請封拜皇太子、親王，以爲維城之計。己未，制：德王裕宜册爲皇太子。辛酉，制：第八男秘可封景王，第九男祚可封輝王，第十男祺可封祁王，第十一男禛可封雅王，第十二男祥可封瓊王。」舊唐書卷一百七十五其本傳云：『雅王禛、瓊王祥，并光化元年十一月九日封。』新唐書昭宗紀載：『（光化）元年……十一月……甲寅，封子禛爲雅王，祥瓊王。』新唐書卷八十二其本傳云：『雅王禛，光化元年始王，與瓊王同封。瓊王祥。』資治通鑑卷二百六十一載：『（光化）元年……十一月，甲寅，立皇子禛爲雅王，祥爲瓊王。』册府元龜卷二百六十五宗室部封建四載：『雅王禛，昭宗第十一子。乾寧四年封。瓊王祥，昭宗第十二子。乾寧四年封。』據上述史籍所載，故本册文頒布時間應爲光化元年（八九八）十一月甲寅（十九日），其撰寫時間當在是時稍前。

〔二〕維某年月日：原作『維年月日』，今據文苑英華增補。

〔三〕不廢懿親：『懿親』，特指皇室宗親、外戚。三國魏曹植求通親親表：『昔周公吊管蔡之不咸，廣封懿親，以藩屏王室。』舊唐書牛仙客傳：『時有監察御使周子諒竊言於御使大夫李適之曰：「牛仙客不才，濫登相位，大夫國之懿親，豈得坐觀其事？」』

〔四〕大封同姓：『同姓』，指同祖的兄弟。詩唐風杕杜：『獨行睘睘。豈無他人？不如我同姓。嗟行之人，胡不比焉？人無兄弟，胡不佽焉？』毛傳：『同姓，同祖也。』

〔五〕吾嘗觀於經籍矣：『經籍』，儒家經書。後漢書張楷傳：『楷坐繫廷尉詔獄，積二年，恒諷誦經籍，作尚書注。』南朝梁劉勰文心雕龍事類：『然則明理引乎成辭，徵義舉乎人事，乃聖賢之鴻謨，經籍之通矩也。』

〔六〕正名用典：『正名』，辨正名稱、名分，使名實相符。管子正第：『守慎正名，僞詐自止。』國語晉語四：『舉善援能，官方定物，正名育類。』韋昭注：『正上下服位之名。』『用典』，引用典故。洪深戲劇導演的初步知識：『至於通過聯想爲主要手段的，無過於美文中的用典。』

〔七〕必擇材行：『材』，四庫全書、全唐文作『才』。『材行』，才質行爲。韓詩外傳卷五：『材

行反時者，死之無赦，謂之天誅。是王者之政也。』宋曾鞏送丁琰序：『推考其材行，能堪其舉者，卒亦未見焉。』

〔八〕使之光昭：『光昭』，彰明顯揚；發揚光大。左傳隱公三年：『光昭先君之令德，可不務乎？』

〔九〕其可以子弟之私恩，冒先王之成憲：『子弟』，子與弟。對父兄而言。亦泛指子侄輩。左傳襄公八年：『民死亡者，非其父兄，即其子弟。』孟子梁惠王下：『今燕虐其民，王往而征之。民以爲將拯己於水火之中也，簞食壺漿以迎王師。若殺其父兄，係累其子弟，毁其宗廟，遷其重器，如之何其可也？』『成憲』，原有的法律、規章制度。書説命下：『監於先王成憲，其永無愆。』宋王安石廟議：『求之前載，雖或有然，考合於經，乃無成憲，因情制禮，實在聖時。』

〔十〕必慎有爲：四庫全書作『必有不爲』。

〔十一〕洛爾第十二男祥：『十二男祥』，傳見舊唐書卷一百七十五、新唐書卷八十二。舊唐書本傳載：『雅王禎、瓊王祥，并光化元年十一月九日封。』新唐書本傳云：『雅王禎，光化元年始王，與瓊王同封。瓊王祥。』

〔十二〕於兒戲之間：『間』，文苑英華作『時』；適園叢書作『閑』。

〔十三〕多幼敏之智：『智』，全唐文作『習』。

〔十四〕處昆弟之間：『昆弟』，兄弟。左傳僖公二十四年：『我請昆弟仕焉。』唐陳鴻長恨歌傳：『叔父昆弟皆列位清貴，爵爲通侯。』

〔十五〕有推讓之性：『推讓』，遜讓；推辭。莊子刻意：『語仁義忠信，恭儉推讓，爲修而已矣。』漢王充論衡本性：『一歲嬰兒，無推讓之心。』

〔十六〕是宜疏封：『疏封』，分封。帝王把土地或爵位分賜給臣子。唐元稹追封王蟠母李氏等：『朕宅帝位，思弘大孝，乃詔執事，追用疏封。』唐白居易崔元備張惟素鄭覃陸灋韋弘景賜爵制：『賞不敢忘，爵不敢愛，爾宜疏封，服命而揚之。』

〔十七〕且命申誥：『申誥』，反復告誡。書太甲下：『伊尹申誥於王曰：「嗚呼！惟天無親，克敬惟親。」』孔穎達疏：『重告於王。』

〔十八〕作德日休，爾則逸；作僞日拙，爾則勞：語出尚書周官：『作德，心逸日休；作僞，心勞日拙。』指做善事，就會心氣和平，而且一天天顯示出美好；行欺詐，就會費盡心機，反而

一天天顯示出笨拙。

〔十九〕令名斯至：『至』，甲庫本、適園叢書作『在』。『令名』，美好的聲譽。左傳襄公二十四年：『僑聞君子長國家者，非無賄之患，而無令名之難。』南朝宋鮑照行京口至竹里詩：『君子樹令名，細人效命力；不見長河水，清濁俱不息。』

卷第三十五

諸王

除親王官上

相王雍州牧制

相王太子左衛率制

宋王成器太子太師制

宋王成器太尉等制

岐王範華州刺史等制

邠王守禮兼襄州刺史制

郯王嗣直安北大都護等制

岐王範太子少師等制

邠王守禮等兼晋州刺史制

除親王官上

秦王太尉陝東行臺制〔一〕

論道經邦，任惟勛德〔二〕；分陝作伯〔三〕，實寄親賢。尚書令、雍州牧、右武候大將軍、上柱國、秦王某〔四〕，器宇冲深，志謀英果〔五〕，義師雲舉，首贊奇謀〔六〕。親率熊羆，搴旗斬將，廓清函夏〔七〕，忠孝克彰〔八〕。狡寇逋誅，虔劉西土〔九〕，總戎薄伐，戡翦無遺〔十〕；策尚權謀，遠猷沉密〔十一〕，宜在鼎司〔十二〕，肅清槐路〔十三〕。今區宇方緝，鞏洛猶蕪〔十四〕，鎮俗治戎，允資望實〔十五〕。可太尉、使持節陝東行臺。其蒲州河北諸道總管及東討諸府兵并受節度。餘官悉如故。武德元年十二月。

校箋

〔一〕本文文末標明頒布時間爲武德元年十二月。全唐文卷一亦録此文，文題同，署名唐高祖。考舊唐書高祖紀載：『（武德元年）十二月壬申，加秦王太尉、陝東道大行臺。』新唐書高祖

紀載：『（武德元年）十二月壬申，世民爲太尉。』舊唐書太宗紀載：『武德元年九月……拜太尉、陝東道行臺尚書令，鎮長春宮，關東兵馬并受節度。』新唐書太宗紀載：『武德元年八月……獻捷太廟，拜右武候大將軍、太尉、使持節、陝東道大行臺尚書令，詔蒲、陝、河北諸總管兵皆受其節度。』資治通鑑卷一百八十六載：『武德元年十二月，壬申，詔以秦王世民爲太尉、使持節、陝東道大行臺，其蒲州、河北諸府兵馬并受節度。』據上述典籍所載，此制文頒布時間爲武德元年（六一八）十二月壬申（二日），撰寫時間當在是時稍前。

〔二〕任惟勛德：『勛德』，功勛與德行。晋書劉弘傳：『以勛德兼茂，封宣城公。』新唐書裴度傳：『帝以度勛德，故待以殊禮。』

〔三〕分陝作伯：『分陝』，陝即今陝西省陝縣。相傳周初周公旦、召公奭分陝而治，周公治陝以東，召公治陝以西。後謂封建王朝官僚出任地方官爲『分陝』。三國志魏書高堂隆傳：『今既無衛侯、康叔之監，分陝所任，又非旦奭。』晋陶潛晋故征西大將軍長史孟府君傳：『太尉潁川庾亮，以帝舅民望，受分陝之重，鎮武昌。』

〔四〕尚書令、雍州牧、右武候大將軍、上柱國、秦王某：謂唐太宗李世民，傳見舊唐書卷二、新唐書卷二。舊唐書其本紀云：『太宗文武大聖大廣孝皇帝諱世民，高祖第二子也。母曰太穆順

聖皇后竇氏。隋開皇十八年十二月戊午，生於武功之別館。時有二龍戲於館門之外，三日而去。高祖之臨岐州，太宗時年四歲。有書生自言善相，謁高祖曰：「公貴人也，且有貴子。」見太宗，曰：「龍鳳之姿，天日之表，年將二十，必能濟世安民矣。」高祖懼其言泄，將殺之，忽失所在，因采「濟世安民」之義以爲名焉。太宗幼聰睿，玄鑒深遠，臨機果斷，不拘小節，時人莫能測也。……時李密初附，高祖令密馳傳迎太宗於豳州。密見太宗天姿神武，軍威嚴肅，驚悚嘆服，私謂殷開山曰：「真英主也。不如此，何以定禍亂乎？」凱旋，獻捷於太廟。拜太尉、陝東道行臺尚書令，鎮長春宫，關東兵馬并受節度。尋加左武候大將軍、凉州總管。」

〔五〕器宇冲深，志謀英果：『志謀』，全唐文作『智謀』。『冲深』，幽深；深奥。藝文類聚卷七八引晋湛方生廬山神仙詩序：『窈窕冲深，常含霞而貯氣。』北魏酈道元水經注 易水：『岫壑冲深，含烟罩霧。』『英果』，英明果斷。晋書 四夷傳 西戎：『視羆性英果，有雄略。』唐許敬宗并州都督尉遲恭碑：『氣茂英果，情馳義烈。』

〔六〕義師雲舉，首贊奇謀：事指舊唐書 太宗紀載：『時隋祚已終，太宗潛圖義舉，每折節下士，推財養客，群盜大俠，莫不願效死力。及義兵起，乃率兵略徇西河，克之。』

〔七〕親率熊羆，搴旗斬將，廓清函夏：『函夏』，全唐文、適園叢書作『區夏』。『熊羆』，

熊和羆，皆爲猛獸。因以喻勇士或雄師勁旅。書牧誓：『尚桓桓，如虎如貔，如熊如羆。』書康王之誥：『則亦有熊羆之士，不二心之臣，保乂王家。』『廓清』，澄清，肅清。漢荀悅漢紀高帝紀四：『征亂伐暴，廓清帝宇，八載之内，海内克定。』隋書李密傳：『明公以英桀之才，而統驍雄之旅，宜當廓清天下，誅剪群凶。』『函夏』，漢書揚雄傳上：『以函夏之大漢兮，彼曾何足與比功？』顔師古注引服虔曰：『函夏，函諸夏也。』後以『函夏』指全國。北魏楊衒之洛陽伽藍記城南龍華寺：『寒暑佽葉，日月載融，帝世光宅，函夏同風。』唐王勃拜南郊頌序：『揖讓而取文明，指麾而清函夏。』

〔八〕忠孝克彰：『忠孝』，明鈔本、四庫全書、甲庫本作『忠效』。此數句事見舊唐書太宗紀：『（武德元年）八月己卯，雨霽，高祖引師趣霍邑。太宗恐老生不出戰，乃將數騎先詣其城下，舉鞭指麾，若將圍城者，以激怒之。老生果怒，開門出兵，背城而陣。高祖與建成合陣於城東，太宗及柴紹陣於城南。老生麾兵疾進，先薄高祖，而建成墜馬，老生乘之，高祖與建成軍咸却。太宗自南原率二騎馳下峻阪，冲斷其軍，引兵奮擊，賊衆大敗，各舍仗而走。懸門發，老生引繩欲上，遂斬之，平霍邑。至河東，關中豪杰争走赴義。太宗請進師入關，取永豐倉以賑窮乏，收群盜以圖京師，高祖稱善。太宗以前軍濟河，先定渭北。三輔吏民及諸豪猾詣軍門請自效

者日以千計，扶老携幼，滿於麾下。收納英俊，以備僚列，遠近聞者，咸自托焉。師次於涇陽，勝兵九萬，破胡賊劉鷂子，并其衆。留殷開山、劉弘基屯長安故城。太宗自趣司竹，賊帥李仲文、何潘仁、向善志等皆來會，頓於阿城，獲兵十三萬。長安父老賫牛酒詣旌門者不可勝紀，勞而遣之，一無所受。軍令嚴肅，秋毫無所犯。尋與大軍平京城。』

〔九〕狡寇逋誅，虔劉西土：『虔劉』，劫掠；殺戮。左傳成公十三年：『芟夷我農功，虔劉我邊陲。』南朝陳徐陵司空章昭達墓志銘：『黑山巨盜，憑陵上國；白水强胡，虔劉中夏。』『西土』，指周部族所居的故地。大致在今陝西省。書泰誓中：『王乃徇師而誓曰：「嗚呼！西土有衆，咸聽朕言。」』孔傳：『武王在西，故稱西土。』左傳昭公九年：『王使詹桓伯辭於晉曰：「我自夏以后稷，魏、駘、芮、岐、畢，吾西土也。」』杜預注：『在夏世以后稷功，受此五國爲西土之長。』此處指陝西涇州。指武德元年七月，薛舉寇涇州事。

〔十〕總戎薄伐，戡翦無遺：『戡翦』，甲庫本作『勘剪』。『總戎』，統管軍事；統率軍隊。魏書尉元傳：『臣以天安之初，奉律總戎，廓寧淮右，海内既平，仍忝徐岳。』周書武帝紀下：『帝總戎北伐。』『薄伐』，征伐；討伐。詩小雅出車：『赫赫南仲，薄伐西戎。』晉書孫楚傳：『宣王薄伐，猛鋭長驅，師次遼陽，而城池不守。』『戡翦』，指平定剪除。新唐書魏知古傳：『自

陛下戡翦凶逆，保定大器，蒼生顒顒，以謂朝有新政。』事見舊唐書太宗紀：『武德元年七月，薛舉寇涇州，太宗率衆討之，不利而旋。九月，薛舉死，其子仁杲嗣立。太宗又爲元帥以擊仁杲，相持於折墌城，深溝高壘者六十餘日。賊衆十餘萬，兵鋒甚鋭，數來挑戰，太宗按甲以挫之。賊糧盡，其將牟君才、梁胡郎來降。太宗謂諸將軍曰：「彼氣衰矣，吾當取之。」遣將軍龐玉先陣於淺水原南以誘之，賊將宗羅睺并軍來拒，玉軍幾敗。既而太宗親御大軍，奄自原北，出其不意。羅睺望見，復回師相拒。太宗將驍騎數十入賊陣，於是王師表裏齊奮，羅睺大潰，斬首數千級，投澗谷而死者不可勝計。太宗率左右二十餘騎追奔，直趣折墌以乘之。仁杲大懼，嬰城自守。將夕，大軍繼至，四面合圍。詰朝，仁杲請降，俘其精兵萬餘人、男女五萬口。既而諸將奉賀，因問曰：「始大王野戰破賊，其主尚保堅城，王無攻具，輕騎騰逐，不待步兵，徑薄城下，咸疑不克，而竟下之，何也？」太宗曰：「此以權道迫之，使其計不暇發，以故克也。羅睺恃往年之勝，兼復養鋭日久，見吾不出，意在相輕。今喜吾出，悉兵來戰，雖擊破之，擒殺蓋少。若不急躡，還走投城，仁杲收而撫之，則便未可得矣。且其兵衆皆隴西人，一敗披退，不及回顧，散歸隴外，則折墌自虚，我軍隨而迫之，所以懼而降也。此可謂成算，諸君盡不見耶？」諸將曰：「此非凡人所能及也。」獲賊兵精騎甚衆，還令仁杲兄弟及賊帥宗羅睺、翟長孫等領之。太宗與之游獵馳射，無所間然。

賊徒荷恩懾氣，咸願效死。時李密初附，高祖令密馳傳迎太宗於豳州。密見太宗天姿神武，軍威嚴肅，驚悚嘆服，私謂殷開山曰：「真英主也。不如此，何以定禍亂乎？」凱旋，獻捷於太廟。』

〔十一〕策尚權謀，遠猷沉密：『權謀』，明鈔本、四庫全書、甲庫本作『雄遠』；全唐文作『權遠』。『遠猷』，明鈔本、四庫全書、甲庫本、全唐文作『謀猷』。『遠猷』，長遠的打算；遠大的謀略。語出書康誥：『顧乃德，遠乃猷。』孔傳：『遠汝謀，思爲長久。』三國志魏書明帝紀論：『而遽追秦皇、漢武，宮館是營，格之遠猷，其殆疾乎？』晉書汝南王亮傳：『大司馬、汝南王亮體道冲粹，通識政理……將憑遠猷，以康王化。』

〔十二〕宜在鼎司：『鼎司』，指重臣之職位。漢陳琳爲袁紹檄豫州：『父嵩，乞丐携養，因贓假位，輿金輦璧，輸貨權門，竊盜鼎司，傾覆重器。』劉良注：『鼎司，謂司空非才而居此位，故云竊也。』晉書卞壼傳：『今之追贈，實未副衆望，謂宜加鼎司之號，以旌忠烈之勛。』

〔十三〕肅清槐路：『肅清』，謂完全削平。晉孫楚爲石仲容與孫晧書：『師不逾時，梁益肅清；使竊號之雄，稽顙降闕。』北齊書王紘傳：『天下皆當肅清，豈直僞陳而已。』『槐路』，指京城槐蔭大道。南朝梁元帝長安道詩：『雕鞍承赭汗，槐路起紅塵。』北周庾信兖州刺史廣饒公宇文公神道碑：『報功之册，則槐路是儀；贈行之典，則荆河惟牧。』

〔十四〕今區宇方緝，鞏洛猶蕪：『區宇』，境域；天下。唐元稹賀誅吳元濟表：『威動區宇，道光祖宗。』宋陳亮重建紫霄觀記：『本朝混一區宇，是觀因以不廢。』『鞏洛』，鞏、洛二古地名的并稱，地在今河南洛陽一帶。戰國策韓策一：『蘇秦爲楚合從，説韓王曰：「韓北有鞏、洛、成皋之固，西有宜陽、常阪之塞。」』晉潘岳西征賦：『眷鞏洛而掩涕，思纏綿於墳塋。』李周翰注：『鞏洛二縣名。岳家墳塋在此。』

〔十五〕鎮俗治戎，允資望實：『鎮俗』，謂抑制庸俗的世風。晉書束皙傳：『將研六籍以訓世，守寂泊以鎮俗。』『治戎』，作戰；治軍。左傳成公三年：『二國治戎，臣不才，不勝其任，以爲俘馘。』南朝梁劉勰文心雕龍詔策：『治戎燮伐，則聲有洊雷之威。』『望實』，指名實相副的人。晉裴啓語林：『蘇峻新平，温庾諸公以朝庭初復，京兆宜得望實，唯孔君平可以處之。』晉書桓彝傳：『丹楊尹温嶠上言：「宜城阻帶山川，頻經變亂，宜得望實居之，竊謂桓彝可充其選。」』

秦王兼涼州總管制〔一〕

京室殷阜，鈎陳嚴秘〔二〕，肅遏警巡，職務尤重〔三〕。然而玉門遐阻，控禦乖方〔四〕；

金城衝要，尉候攸屬〔五〕。宣風作牧，親賢是寄〔六〕。太尉、尚書令、雍州牧、陝東道行臺、右武候大將軍、上柱國、秦王某〔七〕，地實藩枝，任惟心膂〔八〕，職參三事，功著二南〔九〕；識度優閑，性理濟治〔十〕，典戎敷化〔十一〕，聲績備舉。宜攝九門，總司八校〔十二〕，撫蒞河右，允兼望實〔十三〕。可左武候大將軍、使持節涼甘瓜鄯肅會蘭河廓九州諸軍事、涼州總管。其太尉、尚書令〔十四〕、雍州牧、陝東道行臺〔十五〕、右武候大將軍、上柱國、王如故。武德二年五月。

校箋

〔一〕本文又見於全唐文卷一，署名唐高祖。本文文末標明頒布時間爲『武德二年五月』。考舊唐書太宗紀載：『（武德元年十一月）（李世民）拜太尉、陝東道行臺尚書令，鎮長春宮，關東兵馬并受節度。尋加左武候大將軍、涼州總管。』新唐書太宗紀載：『（武德）二年正月，鎮長春宮，進拜左武候大將軍、涼州總管。』資治通鑑卷一百八十七載：『武德二年……五月……壬午，以秦王世民爲左武候大將軍、使持節涼、甘等九州諸軍事、涼州總管，其太尉、尚書令、

雍州牧、陝東道行臺并如故。遣黄門侍郎楊恭仁安撫河西。』據上述典籍所載，當從原文文末及資治通鑑所載時間，故此制文須布時間爲武德二年（六一九）五月壬午（十五日），其撰寫時間當在是時稍前。

〔二〕京室殷阜，鉤陳嚴秘：『秘』，四庫全書、全唐文均作『祕』。『京室』，謂王室。詩大雅思齊：『思媚周姜，京室之婦。』毛傳：『京室，王室也。』三國魏曹植王仲宣誄：『皇家不造，京室隕顛。』『殷阜』，富足。漢張衡西京賦：『地沃野豐，百物殷阜。』北魏酈道元水經注泿水：『睹巨海之浩茫，觀原藪之殷阜，乃曰：斯誠海島膏腴之地，宜爲都邑。』『鉤陳』，一種用於防衛的儀仗。北史藝術傳下何稠：『帝復令稠造戎車萬乘，鉤陳八百連。』隋書禮儀志七：『八年征遼，又造鉤陳，以木板連如帳子。』『嚴秘』，猶嚴密，秘密。南史恩倖傳序：『天下文簿板籍，入副其省，萬機嚴秘，有如尚書外司。』明史王德完傳：『宫禁嚴秘，虚實未審。』

〔三〕肅遏警巡，職務尤重：『肅遏』，嚴加禁止。北史李遠傳：『遠敦奬風俗，勸課農桑，肅遏奸非，兼修守禦之備。』『警巡』，警衛巡視。唐白居易除軍使郤寧節度使制：『自領軍衛，爲爪牙，夙夜警巡，不懈於位。』宋徐鉉招討妖賊制：『仍委諸縣長吏，安存編户，宣示國恩，防護警巡，勿令擾動。』『職務』，職位規定應該擔任的工作。南朝梁何遜爲孔導辭建安王箋：『雖

朝夕曳裾，無違接侍，而職務一離，有同賓客。」五代于兢瑯琊忠懿王德政碑：『三司之職務空存，四海之輪蹄鮮至。』

〔四〕然而玉門遐阻，控禦乖方：『乖方』，明鈔本、甲庫本作『乖荒』；四庫全書作『八荒』；全唐文作『垂荒』。『玉門』，古關名。即玉門關。漢書西域傳序：『（西域）東則接漢，阸以玉門、陽關，西則限以葱嶺。』南朝宋鮑照建除詩：『成軍入玉門，士女獻壺漿。』『遐阻』，遥相間隔。晋張協七命：『絶景乎大荒之遐阻，吞響乎幽山之窮奥。』唐姚係送周願判官歸嶺南詩：『往復念遐阻，淹留慕平生。』『控禦』，亦作『控馭』。馭馬使就範。引申指控制，駕馭。漢傅毅舞賦：『或有矜容愛儀，洋洋習習，遲速承意，控禦緩急，車音若雷，騖驟相及。』晋書慕容垂載記：『洛陽四面受敵，北阻大河，至於控馭燕趙，非形勝之便。』『乖方』，違背法度；失當。南朝梁陸倕新刻漏銘：『世道交喪，禮術銷亡……擊刀舛次，聚木乖方。』宋蘇軾論高麗買書利害札子：『其乖方作弊官吏，并不蒙都省略取問。』

〔五〕金城衝要，尉侯攸屬：『侯』，全唐文作『候』。『金城』，指堅固的城。管子度地：『城外爲之郭，郭外爲之閬。地高則溝之，下則隄之，命之曰金城，樹以荆棘，上相穡著者，所以爲固也。』後漢書班固傳上：『建金城其萬雉，呀周池而成淵。』李賢注：『金城，言堅固也。』『衝要』，

軍事或交通等方面的要地。晉袁宏後漢紀靈帝紀下：『今涼州，天下之衝要，國家之蕃衛也。』北魏酈道元水經注瓠子河：『顯宗詔樂浪人王景治渠築堤，起自滎陽，東至千乘一千餘里，景乃防遏衝要，疏決壅積。』

〔六〕宣風作牧，親賢是寄：『宣風』，宣揚風教德化。後漢書隗囂傳：『今山東之兵二百餘萬，已平齊楚，下蜀漢，定宛洛，據敖倉，守函谷，威名四布，宣風中岳。』周書齊煬王憲傳：『吾以不武，任總元戎，受命安邊，路指幽冀。列邑名藩，莫不屈膝，宣風導禮，皆荷來蘇。』『作牧』，泛指擔任州郡地方長官。南朝梁沈約齊故安陸昭王碑文：『建麾作牧，明德攸在。』唐李頻送侯郎中任新定詩之一：『爲郎非白頭，作牧授滄州。』『親賢』，親近賢人，愛慕賢才。晉書孝懷帝紀：『二相經營王室，志寧社稷，儲貳之重，宜歸時望，親賢之舉，非大王而誰？』唐韓愈順宗實録三：『爾其尊師重傅，親賢遠佞。』

〔七〕太尉、尚書令、雍州牧、陝東道行臺、右武候大將軍、上柱國、秦王某：『秦王某』，全唐文作『秦王世民』。『秦王某』，謂唐太宗李世民。傳見舊唐書太宗紀，新唐書太宗紀。檢舊唐書太宗紀略云：『太宗文武大聖大廣孝皇帝諱世民，高祖第二子也。母曰太穆順聖皇后竇氏。隋開皇十八年十二月戊午，生於武功之別館。時有二龍戲於館門之外，三日而去。高祖之

臨岐州，太宗時年四歲。有書生自言善相，謁高祖曰：「公貴人也，且有貴子。」見太宗，曰：「龍鳳之姿，天日之表，年將二十，必能濟世安民矣。」高祖懼其言泄，將殺之，忽失所在，因采「濟世安民」之義以爲名焉。太宗幼聰睿，玄鑒深遠，臨機果斷，不拘小節，時人莫能測也。……時李密初附，高祖令密馳傳迎太宗於豳州。密見太宗天姿神武，軍威嚴肅，驚悚嘆服，私謂殷開山曰：「真英主也。不如此，何以定禍亂乎？」凱旋，獻捷於太廟。拜太尉、陝東道行臺尚書令，鎮長春宮，關東兵馬并受節度。尋加左武候大將軍、凉州總管。』

〔八〕地實藩枝，任惟心膂：『心膂』，喻重要的部門或職任。晉庾亮讓中書監表：『今以臣之才，兼如此之嫌，而使内處心膂，外總兵權，以此求治，未之聞也。』元白樸梧桐雨楔子：『幼讀儒書，兼通韜略，爲藩鎮之名臣，受心膂之重寄。』

〔九〕職參三事，功著二南：『三事』，指三公。詩小雅雨無正：『三事大夫，莫肯夙夜。』孔穎達疏：『三事大夫爲三公耳。』漢書韋賢傳：『天子我監，登我三事。』顔師古注：『三事，三公之位，謂丞相也。』『二南』，指周公、召公及其管轄的地區。晉潘岳西征賦：『兹土之舊也，固乃周、邵之所分，二南之所交。』南朝梁任昉齊竟陵文宣王行狀：『諒以齊徽二南，同規往哲。』吕向注：『二南謂周公、邵公也。』

〔十〕識度優閑，性理濟治：『濟治』，四庫全書作『匡濟』。『識度』，識見與器度。晉袁宏後漢紀明帝紀上：『蒼體貌長大，進止有禮，好古多聞，儒雅有識度。』宋蘇軾答喬舍人啓：『某聞人才以智術爲後，而以識度爲先。』『優閑』，閑逸，安閑。北齊顔之推顔氏家訓涉務：『故治官則不了，營家則不辨，皆優閑之過也。』北齊書王昕傳：『王謂晞曰：「一人垂拱，吾曹亦得優閑。」』『性理』，情緒和理智。晉葛洪抱朴子酒誡：『是以智者嚴櫽括於性理，不肆神以逐物。』宋書謝述傳：『述有心虚疾，性理時或乖謬。』『濟治』，輔助治理。三國魏阮籍與晉文王薦盧播書：『蓋聞興化濟治，在於得人。』藝文類聚卷五四引三國魏曹羲肉刑論：『夫言肉刑之濟治者，荀卿所唱，班固所述。』

〔十一〕典戎敷化：『典』，明鈔本、甲庫本作『治』；四庫全書作『元』。『典戎』，統率軍隊。晉書王渾傳：『今陛下出攸之國，假以都督虚號，而無典戎幹方之實，去離天朝，不預王政……懼非陛下追述先帝、文明太后待攸之宿意也。』『敷化』，布行教化。三國魏阮籍與晉王薦盧播書：『應期作輔，論道敷化。』南朝梁沈約齊故安陸昭王碑：『公下車敷化，風動神行。』

〔十二〕宜攝九門，總司八校：『九門』，禁城中的九種門。古宫室制度，天子設九門。禮記月令：『（季春之月）田獵、罝罘、羅罔、畢翳、餧獸之藥，毋出九門。』鄭玄注：『天子

九門者，路門也，應門也，雉門也，庫門也，皋門也，城門也，近郊門也，遠郊門也，關門也。』後用以稱宮門。唐盧綸敬酬大府二十四舅覽詩卷因以見示詩：『九門洞啓延高論，百辟聯行挹大儒。』唐韓愈賀雨表：『中使纔出於九門，陰雲已垂於四野。』『八校』，漢所置八種校尉的合稱。漢書 百官公卿表上：『中壘校尉掌北軍壘門內，外掌西域。屯騎校尉掌騎士。步兵校尉掌上林苑門屯兵。越騎校尉掌越騎。長水校尉掌長水宣曲胡騎。又有胡騎校尉，掌池陽胡騎，不常置。射聲校尉掌待詔射聲士。虎賁校尉掌輕車。凡八校尉，皆武帝初置，有丞、司馬。自司隸至虎賁校尉，秩皆二千石。』東漢靈帝又置西園八校尉。後通稱將佐爲八校。漢應瑒西狩賦：『雙翼伉旌，八校祖分。』唐王維奉和聖制登降聖觀應制詩：『山川八校滿，井邑三農竟。』

〔十三〕撫莅河右，允兼望實：『河右』，河西的別稱。古代泛指黃河以西的地區，相當於今寧夏回族自治區和甘肅省一帶。三國志 魏書 閻温傳：『河右擾亂，隔絶不通，燉煌太守馬艾卒官，府又無丞。』南朝梁江淹蕭驃騎讓封第三表：『自非西京上績，東都名勛，河右群賢，江左諸彥，寧有誣叨天爵，以爲己功者也？』『望實』，名聲和實際；威望和實力。晉陶潛晉故征西大將軍長史孟府君傳：『時亮崇修學校，高選儒官，以君望實，故應尚德之舉。』南朝梁江淹王仆射加兵詔：『宜增威飾，以崇望實。』

〔十四〕尚書令：原作『中書令』，今據全唐文改。

秦王益州道行臺制〔一〕

蜀郡沃野，田惟井絡〔二〕，控馭邛笮〔三〕，臨制巴渝。求瘼宣風〔四〕，朝寄尤重〔五〕，總司岳牧〔六〕，是屬懿親〔七〕。太尉、尚書令、陝東道行臺、雍州牧、左武候大將軍、使持節涼州總管、上柱國、秦王某〔八〕，器宇冲深〔九〕，體識明允〔十〕，專征閫外〔十一〕，茂績克宣〔十二〕。敷政京畿〔十三〕，嘉聲已著〔十四〕，鎮撫岷漢〔十五〕，僉論攸宜。可益州道行臺尚書令。武德三年四月。

校箋

〔一〕本文又見於全唐文卷一，文題作秦王益州道行臺制，署名唐高祖。本文文末標明頒布時間爲武德三年四月。考舊唐書高祖紀載：『（武德）三年夏四月甲寅，加秦王益州道行臺尚書令。』新唐書高祖紀載：『武德三年……四月……甲寅，秦王世民及宋金剛戰於雀鼠谷，敗之。』新唐

書太宗紀載：『（武德）三年四月，擊敗宋金剛于柏壁。金剛走介州，太宗追之，一日夜馳二百里，宿於雀鼠谷之西原。軍士皆饑，太宗不食者二日，行至浩州乃得食，而金剛將尉遲敬德、尋相等皆來降。劉武周懼，奔於突厥，其將楊伏念舉并州降。高祖遣蕭瑀即軍中拜太宗益州道行臺尚書令。』資治通鑑卷一百八十八載：『武德三年……四月……甲寅，加秦王世民益州道行臺尚書令。』據上述典籍所載，加秦王李世民益州道行臺時間爲武德三年（六二〇）四月甲寅（二十一日），其撰寫時間當在是時稍前。

（二）田惟井絡：『井絡』，井宿區域。晉左思蜀都賦：『岷山之精，上爲井絡。』劉逵注：『河圖括地象曰：「岷山之地，上爲井絡，帝以會昌，神以建福，上爲天井。」言岷山之地，上爲東井維絡；岷山之精，上爲天之井星也。』唐孫樵刻武侯碑陰：『是井絡之野，與武侯存亡俱矣。』

（三）控馭卭笮：『邛筰』，全唐文作『卭筰』。『卭笮』，亦作『邛筰』。漢時西南夷邛都、笮都兩名的并稱。約在今四川西昌、漢源一帶。後泛指西南邊遠地區或少數民族。唐楊炯唐恒州刺史建昌公王公神道碑：『全蜀兮奥區，枕邛笮兮倚巴渝。』

（四）求瘼宣風：『求瘼』，謂訪求民間疾苦。唐陸贄請依京兆所請折納事狀：『求瘼救災，國之令典。』清唐孫華進呈御覽詩一百韻：『蠲賦頻求瘼，祥刑念好生。』『宣風』，宣揚風教德化。

後漢書隗囂傳：『今山東之兵二百餘萬，已平齊楚，下蜀漢，定宛洛，據敖倉，守函谷威名四布，宣風中岳。』周書齊煬王憲傳：『吾以不武，任總元戎，受命安邊，路指幽冀。列邑名藩，莫不屈膝，宣風導禮，皆荷來蘇。』

〔五〕朝寄尤重：『朝寄』，朝廷的委托。晉書謝安傳：『安雖受朝寄，然東山之志始末不渝，每形於言色。』南朝陳徐陵在吏部尚書答諸求官人書：『但既忝衡流，應須粉墨，庶其允當，無負朝寄耳。』

〔六〕總司岳牧：『岳牧』，傳説爲堯舜時四岳十二牧的省稱。語本書周官：『曰唐虞稽古，建官惟百，内有百揆四岳，外有州牧侯伯。』史記伯夷列傳：『堯將遜位，讓於虞舜，舜禹之間，岳牧咸薦，乃試之於位，典職數十年。』後用『岳牧』泛稱封疆大吏。後漢書班彪傳：『於是三事岳牧之僚，僉爾而進。』晉書王敦傳：『敦既得志，暴慢愈甚……將相岳牧，悉出其門。』

〔七〕是屬懿親：『懿親』，特指皇室宗親、外戚。三國魏曹植求通親親表：『昔周公吊管蔡之不咸，廣封懿親，以藩屏王室。』舊唐書牛仙客傳：『時有監察御史周子諒竊言於御史大夫李適之曰：「牛仙客不才，濫登相位，大夫國之懿親，豈得坐觀其事？」』

〔八〕太尉、尚書令、陝東道行臺、雍州牧、左武候大將軍、使持節凉州總管、上柱國、秦王某：『秦

王某』，全唐文作『秦王世民』。『秦王某』，即唐太宗李世民。傳見舊唐書太宗紀，新唐書太宗紀。舊唐書其本紀載：『太宗文武大聖大廣孝皇帝諱世民，高祖第二子也。母曰太穆順聖皇后竇氏。隋開皇十八年十二月戊午，生於武功之別館。時有二龍戲於館門之外，三日而去。高祖之臨岐州，太宗時年四歲。有書生自言善相，謁高祖曰：「公貴人也，且有貴子。」見太宗，曰：「龍鳳之姿，天日之表，年將二十，必能濟世安民矣。」高祖懼其言泄，將殺之，忽失所在，因采「濟世安民」之義以爲名焉。太宗幼聰睿，玄鑒深遠，臨機果斷，不拘小節，時人莫能測也。……時李密初附，高祖令密馳傳迎太宗於豳州。密見太宗天姿神武，軍威嚴肅，驚悚嘆服，私謂殷開山曰：「真英主也。不如此，何以定禍亂乎？」凱旋，獻捷於太廟。拜太尉、陝東道行臺尚書令，鎮長春宮，關東兵馬并受節度。尋加左武候大將軍、凉州總管……（武德）三年二月，金剛竟以衆餒而遁，太宗追之至介州。金剛列陣，南北七里，以拒官軍。太宗遣總管李世勣、程咬金、秦叔寶當其北，翟長孫、秦武通當其南。諸軍戰小却，爲賊所乘。太宗率精騎擊之，冲其陣後，賊衆大敗，追奔數十里。敬德、相率衆八千來降，還令敬德督之，與軍營相參。屈突通懼其爲變，驟以爲請。太宗曰：「昔蕭王推赤心置人腹中，并能畢命，今委任敬德，又何疑也？」於是劉武周奔於突厥，并、汾悉復舊地。詔就軍加拜益州道行臺尚書令。』

〔九〕器宇冲深：『器宇』，指人的儀表、風度、氣概或胸襟、度量等。三國志 吳書 薛瑩傳：『著書八篇，名曰新議。』裴松之注引晉王隱晉書：『瑩子兼，字令長，清素有器宇，資望故如上國，不似吳人。』唐王勃秋日餞別序：『論其器宇，滄海添江漢之波。』『冲深』，幽深；深奥。藝文類聚卷七八引晉湛方生廬山神仙詩序：『窈窕冲深，常含霞而貯氣。』北魏酈道元水經注 易水：『岫壑冲深，含烟罩霧。』

〔十〕體識明允：『體識』，禀性和器識。南朝宋劉義慶世説新語 言語：『會稽賀生，體識清遠，言行以禮。』唐元稹贈工部尚書李公墓志銘：『長於議論，用體識爲文章，於朋友間好盡言。』『明允』，明察而誠信。左傳 文公十八年：『昔高陽氏有才子八人……齊聖廣淵，明允篤誠，天下之民謂之八愷。』唐元稹贈鄭餘慶太保：『追書保養之榮，用彰明允之德。』

〔十一〕專征閫外：『閫外』，指京城或朝廷以外，亦指外任將吏駐守管轄的地域，與朝中、朝廷相對。晉書 陶侃傳：『閫外多事，千緒萬端，罔有遺漏。』唐白居易近見慕巢尚書詩中屢有嘆老思退之意因以長句戲而諭之：『近見詩中嘆白鬚，遥知閫外憶東都。』

〔十二〕茂績克宣：『茂績』，豐功偉績。後漢書 朱祐景丹等傳論：『英姿茂績，委而無用。』晉潘岳楊荆州誄：『忠節克明，茂績惟嘉。』

〔十三〕敷政京畿：『敷政』，布政，施行教化。詩商頌長發：『不競不絿，不剛不柔，敷政優優，百禄是遒。』

〔十四〕嘉聲已著：『嘉聲』，美好的聲譽。漢蔡邕郭有道碑：『聆嘉聲而響和者，猶百川之歸巨海，鱗介之宗龜龍也。』三國魏高堂隆諫明帝疏：『聞之四夷，非嘉聲也；垂之竹帛，非令名也。』

〔十五〕鎮撫岷漢：『岷漢』，原作『岷漠』，今據四庫全書、全唐文、適園叢書改。『岷漢』，指四川北部和陝西西南一帶地區。古代爲岷山郡和漢中郡所在地，故稱。晉書羊祜傳：『今江淮之難，不過劍閣；山川之險，不過岷漢。』宋書謝莊傳：『殿下親董鋭旅，授律繼進。荆鄢之師，岷漢之衆，舳艫萬里，旌旆虧天，九土冥符，群后畢會。』

秦王天策上將制〔一〕

德懋懋官〔二〕，功懋懋賞〔三〕，經邦盛則〔四〕，哲王彝訓〔五〕。是以寵章華衮〔六〕，允洽希世之勛〔七〕，玉戚朱干〔八〕，實表宗臣之貴〔九〕。太尉、尚書令、雍州牧、左武候大將軍、陝東道行臺、尚書令、涼州總管、上柱國、秦王某〔十〕，締構之始〔十一〕，

元功夙著〔十二〕，職兼内外，文教聿宣〔十三〕。薛舉盜寇秦隴〔十四〕，武周擾亂河汾〔十五〕，受賑專征〔十六〕，屢夷妖醜〔十七〕。然而世充僭擅〔十八〕，伊洛未清〔十九〕；建德憑陵〔二十〕，趙衛猶梗〔二十一〕。總戎致討〔二十二〕，問罪三川〔二十三〕；馭以長算〔二十四〕，凶黨窘蹙〔二十五〕。既而漳濱蟻聚〔二十六〕，來渡河津〔二十七〕，同惡相求〔二十八〕，志圖抗拒。三軍爰整〔二十九〕，一舉克定，戎威遠暢〔三十〕，九圍静謐〔三十一〕。鴻勛盛績〔三十二〕，朝野具瞻〔三十三〕，申錫寵章〔三十四〕，實允僉議〔三十五〕。宜崇徽命〔三十六〕，位高群品〔三十七〕，文物所加〔三十八〕，特超恒數〔三十九〕。建官命職〔四十〕，因事紀功，肇錫嘉名，用標茂實〔四十一〕。可授天策上將，位在王公上；領司徒、陝東道大行臺尚書令，增邑二萬户〔四十二〕，通前三萬户。餘官并如故。加賜金輅一、衮冕之服〔四十三〕、玉璧一雙、黄金六千斤，前後鼓吹九部之樂〔四十四〕、班劍四十人〔四十五〕。武德四年九月。

校　箋

〔一〕本文又見於全唐文卷一，文題作秦王天策上將制，署名唐高祖。本文文末標明時間爲『武

德四年九月』。考舊唐書高祖紀載：『武德四年……冬十月己丑，加秦王天策上將，位在王公上，領司徒、陝東道大行臺尚書令。』新唐書高祖紀載：『武德四年……十月己丑，秦王世民爲天策上將，領司徒，齊王元吉爲司空。』舊唐書太宗紀記：『武德四年……十月，加號天策上將、陝東道大行臺，位在王公上。增邑二萬户，通前三萬户。賜金輅一乘，衮冕之服，玉璧一雙，黄金六千斤，前後部鼓吹及九部之樂，班劍四十人。』新唐書太宗紀記：『武德四年……六月，凱旋，太宗被金甲，陳鐵騎一萬、介士三萬，前後鼓吹，獻俘於太廟。高祖以謂太宗功高，古官號不足以稱，乃加號天策上將，領司徒、陝東道大行臺尚書令，位在王公上，增邑户至三萬，賜衮冕、金輅、雙璧、黄金六千斤，前後鼓吹九部之樂，班劍四十人。』資治通鑑卷一百八十九載：『武德四年……九月……上以秦王世民功大，前代官皆不足以稱之，特置天策上將，位在王公上。冬，十月，以世民爲天策上將，領司徒、陝東道大行臺尚書令，增邑二萬户，仍開天策府，置官屬，以齊王元吉爲司空。』據上述典籍所載，加秦王天策上將時間應爲武德四年（六二一）十月己丑（五日），其撰寫時間當在是時稍前。

（二）德懋懋官：『懋』，明鈔本、甲庫本作『茂』。『德懋』，謂在德行上勉力。書仲虺之誥：『德懋懋官，功懋懋賞。』孔傳：『勉於德者則勉之以官，勉於功者則勉之以賞。』唐元稹授杜元潁

户部侍郎依前翰林學士制：『慎獨以修身，推誠以事朕。職勞可舉，德懋宜升。』『懋官』，謂授官以示勉勵。書仲虺之誥：『德懋懋官，功懋懋賞。』孔傳：『勉於德者，則勉之以官。』

〔三〕功懋懋賞：『懋』，明鈔本、甲庫本作『茂』。『懋賞』，獎賞以示勉勵；褒美獎賞。書仲虺之誥：『德懋懋官，功懋懋賞。』孔傳：『勉於功者，則勉之以賞。』陳書宣帝紀：『懋賞之言，明於訓誥；挾纊之美，著在撫巡。』

〔四〕經邦盛則：『盛則』，美好的法則。宋書江夏王義恭傳：『此誠弘茲遠風，敦闡盛則。』南朝梁沈約郊居賦：『仰休老之盛則，請微軀於夕陽。』

〔五〕哲王彝訓：『哲王』，賢明的君主。書酒誥：『在昔殷先哲王，迪畏天顯小民，經德秉哲。』南朝梁慧皎高僧傳義解支遁：『是以哲王御世，南面之重，莫不欽其風尚。』『彝訓』，日常的訓誡。書酒誥：『聰聽祖考之彝訓。』孔傳：『言子孫皆聰聽父祖之常教。』南朝梁劉勰文心雕龍宗經：『三極彝訓，其書言經。』范文瀾注：『彝訓猶言常訓。』

〔六〕是以寵章華衮：『寵章華衮』，四庫全書、全唐文作『華衮寵章』。『寵章』，封建時代表示高官顯爵的章服。漢潘勖册魏公九錫文：『朕聞先王并建明德，胙之以土，分之以民，崇其寵章，備其禮物，所以蕃衛王室，左右厥世也。』李善注：『禮記曰：「以爲旗章，以別貴賤。」

鄭玄曰：「章，識也。」』舊唐書鄭餘慶傳：『由是，在朝衣緑者甚少，郎官諫官有被紫垂金者。又丞郎中謝洎郎官出使，多賜章服，以示加恩，於是寵章尤濫，當時不以服章爲貴。遂詔餘慶詳格令立制，條奏以聞。』『華衮』，古代王公貴族的多采的禮服。常用以表示極高的榮寵。晉范寧春秋穀梁傳序：『一字之褒，寵逾華衮之贈。』宋王禹偁五哀詩之一：『毁譽兩無私，華衮間蕭斧。』

（七）允洽希世之勛：『允洽』，協調；協和。漢班固東都賦：『人神之和允洽，群臣之序既肅。』晉劉琨勸進表：『天人之際既交，華裔之情允洽。』『希世』，世所罕有。漢王延壽魯靈光殿賦：『邈希世而特出，羌瓌譎而鴻紛。』元歐陽玄題紫微老人大字歌：『家藏有此希世珍，取酒當爲主人壽。』

（八）玉戚朱干：玉飾的斧與紅色的盾。古代武舞所用。禮記明堂位：『朱干玉戚，冕而舞大武。』孔穎達疏：『朱干玉戚者，干，盾也；戚，斧也。赤盾而玉飾斧也。』漢書董仲舒傳：『及至周室設兩觀，乘大路，朱干玉戚，八佾陳於庭，而頌聲興。』

（九）實表宗臣之貴：『宗臣』，與君主同宗之臣。國語魯語下：『公父文伯之母欲室文伯，饗其宗老……師亥聞之曰：「善哉！男女之饗，不及宗臣；宗室之謀，不過宗人。」』宋葉紹翁四朝聞見録文忠答趙履常：『趙公啓文忠曰：「當思所以謀當路者，毋徒議之而已。」文忠答以「公

爲宗臣，固當思所以謀，如某不過朝廷一議事之臣爾。」』

〔十〕太尉、尚書令、雍州牧、左武候大將軍、陝東道行臺、尚書令、凉州總管、上柱國、秦王某：『秦王某』，即李世民。傳見兩唐書太宗本紀。舊唐書太宗紀云：『太宗文武大聖大廣孝皇帝諱世民，高祖第二子也。母曰太穆順聖皇后竇氏。隋開皇十八年十二月戊午，生於武功之別館。時有二龍戲於館門之外，三日而去。高祖之臨岐州，太宗時年四歲。有書生自言善相，謁高祖曰：「公貴人也，且有貴子。」見太宗，曰：「龍鳳之姿，天日之表，年將二十，必能濟世安民矣。」高祖懼其言泄，將殺之，忽失所在，因采「濟世安民」之義以爲名焉。太宗幼聰睿，玄鑒深遠，臨機果斷，不拘小節，時人莫能測也。……時李密初附，高祖令密馳傳迎太宗於豳州。密見太宗天姿神武，軍威嚴肅，驚悚嘆服，私謂殷開山曰：「真英主也。不如此，何以定禍亂乎？」凱旋，獻捷於太廟。拜太尉、陝東道行臺尚書令，鎮長春宫，關東兵馬并受節度。尋加左武候大將軍、凉州總管。……四年二月，又進屯青城宫。營壘未立，世充衆二萬自方諸門臨穀水而陣。太宗以精騎陣於北邙山，令屈突通率卒五千渡水以擊之，因誡通曰：「待兵交即放烟，吾當率騎軍南下。」兵纔接，太宗以騎衝之，挺身先進，與通表裏相應。賊衆殊死戰，散而復合者數焉。自辰及午，賊衆始退。縱兵乘之，俘斬八千人，於是進營城下。世充不敢復出，但嬰城自守，以

待建德之援。太宗遣諸軍掘塹，匝布長圍以守之。吴王杜伏威遣其將陳正通、徐召宗率精兵二千來會於軍所。僞鄭州司馬沈悦以武牢降，將軍王君廓應之，擒其僞荆王王行本。會竇建德以兵十餘萬來援世充，至於酸棗。蕭瑀、屈突通、封德彝皆以腹背受敵，恐非萬全，請退師穀州以觀之。太宗曰：「世充粮盡，内外離心，我當不勞攻擊，坐收其敝。建德新破孟海公，將驕卒惰，吾當進據武牢，扼其襟要。賊若冒險與我争鋒，破之必矣。如其不戰，旬日間世充當自潰。若不速進，賊入武牢，諸城新附，必不能守。二賊并力，將若之何？」通又請解圍就險以候其變，太宗不許。於是留通輔齊王元吉以圍世充，親率步騎三千五百人趣武牢。建德自滎陽西上，築壘於板渚，太宗屯武牢，相持二十餘日。諜者曰：「建德伺官軍芻盡，候牧馬於河北，因將襲武牢。」太宗知其謀，遂牧馬河北以誘之。詰朝，建德果悉衆而至，陳兵汜水，世充將郭士衡陣於其南，綿亘數里，鼓譟，諸將大懼。太宗將數騎昇高丘以望之，謂諸將曰：「賊起山東，未見大敵。今度險而戰，是無政令；逼城而陣，有輕我心。我按兵不出，彼乃氣衰，陣久卒饑，必將自退，追而擊之，無往不剋。吾與公等約，必以午時後破之。」建德列陣，自辰至午，兵士饑倦，皆坐列，又争飲水，逡巡斂退。太宗曰：「可擊矣！」親率輕騎追而誘之，衆繼至。建德迴師而陣，未及整列，太宗先登擊之，所向皆靡。俄而衆軍合戰，囂塵四起。太宗率史大奈、程咬金、秦叔寶、宇文歆等揮

幡而入，直突出其陣後，張我旗幟。賊顧見之，大潰。追奔三十里，斬首三千餘級，虜其衆五萬，生擒建德於陣。太宗數之曰：「我以干戈問罪，本在王世充，得失存亡，不預汝事，何故越境，犯我兵鋒？」建德股慄而言曰：「今若不來，恐勞遠取。」高祖聞而大悦，手詔曰：「隋氏分崩，崤函隔絶。兩雄合勢，一朝清蕩。兵既剋捷，更無死傷。無愧爲臣，不憂其父，并汝功也。」乃將建德至東都城下。世充懼，率其官屬二千餘人詣軍門請降，山東悉平。太宗入據宮城，令蕭瑀、竇軌等封守府庫，一無所取，令記室房玄齡收隋圖籍。於是誅其同惡段達等五十餘人，枉被囚禁者悉釋之，非罪誅戮者祭而誄之。大饗將士，班賜有差。高祖令尚書左僕射裴寂勞於軍中。六月，凱旋。太宗親披黄金甲，陳鐵馬一萬騎，甲士三萬人，前後部鼓吹，俘二僞主及隋氏器物輦輅獻於太廟。高祖大悦，行飲至禮以享焉。高祖以自古舊官不稱殊功，乃别表徽號，用旌勛德。十月，加號天策上將、陝東道大行臺，位在王公上。增邑二萬户，通前三萬户。賜金輅一乘，衮冕之服，玉璧一雙，黄金六千斤，前後部鼓吹及九部之樂，班劍四十人。」

〔十一〕締構之始：『締構』，猶締造。謂經營開創。晉左思魏都賦：『有魏開國之日，締構之初，萬邑譬焉，亦獨犨麋之與子都，培塿之與方壺也。』宋書徐羡之傳：『近思皇室締構之艱，時攬萬機，躬親朝政。』

〔十二〕元功夙著：『元功』，大功；首功。史記太史公自序：『維高祖元功，輔臣股肱，剖符而爵，澤流苗裔，忘其昭穆，或殺身隕國。』後漢書馮衍傳上：『將定國家之大業，成天地之元功也。』

〔十三〕文教聿宣：『文教』，指禮樂法度；文章教化。書禹貢：『三百里揆文教。』孔穎達疏：『此服諸侯揆度王者政教而行之。』晉書劉頌傳：『魏武帝以經略之才，撥煩理亂，兼肅文教，積數十年，至於延康之初，然後吏清下順，法始大行。』

〔十四〕薛舉盜寇秦隴：『薛舉』，隋朝末年地方割據群雄之一。傳見舊唐書卷五十五、新唐書卷八十六。舊唐書其本傳載：『薛舉，河東汾陰人也。其父汪，徙居金城。舉容貌瑰偉，凶悍善射，驍武絶倫，家産巨萬，交結豪猾，雄於邊朔。初，爲金城府校尉。……舉與其子仁杲及同謀者十三人，於座中劫瑗，矯稱收捕反者，因發兵囚郡縣官，開倉以賑貧乏。自稱西秦霸王，建元爲秦興，封仁杲爲齊公，少子仁越爲晋公。……舉策馬先登，衆軍從之，隋軍大潰，遂陷枹罕。時羌首鍾利俗擁兵二萬在岷山界，盡以衆降舉，兵遂大振。……數日間，盡有隴西之地，衆至十三萬。……舉勢益張，軍號三十萬，將圖京師。會義兵定關中，遂留攻扶風。太宗帥師討敗之，斬首數千級，追奔至隴坻而還。舉又懼太宗逾隴追之，乃問其衆曰：「古來天子有降事否？」

僞黄門侍郎褚亮曰：「昔越帝趙佗卒歸漢祖，蜀主劉禪亦仕晋朝，近代蕭琮，至今猶貴。轉禍爲福，自古有之。」其衛尉卿郝瑗趨而進曰：「皇帝失問。褚亮之言，又何悖也！昔漢祖屢經敗績，蜀先主亟亡妻子，戰之利害，何代無之？安得一戰不捷，而爲亡國之計也！」舉亦悔之，答曰：「聊發此問，試君等耳。」乃厚賞瑗，引爲謀主。……武德元年，豐州總管張長遜進擊宗羅睺，舉悉衆來援，軍屯高墌，縱兵虜掠，至於豳、岐之地。太宗又率衆擊之，軍次高墌城，度其糧少，意在速戰，乃命深溝堅壁，以老其師。未及與戰，會太宗不豫，行軍長史劉文静、殷開山請觀兵於高墌西南，恃衆不設備，爲舉兵掩乘其後。太宗聞之，知其必敗，遽與書責之。未至，兩軍合戰，竟爲舉所敗，死者十五六，大將慕容羅睺、李安遠、劉弘基皆陷於陣。太宗歸於京師，舉軍取高墌，又遣仁杲進圍寧州。郝瑗言於舉曰：「今唐兵新破，將帥并擒，京師騷動，可乘勝直取長安。」舉然之。臨發而舉疾，召巫視之，巫言唐兵爲祟，舉惡之，未幾而死。舉每破陣，所獲士卒皆殺之，殺人多斷舌、割鼻，或碓搗之。其妻性又酷暴，好鞭撻其下，見人不勝痛而宛轉於地，則埋其足，纔露腹背而捶之。由是人心不附。仁杲代董其衆，僞謚舉爲武皇帝，未葬而仁杲滅。』

〔十五〕武周擾亂河汾：『武周』，即刘武周，傳見舊唐書卷五十五、新唐書卷八十六。舊唐書其本傳載：『劉武周，河間景城人。父匡，徙家馬邑。……突厥立武周爲定楊可汗，遺以狼

頭纛。因僭稱皇帝，以妻沮氏爲皇后，建元爲天興。以衛士楊伏念爲左僕射，妹婿同縣人苑君璋爲内史令。先是，上谷人宋金剛有衆萬餘人，在易州界爲群盜，定州賊帥魏刀兒與相表裏。後刀兒爲竇建德所滅，金剛救之，戰敗，率餘衆四千人奔武周。武周聞金剛善用兵，得之甚喜，號爲宋王，委以軍事，中分家産遺之。金剛亦深自結納，遂出其妻，請聘武周之妹。又説武周入圖晋陽，南向以争天下……河東賊帥王行本又密與金剛連和，關中大駭。高祖命太宗益兵進討，屯於柏壁，相持者久之。又命永安王孝基、陜州總管于筠、工部尚書獨孤懷恩、内史侍郎唐儉進取夏縣，不能克，軍於城南。崇茂與賊將尉遲敬德襲破孝基營，諸軍并陷，四將俱没。敬德還澮州，太宗邀擊於美良川，大破之。敬德與賊將尋相又援王行本於蒲州，太宗復破之於蒲州。高祖親幸蒲津關，太宗自柏壁輕騎謁高祖於行在所。宋金剛遂圍絳州。及太宗還，金剛懼而引退。武周復攻李仲文於浩州，頻戰皆敗，又饋運不屬，賊衆大餒，於是金剛遂遁。太宗復追及金剛於雀鼠谷，一日八戰，皆破之，俘斬數萬人，獲輜重千餘兩。金剛走入介州，王師逼之。金剛尚有衆二萬，出其西門，背城而陣，太宗與諸將力戰破之，金剛輕騎遁走。其驍將尉遲敬德、尋相、張萬歲收其精兵，舉介州及永安來降。武周大懼，率五百騎棄并州北走，自乾燭谷亡奔突厥。金剛復收其亡散以拒官軍，人莫之從，與百餘騎復奔突厥。太宗進平并州，悉復故地。未幾，金剛背突厥而亡，將還上谷，

爲追騎所獲，腰斬之。武周又欲謀歸馬邑，事泄，爲突厥所殺。武周自初起至死，凡六載。……』

〔十六〕受脤專征：『受脤』，明鈔本、四庫全書、甲庫本、全唐文、適園叢書作『受朕』。『受脤』，古代出兵祭社，其名爲宜。祭畢，以社肉頒賜衆人，謂之受脤。左傳閔公二年：『帥師者，受命於廟，受脤於社。』杜預注：『脤，宜社之肉，盛以脤器也。』『專征』，受命自主征伐。漢班固白虎通考黜：『好惡無私，執義不傾，賜以弓矢，使得專征。』晉陶潛命子詩：『桓桓長沙，伊勛伊德。天子疇我，專征南國。』

〔十七〕屢夷妖醜：『屢夷』，四庫全書作『屢決』，全唐文作『屢平』。

〔十八〕然而世充僭擅：『世充』，即王世充。傳見舊唐書卷五十四、新唐書卷八十五。舊唐書其本傳載：『王世充，字行滿，本姓支，西域胡人也。寓居新豐。祖支頹耨，早死。父收，隨母嫁霸城王氏，因冒姓焉，仕至汴州長史。世充頗涉經史，尤好兵法及龜策、推步之術。開皇中，以軍功拜儀同，累轉兵部員外郎。……十一年，突厥圍煬帝於雁門。世充盡發江都人將往赴難，在軍中蓬首垢面，悲泣無度，曉夜不解甲，藉草而卧。煬帝聞之，以爲忠，益信任之。十二年，遷江都通守。……俄而宇文化及作難，太府卿元文都、武衛將軍皇甫無逸、右司郎中盧楚，奉越王侗嗣位於東都，拜世充爲吏部尚書，封鄭國公。……二年三月，遂策授相國，總百揆，封鄭王，

加九錫備物。有道士桓法嗣者，自言解圖讖，乃上孔子閉房記，畫作丈夫持一竿以驅羊。釋云：「隋，楊姓也。干一者，王字也。王居羊後，明相國代隋爲帝也。」又取莊子人間世、德充符二篇上之，法嗣釋曰：「上篇言世，下篇言充，此即相國名矣，明當德被人間，而應符命爲天子也。」世充大悦曰：「此天命也。」再拜受之，即以法嗣爲諫議大夫。世充又羅取雜鳥，書帛繫其頸，自言符命而散放之。有彈射得鳥來而獻者，亦拜官爵。段達、雲定興等入見於侗曰：「天命不常，鄭王功德甚盛，願陛下揖讓告禪，遵唐、虞之迹。」侗怒曰：「天下者，高祖之天下，若隋德未衰，此言不可發；必天命有改，亦何論於禪讓？公等皆是先朝舊臣，忽有斯言，朕復當何所望！」段達等莫不流涕。世充又使人謂曰：「今海内未定，須得長君，待四方乂安，復子明辟。必若前盟，義不違負。」四月，假爲侗詔策禪位，遣兄世惲廢侗於含涼殿，世充僭即皇帝位，建元曰「開明」，國號「鄭」。先封同姓王隆爲淮陽王，整爲東郡王，楷爲馮翊王，素爲樂安王。次封叔瓊爲陳王，兄世衡爲秦王，世偉爲楚王，世惲爲齊王。又封瓊子辯爲杞王，衡子虔壽爲蔡王，偉子弘烈爲魏王，行本爲荆王，琬爲代王；惲子仁則爲唐王，道誠爲衛王，道詢爲趙王，道棱爲燕王；兄世師子太爲宋王，君度爲越王。立子玄應爲皇太子，封子玄恕爲漢王。……七月，秦王率兵攻之，師至新安，世充鎮堡相次來降。八月，秦王陳兵於青城宫，世充悉兵來拒，隔澗而言曰：「隋

末喪亂，天下分崩，長安、洛陽，各有分地，世充唯願自守，不敢西侵。計熊、谷二州，相去非遠，若欲取之，豈非度内？既敦鄰好，所以不然。王乃盛相侵軼，遠入吾地，三崤之道，千里饋糧，以此出師，未見其可。」太宗謂曰：「四海之内，皆承正朔，唯公執迷，獨阻聲教。東都士庶，亟請王師，關中義勇，感恩致力。至尊重違衆願，有斯吊伐。若轉禍來降，則富貴可保；如欲相抗，無假多言。」世充無以報。太宗分遣諸將攻其城鎮，所至輒下。九月，王君廓攻拔世充之轘轅縣，東徇地至管城而還，於是河南州縣相次降附。竇建德自侵殷州之後，與世充遂結深隙，信使斷絕。十一月，竇建德又遣人結好，并陳救援之意。世充乃遣其兄子琬及内史令長孫安世報聘，且乞師。四年二月，世充率兵出方諸門，與王師相抗，世充軍敗。因乘勝追之，屯其城門。世充步卒不得入，驚散南走，追斬數千級，虜五千餘人。世充從此不復敢出，但嬰城自守，以待建德之援。三月，秦王擒建德并王琬、長孫安世等於武牢，回至東都城下以示之，且遣安世入城，使言敗狀。世充惶惑，不知所爲，將潰圍而出，南走襄陽，謀於諸將，皆不答，乃率其將吏詣軍門請降。於是收其府庫，頒賜將士。世充黄門侍郎薛德音以文檄不遜，先誅之，次收世充黨與段達、楊注、單雄信、楊公卿、郭士衡、郭什柱、董濬、張童仁、朱粲等十餘人，皆戮於洛渚之上。秦王以世充至長安，高祖數其罪，世充對曰：「計臣之罪，誠不容誅，但陛下愛子秦王許臣不死。」高祖乃釋之。與

兄芮、妻、子同徙於蜀，將行，爲仇人定州刺史獨孤修所殺。子玄應及兄世偉等在路謀叛，伏誅。世充自篡位，凡三年而滅。』

〔十九〕伊洛未清：『伊洛』，亦作『伊雒』。伊水與洛水。兩水匯流，多連稱。亦指伊洛流域。國語周語上：『昔伊洛竭而夏亡，河竭而商亡。』韋昭注：『伊出熊耳，洛出冢嶺。禹都陽城，伊洛所近。』三國魏曹植贈白馬王彪詩：『伊洛廣且深，欲濟川無梁。』

〔二十〕建德憑陵：『建德』，即竇建德，傳見舊唐書卷五十四、新唐書卷八十五。舊唐書其本傳載：『竇建德，貝州漳南人也。……（武德）四年……三月，秦王入武牢，進薄其營，多所傷殺，并擒其將殷秋、石瓚。時世充弟世辨爲徐州行臺，遣其將郭士衡領兵數千人從之，合衆十餘萬，號爲三十萬，軍次成皋，築宮於板渚，以示必戰。又遣間使約世充共爲表裏。經二月，迫於武牢，不得進。秦王遣將軍王君廓領輕騎千餘抄其糧運，獲其大將張青特，虜獲甚衆。建德數不利，人情危駭，將帥已下破孟海公，皆有所獲，思歸洺州。凌敬進説曰：「宜悉兵濟河，攻取懷州河陽，使重將居守。更率衆鳴鼓建旗，逾太行，入上黨，先聲後實，傳檄而定。漸趨壺口，稍駭蒲津，收河東之地，此策之上也。行此必有三利：一則入無人之境，師有萬全；二則拓土得兵；三則鄭圍自解。」建德將從之，而世充之使長孫安世陰賫金玉，啖其諸將，以亂其謀。衆咸

進諫曰：「凌敬，書生耳，豈可與言戰乎？」建德從之，退而謝敬曰：「今衆心甚銳，此天贊我矣。因此決戰，必將大捷。已依衆議，不得從公言也。」敬固争，建德怒，扶出焉。其妻曹氏又言於建德曰：「祭酒之言可從，大王何不納也？請自滏口之道，乘唐國之虚，連營漸進，以取山北，又因突厥西抄關中，唐必還師以自救，此則鄭圍解矣。今頓兵武牢之下，日月淹久，徒爲自苦，事恐無功。」建德曰：「此非女子所知也。且鄭國懸命朝暮，以待吾來，既許救之，豈可見難而退，示天下以不信也？」於是悉衆進逼武牢，官軍按甲挫其鋭。及建德結陣於汜水，秦王遣騎挑之，建德進軍而戰，竇抗當之。建德少却，秦王馳騎深入，反覆四五合，然後大破之。建德中槍，竄於牛口渚，車騎將軍白士讓、楊武威生獲之。先是，軍中有童謡曰：「豆入牛口，勢不得久。」建德行至牛口渚，甚惡之，果敗於此地。建德所領兵衆，一時奔潰，妻曹氏及其左僕射齊善行將數百騎遁於洺州。余黨欲立建德養子爲主，善行曰：「夏王平定河朔，士馬精强，一朝被擒如此，豈非天命有所歸也？不如委心請命，無爲塗炭生人。」遂以府庫財物悉分士卒，各令散去。善行乃與建德右僕射裴矩、行臺曹旦及建德妻率僞官屬，舉山東之地，奉傳國等八璽來降。七月，秦王俘建德至京師，斬於長安市，年四十九。自起軍至滅，凡六歲，河北悉平。其年，劉黑闥復盜據山東。」『憑陵』，横行，猖獗。齊王儉《褚淵碑文》：『嗣王荒怠於天位，强臣憑陵於荆楚。』

張銑注：『憑陵，勇暴貌也。』唐杜甫病橘詩：『寇盜尚憑陵，當君減膳時。』

〔二十一〕趙衛猶梗：『趙衛』，全唐文作『趙魏』。

〔二十二〕總戎致討：『總戎』，統管軍事；統率軍隊。魏書 尉元傳：『臣以天安之初，奉律總戎，廓寧淮右，海内既平，仍忝徐岳。』周書 武帝紀下：『帝總戎北伐。』唐楊炯中書令汾陰公薛振行狀：『吐蕃不庭，詔英王爲元帥，總戎西討。』

〔二十三〕問罪三川：『三川』，三條河流的合稱，所指不一。(1)西周以涇、渭、洛爲三川。國語 周語上：『幽王二年，西周三川皆震。』韋昭注：『三川，涇、渭、洛，出於岐山。』(2)東周以河、洛、伊爲三川。戰國策 秦策一：『親魏善楚，下兵三川。』南朝宋鮑照詠史：『五都矜財雄，三川養聲利。』李善注引韋昭曰：『有河、洛、伊，故曰三川。』(3)指洛陽。南朝宋顔延之北使洛陽詩：『前登陽城路，日夕望三川。』唐王維送韋大夫東京留守詩：『雲旗蔽三川，畫角發龍吟。』趙殿成注：『史記索隱：三川，今洛陽也。』

〔二十四〕馭以長算：『長算』，長遠之計。三國志 蜀書 張嶷傳：『太傅離少主，履敵庭，恐非良計長算之術也。』晉陸機吊魏武帝文：『長筭屈於短日，遠迹頓於促路。』

〔二十五〕凶黨窘蹙：『窘蹙』，亦作『窘蹴』、『窘促』。困迫；局促。南朝宋劉義慶世

説新語　文學：『宏窘蹙無計，便答：「我大道公，何以云無？」』舊唐書　裴度傳：『臣昨見吴元濟乞降表，料此逆賊，勢實窘蹙。但諸將不一，未能迫之，故未降耳。』

〔二十六〕既而漳濱蟻聚：『漳濱』，漳水邊。漢劉楨贈五官中郎將詩之二：『余嬰沈痼疾，竄身清漳濱。』後因用爲卧病的典實。唐劉禹錫許給事見示哭工部劉尚書詩因命同作詩：『乞身來闕下，賜告卧漳濱。』『蟻聚』，如螞蟻般聚集。比喻結集者之多。三國志　吴書　周魴傳：『錢唐大帥彭式等蟻聚爲寇。』晋袁宏後漢紀　獻帝紀一：『百姓驚愕不解此意，必糜沸蝗聚，以致擾亂。』

〔二十七〕來渡河津：『河津』，河邊的渡口。北周庾信春賦：『三日曲水向河津，日晚河邊多解神。』唐高適秋胡行：『誓將顧恩不顧身，念君此日赴河津。』

〔二十八〕同惡相求：同作惡者，彼此互有需求。左傳　昭公十三年：『同惡相求，如市賈焉。』顧炎武左傳杜解補正引傅遜曰：『同惡謂同謀造亂之人。』周書　陸通傳：『同惡相求，遂成反亂。』

〔二十九〕三軍爰整：『三軍』，軍隊的通稱。論語　子罕：『三軍可奪帥也，匹夫不可奪志也。』漢書　灌夫傳：『魏其言灌夫父死事，身荷戟馳不測之吴軍，身被數十創，名冠三軍。』

〔三十〕戎威遠暢：『戎威』，軍威。南朝梁何遜行經孫氏陵詩：『豹變分奇略，虎視肅戎威。』唐駱賓王夕次舊吴詩：『黄池通霸業，赤壁暢戎威。』『遠暢』，猶遠揚。漢禰衡鸚鵡賦：『於

是羡芳聲之遠暢，偉靈表之可嘉。』元劉賡睿宗皇帝加上尊謚册文：『逮天討之奉行，致皇威之遠暢。』

〔三十一〕九圍静謐：『九圍』，九州。詩商頌長發：『帝命式於九圍。』孔穎達疏：『謂九州爲九圍者，蓋以九分天下，各爲九處，規圍然，故謂之九圍也。』隋書西域傳高昌：『自我皇隋，平一宇宙，化偃九圍，德加四表。』

〔三十二〕鴻勛盛績：『鴻勛』，偉大的功勛；宏大的事業。漢蔡邕楊公碑：『於是門人學徒，相與刊石樹碑，表勒鴻勛贊懿德。』宋司馬光相國魏忠獻韓公挽辭：『鴻勛柱石壯，勁節雪霜寒。』

〔三十三〕朝野具瞻：『朝野』，朝廷與民間。亦指政府方面與非政府方面。後漢書杜喬傳：『由是海内嘆息，朝野瞻望焉。』唐韓愈爲宰相賀雪表：『見天人之相應，知朝野之同歡。』『具瞻』，謂爲衆人所瞻望。語出詩小雅節南山：『赫赫師尹，民具爾瞻。』毛傳：『具，俱；瞻，視。』鄭玄箋：『此言尹氏汝居三公之位，天下之民俱視汝之所爲。』三國志魏書高柔傳：『今公輔之臣，皆國之棟梁，民所具瞻。』

〔三十四〕申錫寵章：『申錫』，厚賜。詩商頌烈祖：『申錫無疆，及爾斯所。』毛傳：『申，重。』鄭玄箋：『天又重賜之以無竟界之期。』高亨注：『錫，賜。』唐張九齡奉和聖制幸晋陽宫：『聖

朝將申錫，王業成艱難。』『寵章』，封建時代表示高官顯爵的章服。漢潘勖册魏公九錫文：『朕聞先王并建明德，胙之以土，分之以民，崇其寵章，備其禮物，所以蕃衛王室，左右厥世也。』李善注：『禮記曰：「以爲旗章，以别貴賤。」鄭玄曰：「章，識也。」』舊唐書鄭餘慶傳：『由是，在朝衣緑者甚少，郎官諫官有被紫垂金者。又丞郎中謝洎郎官出使，多賜章服，以示加恩，於是寵章尤濫，當時不以服章爲貴。遂詔餘慶詳格令立制，條奏以聞。』

〔三十五〕實允僉議：『僉議』，衆人的意見。多用於群臣百官。南朝梁沈約授蕭惠休右僕射詔：『入副朝端，僉議斯在。』唐白居易中書舍人韋貫之授禮部侍郎制：『儀曹之選，僉議所歸。』

〔三十六〕宜崇徽命：『徽命』，大命。指天命。明方孝孺存養齋記：『惟天以二氣敷施，五行實函，顯赫徽命，播生萬匯。』

〔三十七〕位高群品：『群品』，萬事萬物。唐孔穎達周易正義序：『聖人有以仰觀俯察，象天地而育群品。』唐李商隱井泥四十韻：『茫茫此群品，不定輪與蹄。』

〔三十八〕文物所加：『文物』，指禮樂制度。古代用文物明貴賤，制等級，故云。左傳桓公二年：『夫德，儉而有度，登降有數，文物以紀之，聲明以發之，以臨百官。』唐杜甫行次昭陵詩：『文物多師古，朝廷半老儒。』

〔三十九〕特超恒數：『恒數』，常規。南朝梁劉勰文心雕龍附會：『夫才量學文，宜正體制……然後品藻玄黄，摛振金玉，獻可替否，以裁厥中。斯綴思之恒數也。』

〔四十〕建官命職：『建官』，設置官職。書周官：『唐虞稽古，建官惟百。』宋曾鞏乞賜唐六典狀：『其事至衆而舉之有條，其體至大而統之有要，可謂得建官制理之方。』

〔四十一〕用標茂實：『茂實』，盛美的德業。漢司馬相如封禪文：『俾萬世得激清流，揚微波，蜚英聲，騰茂實。』南朝梁簡文帝上昭明太子集别傳表：『永彰茂實，式表洪徽。』

〔四十二〕增邑二萬户：『二萬户』，原作『一萬户』，今據舊唐書太宗紀、資治通鑑、明鈔本改。

〔四十三〕加賜金輅一、衮冕之服：『金輅』，五路之一。古代帝王家乘用的飾金之車。周禮春官巾車：『金路，鉤樊纓九就，建大旂，以賓，同姓以封。』鄭玄注：『金路，以金飾諸末。』新唐書車服志：『凡天子之車：曰玉路者，祭祀、納后所乘也，青質，玉飾末；金路者，饗、射、祀還，飲至所乘也，赤質，金飾末。』『衮冕』，衮衣和冕。古代帝王與上公的禮服和禮冠。周禮春官司服：『王之吉服，祀昊天上帝則大裘而冕；祀五帝亦如之；享先王則衮冕……公之服，自衮冕而下，如王之服。』國語周語中：『棄衮冕而南冠以出，不亦簡彝乎！』韋昭注：『衮，衮龍之衣也；冕，大冠也。公之盛服也。』

〔四十四〕前後鼓吹九部之樂：『九部之樂』，隋及唐初宫廷的九部宴會樂曲。隋書音樂志下：『隋開皇初，定置國伎、清商伎、高麗伎、天竺伎、安國伎、龜兹伎、文康伎七部樂。及大業中煬帝乃定清樂、西涼、龜兹、天竺、康國、疏勒、安國、高麗、禮畢，以爲九部樂。』唐武德初，去天竺、文康（即禮畢），增燕樂和扶南，仍爲九部。宋王讜唐語林補遺一：『高宗將會百官命婦於宣政殿，并設九部樂。』

〔四十五〕班劍四十人：『班劍』，指持班劍的武士。南朝齊王儉褚淵碑文：『以靖難之功，進爵爲侯，兼授尚書令、中軍將軍，給班劍二十人。』舊唐書魏徵傳：『徵薨，年六十四，太宗親臨慟哭……給羽葆鼓吹、班劍四十人。』

秦王領左右十二衛大將軍制〔一〕

禦侮折衝〔二〕，朝寄尤切〔三〕；任惟勛德〔四〕，實伫親賢〔五〕。天策上將、太尉、領司徒、尚書令、陝東道大行臺、益州道行臺尚書令、雍州牧、涼州總管、左右武候大將軍、上柱國、秦王某〔六〕，宇量凝邈〔七〕，志識明劭〔八〕，爰始締構〔九〕，功參鼎業〔十〕。廓清秦隴〔十一〕，茂績以彰〔十二〕；戡定周韓〔十三〕，戎威遐暢〔十四〕。河朔餘寇〔十五〕，取若

拾遺〔十六〕；濟代逋誅〔十七〕，克同振朽。宣風都輦〔十八〕，綜務朝端〔十九〕，政術有聞〔二十〕，綱目斯舉〔二十一〕。宜加褒寵〔二十二〕，式兼常秩〔二十三〕，總攝戎機〔二十四〕，望實惟允〔二十五〕。可領左右十二衛大將軍。餘并如故。武德五年十月。

校箋

〔一〕本文又見於全唐文卷一，文題作秦王領左右十二衛大將軍制，署名唐高祖。本文文末標明時間爲『武德五年十月』，考舊唐書太宗紀載：『（武德）五年……十月，加左右十二衛大將軍。』新唐書太宗紀載：『（武德）五年正月，討劉黑闥於洺州，敗之。黑闥既降，已而復反。高祖怒，命太子建成取山東男子十五以上悉阬之，驅其小弱婦女以實關中。太宗切諫，以爲不可，遂已。加拜左右十二衛大將軍。』資治通鑑卷一百九十載：『（武德五年）冬，十月……甲子，以秦王世民領左、右十二衛大將軍。』據上述典籍所載，秦王領左右十二衛大將軍時間爲武德五年（六二二）十月甲子（十六日），此文撰寫時間當在是時稍前。

〔二〕禦侮折衝：『禦侮』，謂抵禦外侮。孔叢子論書：『自吾得由也，惡言不至於門，是

非禦侮乎！』周書 魏玄傳：『灌瓜贈藥，雖有愧於昔賢；禦侮折衝，足方駕於前烈。』宋胡銓上高宗封事：『有如虜騎長驅，尚能折衝禦侮乎！』『折沖』，使敵人的戰車後撤。即制敵取勝。衝，衝車。戰車的一種。吕氏春秋 召類：『夫修之於廟堂之上，而折衝乎千里之外者，其司城子罕之謂乎？』高誘注：『衝，車。所以衝突敵之軍，能陷破之也……使欲攻己者折還其衝車於千里之外，不敢來也。』唐李邕鬥鴨賦：『或離披以折衝，或奮振以前却。』

〔三〕朝寄尤切：『朝寄』，朝廷的委托。晉書 謝安傳：『安雖受朝寄，然東山之志始末不渝，每形於言色。』南朝陳徐陵在吏部尚書答諸求官人書：『但既忝衡流，應須粉墨，庶其允當，無負朝寄耳。』隋書 史祥傳：『帝嘗賜祥詩曰：「伯奭朝寄重，夏侯親遇深。」』

〔四〕任惟勛德：『勛德』，指有功勛德行的人。北魏楊衒之洛陽伽藍記 平等寺：『子攸不顧宗社，讎忌勛德，招聚輕俠。』

〔五〕實伫親賢：『親賢』，親戚與賢臣。南朝梁任昉齊竟陵文宣王行狀：『地尊禮絶，親賢莫貳。』吕向注：『位居尊重之地，與百官禮儀隔絶，則親戚賢臣皆無有二心也。』南史 宋宗室及諸王傳上論：『自古帝王之興，雖係之於曆數，至於經啓多難，莫不兼藉親賢。』

〔六〕天策上將、太尉、領司徒、尚書令、陜東道大行臺、益州道行臺尚書令、雍州牧、凉州總管、

左右武候大將軍、上柱國、秦王某：『秦王某』，全唐文作『秦王世民』。『秦王某』，謂唐太宗李世民。傳見兩唐書其本紀。舊唐書太宗紀載：『太宗文武大聖大廣孝皇帝諱世民，高祖第二子也。母曰太穆順聖皇后竇氏。隋開皇十八年十二月戊午，生於武功之別館。時有二龍戲於館門之外，三日而去。高祖之臨岐州，太宗時年四歲。有書生自言善相，謁高祖曰：「公貴人也，且有貴子。」見太宗，曰：「龍鳳之姿，天日之表，年將二十，必能濟世安民矣。」高祖懼其言泄，將殺之，忽失所在，因采「濟世安民」之義以爲名焉。太宗幼聰睿，玄鑒深遠，臨機果斷，不拘小節，時人莫能測也。……時李密初附，高祖令密馳傳迎太宗於豳州。密見太宗天姿神武，軍威嚴肅，驚悚嘆服，私謂殷開山曰：「真英主也。不如此，何以定禍亂乎？」凱旋，獻捷於太廟。拜太尉、陝東道行臺尚書令，鎮長春宮，關東兵馬并受節度。尋加左武候大將軍、涼州總管。……四年二月，又進屯青城宮。營壘未立，世充衆二萬自方諸門臨穀水而陣。太宗以精騎陣於北邙山，令屈突通率卒五千渡水以擊之，因誡通曰：「待兵交即放烟，吾當率騎軍南下。」兵纔接，太宗以騎衝之，挺身先進，與通表裏相應。賊衆殊死戰，散而復合者數焉。自辰及午，賊衆始退。縱兵乘之，俘斬八千人，於是進營城下。世充不敢復出，但嬰城自守，以待建德之援。太宗遣諸軍掘塹，匝布長圍以守之。吴王杜伏威遣其將陳正通、徐召宗率精兵二千來會於軍所。僞鄭州司馬

沈悦以武牢降，將軍王君廓應之，擒其僞荆王王行本。會竇建德以兵十餘萬來援世充，至於酸棗。蕭瑀、屈突通、封德彝皆以腹背受敵，恐非萬全，請退師穀州以觀之。太宗曰：「世充粮盡，内外離心，我當不勞攻擊，坐收其敝。建德新破孟海公，將驕卒惰，吾當進據武牢，扼其襟要。賊若冒險與我争鋒，破之必矣。如其不戰，旬日間世充當自潰。若不速進，賊入武牢，諸城新附，必不能守。二賊并力，將若之何？」通又請解圍就險以候其變，太宗不許。於是留通輔齊王元吉以圍世充，親率步騎三千五百人趣武牢。建德自滎陽西上，築壘於板渚，太宗屯武牢，相持二十餘日。諜者曰：「建德伺官軍芻盡，候牧馬於河北，因將襲武牢。」太宗知其謀，遂牧馬河北以誘之。詰朝，建德果悉衆而至，陳兵汜水，世充將郭士衡陣於其南，綿亘數里，鼓譟，諸將大懼。太宗將數騎昇高丘以望之，謂諸將曰：「賊起山東，未見大敵。今度險而戰，是無政令；逼城而陣，有輕我心。我按兵不出。彼乃氣衰，陣久卒饑，必將自退，追而擊之，無往不剋。吾與公等約，必以午時後破之。」建德列陣，自辰至午，兵士饑倦，皆坐列，又争飲水，逡巡斂退。太宗曰：「可擊矣！」親率輕騎追而誘之，衆繼至。建德迴師而陣，未及整列，太宗先登擊之，所向皆靡。俄而衆軍合戰，囂塵四起。太宗率史大奈、程咬金、秦叔寶、宇文歆等揮幡而入，直突出其陣後，張我旗幟。賊顧見之，大潰。追奔三十里，斬首三千餘級，虜其衆五萬，生擒建德於陣。太宗數

之曰：「我以干戈問罪，本在王世充，得失存亡，不預汝事，何故越境，犯我兵鋒？」建德股慄而言曰：「今若不來，恐勞遠取。」高祖聞而大悦，手詔曰：「隋氏分崩，崤函隔絶。兩雄合勢，一朝清蕩。兵既剋捷，更無死傷。無愧爲臣，不憂其父，并汝功也。」乃將建德至東都城下。世充懼，率其官屬二千餘人詣軍門請降，山東悉平。太宗入據宫城，令蕭瑀、竇軌等封守府庫，一無所取，令記室房玄齡收隋圖籍。於是誅其同惡段達等五十餘人，枉被囚禁者悉釋之，非罪誅戮者祭而誄之。大饗將士，班賜有差。高祖令尚書左僕射裴寂勞於軍中。六月，凱旋。太宗親披黄金甲，陳鐵馬一萬騎，甲士三萬人，前後部鼓吹，俘二僞主及隋氏器物輦輅獻於太廟。高祖大悦，行飲至禮以享焉。高祖以自古舊官不稱殊功，乃别表徽號，用旌勛德。十月，加號天策上將、陝東道大行臺，位在王公上。增邑二萬户，通前三萬户。賜金輅一乘，衮冕之服，玉璧一雙，黄金六千斤，前後部鼓吹及九部之樂，班劍四十人。……十二月，太宗總戎東討。五年正月，進軍肥鄉，分兵絶其糧道，相持兩月。黑闥窘急求戰，率步騎二萬，南渡洺水，晨壓官軍。太宗親率精騎，擊其馬軍，破之，乘勝蹂其步卒，賊大潰，斬首萬餘級。先是，太宗遣堰洺水上流使淺，令黑闥得渡。及戰，乃令決堰，水大至，深丈餘，賊徒既敗，赴水者皆溺死焉。黑闥與二百餘騎北走突厥，悉虜其衆，河北平。時徐圓朗阻兵徐、兖，太宗回師討平之，於是河、濟、江、淮諸郡邑皆平。

十月，加左右十二衛大將軍。』

〔七〕宇量凝邈：『宇量』，氣度；度量。藝文類聚卷四七引晉潘岳司空鄭袤碑：『於鑠元侯，則天垂象。弘操岳峻，宇量深廣。』舊唐書代宗紀：『玄宗諸孫百餘，上爲嫡皇孫。宇量弘深，寬而能斷，喜懼不形於色。』『凝邈』，深遠。梁書元帝紀：『日者，百司岳牧，祈仰宸鑒。錫珪之功，既歸有道，當璧之禮，允屬聖明；而優詔謙沖，窅然凝邈。飛龍可躋，而乾爻在四；帝閽雲叫，而閶闔未開。』隋薛道衡隋高祖頌序：『公卿庶尹，遐邇牧岳，僉以天平地成，千載之嘉會；登封降禪，百王之盛典。宜其金泥玉檢，展禮介丘；飛聲騰實，常爲稱首。天子爲而不恃，成而不居，冲旨凝邈，固辭弗許。』

〔八〕志識明劭：『識』，明鈔本、甲庫本作『誠』。『志識』，思想意識；見解。北齊書王晞傳：『我弟并向成長，志識未定，近善狎惡，不能不移。』明謝肇淛五雜俎事部三：『夫士貴自立，即今生之富貴貧賤，不必論也，而況又追求之前生，又希望來生之富貴，其志識卑陋，亦可哀矣。』

〔九〕爰始締構：『締構』，猶締造。謂經營開創。晉左思魏都賦：『有魏開國之日，締構之初，萬邑比焉，亦猶犨麋之與子都，培塿之與方壺也。』宋書徐羡之傳：『近思皇室締構之艱，時攬萬機，躬親朝政。』

〔十〕功參鼎業：『鼎業』，帝王之大業。梁書武帝紀上：『丙辰，齊帝禪位於梁王。詔曰：「……三光再沈，七廟如綴。鼎業幾移，含識知泯。」』周書文閔明武宣諸子傳論：『是以齊晉帥禮，鼎業傾而復振；温陶釋位，王綱弛而更張。』

〔十一〕廓清秦隴：『秦隴』，指今陝西、甘肅之地。宋陸游老學庵筆記卷五：『姚福進者，兕麟之祖也，德順軍人，以挽强名於秦隴間。』陳毅寄友詩：『秦隴消息倩誰問，故交鬼影夢中歸。』

〔十二〕茂績以彰：『茂績』，豐功偉績。後漢書朱祐景丹等傳論：『英姿茂績，委而無用。』晉潘岳楊荆州誄：『忠節克明，茂績惟嘉。』此二句事見舊唐書太宗紀：『武德元年七月，薛舉寇涇州，太宗率衆討之，不利而旋。九月，薛舉死，其子仁杲嗣立。太宗又爲元帥以擊仁杲，相持於折墌城，深溝高壘者六十餘日。賊衆十餘萬，兵鋒甚鋭，數來挑戰，太宗按甲以挫之。賊糧盡，其將牟君才、梁胡郎來降。太宗謂諸將軍曰：「彼氣衰矣，吾當取之。」遣將軍龐玉先陣於淺水原南以誘之，賊將宗羅睺并軍來拒，玉軍幾敗。既而太宗親御大軍，奄自原北，出其不意。羅睺望見，復回師相拒。太宗將驍騎數十入賊陣，於是王師表裏齊奮，羅睺大潰，斬首數千級，投澗谷而死者不可勝計。太宗率左右二十餘騎追奔，直趣折墌以乘之。仁杲大懼，嬰城自守。將夕，大軍繼至，四面合圍。詰朝，仁杲請降，俘其精兵萬餘人、男女五萬口。』

〔十三〕戡定周韓：『戡定』，平定。隋書虞世基傳：『戡定艱難，平一區宇。』唐韓愈賀册尊號表：『經緯天地之謂文，戡定禍亂之謂武。』此二句事見舊唐書太宗紀：『（武德）三年二月，金剛竟以衆餒而遁，太宗追之至介州。金剛列陣，南北七里，以拒官軍。太宗遣總管李世勣、程咬金、秦叔寶當其北，翟長孫、秦武通當其南。諸軍戰小却，爲賊所乘。太宗率精騎擊之，冲其陣後，賊衆大敗，追奔數十里。敬德、相率衆八千來降，還令敬德督之，與軍營相參。屈突通懼其爲變，驟以爲請。太宗曰：「昔蕭王推赤心置人腹中，并能畢命，今委任敬德，又何疑也？」於是劉武周奔於突厥，并、汾悉復舊地。』

〔十四〕戎威遐暢：『戎威』，明鈔本、四庫全書、甲庫本作『成威』。『戎威』，軍威。南朝梁何遜行經孫氏陵詩：『豹變分奇略，虎視肅戎威。』唐駱賓王夕次舊吴詩：『黄池通霸業，赤壁暢戎威。』『遐暢』，亦作『遐暘』。遠揚。晋石崇大雅吟：『堂堂太祖，淵弘其量。仁格宇宙，義風遐暢。』隋薛道衡高祖文皇帝頌：『皇威遠懾，帝德遐暘。』宋周邦彦汴都賦：『或致白雉於越裳，或得巨獒於西旅。非威靈之遐暢，孰能生瑰奇於深阻？』

〔十五〕河朔餘寇：『河朔』，古代泛指黄河以北的地區。書泰誓中：『惟戊午，王次於河朔。』孔傳：『戊午渡河而誓，既誓而止於河之北。』三國志魏書袁紹傳：『（袁紹）振一郡之卒，

撮冀州之衆，威震河朔，名重天下。』

〔十六〕取若拾遺：『拾遺』，比喻輕而易舉。漢書梅福傳：『合天下之知，并天下之威，是以舉秦如鴻毛，取楚若拾遺，此高明所以亡敵於天下也。』顔師古注：『拾遺，言其易也。』唐陳子昂爲喬補闕論突厥表：『聖人修備以待時，是以正天下如拾遺。』此二句指舊唐書太宗紀載：『未幾，竇建德舊將劉黑闥舉兵反，據洺州。十二月，太宗總戎東討。（武德）五年正月，進軍肥鄉，分兵絶其糧道，相持兩月。黑闥窘急求戰，率步騎二萬，南渡洺水，晨壓官軍。太宗親率精騎，擊其馬軍，破之，乘勝蹂其步卒，賊大潰，斬首萬餘級。先是，太宗遣堰洺水上流使淺，令黑闥得渡。及戰，乃令決堰，水大至，深丈餘，賊徒既敗，赴水者皆溺死焉。黑闥與二百餘騎北走突厥，悉虜其衆，河北平。時徐圓朗阻兵徐、兖，太宗回師討平之，於是河、濟、江、淮諸郡邑皆平。』

〔十七〕濟代逋誅：『濟代』，明鈔本、甲庫本作『濟伐』。『濟代』，猶濟世。唐王昌齡岳陽别李十七越賓詩：『平明孤帆心，歲晚濟代策。』『逋誅』，逃避誅罰。陳書衡陽獻王昌傳：『王琳逆命，逋誅歲久。』宋岳飛奏乞本軍進討劉豫札子：『賊豫逋誅，尚穴中土。』

〔十八〕宣風都輦：『宣風』，宣揚風教德化。後漢書隗囂傳：『今山東之兵二百餘萬，已平齊楚，

下蜀漢，定宛洛，據敖倉，守函谷，威名四布，宣風中岳。』周書齊煬王憲傳：『吾以不武，任總元戎，受命安邊，路指幽冀。列邑名藩，莫不屈膝，宣風導禮，皆荷來蘇。』『都輦』，京城，國都。三國志吴書胡綜傳：『權又問可堪何官，綜對曰：「未可以治民，且試以都輦小職。」』資治通鑒魏明帝大和四年引此文，胡三省注曰：『國郡在輦轂下，故曰都輦。』

〔十九〕綜務朝端：『綜務』，治理事務。隋書百官志上：『有周創據關右，日不暇給，洎乎克清江漢，爰議憲章。酌酆鎬之遺文，置六官以綜務，詳其典制，有可稱焉。』『朝端』，朝廷。南朝梁任昉齊竟陵文宣王行狀：『敷奏朝端，百揆惟穆。』宋王禹偁送田舍人出牧淮陽詩：『藥樹吟多且握蘭，藹然公議滿朝端。』

〔二十〕政術有聞：『政術』，政治方略。後漢書安帝紀：『舉賢良方正、有道術之士，明政術、達古今，能直言極諫者，各一人。』唐杜甫寄劉峽州伯華使君四十韻：『政術甘疏誕，詞場愧服膺。』

〔二十一〕綱目斯舉：『綱目』，猶法網；法度。南朝宋劉義慶世説新語言語：『劉公幹以失敬罹罪，文帝問曰：「卿何以不謹於文憲？」楨答曰：「臣誠庸短，亦由陛下綱目不疏。」』

〔二十二〕宜加褒寵：『褒寵』，褒賞榮寵。晋范寧春秋穀梁傳序：『一字之褒寵，逾華衮之贈；片言之貶辱，勝市朝之撻。』宋王安石謝提轉啓：『未期望履，尤切馳情，願順節宣，以需褒寵。』

〔二十三〕式兼常秩：『常秩』，一定的職務。左傳 文公六年：『予之法制，告之訓典，教之防利，委之常秩。』杜預注：『常秩，官司之常職。』一説秩，禄廪。常秩，一定的俸禄。

〔二十四〕總攝戎機：『總攝』，主宰；主持。鬼谷子 本經陰符：『九竅十二舍者，氣之門户，心之總攝也。』後漢書 烏桓傳：『從子蹋頓有武略，代立，總攝三郡，衆皆從其號令。』魏書 世祖紀上：『太宗有疾，命帝總攝百揆。』『戎機』，戰争；軍事機宜。樂府詩集 梁鼓角横吹曲 木蘭詩：『萬里赴戎機，關山度若飛。』唐杜甫遣憤詩：『自從收帝里，誰復總戎機。』

〔二十五〕望實惟允：『望實』，名聲和實際；威望和實力。晋陶潛晋故征西大將軍長史孟府君傳：『時亮崇修學校，高選儒官，以君望實，故應尚德之舉。』南朝梁江淹王仆射加兵詔：『宜增威飾，以崇望實。』

秦王等兼中書令等制〔一〕

絲綸樞秘〔二〕，寄任帷扆〔三〕；功當納獻，職惟顯要〔四〕。望實兼隆〔五〕，親賢斯屬〔六〕。天策上將、太尉、兼司徒、尚書令、陝東道大行臺尚書令、雍州牧、十二衛大將軍、秦王某〔七〕，宇量冲深〔八〕，風神爽悟〔九〕，任兼文武，聲績著聞。司徒、并州大都督、

稷州刺史、左領軍大將軍、右武候大將軍、上柱國、齊王元吉〔十〕，器懷淹密〔十一〕，業紹英茂〔十二〕，揚歷内外〔十三〕，政務克舉〔十四〕。用加蟬珥〔十五〕，朝典攸宜〔十六〕。某可中書令〔十七〕，元吉可侍中〔十八〕。餘如故。武德八年十一月。

校箋

〔一〕本文又見於全唐文卷一，文題作秦王等兼中書令侍中制，署名唐高祖。明鈔本、甲庫本文題作秦王等兼中書令制。本文文末標明時間爲『武德八年十一月』。考舊唐書高祖紀載：『武德八年……十一月……加授秦王中书令，齐王元吉侍中。』舊唐書太宗紀載：『（武德）八年，加中書令。』新唐書高祖紀載：『（武德）八年……十一月……癸卯，秦王世民爲中書令，齊王元吉爲侍中。』考資治通鑒卷一百九十一載：『武德八年……十一月……癸卯，加秦王世民中書令，齊王元吉侍中。』據上述典籍所載，加秦王李世民爲中書令時間應爲武德八年（六二五）十一月癸卯（十三日），撰寫時間當在是時稍前。

〔二〕絲綸樞秘：『秘』，全唐文作『祕』；適園叢書作『密』。『絲綸』，禮記緇衣：『王

言如絲，其出如綸。』孔穎達疏：『王言初出，微細如絲；及其出行於外，言更漸大，如似綸也。』後因稱帝王詔書爲『絲綸』。南朝梁劉勰文心雕龍詔策：『記稱絲綸，所以應接群後。』『樞秘』，猶樞要。指中央機要部門。唐李嶠爲王及善讓内史第二表：『徵榮朽木，責焰寒灰，將使策蹇磨鉛，入總樞秘。』

〔三〕寄任帷扆：『寄任』，指所委托的重要職任。隋江總爲沈君理讓仆射領吏部表：『必大厦之棟梁，總其寄任；亦巨川之舟楫，未有綿力薄材。』宋范仲淹潤州謝上表：『臣之所言，殊未盡意。重煩上聽，再貶遠方，削天閣之班資，奪神州之寄任。』『帷扆』，帷幔與屏風。指君主朝群臣之所。南朝梁王僧孺詹事徐府君集序：『從容帷扆，綽有餘輝。』隋薛道衡隋高祖頌：『運天策於帷扆，播神威於沙朔。』

〔四〕職惟顯要：『顯要』，顯赫要位。晋書諸葛恢傳：『於時王氏爲將軍，而恢兄弟及顔含并居顯要。』太平廣記卷四八九引唐無名氏冥音録：『侃（李侃）既死，雖侃之宗親居顯要者，絶不相聞。』

〔五〕望實兼隆：『望實』，名聲和實際；威望和實力。晋陶潛晋故征西大將軍長史孟府君傳：『時亮崇修學校，高選儒官，以君望實，故應尚德之舉。』南朝梁江淹王仆射加兵詔：『宜

增威飾，以崇望實。』

〔六〕親賢斯屬：『親賢』，親近賢人，愛慕賢才。晋書孝懷帝紀：『二相經營王室，志寧社稷，儲貳之重，宜歸時望，親賢之舉，非大王而誰？』唐韓愈順宗實録三：『爾其尊師重傅，親賢遠佞。』

〔七〕天策上將、太尉、兼司徒、尚書令、陝東道大行臺尚書令、雍州牧、十二衛大將軍、秦王某：『秦王某』，謂唐太宗李世民。傳見兩唐書其本紀。舊唐書太宗紀載：『太宗文武大聖大廣孝皇帝諱世民，高祖第二子也。母曰太穆順聖皇后竇氏。隋開皇十八年十二月戊午，生於武功之別館。時有二龍戲於館門之外，三日而去。高祖之臨岐州，太宗時年四歲。有書生自言善相，謁高祖曰：「公貴人也，且有貴子。」見太宗，曰：「龍鳳之姿，天日之表，年將二十，必能濟世安民矣。」高祖懼其言泄，將殺之，忽失所在，因采「濟世安民」之義以爲名焉。太宗幼聰睿，玄鑒深遠，臨機果斷，不拘小節，時人莫能測也。……時李密初附，高祖令密馳傳迎太宗於豳州。密見太宗大姿神武，軍威嚴肅，驚悚嘆服，私謂殷開山曰：「真英主也。不如此，何以定禍亂乎？」凱旋，獻捷於太廟。拜太尉、陝東道行臺尚書令，鎮長春宮，關東兵馬并受節度。尋加左武候大將軍、凉州總管。……四年二月，又進屯青城宮。營壘未立，世充衆二萬自方諸門臨穀水而陣。太宗以精騎陣於北邙山，令屈突通率卒五千渡水以擊之，因誡通曰：「待兵交即放烟，吾當率騎

軍南下。」兵纔接，太宗以騎衝之，挺身先進，與通表裏相應。賊衆殊死戰，散而復合者數焉。自辰及午，賊衆始退。縱兵乘之，俘斬八千人，於是進營城下。世充不敢復出，但嬰城自守，以待建德之援。太宗遣諸軍掘塹，匝布長圍以守之。吴王杜伏威遣其將陳正通、徐召宗率精兵二千來會於軍所。僞鄭州司馬沈悦以武牢降，將軍王君廓應之，擒其僞荆王王行本。會竇建德以兵十餘萬來援世充，至於酸棗。蕭瑀、屈突通、封德彝皆以腹背受敵，恐非萬全，請退師穀州以觀之。太宗曰：「世充粮盡，内外離心，我當不勞攻擊，坐收其敝。建德新破孟海公，將驕卒惰，吾當進據武牢，扼其襟要。賊若冒險與我争鋒，破之必矣。如其不戰，旬日間世充當自潰。若不速進，賊入武牢，諸城新附，必不能守。二賊并力，將若之何？」通又請解圍就險以候其變，太宗不許。於是留通輔齊王元吉以圍世充，親率步騎三千五百人趣武牢。建德自滎陽西上，築壘於板渚，太宗屯武牢，相持二十餘日。諜者曰：「建德伺官軍芻盡，候牧馬於河北，因將襲武牢。」太宗知其謀，遂牧馬河北以誘之。詰朝，建德果悉衆而至，陳兵汜水，世充將郭士衡陣於其南，綿亘數里，鼓譟，諸將大懼。太宗將數騎昇高丘以望之，謂諸將曰：「賊起山東，未見大敵。今度險而戰，是無政令；逼城而陣，有輕我心。我按兵不出。彼乃氣衰，陣久卒饑，必將自退，追而擊之，無往不剋。吾與公等約，必以午時後破之。」建德列陣，自辰至午，兵士饑倦，皆坐列，又争飲水，

逡巡斂退。太宗曰：「可擊矣！」親率輕騎追而誘之，衆繼至。建德迴師而陣，未及整列，太宗先登擊之，所向皆靡。俄而衆軍合戰，囂塵四起。太宗率史大奈、程咬金、秦叔寶、宇文歆等揮幡而入，直突出其陣後，張我旗幟。賊顧見之，大潰。追奔三十里，斬首三千餘級，虜其衆五萬，生擒建德於陣。太宗數之曰：「我以干戈問罪，本在王世充，得失存亡，不預汝事，何故越境，犯我兵鋒？」建德股慄而言曰：「今若不來，恐勞遠取。」高祖聞而大悦，手詔曰：「隋氏分崩，崤函隔絶。兩雄合勢，一朝清蕩。兵既剋捷，更無死傷。無愧爲臣，不憂其父，并汝功也。」乃將建德至東都城下。世充懼，率其官屬二千餘人詣軍門請降，山東悉平。太宗入據宫城，令蕭瑀、竇軌等封守府庫，一無所取，令記室房玄齡收隋圖籍。於是誅其同惡段達等五十餘人，枉被囚禁者悉釋之，非罪誅戮者祭而誄之。大饗將士，班賜有差。高祖令尚書左僕射裴寂勞於軍中。六月，凱旋。太宗親披黄金甲，陳鐵馬一萬騎，甲士三萬人，前後部鼓吹，俘二僞主及隋氏器物輦輅獻於太廟。高祖大悦，行飲至禮以享焉。高祖以自古舊官不稱殊功，乃别表徽號，用旌勛德。十月，加號天策上將、陝東道大行臺，位在王公上。增邑二萬户，通前三萬户。賜金輅一乘，衮冕之服，玉璧一雙，黄金六千斤，前後部鼓吹及九部之樂，班劍四十人。……十二月，太宗總戎東討。五年正月，進軍肥鄉，分兵絶其糧道，相持兩月。黑闥窘急求戰，率步騎二萬，南渡洺水，晨壓官軍。

太宗親率精騎，擊其馬軍，破之，乘勝蹂其步卒，賊大潰，斬首萬餘級。先是，太宗遣堰洺水上流使淺，令黑闥得渡。及戰，乃令决堰，水大至，深丈餘，賊徒既敗，赴水者皆溺死焉。黑闥與二百餘騎北走突厥，悉虜其衆，河北平。時徐圓朗阻兵徐、兖，太宗回師討平之，於是河、濟、江、淮諸郡邑皆平。十月，加左右十二衛大將軍……八年，加中書令。』

〔八〕宇量冲深：『宇量』，氣度；度量。藝文類聚卷四七引晋潘岳司空鄭袤碑：『於鑠元侯，則天垂象。弘操岳峻，宇量深廣。』舊唐書代宗紀：『玄宗諸孫百餘，上爲嫡皇孫。宇量弘深，寬而能斷，喜懼不形於色。』『冲深』，幽深；深奥。藝文類聚卷七八引晋湛方生廬山神仙詩序：『窈窕冲深，常含霞而貯氣。』北魏酈道元水經注易水：『岫壑冲深，含烟罩霧。』

〔九〕風神爽悟：『風神』，風采；神態。晋書裴楷傳：『楷風神高邁，容儀俊爽，博涉群書，特精理義，時人謂之「玉人」。』宋王讜唐語林豪爽：『上爲皇孫時，風神秀異，英姿雋邁。』『爽悟』，聰穎；明達。北魏酈道元水經注河水一：『〈羅汰私婆〉爽悟多智，事無不達，以清净自居，國王宗敬師事之。』宋書江夏文獻王義恭傳：『汝神意爽悟，有日新之美。』

〔十〕司徒、并州大都督、稷州刺史、左領軍大將軍、右武候大將軍、上柱國、齊王元吉：『大將軍』，四庫全書作『都督』。『右武候』，四庫全書作『右武侯』。『齊王元吉』，即李元吉。

傳見舊唐書卷六十四、新唐書卷七。舊唐書其本傳載：『巢王元吉，高祖第四子也。義師起，授太原郡守，封姑臧郡公。尋進封齊國公，授十五郡諸軍事、鎮北大將軍，留鎮太原，許以便宜行事。武德元年，進爵爲王，授并州總管。二年，劉武周南侵汾、晋，詔遣右衛將軍宇文歆助元吉守并州……四年，太宗征竇建德，留元吉與屈突通圍王世充於東都。世充出兵拒戰，元吉設伏擊破之，斬首八百級，生擒其大將樂仁昉、甲士千餘人。世充平，拜司空，餘官如故，加賜衮冕之服、前後部鼓吹樂二部、班劍二十人、黄金二千斤，與太宗各聽三鑪鑄錢以自給。六年，加授隰州總管。及與建成連謀，各募壯士，多匿罪人。復内結宫掖，遞加稱譽，又厚賂中書令封倫以爲黨助。由是高祖頗疏太宗而加愛元吉。太宗嘗從高祖幸其第，元吉伏其護軍宇文寶於寢内，將以刺太宗。建成恐事不果而止之，元吉愠曰：「爲兄計耳，於我何害！」九年，轉左衛大將軍，尋進位司徒、兼侍中，并州大都督、隰州都督、稷州刺史并如故。』

〔十一〕器懷淹密：『淹密』，涵芬樓本、鐵琴銅劍樓本作『澄密』。『器懷』，胸懷；度量。南朝梁江淹王儉爲左僕射詔：『（儉）器懷明亮，風情峻遠。』魏書李冲傳：『尚書冲器懷淵博，經度明遠，可領將作大匠。』

〔十二〕業紹英茂：『英茂』，才智超群出衆。三國志吴書孫霸傳：『竊從下風，聽采衆論，

咸謂二宮智達英茂。』晉皇甫謐釋勸：『今子以英茂之才，游精於六藝之府，散意於衆妙之門者有年矣。』

〔十三〕揚歷内外：『揚歷』，謂顯揚賢者居官的治績。後多指仕宦的經歷。唐薛用弱集異記高元裕：『是後出入中外，揚歷貴位。』宋王禹偁請撰大行皇帝實録表：『然念臣太平興國五年，徒步應舉，再就御試，遂登文科，服勤州縣，揚歷四考。』

〔十四〕政務克舉：『政務』，行政事務。泛指國家的管理工作。後漢書班固傳上：『京兆督郵郭基，孝行著於州里，經學稱於師門，政務之績，有絶異之效。』陳書江總傳：『後主之世，總當權宰，不持政務。』『克舉』，限期舉事。列子湯問：『管仲勉齊桓公，因游遼口，俱之其國，幾剋舉。』

〔十五〕用加蟬珥：『蟬珥』，古代侍從官的冠飾。蟬，蟬文。珥，珥璫。後借指高官。北齊書趙郡王叡傳：『須拔（叡小名）進居蟬珥之榮，退當委要之職。』南史朱異傳：『後除中書郎，時秋日，始拜，有飛蟬正集異武冠上，時咸謂蟬珥之兆。』

〔十六〕朝典攸宜：『朝典』，朝廷的禮儀制度。南朝宋劉義慶世説新語德行：『華歆遇子弟甚整，雖閑室之内，嚴若朝典。』宋王讜唐語林補遺二：『臣山野人，不識朝典，見陛下合

稱臣否？』

〔十七〕某可中書令：全唐文作『世民可中書令』。

〔十八〕元吉可侍中：『侍中』，古代職官名。秦始置，兩漢沿置，爲正規官職外的加官之一。因侍從皇帝左右，出入宫廷，與聞朝政，逐漸變爲親信貴重之職。晋以後，曾相當於宰相。隋因避諱改稱納言，又稱侍内。唐復稱，爲門下省長官，乃宰相之職。北宋猶存其名，南宋廢。漢書百官公卿表上：『侍中、左右曹諸吏、散騎、中常侍，皆加官……侍中、中常侍得入禁中。』新唐書百官志一：『唐因隋制，以三省之長中書令、侍中、尚書令共議國政，此宰相職也。』

齊王元吉司徒制〔一〕

三台望重，仰叶辰曜〔二〕；五教任隆〔三〕，俯安邦國。實資懿德〔四〕，式寄親賢。侍中、并州大都督、左衛大將軍、上柱國、齊王元吉〔五〕，宇量凝邈，風神爽邁〔六〕；徽猷夙著，嘉譽早隆〔七〕。出莅方岳〔八〕，政績兼懋；入侍帷扆〔九〕，獻替斯允〔十〕。推轂閫外，備展勋庸〔十一〕；職司禁旅，戎章已緝〔十二〕。燮理之任〔十三〕，朝典尤宜〔十四〕。可司徒。餘如故。武德九年二月。

校箋

〔一〕本文又見於册府元龜卷二七七宗室部褒寵三。全唐文卷三亦録此文，文題作加齊王元吉司徒詔，署名唐高祖。本文文末標明時間爲『武德九年二月』，考舊唐書卷六十四載：『巢王元吉，高祖第四子也。……（武德）九年，轉左衛大將軍，尋進位司徒、兼侍中，并州大都督、隰州都督、稷州刺史并如故。』册府元龜卷二七七宗室部褒寵三載：『（武德）九年詔曰：三台望重，仰叶辰曜……。』資治通鑑卷一百九十一載：『武德九年……二月，庚申，以齊王元吉爲司徒。』據上述典籍所載，此制文頒布時間爲武德九年（六二六）二月庚申（一日），撰寫時間當在是時稍前。

〔二〕三台望重，仰叶辰曜：『叶』，四庫全書作『仰協』。『三台』，喻三公。後漢書楊震傳：『蛇鱣者，卿大夫服之象也。數三者，法三台也。先生自此升矣。』唐高適奉酬睢陽李太守詩：『三台冀入夢，四岳尚分憂。』『望重』，名望大。南齊書江謐傳：『以劉景素親屬望重，物應樂推，獻誠薦子，窺窬非望。』唐周賀贈姚合郎中詩：『望重來爲守土臣，清高還似武功貧。』

〔三〕五教任隆：『五教』，唐人對司徒的別稱。宋孫光憲北夢瑣言卷五：『五教念女早寡，不能忘情，乃召門生故吏而告之。』此指唐司徒裴璩。宋洪邁容齋四筆官稱別名：『唐人好以它名標榜官稱……太尉爲掌武，司徒爲五教。』

〔四〕實資懿德：『懿德』，美德。詩大雅烝民：『天生烝民，有物有則。民之秉彝，好是懿德。』唐吴兢貞觀政要論崇儒學：『禮云：「玉不琢不成器，人不學不知道。」所以古人勤於學問，謂之懿德。』

〔五〕侍中、并州大都督、左衛大將軍、上柱國、齊王元吉：『齊王元吉』，指李元吉。傳見舊唐書卷六十四、新唐書卷七。舊唐書其本傳載：『巢王元吉，高祖第四子也。義師起，授太原郡守，封姑臧郡公。尋進封齊國公，授十五郡諸軍事、鎮北大將軍，留鎮太原，許以便宜行事。武德元年，進爵爲王，授并州總管。二年，劉武周南侵汾、晉，詔遣右衛將軍宇文歆助元吉守并州……四年，太宗征竇建德，留元吉與屈突通圍王世充於東都。世充出兵拒戰，元吉設伏擊破之，斬首八百級，生擒其大將樂仁昉、甲士千餘人。世充平，拜司空，餘官如故，加賜衮冕之服、前後部鼓吹樂二部、班劍二十人、黄金二千斤，與太宗各聽三鑪鑄錢以自給。六年，加授隰州總管。及與建成連謀，各募壯士，多匿罪人。復内結宫掖，遞加稱譽，又厚賂中書令封倫以爲黨助。由

是高祖頗疏太宗而加愛元吉。太宗嘗從高祖幸其第，元吉伏其護軍宇文寶於寢內，將以刺太宗。建成恐事不果而止之，元吉愠曰：「爲兄計耳，於我何害！」九年，轉左衛大將軍，尋進位司徒、兼侍中，并州大都督、隰州都督、稷州刺史并如故。』

〔六〕宇量凝邈，風神爽邁：『宇量』，册府元龜、全唐文作『器量』。『凝邈』，深遠。梁書 元帝紀：『日者，百司岳牧，祈仰宸鑒。錫珪之功，既歸有道，當璧之禮，允屬聖明；而優詔謙冲，窅然凝邈。飛龍可躋，而乾爻在四；帝閽雲叫，而閶闔未開。』隋薛道衡隋高祖頌序：『公卿庶尹，遐邇牧岳，僉以天平地成，千載之嘉會；登封降禪，百王之盛典。宜其金泥玉檢，展禮介丘；飛聲騰實，常爲稱首。天子爲而不恃，成而不居，冲旨凝邈，固辭弗許。』『爽邁』，爽朗超逸。晉書 苻堅載記下：『（苻朗）性宏達，神氣爽邁。』宋曾鞏知開封府制：『某爽邁開達，練習治體，閱試惟舊。』

〔七〕徽猷夙著，嘉譽早隆：『徽猷』，美善之道。猷，道。指修養、本事等。詩 小雅 角弓：『君子有徽猷，小人與屬。』毛傳：『徽，美也。』鄭玄箋：『猷，道也。君子有美道以得聲譽，則小人亦樂與之而自連屬焉。』梁書 文學傳下 謝幾卿：『故得仰慕徽猷，永言前哲。』『嘉譽』，美好的聲譽。國語 周語上：『爲班爵貴賤以列之，爲令聞嘉譽以聲之。』南朝梁王僧孺詹事徐

府君集序：『清風嘉譽，震灼朝野。』

〔八〕出莅方岳：『方岳』，指州郡。資治通鑑魏明帝大和五年：『寵爲汝南太守、豫州刺史二十餘年，有勛方岳。及鎮淮南，吴人憚之。』南朝陳徐陵陳武帝下州郡璽書：『卿等擁旄方岳，相任股肱。』

〔九〕入侍帷扆：『帷扆』，帷幔與屏風。指君主朝群臣之所。南朝梁王僧孺詹事徐府君集序：『從容帷扆，綽有餘輝。』隋薛道衡隋高祖頌：『運天策於帷扆，播神威於沙朔。』

〔十〕獻替斯允：册府元龜、全唐文作『獻納允屬』。

〔十一〕推轂閫外，備展勛庸：『推轂』，推動；協助。史記荆燕世家：『今吕氏雅故本推轂高帝就天下，功至大。』司馬貞索隱：『謂吕氏素心奉推高祖取天下，若人推轂欲前進塗然也。』『閫外』，指京城或朝廷以外，亦指外任將吏駐守管轄的地域，與朝中、朝廷相對。晋書陶侃傳：『閫外多事，千緒萬端，罔有遺漏。』唐新唐書裴寂傳：『朕有天下，公推轂成之也。』白居易近見慕巢尚書詩中屢有嘆老思退之意因以長句戲而諭之：『近見詩中嘆白鬚，遥知閫外憶東都。』『勛庸』，功勛。後漢書荀彧傳：『曹公本興義兵，以匡振漢朝，雖勛庸崇著，猶秉忠貞之節。』舊唐書李嗣業傳：『總驍果之衆，親當矢石，頻立勛庸。』

〔十二〕職司禁旅，戎章已緝：『禁旅』，猶禁軍。南史劉懷珍傳：『懷珍年老，以禁旅辛勤，求爲閑職。』北史楊寬傳：『孝武與齊神武有隙，遂召募驍勇，廣增宿衛，以寬爲閤内大都督，專總禁旅。』『戎章』，兵書；兵法。唐楊炯後周明威將軍梁公神道碑：『公洞曉戎章，妙詳兵律，軍國是賴，戎幕允歸。』

〔十三〕燮理之任：『燮理』，協和治理。書周官：『立太師、太傅、太保，兹惟三公，論道經邦，燮理陰陽。』孔傳：『和理陰陽。』明唐順之觀道士祈雨詩之二：『巫舞商陽古有之，神靈風雨灌壇時。陰陽燮理輸誰力？秖遣兒童頌法師。』

〔十四〕朝典尤宜：『尤宜』，册府元龜、全唐文作『攸宜』。『朝典』，朝廷的禮儀制度。南朝宋劉義慶世説新語德行：『華歆遇子弟甚整，雖閑室之内，嚴若朝典。』宋王讜唐語林補遺二：『臣山野人，不識朝典，見陛下合稱臣否？』

荆王元景等子孫世襲刺史制〔一〕

門下：皇王受命，步驟之迹以殊〔二〕；經籍所紀，質文之道匪一〔三〕。雖治亂不同，損益或異。至於設官司以制海内，建藩屏以輔王室〔四〕，莫不明其典章，義存於致治〔五〕；

崇其賢戚，志在於無疆者也〔六〕。朕以寡昧，丕承洪緒〔七〕，寅畏三靈，憂勤萬姓〔八〕，因考往哲之餘論，求經邦之長策〔九〕。帝業之重，獨任難以成務〔十〕；天下之廣〔十一〕，因人易以獲安。然則侯伯肇於自昔，州郡始於中代〔十二〕。聖賢異術，沿革隨時〔十三〕，復古則義難頓從，循今則事不盡理〔十四〕。遂規模周、漢，斟酌曹、馬〔十五〕，采按部之嘉名，參建侯之舊制〔十六〕，共治之職重矣，分土之實存焉〔十七〕。已有詔書，陳其至理〔十八〕，繼世垂範，貽厥後昆〔十九〕，維城作固，同符前烈〔二十〕。荆州刺史、荆王元景〔二十一〕，梁州都督漢王元昌〔二十二〕，徐州都督徐王元禮〔二十三〕，潞州都督韓王元嘉〔二十四〕，遂州都督彭王元則〔二十五〕，鄭州刺史鄭王元懿〔二十六〕，绛州刺史霍王元軌〔二十七〕，虢州刺史虢王鳳〔二十八〕，豫州刺史道王元慶〔二十九〕，鄧州刺史鄧王元裕〔三十〕，壽州刺史舒王元名〔三十一〕，幽州都督燕王靈夔〔三十二〕，蘇州刺史許王元祥〔三十三〕，安州都督吴王恪〔三十四〕，相州都督魏王泰〔三十五〕，齊州都督齊王祐〔三十六〕，益州都督蜀王愔〔三十七〕，襄州刺史蔣王惲〔三十八〕，揚州都督越王貞〔三十九〕，并州都督晉王治〔四十〕，泰州都督紀王慎等〔四十一〕，或地居旦奭〔四十二〕，夙聞詩、禮；或望及間、平，早稱才藝〔四十三〕，并爵隆土宇，寵兼車服〔四十四〕。誠孝之心，無忘於造次〔四十五〕；風政之譽，克著於期月〔四十六〕。宜冠常典，胙以休命〔四十七〕。其所

任刺史，咸令子孫世世承襲（四十八）。有司仍准前詔，詳爲條制奏聞。俾克本枝之盛（四十九），隨天地而長久；刺舉之榮，共山河而無絶（五十）。貞觀十一年六月。

校箋

（一）本文又見於全唐文卷四，文題作授鄧王元裕等刺史制，署名唐太宗。本文文末未標明頒布時間。考舊唐書太宗紀載：『（貞觀）十一年……六月……己未，定制諸王爲世封刺史。』新唐書太宗紀載：『（貞觀）十一年……六月……己未，以諸王爲世封刺史。』舊唐書卷六十四載：『鄧王元裕，高祖第十七子也。貞觀五年，封鄶王。十一年，改封鄧王，賜實封八百户，歷鄧、梁、黄三州刺史。』新唐書卷七十九記：『鄧康王元裕，貞觀五年始王鄶，十一年徙王。始王及徙，皆與譙、魏、許、密四王同封。累實封至千二百户。好學，善談名理，與典簽盧照鄰爲布衣交。五爲州刺史，遷兖州都督。』册府元龜卷二百八十一載：『鄧王元裕，高祖第十七子也。貞觀中，歷鄧、梁、黄三州刺史。』資治通鑑卷一百九十五載：『貞觀十一年……六月……己未，詔荆州都督荆王元景等二十一王所任刺史，咸令子孫世襲。』據上述典籍所載，定制鄧王元裕刺

史時間爲貞觀十一年（六三七）六月六日（己未），其撰寫時間當在是時稍前。

〔二〕皇王受命，步驟之迹以殊：『皇王』，指古聖王。後亦泛指皇帝。詩大雅文王有聲：『四方攸同，皇王維辟。』毛傳：『皇，大也。』南朝梁劉勰文心雕龍詔策：『皇王施令，寅嚴宗誥。』『步驟』，事情進行的程序、次第。後漢書崔寔傳：『故聖人執權，遭時定制，步驟之差，各有云設。』

〔三〕經籍所紀，質文之道匪一：『經籍』，儒家經書。後漢書張楷傳：『楷坐繫廷尉詔獄，積二年，恒諷誦經籍，作尚書注。』南朝梁劉勰文心雕龍事類：『然則明理引乎成辭，徵義舉乎人事，乃聖賢之鴻謨，經籍之通矩也。』『質文』，實質内容與外在形式。漢董仲舒春秋繁露玉杯：『文著於質，質不居文，質文兩備，然後其禮成。』

〔四〕至於設官司以制海内，建藩屏以輔王室：『官司』，普通官吏；百官。左傳隱公五年：『若夫山林川澤之實，器用之資，皁隸之事，官司之守，非君所及也。』杜預注：『小臣有司之職，非諸侯之所親也。』漢書王莽傳上：『祝宗卜史，備物典策，官司彝器。』顔師古注：『官司，百官也。』『藩屏』，比喻邊防重鎮。漢書叙傳下：『建設藩屏，以强守圉。』宋蘇舜欽上杜侍郎啓：『閣下爲世標矩，人所仰屬，坐鎮藩屏。』

〔五〕莫不明其典章，義存於致治：『義』，明鈔本、甲庫本作『乂』。『典章』，制度法

令等的統稱。後漢書 順帝紀：『即位倉卒，典章多缺，請條案禮儀，分別具奏。』唐韓愈請復國子監生徒狀：『國家典章，崇重庠序，近日趨競，未復本源。』『致治』，使國家在政治上安定清平。史記 范雎蔡澤列傳：『公孫鞅之事孝公也……設刀鋸以禁奸邪，信賞罰以致治。』資治通鑒晉安帝義熙七年：『隨時任才，皆能致治。』

〔六〕志在於無疆者也：舊唐書、全唐文無『者也』二字。『無疆』，亦作『無强』。無窮；永遠。書 大誥：『洪惟我幼冲人，嗣無疆大歷服。』孔傳：『言子孫承繼祖考無窮。』隸續 漢武都太守李翕天井道碑：『堅無臽潰，安無傾覆，四方賴之，民悦無强。』

〔七〕朕以寡昧，丕承洪緒：『寡昧』，謂知識淺陋，不明事理。北魏楊衒之洛陽伽藍記 平等寺：『臣既寡昧，識無光遠，景命雖降，不敢仰承，乞收成旨，以允愚衷。』宣和遺事後集：『蓋以寡昧之資，藉盈成之業，言路壅蔽，導諛日聞，恩倖持權，貪饕得志。』『丕承』，很好地繼承。舊謂帝王承天受命，常曰『丕承』。書 君奭：『惟文王德丕承無疆之恤。』漢揚雄法言 問明：『成湯，丕承也；文王，淵懿也。或問丕承，曰：「由小致大，不亦丕乎？革夏以天，不亦承乎？」』『洪緒』，世代相傳的大業。多指帝業。三國志 魏書 管寧傳：『横蒙陛下纂承洪緒，德侔三皇，化溢有唐。』晉潘岳楊荆州誄：『篤生戴侯，茂德繼期。纂戎洪緒，克構堂基。』吕向注：『緒，業也。言厚

生茂盛之德，繼百年之期，承汝祖父大業也。」

〔八〕寅畏三靈，憂勤萬姓：『寅畏』，敬畏；恭敬戒懼。書無逸：『嚴恭寅畏，天命自度。』蔡沈集傳：『寅則欽肅，畏則戒懼。』唐白居易畫大羅天尊贊文：『皇帝孝敬寅畏，憂勤勞謙。』『三靈』，指天、地、人。漢班固典引：『答三靈之蕃祉，展放唐之明文。』李善注：『三靈，天、地、人也。』魏書孫紹傳：『事恢三靈，仁洽九服。』『萬姓』，萬民。書立政：『式商受命，奄甸萬姓。』漢書元帝紀：『相守二千石誠能正躬勞力，宣明教化，以親萬姓，則六合之内和親，庶幾虖無憂矣。』

〔九〕考往哲之餘論，求經邦之長策：『往』，舊唐書、全唐文作『明』。『餘論』，識見廣博之論；宏論。漢司馬相如子虛賦：『問楚地之有無者，願聞大國之風烈，先生之餘論也。』宋書周朗傳：『吾雖疲冗，亦嘗聽君子之餘論，豈敢忘之？』『長策』，猶良計。史記平津侯主父列傳：『靡獘中國，快心匈奴，非長策也。』北齊書王琳傳：『吴兵甚鋭，宜長策制之，慎勿輕鬬。』

〔十〕獨任難以成務：『獨任』，猶專任。獨自信用；獨自承擔。漢鄒陽獄中上書自明：『故偏聽成奸，獨任成亂。』三國魏曹冏六代論：『仁心不加於親戚，惠澤不流於枝葉，譬猶芟刈股肱，

獨任胷腹。』『成務』，成就事業。易繫辭上：『夫易何爲者也？夫易，開物成務，冒天下之道，如斯而已者也。』南朝梁劉勰文心雕龍程器：『蓋士之登庸，以成務爲用。』

〔十一〕天下之廣：『廣』，舊唐書、全唐文作『曠』。

〔十二〕然則侯伯肇於自昔，州郡始於中代：『侯伯』，泛指諸侯。漢班固答賓戲：『曩者王塗蕪穢，周失其馭，侯伯方軌，戰國橫騖。』周禮文閔明武宣諸子傳論：『且夫列封疆，建侯伯，擇賢能，置牧守，循名雖曰異軌，責實抑亦同歸。』『自昔』，往昔；從前。詩小雅楚茨：『自昔何爲？我蓺黍稷。』晉陸機皇太子宴玄圃宣猷堂有令賦詩：『自昔哲王，先天而順。』『州郡』，州和郡的合稱。亦泛指地方上。漢班固西都賦：『與乎州郡之豪杰，五都之貨殖，三選七遷，充奉陵邑。蓋以强幹弱枝，隆上都而觀萬國也。』後漢書王龔傳：『永和元年，拜太尉。在位恭慎，自非公事，不通州郡書記。』『中代』，猶中古。南朝梁劉勰文心雕龍祝盟：『中代祭文，兼贊言行，祭而兼贊，蓋引神而作也。』周振甫注：『中代祭文，兩漢祭文。』隋王通中説關朗：『噫！中代之道也，如有用我，必也無訟乎！』阮逸注：『商周已後爲中代。』

〔十三〕聖賢異術，沿革隨時：『異術』，指不同的學説。荀子解蔽：『私其所積，唯恐聞其惡也；倚其所私，以觀異術，唯恐聞其美也。』『沿革』，沿襲和變革。指事物發展變化的歷程。

南朝陳徐陵在北齊與楊仆射書：『至於禮樂沿革，刑政寬猛，則謳歌已遠，萬舞成風。』新唐書蔣乂傳：『（蔣乂）結髮志學，老而不厭，雖甚寒暑，卷不釋於前，故能通百家學，尤明前世沿革。』『隨時』，順應時勢；切合時宜。易隨：『大亨貞，無咎，而天下隨時，隨時之義大矣哉。』王弼注：『得時，則天下隨之矣。隨之所施，唯在於時也；時異而不隨，否之道也。』國語越語下：『夫聖人隨時以行，是爲守時。』韋昭注：『隨時：時行則行，時止則止。』

（十四）復古則義難頓從，循今則事不盡理：『循』，舊唐書作『尋』。『理』，明鈔本、甲庫本、四庫全書作『中』。『復古』，恢復舊的制度、習俗等。詩小雅車攻序：『車攻，宣王復古也。』唐元稹制誥序：『追而序之，蓋所以表明天子之復古而張後來者之趣尚耳。』

（十五）遂規模周、漢，斟酌曹、馬：『規模』，摹仿；取法。唐司空圖容城侯傳：『能强記天象地形草木蟲介萬殊之狀，皆視諸掌握，蓋其術亦規模洪範耳。』宋吴曾能改齋漫録議論：『然不易其意而造其語，謂之換骨法；規模其意形容之，謂之奪胎法。』『曹、馬』，指魏晉。魏爲曹氏，晉爲司馬氏，故云。北齊書文宣帝紀：『洎兩漢承基，曹馬屬統，其間損益，難以勝言。』唐劉知幾史通載文：『昔大道爲公，以能而授，故堯咨爾舜，舜以命禹。自曹、馬已降，其取之也則不然。』

〔十六〕采按部之嘉名，參建侯之舊制：『按部』，按照部類。漢王粲浮淮賦：『群師按部，左右就隊。』南朝梁劉勰文心雕龍總術：『若夫善奕之文，則術有恒數，按部整伍，以待情會，因時順機，動不失正。』『建侯』，封立諸侯；封侯建國；立功封侯。易豫：『利建侯、行師。』漢韋孟諷諫詩：『乃命厥弟，建侯於楚。』

〔十七〕分土之實存焉：『分土』，分封土地。書武成：『列爵惟五，分土惟三。』史記秦本紀：『寡人思念先君之意，常痛於心。賓客群臣有能出奇計强秦者，吾且尊官，與之分土。』

〔十八〕已有詔書，陳其至理：『詔』，舊唐書、全唐文作『制』。『陳其至理』，四庫全書無『其』字。『至理』，猶真理；正常的道理。晋裴頠崇有論：『以爲文不足若斯，則是所寄之塗，一方之言也。若謂至理信以無爲冠，則偏而害當矣。』新唐書盧承慶傳：『死生至理，猶朝有暮。』

〔十九〕繼世垂範，貽厥後昆：『垂範』，垂示範例。南朝梁劉勰文心雕龍詔策：『〔漢武帝〕策封三王，文同訓典；勸戒淵雅，垂範後代；及制誥嚴助，即云厭承明廬，蓋寵才之恩也。』唐韓愈奇盧仝詩：『假如不在陳力列，立言垂範亦足恃。』『後昆』，亦作『後緄』。後嗣；子孫。書仲虺之誥：『垂裕後昆。』隸釋漢綏民校尉熊君碑：『追羨遺績，紀述前勛，於是刊碑，以示後緄。』

〔二十〕維城作固，同符前烈：『維城』，連城以衛國。詩大雅板：『懷德維寧，宗子維城。』『前烈』，祖先；前輩。漢班固幽通賦：『懿前烈之純淑兮，窮與達其必濟。』唐王維同盧拾遺韋給事東山別業二十韻：『盛德啓前烈，大賢鍾後昆。』後漢書劉虞公孫瓚陶謙傳贊：『襄賁勵德，維城燕北。仁能洽下，忠以衛國。』

〔二十一〕荆州刺史、荆王元景：『刺史』，舊唐書、全唐文、適園叢書均作『都督』。『荆王元景』，指唐高祖第六子李元景。傳見舊唐書卷六十四、新唐書卷七十九。舊唐書其本傳云：『荆王元景，高祖第六子也。武德三年，封爲趙王。八年，授安州都督。貞觀初，歷遷雍州牧、右驍衛大將軍。十年，徙封荆王，授荆州都督。十一年，定制元景等爲代襲刺史。』

〔二十二〕梁州都督漢王元昌：原文無『梁州都督漢王元昌……泰州都督紀王慎』一段，今據舊唐書、全唐文增補。『漢王元昌』，指唐高祖第七子李元昌。傳見舊唐書卷六十四、新唐書卷七十九。舊唐書其本傳云：『漢王元昌，高祖第七子也。少好學，善隸書。武德三年，封爲魯王。貞觀五年，授華州刺史，轉梁州都督。十年，改封漢王。』

〔二十三〕徐州都督徐王元禮：『元禮』，指唐高祖第十子李元禮。傳見舊唐書卷六十四、新唐書卷七十九。舊唐書其本傳云：『徐王元禮，高祖第十子也。少恭謹，善騎射。武德四年，

封鄭王。貞觀六年，賜實封七百户，授鄭州刺史，徙封徐王，遷徐州都督。」

（二十四）潞州都督韓王元嘉：『元嘉』，指唐高祖第十一子李元嘉。傳見舊唐書卷六十四、新唐書卷七十九。舊唐書其本傳云：『韓王元嘉，高祖第十一子也。……武德四年，封宋王，徙封徐王。貞觀六年，賜實封七百户，授潞州刺史，時年十五。……十年，改封韓王，授潞州都督。」

（二十五）遂州都督彭王元則：『元則』，指唐高祖第十二子李元則。傳見舊唐書卷六十四、新唐書卷七十九。舊唐書其本傳云：『彭王元則，高祖第十二子也。武德四年，封荆王。貞觀七年，授豫州刺史。十年，改封彭王，除遂州都督，尋坐章服奢僭免官。」

（二十六）鄭州刺史鄭王元懿：『元懿』，指唐高祖第十三子李元懿。傳見舊唐書卷六十四、新唐書卷七十九。舊唐書其本傳云：『鄭王元懿，高祖第十三子也。頗好學。武德四年，封滕王。貞觀七年，授兖州刺史，賜實封六百户。十年，改封鄭王，歷鄭、潞二州刺史。」

（二十七）绛州刺史霍王元軌：『元軌』，指唐高祖第十四子李元軌。傳見舊唐書卷六十四、新唐書卷七十九。舊唐書其本傳云：『霍王元軌，高祖第十四子也。少多才藝，高祖甚奇之。武德六年，封蜀王。八年，徙封吴王……（貞觀）十年，改封霍王，授絳州刺史，尋轉徐

州刺史。』

〔二十八〕虢州刺史虢王鳳：「鳳」，指唐高祖第十五子李鳳。傳見舊唐書卷六十四、新唐書卷七十九。舊唐書其本傳云：『虢王鳳，高祖第十五子也。武德六年，封豳王。貞觀七年，授鄧州刺史，賜實封六百户。十年，徙封虢王，歷虢、豫二州刺史。』

〔二十九〕豫州刺史道王元慶：「元慶」，指唐高祖第十六子李元慶。傳見舊唐書卷六十四、新唐書卷七十九。舊唐書其本傳云：『道王元慶，高祖第十六子也。武德六年，封漢王。八年，改封陳王。貞觀九年，拜趙州刺史，賜實封八百户。十年，改封道王，授豫州刺史。』

〔三十〕鄧州刺史鄧王元裕：「元裕」，指唐高祖第十七子李元裕。傳見舊唐書卷六十四、新唐書卷七十九。舊唐書其本傳云：『鄧王元裕，高祖第十七子也。貞觀五年，封鄶王。十一年，改封鄧王，賜實封八百户，歷鄧、梁、黄三州刺史。』

〔三十一〕壽州刺史舒王元名：「元名」，指唐高祖第十八子李元名。傳見舊唐書卷六十四、新唐書卷七十九。舊唐書其本傳云：『舒王元名，高祖第十八子也。……貞觀五年，封譙王。十一年，徙封舒王，賜實封八百户，拜壽州刺史。』

〔三十二〕幽州都督燕王靈夔：「靈夔」，指唐高祖第十九子李靈夔。傳見舊唐書卷

六十四、新唐書卷七十九。舊唐書其本傳云：『魯王靈夔，高祖第十九子也。……貞觀五年，封魏王。十年，改封燕王，賜實封八百户，授幽州都督。』

〔三十三〕蘇州刺史許王元祥：『元祥』，指唐高祖第二十子李元祥。傳見舊唐書卷六十四、新唐書卷七十九。舊唐書其本傳云：『江王元祥，高祖第二十子也。貞觀五年，封許王。十一年，徙封江王，授蘇州刺史，賜實封八百户。』

〔三十四〕安州都督吴王恪：『恪』，指唐太宗第三子李恪。傳見舊唐書卷七十六、新唐書卷八十。舊唐書其本傳云：『吴王恪，太宗第三子也。武德三年，封蜀王，授益州大都督，以年幼不之官。十年，又徙封吴王。十二年，累授安州都督。』

〔三十五〕相州都督魏王泰：『泰』，指唐太宗第四子李泰。傳見舊唐書卷七十六、新唐書卷八十。舊唐書其本傳云：『濮王泰，字惠褒，太宗第四子也。少善屬文。武德三年，封宜都王。四年，進封衛王，以繼衛懷王霸後。貞觀二年，改封越王，授揚州大都督。五年，兼領左武候、大都督，并不之官。八年，除雍州牧、左武候大將軍。七年，轉鄜州大都督。十年，徙封魏王，遥領相州都督，餘官如故。』

〔三十六〕齊州都督齊王裕：『裕』，應爲『祐』。指唐太宗第五子李祐。傳見舊唐書卷

七十六、新唐書卷八十。舊唐書其本傳云：『庶人祐，太宗第五子也。武德八年，封宜陽王，其年改封楚王。貞觀二年，徙封燕王，累轉豳州都督。十年，改封齊王，授齊州都督。』

〔三十七〕益州都督蜀王愔：『愔』，指唐太宗第六子李愔。傳見舊唐書卷七十六、新唐書卷八十。舊唐書其本傳云：『蜀王愔，太宗第六子也。貞觀五年，封梁王。七年，授襄州刺史。十年，改封蜀王，轉益州都督。』

〔三十八〕襄州刺史蔣王惲：『惲』，指唐太宗第七子李惲。傳見舊唐書卷七十六、新唐書卷八十。舊唐書其本傳云：『蔣王惲，太宗第七子也。貞觀五年，封郯王。八年，授洺州刺史。十年，改封蔣王、安州都督，賜實封八百户。』

〔三十九〕揚州都督越王貞：『貞』，指唐太宗第八子李貞。傳見舊唐書卷七十六、新唐書卷八十。舊唐書其本傳云：『越王貞，太宗第八子也。貞觀五年，封漢王。七年，授徐州都督。十年，改封原王，尋徙封越王，拜揚州都督，賜實封八百户。』

〔四十〕并州都督晋王治：『治』，舊唐書作『某』。指唐高宗李治。傳見舊唐書卷四、卷五、新唐書卷三。舊唐書高宗紀云：『高宗天皇大聖大弘孝皇帝，諱治，太宗第九子也，母曰文德順聖長孫皇后。以貞觀二年六月，生於東宫之麗正殿。五年，封晋王。七年，遥授并州都督。』

〔四十一〕泰州都督紀王慎等：『慎』，指唐太宗第十子李慎。傳見舊唐書卷七十六、新唐書卷八十。舊唐書其本傳云：『紀王慎，太宗第十子也。貞觀五年，封申王。七年，授秦州都督。十年，改封紀王，賜實封八百户。』

〔四十二〕或地居旦奭：『旦奭』，周公旦與召公奭的并稱。兩人都是周初功臣。漢蔡邕太傅胡公碑：『傳聖德於幼冲，率旦奭於舊職。』五代前蜀貫休大蜀高祖潛龍日獻陳情偈頌：『富人侯王，旦奭摩詰。』

〔四十三〕或望及間、平，早稱才藝：『及』，明鈔本、甲庫本作『乃』。『間平』，漢河間獻王劉德、東平憲王劉蒼的合稱。兩人皆有賢名。後因以『間平』指宗室藩王中之賢者。南史梁宗室傳論：『安成、南平、鄱陽、始興俱以名迹著美，蓋亦有梁之間、平也。』唐王勃平臺秘略論褒客：『斯實藩邸之盛事，間、平之用心也。』

〔四十四〕并爵隆土宇，寵兼車服：『土宇』，鄉土和屋宅。詩大雅桑柔：『憂心慇慇，念我土宇。』孔穎達疏：『既是士卒自傷，則念土宇者，自念己之鄉土居宅也。』『車服』，車輿禮服。書舜典：『敷奏以言，明試以功，車服以庸。』孔傳：『功成則賜車服以表顯其能用。』孔穎達疏：『人以車服爲榮，故天子之賞諸侯，皆以車服賜之。』三國魏應璩百一詩之五：『出

入承明廬，車服一何焕。』

〔四十五〕無忘於造次：『造次』，須臾；片刻。後漢書寇恂傳：『且耿府君在上谷，久爲吏人所親，今易之，得賢則造次未安，不賢則秖更生亂。』魏書禮志四：『治身不得以造次忘，治國庸可而須臾匆也？』

〔四十六〕風政之譽，克著於期月：『譽』，舊唐書、全唐文作『舉』。『風政』，教化政治。後漢書滕撫傳：『風政修明，流愛於人，在事七年，道不拾遺。』劉義慶世説新語政事：『承藉猛政，故可以和静致治。』劉孝標注引江惇傳：『山遐爲東陽，風政嚴苛，多任刑殺，郡内苦之。』『期月』，一整年。論語子路：『子曰：「苟有用我者，期月而已可也，三年有成。」』邢昺疏：『期月，周月也，謂周一年之十二月也。』後漢書左雄傳：『觀政於亭傳，責成於期月。』李賢注：『期，匝也。謂一歲。』

〔四十七〕宜冠常典，胙以休命：『常典』，舊唐書、全唐文作『恒册』。『胙』，舊唐書、全唐文、適園叢書均作『祚』。『常典』，常例；固定的法典、制度。漢蔡邕宗廟叠毁議：『正厥世之所闕，爲無窮之常典。』後漢書楊終傳：『臣聞「善善及子孫，惡惡止其身」，百王常典，不易之道也。』『休命』，美善的命令。多指天子或神明的旨意。易大有：『君子以遏惡揚善，

順天休命。』書説命下：『敢對揚天子之休命。』

〔四十八〕咸令子孫世世承襲：『世世』，舊唐書、全唐文作『代代』。

〔四十九〕俾克本枝之盛：『本枝』，同一家族的嫡系和庶出子孫。漢書韋玄成傳：『子孫本枝，陳錫無疆。』南朝宋顔延之赭白馬賦：『效足中黄，殉驅馳兮；願終惠養，蔭本枝兮。』

〔五十〕共山河而無絶：『共』，四庫全書作『鞏』；全唐文作『與』。

鄧王元裕等除官制〔一〕

岑文本

門下：膏腴之地〔二〕，允屬茂親〔三〕；藩屏之重〔四〕，寄深磐石〔五〕。鄶王元裕〔六〕、譙王元名〔七〕，并器懷韶令〔八〕，業尚明敏，望兼梁、趙，譽冠鄄、郇〔九〕；并建之議可歸，按部之職斯重〔十〕，加兹寵命，抑惟國章〔十一〕。元裕可使持節鄧州諸軍事、鄧州刺史，改封鄧王。元名可持節壽州諸軍事、壽州刺史，改封舒王。食邑并如故〔十二〕。貞觀十年正月。

校箋

〔一〕本文又見於全唐文卷四，文題爲授鄶王元裕等官制，署名唐太宗。明鈔本、甲庫本文題同全唐文。本文文末標明頒布時間爲『貞觀十年正月』。考唐會要卷四十六載：『（貞觀）十一年正月，徙封鄶王元裕爲鄧王，譙王元名爲舒王。』舊唐書太宗紀載：『（貞觀）十一年春正月丁亥朔，徙鄶王元裕爲鄧王，譙王元名爲舒王。』新唐書太宗紀載：『（貞觀）十一年正月丁亥，徙封元裕爲鄧王，元名舒王。』舊唐書卷六十四記：『鄧王元裕，高祖第十七子也。貞觀五年，封鄶王。十一年，改封鄧王，賜實封八百户。』新唐書卷七十九記：『鄧康王元裕，貞觀五年始王鄶，十一年徙王。』資治通鑑卷一百九十四載：『貞觀十一年……春，正月，徙鄶王元裕爲鄧王，譙王元名爲舒王。』據上述典籍所載，授鄶王元裕爲鄧王、譙王元名爲舒王，時間應爲貞觀十一年（六三七）正月丁亥（一日），其撰寫時間當在是時稍前。

〔二〕膏腴之地：『膏腴』，謂（土地）肥沃。戰國策趙策四：『今媪尊長安君之位，而封之以膏腴之地。』晋左思吴都賦：『其四野則畛畷無數，膏腴兼倍。』

〔三〕允屬茂親：『茂親』，古時多指皇室宗親。茂，言其美盛。魏書樂志：『自非懿望茂親，

雅量淵遠，博識洽聞者，其孰能識其得失？』南朝梁丘遲與陳伯之書：『中軍臨川殿下，明德茂親，總兹戎重。』

〔四〕藩屏之重：『藩屏』，屏障。語本詩大雅板：『价人維藩，大師維垣，大邦維屏，大宗維翰。』唐劉禹錫游桃源一百韻：『重巖是藩屏，馴鹿受羈靮。』

〔五〕寄深磐石：『磐石』，全唐文作『盤石』。『磐石』，舊喻分封的宗室。史記孝文本紀：『高帝封王子弟，地犬牙相制，此所謂磐石之宗也。』唐杜甫秋日荆南述懷詩之五：『磐石圭多翦，凶門轂少推。』

〔六〕鄶王元裕：『鄶王』，原作『鄧王』，今據四庫全書、全唐文改。『元裕』，即李元裕，唐高祖第十七子。傳見舊唐書卷六十四、新唐書卷七十九。舊唐書其本傳云：『鄧王元裕，高祖第十七子也。貞觀五年，封鄶王。十一年，改封鄧王，賜實封八百户，歷鄧、梁、黄三州刺史。』

〔七〕譙王元名：『元名』，即李元名，唐高祖第十八子。傳見舊唐書卷六十四、新唐書卷七十九。舊唐書其本傳云：『舒王元名，高祖第十八子也。年十歲時，高祖在大安宫，太宗晨夕使尚宫起居送珍饌，元名保傅等謂元名曰：「尚宫品秩高者，見宜拜之。」元名曰：「此我二哥家婢也，何用拜爲？」太宗聞而壯之，曰：「此真我弟也。」貞觀五年，封譙王。十一年，徙封

舒王，賜實封八百户，拜壽州刺史。後歷滑、許、鄭三州刺史。」

〔八〕并器懷韶令：『器懷』，胸懷；度量。南朝梁江淹王儉爲左僕射詔：「〔儉〕器懷明亮，風情峻遠。」魏書李沖傳：「尚書沖器懷淵博，經度明遠，可領將作大匠。」『韶令』，聰慧；美好。宋書謝莊傳：「年七歲，能屬文，通論語。及長，韶令美容儀。」清王晫今世說夙慧：「徐電發蚤歲韶令，天姿英敏。」

〔九〕望兼梁、趙，譽冠鄚、郇：『梁、趙』，指梁州、趙州，李元裕封地；『鄚、郇』，指鄚州、郇州，李元名封地。

〔十〕按部之職斯重：『按部』，帶領部屬。東觀漢記祭遵傳：「將軍連年拒難，衆兵即却，復獨按部，功勞爛然。」

〔十一〕抑惟國章：『抑惟』，四庫全書、全唐文作『仰惟』。『國章』，國之禮儀典章。南朝宋顔延之赭白馬賦：「振民隱，修國章。」吕延濟注：「國章，國之禮儀也。」唐高適信安王幕府詩：「國章榮印綬，公服貴貂蟬。」

〔十二〕食邑并如故：『食邑』，指古代君主賜予臣下作爲世禄的封地。史記曹相國世家：「參將兵守景陵二十日，三秦使章平等攻參，參出擊，大破之。賜食邑於寧秦。」

安州都督吴王恪等除官制〔一〕

門下：體國經邦〔二〕，資懿親而作屏〔三〕；設官分職，俟方岳以宣風〔四〕。用能式固本枝〔五〕，克隆磐石〔六〕。前安州都督、吴王恪等〔七〕，并識量明允〔八〕，體業貞固〔九〕，禮高彝器〔十〕，望重維城〔十一〕。學藝之譽日新，孝忠之風早茂。分命有典〔十二〕，僉議攸歸〔十三〕。可依前件〔十四〕。

校箋

〔一〕本文又見於全唐文卷四，文題作授安州刺史吴王恪等官制，署名唐太宗。明鈔本、甲庫本文題亦爲授安州刺史吴王恪等官制。本文文末未標明頒布時間。考舊唐書卷七十六載：『吴王恪，太宗第三子也……（貞觀）十二年，累授安州都督。』新唐書卷八十載：『鬱林王恪，始王長沙，俄進封漢……十年，改王吴，與魏、齊、蜀、蔣、越、紀六王同徙封。授安州都督。』資治通鑑卷一百九十四載：『貞觀十一年……春，正月……辛卯，以吴王恪爲安州都督，晋王治爲并州都督，紀王慎爲秦州都督。』據上述典籍所載，則此制文頒布時間爲貞觀十一年（六三七）

正月辛卯（五日），其撰寫時間當在是時稍前。

〔二〕體國經邦：『體國』，創建或治理國家。晉陸機漢高祖功臣頌：『體國垂制，上穆下親。』南朝梁劉勰文心雕龍奏啓：『劉頌殷勤於時務，温嶠懇惻於費役，并體國之忠規矣。』

〔三〕資懿親而作屏：『懿親』，特指皇室宗親、外戚。三國魏曹植求通親親表：『昔周公吊管、蔡之不咸，廣封懿親，以藩屏王室。』舊唐書牛仙客傳：『時有監察御史周子諒竊言於御史大夫李適之曰：「牛仙客不才，濫登相位，大夫國之懿親，豈得坐觀其事？」』

〔四〕俟方岳以宣風：『方岳』，指州郡。資治通鑑魏明帝大和五年：『寵爲汝南太守、豫州刺史二十餘年，有勛方岳。及鎮淮南，吳人憚之。』南朝陳徐陵陳武帝下州郡璽書：『卿等擁旄方岳，相任股肱。』

〔五〕用能式固本枝：『本枝』，同一家族的嫡系和庶出子孫。漢書韋玄成傳：『子孫本枝，陳錫無疆。』南朝宋顔延之赭白馬賦：『效足中黄，殉驅馳兮；願終惠養，蔭本枝兮。』

〔六〕克隆磐石：『克隆』，興隆，昌盛。南齊書褚淵王儉傳贊：『民譽不爽，家稱克隆。』北史周紀下論：『嗚呼！以文皇之經啓鴻基，武皇之克隆景業，未逾二紀，不祀忽諸。』『磐石』，舊喻分封的宗室。史記孝文本紀：『高帝封王子弟，地犬牙相制，此所謂磐石之宗也。』

唐杜甫秋日荆南述懷詩之五：『磐石圭多剪，凶門轂少推。』

〔七〕前安州都督、吴王恪等：『吴王恪』，即李恪，唐太宗第三子。傳見舊唐書卷七十六、新唐書卷八十。舊唐書其本傳載：『吴王恪，太宗第三子也。武德三年，封蜀王，授益州大都督，以年幼不之官。十年，又徙封吴王。十二年，累授安州都督。及將赴職，太宗書誡之曰：「吾以君臨兆庶，表正萬邦。汝地居茂親，寄惟藩屏，勉思橋梓之道，善侔間、平之德。以義制事，以禮制心，三風十愆，不可不慎。如此則克固盤石，永保維城。外爲君臣之忠，内有父子之孝，宜自勵志，以勖日新。汝方違膝下，凄戀何已。欲遺汝珍玩，恐益驕奢。故誡此一言，以爲庭訓。」』

〔八〕并識量明允：『識量』，識見與度量。晋書阮咸傳：『太原郭奕高爽有識量，知名於時。』『明允』，明察而誠信。左傳文公十八年：『昔高陽氏有才子八人……齊聖廣淵，明允篤誠，天下之民謂之八愷。』唐元稹贈鄭餘慶太保：『追書保養之榮，用彰明允之德。』

〔九〕體業貞固：『貞固』，守持正道，堅定不移。易乾：『文言曰：「貞者，事之幹也……貞固足以幹事。」』孔穎達疏：『言君子能堅固貞正，令物得成，使事皆幹濟，此法天之貞也。』高亨注：『貞固，正而堅，即堅持正道。幹是動詞，主持，主辦。』三國魏劉劭人物志九徵：『體

端而實者，謂之貞固。貞固也者，信之基也。』

〔十〕禮高彝器：『彝器』，古代宗廟常用的青銅祭器的總稱。如鐘、鼎、尊、罍、俎、豆之屬。左傳 襄公十九年：『且夫大伐小，取其所得以作彝器。』杜預注：『彝，常也。謂鐘鼎爲宗廟之常器。』國語 楚語下：『采服之儀，彝器之量。』韋昭注：『彝，六彝；器，俎豆。』

〔十一〕望重維城：『維城』，借指皇子或皇室宗族。後漢書 孝明八王傳贊：『孝明傳胤，維城八國。』唐無可送李長吉之任東井詩：『家世維城後，官資宰邑初。』

〔十二〕分命有典：『分命』，命令；任命。書 堯典：『分命羲仲，宅嵎夷，曰暘谷。』晋陸機辯亡論：『分命鋭師五千。』

〔十三〕僉議攸歸：『僉議』，衆人的意見。多用於群臣百官。南朝梁沈約授蕭惠休右僕射詔：『入副朝端，僉議斯在。』唐白居易中書舍人韋貫之授禮部侍郎制：『儀曹之選，僉議所歸。』

〔十四〕可依前件：『前件』，前已述及的人或事物。北魏賈思協齊民要術 槐柳楸梓梧柞：『凡爲家具者，前件木皆所宜種。』舊唐書 東夷傳 日本國：『元和元年日本國使判官高階真士上言：「前件學生，藝業稍成，願歸本國，便請與臣同歸。」從之。』

相州都督魏王泰雍州牧制〔一〕

門下：牧伯之重〔二〕，莫先畿甸〔三〕；周衛之職〔四〕，任切巡警〔五〕。詳求今古〔六〕，必俟賢戚。相州都督、魏王泰〔七〕，器業凝遠〔八〕，文藻夙成〔九〕，好學見稱〔十〕，樂善不倦〔十一〕。入作卿士，抑有前規〔十二〕，重司文武，允膺僉議〔十三〕。可雍州牧。

校箋

〔一〕本文又見於全唐文卷四，文題作授魏王泰雍州牧制，署名唐太宗。考舊唐書太宗紀載：『（貞觀）八年……十二月……壬子，越王泰爲雍州牧。』舊唐書卷七十六載：『濮王泰，字惠褒，太宗第四子也。少善屬文。武德三年，封宜都王。四年，進封衛王，以繼衛懷王霸後。貞觀二年，改封越王，授揚州大都督。五年，兼領左武候、大都督，并不之官。八年，除雍州牧、左武候大將軍。七年，轉鄜州大都督。十年，徙封魏王，遥領相州都督，餘官如故。』據上述典籍所載，此制文頒布時間爲貞觀八年（六三四）十二月壬子（十四日），其撰寫時間當在是時稍前。

〔二〕牧伯之重：『牧伯』，稱州郡長官。漢書朱博傳：『今部刺史居牧伯之位，秉一州之統，

選第大吏，所薦位高至九卿，所惡立退，任重職大。』晉李密陳情事表：『臣之辛苦，非獨蜀之人士及二州牧伯所見明知，皇天后土，實所共鑒。』

〔三〕莫先畿甸：『畿甸』，泛指京城郊外的地方。晉陸機五等諸侯論：『在周之衰……鉦鼙震於閫宇，鋒鏑流乎絳闕，然禍止畿甸，害不覃及。』劉良注：『畿甸，近國也。』舊唐書郭子儀傳：『又得馬璘牒，賊擬涉渭而南。臣若堅壁，恐犯畿甸。』

〔四〕周衛之職：『周衛』，防衛。晉左思吴都賦：『土壤不足以攝生，山川不足以周衛。』呂向注：『周衛，謂防衛也。』

〔五〕任切巡警：『巡警』，亦作『巡儆』。巡查警戒。梁書蕭範傳：『（範）遷衛尉卿，每夜自巡警，高祖嘉其勞苦。』唐元稹茅舍詩：『防虞集鄰里，巡警勞晝夜。』

〔六〕詳求今古：『詳求』，詳細探究。隋牛弘同律度量議：『竊惟權衡度量，經邦懋軌，誠須詳求故實，考校得衷。』舊唐書桓彦範傳：『臣愚歷選列辟，詳求往代，帝王有與婦人謀及政者，莫不破國亡身，傾輈繼路。』

〔七〕相州都督、魏王泰：『相州都督』，全唐文作『揚州大都督』。『魏王泰』，即唐太宗李世民之子李泰。傳見舊唐書卷七十六、新唐書卷八十一。舊唐書其本傳載：『濮王泰，字惠褒，

太宗第四子也。少善屬文。武德三年，封宜都王。四年，進封衛王，以繼衛懷王霸後。貞觀二年，改封越王，授揚州大都督。五年，兼領左武候、大都督，并不之官。八年，除雍州牧、左武候大將軍。七年，轉鄜州大都督。十年，徙封魏王，遥領相州都督，餘官如故。太宗以泰好士愛文學，特令就府别置文學館，任自引召學士。又以泰腰腹洪大，趨拜稍難，復令乘小輿至於朝所。其寵異如此。十二年，司馬蘇勖以自古名王多引賓客，以著述爲美，勸泰奏請撰括地志。泰遂奏引著作郎蕭德言、秘書郎顧胤、記室參軍蔣亞卿、功曹參軍謝偃等就府修撰。十四年，太宗幸泰延康坊宅，因曲赦雍州及長安大辟罪已下，免延康坊百姓無出今年租賦，又賜泰府官僚帛有差。」

〔八〕器業凝遠：『器業』，才能學識。晋葛洪抱朴子知止：『夫器業不異而有抑有揚者，無知己也。』宋范仲淹答手詔條陳十事：『又國家開文館，延天下英才，使之直秘庭覽群書，以待顧問，以養器業，爲大用之備。』『凝遠』，凝重深遠。陳書蕭允傳：『允少知名，風神凝遠，通達有識鑒。』新唐書宋璟傳：『璟風度凝遠，人莫涯其量。』

〔九〕文藻夙成：『詞彩』；文彩。三國志魏書文帝紀：『文帝天資文藻，下筆成章。』唐劉知幾史通覈才：『但自世重文藻，詞宗麗淫，於是沮溺失路，靈均當軸。』『夙成』，早成，早熟。後漢書袁術傳：『又聞幼主明智聰敏，有夙成之德，天下雖未被其恩，咸歸心焉。』北

史周東平公神舉傳：『神舉早孤，有夙成之量。』

（十）好學見稱：『見稱』，受人稱譽。史記屈原賈生列傳：『屈原既死之後，楚有宋玉、唐勒、景差之徒者，皆好辭而以賦見稱。』唐楊巨源酬崔博士詩：『自知頑叟更何能，唯學雕蟲謬見稱。』

（十一）樂善不倦：『樂善不倦』，樂於堅持做好事。孟子告子上：『有天爵者，有人爵者。仁義忠信，樂善不倦，此天爵也。』清顧炎武山陽王君墓志銘：『雖不學古而闇合於義，仁而愛人，樂善不倦，其天性然也。』

（十二）抑有前規：明鈔本、甲庫本、適園叢書作『仰有前規』。『前規』，前人的規範、規矩。晋書慕容垂載記：『宜述修前規，終忠貞之節。』宋梅堯臣依韻和刁經臣讀李衛公平泉山居詩碑有感：『當時植珍木，豈是昧前規？廢宅長春草，故山存舊碑。』

（十三）允膺僉議：全唐文作『允膺僉政』。『允膺』，猶承當。南朝梁沈約齊故安陸昭王碑文：『公以宗室羽儀，允膺嘉選。』南朝梁任昉爲褚諮議蓁讓代兄襲封表：『臣門籍勛蔭，光錫土宇，臣賁世載承家，允膺長德。』『僉議』，衆人的意見。多用於群臣百官。南朝梁沈約授蕭惠休右僕射詔：『入副朝端，僉議斯在。』唐白居易中書舍人韋貫之授禮部侍郎制：『儀曹之選，僉議所歸。』

鄧王元裕等刺史制〔一〕

門下：維翰之寄〔二〕，允屬茂親〔三〕；建旟之重〔四〕，必資令望〔五〕。鄧州刺史、鄧王元裕〔六〕，襟神韶令〔七〕，理識清明〔八〕。壽州刺史、舒王元名〔九〕，體業夷雅〔十〕，志尚淹和〔十一〕。并夙膺朝寵，早蒞藩任〔十二〕，政績著於謡俗〔十三〕，嘉譽洽於搢紳〔十四〕。宜加榮命〔十五〕，允兹朝典〔十六〕。元裕可梁州刺史，元名可許州刺史。封并如故。

校箋

〔一〕本文又見於全唐文卷四，文題作授鄧王元裕等刺史制，署名唐太宗。明鈔本、甲庫本此文文題亦爲授鄧王元裕等刺史制。本文文末未標明頒布時間。考舊唐書太宗紀載：『（貞觀）十一年……六月……己未，定制諸王爲世封刺史。』新唐書太宗紀載：『（貞觀）十一年……六月……己未，以諸王爲世封刺史。』舊唐書卷六十四載：『鄧王元裕，高祖第十七子也。貞觀五年，封鄶王。十一年，改封鄧王，賜實封八百户，歷鄧、梁、黄三州刺史。』新唐書卷七十九記：『鄧康王元裕，貞觀五年始王鄶，十一年徙王。始王及徙，皆與譙、魏、許、密四王同封。

累實封至千二百户。好學，善談名理，與典簽盧照鄰爲布衣交。五爲州刺史，遷兖州都督。』册府元龜卷二百八十一載：『鄧王元裕，高祖第十七子也。貞觀中，歷鄧、梁、黄三州刺史。』資治通鑒卷一百九十五載：『貞觀十一年……六月……己未，詔荆州都督荆王元景等二十一王所任刺史，咸令子孫世襲。』據上述典籍所載，定制鄧王元裕刺史時間爲貞觀十一年（六三七）六月六日（己未），其撰寫時間當在是時稍前。

〔二〕維翰之寄：『維翰』，詩大雅文王有聲：『四方攸同，王后維翰。』毛傳：『翰，幹也。』鄭玄箋：『王后爲之幹者，正其政教，定其法度。』後因以『維翰』喻捍衛。亦指保衛國家的重臣。晋書宗室八王傳序：『始則韓彭葅醢，次乃吴楚稱亂。然雖克滅權偪，猶足維翰王畿。』

〔三〕允屬茂親：『茂親』，古時多指皇室宗親。茂，言其美盛。魏書樂志：『自非懿望茂親，雅量淵遠，博識洽聞者，其孰能識其得失？』南朝梁丘遲與陳伯之書：『中軍臨川殿下，明德茂親，總兹戎重。』

〔四〕建旟之重：『建旟』，明鈔本、甲庫本、四庫全書、全唐文作『藩屏』。『建旟』，指大將出鎮。晋書良吏傳論：『魯芝等建旟剖竹，布政宣條，存樹威恩，没留遺愛，咸見知明主，流譽當年。』唐楊炯唐右將軍魏哲神道碑：『每建旟推轂，三令五申，躬擐甲胄，親當矢石。』

〔五〕必資令望：『令望』，指有美好名聲的人。周書令狐整傳：『令狐延保西州令望，方城重器，豈州郡之職所可縶維？』隋書蘇夔傳：『四夷率服，觀禮華夏，鴻臚之職，須歸令望。』

〔六〕鄧州刺史、鄧王元裕：『鄧王元裕』，即唐高祖李淵第十七子李元裕。傳見舊唐書卷六十四、新唐書卷七十九。舊唐書其本傳載：『鄧王元裕，高祖第十七子也。貞觀五年，封鄶王。十一年，改封鄧王，賜實封八百户，歷鄧、梁、黄三州刺史。元裕好學，善談名理，與典簽盧照鄰爲布衣之交。』

〔七〕襟神韶令：『襟神』，襟懷與神情。陳書王沖王通袁敬傳論：『王勱之襟神夷淡，袁樞之端操沈冥。』唐黄滔段先輩啓之一：『判官先輩，萬頃襟神，四科文行，比鸞鶴而既沖霄漢，喻龜龍而須瑞皇王。』『韶令』，聰慧；美好。宋書謝莊傳：『年七歲，能屬文，通論語。及長，韶令美容儀。』

〔八〕理識清明：『清明』，原作『清確』，今據四庫全書改。『理識』，爲政之見識、見解。晉書周馥傳：『馥理識清正，兼有才幹，主定九品，檢括精詳。』世説新語德行：『遂焚之。』南朝梁劉孝標注引阮光禄别傳：『裕淹通，有理識，累遷侍中。』『清明』，物之輕清者。亦謂清澈明朗。荀子解蔽：『故人心譬如槃水，正錯而勿動，則湛濁在下而清明在上，則足以見鬚

眉而察理矣。』唐元稹西縣驛詩：『去時樓上清明夜，月照樓前撩亂花。』

〔九〕壽州刺史、舒王元名：『舒王元名』，即唐高祖李淵第十八子李元名。傳見舊唐書卷六十四、新唐書卷七十九。舊唐書其本傳載：『舒王元名，高祖第十八子也。年十歲時，高祖在大安宮，太宗晨夕使尚宮起居送珍饌，元名保傅等謂元名曰：「尚宮品秩高者，見宜拜之。」元名曰：「此我二哥家婢也，何用拜爲？」太宗聞而壯之，曰：「此真我弟也。」貞觀五年，封譙王。十一年，徙封舒王，賜實封八百户，拜壽州刺史。後歷滑、許、鄭三州刺史。』

〔十〕體業夷雅：『體業』，原作『休業』，今據明鈔本、甲庫本、四庫全書、全唐文、適園叢書改。『夷雅』，平和閑雅。南朝梁任昉王文憲集序：『夷雅之體，無待韋弦。』李善注：『夷，平也……言王公平雅之性，無待此韋弦以成也。』南齊書王玄載傳：『玄載夷雅好玄言，修士操。』

〔十一〕志尚淹和：『志尚』，志向；理想。晉葛洪抱朴子金丹：『聊書其心，示將來之同志尚者云。』隋書藝術傳庾質：『庾質字行修，少而明敏，早有志尚。』『淹和』，寬和。周書辛慶之傳：『志量淹和，有儒者風度，特爲當時所重。』北史藝術傳下褚該：『該性淹和，不自矜尚，但有請之者，皆爲盡其藝術。』

〔十二〕早莅藩任：『莅』，全唐文、適園叢書作『蒞』。

〔十三〕政績著於謡俗：『政績』，全唐文作『政令』。『謡俗』，猶言風俗習慣。史記貨殖列傳：『其謡俗猶有趙之風也。』宋王安石還自河北應客詩：『愧客問謡俗，舊傳今自如。』

〔十四〕嘉譽洽於搢紳：『嘉譽』，美好的聲譽。國語周語上：『爲班爵、貴賤以列之，爲令聞嘉譽以聲之。』南朝梁王僧孺詹事徐府君集序：『清風嘉譽，震灼朝野。』『搢紳』，插笏於紳。紳，古代仕宦者和儒者圍於腰際的大帶。周禮春官典瑞：『王晋大圭。』鄭玄注引漢鄭司農曰：『晋讀爲搢紳之搢，謂插於紳帶之間，若帶劍也。』後用爲官宦或儒者的代稱。東觀漢記明帝紀：『是時學者尤盛，冠帶搢紳，游雍而觀化者，以億萬計。』唐權德輿知非詩：『名教自可樂，搢紳貴行道。』

〔十五〕宜加榮命：『榮命』，諛稱皇帝任命。漢蔡邕太尉汝南李公碑：『帝念其勛家，被榮命漁陽太守。』

〔十六〕允兹朝典：『朝典』，朝廷的禮儀制度。南朝宋劉義慶世説新語德行：『華歆遇子弟甚整，雖閑室之内，嚴若朝典。』宋王讜唐語林補遺二：『臣山野人，不識朝典，見陛下合稱臣否？』

相王并州牧制〔一〕

鸞臺：神畿緝化，咨牧所難〔二〕；天府屯兵，命將爲重〔三〕。惟賢是擇〔四〕，非親勿居。太子左千牛衛率、安北都護、相王旦〔五〕，黄道承暉，紫庭趨訓〔六〕；儀表瓌杰，識量虛明〔七〕。資忠孝以立身，仗經書而致德，勇高衛、霍，詞優楊、史〔八〕。必能外振威聲，内清戎政〔九〕，宜膺夾輔之寄，兼司羽翼之重〔十〕。可并州牧。餘如故。長安二年五月。

校箋

〔一〕本文又見於全唐文卷九十五，文題作授相王并州牧制，署名高宗武皇后。本文文末標明時間爲『長安二年五月』。考資治通鑒卷二〇七載：『長安二年……五月……乙未，以相王爲并州牧，充安北道行軍元帥，以魏元忠爲之副。』據上述典籍所載，授相王旦爲并州牧時間應爲長安二年（七〇二）五月乙未（二十九日），其撰寫時間當在是時稍前。

〔二〕神畿緝化，咨牧所難：『畿』，古代王都所領轄的方千里地面。後指京城所管轄的地區。説文：『畿，天子千里地。以逮近言之則曰畿也。』周禮大行人：『邦畿方千里。』『緝』，指理；

整治。『咨牧』，指詢問治國之道。『咨』，蜀諸葛亮出師表：『以咨諏善道。』指詢問治國的好道理。『牧』，統治；主管。荀子成相：『請牧基，賢者思。』

〔三〕天府屯兵，命將爲重：『天府』，謂土地肥沃、物産富饒之域。史記劉敬叔孫通列傳：『因秦之故，資甚美膏腴之地，此所謂天府者也。』晋書袁喬傳：『蜀土富實號稱天府，昔諸葛武侯欲以抗衡中國。』『命將』，任命將帥；派遣將帥。晋書陸機傳：『自古命將遣師，未有臣凌其君而可以濟事者也。』清史稿禮志九：『雍正七年，定命將前一日告廟。』

〔四〕惟賢是擇：四庫全書作『惟賢是辟』。

〔五〕太子左千牛衛率、安北都護、相王旦：『相王旦』，謂唐睿宗李旦。傳見兩唐書其本紀。舊唐書睿宗紀載：『睿宗玄真大聖大興孝皇帝諱旦，高宗第八子，中宗母弟，龍朔二年六月己未，生於長安。其年封殷王，遥領冀州大都督、單于大都護、右金吾衛大將軍。及長，謙恭孝友，好學，工草隸，尤愛文字訓詁之書。乾封元年，徙封豫王。總章二年，徙封冀王。上初名旭輪，至是去「旭」字。上元二年，徙封相王，拜右衛大將軍。儀鳳三年，遷洛牧；改名旦，徙封豫王。嗣聖元年，則天臨朝，廢中宗爲廬陵王，立豫王爲皇帝，仍臨朝稱制。及革命，改國號爲周，降帝爲皇嗣，令依舊名輪，徙居東宫，其具儀一比皇太子。聖曆元年，中宗自房陵還。帝數稱疾不朝，

請讓位於中宗。則天遂立中宗爲皇太子，封帝爲相王，又改名旦，授太子右衛率。長安中，拜司徒、右羽林衛大將軍。』

〔六〕黄道承暉，紫庭趨訓：『黄道』，帝王所行之路。唐李白上之回詩：『萬乘出黄道，千騎揚彩虹。』王琦注：『蕭士贇曰：前漢天文志：日有中道。中道者，黄道也。日，君象，故天子所行之道亦曰黄道。』宋范仲淹和葛閎寺丞接花歌：『太平天子春游好，金明柳色籠黄道。』『紫庭』，帝王宫庭。後漢書皇甫規傳：『臣生長邊遠，希涉紫庭，怖慑失守，言不盡心。』晋左思悼離贈妹詩之二：『以蘭之芳，以膏之明，永去骨肉，内充紫庭。』『趨訓』，指『趨庭承訓』，接受教令或教誨。典出論語季氏：『（孔子）嘗獨立，鯉趨而過庭。曰：「學詩乎？」對曰：「未也。」「不學詩，無以言。」鯉退而學詩。他日，又獨立，鯉趨而過庭。曰：「學禮乎？」對曰：「未也。」「不學禮，無以立。」鯉退而學禮。』鯉，孔子之子伯魚。後因以『趨庭』謂子承父教。逸周書武順：『伯不勤無以行令，卒不力無以承訓。』後漢書清河孝王慶傳：『皇子肇保育皇后，承訓懷衽，導達善性，將成其器。』

〔七〕儀表瓌杰，識量虚明：『儀表』，原作『儀錶』，今據四庫全書、全唐文、適園叢書改。『虚明』，指内心清虚純潔。南朝梁任昉王文憲集序：『莫不總制清衷，遞爲心極，斯固通人之所包，

非虛明之絶境，不可窮者，其唯神用者乎？』宋蘇轍贈石臺問長老二絶之二：『蒲團布衲一繩牀，心地虛明睡自亡。』

〔八〕勇高衛、霍，詞優楊、史：『衛霍』，西漢名將衛青和霍去病皆以武功著稱，後世并稱『衛霍』。三國魏曹植與吴季重書：『謂蕭、曹不足儔，衛、霍不足侔也。』唐張説藥園宴武洛沙將軍詩：『文學引王枚，歌鐘陳衛霍。』『楊史』，指楊雄、史岑。典出東觀漢記卷七：『又曰：上以所自作光武皇帝本紀示東平憲王蒼，蒼因上世祖受命中興頌，上甚善之，以問校書郎，此與誰等？皆言類相如、楊雄，前代史岑比之。』此處喻指睿宗文武雙全。

〔九〕内清戎政：『戎政』，軍政；軍旅之事。晉潘岳西征賦：『掩細柳而撫劍，快孝文之命帥，周受命以忘身，明戎政之果毅。』南朝齊王儉褚淵碑文：『兼授衛軍，戎政輯睦。』

〔十〕宜膺夾輔之寄，兼司羽翼之重：『夾輔』，輔佐。左傳僖公四年：『五侯九伯，女實征之，以夾輔周室！』三國志魏書齊王芳傳：『大將軍、太尉奉受末命，夾輔朕躬。』『羽翼』，輔佐；維護。吕氏春秋舉難：『（魏文侯）以私勝公，衰國之政也。然而名號顯榮者，三士羽翼之也。』高誘注：『羽翼，佐之。』宋羅大經鶴林玉露卷十三：『是説也，羽翼吾道，其功豈淺淺哉！』

相王雍州牧制〔一〕

鸞臺〔二〕：京輔才難，神畿化首〔三〕；四方取則，萬邦承流〔四〕。自非明德懿親，何以宣風翊政〔五〕？并州牧、太子左千牛衛率、相王旦〔六〕，紫庭趨訓，青社疏封〔七〕，雅度冲深，瓌資秀杰〔八〕，忠孝天假，禮樂日宣。朔□掌□，望隆前率〔九〕，北野莅戎，聲高卧護〔十〕。懷共理之幹，有兼辨之能〔十一〕。宜紆朝紼，用清都輦〔十二〕。可雍州牧。

長安三年七月。

校箋

〔一〕此文又見於全唐文卷九十五，文題作授相王雍州牧制，署名高宗武皇后。本文文末標明頒布時間爲『長安三年七月』。考舊唐書則天皇后紀載：『長安三年……秋九月……戊申，相王旦爲雍州牧。』資治通鑑卷二百七載：『長安三年……七月……戊申，以并州牧相王旦爲雍州牧。』據上述典籍所載，此制文頒布時間當從原文文末及資治通鑑，爲長安三年（七〇三）七月戊申（十九日），其撰寫時間當在是時稍前。

〔二〕鸞台：『台』，全唐文作『臺』。『鸞台』，唐時門下省的别名。後借指朝廷高級政務機構。新唐書百官志二：『垂拱元年，改門下省曰鸞台。』宋梅堯臣永叔寄澄心堂紙二幅詩：『幅狹不堪作詔命，聊備鸁使供鸞台。』

〔三〕京輔才難，神畿化首：『京輔』，國都及其附近地區。南朝齊王儉褚淵碑文：『丹陽京輔，遠近攸則；吴興衿帶，實惟股肱。』宋范仲淹謝依所乞依舊知鄧州表：『臣以本朝盛德，優禮近臣，多處京輔之間，以存國體之重。』『才難』，謂人才難得。論語泰伯：『才難，不其然乎？』晋葛洪抱朴子尚博：『古人嘆息於才難，故謂百世爲隨踵，不以璞非崑山而棄耀夜之寶，不以書不出聖而廢助教之言。』『化首』，教化的首領；傳道之人。

〔四〕四方取則，萬邦承流：『取則』，取作準則、規範或榜樣。南朝梁任昉王文憲集序：『挂服捐駒，前良取則。』李善注引趙岐三輔決録：『長安劉氏，唯有孟公，談者取則。』隋書經籍志四：『（摯虞）自詩賦下，各爲條貫，合而編之，謂爲流别。是後……屬辭之士，以爲覃奥，而取則焉。』『承流』，謂接受和繼承良好的風尚傳統。史記三王世家：『百蠻之君，靡不鄉風，承流稱意。』漢書董仲舒傳：『今之郡守、縣令，民之師帥，所使承流而宣化也。』

〔五〕自非明德懿親，何以宣風翊政：『明德』，彰明德行。管子君臣下：『此先王所以明

德罔奸，昭公滅私也。』荀子成相：『明德慎罰，國家既治四海平。』『懿親』，特指皇室宗親、外戚。三國魏曹植求通親親表：『昔周公吊管、蔡之不咸，廣封懿親，以藩屏王室。』舊唐書牛仙客傳：『時有監察御史周子諒竊言於御史大夫李適之曰：「牛仙客不才，濫登相位，大夫國之懿親，豈得坐觀其事？」』『宣風』，宣揚風教德化。後漢書隗囂傳：『今山東之兵二百餘萬，已平齊楚，下蜀漢，定宛洛，據敖倉，守函谷，威名四布，宣風中岳。』周書齊煬王憲傳：『吾以不武，任總元戎，受命安邊，路指幽冀。列邑名藩，莫不屈膝，宣風導禮，皆荷來蘇。』『翊』，輔佐。三國志呂凱傳：『翊贊季興。』漢書：『左內史更名左馮翊。』

〔六〕并州牧、太子左千牛衛率、相王旦：『相王旦』，指唐睿宗李旦。傳見兩唐書其本紀。舊唐書睿宗紀云：『睿宗玄真大聖大興孝皇帝，諱旦，高宗第八子，中宗母弟。龍朔二年六月己未，生於長安。其年封殷王，遥領冀州大都督、單于大都護、右金吾衛大將軍。及長，謙恭孝友，好學，工草隸，尤愛文字訓詁之書。乾封元年，徙封豫王。總章二年，徙封冀王。上初名旭輪，至是去「旭」字。上元二年，徙封相王，拜右衛大將軍。儀鳳三年，遷洛牧；改名旦，徙封豫王。嗣聖元年，則天臨朝，廢中宗爲廬陵王，立豫王爲皇帝，仍臨朝稱制。及革命，改國號爲周，降帝爲皇嗣，令依舊名輪，徙居東宮，其具儀一比皇太子。聖曆元年，中宗自房陵還。帝數稱疾不朝，

請讓位於中宗。則天遂立中宗爲皇太子，封帝爲相王，又改名旦，授太子右衛率。長安中，拜司徒、右羽林衛大將軍。』

〔七〕紫庭趨訓，青社疏封：『紫庭』，帝王宫庭。後漢書皇甫規傳：『臣生長邊遠，希涉紫庭，怖慴失守，言不盡心。』晋左思悼離贈妹詩之二：『以蘭之芳，以膏之明，永去骨肉，内充紫庭。』『趨訓』，指『趨庭承訓』，接受教令或教誨。典出論語季氏：『（孔子）嘗獨立，鯉趨而過庭。曰：「學詩乎？」對曰：「未也。」「不學詩，無以言。」鯉退而學詩。他日，又獨立，鯉趨而過庭。曰：「學禮乎？」對曰：「未也。」「不學禮，無以立。」鯉退而學禮。』鯉，孔子之子伯魚。後因以『趨庭』謂子承父教。逸周書武順：『伯不勤無以行令，卒不力無以承訓。』後漢書清河孝王慶傳：『皇子肇保育皇后，承訓懷衽，導達善性，將成其器。』『青社』，祀東方土神處。借指東方之地。史記三王世家：『維六年四月乙巳，皇帝使御史大夫湯廟立子閎爲齊王。曰：於戲，小子閎，受茲青社！』司馬貞索隱：『蔡邕獨斷云：「皇子封爲王，受天子太社之土，若封東方諸侯，則割青土，藉以白茅，授之以立社，謂之茅土。」齊在東方，故云青社。』晋潘岳揚荆州誄：『君以兼資，參戎作弼，用錫土宇，膺茲顯秩。青社白茅，亦朱其紱。』李善注引尚書緯：『天子社，東方青。』『疏封』，分封。帝王把土地或爵位分賜給臣子。唐元稹追封王蟠母李氏等：『朕

宅帝位，思弘大孝，乃詔執事，追用疏封。』唐白居易崔元備張惟素鄭覃陸灑韋弘景賜爵制：『賞不敢忘，爵不敢愛，爾宜疏封，服命而揚之。』

〔八〕雅度冲深，環資秀杰：『雅度』，高雅的度量。晋孫綽潁州府君碑：『君天縱杰邁，奇逸卓犖，茂才亮拔，雅度恢廓。』唐王勃三國論：『然備數困而意不折，終能大啓西土者，其惟雅度最優乎？』『冲深』，幽深；深奥。藝文類聚卷七八引晋湛方生廬山神仙詩序：『窈窕冲深，常含霞而貯氣。』北魏酈道元水經注易水：『岫壑冲深，含烟罩霧。』『秀杰』，優異杰出。北魏酈道元水經注渭水二：『太白山南連武功山，於諸山最爲秀杰。』宋蘇軾戰國任俠：『夫智、勇、辨、力，此四者，皆天民之秀杰者也。』

〔九〕望隆前率：『隆』，全唐文此處爲闕字。『率』，指部隊。此處指肅宗任太子右衛率經歷。

〔十〕北野莅戎，聲高卧護：此句指舊唐書睿宗紀『遥領冀州大都督、單于大都護、右金吾衛大將軍』經歷。

〔十一〕懷共理之幹，有兼辨之能：『共理』，指共同治理政事。唐白居易賀平淄青表：『臣名參共理，職忝分憂，抃舞歡呼，倍萬常品。』宋柳永木蘭花慢詞之三：『凝眸，乃眷東南，思共理，命賢侯。』

〔十二〕宜紵朝綍，用清都輦：『紵』，繫結，佩戴。李賀感諷五首：『我待紵雙綬，遺我星星髮。』清周容芋老人傳：『綰黃紵紫。』『綍』，指繩索。『都輦』，京城，國都。三國志吴書胡綜傳：『權又問可堪何官，綜對曰：「未可以治民，且試以都輦小職。」』資治通鑑魏明帝大和四年引此文，胡三省注曰：『國郡在輦轂下，故曰都輦。』晉左思吴都賦：『於是樂只衎而歡飫無匱，都輦殷而四奧來暨。』李善注：『輦，王者所乘，故京邑之地，通曰輦焉。』

相王太子左衛率制〔一〕

鸞臺：宮寮之任〔二〕，朝選所難。相王旦〔三〕，地在懿親〔四〕，躬此明德，持沛獻之法度，□河間之儒雅〔五〕。元良肇建〔六〕，博望初開〔七〕，徽章既陳〔八〕，禁旅增肅〔九〕。宜紆金璽之重〔十〕，式掌銅樓之衛〔十一〕。可依前件〔十二〕。

校　箋

〔一〕明鈔本、甲庫本此文文題均作『相王太子右衛率制』。本文文末未標明頒布時間。考

舊唐書睿宗紀載：『聖曆元年，中宗自房陵還。帝數稱疾不朝，請讓位於中宗。則天遂立中宗爲皇太子，封帝爲相王，又改名旦，授太子右衛率。』新唐書睿宗紀載：『中宗自房州還，復爲皇太子，武后封皇嗣爲相王，授太子右衛率。』又檢新唐書則天皇后紀載：『（聖曆）二年正月壬戌，封皇嗣旦爲相王。』舊唐書則天皇后紀載『（聖曆）二年春二月，封皇嗣旦爲相王。』資治通鑑卷二百六載：『聖曆二年……正月，丁卯朔（按，通鑑誤，應爲丁巳朔），告朔于通天宮。壬戌，以皇嗣爲相王，領太子右衛率。』故據上述典籍所載，相王旦被授予右衛率時間應爲聖曆二年（六九九）正月壬戌（六日），其撰寫時間當在是時稍前。文題中『左衛率』應爲『右衛率』之誤。

〔二〕宮寮之任：『宮寮』，太子屬官。唐劉禹錫謝分司東都表：『伏以臣始爲御史，逮事德宗，今忝宮寮，幸逢聖日。』宋王讜唐語林補遺二：『阡觸事面墻，對東宮曰：「臣山野人，不識朝典，見陛下合稱臣否？」東宮曰：「卿是宮寮，自合知之。」』

〔三〕相王旦：『旦』，謂唐睿宗李旦。傳見兩唐書其本紀。舊唐書睿宗紀載：『睿宗玄真大聖大興孝皇帝諱旦，高宗第八子，中宗母弟，龍朔二年六月己未，生於長安。其年封殷王，遥領冀州大都督、單于大都護、右金吾衛大將軍。及長，謙恭孝友，好學，工草隸，尤愛文字訓詁

之書。乾封元年，徙封豫王。總章二年，徙封冀王。上初名旭輪，至是去「旭」字。上元二年，徙封相王，拜右衛大將軍。儀鳳三年，遷洛牧；改名旦，徙封豫王。嗣聖元年，則天臨朝，廢中宗爲廬陵王，立豫王爲皇帝，仍臨朝稱制。及革命，改國號爲周，降帝爲皇嗣，令依舊名輪，徙居東宮，其具儀一比皇太子。聖曆元年，中宗自房陵還。帝數稱疾不朝，請讓位於中宗。則天遂立中宗爲皇太子，封帝爲相王，又改名旦，授太子右衛率。』

〔四〕地在懿親：『懿親』，特指皇室宗親、外戚。三國魏曹植求通親親表：『昔周公吊管、蔡之不咸，廣封懿親，以藩屏王室。』舊唐書牛仙客傳：『時有監察御史周子諒竊言於御史大夫李適之曰：「牛仙客不才，濫登相位，大夫國之懿親，豈得坐觀其事？」』

〔五〕持沛獻之法度，□河間之儒雅：『沛獻』，指東漢沛獻王劉輔。後漢書卷四十二列傳第三十二評：『輔矜嚴有法度，好經書。』『河間』，指漢河間獻王劉德。南朝梁任昉齊竟陵文宣王行狀：『陳農所未究，河間所未輯。』南朝梁劉勰文心雕龍樂府：『河間薦雅而罕御，故汲黯致譏於天馬也。』

〔六〕元良肇建：『元良』，太子的代稱。禮記文王世子：『一有元良，萬國以貞，世子之謂也。』南朝梁沈約立太子詔：『元良之寄，有國莫先，自昔哲后，降及近代，莫不立儲樹嫡，守器承祧。』『肇

建』，創建；始創。晉應貞晉武帝華林園集詩：『悠悠太上，民之厥初；皇極肇建，彝倫攸敷；五德更運，膺籙受符。』資治通鑑晉元帝建武元年：『今王業肇建，萬物權輿。』

〔七〕博望初開：『博望』，指太子宮苑博望苑，漢宮苑名。故址在今陝西省西安市。漢武帝爲戾太子建，以供其交接賓客。漢書戾太子劉據傳：『及冠就宮，上爲立博望苑，使通賓客。』顔師古注：『取其廣博觀望也。』三輔黄圖苑囿：『博望苑，武帝立子據爲太子，爲太子開博望苑以通賓客……博望苑在長安城南杜門外五里，有遺址。』

〔八〕徽章既陳：『徽章』，指褒崇封贈的策命。北周王褒周太保尉遲綱墓碑：『司勛載其弘烈，典册備其徽章。』唐陸贄册淑妃王氏爲皇后文：『稱是徽章，聿歸全德。』

〔九〕禁旅增肅：『禁旅』，猶禁軍。南史劉懷珍傳：『懷珍年老，以禁旅辛勤，求爲閑職。』北史楊寬傳：『孝武與齊神武有隙，遂召募驍勇，廣增宿衛，以寬爲閤内大都督，專總禁旅。』

〔十〕宜紆金璽之重：『金璽』，金製成的印璽。漢書百官公卿表上：『諸侯王，高帝初置，金璽盭綬，掌治其國。』三國魏曹植上責躬應詔詩表：『仰齒金璽，俯執聖策。』

〔十一〕式掌銅樓之衛：『銅樓』，飾有銅龍的門樓，又稱『龍樓』。借指太子宫室。亦借指帝王宫闕。唐李白酬坊州王司馬與閻正字對雪見贈：『價重銅龍樓，聲高重門側。』唐王勃九

成宮頌：『鳳闈宵静，陰靈宣王闥之華；鶴禁朝趨，離象峻銅樓之景。』蔣清翊注：『銅樓即「龍樓門」之「龍樓」。漢書成帝紀：「上嘗急召太子出龍樓門。」注：「張晏曰：門樓上有銅龍，若白鶴、飛廉之爲名也。」』

〔十二〕可依前件：『前件』，前已述及的人或事物。北魏賈思協齊民要術槐柳楸梓梧柞：『凡爲家具者，前件木皆所宜種。』舊唐書東夷傳日本國：『元和元年日本國使判官高階真士上言：「前件學生，藝業稍成，願歸本國，便請與臣同歸。」從之。』

宋王成器太子太師制（一）

蘇　頲

門下：孟侯之禮（二），雖歸於冢胤（三）；太伯之風，實尚於高節（四）。左衛大將軍、宋王成器（五），幼而聰敏（六），長而温仁（七），禮樂同歸，質文相半（八）。孝以爲政，每用因親；忠以立誠（九），所期尊主。故能樂於爲善，好在服儒，占蟻穴以探微，登雀臺而成賦（十）。自奄有梁、宋，作藩邦家（十一），其儀孔臧（十二），其德可大。朕之元子，當踐副君（十三），以隆基有社稷大功（十四），神祇僉屬（十五）。由是朕前懇讓，言在必行，天下至公（十六），誠不可奪。爰符立季之典（十七），庶協從人之願（十八）。况别爲九州（十九），

必資於牧伯（二十），貞夫萬國（二十一），允仁於師傅（二十二）。式副僉諧之求（二十三），仍光不拜之寵。可雍州牧揚州大都督、太子太師（二十四），別加實封二千户，賜物五千段、細馬二千匹（二十五）、奴婢十房、金銀器皿二百事、甲第一區、良田三十頃。餘如故。主者施行。唐隆元年六月二十五日。

校箋

（一）本文又見於文苑英華卷四〇三，文題作授宋王成器太子太師制，署名蘇頲。全唐文卷二百五十二亦録此文，文題與署名同上。舊唐書卷九十五列傳第四十五亦録，其文首云：『唐隆元年，進封宋王。……乃下制曰』云云。本文文末標明時間爲『唐隆元年六月二十五日』。考舊唐書睿宗紀載：『景龍四年……夏六月……乙巳……左衛大將軍、宋王成器爲太子太師、雍州牧、揚州大都督，加實封二百户。』舊唐書卷九十五列傳四十五載：『唐隆元年，進封宋王。其月，睿宗踐祚，拜左衛大將軍。時將建儲貳，以成器嫡長，而玄宗有討平韋氏之功，意久不定。……成器可雍州牧、揚州大都督、太子太師，別加實封二千户。』資治通鑑卷二百九唐紀二十五載：『景

雲元年……六月……戊申，以宋王成器爲雍州牧、揚州大都督、太子太師。』則此制文頒布時間爲景雲元年（七一〇）六月二十五日，册封時間爲六月戊申（二十八日），撰寫時間當在頒布時間稍前。

〔二〕孟侯之禮：『孟侯』，諸侯之長。書康誥：『王若曰：孟侯，朕其弟。』孔傳：『周公稱成王命，順康叔之德，命爲孟侯。孟，長也。五侯之長謂方伯，使康叔爲之。』孔穎達疏：『五侯之長，五等諸侯之長也。』吕氏春秋正名：『齊湣王，周室之孟侯。』

〔三〕雖歸於冢胤：『胤』，子孫，後嗣。左傳僖公二十四年：『周公之胤。』詩大雅既醉：『永錫祚胤。』

〔四〕太伯之風，實尚於高節：『太伯』，指吴太伯。周古公亶父（太王）長子，仲雍、季歷之兄。太王欲傳位季歷及其子昌（即周文王），太伯乃與仲雍出逃至荆蠻，號勾吴。後因以稱出亡而讓君位與弟者。左傳閔公元年：『不如逃之，無使罪至，爲吴大伯，不亦可乎？』國語晉語一：『君得其欲，太子遠死，且有令名，爲吴太伯，不亦可乎？』韋昭注：『太伯讓季歷，遠適吴越，後武王追封爲吴伯，故曰吴太伯。』新唐書李泌傳：『建寧王誠賢，然廣平冢嗣，有君人量，豈使爲吴太伯乎？』參閱史記吴太伯世家。『高節』，高尚的節操。史記魯仲連鄒陽列傳：『魯仲連者，

齊人也。好奇偉俶儻之畫策，而不肯仕宦任職，好持高節。』唐顧況哭從兄萇詩：『立身有高節，滿卷多好詩。』

〔五〕左衛大將軍、宋王成器：『成器』，即李憲，唐睿宗長子。傳見舊唐書卷九十五、新唐書卷八十一。舊唐書其本傳載：『讓皇帝憲，本名成器，睿宗長子也。初封永平郡王。文明元年，立爲皇太子，時年六歲。及睿宗降爲皇嗣，則天册授成器爲皇孫，與諸弟同日出閤，開府置官屬。長壽二年，改封壽春郡王，仍却入閤。長安中，累轉左贊善大夫。加銀青光禄大夫。中宗即位，改封蔡王，遷宗正員外卿，加賜實封四百户，通舊爲七百户。成器固辭不敢當大國，依舊爲壽春郡王。唐隆元年，進封宋王。其月，睿宗踐祚，拜左衛大將軍。時將建儲貳，以成器嫡長，而玄宗有討平韋氏之功，意久不定。成器辭曰：「儲副者，天下之公器，時平則先嫡長，國難則歸有功。若失其宜，海内失望，非社稷之福。臣今敢以死請。」累日涕泣固讓，言甚切至。時諸王、公卿亦言楚王有社稷大功，合居儲位。睿宗嘉成器之意，乃許之。玄宗又以成器嫡長，再抗表固讓，睿宗不許。乃下制曰：「左衛大將軍、宋王成器，朕之元子，當踐副君。以隆基有社稷大功，人神僉屬，由是朕前懇讓，言在必行。天下至公，誠不可奪。爰符立季之典，庶協從人之願。成器可雍州牧、揚州大都督、太子太師，別加實封二千户。賜物五千段、細馬二十匹、奴婢十房、

甲第一區、良田三十頃。」』

〔六〕幼而聰敏：『聰敏』，文苑英華作『聰惠』；甲庫本作『聰明』。

〔七〕長而温仁：文苑英華、全唐文作『長則温仁』。

〔八〕質文相半：『質文』，謂其資質具有文德。國語周語下：『文王質文，故天祚之以天下。』韋昭注：『質文，其質性有文德也。』太平御覽卷四七六引晋中興書：『應詹弱冠知名，太宰何邵見而稱之曰：「質文之士也。」』

〔九〕忠以立誠：文苑英華、全唐文作『忠而立誠』。

〔十〕占蟻穴以探微，登雀臺而成賦：『蟻穴』，比喻可以釀成大禍的小漏洞。語出韓非子喻老：『千丈之隄，以螻蟻之穴潰；百尺之室，以突隙之烟焚。』三國魏應璩雜詩：『細微可不慎，隄潰自蟻穴。』『探微』，探索微妙的事理。唐張説上官昭容集序：『上官昭容……明淑挺生，才華絶代，敏識聰聽，探微鏡理。』舊唐書王虔休傳：『適遇有知音者，與臣論及樂章，探微賾奥，窮理盡性。』『雀臺』，即銅雀臺。漢建安十五年曹操所建，在今河北省臨漳縣西南古鄴城的西北隅。南朝宋鮑照代陸平原君子有所思行：『西出登雀臺，東下望云闕。』北周庾信拟连珠之十二：『是以隋珠日月，无益驪山之火；雀臺弦管，空望西陵之松。』指曹植創作銅雀臺賦。

此二句贊美李成器之智識才華。

〔十一〕自奄有梁宋，作藩邦家：指漢朝分封諸侯國之事。事見漢書文帝紀：『文帝三年，三月，有司請立皇子爲諸侯王。詔曰：「前趙幽王幽死，朕甚憐之，已立其太子遂爲趙王。遂弟辟强及齊悼惠王子朱虚侯章、東牟侯興居有功，可王。」乃立辟强爲河間王，章爲城陽王，興居爲濟北王。因立皇子武爲代王，參爲太原王，揖爲梁王。』

〔十二〕其儀孔臧：『孔臧』，非常良好；非常美好。漢揚雄元后誄：『皇皇靈祖，惟若孔臧，降兹珪璧，命服有常。』漢書禮樂志：『告靈既饗，德音孔臧，惟德之臧。建侯之常。』顔師古注：『孔，甚也；臧，善也。』

〔十三〕當踐副君：四庫全書作『嗣君』。『副君』，太子。漢荀悦漢紀宣帝紀一：『太子，國儲副君，官屬師友必取天下英俊。』南朝梁劉勰文心雕龍時序：『文帝以副君之重，妙善辭賦。』

〔十四〕以隆基有社稷大功：明鈔本、甲庫本作『以隆基有大功』。事見舊唐書卷九十五載：『……唐隆元年，進封宋王。其月，睿宗踐祚，拜左衛大將軍。時將建儲貳，以成器嫡長，而玄宗有討平韋氏之功，意久不定。成器辭曰：「儲副者，天下之公器，時平則先嫡長，國難則歸有功。若失其宜，海内失望，非社稷之福。臣今敢以死請。」累日涕泣固讓，言甚切至。時諸王、

公卿亦言楚王有社稷大功，合居儲位。睿宗嘉成器之意，乃許之。……』『隆基』，即唐玄宗李隆基，傳見兩唐書其本紀。舊唐書玄宗紀載：『玄宗至道大聖大明孝皇帝諱隆基，睿宗第三子也，母曰昭成順聖皇后竇氏。垂拱元年秋八月戊寅，生於東都。性英斷多藝，尤知音律，善八分書。儀範偉麗，有非常之表。……上所居里名隆慶，時人語訛以「隆」爲「龍」；韋庶人稱制，改元又爲唐隆，皆符御名。上益自負，乃與太平公主謀之，公主喜，以子崇簡從。上乃與崇簡、朝邑尉劉幽求、長上折衝麻嗣宗、押萬騎果毅葛福順李仙鳧、寶昌寺僧普潤等定策誅之。或曰：「先啓大王。」上曰：「我拯社稷之危，赴君父之急，事成福歸於宗社，不成身死於忠孝，安可先請，憂怖大王乎！若請而從，是王與危事；請而不從，則吾計失矣。」遂以庚子夜率幽求等數十人自苑南入，總監鍾紹京又率丁匠百餘以從。分遣萬騎往玄武門殺羽林將軍韋播、高嵩，持首而至，衆歡叫大集。攻白獸、玄德等門，斬關而進，左萬騎自左入，右萬騎自右入，合於凌烟閣前。時太極殿前有宿衛梓宮萬騎，聞譟聲，皆披甲應之。韋庶人惶惑走入飛騎營，爲亂兵所害。於是分遣誅韋氏之黨，比明，内外討捕，皆斬之。乃馳謁睿宗，謝不先啓請之罪。睿宗遽前抱上而泣曰：「宗社禍難，由汝安定，神祇萬姓，賴汝之力也。」拜殿中監、同中書門下三品，兼押左右萬騎，進封平王。』。

〔十五〕神祇僉屬：『神祇』，舊唐書作『人神』。『神祇』，天神與地神。書湯誥：『爾萬方百姓，罹其凶害，弗忍荼毒，并告無辜於上下神祇。』孔傳：『并告無罪稱冤訴天地。』史記宋微子世家：『今殷民乃陋淫神祇之祀。』裴駰集解引馬融曰：『天曰神，地曰祇。』『僉屬』，猶衆望。南朝梁沈約王茂加侍中詔：『顯命載加，允副僉屬。』唐陸贄奏論除裴延齡度支使：『庶諧僉屬，不紊朝經。』

〔十六〕天下至公：文苑英華作『公議』。『至公』，最公正；極公正。管子形勢解：『風雨至公而無私，所行無常鄉。』呂氏春秋慎大：『湯立爲天子，夏民大説，如得慈親，朝不易位，農不去疇，商不變肆，親郼如夏，此之謂至公。』

〔十七〕爰符立季之典：明鈔本、四庫全書作『奚有立季之典』；適園叢書作『爰有立季之典』；甲庫本作『奚符立季之典』。『立季』，典出逸周書世俘解：『王烈祖自大王、大伯、王季、虞公、文王、伯邑考以列升。』指上古周族祖先古公亶父立第三子季歷爲王。此處指李隆基，爲唐睿宗第三子。

〔十八〕庶協從人之願：文苑英華、全唐文作『庶叶』。

〔十九〕況別爲九州：『九州』，古代分中國爲九州。説法不一。書禹貢作冀、兗、青、徐、揚、

荆、豫、梁、雍；爾雅釋地有幽、營州而無青、梁州；周禮夏官職方有幽、并州而無徐、梁州。後以『九州』泛指天下，全中國。楚辭離騷：『思九州之博大兮，豈惟是其有女？』

（二十）必資於牧伯：『牧伯』，稱州郡長官。漢書朱博傳：『今部刺史居牧伯之位，秉一州之統，選第大吏，所薦位高至九卿，所惡立退，任重職大。』晋李密陳情表：『臣之辛苦，非獨蜀之人士及二州牧伯所見明知，皇天后土，實所共鑒。』

（二十一）貞夫萬國：『貞夫』，志節堅定、操守方正的人。晋陶潛讀史述九章魯二儒詩：『介介若人，特爲貞夫。』元耶律楚材和裴子法韻：『君子道消小人用，貞夫遠棄利名酒。』

（二十二）允佇於師傅：『允佇』，文苑英華、全唐文作『先佇』。史記太史公自序：『孔氏述文，弟子興業，咸爲師傅，崇仁厲義。』

（二十三）式副僉諧之求：『僉諧』，書舜典記帝舜徵詢意見以任命臣工之事，多有『僉曰』『汝諧』之語，後遂以『僉諧』謂遴選、任命朝廷重臣。梁書江革傳：『廣陵太守江革，才思通瞻，出内有聞，在朝正色，臨危不撓，首佐臺鉉，實允僉諧。』宋文瑩玉壺清話卷五：『真宗尹京，畢相士安爲府判，沈毅忠厚。中書將有僉諧，太宗令輔臣歷選，俱不稱旨……近臣少喻上意，方以畢公進，果大喜，遂用參大政。』

〔二十四〕可雍州牧揚州大都督、太子太師：原作『可太子太師、雍州大都督』，今據文苑英華、舊唐書、四庫全書、全唐文改。

〔二十五〕細馬二千匹：『細馬』，原作『紬馬』，今據舊唐書、全唐文改。『細馬』，駿馬。北史白建傳：『三年，突厥入境，代忻二牧，悉是細馬，合數萬匹，在五臺山北栢谷中避賊。』新唐書百官志三：『〔諸牧監〕每歲孟秋，群牧使以諸監之籍合爲一，以仲秋上於寺，送細馬則有牽夫、識馬小兒、獸醫等。』

宋王成器太尉等制〔一〕

門下：古有知通於道〔二〕，情辯於物〔三〕，可以調陰陽、節風雨者，委之三事，以康萬人，鼎司之謂也〔四〕。司空、兼揚州大都督、上柱國、宋王成器〔五〕，益州大都督、兼右衛大將軍、申王成義〔六〕，單于大都護、兼右金吾衛大將軍、邠王守禮等〔七〕，并明德茂親〔八〕，崇儒樂善，爲國翰屏〔九〕，當朝羽儀〔十〕。皇其朱芾之詩〔十一〕，美則緇衣之咏〔十二〕，寧止愛均花萼〔十三〕，禮錫苴茅而已哉〔十四〕？必能論道經邦〔十五〕，佐朕爲政，俾允升臺之望，宜膺補衮之闕〔十六〕。成器可太尉、兼揚州大都督，成義可司徒、

兼并州大都督，守禮可司空。勛封如故〔十七〕。主者施行。先天二年八月九日。

校箋

〔一〕本文又見於全唐文卷二十，文題作加宋王成器等三公制，署名唐玄宗。本文文末標明時間爲先天二年八月九日。考舊唐書玄宗紀載：『（先天二年）九月，司空兼揚州大都督、宋王成器爲太尉兼揚州大都督，益州大都督兼右金吾大將軍、申王成義爲司徒兼益州大都督，單于大都護兼左金吾大將軍、邠王守禮爲司空。癸丑，封華岳神爲金天王。』舊唐書卷九十五載：『先天元年八月，進封司空。及玄宗討平蕭至忠、岑羲等，成器又進位太尉，依舊兼揚州大都督，加實封一千户。』新唐書玄宗紀載：『開元元年（先天二年）……八月……壬寅，宋王成器爲太尉，申王成義爲司徒，邠王守禮爲司空。九月丙寅，宋王成器罷。』按，舊唐書玄宗紀所載時間爲『先天二年九月』，據天干地支紀年法，先天二年九月辛酉朔，無癸丑日，故『九月』爲誤。據上述典籍所載，此制文頒布時間應爲先天二年（七一三）八月九日，八月壬寅（十一日）或爲册文時間，此文撰寫時間當在制文頒布時間稍前。

〔二〕知通於道：全唐文作『知道於通』。『知通』，明智通達。孔子家語五帝德：『〔舜〕睿明知通，爲天下帝。』一本作『智通』。漢賈誼新書數寧：『及今，天下集於陛下，臣觀寬大知通，竊曰足以操亂業，握危勢，若今之賢也。』

〔三〕情辯於物：『情辯』，全唐文作『精辨』；四庫全書、適園叢書作『情辨』。

〔四〕委之三事，以康萬人，鼎司之謂也：『三事』，三件事。所指隨文而異。此指正德、利用、厚生。書大禹謨：『六府三事允治。』孔穎達疏：『正身之德，利民之用，厚民之生，此三事惟當諧和之。』唐韓愈請上尊號表：『由是五穀歲登，百瑞時見，六府三事，惟序惟歌。』『鼎司』，四庫全書作『鼎鼐』，全唐文作『鼎鉉』。『鼎司』，指重臣之職位。漢陳琳爲袁紹檄豫州：『父嵩，乞丐携養，因贓假位，輿金輦璧，輸貨權門，竊盜鼎司，傾覆重器。』劉良注：『鼎司，謂司空非才而居此位，故云竊也。』晋書卞壼傳：『今之追贈，實未副衆望，謂宜加鼎司之號，以旌忠烈之勛。』

〔五〕司空、兼揚州大都督、上柱國、宋王成器：『成器』，指唐睿宗李旦之長子李憲。傳見舊唐書卷九十五、新唐書卷八十一。舊唐書其本傳載：『讓皇帝憲，本名成器，睿宗長子也。初封永平郡王。文明元年，立爲皇太子，時年六歲。及睿宗降爲皇嗣，則天册授成器爲皇孫，與

諸弟同日出閤，開府置官屬。長壽二年，改封壽春郡王，仍却入閤。長安中，累轉左贊善大夫。加銀青光禄大夫。中宗即位，改封蔡王，遷宗正員外卿，加賜實封四百户，通舊爲七百户。成器固辭不敢當大國，依舊爲壽春郡王。唐隆元年，進封宋王。其月，睿宗踐祚，拜左衛大將軍。時將建儲貳，以成器嫡長，而玄宗有討平韋氏之功，意久不定。成器辭曰：「儲副者，天下之公器，時平則先嫡長，國難則歸有功。若失其宜，海内失望，非社稷之福。臣今敢以死請。」累日涕泣固讓，言甚切至。時諸王、公卿亦言楚王有社稷大功，合居儲位。睿宗嘉成器之意，乃許之。玄宗又以成器嫡長，再抗表固讓，睿宗不許。乃下制曰：「左衛大將軍、宋王成器，朕之元子，當踐副君。以隆基有社稷大功，人神僉屬，由是朕前懇讓，言在必行。天下至公，誠不可奪。爰符立季之典，庶協從人之願。成器可雍州牧、揚州大都督、太子太師，别加實封二千户。賜物五千段、細馬二十四、奴婢十房、甲第一區、良田三十頃。」其年十一月拜尚書左僕射，尋遷司徒，其太師、都督并如故。明年，表讓司徒，拜太子賓客，兼揚州大都督如故。』

〔六〕申王成義：『成義』，指唐睿宗李旦之子李成義。傳見舊唐書卷九十五、新唐書卷八十一。舊唐書其本傳載：『惠莊太子撝，睿宗第二子也。本名成義。母柳氏，掖庭宫人。撝之初生，則天嘗以示僧萬回。萬回曰：「此兒是西域大樹之精，養之宜兄弟。」則天甚悦，始令列

於兄弟之次。垂拱三年，封恒王。尋却入閣，改封衡陽郡王，累授尚衣奉御。神龍元年，加賜實封二百户，通前五百户，遷司農少卿，加銀青光禄大夫。睿宗踐祚，進封申王，遷右衛大將軍。景雲元年七月，遷殿中監，兼檢校右衛大將軍。二年，轉光禄卿、右金吾衛大將軍。先天元年七月，加實封一千户。八月，行司徒，兼益州大都督。』

〔七〕邠王守禮：『守禮』，指唐高宗李治之孫、章懷太子李賢之子李守禮。傳見舊唐書卷八十六、新唐書卷八十一。舊唐書其本傳載：『守禮本名光仁，垂拱初改名守禮，授太子洗馬，封嗣雍王。時中宗遷於房陵，睿宗雖居帝位，絶人朝謁，諸武贊成革命之計，深嫉宗枝。守禮以父得罪，與睿宗諸子同處於宮中，凡十餘年不出庭院。至聖曆元年，睿宗自皇嗣封爲相王，許出外邸。睿宗諸子五子皆封郡王，與守禮始居於外。神龍元年，中宗纂位，授守禮光禄卿同正員。神龍中，遺詔進封邠王，賜實封五百户。景雲二年，帶光禄卿，兼幽州刺史，轉左金吾衛大將軍，遥領單于大都護。先天二年，遷司空。』

〔八〕并明德茂親：『明德』，光明之德；美德。逸周書本典：『今朕不知明德所則，政教所行，字民之道，禮樂所生，非不念而知，故問伯父。』史記五帝本紀：『天下明德皆自虞帝始。』宋曾鞏謝雨文：『吏無明德，但知告其困急於神。神既賜之，其尚終惠。』『茂親』，古時多指

皇室宗親。茂，言其美盛。魏書樂志：『自非懿望茂親，雅量淵遠，博識洽聞者，其孰能識其得失？』南朝梁丘遲與陳伯之書：『中軍臨川殿下，明德茂親，總茲戎重。』新唐書郁林王恪傳：『汝惟茂親，勉思所以藩王室。』

〔九〕爲國翰屏：『翰屏』，捍衛。晋書文帝紀：『方軌齊、魯，翰屏帝室。』宋蘇軾撫問劉舜卿兼賜銀合茶藥口宣：『卿翰屏西服，威懷種羌。』

〔十〕當朝羽儀：『羽儀』，易漸：『鴻漸於陸；其羽可用爲儀。』孔穎達疏：『處高而能不以位自累，則其羽可用爲物之儀表，可貴可法也。』後因以『羽儀』比喻居高位而有才德，被人尊重或堪爲楷模。漢書叙傳上：『皇十紀而鴻漸兮，有羽儀於上京。』顔師古注引張晏曰：『成帝時，班况女爲婕妤，父子并在京師爲朝臣也。』南朝梁沈約齊故安陸昭王碑文：『公以宗室羽儀，允膺嘉選。』

〔十一〕皇其朱芾之詩：四庫全書、全唐文作『豈其朱芾之詩』。『朱芾』，朱芾。易緯乾鑿度卷下：『朱芾者，天子賜大夫之服。』南朝齊王融三月三日曲水詩序：『元宰比肩於尚父……莫不如珪如璋，令聞令望，朱芾斯皇，室家君王者也。』李周翰注：『朱芾，官之服飾也。』『朱芾之詩』，指詩經齊風載驅：『載驅薄薄，簟茀朱鞹。魯道有蕩，齊子發夕。』

〔十二〕美則緇衣之咏：『緇衣』，古代用黑色帛做的朝服。詩鄭風緇衣：『緇衣之宜兮，敝予又改爲兮。』毛傳：『緇，黑也，卿士聽朝之正服也。』

〔十三〕寧止愛均花蕚：『花蕚』，詩小雅常棣：『常棣之華，鄂不韡韡。凡今之人，莫如兄弟。』華，蕚和花同生一枝，且有保護花瓣的作用，故後常以『花蕚』比喻兄弟或兄弟間和睦友愛的情誼。唐楊炯唐右將軍魏哲神道碑：『門傳萬石，庭列雙珠，花蕚争榮，芝蘭藹秀。』新唐書李乂傳：『乂事兄尚一、尚貞，孝謹甚，又俱以文章自名，兄弟同爲一集，號李氏花蕚集。』

〔十四〕禮錫苴茅而已哉：『苴茅』，古代帝王分封諸侯時，用該方顔色的泥土，覆以黄土，包以白茅，授予受封者，作爲分封土地的象徵。書禹貢『厥貢惟土五色』孔傳：『王者封五色土爲社。建諸侯則各割其方色土與之，使立社。燾以黄土，苴以白茅。茅取其潔，黄取王者覆四方。』陸德明釋文：『燾，覆也；苴，包裹也。』後漢書宦者傳序：『苴茅分虎，南面臣人者，蓋以十數。』李賢注：『封諸侯各以其方色土，苴以白茅，而分銅虎符也。』宋陸游新黏竹隔作暖閣詩：『已勝展鉢三椽下，莫羡苴茅萬户封。』

〔十五〕必能論道經邦：『論道經邦』，研究治國之道，以經營治理國家。書周官：『立太師、太傅、太保，兹惟三公，論道經邦，燮理陰陽。』孔傳：『此惟三公之任，佐王論道，以經緯國

事。』唐楊炯後周青州刺史齊貞公宇文公神道碑：『司空臨川獻王懿親明德，論道經邦。』

（十六）宜膺補袞之闕：『補袞』，補救規諫帝王的過失。語本詩大雅烝民：『袞職有闕，維仲山甫補之。』漢阮瑀爲曹公作書與孫權：『願仁君及孤，虛心回意，以應詩人補袞之嘆，而慎周易牽復之義。』

（十七）勛封如故：全唐文作『勛如故』。

岐王範華州刺史等制（一）

黄門：周以魯、衛之親（二），夾輔王室；漢以間、平之寵（三），來朝京師。旁稽舊章（四），允迪前訓（五）。太常卿、兼左衛率、并州大都督、岐王範，荆州大都督、兼秘書監、薛王業等（六），朕之同氣（七），邦之偉才，周旋禮樂（八），佩服儒雅（九）。爰執奉常（十），則墜典咸秩（十一）；是司外史（十二），則群言罔遺（十三）。光我謨猷（十四），敷於事典（十五）。日同問安之慶（十六），時歸受制之連（十七），出入重於楚元（十八），終始欽於沛獻（十九）。家人撫愛，雖屬於從梁（二十）；國史垂聲，必期於分陝（二十一）。乃眷畿輔（二十二），不遠闉闍（二十三），漆沮既從，河華作鎮（二十四），剖桐所寄（二十五），磐石攸宜（二十六），遂其至

公之請〔二十七〕，佇聽牧人之術〔二十八〕。範，可使持節華州諸軍事、兼華州刺史，太常卿勛封如故；業，可使持節同州諸軍事、兼同州刺史，秘書監勛封如故〔二十九〕。至州日須稍優游〔三十〕，不可煩以細務〔三十一〕，自非大事及奏事〔三十二〕，餘并令上佐知。主者施行〔三十三〕。開元二年十月二十九日。

校箋

〔一〕本文又見於全唐文卷二十一，文題爲授岐王範華州刺史薛王葉同州刺史制，署名唐玄宗。本文文末標明頒布時間爲『開元二年十月二十九日』。按舊唐書卷九十五載：『開元初，拜太子少師，帶本官，歷絳、鄭、岐三州刺史。』舊唐書玄宗紀載：『開元二年……七月……太常卿、岐王範爲華州刺史，秘書監、薛王業爲同州刺史。』資治通鑒卷二百一十一載：『開元二年……七月……乙卯，以岐王範兼絳州刺史，薛王業兼同州刺史。』司馬光其文下注：『考異曰：實録云「八月，乙卯」。據長曆，八月丙辰朔。實録自此以下脱少；今取唐曆、舊本紀補之。』則應從資治通鑒之説，此文頒布時間爲開元二年（七一四）七月乙卯（三十日），則撰寫時間當在是

時稍前。

〔二〕周以魯衛之親：『魯衛』，語本論語子路：『魯、衛之政，兄弟也。』後以『魯衛』代稱兄弟。唐玄宗過大哥宅探得歌字韻：『魯衛情先重，親賢愛轉多。』

〔三〕漢以閒、平之寵：『閒』，全唐文作『閑』。『閒平』，漢河間獻王劉德、東平憲王劉蒼的合稱。兩人皆有賢名。後因以『閒平』指宗室藩王中之賢者。南史梁宗室傳論：『安成、南平、鄱陽、始興俱以名迹著美，蓋亦有梁之閒、平也。』唐王勃平臺秘略論褒客：『斯實藩邸之盛事，閒、平之用心也。』

〔四〕旁稽舊章：『旁稽』，多方參證。宋史儒林傳四吕祖謙：『祖謙學以關洛爲宗，而旁稽載籍，不見涯涘。』『舊章』，昔日的典章。書蔡仲之命：『無作聰明亂舊章。』孔傳：『無敢爲小聰明，作異辯以變亂舊典文章。』史記秦始皇本紀：『秦聖臨國，始定刑名，顯陳舊章。』

〔五〕允迪前訓：『允迪』，認真履踐或遵循。書皋陶謨：『允迪厥德，謨明弼諧。』孔傳：『言人君當信蹈行古人之德。』漢蔡邕墳前石碑：『彌綸典術，允迪聖矩。』

〔六〕太常卿、兼左衛率、并州大都督、岐王範，荆州大都督、兼秘書監、薛王業等：『岐王範』，即李範，傳見舊唐書卷九十五、新唐書卷八十一。舊唐書其本傳載：『惠文太子範，睿宗第四子

也。本名隆範，後避玄宗連名，改單稱範。初封鄭王，尋改封衛王。長壽二年，隨例却入閣，徙封巴陵郡王，累授尚食奉御。神龍元年，遷太府員外少卿，加賜實封二百户，通前五百户。景龍年，兼隴州别駕，加銀青光禄大夫。睿宗踐祚，進封岐王，又加實封五百户，拜太常卿，兼左羽林大將軍。先天二年，從上討竇懷貞、蕭至忠等，以功加賜實封滿五千户，下制褒美。開元初，拜太子少師，帶本官，歷絳、鄭、岐三州刺史。八年，遷太子太傅。』『薛王業』，即李業，唐睿宗第五子。傳見舊唐書卷九十五、新唐書卷八十一。舊唐書其本傳載：『惠宣太子業，睿宗第五子也。本名隆業，後單名業。垂拱三年，封趙王，開府置官屬。長壽二年，隨例却入閣，改封中山郡王，累授都水使者，尋又改封彭城郡王。神龍元年，加賜實封二百户，通前五百户。景龍二年，兼陳州别駕。銀青光禄大夫、太仆少卿，别駕如故。睿宗即位，進封薛王，加封滿一千户，拜秘書監，兼右羽林大將軍。俄轉宗正卿。睿宗以業好學而授秘書監。及玄宗誅蕭至忠、岑羲等，業以翊從之功，加實封通舊爲五千户。開元初，歷太子少保、同涇豳衛虢等州刺史。』

〔七〕朕之同氣：『同氣』，有血統關係的親屬，指兄弟姊妹。後漢書東平憲王蒼傳：『凡匹夫一介，尚不忘簞食之惠，况臣居宰相之位，同氣之親哉！』三國魏曹植求自試表：『而臣敢陳聞於陛下者，誠與國分形同氣，憂患共之者也。』

〔八〕周旋禮樂：『周旋』，引申爲交往；交際應酬。三國魏曹操與荀彧追傷郭嘉書：『郭奉孝年不滿四十，相與周旋十一年，險阻艱難，皆共罹之。』朱子語類卷一三六：『王導爲相，只周旋人過一生。嘗有座客二十餘人，逐一稱贊。』『禮樂』，禮節和音樂。古代帝王常用興禮樂爲手段以求達到尊卑有序遠近和合的統治目的。禮記樂記：『樂也者，情之不可變者也；禮也者，理之不可易者也。樂統同，禮辨異。禮樂之説，管乎人情矣。』孔穎達疏：『樂主和同，則遠近皆合；禮主恭敬，則貴賤有序。』呂氏春秋孟夏：『乃命樂師習合禮樂。』高誘注：『禮所以經國家，定社稷，利人民；樂所以移風易俗，蕩人之邪，存人之正性。』

〔九〕佩服儒雅：『佩服』，佩戴；佩挂。漢王充論衡自紀：『有寶玉於是，俗人投之，卞和佩服，孰是孰非，可信者誰。』唐白居易唐銀青光禄大夫安定皇甫公墓志銘：『〔公〕自武騎尉累勛至上柱國，自布衣而佩服金紫，自旋食而廟饗祖考。』『儒雅』，指博學的儒士或文人雅士。後漢書章帝紀：『朕咨訪儒雅，稽之典籍，以爲王者生殺，宜順時氣。』

〔十〕爰執奉常：『執』，四庫全書、全唐文、適園叢書作『職』。『奉常』，秦九卿之一。漢書百官公卿表：『奉常，秦官，掌宗廟禮儀，有丞。景帝中六年更名太常。』顔師古注：『太

常，王者旌旗也。畫日月焉，王有大事則建以行，禮官主持之，故曰奉常也。後改曰太常，尊大之義也。』

（十一）則墜典咸秩：『墜典』，指已廢亡的典章制度。南朝梁沈約侍皇太子釋奠宴詩：『墜典必修，闕祀咸薦。』唐韓愈賀赦表：『罪人悉原，墜典咸舉，生恩既及於四海，和氣遂充於八紘。』『咸秩』，謂皆依次序行事。書洛誥：『王肇稱殷禮，祀於新邑，咸秩無文。』漢揚雄劇秦美新：『夫改定神祇上儀也，欽修百祀咸秩也。』張銑注：『謂敬修百祀皆得秩序也。』

（十二）是司外史：『外史』，古代官名。掌管宣布京畿以外地區的王令、四方地志等。周禮春官大宗伯：『外史，掌書外令，掌四方之志，掌三皇五帝之書。』宋陳亮三國紀年序：『自當時之諸侯，國各有史，一言一動，罔不畢載。故四方之志，外史掌之。』

（十三）則群言罔遺：『群言』，謂各家著述。後漢書蔡邕傳：『乃斟酌群言，韙其是而矯其非，作釋誨以戒厲云爾。』晉陸機文賦：『傾群言之瀝液，漱六藝之芳潤。』

（十四）光我謨猷：『謨猷』，謀略。周書寇洛李弼於謹傳論：『帷幄盡其謨猷，方面宣其庸績，擬巨川之舟艥，爲大厦之棟梁。』宋蘇舜欽杜公求退第四表：『臣實以量狹而位已過，器重而力不任，謨猷若斯，陛下所盡悉。』

（十五）敷於事典：『事典』，治事的規章。周禮 天官 大宰：『六曰事典，以富邦國，以任百官，以生萬民。』左傳 文公六年：『宣子（趙宣子）於是乎始爲國政，制事典。』杜預注：『典，常也。』

（十六）日同問安之慶：『問安』，問候尊長起居；問好。唐元稹七女封公主制：『朕以四海奉皇太后於南宮，問安之時，諸女侍側。』宋梅堯臣送河東轉運劉察院詩：『行臺知不遠，能使問安頻。』

（十七）時歸受制之連：『連』，全唐文作『廷』。『受制』，受他人轄制。後漢書 呂布傳：『君擁十萬之衆，當四戰之地，撫劍顧眄，亦足以爲人豪，而反受制，不以鄙乎？』三國志 蜀書 諸葛亮傳：『權勃然曰：「我不能舉全吴之地，十萬之衆，受制於人。」』

（十八）出入重於楚元：『楚元』，指劉交。事見漢書卷三十六，其列傳云：『楚元王交字游，高祖同父少弟也。好書，多材藝。少時嘗與魯穆生、白生、申公俱受詩於浮丘伯。伯者，孫卿門人也。及秦焚書，各別去。……元王既至楚，以穆生、白生、申公爲中大夫。高后時，浮丘伯在長安，元王遣子郢客與申公俱卒業。文帝時，聞申公爲詩最精，以爲博士。元王好詩，諸子皆讀詩，申公始爲詩傳，號魯詩。元王亦次之詩傳，號曰元王詩，世或有之。』

（十九）終始欽於沛獻：原作『始欽於沛獻』，今據四庫全書補。『終始』，周而復始。史

記孝文本紀：『魯人公孫臣上書陳終始傳五德事，言方今土德時，土德應黄龍見，當改正朔服色制度。』司馬貞索隱：『五行之德，帝王相承傳易，終而復始，故云「終始傳五德之事」。』唐韓愈進士策問二：『夏之政尚忠，殷之政尚敬，而周之政尚文，是三者，相循環終始，若五行之與四時焉。』『沛獻』，指劉輔。范曄後漢書卷四十二其本傳載：『輔矜嚴有法度，好經書。善説京氏易、孝經、論語傳及圖讖，作五經論。時號之曰沛王通論。在國謹節，終始如一，稱爲賢王。顯宗敬重，數加賞賜。』

〔二十〕雖屬於從梁：『從梁』，典出史記梁孝王世家：『梁孝王武者，孝文皇帝子也，而與孝景帝同母。母，竇太后也。……孝王，竇太后少子也，愛之，賞賜不可勝道。於是孝王築東苑，方三百餘里。廣睢陽城七十里。大治宫室，爲複道，自宫連屬於平臺三十餘里。得賜天子旌旗，出從千乘萬騎。……招延四方豪桀，自山以東游説之士，莫不畢至，齊人羊勝、公孫詭、鄒陽之屬。』

〔二十一〕必期於分陜：『分陜』，陜即今陜西省陜縣。相傳周初周公旦、召公奭分陜而治，周公治陜以東，召公治陜以西。後謂封建王朝官僚出任地方官爲『分陜』。三國志魏書高堂隆傳：『今既無衛侯、康叔之監，分陜所任，又非旦、奭。』晋陶潛晋故征西大將軍長史孟府君傳：『太尉潁川庾亮，以帝舅民望，受分陜之重，鎮武昌。』

〔二十二〕乃眷畿輔：『乃眷』，詩大雅皇矣：『乃眷西顧。』鄭玄箋：『乃眷然運視西顧。』後以『乃眷』喻關懷。宋書武帝紀：『暢朝廷乃眷之旨，宣下民壅隔之情。』『畿輔』，京都附近的地方。畿，京畿；輔，三輔。南齊書王融傳：『若來之以文德，賜之以副書，漢家軌儀，重臨畿輔，司隸傳節，復入關河。』宋周密齊東野語景定彗星：『戚畹嬖幸，遍居畿輔，借應奉之名，肆誅剥之虐。』

〔二十三〕不遠闉闍：『闉闍』，詩鄭風出其東門：『出其闉闍。』漢鄭玄箋：『闍讀當如彼都人士之都，謂國外曲城之中市里也。』後人據此以『闉闍』指城市街里。唐張九齡南陽道中作詩：『驅馬歷闉闍，荆榛翳阡陌。』

〔二十四〕漆沮既從，河華作鎮：『漆沮』，即『沮漆』。沮水與漆水的并稱。亦指此兩水之間的地區。詩大雅綿：『民之初生，自土沮漆。』毛傳：『沮水、漆水也。』清徐珽大獵詩：『雅歌沮漆誇從狩，樂勝軍前奏凱回。』『河華』，黄河與華山的并稱。史記貨殖列傳：『關中自汧雍以東至河華，膏壤沃野千里。』唐高適酬河南節度使賀蘭大夫見贈之作詩：『河華屯妖氣，伊瀍有戰聲。』『作鎮』，鎮守一方。漢張衡西京賦：『澶漫靡迤，作鎮於近。』劉良注：『澶漫靡迤，寬長貌。言此原陵爲國之近鎮。』晉潘岳爲賈謐作贈陸機詩：『藩岳作鎮，輔我京室。』

〔二十五〕剖桐所寄：『剖』，明鈔本、甲庫本作『割』；四庫全書、全唐文作『削』。『剖桐』，典出史記晋世家：『成王與叔虞戲，削桐葉爲圭以與叔虞曰：「以此封若。」……於是遂封叔虞於唐。』指分封。

〔二十六〕磐石攸宜：『磐石』，舊喻分封的宗室。史記孝文本紀：『高帝封王子弟，地犬牙相制，此所謂磐石之宗也。』唐杜甫秋日荆南述懷詩之五：『磐石圭多翦，凶門轂少推。』

〔二十七〕遂其至公之請：『至公』，最公正；極公正。管子形勢解：『風雨至公而無私，所行無常鄉。』吕氏春秋慎大：『湯立爲天子，夏民大説，如得慈親，朝不易位，農不去疇，商不變肆，親郼如夏，此之謂至公。』

〔二十八〕佇聽牧人之術：『佇聽』，謂凝神傾聽。清蒲松齡聊齋志異嬰寧：『有巨石滑潔，因據坐小憩。俄聞墻内有女子，長呼「小榮」，其聲嬌細。方佇聽間，一女郎由東而西。』『牧人』，謂治民。晋潘岳馬汧督誄：『牧人逶迤，自公退食。聞穢鷹揚，曾不戢翼。』李善注：『國語里革曰：且夫君也者，將牧人而正其邪。』唐元稹贈裴行立左散騎常侍敕：『秦郡守分土疆以牧人，漢刺史乘軺車而按部。』

〔二十九〕秘書監勛封如故：『秘』，全唐文作『祕』。

〔三十〕至州日須稍優游：『優游』，從容，不急迫。晋袁宏後漢紀靈帝紀下：『僕願先生優游俯仰，貴處可否之間。』宋蘇軾賈誼論：『爲賈生者，上得其君，下得其大臣，如絳、灌之屬，優游浸漬而深交之，使天子不疑，大臣不忌。』

〔三十一〕不可煩以細務：『細務』，瑣碎小事。晋葛洪抱朴子崇教：『澄視於秋毫者，不見天文之焕炳；肆心於細務者，不覺儒道之弘遠。』舊唐書陸元方傳：『象先清净寡欲，不以細務介意。』

〔三十二〕自非大事及奏事：『自非』，甲庫本作『自必』。

〔三十三〕主者施行：謂朝廷法令送交主管部門執行。後漢書黄瓊傳：『使中常侍以瓊奏屬主者施行。』後作公文常用語。唐元積許劉總出家制：『宜賜法號大覺，仍賜僧臘五十夏。主者施行。』

邠王守禮兼襄州刺史制〔一〕

黄門：樹于藩屏〔二〕，莫非親屬；居以形勝〔三〕，必任親賢。司空、兼隴州刺史、邠王守禮〔四〕，德比間、平，賢於魯、衛〔五〕，動不忘於仁恕，言必備於忠肅〔六〕。入

聯花萼，擁駟來朝〔七〕；出剖竹符，憑熊往鎮〔八〕。眷茲樊、鄧，是稱漢沔〔九〕，惟城池之枕倚，乃川陸之雄要〔十〕。故鳴騶戒路，建隼爲邦〔十一〕，副朕陝東之美，更聞峴南之政〔十二〕。可使持節襄州諸軍事、兼襄州刺史，司空勛如故。至州日須稍優游，不可煩以細務，自非大事及奏事，餘并令上佐知〔十三〕。主者施行。開元三年十二月九日。

校箋

〔一〕本文又見於全唐文卷二十一，文題作授邠王守禮襄州刺史制，署名唐玄宗。明鈔本、甲庫本文題作邠王守禮等兼襄州刺史。本文文末標明時間爲『開元三年十二月九日』。據舊唐書卷八十六載：『先天二年（開元元年），遷司空。開元初，歷虢、隴、襄、晉、滑六州刺史，非奏事及大事，并上佐知州。』則本文頒布時間從原文説，係爲開元三年（七一五）十二月九日，其撰寫時間當在是時稍前。

〔二〕樹于藩屏：『藩屏』，屏障。語本詩大雅板：『价人維藩，大師維垣。大邦維屏，大宗維翰。』唐劉禹錫游桃源一百韻：『重巖是藩屏，馴鹿受羈靮。』

〔三〕居以形勝：『形勝』，謂地理位置優越，地勢險要。荀子强國：『其固塞險，形埶便，山林川谷美，天材之利多，是形勝也。』史記高祖本紀：『秦，形勝之國，帶河山之險，縣隔千里。』

〔四〕司空、兼隴州刺史、邠王守禮：『守禮』，即李守禮，唐高宗李治之孫，章懷太子李賢次子。傳見舊唐書卷八十六、新唐書卷八十一。舊唐書其本傳載：『守禮本名光仁，垂拱初改名守禮，授太子洗馬，封嗣雍王。時中宗遷於房陵，睿宗雖居帝位，絶人朝謁，諸武贊成革命之計，深嫉宗枝。守禮以父得罪，與睿宗諸子同處於宫中，凡十餘年不出庭院。至聖曆元年，睿宗自皇嗣封爲相王，許出外邸，睿宗諸子五人皆封郡王，與守禮始居於外。神龍元年，中宗纂位，授守禮光禄卿同正員。神龍中，遺詔進封邠王，賜實封五百户。景雲二年，帶光禄卿，兼幽州刺史，轉左金吾衛大將軍，遥領單于大都護。先天二年，遷司空。開元初，歷虢、隴、襄、晉、滑六州刺史，非奏事及大事，并上佐知州。時寧、申、岐、薛、邠同爲刺史，皆擇首僚以持綱紀。源乾曜、袁嘉祚、潘好禮皆爲邠府長史兼州佐，守禮唯弋獵、伎樂、飲謔而已。九年已後，諸王并徵還京師。』

〔五〕德比間平，賢於魯、衛：『間平』，漢河間獻王劉德、東平憲王劉蒼的合稱。兩人皆有賢名。後因以『間平』指宗室藩王中之賢者。南史梁宗室傳論：『安成、南平、鄱陽、始興俱以名迹著美，蓋亦有梁之間、平也。』唐王勃平臺秘略論褒客：『斯實藩邸之盛事，間、平之用心也。』『魯衛』，

語本論語子路：『魯、衛之政，兄弟也。』後以『魯衛』代稱兄弟。唐玄宗過大哥宅探得歌字韻：『魯衛情先重，親賢愛轉多。』

〔六〕動不忘於仁恕，言必備於忠肅：『仁恕』，仁愛寬容。漢書敘傳上：『寬明而仁恕。』世説新語政事：『山遐去東陽』，劉孝標注引江惇傳：『惇隱東陽，以仁恕懷物，遐感其德。』『忠肅』，忠誠恭敬。左傳文公十八年：『高辛氏有才子八人……忠肅共懿，宣慈惠和，天下之民謂之「八元」。』孔穎達疏：『忠者，與人無隱，盡心奉上也。肅者，敬也，應機敏達，臨事恪勤也。』三國志吴書吴主傳：『忠肅内發，款誠外昭。』

〔七〕入聯花蕚，擁駟來朝：『入聯』，全唐文作『入連』。『花蕚』，詩小雅常棣：『常棣之華，鄂不韡韡。凡今之人，莫如兄弟。』華，蕚和花同生一枝，且有保護花瓣的作用，故後常以『花蕚』比喻兄弟或兄弟間和睦友愛的情誼。唐楊炯唐右將軍魏哲神道碑：『門傳萬石，庭列雙珠，花蕚争榮，芝蘭藹秀。』新唐書李乂傳：『乂事兄尚一、尚貞，孝謹甚，又俱以文章自名，兄弟同爲一集，號李氏花蕚集。』『駟』，典出漢書于定國傳：『始定國父于公，其閭門壞，父老方共治之。于公謂曰：「少高大閭門，令容駟馬高蓋車。我治獄多陰德，未嘗有所冤，子孫必有興者。」至定國爲丞相，永爲御史大夫，封侯傳世云。』後以『駟馬高門』謂門第顯赫。

〔八〕出剖竹符，憑熊往鎮：『出剖』，明鈔本、四庫全書、甲庫本、全唐文作『出割』。『竹符』，泛指地方長官印符。唐權德輿送孔江州詩：『才子厭蘭省，邦君榮竹符。』宋蘇軾皇兄令宜分竹符，就賜茅社。』『憑熊』，借指地方長官。古時地方長官乘坐横軾作熊形的車，故稱。史贈博州防禦使傅平侯制：『故具官令史，端厚有常，靖恭寡過，生不勤於保傅，没見思於族姻，

宋王禹偁擬長孫無忌讓代襲刺史表：『臣等乃位極廟堂，地分藩翰，下至憑熊之秩，盡爲尸禄之人。』

〔九〕眷兹樊、鄧，是稱漢沔：『樊鄧』，古地區名。爲春秋樊國、鄧國的遺址。在今湖北省襄樊市及河南省鄧縣一帶，自古爲兵家必争之地。南朝梁任昉宣德皇后令：『及擁旄司部，代馬不敢南牧；推轂樊鄧，胡塵罕嘗夕起。』唐賈至巴陵早秋寄荆州崔司馬吏部閻功曹舍人詩：『登高望舊國，胡馬滿東周。宛葉遍蓬蒿，樊鄧無良疇。』『漢沔』，指漢水上游一帶。

〔十〕惟城池之枕倚，乃川陸之雄要：『枕倚』，亦作『枕輢』，憑倚；依托。晉左思蜀都賦：『於前則跨躡犍牂，枕輢交趾。』吕向注：『跨躡、枕輢，皆憑據也。』唐王勃益州綿竹縣武都山净惠寺碑：『日月之所竄伏，烟霞之所枕倚。』『川陸』，水陸。亦指水陸路途。漢張衡天象賦：『迤奎婁之分野，辨鄧魯之川陸。』晉潘岳西征賦：『憑高望之陽隈，體川陸之污隆。』

〔十一〕故鳴騶戒路，建隼爲邦：『鳴騶』，古代隨從顯貴出行并傳呼喝道的騎卒。有時借

指顯貴。南朝齊孔稚圭北山移文：『及其鳴騶入谷，鶴書起隴，形馳魄散，志變神動。』唐高適東平旅游奉贈薛太守二十四韻：『歌謡隨舉扇，旌旆逐鳴騶。』『戒路』，登程，出發上路。南齊書高帝紀上：『執金板而先馳，登寅車而戒路。』舊唐書憲宗紀上：『無軺車之戒路，有沴氣之滔天。』『隼』，畫有隼鳥的旗幟。古代爲州郡長官所建。語本周禮春官司常：『鳥隼爲旟，龜蛇爲旐……州里建旟，縣鄙建旐。』唐劉禹錫泰娘歌：『風流太守韋尚書，路傍匆見停隼旟。』

〔十二〕副朕陝東之美，更聞峴南之政：『陝東』，指『陝東道』，唐朝初年設置的戰時行政區劃，負責經略洛陽。『峴南』，指湖北省峴山以南地區。

〔十三〕餘并令上佐知：此句所言見於舊唐書卷八十六：『（邠王李守禮）景雲二年，帶光禄卿，兼幽州刺史，轉左金吾衛大將軍，遥領單于大都護。先天二年，遷司空。開元初，歷虢、隴、襄、晋、滑六州刺史，非奏事及大事，并上佐知州。』新唐書卷八十一載：『睿宗立，兼檢校左金吾衛大將軍，出爲幽州刺史，遥兼單于大都護，遷司空。開元初，累爲州刺史。』

郯王嗣直安北大都護等制〔一〕

黄門〔二〕：虞格三苗〔三〕，允歸於敷德；周稱二陝〔四〕，用切於聞政。頃以驕子夭亡，

匈奴運盡（五），願爲臣妾者望塞款門，編我甿黎者雲屬波委（六）。北窮大漠，西被流沙（七），撫而柔之，僉曰分命（八）。郯王嗣直、陝王嗣升（九），聰察天假（十），英明日新（十），忠肅恭懿，寬仁孝友（十一）。探沛易之彖象，自詣精微（十二）；讀楚詩之比興，能傳麗則（十三）。故可暢威懷之旨，宣鎮静之風（十四），畀以藩翰，俾清疆埸（十五）。嗣直，可安北大都護，仍充安撫河東關内隴右諸蕃部落大使（十六）；嗣升（十七），可安西大都護，仍充河西道四鎮諸蕃部落大使（十八）。右衛大將軍、兼安北大都護、上柱國、長平郡開國公張知運（十九），右羽林大將軍、兼安西大都護、四鎮經略大使、上柱國、潞國公郭虔瓘等（二十），國之老臣，朝之宿將（二十一）。□□長策，子房所以運籌（二十二）；安邊遠圖，充國所以言事（二十三）。必能寬則得衆，惠以養人，各綏一方，兼委貳佐（二十四）。知運，可安北副大都護（二十五），仍兼郯王府長史及安撫諸蕃副大使；虔瓘，可安西副大都護（二十六），仍兼陝王府長史、安撫諸蕃副大使。餘如故。主者施行。開元四年正月二十一日。

校　箋

〔一〕本文又見於全唐文卷二十一，文題作授郯王嗣直等都護制，署名唐玄宗。本文文末標明時間爲『開元四年正月二十一日』。據唐會要卷七十八載：『開元四年正月二十九日，郯王嗣直除安北大都護，充安撫河東、關内、隴右諸蕃部落大使。陝王嗣升爲安西都護，充河西道及四鎮諸蕃部落大使、安北大都護，張知運爲副都護。親王遥領節度，自兹始也。其在軍節度，即稱節度副大使、知節度使。』舊唐書卷一百七載：『奉天皇帝琮，玄宗長子也，本名嗣直。……開元四年正月，遥領安西大都護，仍充安撫河東、關内、隴右諸蕃大使。』新唐書卷八十二載：『奉天皇帝琮，景云元年，王許昌郡，與真定王同封。……開元四年，領安西大都護、安撫河東、關内、隴右諸蕃大使。』資治通鑑卷二百一十一載：『開元四年……正月……丙午（二十九），以鄫王嗣真爲安北大都護、安撫河東、關内、隴右諸蕃大使，以安北大都護張知運爲之副。陝王嗣升爲安西大都護，安撫河西四鎮諸蕃大使，以安西都護郭虔瓘爲之副。二王皆不出閤。諸王遥領節度自此始。』司馬光其文下注：『據新、舊書，此亦郯王嗣直，以爲鄫王嗣真，誤也。而新、舊唐書以安北爲安西，亦誤。』據上述典籍所載，此制文頒布時間應爲開元四年（七一六）正月

二十九日，撰寫時間爲其年正月二十一日。

〔二〕黄門：官署名。漢書霍光傳：『上乃使黄門畫者畫周公負成王朝諸侯以賜光。』顏師古注：『黄門之署，職任親近，以供天子，百物在焉，故亦有畫工。』漢書元帝紀：『詔罷黄門乘輿狗馬……假與貧民。』

〔三〕虞格三苗：『格』，全唐文作『放』。『三苗』，古國名。書舜典：『竄三苗於三危。』孔傳：『三苗，國名，縉雲氏之後，爲諸侯，號饕餮。』史記五帝紀：『三苗在江淮、荆州數爲亂。』張守節正義：『吴起曰：「三苗之國，左洞庭而右彭蠡。」……以天子在北，故洞庭在西爲左，彭蠡在東爲右。今江州、鄂州、岳州，三苗之地也。』

〔四〕周稱二陜：『二陜』，指陜東與陜西。周成王時，周公、召公輔政，陜以東周公治之，陜以西召公治之。唐玄宗途次陜州詩：『境出三秦外，途分二陜中。』五代徐夤西華詩：『疊嶂出關分二陜，殘岡過水作中條。』

〔五〕頃以驕子夭亡，匈奴運盡：『夭亡』，全唐文作『運微』。『驕子』，借指胡人。語出漢書匈奴傳上：『單于遣使遺大漢書云：「南有大漢，北有强胡，胡者，天之驕子也。」』唐楊炯奉和上元酺宴應詔：『匈奴窮地角，本自遠正朔。驕子起天街，由來虧禮樂。』

〔六〕願爲臣妾者望塞款門，編我甿黎者雲屬波委：『甿』，全唐文作『氓』。『款門』，猶款塞。叩塞門。謂外族前來通好。明唐順之南征歌：『軍書插羽速星奔，邛僰夷王盡款門。』『甿黎』，黎民百姓。南齊書高逸傳顧歡：『陛下宜仰答天人引領之望，下吊甿黎傾首之勤。』唐陳子昂漢州洛縣令張君吏人頌德碑：『哀哉甿黎，顛在荼毒。』『雲屬』，接連不斷。晉成公綏嘯賦：『應物無窮，機發響速。怫鬱衝流，參譚雲屬。』呂延濟注：『怫鬱衝流，參譚雲屬，皆謂聲多而相連貌。』南朝宋劉休若移檄東土討孔覬等：『聖圖霆發，神威四臨，羽馹所届，義旅雲屬。』『波委』，如水波聚積。形容衆多。唐李逢吉石壁寺甘露義壇碑：『入貨者波委，就役者子來。』

〔七〕西被流沙：『流沙』，沙漠。指西域地區。金李純甫雜詩之四：『空譯流沙語，難參少室禪。』元子温題畫詩：『曾向流沙取梵書，草龍珠帳滿征途。』

〔八〕僉曰分命：『分命』，命令；任命。書堯典：『分命羲仲，宅嵎夷，曰暘谷。』晉陸機辯亡論：『分命鋭師五千。』

〔九〕郯王嗣直、陝王嗣升：『郯王嗣直』，指唐玄宗長子李琮。傳見舊唐書一百七、新唐書卷八十一。檢舊唐書其本傳略云：『奉天皇帝琮，玄宗長子也，本名嗣直。景雲元年九月，封許昌郡王。先天元年八月，進封郯王。開元四年正月，遥領安西大都護，仍充安撫河東、關内、

隴右諸蕃大使。』『陝王嗣升』，謂唐肅宗李亨。傳見兩唐書其本紀。檢舊唐書肅宗紀略云：『肅宗文明武德大聖大宣孝皇帝諱亨，玄宗第三子，母曰元獻皇后楊氏。景雲二年乙亥生。初名嗣升，二歲封陝王，五歲拜安西大都護、河西四鎮諸蕃落大使。』新唐書肅宗紀略云：『肅宗文明武德大聖大宣孝皇帝諱亨，玄宗第三子也。母曰元獻皇后楊氏。初名嗣升，封陝王。開元四年，爲安西大都護。』

〔十〕聰察天假：『聰察』，猶明察。漢書宣元六王傳贊：『淮陽憲王於時諸侯爲聰察矣，張博誘之，幾陷無道。』三國志魏書鄧哀王沖傳：『少聰察岐嶷，生五六歲，智意所及，有成人之智。』

〔十一〕忠肅恭懿，寬仁孝友：『忠肅』，忠誠恭敬。左傳文公十八年：『高辛氏有才子八人……忠肅共懿，宣慈惠和，天下之民謂之「八元」。』孔穎達疏：『忠者，與人無隱，盡心奉上也。肅者，敬也，應機敏達，臨事恪勤也。』三國志吴書吴主傳：『忠肅内發，款誠外昭。』『孝友』，事父母孝順、對兄弟友愛。詩小雅六月：『侯誰在矣，張仲孝友。』毛傳：『善父母爲孝，善兄弟爲友。』後漢書韓棱傳：『棱四歲而孤，養母弟以孝友稱。及壯，推先父餘財數百萬與從昆弟，鄉里益高之。』

〔十二〕探沛易之彖象，自詣精微：『精微』，精深微妙。禮記經解：『絜静精微，易教也。』漢書藝文志：『然惑者既失精微，而辟者又隨時抑揚，違離道本，苟以嘩衆取寵。』

〔十三〕讀楚詩之比興，能傳麗則：『比興』，詩六義中『比』和『興』的并稱。比，以彼物比此物；興，先言他物，以引起所咏之辭。『比興』爲中國古典詩歌創作傳統的兩種表現手法。南朝梁劉勰文心雕龍比興：『故比者，附也；興者，起也。附理者，切類以指事；起情者，依微以擬議。』南朝梁劉勰文心雕龍辨騷：『虬龍以喻君子，雲蜺以譬讒邪，比興之義也。』『麗則』，漢揚雄法言吾子：『詩人之賦麗以則，辭人之賦麗以淫。』後以『麗則』指美麗典雅。後漢書文苑傳贊：『言觀麗則，永監淫費。』南朝梁劉勰文心雕龍物色：『所謂詩人麗則而約言，辭人麗淫而繁句也。』

〔十四〕故可暢威懷之旨，宣鎮静之風：『暢』，四庫全書、全唐文、適園叢書均作『揚』。『鎮静』，全唐文作『静鎮』。『威懷』，威服和懷柔。謂威德并用。後漢書荀彧傳：『既停軍所次，便宜與臣俱進，宣示國命，威懷醜虜。』晉潘岳關中詩：『岳牧慮殊，威懷理二。』『鎮静』，安定。宋書何承天傳：『今若務存遵養，許其自新，雖未可羈致北闕，猶足鎮静邊境。』唐白居易與宗儒詔：『及司管籥，鎮静有方。』

〔十五〕畀以藩翰，俾清疆場：『藩翰』，喻指藩國。晋書張方傳：『晋氏之禍難，實始藩翰。』唐吴兢貞觀政要安邊：『且光武居河南單于於内郡，以爲漢藩翰，終於一代，不有叛逆。』『疆場』，戰場。元宫天挺七里灘第一折：『坐籌幃幄，竭力疆場，百十萬陣，三五千場，滿身矢簇，遍體金瘡。』

〔十六〕仍充安撫河東關内隴右諸蕃部落大使：『關内』，原作『門内』，今據全唐文改。

〔十七〕嗣升：『升』，全唐文作『昇』。

〔十八〕仍充河西道四鎮諸蕃部落大使：全唐文無『道』字。

〔十九〕右衛大將軍、兼安北大都護、上柱國、長平郡開國公張知運：『張知運』，傳見舊唐書卷一百九十四載：『初，降户南至單于，左衛大將軍單于副都護張知運，盡收其器仗，令渡河而南，蕃人怨怒。御史中丞姜晦爲巡邊使，蕃人訴無弓矢，不得射獵，晦悉給還之。故有抗敵之具。張知運既不設備，與降户戰於青剛嶺，爲降户所敗，臨陣生擒知運，擬送與突厥。朔方總管薛納率兵追討之。賊至大斌縣，又爲將軍郭知運所擊。賊衆大潰散，投黑山呼延谷，釋張知運而去。上以張知運喪師，斬之以徇。』

〔二十〕右羽林大將軍、兼安西大都護、四鎮經略大使、上柱國、潞國公郭虔瓘等：『郭虔瓘』，

傳見舊唐書卷一百三、新唐書卷一百三十三。舊唐書其本傳載：『郭虔瓘，齊州歷城人也。開元初，累遷右驍衛將軍，兼北庭都護。二年春，突厥默啜遣其子移江可汗及同俄特勒率精騎圍逼北庭，虔瓘率衆固守。同俄特勒單騎親逼城下，虔瓘使勇士伏於路左，突起斬之。賊衆既至，失同俄，相率於城下乞降，請盡軍中衣資器杖以贖同俄。及聞其死，三軍慟哭，便引退。默啜女婿火拔頡利發石阿失畢時與同俄特勒同領兵，以同俄之死，懼不敢歸，遂將其妻歸降。虔瓘以破賊之功，拜冠軍大將軍，行右驍衛大將軍……虔瓘俄轉安西副大都護、攝御史大夫、四鎮經略安撫使，進封潞國公，賜實封一百户。虔瓘及奏請募關中兵一萬人往安西討擊，皆給公乘，兼供熟食，敕許之……』

〔二十一〕朝之宿將：『宿將』，久經戰陣的將領。戰國策 魏策二：『太子年少，不習於兵。田盼宿將也，而孫子善用兵。戰必不勝，不勝必禽。』唐李希仲薊門行：『漢家愛征戰，宿將今已老。』

〔二十二〕□□長策，子房所以運籌：『長策』，猶良計。史記 平津侯主父列傳：『靡斃中國，快心匈奴，非長策也。』北齊書 王琳傳：『吴兵甚鋭，宜長策制之，慎勿輕鬥。』『子房』，西漢開國大臣張良的字。曾行刺秦始皇未遂，逃亡下邳。秦末農民戰爭中爲劉邦重要謀士；漢朝

建立，封留侯。漢揚雄解嘲：『故當其有事，非蕭、曹、子房、平、勃、樊、霍，則不能安。』唐李白經下邳北橋懷張子房詩：『子房未虎嘯，破産不爲家。』『運籌』，制定策略；籌劃。漢王褒聖主得賢臣頌：『及其遇明君遭聖主也，運籌合上意，諫諍則見聽。』唐孟浩然送告八從軍詩：『運籌將入幕，養拙就閑居。』

〔二十三〕安邊遠圖，充國所以言事：『遠圖』，深遠的謀劃。左傳襄公二十八年：『榮成伯曰：「遠圖者，忠也。」』後漢書章帝紀：『追惟先帝勤人之德，厎績遠圖，復禹弘業。』李賢注：『遠圖，猶長筭也。』『充國』，指趙充國，傳見漢書卷六十九。其本傳載：『趙充國字翁孫，隴西上邽人也，後徙金城鄰居。始爲騎士，以六郡良家子善騎射補羽林。爲人沈勇有大略，少好將帥之節，而學兵法，通知四夷事。武帝時，以假司馬從貳師將軍擊匈奴，大爲虜所圍。漢軍乏食數日，死傷者多，充國乃與壯士百餘人潰圍陷陳，貳師引兵隨之，遂得解。身被二十餘創，貳師奏狀，詔徵充國詣行在所。武帝親見視其創，嗟嘆之，拜爲中郎，遷車騎將軍長史。昭帝時，武都氐人反，充國以大將軍、護軍都尉將兵擊定之，遷中郎將，將屯上谷，還爲水衡都尉。擊匈奴，獲西祁王，擢爲後將軍，兼水衡如故。與大將軍霍光定册尊立宣帝，封營平侯。本始中，爲蒲類將軍征匈奴，斬虜數百級，還爲後將軍、少府。匈奴大發十餘萬騎，南旁塞，至符奚廬山，欲入爲寇。

亡者題除渠堂降漢言之，遣充國將四萬騎屯緣邊九郡。單于聞之，引去……』『言事』，古代專指向君王進諫或議論政事。荀子大略：『孟子三見宣王，不言事。』唐韓愈送王秀才序：『建中初，天子嗣位，有意貞觀、開元之丕績，在廷之臣爭言事。』

〔二十四〕兼委貳佐：『貳佐』，古指州縣官的副職。舊唐書代宗紀：『古者縣置大夫一員，足以爲治，奚必貳佐分掌而後治耶？』明陳循重新孔子廟學記：『於是乃率貳佐，周覽廟學，相共廢壞有不可仍舊者，悉撤而圖新之。』

〔二十五〕可安北大都護：原作『安北副大都護』，今據甲庫本、四庫全書、適園叢書改。

〔二十六〕可安西副大都護：『都護』，明鈔本、甲庫本作『都督』。

岐王範太子少師等制〔一〕

黄門〔二〕：贊翼皇儲〔三〕，允歸師保〔四〕；崇敬叔父，諒屬親賢。虢州刺史、岐王範〔五〕，秘書監、兼幽州刺史、薛王業等〔六〕，明允篤誠〔七〕，温良恭儉，忠孝光於令典〔八〕，儒雅偉於成業〔九〕。自宜爲我藩翰〔十〕，擁其干旄〔十一〕。雅聞邵伯之詩〔十二〕，尤羨魯公之政〔十三〕。雖頒條是務〔十四〕，而道理兼資〔十五〕，因入拜於承明〔十六〕，佇來儀於博

望〔十七〕。範，可太子少師、兼虢州刺史；業，可太子少保、兼幽州刺史。勛封等各如故。主者施行。開元四年六月七日。

校箋

〔一〕本文又見於全唐文卷二百五十二，文題作授岐王範太子少師等制，署名蘇頲。文苑英華卷四〇三亦録，題名授岐王範太子少師等制，署名前人。本文文末標明時間爲『開元四年六月七日』。舊唐書卷九十五載：『（惠文太子範）開元初，拜太子少師，帶本官，歷絳、鄭、岐三州刺史。』故從原文之説，此制文頒布時間爲開元四年（七一六）六月七日，則撰寫時間當在是時稍前。

〔二〕黄門：官署名。漢書霍光傳：『上乃使黄門畫者畫周公負成王朝諸侯以賜光。』顔師古注：『黄門之署，職任親近，以供天子，百物在焉，故亦有畫工。』漢書元帝紀：『詔罷黄門乘輿狗馬……假與貧民。』

〔三〕贊翼皇儲：『贊翼』，輔助。三國志魏書邢顒傳：『初，太子未定，而臨菑侯植有寵，

丁儀等并贊翼其美。」唐道宣法義篇序：『俗法五常，仁、義、禮、智、信也；百王不易其典，衆賢贊翼而不墜者也。』

〔四〕允歸師保：『師保』，古時任輔弼帝王和教導王室子弟的官，有師有保，統稱『師保』。易繫辭下：『無有師保，如臨父母。』書太甲中：『既往背師保之訓，弗克於厥初，尚賴匡救之德，圖惟厥終。』

〔五〕虢州刺史、岐王範：『範』，謂李範，唐睿宗第四子。傳見舊唐書卷九十五、新唐書卷八十一。舊唐書其本傳載：『惠文太子範，睿宗第四子也。本名隆範，後避玄宗連名，改單稱範。初封鄭王，尋改封衛王。長壽二年，隨例却入閤，徙封巴陵郡王，累授尚食奉御。神龍元年，遷太府員外少卿，加賜實封二百户，通前五百户。景龍年，兼隴州别駕，加銀青光禄大夫。睿宗踐祚，進封岐王，又加實封五百户，拜太常卿，兼左羽林大將軍。先天二年，從上討竇懷貞、蕭至忠等，以功加賜實封滿五千户，下制褒美。開元初，拜太子少師，帶本官，歷絳、鄭、岐三州刺史。』

〔六〕秘書監、兼幽州刺史、薛王業等：『業』，即李業，唐睿宗第五子。傳見舊唐書卷九十五、新唐書卷八十一。舊唐書其本傳載：『惠宣太子業，睿宗第五子也。本名隆業，後單名業。垂拱三年，封趙王，開府置官屬。長壽二年，隨例却入閤，改封中山郡王，累授都水使者，

尋又改封彭城郡王。神龍元年，加賜實封二百户，通前五百户。景龍二年，兼陳州别駕。銀青光禄大夫、太仆少卿，别駕如故。睿宗即位，進封薛王，加封滿一千户，拜秘書監，兼右羽林大將軍。俄轉宗正卿。睿宗以業好學而授秘書監。及玄宗誅蕭至忠、岑羲等，業以翊從之功，加實封通舊爲五千户。開元初，歷太子少保、同涇豳衛虢等州刺史。」

〔七〕明允篤誠：『明允』，明察而誠信。左傳文公十八年：『昔高陽氏有才子八人……齊聖廣淵，明允篤誠，天下之民謂之「八愷」。』唐元稹贈鄭餘慶太保：『追書保養之榮，用彰明允之德。』『篤誠』，切實忠誠。左傳文公十八年：『齊聖廣淵，明允篤誠，天下之民，謂之「八愷」。』晋潘岳西征賦：『乃實慎終追舊，篤誠款愛，澤靡不漸，恩無不逮。』

〔八〕忠孝光於令典：『光』，文苑英華、全唐文作『先』。『令典』，好的典章法度。左傳宣公十二年：『蔿敖爲宰，擇楚國之令典。』楊伯峻注：『令典謂禮法政令之善者。』南朝齊王儉褚淵碑文：『擇皇齊之令典，致聲化於雍熙。』

〔九〕儒雅偉於成業：『儒雅』，文苑英華、全唐文作『文儒』。『成業』，猶基業。晋書王羲之傳：『思簡而易從，便足以保守成業。』三國演義第三二回：『袁氏據四州之地，帶甲數十萬，若二子和睦，共守成業，天下事未可知也。』

〔十〕自宜爲我藩翰：文苑英華、四庫全書、甲庫本、全唐文作『自爲我藩翰』。『藩翰』，詩大雅板：『价人維藩，大師維垣，大邦維屏，大宗維翰。』毛傳：『藩，屏也；翰，幹也。』後因以『藩翰』喻捍衛王室的重臣。三國志蜀書先主傳：『宗子藩翰，心存國家，念在弭亂。』

〔十一〕擁其干旄：『干旄』，四庫全書作『干旌』。『干旄』，旌旗的一種。以旄牛尾飾旗竿，作爲儀仗。詩鄘風干旄：『孑孑干旄，在浚之郊。』北周庾信代人乞致仕表：『出擁干旄，入參衡鏡。』

〔十二〕雅聞邵伯之詩：『邵伯』，周召公奭。因封地在召，故稱召公或召伯，又作邵公、邵伯。漢王符潛夫論愛日：『邵伯訟不忍煩民，聽斷棠下，能興時雍而致刑錯。』

〔十三〕尤羡魯公之政：『魯公』，指周公之子伯禽。事見史記卷三十三魯周公世家載：『於是卒相成王，而使其子伯禽代就封於魯。周公戒伯禽曰：「我文王之子，武王之弟，成王之叔父，我於天下亦不賤矣。然我一沐三捉髮，一飯三吐哺，起以待士，猶恐失天下之賢人。子之魯，慎無以國驕人。」……周公卒，子伯禽固已前受封，是爲魯公。魯公伯禽之初受封之魯，三年而後報政周公。周公曰：「何遲也？」伯禽曰：「變其俗，革其禮，喪三年然後除之，故遲。」』

〔十四〕雖頒條是務：『頒條』，發布律條。唐崔善爲答王無功冬夜載酒鄉館詩：『頒條忝貴郡，

懸榻久相望。』新唐書劉蕡傳：『列郡在乎頒條，而干禁或未絶；百工在乎按度，而淫巧或未息。』

〔十五〕而道理兼資：『道理』，文苑英華、全唐文作『導禮』。

〔十六〕因入拜於承明：『承明』，古代天子左右路寢稱承明，因承接明堂之後，故稱。漢劉向説苑修文：『守文之君之寢曰左右之路寢，謂之承明何？曰：承乎明堂之後者也。』

〔十七〕伫來儀於博望：『來儀』，謂鳳凰來舞而有容儀，古人以爲瑞應。語出書益稷：『簫韶九成，鳳皇來儀。』孔穎達疏：『簫韶之樂作之九成，以致鳳皇來而有容儀也。』後漢書左雄傳：『漢世良吏，於兹爲盛，故能降來儀之瑞，建中興之功。』李賢注：『宣帝時鳳皇五至，因以紀年。』『博望』，苑名。南朝齊謝朓侍宴華光殿曲水奉敕爲皇太子作詩：『登賢博望，獻賦清漳。』

邠王守禮等兼晉州刺史制〔一〕

禮著睦親〔二〕，書稱分命〔三〕，鎮彼黎獻〔四〕，莫如元弟〔五〕。司空、兼滑州刺史、上柱國、邠王守禮〔六〕，開府儀同三司、兼潭州刺史、上柱國、宋王憲〔七〕，司徒、兼虢州刺史、上柱國、申王撝〔八〕，太子少師、兼鄭州刺史、上柱國、岐王範〔九〕，太子

少保、兼衛州刺史、薛王業等（十），朕之花萼（十一），人之珪璋（十二）。文儒在躬（十三），孝友成性。入踐朝列，望優桓武（十四）；出綜藩條（十五），聲均魯衛（十六）。皃在涇水（十七），鸞鳴岐山（十八），新田擬於晉汾（十九），舊陜鄰於虢國。眷兹翰屏（二十），密邇京都，宜扇百城之風（二十一），伫延九里之潤（二十二）。守禮，可使持節晉州諸軍事、兼晉州刺史；憲，可持節涇州諸軍事、兼涇州刺史（二十三）；撝，可使持節絳州諸軍事、兼絳州刺史（二十四）；範，可使持節岐州諸軍事、兼岐州刺史（二十五）；業，可使持節虢州諸軍事、兼虢州刺史。餘各如故。務非灼然要重者，各令上佐知。開元元年十二月。

校　箋

〔一〕本文文末標明時間爲『開元元年十二月。』據舊唐書卷八十六列傳第三十六載：『守禮本名光仁，垂拱初改名守禮，授太子洗馬，封嗣雍王。……開元初，歷虢、隴、襄、晉、滑六州刺史，非奏事及大事，并上佐知州。時寧、申、岐、薛、邠同爲刺史，皆擇首僚以持綱紀。』新唐書卷八十一列傳第六載：『守禮嗣王，始名光仁，授太子洗馬。……開元初，累爲州刺史。

時寧、申、岐、薛王同爲刺史，皆擇僚首持綱紀。』故從原文説，此文頒布時間爲開元元年（七一三）十二月，則撰寫時間當在是時稍前。

（二）禮著睦親：『睦親』，指宗族中的近親。漢書 韋賢傳：『嗟嗟我王，漢之睦親。曾不夙夜，以休令聞。』晋書 庾旉傳：『元勛睦親，顯以殊禮。』

（三）書稱分命：『書』，指尚書。『分命』，命令；任命。書 堯典：『分命羲仲，宅嵎夷，曰暘谷。』晋陸機辯亡論：『分命鋭師五千。』

（四）鎮彼黎獻：『黎獻』，黎民中的賢者。書 益稷：『萬邦黎獻，共惟帝臣。』蔡沈集傳：『黎民之賢者也。』

（五）莫如元弟：『元弟』，諸弟中之最長者。金石萃編 漢司隷校尉楊淮碑：『元弟（楊弼）功德牟盛，當究三事，不幸早隕。』魏書 咸陽王禧傳：『詔以禧元弟之重，食邑三千户，自餘五王皆食邑二千户。』

（六）司空、兼滑州刺史、上柱國、邠王守禮：『守禮』，即李守禮，唐高宗之孫，章懷太子李賢次子。傳見舊唐書卷八十六、新唐書卷八十一。舊唐書其本傳載：『守禮本名光仁，垂拱初改名守禮，授太子洗馬，封嗣雍王。時中宗遷於房陵，睿宗雖居帝位，絶人朝謁，諸武贊成革

命之計，深嫉宗枝。守禮以父得罪，與睿宗諸子同處於宮中，凡十餘年不出庭院。至聖曆元年，睿宗自皇嗣封爲相王，許出外邸，睿宗諸子五人皆封郡王，與守禮始居於外。神龍元年，中宗纂位，授守禮光禄卿同正員。神龍中，遺詔進封邠王，賜實封五百户。景雲二年，帶光禄卿，兼幽州刺史，轉左金吾衛大將軍，遥領單于大都護。先天二年，遷司空。開元初，歷虢、隴、襄、晋、滑六州刺史，非奏事及大事，并上佐知州。時寧、申、岐、薛、邠同爲刺史，皆擇首僚以持綱紀。源乾曜、袁嘉祚、潘好禮皆爲邠府長史兼州佐，守禮唯弋獵、伎樂、飲謔而已。九年已後，諸王并徵還京師。』

〔七〕開府儀同三司、兼潭州刺史、上柱國、宋王憲：『宋王憲』，謂宋王李憲，睿宗長子。傳見舊唐書卷九十五、新唐書卷八十一。舊唐書其本傳載：『讓皇帝憲，本名成器，睿宗長子也。初封永平郡王。文明元年，立爲皇太子，時年六歲。及睿宗降爲皇嗣，則天册授成器爲皇孫，與諸弟同日出閣，開府置官屬。長壽二年，改封壽春郡王，仍却入閣。長安中，累轉左贊善大夫，加銀青光禄大夫。中宗即位，改封蔡王，遷宗正員外卿，加賜實封四百户，通舊爲七百户。成器固辭不敢當大國，依舊爲壽春郡王。唐隆元年，進封宋王。其月，睿宗踐祚，拜左衛大將軍。時將建儲貳，以成器嫡長，而玄宗有討平韋氏之功，意久不定。成器辭曰：「儲副者，天下之公器，

時平則先嫡長，國難則歸有功。若失其宜，海内失望，非社稷之福。臣今敢以死請。」累日涕泣固讓，言甚切至。時諸王、公卿亦言平王有社稷大功，合居儲位。睿宗嘉成器之意，乃許之。玄宗又以成器嫡長，再抗表固讓，睿宗不許。乃下制曰：「左衛大將軍、宋王成器，朕之元子，當踐副君。以隆基有社稷大功，人神僉屬，由是朕前懇讓，言在必行。天下至公，誠不可奪。爰符立季之典，庶協從人之願。成器可雍州牧、揚州大都督、太子太師，别加實封二千户。賜物五千段、細馬二十四、奴婢十房、甲第一區、良田三十頃。」其年十一月，拜尚書左僕射，尋遷司徒，其太師、都督并如故。明年，表讓司徒，拜太子賓客，兼揚州大都督如故。時太平公主陰有異圖，姚元之、宋璟等請出成器及申王成義爲刺史，以絶謀者之心，由是成器以司徒兼蒲州刺史。玄宗嘗製一大被長枕，將與成器等共申友悌之好，睿宗知而大悦，累加賞嘆。先天元年八月，進封司空。及玄宗討平蕭至忠、岑羲等，成器又進位太尉，依舊兼揚州大都督，加實封一千户。月餘，加授開府儀同三司，其太尉、揚州大都督并停。開元初，歷岐州刺史，開府如故。四年，避昭成皇后尊號，改名憲，封爲寧王，實封累至五千五百户。又歷澤、涇等州刺史。初，玄宗兄弟聖曆初出閤，列第於東都積善坊，五人分院同居，號「五王宅」。大足元年，從幸西京，賜宅於興慶坊，亦號「五王宅」。及先天之後，興慶是龍潛舊邸，因以爲宮。憲於勝業東南角賜宅，申王撝、

岐王範於安興坊東南賜宅，薛王業於勝業西北角賜宅，邸第相望，環於宫側。玄宗於興慶宫西南置樓，西面題曰花萼相輝之樓，南面題曰勤政務本之樓。玄宗時登樓，聞諸王音樂之聲，咸召登樓同榻宴謔，或便幸其第，賜金分帛，厚其歡賞。諸王每日於側門朝見，歸宅之後，即奏樂縱飲，擊球鬥鷄，或近郊從禽，或别墅追賞，不絶於歲月矣。游踐之所，中使相望，以爲天子友悌，近古無比，故人無間然。玄宗既篤於昆季，雖有讒言交構其間，而友愛如初。憲尤恭謹畏慎，未曾干議時政及與人交結，玄宗尤加信重之。嘗與憲及岐王範等書曰：「昔魏文帝詩云：『西山一何高，高處殊無極。上有兩仙童，不飲亦不食。賜我一丸藥，光耀有五色。服藥四五日，身輕生羽翼。』朕每思服藥而求羽翼，何如骨肉兄弟天生之羽翼乎！陳思有超代之才，堪佐經綸之務，絶其朝謁，卒令憂死。魏祚未終，遭司馬宣王之奪，豈神丸之效也！虞舜至聖，捨象傲之愆以親九族，九族既睦，平章百姓。此爲帝王之軌則，於今數千歲，天下歸善焉，朕未嘗不廢寢忘食欽嘆者也。頃因餘暇，妙選仙經，得此神方，古老云服之必驗。今分此藥，願與兄弟等同保長齡，永無限極。」憲，開元九年兼太常卿。』

〔八〕司徒、兼虢州刺史、上柱國、申王撝：『撝』，謂惠莊太子李撝。傳見舊唐書卷九十五、新唐書卷八十一。舊唐書其本傳載：『惠莊太子撝，本名成義。初生，武后以母賤，欲

不齒，以示浮屠萬回，回詭曰：「此西土樹神，宜兄弟。」后喜，乃畜之。垂拱三年，始王恒，與衛、趙二王同封。俄改王衡陽。睿宗立，進王申，與岐、薛二王同封。累遷右衛、金吾二大將軍，實封至千户。進司徒，兼益州大都督，四爲州刺史。開元八年，停刺史，復爲司徒。薨，册書贈太子及謚，陪葬橋陵。」

〔九〕太子少師、兼鄭州刺史、上柱國、岐王範：「範」，即李範，唐睿宗第四子。傳見舊唐書卷九十五、新唐書卷八十一。舊唐書其本傳載：「惠文太子範，睿宗第四子也。本名隆範，後避玄宗連名，改單稱範。初封鄭王，尋改封衛王。長壽二年，隨例却入閣，徙封巴陵郡王，累授尚食奉御。神龍元年，遷太府員外少卿，加賜實封二百户，通前五百户。景龍年，兼隴州别駕，加銀青光禄大夫。睿宗踐祚，進封岐王，又加實封五百户，拜太常卿，兼左羽林大將軍。先天二年，從上討竇懷貞、蕭至忠等，以功加賜實封滿五千户，下制褒美。開元初，拜太子少師，帶本官，歷絳、鄭、岐三州刺史。」

〔十〕太子少保、兼衛州刺史、薛王業等：「業」，即李業，唐睿宗第五子。傳見舊唐書卷九十五、新唐書卷八十一。舊唐書其本傳載：「惠宣太子業，睿宗第五子也。本名隆業，後單名業。垂拱三年，封趙王，開府置官屬。長壽二年，隨例却入閣，改封中山郡王，累授都水使者，

尋又改封彭城郡王。神龍元年，加賜實封二百户，通前五百户。景龍二年，兼陳州别駕。銀青光禄大夫、太仆少卿，别駕如故。睿宗即位，進封薛王，加封滿一千户，拜秘書監，兼右羽林大將軍。俄轉宗正卿。睿宗以業好學而授秘書監。及玄宗誅蕭至忠、岑羲等，業以翊從之功，加實封通舊爲五千户。開元初，歷太子少保、同涇豳衛號等州刺史。」

〔十一〕朕之花蕚：「花蕚」，語出詩 小雅 常棣：「常棣之華，鄂不韡韡。凡今之人，莫如兄弟。」華，蕚和花同生一枝，且有保護花瓣的作用，故後常以「花蕚」比喻兄弟或兄弟間和睦友愛的情誼。唐楊炯唐右將軍魏哲神道碑：「門傳萬石，庭列雙珠，花蕚争榮，芝蘭藹秀。」新唐書 李乂傳：「乂事兄尚一、尚貞，孝謹甚，又俱以文章自名，兄弟同爲一集，號李氏花蕚集。」

〔十二〕人之珪璋：「珪璋」，比喻杰出的人材。晉葛洪抱朴子 安貧：「贄幣濃者，瓦石成珪璋；請托薄者，龍駿棄林坰。」舊唐書 齊物傳：「故金紫光禄大夫、太子太傅、兼正卿齊物，宗室珪璋，士林楨幹。」

〔十三〕文儒在躬：「文儒」，指講求禮樂教化的儒生。晉葛洪抱朴子 廣譬：「干戈興則武夫奮，韶、夏作則文儒起。」周書 賀拔勝傳：「乃招引文儒，討論義理。」

〔十四〕望優桓武：「桓武」，明鈔本、甲庫本、四庫全書、甲庫本、適園叢書作「植武」。「桓

武』，威風凜凜的武王。語出先秦桓：『綏萬邦，婁豐年。天命匪解，桓桓武王。』

〔十五〕出綜藩條：『藩條』，漢代州刺史以六條考察州郡官吏，後因以指刺史之職。晉書應詹傳論：『入居列位，則嘉謀屢陳；出撫藩條，則惠政斯洽。』唐元稹彈奏劍南東川節度使狀：『刺史柳蒙等任竊藩條，無心守職。』

〔十六〕聲均魯衛：『魯衛』，語本論語子路：『魯衛之政，兄弟也。』

〔十七〕鳧在涇水：語出詩經大雅鳧鷖：『鳧鷖在涇，公尸來燕來寧。爾酒既清，爾肴既馨。公尸燕飲，福祿來成。』『涇水』，渭河的支流，在陝西省中部。也稱涇河。山海經西山經：『又西五十五里，曰涇谷之山，涇水出焉，東南流注於渭。』漢應劭風俗通山澤渠：『涇水一石，其泥數斗，且溉且糞，長我稷黍。』

〔十八〕鸑鳴岐山：語出國語周語上：『周之興也，鸑鷟鳴於岐山。』三國吴韋昭注：『鸑鷟，鳳之别名也。』『岐山』，山名。在今陝西省岐山縣境。上古稱『岐』。書禹貢：『導岍及岐，至於荆山。』孔傳：『三山皆在雍州。』詩大雅綿：『率西水滸，至於岐下。』

〔十九〕新田擬於晉汾：『新田』，開墾兩年的田地。

〔二十〕眷兹翰屏：『翰屏』，捍衛。晉書文帝紀：『方軌齊魯，翰屏帝室。』宋蘇軾撫問

劉舜卿兼賜銀合茶藥口喧：『卿翰屏西服，威懷種羌。』

〔二十一〕宜扇百城之風：『百城』，指各個城邑。三國魏曹植又贈丁儀王粲詩：『壯哉帝王居，佳麗殊百城。』晉陸雲答張士然詩：『百城各異俗，千室非良鄰。』

〔二十二〕伫延九里之潤：『九里之潤』，典出莊子集釋卷十上雜篇列禦寇：『鄭人緩也呻吟裘氏之地。祇三年而緩爲儒，河潤九里，澤及三族，使其弟墨。儒墨相與辯，其父助翟。十年而緩自殺。其父夢之曰：「使而子爲墨者予也。闔胡嘗視其良，既爲秋柏之實矣？」』

〔二十三〕可使持節涇州諸軍事、兼涇州刺史：原本無『兼』字，今據四庫全書、適園叢書增補。

〔二十四〕可使持節絳州諸軍事、兼絳州刺史：原本無『兼』字，今據四庫全書、適園叢書增補。

〔二十五〕可使持節岐州諸軍事、兼岐州刺史：原本無『兼』字，今據四庫全書、適園叢書增補。

卷第三十六

諸王

除親王官下

慶王潭涼州都督制
慶王琮司徒制
榮王琬安北大都護制
命三王制
停潁王等節度誥
趙王係天下兵馬元帥制
彭王僅等河西節度大使制
奉節郡王适天下兵馬元帥制
普王誼荆襄江西等道兵馬都元帥制
虔王諒申光節度制
嘉王運横海軍節度制
撫王紘河東節度制
遂王宥彰信軍節度制

嘉王運等檢校司空制

濮王澤成德軍節度制

昭王汭成德軍節度制

撫王紘開府儀同三司守司空制

蜀王佶西川節度制

建王震魏博節度制

除親王官下

慶王潭涼州都督制〔一〕

朕欽承丕緒〔二〕，司牧黎元〔三〕，訟息刑清〔四〕，遠安邇肅。思弘備位〔五〕，式樹藩維〔六〕，列鎮而考其政聲〔七〕，謀帥而訓其戎旅〔八〕。徵皇漢之故事〔九〕，并建親賢〔十〕；采分陝之遺塵〔十一〕，化行江汜〔十二〕。爰崇磐石，永固宗祧〔十三〕。慶王潭等〔十四〕，并禀秀玉林〔十五〕，分華瓊苑，夙彰韶譽，久踐義方〔十六〕。説禮敦詩〔十七〕，好賢樂善，履忠肅而無替〔十八〕，遵法度而不愆〔十九〕。器藴謀猷〔二十〕，才兼文武，任兹連帥〔二十一〕，統彼元戎〔二十二〕。幹略攸歸〔二十三〕，能賢是擇〔二十四〕，分麾作鎮，綏鉞專征〔二十五〕，式茂朝章〔二十六〕，宜恭嘉命。以慶王潭爲涼州都督〔二十七〕、兼河西節度大使；忠王浚爲單于大都護、朔方節度大使；棣王洽爲太原以北軍州節度大使〔二十八〕；鄂王涓爲幽州大都督、兼河北諸州節度大使〔二十九〕；榮王滉爲京兆牧、兼隴右節度大使〔三十〕；光王琚爲廣州都督、兼嶺南經略大使〔三十一〕；儀王濰爲河南牧〔三十二〕；潁王澐爲安東都護、平

盧軍節度大使〔三十三〕；永王澤爲荆州大都督〔三十四〕；壽王清爲益州大都督、兼劍南節度大使〔三十五〕；延王洄爲安西大都護、兼四鎮節度大使〔三十六〕；盛王沐爲揚州大都督〔三十七〕。

開元十五年五月。

校　箋

〔一〕本文又見於全唐文卷二十二，文題作授慶王潭等諸州都督制，署名唐玄宗。本文文末標明時間爲『開元十五年五月』。考舊唐書玄宗紀載：『（開元十五年）夏五月……癸酉，以慶王潭爲涼州都督兼河西諸軍節度大使，忠王浚爲單于大都護、朔方節度大使，棣王洽爲太原冀北牧、河北諸軍節度大使，鄂王涓爲幽州都督、河北節度大使，榮王滉爲京兆牧、隴右節度大使，光王琚爲廣州都督、五府節度大使，儀王濰爲河南牧，穎王潭爲安東都護、平盧軍節度大使，永王澤爲荆州大都督，壽王清爲益州大都督、劍南節度大使，延王洄爲安西大都護、磧西節度大使，盛王沐爲揚州大都督，并不出閤。』考舊唐書卷一百七載：『奉天皇帝琮，玄宗長子也，本名嗣直。……（開元）十三年，改封慶王，仍改名潭。十五年，遥領涼州都督，兼河西諸軍節度大使。』『棣

王琰，玄宗第四子也，初名嗣真。……（開元）十二年三月，改封棣王，仍改名洽。十五年，遥領太原牧、太原已北諸軍節度大使。』『鄂王瑶，玄宗第五子也，初名嗣初。……（開元）十二年，改名涓，遥領幽州都督、河北道節度大使。』『靖恭太子琬，玄宗第六子也，初名嗣玄。……（開元）十二年三月，改名滉，封爲榮王。十五年，授京兆牧，又遥領隴右節度大使。』『光王琚，玄宗第八子也。……（開元）十五年，遥領廣州都督、五府經略大使。』『儀王璲，玄宗第十二子也，初名濰。……（開元）十五年，授河南牧。』『潁王璬，玄宗第十三子也。讀書有文詞。初名澐。……（開元）十五年，遥領安东都护、平卢军节度大使。』『永王璘，玄宗第十六子也。母曰郭順儀，劍南節度尚書虛己之妹。璘數歲失母，肅宗收養，夜自抱眠之。少聰敏好學，貌陋，視物不正。……（開元）十五年五月，遥領荆州大都督。』『壽王瑁，玄宗第十八子也，初名清。……（開元）十五年，遥領益州大都督、劍南節度大使。』『延王玢，玄宗第二十子也，初名泂。……（開元）十五年，遥領安西大都護、磧西節度大使。』『盛王琦，玄宗第二十一子也。壽王母弟，初名沐。……（開元）十五年，領揚州大都督。』考新唐書卷八十二載：『奉天皇帝琮，景雲元年，王許昌郡，與真定王同封。先天元年，進王郯，與郢王同封。開元四年，領安西大都護、安撫河東關内隴右諸蕃大使。十三年，徙王慶，與忠、棣、榮、光、儀、潁、永、壽、延、盛、濟十一

王同封。十五年，與十王并領節度，不出閤。琮以涼州都督兼河西諸軍節度大使。』『潁王璬，喜讀書，好文辭。開元十五年，遥領安東都護。』『壽王瑁……開元十五年，遥領益州大都督。』考册府元龜卷二七七載：『榮王滉玄宗開元十五年授京兆牧。』考資治通鑑卷二百一十三載：『開元十五年……夏，五月，癸酉，上悉以諸子慶王潭等領州牧、刺史、都督、節度大使、大都護、經略使，實不出外。』據上述典籍所載，授慶王潭等涼州都督時間爲開元十五年（七二七）五月癸酉（一日），其撰寫時間當在是時稍前。

〔二〕欽承丕緒：『欽承』，恭敬地繼承或承受。書說命下：『監於先王成憲，其永無愆，惟説式克欽承。』三國魏曹丕與鍾大理書：『嘉貺益腆，敢不欽承。』『丕緒』，指國家大業。陳書世祖紀：『朕以寡昧，嗣膺丕緒，永言勛烈，思弘典訓。』唐皮日休悼賈：『嗟大漢之丕緒兮，虬其賢於污瀆。』

〔三〕司牧黎元：『司牧』，管理，統治。左傳襄公十四年：『天生民而立之君，使司牧之，勿使失性。』三國志魏書夏侯玄傳：『古之建官，所以濟育群生，統理民物也，故爲之君長以司牧之。』『黎元』，即黎民。漢董仲舒春秋繁露五行變救：『救之者，省宫室，去雕文，舉孝弟，恤黎元。』晋潘岳關中詩：『哀此黎元，無罪無辜。』

〔四〕訟息刑清：『刑清』，刑罰公正清明。語本易豫：『聖人以順動，則刑罰清而民服。』漢書叙傳下：『我德如風，民應如中，國富刑清，登我漢道。』

〔五〕思弘備位：『思弘』，四庫全書作『恩誼弘』。『備位』，明鈔本作『備豫』。『備位』，泛指充任，任職。後漢書儒林傳楊政：『（政）把臂責之曰：「卿蒙國恩，備位藩輔，不思求賢以報殊寵，而驕天下英俊，此非養生之道也。」』唐韓愈順宗實録五：『良媛董氏，備位後庭，素稱淑慎。』

〔六〕式樹藩維：『藩維』，詩大雅板：『价人維藩。』後以『藩維』指藩國。南朝梁沈約封授臨川等五王詔：『藩維廣樹，經朔攸屬。』清顧炎武書太虛山人象象譚後：『使是書之論得行於數十年之前，足以隆藩維而重國勢，當不至於今日。』

〔七〕列鎮而考其政聲：『政聲』，官吏的政治聲譽。南史沈憲傳：『乃以憲帶山陰令，政聲大著。』唐錢起送沈少府還江寧詩：『江樓新咏發，應與政聲傳。』

〔八〕謀帥而訓其戎旅：『謀帥』，尋求元帥的人選。事本左傳僖公二十七年：『作三軍，謀元帥。趙衰曰：「郤縠可。」』唐韓愈酬别留後侍郎詩：『爲文無出相如右，謀帥難居郤縠先。』『戎旅』，軍旅；兵事。三國魏曹丕與張郃詔：『今將軍外勤戎旅，内存國朝。』北史司馬侃傳：『少

果勇，未弱冠，便從戎旅。』唐元稹觀兵部馬射賦：『我有筆陣與詞鋒，可以偃干戈而息戎旅。』

〔九〕徵皇漢之故事：『皇漢』，猶大漢。稱漢朝。後亦稱漢族。漢班固西都賦：『蓋聞皇漢之初經營也，嘗有意乎都河洛矣。』晉陸機漢高祖功臣頌：『霸楚實喪，皇漢凱入。』

〔十〕并建親賢：『親賢』，親戚與賢臣。南朝梁任昉齊竟陵文宣王行狀：『地尊禮絶，親賢莫貳。』呂向注：『位居尊重之地，與百官禮儀隔絶，則親戚賢臣皆無有二心也。』南史宋宗室及諸王傳上論：『自古帝王之興，雖係之於曆數，至於經啓多難，莫不兼藉親賢。』

〔十一〕采分陝之遺塵：『分陝』，陝即今陝西省陝縣。相傳周初周公旦、召公奭分陝而治，周公治陝以東，召公治陝以西。後謂封建王朝官僚出任地方官爲『分陝』。三國志魏書高堂隆傳：『今既無衛侯、康叔之監，分陝所任，又非旦、奭。』晉陶潛晉故征西大將軍長史孟府君傳：『太尉潁川庾亮，以帝舅民望，受分陝之重，鎮武昌。』『遺塵』，指前人行動所留的痕迹。後漢書黨錮傳序：『蓋前哲之遺塵，有足求者。』晉左思魏都賦：『且魏地者，畢昴之所應，虞夏之餘人，先王之桑梓，列聖之遺塵。』

〔十二〕化行江汜：『化行』，教化施行。漢書王莽傳上：『是以三年之間，化行如神。』北齊顔之推顔氏家訓勉學：『周宏正奉贊大猷，化行都邑，學徒千餘，實爲盛美。』

〔十三〕永固宗祧：『宗祧』，宗廟。左傳襄公二十三年：『紇不佞，失守宗祧，敢告不弔。紇之罪，不及不祀。』杜預注：『遠祖廟爲祧。』孔子家語哀公問政：『聖人因物之精，制爲之極，明命鬼神，以爲民之則。而猶以是爲未足也，故築爲宮室，設爲宗祧。』

〔十四〕慶王潭等：『慶王潭』，即唐玄宗李隆基之子李潭。傳見舊唐書卷一百七、新唐書卷八十二。舊唐書其本傳載：『奉天皇帝琮，玄宗長子也，本名嗣直。景雲元年九月，封許昌郡王。先天元年八月，進封郯王。開元四年正月，遥領安西大都護，仍充安撫河東、關内、隴右諸蕃大使。十三年，改封慶王，仍改名潭。十五年，遥領涼州都督，兼河西諸軍節度大使。二十一年，加太子太師，改名琮。二十四年，拜司徒。天寶元年，兼太原牧。十一載薨，贈靖德太子，葬於渭水之南細柳原，仍於啓夏門内置廟祔享焉。肅宗元年建寅月九日，詔追册爲奉天皇帝，妃竇氏爲恭應皇后，備禮改葬於華清宮北齊陵，以尚書右僕射、冀國公裴冕爲其使。初，開元二十五年，太子瑛得罪廢，令琮養其子，及天寶十一載琮薨，以瑛子俅爲嗣慶王，除秘書監同正員。』

〔十五〕并禀秀玉林：『禀秀』，天生秀麗。舊唐書后妃傳下肅宗章敬皇后吴氏：『伏惟先太后圓精挺質，方祇禀秀。』

〔十六〕久踐義方：『義方』，行事應該遵守的規範和道理。逸周書官人：『省其居處，觀

其義方。』左傳隱公三年：『石碏諫曰：「臣聞愛子教之以義方，弗納於邪。」』後因多指教子的正道，或曰家教。晉葛洪抱朴子崇教：『愛子欲教之義方，雕琢切磋，弗納於邪僞。』

〔十七〕説禮敦詩：明鈔本、甲庫本、四庫全書、全唐文作『閲禮敦詩』。

〔十八〕履忠肅而無替：『忠肅』，忠誠恭敬。左傳文公十八年：『高辛氏有才子八人……忠肅共懿，宣慈惠和，天下之民謂之「八元」。』孔穎達疏：『忠者，與人無隱，盡心奉上也。肅者，敬也，應機敏達，臨事恪勤也。』三國志吴書吴主傳：『忠肅内發，款誠外昭。』『無替』，不廢；無盡。書旅獒：『王乃昭德之致於異姓之邦，無替厥服。』孔傳：『使無廢其職。』北史羊祉傳：『詔册褒美，無替倫望。』

〔十九〕遵法度而不愆：『不愆』，無過錯，無過失。詩大雅假樂：『不愆不忘，率由舊章。』明劉基海寧應氏墓庵記：『以不愆於義方，不詭其逢而守其常。』

〔二十〕器藴謀猷：『器藴』，猶器度、度量。新唐書崔琯傳：『琯行方介，有器藴，人屬以爲相而卒不至，當時共咨云。』『謀猷』，計謀；謀略。書文侯之命：『亦惟先正克左右昭事厥辟，越小大謀猷，罔不率從，肆先祖懷在位。』宋書劉穆之傳：『故尚書左僕射、前將軍臣穆之，爰自布衣，協佐義始，内端謀猷，外勤庶政。』

〔二十一〕任兹連帥：『連帥』，泛稱地方高級長官。唐代多指觀察使、按察使。北周庾信周隴右總管長史贈太子少保豆盧公神道碑：『尋加侍中，外總連帥，威振百城。』唐崔立言醉中謔浙江廉使詩：『山夫留意向丹梯，連帥邀來出藥畦。』

〔二十二〕統彼元戎：『元戎』，大軍。史記三王世家：『虛御府之藏以賞元戎，開禁倉以振貧窮。』漢書董賢傳：『統辟元戎，折衝綏遠。』顏師古注：『元戎，大衆也。』宋蘇軾除苗授殿前副都指揮使制：『出總元戎，作先聲於士氣；入爲環尹，寓軍政於國容。』

〔二十三〕幹略攸歸：『幹略』，指治事的才能與謀略。三國志吳書諸葛恪等傳評：『諸葛恪才氣幹略，邦人所稱。』隋書李密傳：『父寬，驍勇善戰，幹略過人。』

〔二十四〕能賢是擇：『能賢』，有才能而又有道德者。左傳隱公三年：『先君以寡人爲賢，使主社稷，若棄德不讓，是廢先君之學也，豈曰能賢？』唐錢珝爲徐相公讓加食邑表：『臣某伏惟尊號皇帝陛下文武應天，憂勤厚國，旁求翊贊，慎擇能賢，如臣之才，焉可執政？』

〔二十五〕綏鉞專征：『綏』，明鈔本、甲庫本作『授』。『專征』，受命自主征伐。漢班固白虎通考黜：『好惡無私，執義不傾，賜以弓矢，使得專征。』晉陶潛命子詩：『桓桓長沙，伊勛伊德，天子疇我，專征南國。』

〔二十六〕式茂朝章：『朝章』，朝廷的典章。後漢書胡廣傳：『（廣）性温柔謹素，常遜言恭色。達練事體，明解朝章。』南史到仲舉傳：『仲舉既無學術，朝章非其所長，選舉引用，皆出自袁樞。』

〔二十七〕以慶王潭爲凉州都督：『凉州』，明鈔本、甲庫本、四庫全書作『梁州』。

〔二十八〕棣王洽爲太原以北軍州節度大使：『太原』，四庫全書作『大原』。『棣王洽』，即李洽，初名嗣真，玄宗第四子。傳見舊唐書卷一百七、新唐書卷八十二。舊唐書本傳載：『棣王琰，玄宗第四子也，初名嗣真。開元二年十二月，封爲鄫王。十二年三月，改封棣王，仍改名洽。十五年，遥領太原牧、太原已北諸軍節度大使。二十二年，加太子太傅，餘如故。二十四年，改名琰。天寶元年六月，遥領兼武威郡都督、河西隴右經略節度大使。』

〔二十九〕鄂王涓爲幽州大都督、兼河北諸州節度大使：『鄂王涓』，四庫全書作『鄂王潤』，全唐文、適園叢書作『鄂王涓』。『鄂王涓』，即李瑶，初名嗣初，玄宗第五子。傳見舊唐書卷一百七、新唐書卷八十二。舊唐書本傳載：『鄂王瑶，玄宗第五子也，初名嗣初。開元二年五月，封爲鄂王。十二年，改名涓，遥領幽州都督、河北道節度大使。二十一年四月，加太子太保，兼幽州都督，餘如故。二十三年，改名瑶。二十五年，得罪廢。寶應元年五月追復。』

〔三十〕榮王滉爲京兆牧、兼隴右節度大使：『榮王滉』，即李滉，初名嗣玄，玄宗第六子。

傳見舊唐書卷一百七、新唐書卷八十二。舊唐書本傳載：『靖恭太子琬，玄宗第六子也，初名嗣玄。開元二年三月，封爲甄王。十二年三月，改名滉，封爲榮王。十五年，授京兆牧，又遥領隴右節度大使。二十三年，加開府儀同三司，餘如故。二十五年，改名琬。天寶元年六月，授單于大都護。十四年十一月，安禄山反於范陽，其月制以琬爲征討元帥，高仙芝爲副，令仙芝征河、隴兵募屯於陝郡以御之。數日，琬薨。琬素有雅稱，風格秀整，時士庶冀琬有所成功，匆然殂謝，遠近咸失望焉。贈靖恭太子，葬於見子西原。琬諸子尤繁衍，男女五十八人。天寶中封爲郡王者二：俯爲濟陰王、太僕卿同正員，偕爲北平王、國子祭酒同正員。』

〔三十一〕光王琚爲廣州都督、兼嶺南經略大使：『光王琚』，即李琚，玄宗第八子。傳見舊唐書卷一百七、新唐書卷八十二。舊唐書本傳載：『光王琚，玄宗第八子也。開元十二年，封爲光王。十五年，遥領廣州都督、五府經略大使。二十三年七月，光王琚、儀王濰、潁王澐、壽王清、延王泅、盛王沐、信王沔、義王漼等十王，并授開府儀同三司；皇子珪封爲陳王，澄封爲翌王，漶封爲恒王，滔封爲汴王。陳王已下第四王，幼未授官，并置府官僚屬。其日，光、儀等十人同於東宫尚書省上，詔宰臣及文武百僚送，儀注甚盛。俄除十五王府元僚，并未有府幕，同於禮院上，亦無精選。其時，琚兼廣州都督，餘如故。琚與鄂王瑶，皇子中有學尚才識，同居内

宅，最相愛狎。淈有才力，善騎射。初封甚善，玄宗愛之。以母見疏薄，嘗有怨言，爲人所構得罪，人用憐之。寶應元年五月，追復官爵。無子。」

〔三十二〕儀王濰爲河南牧：『儀王濰』，即李璲，初名濰，玄宗第十二子。傳見舊唐書卷一百七、新唐書卷八十二。舊唐書本傳載：『儀王璲，玄宗第十二子也，初名濰。開元十三年五月，封爲儀王。十五年，授河南牧。二十三年，加開府儀同三司，兼河南牧，其年改名璲。永泰元年二月薨，廢朝三日，贈太傅。天寶中有子封王者二人：佚爲鍾陵郡王、光禄卿同正員，僆爲廣陵王、國子祭酒同正員。』

〔三十三〕潁王澐爲安東都護、平盧軍節度大使：『潁王澐』，即李璬，初名澐，玄宗第十三子。傳見舊唐書卷一百七、新唐書卷八十二。舊唐書本傳載：『潁王璬，玄宗第十三子也。讀書有文詞。初名澐。開元十三年，封潁王。十五年，遥領安東都護、平盧軍節度大使。二十三年，加開府儀同三司，改名璬。安禄山反，除蜀郡大都督、劍南節度大使，楊國忠爲之副。玄宗幸蜀，令御史大夫魏方進充置頓使，先移牒至蜀，托以潁王之藩，令設儲供。玄宗至馬嵬，方進被殺，乃令璬先赴本郡，以蜀郡長史崔圓爲副。璬性儉率，將渡綿州江，登舟見彩緣席爲藉者，顧曰：「此可以爲寢處，奈何踐之？」命撤去。璬初奉命之藩，卒遽不遑受節，綿州司馬史賁進説曰：「王，

帝子也，且爲節度大使。今之藩而不持節，單騎徑進，人何所贍？請建大槩，蒙之油囊，爲旌節狀，先驅道路，足以威衆。」璬笑曰：「但爲真王，何用假旌節乎？」將至成都，崔圓迓之，拜於馬前，璬不止之，圓頗怒。玄宗至，璬視事兩月，人甚安之。爲圓所奏，罷居内宅。後令宣慰肅宗於彭原，遂從歸京師。建中四年薨。年六十六，輟朝三日。子伸，天寶中封滎陽郡王，授衛尉卿同正員。』

〔三十四〕永王澤爲荆州大都督：『永王澤』，即李璘，玄宗第十六子。傳見舊唐書卷一百七、新唐書卷八十二。舊唐書本傳載：『永王璘，玄宗第十六子也。母曰郭順儀，劍南節度尚書虚己之妹。璘數歲失母，肅宗收養，夜自抱眠之。少聰敏好學，貌陋，視物不正。開元十三年三月，封爲永王。十五年五月，遥領荆州大都督。二十年七月，加開府儀同三司，改名璘。天寶十四載十一月，安禄山反范陽。十五載六月，玄宗幸蜀，至漢中郡，下詔以璘爲山南東路及嶺南黔中江南西路四道節度采訪等使、江陵郡大都督，餘如故。璘七月至襄陽，九月至江陵，召募士將數萬人，恣情補署，江淮租賦，山積於江陵，破用鉅億。以薛鏐、李臺卿、蔡坰爲謀主，因有異志。肅宗聞之，詔令歸覲于蜀，璘不從命。十二月，擅領舟師東下，甲仗五千人趨廣陵，以季廣琛、渾惟明、高仙琦爲將。璘生於宫中，不更人事，其子襄城王偒又勇而有力，馭兵權，爲左右眩惑，遂謀狂悖。璘雖有窺江左之心，而未露其事。吴郡采訪使李希言乃平牒璘，大署其名，

璘遂激怒，牒報曰：「寡人上皇天屬，皇帝友于，地尊侯王，禮絶僚品，簡書來往，應有常儀，今乃平牒抗威，落筆署字，漢儀隳紊，一至於斯！」乃使渾惟明取希言，季廣琛趣廣陵攻采訪李成式。璘進至當塗，希言在丹陽，令元景曜、閻敬之等以兵拒之，身走吴郡，李成式使將李承慶拒之。先是，肅宗以璘不受命，先使中官啖廷瑶、段喬福招討之。中官至廣陵，成式括得馬數百匹。時河北招討判官、司虞郎中李銑在廣陵，瑶等結銑爲兄弟，求之將兵。銑麾下有騎一百八十人，遂率所領屯于楊子，成式使判官評事裴茂以廣陵步卒三千同拒于瓜步洲伊婁埭。希言將元景曜及成式將李神慶并以其衆迎降于璘，璘又殺丹徒太守閻敬之以徇。江左大駭。裴茂至瓜步洲，廣張旗幟，耀于江津。璘與偒登陴望之竟日，始有懼色。季廣琛召諸將割臂而盟，以貳於璘。是日，渾惟明走于江寧，馮季康、康謙投于廣陵之白沙。廣琛以步卒六千趨廣陵，璘使騎追之，廣琛曰：「我感王恩，是以不能決戰，逃而歸國。若逼我，我則不擇地而迴戰矣。」使者返報。其夕，銑等多燃火，人執兩炬以疑之，隔江望者，兼水中之影，一皆爲二矣。璘軍又以火應之。璘懼，以官軍悉濟矣，遂以兒女及麾下宵遁。遲明，不見濟者，遂入城具舟楫，使襄城王驅其衆以奔晋陵。宵諜曰：「王走矣。」於是江北之軍齊進，募敢死士趙侃、庫狄岫、趙連城等共二十人，先鋒游弈於新豐，皆因醉而寐。璘聞官軍之至，乃使襄城王、高仙琦逆擊之。驛騎奔告，侃等介馬而出，

襄城王已隨而至，銑等奔救，張左右翼擊之，射中襄城王首，偒軍遂敗。高仙琦等四騎與璘南奔，至鄱陽郡，司馬陶備閉城拒之。璘怒，命焚其城。至餘干，及大庾嶺，將南投嶺外，爲江西采訪使皇甫侁下防禦兵所擒，因中矢而薨。子偒等爲亂兵所害。肅宗以璘愛弟，隱而不言。』

〔三十五〕壽王清爲益州大都督、兼劍南節度大使：『寿王清』，即李瑁，初名清，玄宗第十八子。傳見舊唐書卷一百七、新唐書卷八十二。舊唐書本傳載：『壽王瑁，玄宗第十八子也，初名清。初，瑁母武惠妃，開元元年見幸，寵傾後宫，頻産夏悼王、懷哀王、上仙公主，皆端麗，繈褓不育。及瑁之初生，讓帝妃元氏請瑁在於邸中收養，妃自乳之，名爲己子。十餘年在寧邸，故封建之事晚於諸王。宫中常呼爲十八郎。十三年三月，封爲壽王，始入宫中。十五年，遥領益州大都督、劍南節度大使。二十三年，加開府儀同三司，改名瑁。二十五年，惠妃薨，葬以后禮。二十九年，讓帝薨，瑁請制服，以報乳養之恩，玄宗從之。瑁，天寶中有子封爲王者二人：伓爲濟陽郡王，偡爲廣陽郡王、鴻臚卿同正員。唐法，親王食封八百户，有至一千户；公主三百户，長公主加三百户，有至六百户。高宗朝以沛、英、豫王、太平公主武后所生，食逾於制。垂拱中，太平至一千二百户。聖曆初，皇嗣封爲相王，食封與太平同三千户。長安中，壽春王兄弟五人，并賜實封三百户。神龍初，相府與太平同至五千户，衛王三千户，温王二千户，成王七百户。壽春王加

四百户，通前七百户；嗣雍、衡陽、臨淄、巴陵、中山各加二百户，通前五百户。安樂初封二千户，長寧一千五百户，宣城、宜城、宣安各一千户，相王女爲縣主者各三百户。衛王尋升儲位，相府增至七千户，太平至五千户，安樂三千户，長寧二千五百户，宣城已下各二千户。相府、太平、長寧、安樂皆以七千爲限，雖水旱亦不破損免，以正租庸充數。唐隆元年，遺制以嗣雍王守禮、壽春王成器封爲親王，各賜實封一千户。開元之後，朝恩睦親，以寧府最長，封至五千五百户；岐、薛愛弟著勛，五千户；申府以外家微，至四千户；邠府以外枝，至一千八百户。皇妹爲公主者，食封一千户，中宗女亦同。其後，皇子封王者賜封二千户，皇女爲公主者賜封五百户。咸宜賜湯沐，以母惠妃封至一千户，諸皇女爲公主者，例加至一千户。其封自開元已來，皆約以三千爲限。』

〔三十六〕延王洄爲安西大都護、兼四鎮節度大使：『延王洄』，四庫全書作『延王涸』。『延王洄』，即李玢，初名洄，玄宗第二十子。傳見舊唐書卷一百七、新唐書卷八十二。舊唐書本傳載：『延王玢，玄宗第二十子也，初名洄。玢母即尚書右丞柳範孫也，最爲名家，玄宗深重之。玢亦仁愛，有學問。開元十三年，封爲延王。十五年，遥領安西大都護、磧西節度大使。二十三年七月，加開府儀同三司，餘如故，改名玢。天寶十五載，玄宗幸蜀，玢男女三十六人，不忍棄於道路，數日不及行在所，玄宗怒之；賴漢中王瑀抗疏救之，聽歸於靈武。興元元年薨。天寶末，

封子倬彭城郡王、秘書監同正員，侹平陽郡王、殿中監同正員。』

〔三十七〕盛王沐爲揚州大都督：『盛王沐』，適園叢書作『盛王沭』。『盛王沭』，即李琦，初名沐，玄宗第二十一子。傳見舊唐書卷一百七：『盛王琦，玄宗第二十一子也。壽王母弟，初名沐。十三年三月，封爲盛王。十五年，領揚州大都督。二十年，加開府儀同三司，餘如故，改名琦。天寶十五年六月，玄宗幸蜀，在路除琦爲廣陵大都督，仍領江南東路及淮南河南等路節度支度采訪等使，以前江陵大都督府長史劉彙爲之副，以廣陵長史李成式爲副大使兼御史中丞。琦竟不行。廣德二年四月薨，贈太傅。天寶末有子封王者二人：僙真定郡王、太常卿同正員，佩封武都郡王、殿中監同正員。』

慶王琮司徒制〔一〕

門下：汝作司徒〔二〕，以親百姓；予有禦侮〔三〕，爰整六師〔四〕。中外之寄〔五〕，藩維是屬〔六〕。太子太師、兼涼州大都督、河西諸軍州節度大使、支度營田九姓長行轉運使、上柱國、慶王琮〔七〕，克勤于躬〔八〕，允協厥訓〔九〕，每有志於敦學〔十〕，常不忘於樂善。事上之道〔十一〕，忠順在焉；舉能之義，親疏一也〔十二〕。固可委以邦教〔十三〕，

受之廣謀，勉圖乃功，無替朕命〔十四〕。可守司徒。餘如故。開元二十四年。

校箋

〔一〕此文又見於全唐文卷二十三，文題作授慶王琮司徒制，署名唐玄宗。本文文末標明時間爲『開元二十四年』。考舊唐書玄宗紀載：『（開元）二十四年……十二月戊申，太子太师、庆王琮爲司徒。』新唐書玄宗紀載：『（開元）二十四年……十二月戊申，慶王琮爲司徒。』舊唐書卷一百七載：『奉天皇帝琮，玄宗長子也，本名嗣直。……（開元）二十四年，拜司徒。』據上述典籍所載，此制文頒布時間爲開元二十四年（七三七）十二月戊申（三日），其撰寫時間當在是時稍前。

〔二〕汝作司徒：『司徒』，官名。相傳少昊始置，唐虞因之。周時爲六卿之一，曰地官大司徒。掌管國家的土地和人民的教化。漢哀帝元壽二年，改丞相爲大司徒，與大司馬、大司空并列為三公。東漢時改稱司徒。歷代因之，明廢。

〔三〕予有禦侮：『禦侮』，謂抵禦外侮。孔叢子論書：『自吾得由也，惡言不至於門，是

非禦侮乎！』周書魏玄傳：『灌瓜贈藥，雖有愧於昔賢；禦侮折衝，足方駕於前烈。』

〔四〕爰整六師：『六師』，周天子所統六軍之師。書康王之誥：『張皇六師，無壞我高祖寡命。』曾運乾正讀：『六師，天子六軍。周制一萬二千五百人爲師。』孟子告子下：『一不朝，則貶其爵；再不朝，則削其地；三不朝，則六師移之。』後以爲天子軍隊之稱。

〔五〕中外之寄：『中外』，中原和邊疆；中國和外國。後漢書南匈奴傳：『宣帝之世，會呼韓來降，故邊人獲安，中外爲一，生人休息六十餘年。』

〔六〕藩維是屬：『藩維』，詩大雅板：『价人維藩。』後以『藩維』指藩國。南朝梁沈約封授臨川等五王詔：『藩維廣樹，經朔攸屬。』

〔七〕太子太師、兼涼州大都督、河西諸軍州節度大使、支度營田九姓長行轉運使、上柱國、慶王琮：『慶王琮』，即李琮，玄宗長子。傳見舊唐書卷一百七、新唐書卷八十二。舊唐書其本傳云：『奉天皇帝琮，玄宗長子也，本名嗣直。景雲元年九月，封許昌郡王。先天元年八月，進封郯王。開元四年正月，遥領安西大都護，仍充安撫河東、關内、隴右諸蕃大使。十三年，改封慶王，仍改名潭。十五年，遥領涼州都督，兼河西諸軍節度大使。二十一年，加太子太師，改名琮。二十四年，拜司徒。天寶元年，兼太原牧。十一載薨，贈靖德太子，葬於渭水之南細柳原，仍於

啓夏門内置廟祔享焉。肅宗元年建寅月九日，詔追册爲奉天帝，妃竇氏爲恭應皇后，備禮改葬於華清宫北齊陵，以尚書右僕射、冀國公裴冕爲其使。初，開元二十五年，太子瑛得罪廢，令琮養其子，及天寶十一載琮薨，以瑛子俅爲嗣慶王，除秘書監同正員。」

〔八〕克勤于躬：『克勤』，謂能勤勞。書蔡仲之命：『克勤無怠，以垂憲乃後。』宋洪邁容齋隨筆當官營繕：『太祖創業方十年，而聖意下逮，克勤小物，一至於此！』

〔九〕允協厥訓：『允協』，確實符合。書説命：『王忱不艱，允協於先王成德。』孔傳：『王心誠不以行之爲難，則信合於先王成德。』後漢書方術傳謝夷吾：『殷周雖有高宗、昌、發之君，猶賴傅説、吕望之策，故能克崇其業，允協大中。』

〔十〕每有志於敦學：『敦學』，勤勉學習。後漢書儒林傳序：『及鄧后稱制，學者頗懈。時樊準、徐防并陳敦學之宜，又言儒職多非其人，於是制詔公卿妙簡其選。』唐蘇頲奉和聖制送張説上集賢學士賜宴得兹字：『用儒今作相，敦學舊爲師。』

〔十一〕事上之道：『事上』，事奉尊長。莊子天道：『以此事上，以此畜下。』漢陳琳檄吴將校部曲文：『事上謂之義，親親謂之仁。』

〔十二〕親疏一也：『親疏』，指關係或感情上的距離的遠近。周禮春官小宗伯：『掌三族之别，

以辨親疏。』宋張齊賢洛陽縉紳舊聞記焦生見亡妻：『（焦生）見家人至……不飲食，不知親疏。』

〔十三〕固可委以邦教：『邦教』，國家的教化。書周官：『司徒掌邦教。』孔傳：『地官卿司徒主國教化。』南朝宋顏延之皇太子釋奠會作詩：『妄先國胄，側聞邦教。』

〔十四〕無替朕命：『無』，四庫全書、全唐文作『勿』。『無替』，不廢；無盡。書旅獒：『王乃昭德之致於異姓之邦，無替厥服。』孔傳：『使無廢其職。』北史羊祉傳：『詔册褒美，無替倫望。』

榮王琬安北大都護制〔一〕

街晝奥壤〔二〕，戎夏所交；岳鎮專城〔三〕，藩衛攸重。開府儀同三司、兼涼州牧、單于大都護、充持節朔方節度副大使、榮王琬〔四〕，温仁植性〔五〕，孝友因心，言必備於忠肅，動必循於德義。爰就師傅，學行可觀；載錫珪符，名器斯允〔六〕。移郛築壘，功存禦要〔七〕；距河臨塞，籌切雄邊〔八〕。僉論所歸，式遏斯寄〔九〕。宜加外總之命，俾授中權之略〔十〕。可兼安北大都護。餘并如故〔十一〕。天寶八年八月。

校箋

〔一〕此文又見於全唐文卷二十五，文題作授榮王琬安北大都護制，署名唐玄宗。本文文末標明時間爲『天寶八年八月』。考舊唐書卷一百七載：『靖恭太子琬，玄宗第六子也，初名嗣玄。……天寶元年六月，授單于大都護。』册府元龜卷九百九十二載：『天寶八年六月，隴右哥舒翰率河東河西靈武及突厥阿布思等兵士六萬三千攻吐蕃石保城，援之，更令神武軍分兵鎮守。是載，又於木剌山置横塞軍城及安北大都護府。』故據上述典籍所載，授榮王琬安北大都護時間應爲天寶八年八月，其撰寫時間當在是時稍前。

〔二〕街畫奥壤：『奥壤』，謂腹地。晉書孝武帝紀：『三吴奥壤，股肱望郡，而水旱并臻，百姓失業。』南朝梁沈約齊故安陸昭王碑文：『姑蘇奥壤，任切關河。』李善注：『奥壤，猶奥區也。』

〔三〕岳鎮專城：『岳鎮』，全唐文、適園叢書作『兵鎮』。『岳鎮』，指封疆大吏。唐白居易爲人上宰相書：『岳鎮闕而不知所取，臺省空而不知所求。』唐韓愈咏雪贈張籍詩：『未能裨岳鎮，强欲效鹽梅。』『專城』，指任主宰一城的州牧、太守等地方長官。漢王充論衡辨祟：『居

位食禄，專城長邑以千萬數，其遷徙日未必逢吉時也。』唐白居易忠州刺史謝上表：『豈意天慈，匆加詔命，特從佐郡，寵授專城。』

〔四〕開府儀同三司、兼涼州牧、單于大都護、充持節朔方節度副大使、榮王琬：『涼州牧』，明鈔本、甲庫本作『京兆牧』。『榮王琬』，指李琬，玄宗第六子。傳見舊唐書卷一百七、新唐書卷八十二。舊唐書其本傳載：『靖恭太子琬，玄宗第六子也，初名嗣玄。開元二年三月，封爲甄王。十二年三月，改名滉，封爲榮王。十五年，授京兆牧，又遥領隴右節度大使。二十三年，加開府儀同三司，餘如故。二十五年，改名琬。天寶元年六月，授單于大都護。十四年十一月，安禄山反於范陽，其月制以琬爲征討元帥，高仙芝爲副，令仙芝征河、隴兵募屯於陝郡以禦之。數日，琬薨。琬素有雅稱，風格秀整，時士庶冀琬有所成功，匆然殂謝，遠近咸失望焉。贈靖恭太子，葬於見子西原。琬諸子尤繁衍，男女五十八人。天寶中封爲郡王者二：俯爲濟陰王、太僕卿同正員，偕爲北平王、國子祭酒同正員。』

〔五〕温仁植性：『植性』，明鈔本、甲庫本、四庫全書作『植聖』。『植性』，生性；秉性。周書劉志傳：『志少好學，博涉群書，植性方重，兼有武略。』太平廣記卷二六七引唐張鷟朝野僉載麻秋：『後趙石勒將麻秋者，太原胡人也，植性虓險鴆毒。』

〔六〕載錫珪符，名器斯允：『珪符』，封官爵的信符。南朝齊王融永明十一年策秀才文之三：『頃深汰珪符，妙簡銅墨。』李善注引周禮：『上公之禮執桓珪，諸侯之禮執信珪，諸伯執躬珪。』『名器』，名號與車服儀制。語本左傳成公二年：『唯器與名，不可以假人，君之所司也。』杜預注：『器，車服；名，爵號。』後漢書來歙傳：『愚聞爲國者慎器與名，爲家者畏怨重禍，俱慎名器，則下服其命；輕用怨禍，則家受其殃。』

〔七〕移郛築壘，功存禦要：『禦要』，四庫全書作『禦侮』。『郛』，指外城。韓非子難二：『趙簡子圍衛之郛郭。』晉左思吴都賦：『郛郭周匝，重城結隅。』『築壘』，建築堡壘。晉書石苞傳：『會荆州刺史胡烈表吴人欲大出爲寇，苞亦聞吴師將入，乃築壘遏水以自固。』

〔八〕籌切雄邊：『籌切』，明鈔本、甲庫本作『拒切』。『雄邊』，地勢險要的邊地。明沈德符野獲編督撫任邱大僚：『一時大僚，同事一方，拓雄邊，開制府，接武公孤。』清吴偉業過東平故壘詩：『重鎮銅龍第，雄邊珠虎牌。』此處所言，舊唐書卷一百七有載：『琬素有雅稱，風格秀整，時士庶冀琬有所成功，匆然殂謝，遠近咸失望焉。』新唐書卷八十二亦載：『琬風格秀整，有素望，中外倚之。』

〔九〕僉論所歸，式遏斯寄：『僉論』，即僉議。衆人的意見。多用於群臣百官。南朝梁沈

約授蕭惠休右僕射詔：『入副朝端，僉議斯在。』唐白居易中書舍人韋貫之授禮部侍郎制：『儀曹之選，僉議所歸。』『式遏』，防衛；抵禦。晉葛洪抱朴子釋滯：『尹生委衿帶之職，違式遏之任，而有周不罪之以不忠。』周書梁昕傳：『尋又移鎮閻韓。式遏邊壘，甚著誠信。』

〔十〕宜加外總之命，俾授中權之略：『外總之命』，全唐文作『外總之名』。『中權』，指主將。北周庾信周車騎大將軍賀婁公神道碑：『以君智略，入佐中權。』唐司空圖復安南碑：『中權令峻，按虎節以風生；上將策奇，指龍編而天落。』

〔十一〕餘并如故：全唐文作『餘如故』。

命三王制〔一〕

賈至

門下：我唐受命，百有四十載〔二〕。德澤浸於荒裔〔三〕，聲教被於殊鄰〔四〕。紹三代之統緒〔五〕，綜百王之禮樂。我高祖神堯皇帝〔六〕，奄有大寶，應天順人；我太宗文武聖皇帝〔七〕，戡難造邦〔八〕，光宅天下〔九〕；我高宗天皇大帝〔十〕，修文偃武，惠綏四方〔十一〕；我中宗孝惠皇帝〔十二〕，聿遵孝德〔十三〕，惟新景命〔十四〕；我睿宗大聖真皇帝〔十五〕，清明在躬，玄化溥暢〔十六〕。朕承累聖之洪訓〔十七〕，荷祖宗之丕緒〔十八〕，兢兢業業，不

敢自寧。往歲韋氏作逆（十九），宗社將隳（二十），是用翼戴先后（二十一），掃蕩凶徒（二十二）。宸極既貞（二十三），寰區載晏（二十四）。爾來在位，垂五十年，中原幸無師旅，戎狄歲月朝貢。夙興旰食（二十五），勤念蒼生（二十六），庶弘至禮（二十七），以躋仁壽（二十八）。愧無帝堯之聖德（二十九），而有奇鮌之不明（三十），致令賊臣内外爲患，蔽朕耳目，遠朕忠良。或竊弄威權（三十一），或厚斂重賦（三十二），蟻壤一漏（三十三），成此滔天（三十四）。構逆召戎（三十五），馳突中夏（三十六），傾覆我河洛（三十七），撓亂我崤函（三十八），使衣冠奔竄於草莽（三十九），黎庶狼狽於鋒鏑（四十）。伊朕薄德（四十一），不能寧定（四十二），厥禍海内（四十三），負兹蒼生（四十四）。是用罪己責躬（四十五），寤寐焚灼（四十六）。上愧於天地（四十七），下愧於兆人（四十八）；外愧乎四夷（四十九），内愧乎九族（五十）。乾惕若厲（五十一），思雪大恥。夫定禍亂者，必仗於群才；理國家者，先固其根本（五十二）。太子亨忠肅恭懿（五十三），説禮敦詩（五十四），好勇多謀，加之果斷；永王璘（五十五）、盛王琦（五十六）、豐王珙（五十七），皆孝友謹恪，樂善好賢。雖頃在禁中（五十八），未習政事（五十九），察其圖慮，可試艱難。夫宫相之才（六十），師傅之任（六十一），必資賢哲（六十二），永屬忠貞（六十三）。况四海多虞，二京未復（六十四），今所慎擇，惟實其人（六十五）。太子亨，宜充天下兵馬元帥（六十六），仍都統朔方河東河北

平盧等節度采訪等都使〔六十七〕，與諸路及諸副大使等，計會南收長安、洛陽；以御史中丞裴冕兼左庶子，隴西郡司馬劉秩試守右庶子〔六十八〕。永王璘，充山南東道江南西路嶺南黔中等節度度支采訪等都使，江陵大都督如故〔六十九〕；以少府監竇紹爲之副〔七十〕，以長沙郡太守李峴爲都副大使〔七十一〕，仍授江陵郡大都督府長史、兼御史中丞〔七十二〕。盛王琦，宜充廣陵郡大都督〔七十三〕，仍領江南東路及淮南河南等路節度采訪都大使〔七十四〕，以府長史□彙爲之副〔七十五〕，以廣陵郡長史李成式爲都副大使〔七十六〕、兼御史中丞。豐王珙，宜充武威郡都督〔七十七〕，仍領河西隴右安西北庭等路節度度支采訪等都使〔七十八〕，以隴西太守鄧景山爲之副〔七十九〕，兼武威郡都督長史，御史中丞充副大使〔八十〕。應須兵馬甲仗器械糧賜等，并於本路自供〔八十一〕。其諸路本節度采訪防禦等使、虢王等〔八十二〕，并依前充使，其署官屬并本路郡縣官，并各任自揀五品已上署置訖聞奏〔八十三〕，六品已下任便授已後一時聞奏。其授京官九品已上，并先夾名奏聽進止〔八十四〕。其武官折衝已下，并嘗借緋紫〔八十五〕，任量功便處訖具聞奏〔八十六〕。其有文武奇才〔八十七〕，隱居山藪〔八十八〕，宜加辟命〔八十九〕，量事獎擢〔九十〕。於戲！咨爾元子等，其敬聽朕命〔九十一〕：謙恭祗敬，以見師傅；矜莊簡肅〔九十二〕，以見衆官〔九十三〕；慈恤惠愛，以養百姓；忠

恕哀矜〔九十四〕，以折庶獄〔九十五〕；色不可犯，以臨軍政；犯而必恕，以納忠規〔九十六〕。往欽哉！無贊朕命，各須所管，咸令知悉〔九十七〕。　天寶十五載七月十五日。

校箋

〔一〕此文又見於文苑英華卷四百六十二，文題作玄宗幸普安郡制。册府元龜卷一百二十二亦録，其文首云：『七月幸蜀至晋安郡下詔曰：我唐受命，百四十載。』全唐文卷三百六十六亦録此文，文題作元宗幸普安郡制，署名賈至。本文文末標明時間爲『天寶十五載七月十五日』。考舊唐書玄宗紀載：『（天寶）十五載……秋七月癸丑朔。……丁卯，詔以皇太子諱充天下兵馬元帥，都統朔方、河東、河北、平盧等節度兵馬，收復兩京；永王璘江陵府都督，統山南東路、黔中、江南西路等節度大使；盛王琦廣陵郡大都督，統江南東路、淮南、河南等路節度大使；豐王珙武威郡都督，領河西、隴右、安西、北庭等路節度大使。』新唐書玄宗紀載：『（天寶）十五載……七月……丁卯，皇太子爲天下兵馬元帥，都統朔方、河東、河北、平盧節度使，御史中丞裴冕、隴西郡司馬劉秩副之。江陵大都督永王璘爲山南東路黔中江南西路節度使，盛王琦爲

廣陵郡都督、江南東路淮南道節度使，豐王珙爲武威郡都督、河西隴右安西北庭節度使。』考舊唐書卷一百七載：『盛王琦，玄宗第二十一子也。……天寶十五年六月，玄宗幸蜀，在路除琦爲廣陵大都督，仍領江南東路及淮南河南等路節度支度采訪等使，以前江陵大都督府長史劉匯爲之副，以廣陵長史李成式爲副大使、兼御史中丞。琦竟不行。』『永王璘，玄宗第十六子也。……十五載六月，玄宗幸蜀，至漢中郡，下詔以璘爲山南東路及嶺南黔中江南西路四道節度采訪等使、江陵郡大都督，餘如故。』『豐王珙，玄宗第二十六子也，初名澄。……天寶十五年六月，玄宗幸蜀，至扶風郡，授珙武威郡都督，仍領河西隴右安西北庭等路節度支度采訪使；以隴右太守鄧景山爲之副，兼武威長史、御史中丞，充都副大使。珙竟不行。』又資治通鑑卷二百一十八載：『至德元年（天寶十五年）……七月……丁卯，上皇制：「以太子亨充天下兵馬元帥，領朔方、河東、河北、平盧節度都使，南取長安、洛陽。以御史中丞裴冕兼左庶子，隴西郡司馬劉秩試守右庶子；永王璘充山南東道、嶺南、黔中、江南西道節度都使，以少府監竇紹爲之傅，長沙太守李峴爲都副大使；盛王琦充廣陵大都督，領江南東路及淮南、河南等路節度都使，以前江陵都督府長史劉彙爲之傅，廣陵郡長史李成式爲都副大使；豐王珙充武威都督，仍領河西、隴右、安西、北庭等路節度都使，以隴西太守濟陰鄧景山爲之傅，充都副大使。應須士馬、甲仗、糧賜等，并於當路

自供。其諸路本節度使號王巨等并依前充使。其署置官屬及本路郡縣官，并任自簡擇，署訖聞奏。」』據上述典籍所載，則此制文須布時間應爲天寶十五年七月丁卯（十五日），其撰寫時間當在是時稍前。又，作者賈至，傳見舊唐書卷一百九十，新唐書卷一百一十九。舊唐書其本傳載：『至，天寶末爲中書舍人。禄山之亂，從上皇幸蜀。時肅宗即位於靈武，上皇遣至爲傳位册文。上皇覽之嘆曰：「昔先帝遜位於朕，册文則卿之先父所爲。今朕以神器大寶付儲君，卿又當演誥。累朝盛典，出卿父子之手，可謂難矣！」至伏於御前，嗚咽感涕。』

〔二〕百有四十載：册府元龜無『有』字，文苑英華、全唐文無『四』字。

〔三〕德澤浸於荒裔：『荒裔』，指邊遠地區。漢班固封燕然山銘：『鑠王師兮征荒裔，剿凶虐兮截海外。』唐陳子昂爲程處弼辭放流表：『長辭闕庭，永没荒裔。』

〔四〕聲教被於殊鄰：『聲教』，聲威教化。書禹貢：『東漸於海，西被於流沙，朔南暨聲教，訖於四海。』漢班固東都賦：『窮覽萬國之有無，考聲教之所被，散皇明以燭幽。』『殊鄰』，遠方異域。漢書揚雄傳下：『是以遐方疏俗殊鄰絶黨之域，自上仁所不化，茂德所不綏，莫不蹻足抗手，請獻厥珍。』唐李白贈崔司户文昆季詩：『英聲振名都，高價動殊鄰。』

〔五〕紹三代之統緒：『三代』，指夏、商、周。論語衛靈公：『斯民也，三代之所以直道而行也。』

邢昺疏：『三代，夏、殷、周也。』南朝梁劉勰文心雕龍銘箴：『斯文之興，盛於三代。夏商二箴，餘句頗存。』『統緒』，頭緒；系統。南朝梁劉勰文心雕龍附會：『若統緒失宗，辭味必亂。』明宋濂麗水黄府君墓志銘：『習「五經」約知其説，尤深於易，旁通諸家言，目別匯分，咸得其統緒。』

〔六〕我高祖神堯皇帝：『高祖神堯皇帝』，指唐高祖李淵。傳見兩唐書本紀。舊唐書高祖紀載：『高祖神堯大聖大光孝皇帝姓李氏，諱淵。其先隴西狄道人，凉武昭王暠七代孫也。……高祖以周天和元年生於長安，七歲襲唐國公。及長，倜儻豁達，任性真率，寬仁容衆，無貴賤咸得其歡心。隋受禪，補千牛備身。文帝獨孤皇后，即高祖從母也，由是特見親愛，累轉譙、隴、岐三州刺史。……（大業）十三年，爲太原留守，郡丞王威、武牙郎將高君雅爲副。群賊蜂起，江都阻絶，太宗與晋陽令劉文静首謀，勸舉義兵。俄而馬邑校尉劉武周據汾陽宫舉兵反，太宗與王威、高君雅將集兵討之。高祖乃命太宗與劉文静及門下客長孫順德、劉弘基各募兵，旬日間衆且一萬，密遣使召世子建成及元吉於河東。威、君雅見兵大集，恐高祖爲變，相與疑懼，請高祖祈雨於晋祠，將爲不利。晋陽鄉長劉世龍知之，以告高祖，高祖陰爲之備。五月甲子，高祖與威、君雅視事，太宗密嚴兵於外，以備非常。遣開陽府司馬劉政會告威等謀反，即斬之以徇，遂起義

兵。……（十一月）癸亥，率百僚，備法駕，立代王侑爲天子，遥尊煬帝爲太上皇，大赦，改元爲義寧。甲子，隋帝詔加高祖假黄鉞、使持節、大都督内外諸軍事、大丞相，進封唐王，總録萬機。……（義寧二年五月）甲子，高祖即皇帝位於太極殿，命刑部尚書蕭造兼太尉，告於南郊，大赦天下，改隋義寧二年爲唐武德元年。』

〔七〕我太宗文武聖皇帝：『太宗文武聖皇帝』，指唐太宗李世民。傳見兩唐書其本紀。舊唐書太宗紀略云：『太宗文武大聖大廣孝皇帝諱世民，高祖第二子也。母曰太穆順聖皇后竇氏。……及高祖之守太原，太宗時年十八。有高陽賊帥魏刀兒，自號歷山飛。來攻太原，高祖擊之，深入賊陣。太宗以輕騎突圍而進，射之，所向皆披靡，拔高祖於萬衆之中。適會步兵至，高祖與太宗又奮擊，大破之。時隋祚已終，太宗潛圖義舉，每折節下士，推財養客，群盜大俠，莫不願效死力。及義兵起，乃率兵略徇西河，克之。拜右領大都督，右三軍皆隸焉，封敦煌郡公。……（武德）九年，皇太子建成、齊王元吉謀害太宗。六月四日，太宗率長孫無忌、尉遲敬德、房玄齡、杜如晦、宇文士及、高士廉、侯君集、程知節、秦叔寶、段志玄、屈突通、張士貴等於玄武門誅之。甲子，立爲皇太子，庶政皆斷决。……八月癸亥，高祖傳位於皇太子，太宗即位於東宫顯德殿。』

〔八〕戡難造邦：『戡難』，消弭禍亂。唐司空圖太尉瑯玡王公河中生祠碑：『况頃者運屬履危，

時當戡難。』新唐書陸贄傳：『興元戡難功，雖爪牙宣力，蓋贄有助焉。』『造邦』，創立國家。明方孝孺憫知賦哀葉廷振：『昔洙泗之啓聖兮，異才森其并出。大或優於造邦兮，小猶易夫千室。』明王锜寓圃雜記卷上：『時高皇帝造邦，法制嚴峻，其友復堅沮之。』

〔九〕光宅天下：『宅』，文苑英華作『澤』。『光宅』，廣有。書堯典序：『昔在帝堯，聰明文思，光宅天下。』曾運乾正讀：『光，猶廣也。宅，宅而有之也。』南齊書高帝紀下：『猥以寡德，光宅四海。』

〔十〕我高宗天皇大帝：原無『我』字，今據文苑英華、册府元龜、全唐文增補。『高宗天皇大帝』，指唐高宗李治。傳見兩唐書其本紀。檢舊唐書高宗紀略云：『高宗天皇大聖大弘孝皇帝，諱治，太宗第九子也，母曰文德順聖長孫皇后。以貞觀二年六月，生於東宮之麗正殿。五年，封晉王。七年，遥授并州都督。幼而岐嶷端審，寬仁孝友。……十七年，皇太子承乾廢，魏王泰亦以罪黜，太宗與長孫無忌、房玄齡、李勣等計議，立晉王爲皇太子。太宗每視朝，常令在側，觀決庶政，或令參議，太宗數稱其善。……二十三年五月己巳，太宗崩。……六月甲戌朔，皇太子即皇帝位，時年二十二。』

〔十一〕修文偃武，惠綏四方：『修文偃武』，指提倡文教，停息武備。唐薛逢九日曲池游

眺詩：『正當海晏河清日，便是修文偃武時。』明姚茂良精忠記辭母：『修文偃武，昇平聖朝，再團圓一家骨肉，快樂陶陶。』『惠綏』，猶安撫。唐張元晏皇第十一男禎封雅王制：『固安萬邦，惠綏群品。』新唐書李絳傳：『今元惡傳首，若因取其材，恐非遏亂略、惠綏困窮者。』

〔十二〕我中宗孝惠皇帝：『孝惠』，文苑英華、册府元龜作『孝和』。『中宗孝惠皇帝』，指唐中宗李顯。傳見兩唐書其本紀。舊唐書中宗紀載：『中宗大和聖昭孝皇帝諱顯，高宗第七子，母曰則天順聖皇后。顯慶元年十一月乙丑，生於長安。明年封周王，授洛州牧。儀鳳二年，徙封英王，改名哲，授雍州牧。永隆元年，章懷太子廢，其年立爲皇太子。弘道元年十二月，高宗崩，遺詔皇太子柩前即帝位。皇太后臨朝稱制，改元嗣聖。元年二月，皇太后廢帝爲廬陵王，幽於別所。其年五月，遷於均州，尋徙居房陵。聖曆元年，召還東都，立爲皇太子，依舊名顯。時張易之與弟昌宗潛圖逆亂。神龍元年正月，鳳閣侍郎張柬之、鸞臺侍郎崔玄暐、左羽林將軍敬暉、右羽林將軍桓彦範、司刑少卿袁恕己等定策率羽林兵誅易之、昌宗，迎皇太子監國，總司庶政。……乙巳，則天傳位於皇太子。丙午，即皇帝位於通天宫，大赦天下，唯易之黨與不在原限。』

〔十三〕聿遵孝德：『遵』，册府元龜作『導』。

〔十四〕惟新景命：『景』，文苑英華、册府元龜作『其』。『惟新』，更新。語出詩大雅

文王：『周雖舊邦，其命維新。』毛傳：『乃新在文王也。』後漢書楊修傳：『彪備漢三公，遭世傾亂，不能有所補益。耄年被病，豈可贊惟新之朝？』『景命』，大命。指授予帝王之位的天命。詩大雅既醉：『君子萬年，景命有僕。』鄭玄箋：『天之大命。』唐元稹獻事表：『臣竊惟陛下以景命惟新之初，何如貞觀致理之後？』

〔十五〕我睿宗大聖真皇帝：『真』，册府元龜作『貞』。『睿宗大聖真皇帝』，指唐睿宗李旦。傳見兩唐書其本紀。檢舊唐書睿宗紀略云：『睿宗玄真大聖大興孝皇帝，諱旦，高宗第八子，中宗母弟。龍朔二年六月己未，生於長安。其年封殷王，遥領冀州大都督、單于大都護、右金吾衛大將軍。及長，謙恭孝友，好學，工草隸，尤愛文字訓詁之書。乾封元年，徙封豫王。總章二年，徙封冀王。上初名旭輪，至是去「旭」字。上元二年，徙封相王，拜右衛大將軍。儀鳳三年，遷洛牧；改名旦，徙封豫王。嗣聖元年，則天臨朝，廢中宗爲廬陵王，立豫王爲皇帝，仍臨朝稱制。及革命，改國號爲周，降帝爲皇嗣，令依舊名輪，徙居東宫，其具儀一比皇太子。聖曆元年，中宗自房陵還。帝數稱疾不朝，請讓位於中宗。則天遂立中宗爲皇太子，封帝爲相王，又改名旦，授太子右衛率。……景龍四年夏六月，中宗崩，韋庶人臨朝，引用其黨，分握政柄，忌帝望實素高，潛謀危害。庚子夜，臨淄王諱與太平公主子薛崇簡、前朝邑尉劉幽求、長上果毅麻嗣宗、苑

總監鍾紹京等率兵入北軍，誅韋温、紀處訥、宗楚客、武延秀、馬秦客、葉静能、趙履温、楊均等，諸韋、武黨與皆誅之。辛丑，帝挾少帝御安福門樓慰諭百姓，大赦天下，見繫囚徒常赦所不免者咸赦除之。……其日，王公百僚上表，咸以國家多難，宜立長君，以帝衆望所歸，請即尊位。……於是少帝遜於别宫。是日即皇帝位，御承天門樓，大赦天下，常赦所不免并原之。』

〔十六〕玄化溥暢：『玄化』，聖德教化。漢蔡邕陳留太守行小黄縣頌：『有幸小罪，放死從生，玄化洽矣，黔首用寧。』晋左思魏都賦：『玄化所甄，國風所稟。』張銑注：『玄，聖；甄，成也。言皆聖化所成。』『溥暢』，遍及各地而無阻滯。楚辭風賦：『夫風者，天地之氣，溥暢而至。』唐柳宗元賀書淄青諸州爲三道節度狀：『害氣盡除，和風溥暢。』

〔十七〕朕承累聖之洪訓：『累聖』，稱歷代君主。宋王安石本朝百年無事札子：『蓋累聖相繼，仰畏天，俯畏人，寬仁恭儉，忠恕誠慤，此其所以獲天助也。』宋王讜唐語林補遺二：『累聖知之而不能遠，惡之而不能去，睿旨如此，天下幸甚！』此處指上述提到的唐代歷代君主。

〔十八〕荷祖宗之丕緒：『丕緒』，指國家大業。陳書世祖紀：『朕以寡昧，嗣膺丕緒，永言勛烈，思弘典訓。』唐皮日休悼賈：『嗟大漢之丕緒兮，虬其賢於污瀆。』

〔十九〕往歲韋氏作逆：『韋氏』，指唐中宗時韋庶人。傳見舊唐書卷五十一、新唐書卷

七十六。檢舊唐書其本傳云：『中宗韋庶人，京兆萬年人也。祖弘表，貞觀中爲曹王府典軍。中宗爲太子時，納后爲妃，仍擢后父普州參軍玄貞爲豫州刺史。嗣聖元年，立爲皇后。其年，中宗見廢，後隨從房州。……及中宗復立爲太子，又立后爲妃。……帝在房州時，常謂后曰：「一朝見天日，誓不相禁忌。」及得志，受上官昭容邪説，引武三思入宫中，升御牀，與后雙陸，帝爲點籌，以爲歡笑，醜聲日聞於外。乃大出宫女，雖左右内職，亦許時出禁中。上官氏及宫人貴幸者，皆立外宅，出入不節，朝官邪佞者候之，恣爲狎游，祈其賞秩，以至要官。時侍中敬暉謀去諸武，武三思患之，乃結上官氏以爲援，因得幸於后，潛入宫中謀議，乃諷百官上帝尊號爲應天皇帝，后爲順天皇后。帝與后親謁太廟，告謝受尊號之意。於是三思驕横用事，敬暉、王同皎相次夷滅，天下咸歸咎於后。后方優寵親屬，内外封拜，遍列清要。又欲寵樹安樂公主，乃制公主開府，置官屬。太平公主儀比親王。……（神龍四年）六月，帝遇毒暴崩。時馬秦客侍疾，議者歸罪於秦客及安樂公主。后懼，秘不發喪，引所親入禁中，謀自安之策。以刑部尚書裴談、工部尚書張錫知政事，留守東都；又命左金吾大將軍趙承恩及宦者左監門衛大將軍薛崇簡帥兵五百人往均州，以備譙王重福。后與兄太子少保温定策，立温王重茂爲皇太子，召諸府兵五萬人屯京城，分爲左右營，然後發喪。少帝即位，尊后爲皇太后，臨朝攝政。……時京城恐懼，相傳將有革命之事，

往往偶語，人情不安。臨淄王率薛崇簡、鍾紹京、劉幽求領萬騎及總監丁夫入自玄武門，至左羽林軍，斬將軍韋璿、韋播及中郎將高崇於寢帳。遂斬關而入，至太極殿。后惶駭遁入殿前飛騎營，及武延秀、安樂公主皆爲亂兵所殺。分遣萬騎誅其黨與韋温、温從子捷，及族弟嬰；宗楚客、弟晋卿，紀處訥，馬秦客，葉静能，楊均，趙履温，衛尉卿王哲，太常卿李（王曳），將作少匠李守質及韋氏武氏宗族，無少長皆斬之。梟后及安樂公主首於東市。翌日，敕收后尸，葬以一品之禮，追貶爲庶人；安樂公主葬以三品之禮，追貶爲悖逆庶人。」

〔二十〕宗社將隳：「隳」，文苑英華、册府元龜、全唐文均作「墜」。「宗社」，借指國家。漢孔融論盛孝章書：「惟公匡復漢室，宗社將絶，又能正之。正之術，實須得賢。」新唐書諸夷蕃將傳李多祚：「將軍知感恩，則知所以報，今在東宫乃大帝子，而嬖竪擅朝，危逼宗社。國家廢興在將軍，將軍誠有意乎？」

〔二十一〕是用翼戴先后：「戴」，文苑英華作「載」。「翼戴」，指輔佐擁戴。左傳昭公九年：「文之伯也，豈能改物？翼戴天子，而加之以共。」漢書晁錯傳：「輔天子之闕，而翼戴漢宗也。」

〔二十二〕掃蕩凶徒：「凶徒」，惡人；壞人。南朝梁任昉進梁公爵爲王詔：「本朝危切，樊鄧遐遠，凶徒盤據，水陸相望。」唐杜甫秋日夔府咏懷奉寄鄭監審李賓客之芳一百韻：「舊物

森猶在，凶徒惡未悛。』事見舊唐書玄宗紀載：『至六月，中宗暴崩，韋后臨朝稱制。韋温、宗楚客、紀處訥等謀傾宗社，以睿宗介弟之重，先謀不利。道士馮道力、處士劉承祖皆善於占兆，詣上布誠款。上所居里名隆慶，時人語訛以「隆」爲「龍」；韋庶人稱制，改元又爲唐隆，皆符御名。上益自負，乃與太平公主謀之，公主喜，以子崇簡從。上乃與崇簡、朝邑尉劉幽求、長上折衝麻嗣宗、押萬騎果毅葛福順李仙鳧、寶昌寺僧普潤等定策誅之。或曰：「先啓大王。」上曰：「我拯社稷之危，赴君父之急，事成福歸於宗社，不成身死於忠孝，安可先請，憂怖大王乎！若請而從，是王與危事；請而不從，則吾計失矣。」遂以庚子夜率幽求等數十人自苑南入，總監鍾紹京又率丁匠百餘以從。分遣萬騎往玄武門殺羽林將軍韋播、高嵩，持首而至，衆歡叫大集。攻白獸、玄德等門，斬關而進，左萬騎自左入，右萬騎自右入，合於凌烟閣前。時太極殿前有宿衛梓宮萬騎，聞譟聲，皆披甲應之。韋庶人惶惑走入飛騎營，爲亂兵所害。於是分遣誅韋氏之黨，比明，内外討捕，皆斬之。乃馳謁睿宗，謝不先啓請之罪。睿宗遽前抱上而泣曰：「宗社禍難，由汝安定，神祇萬姓，賴汝之力也。」拜殿中監、同中書門下三品，兼押左右萬騎，進封平王。』

〔二十三〕宸極既貞：『既貞』，文苑英華作『既真』；册府元龜作『歸真』。『宸極』，比喻帝位。晉劉琨勸進表：『宸極失御，登遐醜裔。』李善注：『宸極，喻帝位。』舊唐書忠

義傳上蘇安恒：『今太子孝敬是崇，春秋既壯，若使統臨宸極，何異陛下之身？』

〔二十四〕寰區載晏：『區』，册府元龜作『宇』。『寰區』，天下；人世間。後漢書逸民傳序：『彼雖硜硜有類沽名者，然而蟬蛻囂埃之中，自致寰區之外，異夫飾智巧以逐浮利者乎！』唐杜甫解悶詩之八：『最傳秀句寰區滿，未絶風流相國能。』

〔二十五〕夙興旰食：『夙興』，早起。禮記昏義：『夙興、婦沐浴以俟見。』孫希旦集解：『夙，早也，謂昏明日之早晨也。興，起也。』漢書武帝紀：『今朕獲奉宗廟，夙興以求，夜寐以思，若涉淵水，未知所濟。』顔師古注：『夙興，早起也。』『旰食』，晚食。指事務繁忙不能按時吃飯。左傳昭公二十年：『奢聞員不來，曰：「楚君、大夫其旰食乎！」』

〔二十六〕勤念蒼生：『勤』，文苑英華、册府元龜作『勸』。

〔二十七〕庶弘至禮：『禮』，文苑英華、册府元龜、甲庫本、全唐文均作『理』。『至禮』，謂達到最高境界的禮。莊子庚桑楚：『至禮有不人，至義不物。』郭象注：『不人者，視人若己。視人若己，則不相辭謝，斯乃禮之至也。』孔子家語王言解：『至禮不讓而天下治。』

〔二十八〕以躋仁壽：『以』，文苑英華、册府元龜、全唐文均作『永』。『躋』，册府元龜作『致』。『仁壽』，謂有仁德而長壽。語出論語雍也：『知者動，仁者静，知者樂，仁者壽。』邢昺疏：『言

仁者少思寡欲，性常安静，故多壽考也。』漢書王吉傳：『驅一世之民，躋之仁壽之域。』

〔二十九〕愧無帝堯之聖德：『帝堯』，甲庫本作『帝典』。

〔三十〕而有奇鮌之不明：『奇鮌』，文苑英華、全唐文均作『寄體』；册府元龜作『寄鯀』。『鮌』，即『鯀』，傳説中遠古時人，顓頊之子，禹之父。居於崇，爲崇伯。堯時由四岳舉之，奉命治水。以土壤堵塞之法，九年未成。被舜殺於羽山。一説鯀死後化爲黄熊。『不明』，指不賢明。史記殷本紀：『帝太甲既立三年，不明，暴虐，不遵湯法，亂德，於是伊尹放之於桐宫。』晋干寶晋紀總論：『故齊王不明，不獲思庸於亳。』玄宗此處以鯀喻己之不明。

〔三十一〕或竊弄威權：『竊弄威權』，册府元龜作『竊威弄權』。

〔三十二〕或厚斂重賦：『厚斂』，重斂財物。亦指徵收重税。左傳昭公二十六年：『公厚斂焉，陳氏厚施焉，民歸之矣。』史記晋世家：『十四年，靈公壯，侈，厚斂以彫墻。』

〔三十三〕蟻壤一漏：『蟻』，全唐文作『泉』。『蟻壤』，猶蟻穴。韓非子説林上：『行山中，無水，隰朋曰：「蟻冬居山之陽，夏居山之陰，蟻壤寸而有水。」』唐白居易登香爐峰頂詩：『歸去思自嗟，低頭入蟻壤。』

〔三十四〕成此滔天：『滔天』，比喻罪惡、灾禍或權勢等極大。書堯典：『静言庸違，象

恭滔天。』孔傳：『言共工……貌象恭敬而心傲很，若漫天。』晉書滑帝紀論：『股肱非挑戰之秋，劉石有滔天之勢。』

〔三十五〕構逆召戎：『構』，全唐文作『構』。『構逆』，造反，發動叛亂。晉潘岳西征賦：『俾庶朝之構逆，歷兩王而幹位。』南史毛喜傳：『及宣帝崩，叔陵構逆，敕中庶子陸瓊宣旨，令南北諸軍皆取喜處分。』

〔三十六〕馳突中夏：『中夏』，指中原地區。晉陸機辨亡論：『魏人據中夏，漢氏有岷益，吳制荆揚而奄交廣。』南朝宋劉義慶世説新語賢媛：『李平陽，秦州子，中夏名士。』

〔三十七〕傾覆我河洛：『洛』，册府元龜作『雒』。『河洛』，指黄河與洛水兩水之間的地區。南朝梁江淹北伐詔：『驍雄競奮，火烈風掃，剋定中原，肅清河洛。』南史宋紀上武帝：『時帝將鎮下邳，進兵河洛，及征使至，即日班師。』

〔三十八〕撓亂我崤函：『崤函』，崤山和函谷。自古爲險要的關隘。函谷東起崤山，故以并稱。漢張衡西京賦：『左有崤函重險，桃林之塞。』宋孫奕履齋示兒編字説集字一：『殽，山名；函，谷名。或作崤崡。』

〔三十九〕使衣冠奔竄於草莽：『竄』，全唐文作『走』。『衣冠』，代稱縉紳、士大夫。

漢書杜欽傳：『茂陵杜鄴與欽同姓字，俱以材能稱京師，故衣冠謂欽爲「盲杜子夏」以相別。』顏師古注：『衣冠謂士大夫也。』唐李白登金陵鳳凰臺詩：『吴宫花草埋幽徑，晋代衣冠成古丘。』『草莽』，草野；民間。與『朝廷』『廊廟』相對。孟子萬章下：『孟子曰：「在國曰市井之臣，在野曰草莽之臣，皆謂庶人。」』趙岐注：『民會於市，故曰市井之臣；在野居之，曰草莽之臣。』宋歐陽修新春有感寄常夷甫詩：『豈若常夫子，一瓢安陋巷。身雖草莽間，名在朝廷上。』

（四十）黎庶狼狽於鋒鏑：『黎庶』，黎民。史記孟子荀卿列傳：『騶衍睹有國者益淫侈，不能尚德，若大雅整之於身，施及黎庶矣。』宋范仲淹奏上時務書：『國侵則害加黎庶，德敗則禍起蕭墻。』『鋒鏑』，指戰爭。南史劉懷敬傳：『又詔故晋壽太守姜道盛殞身鋒鏑，可贈給事中，賜錢十萬。』宋梅堯臣和潁上人南徐十咏鐵甕城：『前朝經喪亂，曾是輕鋒鏑。』自『構逆召戎，馳突中夏』至此數句，皆言安史之亂。事見舊唐書玄宗紀載：『（天寶十四載十一月）丙寅，范陽節度使安禄山率蕃、漢之兵十餘萬，自幽州南向詣闕，以誅楊國忠爲名，先殺太原尹楊光翽於博陵郡。壬申，聞於行在所。癸酉，以郭子儀爲靈武太守、朔方節度使。封常清自安西入奏，至行在。甲戌，以常清爲范陽、平盧節度使、兼御史大夫，令募兵三萬以禦逆胡。戊寅，還京。以羽林大將軍王承業爲太原尹，以衛尉卿張介然爲陳留太守、河南節度采訪使，以金吾將

軍程千里爲潞州長史，并令討賊。甲申，以京兆牧、榮王琬爲元帥，命高仙芝副之，於京城召募，號曰天武軍，其衆十萬。丙戌，高仙芝等進軍，上御勤政樓送之。十二月丙戌朔，禄山於靈昌郡渡河。辛卯，陷陳留郡，殺張介然。甲午，陷滎陽郡，殺太守崔無詖。丙申，封常清與賊戰於成皋罌子谷，官軍敗績，常清奔於陝郡。丁酉，禄山陷東京，殺留守李憕、中丞盧奕、判官蔣清。時高仙芝鎮陝郡，棄城西保潼關。常山太守顔杲卿與長史袁履謙、賈深等殺賊將李欽凑，執賊將何千年、高邈送京師。辛丑，詔皇太子統兵東討。以永王璘爲山南節度使，以江陵長史源洧副之；潁王璬爲劍南節度使，以蜀郡長史崔圓副之。二王不出閤。丙午，斬封常清、高仙芝於潼關，以哥舒翰爲太子先鋒兵馬元帥，領河、隴兵募守潼關以拒之。辛亥，榮王琬薨，贈靖恭太子。十五載春正月乙卯，御宣政殿受朝。其日，禄山僭號於東京。庚申，以李光弼爲雲中太守、河東節度使。壬戌，賊將蔡希德陷常山郡，執太守顔杲卿、長史袁履謙，殺民吏萬餘，城中流血。甲子，哥舒翰進位尚書左僕射、同中書門下平章事。乙丑，賊將安慶緒犯潼關，哥舒翰擊退之。乙巳，加平原太守顔真卿户部侍郎，奬守城也。二月丙戌，李光弼、郭子儀將兵東出井陘，與賊將史思明戰，大破之，進取郡縣十餘。丙辰，誅工部尚書安思順。三月壬午朔，以河東節度使李光弼爲御史大夫、范陽節度使。乙酉，以平原太守顔真卿爲河北采訪使。己亥，改常山郡爲平山郡，房山縣爲

平山縣，鹿泉縣爲獲鹿縣，鹿成縣爲束鹿縣。夏四月丙午，以贊善大夫來瑱爲潁川太守、招討使。五月戊午，南陽太守魯炅與賊將武令珣戰於滍水上，官軍大敗，爲賊所虜，進寇我南陽。詔嗣虢王巨自藍田出師救南陽。六月癸未朔，顏真卿破賊將袁知泰於堂邑，北海太守賀蘭進明收信都。庚寅，哥舒翰將兵八萬與賊將崔乾祐戰於靈寶西原，官軍大敗，死者十六七。其日，李光弼與賊將史思明戰於常山東嘉山，大破之，斬獲數萬計。辛卯，哥舒翰至潼關，爲其帳下火拔歸仁以左右數十騎執之降賊，關門不守，京師大駭，河東、華陰、上洛等郡皆委城而走。甲午，將謀幸蜀，乃下詔親征，仗下後，從士庶恐駭，奔走於路。乙未，凌晨，自延秋門出，微雨沾濕，扈從惟宰相楊國忠、韋見素、内侍高力士及太子，親王，妃主、皇孫已下多從之不及。平明渡便橋，國忠欲斷橋。上曰：『後來者何以能濟？』命緩之。辰時，至咸陽望賢驛置頓，官吏駭散，無復儲供。上憩於宮門之樹下，亭午未進食。俄有父老獻麨，上謂之曰：「如何得飯？」於是百姓獻食相繼。俄又尚食持御膳至，上頒給從官而後食。是夕次金城縣，官吏已遁，令魏方進男允招誘，俄得智藏寺僧進芻粟，行從方給。丙辰，次馬嵬驛，諸衛頓軍不進。龍武大將軍陳玄禮奏曰：「逆胡指闕，以誅國忠爲名，然中外群情，不無嫌怨。今國步艱阻，乘輿震蕩，陛下宜徇群情，爲社稷大計，國忠之徒，可置之於法。」會吐蕃使二十一人遮國忠告訴於驛門，衆呼曰：「楊國忠連蕃人謀逆！」

兵士圍驛四合。及誅楊國忠、魏方進一族，兵猶未解。上令高力士詰之，迴奏曰：「諸將既誅國忠，以貴妃在宮，人情恐懼。」上即命力士賜貴妃自盡。玄禮等見上請罪，命釋之。丁酉，將發馬嵬驛，朝臣唯韋見素一人，乃命見素子京兆府司録諤爲御史中丞，充置頓使。議其所向，軍士或言河隴，或言靈武、太原，或言還京爲便。韋諤曰：「還京，須有捍賊之備，兵馬未集，恐非萬全，不如且幸扶風，徐圖所向。」上詢於衆，咸以爲然。及行，百姓遮路乞留皇太子，願勠力破賊，收復京城，因留太子。戊戌，次扶風縣。己亥，次扶風郡。軍士各懷去就，咸出醜言，陳玄禮不能制。會益州貢春彩十萬匹，上悉命置於庭，召諸將諭之曰：「卿等國家功臣，陳力久矣，朕之優奬，常亦不輕。逆胡背恩，事須迴避。甚知卿等不得别父母妻子，朕亦不及親辭九廟。」言發涕流。又曰：「朕須幸蜀，路險狹，人若多往，恐難供承。今有此彩，卿等即宜分取，各圖去就。朕自有子弟中官相隨，便與卿等訣别。」衆咸俯伏涕泣曰：「死生願從陛下。」上曰：「去住任卿。」自此悖亂之言稍息。」

〔四十一〕伊朕薄德：册府元龜作『伊朕之凉德』。

〔四十二〕不能寧定：文苑英華、册府元龜、全唐文均作『不能守厥位』。『定』，四庫全書作『謐』。

〔四十三〕厥禍海内：『厥』，文苑英華、册府元龜、全唐文均作『貽』。『海内』，國境之内，

全國。古謂我國疆土四面臨海，故稱。孟子梁惠王下：『海内之地，方千里者九。』焦循正義：『古者内有九洲，外有四海……此海内，即指四海之内。』史記貨殖列傳：『漢興，海内爲一。』

（四十四）負兹蒼生：『負兹』，册府元龜作『有負』。

（四十五）是用罪己責躬：『責躬』，反躬自責。後漢書郭太傳：『蘧瑗、顔回尚不能無過，况其餘乎？慎勿恚恨，責躬而已。』唐常建贈三侍御詩：『責躬貴知己，效拙從一官。』

（四十六）寤寐焚灼：『焚』，文苑英華、全唐文作『戰』。『寤寐』，醒與睡。常用以指日夜。詩周南關雎：『窈窕淑女，寤寐求之。』毛傳：『寤，覺；寐，寢也。』唐錢起秋夜作詩：『寤寐怨佳期，美人隔霄漢。』『焚灼』，形容内心像火燒般愁苦。唐錢珝爲集賢崔相公讓大學士表之三：『焚灼常苦於寸心，芒刺日加於四體。』

（四十七）上愧於天地：『上愧於』，文苑英華、册府元龜作『上愧乎』。

（四十八）下愧於兆人：『下愧於』，文苑英華、册府元龜作『下愧乎』。『兆人』，文苑英華、全唐文作『庶人』；册府元龜作『兆民』。

（四十九）外愧乎四夷：『四夷』，古代華夏族對四方少數民族的統稱。書畢命：『四夷左衽，罔不咸賴。』孔傳：『言東夷、西戎、南蠻、北狄，被髮左衽之人，無不皆恃賴三君之德。』後

漢書東夷傳：『凡蠻、夷、戎、狄總名四夷者，猶公、侯、伯、子、男皆號諸侯云。』

〔五十〕内愧乎九族：『九族』，以自己爲本位，上推至四世之高祖，下推至四世之玄孫爲九族。漢書堯典：『克明俊德，以親九族。』孔傳：『以睦高祖、玄孫之親。』一説父族四、母族三、妻族二爲九族，見孫星衍尚書今古文注疏引夏侯、歐陽等説。漢書高帝紀上：『置宗正官以序九族。』

〔五十一〕乾惕若厲：『乾惕若厲』，文苑英華、册府元龜、全唐文均作『乾乾惕厲』。語出周易乾卦：『君子終日乾乾，夕惕若厲，無咎。』指朝夕戒懼，如臨危境，不敢稍懈。舊唐書代宗紀：『朕主三靈之重，托群后之上，夕惕若厲，不敢荒寧。』唐李白明堂賦：『而聖主猶夕惕若厲，懼人未安，乃目極於天，耳下於泉。』

〔五十二〕先固其根本：『根本』，明鈔本作『邦本』。

〔五十三〕太子亨忠肅恭懿：『亨』，文苑英華作『某』。『太子亨』，指唐肅宗李亨，本名嗣升。傳見舊唐書卷十、新唐書卷六。舊唐書其本傳載：『肅宗文明武德大聖大宣孝皇帝諱亨，玄宗第三子，母曰元獻皇后楊氏。景雲二年乙亥生。初名嗣升，二歲封陝王，五歲拜安西大都護、河西四鎮諸蕃落大使。……天寶十三載正月，安禄山來朝，上嘗密奏，云禄山有反相。玄宗不聽。十四載十一月，禄山果叛，稱兵詣闕。十二月丁未，陷東京。辛丑，制太子監國，仍遣上親總諸

軍進討。……（天寶十五載）七月辛酉，上至靈武，時魏少游預備供帳，無不畢備。裴冕、杜鴻漸等從容進曰：「今寇逆亂常，毒流函谷，主上倦勤大位，移幸蜀川。江山阻險，奏請路絶，宗社神器，須有所歸。萬姓顒顒，思崇明聖，天意人事，不可固違。伏願殿下順其樂推，以安社稷，王者之大孝也。」上曰：「俟平寇逆，奉迎鑾輿，從容儲闈，侍膳左右，豈不樂哉！公等何急也？」冕等凡六上箋。辭情激切，上不獲已，乃從。是月甲子，上即皇帝位於靈武。」

〔五十四〕説禮敦詩：「説」，明鈔本、甲庫本、文苑英華、四庫全書作「閲」；册府元龜、適園叢書作「悦」。

〔五十五〕永王璘：「璘」，指唐玄宗第十六子李璘。傳見舊唐書卷一百七、新唐書卷八十二。檢舊唐書李璘傳略云：「永王璘，玄宗第十六子也。……天寶十四載十一月，安禄山反范陽。十五載六月，玄宗幸蜀，至漢中郡，下詔以璘爲山南東路及嶺南黔中江南西路四道節度采訪等使、江陵郡大都督，餘如故。」

〔五十六〕盛王琦：「琦」，指唐玄宗第二十一子李琦。傳見舊唐書卷一百七、新唐書卷八十二。檢舊唐書其本傳云：「盛王琦，玄宗第二十一子也。壽王母弟，初名沐。十三年三月，封爲盛王。十五年，領揚州大都督。二十年，加開府儀同三司，餘如故，改名琦。天寶十五年六月，

玄宗幸蜀，在路除琦爲廣陵大都督，仍領江南東路及淮南河南等路節度支度采訪等使，以前江陵大都督府長史劉彙爲之副，以廣陵長史李成式爲副大使、兼御史中丞。』

〔五十七〕豐王珙：『珙』，指唐玄宗第二十六子李珙。傳見舊唐書卷一百七、新唐書卷八十二。檢舊唐書其本傳載：『豐王珙，玄宗第二十六子也，初名澄。開元二十三年七月，封爲豐王。二十四年二月改名珙。天寶十五年六月，玄宗幸蜀，至扶風郡，授珙武威郡都督，仍領河西隴右安西北庭等路節度支度采訪使；以隴右太守鄧景山爲之副，兼武威長史、御史中丞，充都副大使。』

〔五十八〕雖頃在禁中：『雖』，文苑英華、全唐文無。『禁中』，指帝王所居宮内。史記秦始皇本紀：『於是二世常居禁中，與高決諸事。』漢書孔光傳：『上於是召丞相翟方進、御史大夫光……皆引入禁中，議中山、定陶王誰宜爲嗣者。』

〔五十九〕未習政事：『未』，文苑英華、全唐文作『而』。

〔六十〕夫宮相之才：『宮』，册府元龜作『丞』。

〔六十一〕師傅之任：『任』，四庫全書作『望』。『師傅』，太師、太傅或少師、少傅的合稱。史記儒林列傳：『自孔子卒後，七十子之徒散游諸侯，大者爲師傅卿相，小者友教士大夫。』漢書疏廣傳：『父子并爲師傅，朝廷以爲榮。』

〔六十二〕必資賢哲：「賢哲」，文苑英華、全唐文作「雅善」。

〔六十三〕永屬忠貞：「永」，文苑英華、册府元龜、全唐文均作「允」。

〔六十四〕況四海多虞，二京未復：「四海」，猶言天下，全國各處。書大禹謨：「文命敷于四海，祗承于帝。」史記高祖本紀：「大王起微細，誅暴逆，平定四海，有功者輒裂地而封王侯。」「二京」，指西漢都城長安與東漢都城洛陽。唐玄宗潼關口號詩：「河曲迴千里，關門限二京。」明皇甫汸對月答子浚兄見懷諸弟之作詩：「南北何如漢二京，迢迢吴越兩鄉情。」

〔六十五〕今所慎擇，惟實其人：「所」，文苑英華、全唐文作「當」。「惟實」，文苑英華、四庫全書、全唐文均作「寶惟」。

〔六十六〕太子亨宜充天下兵馬元帥：「亨」，文苑英華作「某」。

〔六十七〕仍都統朔方河東河北平盧等節度采訪等都使：文苑英華作「仍都統朔方河東及北平盧等節度使」；册府元龜作「仍都統朔方河東北平盧等節度使」；全唐文作「仍都統朔方河東北平盧等節度采訪等都大使」。

〔六十八〕以御史中丞裴冕兼左庶子，隴西郡司馬劉秩試守右庶子：「隴西郡司馬」，文苑英華作「隴西郡公」。「郡」，四庫全書作「都」。「裴冕」，傳見舊唐書卷一百一十三、新唐

書卷一百四十。舊唐書其本傳載：『裴冕，河東人也，爲河東冠族。天寶初，以門蔭再遷渭南縣尉，以吏道聞。御史中丞王鉷充京畿采訪使，表爲判官。遷監察御史，歷殿中侍御史。冕雖無學術，守職通明，果於臨事，鉷甚委之。及鉷得罪伏法，時宰臣李林甫方竊權柄，人咸懼之，鉷賓佐數百，不敢窺鉷門。冕獨收鉷尸，親自護喪，瘞于近郊，冕自是知名。河西節度使哥舒翰表爲行軍司馬，累遷員外郎中。玄宗幸蜀，至益昌郡，遥詔太子充天下兵馬元帥，以冕爲御史中丞兼左庶子，爲之副。是時，冕爲河西行軍司馬，授御史中丞，詔赴朝廷。遇太子於平凉，具陳事勢，勸之朔方，亟入靈武。冕與杜鴻漸、崔漪等勸進曰：「主上厭勤大位，南幸蜀川，宗社神器，須有所歸，天意人事，不可固違。若逡巡退讓，失億兆心，則大事去矣！臣等猶知之，况賢智乎！」太子曰：「南平寇逆，奉迎鑾輿，退居儲貳，侍膳左右，豈不樂哉！公等何言之過也？」冕與杜鴻漸又進曰：「殿下藉累聖之資，有天下之表。元貞萬國，二十餘年，殷憂啓聖，正在今日。所從殿下六軍將士，皆關輔百姓，日夜思歸。大軍一散，不可復集，不如因而撫之以從衆，臣等敢以死請。」凡勸進五上，乃依。肅宗即位，以定策功，遷中書侍郎、同中書門下平章事，倚以爲政。』『劉秩』，傳見舊唐書卷一百二『劉子玄』條載：『（劉）秩，給事中、尚書右丞、國子祭酒。撰政典三十五卷、止戈記七卷、至德新議十二卷、指要三卷。論喪紀制度加籩豆，許私鑄錢，改制國學，

事各在本志。」『試守』，正式任命前試行代理某一職務。漢書朱云傳：『平陵朱云，兼資文武，忠正有智略，可使以六百石試守御史大夫，以盡其能。』宋曾鞏請令州縣特舉士札子：『遂取禮部所選之士中第或高第者，以次使試守，滿再歲或三歲，選擇以爲州屬及縣令丞郎，有秀才異等，皆以名聞，不拘此制，如此者謂之特舉。』

〔六十九〕充山南東道江南西路嶺南黔中等節度度支采訪等都使，江陵大都督如故：『充山南東道江南西路嶺南黔中等節度度支采訪等都使』，文苑英華作『宜充山南東道及黔中江南西路等節度度支采訪等都使』；冊府元龜作『宜充山南東路及黔中江南西路等節度支度采訪使』；四庫全書作『充山南東道江南西路嶺南黔中等多處節度少度支度采訪等都使』；全唐文作『宜充山南東路及黔中江南西路等節度支度采訪等都大使』。『度支』，甲庫本作『支度』。『江陵大都督』，冊府元龜無『大』字。

〔七十〕以少府監竇紹爲之副：『竇紹』，文苑英華、冊府元龜、全唐文均作『竇紹』。『副』，文苑英華、冊府元龜、全唐文均作『傅』。『都副』，文苑英華、全唐文作『副都』。『竇紹』，唐扶風平陵人。玄宗天寶中屢遷户部員外郎、金部郎中、給事中、少府監。十五載，玄宗幸蜀，詔以紹爲永王傅，旋爲荆州長史、江陵防禦使。工丹青，能書。

〔七十一〕以長沙郡太守李峴爲都副大使：『李峴』，傳見舊唐書卷一百一十二『李峘』條、新唐書卷一百三十一。舊唐書其本傳載：『峴，樂善下士，少有吏幹。以門蔭入仕，累遷高陵令，政術知名。特遷萬年令、河南少尹、魏郡太守；入爲金吾將軍，遷將作監，改京兆府尹，所在皆著聲績。天寶十三載，連雨六十餘日，宰臣楊國忠惡其不附己，以雨災歸咎京兆尹，乃出爲長沙郡太守。時京師米麥踊貴，百姓謠曰：「欲得米粟賤，無過追李峴。」其爲政得人心如此。至德初，朝廷務收才杰，以清寇難，峴召至行在，拜扶風太守、兼御史大夫。』

〔七十二〕仍授江陵郡大都督府長史、兼御史中丞：册府元龜無『郡大』二字。

〔七十三〕盛王琦，宜充廣陵郡大都督：『廣陵郡』，册府元龜無『郡』字，四庫全書作『江陵郡』。『大都督』，文苑英華作『大都督長史』。

〔七十四〕仍領江南東路及淮南河南等路節度采访都大使：原本無此句，今據文苑英華、册府元龜、全唐文增補。此句文苑英華作『仍領江南路及淮南河北等路節度采訪都大使』；册府元龜作『仍領江南東路及淮南等道節度采访等都使』。

〔七十五〕以府長史□彙爲之副：『以府』，文苑英華、册府元龜、全唐文均作『依前江陵郡都督府』；四庫全書作『以尉』；適園叢書作『府以』。『□彙』，全唐文作『劉彙』。『副』，

文苑英華、册府元龜、全唐文均作『傅』。『劉彙』，唐徐州彭城人。劉知幾子。玄宗天寶中，歷給事中、尚書右丞、左散騎常侍，出爲江陵大都督府長史。十五載，玄宗幸蜀，在道除盛王李琦爲廣陵大都督，領江南東及淮南、河南等道節度采訪使，以彙爲之副，琦竟不行。授永王傅。肅宗至德二載，授丹陽太守，兼防禦使。有集。

〔七十六〕以廣陵郡長史李成式爲都副大使：『廣陵郡』，册府元龜無『郡』字。『都副大使』，册府元龜無『都』字；全唐文作『副都大使』。『李成式』，唐隴西人。玄宗天寶三載，官右補闕。歷祠部、左司員外郎。十五載，官廣陵郡長史。玄宗幸蜀，在道制以盛王李琦爲廣陵郡都督、淮南等道節度采訪都大使，以成式爲副都大使兼御史中丞。琦不赴鎮。永王李璘引軍東下，遣將來攻。成式於江北閱兵，盛張旗幟以拒之。肅宗時遷大理卿。

〔七十七〕宜充武威郡都督：『武威郡都督』，文苑英華、全唐文作『武威郡大都督』。

〔七十八〕仍領河西隴右安西北庭等路節度度支采訪等都使：文苑英華作『仍領河西隴右安西北庭等路節度采訪都大使』；全唐文作『仍領河西隴右安西北庭等路節度采訪使』；册府元龜作『仍領河西隴右安西北庭等路節度支度采訪都大使』。『度支』，四庫全書作『支度』。

〔七十九〕以隴西太守鄧景山爲之副：『隴西太守』，文苑英華作『隴西郡太守』。『副』，

文苑英華、册府元龜、全唐文均作『傅』。『鄧景山』，傳見舊唐書卷一百一十，新唐書卷一百四十一。舊唐書其本傳載：『鄧景山，曹州人也。文吏見稱。天寶中，自大理評事至監察御史。』

〔八十〕兼武威郡都督長史，御史中丞充副大使：册府元龜無此句。『都督長史』，文苑英華、全唐文作『都督府長史』。『御史中丞充副大使』，文苑英華作『御史中丞充都副使』；全唐文作『御史中丞充副都大使』。

〔八十一〕應須兵馬甲仗器械糧賜等，并於本路自供：『本』，文苑英華、册府元龜、全唐文均作『當』。『路』，册府元龜作『道』。册府元龜無『自供』二字。『甲仗』，泛指武器。周書武帝紀下：『齊衆大潰，軍資甲仗，數百里間，委棄山積。』遼史禮志六：『臘辰日，天子率北南臣僚并戎服，戊夜坐朝，作樂飲酒，等第賜甲仗、羊馬。』

〔八十二〕其諸路本節度采訪防禦等使、號王等：此句文苑英華作『其諸路本節度采訪度支防禦等使、號王巨等』；册府元龜作『本節度采訪支度防禦等使、號王巨等』；全唐文作『其諸路本節度采訪支度防禦等使、號王巨等』。

〔八十三〕其署官屬并本路郡縣官，并各任自揀五品已上，署置訖聞奏：『并』，文苑英華、全唐文作『及』；四庫全書、適園叢書作『并』。『其署官屬并本路郡縣官』，册府元龜作『其

署置官屬及本道郡縣官等』。『并各任自揀五品已上』，文苑英華作『并各任便揀擇五品以下』；冊府元龜作『并各任揀擇』；全唐文作『并各任簡擇五品以下』。『署置』，文苑英華、全唐文作『任署置』；四庫全書作『置署』。冊府元龜無『五品已上……任量功便處訖，具聞奏』段。

〔八十四〕并先夾名奏聽進止：『夾名奏』，文苑英華、全唐文作『授名聞奏』。『奏』，四庫全書作『卷』。

〔八十五〕并嘗借緋紫：『嘗』，文苑英華、明鈔本、甲庫本、全唐文、適園叢書均作『賞』。『緋紫』，指紅色和紫色官服。古時高官所服。新唐書車服志：『開元初……百官賞緋紫，必兼魚袋。』明王世貞哭李于鱗一百二十韻：『交游盡緋紫，歲月耗丹鉛。』

〔八十六〕任量功便處訖，具聞奏：『便』，四庫全書作『使』。『訖』，文苑英華、全唐文作『分』。『具』，文苑英華、全唐文作『訖』。

〔八十七〕其有文武奇才：『其』，四庫全書作『具』。

〔八十八〕隱居山藪：文苑英華作『隱在林藪』；冊府元龜作『隱在山藪』；全唐文作『隱居在林藪』。

〔八十九〕宜加辟命：『辟命』，征召，任命。後漢書賈逵傳：『均字少賓，安貧好學，隱居教授，

不應辟命。』後漢書 文苑傳下 邊讓：『大將軍何進聞讓才名，欲辟命之，恐不至，詭以軍事徵召。』

〔九十〕量事奬擢：『奬擢』，猶奬拔。唐李翺論事於宰相書：『承閣下厚知，受奬擢者不少。』宋蘇舜欽上杜侍郎啓：『竊惟大君子奬擢後進，故不惜溢言以譽之。』

〔九十一〕其敬聽朕命：『敬聽』，明鈔本、甲庫本作『聽敬』。文苑英華、册府元龜、全唐文無『其』字。

〔九十二〕矜莊簡肅：『矜』，文苑英華、全唐文作『端』。『簡肅』，簡約而嚴肅。唐鄭谷贈富平李宰詩：『簡肅諸曹事，安閑一境人。』舊唐書 崔瓘傳：『瓘到官，政在簡肅，恭守禮法。』

〔九十三〕以見衆官：『見』，文苑英華、册府元龜、全唐文作『莅』。

〔九十四〕忠恕哀矜：『矜』，文苑英華、册府元龜、四庫全書、全唐文均作『敬』。『哀矜』，哀憐；憐憫。書 吕刑：『皇帝哀矜庶戮之不辜。』晉傅玄傅子 法刑：『司寇行刑，君爲之不舉樂，哀矜之心至也。』

〔九十五〕以折庶獄：『庶獄』，諸凡刑獄訴訟之事。書 立政：『庶獄庶慎，惟有司之牧夫是訓用違。』蔡沈集傳：『庶獄，獄訟也。』後漢書 順帝紀：『寇盜肆暴，庶獄彌繁。』

〔九十六〕以納忠規：『忠規』，忠言規諫。舊唐書 儒學傳下 邢文偉：『公謇中勖戒，聿薦

忠規，敬尋來請，良符宿志。』王闓運巫山天岫峰詩序：『又考宋玉賦，知高唐齊地，神女忠規，乃作山祠銘，陳先楚開國主山氏巫之義，雲雨朝暮，謬解克正焉。』

〔九十七〕各須所管，咸令知悉：文苑英華無此句。『須』，册府元龜、全唐文作『須』。

停潁王等節度誥〔一〕

賈至

誥：鑿門命將〔二〕，授鉞專征〔三〕，杖以方面之威〔四〕，執夫賞罰之柄。邦家重任〔五〕，固實在兹。潁王、永王、豐王等〔六〕，朕之諸子，早承訓誨，琢磨詩、書之教，佩服仁義之方〔七〕。樂善無厭，好學不倦；頃之委任，咸緝方隅〔八〕。今者皇帝即位，親統師旅，兵權大略，宜有統承〔九〕。庶若綱在綱〔十〕，惟精惟一。潁王以下節度使，并停；其諸道先有節度等副使，便令知事〔十一〕，仍并取皇帝處分。李峴未到江陵〔十二〕，永王且莫離使，待交付兵馬了，永王、豐王并赴皇帝行在〔十三〕。至德元年八月二十一日。

校箋

（一）本文又見於全唐文卷三十八，文題作停潁王等節度誥，署名唐玄宗。明鈔本文題同，署名賈至。本文文末標明頒布時間爲『至德元年八月二十一日』。按，據舊唐書玄宗紀載：『（至德元年）八月，丁酉，上用靈武册稱上皇，詔稱誥。』根據天干地支紀年法，至德元年八月爲壬午朔，則丁酉爲十六日，另此文文題已稱『誥』，且時間與該年八月十六日之後相合，故此文頒布時間爲至德元年（七五六）八月二十一日，其撰寫時間當在是時稍前。

（二）鑿門命將：『鑿門』，謂鑿凶門。古代將軍出征時，鑿一北向門而出，以示必死的決心。語本淮南子兵略訓：『鑿凶門而出。』高誘注：『凶門，北向門也。將軍之出，以喪禮處之，以其必死也。』唐太宗傷遼東戰亡詩：『鑿門初奉律，仗戰始臨戎。』唐陳子昂爲副大總管蘇將軍謝罪表：『臣聞鑿門受律，本合忘身；對敵臨戎，殉節唯死。』

（三）授鉞專征：『授鉞』，古代大將出征，君主授以斧鉞，表示授以兵權。漢張衡東京賦：『授鉞四七，共工是除。』薛綜注引六韜：『凡國有難，君召將以授斧鉞。』三國志吳書陸抗傳：『紂作淫虐，而周武授鉞。』

〔四〕杖以方面之威：『杖』，全唐文作『仗』。『方面』，古指一個地方的軍政要職或其長官。後漢書馮異傳：『（異）受任方面，以立微功。』李賢注：『謂西方一面專以委之。』唐王勃梓州通泉縣惠普寺碑：『丹軒紫绂，家傳方面之勛；驥子魚文，地列膏腴之右。』

〔五〕邦家重任：『邦家』，國家。詩小雅南山有臺：『樂只君子，邦家之基。』鄭玄箋：『人君既得賢者，置之於位，又尊敬以禮樂，樂則能爲國家之本。』後漢書皇甫規傳論：『故能功成於戎狄，身全於邦家也。』

〔六〕潁王、永王、豐王等：『潁王』，即唐玄宗第十三子李璬。傳見舊唐書卷一百七，新唐書卷八十二。舊唐書本傳載：『潁王璬，玄宗第十三子也。讀書有文詞。初名澐。開元十三年，封潁王。十五年，遥領安東都護、平盧軍節度大使。二十三年，加開府儀同三司，改名璬。安禄山反，除蜀郡大都督、劍南節度大使，楊國忠爲之副。玄宗幸蜀，令御史大夫魏方進充置頓使，先移牒至蜀，托以潁王之藩，令設儲供。玄宗至馬嵬，方進被殺，乃令璬先赴本郡，以蜀郡長史崔圓爲副。璬性儉率，將渡綿州江，登舟見彩緣席爲藉者，顧曰：「此可以爲寢處，奈何踐之？」命撤去。璬初奉命之藩，卒遽不遑受節，綿州司馬史賁進説曰：「王，帝子也，且爲節度大使。今之藩而不持節，單騎徑進，人何所瞻？請建大槊，蒙之油囊，爲旌節狀，先驅道路，足以威衆。」

璬笑曰：「但爲真王，何用假旌節乎？」將至成都，崔圓迓之，拜於馬前，璬不止之，圓頗怒。玄宗至，璬視事兩月，人甚安之。爲圓所奏，罷居内宅。後令宣慰肅宗於彭原，遂從歸京師。建中四年薨。年六十六，輟朝三日。子伸，天寶中封滎陽郡王，授衛尉卿同正員。』『永王』，即唐玄宗第十六子李璘。傳見舊唐書卷一百七、新唐書卷八十二。舊唐書本傳載：『永王璘，玄宗第十六子也。母曰郭順儀，劍南節度尚書虚己之妹。璘數歲失母，肅宗收養，夜自抱眠之。少聰敏好學，貌陋，視物不正。開元十三年三月，封爲永王。十五年五月，遥領荆州大都督。二十年七月，加開府儀同三司，改名璘。天寶十四載十一月，安禄山反范陽。十五載六月，玄宗幸蜀，至漢中郡，下詔以璘爲山南東路及嶺南黔中江南西路四道節度采訪等使、江陵郡大都督，餘如故。璘七月至襄陽，九月至江陵，召募士將數萬人，恣情補署，江淮租賦，山積於江陵，破用鉅億。以薛鏐、李臺卿、蔡坰爲謀主，因有異志。肅宗聞之，詔令歸覲於蜀，璘不從命。十二月，擅領舟師東下，甲仗五千人趨廣陵，以季廣琛、渾惟明、高仙琦爲將。璘生於宫中，不更人事，其子襄城王偒又勇而有力，馭兵權，爲左右眩惑，遂謀狂悖。璘雖有窺江左之心，而未露其事。吴郡采訪使李希言乃平牒璘，大署其名，璘遂激怒，牒報曰：「寡人上皇天屬，皇帝友于，地尊侯王，禮絶僚品，簡書來往，應有常儀。今乃平牒抗威，落筆署字，漢儀隳紊，一至於斯！」乃使渾惟

明取希言，季廣琛趣廣陵攻采訪李成式。璘進至當塗，希言在丹陽，令元景曜、閻敬之等以兵拒之，身走吴郡，李成式使將李承慶拒之。先是，肅宗以璘不受命，先使中官啖廷瑶、段喬福招討之。中官至廣陵，成式括得馬數百匹。時河北招討判官、司虞郎中李銑在廣陵，瑶等結銑爲兄弟，求之將兵。銑麾下有騎一百八十人，遂率所領屯於楊子，成式使判官評事裴茂以廣陵步卒三千同拒於瓜步洲伊婁埭。希言將元景曜及成式將李神慶并以其衆迎降於璘，璘又殺丹徒太守閻敬之以徇。江左大駭。裴茂至瓜步洲，廣張旗幟，耀於江津。璘與偒登陴望之竟日，始有懼色。季廣琛召諸將割臂而盟，以貳於璘。是日，渾惟明走於江寧，馮季康、康謙投於廣陵之白沙。廣琛以步卒六千趨廣陵，璘使騎追之，廣琛曰：「我感王恩，是以不能決戰，逃而歸國。若逼我，我則不擇地而迴戰矣。」使者返報。其夕，銑等多燃火，人執兩炬以疑之，隔江望者，兼水中之影，一皆爲二矣。璘軍又以火應之。璘懼，以官軍悉濟矣，遂以兒女及麾下宵遁。遲明，不見濟者，遂入城具舟楫，使襄城王瑒驅其衆以奔晋陵。宵諜曰：「王走矣。」於是江北之軍齊進，募敢死士趙侃、庫狄岫、趙連城等共二十人，先鋒游弈於新豐，皆因醉而寐。璘聞官軍之至，乃使襄城王、高仙琦逆擊之。驛騎奔告，侃等介馬而出，襄城王已隨而至，銑等奔救，張左右翼擊之，射中襄城王首，偒軍遂敗。高仙琦等四騎與璘南奔，至鄱陽郡，司馬陶備閉城拒之。璘怒，命焚其城。至餘干，

及大庾嶺，將南投嶺外，爲江西采訪使皇甫侁下防禦兵所擒，因中矢而薨。子偒等爲亂兵所害。肅宗以璘愛弟，隱而不言。』『豐王』，即唐玄宗第二十六子李珙，傳見舊唐書卷一百七、新唐書卷八十二。舊唐書本傳載：『豐王珙，玄宗第二十六子也，初名澄。開元二十三年七月，封爲豐王。二十四年二月改名珙。天寶十五年六月，玄宗幸蜀，至扶風郡，授珙武威郡都督，仍領河西隴右安西北庭等路節度支度采訪使；以隴右太守鄧景山爲之副，兼武威長史、御史中丞，充都副大使。珙竟不行。』

〔七〕佩服仁義之方：『佩服』，銘記；牢記。南朝梁劉孝威謝晋安王賜婚錢啓：『曲降隆慈，俯垂珍錫……佩服寵靈，殞越非報。』宋朱熹答吕伯恭書：『人各有偏，非見徹克盡所不能免。此誠至論，佩服不敢忘也。』

〔八〕咸緝方隅：『方隅』，四方和四隅。借指邊疆。三國志魏書陳思王植傳：『疆場騷動，方隅内侵，没軍喪衆，干戈不息者，邊將之憂也。』唐白居易杭州刺史謝上表：『旋屬方隅不寧，朝廷多事。』

〔九〕宜有統承：『統承』，猶繼承。三國志蜀書後主張后傳：『朕統承大業，君臨天下，奉郊廟社稷。』資治通鑒晋簡文帝咸安元年：『於是宣太后令，廢帝爲東海王，以丞相、録尚書

事、會稽王昱統承皇極。』

〔十〕庶若綱在綱：全唐文作『庶若振綱』。『若綱在綱』，典出尚書盤庚上：『若綱在綱，有條而不紊。』指條理分明而不紊亂。

〔十一〕便令知事：全唐文作『并令知事』。

〔十二〕李峴未到江陵：『李峴』，即唐太宗第三子李恪孫。傳見舊唐書卷一百一十二、新唐書卷一百三十一。舊唐書本傳載：『峴，樂善下士，少有吏幹。以門蔭入仕，累遷高陵令，政術知名。特遷萬年令、河南少尹、魏郡太守；入爲金吾將軍，遷將作監，改京兆府尹，所在皆著聲績。天寶十三載，連雨六十餘日，宰臣楊國忠惡其不附己，以雨災歸咎京兆尹，乃出爲長沙郡太守。時京師米麥踊貴，百姓謡曰：「欲得米粟賤，無過追李峴。」其爲政得人心如此。至德初，朝廷務收才杰，以清寇難，峴召至行在，拜扶風太守、兼御史大夫。至德二年十二月，制曰：「銀青光禄大夫、守禮部尚書李峴，饋軍周給，開物成務。可光禄大夫，行御史大夫，兼京兆尹，封梁國公。」乾元二年，制曰：「李峴朝廷碩德，宗室藎臣。可中書侍郎、同中書門下平章事。」與吕諲、李揆、第五琦同拜相。峴位望稍高，軍國大事，諸公莫敢言，皆獨决於峴，由是諲等銜之。初，李輔國判行軍司馬，潛令官軍於人間聽察是非，謂之察事。忠良被誣構者繼有之，須有追呼，

諸司莫敢抗。御史臺、大理寺重囚在獄，推斷未了，牒追就銀臺，不問輕重，一時釋放，莫敢違者。每日於銀臺門決天下事，須處分，便稱制敕，禁中符印，悉佩之出入。縱有敕，輔國押署，然後施行。及峴爲相，叩頭論輔國專權亂國，上悟，賞峴正直，事并變革。輔國以此讓行軍司馬，請歸本官，察事等并停，由是深怨峴。鳳翔七馬坊押官，先頗爲盜，劫掠平人，州縣不能制，天興縣令知捕賊謝夷甫擒獲決殺之。其妻進狀訴夫冤。輔國先爲飛龍使，黨其人，爲之上訴，詔監察御史孫鎣推之。鎣初直其事。其妻又訴，詔令御史中丞崔伯陽、刑部侍郎李曄、大理卿權獻三司訊之，三司與鎣同。妻論訴不已，詔令侍御史毛若虛覆之，若虛歸罪於夷甫，又言伯陽等有情，不能質定刑獄。伯陽怒，使人召若虛，詞氣不順。伯陽欲上言之，若虛先馳謁，告急於肅宗，云：「已知，卿出去。」若虛奏曰：「臣出即死。」上因留在簾内。有頃，伯陽至，上問之，伯陽頗言若虛順旨，附會中人。上怒，叱出之。伯陽貶端州高要尉，權獻郴州桂陽尉，鳳翔尹嚴向及李曄皆貶嶺下一尉，鎣除名長流播州。峴以數人咸非其罪，所責太重，欲理之，遂奏：「若虛希旨用刑，不守國法，陛下若信之重輕，是無御史臺。」上怒峴言，出峴爲蜀州刺史。時右散騎常侍韓擇木入對，上謂之曰：「峴欲專權耶？何乃云任毛若虛是無御史臺也？貶蜀州刺史，朕自覺用法太寬。」擇木對曰：「峴言直，非專權。陛下寬之，祇益聖德爾。」代宗即位，徵峴爲荆南節度、

江陵尹，知江淮選補使。入爲禮部尚書，兼宗正卿。屬鑾輿幸陝，峴由商山路赴行在。既還京師，拜峴爲黄門侍郎、同中書門下平章事。故事，宰臣不於政事堂邀客，時海内多務，宰相元載等見中官傳詔命至中書者，引之升政事堂，仍置榻待之；峴爲宰相，令去其榻。奏請常參官各舉堪任諫官、憲官者，不限人數。初收東京，受僞官陳希烈已下數百人，崔器希旨深刻，奏皆處死；上意亦欲懲勸天下，欲從器議。時峴爲三司使，執之曰：「夫事有首從，情有輕重，若一概處死，恐非陛下含弘之義，又失國家惟新之典。且羯胡亂常，無不凌據，二京全陷，萬乘南巡，各顧其生，衣冠蕩覆。或陛下親戚，或勛舊子孫，皆置極法，恐乖仁恕之旨。昔者明王用刑，殲厥渠魁，脅從罔理。况河北殘寇未平，官吏多陷，苟容漏網，適開自新之路若盡行誅，是堅叛逆之黨，誰人更圖效順？困獸猶鬥，况數萬人乎！」崔器、吕諲，皆守文之吏，不識大體，殊無變通。廷議數日，方從峴奏，全活甚衆。其料敵决事皆此類。竟爲中官所擠，罷知政事，爲太子詹事，尋遷吏部尚書，知江淮舉選，置銓洪州。明年，改檢校兵部尚書，兼衢州刺史。永泰二年七月以疾終，時年五十八。』

〔十三〕永王、豐王并赴皇帝行在：『行在』，指天子所在的地方。史記衛將軍驃騎列傳：『右將軍蘇建盡亡其軍，獨以身得亡去，自歸大將軍……遂囚建詣行在所。』裴駰集解引蔡邕曰：『天

子自謂所居曰「行在所」，言今雖在京師，行所至耳。』漢書武帝紀：『諭三老孝弟以爲民師，舉獨行之君子，徵詣行在所。』顔師古注：『天子或在京師，或出巡狩，不可豫定，故言行在所耳，不得亦謂京師爲行在也。』此處指唐肅宗當時所在之甘肅靈武。

趙王係天下兵馬元帥制（一）

握兵之要，古先爲重（二）；命帥之道，心膂攸憑（三）。是知靖難夷凶（四），必資於金革（五）；總戎受律（六），實仗於親賢。蓋將底寧邦家（七），保息黎獻者矣（八）。朕以薄德，纘承鴻緒（九），往屬元凶暴亂（十），中夏不寧（十一）。上憑宗社之靈（十二），下藉熊羆之力（十三），由是廓清咸洛（十四），拯此生人。頃以河朔殘妖，尚稽天討（十五），虵豕竊依於城堡（十六），塗炭久被於齊甿（十七）。朕以爲人父母（十八），寧忘憫念？雖好生息戰，必冀於歸降（十九）；而餘孽昧恩（二十），靡聞於悔禍（二十一）。所以軒后親征於獯鬻（二十二），周文致役於昆夷（二十三），古之用兵，蓋非獲已（二十四）。趙王係幼禀異操（二十五），夙懷韜略，負東平之文學（二十六），藴任城之智勇（二十七）。性惟忠孝，持愛敬以立身；志尚權謀（二十八），有經通之遠智（二十九）。知子惟父（三十），方有屬於維城（三十一）；擇能而授，俾克申於戎律（三十二）。

且凶徒嘯聚〔三十三〕，頗歷歲時〔三十四〕，惡既貫盈，理當撲滅，君親有命〔三十五〕，可不敬乎！俾展龍豹之韜〔三十六〕，永清梟獍之類〔三十七〕。可充天下兵馬元帥，仍令司空、兼侍中、鄭國公光弼副知節度行營事〔三十八〕。應緣軍司署處置〔三十九〕。所司准式。乾元二年七月。

校箋

〔一〕本文又見於全唐文卷四十三，文題作命趙王係天下兵馬元帥制，署名唐肅宗。舊唐書卷一百一十六亦録此文。本文文末標明時間爲『乾元二年七月』。考舊唐書肅宗紀載：『（乾元）二年……秋七月……辛巳，制以趙王係爲天下兵馬元帥，司空兼侍中李光弼爲副。』舊唐書卷一百一十六載：『（乾元）二年……七月，詔曰：握兵之要，古先爲重』云云。新唐書肅宗紀載：『（乾元）二年……七月辛巳，趙王係爲天下兵馬元帥，李光弼副之。』新唐書卷八十二載：『乾元二年，九節度兵潰河北，朝廷震駭，乃以李光弼代郭子儀總兵關東，而光弼請賢王爲帥，於是詔係充天下兵馬元帥，而光弼以司空兼侍中、薊國公副，知節度行營事，係留京師。』資治通鑑卷二百二十一載：『（乾元二年）七月……辛巳，以趙王係爲天下兵馬元帥，光弼副之，仍

以光弼知諸節度行營。』據上述典籍所載，此制文頒布時間爲乾元二年（七五九）七月辛巳（十七日），其撰寫時間當在是時稍前。

〔二〕古先爲重：『古先』，往昔；古代。書 康誥：『別求聞由古先哲王，用康保民。』漢王充論衡 齊世：『和氣不獨在古先，則聖人何故獨優？』

〔三〕心膂攸憑：『心膂』，喻主要的輔佐人員。亦以喻親信得力之人。書 君牙：『今命爾予翼，作股肱心膂。』三國志 吴書 周瑜傳：『入作心膂，出爲爪牙。』

〔四〕是知靖難夷凶：『夷凶』，明鈔本、甲庫本作『夷寇』。『靖難』，平定變亂。後漢書 孔融傳：『融負其高氣，志在靖難。』唐陸贄論叙遷幸之由狀：『陛下急於靖難，累遣東征。』

〔五〕必資於金革：『金革』，明鈔本、適園叢書作『兵革』。『金革』，謂軍械和軍裝。禮記 中庸：『衽金革，死而不厭。』孔穎達疏：『金革，謂軍戎器械也。』朱熹集注：『金，戈兵之屬；革，甲冑之屬。』唐白居易議守險策：『以城池爲固，以金革爲備。』

〔六〕總戎受律：『受律』，舊唐書、全唐文作『授律』。『總戎』，統管軍事；統率軍隊。魏書 尉元傳：『臣以天安之初，奉律總戎，廓寧淮右，海内既平，仍忝徐岳。』周書 武帝紀下：『帝總戎北伐。』

（七）蓋將底寧邦家：『底寧』，四庫全書作『乂寧』。『底寧』，安寧；安定。晉潘岳秋興賦序：『夙興晏寢，匪遑底寧。』唐張九齡請誅禄山疏：『斯逆一懲，底寧萬邦。』

（八）保息黎獻者矣：『保息』，指安養百姓，使之繁衍生息的措施。周禮地官大司徒：『以保息六養萬民：一曰慈幼，二曰養老，三曰振窮，四曰恤貧，五曰寬疾，六曰安富。』鄭玄注：『保息，謂安之使蕃息也。』『黎獻』，黎民中的賢者。書益稷：『萬邦黎獻，共惟帝臣。』蔡沈集傳：『黎民之賢者也。』唐白居易洛川晴望賦：『是用步閭里，詢黎獻。』

（九）纘承鴻緒：『纘承』，繼承。周書明帝紀：『今朕纘承大業，處萬乘之上。』宋蘇軾韓維祖保樞魯國公制：『逮兹纘承，繼用耆哲。』『鴻緒』，大統；王業。後漢書順帝紀：『陛下踐祚，奉遵鴻緒。』唐肅宗授彭王僅等節度大使制：『朕以薄德，纘承鴻緒。』

（十）往屬元凶暴亂：『暴亂』，明鈔本、甲庫本作『嚚亂』；四庫全書作『圖亂』。『元凶』，罪魁。三國魏曹植責躬詩：『將置於理，元凶是率。』晉孫楚爲石仲容與孫皓書：『桴鼓一震，而元凶折首。』此處指安史之亂。

（十一）中夏不寧：『中夏』，指中原地區。晉陸機辨亡論：『魏人據中夏，漢氏有岷益，吴制荆揚而奄交廣。』南朝宋劉義慶世説新語賢媛：『李平陽，秦州子，中夏名士。』

〔十二〕上憑宗社之靈：『宗社』，宗廟和社稷的合稱。漢蔡邕獨斷卷上：『天子之宗社曰泰社，天子所爲群姓立社也。』南史虞寄傳：『朕不食言，誓之宗社。』

〔十三〕下藉熊羆之力：『熊羆』，熊和羆。皆爲猛獸。因以喻勇士或雄師勁旅。書牧誓：『尚桓桓，如虎如貔，如熊如羆。』書康王之誥：『則亦有熊羆之士，不二心之臣，保乂王家。』

〔十四〕由是廓清咸洛：『廓清』，明鈔本、四庫全書、甲庫本作『志清』。『廓清』，澄清，肅清。漢荀悦漢紀高帝紀四：『征亂伐暴，廓清帝宇，八載之内，海内克定。』隋書李密傳：『明公以英杰之才，而統驍雄之旅，宜當廓清天下，誅剪群凶。』『咸洛』，咸陽與洛陽的并稱。梁書侯景傳：『豺狼肆毒，侵穴伊瀍，獫狁孔熾，巢栖咸洛。』唐李白送戴十五歸衡岳序：『戴侯寓居長沙，禀湖岳之氣；少長咸洛，窺霸王之圖。』

〔十五〕尚稽天討：『天討』，上天的懲治。書皋陶謨：『天討有罪，五刑五用哉。』後以王師征伐爲『天討』，意謂禀承天意而行。後漢書光武帝紀贊：『神旌乃顧，遞行天討。』

〔十六〕虵豕竊依於城堡：『竊依』，明鈔本、四庫全書、甲庫本、適園叢書作『竊留』。『虵豕』，長蛇封豕。比喻貪殘害人者。語出左傳定公四年：『吴爲封豕長蛇，以薦食上國。』晉杜預注：『言吴貪害如蛇豕。』晉書樂志上：『蛇豕放命，皇斯平之。』唐李咸用題陳正字林亭詩：『家林

蛇豕方群起，宫沼龜龍未有期。』

（十七）塗炭久被於齊甿：『塗炭』，比喻極困苦的境遇。書仲虺之誥：『有夏昏德，民墜塗炭。』孔傳：『民之危險，若陷泥墜火。』晋潘岳西征賦：『竭股肱於昏主，赴塗炭而不移。』

（十八）朕以爲人父母：舊唐書、全唐文作『朕爲人父母』。

（十九）必冀於歸降：全唐文作『每冀於其歸降』。

（二十）而餘孽昧恩：『昧恩』，明鈔本、甲庫本作『昧息』；四庫全書作『昧心』。

（二十一）靡聞於悔禍：『悔禍』，明鈔本、甲庫本作『悔過』。謂撤去所加的灾禍。左傳隱公十一年：『若寡人得没於地，天以禮悔禍於許，無寧兹許公復奉其社稷。』楊伯峻注：『謂天或者依禮撤回加於許之禍。』南朝陳徐陵爲梁貞陽侯與太尉王僧辯書：『豈圖天未悔禍，喪亂薦臻。』

（二十二）所以軒后親征於獯鬻：『軒后』，即黄帝軒轅氏。唐魏徵奉和正日臨朝應詔：『百靈侍軒后，萬國會塗山。』宋王禹偁園陵犬賦：『秦皇采藥，島中之士未迴；軒后鍊丹，湖上之龍已去。』『獯鬻』，我國古代北方少數民族名。夏商時稱獯鬻，周時稱獫狁，秦漢稱匈奴。孟子梁惠王下：『惟智者爲能以小事大，故太王事獯鬻，勾踐事吴。』趙岐注：『獯鬻，北狄强者，

今匈奴也。」後漢書南匈奴傳：『昔獫狁、獯鬻之敵中國，其所由來尚矣。』李賢注：『周曰獫狁，堯曰獯鬻，秦曰匈奴。』

〔二十三〕周文致役於昆夷：『周文』，即周文王。『昆夷』，殷周時我國西北部族名。詩小雅采薇序：『文王之時，西有昆夷之患，北有玁狁之難。』鄭玄箋：『昆夷，西戎也。』

〔二十四〕蓋非獲已：『非獲已』，不得已。後漢書獨行傳嚴授：『（張顯）蹙令進，授不獲已，前戰，伏兵發，授身被十創，歿於陣。』新唐書沈既濟傳：『四方形勢，兵未可去，資費雖廣，不獲已爲之。』

〔二十五〕趙王係幼稟異操：『趙王』，即唐肅宗次子李係。傳見舊唐書卷一百一十六、新唐書卷八十二。舊唐書其本傳載：『越王係，本名儋，肅宗第二子也。天寶中，封南陽郡王，授特進。至德二年十二月，進封趙王。乾元二年三月，九節度之兵潰於河北，史思明僭號於相州，王師未集，朝廷震駭。詔以李光弼握兵關東以代子儀。光弼請以親賢統師，七月，詔曰：握兵之要，古先爲重……趙王係幼稟異操，夙懷韜略，負東平之文學，蘊任城之智勇。性惟忠孝，持愛敬以立身；志尚權謀，有經通之遠智。知子者父，方有屬於維城；擇能而授，俾克申於戎律。且凶徒嘯聚，頗歷歲時，惡既貫盈，理當撲滅。君親有命，可不敬乎！俾展龍豹之韜，永清梟獍之

類。可充天下兵馬元帥，仍令司空、兼侍中、薊國公光弼副知節度行營事。應緣軍司署置，所司準式。九月，史思明陷洛陽，光弼以副元帥董兵守河陽，王不出京師。十月，下詔車駕親征，諫官論奏乃止；王請行，不許。三年四月，改封越王。寶應元年四月，肅宗寢疾彌留。皇后張氏與中官李輔國有隙，因皇太子監國，謀誅輔國，使人以肅宗命召太子入宮。皇后謂太子曰：「賊臣輔國，久典禁軍，四方詔令，皆出其口。頃矯制命，逼徙聖皇。今聖體彌留，心懷怏怏，常忌吾與汝。又聞射生内侍程元振結托黄門，將圖不軌，若不誅之，禍在頃刻。」太子泣而對曰：「此二人是陛下勳舊内臣，今聖躬不康，重以此事驚撓聖慮，情所難任。若決行此命，當出外徐圖之。」后知太子難與共事，乃召係謂之曰：「皇太子仁惠，不足以圖平禍難。」復以除輔國謀告之，曰：「汝能行此事乎？」係曰：「能。」后令内謁者監段恒俊與越王謀，召中官有武勇者二百餘人，授甲於長生殿。是月乙丑，皇后矯詔召太子，程元振伺知之，告輔國。元振握兵於淩霄門候之，太子既至，以難告。太子曰：「必無此事。聖恙危篤，吾豈懼死不赴召乎？」元振曰：「爲社稷計，行則禍及矣。」遂以兵護太子匿於飛龍厩。丙寅夜，元振、輔國勒兵於三殿前，收捕越王及同謀内侍朱光輝、段恒俊等百餘人禁繫，幽皇后於别殿，侍者十數人隨之。是日，皇后、越王俱爲輔國所害。』『異操』，獨特的節操。南朝梁任昉王文憲集序：『昉行無異操，才無異能。』宋孔

平仲續世説 栖逸：『幼有異操，終身不娶。』

〔二十六〕負東平之文學：『東平』，指漢劉蒼。因其封東平王，故稱。南朝梁任昉齊竟陵文宣王行狀：『昔沛獻訪對於雲臺，東平齊聲於楊史。』南朝梁劉勰文心雕龍 時序：『東平擅其懿文，沛王振其通論。』

〔二十七〕藴任城之智勇：『智勇』，四庫全書作『知勇』。『任城』，指三國魏任城威王曹彰。晋左思魏都賦：『勇若任城，才若東阿。』張載注引蔡邕述行賦：『彰後爲任城王，植爲東阿王。』

〔二十八〕志尚權謀：『權謀』，隨機應變的謀略。漢書 五行志中之下：『朱博爲人强毅，多權謀。』後漢書 張宗傳：『禹聞宗素多權謀，乃表爲偏將軍。』

〔二十九〕有經通之遠智：『遠智』，四庫全書作『遠志』。

〔三十〕知子惟父：舊唐書、四庫全書、全唐文作『知子者父』。

〔三十一〕方有屬於維城：『維城』，借指皇子或皇室宗族。後漢書 孝明八王傳贊：『孝明傳胤，維城八國。』唐無可送李長吉之任東井詩：『家世維城後，官資宰邑初。』

〔三十二〕俾克申於戎律：『戎律』，軍機，軍務。魏書 酷吏傳 羊祉：『祉志存埋輪，不避强禦；及贊戎律，熊武斯裁。』隋書 梁睿傳：『公既上才，若管戎律，一舉大定，固在不疑。』

〔三十三〕且凶徒嘯聚：『嘯聚』，互相招呼着聚集起來。後漢書 西羌傳論：『永初之間，群種蜂起……轉相嘯聚，揭木爲兵，負柴爲械。』新唐書 北狄傳 室韋：『室韋，契丹别種……每弋獵即相嘯聚，事畢去。』

〔三十四〕頗歷歲時：『歲時』，四庫全書作『歲月』。『歲時』，一年，四季。周禮 春官 占夢：『掌其歲時，觀天地之會，辨陰陽之氣。』鄭玄注：『其歲時，今歲四時也。』南朝梁沈約齊故安陸昭王碑：『烽鼓相望，歲時不息。』

〔三十五〕君親有命：『君親』，君王與父母。亦特指君主。舊題漢李陵答蘇武書：『違棄君親之恩，長爲蠻夷之域，傷已。』晋葛洪抱朴子 酒誡：『臣子失禮於君親之前，幼賤悖慢於耆宿之坐。』

〔三十六〕俾展龍豹之韜：『龍豹之韜』，典出莊子集釋卷八中雜篇 徐無鬼：『吾所以説吾君者，横説之則以詩 書禮樂，從説之則以金板 六韜。』唐成玄英疏：『詩 書禮樂，六經。金版、六韜，周書篇名也，或言秘讖也。本有作韜字者，隨字讀之，云是太公兵法，謂文武虎豹龍犬六韜也。横，遠也；從，近也。武侯好武而惡文，故以兵法爲從，六經爲横也。』

〔三十七〕永清梟獍之類：『梟獍』，舊説梟爲惡鳥，生而食母；獍爲惡獸，生而食父。比

喻忘恩負義之徒或狠毒的人。北魏楊衒之洛陽伽藍記永寧寺：『若兆者蜂目豺聲，行窮梟獍，阻兵安忍，賊害君親。』范祥雍校釋：『漢書二十五郊祀志：「祠黄帝用一梟破鏡。」孟康注：「梟，鳥名，食母；破鏡，獸名，食父。」破鏡即是獍。此以比喻狠戾忘恩之人。』

〔三十八〕可充天下兵馬元帥，仍令司空、兼侍中、鄭國公光弼副知節度行營事：原作『可充天下兵馬元帥』，今據舊唐書、全唐文增補。『光弼』，即李光弼。傳見舊唐書卷一百一十，新唐書卷一百三十六。舊唐書其本傳載：『李光弼，營州柳城人。其先，契丹之酋長。父楷洛，開元初，左羽林將軍同正、朔方節度副使，封薊國公，以驍果聞。光弼幼持節行，善騎射，能讀班氏漢書。少從戎，嚴毅有大略，起家左衛郎。丁父憂，終喪不入妻室。天寶初，累遷左清道率兼安北都護府、朔方都虞候。五載，河西節度王忠嗣補爲兵馬使，充赤水軍使。忠嗣遇之甚厚，常云：「光弼必居我位。」邊上稱爲名將。八載，充節度副使，封薊郡公。十一載，拜單于副使都護。十三載，朔方節度安思順奏爲副使、知留後事。思順愛其材，欲妻之，光弼稱疾辭官。隴右節度哥舒翰聞而奏之，得還京師。禄山之亂，封常清、高仙芝戰敗，斬於潼關。又以哥舒翰率師拒賊。尋命郭子儀爲朔方節度，收兵河西。玄宗眷求良將，委以河北、河東之事，以問子儀，子儀薦光弼堪當閫寄。十五載正月，以光弼爲雲中太守，攝御史大夫，充河東節度副使、知節度

事。二月，轉魏郡太守、河北道采訪使，以朔方兵五千會郭子儀軍，東下井陘，收常山郡。賊將史思明以卒數萬來援常山，追擊破之，進收藁城等十餘縣，南攻趙郡。三月八日，光弼兼范陽長史、河北節度使，拔趙郡。自禄山反，常山爲戰場，死人蔽野，光弼酹其尸而哭之，爲賊幽閉者出之，誓平寇難，以慰其心。六月，與賊將蔡希德、史思明、尹子奇戰於常山郡之嘉山，大破賊黨，斬首萬計，生擒四千。思明露髮跣足，奔於博陵。河北歸順者十餘郡。光弼以范陽禄山之巢穴，將先斷之，使絶根本。會哥舒翰潼關失守，玄宗幸蜀，人心驚駭。肅宗理兵於靈武，遣中使劉智達追光弼、子儀赴行在，授光弼户部尚書，兼太原尹、北京留守、同中書門下平章事，以景城、河間之卒五千赴太原。時節度王承業軍政不修，詔御史崔衆交兵於河東。衆侮易承業，或裹甲持槍突入承業廳事玩謔之。光弼聞之，素不平。至是，交衆兵於光弼。衆以麾下來，光弼出迎，旌旗相接而不避。光弼怒其無禮，又不即交兵，令收繫之。頃中使至，除衆御史中丞，懷其敕問衆所在。光弼曰：「衆有罪，繫之矣！」中使以敕示光弼，光弼曰：「今只斬侍御史；若宣制命，即斬中丞；若拜宰相，亦斬宰相。」中使懼，遂寢之而還。翌日，以兵仗圍衆，至碑堂下斬之，威震三軍。命其親屬吊之。二年，賊將史思明、蔡希德、高秀巖、牛廷玠等四僞帥率衆十餘萬來攻太原。光弼經河北苦戰，精兵盡赴朔方，麾下皆烏合之衆，不滿萬人。思明謂諸將曰：「光弼

之兵寡弱，可屈指而取太原，鼓行而西，圖河隴、朔方，無後顧矣！」光弼所部將士聞之皆懼，議欲修城以待之，光弼曰：「城周四十里，賊垂至，今興功役，是未見敵而自疲矣。」乃躬率士卒百姓外城掘壕以自固。作塹數十萬，衆莫知所用。及賊攻城於外，光弼即令增壘於内，壞輒補之。賊城外詬詈戲侮者，光弼令穿地道，一夕而擒之，自此賊將行皆視地，不敢逼城。强弩發石以擊之，賊驍將勁卒死者十二三。城中長幼咸伏其勤智，懦兵增氣而皆欲出戰。史思明揣知之，先歸，留蔡希德等攻之。月餘，我怒而寇怠，光弼率敢死之士出擊，大破之，斬首七萬餘級，軍資器械一皆委棄。賊始至及遁，五十餘日，光弼設小幕，宿於城東南隅，有急即應，行過府門，未嘗迴顧。賊退三日，决軍事畢，始歸府第。轉檢校司徒，收清夷、横野等軍，擒賊將李弘義以歸。詔曰：「銀青光禄大夫、檢校司徒、兼户部尚書、同中書門下平章事、兼御史大夫、鴻臚卿、太原尹、北京留守、河東節度副大使、薊國公光弼，全德挺生，英才間出，干城禦侮，坐甲安邊。可守司空、兼兵部尚書、中書門下平章事，進封魏國公，食實封八百户。」乾元元年，與關内節度使王思禮入朝，敕朝官四品已上出城迎謁。遷侍中，改封鄭國公。二年七月，制曰：「元帥之任，實屬於師貞；左軍之選，諒資於邦杰。自非道申啓沃，學富韜鈐，則何以翊分閫而專征，膺鑿門而受律？求諸將相，允得其人。司空、兼侍中、鄭國公光弼，器識弘遠，志懷沉毅，藴孫吴之略，有文武

之材。往屬艱難，備彰忠勇，協風雲而經始，保宗社於阽危。由是出備長城，入扶大厦，茂功懸於日月，嘉績被於巖廊。屬殘寇猶虞，總戎有命，用擇惟賢之佐，式弘建親之典。必能緝寧邦國，協贊天人，誓於丹浦之師，剿彼緑林之盗。載明朝奬，爰籍舊勛。宜副出車之命，仍踐分麾之寵。爲天下兵馬元帥趙王係之副，知節度行營事。』

〔三十九〕應緣軍司署處置：舊唐書、全唐文作『應緣軍司署置』。

彭王僅等河西節度大使制〔一〕

古之哲王〔二〕，宅中御宇〔三〕，莫不内封子弟，外建藩維〔四〕。故周稱百代〔五〕，仰聞麟趾之美〔六〕；漢命六王〔七〕，亦樹犬牙之制〔八〕。歷考前載，率惟舊章〔九〕。朕以薄德，纘承鴻緒〔十〕，屬豺狼未殄〔十一〕，金革猶虞〔十二〕。賴文武藎臣〔十三〕，協心同德，庶克清於玄祲〔十四〕，期永保於皇圖〔十五〕。且授鉞分符〔十六〕，義已先於用武；維城作翰〔十七〕，道方弘於建親。咨爾分閫之崇〔十八〕，成余磐石之固〔十九〕。彭王僅等〔二十〕，銀潢育慶〔二十一〕，璿萼分輝〔二十二〕，忠孝禀於天成〔二十三〕，文武稱其備用〔二十四〕。今三秦之地〔二十五〕，萬國來庭，誠宜列皇子以建封〔二十六〕，崇懿藩而制勝。是資固本〔二十七〕，

委以臨戎〔二十八〕。彭王僅可充河西節度大使；兖王僩可充北庭節度大使〔二十九〕；涇王侹可充隴右節度大使〔三十〕；邵王傀可改封蜀王〔三十一〕，充邠寧鄜延節度大使；杞王倕可充陝西節度大使〔三十二〕；興王佋可充隴右鳳翔節度大使〔三十三〕。必能輯和戎律〔三十四〕，鎮守封疆〔三十五〕，外叶樽俎之謀〔三十六〕，中爲社稷之衛〔三十七〕。是以分麾命社〔三十八〕，革故取新〔三十九〕，用叶天地之符〔四十〕，俾膺家國之任。共蕃王室，可不慎歟！　乾元三年閏四月。

校箋

〔一〕本文又見於舊唐書卷一百一十六，其文首載：『彭王僅，肅宗第五子……（乾元）三年四月詔曰：古之哲王，宅中御宇……』云云，即本文。明鈔本亦録此文，文題作彭王僅河西節度大使等制。全唐文卷四十二亦録，文題作授彭王僅等節度大使制，署名唐肅宗。本文文末標明時間爲『乾元三年閏四月』。考舊唐書肅宗紀載：『（乾元）三年……閏四月……甲子，制彭王僅充河西節度大使，兖王僩北庭節度大使，涇王侹隴右節度大使，杞王倕陝西節度大使，興王

佋鳳翔節度大使，蜀王偲邠寧節度大使，并不出閤。』舊唐書卷一百一十六載：『彭王僅，肅宗第五子……（乾元）三年四月詔曰……』『兗王僩，肅宗第六子……乾元三年，領北庭節度大使。』『涇王侹，肅宗第七子……乾元三年，領隴右節度大使。』考新唐書卷八十二列傳第七載：『彭王僅，始王新城，進封彭。史思明陷河洛，人心震騷，群臣請以諸王臨統方鎮兵，遥相維壓。於是詔僅充河西節度，兗王北庭，涇王隴右，杞王陜西，興王鳳翔，并爲大使。』故據上述典籍所載，此制文頒布時間爲乾元三年（七六〇）四月，其撰寫時間當在是時稍前。

〔二〕古之哲王：『哲王』，賢明的君主。書酒誥：『在昔殷先哲王，迪畏天顯小民，經德秉哲。』南朝梁慧皎高僧傳義解支遁：『是以哲王御世，南面之重，莫不欽其風尚。』

〔三〕宅中御宇：『宇』，原作『寓』，今據舊唐書、四庫全書改。『御宇』，統治天下。南齊書禮志下：『方今聖曆御宇，垂訓無窮。』唐白居易長恨歌：『漢王重色思傾國，御宇多年求不得。』

〔四〕外建藩維：『藩維』，詩大雅板：『价人維藩。』後以『藩維』指藩國。南朝梁沈約封授臨川等五王詔：『藩維廣樹，經朔攸屬。』

〔五〕故周稱百代：『百代』，指很長的歲月。漢王充論衡須頌：『恢國之篇，極論漢德非常，

實然乃在百代之上。』晉書阮種傳：『德逮群生，澤被區宇，聲施無窮，而典垂百代。』

〔六〕仰聞麟趾之美：『仰』，舊唐書、全唐文作『抑』。麟趾，典出詩周南麟之趾：『麟之趾，振振公子。』鄭玄箋：『喻今公子亦信厚，與禮相應，有似於麟。』後以『麟趾』作喻，比喻子孫昌盛。南朝齊王融三月三日曲水詩序：『族茂麟趾，宗固盤石。』宋蘇軾賜彰化軍節度使開府儀同三司判大宗正事宗晟上表乞還職事不允詔：『朕方慶瓜瓞之茂，而欲觀麟趾之應。』

〔七〕漢命六王：『王』，舊唐書作『官』。

〔八〕亦樹犬牙之制：『犬牙』，典故出自史紀孝文本紀：『高帝封王子弟，地犬牙相制，此所謂盤石之宗也，天下服其强，二矣。』謂地界接連如犬牙交錯，借以互相牽制。泛指互相制約、牽制。

〔九〕率惟舊章：『惟』，舊唐書、全唐文作『由』。『率惟舊章』，完全依循舊規辦事。詩大雅假樂：『不愆不忘，率由舊章。』後漢書朱穆傳：『建武以來，乃悉用宦者……愚臣以爲可悉罷省，遵復往初，率由舊章，更選海内清淳之士，明達國體者，以補其處。』

〔十〕纘承鴻緒：『纘承』，繼承。周書明帝紀：『今朕纘承大業，處萬乘之上。』宋蘇軾韓維祖保樞魯國公制：『逮兹纘承，繼用耆哲。』『鴻緒』，大統；王業。後漢書順帝紀：『陛

下踐祚，奉遵鴻緒。』

〔十一〕屬豺狼未殄：『豺狼』，明鈔本、甲庫本作『豺豭』。『殄』，説文：『殄，盡也。』指安史之亂尚未平息。

〔十二〕金革猶虞：『金革』，借指戰争。禮記曾子問：『子夏問曰：「三年之喪卒哭，金革之事無辟也者，禮與？」』孔穎達疏：『人遭父母之喪，卒哭之後，國有金革戰伐之事，君使則行，無敢辭辟。』『虞』，憂慮；憂患。唐韓愈與鳳翔邢尚書書：『戎狄棄甲而遠遁，朝廷高枕而無虞。』

〔十三〕賴文武藎臣：『藎臣』，本謂王所進用之臣，後引申指忠誠之臣。詩大雅文王：『王之藎臣，無念爾祖。』朱熹集傳：『藎，進也，言其忠愛之篤，進進無已也。』唐白居易韓愈等二十九人亡母追贈國郡太夫人制：『生此哲人，爲我藎臣，率由兹訓，教有所自，恩不可忘。』

〔十四〕庶克清於玄祲：『克清』，征服；平定。北周庾信周柱國大將軍長孫儉神道碑：『大丞相總十六軍，克清河洛。』周書李延孫傳：『延孫既荷重委，每以克清伊洛爲己任。』『玄祲』，赤黑色不祥之氣，左傳昭公十五年：『吾見赤黑之祲。』注：『妖氛也。』此處指安史之亂。

〔十五〕期永保於皇圖：『皇圖』，封建王朝的版圖。亦指封建王朝。唐李賀出城别張又新

酬李漢詩：『皇圖跨四海，百姓拖長紳。』舊唐書哀帝紀：『宇縣瓜分，皇圖瓦解。』

〔十六〕且授鉞分符：『授鉞』，古代大將出征，君主授以斧鉞，表示授以兵權。漢張衡東京賦：『授鉞四七，共工是除。』薛綜注引六韜：『凡國有難，君召將以授斧鉞。』三國志吴書陸抗傳：『紂作淫虐，而周武授鉞。』『分符』，猶剖符。謂帝王封官授爵，分與符節的一半作爲信物。唐孟浩然送韓使君除洪州都曹詩：『述職撫荆衡，分符襲寵榮。』

〔十七〕維城作翰：舊唐書作『又維城作翰』；甲庫本作『維武作翰』。『維城』，連城以衛國。詩大雅板：『懷德維寧，宗子維城。』後漢書劉虞公孫瓚陶謙傳贊：『襄賁勵德，維城燕北。仁能洽下，忠以衛國。』『作翰』，謂爲柱石重臣。翰，通『幹』，骨幹。唐劉禹錫代慰王太尉薨表：『方膺作翰之寄，遽迫歸泉之期。』

〔十八〕洛爾分閫之崇：『崇』，甲庫本作『才』。『分閫』，指出任將帥或封疆大吏。南朝梁劉勰文心雕龍檄移：『故分閫推轂，奉辭伐罪，非唯致果爲毅，亦且厲辭爲武。』唐元稹李愬妻韋氏封魏國夫人制：『愬當分閫之際終無内顧之憂者，由此婦也。』

〔十九〕成余磐石之固：『磐石』，舊喻分封的宗室。史記孝文本紀：『高帝封王子弟，地犬牙相制，此所謂磐石之宗也。』唐杜甫秋日荆南述懷詩之五：『磐石圭多翦，凶門轂少推。』

〔二十〕彭王僅等：『彭王僅』，即唐肅宗第五子李僅。傳見舊唐書卷一百一十六、新唐書卷八十二。舊唐書其本傳載：『彭王僅，肅宗第五子。天寶中，封新城郡王，授鴻臚卿同正員。至德二年十二月，進封彭王。乾元二年冬，史思明再陷河洛，關東用兵，人情震懼，群臣請以親王遥統兵柄。三年四月詔曰：「古之哲王，宅中御宇」云云……僅，是歲薨。子鎮，授太仆卿同正員，封常山郡王。』新唐書其本傳記：『彭王僅，始王新城，進封彭。史思明陷河洛，人心震騷，群臣請以諸王臨統方鎮兵，遥相維壓。於是詔僅充河西節度，兖王北庭，涇王隴右，杞王陜西，興王鳳翔，并爲大使。是歲僅薨。子鎮爲常山郡王。』

〔二十一〕銀潢育慶：『銀潢』，明鈔本作『銀漢』。『育慶』，舊唐書作『毓慶』。『銀潢』，天河，銀河。宋蘇軾和文與可洋川園池天漢臺：『漾水東流舊見經，銀潢左界上通靈。』

〔二十二〕璿蕚分輝：『璿蕚』，亦作『璇蕚』。喻皇族子孫。晋書虞亮傳：『璿蕚見誅，物議稱其拔本；牙尺垂訓，帝念深於負芒。』南朝齊蕭嶷上齊武帝表：『雖輟胤蕃條，歸體琁蕚，循執之念不移，傳訓之憐何已。』

〔二十三〕忠孝禀於天成：『天成』，不假人工，自然而成。宋書謝靈運傳論：『至於高言妙句，音韻天成，皆暗與理合，匪由思至。』唐韓愈上襄陽于相公書：『閣下負超卓之奇材，蓄雄剛之

俊德，渾然天成，無有畔岸。』

〔二十四〕文武稱其備用：『備用』，器用；工具。荀子儒效：『設規矩，陳繩墨，便備用，君子不如工人。』王念孫讀書雜志荀子三：『便備用，猶言備器用耳。』

〔二十五〕今三秦之地：『三秦』，秦州、東秦州、南秦州的合稱，今陝西一帶。魏書爾朱天光傳：『於是三秦、河、渭、瓜、涼、鄯善，咸來款順。』資治通鑒梁武帝中大通二年引此文，胡三省注云：『三秦，秦、東秦、南秦也。』

〔二十六〕誠宜列皇子以建封：『建封』，設置爵位，分封諸侯。御定淵鑒類函：『臣聞論德而建封者，聖王之事；量功而受賞者，忠臣之義。』

〔二十七〕是資固本：明鈔本、甲庫本、適園叢書作『資其固本』。

〔二十八〕委以臨戎：『臨戎』，親臨戰陣；從軍。三國志魏書高貴鄉公髦傳：『今宜皇太后與朕暫共臨戎，速定醜虜，時寧東夏。』南朝梁蕭統弓矢贊：『弓用筋角，矢制良工，亦以觀德，非止臨戎。』

〔二十九〕兖王僴可充北庭節度大使：『兖王』，原作『充王』，今據舊唐書、四庫全書、全唐文改。『北庭節度大使』，明鈔本、甲庫本作『河北庭節度大使』。『兖王僴』，唐肅宗第

六子李僴。傳見舊唐書卷一百一十六、新唐書卷八十二。舊唐書其本傳載：『兗王僴，肅宗第六子。母韋妃，刑部尚書堅之妹。肅宗在東宮，選爲太子妃，生僴及永和公主。堅後爲李林甫誣構被誅，太子懼，奏請與妃離異，於別宮安置。僴，天寶中封潁川郡王，授太子詹事同正員。至德二年十二月，進封兗王。乾元三年，領北庭節度大使。寶應元年薨。』

〔三十〕涇王侹可充隴右節度大使：『涇王侹』，唐肅宗第七子李侹。傳見舊唐書卷一百一十六、新唐書卷八十二。舊唐書其本傳載：『涇王侹，肅宗第七子。天寶中，封東陽郡王，授光禄卿同正員。至德二載十二月，進封涇王。乾元三年，領隴右節度大使。興元元年薨。』

〔三十一〕邵王傀可改封蜀王：『傀』，四庫全書、全唐文作『偲』。『邵王傀』，唐肅宗第十一子李傀。傳見舊唐書卷一百一十六、新唐書卷八十二。舊唐書其本傳載：『召王偲，肅宗第十一子。至德二載十二月封，元和元年薨。』

〔三十二〕杞王倕可充陝西節度大使：『杞王倕』，唐肅宗第十子李倕。傳見舊唐書卷一百一十六、新唐書卷八十二。舊唐書其本傳載：『杞王倕，肅宗第十子。母段婕妤，貞元六年六月贈爲昭儀。倕，至德二載封，貞元十四年薨。』

〔三十三〕興王佋可充隴右鳳翔節度大使：『興王佋』，唐肅宗第十二子李佋。傳見舊唐書

卷一百一十六、新唐書卷八十二。舊唐書其本傳載：『恭懿太子佋，肅宗第十二子。至德二載封興王。上元元年六月薨。佋，皇后張氏所生，上尤鍾愛。后屢危太子，欲以興王爲儲貳，會薨而止……佋薨時年八歲。既薨之夕，肅宗、張后俱夢佋有如平昔，拜辭流涕而去。帝方寢疾，追念過深，故特以儲闈之贈寵之。上疾累月方平。』

〔三十四〕必能輯和戎律：『輯和』，團結和睦。資治通鑑晋武帝太元二十一年：『道子欲輯和内外，乃深布腹心於恭，冀除舊惡。』明張居正答總兵戚南塘授擊土蠻之策：『但古之論戰者，亦不全恃甲兵精鋭，尤貴將士輯和。和，則一可當百；不和，雖有衆，弗能用也。』『戎律』，軍機，軍務。魏書酷吏傳羊祉：『祉志存埋輪，不避强禦；及贊戎律，熊武斯裁。』隋書梁睿傳：『公既上才，若管戎律，一舉大定，固在不疑。』

〔三十五〕鎮守封疆：『鎮』，甲庫本、全唐文、適園叢書作『慎』。

〔三十六〕外叶樽俎之謀：『樽俎』，指宴席。漢劉向新序雜事一：『仲尼聞之曰：夫不出於樽俎之間，而知千里之外，其晏子之謂也，可謂折衝矣。』宋王安石寄郎侍郎：『久願作公樽俎客，恨無三畝斲蓬蒿！』

〔三十七〕中爲社稷之衛：『社稷』，本指古代帝王、諸侯所祭的土神和谷神，亦用爲國家的代稱。

禮記 檀弓下：『能執干戈以衛社稷。』銀雀山漢墓竹簡孫臏兵法 見威王：『戰不勝，則所以削地而危社稷也。』

〔三十八〕是以分麾命社：『麾』，原意爲古代指揮軍隊的旗子，代指部下、麾下。

〔三十九〕革故取新：『革故』，易 雜卦：『革，去故也。』梁書 武帝紀上：『飛鴻滿野，長彗横天，取新之應既昭，革故之徵必顯。』『取新』，又作『鼎新』。易 雜卦：『鼎，取新也。』後遂以『革故鼎新』指革除舊的，創建新的。唐張説故開府儀同三司上柱國贈揚州刺史大都督梁國文貞公碑：『夫以革故鼎新，大來小往，得喪而不形於色，進退而不失其正者，鮮矣。』資治通鑒後唐莊宗同光二年：『陛下革故鼎新，爲人除害，而有司未改其所爲。』

〔四十〕用叶天地之符：『叶』，和洽，同『協』。新唐書 李逢吉傳：『逢吉與李程同執政，不叶。』『符』，徵兆。史記 李武紀：『以風符應合於天地。』

奉節郡王适天下兵馬元帥制〔一〕

門下：國之大事，戎寄爲先〔二〕；朝有舊章〔三〕，親賢是屬〔四〕。故求諸必當，用制於中，權存以至公〔五〕，豈慚於内舉〔六〕。特進、奉節郡王适〔七〕，天資淳懿〔八〕，夙表岐嶷〔九〕，

深謀秘略〔十〕，可謂生知〔十一〕。樂善近仁，非由外奬〔十二〕；檢身以禮〔十三〕，率性惟忠〔十四〕。將有事於四方，且申爾志；俾啓行於十乘，式佇其能。故可敬慎厥猷〔十五〕，勤宣乃力，克奉君親之命，載清寇孽之餘〔十六〕。允副僉諧〔十七〕，宜從兹授。可天下兵馬元帥。餘如故。寶應元年四月十一日。

校箋

〔一〕本文又見於全唐文卷四十六，文題作授奉節郡王适天下兵馬元帥制，署名唐代宗。舊唐書代宗紀亦録此文，其文首云：『寶應元年……四月……甲戌（二十五日）詔，國之大事，戎馬爲先』云云。本文文末標明時間爲『寶應元年四月十一日』，考舊唐書德宗紀載：『代宗即位之年（寶應元年）五月，以上爲天下兵馬元帥，改封魯王。』新唐書代宗紀載：『寶應元年……四月……甲戌（二十五日），奉節郡王适爲天下兵馬元帥，郭子儀罷副元帥。』新唐書德宗紀載：『代宗即位（寶應元年），史朝義據東都，乃以德宗爲天下兵馬元帥，進封魯王。』唐會要卷一載：『德宗神武孝文皇帝諱适……寶應元年五月，充天下兵馬元帥，進封魯王。』資治通鑑卷二百二十二

載：『（寶應元年）建巳月（四月）……甲戌（二十五日），以皇子奉節王适爲天下兵馬元帥。』據上述典籍所載，授奉節郡王适爲天下兵馬元帥時間爲寶應元年（七六二）四月甲戌（二十五日）。其撰寫時間或爲四月十一日。

〔二〕戎寄爲先：『戎寄』，舊唐書作『戎馬』。『戎寄』，委以軍務。魏書邢巒傳：『臣以不才，屬當戎寄，内省文吏，不以軍謀自許；指臨漢中，惟規保疆守界。』唐李益送韓將軍還邊詩：『聖心戎寄重，未許讓恩私。』

〔三〕朝有舊章：『舊章』，昔日的典章。書蔡仲之命：『無作聰明亂舊章。』孔傳：『無敢爲小聰明，作異辯以變亂舊典文章。』史記秦始皇本紀：『秦聖臨國，始定刑名，顯陳舊章。』

〔四〕親賢是屬：『親賢』，親戚與賢臣。南朝梁任昉齊竟陵文宣王行狀：『地尊禮絶，親賢莫貳。』吕向注：『位居尊重之地，與百官禮儀隔絶，則親戚賢臣皆無有二心也。』南史宋宗室及諸王傳上論：『自古帝王之興，雖係之於曆數，至於經啓多難，莫不兼藉親賢。』

〔五〕權存以至公：舊唐書作『權存乎至公』。『至公』，最公正；極公正。管子形勢解：『風雨至公而無私，所行無常鄉。』吕氏春秋慎大：『湯立爲天子，夏民大説，如得慈親，朝不易位，農不去疇，商不變肆，親郼如夏，此之謂至公。』

〔六〕豈慚於内舉：『内舉』，薦舉親故。左傳襄公二十一年：『祁大夫外舉不棄讎，内舉不失親。』

〔七〕特進、奉節郡王适：『奉節郡王适』，即唐德宗李适。傳見兩唐書其本紀。舊唐書德宗紀載：『德宗神武孝文皇帝諱适，代宗長子，母曰睿真皇后沈氏。天寶元年四月癸巳，生於長安大内之東宫。其年十二月，拜特進，封奉節郡王。代宗即位之年五月，以上爲天下兵馬元帥，改封魯王。』

〔八〕天資淳懿：『淳懿』，厚美。後漢書清河孝王慶傳：『清河孝王至德淳懿，載育明聖，承天奉祚，爲郊廟主。』晉陸機吴趨行：『文德熙淳懿，武功侔山河。』李周翰注：『淳，厚；懿，美。』

〔九〕夙表岐嶷：『岐嶷』，詩大雅生民：『誕實匍匐，克岐克嶷。』朱熹集傳：『岐嶷，峻茂之狀。』後多以『岐嶷』形容幼年聰慧。東觀漢記馬客卿傳：『馬客卿幼而岐嶷，年六歲，能接應諸公，專對賓客。』北魏楊衒之洛陽伽藍記追光寺：『略生而岐嶷，幼則老成，博洽群書。』

〔十〕深謀秘略：『秘略』，深藏的謀略。晉葛洪抱朴子擢才：『孫臏思騁其秘略而司馬刖之，韓非願建治績而李斯殺之。』宋張孝祥水調歌頭詞：『家傳鴻寶秘略，小試不言功。』

（十一）可謂生知：『生知』，謂不待學而知之。語本論語季氏：『生而知之者上也。』晋葛洪抱朴子勖學：『人理之曠，道德之遠，陰陽之變，鬼神之情，緬邈玄奥，誠難生知。』

（十二）非由外獎：『外獎』，外來的獎勸、激勵。南朝宋謝靈運擬魏太子鄴中集詩王粲：『整裝辭秦川，秣馬赴楚壤；沮漳自可美，客心非外獎。』李善注：『獎，勸也。』南朝梁江淹雜體詩效許詢自序：『去矣從所欲，得失非外獎。』張銑注：『言去從所欲之至道，得失由心，非外物所能獎勸。』

（十三）檢身以禮：『檢身』，檢點自身。漢王充論衡程材：『案世間能建蹇蹇之節，成三諫之義，令將檢身自敕，不敢邪曲者，率多儒生。』唐杜甫毒熱寄簡崔評事十六弟詩：『藴藉異時輩，檢身非苟求。』

（十四）率性惟忠：『率性』，禀性；本性。南朝梁何遜秋夕嘆白髮詩：『昔年十四五，率性頗廉隅。』北齊書劉孟和傳：『孟和少好弓馬，率性豪俠。』

（十五）故可敬慎厥猷：『敬慎』，恭敬謹慎。詩大雅抑：『敬慎威儀，維民之則。』南朝梁劉勰文心雕龍頌贊：『原夫頌惟典雅，辭必清鑠，敷寫似賦，而不入華侈之區；敬慎如銘，而異乎規戒之域。』

〔十六〕載清寇孽之餘：指安史之亂尚未平息。

〔十七〕允副僉諧：『允副』，原作『充副』，今據明鈔本、四庫全書、甲庫本、全唐文、適園叢書改。『僉諧』，書舜典記帝舜徵詢意見以任命臣工之事，多有『僉曰』『汝諧』之語，後遂以『僉諧』謂遴選、任命朝廷重臣。梁書江革傳：『廣陵太守江革，才思通贍，出內有聞，在朝正色，臨危不撓，首佐臺鉉，實允僉諧。』宋文瑩玉壺清話卷五：『真宗尹京，畢相士安爲府判，沈毅忠厚。中書將有僉諧，太宗令輔臣歷選，俱不稱旨……近臣少喻上意，方以畢公進，果大喜，遂用參大政。』

普王誼荆襄江西等道兵馬都元帥制〔一〕

敕〔二〕：人君立極〔三〕，所務於勝殘；秉律成師，實先於謀帥〔四〕。申明號令〔五〕，總制紀綱〔六〕，弘九合之功〔七〕，決百勝之略〔八〕。非慎簡不可以濟事〔九〕，非僉屬不可以臨人〔十〕。集大勛者必振其宏綱〔十一〕，體至公者無避於內舉〔十二〕。爰擇藩翰〔十三〕，俾掌元戎〔十四〕。開府儀同三司、舒王謨〔十五〕，性本忠厚〔十六〕，訓知禮則〔十七〕，居常樂善〔十八〕，動不違仁。察其內恕外温〔十九〕，必能安人和衆〔二十〕，體方識敏，諒可成功。庶乎知子

之明，授以貞師之律（二十一）。可揚州大都督、持節充荆襄江西沔鄂等道節度使及諸軍行營兵馬都元帥（二十二）。餘如故。仍賜名誼（二十三），改封普王。嗚呼！小子誼（二十四），其敬聽朕命：我國家之有天下（二十五），百七十載於兹矣（二十六）。祖宗垂化紹統（二十七），功德維茂（二十八），威加殊俗（二十九），惠洽普天（三十）。海隅蒼生（三十一），受其亭育（三十二），躋之於壽域（三十三），煦之以和平（三十四）。源廣流長，慶深祚遠，曆數有嗣（三十五），纘于朕躬（三十六），兢兢業業，懼不克負荷（三十七）。虔恭寅畏（三十八），歲五周星（三十九），循列聖之耿光（四十），稽上古之明訓（四十一）。一物失所（四十二），是用疚心（四十三）；萬方有罪（四十四），每懷咎己。懸法皆考於天則（四十五），舉事必酌於人謀（四十六），期合大中（四十七），罔徇私欲（四十八）。而涉道猶淺，燭理未明（四十九）。文闕於化成（五十），武乏於定亂，刑賞失中（五十一），授任乖方（五十二），厚澤未均，大信未著（五十三）。致使凶慝熾禍（五十四），干紀亂常，悖違君親（五十五），蔑棄天地，盜據我郡邑，毒痡我士庶（五十六）。驅脅丁壯，暴骸於原野；攘奪羸老，轉死於溝壑（五十七）。忠良殞命（五十八），義烈銜冤（五十九）。迫以凶威（六十），莫能自奮（六十一），憤深骨髓（六十二），怨結蒼旻（六十三）。朕所以終宵屢興（六十四），中食三嘆（六十五），哀蒼生之無告（六十六），憫赤子之非辜（六十七）。爲人父母，寧忘愧悼？賴三事大夫（六十八），

竭誠於内；群帥爪牙（六十九），宣力於外。交修不逮（七十），日冀康寧（七十一）。江漢上游（七十二），建瓴制寇（七十三），亘千里之地（七十四），連十萬之師，保大定功（七十五），宜有統一。允副茲選，往哉汝諧。無以貴驕人，無以善自伐（七十六），無縱己之欲，無咈衆之謀（七十七）。納諫如流（七十八），改過不吝（七十九），卑躬降志，以奉賓傅。絶甘分少（八十），以撫軍旅（八十一），有誠信以歸人心（八十二），明賞罰以盡士力。詰亂誅暴（八十三），茂昭乃勛（八十四），敬事恤人，無替成命（八十五）。膺茲重任，豈不勉歟（八十六）！建中四年九月二十六日。

校箋

（一）本文又見於全唐文四百六十二，文題作普王荆襄江西等道兵馬都元帥制，署名陸贄。翰苑集卷八亦録此文。文苑英華卷四百五十一亦録，文題作普王誼荆襄江西等道兵馬都元帥制，署名同。本文文末標明時間爲『建中四年九月二十六日』。考新唐書德宗紀載：『建中四年……九月……庚子（二十六日），舒王謨爲荆襄、江西、沔鄂節度諸軍行營兵馬都元帥，徙封普王。』資治通鑑卷二百二十八載：『建中四年……九月……庚子，以舒王謨爲荆襄等道行營都元帥，更

名誼。』翰苑集卷八普王誼荆襄江西等道兵馬都元帥制文末標明『建中四年九月二十六日』。據上述典籍所載，此制文頒布時間應爲建中四年（七八三）九月庚子（二十六日），其撰寫時間當在是時稍前。又，陸贄，傳見舊唐書卷一百三十九、新唐書卷一百五十七。舊唐書其本傳載：『贄性忠藎，既居近密，感人主重知，思有以效報，故政或有缺，巨細必陳，由是顧待益厚。建中四年，朱泚謀逆，從駕幸奉天。時天下叛亂，機務填委，徵發指蹤，千端萬緒，一日之内，詔書數百。贄揮翰起草，思如泉注，初若不經思慮，既成之後，莫不曲盡事情，中於機會；胥吏簡札不暇，同舍皆伏其能。轉考功郎中，依前充職。嘗啓德宗曰：「今盜遍天下，輿駕播遷，陛下宜痛自引過，以感動人心。昔成湯以罪己勃興，楚昭以善言復國。陛下誠能不吝改過，以言謝天下，使書詔無忌，臣雖愚陋，可以仰副聖情，庶令反側之徒，革心向化。」德宗然之。故奉天所下書詔，雖武夫悍卒，無不揮涕感激，多贄所爲也。其年冬，議欲以新歲改元。而卜祝之流，皆以國家數鍾百六，凡事宜有變革，以應時數。上謂贄曰：「往年群臣請上尊號『聖神文武』四字，今緣寇難，諸事并宜改更，衆欲朕舊號之中更加一兩字，其事何如？」贄奏曰：「尊號之興，本非古制。行於安泰之日，已累謙冲；襲乎喪亂之時，尤傷事體。今者鑾輿播越，未復宫闈，宗社震驚，尚愆禋祀，中區多梗，大憝猶存。此乃人情向背之秋，天意去就之際，陛下宜深自懲勵，收攬群心，痛自貶損，以謝靈譴，

不可近從末議，重益美名。」帝曰：「卿所奏陳，雖理體甚切，然時運必須小有改變，亦不可執滯，卿更思量。」贄曰：「古之人君稱號，或稱皇、稱帝，或稱王，但一字而已。至暴秦，乃兼皇帝二字，後代因之。及昏僻之君，乃有聖劉、天元之號。是知人主輕重，不在自稱，崇其號無補於徽猷；損其名不傷其德美。然而損之有謙光稽古之善，崇之獲矜能納諂之譏，得失不侔，居然可辨。況今時遭迍否，事屬傾危，尤宜懼思，以自貶抑。必也俯稽術數，須有變更。與其增美稱而失人心，不若黜舊號以祗天戒。天時人事，理必相符，人既好謙，天亦助順。陛下誠能斷自宸鑒，煥發德音，引咎降名，深示刻責，惟謙與順，一舉而二美從之。」德宗從之，但改興元年號而已。』

〔二〕敕：文苑英華作『門下』。

〔三〕人君立極：『人君』，翰苑集、文苑英華、四庫全書、全唐文作『君人』；『人君』，君主；帝王。左傳文公十六年：『且既爲人君，而又爲人臣，不如死。』史記滑稽列傳：『請以人君禮葬之。』『立極』，登帝位；秉國政。宋文天祥逐鹿詩：『軒轅此立極，玉帛朝諸侯。』四游記玉帝起賽寶通明會：『上帝傳下玉旨云：「朕立極以來，未會卿等，今立此會，名曰三界通明會。」』

〔四〕實先於謀帥：『謀帥』，尋求元帥的人選。事本左傳僖公二十七年：『作三軍，謀元帥。

趙衰曰：「郤穀可。」』唐韓愈酬別留後侍郎詩：『爲文無出相如右，謀帥難居郤穀先。』

〔五〕申明號令：『申明』，鄭重宣明；闡明。史記律書：『自是之後，名士叠興，晉用咎犯，而齊用王子，吴用孫武，申明軍約，賞罰必信。』唐韓愈禘祫議：『今輒先擧衆議之非，然後申明其説。』『號令』，號召；發布命令。詩齊風東方未明序：『朝廷興居無節，號令不時。』國語越語上：『越王句踐棲於會稽之上，乃號令於三軍。』

〔六〕總制紀綱：『制』，翰苑集作『持』。『總制』，總聚其制度。南朝梁任昉王文憲集序：『莫不總制清衷，遞爲心極。』張銑注：『總，聚；衷，思也。言諸道術，莫不聚其制度，運於清思，遞互爲用於心中也。』『紀綱』，法度。書五子之歌：『惟彼陶唐，有此冀方。今失厥道，亂其紀綱，乃底滅亡。』漢崔瑗座右銘：『世譽不足慕，唯仁爲紀綱。』

〔七〕弘九合之功：『弘』，全唐文作『宏』。『九合』，多次會盟。論語憲問：『桓公九合諸侯，不以兵車，管仲之力也。』邢昺疏：『言九合者，史記云：兵車之會三，乘車之會六。穀梁傳云：衣裳之會十有一。』一説謂糾合。朱熹集注：『九，春秋傳作「糾」，督也，古字通用。』

〔八〕決百勝之略：『百勝』，猶言戰無不勝。尉繚子天官：『黄帝刑德，可以百勝。』三國志魏書劉廙傳：『今以海内之兵，百勝之威，而孫權負險於吴，劉備不賓於蜀。』

〔九〕非慎簡不可以濟事：『慎簡』，翰苑集、文苑英華作『重慎』。『慎簡』，謹慎簡選。書冏命：『慎簡乃僚，無以巧言令色。』孔傳：『當謹慎簡選汝僚屬侍臣。』唐元稹崔蔇檢校都官員外郎兼侍御史制：『慎簡其屬，毗於厥政。』『濟事』，猶成事。後常與『不』連用，表示否定。左傳莊公十四年：『莊公之子猶有八人，若皆以官爵行賂，勸貳而可以濟事，君其若之何！』宋書庾悅傳：『夫設官分職，軍國殊用，牧民以息務爲大，武略以濟事爲先。』

〔十〕非僉屬不可以臨人：『僉屬』，猶衆望。南朝梁沈約王茂加侍中詔：『顯命載加，允副僉屬。』唐陸贄奏論除裴延齡度支使：『庶諧僉屬，不紊朝經。』『臨人』，謂選拔人才。後漢書崔寔傳：『蓋孔子對葉公以來遠，哀公以臨人，景公以節禮，非其不同，所急異務也。』李賢注：『韓子曰，葉公問政於仲尼。仲尼曰：「政在悅近而來遠。」魯哀公問政於仲尼。仲尼曰：「政在選賢。」齊景公問政於仲尼，仲尼曰：「政在節財。」此云「臨人」「節禮」，文不同也。』

〔十一〕集大勛者必振其宏綱：『振其』，翰苑集作『舉於』。『大勛』，大勛勞；大功業。書泰誓上：『天震怒，命我文考，肅將天威，大勛未集。』後漢書馮異傳：『璽書勞異曰：「赤眉破平，士吏勞苦……方論功賞，以答大勛。」』『宏綱』，大綱；主旨。書序：『芟夷煩亂，剪截浮辭，舉其宏綱，撮其機要。』唐王勃廣州寶莊嚴寺舍利塔碑：『略其小術，包其大體，振

温良之逸步，得毗贊之宏綱。』

（十二）體至公者無避於内舉：『内舉』，薦舉親故。左傳襄公二十一年：『祁大夫外舉不棄讎，内舉不失親。』舊唐書代宗紀：『故求諸必當，用制於中權；存乎至公，豈慚於内舉。』

（十三）爰擇藩翰：『藩翰』，詩大雅板：『价人維藩，大師維垣，大邦維屏，大宗維翰。』毛傳：『藩，屏也；翰，幹也。』後因以『藩翰』喻捍衛王室的重臣。三國志蜀書先主傳：『宗子藩翰，心存國家，念在弭亂。』

（十四）俾掌元戎：『元戎』，大軍。史記三王世家：『虚御府之藏以賞元戎，開禁倉以振貧窮。』漢書董賢傳：『統辟元戎，折衝綏遠。』顔師古注：『元戎，大衆也。』

（十五）開府儀同三司、舒王謨：『舒王謨』，即唐代宗第三子昭靖太子邈之子李誼。傳見舊唐書卷一百五十、新唐書卷八十二。舊唐書其本傳載：『舒王誼本名謨，代宗第三子昭靖太子邈之子也。以其最幼，德宗憐之，命之爲子。大曆十四年六月，封舒王，拜開府儀同三司，與通王、虔王同日封。仍詔所司，其開府俸料，逐月進内，尋以軍興罷支。建中元年，領四鎮北庭行軍、涇原節度大使；以涇州刺史孟皞爲節度留後。以誼愛弟之子，諸王之長，軍國大事，欲其更踐，必委試之。』

〔十六〕性本忠厚：『本』，翰苑集作『禀』。

〔十七〕訓知禮則：『則』，翰苑集、文苑英華、四庫全書、全唐文作『樂』。『禮則』，猶禮法、禮制。禮節法則。左傳文公六年：『道之以禮則，使毋失其土宜。』林堯叟注：『開道天下以禮節法則。』漢蔡邕故太尉橋公廟碑：『三孤故臣門人相與述公之行，咨度禮則。』

〔十八〕居常樂善：『居常』，遵常例，守常道。左傳昭公十三年：『芈姓有亂，必季實立，楚之常也。獲神，一也。有民，二也。令德，三也。寵貴，四也。居常，五也。』南朝宋謝靈運登石門最高頂詩：『居常以待終，處順故安排。』吕向注：『居常道以待終天年。』『樂善』，語出孟子告子上：『仁義忠信，樂善不倦，此天爵也。』

〔十九〕察其内恕外温：『恕』，文苑英華作『直』。『内恕』，謂存心寬厚。禮記孔子閑居：『無服之喪，内恕孔悲。』陳澔集説：『内恕孔悲者，言其以仁存心也。』漢董仲舒春秋繁露俞序：『上奢侈，刑又急，皆不内恕，求備於人。』

〔二十〕必能安人和衆：『安人』，使人民安寧。後漢書趙岐傳：『岐深陳天子恩德，宜罷兵安人之道，又移書公孫瓚，爲言利害。』北史元暉傳：『安人寧邊，觀時而動。』『和衆』，使百姓和順。唐黄滔多寶塔碑記：『至如戢兵保土，安民和衆之類，亦猶川陸之徂秦適洛焉。』

清梅曾亮贈林侍郎序：『然後能勤民急公，豐財和衆，禮俗達而政教成。』

〔二十一〕授以貞師之律：『律』，甲庫本作『力』。『貞師』，文苑英華作『師貞』。『貞師』，易師：『師貞，丈人吉，無咎。』孔穎達疏：『言爲師之正，唯得嚴莊丈人監臨主領，乃得吉，無咎。』後以『貞師』指以嚴明的紀律統御軍隊。唐權德輿唐故徐泗濠節度觀察處置等使張公集序：『授鉞貞師，莅於徐方。』

〔二十二〕可揚州大都督、持節充荆襄江西沔鄂等道節度使及諸軍行營兵馬都元帥：原作『持節荆襄江西沔鄂等道節度及諸軍行營兵馬都元帥』，今據翰苑集、文苑英華、全唐文增補。

〔二十三〕仍賜名誼：原作『賜名誼』，今據翰苑集、文苑英華、全唐文增補。

〔二十四〕小子誼：『小子』，稱宗親中男性同輩年輕者及下輩。今用以昵稱男性同輩之年輕者或晚輩。書康誥：『肆汝小子，封在兹東土。』書君奭：『若游大川，予往暨汝奭，其濟小子。同未在位，誕無我責。』

〔二十五〕我國家之有天下：原作『國家之有天下』，今據翰苑集、文苑英華、全唐文增補。『有』，甲庫本作『於』。

〔二十六〕百七十載於兹矣：『於兹』，於今，至今。漢東方朔非有先生論：『虚心定志，

欲聞流議者，三年於兹矣。』晋潘岳懷舊賦：『不歷嵩丘之山者，九年於兹矣。』

〔二十七〕祖宗垂化紹統：『垂化紹統』，文苑英華作『垂统』。『紹統』，繼承統緒。晋書姚泓載記：『自陛下龍飛紹統，未有殊賞以答其意。』宋趙彦衛雲麓漫鈔卷十：『仁宗晚年，京師染紫變其色而加重，先染作青，徐以紫草加染，謂之油紫。後人指爲英宗紹統之讖。』

〔二十八〕功德維茂：『維』，翰苑集、文苑英華、全唐文作『繼』。

〔二十九〕威加殊俗：『殊俗』，指風俗不同的遠方。漢賈誼過秦論上：『始皇既没，餘威振於殊俗。』唐岑參奉陪封大夫宴得征字時封公兼鴻臚卿詩：『坐參殊俗語，樂雜異方聲。』

〔三十〕惠洽普天：『普天』，遍天下。亦指遍天下的人。三國志 吴書 胡綜傳：『上定洪業，使普天一統。』明沈德符野獲編 禮部二孔廟廢塑像：『至嘉靖初，永嘉用事，而普天塑像被毁矣！』

〔三十一〕海隅蒼生：『海隅』，亦作『海嵎』。海角；海邊。常指僻遠的地方。書 君奭：『我咸成文王功於不怠，丕冒海隅出日，罔不率俾。』孔傳：『今我周家皆成文王功於不懈怠，則德教大覆冒海隅日所出之地，無不循化而使之。』南朝宋謝靈運九日從宋公戲馬臺集送孔令詩：『歸客遂海嵎，脱冠謝朝列。』

〔三十二〕受其亭育：『受其』，翰苑集、文苑英華、四庫全書、全唐文作『代受』。『亭

育』，養育；培育。梁書武帝紀下：『思隨乾覆，布兹亭育。』隋江總勞酒賦：『顧曲私之亭育，遞寒暑而徂遷。』

〔三十三〕躋之於壽域：『壽域』，原作『福壽』，今據文苑英華改。『壽域』，謂人人得盡天年的太平盛世。語出漢書禮樂志：『願與大臣延及儒生，述舊禮，明王制，驅一世之民，濟之仁壽之域，則俗何以不若成康？壽何以不若高宗？』唐杜牧郡齋獨酌詩：『生人但眠食，壽域富農桑。』

〔三十四〕煦之以和平：『和平』，翰苑集、文苑英華、全唐文作『仁和』。

〔三十五〕曆數有嗣：『曆數』，指帝王繼承的次序。古代迷信説法，認爲帝位相承和天象運行次序相應。論語堯曰：『堯曰：「咨！爾舜，天之曆數在爾躬。」』漢蔡邕光武濟陽宫碑：『曆數在帝，踐祚允宜。』

〔三十六〕纘于朕躬：『于』，四庫全書作『乎』，全唐文、適園叢書作『於』。『朕躬』，我，我身。多用於天子自稱。書湯誥：『爾有善，朕弗敢蔽；罪當朕躬，弗敢自赦。』漢潘勖册魏公九錫文：『曰惟祖惟父，股肱先正，其孰恤朕躬。』

〔三十七〕懼不克負荷：原作『懼不負荷』，今據文苑英華增補。『不克』，不能制勝；不能做到。

（李萬榮）後漢書朱儁傳：『因急攻，連戰不克。』唐韓愈故金紫光禄大夫贈太傅董公行狀：『懂爲節度一年，其將韓惟清、張彦林作亂，求殺萬榮不克。』『負荷』，繼承。後漢書班超梁慬傳論：『夫爲人後者，亦抗憤，勇乃負荷。』李賢注：『言勇能繼超之功業。』三國志吴書張昭傳：『夫爲人後者，貴能負荷先軌，克昌堂構，以成勛業也。』

〔三十八〕虔恭寅畏：『虔恭』，誠敬。漢書叙傳下：『秺侯狄孥，虔恭忠信。』晋書袁瓌傳：『陛下以聖明臨朝，百官以虔恭莅事。』『寅畏』，敬畏；恭敬戒懼。書無逸：『嚴恭寅畏，天命自度。』蔡沈集傳：『寅則欽肅，畏則戒懼。』唐白居易畫大羅天尊贊文：『皇帝孝敬寅畏，憂勤勞謙。』

〔三十九〕歲五周星：『周星』，即歲星。南朝梁庾肩吾咏同泰寺浮圖詩：『周星疑更落，漢夢似今通。』歲星十二年在天空循環一周，因又借指十二年。唐白居易與劉蘇州書：『歲月易得，行復周星。』

〔四十〕循列聖之耿光：『耿光』，光明；光輝；光榮。書立政：『以覲文王之耿光，以揚武王之大烈。』孔傳：『能使四夷賓服，所以見祖之光明，揚父之大業。』唐李白明堂賦：『遵先軌以繼作兮，揚列聖之耿光。』

〔四十一〕稽上古之明訓：『明』，翰苑集、文苑英華、全唐文作『謨』。『上古』，遠古。易繫辭下：『上古結繩而治，後世聖人易之以書契。』唐杜甫晦日尋崔戢李封詩：『上古葛天民，不貽黄屋憂。』『明訓』，明確的訓誡。國語晉語八：『圖在明訓，明訓在威權。』韋昭注：『言既有明教，在威權以行之。』唐韓愈順宗實録三：『佩詩禮之明訓，宣忠孝之弘規。』

〔四十二〕一物失所：『一物』，猶言一個標準。墨子尚賢上：『上之所以使下者，一物也；下之所以事上者，一術也。』『失所』，失宜；失當。晉袁宏後漢紀靈帝紀下：『己未詔曰：「頃選舉失所，多非其人。」』舊唐書李元紘傳：『户部侍郎楊瑒、白知慎坐支度失所，皆出爲刺史。』

〔四十三〕是用疚心：『疚心』，負疚；憂心。晉潘岳秋興賦：『彼四戚之疚心兮，遭一塗之難忍。』宋蘇軾再論積欠六事四事札子：『書曰：「制治於未亂，保邦於未危。」浙西灾患，若於一二年前，上下疚心，同力拯濟，其勞費殘弊，必不至若今之甚也。』

〔四十四〕萬方有罪：『萬方』，引申指天下各地；全國各地。漢書張安世傳：『聖王褒有德以懷萬方，顯有功以勸百寮，是以朝廷尊榮，天下鄉風。』唐杜甫登樓詩：『花近高樓傷客心，萬方多難此登臨。』『有罪』，有犯法的行爲。亦指有犯法行爲的人。書皋陶謨：『天討有罪，五刑五用哉。』

〔四十五〕懸法皆考於天則：『皆』，文苑英華作『更』。『懸法』，公布法令。古時公布法令，都懸挂於宫闕，故稱。南朝梁陸倕石闕銘：『或以聽窮省冤，或以布化懸法。』唐李華含元殿賦：『東風發春，懸法象魏，與人惟新。』『天則』，猶天道。自然的法則。易乾：『乾元用九，乃見天則。』唐楊炯渾天賦：『俯察人事，仰觀天則。』

〔四十六〕舉事必酌於人謀：『舉事』，行事；辦事。管子形勢：『伐矜好專，舉事之禍也。』宋蘇軾思治論：『今世之舉事者，雖其甚小，而欲成之者常不過數人。』

〔四十七〕期合大中：『期合』，猶機遇。清昭槤嘯亭雜録朱白泉獄中上百朱二公書：『以今思之，成敗早遲，皆有期合，實由天定，非關人事也。』『大中』，易大有：『大有，柔得尊位大中，而上下應之，曰大有。』王弼注：『處尊以柔，居中以大。』高亨注：『象大臣處於尊貴之位，守大正之道。』後以『大中』指無過與不及的中正之道。漢書孔光傳：『皇之不極，是爲大中不立。』

〔四十八〕罔徇私欲：『徇』，翰苑集作『循』；文苑英華、全唐文、適園叢書作『徇』。

〔四十九〕燭理未明：『燭理』，考察事理。舊唐書代宗紀：『朕涉道未弘，燭理多昧。』朱子語類卷五二：『若非燭理洞徹，胸次坦然，即酬酢應對，蹉失多矣。』

〔五十〕文闕於化成：『化成』，教化成功。易恒：『聖人久於其道，而天下化成。』漢書賈誼傳：『故化成俗定，則爲人臣者主耳忘身，國耳忘家，公耳忘私。』

〔五十一〕刑賞失中：『失中』，亦作『失衷』。不合準則。漢書食貨志贊：『至於王莽，制度失中，奸軌弄權，官民俱竭，亡次矣。』魏書郭祚傳：『諸文案失衷，應杖十者爲一負。罪依律次，過隨負記。』

〔五十二〕授任乖方：『授任』，文苑英華作『選授』。『授任』，授官任命。三國志蜀書諸葛亮傳：『至有街亭違命之闕，箕谷不戒之失，咎皆在臣授任無方。』晋陸機辯亡論：『彼此之化殊，授任之才異也。』『乖方』，違背法度；失當。南朝梁陸倕新刻漏銘：『世道交喪，禮術銷亡……擊刀舛次，聚木乖方。』宋蘇軾論高麗買書利害札子：『其乖方作弊官吏，并不蒙都省略取問。』

〔五十三〕大信未著：『信』，誠實，不欺騙。説文：『信，誠也。』國語晋語：『定身以行事謂之信。』

〔五十四〕致使凶慝熾禍：『凶慝』，猶凶惡。亦指凶惡的人。史記五帝本紀：『昔帝鴻氏有不才子，掩義隱賊，好行凶慝，天下謂之渾沌。』晋書景帝紀：『奸臣李豐等靖譖庸回，陰

構凶慝。』指『涇原兵變』。

〔五十五〕悖違君親：『悖違』，四庫全書作『悖逆』。『悖違君親』，指『涇原兵變』致使唐德宗出逃奉天之事。

〔五十六〕毒痛我士庶：甲庫本作『毒痛士庶』。『毒痛』，翰苑集作『痛毒』；適園叢書作『毒痛』。『毒痛』，毒害，殘害。書泰誓下：『作威殺戮，毒痛四海。』宋洪邁容齋續筆周禮非周公書：『歆爲國師，始建立周官經以爲周禮……莽據以毒痛四海。』

〔五十七〕轉死於溝壑：『轉死』，死而棄尸。宋曾鞏越州趙公救灾記：『民不幸罹旱疫，得免於轉死；雖死，得無失斂埋，皆公力也。』『溝壑』，借指野死之處或困厄之境。孟子滕文公下：『志士不忘在溝壑，勇士不忘喪其元。』趙岐注：『君子固窮，故常念死無棺槨沒溝壑而不恨也。』唐陳子昂爲將軍程處弼謝放流表：『收骸溝壑，返魄幽泉。』

〔五十八〕忠良殞命：『殞』，翰苑集作『隕』。

〔五十九〕義烈銜冤：『銜冤』，含冤。謂冤屈無從申訴。宋書索虜傳論：『偏城孤將，銜冤就虜。』唐杜甫哭臺州鄭司户蘇少監詩：『流慟嗟何及，銜冤有是夫。』

〔六十〕迫以凶威：『威』，翰苑集作『殘』。

〔六十一〕莫能自奮：『能』，翰苑集、文苑英華、全唐文作『由』。『自奮』，自我奮發而欲有所爲；自勉。漢書常惠傳：『少時家貧，自奮應募，隨移中監蘇武使匈奴，并見拘留十餘年。』宋范仲淹讓觀察使第二表：『若朝廷不待有功，例皆進秩，則諸將驕墮，誰復自奮？』

〔六十二〕憤深骨髓：『骨髓』，指内心深處。史記秦本紀：『文公夫人，秦女也，爲秦三囚將請曰：「繆公之怨此三人入於骨髓，願令此三人歸，令我君得自快烹之。」』唐張鷟游仙窟：『所恨別易會難，去留乖隔，王事有限，不敢稽停；每一尋思，痛深骨髓。』

〔六十三〕怨結蒼旻：『蒼旻』，蒼天。晋陶潛感士不遇賦：『蒼旻遐緬，人事無已。』宋蘇軾和王斿之一：『白髮故交空掩卷，泪河東注問蒼旻。』此段指唐德宗即位後，力圖削藩，致使『奉天之亂』爆發。

〔六十四〕朕所以終宵屢興：『終宵』，翰苑集作『中宵』。『終宵』，徹夜；通宵。唐韓愈江漢答孟郊詩：『終宵處幽室，華燭光爛爛。』宋蘇轍次韻王鞏上元見寄：『過眼繁華真一夢，終宵寂寞未應愁。』

〔六十五〕中食三嘆：『中食』，翰苑集、文苑英華作『終食』。『中食』，進食之中。國語晋語九：『吾小人也，貪。饋之始至，懼其不足，故嘆。中食而自咎也，曰：豈主之食而有不足？

是以再嘆。』三國魏鍾會生母張夫人傳：『（孫氏）愈更嫉妒，乃置藥食中，夫人中食，覺而吐之。』『三嘆』，多次感嘆，形容慨嘆之深。左傳昭公二十八年：『吾子置食之間三嘆，何也？』唐杜甫惜別行送劉判官詩：『九州兵革浩茫茫，三嘆聚散臨重陽。』

（六十六）哀蒼生之無告：『無告』，孤苦無處投訴。亦指無處投訴的人。書大禹謨：『不虐無告，不廢困窮。』孔穎達疏：『不苛虐鰥寡孤獨無所告者，必哀矜之。』孔子家語弟子行：『不侮不佚，不傲無告。』

（六十七）憫赤子之非辜：『憫』，翰苑集作『閔』；文苑英華作『念』。『赤子』，比喻百姓，人民。漢書循吏傳龔遂：『其民困於飢寒而吏不恤，故使陛下赤子盜弄陛下之兵於潢池中耳。』宋胡銓上高宗封事：『祖宗數百年之赤子，盡爲左衽。』『非辜』，猶非罪。書仲虺之誥：『小大戰戰，罔不懼於非辜。』孔傳：『言商家小大憂危，恐其非罪見滅。』宋蘇舜欽上集賢文相書：『或親舊見過，往往閔惻而言，以謂某以非辜遭廢。』

（六十八）賴三事大夫：『三事』，指三公。詩小雅雨無正：『三事大夫，莫肯夙夜。』孔穎達疏：『三事大夫爲三公耳。』漢書韋賢傳：『天子我監，登我三事。』顔師古注：『三事，三公之位，謂丞相也。』

〔六十九〕群帥爪牙：『爪牙』，比喻武臣。漢書 陳湯傳：『戰克之將，國之爪牙，不可不重也。』唐顔真卿右武衛將軍臧公神道碑銘：『公兄左羽林軍大將軍平盧副持節懷亮，以方虎之才，膺爪牙之任。』

〔七十〕交修不逮：『交修』，書 説命下：『爾交修予，罔予棄，予惟克邁乃訓。』孔傳：『交，非一之義。』孔穎達疏：『令其交更修治己也。』後用爲天子要求臣下匡助之詞。宋王安石批答文武百寮曾公亮已下上尊號第一表不允：『朕以薄德，嗣膺基緒，繼天理物，常懼弗任。方賴交修，以熙衆治。』『不逮』，不足之處；過錯。書 冏命：『懋乃後德，交修不逮。』孔傳：『勉汝君爲德，更代修進其所不及。』漢書 文帝紀：『詔曰……及舉賢良方正能直言極諫者，以匡朕之不逮。』顔師古注：『不逮者，意慮所不及。』

〔七十一〕日冀康寧：『康寧』，安寧。書 多士：『非我一人奉德不康寧。』孔傳：『非我天子奉德不能使民安之。』漢書 宣帝紀：『天下蒸庶，咸以康寧。』顔師古注：『康，安也。』

〔七十二〕江漢上游：『江漢』，長江和漢水。書 禹貢：『江漢朝宗於海。』詩 小雅 四月：『滔滔江漢，南國之紀。』朱熹集傳：『江漢，二水名。』

〔七十三〕建瓴制寇：『建瓴』，語本史記 高祖本紀：『譬猶居高屋之上建瓴水也。』建瓴，即『建

瓴水』之省，謂傾倒瓶中之水，形容居高臨下、難以阻擋的形勢。周書韋孝寬傳：『竊以大周土宇，跨據關河，蓄席卷之威，持建瓴之勢。』

〔七十四〕亘千里之地：『亘』，連綿不斷。

〔七十五〕保大定功：四庫全書作『保定大功』。『保大』，安穩地居於高位。三國志魏書陳留王奐傳：『昔聖帝明王，靜亂濟世，保大定功，文武殊塗，勛烈同歸。』晉陸機漢高祖功臣頌：『元凶既夷，寵禄來假。保大全祚，非德孰可。』呂延濟注：『安於大位而能全福者，非德不可也。……保，安；祚，福。』

〔七十六〕無以善自伐：『自伐』，自誇；自誇其功。老子：『自伐者無功，自矜者不長。』漢賈誼新書先醒：『昔者虢君驕恣自伐，諂諛親貴。』

〔七十七〕無咈衆之謀：『咈』，四庫全書作『佛』；『謀』，翰苑集、文苑英華、全唐文作『謨』。

〔七十八〕納諫如流：『納諫』，翰苑集、文苑英華、全唐文作『從諫』。

〔七十九〕改過不吝：『不』，翰苑集、文苑英華、全唐文作『勿』。『改過不吝』，謂毫無保留地改正過錯。書仲虺之誥：『用人惟己，改過不吝。』孔傳：『有過則改，無所吝惜。』宋蘇軾上神宗皇帝書：『改過不吝，從善如流，此堯、舜、禹、湯之所勉强而力行。』

〔八十〕絶甘分少：『絶甘分少』，拒絶甘美的食物，與衆人分享少量的東西。謂自己不圖享受，待人優厚。漢書司馬遷傳：『以爲李陵與士大夫絶甘分少，能得人之死力，雖古名將不過也。』顔師古注：『自絶旨甘，而與衆人分之，共同其多少也。』唐王維與工部李侍郎書：『宿昔貴公子常下交布衣，盡禮髦士，絶甘分少，致醴以飯，汲汲於當世之士，常如不及。』

〔八十一〕以撫軍旅：『旅』，翰苑集、文苑英華、全唐文作『師』。

〔八十二〕有誠信以歸人心：『有』，翰苑集、文苑英華、全唐文作『布』。

〔八十三〕詰亂誅暴：『亂』，文苑英華作『禁』；翰苑集、全唐文作『奸』。

〔八十四〕茂昭乃勛：『茂』，翰苑集、文苑英華、全唐文作『懋』。『茂昭』，同『懋昭』，勉力宣明。書仲虺之誥：『王懋昭大德，建中於民。』孔傳：『欲王自勉明大德。』國語周語中：『叔父其懋昭明德，物將自至。』

〔八十五〕無替成命：『成』，翰苑集、全唐文作『朕』。『無替』，不廢；無盡。書旅獒：『王乃昭德之致於異姓之邦，無替厥服。』孔傳：『使無廢其職。』北史羊祉傳：『詔册褒美，無替倫望。』『成命』，已作出的決定，已發布的命令。魏書范紹傳：『以父憂廢業，母又誡之曰：「汝父卒日，令汝遠就崔生，希有成立。今已過期，宜遵成命。」紹還赴學。』資治通鑒後唐明

宗天成四年：『福自刺史無功建節，尚復何求！且成命已行，難以復改。』〔八十六〕豈不勉歟：『豈』，翰苑集、文苑英華、全唐文作『可』。

虔王諒申光節度制〔一〕

陸贄

門下：自昔哲王〔二〕，疆理天下〔三〕，必選其明德〔四〕，樹之宗親〔五〕。參制藩維〔六〕，夾輔王室〔七〕，賢戚并建，時惟欽哉〔八〕！長淮之西〔九〕，厥壤千里〔十〕，人靡寧息〔十一〕，於兹歷年〔十二〕。朕夙夜永懷〔十三〕，慘若焚灼〔十四〕，思得良帥，代予安人〔十五〕。釋其危疑〔十六〕，彰以信惠〔十七〕，以親而授，其在於兹。開府儀同三司、虔王諒〔十八〕，性本温恭〔十九〕，生知忠孝〔二十〕，祇服訓導〔二十一〕，忠信不渝〔二十二〕。言皆副誠，勤必求當〔二十三〕，端慎可以化俗〔二十四〕，寬厚可以長人〔二十五〕。底綏一方〔二十六〕，庶無憂厲〔二十七〕。可申光隨蔡等州節度大使〔二十八〕，兼充管内觀察使〔二十九〕。開府封如故〔三十〕。貞元二年七月。

校箋

〔一〕本文又見於陸贄翰苑集卷九，文題作虔王申光隨蔡等州節度使制，署名陸贄。全唐文卷四百六十二亦録此文，文題與作者同翰苑集。本文文末標明時間爲『貞元二年七月』。考舊唐書德宗紀載：『（貞元）二年……秋七月……己酉，以虔王諒爲申、光、隨、蔡節度大使。』舊唐書卷一百五十列傳第一百載：『虔王諒，德宗第四子……貞元二年，領蔡州節度大使、申光蔡觀察等使。』新唐書卷八十二列傳第七載：『虔王諒……貞元二年，領蔡州節度大使。』資治通鑑卷二百三十二載：『貞元二年……秋，七月……己酉，以虔王諒爲申、光、隨、蔡節度大使。』據上述典籍所載，此制文頒布時間爲貞元二年（七八六）七月己酉（二十二日），其撰寫時間當在是時稍前。

〔二〕自昔哲王：『哲王』，賢明的君主。書酒誥：『在昔殷先哲王，迪畏天顯小民，經德秉哲。』南朝梁慧皎高僧傳義解支遁：『是以哲王御世，南面之重，莫不欽其風尚。』

〔三〕疆理天下：『疆理』，劃分，治理。語本詩小雅信南山：『我疆我理，南東其畝。』毛傳：『疆，畫經界也；理，分地理也。』高亨注：『疆，劃田界。』左傳成公二年：『先王

疆理天下，物土之宜，而布其利。』杜預注：『疆，界也；理，正也。』楊伯峻注：『疆，畫分經界。理，分其地理。』

〔四〕必選其明德：『其』，明鈔本、甲庫本、四庫全書作『時』。『明德』，指才德兼備的人。詩大雅皇矣：『帝遷明德，串夷載路。』朱熹集傳：『明德，謂明德之君，即太王也。』南朝宋謝靈運擬魏太子鄴中集詩陳琳：『餘生幸已多，矧乃值明德。』

〔五〕樹之宗親：『宗親』，同宗的親屬。吕氏春秋大樂：『故能以一聽政者，樂君臣，和遠近，説黔首，合宗親。』晋書何攀傳：『攀固讓所封户及絹之半，餘所受者，分給中外宗親，略不入己。』

〔六〕參制藩維：『藩維』，邊防要地。唐張籍送裴相公赴鎮太原：『盛德雄名遠近知，功高先乞守藩維。』

〔七〕夾輔王室：『夾輔』，輔佐。左傳僖公四年：『五侯九伯，女實征之，以夾輔周室！』三國志魏書齊王芳傳：『大將軍、太尉奉受末命，夾輔朕躬。』

〔八〕時惟欽哉：『欽』，翰苑集、全唐文作『休』。

〔九〕長淮之西：『長淮』，指淮河。唐王維送方城韋明府：『高鳥長淮水，平蕪故郢城。』宋張孝祥六州歌頭：『長淮望斷，關塞莽然平。』

〔十〕厥壤千里：『厥』，古同『撅』，掘。

〔十一〕人靡寧息：『寧息』，安定休息。漢書哀帝紀：『朕獲保宗廟，不明不敏，宿夜憂勞，未皇寧息。』晉書宣帝紀：『吾於庶事，以夜繼晝，無須臾寧息。』

〔十二〕於兹歷年：『歷』，翰苑集、全唐文作『有』。此數句所指淮西藩鎮之亂事，見資治通鑒卷二百三十二：『秋，七月，淮西兵馬使吴少誠殺陳仙奇，自爲留後。少誠素狡險，爲李希烈所寵任，故爲之報仇。己酉，以虔王諒爲申、光、隨、蔡節度大使，以少誠爲留後。』

〔十三〕朕夙夜永懷：翰苑集、全唐文作『朕其永懷』。『夙夜』，朝夕，日夜。書旅獒：『夙夜罔或不勤，不矜細行，終累大德。』孔傳：『言當早起夜寐。』漢桓寬鹽鐵論刺復：『是以夙夜思念國家之用，寢而忘寐，饑而忘食。』

〔十四〕慘若焚灼：『焚灼』，形容内心像火燒般愁苦。唐錢珝爲集賢崔相公讓大學士表之三：『焚灼常苦於寸心，芒刺日加於四體。』

〔十五〕代予安人：『安人』，使人民安寧。後漢書趙岐傳：『岐深陳天子恩德，宜罷兵安人之道，又移書公孫瓚，爲言利害。』北史元暉傳：『安人寧邊，觀時而動。』

〔十六〕釋其危疑：『危疑』，懷疑，不信任；疑懼。左傳僖公二十八年：『仲尼曰：以臣召君，

不可以訓。』晋杜預注：『變例以起大義，危疑之理，故特稱仲尼以明之。』宋葉適蔡知閣墓志銘：『領賓閣，前無比；遭危疑，建大謨。』

〔十七〕彰以信惠：『以』，全唐文作『我』。

〔十八〕虔王諒：『諒』，即李諒，唐德宗第四子。傳見舊唐書卷一百五十列傳第一百、新唐書卷八十二列傳第七。舊唐書其本傳載：『虔王諒，德宗第四子。大曆十四年封，授開府儀同三司。貞元二年，領蔡州節度大使、中光蔡觀察等使，以大將吴少誠爲留後。十年，領朔方靈鹽節度大使、靈州大都督，以朔方行軍司馬李欒爲靈府左司馬，知府事，朔方留後。十一年九月，横海大將程懷信逐其帥懷直。十月，以諒領横海節度大使、滄景觀察等使，以都知兵馬使程懷信爲留後，王不出閣。十六年，徐帥張建封卒，徐軍亂，又以諒領徐州節度大使、徐泗濠觀察處置等使，以建封子愔爲留後。』新唐書其本傳載：『虔王諒，以王拜開府儀同三司。貞元二年，領蔡州節度大使，以吴少誠爲留後；十年，徙節朔方靈鹽，以李欒爲留後；明年，領横海，又徙徐州，以程懷信、張愔爲留後。不出閣。』

〔十九〕性本温恭：『温恭』，温和恭敬。書舜典：『濬哲文明，温恭允塞。』孔穎達疏：『温和之色，恭遜之容。』詩商頌那：『自古在昔，先民有作。温恭朝夕，執事有恪。』

〔二十〕生知忠孝：『生知』，謂不待學而知之。語本論語季氏：『生而知之者上也。』晋葛洪抱朴子勖學：『人理之曠，道德之遠，陰陽之變，鬼神之情，緬邈玄奥，誠難生知。』

〔二十一〕祇服訓導：『祇服』，敬謹奉行。書康誥：『子弗祇服厥父事，大傷厥考心。』三國志蜀書後主傳：『公其祇服朕命，克廣德心，以終乃顯烈。』

〔二十二〕忠信不渝：翰苑集、全唐文作『躬行不渝』。

〔二十三〕勤必求當：『勤』，明鈔本、四庫全書、甲庫本、適園叢書作『動』；翰苑集、全唐文作『事』。

〔二十四〕端慎可以化俗：『化』，翰苑集、全唐文作『鎮』。『端慎』，莊重謹慎。唐元稹令狐楚等加階：『端慎嚴恪，夙夜在公，按度懸衡，守而不失。』明張居正吕豫所墓志銘：『上在東宫，亦雅知公端慎。』『化俗』，謂風俗受德教而發生變化。漢司馬相如難蜀父老：『必若所云，則是蜀不變服，而巴不化俗也。』後漢書曹褒傳：『以禮理人，以德化俗。』

〔二十五〕寬厚可以長人：『長人』，使動用法。『長』，長育。引申爲培育。宋蘇舜欽上范公參政書并咨目七事咨目一：『夫爲國之要，在乎長育人才。』

〔二十六〕底綏一方：『底』，四庫全書作『庛』。『底綏』，安定；平定。書盤庚上：『天

其永我命於兹新邑，紹復先王之大業，底綏四方。』蔡沈集傳：『天其將永我國家之命於殷，以繼復先王之大業，而致安四方乎！』底，一本作『厎』。晉書武帝紀：『底綏四國，用保天休。』

〔二十七〕庶無憂厲：翰苑集、全唐文作『庶允憂屬』。

〔二十八〕可申光隨蔡等州節度大使：『大使』，翰苑集、全唐文作『副大使』。

〔二十九〕兼充管内觀察使：翰苑集、全唐文作『管内觀察處置等使』。

〔三十〕開府封如故：翰苑集、全唐文作『餘如故』。

嘉王運横海軍節度制〔一〕

陸贄

門下：度土分疆，設官莅事，因時立制〔二〕，期在理安，必順物宜，且從人欲。版圖既溢，則疏邑以制州；統攝或乖，則分部而建長。沿革之道，亦何常哉！滄海之隅，地饒俗阜〔三〕；隱然北土，實曰雄藩〔四〕。鎮撫之宜，是資賢戚〔五〕。開府儀同三司、嘉王運〔六〕，氣本淳清〔七〕，重承先訓，忠肅孝友，宣慈惠和〔八〕。勤於服儒，樂在爲善，施於事任〔九〕，必有可觀。舉不失親，至公斯在，欽率厥職，永孚于休〔十〕。可横海軍節度大使、滄景觀察處置〔十一〕。開府如故〔十二〕。

校箋

〔一〕此文又見於全唐文卷四百六十二，文題作嘉王横海軍節度使制，署名陸贄。翰苑集卷九亦録，文題與署名同上。本文文末未標明頒布時間。按，唐刺史考第三册第七編河北道將李運任職時間暫繫爲貞元二年（七八六）。故此制文頒布及撰寫時間應爲貞元二年（七八六）。

〔二〕設官莅事，因時立制：『立』，翰苑集、全唐文均作『設』。

〔三〕地饒俗阜：『俗阜』，謂民衆富庶。唐崔鉉進宣宗收復河湟詩：『共遇聖明千載運，更觀俗阜與時和。』明沈鯨雙珠記刑逼成招：『牛刀試政，花邑觀風。百里桑麻，應知俗阜；千年桃李，可見陰功。』

〔四〕隱然北土，實曰雄藩：『實』，四庫全書作『寔』。『北土』，泛指北部地區。左傳昭公九年：『肅慎、燕、亳，吾北土也。』漢應瑒侍五官中郎將建章臺集詩：『往春翔北土，今冬客南淮。』

〔五〕鎮撫之宜，是資賢戚：『賢』，翰苑集、全唐文均作『懿』。『鎮撫』，安撫。左傳

昭公十五年：『諸侯之封也，皆受明器以鎮撫其社稷。』史記淮陰侯列傳：『因請立張耳爲趙王，以鎮撫其國，漢王許之。』

〔六〕開府儀同三司、嘉王運：指唐代宗第十五子李運。李運，傳見舊唐書卷一百一十六、新唐書卷八十二。舊唐書其本傳載：『嘉王運，代宗第十五子。大曆十年封，貞元十七年薨。』

〔七〕氣本淳清：『淳清』，翰苑集、四庫全書、全唐文均作『元淳』。

〔八〕忠肅孝友，宣慈惠和：『宣慈』，翰苑集、全唐文作『寬仁』。『忠肅』，忠誠恭敬。左傳文公十八年：『高辛氏有才子八人……忠肅共懿，宣慈惠和，天下之民謂之「八元」。』孔穎達疏：『忠者，與人無隱，盡心奉上也。肅者，敬也，應機敏達，臨事恪勤也。』三國志吳書吳主傳：『忠肅内發，款誠外昭。』『孝友』，事父母孝順、對兄弟友愛。詩小雅六月：『侯誰在矣，張仲孝友。』毛傳：『善父母爲孝，善兄弟爲友。』後漢書韓棱傳：『棱四歲而孤，養母弟以孝友稱。及壯，推先父餘財數百萬與從昆弟，鄉里益高之。』『宣慈』，本謂博聞慈愛，後泛指博愛衆人。左傳文公十八年：『高辛氏有才子八人……忠肅共懿，宣慈惠和，天下之民謂之「八元」。』孔穎達疏：『宣者，徧也。應受多方，知思周徧也。慈者，愛也，愛出於心，恩被於物也。』漢蔡邕郡掾吏張玄祠堂碑銘：『掾天姿恭恪，宣慈惠和，允恭博敏，惻隱仁恕，

正身履道。』『惠和』，仁愛和順。左傳昭公四年：『紂作淫虐，文王惠和，殷是以隕，周是以興，夫豈争諸侯！』後漢書皇后紀上和熹鄧皇后：『政非惠和，不圖於心；制非舊典，不訪於朝。』

〔九〕施於事任：『事任』，四庫全書作『任事』。

〔十〕永孚于休：『孚』，指爲人所信服，使信任。左傳莊公十年：『小信未孚，神弗福也。』

〔十一〕可横海軍節度大使、滄景觀察處置：翰苑集、全唐文作『可横海軍節度使、滄景等州觀察處置等使』。

〔十二〕開府如故：『開府』，翰苑集、全唐文均作『勛封』。

撫王紘河東節度制〔一〕

門下：肇自周漢，至于國朝，莫不建立親賢，以爲藩衛〔二〕。擇兹賢哲〔三〕，撫鎮北門〔四〕；舉是彝章〔五〕，式協公議〔六〕。撫王紘志量端平〔七〕，體識沈遠〔八〕，毓德早聞於詩禮〔九〕，成器可比於珪璋〔十〕。居然岐嶷之姿〔十一〕，雅有信厚之譽〔十二〕。是宜獎其令美〔十三〕，授以旌旄〔十四〕。况全晉雄藩〔十五〕，興王故地〔十六〕；屏護狄塞〔十七〕，統制甲兵。撫循緊將領之才〔十八〕，居守藉公侯之重〔十九〕。一昨師徒擾叛，帥令不遵〔二十〕，

用爾遥臨，以綏其衆。爾宜持嚴而務恕，約法而推誠〔二十一〕，戒之慎之，載揚丕績〔二十二〕。可開府儀同三司、充河東節度觀察處置等使、兼太原尹北都留守。封如故。主者施行。

校箋

〔一〕本文又見於全唐文卷五十五，文題作授撫王紘河東節度制，署名唐順宗。本文文末未標明頒布時間。按，唐刺史考第六編河東道卷八九太原府（上）條載：『李紘，永貞元年（八〇五），全唐文卷五五順宗授撫王紘河東節度使制：「撫王紘……可開府儀同三司，充河東節度觀察處置等使、兼太原尹、北都留守，封如故。」又見大詔令集卷三六。』故此制文頒布及撰寫時間應爲永貞元年（八〇五）。

〔二〕以爲藩衛：『藩衛』，屏障。後漢書 傅燮傳：『今涼州天下要衝，國家藩衛。』明李贄四勿説：『無藩衛可守，無界量可限。』

〔三〕擇兹賢哲：『賢哲』，甲庫本作『睿哲』。賢明睿智的人。漢揚雄劇秦美新：『宜命賢哲，作帝典一篇。』唐杜牧題魏文貞詩：『蟪蛄寧與雪霜期，賢哲難教俗士知。』

〔四〕撫鎮北門：『撫鎮』，明鈔本、適園叢書作『鎮撫』。

〔五〕舉是彝章：『彝章』，常典，舊典。南朝梁任昉爲范尚書讓吏部封侯第一表：『矜臣所乞，特迴寵命，則彝章載穆，微物知免。』唐司空圖上考功狀：『共仰推公之志，敢忘效報之心，克振彝章，必光僉議。』

〔六〕式協公議：『公議』，按公利標準而議論；公衆共同評論。韓非子說疑：『彼又使譎詐之士……使諸侯淫說其主，微挾私而公議。』宋司馬光劉道原十國紀年序：『道原公議其得失無所隱，惡之者側目，愛之者寒心。』

〔七〕撫王紘志量端平：『撫王紘』，即李紘，唐順宗第十七子。傳見舊唐書卷一百五十、新唐書卷八十二。舊唐書其本傳載：『撫王紘，順宗第十七子。貞元二十一年封。咸通四年，特册拜司空。五年，册司徒。乾符三年，册太尉。其年薨。』『端平』，公正允當。禮記月令：『（孟秋之月）决獄訟，必端平。』鄭玄注：『端，猶正也。』孫希旦集解：『端，謂明於曲直之辨而無所枉；平，謂得乎輕重之宜而無所頗。』南齊書張岱傳：『我爲政端平，待物以禮，悔吝之事，無由而及。』

〔八〕體識沈遠：『體識』，稟性和器識。南朝宋劉義慶世說新語言語：『會稽賀生，體識清遠，

言行以禮。』唐元稹贈工部尚書李公墓志銘：『長於議論，用體識爲文章，於朋友間好盡言。』『沈遠』，深沈遠大。北史孫搴趙彦深等傳論：『司徒器度沈遠，有宰臣之量。』五代王定保唐摭言知己：『丹族子惟岳謀道，沈遠廉静。』

〔九〕毓德早聞於詩禮：『毓德』，修養德性。南朝宋顔延之皇太子釋奠會作詩：『稟道毓德，講藝立言。』南朝梁劉孝標辨命論：『皆毓德於衡門，并馳聲於天地。』『詩禮』，指詩經和三禮。泛指儒家經典。莊子外物：『儒以詩、禮發冢。』唐王建送于丹移家洺州詩：『詩、禮不外學，兄弟相攻研。』

〔十〕成器可比於珪璋：『成器』，成爲器具。禮記學記：『玉不琢，不成器。』後因以比喻成爲有用的人材。南朝宋劉義慶世説新語品藻：『冀州刺史楊淮二子喬與髦，俱總角爲成器。』『珪璋』，玉制的禮器。古代用於朝聘、祭祀。莊子馬蹄：『白玉不毁，孰爲珪璋。』南齊書禮志上：『用珪璋等六玉，禮天地四方之神。』

〔十一〕居然岐嶷之姿：『居然』，猶安然。形容平安，安穩。詩大雅生民：『不康禋祀，居然生子。』史記秦始皇本紀：『秦地被山帶河以爲固，四塞之國也。自繆公以來，至於秦王，二十餘君，常爲諸侯雄。豈世世賢哉？其勢居然也。』『岐嶷』，詩大雅生民：『誕實匍匐，

克岐克嶷。』朱熹集傳：『岐嶷，峻茂之狀。』後多以『岐嶷』形容幼年聰慧。東觀漢記 馬客卿傳：『馬客卿幼而岐嶷，年六歲，能接應諸公，專對賓客。』

〔十二〕雅有信厚之譽：『信厚』，誠實敦厚。詩 周南 麟之趾序：『關雎之化行，則天下無犯非禮，雖衰世之公子，皆信厚如麟趾之時也。』三國志 吴書 陸遜傳：『陸遜字伯言，吴郡吴人也。本名議，世江東大族。』裴松之注：『陸氏世頌曰：「父駿，字季才，淳懿信厚，爲邦族所懷，官至九江都尉。」』

〔十三〕是宜獎其令美：『令美』，猶美好。南史 褚彦回傳：『建安王休仁，人才令美，物情宗向，帝與彦回謀誅之，彦回以爲不可。』

〔十四〕授以旌旄：『旌旄』，軍中用以指揮的旗子。漢劉向説苑 權謀：『有狂兕從南方來，正觸王左驂，王舉旌旄而使善射者射之。』唐李頻陝府上姚中丞詩：『關東領藩鎮，闕下授旌旄。』

〔十五〕况全晉雄藩：『雄藩』，地位重要、實力雄厚的藩鎮。舊唐書 嚴綬傳：『前後統臨三鎮，皆號雄藩。』

〔十六〕興王故地：『興王』，指唐初王朝興起。

〔十七〕屏護狄塞：『屏護狄塞』，指河東節度，是天寶十節度之一，爲防備突厥南下而設立，

治所在太原府。『狄』，北方部族爲狄。

〔十八〕撫循緊將領之才：『撫循』，安撫存恤。墨子尚同中：『助之言談者衆，則其德音之所撫循者博矣。』梁書康絢傳：『除振威將軍、華山太守。推誠撫循，荒餘悦服。』

〔十九〕居守藉公侯之重：『居守』，特指皇帝出征或巡幸時，重臣鎮守京都或行部。漢荀悦漢紀景帝紀：『鼂錯議，欲令上自將兵，身留居守。』新唐書輔公祏傳：『六年，伏盛入朝，留公祏居守，復令雄誕握兵副之。』

〔二十〕一昨師徒擾叛，帥令不遵：事見資治通鑑卷二百三十六載：『貞元二十年春，正月，丙戌，天德軍都防禦團練使、豐州刺史李景略卒。初，景略嘗宴僚佐，行酒者誤以醯進。判官京兆任迪簡以景略性嚴，恐行酒者得罪，强飲之，歸而嘔血。軍士聞之泣下。及李景略卒，軍士皆曰判官仁者，欲奉以爲帥。監軍抱置别室，軍士發扃取之。監軍以聞，詔以代景略。』

〔二十一〕約法而推誠：『約法』，謂約束以法。韓詩外傳卷十：『制禮約法於四方，臣弗如也。』後漢書烏桓傳：『其約法：違大人言者，罪至死。』南史袁昂傳：『幸因約法之弘，承解網之宥，猶當降等薪粲，遂乃頓釋鉗赭。』

〔二十二〕戒之慎之，載揚丕績：『戒』，甲庫本作『誡』。『丕績』，大功業。書大禹謨：『予

懋乃德，嘉乃丕績。』唐顔真卿天下放生池碑銘：『道冠巍巍，威深虢虢，遘兹多難，克廣不績。』

遂王宥彰信軍節度制（一）

國家承周漢之制（二），疏子弟之封，雖典册載光，而名實或異（三）。故有從中統外，授鉞臨戎（四），推公則然，所寄尤重。遂王宥（五），學禮承訓（六），樂善知方（七），能遵六義之文（八），克慕三雍之對（九）。有堅明可以莅衆（十），有惠和可以撫人（十一）。淮右列藩（十二），地綿千里，比喪戎帥，慎擇能臣，裨佐之中，勤效可録（十三）。師徒知義勇之節，封部致肅清之安（十四）。朕嘉其誠懇，委以留府，尚乃休懿（十五），宣于殿邦。威重遠資於撫臨（十六），緝綏不勞於事任（十七）；副明德茂親之選（十八），膺建侯樹屏之崇（十九）。爾惟欽哉，往踐厥職。可開府儀同三司、彰信軍節度管内支度營田、申光蔡等州觀察處置等使。元和五年三月。

校箋

〔一〕本文文末標明時間爲『元和五年三月』。考舊唐書穆宗紀載：『穆宗睿聖文惠孝皇帝諱恒，憲宗第三子……（元和）五年三月，領彰義軍節度大使。』舊唐書憲宗紀載：『（元和五年）三月……己未，制以遂王宥爲彰義軍節度使，以申州刺史吴少陽爲申光蔡節度留後。』册府元龜卷一百七十七載：『（元和）五年三月，授遂王宥節度以彰義軍兵馬使兼申州刺史。』故此制文頒布時間爲元和五年（八一〇）三月己未（十九日），其撰寫時間當在是時稍前。

〔二〕國家承周漢之制：『周漢』，適園叢書作『漢周』。

〔三〕而名實或異：『名實』，名譽與事功。孟子告子下：『先名實者，爲人也；後名實者，自爲也。』朱熹集注：『名，聲譽也；實，事功也。』唐韓愈賀册尊號表：『衆美備具，名實相當，赫赫巍巍，超今冠古。』

〔四〕授鉞臨戎：『授鉞』，古代大將出征，君主授以斧鉞，表示授以兵權。漢張衡東京賦：『授鉞四七，共工是除。』薛綜注引六韜：『凡國有難，君召將以授斧鉞。』『臨戎』，親臨戰陣；從軍。三國志魏書高貴鄉公髦傳：『今宜皇太后與朕暫共臨戎，速定醜虜，時寧東夏。』南朝

梁蕭統弓矢贊：『弓用筋角，矢制良工，亦以觀德，非止臨戎。』

〔五〕遂王宥：『遂王宥』，指唐穆宗李恒，原名宥，唐憲宗第三子。傳見舊唐書卷十六、新唐書卷八。舊唐書其本傳載：『穆宗睿聖文惠孝皇帝諱恒，憲宗第三子，母曰懿安皇后郭氏。貞元十一年七月，生於大明宫之别殿。初名宥，元和元年八月，進封遂王。五年三月，領彰義軍節度大使。七年十月，册爲皇太子，改今諱。』

〔六〕學禮承訓：『承訓』，接受教令或教誨。逸周書 武順：『伯不勤無以行令，卒不力無以承訓。』後漢書 清河孝王慶傳：『皇子肇保育皇后，承訓懷衽，導達善性，將成其器。』

〔七〕樂善知方：『樂善』，語出孟子 告子上：『仁義忠信，樂善不倦，此天爵也。』『知方』，知禮法。語本論語 先進：『可使有勇，且知方也。』劉寶楠正義引鄭玄曰：『方，禮法也。』後漢書 桓譚傳：『天下知方，而獄無怨濫矣。』宋葉適胡崇禮墓志銘：『生而知方，學而蹈道，識當成身，豈限常報！』

〔八〕能遵六義之文：『六義』，亦稱『六詩』。詩 大序：『詩有六義焉：一曰風，二曰賦，三曰比，四曰興，五曰雅，六曰頌。』孔穎達疏：『風、雅、頌者，詩篇之異體；賦、比、興者，詩文之異辭耳。大小不同而得并爲六義者，賦、比、興是詩之所用，風、雅、頌是詩之成形，用

彼三事，成此三事，是故同稱爲義，非別有篇卷也。」唐孟郊讀張碧集詩：「天寶太白歿，六義已消歇。大哉國風本，喪而王澤竭。」

（九）克慕三雍之對：「三雍」，亦稱「三雍宮」。漢時對辟雍、明堂、靈臺的總稱。漢書河間獻王傳：「武帝時，獻王來朝，獻雅樂，對三雍宮及詔策所問三十餘事。」顏師古注引應劭曰：「辟雍、明堂、靈臺也。雍，和也，言天地君臣人民皆和也。」後漢書儒林傳上：「中元元年，初建三雍。明帝即位，親行其禮。」

（十）有堅明可以莅衆：「堅明」，謂堅守。史記廉頗藺相如列傳：「秦自繆公以來二十餘君，未嘗有堅明約束者也。」

（十一）有惠和可以撫人：「惠和」，仁愛和順。左傳昭公四年：「紂作淫虐，文王惠和，殷是以隕，周是以興，夫豈爭諸侯！」後漢書皇后紀上和熹鄧皇后：「政非惠和，不圖於心；制非舊典，不訪於朝。」

（十二）淮右列藩：「列藩」，諸藩鎮。晉書曹志傳：「或列藩九服，式序王官。」唐顏真卿與李太保帖之四：「聖慈含弘，猶佐列藩，不遠伊邇，省躬荷德，恩貸實深。」

（十三）勤效可録：「勤效」，勞績。宋范仲淹答手詔條陳十事：「（外任京朝官）往往到職之初，

便該磨勘，一無勤效，例蒙遷改。」

（十四）封部致肅清之安：「肅清」，猶清平。多指國家、社會安定太平，法紀嚴明。漢書韋賢傳：「王朝肅清，唯俊之庭，顧瞻余躬，懼穢此征。」晉陸機漢高祖功臣頌：「二州肅清，四邦咸舉。」

（十五）尚乃休懿：「休懿」，美好。漢應劭風俗通十反：「咨嘉休懿，相授歲貢。」

（十六）威重遠資於撫臨：「撫臨」，據有，統治。史記文帝本紀：「以不敏不明而久撫臨天下，朕甚自愧。」三國志魏書陳留王奂傳：「陛下稽德期運，撫臨萬國。」

（十七）緝綏不勞於事任：「緝綏」，四庫全書作「緝綏」。「事任」，甲庫本作「事佐」。「緝綏」，整治綏靖。唐韓愈論淮西事宜狀：「朕亦本擬與元濟，恐其年少未能理事，所以未便處置，待其稍能緝綏，然擬許其承繼。」唐末五代杜光庭什邡令趙郁周天醮詞：「鄉里雕荒，緝綏尤切，洗心求瘼，克己徇公。」「事任」，猶言承擔職務。莊子應帝王：「無爲名尸，無爲謀府，無爲事任，無爲知主。」郭象注：「付物使各自任。」三國志魏書夏侯玄傳：「義斷行於鄉黨，豈不堪於事任乎？」宋書謝莊傳：「若才堪事任，而體氣休健……豈苟欲思閑辭事耶？」

（十八）副明德茂親之選：「茂親」，古時多指皇室宗親。茂，言其美盛。魏書樂志：「自

非懿望茂親，雅量淵遠，博識洽聞者，其孰能識其得失？』南朝梁丘遲與陳伯之書：『中軍臨川殿下，明德茂親，總兹戎重。』

〔十九〕膺建侯樹屏之崇：『樹屏』，建立藩屏。書 康王之誥：『乃命建侯樹屏，在我後之人。』孔穎達疏：『封立賢臣爲諸侯者，樹之以爲藩屏。』舊唐書 德宗順宗諸子傳論：『洎乎周漢，始以子弟建侯樹屏，以作維城。』

嘉王運等檢校司空制〔一〕

書載堯典，首稱睦族〔二〕；詩歌周德，實美維城〔四〕。朕嗣統百王，憲章三代，義雖本於叙族，道無愧於尊賢。式遵舊章，爰舉成命〔五〕。嘉王運、循王遹、恭王通等〔六〕，皆孝敬恭懿，敏裕齋莊〔七〕，播蘭茝之清芬，炳珪符之瑞采〔八〕。易凌沛獻〔九〕，詩掩楚元〔十〕。古人素風〔十一〕，造次於是〔十二〕；師氏訓典〔十三〕，周旋以之〔十四〕。固可以超金紫之貴階〔十五〕，升台鉉之崇秩〔十六〕。策勛詔爵〔十七〕，以寵分茅〔十八〕。并可金紫光禄大夫、檢校司空，賜上柱國。仍依百官例給料錢〔十九〕。

校箋

〔一〕本文又見於全唐文卷五十，文題作授嘉王運等檢校司空制，署名唐德宗。本文文末未標明頒布時間。册府元龜卷三十九亦載，其文首有『（開成二年）十月戊戌詔曰書載堯典……』云云，即本文。册府元龜卷五百七亦録，其文首云：『（開成二年）十月戊戌詔曰書載堯典。』舊唐書文宗紀：『開成二年……冬十月……戊戌，詔嘉王運、循王遹、通王諶并可光禄大夫、檢校司空，賜勛上柱國，仍依百官例給料錢。安王溶、潁王瀍并給料錢。』據上述典籍所載，此制文頒布時間爲開成二年（八三七）十月戊戌（八日），則撰寫時間當在是時稍前。按，『開成』爲唐文宗年號，故此文應署名爲唐文宗。

〔二〕首稱睦族：『睦族』，和睦親族。語出書堯典：『克明俊德，以親九族，九族既睦，平章百姓。』唐元稹代李中丞謝官表：『雖牽絲入仕，或因瑣碎之文，而執簡當朝，實由睦族而致。』

〔三〕詩歌周德：『周德』，周代的德治。左傳隱公十一年：『天而既厭周德矣，吾其能與許争乎？』三國魏曹植求自試表：『故啓滅有扈而夏功昭，成克商奄而周德著。』

〔四〕實美維城：『維城』，連城以衛國。詩大雅板：『懷德維寧，宗子維城。』後漢書劉

虞公孫瓚陶謙傳贊：『襄賁勵德，維城燕北。仁能洽下，忠以衛國。』

〔五〕爰舉成命：『成命』，既定的天命。詩周頌昊天有成命：『昊天有成命，二后受之。』晋陶潛感士不遇賦：『奉上天之成命，師聖人之遺書。』

〔六〕嘉王運、循王遹、恭王通等：『嘉王運』，即李運，代宗第十五子。傳見舊唐書卷一百一十六、新唐書卷八十二。舊唐書其本傳載：『嘉王運，代宗第十五子。大曆十年封，貞元十七年薨。』『循王遹』，即李遹，代宗第十七子。傳見舊唐書卷一百一十六、新唐書卷八十二。舊唐書其本傳載：『循王遹，代宗第十七子。大曆十年封。』『恭王通』，即李通，代宗第十八子。傳見舊唐書卷一百一十六、新唐書卷八十二。舊唐書其本傳載：『恭王通，代宗第十八子。大曆十年封。』

〔七〕敏裕齋莊：『齋莊』，嚴肅誠敬。史記秦始皇本紀：『遂登會稽宣省習俗，黔首齋莊，群臣誦功。』唐末五代杜光庭羅天醮衆神祠：『黍稷馨香，必虔於蠲潔；蘋蘩蕴藻，克展於齋莊。』

〔八〕炳珪符之瑞采：『珪符』，四庫全書作『珪璋』。『瑞采』，四庫全書作『符瑞』。『珪符』，封官爵的信符。南齊王融永明十一年策秀才文之三：『頃深汰珪符，妙簡銅墨。』李善注引周禮：『上公之禮執桓珪，諸侯之禮執信珪，諸伯執躬珪。』

〔九〕易凌沛獻：『易』，指易經。『沛獻』，指沛獻王劉輔。據後漢書沛獻王輔傳載：『輔矜嚴有法度，好經書，善説京氏易、孝經、論語傳及圖讖，作五經論，時號之曰沛王通論。在國謹節，終始如一，稱爲賢王。』

〔十〕詩掩楚元：『詩』，指詩經。『楚元』，即楚元王劉交。據漢書楚元王傳載：『楚元王交字游，高祖同父少弟也。好書，多材藝。少時嘗與魯穆生、白生、申公俱受詩於浮丘伯。……文帝時，聞申公爲詩最精，以爲博士。元王好詩，諸子皆讀詩，申公始爲詩傳，號魯詩。元王亦次之詩傳，號曰元王詩，世或有之。』

〔十一〕古人素風：『素風』，純樸的風尚；清高的風格。晋袁宏三國名臣序贊：『操不激切，素風愈鮮。』南朝宋傅亮爲宋公修楚元王墓教：『素風道業，作範後昆。』

〔十二〕造次於是：『造次』，倉猝；匆忙。論語里仁：『君子無終食之間違仁，造次必於是，顛沛必於是。』後漢書吴漢傳：『漢爲人質厚少文，造次不能以辭自達。』『師氏』，周代官名。掌輔導王室、教育貴族子弟以及朝儀得失之事。南北朝時北周亦曾置此官。書顧命：『師氏、虎臣、百尹、御事。』孔傳：『師氏，大夫官。』詩小雅十月之交：『楀維師氏，艷妻煽方處。』鄭玄箋：『師氏，亦中大夫也，掌司朝得失之事。』

〔十三〕師氏訓典：四庫全書作『昔賢典訓』；適園叢書作『式是訓典』。『訓典』，明鈔本、甲庫本、全唐文作『典訓』。『訓典』，王者教導民衆的法則。書畢命：『弗率訓典，殊厥井疆，俾克畏慕。』孔傳：『其不循教道之常，則殊其井居、田界，使能畏爲惡之禍，慕爲善之福。』

〔十四〕周旋以之：『周旋』，運轉。左傳僖公十五年：『亂氣狡憤，陰血周作，張脉僨興，外强中干，進退不可，周旋不能。』國語越語下：『必順天道，周旋無究。』

〔十五〕固可以超金紫之貴階：『金紫』，金魚袋及紫衣。唐宋的官服和佩飾。因亦用以指代貴官。唐元稹贈太保嚴公行狀：『仕五十年，一爲尚書，三歷僕射，六兼大夫，五任司空，再踐司徒，三居保傅，階崇金紫，爵極國公。』

〔十六〕升台鉉之崇秩：『台鉉』，猶台鼎。鉉，鼎耳，以代鼎。鼎三足，有三公之象，故以喻宰輔重臣。晋書韓伯傳：『王湛門資台鉉，地處膏腴，識表鄰機，才惟王佐。』魏書元禧傳：『太尉位居台鉉，在冢宰之上。』

〔十七〕策勛詔爵：『策勛』，記功勛於策書之上。左傳桓公二年：『凡公行，告於宗廟；反行，飲至、舍爵、策勛焉，禮也。』杜預注：『既飲置爵，則書勛勞於策，言速紀有功也。』後漢書光武帝紀下：『夏四月，大司馬吴漢自蜀還京師，於是大饗將士，班勞策勛。』李賢注：『其有功者，

以策書紀其勛也。』『詔爵』，謂詔賜以爵位。周禮夏官司士：『司士掌群臣之版……以詔王治，以德詔爵，以功詔禄，以能詔事。』晉書武帝紀：『古者以德詔爵，以庸制禄，雖下士猶食上農，外足以奉公忘私，内足以養親施惠。』

〔十八〕以寵分茅：『分茅』，分封王侯。古代分封諸侯，用白茅裹著泥土授予被封者，象徵授予土地和權力，謂之『分茅』。晉書八王傳贊：『有晉鬱興，載崇藩翰，分茅錫瑞，道光恒典。』唐楊巨源重送胡大夫赴振武詩：『向年擢桂儒生業，今日分茅聖主恩。』

〔十九〕仍依百官例給料錢：『料錢』，唐宋舊制，官吏除俸禄外，有時另給食料，或折錢發給，稱料錢。唐白居易送陝州王司馬建赴任詩：『公事閑忙同少尹，料錢多少敵尚書。』舊五代史周書太祖紀二：『漢隱帝時，有人上言：「州府從事令録，皆請料錢，自合雇人驅使，不合差遣百姓丁户。」』

濮王澤成德軍節度制〔一〕

門下：錫珪立社〔二〕，疏戚有倫〔三〕；畫野分疆〔四〕，親賢并建。所以左右王室〔五〕，保乂邦家〔六〕。乃眷冀方〔七〕，實爲雄鎮〔八〕，上垂昴宿〔九〕，下接岳靈〔十〕，控井陘之

要衝〔十一〕，當邯鄲之故地〔十二〕。用是稽諸古訓〔十三〕，考以國章〔十四〕，俾崇尚德之規，式叶至公之選〔十五〕。濮王澤〔十六〕，延慶金枝〔十七〕，疏流天派〔十八〕，資忠孝以植性〔十九〕，本仁義以立躬。文掇菁英〔二十〕，敏有逾於七步〔二十一〕；學探旨要〔二十二〕，對必詳於三雍〔二十三〕。刻舟志邁於蒼舒〔二十四〕，占雨識高於沛獻〔二十五〕。而冲謙自處〔二十六〕，矜伐不萌〔二十七〕。所宜作我翰垣〔二十八〕，副兹毗寄。爲臣之道，爾既克脩；知子之言，予復何愧？築齋壇以拜命〔二十九〕，杖武節以遥臨〔三十〕。爾其弘樽俎之嘉謀〔三十一〕，念折衝之遠略〔三十二〕，寵膺十乘，位列三台〔三十三〕，勉服新恩，慎守厥執〔三十四〕。可開府儀同三司、守潁州大都督、充成德軍節度、鎮冀深趙等州觀察處置等使。封如故，主者施行〔三十五〕。大中九年正月二十四日。

校箋

〔一〕本文又見於全唐文卷七十九，文題作授濮王澤成德軍節度制，署名唐宣宗。本文文末標明時間爲『大中九年正月二十四日』。考新唐書宣宗紀載：『（大中）九年正月甲申（四日），

成德軍節度使王元逵卒，其子紹鼎自稱留後。』資治通鑑卷二百四十九載：『（大中九年）正月，甲申（四日），成德軍奏節度使王元逵薨，軍中立其子節度副使紹鼎。』據上述典籍所載，大中九年正月甲申（四日）成德軍奏節度使薨，據此推算，授新節度使即濮王澤時間應在此之後不久，即『大中九年（八五六）正月二十四日』，其撰寫時間當在是時稍前。

〔二〕錫珪立社：『錫珪』，亦作『錫圭』。珪，古代諸侯朝聘時所執的玉制禮器。帝王封爵授土時，賜珪以爲信物。後泛指授以高官重爵。南朝梁沈約劉領軍封侯詔：『宜錫圭裂壤，允副僉屬，可封開國縣侯，食邑二千户。』梁書元帝紀：『以錫珪之功，既歸有道；當璧之禮，允屬聖明。』『立社』，建造生祠。史記季布欒布列傳：『燕齊之間皆爲欒布立社，號曰欒公社。』

〔三〕疏戚有倫：『有倫』，有理；有序。書康誥：『外事，汝陳時臬司師，兹殷罰有倫。』孔傳：『殷家刑罰有倫理。』孫星衍疏：『言殷刑之允當也。』莊子齊物論：『有左、有右，有倫、有義，有分、有辯，有競、有争，此之謂八德。』郭象注：『物物有理，事事有宜。』成玄英疏：『倫，理也。』

〔四〕畫野分疆：指劃分疆域而治。周書杜杲傳：『仍請畫野分疆，永敦隣好。』通典職官十三：『愚以爲當今之要，莫如量其遠近，分置王國，均其産邑，强弱相濟，畫野分疆，不得過

大。』亦作『畫土分疆』。

〔五〕所以左右王室：『左右』，幫助；輔佐。易泰：『輔相天地之宜，以左右民。』孔穎達疏：『左右，助也，以助養其人也。』國語晋語四：『此三人者，實左右之。』

〔六〕保乂邦家：『保乂』，明鈔本作『保人』。亦作『保艾』。『保乂』，治理使之安定太平。書君奭：『率惟兹有陳，保乂有殷。』孔傳：『以安治有殷。』唐楊炯唐同州長史宇文公神道碑：『對揚天命，保乂王家。』

〔七〕乃眷冀方：『乃眷』，詩大雅皇矣：『乃眷西顧。』鄭玄箋：『乃眷然運視西顧。』後以『乃眷』喻關懷。宋書武帝紀：『暢朝廷乃眷之旨，宣下民壅隔之情。』『冀方』，古泛指中原地區。書五子之歌：『有此冀方。』蔡沈集傳：『堯授舜，舜授禹，皆都冀州。言冀方者，舉中以包外也。』孔子家語正論解：『夏書曰：「維彼陶唐，率彼天常，在此冀方。」』王肅注：『中國爲冀。』

〔八〕實爲雄鎮：『實』，四庫全書作『寔』。『雄鎮』，猶重鎮。唐獨孤及江州刺史廳壁記：『世稱雄鎮，且曰天府。』明史忠義傳六王家録：『榆林爲天下雄鎮，兵最精，將材最多。』

〔九〕上垂昴宿：『昴宿』，星宿名。二十八宿之一。白虎七宿的第四宿。又名髦頭、旄頭。有亮星七顆（古代以爲五顆，故有昴宿之精轉化爲五老的傳説）。傳説漢相蕭何爲昴星精轉世，

後因借爲頌人之辭。南朝梁任昉王文憲集序：『信乃昴宿垂芒，德精降祉。』唐楊炯唐恒州刺史建昌公王公神道碑：『公臺階茂緒，昴宿精靈。』

（十）下接岳靈：『岳靈』，山岳的靈氣、精氣。漢蔡邕司空楊秉碑：『於戲！公唯岳靈，天挺德，翼精神，絪緼仁哲生。』南朝梁沈約游鍾山詩應西陽王教：『靈山紀地德，地險資岳靈。』

（十一）控井陘之要衝：『井陘』，四庫全書作『陘井』。『井陘』，山名。太行山的支脉。有要隘名井陘口，又稱土門關。秦漢時爲軍事要地。吕氏春秋有始：『何謂九塞？大汾、冥陀、荆阮、方城、殽、井陘、令疵、句注、居庸。』高誘注：『井陘，在常山井陘縣。』元和郡縣圖志恒州：『井陘縣，六國時趙地，秦始皇十八年，王翦興兵攻趙，下井陘。漢高帝三年，韓信、張耳東下井陘，擒成安君（陳餘），即此地也。陘山，在縣東南八十里。四面高，中央下，如井，故曰井陘……井陘口，今名土門口，縣（獲鹿縣）西南十里。即太行八陘之第五陘也。』『要衝』，處在交通要道的形勝之地。後漢書傅燮傳：『今凉州天下要衝，國家藩衛。』宋岳飛奏辭鎮南軍承宣使第三狀：『况九江乃控扼之重地，連武昌爲襟帶之要衝。』

（十二）當邯鄲之故地：『邯鄲』，古地名。今河北省邯鄲市。春秋時衛地，後屬晋。公元前三八六年趙敬侯自晋陽徙都邯鄲。秦王政十九年（公元前二二八年）置邯鄲郡。三國、魏、晋

爲廣平郡，隋開皇中改置縣，唐、宋、金、元因之。左傳 哀公元年：『夏四月，齊侯、衛侯救邯鄲，圍五鹿。』漢書 地理志下：『邯鄲北通燕涿，南自鄭衛，漳河之間一都會也。』

（十三）用是稽諸古訓：『古訓』，古代流傳下來的典籍或可以作爲準繩的話。詩 大雅 烝民：『古訓是式，威儀是力。』鄭玄箋：『古訓，先王之遺典也。』漢孔臧與從弟引安國書：『舊章潛於壁室，正於紛擾之際，欻爾而見，俗儒結舌，古訓復申。』

（十四）考以國章：『國章』，國之禮儀典章。南朝宋顔延之赭白馬賦：『振民隱，修國章。』吕延濟注：『國章，國之禮儀也。』唐高適信安王幕府詩：『國章榮印綬，公服貴貂蟬。』

（十五）式叶至公之選：『至公』，最公正；極公正。管子 形勢解：『風雨至公而無私，所行無常鄉。』吕氏春秋 慎大：『湯立爲天子，夏民大説，如得慈親，朝不易位，農不去疇，商不變肆，親郼如夏，此之謂至公。』

（十六）濮王澤：『濮王澤』，即李澤，唐宣宗李忱第五子。傳見舊唐書卷一百七十五、新唐書卷八十二。舊唐書其本傳載：『濮王澤，第五子也。大中二年封。』

（十七）延慶金枝：『延慶』，延續福祚。後漢書 朱景王杜等傳論：『若夫數公者，則與參國議，分均休咎，其餘并優以寬科，完其封禄，莫不終以功名，延慶於後。』南朝梁簡文帝唱導文：『馮

法致安，積善延慶。』『金枝』，帝王子孫的貴稱。逸周書 武儆：『惟十有二祀四月，王告夢，丙辰出金枝。』舊唐書 僖宗紀：『臣以爲熅（嗣襄王李熅）胤係金枝，名標玉牒。』

〔十八〕疏流天派：『疏流』，四庫全書作『衍流』。

〔十九〕資忠孝以植性：『植性』，生性；秉性。周書 劉志傳：『志少好學，博涉群書，植性方重，兼有武略。』太平廣記卷二六七引唐張鷟朝野僉載 麻秋：『後趙石勒將麻秋者，太原胡人也，植性虓險鴆毒。』

〔二十〕文掇菁英：『菁英』，精華；精英。五代齊己因覽支使孫中丞看可準大師詩序有寄詩：『一千篇里選，三百首菁英。』宋邢昺孝經注疏序：『采摭菁英，芟去煩亂。』

〔二十一〕敏有逾於七步：『七步』，相傳三國魏曹植七步成詩，後常以『七步』形容才思敏捷。南朝梁任昉齊竟陵文宣王行狀：『淮南取貴於食時，陳思見稱於七步，方斯蔑如也。』明徐復祚紅梨記 逼試：『可惜他才高七步，賦埒兩都，錦心綉腹，隱豹鳳雛，却爲柳營花陣都擔誤。』

〔二十二〕學探旨要：『旨要』，要旨，主要的意思。三國魏曹操孫子序：『吾觀兵書戰策多矣，孫武所著深矣……行於世者失其旨要，故撰爲略解焉。』世説新語 品藻：『王夷甫以王東海比樂令。』

〔二十三〕對必詳於三雍：『三雍』，亦稱『三雍宫』。漢時對辟雍、明堂、靈臺的總稱。漢書 河間獻王傳：『武帝時，獻王來朝，獻雅樂，對三雍宫及詔策所問三十餘事。』顔師古注引應劭曰：『辟雍、明堂、靈臺也。雍，和也，言天地君臣人民皆和也。』後漢書 儒林傳上：『中元元年，初建三雍。明帝即位，親行其禮。』

〔二十四〕刻舟志邁於蒼舒：典出三國志 魏書 鄧哀王沖傳：『時孫權曾致巨象，太祖欲知其斤重，訪之群下，咸莫能出其理。沖曰：「致象大船之上，而刻其水痕所至，稱物以載之，則校可知矣。」太祖大悦，即施行焉。』後因以『秤象』爲少年聰慧的典故。唐王維恭懿太子挽歌之三：『射熊今夢帝，秤象問何人？』元方回次韻張仲實見贈：『物我重輕了了事，可能秤象待蒼舒。』蒼舒，曹沖字。

〔二十五〕占雨識高於沛獻：『識高』，四庫全書作『識精』。『占雨』，典出太平御覽十又七百二十七引東觀漢記：『沛獻王輔善京氏易。永平五年，京師少雨，上御雲臺，自爲卦，以周易林占之。其繇曰：「蟻封穴户，大雨時至。」上以問輔，輔上書。』『沛獻』，指沛獻王劉輔。據後漢書 沛獻王輔傳載：『輔矜嚴有法度，好經書，善説京氏易、孝經、論語傳及圖讖，作五經論，時號之曰沛王通論。在國謹節，終始如一，稱爲賢王。』南朝梁任昉齊竟陵文宣王行狀：『昔沛

獻訪對於雲臺，東平齊聲於楊史。」

〔二十六〕而沖謙自處：『沖謙』，謙虚。南朝梁簡文帝三請開講啓：『聖德沖謙，劬勞日昃。』唐劉禹錫和劉相公南溪醉歌見寄：『脱屣將相守沖謙，唯於山水獨不廉。』『自處』，安置自己。楚辭九章悲回風：『惟佳人之獨懷兮，折若椒以自處。』史記李斯列傳：『人之賢不肖譬如鼠矣，在所自處耳。』

〔二十七〕矜伐不萌：『矜伐』，恃才誇功；誇耀。三國志魏書鄧艾傳：『艾深自矜伐，謂蜀士大夫曰：「諸君賴遭某，故得有今日耳；若遇吴漢之徒，已殄滅矣。」』隋書李諤傳：『雖勤比大禹，功如師望，亦不得厚自矜伐。』

〔二十八〕所宜作我翰垣：『所宜』，適宜；妥當。書序：『言九州所有，土地所生，風氣所宜，皆聚此書也。』漢應瑒侍五官中郎將建章臺集詩：『贈詩見存慰，小子非所宜。』

〔二十九〕築齋壇以拜命：『拜命』，明鈔本、甲庫本作『命邦』。『齋壇』，古代帝王祭天地的場所。唐李賀贈陳商詩：『風雪直齋壇，墨經貫銅綬。』『拜命』，謂拜謝厚命。命，吊問之辭。左傳莊公十一年：『秋，宋大水。公使吊焉，曰：「天作淫雨，害於粢盛，若之何不吊？」對曰：「孤實不敬，天降之灾，又以爲君憂，拜命之辱。」』杜預注：『謝辱厚命。』

〔三十〕杖武節以遥臨：『武節』，古代將帥憑以專制軍事的符節。漢書 武帝紀：『朕將巡邊垂，擇兵振旅，躬秉武節。置十二部將軍，親帥師焉。』北史 隋紀下 煬帝：『朕當親執武節，臨御諸軍。』

〔三十一〕爾其弘樽俎之嘉謀：『嘉』，全唐文作『善』。『樽俎』，指宴席。漢劉向新序 雜事一：『仲尼聞之曰：「夫不出於樽俎之間，而知千里之外，其晏子之謂也，可謂折衝矣。」』宋王安石寄郎侍郎詩：『久願作公樽俎客，恨無三畝斵蓬蒿！』『嘉謀』，高明的經國謀略。書 君陳：『爾有嘉謀嘉猷，則入告爾后于内，爾乃順之于外。』漢書 成帝紀：『冀聞切言嘉謀，匡朕之不逮。』

〔三十二〕念折衝之遠略：『折衝』，使敵人的戰車後撤。即制敵取勝。衝，衝車。戰車的一種。吕氏春秋 召類：『夫修之於廟堂之上，而折衝乎千里之外者，其司城子罕之謂乎？』高誘注：『衝，車。所以衝突敵之軍，能陷破之也……使欲攻己者折還其衝車於千里之外，不敢來也。』唐李邕鬥鴨賦：『或離披以折衝，或奮振以前却。』『遠略』，謂經略遠方。左傳 僖公九年：『齊侯不勤德，而勤遠略，故北伐山戎，南伐楚。』後漢書 鮮卑傳：『武帝情存遠略，志闢四方。』

〔三十三〕位列三台：『三台』，喻三公。後漢書 楊震傳：『蛇鱣者，卿大夫服之象也。數三者，法三台也。先生自此升矣。』唐高適奉酬睢陽李太守詩：『三台冀入夢，四岳尚分憂。』

〔三十四〕慎守厥執：『執』，明鈔本、甲庫本、四庫全書、全唐文、適園叢書作『職』。

〔三十五〕主者施行：原本無此句，今據適園叢書增補。

昭王汭成德軍節度制〔一〕

門下：近制，諸侯薨歿，朝廷或命其子弟嗣守爵者〔二〕；且慮職卑望輕，未能彈壓軍行，乃詔親王爲帥，以統臨焉，蓋尚體行權之旨也〔三〕。昭王汭〔四〕，貞祥所聚，姿質幼茂，孝敬天授，温文日宣。寧勞保傅之規〔五〕，自識君親之道。學禮不倦，發言有章，式光維城〔六〕，宜假分閫〔七〕。朕以趙地名服，常山奥區〔八〕，人多忠樸，俗尚義勇；少長有禮〔九〕，里閭自康。屬帥臣云亡，戎府無長，中權劇務〔十〕，已委諸甥。上將崇名，允歸愛子，顧梁園以雄處〔十一〕，秉漢節以遥臨〔十二〕。桐珪舊封〔十三〕，茅土新命〔十四〕。歡不阻於膝下，詔榮宣於庭中〔十五〕，邦家有光，藩屏斯盛。九命俾尊於開府〔十六〕，一方遠奉於建牙〔十七〕。實惟至公，勉服丕訓〔十八〕。可開府儀同三司、守鎮州大都督、充成德軍節度、鎮冀深趙等州觀察處置等使。封如故。主者施行。大中十一年八月二十日。

校箋

〔一〕本文又見於全唐文卷八十，文題作授昭王汭成德軍節度制，署名唐宣宗。本文文末標明時間爲『大中十一年八月二十日』，考舊唐書宣宗紀載：『（大中十一年）八月……以皇子昭王汭爲開府儀同三司、守鎮州大都督府長史、成德軍節度、鎮冀深趙觀察等大使。』唐會要卷七十八載：『大中十一年，以昭王汭爲開府儀同三司、成德軍節度副大使，知節度事。』據上述典籍所載，授昭王汭成德軍節度時間應爲大中十一年（八五七）八月二十日（甲申），其撰寫時間當在是時稍前。

〔二〕朝廷或命其子弟嗣守爵者：『守爵者』，原本作『守爵耆』；四庫全書作『守爵土』。今據全唐文改。

〔三〕蓋尚體行權之旨也：『行權』，改變常規，權宜行事。公羊傳桓公十一年：『權者，反於經然後有善者也……行權有道，自貶損以行權，不害人以行權。』唐李翱帝王所尚問：『是文與忠、敬，皆非帝王之所尚，乃帝王之所以合變而行權者也。』

〔四〕昭王汭：『昭王汭』，即昭王李汭，傳見舊唐書卷一百七十五、新唐書卷八十二。

〔五〕寧勞保傅之規：『保傅』，古代保育、教導太子等貴族子弟及未成年帝王、諸侯的男女官員，統稱爲保傅。戰國策 秦策三：『居深宫之中，不離保傅之手。』漢賈誼治安策：『及太子既冠成人，免於保傅之嚴，則有記過之史，徹膳之宰。』

〔六〕式光維城：『維城』，借指皇子或皇室宗族。後漢書 孝明八王傳贊：『孝明傳胤，維城八國。』唐無可送李長吉之任東井詩：『家世維城後，官資宰邑初。』

〔七〕宜假分閫：『分閫』，指出任將帥或封疆大吏。南朝梁劉勰文心雕龍 檄移：『故分閫推轂，奉辭伐罪，非唯致果爲毅，亦且厲辭爲武。』唐元稹李愬妻韋氏封魏國夫人制：『愬當分閫之際終無内顧之憂者，由此婦也。』

〔八〕常山奥區：『奥區』，腹地。後漢書 班固傳上：『防禦之阻，則天下之奥區焉。』李善注：『奥，深也。言秦地險固，爲天下深奥之區域。』宋劉炎邇言：『或曰：淮堧千里，濱接魯鄧，昔爲奥區，今爲極邊。』

〔九〕少長有禮：『少長』，適園叢書作『長少』。

〔十〕中權劇務：『中權』，指主將。北周庾信周車騎大將軍賀婁公神道碑：『以君智略，入佐中權。』唐司空圖復安南碑：『中權令峻，按虎節以風生；上將策奇，指龍編而天落。』『劇務』，

繁劇的事務。北齊書婁昭傳：『昭好酒，晚得偏風，雖愈，猶不能處劇務。』唐白居易哀二良文：『故其歷要官、參劇務，如刀劍發硎，割而無滯。』

〔十一〕顧梁園以雄處：『梁園』，借指皇室的宅第園林。唐魏元忠修書院學士奉敕宴梁王宅詩：『大君敦宴賞，萬乘下梁園。』唐張説安樂郡主花燭行：『梁園山竹凝云漢，仰望高樓在天半。』

〔十二〕秉漢節以遥臨：『秉漢節』，四庫全書作『末漢節』。『漢節』，漢天子所授予的符節。史記吴王濞列傳：『臣非敢求有所將，願得王一漢節，必有以報王。』宋曾鞏庭檜呈蔣穎叔詩：『漢節從來縱真賞，謝庭蘭玉載芳音。』此處指皇帝所授予的任命。

〔十三〕桐珪舊封：『桐珪』，四庫全書作『禍柱』；全唐文作『光輔』。『桐珪』，亦作『桐圭』。史記晋世家：『成王與叔虞戲，削桐葉爲珪以與叔虞曰：「以此封若。」……於是遂封叔虞於唐。』後以『桐珪』指帝王封拜的符信。唐王勃乾元殿頌序：『桐圭作瑞，鳳毛曜丹穴之英；茅壤分維，麟距冠元丘之俊。』圭，一本作『珪』。唐許孟容亨文恭太子廟樂章：『桐珪早貴，象輅追設。』

〔十四〕茅土新命：『茅土』，全唐文作『士膺』。『茅土』，指王、侯的封爵。古天子分封王、侯時，用代表方位的五色土築壇，按封地所在方向取一色土，包以白茅而授之，作爲受封者得以

有國建社的表徵。漢李陵答蘇武書：『陵謂足下當享茅土之薦，受千乘之賞。』李善注：『尚書緯曰：「天子社，東方青，南方赤，西方白，北方黑，上冒以黄土，將封諸侯，各取方土，苴以白茅，以爲社。」』漢蔡邕獨斷卷下：『天下大社以五色土爲壇，皇子封爲王者受天子之社土，以所封之方色，東方受青，南方受赤，他如其方色，歸國以立社，故謂之受茅土。』

（十五）詔榮宣於庭中：『庭中』，全唐文作『廷中』。

（十六）九命俾尊於開府：『開府』，古代指高級官員（如三公、大將軍、將軍等）成立府署，選置僚屬。後漢書董卓傳：『傕（李傕）又遷車騎將軍，開府，領司隸校尉，假節。』三國魏阮籍辭蔣太尉辟命奏記：『開府之日，人人自以爲掾屬。』

（十七）一方遠奉於建牙：『建牙』，古謂出師前樹立軍旗。晋書姚興載記下：『於是盡赦囚徒，散布帛數萬匹以賜其將士，建牙誓衆，將赴長安。』唐封演封氏聞見記公牙：『詩曰：「祈父，予王之爪牙。」祈父，司馬，掌武備，象猛獸，以爪牙爲衛，故軍前大旗謂之牙旗。出師則有建牙、禡牙之事。』

（十八）勉服丕訓：『丕訓』，重大的訓導。書君陳：『爾惟弘周公丕訓。』孔傳：『當闡大周公之大訓。』唐韓愈順宗實録三：『朕奉若丕訓，憲章前式。』

撫王紘開府儀同三司守司空制（一）

獨孤霖

門下：尚德尊賢，與親親而并建（二）；崇階顯位，表授受以爲庸（三）。斯所以憲章堯心，損益周道（四）。自家刑國，徇公絶私（五），率是而行，何謝前古（六）？撫王紘（七），生知孝悌，夙稟惠和（八）。鄙曹植之春華，詞刊枝葉（九）；體河間之秋實，學洞根元（十）。况律度自持，韋弦相顧（十一），不斯須以忘善，不造次以違仁（十二）。固可以命於典謨，光其簡策（十三），馭貴式登於極品，承榮允踐於上公（十四）。敬而戒之，無忝我高祖、太宗之丕訓（十五）。可開府儀同三司、司空。依前百官例給俸料（十六）。兼令所司，擇日備禮册命。主者施行。咸通四年正月。

校箋

（一）本文又見於全唐文卷八百二，文題作撫王紘開府儀同三司守司空制，署名獨孤霖。本文文末標明時間『咸通四年正月』。考舊唐書卷一百五十載：『撫王紘，順宗第十七子。……咸通四年，特册拜司空。』考舊唐書懿宗紀載：『（咸通）四年，正月……庚辰，撫王紘爲司空。』

據上述典籍所載，授撫王紘開府儀同三司守司空時間應爲咸通四年（八六三）正月庚辰（十七日），制文撰寫時間當在是時稍前。又，獨孤霖，傳見新唐書藝文志卷六十。

（二）與親親而并建：『親親』，愛自己的親屬。詩小雅伐木序：『親親以睦友，友賢不棄，不遺故舊，則民德歸厚矣。』孔穎達疏：『既能内親其親以使和睦，又能外友其賢而不棄，不遺忘久故之恩舊而燕樂之。』漢書翼奉傳：『古者朝廷必有同姓以明親親，必有異姓以明賢賢，此聖王之所以大通天下也。』

（三）崇階顯位，表授受以爲庸：『崇階』，高位，高官。明李贄答耿司寇：『吾謂孔孟當此時若徒隨行逐隊，旅進旅退，以戀崇階，則寧終身空室陋巷窮餓而不悔矣。』清侯方域擬思宗改元廷臣謝表：『生入玉門之關，已叨非望；新脱龍城之戍，便授崇階。』『授受』，給予和接受。孟子離婁上：『男女授受不親，禮與？』朱熹集注：『授，與也。受，取也。』後漢書朱祐景丹等傳論：『若乃王道既衰，降及霸德，猶能授受惟庸，勳賢皆序。』

（四）斯所以憲章堯心，損益周道：『周道』，全唐文作『周家』。『憲章』，效法。禮記中庸：『仲尼祖述堯舜，憲章文武。』宋蘇軾集英殿春宴教坊詞教坊致語：『憲章六聖之典謨，斟酌百王之禮樂。』明史蔣德璟傳：『願憲章二祖，修復舊制。』『堯心』，謂聖君的心願、抱負。

南朝宋范曄樂游應詔詩：『山梁協孔性，黄屋非堯心。』南朝梁沈約應詔游苑餞吕僧珍詩：『我皇秉至德，忘己用堯心。』『損益』，增減；盈虧。易損：『損剛益柔有時，損益盈虚，與時偕行。』漢書禮樂志：『王者必因前王之禮，順時施宜，有所損益，即民之心，稍稍制作，至太平而大備。』

〔五〕徇公絶私：『徇』，四庫全書作『旬』；甲庫本作『循』。

〔六〕何謝前古：『何』，四庫全書作『可』。『前古』，古代；往古。漢趙曄吴越春秋勾踐入臣外傳：『今大王誠赦越王，則功冠於五霸，名越於前古。』南朝梁劉勰文心雕龍銘箴：『信所謂追清風於前古，攀辛甲於後代者也。』

〔七〕撫王紘：『撫王紘』，指唐順宗第十七子李紘。傳見舊唐書卷一百五十、新唐書卷八十二。檢舊唐書李紘傳略云：『撫王紘，順宗第十七子。貞元二十一年封。咸通四年，特册拜司空。五年，册司徒。乾符三年，册太尉。其年薨。』

〔八〕生知孝悌，夙禀惠和：『悌』，全唐文作『弟』。『惠和』，仁愛和順。左傳昭公四年：『紂作淫虐，文王惠和，殷是以隕，周是以興，夫豈争諸侯！』後漢書皇后紀上和熹鄧皇后：『政非惠和，不圖於心；制非舊典，不訪於朝。』

〔九〕鄙曹植之春華，詞刊枝葉：『鄙』，四庫全書作『茂』；全唐文作『發』。『枝葉』，

喻瑣碎、浮華的言詞。禮記 表記：『天下無道則辭有枝葉。』孔穎達疏：『無道之世，人皆無禮，行不誠實，但言辭虛美，如樹幹之外而更有枝葉也。』唐白居易有唐善人墓碑：『前後著文凡一百五十二首，皆詣理撮要，詞無枝葉。』

〔十〕體河間之秋實，學洞根元：『河間』，指漢河間獻王劉德。南朝梁任昉齊竟陵文宣王行狀：『陳農所未究，河間所未輯。』南朝梁劉勰文心雕龍 樂府：『河間薦雅而罕御，故汲黯致譏於天馬也。』『秋實』，比喻人的德行成就。三國志 魏書 邢顒傳：『采庶子之春華，忘家丞之秋實。』北齊顔之推顔氏家訓 勉學：『夫學者猶種樹也，春玩其華，秋登其實。講論文章，春華也，修身勵行，秋實也。』『根元』，根源；根本。晉葛洪抱朴子 對俗：『其根元可考也，形理可求也。』五代齊己言詩：『畢竟將何狀，根元在正思。』

〔十一〕況律度自持，韋弦相顧：『律度』，猶規矩、法度。唐白居易記畫：『至若筆精之英華，指趣之律度，予非畫之流也，不可得而知之。』『韋弦』，韓非子 觀行：『西門豹之性急，故佩韋以自緩；董安于之心緩，故佩弦以自急。故以有餘補不足，以長續短之謂明主。』後因以『韋弦』比喻外界的啓迪和教益。用以警戒、規勸。南朝梁任昉王文憲集序：『夷雅之體，無待韋弦。』李善注：『韋，皮繩，喻緩也；弦，弓弦，喻急也……言王公平雅之性，無待此韋弦以成也。』

〔十二〕不斯須以忘善，不造次以違仁：「斯須」，須臾；片刻。禮記 祭義：「禮樂不可斯須去身。」鄭玄注：「斯須，猶須臾也。」唐杜甫哀王孫詩：「不敢長語臨交衢，且爲王孫立斯須。」「造次」，倉猝；匆忙。論語 里仁：「君子無終食之間違仁，造次必於是，顛沛必於是。」後漢書 吴漢傳：「漢爲人質厚少文，造次不能以辭自達。」

〔十三〕固可以命於典謨，光其簡策：「謨」，四庫全書作「譽」；全唐文作「謩」。「光」，全唐文作「先」。「典謨」，尚書中堯典、舜典和大禹謨、皋陶謨等篇的并稱。書序：「典謨訓誥誓命之文凡百篇，所以恢弘至道，示人主以軌範也。」漢書 揚雄傳下：「典謨之篇，雅頌之聲，不温純深潤，則不足以揚鴻烈而章緝熙。」「簡策」，即簡册。由竹簡編連而成。後指史籍、典籍。管子 宙合：「是故聖人著之簡策，傳以告後進。」漢王充論衡 定賢：「口談之實語，筆墨之餘迹，陳在簡策之上。」

〔十四〕馭貴式登於極品，承榮允踐於上公：「極品」，特指官員的最高等級。宋史 職官志六：「凡内侍初補曰小黄門，經恩遷補則爲内侍黄門。後省官闕，則以前省官補。押班次遷副都知，次遷都都知，遂爲内臣之極品。」明史 閹黨傳 吴淳夫：「六年冬，擢太僕少卿，視職方事……歲中六遷，至極品。」「上公」，公爵的尊稱，亦泛指高官顯爵。唐李華寄趙七侍御詩：「屬詞

慕孔門，入仕希上公。』明何景明玉岡黔國地種竹詩：『上公勛不忘，君子名詎朽。』

（十五）無忝我高祖、太宗之丕訓：『高祖』，指唐高祖李淵。傳見舊唐書卷一、新唐書卷一。『太宗』，指唐太宗李世民。傳見舊唐書卷二、卷三，新唐書卷二。『丕訓』，重大的訓導。書君陳：『爾惟弘周公丕訓。』孔傳：『當闡大周公之大訓。』唐韓愈順宗實録三：『朕奉若丕訓，憲章前式。』

（十六）依前百官例給俸料：『俸料』，唐宋官員除俸禄外，又給食料、廚料等（折成錢鈔謂之料錢），二者合稱『俸料』。唐趙元一奉天録卷二：『泚（朱泚）以國家府庫之殷，重賞應在京城公卿家屬。皆月給俸料，以安其心。』宋孔平仲續世説汰侈：『王起富於文學，而理家無法，俸料入門，即爲僕妾所有。』

蜀王佶西川節度制（一）

自古聖帝明王，莫不封建子弟（二），錫以茅土（三），寵之珪符（四），俾藩屏皇家（五），翰維天邑（六）。朕每讀麟趾識詩人之意（七），念犬牙知漢祖之心（八）。眷乃坤維（九），實惟奥壤（十），甲車雄盛，貨殖殷繁。鈐越嶲則南詔憚嚴（十一），鍵松維則西戎畏懼（十二）。是用授親賢而統制，命良將以經邦，維彼遠方（十三），稱兹公共。蜀王佶（十四），宇量弘

廣（十五），風神粹和（十六），承顏於日域之中（十七），稟訓於天庭之内（十八）。弱不好弄（十九），居無愠容，語言皆質於詩、書，造次不離於孝敬（二十）。蟻封占雨（二十一），嗣沛獻之明規（二十二）；象艦知斤（二十三），繼蒼舒之敏智（二十四）。屬者南蠻入寇（二十五），西蜀纏兵，瘡痍生縣道之間，荆棘繫師徒之後（二十六）。雖英儒鎮御，火既撲於燎原；而權道改張（二十七），瑟難遵於膠柱（二十八）。由是假爾英略（二十九），光予翰垣（三十），分玉葉之清陰（三十一），覆銅梁之重地（三十二）。遥資算畫（三十三），密受韜鈐（三十四）。必使萬井歡聲（三十五），三軍懷德（三十六），致藩夷之稽顙（三十七），革蠻貊之非心（三十八）。將安永圖（三十九），在舉長策（四十），對揚休命（四十一），爾其敬之。可開府儀同三司、兼成都尹、劍南西道節度副大使、知節度事管内觀察處置、統押近界諸蠻及西山八國雲南安撫等使。咸通十年五月。

校箋

〔一〕本文又見於全唐文卷八十三，文題作授蜀王佶西川節度使制，署名唐懿宗。本文文末標明時間爲『咸通十年五月』，甲庫本文末時間標注爲『咸通十一年七月』。考舊唐書懿宗紀

載：『（咸通十年）十二月……以蜀王佶爲開府儀同三司、成都尹、劍南西川節度副大使、知節度事，不出閤』。唐會要卷七十八載：『咸通十年十二月，以蜀王佶爲開府儀同三司、劍南西川節度副大使知節度事。』資治通鑑卷二百五十一載：『（咸通十年）冬，十月……初，南詔遣使者楊酋慶來謝釋董成之囚，定邊節度使李師望欲激怒南詔以求功，遂殺酋慶。西川大將恨師望分裂巡屬，陰遣人致意南詔，使入寇。師望貪殘，聚私貨以百萬計，戍卒怨怒，欲生食之，師望以計免。朝廷徵還，以太府少卿竇滂代之。滂貪殘又甚於師望，故蠻寇未至，而定邊固已困矣。是月，南詔驃信酋龍傾國入寇，引數萬衆擊董春烏部，破之。十一月，蠻進寇巂州，定邊都頭安再榮守清溪關，蠻攻之，再榮退屯大渡河北，與之隔水相射九日八夜。蠻密分軍開道，逾雪坡，奄至沐源川，滂遣兗海將黄卓帥五百人拒之，舉軍覆没。十二月，丁酉，蠻衣兗海之衣，詐爲敗卒，至江岸呼船，已濟，衆乃覺之，遂陷犍爲，縱兵焚掠陵、榮二州之境。後數日，蠻軍大集於陵雲寺，與嘉州對岸。刺史楊忞與定邊監軍張允瓊勒兵拒之。蠻潛遣奇兵自東津濟，夾擊官軍，殺忠武都將顔慶師，餘衆皆潰，忞、允瓊脱身走。』故據上述典籍所載，授蜀王佶西川節度時間應爲咸通十年（八六九）十二月，制文撰寫時間當在是時稍前。

（二）莫不封建子弟：『封建』，封邦建國。古代帝王把爵位、土地分賜親戚或功臣，使之

在各該區域内建立邦國。相傳黄帝爲封建之始，至周制度始備。禮記王制：『王者之制禄爵，公、侯、伯、子、男凡五等……天子之田方千里，公、侯田方百里，伯七十里，子、男五十里。』左傳僖公二十四年：『昔周公弔二叔之不咸，故封建親戚，以蕃屏周。』孔穎達疏：『故封立親戚爲諸侯之君，以爲蕃籬，屏蔽周室。』秦統一中國，廢封建立郡縣。漢自景帝平七國之亂後，雖行封王侯建邦國之制，但集權於中央。

〔三〕錫以茅土：『茅土』，指王、侯的封爵。古天子分封王、侯時，用代表方位的五色土築壇，按封地所在方向取一色土，包以白茅而授之，作爲受封者得以有國建社的表徵。漢李陵答蘇武書：『陵謂足下當享茅土之薦，受千乘之賞。』李善注：『尚書緯曰：「天子社：東方青，南方赤，西方白，北方黑，上冒以黄土。將封諸侯，各取方土，苴以白茅，以爲社。」』漢蔡邕獨斷卷下：『天下大社以五色土爲壇，皇子封爲王者受天子之社土，以所封之方色，東方受青，南方受赤，他如其方色，歸國以立社，故謂之受茅土。』

〔四〕寵之珪符：『珪符』，封官爵的信符。南朝齊王融永明十一年策秀才文之三：『頃深汰珪符，妙簡銅墨。』李善注引周禮：『上公之禮執桓珪，諸侯之禮執信珪，諸伯執躬珪。』

〔五〕俾藩屏皇家：『皇家』，四庫全書、全唐文作『王家』。『藩屏』，捍衛。左傳定公四年：『選

建明德，以藩屏周。』漢書燕剌王劉旦傳：『昔高皇帝王天下，建立子弟以藩屏社稷。』

〔六〕翰維天邑：『天邑』，謂帝王之都。指京都。書多士：『予一人惟聽用德，肆予敢求爾於天邑商。』漢班固典引：『至於參五華夏，京遷鎬亳，遂自北面，虎螭其師，革滅天邑。』蔡邕注：『天邑，天子邑也。』

〔七〕朕每讀麟趾識詩人之意：『每』，甲庫本無此字。『麟趾』，即國风周南麟之趾，贊美諸侯公子的詩歌。

〔八〕念犬牙知漢祖之心：『犬牙』，典出漢書中山靖王劉勝傳：『諸侯王自以骨肉至親，先帝所以廣封連城，犬牙相錯者，爲盤石宗也。』

〔九〕眷乃坤維：『坤維』，指西南方。因易坤有『西南得朋』之語，故以坤指西南。晉張協雜詩之二：『大火流坤維，白日馳西陸。』李善注：『毛詩曰：「七月流火。」毛萇曰：「火，大火也。」淮南子曰：「坤維在西南。」』

〔十〕實惟奥壤：『實惟』，全唐文作『實推』。『奥壤』，謂腹地。晉書孝武帝紀：『三吴奥壤，股肱望郡，而水旱并臻，百姓失業。』南朝梁沈約齊故安陸昭王碑文：『姑蘇奥壤，任切關河。』

〔十一〕鈐越嶲則南詔憚嚴：原本作『鈐趙嶲』，今據四庫全書、全唐文、適園叢書改。『越

嶲』，今爲四川越西。

〔十二〕鍵松維則西戎畏懼：『松維』，指唐代松州、維州，均在今四川成都西北。『西戎』，稱我國西北方吐蕃等少數民族。唐杜甫秦州雜詩之十八：『西戎外甥國，何得迕天威。』

〔十三〕維彼遠方：四庫全書作『緬彼遠方』。

〔十四〕蜀王佶：『蜀王佶』，即李佶，唐懿宗第三子。傳見舊唐書卷一百七十五、新唐書卷八十二。舊唐書其本傳載：『蜀王佶，咸通三年封。』

〔十五〕宇量弘廣：『弘廣』，甲庫本作『洪廣』。『宇量』，氣度；度量。藝文類聚卷四七引晉潘岳司空鄭袞碑：『於鑠元侯，則天垂象，弘操岳峻，宇量深廣。』舊唐書代宗紀：『玄宗諸孫百餘，上爲嫡皇孫。宇量弘深，寬而能斷，喜懼不形於色。』

〔十六〕風神粹和：『風神』，風采；神態。晉書裴楷傳：『楷風神高邁，容儀俊爽，博涉群書，特精理義，時人謂之「玉人」。』宋王讜唐語林豪爽：『上爲皇孫時，風神秀異，英姿儁邁。』『粹和』，精純和美。唐陸龜蒙讀襄陽耆舊傳因作五百言寄皮襲美詩：『不知粹和氣，有得方大受。』唐司空圖解縣新城碑：『此府自大曆、貞元之隆，郭公、渾公繼臨，雖博厚粹和，本朝實賴，而儉德異政，舊史闕然。』

（十七）承顔於日域之中：『承顔』，順承尊長的顔色。謂侍奉尊長。漢書雋不疑傳：『聞暴公子威名舊矣，今乃承顔接辭。』晋書孝友傳序：『柔色承顔，怡怡盡樂。』『日域』，日照之處。猶天下。魏書李孝伯傳：『伏惟世祖太武皇帝英叡自天，籠罩日域，東清遼海，西定玉門，凌滅漠北，飲馬江水。』宋梅堯臣隨州錢相公挽歌之一：『文章留日域，忠孝在王門。』

（十八）稟訓於天庭之内：『天庭』，帝王的宫廷；朝廷。晋左思蜀都賦：『幽思絢道德，摛藻掞天庭。』唐沈佺期奉和洛陽玩雪應制：『灑瑞天庭裏，驚春御苑中。』

（十九）弱不好弄：幼年時不愛嬉戲。左傳僖公九年：『夷吾弱不好弄，能鬭不過，長亦不改，不知其他。』南朝宋顔延之陶徵士誄：『弱不好弄，長實素心。』

（二十）造次不離於孝敬：『不』，甲庫本作『未』。『造次』，須臾；片刻。後漢書寇恂傳：『且耿府君在上谷，久爲吏人所親，今易之，得賢則造次未安，不賢則秖更生亂。』魏書禮志四：『治身不得以造次忘，治國庸可而須臾匆也？』

（二十一）蟻封占雨：『蟻封』，典出太平御覽十，又七百二十七引東觀漢記：『沛獻王輔善京氏易。永平五年，京師少雨，上御雲臺，自爲卦，以周易林占之。其繇曰：「蟻封穴户，大雨時至。」上以問輔，輔上書。』

〔二十二〕嗣沛獻之明規：『嗣』，明鈔本、甲庫本作『俟』。『沛獻』，即漢沛獻王刘辅。范曄後漢書卷四十二列傳第三十二載：『輔矜嚴有法度，好經書。』

〔二十三〕象艦知斤：典出三國志：『沖少聰察，生五六歲，智意所及，有若成人之智。時孫權曾致巨象，太祖欲知其斤重，訪之群下，咸莫能出其理。沖曰：「置象大船之上，而刻其水痕所至，稱物以載之，則校可知矣。」太祖大悦，即施行焉。』

〔二十四〕繼蒼舒之敏智：『倉舒』，即曹沖。

〔二十五〕屬者南蠻入寇：『屬者』，近時，近來。漢書李尋傳：『故屬者頗有變改，小貶邪猾。』顔師古注：『屬者，謂近時也。』宋黄庭堅謝公定和二范秋懷五首邀余同作詩之四：『屬者缺諫垣，時論或未許。』『南蠻』，此處指南詔。

〔二十六〕西蜀纏兵，瘡痍生縣道之間，荆棘繫師徒之後：『荆棘繫師徒之後』，全唐文作『荆棘繫師徒之役』；四庫全書作『荆棘繫師徒之役』。『師徒』，士卒。亦借指軍隊。左傳成公二年：『畏君之震，師徒撓敗。』唐張九齡勑平盧諸將士書：『近日安禄山無謀，率爾輕敵，馳突不顧，遂損師徒。』此數句即指資治通鑑卷二百五十一所言南詔入寇之情形：『（咸通十年）冬，十月……初，南詔遣使者楊酋慶來謝釋董成之囚，定邊節度使李師望欲激怒南詔以求功，遂殺酋慶。西川

大將恨師望分裂巡屬，陰遣人致意南詔，使入寇。師望貪殘，聚私貨以百萬計，戍卒怨怒，欲生食之，師望以計免。朝廷徵還，以太府少卿竇滂代之。滂貪殘又甚於師望，故蠻寇未至，而定邊固已困矣。是月，南詔驃信酋龍傾國入寇，引數萬衆擊董舂烏部，破之。十一月，蠻進寇嶲州，定邊都頭安再榮守清溪關，蠻攻之，再榮退屯大渡河北，與之隔水相射九日八夜。蠻密分軍開道，逾雪坡，奄至沐源川，滂遣兗海將黄卓帥五百人拒之，舉軍覆没。十二月，丁酉，蠻衣兗海之衣，詐爲敗卒，至江岸呼船，已濟，衆乃覺之，遂陷犍爲，縱兵焚掠陵、榮二州之境。後數日，蠻軍大集於陵雲寺，與嘉州對岸。刺史楊忞與定邊監軍張允瓊勒兵拒之。蠻潛遣奇兵自東津濟，夾擊官軍，殺忠武都將顔慶師，餘衆皆潰，忞、允瓊脱身走。」

〔二十七〕而權道改張：『權道』，變通之道；臨時措施。北齊樊遜升中紀號對：『投鼠忌器之説，蓋是常談；文德懷遠之言，豈識權道？』舊唐書魏玄同傳：『如今選司所行者，非上皇之令典，乃近代之權道。』『改張』，本指調换樂器上的弦線，并重新調音。張，將弦繃緊。比喻改革制度或變更方法。語出漢書董仲舒傳：『竊譬之琴瑟不調，甚者必解而更張之，乃可鼓也；爲政而不行，甚者必變而更化之，乃可理也。』魏書高崇傳：『且琴瑟不韻，知音改弦更張；騑驂未調，善御執轡成組。』

〔二十八〕瑟難遵於膠柱：語出史記廉頗藺相如列傳：『王以名使括，若膠柱而鼓瑟耳。括徒能讀其父書傳，不知合變也。』『膠柱鼓瑟』比喻固執拘泥，不知變通。故此句指難以拘泥，須得變通。

〔二十九〕由是假爾英略：『英略』，英明的謀略。晋書安帝紀：『鎮軍將軍裕英略奮發，忠勇絶世。』宋蘇轍乞御制集叙狀：『臣等恭惟神宗皇帝，天縱彌文，神授英略，詞章淵妙，不學而能。』

〔三十〕光予翰垣：明鈔本、甲庫本、適園叢書作『光余翰垣』。『翰垣』，即『垣翰』。詩大雅板：『价人維藩，大師維垣。大邦維屏，大宗維翰。』毛傳：『垣，墻也。翰，幹也。』後以『垣翰』比喻屏障或國家的重臣。唐白居易除某官王某魏博節度使制：『爲我垣翰，永孚於休。』唐陸贄冬至大禮大赦制：『方鎮乃國之垣翰，禁衛實予之爪牙。』

〔三十一〕分玉葉之清陰：『玉葉』，猶玉牒，指皇家譜系。南朝梁江淹宋安成王右常侍劉喬墓志文：『玉葉既積，金徽方傳。乃毓伊人，剋廣克宜。』宋柳永中吕宫送征衣詞：『吾皇誕彌月，瑶圖纘慶，玉葉騰芳。』『清陰』，清凉的樹陰。晋陶潛歸鳥詩：『顧儔相鳴，景庇清陰。』唐薛能楊柳枝詞：『游人莫道栽無益，桃李清陰却不如。』此處喻恩澤。

〔三十二〕覆銅梁之重地：『銅梁』，山名。在重慶市合川縣南。山有石梁横亘，色如銅。古文苑 揚雄蜀都賦：『銅梁金堂，火井龍湫。』章樵注：『銅梁山在宕渠縣。』北周庾信上益州上柱國趙王詩之一：『銅梁影棠樹，石鏡寫褰帷。』倪璠注：『銅梁影棠樹者，言趙王出鎮益州巴蜀，銅梁是聽政之所，若召伯甘棠矣。』

〔三十三〕遥資算畫：『算畫』，猶計劃，謀劃。唐元稹加裴度鎮州四面招討使制：『上臺居鎮，算畫無遺，操晉陽之利兵，驅屈産之良馬。』唐元稹紀懷贈李户曹詩：『夔龍勞算畫，貔虎帶威棱。』

〔三十四〕密受韜鈐：『韜鈐』，古代兵書六韜、玉鈐篇的并稱。借指用兵謀略。唐張説將赴朔方軍應制詩：『禮樂逢明主，韜鈐用老臣。』

〔三十五〕必使萬井歡聲：『萬井』，千家萬户。唐陳子昂謝賜冬衣表：『三軍叶慶，萬井相歡。』宋張孝祥水調歌頭 桂林中秋詞：『千里江山如畫，萬井笙歌不夜。』

〔三十六〕三軍懷德：『三軍』，軍隊的通稱。論語 子罕：『三軍可奪帥也，匹夫不可奪志也。』漢書 灌夫傳：『魏其言灌夫父死事，身荷戟馳不測之吴軍，身被數十創，名冠三軍。』『懷德』，感念恩德。書 洛誥：『王伻殷乃承叙萬年，其永觀朕子懷德。』史記 劉敬叔孫通列傳：『及周之盛時，天下和洽，四夷鄉風，慕義懷德。』

〔三十七〕致藩夷之稽顙：『稽顙』，古代一種跪拜禮，屈膝下拜，以額觸地，表示極度的虔誠。儀禮 士喪禮：『吊者致命，主人哭拜，稽顙成踴。』漢書 李廣傳：『若乃免冠徒跣，稽顙請罪，豈朕之指哉！』

〔三十八〕革蠻貊之非心：『蠻貊』，四庫全書作『蠻僰』。『蠻貊』，亦作『蠻貉』。亦作『蠻貃』。古代稱南方和北方落後部族。亦泛指四方落後部族。書 武成：『華夏蠻貊，罔不率俾。』漢桓寬鹽鐵論 通有：『求蠻貉之物以眩中國，徙卭筰之貨致之東海。』

〔三十九〕將安永圖：『將安』，四庫全書、全唐文作『將陟』。『永圖』，長久之計；長久打算。書 太甲上：『慎乃儉德，惟懷永圖。』孔傳：『言當以儉爲德，思長世之謀。』南朝齊王融永明九年策秀才文：『朕夤奉天命，恭惟永圖。』

〔四十〕在舉長策：『長策』，長的鞭。常比喻威勢。漢賈誼過秦論上：『及至始皇，奮六世之餘烈，振長策而御宇內，吞二周而亡諸侯。』唐高適送董判官詩：『長策須當用，男兒莫顧身。』

〔四十一〕對揚休命：『對揚』，古代常語，屢見於金文。凡臣受君賜時多用之，兼有答謝、頌揚之意。書 説命下：『敢對揚天子之休命。』孔傳：『對，答也。答受美命而稱揚之。』詩 大雅 江漢：『虎拜稽首，對揚王休，作召公考，天子萬壽。』朱熹集傳：『言穆公既受賜，遂

答稱天子之美命，作康公之廟器，而勒策王命之辭以考其成，且祝天子以萬壽也。』『休命』，美善的命令。多指天子或神明的旨意。易大有：『君子以遏惡揚善，順天休命。』書説命下：『敢對揚天子之休命。』

建王震魏博節度制（一）

樂朋龜

門下：玉斗七星（二），降作帝王之子；金枝百代（三），生爲列聖之孫（四）。冬夏教以詩、書，春秋訓以禮樂，然後封其茅土（五），示以寵光（六）。建王震（七），天賦明哲（八），氣禀粹和（九），含日月之華英（十），藴山河之瑞秀（十一）。心懸壽鏡，腹貯學川，智燭不炳而自明（十二），德車非駕而引重（十三）。信逾剪葉（十四），名掩刻舟（十五），九苞之鳳降赤霄（十六），五色之麟行丹地（十七）。瑶池仙派（十八），非百水之同流（十九）；銀漢靈源（二十），自三天而别注（二十一）。况幼禀師訓（二十二），生知義方（二十三），洊雷之象克明（二十四），元良之名益著（二十五）。四敬咸備（二十六），三善永全（二十七），喻葛藟之延長（二十八），表瓜瓞之昌熾（二十九）。仁義道振，忠孝聲聞（三十），似睹卿雲（三十一），如觀景宿（三十二）。堪膺寵擢（三十三），可賜爵封。列國之榮，暫領雄藩。宜遵故事（三十四），可授開府儀同三司，

守太保、充魏博節度、管内觀察處置等使、兼魏州大都督府長史。仍令所司，擇禮册命〔三十五〕。主者施行。中和三年三月。

校箋

〔一〕本文又見於全唐文卷八十六，文題作授建王震魏博節度制，署名唐僖宗。明鈔本署名樂朋龜。本文文末標明時間爲『中和三年三月』，四庫全書標注時間爲『中和二年二月』，甲庫本標明時間爲『中和三年二月』。考新唐書　僖宗紀載：『（中和）三年……二月，魏博君亂，殺其節度使韓簡，其將樂顔自稱留後。己未，建王震爲太保。』新唐書卷六十三載：『（中和三年）二月建王震守太保。』據上述典籍所載，授建王震魏博節度時間應爲中和三年（八八三）二月己未（二十二日），撰寫時間當在是時稍前。又，此制文署名應爲樂朋龜，明鈔本『明』字應爲『朋』字之誤。樂朋龜，據全唐文卷八百十四作者小傳載：『樂朋龜，字兆吉，滑臺人，第進士。中和元年，官翰林學士承旨知制誥，後以太子少保致仕。』

〔二〕玉斗七星：『玉斗』，北斗星。唐李白秋夜宿龍門香山寺從弟幼成令問詩：『玉斗横網户，

銀河耿花宮。』唐白居易洛川晴望賦：『金商應律，玉斗西建。』『七星』，亦指北斗星。晉常璩華陽國志 蜀志：『長老傳言，李冰造七橋，上應七星。』

〔三〕金枝百代：『金枝』，帝王子孫的貴稱。逸周書 武儆：『惟十有二祀四月，王告夢，丙辰出金枝。』舊唐書 僖宗紀：『臣以爲煴（嗣襄王李煴）胤係金枝，名標玉牒。』

〔四〕生爲列聖之孫：『列聖』，指歷代帝王；諸皇帝。晉左思魏都賦：『且魏地者……列聖之遺塵。』李善注：『魏地，畢昴之分野，虞舜及禹所都之地。』唐元稹顔峴右贊善大夫：『列聖念功，訪求太師之後。』

〔五〕然後封其茅土：『茅土』，指王、侯的封爵。古天子分封王、侯時，用代表方位的五色土築壇，按封地所在方向取一色土，包以白茅而授之，作爲受封者得以有國建社的表徵。漢李陵答蘇武書：『陵謂足下當享茅土之薦，受千乘之賞。』李善注：『尚書緯曰：「天子社，東方青，南方赤，西方白，北方黑，上冒以黄土。將封諸侯，各取方土，苴以白茅，以爲社。」』

〔六〕示以寵光：『寵光』，謂恩寵光耀。左傳 昭公十二年：『夏，宋華定來聘，通嗣君也。享之，爲賦蓼蕭，弗知，又不答賦。昭子曰：「必亡。宴語之不懷，寵光之不宣，令德之不知，同福之不受，將何以在？」』宋葉適祭陳同甫文：『心事難平，寵光易滿，萬世之長，一朝之短。』

〔七〕建王震：『建王震』，即李震，唐英國公李勣之子。傳見舊唐書卷六十七：『勣長子震，顯慶初官至桂州刺史，先勣卒。』

〔八〕天賦明哲：『明哲』，明智；洞察事理。書説命上：『知之曰明哲，明哲實作則。』孔傳：『知事則爲明智，明智則能制作法則。』墨子天志中：『明哲維天，臨君下土。』

〔九〕氣禀粹和：『粹和』，精純和美。唐陸龜蒙讀襄陽耆舊傳因作五百言寄皮襲美詩：『不知粹和氣，有得方大受。』唐司空圖解縣新城碑：『此府自大曆、貞元之隆，郭公、渾公繼臨，雖博厚粹和，本朝實賴，而儉德異政，舊史闕然。』

〔十〕含日月之華英：『華英』，全唐文作『英華』。『華英』，光耀；光采；文采。楚辭遠游：『吸飛泉之微液兮，懷琬琰之華英。』漢張衡南都賦：『被服雜錯，履躡華英。』李善注：『華英，光耀也，言履躡生光輝也。』

〔十一〕藴山河之瑞秀：四庫全書作『緼山河之瑞秀』。

〔十二〕智燭不炳而自明：『智燭不炳』，全唐文作『智燭不禀』。『智燭』，謂智慧能明察一切，如燭照物。漢揚雄法言修身：『仁，宅也；義，路也；禮，服也；智，燭也；信，符也。』李軌注：『智如燈燭，可以照察。』唐劉禹錫謁柱山會禪師詩：『曈曈揭智燭，照使出昏昧。』

（十三）德車非駕而引重：『德車』，指古代帝王所乘五路中的玉、金、象、木四路。路，車。禮記曲禮上：『兵車不式，武車綏旌，德車結旌。』鄭玄注：『德車，乘車。』孔穎達疏：『德車，謂玉路、金路、象路、木路。四路不用兵，故曰德車。德美在内，不尚赫奕，故結纏其旒著於竿也。何胤云，以德爲美，故略於飾此坐乘之車也。』『引重』，載運重物。易繫辭下：『服牛乘馬，引重致遠，以利天下。』

（十四）信逾剪葉：『剪葉』，全唐文作『翦葉』。『剪葉』，猶剪桐。唐白居易答桐花詩：『戒君無戲言，剪葉封弟兄。』

（十五）名掩刻舟：『刻舟』，典出三國志魏書曹沖傳：『沖少聰察，生五六歲，智意所及，有若成人之智。時孫權曾致巨象，太祖欲知其斤重，訪之群下，咸莫能出其理。沖曰：「置象大船之上，而刻其水痕所至，稱物以載之，則校可知矣。」太祖大悦，即施行焉。』喻建王聰慧之名。

（十六）九苞之鳳降赤霄：『降赤霄』，四庫全書作『翔赤霄』；全唐文作『儀赤霄』。『九苞』，鳳的九種特徵。後爲鳳的代稱。初學記卷三十引論語摘衰聖：『鳳有六像九苞……九苞者：一曰口包命；二曰心合度；三曰耳聽達；四曰舌詘伸；五曰彩色光；六曰冠矩州；七曰距鋭鈎；八曰音激揚；九曰腹文户。』唐李嶠鳳詩：『九苞應靈瑞，五色成文章。』『赤霄』，極高的天空。

淮南子人間訓：『背負青天，膺摩赤霄。』晉葛洪抱朴子守塉：『鵾鵬戾赤霄以高翔，鶺鴒傲蓬林以鼓翼。』

〔十七〕五色之麟行丹地：『五色之麟』，指祥瑞之兆麒麟。南朝梁元帝玄覽賦：『麒麟五色，飛兔雙翼。』『丹地』，古代帝王宫殿中塗飾著紅色的地面，因用以指朝廷。南朝梁簡文帝圍城賦：『升紫霄之丹地，排玉殿之金扉。』新唐書李綱傳：『位五品，趨丹地。』

〔十八〕瑶池仙派：『瑶池』，古代傳説中昆侖山上的池名，西王母所居。史記大宛列傳論：『昆侖其高二千五百餘里，日月所相避隱爲光明也。其上有醴泉、瑶池。』穆天子傳卷三：『乙丑，天子觴西王母於瑶池之上。』『派』，江河的支流，泛指分支。説文：『派，别水也。』晉左思吴都賦：『百川派别。』郭璞江賦：『九派乎潯陽。』

〔十九〕非百水之同流：『同流』，諸水合流。北魏酈道元水經注河水四：『河水又南，瀵水入焉……河中渚上，又有一瀵水，皆潛相通，故吕忱曰：爾雅：異出同流爲瀵水。』北周庾信角調曲：『涇渭同流，清濁異能。』

〔二十〕銀漢靈源：『靈源』，四庫全書作『靈原』。『銀漢』，天河，銀河。南朝宋鮑照夜聽妓詩：『夜來坐幾時，銀漢傾露落。』宋蘇軾陽關詞中秋月：『暮雲收盡溢清寒，銀漢無聲

轉玉盤。』『靈源』，喻帝緒，帝業。唐權德輿大行皇太后挽歌詞之一：『笠水靈源濬，因山祔禮崇。』舊唐書 禮儀志一：『伏惟太祖景皇帝構室有周，建絶代之丕業……又世祖元皇帝潛鱗韞慶，屈道事周，導濬發之靈源，肇光宅之垂裕。』

（二十一）自三天而別注：『三天』，道教稱清微天、禹餘天、大赤天爲三天。漢武帝内傳：『是三天上元之官，統領十萬。』海内十洲記 方丈洲：『方丈洲在東海中心……有金玉琉璃之宫，三天司命所治之處。』

（二十二）況幼禀師訓：『師訓』，師傅的訓誨。南朝梁江淹雜體詩 嵇中散：『曰余不師訓，潛志去世塵。』李善注：「恃愛肆怛，不訓不師。」』劉良注：『言不受師教訓而深遠於俗事。』唐劉知幾史通 自叙：『既欲知古今沿革、曆數相承，於是觸類而觀，不假師訓。』

（二十三）生知義方：『義方』，行事應該遵守的規範和道理。逸周書 官人：『省其居處，觀其義方。』左傳 隱公三年：『石碏諫曰：「臣聞愛子教之以義方，弗納於邪。」』後因多指教子的正道，或曰家教。

（二十四）洊雷之象克明：『洊雷』，相繼而作的雷。易震：『洊雷震，君子以恐懼修省。』孔穎達疏：『洊者，重也，因仍也。雷相因仍，乃爲威震也。』南朝梁劉勰文心雕龍 詔策：『治

戎變伐，則聲有洊雷之威。』『克明』，謂能盡君道。書伊訓：『居上克明，爲下克忠。』蔡沈集傳：『居上克明，言能盡臨下之道。』

〔二十五〕元良之名益著：『元良』，大善，至德。書太甲下：『一人元良，萬邦以貞。』孔傳：『天子有大善，則天下得其正。』書泰誓中：『剝喪元良，賊虐諫輔。』蔡沈集傳：『元良，微子也；諫輔，比干也。』

〔二十六〕四敬咸備：『四敬』，四庫全書作『四德』；全唐文作『四教』。

〔二十七〕三善永全：『三善』，指臣事君、子事父、幼事長的三種道德規範。禮記文王世子：『行一物而三善皆得者，唯世子而已……父子、君臣、長幼之道得而國治。』南朝梁沈約齊故安隆昭王碑文：『協隆三善，仰敷四德。』張銑注：『三善，謂事君、事父、事長也。』

〔二十八〕喻葛藟之延長：『葛藟』，植物名。又稱『千歲藟』。落葉木質藤本。葉廣卵形，夏季開花，圓錐花序，果實黑色，可入藥。詩周南樛木：『南有樛木，葛藟纍之。』左傳文公七年：『葛藟猶能庇其本根，故君子以爲比。』楊伯峻注：『葛藟爲一物……亦單名藟，亦名千歲藟、虆蕪、蓷虆、苣瓜、巨荒，屬葡萄科，爲自生之蔓性植物。』

〔二十九〕表瓜瓞之昌熾：『瓜瓞』，喻子孫蕃衍，相繼不絶。詩大雅綿：『綿綿瓜瓞，民

之初生，自土沮漆。」朱熹集傳：『大曰瓜，小曰瓞。瓜之近本初生常小，其蔓不絶，至末而後大也。』北史魏臨淮王彧傳：『漢高不因瓜瓞之緒，光武又無世及之德。』『昌熾』，興旺，昌盛。語本詩魯頌閟宮：『俾爾昌而熾，俾爾壽而富。』漢劉向説苑建本：『夫穀者，國家所以昌熾，士女所以姣好，禮義所以行，而人心所以安也。』

〔三十〕忠孝聲聞：全唐文作『孝忠』。『聲聞』，亦作『聲問』。名聲。荀子大略：『德至者色澤洽，行盡而聲問遠。』韓非子内儲説上：『子聞寡人之聲聞，亦何如焉？』

〔三十一〕似睹卿雲：『卿雲』，即慶雲。一種彩雲，古人視爲祥瑞。竹書紀年卷上：『十四年，卿雲見，命禹代虞事。』史記天官書：『若烟非烟，若雲非雲，郁郁紛紛，蕭索輪囷，是謂卿雲。卿雲見，喜氣也。』

〔三十二〕如觀景宿：『景宿』，列星。晉左思吴都賦：『夫上圖景宿，辨於天文者也；下料物土，析於地理者也。』陳書宣帝紀：『上符景宿，下叶人謀。』

〔三十三〕堪膺寵擢：『寵擢』，寵愛提拔。唐白居易與楊虞卿書：『當其在近職時，自惟賤陋，非次寵擢，夙夜腆愧，思有以稱之。』資治通鑒唐玄宗天寶十三年：『（安禄山）見上於華清宫，泣曰：「臣本胡人，陛下寵擢至此，爲國忠所疾，臣無死日矣！」』

〔三十四〕宜遵故事：『故事』，先例，舊日的典章制度。漢書劉向傳：『宣帝循武帝故事，招名儒俊材置左右。』宋胡銓戊午上高宗封事：『檜乃厲聲曰：「侍郎知故事，我獨不知！」』

〔三十五〕仍令所司擇禮册命：全唐文、適園叢書作『仍令所司擇日備禮册命』。